॥ ମୋ ଠାକୁର ॥

ଶ୍ରୀଶ୍ରୀଠାକୁର ଅନୁକୂଳଚନ୍ଦ୍ରଙ୍କ ଜୀବନ ଆଦର କଥା ଆଭାସ

ଆଲୋଚକ

ନୃସିଂହ ତ୍ରିପାଠୀ

ସଂଯୋଜକ

ଅକ୍ଷୟ ମିଶ୍ର

ମୋ ଠାକୁର

ନୃସିଂହ ତ୍ରିପାଠୀ
ଅକ୍ଷୟ ମିଶ୍ର

ପ୍ରକାଶକ: ବିଦ୍ୟା ପବ୍ଲିଶିଙ୍ଗ୍ ଇଙ୍କ୍, ଟରୋଣ୍ଟୋ, କାନାଡ଼ା

ISBN: 978-1-7776819-8-2

Mo Thakur

Nrusingha Tripathy
Akshaya Mishra

Copyright © 2021 by Nrusingha Tripathy

All rights reserved. No part of this publication may be reproduced, stored in a retrieval system or transmitted in any form or by any means electronic, mechanical, photocopying, recording means or otherwise, including information storage and retrieval systems, without proper permission from the copyright holder except in the case of brief quotations embodied in critical articles and reviews.

First Edition September 2021

Publisher:
Vidya Publishing Inc.,
Toronto, Canada
vidyapublishinginc@gmail.com
www.vidyapublishing.com

Overseas Contact:
Biswajit Dash
1815 Sinclair Dr
Pleasanton, U.S.A
Ph.: +1 (571) 2259622

Cover Design:
RickSunder Sarkar
Kolkatta

"ଚରାଚରେ ବିଦିତ
ତୁହି ଜ୍ଞାନମ୍
ପ୍ରଣମାମି ସରସ୍ୱତୀ
ଦେହି ପଦମ୍।"

—ଶ୍ରୀଶ୍ରୀଠାକୁର ଅନୁକୂଳଚନ୍ଦ୍ର

"ମରନା, ମାରନା, ପାରତ ମୃତ୍ୟୁକୁ ଅବଲୁପ୍ତ କର"

—ଶ୍ରୀଶ୍ରୀଠାକୁର ଅନୁକୂଳଚନ୍ଦ୍ର

ପରମାରାଧ୍ୟ ପ୍ରଧାନ ଆଚାର୍ଯ୍ୟଦେବ ଶ୍ରୀଶ୍ରୀଦାଦାଙ୍କୁ ସମର୍ପିତ

ଭୂମିକା

୨୦୧୨ ମସିହା ଏପ୍ରିଲ ମାସରେ ଗୌହାଟିରେ ଅନୁଷ୍ଠିତ ସତ୍‌ସଙ୍ଗର ସର୍ବଭାରତୀୟ ଋତ୍ୱିକ୍-ସମ୍ମିଳନୀକୁ ମୁଁ ଯାଇଥାଏ । ପରମପୂଜ୍ୟପାଦ ଆଚାର୍ଯ୍ୟଦେବ ଶ୍ରୀଶ୍ରୀଦାଦା ମୋତେ କହିଲେ -ତ୍ରିପାଠୀଦା, ଠାକୁରଙ୍କ ଉପରେ ଗୋଟିଏ ବହି ଲେଖନ୍ତୁ । ମୁଁ ମୁଣ୍ଡହଲାଇ ହଁ ମାରିଲି । ବେଶ୍ କିଛିଦିନ ବିତିଗଲା । କେଉଁଠୁ ଆରମ୍ଭ କରିବି, କ'ଣ ବିଷୟ ରହିବ, କିଛି କୂଳ-କିନାରା ପାଉନଥାଏ । ଶ୍ରୀଶ୍ରୀଠାକୁରଙ୍କ କଥିତ ଆଲୋଚନା, ବାଣୀ ଇତ୍ୟାଦିର ପ୍ରକାଶିତ ହୋଇଥିବା ପୁସ୍ତକଗୁଡ଼ିକ ସର୍ବମୋଟ ପୃଷ୍ଠାସଂଖ୍ୟା ତିରିଶ ହଜାରରୁ ଅଧିକ ହେବ । ଭାବିଲି, ଇଂରାଜୀରେ ଲେଖିଲେ ଶ୍ରୀଶ୍ରୀଦାଦାଙ୍କୁ ପଢ଼ିବାରେ ସୁବିଧା ହେବ । ତେଣୁ "The Message" ସଂକଳନରୁ ସୃଷ୍ଟିତତ୍ତ୍ୱ, ଆଦର୍ଶ, ଈଶ୍ୱରଙ୍କ ସ୍ୱରୂପ ଇତ୍ୟାଦି ନେଇ ଦୁଇଟି ପରିଚ୍ଛେଦ ତିଆରିକରି, ଶ୍ରୀଶ୍ରୀଦାଦାଙ୍କ ସମ୍ମୁଖରେ ପୂଜନୀୟ ବିଙ୍କିଦାଙ୍କ ହାତରେ ଦେଲି । ପରବର୍ତ୍ତୀ ସମୟରେ କଣ କିପରି ଆଗେଇବି ବୋଲି ପଚାରିଲାରୁ ପୂଜନୀୟ ବିଙ୍କିଦା କହିଲେ -ଆପଣ ଲେଖି ଚାଲନ୍ତୁ ।

ଏ ଭିତରେ ୨୦୦୦ ମସିହାରେ ମୋର ଆଗ୍ରହ ଓ ଶ୍ରୀଶ୍ରୀଦାଦାଙ୍କ ଅନୁମତିକ୍ରମେ ଶ୍ରୀଶ୍ରୀବଡ଼ଦା ଚକ୍ଷୁ ଚିକିତ୍ସାଳୟ (Sri Sri Borda Eye Hospital) କେତେକ ସତ୍‌ସଙ୍ଗୀ ଗୁରୁଭାଇଙ୍କ ଉଦ୍ୟମରେ ଭୁବନେଶ୍ୱରରେ ଆରମ୍ଭ ହୋଇଥାଏ । ୨୦୦୫ ମସିହାରେ ଚାକିରିରୁ ଅବସରପ୍ରାପ୍ତ ହେଲି ଓ ଚକ୍ଷୁ ଚିକିତ୍ସାଳୟକୁ ସର୍ବରୋଗ ଚିକିତ୍ସାଳୟ (multispeciality hospital) କରିବା ସ୍ୱପ୍ନ ମୋତେ ମାଡ଼ି ବସିଲା । ସତେତେବେଳେ ଆଜିକା ପରି ଭୁବନେଶ୍ୱରରେ ବଡ଼ ହସପିଟାଲ ଗୋଟିଏ ମଧ୍ୟ ନଥିଲା । ଯୋଗକୁ ଶ୍ରୀଶ୍ରୀଦାଦା ଦୟାକରି ହସପିଟାଲ ନିର୍ମାଣ ପାଇଁ ଯଥେଷ୍ଟ ଯାଗା ସତ୍‌ସଙ୍ଗ ତରଫରୁ ଦାନ ଆକାରରେ ଦେବାର ବ୍ୟବସ୍ଥା କଲେ । ୨୦୦୮ ମସିହାଠାରୁ ଶ୍ରୀଶ୍ରୀବଡ଼ଦା ହସପିଟାଲ ଓ ଜନସ୍ୱାସ୍ଥ୍ୟକେନ୍ଦ୍ର ନାନା ଉଠାପଡ଼ା ଭିତରଦେଇ ଚାଲିଛି । ୨୦୦୩ ମସିହାରେ ଗୋଟିଏ ମିଥ୍ୟା-ଦୋଷାରୋପ ମାମଲାରେ ମୁଁ ଛନ୍ଦିହୋଇ ପଡ଼ିଲି- ନିର୍ଦ୍ଦୋଷ ବୋଲି ରିହାତି ମିଳିଲା ୨୦୧୬ ମସିହାରେ । ଏଥିପାଇଁ ବର୍ଷକୁ ଦଶ ବାର ଥର ମତେ ଚିହ୍ନାଇ ଯିବାକୁ ପଡୁଥିଲା । ଏସବୁ ହେତୁ ମୋଦ୍ୱାରା ଲେଖାଦିଗରେ ଅଗ୍ରସର ହେବା ନୋହିଲା ।

ଋତ୍ୱିକ୍-ସମ୍ମିଳନୀ ବା ଅନ୍ୟସମୟରେ ଦେଓଘର ଗଲେ, ଖାଲି ସମୟରେ ମୁଁ କଂପ୍ୟୁଟର ସିଷ୍ଟମରୁମ୍‌ରେ ବସେ, ହିନ୍ଦୀ ମାସିକ ପତ୍ରିକା 'ସାତ୍ୱତୀ'ର ସଂପାଦକ ଶିବାନନ୍ଦଦା (ପ୍ରସାଦ), ତାଙ୍କ ପାଖ ସିଟରେ ଅକ୍ଷୟଭାଇ (ମିଶ୍ର) । ମୋର କେତେକ ଓଡ଼ିଆ ପ୍ରବନ୍ଧର ହିନ୍ଦୀ ଅନୁବାଦ ସେହି ପତ୍ରିକାରେ ପ୍ରକାଶିତ ହୋଇଛି । ବଙ୍ଗଳା ଓ ହିନ୍ଦୀ ପତ୍ରିକାରେ ପ୍ରକାଶିତ ହେଉଥିବା ଘଟଣାଗୁଡିକୁ ଏକତ୍ର କରି ଓଡ଼ିଆଭାଷାରେ ସଂକଳନ କରିବାର ଯୋଜନା

ଅକ୍ଷୟଭାଇଙ୍କ ସହିତ ଆଲୋଚନାରେ ଦାନା ବାନ୍ଧିଲା । କାମ କମ, ତୁରନ୍ତ ଫଳ । ଘଟଣାଗୁଡ଼ିକ ସହିତ ଶ୍ରୀଶ୍ରୀଠାକୁରଙ୍କ ଜୀବନୀ ସଂକ୍ଷିପ୍ତ ଆକାରରେ ରଖିବା ଠିକ୍ ହେଲା । ୨୦୧୯ ଜୁଲାଇ ମାସରେ ମୁଁ ଦେଓଘର ଯାଇଥିଲି । ପୂଜନୀୟ ବାବାଇଦାଙ୍କ ମାଧ୍ୟମରେ ଶ୍ରୀଶ୍ରୀଦାଦା ବହିଟିର ନାମ **"ମୋ ଠାକୁର"** ରଖିବାକୁ କହିଲେ ।

ସେହିବର୍ଷ (୨୦୧୯) ମୋର ଏକମାତ୍ର ପୁତ୍ର ସନ୍ତାନର ପେଟ ଯନ୍ତ୍ରଣା ଆରମ୍ଭ ହେଲା । ସେ ଏଠାକାର ଗୋଟିଏ ମେଡ଼ିକାଲ ବିଶ୍ୱବିଦ୍ୟାଳୟରେ ପ୍ରଫେସର- oral surgeon ଏବଂ ଗ୍ରହଣ ଖଣ୍ଡିଆ (cleft lip) ଅସ୍ତ୍ରୋପଚାରରେ ପୂର୍ବଭାରତରେ ବେଶ୍ ନାମ କରିଥିଲା । ୨୦୦୦ ମସିହାରେ ଯକୃତ୍ ସଂପର୍କୀୟ ଦୁରାରୋଗ୍ୟରୁ ଅଲୌକିକଭାବେ ଭଲ ହୋଇଯାଇଥିଲା -ଶ୍ରୀଶ୍ରୀଠାକୁରଙ୍କ କରୁଣାପୂତ ଆଶୀର୍ବାଦ ଏବଂ ଶ୍ରୀଶ୍ରୀଦାଦାଙ୍କର ଏକାନ୍ତ ଶୁଭ ଇଚ୍ଛାରୁ । ପରବର୍ତ୍ତୀକାଳରେ ପୂଜନୀୟ ବାବାଇଦାଙ୍କର ଗୋଟିଏ ଉକ୍ତି ପଢ଼ିଥିଲି ଯେ, ଆଦର୍ଶଙ୍କଠାରେ ଅନୁରକ୍ତି ବିନା ଅହେତୁକ ଆଶୀର୍ବାଦ ବେଶୀଦିନ ଫଳବତୀ ନ ହୋଇପାରେ । ଏଥର, ଏଠାକାର ଓ ଦିଲ୍ଲୀ ହସପିଟାଲର ଦୀର୍ଘ ଚିକିତ୍ସା ଫଳପ୍ରଦ ହେଲାନାହିଁ । ସେ ୨୦୨୦ ମସିହା ଜାନୁଆରୀ ମାସରେ ଆମମାନଙ୍କଠାରୁ ଚିରବିଦାୟ ନେଲା; ଡାକ୍ତର ସ୍ତ୍ରୀ ଓ ଦଶବର୍ଷର ଭାଇ-ଭଉଣୀ ଦୁଇଟି ଯମଜ ସନ୍ତାନଙ୍କୁ ଛାଡ଼ି । ମାନସିକ ବେଦନାରେ ନିକ୍ଷେପିତ ହୋଇ ସବୁକର୍ମ ପରେ ପରେ ମୁଁ ପରିବାର ଓ ସଦଳବଳ ଦେଓଘର ବାହାରିଲି । ଜଣେ ବନ୍ଧୁ ଯେ ମୋର ଠାକୁର-ଅନୁସରଣକୁ ପସନ୍ଦ କରନ୍ତି ନାହିଁ, ପଚାରିଲେ- କୁଆଡ଼େ ବାହାରିଲ କି ? ମୁଁ କହିଲି- ଠାକୁର-ଦର୍ଶନରେ, ଦେଓଘର । ସେ ବିଦ୍ରୂପ କଲେ- ଯାଅ, ଯାଅ, ଥ୍ୟାଙ୍କ୍ସ (thanks) ଦେଇଆସ । ମୁଁ କହିଲି- ପୁଅ ହରାଇବା ଦୋଷାରୋପରେ ବାପାଙ୍କୁ ଦାୟୀକରି ତାଙ୍କଠାରୁ ଦୂରେଇ ଯିବି ନା ତାଙ୍କ ନିକଟରେ ଶରଣ ପଶି ସାନ୍ତ୍ୱନା ପାଇବି ? ସେ ପଚାରିଲେ- ସେ କ'ଣ ତମ ବାପା? ମୁଁ କହିଲି- ସେ କେବଳ ମୋର ନୁହେଁ, ମୋ ପୁଅର, ମୋ ବାପାଙ୍କର, ମୋ ନାତିର, ସମସ୍ତଙ୍କ ବାପା । ସେ ମତେ ଅବଜ୍ଞା କରି ଚାଲିଯିବାବେଳେ କହିଲେ-ପାଗଳଙ୍କ କଥାକୁ ଜବାବ ନାହିଁ ।

ଆଚାର୍ଯ୍ୟଦେବ ଶ୍ରୀଶ୍ରୀଦାଦା ଓ ଗୁରୁପରିବାରଙ୍କ ଆଶ୍ୱାସନା ପରେ ଭୁବନେଶ୍ୱର ଫେରି "ମୋ ଠାକୁର" ବହିର ପାଣ୍ଡୁଲିପି ତିଆରି କଲାବେଳେ ଭାବିଲି, ଜୀବନୀ ଓ ଘଟଣା କିଛି ତ ରହିଲା, ଯଦି କିଛି ଭାବଦର୍ଶନ (ideology) ରହେ ତେବେ ବହିଟି ପୂର୍ଣ୍ଣାଙ୍ଗ ହେବ । ପ୍ରଚେଷ୍ଟା ଆରମ୍ଭ ହେଲା । ମୁଁ ଗୋଟିଏ ଗୋଟିଏ ପରିଚ୍ଛେଦ ଲେଖିଦିଏ, ଅକ୍ଷୟଭାଇ ଲ୍ୟାପଟପ୍‌ରେ ଟାଇପ୍ ସେଟ୍ କରନ୍ତି । ଏଥିରେ ଶ୍ରୀଶ୍ରୀଠାକୁରଙ୍କର ବକ୍ତବ୍ୟ ବିଭିନ୍ନ ଆଲୋଚନା ପୁସ୍ତକରୁ ସଂଗ୍ରହ କରି ବିଷୟ ଅନୁସାରେ ଲେଖିଲାବେଳେ ମନକୁ ଆସିଲା ଯେ ବକ୍ତବ୍ୟକୁ ଶାଣିତ ଓ ଯଥାଯଥ କରିବାକୁ ଗୋଟିଏ ଗୋଟିଏ ପ୍ରଶ୍ନ ତା'ପୂର୍ବରୁ ଲେଖିଦେବା ଉଚିତ୍ । ଏହି ପ୍ରକାର ପ୍ରୟୋଗର (ଜିଜ୍ଞାସୁ, inquisitor) ଦୃଷ୍ଟାନ୍ତ ସଂସ୍କୃତ ଓ ଇଂରାଜୀଭାଷାରେ ରଚିତ କେତେକ ଉପାଦେୟ ପୁସ୍ତକରେ କରାଯାଇଛି । ଗୋଟିଏ ବର୍ଷ ଏପରି ବ୍ୟସ୍ତ ରହିବାରୁ ମୋର ବ୍ୟକ୍ତିଗତ କ୍ଷତିର ଦୁଃଖ ବହୁ ପରିମାଣରେ ଲାଘବ

ହେଲା । ଅକ୍ଷୟଭାଇ ବିନା ଆପତ୍ତିରେ ଅସୀମ ଧୈର୍ଯ୍ୟ ଓ ଆନନ୍ଦ ସହିତ ସହଯୋଗ କରିଛନ୍ତି । ଏହାକୁ ଲେଖିବାବେଳେ ଅଧିକାଂଶ ମହତ ଆତ୍ମା କାହିଁକି ସ୍ୱଳ୍ପାୟୁ ହୁଅନ୍ତି ତା'ର ଆଲୋଚନା ପଢ଼ି ସାନ୍ତ୍ୱନା ପାଇଲି ।

ଶ୍ରୀଶ୍ରୀଠାକୁର କେବଳ ଗୋଟିଏ କଥା ଚାହିଁଛନ୍ତି, ତାହାହେଲା ଅବିକୃତଭାବେ ତାଙ୍କୁ ମଣିଷ ନିକଟରେ ପହଞ୍ଚାଇଦେବା । ଏହି ନିର୍ଦ୍ଦେଶକୁ ଅକ୍ଷରେ ଅକ୍ଷରେ ପାଳନ କରିବାକୁ ଚେଷ୍ଟା କରିଛି । ଦୀକ୍ଷା ସଂଖ୍ୟା ବଢୁଛି; ଆଚାର୍ଯ୍ୟଦେବ ଶ୍ରୀଶ୍ରୀଦାଦାଙ୍କ ଆଶୀର୍ବାଦ ବହନ କରି ପୂଜନୀୟ ବାବାଇଦାଙ୍କ ଏକକାଳୀନ ଚାରିଲକ୍ଷରୁ ଊର୍ଦ୍ଧ୍ୱ ଦୀକ୍ଷା, ପୂଜନୀୟ ସିପାଇଦା ଓ ପୂଜନୀୟ ବିଙ୍କିଦାଙ୍କ ଭାରତ ଓ ଭାରତ ବାହାରେ ବିଭିନ୍ନ ଉତ୍ସବାଦିରେ ଯୋଗଦାନ କରି ବହୁ ଦୀକ୍ଷା ଦେଉଛନ୍ତି ସେଥିପାଇଁ ସହଜଭାଷାରେ ସୁଖପାଠ୍ୟ ପୁସ୍ତକର ପ୍ରୟୋଜନୀୟତା ରହିଛି । ଶ୍ରୀଶ୍ରୀଠାକୁର ଏକଦା କହିଥିଲେ-ମଣିଷ ଗଳ୍ପ-ପିଆସୀ, ଗଳ୍ପ ଶୁଣିବାକୁ ଭଲପାଏ, ଆଡ୍ଡା ମାରିବାକୁ ଭଲପାଏ । ଏହି ସଂକଳନଟିକୁ ସୁଖପାଠ୍ୟ କରିବାପାଇଁ ଉପଯୁକ୍ତ କ୍ଷେତ୍ରରେ ଗଳ୍ପ ଏବଂ କାହାଣୀ ଉଦ୍ଧୃତ କରିଛୁ । ଆମର ଏହି ପ୍ରଚେଷ୍ଟା କାଳରେ ଗୋଟିଏ ଅଦୃଶ୍ୟ ଶକ୍ତିର ଉପସ୍ଥିତି ଆମେ ସବୁବେଳେ ଅନୁଭବ କରିଛୁ ଯାହା ଆମକୁ ଏତେଦୂର ଆଗେଇ ନେଇଛି । ସେହି ସଦ୍‌ଗୁରୁ ପ୍ରେରିତ ପ୍ରେରଣାକୁ ପ୍ରଣାମ ଜଣାଉଛି । **ବନ୍ଦେ ପୁରୁଷୋତ୍ତମମ୍ ।**

ସାହାଯ୍ୟ ସ୍ୱୀକାର– ପୂଜନୀୟ ବିଙ୍କିଦା ପୁସ୍ତକର ପ୍ରଚ୍ଛଦ-ଅଳଂକରଣ ପାଇଁ ଦୟାକରି ସୁବନ୍ଦୋବସ୍ତ କରିଛନ୍ତି । ଏହି ପ୍ରଚେଷ୍ଟାର ଆରମ୍ଭକାଳରେ ସୁଲେଖକ ଲକ୍ଷ୍ମୀଧର ସାହୁ ବିଭିନ୍ନ ଆଲୋଚନା ପ୍ରସଙ୍ଗରୁ ବିଭିନ୍ନ ବିଷୟର ଏବଂ ଶ୍ରୀମଦ୍‌ଭଗବତଗୀତା ସ୍ଥିତ ଅନେକ ଶ୍ଳୋକର ପ୍ରଶ୍ନୋତ୍ତର ଆଲୋଚନା ଆମକୁ ଯୋଗାଇ ଦେଇଛନ୍ତି । ଅନ୍ୟତମ ଲେଖକ ହୃଷୀକେଶ ଆଚାର୍ଯ୍ୟ ମହାଶୟ ଓ ଅନୁଜପ୍ରତିମ ପଣ୍ଡିତ ଅନ୍ତର୍ଯ୍ୟାମୀ ମିଶ୍ର ଯଥାକ୍ରମେ ଲେଖାର ପ୍ରାସଙ୍ଗିକତା ଓ ବ୍ୟାକରଣଗତ ଶୁଦ୍ଧତା ବଜାୟ ରଖିବାରେ ସାହାଯ୍ୟ କରିଛନ୍ତି । ଅଧ୍ୟାପକ ସୁକାନ୍ତ ସାହୁ ବିଜ୍ଞାନ ସଂପର୍କିତ ଶ୍ରୀଶ୍ରୀଠାକୁରଙ୍କ ବହୁ ଉକ୍ତି ଓ ମନ୍ତବ୍ୟ ଆମ ହସ୍ତଗତ କରାଇଛନ୍ତି । ସ୍ତମ୍ଭକାର-ଗୀତିକାର ଡଃ ତପୋଧନ ପଣ୍ଡା, ମୋର ସହକର୍ମୀ ଆର୍ତ୍ତବନ୍ଧୁ ପାତ୍ର ଅନେକ ତଥ୍ୟ ବିଭିନ୍ନ ସୂତ୍ରରୁ ସଂଗ୍ରହ କରି ଯୋଗାଇଛନ୍ତି । ଢେଙ୍କାନାଳର ବସ୍ତିଆଭାଇ, ପ୍ରକାଶ ଭାଇ, ମହାବୀର, ଚିନ୍ନାଇର ସତ୍ୟବ୍ରତଭାଇ, ପ୍ରତାପବାବୁ ଓ ଭୁବନେଶ୍ୱରର ଅଭୟଭାଇ ଯେତେବେଳେ ଯାହା ଦରକାର ଆମକୁ ଯୋଗାଇ ଦେଇଛନ୍ତି । ସନ୍ତୋଷ ଜୋୟରଦାରଙ୍କ କଥିତ ଘଟଣାଗୁଡ଼ିକୁ ତାଙ୍କ ପୁତ୍ରୀ ବିପାଶା ଚୌଧୁରୀ ଲିଖିତ ଭାବେ ଆମକୁ ପଠାଇଛନ୍ତି । ପ୍ରିଣ୍ଟେକ୍ ଅଫ୍‌ସେଟ୍ ମୁଦ୍ରଣ ସଂସ୍ଥାର ନିର୍ଦ୍ଦେଶକ ଦ୍ୱୟ ବୃନ୍ଦାବନ ବେହେରା ଓ ବିଶ୍ୱରଞ୍ଜନ ନାୟକ ପୁସ୍ତକର ମୁଦ୍ରଣ କାଳରେ ଆମକୁ ଆଶାତୀତ ସାହାଯ୍ୟ କରିଛନ୍ତି । ଆମେ ସମସ୍ତଙ୍କୁ ଯଥାମାନ୍ୟ କୃତଜ୍ଞତା ଜଣାଉଛୁ ।

ବିଷୟ-ସୂଚୀ

ପ୍ରଥମ ଅଧ୍ୟାୟ

ଆଦର୍ଶ ଜୀବନ ଆଭାସ

ପ୍ରଥମ ପରିଚ୍ଛେଦ : ୧-୭୦

ଶ୍ରୀଶ୍ରୀଠାକୁରଙ୍କ ଜୀବନ ଚରିତ -ଜୀବନୀର ପ୍ରୟୋଜନୀୟତା, ଜନ୍ମ, ପାରିବାରିକ ଅନାଟନ, ପିତୃମାତୃ ଭକ୍ତି, ଦୀକ୍ଷା ଗ୍ରହଣ, ଚଢ଼େଇ ଧରିବା ଓ ରସଗୋଲା ନିଶାର ସ୍ମୃତିଚାରଣ, ନିଜର ଏନ୍‌ଟ୍ରାନସ ପରୀକ୍ଷା ଫି ବନ୍ଧୁଙ୍କୁ ଦାନ ଓ ପରୀକ୍ଷା ଦେବାରୁ ବଞ୍ଚିତ, ଡାକ୍ତରୀପାଠ ପାଇଁ କଲିକତାର ମେଡ଼ିକାଲ ସ୍କୁଲରେ ଯୋଗଦାନ, ସହପାଠୀ-ଚକ୍ରାନ୍ତ ଏବଂ ବେଶ୍ୟା ଉଦ୍ଧାର, ବିବାହ, ଦକ୍ଷିଣେଶ୍ୱର ମନ୍ଦିରରେ କାଳୀମାତାଙ୍କ ସହ ମାତା-ପୁତ୍ର ଆତ୍ମୀୟତା, ହିମାୟିତପୁରରେ ଡାକ୍ତରୀ ଆରମ୍ଭ ଏବଂ ଉତ୍ତମ ଅର୍ଥୋପାର୍ଜନ, ସତ୍ୟାନୁସରଣ ରଚନା, ତତ୍କାଳୀନ ପତିତ ଯୁବସମାଜ ସୁଧାର ପାଇଁ କୀର୍ତ୍ତନ ଦ୍ୱାରା ପ୍ରଚେଷ୍ଟା, ସୁଶୀଲବସୁ ମହାଶୟଙ୍କ ବିବରଣୀ, ଭାବସମାଧୀ, କୀର୍ତ୍ତନ-ଯୁଗ (୧୯୧୪-୧୯୧୯)ର କ୍ରମପରିସମାପ୍ତି, କୁଷ୍ଟିଆର ବିଶ୍ୱଗୁରୁ ମହୋତ୍ସବ, ମୌଲାନା ରୁମୀଙ୍କ ସଂପର୍କରେ ଉକ୍ତି, କଲିକତା ଯାତାୟାତ ଆରମ୍ଭ, ଭକ୍ତ (ଦତ୍ତମା ଏବଂ ଜନୈକ ମୁସଲମାନ)ଙ୍କ ଅନ୍ତର୍ଦୃଷ୍ଟିରେ ଠାକୁର-ଦର୍ଶନ, ସତ୍‌ନାମର ବିଶ୍ୱବ୍ୟାପକତାର ଭବିଷ୍ୟବାଣୀ, ଭକ୍ତସେବା ଓ ଅସୁସ୍ଥତା, କର୍ସିୟାଂ ଯାତ୍ରା ଓ ହିମାୟିତପୁର ପ୍ରତ୍ୟାବର୍ତ୍ତନ ପରେ ସ୍ୱ-ଇଚ୍ଛାରେ ରୋଗମୁକ୍ତି, କୃତଘ୍ନ କୃଷ୍ଣଦାସର ଅସଫଳ ହତ୍ୟା ଉଦ୍ୟମ, ସୁଭାଷବୋଷଙ୍କ ମାତାପିତାଙ୍କ ଦୀକ୍ଷା ଏବଂ ଶ୍ରୀଶ୍ରୀଠାକୁରଙ୍କ ପୁରୀ ଆଗମନ, କୃଷ୍ଣପ୍ରସନ୍ନଙ୍କ ସହିତ ପଦାର୍ଥ ବିଜ୍ଞାନ ଚର୍ଚ୍ଚା ଓ ତାଙ୍କର ଦୀକ୍ଷାଗ୍ରହଣ, ଅନ୍ୟତମ ପଦାର୍ଥ ବିଜ୍ଞାନୀ ଫ୍ରିଟ୍‌ଜଫ୍ କାପ୍ରାଙ୍କ ଅନୁଭୂତି ଚର୍ଚ୍ଚା, ଚିତ୍ତରଞ୍ଜନ ଦାସଙ୍କ ଦୀକ୍ଷାଗ୍ରହଣ, ମହାତ୍ମା ଗାନ୍ଧୀଙ୍କ ହିମାୟିତପୁର ଆଶ୍ରମ ଆଗମନ, ଆଶ୍ରମରେ ବିଭିନ୍ନ କର୍ମାନୁଷ୍ଠାନ, ରେଜିଷ୍ଟ୍ରେସନ ସ୍ୱୀକୃତି, ଆଶ୍ରମ ବିରୁଦ୍ଧରେ ଅପପ୍ରଚାର, କଲିକତାର ଶନିବାରେର ଚିଠି, ସୁଭାଷ ବୋଷଙ୍କ ଆଶ୍ରମ ଆଗମନ, ପିତା ଶିବଚନ୍ଦ୍ର ଚକ୍ରବର୍ତ୍ତୀଙ୍କ ଦେହାନ୍ତ, ଅନନ୍ତ ମହାରାଜଙ୍କ ସ୍ୱର୍ଗାରୋହଣ, ପ୍ରତିକୂଳ ଅବସ୍ଥାକୁ ସାମନା କରିବାର ଉପାୟ, ଚୀନ ଦାର୍ଶନିକ ଲାଓ-ଜୁ'ଙ୍କ ପୁରୁଷୋତ୍ତମ ଆବିର୍ଭାବ ଭବିଷ୍ୟବାଣୀ, ଅନ୍ୟୂନ ଚାଳିଶଜଣ ବିଶେଷଗୁଣସଂପନ୍ନ ଶିଷ୍ୟଙ୍କ ଆବଶ୍ୟକତା, କଥିତ ବିଭିନ୍ନ ସଂକଳନ, ସୃଷ୍ଟିତତ୍ତ୍ୱ ଉପରେ ପ୍ରଥମ ଇଂରାଜୀ ବାଣୀ ପ୍ରଦାନ, ନାମଧ୍ୟାନବେଳେ ସ୍ୱ-ଅନୁଭୂତି, ସାଧନ-ଭଜନ କଥା, ସଦ୍‌ଗୁରୁଙ୍କ ସ୍ୱଭାବ, ମାତା ମନମୋହିନୀଦେବୀଙ୍କ କଥା ଏବଂ ତାଙ୍କର ମହାପ୍ରୟାଣ, ଦିବଂଗତ ମାତାଙ୍କ ଉଦ୍ଦେଶ୍ୟରେ ଆକୁଳ-ଆଗ୍ରହ ଚିଠି, ସ୍ମୃତିବାହୀ ଚେତନା ଓ ମୃତ୍ୟୁ ଜୟର ଉପାୟ, ନିଜ ପରିଚୟର ସାଂକେତିକ ପ୍ରକାଶ, ଭାରତରେ ସାଂପ୍ରଦାୟିକ ହିଂସା, ଅସୁସ୍ଥତା, ବିଷପ୍ରୟୋଗ, ରକ୍ତଚାପ ବୃଦ୍ଧି ଓ ସ୍ୱାସ୍ଥ୍ୟର ଅବନତି, ଦେଓଘର ଆଗମନ, ନୂତନ ଆଶ୍ରମ ନିର୍ମାଣ, ମହାତ୍ମାଗାନ୍ଧୀଙ୍କ ବିୟୋଗରେ ଶୋକ, ଯତି-ଆଶ୍ରମ, ଋତ୍ୱିକ୍-ସମ୍ମିଳନୀରେ (୧୯୫୦) ପ୍ରଦତ୍ତ ଐତିହାସିକ ଭାଷଣ, ସତ୍‌ସଙ୍ଗର ଉଦ୍ଦେଶ୍ୟକୁ ନେଇ ବାଣୀ, କର୍ମୀମାନଙ୍କ ପ୍ରତି ନିର୍ଦ୍ଦେଶ, ବିଶ୍ୱଶାନ୍ତିର ଉପାୟ, ଅନୁସନ୍ଧିତ୍ସୁ ସେବା ଉପରେ ଗୁରୁତ୍ୱ, ତ୍ରୁଟିଶୂନ୍ୟ ଜୀବନ ଯାପନର ଆହ୍ୱାନ, ଈର୍ଷାପରାୟଣ ଲୋକଙ୍କ ଦ୍ୱାରା ବିରୁଦ୍ଧାଚରଣ,

ଆଶ୍ରମରେ ନାନା କର୍ମାନୁଷ୍ଠାନର ପ୍ରତିଷ୍ଠା, ବିଭିନ୍ନ ପୁସ୍ତକର ସଙ୍କଳନ, ଶ୍ରୀଶ୍ରୀବଡ଼ଦାଙ୍କ ଉତ୍ତରାଧିକାରୀ ଘୋଷଣା, ଆଗାମୀ ଦୁର୍ଦ୍ଦିପାକ ପାଇଁ ସତର୍କବାଣୀ, କଦର୍ଯ୍ୟ ସାଂପ୍ରଦାୟିକତାରୁ ମୁକ୍ତି ପାଇବାର ଉପାୟ, ଭାରତ ବିଶ୍ୱଗୁରୁ ହେବା ନିଶ୍ଚିତ, ଦୀକ୍ଷା ଉପରେ ଗୁରୁତ୍ୱ, କୃଷ୍ଣପ୍ରସନ୍ନ ଏବଂ ପାର୍ଷଦ ସତୀଶଚନ୍ଦ୍ର ପରଲୋକ ପ୍ରାପ୍ତି, ଜୀବନରେ କୃତାର୍ଥ ହେବାର ସୂତ୍ର ପ୍ରଦାନ, ଶ୍ରୀଶ୍ରୀଠାକୁରଙ୍କ ଅସୁସ୍ଥତା ଓ ଭାବସମାଧି, ନିଜ ସଂପର୍କରେ ଶ୍ଳୋକର ପୁନରାବୃତ୍ତି, ଶେଷ ବାଣୀ, ମହାପ୍ରୟାଣ ଓ ମହାପ୍ରୟାଣାନ୍ତ ଶ୍ରୀଶ୍ରୀବଡ଼ଦାଙ୍କ ହୃଦୟସ୍ପର୍ଶୀ ସଙ୍ଗୀତ 'ତୋମାର ରଙ୍ଗେ' ରଚନା । ଉଲ୍ଲେଖଯୋଗ୍ୟ ଘଟଣା, ଶ୍ରୀଶ୍ରୀଠାକୁରଙ୍କ ନିତିଦିନ, ଶ୍ରୀଶ୍ରୀଠାକୁରଙ୍କ ପସଦ, ଶ୍ରୀଶ୍ରୀଠାକୁରଙ୍କ ଅପସଦ ।

ଦ୍ୱିତୀୟ ପରିଚ୍ଛେଦ : ୭୧-୮୨

ପରିବେଶ ମମତ୍ୱ ଓ ସହାନୁଭୂତି: ବୃକ୍ଷଲତା ପ୍ରତି ସ୍ନେହ, ପାଳିତପ୍ରାଣୀଙ୍କ ପ୍ରତି ମମତା (ଗେହ୍ଲା ବିଲେଇ -କାଣୀ, ପ୍ରିୟ କୁକୁର ଚାବୁ, ରାଜା ଛାଗଳ (Majestic Goat), ବେଙ୍ଗ ପାଇଁ ଘର, ଛେଳିର ଦୁଃଖ ଲାଘବ, ଭାଷାବିହୀନ ବାର୍ତ୍ତା), ପାଲମାଙ୍କଠାରୁ ଗୁଣ୍ଠିଚିମୂଷା ଭିକ୍ଷା, ବଳିଖୁଣ୍ଟରୁ ଛାଗଳ ଉଦ୍ଧାର, ଚାବୁକ ଦାଗ, ଗୋବରପୋକ ଉଦ୍ଧାର, ଦୁଇଟି ଝିଟିପିଟିର ମିଳନର କାହାଣୀ, ବୁଲା କୁକୁରର ସେବା, କୀଟପତଙ୍ଗମାନଙ୍କ ଜୀବନରକ୍ଷା, ମଣିଷର ଇହକାଳ ଓ ପରକାଳରେ ସେବା ।

ତୃତୀୟ ପରିଚ୍ଛେଦ : ୮୩-୯୮

ଶ୍ରୀମୁଖ-ନିଃସୃତ କଥାରୁ କିଛି ଓ ଶ୍ରୀହସ୍ତଲିପି: ପୂର୍ବଜନ୍ମ, ଧରାବତରଣ, ଦାରୁବ୍ରହ୍ମ ଶ୍ରୀଜଗନ୍ନାଥ, ମର୍ଯ୍ୟାଦା ପୁରୁଷ ଶ୍ରୀରାମ ଓ ଭକ୍ତ ହନୁମାନ, ଶ୍ରୀକୃଷ୍ଣ ଠାକୁର, ଶ୍ରୀମଦ୍ଭଗବତ୍ ଗୀତା, ପ୍ରଭୁ ଯୀଶୁ ଓ ହଜରତ ମହମ୍ମଦ, ଶ୍ରୀଶ୍ରୀଠାକୁର ମହାରାଜ, ପିଲାଦିନର ସ୍ମୃତିକଥାରୁ କିଛି (ମାତୃଭକ୍ତି, ସେଇ ପାଗଳୀ, ନିର୍ଲୋଭ ସାଧୁ, ପ୍ରତିଶୋଧ), ପ୍ରକୃତ ଭକ୍ତ, ଆମ୍ଳଜନଙ୍କ କଥାରୁ କିଛି (ଶ୍ରୀଶ୍ରୀବଡ଼ମା, ଶ୍ରୀଶ୍ରୀବଡ଼ଦା, ଶ୍ରୀଶ୍ରୀଦାଦା), ତିନି ପାର୍ଷଦଗଣଙ୍କ କଥା, ଆଦର୍ଶ କର୍ମୀ, ଭାରତର ଭବିଷ୍ୟତ । ଶ୍ରୀହସ୍ତ-ଲିଖିତ ବଙ୍ଗଳା ଓ ଇଂରାଜୀ ଲିପି ।

ଚତୁର୍ଥ ପରିଚ୍ଛେଦ : ୯୯-୧୦୮

ଶ୍ରୀଶ୍ରୀଠାକୁରଙ୍କ ବିଶିଷ୍ଟ ସହାୟକବୃନ୍ଦ: ଅନନ୍ତନାଥ, କିଶୋରୀମୋହନ, ନଫରଚନ୍ଦ୍ର, ସତୀଶଚନ୍ଦ୍ର, ସୁଶୀଳଚନ୍ଦ୍ର, କୃଷ୍ଣପ୍ରସନ୍ନ, ପ୍ରଫୁଲ୍ଲକୁମାର, ପ୍ୟାରୀମୋହନ ।

ପଞ୍ଚମ ପରିଚ୍ଛେଦ : ୧୦୯-୧୯୪

ଶ୍ରୀଶ୍ରୀଠାକୁରଙ୍କ ସାନିଧ୍ୟରେ କେତେକ ବିଶିଷ୍ଟ ବ୍ୟକ୍ତିତ୍ୱ: ଗାନ୍ଧୀଜୀ, ଚିତ୍ତରଞ୍ଜନ, ଫଜଲୁଲ ହକ, ସୁଭାଷଚନ୍ଦ୍ର, ଶ୍ୟାମାପ୍ରସାଦ, ଶାସ୍ତ୍ରୀଜୀ, ଶରତଚନ୍ଦ୍ର ଓ ବିନୋଦାନନ୍ଦ । ବିଦେଶୀ ଭକ୍ତ: ସେନସର, ହାଉଜାରମ୍ୟାନ, ମାଇକେଲ କମି, ଏକ୍ମ୍ୟାନ, ପଡ଼ଲିସାକ, ବବ୍ ଓ ଜୁଲି ।

ଷଷ୍ଠ ପରିଚ୍ଛେଦ : ୧୯୫-୧୪୬

ଆମ୍ଳଜନଙ୍କ ମୁଖରେ ଶ୍ରେୟଙ୍କ କଥାରୁ କିଛି: ଶ୍ରୀଶ୍ରୀବଡ଼ମା, ଶ୍ରୀଶ୍ରୀବଡ଼ଦା, ଶ୍ରୀଶ୍ରୀଦାଦା ଓ ପୂଜନୀୟ ବାବାଇଦା ।

ଦ୍ୱିତୀୟ ଅଧ୍ୟାୟ
ଆଦର୍ଶ ଦର୍ଶନ-ଆଭାସ

ପ୍ରଥମ ପରିଚ୍ଛେଦ : **୧୪୩-୧୮୬**

ସୃଷ୍ଟି ରହସ୍ୟ, ସୃଷ୍ଟିର ପୂର୍ବାବସ୍ଥା ଓ ଉଦ୍ଦେଶ୍ୟ, ଶ୍ରୀଶ୍ରୀବଡ଼ଦାଙ୍କ ଉକ୍ତି, ନିର୍ମଳ ଚୈତନ୍ୟ, ମୌଳିକ ରୂପାୟନ, ନୂତନ ସତ୍ତାର ଆବିର୍ଭାବ, ବାଇବେଲର ଉକ୍ତି The spirit of God.. ର ବିଶ୍ଲେଷଣ, ସୃଜନ-ପ୍ରଗତି ବିବରଣୀ, ଚାର୍ଲସ ଡାରଉଇନ୍ ଏବଂ କବିରାଜ ଶ୍ରୀଜୟଦେବଙ୍କ ଉକ୍ତି, ଅନ୍ତରୀକ୍ଷ ବିସ୍ତୃତି, ପରମାତ୍ମା ଓ ଜୀବାତ୍ମା, ଜୀବନର ଅର୍ଥ, ଜଡ଼ ଓ ଚେତନ, ପଦାର୍ଥ, ବ୍ରହ୍ମ, ବ୍ରହ୍ମ ଜ୍ଞାନ, 'ଅବାଙ୍ମନସ ଗୋଚରମ୍'ର ବ୍ୟାଖ୍ୟା, ଶ୍ରୀଶ୍ରୀଦାଦାଙ୍କ ଉକ୍ତି, ବ୍ରାହ୍ମଣ ଓ ବ୍ରହ୍ମ ଜିଜ୍ଞାସା, ଆଧ୍ୟାତ୍ମିକତା, ଉପନିଷଦ୍ ବାଣୀ, ମଣିଷର ବିଶେଷତ୍ୱ ଓ ପ୍ରକାର ଭେଦ, ଉପନିଷଦ୍ ବାଣୀ, ଶ୍ରୀଶ୍ରୀବଡ଼ଦାଙ୍କ ଉକ୍ତି, ବୁଦ୍ଧି-ବିବେକ-ଅହଂକାର ଓ ମୋହର ବ୍ୟାଖ୍ୟା, ଜୀବନର ଲକ୍ଷ୍ୟ, ସତ୍-ଅସତ୍ ପାପ-ପୁଣ୍ୟର ବ୍ୟାଖ୍ୟା, ଉପନିଷଦ୍ ବାଣୀ, ବ୍ରହ୍ମାଣ୍ଡ ଓ ପିଣ୍ଡ, ସୁଫିସନ୍ଥ ରୁମୀଙ୍କ ଉକ୍ତି, ସର୍ବଂଖଲ୍ୱିଦମ୍ବ୍ରହ୍ମ, ଜର୍ଜ ବର୍ଣ୍ଣାଡ୍ ଶ'ଙ୍କ ଉକ୍ତି, ସୃଷ୍ଟିରେ ମଣିଷର ବିଶେଷତା, ଆଦର୍ଶ, ମୂର୍ତ୍ତଗୁରୁରୂପୀ ଭଗବାନ, ପତଞ୍ଜଳୀଙ୍କ ବ୍ୟାଖ୍ୟା, ଈଶ୍ୱର ଓ ଐଶ୍ୱର୍ଯ୍ୟ, ଆଦର୍ଶଙ୍କ ଆବିର୍ଭାବର ସମୟ ଓ ସ୍ଥାନ, ନିଃସ୍ୱାର୍ଥପର ଜୀବସେବା, ସଦ୍‌ଗୁରୁ ଓ ଅବତାର ଗୁରୁ, ଯୁଗପୁରୁଷୋତ୍ତମଙ୍କୁ ଚିହ୍ନିବା ଉପାୟ, ଚୀନ ଦାର୍ଶନିକ ଲାଓ-ଜୁ'ଙ୍କ ଉକ୍ତି, ବିନାଗୁରୁ ସାଧନା, ଏକାଧିକ ଗୁରୁଗ୍ରହଣର ବିଫଳତା, 'ମୋକ୍ଷୟିଷ୍ୟାମି'ର ତାତ୍ପର୍ଯ୍ୟ, ଉଦ୍ଧାରକର୍ତ୍ତା, ଗୁରୁକୃପାରୁ ମୃତ୍ୟୁ ଖଣ୍ଡନ, ଋଷି ମାର୍କଣ୍ଡେୟଙ୍କ କାହାଣୀ, ଯୁଗ ପୁରୁଷୋତ୍ତମଙ୍କ ବିଶେଷତା କଣ, ନକଲି ଗୁରୁ ଓ ନକଲି ଶିଷ୍ୟ, ଗୁରୁ ଛାଡ଼ି ଗୋବନ୍ଦ ଭଜେ... ଏହାର ତାତ୍ପର୍ଯ୍ୟ, 'ବହୁନାଂ ଜନ୍ମନାମନ୍ତେ...'ର ବ୍ୟାଖ୍ୟା, ସାଧୁ, ସାଧୁସଙ୍ଗ, ସନ୍ୟାସୀ, ତପସ୍ୟା ଓ ଆରାଧନା, ଉପନିଷଦ୍ ବାଣୀ, ଆଦର୍ଶ ଅନୁସରଣ ଓ ଅନୁକରଣ, ଶ୍ରୀଶ୍ରୀଦାଦାଙ୍କ ଉକ୍ତି, ଈଶ୍ୱରକୋଟି ଓ ଜୀବକୋଟି ପୁରୁଷ, ଦେବତା ଓ ଅସୁର, ପ୍ରାରବ୍ଧ କର୍ମଫଳ, ଧର୍ମ, ଧର୍ମନୀତି, ଧର୍ମଚର୍ଯ୍ୟା, ହିନ୍ଦୁଧର୍ମ, ଧର୍ମାନ୍ତରଣ, ସୁଫିବାଦ, ସନ୍ଥ ବାବା ଫରିଦ୍, 'ସ୍ୱଧର୍ମେ ନିଧନଂ ଶ୍ରେୟ'ର ବ୍ୟାଖ୍ୟା, ଆଚାର ପରମୋଧର୍ମର ବ୍ୟାଖ୍ୟା ।

ଦ୍ୱିତୀୟ ପରିଚ୍ଛେଦ : **୧୮୭-୨୦୮**

ଯୋଗ ଓ ଯୋଗାଭ୍ୟାସ , କାମ-କ୍ରୋଧ-ଲୋଭ ଇତ୍ୟାଦିର ସ୍ୱରୂପ, ଯୋଗାତ୍ ଚିତ୍ତବୃତ୍ତିନିରୋଧଃ, କାମିନୀକାଞ୍ଚନର ଆକର୍ଷଣ, ଯୋଗାବେଗ, ସନ୍ଥମତ-ସୁରତ ସାଧନା, Libido, ସିଗମଣ୍ଡ୍ ଫ୍ରଏଡ୍ ଓ କାର୍ଲ ଜଙ୍ଗ୍, ବିଲ୍ୱମଙ୍ଗଳ ଉପାଖ୍ୟାନ, ସୁରତ-ସାକୀ କାବ୍ୟର ଉଦ୍ଧୃତାଂଶ, ସୁରତ ଓ ସତ୍ତାଚେତନା, ସୁରତ ଆଦର୍ଶଯୁକ୍ତ ନହେଲେ ହୁଏନା, ଗୋପୀମାନଙ୍କ କୃଷ୍ଣପ୍ରେମ ଓ ରାସଲୀଳା, ଥମାସ୍ ଏ କେମ୍ପିସ୍‌ଙ୍କ ଉକ୍ତି, ଅନାହତ ନାଦ, ବୈଷ୍ଣବଶାସ୍ତ୍ରରେ ବିଭିନ୍ନ ଭାବର ବ୍ୟାଖ୍ୟା, ଭାବଗ୍ରାହୀ ଜନାର୍ଦ୍ଦନ, ବାବାଜୀଙ୍କ କଦଳୀବଗିଚା ଗଳ୍ପ, ଶବ୍ଦବ୍ରହ୍ମ ଏବଂ ନାମ, ଆଦିନାମ, ଯୁଗ ପୁରୁଷୋତ୍ତମଙ୍କ ବିନା ନାମଜପର ଅସାରତା, ନାମ-ନାମୀ ସଂଯୋଗ, ବିଭିନ୍ନ ବିଭୂତି ଲାଭ, ରାମନାଥ ତନ୍ତିଙ୍କ ଗଳ୍ପ, ସକ୍ରେଟିସଙ୍କ ଉଦାହରଣ, ଦାର୍ଶନିକ

ଲାଓ ଚ୍ୟୁଙ୍କ ଉକ୍ତି, ଶ୍ରୀଶ୍ରୀରାମକୃଷ୍ଣଦେବଙ୍କ କଥା ଓ ଆକବର ରାଜସଭାର କାହାଣୀ, 'ତୃଣାଦପି ସୁନୀଚେନ...' ର ବ୍ୟାଖ୍ୟା, ସିଦ୍ଧି କିପରି ଆସେ, ନାମ-ସାଧନା ଓ ଅନୁଭୂତି, ଇଡ଼ା-ପିଙ୍ଗଳା-ସୁଷୁମ୍ନା ନାଡ଼ୀ ଏବଂ ଷଟ୍‌ଚକ୍ରର ଅବସ୍ଥିତି, କୁଳ-କୁଣ୍ଡଳିନୀ ଜାଗରଣ, ଶ୍ରୀଶ୍ରୀଠାକୁରଙ୍କ ସ୍ୱ-ଅନୁଭୂତି ଆଭାସ, ପ୍ରାଣାୟାମର ଅର୍ଥ, ଶ୍ରୀଶ୍ରୀବଡ଼ଦାଙ୍କ ବ୍ୟାଖ୍ୟା, ତନ୍ତ୍ରମତରେ କୁଣ୍ଡଳିନୀ ଜାଗରଣ, ନେତି ଓ ଲୟ, ଶ୍ରୀଶ୍ରୀଦାଦାଙ୍କ ବହୁ ଆଦୃତ ଭଜନର କିୟଦଂଶ, ମାୟାବାଦ, ଶ୍ରୀଶ୍ରୀଠାକୁରଙ୍କ ମତରେ ସାଧନା-ପଥ ।

ତୃତୀୟ ପରିଚ୍ଛେଦ :   ୨୦୯- ୨୪୪

ସମାଜର ଉନ୍ନତି ପାଇଁ ପ୍ରଗତିଶୀଳ ମାନସିକତା (progressive mood), ଦାର୍ଶନିକ ନୀତ୍ୟେଶଙ୍କ ମହାମାନବ (ପୁରୁଷୋତ୍ତମ) ଆଗମନ କଥା, ଡସ୍ତୋୟଭସ୍କିଙ୍କ ଯୀଶୁ-ପୁନରାଗମନର ଶ୍ଳେଷାତ୍ମକ କାହାଣୀ, ଅବତାର-ମହାପୁରୁଷ ପରିଚୟ ପାଇଁ ଶ୍ରୀଶ୍ରୀଠାକୁରଙ୍କ ଅନିଚ୍ଛା, ଉକ୍ତି, ଜ୍ଞାନ ଓ କର୍ମ ଯୋଗର ତାତ୍ପର୍ଯ୍ୟ, ଭକ୍ତି କାହାକୁ କୁହନ୍ତି, ଭୟମିଶ୍ରିତ ଭକ୍ତି, ପ୍ରଣୟ ପରମବେଦ, ଶାଣ୍ଡିଲ୍ୟ ଓ ନାରଦୀୟ ଭକ୍ତି ସୂତ୍ର, ପିତୃମାତୃ ଭକ୍ତି, ଶ୍ରୀଶ୍ରୀରାମକୃଷ୍ଣଦେବଙ୍କ ଉକ୍ତି, ଶ୍ରୀଶ୍ରୀବଡ଼ଦାଙ୍କ ସତ୍ୟାନୁସରଣ ବ୍ୟାଖ୍ୟା, 'ଶ୍ରଦ୍ଧାବାନ୍ ଲଭତେ ଜ୍ଞାନମ୍'ର ତାତ୍ପର୍ଯ୍ୟ, ଗୁରୁଭକ୍ତି ଦ୍ୱାରା ଜ୍ଞାନଲାଭ, ଆରୁଣି ଓ ଉପମନ୍ୟୁ ଉପାଖ୍ୟାନ, କପଟ ଭକ୍ତି, ଦୁର୍ଯ୍ୟୋଧନର ଉକ୍ତି, ଶ୍ରୀଶ୍ରୀବଡ଼ଦାଙ୍କ କଥିତ ଅସଲ ଭକ୍ତି ଓ କପଟ ଭକ୍ତିର ଉଦାହରଣ ଗଳ୍ପ, ଭଲପାଇବା ଓ ପ୍ରେମର ସଂଜ୍ଞା, ନିଷ୍ଠା ଓ ବିଶ୍ୱାସ, ଶ୍ରୀରାମାନୁଜଙ୍କ ଗଳ୍ପ, ହନୁମାନ ଚରିତ୍ର, ଭକ୍ତିର ଅଭିନୟ, ବ୍ୟାଧର ପକ୍ଷୀ ଶିକାର ଗଳ୍ପ, ଶ୍ରୀଶ୍ରୀଠାକୁରଙ୍କ ପିଲାଦିନର ସ୍ତୁତି ଓ ହରିଦାସର ଉଦାହରଣ, Love is blind ର ପ୍ରକୃତ ଅର୍ଥ, ଆଦର୍ଶ ଭକ୍ତି ଓ ପ୍ରେମ, ଶ୍ରୀଶ୍ରୀଦାଦାଙ୍କ ଉକ୍ତି, ପ୍ରେମ ଭକ୍ତିର କ୍ରମୋନ୍ନତି, ଓମର ଖୟାମଙ୍କ ରୁବାୟତ-ପଦ୍ୟାଂଶର ପରମହଂସ ଯୋଗାନନ୍ଦ-କର୍ତ୍ତୃକ ଆଧ୍ୟାତ୍ମିକ ବ୍ୟାଖ୍ୟା, ସୁଫିସନ୍ତ ରୁମୀଙ୍କ ଉକ୍ତି, ଅଶ୍ରୁଲିତ ନିଷ୍ଠା ଓ ବିଶ୍ୱାସ, ଶ୍ରୀଶ୍ରୀବଡ଼ଦାଙ୍କ ଉକ୍ତି ଓ ଗଉତୁଣୀର ଗଳ୍ପ, ଶ୍ରୀଶ୍ରୀଦାଦାଙ୍କ ସ୍ତୁତିଚାରଣ, ସୁଫିସନ୍ତ ନିଜାମୁଦ୍ଦିନ ଔଲିୟାଙ୍କ ବିଶ୍ୱାସ-ସ୍ତର ବର୍ଣ୍ଣନା, ସ୍ୱାମୀଭକ୍ତି, ଗ୍ରାମୀଣ ମହିଳାର କାହାଣୀ, ଜ୍ଞାନାଭିମାନ ଭକ୍ତିର ଅନ୍ତରାୟ, ଶ୍ରୀଶ୍ରୀବଡ଼ଦାଙ୍କ କଥିତ ନାଉରିଆ ଗଳ୍ପ, କର୍ମର ସଂଜ୍ଞା, ଥମାସ୍ ଏ କେମ୍ପିସଙ୍କ ମନ୍ତବ୍ୟ, କର୍ମହୀନ ସଚ୍ଚିନ୍ତା, ଏଡ୍‌ମଣ୍ଡ ବର୍କେଙ୍କ ଉକ୍ତି, resist not evil ର ଅର୍ଥ, ଯାଙ୍କୁଙ୍କ କୁସଂବିଧି ଘଟଣା, ଖଲିଲ ଜିବ୍ରାନଙ୍କ ପଦ୍ୟାଂଶ, ଶ୍ରୀଶ୍ରୀବଡ଼ଦାଙ୍କ ସତ୍ୟାନୁସରଣ ବ୍ୟାଖ୍ୟା, ଶ୍ରୀଶ୍ରୀଠାକୁରଙ୍କ ସ୍ୱଭାବ, କର୍ମ ପ୍ରେରଣା, ଶ୍ରୀଶ୍ରୀଠାକୁରଙ୍କ କଥିତ ରୋଚକ କାହାଣୀ, କର୍ମଠ ହେବାର ପାହାଚ, ଶ୍ରୀଶ୍ରୀବଡ଼ଦାଙ୍କ ଉକ୍ତି, ଶ୍ରୀଶ୍ରୀରାମକୃଷ୍ଣଦେବଙ୍କ କଥିତ କାହାଣୀ, କର୍ମକୁଶଳତା ଓ କେନ୍ଦ୍ରସୁଖପ୍ରିୟତା, fatigue layer, ବିହିତ କର୍ମ, ମହାଭାରତ ଯୁଦ୍ଧ ଓ କ୍ରୁସେଡ୍, ନିଷ୍କାମ କର୍ମ, ଇଷ୍ଟ-ପ୍ରତିଷ୍ଠା ଓ ଇଷ୍ଟସ୍ୱାର୍ଥ ପ୍ରତିଷାର ପ୍ରଭେଦ, ଚରିତ୍ର ଅବନତିର କାରଣ, ବୋଧଶକ୍ତି କିପରି ଆସେ, ଜ୍ଞାନବାନର ଜୀବନଚର୍ଯ୍ୟା, ଜୀବନ୍ତ ଆଦର୍ଶଠାରେ ନିଷ୍ଠା, ବହୁନିଷ୍ଠିକତାର କୁଫଳ, ବାହ୍ୟପୂଜା ।)

ମୋ ଠାକୁର

ଚତୁର୍ଥ ପରିଚ୍ଛେଦ : ୨୪୪-୨୮୪

ଦୀକ୍ଷା ଓ ଦକ୍ଷତା, ଦୀକ୍ଷାପ୍ରସାରର ଆବଶ୍ୟକତା, ଶ୍ରୀଶ୍ରୀଦାଦାଙ୍କ ପ୍ରଶ୍ନ ଏବଂ ଶ୍ରୀଶ୍ରୀଠାକୁରଙ୍କ ଉତ୍ତର, କୁଳଗୁରୁ ଓ ସଦ୍‌ଗୁରୁ, ଦୀକ୍ଷା ଦ୍ୱାରା ବିପଦମୁକ୍ତି, 'କିଂ କୁର୍ବନ୍ତି ଗ୍ରହାସର୍ବେ...'ର ତାତ୍ପର୍ଯ୍ୟ, ଦୀକ୍ଷିତର ଦୁର୍ଭୋଗର କାରଣ, ଗୁରୁବନ୍ଧ ଓ ଗୁରୁବାଧ୍ୟ ହେବାର ଆବଶ୍ୟକତା, ସଦ୍‌ଗୁରୁ ବଦଳାଇ ହୁଏନା, ପାପମୁକ୍ତି କରିବାକୁ ସଦ୍‌ଗୁରୁଙ୍କ ପ୍ରତିଶ୍ରୁତି (assurance), 'ଯେ ଯଥା ମାଂ ପ୍ରପଦ୍ୟନ୍ତେ...', ସନ୍ଥ ତୁଳସୀଙ୍କ ଦୋହା, ବିକୃତ-ସ୍ୱଭାବର ପ୍ରକାରଭେଦ, ଦୀକ୍ଷା ପରେ ଆଶ୍ରମ ଗମନର ଆବଶ୍ୟକତା, ଦ୍ୱିଜତ୍ଵ ଲାଭ, ପିତାମାତା ଓ ଗୁରୁ ଭକ୍ତି ବିନା ସାମାଜିକ ପ୍ରତିପତ୍ତି ସମ୍ଭବ କିପରି, ଧର୍ମ ଉପଦେଶ ଯଥେଷ୍ଟ ନୁହେଁ କାହିଁକି, .. କରିଲେ କାଟେ ମହାଭୀତିର ଅର୍ଥ, ବଜ୍ରନୀତିର ଅର୍ଥ, ବାଇବେଲରେ ଯୀଶୁଙ୍କ ଘୋଷଣା, ଶ୍ରୀଶ୍ରୀଦାଦାଙ୍କ ଉକ୍ତି, ଜୀବନରେ ଶାନ୍ତି ପାଇବାର ଉପାୟ, ଦୀକ୍ଷାରେ ସଙ୍କଳ୍ପ ବିଧି କାହିଁକି, **ଯଜନ**, ଉଷାରେ ନିଶାରେ ମନ୍ତ୍ରସାଧନ, ଜପାତ୍ ସିଦ୍ଧିର ବ୍ୟାଖ୍ୟା, ନାମ-ଧ୍ୟାନ ଆଲୋଚନା, ସନ୍ଥ କବୀରଙ୍କ ଉକ୍ତି, ପ୍ରାର୍ଥନାର ଉଦ୍ଦେଶ୍ୟ, ପ୍ରକୃତ **ଯାଜନର** ସଂଜ୍ଞା, ଯାଜନ ଓ ପରୋପକାର, ଉର୍ଦ୍ଧ୍ୱ ଯାଜୀର ଯାଜନ, ବାସ୍ତବ ଯାଜନ, ଅବୁଝା ଓ ଆସୁରିକ ପ୍ରବୃତ୍ତି ଲୋକଙ୍କୁ ଯାଜନ, ପ୍ରକୃତ ଯାଜନର ପରଖ, ଇଷ୍ଟଭୃତିରେ ଦୀକ୍ଷା ଚେତନାର ଅର୍ଥ, ସମର୍ପଣ ଯୋଗ, ଗ୍ରହଦୋଷ ଖଣ୍ଡନ, ଶ୍ରୀଶ୍ରୀଠାକୁରଙ୍କର ଇଷ୍ଟଭୃତି ସଂପର୍କିତ ସ୍ୱପ୍ନ, ଇଷ୍ଟଭୃତି ପ୍ରତି ଉପହାସ ଓ ବିଦ୍ରୂପ, 'କୁତୋସ୍ୱର କୃତଂସ୍ୱର' ଶ୍ଳୋକର ତାତ୍ପର୍ଯ୍ୟ, ଇଷ୍ଟଭୃତି ଯଜ୍ଞ ସଦୃଶ, ଇଷ୍ଟଭୃତିର ପରମାଣ, ଅର୍ଥାଭାବରେ ଇଷ୍ଟଭୃତି, ଅଶୌଚ ଅବସ୍ଥାରେ ଇଷ୍ଟଭୃତି, ଶ୍ରୀମଭ୍ଗବଦ୍ ଗୀତା ଓ ବାଇବେଲରେ ଇଷ୍ଟଭୃତି ପ୍ରସଙ୍ଗ, **ସ୍ୱସ୍ତ୍ୟୟନୀ** ବ୍ରତର ତାତ୍ପର୍ଯ୍ୟ ଓ ଗୁରୁତ୍ୱ, ସ୍ୱସ୍ତ୍ୟୟନୀ ଦ୍ୱାରା ଅର୍ଥନୈତିକ ଉନ୍ନତି, ଶ୍ରୀଶ୍ରୀଦାଦାଙ୍କ ଉକ୍ତି, **ସଦାଚାର** ଗୁରୁତ୍ୱପୂର୍ଣ୍ଣ କାହିଁକି, ଆଚରଣରେ ପରିଚ୍ଛନ୍ନତା, ଶୁଚି ଓ ଅଶୁଚି, ଆହାର-ସ୍ୱାସ୍ଥ୍ୟ ଓ ସ୍ୱଭାବର ନିୟାମକ, ଦିନଚର୍ଯ୍ୟାରେ ସଦାଚାର, ନିରାମିଷ ଭୋଜନର ଆବଶ୍ୟକତା, ମାଦକଦ୍ରବ୍ୟର ଅପକାରିତା, ଶ୍ରୀଶ୍ରୀଠାକୁରଙ୍କ ନିଜସ୍ୱ ଅନୁଭୂତି, ଗୋଦୁଗ୍ଧ ଇତ୍ୟାଦିର ଉପକାରିତା, ପଞ୍ଚାମୃତର ଗୁଣ, ହବିଷ୍ୟାନ୍ନ, ପଞ୍ଚାଳର ଉପକାରିତା ଓ ଗବେଷଣାଦି ତଥ୍ୟ, ସହଜଖାଦ୍ୟ, ପଞ୍ଜତ ଭୋଜନ ଓ ଅତିଭୋଜନ ବର୍ଜନୀୟ କାହିଁକି, ପାଚକ ଓ ପାଚନ-ପ୍ରଣାଳୀ ଓ ସ୍ନାନର ଶୁଦ୍ଧତା, ଜନ୍ମଗତ ବ୍ୟାଧି ଓ ଆଗନ୍ତୁକ ବ୍ୟାଧି, ଦାର୍ଶନିକ ସିନୋଜାଙ୍କ ଉକ୍ତି, ବାର୍ଦ୍ଧକ୍ୟକୁ ଅସ୍ୱୀକାର, ବାର୍ଦ୍ଧକ୍ୟକୁ ଦୂରରେ ରଖିବାର ଉପାୟ, କର୍ତ୍ତା, ଚାକର ଓ ସ୍ୱଜନଙ୍କୁ ସମାନ ଭୋଜନ ହେଉଛି ବିଜ୍ଞତା, ଶ୍ରୀଶ୍ରୀଠାକୁରଙ୍କ କଥିତ କିଛି ରୋଗ ନିରାମୟ ଉପଚାର ।

ପଞ୍ଚମ ପରିଚ୍ଛେଦ : ୨୮୫-୩୪୦

ଶିକ୍ଷାର ଉତ୍ସ, ଶିଶୁର ପ୍ରଥମ ଶିକ୍ଷାର ବୟସ, ଗୃହଶିକ୍ଷାରେ ପିତାମାତାଙ୍କ ଦାୟିତ୍ୱ, ଦାର୍ଶନିକ ରସ୍କୋଙ୍କ ଉକ୍ତି, ବିଦ୍ୟାଳୟରେ ଶିକ୍ଷକର ଦାୟିତ୍ୱ ଓ ଆଦର୍ଶ ଗ୍ରହର ଆବଶ୍ୟକତା, ଆଚରଣବିହୀନ ଆଚାର୍ଯ୍ୟ, ଉଚ୍ଚଶିକ୍ଷା ଉପାଧି ଯଥେଷ୍ଟ ନୁହେଁ, ସଭା-ବିଦ୍ୟମାନତାକୁ ଯେ ଜାଣେ ସେ ବିଦ୍ୱାନ, ରୋଜଗାର-ସର୍ବସ୍ୱ ଶିକ୍ଷା, ଭାରତର ଶିକ୍ଷା ପରମ୍ପରା, ଶିକ୍ଷାର ମୂଳ ଉଦ୍ଦେଶ୍ୟ- elevated intellectualism (ଉଚ୍ଚ ବୁଦ୍ଧିବୃତ୍ତି), ବିଜ୍ଞାନ ଓ ବୈଷୟିକ ଶିକ୍ଷା, specialisation (ବିଶେଷ ଶିକ୍ଷା), ପୁନଃଏକାଙ୍କ ଏକତ୍ର ଶିକ୍ଷା, ଶିକ୍ଷା ପଦ୍ଧତିରେ ପରିବର୍ତ୍ତନର ଆବଶ୍ୟକତା, ଚାକିରୀ-ସର୍ବସ୍ୱ ଶିକ୍ଷା ବର୍ଜନୀୟ, ଶିକ୍ଷାନୁଷ୍ଠାନରେ ବିଶୃଙ୍ଖଳା-

କାରଣ ଓ ନିରାକରଣ, ଅଭିଭାବକ-ଶିକ୍ଷକ-ଛାତ୍ର ସମ୍ପର୍କ, ପ୍ରକୃତ ବୋଧ (real conception) କିପରି ଆସେ, ଯୌନ-ଶିକ୍ଷା (sex education), ଶିକ୍ଷାର ଲକ୍ଷ୍ୟ ଅସତ୍-ନିରୋଧ, ଭାରତୀୟ ଓ ବିଦେଶୀ ଛାତ୍ରଙ୍କ ଗମନାଗମନ, ବ୍ୟକ୍ତିତ୍ୱ ବିକାଶ, ଦୈବ ଓ ପୁରୁଷାକାର, ଅଦୃଷ୍ଟବାଦ ଓ ଭାଗ୍ୟ, ସ୍ୱର୍ଗ ରାଜ୍ୟ (kingdom of heaven), ପ୍ରଭୁ ଯୀଶୁଙ୍କ ଉକ୍ତି, ପୁଣ୍ୟପୋଥୀରେ ଶ୍ରୀଶ୍ରୀଠାକୁର, ସୁଫିସନ୍ଥ ହଜରତ ବଷ୍ଟାମୀଙ୍କ ଉକ୍ତି, ଇଷ୍ଟ-prominent ଓ ଅହଂ-prominent ମଣିଷ, ମାଛି-ମଣିଷ, ମହୁ-ମଣିଷ, ଶ୍ରେୟଙ୍କୁ ଆପଣାର କରିବାର ଉପାୟ, ଦାର୍ଶନିକ ମିଷ୍ଟର ଏକହାର୍ଟଙ୍କ ମନ୍ତବ୍ୟ, ଯୋଗ୍ୟତାର ବିକାଶରେ କର୍ମର ଆବଶ୍ୟକତା ଓ କୃତକାର୍ଯ୍ୟ ହେବାର ଉପାୟ, କାଠୁରିଆର କୁରାଢ଼ୀ ହଜିବା ଗଳ୍ପ, ଭୌତିକ ଓ ଆଧ୍ୟାତ୍ମିକ ଉନ୍ନତିର ପାରସ୍ପରିକତା, ଅର୍ଥ ଅନର୍ଥର କାରଣ କି ? ଉଚ୍ଚ ଶ୍ରେଣୀ ବ୍ୟକ୍ତିର ସ୍ୱଭାବ, ଅସତ୍ ମଣିଷର ସତ୍‌ମଣିଷ ପରି ଅଭିନୟର କୁଫଳ, ଅନ୍ୟକୁ ଉନ୍ନତ କରିବାରେ ନିଜର ଉନ୍ନତି, ବ୍ୟକ୍ତିତ୍ୱହୀନ ବିଜୟ, ଅବିଶ୍ୱାସ ଓ ଦ୍ୱନ୍ଦ୍ୱୀବୃତ୍ତି, ଦାରିଦ୍ର୍ୟବ୍ୟାଧି, ଅକୃତଜ୍ଞତା, ପରନିନ୍ଦା, କୃତଘ୍ନତା, ଅଷ୍ଟପାଶ, ଅଜାମିଳ ଗଳ୍ପ, ପ୍ରିୟପରମଙ୍କ ଛଅଟି ଅନୁଜ୍ଞା, ଏଗାରଟି ଗୁରୁ-ଅପରାଧ ସଙ୍କେତ, ନୈତିକତା, ଅବସାଦର କାରଣ ଓ ନିରାକରଣ, ଆନନ୍ଦକୁ ଚିରସ୍ଥାୟୀ କରିବା ଉପାୟ, ବାନପ୍ରସ୍ଥ ଓ ମୋକ୍ଷର ଅର୍ଥ, କୁ-ଅଭ୍ୟାସ ବର୍ଜନ, ସଂସାରୀର ଗୃହତ୍ୟାଗ ଗଳ୍ପ, ଖ୍ରୀଷ୍ଟିୟାନ ଧର୍ମର ସ୍ୱୀକାରୋକ୍ତି (confession) ଓ ପ୍ରକୃତ ଅନୁତାପ, ଚୋର କିପରି ସାଧୁ ହେଲା-ଶ୍ରୀଶ୍ରୀଠାକୁରଙ୍କ ଜୀବନର ଘଟଣା, ସପରିବେଶ ଆଦର୍ଶନିଷ୍ଠା, ପାରିପାର୍ଶ୍ୱିକର ମଙ୍ଗଳ, ମଙ୍ଗଳକାରୀର ଅମଙ୍ଗଳ ଚିନ୍ତା, ବ୍ୟବସାୟିକ ଭଲପାଇବା, କ୍ଷମା ଦୁର୍ବଳତା ନୁହେଁ, 'ତେନ ତ୍ୟକ୍ତେନ ଭୁଞ୍ଜୀଥା' (ଈଶୋପନିଷଦ୍)ର ବ୍ୟାଖ୍ୟା, Thy necessity is greater than mineର ଘଟଣା ବିବରଣୀ, ଆଦର୍ଶଙ୍କ ପ୍ରଚାର, ସୃଜନକଳା ଓ ସାହିତ୍ୟ, elevating literature, ଦେବଯାନୀ କାବ୍ୟର ଉଦ୍ଧୃତାଂଶ, ଆଦର୍ଶ, ଆଦେଶ ଓ ଦେଶ, India କେବେ ଭାରତ ହେବ, ଭାରତ ଭାରତ ହିଁ ହୋଇରହୁ, ଆର୍ଯ୍ୟମାନଙ୍କ ଆଚରଣ, ଦଳିତବର୍ଗ ଉତ୍ଥାନର ଉପାୟ, ଦେଶର ଶିଳ୍ପ, କୃଷି ଓ ଅର୍ଥନୈତିକ ଉନ୍ନତି, ବେକାର-ସମସ୍ୟା ଦୂରୀକରଣ, ଭାରତରେ ଏକଦା ପ୍ରଚଳିତ ବର୍ଣ୍ଣାଶ୍ରମ, କର୍ମଭିତ୍ତିକ ସାମାଜିକ ବିଭାଗ, ଦାର୍ଶନିକ ଇମାନୁଏଲ କାଣ୍ଟଙ୍କ ଉକ୍ତି, ବଂଶାନୁଗତ କର୍ମ-ବିଶିଷ୍ଟତା ଏବଂ ଅନୁଲୋମ ବିବାହ ଦ୍ୱାରା ବିଶ୍ୱ-ବର୍ଣ୍ଣାଶ୍ରମ ଏବଂ ଏକବିଶ୍ୱଭାଷାର ନୂତନ ପରିକଳ୍ପନା, ବସୁଧୈବ କୁଟୁମ୍ବକମ୍, ପଶୁପକ୍ଷୀ ଜଗତରେ କର୍ମ-ନିର୍ଦ୍ଧାରଣ ଏବଂ ବର୍ଣ୍ଣାଶ୍ରମ।

ଷଷ୍ଠ ପରିଚ୍ଛେଦ : ୩୪୧-୩୬୬

ନାରୀ, ପରମହଂସ ଶ୍ରୀରାମକୃଷ୍ଣଦେବଙ୍କ କାମିନୀ-କାଞ୍ଚନ ବର୍ଜନ ଉପଦେଶ ଓ ଶ୍ରୀଶଙ୍କରାଚାର୍ଯ୍ୟଙ୍କ ଉକ୍ତି (ନାରୀ ନରକର ଦ୍ୱାର) ଉପରେ ଶ୍ରୀଶ୍ରୀଠାକୁରଙ୍କ ସୃଜନାତ୍ମକ ବିଶ୍ଳେଷଣ, ମହାକବି ଭର୍ତ୍ତୃହରିଙ୍କ କାହାଣୀ, କାଜି ନଜରୁଲ ଇସଲାମଙ୍କ ନାରୀ କବିତାର ଉଦ୍ଧୃତାଂଶ, ଇଷ୍ଟପ୍ରାଣତା ଓ ନାରୀମୁଖୀନତା, ଶ୍ରୀଶଙ୍କରଙ୍କ ପରକାୟା-ପ୍ରବେଶ କାହାଣୀ, ନାରୀ ଶିକ୍ଷା, ନାରୀ-ପୁରୁଷର ବୈଶିଷ୍ଟ୍ୟ ଓ ପାରସ୍ପରିକତା, ପୁରୁଷ ଓ ନାରୀ-ସ୍ୱଭାବର ପାର୍ଥକ୍ୟ, ନାରୀର ଉଦ୍ୟୋଗ (ଚାକିରୀ), ନାରୀର ଚଳନ ଓ ବ୍ୟବହାର, ନାରୀ-ସ୍ୱାଧୀନତା, ଭାରତୀୟ ସଂସ୍କୃତିରେ ବିବାହ, ଅନୁଲୋମ-ପ୍ରତିଲୋମ, ସ୍ୱାମୀ-ସ୍ତ୍ରୀ

মো ঠାକୁର

ପାରସ୍ପରିକତା ଓ ନିର୍ଭରଶୀଳତା, ସ୍ୱାମୀ-ସ୍ତ୍ରୀ ବିଦ୍ୱେଷ, ସୁବିବାହ ଓ ସୁସନ୍ତାନ, ପୁରୁଷର ବହୁବିବାହ ଓ ସମଲିଙ୍ଗୀ ଯୌନ-ସଂପର୍କ, ସତୀତ୍ୱ (ଆତ୍ମିକ, ମାନସିକ, ଦୈହିକ), ସ୍ୱାମୀ-ସେବା, ମାତୃତ୍ୱ, ବିବାହରେ ବୟସର ପାର୍ଥକ୍ୟ, ବିବାହ-ବିଚ୍ଛେଦ, ବାଇବେଲର ଉକ୍ତି, ବିଧବା-ପୁନର୍ବିବାହ, ସୁସନ୍ତାନ ଜନ୍ମ ହେବାର ବିଧି, ପିତାମାତାଙ୍କ ସ୍ୱଭାବଠାରୁ ସନ୍ତାନର ଭିନ୍ନ-ସ୍ୱଭାବ କାହିଁକି, ଗୃହରେ ସ୍ୱାମୀ-ସ୍ତ୍ରୀ ଉଭୟଙ୍କ ଅନୁପସ୍ଥିତିଜନିତ ଅଶାନ୍ତି ଓ ସନ୍ତାନ ଉପରେ ତାର କୁପ୍ରଭାବ, ମଦର ଟେରେସାଙ୍କ ମନ୍ତବ୍ୟ, ସୁବିବାହ (ଅନୁଲୋମ) ଅତ୍ୟନ୍ତ ଗୁରୁତ୍ୱପୂର୍ଣ୍ଣ କାହିଁକି, ପ୍ରତିଲୋମ ବିବାହର ଭୟାବହତା, ରାଷ୍ଟ୍ରନେତାଙ୍କ କର୍ତ୍ତବ୍ୟ, ତଥାକଥିତ ଉଦାରଚିନ୍ତାଧାରାର ଅପକାରିତା, ବିବାହରେ ଆତ୍ମିକ ମିଳନ ଜରୁରୀ- ଶ୍ରୀଶ୍ରୀବଡ଼ମାଙ୍କୁ ଶ୍ରୀଶ୍ରୀଠାକୁରଙ୍କ ପ୍ରଥମ ଚିଠିର କିୟଦଂଶ, ସନ୍ତାନ ଜନ୍ମପରେ ମାତାର ଦାୟିତ୍ୱ ପିତାଠାରୁ ଅଧିକ, ପିତୃଗୃହରେ ବିବାହିତ ସ୍ତ୍ରୀର ଅଧିକ ରହଣୀ ଅବାଞ୍ଛନୀୟ, ସତୀତ୍ୱ ଓ ମାତୃତ୍ୱ, ନାରୀ ସୁରକ୍ଷା, ନାରୀ ଓ ଶିଶୁକନ୍ୟା ପ୍ରତି ଅତ୍ୟାଚାର ନିରସନର ଉପାୟ, ସଦ୍‌ବଂଶଜ ଓ ଅସଦ୍‌ବଂଶଜ ସନ୍ତାନ ମଧ୍ୟରେ ପାର୍ଥକ୍ୟ, ମଣିଷର ଗ୍ରନ୍ଥି (complex) ସମୂହର ପ୍ରକାରଭେଦ, ଗୁରୁ-ସମର୍ପିତ ବ୍ୟକ୍ତି, ସମାଜ ଓ ସଂସାରର ଶୋଭା, ସନ୍ତ ରବିଦାସଙ୍କ କାହାଣୀ ।

ସପ୍ତମ ପରିଚ୍ଛେଦ : ୩୬୧-୩୮୪

ପୁନର୍ଜନ୍ମ କିପରି ହୁଏ, ମରଣୋତ୍ତର ଅସ୍ତିତ୍ୱ, କାରଣ ଶରୀର, ଜୀବିତ ଓ ଦିବଂଗତଙ୍କ ପ୍ରଣୟ (ପାଟ୍ରିସିୟା-ବର୍ଣ୍ଣାଦ୍ ଶ'ଙ୍କ କାହାଣୀ), ଭୂତ ଓ ଭୂତଯୋନି, ମୃତକଙ୍କ ପାଇଁ ଶ୍ରାଦ୍ଧ ଓ ଗୟାରେ ପିଣ୍ଡଦାନର ମହତ୍ତ୍ୱ, ପିତୃତର୍ପଣ, ମଧ୍ୟରେ ପୁନର୍ଜନ୍ମ ନ ହେବା ବା ମୋକ୍ଷପ୍ରାପ୍ତି, ପ୍ରେତଲୋକ, ପ୍ରେତାତ୍ମା ସହିତ ଯୋଗାଯୋଗ, ସ୍ୟୁତିବାହୀ ଚେତନା, 'ମରନା, ମାରନା, ପାରତ ମୃତ୍ୟୁକୁ ଅବଲୁପ୍ତ କର'-ଏହାର ବ୍ୟାଖ୍ୟା, ସ୍ୱାମୀ ବିବେକାନନ୍ଦଙ୍କ ବକ୍ତବ୍ୟ, ଉନ୍ନତ-ଆତ୍ମାଭାବେ ଜନ୍ମଲାଭର ଉପାୟ, ଜାତିସ୍ମରତ୍ୱ ଓ ଜାତିସ୍ମର ଶାନ୍ତିର ମରଣୋତ୍ତର ଅବସ୍ଥିତି ଓ ପୁନର୍ଜନ୍ମ ବର୍ଣ୍ଣନା, ପୂର୍ବଜନ୍ମ ସମ୍ୱନ୍ଧରେ ଜାଣିବାର ଉପାୟ, ବୌଦ୍ଧମତର ବିପାସନା ଧ୍ୟାନ ପଦ୍ଧତି, ସମ୍ମୋହନ ଦ୍ୱାରା ପୂର୍ବଜନ୍ମକୁ ଗତି (Past life Regression), 'ଯୋଗବାଶିଷ୍ଠ'ରେ ରାଜା ଲଭନଙ୍କ କାହାଣୀ, ଅନ୍ତର୍ଜ୍ଞାନ (Intuition) ଓ ଅତୀନ୍ଦ୍ରିୟ ଦର୍ଶନ (Clairvoyance)

ଅଷ୍ଟମ ପରିଚ୍ଛେଦ : ୩୮୫-୩୯୪

ଅଲୌକିକତାର ଅର୍ଥ, ଶ୍ରୀଶ୍ରୀଠାକୁରଙ୍କ ଅନୁଭୂତି ରହସ୍ୟ, ଭାବସମାଧିରେ ଶ୍ରୀଶ୍ରୀଠାକୁରଙ୍କ ଅଭୁତ ଶାରୀରିକ ଲକ୍ଷଣ, ଜୀବଦେହରେ ପ୍ରାଣନ-ସ୍ପନ୍ଦନର ଆଲୋଚନା, ବିଜ୍ଞାନ-ବିଭୂତି ପୁସ୍ତକରେ ଅନେକ ସୂତ୍ରର ଇଙ୍ଗିତ, ନିଉଟନଙ୍କ ପ୍ରଥମ ନିୟମ (Newton's First Law of Motion) ଉପରେ ଶ୍ରୀଶ୍ରୀଠାକୁରଙ୍କ ମନ୍ତବ୍ୟ, ପରମାଣୁ ବୋମାକୁ ନିଷ୍କ୍ରିୟ କରିବାର ଉପାୟ, ଆଲୋକର ସମଗତି-ସଂପନ୍ନ ଟ୍ରେନ୍ ବା ରକେଟ୍ ନିର୍ମାଣର ପରିକଳ୍ପନା, ସୂର୍ଯ୍ୟର ଆଭ୍ୟନ୍ତରୀଣ ବାତାବରଣର ସୂଚନା, ଚନ୍ଦ୍ର ଓ ପ୍ରଶାନ୍ତ ମହାସାଗରର ସୃଷ୍ଟି-ରହସ୍ୟ, ମଙ୍ଗଳଗ୍ରହରେ ଶ୍ରୀଶ୍ରୀଠାକୁରଙ୍କ ଉପସ୍ଥିତି ଓ ସେଠାକାର ଜୀବଜଗତର ବିବରଣୀ, ତାରକାପୁଞ୍ଜର (constellation) ବର୍ଣ୍ଣନା, ଗ୍ରହଗ୍ରହାନ୍ତରରେ ଜୀବନର ଇଙ୍ଗିତ, ସଦ୍ୟ

ମୋ ଠାକୁର

ଆବିଷ୍କୃତ ଈଶ୍ୱର-କଣିକା (God Particle) ଏବଂ ଏକଶତ ବର୍ଷ ପୂର୍ବେ ଶ୍ରୀଶ୍ରୀଠାକୁରଙ୍କ ବର୍ଣ୍ଣିତ 'ଚିଦ୍-ଅଣୁ'ର ସଂପୂର୍ଣ୍ଣ ସାମଞ୍ଜସ୍ୟର ବିବରଣୀ, ଶ୍ରୀଶ୍ରୀଠାକୁରଙ୍କ ଚୂଡ଼ାନ୍ତ ଉପଦେଶ: ଆଦର୍ଶକେନ୍ଦ୍ରିକ ହୁଅ ।

ତୃତୀୟ ଅଧ୍ୟାୟ

ଆଦର୍ଶ ଲୀଳା ଆଭାସ

ପ୍ରଥମ ପରିଚ୍ଛେଦ : ହିମାୟିତପୁର **୩୯୫-୪୪୦**

ଡାକିଲେ, ମୁଁ ଶୁଣେ, ବୋସମା'ଙ୍କ ଅନୁଭୂତି, ପଦ୍ମାନଦୀରେ ମାଆଙ୍କ ସହିତ, ମୂର୍ତ୍ତିଧ୍ୟାନ, ଭକ୍ତର ଚରିତ୍ର, ଦେବମୂର୍ତ୍ତି ଦର୍ଶନ, ସମୟଠାରୁ ବହୁ ଆଗରେ, କଥା କହିବାର କୌଶଳ, ସ୍ୱଭାବ ସଂଶୋଧନ, ଇଷ୍ଟ-ଆଦେଶ ଅମାନ୍ୟର ପରିଣାମ, ଦୁର୍ଗାନାଥଙ୍କ ରୋଗମୁକ୍ତି, ଦୃଷ୍ଟିହୀନକୁ ଦର୍ଶନ, ପରମପ୍ରେମମୟଙ୍କ ଦୂରଦୃଷ୍ଟି, ନନୀଗୋପାଳ ଦେଙ୍କ ଜେଲମୁକ୍ତି, ହେମକବିଙ୍କ ମଦ୍ୟତ୍ୟାଗ, ଅକିଞ୍ଚନର ନିବେଦନରେ ଆଗ୍ରହ, ଶ୍ରୀଶ୍ରୀଠାକୁରଙ୍କ କୃତଜ୍ଞତା, ପଦ୍ମାର ଗତି ପରିବର୍ତ୍ତନ, ପଞ୍ଚାନନଦାଙ୍କ ପଣସ ଭୋଗ, ଗୁରୁବାକ୍ୟ ଲଂଘନର ପରିଣାମ, ଗୁରୁବାକ୍ୟ ପାଳନର ସୁଫଳ, ବର୍ମାର ଓକିଲ ପି. ଆର. ବ୍ୟାନାର୍ଜୀଙ୍କ ସପରିବାର ରକ୍ଷା, ଚନ୍ଦ୍ରନାଥଦା କିପରି ଅଛନ୍ତି ?, ଦିବ୍ୟ ଖେଚେଡ଼ି, ଅମୂଲ୍ୟ ଧନ ଦେଇଯାଉଛି, ବିଗତ ଆତ୍ମାଙ୍କ ସହିତ ସଂପର୍କ, ଲୋଭ ଓ ବଦନାମରୁ ରକ୍ଷା, 'ସର୍ବଧର୍ମାନ୍ ପରିତ୍ୟଜ୍ୟ', ନିନ୍ଦାରେ ବି ନିର୍ବିକାର, ଭକ୍ତ କମଳାକ୍ଷ ସରକାରଙ୍କ ଅସାମାନ୍ୟ ଅନୁଭୂତି, ମାଂସାହାର ଗ୍ରହଣରେ କାୟାପରିବର୍ତ୍ତନ, ଗୁରକୃପା (ରମାଶଙ୍କର ସିଂହ), ଅଚାନକ ମିଲିଟାରୀ, ମଣିଷ ନିଜର, ଟଙ୍କା ପର.., ଗୋଲାପୀ ଜ୍ୟୋତି ଓ ଭଣ୍ଡ ସନ୍ନ୍ୟାସିନୀ, ଶିକ୍ଷକଙ୍କୁ ଦିଗ୍‌ଦର୍ଶନ, ଶ୍ରୀଶ୍ରୀଠାକୁରଙ୍କ ଫଟୋର ମାହାତ୍ମ୍ୟ, ଇଷ୍ଟଭୃତିର ମହତ୍ତ୍ୱ, ଇଷ୍ଟଭୃତିର ସୁଫଳ, ଇଷ୍ଟଭୃତିରୁ ଉନ୍ନତି ।

ଦ୍ୱିତୀୟ ପରିଚ୍ଛେଦ: ଦେଓଘର **୪୪୧-୪୮୭**

ମୁଁ ତୁମକୁ ଶୁଣେ (ମେଁ ତୁମ୍‌କୋ ଶୁନତା ହୁଁ), ଦଶାବତାର ଦର୍ଶନ, ଯୀଶୁଙ୍କ ପାଇଁ ଯୀଶୁଙ୍କୁ ଭଲପାଅ, ପ୍ରଭୁ ଯୀଶୁ, ଦୟାଲଧାମକୁ ପ୍ରବେଶପତ୍ର, ଶ୍ରୀଶ୍ରୀଠାକୁରଙ୍କ ଆୟବ୍ୟୟ, ବାଣୀ କିପରି ଆସେ, ପୁରୁଷୋତ୍ତମଙ୍କ ପାରାଲିସିସ୍, ଆପଣ କ'ଣ ଭଗବାନ ଦେଖିଛନ୍ତି ?, ମାତୃଭକ୍ତିର ଉତ୍ସ, ଯିଏ ଆସୁଛି ତା'ର ଯତ୍ନକର, ଗ୍ରହଦୋଷ ଖଣ୍ଡନ ଓ ଜୀବନଦାନ, ଦୀକ୍ଷାରେ ନୂତନ ଜୀବନ, ଭାବ–ସମନ୍ୱୟ, ଅନ୍ତର ସବୁ ଭାଷା ବୁଝେ, ଯତୀନ୍‌ଦାଙ୍କ ପ୍ରଣାମୀ, କିରଣଦାଙ୍କ ପଦ୍ମଶ୍ରୀ, ଗୋବରଦାଙ୍କ ଅନୁତାପ, ଦୟାଳୁ ଠାକୁର, ହାଣ୍ଡଲି ପାମାର ବିସ୍କୁଟ, ଯଜ୍ଞେଶ୍ୱରଦାଙ୍କ ସିଆଟିକା, ବାଳକର ଗୁରୁଭକ୍ତି, ଉନ୍ନତ ଆତ୍ମାଙ୍କ ପ୍ରାର୍ଥନା, ସତ୍‌ନାମ ଚିଉନିଙ୍ଗ୍, ସହଜ କଥାରେ ଏକାନୁରକ୍ତି, ଅନନ୍ତ କରୁଣା ଦୃଷ୍ଟି, ଇଷ୍ଟ ଇଚ୍ଛାର ମ୍ୟାଜିକ୍ – ସତ୍‌ସଙ୍ଗ କ୍ଲକ୍ ଟାୱାର, ଜଜ୍ ପ୍ରଫୁଲ୍ଲଦା ଜଷ୍ଟିସ୍ ହେଲେ, ତୁ କ'ଣ ଜାଣିଛୁ ମୁଁ କେତେ ବଡ଼ କାଠମିସ୍ତ୍ରୀ, ଚରିତ୍ରରେ ଗେଟିସ୍ ପକାନା, ଅହେତୁକ କରୁଣା, ବିନ୍ଧ୍ୟାଚଳର ଅଜଣାଲୋକ, ହରିନନ୍ଦନଙ୍କ ପରିବର୍ତ୍ତନ, ଭକ୍ତର ପୂର୍ବଜନ୍ମ ପ୍ରସଙ୍ଗ, ସେ ଶୁଣନ୍ତି ମନର କଥା, ପ୍ରଥମ ଦର୍ଶନ ଓ ଦୀକ୍ଷା, ସର୍ବପୂରଣକାରୀ, ଆଶୁଦାଙ୍କ ଅର୍ଘ୍ୟ ଯୋଗାଡ଼, ପାଚକରୁ ପଣ୍ଡିତଜୀ ।

– ଠ –

ପ୍ରଥମ ଅଧ୍ୟାୟ

(ଆଦର୍ଶ ଜୀବନ ଆଭାସ)

ପ୍ରଥମ ପରିଚ୍ଛେଦ

ଜୀବନ ଚରିତ, ଉଲ୍ଲେଖଯୋଗ୍ୟ ଘଟଣା, ନିତିଦିନ, ପସନ୍ଦ ଓ ଅପସନ୍ଦ

ଜୀବନ ଚରିତ ଆଭାସ

ଶ୍ରୀଶ୍ରୀଠାକୁର ଥରେ କହିଥିଲେ - 'ମୋ' ଜୀବନୀ ସଂପର୍କରେ ମୋର ଆଗ୍ରହ ନାହିଁ। କିନ୍ତୁ ମୋର mission (ଜୀବନର ଉଦ୍ଦେଶ୍ୟ) ଓ ଆଦର୍ଶ ପ୍ରଚାର ପାଇଁ ଜୀବନୀର ପ୍ରୟୋଜନ ଅଛି। ତାହା ଯେତେ ଯଥାଯଥ-ସମନ୍ୱୟୀ ଓ ବାସ୍ତବ ତାତ୍‌ପର୍ଯ୍ୟ ସମନ୍ୱିତ ହୁଏ, ସେତେ ହିଁ ଭଲ।' ଶ୍ରୀଶ୍ରୀଠାକୁରଙ୍କର ଏହି ଉକ୍ତି ଉପରେ ଲକ୍ଷ୍ୟ ରଖି ଏବଂ ଜୀବନ-ଚରିତକୁ ସଂକ୍ଷିପ୍ତ, ଯଥାଯଥ ଓ ବାସ୍ତବ କରିବା ଚେଷ୍ଟାରେ ଅନେକ ବିଷୟ, ଘଟଣାମାନଙ୍କୁ ଏଡ଼ାଇ ଦେବାକୁ ହୋଇଛି।

ଶ୍ରୀଶ୍ରୀଠାକୁରଙ୍କର ପୂରାନାମ ହେଲା ଅନୁକୂଳଚନ୍ଦ୍ର ଚକ୍ରବର୍ତ୍ତୀ। ସେ ୧୮୮୮ମସିହା ସେପ୍ଟେମ୍ବର ୧୪ ତାରିଖ (ତାଳନବମୀ ତିଥିରେ) ବର୍ତ୍ତମାନର ବଙ୍ଗଳାଦେଶର ପାବନା ଜିଲ୍ଲା ଅନ୍ତର୍ଗତ ହିମାୟିତପୁର ଗ୍ରାମରେ ଜନ୍ମନେଇଥିଲେ। ତାଙ୍କର ପିତାଙ୍କ ନାମ ଶିବଚନ୍ଦ୍ର ଚକ୍ରବର୍ତ୍ତୀ ଓ ମାତାଙ୍କ ନାମ ମନମୋହିନୀ ଦେବୀ। ଶିବଚନ୍ଦ୍ରଙ୍କ ଶ୍ୱଶୁର ରାମେନ୍ଦ୍ର ନାରାୟଣଙ୍କର ଅକାଳ ମୃତ୍ୟୁରେ ତାଙ୍କର ଭୂସମ୍ପତ୍ତି ଶତ୍ରୁମାନଙ୍କ ଚକ୍ରାନ୍ତରେ ପରହସ୍ତଗତ ହେବାକୁ ଲାଗିଲା। ଶିବଚନ୍ଦ୍ରଙ୍କ ଅକ୍ଲାନ୍ତ ଚେଷ୍ଟା ଯୋଗୁଁ କିଛି ସମ୍ପତ୍ତି ରକ୍ଷାହେଲା, ତାହା ଥିଲା ପରିବାର ଚଳାଇବା ପାଇଁ ଆୟର ଏକମାତ୍ର ଉପାୟ। ଶିବଚନ୍ଦ୍ର ଏହାର ଦାୟିତ୍ୱ ନେଲେ। ତାଙ୍କର ଦେହ ମଧ୍ୟ ମଝିରେ ମଝିରେ ଖରାପ ରହୁଥିଲା।

ପିଲାଦିନରୁ ଅନୁକୂଳଚନ୍ଦ୍ର ପିତାମାତାଙ୍କ ପ୍ରତି ଅତୀବ ଅନୁରକ୍ତ ଥିଲେ । ତାଙ୍କର ନାମକରଣରୁ ମାତା ମନମୋହିନୀ ଦେବୀ ପୁତ୍ରକୁ କେଉଁପରି ଗଢ଼ିବାକୁ ଚାହୁଁଛନ୍ତି ତା'ର ସଂକେତ ମିଳେ । ତାଙ୍କ ନାମର ପ୍ରତ୍ୟେକ ଅକ୍ଷରକୁ ଧାଡ଼ିର ପ୍ରଥମରେ ରଖି ଏଇ ଚାରିଧାଡ଼ିର କବିତା ସେ ଲେଖିଥିଲେ-

'ଅକୂଳେ ପଡ଼ିଲେ ଦୀନହୀନ ଜନେ
ନୁଆଁଇଣ ଶିର କହିବୁ କଥା
କୂଳ ଦେଇ ତାଙ୍କୁ ସାଧି ପ୍ରାଣପଣେ
ଲକ୍ଷ୍ୟ ରଖି ତାଙ୍କ ନାଶିବୁ ବ୍ୟଥା ।'

ବାଲ୍ୟାବସ୍ଥାରେ ମାତା ମନମୋହିନୀ ଦେବୀ 'ରାଧାସ୍ୱାମୀ' ଧାର୍ମିକ ମାର୍ଗର ଗୁରୁ ଶ୍ରୀହୁଜୁର ମହାରାଜଙ୍କଠାରୁ ସ୍ୱପ୍ନରେ ସତ୍‌ନାମ ଓ ପରେ ଦୀକ୍ଷା ଗ୍ରହଣ କରିଥିଲେ । ଶ୍ରୀହୁଜୁର ମହାରାଜଙ୍କ ଉପରେ ତାଙ୍କ ମା'ଙ୍କ ଭକ୍ତି ଓ ବିଶ୍ୱାସ ଅନୁକୂଳଚଙ୍କୁ ପିଲାଦିନରୁ ଏତେ ପ୍ରଭାବିତ କରିଥିଲା ଯେ ସେ ମଧ୍ୟ ତାଙ୍କୁ ଗୁରୁ ବା ପରମପିତା ବୋଲି ଜ୍ଞାନ କରୁଥିଲେ । 'ରାଧାସ୍ୱାମୀ' ଧାର୍ମିକ ମାର୍ଗର ପ୍ରଥମ ଗୁରୁ ଓ ଦ୍ୱିତୀୟ ଗୁରୁ ଥିଲେ ଯଥାକ୍ରମେ ଶ୍ରୀସ୍ୱାମୀଜୀ ମହାରାଜ ଓ ଶ୍ରୀହୁଜୁର ମହାରାଜ । ଏହି ମାର୍ଗର ତୃତୀୟ ଗୁରୁ ହେଲେ ଶ୍ରୀମହାରାଜ ସାହେବ ଏବଂ ଚତୁର୍ଥଗୁରୁ ଥିଲେ ଶ୍ରୀସରକାର ସାହେବ । ତୃତୀୟ ଗୁରୁ ଶ୍ରୀମହାରାଜ ସାହେବ (ପଣ୍ଡିତ ବ୍ରହ୍ମାଶଙ୍କର ମିଶ୍ର) ତାଙ୍କର ଜଣେ ଭକ୍ତଙ୍କୁ କହିଥିଲେ, ପରବର୍ତ୍ତୀ ସନ୍ଥ ସଦ୍‌ଗୁରୁ ବ୍ରାହ୍ମଣ ବଂଶରେ ଜନ୍ମ ନେଇଛନ୍ତି, ସେ ବର୍ତ୍ତମାନ କିଶୋରବୟସ୍କ, ତାଙ୍କର ଯେତେବେଳେ ଇଚ୍ଛା ହେବ ସେ ନିଜକୁ ପ୍ରକାଶ କରିବେ । ତାଙ୍କର ଏ ସମ୍ପର୍କରେ ବାଣୀ ଥିଲା,-

'ଅଭି କୋଇ ବଚ୍ଚା, ସ୍ୱତଃ ସନ୍ଥ ହୋ
ଜବ ମୌଜ ହୋଗା, ତବ ପ୍ରକଟ ହୋଙ୍ଗେ ।'

ଶ୍ରୀମହାରାଜ ସାହେବ ୧୯୦୭ ମସିହା ଅକ୍ଟୋବର ମାସରେ ଦେହତ୍ୟାଗ କଲେ, ଶ୍ରୀଶ୍ରୀଠାକୁରଙ୍କର ସେତେବେଳେ ବୟସ ଥିଲା ୧୯ ବର୍ଷ ।

ଅନୁକୂଳଚନ୍ଦ୍ରଙ୍କ ବାଲ୍ୟାବସ୍ଥାରେ ପିତା ଶିବଚନ୍ଦ୍ର ଦୀର୍ଘ ଛଅବର୍ଷ ରୋଗାକ୍ରାନ୍ତ ହୋଇପଡ଼ିଥିଲେ । ଅସୁସ୍ଥତାକାରଣରୁ ସମ୍ପତ୍ତିର ଦେଖାରଖା ସମ୍ଭବ ହେଉ ନ ଥିଲା, ଶତ୍ରୁମାନଙ୍କ ଷଡ଼ଯନ୍ତ୍ରରେ ହାତଛଡ଼ା ହୋଇ ଯାଉଥିଲା ଓ ବିଶେଷ କିଛି ଆୟ ମଧ୍ୟ ଆସୁ ନ ଥିଲା । ଶ୍ରୀଶ୍ରୀଠାକୁର ତାଙ୍କ ପିଲାଦିନର କଥା ମନେପକାଇ କହିଥିଲେ -'ଆମେ ନିହାତି ଅସୁବିଧାରେ ଥିଲୁ । ଶ୍ରୀହୁଜୁର ମହାରାଜ ବେଳେବେଳେ ଆମ ପାଖକୁ ଟଙ୍କା ପଠାଉଥିଲେ । ସେ ମୋ ମାଆଙ୍କୁ 'ଦିଦି' ବୋଲି ସଂବୋଧନ କରୁଥିଲେ ।' ପରିବାରରେ ଅଭାବ ଅନାଟନ ଓ ମାତାଙ୍କ ମୁହଁରେ କଷ୍ଟର ଛାପ ଦେଖି ସେ ତାଙ୍କୁ ପିଲାମନରେ ସାନ୍ତ୍ୱନା ଦେଇ କହୁଥିଲେ- 'ମା, କିଛି ଭୟ ନାହିଁ, ତୁମେ ମୁଢ଼ି ଭାଜିଦେବ ଓ ମୁଁ ମୁଢ଼ି ନେଇ ବଜାରରେ ବିକିବି । ଦେଖିବ ମା' କେତେ ଟଙ୍କା ହୋଇଯିବ ।' ପାଂଚ, ଛଅ ବର୍ଷ ବୟସରେ ପିତାଙ୍କ ଔଷଧ ଆଣିବାକୁ ପ୍ରାୟ ପାଞ୍ଚ କିଲୋମିଟର ଦୂର ପାବନା ଟାଉନକୁ ଇଚ୍ଛାମତୀ ନଦୀ ପାର ହୋଇ

ସେ ଚାଲିଚାଲି ଯାଉଥିଲେ । ମଣିଷ ଜୀବନରେ ପିତାମାତାଙ୍କ ଗୁରୁତ୍ୱ ଯେ ଅତୁଳନୀୟ, ଏହା ପିଲାବେଳଠାରୁ ତାଙ୍କ ଚରିତ୍ରରେ ପ୍ରକାଶିତ । ପରବର୍ତ୍ତୀକାଳରେ ସେ ଯେଉଁ ବାଣୀ ଦେଇଛନ୍ତି ତାହା ହୃଦୟସ୍ପର୍ଶୀ: -

'ପିତା ସ୍ୱର୍ଗ, ପିତା ଧର୍ମ, ପିତା ହିଁ ତପର ନନ୍ଦନା,
ପିତୃ ପ୍ରୀତି ପ୍ରସାରୀ ଆଣେ ସବୁ ଦେବତାଙ୍କ ବନ୍ଦନା ।'

ଏବଂ

'ମାତୃଭକ୍ତି ଅତୁଟ ଯେତେ
ସେଇ ପିଲାହୁଏ କୃତି ତେତେ ।'

ବଙ୍ଗଳା ଭାଷାରେ ଲିଖିତ ଏକାଧିକ ଜୀବନଚରିତରୁ ଜାଣିବାକୁ ମିଳେ ଯେ ସେ ବାରମାସ ମାତୃଗର୍ଭରେ ଥିଲେ । ଜନ୍ମପରେ କେହି ଜଣେ ସନ୍ନ୍ୟାସୀ ପିଲାଟିକୁ ଦେଖି କହିଥିଲେ ଯେ ସେ ଜଣେ ମହାପୁରୁଷ ଓ ବହୁଲୋକ ତାଙ୍କର ଅନୁଗାମୀ ହେବେ । କୁହାଯାଏ, ମାତୃଗର୍ଭରେ ଥିବା ସମୟଠାରୁ ଅନୁକୂଳଚନ୍ଦ୍ରଙ୍କୁ ସତ୍‌ନାମ ଜ୍ଞାତ ଥିଲା । ପରବର୍ତ୍ତୀକାଳରେ 'ରାଧାସ୍ୱାମୀ' ଧର୍ମମାର୍ଗର ଗୁରୁଦେବ ଶ୍ରୀସରକାର ସାହେବଙ୍କ ନିର୍ଦ୍ଦେଶରେ ମାତା ମନମୋହିନୀ ଦେବୀଙ୍କଠାରୁ ସେ ଦୀକ୍ଷାଗ୍ରହଣ କରିଥିଲେ । ପିଲାଦିନରୁ ସେ ଅତ୍ୟନ୍ତ ଦୟାଳୁ ଓ ବନ୍ଧୁବତ୍ସଳ ଥିଲେ । ସ୍କୁଲ ଶିକ୍ଷକଙ୍କଠାରୁ ସେ ଶୁଣିଥିଲେ ଯେ- 'Do unto others as you wish to be done by' (ଅନ୍ୟଠାରୁ ଯାହା ଆଶା କରୁଚ ତାହା ପ୍ରତି ମଧ୍ୟ ସେହିପରି ବ୍ୟବହାର କର) । ଏହି ଉକ୍ତି ଥିଲା ତାଙ୍କ ଜୀବନ ଗଠନର ମୂଳଦୁଆ; କିନ୍ତୁ ଦେଖାଯାଏ ଯେ ସମଗ୍ର ଜୀବନ ଅନ୍ୟଠାରୁ କୌଣସି ଆଶା ନ ରଖି ସେମାନଙ୍କର ମଙ୍ଗଳ ପାଇଁ ସେ ସଦାସର୍ବଦା ବ୍ରତୀ ଥିଲେ ।

ପରବର୍ତ୍ତୀକାଳରେ ଆଲୋଚନା ବେଳେ ପିଲାଦିନର ଦୁଇଟି ଘଟଣା ମନେପକାଇ ସେ କହିଲେ -'ମୁଁ ଥରେ ଗୋଟିଏ ଖଜୁରୀ ଗଛରେ ଚଢ଼ିଥିଲି ଚଢ଼େଇ ଛୁଆ ଧରିବାକୁ । ଗଛରେ ଚଢ଼ି କୋରଡ଼ ଭିତରେ ହାତ ପୁରାଇ ବାହାରକରି ଆଣି ଦେଖେ, ମସ୍ତବଡ଼ ଏକ କଳା ମଚମଚ ସାପ, ସଙ୍ଗେ ସଙ୍ଗେ ତାକୁ ମୋଡ଼ିମାଡ଼ି କୋରଡ଼ ଭିତରେ ପୁରାଇ ଦେଇ ଓହ୍ଲାଇପଡ଼ି ମାରିଲି ଦୌଡ଼ -କିଛି ଦୂର ଦୌଡ଼ି ଯାଇ ଦେଖିଲି ଭୟରେ ମୋର ହାତଗୋଡ ଅବଶ ହୋଇ ଆସୁଛି । ମୁଁ ଯେପରି ଆଉ ଚାଲିପାରୁ ନାହିଁ । ଏହାର ପୂର୍ବ ପର୍ଯ୍ୟନ୍ତ ମୁଁ ଭୟ ବୋଲି କିଛି ବୋଧ କରି ନ ଥିଲି । ଦୌଡ଼ି ଆସିବା ପରେହିଁ ଯେପରି ଭୟଟା ମୋତେ ଗ୍ରାସ କରି ବସିଲା । ଆଉ ଥରେ ରାସ୍ତାରେ ଗୋଟିଏ ସାପ ଫଣା ଟେକିଥିଲା । ତାହା ଉପରେ ଡେଇଁ କିଛିଦୂର ଦୌଡ଼ି ଯିବା ପରେ ଭୟରେ ଥରୁଥିଲି । ଯେତେବେଳେ ତାକୁ ଡେଇଁ ଆସିଛି ସେତେବେଳେ କିନ୍ତୁ ଡର ମାଡୁ ନ ଥିଲା । ଏହିପରି ବାରମ୍ବାର କେତେକ ଘଟଣାରୁ ମୋର ଧାରଣା ହୋଇଛି ଯେ କରିବା ଅନୁଯାୟୀ ଭାବ ଆମ ଭିତରେ ସୃଷ୍ଟି ହୁଏ । ତେଣୁ କରିବା ଉପରେ ମୁଁ ଏତେ ଜୋର ଦିଏ । ଭିତରେ ଇଚ୍ଛା ପୋଷଣ ପୂର୍ବକ କରିବା, କଥା କହିବା ଓ ଭାବିବାଟାକୁ ଯଦି ଅଭ୍ୟାସ କରିନିଆଯାଏ ତେବେ ଅନ୍ତର୍ଜଗତରେ ବିନ୍ୟାସଟା

ମଧ୍ୟ କେତେକାଂଶରେ ତଦନୁଯାୟୀ ହୋଇଉଠେ। ସେ ଯାହାହେଉ ଜନ୍ମଗତ ବୈଶିଷ୍ଟ୍ୟ ଯେ ମୂଳକଥା ସେ ବିଷୟରେ ସନ୍ଦେହ ନାହିଁ।'

'ମୋର ପିଲାଦିନରେ ରସଗୋଲା ଉପରେ ଅତ୍ୟନ୍ତ ଲୋଭ ଥିଲା। ଅନେକ ସମୟରେ ଧାର କରି ରସଗୋଲା ଖାଉଥିଲି। ଏକ ସମୟରେ ବେଶ୍ କିଛି ଟଙ୍କା ବାକି ପଡ଼ିଗଲା। ଦୋକାନଦାର ତ ସଫା ସଫା କହିଦେଲା- ଭଲରେ ଭଲରେ ଯଦି ଟଙ୍କା ନ ଦିଅ, ତେବେ ଯେ କୌଣସି ପ୍ରକାରେ ଟଙ୍କା ଆଦାୟ କରିନେବି। ଭଦ୍ରଲୋକର ପୁଅ! ଆପଣଙ୍କର ଲଜ୍ଜାସରମ ନାହିଁ, ବାକି କରି ରସଗୋଲା ଖାଉଛନ୍ତି, ପଇସା ଦେବାର ନାମଗନ୍ଧ ନାହିଁ? ମନଟା ଗ୍ଲାନିରେ ଭରିଗଲା। ତାର ଟଙ୍କାଟା କୌଣସି ଉପାୟରେ ଶୁଝିଦେଲି ଆଉ ମନେମନେ ପ୍ରତିଜ୍ଞା କଲି, ଏପରିଭାବେ ରସଗୋଲା ଖାଇବି ନାହିଁ। କିନ୍ତୁ ପ୍ରତିଜ୍ଞା କଲେ କଣ ହେବ ? ପୁଣି ରସଗୋଲା ଖାଇବାର ଲୋଭ ମତେ ଗ୍ରାସ କଲା। ମନେମନେ ଭାବିଲି -ଯାଃ, ଆଜି ଦିନଟା ଖାଇଦିଏ, ଦିନଟାଏ ଖାଇ ଦେଲେ ବା କଣ ହୋଇଯିବ -ଏପରି ଭାବି ଧୀରେ ଧୀରେ ସିଧା ରସଗୋଲା ଦୋକାନ ଆଡ଼େ ଚାଲିଲି। ସେତେବେଳେ ପୁଣି ମନେହେଲା, ଲୋଭ ତ ମତେ ଟାଣି ଟାଣି ନେଉଛି। ଲୋଭ ପାଖରେ ତ ମୁଁ ହାରି ଯାଉଛି। ଏହା ଭାବି ଛିଡ଼ା ହୋଇଗଲି। ଛିଡ଼ା ହୋଇ ମନେହେଲା କିଏ ଯେପରି ମତେ ରସଗୋଲା ଦୋକାନ ଆଡ଼େ ଭିଡ଼ି ଭିଡ଼ି ଟାଣି ନେଉଛି। ସଙ୍ଗେ ସଙ୍ଗେ ମାଟି ଉପରେ ଶୋଇ ପଡ଼ିଲି। ଶୋଇଛି ଏବଂ ମନେହେଉଛି ମୁଁ ନିଜକୁ ସମ୍ଭାଳି ପାରିବି ନାହିଁ, ମୋତେ ଟାଣି ନେଇଯିବହିଁ। ତାହାପରେ ହରଡ଼ କିଆରିରେ ପଶି ଦୁଇ ହାତରେ ହରଡ଼ ଗଛକୁ ଜାବୁଡ଼ି ଧରି ପଡ଼ି ରହିଲି। ଭିତରେ ସେତେବେଳେ ସାଂଘାତିକ କମ୍ପନ। ମନ କହୁଛି, ଯାଃ ଚାଲ, ରସଗୋଲା ଖାଇଲେ କଣ ହୋଇଯିବ ? ରସଗୋଲା ତ କିଛି ଅଖାଦ୍ୟ ନୁହେଁ, ଆଉ ବେଶି ବାକି ନ କଲେ ହେଲା, ସମୟ କରି ଯଦି ଟଙ୍କା ଦେଇ ଦେଉ କିମ୍ବା ବାକି ଯଦି ନ କରୁ ତାହେଲେ କ୍ଷତି କଣ ? ପରମୁହୂର୍ତ୍ତରେ ମନ କହୁଛି, ନାଃ ! ଲୋଭକୁ ପ୍ରଶ୍ରୟ ଦେଲେହିଁ ସେ ମୁଣ୍ଡ କିଣି ବସିବ। ଯିବା ଦରକାର ନାହିଁ। ଏପରି ଭାବେ ପ୍ରାୟ ଘଣ୍ଟାଏ ଖଣ୍ଡେ କଟିଗଲା। ତାପରେ ଦେଖିଲି- ରସଗୋଲା ଖାଇବାର ଝୁଙ୍କଟା କମିଗଲାଣି। ଧୀରେ ଧୀରେ ଘରକୁ ଫେରି ଆସିଲି। ଦ୍ୱିତୀୟ ଦିନର ଏହି ସମୟଟା ମା'ଙ୍କଠାରୁ ମାଡ଼ ଖାଇ କଟିଗଲା। ତୃତୀୟ ଦିନ ପୁଣି ଯିବି-ଯିବି ବୋଲି ଭାବି ହେମନ୍ତ ଚୌଧୁରୀ ସଙ୍ଗେ ଝଗଡ଼ା କରି କଟାଇ ଦେଲି। ସେ ଝଗଡ଼ା କରିବାକୁ ଚାହେଁ ନା କିନ୍ତୁ ମୋର ଯେ ଝଗଡ଼ା ନ କଲେ ନ ଚଳେ। ମୋତେ ଉକ୍ତ ସମୟଟା କୌଣସିମତେ ଗଡ଼ାଇ ଦେବାକୁ ହେବ। ତାପରେ ପୁଣି ଭାବିଲି, ହରଡ଼ କିଆରିରେ ଶୋଇବା ବା କଣ ଦରକାର ? ଅଯଥା ଝଗଡ଼ା କରିବା ବା କଣ ଦରକାର ? କଥାଟା ହେଲା ଝୁଙ୍କଟା ଯେତେବେଳେ ଉଠିବ, ଅନ୍ୟଭାବେ ବ୍ୟସ୍ତ ରହି ସେହି ସମୟଟା କଟାଇଦେବା। ତେଣୁ ପ୍ରତିଦିନ ଉକ୍ତ ସମୟଟା ଆସିଲେ କିଛି ନା କିଛି କାମରେ ବ୍ୟସ୍ତ ରହି କଟାଇ ଦେବାକୁ ଲାଗିଲି। କ୍ରମେ କ୍ରମେ ରସଗୋଲା ଖାଇବାର ଲୋଭ ମୋର ଆୟତ୍ତାଧୀନ ହେଲା। ଏହି ଘଟଣାର ତିନିବର୍ଷ ପର୍ଯ୍ୟନ୍ତ ମୁଁ ରସଗୋଲା ଖାଇଲି ନାହିଁ। ଯେ କୌଣସି ପ୍ରବୃତ୍ତିକୁ ଏଇଭାବେ ବଶୀଭୂତ କରାଯାଇପାରେ।'

ସ୍କୁଲରେ ଏନ୍ଟ୍ରାନ୍ସ (ମ୍ୟାଟ୍ରିକ) ପରୀକ୍ଷା ଦେବା ସମୟ ଆସିଲା । ମାତା ମନମୋହିନୀ ଦେବୀ ବହୁ କଷ୍ଟରେ ଟଙ୍କା ଯୋଗାଡ଼ କରି ପରୀକ୍ଷା ଫିସ୍ ଦାଖଲ କରିବାକୁ ଅନୁକୂଳଚନ୍ଦ୍ରଙ୍କୁ ଦେଇଥିଲେ । କିନ୍ତୁ ଫିସ୍ ଦାଖଲ କରିବାବେଳେ ସେ ଦେଖିଲେ ଯେ ତାଙ୍କର ଜଣେ ସହପାଠୀ ଟିକିଏ ଦୂରରେ ମନମାରି ବସି କାନ୍ଦୁଛି । ଅନୁକୂଳଚନ୍ଦ୍ର ତା ପାଖକୁ ଯାଇ ପଚାରିଲେ, 'କାହିଁକି କାନ୍ଦୁଛୁ ?' ସହପାଠୀଟି କହିଲା, 'ଆମର ତ ନିହାତି ଗରୀବ ଘର । ବାପା ଯେତେ ଚେଷ୍ଟା କରି ମଧ୍ୟ ମୋର ପରୀକ୍ଷା ଫିସ୍ ଯୋଗାଡ଼ କରି ପାରିଲେ ନାହିଁ । ମୁଁ ପରୀକ୍ଷା କେମିତି ଦେବି ?' ଅନୁକୂଳଚନ୍ଦ୍ର କହିଲେ, 'ତାହେଲେ ମୁଁ କଣ ପାଇଁ ତୋର ବନ୍ଧୁ ହୋଇଛି ?' ଏତକ କହି ସେ ସହପାଠୀର ହାତ ଧରି ତାକୁ ସାଙ୍ଗରେ ନେଇ ସ୍କୁଲ ଅଫିସକୁ ଗଲେ ଏବଂ ତା'ରି ନାମରେ ଫିସ୍ ଜମା ଦେଇଦେଲେ । ଘରେ ଆସି ମା'-ବାପାଙ୍କଠାରୁ ଗାଳି ଖାଇଲେ । ଆଉ ଥରେ ପରୀକ୍ଷା ଫିସ୍ ପାଇଁ ସେତିକି ଟଙ୍କା ଦେବାର କ୍ଷମତା ଘରେ ନ ଥିଲା । ତେଣୁ ସେ ଏନ୍ଟ୍ରାନ୍ସ ପରୀକ୍ଷା ଦେବାରୁ ବଞ୍ଚିତ ହେଲେ ।

ଏନ୍ଟ୍ରାନ୍ସ ପାସ କରିଥିଲେ ସେ ଡାକ୍ତରୀ ପଢିବା ପାଇଁ କଲିକତାର ନ୍ୟାସନାଲ ମେଡ଼ିକାଲ ସ୍କୁଲରେ ଭର୍ତ୍ତି ହେବାର କଥା, କିନ୍ତୁ ପରୀକ୍ଷା ତ ଦେଇ ପାରିଲେ ନାହିଁ, ଏବେ କରିବେ କଣ ? ପରିବାରର ଜଣେ ହିତୈଷୀଙ୍କ ଉପଦେଶ କ୍ରମେ ଏନ୍ଟ୍ରାନ୍ସ ପରୀକ୍ଷାର ଫଳ ବାହାରିବା ପରେ ସେ କଲିକତା ଯାଇ ମେଡ଼ିକାଲ ସ୍କୁଲ କର୍ତ୍ତୃପକ୍ଷଙ୍କ ସଙ୍ଗେ ସାକ୍ଷାତ କଲେ । ସେମାନଙ୍କୁ ତାଙ୍କର ପରୀକ୍ଷା ନ ଦେଇ ପାରିବାର କାରଣ ଏପରି ହୃଦୟଗ୍ରାହୀ ଭାବେ କହିଲେ ଯେ ସେମାନେ ତାଙ୍କ ପାଇଁ ଗୋଟିଏ ପ୍ରବେଶିକା ପରୀକ୍ଷାର ବ୍ୟବସ୍ଥା କଲେ । ସେ ସେହି ପରୀକ୍ଷା ଦେଲେ, ଉତ୍ତୀର୍ଣ୍ଣ ହେଲେ ଓ ମେଡିକାଲ ସ୍କୁଲରେ ଭର୍ତ୍ତି ହେଲେ । ଅସମ୍ଭବ ସମ୍ଭବ ହେଲା । ବିନା ଏନ୍ଟ୍ରାନ୍ସ ପାସ ସାର୍ଟିଫିକେଟରେ ଜଣେ ଛାତ୍ରର ମେଡିକାଲ ସ୍କୁଲରେ ଭର୍ତ୍ତି ହେବା ସେହି ଅନୁଷ୍ଠାନର ଇତିହାସରେ ଏକମାତ୍ର, ବିରଳ କିମ୍ବଦନ୍ତୀ ହୋଇ ରହିଗଲା ।

ଅନୁକୂଳଚନ୍ଦ୍ରଙ୍କ ଡାକ୍ତରୀ ଛାତ୍ର ଜୀବନ ଆରମ୍ଭ ହେଲା । କଲିକତାରେ ରହି ମେଡିକାଲ ସ୍କୁଲରେ ପାଠ ପଢ଼ିବା ପାଇଁ ଖର୍ଚ୍ଚ ଦେବା ତାଙ୍କ ପରିବାର ପକ୍ଷରେ ସମ୍ଭବ ନ ଥିଲା । ତେଣୁ କଠିନ ଦାରିଦ୍ର୍ୟ ଭିତରେ ଆରମ୍ଭ ହେଲା ତାଙ୍କ ମେଡିକାଲ ଛାତ୍ର ଜୀବନ । ଶିବଚନ୍ଦ୍ର ବହୁଦିନ ପୂର୍ବେ ଜଣେ ପରିଚିତଙ୍କୁ ଧାର ସୂତ୍ରରେ କିଛି ଟଙ୍କା ଦେଇଥିଲେ । ସେହି ବ୍ୟକ୍ତିଙ୍କର କଲିକତାରେ ଗୋଟିଏ କୋଇଲା ଡିପୋ ଥିଲା । ସେ ଧାର ପରିଶୋଧ କରି ପାରୁନଥିଲେ । ଶିବଚନ୍ଦ୍ରଙ୍କ ଅନୁରୋଧ କ୍ରମେ ସେହି କୋଇଲା ଡିପୋରେ ରହିବା ପାଇଁ ଅନୁକୂଳଚନ୍ଦ୍ରଙ୍କୁ ଖଣ୍ଡେ ଜାଗା ମିଳିଲା । ମାସିକ ଖର୍ଚ୍ଚର ବ୍ୟବସ୍ଥା ମଧ୍ୟ ଦେବା ପାଇଁ କୋଇଲା ଡିପୋ ମାଲିକ ପ୍ରତିମାସରେ ଦଶଟଙ୍କା ଦେବାକୁ କଥା ଦେଇ କଥା ରଖି ପାରିନଥିଲେ । ଚଳିବା ପାଇଁ କୌଣସି ସମ୍ବଳ ନାହିଁ, ଲୁଗାସବୁ କୋଇଲା ଡିପୋରେ ରହିବା ଯୋଗୁଁ କଳା ଦିଶୁଛି କିନ୍ତୁ ସଫାକରିବା ଲାଗି ସାବୁନ କିଣିବାକୁ ତାଙ୍କ ପାଖରେ ପଇସା ନଥାଏ । ବହି କିଣିବାକୁ ପଇସା ନଥାଏ । ବାର କିଲୋମିଟର ବାଟ ଯିବାଆସିବା କରିବାକୁ ହେଉଥିଲା ପ୍ରତିଦିନ ।

ଜୋତା ମରାମତି ପାଇଁ ପଇସା ନାହିଁ। ଗୋଟିଏ ଅପରିଷ୍କାର ହୋଟେଲରେ ଯେଉଁ ମାସିକିଆ ଖାଇବା ବ୍ୟବସ୍ଥା ଥିଲା, ଗୁଡ଼ାଏ ଟଙ୍କା ବାକି ପଡ଼ିବାରୁ ସେ ଆଉ ବାକିରେ ଖାଇବାକୁ ଦେଲା ନାହିଁ। ସେଇ କଷ୍ଟକର ସମୟକୁ ମନେପକାଇ ଶ୍ରୀଶ୍ରୀଠାକୁର କହନ୍ତି- "କେତେ କଷ୍ଟରେ ଯେ ଚଳୁଥିଲି, କୋଇଲା ଗୋଦାମର କୁଲିମାନଙ୍କ ସହିତ ରହୁଥିଲି, ରାସ୍ତାକୁ ବାହାରିଲେ ମନେ ହେଉଥିଲା ଯେମିତି ରେଳଇଂଜିନ୍ ଭିତରୁ ବାହାରି ଆସିଛି। ମତେ ଦେଖି ଜଣେ କହିଲା - 'ତୁମେ ଏତେ dirty (ଅପରିଷ୍କାର) ଥାଅ କାହିଁକି ?' କେବଳ ଅଳ୍ପ ହସିଲି ତା'ର ଏଇ କଟୂକ୍ତିରେ। ରାସ୍ତାରେ ମୁନସିପାଲିଟି ବତି ଖୁଣ୍ଟର ଯେଉଁ ଆଲୁଅ ଥିଲା, ତା'ରି ତଳେ ପଢୁଥିଲି ଓ ଶୋଉଥିଲି। କେତେବେଳେ କେଉଁ ଗାଡ଼ି ଆସି ମୋ' ଉପରେ ଚଢ଼ି ଚାଲିଯିବ କିଏ କହିବ ? କେତେଦିନ ସିଆଲଦା ଷ୍ଟେସନ୍‌ରେ ଖବରକାଗଜ ପକାଇ ଶୋଇଲି। ଶୀତଦିନେ ଖବରକାଗଜରୁ ଖଣ୍ଡେ ପାରିଦିଏ, ଆରଖଣ୍ଡକୁ ଘୋଡ଼ାଇହୋଇ ଶୁଏ। ଖବରକାଗଜର ନାମ 'ବସୁମତୀ' ନା 'ହିତବାଦୀ' ଏମିତି କ'ଣ ଥିଲା। ହୋଟେଲରେ ଖାଇବା ବାକି ପଇସା ସୁଝି ନ ପାରିବାରୁ ସେ ଆଉ ବାକିରେ ଖାଇବାକୁ ଦେଲା ନାହିଁ। ଭୋକ ଲାଗିଲେ ରାସ୍ତା କଡ଼ରେ ପାଣିକଳରୁ ପାଣି ପିଇ ଶୋଇପଡ଼େ। ଏମିତି ଦୁଇତିନି ଦିନ କଟିଲା ପରେ ହଠାତ୍ ଅଜ୍ଞାନ ହୋଇ ପଡ଼ିଲି। ମେଡିକାଲ ସ୍କୁଲର ଜଣେ ପଂଚମ ବର୍ଷ ଛାତ୍ର ନିକଟରେ ସବୁ କହିଲି। ସେ ସେଦିନ କିଛି ପଇସା ଦେବାରୁ ଉପବାସ ଜନିତ ପେଟ ଯନ୍ତ୍ରଣାରୁ ରକ୍ଷା ପାଇବା ପାଇଁ ସୋଡିବାଇକାର୍ବୋନେଟ୍ କିଣି ଖାଇବାରୁ ଆରାମ ମିଳିଲା। ତା'ପରେ ନୈହାଟି ଗଲି ଓ ସେଠାରେ ଲାହିଡ଼ି କମ୍ପାନିର କିଛି ଭଦ୍ରଲୋକଙ୍କ ସହିତ ଭାବ କରିନେଲି। ଜଣେ ମୋତେ ଖଣ୍ଡେ ହୋମିଓପାଥି ବହି ଦେଲେ। ତାକୁ ପଢ଼ି, କୁଲିମାନଙ୍କର ଚିକିତ୍ସା ଆରମ୍ଭ କଲି। ଯାହାକିଛି ମିଳେ ସେଥିରେ ଚଳେ ଓ ଅସମୟରେ ସେମାନଙ୍କୁ ମଧ୍ୟ ସାହାଯ୍ୟ କରେ।"

ମେଡ଼ିକାଲ୍ ସ୍କୁଲରେ ପଢୁଥିବାବେଳେ ତାଙ୍କର କେତେକ ସହପାଠୀ ବୁଲିବାର ବାହାନା କରି ତାଙ୍କୁ ବେଶ୍ୟାବାଡ଼ିରେ ପହଁଚାଇଦେଲେ। ସେଠାରେ ଯୁବକ ଅନୁକୂଳଚନ୍ଦ୍ର କାନ୍ଦି କାନ୍ଦି କହିବାକୁ ଲାଗିଲେ - 'ମା, ତୋର ଏ କି ରୂପ ? ତୁ ପରା ମା', ଆଉ ଏମିତି କ'ଣ ଦିଶୁଛୁ' ? ମା' ସମ୍ବୋଧନ ଶୁଣି ସେଇ ବେଶ୍ୟାର ମନରେ ପ୍ରଚଣ୍ଡ ମାତୃଭାବ ଜାଗ୍ରତ ହେଲା। ସେ ଅନୁକୂଳଚନ୍ଦ୍ରଙ୍କ ଗୋଡ଼ତଳେ କାନ୍ଦି କାନ୍ଦି ଲୋଟିପଡ଼ିଲା। ଶୁଣାଯାଏ ଏହାପରେ ସେହି ମହିଳା ତାଙ୍କର ସବୁ ସମ୍ପତ୍ତି କୌଣସି ଆଶ୍ରମକୁ ଦାନକରି ବୃନ୍ଦାବନ ଚାଲିଯାଇଥିଲେ।

୧୯୦୬ ମସିହା ଅଗଷ୍ଟ ୧୩ ତାରିଖରେ ଷୋଡ଼ଶୀବାଳା ଦେବୀଙ୍କ ସହିତ ତାଙ୍କର ବିବାହ ସମ୍ପନ୍ନ ହୋଇଥିଲା। ସେ ଭକ୍ତମାନଙ୍କ ନିକଟରେ ସ୍ନେହମୟୀ 'ଶ୍ରୀଶ୍ରୀବଡ଼ମା' ଭାବେ ଆଦୃତା। ଅନୁକୂଳଚନ୍ଦ୍ରଙ୍କ ସଂସାରର ଉତ୍‌ଥାନ-ପତନ, ଝଡ଼ଝଞ୍ଜା , ଭଲମନ୍ଦ, ସୁଖଦୁଃଖ, ଅଭାବ-ସୁଭାବ, ସବୁ ସମୟରେ ସେ ଥିଲେ ତାଙ୍କର ପାର୍ଶ୍ୱଚରୀ। ପରବର୍ତ୍ତୀ କାଳରେ

ତାଙ୍କ ସମ୍ପର୍କରେ ଶ୍ରୀଶ୍ରୀଠାକୁର କହିଥିଲେ - 'ତୁମମାନଙ୍କର ଠାକୁର ଯଦି ନାରୀ ହୋଇ ଆସିଥାନ୍ତେ, ତା'ହେଲେ ତାଙ୍କର ରୂପଗୁଣ ହୋଇଥାନ୍ତା ତୁମର ବଡ଼ମା'ଙ୍କ ଭଳି।'

ମେଡ଼ିକାଲ ସ୍କୁଲରେ ପଢ଼ିବା ସମୟରେ ଥରେ ଅନୁକୂଳଚନ୍ଦ୍ର ଦକ୍ଷିଣେଶ୍ୱର କାଳୀମନ୍ଦିରକୁ ବୁଲିବାକୁ ଯାଇଥିଲେ। ସେଠାରେ ସେ କ୍ଷୁଧାରେ ଅତ୍ୟନ୍ତ ଅଧୀର ହୋଇପଡ଼ିଲେ ଓ ମନ୍ଦିର ମଧ୍ୟକୁ ଯାଇ କାଳୀମା'ଙ୍କୁ କିଛି ଖାଇବାକୁ ମାଗିଲେ। କିଛି ଉତ୍ତର ପାଇଲେ ନାହିଁ। ମନ୍ଦିରରୁ ବାହାରିଆସିଲେ, କ୍ଲାନ୍ତ ଲାଗୁଥାଏ, ମନ୍ଦିର ସଂଲଗ୍ନ ପଂଚବଟୀ ଉଦ୍ୟାନରେ ଛାଇ ଜାଗା ଦେଖି ବସିପଡ଼ିଲେ। ଥଣ୍ଡା ପବନରେ ଆଖି ଲାଗି ଲାଗି ଆସୁଥାଏ, ତନ୍ଦ୍ରାଭିଭୂତ ଭାବ। ସେଇ ଅବସ୍ଥାରେ ଦେଖିଲେ ମା' କାଳୀ ତାଙ୍କର କଳା କେଶ ଲମ୍ବାଇ ଗୋଟିଏ ଥାଳିରେ କିଛି ସନ୍ଦେଶ ଓ ଗ୍ଲାସରେ ପାଣିଧରି, ତାଙ୍କୁ ଯାଚୁଛନ୍ତି।

'ମାଗିଲାବେଳେ କାହିଁକି ଦେଲ ନାହିଁ? ମୁଁ ଏବେ ଖାଇବି ନାହିଁ' -ଅଭିମାନରେ କହିଲେ ଅନୁକୂଳଚନ୍ଦ୍ର । ମା' କାଳୀ କହିଲେ, 'ଏତେ ଲୋକଙ୍କ ସାମ୍ନାରେ ମୁଁ କିପରି ତତେ ଖାଇବାକୁ ଦେଇପାରିଥାଆନ୍ତି ? ବର୍ତ୍ତମାନ ନେ, ଖାଇଦେ।'

ଅନେକଦିନ ପରେ ଏହି କଥାକୁ ମନେପକାଇ ଶ୍ରୀଶ୍ରୀଠାକୁର ତାଙ୍କ ଭକ୍ତମାନଙ୍କୁ କହିଥିଲେ ଯେ ଏହି ଘଟଣାଟି ସ୍ୱପ୍ନ ପରି ଜଣାଗଲେ ମଧ୍ୟ ପ୍ରକୃତରେ ଘଟିଥିଲା ବୋଲି ତାଙ୍କୁ ଲାଗିଲା କାରଣ ତାଙ୍କର ଆଉ ଭୋକଶୋଷ ନ ଥିଲା। ଏପରି ସ୍ୱାଦିଷ୍ଟ ମିଷ୍ଟାନ୍ନ ସେ ଆଉ କେବେ ଖାଇ ନାହାନ୍ତି।

ମେଡିକାଲ ପାଠ ସରିଗଲାପରେ ସେ ତାଙ୍କ ଗ୍ରାମ ହିମାୟିତପୁରକୁ ଆସି ସେଠାରେ ଏଲୋପାଥି ଓ ହୋମିଓପାଥି ଉଭୟ ଚିକିତ୍ସାରେ ବହୁ ଦୁଃସାଧ୍ୟ ରୋଗୀଙ୍କୁ ଅଳ୍ପ ଔଷଧରେ ଭଲ କରିଦେଇ ପାରୁଥିଲେ। ଆୟ ଧୀରେ ଧୀରେ ବଢ଼ିଲା, ତା' ସହିତ ଡାକ୍ତରବାବୁଙ୍କର ସୁଖ୍ୟାତି । ଡାକ୍ତର ଅନୁକୂଳଚନ୍ଦ୍ର ରୋଗୀକୁ ଦେଖିବା ମାତ୍ରେ ତା'ର ରୋଗ କ'ଣ ଆଉ କେଉଁ ଔଷଧରେ ତାହା ଉପଶମ ହେବ, ତାହା ଜାଣିପାରୁଥିଲେ। କୌଣସି ଡାକ୍ତରୀ ପରୀକ୍ଷା ନିରୀକ୍ଷା ଆବଶ୍ୟକ ପଡୁନଥିଲା। ଏହା ସତ୍‌ନାମ ଜପ ଦ୍ୱାରା ସମ୍ଭବ ହୋଇ ପାରୁଥିଲା ବୋଲି ପରବର୍ତ୍ତୀ କାଳରେ ସେ ତାଙ୍କ ଭକ୍ତମାନଙ୍କୁ କହିଥିଲେ।

ଥରେ ହିମାୟିତପୁର ଗ୍ରାମକୁ ଜଣେ ବୈଷ୍ଣବ ସାଧୁ ଆସିଥିଲେ। ଅନୁକୂଳଚନ୍ଦ୍ରଙ୍କ ସହିତ କଥାବାର୍ତ୍ତା ହେଲା। ବୈଷ୍ଣବଙ୍କୁ ସେ କହିଲେ, ପିଲାଦିନରୁ ମୁଁ ପ୍ରାର୍ଥନାରେ କହେ- 'ହେ ପରମପିତା, ତୁମେ ମୋର ପିତା, ମୁଁ ତୁମର ସନ୍ତାନ, ତୁମରି ଯୋରରେ ମୋର ଯୋର। ତୁମେ ଥାଉଁ ଥାଉଁ ଦୋଷ, ଦୁର୍ବଳତା ମତେ ସ୍ପର୍ଶ କରିପାରିବ ନାହିଁ।' ବୈଷ୍ଣବସାଧୁ କହିଲେ- 'ନାହିଁ ନାହିଁ, ସେମିତି ଅହଙ୍କାର କଥା କହିବ ନାହିଁ। ବରଂ ଦୀନ ଭାବରେ କହିବ- 'ମୁଁ ଦୁର୍ବଳ, ମୁଁ ପାପୀ, ମୁଁ ଅଧମ, ମୁଁ ନୀଚ, ମୁଁ ଅସହାୟ ଓ ଅପବିତ୍ର - ହେ ଦୟାମୟ ତୁମେ ମୋତେ ଦୟାକର, ରକ୍ଷାକର ଇତ୍ୟାଦି।' ବୈଷ୍ଣବ ସାଧୁଙ୍କ କହିବା

ମୁତାବକ କିଛିଦିନ ଏହିପରି ପ୍ରାର୍ଥନା କରିବାରୁ ଅନୁକୂଳଚନ୍ଦ୍ରଙ୍କୁ ମନେହେଲା ସେ ଯେମିତି ଜଣେ ବଡ଼ ଅପରାଧୀ ଓ ପାପୀ । ହୀନମନ୍ୟତା ତାଙ୍କୁ ଏପରି ଗ୍ରାସକଲା ଯେ ସେଥିରୁ ମୁକ୍ତି ପାଇବାକୁ ଦିନେ ସଂଧ୍ୟାବେଳେ ପଦ୍ମାନଦୀ କୂଳକୁ ଏକାକୀ ଯାଇ ଆକୁଳ ଭାବରେ ଚିତ୍କାର କରି କହିଲେ - 'ମୁଁ ପାପୀ ନୁହେଁ, ମୁଁ ଅଧମ ନୁହେଁ, ମୁଁ ଦୁର୍ବଳ ନୁହେଁ - ହେ ପରମପିତା ! ମୁଁ ତୁମର ସନ୍ତାନ, ମୁଁ ନିର୍ମଳ, ମୁଁ ପବିତ୍ର । ମୁଁ ଜ୍ୟୋତିର ତନୟ ।' ଏହିପରି ସକାରାତ୍ମକ ଘୋଷଣାରେ ତାଙ୍କ ହୃଦୟ ହାଲୁକା ହେଲା ଏବଂ ସ୍ୱସ୍ତିଲାଭ କଲେ ।

ବୋଧହୁଏ ତାଙ୍କର ଏହି ସକାରାତ୍ମକ ଘୋଷଣାର ଧ୍ୱନି ତାଙ୍କ ଲିଖିତ 'ସତ୍ୟାନୁସରଣ'ରେ ଶୁଭେ- 'ତୁମେ କୁହନା ତୁମେ ଭୀରୁ, କୁହନା ତୁମେ କାପୁରୁଷ, କୁହନା ତୁମେ ଦୁରାଶ୍ରୟ । ପିତାଙ୍କ ଆଡ଼କୁ ନଜର କର, ଆବେଗଭରେ କୁହ, ହେ ପିତା, ମୁଁ ତୁମରି ସନ୍ତାନ; ମୋର ଆଉ ଜଡ଼ତା ନାହିଁ, ଆଉ ଦୁର୍ବଳତା ନାହିଁ, ମୁଁ ଆଉ କାପୁରୁଷ ନୁହେଁ, ମୁଁ ଆଉ ତୁମକୁ ଭୁଲି ନରକ ଆଡକୁ ଦୌଡ଼ି ଯିବିନାହିଁ, ଆଉ ତୁମର ଜ୍ୟୋତି ଆଡ଼କୁ ପଛକରି 'ଅନ୍ଧକାର' 'ଅନ୍ଧକାର' ବୋଲି ଚିତ୍କାର କରିବି ନାହିଁ ।'

'ସତ୍ୟାନୁସରଣ' ହେଉଛି ୯୬ ପୃଷ୍ଠାର ଗୋଟିଏ କ୍ଷୁଦ୍ର ପୁସ୍ତିକା । ୧୯୧୦ ମସିହାରେ ଶ୍ରୀଶ୍ରୀଠାକୁରଙ୍କର ଅନ୍ୟତମ ପ୍ରିୟ ଭକ୍ତ ଅତୁଳଚନ୍ଦ୍ର ଭଟ୍ଟାଚାର୍ଯ୍ୟ ପାବନାରୁ ଅନ୍ୟତ୍ର ବଦଳିହୋଇ ଯାଆନ୍ତି । ବିରହ-ବିଚ୍ଛେଦ କାତର ଭକ୍ତ ପ୍ରେମାଶ୍ରୁ ବିସର୍ଜନ ପୂର୍ବକ ପ୍ରାର୍ଥନା କଲେ -ନିରନ୍ତର ଦିବ୍ୟଭାବଧାରାରେ ଅନୁପ୍ରାଣିତ ହୋଇ ରହିବା ଲାଗି ଶ୍ରୀହସ୍ତଲିଖିତ ଅମୃତ ନିର୍ଦ୍ଦେଶ । ଶ୍ରୀଶ୍ରୀଠାକୁର ଏକ ରାତ୍ରିରେ ନିଜ ହସ୍ତରେ ଲିପିବଦ୍ଧ କରିଦେଲେ ତାଙ୍କର ଅମୃତ-ନିଷ୍ୟନ୍ଦୀ ସ୍ୱତଃ-ଉତ୍ସାରିତ ବାଣୀ । ଭକ୍ତର ପ୍ରାର୍ଥନା ଓହ୍ଲାଇ ଆଣିଲା ପୃଥିବୀପୃଷ୍ଠରେ ମନ୍ଦାକିନୀର ପୁଣ୍ୟଧାରା ଯାହାକି ସଞ୍ଜୀବିତ କରି ରଖିବ ତାଙ୍କୁ ଏବଂ ଯୁଗ ଯୁଗ ଧରି ପ୍ରତ୍ୟେକଟି ମଣିଷକୁ ।' (ସତ୍ୟାନୁସରଣ-ସୂଚନା) ଶ୍ରୀଶ୍ରୀଠାକୁର ତାଙ୍କର ଜୀବନକାଳରେ ଯାହା କହିଛନ୍ତି ସେଗୁଡିକ ବିଭିନ୍ନ ପୁସ୍ତକରେ ଲିପିବଦ୍ଧ କରାଯାଇଅଛି । ଅଶି ହଜାରରୁ ବେଶି ମୁଦ୍ରିତ ପୃଷ୍ଠା । ସେ ଜୀବନ ଯାପନର ସ୍ଥୁଳ-ସୂକ୍ଷ୍ମ, ଗୁରୁ-ଲଘୁ ସମସ୍ତ ବିଷୟରେ କହି ଯାଇଛନ୍ତି । ସତ୍ୟାନୁସରଣ ବ୍ୟତୀତ 'ଦେବଯାନୀ' ନାଟକ, 'ସୁରତ ସାକୀ' କାବ୍ୟ ଓ କିଛି କବିତା ତାଙ୍କ ଶ୍ରୀହସ୍ତଲିଖିତ ।

କେବଳ ଦୀକ୍ଷିତମାନେ ନୁହନ୍ତି, 'ସତ୍ୟାନୁସରଣ' ଯେ କେହି ପଢ଼େ, ସେ ଅଭିଭୂତ ହୁଏ । କହିଲେ ଅତ୍ୟୁକ୍ତି ହେବ ନାହିଁ ଯେ ଶ୍ରୀମଦ୍‌ଭଗବତ ଗୀତା, ପବିତ୍ର ବାଇବେଲ୍, ପବିତ୍ର କୋରାନ୍ ସରିଫ୍ ଓ ଶ୍ରୀଶ୍ରୀଗୁରୁଗ୍ରନ୍ଥ ସାହେବଜୀ ଇତ୍ୟାଦିରେ ଥିବା ଦୁର୍ଲଭବାଣୀଗୁଡିକ ମଣିଷ ଜୀବନକୁ ସତ୍ ପଥରେ ଚଳାଇ ପୂର୍ଣ୍ଣ କରିବା ଲାଗି ଯେଉଁ ସନ୍ଦେଶ ଦେଇଥାଏ, ତାହା ସତ୍ୟାନୁସରଣରେ ମିଳେ । କେତେକ ବାଣୀ ନିମ୍ନରେ ଦିଆଗଲା:

- **ଅର୍ଥ, ମାନ, ଯଶ ଇତ୍ୟାଦି ପାଇବା ଆଶାରେ ମୋତେ ଠାକୁର ସଜାଇ ଭକ୍ତ ହୁଅନାହିଁ । ସାବଧାନ ହୁଅ, ଠକିଯିବ । ତୁମର ଠାକୁରତ୍ୱ ଜାଗ୍ରତ**

ନହେଲେ କେହି ତୁମର କେନ୍ଦ୍ର ନୁହନ୍ତି, ଠାକୁର ବି ନୁହନ୍ତି, ଫାଙ୍କିଦେଲେ ତାହା ହିଁ ପାଇବ।

- **ସର୍ବପ୍ରଥମେ ଆମମାନଙ୍କୁ ଦୁର୍ବଳତା ବରୁଦ୍ଧରେ ଯୁଦ୍ଧ କରିବାକୁ ହେବ। ସାହସୀ ହେବାକୁ ହେବ, ବୀର ହେବାକୁ ହେବ। ପାପର ଜ୍ୱଳନ୍ତ ପ୍ରତିମୂର୍ତ୍ତି ଏହି ଦୁର୍ବଳତା। ତଡ଼, ଯେତେ ଶୀଘ୍ର ପାର, ଏଇ ରକ୍ତ ଶୋଷଣକାରୀ ଅବସାଦ ଉତ୍ପାଦକ Vampire କୁ। ସ୍ମରଣକର ତୁମେ ସାହସୀ, ସ୍ମରଣକର ତୁମେ ଶକ୍ତିର ତନୟ, ସ୍ମରଣକର ତୁମେ ପରମପିତାଙ୍କ ସନ୍ତାନ।**
- **ସଂକୋଚନ ହିଁ ଦୁଃଖ ଓ ପ୍ରସାରଣ ହିଁ ସୁଖ। ଯହିଁରେ ହୃଦୟରେ ଦୁର୍ବଳତା ଆସେ, ତହିଁରେ ହିଁ ଆନନ୍ଦର ଅଭାବ – ଆଉ ତାହାହିଁ ଦୁଃଖ।**
- **ଦୁଃଖ କାହାର ପ୍ରକୃତିଗତ ନୁହେଁ, ତାକୁ ଇଚ୍ଛା କରିଲେ ହିଁ ତଡ଼ି ଦିଆଯାଇପାରେ।**
- **କାହାର ଦୁଃଖର କାରଣ ହୁଅନା, କେହି ତୁମର ଦୁଃଖର କାରଣ ହେବେ ନାହିଁ।**
- **ଯଦି ସାଧନାରେ ଉନ୍ନତି କରିବାକୁ ଚାହଁ, ତେବେ କପଟତା ତ୍ୟାଗକର।**

ଭାରତର ସ୍ୱାଧୀନତା ପାଇଁ ଇଂରେଜ ସରକାର ବିରୋଧରେ ଆନ୍ଦୋଳନ ଆରମ୍ଭ ହୋଇଗଲାଣି। ରାଜା ଓ ଜମିଦାରମାନଙ୍କର ନିରୀହ ପ୍ରଜାଙ୍କୁ ଶୋଷଣ ଓ ତାଙ୍କ ଉପରେ ଅତ୍ୟାଚାର ବିରୋଧରେ ସରକାର ବିଶେଷ କିଛି ପଦକ୍ଷେପ ନେଉ ନ ଥିଲେ। ଚାରିଆଡ଼େ ବେକାର ସମସ୍ୟା, ବିଶୃଙ୍ଖଳା ଓ ଅସାମାଜିକ ଲୋକମାନଙ୍କର ବେପରୁଆ ଦୁଷ୍କର୍ମ। ସେତେବେଳେ ଗ୍ରାମରେ ଘର ସଂଲଗ୍ନ ପାଇଖାନା ବା ଗାଧୁଆଘରର ବ୍ୟବସ୍ଥା ନଥିଲା। ସକାଳେ ସଂଧ୍ୟାରେ ଗ୍ରାମବାସୀମାନେ ନଦୀ ବା ପୋଖରୀ ନିକଟସ୍ଥ ବୁଦା ଅଥବା ଜଙ୍ଗଲର ଖାଲି ସ୍ଥାନକୁ ପାଇଖାନା ପାଇଁ ଯାଉଥିଲେ ଏବଂ ନିକଟବର୍ତ୍ତୀ ନଦୀ ବା ପୋଖରୀରେ ଗାଧୁଆ ଇତ୍ୟାଦି ଅନ୍ୟାନ୍ୟ ନିତ୍ୟକର୍ମ ସାରି ଘରକୁ ଫେରୁଥିଲେ। କାହାର ଘର ପଛପଟେ ଗୋଟେ କୂଅ ଥାଏ, ବା ଗୋଟିଏ ସାହିରେ ରାସ୍ତା ପାଖକୁ ଗୋଟିଏ କୂଅ, ସେଥିରୁ ପାଣି କାଢ଼ି ଘରର ରୋଷେଇ ଓ ଅନ୍ୟାନ୍ୟ କାର୍ଯ୍ୟସଂପନ୍ନ କରୁଥିଲେ। ହିମାୟିତପୁର ଗ୍ରାମର ଝିଅବୋହୂମାନେ ପଦ୍ମାନଦୀ ତୀରକୁ ଶୌଚ ପାଇଁ ସକାଳେ ଓ ସନ୍ଧ୍ୟାବେଳେ ଯାଆନ୍ତି। ଅସାମାଜିକ ଯୁବକ ତଥା ଗୁଣ୍ଡାଶ୍ରେଣୀର ଲୋକମାନେ ସେମାନଙ୍କୁ ଅତର୍କିତ ଆକ୍ରମଣ କରି ବଳାତ୍କାର କରନ୍ତି। ଏ ପ୍ରକାର ଜଘନ୍ୟ କାର୍ଯ୍ୟରୁ, ଏହି ଦିଗହରା ଯୁବକବର୍ଗଙ୍କୁ କିପରି ସୁଧାରିବେ ସେଇ ଚିନ୍ତାରେ ଡାକ୍ତର ଅନୁକୂଳଚନ୍ଦ୍ର ଶୋଇପାରନ୍ତି ନାହିଁ। କେତେକ ବନ୍ଧୁ ଓ ଗ୍ରାମବାସୀମାନଙ୍କ ସହିତ ଆଲୋଚନାରେ ସମୂହ ତୁମୁଳ କୀର୍ତ୍ତନଦ୍ୱାରା ଯୁବଗୋଷ୍ଠୀ ବିପଥ ତ୍ୟାଗ କରିପାରନ୍ତି ବୋଲି ମସୁଧା ହେଲା। ଅନୁକୂଳଚନ୍ଦ୍ର କୀର୍ତ୍ତନ ଗୀତ ଲେଖିଲେ, ଭିନ୍ନ ଭିନ୍ନ ଦଳ ଗଠନ କଲେ ଏବଂ ଉଦ୍ଦଣ୍ଡ କୀର୍ତ୍ତନରେ ଯୁବସମାଜକୁ ନିୟୋଜିତ କରିବା

ଦ୍ୱାରା, ସେମାନଙ୍କର ଦୁଷ୍କୃତି ବହୁପରିମାଣରେ ହ୍ରାସ ପାଇଲା। ଏଥିରେ ତାଙ୍କର ବିଶିଷ୍ଟ ସହଯୋଗୀ ଥିଲେ ଅନନ୍ତନାଥ ରାୟ, କିଶୋରୀମୋହନ ଦାସ, ସତୀଶଚନ୍ଦ୍ର ଗୋସ୍ୱାମୀ, ନଫରଚନ୍ଦ୍ର ଘୋଷ ଇତ୍ୟାଦି। ହିମାୟିତପୁର ପାଖ ଅଂଚଳ - କୁଷ୍ଟିଆ, ଖୋକସା, ଫରିଦପୁର, ଯଶୋର ଇତ୍ୟାଦି ସ୍ଥାନରେ କୀର୍ତ୍ତନ ପୂରା ଧୁମ୍‌ରେ ଚାଲିଲା। ଏହିପରି କୀର୍ତ୍ତନ ଦଳ ହିମାୟିତପୁରର ନିକଟବର୍ତ୍ତୀ ଅନ୍ୟ ଗ୍ରାମମାନଙ୍କରେ ମଧ୍ୟ ଗଢ଼ିଉଠିଲା। ଏହି ସମୟରେ ଶ୍ରୀଶ୍ରୀଠାକୁରଙ୍କ ଲୀଳାକ୍ଷେତ୍ର ଥିଲା ପାଖ ସହର କୁଷ୍ଟିଆ। ଡାକ୍ତରୀ କରିବାକୁ ବେଳ ହେଲା ନାହିଁ। ଆୟ ଯେତେ ଭଲ ହେଉଥିଲା, ତାହା ମଧ୍ୟ ଗଲା।

ଚିକିତ୍ସକ ଅନୁକୂଳଚନ୍ଦ୍ର କୀର୍ତ୍ତନରେ ବିଭୋର ରହି ଅଧିକରୁ ଅଧିକ ସୁଠାମ, ସୁନ୍ଦର ଓ ଜ୍ୟୋତିର୍ମୟ ଦିଶିଲେ। ଆଖି ଦୁଇଟି ନିଶା ଖାଇଲା ପରି ଲାଲ ଦିଶୁଥାଏ। ଜଣେ ଭକ୍ତ (ସୁଶୀଲଚନ୍ଦ୍ର ବସୁ) କୀର୍ତ୍ତନ ବେଳର ଗୋଟିଏ ନିଖୁଣ ଚିତ୍ର ଦେଇଛନ୍ତି। ତାହା ଏହିପରି -

"କୀର୍ତ୍ତନ କହିଲେ ଆମେ ଯାହା ବୁଝୁ, ଖୋଳ-କରତାଳ ବଜାଇ କୀର୍ତ୍ତନ, ଇଏ ତା ନୁହେଁ। ଦୁଇ ତିନିଟା ଡ୍ରମ ବାଜି ଉଠିଲା, ଶଙ୍ଖ-ଘଣ୍ଟା-କଂସାଳ ବାଜି ଉଠିଲା। ସମସ୍ତେ ମିଶି ତାଣ୍ଡବ ନର୍ତ୍ତନ ଓ କୀର୍ତ୍ତନ ଆରମ୍ଭ କଲେ। କୀର୍ତ୍ତନ ଆରମ୍ଭ ହେବାର କିଛି ସମୟ ପରେ ଶ୍ରୀଶ୍ରୀଠାକୁର ଘର ଭିତରୁ ଛୁଟି ଆସି ଦୁଇବାହୁ ଟେକି ନାଚି ନାଚି କୀର୍ତ୍ତନରେ ଯୋଗ ଦେଲେ। ସଙ୍ଗେ ସଙ୍ଗେ ଅଦ୍ଭୁତ ପଟ୍ଟ-ପରିବର୍ତ୍ତନ ହେଲା, ଏପରି ଉଦ୍ଦୀପନା ସୃଷ୍ଟି ହେଲା ଯେ ସମସ୍ତେ ଭାବରେ ମତୁଆଲା ହୋଇ ଉଦ୍ଦଣ୍ଡ କୀର୍ତ୍ତନ ଆରମ୍ଭ କରିଦେଲେ। କୀର୍ତ୍ତନ ମଝିରେ ଶ୍ରୀଶ୍ରୀଠାକୁର ଦୁଇବାହୁ ଟେକି ମୋହନ ଭଙ୍ଗୀରେ ପ୍ରାଣର ଉଚ୍ଛଳ ପ୍ରାଚୁର୍ଯ୍ୟରେ ନୃତ୍ୟ ରତ, ତାଙ୍କର ବଦନମଣ୍ଡଳ ଅପୂର୍ବ ଜ୍ୟୋତିବିଭାରେ ମଣ୍ଡିତ। ସେହି ଅପୂର୍ବ ସୁଠାମ ମନୋହର ନୃତ୍ୟଭଙ୍ଗୀ ଯେ ନ ଦେଖିଛି ତାକୁ ଭାଷାରେ ବୁଝାଇବା କଷ୍ଟକର। ସେ କୀର୍ତ୍ତନର ଏପରି ମୋହନୀୟ ଆକର୍ଷଣ ଶକ୍ତି ଯେ ଶହ ଶହ ଲୋକ ସେ ଆକର୍ଷଣରେ ଆକୃଷ୍ଟ ହୋଇ କୀର୍ତ୍ତନରେ ଯୋଗ ଦେଲେ। ଏପରି ଆଲୋଡ଼ନ ସୃଷ୍ଟି ହେଲା ଯେ, ଦେଖିଲି ତିନି ଚାରୋଟି କୁକୁର ସେ କୀର୍ତ୍ତନରେ ଯୋଗ ଦେଇ ନାଚୁଛନ୍ତି। ଦୂରରେ ଗାଈମାନେ 'ହମ୍ବା ହମ୍ବା' ରବ କରିବାକୁ ଲାଗିଲେ। ଶୁଣିଛି ମହାପ୍ରଭୁ ଶ୍ରୀଚୈତନ୍ୟ କୀର୍ତ୍ତନରେ ଏହିପରି ମତୁଆଲା ହେଉଥିଲେ। କୀର୍ତ୍ତନରେ ନାଚୁ ନାଚୁ ସହସା ଶ୍ରୀଶ୍ରୀଠାକୁରଙ୍କର ଦେହଟି ବାହ୍ୟ ଜ୍ଞାନଶୂନ୍ୟ ଓ ବିବଶ ହୋଇ ମାଟିରେ ଢଳି ପଡ଼ିଲା। ମନେହେଲା ତାଙ୍କର ଦିବ୍ୟ ଦେହଟି ବାହ୍ୟ ଚୈତନ୍ୟହୀନ ହୋଇ ଶବ ପରି ପଡ଼ି ରହିଚି, ତାଙ୍କର ଡାହାଣପାଦର ବୁଢ଼ା ଆଙ୍ଗୁଠିଟି ଖାଲି ଥରଥର କରି କମ୍ପୁଛି ...। ଏପରି ଅବସ୍ଥା ହେଲେ କେହି ତାଙ୍କର ଶରୀର ସ୍ପର୍ଶ କରୁ ନ ଥିଲେ, କରିଲେ କୁଆଡେ ତାଙ୍କର ଖୁବ କଷ୍ଟ ହେଉଥିଲା ..। ସେଦିନ ତାଙ୍କରେ ଏଇ ଅବସ୍ଥା ଅନୁମାନ ଚାଳିଶ ମିନିଟ ସ୍ଥାୟୀ ହୋଇଥିଲା, ବାହ୍ୟ ଜ୍ଞାନ ଫେରି ଆସିବାର ପୂର୍ବ ମୁହୂର୍ତ୍ତରେ କହି ଉଠିଲେ 'ପାଣି ପିଇବି ରେ ପାଣି ପିଇବି' । ଅନନ୍ତ ମହାରାଜ ପାଖରେ ଥିଲେ, ସେ ଗୋଟାଏ ତମ୍ବା ପାତ୍ରରେ ପାଣି ନେଇ ଆସି ପିଇବାକୁ ଦେଲେ।

ଶ୍ରୀରାମକୃଷ୍ଣ ପରମହଂସଙ୍କର ଭାବସମାଧି ହେଉଥିଲା ଶୁଣିଛି, ସେ ସମାଧି ଅବସ୍ଥାରୁ ସାଧାରଣ ଅବସ୍ଥାକୁ ଫେରି ଆସିବା ସମୟରେ ଗୋଟାଏ ପାର୍ଥିବ ଆକାଂକ୍ଷାର ବିଷୟକୁ

ଆଶ୍ରୟ କରି ସାଧାରଣ ଭୂମିକୁ ଓହ୍ଲାଇ ଆସୁଥିଲେ। ସେ ମଧ୍ୟ ସମାଧି ଭଙ୍ଗର ପୂର୍ବ ମୁହୂର୍ତ୍ତରେ 'ପାଣି ପିଇବି' ବା 'ତମାଖୁ ଖାଇବି' -ଏହିପରି କଥା କହି ସବିକଳ୍ପ ଅବସ୍ଥାକୁ ଫେରୁଥିଲେ।

ମହାଭାରତର କଥା ବି ମନେ ପଡିଲା। ଭଗବାନ ଶ୍ରୀକୃଷ୍ଣ କୁରୁକ୍ଷେତ୍ର ଯୁଦ୍ଧ ସମୟରେ ଯୋଗଯୁକ୍ତ ଅବସ୍ଥାରେ ଗୀତା କହିଥିଲେ। ଯୁଦ୍ଧ ଶେଷରେ ଅର୍ଜୁନ ଯେତେବେଳେ ଆଉ ଥରେ ଗୀତା କହିବାକୁ ଶ୍ରୀକୃଷ୍ଣଙ୍କୁ କହନ୍ତି, ତାର ଉତ୍ତରରେ ଶ୍ରୀକୃଷ୍ଣ କହିଥିଲେ, 'ସେତେବେଳେ ସମାଧି ଅବସ୍ଥାରେ ଥାଇ ମୁଁ ତୁମକୁ ଗୀତା କହିଥିଲି, ବର୍ତ୍ତମାନ ମୋର ସେ ଅବସ୍ଥା ନାହିଁ, ତେଣୁ ତୁମକୁ ଆଉ 'ଗୀତା' କହିପାରିବି ନାହିଁ।' ତେବେ ଗୀତାର ସାରମର୍ମ ଅର୍ଜୁନଙ୍କୁ ଶ୍ରୀକୃଷ୍ଣ ଯାହା କହିଥିଲେ ତାହା 'ଅନୁଗୀତା' ନାମରେ ପ୍ରସିଦ୍ଧ।

ସୁଯୋଗ ଦେଖି ଶ୍ରୀଶ୍ରୀଠାକୁରଙ୍କୁ ପଚାରିଲି ,'ଆପଣଙ୍କର ଯେଉଁ ଅବସ୍ଥା କିଛି ସମୟ ପୂର୍ବେ ଦେଖିଲି, ସେଇଟା କ'ଣ ? ଏଇଟାକୁ କ'ଣ ଭାବସମାଧି କୁହାଯାଏ ? ସାଧନାର ଚରମରେ କ'ଣ ଏଇ ଅବସ୍ଥା ହୁଏ ?'

ଉତ୍ତରରେ ସେ କହିଲେ, 'ମୋର ଏଇ ଅବସ୍ଥାର କଥା ଯଦି ପଚାରନ୍ତି ତାହେଲେ ମୁଁ କିଛି କହି ପାରିବି ନାହିଁ। ମୁଁ ଅଚୈତନ୍ୟ ଅବସ୍ଥାରେ ଯାହା କୁହେ, ତାର ଜ୍ଞାନ ମୋର ନ ଥାଏ। ସେଇ ଅବସ୍ଥାରେ ଯେଉଁ ସବୁ କଥା କୁହେ ବା କହିଛି, ସେଥିପାଇଁ ମୁଁ ଦାୟିତ୍ୱ ନେଇପାରେ ନାହିଁ। ମୁଁ ସହଜ ବା ସ୍ୱାଭାବିକ ଅବସ୍ଥାରେ ଯାହା କୁହେ, ତା'ର ଦାୟିତ୍ୱ ମୋର।'

ମୁଁ ପଚାରିଲି - 'ଆଚ୍ଛା ଆପଣ କଣ ଏକାନ୍ତରେ ନିର୍ଜନରେ ବସି ସାଧନା କରିଛନ୍ତି ?'

ଉତ୍ତରରେ ସେ ଯାହା କହିଲେ ତାହା ଯେପରି ଚମକପ୍ରଦ ସେହିପରି ଅନନ୍ୟ-ଅସାଧାରଣ। ସେ କହିଲେ ଯେ -ଏକାନ୍ତରେ ନିର୍ଜନରେ ବସି ସେ ସାଧନା କରି ନାହାନ୍ତି। ଜ୍ଞାନ ଉନ୍ମେଷର ସଙ୍ଗେ ସଙ୍ଗେ ସ୍ୱତସ୍ଫୁର୍ତ୍ତଭାବେ ସତ୍‌ନାମର ପ୍ରକାଶ ତାଙ୍କ ଭିତରେ ହୋଇଥିଲା ଏବଂ ଅହର୍ନିଶ ସେ ଏହି ନାମ ଜପ କରୁଥିଲେ ଏବଂ ଭାବୁଥିଲେ ଯେ ପ୍ରତ୍ୟେକ ମଣିଷଙ୍କ ଭିତରେ ସତ୍‌ନାମ ସ୍ୱତସ୍ଫୁର୍ତ୍ତଭାବେ ପ୍ରକାଶିତ ହୁଏ ଏବଂ ପ୍ରତ୍ୟେକେ ବୋଧହୁଏ ତାଙ୍କ ପରି ଦିବାନିଶି ଏହି ସତ୍‌ନାମ ଜପ କରନ୍ତି। ବଡ଼ହେବା ପରେ ତାଙ୍କର ଏହି ଭ୍ରମ ଦୂର ହୁଏ। ଶ୍ରୀଶ୍ରୀଠାକୁର କହିଲେ ଯେ ବାଲ୍ୟକାଳରୁ ଜଗନ୍ମାତା କାଳୀ, ଶ୍ରୀକୃଷ୍ଣ ଓ ଅନ୍ୟାନ୍ୟ ଦେବଦେବୀ, ଦିବ୍ୟ ଜ୍ୟୋତିରେ ତାଙ୍କୁ ଦେଖା ଦେଉଥିଲେ, ତାଙ୍କ ସହ କଥାବାର୍ତ୍ତା କରୁଥିଲେ। ବେଳେବେଳେ ଜ୍ୟୋତିର ଅପରୂପ ପ୍ରକାଶ ଓ ଅନାହତ ନାଦଧ୍ୱନି ଶୁଣି ସେ ବାହ୍ୟ ଜ୍ଞାନଶୂନ୍ୟ ହୋଇ ଯାଉଥିଲେ। ନାମ ଜପ କରୁକରୁ ଶରୀରର ଉତ୍ତାପ ଏତେ ବଢ଼ି ଯାଉଥିଲା ଯେ ଶରୀରରେ ଜଳବିନ୍ଦୁ ପଡିଲେ ତାହା ବାଷ୍ପ ହୋଇ ଉଭେଇ ଯାଉଥିଲା। ଯୋଗୀଜନ-ଦୁର୍ଲଭ ସାଧନ-ଜୀବନର ଏହିସବୁ ଅନୁଭୂତି ତାଙ୍କର ବାଲ୍ୟକାଳରେ ହିଁ ହୋଇଥିଲା। ତାଙ୍କର ଏସବୁ ବର୍ଣ୍ଣନା ଶୁଣି ମୁଁ ସ୍ତମ୍ଭିତ ହୋଇଗଲି। ମୁହଁରେ କୌଣସି ବାକ୍‌ସ୍ଫୁର୍ତ୍ତି ହେଲା ନାହିଁ। କିଛି କ୍ଷଣ ଏହିଭାବେ ବସି ରହି ମୁଁ ପୁନରାୟ କହିଲି -ଆପଣଙ୍କ

କଥା ଅବିଶ୍ୱାସ କରୁ ନାହିଁ। କିନ୍ତୁ ଗୋଟାଏ ସଂଶୟ ମୋ ମନରେ ଆସୁଛି ତାହା ଆପଣଙ୍କୁ ଖୋଲାଖୋଲି ନ କହି ରହି ପାରୁ ନାହିଁ।

ବସୁ ମହାଶୟ ପଚାରିଲେ- 'ଶ୍ରୀଚୈତନ୍ୟଙ୍କ ଜୀବନ ପର୍ଯ୍ୟାଲୋଚନା କଲେ ଦେଖିବାକୁ ମିଳେ ଯେ, ଜୀବନର ପ୍ରଥମ ଭାଗରେ ତାଙ୍କର ପରବର୍ତ୍ତୀ ଦିବ୍ୟ-ଜୀବନର ସେପରି କିଛି ଆଭାସ ନାହିଁ। ଗୟାଧାମକୁ ପିତୃକାର୍ଯ୍ୟ ସମ୍ପାଦନ କରିବାକୁ ଯିବା ପରଠାରୁ ସନ୍ୟାସ ଜୀବନର ପରିପୂର୍ଣ୍ଣ ଆତ୍ମପ୍ରକାଶ ଆରମ୍ଭ ହୁଏ। ଭଗବାନ ଶ୍ରୀବୁଦ୍ଧଦେବଙ୍କ ଜୀବନରେ ମଧ୍ୟ ଦେଖିବାକୁ ମିଳେ ଯେ ୨୯ବର୍ଷ ବୟସରେ ଗୃହତ୍ୟାଗ କରି କଠୋର ସାଧନାରେ ଦୀର୍ଘଦିନ ଅତିବାହିତ କରିବା ପରେ ତାଙ୍କର ଦିବ୍ୟଜୀବନର ପ୍ରକାଶ। ଭଗବାନ ଯୀଶୁଙ୍କ ଜୀବନର ୧୨ ରୁ ୩୦ ବର୍ଷ ବୟସ ପର୍ଯ୍ୟନ୍ତ ଇତିହାସ ଅଜ୍ଞାତ। ଅନେକେ କୁହନ୍ତି, ସେ ଏହି ସମୟରେ ଭାରତକୁ ଆସି କଠୋର ସାଧନା କରିଥିଲେ, ୩୦ ବର୍ଷ ବୟସରେ ତାଙ୍କର ଦିବ୍ୟ-ଜୀବନର ଆରମ୍ଭ। ହଜରତ ରସୁଲଙ୍କ ପ୍ରଥମ ଜୀବନରେ ଆମେ ତାଙ୍କ ପରବର୍ତ୍ତୀ ଜୀବନର କୌଣସି ଇଙ୍ଗିତ ପାଉ ନାହିଁ। ଆଧୁନିକ କାଳରେ ଶ୍ରୀରାମକୃଷ୍ଣଙ୍କ ଜୀବନରେ ଦିବ୍ୟ-ଜୀବନର ପ୍ରକାଶ, ସେ ଦକ୍ଷିଣେଶ୍ୱରର କାଳୀମାତାଙ୍କ ପୂଜାରୀ ରୂପେ ନିଯୁକ୍ତ ହେବା ପରେ ହୁଏ। ଅଥଚ ଆପଣ କହୁଛନ୍ତି ଯେ ଜ୍ଞାନ-ଉନ୍ମେଷ ହେବା ସଙ୍ଗେ ସଙ୍ଗେ ଆପଣ ନାମ କରୁଥିଲେ, ଅନେକ ଜ୍ୟୋତିର୍ମୟ ଦେବଦେବୀଙ୍କ ଦର୍ଶନ ପାଉଥିଲେ, ତାଙ୍କ ସହ କଥା ହେଉଥିଲେ, ଅନାହତ ନାଦଧ୍ୱନି ଶୁଣୁଥିଲେ ଓ ଅଚୈତନ୍ୟ ହୋଇ ପଡୁଥିଲେ। କୌଣସି ପ୍ରକାର ସାଧନା ବ୍ୟତିରେକେ ସ୍ୱତସ୍ଫୁର୍ତ୍ତ ଭାବେ ଦିବ୍ୟ-ଜୀବନର ଏଭଳି ଅପୂର୍ବ ପ୍ରକାଶ କେଉଁଠି ବି ଦେଖିବାକୁ ପାଏ ନାହିଁ ବୋଲି ମୋ ମନରେ ଏପରି ସଂଶୟ।'

ଉତ୍ତରରେ ଶ୍ରୀଶ୍ରୀଠାକୁର କହିଲେ- 'ମୁଁ ନିଜକୁ କୌଣସି ଅବତାର ପୁରୁଷ ବା ମହାପୁରୁଷ ବୋଲି ମନେକରେ ନାହିଁ। ସେମାନଙ୍କ ସହ ମୋ ପରି ମୂର୍ଖ ଏବଂ ନଗଣ୍ୟ ବ୍ୟକ୍ତିର ତୁଳନା ମଧ୍ୟ ଅନ୍ୟାୟ ବୋଲି ମୁଁ ମନେକରେ। ମୁଁ , ମୁଁ-ହିଁ। ମୋ ଜୀବନରେ ଯାହା ଘଟିଛି ତାହା ଆପଣଙ୍କୁ କହିଛି, କାହାରି ସଙ୍ଗେ ମୋ ଜୀବନର ଅଭିଜ୍ଞତା ଯଦି ନ ମିଳେ ତାହାହେଲେ ମୁଁ କଣ କରିପାରିବି କୁହନ୍ତୁ ?" (ମାନସତୀର୍ଥ ପରିକ୍ରମା)

ଯେତେବେଳେ ତାଙ୍କର ମନ ଅତି ଉଚ୍ଚ ସ୍ତରକୁ ଚାଲିଯାଉଥିଲା, ସାରା ସୃଷ୍ଟି ତାଙ୍କୁ ବ୍ରହ୍ମମୟ ମନେହେଉଥିଲା। ଖାଇଲାବେଳେ ଅଧାଖିଆ ହୋଇ ଉଠିଯାଆନ୍ତି। ପଚାରିଲେ କୁହନ୍ତି- 'ମୁଁ ବ୍ରହ୍ମ ଆଉ ସେହି ଖାଦ୍ୟ ମଧ୍ୟ ବ୍ରହ୍ମ, ସବୁ ତ ଏକ, ମୁଁ କ'ଣ କେମିତି ଖାଇବି' ? କୀର୍ତ୍ତନରେ ନାଚି ନାଚି କେତେଥର ସେ ବାହ୍ୟଚେତନାଶୂନ୍ୟ ହୋଇ ତଳେ ପଡ଼ିଯାଆନ୍ତି - ହଠଯୋଗର ଆସନ ସହିତ ହାତଗୋଡ଼ କଇଁଛ ପରି ଦେହ ଭିତରକୁ ପଶିଯାଉଥାଏ, କେବଳ ଡାହାଣ ପାଦର ବୁଢ଼ାଆଙ୍ଗୁଠି ଯାହା ଟିକେ ଥରୁଥାଏ। ସେ ଘଣ୍ଟା ଘଣ୍ଟା ଧରି ଏଇ ଅବସ୍ଥାରେ ରହୁଥିଲେ ଓ ଯାହାସବୁ କହୁଥିଲେ ପ୍ରଥମେ ପ୍ରଥମେ କେହି ତାକୁ ବୁଝିପାରି ନଥିଲେ। ପରେ ଜଣେ ଭକ୍ତ ଅନୁମାନ କଲେ ଯେ ଅତି ମୂଲ୍ୟବାନ୍ ତତ୍ତ୍ୱ

ତାଙ୍କ ମୁଖରୁ ସ୍ୱତଃ ନିଃସୃତ ହେଉଛି । ଏହି ଭାବସମାଧିର ଅବସ୍ଥାର କିଛିଦିନ ଗତ ହେବା ପରେ କେବଳ ଶେଷ ୭୨ଦିନର ମହାଭାବାବସ୍ଥାର ବାଣୀ ଭକ୍ତମାନେ ଯେତେ ପାରିଲେ ଟିପି ରଖୁଥିଲେ, ତାହାର ଏକତ୍ରୀକରଣ ହେଉଛି 'ପୁଣ୍ୟପୁଁଥୀ' (ପୁଣ୍ୟପୋଥୀ) । ସେହିଠାରୁ କିଛି ବାଣୀ ଉଦ୍ଧୃତ କରୁଛି:

(୧ମ ଦିବସ)

- ଆମି ଚାଇ ଶୁଦ୍ଧ ଆତ୍ମା (ମୁଁ ଚାହେଁ ଶୁଦ୍ଧ ଆତ୍ମା) । ୧
- ଓଗୋ, ଶକ୍ତି ଗାୟେର ନୟ, ମନେର- ଯେ ଭାବେ ଆମି ଗରୁ, ସେ-ଶାଲା ଗରୁଇ(ଆଗୋ, ଶକ୍ତି ଦେହର ନୁହଁ, ମନର । ଯିଏ ଭାବେ ମୁଁ ଗୋରୁ ସେ-ଶାଲା ଗୋରୁ ହିଁ)। ୫୬
- ଯା'ରା ଅହଂକାର କରେ, ତା'ଦେର ଆର ନିସ୍ତାର ନାଇ-ତାଦେର ବିଶ୍ୱାସେଓ ଅନ୍ଧକାର । କୁଲଗାଛେ ଆଲୋକଲତା ଓଠେ, ଗାଛ ମ'ରେ ଯାୟ, ଆଲୋକଲତା ତାଜା ଥାକେ । (ଯେଉଁମାନେ ଅହଙ୍କାର କରନ୍ତି ସେମାନଙ୍କର ଆଉ ନିସ୍ତାର ନାହିଁ- ସେମାନଙ୍କର ବିଶ୍ୱାସ ମଧ୍ୟ ଅନ୍ଧକାର । କୋଳିଗଛରେ ନିର୍ମୂଳି ଲତା ଉଠେ, ଗଛ ମରିଯାଏ, ନିର୍ମୂଳିଲତା କିନ୍ତୁ ତାଜା ଥାଏ ।) ୫୮

(୨ୟ ଦିବସ)

- ବନେର ଚେୟେ ଘରେର ସନ୍ୟାସୀଇ ପାଗଲ ବେଶୀ (ବଣ ଅପେକ୍ଷା ଘରର ସନ୍ୟାସୀ ହିଁ ପାଗଳ ବେଶି) ।୨
- ସଂସାରୀ ସନ୍ୟାସୀ ଚାଇ, ଜଙ୍ଗଲେର ସନ୍ୟାସୀ ଆର ଚାଇନା । ନିତାଇ ଚାଇ ।(ସଂସାରୀ ସନ୍ୟାସୀ ଚାହେଁ , ଜଙ୍ଗଲର ସନ୍ୟାସୀ ଆଉ ଚାହେଁ ନା । ନିତାଇ ଚାହେଁ ।) ୫

(୫ମ ଦିବସ)

Mere trust in God cannot give eternal throne.

Sound of your call must reach me, because I am sound. Be quick to get rid of these matters of the world !

At first you shake your heart, then you will shake the world. The world will shake at a time !

Yes, you perhaps absent yourselves from the world and the world absents from you (both) are equal.

Yes, when mind is warm, external cold is insufficient to cool the body.

You, mind, the master of all deities. Check your mind and move your mind all day towards God.

You say, fire burns and water can cool everything, (and tell me) it is supernatural.

Trust His name. He will give you everything.
Trust, I am not alone for this world, world is me -all these I, all these creatures, all the matters, the world-this I. (12)

କୀର୍ତ୍ତନର ଆବେଶ ୧୯୧୪ ମସିହାଠାରୁ ଖୁବ୍ ଯୋରଧରି ୧୯୧୯ ମସିହା ପର୍ଯ୍ୟନ୍ତ ରହିଲା । ଡାକ୍ତର ଅନୁକୂଳଚନ୍ଦ୍ର ଡାକ୍ତରୀ ପେଷା ଛାଡ଼ି କୀର୍ତ୍ତନରେ ମାତି ରହିଲେ । କୀର୍ତ୍ତନାଦିକୁ 'ରାଧାସ୍ୱାମୀ' ସନ୍ଥ ମତରେ ବିଶେଷ ଗୁରୁତ୍ୱ ଦିଆଯାଏ ନାହିଁ । ମାତା ମନମୋହିନୀ ଦେବୀ ମଧ୍ୟ ଏହି କୀର୍ତ୍ତନ ପ୍ରବର୍ତ୍ତନର କାରଣ ଠଉରାଇ ପାରୁନଥିଲେ । ଆୟ ବନ୍ଦ ହୋଇଯିବାରୁ ଏତେବଡ଼ ପରିବାରକୁ ଚଳାଇବାର ଦାୟିତ୍ୱ ତାଙ୍କ ଉପରେ ପଡ଼ିଲା । କ'ଣ କରିବେ ?

ଭକ୍ତ ସୁଶୀଲଚନ୍ଦ୍ର ବସୁ ସ୍ମୃତିଚାରଣ କରି ଲେଖିଛନ୍ତି- 'ଶିବଚନ୍ଦ୍ର ଚକ୍ରବର୍ତ୍ତୀ ମହାଶୟ ଥିଲେ ବଡ଼ ସରଳ ଓ ଅମାୟିକ ପ୍ରକୃତିର ଲୋକ । ସେ ଅତିଥି ଅଭ୍ୟାଗତଙ୍କ ସେବା କରି ଖୁବ୍ ତୃପ୍ତିଲାଭ କରୁଥିଲେ । ବ୍ୟାବହାରିକ ଜ୍ଞାନ ବି ଯେପରି ପ୍ରଖର ଥିଲା ସେହିପରି ଲୋକଙ୍କର ମନୋବୃତ୍ତି ବୁଝି ଚାଲିବାର କ୍ଷମତା ମଧ୍ୟ ଥିଲା ଅସାଧାରଣ ।' –ଦିନେ ଦିପହରରେ ଖିଆପିଆ ସାରି ତାଙ୍କ ଘର ଭିତରୁ ଆଶ୍ରମ ଆଡକୁ ଆସୁଛି, ଏହି ସମୟରେ କର୍ତ୍ତା (ପିତୃଦେବଙ୍କୁ) ସେ ରହୁଥିବା ପାଖ କୋଠରୀରୁ ମୋତେ ଡାକିଲେ, ତାଙ୍କ ପାଖରେ ବସିବାକୁ କହିଲେ ଓ କି ତରକାରି ଲଗାଇ ଖାଇଲି ପଚାରିଲେ । ରହିବା ଓ ଖାଇବା-ପିଇବାରେ କିଛି କଷ୍ଟ ହେଉଛି କି ? ମୁଁ କହିଲି- କୌଣସି ଦିଗରୁ କିଛି କଷ୍ଟ ତ ନାହିଁ, ବରଂ ଏଠାରେ ଖୁବ୍ ଆରାମରେ ଅଛି ।

ସେ କହିଲେ - 'ତୁମେମାନେ ଭଦ୍ରଲୋକଙ୍କର ପୁଅ -ତୁମେମାନେ ତ ଏହି କଥା କହିବ । ମୁଁ ଅନୁକୂଳକୁ କହେ -ତୋ ଘରେ ଏତେ ଭଦ୍ରଲୋକଙ୍କ ପାଦର ଧୂଳି ପଡ଼େ, ସମସ୍ତଙ୍କ ଘରେ ତ ପଡ଼େ ନାହିଁ । ଏହାକୁ ମଧ୍ୟ ଗୋଟାଏ ବଡ଼ ଭାଗ୍ୟ ବୋଲି କହିବାକୁ ହେବ । ତୁ ଡାକ୍ତରୀ କର, ଭଲ ଭାବେ ରୋଜଗାର କର, ଲୋକବାକ ଯିଏ ଆସନ୍ତି ସେମାନଙ୍କୁ ଭଲ ଭାବେ ଖୁଆ । ସେ କଥା ନାହିଁ, ଡାକ୍ତରୀ ଛାଡ଼ି ଦେଇ ଧେଇଧେଇ କରି କୀର୍ତ୍ତନ ନେଇ ମାତି ରହିଛି । ସେଥିରୁ କ'ଣ ମିଳିବ ? ମଣିଷର ସେବା ହିଁ ତ ଧର୍ମ ।'

ଏସବୁ କଥା କହିବା ପରେ କହିଲେ- 'ତୁମେ ସବୁ ତାର (ତୁମ ଠାକୁରଙ୍କର) ଭିତରେ ଏପରି କ'ଣ ଦେଖିଲ ଯେ ଏତେ କଷ୍ଟ କରି ପଡ଼ି ରହିଛ ? ମୁଁ କୁହେ, ଭଗବାନ୍ କ'ଣ ଆଉ କେଉଁଠି ଜାଗା ପାଇଲେ ନାହିଁ ଯେ ଶେଷରେ ଶିବ ଚକ୍ରବର୍ତ୍ତୀ ଘରେ ଆସି ହାଜର ହେଲେ ? ମୁଁ ତ କିଛି ବୁଝି ପାରୁ ନାହିଁ । ତୁମମାନଙ୍କର ମା' (ମନମୋହିନୀ ଦେବୀ) ମଧ୍ୟ ତାକୁ ସମର୍ଥନ କରି ଚାଲନ୍ତି । ତାଙ୍କର ମଧ୍ୟ କୌଣସି ବୁଦ୍ଧିଶୁଦ୍ଧି ନାହିଁ । ତାହା ଥିଲେ ଆଉ ଏ ପ୍ରକାର ହୁଅନ୍ତା ନାହିଁ ।'

ଉତ୍ତରରେ ମୁଁ କହିଲି, 'ଦେଖନ୍ତୁ ଆପଣଙ୍କ ପୁଅକୁ ଆପଣ ପୁଅ ବୋଲି ଜ୍ଞାନ କରନ୍ତି । ଏହା ଖୁବ ସ୍ୱାଭାବିକ । କିନ୍ତୁ ଆପଣଙ୍କ ପୁଅ ଭିତରେ କୌଣସି ବିଶେଷ ଗୁଣ ନ ଥିଲେ

ଦେଶ-ବିଦେଶରୁ ଏତେ ଲୋକ ତାଙ୍କ ଆକର୍ଷଣରେ ଏଠାକୁ ଆସି ଭିଡ କରନ୍ତେ କାହିଁକି ? ସର୍ବଭୂତରେ ଭଗବାନ ଅଛନ୍ତି, ଏକଥା ଠିକ । ଭଗବାନଙ୍କଠାରେ ଆମେ ଯେଉଁ ସବୁ ଗୁଣ ଆରୋପ କରିଥାଉ ସେସବୁ ଗୁଣ ଯଦି କୌଣସି ମଣିଷ ଭିତରେ ଦେଖାଯାଏ, ସେତେବେଳେ ମଣିଷ ତାଙ୍କୁ ହିଁ ଭଗବାନ ବୋଲି କହିଥାଏ । ସେସବୁ ଗୁଣର ପ୍ରକାଶ ଆପଣଙ୍କ ପୁଅ ଭିତରେ ଦେଖି ଲୋକେ ତାଙ୍କୁ ଭଗବାନ ବୋଲି କହନ୍ତି । ଏଥିରେ ଆଉ ଆଶ୍ଚର୍ଯ୍ୟ ହେବାର କଣ ଅଛି ? ଯୁଗେ ଯୁଗେ ଭଗବାନ ତ ଏହିପରି କେତେବେଳେ ଦେବକୀ ଗର୍ଭରେ, କେତେବେଳେ ଶଚୀମାତାଙ୍କ ଗର୍ଭରେ (ଶ୍ରୀଚୈତନ୍ୟଦେବ), କେତେବେଳେ ଚନ୍ଦ୍ରମଣି ଗର୍ଭରେ (ଶ୍ରୀରାମକୃଷ୍ଣଦେବ) ଜନ୍ମ ନେଇଛନ୍ତି । ସେହିପରି ଆପଣଙ୍କ ଘରେ ଯଦି ଆସିଥାନ୍ତି ଏଥିରେ ଆଶ୍ଚର୍ଯ୍ୟ ହେବାର କ'ଣ ଅଛି ?'-(ମାନସତୀର୍ଥ ପରିକ୍ରମା)

ଶ୍ରୀଶ୍ରୀଠାକୁର ତାଙ୍କର ଡାକ୍ତରୀ ଚାକିରୀ ପାଇଁ ଦରଖାସ୍ତ ପକାଇଥିବା କଥା ମନେପକାଇ ଆଲୋଚନା ବେଳେ (୨୧-୧୨-୧୯୪୧) ସହାସ୍ୟ ବଦନରେ କହିଥିଲେ, 'ସମସ୍ତେ ଚାକିରୀ ପାଇଁ ଦରଖାସ୍ତ କରନ୍ତି, ମୁଁ ବି ଦିନେ ମଜା କରିବା ପାଇଁ ସିଲାଇଦହ ଠାକୁର-ଇଷ୍ଟେଟରେ ଖଣ୍ଡେ ଦରଖାସ୍ତ ପକାଇ ଦେଇଥିଲି । ମୁଁ ଭାବି ନ ଥିଲି ଯେ ତାର ଉତ୍ତର ଆସିବ, କିନ୍ତୁ କିଛିଦିନ ପରେ ଲେଟର ଆସିଲା- ପଚାଶ ଟଙ୍କା ଦରମା, free quarters (ମାଗଣା ବସାଘର), private practice allowed (ଘରୋଇ ଡାକ୍ତରୀ ବ୍ୟବସାୟ ଚଳିବ), ଚିଠି ପାଇ ମୋର ମୁଣ୍ଡଟା ଯେପରି ହଠାତ୍ ଘୁରିଗଲା । ଆଖିରେ ସୋରିଷ ଫୁଲ ଦେଖିବାକୁ ଲାଗିଲି । ମନେହେଲା, ବାପା ଉକ୍ତ ଚିଠି ଦେଖିଲେ ଆଉ ରକ୍ଷା ନାହିଁ ! ସଙ୍ଗେ ସଙ୍ଗେ ଟୁକୁରା ଟୁକୁରା କରି ଚିରି ଫୋପାଡ଼ି ଦେଲି । ସେତେବେଳେ ଯାଇ ସ୍ୱସ୍ତିରେ ନିଃଶ୍ୱାସ ପକାଇ ବଂଚିଲି ।'

ଅନୁକୂଳଚନ୍ଦ୍ରଙ୍କର ଆତ୍ମପ୍ରକାଶ ଓ ଆତ୍ମପ୍ରଚାର କରିବାର ସାମାନ୍ୟତମ ଇଚ୍ଛା ନଥିଲା । ବରଂ ନିଜକୁ ସଦାସର୍ବଦା ଗୋପନ ରଖି, ଜନସମୁଦାୟ ନିକଟରେ ବିଗତ ଅବତାର ପୁରୁଷ, ସନ୍ଥସଦ୍‌ଗୁରୁମାନଙ୍କର ଗୁଣଗାନ କରି ଲୋକଙ୍କୁ ସତ୍‌ମାର୍ଗରେ ଉଦ୍‌ବୁଦ୍ଧ କରୁଥିଲେ । ସେଥିରେ ସାମିଲ ଥିଲେ ବାଙ୍କୁଡ଼ା ଜଲ୍ଲାର ସୋନାମୁଖୀ ଗ୍ରାମର ପାଗଳ ହରନାଥ ଠାକୁର । ଶ୍ରୀଶ୍ରୀଠାକୁର ନିଜେ କେତେକ କୀର୍ତ୍ତନ ଓ ସଂଗୀତ ରଚନା କରିଥିଲେ ମଧ୍ୟ ହରନାଥ ଠାକୁରଙ୍କ ନାମରେ ରଚିତ ବୋଲି, ଭକ୍ତମାନଙ୍କ ଦ୍ୱାରା ଗାନ କରାଉଥିଲେ ଏବଂ କେହି କେହି ଭକ୍ତଙ୍କୁ ଠାକୁର ହରନାଥଙ୍କ ସଂଗ କରିବାକୁ ସୋନାମୁଖୀ ପଠାଉଥିଲେ । ଥରେ, ଠାକୁର ହରନାଥ, ଅନୁକୂଳଚନ୍ଦ୍ରଙ୍କର ଅନ୍ୟତମ ବନ୍ଧୁ କିଶୋରୀମୋହନଙ୍କୁ ଏକାନ୍ତରେ ଡାକି କହିଥିଲେ- 'ଦେଖ, ତୁମକୁ ଯିଏ ଏଠାକୁ ପଠାଇଛନ୍ତି ତାଙ୍କରି ପାଖରୁ ହିଁ ସବୁ ପାଇବ, ସେ ହିଁ ପ୍ରକୃତ ସଦ୍‌ଗୁରୁ, ଅଚିରେ ସେ ପ୍ରକଟ ହୋଇ ସର୍ବତ୍ର ପୂଜିତ ହେବେ ।' ସିଦ୍ଧ ସାଧୁପୁରୁଷ ଠାକୁର ହରନାଥଙ୍କ ମନ୍ତବ୍ୟ ଜନସାଧାରଣଙ୍କ ମଧ୍ୟରେ, ଅନୁକୂଳଚନ୍ଦ୍ରଙ୍କ ଐଶୀଶକ୍ତି ଉପରେ ବିଶ୍ୱାସକୁ ଦୃଢ଼ କଲା । ଧୀରେ ଧୀରେ ଭକ୍ତମାନେ ତାଙ୍କୁ 'ଠାକୁର' ସମ୍ବୋଧନ କଲେ । ପ୍ରଥମେ ସେ ରାଜିହେଲେ ନାହିଁ, ପରେ କହିଲେ - 'ମତେ ଯାହା ଡାକୁଚ ଡାକ, ପାଚକ ବ୍ରାହ୍ମଣକୁ ମଧ୍ୟ 'ଠାକୁର' ଡାକନ୍ତି ।'

କୀର୍ତ୍ତନ ସହିତ ବହୁଲୋକ ସତ୍‌ନାମ ଦୀକ୍ଷା ନେଉଥାଆନ୍ତି। ସତୀଶଚନ୍ଦ୍ର ଗୋସ୍ୱାମୀ, ଶ୍ରୀଚୈତନ୍ୟ ମହାପ୍ରଭୁଙ୍କର ଏକାନ୍ତ ଭକ୍ତ ଓ ପାର୍ଷଦ ଅଦ୍ୱୈତାଚାର୍ଯ୍ୟଙ୍କର ବଂଶଧର। ଶ୍ରୀଶ୍ରୀଠାକୁର ତାଙ୍କୁ ଦୀକ୍ଷା ଦେଇଥିଲେ। ମାତା ମନମୋହିନୀ ଦେବୀ, ଅନନ୍ତ ମହାରାଜ ଓ ସତୀଶଚନ୍ଦ୍ର ହିମାୟିତପୁର ଏବଂ ସଂଲଗ୍ନ ଅଂଚଳର ଲୋକମାନଙ୍କୁ ସତ୍‌ନାମରେ ଦୀକ୍ଷା ଦେଉଥିଲେ। ଏହାପରେ ତ୍ରୈଲୋକ୍ୟନାଥ ଚକ୍ରବର୍ତ୍ତୀ ଭାରତର ବିଭିନ୍ନ ଅଞ୍ଚଳ ଓ ସୁଦୂର ବର୍ମା ଭ୍ରମଣ କରି ସତ୍‌ନାମର ପ୍ରଚାର ଦ୍ୱାରା ବହୁଲୋକଙ୍କୁ ଦୀକ୍ଷିତ କରାଇବାରେ ସମର୍ଥ ହୋଇଥିଲେ। ଶ୍ରୀଶ୍ରୀଠାକୁର କହିଥିଲେ ଯେ ଏହି ସତ୍‌ନାମ ହିଁ ଆଦିନାମ, ସୃଷ୍ଟିର ମୂଳ ଉତ୍ସ, ଜୀବନ ଧାରକ ଓ ଅସ୍ତିତ୍ୱର ପୋଷକ। ଆମ ଶରୀରରେ ମଥାଦ୍ୱାରା ଅଦୃଶ୍ୟ ଆଲୋକ ସ୍ରୋତ ସଂଗୃହୀତ ହୋଇ, ଅନ୍ୟ ଅଂଗପ୍ରତ୍ୟଂଗକୁ ପୁଷ୍ଟ କରୁଛି ଓ କାର୍ଯ୍ୟକ୍ଷମ କରୁଛି। ଏହାହିଁ ଆମମାନଙ୍କର ଜୀବନୀ ଶକ୍ତି। ଖୁବ୍ ନାମ କଲେ ଏହି ଅଦୃଶ୍ୟ ଆଲୋକ ଶକ୍ତିସ୍ରୋତ ମସ୍ତିଷ୍କରେ ସଂହତ ହୁଏ ଓ ଏହି ସୂକ୍ଷ୍ମଜୀବନୀଶକ୍ତିକୁ ଦୃଷ୍ଟି ଓ ସ୍ପର୍ଶଦ୍ୱାରା ଅନ୍ୟଠାରେ ସଂଚାରିତ କରାଇଲେ, ସେଇ ଦେହରେ ଜୀବନୀଶକ୍ତି ବଢ଼ି, ରୋଗ ନିରାମୟ କରେ। ତେଣୁ କୁଷ୍ଟିଆରେ 'ନାମ ଚିକିତ୍ସାଳୟ' ସ୍ଥାପନ କରାଯାଇଥିଲା ଓ ଡାକ୍ତର ଫେରାଇ ଦେଉଥିବା ରୋଗୀମାନଙ୍କଠାରେ ଏହି ସତ୍‌ନାମ ପ୍ରୟୋଗ ଦ୍ୱାରା ଅସାଧ୍ୟ ରୋଗ ନିରାମୟ ସମ୍ଭବ ହେଉଥିଲା। ଏହି ନାମ-ଚିକିତ୍ସାଳୟର ନାମ ଥିଲା - 'Life Research Society'.'

ଶ୍ରୀଶ୍ରୀଠାକୁରଙ୍କ ପ୍ରେରଣାରେ କୁଷ୍ଟିଆ ଟାଉନ୍‌ର ଭକ୍ତମାନେ ବିଭିନ୍ନ ଅବତାର ଓ ମହାପୁରୁଷମାନଙ୍କର ଜନ୍ମତିଥିରେ ଉତ୍ସବ କରିବାକୁ ଆରମ୍ଭ କଲେ; 'ବିଶ୍ୱଗୁରୁ ଆବିର୍ଭାବ ଦିବସ'। ଶ୍ରୀରାମ, ଶ୍ରୀକୃଷ୍ଣ, ଶ୍ରୀଚୈତନ୍ୟ, ଶ୍ରୀରାମକୃଷ୍ଣ, ଭଗବାନ୍ ଯୀଶୁ, ହଜରତ୍ ମହମ୍ମଦ ଆଦି ମହାପୁରୁଷମାନଙ୍କ ଜନ୍ମୋତ୍ସବ ପାଳନ କରିବା ଅବସରରେ ବିଭିନ୍ନ ସମ୍ପ୍ରଦାୟର ଲୋକେ ଗୋଟିଏ ମଞ୍ଚରେ ଏକାଠି ହେବେ, ସଂକୀର୍ଣ୍ଣତାକୁ ତ୍ୟାଗ କରି ସୌହାର୍ଦ୍ଦ୍ୟପୂର୍ଣ୍ଣ ବସବାସ ଥିଲା ଏହାର ମୂଳ ଲକ୍ଷ୍ୟ। ମଣିଷର ସେବା କଲେ କୃତଜ୍ଞତାବୋଧ ଆସେ, ହୃଦୟ ବିସ୍ତାରିତ ହୁଏ। ତେଣୁ ଉତ୍ସବକୁ ଆସୁଥିବା ଲୋକମାନଙ୍କର ପାଦ ଭକ୍ତମାନେ ଧୋଇ ଦେଉଥିଲେ, ସମ୍ମାନ ସହ ଆସନରେ ବସାଇ ଭୋଜନବେଳେ ତାଙ୍କ ପାଖରେ ରହି ବିଞ୍ଚି ଦେଇ ଶ୍ରଦ୍ଧାର ସହିତ ସେମାନଙ୍କୁ ବିଦା କରୁଥିଲେ। ଦିନ ତମାମ ବିଭିନ୍ନ କାର୍ଯ୍ୟକ୍ରମ, ଯଥା ସଦାଲୋଚନା, କୀର୍ତ୍ତନ, ଦୀକ୍ଷା ଆଦିର ବ୍ୟବସ୍ଥା ଥିଲା।

ଏମିତି କରୁ କରୁ ଉଦ୍ୟୋକ୍ତାମାନଙ୍କ ମଥାରେ ଗୋଟିଏ ଅଭିପ୍ରାୟ ଉଦୟ ହେଲା - ଆଚ୍ଛା, ଆମେ ଯଦି ସମସ୍ତ ଗୁରୁ-ମହାପୁରୁଷମାନଙ୍କର ଜନ୍ମ ଉତ୍ସବ ପାଳନ କରୁଚେ, ତେବେ ଆମ ଗୁରୁ ବାଦ୍ ପଡ଼ିବେ କାହିଁକି ? ସତକଥା ତ ! କୁଷ୍ଟିଆର ଭକ୍ତ ଓ ଶ୍ରୀଶ୍ରୀଠାକୁରଙ୍କର ଅନୁଗାମୀ ସମସ୍ତେ ହଁ ମାରିଲେ। ସଂଗେ ସଂଗେ ଦିନ ଧାର୍ଯ୍ୟ ହୋଇଗଲା, ୧୯୧୮ ମସିହା ସେପ୍ଟେମ୍ବର ମାସର ୧୪ ଓ ୧୫ ତାରିଖ। ମାସେ ଆଗରୁ ପ୍ରସ୍ତୁତି ଚାଲିଚି, ଜଣେ ମୁସଲମାନ ମୌଲବୀ, ରଜ୍ଜବଲ୍ଲୀ ଖାଁ , କୁଷ୍ଟିଆ ରେଳ ଷ୍ଟେସନ୍ ସାମ୍‌ନାରେ ତାଙ୍କ ବିରାଟ ଘର ଓ ତତ୍‌ସଂଲଗ୍ନ ବିସ୍ତୃତ ପ୍ରାଙ୍ଗଣ ବିନା ଭଡ଼ାରେ ଛାଡ଼ିଦେଲେ। କୁଷ୍ଟିଆ ବାହାରୁ ଆସିବାକୁ ଥିବା ବିଶିଷ୍ଟ ଅତିଥିଙ୍କ ପାଇଁ ଧର୍ମଶାଳା, ଭକ୍ତମାନଙ୍କ ଘରେ ରହିବାର ବିହିତ

ବ୍ୟବସ୍ଥାର ଚିଠା ପ୍ରସ୍ତୁତ ହେଲା । ଜନସମାଗମ ପଚାଶ ହଜାରରୁ ଊର୍ଦ୍ଧ୍ୱ ହେବ, ଦୁଇଦିନ ଧରି ପ୍ରସାଦ ସେବନ ହେବ, ଏଥିପାଇଁ ବିହିତ ବ୍ୟବସ୍ଥା କରାଗଲା, ପ୍ରସାଦ ବଣ୍ଟନ ପାଇଁ ଟ୍ରଲିଗୁଡିକର ଚଳାଚଳ ଚଞ୍ଚଳ ଏବଂ ବାଧାହୀନ ହେବା ପାଇଁ ରେଲଲାଇନ ପଡିଲା । ସେତେବେଳେ ବିଜୁଳିବତୀ କୁଷ୍ଟିଆ ସହରରେ ବିସ୍ତାରିତ ଭାବେ ନ ଥିଲା, ତେଣୁ କଲିକତାରୁ ଡାଇନାମୋ ଚାଳିତ ବିଜୁଳି ଯୋଗାଣକାରୀମାନଙ୍କୁ ଯୋଗାଯୋଗ କରି ଠିକ୍ କରାଗଲା । ସମ୍ପୂର୍ଣ୍ଣ ପରିସର ଯେପରି ରାତି ତମାମ ଆଲୋକିତ ରହେ, ଏହା ଥିଲା ଉଦ୍ଦେଶ୍ୟ । ଉତ୍ସବ ସମ୍ପର୍କିତ ଗଦାଗଦା ହ୍ୟାଣ୍ଡ୍‌ବିଲ୍, ପୋଷ୍ଟର, ପାମ୍ପଲେଟ୍ ଆଦି ଛପାଯାଇ କଲିକତା ଓ ବଙ୍ଗଳାର ପ୍ରତ୍ୟେକ ଜିଲ୍ଲାକୁ ପଠାଗଲା ।

ଉତ୍ସବର ଦିନ ପାଖେଇ ଆସିଲାଣି, କିନ୍ତୁ ଶ୍ରୀଶ୍ରୀଠାକୁରଙ୍କୁ ଏ ବିଷୟରେ କିଛି ଜଣାଇ ଦିଆଯାଇନାହିଁ । ଉଦ୍ୟୋକ୍ତାମାନେ ଧରିନେଇଥିଲେ ଯେ ତାଙ୍କୁ ଜଣାଇବା ଗୋଟିଏ ଲୌକିକତା (formality) ମାତ୍ର, ଟିକେ ଆଗରୁ ଜଣାଇଦେଲେ ହେବ । ସେମାନଙ୍କର ଧାରଣା ଥିଲା ଯେ ଶ୍ରୀଶ୍ରୀଠାକୁର ଏଥିରେ ଖୁସି ହେବେ । ଉତ୍ସବର ଅଳ୍ପ କେତେ ଦିନ ପୂର୍ବରୁ କୁଷ୍ଟିଆର କେତେଜଣ ଭକ୍ତ ସମସ୍ତ ଆୟୋଜନର ଚିଠାଧରି ହିମାୟିତପୁର ଆଶ୍ରମରେ ପହଂଚିଲେ । ଶ୍ରୀଶ୍ରୀଠାକୁର ଏ ପ୍ରସ୍ତାବ ଶୁଣିବା ମାତ୍ରେ ଉତ୍ସବରେ ଯୋଗଦେବା ପାଇଁ ମନା କରିଦେଲେ । ସେ କହିଲେ, 'ମୋତେ ଅବତାର ଇତ୍ୟାଦି କହି ପ୍ରଚାର କରାହେଉଛି କାହିଁକି ? ମୁଁ କ'ଣ ଆପଣମାନଙ୍କୁ କେବେ କହିଚି କି ମୁଁ ଅବତାର ? ତଦ୍ଦ୍ୱାରା ଲୋକମାନଙ୍କର କି ଉପକାର ହେବ ?' ଯେତେ ଯାହା ଅନୁନୟ ପ୍ରାର୍ଥନା କଲେ ମଧ୍ୟ ଶ୍ରୀଶ୍ରୀଠାକୁର ତାଙ୍କ ସ୍ନେହିଳ ଢଙ୍ଗରେ ଉତ୍ସବକୁ ଯିବାକୁ ମନା କରିଦେଲେ । ଉଦ୍ୟୋକ୍ତାମାନେ ହତାଶ । ଏବେ କରନ୍ତି କଣ ! ବିଭିନ୍ନ ସଂପ୍ରଦାୟର ବିଶିଷ୍ଟ ଲୋକମାନଙ୍କୁ ନିମନ୍ତ୍ରଣ ଯାଇ ସାରିଲାଣି, ସେହିପରି ବଙ୍ଗଳାର ବିଭିନ୍ନ ଅଂଚଳରେ ବହୁଳ ପ୍ରଚାର କରାଯାଇଛି । ଏତେ ଆୟୋଜନ, ଏତେ ବ୍ୟବସ୍ଥା, ଏସବୁ କ'ଣ ପଣ୍ଡ ହୋଇଯିବ ? ଜଣେ ଭକ୍ତ ଗୋଟିଏ ଉପାୟ କହିଲେ - 'ଚାଲ, ମା(ମାତାମନମୋହିନୀ ଦେବୀ)ଙ୍କ ଗୋଡ଼ତଳେ ପଡ଼ିଯିବା, ସେ ଯଦି ଯିବାକୁ କୁହନ୍ତି ତେବେ ଠାକୁର ଆଉ ମନା କରିପାରିବେ ନାହିଁ ।' ଏହି ପ୍ରସ୍ତାବଟି ସମସ୍ତଙ୍କ ମନକୁ ପାଇଲା । ସେମାନେ ମାତା ମନମୋହିନୀଙ୍କ ନିକଟରେ ସମସ୍ତ ଘଟଣା କହି ଶ୍ରୀଶ୍ରୀଠାକୁରଙ୍କୁ ମନାଇବା ଲାଗି ଗୁହାରି କଲେ । ଏହି କୌଶଳଟି କାମ ଦେଲା । ଶ୍ରୀଶ୍ରୀଠାକୁର, ମା'ଙ୍କ ସହିତ ଉତ୍ସବ ପୂର୍ବଦିନ ରାତିରେ କୁଷ୍ଟିଆରେ ପହଂଚିଲେ । ପଦ୍ମାନଦୀ କୂଳରେ ବିରାଟ ଜନ ସମାଗମ । ଶ୍ରୀଶ୍ରୀଠାକୁର ନୌକାରୁ ଓହ୍ଲାଇବା ମାତ୍ରେ ସମସ୍ତଙ୍କୁ ଚାହିଁ ପ୍ରଥମେ ପ୍ରଣାମ କରିବାରୁ ଯେ ଯେଉଁଠି ଥିଲେ ତାଙ୍କ ଉଦ୍ଦେଶ୍ୟରେ ପ୍ରଣାମ କଲେ । ତେଣୁ ତାଙ୍କ ନିକଟକୁ ଯାଇ ପ୍ରଣାମ କରିବାର ଯେଉଁ ଧସ୍ତାଧସ୍ତି ଲାଗିଥାନ୍ତା ତାହା ଘଟାଇ ଦେଲେ ନାହିଁ । ମଣ୍ଡପ ଓ ଅନ୍ୟାନ୍ୟ ସବୁ ବ୍ୟବସ୍ଥା ଥରେ ମାତାଙ୍କ ସହିତ ବୁଲି ଦେଖିନେଲେ । କିନ୍ତୁ ଉତ୍ସବର ଦୁଇଦିନ ସେଠାକୁ ଆଉ ଆସିଲେ ନାହିଁ । ତାଙ୍କର ଅନୁପସ୍ଥିତି ସହିତ ଆକସ୍ମିକ ବର୍ଷା ଲାଗି ରହିବାରୁ କାର୍ଯ୍ୟକ୍ରମ ଭଲଭାବେ ହୋଇପାରିଲା ନାହିଁ । ବାହାରୁ ଆସିଥିବା ଅତିଥିମାନଙ୍କ ଭିତରୁ କେତେକ ଶ୍ରୀଶ୍ରୀଠାକୁର ରହୁଥିବା ସ୍ଥାନକୁ

ଯାଇ ସେଠାରେ ପ୍ରଣାମ, ଆଲୋଚନା ଇତ୍ୟାଦି କରି ବିଦାୟ ନେଲେ । ଏହିପରି ଭାବରେ 'ବିଶ୍ୱଗୁରୁ ମହୋତ୍ସବ' ର ସମାପନ ହେଲା ।

ସୁଶୀଲଚନ୍ଦ୍ର ବସୁ ଉଲ୍ଲେଖ କରିଛନ୍ତି ଯେ କିଛି ବର୍ଷ ପରେ ଏହି 'ବିଶ୍ୱଗୁରୁ ମହୋତ୍ସବ' ର ଯେଉଁମାନେ ଆୟୋଜକ ଥିଲେ ଯଥା ବୀରୁ ରାୟ, ଅଶ୍ୱିନୀକୁମାର ବିଶ୍ୱାସ ଆଦି ଭାବିଥିଲେ ଯେ ଶ୍ରୀଶ୍ରୀଠାକୁରଙ୍କୁ ସଙ୍ଗରେ ନେଇ ଦେଶ-ଦେଶରେ ଘୁରି ବୁଲିଲେ ତାଙ୍କର ପ୍ରଚାର ଖୁବ୍ ଭଲଭାବରେ ହୋଇ ପାରିବ । କିନ୍ତୁ ଶ୍ରୀଶ୍ରୀଠାକୁର ଏଥିରେ ରାଜି ନ ଥିଲେ । ସେମାନେ ଭାବି ବସିଲେ ଯେ ଶ୍ରୀଶ୍ରୀଠାକୁର ସେମାନଙ୍କୁ ତାଙ୍କ କାମରେ ନିୟୋଜିତ କରିବାକୁ ଚାହୁଛନ୍ତି, ଅଥଚ ସେ ନିଜେ ମା'ଙ୍କର ଅଂଚଳର ନିଧି ହୋଇ ପରିବାର-ପରିଜନ ସହ ଘରେ ବସି ରହୁଛନ୍ତି । ସେ ପ୍ରଥମେ ତ୍ୟାଗ ସ୍ୱୀକାର କରି ଆମକୁ ପଥ ଦେଖାଇବେ, ତେବେ ସିନା ହେବ । ଶ୍ରୀଶ୍ରୀଠାକୁର ସେମାନଙ୍କୁ କହିଥିଲେ, 'ଆପଣମାନେ ମୋତେ ଶ୍ରେଷ୍ଠ ବୋଲି ଜାଣି ଗୁରୁପଦରେ ବରଣ କରି ନେଇଛନ୍ତି । ଆପଣମାନଙ୍କର ଏଇ ସ୍ୱୀକୃତିରୁ ବୁଝାଯାଏ ଯେ ଆପଣମାନଙ୍କ ବୋଧଶକ୍ତି ଅପେକ୍ଷା ମୋର ବୋଧଶକ୍ତି ଟିକିଏ ବେଶି ଅଛି । ତାହା ଯଦି ହୁଏ, ଏବେ କଣ କଲେ ପ୍ରଚାର ଭଲ ହେବ ତାର ବୁଦ୍ଧି ମଧ୍ୟ ଆପଣମାନଙ୍କ ଅପେକ୍ଷା ମୋର ଟିକିଏ ବେଶି ଅଛି ବୋଲି ଧାରଣା କରିପାରନ୍ତି । ତେଣୁ ଆପଣମାନଙ୍କର କଥା ଅନୁସାରେ ମୋତେ ନ ଚଳାଇ, ଆପଣମାନେ ମୋ କଥା ଅନୁସାରେ ଚାଳିତ ହୁଅନ୍ତୁ, ତାହା କ'ଣ ବାଞ୍ଛନୀୟ ନୁହେଁ ?'

(ଆଲୋଚକ-ଅନ୍ୟତ୍ର ଆଲୋଚନାବେଳେ ଶ୍ରୀଶ୍ରୀଠାକୁର କହିଲେ- ସୁଫି-ସନ୍ଥ ଗୁରୁଙ୍କୁ ପ୍ରାର୍ଥନା କରୁଥିଲେ-ହେ ପରମପିତା ମୋତେ ଗୋଟାଏ 'କହିଲାବାଲା' ଦିଅ । ପରେ ପରେ ମୌଲାନା ରୁମୀ (ଜଲାଲୁଦ୍ଦିନ୍ ରୁମୀ) ଆସିଲେ, ସେ-ହିଁ ତାଙ୍କ ଗୁରୁଙ୍କ କଥା ଲୋକ ସମକ୍ଷରେ ତୋଳିଧରିଲେ । ଦାଶଦା (ଚିତ୍ତରଂଜନ ଦାଶ) ମଧ୍ୟରେ ମୁଁ ସେହିପରି ଜଣକୁ ପାଇଥିଲି, କିନ୍ତୁ ସେ ତ ଅକାଳରେ ଚାଲିଗଲେ, ଏପରି ଆଉ ଜଣକୁ ପାଇନି । ବଡ଼ କାମ କରିବାକୁ ଗଲେ ଉପଯୁକ୍ତ ଆଧାର ଦରକାର । ଏବେ ଯେଉଁମାନେ ଅଛନ୍ତି ସାଧ୍ୟାନୁଯାୟୀ କରୁଛନ୍ତି । **ନିଜର ଖିଆଲ ଓ ଅହଂକାରକୁ ବିସର୍ଜନ ଦେଇ ଇଷ୍ଟଙ୍କ ଖୁସି ପ୍ରତି ଦୃଷ୍ଟିରଖି ଧୀରସ୍ଥିର ଭାବେ ଦୁଃଖକଷ୍ଟ, ନିନ୍ଦା, ବିଦ୍ରୂପ ସହି କ୍ରମାଗତ ନିଜକୁ ବଜାୟ ରଖି ତୀବ୍ରଭାବେ ପରମପିତାଙ୍କ କାର୍ଯ୍ୟରେ ଲାଗିରହିବା କଠିନ ବ୍ୟାପାର । ସେ ସୌଭାଗ୍ୟ ସମସ୍ତଙ୍କର ହୁଏ ନାହିଁ । .. ପରମପିତାଙ୍କ କାର୍ଯ୍ୟ ପାଇଁ ଶୁଦ୍ଧ ଆତ୍ମା ଦରକାର ।**)

୧୯୦୯ ମସିହାରେ ଶ୍ରୀଅରବିନ୍ଦଙ୍କ ଭାଇ ବାରୀନ୍ଦ୍ରନାଥ ଘୋଷ ହିମାୟିତପୁର ଆଶ୍ରମ ଆସି କିଛିଦିନ ଅବସ୍ଥାନ କରିଥିଲେ । ସେ, ଶ୍ରୀଶ୍ରୀଠାକୁରଙ୍କ ସହିତ ଜୀବନଚଳନର ବିଭିନ୍ନ ଦିଗ ଉପରେ ଆଲୋଚନା କରି ମୁଗ୍ଧ ହୋଇଥିଲେ, ଆଶ୍ରମରେ ସତ୍‌ସଙ୍ଗୀମାନଙ୍କର ସ୍ନେହପୂର୍ଣ୍ଣ ବ୍ୟବହାର ତାଙ୍କୁ ପ୍ରଭାବିତ କରିଥିଲା । ସେ କଲିକତାରୁ ପ୍ରକାଶିତ ମାସିକ ବଙ୍ଗଳା ପତ୍ରିକା 'ନାରାୟଣ'ରେ 'ପାବନା ସତ୍‌ସଙ୍ଗେର ମଧୁଚକ୍ର' ନାମରେ ଗୋଟିଏ ପ୍ରବନ୍ଧ

ଲେଖିଥିଲେ। ସେଥିରେ ତାଙ୍କର ଯେଉଁ ଅନୁଭୂତି, ତା'ର ବର୍ଣ୍ଣନା କଲିକତାର ଉଚ୍ଚ ମହଲରେ ଏତେ ପ୍ରଭାବ ପକାଇଥିଲା ଯେ ସେଠାକାର ବାରିଷ୍ଟର, ଡାକ୍ତର, ଅଧ୍ୟାପକ ଓ ଅନ୍ୟ ଗଣ୍ୟମାନ୍ୟବ୍ୟକ୍ତିମାନେ ହିମାୟିତପୁର ଆଶ୍ରମ ଆସି ଶ୍ରୀଶ୍ରୀଠାକୁରଙ୍କର ଶରଣାପନ୍ନ ହେଲେ, କେତେକ ଦୀକ୍ଷା ମଧ୍ୟ ନେଲେ । କଲିକତାରେ ଦୀକ୍ଷିତ ଓ ଭକ୍ତମାନଙ୍କ ସଂଖ୍ୟା ବଢ଼ିଲା । ସେମାନଙ୍କ ଅନୁରୋଧକ୍ରମେ ଶ୍ରୀଶ୍ରୀଠାକୁର କଲିକତା ଯିବାଆସିବା ଆରମ୍ଭ କଲେ । କଲିକତା ହାଇକୋର୍ଟର ସେତେବେଳର ନାମଜାଦା ବାରିଷ୍ଟର ଚନ୍ଦ୍ରଶେଖର ସେନ୍ ଦୀକ୍ଷା ନେଇଥିଲେ। ପ୍ରଥମ କିଛି ଦିନ ଶ୍ରୀଶ୍ରୀଠାକୁର କଲିକତା ଆସିଲେ, ତାଙ୍କ ଘରେ ଅବସ୍ଥାନ କରୁଥିଲେ, ପରେ ଭଡ଼ାଘର ନିଆଗଲା। ଦିନେ ବାରିଷ୍ଟର ଜେ.ଏନ୍.ଦତ୍ତ ଓ ତାଙ୍କ ସହଧର୍ମିଣୀ (ପରେ 'ଦତ୍ତମା' ଭାବେ ପରିଚିତା) ଶ୍ରୀଶ୍ରୀଠାକୁରଙ୍କ ଦର୍ଶନାର୍ଥେ ସେନ୍ ମହାଶୟଙ୍କ ଘରକୁ ଆସିଥାନ୍ତି । ଶ୍ରୀଶ୍ରୀଠାକୁରଙ୍କୁ ଦେଖିବାମାତ୍ରେ ଦତ୍ତମା' ଭାବମଗ୍ନ ହୋଇ ଅଶ୍ରୁଳ ନୟନରେ ଗଦ୍‌ଗଦ୍ କଣ୍ଠରେ କହିଲେ- 'ମୁଁ ଯେତେବେଳେ ଠାକୁରଘରେ ମୋର ଆରାଧ୍ୟ ଦେବତାଙ୍କୁ ଦର୍ଶନ ପାଇବା ପାଇଁ ଆକୁଳ ହୃଦୟରେ ଖୋଜୁଥିଲି- ସେତେବେଳେ ମୋର ତନ୍ଦ୍ରାଚ୍ଛନ୍ନ ଅବସ୍ଥା,- ତୁମେ ହିଁ ତ ଆସିଲ, ମୁଁ ପଚାରିବାରୁ କହିଲ, ତୁ ଯେ ମତେ ଡାକିଛୁ । ମୁଁ ଉତ୍ତରରେ କହିଲି - ମୋର ଆରାଧ୍ୟ ଇଷ୍ଟଙ୍କୁ ଡାକିଛି, ସେତେବେଳେ ତୁମେ କହିଥିଲ - ତୁ ବାତ୍ସଲ୍ୟ ସ୍ନେହରେ ଡାକିଛୁ । ମୁଁ ପ୍ରଣାମ କଲାବେଳକୁ ତୁମେ ଲୁଚିଗଲ ।' ଉପସ୍ଥିତ ଅନ୍ୟ ଭକ୍ତମାନେ ସ୍ତବ୍ଧ ହୋଇ ଦତ୍ତମା'ଙ୍କର ଶ୍ରୀଶ୍ରୀଠାକୁରଙ୍କ ଦର୍ଶନ କଥା ଶୁଣୁଥିଲେ ।

ଏହିପରି ବହୁଲୋକଙ୍କର ଅନୁଭୂତି ପଢ଼ିବାକୁ ମିଳେ। ଆଉ ଗୋଟିଏ ଘଟଣା, ଶ୍ରୀଶ୍ରୀଠାକୁର ଦେଓଘର ଚାଲିଆସିଲେଣି । ଢ଼ାକାର ଜନୈକ ମୁସଲମାନ ପ୍ରତିଦିନ 'ନମାଜ' ପଢ଼ିସାରି ଆଲ୍ଲାଙ୍କ ନିକଟରେ ମୋନାଜାତ(ମୁନାଜାତ) କରନ୍ତି । ସେଇ ମୁନାଜାତ କରିବା ସମୟରେ ସେ ଦେଖିବାକୁ ପାଆନ୍ତି, ଧଳାଲୁଗା ଓ କଳା ଜୋତା ପିନ୍ଧିଥିବା ଖାଲିଦେହରେ ଯଜ୍ଞୋପବିତଧାରୀ ଜଣେ ସୁନ୍ଦର ପୁରୁଷ ତାଙ୍କର ମୁନାଜାତ ଗ୍ରହଣ କରୁଛନ୍ତି । ସେ ତାଙ୍କୁ କେବେ ବି ଦେଖି ନାହାନ୍ତି। ଅଥଚ ନିତ୍ୟ ଏଇ ଘଟଣା ଦେଖି ସେ ବିସ୍ମିତ ହେଉଥାନ୍ତି, ବୁଝିପାରୁ ନଥାନ୍ତି ଯେ ଆଲ୍ଲାଙ୍କ ନିକଟରେ ତାଙ୍କ ନିବେଦିତ ଦୁଆ ଗ୍ରହଣ କରିବାକୁ ପ୍ରତିଦିନ ଯେ ଆସନ୍ତି, ସେ କିଏ ? ଦିନକର ବଜାରରେ ବୁଲୁବୁଲୁ ଜଣେ ସତ୍‌ସଙ୍ଗୀର ଦୋକାନରେ ଗୋଟିଏ ଫଟୋ ଦେଖିବାକୁ ପାଆନ୍ତି ଯାହା ମୋନାଜାତ ଗ୍ରହଣ କରୁଥିବା ବ୍ୟକ୍ତିଙ୍କ ସହିତ ମିଶିଯାଉଛି । ସେ ଚମକିପଡ଼ନ୍ତି । ତାପରେ ଦୋକାନୀ ସହିତ ଆଳାପ କରି ଶ୍ରୀଶ୍ରୀଠାକୁରଙ୍କ ବିଷୟରେ ସମସ୍ତ କଥା ଜାଣିପାରନ୍ତି । ତାଙ୍କର ଏହି ଅନୁଭୂତିର କଥା ଜଣାଇ ଶ୍ରୀଶ୍ରୀଠାକୁରଙ୍କ ନିକଟକୁ ଚିଠି ଲେଖନ୍ତି । ସେ ଚିଠି ଶୁଣି ଶ୍ରୀଶ୍ରୀଠାକୁର ମୃଦୁ ହସିଲେ ଆଉ କହିଲେ, ଏପରି ହୁଏ । (ନବବେଦ ବିଧାତା)

୧୯୨୦ ମସିହା ଫେବୃଆରୀ ମାସରେ ଶ୍ରୀଶ୍ରୀଠାକୁର କଲିକତା ଆସିଥାନ୍ତି । ପ୍ରତିଦିନ ବହୁ ଭକ୍ତଙ୍କ ସମାଗମ ଏବଂ ବିବିଧ ଆଧ୍ୟାତ୍ମିକ ଆଲୋଚନା ଚାଲିଥାଏ । ଦିନେ ହଠାତ୍

ଆଲୋଚନା ଭିତରେ ଶ୍ରୀଶ୍ରୀଠାକୁର କହିଉଠିଲେ - A day will come (ଆଗକୁ ଦିନ ଆସିବ), ଆପଣଙ୍କର ଏହି ସତ୍‌ନାମ ଓ ସାଧନା ପ୍ରଣାଳୀ, ଏତକ କହିଲା ପରେ ସୁରକରି କହିଲେ -

'ଏହି ବିଶ୍ୱେ ଅଛି ଯେତେ ନଗରାଦି ଗ୍ରାମ
ସର୍ବତ୍ର ପ୍ରଚାର ହେବ ଏହି ସତ୍‌ନାମ ।'

ଜଣେ ଭକ୍ତ ଆଶ୍ଚର୍ଯ୍ୟ ସ୍ୱରରେ ପ୍ରଶ୍ନକଲେ- 'ଏହି ବିଶ୍ୱେ, ଏ କ'ଣ ସହଜ କଥା ?' ଶ୍ରୀଶ୍ରୀଠାକୁର ଛୋଟ ଉତ୍ତରଟିଏ ଦେଲେ- 'ଯେତେବେଳେ କହି ପକାଇଛି, ପରମପିତା ନିଶ୍ଚୟ କରିବେ ।'

ଏହି ସମୟକୁ ହିମାୟିତପୁରକୁ ଭକ୍ତମାନଙ୍କର ଯିବାଆସିବା ବଢ଼ିଲା, ଓ କେତେକ ଭକ୍ତ ଚିରସ୍ଥାୟୀ ଭାବେ ରହିବାକୁ ଇଚ୍ଛାକଲେ । ଶ୍ରୀଶ୍ରୀଠାକୁରଙ୍କ ପୈତୃକ ଘର ସହିତ କିଛି ବାଉଁଶ-ଚାଳ ଘର ତିଆରି ହେଲା- ନାମ ହେଲା 'ସତ୍‌ସଙ୍ଗ ଆଶ୍ରମ' ।

୧୯୨୧ ମସିହା ଏପ୍ରିଲ ମାସ । ଦିନେ ଆଶ୍ରମରେ ଥିବା ସମସ୍ତ ଭକ୍ତଙ୍କୁ ଏକତ୍ରିତ କରି, ଶ୍ରୀଶ୍ରୀଠାକୁର ପଦ୍ମାନଦୀରେ ଗାଧୋଇବାକୁ ଇଚ୍ଛାପ୍ରକାଶ କଲେ । ଜଣଜଣ କରି ସମସ୍ତଙ୍କୁ ନିଜ ହାତରେ ତେଲ ଲଗାଇ ଦେଲେ । ନଦୀରେ ସେମାନଙ୍କୁ ଘଷାମଜା କରି ଭଲ ଭାବରେ ପ୍ରତ୍ୟେକଙ୍କୁ ଗାଧୋଇଦେଲେ, ପାଦ ପୋଛିଦେଲେ, ଶୁଖିଲା ଲୁଗା, ଜୋତା ପିନ୍ଧାଇ ଆଶ୍ରମକୁ ଫେରି ସମସ୍ତେ ଏକତ୍ର ଭୋଜନ କଲେ । ଏହାପରେ ବାହାରକୁ ଆସି ଜଣଜଣ କରି ପ୍ରତ୍ୟେକଙ୍କୁ କାନ୍ଧରେ ବସାଇ ଚଲାବୁଲା କଲେ । ସେହି ଦିନର ସଂପର୍କ ଥିଲା ଗୁରୁ ଓ ଶିଷ୍ୟ ମଧ୍ୟରେ ସଖାର ସଂପର୍କ ।

ତା'ପର ଦିନଠାରୁ ଶ୍ରୀଶ୍ରୀଠାକୁରଙ୍କ ଦେହରେ ଜ୍ୱର ଆସିଲା । ପ୍ରତ୍ୟହ ଅପରାହ୍ନରେ ଜ୍ୱର ଆସେ । କୁଷ୍ଟିଆର ଡାକ୍ତରମାନେ ଚିକିତ୍ସା କଲେ, ଫଳ ହେଲା ନାହିଁ, ଜ୍ୱର ନ କମିବାରୁ ତାଙ୍କୁ କଲିକତା ନିଆଗଲା । ସେଠାରେ ଡାକ୍ତରମାନେ ବିଶେଷ କିଛି ଠଉରାଇ ନପାରି, କିଏ ମେଲେରିଆ ତ, କିଏ ପାଳିଜ୍ୱର କହି, ଏମିତି ଭୁଲ୍ ରୋଗନିରୂପଣ (diagnosis) କରି ଗୁଡ଼ାଏ ଔଷଧ ଖୁଆଇଲେ । ଜ୍ୱର କମିଲା ନାହିଁ । କିନ୍ତୁ ଶରୀର ଦୁର୍ବଳ ହେବାକୁ ଲାଗିଲା । ସମସ୍ତେ ପ୍ରମାଦ ଗଣିଲେ । ଶ୍ରୀଶ୍ରୀଠାକୁର ତାଙ୍କର ଭାବବାଣୀରେ କହିଥିଲେ - 'Medium can't last long. ବୁଝିଲୁ ଅନନ୍ତ, ପାଂଚବର୍ଷରୁ ବେଶି ନୁହେଁ '। କଲିକତାର ଜଣେ ସୁଦକ୍ଷ ଡାକ୍ତରଙ୍କ ପରାମର୍ଶରେ ତାଙ୍କୁ ଜଳବାୟୁ ପରିବର୍ତ୍ତନ ପାଇଁ କର୍ସିୟାଂ ବୋଲି ଗୋଟିଏ ସ୍ଥାନରେ କିଛିଦିନ ରଖାଗଲା । ସେଥିରେ ମଧ୍ୟ କିଛି ଫଳ ହେଲା ନାହିଁ ।

ସେହି ସମୟରେ ଆଶ୍ରମରେ କୃଷ୍ଣଚନ୍ଦ୍ର ଦାସ ନାମରେ ଶ୍ରୀଶ୍ରୀଠାକୁରଙ୍କ ଜଣେ ଭକ୍ତ ଥିଲେ । ତାଙ୍କର ଘର ପାର୍ଶ୍ୱବର୍ତ୍ତୀ କାଶିପୁର ଗ୍ରାମରେ । ତାଙ୍କର ବାପା କମାର ଇତ୍ୟାଦି କାମ କରି ଅତି କଷ୍ଟରେ ଜୀବିକା ନିର୍ବାହ କରୁଥିଲେ । କୃଷ୍ଣଚନ୍ଦ୍ର କଲିକତାର ଗୋଟିଏ ସଂସ୍କୃତ କଲେଜରେ ଦୁଇଥର ବି.ଏ. ପରୀକ୍ଷା ଦେଇ ଫେଲ ହୋଇଥିଲେ । ଶ୍ରୀଶ୍ରୀଠାକୁର, ତାଙ୍କର ପାଠପଢ଼ାବେଳେ ଅନେକଥର ଆର୍ଥିକ ସାହାଯ୍ୟ କରିଥିଲେ । ଶ୍ରୀଶ୍ରୀଠାକୁର ତାଙ୍କୁ

ଏତେ ଭଲ ପାଉଥିଲେ ଯେ ଅନ୍ୟ ଭକ୍ତମାନଙ୍କର ଆପତ୍ତିକୁ ଅଗ୍ରାହ୍ୟ କରି ନିଜ ପାଖରେ ଗୋଟିଏ ଆସନରେ ବସାଉଥିଲେ। ସମସ୍ତଙ୍କ ଆଗରେ କୃଷ୍ଣଚନ୍ଦ୍ରଙ୍କର ଉଚ୍ଚ ପ୍ରଶଂସା କରୁଥିଲେ ଏବଂ କେତେକ ଭକ୍ତଙ୍କୁ ତାଙ୍କ ପାଖକୁ ଆଲୋଚନା କରିବା ପାଇଁ ମଧ୍ୟ ପଠାଉଥିଲେ। ଏହି ସମୟରେ କଲିକତାରୁ 'ସତ୍‌ସଙ୍ଗୀ' ନାମରେ ଗୋଟିଏ ମାସିକ ପତ୍ରିକା ପ୍ରକାଶ ପାଉଥିଲା ଏବଂ ଦ୍ୱିତୀୟ ବର୍ଷଠାରୁ ଏହାର ନାମ 'ଋତ୍ୱିକ୍' ରଖା ଯାଇଥିଲା। ଏହି ପତ୍ରିକାର ସମ୍ପାଦକଙ୍କ ସହିତ କୃଷ୍ଣଚନ୍ଦ୍ରଙ୍କର ମତଭେଦ ହେଲା କାରଣ କୃଷ୍ଣଚନ୍ଦ୍ରଙ୍କ ପ୍ରବନ୍ଧରେ କେତେକ ପରିବର୍ତ୍ତନ ସମ୍ପାଦକ ଚାହିଁବାରୁ ସେ ଅଗ୍ନିଶର୍ମା ହୋଇଗଲେ।

ଶ୍ରୀଶ୍ରୀଠାକୁର କର୍ସିୟାଂରୁ ଅସୁସ୍ଥ ଅବସ୍ଥାରେ ହିମାୟିତପୁର ଫେରି ଆସିଲେ। ସମସ୍ତ ପ୍ରକାର ଚିକିତ୍ସା ବିଫଳ ହେବା ପରେ ଭକ୍ତମାନଙ୍କ ଏକାଧିକ ଦିନ ନାମଜପ ଏବଂ ଶ୍ରୀଶ୍ରୀଠାକୁରଙ୍କ ନିକଟରେ ଆକୁଳ, ଆତୁର ଅନୁନୟ-ନିବେଦନ ହେତୁ, ସାଧାରଣ ଗୋଟିଏ ବାଇଓକେମିକ୍ ଗୋଲି ଖାଇ ଧୀରେ ଧୀରେ ଶ୍ରୀଶ୍ରୀଠାକୁର ନିଜେ ସୁସ୍ଥ ହେବାକୁ ଲାଗିଲେ।

ଶ୍ରୀଶ୍ରୀଠାକୁରଙ୍କ ଅସୁସ୍ଥତା ଓ କର୍ସିୟାଂ ରହଣିକାଳରେ କୃଷ୍ଣଚନ୍ଦ୍ର ଦାସ ଗୌହାଟୀ ଚାଲି ଯାଇଥିଲେ ଏବଂ ଫେରିବା ବେଳେ ତାଙ୍କ ନାମ ପୂର୍ବରୁ ସତ୍ୟାଶ୍ରୟୀ ଯୋଗ କରିଥିଲେ। ଏଣିକି ତାଙ୍କର ନାମ ହେଲା 'ସତ୍ୟାଶ୍ରୟୀ କୃଷ୍ଣଚନ୍ଦ୍ର ଦାସ'। ଶ୍ରୀଶ୍ରୀଠାକୁରଙ୍କ ଅସୁସ୍ଥତା ପୂର୍ବରୁ ଗୋଟିଏ ପ୍ରେସର ପ୍ରୟୋଜନ କଥା କୃଷ୍ଣଚନ୍ଦ୍ର ବହୁଥର ତାଙ୍କୁ କହିଥିଲେ। ଶ୍ରୀଶ୍ରୀଠାକୁର ଗୋଟିଏ ହ୍ୟାଣ୍ଡ ପ୍ରେସ ଓ ଟ୍ରେଡଲ ମେସିନ ଯୋଗାଡ଼ କରିଦେଇଥିଲେ। ପ୍ରେସର ନାମ ହେଲା 'ସରସ୍ୱତୀ ପ୍ରେସ' ('ସତ୍‌ସଙ୍ଗ ପ୍ରେସ' ନାମ ରଖିବାକୁ ସେ ରାଜି ହେଲେ ନାହିଁ।) ଏହା ପୂର୍ବରୁ 'ଶାଶ୍ୱତ ସମ୍ବାଦ' ନାମରେ ଯେଉଁ ପାକ୍ଷିକ ପତ୍ରିକା ପ୍ରକାଶିତ ହେଉଥିଲା ତାହା 'ଶାଶ୍ୱତ ସମ୍ବାଦ ଓ ସୁପଥ ସଂକେତ' ନାମରେ ସରସ୍ୱତୀ ପ୍ରେସରୁ ଛପା ହୋଇ ପ୍ରକାଶ ପାଇବାକୁ ଲାଗିଲା। ସମୟକ୍ରମେ କୃଷ୍ଣଚନ୍ଦ୍ର ନିଜ ଘରକୁ ପ୍ରେସକୁ ଉଠାଇ ନେଲେ। କଲିକତା ବିଶ୍ୱବିଦ୍ୟାଳୟର ଅଧ୍ୟାପକ ଡଃ ପଂଚାନନ ମିତ୍ର ଦୀକ୍ଷା ନେଇ ସ୍ଥାୟୀଭାବେ ସତ୍‌ସଙ୍ଗ ଆଶ୍ରମରେ ବସବାସ କରିବାକୁ ଲାଗିଲେ ଏବଂ କୃଷ୍ଣଚନ୍ଦ୍ରଙ୍କର ପ୍ରିୟ ଭକ୍ତ ହୋଇ ପଡିଲେ। କୃଷ୍ଣଚନ୍ଦ୍ର ଭାବିଥିଲେ ଯେ ଭାବବାଣୀରେ କହିବା ମୁତାବକ ଶ୍ରୀଶ୍ରୀଠାକୁରଙ୍କର ସମୟ ଶୀଘ୍ର ଶେଷ ହୋଇଯିବ ଏବଂ ସେ ହେବେ ସତ୍‌ସଙ୍ଗ ଆଶ୍ରମର ମାଲିକ, ଅଧିନାୟକ ଓ ସଦ୍‌ଗୁରୁ। ଶ୍ରୀଶ୍ରୀଠାକୁରଙ୍କର ସୁସ୍ଥ ହୋଇ ଯିବାକୁ ସେ ବରଦାସ୍ତ କରି ପାରିଲେ ନାହିଁ। କୃଷ୍ଣଚନ୍ଦ୍ର ଓ ପଂଚାନନ ଉଭୟ ପ୍ରଚାର କରିବାକୁ ଲାଗିଲେ ଯେ, ଭାବବାଣୀ ଦେବାର ବେଳଠାରୁ ପାଂଚବର୍ଷ ଅତିକ୍ରାନ୍ତ ହୋଇ ଯାଇଅଛି ଏବଂ ବର୍ତ୍ତମାନ ଯେଉଁ ଠାକୁରଙ୍କର ଦେହ ତାହା ଶଇତାନର ଆବାସଭୂମି ମାତ୍ର। ତେଣୁ ଯିଏ ଏଇ ଶଇତାନର ଆବାସଭୂମିକୁ ଅପସାରିତ କରି ପାରିବ, ପ୍ରକୃତ ସତ୍ୟ ପ୍ରଚାର ଓ ସତ୍ୟ ଉଦ୍‌ଘାଟନର ଗୌରବ ତାରହିଁ ପ୍ରାପ୍ୟ ହେବ। ଏହି ଭାବରେ ଶ୍ରୀଶ୍ରୀଠାକୁରଙ୍କୁ ହତ୍ୟା କରିବାର ଯୋଜନା ଜଣେ ବ୍ରାହ୍ମଣ ଓ ଅନ୍ୟ ଜଣେ କ୍ଷତ୍ରିୟ ମୁଣ୍ଡରେ ପୁରାଇ ଦେଇ, ତା' ତୁରନ୍ତ କାର୍ଯ୍ୟକାରୀ କରିବାକୁ ସେମାନଙ୍କୁ ପ୍ରବର୍ତ୍ତାଇଲେ।

ଏଣେ ଶ୍ରୀଶ୍ରୀଠାକୁର ଆଶ୍ରମସ୍ଥିତ ବଗିଚା ଭିତରେ ଗୋଟିଏ ନିର୍ଜନ ଘରେ ଏକୁଟିଆ ରହୁଥିଲେ । ସେ କ୍ଷତ୍ରିୟ ସନ୍ତାନ ତାଙ୍କର ନିତ୍ୟକର୍ମ ଇତ୍ୟାଦିରେ ସାହାଯ୍ୟ କରେ ଓ ବିପ୍ର ସନ୍ତାନ ରନ୍ଧାବଢ଼ା କରେ, ଏଇ ରୋଷେୟାର ନାମ ଥିଲା ବିରାଜମୋହନ ଭଟ୍ଟାଚାର୍ଯ୍ୟ । ସେ ଠାକୁର ଖାଉଥିବା ଗୁଆରେ ବିଷ ଯୁକ୍ତ ଗୁଆଖଣ୍ଡ ମିଶାଇଦେଲା କିନ୍ତୁ ତାହା ବାକି ଗୁଆଖଣ୍ଡ ସହିତ ମିଶୁନଥିବାରୁ ଠାକୁର ତାକୁ ପାଟିକୁ ନେବା ପୂର୍ବରୁ କଥାଟା ଜଣାପଡ଼ିଗଲା । ଏହି ହତ୍ୟା ଯୋଜନା ସଫଳ ନହେବାରୁ ଦିନେ ଖରାବେଳେ ବିରାଜମୋହନ ହତ୍ୟା କରିବା ପାଇଁ ଶ୍ରୀଶ୍ରୀଠାକୁରଙ୍କ ସମ୍ମୁଖକୁ ଯାଉ ଯାଉ ସେ କହିଉଠିଲେ-ବିରାଜଦା, ଶୀଘ୍ର ଶୀଘ୍ର କାମ ସାରିଦିଅ, ଖୁବ୍ ଭଲ ସମୟ, କେହି କୁଆଡ଼େ ନାହାନ୍ତି, ମତେ ହତ୍ୟାକର । ଏତକ ଶୁଣି ବିରାଜମୋହନ ଚମକିପଡ଼ିଲା, ତାକୁ ଚାରିଆଡ଼ ଅନ୍ଧାର ଦିଶିଲା । ସେ ଶ୍ରୀଶ୍ରୀଠାକୁରଙ୍କ ଗୋଡ଼ତଳେ ବସି କାନ୍ଦିବାକୁ ଲାଗିଲା । ଶ୍ରୀଶ୍ରୀଠାକୁର ତାକୁ ବୁକୁ ଉପରକୁ ଟାଣିନେଇ କହିଲେ- ଭୁଲ ଯେତେବେଳେ ବୁଝିପାରିଛ, ସେଥିରେ ଆଉ ଭାବନା କଣ ? ଭକ୍ତମାନେ ତାହାଠାରୁ ଲିଖିତ ଆକାରରେ ସ୍ୱୀକାର ପତ୍ର ସଂଗ୍ରହ କରିନେଲେ, ସେ ମାନିନେଲା ଯେ କୃଷ୍ଣଦାସ ବୁଦ୍ଧିରେ ପଡ଼ି ସେ ଏପରି କରିଛି । କିନ୍ତୁ ଶ୍ରୀଶ୍ରୀଠାକୁର ଏହାକୁ ଚପାଇ ଦେବାକୁ ଚାହିଁଲେ । ତା ପରଦିନ ଠାରୁ କୃଷ୍ଣଚନ୍ଦ୍ର ଗୋଟିଏ ଦଉଡ଼ି ହାତରେ ଧରି ଆଶ୍ରମରେ ବୁଲୁଥିବାର ଦେଖାଗଲା । ଏହି ଦଉଡ଼ିଟି କାହିଁକି ଧରିଛନ୍ତି ବୋଲି କାରଣ ପଚାରିବାରୁ ସେ କହୁଥିଲେ, ମୁଁ ଯେଉଁ କାମ କରିବାକୁ ଯାଉଥିଲି ସେଥିରେ ମୋର ମରଣ ଛଡା ଅନ୍ୟ କିଛି ପ୍ରାୟଶ୍ଚିତ୍ତ ନାହିଁ । ତେଣୁ ମୁଁ ମରଣର ରାସ୍ତା ଖୋଜୁଛି । ଶ୍ରୀଶ୍ରୀଠାକୁର ଅନ୍ୟ ଭକ୍ତମାନଙ୍କଠାରୁ ଏହା ଶୁଣି କୃଷ୍ଣଚନ୍ଦ୍ରଙ୍କୁ ଡକାଇଲେ ଓ ଅନେକ ରକମରେ ବୁଝାଇଲେ । ନିଜର ଚକ୍ରାନ୍ତ ଅସଫଳ ହେବାରୁ ଏବଂ ଶ୍ରୀଶ୍ରୀଠାକୁରଙ୍କର କ୍ଷମାଶୀଳ ବ୍ୟବହାରରେ କାତର ହୋଇ କୃଷ୍ଣଚନ୍ଦ୍ର ନିଜ ଗ୍ରାମ ଛାଡ଼ି ପାବନା ସହରକୁ ପଳାଇଲା । ଆଶ୍ରମବାସୀମାନଙ୍କ ମନରେ କୃଷ୍ଣଦାସ ସମ୍ପର୍କରେ ଭଲଧାରଣା ଆଣିବା ପାଇଁ ଶ୍ରୀଶ୍ରୀଠାକୁର ଭକ୍ତମାନଙ୍କୁ କହୁଥିଲେ, 'କେଷ୍ଟ ଖୁବ ଗୋଟାଏ ଭଲ ଚାଲ ଖେଳିଛି, ଏତେ କାମ କରି କେଷ୍ଟଦାସ ବୁଝି ନେଇ ପାରିଲା କେଉଁମାନେ ଖାଣ୍ଟି ଲୋକ ଏବଂ କେଉଁମାନେ ଅଖାଣ୍ଟି । ଏଥର ସେ ତାର ଏଇ ଜ୍ଞାନ ଉପରେ ନିର୍ଭର କରି ସଙ୍ଗଠନ କାମରେ ଅଗ୍ରସର ହେବ ଏବଂ ତାହା ଭଲଭାବରେ କରି ପାରିବ'-ଏପରି କହି ଶ୍ରୀଶ୍ରୀଠାକୁର କୃଷ୍ଣଦାସ ଉପରେ ଥିବା ଭକ୍ତମାନଙ୍କ ଆକ୍ରୋଶକୁ ଶାନ୍ତ କରିଥିଲେ । କୃଷ୍ଣଦାସ ଆଉ ହିମାୟିତପୁର ଆଶ୍ରମ ଆସିଲା ନାହିଁ ଏବଂ ଶୁଣାଯାଏ ସେ ଦୁରାରୋଗ୍ୟ ରୋଗରେ ପୀଡ଼ିତ ହୋଇ ଶେଷ ନିଃଶ୍ୱାସ ତ୍ୟାଗ କଲା ।

୧୯୨୨ ମସିହାର ଶେଷ ଆଡ଼କୁ ସୁଭାଷଚନ୍ଦ୍ର ବୋଷଙ୍କ ପିତା ଜାନକୀନାଥ ବୋଷ ଓ ମାତା ପ୍ରଭାବତୀ ଦେବୀ ହିମାୟିତପୁର ଆଶ୍ରମରେ କିଛିଦିନ ଅବସ୍ଥାନ କରିଥିଲେ । ସେମାନେ ଥିଲେ ଶ୍ରୀଶ୍ରୀଠାକୁରଙ୍କ ନିଷ୍ଠାବାନ୍ ଭକ୍ତ । ଶ୍ରୀଶ୍ରୀଠାକୁରଙ୍କର ଅସୁସ୍ଥତାରେ ସେମାନେ ବ୍ୟତିବ୍ୟସ୍ତ ହୋଇପଡ଼ିଥିଲେ । ଜାନକୀନାଥ କଟକରେ ଓକିଲାତି କରୁଥିଲେ । କେବେ ପୁରୀ ଗଲେ, ରହିବା ଲାଗି ତାଙ୍କର ନିଜର ଘର ଥିଲା । ବୋଷ-ଦମ୍ପତ୍ତିଙ୍କ ଅନୁରୋଧରେ ଶ୍ରୀଶ୍ରୀଠାକୁର ପରିବାରବର୍ଗଙ୍କୁ ନେଇ ଜାନୁୟାରୀ ୧୯୨୩ ମସିହାରେ

ପୁରୀ ଆସିଥିଲେ । ତାଙ୍କ ସହ ବିଭିନ୍ନ ସମୟରେ ପ୍ରାୟ ୨୫୦ ଭକ୍ତମାନଙ୍କର ସମାଗମ ପୁରୀରେ ଘଟିଥିଲା, ସେ ମାସାଧିକ କାଳ ସେଠାରେ ଅବସ୍ଥାନ କରିଥିଲେ । ସମୁଦ୍ର ସୈକତରେ ଦଣ୍ଡାୟମାନ ଅବସ୍ଥାରେ ଶ୍ରୀଶ୍ରୀଠାକୁରଙ୍କର ଯେଉଁ ଫଟୋ ଉତ୍ତୋଳନ କରାଯାଇଥିଲା, ତାହା ଭକ୍ତମାନଙ୍କଦ୍ୱାରା ବିଶେଷ ଆଦୃତ । ପୁରୀରେ ଅବସ୍ଥାନ ସମୟରେ 'ହରନାଥ ଲଜ୍' ଘରଟି ସର୍ବଦା ଜନକୋଳାହଳରେ ମୁଖରିତ ହୋଇ ରହୁଥିଲା । ଶ୍ରୀଶ୍ରୀଠାକୁରଙ୍କ ପୁରୀ ଆସିବା କଥାର ଗୋଟାଏ ପ୍ରଚାର ହୋଇଯାଇଥିଲା । ବହୁ ଶିକ୍ଷିତ ସମ୍ଭ୍ରାନ୍ତ ଭଦ୍ରଲୋକ ସେମାନଙ୍କର ନାନା ସମସ୍ୟାର ସମାଧାନ ପାଇଁ ଶ୍ରୀଶ୍ରୀଠାକୁରଙ୍କ ପାଖକୁ ଆସୁଥିଲେ । ଶ୍ରୀଶ୍ରୀଠାକୁର ସହାସ୍ୟ ବଦନରେ ତାହା ମୀମାଂସା କରି ଦେଉଥିଲେ ।

ଜଣେ ସ୍ଥାନୀୟ ପାଚକ ବ୍ରାହ୍ମଣ ରନ୍ଧନକାର୍ଯ୍ୟରେ ନିଯୁକ୍ତ ଥିଲା । ସେ ଚାଉଳ ଚୋରିକରି ଅଗଣାରେ ଥିବା ଗୋଟିଏ ନିମ୍ବଗଛ ପାଖରେ ଗାତ କରି ସମସ୍ତଙ୍କ ଅଗୋଚରରେ ଖୁବ ସାବଧାନତାର ସହିତ ତାହା ଜମା କରି ରଖୁଥିଲା । ଦିନେ ତାର କୁକୀର୍ତ୍ତି ହଠାତ୍ ଧରା ପଡିଗଲା । ସମସ୍ତେ ତାକୁ ମାରିବାକୁ ଉଦ୍ୟତ ହେଲାବେଳେ ଶ୍ରୀଶ୍ରୀଠାକୁର ସେଠାରେ ଆସି ପହଞ୍ଚିଗଲେ । ସେ, ସବୁ କଥା ଶୁଣି ତାକୁ ପ୍ରଶ୍ନ କଲେ, ତୁ ଚୋରି କରୁଛୁ କାହିଁକି ?

ସେ କହିଲା, 'ଘରେ ଅଭାବ, ସାମାନ୍ୟ ଚାକିରୀ କରି ଏହି ଅଭାବ ମେଣ୍ଟୁନି । ତେଣୁ ଚାଉଳ ଚୋରି କରିଛି । ଶ୍ରୀଶ୍ରୀଠାକୁର ତାକୁ ସେଇ ସବୁ ଚୋରି କରିଥିବା ଚାଉଳ ତ ଦେଲେ, ତା' ଛଡ଼ା ଟଙ୍କା ଦେଲେ ଓ ଆହୁରି ଚାଉଳ ମଧ୍ୟ ଦେଲେ । ଶ୍ରୀଶ୍ରୀଠାକୁରଙ୍କଠାରୁ ଏପରି ବ୍ୟବହାର ପାଇ ଅଶ୍ରୁଳ ନୟନରେ ସାଷ୍ଟାଙ୍ଗ ପ୍ରଣିପାତ କରି ସେ କହିଲା, 'ମତେ କ୍ଷମା କରନ୍ତୁ, ମୁଁ ଆଉ ଏପରି କାମ କରିବି ନାହିଁ ।' ସେ ଆଉ ଚୋରି କଲାନାହିଁ ଏବଂ ଶ୍ରୀଶ୍ରୀଠାକୁରଙ୍କର ପୁରୀ ଅବସ୍ଥାନ କାଳରେ ଖୁବ ଭଲ ରୋଷେଇ କରି ତାଙ୍କର ଓ ଅନ୍ୟମାନଙ୍କର ଯତ୍ନ ନେଇ ସଭିଙ୍କର ମନ କିଣିପାରିଥିଲା ।

ଦିନେ ସକାଳେ ଶ୍ରୀଶ୍ରୀଠାକୁର ଖଡ଼ମପିନ୍ଧା ପାଦରେ ପୁରୀର ସମୁଦ୍ରକୂଳରେ ଏକାକୀ ବୁଲିବାକୁ ବାହାରିଲେ । ସମୁଦ୍ର କୂଳେ କୂଳେ କିଛିବାଟ ଯାଇ ସାକ୍ଷୀଗୋପାଳର ରାସ୍ତା ଧରି ଯାଉ ଯାଉ ୧୧-୧୨ କିଲୋମିଟର ଦୂରବର୍ତ୍ତୀ ସାକ୍ଷୀଗୋପାଳରେ ପହଂଚିଗଲେ । ଏଠାକାର ଗୋପାଳ ମନ୍ଦିର ଓଡ଼ିଶା ପ୍ରସିଦ୍ଧ । ସକାଳ ସମୟ ଅତିକ୍ରାନ୍ତ ହେବା ସତ୍ତ୍ୱେ ଶ୍ରୀଶ୍ରୀଠାକୁର ନ ଫେରିବାରୁ ସମସ୍ତେ ଅତ୍ୟନ୍ତ ବ୍ୟତିବ୍ୟସ୍ତ ହୋଇ ପଡିଲେ । ଚାରିଆଡ଼େ ସମସ୍ତେ ଧାଁ ଧପଡ଼ କରି ଖୋଜିବାକୁ ଲାଗିଲେ । କେଉଁଠାରେ ତାଙ୍କୁ ପାଇଲେ ନାହିଁ । ଅବଶେଷରେ ସେ ହିଁ ନିଜେ ସନ୍ଧ୍ୟା ପରେ ଖଡ଼ମ-ପାଦରେ ଚାଲି ଚାଲି 'ହରନାଥ ଲଜ'ରେ ଆସି ପହଞ୍ଚିଲେ । ତାଙ୍କର ଫେରିବା ଭକ୍ତମାନଙ୍କ ଭିତରେ ପ୍ରାଣ ସଂଚାର କଲା ।

ଶ୍ରୀଶ୍ରୀଠାକୁର ପୁରୀ ଓ ଜଗନ୍ନାଥ ମନ୍ଦିର ସଂପର୍କରେ କହିଥିଲେ ଯେ,-ପୁରୀର ଯେଉଁ ଜଗନ୍ନାଥ ମନ୍ଦିର ଅଛି, ତାହା ଥିଲା culture (କୃଷ୍ଟି)ର କେନ୍ଦ୍ର, ସେ ଯେ କେତେ ଆଗରୁ ଅଛି ତାର ହିସାବ ନାହିଁ । ଶ୍ରୀଚୈତନ୍ୟଦେବଙ୍କ ପୁରୀ ଯିବା ପୂର୍ବରୁ । ଓଡ଼ିଶାର ବିରାଟ culture (କୃଷ୍ଟି)ର ସାକ୍ଷୀ ହେଉଛି ପୁରୀର ଜଗନ୍ନାଥ ମନ୍ଦିର, ଭୁବନେଶ୍ୱରର ଲିଙ୍ଗରାଜ

ମନ୍ଦିର, କୋଣାର୍କର ସୂର୍ଯ୍ୟ ମନ୍ଦିର। ଶ୍ରୀଜଗନ୍ନାଥଙ୍କ ମନ୍ଦିର ଭିତରେ ପ୍ରସାଦସେବନ ସ୍ଥାନକୁ 'ଆନନ୍ଦ ବଜାର' କୁହାଯାଏ। ଏହି ନାମଟି ମାତା ମନମୋହିନୀଦେବୀଙ୍କୁ ଖୁବ୍ ଭଲ ଲାଗିଥିଲା। ସେହିଦିନଠାରୁ ହିମାୟିତପୁର ଓ ପରବର୍ତ୍ତୀକାଳରେ ଦେଓଘର ଆଶ୍ରମର ପ୍ରସାଦସେବନ ସ୍ଥାନ 'ଆନନ୍ଦ ବଜାର' ଭାବେ ପରିଚିତ।

କଲିକତାରେ ପଦାର୍ଥବିଜ୍ଞାନରେ ଗବେଷଣାରତ କୃଷ୍ଣପ୍ରସନ୍ନ ଭଟ୍ଟାଚାର୍ଯ୍ୟ ଶ୍ରୀଶ୍ରୀଠାକୁରଙ୍କ କଥା ଶୁଣି କୌତୂହଳବଶତଃ ୧୯୨୨ ମସିହାରେ ହିମାୟିତପୁର ଆଶ୍ରମ ଆସିଲେ। ପଦ୍ମାନଦୀକୂଳରେ ସଂଧ୍ୟାକାଳରେ ପରିଭ୍ରମଣ ସମୟରେ ସେ ତାଙ୍କର ଗବେଷଣାର ବିଷୟ କଥା ଉଠିଲାରୁ, ଇଲେକ୍ଟ୍ରନ୍, ପ୍ରୋଟନ୍ ଆଦି କଥା ଶ୍ରୀଶ୍ରୀଠାକୁରଙ୍କୁ ଟିକେ ଟିକେ କହୁଥିଲେ, ଓ ମନେମନେ ହୁଏତ ଭାବୁଥିଲେ ଯେ ପଦାର୍ଥବିଜ୍ଞାନର ଗୂଢ଼ତତ୍ତ୍ୱ ଶ୍ରୀଶ୍ରୀଠାକୁରଙ୍କ ସହିତ ଆଲୋଚନା କଲେ ସେ କ'ଣ ବା ବୁଝିବେ ? ଶ୍ରୀଶ୍ରୀଠାକୁର ତାଙ୍କର କଥା ଶୁଣି ଯାହା ସବୁ କହିଲେ - ତାହା ଥିଲା ପଦାର୍ଥବିଜ୍ଞାନ ଉପରେ ଗଭୀର ଜ୍ଞାନର କଥା। ସେ ଆଶ୍ଚର୍ଯ୍ୟ ହୋଇ ପଚାରିଲେ - ଆପଣ ପଦାର୍ଥ ବିଜ୍ଞାନର ଏହି ସବୁ ଗଭୀର ତତ୍ତ୍ୱ କେମିତି ଜାଣିଲେ ? ଶ୍ରୀଶ୍ରୀଠାକୁର ସହଜ ଭାବରେ ଉତ୍ତର ଦେଲେ- ମୋର ପିଲାଦିନରୁ ସମସ୍ତ ବିଶ୍ୱ ଏକ ଅବର୍ଣ୍ଣନୀୟ ଆଲୋକକଣାରେ ପରିଣତ ହେଉଥିବାର ଦେଖି ଆସୁଛି, ଆଉ ସେଇ ଆଲୋକକଣା ଘନୀଭୂତ ହୋଇ ମୋର ପରିବେଶରେ ବସ୍ତୁରେ ପରିଣତ ହେଉଛି।

(ଆଲୋଚକ -ଗତ ଶତାବ୍ଦୀର ଅନ୍ୟତମ ପଦାର୍ଥବିଜ୍ଞାନୀ Fritjof Capra, 'The Tao of Physics' ନାମରେ ଏକ ପୁସ୍ତକ ଲେଖିଛନ୍ତି। ଏଥିରେ ପାଶ୍ଚାତ୍ୟର ପଦାର୍ଥବିଜ୍ଞାନ ଏବଂ ପ୍ରାଚ୍ୟର ଅଧ୍ୟାତ୍ମବିଦ୍ୟାର ଏକ ତୁଳନାତ୍ମକ ବିଶ୍ଳେଷଣ କରିଛନ୍ତି। ଏହି ପସ୍ତକଟି best seller (ସର୍ବୋଚ୍ଚ ବିକ୍ରିତ)। ଏହାର ମୁଖବନ୍ଧରେ ସେ ଯାହା ଲେଖିଛନ୍ତି ତାହାର ଓଡ଼ିଆ ଅନୁବାଦ- "ପାଞ୍ଚବର୍ଷ ପୂର୍ବେ ମୋର ଗୋଟିଏ ସୁନ୍ଦର ଅନୁଭୂତି ଘଟିଥିଲା ଯାହା ମୋତେ ଏହି ବହିଟି ଲେଖିବା ପାଇଁ ପ୍ରେରଣା ଦେଇଥିଲା। ମୁଁ ଏକ ଗ୍ରୀଷ୍ମ ଅପରାହ୍ନରେ ସମୁଦ୍ର ସୈକତରେ ବସି ସମୁଦ୍ର ତରଙ୍ଗ ଦେଖୁ ଦେଖୁ ନିଜର ଶ୍ୱାସପ୍ରଶ୍ୱାସର ଛନ୍ଦକୁ ଅନୁଭବ କରୁଥାଏ। ହଠାତ୍ ମୋର ପରିପାର୍ଶ୍ୱରେ ବିଶାଳ ମହାଜାଗତିକ ନୃତ୍ୟ ଚାଲିଥିବାର ମୋର ବୋଧଗମ୍ୟ ହେଲା। ଜଣେ ପଦାର୍ଥ ବିଜ୍ଞାନୀ ହିସାବରେ ମୁଁ ଅବଗତ ଅଛି ଯେ ଜଳ, ସ୍ଥଳ, ପାହାଡ଼ ଓ ବାୟୁ ପ୍ରଭୃତି ସମସ୍ତକିଛି ସ୍ପନ୍ଦନରତ ଅଣୁ-ପରମାଣୁର ରୂପାନ୍ତର ଏବଂ ଯାହା ପରସ୍ପର କ୍ରିୟାଶୀଳ ହୋଇ କଣା ସୃଷ୍ଟି ଓ ଧ୍ୱଂସ କରିବାରେ ନିହିତ। ମୁଁ ଅବଗତ ଥିଲି ଯେ ପୃଥିବୀର ବାୟୁମଣ୍ଡଳ ଉପରେ ମହାଜାଗତିକ ରଶ୍ମିର ଅବିରତ ବର୍ଷା ହୋଇ ଚାଲିଛି -ବାୟୁ ମଣ୍ଡଳରେ ପ୍ରବେଶ କରିବା କାଳରେ ଉଚ୍ଚ ଶକ୍ତିସମ୍ପନ୍ନ କଣାସମୂହ ବହୁ ସଂଘାତପ୍ରାପ୍ତ ହୁଅନ୍ତି। ପଦାର୍ଥ ବିଜ୍ଞାନର ଅତି-ଶକ୍ତି ଜନିତ ଗବେଷଣା ହେତୁ ଏସବୁ କଥା ମୋତେ ବେଶ ଜଣାଥିଲା। କିନ୍ତୁ ସେତେବେଳ ପର୍ଯ୍ୟନ୍ତ ମୁଁ ଏହିସବୁକୁ କେବଳ ଚିତ୍ର, ଗ୍ରାଫ ଓ ଗାଣିତିକ ତତ୍ତ୍ୱ ମାଧ୍ୟମରେ ବୁଝିଥିଲି। ସେହିଦିନ ସମୁଦ୍ରକୂଳରେ ମୋର ସେହି

ପୂର୍ବ ଜ୍ଞାନ ଜୀବନ୍ତ ହୋଇ ଉଠିଥିଲା । ମୁଁ "ଦେଖିଲି" ମହାଶୂନ୍ୟରୁ ଶକ୍ତିଧାରା କିପରି ଝରି ପଡୁଛି; ଯେଉଁଠି କଣାସମୂହ ଛନ୍ଦବଦ୍ଧଭାବେ ସୃଷ୍ଟି ଓ ବିଲୀନ ହେଉଛନ୍ତି । ମୁଁ "ଦେଖିଲି", ଏହି ମହାଜାଗତିକ ଶକ୍ତିନୃତ୍ୟରେ ମୋର ବାହ୍ୟ ଓ ଅଭ୍ୟନ୍ତରର ପରମାଣୁ ମଧ୍ୟ ଭାଗ ନେଉଛନ୍ତି । ସେଇ ଛନ୍ଦକୁ ମୁଁ ଅନୁଭବ କଲି, ତାହାର ଶବ୍ଦ "ଶୁଣିଲି" ଏବଂ ସେ ମୁହୂର୍ତ୍ତରେ ମୋର ମନେ ପଡ଼ିଲା ଯେ ଏହା ଥିଲା ହିନ୍ଦୁମାନଙ୍କର ଆରାଧ୍ୟ ନଟରାଜ(ଶିବ)ଙ୍କର ନୃତ୍ୟ ।"

କହିବା ବାହୁଲ୍ୟ ଯେ ଶ୍ରୀଶ୍ରୀଠାକୁର ପଦାର୍ଥ ବିଜ୍ଞାନର ଗବେଷିତ ଏହି ମହାତଥ୍ୟକୁ ଅତି ସହଜଭାବରେ ତାଙ୍କର ପିଲାବେଳରୁ ବୋଧ କରି ପାରୁଥିଲେ ।

କୃଷ୍ଣପ୍ରସନ୍ନ ୧୯୨୨ରେ ଦୀକ୍ଷା ଗ୍ରହଣ କରି କଲିକତାରେ ତାଙ୍କ ଗବେଷଣାରୁ ଅବ୍ୟାହତି ନେଇ ୧୯୨୩ ମସିହାଠାରୁ ହିମାୟିତପୁର ଆଶ୍ରମରେ ସପରିବାର ସ୍ଥାୟୀଭାବେ ବସବାସ କଲେ । ଶ୍ରୀଶ୍ରୀଠାକୁରଙ୍କ ନିର୍ଦ୍ଦେଶରେ ବିଶ୍ୱବିଜ୍ଞାନ କେନ୍ଦ୍ର ଆରମ୍ଭ କରିଥିଲେଏବଂ ସେଠାରେ ନାନାପ୍ରକାରର ବୈଜ୍ଞାନିକ ଗବେଷଣାରେ ରତ ଥିଲେ । ବାୟୁମଣ୍ଡଳରୁ କିଭାବରେ ବିଦ୍ୟୁତ୍‌ଶକ୍ତି ଆହରଣ କରାଯାଇ ପାରିବ ଏହା ମଧ୍ୟ ଗବେଷଣାର ବିଷୟ ଥିଲା । ବିଜ୍ଞାନ, ଆଧ୍ୟାତ୍ମିକ ଏବଂ ସାଂସାରିକ ଚଳନ ଉପଯୋଗୀ ବିଭିନ୍ନ ପୁସ୍ତକ ପଢ଼ି ତାଙ୍କ ସହିତ ସେସବୁ ଆଲୋଚନା କରିବା ପାଇଁ କୃଷ୍ଣପ୍ରସନ୍ନ ଏବଂ ଅନ୍ୟମାନଙ୍କୁ ଶ୍ରୀଶ୍ରୀଠାକୁର ଉତ୍ସାହିତ କରୁଥିଲେ । ଏହି ସବୁ ବିଷୟରେ ପ୍ରଶ୍ନ ପଚାରିବାକୁ ମଧ୍ୟ କହୁଥିଲେ । ଏହାର ଉଦ୍ଦେଶ୍ୟ ଥିଲା ଯେ ପୃଥିବୀର ବଡ଼ ବଡ଼ ଦାର୍ଶନିକ, ବୈଜ୍ଞାନିକ ଏବଂ ତତ୍ତ୍ୱବିତ୍‌ମାନଙ୍କର ଉକ୍ତି ଓ ମତାମତ ସହିତ ଶ୍ରୀଶ୍ରୀଠାକୁରଙ୍କର ଉକ୍ତି ଓ ମତାମତର ତୁଳନାତ୍ମକ ବିଶ୍ଳେଷଣ । ଆଶ୍ରମର ଅର୍ଥାଭାବ ଭିତରେ ମଧ୍ୟ ଶ୍ରୀଶ୍ରୀଠାକୁର ଏହିସବୁ ପୁସ୍ତକାଦି କିଣିବାର ବ୍ୟବସ୍ଥା କରୁଥିଲେ । ସମୟାନୁକ୍ରମେ କୃଷ୍ଣପ୍ରସନ୍ନ ସତ୍‌ସଙ୍ଗ ଋତ୍ୱିକ୍‌ସଂଘର ମୁଖ୍ୟ, ଋତ୍ୱିଗାଚାର୍ଯ୍ୟ ହୋଇଥିଲେ ।

ପଢ଼ିବାକୁ ମିଳେ ଯେ ତାଙ୍କର ଜୀବନୀ କିଏ ଲେଖି ପାରିବ ଏ ବିଷୟରେ ଶ୍ରୀଶ୍ରୀଠାକୁରଙ୍କୁ ପଚରାଗଲାରୁ ସେ କହିଥିଲେ, ତାଙ୍କର ବଡ଼ପୁଅ (ଶ୍ରୀଶ୍ରୀବଡ଼ଦା) କିମ୍ବା କେଷ୍ଟଦା ତାହା ସଠିକଭାବରେ ଲେଖି ପାରିବେ । ଶ୍ରୀଶ୍ରୀବଡ଼ଦା 'ସତ୍ୟାନୁସରଣ'ର ବିସ୍ତୃତ ବ୍ୟାଖ୍ୟା କରିଛନ୍ତି ଏବଂ 'ଇଷ୍ଟ-ପ୍ରସଙ୍ଗ'ରେ ଏହା ସହିତ ଶ୍ରୀଶ୍ରୀଠାକୁରଙ୍କର ଭାବାଦର୍ଶର ବିଭିନ୍ନ ଦିଗକୁ ଆଲୋକପାତ କରିଛନ୍ତି । ପରବର୍ତ୍ତୀ କାଳରେ ତାଙ୍କର 'ସତ୍ୟାନୁସରଣ' ସଂପର୍କିତ ସମସ୍ତ ଆଲୋଚନା 'ପ୍ରସଙ୍ଗ ସତ୍ୟାନୁସରଣ' ଭାବେ ସଂକଳିତ ହୋଇଛି । କେଷ୍ଟଦା ଶ୍ରୀଶ୍ରୀଠାକୁରଙ୍କ ଜୀବନୀ ଲେଖିବା ବାବଦରେ କହିଥିଲେ, 'ମହାପୁରୁଷଙ୍କ ଜୀବନୀ ଲେଖିବା ସମ୍ଭବ କିନ୍ତୁ ଠାକୁରଙ୍କ ଜୀବନୀ ଲେଖି ହେବ ନାହିଁ, କେବଳ ତାଙ୍କର କିଛି ଘଟଣା ବା କିଛି କଥା ଲେଖାଯାଇପାରେ । ତାଙ୍କର ଚକ୍ଷୁଦ୍ୱୟ ଓ ଦୃଷ୍ଟିର ବର୍ଣ୍ଣନା, ତାଙ୍କର ବାଚନଶୈଳୀ, ତାଙ୍କର କଣ୍ଠସ୍ୱରର ଜାଦୁ, ଅପୂର୍ବ ସୁଠାମ ଶରୀରର ବର୍ଣ୍ଣନାକୁ କିପରି ଭାବେ ଆଉ କେଉଁ ଶବ୍ଦ ମାଧ୍ୟମରେ ବ୍ୟକ୍ତ କରାଯିବ ? ଏହା ବ୍ୟତୀତ ପ୍ରତ୍ୟେକଥର

ଯେବେ ତାଙ୍କ ସାନ୍ନିଧ୍ୟକୁ ଯାଇଛି, ସମ୍ପୂର୍ଣ୍ଣଭାବେ ସେ ନିଆରା ଦେଖାଯାଇଥାନ୍ତି, ଯେପରି ଏକ ନୂତନ ବ୍ୟକ୍ତିତ୍ୱ । ଏପରି ଅଭିନବ ବ୍ୟକ୍ତିର ଜୀବନୀ କିପରି ଲେଖାଯିବ ? କିଛି ଲେଖିଲେ ତା ଅଧା ବା ଅସମ୍ପୂର୍ଣ୍ଣ ବର୍ଣ୍ଣନା ହେବ ମାତ୍ର । ଆମର ଲୌକିକ ଚକ୍ଷୁରେ ତାଙ୍କର ବିଶ୍ୱରୂପକୁ କଳ୍ପନା କରାଯାଇପାରେନା ।' (ଭକ୍ତ ବଳୟ)

ତଥାପି ସେ ଶ୍ରୀଶ୍ରୀଠାକୁରଙ୍କର ଗୋଟିଏ ସଂକ୍ଷିପ୍ତ ଜୀବନୀ ଲେଖିଥିଲେ-'ଶ୍ରୀଶ୍ରୀଠାକୁର ଅନୁକୂଳଚନ୍ଦ୍ର ଓ ସତ୍‌ସଙ୍ଗ' ଏବଂ ସେଠାରେ ସେ ଲେଖିଛନ୍ତି - ଶ୍ରୀଶ୍ରୀଠାକୁର ବିନା ସମ୍ବଳରେ କାମ ଆରମ୍ଭ କରୁଥିଲେ ଓ ନିତ୍ୟ ନୂତନ ଜୀବନବର୍ଦ୍ଧନର ସହାୟକ ଅନେକ କର୍ମପନ୍ଥାର ଯୋଜନା ତଥା ସେସବୁ ପ୍ରସାର କରିବାରେ ସଫଳ ହେଉଥିଲେ । ପ୍ରେମ, ଜୀବନ ଓ ସେବା, ଏହାହିଁ ହେଉଛି ତାଙ୍କର ଜୀବନର ମୂଳକଥା । ପୁଣି କୃଷ୍ଣପ୍ରସନ୍ନ ଉଲ୍ଲେଖ କରିଛନ୍ତି- ହିନ୍ଦୁମାନେ ତାଙ୍କୁ ଆର୍ଯ୍ୟ ସଂସ୍କୃତିର ଜୀବନ୍ତ ଆଦର୍ଶ ରୂପେ ଗ୍ରହଣ କରିଛନ୍ତି, ମୁସଲମାନଗଣ ହଜରତ ମହମ୍ମଦଙ୍କୁ ଆହୁରି ସଠିକ ଭାବେ ଅନୁସରଣ କରିବା ପାଇଁ ତାଙ୍କ ସହିତ ମିଶିବା ପରେ ଉଦ୍‌ବୁଦ୍ଧ ହୁଅନ୍ତି; ଖ୍ରୀଷ୍ଟିଆନଗଣ ତାଙ୍କୁ ଭଲ ନପାଇ ରହିପାରନ୍ତି ନାହିଁ, ତାଙ୍କର ସଙ୍ଗଲାଭକରି ଯୀଶୁଙ୍କୁ ଆହୁରି ଗଭୀର ଭାବେ ପାଇବାର ପ୍ରେରଣା ପାଆନ୍ତି । ଅଷ୍ଟ୍ରେଲିଆର ଜଣେ ଖ୍ରୀଷ୍ଟଧର୍ମ ପ୍ରଚାରକ ଶ୍ରୀଶ୍ରୀଠାକୁରଙ୍କ ସାନ୍ନିଧ୍ୟଲାଭ କରି କହିଥିଲେ, ଯଦି ଯୀଶୁଖ୍ରୀଷ୍ଟ ଏଇ ସମୟରେ ଆବିର୍ଭୂତ ହୋଇଥାନ୍ତେ ଆଜି ଆଧୁନିକଯୁଗର ଚାହିଦା ଅନୁଯାୟୀ ଏଠାରେ ଠାକୁର ଯେଭଳି ମାନବସେବା କରୁଛନ୍ତି, ଅବିକଳ ସେପରିଭାବେ କରିଥାଆନ୍ତେ ।

୧୯୨୩-୨୪ ମସିହା ବେଳକୁ ବଙ୍ଗଳାର ଅନ୍ୟତମ ଜନନେତା ଚିତ୍ତରଞ୍ଜନ ଦାସ କଲିକତା ହାଇକୋର୍ଟର ଜଣେ ସଫଳ ବାରିଷ୍ଟର ଥିଲେ । ବାରୀନ୍ ଘୋଷଙ୍କ ସମ୍ପାଦିତ 'ନାରାୟଣ' ପତ୍ରିକାରେ 'ସତ୍‌ସଙ୍ଗେର ମଧୁଚକ୍ର' ପ୍ରବନ୍ଧ ପଢ଼ି, ସେ ପ୍ରଭାବିତ ହୋଇ ଲେଖକଙ୍କ ସହିତ ଆଲୋଚନା କରି ଶ୍ରୀଶ୍ରୀଠାକୁରଙ୍କ ସାନ୍ନିଧ୍ୟ ପାଇଁ ମନେମନେ ଠିକ୍ କରିଥିଲେ । ୧୯୨୪ ମସିହା ମେ ମାସରେ ଶ୍ରୀଶ୍ରୀଠାକୁରଙ୍କର କଲିକତା ଅବସ୍ଥାନ ସମୟରେ ସେ ଦିନେ ସଂଧ୍ୟାରେ ତାଙ୍କୁ ଦର୍ଶନ କରିବାକୁ ଆସିଥିଲେ । ଶ୍ରୀଶ୍ରୀଠାକୁରଙ୍କ ସହିତ ଭାରତର ସ୍ୱାଧୀନତା ସମ୍ପର୍କରେ ଯେତେବେଳେ ଆଲୋଚନା ହେଲା ଚିତ୍ତରଞ୍ଜନ ତାଙ୍କର ମତବ୍ୟକ୍ତ କରି କହିଲେ ଯେ, ମହାତ୍ମା ଗାନ୍ଧୀ ଚିର ନମସ୍ୟ, କିନ୍ତୁ ଭାରତୀୟ କଂଗ୍ରେସର ନେତୃତ୍ୱ ଗ୍ରହଣ କରି ସେ ଚରଖା, ସ୍ୱଦେଶୀ ଓ ସତ୍ୟାଗ୍ରହ ଏହି ତିନୋଟି ନୀତିକୁ କାର୍ଯ୍ୟକାରୀ କରି, କଣ ଦେଶର ସ୍ୱାଧୀନତା ଆଣି ଦେଇ ପାରିବେ ? ତେଣୁ ଚିତ୍ତରଞ୍ଜନ ମହାତ୍ମା ଗାନ୍ଧୀଙ୍କ ସହିତ ଏକମତ ନ ହୋଇ 'ସ୍ୱରାଜ ପାର୍ଟି' ନାମରେ ଆଉ ଏକ ରାଜନୈତିକ ଦଳ ଗଠନ କରିଥିଲେ । ଆଲୋଚନା ବେଳେ ଶ୍ରୀଶ୍ରୀଠାକୁର ତାଙ୍କୁ କହିଥିଲେ ଯେ, ପ୍ରଥମ ହେଲା ମଣିଷର ଚରିତ୍ର । ଦେଶରେ ଯଦି ଭଲ ମଣିଷ ନ ରୁହନ୍ତି ତେବେ ପରିବାର, ସମାଜ ଓ ଦେଶ କେଉଁ ଭାବରେ ସୁସଙ୍ଗତ ଓ ଉନ୍ନତ ହେବ ? ଉତ୍ତମ ଚରିତ୍ରର ମଣିଷଙ୍କୁ ଜନ୍ମାଇବାକୁ ହୁଏ, ସେଥିପାଇଁ ଦରକାର ବିବାହ ସଂସ୍କାର । ଯେଉଁମାନେ ଜନ୍ମହୋଇ ସାରିଛନ୍ତି ସେମାନଙ୍କୁ ମଧ୍ୟ କିଛିଟା ଯୋଗ୍ୟ କରାଯାଇପାରେ,

କିନ୍ତୁ ବଂଶଗତ ଓ ଜନ୍ମଗତ ସଂସ୍କାର ଯଦି ଠିକ ନ ଥାଏ ତେବେ ମଣିଷକୁ ଯେତେ ଘଷିଲେ, ମାଜିଲେ ମଧ୍ୟ ବିଶେଷ ଲାଭ ହୋଇ ନ ପାରେ। ଶ୍ରୀଶ୍ରୀଠାକୁର ସେଥିପାଇଁ କହିଲେ, ଯେ ଆଦର୍ଶକୈନ୍ଦ୍ରିକ ଜୀବନ ଦେଶ ଓ ଜାତିର ଗଠନ ପାଇଁ ଅତ୍ୟନ୍ତ ଆବଶ୍ୟକ। ଚିତ୍ତରଂଜନ, ମାତା ମନମୋହିନୀ ଦେବୀଙ୍କ ମାଧ୍ୟମରେ ଦୀକ୍ଷା ଗ୍ରହଣ କଲେ। ୧୯୨୫ ମସିହା ମେ ମାସରେ ସେ ହିମାୟିତପୁର ଆସି, ସତ୍‌ସଙ୍ଗ ଆଶ୍ରମର କର୍ମପ୍ରବାହ ଓ ଶ୍ରୀଶ୍ରୀଠାକୁରଙ୍କର ଶିଶୁସୁଲଭ ସରଳତା ଦେଖି ଅତ୍ୟନ୍ତ ମୁଗ୍ଧ ଓ ପ୍ରଭାବିତ ହୋଇଥିଲେ।

ମହାତ୍ମା ଗାନ୍ଧୀ ସେତେବେଳେ ବଙ୍ଗଳା ଭ୍ରମଣରେ ବାହାରୁ ଥାଆନ୍ତି, ଚିତ୍ତରଞ୍ଜନ ତାଙ୍କୁ ଏହି ଭ୍ରମଣ ଅବସରରେ ହିମାୟିତପୁର ଆଶ୍ରମକୁ ଆସି ଶ୍ରୀଶ୍ରୀଠାକୁରଙ୍କ ଦର୍ଶନ ଏବଂ ଆଶ୍ରମର କାର୍ଯ୍ୟକଳାପ ଦେଖିବା ପାଇଁ ଚିଠି ଲେଖିଥିଲେ। ତାହାପରେ, ସେ ଅସୁସ୍ଥ ହୋଇ ଦାର୍ଜିଲିଂରେ ଅବସ୍ଥାନ କରୁଥିଲେ। ସେତେବେଳେ ସେ ମହାତ୍ମା ଗାନ୍ଧୀଙ୍କୁ ଜଣାଇ ଥିଲେ- 'I have learnt from my Guru, the value of truth in all our dealings. I want you to live with him for a few days at least. Your need is not the same as mine. But he has given me strength, I did not possess before. I see things clearly which I saw dimly before.' (16th July - Young India)। (ଆମର ସମସ୍ତ ବ୍ୟବହାରରେ ସଚ୍ଚୋଟ ରହିବା ଦରକାର ବୋଲି ମୁଁ ମୋ ଗୁରୁଙ୍କଠାରୁ ଶିଖିଲି। ମୋର ଇଚ୍ଛା, ଆପଣ ତାଙ୍କ ସହିତ କିଛିଦିନ ରହିବେ। ଆପଣଙ୍କର ଏବଂ ମୋର ପ୍ରୟୋଜନ ଅଲଗା ହୋଇପାରେ, କିନ୍ତୁ ତାଙ୍କ ସଂସ୍ପର୍ଶରେ ଆସି ମୁଁ ଯେଉଁ ଆତ୍ମବଳ ପାଇଛି ତାହା ମୋଠାରେ ଆଗରୁ ନଥିଲା। ପୂର୍ବରୁ ମୋତେ ଯାହା ଝାପ୍‌ସା ଦେଖାଯାଉଥିଲା ଏବେ ତାହା ସ୍ପଷ୍ଟ ଭାବରେ ଦେଖାଯାଉଛି।) ମହାତ୍ମା ଗାନ୍ଧୀଙ୍କ ସହିତ ସାକ୍ଷାତର କିଛିଦିନ ପରେ ୧୯୨୫ ମସିହା ଜୁନମାସରେ ଦାର୍ଜିଲିଂରେ ଦେଶବନ୍ଧୁ ଚିତ୍ତରଞ୍ଜନ ଶେଷନିଃଶ୍ୱାସ ତ୍ୟାଗ କଲେ।

ମହାତ୍ମା ଗାନ୍ଧୀ ୧୯୨୫ ମସିହା ମେ ମାସ ୨୩ ତାରିଖରେ ହିମାୟିତପୁର ସତ୍‌ସଙ୍ଗ ଆଶ୍ରମ ଆସିଥିଲେ। ସେଠାରେ ବିଶ୍ୱବିଜ୍ଞାନ କେନ୍ଦ୍ର ଓ ଅନ୍ୟାନ୍ୟ କୁଟୀର ଶିଳ୍ପ ବିଭାଗ ମଧ୍ୟ ପରିଦର୍ଶନ କରିଥିଲେ। ମାତା ମନମୋହିନୀ ଦେବୀଙ୍କ ପରି ଜଣେ ପ୍ରଭାବଶାଳୀ ଦକ୍ଷ ମହିଳା (masterful lady) ସେ ଦେଖିନାହାନ୍ତି ବୋଲି ମନ୍ତବ୍ୟ ଦେଇଥିଲେ। ସେଦିନ, ସମୟର ସ୍ୱଳ୍ପତା ହେତୁ ମହାତ୍ମା ଗାନ୍ଧୀ, ଶ୍ରୀଶ୍ରୀଠାକୁରଙ୍କ ସହିତ କୌଣସି ଆଲୋଚନା କରି ପାରି ନ ଥିଲେ। ପରବର୍ତ୍ତୀକାଳରେ ସେ ଓ ଡକ୍ଟର ରାଜେନ୍ଦ୍ର ପ୍ରସାଦ କଲିକତାରେ ଶ୍ରୀଶ୍ରୀଠାକୁରଙ୍କୁ ସାକ୍ଷାତ କରିଥିଲେ।

୧୯୨୫ ମସିହା ବେଳକୁ ହିମାୟିତପୁର ସତ୍‌ସଙ୍ଗ ଆଶ୍ରମ ଖୁବ କର୍ମମୁଖର, ମେକାନିକାଲ ୱାର୍କସ, କାଷ୍ଠଶିଳ୍ପ କାରଖାନା, କୁଟୀର ଶିଳ୍ପାୟନ, ସତ୍‌ସଙ୍ଗ ବ୍ୟାଙ୍କ୍, ଦାତବ୍ୟ ଚିକିତ୍ସାଳୟ, କଳାକେନ୍ଦ୍ର ଇତ୍ୟାଦି ଅନେକ ବିଭାଗ ସେତେବେଳକୁ ଗଢ଼ିଉଠିଥିଲା। ଶ୍ରୀଶ୍ରୀଠାକୁରଙ୍କର ଫର୍ମୁଲା ନେଇ କେତେକ ନିତ୍ୟ ପ୍ରୟୋଜନୀୟ ଆୟୁର୍ବେଦୀୟ ଔଷଧ

ମଧ୍ୟ ତିଆରି ହେଉଥିଲା। ହିମାୟିତପୁର ସତ୍‌ସଙ୍ଗ ଆଶ୍ରମକୁ ଏକ ରେଜିଷ୍ଟର୍ଡ ସୋସାଇଟି କରାଯାଇ ପ୍ରଥମ ଅଧକ୍ଷା ଭାବେ ମାତା ମନମୋହିନୀ ଦେବୀ ଓ ସଂପାଦକ ଭାବେ ସୁଶୀଲଚନ୍ଦ୍ର ବସଙ୍କୁ ଦାୟିତ୍ୱ ଦିଆଗଲା।

ହିମାୟିତପୁର ସତ୍‌ସଙ୍ଗର ଖ୍ୟାତି ପାଖଆଖର ଜମିଦାର ଓ ଧନୀବର୍ଗଙ୍କୁ ଈର୍ଷାପରାୟଣ କଲା। ସତ୍‌ସଙ୍ଗ ବ୍ୟାଙ୍କ୍‌ରୁ ଅଳ୍ପ ସୁଧହାରରେ କୃଷକ ଓ କୁଟୀରଶିଳ୍ପ କାରିଗରମାନେ ଋଣ ପାଇଲେ, ଜମିଦାର ଓ ଧନୀବର୍ଗଙ୍କ ସାମ୍‌ନାରେ ହାତ ପତାଇଲେ ନାହିଁ। ସାଧାରଣ ଲୋକଙ୍କ ସ୍ୱଚ୍ଛଳତା ବଢ଼ିଲା, ଏହାଦ୍ୱାରା ଜମିଦାର ଓ ଧନିକବର୍ଗଙ୍କର ପ୍ରତିପତ୍ତିରେ ଆଞ୍ଚ ଆସିଲା। ସେମାନେ ବିପଥଗାମୀ ଯୁବକମାନଙ୍କୁ ଏକାଠିକରି ସତ୍‌ସଙ୍ଗ ଆଶ୍ରମ ଉପରେ ଆକ୍ରୋଶ ସାଧିବାକୁ ପ୍ରବର୍ତ୍ତାଇଲେ। ଥରେ ସେହି ବିଭ୍ରାନ୍ତ ଯୁବକଗୋଷ୍ଠୀ ଆଶ୍ରମବାସୀମାନଙ୍କ ଉପରେ ହିଂସାତ୍ମକ ବ୍ୟବହାର, ମାରଧର ଇତ୍ୟାଦି କଲେ, ପୁଲିସ ଆସିଲା ଏବଂ ସେମାନଙ୍କୁ ନେଇ ହାଜତରେ ଭର୍ତ୍ତି କରିଦେଲା। ସେମାନଙ୍କର ଅଭିଭାବକମାନେ ହାଜତରୁ ସେମାନଙ୍କୁ ଖଲାସ କରିବାକୁ ଶ୍ରୀଶ୍ରୀଠାକୁରଙ୍କ ଦ୍ୱାରସ୍ଥ ହେଲେ। ସେହି ସମୟରେ ଯୋଗକୁ ଶ୍ରୀଶ୍ରୀଠାକୁରଙ୍କ ଜନ୍ମଦିନ ଅବସରରେ ସାନ୍ଧ୍ୟ କାର୍ଯ୍ୟକ୍ରମରେ ଯୋଗଦେବାପାଇଁ ମାଜିଷ୍ଟ୍ରେଟ୍ ମହୋଦୟ ସତ୍‌ସଙ୍ଗ କଳାକେନ୍ଦ୍ରରେ ଉପସ୍ଥିତ ଥିଲେ। କାର୍ଯ୍ୟକ୍ରମ ସରିବାର କିଛି ସମୟ ଆଗରୁ କଳାକେନ୍ଦ୍ରର ଗେଟ ବାହାରେ ଶ୍ରୀଶ୍ରୀଠାକୁର ଠିଆ ହୋଇ ଥାଆନ୍ତି। ମାଜିଷ୍ଟ୍ରେଟ ମହୋଦୟ ଗେଟ ବାହାରକୁ ଆସି ଶ୍ରୀଶ୍ରୀଠାକୁରଙ୍କୁ ସେଠାରେ ଦେଖି ତାଙ୍କର ଆସିବାର ଉଦ୍ଦେଶ୍ୟ ଠଉରାଇ ନେଲେ। ଶ୍ରୀଶ୍ରୀଠାକୁର ବିକଳ ଭାବରେ କହିଲେ - 'ମୋର ପିଲାର ହାଜତରୁ ମୁକ୍ତି ପାଇଁ ମୁଁ ଯେପରି ଚେଷ୍ଟା କରିଥାନ୍ତି, ଏବେ ମଧ୍ୟ ତାହା। ସେମାନେ ମୋର ପୁଅ। ସେମାନଙ୍କୁ ହାଜତରୁ ମୁକୁଳାଇ ଆଣିବା ହେଉଛି ମୋର ଦାୟିତ୍ୱ।' ମାଜିଷ୍ଟ୍ରେଟ୍ ମହାଶୟ କିଛି କରିବେ ବୋଲି କଥା ଦେଇ ବିଦାୟ ନେଲେ। ତା' ପରଦିନ ଅଭିଭାବକମାନଙ୍କୁ ଡାକି ସେମାନଙ୍କଠାରୁ ସିକ୍ୟୁରିଟି ବଣ୍ଡ୍ ରଖି, ସେହି ବିଭ୍ରାନ୍ତ ଯୁବକମାନଙ୍କୁ ହାଜତରୁ ଖଲାସ କରିବାର ଆଦେଶ ଦେଲେ।

କଲିକତାରୁ ପ୍ରକାଶିତ ସାପ୍ତାହିକୀ 'ଶନିବାରେର ଚିଠି' ଶ୍ରୀଶ୍ରୀଠାକୁର ଓ ସତ୍‌ସଙ୍ଗ ବିରୁଦ୍ଧରେ ନାନା ମିଥ୍ୟା ଓ କପୋଳକଳ୍ପିତ କୁତ୍ସା ସମ୍ବଳିତ ପ୍ରବନ୍ଧମାନ ପ୍ରକାଶ କରି କିଛିଦିନ ପାଇଁ ବିକ୍ରି ବେଶ୍ ବଢ଼ାଇଲା । ଏହି ସାପ୍ତାହିକୀର ସଂପାଦକ ଥିଲେ ସଜନୀକାନ୍ତ ଦାସ। ଏକାଧିକ ଥର ଗୁରୁଭ୍ରାତାମାନେ ସଜନୀକାନ୍ତଙ୍କୁ ସାକ୍ଷାତ କରି ନିଜେ ଥରେ ସତ୍‌ସଙ୍ଗ ଆଶ୍ରମ ଆସି କ'ଣ କିପରି ହେଉଛି -ଦେଖି ଯିବାକୁ ଯେତେ ଅନୁରୋଧ କଲେ ମଧ୍ୟ ସେ ରାଜି ହେଲେ ନାହିଁ। କାରଣ ଥରେ ନିଜ ଆଖିରେ ସବୁକଥା ଦେଖିନେଲା ପରେ କୁତ୍ସିତ ଖବର ପ୍ରକାଶ ଆଉ ସମ୍ଭବ ହୋଇ ନ ପାରେ, ଆଉ କୁତ୍ସିତ ଖବର ପ୍ରକାଶ ନ କଲେ ହୁଏତ ପତ୍ରିକାର ବିକ୍ରୀ ଖୁବ କମିଯାଇପାରେ, ଏଥିପାଇଁ ବୋଧହୁଏ ସଜନୀକାନ୍ତ ହିମାୟିତପୁର ଆଶ୍ରମ ଯିବାକୁ ରାଜି ହେଲେ ନାହିଁ। ସତ୍‌ସଙ୍ଗୀ ଗୁରୁଭ୍ରାତାମାନେ ଅନନ୍ୟୋପାୟ ହୋଇ ସଜନୀକାନ୍ତ ଦାସଙ୍କର ସତ୍‌ସଙ୍ଗ ବିରୁଦ୍ଧରେ ମିଥ୍ୟା ଏବଂ କୁତ୍ସା ପ୍ରଣୋଦିତ ଖବରସମୂହ ତଦାନୀନ୍ତନ ପୁଲିସ୍ କମିଶନରଙ୍କ ଦୃଷ୍ଟିକୁ ଆଣିଲେ। ସେ ଯଥାଯଥ ତଦନ୍ତ ପରେ

ସଜନୀକାନ୍ତ ଦାସଙ୍କୁ ଦଣ୍ଡିତ କଲେ ଏବଂ ସାପ୍ତାହିକୀ 'ଶନିବାରେର ଚିଠି' ର ପ୍ରକାଶନ ସବୁଦିନ ପାଇଁ ବନ୍ଦ୍ ହୋଇଗଲା ।

ଏହି ସମୟରେ ସୁଭାଷଚନ୍ଦ୍ର ବୋଷ ଆଶ୍ରମ ଆସି ଶ୍ରୀଶ୍ରୀଠାକୁରଙ୍କ ସାନ୍ନିଧ୍ୟରେ ଆଳାପ ଆଲୋଚନା କରିଥିଲେ । ସେ ଆଇ.ସି.ଏସ୍ ପାଇ ଲଣ୍ଡନରେ ଟ୍ରେନିଂ ପାଇଁ ଯାଇଥିଲେ । ମଝିରୁ ସବୁ ଛାଡ଼ିଛୁଡ଼ି ଦେଇ ଦେଶକାମ କରିବାକୁ ଭାରତ ପଳାଇ ଆସିଲେ । ଦେଶର ସେବା ସେ କେଉଁଠାରୁ ଆରମ୍ଭ କରିବେ, ସୁଭାଷଚନ୍ଦ୍ରଙ୍କର ଏହି ପ୍ରଶ୍ନରେ ଶ୍ରୀଶ୍ରୀଠାକୁର ଚିତ୍ତରଞ୍ଜନଙ୍କୁ ଦେଇଥିବା ଉପଦେଶ ଦୋହରାଇଲେ- ଯୋଗ୍ୟ ମଣିଷ ଉପଯୁକ୍ତ ବିବାହ ସଂସ୍କାର ଦ୍ୱାରା ଜନ୍ମହେବେ ଓ ଜନ୍ମହୋଇଥିବା ମଣିଷ ଜଣେ ଉଚ୍ଚମାନର ବ୍ୟକ୍ତିଙ୍କୁ ଆଦର୍ଶ ଭାବେ ଗ୍ରହଣ କଲେ ସେମାନଙ୍କର ଚରିତ୍ରରେ ସଂଶୋଧନ ହେବ । ଇଂରେଜମାନେ ଯେତେବେଳେ ପ୍ରଥମେ ଆସିଲେ, ଦେଶର ରାଜାମହାରାଜା ଓ ତଥାକଥିତ ନେତୃସ୍ଥାନୀୟ ବ୍ୟକ୍ତିଙ୍କ ଦୁର୍ବଳ ଚରିତ୍ରର ସୁଯୋଗ ନେଇ, ବ୍ୟବସାୟ କରିବାକୁ ଆସି ଦେଶ ଶାସନ କଲେ । ତେଣୁ ଉତ୍ତମ ଚରିତ୍ର ଗଠନ ନହେଲେ ସମାଜ ଓ ରାଷ୍ଟ୍ରର ଉନ୍ନତି ସମ୍ଭବ ହେବ ନାହିଁ - ଏକଥା ଶ୍ରୀଶ୍ରୀଠାକୁର ତାଙ୍କୁ ବୁଝାଇଥିଲେ । ସୁଭାଷଚନ୍ଦ୍ର ଆଲୋଚନାବେଳେ କହିଥିଲେ, 'ସ୍ୱାମୀ ବିବେକାନନ୍ଦ ମଣିଷ ତିଆରି କଥା କହିଛନ୍ତି କିନ୍ତୁ ତାର ଉପାୟ ବିଷୟରେ ବିଶେଷ କିଛି କହି ନାହାନ୍ତି; ସେ ଶିକ୍ଷା ସଂସ୍କାର ଉପରେ ବିଶେଷ ଗୁରୁତ୍ୱ ଦେଇଛନ୍ତି । କିନ୍ତୁ ଆପଣଙ୍କ କଥା ଶୁଣି ମୋର ମନେହେଉଛି ଯଦି ଶୁଭ-ସଂସ୍କାର ଯୁକ୍ତ ସନ୍ତାନ ଜନ୍ମ ନ ହୁଏ, ତେବେ କେବଳ ଶିକ୍ଷା କେତେଟିକେ କରି ପାରିବ ? କେବଳ ଶିକ୍ଷା ଦେଇ କ'ଣ ମଣିଷ ତିଆରି କରିବା ସମ୍ଭବ ହେବ ? ବୋଧହୁଏ ହେବ ନାହିଁ କାରଣ ବୀଜରୁ ହିଁ ଗଛର ସୃଷ୍ଟି । ଭଲ ବୀଜ ନ ହେଲେ ଭଲ ଗଛ କିପରି ତିଆରି ହେବ ? ଆପଣଙ୍କ କଥା ଶୁଣି ଏଇଟା ମୁଁ ଉପଲବ୍ଧି କରିପାରୁଛି ।' ତେବେ ଏହା ଖୁବ୍ ସମୟସାପେକ୍ଷ ବୋଲି ସୁଭାଷ କହିଥିଲେ । ଶ୍ରୀଶ୍ରୀଠାକୁର କହିଥିଲେ ଯେ ଦୀର୍ଘ ସମୟ ତ ଲାଗିବ ନିଶ୍ଚୟ । କାରଣ ଆମେ ତ ପାରିପାର୍ଶ୍ୱିକ ଲାଗି, ଦେଶ ଆଉ ଦଶ ଲାଗି ପ୍ରାୟ କିଛି କରିନୁ । ତେଣୁ ପ୍ରଚୁର ମଇଳା ଜମି ଯାଇଛି । ସେହି ମଇଳାକୁ ପରିଷ୍କାର କରିବାକୁ ଗଲେ ସମୟ ତ ଲାଗିବ ହିଁ । ଏହା ବ୍ୟତୀତ ଆଉ କୌଣସି ସ୍ଥାୟୀ ସମାଧାନ ନାହିଁ ବୋଲି ମୁଁ ଭାବେ । ଯାହା ଜଣାଯାଏ, ଛଦ୍ମବେଶରେ ଭାରତ ଛାଡ଼ିବା ପୂର୍ବରୁ ସେ ୧୯୩୯ ମସିହାରେ ଶ୍ରୀଶ୍ରୀଠାକୁରଙ୍କ ଦର୍ଶନାର୍ଥେ ପୁନରାୟ ହିମାୟିତପୁର ଆସିଥିଲେ । କଲିକତାର ଏଲ୍‌ଗିନ୍ ରୋଡରେ ସୁଭାଷଚନ୍ଦ୍ର ରହୁଥିବା ଘରେ ଶ୍ରୀଶ୍ରୀଠାକୁରଙ୍କ ଏକ ଫଟୋ ଏବେ ମଧ୍ୟ ସଂରକ୍ଷିତ ହୋଇଅଛି ବୋଲି ଜାଣିବାକୁ ମିଳେ ।

୧୯୨୬ ମସିହାରେ ଶ୍ରୀଶ୍ରୀଠାକୁରଙ୍କ ପିତା ଶିବଚନ୍ଦ୍ର ଚକ୍ରବର୍ତ୍ତୀଙ୍କର ମହାପ୍ରୟାଣ ହେଲା । ୧୯୨୭ ମସିହାରେ ଶ୍ରୀଶ୍ରୀଠାକୁରଙ୍କ ଜ୍ୟେଷ୍ଠପୁତ୍ର ଅମରେନ୍ଦ୍ରନାଥ (ଶ୍ରୀଶ୍ରୀବଡ଼ଦା) ତପୋବନ ବିଦ୍ୟାଳୟରୁ ମାଟ୍ରିକ୍ ପାସ୍ ପରେ ପାବନାର ଏଡ୍‌ୱାର୍ଡ କଲେଜରେ କିଛିଦିନ ପଢୁଥିଲେ । ଶ୍ରୀଶ୍ରୀଠାକୁରଙ୍କ ନିର୍ଦ୍ଦେଶରେ ସେ ଇଷ୍ଟକର୍ମରେ ମନୋନିବେଶ ପାଇଁ କଲେଜ ତ୍ୟାଗକଲେ । ୧୯୨୯ ମସିହାରେ ସେ ଆନନ୍ଦମୟୀ ଦେବୀଙ୍କୁ ବିବାହ କରିଥିଲେ ।

୧୯୩୩ ମସିହାରେ ତାଙ୍କର ଜ୍ୟେଷ୍ଠପୁତ୍ର ବର୍ତ୍ତମାନର ଆଚାର୍ଯ୍ୟଦେବ ଶ୍ରୀଶ୍ରୀଦାଦା (ଅଶୋକ କୁମାର ଚକ୍ରବର୍ତ୍ତୀ) ଜନ୍ମଗ୍ରହଣ କରିଥିଲେ।

୧୯୩୪ ମସିହାରେ ଏକ ଦୁଃଖଦ ଘଟଣା - ଅନନ୍ତ ମହାରାଜ (ଅନ୍ୟତମ ପାର୍ଷଦ) ଶ୍ରୀଶ୍ରୀଠାକୁରଙ୍କ ବାରଣ ସତ୍ତ୍ୱେ କଲିକତାରେ ଗଙ୍ଗା-ସ୍ନାନ ଅର୍ଦ୍ଧୋଦୟ ଯୋଗକୁ ଯାଇ ସେଠାରୁ ବସନ୍ତ ରୋଗରେ ଆକ୍ରାନ୍ତ ହୋଇ ଆଶ୍ରମ ଫେରିଲେ ଓ କିଛି ଦିନ ପରେ ଶେଷ ନିଃଶ୍ୱାସ ତ୍ୟାଗକଲେ। ଏଥିଲାଗି ଅତି ମର୍ମାହତ ହୋଇ ମାସାଧିକ କାଳ ଶ୍ରୀଶ୍ରୀଠାକୁର ଆଶ୍ରମ ବାହାରେ ଶୋକାକୁଳ ଅବସ୍ଥାରେ କଟାଇଥିଲେ।

ସତ୍‌ସଙ୍ଗ ଆଶ୍ରମ ବିରୁଦ୍ଧରେ ଈର୍ଷାପରାୟଣ ଲୋକମାନଙ୍କର ନିନ୍ଦାବାଦ, ସତ୍‌ସଙ୍ଗୀମାନଙ୍କୁ ଆକ୍ରମଣ ଇତ୍ୟାଦି ନାନପ୍ରକାରର ଗଣ୍ଡଗୋଳ ବିଭିନ୍ନ ସମୟରେ ଘଟୁଥିଲା। ଶ୍ରୀଶ୍ରୀଠାକୁରଙ୍କ ଅନ୍ୟତମ ଭକ୍ତ ସୁଶୀଲଚନ୍ଦ୍ର ବସୁ ଲେଖିଛନ୍ତି- 'ଶ୍ରୀଶ୍ରୀଠାକୁର ପ୍ରତି ପଦକ୍ଷେପରେ, ଭିତରେ ଓ ବାହାରେ କେତେ ଯେ ବାଧାବିଘ୍ନର ଦୁସ୍ତର ତରଙ୍ଗ ଅତିକ୍ରମ କରି ଆଗେଇ ଚାଲିଛନ୍ତି ସେକଥା ଭାବିଲେ ବିସ୍ମିତ ହେବାକୁ ହୁଏ। ସେ ପର୍ବତପ୍ରମାଣ ବାଧାରେ ମଧ୍ୟ ବିଚଳିତ ନ ହୋଇ ତାଙ୍କର ଦୃଢ଼ ସଂକଳ୍ପରେ ଆଗେଇ ଚାଲିଛନ୍ତି। ପ୍ରକୃତ ମହାନ ଓ ଭବିଷ୍ୟତ ଦ୍ରଷ୍ଟା ବୋଲି ହିଁ କୌଣସି ବାଧା ତାଙ୍କର ଗତିପଥରେ ଅନ୍ତରାୟ ହୋଇ ଠିଆହୋଇପାରିନାହିଁ।'

ଶ୍ରୀଶ୍ରୀଠାକୁର ଆଲୋଚନାବେଳେ ଏହି ବାବଦରେ ଭକ୍ତମାନଙ୍କୁ କହିଥିଲେ ଯେ, "ମୋର ନାମ ଅନୁକୂଳ ହେଲେ ବି ପ୍ରତିକୂଳ ଅବସ୍ଥା ମୋତେ କେବେ ଛାଡ଼ିଲା ନାହିଁ। ନିଜ ଉପରକୁ ଦୋଷ ଟାଣି ନେଇ ସେ ପୁଣି କହିଲେ, ଯେଉଁମାନେ ଅହଂକାରୀ, ପ୍ରଭୁତ୍ୱକାମୀ, ଈର୍ଷା ଓ ବିଦ୍ୱେଷଭାବାପନ୍ନ, ସେମାନଙ୍କ ସଙ୍ଗେ ଚଳିବାର ମଧ୍ୟ ରୀତି ଅଛି। ସେହି କୌଶଳ ଆମେ ଯଦି ନ ଜାଣୁ ତାହେଲେ କେବଳ ଅନ୍ୟକୁ ଦୋଷ ଦେଇ କିଛି ଲାଭ ନାହିଁ। ଏକ ସମୟରେ ମୁଁ ଗ୍ରାମର ସମସ୍ତଙ୍କ ସହିତ ମିଶୁଥିଲି। ସମସ୍ତଙ୍କ ଘରକୁ ଯାଉଥିଲି, ସମସ୍ତଙ୍କ ଖବର-ଅନ୍ତର ନେଉଥିଲି। ତଦ୍ୱାରା ସେମାନେ ଖୁବ ଖୁସି ହେଉଥିଲେ। କିନ୍ତୁ ପରେ, ମୁଁ ୟାଡ଼େ ଲୋକବାକ ଝାମେଲା ନେଇ ଏପରି ବ୍ୟସ୍ତ ରହିଲି ଯେ ଗ୍ରାମର ସମସ୍ତଙ୍କ ସଙ୍ଗେ ପୂର୍ବପରି ମିଳାମିଶା କରିବାର ସେ ସୁଯୋଗ ଆଉ ପାଇଲି ନାହିଁ। ମୋର ହୋଇ ଯେ ତୁମେ ସବୁ ତାହା କରିବ, ତୁମେ ମଧ୍ୟ ତାହା କଲ ନାହିଁ। ଫଳରେ ସେମାନଙ୍କଠାରୁ ମୁଁ ବିଚ୍ଛିନ୍ନ ହୋଇଗଲି। ସାମାଜିକ ସ୍ତରରେ ଲୋକଙ୍କ ସଙ୍ଗେ ସହଜଭାବେ ମିଳାମିଶା କରିବାର ଗୋଟାଏ ପ୍ରୟୋଜନ ରହିଛି, ନଚେତ୍ ତୁମେ ଲୋକଙ୍କର ଯେତେ ଉପକାର କର ନା କାହିଁକି ସେମାନଙ୍କର ମନ କିନ୍ତୁ କିଣି ପାରିବ ନାହିଁ। ଫଳରେ ସେମାନଙ୍କର inferiority (ହୀନମନ୍ୟତା)ରେ ଆଘାତ ଲାଗିବ। ସେମାନେ ଭାବିବେ ତୁମେ ବଡ଼ଲୋକ ହୋଇଛ, ତେଣୁ ସମସ୍ତଙ୍କୁ ଦୟା କରୁଛ। କିନ୍ତୁ ବିନୀତ ଥାଇ ତୁମେ ଯଦି ସମସ୍ତଙ୍କର ସହାନୁଭୂତି ଆକର୍ଷଣ କରିପାର ତାହାହିଁ ବରଂ ତୁମର ଲାଭ। ଏପରି ସମୟ ଥିଲା ପାବନାର ଓକିଲ, ମୋକ୍ତାର, ମୋହରୀର, ଏପରିକି ନକଲ-ନବିଶ(copyist) ପର୍ଯ୍ୟନ୍ତ ଆମ କାମ ପାଇଁ କୌଣସି ପଇସା ନେଉ ନ ଥିଲେ, ସ୍ୱେଚ୍ଛାପୂର୍ବକ ଆନନ୍ଦ ଚିତ୍ତରେ

କାମ କରି ଦେଉଥିଲେ ଏବଂ ଏହିପରି କରି ସେମାନେ ଏକ ସତ୍-ପ୍ରତିଷ୍ଠାନକୁ ସାହାଯ୍ୟ କରୁଛନ୍ତି ବୋଲି ଆତ୍ମପ୍ରସାଦ ଅନୁଭବ କରୁଥିଲେ । ପରେ ଆମ ଭିତରୁ କେହି କେହି ଏପରି ଟଙ୍କାର ଗରମ ଦେଖାଇବାକୁ ଲାଗିଲେ ଓ ଲୋଭ ଦେଖାଇଲେ ଯେ ଏବେ ଆଉ ପଇସା ଛଡ଼ା ଚାଖଣ୍ଡେ ଚାଲିବା ସମ୍ଭବ ନୁହେଁ । ଅନ୍ୟମାନେ ଯେଉଁଠି ଟଙ୍କାଏ ଖର୍ଚ୍ଚ କରନ୍ତି ଆମକୁ ସେଠାରେ ପାଂଚ ଟଙ୍କା ଖର୍ଚ୍ଚ କରିବାକୁ ପଡୁଛି, ତଥାପି କାମ ହେଉନି । ମଣିଷର ତ ଲୋଭ, ଅହମିକା, ଦ୍ୱେଷ, ହିଂସା, ସ୍ୱାର୍ଥପରତା ରହିଛି, ଆମର ଭୁଲ ଚଳନ ଯୋଗୁ ତାକୁ ଯଦି ଆହୁରି ଉସ୍‌କାଇ ଦେଉ ତେବେ ତ ବିପଦ ବଢ଼ିବ ହିଁ ବଢ଼ିବ । ଆଉ ଏହି ଯେଉଁ ଅଜ୍ଞାତସାରରେ ଉସ୍‌କାଇ ଦେବା ପଛରେ କିନ୍ତୁ ରହିଛି ଆମର ସ୍ୱାର୍ଥବୁଦ୍ଧି ଓ ନାନାପ୍ରକାର ପ୍ରବୃତ୍ତିର କଣ୍ଡୁୟନ । ମଣିଷର ତ ଦୋଷ ରହିଛି କିନ୍ତୁ ସେଇ ଦୋଷକୁ ମୁଣ୍ଡ ଟେକିବାକୁ ନ ଦେବା ଭଳି ଦୂରଦର୍ଶିତା, କୌଶଳ, ଚରିତ୍ର, ଚାଲିଚଳନ, ବ୍ୟବହାର, ପରାକ୍ରମ ଓ ପ୍ରସ୍ତୁତି ଯଦି ଆମର ନ ଥାଏ, ତେବେ ତାକୁ ଆୟତ୍ତ କରିବାକୁ ହେବ ତ ?

ପୁଣି ଶ୍ରୀଶ୍ରୀଠାକୁର କହିଲେ-ଏଇ ଜୀବନରେ କମ ଦଗା ଖାଇ ନାହିଁ । ଏପରି କେତେକ ଲୋକ ଅଛନ୍ତି ସେମାନଙ୍କର ଯେତେ ଉପକାର କଲେ ମଧ୍ୟ ସେମାନେ ତତୋଽଧିକ କ୍ଷତି କରିବାକୁ ଛାଡ଼ନ୍ତି ନାହିଁ । ଅନେକ ସମୟ ଭାବିଛି ସେମାନଙ୍କ ପାଇଁ ଆଉ କିଛି କରିବି ନାହିଁ, ତାହେଲେ ଅନ୍ତତଃ ସେମାନଙ୍କର ଅତ୍ୟାଚାର ଓ ଦୌରାତ୍ମ୍ୟର ହାତରୁ କିଛିଟା ତ୍ରାହି ମିଳିବ । କିନ୍ତୁ ଯେତେବେଳେ ପୁଣି ସେମାନେ ବିପନ୍ନ ହୋଇ ପଡନ୍ତି ସେତେବେଳେ ସବୁ କଥା ଭୁଲିଯାଏ । ବିହିତ ପ୍ରତିକାର ନ କଲେ ପ୍ରାଣଟା ଯେପରି ଛଟପଟ କରିଉଠେ । **ମୋ କଥା ଆଉ କ'ଣ କହିବି ? ଗୋଟିଏ ଝିଅପିଲାର ମନ ମଧ୍ୟ ମୋଠାରୁ ବେଶି ଦମ୍ଭ । ତେଣୁ ମନେହୁଏ ନିଜକୁ ସଂରକ୍ଷଣ କରିବାର ଶକ୍ତି ମୋର ନାହିଁ, ଅଛି ତୁମମାନଙ୍କର ।**

(ଆଲୋଚକ- ଆଜିଠାରୁ ହାରାହାରି ଅଢ଼େଇ ହଜାର ବର୍ଷ ପୂର୍ବେ ଚୀନର ଦାର୍ଶନିକ ତଥା ଭବିଷ୍ୟବିତ୍ 'ଲାଓ ତ୍ସୁ' ତାଙ୍କର ପ୍ରସିଦ୍ଧ ଓ ବିଶ୍ୱର ପ୍ରାୟ ସବୁଭାଷାରେ ଅନୁଦିତ 'ତାଓ ତେ ଚିଙ୍ଗ' (Tao Te Ching/The Tao Teh King) ପୁସ୍ତକରେ ଯାହା ଇଙ୍ଗିତ କରିଛନ୍ତି ପଢ଼ିଲେ ଆଶ୍ଚର୍ଯ୍ୟ ନ ହୋଇ ରହି ହୁଏ ନାହିଁ । ପୁରୁଷୋତ୍ତମଙ୍କୁ ସେ 'ଋଷି'(sage) ବୋଲି ସମ୍ବୋଧିତ କରି ତାଙ୍କର ସ୍ୱଭାବ କିପରି ହୋଇଥିବ ତାକୁ ଇସାରାରେ କହିଛନ୍ତି - ଏହାର ପ୍ରକାଶିତ ଇଂରାଜୀ ଅନୁବାଦ-

Who knows his manhood's strength,
Yet still his female feebleness maintains;
As to one channel flow the many drains,
All come to him, yea, all beneath the sky,
Thus he the constant excellence retains;-
The simple child again, free from all stains.

Who knows how white attracts,
Yet always keeps himself within a black shade,
The pattern of humility displayed,

Displayed in view of all beneath the sky;
He in the unchanging excellence arrayed,
Endless return to man's first state has made.

Who knows how glory shines,
Yet loves disgrace, nor e'er for it is pale;
Behold his presence in a spacious vale,
To which men come from all the beneath the sky.

The unchanging excellence completes its tail;
The simple infant man in him we hail.

(Tao Te Ching by Lao Tzu. Translation -James Legge.)

ମର୍ମାନୁବାଦ

ସେ ଜାଣନ୍ତି ନିଜ ପୌରୁଷର ପରାକ୍ରମ -
ତଥାପି ଅବଳାର କଅଁଳିଆ ତାଙ୍କ ମନ
ନାନା ସ୍ରୋତ ଗତିଶୀଳ ମହାସ୍ରୋତ ମିଳନ ଆଶାରେ
ଆକାଶର ତଳେ ଯେତେ ଜୀବ, ରୁଣ୍ଡ ତାଙ୍କଠାରେ,
ସେ ଆଦର୍ଶ, ଶ୍ରେୟପଦ ସଦା ଅଧିକାରୀ
ସରଳ ଶିଶୁଟିଏ ଦାଗ ନାହିଁ, ଜୀବନ ସେପରି ।
ସେ ଜାଣନ୍ତି କେଉଁପରି ଶୁଭ୍ରରଙ୍ଗ କରେ ଆକର୍ଷଣ
ନିଜକୁ ଲୁଚାଇବାକୁ କଳାରଙ୍ଗ କରନ୍ତି ଧାରଣ
ବିନୟ ଭାବର ଲକ୍ଷଣ -
ଆକାଶର ତଳେ ଥାଆନ୍ତି ଯେତେ ଜୀବ
ଦେଖନ୍ତି ତାଙ୍କଠାରେ ପରିବର୍ତ୍ତନହୀନ ଶ୍ରେୟତ୍ୱ
ଆଦିତମ ଗୁଣର ପ୍ରକାଶ ।

ସେ ଜାଣନ୍ତି ଯଶ ଓ ସୁନାମ -
ଭଲଲାଗେ, ତାଙ୍କୁ କିନ୍ତୁ ନିଜର ଦୁର୍ନାମ
ଆକାଶର ତଳେ ଯେତେ ଜୀବ, ତାଙ୍କଠାରେ ସମାଗମ
ଏହିପରି ଚିରଶ୍ରେୟ ସେ ପୁରୁଷୋତ୍ତମ -
ସରଳ ଶିଶୁ-ମଣିଷ, ପ୍ରଣାମ, ପ୍ରଣାମ !

ଶ୍ରୀଶ୍ରୀଠାକୁରଙ୍କର ସ୍ୱୀକାର ଯେ ତାଙ୍କର ମନ ଝିଅପିଲାର ମନଠାରୁ ମଧ୍ୟ କୋମଳ, କଳାଧଡ଼ିର ଧଳାଲୁଗା ସେ ସର୍ବଦା ପରିଧାନ କରୁଥିଲେ, ଜୀବନ ତମାମ କେବଳ ଦୁର୍ନାମ ପାଇଥିଲେ, କିନ୍ତୁ ସେଥିପ୍ରତି ଥିଲେ ନିର୍ବିକାର, ନିଜକୁ କହୁଥିଲେ -ମୁଁ ମୂର୍ଖଲୋକ (ମହାବିନୟ ଗୁଣ)। ଭକ୍ତ ଚିତ୍ତରଂଜନ କହିଥିଲେ ଯେ, ମଣିଷ କଣ ଏତେଶିଶୁ ହୋଇପାରେ ? ଲାଓଜୁ'ଙ୍କ ବର୍ଣ୍ଣନା ପଢ଼ିଲେ ଲାଗେ ସେ ସତେ କି ମାନସଚକ୍ଷୁରେ ଶ୍ରୀଶ୍ରୀଠାକୁରଙ୍କୁ ଦର୍ଶନ କରି ଏପରି ଲେଖିପାରିଛନ୍ତି ।

ଯୀଶୁଖ୍ରୀଷ୍ଟଙ୍କର ବାରଜଣ କୈବର୍ତ୍ତ ଶିଷ୍ୟ ସାରାବିଶ୍ୱକୁ ପ୍ରକମ୍ପିତ କରିଦେଲେ। ତତ୍କାଳୀନ ସମାଜର ଖ୍ୟାତିସମ୍ପନ୍ନ ଲୋକଙ୍କୁ ଦୁନିଆ ଭୁଲି ଯାଇଛି କିନ୍ତୁ ଭୁଲି ପାରିନାହିଁ ଏମାନଙ୍କୁ। ଅନ୍ୟାନ୍ୟ ଅବତାର ମହାପୁରୁଷଙ୍କ ପାର୍ଷଦମାନଙ୍କ ଉଦ୍ଦେଶ୍ୟରେ ମଧ୍ୟ ଏହା ପ୍ରଯୁଜ୍ୟ। ଶ୍ରୀଶ୍ରୀଠାକୁର ଦେଓଘର ଆସିବା ପରଠାରୁ ଚାଳିଶ ଜଣ ବିଶେଷ କର୍ମୀ-ସଂଗ୍ରହ କଥା କହି ଆସୁଥିଲେ ଯେଉଁମାନଙ୍କ ଦ୍ୱାରା ଭାରତ ଓ ଭାରତ ବାହାରେ ତାଙ୍କ ଭାବଧାରର ପ୍ରଚାର ପ୍ରସାର କରାଯାଇ ସମୁଦାୟ ବିଶ୍ୱକୁ ରକ୍ଷା କରାଯାଇପାରିବ।

ଏହି ଚାଳିଶ ଜଣଙ୍କର ଯେଉଁ ଗୁଣଗୁଡିକ ନିହାତି ଦରକାର ସେ ସମ୍ପର୍କରେ ୧୯୪୮ ମସିହାରେ ସେ ଲିଖିତ ନିର୍ଦ୍ଦେଶ ଦେଇଥିଲେ।

(1) Tendency of sincere unrepelling adherence.
(2) Presence of mind with common sense.
(3) Intelligent and untussling active acquisitive habits with apt use of time.
(4) Inquisitive responsive bend with educated adaptability.
(5) Maintaining monastic tendency.
(6) Forbearing perserverance and painstaking attitude.
(7) Lack of inferiority and selfish expectant attitude.

Over and above these traits in their normal tenor, they should have sufficient general education along with speaking power, oratorial talent, writing capacity and charming exposition. M.Sc. or M.A. in philosophy or Literature with artistic bend is preferable. Celibate-type is the best.

ଓଡ଼ିଆରେ ଏହି ଗୁଣଗୁଡିକ ହେଲା- (୧) ଅକପଟ ଅଚ୍ୟୁତ ନିଷ୍ଠା-ପ୍ରବଣତା (୨) ସାଧାରଣ ଜ୍ଞାନ ସହିତ ଉପସ୍ଥିତ ବୁଦ୍ଧି (୩) ସମୟର ଯଥାଯୋଗ୍ୟ ବ୍ୟବହାର ଜ୍ଞାନ ସହ ବୋଧମାନ ଅବିରୋଧୀ ଅର୍ଜୀ ଅଭ୍ୟାସ (୪) ଶିକ୍ଷାଗତ ଉପଯୋଗିତାର ସହିତ ଅନୁସନ୍ଧିତ୍ସୁ ସମବେଦନୀ ଆନତି (୫) ଧ୍ୟାନ-ସନ୍ୟାସ ମନୋବୃତ୍ତି (୬) ଧୈର୍ଯ୍ୟଶୀଳ ଅଧ୍ୟବସାୟୀ କ୍ଲେଶସୁଖପ୍ରିୟତା (୭) ହୀନମନ୍ୟ ସ୍ୱାର୍ଥପର ପ୍ରତ୍ୟାଶାପୀଡିତ ମନୋଭାବ-ବର୍ଜିତ।

ଏହିସବୁ ଗୁଣ ସଙ୍ଗେ ସଙ୍ଗେ ସେମାନଙ୍କର ଥିବା ଦରକାର ଯଥେଷ୍ଟ ସାଧାରଣ ଶିକ୍ଷା ଏବଂ ତା ସହିତ ରହିବା ଦରକାର କଥା କହିବାର କୌଶଳ, ବାଗ୍ମୀପ୍ରତିଭା, ଲିଖନ ଦକ୍ଷତା ଏବଂ ଆକର୍ଷଣୀ ବ୍ୟବହାର। ରୁଚିସମ୍ପନ୍ନ ମନୋଭାବ ଯୁକ୍ତ ଏମ୍.ଏସ୍.ସି. କିମ୍ବା ଏମ୍.ଏ. ଅଥବା ଦର୍ଶନଶାସ୍ତ୍ର ବା ସାହିତ୍ୟରେ ଏମ୍.ଏ. ହେଲେ ଭଲ ହୁଏ। ଅବିବାହିତ ସନ୍ୟାସୀ ରକମଟାହିଁ ସର୍ବୋତ୍କୃଷ୍ଟ। ଶ୍ରୀଶ୍ରୀଠାକୁର ଏ କଥା ମଧ୍ୟ କହିଥିଲେ ଯେ ପ୍ରଥମେ ଦୁଇଜଣ ଲୋକ ଆସନ୍ତୁ, ସେମାନେ ଦଶଜଣ ହେବେ, ଦଶଜଣ ବଢ଼ି କେତେ କଣ ହେବେ। ତାଙ୍କର ଗୋଟିଏ ବାଣୀ - "ମତ ଓ ମଥାରେ ଗୋଟିଏ ହୋଇ
ଦୁଇଟି ଲୋକ ବି ଇଷ୍ଟନିଶାରେ
ଚାଲନ୍ତି ଯଦି ଦକ୍ଷ ହୋଇ
ରୋକିବ କେ ତାଙ୍କୁ ଭରଦୁନିଆରେ।"

(ମତ ମାଥାତେ ଏକଟି ହୟେ, ଦୁ'ଟି ଲୋକଓ ଇଷ୍ଟନେଶାୟ/ ଚଲେ ଯଦି ଦକ୍ଷ ତାଲେ, ରୁକବେ କେ ତାୟ ଭର ଦୁନିଆୟ)

ବହୁ ଘାତପ୍ରତିଘାତ ସତ୍ତ୍ୱେ ଶ୍ରୀଶ୍ରୀଠାକୁରଙ୍କ ସାନ୍ନିଧ୍ୟରେ ଭକ୍ତମାନଙ୍କର ସମାଗମ ବଢ଼ିବାରେ ଲାଗିଥିଲା। ଦୀକ୍ଷାର ପ୍ରସାର ଉଦ୍ଦେଶ୍ୟରେ ଶ୍ରୀଶ୍ରୀଠାକୁର କୃଷ୍ଣପ୍ରସନ୍ନଙ୍କୁ (କେଷ୍ଟଦା) ଏହି ଦାୟିତ୍ୱ ଦେଇ କିପରି ଅଧିକରୁଅଧିକ ବଢ଼େ ସେଥିପାଇଁ ବିହିତ ବ୍ୟବସ୍ଥା କରିବାକୁ ସଦାସର୍ବଦା ପ୍ରବର୍ତ୍ତାଉଥିଲେ ।

ସେତେବେଳର ପ୍ରସିଦ୍ଧ ଯାଦୁକର ପି.ସି. ସରକାର ଆଶ୍ରମ ଆସି ଶ୍ରୀଶ୍ରୀଠାକୁରଙ୍କ ସହିତ ଆଳାପ ବେଳେ 'ତ୍ରାଟକ ଯୋଗ' କଥା ଉପସ୍ଥାପନ କରିବାରୁ ଷୋଡ଼ଶ ଦଳର ଏକ ଚକ୍ରର ନକ୍ସା କାଟି ଶ୍ରୀଶ୍ରୀଠାକୁର ତାଙ୍କୁ ଦେଖାଇଦେଇଥିଲେ। ଏହାକୁ ଶ୍ରୀଶ୍ରୀଠାକୁର 'ମହାଲକ୍ଷ୍ମୀ ଚକ୍ର' ବୋଲି ନାମକରଣ କଲେ। ୧୯୩୫ ମସିହାଠାରୁ ଚକ୍ରସାଧନା ଓ ଶବାସନକୁ ସାଧନା ପ୍ରଣାଳୀରେ ଅନ୍ତର୍ଭୁକ୍ତ କରାଗଲା। ୧୯୩୮ ମସିହାଠାରୁ ତ୍ରୈମାସିକ ଋତ୍ୱିକ୍ ସମ୍ମେଳନ ହେବାକୁ ଲାଗିଲା। ଦୀକ୍ଷାଦାନର ବିଧିବିଧାନ ସମ୍ବଳିତ ଗ୍ରନ୍ଥ 'ଋତ୍ୱିକ୍' ୧୯୩୯ ମସିହାରେ ପ୍ରକାଶିତ ହେବା ପରେ, ୧୯୪୦ ମସିହାରେ ଋତ୍ୱିକ୍ ମାନୁଆଲ (Ritwik Manual) ଭାବରେ ବିଭିନ୍ନ ଭାଷାରେ ଏହା ସଂକଳିତ ହେଲା। ଋତ୍ୱିକ୍-ସଂଘ ଗଠନ କରାଗଲା । ବଙ୍ଗଳା ଭାଷାରେ 'ସତ୍‌ସଙ୍ଗୀ' ଓ 'ଋତ୍ୱିକ୍' ଏହି ଦୁଇଟି ପତ୍ରିକା ମାଧ୍ୟମରେ ସତ୍‌ସଙ୍ଗର ଭାବଧାରା ପ୍ରଚାରିତ ହେବାକୁ ଲାଗିଲା। 'ସତ୍ୟାନୁସରଣ' ଓ 'ପୁଣ୍ୟପୁଁଥି' ବ୍ୟତୀତ କୁଷ୍ଟିଆର ଜଣେ ଭକ୍ତ (ଅଶ୍ୱିନୀକୁମାର ବିଶ୍ୱାସ)ଙ୍କ ଦ୍ୱାରା ଶ୍ରୀଶ୍ରୀଠାକୁରଙ୍କୁ ପଚରାଯାଇଥିବା ବିଭିନ୍ନ ପ୍ରଶ୍ନର ଉତ୍ତରକୁ ନେଇ ପ୍ରକାଶପାଇଥିଲା 'ଅମିୟବାଣୀ' (୧୯୨୧-୨୨)।

୧୯୩୮-୩୯ ମସିହାରେ ମୃତ୍ୟୁପରେ ଆତ୍ମାର ଗତି ସମ୍ପର୍କରେ ଆଲୋଚନା ବେଳେ ରାଜସ୍ଥାନ ଓ ଦିଲ୍ଲୀରେ ଜାତିସ୍ମରମାନଙ୍କ ବୃତ୍ତାନ୍ତ ସମ୍ବାଦପତ୍ରରୁ ଜାଣିବା ପରେ ୧୯୩୯ ମସିହାରେ ଶ୍ରୀଶ୍ରୀଠାକୁର ସୁଶୀଲଚନ୍ଦ୍ର ବସୁଙ୍କୁ ସେମାନଙ୍କ ବାବଦରେ ବିବରଣୀ ସଂଗ୍ରହ ପାଇଁ ସେଠାକୁ ପଠାଇଥିଲେ। ତାଙ୍କର ଅନ୍ୟଏକ କାମ ଥିଲା ଭୃଗୁ ସଂହିତା ବିଷୟରେ କାଶ୍ମୀରରେ ସନ୍ଧାନ ନେବା। ସୁଶୀଲଚନ୍ଦ୍ର ବସୁ ଜାତିସ୍ମରମାନଙ୍କ ବିଷୟରେ ବିସ୍ତୃତ ବିବରଣୀ ଓ ଭୃଗୁ ସଂହିତାର ନକଲ ନେଇ ଶ୍ରୀଶ୍ରୀଠାକୁରଙ୍କୁ ଅବଗତ କରାଇଥିଲେ ଓ ସେ ସବୁ ଶୁଣି ଶ୍ରୀଶ୍ରୀଠାକୁର ଖୁବ୍ ଖୁସି ହେଲେ। ଏ ସମ୍ପର୍କରେ ବିସ୍ତୃତ ଆଲୋଚନା ଏହି ପୁସ୍ତକରେ ଅନ୍ୟତ୍ର କରାଯାଇଛି ।

ମରଣୋତ୍ତର ଆତ୍ମାର ଗତି, ଜନ୍ମ-ମୃତ୍ୟୁର ଗୂଢ଼ରହସ୍ୟ, ଜଡ଼ ଓ ଜୀବନ ଇତ୍ୟାଦି ବିବିଧ ବିଷୟ ଉପରେ ନାନା ପ୍ରଶ୍ନ କୃଷ୍ଣପ୍ରସନ୍ନ ବିଭିନ୍ନ ସମୟରେ ଶ୍ରୀଶ୍ରୀଠାକୁରଙ୍କୁ ପଚାରିଥିଲେ। ଶ୍ରୀଶ୍ରୀଠାକୁର ଦେଇଥିବା ଉତ୍ତରକୁ ନେଇ 'ନାନା ପ୍ରସଙ୍ଗେ'ର ଏକାଧିକ ଖଣ୍ଡ ସଂକଳିତ ହୋଇଥିଲା। ସେହିପରି ନାରୀର ଚଳନ, ପୁରୁଷ ସହିତ ତାହାର ସମ୍ପର୍କ, ନାରୀର ବୈଶିଷ୍ଟ୍ୟ ଓ କର୍ମ ଏସବୁ ପ୍ରଶ୍ନୋତ୍ତର ମାଧ୍ୟମରେ (ମାତ୍ର ତେର ଦିନର) ଦେଇଥିବା

ଶ୍ରୀଶ୍ରୀଠାକୁରଙ୍କ ଉକ୍ତିକୁ ସଂକଳିତ କରାଯାଏ 'ନାରୀର ପଥେ' ଓ 'ନାରୀର ନୀତି'- (୧୯୩୪),ଏହାର ପ୍ରଶ୍ନକର୍ତ୍ତା ଥିଲେ ଅଧ୍ୟାପକ ପଞ୍ଚାନନ ସରକାର। ବ୍ୟକ୍ତି ଓ ବ୍ୟଷ୍ଟି - ସମାଜ, ରାଷ୍ଟ୍ର, ଧର୍ମ, ଶିକ୍ଷା, ରାଜନୀତି, ଅର୍ଥନୀତି ମଣିଷର ଦୁଃଖ, ସୁଖ ଶାନ୍ତି - ବଂଚିବାର ଗୂଢ଼ ରହସ୍ୟ ଉଦ୍‌ଘାଟିତ ହୋଇଛି 'ଚଲାର ସାଥୀ' (୧୯୩୪) ପୁସ୍ତକରେ। ଜୀବନର ଯେ କୌଣସି ସମସ୍ୟାର ସମାଧାନ ଶ୍ରୀଶ୍ରୀଠାକୁରଙ୍କୁ ଚିନ୍ତା କରି ଏହି ବହିର ପୃଷ୍ଠା ଖୋଲିଲେ ମିଳେ। ଶ୍ରୀଶ୍ରୀଠାକୁର ବଙ୍ଗଳା ଭାଷାରେ ଆଲୋଚନା ଓ ପ୍ରଶ୍ନୋତ୍ତର ଇତ୍ୟାଦି ଦେଉଥିଲେ। ଭାରତ ଓ ଭାରତ ବାହାରୁ ଯେଉଁ ଭକ୍ତମାନେ ଆସୁଥିଲେ, ସେମାନଙ୍କ ପାଇଁ ବଙ୍ଗଳା ଭାଷାର ବାଣୀ ବୁଝାଇବାକୁ ହେଲେ ଅନୁବାଦକର ଦରକାର ପଡୁଥିଲା। କୃଷ୍ଣପ୍ରସନ୍ନ କହିଲେ- ଆପଣ ଇଂରାଜୀରେ ବାଣୀ ଦିଅନ୍ତୁ। ଏହା ଅସମ୍ଭବ ବୋଲି କହି ଶ୍ରୀଶ୍ରୀଠାକୁର ପ୍ରଥମେ ଏଡ଼ାଇ ଦେଇଥିଲେ। କିନ୍ତୁ କୃଷ୍ଣପ୍ରସନ୍ନ ଜାଣିଥିଲେ ଯେ ଶ୍ରୀଶ୍ରୀଠାକୁର ବହିପଢ଼ା ଜ୍ଞାନ ଉପରେ ନିର୍ଭର କରନ୍ତି ନାହିଁ। ୧୯୩୫ ମସିହାରେ ହଠାତ୍ ଦିନେ ଶ୍ରୀଶ୍ରୀଠାକୁର କୃଷ୍ଣପ୍ରସନ୍ନଙ୍କୁ ଡାକ ଛାଡ଼ିଲେ। ସେ ଆସନ୍ତେ, ଇଂରାଜୀ ଭାଷାରେ ଅନର୍ଗଳ ବାଣୀଦେବା ଆରମ୍ଭ କଲେ। ବିଭିନ୍ନ ବିଷୟ ଉପରେ ଏହିସବୁ ବାଣୀ 'ଦ ମେସେଜ୍' (The message) ଭାବେ ନ'ଖଣ୍ଡ ପୁସ୍ତକରେ ସଙ୍କଳିତ ହୋଇଛି। କଲିକତା ବିଶ୍ୱବିଦ୍ୟାଳୟର ତଦାନୀନ୍ତନ ଭାଇସ୍ ଚାନ୍‌ସେଲର Rev. Dr. Urquhart ପାଣ୍ଡୁଲିପି ପଢ଼ି କହିଥିଲେ ଯେ ବାଣୀଗୁଡିକ ବାଇବେଲର ବାଣୀମାନଙ୍କ ଛନ୍ଦରେ ଦିଆଯାଇଛି। ପ୍ରଥମ ବାଣୀ ଥିଲା ସୃଷ୍ଟିର ଆରମ୍ଭ ଉପରେ -

'The booming commotion
of Existence
that rolls
in the bosom of the Beyond,
evovles into a
thrilling rhyme
and upheaves
into a shooting Becoming
of the Being
with echoes
that float
with an embodiment of Energy -
that is Logos,
the Word,-
the Beginning !'

ଶ୍ରୀଶ୍ରୀଠାକୁର ଏପରି ବାଣୀ କିପରି ଦେଉଛନ୍ତି ବୋଲି ପଚରାଗଲାରୁ ସେ ହସି ହସି କହିଲେ, 'ତୁମେ ସମସ୍ତେ ସିଆଣା ହୋଇ ଯାଇଛ, ମୁଁ କିନ୍ତୁ ବେକୁବ୍ ହୋଇ ରହିଗଲି, ମୋର ଆଉ ଜ୍ଞାନ-ଫ୍ୟାନ ହେଲା ନାହିଁ। କେଷ୍ଟଦା ଯେତେବେଳେ ଇଂରାଜୀରେ କିଛି କହିବା ପାଇଁ ଦିନରାତି ଲଗାଇଲେ ପ୍ରଥମେ ପ୍ରଥମେ ମୁଁ କୌଣସିପ୍ରକାରେ ରାଜି ହେଲି

ନାହିଁ, ପରେ ଯେତେବେଳେ ଦେଖିଲି କେଷ୍ଟଦା ନଛୋଡ଼ବନ୍ଧା, ସେତେବେଳେ ଭାବିଲି ଏଣୁତେଣୁ ଯାହା ମନକୁ ଆସେ ଦିନେ-ଦୁଇଦିନ କହେ, ତା'ହେଲେ କେଷ୍ଟଦା ନିଜେହିଁ ବୁଝିବେ ଯେ ମୋ ଦ୍ୱାରା ସେ କାମ ହେବ ନାହିଁ, ଆଉ ଅନୁରୋଧ କରିବେ ନାହିଁ। ପରେ ଯେତେବେଳେ କହିବାକୁ ଆରମ୍ଭ କଲି ସେତେବେଳେ ଦେଖିଲି ଯେ ସେମାନେ ଆଉ ନ ଛାଡ଼ନ୍ତି। ପରମପିତା ଯାହା ଯୋଗାଉ ଥିଲେ ମୁଁ ସେସବୁକୁ ଖାଲି ବୁଣି ଦେଇ ଯାଉଥିଲି, କ'ଣ କହିଛି ପରେ ପଚାରିଲେ ଆଉ କହିପାରେ ନାହିଁ। ଏବେ ମଧ୍ୟ କେହି ସେସବୁର ମାନେ ପଚାରିଲେ କହିପାରିବି ନାହିଁ। ତାପରେ 'ଛଡ଼ା' (ପଦ୍ୟ ବାଣୀ) ଯେ କେବେ ମୁଁ କହିପାରିବି, ତା' ମଧ୍ୟ ମୁଁ ଭାବିନି। କେଷ୍ଟଦାଙ୍କ ଆଗ୍ରହାତିଶଯ୍ୟରେ କହିବାକୁ ଆରମ୍ଭ କଲି। କିପରି ଭାବରେ କ'ଣ ଯେ କହିଥିଲି କିଛି ବି ଟେର ପାଏ ନା। କେବଳ ଏତିକି ବୁଝେ, ପରମପିତାଙ୍କର ମର୍ଜିହେଲେ ସବୁ ହୋଇଯାଏ।'

ସେ ଏହି ପଦ୍ୟବାଣୀଗୁଡିକ ୧୯୬୮ ମସିହା ପର୍ଯ୍ୟନ୍ତ ଦେଇଥିଲେ। ଏହା ସହିତ ୧୯୪୮ ମସିହାଠାରୁ ଶ୍ରୀଶ୍ରୀଠାକୁର ଗଦ୍ୟବାଣୀ ଦେବାକୁ ଆରମ୍ଭ କରିଥିଲେ। ୧୯୪୬ ମସିହାପରେ ଦେଓଘର ଆଶ୍ରମରେ ୨୪୬ଗୋଟି ଇଂରାଜୀ ବାଣୀକୁ ନେଇ 'ମାଗ୍‌ନାଡିକ୍ଟା' (Magnadicta) ନାମକ ଏକ ପୁସ୍ତକ ୧୯୪୯ରେ ପ୍ରକାଶିତ ହେଲା। ତା'ପରେ 'ଶାଶ୍ୱତୀ' ଓ 'ସମ୍ବିତୀ' ୧୯୫୧ରେ ପ୍ରକାଶିତ ହେଲା।

ଶ୍ରୀଶ୍ରୀଠାକୁରଙ୍କ ସମସ୍ତବାଣୀ ବିଷୟଭିତ୍ତିକ ଭାବରେ ଆଚାରଚର୍ଯ୍ୟା, ଚର୍ଯ୍ୟାସୂକ୍ତ, ଦେବୀସୂକ୍ତ, ବିବାହ ବିଧାୟନା, ଶିକ୍ଷା ବିଧାୟନା, ତପୋବିଧାୟନା, ଦର୍ଶନ ବିଧାୟନା, ସ୍ୱାସ୍ଥ୍ୟ ଓ ସଦାଚାର ସୂତ୍ର, ସଂଜ୍ଞା-ସମୀକ୍ଷା ଆଦିରେ ପ୍ରକାଶିତ ହେବାପରେ ସମୟକ୍ରମରେ ସମସ୍ତବାଣୀକୁ ଏକତ୍ର କରାଯାଇ 'ଆର୍ଯ୍ୟ ପ୍ରାତିମୋକ୍ଷ', ୨୩ଖଣ୍ଡ ପୁସ୍ତକରେ ପ୍ରକାଶିତ ହୋଇଛି। ଶ୍ରୀଶ୍ରୀଠାକୁରଙ୍କ 'ଛଡ଼ା' ଗୁଡ଼ିକ 'ଅନୁଶ୍ରୁତି' ଗ୍ରନ୍ଥରୂପେ ପ୍ରକାଶିତ ହୋଇଛି। ପଢ଼ିବାକୁ ମିଳେ ଯେ ଶ୍ରୀରାମକୃଷ୍ଣଦେବ କହିଥିଲେ, 'ମୁଁ ବର୍ତ୍ତମାନ ସବୁ ଜ୍ଞାନ ଦେଇଯାଉ ନାହିଁ', କିନ୍ତୁ ଶ୍ରୀଶ୍ରୀଠାକୁର କହିଲେ, 'ଶ୍ରୀରାମକୃଷ୍ଣଦେବ ଯାହା ଅପ୍ରକାଶିତ ରଖିଥିଲେ ମୁଁ ସେସବୁକୁ ପ୍ରକାଶିତ କରି ଦେଇ ଯାଉଅଛି। ଆପଣମାନଙ୍କ ପାଖରୁ ମଣିଷ ତାହା ବୁଝିବ।'

ମୌଲବୀ ମହମ୍ମଦ ଖଲିଲୁର ରହମାନ ଶ୍ରୀଶ୍ରୀଠାକୁରଙ୍କର ଅନ୍ୟତମ ଶିଷ୍ୟ ଥିଲେ। ଇସ୍‌ଲାମ, ଖୋଦା, ପୀର ପୟଗମ୍ବର, ଜେହାଦ୍ କୁରବାନ ଇତ୍ୟାଦି ଯାହାସବୁ ପବିତ୍ର କୋରାନ୍‌ରେ ବର୍ଣ୍ଣିତ ହୋଇଛି ସେ ସବୁ ଉକ୍ତି ଉପରେ ଶ୍ରୀଶ୍ରୀଠାକୁରଙ୍କ ବ୍ୟାଖ୍ୟାକୁ ଏକତ୍ର କରି ସଂପାଦନା କରିଥିଲେ 'ଇସ୍‌ଲାମ ପ୍ରସଂଗେ' ପୁସ୍ତକରେ। 'ବିଜ୍ଞାନ-ବିଭୂତି' ଶୀର୍ଷକ ପୁସ୍ତକରେ ଶ୍ରୀଶ୍ରୀଠାକୁର ଯେଉଁସବୁ ବୈଜ୍ଞାନିକ ତଥ୍ୟ ଶହେବର୍ଷ ତଳେ ଦେଇଛନ୍ତି ଏବେ ପଢ଼ିଲେ ଆଶ୍ଚର୍ଯ୍ୟ ଲାଗେ। ଯେଉଁ 'ଈଶ୍ୱର କଣିକା' (God Particle) କିଛି ବର୍ଷ ତଳେ ପଦାର୍ଥ ବିଜ୍ଞାନୀମାନେ ଆବିଷ୍କାର କରି ନୋବେଲ୍ ପୁରସ୍କାର ପାଇଲେ (ବିସ୍ତୃତ ବିବରଣୀ ଅନ୍ୟତ୍ର) ତାହାକୁ 'ଚିଦ୍‌ଅଣୁ' ଭାବରେ ଶ୍ରୀଶ୍ରୀଠାକୁର ଦର୍ଶାଇଛନ୍ତି। ସେ କୁହନ୍ତି ଯେ ଆମର

ବିଜ୍ଞାନ ଏବେ ଶିଶୁ ଅବସ୍ଥାରେ ଅଛି, ବିଶ୍ୱର ଅନେକ କିଛି ଏବେ ମଧ୍ୟ ବିଜ୍ଞାନ ଦ୍ୱାରା ଉଦ୍‌ଘାଟିତ ହୋଇନାହିଁ।

ସୁଶୀଲଚନ୍ଦ୍ର ବସୁ ପଚାରିଥିବା ପ୍ରଶ୍ନର ଉତ୍ତରକୁ ନେଇ ସଙ୍କଳିତ ହୋଇଛି ତିନିଖଣ୍ଡରେ 'କଥା-ପ୍ରସଙ୍ଗେ'। ୧୯୩୯ ମସିହାଠାରୁ ଅନୁଲେଖକ ପ୍ରଫୁଲ୍ଲ କୁମାର ଦାସ ଶ୍ରୀଶ୍ରୀଠାକୁରଙ୍କର କଥୋପକଥନ ସମଗ୍ରକୁ (୨୨ଖଣ୍ଡ ପୁସ୍ତକ) 'ଆଲୋଚନା ପ୍ରସଙ୍ଗେ'ରେ ସଂପାଦିତ କରିଛନ୍ତି । ଏହା ଏବେ ବିଭିନ୍ନଭାଷାରେ କ୍ରମଶଃ ଅନୁଦିତ ହେବାରେ ଲାଗିଛି।

୧୯୩୭ ମସିହାରେ ସ୍ୱସ୍ତ୍ୟୟନୀ ବ୍ରତ ପାଳନ କରିବାପାଇଁ ସ୍ୱସ୍ତ୍ୟୟନୀ ଦୀକ୍ଷା ଶ୍ରୀଶ୍ରୀଠାକୁରଙ୍କ ନିର୍ଦ୍ଦେଶରେ ପ୍ରବର୍ତ୍ତନ କରାଗଲା। ଏହି ବ୍ରତ ସଂପର୍କରେ ଶ୍ରୀଶ୍ରୀଠାକୁର କହିଥିଲେ ଯେ ମଣିଷ ଦେହର ଦୁଇଟି ସ୍ନାୟୁ - motor and sensory (କର୍ମପ୍ରବାହୀ ଓ ସଂଜ୍ଞାବାହୀ) ସ୍ନାୟୁ, ଏହା ଭିତରେ ଯଦି ସମତାଳ (co-ordination) ନରୁହେ ତେବେ ସେ ମଙ୍ଗଳ ଦିଗରେ ଅଗ୍ରସର ହୋଇପାରିବ ନାହିଁ। ଏହା କେବଳ 'ସ୍ୱସ୍ତ୍ୟୟନୀ' ବ୍ରତ ପାଳନ କଲେ ସମ୍ଭବ ହେବ (ଅନ୍ୟତ୍ର ବିଶଦ ଆଲୋଚିତ)। ଦୀକ୍ଷା ସହିତ ଏହି ବ୍ରତକୁ ଅତି ଗୁରୁତ୍ୱ ଦେଇ ସେଦିନ ସେ କହିଥିଲେ - 'ମୁଁ ପ୍ରତିଜ୍ଞା କରି କହିପାରେ ମଣିଷର ସର୍ବଦୈନ୍ୟ, ସର୍ବଶୋକ, ସର୍ବବ୍ୟାଧି ଦୂର କରି ତାକୁ ଶାନ୍ତିରେ ଓ ସ୍ୱସ୍ତିରେ ପ୍ରତିଷ୍ଠିତ କରିବାକୁ ଏହି ସ୍ୱସ୍ତ୍ୟୟନୀ ହେଉଚି ଏକମାତ୍ର ଅମୋଘ ପନ୍ଥା।'

ନାମଧ୍ୟାନ ସଂପର୍କରେ ଶ୍ରୀଶ୍ରୀଠାକୁର କହିଲେ- 'ମୁଁ ଏକ ସମୟରେ ଖୁବ ନାମଧ୍ୟାନ କରୁଥିଲି, କାମଧନ୍ଧା ଛାଡ଼ି କେବଳ ନାମଧ୍ୟାନ କିଛିଦିନ କରି କିପରି ନିଥର ହୋଇଗଲି- ଭଲମନ୍ଦ, ସୁଖଦୁଃଖ କୌଣସି sensation (ଭାବ) ଯେପରି feel (ବୋଧ) କରିପାରୁ ନ ଥିଲି, ପୂର୍ବର ସେହି tremor of life (ଜୀବନର ସ୍ପନ୍ଦନ) ଚାଲିଗଲା, solid (କଠିନ) ହୋଇ ଉଠିଲି - ତାହା ଏକ ନର୍କ ଯନ୍ତ୍ରଣା, ତାପରେ ମୁଁ ନାମ ସଙ୍ଗେ ସଙ୍ଗେ କାମ ପ୍ରତି ମନ ଦେଲି। ପରେ ପରେ ସ୍ୱାଭାବିକ ଅବସ୍ଥା ଫେରି ଆସିଲା। ଯେଉଁସବୁ ପିଲା ଘରକାମ କରନ୍ତି ନାହିଁ କିମ୍ବା କୌଣସି ପ୍ରକାର motor activity (କର୍ମ)ରେ ଲିପ୍ତ ନ ଥାନ୍ତି ସେମାନଙ୍କର ମସ୍ତିଷ୍କର ଗ୍ରହଣ କ୍ଷମତା ଧୀରେ ଧୀରେ କମିଯାଏ। ଯେଉଁ ପିଲାମାନଙ୍କର ମା'-ବାପଙ୍କୁ କିଛି ଦେବା ପାଇଁ ଝୁଙ୍କ ଥାଏ ସେମାନେ ନିଶ୍ଚୟ ଭଲ ହେବେ। ଯେଉଁମାନେ ମା'-ବାପାଙ୍କ ପାଇଁ, ପରିବାର ପାଇଁ କିଛି କରନ୍ତି ନାହିଁ, ଅଥଚ ପଡ଼ିଶାଲୋକଙ୍କ ପାଇଁ ଖଟୁଥାନ୍ତି, ବୁଝିବାକୁ ହେବ ସେଠାରେ abnormality (ଅସ୍ୱାଭାବିକତା) ପଶିଛି ଏବଂ ସ୍ତ୍ରୀଲୋକଙ୍କ ପ୍ରତି ଉଲ୍ଲମ୍ଫୀ ଉତ୍କଟ ସହାନୁଭୂତି, sexual throbbing (କାମସ୍ପନ୍ଦନ)ର ଏହା ପରିଚାୟକ।

ପୁଣି କହିଲେ, ଚଣ୍ଡାଶୋକ କିପରି ଭାବରେ ଧର୍ମାଶୋକରେ ପରିଣତ ହେଲା ଜାଣିଛ ତ ! ଉପଗୁପ୍ତର ଗୋଟାଏ ଗୀତର ସ୍ୱର ହିଁ ତାକୁ ଉଦ୍ଧାର କରିଦେଲା। ଆଉ ଯଜନ, ଯାଜନ, ଇଷ୍ଟଭୃତି, ସ୍ୱସ୍ତ୍ୟୟନୀ ହେଲା ମୂଳ। ଏଥିରୁହିଁ ସବୁ evolve (ବିକଶିତ) ହେବ। ବୈଶିଷ୍ଟ୍ୟପାଳୀ ଆପୂରୟମାଣ ଇଷ୍ଟ-ନିବଦ୍ଧ ବ୍ୟଷ୍ଟିବ୍ୟକ୍ତିତ୍ୱ ଯଦି ସମଷ୍ଟି-ବ୍ୟକ୍ତିତ୍ୱସମ୍ପନ୍ନ

ହୋଇ ଆଗେଇ ଚାଲେ -with untottering active mood (ଅଟଳ ସକ୍ରିୟ ଚଳନ), ଦେଶ ଆପେ ଆପେ power, position (ଶକ୍ତି, ମର୍ଯ୍ୟାଦା) ଓ successful crown (କୃତି ରାଜମୁକୁଟ)ରେ ସୁଶୋଭିତ ହୋଇଉଠିବ।'

'ଆଉ ଗୋଟାଏ ମଜାକଥା ଦେଖେ -ଯେଉଁମାନେ ଦିଅନ୍ତି ସେମାନେ କିନ୍ତୁ ସବୁଦିଗରୁ ସମୃଦ୍ଧ ହୋଇଉଠନ୍ତି। ଦେବାର ଆଗ୍ରହ, ସେମାନଙ୍କର କର୍ମକୌଶଳକୁ ଖୋଲିଦିଏ। ପୁଣି ଇଷ୍ଟଙ୍କୁ ଦେବାର ଧନ୍ଦାରେ ଯେଉଁମାନେ କର୍ମରତ ହୋଇଉଠନ୍ତି ସେଇ ବୁଦ୍ଧି, ଫନ୍ଦିଫିକର ନେଇ ଘୁରନ୍ତି, ସେଇ ଆକୁଳ ପ୍ରଚେଷ୍ଟା ସେମାନଙ୍କର ଗ୍ରହ-ବୈଗୁଣ୍ୟ ଅର୍ଥାତ୍ ପ୍ରବୃତ୍ତି-ଅଭିଭୂତିକୁ ମଧ୍ୟ ଅନେକ ପରିମାଣରେ କାବୁ କରି ଦେଇଥାଏ। ତେଣୁ ଶ୍ରେୟଙ୍କୁ ଦେବାର ମନୋଭାବ ଯେତେ ବୃଦ୍ଧି ପାଏ ସେତେ ଭଲ। ମାତାପିତାଙ୍କୁ ଦେବାର ମନୋଭାବ ଯେଉଁମାନଙ୍କର ଥାଏ ସେମାନଙ୍କର ମଧ୍ୟ ଉନ୍ନତି ହୁଏ।'

ସାଧନ-ଭଜନର କଥା ମନେପକାଇ ଶ୍ରୀଶ୍ରୀଠାକୁର କହିଲେ- 'normal life (ସ୍ୱାଭାବିକ ଜୀବନ) ନ ହେଲେ ସୁବିଧା ହୁଏ ନାହିଁ - ଏକପ୍ରକାର ଅଛି got up life (କୃତ୍ରିମ ଜୀବନ) ତାହା ପାରି ଉଠେନା। କସରତ କରି ମୁଁ କେବେ କିଛି କରିନାହିଁ। ଯେତେବେଳେ ଯାହା ଭଲ ଲାଗୁଥିଲା କରୁଥିଲି। ମୁଁ ତ ସରକାର ସାହେବଙ୍କୁ ଦେଖିନାହିଁ, ତେଣୁ ମା' ହିଁ ଥିଲେ ମୋର ସବୁକିଛି। ଯାହା କରୁଥିଲି ମା'ଙ୍କଠାରୁ ବାହାଦୂରୀ ପାଇବା ପାଇଁ କରୁଥିଲି। ସେ କହୁଥିଲେ, 'ଯେଖାନେ ଦେଖିବେ ଛାଇ, ଉଡ଼ାଇଆ ଦେଖ ତାଇ/ ପାଇଲେ ପାଇତେ ପାର ଅମୂଲ୍ୟ ରତନ'। (ଯେଉଁଠି ଦେଖିବ ଛାଇ (ପାଉଁଶ), ଉଡ଼ାଇ ଦେଖିବ ତା'ହିଁ ପାଇଲେ ପାଇ ବି ପାର ଅମୂଲ୍ୟ ରତନ।)

ଶ୍ରୀଶ୍ରୀଠାକୁର ଧୃତି ତଥା ଧର୍ମକୃଷ୍ଟିର ବୈଜ୍ଞାନିକ ଭିତ୍ତିକୁ ବୁଝାଇବାକୁ ଯାଇ କହିଲେ- 'ଦୁନିଆରେ ଯେ କେତେ ରକମର ଅସ୍ତିତ୍ୱ ଅଛି ତା କ'ଣ ସବୁ ଆମେ ଜାଣୁ ? ଆଉ ଜାଣିନାହୁଁ ବୋଲି ଉଡ଼ାଇ ଦେବୁ କି ? ବରଂ ସେସବୁକୁ ଭଲଭାବରେ ଜାଣି ଅଧିଗତ କରି ଜୀବନର ପରିପୋଷକ କରି ତୋଳିବାହିଁ ତ ବୁଦ୍ଧିମାନର କାମ। ଆମ ଜୀବନର ଫାଙ୍କେ ଫାଙ୍କେ ଅନେକ କାଣ୍ଡ ଘଟିଯାଏ। ସେସବୁକୁ ଠିକରୂପେ pursue (ଅନୁସରଣ) କରି ପାରୁନା, observe (ପର୍ଯ୍ୟବେକ୍ଷଣ) କରିପାରୁନା, ତେଣୁ ବହୁ ରହସ୍ୟ ଆମ ପାଖରେ ଅନୁଦ୍‌ଘାଟିତ ହୋଇ ରହିଯାଏ। ଗଛରୁ ଆପେଲ ପଡ଼ିବା ତ ଅନେକ ଦେଖନ୍ତି, କିନ୍ତୁ ନିଉଟନଙ୍କ ଆଖିକୁ ଏହା ନୂଆ ଲାଗିଲା। ସେ ଗବେଷଣା ଆରମ୍ଭ କରିଦେଲେ ଯା' ଫଳରେ ଆବିଷ୍କୃତ ହେଲା ମାଧ୍ୟାକର୍ଷଣ ଶକ୍ତିର ଅସ୍ତିତ୍ୱ। ମଲାପରେ ଅନନ୍ତ କେତେଥର ମୋ ପାଖକୁ ଆସିଛି, କେବଳ ଅନନ୍ତ କାହିଁକି ଆହୁରି କେତେ, କିନ୍ତୁ ମୁଁ ଦେଖିଲେ ତ ତୁମର ସବୁ ଦେଖାହେଲା ନାହିଁ। ମୋର ଇଚ୍ଛା ହୁଏ, ମଲାପରେ ମଣିଷର କ'ଣ ହୁଏ, କି ଭାବରେ ଥାଏ, କ'ଣ କରେ, ତାହା ବୈଜ୍ଞାନିକ ଯନ୍ତ୍ର ମାଧ୍ୟମରେ ଦେଖିବାକୁ ଏବଂ ଦେଖାଇବାକୁ। ମୁଁ ଦେଖିପାରିବି ଆଉ ତୁମେମାନେ ଦେଖି ପାରିବ ନାହିଁ, ଏଥିରେ ମୋର ଆନନ୍ଦ ନ ଥାଏ, ସେଇଥିପାଇଁ ବୈଜ୍ଞାନିକ ଯନ୍ତ୍ର ମାଧ୍ୟମରେ ଦେଖି ଦେଖାଇବା କଥା କହୁଛି।

ବୈଜ୍ଞାନିକ ଗବେଷଣା ଯେତେ ହୋଇ ଥାଉ ନା କାହିଁକି, ବିଶେଷ କିଛି ହୋଇ ନାହିଁ, ଆହୁରି ସମ୍ଭାବନା ରହିଛି ଏବଂ ଚିରକାଳ ରହିବ ମଧ୍ୟ। ଧର୍ମାଶ୍ରିତ ବିଜ୍ଞାନ ବଳରେ ପୃଥିବୀର ରୋଗ, ଦାରିଦ୍ର୍ୟ, ଚରିତ୍ର ଓ ହୃଦୟର ଦୈନ୍ୟ ଦୂର କରିଦେବା ସମ୍ଭବ। ସେଇଥିପାଇଁ ତ ଚିନ୍ତାଶୀଳ ଲୋକ ଦରକାର ଯେଉଁମାନେ ଦୁନିଆ ସମକ୍ଷରେ ଧୃତି ତଥା ଧର୍ମକୃଷ୍ଟିର ବୈଜ୍ଞାନିକ ଭିତ୍ତିକୁ ଯଥାଯଥଭାବେ ଉପସ୍ଥାପିତ କରି ପାରିବେ ଏବଂ ସେମାନଙ୍କ ନିଜସ୍ୱ ଆଚରଣ ମଧ୍ୟରେ ଏସବୁଗୁଡ଼ିକ ଫୁଟି ଉଠିବା ଦରକାର।'

୧୯୪୮ ମସିହା ଫେବୃୟାରୀ ମାସରେ ଆଲୋଚନାବେଳେ ଶ୍ରୀଶ୍ରୀଠାକୁର କହିଥିଲେ ଯେ ତାଙ୍କ ସମ୍ମୁଖରେ ପ୍ରାର୍ଥନାର ଗୁରୁବନ୍ଦନା ଶୁଣିବାକୁ ସେ ପସନ୍ଦ କରନ୍ତି ନାହିଁ। କେତେଥର ଋତ୍ୱିକ୍ ଅଧିବେଶନ ବେଳେ ପୁରୁଷୋତ୍ତମ ବନ୍ଦନା କରାଯାଉଥିବା କଥା ପ୍ରଫୁଲ୍ଲଦା ଉଠାଇବାରୁ ଶ୍ରୀଶ୍ରୀଠାକୁର କହିଥିଲେ- 'ସେଇଟା ମୋର ପସନ୍ଦ ନୁହେଁ, କେଷ୍ଟଦାଙ୍କର ଖୁବ ଇଚ୍ଛା, ତେଣୁ ହୋଇଛି।' ଏଠାରେ ଉଲ୍ଲେଖଯୋଗ୍ୟ ଯେ ହିମାୟିତପୁର ଆଶ୍ରମରେ ସକାଳେ କେବଳ ଉଷାବିନତି ଓ ଉଷା-ସନ୍ଧ୍ୟାବିନତି ଏବଂ ସନ୍ଧ୍ୟାରେ ଉଷା-ସନ୍ଧ୍ୟା ବିନତିପ୍ରାର୍ଥନା କରାଯାଉଥିଲା। ଗୁରୁବନ୍ଦନା ସେତେବେଳେ କରାଯାଉ ନ ଥିଲା। ପ୍ରାର୍ଥନା ପୂର୍ବରୁ ଶ୍ରୀଶ୍ରୀଠାକୁର ନିଜେ ବେଦରୁ କିଛି ଆବୃତ୍ତି କରୁଥିଲେ ଓ ପରେ ସମବେତ ପ୍ରାର୍ଥନା ହେଉଥିଲା। ଶ୍ରୀଶ୍ରୀଠାକୁରଙ୍କର ଦେଓଘର ଆଗମନ ପରେ, ଯାହା ମନେହୁଏ କେଷ୍ଟଦାଙ୍କ ଆଗ୍ରହାତିଶଯ୍ୟ ହେତୁ ଆବାହନୀ, ପୁରୁଷୋତ୍ତମ ବନ୍ଦନା ଆଦି ଯେଉଁ ସବୁ ପ୍ରାର୍ଥନା ପୂର୍ବେ ହେଉଥିଲା ତାହା ଯୋଗ କରାଗଲା। ଯାହା ମନେହୁଏ ଶ୍ରୀଶ୍ରୀଠାକୁର ପଞ୍ଚବର୍ହି ଓ ସପ୍ତାର୍ଚ୍ଚିର ଶ୍ଳୋକଗୁଡିକ ୧୯୪୮ ମସିହାରେ ଦେଇଛନ୍ତି। ଆମ୍ଭେମାନେ ଯେଉଁ ଗୁରୁବନ୍ଦନା କରୁଥାଇଁ ସେଥିରେ ସମୁଦାୟ ୯ଟି ଶ୍ଳୋକ ଅଛି, ସେଥିରୁ ୭ଟି ସ୍କନ୍ଦ-ପୁରାଣର ଉତ୍ତରାଖଣ୍ଡରୁ ଅଣାଯାଇଛି। ଦୁଇଟି ଶ୍ଳୋକ ଯଥା 'ସ୍ଥାବର ଜଙ୍ଗମଂ ବ୍ୟାପ୍ତମ୍' ଏବଂ 'ଚିଦ୍ରୂପେଣ ପରିବ୍ୟାପ୍ତଂ' ଶ୍ରୀଶ୍ରୀଠାକୁରଙ୍କ ପ୍ରଦତ୍ତ। ଆବାହନୀଠାରୁ ନେଇ ଗୁରୁବନ୍ଦନା ପର୍ଯ୍ୟନ୍ତ ପୂର୍ଣ୍ଣାଙ୍ଗ ପ୍ରାର୍ଥନା ଶ୍ରୀଶ୍ରୀଠାକୁର ଦେଓଘର ଆସିବାପରେ ଗୃହୀତ ହୋଇ ଗାନ କରାଯାଉଥିଲା। ବହୁ ପରେ ଶ୍ରୀଶ୍ରୀଠାକୁରଙ୍କ ଅସୁସ୍ଥତା ହେତୁ ଶ୍ରୀଶ୍ରୀବଡ଼ଦାଙ୍କ ନିବେଦନ କ୍ରମେ ଏହାକୁ ଛୋଟ କରି ପୂର୍ବ ଅବସ୍ଥାକୁ ନିଆଯାଇଛି ଏବଂ ଶ୍ରୀଶ୍ରୀଠାକୁରଙ୍କ ନିର୍ଦ୍ଦେଶକ୍ରମେ ଗୁରୁବନ୍ଦନାଟି କେବଳ ସମ୍ପୂର୍ଣ୍ଣ ଭାବରେ ଗ୍ରହଣ କରାଯାଇଛି।

୧୯୪୮ ମସିହାରେ ଶ୍ରୀଶ୍ରୀଠାକୁର କଥା ପ୍ରସଙ୍ଗରେ କହିଥିଲେ ଯେ - ମୋର ଲେଖା ବା କଥାଗୁଡିକୁ କେବଳ ଉପରୁ ଉପରୁ ପଢ଼ିଗଲେ ବା ଶୁଣିଗଲେ ହୁଏ ନା, ଯେପରି ଯେପରି କହିଲି, ସେପରିଭାବରେ ସତ୍ତାଗତ କରି ନେବାକୁ ହୁଏ। ସଦ୍‌ଗୁରୁଙ୍କ ସ୍ୱଭାବ କିପରି ? ଏହି ପ୍ରଶ୍ନର ଉତ୍ତର ସଂକ୍ଷିପ୍ତରେ ଦେଇ ଶ୍ରୀଶ୍ରୀଠାକୁର କହିଥିଲେ- ସେ unrepelling adherence (ଅଚ୍ୟୁତ ଅନୁରାଗ ସମ୍ପନ୍ନ), ତାଛଡ଼ା ସେ gorgeously simple (ଆଡମ୍ବରପୂର୍ଣ୍ଣ-ସରଳ), abnormally normal (ଅସ୍ୱାଭାବିକଭାବେ ସ୍ୱାଭାବିକ) ଓ wisely foolish (ବିଜ୍ଞରୂପୀ ଅଜ୍ଞ)।

(ଆଲୋଚକ- abnormally normal ନା normally normal? ଏହାକୁ ନେଇ ବହୁ ତର୍କ ବିତର୍କ, ହାଉଜରମ୍ୟାନ, normally normal କହିବାବେଳେ, ଅନ୍ୟ ଅନୁଲେଖକମାନେ ଲେଖିଛନ୍ତି abnormally normal, ଏ ସଂପର୍କରେ ଦେବୀପ୍ରସାଦ ମୁଖୋପାଧାୟଙ୍କ ଏକ ଦୀର୍ଘ ପ୍ରବନ୍ଧ ଆମ ଦୃଷ୍ଟିକୁ ଆସିଚି । ସେ ବାଦାନୁବାଦ ଭିତରକୁ ଯିବା ନାହିଁ; କଥାଟିକୁ ବୁଝିବାକୁ ହେବ । Normal ବା ସ୍ୱାଭାବିକର ଅର୍ଥ- ସେ ଯାହା ସେ ତାହା; He is as He is, centpercent, ଶହେରୁ ଶହେ ।)

ଶ୍ରୀଶ୍ରୀଠାକୁରଙ୍କ ସ୍ୱଭାବ ଥିଲା ସର୍ବଦା ଶିଶୁଟିଏ ପରି - ଶିଶୁ ଯେପରି କାମ, କ୍ରୋଧ, ଲୋଭ ଅହଂକାର ଓ ମୋହ ରହିତ - ସେ ସେହିପରି ଥିଲେ ସମ୍ପୂର୍ଣ୍ଣ ଭାବରେ ଜୀବନ ତମାମ । ଶିଶୁ ପାଇଁ ତା'ର ମାଆ ସବୁକିଛି, ମାଆର ଆସନ କେହି ନେଇପାରନ୍ତି ନାହିଁ। କିନ୍ତୁ ସାଧାରଣ ମଣିଷ କ୍ଷେତ୍ରରେ ହୁଏତ ଦେଖାଯାଏ ଯେ ବୟସ ବଢ଼ିବା ସହିତ ତା' ଜୀବନରେ ସ୍ତ୍ରୀ ଗୁରୁତ୍ୱପୂର୍ଣ୍ଣ ହୋଇଥାଏ, ସନ୍ତାନ ଗୁରୁତ୍ୱପୂର୍ଣ୍ଣ ହୁଏ - ମାଆର ସ୍ଥାନ ପଛକୁ ହଟେ । କିନ୍ତୁ ଯେ ସର୍ବଦା ଶିଶୁ ସେ ସର୍ବଦା ମାତୃସର୍ବସ୍ୱ । ଥରେ ପିଲାଦିନେ ଅନୁକୂଳଚନ୍ଦ୍ରଙ୍କ ମାତା ମନମୋହିନୀଦେବୀ ବାଉଁଶକଣି ଧରି ବାଡ଼େଇବାକୁ ଗୋଡାଇଲେ । ଟିକେ ଦୂର ଦଉଡ଼ିଯାଇ ସେ ଠିଆ ହୋଇଗଲେ । ମା'ଙ୍କଠାରୁ ମାଡ଼ ଖାଇଲେ । ପଛରେ ତାଙ୍କ ମଝିଆଁଭାଇ ଠିଆହୋଇ ଏହି ଦୃଶ୍ୟ ଦେଖୁଥିଲେ, କହିଲେ - 'ଦାଦା, ଦଉଡ଼ିଥିଲେ ମା' ତମକୁ କେବେ ଧରିପାରିନଥାନ୍ତେ, ଠିଆ ହୋଇଗଲ କାହିଁକି ?' ଅନୁକୂଳଚନ୍ଦ୍ର କହିଲେ - 'ମୁଁ ତ ତାହା ଜାଣିଥିଲି କିନ୍ତୁ ଖରାରେ ବେଶି ବାଟ ଦଉଡ଼ିଥିଲେ ମା'ଙ୍କୁ କ'ଣ କଷ୍ଟ ହୋଇ ନଥାନ୍ତା ? ମୁଁ ମାଡ଼ଖାଏ ପଛେ, ମା'ଙ୍କୁ କଷ୍ଟ ହେଉ, ମୋ ଦ୍ୱାରା ହେବ ନାହିଁ।'

ଶ୍ରୀଶ୍ରୀଠାକୁର ପୁଣି କହିଲେ, 'ମୋର ଲୋଭ ଥିଲା, ମା' ଠାରୁ ବାହାବା ପାଇବା, ଆଦର ପାଇବା । କିନ୍ତୁ ମା' ଥିଲେ ମୋ ପ୍ରତି ଭୀଷଣ କଡ଼ା, ତାଙ୍କର ଶାସନ ଓ ଭର୍ତ୍ସନା ପାଇଛି ଅଜସ୍ର, ତାଙ୍କର ସୁହାଗ ପାଇଁ ପ୍ରଚଣ୍ଡ କ୍ଷୁଧା ଥିଲେ ମଧ୍ୟ ପାଇନି । ହେଲେ କ'ଣ ହେବ ମା' ଛଡ଼ା ଯେ ମୁଁ ଅଚଳ । ମା' ଯେତେ ବି ଅସନ୍ତୁଷ୍ଟ ହୁଅନ୍ତୁ, ରୁଷ୍ଟ ହୁଅନ୍ତୁ, ମୁଁ ସୁଯୋଗ ଖୋଜୁଥାଏ ମା'ଙ୍କୁ କିପରି ତୁଷ୍ଟ କରିବି । ଏହାହିଁ ଥିଲା ମୋରଧନ୍ଦା । ପ୍ରତିକୂଳ ଅବସ୍ଥାରେ ମଙ୍ଗ ଛାଡ଼ି ଦେବାର ବୁଦ୍ଧି ମୋର କେବେବି ନ ଥିଲା । ସେଇସବୁ ଅବସ୍ଥାରେ ମୋର ଜିଦି ହୋଇଯାଏ କିପରି ଅବସ୍ଥାକୁ ଆୟତ୍ତକୁ ଆଣିବାକୁ ହେବ । ପିଲାଦିନେ ପଡ଼ାପଡ଼ୋଶୀ ସମସ୍ତେ ଥିଲେ ମୋର ଅଭିଭାବକ । ତୁଚ୍ଛାରେ କେହି କେହି ମୋ କାନ ମୋଡ଼ି ଦେଇ ଦୁଇ ଚଟକଣା ବସାଇ ଛାଡ଼ି ଦେଉଥିଲେ, ଅଥଚ ମୋର ମୋଟେହିଁ ଦୋଷ ନାହିଁ । ଅନେକେ ଆସି ମୋ ନାଁରେ ଆଜେବାଜେ କଥା ମା'ଙ୍କ ପାଖରେ କହୁଥିଲେ । ମା' ମଧ୍ୟ ଠାଏ-ଠାଏ ବସାଇ ଦେଉଥିଲେ । ଏହିପରି ଯେତେ ହେଲେ ବି ମୁଁ ଆଦୌ ନିରାଶ ହେଉ ନଥିଲି କି ହତାଶ ହେଉ ନଥିଲି । ଭାବୁଥିଲି ମୁଁ ନିଜକୁ ନିଜେ ଏପରିଭାବେ ଗଢ଼ିବି ଯେପରି ଏହିସବୁର ଅବକାଶ ନ ଘଟେ । କଲିକତାରେ ପଢ଼ିଲାବେଳେ ଯେତେବେଳେ ଗ୍ରାମକୁ ଆସୁଥିଲି ସାଇପଡ଼ିଶାର ଲୋକେ କହୁଥିଲେ, ନବବିବାହିତା ବୋହୂ ପାଇଁ ଘରକୁ

ଆସୁଛି, ବେଶିଦିନ ରହିଲେ ପଢ଼ାପଢ଼ି ନଷ୍ଟ ହେବ ଇତ୍ୟାଦି। ମା' ମଧ୍ୟ ବ୍ୟସ୍ତ ହୋଇ ପଡୁଥିଲେ। ପୁଣି କଲିକତା ତୁରନ୍ତ ଫେରି ଯିବାକୁ ହେଉଥିଲା।'

ପରବର୍ତ୍ତୀକାଳରେ ସେ ଯେତେବେଳେ ହିମାୟିତପୁର ଛାଡ଼ି କଲିକତା ଆଦିକୁ ଯାଉଥିଲେ, ଅଧିକାଂଶ ସମୟରେ ମା' ତାଙ୍କ ସାଙ୍ଗରେ ଥାଆନ୍ତି। ୧୯୩୮ ମସିହା ଫେବୃଆରି ମାସରେ ଶ୍ରୀଶ୍ରୀଠାକୁର କଲିକତା ବାହାରିଲେ, ମା' ମଧ ଯିବାକୁ ବାହାରିଲେ। ଶ୍ରୀଶ୍ରୀଠାକୁର କହିଲେ - ମା', ତୁମେ କିନ୍ତୁ ଏଥର ମୋ ସହିତ କଲିକତା ଯିବ ନାହିଁ, ସେଥିରେ ତୁମ ମନ ଯେତେ ଖରାପ ହେଉନା କାହିଁକି, ମୋର ଗୋଟିଏ ବିଶେଷ କାମ ଅଛି। କାମସାରି ଶୀଘ୍ର ଚାଲିଆସିବି।' ମା' ହଁ ମାରିଲେ, କିନ୍ତୁ ମନ ମାନୁ ନଥାଏ। କେତେଟା ଦିନ ପରେ ଜଣେ ଭକ୍ତକୁ ସଂଗରେ ନେଇ କଲିକତା ପହଂଚିଗଲେ। ମା'ଙ୍କୁ ଦେଖି ଶ୍ରୀଶ୍ରୀଠାକୁର ଦୁଃଖରେ ଶିହରି ଗଲେ- 'ମା' ତମକୁ ଏତେ ମନାକରି ଆସିଥିଲି, ତାହା ତୁମେ ଶୁଣିଲ ନାହିଁ, ଏବେ ମୁଁ କ'ଣ କରିବି ?' ଶ୍ରୀଶ୍ରୀଠାକୁରଙ୍କ ଏତେ ବ୍ୟାକୁଳ କରୁଣ ଅବସ୍ଥାର କାରଣ ମାତା ମନମୋହିନୀ ହୁଏତ ବୁଝିପାରିନଥିବେ। ତା'ର୍ ପରଦିନଠାରୁ ତାଙ୍କର ପେଟଜ୍ୱାଳା ସହିତ ଜ୍ୱର ଆରମ୍ଭ ହେଲା, କଲିକତାର ଡାକ୍ତରମାନଙ୍କ ବହୁ ପ୍ରଚେଷ୍ଟା ଫଳବତୀ ନ ହେବାରୁ ଶ୍ରୀଶ୍ରୀଠାକୁର ମାତାଙ୍କୁ ସଙ୍ଗରେ ନେଇ ହିମାୟିତପୁର ଚାଲିଆସିଲେ। ସେଠାରେ ସବୁ ପ୍ରକାର ଚିକିତ୍ସା ହାର୍ ମାନିଲା। ମାତା ମନମୋହିନୀ ଦେବୀ ୧୯୩୮ ମସିହା ୨୦ ତାରିଖରେ ଇହଧାମ ତ୍ୟାଗ କଲେ।

ଶ୍ରୀଶ୍ରୀଠାକୁର ଅତିମାତ୍ରାରେ ଶୋକାଭିଭୂତ ହୋଇ ଦିବଂଗତ ମା'ଙ୍କ ଉଦ୍ଦେଶ୍ୟରେ ଗୋଟିଏ ଛୋଟିଆ ଚିଠି ଲେଖିଥିଲେ- "ମା' ବଡ଼ ଆକୁଳ ଆଗ୍ରହ ଉଦ୍‌ଗ୍ରୀବ ଉତ୍କଣ୍ଠା ନେଇ ଏହି ଘର ଏବଂ ଆସବାବପତ୍ର ଯାହାକିଛିର କାର୍ଯ୍ୟ ସଂପୂର୍ଣ୍ଣ କରିଥିଲି। ଆଶା ଥିଲା, ତୁମେ ରହିବ, ବ୍ୟବହାର କରିବ, ଧନ୍ୟ ହେବି ମୁଁ। ତାହା ହେଲା ନାହିଁ। ତୁମେ ଚାଲିଗଲ, ପାର୍ଥିବ ଶରୀରର ପତନ ହେଲା। ମୋର ହତଭାଗ୍ୟ ଅଦୃଷ୍ଟ କାଳର ନିଷ୍ଠୁର ଶ୍ଳେଷ ମଳିନ ଧିକ୍କାରରେ ମୃତ୍ୟୁ ପରି ଜୀବନ୍ତ ହୋଇ ରହିଲା। ମନୀଷୀମାନେ କହିଥାଆନ୍ତି - ମଣିଷ ପାର୍ଥିବ ଶରୀର ଛାଡ଼ିଗଲେ ମଧ୍ୟ ପୂର୍ବରୁ ଯେପରି ଥିଲା ସେହିପରି ପ୍ରାଣନେଇ ହିଁ ବଂଚି ଥାଆନ୍ତି। ପୁଣି ଜାତିସ୍ମର ହୋଇ ନା କ'ଣ ସେହି ମଣିଷ ଜନ୍ମ ହୋଇପାରେ। ମା', ମା' ମୋର ! ଦୟାଳ ଯଦି ତାହା କରନ୍ତି, ତୁମେ ଯଦି କେତେବେଳେ ବି ଜାତିସ୍ମର ହୋଇ ଦୁନିଆକୁ ପୁଣି ଫେରିଆସ, ତୁମର ଅନୁକୂଳକୁ ଯଦି ମନେପଡେ, ନିରାଶ୍ରୟ ବୋଲି ଯଦି ବେଦନା ଅନୁକମ୍ପାଜଡ଼ିତ ହୃଦୟ ତୁମର ମତେ ଖୋଜେ, ତୁମେ ଆସ, ଏହିଠାରେ ହିଁ ରୁହ, ଏସବୁ ବ୍ୟବହାର କର - ତୁମର ହତଭାଗ୍ୟ ଦୀନସନ୍ତାନ ଅନୁକୂଳ।"

ଆମେ ହରାଇଥିବା ପ୍ରିୟଜନ ଯେଉଁମାନଙ୍କର ଅନୁପସ୍ଥିତି ଆମକୁ ବ୍ୟଥା ଦିଏ - କ'ଣ କରିବା ଦ୍ୱାରା ସେମାନେ ଶାନ୍ତି ପାଇବେ ଓ ଆମର ବ୍ୟଥା ଲାଘବ ହେବ - ଏହାର ଉତ୍ତରରେ ଶ୍ରୀଶ୍ରୀଠାକୁର କହିଲେ - ଆମ ମନ ଯଦି ଆଦର୍ଶ ବା ଇଷ୍ଟ ଚିନ୍ତା ଓ ଇଷ୍ଟଙ୍କ ପ୍ରତି ଆକର୍ଷିତ ହୋଇ ରହେ ତେବେ ଏହାଦ୍ୱାରା ସେମାନେ ମଧ୍ୟ ଶାନ୍ତି ଲାଭକରିବେ। ପୁଣି ଶ୍ରୀଶ୍ରୀଠାକୁର କହିଲେ - 'ନିର୍ଯ୍ୟାତନା ଆସିବ, ପ୍ରିୟଜନମାନଙ୍କ ମୃତ୍ୟୁ ଆମକୁ ଖଣ୍ଡଖଣ୍ଡ

କରିଦେବାକୁ ଚେଷ୍ଟା କରିବ, କିନ୍ତୁ ତା'ରି ଭିତରେ ଶାନ୍ତି ଖୋଜିବାକୁ ହେବ, ଅସୀମତା ଜାଗ୍ରତ କରାଇବାକୁ ହେବ। ସବୁବେଳେ ନିଜକୁ ଜଣେ ଅଭିନେତା ମନେକର, ନିଜର ଯେଉଁ ଅଂଶ ନାଟକରେ କରିବାକୁ ଦିଆଯାଇଛି, ତାକୁ ନିଖୁଣ ଭାବରେ ସମ୍ପାଦନ କଲାବେଳେ ସଦ୍‌ଗୁରୁଙ୍କ ଶରଣାପନ୍ନ ବୋଲି ସଚେତନ ଥାଅ। ପରମପିତାଙ୍କ ଇଚ୍ଛାରେ ଯାହା ଭଲମନ୍ଦ ଘଟୁଚି, ସେଥିରେ ତୁମର କିଛି କରିବାର ନାହିଁ। **ଅସଲ କଥାହେଲା, ଯେଉଁମାନେ ଶେଷନିଃଶ୍ୱାସ ପର୍ଯ୍ୟନ୍ତ ସଦ୍‌ଗୁରଙ୍କର ଶରଣ ଛାଡ଼ନ୍ତି ନାହିଁ – ସେମାନେ ପ୍ରକୃତ ଆଧ୍ୟାତ୍ମିକତା ଲାଭ କରନ୍ତି। ପୁଣି ଆଲୋଚନାବେଳେ ଶ୍ରୀଶ୍ରୀଠାକୁର ପ୍ରାସଙ୍ଗିକ ବାଣୀକୁ ଦୋହରାଇଲେ - 'ମରନା, ମାରନା, ପାରତ ମୃତ୍ୟୁକୁ ଅବଲୁପ୍ତ କର' (Do never die, nor cause death, but resist death to death) ଏହାଠାରୁ ବଳି ପ୍ରିୟ କଥା ଆଉ ବା କ'ଣ ଅଛି ? ଜନ୍ମଜନ୍ମାନ୍ତର ଧରି ସ୍ମୃତି-ଚେତନା ଯଦି ଥାଏ, ତା'ହେଲେ ମୃତ୍ୟୁର କାରଣ ସମ୍ପର୍କରେ ଆମେ ଜାଣିପାରୁ, ମରଣ ଭୟ କଟିଯାଏ। ଏଇ ମରଣ ଭୟ କଟିବା ହେଉଛି ମୃତ୍ୟୁକୁ ଜୟ କରିବା।** ସେ କହିଲେ ଯେ ସଦ୍‌ଗୁରୁଙ୍କଠାରେ ଅଚ୍ୟୁତ ନିଷ୍ଠା ଏଇଟା ହେଲା ମୂଳ। ଏହା ମଣିଷକୁ ସୁକେନ୍ଦ୍ରିକ କରି ରଖେ। ସୁକେନ୍ଦ୍ରିକ ହେଲେ ଉପସ୍ଥିତ ବୁଦ୍ଧି ବଢ଼େ, କର୍ମ ପ୍ରତି ଉତ୍ସାହ ଆସେ, ସହନଶୀଳତା ଓ କଷ୍ଟ ସହିଷ୍ଣୁତା ବଢ଼େ ଓ ତଦ୍ୱାରା ଅର୍ଜନପଟୁତା ବୃଦ୍ଧି ପାଏ।'

ସଦ୍‌ଗୁରୁ ବା ଆଦର୍ଶ ହେଲେ ବୈଶିଷ୍ଟ୍ୟପାଳୀ ଆପୂରୟମାଣ- ଅର୍ଥାତ୍ ଯାହାର ଯେଉଁ ବୈଶିଷ୍ଟ୍ୟ ଅଛି ତାକୁ ଜାଗ୍ରତ କରାଇ ମଣିଷକୁ ସଫଳ କରି ଠିଆକରାନ୍ତି। ଏହି ଆଦର୍ଶ ଅନନ୍ତ ଜ୍ଞାନ ଓ ଗୁଣର ହେବା ସତ୍ତ୍ୱେ ତାଙ୍କର କୌଣସି ହୀନମନ୍ୟତା, ଅହଙ୍କାର ନଥାଏ, ଦ୍ୱନ୍ଦ୍ୱପ୍ରବଣ ମନୋବୃତ୍ତି ନଥାଏ। ସେମାନେ ପ୍ରବୃତ୍ତିର ଉର୍ଦ୍ଧ୍ୱରେ ଥିବାରୁ ଯେ କୌଣସି ସମସ୍ୟାର ସମ୍ମୁଖୀନ ହେଲେ ମଧ୍ୟ ସମାଧାନର ପନ୍ଥା ଜାଣି ନିଅନ୍ତି।

ଆମର ଏଇ ତଥାକଥିତ ଧର୍ମଜଗତରେ ଅନେକ ଅସଂହତ, ଅସଂଯତ ଓ ପ୍ରବୃତ୍ତି-ପ୍ରରୋଚିତ ବ୍ୟକ୍ତି ନିଜକୁ ଗୁରୁବୋଲି ଜାହିର୍ କରି ସାଧାରଣ ସରଳ ଅନୁସରଣକାରୀଙ୍କୁ ରସାତଳଗାମୀ କରନ୍ତି। ତେଣୁ ସଦ୍‌ଗୁରୁ ନ ପାଇଲେ ଏମାନଙ୍କ ପାଲରେ ପଡ଼ି ନଷ୍ଟ ହେବା ଅପେକ୍ଷା ପିତାମାତାଙ୍କୁ ଭକ୍ତି ଓ ସେବା କରିବା ଉଚିତ।

ଶ୍ରୀଶ୍ରୀଠାକୁର ଜଣକୁ ଦେଖିଲାମାତ୍ରେ ତା'ର ଭୂତ ଓ ଭବିଷ୍ୟତ ଜାଣିପାରୁଥିଲେ। ସେ କହିଲେ ଏଥିରେ ଆଶ୍ଚର୍ଯ୍ୟ ହେବାର କିଛି ନାହିଁ। ତୁମେ ମଧ୍ୟ ନାମଧ୍ୟାନ ଦ୍ୱାରା, ତୁମର ମନକୁ ଯଦି କାରଣ ସ୍ତର (causal plane) ଉପରକୁ ନେଇଯାଇପାର ତେବେ ସବୁ ଦୃଶ୍ୟ ହୁଏ, କାରଣ ଏଇ ଜଗତରେ ସମସ୍ତକିଛି ନିଖୁଣଭାବେ ଛନ୍ଦାଛନ୍ଦି ହୋଇ ଅଛନ୍ତି। ଏହି କାରଣ ସ୍ତର ଉପରକୁ ମନକୁ ନେଲେ ନିଜ ଶରୀରରୁ ପ୍ରାଣକୁ ବାହାର କରିନେଇ ଅନ୍ୟଶରୀରରେ ପ୍ରବେଶ କରିବା ସମ୍ଭବ ହଏ। ଶ୍ରୀଶ୍ରୀଠାକୁରଙ୍କ ନିଜ ଅନୁଭୂତି କଥା ମନେପକାଇ କହିଲେ - 'ମଲା ଗାଈ ମାଂସର ସ୍ୱାଦ କିପରି ଜାଣିବାକୁ ମୁଁ ଥରେ ମୋ ମନ-ପ୍ରାଣକୁ ଗୋଟିଏ ଶାଗୁଣା ଭିତରେ ପୂରାଇଦେଲି। ଶାଗୁଣା ମୁହଁରେ ତାହା ଭଲ ଲାଗିଲା। ହଠାତ୍ ମନକୁ ଆସିଲା, ଶାଗୁଣାଟା ଯଦି ମରିଯାଏ ? ମୁଁ ତୁରନ୍ତ ତା' ଠାରୁ

ବାହାରିଆସିଲି । ପୁଣି ଶିଆଳ ହୋଇଥିଲି, ସେହିପରି ଆଚରଣ କରି ନିଜକୁ ସଜ୍ଞାନରେ ଶିଆଳ ବୋଲି ବୋଧ କଲି । ସବୁ ଜିନିଷର ପରିଷ୍କାର ସ୍ମୃତି ମଥାରେ ଅଛି । ପ୍ରବୃତ୍ତି ଅନୁଯାୟୀ ମଣିଷର ଆକାର ହୁଏ -ପକ୍ଷୀ ମଣିଷ, ଘୋଡ଼ା ମଣିଷ, ବେଙ୍ଗ ମଣିଷ ଇତ୍ୟାଦି ।'

ଶ୍ରୀଶ୍ରୀଠାକୁର ଥରେ ଜଣେ ଭକ୍ତଙ୍କୁ (ବିଜୟକାଳୀ ଭଟ୍ଟାଚାର୍ଯ୍ୟ) କହୁଥିଲେ - 'ମୋର ମନ ଏତେ ଊର୍ଦ୍ଧ୍ୱକୁ ଚାଲି ଯାଇଥିଲା ଯେ ନିଦ ହେଉନଥିଲା, ସେଥିପାଇଁ ଜାଣିଶୁଣି ଲୋକଙ୍କ ଭିତରେ କଳି ଲଗାଇ ଦେଉଥିଲି, ସେଇ କଳି ଶୁଣିବା ହେତୁ ମନ ବାନ୍ଧି ହୋଇଗଲେ ଟିକେ ଶୋଇପଡୁଥିଲି ।' ଆଉ ଦିନେ ତାଙ୍କୁ ନିଦ ହେଉନଥାଏ ଓ ତାଙ୍କର ଭକ୍ତ ଡାକ୍ତର ପ୍ୟାରୀନନ୍ଦୀ ତାଙ୍କ ପିଠିକୁ ଆଉଁଶି ଦେଉଥାଆନ୍ତି । କିନ୍ତୁ ସେ ନିଦ ନଯାଇ ଖାଲି ଭିଡ଼ିମୋଡ଼ି ହେବାରୁ ପ୍ୟାରୀଦା ପଚାରିଲେ - 'ଶୋଉ ନାହାନ୍ତି କାହିଁକି ?' ଶ୍ରୀଶ୍ରୀଠାକୁର ଉତ୍ତରଦେଲେ- 'ପାଂଚଶହ ବର୍ଷପରେ କାହାକୁ କେଉଁସ୍ଥାନରେ ରଖିବି ସେସବୁ ମନକୁ ଆସୁଚି ତ, ନିଦ କରାଇ ଦେଉ ନାହିଁ । ଟେଲିଗ୍ରାଫ୍‌ରେ ସଂବାଦ ଆସିବା ପରି ପରମପିତାଙ୍କଠାରୁ ଏହିପରି ସମ୍ବାଦ ମୋ ପାଖକୁ ଆସୁଥାଏ । ସମସ୍ତେ ପରମପିତାଙ୍କ ସନ୍ତାନ, ସମସ୍ତଙ୍କର ଦାୟିତ୍ୱ ମୁଁ ନେବାପାଇଁ ବାଧ୍ୟ ଓ ସେଥିରେ ମୋର ଆନନ୍ଦ ।'

୧୯୪୦ ମସିହା ଫେବୃଆରି ମାସରେ ହିମାୟିତପୁର ନିକଟବର୍ତ୍ତୀ ବରିଶାଲ ବାସିନ୍ଦା ଜଣେ ଗୁରୁଭାଇ ଆଶ୍ରମରେ ଆସି କେତେଦିନ ରହିଥିଲେ । ସେ ପେଶାରେ ଓକିଲ ଥିଲେ, ଆଶ୍ରମର ସବୁ କାର୍ଯ୍ୟକଳାପ ଅନୁଧ୍ୟାନ କରୁଥାନ୍ତି । ଥରେ ଶ୍ରୀଶ୍ରୀଠାକୁରଙ୍କୁ ରିପୋର୍ଟ କରିବା ଢଂଗରେ କହିଲେ -ଆପଣ ହୁଏତ ଜାଣିପାରୁନଥିବେ, ଏଇ ଆଶ୍ରମରେ ନିଷ୍ଠାପର କର୍ମୀ ତ ଅଛନ୍ତି, କିନ୍ତୁ ଆଉ କେତେକ ଅଛନ୍ତି କିଛି ଦୁଷ୍ଟ ପ୍ରବୃତ୍ତିର ଓ ଆଉ କିଛି ଅଳସୁଆ । ସେ ଭାବିଥିଲେ, ଏପରି ଏକ ଅନୁଧ୍ୟାନ ବିବରଣୀରେ ଶ୍ରୀଶ୍ରୀଠାକୁର ଖୁସି ହୋଇ ବିସ୍ତୃତ ବ୍ୟାଖ୍ୟା ଚାହିଁବେ । କିନ୍ତୁ ଏହା ଶୁଣି ତାଙ୍କ ମୁହଁ ବିଷଣ୍ଣ ଦିଶିଲା । ସେ ଅତି କରୁଣ ଭାବରେ କହିଲେ- 'କ'ଣ କରିବି ଦାଦା, ବହୁ ପତିତ ସନ୍ତାନମାନଙ୍କର ମୁଁ ଜଣେ ଅବୋଧ ପିତା । ଆପଣଙ୍କୁ ଯଦି ଜ୍ୱର ହୁଏ, ଚିକିତ୍ସା କରି ଭଲ କରାଇବି ନା ଘରୁ ବାହାର କରିଦେବି ? ଯାହାର ସନ୍ତାନ ପଙ୍ଗୁ, ତାର ବାପା ତାର ବେଶି ଯତ୍ନ ନିଅନ୍ତି ନା ତାକୁ ଅନ୍ତର କରିଦିଅନ୍ତି ?'

ଶ୍ରୀଶ୍ରୀଠାକୁର କୁହନ୍ତି- 'ସମସ୍ତେ ମୋତେ ମୋର ଅନ୍ୟରୂପ ଲାଗନ୍ତି । ମୁଁ କାହାକୁ ନିଜଠାରୁ ଅଲଗା କରି ଭାବିପାରେ ନାହିଁ । ଚୋର ଅଭାବ ଯୋଗୁଁ ଚୋରିକରେ, ଚୋରି କରିବା ତା'ର ସ୍ୱଭାବ ନୁହେଁ । ମୋର କାମ ହେଉଛି ସେହି ମନ୍ଦ ସ୍ୱଭାବରୁ ତାକୁ ବିରତ କରିବା । ଏଠାରେ ସମସ୍ତେ ତିଆରି ହେଉଛନ୍ତି - ନିଜର ଦେହର ମଇଳା ଛଡ଼ାଇବାକୁ ହେଲେ କେତେ ସନ୍ତର୍ପଣରେ ତାହା କର, ସେହିପରି କରିବାକୁ ହେବ । ଗୋଟେ ମଣିଷ ପାଇଁ ଯଦି ଗୋଟାଏ ସାମ୍ରାଜ୍ୟ ତ୍ୟାଗ କରିବାକୁ ପଡ଼େ, ତେବେ ମୁଁ ପ୍ରସ୍ତୁତ ।'

୧୯୩୯-୪୦ ବେଳକୁ ସାଂପ୍ରଦାୟିକ ପରିସ୍ଥିତି ନିମ୍ନସ୍ତରକୁ ଯିବାକୁ ଲାଗିଲା- ଅସହିଷ୍ଣୁତା, ଅବିଶ୍ୱାସ ଓ ହିଂସା ବଢ଼ିଲା । ଏଥିରେ ବ୍ୟଥିତ ହୋଇ ଶ୍ରୀଶ୍ରୀଠାକୁର ଏକ ଦେଶାତ୍ମବୋଧକ ଗୀତ 'ଆର୍ଯ୍ୟ ଭାରତ ବର୍ଷ ଆମାର' ରଚନା କରିଥିଲେ ।

ହିନ୍ଦୁମହାସଭାର ପ୍ରତିଷ୍ଠାତା ଶ୍ୟାମାପ୍ରସାଦ ମୁଖୋପାଧ୍ୟାୟ ଶ୍ରୀଶ୍ରୀଠାକୁରଙ୍କ ଦର୍ଶନାର୍ଥେ ଆଶ୍ରମ ଆସିଥିଲେ। ଶ୍ରୀଶ୍ରୀଠାକୁର ସେହି ଅନୁଷ୍ଠାନକୁ 'ଆର୍ଯ୍ୟ ମହାସଭା'ଭାବେ ନାମିତ କରି ମୁସଲମାନଙ୍କୁ ମଧ୍ୟ ସଭ୍ୟ ଭାବରେ ଗ୍ରହଣ କଲେ, ଦୁଇ ସଂପ୍ରଦାୟ ଭିତରେ ତିକ୍ତତା କମିବ ବୋଲି ମତପ୍ରକାଶ କରିଥିଲେ। ସବୁ ସ୍ଥାନରେ ସମପରିମାଣରେ ଦୁଇ ସଂପ୍ରଦାୟର ଲୋକଙ୍କୁ ବସବାସ କରାଇଲେ, ଦଙ୍ଗା-ହିଂସା ଆଦି ହେବ ନାହିଁ ବୋଲି ଶ୍ରୀଶ୍ରୀଠାକୁରଙ୍କ କଥାକୁ କୌଣସି ରାଜନୈତିକ ଦଳ ଗୁରୁତ୍ୱ ଦେଲେ ନାହିଁ।

ଏହି ସମୟରେ ଖଡ଼ମରୁ ଗୋଡ଼ ଖସିଯିବାରୁ ଶ୍ରୀଶ୍ରୀଠାକୁରଙ୍କ ପାଦର ଗୋଟିଏ ନରମ ହାଡ଼ ଭାଂଗିଗଲା, ସେ କିନ୍ତୁ ଅପରେସନ୍ ପାଇଁ ରାଜିହେଲେ ନାହିଁ। ଦୁଇବର୍ଷ କଷ୍ଟ ପାଇବା ପରେ ଆପେ ଆପେ ଚିପିଲାବେଳେ ସେଇ ହାଡ଼ଖଣ୍ଡିକ ବାହାରିଗଲା। ଏହି ସମୟରେ ଆଉ ଏକ ଦୁଃଖଦ ଘଟଣା ଥିଲା ସତସଂଗର ତଦାନୀନ୍ତନ ସଂପାଦକ ଗୋପାଳଦା (ଶ୍ୟାମାଚରଣ ମୁଖୋପାଧ୍ୟାୟ)ଙ୍କ ରେଳ ଦୁର୍ଘଟଣାରେ ଆକସ୍ମିକ ମୃତ୍ୟୁ। ସେ ଆଶ୍ରମ ବାହାରକୁ କାମରେ ବାହାରିବାକୁ ନିବେଦନ କଲାରୁ ଶ୍ରୀଶ୍ରୀଠାକୁର ଗୋଟିଏ ନିର୍ଦ୍ଦିଷ୍ଟ ଦିନ ପୂର୍ବରୁ ତାଙ୍କୁ ଆଶ୍ରମକୁ ଫେରିଆସିବାକୁ କଡ଼ାକଡ଼ି ନିର୍ଦ୍ଦେଶ ଦେଇଥିଲେ, ସେ କିନ୍ତୁ ତାହା ରକ୍ଷା କରି ପାରିନଥିଲେ। ଶ୍ରୀଶ୍ରୀଠାକୁର ଏଇ ଦୁର୍ଘଟଣାରେ ଅତୀବ ମର୍ମାହତ ହୋଇପଡିଥିଲେ। (ବିସ୍ତୃତ ବିବରଣୀ ଅନ୍ୟତ୍ର)

୧୯୪୧ ମସିହାରେ ଦ୍ୱିତୀୟ ବିଶ୍ୱଯୁଦ୍ଧର କରାଳ କାଳିମା ସାରାବିଶ୍ୱକୁ ଘୋଟିଗଲାଣି। ଜାପାନ ଯୁଦ୍ଧରେ ଯୋଗ ଦେଇସାରିଲାଣି। ଶ୍ରୀଶ୍ରୀଠାକୁର ବହୁ ଆଗରୁ ଚିଠି ଲେଖି ବର୍ମାରେ ଥିବା ଗୁରୁଭାଇମାନଙ୍କୁ ଚାଲିଆସିବାକୁ ନିର୍ଦ୍ଦେଶ ଦେଉଥାଆନ୍ତି। ଜାପାନ, ବର୍ମା ଓ ରେଙ୍ଗୁନ୍ ଉପରେ ବୋମା ଆକ୍ରମଣ କଲା। ଯେଉଁମାନେ ସଂପତ୍ତି ବା ଅନ୍ୟାନ୍ୟ କାରଣରୁ ଆସିବାକୁ ଚାହୁଁ ନ ଥିଲେ ସେମାନଙ୍କର କାନରେ ଯେମିତି କିଏ କହୁଥାଏ 'ଏଠାରୁ ପଳାଇ ଯାଅ', 'ଏଠାରୁ ପଳାଇ ଯାଅ',ଏହି ଧ୍ୱନି ସମସ୍ତ ସତ୍‌ସଙ୍ଗୀମାନଙ୍କ ଅନ୍ତଃକର୍ଣ୍ଣରେ ବାରମ୍ବାର ଶୁଣାଗଲାରୁ ସେମାନେ ବହୁ କଷ୍ଟ ସ୍ୱୀକାର କରି ଜୀବନ ବଂଚାଇ ଭାରତ ଫେରିଆସି ପାରିଥିଲେ। (ବିସ୍ତୃତ ଘଟଣା ଅନ୍ୟତ୍ର)

୧୯୪୨ ମସିହାରେ ଭାରତଛାଡ଼ ଆନ୍ଦୋଳନ (Quit India Movement) ଆରମ୍ଭ ହେଲା। ଏହି ଆନ୍ଦୋଳନକୁ ସରକାର ବେଆଇନ ଘୋଷଣା କରିବାରୁ ହିଂସାକାଣ୍ଡ ବଢ଼ିଲା। ଏତିକିବେଳକୁ ମେଦିନୀପୁର ଜିଲ୍ଲା ଏବଂ ପାଖଆଖ ଅଂଚଳ ପ୍ରାକୃତିକ ଝଡ଼ବାତ୍ୟାରେ ବିଧ୍ୱସ୍ତ ହୋଇଗଲା, ମହାମାରି ବ୍ୟାପିବାକୁ ଲାଗିଲା। ବଙ୍ଗଳାରେ ଖାଦ୍ୟଶସ୍ୟର ଘୋର ଅଭାବ ଦେଖାଦେଲା। ୧୯୪୩ ମସିହାରେ ଦୁର୍ଭିକ୍ଷ ପ୍ରପୀଡ଼ିତ ହଜାର ହଜାର ଲୋକ ମୁଠାଏ ଅନ୍ନ ପାଇଁ ଆଶ୍ରମକୁ ଆସୁଥାନ୍ତି। ଅନ୍ୟତମ ଭକ୍ତ ଓ ପାର୍ଷଦ କିଶୋରୀ ମୋହନଙ୍କ ନେତୃତ୍ୱରେ ସତ୍‌ସଙ୍ଗୀମାନେ ବିଭିନ୍ନ ସ୍ଥାନରେ ବୁଲି ଭିକ୍ଷା ସଂଗ୍ରହ କରୁଥିଲେ। ଭିକ୍ଷା ସଂଗ୍ରହ ବେଳେ ଅକ୍ଲାନ୍ତ ପରିଶ୍ରମ ଏବଂ ବିଶ୍ରାମ ଅଭାବରୁ କିଶୋରୀମୋହନଙ୍କୁ ଜ୍ୱର ହେଲା, ଧୀରେ ଧୀରେ ସେ ଆହୁରି ଅସୁସ୍ଥ ହେବାକୁ ଲାଗିଲେ। ୧୯୪୪ ମସିହା ମେ ମାସରେ, ତେଷଠି ବର୍ଷ ବୟସରେ ସେ ଇହଲୀଳା ସାଙ୍ଗ କଲେ। ଶ୍ରୀଶ୍ରୀଠାକୁର, ଦାରୁଣ

ଆଘାତ ଓ ବେଦନାରେ ଭାଂଗିପଡ଼ିଲେ। ଏହି ଦୁଃଖ ଯେପରି ଯଥେଷ୍ଟ ନଥିଲା, ସେହି ବର୍ଷ ଶ୍ରୀଶ୍ରୀଠାକୁରଙ୍କ ଜ୍ୟେଷ୍ଠା କନ୍ୟା ପୂଜନୀୟା ସାଧନାଦେବୀଙ୍କର ମଧ୍ୟ ମୃତ୍ୟୁ ହେଲା। ପୁଣି ଏକଦା ଶ୍ରୀଶ୍ରୀଠାକୁରଙ୍କ ଶିକ୍ଷାଗୁରୁ ଓ ପରେ ଏକନିଷ୍ଠ ଭକ୍ତ କଲିକତାର ଡାଃ ଶଶିଭୂଷଣ ମିତ୍ର ମଧ୍ୟ ଏହି ସମୟରେ ଜଗତରୁ ବିଦାୟ ନେଲେ।

୧୯୪୫ ବେଳକୁ ବିଶ୍ୱଯୁଦ୍ଧ ସରିଆସିଥିଲା। ଜାତିସଂଘ ଗଠନଦ୍ୱାରା ବିଶ୍ୱରେ ଶାନ୍ତି ଫେରିଆସୁଥିଲା। ଯୁଦ୍ଧବେଳେ ଆମ୍ବୁଲାନ୍ସ ସେବାରେ ଆସିଥିବା ଦୁଇ ଆମେରିକା ବାସିନ୍ଦା- ଏଡ୍ୱାର୍ଡ ଯୋଶେଫ୍ ସ୍ପେନ୍‌ସର ଓ ରେ ଆର୍ଚ୍ଚର ହାଉଜାରମ୍ୟାନ୍ କଲିକତାରେ ଥିବା ସମୟରେ ଶ୍ରୀଶ୍ରୀଠାକୁରଙ୍କ ଦର୍ଶନାର୍ଥେ ହିମାୟିତପୁର ଯାଇ ସେଇଠାରେ ରହିଗଲେ। ସେହି ସମୟଠାରୁ ସେମାନେ ଶ୍ରୀଶ୍ରୀଠାକୁରଙ୍କ ସହିତ ଶେଷ ପର୍ଯ୍ୟନ୍ତ (୧୯୬୯) ଜଡ଼ିତ ହୋଇ ରହିଲେ। ଶ୍ରୀଶ୍ରୀଠାକୁରଙ୍କ ଜୀବନ ଓ ଦର୍ଶନ ଉପରେ ହାଉଜାରମ୍ୟାନ୍ ତିନୋଟି ବହି ଲେଖିଥିଲେ - 'Ocean in a Tea Cup', 'Being and Becoming' ଓ 'Answer to the Quest'। ୧୯୬୧ ମସିହାରେ ଶ୍ରୀଶ୍ରୀଠାକୁରଙ୍କ ନିର୍ଦ୍ଦେଶରେ ହାଉଜାରମ୍ୟାନ୍ ତାଙ୍କର ଅସୁସ୍ଥ ମାଆଙ୍କୁ ଦେଖିବାକୁ ଆମେରିକା ଯାଇଥିଲେ। ସେତେବେଳେ 'Ocean in a Tea Cup' ର ପାଣ୍ଡୁଲିପି ଧରି ସେଠାକାର ଅନ୍ୟତମ ପୁସ୍ତକ ପ୍ରକାଶନ ସଂସ୍ଥା ହାର୍ପର ବ୍ରଦର୍ସଙ୍କୁ ଯୋଗାଯୋଗ କରନ୍ତି। ସେହି ସଂସ୍ଥାର ସେତେବେଳର ମୁଖ୍ୟ ଇଉଜିନ୍ ଏକ୍ସମ୍ୟାନ୍ ପାଣ୍ଡୁଲିପିଟି ପଢ଼ି ଏତେ ମୁଗ୍ଧ ହେଲେ ଯେ ଶ୍ରୀଶ୍ରୀଠାକୁରଙ୍କୁ ଭାରତ ଆସି ଦର୍ଶନ କରିବାକୁ ମନସ୍ଥ କଲେ। ସେହି ବର୍ଷ ସେପ୍ଟେମ୍ବର ମାସରେ ସେ ଆଶ୍ରମରେ ପହଁଚି ଶ୍ରୀଶ୍ରୀଠାକୁରଙ୍କ ସାନ୍ନିଧ୍ୟରେ ଏକ ସପ୍ତାହ କଟାଇଥିଲେ। ଶ୍ରୀଶ୍ରୀଠାକୁରଙ୍କ ସାନ୍ନିଧ୍ୟ ତାଙ୍କୁ ଖୁବ ବିଗଳିତ ଓ ପ୍ରଭାବିତ କରିଥିଲା। ସେ ଆଶ୍ରମ ଛାଡ଼ିବାବେଳେ କରୁଣ ସ୍ୱରରେ କହିଥିଲେ- "ମୁଁ ପୃଥିବୀର ଯେଉଁସ୍ଥାନକୁ ଯେତେବେଳେ ଯିବି, ଏପରି ଏକ ମଣିଷ ଏବେ ମଧ୍ୟ ଆମ ଭିତରେ ବଂଚି ରହିଛନ୍ତି, ଏକଥା ସମସ୍ତଙ୍କୁ କହିବି।"

୧୯୪୩-୪୪ ବେଳକୁ ଅତ୍ୟଧିକ ମାନସିକ ଚାପ ହେତୁ ଶ୍ରୀଶ୍ରୀଠାକୁରଙ୍କ ରକ୍ତଚାପ ବଢ଼ିବାକୁ ଲାଗିଲା ଓ ସ୍ୱାସ୍ଥ୍ୟର ଅବନତି ଘଟିଲା, ଡାକ୍ତରମାନଙ୍କ ପ୍ରଚେଷ୍ଟା ସତ୍ତ୍ୱେ ସ୍ୱାସ୍ଥ୍ୟରେ ବିଶେଷ କିଛି ଉନ୍ନତି ଘଟିଲା ନାହିଁ। ଦୁଇ ପାର୍ଷଦ (ଅନନ୍ତ ନାଥ ଓ କିଶୋରୀ ଚରଣ) ଓ କନ୍ୟା, ଅନ୍ୟ କେତେକ ପ୍ରିୟଜନଙ୍କର ଅକାଳ ବିୟୋଗ, କେତେକଙ୍କ ବିଶ୍ୱାସଘାତକତା ଏବଂ ବିଷ-ପ୍ରୟୋଗ ପ୍ରଚେଷ୍ଟା, ସତ୍‌ସଙ୍ଗର ପ୍ରସାରକୁ ନେଇ ସ୍ଥାନୀୟ ଲୋକଙ୍କ ଈର୍ଷା ଓ ଆକ୍ରୋଶ, ଦେଶର ଅସ୍ଥିର ଶାସନ ନୀତି, ସାଂପ୍ରଦାୟିକ ଘୃଣା ଓ ହିଂସା - ଏସବୁକୁ ନେଇ ଶ୍ରୀଶ୍ରୀଠାକୁର ଅତ୍ୟନ୍ତ ବ୍ୟଥିତ ହୋଇପଡୁଥିଲେ। ୧୯୪୬ରେ ଶ୍ରୀଶ୍ରୀଠାକୁରଙ୍କ ସ୍ୱାସ୍ଥ୍ୟର ଅବନତି ଆତଙ୍କିତ ଅବସ୍ଥାରେ ପହଂଚିବାରୁ ଡାକ୍ତରମାନେ ତାଙ୍କୁ ଏକ ସ୍ୱାସ୍ଥ୍ୟକର ସ୍ଥାନକୁ ନେଇଯିବାକୁ ମତଦେଲେ। ୧୯୪୬ ମସିହା ଅଗଷ୍ଟମାସରେ ଅବିଭକ୍ତ ବିହାର (ବର୍ତ୍ତମାନ ଝାଡ଼ଖଣ୍ଡ)ରେ ଅବସ୍ଥିତ ଦେଓଘରକୁ ଯିବାର ସିଦ୍ଧାନ୍ତ ହେଲା, ତୁରନ୍ତ ସେହି ଦିଗରେ ଭକ୍ତମାନେ ପ୍ରଚେଷ୍ଟାକଲେ। ସେହି ବର୍ଷ ସେପ୍ଟେମ୍ବର ପହିଲା ତାରିଖରେ ଶ୍ରୀଶ୍ରୀଠାକୁର ପରିବାର ଓ କେତେକ ଭକ୍ତଙ୍କ ସହିତ ହିମାୟିତପୁରରୁ ଦେଓଘର ଯାତ୍ରାକଲେ। ଜୀବନୀ-

ଲେଖକମାନେ ଆକଳନ କରିଛନ୍ତି ଯେ ସେତେବେଳେ ହିମାୟିତପୁର ଆଶ୍ରମର ସ୍ଥାବର ଏବଂ ଅସ୍ଥାବର ସମ୍ପତ୍ତିର ମୂଲ୍ୟ କୋଟି କୋଟି ଟଙ୍କା ହେବ। ଭାରତ-ପାକିସ୍ଥାନ ବିଭାଜନରେ ହିମାୟିତପୁର ପୂର୍ବବଙ୍ଗରେ ଥିବା ହେତୁ ପାକିସ୍ତାନ ରାଷ୍ଟ୍ର ଅନ୍ତର୍ଭୁକ୍ତ ହୋଇଗଲା। ସେତେବେଳର ପାକିସ୍ତାନ ସରକାର ଆଶ୍ରମକୁ କବ୍‌ଜା କରିନେଲେ ଏବଂ ତାହାକୁ ମାନସିକ ରୋଗୀ ହସପିଟାଲରେ ପରିଣତ କରିଦେଲେ। ସେତେବେଳଠାରୁ ବର୍ତ୍ତମାନ ପର୍ଯ୍ୟନ୍ତ ଏହାକୁ ସତ୍‌ସଙ୍ଗକୁ ଫେରାଇ ଆଣିବାର ଚେଷ୍ଟା ବିଶେଷ ଫଳପ୍ରଦ ହୋଇନି।

ଦେଶ ବିଭାଜନ ଆସନ୍ନ, ନୋୟାଖାଲିରେ ହିନ୍ଦୁ-ନିଧନ ବୀଭିଷିକା ଆରମ୍ଭ ହୋଇଗଲା। ଲାଠି, ଖଣ୍ଡା, ବନ୍ଧୁକ ହାତରେ ଧରି ଉନ୍ମତ୍ତ ଜନତାର ଶୋଭାଯାତ୍ରାରେ ହୁଁକାର ଓ ପାକିସ୍ତାନ ଗଠନ ପାଇଁ ସ୍ଲୋଗାନ, ଲୁଣ୍ଠନ ଓ ଗଣହତ୍ୟାର ଗୁଜବରେ ହଜାର ହଜାର ହିନ୍ଦୁଗୋଷ୍ଠୀ, ମୁସଲମାନ ସଂଖ୍ୟାବହୁଳ ଅଂଚଳରୁ ପଳାଇ ଯିବାକୁ ଲାଗିଲେ। ନୋୟାଖାଲିରେ ଗଣହତ୍ୟା ଆରମ୍ଭ ହୋଇଗଲା। ଦେଢ଼ଲକ୍ଷରୁ ଊର୍ଦ୍ଧ୍ୱ ଲୋକ ପ୍ରାଣ ହରାଇଲେ। ଶ୍ରୀଶ୍ରୀଠାକୁରଙ୍କର ଦେଓଘର ପହଁଚିବା ପରେ ହଜାର ହଜାର ବାସ୍ତୁହରା ଶରଣାର୍ଥୀ ଦେଓଘର ଆସିବାରୁ ସେମାନଙ୍କ ଥଇଥାନ ପାଇଁ ଶ୍ରୀଶ୍ରୀଠାକୁର ବିଭିନ୍ନ ପ୍ରକାରର ଉଦ୍ୟମ କରିଥିଲେ। ଶ୍ରୀଶ୍ରୀଠାକୁରଙ୍କ ରହିବା ପାଇଁ 'ବଡ଼ାଲବାଂଲା' ନାମରେ ଏକ ପ୍ରଶସ୍ତ ବଂଗଳା ପ୍ରଥମେ ଭଡ଼ାରେ ନିଆଯାଇଥିଲା, ଏବଂ ପରେ ପରେ ଅନେକ ଘର ମଧ୍ୟ ଭଡ଼ାରେ ନିଆଗଲା। ସବୁଠୁ କଷ୍ଟକର ସମସ୍ୟା ଥିଲା ସମସ୍ତଙ୍କୁ ମୁଠାଏ ଅନ୍ନ ଦେବା, ସେଥିପାଇଁ ଆଶ୍ରମରେ ରହୁଥିବା ଗୁରୁଭାଇମାନେ ଭିକ୍ଷା କରିବାକୁ ପଛେଇନଥିଲେ, ଘର-ଘର, ଦୋକାନ ବଜାର ବୁଲି କ୍ରମବର୍ଦ୍ଧିଷ୍ଣୁ ଉଦ୍‌ବାସ୍ତୁମାନଙ୍କ ପାଇଁ ଭୋଜନ ବ୍ୟବସ୍ଥା ପାରୁପର୍ଯ୍ୟନ୍ତ କରା ଯାଇଥିଲା। ଏହା ଯଥେଷ୍ଟ ନଥିଲା, କିନ୍ତୁ ଉପାୟ କ'ଣ ? ବାକିରେ ଚାଉଳ ଡାଲି ଆଦି କିଣାଗଲା, ଏଥିପାଇଁ ଟଙ୍କା କରଜ କରିବାକୁ ଶ୍ରୀଶ୍ରୀଠାକୁର ପଛେଇଲେ ନାହିଁ। ଏହିସବୁ ବିଭିନ୍ନ ସମସ୍ୟା କାରଣରୁ ଆଶ୍ରମରେ ୧୯୪୭ ମସିହାରେ ଆର୍ଥିକ ଅଭାବ ଅନଟନ ଦେଖାଦେଲା। ୧୯୪୮ ମସିହା ଜାନୁଆରି ମାସରେ ଶ୍ରୀଶ୍ରୀଠାକୁର ଏଇ ସଙ୍କଟକୁ ସୁଧାରିବା ପାଇଁ ଜ୍ୟେଷ୍ଠପୁତ୍ର ଶ୍ରୀଶ୍ରୀବଡ଼ଦାଙ୍କୁ ଆଶ୍ରମ ପରିଚାଳନା ଦାୟିତ୍ୱ ଦେଲେ; ତାଙ୍କର ପ୍ରଗାଢ଼ ପ୍ରଚେଷ୍ଟାରେ ଅବସ୍ଥା ଆୟତ୍ତାଧୀନ ହୋଇ ଧୀରେ ଧୀରେ ସୁଧୁରିବାକୁ ଲାଗିଲା। ବାସ୍ତୁହରାମାନଙ୍କୁ ସାନ୍ତ୍ୱନା ଦେବା ଉଦ୍ଦେଶ୍ୟରେ ଶ୍ରୀଶ୍ରୀଠାକୁର ସେତେବେଳେ ଯେଉଁ ଗଦ୍ୟବାଣୀ ଦେଇଥିଲେ ତାହାର କିଛି ଅଂଶ- 'ବାସ୍ତୁହରା ହେବା ନିଦାରୁଣ, କିନ୍ତୁ ଯୋଗ୍ୟତାହରା ହେବାଟା ସର୍ବନାଶୀ। ଏହି ଯୋଗ୍ୟତାକୁ ସର୍ବାଙ୍ଗସୁନ୍ଦର କରି ଅର୍ଜନ କରିବାକୁ ହେଲେ, ଆଦର୍ଶଙ୍କଠାରେ କେନ୍ଦ୍ରାୟିତ ହେବାକୁ ହେବ ସକ୍ରିୟତାରେ,ଏହି କେନ୍ଦ୍ରାୟିତ ହେବାର ଆଗ୍ରହ ଆଣେ ସାର୍ଥକବୋଧ - ଆଲିଙ୍ଗନୀ ସଂହତିପ୍ରାଣତା। ଯେତେ ପାର, ଅନ୍ୟ ଉପରେ ନିର୍ଭରଶୀଳ ହେବାକୁ ଯାଅ ନାହିଁ, ଯାହା ପାଅ ସେଇଟାକୁ ଧରି ଠିଆହେବାକୁ ଚେଷ୍ଟାକର, କରିବାକୁ ଚେଷ୍ଟାକର, ଅନତିବିଳମ୍ବରେ ପୁଣି ସବୁ ପାଇପାରିବ, ଆଦର୍ଶରେ କେନ୍ଦ୍ରାୟିତ ହୋଇ ଚଳିବାକୁ ଚେଷ୍ଟାକର ଏହିକ୍ଷଣରୁ ହିଁ।'

୧୯୪୭ ମସିହା ଅଗଷ୍ଟ ୧୫ ତାରିଖରେ ଭାରତ ଓ ପାକିସ୍ତାନ ଦୁଇଟି ରାଷ୍ଟ୍ରହୋଇ ସ୍ୱାଧୀନତା ପାଇଲେ। ଦେଶ ବିଭାଜନର କୁଫଳ ସଂପର୍କରେ ଶ୍ରୀଶ୍ରୀଠାକୁର କହିଥିଲେ, ଦେଶକୁ ଭାଗକରି ଦୁଇଦେଶ କରିବା କୌଣସି ଦେଶ ପକ୍ଷରେ ଭଲ ନୁହେଁ, ମୁଁ ଏହା ନିର୍ଘାତ କହିପାରେ। ଦୁଇଦେଶର ଉନ୍ନତି ବ୍ୟାହତ ହେବ, ହିନ୍ଦୁର ବି କ୍ଷତି ହେବ, ମୁସଲମାନର ବି କ୍ଷତି ହେବ। ଆଉ ଭାରତ-ପାକିସ୍ତାନର ପରସ୍ପର ବିରୋଧର ସୁଯୋଗ ନେଇ, ବାହାରର ଶକ୍ତି ନାନା କୁଟଚାଲ୍ ଚଳାଇବେ ଯାହା ଏଇ ଦୁଇଦେଶ ପାଇଁ ଅଶୁଭପ୍ରଦ ହେବା ଅସମ୍ଭବ ନୁହେଁ।

୧୯୪୮ ମସିହା ଜାନୁଆରୀ ୩୦ ତାରିଖରେ ସଂଧ୍ୟା ପ୍ରାର୍ଥନାସଭାରେ ମହାତ୍ମା ଗାନ୍ଧୀ ଆତତାୟୀ ଗୁଳିରେ ପ୍ରାଣ ହରାଇଲେ। ଶ୍ରୀଶ୍ରୀଠାକୁର ଅତିମାତ୍ରାରେ ବ୍ୟଥିତ ହୋଇ କହିଥିଲେ :

> "To shoot Mahatma
> is to shoot the hearts of
> lovers of existence.
> Oh, Thou Great Tapas !
> bestow thy bliss
> with every shooting off
> the evils that obsess;
> Father the Supreme !
> pour thy grace
> on this dumb appeal of human heart."

("ମହାତ୍ମାଙ୍କୁ ଗୁଳିବିଦ୍ଧ କରିବା ହେଉଛି- ସତ୍ତାନୁରାଗୀମାନଙ୍କ ହୃଦୟକୁ ବିଦ୍ଧକରିବା, ହେ ମହା ତପସ୍ୱୀ ! ତୁମର କଲ୍ୟାଣ ପ୍ରଦାନ କରି ମଣିଷର ଅନ୍ତର୍ନିହିତ ଅମଙ୍ଗଳକୁ ଚିରକାଳ ଅବଲୁପ୍ତ କର। ହେ ପରମପିତା ! ତୁମର କରୁଣାଧାରା ମଣିଷର ମୂକ-ମୂଢ଼ ହୃଦୟରେ ସଂଚାରିତ ହେଉ।")

ଏହି ସମୟରେ ଶ୍ରୀଶ୍ରୀଠାକୁର କହିଥିଲେ - ଭାରତର ବର୍ତ୍ତମାନ ପରିସ୍ଥିତି ଯାହା ସେଥିରେ ଅନ୍ତତଃ ପାଂଚକୋଟି ସ୍ୱସ୍ତିବାହିନୀ ଯଦି ସମାଜସେବା ପାଇଁ ସର୍ବତୋଭାବରେ ସୁସଜ୍ଜିତ ହୁଅନ୍ତି ତା'ହେଲେ ସବୁଦିଗକୁ ସମ୍ଭାଳି ଦିଆଯାଇପାରେ, ନଚେତ୍ ମୁସ୍କିଲ ଅଛି। ଆଜି 'ସତ୍‌ସଙ୍ଗ' ପରମପିତାଙ୍କ ଦୟାରୁ ଏପରି ହୋଇଛି ଯେ, କେତେ ସ୍ଥାନରୁ କେତେ ସମ୍ପ୍ରଦାୟର ମଣିଷ ଏଠାରେ ଅଛନ୍ତି, କିନ୍ତୁ କେହି କାହାକୁ ପର ମନେକରେନା, ଜଣକର ବିପଦରେ ଅନ୍ୟଜଣେ ଝାମ୍ପଦିଏ, କିନ୍ତୁ କେହି କାହାର ସ୍ୱାତନ୍ତ୍ର୍ୟ ଲୋପ କରେ ନାହିଁ। ଏହିପ୍ରକାର ଆଦର୍ଶକେନ୍ଦ୍ରିକ ପାରସ୍ପରିକତା ସୁସ୍ଥ ସମାଜ ପାଇଁ ନିହାତି ଜରୁରୀ। ଏହାଛଡ଼ା କେହି ଯଦି ଗୃହସ୍ଥ ଆଶ୍ରମ ତ୍ୟାଗ କରି ବୃହତ୍ତର-ସମାଜ ପରିବାରର ସେବା ପାଇଁ ଆଗେଇ ଆସେ, ତାହେଲେ ଉନ୍ନତି ତ୍ୱରାନ୍ୱିତ ହୁଏ।

୧୯୪୮ ମସିହାରେ ଦେଓଘର ଆଶ୍ରମରେ ଛଅଜଣ ଭକ୍ତଙ୍କୁ ଶ୍ରୀଶ୍ରୀଠାକୁର 'ଯତି-ଧର୍ମ' ପାଳନ କରିବାକୁ ଉତ୍ସାହିତ କରିଥିଲେ। ଗୃହସ୍ଥାଶ୍ରମ ପାରିତ୍ୟାଗ କରି ସନ୍ନ୍ୟାସ

ଗ୍ରହଣ କରି ଜୀବନଯାପନ କରିବା ଏବଂ ସାଧନାରତ ହେବା ଥିଲା ଏହାର ମୂଳ ଉଦ୍ଦେଶ୍ୟ । ଶ୍ରୀଶ୍ରୀଠାକୁର, ସେତେବେଳେ ଦିନର ଅଧିକାଂଶ ସମୟ ଏହି ଯତିମାନଙ୍କ ସହିତ ବିତାଉଥିଲେ ଓ ସେହି ସମୟରେ ଯେଉଁ ବାଣୀଗୁଡିକ ଦେଇଥିଲେ ତାହା 'ଯତି ଅଭିଧର୍ମ' ପୁସ୍ତକରେ ସଙ୍କଳିତ ହୋଇଛି । ଏହି ଆଶ୍ରମ ତିନିବର୍ଷ ପର୍ଯ୍ୟନ୍ତ ଚାଲିଥିଲା । ଏହି ସମୟରେ ଶ୍ରୀଶ୍ରୀବଡ଼ଦାଙ୍କ ପ୍ରଚେଷ୍ଟାରେ 'ଆଲୋଚନା' (ବଙ୍ଗଳା) ମାସିକ ପତ୍ରିକା ପ୍ରଥମକରି ପ୍ରକାଶ ପାଇଲା । ଦିନେ ଅତି କରୁଣ ଭାବରେ ଶ୍ରୀଶ୍ରୀଠାକୁର କହିଥିଲେ- 'ମୁଁ ଏକଲା ପକ୍ଷୀ, ଗୋଟିଏ କୋଣରେ ବସି ନିଜ ସ୍ୱରରେ ଡାକେ, ଗାଏ, ମନକୁ ଯାହା ଆସେ, କହେ । ବୁଢ଼ା ହୋଇଗଲିଣି, ଜାଣେ ନା ଆଉ କେତେଦିନ ରହିବି ଓ ଦେଶ ଦୁନିଆର କ'ଣ କରିପାରିବି । ମୋର ବେଦନାର ଭାଗୀଦାର ଆଉ କେହି ନାହିଁ, ତାହା ହୋଇଥିଲେ ଏତେବେଳକୁ ଦେଶର ଚେହେରା ବଦଳି ଯାଇଥାନ୍ତା ।'

ଏତେ ମହାପୁରୁଷ ଆସିବା ସତ୍ତ୍ୱେ ଦେଶରେ ବା ଜଗତରେ ବିଶେଷ କିଛି ପରିବର୍ତ୍ତନ କାହିଁକି ଆସୁନାହିଁ ? ଏହି ପ୍ରଶ୍ନର ଉତ୍ତରଦେଇ ଶ୍ରୀଶ୍ରୀଠାକୁର କହିଲେ - ମହାପୁରୁଷଙ୍କୁ ଗ୍ରହଣ କରିବା ସତ୍ତ୍ୱେ ମଣିଷ ପ୍ରବୃତ୍ତିର ବନ୍ଧନରୁ ମୁକୁଳିପାରେ ନାହିଁ, ତେବେ ସେମାନେ ଆସି ଯେଉଁ ପ୍ଲାବନ ସୃଷ୍ଟି କରିଦେଇ ଯାଆନ୍ତି, ସବୁ ବିକୃତି ସତ୍ତ୍ୱେ ତାହା ଆମମାନଙ୍କୁ ସତ୍‌ପ୍ରେରଣା ଯୋଗାଏ, ଅନେକଟା ବଂଚାଏ । ଶ୍ରୀଶ୍ରୀଠାକୁର ପରିବର୍ତ୍ତନର ଆଶା ସଂଚାରିତ କରି କହିଲେ - 'ମଣିଷ ଜୀବନ ତରଙ୍ଗ ପରି । ତା ମଧ୍ୟରେ ଉଠାପଡ଼ା ଅଛି । କେତେ ଆବର୍ଜନା ବି ତା' ମଧ୍ୟରେ ଆସିଥାଏ । କିନ୍ତୁ ଜୀବନର ଇଷ୍ଟମୁଖୀ ଅର୍ଥାତ୍ ମଙ୍ଗଳମୁଖୀ ସ୍ରୋତ ଯଦି ଅବ୍ୟାହତ ଥାଏ, ତାହାହେଲେ ସେଇ ସବୁକିଛିକୁ ନେଇ ମଧ୍ୟ ମଣିଷ ତାର ଗନ୍ତବ୍ୟ ପଥରେ ଅଗ୍ରସର ହୋଇପାରେ'।

ଗତ ବାରବର୍ଷ ଧରି ପ୍ରତିବର୍ଷ ଚାରିଥର ଋତ୍ୱିକ୍ ସମ୍ମିଳନୀ ହୋଇ ଆସୁଥିଲେ ସୁଦ୍ଧା, ଶ୍ରୀଶ୍ରୀଠାକୁର ଏଥିରେ କେବେ ଭାଷଣ ଦେଇ ନଥିଲେ । ତାଙ୍କର ପ୍ରଥମ ଐତିହାସିକ ଭାଷଣ ଥିଲା ୧୯୫୦ ମସିହା ଜାନୁଆରୀ ଦୁଇ ତାରିଖ, ଋତ୍ୱିକ୍ ସମ୍ମିଳନୀରେ । ସେଦିନ ଶ୍ରୀଶ୍ରୀଠାକୁର କହିଥିଲେ -

"ମୁଁ ଯେଉଁ ଧର୍ମର କଥା କହିଛି, ଯେଉଁ ଜୀବନର କଥା କହିଛି, ଯେଉଁ କର୍ମର କଥା କହିଛି, ଆପଣମାନଙ୍କର ପ୍ରତ୍ୟେକଙ୍କୁ ସେଥିରେ ଅଟୁଟ ଏକନିଷ୍ଠ ହୋଇ ତଦ୍ରୂପ ରୂପାୟିତ ହେବାକୁ ହେବ । ଆମ୍ଭେମାନେ ଆଜି ବହୁ ହୋଇ ପଡ଼ିଛେ । କର୍ମୀ ଯେଉଁ କେତେଜଣ ଅଛନ୍ତି, ସେମାନଙ୍କର ସବୁ କାର୍ଯ୍ୟ manage(ପରିଚାଳନା) କରିବା ମୁସ୍କିଲ । ଚାଳିଶ-ପଚାଶ ଜଣ ଏଭଳି ଲୋକ ଆବଶ୍ୟକ, ଯେଉଁମାନେ lead କରି ପାରନ୍ତି, ଦାୟିତ୍ୱ ନେଇ ପରିଚାଳନା କରି ପାରନ୍ତି, ତାହାହେଲେ ହିଁ ଗୋଟିଏ ଶକ୍ତି ହୋଇଉଠିବେ ସବୁଟା ମିଳି ।

ମୁଁ ଯାହା କହିଛି, ନ କରିଲେ ବିଧ୍ୱସ୍ତିର କବଳରେ ପଡିବାକୁ ହେବ । ତେଣୁ ସମୟ ଅନୁସାରେ ସବୁ କିଛି ମୂର୍ତ୍ତ କରି ତୋଳିବାକୁ ହେବ, ଯେପରି ଦେଶର ଗୋଟିଏ କୋଣରେ ବି ଜଣେ ଅଦୀକ୍ଷିତ ନ ରହେ । ଯା କହିଛି, ପ୍ରତି ପଦକ୍ଷେପରେ ଯେପରି ସେ ସତ୍ୟର

ଔଜ୍ଜ୍ୱଲ୍ୟ ଫୁଟି ଉଠେ, ତୁମମାନଙ୍କର ଜୀବନରେ ସତ୍ତା ରଙ୍ଗୀନ ହୋଇଉଠେ, ସେପରିଭାବରେ ଚାଲିବାକୁ ହେବ । ନୀତିଗୁଡ଼ିକ କେବଳ କଥାରେ ରହିଲେ ଚରିତ୍ର ରଙ୍ଗିନ୍ ହୁଏ ନାହିଁ, ତେଣୁ ଆଶୀର୍ବାଦ ବି ବିକିରଣ କରି ପାରେନା, ତା ପ୍ରତ୍ୟେକର ଅନ୍ତରରେ ।

ଆମ୍ଭମାନଙ୍କ ଭିତରେ ଦୀକ୍ଷିତ ଯେଉଁମାନେ ଅଛନ୍ତି, ଯେଉଁମାନେ ଏହି ନୀତି ଅନୁସରଣ କରି ଚଳିବାରେ ସଚେଷ୍ଟ, ସେମାନେ ସାଧାରଣ ମଣିଷଠାରୁ ଅନେକ ଉନ୍ନତ । ଭଲଭାବେ lead (ପରିଚାଳିତ) ହେଲେ ଏମାନେ ଯାହା achieve (ଆୟତ୍ତ) କରି ପାରନ୍ତେ, ତାର ତୁଳନା ହୁଏନା । ମୁଁ ଖୁବ ଆଶାବାଦୀ । ଏମାନଙ୍କୁ ଦେଖି ମୁଁ ସୁଖୀ । ଏମାନଙ୍କର ସହାନୁଭୂତି, ସହଯୋଗିତା, sacrifice (ତ୍ୟାଗ), ଆପ୍ରାଣତା, ସେବା, ନିଷ୍ଠା ଅସାଧାରଣ । ତେବେ ଖେତ ବହୁତ, କୃଷକ କମ । Leading man (ପରିଚାଳକ) ଆବଶ୍ୟକ, ଯାହାକୁ କୁହାଯାଏ, ନେତା ।

Fundamental thing (ମୂଳକାର୍ଯ୍ୟ) ହେଲା ଦୀକ୍ଷା । ଦେଶର କୌଣସି କୋଣରେ ଜଣେ ହେଲେ ଯେପରି ଅଦୀକ୍ଷିତ ନ ରହେ । ଦୀକ୍ଷା ଯେତେ ବଢ଼ିବ ଏବଂ properly led(ପ୍ରକୃଷ୍ଟରୂପେ ଚାଳିତ) ହେବେ ଏମାନେ ଯେତେ, ସେତେ ଆସିବ ସଂହତି, ଶକ୍ତି, ସାମର୍ଥ୍ୟ ।

ସଂକଳ୍ପ ଅନୁସାରେ କାର୍ଯ୍ୟ ନ କଲେ ଯୋଗ୍ୟତା କମିଯାଏ । ସବୁ ସଂକଳ୍ପକୁ materialise (ବାସ୍ତବାୟିତ) କରିବାକୁ ହେବ । ସେଥିରେ ଦକ୍ଷତା ଉଚ୍ଛଳ ହୋଇ ଉଠିବ ।

ଗୃହସ୍ଥ ମଣିଷକୁ educated (ଶିକ୍ଷିତ) କରିବାକୁ ହେଲେ ଆବଶ୍ୟକ ଶ୍ରମଣ । ଶ୍ରମଣ ଯେଉଁମାନେ ସେମାନେ ନିଜ ନିଜର ସବୁକିଛି ଆକର୍ଷଣ ଛାଡ଼ି, ଏମାନଙ୍କୁ ହିଁ ନିଜର କରିନେଇ ଚାଲିବେ । ପଛଟାଣ ରହିଲେ, ଏତେ ହୋଇ ହୁଏନା । ପଛଟାଣ ଥିଲାବାଲାଙ୍କ ପାଇଁ ଏମାନଙ୍କର (ଦୀକ୍ଷିତ) ଦରକାର ଯଦ୍ଦ୍ୱାରା ସୁସ୍ଥ ସାମର୍ଥ୍ୟବାନ ଗୃହସ୍ଥ ହୋଇ ପାରନ୍ତି ସମସ୍ତେ ।

ଏବେ ସୁଦ୍ଧା, କୃଷ୍ଟିବାନ୍ଧବ ତିନି ହଜାର ହେବା ଉଚିତ ଥିଲା, ହୋଇନାହିଁ କାରଣ ଆମ୍ଭମାନଙ୍କର ଶୈଥିଲ୍ୟ । ପରିବେଷଣ ଆବଶ୍ୟକ । ପରିବେଷଣ କରିବାକୁ ହେବ ସୁନ୍ଦର ଭାବରେ, ବାରମ୍ବାର ପ୍ରତ୍ୟେକଙ୍କ ମନ ପାଖରେ, କାନ ପାଖରେ, କୋଣ-ଅନୁକୋଣରେ, ସତ୍ତା-ସମ୍ବର୍ଦ୍ଧନାରେ, ଏହି ପରମ ଅମୃତ । ତେବେହିଁ ମୃତ୍ୟୁକୁ, ବିଧ୍ୱସ୍ତିକୁ ଅତିକ୍ରମ କରି ହେବ ।

ଏହା କରିବା ଶକ୍ତ କିଛି ନୁହେଁ । କଲେ ହିଁ ହୁଏ । ଉଦଗ୍ରୀବ ସକ୍ରିୟ ଆକାଂକ୍ଷା ନେଇ ଯଦି ଚଲୁ ଏବଂ ନିକ୍ଷେପ କରୁ ପ୍ରତ୍ୟେକଙ୍କ ପାଖରେ, ତେବେ ଆମ୍ଭେମାନେ ପାରି ଉଠିବା ।

ନାମଧ୍ୟାନ ଠିକଭାବେ ନ କଲେ, ଅଚ୍ୟୁତ ଏକନିଷ୍ଠ ନ ହେଲେ, ହେବ ନାହିଁ । ମଣିଷ ଦେଖିବାକୁ ଚାହେଁ ଏପରି ଗୋଟିଏ ମଣିଷ ଯାହାକୁ ଦେଖି ତାର ଉତ୍ସାହ, ଆନନ୍ଦ, ସଦାଚାର, ଇଷ୍ଟନିଷ୍ଠା ଜାଗିଉଠେ ।

ଯଜନ, ଯାଜନ, ଇଷ୍ଟଭୃତି ଉପରେ ହିଁ ସବୁ । ଆମ୍ଭେମାନେ ଚାହୁଁ ଉଠିବାକୁ, ବଡ଼ ହେବାକୁ, ଦେବଜାତି ହେବାକୁ, ଦିନେ ଯେପରି ଆମେ ଥିଲୁ । କାହାକୁ କୌଣସି ବିଷୟରେ ଦରିଦ୍ର କରି ଆମେ ରଖିବାକୁ ଚାହୁଁ ନା । ଆମ୍ଭେମାନେ ଚାହୁଁ, ପ୍ରତ୍ୟେକ ପରମପିତାଙ୍କ ଐଶ୍ୱର୍ଯ୍ୟରେ ଐଶ୍ୱର୍ଯ୍ୟଶାଳୀ ହୋଇଉଠନ୍ତୁ ।

ଝିଅମାନେ, ସେମାନଙ୍କର jurisdiction (ପରିସର)ରେ ଯାହା କରଣୀୟ, କରିବେ ପ୍ରୀତିର ସହିତ, ସଦାଚାରର ସହିତ, ସୌହାର୍ଦ୍ଦ୍ୟର ସହିତ । ସେମାନଙ୍କୁ ସେହି ପ୍ରକାର ଯାଜନ କରିବାକୁ ପଡିବ । ଯାଜନ ମାନେ ସତ୍‌କଥାରେ, ସତ୍‌କର୍ମରେ ମଣିଷକୁ ଉଦ୍ଦୀପ୍ତ କରିତୋଳିବା, ଇଷ୍ଟନିଷ୍ଠ କରିତୋଳିବା । ତାହା ସମସ୍ତେ ହିଁ କରିବେ ।

ସତ୍‌କଥା ଓ ସତ୍‌କର୍ମରେ ଅତୁଟ ଇଷ୍ଟନିଷ୍ଠ କରି ତୋଳିବା ହିଁ ଯାଜନର ପ୍ରାଣ ।

ସେହି ଜାନୁୟାରୀ ମାସରେ ଶ୍ରୀଶ୍ରୀଠାକୁର ସତ୍‌ସଙ୍ଗର ଉଦ୍ଦେଶ୍ୟ କଣ, ଏହାକୁ ଗୋଟିଏ ବାଣୀ ମାଧ୍ୟମରେ ସ୍ପଷ୍ଟ କରିଥିଲେ ।

"ସତ୍‌ସଙ୍ଗ" ଚାହେଁ ମଣିଷ -
ଈଶ୍ୱର ହିଁ କୁହ -
ଖୋଦା ହିଁ କୁହ -
ଭଗବାନ ବା God ହିଁ କୁହ -
ଅସ୍ତିତ୍ୱ ହିଁ କୁହ -
ଭୂତ-ମହେଶ୍ୱର ଯିଏ ଏକ, ତାଙ୍କରି ନାମରେ,
ବୁଝେନା ସେ -
ଉଦ୍ଧାତାର ନାମରେ
ପ୍ରେରିତ ଓ ଅବତାର-ପୁରୁଷମାନଙ୍କ ନାମରେ
ଗଣ୍ଡି ଟାଣି
ପ୍ରତ୍ୟେକଙ୍କ ବିରୋଧରେ
ଅନ୍ୟମାନଙ୍କଠାରୁ
ନିଜକୁ ଗଣ୍ଡିନିପୀଡ଼ିତ କରି
ପାରସ୍ପରିକ ସହଯୋଗିତାରେ
ନିବଦ୍ଧ କରି
ଆତ୍ମଘାତୀ ଆମନ୍ତ୍ରଣରେ
ଗଣ ବିପର୍ଯ୍ୟୟୀ ବ୍ୟାହୃତିକୁ ସୃଷ୍ଟି କରି -
ଏହିପରି କେହି ବା କିଛିକୁ -
ସେ ହିନ୍ଦୁ ହିଁ ହେଉ -
ମୁସଲମାନ ହିଁ ହେଉ -
ଜୈନ, ଶିଖ ବା ବୌଦ୍ଧ ହିଁ ହେଉ,

ଖ୍ରୀଷ୍ଟାନ୍ ହିଁ ହେଉ,
ବା ଆଉ ଯାହାକିଛି ହେଉ;
ସେ ବୁଝେ ପ୍ରତିପ୍ରତ୍ୟେକ ତାଙ୍କରି ସନ୍ତାନ,
ସେ ଆନତ କରି ତୋଳିବାକୁ ଚାହେଁ ସକଳଙ୍କୁ
ସେହି ଏକରେ,
ସେ ପାକିସ୍ତାନ ବି ବୁଝେନା
ହିନ୍ଦୁସ୍ଥାନ ବି ବୁଝେନା
ରୁଷିଆବି ବୁଝେନା, ଚାଇନା ବି ବୁଝେନା
ଇଉରୋପ, ଆମେରିକା ବି ବୁଝେନା
ସେ ଚାହେଁ ମଣିଷ,
ସେ ଚାହେଁ ପ୍ରତ୍ୟେକଟି ଲୋକ -
ସେ ହିନ୍ଦୁ ହିଁ ହେଉ -
ମୁସଲମାନ ହିଁ ହେଉ -
ଖ୍ରୀଷ୍ଟାନ୍ ହିଁ ହେଉ,
ବୌଦ୍ଧ ହିଁ ହେଉ,
ବା ଯିଏ ଯାହା ହେଉ ନା କାହିଁକି -
ଯେପରି ସମବେତ ହୁଅନ୍ତି ତାଙ୍କରି ନାମରେ
ପଞ୍ଚବର୍ହିର ଉଦାତ୍ତ ଆହ୍ୱାନରେ-
ଅନୁସରଣରେ - ପରିପାଳନରେ -
ପାରସ୍ପରିକ ସହୃଦୟୀ ସହେଯାଗିତାରେ -
ଯାହା ଦେଇ ଖଟିଖାଟି ପ୍ରତ୍ୟେକ
ଦୁଇଟା ଖାଇ ପିନ୍ଧି ବଂଚି ପାରନ୍ତି,
ସତ୍ତା-ସ୍ୱାତନ୍ତ୍ର୍ୟକୁ ବଜାୟ ରଖି, ସମ୍ବର୍ଦ୍ଧନାର ପଥରେ ଚାଲି,
ପ୍ରତ୍ୟେକଟି ମଣିଷ ଯେପରି ବୁଝିପାରେ -
ପ୍ରତ୍ୟେକେ ହିଁ ତାର
କେହି ଯେପରି ନ ବୁଝି ପାରେ
ସେ ଅସହାୟ, ଅର୍ଥହୀନ, ନିରାଶ୍ରୟ,
ପ୍ରତ୍ୟେକଟି ଲୋକ ଯେପରି ବୁକୁ ଫୁଲାଇ
କହିପାରେ-
ମୁଁ ସମସ୍ତଙ୍କର -
ମୋର ସମସ୍ତେ -
ସକ୍ରିୟ ସାହଚର୍ଯ୍ୟୀ ଅନୁରାଗ ଉନ୍ମାଦନାରେ;
ସେ ଚାହେଁ ଗୋଟିଏ ପରମ ରାଷ୍ଟ୍ରିକ ସମବାୟ -

ଯେଉଁଥିରେ କାହାରି ବି ସତ୍-ସମ୍ବର୍ଦ୍ଧନାରେ
ଏତେଟିକିଏ ବି ତ୍ରୁଟି ନ ରହେ,
-ଅବାଧ ହୋଇ ଚାଲି ପାରନ୍ତି ପ୍ରତିପ୍ରତ୍ୟେକେ
ଏଇ ଦୁନିଆର ବୁକୁରେ
ଏକ ସହଯୋଗିତାରେ
ଆତ୍ମୋନ୍ନୟନୀ ଶ୍ରମକୁଶଳ
ସେବା ସମ୍ବର୍ଦ୍ଧନା ନେଇ -
ପାରସ୍ପରିକ ପରିପୂରଣୀ ସଂହତି-ଉତ୍ସାରଣାରେ
-ଉତ୍କର୍ଷୀ ଅନୁପ୍ରେରଣାରେ ସନ୍ଦୀପ୍ତ ହୋଇ
ସେହି ଆଦର୍ଶପୁରୁଷଙ୍କଠାରେ
ସାର୍ଥକ ହେବାକୁ ସେହି ଏକ ଅଦ୍ୱିତୀୟରେ ।”

୧୯୫୦ ମସିହା ଫେବୃୟାରୀ ମାସ ୧୨ ତାରିଖରେ ଶ୍ରୀଶ୍ରୀଠାକୁର ଯତି-ଆଶ୍ରମ ପ୍ରାଙ୍ଗଣରେ ସାଗୁଆନ ଗଛ ତଳେ ଆସି ବସିଲେ । ସକାଳ ପ୍ରାର୍ଥନା ପରେ ମାଇକ ସାମନାରେ ବସି ଯେଉଁ ଓଜସ୍ୱୀ ଭାଷଣ ଦେଇଥିଲେ ତାହାକୁ ପାଠକଙ୍କୁ ଅବଗତ କରାଇବା, ନିହାତି ଉଚିତ ମନେକରୁ ।

- “ଆମେ ପ୍ରାର୍ଥନା କରୁ କାହିଁକି ? ପ୍ରାର୍ଥନାର ମୂଳ କଥାଟି ହେଲା ସଂକଳ୍ପ-ଉଦ୍ଦୀପ୍ତ ହେବା । ସଂକଳ୍ପ ଉଦ୍‌ଯାପନ ପାଇଁ ଯେପରି ଭାବିବାକୁ ହୁଏ, କହିବାକୁ ହୁଏ, କରିବାକୁ ହୁଏ, ଆବେଗ-ଆଗ୍ରହକୁ ଉଦ୍‌ବୁଦ୍ଧ କରି ଆପ୍ରାଣ ସମ୍ବେଗରେ ତାହା କରିବାକୁ ହିଁ କୁହାଯାଏ ପ୍ରାର୍ଥନା । ଉନ୍ମାଦନା ନାହିଁ, ଭାବ ନାହିଁ, ଆଗ୍ରହ ନାହିଁ- ସଂକଳ୍ପ ସେଠାରେ ସଫଳ ହୁଏ କମ । Determination ଯଦି ପକ୍କା ନହୁଏ, ଭାବ ଯଦି ଗଭୀର ନ ହୁଏ, ତା ସୁସିଦ୍ଧ ହୁଏ ନା । ପ୍ରାର୍ଥନା କରିବାର ମାନେ ତ ତାହାହିଁ । ସେହି ସଂକଳ୍ପ ଓ ଭାବକୁ ପକ୍କା କରି ସେହି ପଥରେ ଚାଲିବା ।

ଆଜି ଆମର ସମସ୍ୟା ଦୁରୂହ । ଦେଶର ଏପରି ପରିସ୍ଥିତି ଆସିପାରେ, ସେଥିପାଇଁ ମୁଁ ଆଗେହିଁ କହିଥିଲି, ଆମ୍ଭମାନଙ୍କର ପ୍ରସ୍ତୁତ ରହିବା ଦରକାର, ଯେପରି ଦୁଃଖ, ଦୈନ୍ୟ, ଦୁର୍ବିପାକରୁ ବଂଚାଇ ପାରୁ ମଣିଷକୁ । ସ୍ୱସ୍ତିବାହିନୀର କଥା କହିଥିଲି । ଯଥୋପଯୁକ୍ତ training ନେଇ ସଂହତ ସାମର୍ଥ୍ୟରେ ଯେପରି ସେମାନେ ଛିଡ଼ା ହୋଇ ହିନ୍ଦୁ-ମୁସଲମାନ-ଖ୍ରୀଷ୍ଟିୟାନ ସମସ୍ତଙ୍କୁ ବଂଚାଇ ପାରନ୍ତି ଏଇ ଦୁର୍ବିପାକରୁ ।

ଆଉ ଗୋଟିଏ କଥା । ଆମ୍ଭମାନଙ୍କର ସ୍ଥିତି ଏବେବି ଠିକ ହୋଇ ନାହିଁ । ଜମି କେତେ ଜାଗାରେ କିଣା ହୋଇଛି ଠିକ, କିନ୍ତୁ ଅଚିରେହିଁ ଆମ୍ଭମାନଙ୍କୁ ଗୋଟିଏ ସୁସ୍ଥ ସଂସ୍ଥା ଗଢ଼ି ତୋଳିବାକୁ ହେବ । ସେଠାରେ ଏପରିକି ଦରିଦ୍ରତମ ପର୍ଣ୍ଣକୁଟୀରବାସୀ ପର୍ଯ୍ୟନ୍ତ ତା ଅନୁଯାୟୀ ବସବାସର ସୁଯୋଗ-ସୁବିଧା ଯେପରି ପାଏ, ସେହିପରି ଭାବରେ ଆମ୍ଭମାନଙ୍କୁ ପ୍ରସ୍ତୁତ ହେବାକୁ ହେବ । ପ୍ରତ୍ୟେକର ଜୀବନ ଧାରଣ ଓ ଜୀବିକା-ସଂସ୍ଥାନର ଉପଯୋଗୀ

ବ୍ୟବସ୍ଥା ଓ କାର୍ଯ୍ୟକ୍ରମ ସେଠାରେ ସହଜଭାବରେ ଯେପରି ଗଢ଼ିଉଠେ ସେ ଦିଗରେ ନଜର ଦେବାକୁ ହେବ। ଏଇ କାମରେ ଗଭର୍ଣ୍ଣମେଣ୍ଟର ସାହାଯ୍ୟ ଉପରେ ପ୍ରତ୍ୟାଶା କରି ବସି ରହିଲେ ହେବ ନାହିଁ। ତାହା ଦ୍ୱାରା ଯୋଗ୍ୟତା ହରାଇବ। ଆମକୁ ହିଁ କରିବାକୁ ହେବ ଯାହା କରଣୀୟ।

କୃଷ୍ଟିବାନ୍ଧବ (ପ୍ରକଳ୍ପ) ଏତେଦିନ ଭିତରେ ହେବା ଉଚିତ ଥିଲା। ପ୍ରତ୍ୟେକର ନିକଟରେ ଯଦି ଆମ କଥା ପହୁଁଚାଇ ଦେଇ ପାରିଥାନ୍ତୁ, ତାହେଲେ ମଣିଷ ଭାବି ପାରିଥାନ୍ତା, ବୁଝି ପାରିଥାନ୍ତା ଏବଂ କରି ପାରିଥାନ୍ତା ସେହିପରି। ତାହା ନ କରି କ୍ଷତି କରିଛୁ ଜନଗଣର, ଆତ୍ମମାନଙ୍କର ମଧ୍ୟ।

ଆମକୁ ଶ୍ରଦ୍ଧାର୍ହ ଚଳନରେ ଚାଲିବାକୁ ହେବ। ଶ୍ରଦ୍ଧାର୍ହ ଚଳନ ମାନେ ସେହିପରି ଚାଲିବା ଯାହାଦ୍ୱାରା ମଣିଷ ଶ୍ରଦ୍ଧା କରି ସୁଖୀ ହୁଏ, ତୃପ୍ତ ହୁଏ, ଆନନ୍ଦିତ ହୁଏ। ଆମର ବ୍ୟବହାରରେ ମଣିଷକୁ ସୁସ୍ଥ, ଦୀପ୍ତ, ସୁଖୀ, ସମ୍ବର୍ଦ୍ଧିତ, ସେବା-ପରାୟଣ କରି ତୋଳିବା ଦରକାର। ଏହାର ମୂଳକଥା ଅଚ୍ୟୁତ ଇଷ୍ଟନିଷ୍ଠା। ସେଥିରେ ତ୍ରୁଟି କରି ଇଷ୍ଟାନୁରାଗର କପଟତା ଦେଖାଇ ଚାଲିଲେ ଶ୍ରଦ୍ଧାର୍ହ ଚଳନରେ ତ୍ରୁଟି ଆସିଯାଏ। ତାହାଦ୍ୱାରା ମଣିଷ ଇଷ୍ଟନିଷ୍ଠ ହୁଏ ନା, integrated ହୁଏ ନା, ସଂହତି ଦୁର୍ବଳ ହୁଏ। ଲୋକ ଜାଣିବାକୁ ଚାହେଁ, ଉନ୍ନତ ହେବାକୁ ଚାହେଁ, ଛୋଟ ହୋଇ ରହିବାକୁ କେହି ଚାହେଁ ନା, କିନ୍ତୁ messenger, ଋତ୍ୱିକ୍ -ଯେଉଁମାନେ represent କରିବେ ଜୀବନର ପଥ, ଉନ୍ନତିର ଆଲୋକ, ସେମାନେ ଯଦି ସେହିପରି ହୁଅନ୍ତି, ତେବେ ତ ? ମଣିଷ ନିଜେ ନିଜେ ଶିକ୍ଷିତ ହୋଇ ପାରେନା। ଶିକ୍ଷିତ ହେବାକୁ ହେଲେ ଉପଯୁକ୍ତ ଶିକ୍ଷକ ଲାଗେ। ଶ୍ରଦ୍ଧାର୍ହ ଚରିତ୍ରଯୁକ୍ତ ସେପରି ଶିକ୍ଷକ ଯଦି ଥାଏ ତା' ପ୍ରତି ଶ୍ରଦ୍ଧାର ଭିତରଦେଇ ମଣିଷ ଆପେ ଆପେ ଶିକ୍ଷା ପାଏ।

ଗଭର୍ଣ୍ଣମେଣ୍ଟର ଯେପରି minister ଦରକାର, officer ଦରକାର, ପ୍ରତ୍ୟେକ family ରେ ବି ସେପରି ଦରକାର। Familyର ମଧ୍ୟରେ କେହି ରହିବା ଦରକାର integrating crystallising agent, ଆଉ ତା' ଉପରେ ରହିବ ଋତ୍ୱିକ୍ -ministering agent, ଏମାନେ ମିଶି ଗୋଟିଏ family କୁ ପଡ଼ିଯିବାକୁ ଦେବେ ନାହିଁ। ବୁଦ୍ଧି, ପରାମର୍ଶ, ସେବା, ସାହାଯ୍ୟ, ସାହଚର୍ଯ୍ୟ ଦେଇ ପ୍ରତ୍ୟେକ family କୁ ଉଦ୍‌ବର୍ଦ୍ଧନର ପଥରେ ତୋଳି ଧରିବେ, ପତନ ଅସମ୍ଭବ କରି ତୋଳିବେ।

ମା', ବାପା ପରସ୍ପର ପରସ୍ପରର ପ୍ରତି ଯଦି ସକ୍ରିୟ ସେବା-ସମ୍ବର୍ଦ୍ଧନୀ ପ୍ରୀତି-ଉଦ୍ଦୀପନୀ ଭାବ ନେଇ ଚାଲନ୍ତି, ତେବେ ସଂସାର ସ୍ୱର୍ଗ ହୋଇଉଠେ। ସେପରି ହେଲେ ଜନ୍ମ ହୁଅନ୍ତି, ଗୋଟିଏ ଗୋଟିଏ ଦେବସନ୍ତାନ, ଉତ୍ତମ ଜୈବୀ-ସଂସ୍ଥିତି ନେଇ। ସେହି ସଂସ୍ଥିତିର କାରଣରୁ ସେମାନେ ଜନ୍ମଠାରୁ ହିଁ ଭଲଟା ଧରି ପାରନ୍ତି, ଚାଲି ପାରନ୍ତି ସେଇ ପଥରେ। ସମାଜର ରୂପ ବଦଳି ଯାଏ।

ଆଉ, ଝିଅମାନଙ୍କୁ ଏଭଳି training ଦେବାକୁ ହେବ ଯେ ଉଚ୍ଚ ଦିଗ ଛଡ଼ା ନୀଚଦିଗରେ ସେମାନଙ୍କର ମନ ଯେପରି ନ ଯାଏ। ଝିଅକୁ କେବେବି ନୀଚ ଘରେ ବିବାହ

ଦିଅନ୍ତୁ ନାହିଁ। ତାର ବ୍ୟକ୍ତିଗତ ପ୍ରକୃତି ଓ କୁଳ-ସଂସ୍କୃତିର ପରିପୂରଣୀ ସର୍ବାଂଶରେ ଶ୍ରେୟ ଉଚ୍ଚ ଘରର ଇଷ୍ଟନିଷ୍ଠ ପିଲାର ହାତରେ ତାକୁ ଦେବା ଉଚିତ।

ଛାତ୍ରମାନଙ୍କ କ୍ଷେତ୍ରରେ ସେହି ଏକ କଥା। ସେମାନେ ଇଷ୍ଟାନୁଗ ଚଳନରେ ଯଦି ଚାଲନ୍ତି, ଶିକ୍ଷକଙ୍କଠାରେ ଶ୍ରଦ୍ଧା-ସେବା ନେଇ ଯଦି ଶିଖନ୍ତି, ତେବେ ତା' ସତ୍ତାରେ ଗୁନ୍ଥି ହୋଇଯାଏ। ତା' ବାଦ୍ ଦେଇ ଯେଉଁ ଶିକ୍ଷା ତା' କେନ୍ଦ୍ରାୟିତ ହୋଇ ଉଠେନା, meaningfully adjusted ହୁଏ ନା। ତା' କଲଗାଉଣା ରେକର୍ଡ ଛଡା ଆଉ କିଛି ନୁହେଁ।

ଘରେ ଘରେ କୁଟୀରଶିଳ୍ପର ପ୍ରବର୍ତ୍ତନ କରିବାକୁ ହେବ। ଏହାଦ୍ୱାରା ମଣିଷ ସ୍ୱାବଲମ୍ବୀ ହୋଇଉଠେ ଏବଂ ଘରେ ଏସବୁ ଦେଖି ପିଲାମାନେ ବି ଶିଖନ୍ତି। ସେତେବେଳେ କାହାକୁ ବି ଗଳଗ୍ରହ ବା dependant ହେବାକୁ ପଡ଼େ ନା। କେବଳ ଆୟର ଦିଗରୁ ନୁହେଁ, ଏଥିରେ inventive genius ବି ବଢ଼ି ଉଠେ। ଆହୁରି ସୁନ୍ଦର, ଆହୁରି ଭଲ, ଆହୁରି ଉପଯୋଗୀ କଣ କଣ ଉତ୍ପାଦନ କରି ଦେଶର ଅଭାବ ପରିପୂରଣ କରାଯାଏ ସେଇ ବୁଦ୍ଧିହିଁ ମଥାରେ ଖେଳେ। ଆଉ ଏଇ ସେବା ଫଳରେ ଆଶୀର୍ବାଦସ୍ୱରୂପ ଯେଉଁ ପଇସାଟା ମଣିଷ ପାଏ ସେଥିରେ ପାଏ ଗୋଟାଏ ଆତ୍ମପ୍ରସାଦ।

ଶିଳ୍ପ ବା କର୍ମପ୍ରଚେଷ୍ଟାର ଉନ୍ନତି ପାଇଁ ବି ଦରକାର ପାରିବାରିକ ଶାନ୍ତି। ସ୍ତ୍ରୀ-ପୁରୁଷ ମଧ୍ୟରେ ଯେତେ ବିରୋଧ ହୁଏ ସେତେ ଆସେ ଅଶାନ୍ତି। ସ୍ତ୍ରୀ ସ୍ୱାମୀକୁ ଭଲପାଇବ, ସ୍ୱାମୀ ବି ସ୍ତ୍ରୀକୁ ଭଲପାଇବ -ଇଷ୍ଟାନୁଗ ପଥରେ। ମନର ସେବା ନ କରି ବାହାରର ସେବା କରିବାରେ ଶାନ୍ତି ହୁଏ ନା। ଏହା କେବଳ ସ୍ୱାମୀ-ସ୍ତ୍ରୀ କ୍ଷେତ୍ରରେ ହିଁ ନୁହେଁ। ପରିବାରରେ ପରସ୍ପର ପରସ୍ପରର ମନକୁ ଫୁଲ୍ଲ କରି ବାହ୍ୟିକ ସେବା ଯଦି କରେ ତେବେ ପରିବାରର ସମସ୍ତଙ୍କର ମଧ୍ୟରେ ହିଁ ଗୋଟାଏ ପ୍ରୀତି ପ୍ରଫୁଲ୍ଲ ଭାବ ବିରାଜ କରେ। ଆଉ ଗୋଟିଏ ଜିନିଷ। ସେବା କରିବାକୁ ଯାଇ ସମ୍ଭ୍ରାନ୍ତ ଦୂରତ୍ୱ ବଜାୟ ରଖିବାକୁ ହୁଏ। ସେବା କରିବାକୁ ଯାଇ କାହା ସହିତ ଘଷିହେବା ଭଲ ନୁହେଁ। ଯା' ସହିତ ଯେଉଁଠି ଯେଭଳି ଦରକାର ସେଠାରେ ସେଭଳି ଚାଲିବା-କହିବା-କରିବା ଉଚିତ। ମାତ୍ରା ଲଂଘନ ଭଲ ନୁହେଁ। ଏହା ସ୍ୱାମୀ-ଆତ୍ମୀୟସ୍ୱଜନ ଯିଏ ହିଁ ହୁଅନ୍ତୁ ନା କାହିଁକି, ସମସ୍ତଙ୍କର ସେବାର ବେଳରେ ହିଁ ସ୍ମରଣ ରଖିବାକୁ ହେବ।

ଦେଶ-ଦେଶରେ ଆଜି ଶାନ୍ତିର କଥା। ଶାନ୍ତି ପାଇଁ କେତେ ପ୍ରସ୍ତାବ ଓ ପରିକଳ୍ପନା ରଚିତ ହେଉଛି। କିନ୍ତୁ ସେ ପ୍ରୟାସର ମୂଳ ନାହିଁ। ତା ବ୍ୟର୍ଥ ହେବହିଁ। ସକ୍ରିୟ ଏକାତ୍ମାନୁଭୂତି ସାନୁକମ୍ପିତା - sentiment ଯେତେ condensed କରି ସେଥିରେ ସମସ୍ତଙ୍କୁ କେନ୍ଦ୍ରାୟିତ କରି ତୋଳିପାରିବ, ସେତେହିଁ ଶାନ୍ତି ଆଗେଇ ଆସିବ। ଅର୍ଥାତ୍ ପୂରୟମାଣ ଜୀବନ୍ତ ମହାପୁରୁଷଙ୍କଠାରେ actively concentric (ସକ୍ରିୟଭାବେ କେନ୍ଦ୍ରାୟିତ) ହୋଇ ପାରସ୍ପରିକ ସହଯୋଗୀ ସମବେଦନାରେ ପ୍ରତ୍ୟେକ ମଣିଷ ପ୍ରତ୍ୟେକ ମଣିଷର active interest (ସକ୍ରିୟ ଅନ୍ତରାସ) ଯେତେ ହୋଇ ଉଠିବେ, ଶାନ୍ତି ସେତେ ସ୍ୱତଃ ହୋଇ ଉଠିବ।

ଆମ୍ଭେମାନେ ହିଁ ଶାନ୍ତିସଂସ୍ଥାପକ ହୋଇପାରୁ ଯଦି ଗୋଟାଏ ବ୍ୟାପକଭାବରେ ସଂଗଠନ କରିପାରୁ। ନ କରିଲେ ହେବ ନାହିଁ। ଯେଉଁ ସମ୍ପ୍ରଦାୟ, ଯେଉଁ ସଂସ୍ଥା ଏଭଳି କରି ଚାଲିବେ ସେଇମାନେହିଁ ପାରିବେ। ଆମେ ବି ପାରିବୁ ଯେତେ rapidly (ଶୀଘ୍ର), ଯେତେ ସୁଦୃଢ଼ ଓ ସୁଷ୍ଠୁଭାବେ କରିବୁ। ଆମ୍ଭେମାନେ କରିନାହୁଁ। ଆମ୍ଭେମାନେ ଶୁଣିଛୁ ବହୁତ, କରିନାହୁଁ କିଛି। ସ୍ୱସ୍ତିବାହିନୀର କଥା କେତେ ଆଗରୁ ମୁଁ କହିଥିଲି । ଏଇ peace army volunteers ଯଦି ସମୟ ଅନୁସାରେ organised (ସଂଗଠିତ) ହୋଇଥାନ୍ତା ତେବେ ଆମେ ଉପକୃତ ହୋଇଥାନ୍ତୁ। ଆମ୍ଭମାନଙ୍କ ସହିତ ଆମ ଦେଶ, ସମାଜ, ରାଷ୍ଟ୍ର ଉପକୃତ ହୋଇଥାନ୍ତା। Internal peace (ଆଭ୍ୟନ୍ତରୀଣ ଶାନ୍ତି) ନିଜେ ନିଜେହିଁ ବଜାୟ ରଖି ପାରିଥାନ୍ତେ।

ଆମ୍ଭମାନଙ୍କର କେତେଗୁଡ଼ିଏ leaders, ସନ୍ୟାସୀ ଦରକାର, ଯେଉଁମାନେ ଆପ୍ରାଣ ଇଷ୍ଟପ୍ରାଣ ହୋଇ ଲୋକସେବା କରିବେ। କେତେଗୁଡିଏ initiates (ଦୀକ୍ଷିତ) ଦରକାର, ଯେଉଁମାନେ daily (ଦୈନିକ) ତିନି ଟଙ୍କା କରି ଇଷ୍ଟଭୃତି କରିବେ। ତାପରେ ଦରକାର ଶ୍ରମଣ, ଘରେ ଘରେ ଯାଇ ପରିବେଷଣ କରିବେ। ତା' କଲେ କଣ ଯେ ହୁଏ କହି ଶେଷ କରାଯାଏନା।

ମଣିଷମାନେ ଯଦି ସର୍ବତୋଭାବରେ ସମର୍ଥ ଓ ସଂହତ ହୋଇ ଉଠିବାର ପଥରେ ନ ଚାଲନ୍ତି ତେବେ ଗଭର୍ଣ୍ମେଣ୍ଟ କଣ କରିବ ? ଗଭର୍ଣ୍ମେଣ୍ଟ ପାଇଁ ଆମ୍ଭେମାନେ ନ କଲେ ଗଭର୍ଣ୍ମେଣ୍ଟ କଣ କିଛି କରିପାରେ ?

ଆମ୍ଭେମାନେ ସବୁଦିଗ ଦେଇ ଚାହୁଁ integrity (ସଂହତି), unity (ଏକତା), ସମ୍ବର୍ଦ୍ଧନୀ ଚଳନ। ତା dominion ରେ dominionରେ (ଦେଶ-ଦେଶରେ), ସମ୍ପ୍ରଦାୟ-ସମ୍ପ୍ରଦାୟ ମଧ୍ୟରେ, ମଣିଷ-ମଣିଷ ମଧ୍ୟରେ, ସବୁଦିଗ ଦେଇହିଁ।"

ଆଦର୍ଶ ବିଶ୍ୱବିଦ୍ୟାଳୟ ଭାବେ ସବୁ ବିଷୟକୁ ନେଇ ଗୋଟିଏ ସମୟରେ ନାଳନ୍ଦା ବିଶ୍ୱବିଦ୍ୟାଳୟ, ତକ୍ଷଶିଳା, ଉଜ୍ଜୟିନୀ ପ୍ରସିଦ୍ଧି ଲାଭ କରିଥିଲା ଓ ଶତ୍ରୁ ଆକ୍ରମଣରେ ସେଗୁଡିକ ବିନଷ୍ଟ ହୋଇ ଯାଇଥିଲା। ଶ୍ରୀଶ୍ରୀଠାକୁର ସେହିପରି ଏକ ବିଶ୍ୱବିଦ୍ୟାଳୟ କଳ୍ପନା କରିଥିଲେ- ଶାଣ୍ଡିଲ୍ୟ ବିଶ୍ୱବିଦ୍ୟାଳୟ। ଶ୍ରୀଶ୍ରୀଠାକୁରଙ୍କ ଏହି କଳ୍ପିତ ବିରାଟ ବିଶ୍ୱବିଦ୍ୟାଳୟରେ ମେଡ଼ିକାଲ, କୃଷି, ବିଜ୍ଞାନ, କଳା, ବାଣିଜ୍ୟ, ଧର୍ମଶିକ୍ଷା ଆଦି ରହିବ, ଏବଂ ଶ୍ରୀଶ୍ରୀଠାକୁରଙ୍କର ଇଚ୍ଛା ଯେ ପ୍ରତ୍ୟେକ ଛାତ୍ରର ବୈଶିଷ୍ଟ୍ୟ ନେଇ ସେ ଯେଉଁ ପାଠ୍ୟକ୍ରମରେ ଭର୍ତ୍ତିହେବ, ସେଥିରେ ପୂର୍ଣ୍ଣ ଉତ୍କର୍ଷତା ଲାଭ କରିବ। ଶିକ୍ଷକମାନେ ଛାତ୍ରଛାତ୍ରୀମାନଙ୍କୁ ନିଜର ସନ୍ତାନ ଅଥବା ନିଜର ସାନଭାଇ ପରି ଦେଖିବେ। ସେମାନେ ଚରିତ୍ରବାନ୍ ହୋଇଥିବେ। ବର୍ତ୍ତମାନ ମଣିଷ ଚରିତ୍ରର ଅବକ୍ଷୟ ଏତେ ଦ୍ରୁତଗତିରେ ଘଟୁଚି, ସେପରି ଶିକ୍ଷକ ମିଳିବା ଦୁରୂହ ବ୍ୟାପାର। ଶିକ୍ଷା ସହିତ ପ୍ରତ୍ୟେକେ ଛାତ୍ର ଅବସ୍ଥାରୁ ଉତ୍ପାଦନକ୍ଷମ ହେବେ ଓ ବର୍ତ୍ତମାନ ପରି ଚାକିରି ଖୋଜିବୁଲିବେ ନାହିଁ- ଏହିପ୍ରକାର ସୁବିଧା

ବିଶ୍ୱବିଦ୍ୟାଳୟରେ ରହିବ। ଏହାଛଡ଼ା ଶ୍ରୀଶ୍ରୀଠାକୁର micro levelରେ ଶିକ୍ଷା ପ୍ରସାରଣ ପାଇଁ କହିଥିଲେ। ଗ୍ରାମରେ ଗ୍ରାମରେ ଘରୁଆ ଭାବରେ ୟୁନିଭରସିଟି କରାଯାଇପାରେ କିନ୍ତୁ ସେଥିପାଇଁ ଲୋକ କାହାନ୍ତି ? ଆଗରୁ ଯେଉଁ ସଂସ୍କୃତ ଟୋଲରେ ସଂସ୍କୃତ ଶିକ୍ଷା ଦିଆଯାଉଥିଲା, ତାହା 'ସଂସ୍କୃତି କେନ୍ଦ୍ର' ହେବ ବୋଲି ଶ୍ରୀଶ୍ରୀଠାକୁର ପରିକଳ୍ପନା କରିଥିଲେ।

ବର୍ତ୍ତମାନ ଜଳସଂରକ୍ଷଣ ଓ ନିୟୋଜନ ବିଶେଷଜ୍ଞମାନେ ନଦୀମାନଙ୍କୁ ଉପଯୁକ୍ତ ଭାବେ ଯୋଡ଼ିଦେବା କଥା କହୁଛନ୍ତି। ଶ୍ରୀଶ୍ରୀଠାକୁର ହାରାହାରି ଅଶୀ ବର୍ଷ ତଳେ ସେହିପରି ଏକ ଯୋଜନା-ଚିଠା ତିଆରି କରାଇଥିଲେ- ଗଂଗାନଦୀ ସହିତ ଦେଓଘର ନିକଟ ଦାରଓ୍ୱା ନଦୀକୁ ଯୋଗ କରାଇବାର ପରିକଳ୍ପନା। ତାହା ଏ ପର୍ଯ୍ୟନ୍ତ ସାକାର ହୋଇନାହିଁ ।

କର୍ମ ଜୀବନରେ, ବୃତ୍ତି ଓ ବ୍ୟବସାୟରେ ଜଣେ କିପରି ସଫଳ ହେବ ଏଇ ପ୍ରଶ୍ନର ଉତ୍ତର ଦେଇ ଶ୍ରୀଶ୍ରୀଠାକୁର କହିଲେ- ସବୁର ମୂଳ ହେଲା ଅନୁସନ୍ଧିତ୍ସୁ ସେବା ବୃତ୍ତି। ଯାହାର ବ୍ୟକ୍ତିତ୍ୱ ଓ ବ୍ୟବହାର ଯେତେ ସୁନ୍ଦର ତା' ପ୍ରତି ମଣିଷ ସେତେ ଆକୃଷ୍ଟ ହୁଏ। ଆଉ ବ୍ୟକ୍ତିତ୍ୱ ସୁନ୍ଦର ହୁଏ କିପରି ? ଏହାର ଉତ୍ତରଦେଇ ଶ୍ରୀଶ୍ରୀଠାକୁର କହିଲେ- ବ୍ରହ୍ମଙ୍କ ଗୁରୁଙ୍କଠାରେ ଟାଣ ଦରକାର। ଗୁରୁଙ୍କ ପ୍ରତି ଅନୁରାଗ ବ୍ୟତୀତ ମନ ବିକ୍ଷିପ୍ତ ହେଇପଡ଼େ। ଇଷ୍ଟାର୍ଥକୁ ନିଜର ସ୍ୱାର୍ଥ କରି ଚାଲିବାକୁ ହୁଏ। ଆଦର୍ଶ ପୁରୁଷ ଯଦି ଆମ ଜୀବନ ସ୍ୱରୂପ ହୋଇଉଠନ୍ତି, ତେବେ ଆମେ ମୂଳତତ୍ତ୍ୱ ଜାଣିପାରୁ। ଆମମାନଙ୍କ ଜୀବନରେ ଆଲୋକ, ଅନ୍ଧାରର ଖେଳ ଚାଲି ହିଁ ଥାଏ। ସଂଶୟ ଅବସାଦ ଆସେ। ଇଷ୍ଟ ହିଁ ସ୍ୱାର୍ଥ ହୋଇ ଉଠିଲେ କାମ ସରିଲା। ନିଜର ସ୍ତ୍ରୀ, ପିଲାଙ୍କ ଉପରେ ଟାଣ ଯେପରି, ଇଷ୍ଟଙ୍କ ଉପରେ ସେହି ଟାଣ ରଖିଲେ ହେଲା। ସମର୍ପଣ କରିବା ହିଁ ସବଳ ଲକ୍ଷଣ। ସମସ୍ତେ ପାରନ୍ତି ନାହିଁ। ଯେଉଁଠି ନିର୍ଦ୍ଦେଶପାଳନରେ ତ୍ରୁଟି ଆସେ, କହିବା ଏକପ୍ରକାର ଆଉ କରିବା ଆଉ ଏକ ପ୍ରକାର ତାହା ଦ୍ୱନ୍ଦ୍ୱୀବୃତ୍ତି (Go between) ଏବଂ ଏହା ବ୍ୟକ୍ତିତ୍ୱକୁ ନଷ୍ଟକରିଦିଏ।

ଶ୍ରୀଶ୍ରୀଠାକୁର ସର୍ବଦା ନିଜ ଜୀବନରେ ତ୍ରୁଟିଶୂନ୍ୟ (perfect) ହୋଇ, ଉଦାହରଣ ହୋଇ ଭକ୍ତମାନଙ୍କୁ ସେହିପରି ହେବାପାଇଁ ପ୍ରେରଣା ଦେଉଥିଲେ। ୧୯୫୨ ମସିହା କଥା। ଏକଦା ବିଛଣାରେ ବସି ଲବଙ୍ଗଟିଏ ପାଟିକୁ ନେଲାବେଳେ ତାହା ଖସିପଡ଼ିଲା। ସେ ତୁରନ୍ତ ଠିଆହୋଇ ପଡ଼ିଲେ, ଲୁଗାପଟା ଝଡ଼ାଝଡ଼ିକଲେ, ପାଇଲେ ନାହିଁ। ବିଛଣାଟା ତନ୍ନତନ୍ନ କରି ଖୋଜି ଶେଷରେ ସେହି ଲବଙ୍ଗଖଣ୍ଡଟି ପାଇଲେ। ଉପସ୍ଥିତ ଜଣେ ଭକ୍ତ ପଚାରିଲେ- ଗୋଟିଏ ଲବଙ୍ଗ ପଡ଼ିଯିବାରୁ ଆପଣ କାହିଁକି ଏପରି ବ୍ୟସ୍ତହୋଇପଡୁଛନ୍ତି ? ଡବାରେ ତ ଲବଙ୍ଗ ଭର୍ତ୍ତି ଅଛି। ଶ୍ରୀଶ୍ରୀଠାକୁର କହିଲେ - ଟିକିଏ ଅସାବଧାନତା ନାନାପ୍ରକାର ବିଶୃଙ୍ଖଳାକୁ ଡାକିଆଣେ। ତାକୁ ନ ସୁଧାରି, ଏଡ଼ାଇ ଚାଲିଯିବା ଠିକ୍ ନୁହେଁ। ତା'ହେଲେ ବ୍ୟକ୍ତିତ୍ୱରେ ଆତ୍ମସମର୍ପଣଭାବ, ଏକାଗ୍ରତା, ସିଦ୍ଧାନ୍ତ ଗ୍ରହଣ କ୍ଷମତା, ମାନସିକ ସ୍ୱାସ୍ଥ୍ୟ ସବୁରେ ଛିଦ୍ର ଦେଖାଦେବ। ସେ କହିଥିଲେ - ଭାଗ୍ୟରେ ଥିଲେ ମଣିଷ ଏଇ ତିନୋଟି କଥା ଉପରେ ଗୁରୁତ୍ୱ ଦିଏ:-

୧. ଦୁର୍ଲ୍ଲଭ ମଣିଷ ଜୀବନ, ୨. ପ୍ରବୃତ୍ତି କବଳରୁ ମୁକ୍ତି, ୩. ସଦ୍‌ଗୁରୁଙ୍କୁ ପାଇବା ଓ ତାଙ୍କ ନିକଟରେ ଆତ୍ମସମର୍ପଣ କରିବା ।

ଶ୍ରୀଶ୍ରୀଠାକୁର ନୀତିବାଦୀମାନଙ୍କୁ ବିଶେଷ ପସନ୍ଦ କରୁନଥିଲେ, ସେମାନେ ଯେ ନୀତିବାଦୀ ଏପରି ଏକ ପ୍ରଚ୍ଛନ୍ନ ଅହଙ୍କାର ତାଙ୍କୁ ମାନସିକ ସ୍ତରରେ ପଙ୍ଗୁ କରିଦିଏ ।

କଥା ପ୍ରସଙ୍ଗରେ ଶ୍ରୀଶ୍ରୀଠାକୁର କହିଲେ - ଏପରି ହୁଏତ ଦିନ ଆସିପାରେ, ଯେ ଗୋଟିଏ ତତ୍‌କ୍ଷଣାତ୍ ମୃତ ଶରୀରର ଗୋଟିଏ ଜୀବନ୍ତକୋଷ ମାଧ୍ୟମରେ ଆଉ ଗୋଟିଏ ଜୀବନ ଜଗାଇ ଦିଆଯାଇପାରେ - ପତ୍ର ଦେହରୁ ଯେପରି ଗଛହୁଏ ।

୧୯୫୩ ମସିହା ଅକ୍ଟୋବର ମାସରେ ଶ୍ରୀଶ୍ରୀଠାକୁରଙ୍କର ୬୬ତମ ଜନ୍ମୋତ୍ସବ ଓ ୬୨ତମ ଋତ୍ୱିକ ସମ୍ମିଳନୀ ନଅଦିନ ବ୍ୟାପି ପାଳନ କରାଯାଇଥିଲା । ଏଥିରେ ଲୋକସଭାର ଡେପୁଟିସ୍ପିକର ଅନନ୍ତଶୟନମ୍ ଆୟଙ୍ଗାରଙ୍କ ସମେତ ବହୁ ରାଜନୈତିକ ନେତା, କଲିକତା ହାଇକୋର୍ଟର ବିଚାରପତି, କବି ଓ ସାହିତ୍ୟିକ ନିମନ୍ତ୍ରିତ ହୋଇ ଆସିଥିଲେ । ଶ୍ରୀଶ୍ରୀଠାକୁରଙ୍କୁ ଦେଓଘର ଆସିବାର ଏଇ ସାତବର୍ଷ ଭିତରେ ଶ୍ରୀଶ୍ରୀବଡ଼ଦାଙ୍କ ପ୍ରଚେଷ୍ଟା ଓ ତତ୍ତ୍ୱାବଧାନରେ ପ୍ରିଣ୍ଟିଂପ୍ରେସ, ପବ୍ଲିଶିଂ ହାଉସ୍, ତପୋବନ ବିଦ୍ୟାଳୟ, ରସୈଷଣା ମନ୍ଦିର, ଡାକ୍ତରଖାନା, ବହୁ ଅତିଥିଶାଳା ନିର୍ମିତ ହୋଇଯାଇଥିଲା ।

ଏହି ଦ୍ରୁତ ପ୍ରଗତି ସହିତ ନାନା ପ୍ରକାରର ବାଧାବିଘ୍ନ, ଈର୍ଷାପରାୟଣ ଲୋକଙ୍କଦ୍ୱାରା ଆଶ୍ରମବାସୀଙ୍କ ଉପରେ ଅତ୍ୟାଚାର, ମିଥ୍ୟାରୋପ ଆଦି ଚାଲିଥିଲା । ଶ୍ରୀଶ୍ରୀଠାକୁରଙ୍କ ସ୍ୱାସ୍ଥ୍ୟ ମଧ୍ୟ ଭଲମନ୍ଦରେ ଗତି କରୁଥାଏ । ଶ୍ରୀଶ୍ରୀଠାକୁରଙ୍କର ଅସୁସ୍ଥତାର ମୂଳ କାରଣ ହେଉଚି, ବିଭିନ୍ନ ରୋଗରେ ପୀଡ଼ିତ ଲୋକମାନେ, ସେ ଭଲ କରି ଦେବେ ବୋଲି ବିଶ୍ୱାସ ନେଇ ଆସୁଥିଲେ, ସେଥିପାଇଁ ତାଙ୍କ ଶରଣାପନ୍ନ ହେଉଥିଲେ । ଜଣେ ପିତାର ବିଗଳିତ ହୃଦୟ ନେଇ, ରୋଗର ଉପଶମ ପାଇଁ ସେ ପରମପିତାଙ୍କ ନିକଟରେ ପ୍ରାର୍ଥନା କରୁଛନ୍ତି ବୋଲି ରୋଗୀକୁ ସାନ୍ତ୍ୱନା ଦେଉଥିଲେ ଓ ଅଧିକାଂଶ କ୍ଷେତ୍ରରେ ସେହି ରୋଗ ସେ ନିଜେ ଭୋଗ କରୁଥିଲେ । ଅବତାରପୁରୁଷମାନେ ଏହିପରି କରୁଥିବାର ଦୃଷ୍ଟାନ୍ତ ପ୍ରଭୁ ଯୀଶୁ, ହଜରତ ମହମ୍ମଦ, ଶ୍ରୀରାମକୃଷ୍ଣ ଦେବଙ୍କ ଜୀବନରେ ଦେଖିବାକୁ ମିଳେ । ମନୀଷୀ କାହିଁକି, ମୋଗଲ ସମ୍ରାଟ୍ ବାବର ପ୍ରାର୍ଥନା ଦ୍ୱାରା ପୁତ୍ର ହୁମାୟୁନକୁ ରୋଗମୁକ୍ତ କରି ନିଜେ ମୃତ୍ୟୁବରଣ କରିଥିଲେ ବୋଲି ଇତିହାସ କହେ ।

ମେ, ୧୯୫୬ରେ ଶ୍ରୀଶ୍ରୀଠାକୁରଙ୍କୁ ଅତ୍ୟଧିକ ରକ୍ତଚାପଜନିତ ଷ୍ଟ୍ରୋକ୍ ଏବଂ ଆଂଶିକ ପକ୍ଷାଘାତ ହେଲା; ଡାହାଣ ହାତ ଅଚଳପ୍ରାୟ ହୋଇଗଲା, ଡାହାଣପଟ ମୁହଁରେ ଜଡ଼ତା ଦେଖାଦେଲା, ସେ କିଛିଦିନ ସ୍ୱାଭାବିକ ଭାବରେ କଥା କହି ପାରିଲେ ନାହିଁ(ଏହାର କାରଣ ଓ ବିଶଦ ବିବରଣୀ ଅନ୍ୟତ୍ର ଦ୍ରଷ୍ଟବ୍ୟ) । ସେ ଯାହହେଉ, ଦେଓଘର ଓ କଲିକତାର ଡାକ୍ତରମାନଙ୍କ ଚିକିତ୍ସା ସହ ଶ୍ରୀଶ୍ରୀବଡ଼ମା' ଓ ଶ୍ରୀଶ୍ରୀବଡ଼ଦାଙ୍କ ଅହରହ ସେବାଯତ୍ନରେ ସେ ଧୀରେ ଧୀରେ ସୁସ୍ଥ ହେବାକୁ ଲାଗିଲେ ।

ଏହି ସମୟରେ ବଡାଲବାଂଲା ପାର୍ଶ୍ୱବର୍ତ୍ତୀ ଜମିରେ ଦଶ ଅଶ୍ୱଶକ୍ତି ବିଶିଷ୍ଟ କରତକଳ ଓ ୨୫ କେଭି ବିଶିଷ୍ଟ ଡାଇନାମୋ ବସାଗଲା । କାରଖାନାର କାର୍ଯ୍ୟ ଦିନରାତି ଚାଲିଥିଲା । ଶ୍ରୀଶ୍ରୀଠାକୁର ମଝିରେ ମଝିରେ ଆସି ସେଠାରେ ବସି ମିସ୍ତ୍ରୀମାନଙ୍କର କାର୍ଯ୍ୟ ଦେଖୁଥିଲେ । କେହି ଯଦି ପଚାରୁଥିଲା, କାରଖାନାର କାନଫଟା ଶବ୍ଦ ଦ୍ୱାରା ତାଙ୍କର ଅସୁବିଧା ହେଉ ନ ଥିଲା କି, ଏହାର ଉତ୍ତରରେ ସେ କହୁଥିଲେ ଯେ, ଶବ୍ଦର ଗତି ଚିନ୍ତାର ଗତିକୁ ତୀବ୍ରତର କରି ତୋଳୁଥିଲା, ତେଣୁ ସେ ଏହାକୁ ଉପଭୋଗ କରୁଥିଲେ ଓ ଆନନ୍ଦ ପାଉଥିଲେ । ଡିସେମ୍ବର ମାସବେଳକୁ ସେ ପ୍ରାୟ ସଂପୂର୍ଣ୍ଣ ସୁସ୍ଥହୋଇ ଯାଇଥିଲେ, ୭୫ତମ ଋତ୍ୱିକ୍ ଅଧିବେଶନ ସେହି ବର୍ଷ ଭଲଭାବେ ଅନୁଷ୍ଠିତ ହୋଇଥିଲା ।

୧୯୫୭ ମସିହାରେ ଶ୍ରୀଶ୍ରୀଠାକୁର ସମ୍ପୂର୍ଣ୍ଣଭାବେ ସୁସ୍ଥ ହୋଇ ଯାଇଥିଲେ । ସେ ଚିନ୍ତା କରୁଥିଲେ ଯେ କିଏ ଏହି ବିଶାଳ ପ୍ରତିଷ୍ଠାନର ଭାର ନେବ । ସେତେବେଳକୁ ଦୀକ୍ଷିତମାନଙ୍କ ସଂଖ୍ୟା ଚାରିଲକ୍ଷରୁ ଅଧିକ ଥିଲା । ସ୍କୁଲ, ହାସପାତାଳ, ଅଫିସ, ଆନନ୍ଦବଜାର ଇତ୍ୟାଦି ବିଭିନ୍ନ ପ୍ରତିଷ୍ଠାନ ଗୁଡିକର ସୁଚାରୁ ପରିଚାଳନା ଏବଂ ପ୍ରତ୍ୟହ ସହସ୍ରାଧିକ ସମସ୍ୟା ଜର୍ଜରିତ ଲୋକମାନଙ୍କୁ ସାନ୍ତ୍ୱନା ଦେବା ଏବଂ ସମାଧାନର ପଥ ଦେଖାଇବା ଏସବୁ ଥିଲା ଶ୍ରୀଶ୍ରୀଠାକୁରଙ୍କର ବଡ ଚିନ୍ତା ।

ଶ୍ରୀଶ୍ରୀଠାକୁର ସ୍ଥିର କଲେ ଯେ ତାଙ୍କର ଜ୍ୟେଷ୍ଠପୁତ୍ର ଅମରେନ୍ଦ୍ରନାଥ (ଶ୍ରୀଶ୍ରୀବଡ଼ଦା) ହିଁ ଏସବୁ ପାରିବେ । ବହୁବର୍ଷ ଧରି କୌଣସି ସମସ୍ୟାର ସମାଧାନର କଥା ଉଠିଲେ ସେ ଶ୍ରୀଶ୍ରୀବଡ଼ଦାଙ୍କୁ ଡକାଇ ପଠାଉଥିଲେ କିମ୍ବା ତାଙ୍କ ପାଖକୁ ଲୋକ ପଠାଇ ସମାଧାନର ବ୍ୟବସ୍ଥା ବୁଝୁଥିଲେ । ଶ୍ରୀଶ୍ରୀବଡ଼ଦାଙ୍କର ଅପୂର୍ବ କର୍ମଦକ୍ଷତା , ବ୍ୟକ୍ତିତ୍ୱ ଓ ସମସ୍ତଙ୍କ ପ୍ରତି ଭଲପାଇବା ଦେଖି ସେ ଅତ୍ୟନ୍ତ ତୃପ୍ତ ଥିଲେ । ସମାଜର ବିଭିନ୍ନ ପ୍ରକୃତିର ଲୋକଙ୍କ ସହିତ କାମ କରିବା ଓ କାମ କରାଇ ନେବାର ଅସାଧାରଣ କ୍ଷମତା ଶ୍ରୀଶ୍ରୀବଡ଼ଦାଙ୍କର ଥିଲା । ଦୁଷ୍ଟ ପ୍ରକୃତିର ଲୋକମାନେ ଯେପରି ସମାଜର କୌଣସି କ୍ଷତି କରି ନ ପାରନ୍ତି, ବିଭିନ୍ନ କାର୍ଯ୍ୟକର୍ମରେ ବ୍ୟାପୃତ ରହି ଅର୍ଥ ଉପାର୍ଜନ କରି ଦୁଷ୍କୃତିରୁ ନିବୃତ୍ତ ରୁହନ୍ତି, ଏହାର କାଇଦା ଶ୍ରୀଶ୍ରୀବଡଦାଙ୍କୁ ବେଶ୍ ଜଣାଥିଲା । ଦୁଷ୍ଟ ପ୍ରକୃତିର ଲୋକଙ୍କୁ ସତ୍‌ପଥକୁ ନେଇ ଆସିବା, ଏହା ଥିଲା ଶ୍ରୀଶ୍ରୀଠାକୁରଙ୍କ ଜୀବନର ବଡ଼ ଉଦ୍ଦେଶ୍ୟ । ତେଣୁ ଶ୍ରୀଶ୍ରୀଠାକୁର ସତ୍‌ସଙ୍ଗର ସମସ୍ତ କାର୍ଯ୍ୟଭାର ଶ୍ରୀଶ୍ରୀବଡ଼ଦାଙ୍କ ହାତରେ ଦେବା ଲାଗି ଜୁନ୍‌ମାସ ଦୁଇ ତାରିଖରେ ଏକ ଘୋଷଣାନାମା ଦ୍ୱାରା ଶ୍ରୀଶ୍ରୀବଡ଼ଦାଙ୍କୁ ତାଙ୍କର ଉତ୍ତରାଧିକାରୀ ଭାବେ ଘୋଷଣା କଲେ । ଶ୍ରୀଶ୍ରୀବଡ଼ଦାଙ୍କୁ ଲକ୍ଷ୍ୟ କରି କହିଥିଲେ - ତୋର ବୋଧ ଅଛି, ବିବେଚନା ଅଛି । ସମସ୍ତଙ୍କ ଦାୟିତ୍ୱ ତୋ ଉପରେ ରହିଲା, ବୁଝିଲୁ ? ଏହି ବର୍ଷ ଶ୍ରୀଶ୍ରୀଠାକୁରଙ୍କର ଜନ୍ମତିଥି ଓ ଉତ୍ସବ ଦିନତମାମ ବିଭିନ୍ନ କାର୍ଯ୍ୟକର୍ମରେ ପାଳିତ ହୋଇଥିଲା ।

୧୯୫୮ ମସିହାରେ ଶ୍ରୀଶ୍ରୀଠାକୁରଙ୍କର ସ୍ୱାସ୍ଥ୍ୟ ହାରାହାରି ଭଲ ଥିଲା । କେଷ୍ଟଦା ଶ୍ରୀଶ୍ରୀଠାକୁରଙ୍କୁ ପଚାରିଥିଲେ, 'ଅନେକ ଦୀକ୍ଷା ହେଉଛି, କିନ୍ତୁ ବହୁତ ଛାଡ଼ି ଦେଉଛନ୍ତି,

ଏହାର ସମାଧାନ କଣ ?' ଶ୍ରୀଶ୍ରୀଠାକୁର ଉତ୍ତରରେ କହିଥିଲେ, 'ସେ ଦୋଷ ଆମ୍ଭମାନଙ୍କର, ମୁଁ ହୁଏତ ଋତ୍ୱିକ୍ ଅଛି କିନ୍ତୁ ଯଜମାନଙ୍କ ପାଖକୁ ଯାଏନା, ସମୀଚୀନ ଭାବରେ ସେମାନଙ୍କ ପାଇଁ କରେନା । ମଣିଷର ଜୀବନଯାତ୍ରାର ଅଭିଯାନ ଅଛି, ଯଜମାନ ମାନଙ୍କୁ ଯଦି ଜୀବନବୋଧରେ ଅର୍ଥାନ୍ୱିତ କରି ତୋଳିପାରନ୍ତି, ଏମାନେ ହେଲେ ଆପଣମାନଙ୍କର ଜୀବନ୍ତ ଅର୍ଥ ଆଉ ସେମାନଙ୍କୁ ignore(ଅବହେଳା) କରିବା ମାନେ ଭାଗ୍ୟକୁ ignore କରିବା ।'

ସେହିବର୍ଷ ଜୁନ ମାସରେ ଜଣେ ପାଚକ ଯଜ୍ଞେଶ୍ୱର ଝା'ର ଦୀର୍ଘ ଅସୁସ୍ଥତା ପରେ ମୃତ୍ୟୁ ହେଲା । କିନ୍ତୁ କେତେକ ଦୁର୍ବୃତ୍ତ ଯେଉଁମାନେ ଆଶ୍ରମର ବିରୁଦ୍ଧାଚରଣ କରୁଥିଲେ, ଏହାକୁ ହତ୍ୟା ବୋଲି ଥାନାରେ ଏତାଲା ଦେଲେ । ପୋଲିସ, ଘନ ଘନ ଆଶ୍ରମ ଆସି ବହୁ ଲୋକଙ୍କୁ ଜେରା କଲେ ଓ କେତେକ କର୍ମୀଙ୍କୁ ଆରେଷ୍ଟ କରି ନେଇଗଲେ । ସେମାନଙ୍କୁ ଜାମିନରେ ଆଣିବାକୁ କିଛିଦିନ ଲାଗିଗଲା । ଏହି ସମୟରେ ଶ୍ରୀଶ୍ରୀବଡ଼ଦା ଜଣେ ଆତ୍ମୀୟାର ବିବାହ ଅନୁଷ୍ଠାନକୁ ଯାଇ କଲିକତାରେ ଅସୁସ୍ଥ ହୋଇ ପଡିଲେ । ଗିରଫତାରୀ ପରୱାନା (ୱାରଣ୍ଟ) ଜାରି ହେଲା । ସେ ସୁସ୍ଥ ହେବାପରେ ଦେଓଘର ଆସି କୋର୍ଟରେ ଆତ୍ମସମର୍ପଣ କଲେ ଓ ସମୟାନୁକ୍ରମେ ତାଙ୍କୁ ମଧ୍ୟ ଜାମିନ ମିଳିଲା । କିନ୍ତୁ ମକଦ୍ଦମା ଏକ ବର୍ଷରୁ ଊର୍ଦ୍ଧ୍ୱ ଚାଲିଲା । ମିଥ୍ୟା ଆରୋପ, ଆଶ୍ରମର କର୍ମୀମାନଙ୍କ ପ୍ରତି ଅସଦ୍‌ବ୍ୟବହାର ଇତ୍ୟାଦିରେ ଶ୍ରୀଶ୍ରୀଠାକୁର ଏତେ ବ୍ୟଥିତ ହୋଇ ପଡ଼ିଲେ ଯେ ଦେଓଘର ଛାଡ଼ି ଚାଲିଯିବାର କଥା ଉଠିଲା । ସେ ଯାହାହେଉ, କୋର୍ଟରେ ହତ୍ୟା ଆରୋପ ମିଥ୍ୟା ବୋଲି ପ୍ରମାଣିତ ହେଲା ଏବଂ ସମସ୍ତେ ନିର୍ଦ୍ଦୋଷରେ ଖଲାସ ହେଲେ । ଦୁର୍ବୃତ୍ତମାନେ ଶ୍ରୀଶ୍ରୀଠାକୁରଙ୍କ ନିକଟକୁ ଆସି ଭୁଲ ମାଗିଲେ । ଶ୍ରୀଶ୍ରୀଠାକୁର ସେମାନଙ୍କୁ କ୍ଷମା କରି ଅର୍ଥ ଓ ବସ୍ତ୍ରଦାନ ଇତ୍ୟାଦି ମଧ୍ୟ କରିଥିଲେ ।

ସେହି ସମୟରେ କର୍ମୀମାନଙ୍କୁ ଅଧିକ କର୍ମମୁଖର କରିବା ଲାଗି ସେ 'ତପ-ଅରୁଣିମା' ଶୀର୍ଷକରେ ଯେଉଁ ଦୀର୍ଘ ବାଣୀ ଦେଇଥିଲେ ତାହା ଆର୍ଯ୍ୟ ପ୍ରାତିମୋକ୍ଷ ଗ୍ରନ୍ଥରେ ସନ୍ନିବେଶିତ ।

୧୯୫୮ ମସିହାର ଜୁଲାଇରେ କର୍ମୀ-ସମ୍ମିଳନୀ ଅବସରରେ ଶ୍ରୀଶ୍ରୀଠାକୁର କେବଳ ଭାରତ ପାଇଁ ନୁହେଁ ପୃଥିବୀର ସମସ୍ତ ଜନସମାଜ ଉଦ୍ଦେଶ୍ୟରେ ଆଗାମୀ ଦୁର୍ବିପାକକୁ ଲକ୍ଷ୍ୟ ରଖି ଏକ ସତର୍କବାଣୀ ଦେଇଥିଲେ । ତାହାର କିୟଦଂଶ:

ମୁଁ ଯାହା କହିଥିଲି ତାହା ତୁମେମାନେ କଲ ନାହିଁ
ବିଶେଷ ଯୋର ଦେଇ ଯାହା କିହିଛି
ବିଶେଷ ଶୈଥିଲ୍ୟର ସାଥେ ସେଗୁଡ଼ିକୁ ଅବଜ୍ଞା କରିଛ,
x x x x x

ଏଇଟା କିନ୍ତୁ ତୁମମାନଙ୍କ ପକ୍ଷରେ, ଭାରତର ପକ୍ଷେ
ଭାରତ କାହିଁକି ପୃଥିବୀର ପକ୍ଷେ
ସାଂଘାତିକ ସଂଘାତ ସୃଷ୍ଟିକରିଛି,
x x x x x
ତୁମେମାନେ ଆଉ ତୁମେମାନେ ରହିବ କି ନା ସନ୍ଦେହ
ଉଦ୍‌ଭ୍ରାନ୍ତ ବିଧି-ଉଲ୍ଲଙ୍ଘନୀ ଅନୁଚଳନ ବିପାକ ସୃଷ୍ଟି କରିଥାଏ,
ଜୀବନକୁ ଖର୍ବ କରିତୋଳେ
ସମାଜ, ପରିବେଶ ଓ ଶାସନ-ସଂସ୍ଥା ସବୁହିଁ ଶଇତାନ-ଦୀପ୍ତ ପରିଭୃତିର ସହିତ
କୁତ୍ସିତର ଯାତ୍ରୀ ହୋଇ ଚାଲିଥାଏ
ଦୈନନ୍ଦିନ ଜୀବନରେ;
ତେଣୁ କହେ ଏବେ ବି ଆସ, ଏବେ ବି ଠିଆହୁଅ,
ଏବେବି କର, ଏବେ ବି ଚଳ -
ଏଇ ସାତ୍ୱତ ଅମୃତ ପଥ ତୁମମାନଙ୍କର ଅନ୍ତରରେ ହିଁ
ଅଭିଦୀପ୍ତ ହୋଇ ରହିଛି
ଉଚ୍ଛଳ ଅଗ୍ରଗତିରେ ସେଇ ଦିଗରେ ଆଗେଇ ଚାଲ,
ନିଜେ ବଂଚ, ଅନ୍ୟକୁ ବଂଚାଅ
ନହେଲେ ଅନ୍ଧ ତମସା ଘନଘଟାଚ୍ଛନ୍ନ ହୋଇ ଉଠିବ,
ଜାହାନ୍ନମର (ନରକର) ଅଟ୍ଟହାସ୍ୟ
କାହାକୁ ଅବହେଳିତ କରି ଛାଡ଼ିବ ନାହିଁ କିନ୍ତୁ। (ଚର୍ଯ୍ୟାସୂକ୍ତ -୧୫୭)

୧୯୫୯ ମସିହାରେ ଶ୍ରୀଶ୍ରୀଠାକୁରଙ୍କ ସ୍ୱାସ୍ଥ୍ୟ ଭଲ ଥିଲା। ସେହି ବର୍ଷ ସାମ୍ପ୍ରଦାୟିକତାକୁ ନେଇ ଦେଶର ବିଭିନ୍ନ ସ୍ଥାନରେ ହତ୍ୟାକାଣ୍ଡ, ଅଗ୍ନିକାଣ୍ଡ, ପାରସ୍ପରିକ ବିଦ୍ୱେଷ, ଧନଜୀବନ-ହାନୀ -ଏହି ସବୁ ଖବର ସମ୍ବାଦପତ୍ରରୁ ପଢ଼ି ବ୍ୟସ୍ତ ହୋଇ କେଷ୍ଟଦା ଶ୍ରୀଶ୍ରୀଠାକୁରଙ୍କୁ ପଚାରିଲେ - 'ଏହି ଯେ ଅକାରଣ ହିଂସା ଓ ହତ୍ୟାକାଣ୍ଡ ଚାଲିଛି, ଏହାର ପରିଣତି କେଉଁଠି ?'

ଉତ୍ତରରେ ଶ୍ରୀଶ୍ରୀଠାକୁର କହିଥିଲେ- 'କ'ଣ କରିପାରିବେ ? ମଣିଷ କାହାନ୍ତି ? ତାହା ହିଁ ଭାବେ। ଆପଣମାନଙ୍କୁ କହେ ଅତି ଦ୍ରୁତଗତିରେ ଦୀକ୍ଷା ସଂଖ୍ୟା ବଢ଼ାଇବା ପାଇଁ କିନ୍ତୁ ଆପଣମାନେ ସେପରି କରୁନାହାନ୍ତି। କେବଳ ଆମ ଭାରତରେ ନୁହେଁ, ବହିର୍ଭାରତରେ ମଧ୍ୟ ଏହି ଦୁର୍ଦ୍ଦିନ। ଏପରି ଦିନ ଆସୁଛି ପୃଥିବୀର ତିନିଭାଗ ଲୋକ ଚାଲିଯିବେ। ମଣିଷ ଉପରେ ମଣିଷ ଚାଲିବ, ଏପରି ଦିନ ଅଦୂର ଭବିଷ୍ୟତରେ ଆସିବ, ମଣିଷ ଏକମୁଠା ସୁନା ପରିବର୍ତ୍ତେ ଏକମୁଠା ଚାଉଳ ପାଇବ ନାହିଁ। ଦୁଃସ୍ଥ ମଣିଷଙ୍କୁ ବଂଚାଇବା ପାଇଁ ଆପଣମାନେ ଅନ୍ନାଶ୍ରମ କରି ରଖିବେ, ଯାହାଦ୍ୱାରା ସେମାନେ ଅନ୍ତତଃ ଦିନକୁ ଏକମୁଠା ଅନ୍ନ ପାଇ ପାରିବେ'।

ସେହି ସମୟରେ ଦିନେ ରାତିରେ ଶ୍ରୀଶ୍ରୀଠାକୁର ହଠାତ୍ କହିଥିଲେ - 'ଆଜି ସଂଧ୍ୟା ପ୍ରଣାମ ସମୟରେ ଦେଖିଲି, ଆଗରୁ ଯେପରି ପାବନାରେ ଘଟୁଥିଲା, ବ୍ୟାସ, ବଶିଷ୍ଠ, ରାମକୃଷ୍ଣଦେବ ପର୍ଯ୍ୟନ୍ତ ସମସ୍ତେ ଥିଲେ। ସେମାନେ ଯାହା କହିଲେ ତାହା ଏଇ ରକମର ଶ୍ଳୋକ ପରି:

'ଭର୍ଗ, ବିଭୂତି, ସବିତା ସୌରି, ସୁନ୍ଦରଶ୍ରୀ
ବିଶ୍ୱଦୃକ୍ ପାଳନ ଧୃତି ପରମପୁରୁଷ ନମସ୍ତେ।'

ତା'ପରେ ଭାରତ ବିଷୟରେ ଶ୍ରୀଶ୍ରୀଠାକୁର କହିଲେ, 'ଏହି ଦେଶ ଦିନେ ବିଶ୍ୱଗୁରୁ ହେବ ଏହା ନିଶ୍ଚିତ। ଆଜିଠାରୁ ହଜାର ହଜାର ବର୍ଷ ପରେ ହୁଏତ ଶିବଚନ୍ଦ୍ର ଚକ୍ରବର୍ତ୍ତୀ ପୁତ୍ର ଅନୁକୂଳର କଥା ସମାଜରେ ମନେପଡ଼ିବ। ଏକଥା ମୋର ଇହକାଳ ପରେ ତୁମେ ହୁଏତ କାହାକୁ କହିପାର, ଏବେ ତାହା ପ୍ରଚାର କଲେ ଲୋକେ କହିବେ ଅହଙ୍କାରୀ।' ଆଉ ଦିନେ ସେ କେମିତି ଏଇ ପୃଥିବୀକୁ ଆସିଲେ ତାହା କହିବାକୁ ଯାଇ ହଠାତ୍ କହିଉଠିଲେ- 'ମୁଁ ଏକ ଅଚାନକ ପ୍ରାଣୀ, ମୋ ପରି ପୂର୍ବରୁ କେହି ଆସିନାହିଁ, କି ପରେ ବି କେହି ଆସିବ ନାହିଁ।'

୧୯୬୧ ମସିହାବେଳକୁ ଯଦିଓ ଦୀକ୍ଷା ସଂଖ୍ୟା ଅନେକ ବଢ଼ିଥିଲା ତଥାପି ଶ୍ରୀଶ୍ରୀଠାକୁର ଖୁସି ନ ଥିଲେ। ଶ୍ରୀଶ୍ରୀଠାକୁରଙ୍କର ଲକ୍ଷ୍ୟ ଥିଲା ଦଶ-ବାର କୋଟି ଲୋକଙ୍କୁ ଦୀକ୍ଷାଦାନ। ଏହି ସମୟରେ ଆମେରିକାର ଜଣେ ମନରୋଗ ବିଶେଷଜ୍ଞ ଡଃ କାର୍ଟ ପ୍ୟାଣ୍ଟାଲ୍ ଆଶ୍ରମରେ କିଛିଦିନ ରହିଥିଲେ। ଶ୍ରୀଶ୍ରୀଠାକୁର ତାଙ୍କୁ କହିଥିଲେ ଯେ ମଣିଷ ଯଦି ତା'ର ଜୀବନ-ଶୈଳୀ ନ ବଦଳାଏ, ତେବେ ସାରା ପୃଥିବୀ ମାନସିକ ରୋଗୀଙ୍କ ଆଶ୍ରୟସ୍ଥଳ ହେବ। ସାବଧାନ ! ଏହି ସମୟରେ ଶ୍ରୀଶ୍ରୀଠାକୁର କ୍ୟାନ୍‌ସର ରୋଗର ନିରାକରଣ ପାଇଁ ଆୟୁର୍ବେଦୀୟ ପଦ୍ଧତିରେ ଆଶ୍ରମର ଡାକ୍ତର ନନୀଗୋପାଳ ମଣ୍ଡଳ ଓ ଧୀରେନ୍ଦ୍ରନାଥ ଭଟ୍ଟାଚାର୍ଯ୍ୟଙ୍କ ଦ୍ୱାରା ଔଷଧ ପ୍ରସ୍ତୁତ କରାଇଥିଲେ। ପ୍ରାଥମିକ ଅବସ୍ଥାରେ ଥିବା କ୍ୟାନ୍‌ସର ରୋଗୀମାନଙ୍କ ପାଇଁ ଏହି ଔଷଧ ଖୁବ ଫଳପ୍ରଦ ହୋଇଥିଲା।

୧୯୬୨ ମସିହାରେ ଭାରତ ଉପରେ ଚୀନ୍‌ର ଆକ୍ରମଣ ଶ୍ରୀଶ୍ରୀଠାକୁରଙ୍କୁ ଉଦ୍‌ବିଗ୍ନ କଲା, ଜାତୀୟ ପ୍ରତିରକ୍ଷା ପାଣ୍ଠିକୁ ଅନେକ ଟଙ୍କା ଦେବା ପାଇଁ ଯୋଜନା କରିବାକୁ ଶ୍ରୀଶ୍ରୀଠାକୁର ନିର୍ଦ୍ଦେଶ ଦେଇଥିଲେ। ଏହି ବର୍ଷ ଶ୍ରୀଶ୍ରୀଠାକୁରଙ୍କ ଅନ୍ୟତମ ଲୀଳା-ପାର୍ଷଦ ସତୀଶଚନ୍ଦ୍ର ଗୋସ୍ୱାମୀଙ୍କର ଦେହାନ୍ତ ହେବାରୁ ଶ୍ରୀଶ୍ରୀଠାକୁର ଅତୀବ ମ୍ରିୟମାଣ ହୋଇପଡ଼ିଲେ। ସେତେବେଳେ ଶ୍ରୀଶ୍ରୀଠାକୁର କହିଥିଲେ, ଏମିତି ଏକ ଯନ୍ତ୍ର ଆବିଷ୍କାର କରିବା ସମ୍ଭବ ଯାହାଦ୍ୱାରା ଆଣବିକ ବୋମାକୁ ଏକବାରେ ଧ୍ୱଂସ କରି ଦିଆଯାଇପାରିବ। (ବିସ୍ତୃତ ବିବରଣୀ ଅନ୍ୟତ୍ର)

୧୯୬୩ ମସିହାରେ କୃଷ୍ଣପ୍ରସନ୍ନ ପରଲୋକଗତ ହେଲେ। ପାର୍ଷଦ, ସହକାରୀମାନଙ୍କ ବିୟୋଗ ଓ ଅନ୍ୟାନ୍ୟ ଅନେକ ଚିନ୍ତା ଯୋଗୁଁ ଶ୍ରୀଶ୍ରୀଠାକୁରଙ୍କ ଶରୀରରେ ମଧୁମେହର ଲକ୍ଷଣ ଦେଖାଗଲା ଓ ସେ ସେଥିପାଇଁ କ୍ଳାନ୍ତ ଦିଶୁଥିଲେ। ଡାକ୍ତରମାନେ ତାଙ୍କୁ କେତେଗଡ଼ିଏ

ବ୍ୟାୟାମ ସହିତ ଚଲାବୁଲା କରିବାକୁ କହିଲେ । ଶ୍ରୀଶ୍ରୀବଡ଼ଦାଙ୍କର ଦେହ ମଧ୍ୟ ଭଲ ରହୁନଥିଲା, ସେ ବାତରୋଗରେ କଷ୍ଟ ପାଉଥିଲେ । ତେଣୁ ୧୯୬୪ ମସିହାରେ ଉଭୟଙ୍କ ନିରୋଗ ସ୍ୱାସ୍ଥ୍ୟ କାମନା କରି ଏକମାସ ଧରି ଅଷ୍ଟପ୍ରହର ନାମ ସଂକୀର୍ତ୍ତନ ଅନୁଷ୍ଠିତ ହୋଇଥିଲା । ସେପ୍ଟେମ୍ବର ମାସରେ ବାରାଣସୀରେ ମଧ୍ୟ ତିନିମାସ ଧରି 'ଆୟୁର୍ଦ୍ଧ ଯଜ୍ଞ' କରାଯାଇଥିଲା । ୧୯୬୫ ମସିହାରେ ଶ୍ରୀଶ୍ରୀଠାକୁର ମଣିଷ କିପରି ତା'ର ଜୀବନରେ କୃତାର୍ଥ ହେବ ସେଥିପାଇଁ ଚାରିଟି ସୂତ୍ର ଦେଇଥିଲେ-(୧) କହିବା, କରିବା ଓ ଚାଲିଚଳନରେ ଆଦର୍ଶଙ୍କ ପ୍ରତି ଅନୁରକ୍ତି, (୨) ପାରିପାର୍ଶ୍ବିକ ପାଇଁ ସହାନୁଭୂତିସମ୍ପନ୍ନତା, (୩) ମନର ବିକାର ପ୍ରତି ବ୍ୟସ୍ତ ନହୋଇ ଯାହା କରଣୀୟ ତାହା ବିବେଚନାର ସହିତ ସମ୍ପାଦନ କରିବା, (୪) ଏହା କରିବାକୁ ଗଲେ ରାସ୍ତାରେ ଦୁଇଟି ବିପଦ ଆସେ- ଗୋଟାଏ ହେଲା ଦ୍ୱନ୍ଦ୍ୱୀ ବୃତ୍ତି (go-between), ଆଉ ଗୋଟିଏ ହେଉଛି ସୁରତର ବିକୃତି (distortion of libido), ସେଥିପାଇଁ ଘାବରେଇ ଯାଅନା, ଟିକିଏ ନଜର ରଖ ସେମାନଙ୍କ ପ୍ରତି ।

୧୯୬୭ ମସିହାରେ ଅଧିକାଂଶ ସମୟ ଶ୍ରୀଶ୍ରୀଠାକୁର ଦିବ୍ୟଭାବରେ ସମାଧିସ୍ଥ ହୋଇ ରହୁଥିଲେ । ସ୍ୱାସ୍ଥ୍ୟ ଭଲ ରହୁନଥାଏ । ମଝିରେ ମଝିରେ ଆବେଶ ଭଂଗୀରେ କହୁଥିଲେ - 'ମୁଁ ବର୍ତ୍ତମାନ କେଉଁଠି ? ଏମାନେ ସବୁ କିଏ ? ଏସବୁ କ'ଣ ?' ସତେଯେପରି ସେ ଏ ଜଗତର ଲୋକ ନୁହନ୍ତି । କିଛି ସମୟପରେ ପୁଣି ପ୍ରକୃତିସ୍ଥ ହୁଅନ୍ତି । ପ୍ରକୃତରେ ତାଙ୍କ ଦେହରେ ବିଶେଷ କିଛି ରୋଗ ନ ଥିଲା ଏବଂ ତାଙ୍କର ମନ ବ୍ୟାଧି ଠାରୁ ବହୁ ଊର୍ଦ୍ଧ୍ୱରେ । ଚିକିତ୍ସକମାନେ ମତଦେଇଥିଲେ ଯେ ଶ୍ରୀଶ୍ରୀଠାକୁରଙ୍କ ପରି ସ୍ୱାଭାବିକ ମଣିଷ (normal man) ଦେଖାଯାଆନ୍ତି ନାହିଁ । କିନ୍ତୁ ଶ୍ରୀଶ୍ରୀବଡ଼ଦା ଶ୍ରୀଶ୍ରୀଠାକୁରଙ୍କ ନିରୋଗ ଦୀର୍ଘଜୀବନ ପାଇଁ ଏକ ଲକ୍ଷ ମହାମୃତ୍ୟୁଞ୍ଜୟ ଶାନ୍ତି ଯଜ୍ଞାନୁଷ୍ଠାନ କରାଇଥିଲେ । ଏହି ସମୟରେ ଶ୍ରୀଶ୍ରୀଠାକୁର **'ଅନୁକୂଳ ସଦାବିଭୁଃ ପଦ୍ମନାଭଃ ମନପ୍ରଭୁଃ'** ଏହି ଶ୍ଳୋକଟି ଅନେକ ବାର କହିବାର ଶୁଣାଯାଏ ।

୧୯୬୮ ମସିହାରେ ଶ୍ରୀଶ୍ରୀଠାକୁରଙ୍କ ଇଚ୍ଛାକୁ ପୂର୍ଣ୍ଣକରି ପଚାଶ ଶଯ୍ୟାବିଶିଷ୍ଟ ଏକ ଦାତବ୍ୟ ହସ୍‌ପିଟାଲ ଉଦ୍‌ଘାଟନ ହେଲା । ସେହି ବର୍ଷ ୟୁନିଭର୍ସିଟି ଗ୍ରାଣ୍ଟ କମିଶନ ଦେଓଘର ଆସି ଶାଣ୍ଡିଲ୍ୟ ବିଶ୍ୱବିଦ୍ୟାଳୟ କରିବା ଲାଗି ସ୍ଥାନ ନିରୂପଣ ଓ ଅନ୍ୟାନ୍ୟ ବିଷୟରେ ଆଲୋଚନା କରିଥିଲେ । ସେହି ବର୍ଷ ପ୍ରପୌତ୍ର ପୂଜନୀୟ ବାବାଇଦା ଜନ୍ମଲାଭ କରିଥିଲେ । ଜୀବିତାବସ୍ଥାରେ ପ୍ରପୌତ୍ରର ଉପସ୍ଥିତି ଇତ୍ୟାଦି ନେଇ ଶ୍ରୀଶ୍ରୀଠାକୁରଙ୍କ ମନ ଖୁସି ଥିଲା । ସେହି ବର୍ଷ ଡିସେମ୍ବର ମାସରେ ଶ୍ରୀଶ୍ରୀଠାକୁର ତାଙ୍କର ଶେଷ ବାଣୀ ଦେଇଥିଲେ - **'ତୁମର ଅନ୍ତଃହୃଦୟଦୀପ୍ତ ସହଜ ସାଧନ ଶିଷ୍ଟ ହୋଇଉଠୁ'** ।

୧୯୬୯ ମସିହାର ଜାନୁଆରୀମାସର ଋତ୍ୱିକ୍ ସମ୍ମିଳନୀ ଭଲ ଭାବରେ ହୋଇଥିଲା । ସେହିମାସ ୯ ତାରିଖରେ ମାଣିକପୁର ନାମକ ଏକ ରମଣୀୟ ସ୍ଥାନରେ ଶ୍ରୀଶ୍ରୀଠାକୁରଙ୍କ ଇଚ୍ଛାନୁଯାୟୀ ବଣଭୋଜିର ବ୍ୟବସ୍ଥା ହେଲା । ଶ୍ରୀଶ୍ରୀଠାକୁରଙ୍କ ଶରୀର ସେତେ ଭଲ ନଥିଲେ ମଧ୍ୟ ସେ ଉତ୍‌ଫୁଲ୍ଲ ଥିଲେ ଓ ଚଲାବୁଲା କରୁଥିଲେ । ଏହି ସମୟରେ ଶ୍ରୀଶ୍ରୀଠାକୁର ନିଜର ବାପାମାଆଙ୍କ କଥା ପଚାରୁଥିଲେ । ଶ୍ରୀଶ୍ରୀବଡ଼ମା'ଙ୍କୁ ଲକ୍ଷ୍ୟକରି କହିଥିଲେ - 'ତୁମେ ମୋର

ମାଆ, ଜଗତର ମାଆ ।' କାନ୍ଥରେ ମରାହୋଇଥିବା ନିଜ ଯୌବନ ଓ ପ୍ରୌଢ଼ ବେଳର ଫଟୋଗୁଡିକୁ ଦେଖି ଶ୍ରୀଶ୍ରୀବଡ଼ଦାଙ୍କୁ ଲକ୍ଷ୍ୟ କରି କହୁଥିଲେ - 'ଏ ଫଟୋଗୁଡ଼ିକ ସବୁ ତୋର ଫଟୋ ।' ଏହା ପୂର୍ବରୁ ଶ୍ରୀଶ୍ରୀବଡ଼ଦାଙ୍କୁ ଡାକି ତାଙ୍କ ବିଛଣାରେ ତାଙ୍କ ପାଖରେ ବସିବାକୁ କହିଥିଲେ । ଶ୍ରୀଶ୍ରୀବଡ଼ଦା ସେଥିରେ ଆଦୌ ରାଜି ନହୋଇ ଅଳ୍ପ ସମୟ ବିଛଣା ଧାରରେ ବସି ଚୌକି ମଗାଇ ପାଖରେ ବସିଥିଲେ ।

ଜାନୁଆରି ୨୬ ତାରିଖରେ ସେ ଶ୍ରୀଶ୍ରୀବଡ଼ମା' ଓ ଶ୍ରୀଶ୍ରୀବଡ଼ଦାଙ୍କ ସହିତ ପୁଣି ମାଣିକପୁର ବୁଲିବାକୁ ଗଲେ, ଖୁବ୍ ପ୍ରସନ୍ନ ଦିଶୁଥିଲେ । ସଂଧ୍ୟାବେଳେ ଶ୍ରୀଶ୍ରୀଠାକୁର ତାଙ୍କର ମନପସନ୍ଦର କଛି ମିଷ୍ଟାନ୍ନ ଗ୍ରହଣ କରି ବିଶ୍ରାମ କରିବାକୁ ଚାହିଁଲେ । କାନ୍ଥ ଘଣ୍ଟାରେ ରାତି ତିନଟା ବାଜି ତିରିଶ ମିନିଟ୍ । ଶ୍ରୀଶ୍ରୀଠାକୁର ହଠାତ୍ ବିଛଣାରୁ ଉଠି ଛାତିରେ ଅସହ୍ୟ ଯନ୍ତ୍ରଣା ଅନୁଭବ କଲେ । ସମୟ ନିମିଷକ ପାଇଁ ସ୍ଥିର ହୋଇଗଲା । ଚିର ଶିଶୁ -ଅଚାନକ ପ୍ରାଣୀ- ଏକଲା ପକ୍ଷୀ, ଜଗତ ଓ କାଳବୃକ୍ଷର ନୀଡ଼ ତ୍ୟାଗ କରି କାଳାତୀତ ହୋଇଗଲେ । ବୁଡ଼ି ଯାଉଥିବା ଜହ୍ନର ମହଳଣ ଆଲୋକ କରୁଣ ଦିଶୁଥିଲା । ଅନ୍ଧକାର, କେବଳ ଅନ୍ଧକାର । ଏହାର ହାରାହାରି ଦୁଇବର୍ଷ ପରେ ଶ୍ରୀଶ୍ରୀଠାକୁରଙ୍କର ତଦ୍‌ଗତପ୍ରାଣା ଶ୍ରୀଶ୍ରୀବଡ଼ମା'ଙ୍କର ବୁଦ୍ଧ ପୂର୍ଣ୍ଣିମାରେ (୯-୫-୧୯୭୧) ମହାପ୍ରୟାଣ ଘଟିଥିଲା ।

ଶ୍ରୀଶ୍ରୀଠାକୁରଙ୍କ ଅବର୍ତ୍ତମାନରେ ବ୍ୟଥିତପ୍ରାଣ ଯୁଗାଚାର୍ଯ୍ୟ ଶ୍ରୀଶ୍ରୀବଡ଼ଦା ନିମ୍ନଲିଖିତ ହୃଦୟସ୍ପର୍ଶୀ ଗୀତଟି ରଚନା କରିଥିଲେ –

ତୋମାର ରଙ୍ଗେ ହୃଦୟ ଆମାର ରାଙ୍ଗା,
ତୋମାୟ ବିଦାୟ ଦେବ କେମନ କରେ ?
ବିଶ୍ୱଭୁବନ ତୋମାର ସୁରେ ବାଁଧା,
ସେ ସୁରେ ମୋର ଚିତ୍ତ ଆଛେ ଭରେ ।୧।

ରୂପେ ତୋମାର ମୁଗ୍ଧ ଆଁଖିତାରା
ରସେ ତୋମାର ଆକାଶ ବାତାସ ଭରା
ଗନ୍ଧେ ତୋମାର ହିଲ୍ଲୋଳିତ ଧରା –
ପରଶେ ମୋର ତନୁ ଥରଥରେ ।୨।

ତୋମାର ଲାଗି ଦିବାନିଶି ଜାଗା
ତୁମି ଯେ ମୋର ସକଲ ଚାଓ୍ୱା ପାଓ୍ୱା,
ତୋମାର ବିନା ସକଲ ଚାଓ୍ୱା ଫାଁକା
ହୃଦୟ ଆମାର କାଁଦେ ତୋମାର ତରେ ।୩।

ତୁମି ଆମାର ବେଁଚେ ଥାକାର ଆଶା,-
ତୁମି ଆମାର ସକଲ କାଜେର ଦିଶା,
ଦୁଃଖଦୈନ୍ୟ ନେଇକୋ ହତାଶା-
ପ୍ରଭୁ ତୁମି ଆଛ ହୃଦୟ ଜୁଡ଼େ ।୪।

ଶ୍ରୀଶ୍ରୀଠାକୁରଙ୍କ ଧରାଧାମକୁ ପୁନରାଗମନ ସଂପର୍କରେ ଶ୍ରୀଶ୍ରୀବଡ଼ଦାଙ୍କ ଉକ୍ତି- ଠାକୁର ଯତି-ଆଶ୍ରମରେ ବସି ବହୁବାର କହିଛନ୍ତି, ଦଶ ହଜାର ବର୍ଷ ପର୍ଯ୍ୟନ୍ତ ଆଉ ଆସୁନି। ପୁରୁଷୋତ୍ତମ ଏକାଧାରରେ ଅବତାର, ସଦ୍‌ଗୁରୁ ଓ ସବୁ। (ଇଷ୍ଟ-ପ୍ରସଙ୍ଗ, ୧୨ ଖଣ୍ଡ, ୨୭-୯-୧୯୭୪)

ଶ୍ରୀଶ୍ରୀଠାକୁରଙ୍କ ଜୀବନକାଳର କିଛି ଉଲ୍ଲେଖଯୋଗ୍ୟ ଘଟଣା :

୧୮୮୮-ଶ୍ରୀଶ୍ରୀଠାକୁରଙ୍କ ଆବିର୍ଭାବ, ୧୪-ସେପଟେମ୍ବର, ଶୁକ୍ରବାର, ସକାଳ ୭ଟା ୫ମିନିଟ୍ ତାଳନବମୀ ତିଥି - ହିମାୟିତପୁର;୧୮୯୫ - ଶ୍ରୀଶ୍ରୀଠାକୁରଙ୍କ ବିଦ୍ୟାରମ୍ଭ; ୧୮୯୮ - ପାବନା ଇନ୍‌ଷ୍ଟିଟ୍ୟୁଟ୍‌ର ଛାତ୍ର, ପିତାଙ୍କ ସହିତ ଆମିରାବାଦ ଗମନ ଓ ସେଠାକାର ସ୍କୁଲରେ ପାଠପଢ଼ା;୧୮୯୯ - ବ୍ରତୋପନୟନ; ୧୯୦୩ - ଦୀକ୍ଷାଗ୍ରହଣ,ଡିସେମ୍ବର ୭ ତାରିଖ- ମାତା ମନୋମୋହିନୀ ଦେବୀଙ୍କ କର୍ତ୍ତୃକ;୧୯୦୬ - ଶୁଭବିବାହ; ୧୯୦୭ - ପିତାଙ୍କ ସହିତ ପୁନରାୟ ଆମିରାବାଦ ଗମନ ଓ ନିକଟବର୍ତ୍ତୀ ରାଇପୁର ସ୍କୁଲରେ ଭର୍ତ୍ତି, ପିତାଙ୍କ ଚାକିରି ତ୍ୟାଗ;୧୯୦୮-ପିତାଙ୍କର ସ୍ଥାୟୀଭାବେ ହିମାୟିତପୁର ପ୍ରତ୍ୟାବର୍ତ୍ତନ; ଶ୍ରୀଶ୍ରୀଠାକୁରଙ୍କର ନୈହାଟୀ ହାଇସ୍କୁଲରେ ଅଧ୍ୟୟନ; ୧୯୦୯ - ନୈହାଟିରେ ସେବାସମିତି ଓ ଅନାଥ-ଭଣ୍ଡାର ସ୍ଥାପନ। ପ୍ରବେଶିକା ପରୀକ୍ଷା-ଫିସ୍ ବନ୍ଧୁକୁ ଦାନ କରି ପରୀକ୍ଷାରେ ବସି ନପାରି ଗୃହକୁ ପ୍ରତ୍ୟାବର୍ତ୍ତନ। ଭକ୍ତର ପ୍ରାର୍ଥନାକ୍ରମେ 'ସତ୍ୟାନୁସରଣ' ରଚନା।୧୯୧୦ - କଲିକତାର 'ନ୍ୟାସନାଲ ମେଡ଼ିକାଲ ସ୍କୁଲ'ରେ ଭର୍ତ୍ତି;୧୯୧୧-କୋଇଲା ଗୋଦାମର କୁଲି-ମଜଦୁରମାନଙ୍କୁ ବିନା ପଇସାରେ ହୋମିଓପ୍ୟାଥି ଚିକିତ୍ସା, ଜ୍ୟେଷ୍ଠପୁତ୍ର ଅମରେନ୍ଦ୍ରନାଥଙ୍କ(ଶ୍ରୀଶ୍ରୀବଡ଼ଦା) ଜନ୍ମ;୧୯୧୩-ସ୍ୱଗ୍ରାମରେ ଡିସ୍ପେନ୍‌ସରୀ ସ୍ଥାପନ। ଅଳ୍ପକାଳ ମଧ୍ୟରେ ଚିକିତ୍ସକ ଭାବରେ ସୁନାମ ଅର୍ଜନ;୧୯୧୪ - କୀର୍ତ୍ତନାନ୍ତେ ଶ୍ରୀଶ୍ରୀଠାକୁରଙ୍କ ଭାବସମାଧିର ସୂତ୍ରପାତ। ମଧ୍ୟମପୁତ୍ର ବିବେକରଞ୍ଜନଙ୍କ ଜନ୍ମ;୧୯୧୭ - ଜ୍ୟେଷ୍ଠା କନ୍ୟା ସାଧନା ଦେବୀଙ୍କ ଜନ୍ମ;୧୯୧୮ - କୁଷ୍ଟିୟାର ବିଶ୍ୱଗୁରୁ ଆବିର୍ଭାବ ମହୋତ୍ସବ। 'ସତ୍ୟାନୁସରଣ' ଓ ୧୫ ଦିନର ଭାବବାଣୀ ସମ୍ବଳିତ 'ପୁଣ୍ୟପୁଁଥି' ପୁସ୍ତକରୂପେ ପ୍ରକାଶ। ଜନନୀଦେବୀ କର୍ତ୍ତୃକ ଆଶ୍ରମର ନାମକରଣ 'ସତ୍‌ସଙ୍ଗ-ଆଶ୍ରମ'; ୧୯୧୯ - ନେତାଜୀ ସୁଭାଷଙ୍କ ପିତାମାତାଙ୍କ ଦୀକ୍ଷା। କଲିକତା ଯାତାୟାତ;୧୯୨୦ - 'ସତ୍‌ସଙ୍ଗୀ' ପତ୍ରିକା ପ୍ରକାଶ, ପରେ ଏହାର ନାମ 'ଋତ୍ୱିକ୍' ରଖାହୁଏ;୧୯୨୧ - କଥୋପକଥନ ଗ୍ରନ୍ଥ 'ଅମିୟବାଣୀ' ପ୍ରଥମ ପ୍ରକାଶନ; ୧୯୨୨ - ଅସୁସ୍ଥତା ହେତୁ ଶ୍ରୀଶ୍ରୀଠାକୁରଙ୍କ କାର୍ଶିୟାଂ ଗମନ; ୧୯୨୩ - ଶ୍ରୀଶ୍ରୀଠାକୁରଙ୍କ ପୁରୀରେ ପଦାର୍ପଣ ଓ ମାସାଧିକ କାଳ ଅବସ୍ଥାନ। ପିତା ଶିବଚନ୍ଦ୍ର ଚକ୍ରବର୍ତ୍ତୀଙ୍କ ସ୍ୱର୍ଗାରୋହଣ। ମାତା ମନୋମୋହିନୀ ଦେବୀଙ୍କ କର୍ତ୍ତୃକ 'ଆନନ୍ଦବଜାର' ପ୍ରତିଷ୍ଠା;୧୯୨୪ - ତପୋବନ ବିଦ୍ୟାଳୟ ପ୍ରତିଷ୍ଠା। କନିଷ୍ଠା କନ୍ୟା ସାନ୍ତ୍ୱନା ଦେବୀଙ୍କ ଜନ୍ମ। ଦେଶବନ୍ଧୁ ଚିତ୍ତରଂଜନ ଦାସଙ୍କ ଦୀକ୍ଷା; ୧୯୨୫ - ମହାତ୍ମାଗାନ୍ଧୀଙ୍କ ଆଶ୍ରମ ଆଗମନ। ପାବନା ସତ୍‌ସଂଗ ଆଶ୍ରମର ରେଜେଷ୍ଟ୍ରିକରଣ;୧୯୨୮ - ସୁଭାଷ ବୋଷଙ୍କ ପ୍ରଥମ ଆଶ୍ରମ ଆଗମନ;୧୯୨୯ -

ଶ୍ରୀଶ୍ରୀଠାକୁରଙ୍କ ଜ୍ୟେଷ୍ଠପୁତ୍ର ଅମରେନ୍ଦ୍ରନାଥଙ୍କର ଆନନ୍ଦମୟୀ ଦେବୀଙ୍କ ସହ ବିବାହ; ୧୯୩୩ -ଆଚାର୍ଯ୍ୟଦେବ ଶ୍ରୀଶ୍ରୀଦାଦା (ଅଶୋକ ଚକ୍ରବର୍ତ୍ତୀ)ଙ୍କ ଜନ୍ମ(୨୧-ଅକ୍ଟୋବର,ହିମାଇତପୁର); ୧୯୩୬ - ବଙ୍ଗଳାର ପ୍ରଧାନମନ୍ତ୍ରୀ ମୌଲବୀ ଏ.କେ. ଫଜଲୁଲ ହକଙ୍କର ଆଶ୍ରମ ଆଗମନ; ୧୯୩୭ - ସ୍ୱସ୍ତ୍ୟୟନୀ ବ୍ରତର ପ୍ରବର୍ତ୍ତନ, ଋତ୍ୱିକ୍ ସଂଘ ଗଠନ; ୧୯୩୮ - ମାତା ମନମୋହିନୀଦେବୀଙ୍କ ମହାପ୍ରୟାଣ। ଶ୍ରୀଶ୍ରୀଠାକୁରଙ୍କ ଜ୍ୟେଷ୍ଠା କନ୍ୟା ସାଧନାଦେବୀଙ୍କ ବିବାହ। ଇଷ୍ଟଭୃତିର ପ୍ରବର୍ତ୍ତନ। ପ୍ରଥମ ଷାଣ୍ମାସିକ ଋତ୍ୱିକ୍ ସମ୍ମିଳନୀ। ଋତ୍ୱିକ୍, ପ୍ରତିଋତ୍ୱିକ୍ ଓ ସହ-ପ୍ରତି-ଋତ୍ୱିକ୍ ବ୍ୟବସ୍ଥା ପ୍ରବର୍ତ୍ତନ। ଚକ୍ରଫଟ ଧ୍ୟାନର ପ୍ରବର୍ତ୍ତନ;୧୯୩୯ - ଶ୍ରୀଶ୍ରୀଠାକୁର ବଙ୍ଗଳାରେ ଛଡ଼ା ବା ଗୀତିବାଣୀ ଦେବା ଆରମ୍ଭ । Ritwik Manual ପ୍ରକାଶ, ବଙ୍ଗଳା ରୂପାନ୍ତର 'ଋତ୍ୱିକ୍ ସାଥୀ'। ଶ୍ରୀଶ୍ରୀଠାକୁରଙ୍କ କନିଷ୍ଠ ପୁତ୍ର ପ୍ରଚେତାରଞ୍ଜନଙ୍କ ଜନ୍ମ। ଦୀକ୍ଷାଦାନ ଲାଗି 'ଋତ୍ୱିକ୍' ପୁସ୍ତକ ପ୍ରକାଶ। ଆଲୋଚନା ପ୍ରସଙ୍ଗେ ଗ୍ରନ୍ଥର ପ୍ରଶ୍ନୋତ୍ତର କାର୍ଯ୍ୟ ଆରମ୍ଭ। ବ୍ରଜଗୋପାଳ ଦତ୍ତରାୟ କର୍ତ୍ତୃକ ଶ୍ରୀଶ୍ରୀଠାକୁରଙ୍କ ଜୀବନୀଗ୍ରନ୍ଥ ପ୍ରକାଶ;୧୯୪୦ - ଶ୍ରୀଶ୍ରୀଠାକୁର-କର୍ତ୍ତୃକ 'ଆର୍ଯ୍ୟ ଭାରତବର୍ଷ ଆମାର' କବିତା ରଚନା। ଶ୍ରୀଶ୍ରୀଠାକୁରଙ୍କ ବ୍ୟବହୃତ ଗୁଆରେ ବିଷ ପ୍ରୟୋଗ କରି ହତ୍ୟା ଷଡ଼ଯନ୍ତ୍ର। 'ଇସଲାମ ପ୍ରସଙ୍ଗ'ର ପ୍ରଥମ ପ୍ରକାଶ; ୧୯୪୩ - ଶ୍ରୀଶ୍ରୀଠାକୁରଙ୍କ କନିଷ୍ଠା କନ୍ୟା ସାନ୍ତ୍ୱନା ଦେବୀଙ୍କ ବିବାହ। ବଙ୍ଗଳାରେ ଦୁର୍ଭିକ୍ଷ;୧୯୪୪ - ଜ୍ୟେଷ୍ଠା କନ୍ୟା ସାଧନା ଦେବୀଙ୍କ ଅକାଳ ବିୟୋଗ;୧୯୪୬ - ବାୟୁ ପରିବର୍ତ୍ତନ ଲାଗି ବହୁଭକ୍ତ ଓ ପରିବାରବର୍ଗଙ୍କ ସହ ଦେଓଘର ଆଗମନ;୧୯୪୭ - ଦେଓଘରରେ ପ୍ରଥମ ଉତ୍ସବ ପାଳନ;୧୯୪୮ - ଯତି-ଆଶ୍ରମ ପ୍ରତିଷ୍ଠା, 'ଆଲୋଚନା' ପତ୍ରିକାର ପ୍ରଥମ ପ୍ରକାଶ; ୧୯୫୦ - ଇଂରାଜୀ ସତ୍ୟାନୁସରଣ ପ୍ରକାଶ;୧୯୫୧ - ଦେଓଘରରେ ତପୋବନ ବିଦ୍ୟାଳୟ ଆରମ୍ଭ;୧୯୫୨ - ଶ୍ରୀଶ୍ରୀଠାକୁରଙ୍କର ଦୁମକାରେ କିଛିକାଳ ଅବସ୍ଥାନ;୧୯୫୭ - ତ୍ରୈମାସିକ 'ଋତ୍ୱିକ୍' ପତ୍ରିକାର ପ୍ରକାଶନ;୧୯୬୦ - ୱେଷ୍ଟ୍-ଏଣ୍ଡ ପ୍ରାଙ୍ଗଣରେ ସ୍ଥାୟୀ ପେଣ୍ଡାଲ ଓ ଘୂର୍ଣ୍ଣାୟମାନ ଷ୍ଟେଜ୍ ନିର୍ମାଣ; ୧୯୬୮ - ପୂଜନୀୟ ବାବାଇଦାଙ୍କ(ଅର୍କଦ୍ୟୁତି ଚକ୍ରବର୍ତ୍ତୀ) ଜନ୍ମ-୮ଜୁନ। ଡିସେମ୍ବର - ୨୦ ତାରିଖରେ ଶ୍ରୀଶ୍ରୀଠାକୁରଙ୍କର ଶେଷ ବାଣୀ ପ୍ରଦାନ; ୧୯୬୯ - ମାଣିକପୁରରେ ବନଭୋଜନ ମହୋତ୍ସବରେ ଯୋଗଦାନ। ଜାନୁୟାରୀ ୨୬ ତାରିଖର ଶେଷଯାମରେ (୨୭ ଜାନୁୟାରୀ ଭୋର ୪ଟା ୫୫ମି. ସୂର୍ଯ୍ୟୋଦୟ ପୂର୍ବରୁ) ମହାଜୀବନର ଅବସାନ। (ସ୍ମୃତିର ମାଳା)

ଶ୍ରୀଶ୍ରୀଠାକୁରଙ୍କ ନିତିଦିନ : ଶ୍ରୀଶ୍ରୀଠାକୁର ପ୍ରତ୍ୟହ ଭୋର ଚାରିଟା ସମୟରେ ଉଠି ସ୍ୱଚ୍ଛ ନିତ୍ୟକର୍ମ ପରେ ମଶାରି ଭିତରେ ପୁରାଦେହ ଧଳା ଚଦରରେ ଆବୃତ କରି ଧ୍ୟାନରେ ବସୁଥିଲେ। ଭଣ୍ଡାରା ବାବଦରେ ପ୍ରତିମାସରେ ଆଗ୍ରା ସତ୍‌ସଙ୍ଗର ଶ୍ରୀସରକାର ସାହେବଙ୍କ ନିକଟକୁ ଇଷ୍ଟାର୍ଘ୍ୟ ପଠାଇବା ସଙ୍ଗେ ସଙ୍ଗେ ଋତ୍ୱିକୀ ବାବଦ ମାତା ମନମୋହିନୀ ଦେବୀଙ୍କ ନାମରେ ସାତ ଟଙ୍କା 'ଫିଲାନଥ୍ରପି'ରେ ଜମା ଦେବାକୁ ପଠାଉଥିଲେ। ସେ ଚା ପିଉ ନ ଥିଲେ। ତାଙ୍କର ପ୍ରିୟ ଖାଦ୍ୟ ଥିଲା ଡାଲ୍ ଫେଲାନି (ଡାଲିରେ ନାନାପ୍ରକାର ପରିବା ଦେଇହୁଏ), ଧୋକାର ଡାଲନା, କଦଳୀଭଣ୍ଡା ଓ ପଣସକଠା ତରକାରି, କଂଚା କଦଳୀର କୋପ୍ତା, ଶୀତରାତିରେ ନରମ ପୁରି, ସିଙ୍ଗଡା, ଛେନା ଦେଇ ଜୁକଜୁକିଆ

ତରକାରି, ଘନ (ଗାଢ଼) ବୁଟଡାଲି । ପାଣିଚିଆ ତରକାରି ସେ ପସନ୍ଦ କରୁ ନ ଥିଲେ। ତଳେ ଆସନରେ ବସି ଖାଉଥିଲେ ଆଉ କଂସାର ଥାଳି-ଗିନା ଇତ୍ୟାଦି ବ୍ୟବହାର କରୁଥିଲେ। ଅସୁସ୍ଥ ଥିବାବେଳେ ଶ୍ରୀଶ୍ରୀବଡ଼ମା ବା ଶ୍ରୀଶ୍ରୀବଡ଼ଦା କିମ୍ବା ପରିବାରର ଅନ୍ୟ କେହି ତାଙ୍କୁ ଖୁଆଇ ଦିଅନ୍ତି। ସକାଳବେଳା ଠାକୁର ଗୋଲମରିଚ ଓ ଲୁଣ ଦେଇ ଦୁଧ ଛେନା ଆଉ ବିସ୍କୁଟ ଖାଉଥିଲେ । କେବେ କେବେ ମୁଢ଼ିଭଜା। ମଝିରେ ମଝିରେ ମୁସୁମ୍ବି ରସ ଓ ସମପରିମାଣରେ ବାର୍ଲି ଖାଉଥିଲେ। ଉପରବେଳା ଟିଫିନରେ ଚୁଡାଭଜା, କାକୁଡି, କଖାରୁ ଓ କାଙ୍କଣ ମଞ୍ଜିର ଭିତର ଅଂଶ, ବାଦାମ, ମାଖନାଭଜା ଇତ୍ୟାଦି। ମାଖନାଭଜା ଥିଲା ଅତି ପସନ୍ଦ। କହିବା ବାହୁଲ୍ୟ, ଶ୍ରୀଶ୍ରୀଠାକୁର ଖାଉଥିଲେ କମ୍ କିନ୍ତୁ ଖାଦ୍ୟପେୟରେ ବୈଚିତ୍ର୍ୟ ଭଲ ପାଉଥିଲେ। ଋତୁ ଅନୁଯାୟୀ ତାଙ୍କର ଖାଦ୍ୟପେୟ ଲକ୍ଷଣୀୟ। ଯେମିତି ଗରମ ସମୟରେ ଲେମ୍ବୁପତ୍ର ଦିଆ ପଖାଳ ଭାତ ଖାଉଥିଲେ । ନିଜେ ଖାଇବା ଅପେକ୍ଷା ଅନ୍ୟକୁ ନାନା ରକମର ବ୍ୟଞ୍ଜନ, ମିଷ୍ଟାନ୍ନ ପ୍ରସ୍ତୁତ କରାଇ ଖୁଆଇବାକୁ ଓ ଅନ୍ୟକୁ ପରିଧେୟ ବସ୍ତ୍ରାଦି ଦେବାରେ ବେଶି ସୁଖପାଉଥିଲେ। କଡାପାଗର ରସଗୋଲା ଖାଇବାକୁ ସେ ଭଲପାଉଥିଲେ।

ଶ୍ରୀଶ୍ରୀଠାକୁରଙ୍କ ପାନରେ ଦିଆହୁଏ ବଡ଼ ଅଳେଇଚ, କମଳା ଲେମ୍ବୁର ଶୁଖିଲା ଚୋପା, ଜାଇତ୍ରି, ଛୋଟ ଗୁଆ ଖଣ୍ଡ (ଭିଜାଯାଇଥିବା ଗୁଆ), ଲବଙ୍ଗ ଇତ୍ୟାଦି। ପୁଣି କେତେବଳେ ଗୁଆ ବା ଲବଙ୍ଗ ପାଟିରେ ରଖୁଥିଲେ। ତମାଖୁ (ଗଡ଼ଗଡ଼ା ହୁକା) ଖାଇବାକୁ ଶ୍ରୀଶ୍ରୀଠାକୁର ଭଲ ପାଉଥିଲେ। ସେଇ ତମାଖୁ ଆସୁଥିଲା ଗୟାରୁ। ଖୁସି ଥିଲାବେଳେ ଶ୍ରୀଶ୍ରୀଠାକୁର ବାରମ୍ବାର ତମାଖୁ ଖାଇବାକୁ ଚାହୁଁଥିଲେ। ସେ (ସ୍ପେନସର୍ କମ୍ପାନୀ ପ୍ରସ୍ତୁତ ଆଇସକ୍ରିମ୍ ଆଉ ସୋଡା) ପସନ୍ଦ କରୁଥିଲେ ଆଉ ତାଙ୍କ ଜୀବନର ଶେଷଭାଗରେ ଏଗୁଡିକ ଖାଇବାର ଦେଖାଯାଇଛି ବୋଲି ନୀଲୁ ଜୋୟାରଦାର କହନ୍ତି। ରାତ୍ରିଭୋଜନ ପରେ ଦଶଟା ସୁଦ୍ଧା ସେ ବିଶ୍ରାମ ନେବାକୁ ଯାଆନ୍ତି। ଶୋଇବା ସମୟରେ କେହି ତାଙ୍କ ଦେହରେ ହାତ ବୁଲାଇ ଦେଲେ ଶୋଇ ପଡନ୍ତି। ଭକ୍ତଙ୍କ ପ୍ରୟୋଜନ ପରିପୂରଣ ଲାଗି ବା କାହାର ସମସ୍ୟାର ସମାଧାନ କରିବାକୁ ଯାଇ ଅନେକ ସମୟରେ ତାଙ୍କର ସ୍ନାନାହାରରେ ବିଳମ୍ବ ହେଉଥିଲା। ତାଙ୍କର ନିଜସ୍ୱ ଦଣ୍ଡ ଥିଲା। କଳାରଙ୍ଗର ବଡ ଛତା ଥିଲା। ପଇତାରେ ନଅଖିଅ, କଳାଧଡିର ଧଳା ଧୋତି, ଅଧା କୁର୍ତା ବା ଫତେଇ, ନ ହେଲେ କହୁଣୀ ପର୍ଯ୍ୟନ୍ତ ଗଞ୍ଜି ବ୍ୟବହାର କରୁଥିଲେ। ଅଧିକାଂଶ ସମୟରେ ଖାଲି ଦେହରେ ରହିବାକୁ ପସନ୍ଦ କରୁଥିଲେ। ଶୀତକାଳରେ ବାଲାପୋଷ (ପତଳା ଆଉ ହାଲୁକା ରେଜେଇ) ଦେହରେ ପକାଉଥିଲେ। ଋତୁ ନିର୍ବିଶେଷରେ ମଝିରେ ମଝିରେ ଋତ୍ୱିକ୍ ଚାଦର (ପ୍ରାୟ ଛଅ ଫୁଟ୍ ଲମ୍ବା, ତିନି ଫୁଟ୍ ଚଉଡା ପୂରାଟା ଧଳା ଓ ବିନା ଧଡ଼ି) ବ୍ୟବହାର କରୁଥିଲେ। ସେ ଶୀତ ସହି ପାରନ୍ତି ନାହିଁ, ଗରମଦିନ ତାଙ୍କୁ ଭଲ ଲାଗେ। ପାଦରେ ଯେଉଁ କଳାରଙ୍ଗର ଚଟିଜୋତା ତାହାର ମୁହଁ ବନ୍ଦ ଆଉ ପଛପଟ ଖୋଲା; ସେ ମଧ୍ୟ ମଝିରେ ମଝିରେ ଖଡମ (କଠଉ) ବ୍ୟବହାର କରୁଥିଲେ।

ସେ ଫୋରହାନ୍ସ ଟୁଥ୍ ପେଷ୍ଟ, ରେକ୍ସୋନା ବା ଇମ୍ପେରିୟାଲ୍ ଲେଦର୍ ସାବୁନ ବ୍ୟବହାର କରୁଥିଲେ। ଦାଢି କାଟିବାପରେ ଫିଟ୍‌କିରି ପାଣି ମୁହଁରେ ଲଗାଉଥିଲେ। ସ୍ନାନପୂର୍ବରୁ ସୋରିଷତେଲ ଦେହରେ ମାଲିସ କରିବା ପରେ ସ୍ନାନ ପାଇଁ ନିର୍ମିତ ଚୌବାଚ୍ଚାରେ (ପାଣିକୁଣ୍ଡ) ଅବଗାହନ-ସ୍ନାନ କରିବାକୁ ଭଲ ପାଉଥିଲେ। ତାଙ୍କ ପ୍ରଦତ୍ତର ବାଣୀର ଅନୁଲେଖକ ପ୍ରଫୁଲ୍ଲକୁମାର ଦାସ (ବା ତାଙ୍କ ଅନୁପସ୍ଥିତିରେ ଅନ୍ୟ କେହି ସେବକ) ପ୍ରତ୍ୟହ ବଙ୍ଗଳା ଖବରକାଗଜ ପଢ଼ି ଦେଶବିଦେଶର ଖବର ତାଙ୍କୁ ଶୁଣାଉଥିଲେ। ରେଡିଓରୁ ଆକାଶବାଣୀ କଲିକତାରୁ ପ୍ରଚାରିତ ସମ୍ବାଦ ତଥା ଦେଶାତ୍ମବୋଧକ ସଙ୍ଗୀତ ଶୁଣିବାକୁ ସେ ଭଲ ପାଉଥିଲେ।

ସେ କିଛିଦିନ ପକେଟ ଘଣ୍ଟା ବ୍ୟବହାର କରିଥିଲେ। ହାତଘଣ୍ଟା ପିନ୍ଧୁ ନ ଥିଲେ। ଲେଖିବାରେ ଫାଉଣ୍ଟେନ ପେନ୍ (Waterman) ବ୍ୟବହାର କରୁଥିଲେ। ସେ ସର୍ବଦା ଅତିମାତ୍ରାରେ ପରିଷ୍କାର ପରିଚ୍ଛନ୍ନ ରହୁଥିଲେ ଓ ବେଶପୋଷାକ, ବିଛଣା ଇତ୍ୟାଦିରେ ଅତି ନିରାଡମ୍ବର ଥିଲେ। ଗୋଟିଏ କଥାରେ କହିଲେ ତାଙ୍କର ଚଳଣି ସାଧାରଣ ମଧ୍ୟବିତ୍ତ ପରିବାରର ଚଳଣି ଭଳି ଥିଲା। ସେ ଉପରବେଳା ଦେଓଘର ରୋହିଣୀରୋଡର ପଶ୍ଚିମପଟ ପଡିଆରେ ପ୍ରାୟ ବସି ରହି ମୋଗଲସରାଇ ପାସେଞ୍ଜର ଟ୍ରେନ ଦେଖିବା ପାଇଁ ଅପେକ୍ଷା କରୁଥିଲେ। ପାଖରେ ଅନେକ ଭକ୍ତଜନ ମଧ୍ୟ ଉପସ୍ଥିତ ରହୁଥିଲେ। ଏଇ ପଡିଆକୁ ଭବିଷ୍ୟତରେ ଏକ ବିଶେଷ କାମରେ ବ୍ୟବହାର କରିବାକୁ ସେ ଶ୍ରୀଶ୍ରୀବଡଦାଙ୍କୁ ମଧ୍ୟ କହିଥିଲେ।

ଶ୍ରୀଶ୍ରୀଠାକୁରଙ୍କ ପସନ୍ଦ : ଶ୍ରୀଶ୍ରୀଠାକୁରଙ୍କ ପୋଷାକ, ବିଛଣା ଚଦର ଓ ମଶାରି- ସବୁ ଧଳାରଙ୍ଗର। ପ୍ରିୟ ଫୁଲ : ରଜନୀ ଗନ୍ଧା। ଜୋତା ଖୋଲି ରଖିବା ସମୟରେ ଦୁଇପଟ ଜୋତା ଯେମିତି ପାଖାପାଖି ରଖା ଯାଇଥାଏ। ପ୍ରିୟ ସ୍ଥାନ (ବସାଉଠା ପାଇଁ) : ଆକାଶ ଦେଖାଯାଉଥିବା ଖୋଲାମେଲା ଜାଗା, ହିମାୟିତପୁରରେ ପଦ୍ମାନଦୀ କୂଳ। ଦେଓଘରରେ କେତୋଟି ସ୍ଥାନର ନାମ ହେଲା : ବଡ଼କୋଠାଘର (ବର୍ତ୍ତମାନର ମେମୋରିୟା), ଗୋଲତାସୁର ଘର (ଶ୍ରୀଶ୍ରୀଠାକୁରଙ୍କ ମହାପ୍ରୟାଣର କିଛିଦିନ ପୂର୍ବରୁ ତାହା ସେ ଭାଙ୍ଗିଦେଇଥିଲେ), ତାସୁର ଘର (ଏବେ ଯେଉଁଠି ପାର୍ଲାର ହୋଇଛି), ନିରାଲା ନିବେଶ, ଜାମତଲା ଶ୍ରୀଅଙ୍ଗନ, ନିଭୃତ କେତନ, ଖଡ଼େର ଘର (ଚାଳଘର)। ପ୍ରିୟ ଗୀତ - ଦ୍ୱିଜେନ୍ଦ୍ରଲାଲ ରାୟଙ୍କ (୧) ଐ ମହାସିନ୍ଧୁର ଓପାର ଥେକେ , (୨) ଧନ ଧାନ୍ୟେ ପୁଷ୍ପେ ଭରା, (୩) ବଙ୍ଗ ଆମାର ଜନନୀ ଆମାର (୪) ଯେ ଦିନ ସୁନୀଲ ଜଲଧି ହଇତେ; (୫) ରଜନୀକାନ୍ତ ସେନଙ୍କ- ଓରା ଚାଇତେ ଜାନେ ନା ଦୟାମୟ (୬) କାଜି ନଜରୁଲ ଇସଲାମଙ୍କ -ଖେଲିଛ ଏ ବିଶ୍ୱ ଲୟେ । ଉପରୋକ୍ତ ଗୀତଗୁଡ଼ିକର ଗୋଟିଏ ବା ଦୁଇଟି ଧାଡ଼ି ମଝିରେ ମଝିରେ ଗାଉଥିଲେ। ତେବେ 'ଭାଲୋବାସାର ନିଦାନେ ପାଲିୟେ ଯାଓ୍ୱାର ବିଧାନ ବଁଧୂ ଆଛେ କୋନ ଖାନେ' ଏଇ ପଙ୍‌କ୍ତି ତାଙ୍କୁ ବହୁବାର ଗାଇବାର ଶୁଣାଯାଇଛି। ପ୍ରିୟ କବିତା - ରବୀନ୍ଦ୍ରନାଥ ଠାକୁରଙ୍କର 'ବଳାକା', କାବ୍ୟଗ୍ରନ୍ଥ 'ଚଂଚଳା' କବିତାର

ପ୍ରଥମଧାଡ଼ିରେ 'ହେ ବିରାଟ ନଦୀ' ଏଇ କବିତାର ତଳ ଧାଡ଼ିଗୁଡିକ ମଝିରେ ମଝିରେ ଆବୃତ୍ତି କରୁଥିଲେ-'ତୀରେର ସଂଚୟ ତୋର ପଡ଼େଥାକ ତୀରେ/ତାକାସ୍ ନେ ଫିରେ, ସମ୍ମୁଖେର ବାଣୀ ନିକ୍ ତୋର ଟାନି/ମହାସ୍ରୋତେ ପଶ୍ଚାତେର କୋଳାହଳ ହତେ ଅତଲ ଆଧାଁରେ- ଅକୂଲ ଆଲୋତେ'। ଖୁସ୍ ମିଜାଜରେ ଗାଉଥିଲେ -

'ବାଦଶା ବେଗମ୍ ଝମଝମାଝମ୍ ନାଚତେ ଶିଖେଛି,
ଆୟ ବାଁଦୀ ତୁଇ ବେଗମ ହବି ଖୋୟାବ ଦେଖେଛି।'

କାହାରି ମନ ଖରାପ ଦେଖିଲେ ବା ମଝିରେ ମଝିରେ ନିଜେ ଆନନ୍ଦରେ ଦୁଇହାତ ଉପରକୁ ଟେକି ଅପୂର୍ବ ଅଙ୍ଗ-ଭଂଗିମା କରି ସେ ଏହି ଦୁଇ ଧାଡ଼ି ଗାଉଥିଲେ (ଧାଡ଼ି ଦୁଇଟି 'ମର୍ଜିନା-ଆବଦୁଲ୍ଲା' ନାଟକର ଗୋଟିଏ ଗୀତର ଅଂଶବିଶେଷ)।

କେତୋଟି ପ୍ରିୟ ଉଦ୍ଧୃତି- (୧) 'Do unto others as you wish to be done by.' (୨) 'ଦଣ୍ଡିତେର ସାଥେ ଦଣ୍ଡଦାତା କାଁଦେ ଯବେ ସମାନ ଆଘାତେ ସର୍ବଶ୍ରେଷ୍ଠ ସେ ବିଚାର' - (ରବୀନ୍ଦ୍ରନାଥ ଠାକୁର) (୩) 'ସ୍ଥିର ଥାକୋ ତୁମି, ଥାକ ତୁମି ଜାଗି/ପ୍ରଦୀପେର ମତ ଅଲସ ତେୟାଗି/ଏ ନିଶୀଥ ମାଝେ ତୁମି ଘୁମାଇଲେ ଫେରିୟା ଯାଇବେ ତାରା'। (ରବୀନ୍ଦ୍ରନାଥ ଠାକୁର)(୪) 'ଯଦି ତୋର ଡାକ ଶୁନେ କେଉ ନା ଆସେ/ ତବେ ଏକଲା ଚଲୋ ରେ' (ରବୀନ୍ଦ୍ରନାଥ ଠାକୁର)(୫) 'ମୂକଂ କରୋତି ବାଚାଳଂ ପଙ୍ଗୁଂ ଲଂଘୟତେ ଗିରିମ୍/ଯତ୍ କୃପା ତମହଂ ବନ୍ଦେ ପରମାନନ୍ଦ ମାଧବମ୍।' (ଗୀତା - ଧ୍ୟାନଯୋଗ)

(୬) 'There are more things in heaven and earth, Horatio, than are dreamt of in your philosophy.'

(୭) 'But for the want of a nail, a battle was lost.' (ନେପୋଲିୟନ୍ଙ୍କ ସେନାବାହିନୀ ଯୁଦ୍ଧର କୌଣସି ବିଶେଷ ସମ୍ବାଦ ଘୋଡାସବାରୀ ମାଧ୍ୟମରେ ଈପ୍ସିତ ସ୍ଥାନକୁ ପଠାଇବାକୁ ଚାହୁଁଥିଲେ। କିନ୍ତୁ ଘୋଡ଼ାର ପାଦର ନାଲ ଖୋଲିଯିବା ଫଳରେ ତା ଆଉ ସମୟରେ ହୋଇ ପାରିଲାନି। ସାମାନ୍ୟ ନାଲର ଅଭାବରେ ଯୁଦ୍ଧରେ ହାର ସ୍ୱୀକାର କରିବାକୁ ପଡ଼ିଥିଲା) ଶ୍ରୀଶ୍ରୀଠାକୁର କେତେବେଳେ ଆକ୍ଷେପର ସୁରରେ, କେତେବେଳେ ବା ସାବଧାନ କରିବାକୁ ଏଇ କଥାଗୁଡ଼ିକ କହୁଥିଲେ।(୮) 'ବହୁତ ଭଲା ନା ବୋଲନା-ଚଲନା, ବହୁତ ଭଲା ନା ଚୁପ୍/ବହୁତ ଭଲା ନା ବରଷା ବାଦଲ/ବହୁତ ଭଲା ନା ଧୁପ୍' (ସନ୍ଥ କବୀର)

ପ୍ରିୟ ମନୋରଂଜନ- ଛୋଟବେଳରୁ ସେ ଗୀତବାଦ୍ୟର ପରିବେଶକୁ ଭଲ ପାଉଥିଲେ। ମିଳନାତ୍ମକ, ଜୀବନବୃଦ୍ଧିଦ ଓ କୃଷ୍ଟିମୂଳକ ଯାତ୍ରା ଓ ନାଟକାଦି ଖୁବ୍ ପସନ୍ଦ କରୁଥିଲେ। ନାଟକ ମଧରେ ନାଟ୍ୟାଚାର୍ଯ୍ୟ ଗିରୀଶଚନ୍ଦ୍ର ଘୋଷଙ୍କ ଲେଖା 'ପାଣ୍ଡବ-ଗୌରବ' ତାଙ୍କର ପ୍ରିୟ ଥିଲା। ଏହା ଛଡ଼ା 'ପ୍ରଫୁଲ୍ଲ', 'ମହାନିଶା', 'ହରିଶ୍ଚନ୍ଦ୍ର, 'ବିଲ୍ୱମଙ୍ଗଳ' ଇତ୍ୟାଦି ନାଟକର କଥା ମଧ୍ୟ ଶ୍ରୀଶ୍ରୀଠାକୁର କହୁଥିଲେ।

ଭକ୍ତମାନଙ୍କ ମନରେ ଉତ୍ସାହ ଉଦ୍ଦୀପନା ସଂଚାର କରିବା ପାଇଁ ସେ କହୁଥିଲେ - (କ) ଫୂର୍ତ୍ତିରେ କାମ କର, (ଖ) ଲାଗାଓ ଶାଲା, (ଗ) କରିବାହିଁ ଦରକାର (ଘ) ଲାଠି କାନ୍ଧରେ ପକାଇ ଚାଲିଯାଅ (କର୍ମୀମାନଙ୍କ ଉଦ୍ଦେଶ୍ୟରେ କହୁଥିଲେ) (ଙ) 'କଖନ ଆଲି ?' 'ଏକବାରେ ଆଲାଦୀନେର ମତ ଚଲେ ଏଲି ! (ପ୍ରିୟ ପରିଜନ ଆସିଲେ ଠାକୁର ଆନନ୍ଦର ସ୍ୱରରେ କହି ଉଠୁଥିଲେ), (ଚ) 'ନାମ ଚଲଛେ ତୋ ?'(ଛ) 'ତୋମରା ମାନୁଷ ହୟେ ଦାଡାଓ' (ଜ) 'ଚରୈବତି' (ଝ) 'କଇସ୍ କି ଶାଲାର ଡାକାତ୍' (କେହି କିଛି ଭଲ କାମ କରିଆସିଲେ ଖୁସିରେ ତାଙ୍କୁ କହନ୍ତି) ଭଲପାଇ କେତେବେଳେ 'ମଣି' ତ କେତେବେଳେ 'ଲକ୍ଷ୍ମୀ' ବୋଲି ସମ୍ବୋଧନ କରନ୍ତି ।

ଶ୍ରୀଶ୍ରୀଠାକୁର ଭଲ ପାଆନ୍ତି କୃଷ୍ଟିବାହୀ ଚଳନ, କାମରେ ତ୍ୱରିତ ଗତି, ସହଜ ଭାବ । କାହାରି ସଫଳତାର ସମ୍ବାଦରେ ତାଙ୍କର ଖୁସିର ଅନ୍ତ ରହୁ ନ ଥିଲା । କାହାରି ପରୀକ୍ଷାରେ ଭଲ ଫଳାଫଳ, ଦୀକ୍ଷାଦାନ କିମ୍ବା ବ୍ୟବସାୟରେ ସଫଳତାର ଖବର ପାଇଲେ ସେ ଖୁବ୍ ଖୁସି ହୋଇଯାଉଥିଲେ ।

ଶ୍ରୀଶ୍ରୀଠାକୁରଙ୍କ ଅପସନ୍ଦ :

(କ) ମୌଖିକ ଶିକ୍ଷା -ମୁଖେ ଜାଣେ ବ୍ୟବହାରେ ନାହିଁ, ସେହି ଶିକ୍ଷାର ମୁହଁରେ ଛାଇ (ପାଉଁଶ)

(ଖ) ପଇସାର ଚାକର/ଚାକରାଣୀ ହେବା,

(ଗ) ଅପରିଚ୍ଛନ୍ନତା ବା ଆଲୁରୁବାଲୁରୁ ଭାବ

(ଘ) Go Between (ଦ୍ୱନ୍ଦୀ ବୃତ୍ତି) - କଥା ଦେଇ କଥା ନ ରଖିବା, ସମୟାନୁବର୍ତ୍ତୀ ନ ହେବା

(ଙ) ସ୍ୱସ୍ତ୍ୟୟନୀର ପଞ୍ଚନୀତି ନ ପାଳିବା

(ଚ) କପଟତା

(ଛ) ଅକୃତଜ୍ଞତା

(ଜ) ସୂର୍ଯ୍ୟୋଦୟ ଓ ସୂର୍ଯ୍ୟାସ୍ତ ସମୟରେ ଶୋଇ ରହିବା

(ଝ) ଅଧିକ ଆହାର

(ଞ) ଅନ୍ୟ ନାମରେ ଚୁଗୁଲି କରିବା

(ଟ) ଦୋକାନ, ବଜାର, ହୋଟେଲରେ ଆହାର ପାଇଁ ଆଗ୍ରହ (ଠ) ପୁଅଝିଅଙ୍କ ଅବାଧ ମିଳାମିଶା

(ଡ) ଉଡ଼ାଜାହାଜରେ ଯିବାଆସିବା

(ଢ଼) ବିୟୋଗାନ୍ତକ ନାଟକ ବା ସିନେମା

(ଣ) ପ୍ରତିଲୋମ ବିବାହ

(ତ) ଦେଶ ବିଭାଜନ

(ଥ) ହିନ୍ଦୁମାନଙ୍କର ରାମାୟଣ, ଶ୍ରୀମଦ୍‌ଭଗବଦ୍ ଗୀତା ଏବଂ ଅନ୍ୟାନ୍ୟ ଶାସ୍ତ୍ର, ପବିତ୍ର କୋରାନ, ବାଇବେଲ, ଗୁରୁଗ୍ରନ୍ଥ ସାହେବଜୀ ପ୍ରତି ଅସମ୍ମାନ ।

(ଦ) ପୂର୍ବ ପୂର୍ବ ଯୁଗପୁରୁଷୋତ୍ତମଙ୍କ ପ୍ରତି ଅସମ୍ମାନ ଏବଂ ଅଶ୍ରଦ୍ଧା

(ଧ) ଶୀତକାଳ

(ନ) ବିପ୍ର, ବ୍ରାହ୍ମଣଙ୍କର ତ୍ରୁଟି ବା ପଇତାକୁ ନେଇ ଥଟ୍ଟାତାମସା

(ପ) ଶିକ୍ଷା ଓ ସେବା ଅନୁଷ୍ଠାନ ବ୍ୟତୀତ ଅନ୍ୟତ୍ର ନାରୀମାନଙ୍କର ବୃତ୍ତିପୋଷଣ । (ସ୍ମୃତିର ମାଳା)

— ୦ —

ଇଷ୍ଟଗୁରୁଙ୍କ ସଂପର୍କରେ ଶ୍ରୀଶ୍ରୀଠାକୁରଙ୍କ ବାଣୀ

ଇଷ୍ଟଗୁରୁଙ୍କ ସ୍ୱାର୍ଥରକ୍ଷା
ପ୍ରାଣଗଲେ ବି ତୁ ଛାଡ଼ିବୁ ନାହିଁ,
ସବୁ ପାପରୁ ପାଇବୁ ରକ୍ଷା
ଋଷିଙ୍କ ବାଣୀ ଭୁଲିବୁ ନାହିଁ ।

ଗୁରୁଙ୍କ ପୂଜା ନ କରିଲେ କିନ୍ତୁ
କେଉଁ ଦେବତାର ହୁଏନା ପୂଜା,
ଗୁରୁହିଁ ସମସ୍ତ ଜୀବର ନିଶାଣ
ଗୁରୁହିଁ ସଭିଙ୍କ ଜୀବନ ଧ୍ୱଜା ।

ଦ୍ୱିତୀୟ ପରିଚ୍ଛେଦ

ପରିବେଶ ମମତ୍ୱ ଓ ସହାନୁଭୂତି ଆଭାସ-ବୃକ୍ଷଲତା ପ୍ରତି ସ୍ନେହ, ପାଳିତ ପ୍ରାଣୀମାନଙ୍କ ପ୍ରତି ମମତା: ଗେହ୍ଲୀ ବିଲେଇ-କାଣି, ପ୍ରିୟକୁକୁର ଟାବୁ, ରାଜାଛାଗଳ- Majestic Goat, ବେଙ୍ଗମାନଙ୍କ ପାଇଁ ଘର, ଛେଳିର ଦୁଃଖଲାଘବ, ଭାଷାବିହୀନ ବାର୍ତ୍ତା, ପାଲମା'ଙ୍କଠାରୁ ଗୁଣ୍ଡୁଚିମୂଷା ଭିକ୍ଷା, ବଳିଖୁଣ୍ଟରୁ ଛାଗଳ ଉଦ୍ଧାର, ଚାବୁକ ଦାଗ, ଗୋବରପୋକ ଉଦ୍ଧାର, ଦୁଇଟି ଝିଟିପିଟିର ମିଳନ କାହାଣୀ, ବୁଲାକୁକୁରର ସେବା, କୀଟପତଙ୍ଗମାନଙ୍କ ଜୀବନ ରକ୍ଷା; ମଣିଷର ଇହକାଳ ଓ ପରକାଳରେ ସେବା।

ବୃକ୍ଷଲତା ପ୍ରତି ସ୍ନେହ

ଶ୍ରୀଶ୍ରୀଠାକୁର ଛୋଟ ବଡ଼ ଗଛଲତା କୀଟପତଙ୍ଗ ଜୀବ-ନିର୍ଜୀବ ବସ୍ତୁସମୂହକୁ ଯଥାଯଥ ଶ୍ରଦ୍ଧା କରୁଥିଲେ। ୧୯୨୮ ମସିହାର ଗୋଟିଏ ଘଟଣା। ହିମାୟିତପୁର ସତ୍‌ସଙ୍ଗ ଆଶ୍ରମରେ କେତେଗୁଡିଏ ନୂତନ ଗୃହ ନିର୍ମାଣର ଚିଠା ତିଆରି ହୋଇ କାମ ଆରମ୍ଭ ହେଲା। ଏଥିରେ ରାଜମିସ୍ତ୍ରୀ ଓ ମୂଲିଆମାନଙ୍କ ସହିତ ଆଶ୍ରମର କର୍ମୀଗଣ, ଗ୍ରୀଷ୍ମଛୁଟି ହେତୁ ତପୋବନ ବିଦ୍ୟାଳୟର ଅଧିକାଂଶ ଶିକ୍ଷକ ଓ ଛାତ୍ର ରାଜମିସ୍ତ୍ରୀ ଓ ମୂଲିଆମାନଙ୍କ ସହିତ ଦିନରାତି କାମରେ ଲାଗିପଡ଼ିଥିଲେ। ଦ୍ୱିତଳବିଶିଷ୍ଟ ବିଶ୍ୱବିଜ୍ଞାନ କେନ୍ଦ୍ରର ନିର୍ମାଣ ଅତି କମ ସମୟ ଭିତରେ କରିବା ସମ୍ଭବ ହୋଇଥିଲା। ଯେଉଁ ସ୍ଥାନରେ ଶ୍ରୀଶ୍ରୀଠାକୁରଙ୍କ ନିବାସ ହେବା କଥା କାମ ଆରମ୍ଭ କରିବାକୁ ସେ ଅନୁମତିଦେଲେ ନାହିଁ, କାରଣ ଘର କରିବାକୁ ହେଲେ ବହୁତ ଗଛ କାଟିବାକୁ ହେବ। ପରେ, ଶ୍ରୀଶ୍ରୀଠାକୁରଙ୍କ ନିର୍ଦ୍ଦେଶିତ ଅନ୍ୟ ସ୍ଥାନରେ ଗୃହ ନିର୍ମାଣ କାର୍ଯ୍ୟ ଆରମ୍ଭ ହେଲା। କିଛିଦିନ ପରେ ଝଡତୋଫାନ ହେତୁ ସେହି ରାସ୍ତାରେ ଗୋଟିଏ ବବୁଲଗଛର କିଛି ଡାଳ ଭାଙ୍ଗିଗଲା। ବବୁଲ ଗଛରେ ବହୁତ କଣ୍ଟା। ରାସ୍ତା ଉପରକୁ ମାଡ଼ିଆସି ଲୋକମାନଙ୍କର ଯିବାଆସିବାରେ ଅସୁବିଧା ହେବାରୁ ନଫରଦା(ନଫର ଘୋଷ) ଆଉ କିଛି ଡାଳ କାଟିଦେଲେ। ଶ୍ରୀଶ୍ରୀଠାକୁର ତାହା ଜାଣି ଅତ୍ୟନ୍ତ ଦୁଃଖିତ ହେଲେ, ଆଉ କହିଲେ - 'ନଫର, ତୁମେ ସବୁ ଜାଣି ସୁଦ୍ଧା ଏମିତି କାମ କାହିଁକି କଲ? ଯା, ଏବେ ତୁରନ୍ତ ମାଟି, ଗୋବର, ପୁଆଳ ଆଦି ଆଣି କଟିଯାଇଥିବା ଡାଳକୁ ଗଛ ସହିତ ବାନ୍ଧି ବ୍ୟାଣ୍ଡେଜ୍ କରିଦିଅ।' ଏଇ ଘଟଣା ପରେ ଶ୍ରୀଶ୍ରୀଠାକୁର ସେଇ ରାସ୍ତାଦେଇ ଯିବାଆସିବା କିଛିଦିନ ପାଇଁ ବନ୍ଦ କରିଦେଲେ। ଡାଳ ପୂରାପୂରି ଯୋଡ଼ିହୋଇ ଗଲାପରେ ସେ ଆଶ୍ୱସ୍ତ ହେଲେ ଓ ପୁଣି ସେଇବାଟେ ଯିବାଆସିବା ଆରମ୍ଭ କଲେ। (ସାତ୍ୱତୀ- ଜୁନ୍ ୨୦୧୯)

ବୃକ୍ଷର ଉପଚାର- ଦେଓଘର ଆଶ୍ରମ। ଠାକୁର-ବଙ୍ଗଳାର କୌଣସି ଏକ ନିର୍ଦ୍ଦିଷ୍ଟ ସ୍ଥାନରେ ଶ୍ରୀଶ୍ରୀଠାକୁର ଘର ତିଆରି କରିବା ପାଇଁ ନିର୍ଦ୍ଦେଶ ଦେଇଥିଲେ। ଛାତଢ଼ଳେଇ ହୋଇ ସାରିଛି। ଦିନେ ସଂଧ୍ୟା ସମୟରେ ଶ୍ରୀଶ୍ରୀଠାକୁର ଚାଲିଚାଲି ପାହାଡ଼ବାଡ଼ି ଆଡ଼େ ଯାଉଥିଲେ। ଅଚାନକ ନୂଆ ଘର ସମ୍ମୁଖରେ ସ୍ଥିର ହୋଇ ଠିଆହୋଇଗଲେ। ଘରକୁ

ଲାଗିଥିବା ଆମ୍ବଗଛ ଆଡ଼କୁ ଦେଖି ଖୁବ ଦୁଃଖରେ ପଚାରିଲେ - ହାୟ ! ଖଗେନ୍, ଆମ୍ବଗଛର ଏପରି ଦୁରବସ୍ଥା କିଏ କଲା ? ଘର ତିଆରି ଦାୟିତ୍ୱରେ ଥିବା ଖଗେନ୍ ତପାଦାର ନିରୁତ୍ତର । କ'ଣ ବା ଉତ୍ତର ଦେବେ ? ଏତ ତାଙ୍କରି କାମ । ଘର ଛାତ ଢଳାଇର ସୁବିଧା ପାଇଁ ଆମ୍ବଗଛର ଗୋଟିଏ ଡାଳ କଟାଯାଇଥିଲା । ଏହାକୁ ଦେଖିଲାମାତ୍ରେ ଶ୍ରୀଶ୍ରୀଠାକୁର ଗୋଟିଏ ପାଦ ବି ଆଗକୁ ବଢ଼ିଲେ ନାହିଁ । ତାଙ୍କ ସହିତ ଡାଃ ପ୍ୟାରୀଦା ଥିଲେ, ତାଙ୍କୁ ଆଶାଭରା ଚାହାଣିରେ ଅନେଇ କହିଲେ- ଆରେ ପ୍ୟାରୀ ! କଟାଯାଇଥିବା ଆମ୍ବଡାଳର କଟାଜାଗାରେ କିଛି ଔଷଧ ଆଦି ଲଗାଇ ବ୍ୟାଣ୍ଡେଜ୍ କରିଦିଅ, ଯାହା ଫଳରେ ସେଥିରୁ ନବପଲ୍ଲବ ବାହାରି ଆସିବ । ତା' ପରେ ଶ୍ରୀଶ୍ରୀଠାକୁର ଫେରି ଆସି ନିଜ ଆସନରେ ବସିଲେ । ପ୍ରାୟ ପନ୍ଦରଦିନ ପର୍ଯ୍ୟନ୍ତ ସେ ପାହାଡବାଡି ଆଡ଼େ ଆଉ ଗଲେ ନାହିଁ । ଦିନେ ଜନୈକ ସେବକ ଆସି ଶ୍ରୀଶ୍ରୀଠାକୁରଙ୍କୁ କହିଲେ - ଆମ୍ବଗଛର କଟାଅଂଶରେ ଅନେକ ନୂତନପତ୍ର କଅଁଳିଛି । ଶ୍ରୀଶ୍ରୀଠାକୁର ଉଲ୍ଲସିତ ହୋଇ ଗଛର ସେହି ଡାଳକୁ ଦେଖିବାକୁ ଗଲେ । ନୂତନପତ୍ରକୁ ଦେଖି ତାଙ୍କର ଖୁସିର ସୀମା ରହିଲା ନାହିଁ । ସେହିଦିନଠାରୁ ସେ ପୁଣି ପାହାଡବାଡ଼ି ଆଡ଼େ ଭ୍ରମଣ ଆରମ୍ଭ କରିଦେଲେ । (ସନ୍ତୋଷ ଜୋୟାରଦାର-କାଲୋଦା)

ପାଳିତ ପ୍ରାଣୀମାନଙ୍କ ପ୍ରତି ମମତା : ଗେହ୍ଲୀ ବିଲେଇ କାଣୀ- ଏଇ ବିଲେଇଟି ଶ୍ରୀଶ୍ରୀବଡ଼ମାଙ୍କ ପିଛା ଛାଡେ ନାହିଁ । ତାର ଗୋଟିଏ ଆଖି ନାହିଁ । ତେଣୁ ସମସ୍ତେ ଡାକନ୍ତି କାଣୀ । ଶ୍ରୀଶ୍ରୀଠାକୁରଙ୍କ ଭୋଗ ହେବା ପରେ ପ୍ରଥମେ ସେଥିରୁ କିଛି ପାଇବ କାଣୀ - ବିଶେଷ କରି ଛେନା । ଶ୍ରୀଶ୍ରୀଠାକୁର କେବେ କେବେ ସକାଳ ସଂଧ୍ୟା ବଡ଼କୋଠାଘର ବାରଣ୍ଡା (ବର୍ତ୍ତମାନର ମେମୋରିଆ)ରେ ବସିଥାନ୍ତି, ତାଙ୍କ ସହିତ ଥାଆନ୍ତି ଶ୍ରୀଶ୍ରୀବଡ଼ମା । ସେତେବେଳ ସମୟରେ ଶ୍ରୀଶ୍ରୀଠାକୁରଙ୍କର ସ୍ନାନର ସମୟ ହେଉଚି ୧୧ଟା ବାଜି ଆଠମିନିଟ୍ । ସକାଳଠାରୁ ଭକ୍ତବୃନ୍ଦଙ୍କ ସହିତ ନାନାବିଷୟରେ ଆଳାପ ଆଲୋଚନ ଚାଲେ, ବାଣୀ ମଧ୍ୟ ଦେଉଥାନ୍ତି ମଝିରେ ମଝିରେ । ଏହି କାରଣରୁ କେବେକେବେ ୧୧ଟା ୮ ପାରିହୋଇଯାଏ । ଯେଉଁଦିନ ଡେରି ହୁଏ, କାଣୀ ବଡ଼ମାଙ୍କ ପାଦ ଉପରେ ମୁହଁ ଘଷି ଘଷି ମ୍ୟାଉଁ ମ୍ୟାଉଁ ହୁଏ, ଆଉ କେବେକେବେ ଶ୍ରୀଶ୍ରୀଠାକୁରଙ୍କ ପାଦରେ ମୁହଁ ଘଷି - ଆଉ ତାଙ୍କୁ ବସାଇ ଦିଏ ନାହିଁ । ଶ୍ରୀଶ୍ରୀଠାକୁର ପଚାରନ୍ତି ଶ୍ରୀଶ୍ରୀବଡ଼ମାଙ୍କୁ - କାଣୀ କ'ଣ କହୁଚି କି ବଡବୋହୂ ? ଶ୍ରୀଶ୍ରୀବଡ଼ମା ଉତ୍ତର ଦିଅନ୍ତି - ତାକୁ ଭୋକ ଲାଗିଲାଣି, ଆପଣ ଆଉ ସ୍ନାନ ପାଇଁ ଡେରିକଲେ କେମିତି ହେବ ? ଶ୍ରୀଶ୍ରୀଠାକୁର ସତେକି ନିଜର ଭୁଲ୍ ବୁଝିପାରି ସୁଧାରିବା ସ୍ୱରରେ କହନ୍ତି - 'ଓହୋ', ଗାଧୋଇବାକୁ ଉଠିପଡ଼ନ୍ତି ।

ପ୍ରିୟ କୁକୁର ଟାବୁ- ଶ୍ରୀଶ୍ରୀଠାକୁରଙ୍କ କନିଷ୍ଠପୁତ୍ର ପୂଜନୀୟ କାଜଲଦା ଗୋଟିଏ କୁକୁର ଛୁଆ ପାଳିଥିଲେ । ନାଁ ଦେଇଥିଲେ ଟାବୁ । ଶ୍ରୀଶ୍ରୀଠାକୁର ଓ ଶ୍ରୀଶ୍ରୀବଡ଼ଦାଙ୍କ ପାଖରେ ସେ ଅନେକ ସମୟରେ ବସିରହୁଥିଲା । ସେ ମଧ୍ୟ ଶ୍ରୀଶ୍ରୀବଡ଼ଦାଙ୍କର ଅତି ପ୍ରିୟ ଥିଲା ଓ ତାଙ୍କର ଭାଷା ବୁଝିପାରୁଥିଲା । ଶ୍ରୀଶ୍ରୀବଡ଼ଦା ନଡାଲ ବଂଗଳା (ବର୍ତ୍ତମାନ ଷୋଡ଼ଶୀ

ଭବନ)ରେ ରହୁଥିଲେ। ସେ କେବେ ଅସୁସ୍ଥ ହେଲେ ଶ୍ରୀଶ୍ରୀବଡ଼ମା ତାଙ୍କୁ ଦେଖିବାକୁ ଆସିଲେ, ଟାବୁ ତାଙ୍କ ସହ ନିଶ୍ଚୟ ରହିଥିବ ଓ ତାଙ୍କ ସହିତ ଶ୍ରୀଶ୍ରୀବଡ଼ଦାଙ୍କ ଶଯ୍ୟା ପର୍ଯ୍ୟନ୍ତ ଯାଇ ସେମାନଙ୍କ କଥୋପକଥନକୁ ବୁଝିଗଲାପରି ମୁହଁର ଭାବଭଂଗୀ କରୁଥିବ। ସେ ଯେଉଁଦିନ ଶରୀର ତ୍ୟାଗକଲା, ଶ୍ରୀଶ୍ରୀଠାକୁର, ଶ୍ରୀଶ୍ରୀବଡ଼ମା, ଶ୍ରୀଶ୍ରୀବଡ଼ଦା ଓ ପୂଜନୀୟ କାଜଲଦା ସମ୍ପୂର୍ଣ୍ଣ ଦିନଟା ବିମର୍ଷ ରହିଲେ, ଯେମିତି ପରିବାରର ଜଣେ ନାହିଁ।

ରାଜା ଛାଗଳ (Majestic Goat)- ହିମାୟିତପୁର ଆଶ୍ରମ, ୧୯୪୫-୪୬। ରାଇରଂଜନ ଦାସ ବ୍ରିଟିଶ୍ ସେନାବାହିନୀରେ ଚାକିରି କରନ୍ତି। ତାଙ୍କର ନିବାସ ସ୍ଥାନ ହେଉଚି ମୁର୍ଶିଦାବାଦର କାନ୍ଦୀ ଗ୍ରାମରେ। ବରହମ୍ପୁର ନିବାସୀ ପ୍ରକାଶଚନ୍ଦ୍ର ବସୁଙ୍କ ସହିତ ତାଙ୍କର ପରିଚୟ ହୁଏ। ପ୍ରକାଶଚନ୍ଦ୍ର ବସୁ, ସୁଶୀଲ ଚନ୍ଦ୍ର ବସୁଦାଙ୍କଠାରୁ ଦୀକ୍ଷା ନେଇଥିଲେ। ୧୯୪୪ ଡିସେମ୍ବର ମାସରେ ଆଶ୍ରମର କର୍ମୀ ରାଜେନ୍ଦ୍ରନାଥ ମଜୁମଦାର, ପ୍ରକାଶଚନ୍ଦ୍ର ବସୁଙ୍କ ପୁତ୍ର ମିଣ୍ଟୁ ବସୁଙ୍କ ଘରକୁ ଆସିଥିଲେ। ତାଙ୍କରି ମାଧ୍ୟମରେ ରାଇରଂଜନ ଖବର ପାଇଲେ ଯେ, ଶ୍ରୀଶ୍ରୀଠାକୁର ତାଙ୍କଠାରୁ ଗୋଟିଏ- Majestic Goat (ରାଜା ଛାଗଳ) ଚାହିଁଛନ୍ତି। ରାଇରଂଜନ ମିଲିଟାରୀ ଲୋକ, ଛାଗଳ ପୁଣି ଭଲ ଜାତିର ଛାଗଳ, କେଉଁଠୁ ପାଇବେ ? ବଡ଼ ମୁସ୍କିଲ୍‌ରେ ପଡ଼ିଲା ପରି ଲାଗିଲା ତାଙ୍କୁ।

ତାଙ୍କର ଦିନେ ହଠାତ୍ ମନେପଡ଼ିଲା ଯେ ପାଟନାର ଗଂଗାତୀରରେ ଗୋଟିଏ Dehydrated Goat Meat Factory (ଛେଳିର ଶୁଖା ମାଂସ କାରଖାନା) ଅଛି। ପାଟନା ସ୍ଥିତ ସୈନ୍ୟବାହିନୀର ଜଣେ ମୁସଲମାନ ସୁବେଦାର ରାଇରଂଜନଙ୍କର ପୂର୍ବପରିଚିତ। ରାଇରଂଜନ ବାବୁ ତାଙ୍କର ସାହାଯ୍ୟ ଲୋଡ଼ିଲେ। ସବୁ ଶୁଣି ସେ କହିଲେ - 'ଏଟା କ'ଣ ଏମିତି ଗୋଟେ ବଡ କଥା କି !' ସେ କାରଖାନାରୁ ଖବର ନେଲେ ଯେ ଆଗାମୀ ମାସରେ ପାହାଡି ବୋଦାମାନଙ୍କର ଗୋଟିଏ ଚାଲାଣ (consignment) ଆସୁଚି। ସେଇଠି ମିଳିବ। କିଛି ଦିନ ପରେ ଶହେଖଣ୍ଡେ ଉଚ୍ଚଜାତିର ଛାଗଳ କାରଖାନାରେ ଆସି ପହଂଚିଲେ। ସେହି ଦଳ ଭିତରେ କେବଳ ଗୋଟିଏ Majestic Goat (ରାଜା ଛାଗଳ)ଥିଲା। ତାକୁ ଦେଖିବାମାତ୍ରେ ରାଇରଂଜନଙ୍କର ଖୁବ୍ ପସନ୍ଦ ହେଲା। କିନ୍ତୁ ପାଟନାରୁ ପାବନା ତାକୁ ନିଆଯିବ କିପରି ? ସେଇ ସମୟରେ ବ୍ରିଟିଶ୍ ରାଜତ୍ୱରେ ଜିଅନ୍ତା ପଶୁଙ୍କୁ ଟ୍ରେନ୍‌ରେ ନେବା ନିୟମ ବିରୁଦ୍ଧ ଥିଲା। ଅବଶ୍ୟ, ଇଂରେଜମାନେ ରେଳ ଦ୍ୱାରା କୁକୁର ନେବାପାଇଁ ଗୋଟିଏ ଡଗ୍ ବକ୍‌ସର ବ୍ୟବସ୍ଥା ଥିଲା। ଏତେବଡ଼ ଛାଗଳକୁ ବହୁ କଷ୍ଟରେ ଅଧା ବାହାରେ ଅଧା ଭିତରେ ବାକ୍‌ସରେ ପୁରାଇ, ରେଳବାଇ କର୍ମଚାରୀଙ୍କୁ ରାଜି କରାଇ, ଦାନାପୁର ଟ୍ରେନ୍‌ରେ Majestic Goatକୁ ରାଜେନ୍ ମଜୁମଦାରଙ୍କ ସହିତ, ରାଇରଂଜନବାବୁ ବିଦାକଲେ।

ରାଜା ଛାଗଳକୁ ଦେଖି ଶ୍ରୀଶ୍ରୀଠାକୁର ଖୁବ୍ ପସନ୍ଦ କଲେ, ଖୁସି ବି ହେଲେ। ତା' ପରଦିନଠାରୁ ସେ ଏତେ ପୋଷା ମାନିଗଲା ଯେ ଶ୍ରୀଶ୍ରୀଠାକୁର ଯୁଆଡେ ଯାଆନ୍ତି, ସେ ତାଙ୍କ ପଛେପଛେ ଯାଏ। ଅନ୍ୟ ସମୟରେ ଶ୍ରୀଶ୍ରୀଠାକୁରଙ୍କ ଆସ୍ଥାନ ତଳେ ବସିରହେ।

ଶ୍ରୀଶ୍ରୀଠାକୁର ତାର ନାଁ ଦେଇଥିଲେ - ହୃଦୟ । ତାର ଶରୀର ରଂଗ ଥିଲା ଗେରୁଆ, ଆଉ ଚାଲିଲାବେଳେ ପଟପଟ ଆବାଜ କରେ । ଧୀରେ ଧୀରେ ସେ, ଶ୍ରୀଶ୍ରୀଠାକୁରଙ୍କ ଭାଷା ବୁଝିପାରିଲା ଓ ନିର୍ଦ୍ଦେଶକୁ ସଠିକ୍ ପାଳନ କଲା । ସେ ଠାକୁରଭୋଗ ସମୟରେ ପହଂଚିଯାଏ ଓ ଦୂରରେ ଠିଆ ହୋଇଥାଏ । ତାକୁ କିଛି ପ୍ରସାଦ ମିଳେ । ଦିନେ, ଶ୍ରୀଶ୍ରୀଠାକୁର ଭୋଗପାଇଁ ବସିଲାବେଳକୁ ଦେଖିଲେ ଯେ ହୃଦୟ ନାହିଁ । କୁଆଡ଼େ ଗଲା ? କଣ ହେଲା ? ଭକ୍ତମାନେ ଖୋଜାଖୋଜି କରି ପାଉନାହାନ୍ତି, ଶ୍ରୀଶ୍ରୀଠାକୁର ହୃଦୟର ବିନା ଉପସ୍ଥିତିରେ ଭୋଗ ଗ୍ରହଣ କରି ପାରୁନାହାନ୍ତି । ଟିକେ ଦୂରରେ ଶ୍ରୀଶ୍ରୀବଡ଼ମା ଓ ଶ୍ରୀଶ୍ରୀବଡ଼ଦା କିଂକର୍ତ୍ତବ୍ୟବିମୂଢ଼ ହୋଇ ଠିଆହୋଇ ଥାଆନ୍ତି ।

ହଠାତ୍ ଦୂରରୁ ହୋ-ହାଲ୍ଲା ଶୁଭିଲା – ମିଳିଗଲା, ମିଳିଗଲା । ଶ୍ରୀଶ୍ରୀଠାକୁରଙ୍କ ଭଉଣୀ ପୂଜନୀୟା ଗୁରୁପ୍ରସାଦୀ ଦେବୀ (ତାଙ୍କୁ ପିସିମା ଡାକନ୍ତି)ଙ୍କ ଘର ଭିତରେ ଛାଗଳଟି ପଶିଯାଇଥିଲା । ତାଙ୍କୁ ଜଣାନାହିଁ, ସେ ବାହାରୁ କବାଟ ବନ୍ଦ୍ କରିଦେଇ ଚାଲିଗଲେ ଓ ଛାଗଳ ଗୃହବନ୍ଦୀ ହୋଇ ରହିଯାଇଥିଲା । ଯେମିତି ଠାକୁର-ଭୋଗର ସମୟ ହୋଇଯାଇଛି, ସେ ମେଁ-ମେଁ ଚିତ୍କାର କରିବାରୁ ବାହାର ଲୋକ ସେ ଘର ଭିତରେ କାହିଁକି ଚିତ୍କାର କରୁଛି ବୋଲି ପିସିମାଙ୍କୁ ଡାକି କବାଟ ଖୋଲିଲେ । ହୃଦୟ ଏକ ନିଶ୍ୱାସରେ ଦୌଡ଼ି ଶ୍ରୀଶ୍ରୀଠାକୁରଙ୍କ ପାଖରେ ହାଜର । ହୃଦୟକୁ ଦେଖି ଶ୍ରୀଶ୍ରୀଠାକୁର ଭୋଗରେ ବସିଲେ । ଥରେ କଥା ପ୍ରସଂଗରେ ସେ କହିଥିଲେ - ଏଇ ଛାଗଳଟି ବଡ଼ ଜ୍ଞାନୀ ଜୀବ । ତା' ଉପରେ ଶ୍ରୀଶ୍ରୀଠାକୁରଙ୍କ ବିଶେଷ ଦୃଷ୍ଟି ଥିଲା, ସତେକି ସେ ମଧ୍ୟ ତାଙ୍କର ଜଣେ ଭକ୍ତ । ତାହାର ମୃତ୍ୟୁରେ ଶ୍ରୀଶ୍ରୀଠାକୁର ଓ ପରିବାରବର୍ଗ ଖୁବ୍ ଶୋକଗ୍ରସ୍ତ ହେଲେ, ଯେପରିକି ଜଣେ କେହି ଅତି ଅନ୍ତରଂଗକୁ ସେମାନେ ହରାଇ ବସିଲେ । (ଆଲୋଚନା ୨୦୧୮-କୃପାସିନ୍ଧୁ ରକ୍ଷିତ)

ବେଙ୍ଗମାନଙ୍କ ପାଇଁ ଘର– ୧୯୫୬ ମସିହାର ସେପ୍ଟେମ୍ବର ମାସ, ଦେଓଘର ଆଶ୍ରମ ପ୍ରାଂଗଣରେ ଖଡ଼େରଘର (ଚାଳଘର) ନିର୍ମାଣ କାର୍ଯ୍ୟ ଚାଲିଚି । ବର୍ଷାଦିନ ହେତୁ ଅଗଣାରେ ପାଣି, ଆଉ ବେଂଗମାନଙ୍କ ସଂଖ୍ୟା ବହୁତ ବଢ଼ିଯାଇଚି - ସେମାନେ ଡିଆଁମାରି ବର୍ଷାପାଣିରେ ଉଲ୍ଲସିତ ହୋଇ ଖେଳୁଛନ୍ତି । ମିସ୍ତ୍ରୀମାନଙ୍କର ଚଳପ୍ରଚଳ ଦ୍ୱାରା କେତେ ବେଙ୍ଗ ଚାପିହୋଇଯାଇ ମରୁଛନ୍ତି । ବେଙ୍ଗମାନଙ୍କର ମରଣ, ସେମାନଙ୍କର କଷ୍ଟ ଦେଖି ଶ୍ରୀଶ୍ରୀଠାକୁର ବିକଳ ହୋଇଉଠିଲେ । ମିସ୍ତ୍ରୀମାନଙ୍କର କାମ ବନ୍ଦ ହେଲା । ପଚାରିଲେ - କ'ଣ କରାଯିବ ? ଏମିତି କିଛି ବ୍ୟବସ୍ଥା କର ଯାହାଦ୍ୱାରା ମିସ୍ତ୍ରୀମାନେ କାମ କରିବାରେ ଯା'ଆସ କରନ୍ତୁ କିନ୍ତୁ ବେଙ୍ଗମାନଙ୍କ ଉପରେ ପାଦ ନ ପଡୁ । କେଉଁ ଉପାୟରେ ଏହା ହୋଇପାରିବ, କେହି କିଛି କହି ପାରିଲେ ନାହିଁ । ଶ୍ରୀଶ୍ରୀଠାକୁର ମୁହଁ ଖୋଲିଲେ ଓ ଉପାୟ ବତାଇ ଦେଲେ - ଅଗଣାର ଗୋଟିଏ କଣରେ ସେମାନଙ୍କ ପାଇଁ ଛୋଟ ଛୋଟ ଘର କରିଦେଲେ, ସେମାନେ ଛୁଆପିଲା ଧରି ସେଇଠି ରହନ୍ତେ । ଦୁଇଟି କାଠ ବାକ୍ସର ଘର

ତିଆରିହେଲା - ଗୋଟିଏ ବାକ୍ସରୁ ଆଉ ଗୋଟିକକୁ ଚଳପ୍ରଚଳର ବ୍ୟବସ୍ଥା ହେଲା। ସେଠାରେ ବେଙ୍ଗମାନଙ୍କ ଖାଇବାର ବ୍ୟବସ୍ଥା ମଧ୍ୟ କରାଗଲା। ସଂଧ୍ୟାହେବାରୁ ଅନେକ ବେଙ୍ଗ ଦୁଇ କାଠବାକ୍ସରେ ମସ୍ତ ହୋଇ ପିଲାଛୁଆ ନେଇ ଖେଳିଲେ, ଆନନ୍ଦ କଲେ। ଶ୍ରୀଶ୍ରୀଠାକୁର ଖୁସ୍। (ଦୀପରକ୍ଷୀ ୨ୟ ଖଣ୍ଡ)

ଛେଳିର ଦୁଃଖ ଲାଘବ– ଦେଓଘର ଆଶ୍ରମ। ଶ୍ରୀଶ୍ରୀଠାକୁର ଯତି ଆଶ୍ରମରେ ବସିଛନ୍ତି। ତାଙ୍କ ସହିତ କେଷ୍ଟଦା (କୃଷ୍ଣପ୍ରସନ୍ନ ଭଟ୍ଟାଚାର୍ଯ୍ୟ) 'ଫ୍ରଏଡ୍ ମନସ୍ତତ୍ତ୍ୱ' ଉପରେ ଆଲୋଚନା କରୁଛନ୍ତି। ଏତିକିବେଳେ ଗୋଟିଏ ଛେଳି କରୁଣ ସ୍ୱରରେ ମେଁ-ମେଁ କରି ପହଂଚିଲା। ଛେଳିର କରୁଣ କ୍ରନ୍ଦନ ଶ୍ରୀଶ୍ରୀଠାକୁର ବୁଝିପାରିଲେ ଓ ତାଙ୍କ ଆଖି ଲୁହରେ ଛଳଛଳ ହୋଇଗଲା। ସେ ତୁରନ୍ତ ଜଣେ ଭକ୍ତକୁ ଡାକି କହିଲେ - ଆରେ, ପତ୍ତା କର ଏଇ ଛେଳିଟି କାନ୍ଦିକାନ୍ଦି କାହିଁକି ମୋ ପାଖକୁ ଆସିଚି ?

ଭକ୍ତ ଜଣକ ଛେଳିଟି କାହାର ବୋଲି ବାହାରେ ପଚରାଉଚରା କରିବାରୁ ଜଣାପଡ଼ିଲା ଯେ ସୁମତିମା ନାମକ ଜଣେ ମହିଳା ଏଇ ଛେଳିଟିକୁ ପାଳିଚି, ତାର ଏବେ ଛୁଆ ହୋଇଛନ୍ତି ଆଉ ସେଗୁଡିକ ସୁମତିମା ଜଣକୁ ବିକିଦେଇଛି। ଶ୍ରୀଶ୍ରୀଠାକୁର ମା-ଛେଳିର କାନ୍ଦଣାର କାରଣ ଜାଣି ଆଉ ଜଣେ ଭକ୍ତକୁ କିଛି ଟଙ୍କାଦେଇ କହିଲେ - ଯାଅ ତ ଏଇ ଛେଳିର ଛୁଆଗୁଡିକୁ ଯିଏ କିଣିନେଇଛି ତାକୁ ତା' ଟଙ୍କା ଫେରାଇଦେଇ ଛୁଆଗୁଡିକୁ ନେଇଆସିବ। ଦ୍ୱିପ୍ରହରଯାକ ଶ୍ରୀଶ୍ରୀଠାକୁର ଛଟପଟ ହେଉଛନ୍ତି, ବିଶ୍ରାମ କରିବାକୁ ଯାଇ ପୁଣି ଉଠି ବସୁଛନ୍ତି, କାରଣ ଏ ପର୍ଯ୍ୟନ୍ତ ଛେଳିଟି ତା ଛୁଆଙ୍କୁ ନ ପାଇ ମଝିରେ ମଝିରେ ମେଁ-ମେଁ ରଡି କରୁଛି।

ଶେଷରେ ଛୁଆଗୁଡାକୁ ଧରି ଭକ୍ତଜଣକ ଆଶ୍ରମ ଫେରିଲେ ଓ ସେମାନଙ୍କୁ ପାଇବାମାତ୍ରେ ଛେଳିଟି ଅତି ଖୁସିରେ ତାଙ୍କ ଦେହରେ ମୁହଁ ଲଗାଇ ଗେହ୍ଲା କରୁଥାଏ। ଏଥର ଠାକୁର ଖୁସ୍। କହିଲେ - ଛେଳିର ଆର୍ତ୍ତନାଦ ଏତେ କରୁଣ ଥିଲା ଯେ ମୋ ଛାତି ଭିତରକୁ ଭେଦି ଯାଇଥିଲା ଆଉ ମୁଁ ଟିକେହେଲେ ଶୋଇପାରିଲି ନାହିଁ। (ସାତ୍ୱତୀ, ଫେବୃୟାରୀ ୨୦୧୯)

ଭାଷାବିହୀନ ବାର୍ତ୍ତା– ଦେଓଘର ଆଶ୍ରମ, ବଡ଼ ବାରନ୍ଦା ଆଉ ଖଡେର(ଚାଳ)ଘର ମଝିରେ ଥିବା ଗଳି ରାସ୍ତାଦେଇ ଗାଈମାନେ ରୋଷେଇ ଘର ଆଡ଼କୁ ବଳକା ଖାଦ୍ୟ, ତୋରାଣି ଇତ୍ୟାଦି ପାଇଁ ପ୍ରତିଦିନ ଯାଆନ୍ତି। ଆଜି ମଧ୍ୟ ଶ୍ରୀଶ୍ରୀଠାକୁର ସ୍ନେହଭରା ନୟନରେ ସେମାନଙ୍କୁ ଦେଖୁଛନ୍ତି। ଯାଉଯାଉ ଗୋଟିଏ ଗାଇ ଶ୍ରୀଶ୍ରୀଠାକୁରଙ୍କ ଆସ୍ଥାନ ଆଡ଼କୁ ମୁହଁକରି ଠିଆହୋଇ ରହିଲା- ସତେକି ଠାକୁରଙ୍କୁ କଣ କହିବ। ଶ୍ରୀଶ୍ରୀଠାକୁର ଅପଲକ ନୟନରେ ତାଙ୍କର ମୂକ ସନ୍ତାନକୁ ଚାହିଁ ରହିଥାନ୍ତି। ତା'ପରେ ଏଇ ଆଶ୍ଚର୍ଯ୍ୟ ଘଟଣାଟି ଘଟିଲା। ଗାଇଟି ତା'ର ମୁଣ୍ଡ ହଲାଇ ଯେମିତି କ'ଣ କହୁଛି, ଶ୍ରୀଶ୍ରୀଠାକୁରଙ୍କ ନିକଟରେ କିଛି କଥା ନିବେଦନ କରୁଛି। ଶ୍ରୀଶ୍ରୀଠାକୁର ତା ଆଡ଼କୁ ସଂପୂର୍ଣ୍ଣ ବୁଝିବା

ଆଖିଭଙ୍ଗୀରେ ସବୁ ଶୁଣି ମଥା ହଲାଇ ଇସାରାରେ ନିଜ ମଥା ତଳ ଉପର କରି ଗାଈଟି ବୁଝିବା ପରି କିଛି ବାର୍ତ୍ତା ଦେଲେ। ଗାଈଟି ତାଙ୍କ ଇସାରା ବୁଝିଗଲା, ଯାହା ଜାଣିବାକୁ ଚାହୁଁଥିଲା, ହୁଏତ ପାଇଗଲା, କିଛି ସମୟ ଶ୍ରୀଶ୍ରୀଠାକୁରଙ୍କ ଆଡ଼କୁ ଚାହିଁରହିବା ପରେ ରୋଷେଇଘର ଆଡ଼କୁ ଧୀରେ ଧୀରେ ଚାଲିଗଲା। ଶ୍ରୀଶ୍ରୀଠାକୁରଙ୍କ ପାଖରେ ଉପସ୍ଥିତ ଭକ୍ତମାନେ ମଣିଷ ଓ ପଶୁ ଭିତରେ ବାର୍ତ୍ତାଳାପ କିପରି ହୋଇପାରେ, ଦେଖିଲେ। (ପ୍ରିୟପରମ)

ପାଲମା'ଙ୍କ ଠାରୁ ଗୁଣ୍ଡୁଚିମୂଷା ଭିକ୍ଷା- ପାଲମା' କହିଲେ-୧୯୨୧ ମସିହା, ଆଷାଢ଼ ମାସରେ କଲିକତାରେ ଅବସ୍ଥାନ କାଳରେ ଶ୍ରୀଶ୍ରୀଠାକୁର ହାଟଖୋଲାର ନନୀ ଭାଂଗିଙ୍କ ଗଦିଘରକୁ ଆସି ବସୁଥିଲେ। ମୁଁ ତାଙ୍କୁ ଦର୍ଶନ କରିବାକୁ ପ୍ରାୟ ଯାଉଥିଲି। ଦିନେ ଶ୍ରୀଶ୍ରୀଠାକୁର ମୋତେ କହିଲେ - ମା', ତୁ ମୋତେ ଗୁଣ୍ଡୁଚିମୂଷା ଧରିକରି ଦେଇ ପାରିବୁ ? ମୁଁ କହିଲି - ବାବା, ସେମାନଙ୍କୁ ଧରିହୁଏନା, ଖୁବ୍ ଶୀଘ୍ର ଦୌଡ଼ି ପଳାନ୍ତି। ତା' ସତ୍ତ୍ୱେ ବି ଶ୍ରୀଶ୍ରୀଠାକୁର ପଚାରୁଥାନ୍ତି - କହ ମା, ତୁ ଦେବୁତ ? ତାଙ୍କର ବ୍ୟାକୁଳତା ଥିଲା ବାଳକ-ସୁଲଭ। ସେ ବାରମ୍ବାର କହୁଥାନ୍ତି - ହଁ ମା, ତୁ ଦେବୁ କହ। ମୁଁ ବା କ'ଣ କରି ପାରିବି, ସେକ୍ଷଣି କେଉଁଠୁ ବା ଗୁଣ୍ଡୁଚିମୂଷା ପାଇବି, ମନ ଖୁବ୍ ବ୍ୟସ୍ତ ହେବାକୁ ଲାଗିଲା। ଶ୍ରୀଶ୍ରୀଠାକୁରଙ୍କ ଗୁଣ୍ଡୁଚିମୂଷା ମାଗିବାର କଥା ତାପରେ ମୁଁ କେତେଥର ଭାବିଛି, କେଉଁଠୁ ତାହା ପାଇବି ? ଦିନକର ଚାରିଟି ଗୁଣ୍ଡୁଚିମୂଷା ଚାରି ଟଙ୍କା ଦେଇ କିଣିବାକୁ ପାଇଲି। କିଣିସାରି ଲୋକ ମାରଫତ୍ ସେଗୁଡିକୁ ହିମାୟିତପୁର ଆଶ୍ରମ ପଠାଇବା ପରେ ମୋର ମନସ୍ଥିର ହେଲା। ତା' ପରେ ଥରେ ଆଶ୍ରମ ଯାଇଥିଲି। ସେତେବେଳେ ଦେଖିଲି ତାଳ ଗଛରେ ଗୁଣ୍ଡୁଚିମୂଷାମାନେ ଦୌଡୁଛନ୍ତି। ତାହା ଦେଖି ଶ୍ରୀଶ୍ରୀଠାକୁର ମୋତେ କହିଲେ - 'ହେଇ ଦେଖ୍ ମା, ତୋର ଗୁଣ୍ଡୁଚିମୂଷା। କେତେ ଗୁଡାଏ ହୋଇଯାଇଛନ୍ତି।' ଏ ଯେ କି ଲୀଳା ମୁଁ କ'ଣ ବା ବୁଝିବି ! ଏଇ ଲୀଳାର ମାଧୁର୍ଯ୍ୟ କ'ଣ ତା ସେ ନିଜେ ଜାଣନ୍ତି। (ଦୁଇ ମାୟେର ସ୍ମୃତି-ଆଲେଖ୍ୟ)

ବଳିଖୁଣ୍ଟରୁ ଛାଗଳ ଉଦ୍ଧାର- ହିମାୟିତପୁର ଆଶ୍ରମ, ୧୪ ଏପ୍ରିଲ୍, ୧୯୧୯ ମସିହା। ଆଶ୍ରମ ସନ୍ନିକଟସ୍ଥ ଶ୍ମଶାନଭୂମିରେ ଜଣେ ଶକ୍ତି ଉପାସକ ଗୋଟିଏ ଛେଳିଛୁଆକୁ ବଳିଦେବାପାଇଁ ଆୟୋଜନ କରୁଥିଲା। ତାକୁ ଏହା ମଧ୍ୟ ଜଣାଥିଲା ଯେ ଶ୍ରୀଶ୍ରୀଠାକୁର ଛାଗବଳିକୁ ପସନ୍ଦ କରନ୍ତି ନାହିଁ। ଶ୍ରୀଶ୍ରୀଠାକୁର ଏକଥା ଜାଣିବା ମାତ୍ରେ ସେହି ଶକ୍ତି ଉପାସକ ପାଖକୁ ଯାଇ ଅନୁନୟ-ବିନୟ କରି କହିଲେ- "ଜଗତମାତା ତ ସମସ୍ତଙ୍କର ମାଆ, ଛେଳିର ବି ମାଆ। ମାଆଙ୍କ ପାଖରେ ସନ୍ତାନ ବଳି ଦେଇ କ'ଣ ମାତୃ-ପୂଜନ ହୋଇପାରିବ ? ମାଆ କ'ଣ ସେହି ପୂଜା ଗ୍ରହଣ କରିପାରିବେ ? ଦୟାକରି ସେହି ଛେଳିଛୁଆକୁ ଛାଡ଼ିଦିଅ।" ଶକ୍ତିସାଧକ ଶ୍ରୀଶ୍ରୀଠାକୁରଙ୍କ କଥାକୁ କାନ ଦେଲା ନାହିଁ, ଶ୍ରୀଶ୍ରୀଠାକୁର ତାଙ୍କୁ ପୁଣି କହିଲେ - "ଶୁଣ ତୁମେ ଏକ ଯଜ୍ଞ କରୁଛ । ଯଜ୍ଞରେ ବ୍ରାହ୍ମଣକୁ

ଦାନଦେବାର ବିଧି ରହିଛି । ମୁଁ ଜଣେ ବ୍ରାହ୍ମଣ, ମତେ ଏହି ଛେଳିଛୁଆଟିକୁ ଦାନକର ।" ସାଧକ ଆଖି ଲାଲକରି କହିଲା - "ଏହି ଛେଳିଛୁଆକୁ ମୁଁ କୌଣସି ପରିସ୍ଥିତିରେ କାହାକୁ ଦେଇପାରିବି ନାହିଁ ।" ଶ୍ରୀଶ୍ରୀଠାକୁର ସାଧକର ପାଦଧରି ଛେଳିଛୁଆକୁ ଛାଡ଼ିଦେବା ପାଇଁ ପ୍ରାର୍ଥନା କଲେ ଓ କରିଯୋଡ଼ି କହିଲେ- ଏହି ଛେଳିଛୁଆର ବଦଳରେ ମୋତେ ବଳିଦିଅ । ଇତ୍ୟବସରରେ ଜନନୀ ମନମୋହିନୀଦେବୀ ସେଠାରେ ପହଂଚି ଯାଇଥିଲେ । ପରିସ୍ଥିତିର ଗମ୍ଭୀରତା ବୁଝିପାରି ସେ ଶ୍ରୀଶ୍ରୀଠାକୁରଙ୍କ ହାତଧରି ସେଠାରୁ ଆଶ୍ରମକୁ କୌଣସିମତେ ନେଇଆସିଲେ । ମାତୃଭକ୍ତ ଶ୍ରୀଶ୍ରୀଠାକୁର ମାତାଙ୍କୁ ଅବଜ୍ଞା କରିପାରିଲେ ନାହିଁସତ, ମାତ୍ର ଛେଳିଛୁଆଟିକୁ ରକ୍ଷା କରି ପାରୁନଥିବା କାରଣରୁ ପାଗଳଙ୍କ ପରି ଛଟପଟ ହୋଇ ଏଣେତେଣେ ଅନ୍ୟମନସ୍କ ଭାବେ ପଦଚାଳନା କରିବାରେ ଲାଗିଲେ । ଶ୍ରୀଶ୍ରୀଠାକୁରଙ୍କ ଏପରି ଅବସ୍ଥା ଦେଖି ଜଣେ ଭକ୍ତସେବକ ନଫରଚନ୍ଦ୍ର ଘୋଷ ସେହି ଛେଳି ଛୁଆଟିକୁ ଆଣିବାପାଇଁ ମାତା ମନମୋହିନୀଦେବୀଙ୍କ ଅନୁମତି ମାଗିଲେ । ସେ ଉତ୍ତରଦେଲେ - ଯଦି ବିନା ବାଦବିବାଦରେ ଛେଳିଛୁଆଟିକୁ ଆଣିପାରିବତ ନେଇଆସ । ତେଣେ ସାଧକର ଆଦେଶାନୁସାରେ ୨୫/୩୦ ଜଣ ଲୋକ ସେହି ଛେଳିଛୁଆକୁ ଘେରି ଠିଆହୋଇଥିଲେ । ଭକ୍ତ ନଫରଚନ୍ଦ୍ର ଉଚ୍ଚସ୍ୱରରେ 'ଜୟଗୁରୁ' 'ଜୟଗୁରୁ' କହି ଭିଡ ଭିତରକୁ ପଶିଗଲେ ଏବଂ ଛେଳିଛୁଆକୁ ଉଠାଇନେଇ ଦ୍ରୁତ ଗତିରେ ଦୌଡ଼ିଦୌଡ଼ି ଆଶ୍ରମରେ ପହଞ୍ଚିଗଲେ । ସେ ଏହି କାମଟି ଏତେ ଦ୍ରୁତଗତିରେ ସମାପନ କଲେ ଯେ ସାଧକ ଓ ସେଠାରେ ଏକତ୍ରିତ ଲୋକମାନେ କିଂକର୍ତ୍ତବ୍ୟବିମୂଢ଼ ହୋଇ ଚାହିଁରହିଲେ । ଏ ଘଟଣା ପରେ ସାଧକ ଦଳବଳ ସହିତ, 'ମା'ର ପୂଜାରେ ବିଘ୍ନ ସୃଷ୍ଟି କରିଥିବା ଲୋକର ପାପ ହେବ,' ଏପରି କହି ସେ ସ୍ଥାନ ଛାଡ଼ି ଚାଲିଗଲା ।

ଏଣେ ଶ୍ରୀଶ୍ରୀଠାକୁର ସେହି ଛେଳିଛୁଆକୁ କୋଳକୁ ଉଠେଇନେଇ ବହୁତ ସମୟ ଗେଲକଲେ । ଲାଗୁଥିଲା, ଯେପରି ବହୁତ ଦିନ ପରେ ହଜିଯାଇଥିବା ସନ୍ତାନ ଜଣେ ମାଆକୁ ମିଳିଯାଇଛି । (ମାନସତୀର୍ଥ ପରିକ୍ରମା)

ଚାବୁକ ଦାଗ- ଦିନେ ଶ୍ରୀଶ୍ରୀଠାକୁର ଘୋଡାଗାଡ଼ିରେ କୁଷ୍ଟିଆ (ବଙ୍ଗଳାଦେଶ)ର ବାରାଦୀ ଗ୍ରାମସ୍ଥ ଡାକ୍ତର ଗୋବିନ୍ଦଚନ୍ଦ୍ର ସାହାଙ୍କ ଘରକୁ ଯାଉଥିଲେ । ସେହି ଘୋଡାଗାଡ଼ିରେ ଚାରିଜଣ ଯାତ୍ରା କରୁଥିଲେ । ଶ୍ରୀଶ୍ରୀଠାକୁରଙ୍କ ବ୍ୟତୀତ ଅନ୍ୟ ତିନିଜଣ ହେଲେ - ଡାକ୍ତର ସତୀଶଚନ୍ଦ୍ର ଜୋଆରଦାର, ବୀରେନ୍ଦ୍ରନାଥ ରାୟ ଏବଂ ଗୋକୁଳଚନ୍ଦ୍ର ମଣ୍ଡଳ । ଘୋଡ଼ାଟି ଦୁର୍ବଳ ଥିଲା । ଗାଡ଼ି ଜୋର୍‌ରେ ଟାଣି ପାରୁନଥିବାରୁ ଚାଳକ ଘୋଡାପିଠିରେ ଚାବୁକରେ ଜୋରରେ ସଟାକ୍ ସଟାକ୍ ତିନିଥର ପ୍ରହାର କଲା । ଏହାଦେଖି ଶ୍ରୀଶ୍ରୀଠାକୁର ଗାଡ଼ି ଅଟକାଇ ତଳକୁ ଓହ୍ଲାଇ ଆସିଲେ ଓ କହିଲେ - 'ଘୋଡାକୁ ବହୁତ କଷ୍ଟ ହେଉଛି, ସେଥିପାଇଁ ଚାଲନ୍ତୁ ଆମେ ସମସ୍ତେ ଚାଲି ଚାଲି ଯିବା ।' ଚାଳକକୁ ପଇସା ଦେଇ ବିଦା କରାଗଲା ଏବଂ ସମସ୍ତେ ଚାଲିଚାଲି ବାରାଦୀ ଗ୍ରାମରେ ପହଂଚିଲେ । ସେଠାରେ ପହଂଚି ଶ୍ରୀଶ୍ରୀଠାକୁର ମୁହଁ ହାତଧୋଇ, ଲୁଗାପଟା ବଦଳାଇ ବିଶ୍ରାମ କଲେ । ଜଣେ ସେବକ ପାଦପିଠି

ଚିପୁଥିଲାବେଳେ ତାଙ୍କ ପିଠିରେ ଚାବୁକର ତିନିଟି ଗଭୀର ଚିହ୍ନ ଦେଖି ଚମକି ପଡ଼ିଲେ ଏବଂ ପଚାରିଲେ- 'ଠାକୁର ଆପଣଙ୍କ ପିଠିରେ ଚାବୁକ ଦାଗ କିପରି ବସିଲା ?'

ଶ୍ରୀଶ୍ରୀଠାକୁର ବହୁତ ସମୟ ଚୁପ୍ ରହିଲେ । ସେବକ ବାରମ୍ବାର ଏହି ପ୍ରଶ୍ନ କରିବାରୁ ଶ୍ରୀଶ୍ରୀଠାକୁର କହିଲେ- 'ଯେତେବେଳେ ମୁଁ ଘୋଡାଗାଡ଼ିରେ ଆସୁଥିଲି, ସେତେବେଳେ ଗାଡ଼ିଚାଳକ ଘୋଡାପିଠିରେ ଜୋର୍‌ରେ ଚାବୁକ ପ୍ରହାର କଲା, ସେଥିରେ ମୋତେ ବହୁତ କଷ୍ଟ ହେଲା, ଲାଗୁଥିଲା ଯେମିତି ସେହି ଚାବୁକ ପ୍ରହାର ମୋ' ପିଠିରେ ବସୁଚି ।' ସେବକ ଆଶ୍ଚର୍ଯ୍ୟ-ଚକିତ ହୋଇ ପଚାରିଲେ- 'ଘୋଡା ପିଠିରେ ଚାବୁକ ପ୍ରହାର ହେଲେ, ଘୋଡାପିଠିରେ ଚାବୁକ ଦାଗ ହୋଇପାରେ ଏକଥା ମୁଁ ଜାଣିଛି, କିନ୍ତୁ ଦାଗ ଆପଣଙ୍କ ପିଠିରେ କିପରି ବସିଲା, ଏହା ମୁଁ ଜାଣିପାରୁନାହିଁ ।'

ଶ୍ରୀଶ୍ରୀଠାକୁର କହିଲେ- 'ଲାଗୁଛି, ଘୋଡାର କଷ୍ଟକୁ ମୁଁ ନିଜ କଷ୍ଟ ଭାବେ ଅନୁଭବ କରୁଥିଲି । ହୋଇ ଥାଇପାରେ ଏହି କାରଣରୁ ମୋ ପିଠିରେ ଦାଗ ବସିଗଲା ।' (ମାନସତୀର୍ଥ ପରକ୍ରମା)

ଗୋବର ପୋକ ଉଦ୍ଧାର- ଉଣେଇଶ ମସିହାର ଦ୍ୱିତୀୟ ଦଶକରେ ଶ୍ରୀଶ୍ରୀଠାକୁର ହିମାୟିତପୁର ସତସଙ୍ଗ ଆଶ୍ରମ ଆରମ୍ଭ କଲେ । କେତୋଟି ଛୋଟ ଛୋଟ କୁଡିଆ ଘର ପଦ୍ମାନଦୀକୂଳରେ ଗଢି ଉଠିଲା । ସେତେବେଳେ ବର୍ତ୍ତମାନ ପରି ଘରକୁ ଲାଗି ଶୌଚାଳୟ (attached bath-latrine) କରିବା ଲୋକେ ଜାଣି ନଥିଲେ । ଗ୍ରାମୀଣ ଲୋକମାନେ ଶୌଚ (ପାଇଖାନା) ପାଇଁ ନଦୀ ନିକଟ ଜଙ୍ଗଲ ବା ପଡ଼ିଆକୁ ଯାଉଥିଲେ । ବହୁତ ଅଳ୍ପଲୋକଙ୍କ ଘରେ ପାଇଖାନାର ବ୍ୟବସ୍ଥା ଥିଲା । ସେତେବେଳର ପାଇଖାନାଟି ଏହିପରି ତିଆରି ହେଉଥିଲା - ଗୋଟିଏ ଛୋଟ ଘରେ ଉଚ୍ଚ ଯାଗାରେ ବସିକରି ମଳତ୍ୟାଗ କରିବା ପାଇଁ ଦୁଇଟି ପାହାଚ ଓ ମଝିରେ ଗୋଟିଏ ଫାଙ୍କ – ସେଇବାଟେ ମଳ ତିନିଚାରି ଫୁଟ ତଳେ ରଖାଯାଇଥିବା ଗୋଟିଏ ଲୁହା କଡାଇ ବା ହାଣ୍ଡିରେ ପଡେ । ତା ପରଦିନ ମେହେନ୍ତର ଗୋଟିଏ ବଡ ମଳ ବାଲଟି ଧରି ଘରକୁ ଘର ବୁଲି ପାଇଖାନାର ପଛପଟ ଛୋଟ କବାଟ ଖୋଲି କଡାଇରୁ ମଳ ନେଇଯାଏ । ଶ୍ରୀଶ୍ରୀଠାକୁର ଯେତେବେଳେ ପାଇଖାନା ଯାଆନ୍ତି, ପ୍ରଥମେ ତଳକୁ ଅନାଇ ଦେଖନ୍ତି,- ଜମିଥିବା ମଳରେ ଗୋବରପୋକ ନାହାନ୍ତି ତ ? ଗୋବରପୋକ ଛୋଟ ଆକୃତିର, ତାର ରଙ୍ଗ କଳା । ଗୋବର କିମ୍ବା ଅନ୍ୟାନ୍ୟ ପ୍ରାଣୀ ବା ମଣିଷର ମଳ ହେଉଛି ସେମାନଙ୍କ ଖାଦ୍ୟ । ବାହାରୁ ଉଡି ଆସି ମଳ ଖାଇଲାବେଳେ ମଳ ଭିତରେ ରହି ଯାଆନ୍ତି, ବାହାରି ପାରନ୍ତି ନାହିଁ, ସେଇଠି ମରିଯାଆନ୍ତି । ଶ୍ରୀଶ୍ରୀଠାକୁର ଯଦି ଦେଖିଲେ ଯେ ମଳ ଭିତରେ ଗୋବରପୋକ ସାଲୁବାଲୁ ହେଉଛନ୍ତି, ତେବେ ମଳତ୍ୟାଗ ନ କରି ଦୁଇଖଣ୍ଡ କାଠି ଧରି ପୁରାତନ ମଳରୁ ଗୋଟି ଗୋଟି କରି ଗୋବରପୋକକୁ ବାହାରକୁ ଆଣିବାରୁ ସୋମାନେ ଉଡି ଯାଆନ୍ତି, ବଞ୍ଚି ଯାଆନ୍ତି । ବିଷ୍ଠାର କୀଟ ମଧ୍ୟ ତାଙ୍କ ପ୍ରେମରୁ ବଞ୍ଚିତ ନୁହେଁ ।

ଦିନେ କଥାପ୍ରସଙ୍ଗରେ ଗୋବରପୋକ କଥା ପଡିବାରୁ ସେ କହିଲେ -ଦେଖନ୍ତୁ ଭଗବାନ ଏହି ପୋକମାନଙ୍କୁ କିପରି ଶକ୍ତି ଦେଇଛନ୍ତି। ଯେତେବେଳେ ଉଡି ଆସନ୍ତି, ସେତେବେଳେ ମନେହୁଏ ସତେ ଯେପରି ଗୋଟିଏ ଏରୋପ୍ଲେନ୍ ଆସୁଛି। ପୁଣି ସେମାନଙ୍କ ଦେହରେ ଏପରି ତୈଳାକ୍ତ ପଦାର୍ଥ ଈଶ୍ୱର ଦେଇଛନ୍ତି ଯେ କୌଣସି ମଇଳା ଲାଗି ରହେ ନାହିଁ। କିନ୍ତୁ ଏଇ ପୋକ ଯେତେବେଳେ ବିଷ୍ଠା ହାଣ୍ଡି ବା ଗୋବରଗଦାରେ ପଡେ, ସେତେବେଳେ ଭୁଲିଯାଏ ଯେ, ତାର ଏତେ ଶକ୍ତି ଅଛି। ଭୁଲିଯାଏ -ଟିକିଏ ଡେଣା ଝାଡିଦେଲେ ସବୁ ମଇଳା ଖସି ପଡିବ। ଗୋବରଗଦା ବା ମଳହାଣ୍ଡିରେ ଉବୁଟୁବୁ ହୋଇ ମରିବ ପଛେ, ତାର ନିଜ ସଂପର୍କରେ ଏତେଟିକେ ଚୈତନ୍ୟ ସେତେବେଳେ ଆସିବ ନାହିଁ। ମଣିଷ ମଧ୍ୟ ସେଇପରି । ସାଂସାରିକ ମାୟାମୋହରେ ଜଡିତ ହୋଇ ସେ ଭୁଲିଯାଏ ଯେ ସେ ପରମପିତାଙ୍କ ସନ୍ତାନ, ଶକ୍ତିର ତନୟ, ଇଚ୍ଛା କରିଲେ ହିଁ ଦୁର୍ଦ୍ଦଶା ହାତରୁ ନିଷ୍କୃତି ପାଇପାରେ। କିନ୍ତୁ ମଣିଷ ତାହା ଭାବେ ନାହିଁ , ନିଜକୁ ଅକ୍ଷମ ବା ଦୁର୍ବଳ ଭାବି ଦୁର୍ଦ୍ଦଶା-ଦୁର୍ଭୋଗରେ କାଳାତିପାତ କରେ। (ମାନସତୀର୍ଥ ପରିକ୍ରମା)

ଦୁଇଟି ଝିଟିପିଟିର ମିଳନ କାହାଣୀ- ଦେଓଘର ଆଶ୍ରମରେ ଗୋଟିଏ ସାନ୍ଧ୍ୟ ସତ୍‌ସଂଗ ସଭାରେ ମଣିଲାଲ ଚକ୍ରବର୍ତ୍ତୀ ଏକ ଅପୂର୍ବ ଘଟଣାର ବର୍ଣ୍ଣନା କରିଥିଲେ- ସେଦିନ ଦି'ପହର ସମୟରୁ ଗୋଟିଏ ଝିଟିପିଟି ଠାକୁରଙ୍କ ଖଟ ନିକଟରେ ଖୁବ୍ ଚିତ୍‌କାର କରୁଥାଏ। ବେଳେବେଳେ ଖଟବାଡ଼ା ଉପରକୁ ଉଠିଯାଉଥାଏତ ଠିକ୍ ତା ପର ମୁହୂର୍ତ୍ତରେ ଟିକ୍‌ଟିକ୍ ଶବ୍ଦ କରି ତଳକୁ ଓହ୍ଲାଇ ଆସୁଥାଏ। ଉପସ୍ଥିତ ଭକ୍ତବୃନ୍ଦ ଝିଟିପିଟିର ଏପରି ଆଚରଣର କାରଣ କିଛି ବୁଝି ପାରୁନଥାନ୍ତି। ଠାକୁର ହସୁଥାନ୍ତି ଆଉ ମଝିରେ ମଝିରେ କହୁଥାନ୍ତି - 'ଅପେକ୍ଷା କର, ସେ ଆସୁଛି, ବ୍ୟସ୍ତ ହୁଅନା।'

ଉପରବେଳା ହେଲା। ମାଲଦହରୁ ଶ୍ରୀଶ୍ରୀଠାକୁରଙ୍କର ଜଣେ ଭକ୍ତ ଆସି ଠାକୁର-ପ୍ରଣାମ କଲେ। ସାଙ୍ଗରେ ଆଣିଥାନ୍ତି ଝୁଡିଭର୍ତ୍ତି ପାଚିଲା ଆମ୍ବ। ଯେଉଁ ମୁହୂର୍ତ୍ତରେ ଆମ୍ବ ଝୁଡି ମୁଣ୍ଡରୁ ଓହ୍ଲାଇ ଠାକୁରଙ୍କ ସମ୍ମୁଖରେ ରଖିଲେ ସଙ୍ଗେ ସଙ୍ଗେ ତା' ଭିତରୁ ଗୋଟିଏ ଝିଟିପିଟି ବାହାରି ଖୁବ୍ ଜୋରରେ ଚିତ୍କାର କରିକରି ଠାକୁରଙ୍କ ଖଟବାଡା ଉପରକୁ ଚଢ଼ିଗଲା। ଆଉ ସେଠାରେ ଥିବା ଅନ୍ୟ ଝିଟିପିଟି ସହିତ ମିଳିତ ହେଲା। ଠାକୁର ହସିହସି କହିଲେ - 'ଆରେ, ଆଜି ସେମାନଙ୍କର ବାହାଘର। ବର ଝିଟିପିଟି ଆସିବାରେ ଡେରି ହେଉଥିବାରୁ କନ୍ୟା ଝିଟିପିଟି ସେପରି ଅସ୍ତବ୍ୟସ୍ତ ହୋଇ ଡାକି ଚାଲିଥିଲା।' (ପୁଣ୍ୟ ପ୍ରବାହ)

(ସଂଯୋଜକ- ଏହିପରି ଏକ ଘଟଣା ସାଇ ସତ୍‌ଚରିତ୍ର (ହେମାଡ଼ପନ୍ତ ଡାଭୋଲକର) ଗ୍ରନ୍ଥର ପଂଚଦଶ ଅଧ୍ୟାୟର ଶେଷାର୍ଦ୍ଧରେ 'ଦୁଇ ଝିଟିପିଟିର ମିଳନ' ଶୀର୍ଷକ କାହାଣୀରେ ବର୍ଣ୍ଣନା କରାଯାଇଛି- ଥରେ ଶିରିଡିରେ ସାଇବାବା ମସ୍‌ଜିଦ୍‌ରେ ବସିଥିବା ସମୟରେ ଗୋଟିଏ ଝିଟିପିଟି ଟିକ୍‌ଟିକ୍ କରି ଡାକିବାକୁ ଲାଗିଲା। କୌତୂହଳବଶତଃ ଜନୈକ ଭକ୍ତ ବାବାଙ୍କୁ ପଚାରିଲେ - ଝିଟିପିଟି ଟିକ୍‌ଟିକ୍ କରିବା

ପଶ୍ଚାତରେ କଣ କୌଣସି ବିଶେଷ ଅର୍ଥ ରହିଛି ? ଏହା ଶୁଭ ନା ଅଶୁଭ ? ସାଇବାବା କହିଲେ-'ଏଇ ଝିଟିପିଟିର ଭଉଣୀ ଆଜି ଔରଙ୍ଗାବାଦରୁ ଆସିବାର ଅଛି । ସେଥିପାଇଁ ଆନନ୍ଦରେ ଫୁଲିଉଠୁଛି' । ସେଇ ଭକ୍ତ ବାବାଙ୍କର ଏହି କଥାର ଅର୍ଥ କିଛି ବୁଝି ପାରିଲେ ନାହିଁ । ତେଣୁ ସେ ଚୁପ୍‌ଚାପ୍ ସେଠାରେ ବସି ରହିଲେ । କିଛି ସମୟ ପରେ ଔରଙ୍ଗାବାଦରୁ ଜଣେ ବ୍ୟକ୍ତି ଘୋଡାରେ ଚଢ଼ି ବାବାଙ୍କ ଦର୍ଶନାର୍ଥେ ଆସି ପହଞ୍ଚିଲେ । ବାବାଙ୍କୁ ଦର୍ଶନ କରିବାକୁ ଯିବା ପୂର୍ବରୁ, ଘୋଡାକୁ ବାନ୍ଧିଦେଇ ଦାନା ଦେବାପାଇଁ ଗୋଟିଏ ଥଳି ବାହାର କରି ଖୋଲି ଦେବାରୁ ଗୋଟିଏ ଛୋଟ ଝିଟିପିଟି ସେଥିରୁ ଡେଇଁ ଡେଇଁ ବାହାରି ଆସିଲା ଓ ବାବା ବସିଥିବା ସ୍ଥାନର କାନ୍ଥ ଉପରକୁ ଚଢିଗଲା । ବାବା, ପ୍ରଶ୍ନ କରିଥିବା ଭକ୍ତଙ୍କୁ ଏହା ଧ୍ୟାନପୂର୍ବକ ଲକ୍ଷ୍ୟ କରିବାକୁ କହିଲେ । ଝିଟିପିଟି ନିଜର ଭଉଣୀ ପାଖରେ ପହଂଚିଗଲା । ଦୁଇ ଭଉଣୀ ବହୁ ସମୟ ପର୍ଯ୍ୟନ୍ତ ପରସ୍ପରକୁ ଚୁମ୍ବନ ତଥା ଆଲିଙ୍ଗନ କରି ଚାରିପାଖରେ ଘୂରି ବୁଲୁଥାଆନ୍ତି । କେଉଁଠି ଶିରିଡି ଆଉ କେଉଁଠି ଔରଙ୍ଗାବାଦ ? କିପରି ଗୋଟିଏ ବ୍ୟକ୍ତି ଘୋଡାରେ ବସି ଥଳିରେ ଝିଟିପିଟିକୁ ଆଣି ସେଠାରେ ପହଂଚିଲା ଆଉ ବାବାଙ୍କୁ ସେଇ ଦୁଇଭଉଣୀଙ୍କର ମିଳନ ବିବରଣୀ କିପରି ଜଣାଥିଲା- ଏସବୁ ଘଟଣା ନିଶ୍ଚୟ ଆଶ୍ଚର୍ଯ୍ୟଜନକ କିନ୍ତୁ ସତ୍ୟ ।)

ବୁଲା କୁକୁରର ସେବା- ୧୯୫୧ ମସିହା, ସେତେବେଳେ ଗ୍ରୀଷ୍ମକାଳ । ଦିନେ ପ୍ରାତଃକାଳରୁ ଯତି ଆଶ୍ରମରେ (ଦେଓଘର ସତ୍‌ସଙ୍ଗ) ଶ୍ରୀଶ୍ରୀଠାକୁର ଭକ୍ତମାନଙ୍କ ସହ ଆଲୋଚନା ପରେ ସ୍ନାନ ସମୟ ହେବାରୁ ସ୍ୱସ୍ଥାନକୁ ଫେରିଲାବେଳେ ଫାଟକ ପାଖରେ ଦେଖିଲେ ଯେ ଗୋଟିଏ କୁକୁର କଷ୍ଟରେ ଛଟପଟ ହେଉଛି - ତା'ର ବେକରେ ଗୋଟିଏ ଘାଆ, ମାଛିମାନେ ବହୁ ସଂଖ୍ୟାରେ ସେଇ ଘାଆରେ ବସି ତାକୁ ଅସ୍ତବ୍ୟସ୍ତ କରି ପକାଉଛନ୍ତି । କୁକୁରର ଏପରି ଅବସ୍ଥାକୁ ଦେଖି ଶ୍ରୀଶ୍ରୀଠାକୁର ଅତ୍ୟନ୍ତ ବ୍ୟସ୍ତ ହୋଇ ପଡ଼ିଲେ । ପାଖରେ ଥିବା ଭକ୍ତମାନଙ୍କ ଆଡକୁ ଚାହିଁ ବଡ଼ପାଟିରେ କହିଲେ - ଦେଖିଲ, ଦେଖିଲ, କୁକୁରଟାର କଣ ହୋଇଛି ? ଜଣେ ଭକ୍ତ କୁକୁର ପାଖକୁ ଦୌଡି ଯାଇ ତା ବେକରେ ଘାଆ ହୋଇଥିବା କଥା ଦେଖି ଶ୍ରୀଶ୍ରୀଠାକୁରଙ୍କୁ ଜଣାଇଲେ । ଶ୍ରୀଶ୍ରୀଠାକୁର ସାଙ୍ଗରେ ଥିବା ହରେନ୍ ବସୁଙ୍କୁ କହିଲେ -ଯାଅ, ଡାକ୍ତର କାହାକୁ ହେଲେ ଡାକି ଆଣ । ହରେନଦା ସାଇକେଲ ନେଇ ଦେଓଘର ସହରରୁ ପଶୁଡାକ୍ତର ଖୋଜି ଆଣିବାକୁ ଗଲେ । ଶ୍ରୀଶ୍ରୀଠାକୁର ଯେଉଁଠି ଥିଲେ, ସେଇଠି ଠିଆହୋଇ ରହିଲେ । ସ୍ନାନ ଆଉ ଭୋଗର ସମୟ ଗଡ଼ିଗଲାଣି କିନ୍ତୁ ଶ୍ରୀଶ୍ରୀଠାକୁର ହଲିବାକୁ ନାରାଜ । ଭକ୍ତମାନେ ମଧ୍ୟ ଶ୍ରୀଶ୍ରୀଠାକୁରଙ୍କୁ ଛାଡ଼ି ଯାଇପାରୁ ନାହାନ୍ତି । ଜଣେ ଭକ୍ତ ନିବେଦନ କଲେ - ଆପଣ ଚାଲନ୍ତୁ, ଡାକ୍ତର ଆସି କୁକୁରକୁ ଦେଖି ସବୁ ବ୍ୟବସ୍ଥା କରିବେ, ଆପଣ ଠିଆହୋଇ ରହିଲେ କ'ଣ ହେବ ? କେତେବେଳ ପର୍ଯ୍ୟନ୍ତ ଏମିତି ଠିଆହୋଇ ରହିବେ ? ଜଣେ ଭକ୍ତ ଚୌକିଟିଏ ଆଣି ରଖିଲାରୁ ଶ୍ରୀଶ୍ରୀଠାକୁର କହିଲେ - ସେଠାରେ କୁକୁରଟା ଯନ୍ତ୍ରଣାରେ ଛଟପଟ ହେଉଛି ଆଉ ତମେ ମତେ ଆରାମରେ ବସିବାକୁ ଚୌକି ଦେଉଛ ? ଯା, ନେଇଯା ସେ ଚୌକି ।

ପ୍ରାୟ ଘଣ୍ଟାକ ପରେ ହରେନ୍‌ଦା ପଶୁଡାକ୍ତରଙ୍କୁ ସାଥିରେ ଧରି ପହଂଚିଲେ । ଡାକ୍ତର କୁକୁର ବେକରେ ଘାଆ ଦେଖି କହିଲେ - ମୁଁ ସଫା କରି ମଲମ ଲଗାଇ ଦେଉଛି, ଇଂଜେକ୍‌ସନ୍ ବି ଦେଇ ଦେଉଛି । ଆପଣ ଯାଆନ୍ତୁ । ଡାକ୍ତରଙ୍କ କଥା ଶୁଣି ଶ୍ରୀଶ୍ରୀଠାକୁରଙ୍କ ମୁହଁ ଶାନ୍ତ ଦିଶିଲା । ସେ ଧୀରେ ଧୀରେ ନିଜ ଘରଆଡ଼କୁ ଗଲେ । (ସାତ୍ୱତୀ, ମେ ୨୦୧୯)

କୀଟପତଙ୍ଗମାନଙ୍କ ଜୀବନରକ୍ଷା- ଏକଦା ଶ୍ରୀଶ୍ରୀଠାକୁରଙ୍କ ସହିତ ଭକ୍ତମାନେ ହିମାୟିତପୁରରୁ କାଶୀପୁର ଯାଉଥିଲେ । ବର୍ଷାଦିନ । ଗୋଟିଏ ନାଳ ପାରିହୋଇ ଯିବାକୁ ପଡିଲା । ସେହି ନାଳରେ ତିନିଫୁଟରୁ ଊର୍ଦ୍ଧ୍ୱ ଜଳସ୍ରୋତ । ସେହି ସ୍ଥାନରେ ଜଳସ୍ରୋତରେ ବହୁ ସଂଖ୍ୟକ କୀଟ ଭାସି ଯାଉ ଥିବାର ଦେଖାଗଲା । ତାହା ଦେଖି ଶ୍ରୀଶ୍ରୀଠାକୁରଙ୍କ ପ୍ରାଣ କାନ୍ଦି ଉଠିଲା । ଆଉ ତାଙ୍କର ଯିବା ହେଲା ନାହିଁ । ସେ ସେହି ଜଳ ମଧ୍ୟରେ ଦଣ୍ଡାୟମାନ ହେଲେ ଏବଂ ଗୋଟି ଗୋଟି କରି କୀଟ ସାବଧାନତା ସହକାରେ ଧରି ଶୁଖିଲା ସ୍ଥାନକୁ ଛାଡି ଦେଉଥାନ୍ତି । ଭକ୍ତମାନଙ୍କୁ ଅନୁନୟ କରି କହିଲେ, ବଞ୍ଚାନ୍ତୁ ଦାଦା, ଏଇ ପୋକଗୁଡିକୁ ବଞ୍ଚାଇ ଦିଅନ୍ତୁ । ଆମେମାନେ ସେହିପରି କଲୁ ପ୍ରାୟ ଏକ ଘଣ୍ଟା ସମୟ ଧରି । (ଶ୍ରୀଶ୍ରୀଠାକୁର ଅନୁକୂଳଚନ୍ଦ୍ର – ସତୀଶଚନ୍ଦ୍ର ଜୋୟାରଦାର)

ମଣିଷର ଇହକାଳ ଓ ପରକାଳରେ ସେବା

ଇହକାଳ- କଥା-ପ୍ରସଙ୍ଗରେ ଶ୍ରୀଶ୍ରୀଠାକୁର କହିଲେ "ଏଠାକୁ ଯେଉଁମାନେ ଆସିବେ, ଏଠାକାର ସଙ୍ଗ ଯେଉଁମାନେ କରିବେ— ସେମାନଙ୍କର ତା' କଦାପି ବୃଥା ଯିବନି । ସେମାନେ ପରମପିତାଙ୍କ ପ୍ରସାଦୀ, ସେମାନେ good-will (ସଦିଚ୍ଛା) ଓ good-wish (ସଦ୍‌ଭାବ) ଘେରରେ ରହିଛନ୍ତି । ଯେଉଁମାନେ good-will ନେଇ ଆସିବେ, ସେଇଟା ହିଁ ଏଠାକାର ସଙ୍ଗଦ୍ୱାରା ବଢ଼ିଯିବ । ଯେଉଁମାନେ bad-will (କୁ-ଇଚ୍ଛା) ନେଇ ଆସିବେ, ସେମାନଙ୍କର ସେଇଟା ମଧ୍ୟ ବଢ଼ିଯିବ । କିନ୍ତୁ ତା ବୋଲି bad-will ନେଇ ଯେଉଁମାନେ ଆସିବେ, ସେମାନଙ୍କର ଧ୍ୱଂସ ହେବନି; ସେମାନଙ୍କର ସେଇଟା ବଢ଼ିଯାଇ ଯା ବହୁଦିନ ଧରି ଭୋଗ ହୋଇଥାନ୍ତା ତା ଶୀଘ୍ର ଶୀଘ୍ର ଭୋଗ ହୋଇଯିବ ଏବଂ ଚରମରେ ସେମାନଙ୍କର ଉପକାର ହିଁ ହେବ । ମୋର ଭାଇମାନେ କେବେବି ଅନ୍ଧକାରରେ ଘୁରି ବୁଲିବେ ନାହିଁ । They shall not be ruined (ସେମାନେ ବିନଷ୍ଟ ହେବେ ନାହିଁ) ।

ପୁଣି ଶ୍ରୀଶ୍ରୀଠାକୁର କହିଲେ -କୌଣସି ଭୟ ନାହିଁ । ମୁଁ ନିଶ୍ଚୟ କରି କହୁଛି ଯେ, "Some realization is guaranteed to everybody who has come within the sight of the Super-soul." (ଯେଉଁମାନେ ପରମାତ୍ମାଙ୍କ ଦୃଷ୍ଟି ପରିସରରେ ଆସିଛନ୍ତି ସେମାନଙ୍କର କିଛି ନା କିଛି ଅନୁଭୂତି ଅବଶ୍ୟ ହେବ ।) ଯେଉଁମାନେ ଗୁରୁଙ୍କୁ ତନୁ-ମନ-ଧନ ଦାନ କରି ନାହାନ୍ତି ସେମାନଙ୍କର ବି ବାଧା ହେବ ନାହିଁ । କାରଣ, ସ୍ୱେଚ୍ଛାରେ ଦାନ ନ କରିଥିଲେ ମଧ୍ୟ ସ୍ୱତଃ ହିଁ ସେ (ସଦ୍‌ଗୁରୁ) ତାହା ଗ୍ରହଣକରି ପ୍ରସାଦୀ କରି ଦେଇଛନ୍ତି ।

ଯେଉଁମାନେ ଧ୍ୟାନାଦି ସାଧନା ବି ନିୟମିତ କରନ୍ତିନି, ସେମାନେ ମଧ୍ୟ ଅନ୍ତତଃ ସ୍ୱପ୍ନରେ ବି କିଛି କିଛି ଅନୁଭୂତି ଲାଭ କରିବେ।" (ଅମିୟବାଣୀ)

ପରକାଳ -କଥା-ପ୍ରସଙ୍ଗରେ ଶ୍ରୀଶ୍ରୀଠାକୁର କହିଲେ -ଏଠାରେ ଜୀବନ୍ମୁକ୍ତ ନ ହୋଇ ଯେଉଁମାନେ ଦେହତ୍ୟାଗ କରିବେ ସେମାନେ ମୃତ୍ୟୁ ସମୟରେ ସଦଗୁରୁଙ୍କ ସାକ୍ଷାତ ପାଇ ଏହିପ୍ରକାରର ଲାଭବାନ ହେବେ ଯେ, ଏକାକୀ ଅନିର୍ଦ୍ଦିଷ୍ଟ ପଥରେ ଯିବାପାଇଁ ଭୟ ପାଇବେନି, ଅନ୍ଧାରରେ ବୁଲିବେନି, ତାଙ୍କ ଆଶ୍ରୟ ପାଇ ତତ୍କାଳରେ ଭୀତ ହେବେ ନାହିଁ। ଆଉ ଏହି ଜୀବନରେ ଯେତେଦୂର ଉନ୍ନତି ହୋଇଥିଲା, ଯେଉଁ ଜୀବନ ପାଇଲେ ଉନ୍ନତିକୁ ଅକ୍ଷୁଣ୍ଣ ରଖିପାରନ୍ତି, ସେହିପରି ଜନ୍ମଲାଭ କରିବେ। ଯେଉଁ ସମସ୍ତ ଅସତ୍ କର୍ମଫଳ ଥିଲା ତାହା ଧ୍ୱଂସ ହୋଇଯିବ ଏବଂ ତଦ୍‌ଯୋଗୁଁ ନିମ୍ନତର ଯୋନିରେ ଜନ୍ମ ନେବାକୁ ହେବ ନାହିଁ। ସେ ମଣିଷ ଜନ୍ମ ଛଡା ଅନ୍ୟ ଜନ୍ମ ତ ପାଇବ ନାହିଁ, ବରଂ ମାନବ ସମାଜରେ ମଧ୍ୟରେ ଉନ୍ନତ ଚରିତ୍ର ନେଇ ଜନ୍ମ ହେବ। (ଅମିୟବାଣୀ)

— ୦ —

ଜୀବନନାଥଙ୍କ ସଂପର୍କରେ ଶ୍ରୀଶ୍ରୀଠାକୁରଙ୍କ ବାଣୀ

ଜୀବନନାଥଙ୍କୁ ହେଳାରେ ରଖି
ଜଗନ୍ନାଥଙ୍କୁ ଦେଖିବାକୁ ଗଲୁ,
ଜୀବନନାଥ ଯେ ଜଗନ୍ନାଥ
ଅହଂକାରେ ଜାଣି ନ ପାରିଲୁ ।

ତୃତୀୟ ପରିଚ୍ଛେଦ

ଶ୍ରୀମୁଖ କଥାରୁ କିଛି-ପୂର୍ବଜନ୍ମ, ଧରାବତରଣ, ଦାରୁବ୍ରହ୍ମ ଶ୍ରୀଜଗନ୍ନାଥ, ମର୍ଯ୍ୟାଦାପୁରୁଷ ଶ୍ରୀରାମ ଓ ଭକ୍ତ ହନୁମାନ, ଶ୍ରୀକୃଷ୍ଣଠାକୁର, ଶ୍ରୀମଦ୍‌ଭଗବତ ଗୀତା, ପ୍ରଭୁ ଯୀଶୁ ଓ ହଜରତ ମହମ୍ମଦ, ଶ୍ରୀହୁଜୁର ମହାରାଜ, ପିଲାଦିନର ସ୍ମୃତିକଥାରୁ କିଛି-ସେଇ ପାଗଲୀ, ନିର୍ଲୋଭ ସାଧୁ, ପ୍ରତିଶୋଧ, ଆତ୍ମଜନଙ୍କ କଥାରୁ କିଛି-ଶ୍ରୀଶ୍ରୀବଡମା, ଶ୍ରୀଶ୍ରୀବଡଦା, ଶ୍ରୀଶ୍ରୀଦାଦା, ତିନି ପାର୍ଷଦଙ୍କ କଥା, ପ୍ରକୃତ ଭକ୍ତ, ଆଦର୍ଶ କର୍ମୀ, ଭାରତର ଭବିଷ୍ୟତ।

ପୂର୍ବଜନ୍ମ- ଶ୍ରୀଶ୍ରୀଠାକୁର କହିଲେ, ମୋର ମନେହୁଏ, ମୁଁ କୌଣସି ଏକ ସମୟରେ କର୍ତ୍ତାମା'ଙ୍କ (ଆଇମା) ସାଥିରେ ଗୋଟିଏ ନଦୀରେ ନୌକା ଧରି ଘୂରୁଥିଲି। ସେହି ନଦୀରେ ଅନେକ କଇଁଛ ଥିଲେ। ଅନେକ ମାଛ ମଧ୍ୟ ଥିଲେ। ଆଉ ଗୋଟିଏ ଜାଗାର କଥା ବି ମନେପଡ଼େ। ପାହାଡ଼ିଆ ଅଂଚଳ, ସେଠାରେ ବହୁତ ଟଗରଗଛ ଥିଲା। ଅନେକ ବାଉଁଶଗଛ ବି ଥିଲା। ସେଗୁଡିକ ଆମ ଦେଶର ବାଉଁଶଗଛ ଭଳି ନୁହେଁ। ସେଠାରେ ମୁଁ ଥିଲି, ମୋର ସ୍ତ୍ରୀ ମଧ୍ୟ ଥିଲା। ସେ ସ୍ଥାନରେ ଗୋଟିଏ ପଥର ଅଛି। ତା' ଉପରେ ଯାଇ ଛିଡ଼ା ହେବାଫଳରେ ସେ ପଥର ଉପରେ ପାଦର ଦାଗ ମଧ୍ୟ ହୋଇଯାଇଥିଲା। ବହୁତ ଗଛ ଥିଲା। ବହୁ ଲତା ତା' ଉପରେ ଲଟେଇ ଥିଲା। ପାଖରେ ଗୋଟିଏ ଝରଣା ବି ଥିଲା। ସେଠାରେ ବାଘ ଭାଲୁ ବି ଥିଲେ। ସେଠାରେ ମୁଁ ବହୁଦିନ ଧରି ସାଧନା କରିଛି ଏବଂ ଖୋଦାଙ୍କ ଚରଣରେ ପ୍ରାର୍ଥନା କରିଛି।

ଆଉ ଗୋଟିଏ ଜାଗାର କଥା ମନେପଡ଼େ, ତା'ର ନାମ ମଣିପୁର, ସେଠାରେ ଗୋଟିଏ କାଠର ଘର। ଦୂରରେ ଇଟାରେ ତିଆରି ରାସ୍ତା, ରାସ୍ତାରେ ଇଟା କେଉଁଠି କେମିତି ଉଠିଯାଇଛି। ରାସ୍ତାଟା ଗୋଟାଏ ବଜାର ଆଡ଼କୁ ଯାଇଛି। ଏହି କାଠଘରେ ମୋ ସ୍ତ୍ରୀ ରହେ। ମନେହୁଏ, ବର୍ତ୍ତମାନ ଗଲେ ବି ସ୍ତ୍ରୀ ସାଂଗରେ ଦେଖାହେବ। ଆଉ ଗୋଟିଏ କେଉଁ ଦେଶକୁ ଯାଇଥିଲି, ସେଠାରେ ଓଢ଼ଣା ଥିବା ଗାଉନପିନ୍ଧା ଲୋକ ରହୁଥିଲେ। ଲୋକମାନଙ୍କର ନାନାରଙ୍ଗର ପୋଷାକ। ସେଠାରେ ଦୋକାନ ବଜାର ଅଛି। ଆଉ, କିଭଳି ଏକ ମସ୍‌ଜିଦ୍ ବି ଅଛି। ପାଖରେ ଫଳ ଦୋକାନ ବି ଅଛି। ଆଉ ଦରଜୀ ଅଛି, ଯାହାକୁ କହନ୍ତି ଖଲିଫା। ମୁଁ ତା ସହିତ ବି କଥା ହୁଏ।

ପଣ୍ଡିତଦା (ଜନୈକ ଭକ୍ତ) - ଏଗୁଡିକ କ'ଣ ପ୍ରତ୍ୟକ୍ଷ ଭଳି ମନେହୁଏ ?

ଶ୍ରୀଶ୍ରୀଠାକୁର - ଆଉ ଗୋଟିଏ କଥା ମନେହୁଏ। ଗୋଟେ ପାହାଡ଼ ଥିଲା, ତା' ତଳକୁ ପଥର ଥିଲା, ଜଳ ଥିଲା। ତୋ କଥା ଶୁଣି ସେସବୁ ଜାଗାର କଥା ମନକୁ ଆସୁଛି।

ପଣ୍ଡିତଦା - ଏସବୁ କଥା ମନେପଡ଼ିଲେ କ'ଣ ଆପଣଙ୍କୁ ଖରାପ ଲାଗେ ?

ଶ୍ରୀଶ୍ରୀଠାକୁର - ଖରାପ ଲାଗେନା, ଅବଶୋଷ ଲାଗେ।

ପଣ୍ଡିତଦା - କାହିଁକି ?

ଶ୍ରୀଶ୍ରୀଠାକୁର - ଏସବୁ ଜାଗାର କଥା ମନେପଡ଼େ, ଅଥଚ ଏବେ କିନ୍ତୁ ଯାଇପାରୁନି। ଭାବେ, ଏହା କଳ୍ପନା ନା କ'ଣ ? ହୁଏତ ଏସବୁ ଜାଗାକୁ କୌଣସି ଦିନ ଯାଇ ହେବନାହିଁ।

ପଣ୍ଡିତଦା - ଘଟଣାଗୁଡିକ କ'ଣ ଆପଣଙ୍କ ନିକଟରେ ସ୍ପଷ୍ଟ ନୁହେଁ ?

ଶ୍ରୀଶ୍ରୀଠାକୁର - (ଜୋର୍‌ଦେଇ) ବିଶେଷ ଭାବରେ ସ୍ପଷ୍ଟ । ଯଦି ଟିକିଏ ସାହାଯ୍ୟ ପାଏ ତା'ହେଲେ ସ୍ମୃତି ଶୀଘ୍ର ଉଜାଗର ହୁଏ ।

ପଣ୍ଡିତଦା - ସାଧାରଣଭାବେ କିନ୍ତୁ ଯାହା ଆମ ଆଖିରେ ଦେଖାହୋଇନି, ତା'ର କଳ୍ପନା କରିବା କଷ୍ଟକର ।

ଶ୍ରୀଶ୍ରୀଠାକୁର - ମୁଁ ଏଠାରେ ବସି ଅନେକ ଏପ୍ରକାର ଦେଖିଛି, ଗୋଟିଏ ଲୋକ ମୋ ଆଡ଼କୁ ଲକ୍ଷ୍ୟ କରିଅଛି । ସ୍ପଷ୍ଟଭାବେ ଦେଖିଛି । (ଦୀପରକ୍ଷୀ, ୬ଷ୍ଠ ଖଣ୍ଡ, ୮-୫-୧୯୬୦)

ଦେଓଘର ଆଶ୍ରମ ପାର୍ଲରରେ ଶ୍ରୀଶ୍ରୀଠାକୁର ଉପବିଷ୍ଟ । ଦିନ ଥିଲା ୫-୧୦-୧୯୬୧ । କେଷ୍ଟଦାଙ୍କ (କୃଷ୍ଣପ୍ରସନ୍ନ ଭଟ୍ଟାଚାର୍ଯ୍ୟ) କନିଷ୍ଠ ସନ୍ତାନ -ଚାଉ ଚାଙ୍ଗୁଡିଭରା ଟଗରଫୁଲ ଆଣି ଶ୍ରୀଶ୍ରୀଠାକୁରଙ୍କୁ ନିବେଦନ କରି ପ୍ରଣାମ କଲାରୁ ଶ୍ରୀଶ୍ରୀଠାକୁର ସେଥିରୁ ଗୋଟିଏ ଦୁଇଟି ଫୁଲ ନେଇ କିଛି ସମୟ ଭାବାବେଶରେ ରହିଲେ । ତାପରେ କହିଲେ, ସରଯୁ ନଦୀତୀରରେ ଏପରି ଅନେକ ଟଗରଗଛ, ଗଛମାନଙ୍କ ମଝିରେ ବାଉଁଶବୁଦା, ଉଦୟକାଳୀନ ଓ ଅସ୍ତକାଳୀନ ସୂର୍ଯ୍ୟ କିରଣ ଫୁଲ ଉପରେ ପଡି ତାହାକୁ ରକ୍ତିମରଙ୍ଗରେ ରଙ୍ଗାଇ ଦେଇଥାଏ । ଅତି ସୁନ୍ଦର ଦିଶେ । ନଦୀର ଧାରରେ ଅନେକ ପଥର ଥିଲା, ଉଚ୍ଚା ଏବଂ ମସୃଣ, ନଦୀରେ ଜଳ ମଧ୍ୟ ପ୍ରଚୁର ଥିଲା । ମହିଳାମାନେ କାଖ ପରିବର୍ତ୍ତେ ମଥାରେ ଜଳକଳସୀ ଧରି ଯିବାର ଦୃଶ୍ୟ ମଧ୍ୟ ମନେଅଛି । ମୁଁ ସେଠାକୁ ଗଲେ ଏବେ ମଧ୍ୟ ସେସବୁକୁ ଚିହ୍ନି ପାରିବି । (ସ୍ମୃତିର ମାଳା)

ଧରାବତରଣ- ଶ୍ରୀଶ୍ରୀଠାକୁର ତାଙ୍କ କଥିତ 'ଅମିୟବାଣୀ' ପୁସ୍ତକରେ ନିଜ ଧରାବତରଣ ଉପରେ ଯେଉଁ ବର୍ଣ୍ଣନା ଦେଇଛନ୍ତି, ତାହା ଯୁକ୍ତରାଷ୍ଟ୍ର ଆମେରିକାରୁ ପ୍ରକାଶିତ ଏକ ସଂଗ୍ରହ ସଂକଳନ (anthology) ରେ ସ୍ଥାନିତ ହୋଇଛି-Cosmic Cradle by Elizabeth, M. Carman and Neil J. Carman, Ph.D.-Sunstar Ltd. USA-1999. ଏହାର ପରିଚ୍ଛେଦ-୩୨ରେ ଶ୍ରୀଶ୍ରୀଠାକୁରଙ୍କ ବିଶ୍ୱ-ଚେତନା (cosmic memory) ଓ ସ୍ମୃତିବାହୀ ଚେତନା (eternal memory consciousness)କୁ ଦର୍ଶାଯାଇଛି (ପୃଷ୍ଠା ୫୯୯)। ଏହାର ଓଡ଼ିଆ ଅନୁବାଦ - ଭାରତର ଆଧ୍ୟାତ୍ମିକ ଗୁରୁ ଶ୍ରୀଶ୍ରୀଠାକୁର ଅନୁକୂଳଚନ୍ଦ୍ର (୧୮୮୮-୧୯୬୯) ସୃଷ୍ଟିତତ୍ତ୍ୱର ଜଣେ ଅପ୍ରତିଦ୍ୱନ୍ଦ୍ୱୀ ଦ୍ରଷ୍ଟାଭାବେ ନିଜକୁ ପ୍ରତିପାଦିତ କରିଛନ୍ତି । ଶ୍ରୀଶ୍ରୀଠାକୁର ଅନୁକୂଳଚନ୍ଦ୍ରଙ୍କୁ ସୃଷ୍ଟିର ଆରମ୍ଭ କିପରି ହେଲା, ପ୍ରଶ୍ନ କରିବାରୁ ସେ କହିଲେ - ଏହିଭାବେ ଅବଗତ ହୋଇଛି, ଏକ ମୌଳିକ ଉପାଦାନ (prime point) ଆଭ୍ୟନ୍ତରୀଣ ଶକ୍ତିମୁକ୍ତ ହୋଇ ପ୍ରସାରିତ ହେଲା ଏବଂ ଏହାଦ୍ୱାରା ନିୟୁତ ନିୟୁତ ସକ୍ରିୟ ପରମାଣୁର ସୃଷ୍ଟି ହେଲା । ଗୋଟିଏ ଗୋଟିଏ ସକ୍ରିୟ ପରମାଣୁ ପୁଣି ନିୟୁତ ନିୟୁତ Hyper Atom ସୃଷ୍ଟି କଲା । ପୁଣି ଗୋଟିଏ Hyper Atom ରୁ ନିୟୁତ ନିୟୁତ supra-Hyper Atom ସୃଷ୍ଟିହେଲେ, ଏହା ଫଳରେ ଏକ ଅଖଣ୍ଡ ଅଚିନ୍ତନୀୟ ସତ୍ତା (uncut invisible physically inconceivable point) ସୃଷ୍ଟିହେଲା । ସେହି ମୌଳିକ ସତ୍ତା ହେଉଛି -ମହାଜାଗତିକ

ଆତ୍ମା। ସେଠାରୁ ଅଗ୍ନିସ୍ଫୁଲିଙ୍ଗ ପରି ସଚରାଚର ଅଗଣିତ ଜଗତ ସୃଷ୍ଟିହେଲେ। ଯେଉଁ ଆତ୍ମା ସୃଷ୍ଟିହେଲେ, ସେମାନେ ମାୟାବନ୍ଧନରୁ ନିଜକୁ ନ ମୁକୁଳାଇବା ପର୍ଯ୍ୟନ୍ତ ଜନ୍ମ ପରେ ଜନ୍ମ ଭୋଗୁଥିବେ। ଏହି ମହାଜାଗତିକ ଆତ୍ମା ହିଁ ପରମାତ୍ମା।

ଶ୍ରୀଶ୍ରୀଠାକୁରଙ୍କ ଜନ୍ମ ଆରମ୍ଭରୁ ବର୍ତ୍ତମାନର ଜୀବନ ପର୍ଯ୍ୟନ୍ତ ତାଙ୍କ ଆତ୍ମା ପର୍ଯ୍ୟାୟକ୍ରମେ ମଣିଷ ଶରୀରରେ ପ୍ରବେଶ କଲା। ଅନେକ ଜୀବନ ଭିତରୁ ଶେଷ ପର୍ଯ୍ୟାୟରେ ସେ ଜଣେ ମୋଚି, ରାଜପୁତ୍ର ଓ ସାଧକ ଥିଲେ। ପ୍ରତ୍ୟେକ ଜୀବନର ଅନ୍ତ ସମୟରେ ପରିବାରବର୍ଗଙ୍କ ଶୋକ ତାଙ୍କୁ ବ୍ୟଥିତ କରୁଥିଲା।

ଶ୍ରୀଶ୍ରୀଠାକୁର ଏହି ଜୀବନକୁ ଆସିବା ପୂର୍ବରୁ ଏଯାବତ୍ ଅଗୋଚର ଊର୍ଦ୍ଧ୍ୱଲୋକରେ (undefined higher region) ଥିଲେ, ତାଙ୍କର ପୃଥିବୀ ଅବତରଣ ଏ ପର୍ଯ୍ୟନ୍ତ ଅନାବିଷ୍କୃତ ସ୍ୱର୍ଗୀୟ ନକ୍ଷତ୍ରମଣ୍ଡଳ ମଧ୍ୟ ଦେଇ ଆରମ୍ଭ ହେଲା। ସେ ସମଗ୍ର ଅନ୍ତରୀକ୍ଷରେ ଚୌରାଳିଶ ହଜାର ଗ୍ରହ-ନକ୍ଷତ୍ରଙ୍କୁ ଅତିକ୍ରମ କରିଆସିଲେ। ସୌରମଣ୍ଡଳର ଗ୍ରହମାନେ ସୂର୍ଯ୍ୟଙ୍କୁ କେନ୍ଦ୍ରକରି ଘୂରିବା ପରି ଲକ୍ଷ ଲକ୍ଷ ଗ୍ରହନକ୍ଷତ୍ର ସେମାନଙ୍କଠାରୁ ବୃହତ୍ ସୂର୍ଯ୍ୟ-କେନ୍ଦ୍ରର ପରିକ୍ରମାରତ। ତାଙ୍କର ଆଗମନ ପଥରେ ଗୋଟିଏ ନକ୍ଷତ୍ର ଖଣ୍ଡବିଖଣ୍ଡିତ ହୋଇଥିବାର ସେ ଦେଖିଲେ। ତାଙ୍କ ସ୍ମୃତିରେ ଗୋଟିଏ ଦୃଶ୍ୟ ଏବେବି ଖୁବ୍ ସତେଜ - ଏକ ଅସାଧାରଣ ନକ୍ଷତ୍ରମଣ୍ଡଳ- ଗୋଟିଏ କେନ୍ଦ୍ର ନକ୍ଷତ୍ରକୁ ଚାରିଟି ନକ୍ଷତ୍ର ପରିକ୍ରମା କରୁଛି। ସେମାନେ କେନ୍ଦ୍ରର ନିକଟବର୍ତ୍ତୀ ହେବାବେଳେ ରଙ୍ଗ ଲାଲ ଦିଶେ, ଆଉ ଦୂରକୁ ଚାଲିଗଲେ ନୀଳ ଦିଶେ। ଶ୍ରୀଶ୍ରୀଠାକୁର ଜାଣିଲେ ଯେ ଏଇ ରଙ୍ଗ ପରିବର୍ତ୍ତନ ଦୃଶ୍ୟ ଡୋପ୍ଲର ଏଫେକ୍ଟ (Doppler Effect) ଯୋଗୁଁ ହେଉଛି।

ଏହି ସୌରମଣ୍ଡଳରେ ଅବତରଣ ପଥରେ ବିଭିନ୍ନ ନକ୍ଷତ୍ରରେ ସେ ରହି ରହି ଆସିଲେ। ସେଠାକାର ସ୍ୱର୍ଗୀୟ ଅଧିବାସୀମାନେ ତାଙ୍କୁ ସ୍ୱାଗତ ଅଭିନନ୍ଦନ ଜଣାଉଥିଲେ ଓ ବିଦାୟବେଳେ କରୁଣ ସଂଗୀତ ଗାନ କରୁଥିଲେ - ଏଇ ବିଚ୍ଛେଦ ତାଙ୍କୁ କଷ୍ଟ ଦେଇଛି। ଏହି ଗ୍ରହମାନଙ୍କର ବାତାବରଣ ପୃଥିବୀର ବାତାବାରଣଠାରୁ ଅଲଗା, ସେଠାକାର ବାସିନ୍ଦାମାନେ ମଧ୍ୟ ମଣିଷ ଅନୁରୂପ ନୁହନ୍ତି। ଶେଷ ପର୍ଯ୍ୟାୟରେ ସେ ଆଲୋକ ମାଧ୍ୟମରେ ସୂର୍ଯ୍ୟରେ ପ୍ରବେଶ କଲେ। ସୂର୍ଯ୍ୟର ବାହ୍ୟ ଉତ୍ତପ୍ତ କିନ୍ତୁ ଅଭ୍ୟନ୍ତର ଶୀତଳ। ସୂର୍ଯ୍ୟ ନକ୍ଷତ୍ରରେ ପ୍ରବେଶ କଲାବେଳେ ବାମଭାଗରେ ନିବିଡ଼ ଅନ୍ଧକାର ଓ ଦକ୍ଷିଣରେ, ଠିକ୍ ଦକ୍ଷିଣରେ ନ ହୋଇ କୋଣାକୋଣି ଦକ୍ଷିଣରେ ଆଲୋକପଥ - ସେହି ପଥରୁ ଚୌରାଳିଶ ହଜାର ଗ୍ରହ ନକ୍ଷତ୍ର ଦୃଶ୍ୟମାନ ହେଉଥିଲେ।

(ଆଲୋଚକ- ଡୋପ୍ଲର ଏଫେକ୍ଟ କାହାକୁ କହନ୍ତି ? Wikipedia (Free Encyclopedia) ପଢ଼ି ଯାହା ବୁଝିଲୁ ସହଜଭାବେ କହିଲେ, ଗୋଟିଏ କୀର୍ତ୍ତନଦଳ ମୋ'ଠାରୁ ବହୁ ଦୂରରୁ କୀର୍ତ୍ତନ କରି କରିଆସୁଛନ୍ତି। ସେମାନେ ଯେତେ ନିକଟତର, କୀର୍ତ୍ତନର ଧ୍ୱନି ସେତେ ବେଶୀ, ମୋ ସାମନାରେ ତାହା ସମ୍ପୂର୍ଣ୍ଣ ଓ ପୁଣି ଦୂରେଇ ଗଲାରୁ ସେହି ଧ୍ୱନି କ୍ଷୀଣ ହୋଇ ଯାଉଛି। ଏହି ଶବ୍ଦ-ସ୍ପନ୍ଦନର ତାରତମ୍ୟ, ଅଷ୍ଟ୍ରିୟାର ପଦାର୍ଥ ବିଜ୍ଞାନୀ ଖ୍ରୀଷ୍ଟିୟାନ୍ ଡୋପ୍ଲର (Christian Doppler) ଊନବିଂଶ ଶତାବ୍ଦୀରେ ଆବିଷ୍କାର

କଲେ - difference of sound wave length due to variation of distance, ଅର୍ଥାତ୍ ଦୂରତ୍ୱର ପରିବର୍ତ୍ତନ ଯୋଗୁଁ ଶବ୍ଦ-ତରଙ୍ଗର ପରିବର୍ତ୍ତନ । ସେହିପରି ଆଲୋକ-ତରଙ୍ଗରେ (light wave length) ଦୂରତ୍ୱ ପରିବର୍ତ୍ତନ ହେତୁ ବିଭିନ୍ନ ରଙ୍ଗ ଦୃଶ୍ୟମାନ ହୁଏ ।)

ଦାରୁବ୍ରହ୍ମ ଶ୍ରୀଜଗନ୍ନାଥ- ଶ୍ରୀଶ୍ରୀଠାକୁର କହିଲେ, ଶ୍ରୀଜଗନ୍ନାଥ ହେଉଛନ୍ତି ଭଗବାନଙ୍କର ଭାବମୂର୍ତ୍ତି । ତାଙ୍କର ଗୋଡ ନାହିଁ, ତାଙ୍କର ବାହୁ ଅଛି କିନ୍ତୁ ହାତ ନାହିଁ । ତାଙ୍କର କାନ ନାହିଁ, ପାଟି ଅଛି କିନ୍ତୁ ବନ୍ଦ । ତୁମମାନଙ୍କ ପାଖକୁ ଦୌଡି ଯାଆନ୍ତି, ହେଲେ ମୋର ଗୋଡ ନାହିଁ । ତୁମମାନଙ୍କର ଯେମିତି ହାତ ଅଛି, ମୋର ନାହିଁ, କ'ଣ କରିବି ? ଗୋଟିଏ ଜାଗାରେ ସ୍ଥାଣୁ ହୋଇ ବସିଚି, ତୁମକୁ କିଛି କହିବା ପାଇଁ ମୋ ପାଟି ବନ୍ଦ ।

ପୁଣି ଶ୍ରୀଶ୍ରୀଠାକୁର କହିଲେ, ଶ୍ରୀଜଗନ୍ନାଥଙ୍କର ଦୁଇଟା ବଡ ବଡ ଆଖି ଅଛି, କିନ୍ତୁ ଆଖିର ପତା ନାହିଁ । ସେ ଚିର ଅତନ୍ଦ୍ର ପଲକବିହୀନ ଆଖିରେ ସେ ସମଗ୍ର ଜଗତର ସବୁକିଛିକୁ ଦେଖୁଛନ୍ତି । ତୁମେ ସଂସାରର ସମସ୍ତଙ୍କୁ ଭଣ୍ଡାଇ ଦେଇପାର, କିନ୍ତୁ ତାଙ୍କର ଆଖିକୁ ଫାଙ୍କି ଦେଇ ପାରିବ ନାହିଁ । ତୁମର ପ୍ରତି ମୁହୂର୍ତ୍ତର କର୍ମ, ସେ ତୁମ ଭିତରେ ରହି, ଆଗରେ ରହି, ପଛରେ ରହି, ଊର୍ଦ୍ଧ୍ୱରେ ରହି, ଅର୍ଦ୍ଧରେ ରହି ଦେଖୁଛନ୍ତି । ଏହିପରି ବିରାଟ ବିଶ୍ୱନାଥଙ୍କୁ ତୁମେ ଛୋଟିଆ ବାହୁରେ ଧରି ପାରିବ ନାହିଁ । ସେ ସର୍ବଖଲ୍ୱିଦମ୍ ବ୍ରହ୍ମ । ତାଙ୍କର ଏଇ ବିଶାଳ ଉପକାରିତାକୁ ଧରିବା ଅତି କଠିନ । କିନ୍ତୁ ତାଙ୍କୁ ପ୍ରାପ୍ତ ହେବାର ସୁଯୋଗ କରି ଦେଇଛନ୍ତି ତାଙ୍କର ଅନୁଶାସନର ଦଉଡି ବଢାଇ ଦେଇ । ଅନୁଶାସନ, ଅନୁଧାବନ, ଅନୁଶୀଳନ । ଯେଉଁମାନେ ଅନୁଶାସନ ଅନୁଧାବନପୂର୍ବକ ଅନୁଶୀଳନ କରିବେ, ସେଇମାନେ କରୁଣା ପ୍ରାପ୍ତ ହେବେ । ଇଷ୍ଟ-ନିର୍ଦ୍ଦେଶ ପାଳନ କରିବାହିଁ ତପସ୍ୟା । ତପସ୍ୟାରେ ଯେ ଯେତେ ନିଷ୍ଠାବାନ ତାର ହୃଦୟର ଅବସ୍ଥା ଓ ଜ୍ଞାନ ମଧ୍ୟ ସେହିପରି । ସେହି ଜ୍ଞାନରୁ ଓ ଭକ୍ତିରୁ ପ୍ରେମ ଆସେ । ତେଣୁ ସେହି ପ୍ରେମମୟ ଭାବମୟ ସତ୍ତା ହେଉଛନ୍ତି ଶ୍ରୀଜଗନ୍ନାଥ । ତାଙ୍କର ରଥଯାତ୍ରାରେ ଅର୍ଥାତ୍ ତାଙ୍କ ରାଜ୍ୟରେ ସାନ-ବଡ, ପଣ୍ଡିତ-ମୂର୍ଖ ସମସ୍ତେ ସମାନ । ଈଶ୍ୱର ଏକ, ତେଣୁ ସମସ୍ତେ ତାଙ୍କର ଶରଣାପନ୍ନ ହେବା ପାଇଁ ସେ ଡାକୁଛନ୍ତି - ଦୁର୍ଗତିରୁ ମୁକ୍ତିଲାଭ ହେବ । (ଅମୃତ କାହାଣୀ)

ମହାପୁରୁଷଙ୍କ କ୍ଷେତ୍ରରେ ମଧ୍ୟ ସେହିପରି । ପୁଣି ଶ୍ରୀଶ୍ରୀଠାକୁର କହିଲେ-ଆମରି ହାତଦେଇ ଆମକୁ ତାଙ୍କୁ ଧରିବାକୁ ହୁଏ ଅର୍ଥାତ୍ କୌଣସି ମହାପୁରୁଷ କୌଣସି ଭଗବାନ କାହାର କିଛି କରିପାରିବେ ନାହିଁ ଯଦି ତାର tendency of attachment (ଅନୁରାଗ ଟାଣରେ) ଉକ୍ତ ମହାପୁରୁଷଙ୍କ ସହିତ ligared (ଯୁକ୍ତ) ନ ହୁଏ । (ଆଲୋଚନା ପ୍ରସଙ୍ଗ ୨ୟ ଖଣ୍ଡ, ୨୬-୧୨-୧୯୪୧)

ମର୍ଯ୍ୟାଦାପୁରୁଷ ଶ୍ରୀରାମ ଓ ଭକ୍ତ ହନୁମାନ- ଶ୍ରୀଶ୍ରୀଠାକୁର କହିଲେ – ଭକ୍ତିର ଘରେ ଯେ ଥରେ ପାଦ ଦେଇଛି, ସେ ତରିବାର ପଥ ପାଇଛି । ରାମଚନ୍ଦ୍ର ସ୍ୱୟଂ ଭଗବାନ । ସେ ତାଙ୍କର ସମସ୍ତ ଜୀବନ ଦେଇ ଦେଖାଇଲେ - ପିତୃଭକ୍ତି କାହାକୁ କୁହନ୍ତି । ଏହାହିଁ ତାଙ୍କର ମହତ୍ୱ । ଏହିପରି ଏକାଗ୍ର ନିଷ୍ଠା ବଳରେ ମଣିଷ ଅସମ୍ଭବକୁ ସମ୍ଭବ କରି

ଦେଇପାରେ। ପୁଣି କହିଲେ – ହନୁମାନ ଥିଲେ ପ୍ରତ୍ୟୁତ୍ପନ୍ନମତି ସଂପନ୍ନ, ଅଷ୍ଟସିଦ୍ଧି ଥିଲା ତାଙ୍କର କରତଳଗତ। ସୁଗାୟକ, ସୁବକ୍ତା, ଯୁଦ୍ଧ-ବିଶାରଦ, ଶାରୀରିକ ଓ ମାନସିକ ଦିଗରୁ ସବଳ, ସଚେତନ, ନିରହଂକାରୀ, ଏକାଗ୍ର, ଶାସ୍ତ୍ରଜ୍ଞ ପଣ୍ଡିତ ଓ ରାମ-ଭକ୍ତ। ତାଙ୍କର ପ୍ରଭୁଭକ୍ତି ଥିଲା ଅନିର୍ବଚନୀୟ। ତାଙ୍କର ନାମ ହେଉଛି ମାରୁତି, କିନ୍ତୁ ଯେହେତୁ ତାଙ୍କ ମୁହଁର ହନୁହାଡ ଦୁଇଟି ଅସ୍ୱାଭାବିକଭାବେ ଉଚ୍ଚ ଥିଲା, ତାଙ୍କୁ (ହନୁ ଯୁକ୍ତ ମାନ) ହନୁମାନ ବୋଲି ଡାକୁଥିଲେ। ରାମ-ରାବଣ ଯୁଦ୍ଧ ସମୟରେ ହନୁମାନ ଶ୍ରୀରାମଚନ୍ଦ୍ର ଓ ଲକ୍ଷ୍ମଣ ରହୁଥିବା ସୈନ୍ୟ ଛାଉଣିରେ ପହଞ୍ଚିଲେ। ଦେଖିଲେ, ଶ୍ରୀରାମଚନ୍ଦ୍ର ଲହୁ ଲୋତକରେ ମୁଣ୍ଡରେ ହାତ ଦେଇ ବିଳାପ କରି ଚାଲିଛନ୍ତି – "କାହା ପାଇଁ ଯୁଦ୍ଧ କରିବି ? ଏ ବଣକୁ ଆସି ପିତାଙ୍କୁ ହରାଇଲି, ପ୍ରାଣପ୍ରିୟା ସ୍ତ୍ରୀଙ୍କୁ ହରାଇଲି, ଲକ୍ଷ୍ମଣ ପରି ଅତୁଳନୀୟ ଭାଇକୁ ହରାଇଲି। ତେଣୁ ଆଉ ଯୁଦ୍ଧ କରି ମୋତେ କ'ଣ ମିଳିବ ?" ଶକ୍ତିବିଦ୍ଧ ମୃତପ୍ରାୟ ଲକ୍ଷ୍ମଣଙ୍କୁ କିଷ୍କିନ୍ଧାର ବୈଦ୍ୟଶ୍ରେଷ୍ଠ ସୁଷେଣ ପରୀକ୍ଷା କରି କହିଲେ - ଯଦି ନିର୍ଦ୍ଦିଷ୍ଟ ସମୟ ଭିତରେ ଗନ୍ଧମାର୍ଦ୍ଦନ ପର୍ବତ ଉପରେ ଉତ୍ପନ୍ନ ହେଉଥିବା ବିଶଲ୍ୟକରଣୀ ଭେଷଜ ବୃକ୍ଷ ଆଣି ଦେଇପାର ତେବେ ଚେଷ୍ଟା କଲେ ହୁଏତ କିଛି ହୋଇପାରେ। ହନୁମାନ ଏହା ଶୁଣିବା ମାତ୍ରକେ ପବନ ବେଗରେ ପର୍ବତ ଶିଖରରେ ପହଞ୍ଚି ବିଶଲ୍ୟକରଣୀ ସହିତ ସେହି ଜାତୀୟ ଆଉ କେତେକ ବୃକ୍ଷର ଏକ ବିରାଟ ବୋଝ ଆଣି ବୈଦ୍ୟଙ୍କ ସାମ୍ନାରେ ରଖିଦେଲେ। ସୁଷେଣ ଭେଷଜ ବୃକ୍ଷର ମଲମ ତିଆରି କରି ଲକ୍ଷ୍ମଣଙ୍କ ଦେହସାରା ଲେପ ଦେଲେ। ଆଖିରେ ପାଟିରେ ରସ ଦେଲେ। ଲକ୍ଷ୍ମଣ ଧୀରେ ଧୀରେ ଚେତା ଫେରି ପାଇଲେ। ଶ୍ରୀରାମ ଲକ୍ଷ୍ମଣଙ୍କୁ କୁଣ୍ଢାଇ ଆନନ୍ଦ ଅଶ୍ରୁ ବିସର୍ଜନ କରୁଥାନ୍ତି। ଶ୍ରୀରାମଙ୍କ ମୁହଁରେ ହସ ଦେଖି ହନୁମାନ କହିଲେ, ଆପଣଙ୍କ ରଣକ୍ଲାନ୍ତ ମୁହଁରେ ହସଟିକେ ଦେଖି ମୋର ସମସ୍ତ କ୍ଲାନ୍ତି ଦୂର ହୋଇଗଲା। ହନୁମାନଙ୍କର ଏକମାତ୍ର ଲକ୍ଷ୍ୟ ଥିଲା ପ୍ରଭୁଙ୍କ ମୁହଁରେ ହସ ଫୁଟାଇବା, ତାଙ୍କୁ ଖୁସି କରିବା, ଆନନ୍ଦ ଦେବା। ଶ୍ରୀରାମ ଏଥିପାଇଁ ତାଙ୍କୁ କୌଣସି ନିର୍ଦ୍ଦେଶ ଦେଇ ନ ଥିଲେ। ହନୁମାନ ଜାଣିଥିଲେ କେଉଁଥିରେ ପ୍ରଭୁଙ୍କ ଆନନ୍ଦ ଓ ସନ୍ତୋଷ ଆଉ ତାହାହିଁ କରୁଥିଲେ। ତାଙ୍କର ଏକମାତ୍ର ଉଦ୍ଦେଶ୍ୟ ଥିଲା ଇଷ୍ଟ-ସ୍ୱାର୍ଥପ୍ରତିଷ୍ଠା। ଭକ୍ତର ଲକ୍ଷଣ ହେଉଛି ଇଙ୍ଗିତଜ୍ଞ ହୋଇ ଉଠିବା। (ଆଲୋଚନା ପ୍ରସଙ୍ଗ ୩ୟ ଖଣ୍ଡ ୬-୧-୧୯୪୨ ଓ ଅମୃତ କାହାଣୀ)

ଶ୍ରୀକୃଷ୍ଣଠାକୁର- ଶ୍ରୀଶ୍ରୀଠାକୁର କହିଲେ, ମୁଁ ଯେତେବେଳେ ବସି ବସି ନାମ କରୁଥିଲି କୃଷ୍ଣଠାକୁର ଆସି ବଂଶୀ ବଜାଉଥିଲେ; ଏକାବେଳକେ ମନମୋହନ ଭଙ୍ଗୀରେ (enchantingly). ଶ୍ରୀକୃଷ୍ଣଙ୍କୁ ଲାଗୁଥିଲା ମୋର ସମବୟସ୍କ- ତେବେ କିନ୍ତୁ କଳା ନୁହନ୍ତି- ଦୁବଘାସକୁ କିଛିଦିନ ଢାଙ୍କି ରଖିଲେ ତା'ର ରଙ୍ଗ ଯେପରି ହୋଇଯାଏ, ଅନେକାଂଶରେ ସେହିପରି .. ନାମ, ନାମୀ ଅଭେଦ, ଯେ ରାମ ସେଇ କୃଷ୍ଣ। ନାମ, ନାମୀର ସବୁକିଛିକୁ ବୁଝାଇଥାଏ। ସିଦ୍ଧପୁରୁଷ (realized man) ସଦ୍‌ଗୁରୁ ନ ହେଲେ ଏବଂ ସେଇ ସଦଗୁରୁଙ୍କ ପ୍ରତି ଟାଣ ନ ଥିଲେ, ନାମ ଫଳବତୀ ହୁଏ ନାହିଁ, ତେଣୁ ଅଛି - 'କୋଟି ଜନ୍ମ କରେ ଯଦି ନାମ ସଙ୍କୀର୍ତ୍ତନ, ତଥାପି ନ ପାଏ କେହି ବ୍ରଜେନ୍ଦ୍ର ନନ୍ଦନ'। ଜୀବ କଦାପି କୃଷ୍ଣ ହୁଏ ନାହିଁ, ଆପଣ କ'ଣ ଆପଣଙ୍କର ବାପା ହୋଇ ପାରିବେ ? ପିଲା ବାପର ଦାସ, କାରଣ ସେ

ବାପରହିଁ ଦାନ, ବାପାଙ୍କଠାରୁ ତାର ଉତ୍ପତ୍ତି । ଜୀବ ମଧ୍ୟ ସେହିପରି ଈଶ୍ୱରଙ୍କ ଦାନ । ସେ ଈଶ୍ୱରଙ୍କ ପ୍ରତି ଯେତେ ଆନୁଗତ୍ୟବୋଧ ନେଇ ଚାଲେ, ସେତେହିଁ ଅକ୍ଷତ ଅବସ୍ଥାରେ ଚଳିପାରେ, ନଚେତ୍ ଦୁନିଆର ନାନା ଘାତପ୍ରତିଘାତରେ ପଡି କେଉଁଠି ଯେ ଛିନ୍ନବିଛିନ୍ନ ହୋଇଯିବ, ତା'ର କ'ଣ ଠିକ୍ ଅଛି । ତେଣୁ ବୈଷ୍ଣବଶାସ୍ତ୍ରରେ କୁହାଯାଇଛି– 'ଜୀବ ନିତ୍ୟ କୃଷ୍ଣଦାସ ଯେବେ ଭୁଲିଗଲା, ମାୟା ପିଶାଚ ତାହାର ଗଳାରେ ପଡିଲା ।' (ଆଲୋଚନା ପ୍ରସଙ୍ଗ ୧ମ ଖଣ୍ଡ, ୪-୧୨-୧୯୪୧)

ମହାଭାରତ ଯୁଦ୍ଧ ସମ୍ପର୍କରେ ଶ୍ରୀଶ୍ରୀଠାକୁରଙ୍କ ଉକ୍ତି- ଶ୍ରୀକୃଷ୍ଣ ସର୍ବଦା ଚେଷ୍ଟା କରିଛନ୍ତି ଯୁଦ୍ଧ-ବିଗ୍ରହ ପରିହାର(avoid) କରିବାକୁ, କିନ୍ତୁ ତାଙ୍କର ପରିବେଶ (environment) ତାଙ୍କୁ ସେ ସୁଯୋଗ ଦେଲା ନାହିଁ । ଶ୍ରୀକୃଷ୍ଣଙ୍କର ଯୁଦ୍ଧ ମୃତ୍ୟୁକୁ ମାରିବା ପାଇଁ, Gangrene affected part of the body (ଶରୀରର ଦୁଷ୍ଟ କ୍ଷତଯୁକ୍ତ ଅଂଶ)- ଆମେ ଯେପରି କାଟି ପକାଉ ଜୀବନ ବଞ୍ଚାଇବା ପାଇଁ ସେ ମଧ୍ୟ ସେହିପରି ମୃତ୍ୟୁ ଓ ମାରଣର ମୂର୍ତ୍ତପ୍ରତୀକ ସ୍ୱରୂପ ଯେଉଁମାନେ ଥିଲେ ସେମାନଙ୍କୁ ମାରିଥିଲେ ସମଗ୍ର ସମାଜକୁ ବଞ୍ଚାଇବା ପାଇଁ । (ଆଲୋଚନା ପ୍ରସଙ୍ଗ ୧ମ ଖଣ୍ଡ, ୩-୧୨-୧୯୪୧)

ନିଜର ଅନୁଭୂତି କଥା ମନେପକାଇ ଶ୍ରୀଶ୍ରୀଠାକୁର କହିଲେ -ମୁଁ ଦିନେ କାଶୀପୁର ରାସ୍ତା ଦେଇ ଆସୁଛି -ଦେଖୁଛି ଚାରିଦିଗ ଜ୍ୟୋତିରେ ଉଦ୍ଭାସିତ ହୋଇ ଉଠିଛି, ଚତୁର୍ଦ୍ଦିଗରେ ସବୁ ଦେବଗଣ ଗାନ କରୁଛନ୍ତି, ଗାନର ଦୁଇଟି ଧାଡ଼ି ଆଗେ ମୋର ମନେଥିଲା, ବର୍ତ୍ତମାନ କେବଳ ସ୍ୱାଗତମ୍ ବୋଲି ଗୋଟିଏ ପଦ ମନେପଡେ । (ଆଲୋଚନା ପ୍ରସଙ୍ଗ ୧ମ ୧୨-୧୦-୧୯୩୯)

ଆଲୋଚନାବେଳେ ଶ୍ରୀକୃଷ୍ଣଙ୍କ ମୃତ୍ୟୁ ସମ୍ବନ୍ଧରେ କଥା ଉଠିଲାରୁ ଶ୍ରୀଶ୍ରୀଠାକୁର କହିଲେ, 'ମୋର କେତେଗୁଡିଏ ଧାରଣା ଅଛି, ମନେହୁଏ ସତ୍ୟ । ମୋର ମନେହୁଏ, ଗୋଟିଏ ଝଙ୍କା ନିମ୍ବଗଛର ଏକ ମୋଟା ଡାଳରେ ଶ୍ରୀକୃଷ୍ଣ ଆଉଜି କରି ପାଦ ଝୁଲାଇ ବସିଥିଲେ, ଏହି ସମୟରେ ଗୋଟିଏ ତୀର ଆସି ତାଙ୍କ ପାଦରେ ଲାଗିଲା । ସେ ତାପରେ ମାଟିରେ ପଡିଗଲେ । କିଛି ସମୟ ପରେ ସେ ଦେହରକ୍ଷା କଲେ । ସବୁ ଘଟଣା, ଖୁବ ସ୍ପଷ୍ଟ ମନେହୁଏ । ବ୍ୟାପାରଟା ଅଚାନକ ଘଟିଗଲା । ଘଟଣା-ପାରମ୍ପର୍ଯ୍ୟରେ ସେତେବେଳେ ତାଙ୍କର ବଞ୍ଚିବା ଇଚ୍ଛା ମଧ୍ୟ ଉଭେଇ ଯାଇଥିଲା । ମଣିଷର ମୃତ୍ୟୁ ପାଇଁ ଗୋଟିଏ ଉପଯୁକ୍ତ ଅବସ୍ଥା ତିଆରି ହୁଏ ।' (ପରମ ଉଦ୍ଧାତା ଶ୍ରୀଶ୍ରୀଠାକୁର ଅନୁକୂଳଚନ୍ଦ୍ର ୨ୟ ଖଣ୍ଡ)

ଶ୍ରୀମଦ୍‌ଭଗବତ ଗୀତା– ଶ୍ରୀଶ୍ରୀଠାକୁର କହିଲେ -ଶ୍ରୀମଦ୍‌ଭଗବତ୍ ଗୀତାରେ ଯାହା ଅଛି ତାହା ସନାତନ ଅର୍ଥାତ୍ ଚିରନ୍ତନ । ତୁମେ ଗୀତାକୁ ଯଥାଯଥ ଭାବେ ଅନୁସରଣ କର, ଅନୁଧାବନ କର, ଧୀରେ ଧୀରେ ସମସ୍ତ ଶାସ୍ତ୍ରର ସାରକଥା ତୁମ ନିକଟରେ ପ୍ରତିଭାତ ହୋଇ ଉଠିବ । ଯାହାର ଯେଉଁ ଭୁଲ ଥାଉ ନା କାହିଁକି ସେ ଯଦି କାୟମନୋବାକ୍ୟରେ ଗୀତାକୁ ପୁରାପୁରି ମାନି ଚଳିବାକୁ ଚେଷ୍ଟା କରେ, ତାହେଲେ ତା'ର ଭୁଲ ସୁଧାରିଯିବ । ଅନୁଧାବନୀ ଗୀତାପାଠ ପୁଣି ସଦ୍‌ଗୁରୁ ଲାଭର ପଥ ପ୍ରଶସ୍ତ କରିଥାଏ । ଅନ୍ତତଃ ସଦ୍‌ଗୁରୁ ଲାଭର ଆକୂତିଟା ସୃଷ୍ଟି କରିଦିଏ । ମଣିଷ ଯେପରି ମନର ଘଣାରେ ନ ଘୁରି

କାୟମନୋବାକ୍ୟରେ ପୁରୁଷୋତ୍ତମଙ୍କ ଅନୁଗାମୀ ହୁଏ, ସେଇ କଥାହିଁ ଗୀତାରେ ଭରି ରହିଛି । ଗୀତାର ଏହି ସହଜ ତତ୍ତ୍ୱହିଁ ଭୂତ, ଭବିଷ୍ୟତ ଓ ବର୍ତ୍ତମାନରେ ଯାବତୀୟ ସମସ୍ୟାର ସମାଧାନ ଦେଇପାରେ । (ଆଲୋଚନା ପ୍ରସଙ୍ଗେ, ୧୨ଶ ଖଣ୍ଡ, ୩-୦୬-୧୯୪୮)

ପ୍ରଭୁ ଯୀଶୁ ଓ ହଜରତ ମହମ୍ମଦ- ଶ୍ରୀଶ୍ରୀଠାକୁର କହିଲେ, ମୁଁ ଯେତେବେଳେ ଯୀଶୁଖ୍ରୀଷ୍ଟଙ୍କ କଥା ଭାବେ, ମତେ ଲାଗେ ଯେ ତାଙ୍କର ସବୁ କିଛି ଭଲ ଏବଂ ସୁନ୍ଦର। ଦେଖନ୍ତୁ – ତାଙ୍କର କଥା, ତାଙ୍କର ଆଖି, ତାଙ୍କର କେଶ ସବୁ ଦେଖିବାକୁ କେତେ ସୁନ୍ଦର। ସେଥିପାଇଁ ମୁଁ କହେ ଯେ ଆମେ ସମସ୍ତେ ତାଙ୍କ ପରି ହେବା ଉଚିତ, ଆମର ବେଶ-ପୋଷାକ ସରଳ ଓ ପରିଷ୍କାର, ଆମର ମୁହଁ, ଆମର କେଶ, ଆମର ବ୍ୟବହାର, ଆମର ଶରୀର, ଆମର ହସ ଏବଂ ଆମର ଲୁହ – ସବୁ ମଧୁମୟ ଓ ସୁନ୍ଦର, ସେ ଯେପରି। ମୁଁ ଭାବେ ଯେ ଯୀଶୁ ହେଉଛନ୍ତି ସମ୍ରାଟ୍ – ପ୍ରେମର ଭିକାରୀ। ସେ ଏଇ ପ୍ରେମ ମାଛଧରାଳିମାନଙ୍କଠାରୁ, ଟିକସ ଆଦାୟ କରୁଥିବା ଲୋକଠାରୁ, ସମସ୍ତଙ୍କଠାରୁ ଏପରିକି ମେରି ମ୍ୟାକଡେଲିନଙ୍କ (Mary Magdalene) ଠାରୁ ମାଗୁଥିଲେ।

ପ୍ରଶ୍ନ - ଆପଣ ଯୀଶୁଙ୍କୁ ବିଶ୍ୱାସ କରନ୍ତି କି ?

ଶ୍ରୀଶ୍ରୀଠାକୁର - ଖାଲି ବିଶ୍ୱାସ ? ସେ ଆଜି ଯଦି ଥାଆନ୍ତେ ତେବେ ମୁଁ ତାଙ୍କର ପ୍ରଥମ ଶିଷ୍ୟ ହୋଇଥାନ୍ତି। (Answer to the Quest)

ଶ୍ରୀଶ୍ରୀଠାକୁର କହିଲେ – ରସୁଲଙ୍କର ଯେଉଁ ଅପୂର୍ବ ଜୀବନ, ସେ ତ ନବୀଗଣଙ୍କ ମଧ୍ୟରେ ମଣି ସ୍ୱରୂପ, ସେ ବିଷୟରେ ଆଉ ସନ୍ଦେହ କଣ ? ରସୁଲ ଆମର ଅତି ପ୍ରିୟ ଓ ରସୁଲପ୍ରେମୀ ଯେ, ସେ ମଧ୍ୟ ଆମର ଅତି ପ୍ରିୟ। ପବିତ୍ର କୋରାନରେ ଏପରି କଥା ମଧ୍ୟ ଉଲ୍ଲେଖ ଅଛି ଯେ, -ଈଶ୍ୱରଙ୍କ ନିୟମ ଓ ନୀତିର ପରିବର୍ତ୍ତନ ହୁଏ ନାହିଁ। ରସୁଲ-ସେବୀ, ଆଲ୍ଲା-ଅନୁରକ୍ତ ଏପରି ଜଣେ ପୁରୁଷଙ୍କୁ ଯଦି ପାଅ, ତାଙ୍କର ଶରଣାପନ୍ନ ହୁଅ, ତାଙ୍କୁ କେନ୍ଦ୍ର କରି ରସୁଲ ତୁମ ଜୀବନରେ ଜୀବନ୍ତ ହୋଇ ଉଠିବେ।

ରସୁଲ ଏହା କହିଛନ୍ତି ବୋଲି ଶୁଣିଛି - ଯେ ପ୍ରେରିତ ପୁରୁଷଙ୍କ ମଧ୍ୟରେ ପ୍ରଭେଦ କରେ ଏବଂ ଜଣଙ୍କୁ ବଡ ଓ ଅନ୍ୟ ଜଣଙ୍କୁ ଛୋଟ କରିବାକୁ ଚେଷ୍ଟା କରେ, ସେ ହେଉଛି କାଫେର। ଦଳେ ଅଛନ୍ତି ସେମାନେ ଖୋଦାଙ୍କୁ ମାନନ୍ତି କିନ୍ତୁ ରସୁଲଙ୍କୁ ମାନନ୍ତି ନାହିଁ – ଏପରି ଅସମ୍ଭବ କଥା ମଧ୍ୟ ମଣିଷ କୁହନ୍ତି ! ହଜରତ ରସୁଲ, ହଜରତ ଈଶା ଓ ହଜରତ ବୁଦ୍ଧଙ୍କ ମଧ୍ୟରେ ଅନେକ ଲୋକ ପାର୍ଥକ୍ୟ ସୃଷ୍ଟି କରନ୍ତି – ଏହାଠାରୁ ଭୁଲ ଆଉ ନାହିଁ। ଏହି କଥା ମଧ୍ୟ ଠିକ୍ ଯେ ପ୍ରେରିତ ପୁରୁଷ ସମସ୍ତ ସମ୍ପ୍ରଦାୟ ପାଇଁ ଏବଂ ସେମାନଙ୍କ ଭିତରେ କୌଣସି ପ୍ରଭେଦ ନାହିଁ। (ଆଲୋଚନା ପ୍ରସଙ୍ଗ ୧ମ, ୨ୟ, ୩ୟ, ୪ର୍ଥ ଖଣ୍ଡ)

ଶ୍ରୀହୁଜୁର ମହାରାଜ – ଶ୍ରୀଶ୍ରୀଠାକୁର କହିଲେ- ଦିନକର, ହିମାୟିତପୁର ଆଶ୍ରମରେ ମା'ଙ୍କୁ ହୁଜୁର ମହାରାଜଙ୍କ ମନ୍ଦିରରୁ ବାହାରି ଆସିବାର ଦେଖିଲି । ମା'ଙ୍କ ସମସ୍ତ ଶରୀରରୁ ଗୋଟାଏ ଦିବ୍ୟ ଜ୍ୟୋତି ବିକିରିତ ହେଉଥାଏ । ମୁଁ ଆଶ୍ଚର୍ଯ୍ୟ ହୋଇ ମା'ଙ୍କ ଆଡ଼କୁ କିଛିକ୍ଷଣ ଅନାଇ ରହିଲି । ତାପରେ ମୋର ମନେହେଲା ହୁଜୁରଙ୍କ ମନ୍ଦିରକୁ ଯାଇ ମୁଁ ଯଦି ସେପରି ଧ୍ୟାନ କରେ ତାହେଲେ ହୁଜୁର ମହାରାଜ ବୋଧହୁଏ ଖୁସି ହେବେ, ମୋର ବି

ସେପରି ଅନୁଭୂତି ହେବ । ମୁଁ ଯାଇ ସେଠାରେ ବସିଗଲି । ହୁଜୁର ମହାରାଜଙ୍କ ଛବିଟା (ଫଟୋ) ଆଲୋକିତ ହୋଇଉଠିଲା । ମୋ ଭିତରେ ଆନନ୍ଦର ଉଦ୍ରେକ ହେଲା । ଯେତେବେଳେ ମନ୍ଦିରରୁ ବାହାରି ଆସିଲି ଏତେ ଆନନ୍ଦ ହେଲା ଯେ ମୋ ଭିତରେ ତା ଧରି ରଖି ପାରିଲି ନାହିଁ । ବେଶ୍ କିଛିକ୍ଷଣ ପଡ଼ିଆରେ ଦୌଡ଼ିଲି, ସେଥିରେ ବି ଆନନ୍ଦ କମିଲାନି । ଲମ୍ଫ ଦେଇ ପଦ୍ମାକୁ ଡେଇଁ ପଡ଼ିଲି । ବେଶ୍ କିଛି ସମୟ ପହଁରିବାରେ କଟାଇଲି । ପହଁରି ସାରିବା ପରେ ଓଦାଲୁଗାରେ କୂଳକୁ ଉଠି ଭାବିଲି- ମୋର ଏହି ଆନନ୍ଦ କଥା ମା'କୁ ଜଣେଇ ଦେଇ ଆସେ । ଏ କଥା ଶୁଣିଲେ ମା' ନିଶ୍ଚୟ ଖୁସି ହେବ । (ପ୍ରଳୟ ମଜୁମଦାର)

ପିଲାଦିନର ସ୍ମୃତି କଥାରୁ କିଛି

ସେଇ ପାଗଳୀ- ଶ୍ରୀଶ୍ରୀଠାକୁର ପିଲାଦିନ କଥା ମନେପକାଇ କହିଲେ- "ମୁଁ ପିଲାଦିନେ ଏକ ବୈଷ୍ଣବୀକୁ ଦେଖିଥିଲି । ମନରେ ଗୋଟାଏ ଛାପ (impression) ରହିଯାଇଛି । ଏଇ ବୁଢ଼ାକାଳରେ ବି ମନେପଡ଼େ । ସେ ଭଗବାନଙ୍କୁ ଈଶ୍ୱର ବା ଭଗବାନ୍ ନାମରେ ନ ଡାକି କହୁଥିଲା; 'ତୁମେ' ବା 'ସେ' । ଏକ ପ୍ରକାର ପାଗଳୀ ଥିଲା । ମୋର ମାଆଙ୍କୁ ଖୁବ୍ ଶ୍ରଦ୍ଧା କରୁଥିଲା । ....ମୁଁ ସ୍କୁଲକୁ ଯିବାଆସିବା ବେଳେ ଗଛ ଫାଙ୍କରେ ଲୁଚକାଳି ଖେଳିବା ପରି ଖେଳେ । ଭାତ ଖାଇବାକୁ ବସି ଭଗବାନ୍‌ଙ୍କ ଉଦ୍ଦେଶ୍ୟରେ କହୁଥିଲା – 'ତମେ ଏବେ ବି ଖାଇନ, ଆଉ ମୁଁ ରାକ୍ଷସୀ ଖାଇବାକୁ ବସିଲିଣି ।' ସ୍ତ୍ରୀଲୋକ ତ, କେତେ ପୁରୁଷ ଯେ ତା' ପଛରେ ଘୂରୁଥିଲେ ତା'ର ଠିକଣା ନାହିଁ । ଯେଉଁଠି ସେଠି ପଡ଼ିରହୁଥିଲା । କିନ୍ତୁ ଯା' ସାମ୍ନାରେ ବି ପଡ଼ିରହୁଥିଲା ତା' ସହିତ ଯେପରି ଗୋଟିଏ ଦରଦୀ ମା' ପରି ବ୍ୟବହାର କରୁଥିଲା । ସେ ପାଗଳୀ ଥିଲା, କିନ୍ତୁ ସେଇ ପାଗଳାମୀ ଭିତରେ ଗୋଟାଏ ସଂଗତି(consistency) ଥିଲା । 'ସେ ମୁଖ କେନ, ଅହରହ ମନେପଡ଼େ, ପଡ଼େ ମନେ', ସେପରି ଥିଲା ଈଶ୍ୱରଙ୍କ ପ୍ରତି ତା'ର ଭଲପାଇବା ।" (ଦୀପରକ୍ଷୀ, ୧-ଡିସେମ୍ବର ୧୯୫୪)

ନିର୍ଲୋଭ ସାଧୁ- ପୁଣି ଜଣେ ସାଧୁଙ୍କୁ ଦେଖିଛି, ଏପରି ଆଉ କେବେ ଦେଖି ନାହିଁ । ସାଧୁଟି ମୋତେ କିଛି ନ ଖୁଆଇ ନିଜେ ଖାଉ ନ ଥିଲା କି କାହାକୁ ଖାଇବାକୁ ଦେଉ ନ ଥିଲା । ଲୋକେ ତାକୁ ପଇସା ଦେଲେ ନିଜର ପ୍ରୟୋଜନ ମାଫିକ୍ ପଇସାଏ, ଦି ପଇସା ନେଇ ବାକିସବୁ ପକାଇଦେଇ ଯାଉଥିଲା, ପରେ ପିଲାମାନେ ତାହା ଗୋଟାଇ ନେଉଥିଲେ । ଆମ ଗ୍ରାମରୁ ଯେଉଁ ଦିନ ସେ ଅନ୍ୟତ୍ର ଚାଲିଗଲା, ଏପରି ଭାବରେ ମତେ ଚାହିଁଦେଇ ଗଲା, ମୋର ହୃଦୟଟା ଯେପରି ଦ୍ରବୀଭୂତ ହୋଇଗଲା, କହିଲା – ହେ ପିଲା ! ପୁଣି ଦେଖାହେବ । (ଆଲୋଚନା ପ୍ରସଙ୍ଗ ୧ମ ଖଣ୍ଡ ୭-୭-୧୯୪୧)

ପ୍ରତିଶୋଧ- ଶ୍ରୀଶ୍ରୀଠାକୁର କହିଲେ– "ମୁଁ କାହାର ପ୍ରତିଶୋଧ ନେବାକୁ ଇଚ୍ଛାକଲେ, ଭାବେ କୌଣସି ପ୍ରକାର ତା'ର ମନକୁ ଜୟ କରିବି । ପିଲାବେଳେ ଜଣେ ଖେଳସାଥୀ ଥିଲା । ସେ ମୋ'ଉପରେ ଅଯଥା ବିଦ୍ୱେଷପରାୟଣ ହୋଇଗଲା । ସେ ସବୁଆଡ଼େ ମୋ ବିରୋଧରେ ଅଭିଯୋଗ କରୁଥିଲା । ସବୁକିଛି ଜାଣି ସୁଦ୍ଧା ମୁଁ ତା'ର ପ୍ରଶଂସା କରୁଥିଲି । ତା' ସହିତ ସାକ୍ଷାତ ହେଲେ ପ୍ରୀତିପୂର୍ଣ୍ଣ ବ୍ୟବହାର କରୁଥିଲି । ପ୍ରକୃତରେ

ତା ପ୍ରତି ମୋ ମନରେ କୌଣସି ଅସୂୟାଭାବ ନଥିଲା। କିନ୍ତୁ ମନେମନେ ପ୍ରତିଜ୍ଞା କଲି, ଯେ କୌଣସି ପ୍ରକାରେ ମୋ ପ୍ରତି ତାର ବିଦ୍ୱେଷଭାବ ଦିନେ ନା ଦିନେ ନିଶ୍ଚୟ ଦୂର କରିବି। ବାରବର୍ଷ ପର୍ଯ୍ୟନ୍ତ ମୁଁ ତା'ର ଏହିପରି ଅନୁଧାବନ କରିବାରେ ଲାଗିଲି, ପରେ ସେ ଅନୁତପ୍ତ ହୋଇ ଦିନେ ମୋ ପାଖକୁ ଆସି କାନ୍ଦିକାନ୍ଦି କହିଲା – 'ଭାଇ! ତୁମେ କେତେ ମହାନ୍, ଆଉ ସେହି ତୁଳନାରେ ମୁଁ କେତେ ହୀନ, ଏହା ମୁଁ ଏତେଦିନ ପରେ ବୁଝିପାରିଲି। ତୁମେ ମୋତେ କ୍ଷମାକର।' ମୁଁ ତାକୁ ଏସବୁ କଥା ଭୁଲିଯିବାକୁ କହିଲି।" (ଶ୍ରୀଶ୍ରୀଠାକୁର ଅନୁକୂଳଚନ୍ଦ୍ର -ସତୀଶଚନ୍ଦ୍ର ଜୋୟାରଦାର)

ଶ୍ରୀମୁଖରେ ଆତ୍ମଜନଙ୍କ କଥାରୁ କିଛି

ଶ୍ରୀଶ୍ରୀବଡ଼ମା- ଜୀବନ-ଚରିତରେ ସଂକ୍ଷିପ୍ତ ବିବରଣୀ ଅଛି ଯେ ୧୯୦୬ ମସିହା ଅଗଷ୍ଟ ୧୩ ତାରିଖରେ ଶ୍ରୀଶ୍ରୀଠାକୁର, ଷୋଡ଼ଶୀବାଲା ଦେବୀଙ୍କୁ ବିବାହ କରିଥିଲେ। ସେ ଭକ୍ତମାନଙ୍କ ନିକଟରେ ସ୍ନେହମୟୀ ଶ୍ରୀଶ୍ରୀବଡମା ଭାବେ ଆଦୃତା। ସେଠାରେ ତାଙ୍କ ସଂପର୍କରେ ଦିଆଯାଇଥିବା ଶ୍ରୀଶ୍ରୀଠାକୁରଙ୍କର କିଛ ଉକ୍ତି ପୁନଃଉଦ୍ଧୃତ କରୁଛୁ– 'ତୁମମାନଙ୍କର ଠାକୁର ଯଦି ନାରୀ ହୋଇ ଆସିଥାନ୍ତେ ତାହେଲେ ତାଙ୍କର ରୂପଗୁଣ ହୋଇଥାନ୍ତା ତୁମର ବଡମାଙ୍କ ପରି'।

ପୁଣି ଶ୍ରୀଶ୍ରୀଠାକୁର କହିଲେ-ବଡ଼ବୌ (ଶ୍ରୀଶ୍ରୀବଡ଼ମାଙ୍କ)ର ନିଦ ହୁଏନା। ମୋଠାରୁ ତାର ଦାୟିତ୍ୱ ଯେପରି ବେଶି। ତାର ନିଦ କୁକୁର ପରି ସ୍ୱଳ୍ପସ୍ଥାୟୀ। ଘରର କେଉଁଠି କଣ ଅଛି ସବୁ ଠିକରୂପେ ରଖିଥାଏ। ଯେତେବେଳେ ମୁଁ ଯେପରି ଚାହେଁ ଚଟ୍ କରି ବାହାର କରିଦିଏ। ଆଉ ଆଖି ଠିକ୍ ସର୍ଚ୍ଚଲାଇଟ ପରି। ସବୁ ଧରିଦେଇ ପାରେ। ଆଉ ଗୋଟିଏ ଜିନିଷ ଦେଖେ ବଡ଼ବୋହୂ ମଧ୍ୟରେ, ସେ ଯାହା ପାଇବ ପଇସାଏ କି ଅଧୁଲିଟାଏ ହେଉ ରଖିଥିବ ମୋର ଦରକାର ବେଳେ ଯେତେ ଶୀଘ୍ର ପାରେ ଦେଇଦେବ। ମୋର କଣ ଖାଇବା ଉଚିତ, କଣ ଖାଇଲେ ସହ୍ୟ ହୁଏ, ତାହା କ'ଣ ମୁଁ କହି ପାରିବି, ତାହା ବଡ଼ବୋହୂ ଜାଣେ। ମୋର ପସନ୍ଦ କଣ ତାହା ବି ତାଙ୍କୁ ଜଣା। ମୋ ପେଟର ଅଭିବାବକ ବଡ଼ବୋହୂ। (ଦୀପରକ୍ଷୀ ୫ମ ଖଣ୍ଡ, ଆଲୋଚନା ପ୍ରସଙ୍ଗ ୨ୟ ଖଣ୍ଡ)

ଆଉ ଗୋଟିଏ ଘଟଣା ମନେପକାଇ ଶ୍ରୀଶ୍ରୀଠାକୁର କହିଲେ –ଥରେ ବଡ଼ବୌ ଏକଲା ନିଜେ ପାଣି ଆଣି ୩୦୦-୪୦୦ ଲୋକଙ୍କର ରୋଷେଇ କରୁଥିଲେ। ତାଛଡା ଆହୁରି କେତେଥର ଯେ କେତେ କଣ କରିଛନ୍ତି ତାର ଇୟତ୍ତା ନାହିଁ। ଏହିସବୁ ମଣିଷ, ଯେଉଁମାନେ ଏପରିଭାବରେ (ଶିକ୍ଷିତ) ହୋଇ ଉଠିଛନ୍ତି ସେହିମାନେ ହିଁ ଦେଶର ମା ହୋଇ ପାରନ୍ତି। ଏହି ଯେ ଗୋଟିଏ କଥା ଅଛି -ବାଉଁଶ ଉପରେ ବସିଲେ ଜଣେ ଯଦି ମିସ୍ତ୍ରୀ ହୋଇ ଯାଉଥାନ୍ତା ତାହେଲେ ତ ଆଉ କଥା ନ ଥିଲା। (ଦୀପରକ୍ଷୀ ୧ମ ଖଣ୍ଡ)

ଜୀବନର ସାୟାହ୍ନରେ ଶ୍ରୀଶ୍ରୀଠାକୁର ତାଙ୍କ ଉଦ୍ଦେଶ୍ୟରେ କହି ଉଠିଥିଲେ- ତୁମେ ମୋର ମା, ଜଗତର ମା।

ଯୁଗାଚାର୍ଯ୍ୟ ଶ୍ରୀଶ୍ରୀବଡ଼ଦା- ଶ୍ରୀଶ୍ରୀବଡ଼ଦା (ଅମରେନ୍ଦ୍ରନାଥ ଚକ୍ରବର୍ତ୍ତୀ) ୧୯୧୧ ମସିହା ନଭେମ୍ବର ୨୧ ତାରିଖରେ ପାବନାର ଧୋପାଦହ (ବଙ୍ଗଳାଦେଶ)ରେ ଜନ୍ମଗ୍ରହଣ

କରିଥିଲେ । ସେ ଥିଲେ ଶ୍ରୀଶ୍ରୀଠାକୁର ଅନୁକୂଳଚନ୍ଦ୍ରଙ୍କର ଜ୍ୟେଷ୍ଠ ପୁତ୍ର । ଆଶ୍ରମକର୍ମରେ ପିଲାଦିନରୁ ତାଙ୍କର ସହଜାତ ଆଗ୍ରହ ପରିଲକ୍ଷିତ ହୋଇଥିଲା । ୧୯୪୮ ମସିହାରେ ସେ ସତ୍‌ସଂଗର ପ୍ରଶାସନ ଦାୟିତ୍ୱ ବହନ କରିଥିଲେ । ଖୁବ୍ ଅନ୍ତରଙ୍ଗ ମୁହୂର୍ତ୍ତରେ ସେ କହନ୍ତି - 'ମୋର କିଛି ବି ଶକ୍ତି ନାହିଁ । ତେବେ ପରମପିତାଙ୍କର ମୋ ଉପରେ ଏକ ଆଶୀର୍ବାଦ ଅଛି ଯେ, ଯିଏ ମୋ ପାଖକୁ ଆସେ ମୁଁ ଜାଣିପାରେ ସେ କିପରି ଲୋକ, କ'ଣ ବା ଚାହେଁ ଆଉ କ'ଣ ବା ସେ କରିପାରେ ?' ସତ୍ୟାନୁସରଣ ଉପରେ ତାଙ୍କର ବ୍ୟାଖ୍ୟା ସର୍ବ ଭକ୍ତ ଆଦୃତ । ଜୀବନବ୍ୟାପୀ ସେ ସଂପୂର୍ଣ୍ଣ ଭାବରେ ଇଷ୍ଟଙ୍କଠାରେ ସମର୍ପିତ ଥିଲେ ଏବଂ ଭାରତର ବିଭିନ୍ନ ସ୍ଥାନରେ ସତସଙ୍ଗ ମନ୍ଦିର ଓ କେନ୍ଦ୍ରାଦି ସ୍ଥାପନ କରି ଏବଂ ଦୀକ୍ଷାର ପ୍ରସାର କରି ସେ ତାଙ୍କର ଜୀବଦ୍ଦଶାରେ ଠାକୁରଙ୍କର ଏହି ନୀରବ ଆନ୍ଦୋଳନକୁ ଆଗେଇ ନେଇଥିଲେ । ୧୯୯୪ ମସିହା ଅଗଷ୍ଟ ୫ ତାରିଖରେ ପୁରୀ ଠାକୁରବାଡିରେ ଏହି ମହାନ ଭକ୍ତପ୍ରବର ଶେଷ ନିଃଶ୍ୱାସ ତ୍ୟାଗ କରିଥିଲେ ।

ଶ୍ରୀଶ୍ରୀଠାକୁର କହିଲେ- ତାର ବୁଦ୍ଧି ଅଛି, ଦରଦ ବି ଅଛି, ପୁଣି କର୍ମଶକ୍ତି ବି କମ ନୁହେଁ । ତେବେ ବଡ଼ବୌ ଭଳି ଟିକିଏ ଗମ୍ଭୀର ପ୍ରକୃତିର । ଲୋକେ ପ୍ରଥମେ ଠଉରାଇ ପାରନ୍ତିନି, ଯେତେ ମିଶନ୍ତି, ସେତେ ଦେଖନ୍ତି ଅନ୍ତରରେ ମଧୁଭରା । ତାର ଦେହଟା ପାଇଁ ବଡ଼ ଚିନ୍ତା ହୁଏ । ପୁଣି ତାର ଖୁବ୍ ଲୋକପାଳୀ ସ୍ୱଭାବ । ନିଜ ଘରେ ଖାଇବାକୁ ଥାଉନଥାଉ ତା ନିକଟ ପରିବେଶରେ ଯେଉଁମାନେ ଥାଆନ୍ତି, ସେମାନଙ୍କୁ କାହାକୁ କଷ୍ଟ ପାଇବାକୁ ଦେବନି । ଆଗେ ସେମାନଙ୍କର ବ୍ୟବସ୍ଥା କରିବ ତାପରେ ସଂସାର । ପିଲାପିଲିମାନେ ବି ବେଶ କଷ୍ଟସହିଷ୍ଣୁ । କୌଣସି ବାହାନା ନାହିଁ । ବଡ଼ପୁଅର ଯେ ଏତେ କ୍ଷମତା ଅଛି, ତା ମୋର ଜଣାନଥିଲା । ପରିସ୍ଥିତିକୁ ଆୟତ୍ତରେ ଆଣିବା ଲାଗି ସେ ଯେପରି ବୁଦ୍ଧିମତ୍ତା, ସାହାସ ଓ କୌଶଳର ସହିତ ଅଗ୍ରସର ହେଉଛି, ସେଥିରେ ଅଦୂର ଭବିଷ୍ୟତରେ ସୁଫଳ ଫଳିବା ଅସମ୍ଭବ ନୁହେଁ । ସେ ଖୁବ ଦକ୍ଷ ଆଉ ପ୍ରତ୍ୟେକଙ୍କ ଉପରେ ତାର ନଜର ଥାଏ । ସେ ଗୋଟିଏ shelter of people (ଲୋକଙ୍କ ଆଶ୍ରୟସ୍ଥଳ) ହୋଇ ଠିଆ ହୋଇଛି । ମୁଁ ବଡ଼ ଖୁସି ।

ବଡ଼ପୁଅର ପଶୁପକ୍ଷୀଙ୍କ ଭାଷା-ଶିକ୍ଷା ବ୍ୟାପାରରେ ଖୁବ interest ଆଗ୍ରହ ଓ observation ପର୍ଯ୍ୟବେକ୍ଷଣ ଅଛି । ଗୋରୁ, କୁକୁର, ବିରାଡି, ପକ୍ଷୀ, ସାପ, ବେଙ୍ଗ, ବାଘ ପ୍ରଭୃତି ସବୁଜନ୍ତୁଙ୍କର ଆଚାର-ଆଚରଣ କାଇଦା-କରଣ ସମ୍ବନ୍ଧରେ ବି ଅନେକ କଥା ଜାଣେ । ଆଉ ତାହା ଫାଙ୍କା କଥା ନୁହେଁ । ବାସ୍ତବତା ସହିତ ସେସବୁର ଖୁବ ମେଳ ଥାଏ । ପୁଣି କେଉଁ ଲୋକଟାର ଚାଲିଚଳନ, ରକମ ଓ ପ୍ରକୃତି କିପରି ସେ ସମ୍ବନ୍ଧରେ ବି ସେ ଖୁବ ସୁନିର୍ଦ୍ଦିଷ୍ଟ ଧାରଣା କରିନେଇଥାଏ ।

ମୁଁ ଯେପରି ଭାବରେ ଯାହାକିଛି କରେ, ବଡପୁଅ ଠିକ ସେହିପରି ଭାବରେ ହିଁ ସବୁ କରେ । ମଝିରେ ମଝିରେ ମନେହୁଏ ସେ ଯେପରି ବାପ ଏବଂ ମୁଁ ଯେଭଳି ପୁଅ । (ଆଲୋଚନା-ପ୍ରସଙ୍ଗ ବିଭିନ୍ନ ଖଣ୍ଡ, ଦିନ ପଞ୍ଜି)

ଆଚାର୍ଯ୍ୟଦେବ ଶ୍ରୀଶ୍ରୀଦାଦା- ସତ୍‌ସଙ୍ଗର ବର୍ତ୍ତମାନ ପ୍ରଧାନ ଆଚାର୍ଯ୍ୟଦେବ ଶ୍ରୀଅଶୋକ ଚକ୍ରବର୍ତ୍ତୀଙ୍କ ଜନ୍ମ ୧୯୩୩ ଅକ୍ଟୋବର ୨୧ ତାରିଖରେ ବଙ୍ଗଳାଦେଶର

ହିମାୟିତପୁରରେ ହୋଇଥିଲା । ତାଙ୍କୁ ସତ୍‌ସଙ୍ଗୀମାନେ ଶ୍ରୀଶ୍ରୀଦାଦା ବୋଲି ସମ୍ବୋଧନ କରିଥାନ୍ତି । କଲିକତାରୁ ଏମ୍.ଏ. ଆଉ ଏଲ୍.ଏଲ୍.ବି. ପାସ୍ କରିବା ପରେ ସେ ସତ୍‌ସଙ୍ଗର ସାଙ୍ଗଠନିକ କାର୍ଯ୍ୟରେ ମନୋନିବେଶ କରନ୍ତି । ଶ୍ରୀଶ୍ରୀଦାଦା ଦୀକ୍ଷାର ସଂଖ୍ୟା ବୃଦ୍ଧିକରିବା ଲାଗି ତାଙ୍କର ସମସ୍ତ ଶକ୍ତି ଓ ସମୟ ବିନିଯୋଗ କରନ୍ତି । ତାଙ୍କ ନିର୍ଦ୍ଦେଶରେ ଭାରତ ଓ ବହିର୍ଭାରତରେ କୋଟି କୋଟି ଲୋକ ଦୀକ୍ଷିତ ହୋଇଛନ୍ତି ଆଉ ତା' ଏବେ ଆହୁରି ତ୍ୱରାନ୍ୱିତ ହେଉଛି । ସେ ସରଳ ଅଭ୍ୟାସ-ବ୍ୟବହାରସମ୍ପନ୍ନ ଆଉ ଖୁବ୍ ସହାନୁଭୂତିଶୀଳ ଓ ସ୍ନେହଶୀଳ ହୋଇଥିବାରୁ ଲୋକେ ତାଙ୍କ ଆଡ଼କୁ ଆକର୍ଷିତ ହୋଇଥାଆନ୍ତି । ତାଙ୍କର ସ୍ମୃତିଶକ୍ତି ଖୁବ୍ ପ୍ରଖର, ଥରେ ଯାହା ସହିତ ପରିଚିତ ହୁଅନ୍ତି ତାର ନାମ ଆଜୀବନ ମନେରଖି ଥାଆନ୍ତି । ମଣିଷକୁ ଦୁଃଖକଷ୍ଟରୁ ମୁକ୍ତ କରିବାର ଆଗ୍ରହ ଆଉ ଅପରିସୀମ କ୍ଷମତା ହେତୁ ଶ୍ରୀଶ୍ରୀଦାଦା ଜଣେ ଋଷିପ୍ରତିମ ବ୍ୟକ୍ତି । ତାଙ୍କର ସଙ୍ଗଲାଭ କରିବା ଭଳି ଚିତ୍ତାକର୍ଷକ ଆଉ କିଛି ନାହିଁ । ସେ ସ୍ୱପ୍ରଚାର ବିମୁଖ ଏବଂ ନିଜର ବିରାଟତ୍ୱ କେବେ ଜାହିର କରିନାହାନ୍ତି । ସେ କେବେ ରାଗନ୍ତି ନାହିଁ । ସେ କହନ୍ତି - କେବେ କେବେ ମୁଁ କାହାରି ଉପରେ ରାଗିଯାଇ ଗାଳିଗୁଲଜ କରି ଥାଇପାରେ କିନ୍ତୁ ଏହାଦ୍ୱାରା ତା'ର ଭଲ ଛଡ଼ା ମନ୍ଦ ହୋଇନଥାଏ । ତା'ର ସୌଭାଗ୍ୟ ଆସିଥାଏ । ମୁଁ କେବେହେଲେ କାହାରି ପ୍ରତି ଖରାପ ଭାବ ରଖେ ନାହିଁ ।

ତାଙ୍କର ୮୪ତମ ଜନ୍ମତିଥିରେ (୨-୧୧-୨୦୧୬) ଶ୍ରୀଶ୍ରୀଦାଦା ତାଙ୍କ ଜୀବନର ଉଦ୍ଦେଶ୍ୟ ଭକ୍ତଗଣଙ୍କ ନିକଟରେ ପ୍ରକାଶ କରିବାକୁ ଯାଇ କହିଥିଲେ, ପ୍ରଭୁଙ୍କର ଦାସ ହିସାବରେ ମୋ ଜୀବନର ଲକ୍ଷ୍ୟ ହେଉଛି ସମସ୍ତଙ୍କୁ ସେବା ଓ ସମ୍ବର୍ଦ୍ଧନା ଦେବା ଆଉ ତାହା ମୁଁ ତୁମ୍ଭମାନଙ୍କ(ସତ୍‌ସଙ୍ଗୀମାନଙ୍କ) ମାଧ୍ୟମରେ ହାସଲ କରିବାକୁ ଚାହେଁ । ମୋର ଇଚ୍ଛା ଯେ, ଜଗତର ସମସ୍ତଙ୍କୁ ଧଳା ପୋଷାକ ପିନ୍ଧିବାର ଦେଖନ୍ତି । (ସତ୍‌ସଙ୍ଗରେ ଧଳାରଙ୍ଗର ପୋଷାକ ପିନ୍ଧିବାକୁ ଉତ୍ସାହିତ କରାଯାଏ) - ସେମିତି ହେଲେ ହିଂସା-ଦ୍ୱେଷ ସ୍ୱତଃ କମିଯିବ ଓ ପାରସ୍ପରିକତା ବଢ଼ିବ ।

୨୨-୧୨-୧୯୪୧ ତାରିଖରେ ଶ୍ରୀଶ୍ରୀଠାକୁର ତାଙ୍କୁ ଦେଖି ଯାହା କହିଥିଲେ ତାହା ଉଦ୍ଧୃତ କରୁଛି- 'ଦାଦୁ ! ଶୀତଦିନେ ଏତେ ସକାଳୁ ଖାଲିଦେହରେ ପଦାକୁ ବାହାରିବା ଭଲ ନୁହେଁ । ଥଣ୍ଡା ଲାଗିପାରେ । ଯାଅ, ମା ପାଖକୁ ଯାଇ ଗେଞ୍ଜିଟା ପିନ୍ଧି ପକାଅ । ଗେଞ୍ଜି ପିନ୍ଧି ଖେଳ ଏବଂ ରାସ୍ତା ମଝିରେ ନ ଖେଳି ଏକପାଖରେ ଖେଳିବା ଭଲ । ତାହେଲେ ତୁମ ସୁବିଧା ହେବା ସଙ୍ଗେ ସଙ୍ଗେ ଗଲାଆସିଲା ଲୋକଙ୍କର ମଧ୍ୟ ସୁବିଧା ହେବ । ପୁଣି ରାସ୍ତା ଉପରେ ଖେଳିଲେ କିଏ ହଠାତ୍ ସାଇକେଲରେ ଚାଲିଯିବାବେଳେ ଧକ୍କା ଲାଗିଯିବାର ଆଶଙ୍କା ଅଛି ।' ଭକ୍ତମାନଙ୍କ ଆଡକୁ ଅନାଇ ମଧୁର ହସ ହସି କହିଲେ- ସେମାନଙ୍କ ଭିତରେ ଯେମିତି ମୁଁ ମୋତେ ହିଁ ପାଏ । ପିଲାଟା ଖୁବ୍ ତୋଖଡ଼ ପିଲା । ଯେମିତି ମଧୁର ସେମିତି ତେଜୀ, ପୁଣି ବୁଦ୍ଧିମାନ୍ ମଧ୍ୟ ଖୁବ୍ । Third generation (ତୃତୀୟ ପୁରୁଷ) ତ । ଶୁଣିଛି Third generation (ତୃତୀୟ ପୁରୁଷ) ଅନେକାଂଶରେ inherit କରେ (ଗୁଣାବଳିର ଅଧିକାରୀ ହୁଏ), କୌଣସି ବହିପତ୍ରରେ ଏହାର ପ୍ରମାଣ ଅଛି କି ନାହିଁ ଦେଖ ତ ।

ତିନି ପାର୍ଷଦଙ୍କ କଥା- ଶ୍ରୀଶ୍ରୀଠାକୁର କହିଲେ– "ମୋର ସହକାରୀ ମଧ୍ୟରେ ଥିଲେ- ନଫର ମୂର୍ଖ, ଅନନ୍ତ ମୂର୍ଖ, କିଶୋରୀ ମୂର୍ଖ -ଏଇସବୁ ଥିଲେ ମୋର କାମ କରିବାର

ଲୋକ । ମୁଁ କେବଳ କହୁଥିଲି ଏଇ କର, ଆଉ ସେମାନେ ତାହା କରିଦେଇ ଆସୁଥିଲେ । ପାବନାରେ ଥରେ ବଡ଼ riot (ଦଙ୍ଗା) ହେଲା । ହିନ୍ଦୁଙ୍କୁ ମାରି ସାବାଡ କରି ପକାଉଥିଲେ । କିଶୋରୀ ଯାଇ କେଇଟା ମିନିଟ ମଧ୍ୟରେ ମୋଡ଼ ଘୁରାଇ ଠିକ୍ କରି ପକାଇଲା । ଏଭଳି ଭାବେ କଥା କହିଲା ଯେ ସେମାନେ ହିଂସା ଭୁଲି ଯାଇ ମିଳନର ଆନନ୍ଦରେ ଏକାବେଳକେ ନାଚି ଉଠିଲେ ।

ଟଙ୍କାପଇସା ନ ଥିଲା । ତାହା ପାଇବି କେଉଁଠୁ ? People-money (ଲୋକସମ୍ପଦ) ଥିଲା, ଏବେବି ତାହାହିଁ ଅଛି । କିଶୋରୀ କହୁଥିଲା -ବଡ଼ କାହାକୁ କୁହନ୍ତି ତା ତ ଜାଣେନା, କିନ୍ତୁ ଠାକୁରଙ୍କ ପରି ମଣିଷ ଆଉ ଦେଖିନି । ଦେବତା ବି ସେପରି ହୁଅନ୍ତି କି ନାହିଁ ଜାଣେନା । ଏଭଳି କୌଣସି କଥା ଉଚ୍ଚାରଣ କରୁ ନ ଥିଲା, ଯଦ୍ଦ୍ୱାରା ଅନ୍ୟ ସହିତ ମୋର comparison (ତୁଳନା) ଆସିପାରେ । ତାପରେ ନଫର ଥିଲା, ସେ ସବୁ ସମୟରେ କିଶୋରୀ ଓ ଅନନ୍ତର ଭୁଲ ଧରୁଥିଲା । ଭୁଲ ଧରିଲେ ବି କଥା କହୁଥିଲା ସେମାନଙ୍କ ପକ୍ଷରେହିଁ । ସେମାନେ ବି କହୁଥିଲେ, କଣ କରିବି ଭାଇ, ମୋର ଅହଂକାର ତ ଯାଇନି । ଅହଂକାର ରହିଛି-ସେଇଟା ଲଗାଇବାକୁ ଚେଷ୍ଟା କରେ in favour of Thakur (ଠାକୁରଙ୍କ ଲାଗି) । କିଶୋରୀ ଥରେ କୀର୍ତ୍ତନ କରୁ କରୁ ଭାବରେ ଆତ୍ମହରା ହୋଇ ବିଶ୍ୱେଶ୍ୱରଙ୍କ ମୂର୍ତ୍ତି ଉପରେ ଉଠିଥିଲା । ଶେଷରେ ଆସିବା ସମୟରେ ହାତଯୋଡ କରି କ୍ଷମା ମାଗି ଆସେ । Impulse (ପ୍ରେରଣା) ସେଇ love (ଭଲପାଇବା) untottering adherence (ଅସ୍ଖଳିତ ନିଷ୍ଠା) ତାର ଥିଲା ମୋ ଉପରେ । ଅନେକେ ପୁଣି impulse (ପ୍ରେରଣା) ଦେଲେ ବି ପାଆନ୍ତି ନାହିଁ । ଯେଭଳି lead (ସୀସା) ମଧ୍ୟ ଦେଇ ଏକ୍ସ-ରେ pass (ପ୍ରବେଶ) କରେ ନା । ପଞ୍ଚାନନ ତର୍କରତ୍ନ ଥିଲେ ବିରାଟ ପଣ୍ଡିତ । ତାଙ୍କ ସଙ୍ଗେ ଅନନ୍ତ କେତୋଟି କଥା ହେଲା । ଶେଷରେ ସେ ଏପରି moved (ଅଭିଭୂତ) ହେଲେ ଯେ ଅନନ୍ତକୁ ଖୁବ ଭଲ ତ କହିଗଲେ ହିଁ ତାଙ୍କର ଅନେକଗୁଡିଏ ବହି ମଧ୍ୟ ଦେଇଗଲେ ।

ଅନନ୍ତର ସ୍ୱଭାବ ଏପରି ଥିଲା ଯେ ସେ ତାର ବକ୍ତବ୍ୟ କାହା ଉପରେ ଚପାଉ ନ ଥିଲା । କଥା କହୁ କହୁ ଏମିତି ଗୋଟାଏ pose(ଭଙ୍ଗୀ) ନେଇ ବସୁଥିଲା, ଯେମିତି ସେ ପ୍ରଶ୍ନ କରୁଛି । ଯାହାଙ୍କୁ ପ୍ରଶ୍ନ କରୁଥିଲା ସେ ସେତେବେଳେ ଉତ୍ତର ଦେଇ ଅନନ୍ତ ଯାହା କହିଥିଲା, ତାହାହିଁ କହୁଥିଲେ ।

କିଶୋରୀର ଅହଂକାର ଥିଲା, କିନ୍ତୁ ଅନ୍ୟ ରକମର । ଇଷ୍ଟାର୍ଥେ ଯେତେବେଳେ ଲାଗୁଥିଲା, ସେତେବେଳେ କରୁଥିଲା । ତା ମଧ୍ୟ ଖୁବ tactfuly in the affair of his love (କୌଶଳର ସହିତ ତାର ପ୍ରିୟତମଙ୍କ ବିଷୟରେ) । ନଫରକୁ କହୁଥିଲା- ମୋର ଅହଂକାର ଦେଇ ତାଙ୍କର ସେବା କରିବି । ଶଳା ଅହଂକାର ସଙ୍ଗେ ଆଉ ପାରି ହେଉନି । ଦେଖେ ପାରେ କିନା । ମୋ ପାଖରେ ଚବିଶ ଘଣ୍ଟା ଭିତରେ ଆଠ ଘଣ୍ଟା ବୋଧହୁଏ ରହୁ ନ ଥିଲା । ବାକି ସବୁ ସମୟରେ ରହୁଥିଲା । ବଡ଼ପୁଅକୁ 'ବାବା' ବୋଲି ଡାକୁଥିଲା, ମଣି (ଛୋଟଦା)କୁ ବି 'ବାବା' କହୁଥିଲା । ଖୁବ ଆଦର-ଯତ୍ନ କରୁଥିଲା । ନଫର ବି ସେବାଯତ୍ନ ଖୁବ କରିଛି । ଅନେକ ଟଙ୍କା ଜମାଇ ରଖିଥିଲା, ତା କେହି ଜାଣି ନ ଥିଲେ । ଯିବା ଆଗରୁ ସେସବୁ ବଡ଼ବୌକୁ ଦେଇଗଲା । କହିଲା –'ମୋର ଏ ଟଙ୍କା, ଆପଣଙ୍କର, ଅଳ୍ପ ଅଳ୍ପ

କରି ମୁଁ ଏହା ସଞ୍ଚୟ କରିଛି । ମୁଁ ଯଦି ହଠାତ୍ ମରିଯାଏ, ତାହେଲେ ଅନ୍ୟ ହାତରେ ପଡିଯିବ । ତେଣୁ ଆପଣଙ୍କ ହାତରେ ଦେଇଗଲି ।'

ଆଉ କିଶୋରୀ ଥିଲା ଭୀଷଣ ଶଇତାନ, କିନ୍ତୁ ବଦମାସୀ କରୁ ନ ଥିଲା । Pros quarter (ବେଶ୍ୟାଳୟ) ଯେଉଁମାନେ ଯାଉଥିଲେ, ସେମାନଙ୍କୁ ବି ଫେରାଇ ଆଣୁଥିଲା । ସେମାନଙ୍କ ଗ୍ରାମରେ ଗୀତବୋଲା ଦଳ ଥିଲା, କୀର୍ତ୍ତନ ହେଉଥିଲା । ସବୁ କଥା ଶୁଣୁଥିଲା ଓ ହୁଁ ହୁଁ କରୁଥିଲା । ସବୁକିଛି ମଧ୍ୟରେ ଯେପରି loss (ଲୋକସାନ) ନ ହୁଏ, profit (ଲାଭ) ହୁଏ, ଏହିପରି ସେ କରୁଥିଲା । ପାବନା ହସପିଟାଲରେ କମ୍ପାଉଣ୍ଡର ଥିଲା । ଖୁବ ନାମଡାକ ଥିଲା । ମୋ ପାଖରୁ ଯାହା ଶୁଣୁଥିଲା ସେଇଭାବେ କାମ କରୁଥିଲା । ପଇସା ବି ପାଉଥିଲା ଖୁବ୍ । ଜଣେ ଲୋକ lame-like (ଛୋଟା ଭଳି) ଛୋଟେଇ ଛୋଟେଇ ଚାଲେ । କିଶୋରୀ ପାଖକୁ ଆସିବାରୁ କିଶୋରୀ ତାକୁ ପରୀକ୍ଷା କରି ଦେଖିଲା, ତାର କୌଣସି organic defect (ଅଙ୍ଗ-ବୈକଲ୍ୟ) ନାହିଁ । ଆଗେ ତାର ପାଦରେ ବ୍ୟଥା ହୋଇଥିଲା । ତା ପରଠାରୁ ଗୋଟାଏ obsession (ଅଭିଭୂତି) ହୋଇଛି ଯେ ବୋଧହୁଏ ପାଦ ଭଲଭାବରେ ସିଧା କରି ଆଉ ଚାଲି ପାରିବନି । ତାକୁ କିଶୋରୀ କହିଲା-ମୁଁ ତତେ ଗୋଟାଏ ଔଷଧ ଦେବି, ୫ ମିନିଟ ଭିତରେ action (କ୍ରିୟା) ହେବ । କିନ୍ତୁ ମୁଁ ଯା କହିବି ତା ନ କଲେ action (କ୍ରିୟା) ହେବ ନାହିଁ । ମୁଁ ଦୌଡିଲେ, ତୁ ବି ମୋ ପଛେ ପଛେ ଦୌଡିବୁ । ଏହା କହି ତାକୁ କଣ ଟିକେ ଜଳ ଖୁଆଇଦେଲା । ତାପରେ ହଠାତ୍ ମାରିଲା ଦୌଡ । ଆଗେ ତାକୁ ଏପରି ବିଶ୍ୱାସ କରାଇଛି ଯେ ଦୌଡିବାକୁ ହିଁ ହେବ । ଏବେ କିଶୋରୀ ଦୌଡିବା କ୍ଷଣି ଲୋକଟା ତା ପଛେ ପଛେ ଧାଇଁଲା । ପ୍ରଥମେ ଟିକିଏ ଛୋଟେଇ ଛୋଟେଇ ଧାଇଁଲା, ତାପରେ ଏକାବେଳକେ ଭଲ ମଣିଷ ପରି ଦୌଡିବାକୁ ଲାଗିଲା । ସେଭାବେ ତାର ଗୋଡ ଏକାବେଳକେ ଭଲ ହୋଇଗଲା । କେହି ଜଣେ ଅନ୍ଧ ହୁଏତ ଆସିଛି । ତାକୁ ମୁଣ୍ଡରେ ହାତ ଦେଇ ଅଳ୍ପ ଅଳ୍ପ ଠୁକେଇ (କରି ଦେଖେଇଲେ) ଦେଉଥିଲା ଓ ନାମ କରୁଥିଲା । କହୁଥିଲା- ଏଇ ଦେଖ ତ ଦେଖାଯାଉଛି କିନା ? ସେ ହୁଏତ କହୁଥିଲା- ହଁ ବାବୁ, ଅଳ୍ପ ଅଳ୍ପ ଦେଖାଯାଉଛି । ପୁଣି କହୁଥିଲା - ଦେଖ୍ ତ ସେଟା କଣ ? ଏହିଭଳି କରୁଥିଲା । ଆଗେହିଁ ଦେଖି ନେଉଥିଲା କୌଣସି ପ୍ରକାର organic defect (ଅଙ୍ଗ-ବୈକଲ୍ୟ) ଅଛି କି ନା ? ତା ଯଦି ନ ଥାଏ, ସେତେବେଳେ ଅନେକ ରୋଗ ଏଇଭଳି ଭଲ କରୁଥିଲା । ଲୋକେ କହୁଥିଲେ - ବାବା, ଏଭଳି ଡାକ୍ତର ତ ଦେଖିନି ।

ମଣିଷଦାର ହେବା ଭଲ, ଜମିଦାର ହେବା ଭଲ ନୁହେଁ । ଜମିଦାର ହେଲା ଜମିବାଲା, ଜମିର ମାଲିକ । ଆଉ ମଣିଷର ମାଲିକ ହେଲା ମଣିଷଦାର । ଯେତେ ମଣିଷଦାର ହେବ ମଣିଷ ଭାବିବ, ମୁଁ ଏତେ ଜଣ । ଜମିଦାର ଭାବେ ମୋର ଏତେ ଜମି ଅଛି । କିନ୍ତୁ ସବୁଗୁଡିକ inanimate (ଅଚେତନ), ଟଙ୍କା ଖାଇ ବି ପେଟ ଭରେନା, ଜମି ଖାଇ ବି ପେଟ ଭରେନା । ମଣିଷର ମଣିଷ କରେ ।" (ଦୀପରକ୍ଷୀ ୧ମ ଖଣ୍ଡ)

ପ୍ରକୃତ ଭକ୍ତ- ୧୯୫୬ ମସିହା ବିଷୁବ ସଂକ୍ରାନ୍ତି । ଖରା ପ୍ରଚଣ୍ଡ ହେଲାଣି । ଦେଓଘର ଆଶ୍ରମ ପରିସରରେ ଉତ୍ସବ ନିମିତ୍ତ ବହୁଜନ ସମାଗମ । ଏହି ସମୟର ଗୋଟିଏ ଘଟଣା

ଉଲ୍ଲେଖ କରି ଶ୍ରୀଶ୍ରୀଠାକୁର କହିଲେ - ଗୋଟିଏ ପରିବାର ଏଇ ବଡାଲ-ବାଂଲୋ ପାଖ ଗୋଟିଏ ଗଛ ତଳେ ପଡିରହିଛନ୍ତି। ବଡାଲ-ବାଂଲୋରେ ରହୁଥିବା ଜଣେ ମା' ସେମାନଙ୍କ ପାଖକୁ ଯାଇ କହିଲା, 'ଆହା ଏଇ ଟାଣ ଖରାରେ ଛୁଆପିଲା ଧରି କେତେ କଷ୍ଟ କରି ପଡିରହିଛ ? ଋତ୍ୱିକମାନେ ଏମାନଙ୍କୁ ନେଇ ଆସିଛନ୍ତି, ମାନେ ଠାକୁର ନେଇ ଆସିଛନ୍ତି କିନ୍ତୁ ରହିବାର କିଛି ବ୍ୟବସ୍ଥା ନାହିଁ। ଆହା, ରହିବାକୁ ନାହିଁ, ଖାଇବାକୁ ନାହିଁ ଅଥଚ କେତେ ପଇସା ଖର୍ଚ୍ଚ କରି ତମେମାନେ ଆସିଛ ?' ଏକଥା ଶୁଣି ପରିବାର ଭିତରୁ ଜଣେ କହିଲା, 'ଏମିତି କଣ କହୁଚ ମା' ? ଖାଇବାକୁ ପାଉନାହୁଁ ବୋଲି କିଏ କହୁଛି ? ଖୁବ ଖାଇବାକୁ ମିଳୁଛି। ଆଉ ଏଠାରେ କଷ୍ଟ ହେଉଛି ବୋଲି କ'ଣ କହୁଛନ୍ତି ? ଭିଡ ଯୋଗୁଁ ଶ୍ରୀଶ୍ରୀଠାକୁରଙ୍କ ପାଖକୁ ହୁଏତ ଯାଇ ପାରି ନାହୁଁ କିନ୍ତୁ ତାଙ୍କୁ ତ ଦେଖି ପାରୁଛୁ। ଏଇଥିରେହିଁ ତୃପ୍ତି। ଶ୍ରୀଶ୍ରୀଠାକୁରଙ୍କ ଚରଣକୁ ଆସିଛୁ, ଟିକିଏ ବି କଷ୍ଟ ନାହିଁ।'

ଏଇ ଘଟଣା ଉଲ୍ଲେଖ କରି ଶ୍ରୀଶ୍ରୀଠାକୁର କହିଲେ, "ସେ ଯେଉଁ ଉତ୍ତର ଦେଲା ସତେ ଯେପରି ମତେ ମେଡଲ ଦେଇଗଲା। ବଡ଼ାଲ-ବାଂଲୋରେ ରହୁଥିବା ଯେଉଁ ମା' ଠାରୁ ଶ୍ରୀଶ୍ରୀଠାକୁର ଏ ଘଟଣା ଶୁଣିଥିଲେ ତାକୁ ଲକ୍ଷ୍ୟ କରି କହିଲେ, ସେମାନେ ଯାହା କହିଲେ, ବୁଝିଲ କି ନାହିଁ ? ତୁମକୁ ଜୋତା ମାରିବା ପରି ହେଲା। ବଡ଼ାଲ-ବାଂଲୋର ପକ୍କା ଘରେ ରୁହ, ଆଉ ଆଲାଉନ୍ସ ଖାଅ। ତୁମେ ଟେର ପାଅନା ସୁଖ କେଉଁଥିରେ ଆଉ କଷ୍ଟ କେଉଁଥିରେ। ଟଙ୍କାହିଁ ତୁମର ସୁଖ। କିନ୍ତୁ ସେମାନଙ୍କର ସୁଖ ମୁଁ। ତେଣୁ ମୁଁ ଭାବେ ଯେ ମୋର ଋତ୍ୱିକମାନେ ପାଜି ହୁଅନ୍ତୁ ବା ଯାହା ବି କରନ୍ତୁ, ଏଇ ଲୋକଗୁଡିକୁ ତ ମୋ ପାଖକୁ ନେଇ ଆସିଛନ୍ତି। ଏଇଥିରେ ମୁଁ ଖୁସି।" (ମହାମାନବର ସାଗରତୀରେ ୧ମ ଖଣ୍ଡ)

ଆଦର୍ଶ କର୍ମୀ- ଦେଓଘର ଆଶ୍ରମରେ କର୍ମୀମାନେ କିପରି ହେବେ ଏହି ଆଲୋଚନାରେ ଶ୍ରୀଶ୍ରୀଠାକୁର କହିଲେ -ଯଦି କର୍ମୀ ହେବାକୁ ଚାହଁ, ତା'ହେଲେ ନିଜ ପ୍ରତି ତୁମକୁ କଠୋର ହେବାକୁ ହେବ। ମନେକର ତୁମେ ଖୁବ୍ କଷ୍ଟରେ ବା ଅସୁବିଧାରେ ଅଛ, ଅଥଚ ତୁମର ଜଣେ ସହକର୍ମୀ ପଚିଶ ଟଙ୍କା ଭଡ଼ାଦେଇ ଟ୍ୟାକ୍ସି କରି ଅତର ଆଦି ଲଗାଇ ତୁମ ସାମ୍ନାରେ ବୁଲାବୁଲି କରୁଛି। ଏଥିରେ ତୁମ ମନରେ ଯେପରି ଟିକିଏ ହେଲେବି କ୍ଷୋଭ ନ ଆସେ । ହୁଏତ ତୁମର କେଉଁ ସ୍ଥାନକୁ ଯିବାକୁ ଅଛି, ଚାଲି ଚାଲି ଯିବାର ବ୍ୟବସ୍ଥା କରିବ। ତୁମେ ଭୋକ ଉପାସରେ ଅଛ। ଅଥଚ ତୁମ ସାମନାରେ ଆଉ ଜଣେ ରାଜସିକ ଖାଦ୍ୟ ବେଶ୍ ଆରାମରେ ଖାଉଛି। ଏହା ଦେଖି ତୁମେ ଟିକିଏ ହେଲେ ବି ଦୁଃଖିତ ହେବ ନାହିଁ, ବରଂ ଖୁସି ହେବ। ଅନ୍ୟ କେହି ଅଭୁକ୍ତ ଥିଲେ, ତା' ପାଇଁ ବରଂ ମାଗିପାର। କହିପାର - ଯଦି ତୁମର କିଛି ଅସୁବିଧା ନ ଥାଏ ତେବେ (ଅମୁକ ପାଇଁ) ଦୁଇଟା ପୁରି ଦିଅ। ନିଜ ପାଇଁ ମାଗିବାକୁ ଯାଅ ନାହିଁ, ଅନ୍ୟ କେଉଁଠାରୁ କିଛି ବ୍ୟବସ୍ଥା କରିନିଅ। ମନେକର, ଚୁନୀ ଓ ତୁମେ କଲିକତା ଯାଇଛ। ଚୁନୀ ଦୁଗ୍ଧଫେନନିଭ ଶଯ୍ୟାରେ ଶୋଇଛି। ତୁମେ ହୁଏତ ଛିଣ୍ଡାକନ୍ଥା ଗୋଟାଏ କୌଣସିମତେ ଜୋଗାଡ କରିଛ, ସେତିକିରେ ସନ୍ତୁଷ୍ଟ ହୁଅ। ଅବଶ୍ୟ ସବୁବେଳେ ଲକ୍ଷ୍ୟ ରଖିବା ଉଚିତ ଯେ ଯାହା ବି କରନା କାହିଁକି ସ୍ୱାସ୍ଥ୍ୟକୁ ଅକ୍ଷୁଣ୍ଣ ରଖିବାକୁ ହେବ। ସବୁଠାରୁ କମ୍ ଖର୍ଚ୍ଚରେ ତୁମେ ଏ ପ୍ରକାର ବ୍ୟବସ୍ଥା କରିନେବ ଯେମିତି ଅସୁସ୍ଥ ହୋଇ ନ ପଡ। ମୁଁ ଗୋଟିଏ ସମୟରେ ମାତ୍ର ତିନି ପଇସାରେ

ମୋର ଦୈନିକ ଆହାର ସମାପନ କରୁଥିଲି, ସେଥିରେ ଶୁଖିଲା ନଡ଼ିଆ, ଚମ୍ପା କଦଳୀ ଖାଇ ରହିଯାଉଥିଲି। କେବେକେବେ ସେଇ ପଇସାରେ ମୁଢ଼ି କିଣି ନେଉଥିଲି। କୌଣସି ପ୍ରକାରେ ବଞ୍ଚି ରହୁଥିଲି। ଏହିପରି ତୁମେମାନେ ଯଦି ସବୁ ଅବସ୍ଥାରେ ଖୁସି ରହିବ ତେବେ ନିଜର ଦୁଃଖ ଦାରିଦ୍ର୍ୟ ଭିତରେ ଅନ୍ୟର ଐଶ୍ୱର୍ଯ୍ୟ ଏବଂ ଉପଭୋଗ ପ୍ରତି ଈର୍ଷାନ୍ୱିତ ନ ହୋଇ ବରଂ ଖୁସି ରହିବ, ଆଉ ସେତେବେଳେ ଲକ୍ଷ୍ମୀ ତୁମ ଉପରେ ପ୍ରସନ୍ନ ହୋଇ ତୁମକୁ ଭରପୂର କରିଦେବେ। ସେ ଦେଖିବେ, ଯା ସାଙ୍ଗରେ ପାରିବା କଷ୍ଟକର, କେଉଁଥିରେ ବି ସେ ଦୁଃଖ ପାଉ ନାହିଁ, ସବୁ ଅବସ୍ଥା ପାଇଁ ରାଜି ରହୁଛି। ତାଛଡା ଅନ୍ୟ ପ୍ରତି ତାହାର ଆତ୍ମବୋଧ, ଶୁଭେଚ୍ଛା ଏବଂ ସଂପ୍ରୀତିର ଅନ୍ତ ନାହିଁ। ଯାକୁ ଅଯଥା କଷ୍ଟ ଦେଇ ଲାଭ ବା କ'ଣ ? ସୁଖ-ଐଶ୍ୱର୍ଯ୍ୟ ଏହାର ପ୍ରାପ୍ୟ, ସେ ଏହାର ଯୋଗ୍ୟ ବ୍ୟକ୍ତି। ତୁମେ ତାଙ୍କ ଦୟାରୁ ଯାହା ପାଇବ ତାକୁ ଆଉ ଦଶଜଣଙ୍କୁ ଦେବ। ଅଭାବୀ ଲୋକମାନଙ୍କ ମଧ୍ୟରେ ବଣ୍ଟନ କରିବ - ତରଭୁଜ, ଲିଚୁ, ଟଙ୍କାପଇସା, ଖାଦ୍ୟ, ବସ୍ତ୍ର, କେତେ କ'ଣ ଆସି ଜୁଟିଯିବ। ସବୁ ଦେଇ ଦେଉଥିବ। ସେଥିରେ ତୁମର ପ୍ରାପ୍ତିର ପଥ ଆହୁରି ପ୍ରଶସ୍ତ ହେବ। ଲକ୍ଷ୍ମୀ କହିବେ - ଇଏତ ମତେ ପାଗଳ କରିଦେଲା, ଏହାର ସଦ୍‌ଗୁଣର ଶେଷ ନାହିଁ। ତାକୁ ଯେତେ ଦେଲେ ବି ମନ ବୁଝୁନାହିଁ। (ଆଲୋଚନା-ପ୍ରସଙ୍ଗେ ୨୦ଶ-ଖଣ୍ଡ, ୧୩.୫.୧୯୫୧)

ଭାରତର ଭବିଷ୍ୟତ– ପ୍ରାତଃକାଳରେ ଶ୍ରୀଶ୍ରୀଠାକୁର ବଡ଼ାଲ-ବଂଗଳାର ବାରଣ୍ଡାରେ ବସିଛନ୍ତି। କେଷ୍ଟଦା, ସୁଶୀଲଦା ଆଦି ଅନେକ ଭକ୍ତ ବସିଛନ୍ତି, କଥାବାର୍ତ୍ତା ଚାଲିଛି। ଭୋଳାନାଥ ସରକାରଦା ଆସି ପହଂଚିଲେ, ଟିକିଏ ଅସୁସ୍ଥ ଅଛନ୍ତି, ତାଙ୍କ ସହ ସାମାନ୍ୟ ଆଳାପ ଆଲୋଚନା କଲେ ଶ୍ରୀଶ୍ରୀଠାକୁର। ତା'ପରେ କହିଲେ - କାଲି ଅପରାହ୍ଣରେ ସ୍ୱପ୍ନ ଦେଖିଲି - ଗୋଟିଏ ବଡ଼ ଘର, ସେଠାରେ ଆମ୍ବ ବଗିଚା ଅଛି, ଦୂରରେ ବହୁଲୋକ। ଜଣେ କିଏ ଗୀତଗାଉଛି। ଏହି ସମୟରେ ଜଣେ ଲୋକ ଆସିଲେ। ଏପରି ବ୍ୟକ୍ତି ସିଏ ଯିଏକି ଏକାକୀ ଭାରତର ଭାଗ୍ୟ ପରିବର୍ତ୍ତନ କରିଦେଇପାରେ। ମୁଁ ସେକ୍ଷଣି ତାକୁ ସବୁ କଥା କହିଲି ଏବଂ ପାଦ ଛୁଇଁ ପ୍ରତିଜ୍ଞା କରିବାକୁ କହିଲି ଯେ ସେ ଯେପରି ଆର୍ଯ୍ୟ-ଧର୍ମ ଓ ଆର୍ଯ୍ୟକୃଷ୍ଟିର ଗୌରବମୟ ପ୍ରତିଷ୍ଠା ପାଇଁ ଯାହା ଯାହା କରିବା କଥା କରେ। ସିଏ ବି ସେଇଭାବେ କରିଲେ। ତା'ର ଯେଭଳି ଅଦମ୍ୟ ସାହସ, ସେଭଳି ଆତ୍ମ-ପ୍ରତ୍ୟୟ ଓ ସେଭଳି ଭକ୍ତି। ସଂକଳ୍ପ ଗ୍ରହଣ ସମୟରେ ସାମାନ୍ୟ ଛୋଟ କେଇଟା କଥାବାର୍ତ୍ତା ମଧ୍ୟରେ ସବୁଟା ପରିଷ୍କାର ହୋଇଗଲା। ନିଦରୁ ଉଠି ଭାବିଲି, ହାୟରେ ଦୂରଦୃଷ୍ଟ। ସେ କ'ଣ ମୋ ଭାଗ୍ୟରେ ଅଛି ?

ଭକ୍ତ ଶୈଲେନଦାଙ୍କ ପ୍ରଶ୍ନ ଥିଲା ଯେ ଲୋକଟିର ବୟସ କେତେ ?

ତା'ର ଉତ୍ତରରେ କହିଲେ - ଭୋଳାନାଥଦାଙ୍କ ବୟସ। ମୁହଁରେ ଅଳ୍ପ ଅଳ୍ପ ଦାଢ଼ି। ମୋ' ପରି ଶରୀରର ରଙ୍ଗ - ଟିକିଏ କଳା। ଶରୀରରେ ଗୋଟିଏ ସିଲ୍କ କୋଟ୍। ଦେଖିଲେ ମନେହୁଏ, ଏମିତି କିଛି ଅସମ୍ଭବ ବ୍ୟକ୍ତିତ୍ୱ ! (ଆଲୋଚନା ପ୍ରସଂଗେ, ୧୨ଶ ଖଣ୍ଡ, ୪-୭-୧୯୪୮)

— ୦ —

Message & Handwritings of
Sri Sri Thakur Anukulchandra

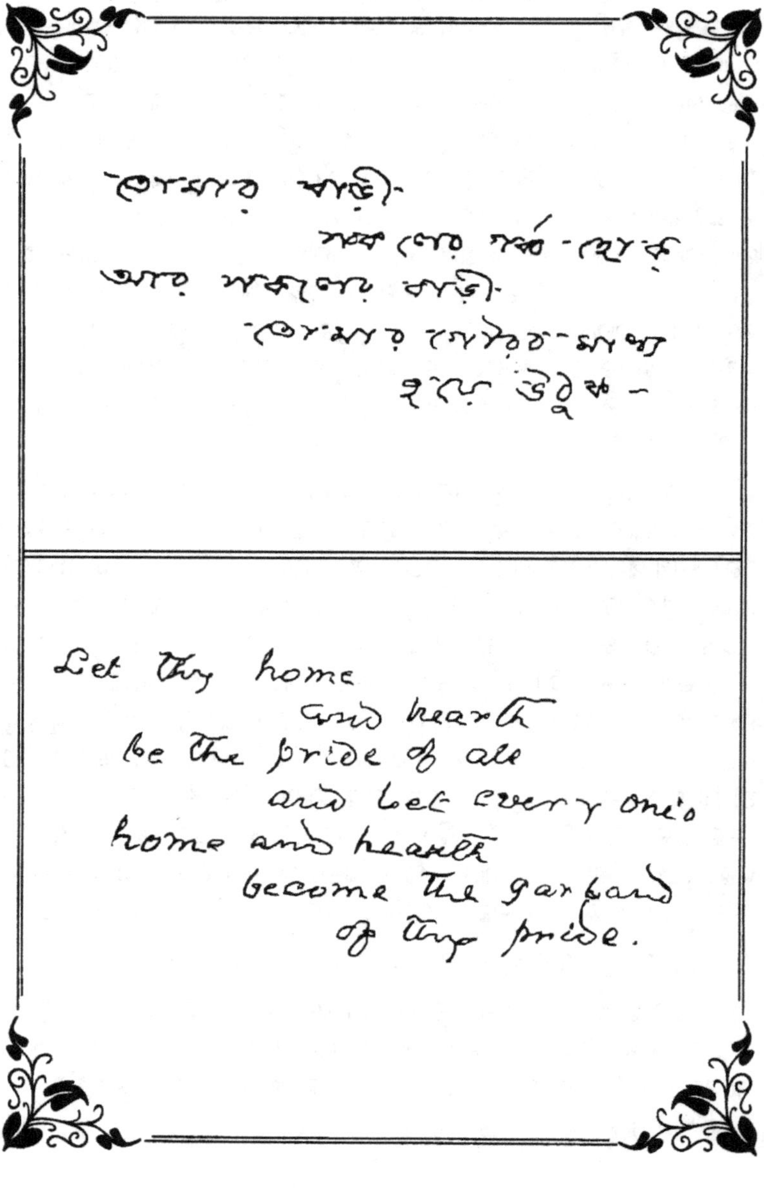

তোমার বাড়ী-
              সবা'কার সর্ব-প্রিয়
আর সকলের বাড়ী-
              তোমার গৌরবের-মাল্য
হয়ে উঠুক-

Let thy home
           and hearth
be the pride of all
           and let every one's
home and hearth
           become the garland
                of thy pride.

ଚତୁର୍ଥ ପରିଚ୍ଛେଦ

ଶ୍ରୀଶ୍ରୀଠାକୁରଙ୍କ ବିଶିଷ୍ଟ ସହାୟକବୃନ୍ଦ- ଅନନ୍ତନାଥ, କିଶୋରୀମୋହନ, ନଫରଚନ୍ଦ୍ର, ସତୀଶଚନ୍ଦ୍ର, ସୁଶୀଲଚନ୍ଦ୍ର, କୃଷ୍ଣପ୍ରସନ୍ନ, ପ୍ରଫୁଲ୍ଲକୁମାର, ପ୍ୟାରୀମୋହନ।

ଅନନ୍ତନାଥ ରାୟ- ଶ୍ରୀଶ୍ରୀଠାକୁରଙ୍କଠାରୁ ସେ ବୟସରେ ଦୁଇବର୍ଷ ବଡ଼ ଓ ବାଲ୍ୟବନ୍ଧୁ ଥିଲେ । ଶ୍ରୀଶ୍ରୀଠାକୁର ହିମାୟିତପୁରରେ ଡାକ୍ତରଖାନା ଖୋଲିବା ପରେ ଅନନ୍ତନାଥ କଲିକତାରୁ କମ୍ପାଉଣ୍ଡର ଚାକିରି ଛାଡ଼ି ଗାଁ କାଶିପୁରକୁ ଚାଲିଆସିଲେ। ଡାକ୍ତରଖାନାର ଦାୟିତ୍ୱ ନେଲେ। ସେ ଭାବୁଥିଲେ ଯେ କୀର୍ତ୍ତନ କରିବା ଭଲ, କିନ୍ତୁ କୀର୍ତ୍ତନ କରିବା ଦ୍ୱାରା କ'ଣ ଈଶ୍ୱରପ୍ରାପ୍ତି ସମ୍ଭବ ? ସେଥିପାଇଁ ତ ସାଧନା କରିବାକୁ ପଡ଼ିବ। ଏ ଭିତରେ ସେ ସ୍ତ୍ରୀ ଓ ଶିଶୁପୁତ୍ର ହରାଇଲେ। ପାବନା ଜିଲ୍ଲା ଅନ୍ତର୍ଗତ ରାୟପୁର ଗୟେସପୁରର ରାଧାରମଣ ଗୋସ୍ୱାମୀଙ୍କ ଠାରୁ ଦୀକ୍ଷା ଗ୍ରହଣ କରି, ସାଧନା ଆରମ୍ଭ କଲେ। ବାଲ୍ୟବନ୍ଧୁ ଅନୁକୂଳଚନ୍ଦ୍ର ଯେ ଗୁରୁପଦବାଚ୍ୟ ଏହା ତାଙ୍କ ମନକୁ କେବେ ଛୁଇଁ ନଥିଲା। ସେ ସାଧନା ପାଇଁ ତାଙ୍କ ଘରଠାରୁ ଦୂର ପଡ଼ିଆରେ ଦୁଇ ବଖରା କାନ୍‌ଭାସ୍ ଛାଉଣି ତିଆରି କଲେ। ଘର ଅପେକ୍ଷା ବେଶି ସମୟ ସେଇଠି ବିତାଇଲେ। ଆହାର କମାଇଦେଲେ। ବେଳେବେଳେ ଶ୍ରୀଶ୍ରୀଠାକୁର ଏସବୁ ସାଧନା କେଉଁ ଉଦ୍ଦେଶ୍ୟରେ ବୋଲି ପଚାରିଲେ, ସେ ହସି ଦେଉଥିଲେ। ଧୀରେ ଧୀରେ ସାଧନା ବଢ଼ିଲା, ଖାଦ୍ୟ ଅଳ୍ପ ଜଳରେ ସୀମିତ ହେଲା, ଦେହ ହେଲା କଙ୍କାଳସାର, ପିମ୍ପୁଡି ଧାର ଲାଗିଲେ, ଛାଉଣୀରେ ଉଇହୁଙ୍କା। ଶ୍ରୀଶ୍ରୀଠାକୁରଙ୍କ ପାଖକୁ ଖବର ଗଲା। ସେ ମୃତବତ୍ ଅନନ୍ତନାଥଙ୍କୁ ପଚାରିଲେ- କ'ଣ ପାଇଁ ଏସବୁ କରୁଛ ? ଅନନ୍ତନାଥ କହିଲେ- ଜ୍ୟୋତିଦର୍ଶନ ଓ ନାଦଶ୍ରବଣ କଲିଣି, କିନ୍ତୁ ସିଦ୍ଧି ଲାଭ କରିପାରୁ ନାହିଁ। ଏମିତି ଧ୍ୟାନାସନରେ ବସିରହେ, ଯାହା ହେବ।

ଶ୍ରୀଶ୍ରୀଠାକୁର ସେ ଛାଉଣୀରେ ଯାହା କିଛି ଆସବାବପତ୍ର ଥିଲା, ତାକୁ ଫୋପାଡ଼ିଦେଲେ, କହିଲେ ଚାଲ ଚାଲ, ଘରେ ରୁହ ସିଦ୍ଧି ହେବ। ନିତିଦିନର ଆବଶ୍ୟକ ପରିଚର୍ଯ୍ୟାରେ ଅନନ୍ତନାଥ ପୁଣି ସୁସ୍ଥ ହୋଇଉଠିଲେ। ଦେହ ଠିକ୍ ହେଲା ସିନା, ମନ କିନ୍ତୁ ବିଷାଦଗ୍ରସ୍ତ। ସେ ଭାବିଲେ ଯେ ଏଇ ତାଙ୍କ ଦେହ ବୋଧହୁଏ ବ୍ରହ୍ମପ୍ରାପ୍ତି ପାଇଁ ଉପଯୁକ୍ତ ହେଉନାହିଁ, ତେଣୁ ଜବରଦସ୍ତି ଏ ଦେହ ଛାଡ଼ିଦେଲେ ମନର କ୍ଷୋଭ ମେଣ୍ଟିବ। ସେ ରାତି ଭୀଷଣ ବର୍ଷଣମୁଖର, ନିଶାର୍ଦ୍ଧ। ଗୋଟିଏ ଗାମୁଛାକୁ ଦଉଡିକରି କଡ଼ିରେ ବାନ୍ଧି ନିଜ ଗଳାରେ ଫାଶ ପକାଇଝୁଲି ପଡ଼ିବାର ଶେଷ ପ୍ରସ୍ତୁତି। ହଠାତ୍ କବାଟରେ କରାଘାତ ହେଲା, କିଏ ଡାକୁଚି ଏତେ ରାତିରେ ? କବାଟ ନ ଖୋଲିବାରୁ କବାଟ ଭାଙ୍ଗିଲା, ଅନନ୍ତନାଥ ଦେଖନ୍ତି ତ ବର୍ଷାଭିଜା ଠାକୁର, ଆକଟ କରି କହିଲେ - 'ଶାଳା, ଏ କ'ଣ କରୁଛୁ ? ଈଶ୍ୱର ଯେ ତୋର ପଛେ ପଛେ ବୁଲୁଛନ୍ତି !'

ଅନନ୍ତନାଥ ଅବାକ୍। ସେ ଆତ୍ମହତ୍ୟା କରୁଛନ୍ତି ବୋଲି ଶ୍ରୀଶ୍ରୀଠାକୁର ଜାଣିଲେ କେମିତି ? ଆତ୍ମହତ୍ୟା ଚେଷ୍ଟାରୁ ନିବୃତ୍ତ ହୋଇ କହିଲେ - ମତେ ତମେ ଚଳାଇନିଅ। ଶ୍ରୀଶ୍ରୀଠାକୁରଙ୍କୁ ଚାଳକରୂପେ ଗ୍ରହଣ କଲେ। ବର୍ତ୍ତମାନ ତାଙ୍କର କାମହେଲା, ରୋଗୀ ସେବା ଓ କୀର୍ତ୍ତନ। ସେ ଠାକୁରଙ୍କ ଡାକ୍ତରଖାନାରେ ଡାକ୍ତର, ସାଇକେଲ୍‌ରେ ନ ଯାଇ ଘୋଡ଼ାରେ ବସି ରୋଗୀ ଦେଖିବାକୁ ଯାଆନ୍ତି, ଶ୍ରୀଶ୍ରୀଠାକୁର ଶ୍ରଦ୍ଧାରେ ଡାକନ୍ତି -ଅନନ୍ତ ମହାରାଜ। ମାତା ମନମୋହିନୀ ଦେବୀଙ୍କ ପରେ ଦୀକ୍ଷାଦେବାର ଅଧିକାର କେବଳ ତାଙ୍କୁହିଁ ଦିଆଯାଇଥିଲା।

୧୯୩୪ ମସିହାରେ ଗଙ୍ଗାସ୍ନାନ ଅର୍ଦ୍ଧୋଦୟ ଯୋଗ ପଡ଼ିଲା। ଯିବାକୁ ଅନନ୍ତନାଥ ଶ୍ରୀଶ୍ରୀଠାକୁରଙ୍କ ଅନୁମତି ମାଗିଲେ। ଶ୍ରୀଶ୍ରୀଠାକୁର କହିଲେ - ସେଥିରେ କ'ଣ ହୁଏ ? ଅନୁମତି ଦେବାକୁ ଏଡାଇ ଗଲେ। କିଶୋରୀମୋହନଙ୍କ ସହିତ ଅନନ୍ତନାଥ ପାଖଆଖ ଅଂଚଳରେ ଦୀକ୍ଷା ଓ ନାମ ପ୍ରଚାରରେ ବାହାରିଗଲେ। କାର୍ଯ୍ୟକ୍ରମ ପରେ କିଶୋରୀମୋହନ ଆଶ୍ରମ ଫେରିଆସିଲେ, ଅନନ୍ତନାଥ କିନ୍ତୁ ଚାଲିଲେ କଲିକତା। ଗଙ୍ଗାରେ ସ୍ନାନ କରି ବସନ୍ତରୋଗରେ ଆକ୍ରାନ୍ତ ହୋଇ ଆଶ୍ରମ ଫେରିଲେ। ସେତେବେଳେ ବସନ୍ତ ନିରୋଧକ ଔଷଧ ଆସିନଥିଲା, ତେଣୁ ଏହା ଥିଲା ମାରଣ ରୋଗ। ୪୮ ବର୍ଷ ବୟସରେ ଅନନ୍ତନାଥଙ୍କର ଦେହାବସାନ ଘଟିଲା। ଶେଷ ସମୟରେ ଶ୍ରୀଶ୍ରୀଠାକୁର ତାଙ୍କ ନିକଟରେ ଉପସ୍ଥିତ ଥିଲେ। ମୃତ୍ୟୁବେଳକୁ ଅନନ୍ତନାଥଙ୍କର ଅନ୍ୟମାନଙ୍କ ପ୍ରତି କେବଳ ଗୋଟାଏ ମାତ୍ର ନିର୍ଦ୍ଦେଶ ଥିଲା- "ଠାକୁରଙ୍କ ଇଚ୍ଛା ପୂର୍ଣ୍ଣକର, ଯେତେ ପାର"। ଅନନ୍ତନାଥଙ୍କ ଅନୁପସ୍ଥିତିରେ ଶ୍ରୀଶ୍ରୀଠାକୁର ଅତ୍ୟନ୍ତ ଭାଙ୍ଗିପଡ଼ିଲେ ଓ ମାସାଧିକ କାଳ (ପ୍ରାୟ ଏକ ବର୍ଷ) ଆଶ୍ରମ ବାହାରେ ବିତାଇଲେ। (ପରମ ଉଦ୍ଧାତା ଶ୍ରୀଶ୍ରୀଠାକୁର ଅନୁକୂଳଚନ୍ଦ୍ର)

କିଶୋରୀମୋହନ ଦାସ- ବୟସରେ ଆଠବର୍ଷ ବଡ଼। ସେ ଥିଲେ ଶ୍ରୀଶ୍ରୀଠାକୁରଙ୍କର ଆବାଲ୍ୟ ସହଚର, ଯୌବନରେ କୀର୍ତ୍ତନ-ଅଗ୍ରଣୀ, ପ୍ରୌଢ଼ରେ ପରମ ବାନ୍ଧବ। ଶ୍ରୀଶ୍ରୀଠାକୁର ତାଙ୍କୁ ଉପାଧି ଦେଇଥିଲେ - ଭକ୍ତବୀର, ସେବାଭିକ୍ଷୁ, କର୍ମ-ସନ୍ନ୍ୟାସୀ, ଆଉ ଶ୍ରଦ୍ଧାରେ ଡାକୁଥିଲେ 'ଡାକ୍ତର'। ପାବନା ଡାକ୍ତରଖାନାରେ କମ୍ପାଉଣ୍ଡର ଚାକିରି ଛାଡି ନିଜ ଗ୍ରାମ ପ୍ରତାପପୁରରେ ସେ ହୋମିଓପ୍ୟାଥି ଚିକିତ୍ସା କରୁଥିଲେ। ଡାକ୍ତର ଅନୁକୂଳଚନ୍ଦ୍ର ହିମାୟିତପୁରରେ ଡାକ୍ତରି ଆରମ୍ଭ କରିବାକୁ ଆସି ଜାଣିଲେ ଯେ ବାଲ୍ୟବନ୍ଧୁ କିଶୋରୀମୋହନ ବିପଥଗାମୀ, ମଦ୍ୟପ, ଦୁର୍ଦ୍ଧର୍ଷ ଗୁଣ୍ଡା ଓ ଲମ୍ପଟମାନଙ୍କର ଘନିଷ୍ଠ। କିନ୍ତୁ ତାଙ୍କ କଣ୍ଠସ୍ୱର ଅତି ସୁମଧୁର ଏବଂ କୀର୍ତ୍ତନ ଥିଲା ତାଙ୍କ ଚରିତ୍ରଗତ। ଅନୁକୂଳଚନ୍ଦ୍ରଙ୍କ ସାଧନା ବିଷୟରେ ସେ କିଛି ଜାଣିନଥିଲେ, କିଛି ଅଲୌକିକ ଗୁଣ ମଝିରେ ମଝିରେ ଦେଖୁଥିଲେ ହେଁ, ସେ ଯେ ସିଦ୍ଧସାଧକ ଓ ଗୁରୁପଦବାଚ୍ୟ, ଏପରି ବୋଧ ତାଙ୍କର କେବେ ନଥିଲା।

କୀର୍ତ୍ତନରେ ଯେତେ ଅଧିକ ସମୟ ଜଡ଼ିତ ହେଲେ, କିଶୋରୀମୋହନଙ୍କ ଚରିତ୍ରର ସେତିକି ପୁନରୁଦ୍ଧାର ହେଲା । ସେ ଗୁରୁ ଖୋଜିଲେ । ସେସମୟରେ ଅନ୍ୟତମ ସିଦ୍ଧ ସାଧକ ଠାକୁର ହରନାଥଙ୍କଠାରୁ ଦୀକ୍ଷା ନେବାକୁ ମନସ୍ଥ କରି ତାଙ୍କର ଦ୍ୱାରସ୍ଥ ହେଲେ । ଠାକୁର ହରନାଥ ତାଙ୍କୁ ବୁଝାଇ କହିଲେ ଯେ ସେ ତାଙ୍କର ଗୁରୁ ନୁହନ୍ତି, ଅନୁକୂଳଚନ୍ଦ୍ର ହେଉଛନ୍ତି ତାଙ୍କର ଗୁରୁ, ଆଉ ସେ ଯୁଗ ପୁରୁଷୋତ୍ତମ । କିଶୋରୀମୋହନଙ୍କର ଏସବୁ କଥା ଉପରେ ବିଶ୍ୱାସ ହେଲା ନାହିଁ, ସେ ଭାବିଲେ ଯେ ଦୀକ୍ଷା ପାଇଁ ତାଙ୍କୁ ଅନୁପଯୁକ୍ତ ଭାବି ଠାକୁର ହରନାଥ ଏମିତି ମିଛସତ କହି ତାଙ୍କୁ ବିଦା କରିଦେଲେ । କୀର୍ତ୍ତନ ଭିତରେ ଶ୍ରୀଶ୍ରୀଠାକୁର ଅନୁକୂଳଚନ୍ଦ୍ରଙ୍କର ଭାବସମାଧି ହେଉଥାଏ, ତଥାପି ଅନୁକୂଳଚନ୍ଦ୍ରଙ୍କୁ ଗୁରୁଭାବେ ଗ୍ରହଣ କରିବା ପାଇଁ ମାନସିକ ଅସମ୍ମତି ତାଙ୍କୁ ବିଷାଦଗ୍ରସ୍ତ କଲା । ଦିନେ ଗଭୀର ରାତିରେ ଶ୍ମଶାନରେ ପହଂଚାଇଦେଲା । ସେଠାରେ ସେ ପାଗଳଙ୍କ ପରି ଚିତ୍କାର କଲେ - 'ଈଶ୍ୱର ତୁମେ କେଉଁଠି ଅଛ, ମୋତେ ଦେଖାଦିଅ' । ସେଇ ଗଭୀର ଅନ୍ଧାର ରାତିରେ ପଛରୁ ପବନ ସହିତ ଗୋଟିଏ ଡାକ ଭାସିଆସିଲା - 'ଡାକ୍ତର, ଡାକ୍ତର' । କିଶୋରୀମୋହନ ଚମକିପଡ଼ିଲେ । ଏହା ତ ଅନୁକୂଳଚନ୍ଦ୍ରଙ୍କ କଣ୍ଠସ୍ୱର ! ତା' ପରେ ଦେଖିଲେ ଯେ ଠାକୁର ଅନୁକୂଳଚନ୍ଦ୍ର ଠିଆ ହୋଇଛନ୍ତି ତାଙ୍କ ନିକଟରେ ଆଉ କହୁଛନ୍ତି, 'ଫେରିଚାଲ ଡାକ୍ତର, ଫେରିଚାଲ' । ସେମାନେ ଫେରିଲାବେଳେ କିଶୋରୀମୋହନ ଅନୁକୂଳଚନ୍ଦ୍ରଙ୍କ ପାଦକୁ ଠଉରାଉ ଥାଆନ୍ତି । ସେ ଶୁଣିଥିଲେ ଯେ ଭୂତପ୍ରେତମାନଙ୍କ ପାଦ ପଛପଟକୁ ଥାଏ । କିନ୍ତୁ ଈଷତ୍ ଜହ୍ନଆଲୁଅରେ ଦିଶୁଚି ଯେ ଅନୁକୂଳଚନ୍ଦ୍ରଙ୍କ ପାଦଦୁଇଟି ଆଗକୁ ଅଛି । ତେଣୁ କିଶୋରୀମୋହନ ନିଶ୍ଚିତ ହେଲେ ଯେ ତାଙ୍କ ଆଗରେ ଯେ ଚାଲୁଛନ୍ତି ସେ ଅନୁକୂଳଚନ୍ଦ୍ର, ଭୂତପ୍ରେତ ନୁହନ୍ତି । ପୁଣି ଭାବିଲେ, ଯଦି ଅନୁକୂଳଚନ୍ଦ୍ର ତାଙ୍କ ଡାକ ଶୁଣି ଦଉଡିଆସିଲେ ଓ ସେ ସର୍ବଜ୍ଞ, ତେବେ ଏବେ ପଦ୍ମାରେ ବୁଡ଼ ପକାନ୍ତୁ । ତତ୍କ୍ଷଣାତ୍ ଅନୁକୂଳଚନ୍ଦ୍ରଙ୍କ କହିଲେ- ପାଦରେ ମଇଳା ମାଡ଼ି ଦେଲି, ସ୍ନାନ କରିଆସେ । ସେଇ ଶୀତ ରାତିରେ ସେ ପଦ୍ମାରେ ପୂର୍ଣ୍ଣସ୍ନାନ କଲେ । କିଶୋରୀମୋହନଙ୍କ ତଥାପି ସନ୍ଦେହ ଯାଉନଥାଏ । ସେ ପୁଣି ମନେ ମନେ କହୁଥାନ୍ତି, ମୋର ଭାବନା ଅନୁସାରେ ଯଦି ଅନୁକୂଳଚନ୍ଦ୍ର ସ୍ନାନ କରୁଥାଆନ୍ତି ତେବେ ସେ ଆଉଥରେ ସ୍ନାନ କରନ୍ତୁ । ତାହାହିଁ ହେଲା । ତଥାପି କିଶୋରୀମୋହନଙ୍କ ବିଶ୍ୱାସ ପକ୍କା ହେଲା ନାହିଁ । କିଛିଦିନ ପରେ ଅର୍ଥାଭାବ ଯୋଗୁଁ ତାଙ୍କ ଘରେ କୌଣସି ଖାଦ୍ୟ ସାମଗ୍ରୀ ନଥିଲା ଓ ଗଭୀର ରାତିରେ ଅନୁକୂଳଚନ୍ଦ୍ର ତାଙ୍କର ଦୁଇଜଣ ଭକ୍ତ ଦୁର୍ଗାନାଥ ସାନ୍ୟାଲ ଓ ଅନନ୍ତ ମହାରାଜଙ୍କ ହାତରେ ଚୁଡା ଓ ରସଗୋଲା ପଠାଇଲେ । ଅନାହାର କଥା ଦୂର ଗ୍ରାମରେ ରହି ଅନୁକୂଳଚନ୍ଦ୍ର ଜାଣିଲେ କେମିତି ? ଦୁଇଭକ୍ତଙ୍କ ସହିତ ଆଲୋଚନାରେ କିଶୋରୀମୋହନଙ୍କ ବିଶ୍ୱାସ ପ୍ରଗାଢ଼ ହେବାକୁ ଲାଗିଲା । ସେ ସତ୍‌ମନ୍ତ୍ରରେ ଦୀକ୍ଷିତ ହେଲେଆଉ ଅବଶିଷ୍ଟ ଜୀବନ ଶ୍ରୀଶ୍ରୀଠାକୁରଙ୍କ ଚରଣରେ ସମର୍ପଣ କରି ଦେଇଥିଲେ ।

ଥରେ କିଶୋରୀଦା ଶ୍ରୀଶ୍ରୀଠାକୁରଙ୍କ ସହିତ ପଦ୍ମାନଦୀ ବନ୍ଧ ଉପରେ ଘରକୁ ଯାଉଥିଲେ। ପଦ୍ମାନଦୀ ବନ୍ଧରେ ଗୋଟିଏ ଖୁଣ୍ଟରେ ରଶିଦ୍ୱାରା ଗୋଟିଏ ଗାଈ ବଂଧା ହୋଇଥିଲା। ବନ୍ଧରୁ ଗାଈ ତଳକୁ ଖସିଯିବାରୁ ରଶିଫାସରେ ଗାଈଟି ଝୁଲୁଥିଲା। ଶ୍ରୀଶ୍ରୀଠାକୁର କିଶୋରୀଦାଙ୍କୁ କହିଲେ- 'ଶୀଘ୍ର ଗାଈଗଳାର ରଶି ଖୋଲିଦିଅ।' ତୁରନ୍ତ ଯାଇ କିଶୋରୀଦା ଗାଈ ବେକରୁ ରଶି ଖୋଲିଦେଲେ। ଗାଈଟି ବଂଚିଗଲା। ଗାଈ ଗଳାରେ ରଶିଦାଗ ପଡ଼ିଯାଇଥିଲା। କିଶୋରୀଦା ଘରେ ପହଂଚି ଦେଖିଲେ ଯେ ଶ୍ରୀଶ୍ରୀଠାକୁରଙ୍କ ଗଳାରେ ଧୋତିର ଏକ ପ୍ରାନ୍ତ ଗୁଡେଇହୋଇଛି। ଧୋତିର ସେହି ପ୍ରାନ୍ତ ଖୋଲି ଦେଖନ୍ତି ଯେ ଗାଈର ଗଳାରେ ଯେପରି ରଶିର ଦାଗପଡ଼ିଥିଲା ସେହିପ୍ରକାର ଦାଗ ତାଙ୍କ ଗଳାରେ ମଧ୍ୟ ପଡ଼ିଥିଲା। (ତାଁର କଥା)

୧୯୪୩ ମସିହାରେ ବଙ୍ଗଳାରେ ଭୀଷଣ ଦୁର୍ଭିକ୍ଷ ଦେଖାଦେଲା। ଦଳଦଳ ଲୋକ ଖାଦ୍ୟ ଅଭାବରୁ ରାସ୍ତାରେ ପଡି ପ୍ରାଣ ହରାଇଲେ। ହିମାୟିତପୁର ଗ୍ରାମର ଚତୁର୍ପାର୍ଶ୍ୱ ଅଞ୍ଚଳରୁ ଶହ ଶହ ଦୀନହୀନ ଲୋକ ଖାଦ୍ୟ ପାଇବା ଆଶାରେ ଆଶ୍ରମକୁ ଛୁଟି ଆସୁଥିଲେ। ଶ୍ରୀଶ୍ରୀଠାକୁର ନିରନ୍ନଙ୍କ ମୁହଁରେ ଅନ୍ନମୁଠାଏ ଦେବାକୁ କିଶୋରୀମୋହନଙ୍କୁ ନିର୍ଦ୍ଦେଶ ଦେଲେ। ଦିନରାତି ଦୌଡାଦୌଡି କରି ସେ ଅନ୍ନସଂଗ୍ରହରେ ଅକ୍ଲାନ୍ତ ପରିଶ୍ରମ କଲେ। ଯେତେବେଳଯାଏ ଅନ୍ନମୁଠାଏ ପାଇଁ ଆସିଥିବା ଶେଷ ପ୍ରାର୍ଥୀକୁ ସେ ବିଦାୟ କରି ନ ପାରିଛନ୍ତି, ସେ ନିଜେ ଅନ୍ନଗ୍ରହଣ କରୁ ନ ଥିଲେ। ଏଥିପାଇଁ ଅଧିକାଂଶ ଦିନ ତାଙ୍କୁ ଉପବାସରେ ରହିବାକୁ ହେଉଥିଲା ଏବଂ ଗଭୀର ରାତିରେ ସେ କିଛି ଖାଉଥିଲେ। ଏହାଦ୍ୱାରା ସେ ଧୀରେ ଧୀରେ ଅସୁସ୍ଥ ହୋଇ ପଡିଲେ ଏବଂ ୧୯୪୩ ମସିହା ଏପ୍ରିଲ ମାସରେ ଦେହରକ୍ଷା କଲେ।

ନଫରଚନ୍ଦ୍ର ଘୋଷ- ସେ ଥିଲେ ଶ୍ରୀଶ୍ରୀଠାକୁରଙ୍କର ଏକାନ୍ତ ବିଶ୍ୱସ୍ତ ଭକ୍ତ-ସେବକ। ବିଭିନ୍ନ ସ୍ଥାନକୁ କୀର୍ତ୍ତନ କରିବାକୁ ସେ, ଶ୍ରୀଶ୍ରୀଠାକୁରଙ୍କ ସହିତ ଯାଉଥିଲେ। ଶ୍ରୀଶ୍ରୀଠାକୁର ତାଙ୍କୁ ସ୍ନେହରେ ଡାକୁଥିଲେ 'ନଫରା'। ତାଙ୍କର ମୃତ୍ୟୁ ପରେ କିରଣ ମୁଖାର୍ଜୀ ପ୍ରମୁଖ ବିଶିଷ୍ଟ କର୍ମୀଗଣ ଶବସତ୍କାର କରି ଶ୍ରୀଶ୍ରୀଠାକୁରଙ୍କ ନିକଟରେ ଉପସ୍ଥିତ ହୁଅନ୍ତେ, ସେ କହିଲେ, "ନଫରା ଏତେକ୍ଷଣ ମୋ ପାଖରେ ବସିଥିଲା।" କିଛିକାଳ ପରେ ଦିନେ ଶ୍ରୀଶ୍ରୀଠାକୁର ସକାଳୁ ସକାଳୁ ମନକୁମନ କହୁଛନ୍ତି - "ଆଜି ନଫରା ବରହମପୁରରେ ଛୁଟୁ ଗୋପାଳ ଘରେ ଜନ୍ମଗ୍ରହଣ କରିଛି"। ଏହା ଶୁଣି ଜଣେ ଭକ୍ତ ଶ୍ରୀଶ୍ରୀଠାକୁରଙ୍କୁ ପଚାରିଲେ, 'ନଫରଦା ଏତେଦିନ ଆପଣଙ୍କ ପାଖେପାଖେ ରହି ପୁଣି ଗୋପାଳ ଘରେ ଜନ୍ମ ନେଲା ?' ପ୍ରକାଶ ଥାଉକି ନଫର ଘୋଷ ଜାତିରେ ଗୋପାଳ ଥିଲେ। ଶ୍ରୀଶ୍ରୀଠାକୁର କହିଲେ, "ଆଶ୍ରମରେ ଥିବା ସମୟରେ ଆର୍ଥିକ ଅଭାବ ସତ୍ତ୍ୱେ ଟିକିଏ ଘିଅ, ଲହୁଣି, ଦୁଧ ନ ଦେଲେ ତା'ର ଚଳୁ ନଥିଲା। ଜୀବନର ଶେଷଦିନ ପର୍ଯ୍ୟନ୍ତ ସେଇ ଇଚ୍ଛା ତା'ର ଥିଲା।

ତେଣୁ ତାହାର ପରିପୂରଣ ପାଇଁ ପୁନରାୟ ଗୋପାଳ ଘରେ ତାଙ୍କୁ ଜନ୍ମ ନେବାକୁ ହୋଇଛି ।” ଅନେକ ବର୍ଷ ପରେ ଜଣେ ଗୁରୁଭ୍ରାତା ଗୋଟିଏ ଶିଶୁ ଓ ତା’ ମା’ଙ୍କୁ ସଙ୍ଗରେ ଧରି ଶ୍ରୀଶ୍ରୀଠାକୁରଙ୍କୁ ପ୍ରଣାମ କଲେ । ଶ୍ରୀଶ୍ରୀଠାକୁର ଶିଶୁଟିକୁ ଦେଖି ହସ ହସ ମୁହଁରେ କହି ଉଠିଲେ, “ଦେଖ୍ ଦେଖ୍ ନଫରା ଆସି ହାଜର ।” ଶ୍ରୀଶ୍ରୀଠାକୁର ପଚାରିଲେ, “ତୁମେ କେଉଁଠୁ ଆସିଛ ?” ସେ ଭାଇଟି ଉତ୍ତରଦେଲେ, “ଆମେ ବରହମ୍ପୁରରୁ ଆସିଛୁ । ଏଇ ମା’ଟି ମୋର ବଡ଼ଭାଇ ଛୁଟୁ ଗୋପାଳର ସ୍ତ୍ରୀ” । ଶ୍ରୀଶ୍ରୀଠାକୁର ମା’ଟିକୁ ଅତି ରହସ୍ୟଜନକଭାବରେ ପଚାରିଲେ, ‘ତୁମେ ଯେତେବେଳେ ନାମ କର, ଏଇ ପିଲାଟି ସେତେବେଳେ କ’ଣ କରେ ? ’ ମା’ଟି ଉତ୍ତରଦେଲା, ‘ସେତେବେଳେ ସେ ପାଖରେ ଠିଆହୋଇ ହାତତାଳି ଦେଇ ନାଚେ’ । ଶ୍ରୀଶ୍ରୀଠାକୁର କହିଲେ, ‘ଏଇ ପିଲାକୁ ଖୁବ୍ ସାବଧାନରେ ରଖ । ମାଛ, ମାଂସ ଖାଇବାକୁ ଦିଅ ନା । କାହା ଘରକୁ ଭୋଜିଭାତ ଖାଇବାକୁ ନେବ ନାହିଁ କି, କାହାର ଅଇଁଠା ତାଙ୍କୁ ଖାଇବାକୁ ଦେବ ନାହିଁ । ତୁମ ଘରେ ଜଣେ ମହାପୁରୁଷର ଆବିର୍ଭାବ ହୋଇଛି ।’ ମା’ଟି କହିଲେ, ‘ସେ ତ ଏବେ ବି ଭାତ ଖାଉ ନାହିଁ । ଦୁଧ-ଛେନା-ଲହୁଣି ପ୍ରଭୃତି ଖୁବ୍ ପସନ୍ଦ କରେ ଏବଂ ଖାଏ । ଆମେ ବି ଘରେ ମାଛମାଂସ ଖାଉନା ।’ (ପ୍ରାଣର ଠାକୁର)

ଆଚାର୍ଯ୍ୟ ସତୀଶଚନ୍ଦ୍ର ଗୋସ୍ୱାମୀ– ସତୀଶଚନ୍ଦ୍ର ଥିଲେ ଶ୍ରୀଚୈତନ୍ୟ ମହାପ୍ରଭୁଙ୍କର ପାର୍ଷଦ ଅଦ୍ୱୈତାଚାର୍ଯ୍ୟଙ୍କର ଅଧସ୍ତନ ପଂଚଦଶ ପୁରୁଷଙ୍କର ବଂଶଧର । ତାଙ୍କ ପୈତୃକ ନିବାସ ଥିଲା ପାବନା ଜିଲାର ଶାଲଗାଡିୟା ଗ୍ରାମରେ । ପିତା କୃଷ୍ଣଚନ୍ଦ୍ର ଗୋସ୍ୱାମୀ ସେ ଅଞ୍ଚଳର ଜଣେ ବିଶିଷ୍ଟ ପଣ୍ଡିତ ଥିଲେ । ବାଲ୍ୟକାଳରୁ ସତୀଶଚନ୍ଦ୍ରଙ୍କ ଜୀବନରେ ବିଦ୍ୟାନୁରାଗ, ଈଶ୍ୱର-ଜିଜ୍ଞାସା ଓ ହୃଦୟବତ୍ତା ବିଶେଷଭାବେ ପରିଲକ୍ଷିତ ହୋଇଥିଲା । ସେ ସଂସ୍କୃତଭାଷାରେ ବିଦ୍ୟାରତ୍ନ ଉପାଧି ଲାଭ କରିଥିଲେ । ଶ୍ରୀଶ୍ରୀଠାକୁର ତାଙ୍କୁ ଶ୍ରଦ୍ଧାରେ ଡାକୁଥିଲେ ଗୋସାଇଁଦା । ସଂସାରୀଜୀବନରେ ପ୍ରବେଶ କରି ସେ ବହୁ ପରିବାରର କୌଳିକ ଗୁରୁ ହିସାବରେ ସେମାନଙ୍କୁ ଦୀକ୍ଷାଦାନ କରୁଥିଲେ । ନିଜେ କଠୋର ସାଧନା କରୁଥିଲେ । କିନ୍ତୁ ସେଥିରେ ତାଙ୍କୁ ତୃପ୍ତି ମିଳୁ ନ ଥିଲା । ଶ୍ରୀଶ୍ରୀଠାକୁରଙ୍କ କୀର୍ତ୍ତନରେ ସେ ବିଶେଷଭାବେ ଆକୃଷ୍ଟ ହୁଅନ୍ତି ଏବଂ ତାଙ୍କ ଶ୍ରୀଚରଣରେ ଆତ୍ମସମର୍ପଣ କରନ୍ତି । ଦୀକ୍ଷା ଗ୍ରହଣ ପରଠାରୁ ସେ କୀର୍ତ୍ତନ ଓ ନାମପ୍ରଚାରରେ ମତୁଆଲା ହୋଇଉଠନ୍ତି । ତାଙ୍କ ଚରିତ୍ରରେ ଏପରି ଏକ ଔଦାର୍ଯ୍ୟମିଶ୍ରିତ ମାଧୁର୍ଯ୍ୟ ଓ ତନ୍ମୟତା ଥିଲା ଯେ ଆବାଳବୃଦ୍ଧବନିତା ତାଙ୍କୁ ଅତ୍ୟନ୍ତ ଶ୍ରଦ୍ଧାର ସହିତ ଦେଖୁଥିଲେ । ଶ୍ରୀଶ୍ରୀଠାକୁରଙ୍କ ନିର୍ଦ୍ଦେଶରେ ସେ ପୌରୋହିତ୍ୟବ୍ରତ ଗ୍ରହଣ କରନ୍ତି । ବଦାନ୍ୟତା, ସାରଲ୍ୟ, ଆତିଥ୍ୟ, ସହଜ ଭଲପାଇବା, ଦରଦୀ ସେବାପ୍ରାଣତା, ଅଭିମାନଶୂନ୍ୟତା ଇତ୍ୟାଦି ଗୁଣାବଳୀ ହେତୁ ସେ ଭକ୍ତମାନଙ୍କ ହୃଦୟରେ ଏକ ବିଶିଷ୍ଟ ସ୍ଥାନ ଅଧିକାର କରିଥିଲେ । ଶ୍ରୀଶ୍ରୀଠାକୁରଙ୍କୁ ଗ୍ରହଣ କଲାପରେ ପୂର୍ବରୁ ଯେଉଁ

ଯଜମାନଗଣଙ୍କୁ କୁଳଗୁରୁ ହିସାବରେ ଦୀକ୍ଷାଦାନ କରିଥିଲେ ପୁନରାୟ ଶ୍ରୀଶ୍ରୀଠାକୁରଙ୍କ ସତ୍‌ମନ୍ତ୍ରରେ ତାଙ୍କ ଅନୁମତିକ୍ରମେ ସେମାନଙ୍କୁ ଦୀକ୍ଷାଦାନ କରନ୍ତି। ସେ ଶ୍ରୀଶ୍ରୀଠାକୁରଙ୍କ ସହିତ ଦେଓଘର ଆଗମନ କରିଥିଲେ ଏବଂ୧୯୬୨ ମସିହା ମଇ ମାସରେ ୮୮ ବର୍ଷ ବୟସରେ ପରଲୋକଗମନ କରିଥିଲେ। (ମହାମାନବର ସାଗରତୀରେ)

ସୁଶୀଲଚନ୍ଦ୍ର ବସୁ- ସେ ଥିଲେ ଏକ ଅଭିଜାତ ପରିବାରର ସନ୍ତାନ। ସେ ଦର୍ଶନଶାସ୍ତ୍ରର ଛାତ୍ର ଥିଲେ ଏବଂ କଲିକତା ବିଶ୍ୱବିଦ୍ୟାଳୟରେ ଏମ୍.ଏ. ଏବଂ ଆଇନ ପରୀକ୍ଷା ପାଇଁ ପ୍ରସ୍ତୁତ ହେଉଥିଲେ। ୧୯୧୭ ମସିହା ନଭେମ୍ବର ୬ ତାରିଖ ଦିନ ସେ କୁଷ୍ଟିଆରେ ନିଜ ଭଉଣୀ ଓ ଭିଣୋଇଙ୍କୁ ଦେଖିବାକୁ ଆସିଥିଲେ। ସେଠାରେ ଶ୍ରୀଶ୍ରୀଠାକୁରଙ୍କ ସଙ୍ଗେ ସାକ୍ଷାତ ଓ ଆଳାପ ହୁଏ- ସାରାରାତି ବ୍ୟକ୍ତିଗତ, ସାମାଜିକ ଓ ରାଷ୍ଟ୍ରୀୟ ଜୀବନ ଇତ୍ୟାଦି ବିଷୟରେ ବହୁ ପ୍ରଶ୍ନ କରି ତାଙ୍କଠାରୁ ସେସବୁର ଯଥାର୍ଥ ସମାଧାନ ପାଆନ୍ତି ଏବଂ ପରଦିନ ଦୀକ୍ଷା ଗ୍ରହଣ କରନ୍ତି। ସେ ଥିଲେ ଶ୍ରୀଶ୍ରୀଠାକୁରଙ୍କର ଅନ୍ୟତମ ବିଶ୍ୱସ୍ତ ଭକ୍ତ। 'ସତ୍‌ସଙ୍ଗ ରେଜିଷ୍ଟାର୍ଡ ବଡ଼ି'ର ସେ ଥିଲେ ପ୍ରଥମେ ସମ୍ପାଦକ ଓ ପରେ ସଭାପତି ପଦରେ ଅଧିଷ୍ଠିତ ହୋଇଥିଲେ।

ଜାତିସ୍ମର ବା ପୂର୍ବଜନ୍ମର ସ୍ମୃତି ଥିବା ବ୍ୟକ୍ତିଙ୍କ ସମ୍ପର୍କରେ ତଥ୍ୟ ସଂଗ୍ରହ କରିବା ପାଇଁ ସେ ବହୁସ୍ଥାନ ପରିଭ୍ରମଣ କରିଥିଲେ ଏବଂ କେତେକଙ୍କୁ ମଧ୍ୟ ଶ୍ରୀଶ୍ରୀଠାକୁରଙ୍କ ସାନ୍ନିଧ୍ୟକୁ ଆଣିଥିଲେ। ସାଧନା, ସଂସ୍କୃତି ଓ ଧର୍ମ ଇତ୍ୟାଦି ବିଷୟରେ ଶ୍ରୀଶ୍ରୀଠାକୁରଙ୍କୁ ବହୁ ପ୍ରଶ୍ନ କରି ଯେଉଁ ଉତ୍ତର ପାଇଥିଲେ ସେସବୁ 'କଥା-ପ୍ରସଙ୍ଗେ' (ତିନିଖଣ୍ଡ) ଗ୍ରନ୍ଥରେ ସନ୍ନିବେଶିତ ହୋଇଛି। ତାହା ବ୍ୟତୀତ ଶ୍ରୀଶ୍ରୀଠାକୁରଙ୍କ ଜୀବନ ଉପରେ ଆଧାରିତ 'ମାନସତୀର୍ଥ ପରିକ୍ରମା', 'ଜାତିସ୍ମର କଥା' ଓ 'ରାଜସ୍ଥାନେର ପଥେ' ଇତ୍ୟାଦି ତାଙ୍କର ଅନବଦ୍ୟ କୃତି। ସୁଶୀଲଦା ବିବାହିତ ଥିଲେ ମଧ୍ୟ ଶ୍ରୀଶ୍ରୀଠାକୁରଙ୍କ ନିର୍ଦ୍ଦେଶକ୍ରମେ ସ୍ୱାମୀ-ସ୍ତ୍ରୀ ଉଭୟ ଭାଇଭଉଣୀ ଭଳି ସାରା ଜୀବନ ଅତିବାହିତ କରିଥିଲେ। ଭକ୍ତବୀର ସୁଶୀଲଚନ୍ଦ୍ର ବସୁ ୧୯୬୯ ମସିହା ମାର୍ଚ୍ଚ ୬ ତାରିଖରେ ୭୯ବର୍ଷ ବୟସରେ ଦେହରକ୍ଷା କରନ୍ତି। ଏହାର କିଛିବର୍ଷ ପୂର୍ବରୁ ତାଙ୍କର ସ୍ତ୍ରୀ (ରାଣୀମା) ଇହଲୋକ ତ୍ୟାଗ କରିଥିଲେ। ମୃତ୍ୟୁପରେ ରାଣୀମା ତାଙ୍କ ନିକଟକୁ ଆସିଥିବା କଥା ଶ୍ରୀଶ୍ରୀଠାକୁର ନିଜେ କହିଥିବାର ଉଲ୍ଲେଖ ଅଛି।

କୃଷ୍ଣପ୍ରସନ୍ନ ଭଟ୍ଟାଚାର୍ଯ୍ୟ- ତାଙ୍କର ଜନ୍ମ ୧୮୯୪ ମସିହାରେ, ବର୍ତ୍ତମାନ ବଂଗଳାଦେଶର, ବରିଶାଲ ଜିଲ୍ଲାର ଏକ ନିଷ୍ଠାବାନ୍ ବ୍ରାହ୍ମଣ ପରିବାରରେ ହୋଇଥିଲା। ତାଙ୍କ ପିତା ପଣ୍ଡିତ କାଳୀପ୍ରସନ୍ନ ବିଦ୍ୟାରତ୍ନ (ଭଟ୍ଟାଚାର୍ଯ୍ୟ) ସଂସ୍କୃତ କଲେଜର ଅଧ୍ୟକ୍ଷ ଥିଲେ। ବାଲ୍ୟକାଳରୁ ମାତୃହରା ହୋଇ ସେ ବଡ଼ଭଉଣୀଙ୍କ ଦ୍ୱାରା ଲାଳିତପାଳିତ ହୋଇଥିଲେ। ଶିଶୁକାଳରୁ ସେ ଖୁବ୍ ଅଶାନ୍ତ, ଖାମଖିଆଲୀ ଅଥଚ ଅତ୍ୟନ୍ତ ମେଧାବୀ ଏବଂ ତୀକ୍ଷ୍ଣବୁଦ୍ଧି ସମ୍ପନ୍ନ ଥିଲେ। ପଦାର୍ଥବିଦ୍ୟାର ସର୍ବୋଚ୍ଚ ପରୀକ୍ଷାରେ ପ୍ରଥମ ସ୍ଥାନ ଅଧିକାର

କରି କଲିକତା ବିଶ୍ୱବିଦ୍ୟାଳୟରୁ ସ୍ୱର୍ଣ୍ଣପଦକ ଲାଭ କରିଥିଲେ । ବୈଜ୍ଞାନିକ ଡଃ ସି.ଭି. ରମଣଙ୍କ ସଙ୍ଗେ ପଦାର୍ଥବିଜ୍ଞାନ ଗବେଷଣାରେ ତାଙ୍କର ସହକାରୀ ରୂପେ ଯୋଗଦାନ କରିଥିଲେ । ଶ୍ରୀଶ୍ରୀଠାକୁରଙ୍କ ସହିତ ଆଲୋଚନାବେଳେ ପଦାର୍ଥ ବିଜ୍ଞାନର ଗୂଢ ରହସ୍ୟ ଉପରେ ଶ୍ରୀଶ୍ରୀଠାକୁରଙ୍କର ବର୍ଣ୍ଣନା ଶୁଣି ସେ ଏତେ ପ୍ରଭାବିତ ହୋଇଥିଲେ ଯେ କଲିକତାର ଗବେଷଣା ଅନୁଷ୍ଠାନ ତ୍ୟାଗ କରି ୧୯୨୩ ମସିହାରେ ହିମାୟିତପୁର ଆଶ୍ରମକୁ ସ୍ଥାୟୀଭାବରେ ଚାଲିଆସି ଇଷ୍ଟକର୍ମରେ ମନୋନିବେଶ କଲେ । ଶ୍ରୀଶ୍ରୀଠାକୁର ଶ୍ରଦ୍ଧାରେ ତାଙ୍କୁ 'କେଷ୍ଟଦା' ବୋଲି ଡାକୁଥିଲେ । ଧର୍ମ, ଦର୍ଶନ, ବିଜ୍ଞାନ, ଶିଳ୍ପ, ଇତିହାସ, ରାଜନୀତି, ସାହିତ୍ୟ, ଶିକ୍ଷା, ଭାଷାତତ୍ତ୍ୱ ସମ୍ବନ୍ଧରେ ଜଗତରେ ଶ୍ରେଷ୍ଠ ଶ୍ରେଷ୍ଠ ମନୀଷୀଗଣଙ୍କର ଯେତେ କିଛି ଅବଦାନ, ସବୁକିଛି ଆୟତ୍ତ କରିବାର ଦୁର୍ବାର କ୍ଷୁଧା ତାଙ୍କ ଭିତରେ ସଦାଜାଗ୍ରତ ଥିଲା । ଶ୍ରୀଶ୍ରୀଠାକୁରଙ୍କ ନିକଟକୁ ଆସି ତାଙ୍କର ସେଇ କ୍ଷୁଧା ଆହୁରି ବୃଦ୍ଧିପାଇଲା । ବହୁ ଅଧ୍ୟୟନ ସହିତ ସେ ବିଭିନ୍ନ ପ୍ରଶ୍ନ କରି କେବଳ ବଙ୍ଗଳା ଭାଷାରେ ନୁହେଁ ଇଂରାଜୀରେ ମଧ୍ୟ ଶ୍ରୀଶ୍ରୀଠାକୁରଙ୍କର ମନ୍ତବ୍ୟକୁ ଅନୁସୃତି, ନାନା-ପ୍ରସଙ୍ଗ (ଏକାଧିକ ଖଣ୍ଡ), 'Magnadicta, The Message' (୨ vol.) ଇତ୍ୟାଦି ସଂକଳନଗୁଡିକରେ ସନ୍ନିବେଶିତ କରିଛନ୍ତି । ତାଙ୍କର ଏପରି ଜିଜ୍ଞାସା-କ୍ଷୁଧା ଦେଖି ଶ୍ରୀଶ୍ରୀଠାକୁର ଥରେ କହିଥିଲେ- 'କେଷ୍ଟଦା, କେତେ ଜାଣିବେ, ଯେତେ ଜାଣିବାକୁ ଯିବେ ସେତେ ଯନ୍ତ୍ରଣା ।'

କୃଷ୍ଣପ୍ରସନ୍ନ ୧୯୧୭ ମସିହାରେ କଲିକତା ବିଶ୍ୱବିଦ୍ୟାଳୟରୁ ସେ ସ୍ୱର୍ଣ୍ଣପଦକ ପାଇଥିଲେ । ଦିନେ ସେ ଶ୍ରୀଶ୍ରୀଠାକୁରଙ୍କୁ ପଚାରିଲେ- ଠାକୁର, ଆପଣଙ୍କ ସଙ୍ଗେ ରହି ମଧ୍ୟ ଆପଣଙ୍କ ଛୋଟ ଛୋଟ ବାଣୀଗୁଡିକୁ ବୁଝିବା ପାଇଁ ମତେ ୧୨ ବର୍ଷ ଲାଗିଗଲା । ଏହାର କାରଣ କଣ ? ଶ୍ରୀଶ୍ରୀଠାକୁର ତାଙ୍କୁ ଓଲଟା ପଚାରିଲେ -ଆପଣ ବିଶ୍ୱବିଦ୍ୟାଳୟରୁ କେତେଟା ସ୍ୱର୍ଣ୍ଣପଦକ ପାଇଥିଲେ ? କୃଷ୍ଣପ୍ରସନ୍ନ ଉତ୍ତର ଦେଲେ– "ଏମ-ଏ ରେ ଫାଷ୍ଟ ହୋଇଥିଲି, ସେଥିପାଇଁ ଗୋଟାଏ ମେଡେଲ ପାଇଥିଲି" । ଶ୍ରୀଶ୍ରୀଠାକୁର କହିଲେ– "ନା, ନା, ଆପଣ ଦୁଇଟା ମେଡେଲ ପାଇଛନ୍ତି ।" କୃଷ୍ଣପ୍ରସନ୍ନ ପଚାରିଲେ– "ଦି'ଟା ମେଡେଲ କେମିତି ପାଇଲି ?" ଶ୍ରୀଶ୍ରୀଠାକୁର କହିଲେ– "ଏମ-ଏ ରେ ପ୍ରଥମ ହେବା ଯୋଗୁଁ ବିଶ୍ୱବିଦ୍ୟାଳୟ ଆପଣଙ୍କ ବେକରେ ଗୋଟାଏ ମେଡେଲ ଝୁଲାଇ ଦେଇଥିଲା । ଏହା ସମସ୍ତେ ଦେଖିଛନ୍ତି, କିନ୍ତୁ ଆପଣ ସମସ୍ତଙ୍କ ଅଲକ୍ଷ୍ୟରେ ସେହି ମେଡେଲ ସହିତ ଆଉ ଗୋଟିଏ ମେଡେଲ ଝୁଲାଇ ନେଇଥିଲେ । ଏହି ଦ୍ୱିତୀୟ ମେଡେଲଟା ହେଲା, 'ଅହଂ' ର ମେଡେଲ । ଏଇ ମେଡେଲଟିକୁ ବେକରୁ ବାହାର କରିବା ଲାଗି ଆପଣଙ୍କୁ ୧୨ ବର୍ଷ ଲାଗିଗଲା । ଅହଂଟା ଯେତେବେଳେ ମିଳେଇ ଯାଏ ସେତେବେଳେ ମଣିଷ ସର୍ବଗୁଣସଂପନ୍ନ ନିର୍ଗୁଣ ହୁଏ ।"

୧୯୩୭ ମସିହାରେ ଶ୍ରୀଶ୍ରୀଠାକୁର ଋତ୍ୱିକ୍ ସଂଘ ଗଠନ କରିବା ସଙ୍ଗେ ସଙ୍ଗେ କୃଷ୍ଣପ୍ରସନ୍ନଙ୍କୁ 'ଋତ୍ୱିଗାଚାର୍ଯ୍ୟ' ଭାବେ ଦାୟିତ୍ୱଭାର ଅର୍ପଣ କରିଥିଲେ । ଶ୍ରୀଶ୍ରୀଠାକୁରଙ୍କ

ବିପୁଳ ଗ୍ରନ୍ଥରାଜିର ପ୍ରଣୟନ କାର୍ଯ୍ୟରୂପୀ ମହାଯଜ୍ଞର ପୁରୋଧା ଥିଲେ କୃଷ୍ଟପ୍ରସନ୍ନ । ୭-୪-୧୯୬୩ ଦିନ ସେ ଦେଓଘର ଆଶ୍ରମରେ ୬୯ ବର୍ଷବୟସରେ ଶେଷନିଃଶ୍ୱାସ ତ୍ୟାଗ କରନ୍ତି । ଶ୍ରୀଶ୍ରୀଠାକୁର କହୁଥିଲେ, 'କେଷ୍ଟଦାଙ୍କୁ ଛାଡ଼ିଦେଲେ ମୁଁ ଅନ୍ଧ ।'

ପ୍ରଫୁଲ୍ଲ କୁମାର ଦାସ- ସେ ଥିଲେ ଶ୍ରୀରାମକୃଷ୍ଣ ପରମହଂସଙ୍କର ମନ୍ତ୍ରଶିଷ୍ୟ । ରକ୍ତମାଂସସଙ୍କୁଳ ଶରୀରରେ ଗୁରୁ-ଦର୍ଶନ କରିବାର ପ୍ରବଳ ଆକୁଳତା ତାଙ୍କୁ ଆଣି ପହଂଚାଇ ଦେଇଥିଲା ଶ୍ରୀଶ୍ରୀଠାକୁରଙ୍କ ନିକଟରେ । ତେବେ ଶ୍ରୀଶ୍ରୀଠାକୁରଙ୍କୁ ଦର୍ଶନ କରି ଚାଲିଯିବା ପରେ ସେ ପ୍ରାୟ ସ୍ୱପ୍ନ ଦେଖନ୍ତି, ଶ୍ରୀରାମକୃଷ୍ଣଙ୍କ ମୂର୍ତ୍ତି ଶ୍ରୀଶ୍ରୀଠାକୁର-ରୂପରେ ଉଭିନ୍ନ ହୋଇ ଉଠୁଛି । ମନରେ ଦ୍ୱନ୍ଦ୍ୱ ଓ ବେଦନା ନେଇ ଦିନେ ନିଭୃତରେ ଶ୍ରୀଶ୍ରୀଠାକୁରଙ୍କୁ ପଚାରିଥିଲେ, 'ମତେ ଶ୍ରୀରାମକୃଷ୍ଣ ଖୁବ୍ ଭଲ ଲାଗନ୍ତି । ସେ କ'ଣ ପୁଣି କେଉଁଠି ଜନ୍ମଗ୍ରହଣ କରିଛନ୍ତି ?' ଉତ୍ତରରେ ଶ୍ରୀଶ୍ରୀଠାକୁର କହନ୍ତି, 'ଖୋଜ୍, ଖୋଜ୍, ଖୋଜି ଚାଲ । ଏମିତି ଖୋଜିଲେ ଦିନେ ନା ଦିନେ ସେ କଣ ମିଳି ଯିବେନି! ପ୍ରଫୁଲ୍ଲଦା ପୁଣି ପଚାରିଲେ- ଦୈନନ୍ଦିନ ଜୀବନରେ ବହୁ ବାସ୍ତବ ସମସ୍ୟା ଓ ପ୍ରଶ୍ନର ଉଦୟ ହୁଏ, ତା'ର ସମାଧାନ ମୁଁ ପାଇବି କେଉଁଠୁ ? ଶ୍ରୀଶ୍ରୀଠାକୁର କହିଲେ, 'ଚଲାର ସାଥୀ' ବହିଟି ପାଖରେ ରଖିବୁ । ଯେତେବେଳେ ଯେଉଁ ସମସ୍ୟା ଆସିବ, ଠାକୁର ମତେ କହିଦିଅ କହି ବହିଟି ଖୋଲିବୁ । ଦେଖିବୁ ଠିକ୍ ଉତ୍ତର ପାଇଯିବୁ । ଶ୍ରୀଶ୍ରୀଠାକୁରଙ୍କ କଥାନୁସାରେ ନିତିଦିନ ସମସ୍ୟାର ସମାଧାନଗୁଡିକ ଏହି ଭାବରେ ପାଇ ସେ ଚକିତ ହୋଇଗଲେ । ଦିନେ ତାଙ୍କୁ ଆଦର କରି ଶ୍ରୀଶ୍ରୀଠାକୁର ତାଙ୍କ ଚିବୁକ ସ୍ପର୍ଶ କରି ଦେବାରୁ ସାରା ଶରୀରରେ ଆନନ୍ଦର ଏକ ତଡିତ୍ ଖେଳିଗଲା । ମନ ହୋଇଉଠିଲା ଅନ୍ତର୍ମୁଖୀ । ଅଭୂତପୂର୍ବ ଆନନ୍ଦରେ, ସ୍ଥୈର୍ଯ୍ୟରେ ଓ ପ୍ରଶାନ୍ତିରେ ମନ ଊର୍ଦ୍ଧ୍ୱମୁଖୀ ହୋଇ ଆରୋହଣ କରିବାକୁ ଲାଗିଲା । ପାରିପାର୍ଶ୍ୱିକ ସବୁ କିଛି ସୁନ୍ଦର ଓ ପ୍ରିୟ ବୋଲି ମନେହେଲା । ଶ୍ରୀରାମକୃଷ୍ଣଙ୍କୁ ପାଇବାର ତାଙ୍କର ଆକୁଳ ଆକାଙ୍‌କ୍ଷା ପୂର୍ଣ୍ଣହେଲା । ସେ ଲେଖିଛନ୍ତି, ଦିନେ ଶ୍ରୀଶ୍ରୀଠାକୁର ଗୋଟିଏ ମୋଡ଼ା ଉପରେ ବସିଛନ୍ତି । ତାଙ୍କୁ ଚାହିଁଲି, ଅଳ୍ପ ସମୟ ପାଇଁ ମୁଁ ସ୍ପଷ୍ଟ ଦେଖିଲି ଶ୍ରୀରାମକୃଷ୍ଣ ବସିଛନ୍ତି ମୋ ସମ୍ମୁଖରେ । ଅବିକଳ ସେଇ ଚେହେରା । ଏହା ମୋର ବ୍ୟକ୍ତିଗତ ଅନୁଭବ ।

ଶ୍ରୀଶ୍ରୀଠାକୁରଙ୍କ କଥୋପକଥନକୁ ଲିପିବଦ୍ଧକରି ରଖିବା ଥିଲା ତାଙ୍କର ମୁଖ୍ୟ ଦାୟିତ୍ୱ । ଶ୍ରୀଶ୍ରୀଠାକୁର ତାଙ୍କୁ 'ନାରାୟଣ କିରାଣି' ନାମ ଦେଇଥିଲେ । ୧୯୩୯ ମସିହା ଜୁନ୍‌ମାସଠାରୁ ଆରମ୍ଭ ହୁଏ ଏହି କାର୍ଯ୍ୟକ୍ରମ । ସେ ଶ୍ରୀଶ୍ରୀଠାକୁରଙ୍କର କଥୋପକଥନକୁ ନେଇ ୨୨ ଖଣ୍ଡ 'ଆଲୋଚନା ପ୍ରସଙ୍ଗେ' ପୁସ୍ତକର ସଂକଳନ କରିଛନ୍ତି ଏବଂ ଏହା ବହୁ ଆଦୃତ । ସେ ଦୀର୍ଘକାଳ ଧରି ସତ୍‌ସଙ୍ଗର ବଙ୍ଗଳା ମୁଖପତ୍ର 'ଆଲୋଚନା'ର ସଂପାଦକ ଥିଲେ । ୨୦୦୬ ମସିହା ଅକ୍ଟୋବର ମାସରେ ସେ ଦେହରକ୍ଷା କରନ୍ତି । (ଭକ୍ତବଳୟ)

ଡାଃ ପ୍ୟାରୀମୋହନ ନନ୍ଦୀ- ସେ ବଙ୍ଗଳାଦେଶର ବିକ୍ରମପୁର ଜିଲ୍ଲାରେ ଏକ ସମ୍ଭ୍ରାନ୍ତ ପରିବାରରେ ୧୯୦୧ ମସିହାରେ ଜନ୍ମ ଗ୍ରହଣ କରିଥିଲେ । ଢ଼ାକାର ମିଡଫୋର୍ଡ କଲେଜରୁ

L.M.P. ପାଶ କରିଥିଲେ। ଶ୍ରୀଶ୍ରୀଠାକୁରଙ୍କ ବିଷୟରେ ତାଙ୍କର ଜଣେ ବନ୍ଧୁଙ୍କଠାରୁ ଶୁଣି ହିମାୟିତପୁର ଆଶ୍ରମ ଯାଇଥିଲେ। ଆଶ୍ରମରେ କିଛିଦିନ ଅଟକିଗଲେ। ସେ ଘରକୁ ନ ଫେରିବାରୁ ଘଟଣା କଣ ଜାଣିବାପାଇଁ ତାଙ୍କ ପିତା ପ୍ରସନ୍ନକୁମାର ନନ୍ଦୀ ଆଉ ଏକପୁତ୍ରକୁ ସଙ୍ଗରେ ନେଇ ହିମାୟିତପୁର ଆଶ୍ରମରେ ପହଞ୍ଚିଲେ। ସେ ଶ୍ରୀଶ୍ରୀଠାକୁରଙ୍କ ଦର୍ଶନ ଓ ଆଶ୍ରମିକମାନଙ୍କ ବ୍ୟବହାରରେ ଅତ୍ୟନ୍ତ ପ୍ରୀତ ହେଲେ। ପୁତ୍ର ପ୍ୟାରୀମୋହନଙ୍କୁ ଡାକ୍ତରୀ ଉଚ୍ଚଶିକ୍ଷା ପାଇଁ ଇଂଲଣ୍ଡର ରୟାଲ କଲେଜ ଅଫ୍ ଫିଜିସିଆନ୍‌ସକୁ ପଠାଇବାକୁ ତାଙ୍କର ଇଚ୍ଛା ଥିଲା। ଏହା ଶ୍ରୀଶ୍ରୀଠାକୁରଙ୍କୁ ନିବେଦନ କରିବାରୁ ସେ କହିଲେ, "ଚିକିତ୍ସାବିଦ୍ୟାରେ ଅଧିକ ପାରଦର୍ଶିତା ଲାଭ ଓ ଚିକିତ୍ସା ମାଧ୍ୟମରେ ଅନେକ ଲୋକଙ୍କର ସ୍ୱସ୍ତିବିଧାନ ପାଇଁ ତାଙ୍କୁ ବିଲାତ ପଠାଇବା ଆପଣଙ୍କର ଯେ ଉଦ୍ଦେଶ୍ୟ , ତା ଯଦି ଏହି ଆଶ୍ରମର ରହି ପୂର୍ଣ୍ଣ ହୁଏ, ତାହେଲେ ତାଙ୍କୁ ଏଠାରେ ରଖିବାରେ ଆପଣଙ୍କର ଆପତ୍ତି ନାହିଁ ତ ?" ଶ୍ରୀଶ୍ରୀଠାକୁର ସେତେବେଳେ ଏପରି ମଧୁର କୋମଳ ଭଙ୍ଗିମାରେ ଏହି ପ୍ରସ୍ତାବଟି ଦେଲେ ଯେ ପିତା ପ୍ରସନ୍ନକୁମାର ନାହିଁ କରି ପାରିଲେ ନାହିଁ। ପିତା ଓ ଦୁଇପୁତ୍ର ଦୀକ୍ଷା ନେଲେ। ସେହି ସମୟରୁ (୧୯୨୫) ଆଜୀବନ ଡାକ୍ତର ପ୍ୟାରୀମୋହନ ଶ୍ରୀଶ୍ରୀଠାକୁରଙ୍କର ଓ ସତ୍‌ସଙ୍ଗ ଆଶ୍ରମର ଡାକ୍ତର-ସେବକ ଭାବେ ଯୋଗଦାନ କଲେ। ଶ୍ରୀଶ୍ରୀଠାକୁର ଗେହ୍ଲାରେ ତାଙ୍କୁ ଡାକନ୍ତି 'ପ୍ୟାରୀଚରଣ'।

ଦିନେ ସେ ଶ୍ରୀଶ୍ରୀଠାକୁରଙ୍କ ରକ୍ତଚାପ ଓ ନାଡ଼ି ଇତ୍ୟାଦି ପରୀକ୍ଷା କଲାବେଳେ ଅଚାନକ ତାଙ୍କ ମସ୍ତିଷ୍କରେ ଗୋଟିଏ ପ୍ରଶ୍ନ ଉଙ୍କିମାରିଲା- 'ମୁଁ ତ ତାଙ୍କଠାରେ ଏମିତିକିଛି ଦେଖୁନାହିଁ, ଯଦ୍ଦ୍ୱାରା ଜାଣିପାରିବି ଯେ ସେ ପ୍ରକୃତରେ ଈଶ୍ୱରଙ୍କ ଅବତାର। ନଚେତ୍ ଅନେକ ଭକ୍ତ ତାଙ୍କୁ ଈଶ୍ୱରରୂପେ ପୂଜା କରିବାର ଦେଖିଲେ, ମୋ ଭିତରେ କେଉଁଠି ନା କେଉଁଠି ସନ୍ଦେହ ଆସୁଛି।' ଠିକ୍ ଏଇ ସମୟରେ ସେ ଦେଖିଲେ ଯେ ଶ୍ରୀଶ୍ରୀଠାକୁରଙ୍କ ନାଭିମଣ୍ଡଳରୁ ଏକ ଜ୍ୟୋତି ନିର୍ଗତହେଲା, ଆଉ ସାରା ଘରକୁ ଆଲୋକରେ ଉଦ୍ଭାସିତ କରିଦେଲା। ତା'ପରେ ସେ ଶୁଣିବାକୁ ପାଇଲେ, ନାଭି ନିକଟରେ 'ଓଁ'ର ଉଚ୍ଚାରଣ। ପୁଣି ସେ ଦେଖିଲେ, ଯେ ନିର୍ଗତ ହେଉଥିବା ଆଲୋକରାଶି ଭିତରେ ଭଗବାନ୍ ଶ୍ରୀରାମ, ଭଗବାନ୍ ଶ୍ରୀକୃଷ୍ଣ, ତଥାଗତବୁଦ୍ଧ, ଶ୍ରୀଚୈତନ୍ୟ, ଶ୍ରୀରାମକୃଷ୍ଣ ସମସ୍ତେ ଯେମିତି ତାଙ୍କୁ ଦର୍ଶନ ଦେଇ ପୁଣି ସେଇ ଆଲୋକରେ ମିଳାଇଗଲେ। ଏହି ଦୃଶ୍ୟ ଦେଖିବା ପରଠାରୁ ଡାକ୍ତରବାବୁଙ୍କ ହୃଦ୍‌ଗତି ଓ ରକ୍ତଚାପ ଯଥେଷ୍ଟ ବଢ଼ିଗଲା ପରି ତାଙ୍କୁ ବୋଧହେଲା, ପରମ ତୃପ୍ତି ଓ ସନ୍ତାନ-ପ୍ରାଣ ହୋଇ ସେ ଶ୍ରୀଶ୍ରୀଠାକୁରଙ୍କୁ ଭୂମିଷ୍ଠ ପ୍ରଣାମ କଲେ।

ଡାକ୍ତର ପ୍ୟାରୀମୋହନ ଶ୍ରୀଶ୍ରୀଠାକୁରଙ୍କ ନିର୍ଦ୍ଦେଶରେ ହିମାୟିତପୁର ଆଶ୍ରମର ଅନେକ ମା' ମାନଙ୍କୁ ଧାତ୍ରୀବିଦ୍ୟା ଶିଖାଇଥିଲେ। ତାଙ୍କ ପାଖକୁ ଶ୍ରୀଶ୍ରୀଠାକୁର ଅନେକ ରୋଗୀଙ୍କୁ ଚିକିତ୍ସା ପାଇଁ ପଠାଉଥିଲେ, ଆଉ ସେ କାହାକୁ ହୋମିଓପ୍ୟାଥୀ ଔଷଧ, କାହାକୁ

ଚେରମୂଳ ଇତ୍ୟାଦି ଆୟୁର୍ବେଦିକ ଔଷଧ ବା ଆଉ କାହାକୁ ଏଲୋପ୍ୟାଥିକ ଔଷଧ ଦେଇ ସେମାନଙ୍କ ରୋଗ ନିରାମୟ କରୁଥିଲେ। ଲୌକିକ ଦୃଷ୍ଟିରେ ସେ ଔଷଧ ଦେଉଥିଲେ କିନ୍ତୁ ଶ୍ରୀଶ୍ରୀଠାକୁରଙ୍କ ଆଶାର୍ବାଦ ସେଠାରେ ଥିଲା ମୂଳ ଜିନିଷ। ଦେଖାଗଲା, ଶ୍ରୀଶ୍ରୀଠାକୁରଙ୍କ ମହାପ୍ରୟାଣ ପରେ ପ୍ୟାରୀଦା ରୋଗୀଙ୍କୁ ଆଉ କୌଣସି ପ୍ରକାର ଔଷଧ ଦେଇ ପାରନ୍ତି ନାହିଁ -ଠିକ୍ ଯେପରି ଶ୍ରୀକୃଷ୍ଣ ଚାଲିଯିବା ପରେ ଅର୍ଜୁନଙ୍କର ଆଉ ଗାଣ୍ଡିବ ଧନୁ ଉଠାଇବାର ଶକ୍ତି ନ ଥିଲା।

୧୯୬୯ ଜାନୁୟାରୀ ମାସର ଶେଷ ସପ୍ତାହରେ ଶ୍ରୀଶ୍ରୀଠାକୁର ପ୍ୟାରୀମୋହନଙ୍କୁ ଡାକି ତାଙ୍କ ଅସୁସ୍ଥ ସ୍ତ୍ରୀଙ୍କୁ କଲିକତାରେ ବଡ଼ ଡାକ୍ତରଙ୍କ ପାଖରେ ଦେଖାଇବାକୁ ନିର୍ଦ୍ଦେଶ ଦେଲେ। ଶ୍ରୀଶ୍ରୀଠାକୁରଙ୍କ ଦେହ କିଛିଦିନ ଯାବତ୍ ଅସୁସ୍ଥ ଥିଲେ ବି ସେ ସମୟରେ ସ୍ଥିତିଶୀଳ ଥିଲା। ପ୍ୟାରୀମୋହନ କିନ୍ତୁ ଶ୍ରୀଶ୍ରୀଠାକୁରଙ୍କୁ ଛାଡି ଯିବାକୁ ଚାହୁଁ ନ ଥିଲେ। ତା ସତ୍ତ୍ୱେ ତାଙ୍କ ନିର୍ଦ୍ଦେଶ ପାଳନ ପାଇଁ ସ୍ତ୍ରୀଙ୍କୁ ନେଇ କଲିକତା ଗଲେ। ଅକସ୍ମାତ୍ ୨୭-ଜାନୁୟାରୀ ଭୋରରେ ଶ୍ରୀଶ୍ରୀଠାକୁରଙ୍କ ମହାପ୍ରୟାଣ ଖବର ପାଇ ସେ କଲିକତାରୁ ଦେଓଘର ଛୁଟି ଆସିଲେ। କିନ୍ତୁ ସେ ପହଞ୍ଚିଲା ବେଳକୁ ଶ୍ରୀଶ୍ରୀଠାକୁରଙ୍କ ପାର୍ଥିବ ଶରୀର ମହାଗ୍ନିରେ ବିଲୀନ ହୋଇ ସାରିଥିଲା। ସେ ଅନୁଭବ କଲେ ଯେ, ଶ୍ରୀଶ୍ରୀଠାକୁର ଜାଣିଶୁଣି ତାଙ୍କୁ ଶେଷ ମୁହୂର୍ତ୍ତରେ ନିଜ ପାଖରୁ ଦୂରେଇ ଦେଇଥିଲେ। ନଚେତ୍ ବିଶେଷ କୌଣସି ଉପସର୍ଗ ନଥାଇ ଶ୍ରୀଶ୍ରୀଠାକୁରଙ୍କର ଯେପରି ମହାପ୍ରୟାଣ ଘଟିଲା, ଚିକିତ୍ସାର ଅବହେଳା ଓ ତ୍ରୁଟି ଘଟିଲା ବୋଲି ପ୍ୟାରୀମୋହନ ନିଜକୁ ଦାୟୀ କରି ଜୀବନ ତମାମ ସନ୍ତପ୍ତ ହୋଇଥାଆନ୍ତେ, ନିଜକୁ କ୍ଷମା କରି ପାରି ନଥାନ୍ତେ।

୧୯୭୮ ମସିହା ଏପ୍ରିଲ-୧୨ ତାରିଖରେ ଶ୍ରୀଶ୍ରୀଠାକୁରଙ୍କ ସ୍ନେହର 'ପ୍ୟାରୀଚରଣ' ସାମାନ୍ୟ ରୋଗଭୋଗ ପରେ ଦେଓଘର ଆଶ୍ରମରେ ଶେଷ ନିଃଶ୍ୱାସ ତ୍ୟାଗ କରିଥିଲେ। (ଭକ୍ତବଳୟ)

– ୦ –

ପଞ୍ଚମ ପରିଚ୍ଛେଦ

କେତେକ ବିଶିଷ୍ଟ ବ୍ୟକ୍ତିତ୍ୱ ଓ ବିଦେଶୀ ଭକ୍ତଗଣ -ଗାନ୍ଧୀଜୀ, ଚିତ୍ତରଞ୍ଜନ, ଫଜଲୁଲ ହକ, ସୁଭାଷଚନ୍ଦ୍ର, ଶ୍ୟାମାପ୍ରସାଦ, ଶାସ୍ତ୍ରୀଜୀ, ଶରତଚନ୍ଦ୍ର, ବିନୋଦାନନ୍ଦ, ସ୍ପେନସର, ହାଉଜାରମ୍ୟାନ୍, ମାଇକେଲ, ଏକ୍ସମ୍ୟାନ୍, ପଡଲିସାକ, ବବ୍ ଓ ଜୁଲି।

ରାଷ୍ଟ୍ରପିତା ମହାତ୍ମାଗାନ୍ଧୀ- ବଙ୍ଗଳା ଭ୍ରମଣ ବେଳେ ମହାତ୍ମାଜୀ ହିମାୟିତପୁର ଆଶ୍ରମକୁ ଆସିଥିଲେ ଏବଂ ସମସ୍ତ କର୍ମସଂସ୍ଥାନ ଦେଖି ଚରଖାର ବ୍ୟବସ୍ଥା କରିବାକୁ କହିଥିଲେ, ପରେ ସେ ଡଃ ରାଜେନ୍ଦ୍ର ପ୍ରସାଦଙ୍କ ସହ କଲିକତାରେ ଶ୍ରୀଶ୍ରୀଠାକୁରଙ୍କୁ ଦର୍ଶନ କରିବାକୁ ଆସିଥିଲେ। ସେ ଶ୍ରୀଶ୍ରୀଠାକୁରଙ୍କୁ ପଚାରିଲେ - ଠାକୁର ! ଯେଉଁ ଗ୍ରାମ-ଉନ୍ନୟନ କଥା ମୁଁ ଚିନ୍ତା କରୁଥିଲି, ସ୍ୱପ୍ନରେ ଦେଖୁଥିଲି, ଏବେ ଦେଖିବାକୁ ପାଏ ଯେ ଆପଣ ନିଜ ଆଶ୍ରମରେ ଏହାକୁ ବାସ୍ତବ ରୂପ ପ୍ରଦାନ କରିଛନ୍ତି। ଗୋଟିଏ କଥା ଜାଣିବାକୁ ଇଚ୍ଛାକରେ, ଆପଣଙ୍କର ଏହି ଆନ୍ଦୋଳନର ତାତ୍ପର୍ଯ୍ୟ କ'ଣ ?

ଶ୍ରୀଶ୍ରୀଠାକୁର କହିଲେ - ମହାତ୍ମାଜୀ, ମୁଁ ମୂର୍ଖଲୋକ, ଲେଖାପଢ଼ା ଜାଣିନାହିଁ। ମୋର ଆନ୍ଦୋଳନ ସେମିତି କିଛି ନୁହେଁ। କିନ୍ତୁ ଏହା ଗୋଟିଏ ଆନ୍ଦୋଳନ ଯାହାଦ୍ୱାରା ମୁଁ କୌଣସି ବ୍ୟକ୍ତିକୁ ବାହାରୁ ଦେଖି ତା ସମ୍ବନ୍ଧରେ କୌଣସି ନିଶ୍ଚିତ ସିଦ୍ଧାନ୍ତରେ ପହଂଚିପାରେ ନାହିଁ, ଜାଣିବାକୁ ଚେଷ୍ଟାକରେ, ତା'ର ଅନ୍ତରରେ ଲୁକ୍କାୟିତ ଦୁଃଖ ଓ ଯନ୍ତ୍ରଣା ଯାହା ତାକୁ ଅସହାୟ ଓ ବିପନ୍ନ କରିଦୋଳିଛି, ତାହାର ନିରାକରଣ ପାଇଁ ଚେଷ୍ଟା ଜାରିରଖେ। ଏହାକୁ ଯଦି ଆପଣ ଆନ୍ଦୋଳନ କହିବେ, ତେବେ ଏହାହିଁ ମୋର ଆନ୍ଦୋଳନ। (ପୁରୁଷୋତ୍ତମ ପ୍ରସଙ୍ଗ)

ଦେଶବନ୍ଧୁ ଚିତ୍ତରଂଜନ ଦାସ- ୧୪ ମଇ, ୧୯୨୪ ମସିହାରେ ସେ ପ୍ରଥମ କରି ଶ୍ରୀଶ୍ରୀଠାକୁରଙ୍କ ସଂସ୍ପର୍ଶରେ ଆସିଥିଲେ। ଶ୍ରୀଶ୍ରୀଠାକୁର ସେତେବେଳେ କଲିକତାରେ ଅବସ୍ଥାନ କରୁଥିଲେ। ଚିତ୍ତରଞ୍ଜନ ଥିଲେ କଲିକତା ମ୍ୟୁନିସିପାଲ କର୍ପୋରେସନ୍‌ର ମେୟର ଓ କଲିକତା ହାଇକୋର୍ଟର ପ୍ରଭାବଶାଳୀ ବାରିଷ୍ଟର ଓ ମହାତ୍ମା ଗାନ୍ଧୀଜୀଙ୍କର ଅନ୍ୟତମ ବନ୍ଧୁ। ଯଦିଓ ଚରଖା, ସ୍ୱଦେଶୀ, ସତ୍ୟାଗ୍ରହ ଆଦି ଗାନ୍ଧୀଜୀଙ୍କର ନୀତିଗୁଡିକ ସେ ବେଶ୍ ଭଲ ବୋଲି ମନେକରୁଥିଲେ, ଏହାଦ୍ୱାରା ଯେ ଦେଶ ସ୍ୱାଧୀନତା ପାଇପାରିବ ଏକଥାରେ ତାଙ୍କର ବିଶ୍ୱାସ ନଥିଲା। ତେଣୁ ସେ ସ୍ୱରାଜ ପାର୍ଟି ନାମକ ଏକ ନୂତନ ରାଜନୈତିକ ଦଳ ଗଠନ କରିଥିଲେ। ଶ୍ରୀଶ୍ରୀଠାକୁରଙ୍କ ସହିତ ଆଲୋଚନା ସମୟରେ ସେ ଏତେ ଉଦ୍ଦୀପ୍ତ ହୋଇ ଉଠିଥିଲେ ଯେ କହିଲେ, ଯଦି ସେ କୌଣସି ଦାୟିତ୍ୱବାନ୍ ବ୍ୟକ୍ତି ପାଆନ୍ତେ, ତେବେ ତା ହାତରେ ସମସ୍ତ ଭାର ନ୍ୟସ୍ତ କରି ସେ ଶ୍ରୀଶ୍ରୀଠାକୁରଙ୍କ କର୍ମଯଜ୍ଞରେ ଯୋଗଦେଇପାରନ୍ତେ। ସେହିଦିନ ଶ୍ରୀଶ୍ରୀଠାକୁରଙ୍କ ମାତା ମନମୋହିନୀଦେବୀଙ୍କଠାରୁ ଚିତ୍ତରଂଜନ ଦୀକ୍ଷା ଗ୍ରହଣ କରିଥିଲେ। ଶ୍ରୀଶ୍ରୀଠାକୁରଙ୍କ ହିମାୟିତପୁର ଆଶ୍ରମର କର୍ମପ୍ରବାହ ସ୍ୱଚକ୍ଷୁରେ ଦେଖି ସେ ଏତେ ମୁଗ୍ଧ ହୋଇଥିଲେ ଯେ ମହାତ୍ମାଗାନ୍ଧୀଙ୍କୁ ତାଙ୍କର ବଙ୍ଗଳା

ଭ୍ରମଣ ବେଳେ ହିମାୟିତପୁର ଆଶ୍ରମ ବୁଲି ଦେଖିବା ପାଇଁ ପ୍ରବର୍ତ୍ତାଇ ଥିଲେ । (ବିସ୍ତୃତ ବିବରଣୀ – ଜୀବନ-ଚରିତ ଦ୍ରଷ୍ଟବ୍ୟ)

ମୌଲବୀ ଏ. କେ. ଫଜଲୁଲ ହକ– ସେ ଥିଲେ ଅବିଭକ୍ତ ବଙ୍ଗଳାର ପ୍ରଥମ ପ୍ରଧାନମନ୍ତ୍ରୀ, ହିମାୟିତପୁର ଆଶ୍ରମକୁ ବହୁବାର ଆସିଥିଲେ । ପୟଗମ୍ବର ମହମ୍ମଦଙ୍କ ପ୍ରତି ଶ୍ରୀଶ୍ରୀଠାକୁରଙ୍କ ଶ୍ରଦ୍ଧାଶୀଳତା ଏବଂ ହିମାୟିତପୁର ଆଶ୍ରମର କର୍ମଧାରା ତାଙ୍କୁ ଖୁବ୍ ପ୍ରଭାବିତ କରିଥିଲା । ସେ ମତବ୍ୟକ୍ତ କରିଥିଲେ ଯେ, ସତ୍‌ସଙ୍ଗର ଆଦର୍ଶ ପ୍ରକୃତପକ୍ଷେ ମୁସଲିମ୍ ଆଦର୍ଶ ସହ ସମଧର୍ମୀ । ତେଣୁ ଏହା କହିବା ଅତ୍ୟୁକ୍ତି ହେବ ନାହିଁ ଯେ ମୁସଲମାନ ସମ୍ପ୍ରଦାୟ, ସତ୍‌ସଙ୍ଗର ଆଦର୍ଶ ଅନୁସାରେ ଚରିତ୍ରଗଠନ କରିବା ଉଚିତ ।

ନେତାଜୀ ସୁଭାଷଚନ୍ଦ୍ର ବୋଷ– ୧୯୨୫ ମସିହା ବେଳକୁ ସେ ଭାରତର ରାଜନୀତି କ୍ଷେତ୍ରରେ ଓ ସ୍ୱାଧୀନତା ସଂଗ୍ରାମର ଏକ ପ୍ରତିଷ୍ଠିତ ବ୍ୟକ୍ତିତ୍ୱ । I.C.S ପାସ କରିବା ପରେ ସେ ଦେଶର କାମରେ ଆତ୍ମନିୟୋଗ କରିବା ପାଇଁ ମନସ୍ଥ କରି ଲଣ୍ଡନରୁ ଭାରତ ପଳାଇ ଆସିଥିଲେ । ତାଙ୍କ ମାମୁଁ ଜେ.ଏନ୍.ଦତ୍ତଙ୍କ ସଙ୍ଗେ ପ୍ରଥମଥର ଠାକୁର-ଦର୍ଶନ କରିବାକୁ ଆସିଥିଲେ । ଶ୍ରୀଶ୍ରୀଠାକୁର ସେତେବେଳେ କଲିକତାରେ ଅବସ୍ଥାନ କରୁଥିଲେ । କିଛକାଳ ପରେ ଶ୍ରୀଶ୍ରୀଠାକୁରଙ୍କୁ ଦର୍ଶନ କରବାକୁ ହିମାୟିତପୁର ଆଶ୍ରମ ଆସିଥିଲେ ଏବଂ କର୍ମଶାଳାଗୁଡିକ ଦେଖି ଅତ୍ୟନ୍ତ ପ୍ରୀତ ହୋଇଥିଲେ । ସେ ଭକ୍ତ ସୁଶୀଲଚନ୍ଦ୍ର ବସୁଙ୍କୁ କହିଥିଲେ - ସାଧାରଣତଃ ଆଶ୍ରମ କହିଲେ ଲୋକେ ସନ୍ନ୍ୟାସୀ ବା ଗୃହତ୍ୟାଗୀମାନଙ୍କ ଆଶ୍ରମ ହିଁ ବୁଝନ୍ତି, କିନ୍ତୁ ଗୃହୀ ହୋଇ, ପରିବାର ପରିଜନ ସହ ଆଶ୍ରମ ଜୀବନଯାପନର ଦୃଷ୍ଟାନ୍ତ ଆପଣମାନେ ପ୍ରଥମେ ଦେଖାଇଛନ୍ତି । ଶତ ଅଭାବ ଅସୁବିଧା ସତ୍ତ୍ୱେ ଆପଣମାନେ ଯେ ଗୁରୁଦାୟିତ୍ୱ ବହନ କରି ଚାଲିଛନ୍ତି, ଏହା ଦେଶବାସୀମାନଙ୍କ ପାଇଁ ଉଜ୍ଜ୍ୱଳ ଦୃଷ୍ଟାନ୍ତ ହେବ ।

ସୁଭାଷଚନ୍ଦ୍ର ଦେଶର ଉନ୍ନତି ଲାଗି ଅନେକ କାମ କରିବାର ଥିଲେ ବି ପ୍ରଥମେ କେଉଁଟାକୁ ଅଗ୍ରାଧିକାର ଦେବେ ସେଥିଲାଗି ଶ୍ରୀଶ୍ରୀଠାକୁରଙ୍କ ଉପଦେଶ ଚାହିଁଥିଲେ ।

ଶ୍ରୀଶ୍ରୀଠାକୁର ତାଙ୍କୁ କହିଥିଲେ- ଦେଶର କାମ କରିବାକୁ ହେଲେ ସବପ୍ରଥମେ ମଣିଷ ତିଆରି କରିବାକୁ ହେବ । ଭଲ ମଣିଷ ପାଇଁ ବିବାହ ସଂସ୍କାର (marriage reform) ନିହାତି ଆବଶ୍ୟକ । Compatible marriage (ସୁସଙ୍ଗତ ବିବାହ) ନ ହେଲେ ଉତ୍ତମ ସନ୍ତାନ ଆସିବେ ନାହିଁ । ଏପରି ସୁସନ୍ତାନ ବଡ ହୋଇ ଦେଶର କାମ କରି ପାରିବେ । (ବିସ୍ତୃତ ଆଲୋଚନା -ଜୀବନ-ଚରିତ ଦ୍ରଷ୍ଟବ୍ୟ)

ଭାରତ ଛାଡ଼ିବା ପୂର୍ବରୁ ପୁଣି ଥରେ ସେ ଶ୍ରୀଶ୍ରୀଠାକୁରଙ୍କ ନିକଟକୁ ହିମାୟିତପୁର ଆସିଥିଲେ କିନ୍ତୁ ବିଶେଷ କିଛି ଆଲୋଚନା ହୋଇ ପାରି ନଥିଲା । ସୁଭାଷଚନ୍ଦ୍ରଙ୍କ କଲିକତା ଏଲଗିନ୍ ରୋଡସ୍ଥିତ ବାସଭବନରେ ତାଙ୍କର କୋଠରୀରେ ଶ୍ରୀଶ୍ରୀଠାକୁରଙ୍କ ଫଟୋ ସଂରକ୍ଷିତ ହୋଇ ରଖାହୋଇଛି ।

ଶ୍ୟାମାପ୍ରସାଦ ମୁଖୋପାଧ୍ୟାୟ- ସେ ଥିଲେ ହିନ୍ଦୁ ମହାସଭାର ପ୍ରତିଷ୍ଠାତା ଓ କଲିକତାର ବରିଷ୍ଠ ଆଇନଜୀବୀ । ୧୯୩୯ ମସିହାରେ ସେ ଶ୍ରୀଶ୍ରୀଠାକୁର ଅନୁକୂଳଚନ୍ଦ୍ରଙ୍କ ହିମାୟିତପୁର ଆଶ୍ରମ ପ୍ରଥମଥର ପାଇଁ ଆସି ତାଙ୍କ ସହିତ ଆଳାପ ଆଲୋଚନା କରିଥିଲେ । ଶ୍ରୀଶ୍ରୀଠାକୁର ତାଙ୍କୁ ଅନୁଷ୍ଠାନର ନାମ ହିନ୍ଦୁ-ମହାସଭା ପରିବର୍ତ୍ତେ ଆର୍ଯ୍ୟ-ମହାସଭା ରଖିବାକୁ ପ୍ରସ୍ତାବ ଦେଇଥିଲେ ଯଦ୍ଦ୍ୱାରା ମୁସଲମାନ ସଂପ୍ରଦାୟ ମଧ୍ୟ ଏଥିରେ ସାମିଲ ହୋଇପାରିବେ । ସେତେବେଳେ ହିନ୍ଦୁ-ମୁସଲମାନ ଦଙ୍ଗା ରୋକିବା ପାଇଁ ମୁସଲମାନବହୁଳ ସ୍ଥାନମାନଙ୍କରେ ହିନ୍ଦୁମାନଙ୍କୁ ଏବଂ ହିନ୍ଦୁବହୁଳ ସ୍ଥାନମାନଙ୍କରେ ମୁସଲମାନଙ୍କୁ ଅବସ୍ଥାପିତ କରିବା ପାଇଁ ଶ୍ରୀଶ୍ରୀଠାକୁର ତାଙ୍କୁ ଅନୁରୋଧ କରିଥିଲେ । ଅବଶ୍ୟ ଏ ଦିଗରେ ଶ୍ୟାମାପ୍ରସାଦ କିଛି ପଦକ୍ଷେପ ନେଇନଥିଲେ । ଦେଶ ବିଭାଜନ ପରେ ସେ ଦେଓଘର ଆସି ଅନୁତପ୍ତ କଣ୍ଠରେ ସ୍ୱୀକାର କରିଥିଲେ ଯେ ଶ୍ରୀଶ୍ରୀଠାକୁରଙ୍କ କଥା ନିର୍ଭୁଲ ଥିଲା ।

ଲାଲବାହାଦୂର ଶାସ୍ତ୍ରୀ- ୧୯୫୭ ମସିହା ଅକ୍ଟୋବର ମାସରେ ଦେଓଘରରେ ଅନୁଷ୍ଠିତ ଶ୍ରୀଶ୍ରୀଠାକୁରଙ୍କ ୭୦ତମ ଜନ୍ମୋତ୍ସବରେ ନିମନ୍ତ୍ରିତ ଅତିଥିଭାବେ ଯୋଗଦାନ କରିଥିଲେ ତତ୍କାଳୀନ କେନ୍ଦ୍ରୀୟ ରେଳମନ୍ତ୍ରୀ ଲାଲବାହାଦୂର ଶାସ୍ତ୍ରୀ ଏବଂ ଶ୍ରୀଶ୍ରୀଠାକୁରଙ୍କ ସହିତ ନାନା ବିଷୟରେ ସେ ଆଲୋଚନା କରିଥିଲେ । ସେଇ ସମୟରେ ଶ୍ରୀଶ୍ରୀଠାକୁର ତାଙ୍କୁ ମନ୍ତ୍ରପୂତ ଦଣ୍ଡ (ଲାଠି) ମଧ୍ୟ ପ୍ରଦାନ କରିଥିଲେ । ତାଙ୍କ ସମ୍ପର୍କରେ ପରେ ଶ୍ରୀଶ୍ରୀଠାକୁର କହିଥିଲେ, 'କ୍ଷାତ୍ରବୀର୍ଯ୍ୟ ଯେ କେତେ ବଡ଼ ଏବଂ କ୍ଷତ୍ରିୟ ଯେ କେତେ ବଡ଼ ହୋଇପାରେ ତା'ର ଉଦାହରଣ ହେଲେ ଶାସ୍ତ୍ରୀଜୀ ।'

ଶରତଚନ୍ଦ୍ର ଚଟ୍ଟୋପାଧ୍ୟାୟ- ସେ ବଙ୍ଗଳାଭାଷାର ପ୍ରଖ୍ୟାତ ଔପନ୍ୟାସିକ । ୧୯୨୮ ମସିହାରେ ସେ ହିମାୟିତପୁର ସତ୍‌ସଂଗସ୍ଥିତ ତପୋବନ ବିଦ୍ୟାଳୟର ଏକ ବିଶେଷ ସମାରୋହରେ ଯୋଗଦେବା ପାଇଁ ଆସିଥିଲେ । ଶ୍ରୀଶ୍ରୀଠାକୁରଙ୍କୁ ଦର୍ଶନ କରି ତାଙ୍କୁ ଅନେକ ପ୍ରଶ୍ନ ପଚାରିଥିଲେ । ଶ୍ରୀଶ୍ରୀଠାକୁର ବିୟୋଗାନ୍ତକ ସାହିତ୍ୟକୁ ପସନ୍ଦ କରୁନଥିଲେ । ଶରତ୍‌ଚନ୍ଦ୍ରଙ୍କ ଅଧିକାଂଶ ରଚନା ବିୟୋଗାନ୍ତକ ଥିଲା । ସାହିତ୍ୟ ସମ୍ପର୍କିତ ଚର୍ଚ୍ଚା ଚାଲିଥିଲାବେଳେ ଶରତ୍‌ଚନ୍ଦ୍ର କହିଲେ - ଅନେକ ଲୋକ ମୋ' ପାଖକୁ (confession) ଆତ୍ମ-ସ୍ୱୀକୃତି କରି ଅନେକ ପତ୍ର ଲେଖିଛନ୍ତି ଯାହାର ସୀମା ନାହିଁ । ସେହି ଲୋକଙ୍କ କଥା ମୁଁ ମୋ ସାହିତ୍ୟରେ ଲେଖିଛି ।

ଶ୍ରୀଶ୍ରୀଠାକୁର କହିଲେ - ମୋ ପାଖକୁ ମଧ୍ୟ ଅନେକ ଲୋକ ଆସି ସେମାନେ କରିଥିବା ପାପ ମୋ' ପାଖରେ (confess) ସ୍ୱୀକାର କରିଛନ୍ତି । ତାହା କି ବୀଭତ୍ସ ! ମୁଁ ସେ ସମ୍ପର୍କରେ କାହାକୁ କିଛି କହି ନାହିଁ । କାହିଁକି ଜାଣନ୍ତି ? ସମାଜ ପତନୋନ୍ମୁଖୀ, ଏହା ସତ୍ୟ ! ଏସବୁ ଜାଣି ସୁଦ୍ଧା ଆମେ ଯଦି ବିକୃତ ମାନସିକତାର ଅଭିବ୍ୟକ୍ତି ଲୋକଙ୍କ ନିକଟରେ ବାଢ଼ିବା ତେବେ ଆମେ କାହାର ବି ଟିକିଏ ହେଲେ ଉପକାର କରିପାରିବା ନାହିଁ । ଗଠନମୂଳକ ଘଟଣାବଳୀର ଚିତ୍ରଣ ଲୋକମାନଙ୍କ ପାଖରେ ପହଁଚାଇବା ସାହିତ୍ୟର

ଦାୟିତ୍ୱ । ଯାହାଫଳରେ ଲୋକେ ହତାଶାରୁ ଆଶା ଏବଂ ଦୁଃଖରେ ଶାନ୍ତି ଖୋଜି ପାଇବେ । ବାସ୍ତବବାଦ ସହିତ ଯଦି ଆଦର୍ଶବାଦର ସମନ୍ୱୟ ନରହେ ତେବେ କୌଣସି ସୁଫଳ ମିଳିବ ନାହିଁ। ସାହିତ୍ୟିକ ଯଦି ପାଠକ ମନରେ ଭରସା ସୃଷ୍ଟି କରିନପାରିଲା, କଲ୍ୟାଣର ପଥ ଦେଖାଇ ନ ପାରିଲା, ତେବେ ସେ କି ସାହିତ୍ୟ ? ଶ୍ରୀଶ୍ରୀଠାକୁରଙ୍କ ପ୍ରେମ ସ୍ୱରୂପ ପ୍ରାଞ୍ଜଳଦୀପ୍ତ କଥା ଅବାକ୍ ଏବଂ ବିସ୍ମିତ ହୋଇ ଶରତ୍‌ଚନ୍ଦ୍ର ଶୁଣୁଥିଲେ । କାତର ସ୍ୱରରେ ଶରତଚନ୍ଦ୍ର କହିଲେ - ଏତେଦିନ ପର୍ଯ୍ୟନ୍ତ ମୋର ଭାବନାର ଧାରା ଓଲଟା ଥିଲା । ସମସ୍ୟା ସମୂହର ଉଲ୍ଲେଖ କରିଥିଲି, ଭାବିଥିଲି ସମାଜ ସଂସ୍କାରକ ଏସବୁର ସମାଧାନ ପ୍ରଦାନ କରିବେ। ଶ୍ରୀଶ୍ରୀଠାକୁରଙ୍କ ଜ୍ୟୋତିର୍ମୟ ଚେହେରା ଆଡ଼କୁ ଚାହିଁ ଶରତଚନ୍ଦ୍ର କହିଲେ - ଏବେ କଣ ଜୀବନର ସାୟାହ୍ନରେ ଅନ୍ୟପ୍ରକାର ରଚନା ସୃଷ୍ଟି କରିପାରିବି ?

ଶ୍ରୀଶ୍ରୀଠାକୁର ସାହସ ଦେଇ କହିଲେ - ଅବଶ୍ୟ କରିପାରିବେ । ତୁରନ୍ତ ଆରମ୍ଭ କରନ୍ତୁ । କୁହାଯାଏ, ଶ୍ରୀଶ୍ରୀଠାକୁରଙ୍କୁ ଦର୍ଶନ କରି ଯିବାପରେ ଶରତ୍‌ଚନ୍ଦ୍ର ତାଙ୍କର 'ବିପ୍ରଦାସ' ଉପନ୍ୟାସ ଲେଖିବାର ପ୍ରେରଣା ପାଇଥିଲେ । (ସାତ୍ୱତୀ, ଅପ୍ରେଲ୍ ୨୦୧୭)

ପଣ୍ଡିତ ବିନୋଦାନନ୍ଦ ଝା— ସେ ଥିଲେ ତତ୍କାଳୀନ ଅବିଭକ୍ତ ବିହାରର ରାଜନୀତିର ଅନ୍ୟତମ କର୍ଣ୍ଣଧାର । ୧୯୬୧ ମସିହା ଫେବୃୟାରୀ ଠାରୁ ୧୯୬୩ ଅକ୍ଟୋବର ପର୍ଯ୍ୟନ୍ତ ସେ ବିହାରର ମୁଖ୍ୟମନ୍ତ୍ରୀ ଥିଲେ । ତାଙ୍କର ଜୀବନକାଳ ମଧ୍ୟରେ ସେ ବହୁବାର ଆଶ୍ରମ ଆସି ଶ୍ରୀଶ୍ରୀଠାକୁରଙ୍କୁ ଦର୍ଶନ କରିଥିଲେ । ଶ୍ରୀଶ୍ରୀଠାକୁର ମଧ୍ୟ ତାଙ୍କୁ ଅତ୍ୟନ୍ତ ଭଲ ପାଉଥିଲେ । ବିଶେଷକରି ଶାଣ୍ଡିଲ୍ୟ ବିଶ୍ୱବିଦ୍ୟାଳୟ ସ୍ଥାପନ ଦିଗରେ ସେ ସତ୍‌ସଙ୍ଗକୁ ସାହାଯ୍ୟ କରିବା ପାଇଁ ବିଭିନ୍ନ ପଦକ୍ଷେପ ନେଇଥିଲେ । ଶ୍ରୀଶ୍ରୀଠାକୁରଙ୍କ ପ୍ରଦତ୍ତ ମନ୍ତ୍ରପୂତ ଦଣ୍ଡକୁ ସେ ସବୁ ସମୟରେ ପାଖରେ ରଖୁଥିଲେ ।

(ସଂଯୋଜକ- ଉପରୋକ୍ତ ବ୍ୟକ୍ତିମାନଙ୍କ ବ୍ୟତୀତ ଶ୍ରୀଶ୍ରୀଠାକୁରଙ୍କ ଦର୍ଶନରେ ବହୁ ଗଣ୍ୟମାନ୍ୟ ବ୍ୟକ୍ତି ହିମାୟିତପୁର ଆଶ୍ରମ ଓ ଦେଓଘର ଆଶ୍ରମକୁ ଆସିଥିଲେ । ସେମାନଙ୍କ ମଧ୍ୟରେ ପଶ୍ଚିମବଙ୍ଗର ମୁଖ୍ୟମନ୍ତ୍ରୀ ଶ୍ରୀଯୁକ୍ତ ପ୍ରଫୁଲ୍ଲଚନ୍ଦ୍ର ସେନ, ଜଗଦ୍‌ଗୁରୁ ଶ୍ରୀଶଙ୍କରାଚାର୍ଯ୍ୟ, ସ୍ୱାମୀ ଭାରତୀକୃଷ୍ଣ ତୀର୍ଥ, ସାଂସଦ ଅନନ୍ତ ଶାୟନମ୍ ଆୟୋଙ୍ଗାର, ସାହିତ୍ୟିକା ପ୍ରଭାବତୀ ଦେବୀ, ଡଃ ପ୍ରାଣକୃଷ୍ଣ ପରିଜା, ସରଳାଦେବୀ, ତାରାଶଙ୍କର ବନ୍ଦ୍ୟୋପାଧ୍ୟାୟ, ବଳଦେବ ସହାୟ, ଡଃ ହାଜାରୀଲାଲ ଦ୍ୱିବେଦୀ, ଶୈଳଜାନନ୍ଦ ମୁଖୋପାଧ୍ୟାୟ, ଡଃ ରାଧାନାଥ ରଥ, ଗୁଲଜାରୀଲାଲ ନନ୍ଦା ପ୍ରମୁଖ । ଏହି ପୁସ୍ତକର ସୀମିତ କଳେବର ଦୃଷ୍ଟିରୁ ଶ୍ରୀଶ୍ରୀଠାକୁରଙ୍କ ସହିତ ସେମାନଙ୍କର ଆଳାପ-ଆଲୋଚନା ପ୍ରଦାନ ସମ୍ଭବ ହେଉନାହିଁ ।)

ବିଦେଶୀ ଭକ୍ତ ଓ ଅନୁରାଗୀବୃନ୍ଦ

ଏଡମଣ୍ଡ ଯୋସେଫ ସ୍ପେନସର (Edmund Joseph Spencer)– ସେ ଆମେରିକାର ଏକ ଧନୀ ପରିବାରର ସନ୍ତାନ ଥିଲେ ଏବଂ ହାର୍ଭାଡ ବିଶ୍ୱବିଦ୍ୟାଳୟରେ

ଇତିହାସର ଅଧ୍ୟାପକ ଥିଲେ। ଦ୍ୱିତୀୟ ବିଶ୍ୱଯୁଦ୍ଧ ସମୟରେ ସେ Ambulance Core ବାହିନୀରେ ସେ କଲିକତା ଆସିଥିଲେ। ସେଠାରେ ଇଞ୍ଜିନିୟର ଯତୀନ୍ଦ୍ରନାଥ ଦାସଙ୍କ ସହିତ ତାଙ୍କର ସାକ୍ଷାତ ହେଲା ଏବଂ ୧୯୪୫ ମସିହା ସେପ୍ଟେମ୍ବର ମାସରେ ସେ ତାଙ୍କ ସହ ଶ୍ରୀଶ୍ରୀଠାକୁରଙ୍କୁ ହିମାୟିତପୁର ଆଶ୍ରମରେ ଦର୍ଶନ କଲେ। ତାଙ୍କୁ ଦେଖି ଶ୍ରୀଶ୍ରୀଠାକୁର କହିଲେ- 'I shall make you closer to Christ.' (ମୁଁ ତୁମକୁ ଯୀଶୁଙ୍କ ନିକଟତର କରାଇ ପାରିବି।) ଶ୍ରୀଶ୍ରୀଠାକୁର ଯୀଶୁଙ୍କ ଜୀବନର ଘଟଣାଗୁଡିକ ଗୋଟିଏ ପରେ ଗୋଟିଏ ବର୍ଣ୍ଣନା କରି ଯାଉଥିଲେ ଏବଂ ପ୍ରଫୁଲ୍ଲକୁମାର ଦାସ ସ୍ପେନସରଦାଙ୍କୁ ଇଂରାଜୀରେ ଶୁଣାଉଥିଲେ। ଶେଷରେ ବିଚାର-ପର୍ବ ଓ Crucification (କ୍ରୁଶବିଦ୍ଧ) ଆସିଲା -ଯୀଶୁଙ୍କ କାନ୍ଧରେ କ୍ରୁଶ ଉଠାଇବା, ତାଙ୍କ ମୁଣ୍ଡରେ କଣ୍ଟାର ମୁକୁଟ ପିନ୍ଧାଇ ଦେବା ଇତ୍ୟାଦି ଛବି ପରେ ଛବି ଦେଖିଲା ଭଳି ଶ୍ରୀଶ୍ରୀଠାକୁର ବର୍ଣ୍ଣନା କରି ଯାଉଥିଲେ । ଶେଷ ଦୃଶ୍ୟବେଳକୁ ଶ୍ରୀଶ୍ରୀଠାକୁରଙ୍କ କଣ୍ଠସ୍ୱର ହଠାତ୍ ବନ୍ଦ ହୋଇଗଲା। ସେ ଚାଦରକୁ ମୁହଁରେ ଘୋଡାଇ କାନ୍ଦିବାରେ ଲାଗିଲେ। ଏହାପରେ ସ୍ପେନସରଙ୍କର ହୃଦବୋଧ ହୋଇଥିଲା ଯେ ଆଜି ଯଦି ଯୀଶୁ ଥାଆନ୍ତେ, ସେ ଠାକୁରଙ୍କ ବ୍ୟତୀତ ଅନ୍ୟ କେହି ହୋଇ ନ ଥାନ୍ତେ। ସେ ଦୀକ୍ଷା ଗ୍ରହଣ କଲେ ଏବଂ ଆଜୀବନ ଶ୍ରୀଶ୍ରୀଠାକୁରଙ୍କର ବିଶ୍ୱସ୍ତ କର୍ମୀ ହୋଇ ରହିଲେ। ଶ୍ରୀଶ୍ରୀଠାକୁର ତାଙ୍କୁ ସ୍ନେହରେ ଡାକୁଥିଲେ 'ସ୍ପେନ୍‌ସ'।

୧୯୪୬ ମସିହାର ଅଗଷ୍ଟ ମାସ ବେଳକୁ ଭାରତରେ ହିନ୍ଦୁ-ମୁସଲମାନ ଦଙ୍ଗା ଆରମ୍ଭ ହୋଇ ଗଲାଣି। ସ୍ପେନସର ନିଜ ଦେଶକୁ ଫେରି ଯିବାକୁ ଚାହିଁବାରୁ ଶ୍ରୀଶ୍ରୀଠାକୁର କହିଥିଲେ- ତୁମେ ଦେଶକୁ ଫେରିଯାଅ। ସେଠାରେ ଗବେଷଣା କରିବ। ଆବାସିକ ଛାତ୍ର ଭାବେ ରହିବ, ହଷ୍ଟେଲର ବେସମେଣ୍ଟରେ ଗୋଟାଏ ସ୍ୱତନ୍ତ୍ର ଘର ପାଇବ। ଆଉ ଜଣେ ଛାତ୍ରର ସୁନ୍ଦରୀ ଧନବତୀ ଭଉଣୀ ସହିତ ସେ ତୁମର ପରିଚୟ କରାଇ ଦେବ। ସେ ମଧ୍ୟ ସେହି ହଷ୍ଟେଲରେ ରହୁଥିବ। ତା ସହିତ ଗୋଟିଏ କୁକୁର ଛୁଆ ଥିବ। ହଷ୍ଟେଲରେ ପଶୁ ରଖିବା ନିୟମ ବିରୁଦ୍ଧ ହେତୁ ବେସମେଣ୍ଟରେ ତୁମ କୋଠରୀରେ କେହି ନ ଜାଣିବା ପରି କୁକୁରଟିକୁ ରଖିବାକୁ ସେ ତୁମକୁ ଅନୁରୋଧ କରିବ। ଏହାଦ୍ୱାରା ତୁମ ଦୁହିଙ୍କ ଭିତରେ ପ୍ରେମ ହେବ, ସେ ବିବାହ ପ୍ରସ୍ତାବ ଦେବ। ତୁମେ ଏହି ସର୍ତ୍ତରେ ରାଜି ହେବ ଯେ ବିବାହ ପରେ ତାକୁ ଭାରତରେ ତୁମ ଗୁରୁଙ୍କ ପାଖରେ ରହିବାକୁ ହେବ, ଆଉ କୌଣସି ପ୍ରକାର cell division (ସନ୍ତାନାଦି) ହେବ ନାହିଁ। ସେମାନଙ୍କର ବିବାହ ହେଲା, ଶ୍ରୀଶ୍ରୀଠାକୁର ଯେଉଁପରି କହିଥିଲେ ତାହା ଅବିକଳ ଘଟିବାରୁ ସ୍ପେନସରଦାଙ୍କ ବିଶ୍ୱାସ ଆହୁରି ମଜଭୁତ ଏବଂ ପକ୍କା ହେଲା। ସେ ନବବିବାହିତା ସ୍ତ୍ରୀ ମାର୍ଗାରେଟ ଏବଂ ପାଳିତ କୁକୁର ଓମକୁ ଧରି ଦେଓଘର ଫେରିଲେ। ଗୋଲାପବାଗରେ ଦୁଇ କୋଠରୀ ବିଶିଷ୍ଟ ଗୋଟିଏ ଘରେ ସେମାନଙ୍କର ରହିବାର ବ୍ୟବସ୍ଥା ହେଲା। ଜଣେ ସାଧାରଣ ନାରୀ ପରି ମାର୍ଗାରେଟ ମାଆ ହେବାକୁ ଚାହୁଁଥିଲେ। କିନ୍ତୁ ସ୍ପେନସର ଗୁରୁଙ୍କ ନିର୍ଦ୍ଦେଶରେ ଅଟଳ ରହିବାରୁ ମାର୍ଗାରେଟ

ମାନସିକଭାବେ ବିଧ୍ୱସ୍ତ ହୋଇ ପଡିଲେ। ଅଳ୍ପ କିଛିଦିନ ପରେ ଆମେରିକା ଫେରିଯାଇ ବିବାହ-ବିଚ୍ଛେଦ ନୋଟିସ ସ୍ପେନସରଙ୍କ ନିକଟକୁ ପଠାଇଥିଲେ। ଶ୍ରୀଶ୍ରୀଠାକୁରଙ୍କ ନିର୍ଦ୍ଦେଶରେ ଏହି ନୋଟିସକୁ ସ୍ପେନସର ନିରୁତ୍ତର ରହିବାରୁ ସେପଟେ ମାର୍ଗାରେଟଙ୍କର ବିବାହ ପରିତ୍ୟାଗ ସଂପୂର୍ଣ୍ଣ ହେଲା।

୧୯୬୧ ମସିହାରେ ଶ୍ରୀଶ୍ରୀଠାକୁର ସ୍ପେନସରଦାଙ୍କୁ ଆଦେଶ କଲେ – "Go out on the road with one cloth and no money." (ଏକବସ୍ତ୍ର ଏବଂ ରିକ୍ତହସ୍ତରେ ଭ୍ରମଣରେ ବାହାରି ଯାଅ।) ସେହି ବର୍ଷ ଅଗଷ୍ଟ ମାସରେ ପଂଜାବର ଏକ ପ୍ରାନ୍ତରରେ ଶୋଇଥିବାବେଳେ ଭୋରବେଳକୁ ତାଙ୍କର ଯୀଶୁଙ୍କ ଦର୍ଶନ ହେଲା, ଏବଂ ଯୀଶୁଙ୍କର ମନ୍ତ୍ର ସେ ଆଭ୍ୟନ୍ତରୀଣ କାନରେ ଶୁଣି ପାରିଲେ। ସେ ଆଶ୍ରମକୁ ଫେରି ଆସିଲେ। ଶ୍ରୀଶ୍ରୀଠାକୁର ତାଙ୍କୁ ଦେଖି ଅତ୍ୟନ୍ତ ଖୁସି ହୋଇଥିଲେ ଏବଂ ପଚାରିଲେ ମନ୍ତ୍ର ପାଇଛ ତ ? ସ୍ପେନସରଦା ପାଇଛି ବୋଲି କହିଲେ ଏବଂ ଆନନ୍ଦାଶ୍ରୁ ତାଙ୍କ ଆଖିରୁ ବହିବାକୁ ଲାଗିଲା। ଶ୍ରୀଶ୍ରୀଠାକୁର ସ୍ପେନସରଦାଙ୍କୁ କହିଲେ, ତୁମେ ଯୀଶୁଙ୍କ ମୃତ୍ୟୁ ନେଇ ଗବେଷଣା କର, ତଦନ୍ତ କର; ମହମ୍ମଦ ରସୁଲଙ୍କ ପରି ମୁଁ ମଧ୍ୟ ବିଶ୍ୱାସ କରେ ଯେ କ୍ରୁଶରେ ଯୀଶୁଙ୍କର ମୃତ୍ୟୁ ଘଟି ନ ଥିଲା। ସ୍ପେନସରଦା ଭାରତ ଓ ଆମେରିକାରେ ବହୁ ସ୍ଥାନ ପଦବ୍ରଜରେ ପରିଭ୍ରମଣ କରି ପ୍ରଭୁ ଯୀଶୁଙ୍କ ମୃତ୍ୟୁ ସଂପର୍କରେ ଅନେକ ଅନାବିଷ୍କୃତ ତଥ୍ୟ ପାଇଥିଲେ।

ଆମେରିକାରୁ ତାଙ୍କର ମାଆ ଏବଂ ଭଉଣୀ ତାଙ୍କୁ ଘରକୁ ଫେରାଇ ନେବାକୁ ଆସିଥିଲେ। ସେ କିନ୍ତୁ ସେମାନଙ୍କ ସଙ୍ଗେ ଯାଇ ନ ଥିଲେ। ଆଶ୍ରମରେ ସାଧାରଣ କର୍ମୀ ପରି ଇଟାଭାଟିରୁ ଇଟା ବୋହିବା, କାଗଜ ଠୁଙ୍ଗାରେ ଚାଉଳ ଓ କାନ୍ଧରେ ପୋଇଶାଗ ଝୁଲାଇ ଅଭାବୀ ଲୋକ ଘରେ ପହୁଞ୍ଚାଇବା ଇତ୍ୟାଦି ସମସ୍ତ କାର୍ଯ୍ୟ ସେ ଆଗ୍ରହ ସହକାରେ କରୁଥିଲେ। ସେ ଭାରତୀୟ ନାଗରିକତ୍ୱ ନେଇଥିଲେ। ସତସଙ୍ଗରୁ ଇଂରାଜୀ ମାସିକ ପତ୍ରିକା ଲାଇଗେଟ (Ligate) ଷ୍ଟେନସିଲ ମାଧ୍ୟମରେ ବହୁ କଷ୍ଟ ସ୍ୱୀକାର କରି ସେ ପ୍ରକାଶ କରୁଥିଲେ। ଶ୍ରୀମଦ୍‌ଭଗବତ୍ ଗୀତାକୁ ସେ ଇଂରାଜୀରେ ଅନୁବାଦ କରିଥିଲେ।

ଦିନେ ଶ୍ରୀଶ୍ରୀଠାକୁର ସ୍ପେନସରଦାଙ୍କୁ ପଚାରିଲେ, 'ସ୍ପେନସ ତୁମର ଟର୍ଚ୍ଚ ନାହିଁ?' ସ୍ପେନସରଦା ଉତ୍ତର ଦେଲେ, "Yes, I have a small one." ଶ୍ରୀଶ୍ରୀଠାକୁର କିଛିକ୍ଷଣ ପରେ ଧୀରେ କହିଲେ, 'Whatever small it is, try to switch it on', ଯେପରି ବୁଦ୍ଧଦେବ କହିଥିଲେ, 'ଆତ୍ମଦୀପ ଭବ।'

୧୯୯୬ ମସିହା ଡିସେମ୍ବର ମାସରେ ସେ ଦେଓଘରରେ ଦେହରକ୍ଷା କରିଥିଲେ। (ଭକ୍ତ ଓ ଭଗବାନ)

ରେ ଆର୍ଚର ହାଉଜାରମ୍ୟାନ (Ray Archer Hauserman)– ସେ ଯୁକ୍ତରାଷ୍ଟ୍ର ଆମେରିକାର ଓହିଓ (Ohio) ସହରରେ ୧୯୨୨ ମସିହାରେ ଜନ୍ମଗ୍ରହଣ କରିଥିଲେ।

୨୩ ବର୍ଷ ବୟସରେ ସେ American Field Services ର Ambulance Divisionରେ ଯୋଗ ଦେଇ ଦୁଇବର୍ଷ ବର୍ମାରେ କାର୍ଯ୍ୟରତ ରହିବା ପରେ ଭାରତ ଆସିଥିଲେ । ୧୯୪୫ ମସିହା ବେଳକୁ କଲିକତାରେ ସେ ସ୍ୱଦେଶକୁ ପ୍ରତ୍ୟାବର୍ତ୍ତନ କରିବା ପାଇଁ ଜାହାଜ ଅପେକ୍ଷାରେ ଥାଆନ୍ତି । ଏହି ସମୟରେ ତାଙ୍କର ସାକ୍ଷାତ ହୁଏ ବନ୍ଧୁ ଏଡମଣ୍ଡ ଯୋସେଫ ସ୍ପେନସରଙ୍କ ସହିତ । ସେତେବେଳକୁ ସ୍ପେନସର ଶ୍ରୀଶ୍ରୀଠାକୁରଙ୍କୁ ହିମାୟିତପୁରରେ ଦର୍ଶନ କରି କଲିକତା ଫେରି ଆସିଥାନ୍ତି । ସେ ହାଉଜାରମ୍ୟାନଙ୍କୁ କହିଲେ- ତୁମେ ଯଦି ଭାରତ ଛାଡିବା ପୂର୍ବରୁ ଶ୍ରୀଶ୍ରୀଠାକୁରଙ୍କୁ ଦର୍ଶନ କରିବାରୁ ବଞ୍ଚିତ ହୁଅ, ତେବେ ଜୀବନର ବାକିତକ ବର୍ଷ ତୁମକୁ ଅନ୍ଧକାରରେ ଘୁରି ବୁଲିବାକୁ ହେବ, ନିଶ୍ଚୟ ଜାଣ । ତାଙ୍କର ଏହି ଉକ୍ତିରେ ହାଉଜାରମ୍ୟାନ ଏତେ ପ୍ରଭାବିତ ହେଲେ ଯେ ଆମେରିକା ପ୍ରତ୍ୟାବର୍ତ୍ତନର ଦିନକୁ ଘୁଞ୍ଚାଇ ଦେଇ ସ୍ପେନସରଙ୍କ ସହିତ ହିମାୟିତପୁର ଆଶ୍ରମରେ ପହଞ୍ଚିଲେ । ଶ୍ରୀଶ୍ରୀଠାକୁରଙ୍କୁ ଦର୍ଶନ କରିବାମାତ୍ରେ ତାଙ୍କର ଅଦ୍ଭୁତ ପରିବର୍ତ୍ତନ ଘଟିଲା । ସେ ତାଙ୍କର ଆମେରିକା ପ୍ରତ୍ୟାବର୍ତ୍ତନକୁ ବାତିଲ କରିଦେଲେ । ଋତ୍ୱିଗାଚାର୍ଯ୍ୟ କୃଷ୍ଣପ୍ରସନ୍ନ ଭଟ୍ଟାଚାର୍ଯ୍ୟଙ୍କ ମାଧ୍ୟମରେ ଦୀକ୍ଷା ଗ୍ରହଣ କଲେ । ଆଶ୍ରମବାସୀ ଭାବେ ହିମାୟିତପୁର ଆଶ୍ରମରେ ଏବଂ ଦେଓଘର ଆଶ୍ରମରେ ରହି ଶ୍ରୀଶ୍ରୀଠାକୁରଙ୍କ ନିୟତକର୍ମୀ ଭାବେ ସେ କାର୍ଯ୍ୟ କଲେ । ଶହ ଶହ ଲୋକଙ୍କୁ ଦୀକ୍ଷା ଦେଲେ । ଶ୍ରୀଶ୍ରୀଠାକୁର ଆଦରରେ ତାଙ୍କୁ 'ରେ' ବୋଲି ଡାକୁଥିଲେ ।

୧୯୪୬ ମସିହାରେ ଶ୍ରୀଶ୍ରୀଠାକୁରଙ୍କର ହିମାୟିତପୁରରୁ ଦେଓଘର ଚାଲି ଆସିବାବେଳର ଚଳମାନ ଛବି ମୁଭି କ୍ୟାମେରାରେ ଶ୍ରୀଶ୍ରୀଠାକୁରଙ୍କର ଚଳମାନ ଛବି ଉତ୍ତୋଳନ କରିଥିଲେ । ଯଦିଓ ସେହି ଛବିର ଦୀର୍ଘତା ଖୁବ କମ ଥିଲା, ଏବଂ ଏବେ ତାହା ଅତି ପୁରାତନ ତଥାପି ତାହାର କିଛି ଅଂଶରେ ଶ୍ରୀଶ୍ରୀଠାକୁରଙ୍କ ଚାଲିବା, କଥା କହିବା ଇତ୍ୟାଦିର ଜୀବନ୍ତ ଚିତ୍ର ଯେ କୌଣସି ଭକ୍ତ ପାଇଁ ଅତ୍ୟନ୍ତ ମନୋମୁଗ୍ଧକର ଏଥିରେ ସନ୍ଦେହ ନାହିଁ ।

ଦେଓଘର ଆଶ୍ରମରେ ଆଲୋଚନାବେଳେ ସେ କହିଥିଲେ - ଠାକୁରଙ୍କ ନିକଟକୁ ଆସି ମୁଁ ଆହୁରି ବେଶି ଖ୍ରୀଷ୍ଟିୟାନ ହୋଇ ପାରିଛି, କାରଣ ଠାକୁର କୁହନ୍ତି ମୁଁ ଯଦି ତୁମର ଭଲପାଇବା ଓ ପ୍ରେମ ଯୀଶୁଖ୍ରୀଷ୍ଟଙ୍କ ଉପରେ ନ୍ୟସ୍ତ କରି ନ ପାରେ ତାହେଲେ ମୁଁ ତୁମର କେନ୍ଦ୍ର ନୁହେଁ, ଆଦର୍ଶ ନୁହେଁ । ସେ ଶ୍ରୀଶ୍ରୀଠାକୁରଙ୍କୁ ପଚାରିଥଲେ, Is God helpless? (ଭଗବାନ କଣ ଅସହାୟ) ଶ୍ରୀଶ୍ରୀଠାକୁର ଉତ୍ତରରେ କହିଥିଲେ- God is helpless, where his disciples are helpless. (ଭକ୍ତ ଯଦି ଅସହାୟ ତେବେ ତା'ର ଭଗବାନ ମଧ୍ୟ ଅସହାୟ ।)

ଦିନେ ଜଣେ ଲୋକକୁ ଶ୍ରୀଶ୍ରୀଠାକୁର ଦେଖାଇ କହିଲେ- ରେ, ଏଇ ଲୋକକୁ କଣ ତୁମେ ପାଖରେ ରଖି ପାରିବ ? ହାଉଜାରମ୍ୟାନ ଲୋକଟି ଆଡେ ଚାହିଁଲେ –ମଇଳା

ଲୁଗାପଟା, ଅବିନ୍ୟସ୍ତ କେଶରାଶି, ମୁହଁରେ ଦାଢ଼ି, ଦାନ୍ତଗୁଡିକ ହଳଦିଆ ପଡିଯାଇଛି । ହାଉଜାରମ୍ୟାନ ସେହି ଲୋକଟିକୁ ସାଙ୍ଗରେ ନେଇ ସେ ନିଜେ ଓ ସ୍ପେନସର ରହୁଥିବା ରୁମକୁ ଗଲେ ଏବଂ ତାକୁ କହିଲେ - ତୁମେ ଏଇଠାରେ ବିଶ୍ରାମ କର, ମୁଁ ଅନ୍ୟକିଛି କାମ ସାରି ଫେରି ଆସିବି । ଦ୍ୱିପ୍ରହରରେ ହାଉଜାରମ୍ୟାନ ଫେରିଆସି ଦେଖନ୍ତି ତ ଘରସାରା ଖଣ୍ଡିଆ ବିଡି, ପୋଡା ଦିଆସିଲି କାଠି ଆଉ ଛେପଖଙ୍କାର । ବାଥରୁମକୁ ଯାଇ ଦେଖିଲେ ଲୋକଟି ତାଙ୍କର ସାବୁନ, ତଉଲିଆ, ଟୁଥବ୍ରଶ ଇତ୍ୟାଦି ବ୍ୟବହାର କରି ବାବୁ ସାଜି ବସିଛି । ହାଉଜାରମ୍ୟାନ ତା'ର ଖାଇବାର ବ୍ୟବସ୍ଥା କଲେ । ସେ ସ୍ପେନସରଦାଙ୍କୁ ନେଇ କୌଣସିକାମରେ ବାହାରକୁ ଗଲେ ଏବଂ ଫେରି ଆସି ଦେଖନ୍ତି ତ ଦୁହିଙ୍କ ମନିପର୍ସ ଗାଏବ ହୋଇ ଯାଇଛି ।

ସନ୍ଧ୍ୟା ପ୍ରାର୍ଥନା ପରେ ସେ ଶ୍ରୀଶ୍ରୀଠାକୁରଙ୍କ ନିକଟରେ ସେଲୋକ ବାବଦରେ ବିସ୍ତାରିତ ବର୍ଣ୍ଣନା ଦେଇ କହିଲେ ଏବଂ ପ୍ରାର୍ଥନା କଲେ -ଏପରି ଲୋକକୁ ମୁଁ ପାଖରେ ରଖିପାରିବି ନାହିଁ । ଶ୍ରୀଶ୍ରୀଠାକୁର କହିଲେ– 'No medicine can cure a negative mind. I am the foolish father of my so many fallen sons. ତୁମେ ଚାହିଁଲେ ତାକୁ ସୁଧାରି ପାରିବ ।' ଏତିକିବେଳେ ହାଉଜାରମ୍ୟାନଙ୍କର ଶ୍ରୀଶ୍ରୀଠାକୁର କହିଥିବା ସେଇ ଉକ୍ତିଟି ମନେ ପଡିଲା ଯେ ଭକ୍ତ ଯଦି ଅସହାୟ ତେବେ ଭଗବାନ ମଧ୍ୟ ଅସହାୟ । ଅଗତ୍ୟା ହାଉଜାରମ୍ୟାନ ସେହି ଲୋକଟିକୁ ପାଖରେ ରଖିଲେ । ସେ କ୍ରମଶଃ ଜାଣି ପାରିଲେ ଯେ ଲୋକଟି ଭଲ ବିଡି ତିଆରି କରେ । କିଛି ମୂଳଧନ ଯୋଗାଡ କରି ସେ ଲୋକଟିକୁ ସେଠାରେ ରହି ବିଡି ବାନ୍ଧିବା ଓ ଖବରକାଗଜ ଇତ୍ୟାଦିରୁ ଠୁଙ୍ଗା ତିଆରି କରିବାରେ ଲଗାଇଦେଲେ । ଲୋକଟି ପାଇଁ ବଜାରରେ ଦୋକାନଘର କରାଇଦେଲେ ଓ ସେ ସେଠାରେ ରହିଲା । ବଡି ବିକେ, ଠୁଙ୍ଗା ବିକେ । କ୍ରମଶଃ ବ୍ୟବସାୟ ବଢ଼ିଲା, ତିନି ଚାରିଜଣ ଲୋକ ବିଡି ବାନ୍ଧିଲେ । ତାର ଆର୍ଥିକ ଦୁରବସ୍ଥା ବଦଳିଗଲା ଏବଂ ଅଭ୍ୟାସ ମଧ୍ୟ । ଶ୍ରୀଶ୍ରୀଠାକୁର ଏହିସବୁ କଥା ଶୁଣି ଖୁବ୍ ଖୁସିହୋଇ ହାଉଜାରମ୍ୟାନଙ୍କୁ କହିଲେ, ତୁମେ ବିଶ୍ୱକୁ କିପରି ଜୟ କରିବ ପଚାରୁଥିଲ ନା, ଏହା ହେଉଛି ବିଶ୍ୱଜୟର ପ୍ରଥମ ପାଠ ।

ହାଉଜାରମ୍ୟାନ ତାଙ୍କ ଲିଖିତ 'Ocean In A Tea Cup' ପୁସ୍ତକରେ ଶ୍ରୀଶ୍ରୀଠାକୁରଙ୍କର ହିମାୟିତପୁର ଆଶ୍ରମ ଛାଡି ଦେଓଘର ଆଶ୍ରମ ଆସିବା ପରେ ଯେଉଁ ଖାଦ୍ୟସାମଗ୍ରୀ, ଗୃହ ଇତ୍ୟାଦିର ପ୍ରବଳ ଅଭାବ ଏବଂ ଦୁର୍ଦ୍ଦଶା ଇତ୍ୟାଦିର କଥା ବିସ୍ତୃତଭାବେ ବର୍ଣ୍ଣନା କରିଛନ୍ତି । କେବଳ ବଡାଲ-ବଂଲୋ ବ୍ୟତୀତ ଅନ୍ୟ କୌଣସି ଗୃହାଦି ସେତେବେଳେ ନିଆଯାଇ ନ ଥିଲା । ପରେ ରୋହିଣୀ ରୋଡରେ ଖାଲି ପଡିଥିବା କେତେଗୁଡିଏ ଘର ଭଡାରେ ନିଆଯାଇଥିଲା । ଏହାଛଡା ହିନ୍ଦୁମାନଙ୍କ ଉପରେ ମୁସଲମାନଙ୍କର ଅନ୍ୟାୟ ଆକ୍ରମଣ ତାଙ୍କୁ ବରଦାସ୍ତ ହେଉନଥିଲା । କିନ୍ତୁ ଏହିସବୁ କଷ୍ଟ ଭିତରେ ଶ୍ରୀଶ୍ରୀଠାକୁର କିପରି ସାମାନ୍ୟ ବିବ୍ରତ ବା ଆଶାଶୂନ୍ୟ ହୋଇ ନଥିଲେ, ଏହାର ଯେଉଁ ବର୍ଣ୍ଣନା ଦେଇଛନ୍ତି ତାର କିୟଦଂଶ- ମୋର ହତାଶା, ତିକ୍ତତା, ଏବଂ ଘୃଣାର ଲୁହ ବେଶ୍ ଜଣାପଡି ଯାଉଥିଲା । ଠାକୁରଙ୍କଠାରେ

ଏହାର ଚିହ୍ନବର୍ଣ୍ଣ ନ ଥିଲା, ତାଙ୍କର କୌଣସି କ୍ଷତି ଘଟିଛି ବୋଲି ତାଙ୍କୁ ଦେଖିଲେ ମନେହେଉ ନଥିଲା। ଭୋର ୫ଟାରୁ ଅର୍ଦ୍ଧରାତ୍ରି ପର୍ଯ୍ୟନ୍ତ ନୂତନ ଯୋଜନା ପ୍ରସ୍ତୁତି, କାର୍ଯ୍ୟକାରୀ କରିବା ପାଇଁ ଭକ୍ତମାନଙ୍କୁ ନିର୍ଦ୍ଦେଶ, ତଦାରଖ ଏବଂ ବିହିତ ଉପଦେଶ ଦେବାରେ ସେ ନିଜକୁ ବ୍ୟସ୍ତ ରଖୁଥିଲେ। ନିରାଶ, ବିବ୍ରତ ଭକ୍ତଙ୍କୁ ଆଶ୍ୱାସନା ଦେଇ କହୁଥିଲେ, "ବିଶ୍ୱାସ କର, ଆମେ କିଛି ହରାଇ ନାହୁଁ, ଆମର ଯାହାସବୁ ଥିଲା- ଜମିବାଡି, କୋଠାଘର, ଯନ୍ତ୍ରପାତି, ଅନୁଷ୍ଠାନ- ଏହାସବୁ ତୁମର ଦକ୍ଷତା ଏବଂ ଯୋଗ୍ୟତା ହେତୁ ହୋଇଥିଲା, ତୁମର ସେହି ଦକ୍ଷତା ଏବଂ ଯୋଗ୍ୟତା ବର୍ତ୍ତମାନ ମଧ୍ୟ ଅଛି -ଯାହାଦ୍ୱାରା ଏଠାରେ ସବୁକିଛିର ପୁନର୍ନିର୍ମାଣ ସମ୍ଭବ। ଏଥର କିନ୍ତୁ ତାହା ଶୀଘ୍ର ହେବ କାରଣ ତୁମର ପୂର୍ବ ଅନୁଭୂତି ତୁମକୁ ସାହାଯ୍ୟ କରିବ।

ସେତେବେଳେ ବଡାଲ-ବାଂଲୋ ଇଲାକାରେ ଜଳର ଘୋର ଅଭାବ, କେବଳ ଗୋଟିଏ ବଡ ବାନ୍ଧ ମାତ୍ର ଅଛି। ଗୋଟିଏ ଟିଉବୱେଲ ଖନନ ପାଇଁ ଚେଷ୍ଟା ଚାଲିଛି କିନ୍ତୁ ପଥୁରିଆ ଭୂମି ହେତୁ କାମ ଆଗେଇ ପାରୁ ନାହିଁ। ଶ୍ରୀଶ୍ରୀଠାକୁର ସେସବୁ ଦେଖି ସାରିବାପରେ କହିଲେ, ଏଥିରେ ଆଉ ଲାଗ ନାହିଁ ବରଂ ବାନ୍ଧକୁ ପରିଷ୍କାର କରି ସେହିଠାରୁ ପାଇପ ଯୋଗେ ଚାରିଆଡକୁ ଜଳଯୋଗାଣର ବ୍ୟବସ୍ଥା କର। ଶ୍ରୀଶ୍ରୀଠାକୁର ଓ ଅନ୍ୟ ଭକ୍ତମାନେ ସେହି ସ୍ଥାନରୁ ଗଲେଣି। ହାଉଜାରମ୍ୟାନ ଧୂଳି ଧୂସରିତ ଶରୀରରେ କ୍ଲାନ୍ତ ଅପରାହ୍ନରେ ବସି ଭାବୁଛନ୍ତି -ହିମାୟିତପୁର ଆଶ୍ରମର କୋଠାଘର, ବିଜୁଳିବତୀ, ବଗିଚା ଏସବୁ କୁଆଡେ ଗଲା ! ପୁଣି ଏଠାରେ କ'ଣ ଏସବୁ ହୋଇ ପାରିବ ! ଏହି ସମୟରେ ସ୍କୁଲ ଫେରନ୍ତା ଅଶୋକ (ବର୍ତ୍ତମାନର ଆଚାର୍ଯ୍ୟଦେବ ଶ୍ରୀଶ୍ରୀଦାଦା) ସେଇଠି ଅଟକିଗଲେ। ଆଣ୍ଠୁମାଡି ଅଳ୍ପ ଖୋଳା ଗାତକୁ ଦେଖି ପଚାରିଲେ, କିଛି ହେଲା ନାହିଁ। ହାଉଜାରମ୍ୟାନ ଉତ୍ତର ଦେଲେ - ନା। ଟିକିଏ ରହି ସେ ହାଉଜାରମ୍ୟାନଙ୍କୁ କହିଲେ -ମୋ ସାଙ୍ଗ ସୈନ୍ଦୁ ଗୋଟିଏ ଚିଠି ଦେଇଛି। ହାଉଜାରମ୍ୟାନ ଆଦୌ ଖୁସି ନହେବାପରି ଭଙ୍ଗରେ କହିଲେ- କ'ଣ ଲେଖିଛି ?

ଅଶୋକ ପକେଟରୁ ତାର ଚିଠିଟି ବାହାର କରି ତାଙ୍କ ହାତକୁ ବଢ଼ାଇ ଦେଲେ। ଇଂରାଜୀ ଚିଠିର ଓଡିଆ ଅନୁବାଦ -ସ୍ନେହର ଅଶୋକ, ଅନେକଦିନ ହେଲାଣି ତୁମର ଓ ସେଠାକାର କିଛି ଖବର ନାହିଁ। ଆଶା ରଖେ ଯେ ପରମପିତାଙ୍କ ଦୟାରୁ ତୁମେ ଭଲ ଅଛ। ଶୂନ୍ୟ ଆଶ୍ରମ କାନ୍ଦୁଛି କାରଣ ସେ ଆଜି ଅମୂଲ୍ୟ ନିଧିକୁ ହରାଇ ବସିଛି। ଆମର ମାତୃଭୂମି ଆଜି ତାର ସନ୍ତାନମାନଙ୍କୁ ହରାଇ ଅଶାନ୍ତ। ସତେକି କହୁଛି, "ହେ ମୋର ସନ୍ତାନଗଣ ପୁଣି ମୋ କୋଳକୁ ଫେରି ଆସ।" କାରଣ ବିଦେଶୀମାନଙ୍କ ଅତ୍ୟାଚାର ଆଉ ସହ୍ୟ ହେଉନାହିଁ। ଛାଡ ସେ କଥା। ଯେଉଁଠି ଆମେ କିଛି କରି ପାରିବା ନାହିଁ, ଭାବପ୍ରବଣ ହେଲେ କଣ ହେବ। ଆଶା ତୁମେ ମୋତେ ଭୁଲି ନାହଁ। ତୁମେ ଭୁଲିଗଲେ ବି ମୁଁ ଭୁଲି ପାରିବି ନାହିଁ। ତେଣୁ ଏହି ଚିଠିର ଉତ୍ତର ଦେଇ ସୁଖୀ କରିବ।

ଶ୍ରୀଶ୍ରୀଠାକୁର ଓ ସମସ୍ତ ସତସଙ୍ଗୀମାନେ କିପରି ଅଛନ୍ତି ? ସେମାନଙ୍କୁ, ତୁମର ସାନଭାଇମାନଙ୍କୁ ଓ ସମସ୍ତଙ୍କୁ ମୋର ସ୍ନେହ। ତୁମ ଦେଶର ଖବର ପାଇବାକୁ ଆଶା ରଖିଲି। ଦୁଃଖ ମନରେ ଆଉ କଣ ଲେଖିବି ? ଇତି। ତୁମର ବନ୍ଧୁ – ସୈଦୁ)

ଏହି ଚିଠିଟି ପଢ଼ାଇ ସାରି ଅଶୋକ ଆଉ ଗୋଟିଏ ଚିଠି ବାହାର କଲେ। ତା ଥିଲା ସୈଦୁଙ୍କୁ ତାଙ୍କ ଉତ୍ତର। ବିସ୍ତୃତ ବର୍ଣ୍ଣନା ପରେ ସେ ଲେଖିଥିଲେ । ଶେଷ ଇଂରାଜୀ ପଂକ୍ତିର ଓଡିଆ ଅନୁବାଦ- ଦୂରରେ ଥିଲେ ବି ଆମେ ଭାଇ-ଭାଇ। ଆମେ ଯେତେବେଳେ ବଡ ହେବା ଏକାଠି ଏପରି କରିବା ଯାହାଦ୍ୱାରା ସମସ୍ତେ ଶାନ୍ତିରେ ରହିବା। ଆମେ ଏକତ୍ର ରହିବା ହେଉଛି ପରମପିତାଙ୍କର ଇଚ୍ଛା। ଆମେ ଯଦି ତାଙ୍କୁ ଭଲପାଉ ଏବଂ ଅନୁସରଣ କରୁ ତେବେ ପୂର୍ବାବସ୍ଥା ଫେରି ଆସିବ।

ଚିଠିଟି ପଢ଼ାଇ ସାରି ଅଶୋକ ପଚାରିଲେ- ଠିକ୍ ଅଛି ? ହାଉଜାରମ୍ୟାନ ଉତ୍ତର ଦେଲେ– ଏକଦମ ଠିକ୍।

ତାପରେ ଅଶୋକ କହିଲେ -ଆପଣଙ୍କ ମୁହଁ ଓ ଦେହରେ ଏତେ ଧୂଳି ଆଉ ମଇଳା। ହାଉଜାରମ୍ୟାନ ଉତ୍ତର ଦେଲେ – ଘରେ ଯାଇ ଗାଧୋଇଲେ ସେସବୁ ଧୋଇ ହୋଇଯିବ। କିନ୍ତୁ ସେମାନଙ୍କ ପ୍ରତି ଘୃଣା କେମିତି ଧୋଇ ହେବ ?

ଅଶୋକ ଉତ୍ତର ଦେଲେ- କାହାକୁ ଘୃଣା କରନ୍ତୁ ନାହିଁ। ଏହା ଅଜ୍ଞାନତା। ହାଉଜାରମ୍ୟାନ ଭାବିଲେ, ଏ ପ୍ରତ୍ୟୁତ୍ପନ୍ନମତି ବାଳକ କଣ ନ କହିଲେ !"

୧୯୪୫-୧୯୭୦ ମସିହା ଆଶ୍ରମିକ ହାଉଜାରମ୍ୟାନ କେବଳ ଦୁଇଥର ଆମେରିକା ଯାଇଥିଲେ। ତାଙ୍କର ମାତା ଦେଓଘର ଆଶ୍ରମ ଆସି ଶ୍ରୀଶ୍ରୀଠାକୁରଙ୍କ ସାନ୍ନିଧ୍ୟଲାଭ କରିଥିଲେ ଏବଂ ୧୯୬୧ ମସିହାରେ ତାଙ୍କର ମୃତ୍ୟୁଶଯ୍ୟା ନିକଟରେ ହାଉଜାରମ୍ୟାନ ଆମେରିକାରେ ଉପସ୍ଥିତ ଥିଲେ। ଏହି ସମୟରେ ହାର୍ପର ବ୍ରଦର୍ସର କର୍ଣ୍ଣଧାର ଇଉଜିନ୍ ଏକ୍ସମ୍ୟାନଙ୍କ ସହିତ ତାଙ୍କର ସାକ୍ଷାତ ହୋଇଥିଲା। (ବିସ୍ତୃତ ବର୍ଣ୍ଣନା ଅନ୍ୟତ୍ର) ସେ ଶ୍ରୀଶ୍ରୀଠାକୁରଙ୍କ ସାନ୍ନିଧ୍ୟରେ ଆସିବା ପରଠାରୁ ସଂପୂର୍ଣ୍ଣ ଶାକାହାରି ହୋଇ ଯାଇଥିଲେ। ଶ୍ରୀଶ୍ରୀଠାକୁରଙ୍କ ମହାପ୍ରୟାଣ ପରେ ସେ ଆମେରିକା ଫେରିଯାଇଥିଲେ (୧୯୭୦)। ୧୯୮୬ ରେ ୬୪ ବର୍ଷରେ ସେ ବିବାହ କରନ୍ତି। ତାଙ୍କର ପୁତ୍ରର ନାମ ରେମଣ୍ଡ। ପରିବାର ସହିତ ସେ ୧୯୯୦ ମସିହାରେ ସେ ଦେଓଘର ଆସିଥିଲେ। ମାର୍ଚ୍ଚ-୨୦୦୦ ମସିହାରେ ସେ ଦେହରକ୍ଷା କରିଥିଲେ, ଯାହା ଜଣାଯାଏ ତାଙ୍କର ଶ୍ରାଦ୍ଧକ୍ରିୟା ହିନ୍ଦୁମତରେ କରାଯାଇଥିଲା। (ଭକ୍ତ ଓ ଭଗବାନ, ଓ Ocean In A Tea Cup')

ଜେମ୍ସ୍ ମାଇକେଲ (James Michale)- ୭-୨-୧୯୫୪, ସେ ଦେଓଘର ଆଶ୍ରମ ଆସିଥିଲେ। ଏହାର କିଛିଦିନ ପୂର୍ବରୁ ଆମେରିକାର ଏହି ପତ୍ରକାର ଭାରତ ଆସିଥିଲେ ଏବଂ ସେହଦିନ ସକାଳେ ଦେଓଘରରେ ପହଞ୍ଚି ଶ୍ରୀଶ୍ରୀଠାକୁରଙ୍କ ସହିତ ଆଳାପ

ଆଲୋଚନା ପରେ ସେ ନନୀଗୋପାଲ ଚକ୍ରବର୍ତ୍ତୀ(ନନୀଦା) ଙ୍କଠାରୁ ଦୀକ୍ଷା ଗ୍ରହଣକଲେ, ଋତ୍ୱିକ୍ ପ୍ରଣାମୀ ଭାବରେ ସେ ନନୀଦାଙ୍କୁ ପାଂଚଟଙ୍କା ଅର୍ଘ୍ୟ ଦେଲେ। ବିଧି ଅନୁସାରେ ଆଶ୍ରମରେ ଦୀକ୍ଷା ଗ୍ରହଣ ପରେ କିଛି ଠାକୁର ପ୍ରଣାମୀ ଦେବାକୁ ହୁଏ। ନନୀଦା, ମାଇକେଲ୍‌ଙ୍କୁ ଠାକୁର ପ୍ରଣାମୀ ଧରି ପ୍ରସ୍ତୁତ ରହିବାକୁ କହିଲାରୁ, ସେ କହିଲେ - ଠାକୁରଙ୍କୁ ଟଙ୍କା ଆକାରରେ ଅର୍ଘ୍ୟଦେଇ ପ୍ରଣାମ କଲେ ମତେ ତୃପ୍ତି ମିଳିବ ନାହିଁ। ଆପଣ ତ ଟିକେ ଆଗରୁ କହୁଥିଲେ ଯେ ନିଜ ଜୀବନର ଯାହା ସବୁଠାରୁ ପ୍ରିୟ ବସ୍ତୁ ତାହାକୁ ଗୁରୁଦେବଙ୍କୁ ଅର୍ଘ୍ୟ ଦେବା ହେଉଛି ଶ୍ରେଷ୍ଠ ଓ ସମୁଚିତ ଅର୍ଘ୍ୟ। ପିତାଙ୍କ ଦେଇଥିବା ମୋର ଏଇ ହାତଘଣ୍ଟା ମୋର ସବୁଠୁ ପ୍ରିୟବସ୍ତୁ। ଆଜି ତାହା ମୁଁ ଶ୍ରୀଶ୍ରୀଠାକୁରଙ୍କୁ ଅର୍ଘ୍ୟ ଦେବାକୁ ମନସ୍ଥ କରିଛି। ଦୁହେଁ ଶ୍ରୀଶ୍ରୀଠାକୁରଙ୍କ ନିକଟକୁ ଆସିଲେ। ମାଇକେଲ୍ ହାତଯୋଡ଼ି ପ୍ରଣାମ ଜଣାଇଲେ। ସେ ପକେଟ୍‌ରୁ ହାତଘଡ଼ିଟି ବାହାର କରି ଦୁଇହାତ ଅଂଜଳିରେ ଶ୍ରୀଶ୍ରୀଠାକୁରଙ୍କ ଆଡ଼କୁ ଘଡିଟି ବଢ଼ାଇଦେଇ କହିଲେ - 'My Lord, I want to offer this wrist watch to you.' (ହେ ପ୍ରଭୁ, ଏହି ହାତଘଡିଟିକୁ ମୁଁ ଆପଣଙ୍କୁ ନିବେଦନ କରିବାକୁ ଚାହେଁ।) ଶ୍ରୀଶ୍ରୀଠାକୁର ହାତଘଡ଼ିଟି ନିଜ ହାତରେ ନେଇ ଗଦ୍‌ଗଦ୍ ହୋଇ କହିଲେ- ଇଏ କଣ ମୋର ଘଡି, ଇଏ କଣ ମୋର ଘଡ଼ି, ଏମିତି କହିକହି ମାଇକେଲ୍‌ଙ୍କ ଡାହାଣ ହାତଟି ନିଜ ଆଡ଼କୁ ଟାଣି ନେଇ ଘଡ଼ିଟି ପିନ୍ଧାଇଦେଲେ। ପିନ୍ଧାଇଲାବେଳେ କହୁଥାନ୍ତି - 'ଇଏ ମୋର ଘଡ଼ି - ମୁଁ ତୁମକୁ ଦେଉଚି - This will carry my memory in your life. (ଏହା ତୁମ ଜୀବନରେ ମୋର ସ୍ମୃତିକୁ ବହନ କରି ରଖିବ)।'

ମାଇକେଲ୍ କହିଲେ, 'I hope, I will be able to propagate my Ideal in America. Bless me please. (ମୁଁ ଆଶାକରେ ଯେ ଆମେରିକାରେ ମୋର ସଦ୍‌ଗୁରୁଙ୍କ ପ୍ରଚାର କରି ପାରିବି। ମତେ ଆଶୀର୍ବାଦ କରନ୍ତୁ)।'

ଏକ ଅପରୂପ ପ୍ରାଣୋଚ୍ଛଳ ଭଂଗୀମାରେ ଶ୍ରୀଶ୍ରୀଠାକୁର କହିଉଠିଲେ - ତୁମେ glowing centre (ଦୀପ୍ତିମାନ କେନ୍ଦ୍ର) ହୋଇଉଠ। ଶତସହସ୍ର ମଣିଷ ତୁମକୁ କେନ୍ଦ୍ରକରି ଇଷ୍ଟଙ୍କ ପ୍ରତି ଅଚ୍ୟୁତ ହୋଇଉଠନ୍ତୁ। ଟିକେ ନୀରବ ରହି ପୁଣି କହିଲେ- Don't be afraid of sufferings. Move on with the concentric go of life with patience and perseverance. Sufferings will never oppress you. (ଦୁଃଖ କଷ୍ଟକୁ ଭୟକରନାହିଁ, ଧୈର୍ଯ୍ୟ ଏବଂ ଅଧ୍ୟବସାୟ ସହିତ ସୁକେନ୍ଦ୍ରିକ ଗତିରେ ଅଗ୍ରସର ହୁଅ, ଦୁଃଖ କଷ୍ଟ ତୁମକୁ ଅବଦମିତ କରିପାରିବ ନାହିଁ।) (ଜୀବନଦ୍ୟୁତି)

ପ୍ରଫେସର ରବର୍ଟ କମିଂ (Prof Robert Coming)- ଆମେରିକାର ଏକ ବିଶ୍ୱବିଦ୍ୟାଳୟରେ ଅଧ୍ୟାପନାରତ କମିଙ୍ଗ ମହାଶୟ ୧୯୬୪ ମସିହାରେ କେତେକ ଆନୁଷ୍ଠାନିକ କାମରେ ଭାରତ ଆସିଥିଲେ। ଶ୍ରୀଶ୍ରୀଠାକୁରଙ୍କ ବିଷୟରେ ଶୁଣିବା ପରେ,

ସେହି ବର୍ଷର ଅଗଷ୍ଟମାସରେ ସେ ଦେଓଘର ଆସିଥିଲେ । ଶ୍ରୀଶ୍ରୀଠାକୁରଙ୍କୁ ସେ ପଚାରିଲେ- ଆଦର୍ଶଙ୍କଠାରେ ଆତ୍ମସମର୍ପଣ (surrender) ରେ କ'ଣ ହୁଏ ? ଶ୍ରୀଶ୍ରୀଠାକୁର ଉତ୍ତରରେ କହିଲେ - ଯେତେବେଳେ ଆଦର୍ଶଙ୍କ (concern) ସମ୍ବନ୍ଧ ଜଣେ ବ୍ୟକ୍ତିର ଜୀବନରେ ଅଧିକ ରୁହେ, ଯେତେବେଳେ ତାର ଆଖିରେ, କଥାରେ ଇଷ୍ଟଙ୍କ ଭାବ ମୁଖ୍ୟ (prominent) ହୋଇଉଠେ, ଚାଲିଚଳନରେ ମଧ୍ୟ ତାହା ପ୍ରସ୍ଫୁଟିତ ହୁଏ, ସେତେବେଳେ ତାର ସାଧନା (automatic) ସ୍ୱତସ୍ଫୂର୍ତ୍ତ ହୋଇଥାଏ । ଏଥିରେ seeing and feeling (ଦର୍ଶନ ଓ ଅନୁଭୂତି) ଉଭୟ ରହିଥାଏ । Surrender (ଆତ୍ମସମର୍ପଣ) ଶବ୍ଦରେ 'sur' ଅଛି ଯାହାର ଅର୍ଥ 'above' (ଉପରେ) ଏବଂ 'render' ଅଛି ଯାହାର ଅର୍ଥ 'to give' (ଦେବା) । ଆତ୍ମସମର୍ପଣର ଅର୍ଥ ହେଲା, ମୁଁ ନିଜକୁ ତାଙ୍କ ପାଇଁ ନ୍ୟସ୍ତ କରିଦେଇଛି, ମୁଁ ସର୍ବତୋଭାବେ ତାଙ୍କର ହୋଇଛି, ମୁଁ ତାଙ୍କୁ ଗ୍ରହଣ କରିଛି । କାହିଁକି ତାଙ୍କୁ ଗ୍ରହଣ କଲି ? Only to love and serve him. (କେବଳ ତାଙ୍କୁ ପ୍ରେମ ଓ ସେବା ପ୍ରଦାନ ପାଇଁ) । Surrender is the topmost position of love (ଆତ୍ମସମର୍ପଣହିଁ ପ୍ରେମର ସର୍ବଶ୍ରେଷ୍ଠ ସ୍ତର) ।

ରବର୍ଟ କମିଂ କିଛି ଦିନ ଆଶ୍ରମରେ ରହିବା ପରେ ସୁଶୀଲଚନ୍ଦ୍ର ବସୁଦାଙ୍କ ମାଧ୍ୟମରେ ଦୀକ୍ଷିତ (୨୭.୦୭.୧୯୬୪) ହେଲେ । ଦୀକ୍ଷା ପରେ ପ୍ରଣାମୀ ସ୍ୱରୂପ ହାତଯୋଡ଼ି ଶ୍ରୀଶ୍ରୀଠାକୁରଙ୍କୁ ଗୋଟିଏ ବଡ ମୁନ୍‌ଷ୍ଟୋନ୍(ଚନ୍ଦ୍ରକାନ୍ତ ମଣି) ନିବେଦନ କଲେ । ଶ୍ରୀଶ୍ରୀଠାକୁର ସେହିଟିକୁ ହାତରେ ନେଇ, ଶ୍ରୀଶ୍ରୀବଡ଼ମା'ଙ୍କୁ ଦେବାକୁ କହିଲେ । ଶ୍ରୀଶ୍ରୀବଡ଼ମା' ହାତରେ ଧରି କହିଲେ – 'ଏ କି ପ୍ରକାର ଜିନିଷ ? ଏତେ ବଡ଼ !'

ଶ୍ରୀଶ୍ରୀଠାକୁର, ଶ୍ରୀଶ୍ରୀବଡ଼ମା'ଙ୍କୁ ପ୍ରଣାମ ଜଣାଇ କମିଂ ମହାଶୟ କହିଲେ- 'Thakur, you guide me.' (ଠାକୁର, ଆପଣ ମୋତେ ବାଟ ଦେଖାନ୍ତୁ) । ଶ୍ରୀଶ୍ରୀଠାକୁର ହସି ହସି କହିଲେ, 'You love me and that love will dictate you how to be guided.' (ତୁମେ ମୋତେ ଭଲପାଅ, ତୁମର ଭଲପାଇବା ହିଁ ତୁମକୁ ବାଟ ଦେଖାଇ ଦେବ) । (ସ୍ମୃତିର ମାଳା)

ସେହି ବର୍ଷ ଅକ୍ଟୋବର ମାସରେ ଶ୍ରୀଶ୍ରୀଠାକୁରଙ୍କ ଜନ୍ମୋତ୍ସବରେ ଯୋଗ ଦେଇ ସେ ଯେଉଁ ଭାଷଣ ରଖିଥିଲେ ତାହାର ସାରାଂଶ – ମନ ସବୁବେଳେ ଚଞ୍ଚଳ ଏବଂ ଅସ୍ଥିର । ଗୋଟିଏ କାହାଣୀ ମନେପଡୁଛି । ଜଣେ ଭଦ୍ରଲୋକ ପ୍ରଥମ ରାତିରେ ସ୍ୱପ୍ନ ଦେଖିଲେ ଯେ ତାଙ୍କୁ ଗୋଟିଏ ଗାଡି ମିଳିବ, ପରଦିନ ସେହି ସ୍ୱପ୍ନକୁ ସାକାର କରିବା ଚେଷ୍ଟାରେ ଲାଗି ପଡିଲେ । ଦ୍ୱିତୀୟ ରାତିରେ ସ୍ୱପ୍ନ ଦେଖିଲେ ଯେ ସେ ଜଣେ ସୁନ୍ଦରୀ ତରୁଣୀର ପ୍ରେମରେ ପଡିବେ । ତା ପରଦିନ ଗାଡି କିପରି ମିଳିବ ସେଥିରେ ଆଉ ମନ ନ ଦେଇ ସେ ଜାଣିଥିବା ଏକାଧିକ ସୁନ୍ଦରୀ ରମଣୀମାନଙ୍କ ସହିତ ଯୋଗାଯୋଗ କରିବାରେ ଲାଗିଲେ, ଜାଣିବାକୁ ଯେ କେଉଁ ତରୁଣୀର ପ୍ରେମ ତାଙ୍କୁ ପ୍ରାପ୍ତ ହେବ । ତୃତୀୟଦିନ ସ୍ୱପ୍ନ ଦେଖିଲେ ଯେ ସେ

ସାଧୁ ହୋଇ ଯିବାରୁ ଖୁବ ଶାନ୍ତିରେ ଅଛନ୍ତି । ସେ ଭାବିଲେ -ଠିକ୍ କଥା ତ, ଗାଡି ଆଉ ସୁନ୍ଦରୀ ତରୁଣୀ ଏମାନେ ଅସ୍ଥାୟୀ, କିନ୍ତୁ ଶାନ୍ତି ଚିରସ୍ଥାୟୀ, ମୁଁ ତାହେଲେ ସାଧୁ ହୋଇଯାଏ । ଚତୁର୍ଥଦିନ ସାଧୁ ହେବାର ସିଦ୍ଧାନ୍ତ ଦିନବେଳା ନେଲେ ସିନା ରାତିରେ କିନ୍ତୁ ସ୍ୱପ୍ନ ଦେଖିଲେ ଯେ ସେ ଏକ ଦାମୀ ଗାଡିର ଅଧିକାରୀ ହେବେ, ତେଣୁ ଭାବିଲେ ଆଗ ଦାମୀଗାଡିର ମାଲିକ ହୋଇଯାଏ, ସୁନ୍ଦରୀ ରମଣୀର ପ୍ରେମ ପାଇଯାଏ, ତାପରେ ସାଧୁ ହେବି, ଶାନ୍ତି ପାଇବି । ଶେଷରେ ସେ ଗାଡି, ସୁନ୍ଦରୀ ରମଣୀ ଓ ଶାନ୍ତି ଏଥିରୁ କାହାକୁ ନ ପାଇ ଅଶାନ୍ତ ଚିତ୍ତରେ ଅବସାଦଗ୍ରସ୍ତ ହେଲେ । ଆଜି ମଣିଷର ମାନସିକତା ଏହିପରି । ସେ ଅସ୍ଥିର ଏବଂ ଅଶାନ୍ତ । ଶ୍ରୀଶ୍ରୀଠାକୁରଙ୍କ ନିକଟକୁ ଆସି ମୁଁ ଆଉ ଗୋଟାଏ ସ୍ୱପ୍ନର ସନ୍ଧାନ ପାଇଲି, ତାହାହେଲା- ସମସ୍ତେ ତୁମର, ସମସ୍ତଙ୍କୁ ଭଲ ପାଅ । ସମସ୍ତଙ୍କର ମଙ୍ଗଳ କର । ଏହି ସ୍ୱପ୍ନକୁ ଯଦି ସାକାର କରିପାରିବ ତେବେ ତୁମେ ଯାହା ଲୋଡିବ ତାହା ପାଇବ । ଶ୍ରୀଶ୍ରୀଠାକୁରଙ୍କ ନିକଟକୁ ଆସି ମୁଁ ଏହି ସ୍ୱପ୍ନ ସହିତ ଦୃଷ୍ଟାନ୍ତ ବି ପାଇଲି । ଏହି ଦୃଷ୍ଟାନ୍ତ ହେଉଛି, ତାଙ୍କର ବାସ୍ତବ ଜୀବନ ଚଳଣୀ -ନିଜ ପାଇଁ କିଛି କରି ନାହାନ୍ତି ବା ରଖି ନାହାନ୍ତି, ସେ ସମସ୍ତଙ୍କୁ ଜୀବନର ପୂର୍ଣ୍ଣତା ଆଡକୁ ଆଗେଇ ନେଉଛନ୍ତି ।

ଇଉଜିନ୍ ଏକ୍ସମ୍ୟାନ୍ (Eugene Exman)– ସେ ଥିଲେ ଆମେରିକାର ଖ୍ୟାତନାମା ପ୍ରକାଶନ ସଂସ୍ଥା ହାର୍ପର ଆଣ୍ଡ ବ୍ରଦର୍ସର ତଦାନୀନ୍ତନ କର୍ଣ୍ଣଧାର । ୧୯୬୧ ମସିହାରେ ରେ ଆର୍ଚ୍ଚର ହାଉଜାରମ୍ୟାନ ଶ୍ରୀଶ୍ରୀଠାକୁରଙ୍କ ଉପରେ ଲିଖିତ ପୁସ୍ତକ– ‘Ocean In A Tea Cup’ ର ପାଣ୍ଡୁଲିପି ପ୍ରକାଶାର୍ଥେ ତାଙ୍କୁ ଦେଖାଇଥିଲେ । ଏକ୍ସମ୍ୟାନ୍ ବହିଟିର ପ୍ରକାଶ ପାଇଁ ଆଗ୍ରହ ଦେଖାଇବା ସହ ଭାରତ ଆସି ଶ୍ରୀଶ୍ରୀଠାକୁରଙ୍କୁ ଦେଖିବାକୁ ପ୍ରବଳ ଇଚ୍ଛା ପ୍ରକାଶ କଲେ । ଭାରତର ତତ୍କାଳୀନ ରାଷ୍ଟ୍ରପତି ସର୍ବପଲ୍ଲୀ ରାଧାକ୍ରିଷ୍ଣନଙ୍କର ଏକ୍ସମ୍ୟାନ୍ଙ୍କ ସହିତ ପୂର୍ବରୁ ବନ୍ଧୁତା ଥିଲା । ୧୯୬୧ ମସିହା ସେପ୍ଟେମ୍ବର ମାସରେ ଏକ୍ସମ୍ୟାନ୍ ଦେଓଘର ଆସି ସପ୍ତାହରୁ ଅଧିକ କାଳ ଅବସ୍ଥାନ କରିଥିଲେ । ଶ୍ରୀଶ୍ରୀଠାକୁରଙ୍କ ସହିତ ବିଭିନ୍ନ ବିଷୟରେ ଦୀର୍ଘ ଆଲୋଚନା କରି ଏବଂ ଅନୁପ୍ରାଣିତ ହୋଇ ୧୩-୯-୧୯୬୧ ରେ ଦୀକ୍ଷା ଗ୍ରହଣ କଲେ । ତା ପରଦିନ ଏକ୍ସମ୍ୟାନ୍ ଆଶ୍ରମ ଛାଡି ଫେରିଯିବା କଥା ଶ୍ରୀଶ୍ରୀଠାକୁରଙ୍କୁ ଜଣାଇଲେ ଏବଂ କହିଲେ -ଆପଣ ଆମେରିକା ଗଲେ ଅନେକ କାର୍ଯ୍ୟ ହୁଅନ୍ତା । ଶ୍ରୀଶ୍ରୀଠାକୁର ନିଜର ଅକ୍ଷମତା ପ୍ରକାଶ କରି କହିଲେ– ‘ମୁଁ ଭଲ କରି ଚାଲି ପାରୁ ନାହିଁ । ସେମାନେ ମତେ ହାତଧରି ଏସ୍ଥାନରୁ ସେସ୍ଥାନକୁ ନେଇ ଯାଆନ୍ତି । ଆପଣ ତ ସେଠାରେ ଅଛନ୍ତି । ତାଛଡା, ମୁଁ ତ ଆପଣଙ୍କର ସାଥେ ସାଥେ ହିଁ ଅଛି । ଆପଣଙ୍କ ମନରେ ବହନ କରି ମତେ ନେଇ ଯାଆନ୍ତୁ । ଆପଣମାନଙ୍କ ଭିତରଦେଇ ମୁଁ ନାନାଦେଶରେ ଘୁରିବି ।’ ଯିବାବେଳେ ତାଙ୍କ ସହିତ ଆଗେଇ ଦେବାକୁ ଆସିଥିବା ଭକ୍ତମାନଙ୍କୁ (ରେ ହାଉଜାରମ୍ୟାନ, ଜନାର୍ଦ୍ଦନ ମୁଖୋପାଧ୍ୟାୟ ଇତ୍ୟାଦି) ଏକ୍ସମ୍ୟାନ୍ କହିଥିଲେ – ମୁଁ ପୃଥିବୀର ଯେଉଁ ପ୍ରାନ୍ତକୁ ଯାଏ ନା କାହିଁକି, ଠାକୁରଙ୍କ କଥା ନିଶ୍ଚୟ କହିବି – ଏବେବି ଏପରି ଜଣେ ମଣିଷ ଅଛନ୍ତି ଯାହାଙ୍କୁ

କେନ୍ଦ୍ରକରି ପରିବେଶ ପ୍ରୀତିସଂପନ୍ନ ହୋଇ ଉଠିଛି, ପାରସ୍ପରିକତା ଅତ୍ୟନ୍ତ ସହଜ ଓ ଅଭ୍ୟାସଗତ ମନେ ହେଉଛି, ମୁଁ ମାନସିକ ପୂର୍ଣ୍ଣତା ନେଇ ଫେରୁଛି। (ପରମ ଉଦ୍ଧାତା ଶ୍ରୀଶ୍ରୀଠାକୁର ଅନୁକୂଳଚନ୍ଦ୍ର)

ଏକ୍ସମ୍ୟାନ୍ ଶ୍ରୀଶ୍ରୀଠାକୁରଙ୍କୁ ପଚାରିଥିଲେ, ବିଜ୍ଞାନ କଣ ପ୍ରାର୍ଥନାକୁ ପ୍ରମାଣ କରିପାରେ ? ଶ୍ରୀଶ୍ରୀଠାକୁର ଉତ୍ତରରେ କହିଲେ, ଏପରି ଗଛ ଅଛନ୍ତି ଯାହା ନିକଟରେ ବୀଣା ବା ଅନ୍ୟ ବାଦ୍ୟ ଯନ୍ତ୍ର ବାଦନ କଲେ ସେମାନେ ଶୀଘ୍ର ଶୀଘ୍ର ହୃଷ୍ଟପୁଷ୍ଟ ହୋଇ ବଢି ଯାଆନ୍ତି। ଏହା ସମ୍ଭବ ହୋଇଥାଏ ସେହି ମଧୁର ଶବ୍ଦର ସ୍ପନ୍ଦନ ହେତୁ, ଏହାଦ୍ୱାରା ବୃଦ୍ଧି ତ୍ୱରାନ୍ୱିତ ହୋଇଥାଏ। ସେହିପରି ପ୍ରାର୍ଥନା ଭିତରଦେଇ ତାର ବିଶେଷ ଅର୍ଥକୁ ବାରମ୍ବାର ଉଚ୍ଚାରଣ କରିବା ଫଳରେ ମଣିଷର ସ୍ନାୟୁକୋଷରେ ସ୍ପନ୍ଦନ ସୃଷ୍ଟି ହୁଏ। ଏହାଦ୍ୱାରା ମଣିଷ ଇଚ୍ଛା ପରିପୂରଣକାରୀ ଯୋଗ୍ୟତା ପ୍ରାପ୍ତ ହୁଏ। ତେଣୁ ପ୍ରାର୍ଥନା ହେଲା କାର୍ଯ୍ୟ-କାରଣ ଫଳରେ ଯାହା ସମ୍ଭବ ହୁଏ ସେହି ବିହିତ ଚଳନ ମଧ୍ୟଦେଇ ସର୍ବକ୍ଷମ ଯୋଗ୍ୟତାରେ ପହଞ୍ଚିବା। (ସ୍ମୃତିର ମାଳା)

ଏକ୍ସମ୍ୟାନ୍ ପ୍ରତ୍ୟାବର୍ତ୍ତନ କାଳରେ ଇଟାଲିର ରୋମରେ ଏକ ସଭା ସମାରୋହରେ ଶ୍ରୀଶ୍ରୀଠାକୁରଙ୍କ ବିଷୟରେ ବକ୍ତୃତା ଦେବାବେଳେ ଶ୍ରୋତାମଣ୍ଡଳୀ ଭିତରୁ ଜଣେ ଭଦ୍ରମହିଳା ହଠାତ୍ ମୂର୍ଚ୍ଛା ଗଲେ। ଏକ୍ସମ୍ୟାନ୍ ତାଙ୍କ ମଥାରେ ହାତରଖି ଶ୍ରୀଶ୍ରୀଠାକୁରଙ୍କ ପ୍ରଦତ୍ତ ସତନାମ ଜପ କରିବା ଫଳରେ ସେଇ ଭଦ୍ରମହିଳାଙ୍କର ସଂଜ୍ଞା ଫେରି ଆସିଲା। ଯେଉଁ ମହାପୁରୁଷ ତାଙ୍କୁ ଅଚେତ ଅବସ୍ଥାରୁ ଚେତନ ଅବସ୍ଥାକୁ ଆଣିଲେ ତାଙ୍କର ରୂପ ବର୍ଣ୍ଣନା ଥିଲା ଶ୍ରୀଶ୍ରୀଠାକୁରଙ୍କ ଛବିର ଅନୁରୂପ। ସେତେବେଳେ ଏକ୍ସମ୍ୟାନ୍‌ଙ୍କର ଶ୍ରୀଶ୍ରୀଠାକୁରଙ୍କର ସେହି ଉକ୍ତିକୁ ମନେ ପଡିଲା- ତୁମେ ମୋତେ ବହନ କରି ପୃଥିବୀର ବିଭିନ୍ନ ଜାଗାକୁ ନେଇଚାଲ ଆଉ ମୁଁ ତୁମ ସାଥିରେ ଥିବି। (ମାନସତୀର୍ଥ ପରିକ୍ରମା)

ଡାଃ କ୍ୟାରେଲ ପଡଲିସାକ (Dr Carrel Padlisak) – ସେ ଥିଲେ ଜାତିସଂଘ (ୟୁ.ଏନ୍.ଓ.) ମେଡିକାଲ ଟିମର ସଦସ୍ୟ, ଡାକ୍ତରୀପାଠରେ ଏମ୍.ଡି.। ଜେନେଭାରେ (୧୯୬୬) କାର୍ଯ୍ୟରତ ଏହି ଡାକ୍ତର ଚେକୋସ୍ଲୋଭାକିଆରେ ଜନ୍ମଗ୍ରହଣ କରିଥିଲେ । ଭାରତ ସରକାରଙ୍କ ଅନୁରୋଧରେ ସେ ଭାରତକୁ ଆସିଥାନ୍ତି। କୋଇଲା ତଥା ଅନ୍ୟସବୁ ଖଣିରେ କାମ କରୁଥିବା ଶ୍ରମିକମାନେ ମାଟିତଳେ ବହୁସମୟ ରହୁ ଥିବାରୁ ଯେଉଁସବୁ ରୋଗ ସେମାନଙ୍କଠାରେ ଦେଖାଯାଏ, ତାହା ଉପରେ ସେ ଗବେଷଣା କରୁଥିଲେ। କିଛିଦିନ ପାଇଁ ଧାନବାଦରେ ରହି ଖଣି-ଶ୍ରମିକମାନଙ୍କର ଚିକିତ୍ସା କରୁଥିଲେ। ସେଠାକାର ଋତ୍ୱିକ୍ ଶ୍ୟାମାପଦ ମୁଖାର୍ଜୀ ତାଙ୍କୁ ଦେଓଘର ଆଶ୍ରମ ଆଣି ଶ୍ରୀଶ୍ରୀଠାକୁରଙ୍କ ଦର୍ଶନ କରି ଏବଂ ଅନେକ ଆଳାପ କରାଇଥିଲେ। ସେ ଦୀକ୍ଷାଗ୍ରହଣ କରିବାକୁ ଇଚ୍ଛା ପ୍ରକାଶ କଲେ । ସେତିକିବେଳେ ସେହିଠାରେ ଜଜ୍ ପ୍ରଫୁଲ୍ଲ ବ୍ୟାନାର୍ଜୀ ସସ୍ତ୍ରୀକ ଉପସ୍ଥିତ ଥିଲେ।

ଶ୍ରୀଶ୍ରୀଠାକୁର ତାଙ୍କ ଆଡକୁ ଇଙ୍ଗିତ କରି କହିଲେ -ଯାଅ, ସାହେବଙ୍କୁ ଦୀକ୍ଷା ଦେଇ ଦିଅ । ଜଜ୍ ମହୋଦୟ ସ୍ୱସ୍ତ୍ୟୟନୀ ନ ନେଇଥିବା ଏବଂ ତାଙ୍କର ଋତ୍ୱିକ୍ ପାଞ୍ଜା ନ ଥିବା କଥା ପ୍ରଫୁଲ୍ଲଦା (ଅନୁଲେଖକ ପ୍ରଫୁଲ୍ଲ କୁମାର ଦାସ) ଶ୍ରୀଶ୍ରୀଠାକୁରଙ୍କୁ ଜଣାଇବାରୁ ଉତ୍ତର ମିଳିଲା- ପାଞ୍ଜା ନ ଥାଉ, ମୁଁ କହିଲି- ଏଇ ତ ପାଞ୍ଜା । ଜଜ୍ ମହୋଦୟ କାନ୍ଦ କାନ୍ଦ ହୋଇ କହିଲେ- ମୁଁ ତ କିଛି ଜାଣେନା, କଣ କରିବି ? ଦୀକ୍ଷା କିପରି ଦେବି ?

ଶ୍ରୀଶ୍ରୀଠାକୁର ତାଙ୍କୁ ଆଶ୍ୱାସନା ଦେଇ କହିଲେ- ତୁମେ ଯାହା ଜାଣ କହି ଦେବ । ସେତିକି ଯଥେଷ୍ଟ ।

ଜଜ୍ ମହୋଦୟ ଦୀକ୍ଷାଗୃହରେ ଡଃ କ୍ୟାରେଲ ପଡଲିସାକଙ୍କୁ ଯଥାବିଧି ଦୀକ୍ଷା ଦେଲେ । ଦୀକ୍ଷାନ୍ତେ ଶ୍ରୀଶ୍ରୀବଡ଼ଦା ଦ୍ୱିପ୍ରହରରେ ଷୋଡ଼ଶୀଭବନରୁ ଠାକୁରବଙ୍ଗଳାକୁ ଆସି ପ୍ରଫୁଲ୍ଲ ବ୍ୟାନାର୍ଜୀଦାଙ୍କୁ ସ୍ୱସ୍ତ୍ୟୟନୀ ଦେଲେ ଓ ସହ-ପ୍ରତି-ଋତ୍ୱିକ ପାଞ୍ଜା ଦେଇ ଦୀକ୍ଷାର ବିଧାନ ସମ୍ପର୍କରେ ସବୁକିଛି ବୁଝାଇ କହିଲେ । ଏହା ଏକ ଐତିହାସିକ ଘଟଣା ।

ଉପରବେଳା ବିଶ୍ରାମାନ୍ତେ ଶ୍ରୀଶ୍ରୀଠାକୁର ନିରୋଳା-ନିବେଶରେ ଉପବିଷ୍ଟ । ପ୍ରଫୁଲ୍ଲ ବ୍ୟାନାର୍ଜୀଦା ଆସି ଶ୍ରୀଶ୍ରୀଠାକୁରଙ୍କୁ ପ୍ରଣାମ କରି କହିଲେ – ସାହେବର ଦୀକ୍ଷା ଦିପହରେ ହୋଇ ଯାଇଛି । ସାହେବ କହୁଥିଲା – ଚେକୋସ୍ଲୋଭାକିଆରେ ଯଦି କେହି ଦୀକ୍ଷା ନେବାକୁ ଚାହେଁ ତେବେ ମୁଁ କଣ କରିବି ?

ଶ୍ରୀଶ୍ରୀଠାକୁର ଉତ୍ତର ଦେଲେ – ତୁମକୁ ଚିଠି ଲେଖିବ । ତୁମ ମାଧ୍ୟମରେ through correspondencee (ପତ୍ର ମାଧ୍ୟମରେ) ଦୀକ୍ଷା ହେବ । Direction (ନିର୍ଦ୍ଦେଶାଦି) ଦେବ । ମୋତେ ଜଣାଇବ । (Prophets and Prophecies)

ବବ୍ ଏବଂ ଜୁଲି (Bob & Juli)– ଆମେରିକାର ଏହି ଦମ୍ପତ୍ତି (ପତି ଦୀକ୍ଷିତ) ବିବାହ-ବଚ୍ଛେଦର ସିଦ୍ଧାନ୍ତ ନେଇ ଶ୍ରୀଶ୍ରୀଠାକୁରଙ୍କ ଦର୍ଶନାର୍ଥେ ଦେଓଘର ଆଶ୍ରମରେ ପହଞ୍ଚିଲେ । ଶ୍ରୀଶ୍ରୀଠାକୁର ସେମାନଙ୍କୁ ଦେଖି ଉତ୍ଫୁଲ୍ଲ ହୋଇ କହିଲେ - 'ଆପଣମାନେ କିପରି ଅଛନ୍ତି ? ସବୁ କୁଶଳମଙ୍ଗଳ ତ !' ପତିପତ୍ନୀ ଶ୍ରୀଶ୍ରୀଠାକୁରଙ୍କୁ ପ୍ରଣାମ କରି ତାଙ୍କ ନିକଟରେ ବସିପଡ଼ିଲେ । ଶ୍ରୀଶ୍ରୀଠାକୁର ଜୁଲିଙ୍କ ଆଡକୁ ଲକ୍ଷ୍ୟ ରଖି କହିଲେ - ଆପଣଙ୍କୁ ଦେଖି ମୋତେ ବହୁତ ଖୁସି ଲାଗୁଛି । ଯାତ୍ରା ସମୟରେ ଆପଣଙ୍କର କିଛି ଅସୁବିଧା ହୋଇନାହିଁ ତ ? ଭଦ୍ର ମହିଳା କହିଲେ - ନାଇଁ ଠାକୁର, କିଛି ଅସୁବିଧା ହୋଇନାହିଁ । ଆପଣଙ୍କ ନିକଟକୁ ଆସି ମୁଁ ବହୁତ ଖୁସି ।

ପୁଣି ଶ୍ରୀଶ୍ରୀଠାକୁର ଜୁଲିଙ୍କ ଆଡକୁ ଚାହିଁ ଇଂରାଜୀରେ କହିଲେ - Husband is the altar of God. Husband is the altar of God. (ପତି ଭଗବାନଙ୍କ ପୂଜାବେଦୀ) । ପରେ ସେ ଉପସ୍ଥିତ ଭକ୍ତଙ୍କ ସହିତ ବିବାହ-ବିଚ୍ଛେଦର କୁପରିଣାମ ପ୍ରସଙ୍ଗରେ ଚର୍ଚ୍ଚା

କରିବାରେ ଲାଗିଲେ । ଶ୍ରୀଶ୍ରୀଠାକୁର ମଝିରେ ମଝିରେ ଭଦ୍ରମହିଳାଙ୍କୁ ସ୍ନେହଭରା ଦୃଷ୍ଟିରେ ଦେଖୁଥିଲେ । ଶ୍ରୀଶ୍ରୀଠାକୁରଙ୍କ ଏହି ଅନ୍ତର୍ଭେଦୀ ଦୃଷ୍ଟିରେ ତାଙ୍କ ହୃଦୟରୁ ସ୍ୱାମୀଙ୍କ ବିରୁଦ୍ଧରେ ଅଭିଯୋଗର କଳାବାଦଲ ଅପସରି ଯିବାକୁ ଲାଗିଲା । ତାଙ୍କ ଚେହେରାରେ ପରିବର୍ତ୍ତନର ଝଲକ ସ୍ପଷ୍ଟ ଦୃଶ୍ୟହେଲା । ସେ, ଶ୍ରୀଶ୍ରୀଠାକୁରଙ୍କ ଅତି ନିକଟକୁ ଯାଇ କହିଲେ – 'Thakur, I realise my folly. But you please tell Bob to behave with me like a husband.' (ଠାକୁର, ମୁଁ ମୋର ଭୁଲ୍ ବୁଝିପାରିଛି । ଦୟାକରି ଆପଣ ବବ୍‌କୁ କୁହନ୍ତୁ ସେ ମୋ ସହିତ ଜଣେ ପତି ଭଳି ବ୍ୟବହାର କରୁ ।) ଶ୍ରୀଶ୍ରୀଠାକୁର ହସିହସି ମୁଣ୍ଡହଲାଇ କହିଲେ – 'Of course! He should.'(ଅବଶ୍ୟ, ତା'ର କରିବା ଉଚିତ ।)

କିଛିଦିନ ଆଶ୍ରମରେ ରହିବାପରେ ସେମାନେ ବିଦାୟ ନେବା ପୂର୍ବରୁ ବବ୍ କେତେକ ଆଶ୍ରମବାସୀଙ୍କୁ କହିଥିଲେ ଯେ ଆମେରିକାରେ ଆମେ ଦୁହେଁ ବିବାହ-ବିଚ୍ଛେଦ ପାଇଁ ସିଦ୍ଧାନ୍ତ ନେଇଥିଲୁ । ଏତିକିବେଳେ ମୋ ମନରେ ଏକ ପ୍ରସ୍ତାବ ଆସିଲା ଯେ ବିଚ୍ଛେଦ ପୂର୍ବରୁ ଥରେ ଗୁରୁଦେବଙ୍କୁ ଦୁହେଁ ଭେଟି ଆସିବା ଉଚିତ ହେବ କିନ୍ତୁ ଏକଥା ସେତେବେଳେ କହିଥିଲେ ଜୁଲି ରାଜି ହୋଇଥାନ୍ତା କି ନାହିଁ, ତେଣୁ ମୁଁ ତାଙ୍କୁ କହିଲି ଯେ ଚାଲ ବିଚ୍ଛେଦ ପୂର୍ବରୁ ଭାରତର ବିଭିନ୍ନ ଐତିହାସିକ ସ୍ଥାନ ତୁମକୁ ବୁଲାଇ ଆଣିବି । ସେ ସେଥିରେ ରାଜି ହେଲା, ଯାତ୍ରା ଶେଷରେ ଆଶ୍ରମ ନେଇ ଆସିଲି । ଶ୍ରୀଶ୍ରୀଠାକୁର ତାର ମନ ପରିବର୍ତ୍ତନ କରିଦେଲେ । ବିବାହ-ବିଚ୍ଛେଦର ଦାରୁଣ କଷ୍ଟରୁ ଆମେ ଦୁହେଁ ରକ୍ଷା ପାଇଲୁ । (ଜୀବନଜ୍ୟୋତି)

(ସଂଯୋଜକ- ଶ୍ରୀଶ୍ରୀଠାକୁରଙ୍କ ଜୀବନକାଳରେ ମୋଟ ସତେଇଶ ଜଣ ବିଦେଶୀ ନାଗରିକ ବିଭିନ୍ନ ଦେଶରୁ (ଇଂଲଣ୍ଡ, ଆମେରିକା, ଇଟାଲି, ନିଉଜିଲାଣ୍ଡ ଓ ଅବିଭକ୍ତ ରୁଷ) ଶ୍ରୀଶ୍ରୀଠାକୁରଙ୍କ ଦର୍ଶନାର୍ଥେ ଆସିଥିଲେ । ପୁସ୍ତକର ସୀମିତ କଳେବର ଦୃଷ୍ଟିରୁ କେବଳ ଉପରୋକ୍ତ ମାନଙ୍କର କଥା ଏଠାରେ ଉଲ୍ଲେଖ କରାଗଲା ।)

— ୦ —

ସ୍ୱାମୀ-ସ୍ତ୍ରୀ ସଂପର୍କ, ଶ୍ରୀଶ୍ରୀଠାକୁରଙ୍କ ବାଣୀ

ନାରୀଠାରୁ ଜନମେ ଜାତି
ଥିଲେ ଜାତକ ତେବେ ତ ଜାତି,
ସ୍ୱାମୀଠାରେ ଯା'ର ଯେପରି ରତି
ସନ୍ତାନ ପାଏ ସେପରି ମତି ।

ଷଷ୍ଠ ପରିଚ୍ଛେଦ

ଆତ୍ମଜନଙ୍କ ମୁଖରେ ଶ୍ରେୟଙ୍କ କଥାରୁ କିଛି- ଶ୍ରୀଶ୍ରୀବଡ଼ମା, ଶ୍ରୀଶ୍ରୀବଡ଼ଦା, ଶ୍ରୀଶ୍ରୀଦାଦା, ପୂଜନୀୟ ବାବାଇଦା।

ଶ୍ରୀଶ୍ରୀବଡ଼ମା

ଘଟଣାଟି ଏହିପରି ଥିଲା -୨-୧୦-୧୯୫୩। ହିମାୟିତପୁର ଆଶ୍ରମ। ଆଦିନାଥ ମଜୁମଦାର ନାମକ ଜଣେ ଗୁରୁଭ୍ରାତା ମୋକ୍ତାର ଥିଲେ। ସେ ଶ୍ରୀଶ୍ରୀଠାକୁରଙ୍କ ମଧ୍ୟମ ଭ୍ରାତା କ୍ଷେପୁଦା (ପ୍ରଭାସଚନ୍ଦ୍ର ଚକ୍ରବର୍ତ୍ତୀ)ଙ୍କ ନିର୍ଦ୍ଦେଶରେ ପାବନାର ଏନାୟତ ବିଶ୍ୱାସ ନାମରେ ଜଣକୁ ପାୱାର ଅଫ ଆଟର୍ଣ୍ଣି ଲେଖି ଦେଇଥିଲେ। ଶ୍ରୀଶ୍ରୀଠାକୁରଙ୍କୁ ଏ ବିଷୟରେ ସେ କିଛି ପଚାରି ନ ଥିଲେ। ଆଶ୍ରମକୁ ଯେତେବେଳେ ଆସନ୍ତି ଜଣେ ଭକ୍ତ ପଚାରିଲେ, ଆପଣ ପାୱାର ଅଫ୍ ଆଟର୍ଣ୍ଣି କଥା ତ ଠାକୁରଙ୍କୁ ପଚାରି ନାହାନ୍ତି, ତାଙ୍କୁ ନ ପଚାରି କିପରି କରିଦେଲେ। ସେ କହିଲେ-କ୍ଷେପୁଦାଙ୍କ ନିର୍ଦ୍ଦେଶରେ କରିଛି, ସେ ତ ଠାକୁରଙ୍କ ଭାଇ, ମୁଁ ଦୁହିଁଙ୍କୁ ସମାନ ମନେକରେ, ତେଣୁ କଣ ଭୁଲ କଲି ? ଏହି ସମୟରେ ଶ୍ରୀଶ୍ରୀବଡ଼ମା ସେହି ବାଟ ଦେଇ ଯାଉଥିଲେ, ତାଙ୍କ କାନରେ ଏହି କଥା ପଡିଲା। ସେ ଆଦିନାଥଦାଙ୍କୁ ଡାକି, ଅତ୍ୟନ୍ତ ବ୍ୟଥିତ ହୋଇ କହିଲେ, " ଠାକୁର ଆଉ ଠାକୁରଙ୍କର ଅନ୍ୟାନ୍ୟ ସଂପର୍କୀୟ ସମସ୍ତେ ସମାନ ଏହି କଥାରେ ମୁଁ ବଡ଼ ବ୍ୟଥା ପାଇଛି। ଠାକୁରଙ୍କ ସହିତ କାହାର ତୁଳନା ହୁଏ ? ଠାକୁରଙ୍କ ବୋହୁ, ପିଲା, ଭାଇ, ଭଉଣୀ ଯିଏ ହୁଅନ୍ତୁ ନା କାହିଁକି, ସେମାନେ କ'ଣ ଠାକୁରଙ୍କର ସମାନ ହୋଇଯିବେ ? ଠାକୁରଙ୍କର କ'ଣ କୌଣସି ବୈଶିଷ୍ଟ୍ୟ ନାହିଁ ? ତେବେ ତାଙ୍କ ପାଖକୁ ତୁମେମାନେ ଆସ କାହିଁକି ? ମୁଁ ତ ପ୍ରାୟ ପଚାଶ ବର୍ଷ ଧରି ତାଙ୍କର ସଙ୍ଗ କରୁଛି, ବାର ବର୍ଷ ବୟସରେ ଏହି ସଂସାରକୁ ଆସିଛି, ଆଜି ମୋର ବୟସ ଷାଠିଏ ବର୍ଷ, ଏଇ ପଚାଶ ବର୍ଷ ତାଙ୍କ ପାଖରେ ରହି ମଧ୍ୟ ତାଙ୍କର କାଣି ଆଙ୍ଗୁଠିକୁ ବି ଯୋଗ୍ୟ ହୋଇ ପାରି ନାହିଁ। ତାଙ୍କ ଗୁଣରୁ ସାମାନ୍ୟ ଟିକେ ବି ମୁଁ ହାସଲ କରି ପାରି ନାହିଁ। ତାଙ୍କ ସହିତ କାହାକୁ ସମାନ କରିବା କଥା ଶୁଣିଲେ ମତେ ବହୁତ ବାଧେ। ତୋର ବିଷୟ-ସମ୍ପତ୍ତି ଲେଖାପଢ଼ା କ'ଣ ମୁଁ ଜାଣେ ନାହିଁ -କିନ୍ତୁ ତୋର ଏପରି ଦିବ୍ୟ ଜ୍ଞାନ ଖୋଲି ଯାଇଚି ଯେ, ଅନ୍ୟ କାହାକୁ ତୁ ତାଙ୍କ ସହିତ ସମାନ କରି ଦେଉଛୁ ?" ଆଦିନାଥଦା ଭୁଲ ମାଗିଲେ। ଶ୍ରୀଶ୍ରୀଠାକୁର କଥାଟାକୁ ହାଲୁକା କରି ଦେବା ପାଇଁ କହିଲେ - " ଯାହା କୁହ ସେ ବେକୁବ୍। ତା' ନ ହେଲେ ଏମିତି ଲେଖା ସେ କ'ଣ ମତେ ନ ପଚାରି କରିଥାନ୍ତା ?" (ପରମ ଉଦ୍ଧାତା ଶ୍ରୀଶ୍ରୀଠାକୁର ଅନୁକୂଳଚନ୍ଦ୍ର ୨ୟ ଖଣ୍ଡ)

ଯୁଗାଚାର୍ଯ୍ୟ ଶ୍ରୀଶ୍ରୀବଡ଼ଦା

ଶ୍ରୀଶ୍ରୀବଡ଼ଦା ଭକ୍ତଜନଙ୍କ ସହ ଆଳାପ ଆଲୋଚନା କାଳରେ ଶ୍ରୀଶ୍ରୀଠାକୁରଙ୍କ ସମ୍ବନ୍ଧରେ ଯେଉଁସବୁ ଘଟଣାର ଉଲ୍ଲେଖ କରିଥିଲେ ତାହା ଡଃ ଶ୍ୟାମସୁନ୍ଦର ରକ୍ଷିତ ଓ

କୃପାସିନ୍ଧୁ ରକ୍ଷିତଙ୍କ ଦ୍ୱାରା ସଂଗୃହୀତ ହୋଇ 'ଇଷ୍ଟ-ପ୍ରସଙ୍ଗ' ନାମରେ ଏକାଧିକ ଖଣ୍ଡରେ ପ୍ରକାଶିତ । ଉକ୍ତ ପୁସ୍ତକରେ ତାଙ୍କୁ 'ଶ୍ରୀଶ୍ରୀପିତୃଦେବ' ଭାବରେ ଲେଖକ ସମ୍ବୋଧନ କରିଛନ୍ତି । ଏହାର ଓଡ଼ିଆ ଅନୁବାଦ କରିଛନ୍ତି ସତସଙ୍ଗର ସହ-ସଂପାଦକ ଡାଃ ବିନାୟକ ମହାପାତ୍ର । ସେଇ ଗ୍ରନ୍ଥଗୁଡିକରୁ ଅଳ୍ପକିଛି ଏଠାରେ ଉଦ୍ଧାର କରୁଛୁ ।

●

ସେଦିନ (୭-୧୨-୧୯୭୫) ସକାଳ ପ୍ରାର୍ଥନାପରେ ଆଲୋଚନାବେଳେ ଜଣେ ଭକ୍ତ ଶ୍ରୀଶ୍ରୀପିତୃଦେବଙ୍କୁ ତାଙ୍କ ପିଲାଦିନର କୁକୁର କାମୁଡା କଥା ମନେପକାଇ ଦେବାରୁ ସେ ହସିହସି କହିଲେ- ସେ ଗୋଟାଏ ମଜାଦାର ଘଟଣା । ସେତେବେଳେ ମୋର ବୟସ ସତରବର୍ଷ (ବଂ ୧୩୩୪ ସାଲ-୧୯୨୭ ମସିହା), ମୁଁ ପ୍ରତିଦିନ ତିନିଥର ଗୋଧୋଉଥିଲି- ସକାଳେ, ଦ୍ୱିପ୍ରହର ଓ ସନ୍ଧ୍ୟାରେ । ଦିନେ ସକାଳେ ଗୋଧୋଇ ଘରକୁ ଫେରୁଛି । ପଛପଟୁ ଗୋଟାଏ ଲାଲରଙ୍ଗର କୁକୁର ଦୌଡିଆସି ମତେ କାମୁଡିଦେଲା । ସମସ୍ତେ କହିଲେ କୁକୁରଟା ପାଗଳା । ଘରକୁ ଆସିଲି । ଠାକୁର-ମା (ଗୋସେଇଁ-ମା) ସବୁକଥା ଜାଣି ବ୍ୟସ୍ତ ହୋଇପଡିଲେ । ସେତେବେଳକୁ ଠାକୁର ଠାକୁର-ମା'ଙ୍କ କଟେଜ ବାରଣ୍ଡାରେ ଭକ୍ତ ପରିବେଷ୍ଟିତ ହୋଇ ବସିଥିଲେ । ମତେ ଦେଖିବାମାତ୍ରକେ ପଚାରିଲେ-ତତେ କୁଆଡେ କୁକୁର କାମୁଡିଛି, କାହିଁ, ଦେଖି-ଦେଖି ? ଦେଖାଇଲି, ଦାନ୍ତର ଦାଗ, ରକ୍ତ ବୋହୁଛି । ଠାକୁର-ମା କହିଲେ, ଏହି କ୍ଷଣି ବ୍ରଜଗୋପାଳ (ଦତ୍ତରାୟ) ସହିତ କଲିକତା ଚାଲିଯା । ବ୍ରଜଗୋପାଳ ମାଷ୍ଟର ମହାଶୟ ଲୁଗାପିନ୍ଧି ପ୍ରସ୍ତୁତ ହୋଇଥିଲେ । ଏହା ଭିତରେ ଗାଁର କେତେକ ଲୋକ ଏକାଠି ହୋଇ କୁକୁରକୁ ଗୋଡାଇ ମାରିଦେଇଥିଲେ । ଠାକୁର ମତେ କହିଲେ-ମା କହୁଚନ୍ତି, ଯା । ଆମେ ଈଶ୍ୱରଦି ଷ୍ଟେସନରେ ପହଞ୍ଚି ଆଠଟା ସମୟର କଲିକତାଗାମୀ ଟ୍ରେନ ଧରିଲୁ । ସିଆଲଦା ଷ୍ଟେସନରେ ପହଞ୍ଚି ସିଧା ଟ୍ରପିକାଲ ହସପିଟାଲ ଗଲୁ । ଡାକ୍ତର, ମାଷ୍ଟର-ମହାଶୟଙ୍କଠାରୁ ସବୁଶୁଣି ମୋ ଜାମା ଟେକି ପେଟରେ ହାତମାରି କହିଲେ-ଏଇ ଜାଗାରେ ଇଂଜେକ୍ସନ ନେବାକୁ ହେବ, ଦିନକୁ ଗୋଟିଏ ସତରଦିନ ପର୍ଯ୍ୟନ୍ତ ରହିବାକୁ ପଡିବ । ମୁଁ ପଛାଇ ପଛାଇ ଦୁଆରମୁହଁ ପାଖରେ ପହଞ୍ଚି ଗଲିଣି । ମୋର ଇଂଜେକ୍ସନ ନେବାକୁ ଇଚ୍ଛା ନଥିଲା । ପୁଣି ଠାକୁରଙ୍କୁ ଏତେଦିନ ଛାଡି ରହିବି କିପରି ? ଦରଜା ବାହାରକୁ ଆସି ମାରିଲି ଦୌଡ । ଡାକ୍ତରବାବୁ ମାଷ୍ଟର-ମହାଶୟ ପଛରୁ ପାଟିକରି ଡାକୁଥାନ୍ତି, ମୁଁ କି ଶୁଣେ ? ସିଆଲଦା ଷ୍ଟେସନ ଯାଇ ଟ୍ରେନ ଧରି ପରଦିନ ସକାଳେ ଆଶ୍ରମରେ ପହଞ୍ଚିଲି । ମାଷ୍ଟର-ମହାଶୟ ମତେ କଲିକତାରେ ଖୋଜି ପାଇନଥିଲେ । ମୁଁ ପହଞ୍ଚିଲାବେଳକୁ ଠାକୁର, ଠାକୁର-ମାଙ୍କ କଟେଜର ଦକ୍ଷିଣ-ପଶ୍ଚିମ ପଟ ଚାଳଘର ବାରଣ୍ଡାରେ ବସିଥାନ୍ତି । ମତେ ଦେଖି ଚିତ୍କାର କରି କହିଲେ-ଏଇ ଯେ ! ପାଗଳ ଆସିଯାଇଛି ! ତାପରେ ପଚାରିଲେ କଣ ହେଲାରେ ? କହିଲି-ସତରଦିନ ଇଂଜେକ୍ସନ ନେବାକୁ ଡାକ୍ତରବାବୁ କହିଲେ । ମୁଁ ଚାଲିଆସିଲି । ହସିହସି ଠାକୁର କହିଲେ- ଭଲ କରିଛୁ । ଠାକୁର-ମା ପାଖରେ ଥିଲେ । ମୋ ଉପରେ ପ୍ରଚଣ୍ଡ ରାଗ, କହିଲେ-ହାରାମଜାଦା,

ଇଂଜେକ୍ସନ ନନେଇ ଚାଲିଆସିଲୁ। ଠାକୁରଙ୍କୁ କହିବାକୁ ଲାଗିଲେ- ପାଗଳା କୁକୁର କାମୁଡ଼ିଛି, ସେ ପଳାଇ ଆସିଲା, ତୁ କିଛି କହୁନୁ ଯେ ! ଆମ ବଂଶରେ କେହି ବିଲୁଆ-କୁକୁରଙ୍କ କାମୁଡ଼ା ଖାଇ ପାଗଳ ହୋଇନି। ସେ ପାଗଳ ହେଲେ ପୁଣି କଣ ହେବ ? ଠାକୁର ହସିହସି କହିଲେ- ନା, ତାର କିଛି ହେବନି। (ଇଷ୍ଟ-ପ୍ରସଙ୍ଗ ୨ୟ ଖଣ୍ଡ)

●

ଏଥରକ ଯମଜ ସନ୍ତାନଙ୍କ ସମ୍ପର୍କରେ ଆଲୋଚନା ଚାଲିଲା। ଜଣେ ଅସୁସ୍ଥ ହେଲେ ଆଉଜଣେ ଅସୁସ୍ଥ ହୁଏ, ଜଣକର ମନ ଖରାପ ହେଲେ, ସେହି ସମୟରେ ଅନ୍ୟଜଣକର ବି ମନ ଖରାପ ହୁଏଇତ୍ୟାଦି ଘଟଣା ଅନେକେ ବ୍ୟକ୍ତ କଲେ।

ଶ୍ରୀଶ୍ରୀପିତୃଦେବ କହିଲେ - ଅନେକ କ୍ଷେତ୍ରରେ ବାପା ସାଥିରେ ବି ପିଲାର ଏକଦମ୍ ମେଳ ଦେଖାଯାଏ। ଠାକୁରଙ୍କ ସଙ୍ଗରେ ମୋର ବହୁତ ମେଳ ଅଛି। ଠାକୁରଙ୍କର ଯେଉଁ ଯେଉଁ ବୟସରେ ଯାହା ଯାହା ଅସୁସ୍ଥତା ଦେଖା ଦେଇଥିଲା, ମୋର ବି ଠିକ୍ ସେହି ସମୟରେ ସେହି ସେହିଭଳି ହୋଇଛି। ଠାକୁରଙ୍କର ଯେଉଁ ବୟସରେ ପାଦରେ ଯେପରି ଆଘାତ ଲାଗିଥିଲା ମୋର ବି ଠିକ୍ ସେହି ବୟସରେ ସେହି ଜାଗାରେ ସେହିପରି ଆଘାତ ଲାଗିଛି। ଏପରିକି ଠାକୁରଙ୍କର ଯେଉଁ ପଟରେ ଯେ ଦାନ୍ତ ନଥିଲା ମୋର ବି ଠିକ୍ ସେହି ପଟରେ ସେହି ଦାନ୍ତଟି ନାହିଁ। ଦାନ୍ତ ସାଥିରେ ବି ବିଲକୁଲ ମେଳ। ଥଣ୍ଡା ଲାଗିବାର tendency (ପ୍ରବଣତା) ବି ଠିକ୍ ଏକାଭଳି। (ଇଷ୍ଟ-ପ୍ରସଙ୍ଗେ, ପ୍ରଥମ ଖଣ୍ଡ ୨୬-୧୦-୧୯୭୩)

●

ଏଥରକ ଶ୍ରୀଶ୍ରୀପିତୃଦେବ ସ୍ୱସ୍ତିବାହିନୀର କର୍ମୀମାନଙ୍କୁ ପଚାରିଲେ - ତୁମେମାନେ ଠାକୁରଙ୍କ ନିକଟରେ କ'ଣ କହି ପ୍ରାର୍ଥନା କର ? ଭବାନୀ କ'ଣ କହୁ ? ଜ୍ୟୋତି ?

ଭବାନୀଦା, ଜ୍ୟୋତିଦା ନିଜ ନିଜ ଅନ୍ତରର ଗୋପନ ପ୍ରାର୍ଥନାର କଥା ଶ୍ରୀଶ୍ରୀପିତୃଦେବଙ୍କ ନିକଟରେ ନିଭୃତରେ ଜ୍ଞାପନ କରିବାରୁ ସେ କହିଲେ - ସେ ତ ଭଲ। ଏ ମାଗିବା ତ ନିଜ ପାଇଁ କିଛି ମାଗିବା ନୁହେଁ।

ପୂର୍ବକଥାର ସୂତ୍ର ଧରି ସେ ପୁନରାୟ କହିଲେ - ଲୋକେ ଠାକୁରଙ୍କ ପାଖରେ ସୁଖଶାନ୍ତି, ଟଙ୍କାପଇସା କାମନା କରନ୍ତି। ମୁଁ କିନ୍ତୁ ପ୍ରଥମରୁ ମୋ' ନିଜ ପାଇଁ ଠାକୁରଙ୍କ ପାଖରେ ସବୁବେଳେ ବିପଦଆପଦ ପ୍ରାର୍ଥନା କରେ। ଦେଖେ, ବିପଦଆପଦ ଆସେ, କିନ୍ତୁ ପୁଣି ପରମୁହୂର୍ତ୍ତରେ ସବୁ ଫଡ଼୍‌କରି ଉଡିଯାଏ। ଠାକୁର ଦିନେ ଖଗେନ୍ ତପାଦାରର ଘର ପାଖ ପ୍ରାଙ୍ଗଣରେ ବସିଥାନ୍ତି। ଠାକୁର ସେତେବେଳେ ସେଠାରେ ପ୍ରାୟ ହିଁ ବସୁଥାନ୍ତି। ମୁଁ ଠାକୁରଙ୍କ ପାଖରେ ଛିଡ଼ା ହୋଇଥାଏ। ସରୋଜିନୀ ମା' ଠାକୁରଙ୍କ ତମାଖୁ ସଜାଇ ଦେଉଥାନ୍ତି। ହଠାତ୍ ପିଲାଦିନର ଘଟଣା ମନେପଡ଼ିଲା - ଟୀକା ନେଇ ମୋର ଖୁବ୍ ଜ୍ୱର। ଜ୍ୱରରେ ବେହୋସ। ଯନ୍ତ୍ରଣା ବି ଖୁବ୍। ଜେଜେମା' ପାଖକୁ ଆସି ପିଠିରେ ଓ ମୁଣ୍ଡରେ

ହାତ ବୁଲାଇଦେବାକୁ ଲାଗିଲେ। କହିଲେ - ପରମପିତାଙ୍କ ନିକଟରେ ପ୍ରାର୍ଥନା କର, ଭଲ ହୋଇଯିବ। କିନ୍ତୁ ମୋ ଦ୍ୱାରା ତା' କରିବା ସମ୍ଭବ ହୋଇନି। ଯେମିତି ଘଟଣାଟା ମନେକରିଛି ସେମିତି ସଂଗେ ସଂଗେ ଠାକୁର ମୋ' ଆଡ଼କୁ ଚାହିଁ କହିଲେ - ନିଜ ପାଇଁ ବି ପରମପିତାଙ୍କ ପାଖରେ ପ୍ରାର୍ଥନା କରିବାକୁ ହୁଏ। ମୁଁ ଶୁଣିଲି । କିଛି କହିଲିନି। କିନ୍ତୁ ପିଲାବେଳରେ ନିଜର ରୋଗମୁକ୍ତି ପାଇଁ କେବେବି ସେପରି ପ୍ରାର୍ଥନା କରିନି, ତେଣୁ ଅଭ୍ୟାସବଶତଃ ଏବେବି ଭୁଲ୍‌ରେ ସୁଦ୍ଧା କୌଣସି ଦିନ ସେପରି ପ୍ରାର୍ଥନା କରିପାରିନି।

ଏଥରକ ଶ୍ରୀଶ୍ରୀପିତୃଦେବ ପରମାରାଧ୍ୟ ଶ୍ରୀଶ୍ରୀଠାକୁରଙ୍କ ନିକଟରେ ତାଙ୍କର ଅନ୍ତରର ଗୋପନ ପ୍ରାର୍ଥନା ସ୍ୱୀୟ ଭାଷାରେ ବ୍ୟକ୍ତ କଲେ - ମୁଁ କହେ, ସବୁବେଳେ ମୋତେ ବିପଦଆପଦ ଦିଅ। ଏସବୁ ନେଇ ବି ତୁମକୁ ଯେଭଳି କେବେହେଲେ ଭୁଲି ନ ଯାଏ। ତୁମର ଚରଣ ଯେପରି ସବୁ ସମୟରେ ସ୍ମରଣ କରିପାରେ। (ଇଷ୍ଟ-ପ୍ରସଙ୍ଗେ, ପ୍ରଥମ ଖଣ୍ଡ ୯-୩-୧୯୭୪)

●

ଏଥରକ ଜଣେ ଭାଇ ତାଙ୍କର ପକେଟ୍‌ମାର ହୋଇଯାଇଥିବା ଘଟଣା ଶ୍ରୀଶ୍ରୀପିତୃଦେବଙ୍କୁ ଜଣାଇଲେ। ସବୁ ଶୁଣି ଶ୍ରୀଶ୍ରୀପିତୃଦେବ କହିଲେ - ମୋର କିନ୍ତୁ ଗୋଟିଏ ଦିନ ପକେଟ୍‌ମାର୍ ହୋଇନି। କେତେଥର ଲାଇନ୍ ଦେଇ ଟ୍ରେନ୍ ଟିକେଟ୍ କାଟିଛି, ଟ୍ରେନ୍‌ରେ ଭ୍ରମଣ କରିଛି, କିନ୍ତୁ ଚୋରି କି ପକେଟ୍‌ମାର୍ ହୋଇନି।

ସାବଧାନ ହେବା ପ୍ରସଙ୍ଗରେ ସେ କହିଥିଲେ - ଥରେ ଠାକୁର ଗୋଟିଏ ମାଙ୍କଡ଼ ଅଣାଇଥିଲେ (ପାବନା ଆଶ୍ରମରେ)। ମାଙ୍କଡ଼ଟା ସମସ୍ତଙ୍କ ଘରେ ପଶି ଖାଇବା ଜିନିଷ ଖାଇଯାଏ। ଦେଖାଗଲା, କାହାର ରନ୍ଧାଭାତ ନେଇ ପଳାଇଛି ତ କାହାର ଲୁଗା ନେଇ ପଳାଇଛି। ଏସବୁ ଦୌରାତ୍ମ୍ୟର କଥା ସମସ୍ତେ ଯାଇ ଠାକୁରଙ୍କୁ କହିବାକୁ ଲାଗିଲେ। ଠାକୁର ଶୁଣି କହିଲେ -ମାଙ୍କଡର କାମ ତ ମାଙ୍କଡ଼ କରିବ, ତୁମ୍ଭେମାନେ ତ ସଜାଗ ରହିପାର। ପରେ ଠାକୁରଙ୍କୁ କହିବାର ଶୁଣିଛି - ତୁମମାନଙ୍କୁ ସବୁବେଳେ ସତର୍କ ରଖିବା ପାଇଁ ହିଁ ମାଙ୍କଡ଼ଟା ଆଣିଛି। ପରମ ପ୍ରେମମୟଙ୍କର ଅଭୂତପୂର୍ବ ଲୋକଶିକ୍ଷାର କାହାଣୀ ପରିବେଶକୁ ବେଶ୍ ଆନନ୍ଦ ରସସିକ୍ତ କରିଦେଲା। (ଇଷ୍ଟ-ପ୍ରସଙ୍ଗେ, ପ୍ରଥମ ଖଣ୍ଡ ୯-୩-୧୯୭୪)

●

ଭକ୍ତ-ଜନସାଧାରଣଙ୍କର କ୍ଲେଶ-ସୁଖପ୍ରିୟତା ପ୍ରସଙ୍ଗରେ ଶ୍ରୀଶ୍ରୀପିତୃଦେବ ଗୋଟିଏ ଘଟଣା ଉଲ୍ଲେଖ କରି କହିଲେ -

"ଥରେ ବୈଶାଖ ନବବର୍ଷ ଉତ୍ସବ ସମୟରେ ଠାକୁର ବାହାରକୁ ବାହାରିଛନ୍ତି ସବୁ ବୁଲି ଦେଖିବାକୁ, ସେତେବେଳେ ସମୟ ପ୍ରାୟ ଦୁଇଟା। ସେଇ ପ୍ରଚଣ୍ଡ ଖରାର ତାପରେ ହଜାର ହଜାର ମା' ଓ ଭାଇମାନେ ଗଛତଳେ ଆଶ୍ରୟ ନେଇଛନ୍ତି। ଶ୍ରୀଶ୍ରୀଠାକୁରଙ୍କ ଶ୍ରୀମୁଖ ଦର୍ଶନର ଆକାଙ୍‌କ୍ଷା ଏତେ ପ୍ରବଳ ଯେ, ଶତ କଷ୍ଟ ମଧ୍ୟରେ ବି ସେମାନଙ୍କ ମୁଖମଣ୍ଡଳରେ

କୌଣସି ପ୍ରକାର କଷ୍ଟର ଚିହ୍ନ ନାହିଁ। ବରଂ ପରମ କୃତାର୍ଥତାର ଛାପ ସେଠାରେ ସ୍ପଷ୍ଟ। ଘରେ ଫେରିଆସି ଠାକୁର କହିଲେ - ମୋତେ ଏମାନେ ଏତେ ଭଲପାଆନ୍ତି ! ଏମାନଙ୍କ ଭଲପାଇବାର ଆକର୍ଷଣ ଦେଖି ମୁଁ ଅଭିଭୂତ ହୋଇପଡ଼ିଛି !

ଶ୍ରୀଶ୍ରୀପିତୃଦେବଙ୍କ ମୁଖମଣ୍ଡଳ ଦିବ୍ୟଭାବରେ ଉଦ୍ଭାସିତ ହୋଇଉଠିଲା।" (ଇଷ୍ଟ-ପ୍ରସଙ୍ଗ, ଦ୍ୱିତୀୟ ଖଣ୍ଡ ୧୫-୨-୧୯୭୫)

●

ପ୍ରସଙ୍ଗକ୍ରମେ ଶ୍ରୀଶ୍ରୀଠାକୁରଙ୍କ ତମାଖୁ ଖାଇବା ନେଇ କଥା ଉଠିଲା। ଶ୍ରୀଶ୍ରୀପିତୃଦେବ କହିଲେ- ଠାକୁରଙ୍କ ସଙ୍ଗରେ ଏକାସନରେ ବସି ଏକା ଗଡ଼ଗଡ଼ାରେ ମହାରାଜ (ଅନନ୍ତନାଥ ରାୟ), ଗୋସାଇଁଦା (ସତୀଶଚନ୍ଦ୍ର ଗୋସ୍ୱାମୀ) ତମାଖୁ ଖାଉଥିଲେ। ନନୀ ଭାଙ୍ଗୀ ମଧ୍ୟ ସେହି ଆସନରେ ବସି ତମାଖୁ ଖାଉଥିଲେ, କିନ୍ତୁ ଗୋଟିଏ ଗଡ଼ଗଡ଼ାରେ ଖାଉ ନଥିଲେ। ଦିନେ କୁମାରଖାଲିର ମା' (ଦେବୁ ବାଗ୍‌ଚୀର ପ୍ରପିତାମହୀ) ଅନନ୍ତ ମହାରାଜଙ୍କୁ ଏକୁଟିଆ ପାଇ କହିଲେ - ତୁମେ ତ ମହାରାଜ, ଭକ୍ତ କ'ଣ ଗୁରୁ ସାଙ୍ଗରେ ଏକା ଆସନରେ ବସି ତମାଖୁ ଖାଏ ? ଲୋକଙ୍କୁ ଏତେ ଉପଦେଶ ଦିଅ ଆଉ ଏଇଟା ବୁଝ ନା ? ତା' ପରେ ଆଉ କୌଣସି ଦିନ ଏପରି ହେବାର ଦେଖିନି। ସେଠାରେ ଉପସ୍ଥିତ ଥିବା ଗୁରୁକିଙ୍କରଦା ପଚାରିଲେ - କୌଣସି ଜୀବନୀଗ୍ରନ୍ଥରେ ତ ଏ ଘଟଣା ପଢ଼ି ନାହିଁ ?

ଶ୍ରୀଶ୍ରୀପିତୃଦେବ କହିଲେ - ଜୀବନୀରେ ତ ଅନେକ ଘଟଣା ନାହିଁ। (ଇଷ୍ଟ-ପ୍ରସଙ୍ଗ, ଦ୍ୱିତୀୟ ଖଣ୍ଡ, ୧୧-୯-୧୯୭୫)

●

ଆଲୋଚନାବେଳେ ଭକ୍ତ ଭବାନୀଚରଣ ରାୟଦା ପଚାରିଲେ - ଆଜ୍ଞା, ପୂରାପୂରି ନିର୍ଭରତା ନ ଆସିଲେ କ'ଣ ତାଙ୍କର ଦୟା ଲାଭ କରାଯାଏ ?

ଶ୍ରୀଶ୍ରୀପିତୃଦେବ କହିଲେ - ତାଙ୍କ ପଥରେ ଚାଲୁଚାଲୁ ନିଜର ଅଜାଣତରେ ତାଙ୍କ ପ୍ରତି ନିର୍ଭରତା ଆସିଯାଏ। ଯେଉଁ ମୁହୂର୍ତ୍ତରେ ନିର୍ଭରତା ଆସିଲା, ସେଇ ମୁହୂର୍ତ୍ତରେ ହିଁ ତାଙ୍କ ଦୟା ଲାଭ କରାଯାଏ। ତା'ହେଲେ ଶୁଣ କହୁଛି - ଦାକ୍ଷିଣାତ୍ୟ ଭ୍ରମଣ କାଳରେ ଦିନେ ଗଭୀର ଅରଣ୍ୟ ପଥ ଧରି ମହାପ୍ରଭୁ ଚାଲୁଛନ୍ତି। ପଥରେ ଯାଉଯାଉ ଭାବାବେଗରେ ଗୋଟିଏ ବୃକ୍ଷମୂଳରେ ଦଣ୍ଡାୟମାନ ହେଲେ। ପାଖରେ ସେବକ ଗୋବିନ୍ଦ ଦାସ ଠିଆ ହୋଇଥାନ୍ତି। କିଛି ସମୟ ମଧ୍ୟରେ ସେଇ ଅରଣ୍ୟପଥ ଧରି ବିରାଟ ଏକ ବାଘ ସେମାନଙ୍କ ଆଡ଼କୁ ଆଗେଇ ଆସିବାର ଦେଖି ଗୋବିନ୍ଦ ଦାସ ଭୀତ-ସନ୍ତ୍ରସ୍ତ ହୋଇପଡ଼ିଲେ। ଭାବିଲେ- ଶେଷରେ ବାଘ ହାତରେ ବୋଧେ ପ୍ରାଣ ଯିବ। ଭୟରେ କିଂକର୍ତ୍ତବ୍ୟବିମୂଢ଼ ହୋଇପଡ଼ିଲେ। କେତୋଟି ମୁହୂର୍ତ୍ତ ପରେ ମନେକଲେ - ପ୍ରଭୁଙ୍କର ଚରଣପ୍ରାନ୍ତରେ ତ ଅଛି। ସେ ଯାହା କରିବେ ତାହାହିଁ ହେଉ - ସେଥିରେ ହିଁ ମଙ୍ଗଳ। ଗୋବିନ୍ଦ ଦାସ ବ୍ୟାକୁଳ ହୋଇ ପ୍ରଭୁଙ୍କ ଚିରସୁନ୍ଦର ଶ୍ରୀମୁଖ ଦର୍ଶନ କରୁକରୁ ନାମରେ ତନ୍ମୟ ହୋଇପଡ଼ିଲେ। ବାଘଟି ପ୍ରଭୁଙ୍କ

ନିକଟକୁ ଆସି ତାଙ୍କ ପାଦପଦ୍ମରେ ମୁଣ୍ଡ ଘଷି ଶ୍ରୀଅଙ୍ଗର ଘ୍ରାଣ ନେବାକୁ ଲାଗିଲା । ଏହିପରି କିଛି ସମୟ କଟାଇ ଆଦର ଓ ଆନୁଗତ୍ୟ ଜଣାଇ ଗୋବିନ୍ଦ ଦାସଙ୍କୁ ଆଦୌ ଭ୍ରୂକ୍ଷେପ ନ କରି ଧୀରେଧୀରେ ଗଭୀର ଅରଣ୍ୟରେ ପ୍ରବେଶକଲା ।

ତା' ପରେ କହିଲେ - ଶ୍ରୀଶ୍ରୀଠାକୁରଙ୍କ ପରମଭକ୍ତ ଜ୍ୟୋତିଷ ଘୋଷ ସମ୍ବନ୍ଧରେ ବି ଏ ପ୍ରକାର ଗୋଟିଏ ଘଟଣା ମୋର ଜଣା ଅଛି ।

ଉପସ୍ଥିତ ସମସ୍ତେ ଉତ୍ସୁକ ହୋଇ ଜିଜ୍ଞାସା କଲେ - ଆଜ୍ଞା, କ'ଣ ସେଇ ଘଟଣା ?

ଶ୍ରୀଶ୍ରୀପିତୃଦେବ କହିଲେ - ଅନେକଦିନ ତଳେ, ଆଜକୁ ଚାଳିଶରୁ ପଚାଶ ବର୍ଷ ହେବ ଆମ ଦେଶରେ ଅସମ୍ଭବ ଜଙ୍ଗଲ ଥିଲା । ଜଙ୍ଗଲରେ ହରିଣ, ବଡ଼ ବଡ଼ ଲେପାର୍ଡ଼ (ଚିତାବାଘ), ବଡ଼ ବଡ଼ ଶୂକର ପ୍ରଭୃତି ବନ୍ୟଜନ୍ତୁ ରହୁଥିଲେ । ସେତେବେଳେ ବର୍ଷରେ ଥରେ ଦୁଇଥର ଆମ ଗ୍ରାମକୁ ପୋଷାଶୂକର ପଲ ନେଇ ଶୂକର ପାଳକମାନେ ଆସନ୍ତି । ଗୋଟିଏ ଗୋଟିଏ ଦଳରେ ଶହେରୁ ଦୁଇଶହଟା ପର୍ଯ୍ୟନ୍ତ ଶୂକର ଥାଆନ୍ତି । ସେମାନଙ୍କ ମଧ୍ୟରେ ପାଂଚ-ସାତଟା ଖୁବ୍ ବଡ଼ବଡ଼ ଶୂକର ଥାଆନ୍ତି, ଯେଉଁମାନେ ବାଘ ସହିତ ମଧ୍ୟ ଲଢ଼େଇକରନ୍ତି - ଦଳର ଅନ୍ୟମାନଙ୍କର ଜୀବନ ରକ୍ଷା ପାଇଁ । ଏଇ ପୋଷା ଶୂକରଗୁଡିକ ସାରାଦିନ ଜଙ୍ଗଲରେ ନାନାଜାତୀୟ ଉଦ୍ଭିଦ, ଜିଆ, ପୋକଜୋକ ଖାଇ ସନ୍ଧ୍ୟାହେଲେ ସମସ୍ତେ ଗୋଟାଏ ଫାଙ୍କା ଜାଗାରେ ବୃତ୍ତାକାର ଭାବରେ ରାତ୍ରି କଟାନ୍ତି । ତାଙ୍କ ପାଖଆଖରେ ଜଙ୍ଗଲ ମଧ୍ୟ ଥାଏ । ଯେଉଁ ସମୟର କଥା କହୁଛି, ସେତେବେଳେ ଆମ ଘରଠାରୁ କିଶୋରୀମୋହନ ଦାସଙ୍କ ଘରକୁ ଯିବାକୁ ହେଲେ ଗୋଟିଏ ଶ୍ମଶାନ ପଡ଼େ । ଶ୍ମଶାନର ବେଶ୍ କିଛି ଦୂରରେ ସେହିପରି ଗୋଟିଏ ଶୂକରଙ୍କ ବୃତ୍ତ ଥିଲା । ଜଗୁଆଳୀ କିଛି ଦୂରରେ ସାମୟିକ ବ୍ୟବହାର ଉପଯୋଗୀ ଛୋଟ ଗୋଟିଏ ଅଖାର କୁଡିଆ ତିଆରିକରି ଖାଇପିଇ ରାତ୍ରି କଟାଉଥାଆନ୍ତି । ସେଇ ସମୟରେ ଦିନେ ଶ୍ରୀଶ୍ରୀଠାକୁର କିଶୋରୀମୋହନଙ୍କ ଘରଆଡ଼କୁ ଆସୁଛନ୍ତି । ରାତି ନଅଟା ହେବ । ସାଙ୍ଗରେ ଲଣ୍ଠନ ହାତରେ ଜ୍ୟୋତିଷ ଘୋଷ । ଶ୍ରୀଶ୍ରୀଠାକୁର ସେଇ ଶୂକରଗୁଡିକଙ୍କ ପାଖାପାଖି ଆସିବାମାତ୍ରେ ଦେଖିଲେ ଗୋଟାଏ ବେଶ୍ ବଡ଼ ବାଘ ଟିକିଏ ଦୂରରେ ଛପିବସିଛି, ଯେପରି କାହାକୁ ଅପେକ୍ଷା କରିଛି ।

ଘଟଣା ଶୁଣି ଉପସ୍ଥିତ ସମସ୍ତଙ୍କ ମୁହଁରେ ବିସ୍ମୟର ଭାବ । ସମସ୍ତେ ଏକମନରେ ଶ୍ରୀଶ୍ରୀପିତୃଦେବଙ୍କ କଥା ଶୁଣୁଛନ୍ତି । ଆମ ଆଡ଼କୁ ଚାହିଁ କହିଲେ - ଜାଣ, ଶୂକରମାନେ ଦିନରାତି ମଇଳା ଘାଣ୍ଟି ବୁଲନ୍ତି, ମଇଳା ଖାଆନ୍ତି । କିନ୍ତୁ ଯେଉଁଠାରେ ରହନ୍ତି, ରାତ୍ରିବାସ କରନ୍ତି, ସେଇ ଜାଗାଟା ମଇଳା କରନ୍ତିନି । ପରିସ୍ରା-ପାଇଖାନା ଲାଗିଲେ ବୃତ୍ତର ବାହାରକୁ ଆସି କାମ ସାରି ସଂଗେସଂଗେ ବୃତ୍ତ ମଧ୍ୟକୁ ଫେରିଯାଆନ୍ତି । ଠାକୁର ଜ୍ୟୋତିଷ ଘୋଷକୁ କହିଲେ - 'ଏଇ ଦେଖ, ବାଘଟା କିପରି ଛକିବସିଛି । କୌଣସି ଗୋଟାଏ ଶୂକର ବାହାରକୁ ଆସିଲେ ହିଁ ତାକୁ ଧରି ନେଇଯିବ । ଏ ପ୍ରକାର ବାଘ ଯେପରି ହିଂସ୍ର ସେହିପରି ଧୂର୍ତ୍ତ । ଜ୍ୟୋତିଷ, ତୁ ଗୋଟାଏ କାମ କର୍ । ଲଣ୍ଠନଟା ତଳକୁ ରଖ୍ ଆଉ ବାଘପରି ହାମୁଡିପଡ଼ ।

ବାଘପରି ଆସ୍ତେ ଆସ୍ତେ ଗୋଡ଼ ପକା, ଫଁ ଫଁ କରି ବାଘଆଡ଼କୁ ଆଗେଇଯା'। ଆଦେଶ ପାଇବା ମାତ୍ରେ ଖୁସିମନରେ ଜ୍ୟୋତିଷ ସେହିପରି ଫଁ ଫଁ କରି କରି ଆଗେଇବାକୁ ଲାଗିଲେ। ବାଘ ନିକଟକୁ ଯିବା ସଂଗେ ସଂଗେ ବାଘ ଡିଆଁମାରି ଅନ୍ୟ ଜାଗାରେ ଯାଇ ବସିଲା। ସେ ପୁଣି ଫଁ ଫଁ କରି ତା ଆଡ଼କୁ ଯିବାରୁ ବାଘ ଆଉ ଗୋଟାଏ ଜାଗାରେ ଯାଇ ବସିଲା। ଏପରି ତିନି-ଚାରି ଥର କଲା ପରେ ବାଘଟା ଦୌଡ଼ି ଦୌଡ଼ି ଜଙ୍ଗଲ ମଧ୍ୟରେ ପ୍ରବେଶ କଲା। ତା' ଦେଖି ଠାକୁର ଜ୍ୟୋତିଷକୁ ଡାକିଲେ - ଆ, ହୋଇଛି, ଶଳା, ତୋ ଭୟରେ ବାଘଟା କିପରି ପଳାଇଗଲା।'

ଜ୍ୟୋତିଷ ଘୋଷ ଅକପଟ - ତେଣୁ, ନିର୍ଭିକ, ନିଶ୍ଚିନ୍ତ। ଚିର ଶାନ୍ତ। ପରମଦୟାଲ ଶ୍ରୀଶ୍ରୀଠାକୁର ଯେ ତା'ର ଜୀବନସର୍ବସ୍ୱ। (ଇଷ୍ଟ-ପ୍ରସଙ୍ଗେ, ଦ୍ୱିତୀୟ ଖଣ୍ଡ ୩୦-୧୧-୧୯୭୫)

●

ଦିନେ ଆଲୋଚନାବେଳେ ଶ୍ରୀଶ୍ରୀପିତୃଦେବ କହିଲେ - ଠାକୁର ଯେଉଁସବୁ ବାଣୀ ଦେଇଛନ୍ତି ମୋତେ ନିଜକୁ ସେଭାବରେ ଗଢ଼ିତୋଳିବାକୁ ହେବ। ଏ ବୋଧ ଆମ ପ୍ରତି-ପ୍ରତ୍ୟେକଙ୍କ ଭିତରେ ପକ୍କା ହେବା ଦରକାର। ଆମେ ରୋଜ ସତ୍ୟାନୁସରଣ ପାଠକରୁ, ଏ ବାଣୀଗୁଡିକ ଆମର ଚରିତ୍ରଗତ ହେବା ପ୍ରୟୋଜନ। ଠାକୁର ବାଣୀ ଦେଇଛନ୍ତି ମୋତେ ତିଆରି ହେବା ଲାଗି - ମୋର ଚରିତ୍ର ଗଠନ ପାଇଁ।

ଉପସ୍ଥିତ ପଣ୍ଡିତଦା ପଚାରିଲେ - ପରିବାର, ସମାଜ, ରାଷ୍ଟ୍ର ସମ୍ବନ୍ଧରେ ଯାହା କୁହାଯାଇଛି, ଅନେକେ କୁହନ୍ତି, ଏସବୁ କ'ଣ ବାସ୍ତବରେ ଚରିତ୍ରଗତ କରିବା ସମ୍ଭବ ?

ଶ୍ରୀଶ୍ରୀପିତୃଦେବ ଉତ୍ତରଦେଲେ – ଏପରି କଥା ଠାକୁରଙ୍କୁ ବି ଶୁଣିବାକୁ ହୋଇଛି ଅନେକଥର। ଠାକୁରଙ୍କ ପାଖରେ ସେତେବେଳେ ପ୍ରଫୁଲ୍ଲ (ଦାସ), ଦେବୀ (ମୁଖାର୍ଜୀ) ରହୁଥିଲେ। ଠାକୁର କହୁଥାନ୍ତି, ଆଉ ଏମାନେ ସବୁ ଲେଖୁଥାଆନ୍ତି। ଆହୁରି ଅନେକେ ବି ଥାଆନ୍ତି। ଠାକୁର ପ୍ରାୟ ସବୁ ସମୟରେ ହିଁ ବାଣୀ ଦେଉଥାନ୍ତି - ଏପରିକି ସ୍ନାନ-ପାଇଖାନା ସମୟରେ ବି କେବେ କେବେ ସେ କହିଚାଲୁଥାନ୍ତି। ଦିନେ ଠାକୁର ବାଣୀ ଦେଉଛନ୍ତି, ମାୟା ମାଉସୀମା' ଆସି କହିଲେ - ତୁ ଯେ ଦିନରାତି ଏତେସବୁ ବାଣୀ କହିଚାଲିଛୁ ଏସବୁ କରିବ କିଏ ? ଏସବୁ ହେବ କ'ଣ ? କାହା ପାଇଁ ଦେଉଛୁ ଏସବୁ ? - ଏମିତି ପ୍ରାୟ ହିଁ କହୁଥାନ୍ତି। ଠାକୁରଙ୍କର ଏଥିରେ ଅସ୍ୱସ୍ତି ହିଁ ହେଉଥାଏ, କିନ୍ତୁ କିଛି କହୁ ନଥାନ୍ତି। ସେଦିନ ମାୟା ମାଉସୀମା' ଏକଥା କହିବା ସାଂଗେ ସାଂଗେ ଠାକୁର ଉପସ୍ଥିତ ସମସ୍ତଙ୍କୁ ଜଣଜଣ କରି ପଚାରିଲେ - ବାଣୀଗୁଡିକ କାହା ପାଇଁ ? ସମସ୍ତେ କହିଲେ - ଏସବୁ ଆମମାନଙ୍କ ପାଇଁ। ତା'ପରେ ମୋତେ ଦେଖି ଠାକୁର ପଚାରିଲେ - ବାଣୀଗୁଡିକ କାହା ପାଇଁ ? ମୁଁ କହିଲି - ଆଜ୍ଞା, ମୋ ପାଇଁ। ଠାକୁର ସେବେ ମାୟା ମାଉସୀଙ୍କୁ କହିଲେ - ଏଇ ତ, ତା' ପାଇଁ ଦେଉଛି, ସେଇସବୁ ପାଳନ କରିବ। ଟିକିଏ ରହି ଶ୍ରୀଶ୍ରୀପିତୃଦେବ କହିଲେ -

ଠାକୁର କହିଛନ୍ତି, ମୋର ଯାହା ଦେବାର ଦେଇଯାଇଛି, ଏସବୁ ଛପା ରହିବ । ଯଦି ଜଣେ ବି ଥାଏ, ସେ କରିବ । ଆଉ କେହିବି ଯଦି ନଥାଏ ତା'ହେଲେ ବାଣୀସବୁ ରହିବ - ଭବିଷ୍ୟତରେ ଯଦି କେହି ଆସେ ସେହିଁ କରିବ । (ଇଷ୍ଟ-ପ୍ରସଙ୍ଗ, ଦ୍ୱିତୀୟ ଖଣ୍ଡ ୧୯-୪-୧୯୭୫)

ଆଚାର୍ଯ୍ୟଦେବ ଶ୍ରୀଶ୍ରୀଦାଦା

ଶ୍ରୀଶ୍ରୀଠାକୁରଙ୍କ ସମ୍ବନ୍ଧରେ ବିଭିନ୍ନ ସମୟରେ ସେ ଯେଉଁସବୁ ଘଟଣା ବିବୃତ କରିଥିଲେ ସେଥିରୁ କେତୋଟି ନିମ୍ନରେ ଉଲ୍ଲେଖ କରାହେଲା ।

●

ଗୌହାଟୀ ସତ୍‌ସଙ୍ଗ ବିହାରରେ ଅବସ୍ଥାନକାଳରେ ଆଶ୍ରମିକ ଅରୁଣ ଦତ୍ତଜୋୟାରଦାରଙ୍କ କଥା ଆଚାର୍ଯ୍ୟଦେବ ଶ୍ରୀଶ୍ରୀଦାଦା କହିଲେ - ଅରୁଣଦା ଶ୍ରୀଶ୍ରୀଠାକୁରଙ୍କ ନିଷ୍ଠାବତୀ ସେବିକା ସରୋଜିନୀମା' ଓ ରାଧାରମଣ ଜୋୟାରଦାରଙ୍କ ପୁଅ । ଅରୁଣଦାଙ୍କର ହଠାତ୍ ଅଜ୍ଞାନ ହେବାର ରୋଗ ଥିଲା - ଏପିଲେପ୍ସି ଭଳି । ଶ୍ରୀଶ୍ରୀଠାକୁର କହିଥିଲେ ବଡ଼ଖୋକା ପାଖେ ରହିବୁ, ତା'ହେଲେ ଭଲ ହୋଇଯିବୁ । ଯେତେବେଳେ ଫିଟ୍‌ସ ବା ଅଜ୍ଞାନ ହେବାର ଭାବ ହେଉଥିଲା ବାବା (ଶ୍ରୀଶ୍ରୀବଡ଼ଦା) ତାଙ୍କୁ ଗାଳିଦେଇ ଅନ୍ୟମନସ୍କ କରାଇ ଦେଉଥିଲେ । ଏଭଳି କେତେଥର କରିବା ପରେ ଅରୁଣ ଜୋୟାରଦାର ଭଲ ହୋଇ ଯାଇଥିଲେ ।

ଏହାପରେ ସେ ବରେଣ୍ୟ ସେନ୍‌ଙ୍କ ବାପାଙ୍କ କଥା କହିଲେ । ବରେଣ୍ୟ ସେନ୍ ଦକ୍ଷିଣ କଲିକତାର ନିବାସୀ - କୃତି ଇଂଜିନିୟର, ତାଙ୍କ ବାପାଙ୍କର ଆସାମରେ ବ୍ୟବସାୟ ଥିଲା । ଦିନକର କାଠ ସନ୍ଧାନରେ ଜଙ୍ଗଲକୁ ଯାଇଥାନ୍ତି, ତାଙ୍କୁ ହାତୀମାନେ ଘେରିଗଲେ । ଏକମନରେ ଇଷ୍ଟନାମ ଜପ କଲାପରେ ଦେଖାଗଲା ହାତୀମାନେ ତାଙ୍କର କୌଣସି କ୍ଷତି ନ କରି ଚାଲିଗଲେ । (ଆଲୋଚନା, ଜୁଲାଇ -୨୦୦୭)

●

ତା ୯-୯-୧୯୯୯ ସକାଳ ସାତଟା । କଥା ପ୍ରସଙ୍ଗରେ ଶ୍ରୀଶ୍ରୀଦାଦା କହିଲେ - ଠାକୁରଙ୍କ ଦୟାର ଅନ୍ତ ନାହିଁ । ଡାକ୍ତର ବିଶୁଦା (ବିଶ୍ୱନାଥ ମୁଖାର୍ଜୀ)ଙ୍କ ମାମୁଁ ରବୀନ୍ ବ୍ୟାନାର୍ଜୀ କଲିକତାର ଜଣେ ବିଖ୍ୟାତ ହୋମିଓପ୍ୟାଥିକ୍ ଚିକିତ୍ସକ ଥିଲେ । ସେ ପ୍ରାୟ ଠାକୁର-ଦର୍ଶନରେ ଚାଲିଆସୁଥିଲେ । ଥରେ ସେ ଠାକୁର ଦର୍ଶନରେ ଆସିଥାନ୍ତି । ଆସିବା ସମୟରେ ଜଣେ serious patient (ସାଙ୍ଘାତିକ ରୋଗୀ) କୁ ଔଷଧ ଦେଇ ଆସିଛନ୍ତି । ପୁଣି ତିନିଦିନ ପରେ ଆସି ଔଷଧ ଦେବେ ବୋଲି କହିଆସିଛନ୍ତି । ଆଶ୍ରମରୁ ତାଙ୍କର ନିର୍ଦ୍ଧାରିତ ଫେରିବା ଦିନ ଅନୁମତି ନେବାକୁ ଠାକୁରଙ୍କ ନିକଟକୁ ଗଲେ । ଠାକୁର ତାଙ୍କୁ ଦେଖି କହିଲେ - ମୁଁ ଯେବେ କହିବି ସେବେ ଘରକୁ ଯିବୁ । ଆଉ ଦିନେ ବିତିଲା ପରେ ପୁଣି ଅନୁମତି ପାଇଁ ଠାକୁରଙ୍କ ପାଖକୁ ଯାଇ କହିଲେ- ଠାକୁର, ମୁଁ serious patient

ରଖିଆସିଛି, ଔଷଧ ଦେବାକୁ ହେବ। ତାହା ଶୁଣି ଠାକୁର ରୋଗିଣୀର ଅବସ୍ଥା, କି କି ଔଷଧ ଦିଆହୋଇଛି, କେତେ ଦିନ ଧରି ଚିକିତ୍ସା ଚାଲିଛି, ଇତ୍ୟାଦି ଟିକିନିଖି ଖବର ପଚାରି ବୁଝିବା ପରେ କହିଲେ, 'ତୁମେ ଏଠାରେ ରୁହ, ଚିନ୍ତା କର ନା, ସେ ଭଲ ହୋଇଯିବ।'

ଶ୍ରୀଶ୍ରୀଠାକୁରଙ୍କ ଭରସାର ବାଣୀ ଶୁଣି ମଧ୍ୟ ସେ ରୋଗିଣୀର ଚିନ୍ତାରୁ କ୍ଷାନ୍ତ ହୋଇପାରିଲେ ନାହିଁ । ସୋମବାର ଗଲା, ମଙ୍ଗଳବାର ଗଲା, ଶେଷରେ ବୁଧବାର ଦିନ ରବୀନଦାଙ୍କୁ କଲିକତା ଫେରିବା ପାଇଁ ଶ୍ରୀଶ୍ରୀଠାକୁର ଅନୁମତି ଦେଲେ। କଲିକତାରେ ପହଂଚି ଟ୍ରେନ୍‌ରୁ ଓହ୍ଲାଇବା ସଂଗେ ସଂଗେ ସେ ଟ୍ୟାକ୍ସି ଧରି ସିଧା ଯାଆନ୍ତି ରୋଗିଣୀର ଘରକୁ। ସେ କିଛି ଖରାପ ଖବର ଆଶଙ୍କା କରୁଥିଲେ। ରୋଗିଣୀର ମା' ଦରଜା ଖୋଲି ରବୀନଦାଙ୍କୁ ଦେଖି ଆଶ୍ଚର୍ଯ୍ୟ ହୋଇ ପଚାରିଲେ - ଆପଣ ପୁଣି ଏବେ କାହିଁକି ଆସିଲେ ? ରବୀନଦା ଝିଅ କେମିତି ଅଛି ପଚାରିବାରୁ ତାର ମା' କହିଲେ - ସେ ତ ଭଲ ଅଛି। ସୋମବାର ସକାଳେ ଆପଣ ଦେଇଥିବା ଔଷଧରେ ସେ ଭଲ ଅଛି। ତା'ର ଏବେ ଆଉ ଜ୍ୱର ନାହିଁ।

ରବୀନଦା ଆଶ୍ଚର୍ଯ୍ୟଚକିତ ହୋଇ ରୋଗିଣୀକୁ ଯାଇ ପରୀକ୍ଷା କରି ଦେଖନ୍ତି ତ ସତକୁସତ ତା'ର ଜ୍ୱର ନାହିଁ, ଜିଭ ପରିଷ୍କାର। ପ୍ରକୃତପକ୍ଷେ ଝିଅଟିର ଅବସ୍ଥା ସ୍ୱାଭାବିକ ହୋଇଆସୁଥାଏ। ଝିଅର ମା' ରବୀନଦାଙ୍କ ହାବଭାବ ଦେଖି ପଚାରିଲେ - ଆପଣ ଭଲ ଅଛନ୍ତି ତ ? ଆପଣ ଚା' ପିଇବେ କି ? ରବୀନ୍‌ଦା ମୁଣ୍ଡ ହଲାଇଲେ, ଝିଅକୁ ସାମାନ୍ୟ ଔଷଧ ଦେଇ ନିଜ ଘରକୁ ନଯାଇ ପରବର୍ତ୍ତୀ ଟ୍ରେନ୍‌ରେ ଠାକୁରଙ୍କ ପାଖକୁ ହିମାୟିତପୁର ଫେରିଆସିଲେ। ଶ୍ରୀଶ୍ରୀଠାକୁରଙ୍କ ନିକଟରେ ସମସ୍ତ ଘଟଣା ବର୍ଣ୍ଣନା କରିଲାରୁ ସେ କେବଳ ହସିଲେ। ରବୀନଦା କହିଲେ - ଝିଅଟିର ମା' କହିଲା, ମୁଁ ନିଜେ ଯାଇ ଔଷଧ ଦେଇଛି, କିନ୍ତୁ ସେତେବେଳେ ତ ମୁଁ ଏଠାରେ ଆପଣଙ୍କ ପାଖରେ ଥିଲି। ଶ୍ରୀଶ୍ରୀଠାକୁର ହସିହସି କହିଲେ - ସେଇ କ'ଣ ଯେ କୁହାଅଛି- 'There are more things in heaven and earth, Horatio, than are dreamt of in your philosophy.'

ରବୀନ୍‌ଦା ଯେତେଥର ଏହି ଅତ୍ୟାଶ୍ଚର୍ଯ୍ୟ ଘଟଣା ବିଷୟରେ ପ୍ରଶ୍ନ କଲେ ବି ପ୍ରତି ଥର ଶ୍ରୀଶ୍ରୀଠାକୁର ହସିଥିଲେ - କୌଣସି ଉତ୍ତର ଦେଇ ନଥିଲେ।

ତା'ପରେ ଘରକୁ ଫେରି ଦେଖନ୍ତି ତ ଡକାୟତମାନେ ତାଙ୍କ ଘରପୋଡ଼ି ଦେଇଛନ୍ତି, କିନ୍ତୁ ଘର ଲୋକେ ଅକ୍ଷତ। ସେମାନେ କହିଲେ - ତୁମେ ଆଗରୁ ନ ଆସି ଭଲ କରିଛ। ତୁମେ ଏଠି ଥିଲେ ଡକାୟତମାନେ ତୁମକୁ ଶେଷ କରି ଦେଇଥାନ୍ତେ। (ଆଲୋଚନା ଭାଦ୍ର-୧୪୧୪, ସେପ୍ଟେମ୍ବର ୨୦୦୭, ଏବଂ Being and Becoming)

●

ତା ୨୬-୭-୧୯୯୯ର ସକାଳ ଛଅଟା। ଶ୍ରୀଶ୍ରୀଦାଦା ଫିଲାନ୍‌ଥ୍ରପି ସମ୍ମୁଖସ୍ଥ ନାଟମଣ୍ଡପରେ ବସିଛନ୍ତି। ଦର୍ଶନ ଓ ପ୍ରଣାମ ନିବେଦନ ଚାଲିଛି। ପଶ୍ଚିମ ଦିନାଜପୁରରୁ ଆସିଛନ୍ତି ସୁଧୀରଦା। ତାଙ୍କର ଦୀକ୍ଷାଦାନ ବିଷୟରେ ଆଶୁଦା (ଗାଙ୍ଗୁଲୀ) ନିବେଦନ କଲେ- ଆଜ୍ଞା, ସେ ବାକିରେ ଦୀକ୍ଷା ଦିଅନ୍ତି।

ଶ୍ରୀଶ୍ରୀଦାଦା କହିଲେ - ଏପରି ଚଳିଲେ ଅନନ୍ତ ପାତିତ୍ୟରେ ପଡ଼ିବ। ନର୍କବାସ। ଯେଉଁମାନେ ନିଜ ପକେଟ୍‌ରୁ ଦୀକ୍ଷା-ପ୍ରଣାମୀ ଦେଇ ଦୀକ୍ଷା ଦିଅନ୍ତି, ସେମାନଙ୍କର ମଧ୍ୟ ସେଇ ସମାନ ଦଶା।

କଥା ପ୍ରସଙ୍ଗରେ ଶ୍ରୀଶ୍ରୀଦାଦା ସୁଧୀରଦାଙ୍କୁ କହିଲେ - ନିଜେ ତ ସିଙ୍ଗାପୁରୀ କଦଳୀ ଘନ ଦୁଧ ସହିତ ଖାଆନ୍ତି, ଠାକୁରଙ୍କ ପାଇଁ କଦଳୀଭଣ୍ଡା ବା ମଂଜା ଖଣ୍ଡେ କଣ ତୁମକୁ ଜୁଟେ ନାହିଁ କି। ଉଦାହରଣ ଦେଇ କହିଲେ -ସୁନୀଲ କରଣଙ୍କ ବାପା ଚାରୁଦା (କରଣ) ଠାକୁରଙ୍କ ପାଇଁ ସୋଲାକଚୁ (ସାରୁ) କେମିତି ଆଣିଲେ ଜାଣନ୍ତି - ଠାକୁରବଙ୍ଗଳା ଗେଟ୍ ଦେଇ ବିରାଟ ସୋଲାକଚୁ କାନ୍ଧରେ ଧରି ଆଗେଇ ଆସୁଛନ୍ତି, ତାହାର ଓଜନରେ ନଇଁ ଯାଉଥାନ୍ତି, ଠାକୁର ତାଙ୍କୁ ଦେଖିପାରି ଖୁସିରେ ଡଗମଗ ହୋଇ କହିଉଠିଲେ - ଜବର ମାଲ ଆଣିଛୁ। ଚାରୁଦାଙ୍କ ମୁହଁରେ ପରିତୃପ୍ତିର ହସ।

ମୋର ଅନୁକା ପିଉସୀମାଙ୍କ ପିଲାଦିନର ଘଟଣା। ସମସ୍ତେ ଠାକୁରଙ୍କୁ କେତେ କ'ଣ ଦେଉଛନ୍ତି। କେତେ ଦାମିକା ଜିନିଷ ଦେଉଛନ୍ତି। ପିଉସୀମାର ଇଚ୍ଛା ଠାକୁରଙ୍କୁ କିଛି ଦେବାକୁ। ତାଙ୍କର ଅର୍ଥନୈତିକ ପରିସ୍ଥିତି ଆଦୌ ଭଲ ନଥିଲା। ତେବେବି ସେ ଠିକ୍ କଲେ- ସିଗାରେଟ୍ ପ୍ୟାକେଟ୍ ଭିତରେ ଯେଉଁ ରୂପେଲି କାଗଜ ଥାଏ, ସେସବୁ ତ ଲୋକେ ଫୋପାଡ଼ି ଦେଇଥାନ୍ତି - ସେସବୁ ସଂଗ୍ରହ କରି ଗୋଟାଏ ଚକମକିଆ ଚକ୍ରଭଳି ତିଆରିକରି ଠାକୁରଙ୍କ ହାତରେ ଦେଲେ - ଠାକୁର ସେଇଟା ନେଇ ପିଉସୀମାଙ୍କୁ ଖୁବ୍ ଆଦରକଲେ। କହିଲେ - ଖୁବ୍ ସୁନ୍ଦର ଜିନିଷ ମୋ ପାଇଁ ଆଣିଛୁ। ପିଉସୀମା'ର ଆନନ୍ଦ କହିଲେ ନସରେ ! (ଆଲୋଚନା, ନଭେମ୍ବର ୧୯୯୯)

●

ପୁରୁଣା ଦିନର ସ୍ମୃତିଚାରଣ କରିବାକୁ ଯାଇ ଆଚାର୍ଯ୍ୟଦେବ ଶ୍ରୀଶ୍ରୀଦାଦା କହିଲେ - ଦିନକର ଉପରବେଳା, ଠାକୁରଙ୍କୁ ପ୍ରଣାମ କରିବାକୁ ଗଲି। ପ୍ରଣାମ କରିବାର ଦେଖି ଠାକୁର ଅଳ୍ପ ହସି କହିଲେ - ଆଜି ଗୋଟାଏ ମଜାର ଘଟଣା ହୋଇଛି ଦାଦୁ। ଆଜି ସକାଳେ ତିନିଜଣ ହିନ୍ଦୀଭାଷୀ ବିଶାଳ ଚେହେରାର ଲୋକ ଆସିଥିଲେ ମୋ ପାଖକୁ। ସେମାନେ ମୋତେ କହିଲେ - ଆମେ ବିନ୍ଧ୍ୟାଚଳ ମନ୍ଦିରର ପଣ୍ଡା, ଆମର ଜଣେ ଆତ୍ମୀୟା ଅଛନ୍ତି, ତାଙ୍କର ଅନେକ ବିଷୟ ସମ୍ପତ୍ତି। ସେଇ ମହିଳାଙ୍କର ଦେବଦ୍ୱିଜରେ ଯଥେଷ୍ଟ ଭକ୍ତି, ଅତ୍ୟନ୍ତ ଦୟାଶୀଳା ମହିଳା। ସେହି ମହିଳା ଆମକୁ ଡାକି କହିଲେ - ମୁଁ ସ୍ୱପ୍ନରେ ଦେଖିଲି ଯେ

ଜଣେ ବିଶାଳ ପୁରୁଷ ଖାଲି ଦେହ, ଉଜ୍ଜ୍ୱଳ ଚେହେରା, ଗଳାରେ ପଇତା, ପାଦରେ କଳା ଜୋତା - ସେ ମୋତେ କହୁଛନ୍ତି, ଅନେକ ଭୋଗ କରିଛୁ, ଏଥର ସବୁ ବିତରଣ କରି ମୁକ୍ତ ହୁଅ । ସ୍ୱପ୍ନ ଭିତରେ ସ୍ପଷ୍ଟଭାବରେ ମୁଁ ତାଙ୍କୁ ଦେଖୁଛି ଏବଂ ପଚାରୁଛି ଆପଣ କିଏ ? ଆପଣ କିଏ ? ଲକ୍ଷ୍ୟ କଲି - ଆଲୋକର ଅକ୍ଷରରେ ସେଇ ବିଶାଳପୁରୁଷଙ୍କ ପାଦତଳେ ଲେଖାଅଛି - 'ଦେଓଘର' । ଆମର ଆତ୍ମୀୟା ସେହି ମହିଳା ଆମକୁ ପଠାଇଛନ୍ତି ସେଇ ବିଶାଳ ପୁରୁଷଙ୍କ ଅନୁସନ୍ଧାନ କରିବାକୁ - ତାଙ୍କ ନିକଟରେ ଜାଣିବାକୁ ହେବ ସେହି ମହିଳା ଏଇ ବିଷୟ ସମ୍ପତ୍ତି କି ଭାବେ ବିତରଣ କରିବେ ? ଆମେ ସାରା ଭାରତବର୍ଷରେ ଦେଓଘର ନାମରେ ଯେତେସବୁ ଜାଗା ଅଛି ବୁଲିଆସିଛୁ - ଅନେକ ଜାଗାରେ ସେଇ ଚେହେରା କିଛିଟା ମିଳିବାରୁ ଏଇ ପ୍ରଶ୍ନ କରିଛୁ - ସେମାନେ ଯାହା ଉତ୍ତର ଦେଇଛନ୍ତି ସେଥିରେ ଆମର ମନ ତୃପ୍ତ ହୋଇନି । ତେଣୁ ଅନେକ ବୁଲି ଏଠାକୁ ଆସିଲୁ - ଆପଣଙ୍କ ଚେହେରା ସହିତ ସ୍ୱପ୍ନବର୍ଣ୍ଣିତ ଚେହେରାର ଅପୂର୍ବ ମେଳ । ଆପଣଙ୍କୁ ଦର୍ଶନ କରି ଆମର ପରମ ଆନନ୍ଦ ଲାଭ ହୋଇଛି । ସେହି ଆତ୍ମୀୟା ସ୍ୱପ୍ନରେ ଯାହା ଶୁଣିଥିଲେ, ଆପଣ ଅବିକଳ ତା' କହିଲେ ।

ମୁଁ ଠାକୁରଙ୍କୁ ପଚାରିଲି - ଏଇ ଯେଉଁ ସ୍ୱପ୍ନ କେହି କେବେ ଦେଖନ୍ତି ଏଟା କ'ଣ ଅହେତୁକୀ ଦୟା ?

ଠାକୁର କହିଲେ - କରିବା ତ ଲାଗେ । ନହେଲେ ମିଳେ ନା, ପାଇବାକୁ ହେଲେ କରିବାକୁ ହେବ । (ଆଚାର୍ଯ୍ୟ ସାନ୍ନିଧ୍ୟେ ନିତ୍ୟଦିନ - ଆଲୋଚନା, ଫେବୃୟାରୀ ୨୦୦୮)

●

ଶ୍ରୀଶ୍ରୀଦାଦା ପୃଥିବୀର ସମସ୍ତ ଜନସମାଜ ଯେ ଏକ ସେହି ବିଷୟରେ ଆଲୋଚନା କରି କହିଲେ- ଠାକୁର କହିଛନ୍ତି, 'ଏକ ଆଦର୍ଶରେ ଚାଲନ୍ତି ଯିଏ, ତାଙ୍କୁ ନେଇ ହିଁ ସମାଜ ହୁଏ' ... ଆମେ ଏଇ ମୁହୂର୍ତ୍ତରେ ଯେଉଁମାନେ ଅଛୁ ସମସ୍ତେ କିନ୍ତୁ basically (ମୂଳତଃ) ଏକ । ଅନନ୍ତ ବ୍ରହ୍ମାଣ୍ଡ ବ୍ୟାପି ଗ୍ରହରେ ତାରାରେ ସର୍ବତ୍ର ସୃଷ୍ଟିର ଲୀଳା ଚାଲିଛି । ଏହି ତାରା ମଧ୍ୟରେ ଯାହାକିଛି ଅଛି, ତା ଆମ ମଧ୍ୟରେ ବି ବିଜାକାରରେ ରହିଛି- ଏକ ହିଁ ସମୟରେ । ଏଇ ସମୟର ବନ୍ଧନରେ ଆମେ ବନ୍ଧା । ଆମେ ଭାବୁ ଗତ କାଳ, ବର୍ତ୍ତମାନ କାଳ, ଆଗାମୀକାଳ ସବୁ ଅଲଗା । କିନ୍ତୁ ସବୁକାଳ ଏକ । ଗୋଟିଏ ମୁହୂର୍ତ୍ତ ଯାଉଛି, ଗୋଟିଏ ଆସୁଛି, ମୁଁ କିନ୍ତୁ ଏକ ହିଁ ଅଛି, ଭାବୁଛି -ଅଲଗା, ଦେଖୁଛି -ଅଲଗା । କିନ୍ତୁ basically (ମୂଳତଃ) ଏକ । ଏହି ବୋଧ ଯେତେ ଜନ୍ମେ ମଣିଷ ସେତେ ବୋଦ୍ଧା ହୋଇଉଠେ, ଜ୍ଞାନୀ ହୋଇଉଠେ । ଏହି ବୋଧ ଜନ୍ମେ ଠାକୁରଙ୍କୁ ଭଲପାଇ, ଠାକୁରଙ୍କୁ ସେବାକରି, ତାଙ୍କପରି ହୋଇ ଚାଲିବାର ସାଧନା କରୁ କରୁ, ଯଜନ, ଯାଜନ, ଇଷ୍ଟଭୃତି ଠିକଭାବେ ପରିପାଳନ କରୁ କରୁ । (ଋତ୍ୱିକ୍ ସମ୍ମେଳନ, ସତ୍ସଙ୍ଗ ଦେଓଘର, ୧୭-୭-୨୦୧୬)

ପୂଜନୀୟ ବାବାଇଦା

ଶ୍ରୀଶ୍ରୀଠାକୁର ଅନୁକୂଳଚନ୍ଦ୍ରଙ୍କର ଚତୁର୍ଥ ପୁରୁଷ ପୂଜନୀୟ ବାବାଇଦା (ଅର୍କଦ୍ୟୁତି ଚକ୍ରବର୍ତ୍ତୀ) କଲିକତାରେ ୧୯୬୮ ମସିହା ଜୁନ୍ ଆଠ ତାରିଖରେ ଜନ୍ମଗ୍ରହଣ କରିଥିଲେ। ପ୍ରଧାନ ଆଚାର୍ଯ୍ୟଦେବ ଶ୍ରୀଶ୍ରୀଦାଦାଙ୍କର ସେ ଜ୍ୟେଷ୍ଠପୁତ୍ର। ତାଙ୍କର ଶିକ୍ଷା ସମାପ୍ତି ପରେ ତରୁଣକାଳରୁ ସେ ଇଷ୍ଟଙ୍କଠାରେ ନିବେଦିତ ପ୍ରାଣ। ୨୦୧୬ ମସିହାଠାରୁ ସେ ସତ୍‌ସଙ୍ଗର ପ୍ରଶାସକର ଦାୟିତ୍ୱ ଗ୍ରହଣ କରି ଏହାର ସର୍ବାଙ୍ଗୀନ ସମ୍ପ୍ରସାରଣ ପାଇଁ ଜୀବନକୁ ଉତ୍ସର୍ଗ କରିଛନ୍ତି। ବର୍ଷର ଅଧିକାଂଶ ସମୟରେ ଭାରତର ବିଭିନ୍ନ କେନ୍ଦ୍ର-ମନ୍ଦିରକୁ ଗସ୍ତରେ ଯାଇ ଗୁରୁଭାଇମାନଙ୍କୁ ପ୍ରେରଣା ଦେଇ ଆସୁଛନ୍ତି। ଗତ ୨୦୧୬ ଜାନୁଆରୀ ଦୁଇ ତାରିଖରେ ସେ ଶହେଦିନର ଏକ ଐତିହାସିକ ଦୀକ୍ଷା କାର୍ଯ୍ୟକ୍ରମ ଆରମ୍ଭ କରି ଭାରତର ଅଧିକାଂଶ ପ୍ରଦେଶର ବିଭିନ୍ନ ସ୍ଥାନରେ ମୋଟ ଚାରିଲକ୍ଷରୁ ଅଧିକ ଦୀକ୍ଷାଦେଇ କୀର୍ତ୍ତିସ୍ଥାପନ କରିଛନ୍ତି କହିଲେ, ଅତ୍ୟୁକ୍ତି ହେବ ନାହିଁ। ତାଙ୍କରି ଚେଷ୍ଟାରେ ସାତତାଲା ବିଶିଷ୍ଟ ଆନନ୍ଦବଜାର ଭବନ ନିର୍ମିତ ହେବାରୁ ଏକକାଳୀନ ସହସ୍ରାଧିକ ଗୁରୁଭାଇଙ୍କ ପ୍ରସାଦ ସେବନ ସମ୍ଭବ ହୋଇପାରିଛି। ଗୁରୁଭାଇମାନଙ୍କ ଇଷ୍ଟଭୃତି ସୁରୁଖୁରୁରେ ପଠାଇବା ପାଇଁ ଓ ସେମାନଙ୍କ ଭିତରେ ପାରସ୍ପରିକତା ବୃଦ୍ଧିକରିବା ଲାଗି ଶ୍ରୀଶ୍ରୀଦାଦାଙ୍କ ନିର୍ଦ୍ଦେଶରେ ବିଭିନ୍ନ ଉପଯୋଜନା କେନ୍ଦ୍ର ଗୁଡିକର ସୁପରିଚାଳନା ପାଇଁ ସେ ସଚେଷ୍ଟ। ବର୍ଷାଜଳ ସଂଗ୍ରହ ଓ ସଂରକ୍ଷଣ ଯୋଜନାକୁ ବିହିତ ଭାବରେ କାର୍ଯ୍ୟକାରୀ କରିବାରୁ ଦେଓଘର ଆଶ୍ରମର ଜଳାଭାବ ସମସ୍ୟାକୁ ଆୟତ୍ତକୁ ଆଣିଛନ୍ତି। ଏହି ଉଦ୍ୟମ କେନ୍ଦ୍ର ସରକାରଙ୍କ ଦୃଷ୍ଟି ଆକର୍ଷଣ କରିଛି ଏବଂ ସତ୍‌ସଙ୍ଗ ସମ୍ମାନିତ ହୋଇଛି।

ଅତିମାତ୍ରାରେ ସହଜ ଏବଂ ସରଳ ଆଉ ସମ୍ବେଦନଶୀଳ ମଧୁର ବ୍ୟବହାର ପାଇଁ ସେ ସତ୍‌ସଙ୍ଗୀମାନଙ୍କ ମନ କିଣିନିଅନ୍ତି। ଶ୍ରୀଶ୍ରୀଦାଦା କିଛିଦିନ ତଳେ କହିଥିଲେ - ବାବାଇ ଯାହା କହେ ତାହା ହୋଇଥାଏ, ସେ ପ୍ରକୃତରେ ବାକ୍‌ସିଦ୍ଧ। ବିଭିନ୍ନ ସମୟରେ କର୍ମୀସମ୍ମିଳନୀରେ ବକ୍ତବ୍ୟ ମାଧ୍ୟମରେ ଏବଂ ଆଲୋଚନାରେ ସେ ଶ୍ରୀଶ୍ରୀଠାକୁରଙ୍କ ଭାବାଦର୍ଶକୁ ଗଳ୍ପଛଳରେ ପରିପ୍ରକାଶ କରି ସହଜବୋଧ୍ୟ କରିଛନ୍ତି। ସେଥିରୁ କିଛି -

●

... ଶ୍ରୀଶ୍ରୀଠାକୁର ସେତେବେଳେ ପାବନାରେ ଡାକ୍ତରୀ ଆରମ୍ଭ କରିଥାଆନ୍ତି। ଜଣେ ସ୍ୱଚ୍ଛଳ-ସମ୍ପନ୍ନ ମହିଳାଙ୍କ ପାଦରେ କାର୍ବଙ୍କଲ୍। ଶ୍ରୀଶ୍ରୀଠାକୁର ତାଙ୍କର ଚିକିତ୍ସାର ଦାୟିତ୍ୱ ନେଲେ, ଏବଂ ରୋଗୀର ତାଙ୍କ ଉପରେ ଏତେ ବିଶ୍ୱାସ ଆସିଗଲା ଯେ ସେ ସବୁବେଳେ କହୁଥିଲେ – 'ଠାକୁର-ଡାକ୍ତର ଛଡ଼ା ମୁଁ ଆଉ କାହା ପାଖକୁ ଯିବି ନାହିଁ।' ସେ ଧୀରେ ଧୀରେ ଭଲ ହୋଇଗଲେ। ଏ ଭିତରେ ଅନେକ ଦିନ ଅତିକ୍ରାନ୍ତ ହୋଇଗଲା। ପାବନାରେ ଶ୍ରୀଶ୍ରୀଠାକୁରଙ୍କ ଆଶ୍ରମ ଗଢ଼ିଉଠିଚି, ସେ ଆଉ ଡାକ୍ତରୀ କରି ରୋଗୀ ଦେଖିବାକୁ ଯାଉନାହାନ୍ତି। ହଠାତ୍ ଦେଖାହୋଇଗଲା ସେହି ମହିଳାଙ୍କ ସହିତ। ଏ ଭିତରେ ତାଙ୍କର

ବୟସ ବଢ଼ିଯାଇଛି, ଯେଉଁ ଧନସଂପଦ ଥିଲା ତାହା ନଷ୍ଟଭ୍ରଷ୍ଟ ହୋଇଯାଇ ଦୁଇବେଳା ଆହାର ଯୁଟାଇବା ପାଇଁ ସେ ଅସମର୍ଥ। ଚିରାଫଟା ଲୁଗାରେ ଶରୀର ଢଙ୍କାହେଇଛି, କଂକାଳସାର ଶରୀର, ନିଜର ବୋଲି କେହି ନାହାନ୍ତି। ବର୍ତ୍ତମାନ ତାଙ୍କର ଯାହା ଅବସ୍ଥା ଅଚିରେ ମୃତ୍ୟୁ ନିଶ୍ଚିତ।

ଚିକିତ୍ସା ଆରମ୍ଭ ସମୟରେ ସେହି ମହିଳାର ତାଙ୍କ ଉପରେ ଯେଉଁ ବିଶ୍ୱାସ, ସେ କଥା ମନେପଡ଼ିଗଲା ଶ୍ରୀଶ୍ରୀଠାକୁରଙ୍କର। ସେଇ ବିଶ୍ୱାସ ଓ ନିର୍ଭରତା ଖାତିରିରେ ଶ୍ରୀଶ୍ରୀଠାକୁର ତାଙ୍କୁ ଆଶ୍ରମକୁ ନେଇଆସିଲେ। ନାନାପ୍ରକାର ଖାଦ୍ୟ ଖୁଆଇଲେ - କେତେବେଳେ ଆଠପ୍ରକାର ତ କେତେବେଳେ ଶହେ ଆଠପ୍ରକାରର ବ୍ୟଂଜନ। ଏମିତି ଗରିଷ୍ଠ ଭୋଜନ କରାଇବା ସହିତ ଅନ୍ୟମାନଙ୍କୁ ତାଙ୍କ ପଛରେ ଲଗାଇ ତାଙ୍କୁ ନାନାକଥାରେ ରଗାନ୍ତି- ଖୁଆଇବା ଆଉ ରଗାଇବା। କେତେବେଳେ ବି ମହିଳାଙ୍କ ଉପସ୍ଥିତିରେ ଆଦିରସାତ୍ମକ ଗଳ୍ପ ଚାଲେ। ଏହା ନେଇ ଅନେକ ଭକ୍ତଙ୍କ ମନରେ ପ୍ରଶ୍ନ ଉଠୁଥିଲା ଯେ ଶ୍ରୀଶ୍ରୀଠାକୁରଙ୍କ ସାମ୍ନାରେ ଏପ୍ରକାର କଥାବାର୍ତ୍ତା, ରାଗରୁଷା କାହିଁକି ଚାଲିଚି ?

କିନ୍ତୁ ମହିଳା ଯେତେ ରାଗୁଥିଲେ, ଯେଉଁ ଗରିଷ୍ଠ ଖାଦ୍ୟ ଖାଉଥିଲେ, ଦେହରେ ଲାଗିଯାଉଥିଲା, ଖୁବ୍ ଅଳ୍ପଦିନରେ ତାଙ୍କର ସ୍ୱାସ୍ଥ୍ୟ ଫେରିଆସିଲା। କିଛିଦିନ ପରେ ସେହି ମହିଳାଙ୍କର ଦେହାନ୍ତ ହେଲା। ଶ୍ରୀଶ୍ରୀଠାକୁର କହିଲେ – 'ଯେତେଦିନ ପର୍ଯ୍ୟନ୍ତ ସେହି ମହିଳାଙ୍କର ପରମାୟୁ ପରମପିତା ଦେଇଥିଲେ, ତା'ଠାରୁ ଗୋଟିଏ ଦିନ ବି କମ୍ ବଂଚିନାହିଁ ସେ'। ଏହି ମହିଳାଙ୍କ ନାମ ହେଉଚି ରମଣ ସାହାର ମା'। (୧ ଜାନୁୟାରୀ ୨୦୧୯, ଋତ୍ୱିକ୍ ସମ୍ମେଳନ, ଗୌହାଟୀ)

●

... କିଛିଦିନ ପୂର୍ବେ ଆମେରିକୀୟ ଗୁରୁଭ୍ରାତା ଜେଫ୍ରିଦା ଆସିଥିଲେ। ତାଙ୍କ ସହିତ ମୋର କିଛି ଆଳାପ ହୋଇଥିଲା। ସେ ଏକ ଘଟଣା ବଖାଣିଥିଲେ। ତାଙ୍କର ପାରିବାରିକ ଡାକ୍ତର (family doctor) ଏକ ବିପଦରେ ପଡ଼ିଗଲେ। ଡାକ୍ତରଙ୍କ ପଡ଼ିଶା କୁକୁର ପାଳିଥିଲା। କୁକୁର ଅନେକ ସମୟରେ ଭୁକୁଥିଲା ଆଉ ଡାକ୍ତରଙ୍କ ଘରକୁ ସେଇ ଶବ୍ଦ ଅଶାନ୍ତ କରି ତୋଳିଥିଲା। ସେଥିପାଇଁ ପଡ଼ିଶାଙ୍କ ସହିତ ଡାକ୍ତରବାବୁଙ୍କର ସମ୍ବନ୍ଧ ଦିନକୁଦିନ ଖରାପ ହେବାକୁ ଲାଗିଲା। କଥାବାର୍ତ୍ତା ହେବା ସମୟରେ ଡାକ୍ତରବାବୁ ଜେଫ୍ରିଦାଙ୍କୁ ତାଙ୍କର ଏଇ ସମସ୍ୟା ବିଷୟରେ ଅବଗତ କରାଇଲେ। ଜେଫ୍ରିଦା ତାଙ୍କୁ କହିଲେ - ଏପରି ପରିସ୍ଥିତିରେ ପଡ଼ିଶାଙ୍କୁ ଉପହାର ପଠାଇବା ପାଇଁ ମୋର ଗୁରୁଦେବ କହିଥାନ୍ତି। ଆପଣଙ୍କର ଯଦି ବିଶ୍ୱାସ ହେଉଛି, ଆପଣ ବି କିଛି ଉପହାର ପଠାଇ ଦେଖିପାରନ୍ତି। ଜେଫ୍ରିଦାଙ୍କ କଥାନୁସାରେ ଡାକ୍ତରବାବୁ କିଛି ଉପହାର କିଣି ଗୋଟିଏ ଡାଲାରେ ଭଲଭାବରେ ସଜାଇ ପଡୋଶୀଙ୍କୁ ଭେଟିଦେଲେ। ସେଇ ଉପହାର ସାମଗ୍ରୀ ଭିତରେ କୁକୁର ଖାଦ୍ୟ ମଧ୍ୟ ଦେଇଥିଲେ। କିଛିଦିନ ପରେ ସେଇ ଡାକ୍ତରବାବୁ ଜେଫ୍ରିଦାଙ୍କୁ କହିଲେ ଯେ ପଡ଼ିଶାଙ୍କ ଲାଗି ଦେଇଥିବା

ପରାମର୍ଶ ଆଶ୍ଚର୍ଯ୍ୟଜନକ ଭାବେ କାମ କଲା । ତା'ପରେ ଡାକ୍ତରବାବୁଙ୍କର ପଡ଼ିଶାଙ୍କ ସହିତ ଘନିଷ୍ଠତା ବଢ଼ିଗଲା ।

ପୂଜନୀୟ ବାବାଇଦା ଦୁଇଟି କାହାଣୀ କହିଲେ- 'ଜଣେ ଗୋପାଳକ ଗାଈ ଚରାଉଥିଲା । ଦିନେ ଗୋଟିଏ ଗାଈ ଘାସ ଖାଉ ଖାଉ ଦଳରୁ ବିଚ୍ଛିନ୍ନ ହୋଇ ପାର୍ଶ୍ୱବର୍ତ୍ତୀ ଜଙ୍ଗଲରେ ପ୍ରବେଶ କରେ, ଘଞ୍ଚ ଜଙ୍ଗଲ ଭିତରୁ ବାହାରି ଦଳକୁ ଆସି ପାରିଲା ନାହିଁ। ଅନ୍ଧକାର ହୁଅନ୍ତେ ବାଘର ଡାକଶୁଣି ଭୟରେ ଧାଁ-ଧପଡ କରିବାକୁ ଲାଗିଲା । ବାଘ ଗାଈଟିକୁ ଦେଖିନେଲା । ତାର ପିଛା କଲା । ଗାଈଟି ପ୍ରାଣଭୟରେ ଦୌଡୁ ଦୌଡୁ ଏକ ପଙ୍କରେ ଯାଇ ପଡିଗଲା । ବାଘଟି ବି ତା ପଛେ ପଛେ ସେହି ପଙ୍କରେ ଆସି ପଡିଲା । କେହି ଆଉ ସେଠାରୁ ଉଠି ପାରିଲେ ନାହିଁ। ବାଘ ଅସ୍ତବ୍ୟସ୍ତ ହେଉଛି କିନ୍ତୁ ଏଣେ ଗାଈକୁ କହୁଛି, ତତେ ଆଜି ନିଶ୍ଚୟ ଖାଇବି । ସନ୍ଧ୍ୟା ଅତିକ୍ରାନ୍ତ ହେବାରୁ ଏବଂ ସେଇ ଗାଈଟି ଦଳରେ ନ ଥିବାରୁ ଗୋପାଳକ ଲୋକବାକ ନେଇ ଦଉଡି-ଲାଠି-ତେଣ୍ଟା ଇତ୍ୟାଦି ଧରି ଖୋଜିବାକୁ ବାହାରିଲା । ଦୂରରୁ ବହୁଲୋକଙ୍କ କଣ୍ଠସ୍ୱରର ହଇଚଇ ଶୁଣି ଗାଈଟି ଆଶ୍ୱସ୍ତ ହେଲା । ସେତେବେଳେ ସେ ବାଘଆଡେ ଚାହିଁ ହା-ହା କରି ହସି ଉଠିଲା । ବାଘକୁ କହିଲା-ଆଉ ଟିକେ ପରେ ମୋର ମୁନିବ ଆସି ମତେ ଏହି ପଙ୍କରୁ ଉଦ୍ଧାର କରିବ । ତୁମର ତ ମୁନିବ ନାହିଁ। ତୁମକୁ କିଏ ଉଦ୍ଧାର କରିବ !

ପ୍ରକୃତପକ୍ଷେ ମୁଁ ଯା'ର ଶରଣରେ ରହିଛି ସେ ହିଁ ମୋର ରକ୍ଷାର କାରଣ ।'

ଏକ ସେଲୁନରେ ଜଣେ ଲୋକ ପ୍ରବେଶ କରି ଦେଖେ ଯେ ଈଶ୍ୱରଙ୍କର ଗୋଟିଏ ପ୍ରତିକୃତି ଟଙ୍ଗା ହୋଇଛି, ତା ଉପରେ ବହୁତ ଧୂଳି, ମଳିନ ଦିଶୁଛି । ସେ ଫଟ ଆଡକୁ ଇଙ୍ଗିତ କରି ବାରିକକୁ ପଚାରିଲା- ଯାହାର ଦୟାରେ ଚଳୁଛ, ତାର ଏପରି ଦୁରବସ୍ଥା କାହିଁକି ? ବାରିକ କହିଲା-ଈଶ୍ୱରଙ୍କ ଫଟ ରଖିଛି ସିନା, କିନ୍ତୁ ମୁଁ ଭାବେ ଈଶ୍ୱର ବୋଲି କେହି ନାହାନ୍ତି । ଯଦି ଥାଆନ୍ତେ ତେବେ କଣ ମୋର ଏପରି ଦୀନ ଅବସ୍ଥାର ସୁଧାର ହୋଇନଥାନ୍ତା, ଅଭାବ ଘୁଞ୍ଚି ନଥାନ୍ତା । ଲୋକଟି ଯୁକ୍ତିତର୍କରେ ବିରକ୍ତ ହୋଇ ସେଠାରୁ ବାହାରି ଯିବାକୁ କବାଟ ଖୋଲି ଦେଖିଲା କେତେଜଣ ଲମ୍ବା ବାଳ ଆଉ ଲମ୍ବା ଦାଢ଼ି ରଖିଥିବା ମଣିଷ ରାସ୍ତାରେ ଯାଉଛନ୍ତି । ସେମାନଙ୍କୁ ଦେଖାଇ ବାରିକକୁ ଶୁଣାଇ ଶୁଣାଇ କହିଲା- ଦେଶରେ ବାରିକ ହିଁ ନାହାନ୍ତି । ବାରିକଟି ଚଟପଟ ଉତ୍ତର ଦେଲା- ମୁଁ ତ ଅଛି । ଲୋକଟି କହିଲା- ତୁମେ ଯଦି ଅଛ, ଦେଖିଲ ଏହି ମଣିଷମାନଙ୍କର ଏତେ ଲମ୍ବା ବାଳ ଆଉ ଦାଢ଼ି କାହିଁକି ବଢ଼ିଛି । ବାରିକ କହିଲା-ଏ କି କଥା କହୁଛ ? ସେମାନେ ମୋ ପାଖକୁ ନ ଆସିଲେ କେମିତି କାଟିବି ? ସେତେବେଳେ ଲୋକଟି କହିଲା-ସେହିପରି ତୁମେ ମଧ୍ୟ ଈଶ୍ୱରଙ୍କ ଦରବାରରେ ପହଞ୍ଚ ନାହଁ, ତେଣୁ ତୁମକୁ ଦୟା କରିବାର ସୁଯୋଗ ସେ ପାଇ ନାହାନ୍ତି ।

ସିଏ ଦୟା କରି ଚାଲିଛନ୍ତି । ତାଙ୍କ ଦୟା ଲାଭକରିବାର ଯୋଗ୍ୟ ଆମକୁ ହେବାକୁ ହେବ । ତାଙ୍କର ବିଧାନ ଅନୁସାରେ ଚାଲି ତାଙ୍କ ନିକଟରେ ପହଞ୍ଚିବାକୁ ହେବ । (ସତସଙ୍ଗ ଦେଓଘର, ଋତ୍ୱିକ୍ ସମ୍ମେଳନ ୦୧-୦୧-୨୦୧୪)

●

ଆମେ ଶ୍ରୀଶ୍ରୀଠାକୁରଙ୍କୁ ଅନୁସରଣ କରିଥାଉ, ତଦ୍ଦ୍ୱାରା (concentric) କେନ୍ଦ୍ରାୟିତ ହେବାକୁ ଚେଷ୍ଟାକରୁ । ଶିଶୁ ଯେପରି ପାଦେ ଦି'ପାଦ ଚାଲିବାକୁ ଚେଷ୍ଟାକରି ଚାଲେ, ଆମର ବି ସେହିପରି ହୋଇଥାଏ । ଆମେ ବୃତ୍ତିର ମଧ୍ୟ ପୂଜା କରୁ, କେବେ କ୍ରୋଧାନ୍ଧ ହେଉ ତ କେବେ କାମାନ୍ଧ ହେଉ । ତା' ସତ୍ତ୍ୱେ ଦୟାଲ ଆମକୁ ଭରସା ଦେଇଛନ୍ତି, ପ୍ରେରଣା ଦେଇଛନ୍ତି - ତାଙ୍କର ଦୟାରୁ କେବେ ଆମକୁ ବଂଚିତ କରନ୍ତି ନାହିଁ । ସେ ଛିଦ୍ର ପାତ୍ରରେ ମଧ୍ୟ ଅନବରତ ପାଣିଢାଳି ଚାଲି ଥାଆନ୍ତି । ଏଇ ଆଶାରେ ଯେ କେବେ ନା କେବେ ଶିଉଳି ପଡ଼ି ଛିଦ୍ର ବନ୍ଦ୍ ହୋଇଯିବ ।

... ଥରେ ଜଣେ ବିଶିଷ୍ଟ ବ୍ୟକ୍ତି ଆଶ୍ରମ ଦର୍ଶନରେ ଆସିଥିଲେ । ଶ୍ରୀଶ୍ରୀଠାକୁର ଓ ଆଶ୍ରମର କର୍ମକାଣ୍ଡ ଦେଖି ଖୁବ୍ ଆନନ୍ଦ ପାଇଥିଲେ । ଜନୈକ କର୍ମୀଙ୍କୁ ସେହି ବ୍ୟକ୍ତି ପଚାରିଲେ- ଏବେ ତ ଠାକୁର ସଶରୀରରେ ବିଦ୍ୟମାନ, ସବୁ ଠିକଠାକ ଚାଲିଯାଉଛି, କିନ୍ତୁ ଯେତେବେଳେ ସେ ରହିବେନି ସେତେବେଳେ କିପରି ଚାଲିବ ? କର୍ମୀ ଉତ୍ତର ଦେଲେ- ଆମେ ଯଦି ଠାକୁରଙ୍କୁ ଭଲପାଉ, ତାଙ୍କ ନିର୍ଦ୍ଦେଶ ଅନୁଯାୟୀ ଚାଲୁ, ତେବେ ସେତେବେଳେ ବି ଠିକ ଚାଲିବ । ଏହି କଥାଟା ସୁଯୋଗ ଦେଖି ସେହି କର୍ମୀଜଣକ ଶ୍ରୀଶ୍ରୀଠାକୁରଙ୍କୁ କହିଥିଲେ । ଶ୍ରୀଶ୍ରୀଠାକୁର କିନ୍ତୁ ଖୁସି ହେଲେ ନାହିଁ । କହିଲେ-କାହିଁକି କହିପାରିଲୁନି ସେତେବେଳେ ଠାକୁର ବୋଲି ଯଦି କେହି ଥାଆନ୍ତି ଓ ଆମେ ତାଙ୍କଠାରେ concentric (କେନ୍ଦ୍ରାୟିତ) ଥାଉ, ତାହେଲେ ତ ଠିକ ହିଁ ଚାଲିପାରିବ ।

... ଅସଲକଥା ଜୀବନ୍ତ ଆଦର୍ଶ ଦରକାର । ସତ୍ୟ ଯେତେବେଳେ abstract (ତତ୍ତ୍ୱନିହିତ), ସେତେବେଳେ ଅନୁସରଣ ସହଜ ହୁଏନା । ଘାତକର ଭୟରେ ପ୍ରାଣପଣେ ପଳାଇ ଲୁଚିବାକୁ ଚେଷ୍ଟା କରୁଛି ଜଣେ । ମତେ ଘାତକ ପଚାରିଲା କେଉଁଠି ଲୁଚିଛି ? ମୁଁ ଯଦି ଦେଖାଇଦିଏ, ତା କଣ ସତ୍ୟ କହିବା ହେବ ? ଶ୍ରୀଶ୍ରୀଠାକୁର କହିଲେ- ସାତ୍ୱତ କଥା ହେଉଛି ତାହାହିଁ ଯାହା ଜୀବନବୃଦ୍ଧିର ସହାୟକ । ସତ୍ୟ କୌଣସି ବ୍ୟକ୍ତି ମଧ୍ୟରେ ମୂର୍ତ୍ତ ହେଲେ ସେତେବେଳେ ତାକୁ ଅନୁସରଣ କରିପାରିବା । ଶ୍ରୀଶ୍ରୀବଡଦା ସତ୍ୟାନୁସରଣର ପ୍ରତିଟି ବାଣୀ ନିଜ ଜୀବନରେ ମୂର୍ତ୍ତ କରି ତୋଳିଥିଲେ, ତେଣୁ ଠାକୁର ତାଙ୍କ ସମ୍ବନ୍ଧରେ କହିଥିଲେ- 'ବଡ଼ଖୋକାହିଁ ଜୀବନ୍ତ ସତ୍ୟାନୁସରଣ ।'

ବିସ୍ତୃତ ପ୍ରାଙ୍ଗଣରେ ଆଗେଇଲାବେଳେ ଦିଗନ୍ତରେ ପହଞ୍ଚିଲେ ଆଉ ଏକ ଦିଗନ୍ତ ଦେଖାଯାଏ । ଆମମାନଙ୍କ ଭିତରେ ଯେଉଁମାନେ ଦିଗନ୍ତ ଦିଗରେ ଅଗ୍ରସର ହେଉଛନ୍ତି, ସେମାନଙ୍କ ମଧ୍ୟରୁ କେହି ଯଦି ନିଜଗୁଣରେ ଦିଗନ୍ତରେ ପହଞ୍ଚି ଯାଏ ସେତେବେଳେ ବି

ତା ସାମ୍ନାରେ ଆଉ ଗୋଟାଏ ଦିଗନ୍ତ ଉପସ୍ଥିତ ହେବ। ଆଉ ଦିଗନ୍ତରେ ଏକାକାର ହୋଇଯିବା ଅର୍ଥ ତାଙ୍କୁ ଦେଖି ପଳାଇଯିବା। ଆମେ କହୁ –'ସେ ଓ ଲାଲନ ଏକାଠାରେ ଅଛନ୍ତି' ଆଉ ସେ କୁହନ୍ତି- 'ଲକ୍ଷେ ଯୋଜନ ଫାଙ୍କ'।

ଶିଲଂ ଯାଇଥିଲି। ସେଠାରେ ଗୋଟିଏ ଘଟଣା ବିଷୟରେ ଶୁଣିଥିଲି। ଦି'ଜଣ ଗୁରୁଭାଇ ଏକ ସଂଗେ ଅଫିସ୍ ଯାତାୟାତ କରୁଥିଲେ। ଉଭୟଙ୍କ ମଧ୍ୟରେ ମିତ୍ରତା ଥିଲା। ଜଣେ ଅନ୍ୟ ମିତ୍ରକୁ କହିଲା - ଭାଇ ଆଜି ମୋର କାମ ଅଛି, ଯିବାରେ ବିଳମ୍ବ ହେବ, ତୁମେ ଆଗ ଯାଅ, ମୁଁ ପରେ ଯାଉଛି। କାମ ଶେଷକରି ସେଇ ମିତ୍ର ବିଳମ୍ବରେ ବସ୍ ଧରିଲା। ଅଙ୍କାବଙ୍କା ପାହାଡିଆ ରାସ୍ତା। ଉଭୟପଟେ ଗଭୀର ଖାଲ। ଦେଖିଲା ଯେ ଗୋଟିଏ ସ୍ଥାନରେ ବହୁତ ଲୋକଙ୍କ ଭିଡ଼ ଲାଗିଥାଏ। ବସ୍ ଦୁର୍ଘଟଣା ହୋଇଛି। ଜଣାଗଲା ଯେ ତା' ପୂର୍ବର ବସ୍, ଯେଉଁଥିରେ ତା'ର ମିତ୍ର ଯାଇଥିଲେ, ଗହିରିଆ ଖାଲରେ ଖସିପଡ଼ିଛି। ଉପରୁ ବସ୍‌ଟା କ୍ଷୁଦ୍ର ବସ୍ତୁଭଳି ଦେଖାଯାଉଥାଏ। ବସ୍‌ରେ ଥିବା ଯାତ୍ରୀମାନଙ୍କର ବଂଚିବାର ସମ୍ଭାବନା ନ ଥିବ ବୋଲି ସମସ୍ତେ ଧରିନେଇ ଥିଲେ। ବନ୍ଧୁଜଣକ ଅବଶୋଷ କଲା ଯେ ସେ କାହିଁକି ତା ସାଙ୍ଗକୁ ଅଟକାଇଲେ ନାହିଁ । ସେ ଅଫିସ୍ ନଯାଇ ସେଇ ଦୁର୍ଘଟଣାଗ୍ରସ୍ତ ବସ୍ ପାଖକୁ ଗଲେ। ଦୂରରୁ ଗୋଟିଏ ଧଳା ଜିନିଷ ଦେଖାଯାଉଥାଏ। ସହାୟତା କାର୍ଯ୍ୟ ସମୟରେ ଜଣାପଡ଼ିଲା ଯେ ବସ୍‌ରେ ଥିବା ଲୋକଙ୍କ ମଧ୍ୟରୁ ଜଣେ ମାତ୍ର ବଂଚିଯାଇଛି। ପ୍ରାଥମିକ ଚିକିତ୍ସା ପରେ ସେ ଶୀଘ୍ର ସୁସ୍ଥ ହେଲା, ସେ ଥିଲା ସେଇ ଗୁରୁଭାଇ ଜଣକ। ନିତ୍ୟ ଇଷ୍ଟଭୃତି ପରାୟଣ ଭକ୍ତଗଣଙ୍କ ଜୀବନରେ ଏପରି କେତେ ଘଟଣା ସଂଘଟିତ ହୋଇଥାଏ। (ଋତ୍ୱିକ୍ ସମ୍ମିଳନୀ, ସତ୍‌ସଙ୍ଗ ଦେଓଘର, ୧୪-୦୭-୨୦୧୩)

●

ବାଙ୍ଗାଲୋର ସତସଙ୍ଗ ମନ୍ଦିରର ଉଦ୍‌ବୋଧନ (୧୪-୧୨-୨୦୧୪) ପାଇଁ ଯାଇଥିଲି। ସେଦିନ ସନ୍ଧ୍ୟା ସମୟରେ ଧୃତିଭାଇ (ଭଟ୍ଟାଚାର୍ଯ୍ୟ) ଖବର ପଠାଇଲା ଯେ ମନ୍ଦିର ସଂଲଗ୍ନ ଜଣେ ପଡ଼ିଶା ମୁସଲମାନ ଭଦ୍ରମହିଳା ମୋ ସହିତ ସାକ୍ଷାତ କରିବାକୁ ଚାହୁଁଛନ୍ତି। ମୁଁ କହିଲି – ପଠାଇ ଦିଅ। ବୁର୍ଖା ପିନ୍ଧି ଥିବା ଜଣେ ମଧ୍ୟବୟସ୍କା ଭଦ୍ରମହିଳା ଆସିଲେ। ତାଙ୍କ ସାଙ୍ଗରେ ଗୋଟିଏ ପିଲା ଥିଲା। ସେହି ଭଦ୍ରମହିଳାଙ୍କର ବହୁତ ବଡ଼ ବଙ୍ଗଳା ଥିଲା, ସମ୍ପନ୍ନ ପରିବାରର ମହିଳା। ବସିବାକୁ ଚୌକି ଦିଆଗଲା। ପରିଚୟପର୍ବ ଶେଷ ହେଲା ପରେ ସେହି ଭଦ୍ରମହିଳା କହିଲେ – "ମୋର ସ୍ୱାମୀ ଅସୁସ୍ଥ ହୋଇ ପଡ଼ିଥିଲେ। ସାହାଯ୍ୟ ପାଇଁ କାହା ପାଖକୁ ଯିବି କିଛ ବୁଝି ପାରିଲିନାହିଁ। ସେତେବେଳେ ଏଇ ମନ୍ଦିର ନିର୍ମାଣ କାମ ଚାଲୁଥିଲା। ମନ୍ଦିର କାମରେ ଯୁକ୍ତ ଭାଇମାନେ ମୋତେ ବହୁତ ସାହାଯ୍ୟ କରିଥିଲେ। ଫଳରେ ସ୍ୱାମୀଙ୍କର ସୁଚିକିତ୍ସା ସେତେବେଳେ କରାଇପାରିଥିଲି। ମୁଁ ତାହା କେବେବି ଭୁଲିପାରିବିନି। ମୁଁ ମୁସଲମାନ, ଏମାନେ ହିନ୍ଦୁ, ମୁଁ ଭିନ୍ନ ମତାବଲମ୍ବୀ- ଏପରି ମାନସିକ ପ୍ରତିବନ୍ଧକ ଆଦୌ ନଥିଲା। ଏହି ଭାଇମାନଙ୍କ ସହାୟତା ହେତୁ ସର୍ବୋତ୍ତମ

ଚିକିତ୍ସା କରିପାରିଥିଲି । ମୃତ୍ୟୁ ପୂର୍ବରୁ ମୋ ସ୍ୱାମୀ ମୋତେ କହିଥିଲେ ଯେ ମନ୍ଦିର ସହିତ ଏବଂ ସଂପୃକ୍ତ ଭାଇମାନଙ୍କ ସହିତ ସମ୍ପର୍କ ରଖିବ, ସେମାନେ ଦରକାର ବେଳେ ତୁମକୁ ସାହାଯ୍ୟ କରିବେ ।"

ଏହି ଘଟଣାଟି କହି ଶ୍ରୀବାବାଇଦା କହିଲେ -ପ୍ରକୃତପକ୍ଷରେ ଆମେ କାହାର ନୋହୁଁ, ଆମେ ଠାକୁରଙ୍କର । ଠାକୁରଙ୍କ ଲୋକଙ୍କ ନିକଟରୁ ସମାଜ ଏହି ପ୍ରକାର ସାହାଯ୍ୟ ଆଶା କରେ । 'You are for the Lord, not for others, you are for the Lord and so for others.' -ମୁଁ କେବଳ ଠାକୁରଙ୍କର, ସେଥିପାଇଁ ସମସ୍ତଙ୍କର । ଆମେ କୌଣସି ସଂପ୍ରଦାୟରେ (sect) ବିଶ୍ୱାସ କରୁନା । କୌଣସି ମତ ବା ବିଶେଷ କୌଣସି ବିଷୟକୁ ଆମେ represent କରୁନା । ଯେଉଁସବୁ ଗୁଣ ପାଇଁ ମଣିଷ ଆଦର୍ଶ-ମଣିଷ ହୋଇଥାଏ, ସେହିସବୁ ଗୁଣ ଆମ ଭିତରେ ଜାଗ୍ରତ ହେଉ, ପ୍ରସ୍ଫୁଟିତ ହେଉ । ଏହାହିଁ ଆମର ସାଧନା ।

●

ବିଶ୍ୱଗୁରୁ ଆବିର୍ଭାବ ଉତ୍ସବର ପରବର୍ତ୍ତୀ ଘଟଣା । ସେତେବେଳେ କୌଣସି ଏକ ବିଶେଷ କାର୍ଯ୍ୟ ଉପଲକ୍ଷ୍ୟେ ଶ୍ରୀଶ୍ରୀଠାକୁର ସମସ୍ତଙ୍କଠାରୁ ପାଂଚଟଙ୍କା ଲେଖାଏଁ ନେଉଥିଲେ । ଯିଏ ଦେଇପାରୁଥିଲା ସେ ନିଜକୁ ଭାଗ୍ୟବାନ ମନେକରୁଥିଲା । ସତରେ, ତାଙ୍କର ଇଚ୍ଛାପୂରଣ କରିବାରେ କାହାର ବା ଆନନ୍ଦ ହେବ ନାହିଁ ! ସେ ସମୟରେ ଶ୍ରୀଶ୍ରୀଠାକୁରଙ୍କ ଶାଶୁମା' କିଛିଦିନ ପାଇଁ ତାଙ୍କ ପାଖରେ ରହୁଥିଲେ । ସେ ଖୁବ୍ ଭକ୍ତିମତୀ ଥିଲେ । ଶ୍ରୀଶ୍ରୀଠାକୁରଙ୍କର କେତେ ଦିବ୍ୟଲୀଳାର କଥା ସେ ଶୁଣିଥିଲେ । ପାଂଚଟି ଟଙ୍କା ଶ୍ରୀଶ୍ରୀଠାକୁରଙ୍କୁ ଦେବାପାଇଁ ସେ ସେହି ଟଙ୍କାକୁ ପାଖରେ ରଖିଥିଲେ । ମନରେ ପ୍ରବଳ ଉତ୍କଣ୍ଠା ଥିଲା, କିନ୍ତୁ କାହାରିକୁ କିଛି ନ କହି ଭାବୁଥିଲେ ସେ ସିନା ତାଙ୍କ ଭକ୍ତଙ୍କଠାରୁ ନେଉଛନ୍ତି, ମୋର ଅର୍ଘ୍ୟ ଯଦି ଫେରେଇ ଦିଅନ୍ତି ! ଏହିପରି ଅନେକ ଭାବନାରେ, ତାଙ୍କର ମନ ଦୋଦୁଲ୍ୟମାନ ଥିଲା । ଦିନକର, ପରିବାରର ସମସ୍ତେ ଭୋଜନ କରିବାକୁ ଏକତ୍ର ବସିଛନ୍ତି । ଶ୍ରୀଶ୍ରୀଠାକୁର ସେତେବେଳେ ଏକଦମ୍ ନବଯୁବକ ଥିଲେ । ମୁଖମଣ୍ଡଳରେ ପ୍ରସ୍ଫୁଟିତ ଦିବ୍ୟ ଜ୍ୟୋତିର ଆଭା । ଶ୍ରୀଶ୍ରୀଠାକୁର ଭୋଜନ ଶେଷ କରି ହାତଧୋଇ ଅନ୍ୟତ୍ର ଚାଲିଯାଉଥିଲେ, କିନ୍ତୁ ପୁଣି ଫେରିଆସିଲେ । ସେଇ ସମୟରେ ଶାଶୂମା' ତାଙ୍କ ପାଖରେ ଉପସ୍ଥିତ ହୋଇ ଠାକୁରଙ୍କୁ କହନ୍ତି ଯେ ସେ ମଧ୍ୟ ପାଂଚଟଙ୍କା ଦେବାକୁ ଚାହାନ୍ତି, ସେ କ'ଣ ତାହା ସ୍ୱୀକାର କରିବେ ? ଏହା ଶୁଣିବା ସଂଗେ ସଂଗେ ଶ୍ରୀଶ୍ରୀଠାକୁର ଶାଶୁମା'ଙ୍କ ସାମ୍ନାରେ ଆଣ୍ଠୁମାଡ଼ି ବସିପଡ଼ିଲେ ଆଉ ଦୁଇହାତ ଅଂଜୁଳା କରି ଅର୍ଘ୍ୟ ନେବାପାଇଁ ପ୍ରସାରି ଦେଲେ । କ୍ଷଣିକ ଭିତରେ ସମ୍ପୂର୍ଣ୍ଣ ବାତାବରଣ ଏକ ଅପାର୍ଥିବ ଦିବ୍ୟ ଭାବରେ ପରିପୂର୍ଣ୍ଣ ହୋଇଗଲା । ଶାଶୂମା' ଉଦ୍‌ବେଳିତ ହୃଦୟରେ ନିଜ ଅଂଚଳରେ ବନ୍ଧାଥିବା ଟଙ୍କା ବାହାରକରି ତାଙ୍କ ଆଞ୍ଜୁଳାରେ ଦେଲେ । ତାଙ୍କ ଆଖିରୁ ପ୍ରେମାଶ୍ରୁ ନିର୍ଗତ ହେଉଥିଲା । ଶ୍ରୀଶ୍ରୀଠାକୁରଙ୍କ ପୁଣ୍ୟ କମଳ-କୋମଳ କରତଳ ଉପରେ ପ୍ରେମାଶ୍ରୁର କେଇବୁନ୍ଦା

ଝରିପଡ଼ିଲା । ଶ୍ରୀଶ୍ରୀଠାକୁରଙ୍କ ଚକ୍ଷୁ ମଧ୍ୟ ଅଶ୍ରୁପୂର୍ଣ୍ଣ ହୋଇଉଠିଲା । ସେଠାରେ ଉପସ୍ଥିତ ସମସ୍ତଙ୍କ ଆଖି ମଧ୍ୟ ସଜଳ ହୋଇଉଠିଲା ଏଇ ବିଚିତ୍ର ଦିବ୍ୟ ଦୃଶ୍ୟ ଦେଖି ।

ଏଇ ଦୃଶ୍ୟ ଦେଖି ଶ୍ରୀଶ୍ରୀବଡ଼ଦା କହିଥିଲେ ଯେ ଅର୍ଘ୍ୟଗ୍ରହଣ କରିବାର ଏପରି ଦୃଶ୍ୟ ସେ କେବେ ଦେଖିନାହାନ୍ତି,ଏହା ଅନନ୍ୟ । ପୁଣି କହିଲେ - ଏଇଟା ବିଷାଦର ଅଶ୍ରୁ ନୁହେଁ, ଏହା ଥିଲା ପ୍ରେମର ପବିତ୍ର ଅଶ୍ରୁ । ସେଇ ଅପୂର୍ବ ଦୃଶ୍ୟକୁ ଯିଏ ବି ଦେଖିଛି ସେ ଧନ୍ୟ ହୋଇଯାଇଛି । ଶ୍ରୀଶ୍ରୀବଡ଼ଦା ଏଇ ଘଟଣାଟି ବର୍ଣ୍ଣନା କରୁକରୁ ପିଲାଙ୍କ ଭଳି କଇଁ କଇଁ କାନ୍ଦିବାକୁ ଲାଗିଲେ । (ସତ୍‌ସଙ୍ଗ ବିହାର ଭୁବନେଶ୍ୱର, ମଧ୍ୟାହ୍ନ ସଭା ୧୨-୨-୨୦୧୬)

... ମନେରଖନ୍ତୁ, ଜଗନ୍ନାଥଙ୍କର ହାତ ନାହିଁ । ତାଙ୍କୁ ଜାବୁଡି ଧରିବାକୁ ପଡ଼େ । ସେହିପରି ଆପଣମାନେ ଯଦି ନିଜ ପରିବାରର କଲ୍ୟାଣ କରିବାପାଇଁ ଇଚ୍ଛୁକ, ତେବେ ପ୍ରଥମେ ହିଁ ଆପଣଙ୍କୁ ଚେଷ୍ଟା କରିବାକୁ ପଡିବ । ଉପାୟ ଠାକୁର କହିଦେବେ । ଆପଣ ସେହି ଅନୁଯାୟୀ ଚାଲିବେ । ଆଉ ଗୋଟିଏ କଥା- ଏପରି କଥାକୁ କଦାପି ବିଶ୍ୱାସ କରନ୍ତୁ ନାହିଁ ଯେ ବାବାଇଦା ଆପଣଙ୍କ ମୁଣ୍ଡରେ ବା କାନ୍ଧରେ ହାତ ରଖିଦେଲେ ଆପଣଙ୍କର ସବୁ ମଙ୍ଗଳ ହେବ, ରୋଗ ଭଲ ହୋଇଯିବ । ଏକଥା କଦାପି ନୁହେଁ । ଏପରି ହୋଇଥିଲେ ମୁଁ ଓ ମୋ ପିଲାମାନଙ୍କୁ ଡାକ୍ତର ପାଖକୁ ଯିବାକୁ ପଡନ୍ତା ନାହିଁ । ସେହିପରି ଖଡି ଛୁଆଇଁବାରେ କିଛି ହୁଏନା । ଏହା ସତ ହୋଇଥିଲେ ମୋ ପୁଅମାନଙ୍କୁ ପଢ଼ିବାପାଇଁ ପଡନ୍ତା ନାହିଁ । ସେମାନେ ସହଜରେ ପାସ କରନ୍ତେ । ଏସବୁ ଅଯଥା ଫାଲତୁ କଥା ଉପରେ ବିଶ୍ୱାସ କରନ୍ତୁ ନାହିଁ । ଏସବୁ ନର୍କର ପଥ । ମୁଁ ଅତି ସାଧାରଣ ବ୍ୟକ୍ତି । ମୋର ଠାକୁରବୋଧ ଯାହା ସେହିସବୁ କଥା ମୁଁ ଆପଣମାନଙ୍କ ପାଖରେ କହୁଛି । ମୋର ଠାକୁର କୌଣସି ଯାଦୁ ଜାଣନ୍ତି ନାହିଁ । ସେ ମୋ ସାଥୀରେ ଥାଆନ୍ତି ଓ ମୋର ଅନୁଭବ ହୁଏ ଯେ ମୁଁ ସବୁ ପାରିବି । ଯେତେବେଳେ ମୁଁ ତାଙ୍କ ସାଙ୍ଗରେ ଥାଏ ମୋର ପୂର୍ଣ୍ଣ ବିଶ୍ୱାସ ଥାଏ 'ମୁଁ ପାରିବି' । ଯାଦୁ ବୋଲି ଯଦି କାହାକୁ କୁହାଯିବ, ତେବେ ତାହା ଏହି ବିଶ୍ୱାସ । ..... ମୁଁ ତାଙ୍କ ସାଙ୍ଗରେ ଖୁବ୍ ଆନନ୍ଦ ଅନୁଭବ କରେ । କୌଣସି ମାନସିକ ଚାପ ବା ଦୁଶ୍ଚିନ୍ତା ମୋ ପାଖ ମାଡିପାରେ ନାହିଁ । (ସତ୍‌ସଙ୍ଗ ବିହାର ଭୁବନେଶ୍ୱର, ସାନ୍ଧ୍ୟ ସଭା ୧୨-୨-୨୦୧୬, ଏହି ଦିନ ପୂଜନୀୟ ବାବାଇଦା ତାଙ୍କର ଐତିହାସିକ ଦୀକ୍ଷା କାର୍ଯ୍ୟକ୍ରମରେ ଭୁବନେଶ୍ୱରଠାରେ ଉପସ୍ଥିତ ଥିଲେ ।)

— ୦ —

ଦ୍ୱିତୀୟ ଅଧ୍ୟାୟ

ଆଦର୍ଶ ଦର୍ଶନ ଆଭାସ

ପ୍ରଥମ ପରିଚ୍ଛେଦ

ସୃଷ୍ଟି ତତ୍ତ୍ୱ ଓ ପ୍ରଗତି, ବ୍ରହ୍ମ, ପରମାତ୍ମା-ଜୀବାତ୍ମା, ଜଡ଼ଚେତନ, ସତ୍ତା, ଆଧ୍ୟାତ୍ମିକତା, ଭଗବତ୍-ପ୍ରାପ୍ତି, ଈଶ୍ୱରଙ୍କ ସ୍ୱରୂପ, ଆଦର୍ଶ, ପୁରୁଷୋତ୍ତମ, ସଦ୍‌ଗୁରୁ ଓ ଅବତାର ଗୁରୁ, ତପସ୍ୟା, ସିଦ୍ଧି ଓ ଧର୍ମ।

ଅନୁଗତ -ସୃଷ୍ଟିର ରହସ୍ୟ କ'ଣ ? ୧

ଶ୍ରୀଶ୍ରୀଠାକୁର-ପରମପୁରୁଷଙ୍କ ଇଚ୍ଛାରୁ ସୃଷ୍ଟି ହେଲା। ସୃଷ୍ଟିର ମୂଳରେ ପଞ୍ଚଭୂତ (କ୍ଷିତି, ଅପ୍, ତେଜ, ମରୁତ୍, ବ୍ୟୋମ) ନିହିତ ଅଛନ୍ତି। ସେଥିରେ ବ୍ୟୋମ ସବୁଠୁ ସୂକ୍ଷ୍ମତମ, ବ୍ୟୋମର ଶବ୍ଦ ପ୍ରାଣ, ଶବ୍ଦର ପ୍ରାଣ ସ୍ପନ୍ଦନ, ସ୍ପନ୍ଦନତରଙ୍ଗର ପ୍ରବାହଜନିତ ଘାତ ପ୍ରତିଘାତରୁ ସୂର୍ଯ୍ୟ, ଚନ୍ଦ୍ର, ଛାୟାପଥ ଇତ୍ୟାଦିର ସୃଷ୍ଟି ହେଲା। ସେଥିରୁ matter (ପଦାର୍ଥ) evolve କରିଲା (ଉଦ୍ଭୂତ ହେଲା)। ସୂର୍ଯ୍ୟଟାବି matter (ପଦାର୍ଥ)। ଯାହା matter (ପଦାର୍ଥ), ତାହାହିଁ energy (ଶକ୍ତି)। ଶକ୍ତି ନିରବରେ ବସି ନାହିଁ। ଆକୁଞ୍ଚନ, ପ୍ରସାରଣ, ବିରମଣ, ଆକର୍ଷଣ, ବିକର୍ଷଣ, ବିଚ୍ଛୁରଣ ଅହରହ ଘଟି ଚାଲିଛି। ସୂକ୍ଷ୍ମାତିସୂକ୍ଷ୍ମ ଆଦିମ ପାରମାଣବିକ ଶକ୍ତିକଣାର ପାରସ୍ପରିକ ସଂଘର୍ଷଣ ଓ ସଂଘାତର ନାନା ପ୍ରକାରଭେଦ ମଧ୍ୟ ଦେଇ କେତେ କଣ ସବୁ ସୃଷ୍ଟି ହେଲା। କାହାକୁ କଣ କହନ୍ତି ମୁଁ ନ ଜାଣିଲେ ବି ମୁଁ ମୋ ଆଖିରେ ବିଚିତ୍ର ସୃଷ୍ଟିର କ୍ରମପର୍ଯ୍ୟାୟଟା ଦେଖିବାକୁ ପାଏ। ସବୁ କିନ୍ତୁ ବୈଶିଷ୍ଟ୍ୟସଂପନ୍ନ। ପ୍ରତ୍ୟେକର tune (ତାନ) ଓ potency (ଶକ୍ତି) ଅଲଗା। ଅବ୍ୟକ୍ତର ବୁକୁରେ କେତେ ରକମର ଅଭିବ୍ୟକ୍ତି ହେଲା। କେତେ ସ୍ତର, ପର୍ଯ୍ୟାୟ ଓ ପ୍ରଗତି ଭିତର ଦେଇ ଶେଷରେ ମଣିଷର ସୃଷ୍ଟି ହେଲା। ମଣିଷ ହେଉଛି ଶ୍ରେଷ୍ଠ ଜୀବ। (ଆ.ପ୍ର. ୧୬ଖଣ୍ଡ, ୩୭)

(ଆଲୋଚକ- ଶ୍ରୀଶ୍ରୀଠାକୁର "ଦର୍ଶନ ବିଧାୟନା" ଗ୍ରନ୍ଥରେ କହିଛନ୍ତି –

"ସ୍ପନ୍ଦନ
ପ୍ରଦୀପ୍ତ ହୋଇ ଉଠିଲା ଶବ୍ଦରେ,
ଆଉ, ଶବ୍ଦ ହିଁ ସ୍ୱର ବା ବାକ୍,
ଆଉ, ସେହି ବାକ୍ ହିଁ ହେଉଛି -
ପରମପୁରୁଷଙ୍କ ମୂର୍ତ୍ତନ-ବିଭା,
ଆଉ, ସେ ବିଭାରେ ହିଁ ଅନ୍ତଃସ୍ୟୂତ ହୋଇଅଛି
ସ୍ପନ୍ଦନ ଦ୍ୟୁତି,
ଆଉ, ତା'ଠାରୁ ହିଁ ଆସିଲା -
ଈଶ୍ୱର, ଐଶ୍ୱର୍ଯ୍ୟ,
ଏପରିକରି ହିଁ
ପୂରା ବ୍ରହ୍ମାଣ୍ଡର ସୃଷ୍ଟି ହୋଇ ଉଠିଲା
ନାନା ରକମରେ,
ନାନା ଛନ୍ଦରେ,
ସଂଘାତ-ସଞ୍ଚିତ
ସିଞ୍ଚିତସ୍ରୋତା
ଅନୁକମ୍ପନର ଭିତର ଦେଇ,
ବାସ୍ତବତାର
ବିସ୍ତୃତ ବିଶାଳ ବିଧାନରେ
ବିଧାୟିତ ହୋଇ;
ଆଉ, ସିଏ ହିଁ ଆଦିପୁରୁଷ
ସିଏ ହିଁ ପରମ ପୁରୁଷ
ସିଏ ହିଁ ପୁରାଣ ପୁରୁଷ;
..........................।" (ଦର୍ଶନ-ବିଧାୟନା, ବାଣୀ - ୩୧୬)

ଯୁଗାଚାର୍ଯ୍ୟ ଶ୍ରୀଶ୍ରୀବଡ଼ଦା ଉଲ୍ଲେଖ କରିଛନ୍ତି– "ଶବ୍ଦ ହିଁ ବ୍ରହ୍ମ ଯେଉଁଥିରୁ ଧୀରେ ଧୀରେ ସେହି ଆଦି-କଂପନ ମଧ୍ୟ ଦେଇ ଗଜେଇ ଉଠିଲା ସୃଷ୍ଟି । ମଣିଷର ସେହି ଇଷ୍ଟମୁଖୀ ଉତ୍ସ ବହୁ ଆବରଣରେ ଆବୃତ ଥାଏ ବୋଲି ସେ ଭୁଲିଯାଏ ତା'ର ସଚ୍ଚିଦାନନ୍ଦ ସ୍ୱରୂପ । 'ରାଜାଧିରାଜଙ୍କ ସନ୍ତାନ', 'ଅମୃତର ସନ୍ତାନ' ସେ କଥା ଭୁଲି ପଥ ହରାଇ ମଣିଷ ଦୁଃଖକଷ୍ଟର ଆବର୍ତ୍ତରେ ହାବୁଡୁବୁ ଖାଉଥାଏ । ସେତେବେଳେ ପରମପିତାଙ୍କ, ପ୍ରିୟପରମଙ୍କ ଆବିର୍ଭାବ ହୁଏ ମାନବ-ଦେହରେ । ସେ ହିଁ କହି ଦିଅନ୍ତି କ'ଣ କଲେ ମଣିଷ ତାର ସ୍ୱରୂପର ସନ୍ଧାନ ପାଇବ, ଅମୃତ ଉତ୍ସର ନାମ ଜଣାଇ ଦିଅନ୍ତି । ଏହି ପଥ ଧରି ଚାଲିଲେ ମଣିଷ ସ୍ମୃତିବାହୀ-ଚେତନାରେ ସୀମାହୀନ ହୋଇ ପୁଣି ତାର ସ୍ୱରୂପରେ ପହଞ୍ଚିପାରେ, ଅମୃତର ଆସ୍ୱାଦନରେ ଜୀବନଟାକୁ ଚିର ଶାନ୍ତିମୟ କରି ତୋଳିପାରେ ।" (ଇଷ୍ଟାନୁରାଗ)

(ମରାଠୀ ସନ୍ଥ କବି ତୁକାରାମଙ୍କ ପଦ୍ୟାଂଶର ଇଂରାଜୀ ଅନୁବାଦ- It is baby talk -it comes from God -The beginning of speech (Says Tuka)

(ପ୍ରଭୁଙ୍କର ଶିଶୁସୁଲଭ କଥା ବାକ୍‌ରେ ନେଲା ବିଭିନ୍ନତା)

ଅନୁଗତ - ସୃଷ୍ଟିର ପୂର୍ବରୁ କ'ଣ ଥିଲା ? ୨

ଶ୍ରୀଶ୍ରୀଠାକୁର- ତାଙ୍କର ଭାବସମାଧି ବେଳେ ୫୬ତମ ଦିବସରେ (ଶ୍ରାବଣ-୨,୧୩୨୪) ଯାହା କହିଛନ୍ତି ତାହାର କିୟଦଂଶ– "ସେ ଏକ ଅବ୍ୟକ୍ତ ପରମାନନ୍ଦ,-ନିତ୍ୟ ଶୁଦ୍ଧ, ବୁଦ୍ଧ -ପ୍ରାଣର ପ୍ରାଣ, ଜଗତର ଜଗତ୍-ଅଣୁର ଅଣୁ, ତାକୁ ଭାଷାରେ କହିହେବ ନାହିଁରେ। ଯେତେବେଳେ 'ନ-ଥିବା'ର ସତ୍ତା ଥିଲା, କାଳ ଆସି ନାହିଁ, ଯେତେବେଳେ ଶବ୍ଦ ଥିଲା, ଯେତେବେଳେ ସୂର୍ଯ୍ୟ-ଚନ୍ଦ୍ରଙ୍କର ସୃଷ୍ଟି ହୋଇ ନାହିଁ, ଯେତେବେଳେ ବିରାଟ ଗଗନର ସୃଷ୍ଟି ହୋଇନାହିଁ, ସେତେବେଳେ ଏକ ବିରାଟ ଧ୍ୱନି ସୋଽହଂ ପୁରୁଷ ଭେଦ କରି ସୃଷ୍ଟି କରିବାକୁ ଚାଲି ଆସିଲା -ସେଇ ଓମ୍ ଶବ୍ଦରେ, ସୂକ୍ଷ୍ମ ମାୟାରେ, ବ୍ରାହ୍ମୀ ମାୟାରେ, ହ୍ଲାଦିନୀ ଶକ୍ତିରେ ଘାତ-ପ୍ରତିଘାତରେ ସେଇ ଧାରା ବାଧା ପାଇଲା, ସେତେବେଳେ ସୃଷ୍ଟି,-ବ୍ରହ୍ମା ,ବିଷ୍ଣୁ,ମହେଶ୍ୱର- ସତ୍ତ୍ୱ, ରଜଃ,ତମଃ-ତ୍ରିଧାରା। ବିରାଟ ଗତିରେ ଶବ୍ଦ ଚଳିବାରେ ଲାଗିଲା – ସେତେବେଳେ ପ୍ରାଣ ସ୍ଥିର ହୋଇନାହିଁ -ସେତେବେଳେ ସୃଷ୍ଟି ହେଲା ଆକାଶ.. ବାୟୁ.. କାଳ ନିର୍ଦ୍ଦେଶ କରି ଚାଲିଲା – ସେତେବେଳେ ସୃଷ୍ଟି ହେଲା ତେଜ -ସେଇ ଶକ୍ତି। ଗତି ଚାଲିଥିଲା ଆହୁରି ଚାଲିବ -ତାରି ମଧ୍ୟରୁ ବିରାଟ ଜଳଖଣ୍ଡ ! ତେଜ ଓ ଜଳଖଣ୍ଡ ଯେତେବେଳେ ଉପର-ଗତିକୁ ଧରି ନ ପାରି ନିଜର ଗତିରେ ଚାଲିବାକୁ ଲାଗିଲେ, ସେତେବେଳେ ସୃଷ୍ଟି ହେଲା ଜଡ଼। ପୁଣି ଏଇ ଘାତ-ପ୍ରତିଘାତରୁ ସୃଷ୍ଟି ହେଲେ ଦେବତା, କିନ୍ନର, ଜୀବଜଗତ।"

ଅନୁଗତ - ସୃଷ୍ଟିର ଉଦ୍ଦେଶ୍ୟ କ'ଣ ? ୩

ଶ୍ରୀଶ୍ରୀଠାକୁର– ସୃଷ୍ଟି ଯଦି ନ ହୋଇଥାନ୍ତା ମୁଁ ଓ ତମେ ଯେପରି ବସି କଥା ହେଉଛେ, ପରସ୍ପରକୁ ଉପଭୋଗ କରୁଛେ, ତା ହୋଇ ପାରିନଥାନ୍ତା। ସେଥିପାଇଁ ଏହାର ନାମ ଲୀଳା। ଲୀଳା ମାନେ ଆଲିଙ୍ଗନ ଓ ଗ୍ରହଣ। ଇଷ୍ଟନିଷ୍ଠ ହୋଇ ସେଇ ଲୀଳାୟିତ ଚଳନରେ ଚାଲୁ ଚାଲୁ ଆମେ active (କର୍ମପ୍ରବଣ) ହେଉ, energetic (ଉତ୍ସାହପ୍ରବଣ) ହୋଇଉଠୁ, expand (ବିସ୍ତାରଲାଭ) କରୁ। ଆଉ, ଆମକୁ ଏପରି ଚଳିବାର ଦେଖି ପରିବେଶର ଅନ୍ୟ ସମସ୍ତେ ବି educated (ଶିକ୍ଷିତ) ହୋଇଉଠନ୍ତି। (ଦୀପରକ୍ଷୀ-୫ମ ଖଣ୍ଡ)

ଅନୁଗତ- କୁହାଯାଏ ଯେ ନିର୍ମଳ ଚୈତନ୍ୟ, ଆଉ ତା ପାଖରେ ଜଡ଼ -ଏହିଠାରୁ ସୃଷ୍ଟି ଆରମ୍ଭ ହୋଇଛି। ୪

ଶ୍ରୀଶ୍ରୀଠାକୁର– ଚୈତନ୍ୟ ପୁରୁଷ ସର୍ବତ୍ର ସର୍ବଦା ଅଛନ୍ତି। ଆଉ, ସେଇ ପୁରୁଷଙ୍କ ଭିତରେ ଅଛି attraction, repulsion and stagnation (ଆକର୍ଷଣ, ବିକର୍ଷଣ ଓ

ବିରମଣ) । କେବେ extremely contracted (ଚରମ ସଂକୁଚିତ) ହୁଅନ୍ତି ପୁଣି କେବେ extremely expanded (ଚରମ ପ୍ରସାରିତ) ହୁଅନ୍ତି । ପୁଣି କେବେ stagnant (ସ୍ଥିର, ନିଶ୍ଚଳ) । ଏହି କ୍ରମରେ ସୃଷ୍ଟି ହୋଇଚାଲେ । 'ରା' ହେଲା vibration (ସ୍ପନ୍ଦନ), 'ଧା' ହେଲା cessation (ବିରତି) । ଏହା ମଧ୍ୟରେ attraction and repulsion (ଆକର୍ଷଣ ଓ ବିକର୍ଷଣ)ର କ୍ରିୟା ସଂଘଟିତ ହୋଇ ଚାଲିଛି । ଆଉ, 'ସ୍ୱା' ହେଲା outgoing force(ବହିର୍ଗାମିନୀ ଶକ୍ତି) ଏବଂ 'ମୀ' ହେଲା ingoing force (ଅନ୍ତର୍ଗାମିନୀ ଶକ୍ତି) । ଏହା ଅଛି ବୋଲି creation (ସୃଷ୍ଟି) ସମ୍ଭବ ହୋଇଛି । ଏବେ ଯଦି ଇଲେକ୍ଟ୍ରନ, ପ୍ରୋଟୋପ୍ଲାଜମ୍, science-ର (ବିଜ୍ଞାନର) ବଡ଼ ବଡ଼ ଶବ୍ଦ ଉଚ୍ଚାରଣ କରେ, ସବୁ କିନ୍ତୁ ସେଇ ପରମପୁରୁଷଙ୍କ କଥା । ମୁଁ ତାଙ୍କ ଦିଗରେ ନିଷ୍ଠା ଓ ପ୍ରୀତି ସହକାରେ ଯେତିକି ଆଗେଇ ଯିବି, ସେତିକି ସେଗୁଡ଼ିକ ମୋ ଭିତରେ gradually (କ୍ରମଶଃ) exposed (ପ୍ରକାଶିତ) ହୋଇ ଉଠିବ । ଆହୁରି, ସେହି ଚଳନ ଭିତରେ feeling (ପ୍ରୀତି) ବି ଅଛି, anti-feeling (ଅପ୍ରୀତି)ବି ଅଛି । କେବେ ମନ ଲାଗେ ତ କେବେ ଲାଗେ ନା । ଏଇସବୁ ନାନା ପ୍ରକାରେ ହୁଏ ଆଉ କଣ ! (ଦୀପରକ୍ଷୀ-୫ମ ଖଣ୍ଡ)

ଅନୁଗତ - Spirit (ଜୀବନୀ ଶକ୍ତି)କୁ ଦୟାକରି ସହଜଭାବେ ବୁଝାଇ ଦେବେ କି ? ୫

ଶ୍ରୀଶ୍ରୀଠାକୁର- ଶକ୍ତି ହେଲା spirit-ଏହା ଜୀବନୀ ଶକ୍ତି, ଯାହା ଦେଇ ମୁଁ , ମୁଁ ହୋଇ ଅଛି । ପ୍ରତିଟି ବସ୍ତୁ ତାହାହିଁ ହୋଇଛି । ପୁଣି ଏପରି ହେବା ଓ ରହିବା ପାଇଁ ଦରକାର positive ଓ negative, ଶିବ ଓ କାଳୀ । ଶି-ଧାତୁ ହେଉଛି ସର୍ବଶୟନ ସ୍ଥାନ, ସବୁକିଛିର ଆଶ୍ରୟ, ସେ ମଧ୍ୟ କାଳୀଙ୍କର ଆଶ୍ରୟ ଓ ଆଧାର । ଶିବଙ୍କର ରଙ୍ଗ ଧଳା, ସମସ୍ତ ରଙ୍ଗର ସମାହାର, କାଳୀଙ୍କର ରଙ୍ଗ କଳା -ସବୁ ରଙ୍ଗର ଅଭାବ । ଏହି positive ଓ negative ର ଆକର୍ଷଣ ଓ ବିକର୍ଷଣରେ ଗତି ହେଲା, ତାହା ହେଲା କାଳ -time, କାଳ ଆସିଛି କଲ୍ ଧାତୁରୁ ଅର୍ଥାତ୍ ଗତି । ଯଦି କୌଣସି ଜିନିଷକୁ positvely charged କରାଯାଏ, ତେବେ ସେ positive (ରଜୀ) ଭାବେ ହେବ, ବା ବିକିରଣ କରିବ । ସେଠାରେ ଅନ୍ୟ positive କୁ ଆଗେଇବାକୁ ଦେବ ନାହିଁ । କିନ୍ତୁ ତା ନିକଟରେ ଯଦି negative (ରଚୀ) ଥାଏ, ତେବେ ସେ ତାକୁ attract କରିବ । Electron ଓ Proton, ଏମାନଙ୍କର ସଂଯୁକ୍ତ ହେବାର attitude (ପ୍ରବଣତା) ଅଛି । ଫାଙ୍କ ଅଛି । ବାପ ଆଉ ପୁଅ ଭଳି । ବାପ ପୁଅକୁ ଆଦର କରେ, କିନ୍ତୁ ଏକ ହୋଇ ଯିବାକୁ ଚାହେଁ ନା । ଭଲ ପାଇବାର ଲକ୍ଷଣ ହେଲା active (ସକ୍ରିୟ) ହେବା, ମିଶି ଯିବା ନୁହେଁ । ଆକାଶରେ ନକ୍ଷତ୍ରଗୁଡ଼ିକ ବିନ୍ଦୁ ପରି ଦେଖାଯାନ୍ତି, ଗୋଟିଏ ତାରା ଅଛି, ତା ଫାଙ୍କରେ ଆଉ ଗୋଟିଏ ଅଛି । ଏଇ ଫାଙ୍କ ବା ଛିଦ୍ରହିଁ ମୁଖ୍ୟ, ଯାହାକୁ ଶୂନ୍ୟ କୁହାଯାଏ । ବସ୍ତୁଗୁଡ଼ିକ ତାହାର ଅଶ୍ରାନ୍ତ ଲୀଳା । ସେହି ଶୂନ୍ୟହିଁ ବସ୍ତୁକୁ ଆକାର ଦେଉଛି, ଗତି ଦେଉଛି, ପ୍ରାଣ ଦେଉଛି । ଆକର୍ଷଣ-ବିକର୍ଷଣ ତ ସେହି ଶୂନ୍ୟକୁସ୍ତିର କରାମତି । ଜଗତର ସବୁ ଘଟଣା ସେହି ଶୂନ୍ୟର ।

ଅନୁଗତ - ସୃଷ୍ଟିର ମୌଳିକ ରୂପାୟନ କ'ଣ ? ୬

ପ୍ରୋଟିନ ଶବ୍ଦର ଧାତୁଗତ ଅର୍ଥ primary thing (ପ୍ରାଥମିକ ପଦାର୍ଥ) ଶୁଣିବା ପରେ **ଶ୍ରୀଶ୍ରୀଠାକୁର** କହିଲେ, ଏହା ଯଦି ହୋଇଥାଏ, ତେବେ ମୋ କଥା ତାର ପାଖାପାଖି ହେଉଛି । ପ୍ରୋଟିନ ହେଲା primary materialisation of beings (ପ୍ରାଣର ପ୍ରାଥମିକ ରୂପାୟନ) । ତାହାର permutation and combination (ସଂଯୋଗ-ବିଯୋଗ) ଫଳରେ ପୁଣି ଅନେକ ଜିନିଷ ଉଦ୍ଭବ ହୁଏ, ଯେପରି ପ୍ରୋଟିନ ହୋଇଛି, ତାହା ସହିତ ଆଉ ଗୋଟାଏ ଜିନିଷ combined (ଯୁକ୍ତ) ହୋଇ ଅନ୍ୟ ଗୋଟାଏ କିଛି ହେଲା ।

(ଆଲୋଚକ-ରାଜା ଜନଶ୍ରୁତି ଓ ରେକ୍ୱ ଉପାଖ୍ୟାନ (ଛାନ୍ଦୋଗ୍ୟ ଉପନିଷଦ୍)- ପୁରାକାଳରେ ମହାବୃଷ ନାମକ ଏକ ନଗରୀ ଥିଲା; ରାଜାଙ୍କର ନାମ ଜନଶ୍ରୁତି । ସେ ଏକାଧାରରେ ଜ୍ଞାନୀ, ଦାନୀ ଓ ପ୍ରଜାବତ୍ସଳ ଥିଲେ । ଅନ୍ନଦାନ କରିବାକୁ ଅତ୍ୟନ୍ତ ଭଲପାଉଥିଲେ । ପ୍ରଜାମାନଙ୍କ ଘରେ ଘରେ ଯେପରି ଯଥେଷ୍ଟ ଅନ୍ନ ରହେ ତାର ବ୍ୟବସ୍ଥା କରୁଥିଲେ । ନଗରୀର ବିଭିନ୍ନ ସ୍ଥାନରେ ଅନ୍ନଛତ୍ର ଖୋଲାଯାଇଥିଲା । ତଦ୍ୱାରା ଯେ କେହି ମାଗଣାରେ ଭୋଜନ କରିପାରୁଥିଲା । ଏପରି ଅନ୍ନଦାନର ବ୍ୟବସ୍ଥା ରାଜା କରିପାରୁ ଥିବାରୁ ତାଙ୍କ ମନରେ ଥିଲା ଜମାଟ ଅହଂକାର । ରାଜସଭାରେ କଥା କଥାରେ ସେ ପ୍ରଶ୍ନ ପଚାରିବା ଛଳରେ କହୁଥିଲେ -ମୋ ପରି ଅନ୍ନଦାନୀ କେଉଁଠି ଦେଖିଛ କି ? ଭାଟମାନେ ଉଚ୍ଚସ୍ୱରରେ କହୁଥିଲେ-ନାହିଁ ମହାରାଜ ନାହିଁ, ଆପଣଙ୍କ ପରି ଅନ୍ନଦାନୀ କେଉଁଠି କଣ ଜଗତରେ କେହି ନାହାନ୍ତି । ରାଜା ଖୁସି ହୋଇ କହନ୍ତି-ମନେରଖ, ମୁଁ ତୁମର ଅନ୍ନଦାତା !

ଦିନେ ସଞ୍ଜବେଳେ ରାଜା ଶୀତଳ ପବନ ସୁଖାର୍ଥେ ମହଲର ଛାତ ଉପରେ ବିଚରଣ କରୁଥାନ୍ତି, ସେତେବେଳେ ଦୁଇଟି ରାଜହଂସ ଅଳ୍ପ ଉଚ୍ଚତାରେ ଉଡ଼ି ଯାଉଥିଲେ । ରାଜା ଯେହେତୁ ପଶୁପକ୍ଷୀଙ୍କ ଭାଷା ବୁଝିପାରନ୍ତି ସେମାନଙ୍କ କଥୋପକଥନ ବୁଝିଲେ । ଗୋଟିଏ ପକ୍ଷୀ କହିଲା -ଏଇ ଦେଖ ଜ୍ଞାନୀ ଓ ଦାନୀ ରାଜା ଜନଶ୍ରୁତିଙ୍କ ମହଲ, ସେ ତ ମାନବ ଶ୍ରେଷ୍ଠ । ଅନ୍ୟ ପକ୍ଷୀଟି କହିଲା -ତୁ କଣ ଜାଣୁ ମ, ସେ କଣ ହାତଟଣା ଗାଡ଼ିଚାଳକ ରେକ୍ୱଠାରୁ ଶ୍ରେଷ୍ଠ ? ରାଜା ଜନଶ୍ରୁତି ଆଶ୍ଚର୍ଯ୍ୟଚକିତ ହୋଇ ରହିଗଲେ । ମୋଠାରୁ ଏ ଗାଡ଼ିଟଣା ପିଲା ଏତେ ବଡ଼ ବୋଲି ପକ୍ଷୀଟି କହିଲା । ରେକ୍ୱକୁ ଖୋଜା ଚାଲିଲା । ରାଜା ବହୁ ଉପହାର ଧରି ରେକ୍ୱ ପାଖରେ ପହଞ୍ଚିଲେ ଓ ପଚାରିଲେ -ଗୋଟିଏ ରାଜହଂସଠାରୁ ଶୁଣିଲି ଯେ ଆଧ୍ୟାତ୍ମିକ ଜ୍ଞାନରେ ତୁମେ ଶ୍ରେଷ୍ଠ । ମତେ ଦୟାକରି କହିବକି । ରେକ୍ୱ କିଛି ଉପହାର ଗ୍ରହଣ ନ କରି ରାଜାଙ୍କୁ ଫେରାଇଦେଲେ । କିଛିଦିନ ଉତ୍ତାରେ ରାଜା ପୁଣି ଆସିଲେ । ଏଥର ଉପହାର ସହିତ ଆଣିଥିଲେ ତାଙ୍କର ସୁନ୍ଦରୀ କନ୍ୟାକୁ । ତଥାପି ରେକ୍ୱ କିଛି ଗ୍ରହଣ କରିବାକୁ ପ୍ରସ୍ତୁତ ନ ଥିଲେ । କିନ୍ତୁ ରାଜାଙ୍କର ଜ୍ଞାନ-ଆହରଣର ନିଷ୍ଠା ଦେଖି ଅତି ଚୁମ୍ବକରେ ତାଙ୍କୁ ବ୍ରହ୍ମଜ୍ଞାନ ଉପଦେଶ ଦେଇ କହିଲେ- ଏହି ସୃଷ୍ଟିରେ ଅନେକ ଉପାଦାନକୁ ଆମେ ଦେବତା ଭାବେ ପୂଜା କରୁ । ଯଥା- ପବନ ସବୁକୁ ଉଡ଼ାଇ ନେଇପାରେ, ଅଗ୍ନି ସବୁକିଛିକୁ ଧ୍ୱଂସ କରିଦେଇପାରେ, ଜଳ ସୃଷ୍ଟିର ବିଲୟ କରିପାରେ

ଏବଂ ପ୍ରାଣବାୟୁ ଜୀବଜଗତକୁ ବଞ୍ଚାଇ ରଖିଛି କିନ୍ତୁ ଏହାଛଡ଼ା ଅନ୍ୟ ଏକ ଶକ୍ତି ଚରାଚର ପ୍ରବାହିତ ହେଉଛି -ଏହା ହେଉଛି ସୃଷ୍ଟିର ମୌଳିକ ଉପାଦାନ ଏବଂ ସୃଷ୍ଟିକୁ ବଜାୟ ରଖୁଛି । ଏହିଭାବରେ ସୃଷ୍ଟି ବିବର୍ତ୍ତିତ ହୋଇ ଚାଲିଛି । ସବୁର ମୂଳରେ ଏହି ମୌଳିକ ଉପାଦାନ ଯାହା ଉପରେ ଜୀବର କିଛି କର୍ତ୍ତୃତ୍ୱ ନାହିଁ । ତେଣୁ ଅହଂକାର ସର୍ବଥା ବର୍ଜନୀୟ । ରାଜା ଜନଶ୍ରୁତିଙ୍କର ଆଧାତ୍ମିକ ଜ୍ଞାନର ଉଦୟ ହେଲା । ତାଙ୍କର ଅନ୍ନଦାନ ଜନିତ ଅଯଥା ଗର୍ବର ପରିସମାପ୍ତି ଘଟିଲା । ରେକ୍ୱକୁ ଅତ୍ୟନ୍ତ ବାଧ୍ୟ କରନ୍ତେ ସେ ରାଜକନ୍ୟା ଓ ଉପହାରକୁ ଗ୍ରହଣ କଲେ ।) (Upanishads in Daily Life)

ଅନୁଗତ - ନୂତନ ସତ୍ତାର ଆବିର୍ଭାବ କ'ଣ ଏହାଦ୍ୱାରା ହୋଇଥାଏ କି ? ୭

ଶ୍ରୀଶ୍ରୀଠାକୁର- ଏହି ସଂଯୋଗ-ବିଯୋଗ, ଆକର୍ଷଣ-ବିକର୍ଷଣ ଫଳରେ ନୂତନର ଆବିର୍ଭାବ ହୁଏ । ଯାହା ନ ଥିଲା ତାହା ଜାଗି ଉଠେ । ଏହି ଯାତାୟାତ, ଚଲାବୁଲାର ବିରାମ ନାହିଁ -ଚାଲିଲା ତ ଚାଲିଲା । ଏହି ଚିର ଚଳତ୍‌ଶୀଳତା ହିଁ ଆଧ୍ୟାତ୍ମିକତା ଓ ଆତ୍ମାର ଗତିଶୀଳତା । ଏହି ଚଳତ୍‌ଶୀଳତା ପଥରେ ଅନେକ ସ୍ତର ପରେ ଯାହାକୁ nebula(ନୀହାରିକା) କୁହନ୍ତି, ତାହା ମିଳେ । ପରମର ମୂଳ ଉପାଦାନ ଗୁଡ଼ିକ କିନ୍ତୁ ଦ୍ରୁତବେଗରେ ସଂକ୍ରମିତ ହୋଇ ଚାଲେ । ନୀହାରିକା ପୁଣି କୁଣ୍ଡଳୀକୃତ ଗତିରେ ଚାଲିବାକୁ ଲାଗିଲା । ଏହା ଭିତରେ ବେଶି ଘନୀଭୂତ ସ୍ତର ଓ କମ ଘନୀଭୂତ ସ୍ତର -ଦୁଇଟାହିଁ ପ୍ରବାହିତ ହେଉଥାଏ । ଏମାନେ ପରସ୍ପର ସହିତ ଧକ୍କା ଖାଆନ୍ତି । ସେଥିପାଇଁ କୁଣ୍ଡଳୀକୃତ ଆବର୍ତ୍ତର ମଧ୍ୟ ଦେଇ ପିଣ୍ଡ ହୋଇ ସେଗୁଡ଼ିକ ଆହୁରି ଛିଟିକି ଯାଉଥାଏ, କିନ୍ତୁ ଆସକ୍ତିବଶତଃ ତାରି ପାଖରେ ଘୁରୁଥାଏ । ଦୁଇଟା ମେରୁ ମଧ୍ୟରେ ଯେଉଁ ଆସକ୍ତି ତାକୁ କୁହନ୍ତି ମୂଳ ସୁରତ । ଯେତେବେଳେ negative (ରଚୀ) positve (ରଜି)କୁ ପ୍ରଭାବିତ କରେ ତାକୁ ଆତ୍ମସାତ୍ କରିବାକୁ, ସେତେବେଳେ ହୁଏ ରଚୀ-ଶକ୍ତିର ଘନୀକରଣ । ରଜି ଯେତେବେଳେ ରଚୀକୁ ପ୍ରଭାବିତ କରେ, ସେତେବେଳେ ହୁଏ ରଜି-ଶକ୍ତିର ଘନୀକରଣ, ଏ ସବୁଟା ହିଁ ସତ୍ତା । ସମଗ୍ର ଧୂଳିକଣା ପର୍ଯ୍ୟନ୍ତ ଜୀବନ୍ତ ସତ୍ତା ।

(ଆଲୋଚକ- ଏ ସଂପର୍କରେ ଶ୍ରୀଶ୍ରୀଠାକୁରଙ୍କର ବାଣୀ **"ଲୀଳାୟିତ କ୍ରିୟା-ପ୍ରତିକ୍ରିୟାଶୀଳ ସଂଘାତରୁ ହିଁ ଆସେ ଶକ୍ତି/ଶକ୍ତିର ବିଶେଷ ସଙ୍ଗତି ହିଁ ଆଣେ ଅସ୍ତୁ/ ଆଉ ସେଥିରୁ ହିଁ ବସ୍ତୁ,/ବସ୍ତୁର ବିଶେଷ ସଂହତିରୁ ହିଁ ଜୀବନର ଉଦ୍‌ଭବ/ଆଉ, ସକ୍ରିୟ ଜୀବନରେ ହିଁ ପ୍ରାଣନ କ୍ରିୟା ।"**

ଅନୁଗତ - ବାଇବେଲରେ Genesis (ସୃଷ୍ଟି) ସମ୍ପର୍କରେ ଉକ୍ତି ଅଛି ଯେ -The spirit of God moved upon the face of waters. (ଭାଗବତ ଶକ୍ତି ଜଳ ଉପର ଦେଇ ଅଗ୍ରସର ହେଲା) । ଏହାର ଅର୍ଥ କଣ ? ୮

ଶ୍ରୀଶ୍ରୀଠାକୁର- ଏପରି କଥା ପ୍ରଚଳିତ ଅଛି ଯେ, ନାରାୟଣ କ୍ଷୀରୋଦ-ସମୁଦ୍ରରେ ବଟପତ୍ର ଉପରେ ଶୋଇଛନ୍ତି, ଲକ୍ଷ୍ମୀ ତାଙ୍କର ପଦସେବା କରୁଛନ୍ତି, ଆଉ ନାରାୟଣଙ୍କ

ନାଭିମଣ୍ଡଳରୁ ସୃଜନକର୍ତ୍ତା ବ୍ରହ୍ମା ସୃଷ୍ଟି ହେଉଛନ୍ତି । ବାଇବେଲର ଏହି କଥା ଏବଂ ଏବେ ଯେଉଁ ବର୍ଣ୍ଣନା ଦେଲି, ଏଇ ଦୁଇ ମଧ୍ୟରେ ମେଳ ଅଛି ବୋଲି ମନେହୁଏ । ବଟପତ୍ର ମାନେ ବଟର ପତ୍ର । ବଟ ମାନେ ହୁଅ ବା ହେବାର ଭାବ । ପୁଣି ଅଛି ନାରାୟଣ କ୍ଷୀରୋଦ-ସମୁଦ୍ରରେ ଅନନ୍ତନାଗ ଉପରେ ଶାୟିତ ଅଛନ୍ତି ଏବଂ ତାଙ୍କ ନାଭିକମଳରୁ ବ୍ରହ୍ମାଙ୍କର ସୃଷ୍ଟି ହେଲା । ପୁଣି ସମୁଦ୍ର ମନ୍ଥନରେ ଅମୃତ ଲାଭ ହେଲା । ମୈନାକ ପାହାଡକୁ କୁହାଯାଏ ଦଣ୍ଡ, ଅନନ୍ତନାଗକୁ କୁହାଯାଏ ରଜ୍ଜୁ । ଦେବାସୁର ସମୁଦ୍ର ମନ୍ଥନ କରିବା ପରେ ଅମୃତର ଉଦ୍ଭବ ହେଲା । ସେତେବେଳେ ନାରାୟଣ ମୋହିନୀ ବେଶ ଧାରଣ କରି ସେଠାରେ ଉପସ୍ଥିତ ହେଲେ । କାମଲୋଲୁପ ଅସୁରମାନେ ମୋହିନୀମୂର୍ତ୍ତୀ ଦେଖି ମୋହିତ ହୋଇ ତାଙ୍କ ପଛେ ପଛେ ଛୁଟିଲେ । ଇତ୍ୟବସରରେ ଦେବତାମାନେ ଅମୃତ ପାନ କରିଦେଲେ । ଅମୃତ ଆମମାନଙ୍କ ସାମନାରେ ଉପସ୍ଥିତ ଥିଲେ ବି ଆମେମାନେ ତାହା ଆସ୍ୱାଦନ କରି ପାରୁନା, ଯେତେବେଳ ପର୍ଯ୍ୟନ୍ତ ଆମ ମନ କାମକଲୁଷତାମୁକ୍ତ ନ ହୁଏ । ମଣିଷ ବି ଏହିଭାବେ କାମଲୋଲୁପ ହୋଇ ଅମୃତକୁ ହରାଏ ।

ସୌରଜଗତ କହିଦିଏ, "ମଣିଷ ତୁମେ ମୂଳ କେନ୍ଦ୍ର ଆଡେ ଚାହିଁ ତାଙ୍କୁ ଅନୁସରଣ କରି ଚାଲ, କକ୍ଷଚ୍ୟୁତ ହେବ ନାହିଁ, dynamic energy ପାଇବ, ଆଉ ବୃତ୍ତିରଞ୍ଜିତ ଅହଂ ନେଇ ଚାଲ ନାହିଁ, ତାହେଲେ କାହାକୁ ବା କୌଣସି ବସ୍ତୁକୁ ଯଥାଯଥ ଭାବରେ ଦେଖି ପାରିବ ନାହିଁ, ବୁଝି ପାରିବ ନାହିଁ, ତୁମର ବିକୃତ ଧାରଣାକୁ ହିଁ ଦେଖିବ, ସର୍ବତ୍ର କିନ୍ତୁ ସତ୍ତାରଞ୍ଜିତ ଅହଂ ଯଦି ଥାଏ, ତେବେ ଅସ୍ତିତ୍ୱ, ଜ୍ଞାନ ଓ ବୋଧ ତୁମର ଅତୁଟ ରହିବ ।"

(ଆଲୋଚକ- ଶ୍ରୀଶ୍ରୀଠାକୁର କହିଲେ, ରକ୍ତମାଂସ-ସଂକୁଳ ଜୀବଜଗତରେ ମଣିଷ ହେଉଛି ଶ୍ରେଷ୍ଠ ଜୀବ । ବାଇବେଲରେ ମଧ୍ୟ କୁହାଯାଇଛି ଯେ ପ୍ରଥମେ ଜଳଜୀବ, ପରେ ପକ୍ଷୀ, ତାପରେ ପଶୁ ଏବଂ ଶେଷରେ ମଣିଷ ସୃଷ୍ଟି ହୋଇଥିଲା । ଚାର୍ଲସ ଡାରଉଇନ ମଧ୍ୟ ଏହି ମତ ବ୍ୟକ୍ତ କରନ୍ତି ଯେ ଜଳରେ ମତ୍ସ୍ୟରୁ ପ୍ରାଣୀ-ଜଗତର ଆରମ୍ଭ ହେଲା । ଶ୍ରୀଗୀତଗୋବିନ୍ଦର ରଚୟିତା ପ୍ରସିଦ୍ଧ କବିରାଜ ଶ୍ରୀଜୟଦେବ (୧୨୦୦ ଶତାବ୍ଦୀ) ତାଙ୍କର ଅତି ପ୍ରସିଦ୍ଧ ଭକ୍ତିରସ କାବ୍ୟର ଆରମ୍ଭରେ ପ୍ରଥମେ ମୀନ-ଶରୀର ଏବଂ ସର୍ବଶେଷରେ ମ୍ଳେଚ୍ଛମାନଙ୍କର ନିଧନ ପାଇଁ ଭଗବାନଙ୍କର ଦଶମ ଅବତାର କଳ୍କୀ-ଶରୀର ବୋଲି ବର୍ଣ୍ଣନା କରିଛନ୍ତି । **(ପ୍ରଳୟ ପୟୋଧିଜଳେ ଧୃତବାନସିବେଦଂ ବିହିତ ବହିତ୍ର ଚରିତ୍ରମଖେଦମ୍ । କେଶବ ! ଧୃତ ମୀନଶରୀର ଜୟଜଗଦୀଶ ହରେ । .....ମ୍ଳେଚ୍ଛ ନିବହନିଧନେ କରୟସି କରବାଳଂ -ଧୂମକେତିମିବ କିମପିକରାଳମ୍ -କେଶବ ! ଧୃତ କଳ୍କୀଶରୀର ଜୟଜଗଦୀଶ ହରେ ।)**

ଶ୍ରୀଶ୍ରୀଠାକୁର "ଚଲାର ସାଥୀ" ଗ୍ରନ୍ଥରେ ସୃଜନ-ପ୍ରଗତି ସଂପର୍କରେ ନିମ୍ନ ବାଣୀ ପ୍ରଦାନ କରିଛନ୍ତି –

(୧)

କ୍ଷୁବ୍ଧ-ସଂବେଗରେ
        ଅବ୍ୟକ୍ତର ବୁକୁରେ
                ଦ୍ରୁତ ବ୍ୟଞ୍ଜନାରେ
ବିଘୂର୍ଣ୍ଣିତ ସତ୍ତାର
        ଉଚ୍ଛୃଷ୍ଟ-ବିଚ୍ଛୁରଣ-ସଂବିଦ୍ଧ
        ସଂଘାତକଂପିତ
        ଛନ୍ଦେ ଭାସମାନ
        ଶକ୍ତି-ଶରୀରୀ
        ପ୍ରତିଧ୍ୱନି ହିଁ
        ଆଦିବାକ୍ –
        ସୃଷ୍ଟିର ପ୍ରଥମ ପ୍ରଗତି !

(୨)

କଂପିତ-କଳ, ସୃଜନ-ଉତ୍ସ ସେଇ ସ୍ଫୁଟବାକ୍
        ବିଜୃମ୍ଭିତ-ସମ୍ବେଗରେ, ଆତ୍ମ-ବିଚ୍ଛୁରଣରେ,
ସହସଂପଦରେ, ଭାସବିସ୍ଫୋରଣରେ, ବହୁଧା-ପ୍ରକଟରେ,
        ପର୍ଯ୍ୟବସିତ ହୋଇ ମଧ୍ୟ ତାହାହିଁ ରହିଲେ –
        ଅବ୍ୟକ୍ତର ହିଁ ବୁକୁରେ ! -
କିନ୍ତୁ ସେ-ସ୍ପନ୍ଦନରେ
ବ୍ୟକ୍ତ-ବିମୁଖ
        ସାଡ଼ା ଦେଲା ନାହିଁ !

(୩)

ସ୍ପନ୍ଦନପ୍ଲୁତ, ବିପ୍ଲବ-ବହ୍ନି, ଶକ୍ତି-ସମୁଦ୍ର,
        ଘୋଷ-କଳ, ଜାତବାକ୍
        ପ୍ରକଟ-ପ୍ରାଚୁର୍ଯ୍ୟ ହୋଇ ମଧ୍ୟ ତଦବସ୍ଥ !
        ସେ ହିଁ ଈଶ୍ୱର ଆଦିବାକ୍ –
        ପରମଦୈବତ !

(୪)

ଅବ୍ୟକ୍ତରେ
        ବିରାଗ-ସଂବେଗଜ –
        ବୀଚିସ୍ପନ୍ଦିତ ସତ୍ତା
        ସଂକ୍ଷୁଧିତ-ଆବେଗ-କଂପନରେ
        ସିସୃକ୍ଷୁ ହୋଇ

ଉଦ୍‌ବୁଦ୍ଧ-ସୃଜନ-ସ୍ରୋତରେ
        ବିକ୍ଷୁବ୍ଧ-ସଂଘାତରେ
        ବ୍ୟାବର୍ତ୍ତ-ବୃତ୍ତାଭାସରେ
        ଚେତନୋଦ୍ଦୀପ୍ତତାରେ
        ଅସମ-ବହୁଳ-ପ୍ରକଟପରାୟଣ
        ହେଲେ
ଏବଂ ସେ-ହିଁ
        ପ୍ରୋଦିତବାକ୍ ! –

(୫)

ବିଚ୍ଛୁରିତ ସତ୍ତାର
        ବିଶ୍ଲିଷ୍ଟ-ବିଭେଦାନ୍ତରାଳରେ
        ବିକ୍ଷୁବ୍ଧ-ବ୍ୟଷ୍ଟିରେ
        ବିଭିନ୍ନ ବୋଧ ଉପ୍ତ କରି -
ଅନୁସ୍ୟୂତ-ଆକର୍ଷଣ-ଉପେକ୍ଷାରେ
        ସମତ୍ୱ ହରଣ କରିଲେ ଯେ
        ସେ-ହିଁ ଅବ୍ୟକ୍ତ !

(୬)

ଅବ୍ୟକ୍ତର ବୁକୁରେ
        ବିସୃଷ୍ଟ-ବାକ୍-ବିଚ୍ଛୁରଣ –
        ନାନା ସଂଘାତରେ
        କ୍ରିୟାପାରଂପର୍ଯ୍ୟରେ
        ପ୍ରକଟିତ ଅସମରେ
        ବିଭିନ୍ନ ବ୍ୟଷ୍ଟିରେ
        ସ୍ଫୋଟପ୍ରାଣରେ ଅନୁପ୍ରାଣିତ ହୋଇ-
        ସୂକ୍ଷ୍ମ ଓ ସ୍ଥୂଳରେ
        ବିବର୍ତ୍ତିତ ହେଲା !-
ଆଉ, ପରମଦୈବତ
        ଜୀବନ ଓ ଜୀବରେ
        ନିଜକୁ ଇତ୍ୟାକାରରେ ଉତ୍ସୃଷ୍ଟ କରି –
        ଜୀବନ୍ତ ରକ୍ତମାଂସରେ
        ପର୍ଯ୍ୟବସିତ କରିଲେ !

(୭)

ଏଇପରିଭାବେ
ଜୀବନ୍ତ ରକ୍ତମାଂସ
ସଂକ୍ଷୁବ୍ଧ-ସଂବେଗରେ
ଯୋଜନ-ଆକୁଲ୍ୟରେ
ଜୀବନ୍ତ ଶରୀର-ପରିଗ୍ରହରେ
ଜୀବଜନ୍ତୁରେ ପର୍ଯ୍ୟବସିତ ହୋଇ
କ୍ରମାଧିଗମନରେ
ନରାକୃତିରେ ଉନ୍ନୀତ ହୋଇ
କ୍ରମୋଦ୍‌ବୋଧନରେ
ଆଶୟ-ଆସକ୍ତ-ଜ୍ଞାନ-କର୍ମ-ଧୀ-ସମନ୍ୱିତ
ହୋଇ ଉଠିଲା !
ଆଉ, ବିରାମ-ବିଭେଦ-ବିଶେଷ ଯାହା-କିଛି
ବ୍ୟଷ୍ଟି-ପାରିପାର୍ଶ୍ୱିକ ହୋଇ
ତତ୍ ସଂଘାତ-ପାରଂପର୍ଯ୍ୟରେ
ସ୍ଫୋଟ-ଚେତନାରେ ଉଦ୍‌ବୁଦ୍ଧ ହେଲା –
କିନ୍ତୁ ଆଦିବାକ୍
ସ୍ୱସତ୍ତାରେ ସ୍ଥିତ ଥାଇ
ଜନଗଣ-ସମୂହର
ପରମଜନୟିତାରୂପେ
ସ୍ୱମହିମାରେ ପ୍ରତିଷ୍ଠିତ ରହିଲେ !
ତେଣୁ
ଯେତେବେଳେ ହିଁ
ପରମେ-ଆକୃଷ୍ଟ
ବିମୋହିତ ବିଶେଷ
ସଂବେଦନରେ
ଜୀବକଲୁଷ-କ୍ଲିଷ୍ଟ
ଉତ୍ୟକ୍ତ, ବେଦନାପିଷ୍ଟ,
ଆର୍ତ୍ତ-ଆଶ୍ରୟ-ଉତ୍ତାର
ପ୍ରକଟ ହୋଇ
ପରିସ୍ଥିତିକୁ
ସେବା, ଉଦ୍ୟମ ଓ ଭରସାର ବ୍ୟଜନରେ
ସୁସ୍ଥ ଓ ଉଦ୍ଦୀପ୍ତ କରି
ଶ୍ରେୟ ପରିବେଷଣରେ ମୁକ୍ତ କରି ତୋଳନ୍ତି,

ସେ ହିଁ
　　　　ରକ୍ତମାଂସ-ସଂକୁଳ
　　　　ଜୀବପ୍ରଭ
　　　　ନରନାରାୟଣ
　　　　ମଣିଷର ଆଦର୍ଶ –
ମୁକ୍ତିର ଜ୍ୟୋତିଷ୍ମାନ୍
　　　　ଉଦାର ଉନ୍ନତ ବର୍ତ୍ମ !

(୮)

ତେଣୁ
　　　　ଉଦ୍ଦୀପ୍ତ-ସହାନୁଭୂତି-ଉଦ୍‌ବୁଦ୍ଧ-
　　　　ମୁଗ୍ଧ-ପ୍ରଣୟରେ
　　　　ଆକୁଳୋତ୍‌କ୍ଷେପରେ
ଜୀବନ-ବର୍ଦ୍ଧନରେ ସଂଚାଳନସ୍ୱଭାବ –
　　　　ପ୍ରିୟ-ପରମରେ
　　　　ଆଲିଙ୍ଗନ-ଉଦ୍‌ବେଳ ଯେତେବେଳେ ହିଁ ଯେ -
　　　　ଉଭାସିତ ଜ୍ଞାନାଧିଗମରେ
　　　　ପ୍ରଜ୍ଞୋଦୟ ରଶ୍ମିଜାଳରେ
　　　　ଅଜଣା ଅବ୍ୟକ୍ତର
　　　　କ୍ରମନିରସନ
　　　　ସେତେବେଳେ ହିଁ ତାର !

(୯)

ଆଉ, ବିକୀର୍ଣ୍ଣପ୍ରଜ୍ଞା
　　　　ମୁକ୍ତଜୀବନ
　　　　ବ୍ୟଷ୍ଟି-ପାରିପାର୍ଶ୍ୱିକରେ
　　　　ଆଦର୍ଶର ସାର୍ଥକ ପରିପୂରଣରେ
ଦୀପ୍ତସମ୍ବେଗସଂଚାଳନରେ
　　　　ବିବର୍ଦ୍ଧନ-ବିନ୍ୟାସରେ
　　　　ଉତ୍ତରୋତ୍ତର ଉନ୍ନତି-ପରିବ୍ୟାପନରେ
　　　　କ୍ରମ-ସ୍ଫୁତି-ବିକଶନରେ
　　　　ସେବାତତ୍ପରତାରେ
　　　　ପ୍ରିୟ-ପରମରେ
　　　　ଆତ୍ମ-ଇନ୍ଧନ-ଦପ୍ତୋଜ୍ଜ୍ୱଳ-ଝକମକଦୀପ୍ତିରେ
　　　　ଉଜ୍ଜ୍ୱଳତର କରି-

ଆଲିଙ୍ଗନ-ଆହୁତିରେ
ପ୍ରାଣତର ହୁଏ।

(୧୦)

ବିରାଗୋଚ୍ଛିତ –
ବିପରୀତ ସମସତ୍ତାରେ
ମିଳନ-ପ୍ରବଣତାରେ
ସନିର୍ବନ୍ଧ-ଆସକ୍ତି-କ୍ଷୁଧିତ-ଶୋଷଣରେ
ଉପ୍ତି-ଆହ୍ୱାନରେ
ଆକୃଷ୍ଟକରଣରେ
ଧୃତିଶିହରଣରେ
ପରମାପିତ-ବିଶେଷ-ବିବର୍ଦ୍ଧନରେ
ଆକୃତ କରି
ଉସୃତ କରି
ପୋଷଣରେ ବର୍ଦ୍ଧନ କରେ ଯେ-
ନାରୀ ସେ-ହିଁ;
ଆଉ, ସମ୍ବେଗୋଦ୍ଦୀପ୍ତ -
ପୂରଣ-ସ୍ୱଭାବ
ଉପ୍ତି-ଆନତ
ନାରୀ-ସମ୍ବର୍ଦ୍ଧନ-ହୃଷ୍ଟ
ଗୌରବ-ମୁଖର ଆହୃତି-ପର
ପାଳନଯୁତ ଯେ-
ସେ-ହିଁ ପୁରୁଷ;-
ତେଣୁ, ପୁରୁଷରେ
ଆଦର୍ଶରେ ଅନୁଭୂତ-ପ୍ରଣୟରେ
ଶୋଷଣକ୍ଷୁଧ-କାମିନୀ-ଆନତି
ବର୍ଦ୍ଧନ-ବିମୁଖତାରେ
ବିବ୍ରତ କରି
ବିଧ୍ୱସ୍ତିରେ
ବିଲୀନ କରି ପକାଏ !

୧୯୨୦ ମସିହାରେ ଆମେରିକାର ଜ୍ୟୋତିର୍ବିଜ୍ଞାନୀ ଏଡ୍ୱିନ୍ ହବଲ (Edwin Hubble) ଏକ ଚମକପ୍ରଦ ତଥ୍ୟ ଜଣାଇଲେ ଯେ ବିଶ୍ୱବ୍ରହ୍ମାଣ୍ଡର ପରିସର ବୃଦ୍ଧି ହେବାରେ ଲାଗିଛି। ଦୂରଦୂରାନ୍ତର ତାରକାପୁଞ୍ଜ ଆହୁରି ଦୂରକୁ ଚାଲିଯାଉଥିବା କଥା ଠିକ୍ ବୋଲି ପରବର୍ତ୍ତୀ ଗବେଷକମାନେ ମଧ୍ୟ ପ୍ରତିପାଦିତ କରିଛନ୍ତି।

ଅନୁଗତ -Space (ମହାଶୂନ୍ୟ)ର ଶେଷ କେଉଁଠି ? ୯

ଶ୍ରୀଶ୍ରୀଠାକୁର- Space (ବିସ୍ତୃତି) ଶୂନ୍ୟ ନୁହେଁ। It is filled with so many... କେବଳ ଗ୍ରହରାଜି କାହିଁକି (ଅଣୁ, କ୍ଷୁଦ୍ରାଣୁ) ଏସବୁ ଅଛି, ତାଛଡା ଶୂନ୍ୟର ଶେଷ 'ମୁଁ'।

(ବିସ୍ତୃତି ପ୍ରକୃତରେ ନାମ ଏବଂ ରୂପର ଉଦ୍‌ଗମ ସ୍ଥଳ। ଏହାର ଭିତରେ ବ୍ରହ୍ମ (the immortal) ଏବଂ ଜୀବ (self)- ଛାନ୍ଦୋଗ୍ୟ ଉପନିଷଦ୍ -Hindu Scriptures-pp. 131)

ଅନୁଗତ - ସ୍ରଷ୍ଟା ବା ପରମାତ୍ମାଙ୍କୁ କିପରି ବୁଝିବା ? ୧୦

ଶ୍ରୀଶ୍ରୀଠାକୁର- ଯେଉଁ ସତ୍ତା ସୂକ୍ଷ୍ମ ବା ସ୍ଥୁଳ ଆକାରରେ ପରିବର୍ତ୍ତିତ ହୋଇ ଅବାଧ ଚଳନରେ ଅପରିବର୍ତ୍ତନୀୟଭାବେ ସେହିପରି ରହି ନିରନ୍ତର ଗମନଶୀଳ, ମୁଁ ବୁଝେ ସେ ବା ସେ ହିଁ ପରମାତ୍ମା -ସ୍ମୃତି ଓ ଚେତନାକୁ ନେଇ ସ୍ଥାନ ଓ କାଳ ଭିତରେ ପ୍ରବର୍ତ୍ତିତ ହୋଇ ଚାଲିଛନ୍ତି।

ଅନୁଗତ- ଜୀବାତ୍ମାର କିପରି ସୃଷ୍ଟି ହେଲା ? ୧୧

ଶ୍ରୀଶ୍ରୀଠାକୁର- ଜୀବାତ୍ମା ଆଉ କିଛି ନୁହେଁ, ତାଙ୍କର ଅଂଶବିଶେଷ। ମଣିଷ ଦେହରେ ଯେଉଁ cell(କୋଷ) ଅଛି ତାର ପ୍ରତ୍ୟେକଟିର astral body (ସୂକ୍ଷ୍ମ ଦେହ) ଅଛି – ଏହା ହେଉଛି ପ୍ରାଣନ ତାରକା। ଏହି astral body(ସୂକ୍ଷ୍ମ ଦେହ) ଯାହାର ଯେତେ ସୁସଙ୍ଗତ ଓ ସୁସଜ୍ଜିତ, ତାର physical (ଶାରୀରିକ) ଓ mental body (ମାନସିକ ଦେହ) ସେହିପରି ସୁସଜ୍ଜିତ। ଆଦର୍ଶଙ୍କ ପ୍ରତି ଅଟୁଟ ଅନୁରାଗ ଦ୍ୱାରା ଏହା ସମ୍ଭବ ହୋଇଥାଏ।

ଅନୁଗତ -ଜୀବନର ଅର୍ଥ କ'ଣ ? ୧୨

ଶ୍ରୀଶ୍ରୀଠାକୁର- ମଣିଷ ସବୁବେଳେ ଜୀବନରେ ବଂଚିଛି। ଆତ୍ମାର ପ୍ରକାଶ ଓ ସ୍ଥିତି- ଆମର ରହିବା ଭିତରେ ଗୋଟିଏ ସଙ୍ଗତି ଅଛି। ଯେଉଁ ସଙ୍ଗତିରେ ଆତ୍ମା ସଙ୍ଗତ ହୋଇଛି, ଯାହାର ଅସ୍ତିତ୍ୱ ଅଛି, ଯାହା ଆମେ ଇନ୍ଦ୍ରିୟ ଦ୍ୱାରା ଜାଣିପାରୁ ଏବଂ ଯାହା ଏହି ଅସ୍ତିତ୍ୱକୁ ବଜାୟ ରଖେ, ଆମେ ତାକୁ ଜୀବନ କହୁ। ଜୀବନ ହେଉଛି ଏକ particular wave (ବିଶେଷ ତରଙ୍ଗ) -ତାକୁ ତମେ ଚେତନା ମଧ୍ୟ କହିପାର, ଯାହା ଗୋରୁ, ଗଛ, ମଣିଷ ପ୍ରତ୍ୟେକଙ୍କଠାରେ ବିଭିନ୍ନ ପ୍ରକାରର ଥାଏ। ଏହାକୁ wave length (ତରଙ୍ଗଧାରା) ମଧ୍ୟ କହିପାର। ଚିନିରୁ ଯେପରି ମିଶ୍ରିର ଦାନା ବାନ୍ଧେ, ଜୀବନୀଶକ୍ତି ସେହିପରି ବିଭିନ୍ନ ରକମର ଦାନା ବାନ୍ଧେ। ତାକୁ କୁହାଯାଏ ବିଶିଷ୍ଟତା ବା ବୈଶିଷ୍ଟ୍ୟ। ଦାନା-ତରଙ୍ଗ ନିଜ ବୈଶିଷ୍ଟ୍ୟ ଜାତୀୟ ତରଙ୍ଗ ସୃଷ୍ଟି କରେ। ସଜନାରୁ ସଜନା, କମଳାରୁ କମଳା -ସେହିପରି ଏହି ବିଶିଷ୍ଟତା ନେଇ ମଣିଷର ପ୍ରକାର ଭେଦ। ତେଣୁ ବୈଶିଷ୍ଟ୍ୟମାଫିକ ଯାହାଦ୍ୱାରା ଓ ଯହିଁରେ ଅସ୍ତିତ୍ୱ ବଜାୟ ରୁହେ ଓ ବୃଦ୍ଧିପ୍ରାପ୍ତ ହୁଏ, ତାକୁ ଆମେ ଜୀବନ ବୋଲି ବୁଝିବା।

ଅନୁଗତ - ଜଡ଼ ଓ ଚେତନ ଭିତରେ ତଫାତ୍ କ'ଣ ? ୧୩

ଶ୍ରୀଶ୍ରୀଠାକୁର- ଅଚେତନ ବୋଲି କିଛି ଅଛି ମୋର ମନେହୁଏ ନା। ଯାହା ଅଚେତନ ମନେହୁଏ, ତାହାର ମଧ୍ୟ ଚେତନା ଅଛି। ଆମେ ହୁଏତ ଏବେ ତାର ଟେର ପାଇ ନାହୁଁ,

ପରେ ନିଶ୍ଚୟ ପାଇବୁ। ସେପରି ସୂକ୍ଷ୍ମ ଶକ୍ତିସମ୍ପନ୍ନ ଯନ୍ତ୍ର ଯଦି ଉଦ୍‌ଭାବନ କରାଯାଏ, ତାହା ହୁଏତ ଦେଖାଇ ଦେବ ଯେ, ପ୍ରତ୍ୟେକଟି ବସ୍ତୁ ଭିତରେ ଚେତନା ଅଛି। ମୋର ମନେହୁଏ ପ୍ରତ୍ୟେକ ଜିନିଷର ଜୀବନ ଅଛି। ବାଲିକଣାର ମଧ୍ୟ ଜୀବନ ଅଛି।

ଅନୁଗତ -ପଦାର୍ଥର ମାନେ କ'ଣ ? ୧୪

ଶ୍ରୀଶ୍ରୀଠାକୁର – ପଦାଥର୍ର ମାନେ ହେଉଛି ଯୁକ୍ତ ଓ ବିଯୁକ୍ତ ହେବାର ଲକ୍ଷଣ ଯାହାଠାରେ ଅଛି। ଯାହା ଆମ ଇନ୍ଦ୍ରିୟମାନଙ୍କ ଦ୍ୱାରା ଆମେ ବୋଧ କରିପାରୁ, ଯାହାର ଅସ୍ତିତ୍ୱ ଅଛି, ଅବସ୍ଥାନ ଅଛି ତାହାକୁ ଆମେ କହୁ ପଦାର୍ଥ ବା matter. ଯେଉଁଥିରେ ପଦାର୍ଥର ଅସ୍ତିତ୍ୱ ବଜାୟ ରହେ, ସେ ହେଉଛି ତାର ଜୀବନୀଶକ୍ତି। **ମୁଁ ମଧ୍ୟ ଏହା ଅନୁଭବ କରେ ଯେ, ଯେଉଁ ବସ୍ତୁଗୁଡ଼ିକ ସହିତ ଆମର କାରବାର ଥାଏ, ସେମାନେ ଆମର ତାଙ୍କ ପ୍ରତି ଆଗ୍ରହ, ଉଷ୍ମତା ଓ ମମତା ବୁଝି ପାରନ୍ତି। ସେମାନଙ୍କର ମଣିଷ ସହିତ ଗୋଟାଏ ଆତ୍ମୀୟତା ଗଢ଼ିଉଠେ। ସେମାନେ ମଧ୍ୟ ସେମାନଙ୍କ ପ୍ରିୟ ମଣିଷଙ୍କ ସଙ୍ଗ ଚାହାନ୍ତି, ସମ୍ପର୍କଚ୍ୟୁତ ହେଲେ କଷ୍ଟ ପାଆନ୍ତି। ଏସବୁ ଅତିରଞ୍ଜନ କରି କହୁନାହିଁ। ଟିକିଏ ନଜର କଲେ ସବୁ ବୋଧ କରାଯାଏ। ସମୁଦ୍ର, ନଦୀ, ପର୍ବତ, ଇଟା-ମାଟି-ପଥର ସମସ୍ତେ ସଚ୍ଚିଦାନନ୍ଦ ବିଗ୍ରହ। ଏହି ଜ୍ଞାନରେ ଯେ ଜ୍ଞାନୀ, ତାଙ୍କୁ ବ୍ରହ୍ମଜ୍ଞାନୀ କୁହାଯାଏ।**

ଅନୁଗତ- ବ୍ରହ୍ମ କହିଲେ ଆମେ କେମିତି ବୁଝିବା ଆଉ ବ୍ରହ୍ମଜ୍ଞାନ କିପରି ଆସେ ? ୧୫

ଶ୍ରୀଶ୍ରୀଠାକୁର – ବ୍ରହ୍ମ କହିଲେ ଏପରି ବୁଝିବାକୁ ହେବ -ଯେ ସବୁକିଛି ହୋଇ ଅଛନ୍ତି, ସେ ସମସ୍ତ ଗୁଣର ଅଧିକାରୀ ହୋଇ ମଧ୍ୟ ଗୁଣାତୀତ, ସେ ନିରାକାର କିନ୍ତୁ ସାକାର ହୁଅନ୍ତି, ଯେତେ ବ୍ୟୟିତ ହେଲେ ମଧ୍ୟ ତାଙ୍କ ସତ୍ତାର କିଛି ଉଣା ହୁଏ ନାହିଁ, ତେଣୁ ସେ କ୍ଷର ପୁଣି ଅକ୍ଷର। କ୍ଷର ଅକ୍ଷରାତୀତ, ସେ ସଦା ସର୍ବଦା ପୂର୍ଣ୍ଣ। ଆଉ ବ୍ରହ୍ମଜ୍ଞାନ କହିଲେ ମୁଁ ବୁଝେ ଯେ ସୃଷ୍ଟିରେ ଯାହାକିଛି ଅଛି, ସେମାନଙ୍କର ବିଶିଷ୍ଟତାରେ ଭିନ୍ନ ଭିନ୍ନ ହୋଇ ମଧ୍ୟ ସଚ୍ଚିଦାନନ୍ଦ ବିଗ୍ରହ। ତେଣୁ ଯେଉଁ ଜ୍ଞାନ ଦ୍ୱାରା ବା ଯେଉଁ ସଂଶ୍ଲେଷଣ ଓ ବିଶ୍ଲେଷଣ ମାଧ୍ୟମରେ ପ୍ରତ୍ୟେକର ବିଶିଷ୍ଟତାକୁ ବା ତାହାତ୍ୱକୁ ଆମେ ବୋଧ ଭିତରକୁ ନେଇ ପାରିବା, ତାହା ହିଁ ବ୍ରହ୍ମଜ୍ଞାନ।

(ଆଲୋଚକ: ଶ୍ରୀଚୈତନ୍ୟ (1486 A.D. -1533 A.D.) 'ଚିନ୍ତାମଣି'ରେ ବ୍ରହ୍ମକୁ ଏହିପରି ଭାବରେ ବର୍ଣ୍ଣନା କରିଛନ୍ତି,-

"ଓଁ ପୂର୍ଣ୍ଣମଦଃ ପୂର୍ଣ୍ଣମିଦଂ ପୂର୍ଣ୍ଣାତ୍ ପୂର୍ଣ୍ଣମୁଦଚ୍ୟତେ/ ପୂର୍ଣ୍ଣସ୍ୟ ପୂର୍ଣ୍ଣମାଦାୟ ପୂର୍ଣ୍ଣମେବାବଶିଷ୍ୟତେ ॥"

ଅନୁଗତ -ବ୍ରହ୍ମକୁ କାହିଁକି 'ଅବାଙ୍-ମନସୋଗୋଚରମ୍' କୁହାଯାଏ ? ୧୬

ଶ୍ରୀଶ୍ରୀଠାକୁର- କେତେ କଥା ଅଛି ଯାହା ମନ ଧରିପାରେନା -ସ୍ୱାମୀ ବିବେକାନନ୍ଦଙ୍କ ଗୋଟିଏ ଗୀତର ପଦଟିଏ ମନେ ପଡୁଛି- 'ଅବାଙ୍ ମନସୋଗୋଚରମ୍ ବୋଝେ ପ୍ରାଣ ବୋଝେ ଯାର'। ଯାହା ମନ ଧରି ରଖିପାରେ ନାହିଁ, ଭାଷାରେ ବ୍ୟକ୍ତ କରିହୁଏ ନାହିଁ - ସେହିପରି ଜ୍ଞାନର ଅଧିକାରୀ ହେବା -ଋଷିମାନଙ୍କର ସର୍ବଦ୍ରଷ୍ଟା ହେବାର ଶକ୍ତି।

(ଆଲୋଚକ: ସ୍ୱାମୀ ବିବେକାନନ୍ଦଙ୍କ ରଚିତ ସମ୍ପୂର୍ଣ୍ଣ ଗୀତଟି ହେଉଛି-ନାହି ସୂର୍ଯ୍ୟ ନାହି ଜ୍ୟୋତିଃ ନାହି ଶଶାଙ୍କ ସୁନ୍ଦର। ଭାସେ ବ୍ୟୋମେ ଛାୟା-ସମ ଛବି ବିଶ୍ୱ ଚରାଚର॥ ଅସ୍ଫୁଟ ମନ ଆକାଶେ, ଜଗତ ସଂସାର ଭାସେ, / ଓଠେ ଭାସେ ଡୁବେ ପୁନଃ ଅହଂ ସ୍ରୋତେ ନିରନ୍ତର॥ ଧୀରେ ଧୀରେ ଛାୟା-ଦଲ, ମହାଲୟେ ପ୍ରବେଶିଲ, / ବହେ ମାତ୍ର 'ଆମି ଆମି'- ଏଇ ଧାରା ଅନୁକ୍ଷଣ॥ ସେ ଧାରାଓ ବନ୍ଧ ହଲ, ଶୂନ୍ୟେ ଶୂନ୍ୟ ମିଲାଇଲ,/ ଅବାଙ୍ଗ୍‌ମନସୋଗୋଚରମ୍ ବୋଝେ ପ୍ରାଣ ବୋଝେ ଯାର॥

ଆଚାର୍ଯ୍ୟଦେବ ଶ୍ରୀଶ୍ରୀଦାଦାଙ୍କର (୨୭-୧୦-୨୦୧୨,ଋତ୍ୱିକ୍ ସମ୍ମେଳନ) ଉକ୍ତି- ପୁରୁଷୋତ୍ତମ ଆମ ଧାରଣାର ଅତୀତ। ତାଙ୍କୁ କେହି ବୁଝିପାରେ ନା। ତାଙ୍କୁ କେବଳ ଭଲପାଇ ହୁଏ। ଭଲପାଇବା ଦେଇ ବାନ୍ଧି ହୁଏ। ବୁଦ୍ଧି ଦେଇ ତାଙ୍କୁ ମାପି ହୁଏନା। ସେ 'ଅବାଙ୍-ମନସୋଗୋଚରମ୍'। ସେ ଦୟାକରି ମଣିଷ ହୋଇ ଆମମାନଙ୍କ ସମ୍ମୁଖରେ ଆସନ୍ତି। ଆମମାନଙ୍କ ହାତଧରି ବିପଦରୁ ଉଦ୍ଧାର କରି ଆମମାନଙ୍କୁ ସତ୍ୟପଥରେ ପ୍ରତିଷ୍ଠା କରନ୍ତି। ଆମେମାନେ ପରମ ଭାଗ୍ୟବାନ। ପ୍ରତ୍ୟେକ ମୁହୂର୍ତ୍ତରେ ଆମେ ନିଜ ଭିତରେ ପ୍ରଶ୍ନ କରିବା -ଆମେ କଣ ତାଙ୍କ ମନମୁତାବକ ହୋଇ ପାରିଛୁ ? ସେ ସମସ୍ତଙ୍କୁ ଭଲପାଆନ୍ତି, ଦୟା କରନ୍ତି, ମୁଁ ବି ସେହିପରି କରେ। ତାଙ୍କର କେହି ଶତ୍ରୁ ନାହିଁ, ତେଣୁ ମୋର ମଧ୍ୟ ଶତ୍ରୁ ନାହିଁ -ଏହି ଭାବ ରଖ।)

ଅନୁଗତ - ବ୍ରହ୍ମ ଆଉ ବ୍ରହ୍ମ ଜ୍ଞାନ, - ସହଜରେ ବୁଝି ହୁଏନା ? ୧୭

ଶ୍ରୀଶ୍ରୀଠାକୁର - ହଁ, ଠିକ କଥା। ମୁଁ ଯଦି କହିବି ବ୍ରହ୍ମ ମାନେ ମୁଁ ବୁଝେ ବର୍ଦ୍ଧନଶୀଳ ବିଶ୍ୱକରଣ, ଆତ୍ମା କହିଲେ ମୁଁ ବୁଝେ ସତତ ଗମନଶୀଳ ସତ୍ତା, ଆଉ ଈଶ୍ୱର କହିଲେ ଏପରି ବୁଝେ ଯେ ଯାହାଙ୍କର ଐଶ୍ୱର୍ଯ୍ୟ ଉପରେ ଆଧିପତ୍ୟ ଅଛି, ଭଗବାନ କହିଲେ ମୁଁ ବୁଝେ ସେହି ଐଶ୍ୱର୍ଯ୍ୟ-ଅଧିପତି ପରମ ପୁରୁଷଙ୍କୁ, ଆଉ ପରମ-ପୁରୁଷ ବା ପରମାତ୍ମା କହିଲେ ବୁଝେ ଯେଉଁ ଉତ୍ସ ସ୍ଥୁଳ, ସୂକ୍ଷ୍ମ, ସ୍ଥାବର-ଜଙ୍ଗମ, ବ୍ୟଷ୍ଟି-ସମଷ୍ଟି ଇତ୍ୟାଦିରେ ପ୍ରକଟ ହୋଇ, ଦୀପ୍ତ ହୋଇ ଅବିରାମ ବୃଦ୍ଧିରେ ପ୍ରଗତିପରାୟଣ -ପୁଣି ନାନା ରକମର ହୋଇ ମଧ୍ୟ ସେହିପରି ଅଛନ୍ତି -ସେ ହେଉଛନ୍ତି ପରମାତ୍ମା ବା ବ୍ରହ୍ମ -ଯେତେ ବୁଝାଇ କହିଲେ ମଧ୍ୟ ସେଗୁଡ଼ିକ ଆମ ଉପଲବ୍ଧି ବହିର୍ଭୂତ ହୋଇ ଅସ୍ପଷ୍ଟ ଧାରଣା ଦିଏ କେବଳ। ତେଣୁ ଶ୍ରୀକୃଷ୍ଣ କହିଲେ "ମାଂ" -ଏହା କହିଦେବାରୁ ଶ୍ରୀକୃଷ୍ଣଙ୍କ ଅପ୍ରମେୟ ବ୍ୟକ୍ତିତ୍ୱର କଥା ସହଜଭାବରେ ମୋଟାମୋଟି ମନେ ପଡ଼ିଯାଏ- ଈଶ୍ୱର, ଭଗବାନ, ପରମାତ୍ମା, ପରମପୁରୁଷ, ବ୍ରହ୍ମ ଇତ୍ୟାଦି abstract concept (ବୋଧାତୀତ ଧାରଣା) ସମୂହ ଯେପରି ମୂର୍ତ୍ତିମାନ୍ ହୋଇଉଠନ୍ତି। ତେଣୁ ଆମେ ଭାବୁ ଯେ ସେ ଯେତେ ବଡ଼ହେଲେ ମଧ୍ୟ ତାଙ୍କ ସହିତ ଆମର ଗୋଟାଏ ସ୍ଥୁଳ, ଇନ୍ଦ୍ରିୟଗ୍ରାହୀ ବାସ୍ତବ ସମ୍ପର୍କ ସ୍ଥାପନ କରିବା କିଛି ଅସମ୍ଭବ ନୁହେଁ। ତେଣୁ "ମାଂ" କହିବାରେ ଶ୍ରୀକୃଷ୍ଣଙ୍କ ବ୍ୟକ୍ତିତ୍ୱରେ ଆତ୍ମା, ପରମାତ୍ମା, ବ୍ରହ୍ମ, ଈଶ୍ୱର, ଭଗବାନ ପ୍ରଭୃତିର ଧାରଣା ସଂହତ ଓ ସାକାର ହୋଇଉଠେ।

ଅନୁଗତ – କୁହାଯାଏ 'ବ୍ରହ୍ମ ଜାନାତି ଇତି ବ୍ରାହ୍ମଣଃ'। ଏହାର ଅର୍ଥ କଣ ? ୧୮

ଶ୍ରୀଶ୍ରୀଠାକୁର- ଶୁଣିଛି, ଏକ ସମୟରେ ବିଶ୍ୱାମିତ୍ର ବ୍ରାହ୍ମଣତ୍ୱ ଅର୍ଜନ କରିବା ପାଇଁ କଠୋର ତପସ୍ୟା ଆରମ୍ଭ କରିଥିଲେ। ସେତେବେଳେ ବ୍ରହ୍ମା କହିଲେ -ବଶିଷ୍ଠ ତୁମକୁ ବ୍ରାହ୍ମଣ ବୋଲି ସ୍ୱୀକାର ନ କଲେ ତୁମେ ବ୍ରାହ୍ମଣ ବୋଲି ପରିଗଣିତ ହେବ ନାହିଁ। ଏଠାରେ ବ୍ରହ୍ମା କହିଲେ ମୁଁ ବୁଝେ, the common mind i.e. the common people (ସାଧାରଣ ମନ ଅର୍ଥାତ୍ ଜନସାଧାରଣ)। ଆଉ ବଶିଷ୍ଠ ମାନେ, the man of special wisdom and experience. He can discern who has achieved real greatness (ବିଶେଷ ପ୍ରଜ୍ଞା ଓ ଅଭିଜ୍ଞତା ସମ୍ପନ୍ନ ମଣିଷ। ସିଏ ନିର୍ଣ୍ଣୟ କରିପାରନ୍ତି, କିଏ ପ୍ରକୃତ ମହତ୍ୱ ଅର୍ଜନ କରିଛି)। ବଶିଷ୍ଠ କିନ୍ତୁ ବୁଝିଥିଲେ ଯେ ବିଶ୍ୱାମିତ୍ର ସେତେବେଳେ ବ୍ରାହ୍ମଣତ୍ୱ ସ୍ତରରେ ପହଞ୍ଚି ନାହାନ୍ତି, ସେତେବେଳେ ସେ rigid ego (କଠିନ ଅହଂ)ହାତରୁ ରକ୍ଷା ପାଇ ନାହାନ୍ତି। ତେଣୁ ସିଏ ତାଙ୍କୁ ବ୍ରାହ୍ମଣ ବୋଲି ସ୍ୱୀକାର କରି ପାରିଲେ ନାହିଁ। ଏଥିରେ ବିଶ୍ୱାମିତ୍ର ଖୁବ୍ ରାଗିଗଲେ। ବଶିଷ୍ଠଙ୍କୁ ନାନା ପ୍ରକାରେ କଷ୍ଟ ଦେବାକୁ ଲାଗିଲେ। ବଶିଷ୍ଠ ତେବେବି ତାଙ୍କ ପ୍ରତି ସଦୟ ଓ କ୍ଷମାଶୀଳ ଥିଲେ। ତେବେ ତାଙ୍କୁ ବ୍ରାହ୍ମଣ ବୋଲି ସ୍ୱୀକାର କଲେ ନାହିଁ, କାରଣ ତାଙ୍କର ସେହି ଅବସ୍ଥା ଆସି ନ ଥିଲା।

ଶେଷରେ ବିଶ୍ୱାମିତ୍ର ବଶିଷ୍ଠମେଧ ଯଜ୍ଞ କରିବାର ପରିକଳ୍ପନା କରି ବଶିଷ୍ଠଙ୍କୁ ହିଁ ତାର ପୁରୋହିତ ଭାବେ ବରଣ କଲେ। ସେଥିରେ ମଧ୍ୟ ବଶିଷ୍ଠ ରାଜି ହେଲେ। ଯଜ୍ଞ ଆରମ୍ଭ ହେଲା। ବଶିଷ୍ଠ ନିଜକୁ ଅଗ୍ନିକୁଣ୍ଡରେ ଆହୁତି ଦେବାକୁ ଲାଗିଲେ। ଅଗ୍ନି ଆଡକୁ ଚାଲି ଯିବାକୁ ଲାଗିଲେ। ସେତେବେଳେ ବିଶ୍ୱାମିତ୍ରଙ୍କ ମନରେ ଅନୁତାପ ଆସିଲା। ବଶିଷ୍ଠଙ୍କୁ ବାରଣ କରିବାକୁ ଲାଗିଲେ ପ୍ରାଣପଣେ, ଆଉ ଆହୁତି ଦିଅନ୍ତୁ ନାହିଁ, ମୋର ବ୍ରାହ୍ମଣତ୍ୱ ଦରକାର ନାହିଁ। ଆପଣ ବଞ୍ଚି ରୁହନ୍ତୁ, ମୁଁ ଆପଣଙ୍କ ପରି ମହତ୍ ମଣିଷର ସେବା କରୁଥିବି। ବ୍ରାହ୍ମଣତ୍ୱରେ ମୋର ସାଧ ନାହିଁ। ଏପରି କହୁ କହୁ ପାଣି ଢାଳି ଯଜ୍ଞକୁଣ୍ଡ ଲିଭାଇ ଦେଲେ। କାନ୍ଦି କାନ୍ଦି ବଶିଷ୍ଠଙ୍କ ପାଦ ଜଡ଼ାଇ ଧରିଲେ। ସେହି ମୁହୂର୍ତ୍ତରେ ହିଁ ବଶିଷ୍ଠ ବିଶ୍ୱାମିତ୍ରଙ୍କୁ ବ୍ରାହ୍ମଣ ବୋଲି ସ୍ୱୀକାର କଲେ।

ବ୍ରାହ୍ମଣ ମାନେ ବ୍ରହ୍ମଜ୍ଞ। ମଣିଷ ଯେତେବେଳେ ଈଶ୍ୱର ହେବାକୁ ଚାହେଁ ନା, ଅଥଚ ଅନାସକ୍ତ ଭାବେ ପ୍ରତ୍ୟାଶାଶୂନ୍ୟ ହୋଇ ତାଙ୍କୁ ଭଲପାଏ, ତାଙ୍କ ସେବାରେ ଜୀବନ ଉତ୍ସର୍ଗ କରେ, ସେତେବେଳଠାରୁ ତା ଭିତରେ ଈଶ୍ୱର ବାସ କରନ୍ତି। ତାର ଶରୀର ହୋଇଉଠେ temple of God (ଈଶ୍ୱରଙ୍କ ମନ୍ଦିର)। ବିଶ୍ୱାମିତ୍ରଙ୍କ ଭିତରେ ବଶିଷ୍ଠଙ୍କ ପ୍ରତି ଅହେତୁକ ଅନୁରାଗ ସୃଷ୍ଟି ହେଲା। ସେଇ ଅନୁରାଗର ଶାସନରେ ସିଏ ଯେତେବେଳେ ପ୍ରାଣପ୍ରିୟ ବ୍ରାହ୍ମଣତ୍ୱର ଆକାଂକ୍ଷା କ୍ଷଣମାତ୍ରେ ତୁଚ୍ଛ କରି ପାରିଲେ, ସେହି ମୁହୂର୍ତ୍ତରେ ସେ ବ୍ରାହ୍ମଣ ହୋଇଗଲେ। ପ୍ରକୃତ ବ୍ରାହ୍ମଣଙ୍କ ଚରଣରେ ସମର୍ପିତ ମଣିଷ ହେଲେ, ତାହା ଭିତରେ ବ୍ରାହ୍ମଣତ୍ୱ ଜାଗେ।

ଅନୁଗତ - ବ୍ରହ୍ମ ଜିଜ୍ଞାସା କାହାକୁ କହନ୍ତି ? ୧୯

ଶ୍ରୀଶ୍ରୀଠାକୁର - ମଣିଷର ସ୍ୱରୂପ ଜ୍ଞାନହିଁ ବ୍ରହ୍ମ ଜ୍ଞାନ। ଏଇଟା ପ୍ରତ୍ୟେକଙ୍କ ଭିତରେ ସୁପ୍ତ ଥାଏ। ଅନୁଶୀଳନ ଭିତରଦେଇ ଅଜ୍ଞତା ଓ ଅଶୁଦ୍ଧତାକୁ ଅପସାରଣ କରି ପାରିଲେ, ମଣିଷ ତାର ନିଜ ସତ୍ତା ବା ଅନ୍ତର୍ନିହିତ ସଚ୍ଚିଦାନନ୍ଦର ସନ୍ଧାନ ପାଏ। ଦରକାର ଇଷ୍ଟଙ୍କ ପ୍ରତି ଅହେତୁକ ଟାଣ। ଯଜନ, ଯାଜନ, ଅଧ୍ୟୟନ, ଅଧ୍ୟାପନା, ଦାନ ଓ ପ୍ରତିଗ୍ରହ - ଏହା ହେଉଛି ବିପ୍ରର ଷଟ୍‌କର୍ମ। କିନ୍ତୁ ପ୍ରତ୍ୟେକଙ୍କର ନିଜର ଭଳି ଏହି ସାଧନା କରିବାର ଅଛି। ମୁଁ ଯେଉଁ ଯଜନ, ଯାଜନ, ଇଷ୍ଟଭୃତି, ସ୍ୱସ୍ତ୍ୟୟନୀ ଓ ସଦାଚାର କଥା କହିଛି, ସାତ୍ୱତ କୁଳପ୍ରଥା, ବିବାହ ବିଧି ଓ ଜନ୍ମଗତ ସଂସ୍କାରସମ୍ମତ ଶିକ୍ଷା ଓ ଜୀବିକା ସଙ୍ଗେ ଏଗୁଡ଼ିକ ଯଦି ବଂଶ ପରମ୍ପରାକ୍ରମେ ମଣିଷର ଅଭ୍ୟାସଗତ ହୁଏ, ଓ ସେ ଇଷ୍ଟସ୍ୱାର୍ଥପ୍ରତିଷ୍ଠାକୁ ମୁଖ୍ୟ କରିଚାଲେ- ତେବେ ଭାରତ ଓ ଅନ୍ୟାନ୍ୟ ଦେଶରେ ଭବିଷ୍ୟତରେ ବହୁ ବ୍ରହ୍ମଜ୍ଞାନୀଙ୍କର ଆବିର୍ଭାବ ହେବା ଅସମ୍ଭବ ନୁହେଁ। ମୁଁ ଯାହା ଦେଇଯାଉଛି, ତାର ମୂଳ ଜିନିଷଗୁଡ଼ିକ କ୍ରମାଗତ ଶତଶତ ବର୍ଷରେ ପ୍ରତ୍ୟେକଟି ପରିବାରରେ ନିଷ୍ଠାର ସଙ୍ଗେ ପରିପାଳିତ ହେଲେ ମଣିଷ ଦେବତାରେ ପରିଣତ ହେବ। ତେବେ ଆମର ନିୟାମକ ପ୍ରବୃତ୍ତି ଉପରେ ଅନେକ କିଛି ନିର୍ଭର କରେ। ଆତ୍ମସ୍ୱାର୍ଥପ୍ରତିଷ୍ଠାର ବୁଦ୍ଧିକୁ ବିଦାୟ ଦେବାକୁ ହେବ।

(ସତ୍ୟାନୁସରଣ-ଜୀବନର ଉଦ୍ଦେଶ୍ୟ, ଅଭାବକୁ ଏକଦମ ତଡ଼ିଦେବା, ଆଉ ତାହା କେବଳ କାରଣ ଜାଣିଲେ ହିଁ ହୋଇପାରେ। ଅଭାବରେ ପରିଶ୍ରାନ୍ତ ମନ ହିଁ ଧର୍ମ ବା ବ୍ରହ୍ମ-ଜିଜ୍ଞାସା କରେ, ନତୁବା କରେନା। କେଉଁଥିରେ ଅଭାବ ଯାଏ, ଆଉ ତାହା କିପରି, ଏହି ଚିନ୍ତାରେ ହିଁ ପରିଶେଷରେ ବ୍ରହ୍ମ-ଜିଜ୍ଞାସା ଆସେ।)

ଅନୁଗତ - ଆଧ୍ୟାତ୍ମିକତାର ସହଜ ପରିଭାଷା କ'ଣ ? ୨୦

ଶ୍ରୀଶ୍ରୀଠାକୁର -ତାହେଲେ ସହଜଭାବରେ ବୁଝ -ଯେଉଁଭଳି ଚଳଣିରେ, ଯେପରି କର୍ମରେ ସତ୍ତା ବଜାୟ ରୁହେ ଓ ବୃଦ୍ଧିପ୍ରାପ୍ତ ହୁଏ ତାହାହିଁ ଆଧ୍ୟାତ୍ମିକତା। ଆଧ୍ୟାତ୍ମିକତା, ଅଧି ଭିତରେ ଅଛି ଧା-ଧାତୁ-ଅର୍ଥାତ୍ ଧାରଣ ଓ ପୋଷଣ। ଆତ୍ମା ଆସିଛି ଅତ୍ ଧାତୁରୁ - ଅର୍ଥାତ୍ ଗତି। ଆତ୍ମିକ ସମ୍ବେଗ ତୁମକୁ ଚଳମାନ କରେ, mobile କରେ। ତେଣୁ ତୁମର ଆତ୍ମିକ ଶକ୍ତିକୁ ଯାହା ଧାରଣ, ପୋଷଣ ଓ ଚଳମାନ କରେ, ତାହା ଆଧ୍ୟାତ୍ମିକତା। ଆଧ୍ୟାତ୍ମିକତା ଭିତରେ physique(ଦେହ) ଓ spirit (ଜୀବନୀଶକ୍ତି)ର ସୁସଙ୍ଗତ ଚଳନ ଅଛି। Spirit (ଜୀବନୀଶକ୍ତି) ହେତୁ ତୁମ ଶରୀର ବର୍ତ୍ତମାନରେ ଥାଏ। ଶରୀର ଗଠିତ ହୁଏ ପିତାଙ୍କର ପିତୃତ୍ୱ ଦ୍ୱାରା। ଶରୀର ଧାରଣର ଭିନ୍ନ ଭିନ୍ନ ପ୍ରକାରତ୍ୱ ସତ୍ତ୍ୱେ ପ୍ରତିପ୍ରତ୍ୟେକଙ୍କ ଭିତରେ କୌଣସି ଦ୍ୱନ୍ଦ୍ୱ ନାହିଁ।

(ଗାୟତ୍ରୀମନ୍ତ୍ର- ଓଁ ତତ୍‌ସବିତୁର୍ବରେଣ୍ୟଂ ଭର୍ଗୋ ଦେବସ୍ୟ ଧୀମହି ଧିୟୋ ୟୋ ନଃ ପ୍ରଚୋଦୟାତ୍॥ ଓଁ॥ (ଅର୍ଥ–ହେ ପ୍ରାଣସ୍ୱରୂପ, ହେ ଦୁଃଖନାଶକ, ହେ ସନ୍ତାପନାଶକ,

ମୁଁ ପରମାତ୍ମାଙ୍କୁ ଅନ୍ତଃକରଣରେ ଧାରଣ କରୁଛି, ସେଇ ପରମାତ୍ମା ଆମକୁ ସତ୍‌ମାର୍ଗରେ ପ୍ରେରିତ କରନ୍ତୁ। ମହାନାରାୟଣ ଉପନିଷଦ୍ - Upanishads in Daily Life pp.172)

ଅନୁଗତ - ଜୀବ-ଶରୀର ଓ ମନକୁ କିପରି ବୁଝିବା ? ୨୧

ଶ୍ରୀଶ୍ରୀଠାକୁର - ପିତୃତ୍ୱର ପ୍ରକାଶ ହେଉଛି ଏହି ଜୀବ-ଶରୀର। ଚେତନ ମସଲାର ସମାବେଶ ଦ୍ୱାରା ଶରୀର ଗଢ଼ା ହୋଇଥାଏ, ଆଉ ଏହି ସମାବେଶ ବିଭିନ୍ନ ପ୍ରକାରର ହୋଇଥାଏ। ତାପରେ ମନ - ବାହାରର ବସ୍ତୁର ସଂଘାତ ନିଜର ସତ୍ତା ବା ପ୍ରାଣଶକ୍ତିକୁ ଆନ୍ଦୋଳିତ କରେ। ନାନା ପ୍ରକାରର ଦାଗ ବା ବୃତ୍ତିମାଳା ସୃଷ୍ଟି ହୁଏ -ସେସବୁର ସମାବେଶ ଘଟୁଥାଏ ମଣିଷର ମସ୍ତିଷ୍କରେ। ପୁଣି ସେଗୁଡ଼ିକ ସ୍ରୋତ ଭଳି ବୋହିଗଲାବେଳେ ମସ୍ତିଷ୍କରେ ନାନାରୂପର, ନାନା ରକମର ଭଙ୍ଗୀର ଆବେଗ ବା ଭାବ ସୃଷ୍ଟି କରେ।

ଅନୁଗତ - ମଣିଷର ବିଶେଷତ୍ୱ କ'ଣ ? ୨୨

ଶ୍ରୀଶ୍ରୀଠାକୁର -ଯାହାର ମନ ବିକଶିତ ତାକୁ କୁହନ୍ତି ମଣିଷ। ମଣିଷ ମାନେ ମନର ତରଙ୍ଗ ବିଶେଷ। ଶରୀରର ପରିବର୍ତ୍ତନ ହେଲା ବାହ୍ୟିକ ପରିବର୍ତ୍ତନ, ଯାହା ମନକୁ ଆକ୍ରାନ୍ତ କରେ ତାହା ହେଲା ଆଭ୍ୟନ୍ତରୀଣ ପରିବର୍ତ୍ତନ। ତାହା ମଧ୍ୟ ଶରୀରକୁ ଆକ୍ରାନ୍ତ କରେ। ଆମ ଜୀବନରେ ଯାହା କିଛି ଘଟୁଛି ସେସବୁ ତ ଇନ୍ଦ୍ରିୟମାନଙ୍କ ମାଧ୍ୟମରେ ଘଟେ, ମସ୍ତିଷ୍କରେ ତାର ଗଭୀର ଛାପ ପଡ଼ିଥାଏ। ତେଣୁ କୁହନ୍ତି ମସ୍ତିଷ୍କ ହେଉଛି ଚିତ୍ରଗୁପ୍ତର ଖାତା। ଏହି ମନକୁ ଅକ୍ତିଆର କରିବା ସହଜ ନୁହେଁ। **ତେଣୁ ତୁମର existence (ସତ୍ତା) ହେଉଛି ତୁମର ଶରୀର, ମନ ଓ ଜୀବନ-ଦୀପନା। ଏ ତିନୋଟିର concrete expression (ବାସ୍ତବ ପ୍ରକାଶ) ହେଉଛି ତୁମର ସତ୍ତା। ଆଉ ତୁମେ ଯାହା ସହିତ ଓତପ୍ରୋତଭାବେ ଜଡ଼ିତ, ତାହା ମଧ୍ୟ ତୁମର ସତ୍ତାର ପରିଧି ଭିତରେ ଆସେ -ଯଥା ତୁମର ପରିବାର-ପରିଜନ, ଘରବାଡ଼ି, ଜମିଜମା, ଚାକିରୀ-ବ୍ୟବସାୟ ସବୁ କିଛି।**

(ସତ୍ୟାନୁସରଣ- ଯେ କଥାରେ କମ କାମରେ ବେଶୀ, ସେ ହିଁ ପ୍ରଥମ ଶ୍ରେଣୀର କର୍ମୀ। ଯେ ଯେପରି କହେ ସେପରି କରେ, ସେ ମଧ୍ୟମ ଶ୍ରେଣୀର କର୍ମୀ, ଯେ କହେ ବେଶୀ କାମରେ କମ, ସେ ତୃତୀୟ ଶ୍ରେଣୀର କର୍ମୀ, ଆଉ ଯାହାର କହିବାରେ ବି ଆଳସ୍ୟ, କରିବାରେ ବି ଆଳସ୍ୟ, ସେ ହିଁ ଅଧମ।)

(ମନ ଏବ ମନୁଷ୍ୟାଣାଂ କାରଣଂ ବନ୍ଧମୋକ୍ଷୟୋଃ । ବନ୍ଧାୟ ବିଷୟାସକ୍ତଂ ମୁକ୍ତଂ ନିର୍ବିଷୟଂ ସ୍ମୃତମ୍ ॥(ମନ ହିଁ ମଣିଷର ବନ୍ଧନ ଏବଂ ମୁକ୍ତିର କାରଣ। ଇନ୍ଦ୍ରିୟାସକ୍ତ ମନ ବନ୍ଧନଯୁକ୍ତ ଏବଂ ଇନ୍ଦ୍ରିୟ-ଅନାସକ୍ତ ମନ ମୁକ୍ତ - ଅମୃତବିନ୍ଦୁ ଉପନିଷଦ୍। Upanishads in Daily Life pp.174)

(ଆଲୋଚକ- ଯୁଗାଚାର୍ଯ୍ୟ ଶ୍ରୀଶ୍ରୀବଡ଼ଦା କହିଲେ- ମଣିଷ ତିନି ରକମର, ପ୍ରଥମତଃ ସ୍ଥୁଳବୁଦ୍ଧିସଂପନ୍ନ, ସେମାନେ ଆହାର, ନିଦ୍ରା ଓ ମୈଥୁନ ନେଇ ଥାଆନ୍ତି। ସେମାନଙ୍କୁ ଯେତେ ଉପଦେଶ ଦିଅ ବା ଯାହା କର, କାହିଁରେ କିଛି ହୁଏନା। ଦ୍ୱିତୀୟତଃ ପ୍ରବୃତ୍ତି-ପରାୟଣ

ମଣିଷ ସେମାନଙ୍କ ପ୍ରବୃତ୍ତି ଯେପରି କରାଏ, ସେପରି କରନ୍ତି । ଏମାନେ ରଜୋଗୁଣସଂପନ୍ନ । ଆଉ ଏକ ଦଳ ଅଛନ୍ତି ଏମାନେ ଆହାର, ନିଦ୍ରା, ମୈଥୁନ ଦ୍ୱାରା ପ୍ରଭାବିତ ନୁହନ୍ତି । ଜଣେ ଭଲ artist (ଶିଳ୍ପୀ), ଜଣେ ଭଲ ଗାୟକ-ଏମାନେ ଖିଆପିଆର ସମୟ ପାଆନ୍ତି ନାହିଁ । ଏହି ଧରଣର ଲୋକ ସହଜରେ ସାଧନ-ଭଜନରେ ଅଗ୍ରସର ହୋଇଥାନ୍ତି । ଏମାନେ A-class ର ଲୋକ । ଏମାନଙ୍କ ସ୍ୱଭାବ ସାତ୍ତ୍ୱିକ । ତେବେ ସଦ୍‌ଗୁରୁଙ୍କ କୃପାରେ ଏହି ତିନି ଶ୍ରେଣୀର ଲୋକଙ୍କର ପରିବର୍ତ୍ତନ ସହଜରେ ଘଟିପାରେ । ହଁ, ମଣିଷ ମଧ୍ୟ ଚାରି ପ୍ରକାରର ଥାଆନ୍ତି -ଆର୍ତ୍ତ, ଅର୍ଥାର୍ଥୀ, ଜ୍ଞାନୀ ଓ ଜିଜ୍ଞାସୁ । ଯେଉଁମାନେ ଜିଜ୍ଞାସୁ ସେମାନଙ୍କୁ ଦେଖିବାମାତ୍ରେ ଠାକୁର ସନ୍ଦୀପ୍ତ ହୋଇ ଉଠୁଥିଲେ । କେତେ କଥା ତାଙ୍କ ଶ୍ରୀମୁଖରୁ ନିଃସୃତ ହେଉଥିଲା । ପୁଣି ଅନୁରାଗୀମାନଙ୍କୁ କହୁଥିଲେ -ନାମ କର, ଭଲକରି ନାମ କର, ଦଣ୍ଡେ ହେଲେବି ନାମ ଛାଡ଼ନା – ଏସବୁ କହୁଥିଲେ ଆଧାର ଅନୁଯାୟୀ । -ଇଷ୍ଟ ପ୍ରସଙ୍ଗ, ୧ମ ଖଣ୍ଡ, ୧୭-୭-୧୯୭୪)

ଅନୁଗତ - ବୁଦ୍ଧି, ବିବେକ ଓ ଅହଂକାର କିପରି ହୋଇଥାଏ ? ୨୩

ଶ୍ରୀଶ୍ରୀଠାକୁର - ମଣିଷ ମନରେ ବୁଦ୍ଧି ଥାଏ, ବିବେକ ଥାଏ ଆଉ ଅହଂକାର ଥାଏ । ଆମର ଚେତନା, କ୍ରିୟା-ପ୍ରତିକ୍ରିୟା ଦ୍ୱାରା ଯେଉଁ ଛାପଗୁଡ଼ିକ, ସେମାନେ ସ୍ତର ସ୍ତର ହୋଇ ଥାଆନ୍ତି -ସେହି ଛାପଗୁଡ଼ିକ ଯେଉଁ କମ୍ପନ ସୃଷ୍ଟି କରନ୍ତି ଯାହାଦ୍ୱାରା ଆମର ଚେତନା ଉଦ୍‌ବୁଦ୍ଧ ହୁଏ, ଏବଂ ତାହା ହେବାର ଯେଉଁ ବୋଧ -ସେଇ ବୋଧର ଅଭିବ୍ୟକ୍ତି ହେଉଛି ବୁଦ୍ଧି । ଆଉ ଏଇ ବୋଧ ବା ବୁଦ୍ଧି ଦ୍ୱାରା ଭଲମନ୍ଦର ବାଛବିଚାର- ଯାହାର ଯେପରି ବୁଦ୍ଧି, ତାହାର ନିର୍ବାଚନ କ୍ଷମତା ମଧ୍ୟ ସେହିପରି । ଏହା ବିବେକ । ଆଉ ଅହଂକାର ହେଉଛି ମୁଁ-ସର୍ବସ୍ୱ -ମୁଁ ପ୍ରଧାନ ବାକି ସମସ୍ତ ଗୌଣ । ତେଣୁ ବସ୍ତୁ, ସଂସ୍କାର ଓ ବୃତ୍ତିରଂଜିତ ସ୍ଥୁଳ ବା ସୂକ୍ଷ୍ମ ଚେତନାର ଅଭିବ୍ୟକ୍ତି ହେଉଛି ଅହଂକାର । ଏଇଟା ହେଉଛି ହାମବଡ଼ାଇ ଭାବ ।

(ସତ୍ୟାନୁସରଣ – ଧନୀ ହୁଅ କ୍ଷତି ନାହିଁ, କିନ୍ତୁ ଦୀନ ଏବଂ ଦାତା ହୁଅ । ଧନବାନ୍ ଯେତେବେଳେ ଅହଂକାରୀ ହୁଏ ସେ ଦୁର୍ଦ୍ଦଶାରେ ଅବନତ ହୁଏ, ଦୀନତାହୀନ ଅହଂକାରୀ ଧନୀ ପ୍ରାୟ ଅବିଶ୍ୱାସୀ ହୁଏ, ଆଉ ତାର ହୃଦୟରେ ସ୍ୱର୍ଗର ଦ୍ୱାର ଖୋଲେ ନାହିଁ । ଅହଂକାରୀ ଧନୀ ମଳିନତାର ଦାସ, ତେଣୁ ଜ୍ଞାନକୁ ଉପେକ୍ଷା କରେ । ଅହଂକାରରୁ ହିଁ ଆସକ୍ତି ଆସେ, ଆସକ୍ତିରୁ ଅଜ୍ଞାନତା ଆସେ, ଆଉ ଅଜ୍ଞାନତାହିଁ ଦୁଃଖ ।)

ଅନୁଗତ - ମୋହ କାହାକୁ କୁହନ୍ତି ? ୨୪

ଶ୍ରୀଶ୍ରୀଠାକୁର – ମଣିଷ ଯେତେବେଳେ ଏହି ଅହଂକାର-ପ୍ରବୃତ୍ତି ଦ୍ୱାରା ପରିଚାଳିତ ହୋଇ ପ୍ରବୃତ୍ତି-ତତ୍ପର ହୋଇଉଠେ, ସତ୍ତାକୁ ଅବଜ୍ଞା କରେ -ତାକୁ କୁହନ୍ତି ମୋହ । ତେଣୁ ସବୁବେଳେ ବୁଝି ବିଚାରି, ଦେଖିଚାହିଁ ଚାଲିବା ଭଲ । ମନଗଢ଼ା ଧାରଣାର ଚଷମା ପିନ୍ଧି ଦେଖିଲେ ହେବ ନାହିଁ । ସେଥିରେ ବାସ୍ତବତା ନିର୍ଦ୍ଧାରଣ କରାଯାଇ ପାରେନା । ଆଉ ଆମେ ବାସ୍ତବରେ ଯାହା ଜାଣି ନ ପାରୁ ସେଥିରୁ ବଂଚିତ ହେଉ ।

ଅନୁଗତ- ବାସ୍ତବରୁ ବଂଚିତ ହେବା କଣ ଠିକ ଭାବେ ବୁଝି ହେଉ ନାହିଁ ? ୨୫

ଶ୍ରୀଶ୍ରୀଠାକୁର -ଯେ କୌଣସି ଆଗ୍ରହ ବା ଆକାଂକ୍ଷା ଯାହା ତୁମର ସତ୍ତା ପାଇଁ ଅନୁକୂଳ ନୁହେଁ, ଯାହା ତୁମର ସତ୍ତାକୁ ବିକେନ୍ଦ୍ରିତ କରେ, ସେଇ ପ୍ରଲୋଭନ ବା ଇଚ୍ଛାର ଜଟିଳ ସମାବେଶଗୁଡ଼ିକ ହେଉଛି ବୃତ୍ତି ଓ ପ୍ରବୃତ୍ତି । ଶୁଣିଛି ଠାକୁର ରାମକୃଷ୍ଣଦେବ କହିଛନ୍ତି - ବାରବର୍ଷ ବ୍ରହ୍ମଚର୍ଯ୍ୟ ପାଳନ ନ କଲେ, ମେଧା ନାଡ଼ୀ ଗଜାଏ ନାହିଁ ।

ଅନୁଗତ - ବ୍ରହ୍ମଚର୍ଯ୍ୟ କାହାକୁ କହନ୍ତି ? ୨୬

ଶ୍ରୀଶ୍ରୀଠାକୁର-ବ୍ରହ୍ମଚର୍ଯ୍ୟ ମାନେ ବୃଦ୍ଧିର ପଥରେ, ସତ୍ତାପାଳନ ପଥରେ ଚାଲିବା । ପୁରାତନ କାଳରେ ଋଷି ଆଶ୍ରମରେ ଯେଉଁ ବ୍ରହ୍ମଚର୍ଯ୍ୟ ପାଳନ ଶିଷ୍ୟମାନଙ୍କ ଦ୍ୱାରା କରାଯାଉଥିଲା, ତାହାର ପ୍ରଧାନ ଅଙ୍ଗ ଥିଲା ତପସ୍ୟା, ସେବା, ଭିକ୍ଷା । ତପସ୍ୟା ଦ୍ୱାରା ବିଦ୍ୟାର୍ଜନ, ସେବା ଦ୍ୱାରା ଜନବର୍ଦ୍ଧନ ଆଉ ଭିକ୍ଷା ଦ୍ୱାରା ଆତ୍ମସଂରକ୍ଷଣ । ଆମେ ମଧ୍ୟ ପୁରାଣ କଥାରେ ଜାଣିବାକୁ ପାଉ ଯେ ଅମୁକ ବ୍ୟକ୍ତି କୋଡିଏ ହଜାର କି ତିରିଶ ହଜାର ବର୍ଷ ସାଧନା କରିଥିଲେ । ଅର୍ଥାତ୍ ସତ୍ତାନୁକୂଳ ଜୀବନ ପରିଚର୍ଯ୍ୟା ପାଇଁ ଦୀର୍ଘ ନିରନ୍ତର ସାଧନା ଦରକାର ହୁଏ । **କିନ୍ତୁ ସତ୍ତା ପାଳନ ଓ ପରିବର୍ଦ୍ଧନର ସୂତ୍ର ଜାଣିଥିବା ଇଷ୍ଟ ବା ଆଦର୍ଶଙ୍କ ସହିତ ଯୁକ୍ତ ହେଲେ ଏତେ ବିଳମ୍ବ ହୋଇ ନ ପାରେ । କାରଣ ଜୀବନପଥରେ ଚାଲୁ ଚାଲୁ ଆଦର୍ଶଙ୍କୁ ଧରିଥିବା ହେତୁ, ବିଭ୍ରାନ୍ତିକର ବା ଭ୍ରମାତ୍ମକ ଚଳନ ଧୀରେ ଧୀରେ ଖତମ ହୋଇ ଯାଉଥାଏ, ଭୁଲରେ ସେ ଅନ୍ୟ ଚଳନରେ ଚାଲେ ନାହିଁ ।** ତାହାର ଯାହା ଅବଗୁଣ ଥାଏ, ତାହା ମଧ୍ୟ ଆଦର୍ଶ ସ୍ୱାର୍ଥପ୍ରତିଷ୍ଠାରେ ଲଗାଏ । ତେଣୁ ଠାକୁର ରାମକୃଷ୍ଣଦେବ ଯାହା କହିଛନ୍ତି ମେଧାନାଡ଼ୀ ଗଜାଏ, ଅର୍ଥାତ୍ ସ୍ମୃତି ଓ ଧୃତି ସ୍ୱଭାବଗତ ହୋଇ ସର୍ବକ୍ଷଣ ତା ଭିତରେ ଜାଗ୍ରତ ଓ ସକ୍ରିୟ ଥାଏ ।

ଅନୁଗତ - କୁହାଯାଏ, ଜୀବନର ଲକ୍ଷ୍ୟ ହେଉଛି ମୁକ୍ତି ଓ ଭଗବତ୍ ପ୍ରାପ୍ତି । ମୁକ୍ତି ମାନେ କ'ଣ ଆଉ ଭଗବତ୍ ପ୍ରାପ୍ତି କିପରି ହୁଏ ? ୨୭

ଶ୍ରୀଶ୍ରୀଠାକୁର - ମଣିଷ ଯେତେବେଳ ପର୍ଯ୍ୟନ୍ତ ବୃତ୍ତି-ସ୍ୱାର୍ଥ ପରାୟଣ ହୋଇ ରୁହେ, ସେ ବଦ୍ଧ । ତେଣୁ ମୁକ୍ତି ମାନେ ହେଉଛି ବୃତ୍ତି-ଭେଦ, ସତ୍ତାର ପାଳନ, ପୋଷଣ ଓ ବର୍ଦ୍ଧନ । ପ୍ରତିକୂଳ ଭାବନା ଓ କର୍ମ ଉପରେ ଯାହାର ଯେତେଟିକେ ଅକ୍ତିଆର ଆସିଛି, ସେ ସେତେ ପରିମାଣରେ ମୁକ୍ତ । ବୃତ୍ତିପ୍ରବୃତ୍ତିଗୁଡ଼ିକ ତୁମକୁ ଆଉ ଯେତେବେଳେ ବଶରେ ରଖି ପାରିଲେ ନାହିଁ, ତୁମେ ଯେତେବେଳେ ସେମାନଙ୍କ ନିୟନ୍ତା ହୋଇ ଉଠିଲ, ସେତେବେଳେ ତୁମ ଚଳନରେ, ଚରିତ୍ରରେ, ଜୀବନରେ ତୁମେ ଆଉ ସେମାନଙ୍କ ଦ୍ୱାରା ଆକ୍ରାନ୍ତ ନ ହେବାରୁ ତୁମେ ମୁକ୍ତ;-ଯାହାର କର୍ଣ୍ଣ, ଚକ୍ଷୁ, ନାସିକା, ତ୍ୱକ୍ ସବୁସମୟରେ ସଜାଗ, ସମନ୍ୱିତ ଓ ସୁନିୟନ୍ତ୍ରିତ ହୋଇଥିବାରୁ ସେମାନେ ଇନ୍ଦ୍ରିୟଗୁଡ଼ିକୁ ଉନ୍ନତିପଥରେ ସ୍ୱସ୍ଥ କରି ତୋଳନ୍ତି - ତାହା ମୁକ୍ତି । **ମୁକ୍ତିର ଅର୍ଥ ହେଉଛି ବୃତ୍ତି-ପ୍ରବୃତ୍ତିର ଉଚିତ ବିନିଯୋଗରେ ଜୀବନଯାପନ ।**

ଆଉ ଭଗବାନଙ୍କର ପ୍ରେରଣା ଯେତେବେଳେ ଅଧିକ ହୁଏ ଓ ଗୋଟିଏ ମୁକ୍ତ-ପୁରୁଷ, ଆଦର୍ଶଙ୍କୁ ଗ୍ରହଣ କରି, ତାଙ୍କର ଅବଲମ୍ବନରେ ନିୟନ୍ତ୍ରଣ, ସାମଞ୍ଜସ୍ୟ ଓ ସମାଧାନ ମଧ୍ୟ ଦେଇ ବାସ୍ତବ ଏକତ୍ୱ, ବାସ୍ତବ ବହୁତ୍ୱ-ବୋଧରେ ସମାହିତ ହୁଏ, ଏହାକୁ କୁହାଯାଏ ଭଗବତ୍‌ପ୍ରାପ୍ତି -ଅର୍ଥାତ୍ ସେ ଏକରେ ବହୁଙ୍କୁ ପାଏ ଏବଂ ବହୁରେ ମଧ୍ୟ ସେହି ଏକଙ୍କର ଉପସ୍ଥିତି ଦେଖେ। ଭଗବତ୍ ପ୍ରାପ୍ତିର ଶେଷ ନାହିଁ, ଏହା ଆହୁରି ଆହୁରି ଘଟୁଥାଏ। ଯେତେବେଳେ ଆମର ଚାହିଦା ଜୀବନ-ଅନୁକୂଳ ହୁଏ ଓ ସେମାନଙ୍କର ଯଥାଯଥ ତୃପ୍ତି ଯେତେବେଳେ ଅଭ୍ୟାସରେ ପଡ଼ିଯାଏ,-ଏହି ଆହୁରି ଆହୁରି ହେବା ଅବ୍ୟାହତ ରୁହେ। **ତେଣୁ ଭଗବତ୍ ପ୍ରାପ୍ତି କିଛି ଗୋଟାଏ ହାତରେ ପାଇଯିବା ନୁହେଁ -ଏହା ଜୀବନ ଉଦ୍‌ବର୍ଦ୍ଧନର ସୀମାହୀନ ଯାତ୍ରା।** ଭଗବତ୍ ପ୍ରାପ୍ତିର ଅର୍ଥ ସ୍ତରକୁ ସ୍ତର ମନକୁ ନେଇ ଯିବା, ବିଧି ମୁତାବକ ଏହି ସାଧନା ଫଳରେ ତାପ ସୃଷ୍ଟି ହେଉ ଥିବାରୁ ଏହାକୁ ମଧ୍ୟ ତପସ୍ୟା କୁହନ୍ତି । ଏହା ଦ୍ୱାରା ଜ୍ୟୋତି, ବର୍ଣ୍ଣ, ଶବ୍ଦ ଓ ତତ୍ତ୍ୱ ବୋଧ ଭିତରକୁ ଆସେ।

ଅନୁଗତ - ସତ୍ ଏବଂ ଅସତ୍ କ'ଣ, ପାପ ଏବଂ ପୁଣ୍ୟ ମଧ୍ୟ କ'ଣ ? ୨୮

ଶ୍ରୀଶ୍ରୀଠାକୁର (ସତ୍ୟାନୁସରଣରେ) କହିଲେ, ଯାହା ସତ୍ତାକୁ ପୋଷଣ, ପରିପାଳନ ଓ ପରିବର୍ଦ୍ଧନ କରେ, ତାହା ସତ୍ ଓ ଯାହା ଏହାକୁ କ୍ଷୁଣ୍ଣ କରେ ତାହା ଅସତ୍। ତେଣୁ ଅସ୍ତିତ୍ୱର ରକ୍ଷା ହେଉଛି ସତ୍ ଏବଂ ଅସ୍ତିତ୍ୱ ଯାହା ଦ୍ୱାରା ବିପଥଗାମୀ ହୁଏ ତାହା ଅସତ୍। ଯାହା କଲେ ଅସ୍ତିତ୍ୱକୁ ରକ୍ଷା କରିହୁଏ, ତାହା ପୁଣ୍ୟ। ଆଉ ଯାହା କଲେ ରକ୍ଷା କରିବାରୁ ପତିତ ହୁଏ, ତାହାହିଁ ପାପ।

(ସତ୍ୟାନୁସରଣ-ତୁମେ ଯଦି ସତ୍ ହୁଅ ତୁମର ଦେଖା-ଦେଖି ହଜାର-ହଜାର ଲୋକ ସତ୍ ହୋଇପଡ଼ିବେ, ଆଉ ଯଦି ଅସତ୍ ହୁଅ ତୁମର ଦୁର୍ଦ୍ଦଶା ପାଇଁ ସମବେଦନା ପ୍ରକାଶ କରିବାକୁ କେହି ରହିବେ ନାହିଁ; କାରଣ ତୁମେ ଅସତ୍ ହୋଇ ତୁମର ଚତୁର୍ଦ୍ଦିଗକୁ ଅସତ୍ କରି ପକାଇଛ। ସତ୍-ରେ ତୁମର ଆସକ୍ତି ସଂଲଗ୍ନ କର, ଅଜ୍ଞାତସାରରେ ସତ୍ ହେବ। ତୁମେ ଆପଣା ଭାବରେ ସତ୍ ଚିନ୍ତାରେ ନିମଗ୍ନ ହୁଅ, ତୁମ ଅନୁଯାୟୀ ଭାବ ଆପଣାଛାଏଁ ଫୁଟିଉଠିବ। ଅସତ୍ ଚିନ୍ତା ଯେପରି ଚାହାଣୀ, ବାକ୍ୟ, ଆଚରଣ, ବ୍ୟବହାର ଇତ୍ୟାଦିରେ ଫୁଟିଉଠେ, ସତ୍ ଚିନ୍ତା ମଧ୍ୟ ସେହିପରି ଉକ୍ତରୂପେ ଫୁଟିଉଠିଥାଏ।)

(ଅସତୋ ମା ସଦ୍‌ଗମୟ। ତମସୋ ମା ଜ୍ୟୋତିର୍ଗମୟ। ମୃତ୍ୟୋର୍ମା ଅମୃତଂ ଗମୟ।। ଅସତ୍ୟରୁ ସତ୍ୟକୁ, ଅନ୍ଧକାରରୁ (ଅଜ୍ଞାନ) ଜ୍ୟୋତି ଆଡ଼କୁ (ଜ୍ଞାନ) ଏବଂ ମୃତ୍ୟୁରୁ ଅମୃତକୁ ଯିବାର ପଥ ଦେଖାଅ- ବୃହଦାରଣ୍ୟକ ଉପନିଷଦ୍ - Upanishads in Daily Life pp.179)

ଅନୁଗତ - 'ଯାହା ଅଛି ବ୍ରହ୍ମାଣ୍ଡେ ତାହା ଅଛି ପିଣ୍ଡେ' -ଏହି ଉକ୍ତିର ତାତ୍ପର୍ଯ୍ୟ କ'ଣ ? ୨୯

ଶ୍ରୀଶ୍ରୀଠାକୁର -ମଣିଷ ଶରୀର microcosm (କ୍ଷୁଦ୍ରବିଶ୍ୱ) ଓ ବ୍ରହ୍ମାଣ୍ଡ macrocosm (ବିଶାଳବିଶ୍ୱ)ର କଥା । ବିଶ୍ୱଜଗତରେ ଯାହା ଅଛି, ତାହା ପୁଣି ଶରୀରର ଗୋଟିଏ କୋଷ ମଧ୍ୟରେ ଅଛି । ଗୋଟାଏ ଅଣୁର ଯାହା ଗଠନ, ବିଶ୍ୱବ୍ରହ୍ମାଣ୍ଡର ଉପାଦାନ ମୂଳତଃ ତାହାହିଁ । ସ୍ଥୁଳ ଭିତରେ ସୂକ୍ଷ୍ମ ଅଛି । ପ୍ରତ୍ୟେକ ବସ୍ତୁକୁ ତୁମେ ଯେଉଁ ଆକାରରେ ଦେଖୁଛ -ଏହା ଆରମ୍ଭରୁ ତାହା ନ ଥିଲା, ଯଦିଓ ଏପରି ହେବାର ସମ୍ଭାବନା ଥିଲା । ସେଇ ସମ୍ଭାବନା ବିବର୍ତ୍ତିତ ହୋଇ ବସ୍ତୁରୂପ ନେଇଛି -ଏହାର ଅତୀତ ହେଉଛି ଅତି ସୂକ୍ଷ୍ମ । ଏହି ସୂକ୍ଷ୍ମ, ବହୁ ମଧ୍ୟରେ ଆତ୍ମପ୍ରକାଶ କରୁଛି ।

ଆଗରୁ ମଧ୍ୟ କହିଛି, ପରମାତ୍ମା ହେଉଛନ୍ତି ଦୟାଲଦେଶ- ଅସ୍ତିତ୍ୱର ରକ୍ଷଣୀ ପ୍ରବାହ । ସେଠାରେ ଅଛି କେବଳ ସୂକ୍ଷ୍ମ କମ୍ପନ -ଏହା ଛଡା ଆଉ କିଛି ସ୍ଥୁଳ ନାହିଁ । କୁହାଯାଏ ଯେ ଈଶ୍ୱରଙ୍କର କୌଣସି ଅଂଶୀଦାର ନାହିଁ । ସେ ବିଶ୍ୱବ୍ରହ୍ମାଣ୍ଡର ବ୍ୟଷ୍ଟି ସହ ସମଷ୍ଟିର ଏକମାତ୍ର ଅଧିପତି । ପରମାତ୍ମାଙ୍କର ଯାହା ଯାହା ନେଇ ଜୀବଭାବ,- ଜୀବାତ୍ମାର କିଛିହିଁ ବାଦ୍ ଦେଲେ ଚଳିବନି । ପ୍ରତ୍ୟେକ ବ୍ୟଷ୍ଟି ସେଇ ପରମାତ୍ମାଙ୍କର ଗୋଟିଏ ଗୋଟିଏ ସୀମାୟିତ ଭାବ । ସେ ସମସ୍ତଙ୍କ ଭିତରେ ଚୁମ୍ବକ ବା ଆକର୍ଷଣୀ ସମ୍ବେଗ ରୂପେ ବିଦ୍ୟମାନ, ସେ ଅଦ୍ୱିତୀୟ, ଅଖଣ୍ଡ, ଅଭାଜ୍ୟ ଓ ସର୍ବବ୍ୟାପ୍ତ । କିନ୍ତୁ ଏହାର ମୂଳ ପ୍ରେରଣା ହେଲା କେନ୍ଦ୍ରାନୁଗ ଆକର୍ଷଣ ।

(ଆଲୋଚକ – ସୁଫି-ସନ୍ଥ ଓ କବି ଜଲାଲୁଦ୍ଦିନ ରୁମୀ (Jalal ad-Din Rumi,1207 AD-1273 AD) କହିଲେ-" You are not a drop in the ocean, you are the entire ocean in a drop. Stop acting small, you are the universe in ecstatic motion." (Rumi Quotes) (ତୁମେ ସମୁଦ୍ରର ଠୋପାଏ ଜଳ ନୁହଁ, ଗୋଟିଏ ଠୋପାରେ ସାରା ସମୁଦ୍ର, ସଂକୀର୍ଣ୍ଣମନା ହୁଅନା, ତୁମେ ପରା ଚଳମାନ ପରମାନନ୍ଦ ବିଶ୍ୱ !)

ଈଶ୍ୱରଙ୍କ ସର୍ବବ୍ୟାପକତାକୁ ନେଇ ଶିଖ ସମ୍ପ୍ରଦାୟର ପ୍ରଥମ ଗୁରୁ -ଗୁରୁ ନାନକ(୧୪୬୯-୧୫୩୯)ଦେବଙ୍କ ଏ ସମ୍ପର୍କରେ ଜନପ୍ରିୟ ଉକ୍ତି ଏହିପରି । ଗୁରୁ ନାନକଦେବ ଦେଶ ଭ୍ରମଣ ବେଳେ ଗୋଟିଏ ମନ୍ଦିର ବାରଣ୍ଡାରେ ବିଶ୍ରାମ ନେଉଥିଲେ । ମନ୍ଦିର ବନ୍ଦ ଥିଲା । ମନ୍ଦିରରେ ପୂଜା ପାଉଥିବା ମୂର୍ତ୍ତିଙ୍କ ଆଡ଼କୁ ସେ ଗୋଡ଼ ଲମ୍ବାଇ ଶୋଇଥିଲେ । ମନ୍ଦିରର ପୂଜକ ଯେତେବେଳେ ମନ୍ଦିର ଖୋଲିବାକୁ ଆସେ, ଦେଖେ ଯେ ଦିଅଁଙ୍କ ଆଡ଼େ ଗୁରୁ ନାନକଦେବଙ୍କ ଗୋଡ଼ ଲମ୍ବିଛି; କହିଲା- 'ତମେ କିଏ ହୋ, ଦିଅଁଙ୍କ ଆଡକୁ ଗୋଡ଼ ଲମ୍ବାଇ ଶୋଇଛ ?' ଗୁରୁ ନାନକଦେବ କହିଲେ- 'ପଣ୍ଡିତ ମହାରାଜ, ଯେଉଁ ଦିଗରେ ସେ ନାହାନ୍ତି ମୋ ଗୋଡ଼କୁ ସେଇ ଆଡ଼କୁ କରି ଦିଅନ୍ତୁ ।'(The Spirit of Indian Culture)

ଅନୁଗତ - ବ୍ରହ୍ମବାଦୀମାନେ କୁହନ୍ତି 'ସର୍ବଂ ଖଲ୍ୱିଦଂ ବ୍ରହ୍ମ'-ସବୁଠି ବ୍ରହ୍ମ, ଆପଣ ମଧ୍ୟ ସେହି କଥା କହୁଛନ୍ତି, ତେବେ ବ୍ରହ୍ମଲାଭ କରିବା ପୁଣି କ'ଣ ? ୩୦

ଶ୍ରୀଶ୍ରୀଠାକୁର - ଖାଲି କହିଦେଲେ ତ ହେବ ନାହିଁ। ଏଥିପାଇଁ ସେହି ସ୍ତରକୁ ଜଣକୁ ଉଠିବାକୁ ହେବ। ମରିଚିକା ଜଳର ଭ୍ରମ ସୃଷ୍ଟି କରେ। ତୃଷ୍ଣାର୍ତ୍ତ ଦଉଡ଼ି ଦଉଡ଼ି ମରେ। କିନ୍ତୁ ଓଟ ଯଦି ଥାଏ, ତେବେ ଜଳାଶୟ ପାଖରେ ପହଂଚାଇ ଦିଏ। ତେଣୁ ଯେ ମୂର୍ତ୍ତରୂପୀ ଭଗବାନ, ଯେ ବ୍ରହ୍ମବିତ୍ ତାଙ୍କୁ ଧରିବାକୁ ହୁଏ; ଅର୍ଥାତ୍ ବ୍ରହ୍ମଚେତନା ସହିତ ଯେ ଯୁକ୍ତ ତାହାଙ୍କୁ ଧରିବାକୁ ହୁଏ କାରଣ ସେହି ଚେତନା ମଧ୍ୟ ତାଙ୍କଠାରେ ଥାଏ। **ତେଣୁ 'ବ୍ରହ୍ମବିଦ୍ ବ୍ରହ୍ମୈବ ଭବତି'। ତାଙ୍କୁ ନ ଧରିଲେ ଆମେ ସେହି ପରମବୋଧରେ ଉପନୀତ ହୋଇ ପାରୁନା। ଅସ୍ଖଳିତ ଭଲପାଇବାର ସମ୍ବେଗ ସହକାରେ ଯଦି ତାଙ୍କର ସ୍ମରଣ, ମନନ, ଧ୍ୟାନ, ଜପ, ପୂରଣ-ପୋଷଣ ଓ ତାଙ୍କ ପ୍ରୀତି ପାଇଁ କର୍ମ କରି ଆମେ ଚଳିବା, ତାଙ୍କର ଅନ୍ତରର ବୋଧ, ଆମ ଅନୁସାରେ ଆମ ଭିତରେ ଉଦିତ ହୋଇ ଉଠିବ।** କାରଣ ସେହିଁ କେବଳ, ମଣିଷ ଭିତରେ ସତ୍ତ୍ୱ ଗୁଣ -ଯେଉଁ ଗୁଣ ଦ୍ୱାରା ସତ୍ତାକୁ ଅର୍ଥାତ୍ ତୁମର ଅସ୍ତିତ୍ୱ ପରିପୋଷଣ ଓ ପରିବର୍ଦ୍ଧନମୁଖୀ ହୁଏ -ସେହି ଜୀବନବାଦକୁ ସଂଚାରିତ କରି ଦିଅନ୍ତି।

ଅନୁଗତ - ଶୂନ୍ୟ-ସାଧକମାନେ କୁହନ୍ତି ଭଗବାନ ଯେହେତୁ ନିରାକାର, ଶୂନ୍ୟ-ସାଧନା ହିଁ ସବୁଠାରୁ ଶ୍ରେଷ୍ଠ ପଥ। ଆପଣ କ'ଣ କୁହନ୍ତି ? ୩୧

ଶ୍ରୀଶ୍ରୀଠାକୁର - ତମ ବର୍ଣ୍ଣାଡ ଶ' କହିନାହାନ୍ତି କି - 'Beware of the man whose God is in the skies' (ଯାହାର ଈଶ୍ୱର ଆକାଶରେ ଥାଆନ୍ତି, ସେହି ଲୋକ ପ୍ରତି ହୁସିଆର ରୁହ)। ନିର୍ବିକାର-ନିରାକାର ଗୋଟାଏ absurd (ନିର୍ବୋଧ) ଜିନିଷ - ଯେଉଁଠାରେ ମୁଁ ଆଉ ତୁମେ ନାହିଁ -ଏଇ ଯେଉଁଥିପାଇଁ ଶ୍ରୀକୃଷ୍ଣ କହିଲେ 'ମାଂ'-ତାକୁ କିପରି ବୁଝିବା ? With consciousness (ସଚେତନତାର ସହିତ) ବୁଝିବାକୁ ହେଲେ -ମୁଁ ଅଛି ଆଉ ତୁମେ ଅଛ, ତେଣୁ ଶୂନ୍ୟବାଦ, ଅଦ୍ୱୈତବାଦ, ଦ୍ୱୈତବାଦ ଇତ୍ୟାଦି ତର୍କରେ ନ ମାତି ଆଦର୍ଶ ବା ସଦ୍‌ଗୁରୁଙ୍କ ଶରଣାପନ୍ନ ହେବା ଦ୍ୱାରା ସବୁ ସହଜ ହୋଇଯାଏ।

ମୁଁ ଯେତେବେଳେ ଇଷ୍ଟ, ସଦ୍‌ଗୁରୁ, ପ୍ରିୟପରମ, ଶ୍ରେୟ ଇତ୍ୟାଦି କହେ, ତାହା ସେହି ବେତ୍ତାପୁରୁଷ, ଜୀବନ୍ତ ମଙ୍ଗଳ, ବୈଶିଷ୍ଟ୍ୟପାଳୀ ଆପୂରୟମାଣଙ୍କୁ ଅଭିହିତ କରିଥାଏ; ସେ ହିଁ ଆଦର୍ଶ।

(ଆଲୋଚକ- ଜର୍ଜ ବର୍ଣ୍ଣାଡଶ'-George Bernard Shaw, (1856A.D.-1950A.D.) ଆୟାର୍ଲାଣ୍ଡର ବିଶିଷ୍ଟ ନାଟ୍ୟକାର, ସାହିତ୍ୟିକ ଥିଲେ ଓ ୧୯୨୫ ମସିହାରେ ତାଙ୍କୁ ନୋବେଲ ପୁରସ୍କାର ମିଳିଥିଲା। ତାଙ୍କର ଆଉ ଗୋଟିଏ ଜନପ୍ରିୟ ଉକ୍ତି ହେଉଛି, 'We are all dependent on one another, every soul of us.' (ଆମେ ସମସ୍ତେ ପରସ୍ପର ନିର୍ଭରଶୀଳ, ପ୍ରତ୍ୟେକ ଆତ୍ମା।) ଯୀଶୁଖ୍ରୀଷ୍ଟ ଓ ହଜରତ ମହମ୍ମଦ ମଧ୍ୟ ଏହିପରି କହିଥିବାର ଜଣାଯାଏ। ବାଇବେଲରେ ଅଛି -Jesus say to him, "I am the way, and the truth, and the life. No one comes to the Father, if not by Me.(ମୁଁ ହିଁ ପଥ, ସତ୍ୟ ଓ ଜୀବନ । ପିତାଙ୍କ ନିକଟକୁ ମୋ ବ୍ୟତିରେକେ କେହି ଆସି ପାରିବେ

ନାହିଁ) ପବିତ୍ର କୋରାନରେ ଅଛି -ଲାଇଲାହ ଇଲ୍ଲିଲାହ ମହମ୍ମଦ ରସୁଲ ଆଲ୍ଲାହ (La ilaha, illallah Muhammadur Rosoolullah)- ଆଲ୍ଲାହଙ୍କ ବ୍ୟତୀତ ଆଉ କେହି ଉପାସ୍ୟ ନୁହନ୍ତି, ମହମ୍ମଦ ହେଉଛନ୍ତି ଈଶ୍ୱରଙ୍କ ଦୂତ।

ଅନୁଗତ – ତାହେଲେ ଆଦର୍ଶ କଣ ଭଗବାନ ? ୩୨

ଶ୍ରୀଶ୍ରୀଠାକୁର କହିଲେ – ଠିକ କଥା। ତାଙ୍କୁ କୁହାଯାଏ ମୂର୍ତ୍ତଗୁରୁରୂପୀ ଭଗବାନ, ସଦ୍‌ଗୁରୁ, ଅବତାର ଗୁରୁ, ପ୍ରେରିତ ପୁରୁଷ, ଯୁଗ ପୁରୁଷୋତ୍ତମ ବା ଇଷ୍ଟ। ଖ୍ରୀଷ୍ଟାନମାନେ କୁହନ୍ତି son of God, କାରଣ ପୁଅ ବାପାର ଗୁଣ ନେଇ ଜନ୍ମ ହୋଇଥିଲେ ମଧ୍ୟ କେବେ ନିଜର ବାପା ହୋଇ ପାରିବ ନାହିଁ, କିନ୍ତୁ ସମ୍ପର୍କକୁ ଭୋଗ କରିବ। କେଉଁ ପୁଅ ତାର ବାପାକୁ କେତେ ଜାଣିବ, ତାହା ତାର ବାପା ପ୍ରତି ଅନୁରାଗ ଓ ଅନୁରକ୍ତି ଉପରେ ନିର୍ଭର କରେ। ଯେଉଁଠାରେ ଅନୁରାଗ ଏତେ ଗଭୀର ଯେ ସେ ପିତାସର୍ବସ୍ୱ ହୋଇଉଠେ, ସେଠାରେ ସେ ଯୀଶୁଖ୍ରୀଷ୍ଟଙ୍କ ପରି କହିଥାଏ - I and the Father are one (ମୁଁ ଓ ମୋର ପିତା ଏକ)।

ବୈଷ୍ଣବମାନଙ୍କର ଅଛି –

'କୃଷ୍ଣେର ଯତେକ ଖେଲା, ସର୍ବୋତ୍ତମ ନରଲୀଳା
ନରବପୁ ତାହାର ସ୍ୱରୂପ,
ଗୋପବେଶ ବେଣୁକର, ନବକିଶୋର ନଟବର
ନରଲୀଳାର ହୟ ଅନୁରୂପ।'

(ଶ୍ରୀଶ୍ରୀଚୈତନ୍ୟଚରିତାମୃତ)

ସେମାନେ କୁହନ୍ତି ବ୍ରହ୍ମ ହେଲେ ଶ୍ରୀକୃଷ୍ଣଙ୍କର ଅଙ୍ଗଜ୍ୟୋତି। ଗୀତାରେ ଅଛି - ବ୍ରହ୍ମଣୋଽହି ପ୍ରତିଷ୍ଠାହମ୍ ଅମୃତସ୍ୟାବ୍ୟୟସା ଚ। ଚଣ୍ଡୀଦାସ କହିଛନ୍ତି -ଶୁଣରେ ମଣିଷ ଭାଇ, ସମସ୍ତଙ୍କ ଉପରେ ମଣିଷ ସତ୍ୟ, ତାହାର ଉପରେ ନାହିଁ।

(ସତ୍ୟାନୁସରଣ-ଜଗତର ସମସ୍ତ ଐଶ୍ୱର୍ଯ୍ୟ- ଜାଣିବା, ଭଲପାଇବା ଓ କର୍ମ -ଯାହାଙ୍କ ଭିତରେ ସହଜ-ଉତ୍ସାରିତ ଆଉ ଯାହାଙ୍କ ପ୍ରତି ଆସକ୍ତିରେ ମଣିଷର ବିଚ୍ଛିନ୍ନ ଜୀବନ ଓ ଜଗତର ସମସ୍ତ ବିରୋଧର ଚରମ ସମାଧାନ ଲାଭ ହୁଏ, ସେ-ହିଁ ମଣିଷର ଭଗବାନ।)

ଅନୁଗତ - ଆଦର୍ଶଙ୍କ ବିଶେଷତା କ'ଣ ? ୩୩

ଶ୍ରୀଶ୍ରୀଠାକୁର- ଏହି ଆଦର୍ଶ ପୁରୁଷଙ୍କର ଚେତନା ଅତିଭାବରେ keen (ତୀକ୍ଷ୍ଣ) ହୋଇ ସେହି ମହାଚେତନା ସହିତ ସର୍ବଦା ଯୁକ୍ତ ହୋଇ ରହିଥାଏ। ସେ ଏହି କାରଣରୁ ପ୍ରତ୍ୟେକ ବିଷୟବସ୍ତୁର ଆଦି-ଅନ୍ତକୁ ବୋଧ କରିପାରନ୍ତି, ତେଣୁ ତାହାକୁ manipulate (ନିପୁଣଭାବେ ପରିଚାଳନା) କରିପାରନ୍ତି। ଆଦର୍ଶ ବା ସାକାର ଈଶ୍ୱରଙ୍କର top to toe (କେଶାଗ୍ରରୁ ପାଦ ପର୍ଯ୍ୟନ୍ତ) ଏହି ଚେତନା ଥାଏ। ଐଶ୍ୱର୍ଯ୍ୟ, ବୀର୍ଯ୍ୟ, ଯଶ, ସୌଭାଗ୍ୟ,

ଜ୍ଞାନ, ବୈରାଗ୍ୟ ଗୋଟିଏ କଥାରେ ଏ ଜଗତର ଯାହା କିଛି ଯାହାଙ୍କର ପ୍ରକୃତିଗତ - ତାଙ୍କୁ ଅନୁସରଣ କଲେ ଆମେ ଆମର ବିଶିଷ୍ଟତା ଅନୁସାରେ ଐଶ୍ୱର୍ଯ୍ୟଶାଳୀ ହୋଇ ଉଠିବା ।

(ସତ୍ୟାନୁସରଣ- ଗୁରୁ ହିଁ ଭଗବାନଙ୍କର ସାକାର ମୂର୍ତ୍ତି, ଆଉ ସେ ହିଁ Absolute (ଅଖଣ୍ଡ) । ଯେ ଛଳେ-ବଳେ-କୌଶଳେ ଯେପରି ହେଉ ନା କାହିଁକି ସର୍ବଭୂତର ମଙ୍ଗଳ ଚେଷ୍ଟାରେ ଯତ୍ନବାନ୍ ତାଙ୍କୁ ଅନୁସରଣ କର, ମଙ୍ଗଳର ଅଧିକାରୀ ହେବ ହିଁ ହେବ । ଯେ କୌଣସି ପ୍ରକାରେ କାହାକୁ ଦୁଃଖ ଦିଅନ୍ତି ନାହିଁ ଅଥଚ ଅସତ୍‌ର ମଧ୍ୟ ପ୍ରଶ୍ରୟ ଦିଅନ୍ତି ନାହିଁ, ଯେ ପ୍ରେମର ଅଧିକାରୀ -ନିଃସନ୍ଦେହ ଚିତ୍ତରେ ତାଙ୍କରି ଅନୁସରଣ କର, ମଙ୍ଗଳର ଅଧିକାରୀ ହେବ ହିଁ ହେବ।)

(ଆଲୋଚକ- ଛାନ୍ଦୋଗ୍ୟ ଉପନିଷଦରେ ଉକ୍ତି- ଯେତେବେଳେ ଜଣେ ଆଦର୍ଶଙ୍କୁ ଗ୍ରହଣ କରେ ସେତେବେଳେହିଁ ତାର ବିଶ୍ୱାସ ଆସେ । କେବଳ ଆଦର୍ଶ ଯୁକ୍ତ ହେଲେହିଁ ବିଶ୍ୱାସ ଆସେ ନତୁବା ଆସେନା । ଯେତେବେଳେ ବିଶ୍ୱାସ ଆସେ ସେତେବେଳେ ବିଚାର ଆସେ । ବିଶ୍ୱାସ ନ ଥିଲେ ବିଚାର ଆସିବ କିପରି । ଜଣେ ଯେତେବେଳେ ବିଚାର କରେ ତାର ବୋଧ ଆସେ । ବିଚାର ନାହିଁ ତ ବୋଧ ନାହିଁ । ବୋଧ ଆସିଲେ ଜଣେ ସତ୍ତାକୁ ଅନୁଭବ କରେ, କହେ । ବୋଧ ନାହିଁ ତ ଅନୁଭବ ନାହିଁ ଆଉ ସେ କହିବ ବା କଣ । Hindu Scriptures pp120)

ଅନୁଗତ – ସୃଷ୍ଟିରେ ମଣିଷକୁ କାହିଁକି ଏତେ ପ୍ରାଧାନ୍ୟ ଦିଆଯାଇଛି ? ୩୪

ଶ୍ରୀଶ୍ରୀଠାକୁର – Brain (ମସ୍ତିଷ୍କ)ରେ spirit current (ଚୈତନ୍ୟଧାରା) ସମସ୍ତେ draw କରନ୍ତି, ଯେଉଁମାନଙ୍କର intellect (ବୁଦ୍ଧିବୃତ୍ତି) ଯେତେ developed (ଉନ୍ନତ), ସେମାନଙ୍କ ମୁଣ୍ଡ ସେତେହିଁ ଉପରଆଡ଼େ । ଗଛର ସବୁଠାରୁ କମ, ତାର ମୁଣ୍ଡ ତଳଦିଗରେ । ତାଠାରୁ ଉନ୍ନତ ଭାବ ପଶୁର । ତାର ମୁଣ୍ଡ horizontal (ସମାନ୍ତରାଳ), ଆକାଶମୁଖୀ ନୁହେଁ କି ମାଟିମୁଖୀ ନୁହେଁ । କ୍ରମେ ଉନ୍ନତ ହୋଇ ମଣିଷର ମୁଣ୍ଡ ଆକାଶମୁଖୀ । ପୁଣି ଦେଖ, ଶୋଇ ଶୋଇ କଥା ହେଉଛ, ଯେଉଁ କଥାଟା interesting (ହୃଦୟଗ୍ରାହୀ) ବେଶୀ ହେଉଛି ବୁଦ୍ଧିବୃତ୍ତି ବେଶୀ ଚାଳନ କରିବା ଦରକାର ହେଉଛି, ତୁମେ ଉଠିବସି ମୁଣ୍ଡ ଆକାଶ ଆଡ଼େ କରି ଦେଇଥାଅ । ଏହା ମଧ୍ୟ ଏଇଥିପାଇଁ ।

ଅନୁଗତ - ଈଶ୍ୱର ତାଙ୍କରି ଅନୁରୂପରେ ମଣିଷକୁ ସୃଷ୍ଟି କଲେ(God created man in His own image) -ଏହାର ଅର୍ଥ କ'ଣ ? ୩୫

ଶ୍ରୀଶ୍ରୀଠାକୁର - ତୁମର ସୀମାୟିତ ସତ୍ତାରେ ତାଙ୍କର ଉପଲବ୍ଧି । ଜୀବନଚଳନରେ ସର୍ବଦା ଲକ୍ଷ୍ୟ ରଖିବାକୁ ହେବ ଯେ କେଉଁ ଭାବନାରେ କଥାରେ, କାମରେ କେତେ ଭଲ ବା ମନ୍ଦ ଅଛି । ଏମିତି ବି ହୋଇପାରେ ଯେ ତୁମକୁ ଭଲ ବୋଲି ବୋଧ ହେଉଛି, କିନ୍ତୁ ତା' ଜୀବନପୋଷଣୀ ନୁହେଁ । ତେଣୁ ସର୍ବଦା ତୁମର ବିବେକ, ବିଚକ୍ଷଣତା ଓ ଭାବାବେଗ ଠିକ୍‌ଭାବେ ପ୍ରୟୋଗ କଲେ, ତାହା ଜୀବନପୋଷଣୀ ହୋଇଥାଏ । ଆଦର୍ଶଙ୍କଠାରେ ନିଷ୍ଠା ଯଦି ଠିକ୍ ରହେ, ତେବେ ଲକ୍ଷ୍ୟ ନିର୍ଣ୍ଣୟ ଠିକ ରୂପେ ହୁଏ ।

ଅନୁଗତ - ମଣିଷ ଜୀବନର ଲକ୍ଷ୍ୟ କ'ଣ ହେବା ଉଚିତ ? ୩୬

ଶ୍ରୀଶ୍ରୀଠାକୁର - ନିଷ୍ଠା, ଯୋଗାବେଗ, ଆହାର, ସଂସ୍ରବ ଓ ସଙ୍ଗତି ଭିତର ଦେଇ ଜୀବନ ପରିବର୍ତ୍ତନରେ ପରିବର୍ତ୍ତିତ ହେଉଥାଏ । ଏହାକୁ କୁହାଯାଏ ପ୍ରକୃତିର ଅଯୌନ ଜନନ ପଦ୍ଧତି । ତେଣୁ ଜୀବନର ଲକ୍ଷ୍ୟ ହେଉଛି ଈଶ୍ୱରପ୍ରାପ୍ତି -ଐଶ୍ୱର୍ଯ୍ୟ-ପ୍ରାପ୍ତି, ଆନନ୍ଦପ୍ରାପ୍ତି ।

ଅନୁଗତ - ଐଶ୍ୱର୍ଯ୍ୟର ଅର୍ଥ ଧନ-ଦୌଲତ, ସମ୍ପତ୍ତିବାଡି ବୋଲି ଆମେ ବୁଝୁ, ଏହା ଠିକ କି ? ୩୭

ଶ୍ରୀଶ୍ରୀଠାକୁର - ଐଶ୍ୱର୍ଯ୍ୟଶାଳୀ ହେବାର ଅର୍ଥ ହେଉଛି ସୁକେନ୍ଦ୍ରିକ, ସକ୍ରିୟ, ସାର୍ଥକ ଓ ସଙ୍ଗତିଶୀଳ ହେବା । ଅର୍ଥୋପାର୍ଜନରେ ଦେଖିବାକୁ ହେବ ତା ଭିତରେ ଧର୍ମୋପାର୍ଜନ କେତେ ହେଉଛି, ସ୍ତ୍ରୀ-ସମ୍ଭୋଗ କରୁଥିବା ବେଳେ ଦେଖିବାକୁ ହେବ, ଇଷ୍ଟ-ସମ୍ଭୋଗ ଅର୍ଥାତ୍ ମଙ୍ଗଳ ସମ୍ଭୋଗ କେତେ ହେଉଛି, ସର୍ବକ୍ଷଣ ଠାକୁରଙ୍କର ମଣିଷ ହୋଇ ଚାଲିବାକୁ ହେବ, ଆଦର୍ଶଙ୍କୁ ଅନୁସରଣ କରି ।

ଅନୁଗତ - ଆଦର୍ଶ କିପରି ହୋଇଥାଆନ୍ତି ? ୩୮

ଶ୍ରୀଶ୍ରୀଠାକୁର - ପାତଞ୍ଜଳରେ ଅଛି 'କ୍ଲେଶକର୍ମବିପାକାଶୟୈରପରାମୃଷ୍ଟଃ ପୁରୁଷବିଶେଷ ଈଶ୍ୱରଃ', ଏବଂ 'ସ ପୂର୍ବେଷ୍ୟାମପି ଗୁରୁଃ କାଳେନାନବଚ୍ଛେଦାତ୍' । ସେ କାଳ ଦ୍ୱାରା ଅବିଚ୍ଛିନ୍ନ ନୁହନ୍ତି ବୋଲି ସେ ପୂର୍ବ ପୂର୍ବମାନଙ୍କର ଗୁରୁ । ସାଧାରଣ ମଣିଷ ପରି ସେ ସୁଖ ଦୁଃଖ ଭୋଗ କରନ୍ତି, ହୁଏତ ତାଙ୍କର ଇନ୍ଦ୍ରିୟ ଓ ମନ ସାଧାରଣଠାରୁ ଅଧିକ ତାଜା ହୋଇଥିବାରୁ ସମ୍ଭବତଃ ଆହୁରି ବେଶୀ ଭୋଗ କରନ୍ତି । କିନ୍ତୁ ଏହା ଛଡା ସେ ଅନେକ କିଛି । କ୍ଲେଶ-ବିପାକରେ ସେ ନିଜ ଚେତନା ହରାଇ ଆତ୍ମହରା ହୁଅନ୍ତି ନାହିଁ । ସେ ସାଧାରଣ ମଣିଷ ପରି ଜରାବ୍ୟାଧି ଓ ମରଣଶୀଳ । ତାହା ସତ୍ତ୍ୱେ ସେ ତାଙ୍କର ଅବ୍ୟୟ ଅକ୍ଷୟ ସ୍ୱରୂପ ସ୍ମୃତି କଦାପି ବିସ୍ମୃତ ହୁଅନ୍ତି ନାହିଁ । ତେଣୁ ସେ କ୍ଷର ଅର୍ଥାତ୍ ନାଶଶୀଳ ହୋଇ ମଧ୍ୟ ଅକ୍ଷରତା ସମ୍ପର୍କରେ ସଚେତନ । ଅକ୍ଷର ସ୍ୱରୂପର ଯେଉଁ ଅବ୍ୟକ୍ତ ଅବସ୍ଥା ତାହା ଅପେକ୍ଷା ଅକ୍ଷରତ୍ୱର ବାସ୍ତବ ଚେତନ ବିଗ୍ରହରୂପୀ ଯୁଗ ଅବତାର-ପ୍ରେରିତପୁରୁଷ-ପୁରୁଷୋତ୍ତମଙ୍କର ଉପସ୍ଥିତି ଗୁରୁତ୍ୱପୂର୍ଣ୍ଣ । ତେଣୁ ତାଙ୍କୁ କ୍ଷର-ଅକ୍ଷରାତୀତ ମଧ୍ୟ କୁହାଯାଏ । ଶ୍ରୀମଦ୍‌ଭଗବତ୍ ଗୀତାରେ (୧୫/୧୮) ତାଙ୍କର ଏହି ଅବସ୍ଥାକୁ କୁହାଯାଇଛି ଯେ ସେ ଅକ୍ଷର ସଚେତନ ରହି ଜଗତ ଓ ନରଗଣଙ୍କ ମୌଳିକ ଉପାଦାନୀଭୂତ କ୍ଷରତା ସହିତ ନରବିଗ୍ରହ ଓ କ୍ଷର-ଅକ୍ଷରାତୀତ ହୋଇଥାନ୍ତି ।

ଅନୁଗତ - ଆଦର୍ଶ କେତେବେଳେ ଓ କେଉଁଠାରେ ଆସିଥାନ୍ତି ? ୩୯

ଶ୍ରୀଶ୍ରୀଠାକୁର - ମଣିଷର ବଂଚିବା ଯେତେବେଳେ ବିପନ୍ନ ହୁଏ ଓ ମଣିଷ ପ୍ରାଣରେ ଗୋଟାଏ ଆକୁଳ କ୍ରନ୍ଦନ ଜାଗେ, ପରମପିତା ସେତେବେଳେ ଠିକ୍ ବାଟ ଦେଖାଇବାକୁ ସାକାର ହୋଇ ଆସନ୍ତି । ଉଚ୍ଚ ସଂସ୍କାର ସମ୍ପନ୍ନ ଅଥଚ ତମୋଗୁଣୀ ଲୋକଙ୍କ ଦ୍ୱାରା ବେଷ୍ଟିତ

ଏହିପରି ବଂଶରେ ଗୋଟିଏ ସାତ୍ତ୍ୱିକଭାବାପନ୍ନ ଦମ୍ପତିଙ୍କ ଆକୁଳତାର ଉଚ୍ଛ୍ୱାସ ଜରିଆରେ ପରିତ୍ରାତା ଆସନ୍ତି। ସେ ଯେ କୌଣସି ସଂପ୍ରଦାୟ ବା ଜାତିବର୍ଗରେ ଆସି ପାରନ୍ତି। ଯେଉଁ ସଂପ୍ରଦାୟ ହେଉ ନା କାହିଁକି; ହିନ୍ଦୁ, ମୁସଲମାନ, ଖ୍ରୀଷ୍ଟାନ; ଆଉ ଯେ କୌଣସି ଜାତିବର୍ଗ- ବିପ୍ର, କ୍ଷତ୍ରିୟ, ବୈଶ୍ୟ, ଶୂଦ୍ର। ଯେଉଁଠାରେ ସେ ଜନ୍ମ ନିଅନ୍ତୁ ନା କାହିଁକି, ମନେରଖ ଈଶ୍ୱର ଏକ, ଧର୍ମ ଏକ। ଏପରିକି ସେ ନିକୃଷ୍ଟ ଯୋନି ସମ୍ଭୂତ ହୁଅନ୍ତୁ ନା କାହିଁକି ଅସଂକୁଚିତ ଚିତ୍ତରେ ତାଙ୍କୁ ଅନୁସରଣ କର।

(ଆଲୋଚକ- ଶ୍ରୀଚୈତନ୍ୟ ମହାପ୍ରଭୁ (1486 AD-1534 AD) ସମାଜର ସବୁ ଶ୍ରେଣୀର ଲୋକଙ୍କ କାନରେ 'ହରେକୃଷ୍ଣ' ମହାମନ୍ତ୍ର ଦେବାକୁ ଚାହିଁଥିଲେ। ଏହାଦ୍ୱାରା ଅନ୍ତରର ପରିବର୍ତ୍ତନ ସମ୍ଭବ ହେଉଥିଲା। ଜଗାଇ-ମାଧାଇ ପରି ଦୁର୍ବୃତ୍ତମାନେ ମଧ୍ୟ ସାଧୁରେ ରୂପାନ୍ତରିତ ହୋଇଥିଲେ। ହରିଭକ୍ତି ଥିଲେ ଚଣ୍ଡାଳ ମଧ୍ୟ ଦ୍ୱିଜଠାରୁ ଶ୍ରେଷ୍ଠ ହୋଇପାରେ। "ଚଣ୍ଡାଳୋଽପି ଦ୍ୱିଜଶ୍ରେଷ୍ଠ ହରିଭକ୍ତି ପରାୟଣଃ/ ହରିଭକ୍ତି ବିହୀନସ୍ୟ ଦ୍ୱିଜୋପି ଶ୍ୱପୋଚାଧମ।")

ଅନୁଗତ - ସବୁ ପ୍ରେରିତ ଅବତାର ଗୁରୁ କ'ଣ ସମାନ ? ୪୦

ଶ୍ରୀଶ୍ରୀଠାକୁର - ମଣିଷର ଈଶ୍ୱର ଦୁଇଜଣ ନୁହନ୍ତି, ଜଣେହିଁ। ପ୍ରେରିତ ସକଳ ସେହି ଏକ ଈଶ୍ୱରଙ୍କର, ସେମାନଙ୍କ ନୀତିରେ କୌଣସି ପାର୍ଥକ୍ୟ ନାହିଁ। ଅବଶ୍ୟ ସ୍ଥାନ-କାଳ-ପାତ୍ର ଅନୁଯାୟୀ ପରିବେଶର ଚାହିଦାରେ ସେମାନେ ଉଚିତ ପ୍ରକାରର ଦିଗ୍‌ଦର୍ଶନ ଦେଇଥାନ୍ତି, ପରିବେଶ ପରିସ୍ଥିତିକୁ ସୁଧାରନ୍ତି।

ଅନୁଗତ - ସଦ୍‌ଗୁରୁ ଓ ଅବତାର-ଗୁରୁଙ୍କ ଭିତରେ କିଛି ପାର୍ଥକ୍ୟ ଥାଏ କି ? ୪୧

ଶ୍ରୀଶ୍ରୀଠାକୁର - ସାଧନାସିଦ୍ଧ ସଦ୍‌ଗୁରୁ ଯେଉଁମାନେ ସେମାନେ ସାଧନା ଭିତରଦେଇ ଆତ୍ମଜ୍ଞାନ ଲାଭ କରିଥାନ୍ତି। ଯାହା ପୂର୍ବତନମାନେ ଦେଖାଇ ଯାଇଛନ୍ତି ତାକୁ ବାସ୍ତବାୟିତ କରିବାରେ, ଆହୁରି ସଂଚାରିତ କରିବାରେ ସେମାନେ ବ୍ରତୀ। କିନ୍ତୁ ଅବତାର ମାନେ ଅବତରଣ, ଅବତାର-ଗୁରୁ କେବଳ ପଥ ପ୍ରଦର୍ଶକ ନୁହନ୍ତି, ଆହୁରି ଅଧିକ ସମ୍ଭାର ନେଇ ଆସିଥାନ୍ତି। ଅନୁସରଣକାରୀର ବୈଶିଷ୍ଟ୍ୟ ଅନୁସାରେ ତାକୁ ପରିପୂରଣର ବ୍ୟବସ୍ଥା କରନ୍ତି। ତୁମ ଭିତରେ ଯେଉଁ ସମ୍ଭାବନାର ମଞ୍ଜିଟି ପୋତା ହୋଇଥାଏ ତାହାର ଉଦ୍‌ଗମ କରି ଦିଅନ୍ତି। ତେଣୁ ସେ ହେଲେ ବୈଶିଷ୍ଟ୍ୟପାଳୀ ଆପୂରୟମାଣ, ସେ ପ୍ରତ୍ୟାଶାବିହୀନ ପରମ ପ୍ରେମ ନେଇ ଆସିଥାନ୍ତି। ସେ ଯୁଗ-ପୁରୁଷୋତ୍ତମ।

ଅନୁଗତ - ତେବେ ଏଇ ଯୁଗପୁରୁଷୋତ୍ତମ କ'ଣ ସଦ୍‌ଗୁରୁଙ୍କର ଗୁରୁ ହୋଇଥାନ୍ତି ? ୪୨

ଶ୍ରୀଶ୍ରୀଠାକୁର - ଏଇଟା ହେଲା ପ୍ରାକୃତିକ ସତ୍ୟ। ତେବେ ତାଙ୍କର କୌଣସି ଗୁରୁତ୍ୱ-ଅହଂ ନ ଥାଏ। ଯେ ବୁଝେ, ସେ ମାନେ। ଯେ ବୁଝେନା, ସେ ମାନେନା। ଯେଉଁମାନେ ମାନନ୍ତି ସେମାନେ ଉପକୃତ ହୁଅନ୍ତି। ସୂର୍ଯ୍ୟ ଯେପରି ଭଲମନ୍ଦ ନିର୍ବିଶେଷରେ ସମସ୍ତଙ୍କ

ଉପରେ ସମଭାବରେ କିରଣ ବର୍ଷଣ କରିଥାନ୍ତି, ସେ ମଧ୍ୟ ପାର୍ଥକ୍ୟରହିତ ସମସ୍ତଙ୍କର ମଙ୍ଗଳ କରି ଯାଆନ୍ତି। ତାଙ୍କର ଦେବା ମଙ୍ଗଳକୁ ଗ୍ରହଣ କରିବାକୁ ହେଲେ ଆମକୁ ତାଙ୍କ ନିକଟରେ ଉନ୍ମୁକ୍ତ ହେବାକୁ ପଡ଼ିବ।

କିନ୍ତୁ ସଦ୍‌ଗୁରୁ ଓ ଅବତାର ଏମାନେ ସମସ୍ତେ ପୂର୍ଣ୍ଣ, ଯେତେବେଳେ ଯେପରି ପ୍ରୟୋଜନ ସେହିପରି ସେମାନେ ଆସିଥାନ୍ତି। ତେଣୁ ସମସ୍ତ ପୂର୍ବତନ ଓ ବର୍ତ୍ତମାନର ସଦ୍‌ଗୁରୁ ଓ ଅବତାରଗୁରୁ -ଏମାନଙ୍କ ମଧ୍ୟରେ ଥାଏ ଅଚ୍ଛେଦ୍ୟ ସଙ୍ଗତି। ସଦ୍‌ଗୁରୁ ଅବତାର ମହାପୁରୁଷଙ୍କ ବ୍ୟତୀତ ଆଉ ଏକ ଦଳ ଅଛନ୍ତି ପାବକ ପୁରୁଷ। ବିଶେଷ ବିଶେଷ ଗ୍ଲାନିର ନିରାକରଣ ପାଇଁ ସେମାନେ ଆସିଥାନ୍ତି, ସେମାନେ ମଧ୍ୟ ସବୁଦିଗରୁ ସୁସମ୍ପୂର୍ଣ୍ଣ।

ଅନୁଗତ- ଆଦର୍ଶ କିପରି ଭାବରେ ସମାଜକୁ ସୁଧାରିବାର କାର୍ଯ୍ୟ ଆରମ୍ଭ କରନ୍ତି ? ୪୩

ଶ୍ରୀଶ୍ରୀଠାକୁର - ସେ, ପୂର୍ବତନମାନଙ୍କ ଭିତ୍ତି ଉପରେ ଛିଡ଼ା ହୋଇ ଯୁଗପୋଯୋଗୀ ସମସ୍ୟାର ସମାଧାନ ଦିଅନ୍ତି। ଯେଉଁଠାରେ ତମୋଗୁଣ ପରିପୂର୍ଣ୍ଣ, ତାଙ୍କର ଜନ୍ମ ସେଠାରେ ହୁଏ ଓ କ୍ରିୟାଭୂମି ସେହିଠାରୁ ଆରମ୍ଭ ହୁଏ। ତମୋଗୁଣ ପରିବେଶର ଲୋକମାନେ ତାଙ୍କୁ ଅବଜ୍ଞା କରନ୍ତି, ଉନ୍ନତ ସ୍ତରକୁ ଯିବା ପାଇଁ ବୋଧର ଅଭାବ ହେତୁ ଏପରି ହୁଏ। କିନ୍ତୁ ଆଦର୍ଶ ନଛୋଡ଼ବନ୍ଧା। କୌଶଳ କରି ସେମାନଙ୍କୁ ନିଜ ଦଳରେ ଭର୍ତ୍ତି କରି ନିଅନ୍ତି। କିନ୍ତୁ ସେମାନେ ଉପକୃତ ହେବା ସତ୍ତ୍ୱେ ତାଙ୍କର ନିନ୍ଦାବାଦ କରନ୍ତି। ଆଦର୍ଶ କିନ୍ତୁ ସେମାନଙ୍କୁ ଦୂରେଇ ଦିଅନ୍ତି ନାହିଁ। କାରଣ ଅଜ୍ଞାନତା ହେତୁ ସେମାନେ ଉଦ୍‌ବିଗ୍ନ, ଏହା ଯେ ତାଙ୍କର ଦୁଃଖର କାରଣ ସେମାନେ ତାହା ବୁଝି ପାରନ୍ତି ନାହିଁ।

(ସତ୍ୟାନୁସରଣ -ଅନ୍ଧ ହେବା ଦୁର୍ଭାଗ୍ୟ ସତ, କିନ୍ତୁ ଯଷ୍ଟିଚ୍ୟୁତ ହେବା ଆହୁରି ଦୁର୍ଭାଗ୍ୟ; କାରଣ ଯଷ୍ଟିହିଁ ଅନେକାଂଶରେ ଚକ୍ଷୁର କାର୍ଯ୍ୟ କରେ। ସତ୍ ଚାଳକ ପତଳା ଅହଂ ଯୁକ୍ତ, ସେ ନିଜେ ତାଙ୍କର କ୍ଷମତା କୌଣସିମତେ ତୁମ ଉପରେ ଜାହିର କରିବେ ନାହିଁ; ଏବଂ ସେଇଥିପାଇଁ ତୁମର ଭାବାନୁଯାୟୀ ତୁମକୁ ଅନୁସରଣ କରିବେ-ଆଉ ଏହାହିଁ ସତ-ଚାଳକଙ୍କ ସ୍ୱଭାବ। ଯଦି ସତ୍-ଚାଳକ ଅବଲମ୍ବନ କରିଥାଅ ଯାହା କର ଭୟନାହିଁ, ମରିବ ନାହିଁ କିନ୍ତୁ କଷ୍ଟ ପାଇଁ ରାଜିଥାଅ।)

ଅନୁଗତ- ସେ ନିଜ ସ୍ୱାର୍ଥ ଛାଡ଼ି ଅନ୍ୟର ଭଲ ପାଇଁ ଏସବୁ କରି କ'ଣ ପାଆନ୍ତି ? ୪୪

ଶ୍ରୀଶ୍ରୀଠାକୁର - ସହଜକଥାରେ ଆଦର୍ଶ ହେଲେ ଏପରି ଜଣେ ଜୀବନ୍ତ ମଣିଷ, ଯାହାଙ୍କର ପ୍ରିୟପରମ ବା ଈଶ୍ୱରଙ୍କ ପ୍ରତି ଅକାଟ୍ୟ ପ୍ରୀତି ହେତୁ ସେ ସମସ୍ତଙ୍କୁ ନିଜର ଭାବି ସେମାନଙ୍କର ସେବା କରନ୍ତି। ସେ ବହୁଦର୍ଶୀ ଓ ଅତ୍ୟନ୍ତ ସମ୍ବେଦନଶୀଳ। ସେ ମଣିଷର ବଂଚିବା-ବଢ଼ିବାକୁ ଉଦ୍ଦୀପ୍ତ କରିବା ପାଇଁ ଦୁଃଖକଷ୍ଟକୁ ଭ୍ରୂକ୍ଷେପ କରନ୍ତି ନାହିଁ। ସମସ୍ତ ପୂର୍ବବର୍ତ୍ତୀ ଅବତାରମାନଙ୍କର ସେ ହେଉଛନ୍ତି ଜୀବନ୍ତ ପ୍ରତୀକ ତେଣୁ ତାଙ୍କୁ ଅନୁସରଣ

କରିବା ଅର୍ଥ ସମସ୍ତ ପୂର୍ବବର୍ତ୍ତୀଙ୍କୁ ଅନୁସରଣ କରିବା । ତାଙ୍କୁ ଖୋଜି ପାଇ ଅନୁସରଣ କଲେ ବଂଚିବା ଓ ବଢ଼ିବାର ସୂତ୍ର ମିଳେ ।

ଅନୁଗତ - ତାଙ୍କୁ କିପରି ଚିହ୍ନିବା, ଜାଣିବା ଓ ପାଇବା ? ୪୫

ଶ୍ରୀଶ୍ରୀଠାକୁର - ଆଦର୍ଶଙ୍କ ସଙ୍ଗ କରିବା ଦ୍ୱାରା ତୁମେ ତିନିଟା ଜିନିଷ ବିଶେଷ କରି ତାଙ୍କଠାରେ ପାଇବ । ପୂର୍ବତନ ଅବତାର ମହାପୁରୁଷ, ଆଚାର୍ଯ୍ୟମାନଙ୍କ ସହିତ ତାଙ୍କର ମେଳ ଥିବ । ଦ୍ୱିତୀୟରେ ସେ ବୈଶିଷ୍ଟ୍ୟ ମୁତାବକ ପ୍ରତ୍ୟେକଙ୍କୁ ପରିପାଳନ ଓ ପରିପୋଷଣରେ ବ୍ରତୀ ହୋଇଥିବେ । ତୃତୀୟରେ ତାଙ୍କର ଗୁରୁନିଷ୍ଠା ହେତୁ ସେ ଆତ୍ମପ୍ରତିଷ୍ଠା ପାଇଁ ଉଦାସୀନ ଥିବେ ଓ ସତ୍‌ର ପ୍ରତିଷ୍ଠା ପାଇଁ ଉଦଗ୍ର ଆଗ୍ରହୀ ହୋଇଥିବେ ।

'ସଙ୍ଗାତ୍ ସଞ୍ଜାୟତେ ଶ୍ରଦ୍ଧା ଶ୍ରଦ୍ଧୟା ଦୃଷ୍ଟିଶୁଦ୍ଧତା, ଦୃଷ୍ଟିଶୁଦ୍ଧେର୍ହି ବିଶ୍ୱାସଃ, ବିଶ୍ୱାସାତ୍ ନିର୍ବିଚାରତା ନିର୍ବିଚାରାତ୍ ଭବେତ୍ ପ୍ରେମ, ପ୍ରେମ୍ନାଣ୍ଟାତ୍ମସମର୍ପଣମ୍ ।'

(ସତ୍ୟାନୁସରଣ-ହୀରା ଯେପରି କୋଇଲା ପ୍ରଭୃତି ଆବର୍ଜନାରେ ଥାଏ, ଉତ୍ତମରୂପେ ପରିଷ୍କାର ନ କଲେ ତାହାର ଜ୍ୟୋତି ବାହାରେ ନାହିଁ, ସେ ମଧ୍ୟ ସଂସାରରେ ଅତି ସାଧାରଣ ଜୀବ ପରି ରହିଥାନ୍ତି, କେବଳ ପ୍ରେମର ପ୍ରକ୍ଷାଳନରେ ହିଁ ତାଙ୍କର ଦୀପ୍ତିରେ ଜଗତ୍ ଉଦ୍ଭାସିତ ହୁଏ । ପ୍ରେମୀହିଁ ତାଙ୍କୁ ଧରିପାରେ । ପ୍ରେମୀର ସଙ୍ଗ କର, ସତ୍‌ସଙ୍ଗ କର, ସେ ଆପଣାଛାଏଁ ପ୍ରକଟ ହେବେ ।)

ଅନୁଗତ - ଆଦର୍ଶଙ୍କୁ କେଉଁମାନେ ଗ୍ରହଣ କରିବେ ? ୪୬

ଶ୍ରୀଶ୍ରୀଠାକୁର -ଆଦର୍ଶଙ୍କୁ ଲାଭ କରିବାକୁ ହେଲେ ଅନେକ ସୁକୃତି ଦରକାର । ନଗଣ୍ୟ ମଣିଷ ମଧ୍ୟ ତାଙ୍କୁ ଲାଭ କରିପାରେ । ପୁଣି ମହାଅଗ୍ରଗଣ୍ୟ ହୋଇ ମଧ୍ୟ ଅନେକଙ୍କର ତାଙ୍କୁ ଲାଭ କରିବାର ସୌଭାଗ୍ୟ ହୁଏ ନାହିଁ । ଯେଉଁମାନେ ନିଜ ପ୍ରତିଷ୍ଠା ନେଇ ଖୁସି ଥାଆନ୍ତି, ସତ୍ ଓ ସାଧୁବ୍ୟକ୍ତି ରୂପେ ଖ୍ୟାତିଲାଭ କରି ଯେଉଁମାନଙ୍କର ପ୍ରାଣର କ୍ଷୁଧା ମେଣ୍ଟିଯାଏ ସେମାନଙ୍କ ପାଇଁ ଆଉ ଅବତାର-ମହାପୁରୁଷଙ୍କର କ'ଣ ଦରକାର ?

(ଆଲୋଚକ- ଚୀନର ସ୍ଥପତି ଓ ଦାର୍ଶନିକ ଲାଓ ଜି (Lao Tze-2500BC) ଏହି ଋଷିପ୍ରତୀମ (ଆଦର୍ଶ) ଙ୍କ ସ୍ୱଭାବ ବିଷୟରେ କହିଲେ- He is free from self-display and therefore he shines, from self-assertion, and therefore he is distinguished, from self-boasting and therefore his merit is acknowledged, and he acquires superiority. (Tao Te Ching). (ଆତ୍ମପ୍ରଚାର-ଉଦାସୀନତା ହେତୁ ସେ ତେଜସ୍ୱୀ, ନିଜକୁ ଆରୋପ ନ କରିବାରୁ ସେ ନିଆରା, ଆତ୍ମବଡ଼ିମା-ରହିତ ହେତୁ ସେ ସର୍ବାଦୃତ, ସେ ହିଁ ଶ୍ରେୟ ।)

ଶ୍ରୀଶ୍ରୀଠାକୁରଙ୍କର ଏହି ସମ୍ପର୍କରେ ଗୋଟିଏ ବାଣୀ -

"ପୁରୁଷୋତ୍ତମ ଆସନ୍ତି ଯେବେ ଇଷ୍ଟ ଆଚାର୍ଯ୍ୟ ସେହିଁ ଗୁରୁ
ସେହିଁ ସବୁରି ଜୀବନଦଣ୍ଡ ସେହିଁ ସବୁରି ଜୀବନମେରୁ ।"

(ସତ୍ୟାନୁସରଣ-ଗୁରୁଙ୍କୁ ମୋର ବୋଲି ଜାଣିବାକୁ ହୁଏ -ମା, ବାପ, ପୁଅ ଇତ୍ୟାଦି ଘରର ଲୋକଙ୍କ କଥା ଭାବିଲାବେଳେ ଯେପରି ତାଙ୍କର (ଗୁରୁଙ୍କର) ମୁହଁ ବି ମନେପଡ଼େ । ସ୍କୁଲକୁ ଗଲେହିଁ ତାକୁ ଛାତ୍ର କୁହାଯାଏ ନାହିଁ ଆଉ ମନ୍ତ୍ର ନେଲେହିଁ ତାକୁ ଶିଷ୍ୟ କୁହାଯାଏ ନାହିଁ, ହୃଦୟଟିକୁ ଶିକ୍ଷକ ବା ଗୁରୁଙ୍କ ଆଦେଶପାଳନ ନିମିତ୍ତ ସର୍ବଦା ଉନ୍ମୁକ୍ତ ରଖିବାକୁ ହୁଏ । ଅନ୍ତରରେ ସ୍ଥିର ବିଶ୍ୱାସ ଆବଶ୍ୟକ ।)

ଅନୁଗତ– ଯେଉଁମାନେ ବିନା ଗୁରୁରେ ସାଧନା କରନ୍ତି, ତାଙ୍କର କ'ଣ ହୁଏ ? ୪୭

ଶ୍ରୀଶ୍ରୀଠାକୁର – ଆଦର୍ଶ ବା ଇଷ୍ଟବିହୀନ ସାଧନା ଦ୍ୱାରା ସାଧକ ଗୋଟାଏ ଦାନବ କି ପାଗଳ ହୋଇ ଉଠିବାର ଆଶଙ୍କା ଥାଏ । କାରଣ ସେ ଯଦି ସାଧନା ଭିତର ଦେଇ କୌଣସି ଶକ୍ତି ଲାଭ କରେ, ସେ ତାହା ନିଜର ଖୁସି, ଖିଆଲ ଓ ପ୍ରବୃତ୍ତିମାଫିକ୍ ବ୍ୟବହାର କରେ । **ଗୁରୁବଦ୍ଧ ଓ ଗୁରୁବାଧ୍ୟ ହୋଇ ନ ରହିଲେ, ବାସ୍ତବ ଜଗତରେ ନାନାପ୍ରକାର ଭୂତଗ୍ରସ୍ତ ଚଳନରେ ଚାଲିବାର ଦୁର୍ଯୋଗ ଆସେ । ଗୁରୁଭକ୍ତି ବ୍ୟତୀତ ସାଧକ ଅନୁଭୂତି ରାଜ୍ୟରେ ବେଶି ଦୂର ଯାଇ ପାରେନା । ଅଜ୍ଞକରେ ଲୟ ଆସିଯାଏ ।** ଗୁରୁଭକ୍ତି ଯେତେ ଗଭୀର ହୁଏ ସେତେ ସୂକ୍ଷ୍ମ ସ୍ତର ପର୍ଯ୍ୟନ୍ତ ଅନୁଭୂତି ପାଇବା ସମ୍ଭବ ହୁଏ । ଆଉ ଏହି ଅନୁଭୂତି, ଆତ୍ମସମ୍ବିତ୍ ବଜାୟ ରହିଲେ, ସୂକ୍ଷ୍ମଠାରୁ ସୂକ୍ଷ୍ମତର, ଗଭୀରଠାରୁ ଗଭୀରତର ଅନୁଭୂତିଗୁଡ଼ିକ ବୋଧ କରାଯାଏ । ଯେଉଁମାନଙ୍କର ଚେତନା ଅଜ୍ଞକରେ ମିଳେଇ ଯାଏ, ସେମାନେ ଗୋଟିଏ ସ୍ଥୂଳ ଅନୁଭୂତିକୁ ଚରମ ମନେକରି ଖୁସି ହୋଇ ରହି ଯାଆନ୍ତି । **ଚେତନାକୁ ଚରମ ସ୍ତର ପର୍ଯ୍ୟନ୍ତ ଦୃଢ଼ ରଖିବାକୁ ହେଲେ, ରକ୍ତମାଂସ-ସଂକୁଳ ଆଦର୍ଶ ଦରକାର, ଆଉ ଦରକାର ଭଲପାଇବାର ରଜ୍ଜୁ ନେଇ ତାଙ୍କ ସହିତ ବାନ୍ଧି ହୋଇ ରହିବା । ଏହା ଦ୍ୱାରା ଚିରଚେତନ ବ୍ରହ୍ମ ଦିନେ ନା ଦିନେ ତାର ଜ୍ଞାନଗୋଚର ହୋଇ ଉଠିବେ ।** ତେଣୁ ଆଦର୍ଶ ଅନୁଶାସିତ ହୋଇ ପାରିପାର୍ଶ୍ୱିକକୁ ସେବା ଦେଇ ସେ ଲକ୍ଷ୍ୟ ସ୍ଥଳରେ ପହଁଚେ, ସେତେବେଳେ ସେ ସବୁଠାରେ ଈଶ୍ୱରୀୟ ସତ୍ତାକୁ ଅନୁଭବ କରେ । **'ଯତ୍ର ଯତ୍ର ନେତ୍ର ପଡ଼େ ତତ୍ର ତତ୍ର କୃଷ୍ଣ ସ୍ଫୁରେ' । ଏହାକୁ କୁହାଯାଏ ଈଶିତ୍ୱ । ସେତେବେଳେ କେବଳ ମୁହଁରେ ନୁହେଁ, ଅନୁଭବରୁ କହେ – ଈଶ୍ୱର ସର୍ବଭୂତାନାଂ ....।**

(ସତ୍ୟାନୁସରଣ- ତୁମେ ଲତାର ସ୍ୱଭାବ ଅବଲମ୍ବନ କର, ଆଉ, ଆଦର୍ଶରୂପକ ବୃକ୍ଷକୁ ଜଡ଼ାଇ ଧର -ସିଦ୍ଧକାମ ହେବ । ସଦ୍ ଗୁରୁଙ୍କର ଶରଣାପନ୍ନ ହୁଅ, ସତ୍-ନାମ ମନନ କର, ଆଉ ସତସଙ୍ଗର ଆଶ୍ରୟ ଗ୍ରହଣ କର- ମୁଁ ନିଶ୍ଚୟ କହୁଛି, ତୁମକୁ ଆଉ ତୁମର ଉନ୍ନୟନ ପାଇଁ ଭାବିବାକୁ ହେବନାହିଁ ।)

ଅନୁଗତ – ଶିକ୍ଷା ସମୟରେ ଏକାଧିକ ଶିକ୍ଷକ ଥାଆନ୍ତି, ସେହିପରି ଏକାଧିକ ଗୁରୁ ହେଲେ କ୍ଷତି କ'ଣ ? ୪୮

ଶ୍ରୀଶ୍ରୀଠାକୁର କହିଲେ - ଗୋଟିଏ ଗଳ୍ପ କହୁଛି, ଶୁଣ, ଜଣେ ଗଉଡ଼ର କୋଡିଏ ପଚିଶଟି ଗାଈ ଥିଲା । ସେ ଚାଷକାମରେ ବିଲବାଡି ନେଇ ବ୍ୟସ୍ତ ରହିଲାରୁ ପୁଅକୁ ଗାଈଗୋଠ ଚରାଇବାକୁ ଏବଂ ଆଡେଇବାକୁ ପଠାଇଲା । ପୁଅ, ଗାଈଗୋଠ ନେଇ ଜଙ୍ଗଲତଳ ଅନାବାଦୀ ଘାସ ପଡ଼ିଆରେ ଗାଈମାନଙ୍କୁ ଚରାଉଥାଏ । ଦିନେ ତା' ମନକୁ ଆସିଲା -ଆରେ ହେ, ଆମ ଗାଈଗୋଠରେ ତ କେତେ ରକମର ଗାଈ, କେତେ ରଙ୍ଗର ଗାଈ । ଗୋଟିଏ ଗାଈକୁ ଯଦି ଗୋଟିଏ ପାଂଚଣ ହୁଅନ୍ତା, ତେବେ ଆଡେଇବାକୁ ଆହୁରି ସୁବିଧା ହୁଅନ୍ତା । ଗୋଟିଏ ପାଂଚଣକୁ ଗାଈଗୋଠ ମାନୁ ନାହାନ୍ତି । ଏହା ଭାବି, ହାତରେ ତ କଟୁରୀ ଥିଲା, ପାଖ ଜଙ୍ଗଲ ଭିତରକୁ ପାଂଚଣ ଯୋଗାଡରେ ଗଲା । ସଞ୍ଜ ହେଲା । ଗଉଡ଼-ପୁଅ ଯେତେ ଗାଈକୁ ସେତେ ପାଂଚଣ ଧରି ଆସିଲା ବେଳକୁ ଗାଈଗୋଠ ନାହିଁ । ଗାଈସବୁ ଏଠି-ସେଠି ଦୂରକୁ ଜଙ୍ଗଲକୁ ପଳାଇଲେଣି । ଘରକୁ ଦୌଡିଲା ବାପା ପାଖକୁ, ସବୁ କହିଲା । ବାପା ହସିଲା, କହିଲା, ପାଗଳ ହେଲୁ କିରେ ? ଗୋଟିଏ ପାଂଚଣ ଯଥେଷ୍ଟ । ଗୁଡାଏ ପାଂଚଣ ହେଲେ ଗାଈସବୁ ଖଇଚା ହୋଇଯିବେ, ଆୟତ୍ତରେ ରହିବେ ନାହିଁ । ତତେ ଏ ବୁଦ୍ଧି କିଏ ଦେଲା ?

ଅନୁଗତ - ଆମର ତ ଏତେ ଦେବାଦେବୀ, ଏତେ ସାଧୁସନ୍ଥ ..... ? ୪୯

ଶ୍ରୀଶ୍ରୀଠାକୁର - ବହୁ ଦେବାଦେବୀ, ମହାପୁରୁଷ, ମହାମାନବମାନଙ୍କର ଆରାଧନା କରି ଚାଲିଛ, ଆଉ ଭାବୁଛ ଯେ ଏହାଦ୍ୱାରା ତୁମେ କୃତାର୍ଥ ହେବ, ତେଣୁ ଆଜି ଏକତପା, କାଲି ଅନ୍ୟତପା, ପହରିଦିନ ହୁଏତ ପରତପା ହୋଇ ଚାଲୁଛ, ଅଥଚ କାହା ନିକଟରେ ତୁମେ ପ୍ରୀତିବିଭୋର ହୋଇ ଉଠିପାରୁନାହଁ, ହୁଏତ ଅଶ୍ରେୟଙ୍କୁ ଅବଲମ୍ବନ କରି ଚାଲୁଛ, ଠିକ୍ ବୁଝ, ତୁମ ଶ୍ରଦ୍ଧା-ନିଷ୍ଠାରେ ଖିଲାପ ହେତୁ ତୁମେ ଅସ୍ତିବୃଦ୍ଧିର ବିପରୀତ ପଥରେ ଚାଲୁଛ । ତାହେଲେ, 'ଅହଂ ତ୍ୱାଂ ସର୍ବ ପାପେଭ୍ୟୋ ମୋକ୍ଷୟିଷ୍ୟାମି ମା ଶୁଚ' - ଏହି ଯେଉଁ ଶ୍ରୀକୃଷ୍ଣ ମହାପ୍ରଭୁଙ୍କ ଆଶ୍ୱାସନା ତୁମେ ସେଥିରୁ ବଂଚିତ ହେବ କାରଣ ତୁମର ହଜାରେ କେନ୍ଦ୍ର ।

ଅନୁଗତ - 'ମୋକ୍ଷୟିଷ୍ୟାମି'ର ତାତ୍ପର୍ଯ୍ୟ କିପରି ବୁଝିବା ? ୫୦

ଶ୍ରୀଶ୍ରୀଠାକୁର - ପ୍ରବୃତ୍ତିର ଚାହିଦା ଅଛି, ତାପରେ ବହୁନୈଷ୍ଠିକ ହୋଇ ବହୁ ଦେବାଦେବୀ ସାଧୁସନ୍ଥଙ୍କ ପାଖକୁ ଦଉଡ଼ିବାର ନିଶା ଅଛି । ଏ ସବୁରେ ମନ ନ ଦେଇ, ତୁମେ ଯଦି ମୁଁ ଦେଇଥିବା ନୀତିଗୁଡ଼ିକୁ ପାଳନ କର, ତେବେ ଯାଇ ମୁଁ ତୁମକୁ ଉଦ୍ଧାର କରିବି ।

(ଆଲୋଚକ- ସନ୍ଥ କବୀର (୧୪୪୦-୧୫୧୮ ମସିହା)ଙ୍କର ବାହ୍ୟିକ ପୂଜା ଉପରେ ଆସ୍ଥା ନ ରଖି ଗୁରୁଗ୍ରହଣ ଦ୍ୱାରା ଭକ୍ତିମାର୍ଗରେ ଆଧ୍ୟାତ୍ମିକ ଉନ୍ନତି ହୁଏ ବୋଲି ତାଙ୍କର ଅନେକ ଦୋହା ମାଧ୍ୟମରେ କହିଛନ୍ତି । ଗୋଟିଏ ଦୋହା ଏହିପରି –

"ନା ଜାନେ ତେରା ସାହବ କୈସା ହେ।
ମସଜିଦ୍ ଭିତର ମୁଲ୍ଲା ପୁକାରେ କ୍ୟା ସାହବ ତେରା ବହିରିହେ।
ଚିଉଁଟି କେ ପଗ ନେଓ୍ୱର ବାଜେ ସୋଭି ସାହବ ସୁନତା ହେ।
ପଣ୍ଡିତ ହୋୟ କେ ଆସନ ମାରେ ଲମ୍ବାମାଲା ଜପତା ହେ।
ଅନ୍ତର ତେରେ କପଟ କତରନୀ ସୋ ଭୀ ସାହବ ଲଖତ୍ ହେ।।"

ମସଜିଦ୍ ଭିତରେ ମୋଲ୍ଲା ଯେ ରଡ଼ି ପକାଇ ଡାକୁଛନ୍ତି, କବୀର ପଚାରୁଛନ୍ତି - ତୋର ସାହବ (ଈଶ୍ୱର) କଣ କାଲ କି ? ଆରେ ପିମ୍ପୁଡ଼ି ଚାଲିଲେ ଯେଉଁ ଶବ୍ଦ ହୁଏ ତାହା ମଧ୍ୟ ସେ ଶୁଣି ପାରନ୍ତି। ମନ୍ଦିରର ପଣ୍ଡିତଙ୍କୁ କହୁଛନ୍ତି -ଆସନ ଉପରେ ବସି ଲମ୍ବା ମାଳା ଜପ କରୁଛ, କିନ୍ତୁ ଅନ୍ତର ଭିତରେ ଛଳକପଟର ଯେଉଁ କତୁରୀ ରଖିଛୁ ସାହବ (ଈଶ୍ୱର) ତାହା ମଧ୍ୟ ଦେଖୁଛନ୍ତି।) (The Spirit of Indian Culture)

ଅନୁଗତ -ମତେ ଉଦ୍ଧାର କରିବା କଥା ତ ମୋତେ ଟାଣି ରଖୁ ନାହାନ୍ତି କାହିଁକି ? ୫୧

ଶ୍ରୀଶ୍ରୀଠାକୁର -ସେ ତ ଜାବୁଡି ଧରିଛନ୍ତି ନ ହେଲେ ମଣିଷ ବଂଚିଛି କିପରି ? ପ୍ରାଣଶକ୍ତି ସେ ପାଇଲା କେଉଁଠୁ ? କିନ୍ତୁ ତାର ଅସ୍ତିତ୍ୱର ମୂଳ ଉପାଦାନ ଯାହା, ସେ ନିଜେ ତାଙ୍କୁ ବରଣ ନ କଲେ ତୁମର ତାଙ୍କୁ ଧରିବା ହେବ ନାହିଁ। ମଣିଷ ଉପରେ ଭଗବାନଙ୍କର କୌଣସି କ୍ଷମତା ନାହିଁ, କୌଣସି ହାତ ନାହିଁ। **ଜଗନ୍ନାଥଙ୍କର ହାତ ନାହିଁ ମାନେ ହେଲା ଭଗବାନଙ୍କର ମଣିଷକୁ ଧରିପାରିବାର କ୍ଷମତା ନାହିଁ, ଆମରି ହାତ ଦେଇ ତାଙ୍କୁ ଧରିବାକୁ ହୁଏ। ଅର୍ଥାତ୍ କୌଣସି ମହାପୁରୁଷ, କୌଣସି ଭଗବାନ କାହାରି କିଛି କରିପାରିବେ ନାହିଁ ଯଦି ତାର tendency of attachment ତାଙ୍କଠାରେ ligared ନ ହୁଏ (ତାର ଅନୁରାଗର ଟାଣରେ ଭକ୍ତ ମହାପୁରୁଷଙ୍କ ସହିତ ଯୁକ୍ତ ନ ହୁଏ)। ଜଣେ ଜଣେ ମଣିଷ ଆସନ୍ତି, ସେମାନେ କହିଯାଆନ୍ତି, କାନ୍ଦି ଯାଆନ୍ତି, ବ୍ୟଥା ପାଆନ୍ତି, ଯେଉଁମାନେ କରନ୍ତି ସେମାନେ ପାଆନ୍ତି, ହୁଅନ୍ତି। ତାଙ୍କର ଚରଣଧୂଳି ଆମେମାନେ ନେଉ, ଚରଣ ଧୂଳି ମାନେ ଚଳନ ଧୂଳି**। ତାଙ୍କର ସେହି ଚଳନରେ ଆମକୁ ଚାଲିବାକୁ ହୁଏ, ଯଦି ସେହି ଚଳନରେ ଚାଲିପାରୁ ତେବେ ଆୟୁ ଯାହା ବି ଅଛି ତାହା ବଢ଼ି ଯାଇପାରେ ଯେପରି ମାର୍କଣ୍ଡେୟ ଋଷିଙ୍କର ହୋଇଥିଲା।

(ଆଲୋଚକ- ପୌରାଣିକ ଇତିହାସରୁ ଜଣାଯାଏ ଯେ ମାର୍କଣ୍ଡେୟ ଋଷି ଥିଲେ ଭୃଗୁ ଋଷିଙ୍କ ବଂଶଧର। ତାଙ୍କ ରଚିତ ମାର୍କଣ୍ଡେୟପୁରାଣ ଅତି ପ୍ରାଚୀନ, ଏଠାରେ ମାର୍କଣ୍ଡେୟ ଋଷି ଓ ଜୈମିନୀଋଷିଙ୍କ କଥୋପକଥନ ମାଧ୍ୟମରେ ବହୁ ଆଧ୍ୟାତ୍ମିକ ତତ୍ତ୍ୱ ଦିଆଯାଇଛି। ମାର୍କଣ୍ଡେୟ ମଧ୍ୟ ଦୁର୍ଗା-ସପ୍ତସତୀର ରଚୟିତା। ମାର୍କଣ୍ଡେୟ ମୁନିଙ୍କର ପିତା ଋଷି ମୃକୁଣ୍ଡ ଓ ମାତା ମାରୁଦମତି। ସେହି ପୁରାକାଳରେ ଗଙ୍ଗା ଓ ଗୋମତି ନଦୀର ସଙ୍ଗମସ୍ଥଳରେ ଗୋଟିଏ ଶିବ ମନ୍ଦିର ଥିଲା। ଋଷି-ଦମ୍ପତି ପୁତ୍ରକାମନାରେ ସେହିଠାରେ ଶିବ ଉପାସନା କଲେ। ମହାଦେବ ପ୍ରକଟ ହେଲେ ଏବଂ କହିଲେ ଯେ ପୁତ୍ରଲାଭର ବର ଦେବି କିନ୍ତୁ

ଗୋଟିଏ ସର୍ତ୍ତ, ସଦ୍‌ଗୁଣସମ୍ପନ୍ନ ଅଥଚ ସ୍ୱଳ୍ପାୟୁ କିମ୍ବା ଅଳ୍ପବୁଦ୍ଧିସମ୍ପନ୍ନ ଦୀର୍ଘାୟୁ ଯା ଭିତରୁ କେଉଁଟା ତୁମେ ଚାହଁ ? ସେମାନେ ପ୍ରଥମଟି ଚାହାନ୍ତି କହିଲାରୁ ଋଷି ମାର୍କଣ୍ଡେୟ ଜନ୍ମ ହେଲେ। ତାଙ୍କର ଆୟୁ ଥିଲା ଷୋହଳ ବର୍ଷ। ଏହା ପୁରିବା ଦିନ ଯୁବକ ମାର୍କଣ୍ଡେୟ ଶିବଲିଙ୍ଗକୁ ଜାବୋଡ଼ି ଧରି ଏକାଗ୍ର ଚିତ୍ତରେ ଅହରହ ଶିବନାମ ଜପ କରିବାକୁ ଲାଗିଲେ। ଯମଦୂତମାନେ ତାଙ୍କୁ ନେଇ ନ ପାରି ଫେରି ଯିବାରୁ ଯମରାଜଙ୍କୁ ଆସିବାକୁ ପଡ଼ିଲା। ଯମରାଜ ଯେତେ ଯାହା କହିଲେ ମଧ୍ୟ ମାର୍କଣ୍ଡେୟ ଲିଙ୍ଗଠାରୁ ହଟିଲେ ନାହିଁ। ଯମରାଜ ତାଙ୍କୁ ଟାଣିନେବା ପାଇଁ ଫାଶ ଫୋପାଡ଼ି ଦେବାରୁ ତାହା ଲକ୍ଷ୍ୟଭ୍ରଷ୍ଟ ହୋଇ ଶିବଲିଙ୍ଗ ଉପରେ ପଡ଼ି ଲିଙ୍ଗରାଜଙ୍କୁ ବଳପୂର୍ବକ ଟାଣିବାରୁ ଦୁହିଁଙ୍କ ମଧ୍ୟରେ ଘୋର ଯୁଦ୍ଧ ହେଲା। ଯମରାଜ ପରାସ୍ତ ହେଲେ ଏବଂ ଫେରିଗଲେ। ଋଷି ମାର୍କଣ୍ଡେୟ ଚିରକାଳ ଶିବକୃପା ହେତୁ ଅମର ହୋଇ ରହିଲେ। କୁହାଯାଏ ଯେ ସେହିଦିନଠାରୁ ଶିବଙ୍କର ଅନ୍ୟନାମ ହେଲା କାଳାନ୍ତକ।)

ଅନୁଗତ - ତେବେ ଆମକୁ କ'ଣ କରିବାକୁ ହେବ ? ୫୨

ଶ୍ରୀଶ୍ରୀଠାକୁର - ଶ୍ରୀରାମକୃଷ୍ଣଦେବ କହିଲେ – 'କୃପାର ବତାସ ତ ବୋହୁଛି, ତୁ ପାଲ ଖୋଲି ଦେ।' ବିଦେହୀ ପରମପିତାଙ୍କୁ ମଣିଷ ଧରିପାରେ ନାହିଁ -ତେଣୁ ସେ ବାରମ୍ବାର ନରବିଗ୍ରହରେ ଆସନ୍ତି। ତେଣୁ ଶାସ୍ତ୍ର ସମୂହରେ ରାଣ ପକାଇବା ପରି କୁହାଯାଇଛି ଯେ, ତୁମେ ଯଦି ଆଦର୍ଶ ବା ସଦଗୁରୁଙ୍କୁ ପାଅ, ତେବେ ତୁମେ ଯେଉଁ ଅବସ୍ଥାରେ ଥାଅ ନା କାହିଁକି, ତତ୍‌କ୍ଷଣାତ୍ ତାଙ୍କର ଶରଣାପନ୍ନ ହୁଅ, ତାଙ୍କୁ ଅନୁସରଣ କର, ଶ୍ରଦ୍ଧାବନତ ପ୍ରାଣରେ ତାଙ୍କର ନିର୍ଦ୍ଦେଶିତ ପଥରେ ଚାଲିବାକୁ ଆରମ୍ଭ କରି ଦିଅ। ତେଣୁ ଗୀତାରେ ଶ୍ରୀକୃଷ୍ଣ କହିଲେ, 'ଯଚ୍ଛ୍ରଦ୍ଧଃ ସଃ ଏବ ସଃ', ଶ୍ରଦ୍ଧା ଯାହାଠାରେ ଯେପରି, ପରିଣତି ମଧ୍ୟ ସେହିପରି।

(ସତ୍ତ୍ୱାନୁରୂପା ସର୍ବସ୍ୟ ଶ୍ରଦ୍ଧା ଭବତି ଭାରତ।
ଶ୍ରଦ୍ଧାମୟୋଽୟଂ ପୁରୁଷୋ ଯୋ ଯଚ୍ଛ୍ରଦ୍ଧଃ ସଃ ଏବ ସଃ ॥) ଗୀତା, ୧୭/୩

ଗୋଟିଏ ଗଳ୍ପ ଶୁଣିଛି ଯେ ଗ୍ରୀନ୍‌ଲ୍ୟାଣ୍ଡରେ କୁଆଡେ ଯେତେବେଳେ-ସେତେବେଳେ (ଆକସ୍ମିକ ଅଧିକାଂଶ ସମୟରେ) ପ୍ରଚଣ୍ଡ ଝଡ଼ ହୁଏ, ଝଡ଼ ସମୟରେ ବାହାରେ ଥିଲେ ରକ୍ଷା ପାଇବା କଷ୍ଟକର, ଉଦ୍ଧାରକାରୀ ଯେତେବେଳେ ରକ୍ଷା କରିବାକୁ ଯାଏ ସେ ତା ଅଣ୍ଟାରେ ଗୋଟିଏ ଦଉଡ଼ି ବାନ୍ଧିଥାଏ, ଯାହାର ଗୋଟିଏ ମୁଣ୍ଡ ଘର ସାଙ୍ଗେ ବନ୍ଧା ଥାଏ। ସେତେବେଳେ ସେ ଦଉଡ଼ି ସାହାଯ୍ୟରେ ଝଡ଼ରେ ପଡ଼ିଥିବା ଲୋକକୁ ଉଦ୍ଧାର କରି ଘରକୁ ଫେରି ଆସିଥାଏ।

ଅନୁଗତ - ଶ୍ରୀକୃଷ୍ଣ ଗୀତାରେ କହିଲେ 'କୌନ୍ତେୟ ପ୍ରତିଜାନିହୀ ନ ମେ ଭକ୍ତଃ ପ୍ରଣଶ୍ୟତି'(୯/୩୧) -ଏହି ଉକ୍ତିର ତାତ୍ପର୍ଯ୍ୟ କ'ଣ ? ୫୩

ଶ୍ରୀଶ୍ରୀଠାକୁର - ଭଗବାନ ଶ୍ରୀକୃଷ୍ଣ ଅର୍ଜୁନଙ୍କୁ କହୁଛନ୍ତି -ତୁମେ ନିଶ୍ଚୟ କରି ଜାଣ ଯେ ମୋର ଭକ୍ତ କେବେହେଲେ ବିନଷ୍ଟ ହୁଏ ନାହିଁ। ମଣିଷ ବିନଷ୍ଟ ହୁଏ ପ୍ରବୃତ୍ତିବଶତା

ଯୋଗୁଁ, କିନ୍ତୁ with all our passions (ସବୁ ପ୍ରବୃତ୍ତି ନେଇ) ତାଙ୍କଠାରେ ଅଚ୍ଛେଦ୍ୟ ଭାବରେ ଚିରକାଳ ପାଇଁ interested (ଅନୁରକ୍ତ) ହେବା ଦରକାର, ତଦ୍ଦ୍ୱାରା ବିନଷ୍ଟିର ମୂଳ ମରିଯାଏ, ବିନଷ୍ଟ ହେବ କିପରି ?

ଅନୁଗତ - ବିନଷ୍ଟ ନ ହେବାକୁ ସହଜରେ କିପରି ବୁଝିବା ? ୫୪

ଶ୍ରୀଶ୍ରୀଠାକୁର - ଏହାର ଅର୍ଥ ନୁହେଁ ଯେ ଭକ୍ତର ଦୁଃଖ, କଷ୍ଟ, ରୋଗ, ଶୋକ, ମୃତ୍ୟୁ ଇତ୍ୟାଦି ହେବ ନାହିଁ। ଦୁଃଖ, କଷ୍ଟ, ରୋଗ, ଶୋକ ଆସିଲେ ମଧ୍ୟ ତାକୁ ନିୟନ୍ତ୍ରଣ କରି କିପରି ଶୁଭପ୍ରସୂ କରାଯାଇ ପାରିବ, ତାହା ସେ ଜାଣିଥାଏ। ସବୁ ଅବସ୍ଥାକୁ ସେ ଇଷ୍ଟସ୍ୱାର୍ଥପ୍ରତିଷ୍ଠାର ପରିପୋଷକ କରି ବିନ୍ୟସ୍ତ କରିତୋଳେ। ସେତେବେଳେ କିଛି ତାକୁ ଦବାଇ ଦେଇ ପାରେ ନାହିଁ, ହଟାଇ ଦେଇ ପାରେ ନାହିଁ, ସେ ନିରାଶ ହୁଏ ନାହିଁ, ହତାଶ ହୁଏ ନାହିଁ, କାତ ଛାଡ଼ି ଦିଏନା କଦାପି। ସେ କର୍ମତତ୍ପର ଓ ଆଶାବାଦୀ ହୁଏ। ପୁଣି ମଣିଷ ଭିତରେ ଭକ୍ତି ଯଦି ଥରେ ଉଦୟ ହୁଏ, ସେ ଏପରି କର୍ମ ଖୁବ କମ କରିଥାଏ ଯଦ୍ଦ୍ୱାରା ନୂତନ କରି ଦୁର୍ଭୋଗର ଆମଦାନୀ ହୋଇପାରେ। ଆମର ସମସ୍ତ ଦୁର୍ଭୋଗର ମୂଳକାରଣ ହେଉଛି ପ୍ରବୃତ୍ତିଜନିତ କର୍ମ। ତା ଛଡା ଇଷ୍ଟକର୍ମ କରିବାକୁ ଯାଇ ମଣିଷ ଜୀବନରେ ଅନେକ ଦୁଃଖକଷ୍ଟ ଆସିପାରେ, କିନ୍ତୁ ଇଷ୍ଟପ୍ରୀତି ଯଦି ଥାଏ ତେବେ ଏସବୁ ସୁଖକର ମନେହୁଏ। ସେସବୁ ମନକୁ କ୍ଲିଷ୍ଟ କରିପାରେ ନାହିଁ, କାରଣ ତଦ୍ଦ୍ୱାରା ସତ୍ତା ବରଂ ପୁଷ୍ଟ ହୁଏ, ତେବେ ସେ ଉନ୍ନତତର ଜୀବନର ଅଧିକାରୀ ହୋଇଥାଏ, ଏପରିକି ସ୍ମୃତିବାହୀ ଚେତନା ମଧ୍ୟ ଲାଭ କରିପାରେ। ତେଣୁ ଜୀବନ ପଥରେ ଆଗେଇ ଯିବା ଛଡ଼ା ପଛକୁ ହଟିବା ବା ନଷ୍ଟ ହେବାର ସମ୍ଭାବନା ନ ଥାଏ। ପୁରୁଷୋତ୍ତମଙ୍କ ପ୍ରତି ଭକ୍ତି ହିଁ ଏହି ଭାବକୁ ପରିପୁଷ୍ଟ କରତୋଳେ।

ଅନୁଗତ - ଶ୍ରୀକୃଷ୍ଣ ଗୀତାରେ କହିଲେ 'ସର୍ବଧର୍ମାନ୍ ପରିତ୍ୟଜ୍ୟ ମାମେକଂ ଶରଣଂ ବ୍ରଜ' (ଗୀତା ୧୮/୬୬) - ତାହେଲେ ଆମକୁ କ'ଣ ଧର୍ମ ଛାଡ଼ି ଦେବାକୁ ପଡ଼ିବ ? ୫୫

ଶ୍ରୀଶ୍ରୀଠାକୁର - ଖାଇବାର ଧର୍ମ, ପିନ୍ଧିବାର ଧର୍ମ, କର୍ମ, ସ୍ୱାର୍ଥ ଯାହା ଯାହା ତୁମକୁ ଧାରଣ କରୁଛି କିମ୍ବା ଯାହା ଯାହା ତୁମେ ଧାରଣ କରୁଛ ସେଇ ସବୁ। ଶରଣଂ ବ୍ରଜର ଅର୍ଥ ରକ୍ଷା କରି ଚାଲ। ତାଙ୍କୁ ରକ୍ଷା କରି ଚାଲିବା ହେଉଛି ତାଙ୍କର ନିର୍ଦ୍ଦେଶିତ ନୀତିବିଧି ମାନି ଚାଲିବା। ତାହେଲେ ତୁମେ ରକ୍ଷା ପାଇବ। ଆମର ଯେଉଁ ମନଗଢ଼ା ଧର୍ମାଧର୍ମ, କର୍ତ୍ତବ୍ୟ-ଅକର୍ତ୍ତବ୍ୟ -ଏସବୁରେ ଧନ୍ଦି ନ ହୋଇ ଚିନ୍ତାରେ, କଥାରେ, କାମରେ ଏକମାତ୍ର ମତେ ରକ୍ଷା କରି ପରିପାଳନ କରି ଚାଲ। ତୁମେ ଯାହା ଭାବୁଛ ହିନ୍ଦୁ ଧର୍ମ, ଖ୍ରୀଷ୍ଟାନ ଧର୍ମ, ମୁସଲମାନ ଧର୍ମ ଛାଡ଼ି ଦିଅ, ତାହା ନୁହେଁ। ଏଗୁଡ଼ିକ ବିଭିନ୍ନ ସମ୍ପ୍ରଦାୟ କାରଣ ଈଶ୍ୱର ଏକ ଏବଂ ଧର୍ମ ତ ଏକ। **ତେଣୁ ଅସଲ କଥା ହେଲା ଆଦର୍ଶ-ପୁରୁଷୋତ୍ତମଙ୍କୁ ଯଦି ପାଅ, ତୁମେ ଯେଉଁ ସମ୍ପ୍ରଦାୟର ହୁଅ ନା କାହିଁକି, ବା ସେ ଯେଉଁ ସମ୍ପ୍ରଦାୟର ହୁଅନ୍ତୁ ନା କାହିଁକି ତାଙ୍କୁ ଧରି ଚାଲ -ସେ ହେଉଛନ୍ତି ଜଗଦ୍‌ଗୁରୁ, ଜଗତର ଶିକ୍ଷକ,**

ତାହେଲେ ତୁମର ପାଳନ-ପୋଷଣ ଅବ୍ୟାହତ ରହିବ, କୌଣସି ଅନୁଶୋଚନା ରହିବ ନାହିଁ।

ଅନୁଗତ - ଆଦର୍ଶ କ'ଣ ତ୍ରିକାଳଦର୍ଶୀ ଓ ସର୍ବଜ୍ଞ ? ୫୬

ଶ୍ରୀଶ୍ରୀଠାକୁର - ତ୍ରିକାଳଦର୍ଶୀର ଅର୍ଥ ହେଲା ସେହି ବିଶେଷ ପୁରୁଷ ଯିଏ ଗୋଟିଏ ଅବସ୍ଥାକୁ ଦେଖି ତାହାର ପୂର୍ବାପର ଜାଣିପାରନ୍ତି। ଜଗତର କୌଣସି କିଛି ବିଚ୍ଛିନ୍ନ ନୁହେଁ, ଅହେତୁକ ନୁହେଁ, ଗୋଟାଏ କାର୍ଯ୍ୟକାରଣ ଶୃଙ୍ଖଳାରେ, କ୍ରିୟା-ପ୍ରତିକ୍ରିୟା ଭିତରଦେଇ କାଳବକ୍ଷରେ ଆହୁରି କ୍ରିୟା-ପ୍ରତିକ୍ରିୟା ଦେଇ ଯାହା ଚାଲିଛି, ତା' ଉପରେ ଯେ ତ୍ରିକାଳଦର୍ଶୀ ତାଙ୍କର ସମ୍ପୂର୍ଣ୍ଣ ବୋଧ ଥାଏ। ଚୁମ୍ବକରେ କହିଲେ ସବୁ ଅବସ୍ଥାର ଭୂତ ଓ ଭବିଷ୍ୟତ ତାଙ୍କ ନିକଟରେ ପ୍ରତିଭାତ ହୋଇଥାଏ। ଆଦର୍ଶ-ପୁରୁଷୋତ୍ତମଙ୍କୁ ସର୍ବଜ୍ଞ ନ କହି, ସେ ସର୍ବଜ୍ଞତ୍ୱବୀଜର ଅଧିକାରୀ ବୋଲି କୁହାଯାଏ। ଏହା ଯଦି ଥାଏ, ମଣିଷ ଯେ କୌଣସି situation (ଅବସ୍ଥା) ବା problem (ସମସ୍ୟା)ରେ ପଡୁ ନା କାହିଁକି ସେଠାରେ ବିହିତ ସମାଧାନ ଓ ବୈଧୀ କରଣୀୟ କ'ଣ, ତାହା ବୁଝିପାରେ, କହିପାରେ। ଗୋଟିଏ ସତ୍ୟହିଁ ଲୀଳାୟିତ ହେଉଛି ନାନା ବୈଶିଷ୍ଟ୍ୟରେ। ଏହାର ମୂଳ mechanism (କୌଶଳ) ଯାହାଙ୍କର ବୋଧ-ଉପଲବ୍ଧି ଭିତରେ ଥାଏ, ତାଙ୍କୁ ସର୍ବଜ୍ଞତ୍ୱବୀଜର ଅଧିକାରୀ ବୋଲି କୁହାଯାଏ।

ଅନୁଗତ - ଯୁଗ ପୁରୁଷୋତ୍ତମଙ୍କର ବିଶେଷତା କ'ଣ ? ୫୭

ଶ୍ରୀଶ୍ରୀଠାକୁର - ଏହି ପୁରୁଷୋତ୍ତମ ହେଉଛନ୍ତି ସର୍ବ-ବିଶିଷ୍ଟତା ଓ ସର୍ବ-ବିଚିତ୍ରତାର ସାର୍ଥକ ସଙ୍ଗମସ୍ଥଳ। ଏହି କେନ୍ଦ୍ର ପୁରୁଷଙ୍କୁ ବାଦ୍ ଦେଇ ସମାଜରେ ଐକ୍ୟ ପ୍ରତିଷ୍ଠା କରିବା ସମ୍ଭବ ହୁଏ ନା, କାରଣ ପ୍ରତ୍ୟେକଙ୍କର ଯେଉଁ ବିଶେଷତା ଥାଏ, ତାହା ଠିକ ଭାବରେ ପୂରଣ ନ ହେଲେ ପାରସ୍ପରିକ ବିରୋଧ ଓ ଉତ୍ତେଜନା ଯୋଗୁଁ ହିଂସା ଓ ଦ୍ୱନ୍ଦ୍ୱ ବୃଦ୍ଧି ପାଏ। ଏହି ବିଭେଦ ଘରେ-ବାହାରେ ସଂପ୍ରଦାୟ ଭିତରେ ଦେଖାଦେଇଥାଏ। ପୁରୁଷୋତ୍ତମ ଆସନ୍ତି ପ୍ରେମ ଓ ଚରିତ୍ରର ଐଶ୍ୱର୍ଯ୍ୟ ନେଇ, ମଣିଷକୁ ଏହି ଚରିତ୍ର ଓ ପ୍ରେମର ଅଧିକାରୀ କରିବାକୁ। ମଣିଷକୁ ଅଜ୍ଞ ଓ ଦୁର୍ବଳ କରି ରଖି, ସାମନାରେ ନିଜର କରାମତି ଦେଖାଇ ମଣିଷସମାଜଠାରୁ ପୂଜା ପାଇବାର ଲୋଭ ନ ଥାଏ ତାଙ୍କର। ତେଣୁ ଯେତେବେଳେ ଏହି ପୁରୁଷୋତ୍ତମ ଆସନ୍ତି ସେହିଁ ଜଗତର ଆଚାର୍ଯ୍ୟ ଓ ସେ ଆମ ପାଇଁ ଅପରିହାର୍ଯ୍ୟ। କିନ୍ତୁ ଏହି ଯୁଗ- ପୁରୁଷୋତ୍ତମଙ୍କର ବର୍ତ୍ତମାନରେ ଅନେକ ନକଲି ଗୁରୁ ମଧ୍ୟ ଭ୍ରମ ସୃଷ୍ଟି କରିବା ପାଇଁ ଉପସ୍ଥିତ ଥାଆନ୍ତି।

ଅନୁଗତ - ନକଲି ଗୁରୁ କିପରି ହୋଇଥାନ୍ତି ? ୫୮

ଶ୍ରୀଶ୍ରୀଠାକୁର - ସେମାନେ ନିର୍ବୋଧ ଓ ଅସମଞ୍ଜସ। ସେମାନଙ୍କର ବାକ୍ ଓ ଚଳନ ଅବ୍ୟବସ୍ଥିତ। ସେମାନେ ବିକେନ୍ଦ୍ରିକ, ବିଶୃଙ୍ଖଳ ଓ ଅଳସ, ଭାବାଳୁ ଓ ସଙ୍ଗତିହୀନ। ସେମାନେ ନାନା ଭେକଧାରୀ, ଏପରି ମଣିଷ ମୁହଁରୁ ଈଶ୍ୱରୀୟ କଥା ଶୁଣି, ସେମାନଙ୍କୁ ପ୍ରାଜ୍ଞ ମନେକରି, ଅଲୌକିକତାର ମୋହରେ ସାଧାରଣ ମଣିଷ ନିଜକୁ ବିକି ଦିଏ। ଏହି

କପଟୀମାନଙ୍କୁ ଅନୁସରଣ କରିବା ଦ୍ୱାରା ଅନାସୃଷ୍ଟିର ଆମଦାନୀ ହୁଏ, ବ୍ୟର୍ଥତା ଆସେ। ସେମାନଙ୍କର ମୂର୍ତ୍ତ ପୁରୁଷୋତ୍ତମଙ୍କଠାରେ ଶ୍ରଦ୍ଧା ନ ଥାଏ, ଥାଏ କପଟାଚାର -ଏହି କପଟାଚାର ହେତୁ ସେମାନେ ବେଶିଦିନ ତିଷ୍ଠି ରହିପାରନ୍ତି ନାହିଁ। ସେମାନଙ୍କଠାରୁ ସାବଧାନ। ଆଉ କେତେକ ଅଛନ୍ତି ସେମାନେ କ୍ୱାକ୍ ଜାତୀୟ ଗୁରୁ। ବଡ଼ ଡାକ୍ତରଙ୍କୁ କ୍ୱାକ୍ ସହି ପାରନ୍ତି ନାହିଁ, ସେମାନେ କୁତ୍ସା ମଧ୍ୟ କରନ୍ତି।

(ଆଲୋଚକ - ଯେଉଁ କପଟାଚାରୀ ଗୁରୁମାନଙ୍କ କଥା ଶ୍ରୀଶ୍ରୀଠାକୁର କହିଲେ, ସେମାନଙ୍କୁ ଧୂର୍ତ୍ତ ସୁନା ଅଳଂକାର-ବେପାରୀ ସହିତ ଶ୍ରୀରାମକୃଷ୍ଣଦେବ ତୁଳନା କରିଛନ୍ତି। କୁହାଯାଏ ଯେ ଠକ ସୁନା-ଦୋକାନୀ ଓଜନରେ ହେରଫେର କରେ, ନିମ୍ନମାନର ସୁନାକୁ ଉଚ୍ଚମାନର ଦର୍ଶାଇ ଗ୍ରାହକଙ୍କୁ ଠକେ। ଗୋଟିଏ ଠକ ସୁନା ଅଳଂକାର ଦୋକାନର ଦୃଶ୍ୟ ଏହିପରି ହୋଇଥାଏ ....ସୁନା ଅଳଂକାର ଦୋକାନର ମାଲିକ ବେକରେ ତୁଳସୀ ଓ ସ୍ଫଟିକ ମାଳା ପିନ୍ଧି ଟଙ୍କା କାଉଣ୍ଟରରେ ବସିଛନ୍ତି, ତିନିଚାରିଜଣ ଗ୍ରାମୀଣ ପୁରୁଷ-ମହିଳା ଦୋକାନ ଭିତରକୁ ପଶୁପଶୁ ମାଲିକ ମହାରାଜ କହୁଥାନ୍ତି -କେଶବ, କେଶବ। ଗ୍ରାହକମାନେ ଭାବିଲେ ଏଇଟା ଠିକ ଦୋକାନ, ମାଲିକ ଠାକୁରଙ୍କ ନାମ କରୁଛି। କିନ୍ତୁ କେଶବର ଗୁପ୍ତ ଅର୍ଥ -ଆରେ ଦେଖିଲରେ ଏମାନଙ୍କର କିସମ କଣ -ଚଲାକ ଚତୁର ନା ସରଳିଆ ? ଭିତରେ ଅଳଂକାର ଦେଖାଇବାକୁ ଥିବା ପିଲା ପ୍ରଥମ କଥାବାର୍ତ୍ତାରୁ ଜାଣିଗଲା ଯେ ଏମାନେ ସରଳ ପ୍ରକୃତିର, ମାଲିକକୁ ଡାକ ଦେଲା- ଗୋପାଳ, ଗୋପାଳ, ଅର୍ଥାତ୍ ଏମାନେ ଗଉଡ଼ ପରି ସରଳ ଓ ମୋଟାବୁଦ୍ଧିଆ। ତାପରେ ଅଳଂକାର ସବୁ ଗୋଟିକ ପରେ ଗୋଟିଏ କାଚ ସୋ-କେସରୁ କାଢ଼ି ଦେଖାଉଥାଏ, ଆଉ ମାଲିକ ମହାରାଜଙ୍କୁ ଶୁଣିପାରିବା ଭଳି କହୁଥାଏ- ହରି, ହରି, ହରି। ଅର୍ଥାତ୍ ଏମାନଙ୍କୁ ଠକିବି ତ ? ମାଲିକ ଜବାବ ଦେଲେ -ହର, ହର, ହର। ଅର୍ଥାତ୍ ହଁ-ହଁ ଭଲ କରି ଠକ। (Tales and Parables of Sri Ramakrishna)

ଏହି ନକଲି ଗୁରୁଙ୍କ ସଂପର୍କରେ ସନ୍ଥ କବୀରଙ୍କର ଗୋଟିଏ ଉକ୍ତି -

'ବାତ୍ ବତାଇ ଜଗ ଠଗା, ମନ ପରମୋଧି ନାହିଁ
କହା କବୀର ମନ ଲେ ଗୟା ଲଖ ଚୌରାସି ମାହିଁ।'

(ବଚନ ଚାତୁରିରେ ଜଗତକୁ ଠକିଲୁ, ସେହି ଠକମନ ତତେ ଚୌରାଶି ଲକ୍ଷ ଯୋନିରେ ଭ୍ରମଣ କରାଇବ।)

ଅନୁଗତ - ନକଲି ଗୁରୁଙ୍କ ପରି ନକଲି ଶିଷ୍ୟ ଥାଆନ୍ତି କି ? ୫୯

ଶ୍ରୀଶ୍ରୀଠାକୁର - ହଁ, ଅନୁସରଣକାରୀଙ୍କ ମଧ୍ୟରେ କେତେକ ଥାଆନ୍ତି ଫାଇଦାବାଜ, ସେମାନେ ଅନୁସରଣର ବାହାନା କରି ଜୁଟନ୍ତି। ବରଯାତ୍ରୀଙ୍କ ଶୋଭାଯାତ୍ରା ଦେଖି ନାହଁ ? ତା ଭିତରେ ଫୁଲ-ଚନ୍ଦନ ମାରି କେତେକ ଲୋକ ପଶି ଯାଇଥାନ୍ତି -କାହାର ମନିପର୍ସ, ହାତଘଂଟା, ଅଳଂକାର, ନୂଆ ଜୋତା ଚୋରି କରି ପଳାନ୍ତି। ସେହିଭଳି ଏମାନେ ସଦ୍‌ଗୁରୁଙ୍କୁ ବିକିଭାଙ୍ଗି ଫାଇଦା ଉଠାନ୍ତି। ଆଉ କେତେକ ଅନୁସରଣକାରୀ ଅଳସୁଆ, ଆଦର୍ଶଙ୍କ ସଙ୍ଗ

କଲେ, ଜାଣିଲେ ବୁଝିଲେ କିନ୍ତୁ ମନରେ ଭାବିଲେ ଯେ, ହଁ ମ, ଏତେ ନିୟମରୁ କଣ ମିଳିବ ? ଆମେ ଯେମିତି ଅଛୁ ସେମିତି ଭଲ।

ଅନୁଗତ - ବୈଷ୍ଣବ ଶାସ୍ତ୍ରରେ ଅଛି -'ଗୁରୁ ଛାଡ଼ି ଗୋବିନ୍ଦ ଭଜେ, ସେହି ପ୍ରାଣୀ ନରକେ ମଜେ'। ନରକର ଅର୍ଥ କଣ ? ୬୦

ଶ୍ରୀଶ୍ରୀଠାକୁର -ଆଦର୍ଶଙ୍କୁ ଗ୍ରହଣ କରି ତାଙ୍କର ଅନୁବର୍ତ୍ତୀ ହୋଇ ଚାଲିବା ଓ ବାସ୍ତବରେ ତାଙ୍କ ଇଚ୍ଛା ପୂରଣ କରିବା ଭିତରଦେଇ ହୁଏ ଆତ୍ମନିୟନ୍ତ୍ରଣ। ଏହାକୁ ତ କହନ୍ତି ସାଧନା, କିନ୍ତୁ ତୁମେ ନିଜ ଭଳି ଚାଲିଲ, ପ୍ରବୃତ୍ତିଗୁଡ଼ିକ ଉପରେ ହାତ ପଡ଼ିଲା ନାହିଁ। ସେଥିରେ କାମ କିଛି ହୁଏ ନା। ଶ୍ରେୟ-ସଂସ୍ରବ ଓ ଶ୍ରେୟଚର୍ଯ୍ୟାରୁ ଯାହା ବି ତୁମକୁ ଦୂରଇେ ରଖେ, ତାହା ତୁମ ଅନ୍ତରରେ ହେଉ ବା ବାହାରରେ ବି ହେଉ, ସେ ତୁମର ଅମଙ୍ଗଳପନ୍ଥୀ, ଅମଙ୍ଗଳ ଅବାଧ ହୋଇ ସେହି ପଥରେ ଆଗେଇ ଥାଏ। ଅଥଚ ଜୀବନ୍ତ ଆଦର୍ଶଙ୍କୁ ବାସ୍ତବଭାବେ ସେବା ଓ ଅନୁସରଣ ଭିତରଦେଇ ଆମେ ବୋଧ, ଜ୍ଞାନ ଓ ପ୍ରେମର ଅଧିକାରୀ ହେଉ। ଗୋବିନ୍ଦ ଗୁରୁରୂପେ ଆସିଥାନ୍ତି। ତାଙ୍କୁ ଛାଡ଼ି ଆଉ କେଉଁ ମନଗଢ଼ା ଗୋବିନ୍ଦଙ୍କୁ ଲୋଡିବା ?

ଉନ୍ନତି କରିବାକୁ ହେଲେ ଜଣେ ଉନ୍ନତ ବ୍ୟକ୍ତିର ପ୍ରୟୋଜନ, ତାଙ୍କରିଠାରେ ସକ୍ରିୟ ଆନତି ଓ ତାଙ୍କର ଅନୁସରଣ ମଣିଷକୁ ଉନ୍ନତ କରିତୋଳେ। ଯେ ତୁମକୁ ସବୁଠୁ ବେଶି ଭଲ ପାଆନ୍ତି, କ୍ଷୁଧାରେ ଖାଦ୍ୟ, ତୃଷାରେ ଜଳ ଯୋଗାଡ କରି ଦିଅନ୍ତି, ବିପଦରୁ ଉଦ୍ଧାର କରନ୍ତି, ସମ୍ପଦରେ ସ୍ଥିର ରଖନ୍ତି, ତୁମର ଦୁଃଖରେ ପ୍ରକୃତରେ ଦୁଃଖୀ ହୁଅନ୍ତି, ପୁଣି ଶାନ୍ତି ଦିଅନ୍ତି, ଏହି ମୂର୍ତ୍ତଗୁରୁ ଆଦର୍ଶଙ୍କ ବ୍ୟତୀତ ଆମମାନଙ୍କ ଉନ୍ନୟନର କୌଣସି ପଥ ସମ୍ଭବ କି ନା ଜାଣେନା। ଯାହାର ଜୀବନରେ ମୂର୍ତ୍ତ-ଆଦର୍ଶ ନାହିଁ, ଆଉ ତାଙ୍କ ପାଇଁ ପ୍ରେମ ଭକ୍ତି ବା ଆସକ୍ତି ବୋଲି କିଛି ନାହିଁ, ତାର ଉନ୍ନତିର ଆଉ କିଛି ଉପାୟ ଅଛି ବୋଲି ମୁଁ ଜାଣେନା।

(ଆଲୋଚକ - ଶ୍ରୀଶ୍ରୀଠାକୁରଙ୍କ ଗୋଟିଏ ବାଣୀ,
"ବିପାକ ପଥରେ ହାତ ଧରି ଯିଏ ଚଲାର କାଏଦା ଶିଖାଇ ଦିଏ,
ତାଙ୍କୁହିଁ ଜାଣିବ ଗୁରୁ ବୋଲି, ଧରିଲେ ତାଙ୍କୁ ଭୟ ନ ଥାଏ।")

ଅନୁଗତ - ଆପଣ କହିଲେ ଶାସ୍ତ୍ର ସମୂହରେ ରାଣ ପକାଇଲା ପରି କୁହାଯାଇଛି ଯେ ସଦ୍‌ଗୁରୁ ବା ଆଦର୍ଶଙ୍କୁ ପାଇଲେ ତତ୍‌କ୍ଷଣାତ୍ ତାଙ୍କୁ ଗ୍ରହଣ କରି ତାଙ୍କର ଅନୁବର୍ତ୍ତୀ ହେବ, ତାହା କିପରି ? ୬୧

ଶ୍ରୀଶ୍ରୀଠାକୁର - ଯେଉଁ ବିଧିମାଫିକ୍ ଆଚରଣ, ବ୍ୟବହାର ଓ କର୍ମରେ ଜୀବନ ଓ ବୃଦ୍ଧିକୁ ସୁଗମ କରାଯାଇପାରେ, ସେହି ଅନୁନିୟନ୍ତ୍ରଣର ବିଧାନ ହେଉଛି ଶାସ୍ତ୍ର। ଆମେ ଏତେ ଶାସ୍ତ୍ର-ଫାସ୍ତ୍ରକୁ ନ ଯାଇ ଶ୍ରୀକୃଷ୍ଣଙ୍କ ଗୀତାର ସେଇ ଉକ୍ତିଟିକୁ ବୁଝି ନେବା -

"ବହୁନାଂ ଜନ୍ମନାମନ୍ତେ ଜ୍ଞାନବାନ୍ ମାଂ ପ୍ରପଦ୍ୟନ୍ତେ
ବାସୁଦେବଃ ସର୍ବମିତି ସ ମହାତ୍ମାସୁଦୁର୍ଲଭଃ।" ଗୀତା-୭/୧୯

ତେଣୁ ସିଧା କଥା ହେଲା -ଏତେ ଶାସ୍ତ୍ରର ଆଲୋଚନାର ଗଣ୍ଡଗୋଳ ଭିତରକୁ ନ ଯାଇ ଏହି କଥାଟିକୁ ହୃଦୟରେ ବାରମ୍ବାର ଆନ୍ଦୋଳିତ କର। ଗୀତାରେ ଏହା ଅତି ଗୁରୁତ୍ୱପୂର୍ଣ୍ଣ ସନ୍ଦେଶ ବୋଲି ମୁଁ ଭାବେ। ସେଇ ମଣିଷକୁ, ବସୁଦେବଙ୍କ ପୁତ୍ର ବାସୁଦେବଙ୍କୁ କେବଳ ତାଙ୍କରି ପାଇଁ ତାଙ୍କୁ ଭଲ ପାଅ। ଏହି ଭଲପାଇବା କେବଳ ଭଲପାଇବା ହେଉ। ଭଲପାଇବାହିଁ ଲକ୍ଷ୍ୟ, ଏହା ଉପାୟ ନୁହେଁ। ସେ ହିଁ ମୁଖ୍ୟ, ସେହିଁ ଚରମ, ସେହିଁ ପରମ।

ଆଉ ଗୋଟିଏ କଥା କହିରଖେ -ଆଦର୍ଶଙ୍କୁ ଆପଣାର କରି ଦୁଃଖ-କଷ୍ଟ-ନିପୀଡ଼ନ-ନିର୍ଯ୍ୟାତନା ମଧ୍ୟରେ ଯେଉଁମାନେ ତାଙ୍କୁ ଛାଡ଼ି ପାରନ୍ତି ନାହିଁ -ଏହି ଛାଡ଼ି ନ ପଳାଇବା କୌଣସି ଅପାରଗତାବଶତଃ ହୁଏ ନାହିଁ, ମନର ନିଶା ଯୋଗୁଁ ହୁଏ, ସେମାନେ ଖାଣ୍ଟି ଲୋକ। ମଣିଷ ଦୁର୍ଦ୍ଦଶା ଭିତରଦେଇ ଯେତେବେଳେ ଜୀବନ ବିତାଏ, ଯଦି ସେ ଆଦର୍ଶ-ଅନୁରାଗୀ ଓ ଅନୁସରଣ-ଅଚ୍ୟୁତ ରହେ, ତା'ହେଲେ ଦୁର୍ଗତିର ଝଞ୍ଜା ଅତିକ୍ରମ କରି ସେ ବଜାୟ ଥାଏ, ବୃଦ୍ଧି ମଧ୍ୟ କରେ। ନତୁବା କ୍ଷୟିଷ୍ଣୁ ଛତ୍ରଭଙ୍ଗ ହୁଏ ତାର ପରିଣତି।

(ସତ୍ୟାନୁସରଣ-ଯାହାଙ୍କର କୌଣସି ମୂର୍ତ୍ତ ଆଦର୍ଶରେ କର୍ମମୟ ଅଟୁଟ ଆସକ୍ତି- ସମୟ ବା ସୀମାକୁ ଅତକ୍ରମ କରି ତାହାଙ୍କୁ ସହଜଭାବରେ ଭଗବାନ କରିତୋଳିଛି- ଯାହାଙ୍କର କାବ୍ୟ, ଦର୍ଶନ ଓ ବିଜ୍ଞାନ ମନର ଭଲମନ୍ଦ ବିଚ୍ଛିନ୍ନ ସଂସ୍କାରଗୁଡ଼ିକୁ ଭେଦକରି ସେହି ଆଦର୍ଶରେ ହିଁ ସାର୍ଥକ ହୋଇଉଠିଛି- ସେହିଁ ସଦ୍‌ଗୁରୁ।)

ଅନୁଗତ - ସାଧୁ କିଏ ? ସାଧୁସଙ୍ଗ କ'ଣ ? ସନ୍ନ୍ୟାସୀ କିଏ ? ତପସ୍ୟା କାହାକୁ କହନ୍ତି ? ୬୨

ଶ୍ରୀଶ୍ରୀଠାକୁର - ଯେ ସବୁକୁ ନିଷ୍ପନ୍ନ କରି ପାରନ୍ତି ସେ ହେଉଛନ୍ତି ସାଧୁ। ସାଧୁ କଥାଟା ଆସିଛି ସାଧ୍ ଧାତୁରୁ ଅର୍ଥାତ୍ ସାଧିବା -ଅନୁସନ୍ଧିତ୍ସୁ ଉଦ୍ୟମ, କର୍ତ୍ତବ୍ୟ ଓ ଦାୟିତ୍ୱର ବିହିତ ଜୀବନୀୟ ସମ୍ପାଦନର ଶିକ୍ଷା ଆଦର୍ଶ-ସଙ୍ଗ କଲେ ମିଳେ, କାରଣ ସେ ପ୍ରତ୍ୟେକ ଅବସ୍ଥାର ପୂର୍ବାପର ଜାଣନ୍ତି ଓ ପ୍ରତ୍ୟେକ ସମସ୍ୟାର ବିହିତ ସମାଧାନ ଓ ଉଚିତ କରଣୀୟ କଣ ତାହା ବତାଇ ଦିଅନ୍ତି। ତେଣୁ ଆଦର୍ଶ-ସଙ୍ଗ ହେଉଛି ସାଧୁସଙ୍ଗ ଯାହା କଲେ ତୁମେ ସେହି ସାଧୁତ୍ୱ ପ୍ରାପ୍ତ ହେବ। ପୁଣି, ସାଧୁ ଶବ୍ଦର ଅର୍ଥ ହେଲା practical man (ବ୍ୟାବହାରିକ ବୋଧସିଦ୍ଧ ମଣିଷ) ଏବଂ ସଙ୍ଗ ଆସିଛି ସନଜ୍ ଧାତୁରୁ, ସନଜ୍ ଧାତୁର ଅର୍ଥ ଆସକ୍ତ ହେବା। ତାହେଲେ ସାଧୁସଙ୍ଗର ଅର୍ଥ ହେଲା, ସେହି practical man ଙ୍କ ସହିତ ଯୁକ୍ତ ହେବା। ଏହାଦ୍ୱାରା ଜୀବନର ସବୁକିଛି ଧୀରେ ଧୀରେ ନିୟନ୍ତ୍ରିତ ହୋଇଥାଏ। ଏହିପରି ନିୟନ୍ତ୍ରଣରେ ଚାଲୁ ଚାଲୁ ମଣିଷ ତାର ଜୀବନର ଲକ୍ଷ୍ୟକୁ ସୁଚାରୁରୂପେ ସମ୍ପାଦନ କରେ। ଆଉ ଯେ ଦାୟିତ୍ୱ ନିଏନା କି କର୍ତ୍ତବ୍ୟ କରେନା, ତାର ସାଧୁସଙ୍ଗର କ'ଣ ମୂଲ୍ୟ ?

ଆଉ ଆଦର୍ଶଙ୍କଠାରେ ଯାହାର ମନ ସମ୍ୟକଭାବରେ ନ୍ୟସ୍ତ ରହେ, ସେହିଁ ପ୍ରକୃତ ସନ୍ନ୍ୟାସୀ। ଆଦର୍ଶପ୍ରାଣତା ନେଇ ଚାଲିବା ଫଳରେ ସେ ସନ୍ନ୍ୟାସୀତ୍ୱରେ ଉପନୀତ ହୁଏ। ପ୍ରକୃତରେ ସନ୍ନ୍ୟାସ କାହାକୁ ଦିଆଯାଏ ନାହିଁ, ଏହା ଘଟେ ବା ହୁଏ।

ତପସ୍ୟାର ନିର୍ଯ୍ୟାସ ହେଲା ବାହାର ଓ ଅନ୍ତର ବ୍ୟାପାରକୁ ଆତ୍ମନିୟନ୍ତ୍ରଣ ଦ୍ୱାରା ସତ୍ତାପୋଷଣୀ କରି ରଖିବା, ଏହା ଜୀବନକୁ ଉତ୍କର୍ଷରେ ଉଚ୍ଛଳ କରିତୋଳେ। ମଣିଷର କୁପ୍ରବୃତ୍ତି ମଣିଷ ପାଖରେ ତାର ନିଜ ସମର୍ଥନରେ ଆତ୍ମଗୋପନ କରିଥାଏ, ପରେ ଆତ୍ମପ୍ରକାଶ କରି ନାନାପ୍ରକାରର ଫିସାଦିରେ ମଣିଷ ଆଖିରେ ଧୂଳି ଦେଉଥାଏ, କିନ୍ତୁ ଆଦର୍ଶପ୍ରାଣତା ନେଇ ଚାଲିବା ଫଳରେ ନିଜ ପାଖରେ ନିଜେ ଧରାପଡ଼େ, ଆଉ ତାର ସୁନିୟନ୍ତ୍ରଣ କରେ। ଚିନ୍ତା-ଶ୍ରମ-ଚରିତ୍ରକୁ ବାସ୍ତବ ସାମଞ୍ଜସ୍ୟରେ ଆଦର୍ଶମୁଖୀ କରି ତୋଳିବା ହେଉଛି ସାର୍ଥକତାର ସୋପାନ -ଏହା ତପସ୍ୟା।

(ତପସା ବ୍ରହ୍ମ ବିଜିଜ୍ଞାସସ୍ୱ। ତପୋ ବ୍ରହ୍ମେତି। ତପସ୍ୟା ହେଉଛି ସାଧନା, ସଂଯମ ଓ ଧ୍ୟାନ ଦ୍ୱାରା ଇନ୍ଦ୍ରିୟ ନିୟନ୍ତ୍ରଣ। ତପସ୍ୟା ହିଁ ବ୍ରହ୍ମ – ତୈତ୍ତିରୀୟ ଉପନିଷଦ - Upanishads in Daily Life, pp.185)

(ସତ୍ୟାନୁସରଣ-ସରଳ ସାଧୁତା ପରି ଆଉ ଚତୁରତା ନାହିଁ- ଯେ ଯେପରି ହେଉ ନା କାହିଁକି ଏହି ଫାନ୍ଦରେ ଧରାପଡ଼ିବ ହିଁ ପଡ଼ିବ। Honesty is the best policy (ସରଳ ସାଧୁତା ହିଁ ଚରମ କୌଶଳ)। ତୁମ ମନର ସନ୍ୟାସ ହେଉ, ସନ୍ୟାସୀ ସାଜି ମିଛାମିଛି ବହୁରୂପୀ ହୋଇ ବସନାହିଁ। ତୁମର ମନ ସତ୍-ରେ ବା ବ୍ରହ୍ମରେ ବିଚରଣ କରୁ କିନ୍ତୁ ଶରୀରକୁ ଗେରୁଆ ବା ବିଭିନ୍ନ ରଙ୍ଗରେ ସଜାଇବାରେ ବ୍ୟସ୍ତ ହୁଅ ନାହିଁ, ତାହେଲେ ମନ ଶରୀରମୁଖୀ ହୋଇଯିବ।)

ଅନୁଗତ - ଆରାଧନା ଓ ତପସ୍ୟା ମଧ୍ୟରେ ତଫାତ୍ କଣ ? ୬୩

ଶ୍ରୀଶ୍ରୀଠାକୁର- ଆରାଧନା ମାନେ ସମ୍ୟକ ଭାବରେ ନିଷ୍ପନ୍ନ କରିବା, ଏବଂ ତପସ୍ୟା ମାନେ to bestow efforts to achieve something (କୌଣସି କିଛି ସମ୍ପନ୍ନ କରିବାକୁ ଚେଷ୍ଟା କରିବା)। ଏହି ତପସ୍ୟାର ସାର୍ଥକତା ପାଇଁ ଗୋଟାଏ କେନ୍ଦ୍ର ଦରକାର। ସେହି କେନ୍ଦ୍ର ଯଦି ନଥାଏ ... ଯେତେ ତପସ୍ୟା ଆମେ କରୁ ନା କାହିଁକି ସବୁ ଖାପଛଡା ହୋଇଯିବ, ସଂହତ ଶକ୍ତିର ସମାବେଶ ହେବ ନାହିଁକି ବ୍ୟକ୍ତିତ୍ୱ ଦାନାବାନ୍ଧି ପାରିବ ନାହିଁ।

ଅନୁଗତ - ଆଦର୍ଶ ଅନୁସରଣ ବ୍ୟତୀତ ଆଉ କିଛି ପନ୍ଥା ନାହିଁ କି ? ୬୪

ଶ୍ରୀଶ୍ରୀଠାକୁର - ଆମେ ଚାହୁଁ, କ୍ରମ ପ୍ରାପ୍ତିର ଭିତରଦେଇ ବିବର୍ତ୍ତନ ପଥରେ ଚାଲିବାକୁ, ଉନ୍ନତି ପଥରେ ଚଳିବାରେ ହିଁ ଜୀବନରେ ଆନନ୍ଦ, ଆଉ ଏଇ ବର୍ଦ୍ଧନମୁଖୀ ଗତି ଆମେ ଅବିଚ୍ଛିନ୍ନ ରଖିବାକୁ ଚାହୁଁ, ଜୀବନ-ମୃତ୍ୟୁର ପାରାବାରକୁ ଭେଦ କରି। ଏହା ନିଶ୍ଚିତ ଯେ, ଆପୂରୟମାଣ ଇଷ୍ଟଙ୍କ ପ୍ରତି ଯଦି କାହାର ପ୍ରକୃତ ଟାଣ ଥାଏ ଏବଂ ଯେତେବେଳେ ସେ ବିଗତ ହୁଏ, ତେବେ ସେ ମହାନ୍ ଜୀବନ ଲାଭ କରିବ ହିଁ କରିବ। ପୁଣି ଏହି ଜୀବନରେ ଯିଏ ଯେତେ ଫୁର୍ତ୍ତିବାଜ ହେଉ ନା କାହିଁକି, ସେ ଯଦି ସୁକେନ୍ଦ୍ରିକ ନ ହୁଏ, ପ୍ରବୃତ୍ତି ଯଦି ତାର ନିୟାମକ ହୁଏ, ତେବେ ଏହି ବିଚ୍ଛିନ୍ନ ବିକେନ୍ଦ୍ରିକତା ତାର ମୃତ୍ୟୁକାଳୀନ ଭାବଭୂମି ଓ ପରଜନ୍ମକୁ ଯେ ଅପଗତିରେ ଅପକୃଷ୍ଟ କରି ତୋଳିବ, ଏଥିରେ ସନ୍ଦେହର ଅବକାଶ ନାହିଁ।

ଅନୁଗତ - ଅନୁକରଣ ଆଉ ଅନୁସରଣ ମଧ୍ୟରେ ପାର୍ଥକ୍ୟ କ'ଣ ? ୬୫

ଶ୍ରୀଶ୍ରୀଠାକୁର- ଅନୁକରଣ ହେଲା ଜଣକର ଦେଖି ଦେଖି ସେହିଭଳି କରିବା, ଆଉ ଅନୁସରଣ -ସେ ଯାହା ପସନ୍ଦ କରନ୍ତି ସେହିଭଳି ଚଳିବା । ଅନୁକରଣରେ ଅନୁସରଣ ଥାଇପାରେ, ନ ଥାଏ ବି ପାରେ ।

(ଆଲୋଚକ- ଆଚାର୍ଯ୍ୟଦେବ ଶ୍ରୀଶ୍ରୀଦାଦାଙ୍କ ଉକ୍ତି (୧-୧-୨୦୧୨, ଋତ୍ୱିକ୍ ସମ୍ମେଳନ)– "ମୁଁ ଯେମିତି ହୁଏ, ଯାହା ବି ହୁଏ, ଯେଉଁଠି ବି ଥାଏ, ପରମ ପ୍ରେମମୟ ଶ୍ରୀଶ୍ରୀଠାକୁରଙ୍କ ଶ୍ରୀଚରଣ ଆଶ୍ରିତ ହୋଇ ରହିଛି । ତାଙ୍କ ସେବା କରିବା, ତାଙ୍କୁ ପ୍ରତିଷ୍ଠା କରିବା ଏହାହିଁ ହେଉଛି ଆମ୍ଭମାନଙ୍କର ଜୀବନ-ସାଧନା । ଏହା କରୁ କରୁ ଚାଲିବା ସମସ୍ତଙ୍କୁ ନେଇ । ସେହି ଚଳନ କିପରି କରି ହୁଏ, ଶ୍ରୀଶ୍ରୀଠାକୁର ନିଜେ ଦେଖେଇ ଦେଇଛନ୍ତି । ସେ ପୁରୁଷୋତ୍ତମ, ସେ ଆମମାନଙ୍କର ଇଷ୍ଟ-ଦେବତା, ଜୀବନ୍ତ ନାରାୟଣ-ବିଗ୍ରହ, ସେ ହିଁ ଆମମାନଙ୍କର ଆଚାର୍ଯ୍ୟ । କିପରିଭାବେ ଚାଲିବାକୁ ହୁଏ ସିଏହିଁ କହିଯାଇଛନ୍ତି, ଦେଖାଇ ଦେଇଛନ୍ତି -ଏଇଭାବେ ଚାଲ, ଏଇଭାବେ କର, ଏଇଭାବେ ହୋଇଉଠ । ତାଙ୍କ ପ୍ରଦର୍ଶିତ ପଥରେ, ତାଙ୍କ ମନମୁତାବକ ପଥରେ ଚାଲିଲେ ପ୍ରାପ୍ତି ଆସେ । ସେହି ପ୍ରାପ୍ତି ମଧ୍ୟ ଦେଇ ମୁଁ ପୂର୍ଣ୍ଣ ହୋଇଉଠେ ।")

ଅନୁଗତ - ଅନୁସରଣକାରୀର ସ୍ୱଭାବ କିପରି ହୋଇଥାଏ ? ୬୬

ଶ୍ରୀଶ୍ରୀଠାକୁର -କାହାକୁ ତୁଷ୍ଟ କରିବାକୁ ହେଲେ ନିଜକୁ କଷ୍ଟ ସହିବାକୁ ହୁଏ, ଆଉ ତାହା ଯାହା ପାଇଁ ଯେତେ ସୁଖକର ହୁଏ, ଆତ୍ମପ୍ରସାଦ ମଧ୍ୟ ତାହାର ସେହିପରି ହୋଇଥାଏ । କେତେକ ମଣିଷ ଉନ୍ନତତର ଅବସ୍ଥା ପାଇଁ କେଉଁଠି କାହା ପାଖରେ ମିଳିବ ଏହି ସନ୍ଧାନରେ ଆଦର୍ଶଙ୍କ ପ୍ରତ୍ୟକ୍ଷ ସାନ୍ନିଧ୍ୟଲାଭ କରି ହେଉ କିମ୍ବା ତାଙ୍କ ଅବର୍ତ୍ତମାନରେ ତତପା, ତନ୍ନିଷ୍ଠ ଆଚାର୍ଯ୍ୟଙ୍କ ମାଧ୍ୟମରେ ତାଙ୍କୁ ପାଇଥାନ୍ତି । **ଏମାନେ ହେଲେ ଈଶ୍ୱରକୋଟି ପୁରୁଷ ।**

ଯେଉଁମାନେ ପୋଖତ ସଂସାରୀ, ଆଉ କେଉଁଥିରେ ହଲଚଲ ହେବାକୁ ନାରାଜ, ସେମାନେ complexes and passion (ବୃତ୍ତି-ପ୍ରବୃତ୍ତି) ଭିତରେ ରହିଥାନ୍ତି -**ଏମାନେ ହେଲେ ଜୀବକୋଟି ପୁରୁଷ** । ଏମାନେ ବୃତ୍ତି-ପ୍ରବୃତ୍ତି ପରିଚାଳିତ ଭୋଗରେ ମାତିଥାନ୍ତି, ଏହା ତାଙ୍କୁ ଅବଶ, ଅଳସ, ଅସହାୟ କରେ । ସେମାନେ କ୍ରମଶଃ ଅଶକ୍ତ ଓ ନିର୍ଭରଶୀଳ ହୋଇ ଉଠନ୍ତି ଓ ପରିଣାମ ପଙ୍କିଳ ହୋଇଥାଏ । ତଥାପି ଆଦର୍ଶ ସେମାନଙ୍କ ପିଛା ଛାଡ଼ନ୍ତି ନାହିଁ । ସେ ମଣିଷକୁ ଜୀବକୋଟିରୁ ଉନ୍ନତସ୍ତରକୁ ନେବା ପାଇଁ ସଦାସର୍ବଦା ଉଦ୍‌ଗ୍ରୀବ ।

ଅନୁଗତ - ଦେବତା ଓ ଅସୁର ମଧ୍ୟରେ କ'ଣ ତଫାତ୍ ? ୬୭

ଶ୍ରୀଶ୍ରୀଠାକୁର - ଦେବତା ମାନେ ଦ୍ୟୁତିସମ୍ପନ୍ନ, ଅର୍ଥାତ୍ ବହୁତ୍ୱରେ ଏକଦର୍ଶୀ, ପ୍ରାଜ୍ଞ, ଐଶୀଗୁଣସମ୍ପନ୍ନ -ଅର୍ଥାତ୍ ବୋଧ-ବିବେକ ସମ୍ପନ୍ନ ଇଷ୍ଟସ୍ୱାର୍ଥପରାୟଣ ବ୍ୟକ୍ତିବିଶେଷ । ଆଉ ଯେଉଁମାନେ ଆତ୍ମସ୍ୱାର୍ଥୀ, ଆତ୍ମକେନ୍ଦ୍ରିକ ସେମାନେ ଅସୁର ।

ଅନୁଗତ - ଆମେ ପ୍ରାରବ୍ଧ କର୍ମଫଳରେ ଘାଣ୍ଟି ହେଉ। ଆଦର୍ଶଙ୍କୁ ଧରିଲେ କ'ଣ କର୍ମଫଳ ଖଣ୍ଡନ ହୋଇଥାଏ ? ୬୮

ଶ୍ରୀଶ୍ରୀଠାକୁର -ତୁମେ ଯେପରି ରୁହ ନା କାହିଁକି ପ୍ରାରବ୍ଧ କର୍ମଫଳ ତୁମକୁ ଭୋଗ କରିବାକୁହିଁ ପଡ଼ିବ। କିନ୍ତୁ ଯଦି ତୁମର ବୃତ୍ତି-ପ୍ରବୃତ୍ତି ଆଦର୍ଶଙ୍କ ଉପରେ ନ୍ୟସ୍ତ କରି, ତାଙ୍କୁ ମାନି ଓ ସେହିପରି ଭାବରେ ଚଳି ଯଦି ସେଥିରୁ ମୁକ୍ତ ହୋଇଯାଅ, ସେତେବେଳେ ପ୍ରାରବ୍ଧ କର୍ମଫଳଗୁଡ଼ିକ ତୁମ ନିକଟକୁ ଆସିଲେ ସୁଦ୍ଧା ଆଦର୍ଶ-ସ୍ୱାର୍ଥ ହାସଲର ପ୍ରବଣତାରେ ସେମାନେ ଶୁଭ ଓ କଲ୍ୟାଣ କରିଥାନ୍ତି, ତାଙ୍କର ବିଷଦାନ୍ତଗୁଡ଼ିକ ଅନେକାଂଶରେ ଭାଙ୍ଗି ଯାଇଥାଏ। ମୋଟକଥା ହେଲା, ପ୍ରାରବ୍ଧ କର୍ମଫଳଗୁଡ଼ିକୁ ଅଶକ୍ତ କରିବା ପାଇଁ ଏବଂ ବର୍ତ୍ତମାନର ଜୀବନରେ କୃତକାର୍ଯ୍ୟ ହେବା ପାଇଁ ତୁମେ ଯଦି ଚଲାଖ ହୋଇଥାଅ -ତେବେ ଆଦର୍ଶଙ୍କୁ ଅବଲମ୍ବନ କର, ତାଙ୍କ ଶାସନରେ ଓ ତୋଷଣରେ ତାଙ୍କ ପ୍ରତି ଅନୁରାଗବଦ୍ଧ ହୋଇ ଚାଲିବା ହେଉଛି ଯୋଗ। ଏହା ମଧ୍ୟ ଧର୍ମଚର୍ଯ୍ୟା।

ଅନୁଗତ - ଧର୍ମ କ'ଣ ? ଧର୍ମନୀତି ଓ ଧର୍ମଚର୍ଯ୍ୟା କ'ଣ ? ୬୯

ଶ୍ରୀଶ୍ରୀଠାକୁର - ଯାହା କଲେ ନିଜର ତଥା ଅନ୍ୟର ବଂଚିବାକୁ ଅତୁଟଭାବେ ରଖାଯାଇପାରେ, ତାହା ହେଉଛି ଧର୍ମ। (ଧୃ-ଧାତୁରେ କର୍ତରି ମନ୍ ପ୍ରତ୍ୟୟ ଯୋଗ ହୋଇଛି, ଏହା ଧର୍ମର ଶାବ୍ଦିକ ବିଶ୍ଳେଷଣ)। ଯେଉଁ ଶ୍ରେୟକେନ୍ଦ୍ରିକ ଅଭ୍ୟାସ, ଆଚରଣ ଓ ଅନୁଷ୍ଠାନ ଭିତରଦେଇ ନିଜକୁ ଓ ପାରିପାର୍ଶ୍ୱିକକୁ ଧାରଣ-ପାଳନ ଉତ୍ସର୍ଜନାରେ ସୁସ୍ଥ ଓ ସୁନ୍ଦର ରଖାଯାଏ ତାହା ହେଉଛି ଧର୍ମ। ବୋଧ ଓ ବିବେକ ବିନାୟିତ ଅନୁଚର୍ଯ୍ୟାର ଶାଶ୍ୱତ ବିଧାନ, ଧାରଣ-ପାଳନ ଓ ପୋଷଣର ଜୀବନୀୟ ସମ୍ବେଦନାକୁ ଅକ୍ଷୁଣ୍ଣ ରଖିଥାଏ ବୋଲି ସେହି ନୀତିଗୁଡ଼ିକୁ ଧର୍ମନୀତି କୁହନ୍ତି। ମନେରଖ, ସପରିବେଶ ନିଜ ସତ୍ତାକୁ ଯେପରିଭାବେ ଧାରଣ, ପାଳନ ଓ ପୋଷଣ ତଥା ସଂରକ୍ଷଣ କରାଯାଏ ଆଦର୍ଶ ଅନୁଚର୍ଯ୍ୟାରେ, ତାହା ହେଉଛି ଧର୍ମଚର୍ଯ୍ୟା।

ତୁମର ଧର୍ମଭାବ ଯେତେକ୍ଷଣ ଯାଏ କାର୍ଯ୍ୟରେ ଅଭିବ୍ୟକ୍ତ ହୋଇ ନ ଉଠିଛି, ସେତେବେଳ ପର୍ଯ୍ୟନ୍ତ ତୁମେ ଧର୍ମର ଓଳିତଳକୁ ଯାଇ ନାହଁ। ଆଉ ନିଜକୁ ଧାର୍ମିକ କହୁଛ, ଅଥଚ ତାର ବାସ୍ତବ ଅଭିବ୍ୟକ୍ତି ଦେବାକୁ ଶିଥିଳ, ତେବେ ଜାଣ ଯେ ତୁମର ଧାର୍ମିକତା ଅନ୍ଧତମର ଆଲୋକମଳିନ ପ୍ରଶସ୍ତ ବର୍ମ। ତୁମର ସତ୍‌ଚିନ୍ତା ଓ ସତ୍‌ବୁଝାଗୁଡ଼ିକର ବାସ୍ତବ ଅଭିବ୍ୟକ୍ତି ସମୟ ଓ ସୁବିଧାମତେ ତୁମେ ଯଥୋପଯୁକ୍ତ ସ୍ଥାନରେ ଏତେ ଟିକେ ବି କରୁନାହଁ, ସେତେବେଳେ ଧର୍ମଚର୍ଚ୍ଚାରେ ମାତିବା ତୁମ ପକ୍ଷରେ ଅପଳାପ। ଆଉ ଏହି ଅପଳାପ ହେଉଛି ନରକର ପଥ, ନରକର ଅର୍ଥ ଯାହା ବୃଦ୍ଧିକୁ ସଂକୁଚିତ କରିତୋଳେ।

(ଆଲୋଚକ- ଶ୍ରୀଶ୍ରୀଠାକୁରଙ୍କର ଗୋଟିଏ ବାଣୀ - **"ଧର୍ମ ଯଦି ନ ଫୁଟିଲା ତୋର ଜୀବନ ଭିତରେ ନିତ୍ୟକର୍ମେ/ବାତିଲ କରି ରଖ ତୁ ତାକୁ /କି ହେବ ତୋର ସେପରି ଧର୍ମେ।")**

ଅନୁଗତ -ହିନ୍ଦୁ ଧର୍ମ କହିଲେ ଆମେ କ'ଣ ବୁଝିବା ? ୭୦

ଶ୍ରୀଶ୍ରୀଠାକୁର - ପ୍ରତ୍ୟେକ ହିନ୍ଦୁର ପଞ୍ଚବର୍ହି ବା ପଞ୍ଚାଗ୍ନି ସ୍ୱୀକାର୍ଯ୍ୟ, ତେବେହିଁ ସେ ହିନ୍ଦୁ। ହିନ୍ଦୁର ହିନ୍ଦୁତ୍ୱର ସର୍ବଜନଗ୍ରହଣୀୟ ମୂଳ ଶରଣ ମନ୍ତ୍ର ଏହାହିଁ। ତାହାହେଲା - (୧) ଏକମେବାଦ୍ୱିତୀୟଙ୍କ ଶରଣ ନେଉଛି, (୨) ପୂର୍ବ ପୂରଣକାରୀପ୍ରବୁଦ୍ଧ ଋଷିଗଣଙ୍କଠାରେ ଶରଣ ନେଉଛି, (୩) ତଦ୍‌ବ୍ରତ୍ମାନୁବର୍ତ୍ତୀ ପିତୃଗଣଙ୍କ ଶରଣ ନେଉଛି, (୪) ସତ୍ତାନୁଗୁଣ ବର୍ଣ୍ଣାଶ୍ରମର ଶରଣ ନେଉଛି ଓ (୫) ପୂର୍ବ ପୂରକ ବର୍ତ୍ତମାନ ପୁରୁଷୋତ୍ତମଙ୍କଠାରେ ଶରଣ ନେଉଛି-ଏହାହିଁ ଆର୍ଯ୍ୟାୟଣ, ଏହାହିଁ ସଦ୍ଧର୍ମ ଓ ଏହାହିଁ ଶାଶ୍ୱତ ଶରଣ୍ୟ। ଏହାକୁ କୁହାଯାଏ ପଞ୍ଚବର୍ହିଃ।

ଆଉ ମଧ୍ୟ ପ୍ରତ୍ୟେକ ହିନ୍ଦୁର ସପ୍ତାର୍ଚ୍ଚିର ସାତଟି ନୀତି ଅନୁସରଣୀୟ ଓ ପାଳନୀୟ- (୧) ବ୍ରହ୍ମ ଭିନ୍ନ ଆଉ କେହି ଉପାସ୍ୟ ନୁହେଁ, ବ୍ରହ୍ମ ଏକ ଅଦ୍ୱିତୀୟ, (୨) ତଥାଗତ ତାଙ୍କର ବାର୍ତ୍ତାବହଗଣ ଅଭିନ୍ନ, (୩) ତଥାଗତଙ୍କ ଅଗ୍ରଣୀ ବର୍ତ୍ତମାନ ପୁରୁଷୋତ୍ତମ, ପୂର୍ବ ପୂର୍ବଗଣଙ୍କର ପୂରଣକାରୀ ବିଶିଷ୍ଟ ବିଶେଷ ବିଗ୍ରହ, (୪) ତଦନୁକୂଳ ଶାସନହିଁ ଅନୁସର୍ତ୍ତବ୍ୟ- ତଦିତର କିଛି ନୁହେଁ, (୫) ଶିଷ୍ଟାପ୍ତବେଦପିତୃପରଲୋକ ଦେବଗଣ ଶ୍ରଦ୍ଧେୟ -ଅପୋହ୍ୟ ନୁହେଁ, (୬) ବର୍ଣ୍ଣାଶ୍ରମାନୁଗ ସଦାଚାର ଜୀବନ ବର୍ଦ୍ଧନୀୟ, ନିତ୍ୟ ପାଳନୀୟ, (୭) ବିହିତ ସବର୍ଣ୍ଣାନୁଲୋମାଚାର ପରମୋତ୍କର୍ଷହେତୁ, ପ୍ରତିଲୋମାଚାର - ସ୍ୱଭାବ ପରିଧ୍ୱଂସୀ।

ଅନୁଗତ - ଧର୍ମ ଯଦି ଏକ ତେବେ ଧର୍ମ ନାମରେ ହିଂସା, ଅସୂୟା, ଯୁଦ୍ଧ ଓ ଧର୍ମାନ୍ତରଣ ନିନ୍ଦନୀୟ ନୁହେଁ କି ? ୭୧

ଶ୍ରୀଶ୍ରୀଠାକୁର - ହଁ, ଏହା ନିଶ୍ଚୟ ନିନ୍ଦନୀୟ। ହଜରତ ରସୁଲ ପରିଷ୍କାର ଭାବରେ ଏକଥା କହି ଯାଇଛନ୍ତି। ମୁସଲମାନପନ୍ଥୀ ହେବା ପାଇଁ ମୋର hereditary culture (ବଂଶାନୁକ୍ରମିକ ସଂସ୍କୃତିକୁ) ଅସ୍ୱୀକାର କରିବାକୁ ପଡ଼ିବ, ଏ କଥା କଣ ରସୁଲ କେଉଁଠି କହିଛନ୍ତି କି ? ମୁଁ ଇଚ୍ଛା କଲେ ତ ଏଇ ଅବସ୍ଥାରେ ଇସଲାମ-ସେବକ ହୋଇପାରେ, ଯୀଶୁଖ୍ରୀଷ୍ଟଙ୍କ ଶିଷ୍ୟ ମଧ୍ୟ ହୋଇପାରେ, ଯେ କେହି ବି ହୋଇ ପାରନ୍ତି -ତାହା ଉଚିତ ମଧ୍ୟ। କିନ୍ତୁ conversion (ଧର୍ମାନ୍ତରଣ) ର କଥା ତ କେଉଁଠି ନାହିଁ। ଅସଲ କଥା ହେଲା, ହଜରତ ରସୁଲ ବା ଯୀଶୁଖ୍ରୀଷ୍ଟଙ୍କ ପରି ଯଦି କୌଣସି ଆଦର୍ଶ ଥାଆନ୍ତି ଯାହାଙ୍କୁ ଭିତ୍ତି କରି ପ୍ରତ୍ୟେକ ମଣିଷର ବିଶିଷ୍ଟତା ପରିପୂରିତ ହେବ ତାହେଲେ ତାଙ୍କର ଛତ୍ରଛାୟା ତଳେ ସମସ୍ତେ ମିଳିତ ହୋଇ ପାରିବେ -ନିଜ ନିଜ ସମ୍ପ୍ରଦାୟରେ ଥାଇ ମଧ୍ୟ। ତେଣୁ ଧର୍ମାନ୍ତରଣର ଆବଶ୍ୟକତା କେଉଁଠି ?

(ଆଲୋଚକ-ମୁସଲମାନ ଧର୍ମରେ ଯେତେବେଳେ ସୁଫିମାନେ ଆସିଲେ ସେମାନେ ଧର୍ମାନ୍ତରଣକୁ ପ୍ରଶ୍ରୟ ଦେଲେ ନାହିଁ। ପବିତ୍ର କୋରାନ୍‌ରେ ଅଛି ଯେ ଧର୍ମରେ

ବାଧ୍ୟବାଧକତା ନାହିଁ । ସେମାନେ କହିଲେ- ଯେଉଁ ଲୋକ ପ୍ରକୃତ ମୁସଲମାନଧର୍ମୀ କିନ୍ତୁ ପବିତ୍ର କୋରାନ୍‌ର ଅନୁଶାସନକୁ ମାନେ ନାହିଁ, ସେ ହିଁ କାଫେର। ଏହି ସୁଫିବାଦ ସପ୍ତମ ଓ ଅଷ୍ଟମ ଶତାବ୍ଦୀରେ ଆରମ୍ଭ ହୋଇଥିଲା ମୁଖ୍ୟତଃ ପର୍ସିୟାରେ। 'ସୁଫି' ଆସିଛି ଗ୍ରୀକ୍ ଶବ୍ଦ "ସୋଫ୍‌ସ" ରୁ -ସୋଫସ୍ ମାନେ ଆଧ୍ୟାତ୍ମିକ ଜ୍ଞାନ ବା Gnosis। ସୁଫିମାନେ କୋରାନର ନିର୍ଦ୍ଦେଶକୁ ଅତି ନିଷ୍ଠାର ସହିତ ପାଳନ କରନ୍ତି। ବିଳାସଦ୍ରବ୍ୟ ପରିହାର, ସାଧାରଣ ଜୀବନଯାପନ, କ୍ଷମତା-ପଦବୀ-ରାଜାନୁଗ୍ରହଠାରୁ ଦୂରତ୍ୱ, ଜୀବନର ଦୁଃଖ-କଷ୍ଟ-ନିର୍ଯାତନାକୁ ଈଶ୍ୱରଙ୍କର ଅନୁଗ୍ରହ ବୋଲି ବୋଧକରିବା, ଈଶ୍ୱର-ପ୍ରେମରେ ଗୀତ ଗାଇବା ଓ ନାଚିବା, ମସ୍ତ ରହିବା, ସମ୍ପ୍ରଦାୟ-ଧର୍ମ ନିର୍ବିଶେଷରେ ସମସ୍ତଙ୍କୁ ଭଲ ପାଇବା- ଏହାହିଁ ହେଉଛି ସୁଫିବାଦର (Sufism) ନିର୍ଯ୍ୟାସ।

ଭାରତରେ ବାରଶହ ଶତାବ୍ଦୀରେ ଅନ୍ୟତମ ସୁଫି ସନ୍ଥ ଥିଲେ ଫରିଦ୍-ଇଦ୍-ଦିନ-ଗଂଜ୍ ଶକ୍‌ର (1173A.D.-1266A.D.), **ସେ ବାବା ଫରିଦ୍ ନାମରେ ଖ୍ୟାତ ହେଲେ।** ତାଙ୍କ ନାମ ସହିତ 'ଗଂଜ ଶକର' ଯୋଡ଼ା ହେବାର ଗୋଟିଏ କାହାଣୀ ଅଛି। ତାଙ୍କ ମାଆ ପିଲାବେଳେ ସକାଳ-ସନ୍ଧ୍ୟା ପ୍ରାର୍ଥନା ସେ ଯେମିତି ଠିକ୍‌ଭାବରେ କରନ୍ତି ଏବଂ ଏହା ତାଙ୍କର ଅଭ୍ୟାସଗତ ହୁଏ, ଏହି ଉଦ୍ଦେଶ୍ୟରେ ତାଙ୍କୁ ପ୍ରାର୍ଥନା ଶେଷରେ ମିଠା ଖାଇବାକୁ ଦିଅନ୍ତି। ମାଆ ନିୟମିତଭାବେ ତାଙ୍କ ତକିଆ ତଳେ ସେହି ମିଠା ପୁଡ଼ିଆଟି ରଖି ଦେଉଥିଲେ। ପ୍ରାର୍ଥନା ଶେଷରେ ସେ ସେଇ ମିଠା ପୁଡ଼ିଆଟି ନେଇ ଖାଉଥିଲେ। ସେ ଯେତେବେଳେ ବଡ଼ହୋଇଗଲେ ଓ ପ୍ରାର୍ଥନା ଅଭ୍ୟାସ ପକ୍କା ହୋଇଗଲା, ମାଆ ମିଠା ରଖିବା ବନ୍ଦ କରିଦେଲେ। କିନ୍ତୁ ପ୍ରାର୍ଥନା ପରେ ପୂର୍ବପରି ତକିଆ ତଳୁ ମିଠା ନେଇ ଫରିଦ୍ ଖାଉଛନ୍ତି। ଏ ମିଠା ରଖୁଛି କିଏ ?

ମା' କହିଲେ- ତୁ ଦିନେ ଖୁବ୍ ବଡ଼ମଣିଷ ହେବୁ, କାରଣ ମିଠା ରଖିବା ମୁଁ ବହୁଦିନରୁ ବନ୍ଦ କରି ଦେଲିଣି। ଏଇ ମିଠା ପୁଡ଼ିଆ ତୋର ତକିଆ ତଳେ ଏବେବି ରହୁଛି, ଏହା ତୋ ପ୍ରତି ଖୁଦାଙ୍କର ଅଶେଷ ଦୟା। ସେଥିପାଇଁ ତାଙ୍କ ନାମରେ ଯୋଡ଼ା ହେଲା 'ଗଂଜ୍ ଶକ୍‌ର'- ମିଠାର ଭଣ୍ଡାର- ମଧୁ ଭଣ୍ଡାର ବା ସ୍ନେହ-କରୁଣାର ଭଣ୍ଡାର।)

ଅନୁଗତ -ଭଗବତ୍ ଗୀତାରେ କୁହାଯାଇଛି, 'ସ୍ୱଧର୍ମେ ନିଧନଂ ଶ୍ରେୟଃ ପରଧର୍ମୋ ଭୟାବହଃ' (୩/୩୫) -ଏହାର ଅର୍ଥ କ'ଣ ? ୭୨

ଶ୍ରୀଶ୍ରୀଠାକୁର - ସ୍ୱଧର୍ମ ଅର୍ଥାତ୍ ତୁମର ଯେଉଁ ବିଶିଷ୍ଟତା ତାହାକୁ ଅବଜ୍ଞା କର ନାହିଁ। ତାହାଠାରୁ ଭୁଲ ଆଉ ନାହିଁ। ସହଜାତ କର୍ମ ଯାହାଠାରେ ଯାହା ହୋଇଥାଏ ତା' ଭିତରଦେଇ ମଣିଷ ଚରମ ଜ୍ଞାନର ଅଧିକାରୀ ହୋଇପାରେ। ତା' ନ ହେଲେ ମଣିଷ ଜ୍ଞାନର ଅଧିକାରୀ ହୁଏ ନାହିଁ। ତୁମ ଭିତରେ ଯେଉଁ ସମ୍ପଦ ଅଛି ତା' ଉପରେ ଛିଡା ହୋଇ ତୁମେ ଅଧିକରୁ ଅଧିକ ହେବାକୁ ଯତ୍ନ କର। ଯେଉଁମାନେ ନିଜର ବିଶିଷ୍ଟତା ଉପରେ

ନିର୍ଭର ନ କରି ଅନ୍ୟର ବିଶିଷ୍ଟତାକୁ ଅନୁକରଣ କରନ୍ତି, ତାହା ଅସ୍ୱାଭାବିକ ହୋଇ ଥିବାରୁ ଆତ୍ମ-ପ୍ରବଂଚନା ଆଡକୁ ଟାଣି ନିଏ । ତେଣୁ ମୁଁ କହେ conversion (ଧର୍ମ ପରିବର୍ତ୍ତନ) କରିବାକୁ ନ ଯାଇ ସମସ୍ତେ convergent (ଏକାଭିମୁଖୀ) ହୁଅ ।

(ସତ୍ୟାନୁସରଣ-ଏକାନୁରକ୍ତି, ତୀବ୍ରତା ଓ କ୍ରମାଗତିରେ ହିଁ ସୌନ୍ଦର୍ଯ୍ୟ ଆଉ ଜୀବନର ସାର୍ଥକତା । ବହୁ ଭଲପାଇବା ଯେ ଏକ ଭଲପାଇବାକୁ ଟଳାଇ ବା ବିଛିନ୍ନ କରିପାରେ ନାହିଁ, ସେହି ଭଲପାଇବା ହିଁ ପ୍ରେମର ଭଗିନୀ ।)

ଅନୁଗତ- ଆଚାରଃ ପରମୋଧର୍ମଃ - ଏହାର ଅର୍ଥ କ'ଣ ? ୭୩

ଶ୍ରୀଶ୍ରୀଠାକୁର- ଆଚାର ମାନେ ହେଉଛି ଆଚରଣ, ସମ୍ୟକ୍ ପ୍ରକାରେ ଚାଲିବା ଅର୍ଥାତ୍ ଯେପରି କରି ଚାଲିଲେ ଯାହା ହୁଏ; perfectly (ଠିକ୍ ଭାବେ) ସେପରି କରି ଚାଲିବା । ଯଦି ବଞ୍ଚିବା ଓ ବୃଦ୍ଧିପାଇବା ଲାଭ କରିବାକୁ ହୁଏ ତେବେ ସେପରିକରି ଚାଲିବାକୁ ହେବ ଯେଉଁଥିରେ ତାହା ସମ୍ଭବ ହେବ ।

– ୦ –

ସତ୍‌ନାମ ସଂପର୍କରେ ଶ୍ରୀଶ୍ରୀଠାକୁରଙ୍କ ବାଣୀ

ନାମ କର ଆଉ ମନନ କର
ଇଷ୍ଟଙ୍କ ଯେତେ ଗୁଣାବଳୀ,
ଭାବରେ କର୍ମରେ ସଂଯୋଗ କର
ଜ୍ଞାନ ଗୁଣରେ ହେବ ବଳି ।

ଚେଷ୍ଟା-ଯତ୍ନ ଯେପରି ତୁମରି
ମାନସଗତି ଯେଉଁଭଳି,
କୃତିମୁଖର ଯେଉଁଭଳି ତୁମେ-
ହେବା-ପାଇବା ବି ସେଇଭଳି ।

ଦ୍ୱିତୀୟ ପରିଚ୍ଛେଦ

ଯୋଗ, ଚିତ୍ତବୃତ୍ତିନିରୋଧ, ଯୋଗାବେଗ, ସୁରତ ସାଧନା, ନାମ ଓ ନାମୀ, ରାସଲୀଳା, ପ୍ରାଣାୟମ, ଷଟଚକ୍ର ଭେଦ ଓ ଶ୍ରୀଶ୍ରୀଠାକୁର, ତନ୍ତ୍ରସାଧନା, ଲୟ ଓ ମାୟାବାଦ।

ଅନୁଗତ -ଆପଣ କହିଲେ ଯେ ଆଦର୍ଶଙ୍କଠାରେ ଅତୁଟ ଅନୁରାଗ ହେଉଛି ଯୋଗ ଓ ନିଷ୍ଠା ହେଉଛି ଯୋଗାଭ୍ୟାସ। ଶୁଣିଛି ଯେ ପାତଞ୍ଜଳରେ ଅଛି 'ଯୋଗଶ୍ଚିତ୍ତବୃତ୍ତିନିରୋଧ'। ଚିତ୍ତବୃତ୍ତି କ'ଣ ଏବଂ ନିରୋଧ କିପରି ହୁଏ ? ୭୪

ଶ୍ରୀଶ୍ରୀଠାକୁର - ଏହି ଚିତ୍ତବୃତ୍ତିଗୁଡ଼ିକୁ ଷଡ଼ରିପୁ ବୋଲି ଶାସ୍ତ୍ରମାନଙ୍କରେ କୁହାଯାଇଛି- କାମ, କ୍ରୋଧ, ଲୋଭ, ମଦ, ମୋହ ଓ ମାତ୍ସର୍ଯ୍ୟ। ଏମାନେ ମଣିଷର ପଞ୍ଚ ଇନ୍ଦ୍ରିୟଙ୍କ ମାଧ୍ୟମରେ ପ୍ରକାଶିତ ହୁଅନ୍ତି। ମଣିଷ କାମୁକ, କ୍ରୋଧୀ, ଲୋଭୀ ହୋଇ କେତେ ରକମର କେତେ କ'ଣ କରେ। ମୋହ ମଣିଷକୁ ବିବେକଶୂନ୍ୟ କରେ, ମଦ ଆଣେ ମତ୍ତତା ଆଉ ମାତ୍ସର୍ଯ୍ୟ ଆଣେ ଅହଂକାର। ଆଉ ତୁମେ ଯଦି ଚିତ୍ତବୃତ୍ତିନିରୋଧ କରିବାକୁ ଯିବ, ତେବେ ଲକ୍ଷେ ଜନ୍ମ ଲାଗିଯିବ। ଏମାନଙ୍କର ଉତ୍ସ ହେଲା ମଣିଷ ଭିତରେ ଥିବା ଆଦିମ ଆସକ୍ତି। ଆଦର୍ଶଙ୍କଠାରେ ଅଚ୍ୟୁତ ଆନତି ହେଉଛି ଯୋଗ ଆଉ ଏହି ଯୋଗ ଦ୍ୱାରା ଚିତ୍ତବୃତ୍ତିନିରୋଧ ହୁଏ। ଅର୍ଥାତ୍ ସେମାନେ ମନ ଦ୍ୱାରା ପରିଚାଳିତ ନ ହୋଇ ଆଦର୍ଶଙ୍କୁ ପରିପୂରଣ କରିବାରେ ନିୟୋଜିତ ହୁଅନ୍ତି, ତେଣୁ 'ଯୋଗଶ୍ଚିତ୍ତବୃତ୍ତିନିରୋଧ' ନ କହି ମୁଁ କହେ 'ଯୋଗାତ୍ ଚିତ୍ତବୃତ୍ତିନିରୋଧ'।

ଅନୁଗତ- କାମ-କ୍ରୋଧ-ଲୋଭ ଇତ୍ୟାଦି ଈଶ୍ୱର ମଣିଷଠାରେ କାହିଁକି ଦେଲେ ? ୭୫

ଶ୍ରୀଶ୍ରୀଠାକୁର- କାମ-କ୍ରୋଧ-ଲୋଭ ଇତ୍ୟାଦି ମଣିଷର ଉପଭୋଗ କରିବାର ଗୋଟିଏ ଗୋଟିଏ ଉପାଦାନ। ନିଜକୁ ବହୁରୂପେ ଭୋଗ କରିବା ପାଇଁ ସେମାନଙ୍କର ସୃଷ୍ଟି। କାମ-କ୍ରୋଧ ଇତ୍ୟାଦି ଯେତେବେଳେ ଭୋଗ କରିବା ବିଷୟରେ ମଣିଷକୁ ଅଭିଭୂତ କରିପକାନ୍ତି, ପ୍ରକୃତ ଉପଭୋଗରେ ବାଧା ସୃଷ୍ଟି କରନ୍ତି, ସେତେବେଳେ ସେମାନେ ରିପୁ ବା ଶତ୍ରୁ, କିନ୍ତୁ ସ୍ୱରୂପତଃ ସେମାନେ ରିପୁ ନୁହନ୍ତି। ଏମାନଙ୍କୁ ଇଷ୍ଟପ୍ରତିଷ୍ଠା ପାଇଁ ଯେତେବେଳେ ବ୍ୟବହାର କରାଯାଏ, ସେତେବେଳେ ସେମାନେ ଶୃଙ୍ଖଳିତ ହୋଇ ରୁହନ୍ତି। 'ଧର୍ମାବିରୁଦ୍ଧୋଭୂତେଷୁ କାମୋଽସ୍ମି ଭରତର୍ଷଭ' -ଧର୍ମର ଅବିରୁଦ୍ଧ ଯେଉଁ କାମ ତାହା ଅନୀଶ୍ୱର ନୁହେଁ। (ବଳଂ ବଳବତାଂ ଚାହଂକାମରାଗବିବର୍ଜିତମ୍ /ଧର୍ମାବିରୁଦ୍ଧୋଭୂତେଷୁ କାମୋଽସ୍ମି ଭରତର୍ଷଭ। ଗୀତା, ୭-୧୧) ଆମେ କାମ ଓ କାମିନୀକୁ ଯଦି ଏପରିଭାବରେ ନିୟନ୍ତ୍ରିତ ଓ ପରିଶୁଦ୍ଧ କରିତୋଳୁ, ତାହେଲେ ସେମାନେ ରିପୁ ନୁହନ୍ତି।

ଏମାନଙ୍କୁ ଜବରଦସ୍ତି ଦବାଇ ରଖିଲେ ସେମାନେ ନାନାପ୍ରକାର ଶାରୀରିକ ଓ ମାନସିକ ରୋଗର କାରଣ ହୁଅନ୍ତି। ସେସବୁକୁ ଚାପି ରଖିଲେ, ସେମାନଙ୍କର ଶକ୍ତି ବଢ଼ିଯାଏ। ସେମାନେ ବିରୁଦ୍ଧାଚରଣ କରନ୍ତି। କାମ, କ୍ରୋଧ, ଲୋଭ, ଶଙ୍କା, ଆତଙ୍କ, ଦ୍ୱେଷ ଓ

ଶୋକ ଇତ୍ୟାଦିର ଚାପା ଆବେଗ ମଣିଷର ଅନ୍ତର୍ସ୍ନାୟୁ ଓ ବିଧାନର ବିହିତ ତାତ୍ପର୍ଯ୍ୟକୁ ବ୍ୟାହତ କରି ବିକାର ଆଣିଥାଏ। ତଦ୍ଦ୍ୱାରା ଏପରି ବିପଦ ସୃଷ୍ଟି ହୁଏ ଯେ କେଉଁଠାରେ ଅନ୍ତ୍ରରୋଗ, କେଉଁଠାରେ ହୃତ୍‌ପିଣ୍ଡ ଓ ଫୁସ୍‌ଫୁସ୍‌ର ନାନାବିଧ ବିକାର, ମାନସିକ ରୋଗ ଇତ୍ୟାଦି ମଣିଷକୁ ମାଡ଼ି ବସେ।

ଅନୁଗତ - ଶାସ୍ତ୍ରରେ କାମିନୀ-କାଞ୍ଚନ ଆସକ୍ତି ତ୍ୟାଗ କଥା କୁହାଯାଇଛି, ଏହାର ମର୍ମ କ'ଣ ? ୭୬

ଶ୍ରୀଶ୍ରୀଠାକୁର - କାମିନୀ-କାଞ୍ଚନର ଆସକ୍ତି ତ୍ୟାଗ କେବଳ କାମିନୀ-ସଙ୍ଗ ତ୍ୟାଗ କରିଦେଲେ ହୋଇଯାଏ ନା। କାମ, କ୍ରୋଧ, ଲୋଭ, ମୋହ, ମଦ, ମାତ୍ସର୍ଯ୍ୟ ସବୁଟାକୁ ବଶକୁ ଆଣିବା ଦରକାର, ନହେଲେ କାମିନୀ ତ୍ୟାଗ କରି ଦୁର୍ବାସା ପରି କ୍ରୋଧୀ ହେଲେ କ'ଣ ହେବ ? ସତ୍ୟବାଦୀ, ସତ୍ୟାଚାରୀ, ସତ୍ୟକାମ ହେବା ବିଶେଷ ଦରକାର। କାମିନୀ-ସଙ୍ଗ ତ୍ୟାଗ ଠାରୁ ମଧ୍ୟ ଏହା ବେଶି ଦରକାର; ବରଂ କିଛି କାମିନୀ-କାଞ୍ଚନାସକ୍ତି ଥାଇ ବି ଯଦି କେହି ସତ୍ୟବାଦୀ ଓ ସତ୍ୟ-ପାଳନ କ୍ଷମ ହୁଏ ତେବେ ତାହା କାମିନୀ-କାଞ୍ଚନାସକ୍ତି ତ୍ୟାଗ ଠାରୁ ହୁଏତ ଭଲ। କାରଣ ସତ୍ୟବାଦୀ ଓ ସତ୍ୟାଶ୍ରୟୀ ହେବାକୁ ହେଲେ ଖୁବ ଶକ୍ତି ଦରକାର, ସତ୍ ସାହସର ଦରକାର। ଯେ coward (ଭୀରୁ), ସେ ମିଥ୍ୟାଚାର କରେ, ମିଥ୍ୟା କହେ।

ଅନୁଗତ - ଯୋଗାବେଗକୁ କାହାକୁ କହନ୍ତି ? ୭୭

ଶ୍ରୀଶ୍ରୀଠାକୁର - ଯେଉଁ cohesive force (ସଂଯୋଜନୀ ଶକ୍ତି) ଯୋଗୁଁ sperm ଓ ovum (ଶୁକ୍ର ଓ ଡିମ୍ବ) ମିଳିତ ହୋଇ ଜୀବନକୋଷ ଗଠନ କରନ୍ତି, ତାର underlying magnetic force (ଅନ୍ତର୍ନିହିତ ଚୁମ୍ବକୀୟ ତରଙ୍ଗ) ମିଳନର ଝୁଙ୍କ, ଏହା ଅଭ୍ୟାସ ଓ ବ୍ୟବହାର ଦ୍ୱାରା ପ୍ରକାଶିତ ହୁଏ, ତେଣୁ ଏହି ମିଳନର ଆବେଗକୁ 'ଯୋଗାବେଗ' କୁହନ୍ତି। ମୋର ମନେହୁଏ, ସବୁକିଛି ଭିତରେ ଅଛି ଏଇ ସୁରତ ବା Libido, ଯେମିତି ଧର, male (ପୁରୁଷ) ଅଛି ଓ female (ନାରୀ) ଅଛି- ନାରୀ ହେଲା negative prominent (ରଚୀ ପ୍ରଧାନ) ଓ ପୁରୁଷ ହେଲା positive prominent (ରଜି ପ୍ରଧାନ)। ଏହି positive ଓ negative ଭିତରେ ଗୋଟାଏ affinity (ଅନୁରାଗ) ଅଛି। ଯେତେବେଳେ ଏହି ଦୁହିଙ୍କର ମିଳନ ହୁଏ ସେତେବେଳେ ଗୋଟାଏ ଆବେଗ ଆସେ, -ସେଥିରେ ଗୋଟିଏ ପ୍ରକାରର toxic excitement (ମାଦକତା) ଥାଏ। ପୁଅ ତାର ମାଆ ନିକଟକୁ ଦୌଡ଼ିଯାଏ। ମା' ନିକଟକୁ ଯାଇ ଭାବେ ଯେ ସେଠାରେ ସେ ନିରାପଦ। କିନ୍ତୁ ସେଇ ପୁଅ ବଡ଼ହେଲେ ଭାବେ ଯେ ବାଘ ଆସିଲେ ରକ୍ଷା କରିବା ଲାଗି ମାଆର କୌଣସି କ୍ଷମତା ନାହିଁ। କିନ୍ତୁ ଯେତେ ଦିନ ଯାଏ ଛୋଟ ଥାଏ, ମା' ଉପରେ ପ୍ରଗାଢ଼ ଟାଣ ଥାଏ। ମାଆକୁ ବାଘ ଖାଇପାରେ ତାହା ଜାଣିଲେ ମଧ୍ୟ ସେ ମା' ନିକଟକୁ ଗଲେହିଁ ସାହସ ପାଏ। ଭୟ ହେତୁ ଯେଉଁ depression (ଅବସାଦ) ଆସେ, ତାହା ସେ regain(ପୁନଃପ୍ରାପ୍ତି) କରିଥାଏ। ଏଇଟା ହେଲା ତା'ର ସୁରତ।

ଅନୁଗତ – Positive (ରଜି) ଓ negative (ରଟୀ) ପରସ୍ପରକୁ କିପରି ଆକର୍ଷଣ କରନ୍ତି ? ୭୮

ଶ୍ରୀଶ୍ରୀଠାକୁର – "ଯେଉଁଠାକୁ ଯାଇ, ସଙ୍ଗେ ଥାଏ ରାଇ" -ଏହା ଏକ ଅଭାବନୀୟ କାଣ୍ଡ । Positive (ରଜି) ଯେଉଁଠାରେ ରହିବ, negative (ରଟୀ) ତାର ପଛେ ପଛେ ଛୁଟିବ । ତା'ର ଅବଲମ୍ବନ ବ୍ୟତୀତ ସେ ରହିପାରେନା । ଏହା ହେଉଛି କେନ୍ଦ୍ରାନୁଗ ଆକର୍ଷଣ । ରଜି ରଟୀର ଏକାଠି ହେବା ପୁଣି ଦୂରେଇ ଯିବା - ଏଇ ଛୁଟାଛୁଟି ଭିତରଦେଇ ଏହି ଟଣାଟଣି ଯୋଗୁଁ ବାହାରି ଆସିଛି କେତେ କ'ଣ ଅନନ୍ତ କୋଟି ବ୍ରହ୍ମାଣ୍ଡ, ଗ୍ରହ, ନକ୍ଷତ୍ର, ତାରା, କ୍ଷିତି, ଅପ୍, ତେଜ, ମରୁତ, ବ୍ୟୋମ, ବୃକ୍ଷ ଲତା, ପଶୁପକ୍ଷୀ ମଣିଷ । ଏହି ମିଳନର ଝୁଙ୍କକୁ ତମେ ଯେଉଁଠାରେ ଲଗାଇବ, ସେ ହେବ ତୁମ ଜୀବନରେ most preferred (ପ୍ରଥମ ପସନ୍ଦ), ତା ପାଇଁ ତୁମେ ସବୁକୁ ଗୌଣ ମନେ କରିବ । ତେଣୁ ଯୋଗର ମୂଳରେ ଅଛି ଏକାଗ୍ରତା ।

ଅନୁଗତ – ଶୁଣିଛି, ସନ୍ଥମତର ସାଧନାକୁ ସୁରତ-ସାଧନା କୁହାଯାଏ । ଏହି ସନ୍ଥମତ କ'ଣ ? ୭୯

ଶ୍ରୀଶ୍ରୀଠାକୁର – ଏହା ହେଉଛି ଯେ ମଣିଷ ଯେତେବେଳେ ଆପ୍ରାଣ ଇଷ୍ଟପ୍ରାଣ ହୋଇ ଅର୍ଥାତ୍ ସୁରତ ବା ଆଦିମ ଆସକ୍ତି ଦେଇ ନିଜର ବ୍ୟକ୍ତିତ୍ୱକୁ ପ୍ରତ୍ୟେକ-ବୃତ୍ତିପ୍ରାଣ ନ କରି ସମସ୍ତ ବୃତ୍ତିଗୁଡ଼ିକୁ ତଁତ୍ ସ୍ୱାର୍ଥପରାୟଣତାରେ ସମଷ୍ଟିବଦ୍ଧ କରି ତଁତ୍ ତୁଷ୍ଟିରେ ନିୟନ୍ତ୍ରଣ, ସାମଞ୍ଜସ୍ୟ ଓ ସମାଧାନ କରେ, ଏହି ସାର୍ଥକ ଚଳନରେ ଅସୀମ ଉନ୍ନତ ଉପଭୋଗର ଅସୀମ ପଥରେ ସେ ଚାଲିଥାଏ -ଏହାକୁ ମୁଁ ସନ୍ଥମତ ବୋଲି ଧରିଥାଏ ।

ଅନୁଗତ -ଏହା ବେଦାନ୍ତୀ ମାନଙ୍କ ସାଧନା ପଦ୍ଧତି ଠାରୁ କ'ଣ ଅଲଗା କି ? ୮୦

ଶ୍ରୀଶ୍ରୀଠାକୁର – ହୁଜୁର ମହାରାଜ କହିଛନ୍ତି, ବେଦାନ୍ତୀର ଚରମ ଅନୁଭୂତି ଆଉ ସନ୍ଥମତର ଚରମ ଅନୁଭୂତି 'ଏକ ଦରଜା ତଫାତ୍' । ପୁଣି ସେ ତଫାତ୍ ଟାବି ଏତେ subtle (ସୂକ୍ଷ୍ମ) ଯେ ତା ଅନୁଭବ ପ୍ରାୟ କରି ହୁଏନା,- କଦାଚିତ୍ କେହି ପାରନ୍ତି । ବ୍ରହ୍ମତତ୍ତ୍ୱାନୁଭୂତିର ଶେଷ ନାହିଁ । ବ୍ରହ୍ମର କ'ଣ ଇତି ବା ଶେଷ କରାଯାଏ ? ବେଦାନ୍ତୀ ସାଧନା ଉପାୟରେ ସେଇ ଅବସ୍ଥା କୋଟିକରେ ଜଣେ realise (ଅନୁଭବ)କରିପାରେ, କିନ୍ତୁ ସନ୍ଥମତରେ ତଦପେକ୍ଷା ବେଶି ଲୋକଙ୍କର ଏହା realise(ଅନୁଭବ) କରିବା ସମ୍ଭବ । ଖୁବ ଉଚ୍ଚ ଅବସ୍ଥାରେ ଆଦିନାଦ ସନ୍ଥମତ ଅନୁଯାୟୀ ନିଶ୍ଚୟ realised (ଅନୁଭୂତ) ହେବ ।

(ଆଲୋଚକ-ଦର୍ଶନଶାସ୍ତ୍ରରେ ଏହି Libido ବା ସୁରତର ଅନ୍ୟତମ ପ୍ରବକ୍ତା ହେଲେ ସିଗ୍‌ମଣ୍ଡ ଫ୍ରଏଡ(Sigmund Freud) -ସେ କୁହନ୍ତି ଯେ ଏହା ଜନ୍ମରୁ ମଣିଷ ସହିତ ଥାଏ -ଲିବିଡୋ ହେଉଛି ଆଦିମ ଶକ୍ତିର ଗନ୍ତାଘର (reservoir of primary energy) । ଏହାକୁ ଯୌନମିଳନ ପରିପ୍ରେକ୍ଷିରେ ସାଧାରଣତଃ ବୁଝାଯାଏ । କାର୍ଲ ଜଙ୍ଗ୍ (Carl Jung) ପ୍ରଭୃତି ଅନେକ ମନୋବୈଜ୍ଞାନିକ ମତ ଦିଅନ୍ତି ଯେ ଏହା କେବଳ ଯୌନ ଆକାଂକ୍ଷାରେ ସୀମିତ

ନୁହେଁ, ଏହା ସମଗ୍ର ମାନସିକ ଶକ୍ତି (totality of Psychic energy)। ଏହି ସୁରତର ମୋଡ଼ ବୁଲାଇଦେଲେ ତାହା ଅସ୍ତିତ୍ୱର ଅହିତ ନ କରି ଅତୀବ ହିତକାରୀ ହୋଇଥାଏ।

ଏ ସମ୍ପର୍କରେ ପ୍ରଚଳିତ ବିଲ୍ୱମଙ୍ଗଳ ଉପାଖ୍ୟାନକୁ ଶ୍ରୀଶ୍ରୀଠାକୁର କହିଛନ୍ତି। ନିଜଭାଷାରେ ଏହାର ସଂକ୍ଷିପ୍ତିକରଣ - ବିଲ୍ୱମଙ୍ଗଳ ଜଣେ ଉଚ୍ଚକୂଳର ସନ୍ତାନ, ଚିନ୍ତାମଣି ବେଶ୍ୟା ପ୍ରତି ତାର ଥିଲା ଚରମ ଅନୁରକ୍ତି, ସେ ତା' ପାଇଁ ପାଗଳ। ବର୍ଷାକାଳ, ଝଡ଼ ବର୍ଷା ଲାଗି ରହିଛି, ରାତି ବେଶି ହେଲାଣି। ଚିନ୍ତାମଣି କଥା ମନେ ପଡ଼ିଗଲା। ବିଲ୍ୱମଙ୍ଗଳକୁ ଆଉ ରଖେ କିଏ ! ସେଇ ବର୍ଷା ରାତିରେ ସେ ଚିନ୍ତାମଣି ପାଇଁ ପାଗଳ ହୋଇ ଚାଲିଲା। ଚିନ୍ତାମଣି ରହେ ନଦୀର ଆର ପାଖେ। ଭାସୁଥିବା ଗୋଟିଏ ମଣିଷ ଶବକୁ ଧରି ନଦୀ ପାର ହେଲା। ଚିନ୍ତାମଣି ଘର ପାଖରେ ପହଂଚି ତାକୁ ନିଦରୁ ଉଠାଇବାକୁ ଗୋଟାଏ ସାପକୁ ରଜ୍ଜୁ ଭାବି ତାକୁ ଧରି ତାର ଉଚ୍ଚ ପିଣ୍ଡାକୁ ଉଠିଗଲା। ଚିନ୍ତାମଣି ନିଦରୁ ଉଠିଲା। ନିଦ ମଳମଳ ଆଖିରେ କହିଲା- ତୁମେ ଏତେ ପାଗଳ, ଏଇ ପାଗଳାମି ଯଦି ତୁମର ଈଶ୍ୱରଙ୍କ ପାଇଁ ଥାଆନ୍ତା, ତେବେ ତୁମେ ତାଙ୍କୁ ନିଶ୍ଚୟ ପାଇ ସାରନ୍ତଣି। ଏଇ କଥା ପଦକରେ କାମାସକ୍ତ ବିଲ୍ୱମଙ୍ଗଳର ଅନ୍ତରରେ ହେଲା ଅଦ୍ଭୁତ ପରିବର୍ତ୍ତନ। ଚିନ୍ତାମଣି ଘରୁ ସେ ଚାଲିଲା ବୃନ୍ଦାବନ। ଚକ୍ଷୁଦ୍ୱୟ ସ୍ତ୍ରୀଲୋକ ଆଡ଼େ କାମାସକ୍ତ ହୋଇ ଚାହେଁ ବୋଲି ତାକୁ ସେ ନଷ୍ଟ କରିଦେଇଥିଲା। ଆଗ୍ରହ ଆକୂତିର ଏହି ଆତିଶଯ୍ୟ ପାଇଁ ସେ ଭକ୍ତିର ପରାକାଷ୍ଠା ଲାଭକଲା। ସେଠାରେ ଉପଯୁକ୍ତ ଗୁରୁଗ୍ରହଣ ପୂର୍ବକ ଆଧ୍ୟାତ୍ମିକ ସାଧନାରେ ମନୋନିବେଶ କରି ଈଶ୍ୱରପ୍ରାପ୍ତି ପାଇଁ ତାର ସୁରତକୁ ଲଗାଇ ସିଦ୍ଧିଲାଭ କଲା। ପରବର୍ତ୍ତୀ କାଳରେ ଚିନ୍ତାମଣି ସହିତ ଭେଟ ହେଲା ବୃନ୍ଦାବନରେ। ବିଲ୍ୱମଙ୍ଗଳ ତାକୁ ଛାଡ଼ି ଯିବାର କିଛିଦିନ ପରେ ଚିନ୍ତାମଣି ତାର ଘରଦ୍ୱାର ବିକି ବୃନ୍ଦାବନ ଚାଲି ଆସିଥିଲା। ସେ ସିଦ୍ଧଯୋଗୀ ବିଲ୍ୱମଙ୍ଗଳକୁ ଭେଟିଲା। ବିଲ୍ୱମଙ୍ଗଳ ତା' ପ୍ରତି ଅତି କୃତଜ୍ଞ, କହିଲା – ଚିନ୍ତାମଣୀ, ତୁମେ ହିଁ ମୋର ପ୍ରେମ ଶିକ୍ଷାଦାତ୍ରୀ। ତେଣୁ ମୂଳ କଥା ହେଉଛି, ଏହି ସୁରତ ବା ଆଦିମ ଆକର୍ଷଣକୁ ଊର୍ଦ୍ଧ୍ୱମୁଖୀ କରିବା -ଶ୍ରେୟ ଆଦର୍ଶମୁଖୀ କରିବା। ମୋଡ଼ ବୁଲାଇ ଦେଲେ ହେଲା।)

ଅନୁଗତ – ଏହି ସୁରତ କେଉଁଭାବେ ଅହିତକାରୀ ହୋଇଥାଏ ? ୮୧

ଶ୍ରୀଶ୍ରୀଠାକୁର -କେତେକ ମଣିଷଙ୍କର ଏହି ସୁରତ ମଧ୍ୟ ପଇତା ପରି ଗଣ୍ଠି ପଡ଼ିଯାଏ, ବିକୃତ ହୋଇଯାଏ। ଏଇ ଧରଣର ଲୋକ ସବୁକଥାକୁ ଓଲଟା ବୁଝେ, ଗୋଟିଏ ଜିନିଷ ହୁଏତ ତାକୁ ଭଲ ଲାଗିଛି, କିନ୍ତୁ ତାକୁ ଅପସନ୍ଦ କରିବାର ଭାବ ଦେଖାଉଛି। ଏମାନଙ୍କୁ କୁହନ୍ତି distorted libido (ବିକୃତ ସୁରତ) ଏମାନଙ୍କୁ ସଂଶୋଧନ କରିବା ମୁସ୍କିଲ। ଆଉ ଯେପରି ବିଲ୍ୱମଙ୍ଗଳର ତାହା damaged libido(ବିଧ୍ୱସ୍ତ ସୁରତ) -ଏକାବେଳକେ ଉନ୍ମାଦ ହୋଇ ଉଠନ୍ତି -debauched life(ଲମ୍ପଟର ଜୀବନ) ଯାପନ କରନ୍ତି କିନ୍ତୁ ଗୋଟାଏ ନୌକାରେ ଯଦି କଣା ଥାଏ, ଉକ୍ତ କଣାରେ ଖିଲ ଦେଇଦେଲେ, ନୌକା ତାର ପୂର୍ବାବସ୍ଥାକୁ ଫେରିଆସେ, ଏମାନେ ସେହିପରି। ଫୁଟାଟାକୁ ଯଦି ଠିକ କରିଦିଆଯାଏ, Superior beloved (ପ୍ରେଷ୍ଠ)ଙ୍କଠାରେ attached (ସଂଯୁକ୍ତ) ହୋଇଗଲେ ସେମାନେ ସହଜ ମଣିଷ ହୋଇ ଛିଡ଼ା ହୁଅନ୍ତି । ତାଙ୍କର ସତ୍ତାଚେତନା ଜାଗ୍ରତ ହୁଏ ।

(ଆଲୋଚକ- ଶ୍ରୀଶ୍ରୀଠାକୁର ଏହି ସୁରତ ବା ଯୋଗାବେଗକୁ ଭିତ୍ତି କରି 'ସୁରତ-ସାକୀ' ନାମକ ଏକ କାବ୍ୟଗ୍ରନ୍ଥ ରଚନା କରିଥିଲେ । ତାହାର ଗୋଟିଏ ପଂକ୍ତି ଏହିପରି-

"କାମୁକ ନେଶାଇ ନୟକୋ ସୁରତ
ରାଗଲାଲିମଇ ସୁରତ ହୟ
ଲାଲିମ ନେଶା, ଲାଲିମ କଥା,
ଲାଲିମଚର୍ଯ୍ୟାୟ ସୁରତ ରୟ ।" (ସୁରତ-ସାକୀ - ୨୬)

('କାମୁକ ନିଶାର ନୁହେଁ ଗୋ ସୁରତ/ରାଗଲାଲିମ ହିଁ ସୁରତ ହୁଏ,/ ଲାଲିମନିଶା, ଲାଲିମ କଥା /ଲାଲିମ-ଚର୍ଯ୍ୟାରେ ସୁରତ ରହେ ।')

ଅନୁଗତ – ଏହି ସୁରତକୁ କ'ଣ ସତ୍ତାଚେତନା କୁହାଯାଏ କି ? ୮୨

ଶ୍ରୀଶ୍ରୀଠାକୁର - ସତ୍ତା ହେଉଛି, ଯାହା ଦ୍ୱାରା ପ୍ରାଣନକ୍ରିୟା ଚାଲେ, ଯାହା ସ୍ୱସ୍ଥ ରହିବାର ଅନ୍ତରାୟକୁ ସହଜଭାବରେ ନିୟନ୍ତ୍ରଣ ଓ ନଷ୍ଟାଦନ କରିପାରେ । ଯେଉଁଠାରେ ଯେଉଁ ରକମର ଅଭିବ୍ୟକ୍ତି ସେଠାରେ ସତ୍ତା ମଧ୍ୟ ସେହିପରି । ସତ୍ତା ଭିତରେ ରହିଛି ନିଜସ୍ୱ ଆଦିମ ଆସକ୍ତି । ଏହି ଆଦିମ ଆସକ୍ତି ଫଳରେ ଯେ କୌଣସି ସତ୍ତା ତାର ସ୍ଥିତି ଓ ବର୍ଦ୍ଧନର ଉପକରଣ ସଂଗ୍ରହ କରିଥାଏ । ଆଉ ଯେତେବେଳେ ଯାହା ବାଧା ଆସେ ତାକୁ ପ୍ରତିହତ କରିବାକୁ ଚେଷ୍ଟା କରେ । ଏହାଦ୍ୱାରା ଯେଉଁ ଉନ୍ନତି ଘଟେ ତାହା ହେଉଛି ବିବର୍ତ୍ତନ, ବିବର୍ତ୍ତନର ପଥ ହିଁ ଭଗବତ୍ ପ୍ରାପ୍ତି ।

ଅନୁଗତ - ସୁରତକୁ ଆଦର୍ଶଙ୍କଠାରେ ଯୁକ୍ତ କଲେ କ'ଣ ଲାଭ ହୋଇଥାଏ ? ୮୩

ଶ୍ରୀଶ୍ରୀଠାକୁର - ମଣିଷର ପ୍ରବୃତ୍ତି ତାର ସତ୍ତାର ରସ ଖାଇ ଶୋଷି ନେଉଥାଏ । ଧର, ତୁମର ଦେହରେ ଯଦି ରକ୍ତକ୍ଷୟୀ କେତେକ ରୋଗ-ଜୀବାଣୁ ଆସି ବସା ବାନ୍ଧନ୍ତି, ତାହେଲେ ସେମାନେ ତୁମର ରକ୍ତ ଖାଇ ପୁଷ୍ଟ ହୋଇ ଉଠିବେ, ତୁମ ଶରୀର ପୋଷଣ ଉପଯୋଗୀ ରକ୍ତର ହ୍ରାସ ଘଟିବ । ଏହା ହେବାକୁ ବାଧ୍ୟ । ତେଣୁ ଆଦର୍ଶ-କେନ୍ଦ୍ରିକ ଆକୂତି ସହିତ ଏଇ ଆଦିମ ଶକ୍ତି ବା ଯୋଗାବେଗକୁ ଯୁକ୍ତ କରିଦେଲେ energy (ଶକ୍ତି) ଆଉ ନଷ୍ଟ ହୁଏନା, depression (ଅବସନ୍ନତା) ଆସେନା, ମଣିଷ ଅପଟୁ ହୁଏନା । ଏହି ପ୍ରବୃତ୍ତିଗୁଡ଼ିକୁ ସାପ ଓ ତାର ବିଷ ସହିତ ତୁଳନା କରାଯାଇଛି । ଯେଉଁ ବିଷରେ ମଣିଷ ମରେ, ତାହା ମଧ୍ୟ ଔଷଧ ହୁଏ, ଜୀବନ ବଂଚାଏ । ଏହି ଆଦିମ ଆସକ୍ତି ଯଦି ଉଚିତ ପଥରେ ଲଗାଯାଏ ତେବେ ଜୀବନରେ ଉଦ୍‌ବର୍ଦ୍ଧନା ଘଟେ, ଗୋପୀମାନେ ତାଙ୍କର ଆଦିମ ଆସକ୍ତିକୁ ଶ୍ରୀକୃଷ୍ଣଙ୍କଠାରେ ଲଗାଇ ଯେପରି ହୋଇ ଉଠିଥିଲେ ।

ଅନୁଗତ - ଗୋପୀମାନଙ୍କର କୃଷ୍ଣପ୍ରେମ କିପରି ଥିଲା ? ୮୪

ଶ୍ରୀଶ୍ରୀଠାକୁର - ଗୋପୀମାନଙ୍କ ପ୍ରେମରେ ଆଦୌ ଯୌନ-କୁଟିଳତା ନ ଥିଲା। ଗୋପୀ ପ୍ରେମର ବିଶେଷତା ହେଉଛି -ସେମାନେ ଯିଏ, ଯାହା ଯେପରି ହୁଅନ୍ତୁ ନା କାହିଁକି, ସେମାନଙ୍କର ଶ୍ରୀକୃଷ୍ଣଙ୍କ ପ୍ରତି ଥିଲା ଅକାଟ୍ୟ ଅନୁରକ୍ତି। ସେମାନେ ଶ୍ରୀକୃଷ୍ଣଙ୍କୁ କେବେ ହୁଏତ ଭଗବାନ ବୋଲି ଭାବି ନ ଥିବେ। କିନ୍ତୁ ଶ୍ରୀକୃଷ୍ଣଙ୍କର ତୋଷଣ, ପୋଷଣ ଓ ରକ୍ଷଣ ଥିଲା ସେମାନଙ୍କର ବ୍ରତ ଓ ସାଧନା। ତେଣୁ ଏଇ ସହଜ ସାଧନା ଗୋପୀମାନଙ୍କୁ ସକଳ ପ୍ରଜ୍ଞାର ଅଧିକାରୀ କରାଇଥିଲା। ବୈଷ୍ଣବ ଶାସ୍ତ୍ରରେ ଏହାକୁ ସର୍ବଶ୍ରେଷ୍ଠ ପ୍ରେମ ବୋଲି କୁହାଯାଇଛି।

ଅନୁଗତ - ଗୋପୀମାନଙ୍କର ସ୍ୱଭାବ କିପରି ଥିଲା ? ୮୫

ଶ୍ରୀଶ୍ରୀଠାକୁର -ଯେଉଁମାନେ ବାସ୍ତବ ଅନୁଚର୍ଯ୍ୟାରେ ଗୁଣଶାଳୀ, ସେମାନେ ଗୋପୀ। ଯେ ଗୋପୀମାନଙ୍କର ପ୍ରାଣ ସ୍ୱରୂପ, ପ୍ରୀତିପ୍ରଦୀପ, ସେ ଗୋପାଳ। ଯେ ଅନ୍ତର ଅନୁବେଦନାରେ ସମସ୍ତଙ୍କୁ ଆକର୍ଷଣ କରୁଥିଲେ, ସେ କୃଷ୍ଣ, ଶ୍ରୀ ମାନେ ହେଉଛି ସେବା। ତେଣୁ ସେବାନିରତ ହୋଇ ଆକର୍ଷଣ କରୁଥିବାରୁ ସେ ଶ୍ରୀକୃଷ୍ଣ। ସେ ଗୋପବେଶଧାରୀ ଅର୍ଥାତ୍ ଲୋକପାଳନବେଶଧାରୀ। ବେଣୁ-ବାଦନ ହେଉଛି ଜ୍ଞାନ-ଚିନ୍ତା-ଗତିର ଚାକ୍ଷୁସ ଜ୍ଞାନ-ବାଦନ। ସେ ଚାକ୍ଷୁସ ଜ୍ଞାନ କଥା କୁହନ୍ତି। ସେ ପ୍ରତ୍ୟେକ ସତ୍ତା ନିକଟରେ ଚିରକିଶୋର- ବୃଦ୍ଧ ହେଲେବି ସେ ସ୍ଥବିର ନୁହନ୍ତି-ସାତ୍ୱତ ନର୍ତ୍ତନହିଁ ତାଙ୍କର ସ୍ୱଭାବ - ତେଣୁ ସେ ନବକିଶୋର ନଟବର। **ଅସଲ କଥା ହେଉଛି ସେ ମୂର୍ତ୍ତ ପ୍ରିୟପରମ। ଯେ ଯୁଗୋପଯୋଗୀ ଅବତାର ପୁରୁଷ, ସେହିଁ ସେ ସମୟର ଶ୍ରୀକୃଷ୍ଣ ଭଗବାନ।**

(ଆଲୋଚକ- ଶ୍ରୀଶ୍ରୀଠାକୁରଙ୍କର ଏହି ଉକ୍ତିରୁ ପ୍ରତୀତ ହେଉଛି ଯେ ପ୍ରତି ଯୁଗରେ ଯେ ମଣିଷଙ୍କୁ ଆକର୍ଷଣ କରି ସତ୍‌ପଥରେ ନିଅନ୍ତି, ସେହିଁ ସେହି ଯୁଗର ଶ୍ରୀକୃଷ୍ଣ। ତେଣୁ ତାଙ୍କର ଅନ୍ୟ ନାମ ଯାହା ଥାଉ ନା କାହିଁକି ବର୍ତ୍ତମାନ ଯୁଗର ଯୁଗପୁରୁଷୋତ୍ତମ ହେଉଛନ୍ତି ବିବର୍ତ୍ତିତ ଯୁଗୋପେଯାଗୀ ଓ ସଦ୍ୟ ଶ୍ରୀକୃଷ୍ଣ। ଶ୍ରୀକୃଷ୍ଣଙ୍କୁ ଗୋବର୍ଦ୍ଧନଧାରୀ ମଧ୍ୟ କୁହାଯାଇଛି। ଗୋ-ର ଅର୍ଥ ହେଉଛି ପୃଥିବୀ, ଜୀବନୀଶକ୍ତି ଇତ୍ୟାଦି। ଏହାର ଧାରଣ ଏବଂ ବର୍ଦ୍ଧନ ଯାହାଙ୍କ ଦ୍ୱାରା ସମ୍ଭବ ହୁଏ, ସେ ଗୋବର୍ଦ୍ଧନଧାରୀ। ଶ୍ରୀଶ୍ରୀଠାକୁରଙ୍କୁ ପଚରା ଗଲା ଯେ ଶଙ୍ଖ, ଚକ୍ର, ଗଦା, ପଦ୍ମଧାରୀ ବୋଲି ନାରାୟଣଙ୍କୁ କୁହାଯାଇଥାଏ। ଏହାର ପ୍ରକୃତ ଅର୍ଥ କ'ଣ ? ଶ୍ରୀଶ୍ରୀଠାକୁର ଅଭିଧାନଗତ ଅର୍ଥ ଜାଣିବାକୁ ଚାହିଁବାରୁ ଜଣାଗଲା ଯେ ଶଙ୍ଖ ହେଉଛି ଗୋଟିଏ ଜୀବର ଧଳାରଙ୍ଗର ଶକ୍ତ ବାହ୍ୟିକ ଆବରଣ, ଚକ୍ର ହେଉଛି କୂଟକୌଶଳ, ଗଦା ହେଉଛି ମୁଦ୍‌ଗରବିଶେଷ (ଶାସନ) ଏବଂ ପଦ୍ମ ହେଉଛି ଏଜ ଜଳଜ ପୁଷ୍ପ, ଏହା ମଧ୍ୟ ଦେହର ସୌଭାଗ୍ୟସୂଚକ ଚିହ୍ନକୁ ବୁଝାଏ। ତେଣୁ ଶ୍ରୀଶ୍ରୀଠାକୁର କହିଲେ, ଶଙ୍ଖ-ଚକ୍ର-ଗଦା-ପଦ୍ମଧାରୀର ଅର୍ଥ ହେଲା ଯିଏ ଦମନ, ପୀଡ଼ନ ଓ କଥନ ବିନ୍ୟାସ ଦ୍ୱାରା ମଣିଷକୁ ସଞ୍ଚାରିତ କରି ଐଶ୍ୱର୍ଯ୍ୟର ସହିତ ପ୍ରାପ୍ତିକୁ ସଂଗଠିତ କରନ୍ତି।

ଅନୁଗତ - ଗୋପୀମାନଙ୍କର ରାସଲୀଳା କିପରି ଥିଲା ? ୮୬

ଶ୍ରୀଶ୍ରୀଠାକୁର - ପୂର୍ଣ୍ଣିମା ରାତ୍ରି, ନାନା ରକମର ଫୁଲଫଳ ଶୋଭିତ ବନାନୀ, ସୁଗନ୍ଧ ଓ ମହକରେ ପରିବେଶ ଅତି ମନୋରମ। ଶ୍ରୀକୃଷ୍ଣଙ୍କ ସହିତ ଗୋପୀମାନେ ସମବେତ ହୋଇଥିଲେ। ତତ୍ପରେ ଶ୍ରୀକୃଷ୍ଣଙ୍କୁ କେନ୍ଦ୍ରରେ ରଖି, ଯାହାର ବୃତ୍ତିପ୍ରାଣ ଯେଉଁପରି ତାହା ପାଇବା ପାଇଁ ସେ ସେହିପରି ଭାବରେ ନୃତ୍ୟକ୍ରୀଡ଼ା କରିବାକୁ ଲାଗିଲେ। ସେମାନେ ହଠାତ୍ ଜାଣି ପାରିଲେ ଯେ ଶ୍ରୀକୃଷ୍ଣ ଉଭାନ୍ ହୋଇ ଗଲେଣି। କୃଷ୍ଣ-ମାତାଲ, ଆତ୍ମଭୋଳା ଗୋପୀମାନଙ୍କର ଛାତିରେ ସ୍ତବଧ ବେଦନା ଗର୍ଜି ଉଠିଲା, ଶରୀର ଓ ଚିତ୍ତ ଆଗ୍ନେୟ ଝଲକରେ ଉତ୍ତପ୍ତ ହୋଇ ଉଠିଲା, ଚିନ୍ତାର ବିହ୍ୱଳତା ଏତେ ବଢ଼ିଗଲା ଯେ ଆଭ୍ୟନ୍ତରୀଣ ଚକ୍ଷୁକୁ ତୀବ୍ର କରିଦେଲା। ସଭିଏଁ ଦେଖିବାକୁ ପାଇଲେ ପ୍ରତ୍ୟେକଙ୍କ ପାଖରେ ଯେପରି ଜଣେ ଜଣେ ଶ୍ରୀକୃଷ୍ଣ ଅଛନ୍ତି। ତାହା ଏତେ ସତ୍ୟ ବୋଲି ମନେହେଲା ଯେ ସେମାନେ ଆହୁରି ବିଭୋର ହୋଇ ଗାଇବାକୁ ଲାଗିଲେ, ନାଚିବାକୁ ଲାଗିଲେ। ଏଥିରେ ସେମାନଙ୍କର ମସ୍ତିଷ୍କର କୋଷଗୁଡ଼ିକ ଏତେ ତୀବ୍ର ଭାବେ ଉତ୍ତେଜିତ ହୋଇ ଉଠିଲେ ଯେ, ତଦ୍ୱାରା ସେମାନେ ଦେଖିବାକୁ ଲାଗିଲେ, କେତେ ପ୍ରକାରର ଆଲୋକ-ଝଲକରେ ସାରାଜଗତର ଭିତର ଓ ବାହାର ଯେପରି ଏକ ହୋଇ ଯାଉଛି, ଆଉ ବଂଶୀଧ୍ୱନିର ସ୍ୱଚ୍ଛନ୍ଦ ନୃତ୍ୟରେ ଯେଉଁପରି ସେମାନଙ୍କର ଏବଂ ଦୁନିଆର ପ୍ରତ୍ୟେକଟି କଣାଗୁଡ଼ିକ ପ୍ରାଣମୟ ଛନ୍ଦ-ଦୋଳନରେ ଆନ୍ଦୋଳିତ ହେଉଛନ୍ତି। ଆଉ, ଏଇ ସୃଷ୍ଟିର ସମସ୍ତ ଯାହା କିଛି ସେମାନଙ୍କଠାରେ ସେହି ଶ୍ରୀକୃଷ୍ଣଙ୍କର ବିକିରଣୀ-ଐଶ୍ୱର୍ଯ୍ୟ ହୋଇ ତନ୍ମଧ୍ୟରେ ସମଞ୍ଜସ ଓ ସାର୍ଥକ ହୋଇଉଠୁଛି।

ରାସଲୀଳାର ଅର୍ଥ ହେଉଛି ଶବ୍ଦ-ଲୀଳା। ମଣିଷର ଆଭ୍ୟନ୍ତରୀଣ କୋଷ-ସ୍ପନ୍ଦନରୁ ଯେଉଁ ତାପ ସୃଷ୍ଟି ହୁଏ, ସେଥିରେ ଉଦ୍‌ବୁଦ୍ଧ ଓ ଉତ୍ତେଜିତ ହେବାରୁ ଶବ୍ଦ-ଜ୍ୟୋତି ଦର୍ଶନ ଇତ୍ୟାଦି ଘଟିଥାଏ। ମସ୍ତିଷ୍କର କୋଷଗୁଡ଼ିକ ଏପରି ପ୍ରତିକ୍ରିୟା ପ୍ରବଣ ହୋଇଉଠିଥାଏ ଯେ ଜଗତରେ ଯାହାକିଛି ସ୍ଥୂଳ ତାହାର ସୂକ୍ଷ୍ମ ବିକିରଣୀ ଶବ୍ଦ-ଚାଞ୍ଚଲ୍ୟ ବୋଧ ଭିତରକୁ ଆସିଥାଏ। ଶ୍ରୀକୃଷ୍ଣ ବା ଗୋପୀମାନଙ୍କର କାମଲୋଲୁପତା ନ ଥିବାରୁ ଏହା ଶୁଦ୍ଧ ପ୍ରେମ ବୋଲି ବୈଷ୍ଣବଶାସ୍ତ୍ରରେ କୁହାଯାଇଛି । ଗୋପୀମାନେ ହିଁ ପ୍ରେମସର୍ବସ୍ୱ ଥିଲେ, ଭଲପାଇବାହିଁ ଥିଲା ସେମାନଙ୍କର ଏକାଧାରରେ ଉପାୟ ଓ ଲକ୍ଷ୍ୟ।

(ଆଲୋଚକ- ୧୫୦୦ ଶତାବ୍ଦୀରେ ପ୍ରଥମେ ଲାଟିନ ଭାଷାରେ ଲିଖିତ ଏବଂ ପୃଥିବୀର ଅଧିକାଂଶ ଭାଷାରେ ଅନୁଦିତ ଖ୍ରୀଷ୍ଟିୟାନ ଧର୍ମୀୟ ପୁସ୍ତକ 'The Imitation of Christ'ରେ Thomas A Kempis (1380 AD-1471 AD) ଦର୍ଶାଇଲେ- 'Those who love Jesus for His own sake and not for the sake of selfish comfort will praise Him in every trial and anguish of heart, no less than in great joy. And they would praise Him and give Him thanks, even if He never offered them any comfort. How powerful is the pure love of Jesus, which is free from self-love and self-interest.' (ଯେଉଁମାନେ ନିଜର ସ୍ୱାର୍ଥ ରହିତ ହୋଇ ଯୀଶୁଙ୍କୁ

ତାଙ୍କ ଲାଗି ହିଁ ତାଙ୍କୁ ଭଲପାଆନ୍ତି, ନିଜର କଷ୍ଟଭୋଗରେ ବେଦନାସିକ୍ତ ହୃଦୟରେ ପୀଡ଼ିତ ଥାଇ ମଧ୍ୟ ତାଙ୍କର ଗୁଣଗାନ ଆନନ୍ଦରେ କରନ୍ତି । ସର୍ବଦା ଯୀଶୁଙ୍କ ଗୁଣଗାନ କରି ତାଙ୍କୁ ଧନ୍ୟବାଦ ଦେଉଥାନ୍ତି, ଯଦିଓ ଯୀଶୁ ସେମାନଙ୍କୁ ସ୍ୱସ୍ତି ଦେଇଥିବା ଭଳି ଜଣାଯାଏ ନାହିଁ। ସ୍ୱାର୍ଥପରତା ଦ୍ୱାରା ଆକ୍ରାନ୍ତ ନ ହେବାରୁ ଯୀଶୁଙ୍କ ପ୍ରତି ଏହି ଶୁଦ୍ଧ ପ୍ରେମ କେତେ ଯେ ଶକ୍ତିଶାଳୀ !)

ଶ୍ରେୟଙ୍କଠାରେ ଏହି ଶୁଦ୍ଧ ପ୍ରେମ ଦ୍ୱାରା ମଣିଷର ଯେଉଁ ଆଭ୍ୟନ୍ତରୀଣ ପରିବର୍ତ୍ତନ ଘଟେ, ତାହାକୁ ଗୌତମ ବୁଦ୍ଧ ଅତି ସୂକ୍ଷ୍ମ ଏବଂ ସାଙ୍କେତିକଭାବେ କହିଲେ, 'He is not the same nor is he another'. ସେ ଆଉ 'ସେ' ନୁହେଁ, କିନ୍ତୁ ଅଲଗା ବି ନୁହେଁ। ଗୌତମ ବୁଦ୍ଧଙ୍କର ଏହି ସଂକ୍ଷିପ୍ତ ଉକ୍ତିକୁ ପ୍ରସାରିତ କରି ଦାର୍ଶନିକ ଟରେନ୍ସ (Torence) କହିଲେ,- 'It is possible that a man can be so changed by love as hardly to be recognized as the same person.' (ପ୍ରେମ ମଣିଷକୁ ଏମିତି ବଦଳାଇ ଦିଏ ଯେ ସେ ଯେ ପୂର୍ବର ସେହି ଲୋକ -ଚିହ୍ନା ପଡ଼େ ନାହିଁ।) (Living Thoughts of Great People)

ଅନୁଗତ - ଅନାହତ ନାଦ କ'ଣ ଓ ଏହା କିପରି ଶୁଣାଯାଏ ? ୮୭

ଶ୍ରୀଶ୍ରୀଠାକୁର - ମସ୍ତିଷ୍କର କୋଷଗୁଡ଼ିକ ଖୋଲି ଯିବାରୁ ଆଭ୍ୟନ୍ତରୀଣ ଯେଉଁ ଶବ୍ଦ ସୃଷ୍ଟି ହୁଏ, ତାହାହିଁ ଅନାହତ ଅର୍ଥାତ୍ ଅବିରତ । ଏହା ମଥାର ପଛପଟେ ଟିକେ ଡାହାଣକୁ ଶୁଭେ । ବାମ ପାଖରେ ଯାହା ଶୁଭେ ତାହା ଅନାହତ ନାଦ ନୁହେଁ, ଏହା ବୃତ୍ତିପ୍ରବୃତ୍ତିଜନିତ ଶବ୍ଦ, ଏହାକୁ ଏଡ଼ାଇ ଦେଇ ଦକ୍ଷିଣ ପଟ ଶବ୍ଦକୁ ଲକ୍ଷ୍ୟ ରଖିବାକୁ ହୁଏ ।

ଅନୁଗତ - ବୈଷ୍ଣବଶାସ୍ତ୍ରରେ ଜୀବକୁ କୃଷ୍ଣର ନିତ୍ୟଦାସ ବୋଲି କୁହାଯାଇଛି । ଏହାର ଅର୍ଥ କ'ଣ ? ୮୮

ଶ୍ରୀଶ୍ରୀଠାକୁର - ବୈଷ୍ଣବତତ୍ତ୍ୱରେ ଜୀବକୁ କୃଷ୍ଣର ନିତ୍ୟଦାସ ବୋଲି କୁହାଯାଇଛି- ଏହା ବଡ଼ ଜବର କଥା । ଦାସ ମାନେ ଦାନ । ମଣିଷ ଚିରନ୍ତନ ସଂକର୍ଷଣର ଦାନ । ସଂଯୋଜନୀ ଆକୂତି ସମସ୍ତଙ୍କର ଅଛି, ସେଇ ଆକୂତିକୁ ନେଇ ଯୁକ୍ତ ହେବାକୁ ହେବ -ସର୍ବସତ୍ତାକର୍ଷକ କୃଷ୍ଣ ଅର୍ଥାତ୍ ତାଙ୍କର ମୂର୍ତ୍ତ ବିଗ୍ରହ ଗୁରୁ-ଆଦର୍ଶଙ୍କ ସହିତ । ତେବେ ଯାଇ ଆମେମାନେ ସୁସ୍ଥ ରହିବା, ପ୍ରକୃତିସ୍ଥ ରହିବା । ନଚେତ୍ ଅସନା ଅସନା ଭାବ ଆମକୁ ଛାଡ଼ିବ ନାହିଁ। ପୁଣି ତୁମର ସେଇ ଯୋଗ-ନିରତି କେତେଦୂର ନିର୍ଭୁଲ ଓ ନିଖୁଣ ତାହା ବୁଝାଯାଏ ତୁମର ଚାଲିବା-କହିବା-କରିବାକୁ ଦେଖିଲେ ।

ଅନୁଗତ - ବୈଷ୍ଣବ ଶାସ୍ତ୍ରରେ ଯେଉଁ ପାଞ୍ଚପ୍ରକାର ଭାବର କଥା କୁହାଯାଇଛି -ସେଗୁଡ଼ିକ କ'ଣ ? ୮୯

ଶ୍ରୀଶ୍ରୀଠାକୁର - ସେଗୁଡ଼ିକ ହେଲା ଶାନ୍ତ ଭାବ, ଅର୍ଥାତ୍ ଶ୍ରେୟଙ୍କ ଗୁଣରେ ମୁଗ୍ଧ ହୋଇ ମନ ଯେତେବେଳେ ନାମରସରେ ଆପ୍ଲୁତ ହୁଏ, ଅଶାନ୍ତି, ଅତୃପ୍ତି, ପରଶ୍ରୀକାତରତା

ଆଦି ଅବଗୁଣ ନ ଥାଏ, ଏହା ଶାନ୍ତ ଭାବ । ତାପରେ ଦାସ୍ୟ ଭାବ, ତାହା ହେଲା-ତୁମେ ମାଲିକ, ମୁଁ ସେବକ, ତୁମ ସନ୍ତୋଷରେ ମୋର ତୃପ୍ତି । ଆଉ ଏକ ଭାବ ହେଉଛି ସଖ୍ୟ ଭାବ -ସଖାଠାରୁ ପରମ ମିତ୍ର ଠାରୁ ଗୋଟିଏ ମୁହୂର୍ତ୍ତ ମଧ୍ୟ ଦୂରରେ ରହି ନ ପାରିବା ପରି ଭଲପାଇବା । ଯେଉଁଠି ମାତାର ସହଜଭାବ ଜାଗ୍ରତ କରାଇ ତାଙ୍କୁ ଭଲ ପାଇବାକୁ ହୁଏ ତାହା ବାତ୍ସଲ୍ୟଭାବ । ଯେଉଁଠାରେ ସ୍ୱାମୀ ଭାବରେ ବା କର୍ତ୍ତା ଭାବରେ ତାଙ୍କୁ ପାଇବାର ମନ ବଳେ, ତାହା ମଧୁର ଭାବ । ଯେ ଯେପରି କରୁ, ସବୁଠାରେ କରିବା ଥାଏ, କେବଳ ଭାବନାରେ କିଛି ହୁଏନା ।

ଅନୁଗତ – ତାହେଲେ ଈଶ୍ୱରଙ୍କୁ 'ଭାବଗ୍ରାହୀ ଜନାର୍ଦ୍ଦନ' କାହିଁକି କୁହନ୍ତି ? ୯୦

ଶ୍ରୀଶ୍ରୀଠାକୁର ଉତ୍ତରରେ ଏହି ଗଳ୍ପଟି କହିଲେ - ଗୋଟିଏ ବାବାଜୀ ଥିଲା । ତାର ମଠ ବଗିଚାରେ କଦଳୀ ବଗିଚା କଲା, ଉଦ୍ଦେଶ୍ୟ କଦଳୀ ବିକି ସେହି ଆୟରେ ମଠ ଚଳିବ । କିନ୍ତୁ ଗଛରେ କଦଳୀ ଯେତେବେଳେ ପାଚେ, ବାଦୁଡ଼ି ଦଳ ଚାଲି ଆସନ୍ତି, ଖାଆନ୍ତି ଆଉ ନଷ୍ଟ ମଧ୍ୟ କରନ୍ତି । ବାବାଜୀ ଭାବିଲା -ଈଶ୍ୱର ତ ସର୍ବଶକ୍ତିମାନ୍ -ତାଙ୍କୁ ପାଣି ଛଡ଼େଇ ସମର୍ପଣ କରିଦିଏ, ବାଦୁଡ଼ିଦଳଙ୍କୁ ଜବତ୍ କରିବେ । କିନ୍ତୁ ତାହା କରି ମଧ୍ୟ ବାଦୁଡି ଉତ୍ପାତ କମିଲା ନାହିଁ । ମୋଚି ପିଲାଟିଏ ସଞ୍ଜ ହେଲେ ଗଞ୍ଜେଇ ଟାଣିବା ଆଶାରେ ମଠରେ ଜୁଟେ । ବାଦୁଡିଙ୍କ ହରକତ୍ ଆଉ ବାବାଜୀର ସମର୍ପଣ ଭାବନା କଥା ଶୁଣି କହିଲା- ଆପଣ ତ ମହାରାଜ ଠାକୁରଙ୍କୁ ସବୁ ପାଣି ଛଡାଇ ଦେଇ ଦେଲେ, ତେଣିକି କ'ଣ ହେଲା ନ ହେଲା ସେ ତ ବୁଝିବେ, ମନମାରି ବସିଛନ୍ତି କାହିଁକି ? ବାବାଜୀ ତ ରାଗି ନିଆଁବାଣ, କହିଲା -ଆରେ, ତୁ ମତେ ପାଠ ପଢ଼ଉଛୁ ? ଏ ଯେଉଁ ଭାବଭକ୍ତିର ରହସ୍ୟ ତୁ କ'ଣ ବୁଝିବୁ ରେ ମୂର୍ଖ ! ମୋଚି ପିଲା ଗଞ୍ଜେଇ ଟାଣି ନରମି ଯାଇ ଉଠିଗଲା ବେଳକୁ କହିଲା- ମହାରାଜେ, ତମ ରହସ୍ୟ ତମେ ଜାଣ, ଦର ପାଚିଲା କଦଳୀ କାନ୍ଧିକୁ ଘରେ ରଖି ବସ୍ତା ଘୋଡେଇ ଦେବ, ସେ ପାଚି ଯିବ, ବଜାରରେ ବିକିବ, ଦି ପଇସା ପାଇବ, ମୁଁ ଯାଉଚି । ବାବାଜୀ ଭାବିଲା -ସତେ ତ ! ଯାହା କରଣୀୟ ତା ନ କରି ଖାଲି ଭାବନାରେ ଠାକୁରଙ୍କୁ ଦଉଥିଲେ କ'ଣ ହେବ ? କିଏ ପାଇବ ?

ଗଳ୍ପଟି ଶେଷ କରି ଶ୍ରୀଶ୍ରୀଠାକୁର କହିଲେ ଯେ କରିବା ଅନୁଯାୟୀ ଭାବ ଆମ ଭିତରେ ସୃଷ୍ଟି ହୁଏ । ଭଗବାନଙ୍କ ରାଜ୍ୟରେ ଗୋଟାଏ ବିଧାନ ଅଛି ଯେ ମଣିଷ ନିଜର କର୍ମ ଭିତରଦେଇ ଯାହା ଚାହେଁ, ଭଗବାନ ତାହା ମଞ୍ଜୁର କରିଥାନ୍ତି । ସେଥିପାଇଁ କର୍ମ ଭିତର ଦେଇ ଯଦି କେହି ଦୁଃଖ ଅର୍ଜନ କରିଥାଏ, ତାହାକୁ ସେ ନାକଚ କରି ଦେଇ ପାରନ୍ତି ନାହିଁ । ଠିକ ତାର ବିପରୀତ କର୍ମ କରି ତାକୁ ତାର ନିରସନ କରିବାକୁ ହେବ । କରିବା ବାଦ୍ ଦେଇ କେବଳ କହିବା ଓ ଭାବିବାକୁ ସେ (ଭଗବାନ) ଗୁରୁତ୍ୱ ଦିଅନ୍ତି ନାହିଁ ।

ଅନୁଗତ -ବୈଷ୍ଣବଶାସ୍ତ୍ରରେ ଦୁଇଟି ବିରୁଦ୍ଧାତ୍ମକ ଉକ୍ତି - 'କୋଟି ଜନ୍ମ କରେ ଯଦି ନାମ ସଂକୀର୍ତ୍ତନ, ତଥାପି ନ ପାଏ କେହୁ ବ୍ରଜେନ୍ଦ୍ରନନ୍ଦନ' । ପୁଣି ଅଛି 'ଥରେ ହରିନାମ

ଯେତେ ପାପ ହରେ, ଜୀବର ନାହିଁ ସାଧ୍ୟ ସେତେ ପାପ କରେ'। ଏହାର ରହସ୍ୟ କ'ଣ ? ୯୧

ଶ୍ରୀଶ୍ରୀଠାକୁର - ଏହାର ଅର୍ଥ ହେଉଛି ଯେ କେବଳ ଯାନ୍ତ୍ରିକ ଭାବରେ ନାମ କରିଲେ ହୁଏ ନା, ଅନୁରାଗ ଥିଲେ ନାମ ଜୀବନ୍ତ ହୁଏ। ଆଦର୍ଶଙ୍କ ଉପରେ ନିଶା ଯେତେ ବଢ଼େ - ମଣିଷ ପ୍ରବୃତ୍ତିରୁ ସେତିକି ଊର୍ଦ୍ଧ୍ୱକୁ ଉଠେ। ପ୍ରବୃତ୍ତିର କବଳରୁ ବାହାରିବା ହେଉଛି ଉଦ୍ଧାର ହେବା। ଗୋପୀମାନେହିଁ ଥିଲେ ଏହାର ଜୀବନ୍ତ ଦୃଷ୍ଟାନ୍ତ। ତେଣୁ ହରିଙ୍କୁ ପାଇବାର ଉପାୟ ହେଉଛି ଆଦର୍ଶ ଅନୁରାଗ।

(ଆଲୋଚକ - ଶ୍ରୀଶ୍ରୀଠାକୁର ବିଭିନ୍ନ ଆଲୋଚନା ସମୟରେ ବିଶୁଦ୍ଧ ପ୍ରେମର ଉଦାହରଣ ଦେବାକୁ ଯାଇ ମୀରାବାଈଙ୍କର ଏହି ଗୀତଟିକୁ ସୁର ଧରି ଗାଉଥିଲେ-

"ନିତ ନହାନେ ସେ ହରି ମିଲେଁ, ତୋ ଜଲଜନ୍ତୁ ହୋଇ।
ଫଲମୂଲ ଖାକର ହରି ମିଲେଁ, ତୋ ବହୁତ ବାଦୁର ବଦରାଇ॥
ତୃଣ ଖାକର ହରି ମିଲେଁ, ତୋ ବହୁତ ମୃଗୀ ଅଜା।
ସ୍ତ୍ରୀ ଛୋଡ଼କର ହରି ମିଲେଁ, ତୋ ରହେ ହେଁ ଖୋଜା॥
ଦୁଧ ପୀକର ହରି ମିଲେଁ, ତୋ ବହୁ ବତ୍ସ ବାଲା।
ମୀରା କହେ ବିନା ପ୍ରେମସେ, ନହିଁ ମିଲେ ନନ୍ଦଲାଲା॥"

(ନିତି ସ୍ନାହାନରେ ଯଦି ମିଳନ୍ତେ ହରି, ତେବେ ଜଳଜନ୍ତୁ ହେବାକୁ ମୁଁ ରାଜି/ ଫଳମୂଳଖାଇ ଯଦି ମିଳନ୍ତେ ହରି ତେବେ ମୁଁ ହୁଅନ୍ତି ମର୍କଟ କିମ୍ବା ବାଦୁଡ଼ି/ଘାସଖାଇ ଯଦି ମିଳନ୍ତେ ହରି ତେବେ ମୁଁ ହୁଅନ୍ତି ମୃଗ ବା ଛେଳି/ ସ୍ତ୍ରୀ ଛାଡ଼ି ଯଦି ମିଳନ୍ତେ ହରି ତେବେ ମତେ ଦିଅ କିନ୍ନର କରି/ ଦୁଧପିଇ ଯଦି ମିଳନ୍ତେ ହରି ତେବେ ମୁଁ ହୁଅନ୍ତି ଗୋ-ବାଛୁରୀ/ ମୀରା କହେ ବିନା ପ୍ରେମରେ ମିଳିବେ ନାହିଁ ସେ ନନ୍ଦସୂତ, ଶ୍ରୀହରି।)

ଅନୁଗତ - ଆପଣ କହିଲେ ରାସଲୀଳା ହେଉଛି ଶବ୍ଦଲୀଳା, ଏହି ଶବ୍ଦକୁ କ'ଣ 'ନାମ' କୁହନ୍ତି କି ? ୯୨

ଶ୍ରୀଶ୍ରୀଠାକୁର - 'ନାମ' ହେଉଛି ଗୋଟିଏ ଶବ୍ଦ -ଏହାକୁ 'ବୀଜମନ୍ତ୍ର' କୁହାଯାଏ। ମନ୍ତ୍ରର ଅର୍ଥ ହେଉଛି ମନନ ଭିତରଦେଇ ବିହିତ ବିନିଯୋଗ ଓ ପ୍ରୟୋଗ ଦ୍ୱାରା ଯାହା ମଣିଷକୁ ସାର୍ଥକ ଓ ସିଦ୍ଧ କରିତୋଳେ। ଆଉ ବୀଜ କଥାର ମାନେ ହେଲା, ଯାହା ଦୁଇ ଦିଗରେ ଗଜେଇ ଉଠେ, ଭିତରେ ଓ ବାହାରେ। 'ବୀଜମନ୍ତ୍ର' ଜପ କରିବା ଦ୍ୱାରା ସତ୍ତାତରଙ୍ଗ ଏପରି ଉଖୁରା ପାଏ, ଯାହା ଫଳରେ ଅନେକ ଜିନିଷର ଅନୁଭୂତି ଅନ୍ତରରେ ବିକଶିତ ହୋଇଉଠେ। ଏହି 'ବୀଜମନ୍ତ୍ର'କୁ ଶାସ୍ତ୍ରକାରମାନେ ତିନି ଭାଗରେ ବିଭକ୍ତ କରିଛନ୍ତି -ଭାବାତ୍ମକ, ଧ୍ୱନାତ୍ମକ ଆଉ ଧ୍ୱନାତ୍ମକ ବା ସ୍ପନ୍ଦନାତ୍ମକ। 'ଓଁ କ୍ଲୀଂ ବାସୁଦେବାୟ' ହେଉଛି ଭାବାତ୍ମକ, 'ଓଁ ହ୍ରୀଂ କ୍ଲୀଂ' ଇତ୍ୟାଦି ଧ୍ୱନାତ୍ମକ ଆଉ ଆମମାନଙ୍କର ବୀଜମନ୍ତ୍ର ହେଉଛି ଧ୍ୱନାତ୍ମକ (ସ୍ପନ୍ଦନ ବା vibration)। ଏହା 'ଆଦିନାମ', ସମସ୍ତ ନାମର ଉତ୍ପତ୍ତିସ୍ଥଳ। ଏହା

ଆମର ଜୀବନୀଶକ୍ତି । ଏହାକୁ ମଧ୍ୟ radiant unit (ବିଚ୍ଛୁରଣୀ ବା ବିକିରଣୀ ଏକକ) ଭାବେ ବୁଝାଯାଏ । ରେଡିୟମ୍ ଯେପରି ସଦାସର୍ବଦା ବିରାମହୀନ ବିକିରଣ କରି ଚାଲିଛି, ଏହି ଆଦିନାମ ସେହିପରି ସଦାସର୍ବଦା ଜୀବନୀଶକ୍ତି ବିକିରଣ କରି ଚାଲିଥାଏ । ଏହା ହେଲା ଦୟୀ ବା ଦୟାଲଦେଶ । ଏହା ସତ୍ୟଲୋକଠାରୁ ଆରମ୍ଭ । ସୃଷ୍ଟିରେ ଆମେ ଯେତେ ଯାହା ଦେଖୁଛେ, ତାହା ଏହି ଶବ୍ଦ-ତରଙ୍ଗ ସ୍ପନ୍ଦନର ପରିଣୟନ । ଏହି ନାମ ଭିତରେ ସର୍ବପ୍ରକାର ସ୍ପନ୍ଦନର ଆଦିତମ ପ୍ରାଣ ଓ ରୂପ ଗଚ୍ଛିତ ଥିବାରୁ ଏହି ନାମର ବାରମ୍ବାର ଘୋଷଣା ପ୍ରକ୍ରିୟା ଦ୍ୱାରା ପ୍ରତି-ପ୍ରତ୍ୟେକଙ୍କ ଭିତରେ ଥିବା ସୁପ୍ତ ପ୍ରତିଭା ଜାଗରିତ ହେବାରୁ ଯେ ଯାହା ହେବାର କଥା ହୋଇଥାଏ ।

ଶବ୍ଦବ୍ରହ୍ମ ବା ଅନାହତ ଧ୍ୱନି ଯେଉଁ ପ୍ରକାରର ଅନୁଭବ କରାଯାଏ, ସେ ପ୍ରକାରରେ ଆଦି ସତ୍‌ନାମ ଅନୁଭବ କରାଯାଏ ନା । ଶବ୍ଦବ୍ରହ୍ମର ସ୍ପନ୍ଦନ-ଉନ୍ମୁଖ ଅବସ୍ଥା ଅର୍ଥାତ୍ ଅନାମୀ ନିର୍ଗୁଣରୁ ବିକାଶ-ଉନ୍ମୁଖ ଅବସ୍ଥାହିଁ ଆଦିନାମ, ତେଣୁ ନିର୍ଗୁଣ ଯେତେବେଳେ ସଗୁଣ ହୁଏ ସେହି ନାଦ ଅନୁଭବଯୋଗ୍ୟ ।

ଅନୁଗତ- 'ଆଦିନାମ'ର ଯେଉଁ ରାଧା, ସେ କ'ଣ ଦ୍ୱାପର ଯୁଗର ସେଇ ରାଧା କି ? ୯୩

ଶ୍ରୀଶ୍ରୀଠାକୁର - ରାଧା ଆସିଛି ରାଧ୍ ଧାତୁରୁ, ଅର୍ଥାତ୍ ଆରାଧନା । ଏହି ଧାରା ଆଦିରୁ ଓହ୍ଲାଇ ଆସିଲା । ସେ ହେଉଛି ପ୍ରକୃତି, ଶକ୍ତି । ବାପାଙ୍କ ଗୁଣ ଯେପରି ମୋ ଭିତରେ ସଂଚାରିତ ହୋଇଥାଏ, ସେହିପରି ପରମପିତା ଈଶ୍ୱରଙ୍କ ଶକ୍ତି ଆଦର୍ଶଙ୍କଠାରେ ସଂଚାରିତ । ଏହି ସଂଚାରିତ ହେବା ହେଉଛି ଧାରା; -ତେଣୁ ସେତେବେଳେ ଯେଉଁ ରାଧା, ଏବେ ମଧ୍ୟ ସେହି ରାଧା, ପୁରୁଷ ଓ ପ୍ରକୃତିର ଏକତ୍ରୀକରଣ -ଗୋଟିଏ ରଜି ଶକ୍ତି ଆଉ ଗୋଟିଏ ରଚୀ ଶକ୍ତି । ସୃଷ୍ଟି ଏଇ ଭାବରେ ପ୍ରକାଶିତ ହୋଇ ଚାଲିଛି, ରାଧା ନ ଥିଲେ ସୃଷ୍ଟି ହୁଏନା ।

ଅନୁଗତ - ଆଦିନାମ ଯଦି ସମସ୍ତ ବୀଜମନ୍ତ୍ରର ଉତ୍ପତ୍ତିସ୍ଥଳ ତେବେ ଗୋଟିଏ ତ ଯଥେଷ୍ଟ । ଏତେ ମନ୍ତ୍ର, ବୀଜମନ୍ତ୍ର କାହିଁକି ? ୯୪

ଶ୍ରୀଶ୍ରୀଠାକୁର - ବୀଜମନ୍ତ୍ର ହେଲା ଶବ୍ଦତତ୍ତ୍ୱର ବ୍ୟାପାର । ଏକ ଏକ ବୀଜ, ବୋଧଭୂମିର ଗୋଟିଏ ଗୋଟିଏ ସ୍ତରକୁ ସ୍ଫୁରିତ କରେ । ତେଣୁ ବହୁ ମନ୍ତ୍ର ରହିବା ସ୍ୱାଭାବିକ । କୌଣସି ସ୍ଥୂଳସ୍ତରର ମନ୍ତ୍ର ବା ନାମକୁ ଚରମ ମନେକରି ସେଥିରେ ଅଟକି ରହିଲେ, ମଣିଷର ଉନ୍ନତି ରୁଦ୍ଧ ହୋଇଯାଏ । ସେଥିପାଇଁ ଯୁଗ-ପୁରୁଷୋତ୍ତମଙ୍କୁ ଗ୍ରହଣ କରିବା କଥା ଏତେକରି କହେ । କାରଣ ବିବର୍ତ୍ତନ ରାଜ୍ୟରେ ସେହିଁ ସବୁଠାରୁ ବିବର୍ତ୍ତିତ ପୁରୁଷ । ସେ ଯେଉଁ ସତ୍‌ନାମ ନେଇ ଆସନ୍ତି ତା ମଧ୍ୟରେ ଅନ୍ୟ ସବୁ ନାମ ନିହିତ ଥାଏ । ତେଣୁ ସେହି ନାମ ଗ୍ରହଣ କରି ଯଦି ବିହିତଭାବେ ଅନୁଶୀଳନ କରାଯାଏ, ତାହା ଖୁବ୍ କାର୍ଯ୍ୟକାରୀ ହୁଏ ।

ଅନୁଗତ - ଯୁଗ-ପୁରୁଷୋତ୍ତମଙ୍କୁ ନ ଧରି ତାଙ୍କ ପ୍ରଦତ୍ତ ନାମଜପ କଲେ ହେବ ନାହିଁକି ? ୯୫

ଶ୍ରୀଶ୍ରୀଠାକୁର - ଯୁଗ-ଆଦର୍ଶ ବା ଯୁଗ-ପୁରୁଷୋତ୍ତମଙ୍କୁ ନ ଧରି ଇଚ୍ଛାନୁସାରେ ସାଧନା କଲେ, ନିଜେ ଯେଭଲି ଅଛ, ସେହିଭଲି ହୋଇ ରହିବ । ନିଜର ଦୁର୍ବଳତାଗୁଡ଼ିକୁ ଭଲଭାବେ ଧରି ପାରିବ ନାହିଁ ଓ ସେଗୁଡ଼ିକୁ ଅତିକ୍ରମ ମଧ୍ୟ କରି ପାରିବ ନାହିଁ । ଭଗବାନଙ୍କୁ ପାଇବା ମାନେ ଆମର ବୈଶିଷ୍ଟ୍ୟ ଅନୁଯାୟୀ ଚରିତ୍ର ଓ ଐଶ୍ୱର୍ଯ୍ୟ ଲାଭ କରିବା । ଆମ ସାମନାରେ ଯଦି ସେହି ଉତ୍ତମ ଚରିତ୍ର ଓ ଚଳନର ଜୀବନ୍ତ ଦୃଷ୍ଟାନ୍ତ ନ ଥାଏ, ତେବେ ଆମ ଚରିତ୍ର ଓ ଚଳନ କାହାକୁ ଅନୁସରଣ କରି ଗଠିତ ହେବ ? ସେଥିପାଇଁ ଗୁରୁଙ୍କ ଉପରେ ଟାଣର କଥା ସବୁ ଅବତାର-ପୁରୁଷମାନେ ସଦାସର୍ବଦା କହିଯାଇଛନ୍ତି -ନଚେତ୍ ମନ ସୁନିୟନ୍ତ୍ରିତ ହୁଏନା । ଅନିୟନ୍ତ୍ରିତ ଶକ୍ତିଶୀଳତାର ମାତ୍ରାଧିକ୍ୟ ମନକୁ ଅନେକ ସମୟରେ ବିକୃତ କରି ତୋଳିପାରେ । ତେଣୁ ଯୁଗ-ପୁରୁଷୋତ୍ତମ ମଣିଷଟି ହେଲେ ନାମୀ ଅର୍ଥାତ୍ ନାମର ମୂର୍ତ୍ତଶରୀର । ତାଙ୍କୁ ଧ୍ୟାନ କରିବାକୁ ହୁଏ ଓ ତାହା ସହିତ ନାମ କରିବାକୁ ହୁଏ । **ଅବତାର-ପୁରୁଷମାନେ ଯୁଗ ବିବର୍ତ୍ତନ ଅନୁଯାୟୀ ଯେଉଁ ଯୁଗରେ ଯେଉଁ ନାମ ପ୍ରବର୍ତ୍ତନ କରିଥାନ୍ତି, ସେହି ନାମ ସାଧନ ଦ୍ୱାରା ଚରମ ଆଧ୍ୟାତ୍ମିକ ବିକାଶ ସମ୍ଭବ ହୋଇପାରେ । ତେଣୁ ନାମ ଓ ନାମୀ ଅଭେଦ୍ୟ । ଏହିପରି ନାମ-ନାମୀ ସାଧନାରେ ଆଦର୍ଶ ଯଥାସର୍ବସ୍ୱ ହୋଇଉଠନ୍ତି ଏହାକୁ କୁହନ୍ତି କେବଲ ବା କୈବଲ୍ୟଲାଭ ।**

ଅନୁଗତ - ନାମ-ନାମୀ ସଂଯୁକ୍ତ ହେଲେ ଯେଉଁ ଆଭ୍ୟନ୍ତରୀଣ ପରିବର୍ତ୍ତନ ହୁଏ ତାହା କିପରି ? ୯୬

ଶ୍ରୀଶ୍ରୀଠାକୁର -ନାମୀଙ୍କୁ ନେଇ ନାମକୁ ମନେମନେ ଉଚ୍ଚାରଣ କରିବା ଫଳରେ ମସ୍ତିଷ୍କ କୋଷ ଗୁଡ଼ିକ ଉତ୍ତେଜିତ ହୁଏ । ଉତ୍ତେଜିତ ହେବାରୁ ଏହା ଅଧିକ sensitive (ବୋଧ-ବର୍ଦ୍ଧିତ) ହୁଏ, ଅଧିକ receptive (ଗ୍ରହଣକ୍ଷମ) ହୁଏ । ଜାଣିବା ବୃହତ୍ତର ହୁଏ । ଯାହା ପୂର୍ବେ ବୋଧକୁ ଆସୁ ନ ଥିଲା ତାହା ଏବେ ଆସେ । ବେତାର ବା ଦୂରଦର୍ଶନ ଦ୍ୱାରା ଯେଉଁପରି ଦୂର ଦୂରାନ୍ତର ଘଟଣା wireless photo (ବେତାର ଛାୟାଚିତ୍ର) ଓ ଶବ୍ଦ, sound transmission (ଧ୍ୱନି-ସଞ୍ଚାର) ଦ୍ୱାରା ଆମର ବୋଧକୁ ଆସେ, ସେହିପରି ଘଟେ । ଗୋଟିଏ କଥାରେ କହିଲେ ସତ୍ତାଚେତନାର ପରିସର ବଢ଼ିଯାଏ ଏବଂ ତାହା ଦ୍ୱାରା ବିଭୂତି ଲାଭ ହୋଇଥାଏ ।

ଅନୁଗତ - ବିଭୂତି କାହାକୁ କୁହନ୍ତି ଓ ସେଗୁଡ଼ିକ କ'ଣ ? ୯୭

ଶ୍ରୀଶ୍ରୀଠାକୁର - ଈଶ୍ୱର ବା ଯୁଗପୁରୁଷୋତ୍ତମଙ୍କର ଅନ୍ୟ ନାମ ହେଉଛି ବିଭୁ - ବିଶେଷ ରୂପରେ ହେବାର ଭାବ, ଯାହା ଦ୍ୱାରା ମଣିଷ ବିଶେଷ ଭାବରେ ପାରଦର୍ଶୀ ହୁଏ । ଅଣିମା (ସୂକ୍ଷ୍ମ ହେବାର ଭାବ), ଲଘିମା (ପତଳା ହେବାର ଭାବ), ବ୍ୟାପ୍ତି (ବିସ୍ତାରିତ ହେବା), ପ୍ରାକାମ୍ୟ (କାମନାକୁ ଆୟତ୍ତରେ ରଖିବା), ମହିମା (ମହନୀୟତା), ଈଶିତ୍ୱ (ଜାଣିବାର ସ୍ୱଚ୍ଛଳତା), ବଶିତ୍ୱ (ଯେଉଁ ଜାଣିବା ଦ୍ୱାରା ସେ ଅନୁସରଣୀୟ), କାମବଶୟିତା (ଚାହିଦାଗୁଡ଼ିକୁ ନିସ୍ତବ୍ଧ କରିଦେବାର କ୍ଷମତା) -ଏହିସବୁ ଗୁଣର ପ୍ରାପ୍ତିକୁ ବିଭୂତି କୁହନ୍ତି । ପ୍ରାକାମ୍ୟ ଓ କାମବଶୟିତା ଯଦି ଆସେ, ତେବେ ଈଶିତ୍ୱ ଆସିବା ସହଜ ହୁଏ ।

(ଆଲୋଚକ- ୧୯୪୬ ମସିହାରେ ଯେତେବେଳେ ହିମାୟିତପୁର ଆଶ୍ରମର କୋଟି କୋଟି ଟଙ୍କାର ସମ୍ପତ୍ତି ଛାଡ଼ି ଦେଇ ଦେଓଘର ଚାଲି ଆସିଲେ ସେତେବେଳେ ସେ କହିଥିଲେ **- 'ସବୁ ଛାଡ଼ି ଦେଇ ଖାଲି ଯେତେବେଳେ ଏଠାକୁ ଚାଲି ଆସିଲି, ମୋ ମନରେ ଟିକେ ଦୁଃଖ ବା ଅବସାଦ ଆସି ନ ଥିଲା । ଯାହା ସେଠି ଗଢ଼ା ହୋଇଥିଲା, ଏଠାରେ ହେବ, ହେଲାଣି ମଧ୍ୟ, କିନ୍ତୁ ଏସବୁ ପରମପିତାଙ୍କ ଦୟା, ମୋର ନିଜର ବୋଲି କିଛି ନାହିଁ, ସମ୍ପତ୍ତି-ବାଡ଼ି, ଘରଦ୍ୱାର, ଟଙ୍କାପଇସା -ଏସବୁରେ ମୁଁ ନାହିଁ, କେବେ ନ ଥିଲି, ମୁଁ ମଣିଷ-କାଙ୍ଗାଳ । ଏହା ବ୍ୟତୀତ ମୋର ବ୍ୟକ୍ତିଗତ ଚାହିଦା ଆଉ କିଛି ନାହିଁ ।')**

ଅନୁଗତ -ଚାହିଦାକୁ ନିସ୍ତବ୍ଧ କରିବା କ'ଣ ସହଜ ? ୯୮

ଶ୍ରୀଶ୍ରୀଠାକୁର ଏହାକୁ ବୁଝାଇବାକୁ ଯାଇ ତନ୍ତି ରାମନାଥର ଗଳ୍ପ କହିଲେ । ତାହା ସଂକ୍ଷିପ୍ତରେ ନିଜଭାଷାରେ ଏହିପରି -ରାମନାଥ ବୋଲି ଜଣେ ଶାସ୍ତ୍ରଜ୍ଞ ଥିଲେ, ସେ ନ୍ୟାୟଶାସ୍ତ୍ର ଇତ୍ୟାଦି ଚର୍ଚ୍ଚା କରନ୍ତି, ସଦା ସନ୍ତୋଷୀ, ଆନନ୍ଦରେ ଥାଆନ୍ତି, ସାଂସାରିକ ଅଭାବ ଅନାଟନ କେବେ ତାଙ୍କୁ ବ୍ୟସ୍ତ ବିବ୍ରତ କରେ ନାହିଁ । ସେତେବେଳେ ଯେଉଁ ରାଜା ଥିଲେ ସେ ବଡ଼ ଦୟାଳୁ । ଦେଖିଲେ ଯେ କେତେ ଲୋକ -ପଣ୍ଡିତ, ସାଧୁ, ବାବାଜୀ ରାଜ ଅନୁଗ୍ରହରୁ ବେଶ୍ ଆପ୍ୟାୟିତ ହେଉଛନ୍ତି କିନ୍ତୁ ରାମନାଥଙ୍କୁ ତ କେବେ ଦେଖିଲି ନାହିଁ ? ଖବର ଗଲା; ରାମନାଥ କହିଲେ- ରାଜାଙ୍କଠାରେ ମୋର କ'ଣ କାମ ? ରାଜା ଶୁଣିଲେ, ଦିନେ ତାଙ୍କ ଘରେ ଆସି ପହଁଚିଗଲେ । ତାଙ୍କର ମାଟିଲିପା ଚାଳଘରେ ରାମନାଥ ନ୍ୟାୟଶାସ୍ତ୍ର ଆଲୋଚନାରେ ନିମଗ୍ନ । ରାଜା ପଚାରିଲେ -ମହାଶୟ ଆପଣଙ୍କର କିଛି ଅଭାବ ଅଛି କି ? ରାମନାଥ ତାଙ୍କୁ ନ୍ୟାୟଶାସ୍ତ୍ରୀୟ ଭାଷାରେ ଉତ୍ତର ଦେଲେ- ହେ ରାଜନ୍ ! ମୋ ନିକଟରେ ତ ସେହିପରି କିଛି ଅମୀମାଂସିତ ସମସ୍ୟା ନାହିଁ । ରାଜା ଖୋଲି କରି କହିଲେ - ଆପଣ ଏତେ ଅଭାବ ଅସୁବିଧାରେ ଅଛନ୍ତି, ଆପଣ ଯାହା ଚାହିଁବେ ମୁଁ ଦେଇପାରେ, ସେଇଥିପାଇଁ ଆସିଛି । ରାମନାଥ କହିଲେ- ଆପଣ କେଉଁଠୁ ଜାଣିଲେ ଯେ ମୁଁ ଅଭାବରେ ଅଛି ? ମୋର କିଛି ଅଭାବ ନାହିଁ, ବାପାଙ୍କ ଅମଳର ଏଇ ଘର, ଜମିରୁ ଯାହା ଧାନ ଆସେ ଆମେ ଚଳି ଯାଇ ଆହୁରି ବଳେ, ଆଉ ମୋ ଘର ଆଗରେ ଯେଉଁ ତେନ୍ତୁଳିଗଛ ଦେଖୁଛନ୍ତି -ସେଇଠୁ ପତ୍ର ନେଇ ମୋ ସ୍ତ୍ରୀ ଝୋଳ କରି ଦିଏ - ଭାତ ଓ ତେନ୍ତୁଳିପତ୍ର ଝୋଳ ଆମେ ଆନନ୍ଦରେ ଖାଉ । ଆଉ କ'ଣ ଦରକାର ? ରାଜା ମନେମନେ ଭାବିଲେ - ଏମିତି ମଣିଷ ଅଛନ୍ତି ବୋଲି ତ ମୋ ରାଜ୍ୟରେ ଶାନ୍ତି ଅଛି, ସୌଭାଗ୍ୟ ଅଛି ।

(ଆଲୋଚକ- Socrates (470 B.C-399 B.C) ସକ୍ରେଟିସଙ୍କୁ ପାଶ୍ଚାତ୍ୟ ଦର୍ଶନର ଆଦିପିତା ବୋଲି କୁହାଯାଏ । ପୁରାତନ ଏଥେନ୍ସରେ ତାଙ୍କର ଜନ୍ମ, ଦେଖିବାକୁ ଅସୁନ୍ଦର ହେଲେ ବି ଅତ୍ୟନ୍ତ ଶକ୍ତ ଦେହ ଓ ଆକର୍ଷଣୀୟ ବ୍ୟକ୍ତିତ୍ୱ । ତାଙ୍କ କଥା ଶୁଣିବାକୁ ବହୁତ ଭିଡ଼, ସବୁବର୍ଗର ଲୋକ ଆସୁଥିଲେ । ସେ ଗୋଟିଏ ଧାଡ଼ି ଲେଖି ନ ଥିଲେ, ଜୀବନରେ ନୈତିକତାକୁ ସେ ବହୁତ ଗୁରୁତ୍ୱ ଦେଉଥିଲେ । ତାଙ୍କ ବକ୍ତବ୍ୟର ମୂଳକଥା ଥିଲା ଯେ ମଣିଷ

ଜୀବନର କୌଣସି ଲକ୍ଷ୍ୟ-ସାଧନ ପାଇଁ ଉପାୟ ମଧ୍ୟ ସତ୍ ଓ ନୀତିସମ୍ମତ ହେବା ଦରକାର । ତାଙ୍କର ଗୋଟିଏ ଜନପ୍ରିୟ ଉକ୍ତି- 'I know that I know nothing' (ମୁଁ ଏତିକି ଜାଣେ ଯେ ମୁଁ କିଛି ଜାଣେ ନା) । ସେ ନୀତିଯୁକ୍ତ ସରଳ ଜୀବନ ଯାପନ ପ୍ରଣାଳୀରେ ବିଶ୍ୱାସ କରୁଥିଲେ ଓ ତାହା ପ୍ରଚାର କରୁଥିଲେ । ଥରେ ବଜାରରୁ ଫେରିବା ବାଟରେ ତାଙ୍କୁ ଜଣେ ପଚାରିଲେ, କୁଆଡେ ଯାଇଥିଲେ କି ? ସେ କହିଲେ, କେତେ ଯେ ଜିନିଷପତ୍ର ମୁଁ ବଜାରରେ ଗୋଦାମରେ ଦେଖିଲି, କିନ୍ତୁ ଏସବୁ ନ କିଣି ମଧ୍ୟ ମୁଁ ବେଶ ଆରାମରେ ଚଳିଯାଏ । ତାଙ୍କ କଥାରେ ଧନିକବର୍ଗ ବ୍ୟବସାୟ ହରାଇବାକୁ ଲାଗିଲେ ଓ ତାଙ୍କର ଶତ୍ରୁ ହୋଇ ଉଠିଲେ । ମିଥ୍ୟା ଚକ୍ରାନ୍ତରେ ତାଙ୍କୁ ପ୍ରାଣଦଣ୍ଡରେ ଦଣ୍ଡିତ କରି ବିଷ ପିଆଇ ମାରି ଦେଲେ । ସେ କିନ୍ତୁ ଶହିଦ ହୋଇଗଲେ । ଲିଖିତ ଅଛି ଯେ ସେହି ସମୟରେ ଶତ୍ରୁଙ୍କୁ ଯଦି କେହି ଅଭିସମ୍ପାତ କରୁଥିଲା ତ କହୁଥିଲା -ଧନଦୌଲତରେ, ବିଳାସବ୍ୟସନରେ ପୋତି ହୋଇ ତୁ ଓ ତୋର ବଂଶ ବୁଡିଯାଉରେ ବଦମାସ । (Understanding Philosophy)

ଚୀନର ପ୍ରସିଦ୍ଧ ଦାର୍ଶନିକ (ଲାଓ ଜୁ) Lao Tzu ଙ୍କ ଉକ୍ତି -

'Always without desire we must be found,
If its deep mystery we would sound;
But if desire always within us be,
Its outer fringe is all that we shall see.' (Tao Te Ching)

(କାମନା ବାସନା ରହିତଠାରେ/ ସୃଷ୍ଟି ରହସ୍ୟ ଶୁଭେ କାନରେ,/ ଅଭିଳାଷ ଥାଏ ଯେତେକ ଦିନ,/ କୂଳ ଛାଡ଼ି ଜଳେ ଯାଏନା ମନ)

ଶ୍ରୀରାମକୃଷ୍ଣ ପରମହଂସ ତାପରେ ନିଜ ବିଷୟରେ କହିଲେ- କଞ୍ଜୁସ-ଧନୀ ଲୋକ ମତେ କିଛି ଦେଲେ ମୁଁ ନେଇପାରେ ନାହିଁ । ସେମାନଙ୍କର ଧନ ଏହିପରି ବଦଖର୍ଚ୍ଚରେ ଯାଏ, ପ୍ରଥମ ହେଲା ମାମଲା ମକଦ୍ଦମା, ଦ୍ୱିତୀୟ ହେଲା ଚୋରୀ ଡକାଏତି, ତୃତୀୟ ହେଲା ବୈଦ୍ୟ-ଡାକ୍ତର, ଆଉ ଚତୁର୍ଥ ହେଲା ସେମାନଙ୍କର ନଷ୍ଟ ଚରିତ୍ର ପିଲାଙ୍କର ପଇସା ଉଡ଼େଇବା । ପୁଣି ଶ୍ରୀରାମକୃଷ୍ଣ କହିଲେ, ଜଣେ ସାଧୁ ଥରେ କିଛି ଅର୍ଥ ଆଶାରେ ସମ୍ରାଟ ଆକବରଙ୍କୁ ଉପାସନା ଗୃହରେ ଦେଖି ଗୋଟିଏ କଣରେ ଚୁପଚାପ ବସିଲେ,-ପ୍ରାର୍ଥନାରୁ ଉଠିଲେ ଅର୍ଥ ମାଗିବେ । ପ୍ରାର୍ଥନା ଶେଷ କରି ସମ୍ରାଟ କହୁଥାନ୍ତି -ହେ ଖୁଦା, ମତେ ଧନ ଦିଅ, ଦୌଲତ ଦିଅ ଇତ୍ୟାଦି ଇତ୍ୟାଦି । ସାଧୁ ଏକଥା ଶୁଣି ଚାଲିଯିବାକୁ ଉଦ୍ୟତ ହେବାରୁ ସମ୍ରାଟ ତାଙ୍କୁ ସଂକେତ ଦେଇ ଅପେକ୍ଷା କରିବାକୁ କହିଲେ; ପ୍ରାର୍ଥନା ସରିବା ପରେ ପଚାରିଲେ -ଆପଣ କେଉଁ କାରଣରୁ ଆସିଥିଲେ ମତେ ନ ଜଣାଇ ଚାଲି ଯାଉଛନ୍ତି କାହିଁକି ? ସାଧୁ କହିଲେ -ମୁଁ ଆପଣଙ୍କଠାରୁ କିଛି ଟଙ୍କା ମାଗିବାକୁ ଆସିଥିଲି । ଆକବର କହିଲେ -ମତେ ନ ମାଗି ଚାଲିଯାଉଛନ୍ତି କାହିଁକି ? ସାଧୁ କହିଲେ -ମୁଁ ଦେଖିଲି ଯେ ଆପଣ ମଧ୍ୟ ଜଣେ ଭିକାରୀ, ପ୍ରଭୁଙ୍କୁ ଧନସମ୍ପତ୍ତି ମାଗୁଛନ୍ତି, ମୁଁ ମନରେ ଭାବିଲି, ଭିକାରୀଙ୍କୁ ମାଗିଲେ ସେ କ'ଣ ଦେବ, ମତେ ଯଦି ମାଗିବାକୁ ପଡ଼ିବ ତ ପ୍ରଭୁଙ୍କୁ ମାଗେ । (Gems from the Gospel of Sri Ramakrishna)

ଏହି ସମୟରେ ଶ୍ରୀଶ୍ରୀଠାକୁରଙ୍କର ଏହି ବାଣୀଟି ମନରେ ପ୍ରତିଧ୍ୱନିତ ହୁଏ – **'ମଣିଷ ନିଜର ଟଙ୍କା ପର/ ଯେତେ ପାର ମଣିଷ ଧର ।'**

ଅନୁଗତ - ବୈଷ୍ଣବମାନଙ୍କ ଉକ୍ତି - ଅମାନୀନା ମାନଦେନ କୀର୍ତ୍ତନୀୟ ସଦା ହରି .. ଏହାର ତାତ୍ପର୍ଯ୍ୟ କଣ ? ୯୯

ଶ୍ରୀଶ୍ରୀଠାକୁର - ଅହଂକାର ତ ସଦାସର୍ବଦା ବର୍ଜନୀୟ -ଏହା ସାଧନା ଓ ସିଦ୍ଧିର ପରିପନ୍ଥୀ । ଅହଂକାର ହେଲା ହମବଡ଼ାଇ, ଅହଂ ବା ମୁଁ-ସର୍ବସ୍ୱ । ମଣିଷ ଯେଉଁଠି ମୁଁ-ସର୍ବସ୍ୱ ହୋଇଉଠେ, ସେ ସଂକୀର୍ଣ୍ଣ ହୋଇଯାଏ । ତାର ଶ୍ରେୟ-ଅବଲମ୍ବନ ରହେ ନାହିଁ । ସିଦ୍ଧି ଆସିବ କିପରି ?

(ଆଲୋଚକ -ସମ୍ପୂର୍ଣ୍ଣ ଶ୍ଳୋକଟି ହେଲା – " ତୃଣାଦପି ସୁନୀଚେନ ତରୋରିବ ସହିଷ୍ଣୁନା -ଅମାନୀନା ମାନଦେନ କୀର୍ତ୍ତନୀୟଃ ସଦା ହରିଃ ।"

ଏହା ଶ୍ରୀଚୈତନ୍ୟଙ୍କ ଶିକ୍ଷାଷ୍ଟକରେ ଦେଖିବାକୁ ମିଳେ । ମହାପ୍ରଭୁଙ୍କ ଜୀବଦ୍ଦଶାରେ ଲିଖିତ ଏକମାତ୍ର ରଚନା । ଏହାର ସରଳ ଅର୍ଥ ଭକ୍ତ ନିଜକୁ ତୃଣଠାରୁ ନୀଚ ମନେକରେ, ବୃକ୍ଷ ଭଳି ସହିଷ୍ଣୁ ତଥା ଅମାନୀ ବ୍ୟକ୍ତିଙ୍କୁ ସମ୍ମାନ ପ୍ରଦାନ କରେ, ଏହିସବୁ ଗୁଣ ହରିକୀର୍ତ୍ତନ ପାଇଁ ଉପଯୋଗୀ ।)

ଅନୁଗତ - ସିଦ୍ଧି କାହାକୁ କୁହନ୍ତି ଓ ତାହା କିପରି ? ୧୦୦

ଶ୍ରୀଶ୍ରୀଠାକୁର – ସାଧକ ଯେତେବେଳେ ଇଷ୍ଟଙ୍କ ସୁଖରେ ସୁଖୀ ଓ ତାହା ନ କରି ରହିପାରେ ନା, ଏହା ଯେତେବେଳେ ତା'ର ପ୍ରକୃତିଗତ ହୋଇଯାଏ, ସେ ସିଦ୍ଧିଲାଭ କରେ । ଭଲ ପାଉଚି ଅଥଚ ଯାହାକୁ ଭଲ ପାଉଚି ତା' ପାଇଁ କିଛି କରିବାକୁ ମନ ବଳୁ ନାହିଁ - ଏହା ହେଲା ଭେଜାଲ ଭଲପାଇବା । ତେଣୁ ଭଲପାଇବା ହେଲା ମୁଁ ତାଙ୍କ କାମରେ ଲାଗିବି, ତାଙ୍କୁ ପରିପୂରଣ କରିବି । ଯେପରି ଦୟା ଆଚରଣରେ ନ ଦେଖାଇ କେହି ଦୟାଳୁ ହୁଏ ନା, ପ୍ରେମ ନ କରି କେହି ପ୍ରେମିକ ହୁଏ ନା । ଆଦର୍ଶ ପରିପୂରଣ, ପରିପୋଷଣ ବିନା ତାଙ୍କୁ ଅନୁସରଣ କରେ ବୋଲି କହିବା ହେଉଛି ଶଠତା । **ସାଧନାର ମୂଳ ଭିତ୍ତି ହେଉଛି ଆଦର୍ଶପରାୟଣତା ଓ ଆଦର୍ଶ ସ୍ୱାର୍ଥପ୍ରତିଷ୍ଠା । ତେଣୁ ଆଦର୍ଶଙ୍କ ସ୍ୱାର୍ଥକୁ ଯେ ନିଜର ସ୍ୱାର୍ଥ ବୋଲି ମନେକରେ ଓ ନିଜର ବୃତ୍ତି-ପ୍ରବୃତ୍ତି ସମୂହକୁ ସର୍ବତୋଭାବେ ଇଷ୍ଟଙ୍କ କାମରେ ଲଗାଇ ଦିଏ, ଏପରି ମଣିଷକୁ କୁହନ୍ତି ନିତ୍ୟସିଦ୍ଧ । ଆଉ ଯାହାର ଭଲପାଇବା ବଂଟା ହୋଇଥାଏ, ଆଦର୍ଶଙ୍କ କାମ ତ କରୁଛି, ନିଜ କଥା ବି ବୁଝୁଛି - ଏପରି ମଣିଷ ସାଧନାରେ ଧୀରେ ଧୀରେ ମନ୍ଥର ଗତିରେ ଅଗ୍ରସର ହେଉଥାଏ, - ଏମିତି ବେଳ ଆସେ ଯେତେବେଳେ ସେ ନିଜ ସ୍ୱାର୍ଥ ଛାଡ଼ି ଦେଇ ପୁରାପୁରିଭାବେ ଇଷ୍ଟଙ୍କର ହୋଇଯାଏ, ଏମାନେ ସାଧନା-ସିଦ୍ଧ । ଆଉ କେତେକ କ୍ଷେତ୍ରରେ ଦେଖାଯାଏ ଯେ ବୃତ୍ତି-ପ୍ରବୃତ୍ତି ନେଇ ଆଦର୍ଶଙ୍କ ପାଖରେ ଏପରିଭାବରେ**

ଆତ୍ମସମର୍ପଣ କଲା ଯେ ତାଙ୍କର ଅହେତୁକ କୃପାବର୍ଷା ପାଇଲା -ସେ କୃପାରୁ ସିଦ୍ଧିଲାଭ କରି ଥିବାରୁ ତାକୁ କୁହନ୍ତି କୃପାସିଦ୍ଧ ।

ଅନୁଗତ - ଅନୁଭୂତି କାହାକୁ କହନ୍ତି ? ୧୦୧

ଶ୍ରୀଶ୍ରୀଠାକୁର-ଦେଖିବା ଦ୍ୱାରା, କରିବା ଦ୍ୱାରା, ଭାବିବା ଦ୍ୱାରା ତହିଁରୁ ଉପଲବ୍ଧ ହେଉଥିବା ବୋଧଗୁଡ଼ିକୁ ପର୍ଯ୍ୟାଲୋଚନା ଭିତରଦେଇ ଜାଣିଲେ, ଆମେ ଯେଉଁ ସ୍ୱାଭାବିକ ଅବସ୍ଥାରେ ଉପନୀତ ହେଉ ତାହାକୁ ଅନୁଭୂତି କୁହାଯାଇପାରେ ।

ଅନୁଗତ - ନାମ କରିବା ଦ୍ୱାରା କି ଅନୁଭୂତି ହୁଏ ? ୧୦୨

ଶ୍ରୀଶ୍ରୀଠାକୁର - ନାମକରୁ କରୁ ଜଣାଯାଏ ଯେ, ଗୋଟିଏ region (ଲୋକ) ଅଛି ଯେଉଁଠାରୁ ପୁରୁଷ ଓ ପ୍ରକୃତିର ସଂଯୋଗରେ ସୃଷ୍ଟି ଅତି ସୂକ୍ଷ୍ମ ଭାବରେ ଉତ୍ସାରିତ ହେଉଛି । ଏହାକୁ ହିରଣ୍ୟଗର୍ଭ କୁହନ୍ତି । ମସ୍ତିଷ୍କର ତ୍ରିକୂଟୀ ଓ ଦଶମ ଦ୍ୱାର ମଝିରେ ଏକ ଅନ୍ଧକାର ସ୍ତର ଅଛି । ଅନେକ ସାଧକ ସେହିଠାରେ ଲୟ ହୋଇଯାଆନ୍ତି । ଏହାକୁ ଅତିକ୍ରମ କଲେ ଯେଉଁ ସ୍ତର ଆସେ, ସେଠାରେ bright like morning sun (ପ୍ରାତଃସୂର୍ଯ୍ୟ ପରି ଆଲୋକ) ଥାଏ - ଏହି ସ୍ତରରେ ଯେତେବେଳେ ମନ ରହେ, ମୁଁ ସବୁଠାରେ ଅଛି -ଗଛଲତା ଜୀବଜନ୍ତୁ ଏହିପରି ଅନୁଭବ ହୁଏ । ସେତେବେଳେ କାହାର କିଛି କ୍ଷତି ହେଲେ ମନେହୁଏ ମୋର ହିଁ କ୍ଷତି ହେଲା, ଆଉ ଅନ୍ୟର ଭଲହେବାରେ ନିଜର ଭଲ ହେଉଛି ବୋଲି ଆତ୍ମ-ସନ୍ତୋଷ ଆସେ । ତେଣୁ ସମସ୍ତଙ୍କର ଭଲ ମନାସିବା ଓ ସେମାନଙ୍କର ଭଲ କରିବା ଜୀବନରେ ଅନିବାର୍ଯ୍ୟ ହୋଇଉଠେ । ସ୍ୱାର୍ଥବୋଧର ଅନନ୍ତ ବିସ୍ତାର ଘଟେ । ଏହିଠାରୁ ଅଲଖ ଅଗମ ଦିଗରେ ଗତି ହୁଏ ।

ଅନୁଗତ - ଏ ତ ସବୁ ଗହନ କଥା, ସହଜରେ କିପରି ବୁଝିବା ? ୧୦୩

ଶ୍ରୀଶ୍ରୀଠାକୁର - ଆମର ପରିପାର୍ଶ୍ୱର ଦୁନିଆରେ ଆମ ସହିତ ଯାହା ଘଟେ, ସେଗୁଡ଼ିକର ଛାପ ମସ୍ତିଷ୍କରେ ସଂଚିତ ହୁଏ । ଆମର ସଂସ୍କାର ଅନୁସାରେ ଆମେ ତାକୁ ଗ୍ରହଣ କରିଥାଉ । ମସ୍ତିଷ୍କର କୋଷଗୁଡ଼ିକ ଯେତେ ଗ୍ରହଣକ୍ଷମ, ସେହି ଅନୁପାତରେ ଆମର ବୋଧ ସେତିକି ସ୍ଥୁଳ ବା ସୂକ୍ଷ୍ମ ହୁଏ । ଆମେମାନେ ଜଗତରେ ଯାହାସବୁ କରୁଥାଉ ସେଗୁଡ଼ିକ ହେଉଛି କ୍ରିୟା, ତାର ପ୍ରତିକ୍ରିୟା ମସ୍ତିଷ୍କକୁ ଯାଇ ପୂର୍ବ ବୋଧଗୁଡ଼ିକ ସହିତ ଗୋଟାଏ ସାମଞ୍ଜସ୍ୟ ନେଇ, ବିବେଚନା ବୁଦ୍ଧିର ଭିତରଦେଇ ତାହାକୁ ସଂଚିତ କରି ରଖେ । ମସ୍ତିଷ୍କ କୋଷର ଜାଗରଣ ହେତୁ ଆମେ ତାହାକୁ ସୂକ୍ଷ୍ମ ଓ ତୀବ୍ରତାର ସହିତ ଗ୍ରହଣ କରିବାକୁ ସକ୍ଷମ ହେଉ । **ସେହି ଅନୁସାରେ ଆମ ସମ୍ମୁଖରେ ଆସୁଥିବା ସମସ୍ତ କିଛିର ସମାଧାନ-ଜ୍ଞାନ ଲାଭ କରୁ । ଏହି ସାମଞ୍ଜସ୍ୟ ଯୁକ୍ତ ସର୍ବ ହିତକାରୀ ସମାଧାନର ଜ୍ଞାନକୁ କୁହାଯାଏ ପ୍ରଜ୍ଞା । ତେଣୁ ବୋଧଗୁଡ଼ିକର ବିହିତ ପର୍ଯ୍ୟାଲୋଚନା ଦ୍ୱାରା ସାଧକ ପ୍ରାଜ୍ଞ ହୋଇଥାଏ ।** ତେଣୁ ବିଧି ମୁତାବକ ସାଧନା ଦ୍ୱାରା ମସ୍ତିଷ୍କକୋଷର ଗ୍ରହଣ କ୍ଷମତା ଓ

ସ୍ଥିତିସ୍ଥାପକତା ବଢ଼ାଇ ଦେଲେ ଅନୁଭୂତି ମଧ୍ୟ ସେହିପରି ସମ୍ପଦଶାଳୀ ହୁଏ, ସମାଧାନ ମଧ୍ୟ ହୁଏ ସେହିପରି । ମସ୍ତିଷ୍କ କୋଷର ଏହିପରି କ୍ରମଚେତନାକୁ ଗୋଟିଏ ସ୍ତର ବୋଲି କୁହାଯାଇଛି । ଏହି ସ୍ତରଗୁଡ଼ିକର ବର୍ଣ୍ଣ, ଶବ୍ଦତତ୍ତ୍ୱ ଓ ଦେବତାଙ୍କୁ ମଧ୍ୟ ଦର୍ଶାଯାଇଛି । ଆଉ ବିଧିମୁତାବକ ସଦ୍‌ଗୁରୁଙ୍କ ତତ୍ତ୍ୱାବଧାନରେ ଏହି ସାଧନାରେ ତାପ ସୃଷ୍ଟି ହୁଏ ବୋଲି ମନିଷୀବୃନ୍ଦ ଏହାକୁ 'ତପସ୍ୟା' ବୋଲି ମଧ୍ୟ ଅଭିହିତ କରିଛନ୍ତି ।

ଅନୁଗତ- ଇଡ଼ା, ପିଙ୍ଗଳା ଓ ସୁଷୁମ୍ନା -ଦେଇ କୁଣ୍ଡଳିନୀ ଜାଗ୍ରତ ହୁଏ ବୋଲି କୁହନ୍ତି । ଦୟାକରି ଏହାକୁ ସହଜରେ ବୁଝାଇ ଦେବେ କି ? ୧୦୪

ଶ୍ରୀଶ୍ରୀଠାକୁର- ଇଡ଼ା, ପିଙ୍ଗଳା- sympathetic autonomic cerebrospinal nervous system; ଆଉ ସୁଷୁମ୍ନା ହେଲା spinal cord (ମେରୁଦଣ୍ଡ) ଭିତରର ଯେଉଁ ଫାଙ୍କ ମସ୍ତିଷ୍କ ଭିତରଦେଇ frontal lobe ର base- ରେ ଆସି ହୃଦୟର junctionର ସମାନ୍ତରାଳରେ ମସ୍ତିଷ୍କର centre (କେନ୍ଦ୍ର)ରେ ଶେଷ ହୋଇଛି, ଆଉ ଏହି ଫାଙ୍କ spinal fluid ରେ ଭରା ।

ଅନୁଗତ - ଆପଣଙ୍କ ନିଜ ଅନୁଭୂତିର କଥା ଦୟାକରି କହିବେ କି ? ୧୦୫

ଶ୍ରୀଶ୍ରୀଠାକୁର- ଅନେକ ସମୟରେ ନାମ କରୁ କରୁ ଥର୍ମୋମିଟର ଭିତରେ ଥିବା ପାରଦ ଯେପରି ଉଠାପଡ଼ା କରେ, ମେରୁଦଣ୍ଡ ଭିତରେ ଥିବା ତରଳ ପଦାର୍ଥର ଉଠାପଡ଼ା ସେହିପରି ହୁଏ । ସେତେବେଳେ ସମସ୍ତ ସତ୍ତା ଭିତରେ ଗୋଟାଏ ସୁଖକର ଅନୁଭୂତି ବ୍ୟକ୍ତ ହୋଇଉଠେ । ଏହାକୁ କୁହନ୍ତି କୁଳକୁଣ୍ଡଳିନୀ ଜାଗରଣ । ଏହାର ବିଭିନ୍ନ ସ୍ତର ଅଛି । ଅନେକ ଅଛନ୍ତି କିଛିଟା ହେଲେ ଦୁନିଆ ଫଟାଇ ଦିଅନ୍ତି । ତେଣୁ blessed concept (ସାର୍ଥକ ଧାରଣା) ନ ଥିଲେ ସେମାନେ ସେଇଠାରେ ଅଟକି ଯାଆନ୍ତି । ଏପରି ବି ହୋଇପାରେ ଯେ କୁଳକୁଣ୍ଡଳିନୀ ଜାଗ୍ରତ ହେଉଛି କିନ୍ତୁ ବୃତ୍ତି-ପ୍ରବୃତ୍ତି ନିୟନ୍ତ୍ରିତ ହୋଇ ନ ଥିବାରୁ ସେମାନେ ମଧ୍ୟ ସମାନ୍ତର ଭାବରେ ଚାଲିଛନ୍ତି -ଏହାଦ୍ୱାରା ଅନେକ ସାଧକ ଘୃଣା ଓ ସମାଲୋଚନାର ପାତ୍ର ହୋଇ ଥାଆନ୍ତି । ତେଣୁ ସାଧନା ପାଇଁ ବୃତ୍ତି-ପ୍ରବୃତ୍ତିନିଗ୍ରହ ଅତ୍ୟନ୍ତ ଜରୁରୀ ହୋଇଥାଏ । ଆଦର୍ଶ ପୁରୁଷୋତ୍ତମଙ୍କର ଅନୁସରଣ ଓ ଅନୁଶାସନରେ ଥିଲେ ଏପରି ବିପଦରୁ ରକ୍ଷା ମିଳେ ।

ଅନୁଗତ - କୁଳକୁଣ୍ଡଳିନୀ ଜାଗରଣ କିପରି ହୋଇଥାଏ ? ୧୦୬

ଶ୍ରୀଶ୍ରୀଠାକୁର- ଅନେକ ସମୟରେ ମିଶ୍ରିଦାନାକୁ ପାଟି ଭିତରେ ଚାପ ଦେଲେ ଭାଙ୍ଗିବା ମୁହୂର୍ତ୍ତରେ ଗୋଟାଏ ଆଲୋକର ଝଲକ ଦେଖାଯାଏ । ଏହା ଅନେକାଂଶରେ ସେହିପରି । ସ୍ତର ଆନୁପାତିକ ସ୍ପନ୍ଦନ ଆମ ସ୍ନାୟୁରେ ସଙ୍ଗଠିତ ହେଉ ଥିବାରୁ -ଏହି ଆଲୋକ କେବେ ଲାଲ, କେବେ ସବୁଜ -ରୂପ, ରଙ୍ଗ ଓ ଜ୍ୟୋତି ଭାବରେ ଦିଶେ । ସେହିପରି ନାମ ଦ୍ୱାରା ତାପର ଉତ୍ତେଜନାରୁ କାନର କୋଷ ଉତ୍ତେଜିତ ହେବାରୁ ତଦନୁପାତିକ ଶବ୍ଦ ଶୁଣାଯାଏ । ଏହାସବୁ ଆଭ୍ୟନ୍ତରୀଣ ଚକ୍ଷୁରେ ଦିଶେ ଓ ଆଭ୍ୟନ୍ତରୀଣ କାନରେ ଶୁଭେ । ଏପରି ବୁଝିବାକୁ

ହେବ ଯେ ମସ୍ତିଷ୍କକୋଷର ବର୍ଦ୍ଧନ ଓ ସ୍ଥାନାନ୍ତରଣ ଯୋଗୁଁ ସେ ପୁଣି ପୂର୍ବାବସ୍ଥାକୁ ଫେରିବାକୁ ଚେଷ୍ଟା କଲାରୁ ଯାହାର ବୁଦ୍ଧି, ମେଧା, ଧୃତି ଯେଉଁପରି ସେଇ ପ୍ରକାରର ଦର୍ଶନ ଓ ଶ୍ରବଣ ହୁଏ ।

ଅନୁଗତ - ଷଟ୍‌ଚକ୍ର ଶରୀରର କେଉଁଠାରେ ଓ କିପରି ଥାଏ ? ଷଟ୍‌ଚକ୍ର ଭେଦର ଅର୍ଥ କଣ ? ୧୦୭

ଶ୍ରୀଶ୍ରୀଠାକୁର- Spinal cord (ମେରୁଦଣ୍ଡ)ର ଯେଉଁ ଯେଉଁ ଅଂଶରୁ nerve plexus with ganglia (ସ୍ନାୟୁଜାଲ) ବାହାରି, ବିସ୍ତୃତ ହୋଇ ନାନାଦିଗରେ ବିକ୍ଷିପ୍ତ ହୋଇଛି, ସେହି ସେହି ଅଂଶ ହିଁ ଗୋଟେ ଗୋଟେ ଚକ୍ର -ଯେପରି cervical plexus, dorsal plexus, lumbar plexus, sacral plexus ଆଉ base of the cerebrum - ମୂଳାଧାର, ସ୍ୱାଧିଷ୍ଠାନ, ଅନାହତ, ବିଶୁଦ୍ଧି ଓ ଆଜ୍ଞା ଚକ୍ର । ମନସଂଯୋଗ ଦ୍ୱାରା ସେହି ଗୋଟିଏ ଗୋଟିଏ region କୁ excite କରି ସ୍ନାୟୁ ଓ ମସ୍ତିଷ୍କକୋଷଗୁଡ଼ିକୁ ସେହିଭଳି stimulus ଦେଇ ସେମାନଙ୍କର sensitiveness(ସମ୍ବେଦନଶୀଳତା) ଓ receptivity(ଗ୍ରହଣ କ୍ଷମତା)କୁ ବଢ଼ାଇ ତୋଳିବା । ଏହି differenece of stimulus ଯୋଗୁଁ ଯେପରି ଯେପରି ଭାବ ଓ ବୋଧ ଘଟିଥାଏ ତାହାହିଁ ହେଲା ଷଟ୍‌ଚକ୍ର ଭେଦ । ଷଟ୍‌ଚକ୍ରକୁ different finer and finer planes(ବିଭିନ୍ନ ସୂକ୍ଷ୍ମରୁ ସୂକ୍ଷ୍ମତର ସ୍ତର) ବୋଲି କହିଲେ ମୋତେ ଭଲଲାଗେ ।

(ଆଲୋଚକ- ଶ୍ରୀଶ୍ରୀଠାକୁର କୁଳକୁଣ୍ଡଳିନୀ ଜାଗରଣ ଓ ଷଡ଼ଚକ୍ର ଭେଦର ସ୍ୱ-ଅନୁଭୂତି ବିସ୍ତୃତ ଭାବରେ ତାଙ୍କର ଅନ୍ୟତମ ପାର୍ଷଦ ସୁଶୀଲଚନ୍ଦ୍ର ବସଙ୍କ ନିବେଦନ କ୍ରମେ ହିମାୟିତପୁର ଆଶ୍ରମରେ ୧୯୪୨-୪୩ ମସିହାରେ ବର୍ଣ୍ଣନା କରିଥିଲେ । ଏହି ବର୍ଣ୍ଣନା ବସୁ ମହାଶୟଙ୍କ ସଂକଳିତ କଥା-ପ୍ରସଙ୍ଗେ (ବଙ୍ଗଳା ୩ୟ ଖଣ୍ଡରେ) ବିସ୍ତୃତଭାବେ ଦିଆଯାଇଛି । ତାହା ପାଠକମାନେ ପଢ଼ିପାରନ୍ତି । ଏହି ବର୍ଣ୍ଣନା ବେଳେ ଶ୍ରୀଶ୍ରୀଠାକୁରଙ୍କର ଯେଉଁ ମହାଭାବ ଜାତ ହେଉଥିଲା ଉପରୋକ୍ତ ପୁସ୍ତକରୁ ଏଠାରେ ଉଦ୍ଧୃତ କରୁଛୁ - "ବର୍ଣ୍ଣନାକାଳରେ ମନେ ହେଉଥିଲା ଯେପରି ସେ ତଭାବଭୂମିରେ ଅଧିଷ୍ଠିତ ରହି ପ୍ରତ୍ୟକ୍ଷୀଭୂତ ଦର୍ଶନସମୂହର ବର୍ଣ୍ଣନା ଦେଇ ଚାଲିଛନ୍ତି । କହିବା ସମୟରେ କେତେବେଳେ କେତେବେଳେ ତାଙ୍କର ମୁଖମଣ୍ଡଳ ଆରକ୍ତିମ ହୋଇ ଉଠୁଥାଏ, ଚକ୍ଷୁମୁଖ ଦେଇ ଦିବ୍ୟ ଜ୍ୟୋତିପ୍ରଭା ବିକୀର୍ଣ୍ଣ ହେଉଥାଏ । କହିବା ସମୟରେ ପ୍ରତ୍ୟେକଟି ଶବ୍ଦ ଦୃଢ଼ସ୍ୱରରେ ଅଥଚ ସ୍ପଷ୍ଟ ଭାବରେ କହି ଚାଲିଥାନ୍ତି । ନାମ-ରୂପ-ରେଖାର ଊର୍ଦ୍ଧ୍ୱରେ ଯାହାଙ୍କ ବିଷୟ କହିବାକୁ ଯାଇ ଋଷିମାନେ କହିଥାନ୍ତି - "ଯତୋବାଚୋ ନିବର୍ତ୍ତନ୍ତେ ଅପ୍ରାପ୍ୟ ମନସା ସହ" - ସେହି ଚରମ ତତ୍ତ୍ୱର ବର୍ଣ୍ଣନାକାଳରେ ଏବଂ ତତ୍ପରେ ସର୍ବସାର୍ଥକତାର ମଧ୍ୟ ଦେଇ ଇଷ୍ଟମୁଖର ଜାଗରଣର କଥା କହିବା ସମୟରେ ତାଙ୍କର ମୁଖମଣ୍ଡଳ ଅନୁପମ ଭାବ-ବ୍ୟଞ୍ଜନାରେ ମଣ୍ଡିତ ହୋଇ ଉଠିଥିଲା । ଅକସ୍ମାତ୍ ସେ ଗଭୀର ସମାଧି-ମଗ୍ନ ହୋଇ ପଡ଼ିଥିଲେ - ଆବେଶର ଚକିତ-ଚମକରୁ ନିଜକୁ ଅଳ୍ପକାଳ ମଧ୍ୟରେ ସଂଯତ କରିନେଇ ସୁମଧୁର ହାସ୍ୟ-ରଞ୍ଜିତ ଅଧରରେ ଅନୁଭୂତିର ଅବଶେଷ ବର୍ଣ୍ଣନା ସମ୍ପନ୍ନ କରିଥିଲେ ।"

୧୯୫୩ ମସିହାରେ ଉତ୍ତର ଭାରତର ଜଣେ ଖ୍ୟାତନାମା ପଣ୍ଡିତ, ଶାସ୍ତ୍ରଜ୍ଞ ଶ୍ରୀଶ୍ରୀଠାକୁରଙ୍କ ସହିତ ଆଲୋଚନା କରିବାକୁ ଆସିଲେ ଏବଂ କହିଲେ-ମୁଁ ଯାହା ଦେଖୁଛି ଆପଣଙ୍କର ସେପରି କିଛି ଅନୁଭୂତି ନାହିଁ। ଶ୍ରୀଶ୍ରୀଠାକୁର କହିଲେ-ହଁ, ଆପଣଙ୍କ କଥା ବୋଧେ ଠିକ୍। ମୁଁ ତ ମୂର୍ଖଲୋକ, କଣ ବା ଜାଣେ। ଏତକ କହିସାରିବା ପରେ ସେ ଧ୍ୟାନସ୍ଥ ହୋଇ ବିଭିନ୍ନ ଚକ୍ରର ଅନୁଭୂତି କଥା କହିବାକୁ ଲାଗିଲେ। 'ତ୍ରିଲୋକ' କଥା କହିଲାବେଳେ ତାଙ୍କ ମୁହଁରେ ଅଦ୍ଭୁତ ଜ୍ୟୋତି, 'ତ୍ରିକୂଟି' କଥା କହିବା ବେଳେ କଥା ଯେପରି ବହୁ ଦୂରରୁ ଭାସି ଆସୁଛି ଏପରି ଜଣାଗଲା। 'ସତ୍ ଲୋକ' କଥା କହିବା ବେଳେ ତାଙ୍କ ଶରୀର ଆଲୋକିତ ହୋଇ ଉଠିଲା। ସେ ଯେତେବେଳେ 'ଅନାମୀ ଅଲଖ ଲୋକ' କଥା କହିଲେ, ଆଲୋକିତ ଶରୀର କମ୍ପିବାକୁ ଲାଗିଲା। 'ରାଧାସ୍ୱାମୀ ଧାମ' କହିବା ବେଳେ ତାଙ୍କ ସ୍ୱର ବଦଳିଗଲା ଏବଂ ସେ କହିବାକୁ ଲାଗିଲେ- ମୁଁ ଯାଉଛି, ମୁଁ ଯାଉଛି। ସମସ୍ତେ ସ୍ତବ୍‌ଧ। ସେହି ପଣ୍ଡିତ କାନ୍ଦି କାନ୍ଦି କହିଲେ- କ୍ଷମା କରନ୍ତୁ ଠାକୁର, ମତେ କ୍ଷମା କରନ୍ତୁ। ମୁଁ ଆଗ୍ରାରେ ଶୁଣିଥିଲି ଯେ ସନ୍ଥମତର କେହି ବଙ୍ଗଳାରେ ଜନ୍ମ ନେବା ସମ୍ଭବ ନୁହେଁ। ସେଥିଲାଗି ଆପଣଙ୍କୁ ଅସମ୍ମାନ କଲି। ସେ ଯାହାହେଉ, ଆପଣ ନିଜକୁ ଖୁବ୍ ଲୁଚାଇ ରଖି ପାରିଛନ୍ତି। (Ocean in A Teacup)

ଅନୁଗତ- ପ୍ରାଣାୟାମ ମାନେ କ'ଣ ? ୧୦୮

ଶ୍ରୀଶ୍ରୀଠାକୁର –'ପ୍ରାଣ' ମାନେ ହେଉଛି, ଯାହା ଦ୍ୱାରା ପ୍ରକୃଷ୍ଟରୂପେ ବଞ୍ଚାଯାଏ, ଅର୍ଥାତ୍ the vital energy by which the physique is enlivened with moving growth (ଯେଉଁ ଜୀବନୀଶକ୍ତି ଦ୍ୱାରା ଶରୀର ଜୀବନ୍ତ ଓ ଗତିଶୀଳ ରହେ) ଆଉ 'ଆୟାମ' କହିଲେ ମୁଁ ବୁଝେ ଯାହାଦେଇ ଜୀବନୀଶକ୍ତି ସମ୍ୟକ୍ ନିୟନ୍ତ୍ରିତ ହୁଏ- ତାହାଲେ ପ୍ରାଣାୟାମ ହେଲା ଜୀବନୀଶକ୍ତିର ସମ୍ୟକ୍ ନିୟନ୍ତ୍ରଣ।

ଯୁଗାଚାର୍ଯ୍ୟ ଶ୍ରୀଶ୍ରୀବଡ଼ଦାଙ୍କ ଦୃଷ୍ଟିରେ ..ପ୍ରାଣାୟାମ

(ଆଲୋଚକ -ପ୍ରାଣାୟାମ ବିଷୟରେ ଶ୍ରୀଶ୍ରୀବଡ଼ଦା ଇଷ୍ଟ-ପ୍ରସଙ୍ଗ ତୃତୀୟଖଣ୍ଡରେ କହିଛନ୍ତି -ପ୍ରାଣାୟାମ ହେଉଛି ନିଶ୍ୱାସ-ପ୍ରଶ୍ୱାସର ବ୍ୟାୟାମ। ଶ୍ରୀଶ୍ରୀଠାକୁର ଯେଉଁଭାବେ ନାମ କରିବାକୁ କହିଛନ୍ତି ସେହିଭାବେ କଲେ ପ୍ରାଣାୟାମ ଆପେ ଆପେ ହୁଏ, କସରତ କରିବାକୁ ହୁଏନା। ଠାକୁର କହିଛନ୍ତି - 'ନିଷ୍ୱାସହ କରିଲେ ନାମ, ଆପେହିଁ ହୁଏ ପ୍ରାଣାୟାମ'। ଅନୁରାଗ ସହ ନାମ କରୁଥିଲେ ନିଶ୍ୱାସ-ପ୍ରଶ୍ୱାସ ଉପରେ control (ନିୟନ୍ତ୍ରଣ) ଆପେହିଁ ଆସେ। ଆମେମାନେ ସଂସାରୀ ଜୀବ। ଠାକୁର ଆମମାନଙ୍କୁ ଗୃହୀ ସନ୍ନ୍ୟାସୀ ହେବାକୁ କହିଛନ୍ତି। ଆମେ ସଂସାରରେ ଥାଇମଧ୍ୟ ଈଶ୍ୱରଲାଭ କରିବାର ସାଧନା କରୁ। ଯେଉଁଠାରେ ଥାଉ ନା କାହିଁକି ଇଷ୍ଟଙ୍କ ସହିତ ଯଦି ଯୁକ୍ତ ରହିଥାଉ, ତାହାହେଲେ ଯୋଗ ହୁଏ।

ପ୍ରାଣାୟାମ ଅଭ୍ୟାସ କଲେ ଶିରା-ଉପଶିରାର ଭିତରଦେଇ ବାୟୁ ପ୍ରବାହିତ ହୁଏ, ଶରୀର ଭଲ ରୁହେ। ମଣିଷ ସାଧାରଣତଃ ମିନିଟରେ ୧୮-୨୦ଥର ଶ୍ୱାସ ନେଇଥାଏ।

ପ୍ରଶ୍ୱାସରୁ ବେଶି ନିଶ୍ୱାସ ଛାଡ଼ି ଥାଏ । ଏହା ଫଳରେ ଶରୀର କ୍ଷୟ ହୁଏ । ଆମମାନଙ୍କର ନିଃଶ୍ୱାସ ପ୍ରଶ୍ୱାସଠାରୁ ଅଧିକ ହେବାରୁ ଏହି କ୍ଷୟ ଅନବରତ ହେଉଛି । ପ୍ରାଣାୟାମ କଲେ ନିରୋଗ ଦେହରେ ଦୀର୍ଘ ଜୀବନ ଲାଭ କରିବା ସମ୍ଭବ । ତାଛଡା ଏହି ଅଭ୍ୟାସ ଫଳରେ ନାନା ଅଲୌକିକ କ୍ଷମତା ଅର୍ଜନ କରାଯାଏ । ପ୍ରାଣାୟାମ ଅଭ୍ୟାସ ସମୟରେ ପ୍ରଥମେ ୪ ଗଣିବାକୁ ଯେତିକି ସମୟ ଲାଗେ, ସେହି ସମୟ ଧରି ଶ୍ୱାସ ନେବାକୁ ହୁଏ । ତାପରେ ୬ ଗଣିବାକୁ ଯେଉଁ ସମୟ ଲାଗେ, ସେଇ ସମୟ ପର୍ଯ୍ୟନ୍ତ ଭିତରେ ରଖିବାକୁ ହୁଏ । ତାପରେ ୮ ଗଣିବାକୁ ଯେତିକି ସମୟ ଲାଗେ ସେହି ସମୟ ଧରି ନିଶ୍ୱାସ ଛାଡ଼ିବାକୁ ହୁଏ । ଏହି କ୍ରମ ତିନୋଟିକୁ ଯଥାକ୍ରମେ ପୂରକ, କୁମ୍ଭକ ଓ ରେଚକ କୁହନ୍ତି ।

ଗୁରୁଙ୍କ ସଙ୍ଗ ଛଡ଼ା, ସିଦ୍ଧ-ପୁରୁଷଙ୍କ ସଙ୍ଗ ଛଡ଼ା ଏସବୁ କରିବା ଠିକ୍ ନୁହେଁ । ଉପଯୁକ୍ତ ଗୁରୁଙ୍କ ନିର୍ଦ୍ଦେଶ ଅନୁଯାୟୀ ଅଭ୍ୟାସ ନ କଲେ, ଜୀବନ-ସଂଶୟର ମଧ୍ୟ ସମ୍ଭାବନା ଥାଏ ।

୪-୬-୮ ଏହି କ୍ରମଟି ଯେବେ ତିନି ଥର ହୁଏ, ସେତେବେଳେ ହୁଏ ଗୋଟିଏ "ପ୍ରାଣାୟାମ" । ପ୍ରାଣାୟାମ ଯେତେବେଳେ ତିନିଥର ହୁଏ ସେତେବେଳେ ହୁଏ "ପୂର୍ଣ୍ଣ ପ୍ରାଣାୟାମ" । ପୂର୍ଣ୍ଣ ପ୍ରାଣାୟାମ ୧୨ ଥର ହେଲେ ହୁଏ ପ୍ରତ୍ୟାହାର; ପ୍ରତ୍ୟାହାର ୧୨ ଥର ହେଲେ ହୁଏ ଧାରଣା । ଧାରଣା ୧୨ ଥର ହେଲେ ଆସେ ଧ୍ୟାନ ଆଉ ଧ୍ୟାନ ୧୨ ଥର ହେଲେ ଆସେ ସମାଧି । ଯେତେ ଏଇ ରକମର କରାଯାଏ ନିଶ୍ୱାସ ପ୍ରଶ୍ୱାସ ଉପରେ ଆମର ନିୟନ୍ତ୍ରଣ ଆସେ । ସାଧାରଣ କ୍ଷେତ୍ରରେ ମଣିଷର ପ୍ରଶ୍ୱାସର ବେଗ ମାତ୍ରା ୧୦ ଆଙ୍ଗୁଳି ଦୀର୍ଘ ଓ ନିଶ୍ୱାସର ବେଗ ମାତ୍ରା ୧୨ ଆଙ୍ଗୁଳି ଦୀର୍ଘ । ପ୍ରାଣାୟାମ ଫଳରେ ଏଇ ୨ ଆଙ୍ଗୁଳି ବେଗମାତ୍ରାର କ୍ଷୟଟା ଧୀରେ ଧୀରେ କମିଥାଏ । ନିଶ୍ୱାସର ଏହି ୧୨ ଆଙ୍ଗୁଳି ବେଗମାତ୍ରାକୁ ୫ ଆଙ୍ଗୁଳିକୁ କମାଇ ଦେଇ ହୁଏ ।

ଯେତେବେଳେ ୧୨ ଆଙ୍ଗୁଳି ବେଗମାତ୍ରାକୁ ୧୧ ଆଙ୍ଗୁଳିକୁ ନେଇ ଆସି ହୁଏ, ସେତେବେଳେ ଇନ୍ଦ୍ରିୟଗଣ ଉପରେ ଆଧିପତ୍ୟ ଆସେ । ଯେତେବେଳେ ୧୦ ଆଙ୍ଗୁଳିକୁ ଆସେ, ସେତେବେଳେ ମନ ଆନନ୍ଦରେ ବିରାଜ କରେ । ଯେତେବେଳେ ୧୦ରୁ କମି ୯ ଆଙ୍ଗୁଳିକୁ ଆସେ, ସେତେବେଳେ କବିତ୍ୱ ଶକ୍ତିର ଉନ୍ମେଷ ହୁଏ । ୯ ଠାରୁ ୮ କୁ ଆସିଲେ ଭବିଷ୍ୟତ ବକ୍ତା ହୁଏ । ୮ ଆଙ୍ଗୁଳିରୁ ୭ ଆଙ୍ଗୁଳିକୁ ଆସିଲେ ସୂକ୍ଷ୍ମ ଦୃଷ୍ଟିସମ୍ପନ୍ନ ହୁଏ, ୭ ରୁ ୬ କୁ ଆସିଲେ ଶୂନ୍ୟରେ ବିଚରଣ କରିବାର କ୍ଷମତା ଆସେ । ଆଉ ୫ ଆଙ୍ଗୁଳିକୁ ଆସିଲେ ଦୂରର ଜିନିଷ ଦୃଷ୍ଟ ହୁଏ । ଦୂରର ଜିନିଷ ଦୃଷ୍ଟ ହେବାର କ୍ଷମତା ଅର୍ଜନ କରିବାଟା କେଉଁ ରକମର ? ହୁଏତ କୌଣସି ମାଆ ବହୁଦିନ ଧରି ତାର ପିଲାର କିଛି ଖବର ପାଉ ନାହିଁ, ତେଣୁ ମାଆ କାତର କଣ୍ଠରେ ପ୍ରାର୍ଥନା ଜଣାଇଲା ସେହି ଶକ୍ତିଧର ପୁରୁଷଙ୍କ ଶ୍ରୀଚରଣରେ । ସେତେବେଳେ ସେ ପିଲାର ସଠିକ୍ ଖବର ଦେଇ ମାଆକୁ ଶାନ୍ତ କଲେ ।

ଆମେ ଯାହା କରୁ ନା କାହିଁକି, ଆମେ ପ୍ରତ୍ୟେକଙ୍କୁ ଗୁରୁଙ୍କର ନିର୍ଦ୍ଦେଶ ମାନି ଚାଲିବା ଦରକାର । ଇଷ୍ଟଙ୍କଠାରେ ଅସ୍ଖଳିତ ନିଷ୍ଠା ରଖି ଯଦି ଚାଲୁ, ସେହି ଗୁଣଗୁଡ଼ିକ ଅନାୟାସରେ ଲାଭ କରାଯାଏ । ଅଲଗା କସରତ କରିବା ପ୍ରୟୋଜନ ହୁଏ ନାହିଁ । ଇଷ୍ଟ-ପ୍ରସଙ୍ଗ,୩ୟ ଖଣ୍ଡ, ପୃଷ୍ଠା-୪୮)

ଅନୁଗତ - ତନ୍ତ୍ରମତରେ ମଦ୍ୟ,ମାଂସ, ମତ୍ସ୍ୟ, ମୁଦ୍ରା ଓ ମୈଥୁନ ଦ୍ୱାରା କୁଣ୍ଡଳିନୀ ଜାଗ୍ରତ କରାଯାଏ। ଏହା କିପରି ହୁଏ ? ୧୦୯

ଶ୍ରୀଶ୍ରୀଠାକୁର -ଜୀବନର ଆଦିମ ପ୍ରରୋଚନା ହେଉଛି କ୍ଷୁଧା ଓ ମୈଥୁନ। କ୍ଷୁଧାର ପରିପୂରଣରେ ଶରୀରର ପୁଷ୍ଟି ଓ ମୈଥୁନ ଦ୍ୱାରା ଅସ୍ତିତ୍ୱର ବୃଦ୍ଧି ହୋଇଥାଏ,-ଏଇ ଅସ୍ତିତ୍ୱବୃଦ୍ଧିକୁ ବଂଶ କୁହନ୍ତି। ମୈଥୁନ-ପ୍ରବଣତା ଯାହାର ଯେତେ ବେଶି ତାହାର ମାଂସ ଆହାର ପ୍ରତି ସେତେ ଆଗ୍ରହ; ମାଂସାହାର ଜୀବବିଧାନକୁ ଚାବୁକ ମାରିବା ପରି ଚମକପ୍ରଦ ଉତ୍ତେଜନା ଦିଏ, ଯାହା ଅନ୍ୟ ଖାଦ୍ୟରେ ହୁଏ ନା। ତେଣୁ ଯେଉଁମାନେ ଅନ୍ୟ ଖାଦ୍ୟ ଖାଆନ୍ତି ସେମାନଙ୍କର ମଧ୍ୟ ମାଂସାହାର ପ୍ରତି ଗୋଟାଏ ଆଗ୍ରହ ଥିବାର ଦେଖାଯାଏ। ଅବଶ୍ୟ ଏହାର ଅନାବଶ୍ୟକତା ସଂସ୍କାର ଦ୍ୱାରା ଘଟିଥାଏ। ପୁଣି ଏହି ଉତ୍ତେଜନାକୁ ଆହୁରି ଶାଣିତ ଏବଂ ଏଥିରେ ଅଧିକ ମତ୍ତତା ପାଇଁ ମଦ୍ୟକୁ ପ୍ରୟୋଗ କରାଗଲା। ମତ୍ସ୍ୟ ମଧ୍ୟ ମାଂସ ପରି ଏକ ଉପକରଣ। ମୁଦ୍ରା ହେଉଛି -ସେହି କୌଶଳ, ଯାହା ଦ୍ୱାରା ପ୍ରବୃତ୍ତିର ଚାହିଦା ଗୁଡ଼ିକୁ ସହଜ ଉପାୟରେ ହସ୍ତଗତ କରାଯାଇପାରେ। ତନ୍ତ୍ରକାରମାନେ ମଣିଷର ଏହି ପ୍ରବୃତ୍ତିମୁଖୀନତାକୁ ବଂଚିବା ବଢ଼ିବା ଦିଗରେ ନେବା ଲାଗି ଏହି ସାଧନାର ଅବତାରଣା କଲେ। ନଚେତ୍ ପ୍ରବୃତ୍ତିମୁଖୀ ମଣିଷ ବଂଚିବା ଓ ବଢ଼ିବା କଥା ଆଦୌ ଶୁଣି ନ ଥାନ୍ତା। ଉପଭୋଗ ନିଶା ମାଧ୍ୟମରେ ତାହା ଭିତରେ ବଂଚିବା ଓ ବଢ଼ିବାର ଇଚ୍ଛା ମଧ୍ୟ ସ୍ଫୁରଣ ହେଲା।

ଏହି ପ୍ରକାର ସାଧନାର ମୂଳ କଥା ହେଉଛି ଗୁରୁ ବା ଇଷ୍ଟ। ଗୁରୁଙ୍କ ଉପରେ ସାଧକର ପୂର୍ଣ୍ଣ ନିର୍ଭରତା, ତାଙ୍କ କଥା ପଦେ ପଦେ ମାନିବାକୁ ପଡ଼ିବ, ନଚେତ୍ ସାଧନାରେ ବିଭ୍ରାଟ ଘଟିବ। ନୀତି, ନିୟମର ଶୃଙ୍ଖଳା ଉପରେ ଓ ଗୁରୁଙ୍କ ନିର୍ଦ୍ଦେଶ ଉପରେ ଗୁରୁତ୍ୱ ହେତୁ ପ୍ରବୃତ୍ତିଗୁଡ଼ିକ ଶୃଙ୍ଖଳିତ ହୋଇ ଇଷ୍ଟସ୍ୱାର୍ଥପରାୟଣ ହୁଅନ୍ତି। ପଞ୍ଚମକାରର ଉପକରଣ ପ୍ରଥମେ ଗୁରୁଙ୍କୁ ନିବେଦନ କରି ଶୁଦ୍ଧ କରାଯାଏ। ତନ୍ତ୍ରର ଉଦ୍ଦେଶ୍ୟ ହେଉଛି ପ୍ରବୃତ୍ତିପରାୟଣତାକୁ ଗୁରୁଙ୍କୁ ନିବେଦନ ପୂର୍ବକ ତାହାର ଉପଭୋଗ ଦ୍ୱାରା ସେଥିରୁ ନିବୃତ୍ତ ହୋଇଯିବା।

ଅନୁଗତ - ବେଦାନ୍ତୀମାନେ ଯେଉଁ 'ନେତି' 'ନେତି' କୁହନ୍ତି ତାହାର ଅର୍ଥ କ'ଣ ? ୧୧୦

ଶ୍ରୀଶ୍ରୀଠାକୁର -ଅନୁରକ୍ତ ସାଧକ ଗୋଟାଏ ଅବସ୍ଥାରେ ଉପନୀତ ହୋଇ ଯେତେବେଳେ ତାର ଗୁରୁଙ୍କୁ ପଚାରେ -ଏହା କ'ଣ ଲକ୍ଷ୍ୟସ୍ଥଳ କି ? ସେତେବେଳେ ତାର ଗୁରୁ ତାର ଅନୁଭୂତି ଶୁଣି କହନ୍ତି -ନା, ଏତିକି ନୁହେଁ, ଏହା ନୁହେଁ, ଆଗକୁ ଚାଲ। ଏହାକୁ କୁହନ୍ତି ନେତି-ନେତି।

ଅନୁଗତ - ଲୟ ମାନେ କ'ଣ ? ୧୧୧

ଶ୍ରୀଶ୍ରୀଠାକୁର- ଲୟ ହେଉଛି ସତ୍ତାର ଲୀନ ହେବାର ଭାବ। ସତ୍ତା ଭାବବେଗରେ ମୁଗ୍ଧ ହୋଇ ଶ୍ରେୟଙ୍କଠାରେ ଲୀନ ହେବା ଭଳି ଅବସ୍ଥାକୁ ଲୟ କହିଥାନ୍ତି।

(ଆଲୋଚକ- ଭକ୍ତ ସର୍ବଦା ଭଗବାନଙ୍କ ସହିତ ତାର ମଧୁମୟ ସଂପର୍କକୁ ଉପଭୋଗ କରିବାକୁ ଚାହେଁ, ଲୀନ ହେବାକୁ ଚାହେଁ ନା। ଆଚାର୍ଯ୍ୟଦେବ ଶ୍ରୀଶ୍ରୀଦାଦାଙ୍କର ଗୋଟିଏ ବହୁ ଆଦୃତ ଭଜନର କିଛି ଅଂଶ –

"ଧରା ମନେହୁଏ ଜନହୀନ/ତୁମେ ଅଛ ଆଉ ମୁଁ ଅଛି/ବାକିସବୁ ତୁମଠି ବିଲୀନ।")

ଅନୁଗତ - ମାୟାବାଦକୁ କିପରି ସହଜରେ ବୁଝି ହେବ ? ୧୧୨

ଶ୍ରୀଶ୍ରୀଠାକୁର-ମାୟା ମାନେ ସୀମାୟିତ ଅସୀମ, ଏହାକୁ ମଧ୍ୟ କୁହାଯାଏ ପରିବର୍ତ୍ତନୀୟ ସତ୍। ଅପରିବର୍ତ୍ତନୀୟ ସତ୍‌କୁ ଯଦି ମାନୁ, ତେବେ ପରିବର୍ତ୍ତନୀୟ ସତ୍‌କୁ ମଧ୍ୟ ମାନିବାକୁ ପଡ଼ିବ। ପରିବର୍ତ୍ତନ ଭିତର ଦେଇ ସତ୍‌ର ଅସ୍ତିତ୍ୱ ଗତି କରି ଚାଲିଛି, ଏହି ପରିବର୍ତ୍ତନ ଅଛି ବୋଲି ତ ବୈଚିତ୍ର୍ୟ ଅଛି, ଲୀଳା ମାଧୁର୍ଯ୍ୟ ଅଛି। ତେଣୁ ଆଗ୍ରହ, ଆବେଗ, ଚେଷ୍ଟା -ଏସବୁକୁ ନେଇ ଜଗତ ଆଗେଇ ଚାଲିଛି -ସଂସାର ମଧ୍ୟ ତାହାହିଁ।

ଅନୁଗତ - ଶ୍ରୀରାମକୃଷ୍ଣଦେବ ଯେ କହିଲେ ଯେତେ ମତ ତେତେ ପଥ। କେଉଁ ପଥ ସୁଗମ ? ୧୧୩

ଶ୍ରୀଶ୍ରୀଠାକୁର - ତନ୍ତ୍ର କୁହ, ବେଦାନ୍ତ କୁହ, ମାୟାବାଦ କୁହ -ଯାହାବି କୁହ -ସବୁଠାରୁ ସହଜ, ସ୍ୱଚ୍ଛନ୍ଦ ଓ ନିରାପଦ ଯୁଗୋପଯୋଗୀ ସାଧନା ହେଉଛି -ଯୁଗପୁରୁଷୋତ୍ତମଙ୍କ ନିର୍ଦ୍ଦେଶିତ ସାଧନା।

ଅନୁଗତ -ତାହେଲେ ଜଣେ କିପରି କେଉଁଠାରୁ ସାଧନା ଆରମ୍ଭ କରିବ ? ୧୧୪

ଶ୍ରୀଶ୍ରୀଠାକୁର- ନାମଧ୍ୟାନ ସହିତ concentration (ଏକାଗ୍ରତା)ରୁ ଆରମ୍ଭ କର। Concentration କିନ୍ତୁ fixation ନୁହେଁ । Con ମାନେ with ବା ସହିତ, ଆଉ centration ମାନେ centre ବା କେନ୍ଦ୍ର। ତେଣୁ concentration-ର ଅର୍ଥ ହେଉଛି with the centre (କେନ୍ଦ୍ର ସହିତ)। ସେହି ଯେ କହିଥିଲି –

"ଇଷ୍ଟ ଆର ଇଷ୍ଟସ୍ୱାର୍ଥେ ମନେର ଆନାଗୋନା
ଏମନ କରେଇ ଧ୍ୟାନେ ଆସେ ଚିତ୍ତସଂଯୋଜନା"।

(ଇଷ୍ଟ ଆଉ ଇଷ୍ଟସ୍ୱାର୍ଥରେ ମନର ବିଚରଣ, ଏପରି କଲେ ଧ୍ୟାନରେ ଆସେ ଚିତ୍ତ-ସଂଯୋଜନ।)

ତୁମରି ଦୁଇ ଭ୍ରୂ ମଝିରେ ତୃତୀୟ ନେତ୍ର ବା ଆଜ୍ଞାଚକ୍ରରେ ମନ ସଂଯୋଗ କରିବା କଥା କୁହାଯାଏ। ମଣିଷ ଯେତେବେଳେ ଗଭୀର ଚିନ୍ତା କରେ ତାର ଅଜାଣତରେ ସେଇଠାରେ ହାତ ବାଜିଯାଏ। ଆଜ୍ଞାଚକ୍ର ହେଉଛି ଜ୍ଞାନ ଓ ବୋଧର ସ୍ଥାନ। ନିୟମ ଅନୁଯାୟୀ ଅଭ୍ୟାସ (practice) କଲେ base of brain (ମସ୍ତିଷ୍କର ନିମ୍ନଭାଗ) ଉଦ୍ଦୀପ୍ତ ହୁଏ। Pineal gland (ପିନିୟାଲ ଗ୍ରନ୍ଥି)ରେ ସେହି ଉଦ୍ଦୀପନା ଖେଳିଯାଏ, ଅନେକ କିଛି ବାହାରି ପଡ଼େ, ବୋଧ ଆସେ। କାର୍ଯ୍ୟ ଭିତର ଦେଇ ସେଗୁଡ଼ିକ ବ୍ୟକ୍ତ ହୁଏ, ଏହିଠାରୁ ଆରମ୍ଭ କର।

– ୦ –

ତୃତୀୟ ପରିଚ୍ଛେଦ

ଦାର୍ଶନିକ ନୀତ୍‌ଶେଙ୍କ ମହାମାନବ (ପୁରୁଷୋତ୍ତମ) ଆଗମନ କର୍ତ୍ତା, ଭକ୍ତି, ଜ୍ଞାନ ଓ କର୍ମ ଯୋଗ।

ଅନୁଗତ - ସମାଜର ଉନ୍ନତି କିପରି ହେବ ? ୧୧୫

ଶ୍ରୀଶ୍ରୀଠାକୁର - ସମାଜରେ Progressive mood ପ୍ରଗତିଶୀଳ (ମାନସିକତା) ଆଣିବାକୁ ପଡ଼ିବ। Progressive mood ମାନେ higher ideal ରେ love ଆଉ admiration; ଯେପରି ବୁଦ୍ଧଦେବଙ୍କ ପ୍ରତି admiration ଅଶୋକଙ୍କ ଭିତରଦେଇ ସମ୍ଭବ କରି ତୋଳିଥିଲା ଏପରି ଗୋଟାଏ empire, ଯାହାକି ବର୍ତ୍ତମାନ କଳ୍ପନା କରି ହେବ ନାହିଁ। ଏହା ଆଣିବାକୁ ହେଲେ, ସେହି ଜାତୀୟ idea ଗୁଡ଼ିକୁ ଜାତି ଭିତରେ ଖେଳେଇ ଦେବା ଦରକାର -ଯେପରି କରିଥିଲେ ନୀତ୍‌ଶେ, ଯେପରି କରିଥିଲେ ମାର୍କସ, ଲେନିନ।

(ଆଲୋଚକ...ଆଶ୍ଚର୍ଯ୍ୟଚକିତ ହେବାକୁ ପଡ଼େ ଯେ ଶ୍ରୀଶ୍ରୀଠାକୁର କେବଳ ପଦାର୍ଥ ବିଜ୍ଞାନର ଗୂଢ଼ତତ୍ତ୍ୱ ନୁହେଁ, ଇଂରାଜୀ ଲେଖକ ତଥା ନାଟ୍ୟକାର ବର୍ଣ୍ଣାଡ ଶ', ଦାର୍ଶନିକ ନୀତ୍‌ଶେ ଏବଂ ସାମ୍ୟବାଦର ପ୍ରବକ୍ତା ମାର୍କସ ଏବଂ ଲେନିନ, ସୁଫି-ସନ୍ଥ ରୁମୀ ପ୍ରମୁଖ ଯାହା ଯାହା କହିଛନ୍ତି, ସେହିଗୁଡ଼ିକୁ ପ୍ରଶ୍ନୋତ୍ତରବେଳେ ଅତି ସହଜଭାବରେ କହି ଦେଉଛନ୍ତି, ସତେକି ଏହିସବୁ ଲେଖକ ଓ ଦାର୍ଶନିକମାନଙ୍କ ଉକ୍ତିକୁ ସେ ପଢ଼ିଛନ୍ତି। ବର୍ତ୍ତମାନ ନୀତ୍‌ଶେଙ୍କ ବକ୍ତବ୍ୟ ଆଲୋଚନା କରିବା।

ଫ୍ରେଡରିକ୍ ନୀତ୍‌ଶେ (Friedrich Nietzsche,1844 A.D.-1900 A.D.) ଜର୍ମାନୀରେ ଅଳ୍ପ ବୟସରେ ବେସେଲ ବିଶ୍ୱବିଦ୍ୟାଳୟର ପ୍ରଫେସର ହୋଇପାରିଥିଲେ। ସେ କିଛିଦିନ ସେନାବାହିନୀରେ ଯୋଗ ଦେଇ ଅସୁସ୍ଥତା ହେତୁ ସେଠାରୁ ଫେରି ଆସି, ଅଧ୍ୟାପନାରୁ ଅବସର ନେଇ ଦର୍ଶନଶାସ୍ତ୍ର ଇତ୍ୟାଦି ପଢ଼ିବାରେ ମନୋନିବେଶ କଲେ।

ସେ କହିଲେ ଯେ ପଶ୍ଚିମ ସଭ୍ୟତାକୁ ପୁନର୍ଜୀବନ ଦେବାକୁ ହେଲେ ସେଇ ଗ୍ରୀକ୍ ସଭ୍ୟତାର ମୂଲ୍ୟବୋଧକୁ ଯିବାକୁ ପଡ଼ିବ। ସେ ପାଶ୍ଚାତ୍ୟ ବିଜ୍ଞାନ-ବିକାଶକୁ ଗୁରୁତ୍ୱ ନଦେଇ ସାଂସ୍କୃତିକ ବିକାଶ କଥା କହିଲେ- ବର୍ତ୍ତମାନ ପଶ୍ଚିମ ସଭ୍ୟତା ତାର ନିମ୍ନତମ ସ୍ତରରେ ପହଁଚି ଯାଇଛି। ଖ୍ରୀଷ୍ଟିୟାନ୍ ନୀତିବାଦ ମଣିଷକୁ ଦୁର୍ବଳ କରି ଦେଲାଣି। ସେ କହିଲେ ଯେ ଖ୍ରୀଷ୍ଟିୟାନ୍ ଚର୍ଚ୍ଚ ଏବେ ଯେଉଁ ନୈତିକତା ଏବଂ ପାପ-ସ୍ୱୀକାରୋକ୍ତି (confession) କରିବା କଥା କହୁଛି, ତାହା ଯୀଶୁଙ୍କ କଥା ନୁହେଁ। ଏହା ସେଣ୍ଟ ପଲ(Saint Paul) ଙ୍କ କଥା। ଏହି ପାପ-ସ୍ୱୀକାରୋକ୍ତି ମଣିଷ ମନକୁ ଦୁର୍ବଳ କରିଦିଏ, ସେ ନିଜକୁ ଭୀରୁ ଓ ପାପୀ ଭାବେ। ଏହି ନୈତିକତା ହେଉଛି କ୍ରୀତଦାସ ନୈତିକତା (slave morality) I ସେ କହିଲେ- The last christian died on the cross, ଯୀଶୁଖ୍ରୀଷ୍ଟ ହେଉଛନ୍ତି ଶେଷ ଖ୍ରୀଷ୍ଟାନ୍। ଯୀଶୁ ଯେଉଁ ଧର୍ମ ଚାହିଁଥିଲେ ସେଇ ଖ୍ରୀଷ୍ଟଧର୍ମ ତାଙ୍କରିଠାରେ ସରିଗଲା। ବର୍ତ୍ତମାନର ଖ୍ରୀଷ୍ଟଧର୍ମ ଚର୍ଚ୍ଚ-ପର୍ଯ୍ୟବସିତ ଖ୍ରୀଷ୍ଟଧର୍ମ। ତେଣୁ ଆଉ ଜଣେ Superman (ମହାମାନବ) ଆସୁଛନ୍ତି।

ସେ ନୈତିକତାରେ ପ୍ରଚଣ୍ଡ ସବଳ । ମଣିଷକୁ ସବଳ ଓ ଶକ୍ତିସମ୍ପନ୍ନ କରିବାକୁ ହେଲେ ଜନସମାଜ ଜଣେ ମହାମାନବଙ୍କୁ ନିଶ୍ଚୟ ଅବଲମ୍ବନ କରିବ । ଏହି Superman (ମହାମାନବ) ଅତି ଉଚ୍ଚ ଧରଣର ଚରିତ୍ର ନେଇ ଆସିବେ, ସେ ଅତିମାତ୍ରାରେ ନମ୍ର ଓ ସହଜ କିନ୍ତୁ ଦୃଢ଼ । ନୀତ୍‌ଶେଙ୍କର ଏ ବାବଦରେ ଗୋଟିଏ ପ୍ରସିଦ୍ଧ ଉକ୍ତି ହେଉଛି- 'Dead are all Gods. Now we want the superman to live'.- ସମସ୍ତ ଈଶ୍ୱର ଏବେ ଅଦରକାରୀ, ମହାମାନବଙ୍କ ଉପସ୍ଥିତିହିଁ କାମ୍ୟ ।

...ଫ୍ରେଡରିକ୍ ନୀତ୍‌ଶେ ଯାହା କହିଲେ ଯେ ବର୍ତ୍ତମାନର ଖ୍ରୀଷ୍ଟଧର୍ମ, ଯୀଶୁଖ୍ରୀଷ୍ଟଙ୍କ ଭାବିତ ଧର୍ମ ନୁହେଁ, ଏହା ଚର୍ଚ୍ଚ-କେନ୍ଦ୍ରିକ -ଏହି କଥା ସେକାଳର ଲେଖକ ଓ ବୁଦ୍ଧିଜୀବୀମାନଙ୍କୁ ପ୍ରଭାବିତ କରିଥିଲା । ଏହା ସୋଭିଏତ ଲେଖକ ଡଷ୍ଟୋଭସ୍କିଙ୍କ ଉପନ୍ୟାସ 'ଦି ବ୍ରଦର୍ସ କରମାଯୋଭ'(The Brothers Karamazov by Fyodor DostoyevsKY,1821-1881)ରେ ଦେଖିବାକୁ ମିଳେ । ଯୀଶୁଖ୍ରୀଷ୍ଟଙ୍କର ପୁନରାବିର୍ଭାବରେ ଚର୍ଚ୍ଚ ତାଙ୍କୁ ଗ୍ରହଣ କରିବାକୁ ନାରାଜ । ଏହା ସେହି ଉପନ୍ୟାସର ଦ୍ୱିତୀୟଭାଗରେ ପଞ୍ଚମ ପରିଚ୍ଛେଦ- 'The Grand Inquisitor' ରେ ବର୍ଣ୍ଣିତ । ଏହାକୁ ଆଧାର କରି ନିଜ ଭାଷାରେ ଓ ନିଜ ଢ଼ଙ୍ଗରେ ଏହି ଆଲେଖ୍ୟର ପ୍ରସ୍ତୁତି -

ଥରେ, ଯୀଶୁଙ୍କର ମନହେଲା, ପୃଥିବୀକୁ ଯାଇ ଟିକିଏ ବୁଲି ଆସିବା, ମୁଁ ଯେଉଁ ପ୍ରେମ-ଧର୍ମ ପାଇଁ ଜୀବନ ହରାଇବା ପର୍ଯ୍ୟନ୍ତ ଗଲି, ଏବେ ଜଗତ ତାହାକୁ ନିଶ୍ଚୟ ବୁଝି ପାରିଥିବ,ଲୋକମାନେ ଖୁବ୍ ଧାର୍ମିକ ହୋଇ ଉଠିଥିବେ । ଯୀଶୁଙ୍କ ଅଦୃଶ୍ୟ ଯାନ ଏକ ଅଜଣା ମୁଲକରୁ ପୃଥିବୀମୁଖୀ ହେଲା । ପୃଥିବୀର ଆକାଶରୁ ତଳକୁ ଓହ୍ଲାଇଲା ବେଳେ ଯୀଶୁ ଆକାଶମାର୍ଗରୁ ଦେଖିଲେ ଯେ ପୃଥିବୀରେ ବହୁ ସଂଖ୍ୟାରେ ଗୀର୍ଜା, ମନ୍ଦିର-ମସଜିଦ୍ ସଂଖ୍ୟା ମଧ୍ୟ କମ୍ ନୁହେଁ । ଶାନ୍ତିରେ ଅଛନ୍ତି ତାହେଲେ ପୃଥିବୀବାସୀ ! ବେଥ୍‌ଲହେମରେ ଗୋଟିଏ ବଡ଼ଗୀର୍ଜା ସାମନାରେ ତାଙ୍କ ଯାନରୁ ଓହ୍ଲାଇ ରାସ୍ତାକଡ଼ର ଗୋଟିଏ ଗଛତଳେ ଠିଆ ହୋଇଥାନ୍ତି । ସକାଳ ପ୍ରାର୍ଥନା ପାଇଁ ବହୁସଂଖ୍ୟକ ଲୋକଙ୍କ ଆଗମନରେ ରାସ୍ତାରେ ପ୍ରବଳ ଭିଡ଼ । ଫଂଖାଏ ଲୋକ ତାଙ୍କୁ ଘେରି ଯାଇ ପଚାରିଲେ -ତମେ କିଏ ? ଏଠାକାର ବାସିନ୍ଦା ପରି ତ ଲାଗୁ ନାହଁ ! ନିଜକୁ ଯୀଶୁଙ୍କ ପରି ପୁଣି ସଜାଇଛ ! ସମସ୍ତେ କୁହାକୁହି ହେଉଥାନ୍ତି -ଦେଖିଲ, ଦେଖିଲ, ଏ ଲୋକଟା କିଏ, କାହିଁକି ଏମିତି ବେଶ ହୋଇ ଗଛମୂଳେ ଠିଆ ହୋଇଛି ? କୋଳାହଳ ବଢ଼ିଲା । ଚର୍ଚ୍ଚର ପାଦ୍ରୀଙ୍କ କାନକୁ କଥା ଗଲା । ସେ ଆସିଲେ, ଯୀଶୁଙ୍କୁ ଦେଖି ତାଙ୍କ ହାତ ଧରି ଚର୍ଚ୍ଚ ପଛରେ ଥିବା ଅତିଥିଶାଳାକୁ ନେଇଗଲେ । ସେଠାରେ ତାଙ୍କୁ ଛାଡ଼ି ଦେଇ ରୁମ ବାହାରୁ ତାଲା ପକେଇ ଦେଇ ଚାଲିଗଲେ । ସଂଧ୍ୟା ପର୍ଯ୍ୟନ୍ତ ଯୀଶୁ ସେଇ ଘରେ, ଆଉ କାହାର ଦେଖା ନାହିଁ । ସଂଧ୍ୟା ପ୍ରାର୍ଥନା ସାରି ଗୋଟିଏ ମହମବତୀ ଧରି ପାଦ୍ରୀ ଆସି କବାଟ ଖୋଲିଲେ ।

ଯୀଶୁ ପଚାରିଲେ- ସାଧାରଣ ଲୋକମାନେ ସିନା ମତେ ଚିହ୍ନି ପାରିଲେ ନାହିଁ, ମତେ ଗାଳିଗୁଲଜ କଲେ । ତମେ ବି କ'ଣ ମତେ ଚିହ୍ନି ପାରିଲ ନାହିଁ ?

-ଚିହ୍ନିଲି, ପ୍ରଭୁ ଚିହ୍ନିଲି -ପାଦ୍ରୀ ତାଙ୍କୁ ପ୍ରଣାମ କରୁ କରୁ କହିଲେ। ଯେତେବେଳେ ଆପଣଙ୍କ ଆଖିରେ ମୋ ଆଖି ମିଶିଗଲା, ସେତେବେଳଠୁ ଜାଣିଲିଣି ଯେ ଆପଣ ପ୍ରଭୁ ଯୀଶୁ। କିନ୍ତୁ ଆପଣ କାହିଁକି ଆସିଲେ ? ଆପଣଙ୍କୁ ବା ଡାକିଲା କିଏ ? ଆପଣଙ୍କ ଆସିବା କଥା ଲୋକମାନେ ଜାଣିଲେ ସବୁ ବିଭ୍ରାଟ ହୋଇଯିବ।

-କ'ଣ ବିଭ୍ରାଟ ହୋଇ ଯିବ ? -ପଚାରିଲେ ଯୀଶୁ।

-ଆମେ ଆପଣଙ୍କ ପ୍ରବର୍ତ୍ତିତ ଧର୍ମ ପୃଥିବୀର ଅଧା ଯାଗାରେ ଗୀର୍ଜାମାନ ଗଢ଼ି ଖୁବ୍ ପ୍ରଚାର କରୁଅଛୁ। ଆମକୁ ଲୋକେ ମାନୁଛନ୍ତି , ଶାସନ-କ୍ଷମତା ମାନୁଛି -ଆପଣଙ୍କ ଅପେକ୍ଷା ଆପଣଙ୍କ ଫଟୋରେ ଆମେ ବେଶ୍ ଭଲ ଅଛୁ। ଆପଣଙ୍କୁ ଧରିଲେ କ'ଣ ମିଳିବ ? ଆମ କଥା ଆଉ କିଏ ଶୁଣିବ ? ଆପଣ ପ୍ରେମ କଥା କହିବେ, କ୍ଷମା କଥା କହିବେ, ଆଉ କହିବେ ଯେ ପାପକୁ ଘୃଣା କର, ପାପୀକୁ ନୁହେଁ। ଆମର ଆଉ କ'ଣ ଦାମ୍ ରହିବ ? ଆମେ ଧର୍ମ-ନିର୍ଦ୍ଦେଶକମାନେ ବରବାଦ ହୋଇଯିବୁ। ଆମକୁ ଆଉ କିଏ କ'ଣ ମାନିବ ? ଆପଣ ଯେଉଁଠୁ ଆସିଥିଲେ ତୁରନ୍ତ ସେଠାକୁ ଫେରିଯାନ୍ତୁ। ଆପଣଙ୍କ ଫଟୋ ଆମ ପାଇଁ ଯଥେଷ୍ଟ।

ନୀତ୍‌ଶେ ଯେଉଁ ସଂସ୍କୃତି ଆଣିବାକୁ କହିଲେ, ତାହା ହେଉଛି superman culture- ମହାମାନବ ସଂସ୍କୃତି ବା ପୁରୁଷୋତ୍ତମ ସଂସ୍କୃତି। ଶ୍ରୀଶ୍ରୀଠାକୁର ଯେଉଁ progressive mood (ପ୍ରଗତିଶୀଳ ମାନସିକତା) କଥା କହିଲେ ତାହା ଆଦର୍ଶ-ସଂସ୍କୃତି ବା ଯୁଗପୁରୁଷୋତ୍ତମ ସଂସ୍କୃତି।

(ସତ୍ୟାନୁସରଣ- "ସର୍ବପ୍ରଥମେ ଆତ୍ମମାନଙ୍କୁ ଦୁର୍ବଳତା ବିରୁଦ୍ଧରେ ଯୁଦ୍ଧ କରିବାକୁ ହେବ। ସାହସୀ ହେବାକୁ ହେବ, ବୀର ହେବାକୁ ହେବ। ପାପର ଜ୍ୱଳନ୍ତ ପ୍ରତିମୂର୍ତ୍ତି ଏହି ଦୁର୍ବଳତା। ତଡ଼, ଯେତେ ଶୀଘ୍ର ପାର ଏହି ରକ୍ତଶୋଷଣକାରୀ ଅବସାଦ ଉତ୍ପାଦକ Vampire କୁ। ସ୍ମରଣ କର ତୁମେ ସାହସୀ, ସ୍ମରଣ କର ତୁମେ ଶକ୍ତିର ତନୟ, ସ୍ମରଣ କର ତୁମେ ପରମପିତାଙ୍କ ସନ୍ତାନ। ଆଗେ ସାହସୀ ହୁଅ, ଅକପଟ ହୁଅ ତେବେ ଜଣାଯିବ ତୁମର ଧର୍ମରାଜ୍ୟରେ ପଶିବାର ଅଧିକାର ଜନ୍ମିଛି।")

ଅନୁଗତ-ଦାର୍ଶନିକ ନୀତ୍‌ଶେଙ୍କ ଭବିଷ୍ୟତ ବାଣୀ ଆପଣଙ୍କ ଆଡ଼କୁ ଇଙ୍ଗିତ କରିବା ପରି ମନେହେଉଛି। ଆପଣ କ'ଣ ସେହି Superman (ମହାମାନବ) ବା ଅବତାର-ପୁରୁଷ କି ? ୧୧୬

ଶ୍ରୀଶ୍ରୀଠାକୁର- ମତେ ଏସବୁ ଭଲ ଲାଗେନା। ମତେ ଅବତାର, ମହାପୁରୁଷ ଇତ୍ୟାଦି କହିଲେ ମନରେ ଦୁଃଖ ହୁଏ। ତୁମମାନଙ୍କୁ ସମସ୍ତଙ୍କୁ ନେଇ ଯଦି ମତେ ଭଗବାନ ହେବାକୁ ହୁଏ, କି ନରକକୁ ଯିବାକୁ ହୁଏ, ସେଥିରେ ମୁଁ ରାଜି ଅଛି। କିନ୍ତୁ ତୁମମାନଙ୍କୁ ଛାଡ଼ି ମୁଁ ଭଗବାନ୍ ହେବାକୁ ରାଜି ନୁହେଁ। ମୋ ସଂସ୍ପର୍ଶରେ ଆସି ମତେ ଯଦି ଏତେଟିକେ ଭଲପାଅ, ତାହେଲେ ମୁଁ ଯେପରି ଚଳେ, ଚଳିବାକୁ କୁହେ, ସେହିପରି ଭାବରେ ଚଳିବାକୁ

ଚେଷ୍ଟା କରିବା ଉଚିତ । ତୁମେ ଯଦି ସଂକୀର୍ଣ୍ଣ ସ୍ୱାର୍ଥପରତା ନ ଛାଡ଼, ସାର୍ଥକତା ପଥରେ ନ ଯାଅ, ଅଥଚ ମତେ ଅବତାର ବୋଲି ଚାରିଆଡ଼େ ପ୍ରଚାର ବି କଲ, ସେଥିରେ ତୁମର କି ଲାଭ, ମୋର ବା ତୃପ୍ତି କେଉଁଠି ? ମୁଁ ତ କେବଳ ବାହନ ଖୋଜେ, କିଏ ମତେ ଟିକିଏ କାନ୍ଧେଇ ନେଇ ବୁଲିବ । ଯେଉଁଠି ମୁଁ ନିର୍ଭୟରେ ଆଶ୍ରୟ ନେଇପାରେ, ସେପରି ନିର୍ଭରଯୋଗ୍ୟ କାନ୍ଧ ପାଏ ନାହିଁ। ଲୋକେ, ସ୍ତ୍ରୀ-ପିଲାଛୁଆଙ୍କ ବୋଝ, ନିଜ ଖିଆଲର ବୋଝ ଅକ୍ଲେଶରେ ବହନ କରନ୍ତି କିନ୍ତୁ ମୋ ବୋଝ ବେଳକୁ ଅଳ୍ପକେ କାତର ହୋଇ ଯାଆନ୍ତି । ଯଦି ପାର, ଯେତେ ପାର, ମୁଁ ଯେଉଁ ବଂଚିବା-ବଢ଼ିବାର କଥା କହୁଛି, ତାହାକୁ ନିଜ ଚଳଣିରେ ଦେଖାଇ ମତେ ଅନ୍ୟମାନଙ୍କ ପାଖରେ ଅବିକୃତ ଭାବରେ ପହଁଚାଇ ଦିଅ ।

(ଆଲୋଚକ- ଆଦର୍ଶ-ବିନାୟକ ଗ୍ରନ୍ଥରେ ଶ୍ରୀଶ୍ରୀଠାକୁର କହିଛନ୍ତି, "ଆଲୋକ ଯେପରି କହିପାରେ ନା- 'ମୁଁ ଆଲୋକ', ପବନ ଯେପରି କହି ପାରେନା- 'ମୁଁ ପବନ', କ୍ଷିତି ଯେପରି କହିପାରେନା -'ମୁଁ କ୍ଷିତି', ସେହିପରି ଯାହାଙ୍କ ଅନ୍ତରରେ ଭଗବତ୍ତା ଉଦ୍ଭିନ୍ନ ହୋଇଛି, ସେ ମଧ୍ୟ କହିପାରନ୍ତି ନାହିଁ 'ମୁଁ ଭଗବାନ', ଯେପରି ତୁମେ ତୁମକୁ ଦେଖିପାର ନା, ତୁମେ କିପରି, ତା' ତୁମେ କହି ପାରନା, ଅନ୍ୟ ତୁମ ପ୍ରତି ଯେପରି, ସେହିପରି ତୁମକୁ ବୋଧ କରେ ଓ କୁହେ; ତେଣୁ ତାଙ୍କ ପ୍ରତି ସଶ୍ରଦ୍ଧ ଯେଉଁମାନେ ,- ସେମାନଙ୍କ ନିକଟରୁ ତାଙ୍କର ପରିଚୟ ନେବାକୁ ହୁଏ -ସଙ୍ଗତିଶୀଳ ସୁସମୀକ୍ଷ ବୋଧିତାପ୍ରର୍ଯ୍ୟ ନେଇ, କାରଣ, ଯେ ଯେଉଁଥିରେ ଯେପରି ସଶ୍ରଦ୍ଧ ତା' ସମ୍ବନ୍ଧରେ ଜ୍ଞାନ ମଧ୍ୟ ତା'ର ସେପରି ।" ବାଣୀ-୫୮)

ଅନୁଗତ- ଶ୍ରୀରାମକୃଷ୍ଣଦେବ କହିଛନ୍ତି ଯେ, ଚାରାଗଛକୁ ଘେର ଦେଇ ରଖାଯାଏ । ଏହାର ଅର୍ଥ କ'ଣ ? ୧୧୭

ଶ୍ରୀଶ୍ରୀଠାକୁର-ଚାରାଗଛ କହିଲେ ମୁଁ ବୁଝେ ବ୍ୟକ୍ତି, ଘେର କହିଲେ ମୁଁ ବୁଝେ ସଦ୍‌ଗୁରୁ, ସତ୍‌ନାମ ଓ ସତ୍‌ସଙ୍ଗ । ମଣିଷ ଯଦି କୌଣସି ଜୀବନ୍ତ ଆଦର୍ଶରେ ଅନୁବନ୍ଧ ନ ରୁହେ, ତେବେ ସେ ନାନା ଆବର୍ତ୍ତ ଭିତରେ ଉବେଇ-ଟୁବେଇ ହେବ -ଆଦର୍ଶ ବା ଅବତାର-ଗୁରୁ ହେଲେ ପ୍ରବୃତ୍ତି ପରାୟଣତାର ଉର୍ଦ୍ଧ୍ୱସ୍ଥ ଯେଉଁ ଲୋକ -ସେଇ ଲୋକରୁ ଆସନ୍ତି ଓ ବଂଚିବା-ବଢ଼ିବାର ବିଧି ଆମକୁ ଜଣାଇ ଦିଅନ୍ତି । ରାମପ୍ରସାଦଙ୍କ ବଙ୍ଗଳା ଲୋକପ୍ରିୟ ଗୀତର ଦୁଇ ଲାଇନ ସୁର ଦେଇ ଗାଇଲେ - **"ମନରେ କୃଷିକାଜ ଜାନ ନା/ଏମନ ମାନବ ଜମିନ ରଇଲ ପତିତ, ଆବାଦ କରଲେ ଫଲତ ସୋନା ।"**

(ସଂପୂର୍ଣ୍ଣ ଗୀତଟି ଏହିପରି)-କାଲୀନାମେ ଦେଓରେ ବେଡ଼ା, ଫସଲ ତଛରୁପ ହବେ ନା / ସେ ଯେ ମୁକ୍ତକେଶୀର ଶକ୍ତ ବେଡ଼ା ତାର କାଛେତେ ଯମ ଘେଁଷେ ନା / ଅଦ୍ୟ ଅଦ୍ଧ ଶତାନ୍ତେ ବା, ବାଜାପ୍ତ ହବେ ଜାନନା/ ଏଖନ ଆପନ ଭେବେ ଯତନ କରେ ଚୁଟିୟେ ଫସଲ କେଟେ ନେ ନା /ଗୁରୁ ବପନ କରେଛେନ ବୀଜ, ଭକ୍ତି ବାରି ତାୟ ସେଁଚ ନା/ ତବେ ଏକା ଯଦି ନା ପାରିସ ମନ, ରାମପ୍ରସାଦ କେ ଡେକେ ନେ ନା ।"

ଅନୁଗତ-ଶ୍ରୀମଦ୍ ଭଗବତ୍ ଗୀତାରେ ଶ୍ରୀକୃଷ୍ଣ ଜ୍ଞାନ ଯୋଗ, ଭକ୍ତି ଯୋଗ, କର୍ମ ଯୋଗ ଇତ୍ୟାଦି କଥା କହିଛନ୍ତି । ଏହିସବୁକୁ ସହଜଭାବରେ କିପରି ବୁଝିବା ? ୧୧୮

ଶ୍ରୀଶ୍ରୀଠାକୁର -ଯୋଗ ମାନେ ଯୁକ୍ତ ହେବା। କାହାଠାରେ ଯୁକ୍ତ ହେବ ? ଏହାର ଉତ୍ତର ସହଜ, ଯେ ଜ୍ଞାନ କ'ଣ ଜାଣନ୍ତି, ଭକ୍ତି କ'ଣ ଜାଣନ୍ତି, କର୍ମ କିପରି କରିବାକୁ ହେବ ଜାଣନ୍ତି -ତାଙ୍କଠାରେ ଯୁକ୍ତ ହୁଅ ଅର୍ଥାତ୍ ତାଙ୍କୁ ଅନୁସରଣ କରି ତାଙ୍କର ହୁଅ। ଭକ୍ତି ଦ୍ୱାରା ଜ୍ଞାନ ବଢ଼େ, ପୁଣି ବଢ଼ିଲା ଜ୍ଞାନରୁ ଭକ୍ତି ବଢ଼େ, ଏହିପରି ଚାଲେ। କର୍ମ ନ ଥିଲେ ଜ୍ଞାନ ମଉଳି ଯାଏ, ଆଉ ଭକ୍ତି ନ ଥିଲେ କିଛି ଉଧାଏ ନା। ତେଣୁ ଏମାନେ ସବୁ ଓତପ୍ରୋତଭାବେ ଜଡ଼ିତ।

(ସତ୍ୟାନୁସରଣ- 'ଆଦର୍ଶରେ ଗଭୀର ବିଶ୍ୱାସ ନ ଥିଲେ, ନିଷ୍ଠା ମଧ୍ୟ ଆସେ ନାହିଁ , ଭକ୍ତି ମଧ୍ୟ ଆସେ ନାହିଁ ; ଆଉ ଭକ୍ତି ନ ଥିଲେ ଅନୁଭୂତି ବା କ'ଣ ହେବ, ଜ୍ଞାନ ବା କ'ଣ ହେବ ଆଉ ସେ ପ୍ରଚାର ବା କରିବ କ'ଣ ? ତୁମେ ଭକ୍ତିରୂପକ ତେଲରେ ଜ୍ଞାନ ରୂପକ ବଳିତା ଭିଜାଇ ସତ୍ୟ ରୂପକ ଆଲୋକ ଜଳାଅ, ଦେଖିବ କେତେ ଝିଂଟିକା, କେତେ ପୋକ, କେତେ ଜାନୁଆର କେତେ ମଣିଷ ତୁମକୁ କିପରି ଘେରି ରହିଛନ୍ତି।')

ଅନୁଗତ -ଭକ୍ତି କାହାକୁ କହନ୍ତି ? ୧୧୯

ଶ୍ରୀଶ୍ରୀଠାକୁର - ଭକ୍ତି ଶବ୍ଦର ଉତ୍ପତ୍ତି ଭଜ୍-ଧାତୁ ଓ କ୍ତିନ୍ ପ୍ରତ୍ୟୟ। ଅର୍ଥାତ୍ କାୟମନୋବାକ୍ୟରେ ଇଷ୍ଟ ବା ପରମପୁରୁଷଙ୍କୁ ଦୃଢ଼ ନିଷ୍ଠା ଓ ବିଶ୍ୱାସର ସହିତ ଭଜି ଚାଲିବା ଅର୍ଥାତ୍ ସେବା-ସମ୍ବର୍ଦ୍ଧନାରେ ତାଙ୍କୁ ଖୁସି କରି ଖୁସି ହେବାର ଯେଉଁ ଅଚ୍ୟୁତ ଆବେଗ ତାହା ଭକ୍ତି।

ଭକ୍ତି ପରି ଆଉ ଜିନିଷ ନାହିଁ। ଶ୍ରେୟଙ୍କୁ ଆଶ୍ରୟପୂର୍ବକ ଯେଉଁ ଆନ୍ତରିକ ଆକର୍ଷଣ ଧୀରେ ଧୀରେ ଆମ ମନରେ ସୃଷ୍ଟି ହୁଏ, ତାର ନିରବଚ୍ଛିନ୍ନତା-ଅର୍ଥାତ୍ ଏହା continuous (ଅବିରତ), କୌଣସି break (ବିରାମ) ନାହିଁ, ସେହି ଟାଣକୁ ଭକ୍ତି କହନ୍ତି। ଶକ୍ତି, ଜ୍ଞାନ ଯାହା କୁହ ସବୁ ଆସେ ସେହି ଭକ୍ତିରୁ। ଭକ୍ତି ଘନୀଭୂତ ହୋଇ ପ୍ରେମରେ ରୂପାନ୍ତରିତ ହୁଏ। ସନ୍ତାନର ପିତୃମାତୃ ଭକ୍ତି, ସ୍ତ୍ରୀର ସ୍ୱାମୀ ଭକ୍ତି, ଶିଷ୍ୟର ଗୁରୁ ଭକ୍ତି -ଏସବୁ ଗୋଟାଏ କଥାକୁ ସୂଚାଏ -ଶ୍ରେୟ ପ୍ରତି ଏକାଗ୍ର ଭଲପାଇବା ଓ ତାଙ୍କୁ ଜୀବନର ସର୍ବସ୍ୱ କରି ତୋଳିବା।

ତେଣୁ ଶ୍ରେୟଙ୍କୁ ଆଶ୍ରୟ କରି ଯେଉଁ ଆନ୍ତରିକ ଟାଣ ତାକୁହିଁ କହନ୍ତ ଭକ୍ତି। ଭକ୍ତିରେ ସ୍ୱାର୍ଥସେବାର ମନୋଭାବ ନାହିଁ। ସେଠାରେ ପ୍ରିୟଙ୍କୁ ସୁଖୀ, ସନ୍ତୁଷ୍ଟ ଓ ସମ୍ବର୍ଦ୍ଧିତ କରିବାର ସକ୍ରିୟ ପ୍ରଚେଷ୍ଟା ଥାଏ। ଉସ, ଇଷ୍ଟ ବା ଈଶ୍ୱରଙ୍କ ପ୍ରୀତି ବା ଆରାଧନା ପାଇଁ ଯେଉଁ କର୍ମ ତାହା ମଣିଷକୁ ମୁକ୍ତି ଦିଗରେ, ମଙ୍ଗଳ ଦିଗରେ ନେଇ ଯାଏ। ମୁଁ ଅନେକ ରକମର କରି ଦେଖିଛି, କିନ୍ତୁ ଭକ୍ତି ଛଡ଼ା ତୃପ୍ତି ମିଳେନା। ଯେଉଁମାନଙ୍କ ଭିତରେ ସହଜ ଭକ୍ତି ଅଛି, ସେମାନଙ୍କର ବର୍ତ୍ତମାନ ମହାପୁରୁଷଙ୍କୁ ଧରିବାରେ କୌଣସି ଅସୁବିଧା ହୁଏ ନା। ଭକ୍ତିରେ ଗୋଟିଏ ମୁହୂର୍ତ୍ତରେ ମଣିଷର ପରିବର୍ତ୍ତନ ହୋଇଯାଏ। ଭକ୍ତି ଥିଲେହିଁ ଜ୍ଞାନ ଆପଣାଛାଏଁ ଆସେ, କର୍ମ ମଧ୍ୟ ଫୁଟି ଉଠେ। ଭକ୍ତି ଛଡ଼ା କର୍ମ ସଙ୍ଗତିହରା ହୋଇଯାଏ। ଭକ୍ତିର ସହଚରଦ୍ୱୟ ହେଲେ ବିଶ୍ୱାସ ଓ ନିଷ୍ଠା। ବିଶ୍ୱାସ ଜିନିଷଟା ମୂଳତଃ ଭକ୍ତି।

ଅନୁଗତ -କୁହାଯାଏ ଯେ ଭଗବାନଙ୍କ ଭୟରେ ଭକ୍ତି ଆସେ । ଏହା ଠିକ ତ ? ୧୨୦

ଶ୍ରୀଶ୍ରୀଠାକୁର- ଭଗବାନଙ୍କର କାହାକୁ ଭୟ ଦେଖାଇ ଭକ୍ତ କରିବାର ଗରଜ ନ ଥାଏ । ସଦ୍‌ପ୍ରକୃତି ସମ୍ପନ୍ନ ମଣିଷ ଯେଉଁମାନେ ସେମାନେ ସେମାନଙ୍କର ଅନ୍ତରର ଅବାଧ ତାଗିଦାରେ ହିଁ ଭଗବାନଙ୍କୁ ଖୋଜନ୍ତି, ଭଗବତ୍ ପଥରେ ଚାଲନ୍ତି । ତା ଫଳରେ ସବୁ ପ୍ରତିକୂଳତାକୁ ଜୟ କରି ସେମାନେ ସୁଖୀ ଓ ସାର୍ଥକ ହୁଅନ୍ତି । ସେମାନେ ଭଗବାନଙ୍କୁ ଉପଭୋଗ କରନ୍ତି, ଭଗବାନ ମଧ୍ୟ ସେମାନଙ୍କୁ ଉପଭୋଗ କରନ୍ତି । ପ୍ରେମ ସହିତ ଜୀବନର ସମ୍ବନ୍ଧ ଅଛି । ଆମ ଭିତରେ ଅଛି ଜୀବନ ସମ୍ବେଗ, ଆଉ ଜୀବନ ସମ୍ବେଗରେ ଅଛି ଅନ୍ତରାସ । ପ୍ରେମରେ ଥାଏ ଉଦ୍‌ବେଗାକୁଳ ଗତିଶୀଳ ସ୍ପନ୍ଦନ । ଏଇ ଯେପରି ଅଛି, 'ସଖୀ ! ପ୍ରଣୟ ପରମ ବେଦ' । ଏହାକୁ ଇଂରାଜୀରେ ଏହି ଭାବରେ କୁହାଯାଏ - 'O sweet heart, Aware, love is the supreme knowledge.' ଶ୍ରୀକୃଷ୍ଣଙ୍କୁ ଗୋପୀମାନେ ଏହିପରି ଭଲପାଇ ସମସ୍ତ ଜ୍ଞାନର ଅଧିକାରୀ ହୋଇଥିଲେ ।

(ଆଲୋଚକ- ଶାଣ୍ଡିଲ୍ୟସୂତ୍ରରେ ଅଛି– "ସା ପରାନୁରକ୍ତିରୀଶ୍ୱରେ ।" (ପରମେଶ୍ୱରଙ୍କଠାରେ ପରମ ଅନୁରକ୍ତିକୁ ଭକ୍ତି କୁହାଯାଏ ।

ନାରଦ ଭକ୍ତିସୂତ୍ରରେ ଦେବର୍ଷି ନାରଦ ଭକ୍ତିକୁ ପରମ ପ୍ରେମରୂପ ବୋଲି ଆଖ୍ୟାୟିତ କରିଛନ୍ତି –'ସା କସ୍ମୈ ପରମପ୍ରେମରୂପା' ।

ସେଣ୍ଟ ଜନ୍ (St. John)ଙ୍କର ଉକ୍ତି ଏହିପରି - 'He that loveth not knoweth not God; for God is love.'

(ଯେ ପ୍ରେମ (ଭକ୍ତି) ଜାଣେନା, ସେ ଈଶ୍ୱରଙ୍କୁ ଚିହ୍ନେ ନା, ଈଶ୍ୱର ହେଲେ ପ୍ରେମସ୍ୱରୂପ ।)

ଅନୁଗତ- ପିତୃମାତୃ ଭକ୍ତିର ଶ୍ରେଷ୍ଠ ଉଦାହରଣ ଆମେ କେଉଁଠି ଦେଖିବାକୁ ପାଉ ? ୧୨୧

ଶ୍ରୀଶ୍ରୀଠାକୁର - ରାମଚନ୍ଦ୍ର ସ୍ୱୟଂ ଭଗବାନ । ସେ ତାଙ୍କର ସମଗ୍ର ଜୀବନରେ ପିତୃଭକ୍ତି କାହାକୁ କହନ୍ତି ଦେଖାଇ ଦେଇଗଲେ । ଚଉଦ ବର୍ଷ ବନବାସ, ସ୍ତ୍ରୀ-ବିଚ୍ଛେଦ ଆଦି ନାନା କଷ୍ଟ ଭୋଗ କଲେ । ଚାଣକ୍ୟଙ୍କ ସମ୍ପର୍କରେ କଥିତ ଅଛି ଯେ ଜଣେ ଜ୍ୟୋତିଷ ତାଙ୍କ ମା'ଙ୍କୁ ଦିନେ କହିଥିଲେ ଯେ ଏ ପିଲାର ଛାମୁଦାନ୍ତ ଦୁଇଟି ଖୁବ ବଡ଼ ଥିବାରୁ ସେ ରାଜା ହେବ, କିନ୍ତୁ ଏମିତି ଦାନ୍ତ ଯାହାର ଥାଏ, ସେ ମାଆକୁ ଦୁଃଖ ଦିଏ- ମାତୃଭକ୍ତ ହୋଇ ପାରେନା । ଏକଥା ବାଳକ ଚାଣକ୍ୟ ଶୁଣିବାମାତ୍ରେ ଆଖି ପିଛୁଳାକେ, ମା ବାଧା ଦେଉଣୁ ନ ଦେଉଣୁ ଗୋଟାଏ ଚିମୁଟା ଆଣି ସାମନା ବଡ଼ଦାନ୍ତ ଦୁଇଟାକୁ ଓପାଡ଼ି ପକାଇଲେ । ରକ୍ତ ଧାର ଧାର ହୋଇ ବହିବାକୁ ଲାଗିଲା-ମା ହତବାକ୍ । ଚାଣକ୍ୟ କହିଲେ-ମୁଁ ଯଦି ମାଆର ହୋଇ ପାରିବି ନାହିଁ, ତେବେ ରାଜଗାଦିରୁ ମତେ କ'ଣ ମିଳିବ ? ଯାଉ ସେ ଦାନ୍ତ ଦି'ଟା ।

(ଆଲୋଚକ- ଶ୍ରୀରାମକୃଷ୍ଣ ପରମହଂସଙ୍କ ଉକ୍ତି -ଭକ୍ତ ଭଗବାନ ବିନା ରହି ପାରେନା, କି ଭଗବାନ ମଧ୍ୟ ଭକ୍ତ ବ୍ୟତୀତ ରହି ପାରନ୍ତି ନାହିଁ। ଭକ୍ତର ମିଠା ସ୍ୱାଦକୁ ଭଗବାନ ଉପଭୋଗ କରନ୍ତି, ଭକ୍ତ ଯେମିତି ପଦ୍ମ ଓ ଭଗବାନ ମହୁମାଛି। ଶ୍ରୀରାଧା ଓ ଶ୍ରୀକୃଷ୍ଣ। ପ୍ରେମ ହେଉଛି ରଜ୍ଜୁ। ଭକ୍ତପ୍ରେମରେ ଭଗବାନ ବନ୍ଧା, ସେ ଆଉ ନ ମିଳିବାର ପ୍ରଶ୍ନ ନାହିଁ। କେହି ଭଗବାନଙ୍କୁ ଅରୂପ, ଆଉ କେହି ଈଶ୍ୱରଙ୍କୁ ରୂପରେ ଭାବେ, କିନ୍ତୁ ମୂଳ କଥା ହେଲା ବିଶ୍ୱାସ ଓ ଆତ୍ମସମର୍ପଣ। ବିଦ୍ୟା, ପ୍ରଜ୍ଞା, ଭକ୍ତି ଓ ସତ୍‌ସଙ୍ଗ - ଏହା ହେଲା ଭଗବାନଙ୍କୁ ପାଇବାର ପଥ। -Gems from the Gospel of Sri Ramakrishna)

ଯୁଗାଚାର୍ଯ୍ୟ ଶ୍ରୀଶ୍ରୀବଡ଼ଦା କହିଲେ -ଭକ୍ତ କାୟମନୋବାକ୍ୟରେ ଇଷ୍ଟଙ୍କ ଚରଣରେ ସମର୍ପିତ। ତେଣୁ ଭକ୍ତର ଇଚ୍ଛାରେ ସୃଷ୍ଟି-ସ୍ଥିତି-ପ୍ରଳୟ ହୋଇପାରେ। ଶ୍ରୀଶ୍ରୀଠାକୁର ସତ୍ୟାନୁସରଣରେ କହିଛନ୍ତି - ହଜାର ଶକ୍ତି ତୁମେ ଲାଭ କରିପାର, ଚନ୍ଦ୍ରସୂର୍ଯ୍ୟ କକ୍ଷଚ୍ୟୁତ କରିପାର, ପୃଥିବୀ ଭାଙ୍ଗି ଟୁକୁରା ଟୁକୁରା କରିପାର, କିନ୍ତୁ ହୃଦୟରେ ପ୍ରେମ ନ ଥିଲେ ତୁମର କିଛିହିଁ ହୋଇନି। ଭକ୍ତ ଅନ୍ତରରେ ପ୍ରେମ ଥାଏ। ସେଥିପାଇଁ ତାଙ୍କ ଚରଣରେ ରହିବାକୁ ଚାହେଁ, ନିଜକୁ ସମର୍ପି ଦିଏ ତାଙ୍କ ଚରଣରେ - ସତ୍ତ୍ୱ, ରଜ, ତମର ଚରମ ପ୍ରକାଶ ଘଟେ ତା' ମଧ୍ୟରେ। (ଇଷ୍ଟ-ପ୍ରସଙ୍ଗେ, ୨-୪-୧୯୭୮)

ଏହି ପ୍ରସଙ୍ଗରେ ଶ୍ରୀଶ୍ରୀଠାକୁରଙ୍କର ଗୋଟିଏ ବାଣୀ -

"ଭକ୍ତି ତୋହର ଶକ୍ତି ଆଣେ ବୋଧ ଆଣେ ତୋର ଜୟ
ଭକ୍ତି ଓ ବୋଧ ଛାଡ଼ିବୁ ନାହିଁ ତୁ ହେବ ନାହିଁ ତୋର କ୍ଷୟ।")

ଅନୁଗତ-'ଶ୍ରଦ୍ଧାବାନ୍ ଲଭତେ ଜ୍ଞାନମ୍।' ଏହି ଉକ୍ତିର ତାତ୍ପର୍ଯ୍ୟ କ'ଣ ? ୧୨୨

ଶ୍ରୀଶ୍ରୀଠାକୁର - ଏହାର ତାତ୍ପର୍ଯ୍ୟ ହେଲା, ଶ୍ରଦ୍ଧା ନ ଥିଲେ ଜ୍ଞାନ ଅର୍ଜନ ହୁଏନା। ପୂର୍ବକାଳରେ ଚୂଡ଼ାକରଣରେ ଶିଶୁକୁ ଗୁରୁଜନମାନେ ଆଚାର୍ଯ୍ୟମାନଙ୍କ ପାଖକୁ ଯିବା ପାଇଁ ପ୍ରଥମେ ପ୍ରସ୍ତୁତ କରିବାପାଇଁ କହୁଥିଲେ। ତୁମର ଆଚାର୍ଯ୍ୟ କେତେ ଭଲ, ତୁମକୁ ଖୁବ ଭଲ ପାଇବେ, ତାଙ୍କ ନିକଟକୁ ଯାଇ ତୁମକୁ ବିଦ୍ୟାର୍ଜନ କରିବାକୁ ହେବ- ଏହିପରି କେତେ କଥା କହୁଥିଲେ। ଏଗୁଡ଼ିକ ଥିଲା ମୌଳିକ ପ୍ରଥା ବା tradition -ମଣିଷ ତପସ୍ୟା କରେ କୌଣସିକିଛି ଅଧିଗତ କରିବା ପାଇଁ-achieve କରିବା ପାଇଁ । ତପସ୍ୟା ସମୟରେ ଆମମାନଙ୍କ କୋଷରେ intercellular adjustment (ଔପାଦାନିକ ବିନ୍ୟାସ) ଘଟୁଥାଏ- ଏହା ଘଟେ ଆଚାର୍ଯ୍ୟଙ୍କ ପ୍ରତି ଭଲପାଇବା ନେଇ, ତାଙ୍କ ପ୍ରତି ଅକାଟ୍ୟ ଅନୁରାଗ ଓ ଭକ୍ତି ଦ୍ୱାରା।

ଅନୁଗତ- ଗୁରୁଭକ୍ତି ଦ୍ୱାରା କ'ଣ ଜ୍ଞାନଲାଭ ହୋଇଥାଏ ? ୧୨୩

ଶ୍ରୀଶ୍ରୀଠାକୁର - ଆରୁଣି ଓ ଉପମନ୍ୟୁଙ୍କ କଥା ଶୁଣି ନା ? ଏସବୁର ତାତ୍ପର୍ଯ୍ୟ ଭଲରୂପେ ବୁଝିବା ଦରକାର। ଆଚାର୍ଯ୍ୟ ଧୌମ୍ୟ ତାଙ୍କର ଶିଷ୍ୟ ଆରୁଣିକୁ ପଠାଇଲେ ବିଲରେ ହିଡ଼ ବନ୍ଧେଇବା ପାଇଁ। ଆରୁଣି, ଅକ୍ଳାନ୍ତ ଚେଷ୍ଟା କରି ଯେତେବେଳେ ହିଡ଼ ବାନ୍ଧି ପାରିଲା ନାହିଁ, ସେତେବେଳେ ଜଳସ୍ରୋତକୁ ଅଟକାଇବା ପାଇଁ ନିଜେ ସେଠାରେ ଶୋଇ

ପଡ଼ିଲା । ଦିନାନ୍ତେ ଆଚାର୍ଯ୍ୟ ମହାଶୟ ଆରୁଣିକୁ ନ ଦେଖି ବାହାରିଲେ ଆରୁଣିର ସନ୍ଧାନରେ । ବିଲ ମୁଣ୍ଡରେ ଯାଇ ଡାକିବାକୁ ଲାଗିଲେ, 'ଆରୁଣି ! ଆରୁଣି !' । ହିଡ଼ମୁଣ୍ଡରେ ଶୋଇଥିବା ଆରୁଣି ଉତ୍ତର ଦେଲା, 'ପ୍ରଭୁ ! ପ୍ରଭୁ ! ମୁଁ ଏଠାରେ ଶୋଇଛି ।' ଧୌମ୍ୟ ତାକୁ ଉଠି ଆସିବାକୁ କହିଲେ । ଆରୁଣି ସମସ୍ତ କଥା ପ୍ରକାଶ କଲା । ଗୁରୁ ପ୍ରୀତ ହୋଇ ଆଶୀର୍ବାଦ କଲେ – 'ମୁଁ ଖୁବ ଖୁସି ହୋଇଛି । ସର୍ବଶାସ୍ତ୍ର ତୁମର ଅଧିଗତ ହେବ । ତୁମର ଅଧ୍ୟୟନ ପୂର୍ଣ୍ଣ ହେଲା ।' ଏହାର ଅର୍ଥ ହେଲା, ଗୁରୁଙ୍କଠାରେ ଯାହାର ମନ ଏକାଗ୍ର, ଗୁରୁଙ୍କ ସ୍ୱାର୍ଥରକ୍ଷା ଲାଗି ଯେ ସର୍ବପ୍ରକାର କଷ୍ଟ ସ୍ୱୀକାର କରିବାରେ ଅଭ୍ୟସ୍ତ, ତା'ର ପ୍ରବୃତ୍ତିର ବିକ୍ଷୋଭ ଓ ବିକ୍ଷେପ ସ୍ୱତଃ ପ୍ରଶମିତ ହୋଇ ଆସେ । ଏତାଦୃଶ ଏକନିଷ୍ଠ ତପସ୍ୟା ଯାହାର ଅଛି, ତା'ର ଆତ୍ମନିୟନ୍ତ୍ରଣ ଓ ଆତ୍ମସାକ୍ଷାତ୍କାର ପୂର୍ଣ୍ଣତା ଲାଭ କରିଥାଏ । ଯେ ନିଜକୁ ଅଧିଗତ କରିପାରେ, ସେ ଏହାକୁହିଁ ଭିତ୍ତିକରି ବିଶ୍ୱର ଯାବତୀୟ ଯାହାକିଛି ଅଧିଗତ କରିପାରେ । ଉପମନ୍ୟୁର ମଧ୍ୟ ଏଇ କଥା ।

ଧୌମ୍ୟଙ୍କର ଆଉ ଜଣେ ଶିଷ୍ୟ ଥିଲେ ଉପମନ୍ୟୁ । ସେ ତାକୁ ଗୋପାଳନର ଦାୟିତ୍ୱ ଦେଇଥିଲେ । ଉପମନ୍ୟୁକୁ ହୃଷ୍ଟପୁଷ୍ଟ ଦେଖି ଦିନେ ଗୁରୁ ପଚାରିଲେ – 'ତୁମେ ତ ବେଶ ଥାକୁଲା-ଥାକୁଲା ହୋଇଛ, କ'ଣ ଖାଉଛ ?' ଶିଷ୍ୟ କହିଲେ- 'ଭିକ୍ଷାଲବ୍ଧ ଅନ୍ନରେ ମୁଁ ଜୀବନ ଧାରଣ କରେ ।' ଗୁରୁ କହିଲେ, 'ଭିକ୍ଷାଲବ୍ଧ ଯାହା ତାହା ମୋତେ ଦେବ । ଶିଷ୍ୟର ଭିକ୍ଷାଲବ୍ଧ ଦ୍ରବ୍ୟ ଗୁରୁଙ୍କର ହିଁ ପ୍ରାପ୍ୟ ।' ପୁଣି କିଛିଦିନ ପରେ ଗୁରୁ ଶିଷ୍ୟଙ୍କୁ ଖାଦ୍ୟପେୟ ସମ୍ବନ୍ଧରେ ପଚାରିଲେ । ଉପମନ୍ୟୁ କହିଲେ – 'ମୁଁ ପ୍ରଥମବାର ଭିକ୍ଷାକରି ଯାହା ପାଏ, ତାହା ଆପଣଙ୍କୁ ସମର୍ପଣ କରିଦିଏ, ଦ୍ୱିତୀୟବାର ଯାହା ପାଏ, ସେଥିରେ ଜୀବନଧାରଣ କରେ ।' ଗୁରୁ କହିଲେ – 'ତା' ମଧ୍ୟ ଉଚିତ ନୁହେଁ, ଏହାଦ୍ୱାରା ଅନ୍ୟ ଭିକ୍ଷୁକଙ୍କର ଅସୁବିଧା ହୁଏ, ଏବଂ ତୁମର ଲୋଭ ପ୍ରଶ୍ରୟ ପାଏ ।' ଏହାପରେ ଉପମନ୍ୟୁ ଗାଈର ଦୁଧ ଖାଇ ଜୀବନ ଧାରଣ କଲେ । ଗୁରୁ ପୁଣି ଦିନେ ସେହି ପ୍ରଶ୍ନ ପଚାରିଲେ । ଉପମନ୍ୟୁ କହିଲେ- 'ଗାଈର ଦୁଧ ଖାଏ ।' ଉପାଧ୍ୟାୟ କହିଲେ – 'ତୁମେ ଦୁଧ ଖାଇଲେ ବାଛୁରୀର ଅସୁବିଧା ହେବ, ଏପରିଭାବେ ଦୁଧ ଖାଅନା ।' ପୁଣି କିଛି ଦିନ ପରେ ଗୁରୁଙ୍କର ସେଇ ପ୍ରଶ୍ନ । ଉପମନ୍ୟୁ କହନ୍ତି- 'ବାଛୁରୀ ମୁହଁରେ ଓ ଗାଈର ପହ୍ନାରେ ଯେଉଁ ଫେଣ ଲାଗିଥାଏ, ମୁଁ ତାକୁଇ ଖାଇ ବଞ୍ଚିଛି ।' ଏହା ଶୁଣି ଗୁରୁ କହିଲେ – 'ବାଛୁରୀଗୁଡ଼ିକ ହୁଏତ ତୁମ ପ୍ରତି ଦୟାପରବଶ ହୋଇ ବେଶି ବେଶି ଫେଣ ବାହାର କରନ୍ତି, ଏହାଦ୍ୱାରା ସେମାନଙ୍କର ଅସୁବିଧା ହୋଇପାରେ, ତୁମେ ଆଉ ଫେଣ ଖାଇବ ନାହିଁ ।' ଏଥର ଆହାରର ସମସ୍ତ ରାସ୍ତା ବନ୍ଦ । ଶିଷ୍ୟ ଭାବିଲେ- ଆଚାର୍ଯ୍ୟ ତ ଖାଇବାକୁ ନିଷେଧ କରିଛନ୍ତି, କିନ୍ତୁ ଗୋରୁ ଚରାଇବାକୁ ତ ନିଷେଧ କରି ନାହାନ୍ତି । ତେଣୁ ଏଣିକି କେବଳ ପାଣି ପିଇ ଆନନ୍ଦରେ ଗୋରୁ ଚରାଇଲେ । ଦୁଇତିନଦିନ ପରେ ଭୋକର ଜ୍ୱାଳା ସହି ନ ପାରି ସେ କେତୋଟି ଅରଖ ପତ୍ର ଚୋବାଇ ଦେଲେ । ଫଳରେ ଅନ୍ଧ ହୋଇ ଅଣ୍ଡାଳି ଅଣ୍ଡାଳି ଚାଲୁ ଚାଲୁ ଗୋଟିଏ କୂଅ ଭିତରେ ପଡ଼ିଗଲେ । ଗୁରୁ ତାଙ୍କୁ ଯଥା ସମୟରେ ଆଶ୍ରମକୁ ନ ଆସିବା ଦେଖି, ଶିଷ୍ୟମାନଙ୍କ ସହ ଜଙ୍ଗଲକୁ ଖୋଜିବାକୁ ଯାଇ ବଡ଼ପାଟିରେ ଡାକିବାକୁ ଲାଗିଲେ ।

ଉପମନ୍ୟୁ କୂଅ ଭିତରେ ଥାଇ ସମସ୍ତ ବୃତ୍ତାନ୍ତ କହିଲେ । ସମସ୍ତେ ମିଳି ଧରାଧରି କରି କୂଅ ଭିତରୁ ତାଙ୍କୁ ଉପରକୁ ଆଣିଲେ । ତାପରେ ଗୁରୁଙ୍କ ଉପଦେଶ ଅନୁଯାୟୀ ଦେବ-ବୈଦ୍ୟ ଅଶ୍ୱିନୀ କୁମାରଙ୍କ ଆରାଧନାରେ ଉପମନ୍ୟୁ ଦୃଷ୍ଟିଶକ୍ତି ଫେରି ପାଇଲେ । ସୁସ୍ଥ ହୋଇ ଗୁରୁଙ୍କୁ ପ୍ରଣାମ କରିବା ମାତ୍ରେ, ଗୁରୁ ଆଶୀର୍ବାଦ ଦେଇ କହିଲେ, 'ବତ୍ସ, ତୁମେ ପରୀକ୍ଷାରେ ଉତ୍ତୀର୍ଣ୍ଣ ହୋଇଛ । ସମସ୍ତ ବେଦ ଓ ଧର୍ମଶାସ୍ତ୍ର ତୁମ ନିକଟରେ ପ୍ରତିଭାତ ହେବ ।' ଏତେ ଆଘାତ ସହି ମଧ୍ୟ ଭକ୍ତି-ବିଶ୍ୱାସ ଯାହାର ଅଟଳ ଥାଏ, ସେ ତ ପ୍ରଜ୍ଞା ରାଜ୍ୟରେ ଅଧିଷ୍ଠିତ ହଏ, ତା'ର କ'ଣ ଆଉ ଜ୍ଞାନର କିଛି ବାକି ଥାଏ ?

ଗୁରୁଙ୍କର ଅତ୍ୟାଚାର, ଅନ୍ୟାୟ, ଅବହେଳା ସତ୍ତ୍ୱେମଧ୍ୟ ଉପମନ୍ୟୁର ତାଙ୍କ ପ୍ରତି ଅନୁରାଗ, ଝୁଙ୍କ ବା ଆସକ୍ତି ଅତୁଟ ଓ ଅକାଟ୍ୟ ରହିଲା । ତେଣୁ ଗୁରୁଙ୍କର ଅଭାବନୀୟ ଦୁରୂହ ଦୁର୍ବ୍ୟବହାର ତାକୁ ତିଳେ ମାତ୍ର ବିଚଳିତ କଲା ନାହିଁ । ତାର ଏହି ପ୍ରଶ୍ନଶୂନ୍ୟ ଗୁରୁଭକ୍ତି ହେତୁ ତାର ଦେବବୈଦ୍ୟଙ୍କ ଆରାଧନା ସଫଳ ହେଲା । ତେଣୁ ସବୁ ଆରାଧନାର ମୂଳ ହେଉଛି ଅକାଟ୍ୟ-ଅତୁଟ ଗୁରୁ ବା ଆଦର୍ଶ-ଅନୁରକ୍ତି, ଏହାକୁ କହନ୍ତି ଭକ୍ତି ।

ଅନୁଗତ - କିନ୍ତୁ ଆମେ ତ ରୋଗ-ଦୁର୍ଭୋଗରେ କେତେ କ'ଣ ପୂଜା-ଆରାଧନା, ବ୍ରତ-ଉପବାସ-ମାନସିକ ଇତ୍ୟାଦି କରୁଛୁ, କିନ୍ତୁ ଫଳ ତ କିଛି ମିଳୁ ନାହିଁ କାହିଁକି ? ୧୨୪

ଶ୍ରୀଶ୍ରୀଠାକୁର-ଭକ୍ତି ଯେତେବେଳେ ସ୍ୱାର୍ଥଜଡ଼ିତ ହୋଇଯାଏ ସେଥିରେ ଫଳ ମିଳେ ନାହିଁ । ସାଧାରଣତଃ ଆମେ ଅର୍ଥ ପାଇଁ, ସମ୍ପଦ ପାଇଁ ବା ମାନ-ଯଶ ପାଇଁ ଭକ୍ତି ଆରାଧନା କରୁ । ତେଣୁ ଭକ୍ତିଭାବରେ ଥାଏ ଉଦ୍ଦେଶ୍ୟ, ସେତେବେଳେ ଏହି ଭକ୍ତି କପଟ-ଭକ୍ତି ହୋଇଯାଏ ।

ଅନୁଗତ -କପଟ ଭକ୍ତି କିପରି ହୋଇଥାଏ ? ୧୨୫

ଶ୍ରୀଶ୍ରୀଠାକୁର - ଶ୍ରୀକୃଷ୍ଣଙ୍କ ନିକଟରେ ଦୁର୍ଯ୍ୟୋଧନର ଉକ୍ତି କପଟ ଭକ୍ତିଯୁକ୍ତ ଥିଲା । ସେ କହିଥିଲା -

" ଜାନାମି ଧର୍ମଂ ନ ଚ ମେ ପ୍ରବୃତ୍ତିଃ/ଜାନାମ୍ୟଧର୍ମଂ ନ ଚ ମେ ନିବୃତ୍ତିଃ/ତ୍ୱୟା ହୃଷୀକେଶ ହୃଦି ସ୍ଥିତେନ/ଯଥା ନିଯୁକ୍ତୋସ୍ମି ତଥା କରୋମି ।"

(ଧର୍ମ କ'ଣ ଜାଣିଲେ ମଧ୍ୟ ସେଥିରେ ମୋର ପ୍ରବୃତ୍ତି ନାହିଁ, ଅଧର୍ମ କ'ଣ ତାହା ମୁଁ ଜାଣେ, କିନ୍ତୁ ସେଥିରୁ ମୋର ନିବୃତ୍ତି ନାହିଁ । ହେ ହୃଷୀକେଶ ! ତୁମେ ମୋ ହୃଦୟରେ ରହି ମତେ ଯେଉଁପରି ନିୟୋଜିତ କରୁଛ, ମୁଁ ସେହିପରି କରୁଛି ।)

ଅନୁଗତ - କପଟଭକ୍ତି କେଉଁ କାରଣରୁ ଘଟେ ? ୧୨୬

ଶ୍ରୀଶ୍ରୀଠାକୁର - ଭକ୍ତିର ବିପରୀତ ହେଉଛି ଆସକ୍ତି, ବୃତ୍ତି-ପ୍ରବୃତ୍ତିରେ ଆସକ୍ତ ଥାଇ ମଣିଷ ଭକ୍ତିର ଅଭିନୟ କରେ । ତେଣୁ କପଟଭକ୍ତିରେ ଭାବିବା, କହିବା ଓ କରିବା ଭିତରେ ଫାଙ୍କ ଥାଏ । ଭକ୍ତ ଚରିତ୍ରରେ ଯେଉଁ ଗୁଣଗୁଡ଼ିକ ଦେଖାଯାଏ -ତାହା ହେଲା ସେ ଅହଂକାରୀ ନୁହେଁ, ସେ ଉଦାର, ସେ ସମସ୍ତଙ୍କୁ ଭଲ ବ୍ୟବହାର କରେ, କାହାକୁ ହିଂସା କରେନା ।

(ସତ୍ୟାନୁସରଣ-ଯାହାର ହୃଦୟରେ ଭକ୍ତି ଅଛି, ସେ ବୁଝିପାରେନା ଯେ, ସେ ଭକ୍ତ; ଆଉ ଦୁର୍ବଳ, ନିଷ୍ଠାହୀନ, କେବଳ ଭାବପ୍ରବଣ, ଗାଢ଼ ଅହଂଯୁକ୍ତ ହୃଦୟ ଭାବେ -ମୁଁ ଖୁବ୍ ଭକ୍ତ। ଅଶ୍ରୁ, ପୁଲକ, ସ୍ୱେଦ, କମ୍ପନ ହେଲେହିଁ ଯେ ସେଠାରେ ଭକ୍ତି ଆସିଛି, ତା ନୁହେଁ, ଭକ୍ତିର ଏହିଗୁଡ଼ିକ ସହିତ ତାର ସ୍ୱଧର୍ମ-ଚରିତ୍ରଗତ ଲକ୍ଷଣ ରହିବ ହିଁ ରହିବ। ଅଶ୍ରୁ, ପୁଲକ, ସ୍ୱେଦ, କମ୍ପନ ଇତ୍ୟାଦି ଭାବର ଲକ୍ଷଣ; ତାହା ଅନେକ ପ୍ରକାରେ ହୋଇପାରେ। ଭକ୍ତିର ଚରିତ୍ରଗତ ଲକ୍ଷଣ ସହିତ ଯଦି ଏହି ଭାବର ଲକ୍ଷଣଗୁଡ଼ିକ ପ୍ରକାଶ ପାଏ, ତେବେହିଁ ତାହା ସାତ୍ତ୍ୱିକ ଭାବର ଲକ୍ଷଣ। ଭକ୍ତି ଏକ ପାଇଁ ବହୁକୁ ଭଲପାଏ, ଆଉ ଆସକ୍ତି ବହୁ ପାଇଁ ଏକକୁ ଭଲପାଏ।)

ଏ ସମ୍ପର୍କରେ ଶ୍ରୀଶ୍ରୀଠାକୁର କହିଲେ, ଭକ୍ତିର ଲକ୍ଷଣ ହେଉଛି -'To love variety at the interest of the unit' (ଏକସ୍ୱାର୍ଥରେ ବହୁକୁ ଭଲପାଇବା ଅଥବା ଓଲଟାଇ ମଧ୍ୟ କହିହେବ 'to love one for the interest of the variety' ବହୁସ୍ୱାର୍ଥରେ ଏକକୁ ଭଲପାଇବା)।

ଶ୍ରୀଶ୍ରୀଠାକୁରଙ୍କର ଗୋଟିଏ ବହୁ ଆଦୃତ ବାଣୀ -

"You are for the Lord
not for others,
You are for the Lord
and so for others."

ଶ୍ରୀଶ୍ରୀଠାକୁରଙ୍କର ଆଉ ଗୋଟିଏ ବାଣୀ ଅଛି-

" ଭକ୍ତି ମାନେହିଁ ଭଜନ କିନ୍ତୁ ଭଜନ ମାନେ ସେବା
ନିଷ୍ଠାନିପୁଣ ଭଜନ, ତାହା ହିଁ ଅନ୍ତରର ବିଭା।"

(ଆଲୋଚକ-ଯୁଗାଚାର୍ଯ୍ୟ ଶ୍ରୀଶ୍ରୀବଡ଼ଦା ଅସଲ ଭକ୍ତି ଓ କପଟ ଭକ୍ତିର ଲକ୍ଷଣ ସମ୍ପର୍କରେ ଶ୍ରୀଶଙ୍କରଦେବଙ୍କର ଜୀବନୀରୁ ଦୁଇଟି ଘଟଣା ବର୍ଣ୍ଣନା କରିଛନ୍ତି। ଜଣେ ଭକ୍ତ ସେ କୃପଣ ବୋଲି ସମସ୍ତେ ଜାଣନ୍ତି। ଶ୍ରୀଶଙ୍କରଦେବ ତୀର୍ଥ-ଭ୍ରମଣରେ ବାହାରିଲା ବେଳେ ଅର୍ଥ ଯୋଗାଡ଼ ଆଶାରେ ତା ପାଖରେ ପହଞ୍ଚିଲେ। ହଠାତ୍ ଗୁରୁଙ୍କ ଆଗମନରେ ଶିଷ୍ୟଟି ଆଶ୍ଚର୍ଯ୍ୟବିହ୍ୱଳ ହୋଇ ପଡ଼ିଲା। ଶ୍ରୀଶଙ୍କରଦେବ ତାଙ୍କର ଉଦ୍ଦେଶ୍ୟ ଭକ୍ତକୁ ଖୋଲି କହିବାରୁ ଭକ୍ତ ଅବାକ୍ ହୋଇ ବିଳମ୍ବ ନ କରି ପ୍ରଭୁଙ୍କୁ କହିଲା,- ଆପଣ ଦୟାକରି ବସନ୍ତୁ, ମୁଁ ଏହିକ୍ଷଣି ଫେରି ଆସୁଛି। କିଛି ସମୟ ପରେ ସେ ତାର ବିଷୟ-ସମ୍ପତ୍ତି ସବୁ ବନ୍ଧକ ଦେଇ ଟଙ୍କା ପୁଟୁଳିଟିଏ ନେଇ ଗୁରୁଙ୍କ ପାଖରେ ଉପସ୍ଥିତ ହେଲା। ଗୁରୁ ମଧ୍ୟ ଏକଥା ଚିନ୍ତା କରି ପାରି ନ ଥିଲେ ଯେ, ବାହାରେ କୃପଣ ବୋଲି ବଦ୍‌ନାମ ଥିବା ଭକ୍ତଟି ଏପରି କରିପାରେ। ସେ ପଚାରିଲେ, କି ବ୍ୟାପାର ! ଆନନ୍ଦ-ବିଗଳିତାଶ୍ରୁ ଭକ୍ତ ଉତ୍ତର ଦେଲା -ପ୍ରଭୁ ଆପଣଙ୍କ ଜିନିଷ ଆପଣଙ୍କୁ ହିଁ ଦେଉଛି।

ଶ୍ରୀଶ୍ରୀବଡ଼ଦା କହିଲେ, ଏହାହିଁ ଅସଲ ଭକ୍ତି।

ସେ ପୁଣି କହିଲେ, ଶ୍ରୀଶଙ୍କରଦେବଙ୍କର ଆଉ ଜଣେ ଭକ୍ତ ଥିଲା, ସେ ସମସ୍ତଙ୍କୁ ପ୍ରାୟଶଃ କହିବୁଲେ, ମୋର ଯାହାକିଛି ଦେଖୁଛ ଏସବୁ ହିଁ ପ୍ରଭୁଙ୍କ ଜିନିଷ । ସେ ଅବସ୍ଥାପନ୍ନ ଲୋକ, ସୁନ୍ଦର ଘରବାଡ଼ି ବଗିଚା । ବଗିଚାରେ ନାନା ରକମର ସୁନ୍ଦର ସୁନ୍ଦର ଗଛ । ଦିନେ ଶ୍ରୀଶଙ୍କରଦେବ ତା' ଘରକୁ ଆସିଲେ । ଶିଷ୍ୟ ଗୁରୁଙ୍କୁ ଆପ୍ୟାୟନ ଇତ୍ୟାଦି କରିବା ପରେ ବଗିଚାକୁ ବୁଲାଇବାକୁ ନେଲା । ଗୁରୁ ପଚାରିଲେ, 'ଏ ଗଛସବୁ କାହାର ?' ଶିଷ୍ୟ କହିଲା, ପ୍ରଭୁ ଏସବୁ ଆପଣଙ୍କର । ତା'ପରେ ଗୁରୁ ଗୋଟିଏ ସୁନ୍ଦର ଗଛ ଦେଖାଇ କହିଲେ, 'ଏଇ ଗଛଟି ମୋର ପ୍ରୟୋଜନ । ସଙ୍ଗେ ସଙ୍ଗେ କାଟି ଦିଅ' । ଶିଷ୍ୟ ତ ଭାବି ପାରି ନ ଥିଲା ଯେ ସତରେ ଗୁରୁଦେବ ଗଛଟିଏ ମାଗିବେ । ତେଣୁ କହି ଉଠିଲା, ନା ନା, ଏଇଟା ଦେଇ ପାରିବି ନାହିଁ, ଆପଣ ଆଉ କିଛି ମାଗିଲେ ଦେବି । ଗୁରୁ ପଚାରିଲେ, ଏଇକ୍ଷଣି ତ ତୋର ସମ୍ପତ୍ତି ମୋର ବୋଲି କହୁଥିଲୁ , ଆଉ ଏ ଗଛଟା ଦେଇ ପାରୁନାହୁଁ ? ଶିଷ୍ୟ କହୁଥାଏ, 'ହଁ, ହଁ, ସବୁ ଆପଣଙ୍କର ଯେ, ତେବେ ଏଇ ବଗିଚାରୁ ଗଛ କାଟିବାକୁ କୁହନ୍ତୁ ନାହିଁ ।' କାହାଣି ଶେଷ କରି ଶ୍ରୀଶ୍ରୀବଡ଼ଦା କହିଲେ, ଏହା ହେଉଛି କପଟ ଭକ୍ତିର ଲକ୍ଷଣ । (ଇଷ୍ଟ-ପ୍ରସଙ୍ଗେ ୧ମ ଖଣ୍ଡ)

ଶ୍ରୀଶଙ୍କରଦେବ ଥିଲେ ଶ୍ରୀଚୈତନ୍ୟଙ୍କ ସମସାମୟିକ ଓ ସେ ଶହେ କୋଡ଼ିଏ ବର୍ଷ ବଞ୍ଚିଥିଲେ । ସେ ଜଣେ ଅନନ୍ୟ କବି ଥିଲେ । ମୈଥିଳୀ କବି ବିଦ୍ୟାପତିଙ୍କ ଦ୍ୱାରା ପ୍ରଭାବିତ ହୋଇ ସେ ସରଳ ଅସମୀୟା ଭାଷା ସହିତ ମୈଥିଳୀ-ବ୍ରଜଭାଷାର ସଂଯୋଗୀକରଣରେ ଉଚ୍ଚାଙ୍ଗ ପଦ୍ୟାବଳୀ ସର୍ଜନା କରିଥିଲେ । ଯୁଗାଚାର୍ଯ୍ୟ ଶ୍ରୀଶ୍ରୀବଡ଼ଦା ଯେଉଁ ତୀର୍ଥଯାତ୍ରା କଥା କହିଲେ ତାହା ଥିଲା ତାଙ୍କର ଅନନ୍ୟ ତୀର୍ଥଯାତ୍ରା -ବହୁ ଭକ୍ତଙ୍କ ସହିତ ବାରବର୍ଷ ଧରି ସେ ଉତ୍ତର ଓ ଦକ୍ଷିଣ ଭାରତରେ ପରିଭ୍ରମଣ କରି ପୁରୀ ଆସିଲେ । ଶ୍ରୀଚୈତନ୍ୟଙ୍କ ସହିତ ସାକ୍ଷାତ ହେଲା, ଶ୍ରଦ୍ଧା-ସମ୍ମାନ, ଭଲପାଇବାର ଆଦାନପ୍ରଦାନ ହେଲା । ତାର କିଛିଦିନ ଉତ୍ତାରୁ ଜଣାଗଲା ଯେ ଶ୍ରୀଚୈତନ୍ୟ ଅନ୍ତର୍ଦ୍ଧାନ ହୋଇଗଲେ ପୁରୀ ସମୁଦ୍ର ଗର୍ଭରେ । ନବୀନ ଶ୍ୟାମଳ ସମୁଦ୍ରରେ ସେ ଶ୍ରୀକୃଷ୍ଣଙ୍କ ଉପସ୍ଥିତି ପାଇ ତାଙ୍କର ଆଲିଙ୍ଗନରେ ସମୁଦ୍ରରେ କୁଆଡ଼େ ଯେ ହଜିଗଲେ ତାହା ଏ ପର୍ଯ୍ୟନ୍ତ ଅସମାହିତ ଅନ୍ତର୍ଦ୍ଧାନ । କାରଣ ସମୁଦ୍ର ମୃତ ଶରୀରକୁ କୂଳକୁ ଫେରାଇ ଦେଇଥାଏ । କିନ୍ତୁ କୁହାଯାଏ ଯେ ଶ୍ରୀଚୈତନ୍ୟ ସମୁଦ୍ରରେ ଲୀନ ହୋଇଗଲେ ଜୀବନ୍ତ ଶରୀରରେ । ଏହି ଘଟଣା ପରେ ଶ୍ରୀଶଙ୍କରଦେବ ପୁରୀରୁ ଆଉଥରେ ବୃନ୍ଦାବନ ଯିବାକୁ ଇଚ୍ଛା ପ୍ରକାଶ କରନ୍ତେ, ଭକ୍ତମାନେ ନାରାଜ ହେଲେ- ଗୁରୁଦେବ ଯଦି ଶ୍ରୀଚୈତନ୍ୟଙ୍କ ପରି ସେଠାରେ ଶ୍ରୀକୃଷ୍ଣ ପ୍ରେମ-ଆକର୍ଷଣରେ ଅନ୍ତର୍ଦ୍ଧାନ ହୋଇ ଯାଆନ୍ତି ! ତାଙ୍କୁ ଗୋଡ଼େ ଗୋଡ଼େ ଜଗିଲେ ସ୍ୱସ୍ଥାନକୁ ଫେରିବା ପର୍ଯ୍ୟନ୍ତ । ଏହି 'ତୀର୍ଥଯାତ୍ରା' ବୈଷ୍ଣବ ଭକ୍ତି ଇତିହାସରେ କିମ୍ବଦନ୍ତି ହୋଇ ରହିଗଲା ।)

ଅନୁଗତ-ତାହେଲେ କପଟ ଭକ୍ତକୁ କେମିତି ଜାଣିବା ? ୧୨୭

ଶ୍ରୀଶ୍ରୀଠାକୁର - ଯେତେବେଳେ ଦେଖିବ ଯେ, ଜଣେ ଶ୍ରେଷ୍ଠ, ଇଷ୍ଟ ବା ଆଦର୍ଶଙ୍କ ସଂସର୍ଗରୁ ଦୂରକୁ ହଟି ଯାଉଛି, ପାଖକୁ ଆସିଲେ ମଧ୍ୟ, ସେ ତା'କୁ ଭଲ ଲାଗୁ ନାହାନ୍ତି ବା ଗୋଟିଏ କଥାରେ ସେ ଆକୃଷ୍ଟ ହେଉ ନାହିଁ, ତେବେ ନିଶ୍ଚୟ ଜାଣ ଯେ ସେ କାମ-ଲିପ୍ସାରେ ଅଭିଭୂତ । ତା' ହୃଦୟରେ ଆଦର୍ଶଙ୍କ ପାଇଁ ଭଲପାଇବା ବା ପ୍ରେମ ନାହିଁ ।

ଅନୁଗତ - 'ଭଲପାଇବା' ବା 'ପ୍ରେମ' -ଏହାକୁ କିପରି ବୁଝିବା ? ୧୨୮

ଶ୍ରୀଶ୍ରୀଠାକୁର -ଭଲପାଇବା ମୂଳତଃ ସଂସ୍କୃତ ଲୁଭ୍-ଧାତୁରୁ ଆସିଛି, ମାନେ ଲୋଭ। ଭକ୍ତିରେ ତାହାହିଁ ଅଛି। ଧରେ ଛାଡ଼େନା, ମରିଯାଏ ତେବେବି ଛାଡ଼େନା। ଭଲପାଇବାରେ ମଧ୍ୟ ତାହା ଅଛି। ସେଥିପାଇଁ ପ୍ରବୃତ୍ତି ତା' ନିକଟରୁ ହଟିଯାଏ। ପ୍ରକୃତ ପ୍ରେମ ପାଖରେ ପ୍ରବୃତ୍ତିର ଚାହିଦା ଦୁର୍ବଳ ହୋଇଯାଏ। ଦୁର୍ବଳ ହୋଇଯାଏ ମାନେ ତା'ର ଅଧୀନରେ ଥାଏ। ପ୍ରେମ କହେ ତୁମର ପ୍ରଭୁଙ୍କୁ ଭଲ ପାଅ, ଆଉ ପ୍ରବୃତ୍ତି କୁହେ ଆଉ ସବୁକୁ ବାଦ୍ ଦେଇ ସ୍ତ୍ରୀଲୋକକୁ ଭଲ ପାଅ। ଆଦର୍ଶଙ୍କ ପ୍ରତି ଭଲପାଇବା ଯଦି ନ ଥାଏ, ତେବେ ହଜାର ରକମର ପ୍ରବୃତ୍ତି ପ୍ରଲୋଭନରେ ପଡ଼ି ମଣିଷ ଏକାବେଳକେ ଟୁକୁଡ଼ା-ଟୁକୁଡ଼ା ହୋଇଯାଏ। ଭକ୍ତିରେ ସ୍ୱାର୍ଥସେବା ମନୋଭାବ ନ ଥାଏ। ସେଠାରେ ଥାଏ ପ୍ରିୟଙ୍କୁ ସୁଖୀ, ସନ୍ତୁଷ୍ଟ ଓ ସମ୍ବର୍ଦ୍ଧିତ କରିବାର ସକ୍ରିୟ ପ୍ରଚେଷ୍ଟା। ଉତ୍ସ, ଇଷ୍ଟ ବା ଆଦର୍ଶଙ୍କୁ ପ୍ରୀତି, ଆରାଧନା ଓ ସେବାରେ ସନ୍ତୁଷ୍ଟ କରିବା ପାଇଁ ଯେଉଁ କର୍ମ ତାହା ମଣିଷକୁ ମଙ୍ଗଳ ଦିଗରେ, ମୁକ୍ତି ଦିଗରେ ନେଇଥାଏ।

ଶ୍ରୀଶ୍ରୀଠାକୁର ପୁଣି କହିଲେ -ନିଷ୍ଠା ଓ ବିଶ୍ୱାସ ଥିଲେ, ନୀଚଜାତିରେ ଜନ୍ମିତ ବ୍ୟକ୍ତି ମଧ୍ୟ ପରମଭକ୍ତ ହୋଇପାରେ -ଶୁଣିଛି, ରାମାନୁଜଙ୍କର ଅନେକ ଶିଷ୍ୟ ଥିଲେ । ତା ମଧ୍ୟରେ ଜଣେ ଥିଲା ଚଣ୍ଡାଳ। ସେ ଆଉ ତାର ସ୍ତ୍ରୀ ଦୁଇଜଣ ମିଶି ରାମାନୁଜଙ୍କର ସ୍ନାନ କରାଇବା, ପାଇଖାନାରେ ଜଳ ଢାଳିବା ଇତ୍ୟାଦି କରୁଥିଲେ -untottering adherence (ଅସ୍ଖଳିତ ନିଷ୍ଠା) ଥିଲା ରାମାନୁଜଙ୍କ ପ୍ରତି। ରାମାନୁଜ ତାଙ୍କୁ କୌଣସି ଦିନ ଗାଳିଗୁଲଜ କରୁ ନ ଥିଲେ। ବ୍ରାହ୍ମଣ ଶିଷ୍ୟମାନଙ୍କର ତାହା ଦେଖି ହିଂସା ହେଉଥିଲା। ସେମାନେ କହୁଥିଲେ -ଠାକୁର ତା ଜଳରେ କାହିଁକି ସ୍ନାନ କରୁଛନ୍ତି ? ବେଟା ଚଣ୍ଡାଳ, ଆମେ ବ୍ରାହ୍ମଣ, ଆମର ଜଳ ନିଅନ୍ତି ନାହିଁ କାହିଁକି ?

ରାମାନୁଜ ଦିନେ ସେଇ ବ୍ରାହ୍ମଣ ଶିଷ୍ୟମାନଙ୍କ ଭିତରୁ ଗୋଟିଏ ଶିଷ୍ୟକୁ ଡାକିଲେ (ଯିଏ ଚଣ୍ଡାଳ ବିରୁଦ୍ଧରେ ଅନ୍ୟ ଶିଷ୍ୟମାନଙ୍କୁ ମତାଉଥିଲା) କହିଲେ, ଗୋଟେ କାମ କରି ପାରିବୁ ? ଶିଷ୍ୟ କହିଲା -ନିଶ୍ଚୟ ପାରିବି, ଗୁରୁଜି। ଶ୍ରୀରାମାନୁଜ କହିଲେ - ଆଜି ରାତିରେ ତୁ ସେଇ ଚଣ୍ଡାଳ ଘରୁ ଚୋରି କରି ସବୁ ଜିନିଷପତ୍ର ଗହଣାଗାଣ୍ଠି ନେଇ ଆସିବୁ। ଶିଷ୍ୟଟି ବେଶି ରାତିରେ ଚଣ୍ଡାଳ ଘରକୁ ଯାଇ ସବୁ ଜିନିଷପତ୍ର ନେଇ ଚଣ୍ଡାଳୁଣୀ ଦେହରେ ଥିବା ଗହଣା କାଢ଼ିବାକୁ ଲାଗିଲା। ଗୋଟିଏ ହାତରୁ ସବୁ ଗହଣା ଖୋଲି ଦେଲାଣି। ଆଉ ଗୋଟିଏ ହାତ ଚାପା ଅଛି। ଚଣ୍ଡାଳୁଣୀର ନିଦ ଭାଙ୍ଗି ଯାଇ ସେ ଗହଣା ଖୋଲିବା କଥା ଜାଣୁଛି, ଗୋଟିଏ ହାତ ସରିବା ପରେ କଡ଼ ଲେଉଟାଇ ଆର ହାତଟି ବଢ଼େଇ ଦେଲା। ସେଇ ବ୍ରାହ୍ମଣ ଶିଷ୍ୟ ସବୁ ଗହଣା ଖୋଲିଲା। କେବଳ ଗୋଟିଏ କଙ୍କଣ ଖୋଲି ପାରିଲା ନାହିଁ। ଏ ଭିତରେ କ'ଣ ଗୋଟାଏ ଶବ୍ଦ ହେଲା। ଚଣ୍ଡାଳ ଉଠି ପଡ଼ିଲାଣି ଭାବି ଶିଷ୍ୟଜଣକ ପଳାଇବାକୁ ଦୌଡ଼ିଲା। ସେ ଦଉଡୁଛି ଆଉ ତା ପଛରେ ଚଣ୍ଡାଳୁଣୀ ଦଉଡୁଛି, ଆଉ ଡାକୁଛି -ଆପଣ ଆସନ୍ତୁ, ଆପଣ ଆସନ୍ତୁ, ମୋର ଅସାବଧାନତା ହେତୁ ମୋ ହାତରୁ କଙ୍କଣ ନେଇ ପାରି ନାହାନ୍ତି। ଆପଣ ଏତେ କଷ୍ଟ କରି ଆସିଛନ୍ତି। ଆସନ୍ତୁ, ମୁଁ ହିଁ ଖୋଲି

ଦେଉଛି । ସେତେବେଳେ ତା କଥା କ'ଣ କିଏ ଆଉ ଶୁଣେ । ବ୍ରାହ୍ମଣ ପିଲା ଦୌଡ଼ି ଦୌଡ଼ି ପଳାଇଲା ।

ତା ପରଦିନ ଶ୍ରୀରାମାନୁଜ ଆଉ ଜଣେ ଶିଷ୍ୟଙ୍କୁ ଡାକି, ଯେଉଁ ବ୍ରାହ୍ମଣ ପିଲା ଗତ ରାତିରେ ଚୋରି କରିବାକୁ ଯାଇଥିଲା ତାର ଗୋଟିଏ ଲୁଗା ତାକୁ ନ ଜଣାଇ ପିନ୍ଧିବାକୁ କହିଲେ । ବ୍ରାହ୍ମଣ ପିଲା ତା ଲୁଗା ଖୋଜିଲା, ଦେଖିଲା ଯେ ତାକୁ ସେହି ଶିଷ୍ୟଜଣକ ପିନ୍ଧିଛି; -ଚୋରି କରିଛି ବୋଲି ତାକୁ ବେଦମ୍ ମାଡ଼ ଦେଲା ଓ କହିବାକୁ ଲାଗିଲା -ଶଳା, ମୋର ଲୁଗା ଚୋରି କରିଛୁ ? ଚୋର କୋଉଠିକାର ।

ସମସ୍ତ ଶିଷ୍ୟଙ୍କୁ ଏକାଠି କରି ଶ୍ରୀରାମାନୁଜ ଦୁଇଟିଯାକ ଘଟଣା କହିଲେ । -ଏବେ ବୁଝି ପାରୁଛ ତ, କାହିଁକି ମୁଁ ସେହି ଚଣ୍ଡାଲୁଣୀ ଓ ଚଣ୍ଡାଳ ଦେଉଥିବା ଜଳରେ ସ୍ନାନ କରେ, ପରିସ୍ରା ଗଲାବେଳେ ତାଙ୍କ ହାତରୁ ଜଳ ନିଏ, ସବୁକିଛି କରେ । ଆଉ ତୁମମାନଙ୍କୁ ଜଳ ଦେବା ପାଇଁ କହେ ନାହିଁ କାହିଁକି ? ସେହି ଦୁଇଜଣଙ୍କର ଯେପରି adherence (ନିଷ୍ଠା), ସେପରି ଥିଲେ ହୁଏ । ସେହି ବ୍ରାହ୍ମଣ ଶିଷ୍ୟ ଆଡ଼କୁ ନିର୍ଦ୍ଦେଶ କରି କହିଲେ -ତୁ କାହାର ଗୋଟେ ଛୋଟ ଭୁଲ ସହି ପାରୁନା, ତାକୁ ଦୋଷ ଦେଇ ମାରପିଟ କରୁ, କିନ୍ତୁ ସେଇ ଚଣ୍ଡାଲୁଣୀ ପରି ଭକ୍ତି ଥିଲେ ଉଦାର ହୋଇ କହିବୁ, ନିଅ, ନିଅ, ଯଦି ନେଇ ପାରୁନା ତେବେ ମୋର ଦୋଷ ।

(ଆଲୋଚକ- ଶ୍ରୀରାମାନୁଜାଚାର୍ଯ୍ୟ (୧୦୧୭-୧୧୩୭ ମସିହା) ଶ୍ରୀପେରୁମବୁଦୁରରେ (ବର୍ତ୍ତମାନର ଚିନ୍ନାଇ ସହର ଅନ୍ତର୍ଗତ) ଜନ୍ମଗ୍ରହଣ କରିଥିଲେ ଏବଂ ବୈଷ୍ଣବଧର୍ମର ଅନ୍ୟତମ ପ୍ରବକ୍ତା ତଥା ପ୍ରଚାରକ ଥିଲେ । ସେତେବେଳେ ସମାଜରେ ନୀଚଜାତିର ଲୋକମାନଙ୍କୁ ସ୍ପର୍ଶ ନ କରିବାର କୁସଂସ୍କାର ଏବଂ କୁଟିଳତା ପଶି ଯାଇଥିଲା । ଶ୍ରୀରାମାନୁଜ ଥିଲେ ଏହାର ଊର୍ଦ୍ଧ୍ୱରେ । ଏହି ପ୍ରକାର ମାନବୀୟ ବ୍ୟବହାର ମଧ୍ୟ ଶ୍ରୀରାମକୃଷ୍ଣଦେବଙ୍କ(୧୮୩୬-୧୮୮୬) ଜୀବନରେ ଦେଖିବାକୁ ମିଳେ । ଘଟଣାଟି ଏହିପରି -ଦକ୍ଷିଣେଶ୍ୱର ମନ୍ଦିରରେ ଜଣେ ବୁଢ଼ା ଚାଣ୍ଡାଳ ଝାଡୁଦାର, ନାମ ରସିକଲାଲ । ସହଜ ସରଳ ଲୋକଟିଏ । ସେ ଦେଖେ ଯେ ପ୍ରତିଦିନ କେତେ ନା କେତେ ଲୋକ ଠାକୁରଙ୍କ (ଶ୍ରୀରାମକୃଷ୍ଣଦେବଙ୍କ) ସଙ୍ଗ କରୁଛନ୍ତି, ପାଦ ଛୁଉଁଛନ୍ତି, ଶ୍ରୀରାମକୃଷ୍ଣଦେବ କାହାକୁ ବି ଛାତିରେ ଜଡ଼ାଇ ନେଉଛନ୍ତି । କିନ୍ତୁ ସେ ଏତେ ପାଖରେ ଥାଇ ବି ତାଙ୍କ ପାଖକୁ ଯାଇ ପାରୁନାହିଁ । ତାର ଇଚ୍ଛା, ସେ ଠାକୁରଙ୍କ ପାଦ ଟିକେ ଛୁଇଁବ, କିନ୍ତୁ ତାହା କ'ଣ ସମ୍ଭବ ? ପ୍ରତିଦିନ ସକାଳେ ଠାକୁର ପାଖ ଉଦ୍ୟାନରେ କି ମନ୍ଦିର ପ୍ରାଙ୍ଗଣରେ ବୁଲୁ ଥିବାବେଳେ ସେ ଗଛ ପଛରୁ ବୁଦା ଉହାଡରୁ ଲୁଚି ଲୁଚି ତାଙ୍କୁ ଦେଖୁଥାଏ, ଆଉ ଭାବୁଥାଏ ଯେ ମୋ ଭାଗ୍ୟରେ ଏତିକି । ଶ୍ରୀରାମକୃଷ୍ଣଦେବ ତାର ମନକଥା ଜାଣି ପାରିଥିଲେ । ଥରେ ଏମିତି ହେଲା ଯେ ସେ ଆଉ ଶ୍ରୀରାମକୃଷ୍ଣଦେବ ସାମନା ସାମନି ହୋଇଗଲେ । ବିଗଳିତ ମନ, କିଂକର୍ତ୍ତବ୍ୟବିମୂଢ଼ ଭୟରେ ସେ ପଛକୁ ବୁଲିପଡ଼ି ଦୌଡ଼ିବାକୁ ଚେଷ୍ଟା କରନ୍ତେ, ଠାକୁର ତାକୁ ଧରି ପକାଇଲେ ଏବଂ ଛାତିରେ ଜାବୁଡ଼ି ଧରିଲେ । ଭକ୍ତର ମନବାଞ୍ଛା ପୂର୍ଣ୍ଣ କଲେ ।
(Tales and Parables of Sri Ramakrishna)

ଅନୁଗତ- ଭକ୍ତ ହନୁମାନଙ୍କର ଚରିତ୍ର କିପରି ଥିଲା ? ୧୨୯

ଶ୍ରୀଶ୍ରୀଠାକୁର - ଶ୍ରୀରାମଚନ୍ଦ୍ରଙ୍କର ଗୋଟାଏ strong group (ବଳିଷ୍ଠ ଦଳ) ଥିଲା । ହନୁମାନ, ସୁଗ୍ରୀବ, ଜାମ୍ବବାନ, ଅଙ୍ଗଦ, ନଳ, ନୀଳ -ଏମାନେ ସମସ୍ତେ ଥିଲେ ଗୋଟିଏ ଗୋଟିଏ ଶକ୍ତିମାନ୍ ଏକକ (strong unit) ଓ ଶ୍ରୀରାମଙ୍କ ପ୍ରତି ସେମାନଙ୍କର ଥିଲା untottering adherence (ସମ୍ପୂର୍ଣ୍ଣ ନିଷ୍ଠା) । ହନୁମାନର ଥିଲା ଅନ୍ୟ ପ୍ରକାରର ବୁଦ୍ଧି । ସୁଗ୍ରୀବ ରାଜା ହେବ ଓ ସେ ମନ୍ତ୍ରୀ ହେବ ବୋଲି ଯେତେବେଳେ ତାକୁ ଡକାଗଲା ସେ କହିଲା- ନା, ନା, ମୁଁ ମନ୍ତ୍ରୀ-ଫନ୍ତ୍ରୀ ହେବାକୁ ଚାହେଁ ନା । ହନୁମାନ ଥିଲା Dravidian (ଦ୍ରାବିଡ଼ ଅଧିବାସୀ), ଖୁବ ପଣ୍ଡିତ ଥିଲା । ଷଣ୍ଢ ଭଳି ଗଳା ନେଇ ଗୀତ ମଧ୍ୟ ଗାଇ ପାରୁଥିଲା । ଲକ୍ଷ୍ମଣ ହନୁମାନକୁ ଢେର ଗାଳି ଦେଇଛି, କିନ୍ତୁ ହନୁମାନ ସେଥିରେ ଟଳି ନାହିଁ ।

ଅନୁଗତ - ସାଧାରଣ ମଣିଷ ଅନ୍ୟର କଟୂକ୍ତିକୁ କ'ଣ ହନୁମାନ ପରି ସହ୍ୟ କରି ପାରିବା ସମ୍ଭବ ? ୧୩୦

ଶ୍ରୀଶ୍ରୀଠାକୁର -ସେପରି ଭାବିବା ଠିକ ନୁହେଁ । ଆମେ ତ ପୁରୁଷ ଲୋକ । ସ୍ତ୍ରୀଲୋକ ମୀରାର ମଧ୍ୟ ବହୁ ଲୋକ ନିନ୍ଦା କରୁଥିଲେ । କବୀର ସାହେବଙ୍କର ମଧ୍ୟ ଅନେକ ନିନ୍ଦା କରୁଥିଲେ । ସେଣ୍ଟ ଜନ (St. John) ଥିଲା, ସେ ଯୀଶୁଙ୍କ ପାଖରେ ବସି ରହୁଥିଲା । ଲୋକେ କହୁଥିଲେ, ତୁମେ ଏଭଳି ବସି ରହିଛ କାହିଁକି ? କିଛି କଥା କହୁନା ? ସେ ଉତ୍ତର ଦେଉଥିଲା I see love (ମୁଁ ମୂର୍ତ୍ତ ପ୍ରେମ ଦେଖୁଛି) । ମୁଁ ତୁମକୁ ଭଲ ପାଏ -ଏହି ଭାବହିଁ ଯଥେଷ୍ଟ । ମୁଁ ତୁମକୁ ଭଲ ପାଏ, ମୁହଁରେ ଯେପରି କୁହ, କାମ ମଧ୍ୟ କର ସେହିପରି, ଚାଲ ମଧ୍ୟ ସେହିଭଳି । ଏପରି ଚାଲ, ଯେମିତି କି ଥିଏଟରରେ ଅଭିନୟ କରୁଛ । ସେଥିଲାଗି କଥା ବି ଅଛି -ଧର୍ମର ଅଭିନୟ ମଧ୍ୟ ଭଲ । Pretension of Dharma is good. ସେହିପରି କରୁ କରୁ, ରଙ୍ଗ ଯଦି ଧରିଯାଏ ତ ଗଲା । If it is for show (ଯଦି ଏଇଟା ଦେଖାଇବା ଲାଗି ହୁଏ) ତା ହେଲେ ବି ଭଲ ।

ଅନୁଗତ -ଭକ୍ତିର ଅଭିନୟ କଣ ମଣିଷକୁ ଭକ୍ତି ଆଡକୁ ନେଇଯାଏ ? ୧୩୧

ଶ୍ରୀଶ୍ରୀଠାକୁର -ବୈଷ୍ଣବମାନଙ୍କର ଗୋଟିଏ ଗଳ୍ପ ଅଛି -ଗୋଟିଏ ବ୍ୟାଧ ପକ୍ଷୀ ମାରୁଥିଲା, ଖୁବ ତକ୍‌ଲିଫ ଦେଇ ମାରୁଥିଲା, ଦୂରରୁ ବାଣ ମାରୁଥିଲା, ହୁଏତ ପକ୍ଷୀ ଉଡ଼ି ବି ଯାଉଥିଲେ । ଦିନକର ପକ୍ଷୀ ଶିକାର କରିବାକୁ ଯାଇ ସେଇ ପୋଖରୀ ଧାରରେ ବ୍ୟାଧ ଦେଖିଲା -ଜଣେ ସାଧୁ ମହାରାଜ ରାମ-ରାମ କହି ଜଳରେ ପଶିଲେ । ସ୍ନାନ କରି ସାରି, ପୋଖରୀ ହୁଡ଼ାରେ ଆସି ଧ୍ୟାନରେ ବସିଲେ । ସେତେବେଳେ ତାଙ୍କ ଦେହରେ ସବୁ ପକ୍ଷୀ ଉଡ଼ି ଆସି ବସିବାକୁ ଲାଗିଲେ । ବ୍ୟାଧ ଭାବିଲା, ଏ ତ ଭାରି ମଜା, ମୋ ଦେହରେ ଯଦି ପକ୍ଷୀମାନେ ଉଡ଼ି ଆସି ବସନ୍ତି, ତାହେଲେ ଧରିବି ଆଉ ମାରିବି । ତାପରେ ସାଧୁ ଚାଲିଗଲେ । ସେ, ସେହି ସାଧୁ ପରି ସ୍ନାନ ସାରି ଆସି ପୋଖରୀ କୂଳରେ ଧ୍ୟାନରେ ବସିଲା । ସଙ୍ଗେ ସଙ୍ଗେ ପକ୍ଷୀ ଗୁଡ଼ିକ ଉଡ଼ି ଆସି ତା ଉପରେ ବସିବାକୁ ଲାଗିଲେ । ସେତେବେଳେ ସେ ବ୍ୟାଧର ବିବେକ ଖୋଲିଗଲା । ଭାବିଲା, ଏତିକିରେ ତ ଏଭଳି ! ମୁଁ ଯଦି ପ୍ରକୃତ ସାଧୁ ହୋଇଯାଏ, ତାହେଲେ ଜାଣେନା କ'ଣ ହେବ ?

ଶ୍ରୀଶ୍ରୀଠାକୁର ତାଙ୍କର ପିଲାଦିନର ଗୋଟିଏ ଅନୁଭୂତି କଥା କହିଲେ- ମୁଁ ଯେତେବେଳେ ଛୋଟ ଥିଲି ସେତେବେଳେ କଲିକତାର ଷ୍ଟାର ଥିଏଟରରେ ଥିଏଟର ଦେଖିବାକୁ ଯାଉଥିଲି, ଯେଉଁମାନେ ଭଲ ଅଭିନୟ କରୁଥିଲେ, ସେମାନେ ଖାଇବା-ପିଇବା ମଧ୍ୟ ସେପରି କରୁଥିଲେ, ଚାଲୁଥିଲେ ବି ସେହିପରି। ଗିରୀଶ ଘୋଷଙ୍କ ରଚିତ ବୁଦ୍ଧ ଚରିତ୍ର ନା କେଉଁ ଏକ ନାଟକରେ ଜଣେ ଦିନକର ଅଭିନୟ କରୁଛି, କରୁ କରୁ ତାର ବିବେକ ଖୋଲିଗଲା। ସେ ଆଉ ଘରକୁ ଗଲା ନାହିଁ। ସେହିଠାରୁ ସନ୍ୟାସୀ ହୋଇ ଚାଲିଗଲା। ଧର୍ମର ଅଭିନୟ ଭଲ, କିନ୍ତୁ ଭାବାଳୁତା ଭଲ ନୁହେଁ, ସେଥିରେ ମଣିଷ bluffer (ଧପ୍ପାବାଜ) ହୋଇଯାଏ। କର୍ମର ଭିତରଦେଇ ମଣିଷ grow କରେ (ବୃଦ୍ଧି ପାଏ), କିନ୍ତୁ କେବଳ ବସି philosophy କରିଲେ (ତତ୍ତ୍ୱ ବଖାଣିଲେ) ତା ହୁଏ ନା।

ପୁଣି ଶ୍ରୀଶ୍ରୀଠାକୁର ବୈଷ୍ଣବ ଭକ୍ତ ହରିଦାସଙ୍କ ଉଦାହରଣ ଦେଇ କହିଲେ, ହରିଦାସ ଥିଲା ଚୈତନ୍ୟଦେବଙ୍କର ଭକ୍ତ, ସମସ୍ତେ କୀର୍ତ୍ତନ କରୁଥିଲେ। ଦରଦ ବିଗଳିତ କେତେଜଣଙ୍କର ପ୍ରେମାଶ୍ରୁ ଗଡ଼ି ପଡୁଥିଲା, ଅଷ୍ଟ ସାତ୍ତ୍ୱିକ ବିକାରର କେତେ ଅଭିବ୍ୟକ୍ତି ସେମାନଙ୍କର ହେଉଥିଲା, କିନ୍ତୁ ହରିଦାସ ଭାବୁଥିଲା, ମୋର ଏ ପୋଡ଼ା ହୃଦୟ ପାଷାଣ ତେଣୁ ପ୍ରଭୁଙ୍କ ପ୍ରତି ଅନୁରାଗରେ ମୋର ଆଖିରୁ ବୁନ୍ଦାଏ ପାଣି ବି ବାହାରୁ ନାହିଁ। ସେ ସେତେବେଳେ ପିପ୍ପଳିର ଗୁଣ୍ଡ ଆଖିରେ ଦେଇ ପ୍ରଭୁଙ୍କ ନାମ କରି କରି କାନ୍ଦୁଥିଲା, ଏପରି କରୁ କରୁ ତା ଅନ୍ତରରେ ପ୍ରେମର ପ୍ରସ୍ରବଣ ଖୋଲିଗଲା, ସେ ଧନ୍ୟ ହୋଇଗଲା। ତେଣୁ କହେ, କାହାର ନିରାଶ ହେବାର କାରଣ ନାହିଁ, ବୈଧୀଭାବେ ସାଧନ କରୁ କରୁ କେଉଁ ମୁହୂର୍ତ୍ତରେ କାହାର ଅନୁରାଗର ଉତ୍ସ-କବାଟ ମୁକ୍ତ ହୋଇଯିବ ତାର କ'ଣ ଠିକ ଅଛି ?

ତାପରେ ଶ୍ରୀଶ୍ରୀଠାକୁର କହିଲେ, (William Cowper) କହିଛନ୍ତି - 'England, with all thy faults I love thee still, My country!' -(ଇଂଲଣ୍ଡ ତୁମର ସବୁ ଦୋଷ ସତ୍ତ୍ୱେ ମୁଁ ତୁମକୁ ଭଲ ପାଏ)। ସେଭଳି ପ୍ରଭୁଙ୍କୁ ମଧ୍ୟ କହିବା ଦରକାର- 'Lord, I shall love you, and serve you all through my life.' -(ହେ ପ୍ରଭୁ, ମୁଁ ସାରା ଜୀବନ ତୁମକୁ ଭଲ ପାଇବି ଓ ତୁମର ସେବା କରିବି)।

ଅନୁଗତ - କାହାର ଦୋଷ ଜାଣି ମଧ୍ୟ William Cowper ଯେପରି କହିଲେ, ତାକୁ ଭଲପାଇବା କ'ଣ ଯଥାର୍ଥ ? ୧୩୨

ଶ୍ରୀଶ୍ରୀଠାକୁର - ବୁଝି ବିଚାରି ଭଲ ପାଅ। ତୁମେ ଯାହାକୁ ଭଲ ପାଅ, ସେଇ ଭଲପାଇବାର ପରିଣତିରେ ତୁମର ଚରିତ୍ର ବିକଶିତ ହେବ- To be wise and love exalts man's might.

(ଆଲୋଚକ -ଇଂରାଜୀରେ ଗୋଟିଏ ଉକ୍ତି -Love is blind. ପ୍ରେମ ହେଉଛି ଅନ୍ଧ, ଏହାର ସମ୍ପୂର୍ଣ୍ଣ ପାଠ ହେଉଛି -though love is blind, it is not for the want of eyes. ଏହାକୁ କିଏ କହିଛନ୍ତି ଜଣା ନାହିଁ, କିନ୍ତୁ ସେ ଇଙ୍ଗିତ କରିଛନ୍ତି ଯେ ଭଲ କ'ଣ ମନ୍ଦ କ'ଣ ଜାଣି ମଧ୍ୟ ମଣିଷ ଯେତେବେଳେ ଭୋଗଲିପ୍ସାର ପ୍ରରୋଚନାରେ ଭୁଲ କରେ,

ସେଠାରେ ପ୍ରେମ ଅନ୍ଧ । ଏହି ଉକ୍ତିର ପ୍ରସାର ସେକ୍ସପିୟରଙ୍କ ଦ୍ୱାରା ବହୁଳ ଭାବରେ ହେଲା - But love is blind and lovers cannot see the follies that they themselves commit (The Merchant of Venice).

ଗତ ୨୯-୧୦-୨୦୨୦ ତାରିଖରେ ଆନ୍ତର୍ଜାତିକ ଋତ୍ୱିକ୍ ସମ୍ମିଳନୀ ଉପଲକ୍ଷ୍ୟେ ଆଚାର୍ଯ୍ୟଦେବ ଶ୍ରୀଶ୍ରୀଦାଦା ତାଙ୍କ ସନ୍ଦେଶରେ କହିଥିଲେ- "ଏହି ଅଦ୍ୱିତୀୟ ଓ ପବିତ୍ର ଆନ୍ତର୍ଜାତିକ କର୍ମୀ ସମ୍ମିଳନୀ ଉପଲକ୍ଷ୍ୟେ ମୋର ଶୁଭେଚ୍ଛା ଜାଣିବେ । ସଂସାରରେ ମଣିଷ ତା'ର ଆଦର୍ଶାନୁରାଗ ମାଧ୍ୟମରେ ପରିଚିତି ପାଇଥାଏ । ଆତ୍ମ-ସିଦ୍ଧି ବା କୃତିତ୍ୱଲାଭ କରିବାର ଦୁଇଟି ଉପାୟ ଅଛି । ଆତ୍ମସିଦ୍ଧି ଲାଭ କରିବା ପାଇଁ ତୁମେ ଯାହାକିଛି କରଣୀୟ କରିପାର, ସେକ୍ଷେତ୍ରରେ ଲୋକେ କହିବେ ତୁମେ କେତେ ମହାନ ବ୍ୟକ୍ତି, ଅଥବା ତୁମେ ସେଇ ଆଦର୍ଶଙ୍କ ପ୍ରତି ଆନୁଗତ୍ୟ ନେଇ ଚଳିପାର ଯିଏ ବିଶ୍ୱର ସମସ୍ତ ଲୋକଙ୍କୁ ଶାନ୍ତି ଓ ମୁକ୍ତି ପ୍ରଦାନ କରିପାରନ୍ତି । ଏପରି ଆଦର୍ଶଙ୍କ ପ୍ରତି ତୁମର ଅନୁରକ୍ତି ପ୍ରମାଣ କରେ ଯେ ତୁମେ ଜୀବନ ଓ ବର୍ଦ୍ଧନର ପୂଜାରୀ । ପୃଥିବୀରେ ଆମର ଅବସ୍ଥାନ ସାମାନ୍ୟ କେତେଟା ବର୍ଷ ପାଇଁ, ଶେଷରେ ପୁଣି ଆମେ ମହାଶୂନ୍ୟରେ ବିଲୀନ ହୋଇଯାଉ । ସର୍ବପରିପୂରଣୀ ଆଦର୍ଶଙ୍କୁ ଆମେ ପ୍ରେମ ଓ ସେବା କଲେ, ଲୋକେ ସ୍ମରଣ କରନ୍ତି ଯେ ଏଭଳି ପ୍ରଭୁଭକ୍ତ ଲୋକଟିଏ ଥିଲା । ତାଙ୍କୁ ଭଲପାଅ ଆଉ ତାଙ୍କ ଆଶାନୁକୂଳ କୀର୍ତ୍ତି ଅର୍ଜନ କର-ଶସ୍ତ୍ର ମାଧ୍ୟମରେ ନୁହେଁ ବରଂ ପ୍ରକୃତ ପ୍ରେମ ମାଧ୍ୟମରେ । ମନେରଖ, ପ୍ରକୃତ ପ୍ରେମ ସହିତ ଆଦର୍ଶଙ୍କୁ ଅନୁସରଣ କଲେ ସେ ମହାନ ପ୍ରତିପାଦିତ ହୋଇଥାନ୍ତି । ନିଜ ପଡ଼ୋଶୀ ବା ସ୍ୱଦେଶବାସୀଙ୍କ ପ୍ରତି ତୁମର ସମବେଦନା, ତୁମର ଅନୁକମ୍ପା ତୁମକୁ ଆଲୋକ ଓ ଜୀବନର ବାର୍ତ୍ତାବହ କରିଦେବ । କେବେବି କାହାରିକୁ ଘୃଣା କର ନାହିଁ, ସମସ୍ତଙ୍କୁ ଭଲପାଅ । ମନେରଖ, ତୁମେ ପ୍ରଭୁଙ୍କ ପାଇଁ, କେବଳ ତାଙ୍କରି ପାଇଁ, ପ୍ରଭୁ-ସର୍ବସ୍ୱ ହେତୁ ତୁମେ ମଧ୍ୟ ଅନ୍ୟମାନଙ୍କ ପାଇଁ । ଉଦ୍‌ବର୍ଦ୍ଧନର ବାଣୀ ସମଗ୍ର ମାନବଜାତି ମଧ୍ୟରେ ପରିବ୍ୟାପ୍ତ ହେବା ଦରକାର । ସେହିପରି କର । ସତ୍ତାର ସଂପୂର୍ଣ୍ଣ ବିବର୍ଦ୍ଧନର ଉପାୟ ପ୍ରତି ସେମାନଙ୍କର ପ୍ରତ୍ୟୟ ଜନ୍ମାଇବାକୁ ଚେଷ୍ଟା କରିବାରେ ସଫଳକାମ ହୁଅ । ଜୀବନରେ ଗୋଟିଏ ମୁହୂର୍ତ୍ତ ବି ନଷ୍ଟ କର ନାହିଁ । ଏପରି ନିଜକୁ ପରିଚାଳିତ କର ଯେପରି ପ୍ରଭୁ ଅନୁଭବ କରିବେ ଯେ ମୋତେ ପ୍ରକୃତରେ ତୁମେ ପ୍ରେମ କର । ଶାନ୍ତି, ଶାନ୍ତି । ପ୍ରଶାନ୍ତ ହୁଅ । ବନ୍ଦେ ପୁରୁଷୋତ୍ତମମ୍ ।"

ଅନୁଗତ - ପ୍ରେମକୁ କିପରି ଠିକଭାବେ ବୁଝିବା ? ୧୩୩

ଶ୍ରୀଶ୍ରୀଠାକୁର - ବଂଚିବା, ବଢ଼ିବାକୁ ଯାହା ଆଗ୍ରହ ସହକାରେ ପୂରଣ କରିପାରେ, ତୃପ୍ତ କରିପାରେ ଓ ସନ୍ଦୀପ୍ତ କରି ତୋଳିପାରେ, ମୁଁ ତାକୁହିଁ ପ୍ରେମ କହିଥାଏ । ପ୍ରେମ ଆସିଛି ପ୍ରୀ-ଧାତୁରୁ । ପ୍ରୀ-ଧାତୁର ଅର୍ଥ ହେଉଛି ତୋଷଣ, ପ୍ରୀଣନ, ସନ୍ଦୀପନ, ଆଉ ଯେଉଁ ଆଗ୍ରହରେ ଏହି ତୋଷଣ, ପ୍ରୀଣନ, ସନ୍ଦୀପନ ଏକାଧାରରେ ଜ୍ୱଳନ୍ତ ହୋଇ ଆବେଗ ଦ୍ୱାରା ପରିଚାଳିତ ହୋଇ ବାସ୍ତବ କରିବାର ଉଦ୍ଦୀପନାରେ ଚାଲୁଛି, ତାକୁହିଁ ପ୍ରେମ କହିବାକୁ ମୋର ଇଚ୍ଛା ହୁଏ ।

(ସତ୍ୟାନୁସରଣ - ପ୍ରେମ ଭକ୍ତିର ହିଁ କ୍ରମୋନ୍ନତି। ଭକ୍ତିର ଗାଢ଼ତ୍ୱ ହିଁ ପ୍ରେମ। ଅହଂକାର ଯେଉଁଠି ଯେତେ ପତଳା, ଭକ୍ତିର ସ୍ଥାନ ସେଠାରେ ସେତେ ବେଶି। ଭକ୍ତି ଭିନ୍ନ ସାଧନାରେ ସଫଳ ହେବାର ଉପାୟ କେଉଁଠି ? ଭକ୍ତି ହିଁ ସିଦ୍ଧି ଆଣିଦେଇପାରେ। ବିଶ୍ୱାସ ଯେପରି ଅନ୍ଧ ହୁଏ ନାହିଁ, ଭକ୍ତି ମଧ୍ୟ ସେହିପରି ମୂଢ଼ା ହୁଏ ନାହିଁ। ଆସକ୍ତିରେ ସ୍ୱାର୍ଥ ଲାଗି ଆତ୍ମତୁଷ୍ଟି ଆଉ ଭକ୍ତିରେ ପରାର୍ଥ ଲାଗି ଆତ୍ମତୁଷ୍ଟି। ଭକ୍ତିର ଅନୁରକ୍ତି ସତ୍‌ରେ ଆଉ ଆସକ୍ତିର ନିଶା ସ୍ୱାର୍ଥରେ ଅହଂରେ। ଆସକ୍ତି କାମର ପତ୍ନୀ ଆଉ ଭକ୍ତି ପ୍ରେମର ଛୋଟ ଭଉଣୀ। ... ଭକ୍ତି ଆଣିଦିଏ ଜ୍ଞାନ; ଜ୍ଞାନ ଦ୍ୱାରାହିଁ ସର୍ବଭୂତରେ ଆତ୍ମବୋଧ ହୁଏ; ସର୍ବଭୂତରେ ଆତ୍ମବୋଧ ହେଲେହିଁ ଆସେ ଅହିଂସା। ଆଉ ଅହିଂସାଠାରୁ ଆସେ ପ୍ରେମ। ତୁମେ ଯେଉଁ ପରିମାଣରେ ଯେ କୌଣସି ଗୋଟିକର ଅଧିକାରୀ ହେବ, ସେହି ପରିମାଣରେ ସବୁଗୁଡ଼ିକର ଅଧିକାରୀ ହେବ।)

ଅନୁଗତ - ଆଦର୍ଶଙ୍କୁ କିପରି ଭଲପାଇବା ? ୧୩୪

ଶ୍ରୀଶ୍ରୀଠାକୁର- ଇଷ୍ଟଙ୍କୁ ଯଦି ଭଲପାଇବାକୁ ଚାହଁ, ଭାବ ଯେ ତୁମେ ଭଲପାଅ, କୁହ ଯେ ତୁମେ ଭଲପାଅ, ଆଉ ତାଙ୍କୁ ଭଲପାଇବାକୁ ତାଙ୍କ ପାଇଁ କର୍ମ କର।

(ଆଲୋଚକ - ଏ ସଂପର୍କରେ ଆଚାର୍ଯ୍ୟଦେବ ଶ୍ରୀଶ୍ରୀଦାଦାଙ୍କର ଉକ୍ତି (ଋତ୍ୱିକ୍ ସମ୍ମେଳନ, ୧୪-୭-୨୦୧୨) – "ବଙ୍ଗଳାରେ 'ଭାଲୋବାସା' ମାନେ ଭଲରେ ବାସ କରିବା, ଯେଉଁଠାରେ ଠାକୁର ଥାଆନ୍ତି ସେଠାରେ ଆନନ୍ଦ ଥାଏ, ଦୁଃଖ ରହେନା। ଆପଣମାନେ ଦୁଃଖ ସୃଷ୍ଟି କରିବେ ନାହିଁ। ଆନନ୍ଦ ସୃଷ୍ଟି କରନ୍ତୁ। ସକଳଙ୍କୁ ଆନନ୍ଦ ଦେଇ ଉଜ୍ଜ୍ୱଳ ହୋଇ ଉଠନ୍ତୁ। ପରମାନନ୍ଦ ମାଧବ ଆମମାନଙ୍କର ଦୁଃଖ ଜୟ କରିବାକୁ ଆସିଛନ୍ତି। ଯେଉଁଠି ପାରସ୍ପରିକ ବିରୋଧ ସୃଷ୍ଟି ହେଉଛି ସେଠାରେ ସେ ରହନ୍ତି ନାହିଁ। ସେ ଥରେ ଯଦି ମୁହଁ ବୁଲାଇ ଦିଅନ୍ତି ତେବେ ଯେତେ ଡାକିଲେ ବି ଆଉ ଜବାବ ଦିଅନ୍ତି ନାହିଁ। ନିଜେ ଆନନ୍ଦରେ ରୁହ, ସମସ୍ତଙ୍କୁ ଆନନ୍ଦରେ ରଖ -ଏହା ହେଉଛି ମୋର ଜୀବନର ବ୍ରତ, ଏପରି ଭାବିବାକୁ ହେବ। ଏହା ହେଉଛି ସାଧନା। 'ଦୟା କର' 'ଦୟା କର' କହିଲେ ସେ କ'ଣ ଦୟା କରନ୍ତି ? 'ଠାକୁର କ'ଣ ତୋର ଏତେ ହିଁ ବେକୁବ/ ଫାଙ୍କି ଦେଖିବି ନୁହନ୍ତି ହୁସିଆର'। ସେ ଫାଙ୍କିକୁ ପ୍ରଶ୍ରୟ ଦିଅନ୍ତିନି। ସମସ୍ତ ସତ୍ତା ଦେଇ ଡାକନ୍ତୁ -ଠାକୁର ମତେ ପରମ ଆନନ୍ଦର ଅଧିକାରୀ କରିଦୋଳ।"

ଦାର୍ଶନିକ St Francis de Sales (1567 A.D-1622 A.D) ଙ୍କର ଗୋଟିଏ ଉକ୍ତି ଶ୍ରୀଶ୍ରୀଠାକୁରଙ୍କ ଉପରୋକ୍ତ ନିର୍ଦ୍ଦେଶକୁ ପ୍ରତିପାଦିତ କରେ - 'You learn to speak by speaking, to study by studying, to run by running, to work by working. In just the same way, you learn to love by loving'.(ତୁମେ କହିବାକୁ ଚେଷ୍ଟା କରି କଥା କହିଥାଅ, ପଢିବାକୁ ଚେଷ୍ଟା କରି ପଢିଥାଅ, ଦୌଡିବାକୁ ଚେଷ୍ଟା କରି ଦୌଡିଥାଅ, ଆଉ କିଛି କରିବାକୁ ଚେଷ୍ଟା କରି ତାହା କରିଥାଅ, ସେହିପରି ତମେ ଭଲ ପାଇବାକୁ ଚେଷ୍ଟା କଲେ, ଭଲ ପାଇବ। (Living Thoughts of Great People)

ଓମାର ଖୈୟାମ୍ (Omar Khayyam, 1200 A.D. approx.) ଙ୍କର ଏକ ପ୍ରସିଦ୍ଧ ଉକ୍ତି -

Ah, Love ! could thou and I with Fate conspire
To grasp this sorry Scheme of Things entire,
Would not we shatter it to bits – and then
Re-mould it nearer to the Heart's Desire!

(The Rubaiyat)

ହେ, ମୋର ପ୍ରେମ! ତୁମକୁ ସାଥୀରେ ଧରି
ନିୟତିର ସହ ମନ୍ତ୍ରଣା ଯିବା କରି
ଦୁଃଖ ଶିବିର ନିଖିଳ ଯୋଜନା ଦୁର୍ମଦ ସମ ଦଳି
କରିବା ଆମେ ଗୋ ନୂଆ ସର୍ଜନା ଜୀବନକୁ ଦେବା ଭରି ।

Spiritual Interpretation -If man could but harness his innate divine will to God's pure Infinite Intelligence immanent in creation as Divine Love and to the Cosmic Law that governs all happenings through cause and effect, he could wield that wisdom and power to shatter the sad circumstances of karmically set patterns and remould the effects of earth's untoward dualities into circumstances nearer to the ideal plan that God intended. (Wine of the Mystic -Sri Sri Paramahansa Yogananda)

(ମର୍ମାନୁବାଦ -ବିଶୁଦ୍ଧ ପ୍ରେମ ଦ୍ୱାରା ମଣିଷ ତାର ଅନ୍ତରର ସୀମିତ ସତ୍ ଇଚ୍ଛାକୁ ପରମାତ୍ମାଙ୍କ ଅସୀମ ଅସ୍ଖଳିତ ଇଚ୍ଛା ସହିତ ଯୋଗ ଯୁକ୍ତ କରିପାରେ; କାର୍ଯ୍ୟକାରଣ କର୍ମବନ୍ଧନର ଦୁଃଖଦ ଅବସ୍ଥାରୁ ସର୍ବୋତ୍ତମ ଆନନ୍ଦମୟ ଅବସ୍ଥାକୁ ଆତ୍ମାକୁ ନେଇଥାଏ ।)

ସୁଫି ସନ୍ଥ ଜଲାଲୁଦ୍ଦିନ ରୁମୀ (Jalal ad Din Rumi –1207AD-1273AD) ଙ୍କର ଗୋଟିଏ ପ୍ରସିଦ୍ଧ ଉକ୍ତି –

"wherever you are and whatever you do, be in Love." (ଯେଉଁଠି ରୁହ ଯାହାବି କର ପ୍ରେମରେ ଥାଅ) ।

ଅନୁଗତ- ଭଲପାଇବାକୁ ହେଲେ ଆମକୁ କ'ଣ କରିବାକୁ ହେବ ? ୧୩୫

ଶ୍ରୀଶ୍ରୀଠାକୁର - ଦରକାର ଅସ୍ଖଳିତ ନିଷ୍ଠା ଏବଂ ତାର ମୂଳରେ ଅଛି ବିଶ୍ୱାସ । ବିଶ୍ୱାସ କହିଲେ ମୋର ଧାରଣା ନିର୍ଦ୍ୱନ୍ଦ୍ୱ ହେବା, ଯଥାର୍ଥତାକୁ ସ୍ୱୀକାର କରିବା । ମଣିଷ ଯେତେବେଳେ ପ୍ରଶ୍ନଶୂନ୍ୟ ହୋଇଉଠେ, ସେତେବେଳେ ତାର ସୁରତ ଅନୁକୂଳ ଅବସ୍ଥାରେ ଯଥାଯଥ ଭାବେ ଆସକ୍ତ ହୋଇ ବା ଅନୁରକ୍ତ ହୋଇ ବସ୍ତୁ ବା ବ୍ୟାପାରର ବୋଧ ଉପଭୋଗରେ ଉଦ୍ଦୀପ୍ତ ହୋଇଉଠେ ।

(ସତ୍ୟାନୁସରଣ- ସନ୍ଦେହର ନିରାକରଣ କରି ବିଶ୍ୱାସର ସ୍ଥାପନ କରିବାହିଁ ଜ୍ଞାନପ୍ରାପ୍ତି । ତୁମେ ଯଦି ପକ୍କା ବିଶ୍ୱାସୀ ହୁଅ, ବିଶ୍ୱାସ ଅନୁଯାୟୀ ଭାବ ଛଡ଼ା ଜଗତରେ କୌଣସି ବିରୁଦ୍ଧ ଭାବ, କୌଣସି ମନ୍ତ୍ର, କୌଣସି ଶକ୍ତି ତୁମକୁ ଅଭିଭୂତ ବା ଯାଦୁ କରିପାରିବ ନାହିଁ, ନିଶ୍ଚୟ ଜାଣ ।)

ଏହି ପ୍ରସଙ୍ଗରେ (୩୦-୧୧-୧୯୭୫) ଯୁଗାଚାର୍ଯ୍ୟ ଶ୍ରୀଶ୍ରୀବଡ଼ଦା କହିଲେ - ଯେତେବେଳେ ତାଙ୍କଠାରେ ବିଶ୍ୱାସ ପକ୍କା ହୁଏ, ସେତେବେଳେ ଅଭାବନୀୟ ଘଟଣା ମଧ୍ୟ ଘଟେ । ଗୋଟିଏ କାହାଣୀ ଏହିପରି- "ଜଣେ ଗଉଡୁଣୀ ଥିଲା । ସେ ତା ଗ୍ରାମଠାରୁ ପ୍ରତ୍ୟହ ଗୋଟେ ଛୋଟ ନଦୀକୁ ଡଙ୍ଗାରେ ପାରି ହୋଇ ସେପାରି ଗ୍ରାମକୁ ଦୁଧ ବିକ୍ରି କରିବାକୁ ଯାଉଥିଲା । ସେତେବେଳେ ଗ୍ରାମର ମନ୍ଦିରରେ ହରିକଥା ହେଉଥାଏ । ଗଉଡୁଣୀ ଶୁଣିବାକୁ ବସିଗଲା । କଥକ କହୁଥାନ୍ତି -ଗଭୀର ବିଶ୍ୱାସରେ ସବୁ ହିଁ ହୋଇପାରେ । ଈଶ୍ୱର-ବିଶ୍ୱାସ ଥିଲେ ପାଣି ଉପରେ ଚାଲି ଚାଲି ଯିବା ବି ଆଶ୍ଚର୍ଯ୍ୟ ନୁହେଁ, ମଲାମଣିଷ ବି ଈଶ୍ୱରଙ୍କ ଦୟାରୁ ପ୍ରାଣଲାଭ କରେ ଇତ୍ୟାଦି ।

କଥକ-ଠାକୁର ଗଉଡୁଣୀଠାରୁ ପ୍ରତ୍ୟହ ଦୁଧ ରଖୁଥିଲେ । ଦିନେ ସକାଳୁ ସକାଳୁ ଗଉଡୁଣୀ ଦୁଧ ଧରି କଥକ-ଠାକୁରଙ୍କ ପାଖରେ ହାଜର । ସେ ପଚାରିଲେ, ଆଜି ଏତେ ସକାଳୁ ସକାଳୁ କିପରି ଆସିଲୁ ? ଗଉଡୁଣୀ କହିଲା, ଡଙ୍ଗା ନ ଥିଲା, ମୁଁ ପାଣି ଉପରେ ଚାଲି ଚାଲି ପଳେଇ ଆସିଲି । କଥକ-ଠାକୁର ଆଶ୍ଚର୍ଯ୍ୟଚକିତ ସ୍ୱରରେ ପଚାରିଲେ - କ'ଣ ହେଲା ? ପାଣି ଉପରେ ଚାଲି ଚାଲି ନଦୀ ପାର ହେଲୁ, ତା କ'ଣ ସମ୍ଭବ ? ଗଉଡୁଣୀ ଉତ୍ତର ଦେଲା, ଆପଣଙ୍କ ମୁହଁରୁ ତ ଶୁଣିଥିଲି । ବିଶ୍ୱାସରେ ହରିନାମ କରି କରି ଚାଲି ଆସିଲି । କଥକ-ଠାକୁର କହିଲେ, ଚାଲ ତ ଦେଖିବା କିପରି ନଦୀ ପାରି ହେଲୁ । ଦୁହେଁ ନଦୀତୀରକୁ ଗଲେ । ମୋ ପଛେ ପଛେ ଆସନ୍ତୁ କହି ଗଉଡୁଣୀ ହରିନାମ କରି ପାଣି ଉପରେ ଚାଲି ଚାଲି ସେପଟକୁ ଚାଲିଗଲା । କଥକ-ଠାକୁର ଯେତେ ହରିନାମ କଲେ ବି ଗୋଡ଼ ବୁଡ଼ି ଯାଉଥାଏ, ଆଉ ପାଣି ଉପରେ ଚାଲିବେ କ'ଣ ?

ଆଚାର୍ଯ୍ୟଦେବ ଶ୍ରୀଶ୍ରୀଦାଦା ନିଜର ଅନୁଭୂତି ସଂପର୍କରେ ଲେଖିଛନ୍ତି, "ଥରେ ସନ୍ଧ୍ୟାରେ ନିରାଲା-ନିବେଶରେ ଠାକୁରଙ୍କ ନିକଟରେ କଲିକତା ଯିବା ପାଇଁ ଅନୁମତି ଚାହିଁଲି, ସିଏ ବାବାଙ୍କୁ କହିବାକୁ କହିଲେ । ବାବା (ଶ୍ରୀଶ୍ରୀବଡ଼ଦା) ଚାଲଘରେ ବସିଥିଲେ, ମୁଁ ଅନୁମତି ଚାହିଁଲାରୁ ଟିକେ ଚୁପ ରହି କହିଲେ, ଆଜି ପୂର୍ଣ୍ଣିମା, କାଲି ଯାଅ । ମୁଁ ଠାକୁରଙ୍କୁ ସେ କଥା ଜଣାଇ ଘରକୁ ଫେରିବା ସମୟରେ ଦେଖିଲି ଜାମତଲାର ପୂର୍ବ ଦିଗରେ ଆକାଶରେ ପୂର୍ଣ୍ଣ ଚନ୍ଦ୍ର ଉଠିଛି । ଘରକୁ ଫେରି ସାରାରାତି ଛାତରେ ବସି ଜହ୍ନର ଶୋଭା ଦେଖିଲି । ସେ ସମୟରେ ଜହ୍ନ, ତାରା ଦେଖିବାର ନିଶା ମୋର ତୀବ୍ର ଥିଲା । ପରଦିନ କଲିକତା ଯାଇ, ଫେରିବାର ଦୁଇତିନିଦିନ ପରେ କଥାରେ କଥାରେ ମା' କହିଲେ-ଶୁକ୍ଳ ପକ୍ଷ ଚାଲିଛି, ମୁଁ କହିଲି କୃଷ୍ଣପକ୍ଷ, ପୂର୍ଣ୍ଣିମା ଯାଇଛି । ମା' କହିଲେ -ଅମାବାସ୍ୟା ଯାଇଛି । ବାଜି ଲଗାଇ ପାଞ୍ଜି ଖୋଜି ଦେଖିଲି, ଯେଉଁଦିନ ପୂର୍ଣ୍ଣିମାର ଜହ୍ନ ଦେଖିଥିଲି ସେଦିନ ଅମାବାସ୍ୟା ଥିଲା । ବାଜି ହାରିଲି । କିନ୍ତୁ ତାହେଲେ କିପରି ଜହ୍ନ ଦେଖିଥିଲି । ବାବା ଶୁଣି କହିଲେ, ଅମାବାସ୍ୟା ହିଁ ଥିଲା । ମୁଁ ହୁଏତ ଭୁଲ କରି ପୂର୍ଣ୍ଣିମା କହିଥିଲି । **ତୁ ମୋତେ ସଂପୂର୍ଣ୍ଣ ବିଶ୍ୱାସ କରୁ ବୋଲି ଅମାବାସ୍ୟାରେ ବି ସେପରି ଜହ୍ନ ଦେଖିଥିଲୁ ।**" (ବାବା-ପରମପୂଜ୍ୟପାଦ ଶ୍ରୀଶ୍ରୀଦାଦା, ଆତ୍ମଜନେର କଥା, ୭୭-୮୧)

ସୁଫି ସନ୍ଥ ହଜରତ ନିଜାମୁଦ୍ଦିନ ଔଲିୟା (Hazrat Nizamuddin Auliya - 1238A.D. -1325 A.D.) ବିଶ୍ୱାସର ତିନୋଟି ସ୍ତର କଥା କହିଛନ୍ତି -(୧) ଜଣେ ଲୋକ, ତାର ମକଦ୍ଦମାର ସବୁ କାଗଜପତ୍ର ଜଣେ ଓକିଲଙ୍କ ଜିମା କରିଦେଇ କହିଲା, କେସ ଦାୟିତ୍ୱ ତମକୁ ଲାଗିଲା । ଜଣେ ସାଧକ ତାର ଗୁରୁଙ୍କ ପାଖରେ ସବୁସମସ୍ୟା, ଦୁଃଖ କଥା ବଖାଣି ଥାଏ । (୨) ଦ୍ୱିତୀୟ ଅବସ୍ଥା ହେଲା, ଶିଶୁ ତାର ମାଠାରୁ କ୍ଷୀର ଖାଇବାର ଅବସ୍ଥା- କ୍ଷୀରରେ କ'ଣ ଅଛି ବିଷ କି ଅମୃତ ତାହା ସେ ଜାଣି ନ ଥାଏ । ଗୁରୁଙ୍କ ଅନୁଶାସନ ମାନି ଚଳିବାକୁ ଆରମ୍ଭ କରିବା ହେଉଛି ଏହି ସ୍ତର । (୩) ତୃତୀୟ ସ୍ତର ହେଉଛି, ମୃତଦେହକୁ ସମାଧି ଦେବା ଆଗରୁ ଜଣେ ଯେମିତି ଏକଡ଼ ସେକଡ଼ କରି ଗାଧୋଇ ଦିଏ, ଯାହା କଲେ ବି ଶବ ସବୁଥିପାଇଁ ରାଜି -ସମ୍ପୂର୍ଣ୍ଣ ପ୍ରଶ୍ନହୀନ ଆତ୍ମସମର୍ପଣ ।

ଶ୍ରୀଶ୍ରୀଠାକୁରଙ୍କର ଗୋଟିଏ ବାଣୀ ଏହାକୁ ପ୍ରତିପାଦିତ କରେ –

'ପ୍ରଶ୍ନ ମୋର ଅସ୍ତ ହେଉ ଯୁକ୍ତି ଯାଉ ସରି,
ତୁମରି ବ୍ରତ କରିବି ପାଳନ ମରଣ ସ୍ତବ୍ଧ କରି ।'

ଅନୁଗତ- ସ୍ୱାମୀଭକ୍ତି କିପରି ହୋଇଥାଏ ? ୧୩୬

ଶ୍ରୀଶ୍ରୀଠାକୁର - ପିତୃମାତୃ ଭକ୍ତି, ଗୁରୁଭକ୍ତି, ସ୍ୱାମୀଭକ୍ତି, ସେ ଯେଉଁ ଭକ୍ତି ହେଉ ନା କାହିଁକି, ତାହାର ମୌଳିକ ତତ୍ତ୍ୱ ହେଉଛି ଗୋଟିଏ । ବିବାହିତା ନାରୀମାନଙ୍କ କ୍ଷେତ୍ରରେ ସ୍ୱାମୀଭକ୍ତିକୁ ପ୍ରାଧାନ୍ୟ ଦିଆଯାଇଛି । ଏହାଦ୍ୱାରା ଜ୍ଞାନ ଛାଏଁ ଛାଏଁ ଆସେ । ଗୋଟିଏ କାହାଣୀ ଶୁଣ- ଜଣେ ବ୍ରାହ୍ମଣ ସାଧକ ଗୋଟିଏ ଗଛମୂଳରେ ବସି ବେଦପାଠ ଇତ୍ୟାଦି କଲାବେଳେ ଗଛଡାଳରୁ ଗୋଟିଏ ବଗ ମଳତ୍ୟାଗ କଲା, ତାହା ତାଙ୍କ ଉପରେ ପଡ଼ିଲା । ବ୍ରାହ୍ମଣ କ୍ରୋଧରେ ତାକୁ ଅଭିଶାପ ଦେଲେ । ବଗଟି ଜଳି ଯାଇ ଭସ୍ମ ହୋଇ ତଳେ ପଡ଼ିଗଲା । ସେହି ବ୍ରାହ୍ମଣ ଆଉଦିନେ ଜନପଦରେ ଭିକ୍ଷା କଲାବେଳେ ଗୋଟିଏ ଗୃହସ୍ଥ ଘର ଆଗରେ ଭିକ୍ଷା ପାଇଁ ଡାକିଲେ । ଘର ଭିତରୁ ଉତ୍ତର ଶୁଭିଲା - 'ଟିକିଏ ଅପେକ୍ଷା କରନ୍ତୁ, ମୋ ସ୍ୱାମୀ ଅସୁସ୍ଥ, ତାଙ୍କୁ ଖାଇବାକୁ ଦେଉଛି ।' ବ୍ରାହ୍ମଣ ଅପେକ୍ଷା କରିବାକୁ ନାରାଜ । କିଛି ସମୟ ପରେ ସେହି ଗ୍ରାମୀଣ ସ୍ତ୍ରୀ ଯେତେବେଳେ ଭିକ୍ଷା ଦେବାକୁ ଆସିଲା, ବ୍ରାହ୍ମଣ କ୍ରୋଧାନ୍ୱିତ ହୋଇ ତାକୁ ଖୁବ୍ ଭର୍ତ୍ସନା କଲେ । ସେହି ମହିଳାଟି ଶାନ୍ତ କଣ୍ଠରେ କହିଲା- 'ମୁଁ ତ ଆଉ ସେହି ବଗ ନୁହେଁ ଯେ ଆପଣ କ୍ରୋଧରେ ମତେ ଭସ୍ମ କରିଦେବେ, ଶାନ୍ତ ହୁଅନ୍ତୁ ।' ବ୍ରାହ୍ମଣ ବଗର ଭସ୍ମ ହେବା କଥା ଶୁଣି ଚକିତ ହେଲେ । ତୁରନ୍ତ ତାଙ୍କ କ୍ରୋଧ ଥଣ୍ଡା ପଡ଼ିଗଲା । ଅନୁନୟ କଣ୍ଠରେ କହିଲେ - 'ତୁମେ ଏତେ କଥା କେମିତି ଜାଣିଲ ?' ସେହି ମହିଳାଜଣକ କହିଲା - 'ମୁଁ ବେଶି କିଛି ପାଠଶାଠ ପଢ଼ି ନାହିଁ । ବାହାହେବା ଦିନଠାରୁ ପ୍ରାଣପଣେ ସ୍ୱାମୀସେବା କରେ, ମୋ ବାପା-ମା' କହିଥିଲେ ଯେତେ ଯାହା କଷ୍ଟ ହେଉ ପଛେ ସ୍ୱାମୀସେବା କରିବୁ । ଏହି ସ୍ୱାମୀସେବା ବ୍ୟତୀତ ମୋର ଆଉ କିଛି ସାଧନା ନାହିଁ । କୁଆଡ଼େ କ'ଣ ଘଟୁଛି ଏସବୁ ମୋ ମନକୁ ଆପେ ଆପେ ଚାଲି ଆସେ - ମୁଁ ଭାବିଲା ମାତ୍ରେ ।'

କାହାଣୀଟି ଶେଷ କରି ଶ୍ରୀଶ୍ରୀଠାକୁର କହିଲେ -ତେଣୁ ସାରକଥା ହେଲା, ଏକନିଷ୍ଠ ସମ୍ବେଗୀ ଅନୁରାଗହିଁ ଭକ୍ତି -ସେହି ଅନୁରାଗରୁ ଆସେ ଶକ୍ତି, ସେହି ଅନୁରାଗ ହେଉଛି ତପସ୍ୟାର ପ୍ରାଣ, ପୁଣି ସେହି ଅନୁରାଗ ହିଁ ସିଦ୍ଧି। ଭକ୍ତିରେ ଆତ୍ମ-ସମର୍ପଣ ଥାଏ, ଯାହା ସେହି ମାଆଟିର ଥିଲା। ଆତ୍ମ-ସମର୍ପଣ ମାନେ ଆତ୍ମ-ବିସର୍ଜନ ନୁହେଁ। ଆତ୍ମ-ସମର୍ପଣର ରାଜତ୍ୱରେ ହିଁ ପ୍ରେମର ସିଂହାସନ। କାରଣ ପ୍ରେମାସ୍ପଦଙ୍କ ତୁଷ୍ଟି ବା ପୁଷ୍ଟି ବ୍ୟତୀତ ଆଉ କେଉଁଥିରେ ଆତ୍ମତୃପ୍ତି ମିଳେନା। ତାହା ଘଟିବାରୁ ଜ୍ଞାନ ସହଜଭାବେ ଆସେ।

(ଆଲୋଚକ-ଏ ସଂପର୍କରେ ଯୁଗାଚାର୍ଯ୍ୟ ଶ୍ରୀଶ୍ରୀବଡ଼ଦା ଇଷ୍ଟାନୁରାଗ ପ୍ରବନ୍ଧରେ ଲେଖିଛନ୍ତି, "ପରମହଂସ ରାମକୃଷ୍ଣଦେବ କହୁଥିଲେ ଯେ ତିନିଟାଣ ଏକ ହେଲେ ତାଙ୍କୁ ପାଇ ହୁଏ- ସତୀ ନାରୀର ପତି ପ୍ରତି ଟାଣ, ବିଷୟୀର ବିଷୟ ପ୍ରତି ଟାଣ, ମାଆର ପୁଅ ପ୍ରତି ଟାଣ।" ଷୋଳ ଅଣା ତାଙ୍କ ଉପରେ ନିର୍ଭର କଲେ ସେହିଁ ରକ୍ଷା କରନ୍ତି -କ'ଣ କରିଲେ କ'ଣ ହେବ, ସିଏ ହିଁ କହି ଦିଅନ୍ତି। ତାଙ୍କୁ ପାଇବା ହିଁ ଆମମାନଙ୍କର ଜୀବନର ଏକମାତ୍ର ଲକ୍ଷ୍ୟ, ଏକମାତ୍ର ଚାହିଦା, ଏକମାତ୍ର ସାର୍ଥକତା।)

(ସତ୍ୟାନୁସରଣ– ଯଦି ଭଲ ଚାହଁ, ତେବେ ଜ୍ଞାନାଭିମାନ ଛାଡ଼, ସମସ୍ତଙ୍କ କଥା ଶୁଣ ଆଉ ଯାହା ତୁମ ହୃଦୟର ବିସ୍ତାରରେ ସାହାଯ୍ୟ କରେ ତାହା ହିଁ କର। ଜ୍ଞାନାଭିମାନ ଜ୍ଞାନର ଯେତେ ଅନ୍ତରାୟ ଆଉ କୌଣସି ରିପୁ ସେତେ ନୁହେଁ।")

(ଜ୍ଞାନାଭିମାନ କିପରି ଜ୍ଞାନର ଅନ୍ତରାୟ -ଏହା ବୁଝାଇବାକୁ ଯାଇ ଯୁଗାଚାର୍ଯ୍ୟ ଶ୍ରୀଶ୍ରୀବଡ଼ଦା ଗୋଟିଏ କାହାଣୀର ଅବତାରଣା କଲେ –(ତାହା ନିଜ ଭାଷାରେ)- ଥରେ ଜଣେ ବଡ଼ପଣ୍ଡିତ ନଦୀ ପାର ହେଉଥାନ୍ତି। ନୌକାରେ ଯାଉଥିବା ବେଳେ ନାଉରିଆକୁ ପଚାରିଲେ, ଆରେ, ସୃଷ୍ଟି ରହସ୍ୟ କ'ଣ କିଛି ଜାଣୁ, ଏ ପୃଥିବୀ କେତେ ବଡ଼, ପୁଣି ସୂର୍ଯ୍ୟ ଚାରିପଟେ କିପରି ବୁଲେ, ପୁଣି ଚନ୍ଦ୍ରଗ୍ରହଣ ଆଦି କାହିଁକି ହୁଏ, ଆକାଶରେ କେତେ ଗ୍ରହନକ୍ଷତ୍ର ..। ନାଉରିଆ କହିଲା -ପଣ୍ଡିତେ କାହାକୁ କ'ଣ ପଚାରୁଚ, ମୁଁ ପରା ଗଜମୂର୍ଖ। ଏତେ ଗୂଢ଼ କଥା ଆପଣଙ୍କୁ ଜଣା। ପଣ୍ଡିତେ କହିଲେ, ତୁମର ବଞ୍ଚିବାରେ କି ଲାଭ ? କିଛି ଶିଖିଲ ନାହିଁ କି କିଛି ଜାଣିଲ ନାହିଁ ଧିକ ତୁମର ଜୀବନ !

ନୌକାଟି ମଝି ନଦୀରେ, ଆକାଶରେ କଳାହାଣ୍ଡିଆ ମେଘ ଘୋଟି ଆସିଲା। ନାଉରିଆ କହିଲା, ଏ ମେଘ ବର୍ଷାର ମେଘ ନୁହେଁ। ପ୍ରବଳ ଝଡ଼ ଆସୁଛି କି କ'ଣ। ସତକୁ ସତ ଦ୍ରୁତଗତିରେ ପବନ ବହିବା ଆରମ୍ଭ ହେଲା। ନୌକାଟି ବୁଡ଼ି ଯିବକି କ'ଣ। ନାଉରିଆ ପଚାରିଲା -ପଣ୍ଡିତେ, ପହଁରା ଜାଣିଚ ତ। ନୌକା ଯଦି ବୁଡ଼ିଯାଏ ..। ପଣ୍ଡିତେ କହିଲେ, ନା ନା, ତା ତ ଜାଣିନି। ନାଉରିଆ କହିଲା, ଏତେ ବିଦ୍ୟା ଆପଣଙ୍କର, ବିପଦ ଆସିଲେ ଜୀବନକୁ କିପରି ବଞ୍ଚାଇବେ। ସତକୁ ସତ ନୌକାଟି ବୁଡ଼ିଗଲା। ନାଉରିଆ ପହଁରି ପହଁରି କୂଳକୁ ଯାଇ ନିଜ ଜୀବନ ବଞ୍ଚାଇ ନେଲା। ଆଉ ତାହା ଥିଲା ପଣ୍ଡିତଙ୍କର ଜ୍ଞାନାଭିମାନର ଶେଷ ଆସ୍ଫାଳନ।)

ଅନୁଗତ- ପ୍ରେମାସ୍ପଦଙ୍କ ପାଇଁ କର୍ମ କରିବା କଥା ଆପଣ ଟିକିଏ ଆଗରୁ କହିଲେ। ଗୋଟିଏ ପ୍ରଚଳିତ ନୀତିବାକ୍ୟ ଅଛି –"Work is worship" (କର୍ମ ହିଁ ଆରାଧନା)- ଆପଣ କିପରି ଭାବନ୍ତି ? ୧୩୭

ଶ୍ରୀଶ୍ରୀଠାକୁର - ଆମେ କେବଳ କର୍ମ କରିବାକୁ ଜନ୍ମ ହୋଇ ନାହୁଁ। ବରଂ କର୍ମ ଭିତରଦେଇ ପରସ୍ପର ଦେଇ ନେଇ, ଜଡ଼ାଇ ଧରି ଆନନ୍ଦ ଓ ଆତ୍ମବର୍ଦ୍ଧନାରେ ଉପଭୋଗ କରିବାକୁ, ପୁଣି ସେଇ ଉପଭୋଗକୁ ଈଶ୍ୱରଙ୍କଠାରେ ନ୍ୟସ୍ତ କରି, ତାହାକୁ ଉପଭୋଗ କରିବା ହେଉଛି ପରମ ସାର୍ଥକତା। ତେଣୁ ସାଧନାରୁ ଅର୍ଜନ କରିଥିବା କର୍ମଫଳ ଦେଇ ଆମ ଭିତରେ ତାଙ୍କୁ ଆହୁରି କରିତୋଳିବା, ଆଲିଙ୍ଗନ ଓ ଗ୍ରହଣରେ, ତାଙ୍କଠାରେ ଅବିରାମ ହେବା ହେଉଛି ପରମାର୍ଥ।

(ଆଲୋଚକ- ଖ୍ରୀଷ୍ଟିୟାନ ଜଗତର ଅନ୍ୟତମ ପ୍ରସିଦ୍ଧ ଅଧ୍ୟାତ୍ମବାଦୀ (ଥମାସ ଏ କେମିସ) Thomas A Kempis (1380A.D.-1471A.D.)ଙ୍କର ଗୋଟିଏ ଉକ୍ତି ଏହିପରି- He does much who loves God much and he does much who does his deed well and he does his deed well who does it rather for the common good than for his own will. (ଈଶ୍ୱରଙ୍କୁ ଯେ ଭଲପାଏ ସେ ତାଙ୍କ କର୍ମରେ ସର୍ବଦା ବ୍ୟାପୃତ। ଈଶ୍ୱରୀୟ କର୍ମରେ ବ୍ୟାପୃତ ବ୍ୟକ୍ତି କର୍ମର ସୁସମ୍ପାଦନ କରେ। ସୁସମ୍ପାଦନ ପାଇଁ କର୍ମ ବ୍ୟଷ୍ଟି ସ୍ୱାର୍ଥ ନ ହୋଇ ସମଷ୍ଟିସ୍ୱାର୍ଥର ହୋଇଥାଏ।) (The Imitation of Christ)

ଅନୁଗତ - 'ବୁଦ୍ଧିରେ ଯା ହାନି ଆଣେ, ଟାଣି ନିଏ ତାହା ନରକ ଆଡ଼େ' -ଏହାର ସରଳାର୍ଥ କଣ ? ୧୩୮

ଶ୍ରୀଶ୍ରୀଠାକୁର - ଏହାର ଅର୍ଥ ସତ୍‌ଚିନ୍ତା କେବଳ ବିଳାସ ହୋଇ ନ ରହୁ। ଲକ୍ଷେ ସମ୍ବେଦନାର ବାକ୍ୟଜାଲ ନେଇ, ମଣିଷ ଯେତେବେଳେ କେବଳ ଭାବ-ଉଲ୍ଲାସ-ମୁଖରତାରେ ଚାଲିଥାଏ, କିନ୍ତୁ ତଦନୁପାତିକ କର୍ମକୁ ଉଦ୍ଦାମ କରି ତୋଳେ ନା, ସେହିପରି ବାସ୍ତବ ଚଳନରେ ଚଳେ ନାହିଁ, ସେତେବେଳେ ଭଗବାନ ବଧିର, ସତେ ଯେପରି ତା'ର କୌଣସି କିଛିହିଁ ଶୁଣି ପାରନ୍ତି ନାହିଁ। ତୁମର ଭାବକୁ କର୍ମ ଭିତରଦେଇ ନିୟୋଜିତ କର, ବାସ୍ତବରେ ପରିଣତ କର, ଚରିତ୍ରରେ ପ୍ରକୃତ କରତୋଳ, ତାହା ଭଗବାନ ଦେଖିବେ ଓ ଶୁଣିବେ। ତଦନୁପାତିକ ପାଇବାରେ ସେହି ପ୍ରେରଣା ତୁମକୁ ଭରପୁର କରିତୋଳିବ।

କର୍ମହୀନ ସତ୍‌ଚିନ୍ତାବିଳାସିତା ମଣିଷକୁ ଗ୍ରାସ କରିବସେ ଓ ତାହା ଜୀବନରେ କୌଣସି କାମରେ ଲାଗେ ନାହିଁ। ବାହାରକୁ ସାଧୁତାର ଢଙ୍ଗ ଦେଖାଇ ମିଠା ମିଠା ଭଲ କଥା କହେ, ଭିତରେ ଥାଏ ସକ୍ରିୟ ଦୁଷ୍ଟବୁଦ୍ଧି, ସେହି ମତଲବରେ ତାହାକୁ ବ୍ୟବହାର କରେ। ମଣିଷ ଗୋଟାଏ ଜୁଆଚୋର ହୋଇଉଠେ। ଲୋକସେବାର କର୍ମ ହେଉଛି ଇଷ୍ଟ ବା ଆଦର୍ଶଙ୍କ ପାଇଁ କର୍ମ। ତେଣୁ କର୍ମହୀନ ଭାବ-ଭକ୍ତି ଅସାର, ଦମ୍‌ହୀନ।

(ଆଲୋଚକ- ଅଷ୍ଟାଦଶ ଶତାବ୍ଦୀର ଆୟର୍ଲାଣ୍ଡର ଖ୍ୟାତିସମ୍ପନ୍ନ ରାଜନୀତିଜ୍ଞ ଓ ଦାର୍ଶନିକ Edmund Burke (1729 A.D.-1797 A.D.) କର୍ମହୀନ ତଥାକଥିତ

ସତ୍‌ଲୋକଙ୍କପାଇଁ ଏକ ଶ୍ଳେଷାତ୍ମକ ମନ୍ତବ୍ୟ ଦେଇଥିଲେ -The only thing necessary for the triumph of evil is for good men to do nothing. (ଯେଉଁଠାରେ ସତ୍‌ପ୍ରକୃତିର ଲୋକମାନେ ଅକର୍ମା, ସେଠାରେ ଅସତ୍ ଓ ଅନ୍ୟାୟର ଜୟଜୟକାର।) (Understanding Philosophy)

ଅନୁଗତ -New Testamentରେ ଯେଉଁ ଉକ୍ତି ଅଛି- 'Resist not evil', ଏହାର ଅର୍ଥ କ'ଣ ? ୧୩୯

ଶ୍ରୀଶ୍ରୀଠାକୁର - ଯିଏ ଭକ୍ତ ସେ ଅସତ୍ ବା ଅନ୍ୟାୟକୁ କେବେହେଲେ ସମର୍ଥନ କରିବ ନାହିଁ, ତେଣୁ ଅସତ୍‌କୁ ବିରୋଧ କରିବାକୁ ହେବ, କିନ୍ତୁ ତା' ଶୁଭ ପ୍ରଣୋଦିତ ହୋଇ। ମୁଁ ବୁଝେ, ବିଚଳିତ ବା ବିକ୍ଷିପ୍ତ ନ ହେବା, ସହ୍ୟ-ଧୈର୍ଯ୍ୟ-ଅଧ୍ୟବସାୟ-ପରାକ୍ରମ ଓ କୌଶଳର ସହିତ evil(ଅସତ୍)ର ମୁଣ୍ଡ ଉପରେ ତୁମେ ଏପରି ଛିଡ଼ା ହୁଅ, ଯେପରି ସେ ଆତ୍ମସମର୍ପଣ କରେ। ଯାହା ସମସ୍ତଙ୍କ ପାଇଁ ମଙ୍ଗଳପ୍ରଦ ତାହା କରିବା ହେଉଛି ଇଷ୍ଟସ୍ୱାର୍ଥପ୍ରତିଷ୍ଠା। ଏହି ଇଷ୍ଟସ୍ୱାର୍ଥପ୍ରତିଷ୍ଠା କରିବାକୁ ଗଲେ ଅନ୍ୟାୟକୁ ସହ୍ୟ କରିବାକୁ ହୁଏ। କିନ୍ତୁ ଏହି ଅନ୍ୟାୟକୁ ସଂଚାରିତ ହେବାକୁ ଦିଅ ନାହିଁ, ଆଉ ସଂଚାରିତ ହେବାର ପ୍ରଶ୍ରୟ ବି ଦିଅ ନା। ଆମେ ଯଦି ଅସତ୍‌କୁ ନିରୋଧ ନ କରୁ, ତେବେ ଅନସ୍ତିତ୍ୱର ଗର୍ଭରେ ବିଲୀନ ହୋଇଯିବୁ।

ମୋର ମନେହୁଏ ଏହି ଉକ୍ତିର punctuation (ବିରାମଚିହ୍ନ ପ୍ରକରଣରେ) ଭୁଲ ଅଛି। ମାନବ-ସତ୍ତାର ଉଦ୍ଧାତା ଯୀଶୁଖ୍ରୀଷ୍ଟ ଏପରି କହିଥିବାର ମୋର ମନେହୁଏ ନାହିଁ। ଯୀଶୁ ଅନ୍ୟାୟ ବିରୁଦ୍ଧରେ ତ ଘୋର ପ୍ରତିବାଦ କରିଥିଲେ। ସେଇ ଯେ ମନ୍ଦିରକୁ ଯାଇ ଦେଖିଲେ, ମନ୍ଦିର ଅଗଣାରେ ଦୋକାନୀମାନେ ବଜାର ମେଳା ଲଗାଇ ଦେଇଛନ୍ତି, ସେଠାରେ ସେ ଦୃଢ଼ଭାବରେ ଛିଡ଼ା ହୋଇ ସମସ୍ତଙ୍କୁ ବିଦା କରି ଦେଇଥିଲେ। ଏହା କ'ଣ ଅସତ୍‌କୁ ବିରୋଧ ନ କରିବାର ଦୃଷ୍ଟାନ୍ତ ?

ତେବେ ମହାପୁରୁଷଗଣଙ୍କ ଜୀବନରେ ଏକ ବିଶେଷ ଘଟଣା ଦେଖାଯାଏ ଯେ, ସେମାନେ କୀଟପତଙ୍ଗ ପର୍ଯ୍ୟନ୍ତ ବଞ୍ଚାଇବା ପାଇଁ ବ୍ୟାକୁଳ, କିନ୍ତୁ ନିଜ କଥା ସେମାନେ ଆଦୌ ଭାବନ୍ତି ନାହିଁ। ତେଣୁ ତାଙ୍କର ସୁରକ୍ଷା ଓ ନିରାପତ୍ତା ଇତ୍ୟାଦି ତାଙ୍କୁ ପରିବେଷ୍ଟିତ କରିଥିବା ଓ ଭଲପାଉଥିବା ଲୋକଙ୍କ ଉପରେ ନିର୍ଭର କରେ। କାରଣ ସେମାନେ (ମହାପୁରୁଷଗଣ) ଭଲପାଇବାର କାଙ୍ଗାଳ, ତେଣୁ କୌଣସି ଜିନିଷ ନିଜ ପକ୍ଷରେ କ୍ଷତିକାରକ ଜାଣି ମଧ୍ୟ, ସେମାନେ ହୁଏତ ଅବାଧରେ କହିଲେ -ହଁ, ହେବାକୁ ଦିଅ, ବାଧା ଦିଅ ନାହିଁ, କାରଣ ତାହା କରିବାକୁ ଗଲେ କୌଣସି ଲୋକର ଇଚ୍ଛା ପୂରଣ ହେବ। ସେମାନଙ୍କ ପାଖରେ ତ ସର୍ବଦା- 'Thy necessity is greater than mine' (ତୁମର ପ୍ରୟୋଜନ ମୋ ପାଇଁ ମୁଖ୍ୟ)। ତେଣୁ ମୋ ଜୀବନ ବିନିମୟରେ ଯଦି ଜଣେ ଲୋକର ଇଚ୍ଛାପୂରଣ ହେଲା, ତେବେ କ୍ଷତି କ'ଣ ? କେବଳ ମଣିଷ ପାଇଁ ନୁହେଁ, ସାମାନ୍ୟତମ ପ୍ରାଣୀ ପାଇଁ ମଧ୍ୟ ସେ ଏପରି ଚରମ ତ୍ୟାଗ କରିବା ପାଇଁ ପ୍ରସ୍ତୁତ।

କିନ୍ତୁ ଆଦେଶ ପାଳନର ଦୁହାଇ ଦେଇ ଆମେ ଯଦି ସେମାନଙ୍କ ଜୀବନ ରକ୍ଷା ପାଇଁ ଯତ୍ନବାନ ନ ହେଉ, ତେବେ ତାହାହିଁ ହେବ ଗୁରୁ ଆନୁଗତ୍ୟ ନାମରେ ପରମ ଭଣ୍ଡାମୀ। ଏପରି କ୍ଷେତ୍ରରେ ଗୁରୁ-ଆଦେଶ ଅମାନ୍ୟ କରି ମଧ୍ୟ ଯଦି ତାଙ୍କୁ ବଞ୍ଚାଅ, ତାହାହିଁ ହେବ ଗୁରୁଭକ୍ତିର ପରାକାଷ୍ଠା। ଯୀଶୁଖ୍ରୀଷ୍ଟଙ୍କ ଶିଷ୍ୟବର୍ଗ ଗୁରୁ-ଆଦେଶ ପାଳନ ଆଳରେ ତାଙ୍କୁ କ୍ରୁଶବିଦ୍ଧ ହେବାକୁ ଛାଡ଼ି ଦେଲେ, କେହି ଗୋଟାଏ ତର୍ଜନୀ ବି ଉଠାଇଲେ ନାହିଁ, ନିର୍ବିକାର ଚିତ୍ତରେ ତାଙ୍କୁ ମୃତ୍ୟୁମୁଖକୁ ଠେଲି ଦେଲେ। କିନ୍ତୁ ମେରୀ ମ୍ୟାକ୍‌ଡାଲିନ୍ ଆଣ୍ଠୁ କରି ଛିଡ଼ା ହେଲା, ଯୀଶୁଙ୍କୁ ରକ୍ଷା କରିବା ପାଇଁ, ତା ପାଖରେ ଯୀଶୁଖ୍ରୀଷ୍ଟ ହିଁ ବଡ଼, ଗୁରୁ-ଆଦେଶ ଅମାନ୍ୟ ଅପରାଧରେ ଲକ୍ଷେ ନରକ ଯଦି ଭୋଗ କରିବାକୁ ହୁଏ, ସେ ପ୍ରସ୍ତୁତ। ଏଇ ହେଲା ଭଲପାଇବାର ଲକ୍ଷଣ, ପ୍ରେଷ୍ଠ ସେଠାରେ ମୁଖ୍ୟ, ତାଙ୍କୁ ବିପନ୍ନ କରି ଭଲମନ୍ଦ, ପାପପୁଣ୍ୟ ନୀତିବାଦର କଥା ଉଠେନା। ଶୁଣିଛି, ଥରେ ଶ୍ରୀକୃଷ୍ଣ ମୂର୍ଚ୍ଛା ଯାଇଥିଲେ; ଗୋପୀମାନେ ଖବର ପାଇଲେ ଯେ ଭକ୍ତର ପାଦଧୂଳି ତାଙ୍କ ମଥାରେ ମାରିଲେ, ସେ ଚେତା ଫେରି ପାଇବେ। ମୁନି, ଋଷି, ସାଧକଗଣଙ୍କର ସାହସ ହେଲା ନାହିଁ, ଅପରାଧ ହେବ ବୋଲି ଡରିଗଲେ, କିନ୍ତୁ ଗୋପୀମାନେ ପାରିଲେ, ପାଦଧୂଳି ଶ୍ରୀକୃଷ୍ଣଙ୍କ ମଥାରେ ବୋଳି ତାଙ୍କ ଚେତା ଫେରାଇ ଆଣିଲେ।

(ଆଲୋଚକ -ଶ୍ରୀଶ୍ରୀଠାକୁର କହିଲେ ଯେ ଯୀଶୁଙ୍କ ଶିଷ୍ୟବର୍ଗ ଆଜ୍ଞାପାଳନ ଆଳରେ କେହି ଜଣେ ବି ତର୍ଜନୀ ନ ଉଠାଇ ତାଙ୍କୁ ମରଣ ଦ୍ୱାରକୁ ଠେଲିଦେଲେ -ଏହାର ପ୍ରତିଧ୍ୱନି ପ୍ରସିଦ୍ଧ ଅଧ୍ୟାତ୍ମବାଦୀ ଲେଖକ ଓ କବି ଖଲିଲ ଜିବ୍ରାନଙ୍କ(Khalil Gibran,1883-1933) କବିତା 'We and You' ରେ ଶୁଣାଯାଏ। ସେହି ପଂକ୍ତିଟି ଏହିପରି –

"You crucified Jesus and stood below Him,
Blaspheming and mocking at Him; but at last
He came down and overcame the generations,
And walked among you as a hero, filling the
Universe with His glory and His beauty."

(Khalil Gibran Reader)

ମର୍ମାନୁବାଦ-

ତୁମେ ଯୀଶୁଙ୍କୁ କ୍ରୁଶବିଦ୍ଧ କଲ
ସେଠାରେ ରହି ତାଙ୍କ ନିନ୍ଦାରେ ହଁ ମାରି ମଜା ଦେଖିଲ
କିନ୍ତୁ ସେ ସମୟକୁ ପରାସ୍ତ କରି ଫେରି ଆସିଲେ
ତୁମମାନଙ୍କ ନିକଟକୁ, ବୀରତ୍ୱରେ ବିଶ୍ୱପୂରଣକାରୀ ମହିମାମଣ୍ଡିତ
ସର୍ବ ଶୁଭର ଅଧିକାରୀ।)

'Resist not evil' ଏହି ଉକ୍ତିର ପୁରାପାଠ ହେଉଛି – 'But I say unto you. That ye resist not evil, but whosoever shall smite thee on thy right cheek turn to him the other also' -Mathew 5:39. ଏହା Gospel of Mathew in the New

Testament ରେ ସ୍ଥାନିତ ହୋଇଛି । ଟୀକାକାର କୁହନ୍ତି ଯେ Old Testament (ପୁରାତନ ଟେଷ୍ଟାମେଣ୍ଟ)ରେ ଯାହା ଥିଲା -"eye for an eye"(ଯେସାକୁ ତେସା), ଏହାର ବିରୁଦ୍ଧାଭାଷ ହେଉଛି ଏହି ଉକ୍ତି ।

ସ୍ୱାମୀ ବିବେକାନନ୍ଦ ଏହି ଉକ୍ତି ଉପରେ ବିସ୍ତୃତ ଆଲୋଚନା କରି କହିଛନ୍ତି ଯେ 'ଅସତ୍‌କୁ ନିରୋଧ କରନା -ଯଦି ଏହାର ଅର୍ଥ ହୁଏ, ତେବେ ଜଗତଟା ଭାସି ଯିବ। ଶଇତାନ ପ୍ରତିରୋଧ ନ ପାଇ ସତ୍‌କୁ ମାଡ଼ି ବସିବ।' ସେ ମତ ପୋଷଣ କରିଛନ୍ତି- 'Resist not evil done to yourself, but you may resist evil done to others.' (ନିଜ ପାଇଁ ଅସତ୍/ଅନ୍ୟାୟକୁ ସହ୍ୟ କର କିନ୍ତୁ ଅନ୍ୟଠାରେ ଏହା ଘଟିଲେ, ପ୍ରତିରୋଧ କର।)

ଯୁଗାଚାର୍ଯ୍ୟ ଶ୍ରୀଶ୍ରୀବଡ଼ଦା ଏହି ପ୍ରସଙ୍ଗରେ 'ସତ୍ୟାନୁସରଣ'ରେ ଶ୍ରୀଶ୍ରୀଠାକୁରଙ୍କ ଉକ୍ତିକୁ ମନେ ପକାଇଲେ- **'ତୁମେ ସତ୍ୟରେ ଅବସ୍ଥାନ କର, ଅନ୍ୟାୟକୁ ସହ୍ୟ କରିବାକୁ ଚେଷ୍ଟା କର, ପ୍ରତିରୋଧ କରନାହିଁ, ଶୀଘ୍ରହିଁ ପରମ ମଙ୍ଗଳର ଅଧିକାରୀ ହେବ'** ,ଏହାକୁ ବୁଝାଇ କହିଲେ- ମୋ ନିଜ ଉପରେ ଅନ୍ୟାୟ ହେଲେ ସହ୍ୟ କରିବି, ପ୍ରତିରୋଧ କରିବି ନାହିଁ। କଥାରେ ଅଛି -ଯେ ସହେ ସେ ରହେ, ଏହି ବାଣୀଟି ମୋ ପାଇଁ। କିନ୍ତୁ ମୋ ସାମନାରେ ତୁମ ଉପରେ ଅତ୍ୟାଚାର ହେଲେ ଯଦି କିଛି ନ କରେ, ତାହେଲେ ସେଇଟା କ୍ଳୀବତ୍ୱର ପରିଚୟ ଦିଏ। ତେଣୁ ଏହି ବାଣୀଟିର ଅର୍ଥ ହେଲା ଇଷ୍ଟକର୍ମରେ ମୋ ପ୍ରତି ଅନ୍ୟାୟ ଅତ୍ୟାଚାର ହେଲେ ସହ୍ୟ କରିବି, କିନ୍ତୁ ମୋ ଆଗରେ ଅନ୍ୟ କାହାକୁ ଯଦି ବିପନ୍ନ ଦେଖେ, ସେତେବେଳେ ମୋର ପ୍ରତିରୋଧ କରି ଛିଡ଼ା ହେବାଟାହିଁ ପ୍ରୟୋଜନ। (ଇଷ୍ଟ-ପ୍ରସଙ୍ଗ)

ଅନୁଗତ - ଆପଣଙ୍କ ଜୀବନରେ ଦେଖୁ ଯେ ଆପଣ ଅନ୍ୟମାନଙ୍କ ପାଇଁ ବ୍ୟସ୍ତ, କିନ୍ତୁ ସେମାନେ ଆପଣଙ୍କର ଅମଙ୍ଗଳ କରିବା ପାଇଁ ଭୀଷଣ ଆଗ୍ରହୀ। ଏପରି କାହିଁକି ହୁଏ ? ୧୪୦

ଶ୍ରୀଶ୍ରୀଠାକୁର - ପିଲାଙ୍କୁ ଜୀବନ ମାର୍ଗରେ ଚଳାଇବା ହେଉଛି ପିତାର କାମ। ଆଉ ମୁଁ ମୋର ଗରଜରେ ଏହା କରେ, କେବେ ଭାଙ୍ଗି ପଡ଼ି ନାହିଁ। ମୁଁ ଡାକ୍ତରୀ କଲାବେଳେ ଥରେ ପାଖ ଗ୍ରାମର ଜଣେ ମୁସଲମାନକୁ ଚିକିତ୍ସା କରୁଥିଲି। ରୋଗ ଟିକିଏ ଉପଶମ ହେଲାମାତ୍ରେ ତା ଘରୁ ଔଷଧ ନେବାକୁ ଆଉ କେହି ଆସିଲେ ନାହିଁ। ଏଣେ ମୋର ଦିନରାତି ଭାବନାର ଅନ୍ତ ନାହିଁ, ମନଟା ଛଟପଟ ହେଉଥାଏ -କିପରି ଅଛି ଲୋକଟା ? ତିନିଦିନ ପରେ ଯେତେବେଳେ ଔଷଧ ନେବାକୁ ଆସିଲା ମୁଁ ରାଗି ଗଲି। ଖୁବ୍ ଗାଳି ଦେଲି। ଗାଳି ଶୁଣି ସେ କହିଲା -ବାବୁ ଆପଣ ଯେ ଏତେ ଗାଳି ଦେଲେ, ଆଉ କେହି ହୋଇଥିଲେ ମୁଁ ତାକୁ ରଖି ନ ଥାନ୍ତି। କିନ୍ତୁ ଆପଣଙ୍କ କଥାଗୁଡ଼ିକ ମତେ ଏତେ ମିଠା ଲାଗଛି ଯେ ଇଚ୍ଛା ହେଉଛି ଆପଣ ଆହୁରି ଗାଳି ଦିଅନ୍ତେ ମୁଁ ଶୁଣନ୍ତି।

ଅନୁଗତ -ଆପଣ ଗାଳିକୁ ମଧ୍ୟ ଏତେ ମଧୁର କିପରି କରିପାରନ୍ତି ?୧୪୧

ଶ୍ରୀଶ୍ରୀଠାକୁର-ମୁଁ କାହାକୁ କଡ଼ା କଥା କହିପାରେ ନାହିଁ, କାରଣ ମୁଁ ଭାବେ ଯାହାକୁ କଡ଼ା କଥା କହିବି, ସେ ଯଦି ମରିଯାଏ ତେବେ ମୋର ଦୁଃଖର ସୀମା ରହିବ ନାହିଁ - ଏହି ଭୟଟା ଭୂତ ପରି ମତେ ଗ୍ରାସ କରିବସେ, ଅବଶ୍ୟ ଅସତ୍‌ନିରୋଧ ପାଇଁ ଯେତେବେଳେ ଯାହା ଯେଉଁଠି ପ୍ରୟୋଜନ ସେଠାରେ ତାହା କରିବାକୁ ପଡ଼ିବ। ତେବେ uncompromising (ସାଲିସହୀନ) ହେବାକୁ ଗଲେ, sweet (ମଧୁର) ହେବାରେ ଅସୁବିଧା ନାହିଁ। Thrashing (ମାଡ଼) ଏପରି ଭାବରେ ଦେବାକୁ ହେବ, ଯେପରି ଲୋକ ଉଦ୍ଦୀପ୍ତ ହୋଇଉଠେ। ତାର ଉନ୍ନତିରେ ମୋର ସୁଖ। ମୁଁ ପ୍ରଥମରୁ ହିଁ କହି ଆସୁଛି ଯେ ଉନ୍ନତି ହେଉଛି ଉତ୍-ନତି ବା ଶ୍ରେୟନତି। ତେଣୁ କୁଶଳ-କୌଶଳୀ ହୋଇ ଅନ୍ତରାୟକୁ ଅତିକ୍ରମ କରି ଅନ୍ୟକୁ କୃତକାର୍ଯ୍ୟ କରାଇବା,-ସେମାନେ ମଧ୍ୟ କିପରି କର୍ମଠ ହୋଇ ଉଠନ୍ତି ଓ ବଡ଼ ହୁଅନ୍ତି -ଏହା ତ ଆମକୁ ସେମାନଙ୍କୁ ପ୍ରେରଣା ଦେଇ ଶିଖାଇବାକୁ ପଡ଼ିବ। ତୁମର କର୍ମ ଯେତେ ବାସ୍ତବାୟିତ ହେବ ଆଉ ଲୋକପୂରଣୀ ହେବ, ତୁମର ଓଜନ ମଧ୍ୟ ସେହିପରି ହେବ। ଏହି ଓଜନଟା ହେଉଛି ତୁମର ମାନ ବା ସମ୍ମାନ।

ଅନୁଗତ -କର୍ମ କରିବା ଦିଗରେ ମଣିଷକୁ କିଭଳି ଭାବରେ ଅନୁପ୍ରେରିତ କରାଯାଏ ? ୧୪୨

ଶ୍ରୀଶ୍ରୀଠାକୁର - ଜଣକର ଅନ୍ତରର ଆବେଗ ଯେତେବେଳେ କର୍ମରେ ଉଛୁଳି ଉଠେ, ଆଉ ତଦ୍ଦ୍ୱାରା କର୍ମ ବାସ୍ତବ ରୂପ ନିଏ, ତାହାକୁ କୁହାଯାଏ ଶ୍ରମ। ତେଣୁ କୁହାଯାଏ ଶ୍ରମ-ସୁଖପ୍ରିୟତା। କିନ୍ତୁ ଯେଉଁମାନେ ଶ୍ରମ କରିବାକୁ ପଛାନ୍ତି , ସେମାନଙ୍କର ଅନ୍ତରର ଆବେଗ କ'ଣ ଜାଣି ନେଇ ତାଙ୍କୁ ଉସ୍‌କେଇ ଦେଲେ ସେମାନେ ଶ୍ରମ-ମୁଖର ହୋଇ ଯାଆନ୍ତି।

(ଆଲୋଚକ- ଶ୍ରୀଶ୍ରୀଠାକୁର ଏ ସମ୍ପର୍କରେ ଆଲୋଚନାବେଳେ ତାଙ୍କର ପିଲାଦିନର ଗୋଟିଏ ଘଟଣା ମନେ ପକାଇଲେ, ଯାହାର ସାରାଂଶ ଏହିପରି - ଆମ ପରିବାରରେ ଜଣେ ସାହାଯ୍ୟକାରୀ ଥାଏ। ଖାଏ, ପିଏ, ଆଉ କାମ କରିବାରେ ଢିଲା ମାରେ। ତାର ହାତ ପାପୁଲି ଭଲ ଟାଣ। ସେ ତେଲ ମାଲିସ କଲେ ବାବାଙ୍କୁ ବଡ଼ ଆରାମ ଲାଗେ।। କ'ଣ କହିଲେ ତାର ମନ ଫୁଲି ଉଠିବ, ବାବା ସେ କଥା ଜାଣିଥିଲେ। ତେଲ ମାଲିସବେଳେ ବାବା କଥାଟା ଏହିପରି ଆରମ୍ଭ କରିବେ- କିରେ, ତୋ ପରି ଯବାନ ଲୋକ, ତତେ ତୁରନ୍ତ ବାହା ନ କରାଇ ଦେଲେ ନୁହେଁ। ତାର ବୟସ ଚାଳିଶିରୁ ବେଶି ହେଲାଣି, ତାର ବାହା ହେବାକୁ ଖୁବ୍ ଇଚ୍ଛା, ଗୋଟାଏ ଦିଟା ପ୍ରସ୍ତାବ ହୁଏତ ଆସିଛି, କିନ୍ତୁ କାର୍ଯ୍ୟକାରୀ ହୋଇନି । ବାବା ତାକୁ ଉସ୍‌କାଇ ଦେବାକୁ କହିବେ - ଶୁଣଛି, ଅମୁକ ଝିଅ ତୋ ପଛରେ ପଡ଼ିଥିଲା, ତୁ ତାକୁ ପତ୍ତା ଦେଲୁ ନାହିଁ। ଏହିସବୁ କଥା ଶୁଣି ଖୁସିରେ ତାର ବଳ ଯେପରି ଦୁଇଗୁଣ ହୋଇଯାଏ, ସେ ମନ ଲଗାଇ ମାଲିସ କରୁ କରୁ କହେ -କ'ଣ କହିବି ସାଆନ୍ତେ, କେହି ଝିଅ ମୋ ପଛରେ ଗୋଡ଼େଇଲେ ମୁଁ କ'ଣ ଢଳିବିକି ? ବାବା କହିବେ-

ତୋ ପରି ମର୍ଦ୍ଦକୁ ସାମନାରେ ପାଇଲେ ଝିଅମାନେ ଗୋଡ଼େଇବେ ନାହିଁ ? ଏହିପରି ତାର ଅନ୍ତର ଆବେଗକୁ ଉସ୍‌କେଇ ଦେବାରୁ ତାର କର୍ମ-କୁଶଳତା ଖୁବ୍ ବୃଦ୍ଧି ପାଇ ଯାଉଥିଲା । ଅବଶ୍ୟ କିଛିଦିନ ଉତ୍ତାରୁ ତାର ବିବାହ ହେଲା ।

ଅନୁଗତ -ଆମେ ଦେଖୁ ଯେ ଜଣେ ଖୁବ କର୍ମଠ, କିନ୍ତୁ ଆଉ ଜଣେ କାମଚୋର, ଅଳସୁଆ । ଏପରି ହେବାର କାରଣ କ'ଣ ? ୧୪୩

ଶ୍ରୀଶ୍ରୀଠାକୁର- ମୂଳ କଥା ହେଲା ମଣିଷ ଯେଉଁ instinct(ସହଜାତ ସଂସ୍କାର) ଓ temperament (ପ୍ରକୃତି) ନେଇ ଜନ୍ମ ହୋଇଥାଏ, ତା ମଧ୍ୟରେ ଯେଉଁଟା ବେଶି ପୋଷଣ ପାଏ, ତାହାହିଁ ପ୍ରଧାନ ହୋଇ ଉଠେ । କାହାକୁ ହତାଦର କରିବା ଉଚିତ ନୁହେଁ । କାରଣ ଆମର ଉଦ୍ଦେଶ୍ୟ ହେଲା ମଣିଷକୁ ଜୟ କରିବା, ତାର ହୃଦୟକୁ ଅଧିକାର କରିବା, ଏବଂ ତାକୁ କର୍ମଠ କରିବା । ଯଦି ଏତିକି ନ ହେଲା ତେବେ ଆମେ ବଂଚି ରହିବାର ଦାମ କ'ଣ, ପାରସ୍ପରିକ ସୁଖ ବା କେଉଁଠି ? ଆମେ ମଣିଷକୁ ପାଇବାକୁ ଚାହୁଁ, ଗୋଟାଏ ମଣିଷ ମଧ୍ୟ ହରାଇବାକୁ ମୁଁ ପ୍ରସ୍ତୁତ ନୁହେଁ, କିନ୍ତୁ ତା ଭିତରେ ସତ୍ତା-ସମ୍ବର୍ଦ୍ଧନାର ପରିପନ୍ଥୀ ଯାହା ଅଛି, ତାର ନିୟନ୍ତ୍ରଣ ବା ନିରସନ ଦରକାର । ସେଥିପାଇଁ ଦରକାର ଶାସନ, ଏହି ଶାସନ ହେବ ପ୍ରୀତିର ଶାସନ, କଠୋରତା ମଧ୍ୟରେ ବି ପ୍ରୀତି ରହିବ । ସେକଥା ଯେମିତି ସେ ବୁଝେ ଓ ଜାଣେ, ତାହେଲେ ତାକୁ ସଂଶୋଧନ କରିବା କଷ୍ଟକର ହେବ ନାହିଁ ।

ଅନୁଗତ - କର୍ମଠ ହେବାର ପାହାଚଗୁଡ଼ିକ କେଉଁପରି ହେବା ଉଚିତ ? ୧୪୪

ଶ୍ରୀଶ୍ରୀଠାକୁର -ପ୍ରଥମ କଥା ହେଲା ଯିଏ ନିଷ୍ଠାପର, କର୍ମଦକ୍ଷ ତାଙ୍କର ଅନୁସରଣ ଓ ଶରଣାପନ୍ନ ହେବା । ଏହାଦ୍ୱାରା ଆତ୍ମବିଶ୍ଳେଷଣ ଓ ସଂଶୋଧନ ଇତ୍ୟାଦିର ପଥ ପରିଷ୍କାର ହୁଏ ।

କେହି ସଦ୍‌ଗୁରୁଙ୍କୁ ଅନୁସରଣ କରେ କିନା ତାହା ଜଣାପଡ଼େ ଯେତେବେଳେ ସେ ତାର ଅକୃତକାର୍ଯ୍ୟତା ପାଇଁ ନିଜକୁ ଦାୟୀ ନ କରି ଅନ୍ୟକୁ ଦାୟୀ କରେ । କିନ୍ତୁ ଯେ ଅସଫଳତା ପାଇଁ ନିଜକୁ ଦାୟୀ କରେ,-ଏହି ଅଭ୍ୟାସରେ ଦେଖୁ ଦେଖୁ ସୁନା ଫଳେ । ଦେଖ, ତୁମେ-ମୁଁ ଦୁନିଆର କିଛି କରିପାରିବା ନାହିଁ,- ତୁମର ସନ୍ତାନସନ୍ତତିଙ୍କ ପାଇଁ ତୁମେ ଯଦି ବି ସୁନାର ପାହାଡ଼ଟିଏ ଥୋଇ ଦେଇ ଯାଅ, କିନ୍ତୁ ସେମାନଙ୍କର ଯଦି ଚାରିତ୍ରିକ ଯୋଗ୍ୟତା ନ ଥାଏ,ଏଇ ସୁନାର ପାହାଡ଼କୁ ଶେଷ କରିବାକୁ ତାଙ୍କୁ ବେଶିଦିନ ଲାଗିବ ନାହିଁ । କିନ୍ତୁ ସେମାନଙ୍କ ଭିତରେ ଯଦି ଚରିତ୍ର ଓ କର୍ମଦକ୍ଷତା ସ୍ଫୁରଣ କରିଦେଇ ଯାଅ, ଦେଖିବ ମହାପ୍ରଳୟରେ ମଧ୍ୟ ସେମାନେ ନଷ୍ଟ ହେବେ ନାହିଁ । ଆଶା ଭରସାର କଥା ଏହି ଯେ, ପ୍ରତ୍ୟେକ ଲୋକ ଭିତରେ ଊଣା ଅଧିକେ ଶ୍ରଦ୍ଧା ଅଛି । ଏହି ଶ୍ରଦ୍ଧା-ଯୁକ୍ତ ଦେବଚରିତ୍ର ଦେଖିଲେ ଏବଂ ତାଙ୍କୁ ଅନୁସରଣ କଲେ, ପ୍ରତ୍ୟେକ ଲୋକ ଭିତରେ ଥିବା ସୁପ୍ତ ଶ୍ରଦ୍ଧା ଗତିଶୀଳ ହୁଏ ଓ ଏହାର ଭିତରଦେଇ ମଣିଷ ଚରିତ୍ର ଅର୍ଜନ କରିଥାଏ । ତେଣୁ ମୁଁ କହେ ତୁମର ଚରିତ୍ର ଶ୍ରଦ୍ଧାମୟ ହେଉ ।

(ଆଲୋଚକ- ଚରିତ୍ର ଶ୍ରଦ୍ଧାମୟ ହେବା ପାଇଁ କ'ଣ କରିବାକୁ ହେବ ? ଯୁଗାଚାର୍ଯ୍ୟ ଶ୍ରୀଶ୍ରୀବଡ଼ଦା କହିଲେ – ଶ୍ରୀଶ୍ରୀଠାକୁର କହୁଛନ୍ତି ଯେ ଗୁରୁଙ୍କୁ ଲକ୍ଷ୍ୟ କରି ଚାଲିବା। ଏହାର ମାନେ ନୁହେଁ ଯେ ଗୁରୁଙ୍କ ଛବି ସାମନାରେ ରଖି ନିଜର ଖିଆଲଖୁସି ଅନୁସାରେ ଚାଲିବା। ଗୁରୁ-ଗ୍ରହଣ କରିଛି ଯେତେବେଳେ, ସେତେବେଳେ ଜୀବନର ଗୋଟିଏ ଉଦ୍ଦେଶ୍ୟ ଅଛି ତ ! ସେ ଉଦ୍ଦେଶ୍ୟ ଯେପରି ପରିପୂରଣ ହୁଏ ସେପରି ଚାଲିବା। (ଡିଗିରିଆ ପାହାଡ଼ ଆଡ଼କୁ ହାତ ଦେଖାଇ କହିଲେ) ମୋର ଯଦି ଉଦ୍ଦେଶ୍ୟ ହୁଏ, ସେଠାକୁ ଯିବି ତେବେ ନଦୀ, ନାଳ ଯେଉଁଭାବେ ପାରି ହେବାକୁ ହେବ ହେବି, କଣ୍ଟାର ଜଙ୍ଗଲ ମଧ୍ୟ ଦେଇ ସେଇ ପାହାଡ଼ରେ ଚଢ଼ିବି -ସେବୁ କଷ୍ଟ ମତେ କରିବାକୁ ହେବ। ହୁଏତ ଏତିକିବେଳେ ମୋ ପାଇଁ ନୂଆ ରାସ୍ତା ତିଆରି ହୋଇଗଲା। ଭକ୍ତମାନଙ୍କ ଜୀବନରେ ଏହିପରି ଘଟଣା ସଂଘଟିତ ହୋଇଥାଏ। (ତାଁର ସାନ୍ନିଧ୍ୟେ -୧୬-୧୨-୧୯୭୪)

ଶ୍ରୀରାମକୃଷ୍ଣ ପରମହଂସଙ୍କର ଉକ୍ତି- ଧନୀ କଞ୍ଜୁସ ଲୋକ ମତେ କିଛି ଦେଲେ ମୁଁ ନେଇପାରେ ନାହିଁ। ସେମାନଙ୍କର ଧନ ଏହିପରି ବଦଖର୍ଚ୍ଚରେ ଯାଏ, ପ୍ରଥମ ହେଲା ମାମଲା ମକଦ୍ଦମା, ଦ୍ୱିତୀୟ ହେଲା ଚୋରୀ ଡକାଏତି, ତୃତୀୟ ହେଲା ବୈଦ୍ୟ-ଡାକ୍ତର, ଆଉ ଚତୁର୍ଥ ହେଲା ସେମାନଙ୍କର ନଷ୍ଟ ଚରିତ୍ର ପିଲାଙ୍କର ପଇସା ଉଡେଇବା। ପୁଣି ଶ୍ରୀରାମକୃଷ୍ଣ କହିଲେ, ଜଣେ ସାଧୁ ଥରେ କିଛି ଅର୍ଥ ଆଶାରେ ସମ୍ରାଟ ଆକବରଙ୍କୁ ଉପାସନା ଗୃହରେ ଦେଖି ଗୋଟିଏ କଣରେ ଚୁପଚାପ ବସିଲେ,-ପ୍ରାର୍ଥନାରୁ ଉଠିଲେ ଅର୍ଥ ମାଗିବେ। ପ୍ରାର୍ଥନା ଶେଷ କରି ସମ୍ରାଟ କହୁଥାନ୍ତି -ହେ ଖୁଦା, ମତେ ଧନ ଦିଅ, ଦୌଲତ ଦିଅ ଇତ୍ୟାଦି ଇତ୍ୟାଦି। ସାଧୁ ଏକଥା ଶୁଣି ଚାଲିବାକୁ ବାହାରିଲାବେଳେ ସମ୍ରାଟ ତାଙ୍କୁ ସଂକେତ ଦେଇ ଅପେକ୍ଷା କରିବାକୁ କହିଲେ; ପ୍ରାର୍ଥନା ସରିବା ପରେ ପଚାରିଲେ -ଆପଣ କେଉଁ କାରଣରୁ ଆସିଥିଲେ ମତେ ନ ଜଣାଇ ଚାଲି ଯାଉଛନ୍ତି କାହିଁକି ? ସାଧୁ କହିଲେ -ମୁଁ ଆପଣଙ୍କଠାରୁ କିଛି ଟଙ୍କା ମାଗିବାକୁ ଆସିଥିଲି। ଆକବର କହିଲେ -ମତେ ନ ମାଗି ଚାଲି ଯାଉଛନ୍ତି କାହିଁକି ? ସାଧୁ କହିଲେ -ମୁଁ ଦେଖିଲି ଯେ ଆପଣ ମଧ୍ୟ ଜଣେ ଭିକାରୀ, ପ୍ରଭୁଙ୍କୁ ଧନସମ୍ପତ୍ତି ମାଗୁଛନ୍ତି, ମୁଁ ମନରେ ଭାବିଲି, ଭିକାରୀକୁ ମାଗିଲେ ସେ କ'ଣ ଦେବ, ମତେ ଯଦି ମାଗିବାକୁ ପଡ଼ିବ ତ ପ୍ରଭୁଙ୍କୁ ମାଗେ। (Gems from the Gospel of Sri Ramakrishna)

ଅନୁଗତ -କିନ୍ତୁ କେତେକ ଅଛନ୍ତି ନିଜକୁ ସବ୍‌ଜାନ୍ତା ଭାବନ୍ତି, କାହାରି କଥା ଶୁଣନ୍ତି ନାହିଁ। ଏପରି କାହିଁକି ହୁଏ ? ୧୪୫

ଶ୍ରୀଶ୍ରୀଠାକୁର- ସବ୍‌ଜାନ୍ତା ହେବା ଆଗରୁ ଏକଜାନ୍ତା ହେବାକୁ ହୁଏ। ଏକଜାନ୍ତା ହେଲେ ବହୁଜାନ୍ତା ଆସେ। ମୋର ପୂର୍ବଦିନର କଥା ମନେ ପଡୁଛି। ମୁଁ କିଛି ଦିନ ଧରି 'ସୋଽହଂ' 'ସୋଽହଂ' କରୁଥିଲି। କିନ୍ତୁ ମୁଁ ସେତିକିବେଳେ ସୋଽହଂ କରିପାରେ, ଯେତେବେଳେ ମୁଁ ଅନ୍ୟ ସମସ୍ତଙ୍କୁ ସେଇ 'ସୋଽହଂ' ରୂପରେ ଦେଖିପାରେ। ମୁହଁର ଲକ୍ଷେ କଥା କ'ଣ କାହାର କଛି ଭଲ କରିପାରେ, ଯଦି ସେ ସ୍ୱତଃ ଉତ୍ସାରିତ ପ୍ରଣୋଦନାରେ

କର୍ମରେ ତାହା ମୂର୍ତ୍ତ କରି ନ ତୋଳେ? ତେଣୁ ମୁଁ କହେ 'ସୋଽହଂ' କରିବା ପୂର୍ବରୁ ପ୍ରଥମେ 'ତ୍ୱହଂ' କର - "ତୁମେ" ବୋଲି ଯଦି କେହି ଥାଆନ୍ତି ତାଙ୍କୁ fulfil (ପୂରଣ) କରିବାର urge (ଆକୂତି) ଥିବା ଯୋଗୁଁ ଆମର sensitiveness (ସମ୍ବେଦନଶୀଳତା) ଓ receptiveness (ଗ୍ରହଣକ୍ଷମତା) ବଢ଼େ। ତେଣୁ ଆମେ ବଡ଼ ହୋଇପାରୁ।

ଅନୁଗତ - ମଣିଷ କିପରି ଅଧିକ କର୍ମଠ ହେବ ? ୧୪୬

ଶ୍ରୀଶ୍ରୀଠାକୁର- ମୁଁ ସବୁବେଳେ ଏହା କହିଥାଏ ଯେ ମଣିଷ ତାର ସୁରତ ଶ୍ରେୟଙ୍କଠାରେ ଯୁକ୍ତ କଲେ, କର୍ମଠ (active) ହୋଇ ଉଠିବ। ତେଣୁ ଗୀତାରେ ଅଛି- "ନାସ୍ତି ବୁଦ୍ଧିରଯୁକ୍ତସ୍ୟ ନ ଚାଯୁକ୍ତସ୍ୟ ଭାବନା, ନଚାଭାବୟତଃ ଶାନ୍ତିରଶାନ୍ତସ୍ୟ କୁତଃ ସୁଖମ୍।" ପୁଣି ମଧ୍ୟ ଅଛି - "ଯୋଗଃ କର୍ମସୁକୌଶଳମ୍" (୨/୫୦)। ଏହାର ଅର୍ଥ ହେଲା ଉତ୍ତାଳ କର୍ମଚାଂଚଲ୍ୟ, କର୍ମମୁଖରତା ଭିତରେ ଯିଏ ପ୍ରଶ୍ୱସ୍ତି ଅନୁଭବ କରେ, ତଥାକଥିତ ଭଲମନ୍ଦ, ନାମ-ବଦ୍‌ନାମ ଦ୍ୱାରା ଆବିଷ୍ଟ ହୁଏନା,- ଅର୍ଥାତ୍ ଉଲ୍ଲସିତ ହୁଏନା ବା ବ୍ୟତିବ୍ୟସ୍ତ ହୁଏନା,-ତାର କାରଣ ଏହି ଯେ ସେ ଆଦର୍ଶଙ୍କୁ ଖୁସି କରିବାକୁ ସବୁ କରେ, ତେଣୁ କର୍ମଫଳ ପ୍ରାପ୍ତି ଆଶାରେ ଆସକ୍ତ ନ ହୋଇ ସାକ୍ଷୀଭାବେ କରେ। ଗୀତାରେ ଯାହା କୁହା ଯାଇଛି- 'ମା ଫଳେଷୁ କଦାଚନ' ଅର୍ଥାତ୍ ତାର ଫଳ ଉପରେ ଅଧିକାର-ସ୍ୱତ୍ତ୍ୱ ନ ଥାଏ। ଆଉ ତମେମାନେ ମତେ ଯେ 'ଠାକୁର' ସମ୍ବୋଧନ କର ତାହା ହେଲା ଯେ ଠୁକ୍‌କର ବା ଠକ୍କର ଦିଅନ୍ତି। ତୁମର ବୃତ୍ତି-ପ୍ରବୃତ୍ତି, ସ୍ୱାର୍ଥପରତା, କର୍ମଜନିତ ନାମ-ଯଶ -ଅର୍ଥର ଆଶା ନିୟନ୍ତ୍ରିତ ହେବାବେଳେ ଯେଉଁ conflict (ସଂଘାତ) ଆସେ, ତାକୁ କୁହନ୍ତି ଠୁକ୍କର। ତାହା ଗୁରୁଙ୍କ ଠାରୁ ପାଇବା ଦ୍ୱାରା ତୁମେ adjusted (ନିୟନ୍ତ୍ରିତ) ହୁଅ।

ଅନୁଗତ- କର୍ମ-କୁଶଳତା କିପରି ଆସେ ? ୧୪୭

ଶ୍ରୀଶ୍ରୀଠାକୁର- ପ୍ରାୟତଃ ଦେଖାଯାଏ ଯେ କ୍ଷୁଦ୍ରସ୍ୱାର୍ଥ ପାଇଁ ଆମେ ବୃହତ୍‌ସ୍ୱାର୍ଥରେ ବ୍ୟାଘାତ ଘଟାଉ, ଏହା ଠିକ ନୁହେଁ। କୌଣସି କାମ ଆରମ୍ଭ କରିବା ପୂର୍ବରୁ ସବୁଦିଗ ଦେଖି, ଭଲରୂପେ ଧ୍ୟାନ କରି ଯେପରି ପ୍ରସ୍ତୁତ ହେବା କଥା, ତାହା ନ କରି କାମ ଆରମ୍ଭ କର ନାହିଁ। ଆଉ କ'ଣ କରିବାକୁ ଗଲେ, ସେଥିପାଇଁ କି କି, ବାଧା ଆସିପାରେ ଏବଂ ତାର ପ୍ରତିକାର, -ସବୁ ଭାବିଚିନ୍ତି ଯଥାସମ୍ଭବ ତୁମକୁ ପ୍ରସ୍ତୁତ ହେବାକୁ ହେବ। କିଛିଦିନ ଖୁବ୍ ମାତି ଯାଇ, ତାପରେ ଢିଲା ମାରିଲ ବା ଛାଡ଼ି ଦେଲ, ସେପରି କଲେ ହେବ ନାହିଁ। ଆଉ ଦରକାର ମଣିଷକୁ ଅନୁପ୍ରାଣିତ କରି ତୁମ କାମରେ ସହାୟକ ଓ ସହଯୋଗୀ କରି ତୋଳିବା। କାରଣ ମଣିଷର existence (ଅସ୍ତିତ୍ୱ) ତ ନିର୍ଭର କରେ ଅନ୍ୟ ଉପରେ। ଯେଉଁ କାମ କରିବ ତାପାଇଁ ମଣିଷ, ଟଙ୍କାପଇସା ଇତ୍ୟାଦି ଯାହାକିଛି ଦରକାର ତାହା ସଂଗ୍ରହ କରିବାର ଦାୟିତ୍ୱ ତୁମର। **କାମ ହାସଲ କରିବାକୁ ଯେତେ କଷ୍ଟ ହେଉ ନା କାହିଁକି, ସେ କଷ୍ଟ ତୁମ ପକ୍ଷେ ଉପଭୋଗ୍ୟ ହେବା ଉଚିତ। ଏହାକୁ କହନ୍ତି କ୍ଲେଶ-ସୁଖପ୍ରିୟତା। କର୍ମପଥରେ ଭୁଲଭ୍ରାନ୍ତି ତ ହୋଇପାରେ, କିନ୍ତୁ ବିଚାର-ବିଶ୍ଲେଷଣ ଦ୍ୱାରା ନିଜକୁ ସୁଧାରି ନେବାକୁ ହେବ, ଘାବରେଇବ ନାହିଁ କି ହଟି ଯିବ ନାହିଁ।**

ଅନୁଗତ - କ୍ଲେଶ-ସୁଖପ୍ରିୟତା କିପରି ଆସେ ? ୧୪୮

ଶ୍ରୀଶ୍ରୀଠାକୁର - କାମ କଲାବେଳେ ବାଧାକୁ ବାଧ୍ୟ କରିବା, ନାହିଁକୁ ହଁ କରିବା- ଏହା ଯେପରି ମୋର ଗୋଟାଏ ବିଶେଷ ନିଶା । ଗୋଟାଏ ଘୁଷୁରିର ଜିଦ୍ ଯେପରି ମତେ ଗ୍ରାସ କରିବସେ । କାମ ହାସଲ ନ କରି ଯେପରି ମୋର ବିଶ୍ରାମ ନାହିଁ । ଗ୍ରୀଷ୍ମକାଳରେ ଦିନେ ହଠାତ୍ ଖିଆଲ ହେଲା -ଏଇ ଧୁ-ଧୁ (ଖାଁ-ଖାଁ) ଖରାରେ ଗରମ ନିଆଁ ପରି ତତଲା ବାଲି ଉପରେ ଦେଇ ହିମାୟିତପୁରରୁ କୁଷ୍ଟିଆ (୧୫କି.ମି.) ଖାଲି ଗୋଡରେ ଚାଲି ଚାଲି ଯିବି । ଉପରେ ମୁଣ୍ଡଫଟା ଖରା, ରାସ୍ତାର ବାଲି ତାତି ଜଳନ୍ତା କୋଇଲା ପରି । ଖାଲି ପାଦ, ଦେହରେ ଧୋତି ଓ ଗଞ୍ଜି, ଛତା ନାହିଁ । କିଛି ବାଟ ଯାଇଛି, ଭାବିଲି ଫେରିଯିବି । ସଙ୍ଗେ ସଙ୍ଗେ ମନ କହିଲା -ଏତେ ଶୀଘ୍ର ମୁଁ ସଂକଳ୍ପଚ୍ୟୁତ ହୋଇଯିବି, -ନା, କଦାପି ନୁହେଁ । ଯିବା ପାଇଁ ଯେତେବେଳେ ମନସ୍ଥ କରିଛି, ଅଲ୍‌ବତ୍ ଯିବି । ଯାଉ ଯାଉ ପାଦ-ତଳିପାରେ ଫୋଟକା ହୋଇ ଘା ହୋଇଗଲାଣି, ତଥାପି ଦବିଲି ନାହିଁ । ସେତେବେଳେ ଜିଦ୍ ମୋର ଏତେ ପ୍ରବଳ ଯେ କଷ୍ଟକୁ ହୋସ ନ ଥାଏ । କୁଷ୍ଟିଆରେ ପହଁଚି ଭାବିଲି ପାଦରେ କ'ଣ ହୋଇଛି ଏବେ ଟିକିଏ ଦେଖେ । ସେହି ରାତିଟି କୁଷ୍ଟିଆରେ କଟାଇ ତା ପରଦିନ ଦିପହରେ ପୁଣି ମନ ହେଲା -ଦେଖେ ପାଦର ଅବସ୍ଥା କିପରି ଅଛି, ହିମାୟିତପୁର ଫେରି ପାରୁଛି କି ନାହିଁ । କଷ୍ଟ କଥା ଭାବି ମନ ଶିହରି ଉଠିଲା, ପାରିବି ନାହିଁ ବୋଲି ମନରେ ଯେତେବେଳେ ଭୟ ଆସୁଛି, ସେତେବେଳେ ତାକୁ ଅତିକ୍ରମ କରି ଯିବାକୁ ହେବ- ବାହାରି ପଡ଼ିଲି । ଦୁଇପାଦ ଫୋଟକା-ପୂଜରେ ଟଳଟଳ । କୌଣସି ବାଧା ଅଟକାଇ ପାରିଲା ନାହିଁ । ହିମାୟିତପୁରରେ ଆସି ପହଁଚିଗଲି ।

ତୁମେ ସବୁ ମୋର ପିଲା, ତୁମର ମଧ୍ୟ ଏହିପରି ସ୍ୱଭାବ ମୋର ଦେଖିବାକୁ ଇଚ୍ଛା ହୁଏ । ତେଣୁ କହେ ଆଣ୍ଠ କରି ଛିଡ଼ାହୁଅ, ଫେଲ୍ ଯେପରି ଫେଲ୍ ମାରିଯାଉ ତୁମ ପାଖରେ । ମଣିଷ fatigue layer (କ୍ଲାନ୍ତିର ସ୍ତର) ଅତିକ୍ରମ କରିଗଲେ, ତାର ଯେଉଁ କର୍ମ କ୍ଷମତା ବଢ଼ିଯାଏ, ତାହା ଦେଖି ଲୋକ ଅବାକ୍ ହୋଇ ଯାଏ । କିନ୍ତୁ ଯେ fatigue layer (କ୍ଲାନ୍ତିର ସ୍ତର) ଅତିକ୍ରମ କରିଯାଏ, ସେ ଏକଥା ଜାଣିପାରେନା -ସେହି ଲୋକ ପକ୍ଷରେ ତାହା ନିତାନ୍ତ ସ୍ୱାଭାବିକ ।

ଅନୁଗତ -Fatigue layer (କ୍ଲାନ୍ତିର ସ୍ତର) ପୁଣି କ'ଣ ? ୧୪୯

ଶ୍ରୀଶ୍ରୀଠାକୁର - Fatigue (କ୍ଲାନ୍ତି) ଓ depression (ଅବସାଦ) ଏକ କଥା ନୁହେଁ । ଯେଉଁ ଶକ୍ତି ଥରେ ଫିଟି ସଂକଳ୍ପକୁ ପୂରଣ କରିଦେଲା, ତଦ୍ଦ୍ୱାରା ମଣିଷର ନିଜ ଉପରେ ପ୍ରତ୍ୟୟ ଜନ୍ମିଲା,- ଆହୁରି ବଡ଼ ବଡ଼କାମ କଲାବେଳକୁ ପୁଣି ଯେତେବେଳେ ବାଧା ଆସିଲା, ତାହାକୁ ସେ ଅତିକ୍ରମ କରିବାକୁ ଚେଷ୍ଟା କଲା ଏବଂ ସଫଳ ହେଲା । କେବଳ ବସି ବସି ହା-ହୁତାଶ ହୋଇ ଅସୁବିଧା ଚାପରେ ପଛକୁ ଟାଣି ହୋଇଗଲେ ହେବ ନାହିଁ । ଏହା କେବଳ ଦୁଶ୍ଚିନ୍ତା, ଏଥିରେ କୌଣସି ସୃଜନଶୀଳ ଆବେଗ ନ ଥାଏ । ଯେଉଁ କଥା ଅଛି 'nothing succeeds like success' (ଜିତିବା ଠାରୁ କଥା ନାହିଁ) ତାହା ଠିକ୍ ।

ଅନୁଗତ - ବିହିତ କର୍ମ କାହାକୁ କୁହାଯାଏ ? ୧୫୦

ଶ୍ରୀଶ୍ରୀଠାକୁର - କର୍ମ କରିବା ପାଇଁ ଝୁଙ୍କ୍ ସୃଷ୍ଟି ହୁଏ, କିନ୍ତୁ ଏହି କର୍ମ ଦ୍ୱାରା ତୁମେ କାହାକୁ ତୃପ୍ତି ଦେବାକୁ ଚାହୁଁଛ, ତାହା ତୁମେ ପ୍ରଥମେ ଠିକ୍ କରିବା ଦରକାର । ଅର୍ଥାତ୍ ଏଇ କାମଟି କଲେ ମୋର ଗୁରୁ ଖୁସି ହେବେ, କି ଗୁରୁଜନ ଖୁସି ହେବେ, କି ସ୍ତ୍ରୀ-ପିଲା ବନ୍ଧୁବାନ୍ଧବ ଖୁସି ହେବେ ? ଏଥିଲାଗି ତୁମର ବିବେକ ତୁମକୁ ଖଟାଇବାକୁ ହେବ । ତେଣୁ ବିହିତ କର୍ମ ହେଉଛି ସମସ୍ତ କର୍ମ ଭିତରଦେଇ ନିଜର ଓ ଅନ୍ୟର ସତ୍ତାକୁ ବିହିତ ଉପାୟରେ ପ୍ରତିପାଳନ ଓ ଉଦ୍‌ବର୍ଦ୍ଧିତ କରିବା । ତେଣୁ ଇଷ୍ଟକର୍ମ ହେଉଛି ଲୋକମଙ୍ଗଳ କର୍ମ । ଯେତେବେଳେ ମଣିଷ ଏପରି କର୍ମ ତୀବ୍ରଗତିରେ କରେ, ତା'ର ପ୍ରବୃତ୍ତି-ପ୍ରଣୋଦିତ ଅହିତକାରୀ କର୍ମ-ଆଗ୍ରହ ପ୍ରଶ୍ରୟ ପାଏନା, କାରଣ ତା'ର ସେହି ଆଡ଼କୁ ଧ୍ୟାନ ଦେବା ପାଇଁ ଅବସର ନ ଥାଏ । **ମୋର ମନେହୁଏ ଏପରି ବ୍ୟକ୍ତିର 'ନୈଷ୍କର୍ମ୍ୟ ସିଦ୍ଧି' ହୋଇଥାଏ । ସେ ଇଷ୍ଟକର୍ମରେ, ଲୋକ-ମଙ୍ଗଳ କର୍ମରେ ଚିର ଅତନ୍ଦ୍ର ଥାଏ ।**

ଅନୁଗତ - ମହାଭାରତ ଯୁଦ୍ଧକୁ ଶ୍ରୀକୃଷ୍ଣ କାହିଁକି ଏଡ଼ାଇ ପାରିଲେ ନାହିଁ ? ୧୫୧

ଶ୍ରୀଶ୍ରୀଠାକୁର - ଯଦି ଅନ୍ୟ କେହି ତୁମ ପ୍ରତି ଆକ୍ରୋଶ ହେତୁ ଅସହିଷ୍ଣୁ ହୋଇ ନାନା ଭାବରେ ଦୋଷାରୋପ କରି ତୁମକୁ ନିର୍ଯ୍ୟାତିତ କରେ, ତୁମ ରାଜତ୍ୱକୁ ଅଧିକାର କରିବାକୁ ଚାହେଁ -ଅନାହତ ଆକାଂକ୍ଷାକୁ, ଲୋଲୁପତାକୁ ପରାହତ କରିବାକୁ ଅନ୍ୟ କୌଣସି ଉପାୟ ନ ରହେ, ତେବେ ଯୁଦ୍ଧ ବ୍ୟତୀତ ଅନ୍ୟ ଗତି ନ ଥାଏ । ତେଣୁ ଶ୍ରୀକୃଷ୍ଣ ଏହାକୁ ଯୁଦ୍ଧରୂପକ କର୍ତ୍ତବ୍ୟ-କର୍ମ ବୋଲି କହିଛନ୍ତି -

"ମୟି ସର୍ବାଣିକର୍ମାଣି ସଂନ୍ୟସ୍ୟାଧ୍ୟାତ୍ମଚେତସା
ନିରାଶୀର୍ନିର୍ମମୋ ଭୂତ୍ୱା ଯୁଧ୍ୟସ୍ୱ ବିଗତଜ୍ୱରଃ ।" (ଗୀତା-୩/୩୦)

(ଆଲୋଚକ -ଖ୍ରୀଷ୍ଟିୟାନମାନଙ୍କର crusade (କ୍ରୁସେଡ୍) ରେ ମଧ୍ୟ ଅନେକ ଜନଧନ କ୍ଷୟକ୍ଷତି ଘଟିଥିଲା । ସେମାନଙ୍କର ପ୍ରଧାନ ତୀର୍ଥ ଥିଲା ଜେରୁଜେଲମ କିନ୍ତୁ ତାହା ଥିଲା ମୁସଲମାନଙ୍କ ଅଧୀନ । ତାହାକୁ ମୁସଲମାନଙ୍କ କବଳରୁ ଉଦ୍ଧାର କରିବା ପାଇଁ Peter The Hermit (ପିଟର ଦି ହର୍ମିଟ) ନାମକ ଜଣେ ବ୍ୟକ୍ତି ଆନ୍ଦୋଳନ ଆରମ୍ଭ କରନ୍ତି । ଏହି ଆନ୍ଦୋଳନ ଖ୍ରୀଷ୍ଟାବ୍ଦ ୧୦୯୫ ଠାରୁ ୧୨୭୧ ପର୍ଯ୍ୟନ୍ତ ଲାଗି ରହିଥିଲା । ଏହାକୁ ସମର୍ଥନ କରି ୟୁରୋପର ଖ୍ରୀଷ୍ଟିୟାନ ରାଜାମାନେ ସାହାଯ୍ୟ କରିଥିଲେ । ବହୁ ଜନକ୍ଷୟ ଓ ଧନକ୍ଷୟ ହେଲା, ଲକ୍ଷ ଲକ୍ଷ ଲୋକଙ୍କର ପ୍ରାଣହାନୀ ଘଟିଲା- ସର୍ବମୋଟ ଆଠ ଥର ଏହି ଯୁଦ୍ଧ ହୋଇଥିଲା -କିନ୍ତୁ ଶେଷ ପର୍ଯ୍ୟନ୍ତ ତାହା ମୁସଲମାନଙ୍କ ଅଧୀନରୁ ମୁକୁଳି ପାରି ନ ଥିଲା ।)

ଅନୁଗତ – 'ନିଷ୍କାମ କର୍ମ' କାହାକୁ କହନ୍ତି ? ୧୫୨

ଶ୍ରୀଶ୍ରୀଠାକୁର - ନିଷ୍କାମ କର୍ମ ହେଉଛି ଧର୍ମର ଆବାହନୀ ପ୍ରେରଣା, କାରଣ ନିଷ୍କାମ କର୍ମରେ ମଣିଷ ନିଜ ଲାଗି କିଛି କରିବାକୁ ଚାହେଁ ନା, ତାର ଆରାଧ୍ୟ ବା ପ୍ରିୟଙ୍କ ଲାଗି ଯାହା କିଛି କରିଥାଏ । ତେଣୁ ଭଗବାନ ଶ୍ରୀକୃଷ୍ଣ ଗୀତାରେ ସେହି କଥାହିଁ କହିଛନ୍ତି -

"ନ କର୍ମଣାମନାରମ୍ଭାନ୍ନୈଷ୍କର୍ମ୍ୟଂ ପୁରୁଷୋଽଶ୍ନୁତେ
ନ ଚ ସନ୍ନ୍ୟସନାଦେବ ସିଦ୍ଧିଂ ସମଧିଗଚ୍ଛତି।" (ଗୀତା ୩/୪)

ପୁଣି କେହି କର୍ମ ନ କରି ରହିପାରିବ ନାହିଁ। ଆବ୍ରହ୍ମ ଏହି ବିଶ୍ୱବ୍ରହ୍ମାଣ୍ଡ ପ୍ରତି ମୁହୂର୍ତ୍ତରେ କର୍ମମୁଖର। ଅସ୍ତିତ୍ୱ ପାଇଁ କର୍ମ ଆବଶ୍ୟକ, ସେହି ଅର୍ଥରେ କେହି ମଧ୍ୟ କେଉଁଠାରେ କେଉଁ ସମୟରେ କର୍ମବିହୀନ ହୋଇ ରହିପାରେନା। ଭଗବାନ ଶ୍ରୀକୃଷ୍ଣ ଗୀତାରେ କହିଲେ,

"ନ ହି କଶ୍ଚିତ୍ କ୍ଷଣମପି ଜାତୁ ତିଷ୍ଠତ୍ୟକର୍ମକୃତ୍
କାର୍ଯ୍ୟତେ ହ୍ୟବଶଃ କର୍ମ ସର୍ବଃ ପ୍ରକୃତିଜୈର୍ଗୁଣୈଃ।" (ଗୀତା ୩/୫)

ଗୋଟିଏ କଥାରେ କହିଲେ ମଣିଷ କର୍ମଠ ନ ହେଲେ ଧାର୍ମିକ ହୋଇ ପାରେନା।

ଅନୁଗତ -ଇଷ୍ଟ ପ୍ରତିଷ୍ଠା ପାଇଁ କର୍ମ ଓ ଇଷ୍ଟସ୍ୱାର୍ଥ ପ୍ରତିଷ୍ଠା ପାଇଁ କର୍ମ ଏକ କଥା କି ? ୧୫୩

ଶ୍ରୀଶ୍ରୀଠାକୁର -ଇଷ୍ଟସ୍ୱାର୍ଥ ଓ ଇଷ୍ଟପ୍ରତିଷ୍ଠା ମଧ୍ୟରେ ଗୋଟିଏ ପତଳା ଫରକ ଅଛି। ହୁଏତ ତୁମେ ଦଶ ଲକ୍ଷ ଟଙ୍କା ଚୋରି କରି ଇଷ୍ଟସ୍ୱାର୍ଥ ସିଦ୍ଧି କରିପାର କିନ୍ତୁ ତଦ୍ୱାରା ଇଷ୍ଟପ୍ରତିଷ୍ଠା ହୋଇ ପାରେନା। କାରଣ ତମେ ଯେତେବେଳେ ଧରାପଡ଼ିବ, ଲୋକେ କହିବେ - ଶିଷ୍ୟ ଚୋରକୁ ଗୁରୁ ବି ଚୋର।

ଅନୁଗତ -ଆପଣ ଯେଉଁ ଆଦର୍ଶ ଚରିତ୍ରର ମଣିଷ କଥା କହୁଛନ୍ତି, ଏହା କ'ଣ ଆଜିର ସମାଜରେ ସମ୍ଭବ ? ୧୫୪

ଶ୍ରୀଶ୍ରୀଠାକୁର-ପିଲାଦିନରୁ ମୋର ସେଇ ଗୋଟିଏ ଧନ୍ଦା, ତାହାହେଲା ମଣିଷକୁ ସଜାଡିବା, ସେଥିପାଇଁ ମୋର ମଣିଷ ଚାହିଦା - ଏପରିକି ଗୋଟାଏ ସାମ୍ରାଜ୍ୟ ବିନିମୟରେ ଗୋଟାଏ ମଣିଷ ତ୍ୟାଗ କରିବାକୁ ମୁଁ ପ୍ରସ୍ତୁତ ନୁହେଁ। ପୁଣି ଗୋଟାଏ ମଣିଷକୁ ମଣିଷ କରିବା ପାଇଁ ଯଦି ଗୋଟାଏ ସାମ୍ରାଜ୍ୟର ସମ୍ପତ୍ତି ଶେଷ ବି ହୋଇଯାଏ, ତା ପାଇଁ ମଧ୍ୟ ମୁଁ କୁଣ୍ଠିତ ନୁହେଁ। ମୋର ଜୀବନକାଳ ଭିତରେ ମୁଁ ଯଦି ଦେଖି ଯାଇପାରେ ଯେ ତୁମେ ସବୁ କେତେଜଣ ମଣିଷ ପରି ମଣିଷ ହୋଇଛ, ମଣିଷ ଯେଉଁମାନେ କୌଣସି ପ୍ରବୃତ୍ତି ଦ୍ୱାରା କାବୁ ହେବେ ନାହିଁ -ଧର୍ମ-ଇଷ୍ଟ-କୃଷ୍ଟି ଯେଉଁମାନଙ୍କ ଜୀବନ, ହାଡ଼, ମାଂସ, ତାହେଲେ ମୋର ମଣିଷ ଜୀବନକୁ ସାର୍ଥକ ମଣିବି। ସେତେବେଳେ ତୁମେମାନେ ଦୁନିଆଟାକୁ ପୁନର୍ବିନ୍ୟାସ କରି ଦେଇ ପାରିବ। ଏହା ମୋ ପାଇଁ ସୌଖୀନ ନୁହେଁ, ପ୍ରାଣର ଗରଜ।

ଅନୁଗତ-ମଣିଷ ଚରିତ୍ରର ଏହି ଦ୍ରୁତ ଅବନତିକୁ ରୋକିହେବ କି ? ୧୫୫

ଶ୍ରୀଶ୍ରୀଠାକୁର-ମଣିଷ ଏକାବେଳକେ ନିଉଛଣା ହୋଇ ଗଲାଣି। ସଂଯମ କ'ଣ, ଆତ୍ମନିୟନ୍ତ୍ରଣ କ'ଣ ଜାଣେ ନାହିଁ। ଫଳରେ ଜୀବନ ସଂଗ୍ରାମରେ ହଟି ଯାଉଛି। ପୁଣି, ଗୋଟିଏ ଆଦର୍ଶର ପତାକା ତଳେ ଯେତେ ଲୋକ ସମବେତ ହେବେ, ସେମାନଙ୍କ ମଧ୍ୟରେ ପାରସ୍ପରିକତା ବଢ଼ିବ। ଏପରିଭାବେ ବିଚ୍ଛିନ୍ନ ଲୋକଙ୍କ ଭିତରେ ଏକତା ବଢ଼ିବ। ପ୍ରତ୍ୟେକ ପ୍ରତ୍ୟେକ ପାଇଁ ଭାବିବେ ଓ କରିବେ। ଏହି ଆପ୍ରାଣତା ବା ଦରଦଟିକକ ଯଦି ତୁମେ

ପ୍ରାଣେ ପ୍ରାଣେ ଫୁଟାଇ ଦେଇପାର ନିଜନିଜର ଆଚରଣ ଭିତର ଦେଇ, ସେତେବେଳେ ପ୍ରତ୍ୟେକ ମଣିଷ ତାର ପାରିପାର୍ଶ୍ୱିକ ପାଇଁ relief centre (ସାହାଯ୍ୟକେନ୍ଦ୍ର) ହୋଇ ଉଠିବ। ପାରିପାର୍ଶ୍ୱିକର ସେବା, ଶିକ୍ଷା, କୃଷି, ଶିଳ୍ପର ଉନ୍ନତି ଓ ସୁଦାମ୍ପତ୍ୟଜୀବନ ପାଇଁ ନିଜ ଆଚରଣରେ ନିଃସ୍ୱାର୍ଥପର ନ ହେଲେ କେହି ତୁମ କଥା ଶୁଣିବେ ନାହିଁ। ଲୋକ ଦେଖାଣିଆ ଭାବେ ବାହାବା ନେବା ପାଇଁ ତୁମେ ଯଦି ଏସବୁ କରିବାକୁ ଯିବ, ତେବେ କିଛି ହେବ ନାହିଁ।

ଅନୁଗତ - ଆଜିର ମଣିଷ କାହିଁକି ଏପରି ନିଉଛଣା ଓ ସ୍ୱାର୍ଥୀ ହେଲା ? ୧୫୬

ଶ୍ରୀଶ୍ରୀଠାକୁର- ଏହା ମଣିଷ ସମାଜର ସ୍ୱେଚ୍ଛାଚାରିତାର ଫଳ। ଅନେକ ମଇଳା ଦେଶରେ ଦେଶରେ, ଜଗତସାରା ଜମି ଗଲାଣି। ତୁମେମାନେ ପ୍ରତ୍ୟେକେ ଉତ୍ସାହ ଉଦ୍ଦୀପନାରେ ଗୋଟିଏ ଗୋଟିଏ ପ୍ରଚଣ୍ଡ ଘୂର୍ଣ୍ଣି ହୋଇଉଠ, ଏପରି ଯେ ତୁମ ସଂସ୍ପର୍ଶରେ ଆସି ଅତ୍ୟନ୍ତ ପଥର ହୃଦୟର ଲୋକ ମଧ୍ୟ ଯେପରି ବଦଳି ଯାଏ। ତୁମ ସହିତ ମିଶିବା ମାତ୍ରେ ଯେପରି ତାହାର ଅନ୍ତର୍ନିହିତ ସତ୍ ଜାଗି ଉଠେ। ସମୟ ଗଡ଼ି ଯାଉଛି। ଗୋଟାଏ ସତ୍ ମଣିଷ ଯେପରି ହଜାର ମଣିଷଙ୍କର କାମ କରିପାରିବ, ସେହିପରି ଯଦି ତିଆରି ନ ହେଲ, ତେବେ ଏଠାକୁ ଆସି ତୁମର ବା ସମାଜର କ'ଣ ଲାଭ ହେଲା ?

ଅନୁଗତ – ଏପରି ଜ୍ଞାନ ମଣିଷ କେଉଁଠୁ ପାଇବ ? ୧୫୭

ଶ୍ରୀଶ୍ରୀଠାକୁର- ଜ୍ଞାନୀକୁ ବାଦ୍ ଦେଇ ଜ୍ଞାନ କେଉଁଠି ତାହାତ ବୁଝେ ନା। ସତ୍ତା ଛଡ଼ା ତତ୍ତ୍ୱ ବା କ'ଣ ? ଯେଉଁ ଜ୍ଞାନ କୌଣସି ବ୍ୟକ୍ତିର ଗୋଚରୀଭୂତ ନୁହେଁ ସେପରି ଜ୍ଞାନ ଥିଲେ ମଧ୍ୟ ମାନବଜାତିର ପକ୍ଷେ ତାହାର ଥିବା ନ ଥିବା ସମାନ। ଅନେକ ତର୍କ-ବିତର୍କ, ବୋଲାବୋଲି ଆଲୋଚନାର ଆନ୍ଦୋଳନ ଚଳାଇଲେ ମଧ୍ୟ ଶେଷରେ ଦେଖାଯାଏ ସବୁ ଫମ୍ପା, ବୋଧଶକ୍ତି ଟିକିଏ ବି ଆଗେଇ ନାହିଁ।

ଅନୁଗତ - ବୋଧଶକ୍ତି କିପରି ଆସେ ? ୧୫୮

ଶ୍ରୀଶ୍ରୀଠାକୁର- ଏହାକୁ କୁହନ୍ତି ବିଜ୍ଞାନଭୂମି। ଯେଉଁ ଅବସ୍ଥାରେ ଛିଡ଼ା ହୋଇ ଯାହାକିଛି ବିଶେଷ ଭାବରେ ଜଣାଯାଏ, ଆଉ ଯାହା ଦ୍ୱାରା ମଣିଷ ତାର ବିକ୍ଷିପ୍ତ ସଂସାରକୁ କାର୍ଯ୍ୟକାରଣ ପରମ୍ପରାରେ ଗ୍ରଥିତ କରି ସାର୍ଥକତା ଲାଭ କରେ, ଗୋଟିଏ ସୂତାରେ ମୋତିର ମାଳା ଗୁନ୍ଥା ହୋଇଥିବା ପରି -ଏହା ହେଉଛି ବୋଧ। ଜଣକୁ ଅନୁସରଣ ନ କଲେ, ଆହରଣ ବିଚ୍ଛିନ୍ନ ହୋଇ ରହିବ। ମାଳା ଗୁନ୍ଥିବାର ସୂତ୍ର ହେଲେ ଆଦର୍ଶ ବା ଇଷ୍ଟଗୁରୁ। ଜଣକ ପ୍ରତି ମୋର ଯେଉଁ ଭଲପାଇବା ମୁଁ ତାହାକୁ ନେଇ ସମସ୍ତଙ୍କୁ ଭଲପାଏ। ସେହି ଭଳି ଯଦି ଜଣେ ମୋର ଜୀବନରେ ନ ରୁହନ୍ତି, ଯାହାଙ୍କୁ ନେଇ ମୁଁ ସର୍ବ କ୍ଷେତ୍ରରେ ସର୍ବଦା ଚାଲେ, ତାହା ଯଦି ନ ରହେ ତେବେ ମୋ ଜୀବନରେ କେବେହେଲେ ଐକ୍ୟସଂହତି ଆସିବ ନାହିଁ। କାରଣ କେଉଁ କର୍ମ ଭିତରଦେଇ ତାହା କିପରି ହୁଏ, ଆଉ ତାର ସମ୍ପାଦନ କିଭଳି ସଫଳତାରେ ପରିଣତ ହୁଏ, ଏହି ସଙ୍ଗତିଶୀଳତାକୁ ଜାଣିବା ହେଉଛି ସେ ବିଷୟରେ ଜ୍ଞାନ। ତାକୁ ସଙ୍ଗତିସମ୍ପନ୍ନ କରିବାକୁ ମଧ୍ୟ ଆମେ ବିଜ୍ଞାନ ବୋଲି କହୁ। ଏହି ଜାଣିବାଟା

ଆଦର୍ଶ ବା ଇଷ୍ଟଙ୍କଠାରେ ହିଁ ଥାଏ । ତେଣୁ ସେ ସମସ୍ତ ଜ୍ଞାନର ଅଧିକାରୀ । ତାଙ୍କୁ ଅନୁସରଣ କରିବାକୁ ହୁଏ ।

ଅନୁଗତ -ତାହେଲେ ଆମେ ଏହାକୁ ଗୁରୁତ୍ୱ ଦେଉନା କାହିଁକି ? ୧୫୯

ଶ୍ରୀଶ୍ରୀଠାକୁର- ଅନେକ ଲୋକ ଏପରି ଅଛନ୍ତି ଯେଉଁମାନେ ଏଥିରେ ଧାର ଧାରନ୍ତି ନାହିଁ, କିନ୍ତୁ ଯେତେବେଳେ ବିଧ୍ୱସ୍ତ ହୁଅନ୍ତି ସେତେବେଳେ ହାତ ବଢ଼ାନ୍ତି । କିଛି ଲୋକ ଅଛନ୍ତି ଯେଉଁମାନେ କାମନା ପୂରଣ ପାଇଁ ଭଗବାନଙ୍କୁ ଡାକନ୍ତି, ଆଉ କିଛି ଲୋକ ଅଛନ୍ତି ଯେଉଁମାନେ ତତ୍ତ୍ୱର ଅନୁସନ୍ଧାନ କରନ୍ତି । ସେମାନେ ଜଗତର ମୂଳ ସତ୍ୟ ବା ଆଦିକାରଣକୁ ଜାଣିବାକୁ ଚାହାନ୍ତି ଓ ସେଥିପାଇଁ ଆଦର୍ଶଙ୍କର ଶରଣାପନ୍ନ ହୁଅନ୍ତି । କିନ୍ତୁ ଖୁବ୍ ଅଳ୍ପସଂଖ୍ୟକ ଲୋକ ଅଛନ୍ତି ଯେଉଁମାନେ ଶୈଶବରୁ ଭଗବାନଙ୍କ ପାଇଁ ବ୍ୟାକୁଳ ହୁଅନ୍ତି । ଆଦର୍ଶ-ଅନୁସରଣ ଓ ଅନ୍ୱେଷଣ ବ୍ୟତୀତ ଅନ୍ୟ କୌଣସି ନିଶା ସେମାନଙ୍କ ମନକୁ ମଜାଇ ପାରେନା । ଏହା ବହୁ ଜନ୍ମ ପରେ ଘଟେ, ଆଉ ଯେତେବେଳେ ଯାହାର ଏହା ଘଟେ ତାଙ୍କୁ କୁହାଯାଏ ଜ୍ଞାନବାନ୍ ବା ପ୍ରକୃତ ଜ୍ଞାନର ଅଧିକାରୀ ।

ଅନୁଗତ -ଜ୍ଞାନବାନ୍‌ର ଜୀବନଚର୍ଯ୍ୟା କିପରି ହୋଇଥାଏ ? ୧୬୦

ଶ୍ରୀଶ୍ରୀଠାକୁର -ଯେ ଜ୍ଞାନବାନ୍ ସେ ପଚିଶ ଠାକୁରଙ୍କୁ ଧରେ ନାହିଁ, ବହୁନୈଷ୍ଠିକ ଅର୍ଥାତ୍ ଯେଉଁମାନେ ଅନେକଙ୍କ ପାଖରେ ଘୁରି ବୁଲନ୍ତି, ସେମାନଙ୍କ ଦ୍ୱାରା କିଛି ହୁଏନା, ଜ୍ଞାନ ଉଦୟ କେବେବି ହୁଏନା । ସେମାନେ ଆସ୍ତେ ଆସ୍ତେ ପାଗଳ ପରି ହୋଇ ଯାଆନ୍ତି । ଜଣକୁ ଆଶ୍ରୟ କରି ଯେ ଦୁନିଆଟାକୁ ଦେଖେ, ଜଣଙ୍କ ପାଇଁ ଯିଏ ଭାବେ, କହେ, ତାଙ୍କର ସ୍ୱାର୍ଥରେ ସ୍ୱାର୍ଥାନ୍ୱିତ ହୁଏ, ସେ ଯେ କୌଣସି ପ୍ରତିକୂଳ ଅବସ୍ଥାରେ ପଡ଼ିଲେ ମଧ୍ୟ ସେଥିରୁ ମୁକୁଳି ଆସେ । ତାର ଜ୍ଞାନର ବୀଜ ତୀକ୍ଷ୍ଣ ହୁଏ ।

ଆଉ ସେହି ଆଦର୍ଶ ବା ଇଷ୍ଟ ଯଦି ରକ୍ତମାଂସସଂକୁଳ ମଣିଷ ଶରୀର ଧାରଣ କରି ପାଞ୍ଚ-ଛଅ ଫୁଟର ମଣିଷ ହୁଅନ୍ତି ସେଇଟା କ'ଣ ଅନ୍ୟାୟ ? ଗୋଟିଏ ଦିଆସିଲ କାଠିର ଘର୍ଷଣରେ ଯାହା ଜଳି ଉଠିଲା ତାକୁ ଯଦି ଆମେ ନିଆଁ କହୁ, ସେହି ନିଆଁ କେତେ ରକମରେ ସାରାବିଶ୍ୱରେ ଫୁଟନ୍ତ ହୋଇଅଛି, ସେପରି ଅନୁଭବ କରିବା କ'ଣ ଅନ୍ୟାୟ ହେବ ? ଦିଆସିଲ କାଠିର ନିଆଁ କ'ଣ ନିଆଁ ନୁହେଁ ? ନିଆଁ ଯାହା ସୃଷ୍ଟି କରିପାରେ, ଦିଆସିଲ କାଠିର ନିଆଁ ଦ୍ୱାରା ତାହା କ'ଣ ହୋଇପାରେନା ? ମୁଁ ତ ଏପରି ବୁଝେ ।

ସେ ନରବିଗ୍ରହ ଧାରଣ କରି ମଧ୍ୟ ଯାହା ତାହାହିଁ ଅଛନ୍ତି । ତାଙ୍କର ଭିତରେ ସବୁକିଛି ସଂହତ ହୋଇ ରହିଛି, କିଛି ଶେଷ ହୋଇ ଯାଇ ନାହିଁ; ବ୍ୟକ୍ତ-ଅବ୍ୟକ୍ତ ଉଭୟ ସୀମା ଅତିକ୍ରମ କରି ସେ ବ୍ୟକ୍ତ ହୋଇଛନ୍ତି ବୋଲି ତାଙ୍କର ଅବ୍ୟକ୍ତ ସ୍ୱରୂପ ନିଶ୍ଚିହ୍ନ ହୋଇଯାଇନାହିଁ ।

ଅନୁଗତ - ଆଦର୍ଶଙ୍କ ଠାରେ ନିଷ୍ଠା କିପରି ଆସେ ? ୧୬୧

ଶ୍ରୀଶ୍ରୀଠାକୁର - ତୁମ ଭଲପାଇବାରେ ସେ ଯଦି ସର୍ବଶ୍ରେଷ୍ଠ ହୋଇ ନ ଉଠନ୍ତି, ତେବେ ସେ ଅନୁରାଗ ହେଉଛି -ବ୍ୟଭିଚାରିଣୀ ଅନୁରାଗ । ମଠ-ମନ୍ଦିର, ଗଛମୂଳ ଯାହା

ଯେତେବେଳେ ଦେଖୁଛ ମୁଣ୍ଡିଆ ମାରୁଛ, ଯେଉଁ ସାଧୁ ଯେଉଁଠି ଦେଖିଲ ନାମ ନେଇଗଲ, ନିଷ୍ଠାର ନାମହିଁ ନାହିଁ। ଏହିପରି ବହୁନୈଷ୍ଠିକମାନଙ୍କର ଜ୍ଞାନ ଉଦୟ ହୁଏ ନାହିଁ -ତେଣୁ ରକ୍ଷା ମଧ୍ୟ ନାହିଁ।

ମୂଳ କଥା ହେଲା, ଆଦର୍ଶଙ୍କ ପାଇଁ ଆପ୍ରାଣ ହୋଇ ଉଠିଲେ, ସେତେବେଳେ ସଂସାର ମଧ୍ୟ ଆଦର୍ଶ-ମୁଖର ହୋଇପଡ଼େ। ପ୍ରଥମେ କିଛିଦିନ struggling period (ଅଭାବ-ଅଭିଯୋଗ) ଟଣାଟଣି ଥାଏ, କିନ୍ତୁ ଇଷ୍ଟକର୍ମ ଠିକ୍ ଠିକ୍ ବିହିତଭାବରେ କରି ଚାଲିଲେ,-ତାଙ୍କଠାରେ interested (ଅନୁରକ୍ତ) ହୋଇ ଉଠିଲେ, ବେଶିଦିନ ସେ ଅବସ୍ଥା ରହେ ନାହିଁ। ତେଣୁ ଆମର ଚରିତ୍ରବଳ, ଯୋଗ୍ୟତା, ଜନସମ୍ପଦ ସବୁକିଛି ବଢ଼ିଯାଏ, ଦୁଃଖ ରହେ ନାହିଁ। କାରଣ ଅନେକ ଲୋକ ଆପଣାର ହୋଇ ଉଠନ୍ତି, ତେଣୁ ସେମାନେ ଆମ କଥା ବୁଝିବାକୁ ଆଗେଇ ଆସନ୍ତି। ଏହି ପାରସ୍ପରିକତାରୁ ପାରିବାରିକ integration (ସଂହତି) ଆରମ୍ଭ ହୁଏ ଏବଂ ଏହା କ୍ରମଶଃ ସଂସାରରେ ସଞ୍ଚାରିତ ହୁଏ। ମଣିଷ concentric (କେନ୍ଦ୍ରାନୁଗ) ହେବା ହେତୁ ତାର loving attitude (ପ୍ରୀତିପୂର୍ଣ୍ଣ ମନୋଭାବ), ଜ୍ଞାନ ଓ କର୍ମ-କ୍ଷମତା ବଢ଼ିଯାଏ।

ଆଦର୍ଶଙ୍କ ପାଇଁ ଯଦି ତମେ ମା-ବାପ-ବନ୍ଧୁ-ସ୍ତ୍ରୀ-ପୁତ୍ରକନ୍ୟା, ଧନ-ମାନ-ସମ୍ମାନ-ପ୍ରଭାବ-ପ୍ରବୃତ୍ତିସୁଖ ସବୁ ଉପେକ୍ଷା କରିବାକୁ ପ୍ରସ୍ତୁତ ନ ଥାଅ, ଏପରିକି ପ୍ରାଣଠାରୁ ପ୍ରିୟତମ ବୋଲି ତାଙ୍କୁ ମନେ ନ କର ଏବଂ ଯେଉଁ ପ୍ରବୃତ୍ତି ବା ଆକର୍ଷଣ ଆଦର୍ଶଙ୍କ କାର୍ଯ୍ୟରେ ଅନ୍ତରାୟ ତାର ମୋଡ଼ ବୁଲାଇ ନ ପାର, ତେବେ ବୁଝିବ ଆଦର୍ଶ ତୁମ ନିକଟରେ ପ୍ରଥମ ନୁହନ୍ତି। ଆଉ ସେ ଯଦି ତୁମ ଜୀବନରେ primary (ମୁଖ୍ୟ) ନ ହେଲେ ତେବେ ଅନ୍ୟ କାହା ଜୀବନରେ ତାଙ୍କୁ ମୁଖ୍ୟ କରି ତୋଳିବାର ଆନ୍ତରିକ ପ୍ରେରଣା ତୁମେ ଯୋଗାଇ ପାରିବ ନାହିଁ।

(ଆଲୋଚକ -ଶ୍ରୀରାମକୃଷ୍ଣ ପରମହଂସଙ୍କର ଉକ୍ତି-ରାଜା ଜନକ ତ୍ୟାଗପୂତ ଜୀବନ ଯାପନ ମଧ୍ୟ ଦେଇ ସାଧନାରେ କୃତକାର୍ଯ୍ୟ ହେବା ପରେ ଗୃହସ୍ଥ ଜୀବନ ପାଳନ ଆରମ୍ଭ କଲେ। ଦୁଇଟି ଖଣ୍ଡାରେ ନିଜକୁ ଘେରାଇ ରଖୁଥିଲେ, ଗୋଟିଏ ଜ୍ଞାନ ଓ ଅନ୍ୟଟି ହେଲା କର୍ମ - Gems from the Gospel of Sri Ramakrishna)

ଅନୁଗତ - ଦେବାଦେବୀଙ୍କ ପୂଜା-ଆରାଧନାର କଣ କିଛି ଫଳ ନାହିଁ ? ୧୬୨

ଶ୍ରୀଶ୍ରୀଠାକୁର - ଅନ୍ତରରେ ହେଉ ବା ବାହାରେ ହେଉ ତୁମର ମାନସ ଚକ୍ଷୁରେ ଉଚ୍ଛ୍ୱାସ ବିଗଳିତ ଅନ୍ତକରଣରେ ତୁମେ ଲକ୍ଷେ କୃଷ୍ଣମୂର୍ତ୍ତି, କାଳୀମୂର୍ତ୍ତୀ, ରୁଦ୍ର, ଶିବ, ଗଣେଶ, ଅଗଣିତ ଦେବଗଣ, ଶବ୍ଦଜ୍ୟୋତି ଯାହା ଦେଖିବାକୁ ବା ଶୁଣିବାକୁ ଯାଅ ନା କାହିଁକି ତୁମର ଚିତ୍ତଜଗତରେ ଯାହାକିଛି ପ୍ରତ୍ୟେକଟି ଯେତେ କ୍ଷଣ ପର୍ଯ୍ୟନ୍ତ ଆଦର୍ଶ-ସାର୍ଥକତାରେ ଗୁନ୍ଥା ନ ହୋଇଛି, ତଦନୁପାତିକ ନିୟନ୍ତ୍ରଣରେ ଚଳମାନ ନ ହୋଇଛି, ଯେତେବେଳ ପର୍ଯ୍ୟନ୍ତ ତୁମେ ପ୍ରଜ୍ଞାପ୍ରଦୀପ୍ତ ହୋଇ ଅଖଣ୍ଡ ଏକୀକରଣରେ ଜୀବନକୁ ସହଜବୋଧରେ ଚଳମାନ କରି ନ ତୋଳିଛ, ସେତେବେଳ ଯାଏ ଭଗବତ୍-ପ୍ରାପ୍ତି ବା ଜ୍ଞାନର ଓଳିତଳ ପର୍ଯ୍ୟନ୍ତ

ତୁମେ ଯାଇ ନାହିଁ । ଏହା ହେଲା ଅସଲ ପୂଜା । ଖାଲି ଫୁଲ-ବେଲପତ୍ର-ତୁଳସୀ-ଗଙ୍ଗାଜଳ ଇତ୍ୟାଦି ଦେଇ ପୂଜା କଲେ ପୂଜା ହୁଏ ନା । ପୂଜା ମାନେ ଯାହାଙ୍କର ପୂଜା କରୁଛ, ତାଙ୍କର ଯତ୍ନ କରିବା, ତାଙ୍କର ସୁଖ୍ୟାତି କରିବା, ଚଞ୍ଚଳ ଓ ତୀକ୍ଷ୍ଣ ମନଦେଇ ତାଙ୍କଠାରେ ଯେଉଁ କଳାକୌଶଳ ନିହିତ, ତୁମ ଭିତରେ ଯତ୍ନପୂର୍ବକ ଜାଗ୍ରତ କରି ତୋଳିବା ଯେପରି ତାହା ତୁମ ବିବର୍ଦ୍ଧନ ବା ଉନ୍ନତିରେ ସାହାଯ୍ୟକାରୀ ହୁଏ । ଏହାକୁ ଆୟତ୍ତ କର ।

ଅନୁଗତ -ତେବେ ଆମେ କ'ଣ ବାହ୍ୟ ପୂଜା କରିବା ନାହିଁ ? ୧୬୩

ଶ୍ରୀଶ୍ରୀଠାକୁର - କିନ୍ତୁ ଏ କଥା ସତ ଯେ ବାହ୍ୟପୂଜା ଦ୍ୱାରା ଲୋକାଚାର ରକ୍ଷା ହୁଏ । ଏହା ଦ୍ୱାରା ନିଜର ତ କିଛି କ୍ଷତି ହୁଏନା, କିନ୍ତୁ ସମାଜରେ ନିମ୍ନବର୍ଗ ଲୋକଙ୍କ ନିକଟରେ ଏପରି ପୂଜା ଦୃଷ୍ଟାନ୍ତ ହୁଏ । ସମସ୍ତେ ତ ଉଚ୍ଚ ତତ୍ତ୍ୱ ବୁଝନ୍ତି ନାହିଁ, କିନ୍ତୁ ଯେଉଁମାନେ ବୁଝନ୍ତି ଯଦି ସେମାନେ ଅନାବଶ୍ୟକ ବୋଲି ସବୁ ବାହ୍ୟପୂଜା ଇତ୍ୟାଦି ଛାଡ଼ି ଦିଅନ୍ତି, ନିମ୍ନସ୍ତରର ଲୋକମାନେ ସେହି ଦେଖାଦେଖି ପୂଜା କରିବା ଛାଡ଼ି ଦେବେ । ତେଣୁ କ'ଣ ହେଲା ? ସେମାନେ ଉଚ୍ଚତତ୍ତ୍ୱ ବୁଝି ପାରିଲେ ନାହିଁ, କିନ୍ତୁ ଯେଉଁ ପୂଜା କରୁଥିଲେ ତାହା ଆଉ କଲେ ନାହିଁ,- ତେଣୁ ସେମାନଙ୍କର କ୍ଷତି ହେଲା । ତେଣୁ ଦେଖିବାକୁ ହେବ ଯେ ଆମର କଥା-କାମରେ ଯେପରି ଅନ୍ୟର ବୁଦ୍ଧିଭେଦ ନ ହୁଏ । ବୁଦ୍ଧିଭେଦ ଜନ୍ମାଇବା ଭଲ ନୁହେଁ । ସେଥିରେ ମଣିଷ ଜଡ଼ସଡ଼ ହୋଇପଡ଼େ । କେଉଁ ଭାବେ ଚଳିବ ଦିଗ ପାଏନା, ତେଣୁ ସବୁଠାରେ ସାମଗ୍ରିକତା ରକ୍ଷା କରି ଚଳିବାକୁ ହୁଏ । ତେଣୁ ଭଗବତ୍ ଗୀତାରେ ମଧ୍ୟ କୁହାଯାଇଛି - ନ ବୁଦ୍ଧିଭେଦଂ ଜନୟେତ୍ ।

— ୦ —

ଦୀକ୍ଷା ସଂପର୍କରେ ଶ୍ରୀଶ୍ରୀଠାକୁରଙ୍କ ବାଣୀ

ଦୀକ୍ଷା ଲୋକକୁ ଦକ୍ଷ କରେ
ବିହିତଭାବେ ଯଦି ଚଳେ,
ପ୍ରୀତି ଲୋକଙ୍କୁ ପ୍ରସନ୍ନ କରେ
ଚର୍ଯ୍ୟା ବିଭୂତିର ଫଳେ ।

ଦୀକ୍ଷା ନେଇ ନିୟମମତ
ଚଳିଲେ ତେବେ ହୁଏ ଉନ୍ନତ ।

ଚତୁର୍ଥ ପରିଚ୍ଛେଦ

ଦୀକ୍ଷା, ଯଜନ, ଯାଜନ, ଇଷ୍ଟଭୃତି, ସ୍ୱସ୍ତ୍ୟୟନୀ ଓ ସଦାଚାର

ଦୀକ୍ଷା ଓ ଯଜନ

ଅନୁଗତ - ଦୀକ୍ଷାର ଉଦ୍ଦେଶ୍ୟ କ'ଣ ? ୧୬୪

ଶ୍ରୀଶ୍ରୀଠାକୁର-ଦୀକ୍ଷା ହେଲା ଧର୍ମଦାନ। ଧର୍ମଦାନ ମାନେ ହେଲା, ବୈଶିଷ୍ଟ୍ୟପାଳୀ ସତ୍ତାପୋଷଣୀ ଯୋଗ୍ୟତାକୁ ଅଭିଦୀପ୍ତ କରି ତୋଳିବା। ନିଷ୍ଠା ଆକୂତି ସହିତ ଯାହାର ଅନୁଶୀଳନ ଭିତରଦେଇ ମଣିଷ ସବୁ ଦିଗରୁ ଉନ୍ନତ ହୋଇଉଠେ, ଦକ୍ଷ ହୋଇଉଠେ - ସର୍ବତୋଭାବରେ ଦକ୍ଷ ହେବା ହେଉଛି ଦୀକ୍ଷାର ମୂଳ ଉଦ୍ଦେଶ୍ୟ।

ଅନୁଗତ - ମଣିଷ କେଉଁ ଭାବେ ଉନ୍ନତ ବା ଦକ୍ଷ ହୁଏ ? ୧୬୫

ଶ୍ରୀଶ୍ରୀଠାକୁର - ସର୍ବୋତଭାବରେ ଦକ୍ଷ ବା ଉନ୍ନତ ହେବାକୁ ଗଲେ ସୁକେନ୍ଦ୍ରିକ ହେବା ଦରକାର। ଆଉ ସୁକେନ୍ଦ୍ରିକ ହେବାକୁ ଗଲେହିଁ ଦୀକ୍ଷାର ପ୍ରୟୋଜନ। ଆମେମାନେ ଯେ ଯେଭଳି ହେଉ ନା କାହିଁକି ପ୍ରତ୍ୟେକ ନିଜର ଶୁଭ ଚାହୁଁ। ସମସ୍ତଙ୍କ ସତ୍ତା ଭିତରେ ଅଛି -ସତ୍ୟମ୍, ଶିବମ୍, ସୁନ୍ଦରମ୍। ଆଗେ, ଆମମାନଙ୍କର ପ୍ରଥା ଥିଲା ବ୍ରାହ୍ମଣ, କ୍ଷତ୍ରିୟ ଓ ବୈଶ୍ୟବର୍ଗର ପିଲାମାନେ ପାଞ୍ଚ ବର୍ଷରେ ଦୀକ୍ଷା ନେଉଥିଲେ। ଦୀକ୍ଷିତ ହୋଇ ନିୟମ ଅନୁସାରେ ଚାଲିଲେ ମଣିଷ ଭିତରର ଶୁଭଟା ଜାଗ୍ରତ ହୁଏ। ଉପବୀତ ଭିତର ଦେଇ ସେହି ପ୍ରଥା ଏବେ ମଧ୍ୟ ଚାଲିଛି।

(ଆଲୋଚକ- ଆଚାର୍ଯ୍ୟଦେବ ଶ୍ରୀଶ୍ରୀଦାଦାଙ୍କ ସ୍ମୃତିଚାରଣ(୧୬-୪-୨୦୧୫) – " ୧୯୬୫-୬୬ ସାଲ ହେବ। ପାର୍ଲାରରେ ଠାକୁରଙ୍କ ନିକଟକୁ ଯାଇ ପ୍ରଣାମ କରି ବସିଛି। ଠାକୁର କହିଲେ -ଜାଣିଛୁ, ଆଗେ ମୁଁ କହିଥିଲି ସାଢ଼େ ଚାରି କୋଟି ଦୀକ୍ଷା ଦେବାକୁ ହେବ, ତା ନ ହେଲେ କିଛି ହେବ ନାହିଁ। ଦେଖୁଛି କେହି ତ କିଛି କରି ପାରୁ ନାହାନ୍ତି। ସଂଖ୍ୟାଟା ଆହୁରି କମାଇ ଦେଲି। ଦେଢ଼ କୋଟି ଦେଲେ ହିଁ ହେବ। ତା ଠାରୁ କମ ହେଲେ ଚଳିବନି।

ମୁଁ କହିଲି -ଆଜ୍ଞା, ମୋର ଗୋଟେ ପ୍ରଶ୍ନ ଅଛି। ଏତେ ଦୀକ୍ଷା ଦେଇ କ'ଣ ହେବ ?

ଠାକୁର କହିଲେ - ଦୀକ୍ଷା ଦେଇ କ'ଣ ହେବ ମୁଁ ବୁଝିବି। କ'ଣ ହେବ ତା ଦେଖିବା ତୋର କାମ ନୁହେଁ। ତୋର କାମ ହେଉଛି, ମୁଁ ଯାହା କହୁଛି, ତାହାହିଁ କରିବା।

ଏହି ଘଟଣାଟି ମନେପକାଇ ଶ୍ରୀଶ୍ରୀଦାଦା କହିଲେ -ଆପଣମାନେ ସମସ୍ତେ ଯେତେଦିନ ବଞ୍ଚିବେ, ଏହିଭାବେ ଲୋକଙ୍କ ଦ୍ୱାରେ ଦ୍ୱାରେ ବୁଲନ୍ତୁ, ମଣିଷ ସଂଗ୍ରହ କରନ୍ତୁ। ଠାକୁରଙ୍କ ଚରଣରେ ମଣିଷ ଆଣି ଦିଅନ୍ତୁ। ଏହାରି ମାଧ୍ୟମରେ କେତେ ମହାପୁରୁଷ ଗଜେଇ ଉଠିବେ। ମୁଁ ଯାହା ପାରେନା, ହଜାର ହଜାର ମଣିଷ ଅଛନ୍ତି ଯେଉଁମାନେ ଅସମ୍ଭବକୁ ସମ୍ଭବ କରିବେ। ଏଇ ତ ରାସ୍ତା, ଆଉ ତ ରାସ୍ତା କିଛି ନାହିଁ।)

ଅନୁଗତ - ବିହିତ ସମୟ ମଧ୍ୟରେ ଯାହାର ଦୀକ୍ଷା ହୋଇ ନାହିଁ, ତାର ପ୍ରାୟଶ୍ଚିତ୍ତ ଦରକାର କି ? ୧୬୬

ଶ୍ରୀଶ୍ରୀଠାକୁର -ସଦ୍‌ଗୁରୁ ଯେ ପାଏ, ତାର ସବୁ ପ୍ରାୟଶ୍ଚିତ୍ତ ହୋଇଯାଏ। କାରଣ ସେତେବେଳେ ଏଇ ଇଷ୍ଟକେନ୍ଦ୍ରିକ ଚଳନ ଭିତର ଦେଇ tradition (ଐତିହ୍ୟ) ଗୁଡ଼ିକ re-established(ପୁନଃପ୍ରତିଷ୍ଠିତ) ହୁଏ ଆସ୍ତେ ଆସ୍ତେ। ଏହା ହେଲେ ସେ ନିଜେ ବୁଝିବା ସଙ୍ଗେ ସଙ୍ଗେ ପରିବାର-ପରିଜନ ସମସ୍ତଙ୍କୁ ଏଥିରେ ଚଳାଇପାରେ।

ଅନୁଗତ -ଦୀକ୍ଷା କିଏ ଦେଇପାରେ ? ୧୬୭

ଶ୍ରୀଶ୍ରୀଠାକୁର -ଦୀକ୍ଷା, ବ୍ରହ୍ମଜ୍ଞ ହେଲେହିଁ ଦେଇ ପାରନ୍ତି।

ଅନୁଗତ -ଦୀକ୍ଷା ଦ୍ୱାରା ଦକ୍ଷତା କେତେବେଳେ ଆସେ ? ୧୬୮

ଶ୍ରୀଶ୍ରୀଠାକୁର -ସେ ତ ସହଜ କଥା ନୁହେଁ। ଗୋଟିଏ ମଞ୍ଜି ଭିତରେ ଯଦି ଏତେ ବଡ଼ ବରଗଛ ରହିଥାଏ, ତେବେ ତୁମ ସତ୍ତା ଭିତରେ ଯେ କି probability (ସମ୍ଭାବନା) ଥାଇପାରେ ତା କିଏ ଜାଣେ ? ଆଦର୍ଶଙ୍କୁ ମାନି ଚଳିଲେ ଦକ୍ଷତା ଆସେ। ଆଦର୍ଶହୀନ ଜୀବନ ହେଲା complex prominent (ପ୍ରବୃତ୍ତି ପ୍ରଧାନ) ଜୀବନ।

ଅନୁଗତ -ଆଦର୍ଶଙ୍କୁ ଧରି ବା ମାନି ଚଳିଲେ କ'ଣ ହୁଏ ? ୧୬୯

ଶ୍ରୀଶ୍ରୀଠାକୁର -ଜଣକୁ ଧରିବାକୁ ହୁଏ, ସେଇ କ'ଣ ଯେ ଅଛି – 'କିଂ କୁର୍ବନ୍ତି ଗ୍ରହାଃ ସର୍ବେ ଯସ୍ୟ କେନ୍ଦ୍ରେ ବୃହସ୍ପତିଃ।' ବୃହସ୍ପତିଙ୍କୁ କେନ୍ଦ୍ର କରି ଚଳିଲେ ବିପଦକୁ ମୁକାବିଲା କରି ହୁଏ।

ଅନୁଗତ -ତାହା କିପରି ହୁଏ ? ୧୭୦

ଶ୍ରୀଶ୍ରୀଠାକୁର -ବିପଦ ଆସିଲେ ତୁମେ ବିଚଳିତ ହେବ ନାହିଁ। ଏଭଳି ଗୋଟିଏ ଏକଜଙ୍କୁ ନେଇ ତୁମେ ଯଦି ବ୍ୟାପୃତ ରହିପାର -ଏହି ସୁକେନ୍ଦ୍ରିକତା ହେତୁ ତୁମେ ବିପଦଜନିତ ଦୁଃଖ ବା ସମ୍ପଦଜନିତ ସୁଖକୁ ବୋଧ କରିବ, କିନ୍ତୁ ଦୁଃଖରେ ବିଚଳିତ ହେବ ନାହିଁ କି ସୁଖରେ ବିମୋହିତ ହେବ ନାହିଁ।

ଅନୁଗତ - ମୁଁ ଦୀକ୍ଷା ନେବା ପରେ ଗୁରୁ ମତେ କିଛି ଦେଉଛନ୍ତି କି ନାହିଁ କେମିତି ଜାଣିବି ? ୧୭୧

ଶ୍ରୀଶ୍ରୀଠାକୁର - ସେ ତମକୁ କ'ଣ ଦେଲେ ନ ଦେଲେ ଦେଖିବାକୁ ହୁଏନା। ତୁମେ ତାଙ୍କଠାରେ କେତେ ପରିମାଣରେ ବ୍ୟାପୃତ ହୋଇ ଉଠିପାର ସେଥିଲାଗି ଚେଷ୍ଟା କରିବାକୁ ହେବ। ଭଗବାନ କେତେ ପରିମାଣରେ ଆମକୁ ଭଲ ପାଆନ୍ତି, ତାହା ମାପି ଦେଖିବାକୁ ହୁଏନା, କିନ୍ତୁ ଆମେ କେତେ ପରିମାଣରେ ତାଙ୍କୁ ଭଲ ପାଉ ତାହାହିଁ ଦେଖିବାକୁ ହୁଏ। ଆଉ ଭଗବାନଙ୍କ ନିକଟକୁ ଯିବାର ବାଟ ହେଲେ ସଦ୍‌ଗୁରୁ। ତାଙ୍କ ନିକଟରୁ ଦୀକ୍ଷା ନେବାକୁ ହୁଏ।

ଅନୁଗତ - ମୁଁ ଯଦି କୁଳଗୁରୁଙ୍କଠାରୁ ଦୀକ୍ଷା ନେଇଥାଏ, ତେବେ ହେଲା ନାହିଁକି ? ୧୭୨

ଶ୍ରୀଶ୍ରୀଠାକୁର -କୁଳଗୁରୁ ଦୀକ୍ଷା ସହିତ ସଦ୍‌ଗୁରୁଙ୍କ ପାଖକୁ ଯିବାକୁ ହୁଏ । କୁଳଗୁରୁଗଣ କୃଷ୍ଟିକୁ ଧରାଇ ଦିଅନ୍ତି, ଆଗ କାଳର କୁଳଗୁରୁମାନେ ଦୀକ୍ଷା ଦେଲାବେଳେ କହିଥାନ୍ତି -ସଦ୍‌ଗୁରୁ ପାଇଲେ ହିଁ ଦୀକ୍ଷା ନେବ । ତୁମ କୁଳଗୁରୁ ସେମିତି କିଛି ବୋଧହୁଏ କହି ନାହାନ୍ତି ।

ଅନୁଗତ - ଯଦି କହି ନ ଥାନ୍ତି କ'ଣ କରାଯିବ ? ୧୭୩

ଶ୍ରୀଶ୍ରୀଠାକୁର -ଯଦି ସଦ୍‌ଗୁରୁ ପାଅ, ତେବେ ତାଙ୍କୁ ଧର, ନାମ କର । ସେ ମୋର ବାବା, ତୁମର ବାବା, ସମସ୍ତଙ୍କର ବାବା । ତାଙ୍କୁ ଭଲ ପାଅ । ଶ୍ରୀକୃଷ୍ଣ ଥିଲେ ଅର୍ଜୁନର ସଖା । ସଖା ମାନେ ଅର୍ଜୁନ ତାଙ୍କୁ ଭଲ ପାଉଥିଲେ । ଶ୍ରୀକୃଷ୍ଣ ଅର୍ଜୁନଙ୍କୁ କହୁଥିଲେ, ତୁମେ ମତେ ଭଲପାଅ ଓ ମୋ କଥା ଅନୁସାରେ ଚାଲ । ଶ୍ରୀକୃଷ୍ଣଙ୍କ କଥା ଅନୁସାରେ ଚାଲି ଅର୍ଜୁନଙ୍କର ଯେତେବେଳେ ଭଲ ହେଲା ସେତେବେଳେ ସେ ତାଙ୍କୁ ଚିହ୍ନି ପାରିଲେ, ସେତେବେଳେ କହିଲେ-ତୁମେ ମୋର ଗୁରୁ, ତୁମେ ମୋର ଉପାସ୍ୟ, ମୁଁ ନ ଜାଣି କେତେ କ'ଣ କହିଛି ତୁମକୁ, ମତେ କ୍ଷମା କର । ଗୁରୁଙ୍କ ସହିତ ଯୁକ୍ତ ନ ହେଲେ ବୋଧ ଆସେ ନାହିଁ । ତେଣୁ ପ୍ରଥମେ ଯୁକ୍ତ ହେବାକୁ ହୁଏ । ଏହି ଯୁକ୍ତ ହେବାର ମାଧ୍ୟମ ହେଉଛି ଦୀକ୍ଷା । ଇଷ୍ଟ-ନିଷ୍ଠା ଓ ହୃଦ୍ୟଚଳନ -ଏହି ଦୁଇଟି ହେଲା ଉନ୍ନତି ଓ ଶାନ୍ତିର ପଥ ।

ଅନୁଗତ -ଗୁରୁ କ'ଣ ବଦଳାଇ ହୁଏ ? ୧୭୪

ଶ୍ରୀଶ୍ରୀଠାକୁର -ସଦ୍‌ଗୁରୁ ବଦଳାଇ ହୁଏନା । ଅନ୍ୟ ଗୁରୁ ବଦଳାଇ ହୁଏ । ସଦ୍‌ଗୁରୁଙ୍କ ନିକଟରେ ଯେଉଁ ଦୀକ୍ଷା ହୁଏ, ତାହା ଅନ୍ୟାନ୍ୟ ସବୁ ଦୀକ୍ଷାର ପରିପୂରକ । ସଦ୍‌ଗୁରୁଙ୍କ ଦୀକ୍ଷା ଗ୍ରହଣ ନ କଲେ intelligence (ବୁଦ୍ଧି) ଆସେନା । ମଣିଷ ଭାବେ ଗୁରୁ କଲି, ଦୀକ୍ଷା ନେଲି, ସନ୍ୟାସ ନେଲି, ବାନପ୍ରସ୍ଥ ନେଲି, ସେଥିରେ ହିଁ ସବୁ ହେଲା; ତାହା କିନ୍ତୁ ନୁହେଁ । Activity (କର୍ମ) ଭିତରଦେଇ ତୁମେ ଯେତିକି adjusted (ନିୟନ୍ତ୍ରିତ) ହୋଇ ଉଠିବ, ହେବ ସେତିକି । ସେଇ ଯେ ଭଗବତ୍ ଗୀତାରେ ଅଛି, 'ସବଧର୍ମାନ୍ ପରିତ୍ୟଜ୍ୟ ମାମେକଂ ଶରଣଂ ବ୍ରଜ' -ମାନେ ମୋତେ ରକ୍ଷା କରି ଚାଲ, ତାହେଲେ ତୁମର X,Y,Z, ଯାହା ଧର୍ମ ଥାଉ ନା କାହିଁକି- 'ଅହଂ ତ୍ୱାଂ ସର୍ବପାପେଭ୍ୟୋ ମୋକ୍ଷୟିଷ୍ୟାମି ମା ଶୁଚଃ' ।

ଅନୁଗତ - ମୁଁ ଯଦି ସଦ୍‌ଗୁରୁ ଗ୍ରହଣ କରେ ସେ ମୋତେ ସର୍ବପାପରୁ ରକ୍ଷା କରିବାର assurance (ନିଶ୍ଚୟତା) ଦେବେ ତ ? ୧୭୫

ଶ୍ରୀଶ୍ରୀଠାକୁର- ସେହି assurance (ନିଶ୍ଚୟତା) ସଦ୍‌ଗୁରୁ ତ ଅବଶ୍ୟ ଦେବେ, କିନ୍ତୁ ସେଥିପାଇଁ ତୁମକୁ concentric (ସୁକେନ୍ଦ୍ରିକ) ହେବାକୁ ପଡ଼ିବ । ଶ୍ରୀକୃଷ୍ଣ କହିଛନ୍ତି, 'ମନ୍ମନା ଭବ ମଦ୍‌ଭକ୍ତୋ ମଦ୍‌ଯାଜୀ ମାଂ ନମସ୍କୁରୁ' । ମୋ ଲାଗି କର -ଏତକ ଠିକ୍ ରଖିବାକୁ ହେବ । ଏହି assurance (ନିଶ୍ଚୟତା) ପାଇଁ ତୁମକୁ ସଦ୍‌ଗୁରୁଙ୍କୁ ଅନୁସରଣ

କରିବାକୁ ହେବ । 'ଅର୍ଜୁନ' ନାମ ଭିତରେ ଅର୍ଜନ ଅଛି । କୌଣସି ଗୋଟାଏ କିଛି କରିବାରେ ଯଦି ତ୍ରୁଟି ହୁଏ, ତାହାକୁ ସେହିକ୍ଷଣି correction (ସଂଶୋଧନ) କରିବାକୁ ଚେଷ୍ଟା କରିବାକୁ ହୁଏ -ତେବେ ଯାଇ ତୁମେ ଆହୁରି ସମ୍ପନ୍ନ ହୋଇଉଠ । Keep alive your good habits (ତୁମର ସତ୍ ଅଭ୍ୟାସଗୁଡ଼ିକୁ ସଜାଗ ରଖ), ଆଉ habit ମାନେ-have it, ତୁମେ ଏହା ପାଅ ।

ଅନୁଗତ - ସଦ୍‌ଗୁରୁଙ୍କ ଦୀକ୍ଷା ଗ୍ରହଣ ଦ୍ୱାରା ସବୁ ଦୁଃଖକଷ୍ଟ କ'ଣ ଦୂର ହୋଇଯିବ କି? ୧୭୬

ଶ୍ରୀଶ୍ରୀଠାକୁର -କଷ୍ଟ ଭିତରଦେଇ ଆମେ prepare (ପ୍ରସ୍ତୁତ) ହେଉ । Worries and difficulties (କଷ୍ଟ ଓ ବାଧା) overcome (ଅତିକ୍ରମ) କରି ଯେତିକି ଚାଲୁ, ଆମର ବୋଧ ସେତେ grow କରେ (ବୃଦ୍ଧି ପାଏ) । Evil (ଅସତ୍)କୁ ମୁଁ ଜାଣିବି, କିନ୍ତୁ ତଦ୍ଦ୍ୱାରା ମୁଁ ଯେପରି influenced (ପ୍ରଭାବିତ) ନ ହୁଏ ତାର ଚେଷ୍ଟା କରିବି । ଏହି ଭାବରେ ମୋର intelligence and personality (ବୋଧ ଓ ବ୍ୟକ୍ତିତ୍ୱ) adjusted (ନିୟନ୍ତ୍ରିତ) ହୋଇଥାଏ । ଏଇ ଭାବେ ଆମେ wisdom (ପ୍ରଜ୍ଞା) ର ଅଧିକାରୀ ହୋଇଉଠୁ । ସେଇ ଯେ ଗୀତାରେ ଅଛି-

'ଯେ ଯଥା ମାଂ ପ୍ରପଦ୍ୟନ୍ତେ ତାଂ ସ୍ତଥୈବ ଭଜାମ୍ୟହମ୍ ।
ମମବର୍ତ୍ମାନୁବର୍ତ୍ତନ୍ତେ ମନୁଷ୍ୟାଃ ପାର୍ଥ ସର୍ବଶଃ' ॥ (୪/୧୧)

ଆଉ ଗୋଟିଏ ଅଛି ବୋଧହୁଏ ତୁଳସୀଦାସଙ୍କ କଥା -

'ତୁମ ଯୈସା ରାମକୋ ତୁମକୋ ତୈସା ରାମ,
ଡାହିନେ ଯାଓ ତୋ ଡାହିନେ, ବାମେ ଯାଓ ତୋ ବାମ ।'

ଅନୁଗତ - ରାବଣର ବହୁ ସିଦ୍ଧି ସତ୍ତ୍ୱେ ପତନ କାହିଁକି ହେଲା ? ୧୭୭

ଶ୍ରୀଶ୍ରୀଠାକୁର -ଯାହା existence (ଅସ୍ତିତ୍ୱ)କୁ preserve (ରକ୍ଷା) କରେ ତାହା ସତ୍ , ଆଉ ଯେ ଅସ୍ତିତ୍ୱକୁ destroy (ଧ୍ୱଂସ) କରେ ତାହା ଅସତ୍ । ରାବଣ ଯେ ଅନ୍ୟର ସ୍ତ୍ରୀକୁ ଟାଣି ନେଉଥିଲା, ଅପରର ରାଜତ୍ୱକୁ ଦଖଲ କରୁଥିଲା, ଏଗୁଡ଼ିକ କ'ଣ ସତ୍‌ଭାବର ଲକ୍ଷଣ ? ଏଇସବୁ କରି ସେ ଭଗବାନଙ୍କର ଉପାସନା କରୁଥିଲା, ଏହାର ଅର୍ଥ ସେ ତାର inner God (ଅନ୍ତରସ୍ଥ ଭଗବାନ)ଙ୍କୁ deceive (ବଂଚିତ) କରୁଥିଲା । ତାର ଉଦ୍ଦେଶ୍ୟ ଥିଲା ରାମଚନ୍ଦ୍ରଙ୍କୁ ବଂଚିତ କରିବା । ଜଣେ ସତୀ ସ୍ତ୍ରୀକୁ ହରଣ କରି ତାର ସ୍ୱାମୀଙ୍କୁ ବଂଚିତ କଲେ ଯାହା ଘଟେ, ତାହା ହେଲା ।

ଅନୁଗତ - ଏବେତ ସମାଜରେ ଅନେକ ରାବଣ । ନାରୀ-ଧର୍ଷଣକାରୀ, ଶିଶୁ-ଧର୍ଷଣକାରୀ ଏମାନେ ତ ରାବଣଠାରୁ ହୀନ । କ'ଣ କରାଯିବ ? ୧୭୮

ଶ୍ରୀଶ୍ରୀଠାକୁର -ଏହି ପ୍ରକାର perverted nature (ବିକୃତ ସ୍ୱଭାବ)ର ଲୋକମାନଙ୍କୁ ଭଲପାଇ ସେବା ଦିଅ, କିନ୍ତୁ ସେମାନଙ୍କଠାରୁ ଦୂରରେ ରୁହ ଆଉ ସେହି ବିକୃତିକୁ ତୁମେ

ଅନୁସରଣ କର ନା। ତୁମ ପ୍ରତି ସେ ଯେତେ attracted (ଆକୃଷ୍ଟ) ହେବ, ତାର perversion (ବିକୃତି) ମଧ୍ୟ ସେତିକି କମି ଯିବ। Distorted perversion ଗୁଡ଼ିକ ଭଲ ନୁହେଁ, ଏମାନଙ୍କୁ ସୁଧାରିବା ବହୁତ କଷ୍ଟ, କିନ୍ତୁ ଯେଉଁଠାରେ ବିକୃତି damaged (କ୍ଷତିଗ୍ରସ୍ତ) ତାହାକୁ ସୁଧାର ହୁଏ, ମୋଡ଼ ବୁଲାଇ ଦେଲେ ଯାଏ। ସେଣ୍ଟଆଗଷ୍ଟିନ୍, ବାଲ୍ମିକୀ (ପୂର୍ବ ଦସ୍ୟୁ ରତ୍ନାକର), ବିଲ୍ୱମଙ୍ଗଳ ଓ ସୁରଦାସଙ୍କର ଖରାପରୁ ଭଲହେବା ଏହିପରି ଘଟିଥିଲା।

ଅନୁଗତ - ତେବେ ଆମେ କ'ଣ ଆଶାବାନ୍ ହେବା ଯେ ଏହି ଦୀକ୍ଷା ଦ୍ୱାରା ମଣିଷ ବଦଳି ଯିବ, ସେଣ୍ଟଆଗଷ୍ଟିନ୍, ବାଲ୍ମିକୀ ଇତ୍ୟାଦିଙ୍କ ପରି ? ୧୭୯

ଶ୍ରୀଶ୍ରୀଠାକୁର - ଆମେ ଯଦି ସର୍ବବିଷୟରେ ସୁଗଠିତ, ସଙ୍ଗଠିତ, ସଂହତ, ଶକ୍ତିମାନ୍ ଓ ଦକ୍ଷତର ହୋଇ ଉଠୁ, ଆମ ସମସ୍ତଙ୍କ ଅସ୍ତିତ୍ୱ ପକ୍ଷେ ଅବାନ୍ତର, ଅନାବଶ୍ୟକ ଓ ଅନ୍ତରାୟ ଯେଉଁମାନେ -ନିଶ୍ଚିତଭାବେ ସେମାନେ ସଂଖ୍ୟାଲଘୁ, ସେମାନେ ପ୍ରକୃତିର ବିଧାନରେ ଶୁଖିଲାପତ୍ର ପରି ଛାଏଁ ଛାଏଁ ଝଡ଼ି ପଡ଼ିବେ। ତେଣୁ ତୁମକୁ ଯେଉଁ ଯଜନ, ଯାଜନ, ଇଷ୍ଟଭୃତି, ସ୍ୱସ୍ତ୍ୟୟନୀ ଓ ସଦାଚାର, ପାଳନ ,ପ୍ରଚାର ଓ ପ୍ରସାର କରିବାକୁ କହିଛି, ଏହାର ସୁଦୂର-ପ୍ରସାରୀ ଫଳ କଥା ଏବେ ଜଣାପଡ଼ିବ ନାହିଁ, ତୁମେ ବୁଝି ପାରିବ ପରେ। ଏବେ ଖାଲି ମଞ୍ଜି ବୁଣି ଦେଇ ଯିବା କଥା ଓ ମଣିଷମାନଙ୍କୁ ଗଜେଇଦେବା କଥା।

ତାପରେ ନଜର ରଖିବାକୁ ହେବ ଯେ ଜଣେ ଦୀକ୍ଷା ନେଲା ପରେ ଯେପରି ଏଠାକୁ (ଆଶ୍ରମକୁ) ଆସେ । Physical connection (ସ୍ଥୂଳ ସଂଶ୍ରବ) ଆସିବା ଆଗରୁ ଯଦି spiritual connection (ଆଧ୍ୟାତ୍ମିକ ସଂଯୋଗ) ହୋଇଯାଏ, ତେବେ ଏଠାକୁ ଆସିବାଟା ସଫଳ ହୁଏ। ଦୀକ୍ଷା ହେଲା ନବଜନ୍ମ, ଯାହାକୁ କୁହାଯାଏ ଦ୍ୱିଜତ୍ୱଲାଭ -ଏହିଠାରୁ ହିଁ ମଣିଷର ସୁସ୍ଥ ଚଳନର ସୂତ୍ରପାତ ହୋଇଥାଏ।

ଅନୁଗତ -ଦ୍ୱିଜତ୍ୱ-ଲାଭ କାହାକୁ କହନ୍ତି ? ୧୮୦

ଶ୍ରୀଶ୍ରୀଠାକୁର -ପୃଥିବୀରେ ଯେତେ ରକମର ଯନ୍ତ୍ର ଅଛି ତା ଭିତରେ ସବୁଠାରୁ ସାର ଯନ୍ତ୍ର ହେଉଛି ମଣିଷ-ଶରୀର। ଏହି ଯନ୍ତ୍ରକୁ ଘଷି, ମାଜି, ତେଲ ଦେଇ ଯେତେ ତୀକ୍ଷ୍ଣ, ତତ୍ପର ଓ ଉପଯୁକ୍ତ କରାଯାଏ, ସେତେ ସୂକ୍ଷ୍ମ ସୂକ୍ଷ୍ମ ଜିନିଷ ଧରାପଡ଼େ ସେଥିରେ। ପୁନଶ୍ଚ ସେଇ ସୂକ୍ଷ୍ମବୋଧ ଓ ଅନୁଭୂତି ଅନୁଯାୟୀ କ୍ଷିପ୍ରଭାବେ କ୍ରିୟା କରିବାର ଶକ୍ତି ମଧ୍ୟ ମଣିଷଠାରେ ଗଜାଏ। ଦୀକ୍ଷା (ଦ୍ୱିଜତ୍ୱ) ଦ୍ୱାରା ପ୍ରବୃତ୍ତି ନିୟନ୍ତ୍ରିତ ହୁଏ। ପ୍ରବୃତ୍ତିମୁଖୀନତା ମଣିଷକୁ blunt (ସ୍ଥୂଳ) ଓ callous (ବୋଧହୀନ) କରେ, କେଉଁଠି କ'ଣ କରିବାକୁ ହେବ ତା ଅନ୍ଦାଜ କରିପାରେ ନା, ଆଉ ଅନ୍ଦାଜ କଲେ ମଧ୍ୟ motor-sensory coordination (ବୋଧପ୍ରବାହୀ ଓ କର୍ମ-ପ୍ରବୋଧୀ ସ୍ନାୟୁର ସଙ୍ଗତି) ନ ଥିବା ହେତୁ, ଯେଉଁଠି ଯାହା କରଣୀୟ ବୋଲି ବୁଝେ, ତ୍ୱରିତ ଗତିରେ ତାହା କରିପାରେ ନା। ଏଇ ଭାବେ ବିପଦ ମଝିରେ ଯାଇ ପଡ଼େ, ଆଉ ଅନେକ ସମୟରେ ସେଥିରୁ ମୁକ୍ତ ହେବାର ପଥ ଖୋଜି ପାଏନା।

ଅନୁଗତ - ତାହା କିପରି ? ୧୮୧

ଶ୍ରୀଶ୍ରୀଠାକୁର - ମଣିଷ ଲକ୍ଷେ ଧନ୍ଦାରେ ଘୁରେ, କିନ୍ତୁ ଇଷ୍ଟ-ଧନ୍ଦାର ଧାର ଧାରେ ନା, ସେଥିରେ କିନ୍ତୁ ତାର ବ୍ୟକ୍ତିତ୍ୱ ବିଚ୍ଛିନ୍ନ ହୋଇପଡେ । ଆଉ ବିଚ୍ଛିନ୍ନ ବ୍ୟକ୍ତିତ୍ୱ ବିପର୍ଯ୍ୟୟର ସମ୍ମୁଖୀନ ହୋଇ ଆହୁରି ବିପର୍ଯ୍ୟସ୍ତ ହୋଇଉଠେ । କାରଣ ପ୍ରବୃତ୍ତିର ପ୍ରକୋପରେ ସେ ବିଭ୍ରାନ୍ତ ହୋଇଉଠେ । ମନେକର ଜଣେ ଲୋକ ଆତ୍ମରକ୍ଷା ପାଇଁ ଗୋଟିଏ ଯାଗାରୁ ଆଉ ଗୋଟିଏ ଯାଗାକୁ ଯାଉଛି, ମଝିରେ ଗୋଟିଏ ମଦ ଦୋକାନ ପଡ଼ିଲା । ସେ ଲୋକଟିର ମଦ ପ୍ରତି ଖୁବ ଆସକ୍ତି । ପ୍ରବୃତ୍ତି ଦୋକାନ ଆଡ଼କୁ ଟାଣିଲା । ଭାବିଲା, ଏତେ ବାଟ ଯିବି ତ, ଟିକେ ମଦ ପିଇ ଦେଇ ଯାଏ, ଶରୀର ଚେଙ୍ଗା ହେବ, ଚଂଚଳ ପହଁଚିବି । ମଦ ପିଇଲା, ଆଉ ଯିବା କଥା ଭୁଲିଗଲା । ମଦନିଶାରେ ସେଇଠି ପଡ଼ି ରହିଲା । ଆଉ ଆତ୍ମରକ୍ଷା କରି ପାରିଲା ନାହିଁ ।

(ଆଲୋଚକ- ଶ୍ରୀଶ୍ରୀଠାକୁରଙ୍କର ଯେଉଁ ଉପରୋକ୍ତ ଉକ୍ତି ଯେ motor-sensory coordination ନ ଥିବା ହେତୁ ଯାହା କରଣୀୟ ବୋଲି ବୁଝେ କିନ୍ତୁ କରିପାରେନା, ତାର ଗୋଟିଏ ଦୃଷ୍ଟାନ୍ତ ଶ୍ରୀରାମକୃଷ୍ଣଦେବ ଦେଇଛନ୍ତି – ଥରେ ଜଣେ ଲୋକ କାଖରେ ମସିଣା ଜାକି ଗୋଟିଏ ଜାଗାକୁ ଯାତ୍ରା ଦେଖିବାକୁ ଗଲା, ଶୁଣିଲା ଯେ ଯାତ୍ରା ଆରମ୍ଭ ହେବାରେ ବିଳମ୍ବ ଅଛି । ସେ ମସିଣା ପକାଇ ଟିକିଏ ଶୋଇ ପଡୁଛି ଭାବି ଶୋଇ ପଡ଼ିଲା । ନିଦ ଭାଙ୍ଗିଲା ବେଳକୁ ଯାତ୍ରା ସରିଲାଣି । ପୁଣି କାଖରେ ମସିଣା ଜାକି ଘରକୁ ଫେରିଲା । (Tales and Parables of Sri Ramakrishna.)

ଅନୁଗତ - ମାତୃଭକ୍ତି, ପିତୃଭକ୍ତି, ଗୁରୁଭକ୍ତି ବିନା ସମାଜରେ ତ ଅନେକ ପ୍ରତିପତ୍ତିଶାଳୀ ବ୍ୟକ୍ତି ଅଛନ୍ତି । ଏହା କିପରି ଘଟୁଛି ? ୧୮୨

ଶ୍ରୀଶ୍ରୀଠାକୁର -ଛେଳିକୁ ବଳି ଦେବା ଆଗରୁ ଯେତେବେଳେ ଦୁବ-ଧାନ ଖାଇବାକୁ ଦିଆଯାଏ, ସେତେବେଳ ପର୍ଯ୍ୟନ୍ତ ସେ ତାକୁ ସନ୍ତୁଷ୍ଟ ଚିତ୍ତରେ ଖାଉଥାଏ । ଯେତେବେଳେ କେହି ଥୋପ ପକାଇ ମାଛ ଧରେ, ମାଛ ସନ୍ତୁଷ୍ଟ ଚିତ୍ତରେ ସେଇ ଥୋପକୁ ଗିଳୁଥାଏ । କିନ୍ତୁ ସେହି ସନ୍ତୁଷ୍ଟି ତାଙ୍କର ସତ୍ତାକୁ କେତେ ପୁଷ୍ଟ କରେ, ସେତେବେଳେ କ'ଣ ସେମାନେ ତାହା ଭାବନ୍ତି ? ଯେ ଅବିବେକୀ, ଯେ ଅପକର୍ମ କରେ, ତାର ପୈଶାଚିକ ଉଲ୍ଲାସ କିଛି ଦିନ ଠିକ୍ ରହେ, କିନ୍ତୁ ଭିତରେ ଭିତରେ ତାର ସତ୍ତା ଦିନକୁ ଦିନ ଶୁଖି ଯିବାକୁ ଲାଗେ । ଐଶ୍ୱର୍ଯ୍ୟ-ସମ୍ପଦ-ସ୍ତୁପରେ ଥାଇ ମଧ୍ୟ ସେ ମହାଦରିଦ୍ରର ଜୀବନ ଯାପନ କରେ । ସାର କଥା ହେଲା -ରାଜା ହୋଇ ଜୀବନରେ ଗୌରବ ନାହିଁ, ଯଦି ସୁକେନ୍ଦ୍ରିକ ଚରିତ୍ର ନ ଥାଏ । ଆଉ ଫକୀର ହୋଇ ଜୀବନରେ ଅଗୌରବ ନାହିଁ; ଉଦାହରଣ ହେଲେ ଚାଣକ୍ୟ -ସେ ଅନ୍ୟକୁ ରାଜା ବନେଇ ଛାଡ଼ି ଦିଏ ।

ଅନୁଗତ - ଦୀକ୍ଷାନେଇ ମଧ୍ୟ କେତେକ ଲୋକ ଜୀବନରେ ଖୁବ୍ ଦୁର୍ଭୋଗ ପାଆନ୍ତି; କାହିଁକି ? ୧୮୩

ଶ୍ରୀଶ୍ରୀଠାକୁର - ଏହାର ମାନେ ମହଜୁଦ ଅପକର୍ମର ଫଳ ଶୀଘ୍ର ଶୀଘ୍ର ବାହାରି ଯାଉଛି । ସେ ଯଦି ନିଷ୍ଠାର ସହିତ କରଣୀୟ କରି ଚାଲେ, ତେବେ ସେହି ମଣିଷ ସ୍ୱସ୍ତିର ଅଧିକାରୀ ହେବ ନିଶ୍ଚୟ ।

ଅନୁଗତ - ଜଣକର ଇଚ୍ଛା ନାହିଁ, କିନ୍ତୁ ବାଧ୍ୟବାଧକତାରେ ଦୀକ୍ଷା ନେଲା, ତାର କ'ଣ କିଛି ଲାଭ ହୁଏ ? ୧୮୪

ଶ୍ରୀଶ୍ରୀଠାକୁର - ଶ୍ରୀରାମକୃଷ୍ଣ ଠାକୁରଙ୍କର ଗୋଟିଏ କଥା ଅଛି । ପିତ୍ତାଧିକ୍ୟ ହେଲେ ମିଶ୍ରି ଖାଇବାକୁ ଇଚ୍ଛା ହୁଏ ନାହିଁ, କିନ୍ତୁ ଖାଉ ଖାଉ ସେଥିରେ ରୁଚି ହୁଏ ।

ଅନୁଗତ - ଦୀକ୍ଷା ନ ନେଲେ ମଣିଷ କ'ଣ ବିପଦରୁ ରକ୍ଷା ପାଇ ପାରିବ ନାହିଁ ? ୧୮୫

ଶ୍ରୀଶ୍ରୀଠାକୁର - ରକ୍ଷାର ବିଧିକୁ ଯେ ଯେତିକି ପାଳନ କରେ, ସେ ସେତିକି ରକ୍ଷା ପାଏ, ସେ ଦୀକ୍ଷା ନେଉ ବା ନ ନେଉ । ଜଣେ ମଣିଷ ଯଦି ପିତୃଭକ୍ତ ବା ମାତୃଭକ୍ତ, ତାର ମଧ୍ୟ ଅନେକ କିଛି ସମ୍ପଦଥାଏ । ଦେଖିବ, ତାର ଚାଲିବା, କରିବା, କହିବା, ଭାବିବା ଅଧିକାଂଶ ପିତୃ ବା ମାତୃକେନ୍ଦ୍ରିକ । କିନ୍ତୁ ବିଧିମାଫିକ୍ କରିବା ଦେଇ ବିହିତ ଫଳ ମିଳିଥାଏ । ମୋଟ କଥା ହେଲା, ଗୁରୁବନ୍ଧ ଓ ଗୁରୁବାଧ୍ୟ ହୋଇ ନ ରହିଲେ, ମଣିଷକୁ ଆଧ୍ୟାତ୍ମିକ ଜଗତରେ କି ବାସ୍ତବ ଜଗତରେ ନାନା ପ୍ରକାର ଭୂତଗ୍ରସ୍ତ ଚଳନରେ ଚଳିବାକୁ ହେବ । ପିଲାବେଳେ ମୁଁ experiment (ପରୀକ୍ଷା) କରି ଚନ୍ଦ୍ରରେ, ଛୁଁଚିମୁନରେ ମନ ସଂଯୋଗ କରି ଦେଖିଛି, 'ନେତି-ନେତି' କରି ଦେଖିଛି, କିନ୍ତୁ ଭଲପାଇବା ଛଡ଼ା ଆଉ କେଉଁଥିରେ ବି ବୁକୁ ଭରି ନାହିଁ । ଗୋଟିଏ ପ୍ରକାଣ୍ଡ ଶୁଷ୍କ ଶୂନ୍ୟତା ବୋଧ କରିଛି, ପ୍ରାଣଥରା ନିରାଶାର ଦୀର୍ଘ ନିଃଶ୍ୱାସ ଛାଡ଼ିଛି । ଗୁରୁଭକ୍ତି ନେଇ, ଗୁରୁ ଅନୁଜ୍ଞାବାହୀ ହୋଇ ଚଳିବା ପରି ସହଜ ସାଧନା ଆଉ ନାହିଁ; ଏହାର ଭିତରଦେଇ ହିଁ ସବୁ ଆପଣାଛାଏଁ ଗଜେଇ ଉଠେ । ତେଣୁ କୁହାଯାଇଛି ସଦ୍‌ଗୁରୁଙ୍କ ଦୀକ୍ଷା ଗ୍ରହଣ କରି ବା ତାହାଙ୍କ ଅବର୍ତ୍ତମାନରେ ତତ୍-ତପା, ତନ୍ନିଷ୍ଠ ଆଚାର୍ଯ୍ୟଙ୍କ ସଙ୍ଗ କଲେ, ଏହା ସମ୍ଭବ ହୋଇଥାଏ ।

ଅନୁଗତ – ତାହେଲେ ଗୁରୁଭକ୍ତି ବାଦ୍ ଦେଇ କ'ଣ ଆତ୍ମ-ଉପଲବ୍ଧି ସମ୍ଭବ ହୁଏନା ? ୧୮୬

ଶ୍ରୀଶ୍ରୀଠାକୁର- ଗାଣିତିକ ଭାବରେ ସମ୍ଭବ ହୋଇପାରେ, କିନ୍ତୁ ବାସ୍ତବଭାବରେ ନୁହେଁ ।

ଅନୁଗତ - ଜଣେ ଦୀକ୍ଷିତ ଲୋକଠାରୁ ଦୀକ୍ଷା କଣ ବୁଝି ସେପରି କଲେ, କଣ ହେବ ନାହିଁକି ? ୧୮୭

ଶ୍ରୀଶ୍ରୀଠାକୁର - ସଦ୍‌ଗୁରୁଙ୍କ ଦୀକ୍ଷା ଦ୍ୱାରା impulse (ପ୍ରେରଣା) ଆସେ -ଏହାରି ଭିତର ଦେଇ ସଂଚାରଣ ହୁଏ । ବହି ପଢ଼ିଲେ ଗୋଟାଏ intellectual (ବୁଦ୍ଧିଗତ) ଧାରଣା ଦିଏ; କିନ୍ତୁ ଏହି ideas (ଧାରଣାଗୁଡ଼ିକ) ସମ୍ପର୍କରେ ଗୋଟାଏ living impulse (ଜୀବନ୍ତ ପ୍ରେରଣା)ନ ରହିଲେ ତାହା ଆମର ଇନ୍ଦ୍ରିୟଗୋଚର ହୁଏ ନାହିଁ । ଗୋଟିଏ ନାଟକ ପଢ଼ି

ଯାହା ବୋଧ କରାଯାଏ, ଆଉ ସୁଦକ୍ଷ ଅଭିନେତାମାନେ ଯେତେବେଳେ ତାହା ଅଭିନୟ କରନ୍ତି, ତାହା ଦେଖି ଯେଉଁ ବୋଧ ସୃଷ୍ଟି ହୁଏ,-ଏଇ ଦୁଇଟା ଭିତରେ କିନ୍ତୁ ଆକାଶ ପାତାଳ ଫରକ। ସେଥିପାଇଁ ଆଚରଣସିଦ୍ଧ ଆଚାର୍ଯ୍ୟଙ୍କୁ ଧରିବାକୁ ହୁଏ। ତାଙ୍କର ପ୍ରତିଟି ଚାଲିବା, କହିବା ଓ କରିବାର ଅଭିବ୍ୟକ୍ତି ଭିତରେ ଧର୍ମ ହାତ-ପାଦ ମିଳାଇ ଆଗେଇ ଚାଲେ। ଧର୍ମର ଏହି ଚଳମାନ ଜୀବନ୍ତ ରୂପ ନ ଦେଖିଲେ, ଅନ୍ତରରେ ଧର୍ମ ସଂଚାରିତ ହେବ କିପରି ? ଏଇ ମଣିଷଟି ଉପରେ ଯଦି ଟାଣ ଗଜେଇ ନ ଉଠେ, ତାଙ୍କୁ ନେଇ ଯଦି ପ୍ରବୃତ୍ତିପୂରଣର ଧନ୍ଦା ଥାଏ, ତାହେଲେ କିନ୍ତୁ ହୁଏ ନା। ଆଦର୍ଶଙ୍କଠାରେ ଅନୁରକ୍ତି ନାହିଁ, କିନ୍ତୁ ଯାଠାରୁ ତାଠାରୁ ଶୁଣି ବା ବହିରୁ ଜାଣି ଯାନ୍ତ୍ରିକ ଭାବରେ ନାମ କଲେ କିଛି ହୁଏ ନାହିଁ। କାରଣ ନାମର effect (ଫଳ) ସେମାନେ profitably adjust (ଲାଭଜନକଭାବେ ନିୟନ୍ତ୍ରଣ) କରି ପାରନ୍ତି ନାହିଁ। ପ୍ରବୃତ୍ତିର ଛିଦ୍ର ଦେଇ ହୁତ୍ ହୁତ୍ କରି ବାହାରି ଯାଏ। ତେଣୁ ମୂଳ ଜିନିଷ ହେଲା ଆଦର୍ଶଙ୍କଠାରେ ଭକ୍ତି ବା ଆଦର୍ଶପରାୟଣତା।

ଅନୁଗତ - ଧର୍ମ ପ୍ରବଚନ, ହରିକଥା, ରାମକଥା, ତଥା ଟିଭି-ରେଡିଓରେ ନାନା ଉପଦେଶ ଶୁଣି ସେସବୁକୁ ପାଳନ କଲେ କ'ଣ ଫଳ ମିଳିବ ନାହିଁ କି ? ୧୮୮

ଶ୍ରୀଶ୍ରୀଠାକୁର -ଉପଦେଶ ଅନୁସରଣ କଲେ outer (ବାହାର) ଗୁଡ଼ିକ ଠିକ୍ ହୁଏ, କିନ୍ତୁ ମସ୍ତିଷ୍କର adjustment (ନିୟନ୍ତ୍ରଣ) ନ ହେଲେ energy (ଶକ୍ତି), will (ଇଚ୍ଛାଶକ୍ତି) ଓ concentration (ଏକାଗ୍ରତା) ଆସେ ନାହିଁ। ତେଣୁ ଉପଦେଶ ଅନୁସରଣ କଲେ ଯେତେଟିକେ ହେବାର କଥା ହୁଏ।

(ଆଲୋଚକ- ଶ୍ରୀଶ୍ରୀଠାକୁରଙ୍କର ଗୋଟିଏ ବହୁ ଚର୍ଚ୍ଚିତ ବାଣୀ -

'ଯଜନ ଯାଜନ ଇଷ୍ଟଭୃତି,
ପାତକ ତାଡନ ବଜ୍ରନୀତି।'
'ଯଜନ ଯାଜନ ଇଷ୍ଟଭୃତି,
କରିଲେ କାଟେ ମହାଭୀତି।'

ଅନୁଗତ - ମହାଭୀତି ମାନେ କ'ଣ ? ୧୮୯

ଶ୍ରୀଶ୍ରୀଠାକୁର -ମହାଭୀତି ମାନେ ସମସ୍ତେ ଧରି ନିଅନ୍ତି ମୃତ୍ୟୁଭୟ, କିନ୍ତୁ ଏହା ବଡ଼ ବଡ଼ବିପଦ ଯଥା ବୋମାପଡ଼ିବା ଇତ୍ୟାଦିକୁ ବୁଝାଏ। ତେଣୁ ସେଠାରେ 'ମହାଭୀତି' ନ କହି ସେଠାରେ କୁହାଯିବ 'ବହୁତ ଭୀତି'।

ଅନୁଗତ -ଆପଣ ଯେଉଁ ବଜ୍ରନୀତି କହିଲେ, ତାକୁ ପାଳନ କରିବାର ବିଧି କ'ଣ? ୧୯୦

ଶ୍ରୀଶ୍ରୀଠାକୁର -ଇଷ୍ଟକର୍ମରେ ପ୍ରତିକୂଳ ହେଲେ ତୁମର ସ୍ତ୍ରୀ ତୁମର ନୁହେଁ, ପୁଅ ତୁମର ପୁଅ ନୁହେଁ -ବନ୍ଧୁବାନ୍ଧବ ତୁମର ନୁହନ୍ତି, ଏପରିଭାବରେ ନିରାଶୀ ନିର୍ମମ ଅବସ୍ଥା ଯେତେଦିନ ତୁମର ନ ଆସିବ, ସେତେ ଦିନ କେବଳ ପଇଁତରା ମାରିବ, ମକଚି ହେବ,

ଯଥାର୍ଥ କାମ ତା ଆଗରୁ ଆରମ୍ଭ ହେବ ନାହିଁ । ଯଥାଯଥ ଭାବରେ କରିବା ତ ଦୂରର କଥା, ପ୍ରବୃତ୍ତି-ଅଭିଭୂତ ହୋଇ ରହିଲେ ଇଷ୍ଟଙ୍କ କଥା ସହଜରେ ଢୁକିବ ନାହିଁ, ତେଣୁ ନିରାଶୀ ନିର୍ମମ ହୋଇ ଉଠିଲେ ତୁମେ କାମର ପ୍ରଥମ ସୋପାନରେ ପାଦ ଦେବ ।

(ଆଲୋଚକ -ବାଇବେଲରେ ପ୍ରଭୁ ଯୀଶୁଙ୍କ ଉକ୍ତି - Jesus said to his Apostles: "Do not think that I have come to bring peace upon the earth. I have come to bring not peace but the sword. For I have come to set a man against his father, a daughter against her mother, and a daughter-in-law against her mother-in-law; and one's enemies will be those of his household" Mathew 10:34-42, Luke 12:49-53 (ଭାବ ନାହିଁ ଯେ ମୁଁ ପୃଥିବୀରେ ଶାନ୍ତି ଦେବାକୁ ଆସିଛି, ମୁଁ ତରବାରୀ ନେଇ ଆସିଛି । ମୁଁ ପୁତ୍ରକୁ ପିତା ବିରୁଦ୍ଧରେ, କନ୍ୟାକୁ ମାତା ବିରୁଦ୍ଧରେ, ବଧୂକୁ ଶାଶୁ ବିରୁଦ୍ଧରେ ନିୟୋଜିତ କରିବାକୁ ଆସିଛି -ପରିବାର ଲୋକଙ୍କୁ ପରସ୍ପର ଶତ୍ରୁଭାବାପନ୍ନ କରିବା ପାଇଁ ଆସିଛି ।)

ଏହି ସଂପର୍କରେ ଆଚାର୍ଯ୍ୟଦେବ ଶ୍ରୀଶ୍ରୀଦାଦାଙ୍କ ଉକ୍ତି (ଋତ୍ୱିକ୍ ସମ୍ମିଳନୀ ଅକ୍ଟୋବର ୨୦୧୫ ରେ ପ୍ରଦତ୍ତ)- ମନର ସିଂହାସନରେ ଠାକୁରଙ୍କୁ ବସାନ୍ତୁ- ଦୟାଲ, ମୁଁ ତୁମର ହିଁ, ମୁଁ ତୁମର ହିଁ, ମୁଁ ତୁମର ହିଁ । ତୁମ ଛଡ଼ା ମୋର କେହି ନାହିଁ । ମୋର ଯାହା କିଛି, ବାପା-ମା, ଭାଇ-ଭଉଣୀ, ସ୍ତ୍ରୀ-ପୁତ୍ର-କନ୍ୟା ସମସ୍ତେ ତୁମର ଦୟାର ଦାନ । ଜାଣେ, ବନ୍ଧନ-ସୂତାରେ ଯେଉଁ ଦିନ ଟାଣ ପଡ଼ିବ, ସେଦିନ ସବୁ ଛାଡ଼ି ଯିବେ, କେହି ମୋ ସହିତ ରହିବେ ନାହିଁ । ଜନ୍ମଜନ୍ମାନ୍ତର ଧରି ମୁଁ ତୁମର ହିଁ । ତୁମ ଛଡ଼ା କାହାରି ବି ନୁହେଁ । ଏହିଭାବେ ଚାଲନ୍ତୁ, ଶାନ୍ତି ପାଇବେ, ଜୀବନ ସୁନ୍ଦର ହୋଇ ଉଠିବ । ଚାଲାକି କରି ଠାକୁରଙ୍କୁ ପାଇ ହୁଏନା । ଚାଲାକି ଦ୍ୱାରା ଯେ ଚେଷ୍ଟା କରେ ସେ ମୂର୍ଖ । ଠାକୁରଙ୍କୁ ପାଇବାକୁ ହେଲେ ବୋକା ହେବାକୁ ପଡ଼େ । କାହିଁକି କହିଛନ୍ତି ବୁଝିବାର ଚେଷ୍ଟା ବି କରେନା । ନିଜର କଥା ନ ଭାବି, ପରିବାର-ପରିଜନଙ୍କ କଥା ନ ଭାବି, ଠାକୁର ଯାହା କରିବାକୁ କହିଛନ୍ତି ତାହାହିଁ final (ଚୂଡ଼ାନ୍ତ) ।

ଅନୁଗତ -ଜୀବନରେ ଶାନ୍ତି କିପରି ମିଳିବ ? ୧୯୧

ଶ୍ରୀଶ୍ରୀଠାକୁର- ପରମପିତାଙ୍କୁ ଯେତେ ଭଲପାଇବ, ସେତେହିଁ ଶାନ୍ତି ପାଇବ । ଆଉ ଶାନ୍ତି ମାନେ ସ୍ତବ୍ଧ ହୋଇଯିବା ନୁହେଁ, ବରଂ ସବୁ ଅବସ୍ଥାରେ ସମଭାବ ରକ୍ଷା କରି ଚାଲିବା । ଶାନ୍ତି ଲାଭ କରିବାକୁ ହେଲେ ଦରକାର ସୁକେନ୍ଦ୍ରିକତା ।

(ଆଲୋଚକ-ଶାନ୍ତି କିପରି ମିଳିବ ଏହାର ଉତ୍ତରରେ ପ୍ରଭୁଯୀଶୁ କହିଲେ- (1) Do the will of others rather than your own. (2) Always choose to possess less rather than more. (3) Always take the lowest place and see yourself as less than others. (4) Desire and pray always that God's will may be perfectly fulfilled in you. (Imitation of Christ) (୧) ନିଜ ମଙ୍ଗଳ କଥା ନ ଭାବି ଅନ୍ୟର ମଙ୍ଗଳରେ ବ୍ରତୀ ହୁଅ । (୨) ଅଧିକରେ ନ ଯାଇ ସ୍ୱଳ୍ପର ଅଧିକାରୀ ହୁଅ । (୩) ନିଜକୁ ସବୁଠାରୁ ନିମ୍ନରେ ରଖ, ଅନ୍ୟଠାରୁ ନ୍ୟୂନ ଭାବ । (୪) ପ୍ରାର୍ଥନା କର, ଈଶ୍ୱରଙ୍କ ଇଚ୍ଛା ତୁମଠାରେ ପୂରଣ ହେଉ ।

ଅନୁଗତ-ଦୀକ୍ଷା ନେବାପରେ ଯଦି ସେ ସେଇ ନିର୍ଦ୍ଦେଶିତ ପଥରେ ନ ଚାଲେ, ତାହେଲେ କି ଲାଭ ହେଲା ? ୧୯୨

ଶ୍ରୀଶ୍ରୀଠାକୁର -ସେମାନେ ମଧ୍ୟ ଭାଗ୍ୟବାନ୍ କାରଣ ତାଙ୍କର ଗୋଟିଏ କେନ୍ଦ୍ରୀୟ ଆକର୍ଷଣ ଅଛି, ଯଦିବା ସେମାନେ ଘୁରନ୍ତି ବାହାରେ ବାହାରେ । ଆର୍ତ୍ତ ଓ ବିପନ୍ନ ହେଲେ ତାଙ୍କ ମନରେ ପୁଣି ଗୁରୁଙ୍କ ସ୍ମୃତି ଜାଗି ଉଠେ । ଅନୁତାପର ଭିତରଦେଇ ନିଜକୁ ସୁଧାରି ନେଇ ଗୁରୁମୁଖୀ ହୁଅନ୍ତି । ପିଲାବେଳେ ଗୋଟାଏ ଥିୟେଟର ଦେଖିଥିଲି, ସେଥିରେ ଗୋଟିଏ ଗୀତ ଥିଲା-**ଭଲପାଇବାର ନିଦାନେ ପଳାଇ ଯିବାର ବିଧାନବନ୍ଧୁ ଲେଖା କେଉଁଠାରେ ?**

ଅନୁଗତ - ଦୀକ୍ଷାରେ ଜଣେ ସଂକଳ୍ପ-ବିଧି କାହିଁକି ଅଛି ? ୧୯୩

ଶ୍ରୀଶ୍ରୀଠାକୁର - ସଂକଳ୍ପ ମାନେ ନୂତନ ଜୀବନର ଆବେଗମୟ କର୍ମମୁଖର ପରିକଳ୍ପନା । କ'ଣ କରିବାକୁ ହେବ, କିପରି କରିବାକୁ ହେବ, ତାର ଗୋଟାଏ ଚିତ୍ର ମୁଣ୍ଡରେ ଆଙ୍କି ନେଇ ତାକୁ କାର୍ଯ୍ୟକାରୀ କରିବାକୁ ଆମେ ଯେତେବେଳେ ବିଧିବଦ୍ଧ ଭାବରେ ଚାଲୁ, ତାକୁ କୁହାଯାଏ ସଂକଳ୍ପ ପଥରେ ଚାଲିବା ।

ଯଜନ

ଅନୁଗତ - ଦୀକ୍ଷା ଦ୍ୱାରା ଆତ୍ମୋନ୍ନତି କିପରି ହୁଏ ? ୧୯୪

ଶ୍ରୀଶ୍ରୀଠାକୁର- କେବଳ ଦୀକ୍ଷା ନେଇଗଲେ ବିଶେଷ କିଛି ହୁଏ ନାହିଁ । ନାମ-ଧ୍ୟାନ, ଆତ୍ମବିଚାର ଓ ଆତ୍ମ-ବିଶ୍ଳେଷଣ -ଏହା ନ ଥିଲେ ଆତ୍ମୋନ୍ନତି ହୁଏନା । ଏହାକୁ ଯଜନ କୁହାଯାଏ ।

(ଆଲୋଚକ-ଶ୍ରୀଶ୍ରୀଠାକୁରଙ୍କର ଗୋଟିଏ ବାଣୀ -

ଉଷାରେ ନିଶାରେ ମନ୍ତ୍ର ସାଧନ
ଚଲା ଓ ବୁଲାରେ ଜପ
ଯଥା ସମୟେ ଇଷ୍ଟ ନିଦେଶ
ମୂର୍ତ୍ତ କରିବା ହିଁ ତପ ।)

ଅନୁଗତ -'ଜପାତ୍ ସିଦ୍ଧିର୍ଜପାତ୍ ସିଦ୍ଧିର୍ଜପାତ୍ ସିଦ୍ଧର୍ନ ସଂଶୟଃ' -ଜପ କରିବାର ପଦ୍ଧତି କ'ଣ ? ୧୯୫

ଶ୍ରୀଶ୍ରୀଠାକୁର - ଜପ ହେଉଛି ମାନସିକ ଆବୃତ୍ତି । ନାମ ଓ ନାମୀ ଅଭିନ୍ନ, ନାମର ଗନ୍ତବ୍ୟ ନାମୀ । ନାମ କରୁ କରୁ ନାମୀଙ୍କଠାରେ ପହଁଚିବାକୁ ହୁଏ । ନାମଧ୍ୟାନ ଦ୍ୱାରା ମସ୍ତିଷ୍କର କୋଷଗୁଡ଼ିକ ଉତ୍ତେଜିତ ହୋଇଉଠେ, ସମ୍ବେଦନଶୀଳ ହୋଇଉଠେ -ଇନ୍ଦ୍ରିୟାସକ୍ତି କମେ । ମନେମନେ କହିବା, ଅନ୍ତରରେ ଚିନ୍ତା କରିବା, ଚାଲିବା-କହିବାରେ ଯାହା ମନନ କଲେ ଅନ୍ତସ୍ଥ ସମସ୍ୟାର ତ୍ରାଣ ହୁଏ, ଯାହା ବିନାୟିତ ଓ ସଙ୍ଗତିଶୀଳ କରିବା ସହିତ ଶ୍ରମସୁଖପ୍ରିୟ କରାଏ, ସେହି ମାନସିକ ଆବୃତ୍ତିକୁ ଜପ କୁହନ୍ତି । ଯେ ତୁମ ଜପର ଉତ୍ସ, ସେ ମଧ୍ୟ ତୁମର ଜପର ଲକ୍ଷ୍ୟ । ଏହାକୁ ଉପେକ୍ଷା କରି ଯେଉଁ ମାନସିକ ଆବୃତ୍ତି ଯଦି ତାହା ଆଦର୍ଶଙ୍କଠାରେ ସମ୍ବଦ୍ଧ ନ ହୁଏ, ତେବେ ବିକୃତିକୁ ଡାକି ଆଣେ ।

(ଆଲୋଚକ - ଧ୍ୟାନ ସଂପର୍କରେ ଶ୍ରୀଶ୍ରୀଠାକୁର କହିଲେ – ଲୋକେ ଧ୍ୟାନ କରନ୍ତି ଅଥଚ ଧ୍ୟାନ କ'ଣ ବୁଝନ୍ତି ନାହିଁ, concentration (ଏକାଗ୍ରତା) ନ ହୋଇ fixation (ତ୍ରାଟକ) ହୋଇଯାଏ। ତଦ୍ଦ୍ୱାରା ମସ୍ତିଷ୍କ ନିଷ୍କ୍ରିୟ ହୋଇଯାଏ। ଧ୍ୟାନ ମାନେ ହେଲା, ଅନୁରାଗମୁଖର ଇଷ୍ଟଚଳନ, ଇଷ୍ଟଚିନ୍ତନ, ଇଷ୍ଟସ୍ୱାର୍ଥ ଓ ଇଷ୍ଟପ୍ରତିଷ୍ଠାର ପରିପୋଷଣ କରି ଭିତରେ ବାହାରେ ଯାହା କିଛି ଅଛି ତାର ନିୟନ୍ତ୍ରଣ, ସାମଞ୍ଜସ୍ୟ ଓ ସମାଧାନର ବୁଦ୍ଧି ସ୍ଥିର କରିବା। ସେହିପରି କଲେ ଧ୍ୟାନ ସାର୍ଥକ ହୁଏ ଓ ତଦ୍ଦ୍ୱାରା ଚରିତ୍ରର ଇଷ୍ଟାନୁଗ ବିନ୍ୟାସ ମଧ୍ୟ ହୋଇଥାଏ। ଧ୍ୟାନ ପରେ ଶବାସନ କରିବା କଥା ନିର୍ଦ୍ଦେଶ ଅଛି। ଏହା କିନ୍ତୁ ଧ୍ୟାନର ଠିକ ପରେ ପରେ ନ କରି ଅନ୍ୟ ସମୟରେ ମଧ୍ୟ କରାଯାଇପାରେ।

ଚକ୍ରସାଧନା - ମୁହଁର ନାସିକା ମୂଳ ବିନ୍ଦୁକୁ ଶାସ୍ତ୍ରରେ ଜ୍ଞାନ ଚକ୍ଷୁ ଶିବଙ୍କର ତୃତୀୟ ନୟନ ଓ ଯୋଗଶାସ୍ତ୍ରରେ ଆଜ୍ଞାଚକ୍ର କୁହାଯାଏ। ଏଠାରେ ଥିବା ପିନିୟାଲ ଗ୍ରନ୍ଥି (Pineal gland) ଚକ୍ରଧ୍ୟାନ ଦ୍ୱାରା ଉତ୍ତେଜିତ କରିବା ପଦ୍ଧତି ହେଉଛି ଶ୍ରୀଶ୍ରୀଠାକୁରଙ୍କ ନିର୍ଦ୍ଦେଶିତ ଚକ୍ରଧ୍ୟାନ। ମେଲାଟୋନିନ ନାମକ ଏକ ରସର ଅବିରତ କ୍ଷରଣ ଏହା ଦ୍ୱାରା ସମ୍ଭବ ହୋଇଥାଏ। ଏହା ମାନସିକ ଶକ୍ତି, ରୋଗ-ପ୍ରତିରୋଧକ ଶକ୍ତି ବଢ଼ାଏ ବୋଲି ଗବେଷଣାରୁ ଜଣାଯାଏ।)

ଅନୁଗତ - ନିଷ୍ଠାସହ ଜପ ବା ନାମଧ୍ୟାନ କଲେ କଣ ହୁଏ ? ୧୯୬

ଶ୍ରୀଶ୍ରୀଠାକୁର- ଶ୍ରଦ୍ଧୋଷିତ ନିଷ୍ଠା ନେଇ ନାମଧ୍ୟାନ କଲେ, ଗୋଟାଏ unlocking of energy (ପ୍ରଚଣ୍ଡ ଶକ୍ତିର ସ୍ଫୁରଣ) ହୁଏ ଆଉ ତାହାର ପ୍ରେରଣାରେ, ମଣିଷର କର୍ମଶକ୍ତି ସମ୍ବେଗବାନ୍ ହୋଇ ଉଠିବା କଥା। ନାମର effect ହେଉଛି ସେ ତୀକ୍ଷ୍ଣ କରାଏ, ଉତ୍ସାହ ବଢ଼ାଏ, ଆଉ ଶତକାମ କରି ମଧ୍ୟ କ୍ଳାନ୍ତି କମ ବୋଧ ହୁଏ। ମଣିଷ ଯେତେ କଠିନକାମ କରେ, ତାର ସ୍ଫୁର୍ତ୍ତି ଓ ରୋଖ ସେତେ ବଢ଼ିଯାଏ 'ଜରୁର କରେଙ୍ଗେ' -ଏହିପରି ଭାବ ଭିତରେ ଠେସି ଧରିବାର ବୋଧ ଜାଗେ -ଶୀଘ୍ର ଶୀଘ୍ର ଓ ନିର୍ଭୁଲ ଭାବରେ କାର୍ଯ୍ୟ ସମ୍ପାଦନ କରି successful (କୃତକାର୍ଯ୍ୟ) ହେବାର ବୋଧ। ପିଲାମାନେ ଖେଳରେ ମାତିଥିବା ବେଳେ ଯେମିତି କ୍ଳାନ୍ତ ହୁଅନ୍ତି ନାହିଁ -ସେହିପରି।

ଅବଶ୍ୟ ପ୍ରକୃତି ଅନୁଯାୟୀ କର୍ମର ଅଭିବ୍ୟକ୍ତି ହୁଏ। ଜଣେ ଗବେଷଣା କରେ ତ, ଆଉ ଜଣେ ଆର୍ତ୍ତର ସେବା କରେ - ଏହା କର୍ମର ପ୍ରକାର ଭେଦ। କିନ୍ତୁ ନାମଧ୍ୟାନ କରେ ଅଥଚ କର୍ମକୁଶଳ ନୁହେଁ, ଏପରି କଥା ଘଟିଲେ ମନେହୁଏ, ନାମଧ୍ୟାନ ଠିକ୍ ରୂପେ କରେ କି ନାହିଁ ସନ୍ଦେହ। କିନ୍ତୁ ଏପରି ବି ହୋଇପାରେ ଯେ ନାମଧ୍ୟାନରେ ବୁଡ଼ି ରହି କର୍ମ ଯଦି କିଛିଦିନ ଶିଥିଳ ରହେ, ପରବର୍ତ୍ତୀକାଳରେ ସମୃଦ୍ଧତର କର୍ମଶକ୍ତି ଆତ୍ମପ୍ରକାଶ କରିଥାଏ।

(ଆଲୋଚକ- ସନ୍ଥ କବୀରଙ୍କର ଗୋଟିଏ ଦୋହା- 'ମାଲା ଫେରତ ଜୁଗ ଭୟା, ଫିରା ନ ମନକା ଫେର, କର କା ମନକା ଡାର ଦେ, ମନ କା ମନକା ଫେର'। (ମାଲା ଗଡାଇ ଗଡାଇ ଜନମ ଗଲା, ମନର ରୀତି କିନ୍ତୁ ଗଲା ନାହିଁ, ହାତମାଲା ଗଡାଇବା ଛାଡ଼ି

ମନର ମାଳା ଗଡା।) ପୁଣି ମହାତ୍ମା ଗାନ୍ଧୀଙ୍କର ଉକ୍ତି ହେଉଛି ଯେ, ମାନସିକ ମନ୍ତ୍ରଜପ ଆଶାବାଡ଼ି ସଦୃଶ, ଯାହା ଅନ୍ଧାର ରାତିରେ ଯିବା ଆସିବାରେ ସାହାଯ୍ୟ କରେ, ସେହିପରି ନାନା ଦୁର୍ଗତିରୁ ରକ୍ଷା କରେ। ଏହି ଜପ ଯେତେ କରାଯାଏ ସେତେ ନୂଆ ଅର୍ଥ, ନୂଆ ଭାବ ଉପ୍ତନ୍ନ ହୋଇ ମଣିଷକୁ ଈଶ୍ୱରଙ୍କ ନିକଟତର କରାଏ। (Living Thoughts of Great People)

ଅନୁଗତ - ପ୍ରାର୍ଥନା କିପରି ଫଳପ୍ରଦ ହୁଏ ? ୧୯୭

ଶ୍ରୀଶ୍ରୀଠାକୁର -ପ୍ରାର୍ଥନା ହେଉଛି ପ୍ରେଷ୍ଠଙ୍କୁ କେନ୍ଦ୍ର କରି ଚାହିଦା ଅନୁସାରେ କାମ କରି ଚାଲିବା। ଅନୁରାଗ ସହିତ ସ୍ତୁତି ଭିତର ଦେଇ କଥାର ନିବେଦନରେ ନନ୍ଦିତ କରି, କର୍ମଦ୍ୱାରା ତାକୁ ପାଇବା ପଥରେ ପରିଚାଳନ କରିବା ହେଉଛି ପୂର୍ଣ୍ଣାଙ୍ଗ ପ୍ରାର୍ଥନା। ପ୍ରାର୍ଥନାର ଅର୍ଥ ହେଉଛି ପ୍ରାପ୍ତି ପାଇଁ କର୍ମ କରିବା, ତେଣୁ କର୍ମରେ ପ୍ରାର୍ଥନାର ପ୍ରାଣ। ପ୍ରାର୍ଥନାବାକ୍ୟ ରହିତ ହୋଇ ଯଦି କର୍ମମୁଖର ହୁଏ, ତେବେ କିଛି ନ କହିଲେ ମଧ୍ୟ ସେ ତାର ପ୍ରାପ୍ୟ ପାଇବ।

ଯାଜନ

ଅନୁଗତ- ଯାଜନ କାହାକୁ କହନ୍ତି ?୧୯୮

ଶ୍ରୀଶ୍ରୀଠାକୁର -ଇଷ୍ଟଙ୍କର ସ୍ୱାର୍ଥ ହେଉଛି ଅନ୍ୟମାନଙ୍କ ପାଇଁ କିଛି କରିବା। ତେଣୁ ଦରକାର ଅନୁସନ୍ଧିତ୍ସୁ-ସେବା ମନୋଭାବ। ଶ୍ୟେନଦୃଷ୍ଟି ନେଇ ଚଳିବାକୁ ହେବ, ଦେଖିବାକୁ ହେବ ଯେ କି ଭାବରେ ତୁମେ କେତେଟିକେ କାହାର କାମରେ ଲାଗିପାର। ପ୍ରତ୍ୟେକ ମଣିଷ ବଞ୍ଚିବା ଓ ବଢ଼ିବାର କାଙ୍ଗାଳ। ଏହି ବଞ୍ଚିବା ଓ ବଢ଼ିବାର ଉପାୟ ହେଉଛି ସୁକେନ୍ଦ୍ରିକ ହେବା, ବଞ୍ଚିବା ଓ ବଢ଼ିବାର ଏହି ଖୋରାକକୁ ଯେତେ ପ୍ରକାରରେ ଯେତେ ପରିମାଣରେ ଯେତେ ଲୋକଙ୍କଠାରେ ତୁମେ ସଞ୍ଚାରି ଦେବ ତାହାହିଁ ହେଉଛି ପ୍ରକୃତ ସେବା ଏବଂ ଏହାହିଁ ହେଉଛି ଧର୍ମ।

ଅନୁଗତ - ଯାଜନ କଲେ କ'ଣ ହୁଏ ? ୧୯୯

ଶ୍ରୀଶ୍ରୀଠାକୁର-ଯେ ଯାଜନ କରେ ମସ୍ତିଷ୍କର ସବୁଗୁଡ଼ିକ sphere (ସ୍ତର) active (ସକ୍ରିୟ) ହୋଇଉଠେ। କ୍ଷୁଦ୍ର କ୍ଷୁଦ୍ର ବାସନାର knots and obsession (ଗଣ୍ଠି ଓ ଅଭିଭୂତି) ଗୁଡ଼ିକ ଭାଙ୍ଗି ଯାଏ। ମଣିଷ ଇଷ୍ଟସ୍ୱାର୍ଥପ୍ରତିଷ୍ଠାପନ୍ନ ହୋଇ ଯାଜନ କଲେ ଏହାର ଆନନ୍ଦ ପାଇଥାଏ। ସାମଗ୍ରିକ ଭାବରେ ପରିବାରଗୁଡ଼ିକ ଯେପରି ଦୀକ୍ଷିତ ହୋଇ ଉଠନ୍ତି ଓ ଆବାଳବୃଦ୍ଧବନିତା ଇଷ୍ଟମୁଖୀ ଚଳନ ଓ ବିଶେଷ କରି ସଦାଚାରରେ ଅଭ୍ୟସ୍ତ ହୋଇ ଉଠନ୍ତି, ସେଥିପ୍ରତି ଦୃଷ୍ଟି ଦେବାକୁ ହେବ। କେତେଗୁଡିଏ ସ୍ୱଚ୍ଛଳ, ସକ୍ଷମ, ଶାନ୍ତିମୟ ଇଷ୍ଟପ୍ରାଣ ପରିବାର ଯଦି ତିଆରି କରିପାର ତେବେ ତାହା ଆତ୍ମୀୟ-ସ୍ୱଜନ ଓ ପରିବେଶରେ ସଂଚାରିତ ହେବା ସହଜ। ପାରସ୍ପରିକତାକୁ ଏପରି ବଢ଼ାଇବାକୁ ହେବ ଯେମିତି ଜଣେ ମଧ୍ୟ ଭୋକିଲା ନ ରହେ -ଦିନରାତି ମୁଣ୍ଡ ଖେଳେଇବାକୁ ପଡ଼ିବ କିପରି ପାରସ୍ପରିକ

ସାହାଯ୍ୟ ଓ ସେବା ଭିତରେ ପ୍ରତ୍ୟେକ ଲୋକ ଠିଆ ହୋଇପାରେ। ନିଜର ପିଲାଛୁଆଙ୍କ ପାଇଁ ଯେପରି ବୋଧ କର, ସେମାନଙ୍କ ପାଇଁ ମଧ୍ୟ ସେହିପ୍ରକାରର active feeling (ସକ୍ରିୟ ବୋଧ) ରହିବା ଦରକାର।

ଅନୁଗତ - ଯାଜନ କିପରି ସଫଳ ହୋଇଥାଏ ? ୨୦୦

ଶ୍ରୀଶ୍ରୀଠାକୁର 'ଚଲାର ସାଥୀ' ଗ୍ରନ୍ଥରେ କହିଲେ-

"ପ୍ରେମ ବା ଜ୍ଞାନ
ଯେତେବେଳେ ଜୀବନକୁ ଉତ୍‌ଫୁଲ୍ଲ କରିତୋଳେ,
ସେତେବେଳେ ହିଁ ଯାଜନ ପ୍ରବୃତ୍ତି ଉଦ୍‌ଗ୍ରୀବ ହୋଇଉଠେ,
ନାନାପ୍ରକାର ନୂଆ ମଣିଷକୁ ଖୋଜେ,-
ସେ କହିବାକୁ ଚାହେଁ ନାନାପ୍ରକାରେ, ନାନା ଢଙ୍ଗରେ
ତା'ର ପ୍ରିୟ ଯାହା ତାହାରି କଥା,
ଏବଂ ଭୋଗ କରିବାକୁ ଚାହେଁ
ନାନାପ୍ରକାରେ
ଏଇପରି ଭାବରେ;
ଯେତେବେଳେ ହିଁ ଦେଖିବ
ଏହି ଖୋଜାଖୋଜି
ଏବଂ ଏହି ପାଇବା-ପୁଇବା
ସ୍ତିମିତ ହୋଇ ଯାଉଛି,
ପ୍ରିୟର ବୋଧ ଓ ବୁଦ୍ଧି ମଧ୍ୟ
ତୁମ ଭିତରେ ଶୁଷ୍କ ହୋଇ ଉଠୁଛି।" (ବାଣୀ -୫୯)

ଯେତେବେଳେ ହିଁ ଦେଖିବ
ତୁମର ଯାଜନ-ପ୍ରବୃତ୍ତି ଦୀନ ହେଉଛି
ବା ସ୍ତିମିତ ହୋଇ ଯାଇଛି,
ଠିକ୍ ବୁଝ-
ତୁମ ଅନ୍ତରର ବୋଧ ଓ ଉପଭୋଗ
ଦିନକୁ ଦିନ ସ୍ଥବିର ହୋଇଛି ଓ ହେଉଛି। (ବାଣୀ-୫୭)

ପୁଣି ଶ୍ରୀଶ୍ରୀଠାକୁର କହିଲେ-'ଯଜନହରା ଯାଜନ ଓ ଦୁଧ ଛଡ଼ା ଲହୁଣି ପ୍ରାୟ ଏକ'। ତୁମେ ଯାହା ନୁହଁ, ଲୋକମାନଙ୍କ ପାଖରେ କହି ବୁଲିବା ହେଉଛି କପଟତା। ବିନୀତ ଚଳନ କିନ୍ତୁ କପଟତା ନୁହେଁ। ମନେରଖ, ସର୍ବାର୍ଥ ଯେଉଁଠାରେ ଅର୍ଥାନ୍ୱିତ ହୋଇଉଠେ, ତାହାହିଁ ପରମାର୍ଥ।

ଅନୁଗତ-ପରମାର୍ଥକୁ ଛାଡ଼ି ଯଦି ନିଜସ୍ୱାର୍ଥ ପାଇଁ ଯାଜନ ହୁଏ, ତେବେ ଏହା କିପରି ହୋଇଥାଏ ? ୨୦୧

ଶ୍ରୀଶ୍ରୀଠାକୁର 'ଚଲାର ସାଥୀ' ଗ୍ରନ୍ଥରେ କହିଲେ-

ତୁମର ଯାଜନରେ ଜୟ, ଗୌରବ ଓ ଉପଭୋଗର
    କଥା କହି
ତୁମର ପ୍ରେମାସ୍ପଦ ପାଖରେ
    ତୁମର ଆବଶ୍ୟକତା, ବାହାଦୁରୀ
    ଓ ପ୍ରାଧାନ୍ୟର ପ୍ରତିଷ୍ଠା
    ଯେତେବେଳେ ହିଁ ତୁମକୁ ଉଦ୍‌ଗ୍ରୀବ କରି ତୋଳିଛି,
ଏବଂ ସେଇ ପ୍ରତିଷ୍ଠାର ବିନ୍ଦୁମାତ୍ର ତ୍ରୁଟି ମଧ୍ୟ
    ତୁମକୁ ଅସହନଶୀଳ କରିତୋଳି,
    ପ୍ରେମାସ୍ପଦରେ ଓ ତାଙ୍କର ପାରିପାର୍ଶ୍ୱିକରେ
    ବେଦନା ଓ ବିପରୀତ ଭାବର
    ଉଦ୍‌ବୋଧନ କରୁଛି,
ବୁଝିବ
    ଏ - ଯାଜନ ତୁମର ପ୍ରେମାସ୍ପଦର ପ୍ରେମର ନୁହେଁ କିନ୍ତୁ,
    କେବଳ ଅହଂ-ପ୍ରେମର। (ବାଣୀ-୬୭)

ଅନୁଗତ - ଏହା କାହିଁକି ହୁଏ ? ୨୦୨

ଶ୍ରୀଶ୍ରୀଠାକୁର-ମଣିଷ ବୃତ୍ତି ପଥରେ ପରିଚାଳିତ ହେଉଥାଏ। ଜଗତଟାକୁ ବୃତ୍ତିରଙ୍ଗିଳ ନଜରରେ ଦେଖୁ ଥିବାରୁ ଜଗତ ତା ନିକଟରେ ସଂକୀର୍ଣ୍ଣ ହୋଇ ପଡ଼ିଥାଏ। ଅନ୍ୟ ପ୍ରତି ସେ କଦର୍ଯ୍ୟ ବ୍ୟବହାର କରେ, ତାହା କିନ୍ତୁ ସେ କଦର୍ଯ୍ୟ ବୋଲି ଆଦୌ ଧାରଣା କରିପାରେନା ବରଂ ସେ ତାର ଅନୁକୂଳ ବିବେଚନା ଓ ଯୁକ୍ତି କରେ। ପ୍ରବୃତ୍ତି ପରାଭୂତ ମଣିଷ ନିଜର ବିକୃତ ଧାରଣାର ବଶବର୍ତ୍ତୀ ହୋଇ ଏହିପରି ଚାଲୁଥାଏ ଓ ପରିପୋଷକ ଦଳ ଖୋଜୁଥାଏ -କାରଣ ତଦ୍ୱାରା ନିଜର ସ୍ଥିତିକୁ ସେ ବଜାୟ ରଖି ପାରିବ। ସେ ବୃତ୍ତିକୁ ସତ୍ତା ବୋଲି ମନେକରେ ଏବଂ ଅନେକ କ୍ଷେତ୍ରରେ ସତ୍ତା ବିନିମୟରେ (at the cost of his wellbeing) ବୃତ୍ତିର ପୁଷ୍ଟି ଚାହେଁ।

ଅନୁଗତ - ବୃତ୍ତି କେଉଁଠାରୁ ଜନ୍ମ ନିଏ ? ୨୦୩

ଶ୍ରୀଶ୍ରୀଠାକୁର-ଯେତେ ବୃତ୍ତିର କଥା ସବୁ ମୂଳରେ ଥାଏ sex complex (ଯୌନ-ଆକୂତି)। ସମସ୍ତଙ୍କୁ down କରି (ଦବାଇ) in all affairs (ସବୁ ବିଷୟରେ) credit (ବାହାବା) ନେବା ଓ ନିଜକୁ ସମସ୍ତଙ୍କଠାରୁ superior (ଶ୍ରେଷ୍ଠ) ପ୍ରମାଣ କରିବାକୁ ସେ ଚେଷ୍ଟା କରୁଥାଏ। କଥାରୁ ହିଁ ମଣିଷକୁ ଚିହ୍ନାଯାଏ, ଭାଷା ହେଲା ମଣିଷର ମନର ଛବି; slip of tongue (ହଠାତ୍ ମୁହଁରୁ ବାହାରିବା) ବୋଲି କିଛି ନାହିଁ, ଏକଦିଗଦର୍ଶୀ ମଣିଷ ଯେତେ genius (ପ୍ରତିଭାଶାଳୀ) ହେଲେ ମଧ୍ୟ ସୁକେନ୍ଦ୍ରିକ ନ ହେଲେ ପ୍ରବୃତ୍ତି ନିଶାକୁ ଏଡ଼ାଇ ପାରେ ନାହିଁ ।

ଅନୁଗତ- ଯାଜନ ବେଳେ ଆମେ କିପରି ଆରମ୍ଭ କରିବା ? ୨୦୪

ଶ୍ରୀଶ୍ରୀଠାକୁର- ମୂଳରୁ ମୋ କଥା କହିଲେ ମଣିଷ ଘାବରେଇ ଯାଏ। ତେଣୁ ଧୀରେ ଧୀରେ ତାର knots (ଗ୍ରନ୍ଥିସବୁ) resolve (ମୀମାଂସା) କରି, ତା ସହିତ ସହାନୁଭୂତିସମ୍ପନ୍ନ ହୋଇ ଯଦି କୁହାଯାଏ, ମୋ ଠାକୁର ଏପରି କହିଛନ୍ତି, ସେଥିରେ ଅମୋଘ କ୍ରିୟା ହୋଇଥାଏ; ତାହେଲେ ହୁଏ। ତେଣୁ ମଣିଷ ପାଖକୁ ଯାଇ ତା ସହିତ ସମ୍ପର୍କ ସ୍ଥାପନ କରି ତାର କଥାଗୁଡ଼ିକୁ ମନଦେଇ ଶୁଣିବ। ତୁମେ ଯାହା କହିବାକୁ ଚାହୁଁଛ, ଏପରି ହୃଦ୍‌ବତ୍ତାର ସହିତ କୁହ, ଯଦ୍ଦ୍ୱାରା ସେ ଭରସାରେ, ସହାନୁଭୂତିରେ, ସହୃଦୟତାରେ ପଥ ପାଉଛି ବୋଲି ଭାବେ। ଏହାପରେ ତାର ସାଂସାରିକ ଅବସ୍ଥାନର ନୀତିକୁ ଦେଖାଇଦେବା ଭଲ; ସେହି ନୀତି ଯାହା ତାକୁ କୃତକାର୍ଯ୍ୟତାର ଦିଗରେ, ଉପଚୟ ଦିଗରେ ନେଇଥାଏ। ଯିଏ ପ୍ରବୃତ୍ତି ବଶୀଭୂତ ତାକୁ ହଠାତ୍ ତାହା ଛାଡ଼ି ଦେବାକୁ କହିଲେ, ସେ ତୁମକୁ ଛାଡ଼ିଦେବ। ସତ୍ତା ପ୍ରତି ତାର ଦୃଷ୍ଟି ଆକର୍ଷଣ ପୂର୍ବକ ଧାରଣ ଓ ପୋଷଣ ପାଇଁ, ବଂଚିବା-ବଢ଼ିବା ପାଇଁ ଜଣେ ଆଦର୍ଶଙ୍କ ଅନୁସରଣର ପ୍ରୟୋଜନୀୟତା ସହଜଭାବରେ ବୁଝାଇ ତାଠାରେ ସଂଚାରିତ କରିବ। ଏଥିପାଇଁ ତୁମେ ତିଆରି ହୋଇଥିବା ଦରକାର, ଆଦର୍ଶ ତୁମର ଯଥାସର୍ବସ୍ୱ ହୋଇଉଠି ନାହାନ୍ତି ଅଥଚ ତୁମେ ଅନ୍ୟକୁ ତାହା କହୁଛ, ଏହା ଦର୍ଶନଶାସ୍ତ୍ର ପଢ଼ି ଭାଷଣ ଦେଲା ପରି। ତା ବୋଲି ଏକଥା ନୁହେଁ ଯେ ଆଗ perfect (ପୂର୍ଣ୍ଣ) ହୋଇ ତାପରେ ଯାଜନ କରିବାକୁ ଯିବ। ଇଷ୍ଟମୁଖୀ ହୋଇ ତୁମେ ଯଜନ ଓ ଇଷ୍ଟଭୃତି ନିଶ୍ଚୟ ଠିକ୍ ଭାବରେ କରିବ। ତେଣୁ ଆଦର୍ଶଙ୍କୁ ଅବଲମ୍ବନ କରି ଆମେ ଯେତେ ଆତ୍ମନିୟନ୍ତ୍ରଣ-ତତ୍ପର ହେବା, ନିରନ୍ତର ସକ୍ରିୟତାର ସହ ଆମର ଯାଜନ ସେତିକି ଫଳବତୀ ହେବ।

ଅନୁଗତ- ଯାଜକଠାରେ କେଉଁ ଗୁଣ ରହିବା ଦରକାର ? ୨୦୫

ଶ୍ରୀଶ୍ରୀଠାକୁର- ସୂକ୍ଷ୍ମ ଆତ୍ମସମୀକ୍ଷା ଭିତରଦେଇ ପ୍ରତ୍ୟେକକୁ ଯଥାଯଥଭାବେ ନିରୀକ୍ଷଣ କରିବା ଲାଗି ତୁମଠାରେ ଇଷ୍ଟସମ୍ବେଗ ଓ ମଣିଷ ପ୍ରତି ଦରଦ ଏହି ଦୁଇଟି ରହିବା ଦରକାର। ଏହି ଦୁଇଟି ଯୁକ୍ତ ନ ହେଲେ ହେବ ନାହିଁ।

ଅନୁଗତ - ଯାଜନ କଲାବେଳେ ଆଦର୍ଶଙ୍କୁ କିପରି ଉପସ୍ଥାପନ କରିବା ? ୨୦୬

ଶ୍ରୀଶ୍ରୀଠାକୁର - ଲୋକଙ୍କର ଭଗବାନ-ଅବତାରାଦି ବିଷୟରେ ଗୋଟାଏ କିମ୍ଭୂତକିମାକାର ଧାରଣା ଥାଇପାରେ। ତୁମେ ଅବତାର ଇତ୍ୟାଦି କହି ଲୋକଙ୍କ ପାଖରେ ମତେ ପରିବେଷଣ କର ନାହିଁ, ସେଥିରେ ବରଂ ତାର ବିଶ୍ୱାସରେ ଆଘାତ ଲାଗିବ। କିନ୍ତୁ ମୁଁ ଯେପରି ଚଳେ, ଚଳିବାକୁ କୁହେ, ସେହିପରି ଭାବରେ ପ୍ରଥମେ ନିଜେ ଚଳି ଅନ୍ୟକୁ ତାହା ପ୍ରବର୍ତ୍ତାଅ। ମୋଟ କଥା ମତେ କାନ୍ଧରେ ନେଇ, ବହନ କରି ନିଜେ ଚଳିଲେ, ତୁମକୁ ଯାଜନ ପାଇଁ ବିଶେଷ କିଛି କହିବାକୁ ପଡ଼ିବ ନାହିଁ।

(ଆଲୋଚକ - ଏ ସମ୍ପର୍କରେ ଗୋଟିଏ ବାଣୀ -

"ଉପଦେଶ ତୁ ଦେ ନା ଯେତେହିଁ
ଉଦାହରଣ ହୁଅ ଆଗେ

ସଂଚାରଣାରେ ଦୀପ୍ତ କର
କୃତିଦୀପନ ରାଗେ।")

ଅନୁଗତ - ଯାଜନ ଦ୍ୱାରା ଯଦି ଅନ୍ୟର ଉପକାର ହୁଏ, ଏହା କଣ ପରୋପକାର ? ୨୦୭

ଶ୍ରୀଶ୍ରୀଠାକୁର - ଯାଜନ ଓ ପରୋପକାର ଏକା କଥା ନୁହେଁ। କରିଲେ କେତେ, ନ କରିଲେ କେତେ, ଏହା ମଧ୍ୟ ନୁହେଁ -ଏହା ହେଲା ନିତ୍ୟକର୍ମ। ତୁମେ ଯଦି ତୁମର ଜୀବନଧର୍ମକୁ ସଞ୍ଜୀବିତ କରି ରଖିବାକୁ ଚାହଁ, ତେବେ ତୁମକୁ ଯଜନ ଓ ଇଷ୍ଟଭୃତି ଯେପରି କରିବାକୁ ହେବ, ଯାଜନ ମଧ୍ୟ ସେହିପରି କରିବାକୁ ହେବ। ଏହାଦ୍ୱାରା ପ୍ରତ୍ୟେକର ପରିବେଶ ତାର ବଂଚିବା-ବଢ଼ିବାରେ ସହାୟକ ହୋଇ ଉଠିବ ଏବଂ ଏହି ନିତ୍ୟ ଯାଜନ ମଧ୍ୟରେ ପ୍ରତ୍ୟେକର ଯେପରି ବୋଧ ଓ ଜ୍ଞାନର ଭଣ୍ଡାର ଖୋଲିଯିବ। ତେଣୁ ଯାଜନ ମାନେ ଶୁଆ ପରି କଥା କହିବା ନୁହେଁ। ତୁମର ସୁକେନ୍ଦ୍ରିକ, ସୁଗଠିତ ଚରିତ୍ରଟାକୁ ମଣିଷ ସାମନାରେ ତୋଳି ଧରି ସୁଯୁକ୍ତ-ସକ୍ରିୟ-ସେବାସମ୍ପୋଷଣ ଓ ନିୟନ୍ତ୍ରଣ ଦ୍ୱାରା ତାକୁ ମଧ୍ୟ ସୁକେନ୍ଦ୍ରିକ ଓ ସୁଗଠିତ କରି ତୋଳ। ନିଜେ ହେବ ନାହିଁ, କଥାର କାରସାଦିରେ ବାଜିମାତ୍ କରିବ, ପ୍ରକୃତି ରାଜ୍ୟରେ ଏପରି ଅଘଟଣ ଘଟେ ନାହିଁ। ତୁମେ ଯେତେ ପ୍ରକୃତ ହେବ, ପ୍ରକୃତି ମଧ୍ୟ ସେହିପରି ତୁମକୁ ପୁରସ୍କୃତ କରିବ।

ଅନୁଗତ- ନିଜଠାରୁ ଉଚ୍ଚପଦସ୍ଥ ବ୍ୟକ୍ତିମାନଙ୍କୁ କିପରି ଯାଜନ କରିବାକୁ ହେବ ? ୨୦୮

ଶ୍ରୀଶ୍ରୀଠାକୁର- ଯାଜନରେ କୌଶଳ ହେଉଛି ପ୍ରଧାନ। କାହାର ମନ କିପରି ତୁମେ ପ୍ରଥମେ ଅନୁଧ୍ୟାନ କର। ଯେ ଯେପରି ହେଉନା କାହିଁକି, ଇଷ୍ଟହୀନ ବ୍ୟକ୍ତି ଯେତେ smart (ଚତୁର) ହେଲେ ମଧ୍ୟ -ତୁମେ ଇଷ୍ଟନିଷ୍ଠ ବ୍ୟକ୍ତି, ତେଣୁ ତୁମେ ତାର ଢେର ଉପରେ - ଏକଥା ସ୍ମରଣ ରଖିବାକୁ ଭୁଲ ନାହିଁ। ତେଣୁ କାହାରି ସମ୍ବନ୍ଧରେ ଆଶା ବା ଚେଷ୍ଟା ଛାଡ଼ି ଦିଅ ନାହିଁ -ତୁମର ପାରଗତା ସମ୍ବନ୍ଧରେ ସନ୍ଦିହାନ ହୁଅ ନାହିଁ। କିଏ ଜାଣେ କେଉଁ ଅନୁପ୍ରେରଣାରେ କାହା ଜୀବନରେ କି ପରିବର୍ତ୍ତନ ଘଟିବ।

ଅନୁଗତ - ଯାଜନବେଳେ କୁ-ଅଭ୍ୟାସ ତ୍ୟାଗ କରିବାକୁ କହିବା କି ? ୨୦୯

ଶ୍ରୀଶ୍ରୀଠାକୁର- ଏକଥା ମଧ୍ୟ ଠିକ୍ ଯେ, ଯିଏ ମଦ୍ୟପାନରେ ଅଭ୍ୟସ୍ତ ତାକୁ ଯଦି ତାହା ସମ୍ପୂର୍ଣ୍ଣ ଛାଡ଼ିଦେବା ପାଇଁ କୁହାଯାଏ, ତେବେ ସେ ପାରିବ ତ ନାହିଁ ବରଂ ଭାଙ୍ଗି ପଡ଼ିବ। ତେଣୁ ହଠାତ୍ ବୃତ୍ତିଭେଦ ନ କରିବା ଭଲ। ପ୍ରତ୍ୟେକ ଲୋକକୁ ନିୟନ୍ତ୍ରଣରେ ଆଣିବାର ଏକ ବିଶିଷ୍ଟ ରୀତି ଅଛି। ଯେ ପର୍ଯ୍ୟନ୍ତ ବୃତ୍ତିଭେଦୀ ଟାଣ ନ ହୋଇଛି, ସେ ସେହି ଗଣ୍ଡିରୁ ବାହାରି ଆସି ପାରିବ ନାହିଁ। ଆଦର୍ଶଙ୍କ ପ୍ରତି ଧୀରେ ଧୀରେ ଟାଣ ହେଲେ, ବୃତ୍ତି ହୁଗୁଳା ହୁଏ। ସେତେବେଳେ ସେ ବୁଝିବ ଯେ ମୁଁ ମଦ ବା ଅନ୍ୟ ବଦଭ୍ୟାସ ନ ଛାଡ଼ିଲେ ମୋର ପ୍ରିୟପରମ-ଆଦର୍ଶ ଦୁଃଖ ପାଇବେ, ଏହି ମୌଳିକ ଟାଣ ନ ଆସିବା ପର୍ଯ୍ୟନ୍ତ ସେଥିପାଇଁ ଜୋର କଲେ, ସେ ଦୂରେଇ ଯିବ -ଏ କଥା ମନେ ରଖିବ।

ଅନୁଗତ- ଏହା କ'ଣ ସହଜରେ ଆସିବ କି ? ୨୧୦

ଶ୍ରୀଶ୍ରୀଠାକୁର- ଆଶ୍ୱାସନାର ବିଷୟ ଏହି ଯେ, ଯେତେ ବୃତ୍ତି-ଆସକ୍ତ ହେଲେ ମଧ୍ୟ ପ୍ରତ୍ୟେକ ମଣିଷ ଭିତରେ ଅଛି ବଂଚିବାର ଇଚ୍ଛା will to live , ଏହି ବଂଚିବାର ଇଚ୍ଛାକୁ ଉସ୍‌କାଇ ଦେଇ ପାରିଲେ, ସେ ନିୟନ୍ତ୍ରଣକୁ ଗ୍ରହଣ କରେ । ଏହାରି ଭିତରେ ଅଛି ଧର୍ମଦାନର ଅସଲ କଥା । ବଂଚିବାକୁ ଓ ଜୀବନକୁ ପ୍ରକୃତ ଉପଭୋଗ କରିବାର କୌଶଳ ଦେଖାଇ ଦେବା ହେଉଛି ପ୍ରକୃତ ଧର୍ମଦାନ । ବିବର୍ତ୍ତନ ପ୍ରତି ଗୋଟାଏ ଉଗ୍ର ଆଗ୍ରହ ଜଗାଇ ଦେବାକୁ ହେବ, ତା ସହିତ ସର୍ବମଙ୍ଗଳମୟ ଆଦର୍ଶଙ୍କ ମୂର୍ତ୍ତଚିତ୍ର ଏପରି ମନମୋହନ ଭାବରେ ଆଙ୍କି ଦେବାକୁ ହେବ ଯେପରି ସମଗ୍ର ସତ୍ତାର ସମ୍ବେଗ ସହ ସେ ତାଙ୍କଠାରେ ଆନତ ହେବା ପାଇଁ ଉଦ୍ଦାମ ହୋଇ ଉଠେ । ଏଇ ଟିକକ ହେଉଛି ଯାଜନର ନିର୍ଯ୍ୟାସ ।

ଅନୁଗତ- ବାସ୍ତବ (effective) ଯାଜନ କିପରି ହୋଇଥାଏ ? ୨୧୧

ଶ୍ରୀଶ୍ରୀଠାକୁର- ଜଣେ convinced (ହୃଦ୍‌ବୋଧ) ହେବା ଓ ତାହାର conviction (ଦୃଢ଼ ପ୍ରତ୍ୟୟ) ଆସିବା ଏକା କଥା ନୁହେଁ । ସତ୍ତାଗତ ନ ହେଲେ conviction (ଦୃଢ଼ ପ୍ରତ୍ୟୟ) ଆସେ ନାହିଁ । ଜଣେ ବର୍ତ୍ତମାନ ବୁଝିଗଲା, ପରେ ପୁଣି ବିରୁଦ୍ଧଭାବ ତାକୁ କାବୁ କରି ନେଲା । ତେଣୁ ପ୍ରଥମେ ଏଇ ବିଶ୍ୱାସ ତା ଭିତରେ ଦୃଢ଼ ହେବା ଉଚିତ ଯେ, ମଣିଷର ସର୍ବୋତ୍ତମ କଲ୍ୟାଣର କଥା ଆଦର୍ଶ କହୁଛନ୍ତି । ତେଣୁ 'କିନ୍ତୁ-କିନ୍ତୁ'ଭାବକୁ ଦୃଢ଼ ପ୍ରତ୍ୟୟରେ ବଦଳାଇବା ହେଉଛି ବାସ୍ତବ ଯାଜନ ।

ଅନୁଗତ- ଯାଜନବେଳେ ଅବୁଝା ଲୋକଙ୍କୁ କିପରି ବ୍ୟବହାର କରିବା ? ୨୧୨

ଶ୍ରୀଶ୍ରୀଠାକୁର - ଯାଜନ କରୁ କରୁ ତୁମ ନିକଟରେ ଅବାଧ୍ୟ, ଦମ୍ଭୀ ଓ ତର୍କବିଳାସୀ ଜୁଟିଗଲେ, ସେମାନେ ନିଜର ବାକ୍-ବିତଣ୍ଡାରେ ମଣିଷକୁ ଠକି ନିଜର ବାହାଦୂରିକୁ ପ୍ରତିଷ୍ଠା କରିବାକୁ ବ୍ୟଗ୍ର, ଆଉ ଧରାକୁ ସରା ଜ୍ଞାନ କରନ୍ତି । ଏଇ ଭଳି ଲୋକମାନଙ୍କ ସହିତ ନୈତିକ ଆଦର୍ଶ ସମ୍ପର୍କିତ ଆଲୋଚନା କରିବାକୁ ଯାଇ ପ୍ରଥମେ ଯଦି ସେମାନଙ୍କର ବିକୃତ ଦମ୍ଭକୁ ଅବସାଦଗ୍ରସ୍ତ କରି କୁଶଳ-କୌଶଳରେ ଆୟତ୍ତ କରି ପାରିଲ ନାହିଁ, ନିଜ ଆଡକୁ ଟାଣି ଆଣି ପାରିଲ ନାହିଁ, ତେବେ ଠିକ୍ ବୁଝ ଯେ ତୁମର କଥା ଓ ଯୁକ୍ତି ସେମାନଙ୍କ ଭିତରଦେଇ ଆଖପାଖରେ, ପରିବେଶରେ ବିକୃତ ରୂପରେ ହିଁ ଘୋଷିତ ହେବ । ତେଣୁ ଅବସ୍ଥା ଦେଖି ବରଂ ଚୁପ୍ ରହିବା ଭଲ -ଅବାଧ୍ୟ, ବିତର୍କୀମାନଙ୍କ ସହିତ ଆଲୋଚନା ଶାସ୍ତ୍ର ବହିର୍ଗତ ।

ଅନୁଗତ - ଆସୁରିକ ପ୍ରବୃତ୍ତିର ଲୋକଙ୍କ ନିକଟରେ ଶ୍ରୀକୃଷ୍ଣ ତାଙ୍କ ବିଷୟରେ କହିବାକୁ କାହିଁକି ବାରଣ କରିଛନ୍ତି ? ୨୧୩

ଶ୍ରୀଶ୍ରୀଠାକୁର - ସେମାନଙ୍କ ନିକଟରେ ଯଦି କୃଷ୍ଣଠାକୁର ଯେ ଭଗବାନ ଏଇ କଥା କୁହ ତେବେ ସେମାନେ ବିଶ୍ୱାସ କରିବେ ନାହିଁ, ଦୂରେଇ ଯିବେ । ତାହା ଅପେକ୍ଷା ଯଦି ସେମାନଙ୍କୁ ବଞ୍ଚିବା-ବଢ଼ିବା କଥା କୁହ, ତେବେ କାର୍ଯ୍ୟ ଅଧିକ ହୁଏ । ରାକ୍ଷସମାନେ ମଧ୍ୟ ଶ୍ରୀରାମଚନ୍ଦ୍ରଙ୍କର ଭକ୍ତ ହୋଇଥିଲେ ।

ଅନୁଗତ- ବହୁତ ଯାଜନ ପରେ ମଧ୍ୟ ଜଣେ ଦୀକ୍ଷା ନେବାକୁ ଅରାଜି ହୁଏ କାହିଁକି ? ୨୧୪

ଶ୍ରୀଶ୍ରୀଠାକୁର -ତା'ର ଅର୍ଥ ତମେ ତାହାର right cord-ରେ (ସଠିକ୍ ଜାଗାରେ) ହାତ ଦେଇ ପାରି ନାହଁ । ତାହାର sentiment (ଭାବାନୁକମ୍ପିତାକୁ) excite (ଉତ୍ତେଜିତ) କରି ସତ୍ତାର କ୍ଷୁଧାକୁ ଜଗାଇ ପାରିନାହଁ । ଖାଲି ଯାହା ଉପର ଠାଉରିଆ ଆଲୋଚନା କରିଛ । ପ୍ରକୃତ ଯାଜନର ସୁର ଏପରି ହେବ ଯେ ଜଣେ ତୁମ ପାଖକୁ ଆସିଲାରୁ , ସେ ଆଦର୍ଶ ଅନୁସରଣ ପୂର୍ବକ ତା'ର ସମସ୍ୟା ସମାଧାନର ବାଟ ପାଇଗଲା । ଯାଜକର ଚାଲିଚଳନ, କଥାବାର୍ତ୍ତା ଯେତେବେଳେ ଜଣକର ଆଖି-କାନ-ମନ-ପ୍ରାଣକୁ ମୁଗ୍ଧ କରେ, ସେ ଆଗ୍ରହ-ବିଧୁର ହୋଇପଡେ, ଆଉ ଗୋଟାଏ କଠୋର ଆଶା ତାକୁ ପାଗଳ ପରି କରିତୋଳେ । କିନ୍ତୁ ଅସଲ କଥା ହେଲା ତୁମେ ସେଇ pitch (ସ୍ତର)ରେ ରହିବା ଦରକାର,- ତୁମର ଇଷ୍ଟନିଷ୍ଠା ପ୍ରଗାଢ଼ ହେଲେ ତୁମେ ମଣିଷର ପ୍ରାଣକୁ ମୁହୂର୍ତ୍ତକେ ବିଗଳିତ କରି ଦେଇ ପାରିବ ।

ଅନୁଗତ- ଯାଜନ ଯେ ଠିକ୍ ଭାବରେ ହେଲା ତା' କିପରି ବୁଝିବ ? ୨୧୫

ଶ୍ରୀଶ୍ରୀଠାକୁର-ତୁମେ କାହାକୁ ଠିକ୍ ଭାବରେ ଆଦର୍ଶ-ଅନୁପ୍ରାଣିତ କରି ପାରିଛ କି ନାହିଁ, ଏହାର ପରଖ ହେଉଛି ସେ ତା'ର ପରିଶ୍ରମ-ଲବ୍ଧ ସଂଚୟରୁ ତୃପ୍ତି-ଅଭିଦୀପ୍ତ ପ୍ରାଣରେ ତୁମକୁ କିଛି ଦେବାପାଇଁ ବ୍ୟାକୁଳ ହେଉଛି କି ନାହିଁ । ଯେତେକ୍ଷଣ ଏହା ନ ହୋଇଛି, ଠିକ୍ ବୁଝିବ ତୁମେ ବା ସେ ଜୀବନରେ ଅଳ୍ପ ସାଫଲ୍ୟମଣ୍ଡିତ ହୋଇଛ ।

ଇଷ୍ଟଭୃତି

ଅନୁଗତ - ଇଷ୍ଟଭୃତି କାହିଁକି କରାଯାଏ ? ୨୧୬

ଶ୍ରୀଶ୍ରୀଠାକୁର -ଇଷ୍ଟଭୃତି ହେଉଛି କୃତଜ୍ଞତାର ଅଭିବ୍ୟକ୍ତି -ଇଷ୍ଟଙ୍କ ଭରଣ-ପୂରଣ-ପାଳନ-ପୋଷଣ । ଇଷ୍ଟଭୃତି କରିବାକୁ ଗଲେ ହିଁ ଯାଜନ ଇତ୍ୟାଦି ସବୁ ଆସିଥାଏ । ଖଟିଖାଟି ଯାହାଙ୍କୁ ପ୍ରୀତିର ସହିତ ଭରଣ କରାଯାଏ, ଚିନ୍ତା ଓ କଥାରେ ତାଙ୍କ କଥା ଆସିଯାଏ, ସେ ଆପଣାର ହୋଇ ଉଠନ୍ତି, ଅନ୍ତରରେ ବସା ବାନ୍ଧନ୍ତି । କେବଳ ଯେ ହିନ୍ଦୁଧର୍ମର ଶାସ୍ତ୍ରକାରମାନେ ଇଷ୍ଟଭୃତିର ବ୍ୟବସ୍ଥା କରିଛନ୍ତି ତା ନୁହେଁ, ମୁସଲମାନ, ଖ୍ରୀଷ୍ଟିୟାନ୍ ସବୁ ସମାଜରେ ଏହା ଅନ୍ୟ ନାମରେ ବା ଭାବରେ ଅଛି । ଜେମ୍ସ ମଧ୍ୟ ଏହି ଜାତୀୟ କଥା କହିଛନ୍ତି । ତେବେ ଇଷ୍ଟଭୃତି ଭିତରେ ତପସ୍ୟାର ଭାବଟା ବେଶି ଅଛି ।

ଅନୁଗତ - ତପସ୍ୟାର ଭାବ କିପରି କଣ ହୁଏ ବୁଝି ହେଉନି ? ୨୧୭

ଶ୍ରୀଶ୍ରୀଠାକୁର- ପ୍ରତିଦିନ ସବୁ କାମ ଭିତରେ ଇଷ୍ଟଭୃତି ଯୋଗାଡ଼ କରିବାକୁ ହିଁ ହେବ, ଏହି ଭାବନା ଦ୍ୱାରା ଜୀବନର ସମସ୍ତ ଅଂଶରେ ଇଷ୍ଟ ଓତପ୍ରୋତ ଭାବରେ ଗୁନ୍ଥି ହୋଇ ଯାଆନ୍ତି । ଇଷ୍ଟଭୃତିରେ ପୁରୁଷାକାର ଓ ଦୈବର ମିଳନ ହୁଏ -ପୁରୁଷାକାର ହେଲା motor part (କାର୍ଯ୍ୟକାରୀ ଅଙ୍ଗ) ଏବଂ ଦୈବ ହେଲା sensory part (ଅନୁଭୂତିର ଅଙ୍ଗ) ।

ଇଷ୍ଟଙ୍କ ପାଇଁ କେତେକ କର୍ମ କଲେ,-କର୍ମଗୁଡ଼ିକର ଯେଉଁ accumulated effect (ସଂଚିତ ଫଳ) ତାହା ଆମର ବୋଧରେ ଧରାପଡେ, ଅର୍ଥାତ୍ କେତେକ ଅଜଣା ଜିନିଷ ଜାଣି ହୁଏ ଏହା ଭିତରଦେଇ, ତେଣୁ କାମ କରିବାରେ ସୁବିଧା ହୁଏ। ଇଷ୍ଟାନୁଗ ବୋଧ, ଅଭ୍ୟାସ ଓ ପ୍ରେରଣା ଜଣକୁ କର୍ମରେ ଅଧିକରୁ ଅଧିକ ପ୍ରବୃତ୍ତ କରେ।

ଅନୁଗତ -ଇଷ୍ଟଭୃତି ପ୍ରତିଦିନ ନ କରି ମାସକୁ ଥରେ ସେଇ ବାବଦକୁ କିଛି ଟଙ୍କା ଦେଇଦେଲେ ହେବ ନାହିଁକି ? ୨୧୮

ଶ୍ରୀଶ୍ରୀଠାକୁର -ଇଷ୍ଟଭୃତି ଚାନ୍ଦା ନୁହେଁ। ଏହା ମଧ୍ୟ donation (ଦାନ) ନୁହେଁ। ଭୋଜ୍ୟ ବା ପଇସା ଇଷ୍ଟଭୃତିର ମୂଳ କଥା ନୁହେଁ। ଏହାର ମୂଳ କଥା ହେଲା ଇଷ୍ଟଙ୍କୁ ଦେବାର ଆଗ୍ରହ, 'ତାଙ୍କୁ ନ ଖୁଆଇ ମୁଁ ଖାଇଲେ ମତେ ଭଲ ଲାଗେନା' - ଏଇ ଆବେଗ ଯେତେବେଳେ ନିଶା ପରି ଲାଗିଯାଏ, ଏହା ଜୀବନରେ ଅଫୁରନ୍ତ ଉତ୍ସାହ ପ୍ରଦାନ କରେ। ଠିକ୍ ଭାବରେ ଇଷ୍ଟଭୃତି କଲେ, ଏହାର ଗୁଣ ବୁଝାଯାଏ, ଏପରି simplest (ସରଳତମ) ଓ ସବୁଠାରୁ ଶକ୍ତିଶାଳୀ ପଥ ଆଉ ନାହିଁ।

ଅନୁଗତ -ଇଷ୍ଟଭୃତି କଣ ବିପଦ ସମୟରେ ସାହାଯ୍ୟ କରିଥାଏ ? ୨୧୯

ଶ୍ରୀଶ୍ରୀଠାକୁର- ଇଷ୍ଟଭୃତିର ଭୟାନକ ଗୁଣ। ଆଗନ୍ତୁକ ଅନେକ ବ୍ୟାଘାତକୁ ଏହା ଅଟକାଇ ଦିଏ। ଇଷ୍ଟଭୃତି ମାନେ ଇଷ୍ଟଭରଣ। ନିଜର ଗୁରୁଙ୍କୁ ରୋଜ ପ୍ରୀତି ଅବଦାନ ସ୍ୱରୂପ ଭୋଜ୍ୟ ନିବେଦନ କରିବା ପ୍ରଥାଟା ଖୁବ୍ ଭଲ। ଏଥିରେ ଶାରୀରିକ ଓ ମାନସିକ ଉଭୟର ଗୋଟିଏ ଆଗ୍ରହ-ସନ୍ଦୀପ୍ତ ଟାଣ ତାଙ୍କ ଉପରେ ଗଜାଏ। ନିଜ ପିଲାଙ୍କ ପାଇଁ କରୁ କରୁ ଯେପରି ପିଲାଙ୍କ ଉପରେ ଟାଣ ହୁଏ।

ଅନୁଗତ -ଇଷ୍ଟଭୃତି କରିବାର ବିଧି କ'ଣ ? ୨୨୦

ଶ୍ରୀଶ୍ରୀଠାକୁର- ସକାଳେ ଉଠି ମୁହଁ ଧୋଇ ଧ୍ୟାନ-ସ୍ମରଣ କରି ଭକ୍ତିସହକାରେ କିଛି ଅର୍ଥ ବା ଅନ୍ୟ କିଛି ନିବେଦନ କରି ରଖିଦେଲ, ମାସାନ୍ତରେ ଆଶ୍ରମକୁ ପଠାଇଦେଲ। ଏହି ଅଭ୍ୟାସ ଯଦି ଠିକଭାବେ ପାଳିତ ନ ହୁଏ, ତେବେ ବୁଝାଯିବ ଯେ ତୁମର ଚଳଣିରେ କିଛି ଭୁଲଭାଲ୍ ହେଉଛି ଏବଂ ତଦ୍ୱାରା ହୁଏତ କୌଣସି ବିପଦ ଆସିପାରେ। ତେଣୁ ସେତେବେଳେ ବିହିତ ପ୍ରାୟଶ୍ଚିତ୍ତ କରି କଠୋର ଭାବେ ଏହାକୁ ପାଳନ କରିବା ଦରକାର। କୌଣସି ସ୍ୱାର୍ଥ ପ୍ରୟାସ ରଖି ଏହା କଲେ ତାହା ଫଳବତୀ ହୁଏ ନାହିଁ। ମୂଳ କଥା ହେଲା - ତୁମର ପ୍ରିୟପରମଙ୍କୁ ତୃପ୍ତ କରିବାର ଆଗ୍ରହ।

(ଆଲୋଚକ- ଶ୍ରୀଶ୍ରୀଠାକୁରଙ୍କର ଗୋଟିଏ ବାଣୀ -

"ଭକ୍ତି ଭଣ୍ଡାମିରେ ଠାକୁର ପୂଜା
ବିଧି ଭଣ୍ଡାମିରେ ଇଷ୍ଟଭୃତି,
ସ୍ୱାର୍ଥପ୍ରୟାସେ କରନ୍ତି ଯେ
ନଷ୍ଟ ହୁଏ ତା' ସତ୍ତାଧୃତି।")

ଅନୁଗତ -ଦୀକ୍ଷା ସହିତ ଇଷ୍ଟଭୃତିର କଣ ସମ୍ପର୍କ ? ୨୨୧

ଶ୍ରୀଶ୍ରୀଠାକୁର -ଇଷ୍ଟଭୃତିରେ ଦୀକ୍ଷା ଚେତନ ରହେ ।

(ଆଲୋଚକ- ଶ୍ରୀଶ୍ରୀଠାକୁରଙ୍କର ଗୋଟିଏ ବାଣୀ-

"ଇଷ୍ଟେ ଚେତନ ବ୍ୟକ୍ତିତ୍ୱଟା
ମନ୍ତ୍ରେ ଚେତନ ମନ,
ଇଷ୍ଟଭୃତିରେ ଦୀକ୍ଷା ଚେତନ
ସେବାରେ ଚେତନ ଧନ ।")

ଅନୁଗତ -ଇଷ୍ଟଭୃତିରେ ଦୀକ୍ଷା ଚେତନ ରହେ ଏହାର ଅର୍ଥ କ'ଣ ? ୨୨୨

ଶ୍ରୀଶ୍ରୀଠାକୁର -ଦୀକ୍ଷା ଚେତନ ରହିବା ହେଉଛି, ଦୀକ୍ଷା ଦ୍ୱାରା ତୁମର ଯେଉଁ ଦକ୍ଷତା ବଢୁଛି -ଏହାକୁ ଜାରି ରଖିବା । ଦକ୍ଷ ହେବା ହେଉଛି, ଜୀବନକୁ ସୁଷୁପ୍ତିର ଗହ୍ୱରରୁ ଜାଗ୍ରତ କରି ସାମଗ୍ରିକଭାବେ ରକ୍ଷା କରିବା ବା ସଫଳ କରିବା । ଯେପରି ଶରୀର କର୍ମରେ ବଂଚି ରହେ ଇଷ୍ଟଭୃତିରେ ଦୀକ୍ଷା ସେହିପରି ବଂଚି ରହେ, ସଦାଚାର ଜୀବନ ବଂଚାଇ ଥାଏ । ବଂଚିବା-ବଢ଼ିବା ଅବ୍ୟାହତ ରହିବା ହେଉଛି ତ ଜୀବନ ।

(ଆଲୋଚକ- ଶ୍ରୀଶ୍ରୀଠାକୁରଙ୍କର ଗୋଟିଏ ବାଣୀ -

"ଇଷ୍ଟଭୃତିରେ ଦୀକ୍ଷା ବଂଚେ
ଶରୀର ବଂଚେ କର୍ମେ,
ସଦାଚାରେ ସମାଜ ବଂଚେ
ଜୀବନ ବଂଚେ ଧର୍ମେ ।")

ଅନୁଗତ - ଇଷ୍ଟଭୃତି କରିବା ଦ୍ୱାରା ଆଉ କ'ଣ ହୋଇଥାଏ ?୨୨୩

ଶ୍ରୀଶ୍ରୀଠାକୁର - ହୁଏତ ଏପରି ସମୟ ଆସିପାରେ, ତୁମେ ଦୀକ୍ଷା ନେଇ ଥିବା କଥା ଭୁଲି ବି ଯାଇପାର, ଆଳସ୍ୟପରାୟଣତା ହେତୁ ନାମଧ୍ୟାନ ମଧ୍ୟ କରୁ ନାହିଁ, କିନ୍ତୁ ଇଷ୍ଟଭୃତି କରୁଥିଲେ ଏହା ହୁଏ ନାହିଁ । ବାସ୍ତବରେ ଯାହାଙ୍କ ପାଇଁ କିଛି କର, ତାଙ୍କ ସହିତ ତୁମର ସମ୍ପର୍କ ମଧ୍ୟ ବାସ୍ତବ ହୁଏ । ଇଷ୍ଟଙ୍କ ସହିତ ଗୋଟାଏ ବାସ୍ତବ ସମ୍ପର୍କ ଯଦି ଆଜୀବନ ଚଳାଇ ରଖାଯାଏ, ଏହାର ଅବଲମ୍ବନରେ ଜୀବନରେ ପରିବର୍ତ୍ତନ ଆସେ ।

ଅନୁଗତ - ଇଷ୍ଟଭୃତି କରିବା ଦେଖି କେହି କେହି ଉପହାସ ବା ବିଦ୍ରୂପ କରଥାନ୍ତି । ତାଙ୍କ ପାଇଁ ଉତ୍ତର କ'ଣ ? ୨୨୪

ଶ୍ରୀଶ୍ରୀଠାକୁର- ମୁଁ ଖାଏ, ମୁଁ ପାଇଖାନା ଯାଏ, ଏସବୁ ବିଷୟ ନେଇ କେହି ଯଦି ଉପହାସ କରେ, ତାହେଲେ ତ ସେ ଜୀବନଧାରଣର ଉପଯୋଗୀ ଯାହା ତାକୁ ନେଇ ଉପହାସ କରୁଛି । ଅବଶ୍ୟ ଦିନେ ନା ଦିନେ ତୁମେମାନେ ସମସ୍ତେ ବୁଝିପାରିବ ଯେ, ସେ ବୁଢ଼ା (ନିଜକୁ ଲକ୍ଷ୍ୟ କରି) ଯା' କହୁଥିଲା ସେ ଠିକ୍ ହିଁ କହୁଥଲା । ଅସଲ କଥା

ହେଲା, ମୋର ଠାକୁର ଥିବା ଦରକାର, ନାମଜପ ରହିବା ଦରକାର ଆଉ ଦରକାର ଇଷ୍ଟଭୃତି । ମୋର କାର୍ଯ୍ୟକର୍ମ, ମୋର ପ୍ରବୃତ୍ତି ସବୁ ଯେପରି ଇଷ୍ଟ ବା ଆଦର୍ଶଙ୍କ ସେବା (service) ରେ ଲାଗିପାରେ । 'କ୍ରତୋ ସ୍ମର କୃତଂ ସ୍ମର' -କିଏ ମତେ ପରିହାସ କଲା ଏଇ ଚିନ୍ତାରେ escape କରିବା ଭଲ ନୁହେଁ । ଅବଶ୍ୟ ମଣିଷ ସ୍ୱଭାବତଃ ଏପରି କରେ । କିଏ ମତେ ହଜାର କଥା କହି ପାରେ, କିନ୍ତୁ ମୁଁ ତା ଦ୍ୱାରା carried (ବାହିତ) ହେବି କାହିଁକ ? ମୋ କଥା ମୋ ପାଖରେ, ତା' କଥା ତା' ପାଖରେ । ତୁମେ, ଅନ୍ୟର ପରିହାସ ବା ବିଦ୍ରୂପକୁ ନେଇ ଯଦି ପରିଚାଳିତ ହେବ , ତେବେ ତୁମର କେବେହେଲେ ଉନ୍ନତି ହେବ ନାହିଁ । ଅନ୍ୟ କଥାରେ ତୁମେମାନେ ରଞ୍ଜିତ ହେବାକୁ ଯିବ କାହିଁକି ? ସେପରି କଲେ ପ୍ରତିଟି ଜିନିଷ ଠିକ୍ ଭାବରେ ବିଚାର କରି ପାରିବ ନାହିଁ ।

(ଆଲୋଚକ- ଶ୍ରୀଶ୍ରୀଠାକୁରଙ୍କ କଥିତ ଉପରୋକ୍ତ ମନ୍ତ୍ର ଇଶୋପନିଷଦରେ ସ୍ଥାନିତ । ସମ୍ପୂର୍ଣ୍ଣ ମନ୍ତ୍ରଟି ହେଉଛି –

"ବାୟୁରନିଳମମୃତଂମଥେଦଂ ଭସ୍ମାନ୍ତଂ ଶରୀରମ୍ ।
ଓଁ କ୍ରତୋ ସ୍ମର କୃତଂ ସ୍ମର କ୍ରତୋସ୍ମର କୃତଂ ସ୍ମର ।।" ୧୭।। -ଇଶୋପନିଷଦ

ଅର୍ଥ- ଏହି କ୍ଷଣଭଙ୍ଗୁର ଶରୀର ପୋଡ଼ି ଭସ୍ମ ହୋଇଯାଉ । ପ୍ରାଣବାୟୁ ସମଗ୍ର ବାୟୁମଣ୍ଡଳରେ ମିଶିଯାଉ । ହେ ସଚ୍ଚିଦାନନ୍ଦ ପ୍ରଭୁ ଅନୁଗ୍ରହ କରି ମୋର ସମସ୍ତ କର୍ମ ଆପଣ ସ୍ମରଣ କରନ୍ତୁ ଏବଂ ଯେହେତୁ ଆପଣ ପରମ ଗ୍ରହୀତା ଅଟନ୍ତି, ତେଣୁ ମୁଁ ଯାହାସବୁ ଆପଣଙ୍କ ପାଇଁ କରିଛି, କୃପାକରି ସେସବୁ ସ୍ମରଣ କରନ୍ତୁ ।

ଅନୁଗତ -ପୁରାଣରେ ଇଷ୍ଟଭୃତି କଥା ଅଛି କି ? ୨୨୫

ଶ୍ରୀଶ୍ରୀଠାକୁର- ରାବଣର ପୁଅ ଇନ୍ଦ୍ରଜିତ ଥିଲା ଅଜେୟ । ତାହାର ମୂଳରେ ଥିଲା ନିକୁମ୍ଭିଲା ଯଜ୍ଞ, କିନ୍ତୁ ଯେଉଁଦିନ ତା'ର ସେହି ଯଜ୍ଞରେ ବ୍ୟାଘାତ ଘଟିଲା, ସେହିଦିନ ତା'ର ବିନାଶ ସମ୍ଭବ ହେଲା ।

ଅନୁଗତ - ଇଷ୍ଟଭୃତି କ'ଣ ଯଜ୍ଞ କି ? ୨୨୬

ଶ୍ରୀଶ୍ରୀଠାକୁର - ଇଷ୍ଟଭୃତି ଭିତରେ ପଞ୍ଚମହାଯଜ୍ଞର ମୋଟାମୋଟି ଜିନିଷଟା ଅଛି । ଯେଉଁମାନେ ଏହି ଯଜ୍ଞ କରନ୍ତି ସେମାନେ ଅଚିରେ ସାମର୍ଥ୍ୟବାନ ହୋଇ ଉଠନ୍ତି । ମଙ୍ଗଳକୁ ଭରଣ କରି ନିଜେ ମଙ୍ଗଳର ଅଧିକାରୀ ହୁଅନ୍ତି ।

(ଆଲୋଚକ- ମନୁସଂହିତାରେ -ଦେବ ଯଜ୍ଞ, ଋଷିଯଜ୍ଞ, ପିତୃ-ଯଜ୍ଞ,ନୃ-ଯଜ୍ଞ, ଭୂତଯଜ୍ଞ - ଏହାକୁ ପଞ୍ଚଯଜ୍ଞ କୁହାଯାଇଛି । ଏହି ସମ୍ପର୍କରେ ଶ୍ରୀଶ୍ରୀଠାକୁରଙ୍କର ଗୋଟିଏ ବାଣୀ - "ବଞ୍ଚିବା ବଢ଼ିବାର ଜୀବନଯଜ୍ଞ
ଇଷ୍ଟଭୃତିର ଅମୋଘ ଟାଣେ
ବଢ଼ାଇ ନେଇ ଜଗାଇ ତୋଳ
ଦୃପ୍ତ ହୁଅ ତୁ ସେବାର ଟାଣେ ।")

ଅନୁଗତ - ଇଷ୍ଟଭୃତି କଲାବେଳେ ଯଦି ଯଜ୍ଞର ଭାବ ନ ଆସେ, ତେବେ ତାହା କ'ଣ ନିରର୍ଥକ ? ୨୨୭

ଶ୍ରୀଶ୍ରୀଠାକୁର - ପ୍ରଥମେ ଯାନ୍ତ୍ରିକଭାବେ କରୁ କରୁ, କରିବାର ଭାବ ଆସେ - continuity (ନିରବଚ୍ଛିନ୍ନତା)କୁ ବଜାୟ ରଖିବାକୁ ହୁଏ । ଏହାଦ୍ୱାରା ଆତ୍ମ ନିୟନ୍ତ୍ରଣ ସହଜ ହୁଏ । କେବଳ ଇଷ୍ଟଭୃତି କଲେ ଯଜ୍ଞ ଶେଷ ହୁଏନା । ତିରିଶ ଦିନରେ ତାହାକୁ ଆଚାର୍ଯ୍ୟଦେବଙ୍କ ନିକଟକୁ ପଠାଇଲେ ଏହା ପୂର୍ଣ୍ଣ ହୋଇଥାଏ । ମନୁସଂହିତାରେ ଯେଉଁ ପଂଚଯଜ୍ଞ କଥା କୁହାଯାଇଛି ତାହାକୁ ଯୁଗୋପଯୋଗୀ କରାଯାଇଛି -ଯଜନ-ଯାଜନ-ଇଷ୍ଟଭୃତିର ପ୍ରବର୍ତ୍ତନ ଦ୍ୱାରା, ଏହା ବଂଚିବା ଓ ବଢ଼ିବାର ଯଜ୍ଞ । ଯଜ୍ଞ କେବଳ ଘିଅ ପୋଡ଼ିଲେ ହୁଏ ନା । ଯଜ୍ଞ ମଧ୍ୟରେ ଅଛି ଲୋକସେବା, ଯଜ୍ଞରେ ପୁରୋହିତ, ବ୍ରହ୍ମା, ଓ ଋତ୍ୱିକ୍ ଏମାନେ ସମସ୍ତେ ଥାଆନ୍ତି । ସେଠାରେ ବହୁଲୋକ ସମାଗମ ହୁଏ । ଲୋକଚର୍ଚ୍ଚା ହୁଏ ।

(ଆଲୋଚକ- ଶ୍ରୀଶ୍ରୀଠାକୁରଙ୍କର ଗୋଟିଏ ବାଣୀ -
"ଇଷ୍ଟଭୃତି ଇଷ୍ଟଙ୍କୁ ଦିଅ
କରନା ସେଥିରେ ବଂଚନା,
ଅନ୍ୟକୁ ତାହା ଦେଲେହିଁ ଜାଣିଥା
ଆସିବ ବିପାକ ଗଞ୍ଜଣା ।")

ଅନୁଗତ - ଇଷ୍ଟଭୃତିରେ କ'ଣ ଗ୍ରହଦୋଷ ଖଣ୍ଡନ କରେ ? ୨୨୮

ଶ୍ରୀଶ୍ରୀଠାକୁର -ଇଷ୍ଟଙ୍କ ପାଇଁ କରିବା ଆରମ୍ଭ ହୁଏ ଇଷ୍ଟଭୃତିରୁ । ତୁମେ ଏ ବିଷୟରେ ଯେତେ ସଚେତନ ହେବ, ତୁମର ମସ୍ତିଷ୍କର କୋଷ ସେତେ ସକ୍ରିୟ ହେବ, ଗ୍ରହଦୋଷ-ବିପଦକୁ ସାମନା କରିବାର ଉପାୟ ଜୁଟିବ । ଇଷ୍ଟଙ୍କଠାରେ ମନ ଥିଲେ ତାହାହିଁ ହେବ ତୁମର ନିରାପଦ ଆଶ୍ରୟସ୍ଥଳ ।

ଅନୁଗତ - ଅର୍ଥ ଆକାରରେ ଇଷ୍ଟଭୃତି କଲେ କେତେ କରିବାକୁ ହୁଏ ? ୨୨୯

ଶ୍ରୀଶ୍ରୀଠାକୁର -ପରିମାଣର ନିର୍ଦ୍ଦିଷ୍ଟ ସୀମା ନାହିଁ, କିନ୍ତୁ ଆହାର ଆନୁପାତିକ ହେବା ଦରକାର ।

(ଆଲୋଚକ- ଶ୍ରୀଶ୍ରୀଠାକୁରଙ୍କର ଗୋଟିଏ ବାଣୀ -
"ଦୈନନ୍ଦିନ ଆହାର ଯେପରି
ଇଷ୍ଟଭୃତି ରଖିବୁ ସେପରି,
ଏଇଟା ଜାଣିଥା ନିହାତି କମ
ଯା ଠାରୁ କମ କି ନୁହେଁ ବିଷମ,
ପାରିଲେ କମରେ ଯାଅ ନା
କପଟବ୍ରତୀ ହୁଅ ନା ।")

ଅନୁଗତ - ଅର୍ଥାଭାବରେ ଧାର କରଜ କରି ଇଷ୍ଟଭୃତି କରାଯାଏ କି ? ୨୩୦

ଶ୍ରୀଶ୍ରୀଠାକୁର - ନିଜ ଆୟରୁ ଇଷ୍ଟଭୃତି କରାଯାଏ, ଧାର କରଜ ଦ୍ୱାରା ହୁଏ ନା। କରୁ କରୁ ବଢ଼ାଇବାର ବୁଦ୍ଧି ଆସେ। କୁହାଯାଏ -habit is the second nature (ଅଭ୍ୟାସ ହେଉଛି ଦ୍ୱିତୀୟ ପ୍ରକୃତି)। ଗୋଟିଏ ଗପ ଶୁଣ- ଜଣେ ଫକୀର ପ୍ରତ୍ୟେକ ଦିନ ଗୋଟିଏ ଘରୁ କିଛି ଭିକ୍ଷା ପାଆନ୍ତି ନାହିଁ। ବାରମ୍ବାର ମାଗିବା ଫଳରେ ଗୃହିଣୀ ବିରକ୍ତ ହୋଇ ଶେଷରେ ଏକ ମୁଠା ପାଉଁଶ ଦେଲା। ତାହା ପାଇ ଫକୀର କହିଲେ, ଏହା ବି ଭଲ, ଦେବାର ହାତ ଖୋଲୁ।

ଅନୁଗତ - ଆୟ କମିଗଲେ କ'ଣ କରାଯିବ ? ୨୩୧

ଶ୍ରୀଶ୍ରୀଠାକୁର -ଅସଲ କଥା ହେଉଛି ଇଷ୍ଟଙ୍କୁ ଭୋଜ୍ୟ ଦେବ। କିନ୍ତୁ ଅସମୟ, ଦୈବଦୁର୍ବିପାକ ଇତ୍ୟାଦି ସମୟରେ ଆଞ୍ଜୁଳାଏ ପାଣି, ମୁଠାଏ ବାଲି, ପୋଡା ମାଟି, ଫୁଲ ଦେଇ ବି ମହା ମହା ବିପଦରୁ ରକ୍ଷା ପାଇବାର ଦୃଷ୍ଟାନ୍ତ ଅଛି। କିନ୍ତୁ ନିଜ ପାଇଁ ତୁମେ ଯଦି ବେଶ ଖର୍ଚ୍ଚ କରି ପାରୁଛ, ତେବେ ଇଷ୍ଟଙ୍କ ବେଳକୁ କୁଣ୍ଠା ପ୍ରକାଶ କରିବା ଅନୁଚିତ। ତେଣୁ ଇଷ୍ଟଭୃତି ନ କମାଇ ଯେତେ ବଢ଼ାଇବ -ଏଇ ପ୍ରକାର ଚିନ୍ତାରେ ରହିବା ଭଲ।

ଅନୁଗତ - ଅଶୌଚ ଅବସ୍ଥାରେ କ'ଣ କରଣୀୟ ? ୨୩୨

ଶ୍ରୀଶ୍ରୀଠାକୁର - ସେତେବେଳେ ନିଜେ ନିବେଦନ ନ କରି କୌଣସି ନିକଟ ଲୋକ ବା ପୁରୋହିତଙ୍କ ଦ୍ୱାରା ତାହା କରାଯିବା ଉଚିତ। ଯଦି ଇଷ୍ଟଭୃତି ପଠାଇବା ଦିନରେ ମଧ୍ୟ ଅଶୌଚ ଅବସ୍ଥା ଥାଏ ତେବେ ଅନ୍ୟ ଦ୍ୱାରା ପଠାଇବାର ବ୍ୟବସ୍ଥା କରିବ। ତା ନ ହେଲେ ଅଶୌଚ ଅବସ୍ଥା ଶେଷ ହେବାପରେ ବିଗତ ଦିନଗୁଡ଼ିକର ଇଷ୍ଟଭୃତି ଏକାଦିନକେ କରାଯାଏ ଓ ସେହିପରି ଭାବରେ ପଠାଯାଏ।

ଅନୁଗତ - ଏହାକୁ 'ସମର୍ପଣ ଯୋଗ' କାହିଁକି କୁହାଯାଏ ? ୨୩୩

ଶ୍ରୀଶ୍ରୀଠାକୁର - ବର୍ତ୍ତମାନ ମଣିଷର ଲୋଭ ଓ ଆସକ୍ତି ଅର୍ଥ ଉପରେ ନିବଦ୍ଧ। ଅର୍ଥହିଁ ଆଜି ଦୁନିଆର ଅନର୍ଥର ମୂଳ କାରଣ, ଯଦି ତାହା ପରମାର୍ଥ ନ ହୁଏ। ଇଷ୍ଟାର୍ଥେ ବାସ୍ତବରେ ନିବେଦନ ନ କରି, ସମର୍ପଣ କଥା ହଜାରବାର ମୁହଁରେ କହିଲେ ବା ମନେମନେ ଭାବିଲେ ହୁଏ ନାହିଁ। ତ୍ୟାଗରେ ହିଁ ଭୋଗର ପ୍ରତିଷ୍ଠା। ଭୋଗରେ ବିଭୋର ହୋଇ ଅହଂକାରବଶତଃ ଯେଉଁ ତ୍ୟାଗ ତାହା ତ୍ୟାଗ ନୁହେଁ -ଏଣୁ ଇଷ୍ଟାର୍ଥେ ତ୍ୟାଗହିଁ ପ୍ରକୃତ ତ୍ୟାଗ, ଏହା ଅନାସକ୍ତ ଭାବ ସୃଷ୍ଟି କରେ। ଗୀତାରେ ଅଛି -ଇଷ୍ଟଙ୍କୁ ନ ଦେଇ ଯେ ଖାଏ ସେ ଚୋର ହୁଏ। ଏହା ମଧ୍ୟ ସାମର୍ଥୀ ଯୋଗ।

(ଆଲୋଚକ- ଶ୍ରୀଶ୍ରୀଠାକୁର କେଷ୍ଟଦାଙ୍କୁ (କୃଷ୍ଣପ୍ରସନ୍ନ ଭଟ୍ଟାଚାର୍ଯ୍ୟ) ୧୯୪୬ ଜୁଲାଇ ୨୦ ତାରିଖରେ କହିଲେ, "ମୁଁ ଆଜି ନିଦରେ ସ୍ୱପ୍ନରେ ଯାହା ଦେଖିଲି ଆପଣଙ୍କୁ କହୁଛି, ଇଷ୍ଟଭୃତି ହେଉଛି materialised abilityର concentration -ସାମର୍ଥୀ ଯୋଗ। ଅଧ୍ୟାତ୍ମ ଯୋଗ ସହିତ ଏହି ସାମର୍ଥୀ ଯୋଗ ନ ରହିଲେ ସିଦ୍ଧି ହୁଏନା। x x x ଆଜି ଯେପରି ନୂଆ

କରି ଏହି expression ଟା ଆସିଲା । ସ୍ୱପ୍ନ ଭିତରେ ବି ଅନେକ ନୂତନ ଜିନିଷ ପାଇ ହୁଏ । ଅଧ୍ୟାତ୍ମ ଯୋଗ ସହିତ ସାମର୍ଥୀ ଯୋଗ ଏହି ଭାବରେ (ପୂର୍ବରୁ) ଯେପରି ଆଉ କେବେବି କହିନି । ସମସ୍ତଙ୍କ ପାଖରେ କହିବାକୁ ଲାଗିଲି, ଏପରି କହୁ କହୁ ନିଜକୁ ମଧ୍ୟ ଭଲ ଲାଗିବାକୁ ଲାଗିଲା । ଭାବିଲି ବାଃ । ଯେଉଁ idea ସହିତ motor action ଠିକ୍ ଠିକ୍ ହୁଏନା, ତାହା ଉଭେଇ ଯାଏ । କାର୍ଯ୍ୟକାରୀ ହୁଏନା, materialised (ବାସ୍ତବାୟିତ) ହୁଏନା, ସେଥିରେ ସିଦ୍ଧି ହୁଏନା ।" (ଦିନପଞ୍ଜି ୧ମ ଖଣ୍ଡ ଏବଂ ଇଷ୍ଟଭୃତି)

ପୁଣି ଶ୍ରୀଶ୍ରୀଠାକୁର କହିଲେ ଗୀତାରେ କୁହାଯାଇଛି -

" ଇଷ୍ଟାନ୍ ଭୋଗାନ୍ ହି ବୋ ଦେବା ଦାସ୍ୟନ୍ତେ ଯଜ୍ଞଭାବିତାଃ ।
ତୈର୍ଦତ୍ତାନପ୍ରଦାୟୈଭ୍ୟୋ ଯୋ ଭୁଙ୍କ୍ତେ ସ୍ତେନ ଏବ ସଃ ॥" (ଗୀତା, ୩/୧୨)

(ଦେବତାଙ୍କ ପ୍ରଦତ୍ତ ବସ୍ତୁ ଦେବତାଙ୍କୁ ନିବେଦନ ନ କରି ଯିଏ ଭୋଗ କରନ୍ତି, ସେ ନିଶ୍ଚୟ ହିଁ ଚୋର ।)

ଜେମସ କଥିତ ବାଇବେଲରେ ଅଛି- "He who sacrifices for any god, except to the LORD only, he shall be utterly destroyed." ଯେଉଁ ଲୋକ ପ୍ରଭୁଙ୍କ ବ୍ୟତୀତ ଅନ୍ୟ କୌଣସି ଦେବତାଙ୍କ ଉଦ୍ଦେଶ୍ୟରେ ନିବେଦନ କରେ ସେ ନିଶ୍ଚିତ ନଷ୍ଟ ହୁଏ ।

ଶ୍ରୀଚୈତନ୍ୟଚରିତାମୃତରେ କୁହାଯାଇଛି -

'ସତ୍‌ସଙ୍ଗ କୃଷ୍ଣସେବା ଭାଗବତ ନାମ
ବ୍ରଜେବାସ ଏହି ପଞ୍ଚ ସାଧନ ପ୍ରଧାନ' । (ମଧ୍ୟ ଲୀଳା)

ଏହି କୃଷ୍ଣସେବା ହେଉଛି ଇଷ୍ଟ-ଭରଣ, ଇଷ୍ଟ-ପୋଷଣ ।)

ଅନୁଗତ - ତେବେ କ'ଣ ଇଷ୍ଟଭୃତି ଆମକୁ ବିପଦରୁ ରକ୍ଷା କରିବ ? ୨୩୪

ଶ୍ରୀଶ୍ରୀଠାକୁର - ମୋର ଯେ କି ଉତ୍କଣ୍ଠା, କି ଉଦ୍‌ବେଗ କେହି ବୁଝିବେ ନାହିଁ। ସମସ୍ତଙ୍କ ପାଇଁ ସବୁବେଳେ ଯେପରି ଆତଙ୍କଗ୍ରସ୍ତ ହୋଇଥାଏ । ଆଉ ଅମଙ୍ଗଳଟା ଯେପରି ମୋ ମନରେ ବେଶିଭାବେ ଉଙ୍କି ମାରେ । **ସର୍ବଦା ଭାବେ, ସମସ୍ତେ ସୁସ୍ଥ ଥାଆନ୍ତୁ, ସ୍ୱସ୍ଥ ଥାଆନ୍ତୁ, ସୁଦୀର୍ଘ ଜୀବନ ଉପଭୋଗ କରନ୍ତୁ। ତୁମେ ସମସ୍ତେ -ମୁଁ ଯେପରି କୁହେ ସେହିପରି ଭାବରେ ଯଦି ଚଳ , ତେବେ ପରମପିତାଙ୍କ ଦୟାରୁ ତୁମେମାନେ ଯେଉଁ ଚଲାପଥ ପାଇଛ, ସେହି ପଥରେ ଚାଲିଲେ ଅନେକ ରକ୍ଷା ପାଇ ଯାଆନ୍ତ, କିନ୍ତୁ ତୁମର ନିଜସ୍ୱ ଖିଆଲ ଅଛି। ତଥାପି ଯଜନ, ଯାଜନ, ଇଷ୍ଟଭୃତିର ସୂତ୍ର ଧରି ରହିଛ ବୋଲି କେତେ ଆଡୁ କେତେ ବିପଦରୁ କେତେ ଭାବରେ ଯେ ରକ୍ଷା ପାଉଛ, ତା'ର ଇୟତ୍ତା ନାହିଁ। ଯଜନ, ଯାଜନ, ଇଷ୍ଟଭୃତି/ କରିଲେ କାଟେ ବହୁତ ଭୀତି -ଏ ସମ୍ବନ୍ଧରେ କୌଣସି ସନ୍ଦେହ ନାହିଁ।**

(ଆଲୋଚକ-ଶ୍ରୀଶ୍ରୀଠାକୁରଙ୍କର ଏହି ସମ୍ପର୍କିତ ଗୋଟିଏ ବାଣୀ -

'ଯେତେହିଁ ଆସୁ ଆପଦ ବିପଦ
ଯେପରି ହେଉ ପ୍ରାଣ,
ଇଷ୍ଟଭୃତି ଆଣେହିଁ ଆଣେ
ସବୁରି ପରିତ୍ରାଣ ।'

(ଏହି ଇଷ୍ଟଭୃତି ସହିତ ଆଚାର୍ଯ୍ୟଭୃତି, ପିତୃଭୃତି, ମାତୃଭୃତି, ଭୂତଭୋଜ୍ୟ, ଭ୍ରାତୃଭୋଜ୍ୟ କରିବାର ବିଧି ରହିଛି ।

ଆଚାର୍ଯ୍ୟଦେବ ଶ୍ରୀଶ୍ରୀଦାଦାଙ୍କର (୧୪-୭-୨୦୧୯, ଋତ୍ୱିକ ସମ୍ମେଳନ) ଏହି ସଂପର୍କରେ ଉକ୍ତି- ଯିଏ ଦୀକ୍ଷା ନିଏ ସେ ଯଜନ, ଯାଜନ ଓ ଇଷ୍ଟଭୃତି କରିଚାଲେ । ମୁଁ ଦୀକ୍ଷା ଦିଏ, ଦୀକ୍ଷା ସମୟରେ ନାମଧ୍ୟାନର କଥା କହେ କିନ୍ତୁ ନିଜେ କରେନା । ମୋ ଚଳଣି ଭିତରେ ହିଁ ଫାଙ୍କି, କିପରି ସଫଳ ହେବି ? ଆମେ ପ୍ରତ୍ୟେକେ ଠାକୁରଙ୍କ ମନମୁତାବିକ ହେବାକୁ ଚେଷ୍ଟା କରିବା ଦରକାର । ଦୀକ୍ଷା ସମୟରେ ଯାହା ଯାହା କରଣୀୟ ବୋଲି କୁହାଯାଇଥିଲା -ନାମଧ୍ୟାନ କରିବାକୁ ହେବ, ଶବାସନ କରିବାକୁ ହେବ, ପାରିପାର୍ଶ୍ୱିକ ପ୍ରତ୍ୟେକଙ୍କ ଉପରେ ମୋର ଯେଉଁ କର୍ତ୍ତବ୍ୟ ରହିଛି ତାହା ପାଳନ କରିବାକୁ ହେବ, ପ୍ରତ୍ୟେକର ସେବା-ସଂବର୍ଦ୍ଧନାର ଦାୟିତ୍ୱ ମୋର । ସେ ଦାୟିତ୍ୱ ମୋତେ ବହନ କରିବାକୁ ହେବ ।

ମୋର ବାବା (ଶ୍ରୀଶ୍ରୀବଡ଼ଦା) ସବୁ ସମୟରେ କହୁଥିଲେ-

"You are for the Lord
Not for others,
You are for the Lord
So for others."

(ତୁମେ କେବଳ ପ୍ରଭୁଙ୍କ ପାଇଁ, ଆଉ କାହାପାଇଁ ନୁହଁ ତୁମେ ପ୍ରଭୁଙ୍କ ପାଇଁ ତେଣୁ ତୁମେ ସମସ୍ତଙ୍କ ପାଇଁ)

ମୁଁ ଠାକୁରଙ୍କୁ ଭଲପାଏ, ଠାକୁର ମୋ ଜୀବନର ସବୁକିଛି, ତାଙ୍କୁ ପାଇବା ହିଁ ମୋ ଜୀବନର ସାଧନା -ଏହିପରି ଭାବରେ ଚାଲିଲେ ଆମେ ଠାକୁରଙ୍କର ମନମୁତାବିକ ହୋଇ ପାରିବା । ଅନ୍ୟକୁ ମଧ୍ୟ ସେହିଭଳି କରିତୋଳି ପାରିବା ।)

ସ୍ୱସ୍ତ୍ୟୟନୀ

ଅନୁଗତ - ଆପଣଙ୍କ ପ୍ରଦତ୍ତ 'ସ୍ୱସ୍ତ୍ୟୟନୀ' ବିଧିର ଅର୍ଥ କ'ଣ ? ଏହାର ତାତ୍ପର୍ଯ୍ୟ କ'ଣ ? ୨୩୫

ଶ୍ରୀଶ୍ରୀଠାକୁର - ଏହାର ଶାବ୍ଦିକ ଅର୍ଥ ହେଉଛି-ଭଲରେ ରହିବାର ମାର୍ଗ - ସୁ+ ଅସ୍ତି+ ଅୟନ(ଇ) । ଏହା ଏକ ସଂକଳ୍ପ । ଏହି ସଂକଳ୍ପଠାରୁ ଶକ୍ତିମାନ୍ କିଛି ଦେଖିନାହିଁ । ସ୍ୱସ୍ତ୍ୟୟନୀ କରିବା ମାନେ ଏହାର ସମସ୍ତ ନିୟମ ମାନି ଚଳିବା । ତାହାହେଲେ ହାତେ

ହାତେ ତାହାର ଫଳ ମିଳେ। ମଣିଷ ମନର ସ୍ତର ବଦଳି ଯାଏ, ବଢ଼ି ଯାଏ। ଖରାପ ଅବସ୍ଥାକୁ ସେ ଶୁଭ କରି ଦିଏ। ସବୁକିଛି ମୂଳରେ ଅଛି ମଣିଷର ଚରିତ୍ର, ଅଭ୍ୟାସ, ବ୍ୟବହାର, ଇଚ୍ଛା ଓ ଆକୁଳତା। ସ୍ୱସ୍ତ୍ୟୟନୀ ବ୍ରତ ଦ୍ୱାରା ଏହିସବୁ ନିୟନ୍ତ୍ରିତ ହୁଏ ଏବଂ ଉନ୍ନତ ହୁଏ। ଯେ କେହି ସ୍ୱସ୍ତ୍ୟୟନୀର ଯଦି ନିୟମ ମାନି ଚଳୁଥିବ ତେବେ ତାର ଅବସ୍ଥା ବଦଳିବାକୁ ବାଧ୍ୟ। ବିପଦ ଆପଦ ଯାହାବି ଆସୁ ନା କାହିଁକି ସ୍ୱସ୍ତ୍ୟୟନୀ ବ୍ରତକୁ ଆହୁରି ଟାଣ କରି ଯାବୁଡି ଧରିବାକୁ ପଡ଼ିବ।

ଅନୁଗତ - ଏହି ବ୍ରତ କ'ଣ ଏତେ ଗୁରୁତ୍ୱପୂର୍ଣ୍ଣ ? ୨୩୬

ଶ୍ରୀଶ୍ରୀଠାକୁର - ମଣିଷର ସର୍ବବିଧ ଉନ୍ନତି ନିର୍ଭର କରେ ଏଇ ସ୍ୱସ୍ତ୍ୟୟନୀ ଉପରେ। ସ୍ୱସ୍ତ୍ୟୟନୀ ବ୍ରତଧାରୀ ମାନେ ମୁଁ ବୁଝେ ଯିଏ ଈଶ୍ୱର, ଧର୍ମ ଓ କୃଷ୍ଟିର ମଣିଷ। ଏହା ଭିତରଦେଇ ସଂହତ ବ୍ୟକ୍ତିତ୍ୱ ଓ ପ୍ରଜ୍ଞା ଫୁଟିଉଠେ। ତେଣୁ ସ୍ୱସ୍ତ୍ୟୟନୀର ନୀତିଗୁଡ଼ିକୁ ଠିକଭାବେ ପାଳନ କରିବାକୁ ହୁଏ। ମନେକର, ଜଣେ ବ୍ୟବସାୟୀ ଯଦି ସାମାନ୍ୟ ଅସୁବିଧା ହେଲେ ମୂଳଧନରୁ ଖର୍ଚ୍ଚ କରି ଚାଲେ, ତେବେ ତା'ର ବ୍ୟବସାୟ ଉଧାଏ ନାହିଁ। ସେହିପରି ସ୍ୱସ୍ତ୍ୟୟନୀର ସଂଚିତ ଅର୍ଥକୁ ମୂଳଧନ ଭାବି ସମ୍ପତ୍ତି-ସମ୍ପ୍ରସାରଣ ବ୍ୟତୀତ ଅନ୍ୟତ୍ର ବ୍ୟୟ କରିବାକୁ ମନା,- ଏହି ଅଭ୍ୟାସ ଦ୍ୱାରା ସେ ବ୍ୟବସାୟର ମୂଳଧନକୁ ଛୁଏଁ ନାହିଁ -ଏହାଦ୍ୱାରା ତା'ର ଚରିତ୍ର ଓ ପ୍ରଜ୍ଞା ବୃଦ୍ଧିପ୍ରାପ୍ତ ହୁଏ। ସେହିପରି ପରିବେଶ ସହିତ ଭଲ ସମ୍ପର୍କ ରଖିଲେ ମଣିଷର ନିଜ ବିଜ୍ଞାପନର ଦରକାର ପଡ଼େ ନାହିଁ। ତା'ର ସଚ୍ଚୋଟ ପଣିଆ ଓ ସୁବ୍ୟବହାର ଦ୍ୱାରା ଲୋକେ ତା' ପାଖକୁ ସ୍ୱତଃ ଆସିଥାନ୍ତି।

(ଆଲୋଚକ- ମନୁସଂହିତାରେ ଅଛି -

> 'ଇଦଂ ସ୍ୱସ୍ତ୍ୟୟନଂ ଶ୍ରେଷ୍ଠମିଦଂ ବୁଦ୍ଧିବିବର୍ଦ୍ଧନମ୍
> ଇଦଂ ଯଶସ୍ୟମାୟୁଷ୍ୟମିଦଂ ନିଃଶ୍ରେୟସଂ ପରମ୍।'

ଶ୍ରୀଶ୍ରୀଠାକୁରଙ୍କ ପ୍ରଦତ୍ତ ସ୍ୱସ୍ତ୍ୟୟନୀର ପାଞ୍ଚଟି ନୀତି ଏହିପରି - (୧) ପ୍ରଥମରେ ନିଜ ଶରୀରକୁ ଇଷ୍ଟପୂଜାର ଯନ୍ତ୍ର ସ୍ୱରୂପ ବିବେଚନା କରି ସୁସ୍ଥ ଓ ସହନପଟୁ ରଖିବାର କଥା, ସେଇ ଦୃଷ୍ଟିଭଙ୍ଗୀ ନେଇ ଚଳିବାକୁ ହୁଏ। ଏହି ଦୃଷ୍ଟିଭଙ୍ଗୀ ହେଲା ଶରୀର ସୁସ୍ଥତା କେବଳ ଶରୀର ପାଇଁ ନୁହେଁ, କିନ୍ତୁ ଇଷ୍ଟଙ୍କ କାମ ପାଇଁ। ତେଣୁ ଏଠାରେ ଶରୀର ମୁଖ୍ୟ ନୁହେଁ, କାରଣ ତଦ୍ୱାରା ମଣିଷ ଶରୀର-ସର୍ବସ୍ୱ ହୁଏ ନାହିଁ। ପୁଣି ଶରୀର ଯଦି ଠିକ୍ ନ ରହିବ, ତେବେ ମନ ପୁଣି ଶରୀରମୁଖୀ ହେବ। (୨) ଦ୍ୱିତୀୟରେ ନିଜର ବୃତ୍ତି-ପ୍ରବୃତ୍ତିକୁ ନିରୋଧ ନ କରି ପ୍ରବୃତ୍ତିର ଚାହିଦା ଓ ପ୍ରୟୋଜନଗୁଡ଼ିକୁ ସର୍ବଦା ସମୁନ୍ନତ ସମ୍ବେଗଶାଳୀ କରି ଇଷ୍ଟସ୍ୱାର୍ଥ-ପ୍ରତିଷ୍ଠାପନ୍ନ କରି ଚଳାଇବା। (୩) ତୃତୀୟରେ ଇଷ୍ଟାନୁକୂଳ ଜୀବନବୃଦ୍ଧିର ଯେ କୌଣସି ସତ୍-ଚିନ୍ତା ମସ୍ତିଷ୍କରେ ଆସିବାମାତ୍ରେ ଯଥୋପଯୁକ୍ତ ଶକ୍ତି ଓ ସାହସକୁ ନିୟୋଜିତ କରି ତାକୁ ଅବିଳମ୍ବେ ବାସ୍ତବରେ ପରିଣତ କରିବା। (୪) ଚତୁର୍ଥରେ ପାରିପାର୍ଶ୍ୱିକକୁ ନିଜର ବଞ୍ଚିବା ଓ ବଢ଼ିବାର ସ୍ୱାର୍ଥ ବିବେଚନା କରି ଅନୁସନ୍ଧିତ୍ସୁ ସେବା ଓ

ସନ୍ଦୀପନୀ ଯାଜନ ସାହାଯ୍ୟରେ ସେମାନଙ୍କୁ ଇଷ୍ଟଙ୍କ ପ୍ରତି ଅଚ୍ୟୁତଭାବରେ ଅନୁରକ୍ତ କରିତୋଳି ଉନ୍ନତ ଚଳନରେ ସମର୍ଥ କରି ତୋଳିବା । (୫) ପଞ୍ଚମରେ ଏହିଗୁଡ଼ିକୁ ଆଚରଣ କରିବା ସଙ୍ଗେ ସଙ୍ଗେ ଦକ୍ଷତା ଓ ଶ୍ରମଶୀଳତାକୁ ବର୍ଦ୍ଧନ କରି ପ୍ରତ୍ୟହ ଆହାର୍ଯ୍ୟ ଗ୍ରହଣ ପୂର୍ବରୁ ଯଥାସମ୍ଭବ ସୁନ୍ଦରଭାବେ ଇଷ୍ଟଙ୍କର ଦୁଇ ଓଳିର ଆହାର୍ଯ୍ୟ ଉପଯୋଗୀ ଭୋଜ୍ୟ ବା ତଦନୁକଳ୍ପେ ଯଦୃଚ୍ଛା ଦୁଇ-ଚାରି-ଆଠ ଅଣା, ଟଙ୍କାଟିଏ ହେଉ ବା ପାଞ୍ଚ, ସାତ, ଦଶ ଟଙ୍କା ବା ତଦୂର୍ଦ୍ଧ୍ୱ ହେଉ ବା ବିନିମୟରେ ସେତିକି ଅର୍ଥ ମିଳିପାରେ ଏଭଳି ଦ୍ରବ୍ୟ ହେଉ - ଇଷ୍ଟଙ୍କୁ ନିବେଦନ କରି ମାନସ ଓ ବାହ୍ୟୋପଚାରରେ ପ୍ରତ୍ୟହ ଇଷ୍ଟଙ୍କୁ ଅଞ୍ଜଳି ଦେଇ ନିୟମାନୁଯାୟୀ ପ୍ରତିଦିନ ସେହିପରିଭାବରେ ଚଳି ଇଷ୍ଟାର୍ଘ୍ୟକୁ ମୋଟ ଉପରେ କ୍ରମବୃଦ୍ଧିପର କରି ରଖିବା । ପୁଣି ପ୍ରତି ମାସ ଶେଷରେ ଅର୍ଥାତ୍ ଯେଉଁ ଦିନ ସ୍ୱସ୍ତ୍ୟୟନୀ ବ୍ରତ ଗ୍ରହଣ କରାଯାଇଛି ସେହି ଦିନଠାରୁ ପ୍ରତ୍ୟେକ ୩୦ ଦିନର ଦିନ ସେହି ପ୍ରତି ଦିନ ଜମା ଇଷ୍ଟାର୍ଘ୍ୟକୁ ରୀତିମତ ନିୟମରେ ତିନିଟଙ୍କା କରି ଇଷ୍ଟଙ୍କର ବାସ୍ତବ ସେବା ବାବଦରେ ପଠାଇ ଜଳଗ୍ରହଣ କରିବା ଏବଂ ଅବଶିଷ୍ଟ ଅର୍ଥ ଯେପରି କୌଣସିକ୍ରମେ ବ୍ୟୟ ନ ହୁଏ ସେପରିଭାବରେ ଜମା ରଖିବା ।)

ଅନୁଗତ - ସ୍ୱସ୍ତ୍ୟୟନୀ ଦ୍ୱାରା ଅର୍ଥନୈତିକ ଉନ୍ନତି କିପରି ଘଟିଥାଏ ? ୨୩୭

ଶ୍ରୀଶ୍ରୀଠାକୁର - କେବଳ ଅର୍ଥନୈତିକ ଉନ୍ନତି କାହିଁକି ସ୍ୱସ୍ତ୍ୟୟନୀ ଜଣକୁ master of situation (ପରିସ୍ଥିତିର ପ୍ରଭୁ) କରିଥାଏ ଅର୍ଥାତ୍ ଅସୁବିଧାରେ ପଡ଼ିଲେ ତାକୁ କେମିତି tackle କରିବ (ସମ୍ଭାଳିବ) ସେହି ବୁଦ୍ଧି ସେ ପାଇଥାଏ, ବୁଦ୍ଧିବଣା ହୋଇଯାଏ ନାହିଁ । ତେଣୁ ସ୍ୱସ୍ତ୍ୟୟନୀ-ଚରିତ୍ର ଯେବେ ଗଠିତ ହୁଏ ତେବେ ଶିଳ୍ପ-ବାଣିଜ୍ୟ-ବ୍ୟବସାୟ କ୍ଷେତ୍ରରେ ଉନ୍ନତିଲାଭ ସ୍ୱାଭାବିକ ହୋଇଉଠେ । ଏହି ପାଞ୍ଚଟି ନୀତି ଯଦି କାହା ଚରିତ୍ରରେ ଫୁଟି ଉଠେ ତେବେ ସେ ଜଣେ ଦିକ୍‌ପାଳ ହୋଇ ଉଠିବହିଁ ଉଠିବ । ତେଣୁ ପ୍ରତିଦିନ ବିଶ୍ଳେଷଣ କରି ଦେଖିବା ଦରକାର ଏଇ ପାଞ୍ଚଟି ନୀତିରୁ କେଉଁଟି କିପରି ପରିପାଳିତ ହେଉଛି ଆଉ ସ୍ୱସ୍ତ୍ୟୟନୀ ସହିତ ଯଜନ, ଯାଜନ, ଇଷ୍ଟଭୃତି ମଧ୍ୟ ଠିକରୂପେ ହେଉଛି କି ନାହିଁ । ବାସ୍ତବ ଆଚରଣ ଦ୍ୱାରା ଏହାରି ଭିତରଦେଇ ସଂହତିପୂର୍ଣ୍ଣ ବ୍ୟକ୍ତିତ୍ୱର ଉଦ୍ଭବ ହୁଏ, ପ୍ରଜ୍ଞା ଫୁଟି ଉଠେ । ସମାଜରେ କିଛି ଲୋକ ଯଦି ଏହିପରି ହୋଇଉଠନ୍ତି, ସେହିମାନେହିଁ ଦେଶ ଓ ଦୁନିଆର ବାୟୁମଣ୍ଡଳକୁ ବଦଳାଇ ଦେଇପାରନ୍ତି ।

(ଆଲୋଚକ- ଆଚାର୍ଯ୍ୟଦେବ ଶ୍ରୀଶ୍ରୀଦାଦାଙ୍କ ଉକ୍ତି (୧୨-୭-୨୦୧୫, ଋତ୍ୱିକ୍ ସମ୍ମିଳନୀ)- "ଆମେ ଯେତେବେଳେ ସ୍ୱସ୍ତ୍ୟୟନୀ ଗ୍ରହଣ କରୁ, ସଂକଳ୍ପ ମଧ୍ୟରେ ପାରିପାର୍ଶ୍ୱିକର ବଂଚିବା-ବଢ଼ିବା, ନିଜର ବଂଚିବା-ବଢ଼ିବାର ସ୍ୱାର୍ଥ ବୋଲି କୁହାଯାଇଛି । ଦୀକ୍ଷା-ସଂକଳ୍ପରେ ବି ପାରିପାର୍ଶ୍ୱିକର କଥା ଅଛି । ପାରିପାର୍ଶ୍ୱିକ ଯଦି ଭଲ ନ ହୁଅନ୍ତି, ମୁଁ ଭଲ ହୋଇ ପାରିବିନି । ମୋ ଭଲ ପାଇଁ ଯେପରି ଦୀକ୍ଷା ମୋର ପ୍ରୟୋଜନ, ପାରିପାର୍ଶ୍ୱିକର ବି ଦୀକ୍ଷା ପ୍ରୟୋଜନ ।)

ସଦାଚାର

ଅନୁଗତ - ସଦାଚାର କ'ଣ ଏବଂ କାହିଁକି ଗୁରୁତ୍ୱପୂର୍ଣ୍ଣ ? ୨୩୮

ଶ୍ରୀଶ୍ରୀଠାକୁର - 'ସ୍ୱାସ୍ଥ୍ୟ ମୋର ବ୍ୟସ୍ତ ହେଲା ସୁସ୍ଥ ହେବା ପାଇଁ '। ସୁସ୍ଥ ରହିବାର ଆଚରଣ ହେଉଛି ସଦାଚାର। ତେଣୁ ସଦାଚାର ପାଳନ କର, ସୁସ୍ଥ ରୁହ। ଜୀବନଧାରଣର ଦୁଇଟି ଧାରା ଅବ୍ୟାହତ ଚାଲେ, ଗୋଟିଏ ହେଲା ନିରୋଧ ଧାରା, ଆମେ କହୁ immunity capacity (ରୋଗପ୍ରତିରୋଧକ ଶକ୍ତି) - ଆଉ ଅନ୍ୟଟି ହେଲା ସଚ୍ଛଳ ରହିବାର ଧାରା। ମଣିଷ ଶରୀର-ସର୍ବସ୍ୱ ନ ହୋଇ ଶରୀର-ସ୍ୱାଧୀନ ହେବା ଉଚିତ। ଚିନ୍ତା ଓ ଚଳନ ଯେତେବେଳେ ଶରୀରକୁ ବିକୃତ କରି ତୋଳେ, ସେତେବେଳେ ବ୍ୟାଧି ଆସେ। ମାନସିକ ବିକାର ମସ୍ତିଷ୍କରେ ଏପରି ଗୋଟାଏ ସମାବେଶ ନେଇ ଆସେ ଯାହା ଦ୍ୱାରା ବୈଧାନିକ ଓ ଚାରିତ୍ରିକ ବ୍ୟାହତି ଘଟେ, ତାହା ଅସୁସ୍ଥି ଆଣେ। ରୋଗରେ ପଡ଼ି ଆରୋଗ୍ୟ ହେବା ଅପେକ୍ଷା ପ୍ରତିଷେଧ ଢେର ଭଲ -ବିକୃତ ଚଳନ ଓ ମାନସିକ ବିକାର, ବ୍ୟାଧି-ନିରୋଧୀ କ୍ଷମତାକୁ କ୍ଷୟ କରେ। ନଜର ରଖ -ଶାରୀରିକ ଓ ମାନସିକ ସ୍ୱାସ୍ଥ୍ୟ ଯେପରି ସମୀଚୀନ ବ୍ୟବସ୍ଥା ଓ ବ୍ୟବହାର ଦ୍ୱାରା କୃତି-ସମ୍ବେଗ ରକ୍ଷା କରେ ଓ ବ୍ୟତିକ୍ରମ-ଦୁଷ୍ଟ ନ ହୁଏ।

ଅନୁଗତ - ତାହେଲେ କିପରି ରହିବା ? ୨୩୯

ଶ୍ରୀଶ୍ରୀଠାକୁର- ପ୍ରଥମେ ଆସିବା ତୁମେ କେଉଁଠି ରହିବ। ଯେଉଁ ଜଳବାୟୁ ତୁମର ସ୍ୱାସ୍ଥ୍ୟ ପକ୍ଷରେ ଭଲ ଏବଂ ତୁମେ ସେହି ଜଳବାୟୁକୁ ଉପଭୋଗ କରୁଛ, ସେହିଠାରେ ବସବାସ କରିବା ଉଚିତ। ଏପରି ଦେଖାଯାଏ ଯେ ଗୋଟିଏ ଗଛ ଏକପ୍ରକାର ମାଟିରେ ସବଳ ଓ ଚଂଚଳ ବଢୁଛି, କିନ୍ତୁ ତାକୁ ନେଇ ଅନ୍ୟ ମାଟିରେ ପୋତିଦେଲେ ତାହା ଦୁର୍ବଳ ହୋଇ ପଡୁଛି।

ଆଉ କେତୋଟି କଥା ଅଭ୍ୟାସଗତ କରିବାକୁ ଚେଷ୍ଟା କର। ପ୍ରଥମ ହେଲା ଶ୍ୱାସ-ପ୍ରଶ୍ୱାସ। ଆମେ ସେଥିରେ କେବେ ସଚେତନ ନ ଥାଉ, କିନ୍ତୁ ବୈଧୀ ସାମଞ୍ଜସ୍ୟରେ ତାହା କରିବା ଭଲ। ଏହାଦ୍ୱାରା ମନ କେନ୍ଦ୍ରାୟିତ ହେବାରୁ ବିଭ୍ରାନ୍ତି କମ ହୁଏ।

ଅନୁଗତ - ଆମର ଦିନଚର୍ଯ୍ୟା କିପରି ହେବ ? ୨୪୦

ଶ୍ରୀଶ୍ରୀଠାକୁର -ସୂର୍ଯ୍ୟୋଦୟ ପୂର୍ବରୁ ଶଯ୍ୟା ତ୍ୟାଗ କର, ମୁହଁହାତ ଧୋଇଲାବେଳେ ଆଖିରେ ଥଣ୍ଡାପାଣି ଛାଟିଲେ ଆଖି ଭଲ ରହେ। ଯେତେଦୂର ଯାଏ ତୁମର ଆଖି ପାଉଛି, ସେତେ ଦୂରକୁ ନିବିଷ୍ଟ ନୟନରେ ଦେଖିବାକୁ ଚେଷ୍ଟା କର। ସବୁଜ ପରିବେଶ, ପ୍ରାନ୍ତରର ଶେଷ, ସହଜ ଦୃଷ୍ଟିରେ ଯେତେ ଦେଖିବ ସେତେ ଆଖି ଭଲ ରହିବ। ସେହିପରି କାନକୁ ଅନେକ ଦୂରର ଶବ୍ଦ ଶୁଣିବାରେ ଦକ୍ଷ କରିବାକୁ ହେବ। ଏହା କ୍ରମେ କ୍ରମେ ହୋଇଥାଏ - ତେଣୁ ଏହାକୁ ଅଭ୍ୟାସ କଲେ, କାଲ ହେବାର ସମ୍ଭାବନା କମ ହେବ ଯଦି ଅନ୍ୟ କୌଣସି ରୋଗ ବା ପୀଡ଼ାରେ କାନ ସଂକ୍ରମିତ ନ ହୁଏ। ତାପରେ ଯେଉଁ କାମ କରିବ ସେଥିରେ ଯେପରି ଅବଶ ହୋଇ ନ ଯାଅ। ଅଯଥା ଶରୀରକୁ କଷ୍ଟ ଦେବା ବା ନିର୍ଯ୍ୟାତନା ଦେବା,

ତାହା ସର୍ତ୍ତାପୋଷଣୀ ନ ହୋଇଥିଲେ ଗୋଟିଏ ଉନ୍ନତିର ପ୍ରହେଳିକା ସୃଷ୍ଟି କରେ, ପୁଣି ଅଯଥା ଅବସନ୍ନତା ଆସେ । ତେଣୁ ସାମର୍ଥ୍ୟ ଓ କ୍ରମଚର୍ଯ୍ୟାରେ ଖଟିବା ଭଲ ।

ଅନୁଗତ - ଲେଖାପଢ଼ାରେ କ'ଣ ଦେଖିବାକୁ ହୁଏ ? ୨୪୧

ଶ୍ରୀଶ୍ରୀଠାକୁର - କ'ଣ ପଢ଼ିବ ଆଉ କେମିତି ପଢ଼ିବ ? ଏମିତି ବହି, ଲେଖ, ପଢ଼ ଯାହା ତୁମର ଭାବ-ସନ୍ଦୀପନା ଦେଇ ତୁମ ମସ୍ତିଷ୍କରେ ରେଖାପାତ କରେ, ଭ୍ରାନ୍ତିଗୁଡ଼ିକୁ ନିରସନ କରେ, ତୁମକୁ ଜୀବନୀୟ କରେ, ସେହି ପ୍ରକାରର ପାଠ ପଢ଼ିବା ଉଚିତ । ପଢାରେ, ଲେଖାରେ, କଥାରେ ଯେଉଁଠାରେ ଯେପରି ପ୍ରୟୋଜନ, ତାହାକୁ ବିହିତ ଭାବରେ ଅଭିବ୍ୟକ୍ତ କର, ତାହେଲେ ତୁମ କଥା ସୁନ୍ଦର, ପଢ଼ା ସୁନ୍ଦର ଆଉ ଲେଖା ସୁନ୍ଦର ।

ଅନୁଗତ - ପ୍ରତ୍ୟହ ନିତ୍ୟକର୍ମରେ କେଉଁ ଦିଗରେ ଦୃଷ୍ଟି ଦେବା ଦରକାର ? ୨୪୨

ଶ୍ରୀଶ୍ରୀଠାକୁର- ପାଇଖାନା ଗଲାବେଳେ ସୁସ୍ଥି ଓ ସ୍ୱସ୍ତି ଯେପରି ସମତା ରକ୍ଷା କରେ, ତାହା ଦେଖ । ପାଇଖାନାକୁ ପରିଷ୍କାର ରଖିବା ଉଚିତ । ବହୁ ଲୋକଙ୍କ ପାଇଁ ଗୋଟିଏ ବୋଲି ପାଇଖାନା, ପରିଷ୍କୃତ ନ ରହିଲେ ରୋଗ ସଂକ୍ରମଣ-ପ୍ରବଣ ହୋଇଥାଏ । ପରିସ୍ରା ଗଲାବେଳେ ଏଠି ସେଠି ଯାଅ ନାହିଁ, ବସି କରି ପରିସ୍ରା କରିବା ଭଲ, ପରିସ୍ରା ଗଲାବେଳେ ମାନସିକ ସନ୍ଦୀପନାକୁ ଅଯଥା ବୃଦ୍ଧି କରିବା ଉଚିତ ନୁହେଁ । ପରିସ୍ରା କରିବା ପରେ ପାଣି ନିଅ । ତୁମ ଶରୀର ଯେଉଁପରି ଚାହେଁ, ସେହିପରି ଜଳରେ ସ୍ନାନ କର -ଗାଧୋଇବା ପୂର୍ବରୁ ଦେହରେ ଭଲରୂପେ ତେଲ ମାଲିସ କର । ଗୋଟିଏ କଥାରେ -cleanliness is next to godliness (ପରିଚ୍ଛନ୍ନତା ହିଁ ଈଶ୍ୱରୀୟଗୁଣ) - ଏହାକୁ ରକ୍ଷା କରି ଚାଲ ।

ଅନୁଗତ - ଆଚରଣରେ cleanliness (ପରିଚ୍ଛନ୍ନତା)କୁ କିପରି ପାଳନ କରାଯିବ ? ୨୪୩

ଶ୍ରୀଶ୍ରୀଠାକୁର - ପରିଷ୍କାର ରହିବା ପାଇଁ ବିଶେଷ କିଛି ଖର୍ଚ୍ଚ ହୁଏନା, ଅନେକେ ଅଳସୁଆମି ହେତୁ ଅପରିଷ୍କାର ରୁହନ୍ତି । ଅନ୍ୟର ଗାମୁଛା, ଶେଯ, ବିଛଣା, ତକିଆ, ଲୁଗାପଟା ଏସବୁ ଆଦୌ ତୁମେ ବ୍ୟବହାର କରିବା ଉଚିତ ନୁହେଁ । ଦାଢ଼ି, ନଖ, କେଶ ଓ ତ୍ୱକ୍‌କୁ ଯଥାବିଧି ପରିଷ୍କାର ରଖିବା ଉଚିତ । ନାକ, ମୁହଁ, ପାଟି ଇତ୍ୟାଦିରେ ସବୁବେଳେ ହାତ ମାରିଲେ ରୋଗଜୀବାଣୁ ସେହିବାଟେ ଦେହକୁ ଯାଆନ୍ତି । ତୁମର ଜୋତା-ଚପଲ ଇତ୍ୟାଦିକୁ ମଧ୍ୟ ପରିଷ୍କାର ରଖ । ଗୋଟିଏ କଥାରେ ତୁମର ଜିନିଷ ତୁମର, ଅନ୍ୟର କୌଣସି ଜିନିଷ ବ୍ୟବହାର କରନା, ଆଉ ତୁମ ବ୍ୟବହାର ପାଇଁ ଯାହା, ତାହା ପରିଚ୍ଛନ୍ନ ହୋଇ ରହୁ ।

ଅନୁଗତ - ଅଶୁଦ୍ଧି କେଉଁ ଭାବରେ ଆସିଥାଏ ? ୨୪୪

ଶ୍ରୀଶ୍ରୀଠାକୁର -ଅଶୁଦ୍ଧି ଦୁଇ ପ୍ରକାରର ହୋଇଥାଏ-ଗୋଟିଏ ହେଲା ସଂସ୍ପର୍ଶ-ଦୁଷ୍ଟ ଓ ଅନ୍ୟଟି ହେଲା ସାନ୍ନିଧ୍ୟ-ଦୁଷ୍ଟ । ଯାହାର ସାନ୍ନିଧ୍ୟ କ୍ଷତିକାରକ, ଯେ ସଦାଚାରୀ ନୁହେଁ, ତାକୁ ବର୍ଜନ କର, ତା'ଠାରୁ ଦୂରରେ ରୁହ । ପୁଣି ଯେ ଅପେକ୍ଷାକୃତ ଅଧିକ ପରିଷ୍କୃତ ତାକୁ

ଅଳ୍ପ ଅପରିଷ୍କାର ସାନ୍ନିଧ୍ୟ ସହ୍ୟ ହୁଏ ନାହିଁ, ସେ ରୋଗାକ୍ରାନ୍ତ ହୋଇପଡେ। ତେଣୁ ସାବଧାନ, କାହାକୁ ଖୁସି କରିବାକୁ ଯାଇ ରୋଗ ସଂକ୍ରମିତ ହୁଅ ନାହିଁ। ସବୁଠାରୁ ଗୁରୁତ୍ୱପୂର୍ଣ୍ଣ ହେଲା ତୁମର ଆହାର।

ଅନୁଗତ - ଆହାର ଏତେ ଗୁରୁତ୍ୱପୂର୍ଣ୍ଣ କାହିଁକି ? ୨୪୫

ଶ୍ରୀଶ୍ରୀଠାକୁର- ତୁମେ ଯାହା ଖାଅ ତାହା ହଜମ ହୋଇ ତାର ନିର୍ଯ୍ୟାସ ଶୋଷିତ ହୋଇ ତୁମ ଜୀବକୋଷ ଉପରେ ପ୍ରଭାବ ବିସ୍ତାର କରେ। ଆଉ ତାହା ତୁମ ଶରୀର ବିଧାନରେ ତଦନୁପାତିକ କ୍ରିୟା ସଂଚାର କରେ। ତେଣୁ କୁହାଯାଏ, **ଆହାର ଶୁଦ୍ଧିରେ ସତ୍ତ୍ୱଶୁଦ୍ଧି**। ଜନ୍ତୁ ଜାନୁଆରମାନେ ସେହି ଖାଦ୍ୟ ଖାଆନ୍ତି ଯାହା ତାଙ୍କ ଶରୀର ପକ୍ଷରେ ବିହିତ। ତେଣୁ ବିହିତ ଖାଦ୍ୟ ଖାଅ, ତାହାହିଁ ଖାଅ ଯେଉଁଥିରେ ଖାଇବା ପ୍ରୟୋଜନର ଅପଳାପ ହୁଏନା। ଯାହା ତୁମ ସ୍ୱାସ୍ଥ୍ୟ ପକ୍ଷରେ ଅହିତକର, ତାହା ଯେତେ ସୁସ୍ୱାଦୁ ବା ପୁଷ୍ଟିକର ବୋଲି ଯେ ଯାହା କହିଲେ ମଧ୍ୟ ସେଥିରେ ଭାସି ଯାଅ ନାହିଁ। ଆହାର ସାଧୁ ଓ ସହଜ ହେବା ଦରକାର। ଖାଅ,-କିନ୍ତୁ ହଜମଶକ୍ତିକୁ ଦୁର୍ବଳ କର ନା, ଆଉ ଖାଦ୍ୟ ଯଦି ଜୀବନୀୟ ନ ହୁଏ ତାହା ସତ୍ତାର ସର୍ବନାଶ କରେ।

ଅନୁଗତ -ମତ୍ସ୍ୟ, ମାଂସ, ଅଣ୍ଡା ଇତ୍ୟାଦି ସ୍ୱାସ୍ଥ୍ୟ ପକ୍ଷେ ହିତକର କି ? ୨୪୬

ଶ୍ରୀଶ୍ରୀଠାକୁର - ମତ୍ସ୍ୟ, ମାଂସ, ଅଣ୍ଡା, ପିଆଜ-ରସୁଣ ଯାହା ପ୍ରୋଟିନ୍ ସମ୍ବଳିତ ଏବଂ ପୁଷ୍ଟିକର ବୋଲି କୁହାଯାଏ, ତାହା ଆମର ସ୍ନାୟୁସମୂହକୁ ଉତ୍ତେଜିତ କରେ, ଜନନ ଯନ୍ତ୍ରରେ ଅସ୍ୱାଭାବିକ ଉତ୍ତେଜନା ସୃଷ୍ଟି କରେ ଓ ମଣିଷକୁ କାମବିଧୁର କରିଥାଏ। ଯାହାକୁ ହତ୍ୟା କରି ଆହାର କରାଯାଏ, ସେହି ପ୍ରାଣୀର ଶଙ୍କା-ଧୂଧୂକ୍ଷୁ ବୋଧବିକାର ଓ ବଧତ୍ରାସ ଜନିତ ଭୟାର୍ତ୍ତ ଧୀ -ତାହାର କୋଷର ଦାନାଗୁଡ଼ିକୁ ବିଷାକ୍ତ ଓ ବିକୃତ କରିତୋଳିଥାଏ। ତେଣୁ ସେହି ଖାଦ୍ୟ ମଣିଷ ଶରୀରରେ ସଂଚାରିତ ହୋଇ ଅକାରଣ ତ୍ରାସର ଉଦ୍ଦୀପନା ହେତୁ ବିକୃତି ଆଣେ। ରୋଗ-ଶୋକ-ଦାରିଦ୍ର୍ୟ ଓ ବିପର୍ଯ୍ୟୟ ସୃଷ୍ଟି କରେ। ତେଣୁ ଏହାଦ୍ୱାରା ମଣିଷ ଶୀଘ୍ର ହେଉ କି ବିଳମ୍ବରେ ହେଉ ଅବସାଦଗ୍ରସ୍ତ ହୋଇ ପଡ଼େ। ମାଛ-ମାଂସ-ମାଦକ ଯାହା ସତ୍ତାକୁ ସୁସ୍ଥ ରଖେନା ଓ ଆୟୁକୁ କମେଇ ଦିଏ ସେଥିରୁ ନିବୃତ୍ତ ରହିବା ଭଲ। ଆଉ ମାଛମାଂସ ଖାଇଲେ ମଧ୍ୟ ତାହା ସର୍ବଦା ଖାଇବାର ନୁହେଁ ଏବଂ ସେଗୁଡ଼ିକର ବିଷକ୍ରିୟାର ପ୍ରତିଷେଧକ - ଯେପରି ଦହି ଇତ୍ୟାଦି ଏହିସବୁ ମଧ୍ୟ ଖାଇବାକୁ ହେବ। ତଦ୍ୱାରା ସେଗୁଡ଼ିକର ଦୁଷ୍କକ୍ରିୟା କେତେକାଂଶରେ ପ୍ରଶମିତ ହୋଇପାରେ।

(ଆଲୋଚକ- ଶ୍ରୀଶ୍ରୀଠାକୁରଙ୍କର ଗୋଟିଏ ବାଣୀ -

**"ଖାଅନା ମାଦକ ପିଆଜ ରସୁଣ ମାଛମାଂସ ନାନାବିଧ
ସେଥିରେ ବିଧାନ ବିଷାକ୍ତ ହୁଏ, ଅଯଥା ହୁଏ ଉତ୍ତେଜିତ।"**

ଅନୁଗତ - ଆମିଷ ଭୋଜନ ଓ ମଦ୍ୟପାନ ବର୍ତ୍ତମାନ ତ ବଢ଼ିବାରେ ଲାଗିଛି ! ୨୪୭

ଶ୍ରୀଶ୍ରୀଠାକୁର - ସେଥିପାଇଁ ରୋଗ, ବ୍ୟାଧି ଏତେ ଦ୍ରୁତ ଗତିରେ ବଢ଼ି ଚାଲିଛି ଯେ ଅବସାଦ ରୋଗ, ମଧୁମେହ ଓ ରକ୍ତଚାପ ଏବେ ଘରେ ଘରେ। ଆତ୍ମହତ୍ୟାର ସଂଖ୍ୟା ମଧ୍ୟ ସେହିପରି ବଢୁଛି ବୋଲି ଖବରକାଗଜରୁ ଶୁଣିବାକୁ ପାଏ। ସେଥିପାଇଁ ଆମର ପୂର୍ବଜମାନେ ଖାଦ୍ୟକୁ ତିନିଭାଗରେ ବିଭକ୍ତ କରିଛନ୍ତି -ସାତ୍ତ୍ୱିକ ଯାହା ସତ୍ତାର ରକ୍ଷା କରେ, ରାଜସିକ -ଏପରି ଖାଦ୍ୟ ପୋଷଣୀ ହୋଇ ମଧ୍ୟ କିଛିଟା ଉତ୍ତେଜକ, ତେଣୁ ସ୍ୱାସ୍ଥ୍ୟର କିଛି ବିପର୍ଯ୍ୟୟ କରେ, ଆଉ ତାମସିକ -ଯାହା ଆମ ଶରୀରକୁ ଶ୍ଳଥ ଓ ସ୍ଥବିର କରେ। ଅବଶ୍ୟ ଔଷଧ ଭାବରେ ଆମିଷ ଖାଦ୍ୟ ଓ ମଦ୍ୟ ଦରକାର ପଡ଼ିଲେ ତା'ର ପ୍ରୟୋଜନ ଥାଇପାରେ।

ଅନୁଗତ - ମଦ୍ୟପାନ ଏବଂ ମାଦକ-ଆସକ୍ତି କିପରି ଆୟତ୍ତାଧୀନ ହେବ ? ୨୪୮

ଶ୍ରୀଶ୍ରୀଠାକୁର -ଅନେକେ ମଦ ଖାଆନ୍ତି ଜୀବନର ଜ୍ୱାଳାଯନ୍ତ୍ରଣା ଭୁଲିବା ପାଇଁ। କିନ୍ତୁ ମଦ୍ୟର ସାମୟିକ ଉତ୍ତେଜନା ପରେ ଆସେ ଘୋର ଅବସାଦ। ସେହି ଅବସାଦ କଟାଇବା ପାଇଁ ପୁଣି ମଦ ଦରକାର। ଏପରି ଭାବରେ ମଦ୍ୟପାନ ଶରୀର ଓ ମନକୁ ରୁଗ୍ଣ କରି ପକାଏ। ଏହି ଚକ୍ରରୁ ବାହାରି ହୁଏନା। ମନେ ମନେ ଶୁଭ ସଂକଳ୍ପ ଆସିଲେ ମଧ୍ୟ, ଝୁଙ୍କ୍ ଯେତେବେଳେ ଆସେ ଆଉ ସମ୍ଭାଳି ହୁଏନା। କିନ୍ତୁ ଝୁଙ୍କ୍‌ଟା ଯେତେବେଳେ ଉଠେ, ସେତେବେଳେ ଯଦି କେହି ଅନ୍ୟ କାମରେ ବ୍ୟାପୃତ ହୋଇଯାଏ ଏବଂ କିଛିଦିନ ଏପରି କରୁ କରୁ କେବଳ ମଦ କାହିଁକି ଅନ୍ୟ ନିଶାର ଅଭ୍ୟାସ ଆୟତ୍ତାଧୀନ ହୋଇଥାଏ।

(ଆଲୋଚକ -ମାଦକଦ୍ରବ୍ୟ ସମ୍ପର୍କରେ 'ଚଲାର ସାଥୀ' ଗ୍ରନ୍ଥରେ ଶ୍ରୀଶ୍ରୀଠାକୁର କହିଛନ୍ତି -

'ମାଦକଦ୍ରବ୍ୟ ବ୍ୟବହାର କଲେ ବିଧାନକୁ
ଏପରି ଅସଂଯତଭାବରେ ଉତ୍ତେଜିତ କରେ ଯେ
ଉତ୍ତେଜନାର ଅଭାବ ଘଟିଲେ ହିଁ
ବିଧାନ ଅତିରିକ୍ତଭାବରେ ଅବସାଦଗ୍ରସ୍ତ ହୋଇ
ଜୀବନ କ୍ଷୟ ପଥରେ ଅଗ୍ରସର ହୁଏ,
ତେଣୁ, ମାଦକତାର ଅଭ୍ୟାସ
ଏପରିଭାବରେ ଜୀବନକୁ ଗ୍ରାସ କରିବସେ,
ପୁନଃ ପୁନଃ ତାହାର ବ୍ୟବହାର ଛଡା
ଗତ୍ୟନ୍ତର ନ ଥାଏ -
ଯାହାର ଫଳରେ ଜୀବନରେ କ୍ଷୟର ରାଜତ୍ୱ ହିଁ
ଶୀଘ୍ର ଶୀଘ୍ର ପ୍ରବଳ ହୋଇଉଠେ,-
ସେଥିପାଇଁ ମାଦକଦ୍ରବ୍ୟ ସେବନ ପାପ, ମହାପାପ,-

ଯଦି ତ୍ରାଣ ଚାହଁ-
ମାଦକଦ୍ରବ୍ୟାଦିକୁ ତାଚ୍ଛଲ୍ୟ କରି
ପୁଷ୍ଟିପ୍ରଦ ଉତ୍ତେଜନାକୁ ଖୋଜିନିଅ
ଏବଂ, ସେଥିରେ ମାତି ଉଠ।' (ବାଣୀ-୨୪୫)

ଅନୁଗତ - ଏ ସମ୍ପର୍କରେ ଆପଣଙ୍କ ପ୍ରତ୍ୟକ୍ଷ ଅନୁଭୂତି ଅଛି କି ? ୨୪୯

ଶ୍ରୀଶ୍ରୀଠାକୁର -ମୁଁ ମାଛ ଖାଇ ଦେଖିଛି ଯେ ଏହା ମସ୍ତିଷ୍କକୁ ଅଧିକ ଉତ୍ତେଜିତ କରି ମନକୁ ଅବ୍ୟବସ୍ଥିତ କରେ। ଚାଉଳ, ଡାଲି ଓ ତଦ୍‌ଜାତ ସାମଗ୍ରୀ ବିଶେଷତଃ ଘିଅ, ଫଳ ଓ ଶାକସବ୍‌ଜୀ ଇତ୍ୟାଦି ସୁନ୍ଦର ଖାଦ୍ୟ। ରାଶି ମଧ୍ୟ ପୁଷ୍ଟିପ୍ରଦ। ଏହା ସହିତ ଯଦି ଗାଈ ଦୁଧ ମିଳେ ତେବେ ଆହୁରି ଭଲ।

ଅନୁଗତ - ଗାଈକୁ ଗୋମାତା ଭାବେ କାହିଁକି ପୂଜା କରାଯାଏ ? ୨୫୦

ଶ୍ରୀଶ୍ରୀଠାକୁର - ଗୋରୁ ହେଉଛି ଗୃହସ୍ଥର ଲକ୍ଷ୍ମୀ। ଗାଈଗୋରୁ, ଷଣ୍ଢ-ବଳଦ ଏମାନଙ୍କର ପ୍ରଜନନ, ଲାଳନପାଳନ ସବୁ ଠିକ୍ ଭାବରେ କରିବା ଉଚିତ। ଗୋ-ଧନ ଗୋଟାଏ ମସ୍ତ ଧନ। ଗୋରୁ ଆହା କି ଯେ ଜିନିଷ ! ଆଜିକାଲି ଖାଦ୍ୟ ପାଇଁ ବହୁ ଗୋରୁ ବିକ୍ରି କରାହେଉଛି, ଏହା ଅତ୍ୟନ୍ତ ଖରାପ କଥା। ଆମ ଦେଶର ମୁସଲମାନମାନେ ଅନେକେ ଗୋରୁ ଖାଆନ୍ତି, କିନ୍ତୁ ରସୁଲ ଗୋ-କୁର୍‌ବାନୀ ବା ଗୋରୁମାଂସ ଖାଇବା କଥାକୁ ଅନୁମୋଦନ କରି ନାହାନ୍ତି। ଜୀବର ରକ୍ତମାଂସ ଈଶ୍ୱରଙ୍କ ନିକଟରେ ପହଁଚେ ନାହିଁ ଏବଂ ଗୋମାଂସ ମଣିଷର ସ୍ୱାସ୍ଥ୍ୟ ପାଇଁ କ୍ଷତିକର, ଏପରି କଥା ବରଂ ରସୁଲ କହିଛନ୍ତି। ଗୋରୁର ଗୋବର ଯେପରି ଉତ୍ତମ ସାର, ଗୁହାଳ ଓଳେଇବା ମାଟି ମଧ୍ୟ ଉତ୍ତମ ସାର। ସେଥିପାଇଁ ଆମର ଗୋମାତା ପୂଜାର ପ୍ରଚଳନ ଅଛି।

ଅନୁଗତ -କେଉଁ ଖାଦ୍ୟ ସହଜ ଓ ପୁଷ୍ଟିକର ? ୨୫୧

ଶ୍ରୀଶ୍ରୀଠାକୁର - ମୋର ମନେହୁଏ ହବିଷ୍ୟାନ୍ନ ପରି ପୁଷ୍ଟିକର ଖାଦ୍ୟ ଖୁବ କମ ଅଛି। ସେଥିରେ ଅରୁଆ ଚାଉଳ, କଞ୍ଚା କଦଳୀ, ସିଝା ଡାଲି, ଖସା ବଟା, ଘିଅ-ଦୁଧ, ପାଚିଲା କଦଳୀ ଇତ୍ୟାଦି ଯେଉଁ ସବୁ ସାମଗ୍ରୀ ଗ୍ରହଣ କରାଯାଏ, ଏଥିରେ ବିଶେଷ କୌଣସି deficiency (ଅଭାବ) ରହେ ନାହିଁ। ତେବେ ତଟକା ପନିପରିବା ଓ କିଛି ଫଳ ମଧ୍ୟ ଖାଇବା ଦରକାର। ମତେ ଲାଗେ ଯେ ମଣିଷ ଯଦି କଠୋର ପରିଶ୍ରମ କରେ, ନାମ ଯଦି ଠିକ ରୂପେ କରେ, ମାନସିକ ଶାନ୍ତି ଯଦି ଥାଏ ତେବେ କେବଳ ଭାତ ଡାଲି ଖାଇ ହଜମ କରି ପାରିଲେ, ଯଥେଷ୍ଟ ପୁଷ୍ଟି ଆହରଣ କରିପାରେ।

ହିମାୟିତପୁର ଆନନ୍ଦବଜାରରେ ଦିଆଯାଉଥିଲା ଭାତ, ଡାଲି ଓ ଗୋଟିଏ ତରକାରି। ଯେଉଁ ଦିନ ଗୋଟିଏ ଚାମଚ ଘିଅ ମିଳୁ ଥିଲା ସେଦିନ feast(ଭୋଜି) ହେଲା ପରି ଆନନ୍ଦ। ସେହି ଖାଇବା ଯୋଗୁଁ କୋଡ଼ିଏ ବର୍ଷ ଭିତରେ ଗୋଟିଏ ଲୋକ ବି ମରିନାହିଁ। ସେଥିରେ ସକଳେ କହିବାକୁ ଲାଗିଲେ, ଏଇ ଖାଇବାରେ ଗୁଣ ନାହିଁ, ଦେହ ଖରାପ ହୋଇଯିବ।

ସେମାନେ ଆନନ୍ଦବଜାରରେ rich diet infuse (ଗରିଷ୍ଠ ଭୋଜନ ପ୍ରବର୍ତ୍ତନ)କରିବା ପରେ ଗୋଟିଏ ଲୋକ କଳାଜ୍ୱରରେ ମଲା। ଅଭିଯୋଗ ହେଲା ଆଶ୍ରମରେ ଲୋକ କାହିଁକି ମରନ୍ତି ?

ଅନୁଗତ - ସ୍ୱାସ୍ଥ୍ୟ ପାଇଁ ପୁଷ୍ଟିସାର ଟନିକ୍ କିଭାବେ ଉପକାରୀ ? ୨୫୨

ଶ୍ରୀଶ୍ରୀଠାକୁର - ଲୋକେ ଦାମୀ ଦାମୀ ଟନିକ ଖାଆନ୍ତି ସତ, କିନ୍ତୁ ମୋ ମତରେ ପଞ୍ଚାମୃତ (ଘିଅ-ଦୁଧ-ଦହି-ମହୁ ଓ ଗୁଡ଼ ବା ଚିନିର ମିଶ୍ରଣ) ଖାଇ ଯଦି ହଜମ କରିପାର, ଅନେକ ଟନିକ୍ ଠାରୁ ବେଶି ଫଳପ୍ରଦ ହୁଏ। ନିୟମିତଭାବେ ମହୁ ଖାଇବା ଥାଳିରେ ଚାଟି ଚାଟି ଖାଇବା ଦ୍ୱାରା ସ୍ୱାସ୍ଥ୍ୟ ଭଲରହେ। ବାସଙ୍ଗ ଛାଲର ରସ ସହିତ ମହୁ ଖାଇଲେ, ଅତ୍ୟଧିକ ଶୀତରେ ଯେଉଁ କାଶ ହୁଏ, ତାର ଉପଶମ ହୋଇଥାଏ।

ଅନୁଗତ - ଖାଦ୍ୟ ଖାଇବା ସମୟରେ ଆଚାର କିପରି ହେବା ଉଚିତ ? ୨୫୩

ଶ୍ରୀଶ୍ରୀଠାକୁର -ଗୋଟିଏ ହାତରେ ଖାଉଛ, ଅନ୍ୟ ହାତରେ ନାକରୁ ଶିଂଘାଣି ପୋଛୁଛ-ଏପରି କର ନାହିଁ, ପାଖରେ ରୁମାଲ ରଖିଥାଅ। ଖାଇବା ସମୟରେ ଏପରି ଶବ୍ଦ, ଭଙ୍ଗୀ ବା ଢଙ୍ଗ କରନା ଯାହାଦ୍ୱାରା ଅନ୍ୟର ଘୃଣା ବା ବିରକ୍ତି ଆସେ। ଖାଦ୍ୟ ବେଶି ଖାଇବା ଅପେକ୍ଷା ପେଟ ଟିକେ ଖାଲି ରହିଲେ ଭଲ। ତେଣୁ କହନ୍ତି –"ଊଣା ଭାତରେ ଦିଗୁଣା ବଳ" ।

(ଆଲୋଚକ-ଅଷ୍ଟାଦଶ ଶତାବ୍ଦୀରେ ଫ୍ରାନ୍ସର ଉଚ୍ଚ ସମ୍ଭ୍ରାନ୍ତ ସମାଜର ବିଳାସ-ଆଡମ୍ବର ଯୁକ୍ତ ବ୍ୟଞ୍ଜନକୁ ତାଚ୍ଛଲ୍ୟ କରି ଫରାସୀ ଦାର୍ଶନିକ Montesquieu (ମଣ୍ଟେସ୍କୁ) କହିଲେ -

'Lunch kills half of Paris,
supper the other half.'

(Living Thoughts of Great People)

(ପ୍ୟାରିସର ଅର୍ଦ୍ଧେକଙ୍କ ପ୍ରାଣ ନିଏ ମଧ୍ୟାହ୍ନ ଭୁରି ଭୋଜନ, ରାତିର ଖାଦ୍ୟଚର୍ଚ୍ଚାରେ ବାକି ଅର୍ଦ୍ଧେକ ଜୀବନ।)

ଅନୁଗତ - ଆହାର ବିଷୟରେ କେଉଁ ଦିଗଗୁଡ଼ିକ ଉପରେ ବିଶେଷ ଧ୍ୟାନ ଦେବା ଉଚିତ ? ୨୫୪

ଶ୍ରୀଶ୍ରୀଠାକୁର - ଅତିରିକ୍ତ ଆହାର ବା ଅନାହାର କୌଣସି ବ୍ୟାଧି ନିରାକରଣ ବ୍ୟତୀତ କରଣୀୟ ନୁହେଁ। ଲୋଭ-ଲାଳସାରେ ଉଦ୍ଦୀପ୍ତ ହୋଇ ଖାଦ୍ୟ ଖାଇଲେ, ହଜମଶକ୍ତିରେ ବ୍ୟାଘାତ ଆସେ। ପରିମିତ ଆହାର ସହିତ ଖାଇବାର ସ୍ଥାନ ଓ ବାସନକୁସନ ଇତ୍ୟାଦି ଧୋଇ ମାଜି ପରିଷ୍କାର ରଖିବାକୁ ହୁଏ। ଦୋକାନରେ, ହୋଟେଲରେ ଖାଇବା ଉଚିତ ନୁହେଁ। ହୋଟେଲରେ ଗୋଟିଏ ଜାଗାରେ ବହୁତ ପ୍ଲେଟ ଧୁଆ ହୁଏ, ପରିବେଷଣ ସ୍ଥାନ ଯେତେ ଚାକଚିକଣ ହୋଇଥାଏ, ରନ୍ଧନଶାଳା ସେହିପରି ନ ଥାଏ।

(ଆଲୋଚକ- 'ଚଲାର ସାଥୀ' ଗ୍ରନ୍ଥରେ ଶ୍ରୀଶ୍ରୀଠାକୁର କହିଛନ୍ତି -
'ବିନା କାରଣରେ ଏପରି ଆହାର କରନା
ଯହିଁରେ ଅନ୍ୟାଯ୍ୟ ଉତ୍ତେଜନା
ବା ଅବସାଦ ଉପସ୍ଥିତ ହୁଏ ;-
ଏପରି ଆହାର କର
ଯେଉଁଥିରେ କ୍ଷୁଧାର ଉଦ୍‌ବେଗ ଓ ଅବସାଦ
ଅପନୋଦିତ ହୋଇ
ତୁମକୁ ସୁସ୍ଥ ଓ ସ୍ୱସ୍ଥ କରିତୋଳେ -
ତୁମେ ଅନାୟାସରେ
କର୍ମତତ୍ପର ହୋଇ ରହିପାର ।' (ବାଣୀ-୨୩୭)

ପୁଣି କହିଲେ -
'ଋଷି, ବୈଜ୍ଞାନିକ ଓ ପଣ୍ଡିତମାନେ କହନ୍ତି
ଅନ୍ନ ବା ଆହାର୍ଯ୍ୟ ବସ୍ତୁ
ଏପରିକି ଦାତାର ମାନସିକ ଭାବକୁ ମଧ୍ୟ
ବହନ କରିଥାଏ,
ତାହାହେଲେହିଁ
କାହାରିଠାରୁ ଅନ୍ନଗ୍ରହଣ କରିବାକୁ ହେଲେ ମଧ୍ୟ
ଯେପରି ଉନ୍ନତ ମାନସିକ ଭାବକୁ
ପାଇହୁଏ
ତାହାହିଁ କରିବା ଉଚିତ,-
ତାହା ନୁହେଁ କି ?' (ବାଣୀ-୨୩୪)

ଅନୁଗତ - ତାହେଲେ ଯାହାତାହା ହାତରୁ ତ ଖାଇବା ଉଚିତ ନୁହେଁ ? ୨୫୫

ଶ୍ରୀଶ୍ରୀଠାକୁର - ରନ୍ଧନକାରୀ ଯଦି ଉତ୍ତମ ସ୍ୱଭାବର ଓ ଉତ୍ତମ ସ୍ୱାସ୍ଥ୍ୟର ନ ହୁଏ, ତେବେ ଖାଦ୍ୟ ଉପରେ ତା'ର ପ୍ରଭାବ ପଡ଼େ । ରନ୍ଧନକାରୀର ଲୁଗାପଟା ଇତ୍ୟାଦି ପରିଷ୍କୃତ କି ନା ଦେଖିବା ଦରକାର । । ବାସି ଲୁଗାରେ ରୋଷେଇ ଘରେ ପଶିବା ସମୀଚୀନ ନୁହେଁ, ଆଉ ରନ୍ଧନ ସମୟରେ ମୁହଁ ବନ୍ଦ ରଖିବା ଉଚିତ । ଅସୁସ୍ଥ ବା ଅସୁସ୍ଥମାନଙ୍କର ଯେଉଁମାନେ ପରିଚର୍ଯ୍ୟାରତ, ସେମାନଙ୍କ ଦ୍ୱାରା ପାନାହାର କାର୍ଯ୍ୟ କରାଇବାକୁ ଗଲେ, ସେହି ରୋଗ ସଂକ୍ରମଣର ସମ୍ଭାବନା ଥାଏ । ରନ୍ଧନଶାଳାରେ ବହୁଲୋକ ପଶିବା ଅନୁଚିତ । ସେହିପରି ପକ୍ୱ ଦ୍ରବ୍ୟକୁ କେବଳ ରୋଷେଇ ଘରର ଲୋକମାନେ ପରିବେଷଣ କରିବା ବିଧେୟ । ନାକରେ, ମୁହଁରେ, ଗୁହ୍ୟଦେଶରେ ହାତ ଦେଇ ଓ ହାତ ନ ଧୋଇ ରନ୍ଧନ ବା ପରିବେଷଣ କରିବା ଅନୁଚିତ । ଯାହାକୁ ଚିହ୍ନନା କି ଜାଣନା, ତା ହାତରୁ ଖାଦ୍ୟ ଖାଅ ନାହିଁ ।

ଅନୁଗତ - ବ୍ରାହ୍ମଣ ଯଦି ଖାଦ୍ୟ ପ୍ରସ୍ତୁତ କରେ ତେବେ ତା' ବିନା ଦ୍ୱିଧାରେ ଗ୍ରହଣୀୟ କି ? ୨୫୬

ଶ୍ରୀଶ୍ରୀଠାକୁର -କିଏ କହିଲା ଯେ ବ୍ରାହ୍ମଣ ରୋଷେଇ କରିଦେଲେ ସବୁ ହୋଇଗଲା ? ସେ ବ୍ରାହ୍ମଣ ହେଉ ବା ଅନ୍ୟ କେହି ହେଉ ବାହାରକୁ ଦେଖିବାକୁ ସଦାଚାରୀ କିନ୍ତୁ ଭିତରେ ଯେ କେତେ ଅପରିଚ୍ଛନ୍ନ ଜାଣିବା ମୁସ୍କିଲ। ତେଣୁ ପୂର୍ବତନଗଣ ସମସ୍ତଙ୍କ ହାତର ରନ୍ଧା ପସନ୍ଦ କରୁ ନ ଥିଲେ, ଚିନ୍ତା କର କାହିଁକି ? ଯେ ଇଷ୍ଟପ୍ରାଣ, ସଦାଚାରୀ, ଅଗମ୍ୟାଗମ୍ୟ କରେନା, ଅକୃତଘ୍ନ, ଅପକର୍ମହୀନ, ଅଖାଦ୍ୟ ଭୋଜୀ ନୁହେଁ, ତାହା ହାତରୁ ଖାଇବା ଚଳିପାରେ। ନାରୀମାନଙ୍କର ଋତୁକାଳ ସମୟରେ ମଧ୍ୟ ଖାଇବା, ଶୋଇବା ଜିନିଷପତ୍ରଠାରୁ ସେମାନେ ଦୂରରେ ରହିବା ଉଚିତ। ସ୍ୱପାକ ହେଉଛି ସର୍ବୋତ୍ତମ।

ଅନୁଗତ -ଓଡିଶାରେ ପଖାଳର ବହୁଳ ପ୍ରଚଳନ। ଏହା ସ୍ୱାସ୍ଥ୍ୟ ପକ୍ଷେ ଉପାଦେୟ କି? ୨୫୭

ଶ୍ରୀଶ୍ରୀଠାକୁର -ପଖାଳ ଭାତରେ ଯଥେଷ୍ଟ ପରିମାଣରେ ଭିଟାମିନ-ବି ଥାଏ, ତାହା ସ୍ୱାସ୍ଥ୍ୟ ପକ୍ଷରେ ବହୁ ଉପକାରୀ। ପଖାଳ ଭାତ, କଂଚା କଦଳୀ ଭଜା, ଦହି, ନଚେତ୍ କିଛି ନ ଥିଲେ ପଖାଳ ଭାତ, କଂଚା ଲଙ୍କା ଆଉ ଲୁଣ -ଏହା ମଧ୍ୟ ଉପକାରୀ। ମାଟି ହାଣ୍ଡିରେ ଭାତ ରଖି ତାହାଠାରୁ ଏକଇଞ୍ଚ ପର୍ଯ୍ୟନ୍ତ ଜଳଦେଇ ପରିଷ୍କାର କନାରେ ହାଣ୍ଡିର ମୁହଁ ବାନ୍ଧିଦେବାକୁ ହୁଏ। ସାତ-ଆଠ ଘଣ୍ଟା ଏପରି ରଖାଯାଏ।

(ଆଲୋଚକ-ଅଧୁନା AIIMS (ଭୁବନେଶ୍ୱର)ର ଗବେଷଣାରୁ ଜଣାଯାଇଛି ଯେ ପଖାଳପାଣି(ତୋରାଣି) ଏକାଧାରରେ ରୋଗ ନିରୋଧକ ଶକ୍ତି ବଢ଼ାଏ, ଫୁସଫୁସକୁ ପରିଷ୍କାର କରେ, ହଜମରେ ସାହାଯ୍ୟ କରେ, ଅପୁଷ୍ଟି (malnutrition) ଜନିତ ଅନେକ ରୋଗକୁ ପ୍ରତିରୋଧ କରିଥାଏ। ଗର୍ଭବତୀ ମହିଳା ଏବଂ ଗର୍ଭସ୍ଥ ଶିଶୁର ସ୍ୱାସ୍ଥ୍ୟରେ ଉନ୍ନତି ଆଣିଥାଏ। ସୌଜନ୍ୟ- Hemanta.Pradhan@timesgroup.com)

ଅନୁଗତ - କୁହାଯାଏ ଆଘ୍ରାଣେ ଅର୍ଦ୍ଧଭୋଜନମ୍। ଆଘ୍ରାଣ ଦ୍ୱାରା କଣ ଭୋଜନ ମଧ୍ୟ ହୁଏ ? ୨୫୮

ଶ୍ରୀଶ୍ରୀଠାକୁର - ଘ୍ରାଣ ଦ୍ୱାରା ଯେ ଖାଦ୍ୟର ସୁଫଳ ବା କୁଫଳ ମିଳେ, ଏହା ଗୋଟିଏ ସୁଦୂର କଳ୍ପିତ ଧାରଣା, ସେମିତି କିଛି ହୁଏ ନାହିଁ।

ଅନୁଗତ - ବହୁଲୋକ ଏକାଠି ହୋଇ ଖାଇବା ଉଚିତ କି ? ୨୫୯

ଶ୍ରୀଶ୍ରୀଠାକୁର - ପଂକ୍ତି ଭୋଜନ ନ କରିବା ଭଲ। କିନ୍ତୁ ଯଦି କେଉଁଠାରେ କରିବାକୁ ପଡ଼େ, ତେବେ ଦୂରତ୍ୱ ରକ୍ଷା କରିବା ଉଚିତ, ଯେପରି ଅନ୍ୟର ଛିଙ୍କ, କାଶ, ଛେପ, ନିଃଶ୍ୱାସ ଓ ବାୟୁ ସହିତ ତୁମେ ପରିବେଶିତ ନ ହୁଅ।

ଅନୁଗତ -ଆମେ କାହିଁକି ରୋଗାକ୍ରାନ୍ତ ହେଉ ? ୨୬୦

ଶ୍ରୀଶ୍ରୀଠାକୁର - ବ୍ୟାଧିକୁ ଇଂରାଜୀରେ କହନ୍ତି disease. Ease ହେଉଛି ସ୍ୱସ୍ତି। ତାହା ଯେତେବେଳେ ନ ଥାଏ ଆମର disease ହୁଏ। ବ୍ୟାଧିର ଜନକ ହେଲା ଚିନ୍ତା, ଜନନୀ ହେଲା ସେହି ଚିନ୍ତାକୁ ପରିପୋଷଣ କରୁଥିବା ପରିସ୍ଥିତି, ଏହାର ଭିତରଦେଇ

ଶାରୀରିକ-ମାନସିକ ବିକୃତି ଜନ୍ମିଥାଏ । ଆଉ ନିରାକରଣ ହେଉଛି ପରିସ୍ଥିତିକୁ, ଚିନ୍ତାକୁ ଆୟତ୍ତରେ ରଖିବା, ଚିତ୍ତର ସଂଘାତ ଅପସାରିଣୀ ଉଦ୍ଦୀପନାକୁ ପୁଷ୍ଟ କରିବା । କେତେକ ବ୍ୟାଧି ଜନ୍ମଗତ ହୋଇଥାଏ, ଏହା ଅନ୍ତଃପ୍ରକୃତିରୁ ଜନ୍ମେ, ଔଷଧ, ଆଚାର-ବ୍ୟବହାରରେ, ଯଥାଯଥ ସଂଯମ ଦ୍ୱାରା ଏହାର ଅନେକଟା ଉପଶମ ସମ୍ଭବ ହୋଇଥାଏ । ଆଉ କେତେଗୁଡିଏ ଆଗନ୍ତୁକ ବ୍ୟାଧି ଅନ୍ୟଠାରୁ ତୁମଠାରେ ସଂକ୍ରମିତ ହୁଏ । ଯେ ଅସୁସ୍ଥ ତା'ର ସେବା ନେବାକୁ ଯାଅ ନା, ବା ତୁମେ ଯଦି ଅସୁସ୍ଥ ଯେତେଦୂର ପାର ସୁସ୍ଥର ସେବା କରିବାକୁ ଯାଅନା । ମଣିଷ ଆପଣାର, କିନ୍ତୁ ରୋଗ ନୁହେଁ । ରୋଗୀର ସେବା କରିବାକୁ ଯାଇ ରୋଗର ସେବା କର ନାହିଁ-ତେଣୁ ରୋଗୀ ସେବାବେଳେ ତା'ଠାରୁ ଦୂରତ୍ୱ ନ ରଖିଲେ, ରୋଗର ଯଥାଯଥ ପ୍ରତିଷେଧକ ଇତ୍ୟାଦି ନ ନେଲେ, ତୁମେ ମଧ୍ୟ ସେହି ରୋଗରେ ଆକ୍ରାନ୍ତ ହେବ ।

(ଆଲୋଚକ- 'ଚଲାର ସାଥୀ' ଗ୍ରନ୍ଥରେ ଶ୍ରୀଶ୍ରୀଠାକୁର କହଛନ୍ତି -

'ରୋଗଗ୍ରସ୍ତ ଯେତେବେଳେ ତୁମେ
ଜନ-ସଂସର୍ଗରୁ ଯେତେଦୂର ସମ୍ଭବ ଦୂରରେ ରୁହ,-
ନଜର ରଖ, ତୁମଠାରୁ ଯେପରି କେହି ସଂକ୍ରାମିତ ନ ହୁଏ;
ଯେଉଁମାନେ ତୁମର ସେବା-ଶୁଶ୍ରୂଷାରେ ନିରତ ଅଛନ୍ତି
ସେମାନେ ଯେପରି ଶୁଦ୍ଧ ଓ ପରିଛନ୍ନ ନ ହୋଇ
ଜନ-ସଂସର୍ଗରେ ନ ଯା'ନ୍ତି;
ଏବଂ ଶୋଇବା, ବସିବା, ଆଳାପ ଇତ୍ୟାଦିରେ ମଧ୍ୟ
ଖୁବ ସାବଧାନ ଥିବ,-
ଯେପରି ଏହାଦ୍ୱାରା ତୁମର ରୋଗ
ଅନ୍ୟଠାରେ ସଂକ୍ରାମିତ ନ ହୁଏ -
ତୁମର ଏଇ ରୋଗଗ୍ରସ୍ତ ଅବସ୍ଥା
କଟିଗଲେ ମଧ୍ୟ
ପୁନରାୟ ଆକ୍ରାନ୍ତ ହେବାର ଭୟ
କମ ହିଁ ରହିବ;
ତାହାବୋଲି ରୋଗତ୍ରସ୍ତ ହୋଇ ରହିବ ନାହିଁ !' (ବାଣୀ-୨୩୯)

ଅନୁଗତ -ସ୍ୱାସ୍ଥ୍ୟ କ'ଣ ମନ ଦ୍ୱାରା ନିୟନ୍ତ୍ରିତ ହୋଇଥାଏ କି ? ୨୬୧

ଶ୍ରୀଶ୍ରୀଠାକୁର 'ଚଲାର ସାଥୀ' ଗ୍ରନ୍ଥରେ କହିଲେ -

'ସାଧାରଣତଃ ଯେତେ ପ୍ରକାର ଅସୁସ୍ଥତାର ଉତ୍ପତ୍ତି
ମାନସିକ ଦୁଷ୍ଟିରୁ ହିଁ ହୋଇଥାଏ,-
ସ୍ୱାସ୍ଥ୍ୟକୁ ଅସୁସ୍ଥତା ହାତରୁ
ରକ୍ଷା କରିବାକୁ ହେଲେହିଁ
ପ୍ରଥମ ଓ ପ୍ରଧାନ ପ୍ରୟୋଜନ ମନଃଶୁଦ୍ଧି -

ତେଣୁ, ଋଷିମାନେ ପ୍ରାୟଶ୍ଚିତ୍ତର
ପ୍ରଚଳନ କରିଥିଲେ।' (ବାଣୀ-୨୪୦)

(ଆଲୋଚକ- ଶ୍ରୀଶ୍ରୀଠାକୁରଙ୍କ ଏ ସମ୍ପର୍କରେ ଗୋଟିଏ ବାଣୀ -

ମନଟା ଦୁଷ୍ଟ ହେଲେ ଜାଣିଥା
ରୋଗର ହୁଏ ଆଶ୍ରୟ
ଏଇଟାକୁ ତୁ ଏଡାଇ ଚାଲ
କରିବୁ ବ୍ୟାଧି ଜୟ।)

(ଆଲୋଚକ- ୟୁରୋପର ପ୍ରଖ୍ୟାତ ଦାର୍ଶନିକ Spinoza (1632 AD -1677 AD) ଠିକ୍ ଏହି କଥା କହିଛନ୍ତି - 'Mind and body work always together because what occurs in them is a parallel set of events. Everything that happens in one is the correspondence of which happens in the other. Consciousness itself is the idea of the body. The emotions are the bodily equivalent of the mental ideas.' (Understanding Philosophy). (ମନ ଆଉ ଦେହ ଏକାଠି କାମ କରନ୍ତି, ମନରେ ଯାହା ଘଟେ ଶରୀରରେ ମଧ୍ୟ ତାହା ସମାନ୍ତର ଭାବରେ ହୋଇଥାଏ। ଚେତନା ଏକ ଶାରୀରିକ ଘଟଣା। ମାନସିକ ଭାବପ୍ରବଣତା ଶରୀରରେ ମଧ୍ୟ ପ୍ରକାଶ ପାଏ।)

ଅନୁଗତ - ମଣିଷର ବୟୋବୃଦ୍ଧି ଘଟେ ଏବଂ ଏଥିରେ ସେ ସଂକୁଚିତ ହୋଇଯାଏ କାହିଁକି ? ୨୬୨

ଶ୍ରୀଶ୍ରୀଠାକୁର- ବାର୍ଦ୍ଧକ୍ୟକୁ ସ୍ୱୀକାର କର ନା। ତୁମେ ଯଦି ଭାବିବ ଯେ ମୁଁ ବୁଢ଼ା ହୋଇଗଲି, ତେବେ ତୁମେ ସଂକୁଚିତ ହେବ, କ୍ଷୀଣତର ହେବ- ବୟସ ବଢ଼େ ବଢୁ, ତୁମେ ସେସବୁକୁ ଭାବିବାକୁ ଯିବ କାହିଁକି ? ସ୍ଫୁର୍ତ୍ତି ନେଇ ଚାଲ, ସାର୍ଥକତାର ଅନୁଚଳନକୁ ସାଙ୍ଗରେ ନେଇ। ବାର୍ଦ୍ଧକ୍ୟ ମାନେ ନିଷ୍ପ୍ରଭ ହେବା ନୁହେଁ, ବରଂ ସାମର୍ଥ୍ୟନନ୍ଦିତ ପ୍ରଜ୍ଞାପ୍ରଦୀପ୍ତ ହୋଇ ନିଜକୁ ସ୍ୱଚ୍ଛସ୍ରୋତା କରି ତୋଳିବା।

ଅନୁଗତ-ବାର୍ଦ୍ଧକ୍ୟକୁ କ'ଣ ରୋକି ହେବ କି ? ୨୬୩

ଶ୍ରୀଶ୍ରୀଠାକୁର- ବୃଦ୍ଧବୟସରେ ଆମ ଜନନ ସ୍ନାୟୁ ଓ ଜନନ ପଦ୍ଧତିକୁ nurture (ପୋଷଣ) ଦିଏ ନାହିଁ। ଅଦରକାରୀ ବୋଲି ମନେକରେ, ଏହା ଜୀବନକୁ ଶ୍ଳଥ ଓ ଶିଥିଳ କରେ। Genetic system (ଜନନ ବିଧାନ) ଯେତେ strong ହୁଏ, ଯୌବନ ମଧ ସେତେ ଆସେ, ମଣିଷ ତାଜା ରୁହେ।

(ଆଲୋଚକ- ସ୍ନାୟୁକୁ ସତେଜ ରଖିବା ପାଇଁ ଆୟୁର୍ବେଦରେ ଅଶ୍ୱଗନ୍ଧା ଓ ଶଙ୍ଖପୁଷ୍ପୀ ଇତ୍ୟାଦି ବ୍ୟବହାର କରାଯାଇଥାଏ।)

ଅନୁଗତ- ଘରେ ପରିବାରବର୍ଗଙ୍କ ସହିତ ଚାକର-ବାକର ଇତ୍ୟାଦି ଏକାଠି ଖାଇବା ଉଚିତ୍ କି ? ୨୬୪

ଶ୍ରୀଶ୍ରୀଠାକୁର- ପରିବାରବର୍ଗ ଯାହା ଖାଆନ୍ତି, ଚାକର-ବାକରଙ୍କୁ ତାହା ଦେବା ହେଉଛି ବିଜ୍ଞତା ଓ ଶ୍ରେଷ୍ଠତା ।

ଆଲୋଚକ- ଶ୍ରୀଶ୍ରୀଠାକୁରଙ୍କ ଗୋଟିଏ ବାଣୀ –

"ରୋଗ ବା ବିଶେଷ କାରଣ ଛଡ଼ା କର୍ତ୍ତା ଚାକର ଆଉ ସ୍ୱଜନେ
ସମାନ ଭୋଜନ, ନ୍ୟାଯ୍ୟ ତୋଷଣ, ଚାଲନ୍ତି ଏପରି ଶ୍ରେଷ୍ଠଜନେ ।")

ଶ୍ରୀଶ୍ରୀଠାକୁରଙ୍କ କଥିତ ଉପଚାରରୁ କିଛି

୧- ଉଚ୍ଚ ରକ୍ତଚାପ -ପାଚନରେ ହରିତକି(ହରିଡା), ବିଛୁଆତି, ଶାଳପନି, ଅନନ୍ତମୂଳ (ଆପ୍ର-୨ୟ, ୨୪-୧୨-୧୯୪୧), ୨୩-୨-୧୯୫୫ ରକ୍ତଚାପ-ଶଙ୍ଖପୁଷ୍ପୀ ରସାୟନ ସେବନକଲେ ରକ୍ତଚାପ କମେ । ଏଇଟା nervine (ସ୍ନାୟୁ ପକ୍ଷରେ ଉପକାରୀ) ।

୨- କୁଇନାଇନର ଅଭାବ/ପ୍ରୟୋଜନଟା ଛାତିମଛାଲ ଦ୍ୱାରା ପୂରଣ କରାଯାଇପାରେ । (୨୭-୧୨-୧୯୪୧)

୩- ମ୍ୟାଲେରିଆ ଜ୍ୱରରେ ପୁରୁଣା ତେନ୍ତୁଳିକୁ ପାଣିରେ ଫୁଟାଇ ପିଇଲେ ଉପକାର ହୁଏ ।

୪- ପିଲାମାନଙ୍କର ପେଟଖରାପ ହେଲେ -କୋଇଲିଖିଆ ଗଛର ଝୋଳ, ଥାଲକୁଡ଼ି ଶାଗର ଶୁକ୍ତୋ (ପିତା ମିଶ୍ରିତ ତରକାରି) ଦେଲେ ଭଲ ହୁଏ । ୨୬-୩-୧୯୫୪ ମୁଣ୍ଡ ଓ ପେଟରୋଗରେ -ଅଦା, ଅଁଳା ଓ ଥାଲୁକୁଡି ପତ୍ର ଏକସଙ୍ଗେ ବାଟି ସକାଳେ ଓ ଉପରବେଳା ଖାଇବ । ପ୍ରତିଦିନ ସକାଳେ ପଖାଳଭାତର ତୋରାଣି ପିଇଲେ ଭଲହୁଏ । ରାତିରେ ଶୋଇବା ସମୟରେ କେଇ ଚାମଚ ତଟକା ମହୁ ଜଳରେ ମିଶାଇ ଖାଇବ ।

୫- ଆପ୍ର-୪ର୍ଥ (୯-୯-୧୯୪୨) ଦେହ ପେଟ ଖରାପ, ହଜମ ନହେବା, ସର୍ଦ୍ଦି ହେବା ଇତ୍ୟାଦି ସାଧାରଣ ଅସୁସ୍ଥତାରେ -ଯାହା ଦେହରେ ଯିବନାହିଁ ବା ସହ୍ୟ ହେବନାହିଁ ତା ଖାଇବ ନାହିଁ । ଖାଇବା ପରେ କେତେଟା ଗୋଲମରିଚ ଲୁଣ ସହିତ, ପାଣି ସହିତ ଚୋବେଇ ଖାଇବ । ପୋଦିନା ବଟା ଖାଇଲେ ପେଟ ଓ ସର୍ଦ୍ଦି-କାଶ ଠିକ୍ ହୁଏ ।

୬- (୨-୧୦-୧୯୪୨) ଯେଉଁମାନେ ନିରାମିଶାଷୀ, ସେମାନେ ରାଶି ବଟା, ଚିନାବାଦାମ ବଟା ବା ନାନାଭାବରେ ଖାଇବା ଭଲ । ଏହାର ବଟା ସାମାନ୍ୟ ତେଲ, ଲଙ୍କା ଦେଇ ଭାତରେ ଗୋଳେଇ (ପ୍ରଥମଗ୍ରାସରେ) ଖାଇଲେ ସ୍ୱାଦିଷ୍ଟ ହୁଏ ।

୭- ଆପ୍ର-୫ମ (୧୨-୪-୧୯୪୪) ପେଟ ଖରାପ, ପାଇଖାନା ପରିଷ୍କାର ହୁଏନା- ଗୁଡ଼ ଦେଇ ତେନ୍ତୁଳିର ସରବତ, ପତଳା ଘୋଳଦହି ଖାଇବା- ତଟକା ଶାଗ ଓ ଫଳ ଖାଇବା ।

୮- ଆ.ପ୍ର.-୯ମ ଅମୃତଭଣ୍ଡା ଧୋଇ ସାରି କାଟିବ, କାଟିସାରି ଧୋଇବ ନାହିଁ ।

୯- ଆ.ପ୍ର.(୬,୧୧,୧୮,୨୦) ଦୀପରକ୍ଷୀ (୪,୫)-(କ) ଓଦା ପାଦରେ ଖାଇବା ଓ ଶୁଖିଲା ପାଦରେ ଶୋଇବା -ଓଦାପାଦରେ ଖାଇଲେ ଉପର ପଟର ରକ୍ତ-ସଂଚାଳନ ବଢ଼େ, ହଜମରେ ସାହାଯ୍ୟ କରେ ଆଉ ଶୁଖିଲାପାଦରେ ଶୋଇଲେ ମୁଣ୍ଡରେ ରକ୍ତ-ସଂଚାଳନ କମେ, ସେଥିରେ ନିଦ ଭଲହୁଏ। ଅନିଦ୍ରା ରୋଗରେ ଅଶ୍ୱଗନ୍ଧାର ମୂଳ ଶୁଖାଇ (ଚୂର୍ଣ୍ଣ କରି) ଭଲ ଗୁଆଘିଅ ଆଉ ଚିନି ମିଶାଇ ସୁଉକିଏ ପରିମାଣ ସବୁଦିନେ ଖାଇବାକୁ ହୁଏ -ରାତିରେ ଶୋଇବା ସମୟରେ ଏକବାର କରି ଖାଇଲେ ଭଲ – ଏହା ସହିତ ନାମଜପ କରିବାକୁ ହୁଏ। (ଖ) ଇସବଗୁଲ ଖାଇଲେ ଅନେକ ମଇଳା ବାହାର କରିଦିଏ, ସହଜରେ ବାର୍ଦ୍ଧକ୍ୟ ଆସିନଥାଏ। ଆଲୁକୁଡ଼ି ଶରୀର-ବିଧାନକୁ ମଜବୁତ କରିଥାଏ। (ଗ) ଅଣ୍ଟାବିନ୍ଧା ପାଇଁ ସୈନ୍ଧବାଦି ତେଲ (base sesame) ଭଲକରି ମାଲିସ କରିବା ଦରକାର। ପ୍ରତିଦିନ କଲେ ଭଲହୁଏ। ୫-୭ ଦିନରେ ଭଲ ହୋଇଯାଏ -କିନ୍ତୁ ବେଶିଦିନ ଧରି କରିବା ଭଲ। (ଙ) ଅମ୍ଳ, ଗ୍ୟାସ, ବଦହଜମୀ ପାଇଁ -ପଥରଚୁନରୁ ୧ ଚାମଚ ଚିନି ଦେଇ ରୋଜ ସକାଳେ ଖାଲିପେଟରେ ଖାଇଲେ ଭଲହୁଏ।

୧୦- ଆପ୍ର (୯ମ) ରାଗ ଖାଇବା- ଶୁଖିଲା ଲଙ୍କା ଅପେକ୍ଷା କଞ୍ଚାଲଙ୍କା ଖାଇଲେ ଏତେ ବେଶି କ୍ଷତି କରେନା, fresh (ତଟକା) ବା ସଦ୍ୟ ଗଛରୁ ତୋଳାହୋଇଥିବା କଞ୍ଚାଲଙ୍କାରେ ଭିଟାମିନ-ସି ଖୁବ ବେଶି ମିଳେ। ତେବେ ଲଙ୍କା ମାତ୍ରାତିରିକ୍ତ ଖାଇବା ଭଲନୁହେଁ କି ଜମା ନଖାଇଲେ ବି କ୍ଷତି -ରାଗ ହିସାବରେ ଗୋଲମରିଚ ଓ ଅଦା ମାତ୍ରାନୁପାତିକ ଭଲ। ଲଙ୍କା ବେଶି ଖାଇଲେ ପେଟ ଓ ମଥା irritated (ଉତ୍ତେଜିତ) ହୁଏ, ପ୍ରୟୋଜନ ହିସାବରେ ଖାଇବ ଯେପରି ଶରୀର-ବିଧାନ ବ୍ୟସ୍ତ ନହୁଏ।

ଲିଭର ଖରାପ ଓ ପେଟ ଗୋଳମାଳ -ନିମ୍ବ ଗୁଳୁଚି, କାଲମେଘ ବା ଚିରେଇତା, କୋଇଲିଖିଆ, ଗୋଲମରିଚ ଏକାଠି ମିଶାଇ ବାଟି କୋଳି ପରି ବଡ଼ି କରି ଖରାରେ ଶୁଖାଇ ରଖି ପ୍ରତିଦିନ ସକାଳେ ଖାଇଲେ ଉପକାର ହୁଏ -ତେବେ ବହୁଦିନ ଖାଇବା ଦରକାର। ଯଦି ବଦହଜମ ହୋଇଥାଏ, ତେବେ ପାଟିରୁ ଦୁର୍ଗନ୍ଧ ବାହାରେ (ପାଇରିୟା ରୋଗ ଅନ୍ୟ ବ୍ୟାପାର)।

ଦୀପରକ୍ଷୀ,୧ମ-(୨-୫-୧୯୫୩,୨୬-୫-୧୯୫୩) କୃଷ୍ଣ ତିଳ (କଳାରାଶି) ଓ କଦଳୀ (ମଞ୍ଜିଥିବା କଦଳୀ) ଖାଇବା -ଦୁଇ ଆଖି ଉପରେ ହାତ ରଖି ୫ ମିନିଟ ପାଇଁ ଆଖି ବନ୍ଦ କରି ରଖିବା ଭଲ। ୧୮-୧୧-୧୯୫୬ ନୟନତାରା ଆଖିର ରୋଗ ଭଲକରେ।

୨୮- ୭-୧୯୫୪ କୋଷ୍ଠକାଠିନ୍ୟ -ରାତିରେ ନିମ୍ବଗୁଳୁଚି ଛେଚି ଜଳରେ ଭିଜାଇ ରଖି ସକାଳେ ସେଇ ଜଳରେ ମହୁ ମିଶାଇ ଖାଇବ। ଏଥିରେ ଲିଭର (liver function) ମଧ୍ୟ ଭଲ ହୋଇଥାଏ।

୬-୧-୧୯୫୫ ପ୍ରାକୃତିକ ଭିଟାମିନ (natural vitamin)-ସୁଲପେ, ଧନିଆ ଓ ପୋଦିନା ଅଁଳା ସହିତ ବାଟି ଖାଇଲେ natural vitamin ଖିଆହୁଏ। (ଦୀପରକ୍ଷୀ, ୨ୟ ଖଣ୍ଡ)

୨୩-୧୨-୧୯୫୫ ଅପରିହାର୍ଯ୍ୟ କ୍ଷେତ୍ର ଛଡ଼ା ଟନସିଲ ଅପରେସନ କରିବା ଶ୍ରୀଶ୍ରୀଠାକୁର ପସନ୍ଦ କରୁନଥିଲେ। ଆବଡେକ୍ସ ଖାଇବା କଥା ସେ କହିଛନ୍ତି। Tonsil operation should be avoided except unavoidable cases. Abdex drops is beneficial for tonsil.

୨୮-୭-୧୯୫୬ ଝିଅମାନଙ୍କର ପ୍ରତ୍ୟହ ପାଣିଫଳ (water chestnut) ଖାଇବା ଭଲ। ଏଥିରେ ସନ୍ତାନ ବଢ଼େ। ଶ୍ରଦ୍ଧା, ଭକ୍ତି, ଭଲପାଇବା ସବୁ ବଢ଼େ।

୧୧-୧୨-୧୯୫୬ ଈଷଦୁଷ୍ଣ ବା ନଖ ଉଷୁମ ଜଳରେ(tepid water) ଏକ ଚାମୁଚ କରି ମହୁ ପ୍ରତିଦିନ ଖାଇଲେ thrombosis (ରକ୍ତବାହୀ ଶିରାପ୍ରଶିରାରେ ରକ୍ତ ଜମାଟ ବାନ୍ଧିବା) ମୋଟେ ହୁଏନା।

୨୩-୧-୧୯୫୭ ଖସଖସରେ ପାଣି ଢାଳିଲେ ଯେଉଁ ଗନ୍ଧ ବାହାରେ ତାହା ଖୁବ nervine (ସ୍ନାୟୁ ପକ୍ଷରେ ଉପକାରୀ)।

୨୨-୩-୧୯୫୪ ବିଛା କାମୁଡ଼ାରେ -ଜଳ ପରି ଆଉ କୌଣସି ଔଷଧ ନାହିଁ। ମୁଣ୍ଡରେ କେବଳ ଜଳ ଢାଳିବାକୁ ହୁଏ ନାମ କରି କରି-ନିଃଶ୍ୱାସ ବନ୍ଦ ନ ହେବାଯାଏ ଢାଳିବାକୁ ହୁଏ -ଜଳ ବିଷଟାକୁ କାଢ଼ି ଦେଇପାରେ -ଜଳ ଏପରି ଢାଳିବ ଯେପରି ବିଛା କାମୁଡିଥିବା ଲୋକଟି ଥରି ଉଠିବ। କିନ୍ତୁ ଔଷଧ ଦେଇଦେଲେ ତା ଉପରେ କୁଆଡ଼େ କ୍ରିୟା କରିପାରେନା।

ଶ୍ୱାସରୋଗର ନିରାକରଣ ପାଇଁ ପ୍ରାତଃକାଳରେ ରାବଣକୃତ ଶିବତାଣ୍ଡବ ସ୍ତୋତ୍ର ଉଚ୍ଚସ୍ୱରରେ ଗାଇଲେ କାମ ଦେଇଥାଏ। ଧଇଁସଇଁ ରୋଗରେ ମଧ୍ୟ ଏହା ଅତ୍ୟନ୍ତ ଉପକାରୀ। ବାସଙ୍ଗଛାଲର ରସ ସହିତ ମହୁ ମିଶାଇ ଖାଇଲେ ଅତ୍ୟଧିକ ଶୀତରେ ଯେଉଁ କାଶ ହୁଏ ତାର ଉପଶମ ହୋଇଥାଏ।

— ୦ —

ସ୍ୱାସ୍ଥ୍ୟ ସଂପର୍କରେ ଶ୍ରୀଶ୍ରୀଠାକୁରଙ୍କ ବାଣୀ

କାର୍ଯ୍ୟ ନିଶାରେ ମାତିବୁ ଯେତେ
ନ ଦେଇ ଶରୀରେ ମନ,
ଶରୀର ହେବ ସହନପଟୁ
ସ୍ୱାସ୍ଥ୍ୟରେ ପାରଙ୍ଗମ।

ପଞ୍ଚମ ପରିଚ୍ଛେଦ

ଶିକ୍ଷା, ବ୍ୟକ୍ତିତ୍ୱ ବିକାଶ, ପରିବେଶ ଦାୟିତ୍ୱ, ଦେଶାତ୍ମବୋଧ, ବର୍ଣ୍ଣାଶ୍ରମ (ମଣିଷ ଓ ପଶୁପକ୍ଷୀ), ବିଶ୍ୱ-ବର୍ଣ୍ଣାଶ୍ରମ, ବିଶ୍ୱଭାଷା, ବସୁଧୈବ କୁଟୁମ୍ବକମ୍ ପରିକଳ୍ପନା।

ଅନୁଗତ- ପ୍ରକୃତ ଶିକ୍ଷା କାହାକୁ କହନ୍ତି ? ୨୬୫

ଶ୍ରୀଶ୍ରୀଠାକୁର - ମଣିଷ heredity (ବଂଶଧାରା)ରୁ ପାଏ instinct (ସହଜାତ ସଂସ୍କାର) ଏବଂ environment (ପାରିପାର୍ଶ୍ୱିକ) ତାର ପୋଷଣ କରେ। ପିଲା ଜନ୍ମ କରିବା ପାଇଁ ଯେପରି ବାପା-ମା ଦୁହେଁ ଦରକାର, ସେହିପରି ଏହି ଦୁଇଟି ଉପାଦାନ ମଣିଷକୁ ଜୀବନ ଚଳାଇବାର ଶିକ୍ଷା ଦିଏ। ବଂଚିବାର ଓ ବଢ଼ିବାର କୌଶଳ ଶିଖାଇ ଦେବା ହେଉଛି ପ୍ରକୃତ ଶିକ୍ଷାଦାନ,- ଏହାକୁ ମଧ୍ୟ କୁହାଯାଏ ଧର୍ମଦାନ।

ଅନୁଗତ – ସନ୍ତାନର ସଂସ୍କାର କପରି ଆସିଥାଏ ଓ ପାରିପାର୍ଶ୍ୱିକରୁ ସେ କ'ଣ ଶିଖେ ? ୨୬୬

ଶ୍ରୀଶ୍ରୀଠାକୁର - ସାଧାରଣ ଶିଶୁ ତାହାର ପାରିପାର୍ଶ୍ୱିକର sensation (ଚେତନା) ଗୁଡ଼ିକୁ ଆଖି ଦେଇ ଗ୍ରହଣ କରେ, ସେଥିପାଇଁ ଦେଖାଯାଏ ଶିଶୁ ମୁଣ୍ଡ ଘୁରାଇ ଏପାଖ ସେପାଖ ଚାହୁଁଛି -ପ୍ରଥମେ ଆଖି ମାଧ୍ୟମରେ brain impressed ହୁଏ, active ହୁଏ, ତାପରେ ତା'ର କାନ ଖୋଲେ, ତାପରେ ଆଉ ସବୁ। ତେଣୁ ପିତାମାତାଙ୍କ ଚାଲିଚଳନ ତାକୁ ଉତ୍ତରଣ ଦିଗରେ ନେଇଯାଏ। ଆଉ ସେଥିରେ ଗଣ୍ଡଗୋଳ ହେଲେ ଅର୍ଥାତ୍ ପିତାମାତାଙ୍କ ଭିତରେ attachment (ଅନୁରକ୍ତି) ନ ଥିଲେ, ସେମାନଙ୍କଠାରୁ ସଂସ୍କାର ନ ଶିଖିଲେ, ଯେତେବେଳେ ସେ ବଡ଼ ହୁଏ, ଜୀବନକୁ ଅସଂଯତ, ବିକୃତ ଓ ପ୍ରବୃତ୍ତିପରାୟଣତା ହେତୁ ଅବନତିପ୍ରବଣ କରିତୋଳେ। ତେଣୁ ପିତାମାତାଙ୍କ ଉପରେ ମୁଖ୍ୟ ଓ ଗୌଣ ଉଭୟ ଭାବରେ ନିର୍ଭର କରୁଛି ଶିକ୍ଷା ଓ ସଂସ୍କାର । ସଂସ୍କାର ହେଲା ସମ୍ୟକ୍‌ରୂପେ ବଢ଼ିବା ଯାହା ଆମକୁ elevation (ଉତ୍‌ଥାନ) ଓ upliftment (ଉନ୍ନୟନ) ଦିଗରେ ଆଗେଇ ନେଇଯାଏ।

(ଆଲୋଚକ -ଶ୍ରୀଶ୍ରୀଠାକୁରଙ୍କର ଏ ସମ୍ପର୍କରେ ଗୋଟିଏ ବାଣୀ -

"ଦରୋଟି କଥାର ସମୟଠାରୁ
କରି କରାଇ ଯାହା ଶିଖାଇବ
ସେଇଟି ପିଲାର ମୁଖ୍ୟ ହେବ,
ବୁଝି ନ ଚାଲିଲେ ପସ୍ତାଇବ।")

ଅନୁଗତ - ଶିଶୁର ଶିକ୍ଷା କେବେ ଏବଂ କିପରି ଆରମ୍ଭ ହୋଇଥାଏ ? ୨୬୭

ଶ୍ରୀଶ୍ରୀଠାକୁର - ପାଁଚ-ଛଅ ବର୍ଷ ବୟସ ମଧ୍ୟରେ ଅଭ୍ୟାସ-ବ୍ୟବହାର-ଝୁଙ୍କ୍ ଠିକ୍ ଭାବରେ ପିଲାମାନଙ୍କ ଭିତରେ ପୁରାଇ ଦେବା ଦରକାର । ବାଞ୍ଛିତପ୍ରାଣତା ପ୍ରଜ୍ଜ୍ୱଳିତ କରି ଦେବା ହେଉଛି ଶିକ୍ଷାର ମୂଳ କଥା । Ideal-centric urge (ଆଦର୍ଶକେନ୍ଦ୍ରିକ ଆକୂତି) ଜାଗ୍ରତ ହେଲେ ତାହା ଚରିତ୍ରରେ ଫୁଟି ଉଠେ, ନିକୃଷ୍ଟ ପିଲା ମଧ୍ୟ ଉତ୍କୃଷ୍ଟ ହେବା ପଥରେ ଗତି କରେ । ପିତାମାତା ସେମାନଙ୍କ ଗୁରୁଜନଙ୍କୁ ଯେଉଁପରି ଭକ୍ତି-ସମ୍ମାନ କରନ୍ତି, ତାହା ପିଲାମାନେ ଶିଖନ୍ତି । ମୂଳକଥା ହେଲା, ଶିକ୍ଷାରେ ପଢ଼ାଲେଖା ହେଉଚି ଗୋଟିଏ ଗୌଣ ଅଙ୍ଗ । ଅସଲା ହେଲା -ଅଭ୍ୟାସ, ବ୍ୟବହାର, ଝୁଙ୍କ, ନିଷ୍ଠା, ପ୍ରତ୍ୟୟ, ଚରିତ୍ର ଓ ବିଶିଷ୍ଟତା ଅନୁସାରେ କର୍ମ-ଦକ୍ଷତାର ସ୍ଫୁରଣ ଓ ସୁନିୟନ୍ତ୍ରଣ ।

ଅନୁଗତ - ଗୃହଶିକ୍ଷାରେ କେଉଁ ଦିଗଗୁଡ଼ିକ ପ୍ରତି ନଜର ରଖାଯିବା ଉଚିତ ? ୨୬୮

ଶ୍ରୀଶ୍ରୀଠାକୁର- ଆମେ ଖୁବ ବାହାରେ ଯାଜନ କରୁ, କିନ୍ତୁ ଘରେ କରୁନା । Educate କରୁନା (ଶିକ୍ଷା ଦେଉନା, ଭାବୁ ଏମିତି ହୋଇଯିବ । ତା କିନ୍ତୁ ହୁଏ ନା । ସେଥିପାଇଁ କ୍ରମଶଃ ଜୋର କମି ଯାଏ । ବଂଶ ପରମ୍ପରାରେ ପରିବାରର ଆଦର୍ଶାନୁରାଗ ପ୍ରବଳତର ନ ହୋଇ ଦୁର୍ବଳତର ହୋଇଯାଏ । ଗାଳିଗୁଳଜ କରି ପୁଅଝିଅଙ୍କ ଭିତରେ ଉଚ୍ଚ ଭାବ ପ୍ରବେଶ କରାଯାଇ ପାରେନା । ପ୍ରବୃଦ୍ଧ କରିବାକୁ ହେବ, ଆନନ୍ଦଦୀପ୍ତ କରି ତୋଳିବାକୁ ହେବ ଯେପରିକି ସ୍ୱତଃହିଁ ଏହି ଜିନିଷ ସେମାନଙ୍କୁ ଭଲ ଲାଗେ । ପିଲାଛୁଆଙ୍କ ସର୍ବେନ୍ଦ୍ରିୟ ଯେତେ ସ୍ପର୍ଶକାତର ହୁଏ, ଗ୍ରହଣମୁଖର ଓ ଅନ୍ତର୍ମୁଖୀ ହୁଏ ସେତେ ଭଲ ।

ଅନୁଗତ - ବାପାମା ଏବଂ ଗୁରୁଜନମାନଙ୍କର ଦାୟିତ୍ୱ କିପରି ହେବା ଉଚିତ ? ୨୬୯

ଶ୍ରୀଶ୍ରୀଠାକୁର -ପଢ଼ିବା ପାଇଁ ଚାପ ନ ଦେଇ ବାସ୍ତବ ଜୀବନ ଓ ଜଗତ ସମ୍ପର୍କରେ ଶିଶୁମାନଙ୍କୁ ଆଗ୍ରହଶୀଳ କରି ତୋଳିବାକୁ ହେବ । ଗୋଟିଏ ପିଲା ଯଦି ଗୋଟିଏ ଚଢ଼େଇ ପୋଷେ, ଅଳ୍ପ ଟିକେ ଜାଗାରେ ଫଳଫୁଲ, ପରିବାପତ୍ର କରେ, ପହଁରା ଶିଖେ, ଗଛ ଚଢ଼େ, ସାଇକେଲ ଚଳାଏ, ନିଜ ହାତରେ କୌଣସି ଜିନିଷ ତିଆରି କରେ, ଅଭିନୟ କରେ, ଛବି ଆଙ୍କେ, ଗୀତ ଗାଏ, ଜଣେ ଭିକାରିକୁ କିଛି ଖାଇବାକୁ ଦିଏ, ରାସ୍ତାର ମଝିରେ ପଡ଼ିଥିବା ଖଣ୍ଡେ ଇଟାକୁ ହଟାଇ ଦିଏ, ମଣିଷ ମୁହଁକୁ ଚାହିଁ ତା'ର ମନର ଅବସ୍ଥା ବୁଝିପାରେ, ପ୍ରକୃତିର ନାନା ପରିବର୍ତ୍ତନ ମନଯୋଗ ସହକାରେ ଲକ୍ଷ୍ୟ କରେ, ନାନା ପ୍ରକାର ଗନ୍ଧ ଶୁଣୁ ଶୁଣୁ ଭାବମଗ୍ନ ହୋଇଯାଏ, ପରିବେଶର ବସ୍ତୁ, ବ୍ୟକ୍ତି ଓ ବିଷୟଗୁଡ଼ିକୁ ନିଜର ଅନୁସନ୍ଧିତ୍ସାରେ ବୁଦ୍ଧି ଖଟାଇ ଦେଖି, ଶୁଣି ଓ ବୁଝି କୌଣସି ଜିନିଷର ନିଖୁଣ ବର୍ଣ୍ଣନା କରିପାରେ, **ନିଜର ଖରାପ ପ୍ରବଣତାକୁ ଭଲ ଆଡ଼କୁ ମୋଡ଼ି ଦେବାକୁ ଶିଖେ, ତାହେଲେ ତା'ର ମଣିଷ ହେବାର ଭିତ୍ତିର ପତନ ହୋଇଥାଏ । ମା, ବାପା ଓ ଗୁରୁଜନଙ୍କ ଦାୟିତ୍ୱ କିନ୍ତୁ ଅସାଧାରଣ । ସେମାନଙ୍କୁ ଶ୍ରେୟନିଷ୍ଠ ଚଳନରେ ଚାଲିବା ଓ ଶୁଭ-ପ୍ରବଣ ହେବା-ଏହାକୁ ଦୀକ୍ଷା ଏବଂ ସ୍ୱସ୍ତ୍ୟୟନୀ ଦ୍ୱାରା ଜଗାଇ ଦେବାକୁ ହେବ ।**

(ଆଲୋଚକ- ଶ୍ରୀଶ୍ରୀଠାକୁର ଉପରୋକ୍ତ ଯେଉଁ କଥା ଗୁଡ଼ିକ କହିଲେ, ହାରାହାରି ସେହି କଥା ପ୍ରଖ୍ୟାତ ଦାର୍ଶନିକ ରୁଷୋ (Jean Jaques Rousseau, 1712 AD - 1778 AD) ଶିକ୍ଷାର ଉଦ୍ଦେଶ୍ୟ ଉପରେ କହିଥିଲେ -ଶିକ୍ଷା କେବେହେଲେ ଶିଶୁ ନିର୍ଯ୍ୟାତନା ନ ହେଉ, ପଢ଼, ପଢ଼ କହି ତାକୁ ବାଧ୍ୟ କରିବା ଅପେକ୍ଷା ସେ ତା' ନିଜ ରୁଚିରେ କେଉଁ ପାରଗତା ଲାଭ କରିବାକୁ ଚାହୁଁଛି, ତା' ଉପରେ ଦୃଷ୍ଟି ଦେବା ଉଚିତ । ଶିକ୍ଷା ହେଉଛି ନିଜ ଭିତରେ ସୁପ୍ତ ଥିବା କ୍ଷମତାର ଜାଗରଣ, ତା' ଉପରେ କିଛି ଲଦିଦେଲେ, ତାହା ବିକଶିତ ହେବ ନାହିଁ । ଶିକ୍ଷାର ସମୟଟା ମଣିଷ ଜୀବନରେ ସୁଖ ସମୟ ନ ହୋଇ ଯଦି ଯନ୍ତ୍ରଣାଦାୟକ ହୁଏ, ସେ କି ଶିକ୍ଷା ? ଆପାତତଃ ପିତାମାତାଙ୍କର ଭଲ ଗୁଣଗୁଡ଼ିକୁ ପିଲାର ଚରିତ୍ରରେ ଫୁଟାଇବା ପାଇଁ ସେମାନେ ଯତ୍ନବାନ ହେବା ଉଚିତ; ସାହସ, ସାଧୁତା, ଅନୁସନ୍ଧିତ୍ସା ଏହି ସବୁଗୁଣ କିପରି ସେମାନେ ଆୟତ୍ତ କରିବେ, ତାହା ତ ପ୍ରକୃତ ଶିକ୍ଷା । (Understanding Philosophy)

ଶ୍ରୀଶ୍ରୀଠାକୁରଙ୍କର ଶିକ୍ଷା ସମ୍ପର୍କରେ ଦୁଇଟି ବାଣୀ -

'ବିଦ୍ୟାଳୟେ ପୁଅଝିଅ ଯେତେହିଁ ବିଦ୍ୟା ଶିଖନ୍ତୁ ନା,
ଘରର ଶିକ୍ଷା ସୁଷ୍ଠୁ ନ ହେଲେ ଶିଷ୍ଟ ସ୍ୱଭାବ ହୁଏନା ।
ଲେଖାପଢ଼ାରେ ଦକ୍ଷ ହେଲେ ଶିକ୍ଷା ତାକୁ କହେ ନା,
ଅଭ୍ୟାସ ବ୍ୟବହାର ସହଜ ଜ୍ଞାନ ନହେଲେ ଶିକ୍ଷା ହୁଏ ନା ।'

ଅନୁଗତ - ଶିକ୍ଷା ଏବଂ ବୋଧକୁ ଦୟାକରି ବୁଝାଇ କହିବେ କି ? ୨୭୦

ଶ୍ରୀଶ୍ରୀଠାକୁର ଏ ସମ୍ପର୍କରେ 'ଚଳାର ସାଥୀ' ଗ୍ରନ୍ଥରେ କହିଲେ -

'ଶିକ୍ଷାର ଉଦ୍ଦେଶ୍ୟ ହିଁ ହେଲା
ଅନ୍ୟର ଜଣା ବା ଦର୍ଶନକୁ
ନିଜର ବୋଧରେ ପକାଇ
ଅନୁଭବ କରିବା;-
ଏବଂ ଏଇ ଅନୁଭବ
ଯେଉଁଠାରେ ଯେତେ ପ୍ରକୃଷ୍ଟ ଓ ତୀକ୍ଷ୍ଣ
ଜ୍ଞାନ ମଧ୍ୟ ସେଠାରେ ସେଇପରି;-
ଶିକ୍ଷା ଯଦି ତୁମର ବୋଧ ଭିତରକୁ
ନ ଆସିଲା
ତାହେଲେ ତୁମେ
ସ୍ମୃତିର ବଳଦ ଛଡ଼ା ଆଉ କ'ଣ ?' (ବାଣୀ -୧୫୭)

ପୁଣି କହିଲେ -

'ବୈଶିଷ୍ଟ୍ୟକୁ ଉଲ୍ଲଂଘନ କରି
ଶିକ୍ଷାର ଅବତାରଣା କରିବା

ଆଉ ଜୀବନକୁ
ନପୁଂସକ କରିଦେବା
ଏକା କଥା।' (ବାଣୀ-୧୫୫)

ଅନୁଗତ- ଉତ୍ତମ ଚରିତ୍ର ଶିକ୍ଷା ଦେବା ପାଇଁ ପ୍ରଥମେ କ'ଣ କରଣୀୟ ? ୨୭୧

ଶ୍ରୀଶ୍ରୀଠାକୁର ଏ ସମ୍ପର୍କରେ 'ଚଲାର ସାଥୀ' ଗ୍ରନ୍ଥରେ କହିଲେ -

'ଶିକ୍ଷାର ପ୍ରଥମ ଉପକରଣ ହିଁ ହେଉଛି ଆଦର୍ଶ,-
ଆଦର୍ଶରେ ଅଛି ଅନୁଭୂତି;-
ଏବଂ
ଶ୍ରଦ୍ଧା, ସଙ୍ଗ, ପ୍ରଶ୍ନ, ସେବା,
ବ୍ୟବହାର ଓ ଉପାସନା ଦ୍ୱାରା
ଆଦର୍ଶଠାରୁ ତାଙ୍କର ଅନୁଭୂତିର
ପ୍ରକାଶ ନେଇ,-
ତାହା ଅନୁଭବ କରି
ଚରିତ୍ରରେ ତାହାକୁ ପ୍ରତିଫଳିତ କରିବାହିଁ ହେଉଛି
ସମ୍ୟକ୍ ଶିକ୍ଷା।' (ବାଣୀ -୧୫୬)

ଅନୁଗତ - ଶିକ୍ଷାରେ ଶିକ୍ଷକର ଦାୟିତ୍ୱ କ'ଣ ହେବା ଉଚିତ୍ ? ୨୭୨

ଶ୍ରୀଶ୍ରୀଠାକୁର - ବିଦ୍ୟାଳୟରେ ଛାତ୍ରମାନଙ୍କଠାରେ ଦାୟିତ୍ୱସମ୍ପନ୍ନ ଚରିତ୍ର ପାଇଁ ଗୋଟିଏ ଉଦଗ୍ର ଆଗ୍ରହ ଜଗାଇ ଦେବାକୁ ହେବ ଅଳ୍ପ ବୟସରୁ, ତେଣୁ ଶିକ୍ଷକର ଦାୟିତ୍ୱ ଅତି ଗୁରୁତ୍ୱପୂର୍ଣ୍ଣ। ପିଲାଛୁଆ କୌଣସି ସମୟରେ ପଢ଼ାଶୁଣା ପାଇଁ ଉତ୍ସୁକ ଥାଆନ୍ତୁ ବା ନ ଥାଆନ୍ତୁ, practical activity (ବାସ୍ତବ କର୍ମ) ମାଧ୍ୟମରେ ସେମାନଙ୍କ ମନୋଭାବକୁ ପ୍ରସ୍ତୁତ କରି ଦିଆଯାଇପାରେ। ଜଣେ ପିଲା ଯେ ପାରୁ ନାହିଁ, ତା' ଭିତରେ ଶିକ୍ଷକ ଏପରି ଭାବ ସୃଷ୍ଟି କରିବା ଭଲ ନୁହେଁ। ଏହା ତାର ସର୍ବନାଶ ମଧ୍ୟ କରି ଦେଇପାରେ। ପଢ଼ାଶୁଣାରେ, କାମଧନ୍ଦାରେ, ବ୍ୟବହାରରେ ଛାତ୍ରର ଉନ୍ନତି ଦେଖିଲେ ତାହାକୁ ପ୍ରକାଶ୍ୟରେ ପ୍ରଶଂସା କରିବା, appreciate (ପସନ୍ଦ) କରିବା ଦରକାର। ସେ ସେଥିରେ ଉତ୍ସାହିତ ହୋଇ ବାହାବା ପାଇବା ଲୋଭରେ ଆହୁରି ଲାଗି ପଡ଼େ। ଜଣେ ଶିକ୍ଷକ ପିଲାଙ୍କ ଆଗରେ ଆଉ ଜଣେ ଶିକ୍ଷକର ନିନ୍ଦା କରିବା ଆଦୌ ଉଚିତ ନୁହେଁ। ତଦ୍ଦ୍ୱାରା ସେହି ଶିକ୍ଷକ ପ୍ରତି ଛାତ୍ରର ଅନୁରାଗ ବ୍ୟାହତ ହେବ।

ଅନୁଗତ - ଶିକ୍ଷକ ଆଦର୍ଶଙ୍କୁ ଯଦି ଗ୍ରହଣ ନ କରେ, ତେବେ କ'ଣ ହୁଏ ? ୨୭୩

ଶ୍ରୀଶ୍ରୀଠାକୁର- ମଣିଷ ଗଠନ ଓ ଜାତିଗଠନର ମୂଳ ପ୍ରାଣକେନ୍ଦ୍ର ହେଉଛି ଆଦର୍ଶପ୍ରାଣତା। ଶିକ୍ଷକ ଯଦି ଆଦର୍ଶପ୍ରାଣ ନ ହୁଏ, ସଂହତିଶୀଳ ଓ ଶୃଙ୍ଖଳିତ ନ ହୁଏ, ତେବେ ତାର ବ୍ୟକ୍ତିତ୍ୱ ଦ୍ୱାରା ଛାତ୍ର କେବେ ପ୍ରଭାବିତ ହେବ ନାହିଁ। ପ୍ରଭାବିତ ନ ହେଲେ,

ଶିକ୍ଷକ ଯାହା ପଢ଼ାଇବେ ତାହା ବୃଥା ହେବ । ଅଚ୍ୟୁତ ଆଦର୍ଶନିଷ୍ଠ ଚରିତ୍ରବାନ୍ ଶିକ୍ଷକ; ତାଙ୍କଠାରେ କେନ୍ଦ୍ରାୟିତ ଛାତ୍ରମାନଙ୍କୁ ସ୍ଫଟିକଦାନା ଭଳି ବୈଶିଷ୍ଟ୍ୟ ମାଫିକ ସକ୍ରିୟ ଓ ସମୁଜ୍ଜ୍ୱଳ କରି ତୋଳନ୍ତି ।

ଅନୁଗତ - ଆପଣ ଯେଉଁ ପ୍ରକାର ଶିକ୍ଷକ କଥା କହୁଛନ୍ତି ଆଜିର ଯୁଗରେ ସେହିପରି ଶିକ୍ଷକ କାହାନ୍ତି ? ଶିକ୍ଷା ତ ଏବେ ବ୍ୟବସାୟ । ୨୭୪

ଶ୍ରୀଶ୍ରୀଠାକୁର - ଆଚରଣ ବିହୀନ ଆଚାର୍ଯ୍ୟ ଓ କାରଣବିହୀନ କାର୍ଯ୍ୟ ଏଇ ଦୁଇଟିଯାକ ସମାନ । ଶିକ୍ଷକ ଯଦି ଇଷ୍ଟନିଷ୍ଠ ନ ହୁଏ, ଆଉ ଆଚାରବାନ୍ ନ ହୁଏ, ଆଚରଣରେ ସେ ଯଦି ଆଚାର୍ଯ୍ୟ ନ ହୁଏ -ତାର ଚାଲିବା, କହିବା, କରିବା ଭିତରଦେଇ ଜାଣିବାରେ ଯଦି ସାମଞ୍ଜସ୍ୟ ନ ଆସେ, ସେ ସତ୍ତା-ସମ୍ବର୍ଦ୍ଧନୀ ହୋଇ ନ ଉଠେ, ଇଷ୍ଟ ଓ କୃଷ୍ଟିର ପରିପୋଷଣଠାରୁ ସେ ଯଦି ଦୂରରେ ରହେ, ତେବେ ସେହି ପ୍ରକାରର ଶିକ୍ଷକ ଛାତ୍ରମାନଙ୍କ ଚରିତ୍ରର ଭକ୍ଷକ, ଆଉ ଏହାଦ୍ୱାରା ବିପର୍ଯ୍ୟୟ ଓ ବିଧ୍ୱସ୍ତିର ପରିବେଷଣ ହୋଇଥାଏ । ଶିକ୍ଷକର ବୀତଶ୍ରଦ୍ଧ, ବିଶୃଙ୍ଖଳ, ଅନାଚାରୀ ଚାଲିଚଳନ, ବ୍ୟଷ୍ଟି ଓ ସମଷ୍ଟିଜୀବନକୁ ଛନ୍ନଛଡ଼ା କରିତୋଳେ, ଜାତିକୁ ସର୍ବନାଶରେ ଆଗେଇ ଦିଏ; ଅନିୟନ୍ତ୍ରିତ ଚରିତ୍ର ସମ୍ପନ୍ନର ସଂସର୍ଗରେ ପିଲାଙ୍କୁ ରଖିବା ଭୟାବହ, ପିଲାପିଲି ମୂର୍ଖ ହୁଅନ୍ତୁ ପଛେ ସେ ବରଂ ଭଲ ।

ଅନୁଗତ - କିନ୍ତୁ ଏସବୁ ସତ୍ତ୍ୱେ ବହୁ ପି.ଏଚ.ଡ଼ି, ଡି-ଲିଟ୍ ଇତ୍ୟାଦି କରି ବହୁ ବିଦ୍ୱାନ୍ ଶିକ୍ଷକ ତ ପୁଣି ଅଛନ୍ତି ? ୨୭୫

ଶ୍ରୀଶ୍ରୀଠାକୁର-ସତ୍ତାର ବିଦ୍ୟମାନତାକୁ ଯେ ଜାଣେ ସେ ବିଦ୍ୱାନ । ଏହି ବିଦ୍ୟମାନତାକୁ ଜାଣିବାକୁ ହେଲେ ଦରକାର ଜୀବନ୍ତ ଆଦର୍ଶରେ ଏକନିଷ୍ଠ ତତ୍ପରତା, ଶରୀର ଓ ମନର କେନ୍ଦ୍ରାୟିତ ସକ୍ରିୟ ସେବାପ୍ରବଣ ଆତ୍ମ ନିବେଦନ । ଏହି ସବୁକୁ ବାଦ୍ ଦେଇ ଯେ ବିଦ୍ୱାନ୍, ସେ ଯାହା ବି ହେଉ, ଯେପରି ବି ହେଉ ଆଉ ଯେତେ ବଡ଼ ବି ହେଉ ସେ ଅବିନ୍ୟସ୍ତ, ଅମାର୍ଜିତ ଏବଂ ସମାଜର ବିସ୍ଫୋରଣୀ ସମ୍ବେଦକ । ତା'ର ଉପାଧି-ଭୂଷିତ ବୋଧ-ବିଶୃଙ୍ଖଳ ବାବୁଆନୀ, ଦାମ୍ଭିକ ବିଜ୍ଞତାରେ ବିଦ୍ୟାର ବାସ୍ତବମୂର୍ତ୍ତି କେତେଟିକେ ବିହିତ, ତାହା ବୁଝିବା କଠିନ ।

ଅନୁଗତ - ବର୍ତ୍ତମାନର ଶିକ୍ଷା ରୋଜଗାର ସର୍ବସ୍ୱ । ଏହି ପରିସ୍ଥିତିରେ କ'ଣ କରାଯିବ ? ୨୭୬

ଶ୍ରୀଶ୍ରୀଠାକୁର- ମୁଁ ବୁଝୁଚି । ଅନେକ ଗଣ୍ଡଗୋଳ ହୋଇ ଯାଇଛି । ଶିକ୍ଷା ସଂସ୍କାର ବୋଲି ତ କିଛି ନାହିଁ । ତେଣୁ ମଣିଷର instinct ବା ସହଜାତ ବୃତ୍ତିସମ୍ପତ୍ତି ଜାଗ୍ରତ ହେଉ ନାହିଁ -tradition (ଐତିହ୍ୟ) ଓ culture (କୃଷ୍ଟି) ଜାଗ୍ରତ ହେଉ ନାହିଁ - ତେଣୁ personality (ବ୍ୟକ୍ତିତ୍ୱ) integrated (ସଂହତ) ହୋଇ ଉଠୁ ନାହିଁ । ଆମ ଭାରତର ଅସଲ ଚେହେରା ତ ଆମେ ଦେଖି ପାରିଲୁ ନାହିଁ, ଦେଖିଲୁ କେବଳ ଦୈନ୍ୟ, ଦେଖିଲୁ କେବଳ perversion (ବିକୃତି), ତେଣୁ ହୀନମନ୍ୟତା ଆମଠାରୁ ଆଉ କୌଣସି ପ୍ରକାରେ ଗଲା ନାହିଁ ।

ଅନୁଗତ - ଏହା କ'ଣ ପ୍ରକୃତରେ ଭାରତର ଛବି, ଭାରତର image (ପ୍ରତିବିମ୍ବ) ? ଆମର ଏହି ହୀନମନ୍ୟତାରୁ କ'ଣ ନିସ୍ତାର ନାହିଁ ? ୨୭୭

ଶ୍ରୀଶ୍ରୀଠାକୁର- ଅନ୍ତର୍ଜଗତ ଓ ବହିର୍ଜଗତରେ ବ୍ୟଷ୍ଟି ଓ ସମଷ୍ଟିର, ଇହକାଳ ଓ ପରକାଳର ଭୂତ, ବର୍ତ୍ତମାନ ଓ ଭବିଷ୍ୟତର ସର୍ବତୋମୁଖୀ ସାଫଲ୍ୟର ଯେଉଁ ସୂତ୍ର ଆର୍ଯ୍ୟଗଣ ଆବିଷ୍କାର କରିଥିଲେ ଏବଂ ସେହି ସୂତ୍ର ଯେ ଆମ ହାତମୁଠାରେ ଅଛି, ତାର ପ୍ରତ୍ୟକ୍ଷ ପରିଚୟ ଦେବାକୁ ହେବ । ଶିକ୍ଷାରେ ଆଣିବାକୁ ପଡ଼ିବ elevated intellectualism (ଉଚ୍ଚ ବୁଦ୍ଧିବୃତ୍ତି) ଯେଉଁଥିରେ admiration for culture (ସଂସ୍କୃତି ପ୍ରତି ଶ୍ରଦ୍ଧା) ଓ admiration for heroes (ବୀରଗଣଙ୍କ ପାଇଁ ସମ୍ମାନବୋଧ) ଆସିଥାଏ ।

ଅନୁଗତ - ଏହି elevated intellectualism କିପରି ଆସିଥାଏ ? ୨୭୮

ଶ୍ରୀଶ୍ରୀଠାକୁର -ଛାତ୍ରଛାତ୍ରୀମାନେ ସେମାନଙ୍କ ପାଇଁ କ'ଣ favourable (ଅନୁକୂଳ) ଆଉ କ'ଣ unfavourable (ପ୍ରତିକୂଳ) ଏହାସବୁ ଜାଣିବା ନିହାତି ଜରୁରୀ । ଯେପରି ହିଂସା ଓ ନିନ୍ଦା କାହିଁକି କରିବ ନାହିଁ -ଏଥିରେ convinced (ହୃଦ୍‌ବୋଧ) ହେବା ଦରକାର, ଏହାକୁ ମୁଁ କୁହେ elevated intellectualism (ଉଚ୍ଚ ବୁଦ୍ଧିବୃତ୍ତି) ।

ଅନୁଗତ - ତାହେଲେ ଆପଣଙ୍କ ମତରେ ଶିକ୍ଷାର ମୂଳ ଉଦ୍ଦେଶ୍ୟ କ'ଣ ? ୨୭୯

ଶ୍ରୀଶ୍ରୀଠାକୁର - ଶିକ୍ଷାର ଉଦ୍ଦେଶ୍ୟ ହେଲା adjustment of complexes (ପ୍ରବୃତ୍ତିର ନିୟନ୍ତ୍ରଣ), ଗୋଟାଏ meaningful adjustment (ସାର୍ଥକ ସଙ୍ଗତି), ଦ୍ୱିତୀୟରେ concentricity(ସୁକେନ୍ଦ୍ରିକତା), ତୃତୀୟରେ alertness (ସତର୍କତା), ଚତୁର୍ଥରେ agility (ତୀବ୍ରତା), ପଞ୍ଚମରେ inquisitiveness (ଅନୁସନ୍ଧିତ୍ସା), ଷଷ୍ଠରେ judicious attitude (ବିଚକ୍ଷଣ ମନୋଭାବ), ସପ୍ତମରେ presence of mind(ଉପସ୍ଥିତ ବୁଦ୍ଧି), ଅଷ୍ଟମରେ cordial go of life (ହୃଦ୍ୟ ଚଳନ) ।

ଅନୁଗତ - ବିଜ୍ଞାନ ଓ ଅନ୍ୟାନ୍ୟ ବୈଷୟିକ ଶିକ୍ଷା କିପରି ଦିଆଯିବ ? ୨୮୦

ଶ୍ରୀଶ୍ରୀଠାକୁର- Science, Physics, Chemistry, ସାହିତ୍ୟ, ମନୋବିଜ୍ଞାନ, ଭୂଗୋଳ, ଇତିହାସ ଏସବୁ ପାଠ ସହିତ ଜୀବନ କିପରି practical (ବାସ୍ତବ) ହେବ, ନିଜେ ଉପାର୍ଜନକ୍ଷମ ହେବ, ଏହି ଆତ୍ମବିଶ୍ୱାସ ହେବ ଶିକ୍ଷାର ଲକ୍ଷ୍ୟ । ଜଣେ ଶିକ୍ଷକ ସବୁ ବିଷୟରେ ପଢ଼ାଇ ପାରିଲେ ଖୁବ ଭଲ । **Elevated intellectualism ଦ୍ୱାରା 'ଚାକର କିଣିବ କିଏ, ଚାକର କିଣିବ କିଏ', ଏହି ଚିତ୍କାର କରି ଆମର ପିଲାମାନେ ଆଉ ନିଜର ସର୍ବନାଶ କରିବେ ନାହିଁ।** ବସ୍ତୁର ଅନ୍ତର୍ନିହିତ ସମ୍ମିଳନୀ ଆନତିରେ ପରସ୍ପର ଯୁକ୍ତ ହୋଇ ଯେଉଁ ବୈଶିଷ୍ଟ୍ୟର ସୃଷ୍ଟି ହୁଏ, ତାହାକୁ ସଂଶ୍ଳେଷୀ-ବିଶ୍ଳେଷୀ ଚଳନରେ ସନ୍ଧିତ୍ସା ସହିତ ଜାଣିବା ଓ ଆୟତ୍ତ କରିବା ହେଉଛି ରସାୟନ-ସ୍ୱାଦନ-ସମ୍ମିଳନୀ ଗତିପଥ । ତେଣୁ ପରମ କାରଣଙ୍କୁ " ରସୋ ବୈ ସଃ" ବୋଲି ଋଷିଗଣ ଅଭିହିତ କରିଛନ୍ତି ।

ଅନୁଗତ - ଝିଅମାନଙ୍କ ପାଇଁ ଶିକ୍ଷା ପଦ୍ଧତି କିପରି ହେବ ? ୨୮୧

ଶ୍ରୀଶ୍ରୀଠାକୁର- ସେମାନଙ୍କ ଶିକ୍ଷା ହେବ ଭକ୍ତି ଓ ସେବାମୂଳକ। ସେମାନେ ବାସ୍ତବରେ ସେହିସବୁ କାମ ଶିଖିବେ ଓ କରିବେ ଯେପରି ପରିବାର, ପରିଜନ ଓ ପରିବେଶକୁ nurture (ପୋଷଣ) ଦେଇ ପାରନ୍ତି। ଝିଅମାନଙ୍କର devotion (ଭକ୍ତି) ଖୁବ ଦରକାର। ସେମାନେ ଯଦି Ideal and husband (ଆଦର୍ଶ ଓ ସ୍ୱାମୀ) ପ୍ରତି devoted (ଭକ୍ତିମତୀ) ନ ହୁଅନ୍ତି ତାହାଲେ ସେମାନେ disintegrated (ବିଶ୍ଲିଷ୍ଟ) ହୋଇ ଯାଆନ୍ତି।

ଅନୁଗତ - ତେବେ ପୁଅ, ଝିଅଙ୍କ ଶିକ୍ଷା ପଦ୍ଧତି କ'ଣ ନିଆରା ହେବ ? ୨୮୨

ଶ୍ରୀଶ୍ରୀଠାକୁର – ଜ୍ଞାତବ୍ୟ ବିଷୟ ଯାହା, ତାହା ପୁଅମାନେ ଯେପରି ଶିଖିବେ ଝିଅମାନେ ମଧ୍ୟ ସେହିପରି ଶିଖିବେ; ତେବେ ପ୍ରକାର ଅଲଗା ହେବ। ପୁରୁଷମାନଙ୍କ ଶିକ୍ଷା ହେବ fulfilling nature (ପରିପୂରଣୀ ପ୍ରକୃତି) ଆଉ ଝିଅମାନଙ୍କର ହେବ servicing nature (ସେବା ପରିବେଷଣୀ); ଗୋଟିଏ fatherhood (ପିତୃତ୍ୱ) ଦିଗରେ ଓ ଅନ୍ୟଟି motherhood (ମାତୃତ୍ୱ) ଦିଗରେ।

ଅନୁଗତ - ପୁଅଝିଅ ଏକାଠି ଶିକ୍ଷା ଗ୍ରହଣ କରିବାରେ ଆପଣଙ୍କ ମତ କ'ଣ ? ୨୮୩

ଶ୍ରୀଶ୍ରୀଠାକୁର – ମୋର ମନେହୁଏ before adolescence (କୈଶୋର ପୂର୍ବରୁ) ପୁଅମାନେ ଯଦି ଝିଅମାନଙ୍କ ନିକଟରେ educated (ଶିକ୍ଷିତ) ହୁଅନ୍ତି ତାହେଲେ ଭଲ ହୁଏ। ମତେ ଲାଗେ, ଶିଶୁମାନଙ୍କର ଝିଅମାନେ ହିଁ ପ୍ରକୃତ ଶିକ୍ଷୟିତ୍ରୀ।

ଅନୁଗତ - ଯୌନଜୀବନର ଶିକ୍ଷା ପୁଅଝିଅମାନଙ୍କୁ କିପରି ଦିଆଯିବ ? ୨୮୪

ଶ୍ରୀଶ୍ରୀଠାକୁର- ଯୌନାଚାର ବିଷୟକ ଶିକ୍ଷାକୁ ଅତି ସୁରୁଚି ଓ ସଙ୍ଗତ ପନ୍ଥାରେ ଶିଖାଇବାକୁ ହେବ। ଅଯଥା ଗୋପନୀୟତା ଭଲ ନୁହେଁ, ସହଜ ଓ ପବିତ୍ରଭାବରେ ଜୀବନକ୍ଷେତ୍ରରେ ଏହାର ଗୁରୁତ୍ୱ ଉପଲବ୍ଧି କରି, ପରିଷ୍କାର କରି ବୁଝାଇ ଦେବାକୁ ହେବ, distortion ଓ abnormality (ବିକୃତି ଓ ଅସ୍ୱାଭାବିକତା) ପ୍ରତି ଯେପରି ଗୋଟାଏ ବିତୃଷ୍ଣା ସୃଷ୍ଟି ହୁଏ, ସେ ବାଟ ଯେପରି କେହି ନ ମାଡ଼ନ୍ତି, ସେପରି ମନୋଭାବ ଦୃଢ଼ କରିବାକୁ ହେବ। ପୁଣି ସ୍ୱାଭାବିକ ଯୌନବୋଧର ଉନ୍ମେଷ ଓ ଅଭିବ୍ୟକ୍ତିରେ ସେମାନେ ଯେପରି ନିଜକୁ ଅପରାଧୀ ମନେକରି ଦୁର୍ବଳ, ଅବସନ୍ନ ଓ ଦିଗଭ୍ରାନ୍ତ ହୋଇ ନ ପଡ଼ନ୍ତି, ବରଂ ସମ୍ବେଗକୁ ସୁସ୍ଥଭାବରେ ପରିଚାଳିତ କରି ଜୀବନକୁ ଉଦ୍‌ବର୍ଦ୍ଧନମୁଖର କରିତୋଳନ୍ତି। ସ୍ୱାସ୍ଥ୍ୟ, ସଦାଚାର ସମ୍ବନ୍ଧରେ କେଉଁ ଅବସ୍ଥାରେ କ'ଣ କରଣୀୟ, ସେ ସମ୍ବନ୍ଧରେ ପୁଅଝିଅମାନଙ୍କୁ ଅବଗତ ଓ ଅଭ୍ୟସ୍ତ କରାଇବାକୁ ପଡ଼ିବ। ଶାରୀରିକ, ମାନସିକ ଓ ଆଧ୍ୟାତ୍ମିକ ସଦାଚାରର ପରିପୋଷକ, ଏକ ବାତାବରଣ ସୃଷ୍ଟି କରିବାକୁ ହେବ, ପରିବାର, ପରିବେଶ, ବିଦ୍ୟାଳୟ ସର୍ବତ୍ର।

ଅନୁଗତ - ଆପଣ ଚାକିରି କରିବାକୁ ପସନ୍ଦ କରନ୍ତି ନାହିଁ କାହିଁକି ? ୨୮୫

ଶ୍ରୀଶ୍ରୀଠାକୁର- ଚାକିରି ଜୀବନରେ ଗୋଟିଏ ଦିଗ ଛଡ଼ା ଅନ୍ୟ ସବୁ ଦିଗ die out (ବିଲୁପ୍ତ) ହୋଇଯାଏ । କିନ୍ତୁ ଯେଉଁମାନେ ସ୍ୱାଧୀନଭାବେ ବ୍ୟବସାୟ ବା ଅନ୍ୟ କିଛି କରନ୍ତି, ସେମାନଙ୍କର ରାସ୍ତା ଖୋଲା ଥାଏ, ମଥା ଖୋଲା ଥାଏ, ability (ଯୋଗ୍ୟତା) ବଢ଼େ । ଚାକିରୀ ଏପରି ଖରାପ ଜିନିଷ ଯେ, ଏକ ପୁରୁଷ ଚାକିରୀ କଲେ ପୁରୁଷାନୁକ୍ରମେ ଚାକିରିର ଝୁଙ୍କ୍ ରହିଯାଏ । କେହି ଚାକିରୀ କରୁ ମୁଁ ଚାହେଁ ନା ।

(ଆଲୋଚକ - ଶ୍ରୀଶ୍ରୀଠାକୁରଙ୍କର ଏ ସମ୍ପର୍କରେ ଗୋଟିଏ ବାଣୀ -

"ଚାକିରିବାଜିର ବେକୁବ ଆବେଗ
କ୍ରୀତଦାସ ବୁଦ୍ଧି ଆଣେ ହିଁ ଆଣେ,
ଐତିହ୍ୟ ଆଉ ଶ୍ରେୟନିଷ୍ଠାରେ
କରେହିଁ ବ୍ୟାଘାତ ଆଘାତ ଦାନେ ।"

ଅନୁଗତ- ବର୍ତ୍ତମାନ କଲେଜ-ବିଶ୍ୱବିଦ୍ୟାଳୟରେ ବିଶୃଙ୍ଖଳା ବଢ଼ୁଚି, ଏହାର ସମାଧାନ କ'ଣ ? ୨୮୬

ଶ୍ରୀଶ୍ରୀଠାକୁର- ଶିକ୍ଷକ, ଅଭିଭାବକ ଓ ନେତୃସ୍ଥାନୀୟ ବ୍ୟକ୍ତିବର୍ଗ ଯେତେ disciplined and inter-interested (ଶୃଙ୍ଖଳାବଦ୍ଧ ଓ ପରସ୍ପର ଅନ୍ତରାସୀ) ହେବେ ଛାତ୍ରସମାଜ ସେତେ disciplined (ଶୃଙ୍ଖଳିତ) ହେବ । Discipline ଆସେ discipleship-(ଶିଷ୍ୟତ୍ୱ)ରୁ । University ର ଭିତ୍ତି ହେଉଛି -to love variety at the interest of the Unit or to love one for the interest of the variety (ଜଣକର ସ୍ୱାର୍ଥ ସାଧନ ପାଇଁ ସମଗ୍ରକୁ ଭଲପାଇବା ଅଥବା ବହୁ ସ୍ୱାର୍ଥ ପାଇଁ ଏକକୁ ଭଲ ପାଇବା) । Varietyକୁ ଏକକରେ ସାର୍ଥକ କରିତୋଳିବା ଦରକାର, ଅର୍ଥପୂର୍ଣ୍ଣ (meaningful) କରି ତୋଳିବା ଦରକାର । ଏହାର ଅର୍ଥ ଜଣେ ଆଦର୍ଶଙ୍କୁ କେନ୍ଦ୍ର କରି ତାହାଙ୍କୁ ଅନୁସରଣ କରି ଅନ୍ୟମାନଙ୍କୁ ମଧ୍ୟ ଏହି ଅନୁସରଣରେ ପ୍ରେରଣାଯୁକ୍ତ କରାଇବା, ତଦ୍ଦ୍ୱାରା ସାର୍ବଜନୀନ ମଙ୍ଗଳ ହୋଇଥାଏ । ଏହା ବିଶୃଙ୍ଖଳାରୁ ରକ୍ଷା କରେ ।

ଅନୁଗତ- ଛାତ୍ରମାନେ ଯଦି ଆଦର୍ଶରେ ଅନୁପ୍ରାଣିତ ନ ହୁଅନ୍ତି ତେବେ କ'ଣ କରଣୀୟ ? ୨୮୭

ଶ୍ରୀଶ୍ରୀଠାକୁର-ଛାତ୍ରଙ୍କ ଭିତରେ କୌଣସି ଆଦର୍ଶ ଅନୁପ୍ରାଣତା ନାହିଁ, ଏହାର ଅର୍ଥ ହେଲା ପିତାମାତାଙ୍କ ପାଖରେ ଓ ଶିକ୍ଷକଙ୍କ ପାଖରେ ତାହା ନାହିଁ । ତେଣୁ ଅଭିଭାବକ ଓ ଶିକ୍ଷକ ଉଭୟଙ୍କୁ Unit-centric (ଏକକେନ୍ଦ୍ରିକ) ହେବାକୁ ପଡ଼ିବ । ଶିକ୍ଷକମାନଙ୍କର ବହି ପଢ଼ି ଆଦର୍ଶ ଜୀବନ କ'ଣ ନ ଶିଖି, ଆଚରଣରେ ଯେ ମୂର୍ତ୍ତ ଆଦର୍ଶ ତାଙ୍କ ସହିତ attached ହେବା ଦରକାର । ଶିକ୍ଷକ ଭିତରେ ଶିଖିବାର ଇଚ୍ଛା studentlike attitude (ଛାତ୍ରସୁଲଭ ମନୋଭାବ) ଯେତେ ଜାଗ୍ରତ ହେବ, ତା' ଭିତରେ ଆଦର୍ଶ ପରାୟଣତା ସେତେ ଜାଗ୍ରତ

ହେବ ଏବଂ ଏହା ଛାତ୍ରଙ୍କ ଭିତରେ ସଂଚାରିତ ହେବ । ଯେପରି ସ୍ୱାମୀ-ସ୍ତ୍ରୀଙ୍କ ସଂଯୋଗ ଫଳରେ ସନ୍ତାନ, ସେହିପରି ଅଭିଭାବକ ଓ ଶିକ୍ଷକଙ୍କର ସୁସଙ୍ଗତ ସହଯୋଗ ଫଳରେ ଜନ୍ମେ ସନ୍ତାନ ବା ଛାତ୍ର ବିହିତ ପରିଚର୍ଯ୍ୟା ଓ ବାସ୍ତବ ଶିକ୍ଷା । ଆଉ ଏହି ସହଯୋଗ ଯେଉଁଠାରେ ଯେତେ ଶିଥିଳ, ଶିକ୍ଷା ସେଠାରେ ସେହିପରି ମୂଢ଼ । କେବଳ ଅର୍ଥ ଖର୍ଚ୍ଚ କଲେ ଶିକ୍ଷା ହୁଏ ନା, ଦରକାର ଅଭିଭାବକ ଓ ଶିକ୍ଷକଙ୍କ ମଧ୍ୟରେ ସଶ୍ରଦ୍ଧ ସହଯୋଗ, ଏଥିରୁ ଆସେ ପିତାମାତା ବା ଅଭିଭାବକ ଓ ଶିକ୍ଷକଙ୍କ ପ୍ରତି ସନ୍ତାନ ବା ଛାତ୍ରର ଅନୁରାଗ ।

ଅନୁଗତ - ଅଭିଭାବକ, ଶିକ୍ଷକ ଓ ଛାତ୍ରର ଆଦର୍ଶ-ଅନୁସରଣ ଏତେ ଗୁରୁତ୍ୱପୂର୍ଣ୍ଣ କାହିଁକି ? ୨୮୮

ଶ୍ରୀଶ୍ରୀଠାକୁର- ଆମେ ଦେଖୁ ଯେ ଗୋଟିଏ କୁକୁର ଯେତେବେଳେ ତା'ର master (ମୁନିବ)କୁ ଭଲପାଏ, ସେତେବେଳେ ସେ educated (ସୁଶିକ୍ଷିତ) ହୋଇଉଠେ । ତାହାର ଯାହା କିଛି, adjusted (ସୁବିନ୍ୟସ୍ତ) ହୁଏ । ସେହିପରି ଆମେମାନେ ଯେତେବେଳେ higher (ଉଚ୍ଚ) କାହାକୁ ଭଲପାଉ, ସେତେବେଳେ ଆମର complex (ବୃତ୍ତି) ଗୁଡ଼ିକ ମଧ୍ୟ adjusted (ସୁବିନ୍ୟସ୍ତ) ହୁଏ । ସେତେବେଳେ ଆମର real conception (ପ୍ରକୃତ ବୋଧ) ଆସେ ।

ଅନୁଗତ -ଏହି real conception (ପ୍ରକୃତ ବୋଧ) ର ଅର୍ଥ କ'ଣ ? ୨୮୯

ଶ୍ରୀଶ୍ରୀଠାକୁର- କର, ତନ୍ନ ତନ୍ନ କରି ଖୋଜ, ଅଧିକରୁ ଅଧିକ ଜାଣ । ସବୁଦିଗଟାକୁ ସାର୍ଥକ ସାମଞ୍ଜସ୍ୟରେ ନେଇ ଆସ, ବୈଜ୍ଞାନିକ ହୋଇ ଉଠିବ । ଆଉ ଏପରି ଭାବରେ ଜାଣିବା ହେଉଛି ବିଜ୍ଞାନର ତାତ୍ପର୍ଯ୍ୟ । ତେଣୁ ବିଜ୍ଞାନ ଯେଉଁଠି, ଦର୍ଶନ ମଧ୍ୟ ତା'ର ସବୁ ପ୍ରକାର ସମ୍ଭାବ୍ୟତା ନେଇ ସେହିଠାରେ । ଶିକ୍ଷାରେ ଜାତୀୟ ବିଜାତୀୟ କିଛି ନାହିଁ, ସେପରି ତାରତମ୍ୟ ରୁଗ୍ଣ ଅବସ୍ଥାର ଲକ୍ଷଣ -ଯାହା କିଛି ଶିକ୍ଷଣୀୟ ସାଧ୍ୟାନୁଯାୟୀ ଶିଖିବାକୁ ହେବ । ସବୁ ଦେଶର ଭାଷା ଶିଖିବାକୁ ହେବ ।

ଅନୁଗତ - ବୈଜ୍ଞାନିକ ପଦ୍ଧତିରେ ଶିକ୍ଷା କିପରି ଦିଆଯିବ ? ୨୯୦

ଶ୍ରୀଶ୍ରୀଠାକୁର- ଭଲମନ୍ଦ ଯାହାକିଛି ସବୁଟାକୁ ଅନୁଧାବନ କର, ବିଶେଷ ପର୍ଯ୍ୟବେକ୍ଷଣରେ ଦେଖି ନିଅ, ନିଜକୁ କିଛିଟା ବ୍ୟବଧାନରେ ରଖି ଅଥଚ ଆଗ୍ରହଦୀପ୍ତ ସମୀକ୍ଷା ନେଇ, ତା'ର ମୌଳିକ ଗଠନ କ'ଣ, ଅନ୍ତର୍ନିହିତ ବୈଜ୍ଞାନିକ ବିଶେଷତ୍ୱ କ'ଣ, ତାହା ଜାଣ । ଆଉ ତାକୁ ବାସ୍ତବଭାବେ ସତ୍ତାସମ୍ବର୍ଦ୍ଧନୀ କରି କିପରି ନିୟନ୍ତ୍ରଣ କରାଯାଇପାରେ- ଅନ୍ତତଃ ଏଇ ଟିକକ ବୋଧ ଯେଉଁଠି, ବୁଝିବା ମଧ୍ୟ ସେହିଠାରେ ସେପରି । ଏଇ ବୋଧ ତୁମେ ଯେତେ ବାସ୍ତବରେ ମୂର୍ତ୍ତ କରି ପାରିବ, ସୂକ୍ଷ୍ମାତିସୂକ୍ଷ୍ମ ସମନ୍ୱୟର ବିଜ୍ଞାନ ବି ତୁମ ନିକଟରେ ସେହିପରି ଫୁଟି ଉଠିବ ।

ଅନୁଗତ - ବର୍ତ୍ତମାନର ଶିକ୍ଷା specialization (ବିଶେଷୀକରଣ) ଦିଗରେ ଗତି କରୁଛି, ଏହି ପରିସ୍ଥିତିରେ କ'ଣ କରଣୀୟ ? ୨୯୧

ଶ୍ରୀଶ୍ରୀଠାକୁର- ମୋଟକଥା ହେଲା, ଶିକ୍ଷା ତୁମର ଯାହା ହେଉ ନା କାହିଁକି, ଅଳ୍ପ ହେଉବା ବହୁତ ହେଉ, ତାହା ଯଦି ଅସତ୍ ନିରୋଧୀ ତତ୍ପରତା ନେଇ ମଣିଷର ଅସ୍ତିବୃଦ୍ଧିର ସାର୍ଥକତାର ପୋଷଣଦୀପନ ସୁପରିକ୍ରମାରେ ଅର୍ଥାନ୍ୱିତ ହୋଇ ନ ଉଠିଲା, ତୁମର ଶିକ୍ଷା ଯଦି ବାସ୍ତବ ସଙ୍ଗତିରେ ଶ୍ରେୟ-ଅନୁଦୀପନୀ ନ ହେଲା, ତାହାହେଲେ ସେହି ଶିକ୍ଷା ବଧିର ଓ ଅନ୍ଧ -ସେହି ଶିକ୍ଷା ତୁମ ଜୀବନର ମୂଢ଼ତ୍ୱର ତମୋ-ବିଘୋଷଣୀ ପତାକା, ଭାବି ଦେଖ।

ଅନୁଗତ – ଭାରତୀୟ ଛାତ୍ରମାନେ ଦେଶ ବାହାରକୁ ଯିବାରେ ଆପଣଙ୍କର ମତ କ'ଣ ? ୨୯୨

ଶ୍ରୀଶ୍ରୀଠାକୁର- ଭଲ। ପରସ୍ପରକୁ ଜାଣିବାରେ ବୁଝିବାରେ, ଦେଖାଶୁଣାରେ ଆତ୍ମୀୟତା ବଢ଼େ। ଆମ ଦେଶରୁ thousands (ସହସ୍ର ସହସ୍ର) ଅନ୍ୟ ଦେଶକୁ ଯାଆନ୍ତୁ ଓ ସବୁ ଦେଶରୁ thousands (ସହସ୍ର ସହସ୍ର) ଆମ ଦେଶକୁ ଆସନ୍ତୁ, ଏହା ମୋର ଇଚ୍ଛା। **ତେବେ ବିଦେଶରୁ ଫେରିଥିବା ଅନେକଙ୍କୁ ଦେଖାଯାଏ ଯେ ଆମମାନଙ୍କ ଗୌରବଶାଳୀ ରକମର ସଙ୍ଗେ ଯେପରି ଖାପଖୁଆଇ ପାରନ୍ତି ନାହିଁ, ସେଇଟା କିନ୍ତୁ ଭଲ ନୁହେଁ।**

(ଆଲୋଚକ –ଥରେ (୧୪-୪-୨୦୧୪-ଦେଓଘର) ଆଚାର୍ଯ୍ୟଦେବ ଶ୍ରୀଶ୍ରୀଦାଦା ଭାରତ ବାହାରକୁ ଯାଉଥିବା ଆଶୀର୍ବାଦ ପ୍ରାର୍ଥୀ ଜଣେ ଛାତ୍ରକୁ କଥାଛଳରେ କହିଲେ - **ଆମେରିକା ଯାଅ, ଜର୍ମାନୀ ଯାଅ, ରୁଷିଆ ଯାଅ, ଏପରିକି ଚନ୍ଦ୍ରକୁ ଯାଅନା କାହିଁକି, ଶିକ୍ଷା ସାରି ଦେଶକୁ କିନ୍ତୁ ଫେରି ଆସିବ, ନଚେତ୍ ତୁମର ସେହି ଶିକ୍ଷାର ଦାମ କେତେ ? ଲାଭ ବା କ'ଣ ?)**

ଅନୁଗତ - ଶୁଣିଛି ଯେ ମଣିଷର ବ୍ୟକ୍ତିତ୍ୱ, ଦୈବ ଓ ପୁରୁଷାକାରର ସମନ୍ୱୟ,ଏହାକୁ ଦୟାକରି ବୁଝାଇ ଦେବେ କି ? ୨୯୩

ଶ୍ରୀଶ୍ରୀଠାକୁର - ଯାହା ଉପରେ, ଯାହାକୁ ନେଇ ଆମର ସ୍ଥିତି ଅବସ୍ଥାନ, ବା ଯାହାକିଛି ଆମେ ହୋଇ ଉଠିଛୁ ତାହାହିଁ ଆମ ଭାଗ୍ୟର ନିୟାମକ। ଦୈବ କଥାଟା ଆସିଛି ଦିବ୍ -ଧାତୁରୁ ତାର ମାନେ ପ୍ରକାଶ। ଯେଉଁ ଚରିତ୍ର, ଚଳନ ଓ ବୁଦ୍ଧି ଆମ ମଧ୍ୟରେ ପ୍ରକାଶିତ, ପ୍ରକଟ ଓ ଦୀପ୍ତ ଆମର କର୍ମ ମଧ ସେହିପରି ହୁଏ, ପ୍ରାପ୍ତି ମଧ୍ୟ ହୁଏ ତଦନୁରୂପ; ବିଧିର ବିଧାନରେ ପାରିପାର୍ଶ୍ୱିକ ଭିତର ଦେଇ। ମନେକର, ତୁମେ profession (ଜୀବିକା) choose (ନିର୍ଣ୍ଣୟ) କରିବ। ଅନେକ ରାସ୍ତା ଖୋଲା ଅଛି। ସାଧାରଣତଃ ତୁମର ରୁଚି, ପସନ୍ଦ ଓ ସଂସ୍କାର ଅନୁଯାୟୀ ଡାକ୍ତରୀ ହିଁ ତୁମର ନିଜସ୍ୱ line। ଡାକ୍ତରୀ line ରେ ଜୀବିକା ତୁମର ଦୈବ, ଅର୍ଥାତ୍ ତାହା ତୁମ ଚରିତ୍ରରେ ଦେଦୀପ୍ୟମାନ। ଏହି ଦୈବ ଉପରେ ତୁମେ

ଯଦି ପୁରୁଷାକାରର ଖୁଣ୍ଟି ପୋତ ଅର୍ଥାତ୍ ଏହି ବ୍ୟବସାୟରେ କିପରି ଉନ୍ନତି କରିବ, ଅଧିକ ସେବା କରିବ, ଏହା ତୁମର ପୁରୁଷାକାର।

(ଆଲୋଚକ- ଶ୍ରୀଶ୍ରୀଠାକୁର 'ଚଲାର ସାଥୀ' ଗ୍ରନ୍ଥରେ ଦୈବ ଓ ପୁରୁଷକାରକୁ ନିମ୍ନଲିଖିତଭାବେ ବୁଝାଇଛନ୍ତି-

"ସହଜ ବୈଶିଷ୍ଟ୍ୟସମ୍ଭୂତ ସଂସ୍କାର-
ଯାହା ନେଇ ମଣିଷ ଜନ୍ମଗ୍ରହଣ କରେ,
ଏବଂ ଯାହା ଫଳରେ
ପାରିପାର୍ଶ୍ୱିକ ତାହାକୁ
ଯେପରି ଭାବରେ ଗ୍ରହଣ କରେ-
ତାହାହିଁ ଦୈବ;-
ଏବଂ ପୁରୁଷକାର
ଏହି ବୈଶିଷ୍ଟ୍ୟନିହିତ କ୍ଷମତା-
ଯାହା ମଣିଷକୁ ପ୍ରକୃତ କରି
ପ୍ରକୃତି ଓ ପାରିପାର୍ଶ୍ୱିକରେ
ଚାଳନା କରେ।" (ବାଣୀ -୭୫)

ଅନୁଗତ- କୁହନ୍ତି ଯେ ଭାଗ୍ୟରେ ଯାହା ଥାଏ ତାହା ଘଟେ। ଏହାର ତାତ୍ପର୍ଯ୍ୟ କ'ଣ ? ୨୯୪

ଶ୍ରୀଶ୍ରୀଠାକୁର - ଅଦୃଷ୍ଟବାଦୀ ବା ନିଷ୍କ୍ରିୟ ହୋଇଯିବା କଥା ଯାହା କହୁଛ ତାହା ଆମ ଉପରେ ନିର୍ଭର କରେ। ପୁରୁଷାକାର ତ ଦରକାର। ପୁରୁଷାକାର ନ ହେଲେ ଅଦୃଷ୍ଟକୁ କିପରି ଖଣ୍ଡନ କରାଯିବ ? କେବଳ ପୂର୍ବର କର୍ମ ହିଁ ଫଳ ପ୍ରସବ କରେ ଆଉ ବର୍ତ୍ତମାନର କର୍ମ କୌଣସି ଫଳ ପ୍ରସବ କରେ ନାହିଁ – ଏହାର କ'ଣ କିଛି ମାନେ ହୁଏ ? କର୍ମ ହିଁ ମଣିଷର ଭାଗ୍ୟବିଧାତା, ଦୈବ ମଧ୍ୟରେ ଜୀବନର ପ୍ରତିକୂଳ ଯାହା ଅଛି ତାକୁ ମଧ୍ୟ ପ୍ରୟୋଜନମତ ପ୍ରତିରୋଧ କରିବା ପାଇଁ ପୁରୁଷାକାର ନେଇ ପ୍ରସ୍ତୁତ ହେବାକୁ ପଡ଼ିବ।

ଅନୁଗତ - ପୁରୁଷାକାରର ପ୍ରସ୍ତୁତି କିପରି ହୋଇଥାଏ ? ୨୯୫

ଶ୍ରୀଶ୍ରୀଠାକୁର- ଆଦର୍ଶଙ୍କଠାରେ ଅଚ୍ୟୁତ ନିଷ୍ଠା ନ ଥିଲେ କର୍ତ୍ତବ୍ୟ ଦରଦହରା ହୁଏ, ପାଣ୍ଡିତ୍ୟ ହୁଏ ବୋଧହୀନ ଆଉ ସୌଜନ୍ୟ ହୁଏ ସହାନୁଭୂତିହୀନ। ଏହା ଦ୍ୱାରା ବ୍ୟକ୍ତିତ୍ୱ ବିନାୟିତ ବା ବିବର୍ଦ୍ଧିତ ହୁଏ ନା। ଏଗୁଡ଼ିକ ସବୁ ବାବୁଆଣୀ ଚାଲି ମାତ୍ର। ଯାହାଠାରେ ଠାକୁର ଜାଗି ରହିବେ ନିରନ୍ତର, ଆଉ ସେହି ଜାଗି ରହିବାଟା ଗଜେଇ ବାହାରିବ ଯାହାର ଆଚରଣ ଭିତରଦେଇ, ସେହିଁ ପାରିବ। ସବୁବେଳେ ସେ ଭାବିବ ଯେ ମୋର ଜୀବନ ହେଉଛି ମୋର ଠାକୁରଙ୍କ ଆସନ। ଯଦି କେହି ମତେ ଭଲ ନ ପାଏ, ନିଜର ଲୋକ ବୋଲି ମନେ ନ କରେ, ମୋର ଚରିତ୍ର ଦେଖି ମତେ ଶ୍ରଦ୍ଧା ନ କରେ, ମୋର ଠାକୁରଙ୍କୁ

ପାଇବାରୁ ସେ ବଞ୍ଚିତ ହେବ। ତେଣୁ ପ୍ରତି ପଦକ୍ଷେପରେ ମୋତେ ସେପରିଭାବରେ ଚାଲିବାକୁ ପଡ଼ିବ, ଯେପରି ପ୍ରତ୍ୟେକେ ମୋତେ ଅମୃତ ଭଳି ଭଲ ପାଆନ୍ତି ସେମାନଙ୍କ ଜୀବନରେ। ତୁମେ ଭାବିବ ଯେ ତୁମକୁ ଯଦି କେହି ଅପମାନିତ କରେ ତାହେଲେ ତୁମର ଚରିତ୍ର ସେହି ଭାବର ଖୋରାକ ଯୋଗାଉଛି। ତୁମର ଚରିତ୍ର ଯଦି ଠିକ ନ ହୁଏ, ତେବେ ତୁମ ଠାକୁର ଅନ୍ୟ ନିକଟରେ ହେୟ ହୋଇ ପଡ଼ନ୍ତି। ଘରୁ ଠାକୁରଙ୍କୁ ପ୍ରଣାମ କରି ଯେତେବେଳେ ବାହାରିଲ ଭାବିବ-ଯେପରି ମୁଁ ଠାକୁରଙ୍କୁ ବହନ କରି ଚାଲୁଛି ସର୍ବତ୍ର। ଯେତେବେଳେ ତୁମ ଭିତରେ ଏଇ ଭାବ ଜାଗ୍ରତ ହେବ, ସେତେବେଳେ ତାହା ସଂଚାରିତ ହେବ ପରିବେଶରେ। ତୁମେ ଯଦି ପ୍ରଥମେ ମୋ ପାଇଁ ଦାୟୀ ବା ଦରଦୀ ନ ହେବ, ସେହି ହେତୁ ଅନ୍ୟମାନଙ୍କ ପାଇଁ କିଛି କରିବ ନାହିଁ, ତେବେ ସେମାନଙ୍କଠାରୁ କ'ଣ ଆଶା କରିବ ?

(ଆଲୋଚକ- ଶ୍ରୀଶ୍ରୀଠାକୁର 'ଚଲାର ସାଥୀ' ଗ୍ରନ୍ଥରେ 'ମଣିଷ ଜୀବନର କିଏ ସମ୍ରାଟ' ଏହାକୁ ବୁଝାଇ କହିଲେ-

"ଛୋଟ ବା ନିମ୍ନ ତୁମ ପାଖକୁ ଆସି
ଯେପରି କୌଣସିପ୍ରକାରେ ବୁଝି ନ ପାରେ
ସେ ବା ସେମାନେ ଛୋଟ ଓ ନିମ୍ନ;-
ବରଂ ତୁମର ସାହଚର୍ଯ୍ୟ ଓ ସାହାଯ୍ୟରେ
ସେମାନେ ଯେପରି ଦେଖିବାକୁ ପାଆନ୍ତି
ସମ୍ମୁଖରେ ହିଁ ବିସ୍ତୃତ ରାଜପଥ-
ଯାହା ଧରି ଚଲିଲେ
ମଣିଷ ଅବଲୀଳାକ୍ରମେ
ବଡ଼ ଓ ପ୍ରବୀଣ ହୋଇପାରେ;
ଏବଂ ଏହା ତୁମର ସ୍ୱଭାବସିଦ୍ଧ ହେଉ !-
ଦେଖିବ
ମଣିଷର ଜୀବନରେ
ତୁମେ ସମ୍ରାଟ ହୋଇ ରହିବ !" (ବାଣୀ -୧୩୧)

ହଜରତ ବୈଜିଦ୍ ବିଷ୍ଟାମୀ Hazrat Bayazid Bistami (804AD-874AD) ଜଣେ ପ୍ରଖ୍ୟାତ ସୁଫି ସନ୍ଥ। ତାଙ୍କୁ 'ସୁଲତାନ-ଉଲ-ଅରିଫିନ୍' ବୋଲି ଡକାଯାଏ। ଜଣେ ପଚାରିଲା,- ସୁଲତାନ ବା ରାଜପୁତ୍ର କିଏ ? ହଜରତ ବିଷ୍ଟାମୀ ଉତ୍ତର ଦେଲେ- ଯେଉଁ ମଣିଷର ଈଶ୍ୱରହିଁ କେବଳ ଓ ଏକମାତ୍ର choice (ମନୋନୟନ) ଏବଂ ସର୍ବତ୍ର ସେ ତାଙ୍କୁ ଉପଲବ୍ଧି କରେ, ସେହିଁ ସୁଲତାନ ବା ରାଜପୁତ୍ର। (Islamic Mysticism In India)

ଅନୁଗତ - ଯୀଶୁଖ୍ରୀଷ୍ଟ କହିଥିଲେ ଯେ kingdom of heaven (ସ୍ୱର୍ଗରାଜ୍ୟ) ମଣିଷ ଭିତରେ ଅଛି, ତେବେ ବାସ୍ତବ ଜଗତରେ ଏହା କ'ଣ କେବେ ଧରାଦେବ ନାହିଁ ? ୨୯୬

ଶ୍ରୀଶ୍ରୀଠାକୁର- ସେ kingdom of heaven ତାଙ୍କ ଭିତରେ ପାଇଥିଲେ, ତେଣୁ ସେ କହିଥିଲେ ଯେ ଏହା ସମସ୍ତଙ୍କ ଭିତରେ ଅଛି ଏବଂ ସେହି ପଥରେ ଚାଲି ତାକୁ open କରିବା ଦରକାର।

ଅନୁଗତ - ପୁଣ୍ୟପୋଥିରେ ଦେଖିବାକୁ ମିଳେ ଆପଣ ଭାବସମାଧି ବେଳେ କହିଥିଲେ - 'ଯେ ମୋର ସ୍ପର୍ଶ ଲାଭ କରେ, ତାକୁ ଦେହ ମନରେ ସ୍ୱର୍ଗରାଜ୍ୟକୁ ଉଠାଇଦିଏ'। ଏହି ସ୍ୱର୍ଗଲାଭ କରିବା କିପରି ? ୨୯୭

ଶ୍ରୀଶ୍ରୀଠାକୁର - ଏହାର ମାନେ ହେଲା, ମତେ ପ୍ରଣିଧାନ କରିବା, ନିଜ ଭିତରେ ସ୍ଥାପନ ଓ ପ୍ରତିଷ୍ଠା କରିବା ଏବଂ ତାହା ଏପରିଭାବେ, ଯେପରି କୌଣସିମତେ ସେଥିରୁ ବିଚ୍ୟୁତି ନ ଆସେ। ଏହିପରି ହେଲେ ବ୍ରହ୍ମସ୍ପର୍ଶ ଲାଭର ଫଳ ମିଳେ। ଏହା ନ ହେଲେ କିନ୍ତୁ କେହି କାହାକୁ ସ୍ୱର୍ଗରାଜ୍ୟକୁ ଉଠାଇ ଦେଇ ପାରେ ନା। **ମୁଁ ନିମିତ୍ତମାତ୍ର। ମୋ ପ୍ରତି ଭଲ ପାଇବାଟା ତୁମକୁ ସ୍ୱର୍ଗରାଜ୍ୟକୁ ଉଠାଇଦେବ। କରିବାଟା ତୁମର, ମୋର ନୁହେଁ। ମୋ ଗଡୁ-ଗାମୁଛା ବୋହିଲେ, ଦେହ-ହାତ-ପାଦ ଟିପିଲେ ସେଥିରେ ଆଦୌ କିଛି ନ ହୋଇ ବି ପାରେ। 'ସେ ଆଉ ଲାଳନ ଏକଠାରେ ରହେ, ଲକ୍ଷେ ଯୋଜନ ଫାଙ୍କ୍।' ମୋର ସାନ୍ନିଧ୍ୟରେ ଥାଇ ମଧ୍ୟ କେତେଜଣ ମୋର ହୋଇଛନ୍ତି, ମତେ ନେଇ ହିଁ ଅଛନ୍ତି ତାହା କ'ଣ ଛାତିରେ ହାତ ଦେଇ କହି ପାରନ୍ତି ? ମୋ ପ୍ରତି ଭଲପାଇବାର ସତ୍ତାଟା କବ୍‌ଜା ହେବା ଦରକାର। ସେତେବେଳେ ଦୂରରେ ଥାଇ ମଧ୍ୟ ତୁମେ ମୋ ନିକଟରେ ଅଛ ଏହା କୁହାଯାଇପାରେ।**

(ଆଲୋଚକ- ଶ୍ରୀଶ୍ରୀଠାକୁରଙ୍କର ଗୋଟିଏ ବାଣୀ ଅଛି –

"ଈଶ୍ୱର ତତେ ପାଆନ୍ତି ଭଲ
ସେଥିରେ କି ଅଛି କହ,
ତୁ ଯଦି ତାଙ୍କୁ ନ ପାଉ ଭଲ
ପାଉଁଶରେ ଢଳା ଘିଅ।")

ଅନୁଗତ - ମୋର ଆପଣଙ୍କ ପ୍ରତି ଅନୁରାଗ ଅଛି କି ନାହିଁ ତାହା ଅନ୍ୟମାନେ ବୁଝିବେ କିପରି ? ୨୯୮

ଶ୍ରୀଶ୍ରୀଠାକୁର - ଅନ୍ୟମାନେ ବୁଝି କି ଲାଭ ? ଯାହାଙ୍କ ପ୍ରତି ଅନୁରାଗ ଥାଏ, ତାର ଚରିତ୍ରର ଛାପ ମଣିଷଠାରେ ଫୁଟି ବାହାରେ। ଗୋଟେ କଥାରେ, ତାର ଚଳନ-ଚରିତ୍ରରେ ସେହି ରଙ୍ଗ ଧରେ। ଏଠାକୁ ଗୋଟାଏ ଗଞ୍ଜୁଡ଼ିଆ ଯଦି ଆସେ, ସେ ଠିକ୍ ଧରି ପକେଇବ ଏଠାରେ ଗଞ୍ଜୁଡ଼ିଆ ଆଉ କିଏ ଅଛି। କାହାକୁ କହି ଦେବାକୁ ହୁଏନା। ସେ ତାକୁ ଫାଙ୍କାକୁ ଡାକି ନେଇ କହିବ- ଭାଇ, ତୁମର କିଛି ଅଛି ନା କ'ଣ ? ଥାଏ ତ ଦିଅ, ଏପରି ହୁଏ - ରତନେ ରତନ ଚିହ୍ନେ। ମାତାଲ ବି ଏପରି ମଦଖୋରକୁ ଧରି ପକାଏ। ସେଇ ଯେଉଁ କଥା ନାହିଁ- 'ସମତ୍ୱଂ ଯୋଗ ଉଚ୍ୟତେ' ସମତ୍ୱର ଅର୍ଥ equitable balance। ତୁମେ

ଏପରି ଚଳିବ ଯେପରି ଇଷ୍ଟଙ୍କ ସହିତ ଯୋଗଟା କେବେ ବ୍ୟାହତ ନ ହୁଏ । ସମତ୍ୱର ପ୍ରଧାନ ଲକ୍ଷଣ ହେଲା consistency and continuity (ସଙ୍ଗତି ଓ କ୍ରମାଗତି) । ମୁଁ ବାରମ୍ବାର ସେହି ଗୋଟିଏ କଥାହିଁ କହେ, ତୁମର ଉନ୍ନତି ପାଇଁ ଜଣେ ସତ୍‌ମଣିଷକୁ ମୁଖ୍ୟ କରି ରଖ, ଅଚ୍ୟୁତଭାବେ ତାଙ୍କଠାରେ ଅନ୍ତରାସୀ ହୋଇ ରୁହ , ସମ୍ପଦ ଓ ସ୍ୱାର୍ଥ-ବିଶୁଦ୍ଧ ସଂହତି ଅଭିନନ୍ଦିତ କରି ତୋଳିବ ତୁମକୁ, ମଣିଷର ଧନ୍ୟବାଦରେ ଧନ୍ୟ ହୋଇ ଉଠିବ ତୁମେ । ଜଣକର ହାବଭାବରେ ଚାଲିଚଳନରେ ଫୁଟି ଉଠେ ସେ ଇଷ୍ଟ-prominent ନା ଅହଂ-prominent , adherence breeds allegiance - ନିଷ୍ଠା ହେଉଛି ସୂର୍ଯ୍ୟ ଓ ଅନୁଗତି ତାର କିରଣ ।

(ଆଲୋଚକ- ଶ୍ରୀଶ୍ରୀଠାକୁର 'ଚଲାର ସାଥୀ' ଗ୍ରନ୍ଥରେ ଦୁଇ ଜାତୀୟ ମଣିଷ କଥା କହିଛନ୍ତି -ମାଛି-ମଣିଷ ଓ ମହୁ-ମଣିଷ

'ମାଛି-ମଣିଷ'

ସାବଧାନ ହୁଅ
'ମାଛି-ମଣିଷ' ଠାରୁ !
ତୁମେ ଯେତେ ଭଲ କିଛି କରନା କାହିଁକି,
ଯେତେ ଭଲ କିଛି କୁହ ନା କାହିଁକି,-
ସେମାନେ ସବୁଟାକୁ ବାଦ୍ ଦେଇ
'କୁ' ର ଶ୍ରୀବୃଦ୍ଧି କରିବା ପାଇଁ
ଯେତେଟିକର ପ୍ରୟୋଜନ
ଠିକ୍ ସେଇଟିକକ ନେଇ
ଅନ୍ୟକୁ ଦୁଷ୍ଟ କରି ତୋଳିବେ ହିଁ;
ଏହାର ଔଷଧ-
ଯଦି ଏପରି ଘଟିଥାଏ-
ସାବଧାନ ହୋଇ ମୁକାବିଲା ବା ଯାଞ୍ଚକରିନେବା ! (ବାଣୀ-୧୨୪)

ମହୁ-ମଣିଷ

ଆଉ ଏକ ପ୍ରକାର ମଣିଷ ଅଛନ୍ତି-
ସେମାନେ ମହୁ- ମଣିଷ; -
ଦୁନିଆରେ ଏମାନଙ୍କର ପ୍ରାଦୁର୍ଭାବ ବଡ଼ବେଶୀ ନୁହେଁ କିନ୍ତୁ,-
ଏମାନଙ୍କର ପ୍ରକୃତି ଏପରି-
ଯାହା ଯେତେ ବିଶ୍ରୀ ହେଉ ନା କାହିଁକି,
ସେମାନେ ଠିକ୍ ବୁଝି ପାରନ୍ତି, ଏହା ଭିତରେ
କେତେଟିକେ ବା କେଉଁଟିକକ ମଧୁ ପରି ଉପାଦେୟ,-
ଏବଂ ତାହା ସଂଗ୍ରହ କରିବାରେ ଏମାନେ ଅଦ୍ୱିତୀୟ;

ତୁମେ ଦଂଶିତ ହୋଇ ମଧ୍ୟ ଏମାନଙ୍କର
ଅନୁସନ୍ଧାନ କର,-
ଯଦି ପାଅ, ଏମାନଙ୍କଠାରୁ ଏପରି ପୁଷ୍ଟି ପାଇବ
ଯେଉଁଥିରେ ତୁମର ଡୀବନ ଓ ମନକୁ
ମଧୁମୟ କରିତୋଳିବ; -
ଚାହିଁ ତ ଖୋଜି ନିଅ ! (ବାଣୀ-୧୨୫)

ଅନୁଗତ - ଆଦର୍ଶଙ୍କ ପ୍ରତି ଭଲପାଇବା ଅଛି କି ନାହିଁ କିପରି ବୁଝାଯିବ ? ୨୯୯

ଶ୍ରୀଶ୍ରୀଠାକୁର - ମତେ କେହି ଭଲପାଏ କି ନା ତାର ପରଖ ହେଲା ତାର ପରିବେଶ। ପରିବେଶ ସହିତ ଇଷ୍ଟାନୁଗ ସଙ୍ଗତି ନାହିଁ, ପରିବେଶ ପାଇଁ ସ୍ୱତଃ ଦାୟିତ୍ୱରେ ଦରଦ ସହିତ ଭାବିବା ନାହିଁ, କରିବା ନାହିଁ ଅଥଚ ମତେ ଭଲ ପାଆନ୍ତି, ଏଇଟା ହୋଇ ପାରେନା।

(ଆଲୋଚକ- ଜର୍ମାନର ଦାର୍ଶନିକ Meister Eckhart (1260 AD-1328 AD) ମିଷ୍ଟର ଏକହାର୍ଟ ଙ୍କର ଠିକ ଏହି ଭଳି ଗୋଟିଏ ଉକ୍ତି-A person must do one of the two things, either he must learn to have God in his work and hold fast to Him there or he must give up his work altogether. Since, however, man cannot live without activities that are both human and various, we must learn to keep God in everything we do and whatever the job or place to keep on with Him. (Living Thoughts of Great People) ମଣିଷ ଏହି ଦୁଇଟି ଭିତରୁ ନିଶ୍ଚୟ ଗୋଟିଏ କରିବ, ସେ ଈଶ୍ୱରଙ୍କୁ ତାର କାମ ସହିତ ସାମିଲ କରିବ କିମ୍ବା କର୍ମ ଠିକଭାବେ ତୁଲାଇ ପାରିବ ନାହିଁ। ମଣିଷ ଯେହେତୁ କର୍ମ ବିନା ରହି ପାରିବ ନାହିଁ ସେ ତାର ପ୍ରତି କର୍ମରେ ଓ ପରିସ୍ଥିତିରେ ଈଶ୍ୱରମୁଖୀ ହେଲେ ସଫଳକାମ ହୁଏ।)

ଅନୁଗତ - ଜଣେ ଯଦି ଜୀବନରେ କୃତକାର୍ଯ୍ୟ ହୋଇ ନ ପାରେ ତେବେ ଈଶ୍ୱରଙ୍କ କଥା ଆଉ ପରିବେଶ କଥା ଭାବିବ କ'ଣ ? ୩୦୦

ଶ୍ରୀଶ୍ରୀଠାକୁର - କୃତକାର୍ଯ୍ୟ ହେବାପାଇଁ ମୁଁ ତୁମ ସମସ୍ତଙ୍କୁ ସେହି ଗୋଟାଏ ତୁଟକା କଥା କହେ -ଯେ ଯାହାର ବାପମାଆଙ୍କୁ ଭଲ ପାଅ, ଭକ୍ତି କର, ମାନି ଚଳିବାକୁ ଶିଖ, ଖୁସି କରିବାକୁ ଚେଷ୍ଟା କର। ଦେଖିବ ଜୀବନରେ ଗୋଟାଏ ସଂହତି ଆସିବାକୁ ଲାଗିବ। ଏହି integration (ସଂହତି)ହିଁ ସମୃଦ୍ଧ ହୋଇ ଇଷ୍ଟଙ୍କୁ ଧରେ। ମିଶ୍ରି ଭିତରେ ସୂତା ଦେଖିନା ? ଏହି ସୂତା ନ ଥିଲେ କିନ୍ତୁ ଦାନା ବାନ୍ଧେ ନା। ଅନେକ ଶିଖୁଛ, କରୁଛ, ଜାଣୁଛ କିନ୍ତୁ ତା' ଭିତର ଦେଇ ଜୀବନ ସହିତ ଜଡ଼ିତ ଗୋଟାଏ ସୂତା ଯଦି ଗଣ୍ଠେଇ ନ ଦିଅ, ତାହେଲେ ବିଚ୍ଛିନ୍ନ କଳରୋଳରେ ବିଭ୍ରାନ୍ତ ହୋଇଯିବ। ସଂହତି-ଶକ୍ତିର ଅଧିକାରୀ ହୋଇ ପାରିବ ନାହିଁ। ଦେଖାଯାଏ ଯେ genius (ପ୍ରତିଭାବାନ୍ ବ୍ୟକ୍ତି)-ସେମାନେ ହୁଏତ ଅସାଧାରଣ ଧୀ-ଶକ୍ତିର ଅଧିକାରୀ କିନ୍ତୁ ପ୍ରାୟଶଃ ପାଗଳ ପରି ହୁଅନ୍ତି। ଯିଏ wiseman (ବିଜ୍ଞ) , ସେ balanced and adjusted (ଧୀରସ୍ଥିର ଓ ନିୟନ୍ତ୍ରିତ) ହୋଇଥାଏ; କେଉଁଠି ଭଲ କେଉଁଠି ମନ୍ଦ ସେ ବାବଦରେ ଅବଗତ ହେବାର କ୍ଷମତା ସେ ପାଇଥାଏ ଓ ଅସତ୍‌କୁ

ବିନାୟିତ କରି ସତ୍ତାର ଅନୁକୂଳରେ ନେଇ ଆସିପାରେ । ଏହି ଜାଣିବା -କେଉଁଥିରେ ତୁମର ଭଲ ହୁଏ, କେଉଁଥିରେ ତୁମର ମଙ୍ଗଳ ହୁଏ, ତାହା କରିବାହିଁ ଇଷ୍ଟସ୍ୱାର୍ଥ । ତୁମେମାନେ ଜୀବନରେ ସେହି ମଙ୍ଗଳର ଅଧିକାରୀ ହୁଅ ।

ଅନୁଗତ- ଆପଣ ଇଷ୍ଟସ୍ୱାର୍ଥକୁ ମୋର ସ୍ୱାର୍ଥ ବୋଲି ଭାବିବାକୁ କହୁଛନ୍ତି, ପୁଣି କହୁଛନ୍ତି ଯେ ମୋର ନିଜର ସ୍ୱାର୍ଥ ହେଉଛି ଇଷ୍ଟସ୍ୱାର୍ଥ । ସହଜରେ କିପରି ବୁଝିବି ? ୩୦୧

ଶ୍ରୀଶ୍ରୀଠାକୁର- ଯାହା ବି କର ନା କାହିଁକି, ଯେପରି ହିଁ ଚଳ ନା କାହିଁକି ବର୍ଦ୍ଧନାର ଭିତ୍ତି ହେଉଛି ଶ୍ରେୟଙ୍କୁ ଆପଣାର କରି ନେବା, ଅର୍ଥାତ୍ ଶ୍ରେୟପୋଷଣାକୁ ନିଜରହିଁ ସ୍ୱାର୍ଥ କରି ତୋଳିବା । ଏତେ ଟିକିଏ ଯଦି ବାସ୍ତବାୟିତ କରି ତୋଳିପାର, ତେବେ ତୁମର ଅନ୍ତର ବିଶ୍ୱକୁ ଜୟ କରିବ ଓ ତୁମେ ଧାରଣ-ପାଳନ-ବିନାୟନୀ ତାତ୍ପର୍ଯ୍ୟରେ ସଲୀଳ ଗତିରେ ଚାଲି ପାରିବ ।

ଅନୁଗତ - ଶ୍ରେୟଙ୍କୁ ଆପଣାର କରିବାର ଉପାୟ କ'ଣ ? ୩୦୨

ଶ୍ରୀଶ୍ରୀଠାକୁର- ଯେପରି ତୁମେ ମାନିବ, ତୁମେ ଜାଣିବ ମଧ୍ୟ ସେହିପରି । ତୁମେ ଯେତେ ତଦର୍ଥପରାୟଣ ହେବ, ତୁମର ବ୍ୟକ୍ତିତ୍ୱ ମଧ୍ୟ ପ୍ରେରଣା ଉଦ୍‌ବୋଧନାରେ ସେତେ ଅବିଭାଜ୍ୟ ଜମାଟ ହୋଇ ଉଠିବ । ମୋଟ ଉପରେ ତୁମେ ନିଜକୁ ବଜାୟ ରଖିବାକୁ, ଅନ୍ୟ ଦ୍ୱାରା ଲୁଟ୍ ନ ହେବାକୁ ସମର୍ଥ ହେବ । ତୁମେ କାହାରିକୁ ମାନିବ ନାହିଁ, କାହାରିକୁ କେନ୍ଦ୍ର କରି ରଖିବ ନାହିଁ, ଅଥଚ ପୂର୍ଣ୍ଣତ୍ୱରେ ବିବର୍ତ୍ତିତ ହେବ, ଏହା ଗୋଟିଏ ପାଗଳାମି ଛଡ଼ା ଆଉ କିଛି ନୁହେଁ । ପୂର୍ଣ୍ଣତ୍ୱରେ ଯିବାକୁ ହେଲେ ତୁମ ଅପେକ୍ଷା ପୂର୍ଣ୍ଣତରରେ ପଦକ୍ଷେପ ନେବାକୁ ହେବ, ଆଉ ସେଇ ପୂର୍ଣ୍ଣତରର ଭିତର ଦେଇ ପୂର୍ଣ୍ଣତମକୁ ସ୍ପର୍ଶ କରି ପାରିବ । ଏହା ହେଉଛି ପ୍ରକୃତିର ବିଧି । ତେଣୁ ଗୀତାରେ ଶ୍ରୀକୃଷ୍ଣ କହିଛନ୍ତି -

'ମଚ୍ଚିତ୍ତଃ ସର୍ବଦୁର୍ଗାଣି ମତ୍‌ପ୍ରାସାଦାତ୍ ତରିଷ୍ୟସି
ଅଥଚେତ୍ ତ୍ୱମହଂକାରନ୍ନ ଶ୍ରୋଷ୍ୟସି ବିନଂଙ୍‌କ୍ଷସି ।' (ଗୀତା-୧୮/୫୮)

(ଆଲୋଚକ-Bible (the Gospel according to St. Matthew) ରେ ମଧ୍ୟ ଏହି ତଦର୍ଥପରାୟଣତା କଥା କୁହା ଯାଇଛି -

"Ask, and it shall be given to you;
Seek and you shall find;
Knock and it shall be opened to you.")

ଅନୁଗତ - ବ୍ୟକ୍ତିତ୍ୱରେ ଯୋଗ୍ୟତାର କିପରି ବିକାଶ ହୋଇଥାଏ ? ୩୦୩

ଶ୍ରୀଶ୍ରୀଠାକୁର - ଆଦର୍ଶ ହେଲେ ଯାହାଙ୍କଠାରୁ ଶିଖିବାକୁ ହୁଏ । Urge ବା ଆକୂତିରୁ ଦକ୍ଷତା ଆସେ, ଯେତେବେଳେ ଏହା ସକ୍ରିୟ ହୁଏ ତାକୁ କହନ୍ତି energy (ଶକ୍ତି) । Energy ଯେତେ concentric ହୁଏ, ମଣିଷ ସେତେ ଯୋଗ୍ୟ ହୋଇଉଠେ । ସେତେବେଳେ ତାର ବୁଦ୍ଧି ହୁଏ ପରିବେଶକୁ ଇଷ୍ଟାର୍ଥୀସେବାରେ ବଡ଼କରି ତୋଳିବାକୁ -ଏହା ମଣିଷକୁ ଲମ୍ବା ବା ଜୀବନରେ ବଡ଼କରେ । Sincerely (ଆନ୍ତରିକତା ସହ) ନ କରିଲେ କିଛି ହୁଏ ନା

ଅର୍ଥାତ୍ ନିଜକୁ ହିଁ କରିବାକୁ ହୁଏ, ଜାଣିବା ମାନେ କରିବା,- ଧର, କର, ହୁଅ, ପାଅ । ନ କରି କିଛି ଆଶା କର ନାହିଁ, ସେହି କାଠୁରିଆ ପରି ହୁଅ ନାହିଁ।

(ଆଲୋଚକ- ଶ୍ରୀଶ୍ରୀଠାକୁର ଯେଉଁ କାଠୁରିଆ କଥା କହିଲେ ସେହି ଗଳ୍ପର ପୁନରାବୃତ୍ତି ନିଜ ଭାଷାରେ -ଜଣେ କାଠୁରିଆ କାଠ ହାଣିବାକୁ ଜଙ୍ଗଲକୁ ଯାଇଥିଲା। ନଦୀ ପାଖ ଗଛର କାଠ ହାଣୁ ହାଣୁ କୁରାଢ଼ି ପଡ଼ିଗଲା ନଦୀଗର୍ଭରେ। ସେ ଜଳଦେବତାଙ୍କ ନିକଟରେ ତାର କୁରାଢ଼ିଟି ଫେରି ପାଇବାକୁ ପ୍ରାର୍ଥନା କରିବାକୁ ଲାଗିଲା। ଜଳଦେବତା ଗୋଟିଏ ସୁନାର କୁରାଢ଼ି ଧରି ଜଳ ଉପରକୁ ଉଠି ଆସିଲେ -ଏଇ ନିଅ ତୁମର କୁରାଢ଼ି। କାଠୁରିଆଟି କାନ୍ଦି କାନ୍ଦି କହିଲା -ଏ କୁରାଢ଼ି ନେଇ ମୁଁ କ'ଣ କରିବ ? ଏଥିରେ ତ କାଠ ଚିରି ହେବ ନାହିଁ, ତାଛଡ଼ା ଏ କୁରାଢ଼ିଟି ମୋର ନୁହେଁ, ମୋ କୁରାଢ଼ିଟି ମତେ ଖୋଜି ଦିଅନ୍ତୁ। ଜଳଦେବତା ପୁଣି ଜଳ ଭିତରକୁ ଯାଇ ଗୋଟିଏ ରୂପାର କୁରାଢ଼ି ଧରି ଜଳ ଉପରକୁ ଉଠି, କାଠୁରିଆକୁ ଯାଚନ୍ତେ, ସେ ଏଥର ମଧ୍ୟ ଆଗପରି ତାକୁ ନେବାକୁ ଅମଙ୍ଗ ହେଲା। ଜଳଦେବତା ପୁଣି ଜଳରେ ବୁଡ଼ି ଏଥର ଯେଉଁ କୁରାଢ଼ି ଆଣିଲେ ତାକୁ ଦେଖିବାମାତ୍ରେ କାଠୁରିଆ ଅତି ଖୁସିରେ କହିଲା -ହଁ ମହାପ୍ରଭୁ, ଏଇ କୁରାଢ଼ିଟା ମୋର। ଜଳଦେବତା ତାର honesty (ସଚ୍ଚୋଟପଣିଆ) ରେ ଖୁସି ହୋଇ ତିନୋଟିଯାକ କୁରାଢ଼ି ତାକୁ ଦେଇଦେଲେ। ଏଇ ଘଟଣା ଆଉ ଜଣେ ସାଙ୍ଗ-କାଠୁରିଆ ଦେଖୁଥିଲା। ସେ ଜାଣି ଜାଣି ତା କୁରାଢ଼ିଟି ପାଣିରେ ପକେଇ ଜଳଦେବତାଙ୍କୁ ଡାକିଲା। ଜଳଦେବତା ପୂର୍ବ ପରି ସୁନାର କୁରାଢ଼ି ଧରି ପାଣି ଉପରକୁ ଆସି କହିଲେ-ନିଅ ତୁମର କୁରାଢ଼ି। କାଠୁରିଆ ହାତ ବଢ଼ାଇ ଦେଲା ବେଳକୁ ସେ ଜଳ ଭିତରକୁ ଚାଲିଗଲେ। ସୁନାର କୁରାଢ଼ି ତ ମିଳିଲା ନାହିଁ- ନିଜର କୁରାଢ଼ି ବି ହରାଇଲା।)

ଅନୁଗତ- ବ୍ୟକ୍ତିତ୍ୱର ସାମଗ୍ରିକ ବିକାଶ କହିଲେ ଆମେ କ'ଣ ବୁଝିବା ? ୩୦୪

ଶ୍ରୀଶ୍ରୀଠାକୁର- ମୋ ମତରେ ବ୍ୟକ୍ତିତ୍ୱର ବିକାଶ ହେଉଛି -integrated materio-spiritual development (ସଂହତ ଭୌତିକ ଓ ଆଧ୍ୟାତ୍ମିକ ବିକାଶ)।

ଅନୁଗତ- କିନ୍ତୁ ଭୌତିକ ଉନ୍ନତି ହେଲେ ଈଶ୍ୱର ଧରା ଦିଅନ୍ତି ନାହିଁ ଏହା ସତ କି ? ୩୦୫

ଶ୍ରୀଶ୍ରୀଠାକୁର- ମୋ ମତରେ ଯାହାର ଭୌତିକ ଉନ୍ନତି ଘଟେ ନାହିଁ, ତାର ଆଧ୍ୟାତ୍ମିକ ପ୍ରଗତି ମଧ୍ୟ ତମସାଚ୍ଛନ୍ନ। ଆଧ୍ୟାତ୍ମିକତାର ମୂଳ ଉଦ୍ଦେଶ୍ୟ ହେଉଛି ଯଶ ଓ ବୃଦ୍ଧି। ବଂଚିବା ପାଇଁ ଯାହା ଯାହା ଦରକାର ତାକୁ କରିବାକୁ ହୁଏ। ଜାଗତିକ ଉନ୍ନତିକୁ ଉପେକ୍ଷା କରି ଯେଉଁମାନେ କେବଳ ଏକତରଫା ଆଧ୍ୟାତ୍ମିକ ଉନ୍ନତି ପ୍ରତି ଝୁଙ୍କି ପଡ଼ନ୍ତି, ସେମାନଙ୍କର ଅସ୍ତିତ୍ୱ ରକ୍ଷା କରିବା କଷ୍ଟକର ହୋଇପଡ଼େ । କରି ପାଇବା କଥା ଶୁଣି ଯେଉଁମାନେ ଘାବରେଇ ଯାଆନ୍ତି, ସେମାନଙ୍କ ମସ୍ତିଷ୍କରେ ଘୁଣ ହୋଇ ଯାଇଛି। ସେମାନଙ୍କର ଚିକିତ୍ସା ଦରକାର ଅର୍ଥାତ୍ ସେମାନଙ୍କୁ ଟାଣି ଓଟାରି କାମରେ ଲଗାଇବାକୁ ପଡ଼ିବ ଏବଂ ସେମାନଙ୍କ ପଛରେ ଲାଗି ରହି କାମ ଭିତରଦେଇ ସେମାନଙ୍କୁ ସଫଳ କରିବାକୁ ହେବ।

ଅନୁଗତ - 'ଅର୍ଥମନର୍ଥଂ ଭାବୟ ନିତ୍ୟଂ' - ଏହାର ତାତ୍ପର୍ଯ୍ୟ କ'ଣ ? ୩୦୬

ଶ୍ରୀଶ୍ରୀଠାକୁର - ଅତୁଟ ଓ ଆପ୍ରାଣ ଇଷ୍ଟପ୍ରାଣତାର ଉଦ୍ଦୀପନାରେ ତାଙ୍କର ସ୍ୱାର୍ଥ ଓ ପ୍ରତିଷ୍ଠା ପ୍ରଲୋଭନର ଆକୁଳତାରେ ଧନ-ସଂପଦର ଆହରଣ, ସେହି ଧନ-ସଂପଦର ଚାହିଦା ଓ ଚଳନା ମଣିଷକୁ ଜୀବନରେ, ଯଶରେ ଓ ସମୃଦ୍ଧିରେ ସାର୍ଥକ କରିତୋଳେ। ବଂଚିବା ଭିତରେ ଅଛି ଦେବା ଓ ନେବାର କ୍ଷମତା, ସେଠାରେ ଆସିବ ପାରିପାର୍ଶ୍ୱିକ,- କାହାକୁ ଦେବୁ, କାହାଠାରୁ ନେବୁ ? ଅନ୍ୟର ଦୁଃଖ ସୁଖ ବୁଝିବା ଯେତେବେଳେ ତୁମ ଅନ୍ତକରଣରେ ପଶିବ, ତୁମେ ବ୍ୟାପ୍ତ ହେବ-ଅର୍ଥାତ୍ ସମସ୍ତେ ତୁମକୁ ଖୋଜିବେ, ଲୋଡ଼ିବେ, ଅନ୍ୟ ମଣିଷ ଯେତେବେଳେ ତୁମକୁ ନିଜର ଭାବିବ, ତାହା ହେଲା ତୁମର ଯଶ, ଆଉ ଏହିପରି ଯାହା ଅର୍ଜନ କର, ତାହା ହେଉଛି ତୁମର ପାଇବା। ସାମୟିକ ଦାରିଦ୍ର୍ୟ ଭିତରେ ଜୀବନର ଏହି ଯଶ ଓ ବୃଦ୍ଧି। ବସ୍ତୁ-ଦାରିଦ୍ର୍ୟ ଭିତରେ ଥାଇ ମଧ୍ୟ ମଣିଷ ଆନନ୍ଦ ପାଏ।

ଅନୁଗତ -ଉଚ୍ଚମାନର ବ୍ୟକ୍ତିତ୍ୱ କିପରି ହୋଇଥାନ୍ତି ? ୩୦୭

ଶ୍ରୀଶ୍ରୀଠାକୁର - ଭଲ ଲୋକର ଗୋଟାଏ ପ୍ରଧାନ ଲକ୍ଷଣ ହେଲା, ସେ ଆଦର୍ଶରେ ଅଟଳ ରହି, ପରିବେଶକୁ ଆନନ୍ଦ ଦେଇ ଆନନ୍ଦ ପାଇବାକୁ ଚାହେଁ। ନିଜର ଅହମିକା ଦେଖାଇ ହୋଇ କାହାକୁ ଆଘାତ କରିବାକୁ ଚାହେଁନା। ଏକ ପ୍ରକାର ଅଛି, ବ୍ୟକ୍ତିତ୍ୱହୀନ ବିଜୟ। ସବୁ କଥାରେ ହଁ ମାରିଯାଏ, ତାହା କିନ୍ତୁ ଭଲ ନୁହେଁ। ସତ୍ ବ୍ୟକ୍ତି ଯେଉଁମାନେ, ସେମାନଙ୍କର ବ୍ୟବହାର ହୃଦୟଗ୍ରାହୀ ହୋଇଥାଏ। କିନ୍ତୁ ଲୋକନିନ୍ଦାକୁ ସେମାନେ ଭୟ କରନ୍ତି ନାହିଁ -ଅସତ୍ ବା ଅନ୍ୟାୟକୁ ପ୍ରତିରୋଧ କରନ୍ତି। ତା ନହେଲେ ତ ମଣିଷ କ୍ଳୀବ ହୋଇଯିବ। ତୁମ ସମ୍ପର୍କରେ କିଏ କ'ଣ ଭାବୁଛି ବା ଭାବିବ, ତାହା ବଡ଼କରି ନ ଦେଖି, ବାସ୍ତବରେ ତୁମେ କ'ଣ , ସେଇ ଦିଗ ପ୍ରତି ତୁମର ନଜର ରହିବା ଦରକାର। ତୁମେ ଯଦି ସତ୍ ହୁଅ, ନ୍ୟାୟ ପରାୟଣ ହୁଅ, ଆଉ ଲୋକେ ଯଦି ତୁମକୁ ଅନ୍ୟ ପ୍ରକାର ଭାବନ୍ତି, ସେଥିରେ ତୁମର ଚାରିତ୍ରିକ ସମ୍ପଦ ଉଭେଇ ଯିବ ନାହିଁ। କିନ୍ତୁ ତୁମେ ଯଦି ଅସତ୍ ହୁଅ ଓ ଅନ୍ୟାୟ କର ଓ ଲୋକଙ୍କ ଆଖିରେ ଧୂଳି ମଧ୍ୟ ଦେଇଥାଅ,-ତାହେଲେ ତୁମେ ସତ୍ ହେଲ ନାହିଁ, ଆଉ ତୁମର ସତ୍ ହେବାର ଅଭିନୟ ବେଶି ଦିନ ଚାଲିବ ନାହିଁ।

(ସତ୍ୟାନୁସରଣ- ତୁମର ଟିକିଏ ଉନ୍ନତି ହେଲେ ହିଁ ଦେଖିବ କେହି ତୁମକୁ ଠାକୁର ବନେଇ ବସିଛି, କେହି ମହାପୁରୁଷ କହୁଛି, କେହି ଅବତାର, କେହି ସଦ୍‌ଗୁରୁ ଇତ୍ୟାଦି କହୁଛି, ପୁଣି କେହି ଶଇତାନ, ବଦମାସ, କେହି ବ୍ୟବସାୟୀ ଇତ୍ୟାଦି ବି କହୁଛି; ସାବଧାନ, ତୁମେ ଏମାନଙ୍କ କାହାରି ଆଡ଼କୁ ନଜର ଦିଅନା, ତୁମ ପକ୍ଷରେ ଏମାନେ ସମସ୍ତେ ଭୂତ। ନଜର ଦେଲେ ହିଁ କାନ୍ଧରେ ଚଢ଼ି ବସିବେ। ତାହା ଛଡ଼ାଇବା ମଧ୍ୟ ମହା ମୁସକିଲ। ତୁମେ ତୁମପରି କାର୍ଯ୍ୟ କରିଯାଅ ଯାହା ଇଚ୍ଛା ତାହା ହେଉ।)

ଅନୁଗତ - ଅସତ୍ ମଣିଷ ସତ୍ ମଣିଷର ଅଭିନୟ କାହିଁକି କରିଥାଏ ? ୩୦୮

ଶ୍ରୀଶ୍ରୀଠାକୁର - ଆମର କ'ଣ ହୁଏକି, ଗୋଟାଏ ଉଦ୍ଦେଶ୍ୟ ଆସିଯାଏ । ମୁଁ ହୁଏତ ଗୋଟାଏ କାମର ଦାୟିତ୍ୱ ତୁମକୁ ଦେଲି, ତୁମେ କିନ୍ତୁ ଆଉ ଗୋଟାଏ କାମରେ ମାତି ଅନ୍ୟ ଆଡ଼େ ଚାଲିଗଲ । ମୁଁ ତୁମ ଉପରେ depend (ନିର୍ଭର) କରି ବସିଛି, ତୁମେ କରି ବସିଲ ଅନ୍ୟ ରକମର, ଏହି ଭାବରେ ଭଲ intention (ଅଭିପ୍ରାୟ) ଥିବା ସତ୍ତ୍ୱେ ତୁମେ activity (କର୍ମ)ରେ insincere (କପଟ) ଓ treacherous (ଅବିଶ୍ୱାସୀ) ହୋଇପଡ଼ିଲ । ତୁମେ ଗୋଟାଏ କାମ କରିବାର ଦାୟିତ୍ୱ ନେଇ, ରାସ୍ତାରେ ଆଉ କେଉଁଥିରେ ବାଧ୍ୟବାଧକତାରେ ଜଡ଼ିତ ହୋଇ ପଡ଼ିଲ, କୌଣସିଟାକୁ ଠିକ ରୂପେ କରି ପାରିଲ ନାହିଁ; irresponsible (ଦାୟିତ୍ୱହୀନ) ହେଲ, go-between (ଦ୍ୱନ୍ଦ୍ୱୀବୃତ୍ତି) କଲ, ଭୂତଙ୍କ ପରି ଘୁରିଲ । କିନ୍ତୁ କୌଣସି ଫଳ ହେଲା ନାହିଁ । ମୁଁ ଆଉ କ'ଣ କରିବି, ମୁଁ ସେତେ ନିଷ୍ଠୁର ହୋଇ ପାରେ ନାହିଁ, ତୁମେ ହୁଏତ ତୁମର ଏହି irresponsibility (ଦାୟିତ୍ୱହୀନତା)କୁ ଘୋଡ଼ାଇବାକୁ ଯାଇ କେତେ କଥା କହି ମୋର sympathy (ସମବେଦନା) ଓ appreciation (ତାରିଫ) ଚାହୁଁଛ, ତୁମର ଅବସ୍ଥାକୁ ଚାହିଁ ସେତେବେଳେ ତୁମ complex (ପ୍ରବୃତ୍ତି)ର nurture (ପୋଷଣ) ମୋତେ ଦେବାକୁ ହେଲା, କହିଲି- ଚେଷ୍ଟା ତ କରିଛ, ତୁମେ ଆଉ କ'ଣ କରିବ ? ତୁମେ ଖୁସି ହୋଇଗଲ । ପଥର ହୋଇଗଲ, ଅହଲ୍ୟା ହୋଇଗଲ । ନିଜର ଦୋଷର ଗୁରୁତ୍ୱ ସମ୍ବନ୍ଧରେ ଟିକିଏ ବି ବୋଧ ରହିଲା ନାହିଁ । ସତ କଥା କହିଲେ ତୁମେ ଆତଙ୍କିତ ହୋଇ ଉଠିବ- କିନ୍ତୁ କାର୍ଯ୍ୟତଃ ତୁମର activity (କର୍ମ) insincere (କପଟତାଯୁକ୍ତ) ଓ treacherous (ଅବିଶ୍ୱାସମୂଳକ) ହେଲା, ପୁଣି ତୁମ କର୍ମକୁ ବାଦ୍ ଦେଇ ତୁମର ବ୍ୟକ୍ତିତ୍ୱକୁ ନିର୍ଣ୍ଣୟ କରିବାର ଅନ୍ୟ କୌଣସି ପଥ ନାହିଁ । ତେଣୁ କୁହାଯାଏ - with mere good intentions, hell is proverbially paved. (ନିଷ୍କ୍ରିୟ ସଦଭିପ୍ରାୟ ଦ୍ୱାରା ନର୍କର ପଥ ମର୍ମର ଖଚିତ) ।

ଅନୁଗତ- ଏହିପରି ଯେଉଁମାନେ କରନ୍ତି, ସେମାନଙ୍କର କ'ଣ ହୁଏ ? ୩୦୯

ଶ୍ରୀଶ୍ରୀଠାକୁର- ନିଜର ଚଳନ ନ ବଦଳାଇ ତୁମେମାନେ ଯଦି ଏହିପରି ଭାବରେ ଚଳ, ତେବେ ତାର ଫଳ ଯାହା ଫଳିବାର କଥା ତାହା ମିଳିବ; lumps of disintegrated unadjusted experiences (କେତେଗୁଡ଼ିଏ ଅସଂହତ, ଅନିୟନ୍ତ୍ରିତ ଅଭିଜ୍ଞତାର ବିଚ୍ଛିନ୍ନ ଦଳ) ଛଡ଼ା ଆଉ ତୁମଠାରେ କେହି କିଛି ପାଇବ ନାହିଁ । ଯାତ୍ରାପଥର ଫାଙ୍କେ ଫାଙ୍କେ ନାନା ଅସଂଲଗ୍ନତାରେ ଜଡ଼ିତ ହୋଇ ପଡ଼ିବ, ଦୁଃଖ-ଦୁର୍ଦ୍ଦଶା ଘେରିଯିବ ଏବଂ ତୁମେ ଅଦୃଷ୍ଟକୁ ଧିକ୍କାର ଦେଉଥିବ, ଅଥଚ କୌଣସି କୂଳ କିନାରା ପାଉ ନ ଥିବ -ଜୀବନରେ କାହିଁକି ଏଇ ଦୁର୍ଭୋଗ ? ମୋଟ କଥା ଯେତେ ଦିନ ହଜାର ପ୍ରକାର କାମରେ ମାତିବ ସେତେଦିନ brain scattered (ମସ୍ତିଷ୍କ ବିକ୍ଷିପ୍ତ) ହୋଇ ରହିଥିବ । ଦୈନନ୍ଦିନ ଜୀବନର ପ୍ରୟୋଜନ ଓ ସମସ୍ୟାର ସମାଧାନ କରି ପାରିବ ନାହିଁ । କିନ୍ତୁ ଜଣକର ଆକର୍ଷଣରେ ଜଣକ ପାଇଁ ଯଦି ପାରମ୍ପର୍ଯ୍ୟକ୍ରମେ ଯଥାବିଧି ଶତକର୍ମ ମଧ୍ୟ କର, ହଜାର ବିଷୟରେ

ଘୁର, ତୁମର brain (ମସ୍ତିଷ୍କ) ସୁସ୍ଥ ରହିବ, ସତେଜ ରହିବ, କୌଣସି ସମସ୍ୟା ଦୁରୁହ ଓ ସମାଧାନ ବହିର୍ଭୂତ ମନେ ହେବ ନାହିଁ, struggle(ସଂଗ୍ରାମ) ଭିତରେ ମଧ୍ୟ life(ଜୀବନ) ଉପଭୋଗ୍ୟ ମନେ ହେବ । ତା ଛଡ଼ା ତୁମ ମସ୍ତିଷ୍କର tuning (ଏକତାନତା) ର tendency (ପ୍ରବଣତା) ବଜାୟ ରହିବ, ବୃଦ୍ଧି ପାଇବ, ତୁମେ ନିଜେ କେତେ କ'ଣ ବୋଧ କରି ପାରିବ । ମଣିଷ active, normal, concentric (ସକ୍ରିୟ, ସ୍ୱାଭାବିକ, ସୁକେନ୍ଦ୍ରିକ) ହେଲେ ବହୁ ବିଭୂତି ଲାଭ କରିପାରେ, କିନ୍ତୁ ସେଦିଗକୁ ବେଶି ନଜର ଦେଲେ ଲକ୍ଷ୍ୟଭ୍ରଷ୍ଟ ହୋଇ ପଡ଼େ ।

ଆଲୋଚକ- ଶ୍ରୀଶ୍ରୀଠାକୁରଙ୍କର ଗୋଟିଏ ବାଣୀ –

" ବଡ଼ଲୋକ, ବଡ଼ପଣ, ଦେଖିବୁ ଅଛି ତା ସଙ୍ଗରେ-
ଲୋକକୁ ବଡ଼କରିବା ଚଳଣି ସକଳ କାର୍ଯ୍ୟେ ଚିନ୍ତା କରେ ।"

ଅନୁଗତ- ମଣିଷ କାହିଁକି ଅନ୍ୟକୁ ସାନ କରି ନିଜେ ବଡ଼ହେବାକୁ ଚାହେଁ ? ୩୧୦

ଶ୍ରୀଶ୍ରୀଠାକୁର- ଏହା ହେଉଛି ଦାରିଦ୍ର୍ୟବ୍ୟାଧିର ଲକ୍ଷଣ । ଏମାନେ କାମ ନ କରି ବାହାବା ନେବାକୁ ଆଗଭର । ରାତାରାତି ବଡ଼ଲୋକ ହେବାର ସ୍ୱପ୍ନରେ ସେମାନେ ତନ୍ଦ୍ରାଛନ୍ନ, ସେମାନେ ସର୍ବଦା ଅଶ୍ରଦ୍ଧାପରାୟଣ ଓ ଈର୍ଷାପରାୟଣ, କାହାକୁ ଯଦି ଅନ୍ୟମାନେ ଶ୍ରଦ୍ଧାର ସହିତ ଦେଖିଲେ, ତେବେ ତାଙ୍କ ଦେହରେ ଯାଏ ନାହିଁ, ତୁରନ୍ତ ସେହି ଲୋକର ମନଗଢ଼ା କୁତ୍ସା କରନ୍ତି । କେହି ଯଦି ନିଜ ଦକ୍ଷତା ବଳରେ ଧନୀ ଓ ଯଶସ୍ୱୀ ହୁଏ, ସେମାନେ ସହି ପାରନ୍ତି ନାହିଁ । ସ୍ୱାର୍ଥସିଦ୍ଧି ପାଇଁ ସେମାନେ ବିଶ୍ୱାସଘାତକତା କରନ୍ତି । ସେମାନେ ସ୍ୱାର୍ଥାନ୍ଧ ଓ ପରସ୍ୱଲୋଲୁପୀ ଓ ପ୍ରାୟଶଃ ଅକୃତଜ୍ଞ-ବିନୟୀ ହୋଇ ଥାଆନ୍ତି । କପଟ ସ୍ୱାର୍ଥ ସାଧନା ଉଦ୍ଦେଶ୍ୟରେ ଅନ୍ୟକୁ ମିଠା କଥାରେ ଦାତାକୁ କ୍ଷତିଭୟ-ବିହ୍ୱଳିତ କରି, ବିଧ୍ୱସ୍ତ କରିବାର ବାହାନା ତାଙ୍କଠାରେ ଦେଖିବାକୁ ମିଳେ । ଯେଉଁ ଲୋକ କେବଳ ଅନ୍ୟମାନଙ୍କ ପାଖରୁ ନିଏ, କାହାକୁ କିଛି ଦିଏ ନାହିଁ, ସେ ଅପଦାର୍ଥ ହୋଇଯାଏ । ଦାରିଦ୍ର୍ୟତା ତାକୁ ଘୋଟି ଆସେ ।

(ଆଲୋଚକ- ଦରିଦ୍ରତାର ତିନି ବନ୍ଧୁଙ୍କ କଥା 'ଚଲାର ସାଥୀ' ଗ୍ରନ୍ଥରେ ଶ୍ରୀଶ୍ରୀଠାକୁର ଏହିପରି କହିଛନ୍ତି -

ଦରିଦ୍ରତାର ବନ୍ଧୁ

'ଆଳସ୍ୟ, ଅବିଶ୍ୱାସ, ଆତ୍ମମ୍ଭରିତା
ଓ
ଅକୃତଜ୍ଞତା ପରି ବନ୍ଧୁ ବା ମିତ୍ର ଥିଲେ
ଦରିଦ୍ରତାକୁ ଆଉ ଖୋଜିବାକୁ ହେବ ନାହିଁ;-
ଏପରିକି ଏମାନଙ୍କ ମଧ୍ୟରୁ ଯେ କୌଣସି ଗୋଟିଏ ମଧ୍ୟ
ଦରିଦ୍ରତାର ଏପରି ବନ୍ଧୁ
ଏମାନଙ୍କ ମଧ୍ୟରୁ କାହାକୁ ମଧ୍ୟ ଛାଡ଼ି ଯେପରି ସେ

ରହିବି ପାରେ ନାହିଁ,
ଏପରି ଧନ ଯଦି ତୁମ ଅନ୍ତରରେ
ବସବାସ କରେ
ଦୁଃଖର ଅଭାବର ଭାବକୁ
ଆଉ ସହ୍ୟ କରିବାକୁ ହେବ ନାହିଁ !'(ବାଣୀ-୩୩)

ଅନୁଗତ - ଜଣେ ଅନ୍ୟକୁ ହୁଏତ ଦିଏ, କିନ୍ତୁ ଯାହାଠାରୁ ପାଏ ତାକୁ କିଛି ଦିଏ ନା। ଏମିତି କାହିଁକି ହୁଏ ? ୩୧୧

ଶ୍ରୀଶ୍ରୀଠାକୁର - ଏହା ଅକୃତଜ୍ଞତାର ନାମାନ୍ତର, ଏପରି କଲେ ମଣିଷର ଉନ୍ନତି blocked (ଅବରୁଦ୍ଧ) ହୋଇଯାଏ। ପାଇବାର ଉତ୍ସକୁ ଦିଏନା କିନ୍ତୁ ଅନ୍ୟକୁ ଦିଏ, ଏହା ପଛରେ ଅନେକ ସମୟରେ ଆତ୍ମପ୍ରତିଷ୍ଠାର ଉଦ୍ଦେଶ୍ୟ ଥାଏ -ଏମାନେ ପ୍ରବୃତ୍ତିପରାୟଣ ଆଉ ନାନା ପ୍ରକାର ଫିସାଦ ବାହାର କରନ୍ତି। ଏହି ଆତ୍ମପ୍ରତିଷ୍ଠା ତାଙ୍କ ଭିତରେ egoistic knot (ଅହମିକାର ଗଣ୍ଠି) ପରି ହୋଇଥାଏ। ଆମେ ହୁଏତ ଅନେକ ଅପରାଧରେ ଅପରାଧୀ, କିନ୍ତୁ ଲୋକଙ୍କ ପାଖରେ ଜଣାଇବାକୁ ଚାହୁଁ ଯେ ଅପରାଧର ନାମଗନ୍ଧ ବି ଆମ ଚରିତ୍ରରେ ନାହିଁ। ସେହି ଅପରାଧୀକୁ ଦେଖିଲେ, ତାକୁ ହୁଏତ ଶାସନ କରିବାକୁ ଅତିମାତ୍ରାରେ ବ୍ୟସ୍ତ ହୋଇପଡୁ -ଭିତର ଉଦ୍ଦେଶ୍ୟ ହେଲା ଯେ ଆମେ ଅପରାଧର ଊର୍ଦ୍ଧ୍ୱରେ, ଏହା ଲୋକେ ଜାଣନ୍ତୁ। ଏହାର ବିପରୀତ ଦିଗ ମଧ୍ୟ ଦେଖାଯାଏ -ତାହା ହେଉଛି ଅପରାଧର ସମର୍ଥନ। ଏହି ଦୁଇ ପ୍ରକାରର ଅବସ୍ଥା ହେଉଛି ହୀନମନ୍ୟତାର କ୍ରିୟା।

ଅନୁଗତ - କୃତଘ୍ନତା କାହିଁକି ସବୁଠାରୁ ବଡ଼ପାପ ? ୩୧୨

ଶ୍ରୀଶ୍ରୀଠାକୁର - କୃତଘ୍ନତା ଛଡ଼ା ଦୁନିଆରେ ପାପ ବୋଲି କିଛି ନାହିଁ। କାମ-ପ୍ରବୃତ୍ତି ଯେପରି ଆଦିରସ, କୃତଘ୍ନତା ସେହିପରି ନରକର ଆଦି ମାଲ। ସେଥିରୁ ସବୁ ପାପର ସୃଷ୍ଟି। ପାପ ମାନେ ତାହାହିଁ ଯାହା ଆମର ସତ୍ତାକୁ ପାଳନରୁ ପତିତ କରେ ଏବଂ କୃତଘ୍ନତାର ପ୍ରଧାନ କୃତିତ୍ୱ ହେଲା ନିଜର ସାମାନ୍ୟ ସ୍ୱାର୍ଥ ପାଇଁ ଉପକାରୀର ଉପକାରକୁ ଲୋକ ସମକ୍ଷରେ ଅସ୍ୱୀକାର କରିବା। ଏପରି ଲୋକର କଥା ମୁଁ ଜାଣେ ଯେ ମୋତେ ବିଷ ଖୁଆଇ ପାରିଲେ ଖୁସି ହେବ। ମୁଁ ଭାବେ କ'ଣ ଆଉ କରାଯିବ ?

ଅନୁଗତ -ମଣିଷର ବ୍ୟବହାର ହୃଦ୍ୟ ହୁଏ କିପରି ? ୩୧୩

ଶ୍ରୀଶ୍ରୀଠାକୁର - ମଣିଷ ସହିତ ବ୍ୟବହାର କଲାବେଳେ ଖୁବ୍ ହୁସିଆର ହେବାକୁ ହୋଇଥାଏ। କର୍ମକ୍ଷେତ୍ରରେ ସଂଘାତ ମଧ୍ୟରେ ପଡ଼ି କାହାର କେତେ ପରିମାଣରେ ମୁଣ୍ଡ ଠିକ୍ ଥାଏ, ତାହାହିଁ ଚରିତ୍ରର ପରଖ। ଏକାଦିନେ ମଣିଷ ନିର୍ଭୁଲ ହୋଇ ଯାଏ ନାହିଁ, ତେବେ ଭୁଲ ସଂଶୋଧନ ପ୍ରତି ନଜର ଥିଲେ, ଆସ୍ତେ ଆସ୍ତେ ଠିକ୍ ହୋଇଯାଏ।

ଅନୁଗତ -ମଣିଷ go between (ଦ୍ୱନ୍ଦ୍ୱୀବୃତ୍ତି) କରେ କାହିଁକି ? ୩୧୪

ଶ୍ରୀଶ୍ରୀଠାକୁର -ମଣିଷ ଜାଣିପାରେନା ତାର go between (ଦ୍ୱନ୍ଦ୍ୱୀବୃତ୍ତି) ଥାଏ। ଏହି ଦ୍ୱନ୍ଦ୍ୱୀବୃତ୍ତି (go between) ଠାରୁ ଏପରିକି ଚୋରି ଡକାଏତି ବରଂ ଢେର ଭଲ। ଏହା

ଥିଲେ ମନେହୁଏ ଯେ ସମସ୍ତେ ମତେ ହୀନଚକ୍ଷୁରେ ଦେଖୁଛନ୍ତି । ନିଜ ପାଖରେ ନିଜେ ଦୂରେଇ ଦୂରେଇ ଚଳିବାକୁ ହୁଏ -ଏହା ଏକ ନରକ ଯନ୍ତ୍ରଣା ବିଶେଷ । କଥା କହି କଥା ନ ରଖିବା, ଯାହା ଯେଉଁ ଉଦ୍ଦେଶ୍ୟରେ ରଖା ଯାଇଛି, ତାକୁ ଅନ୍ୟ ଉଦ୍ଦେଶ୍ୟରେ ବ୍ୟୟ କରିବା, ଲୋକଙ୍କର ଭଲ କଥାକୁ ମନ୍ଦ ଭାବି ନିଜ ଉପରକୁ ଟାଣି ନେବା, ବିଶ୍ୱାସଘାତକତା କରିବା,- ଦ୍ୱନ୍ଦ୍ୱୀବୃତ୍ତିରେ treachery (ବିଶ୍ୱାସଘାତକତା)ର vibgyor (ସାତଟି ରଙ୍ଗ) ଅଛି ।

ଅନୁଗତ- ଅଷ୍ଟପାଶ ଗୁଡ଼ିକ ବ୍ୟକ୍ତିତତ୍ତ୍ୱ ବିକାଶରେ କିପରି ବାଧା ସୃଷ୍ଟି କରନ୍ତି ?୩୧୫

ଶ୍ରୀଶ୍ରୀଠାକୁର - ଅଷ୍ଟପାଶ ହେଲା ଘୃଣା, ଲଜ୍ଜା, ମାନ, ଅପମାନ, ମୋହ. ଦମ୍ଭ, ଦ୍ୱେଷ ଓ ପୈଶୁନ୍ୟ -ମଣିଷକୁ ଅସରପା କରିଦିଏ, ମଣିଷ ଚରିତ୍ର ହରାଇ ବସେ । ବହୁଲୋକ ଆସି କୁହନ୍ତି, 'ଠାକୁର ମୋର ବର୍ତ୍ତମାନ ସମୟ ଖରାପ, ଗ୍ରହଦୋଷ । ଏପରି ସମୟ ଥିଲା ପାଉଁଶ ମୁଠାଏ ଧରିଲେ ସୁନା ହୋଇ ଯାଉଥିଲା, ଏବେ ସୁନାମୁଣ୍ଡା ଧରିଲେ ପାଉଁଶ ହୋଇ ଯାଉଛି ।' ଲକ୍ଷ୍ୟ କଲେ ଦେଖିବ, ତାର ଚାଲିଚଳଣ ଓ କରିବାରେ ଅନ୍ୟାନ୍ୟ ତ୍ରୁଟି ତ ଥାଏ, କିନ୍ତୁ ଲୋକଟା ହୁଏତ ଆଗରୁ ଅନେକ go between (ଦ୍ୱନ୍ଦ୍ୱୀବୃତ୍ତି) କରିଛି, ଏହି ସଂଚିତ ଦ୍ୱନ୍ଦ୍ୱୀବୃତ୍ତିର ଫଳ ମଣିଷକୁ ଯେତେବେଳେ ଆକ୍ରମଣ କରେ, ସେ ପ୍ରତି ପଦକ୍ଷେପରେ ବ୍ୟାହତ ଓ ବ୍ୟର୍ଥ ହୋଇଥାଏ । ସେ ଦୃଶ୍ୟ ଭାବିଲେ ମୋର ଦେହ ଶିହରିଯାଏ । ଖୁବ ସାବଧାନ, କେବେହେଲେ ଦ୍ୱନ୍ଦ୍ୱୀବୃତ୍ତି କର ନା ।

(ଆଲୋଚକ- ଏହି ଉପଲକ୍ଷ୍ୟେ ଶ୍ରୀଶ୍ରୀଠାକୁରଙ୍କର ଗୋଟିଏ ବାଣୀ -

"ପାପରେ ଯେବେ ଆସେ ଘୃଣା
ଆସେ ଆକ୍ରୋଶ ଅପମାନ,
ଇଷ୍ଟ-ପ୍ରାଣନ ଫାମ୍ପି ଉଠେ
ସେବେ ତ ପାପର ପରିତ୍ରାଣ ।")

ଅନୁଗତ -ଅଜାମିଳ ଏତେ ପାପକରି ମଧ୍ୟ ଯମଦୂତଙ୍କ ହାତରୁ ଖସିଗଲା କିପରି ? ୩୧୬

ଶ୍ରୀଶ୍ରୀଠାକୁର - ଯମଦୂତ ମାନେ ମୁଁ ବୁଝେ self-centric attitude(ସ୍ୱାର୍ଥପର ଭାବ) ପ୍ରବୃତ୍ତିମୁଖୀନତା, ଯାହା ମଣିଷକୁ ସଂକୀର୍ଣ୍ଣ କରିତୋଳେ, ଆଉ ବିଷ୍ଣୁଦୂତ ମାନେ ବ୍ୟାପ୍ତି ଓ ବିସ୍ତାରର ଭାବ । ଅଜାମିଳ ଯେତେବେଳେ 'ନାରାୟଣ' ଡାକିଲା, ହୁଏତ ସେହି ଶବ୍ଦର କିଛିଟା ଭାବ, ତା ଭିତରେ ସ୍ଫୁରିତ ହୋଇଥିଲା । ମୃତ୍ୟୁ ପୂର୍ବରୁ ସେ ଯେତେବେଳେ 'ନାରାୟଣ' ଡାକିଲା ସେତେବେଳେ ହୁଏତ ତାର ପୁଅକୁ ନ ଡାକି, ନାରାୟଣ ଭାବରେ ଭାବିତ ହୋଇ ଉଠିଲା, ଆଉ ସେଇ ଭାବରେ ଭାବିତ ହୋଇ ତାର ମୃତ୍ୟୁ ହେଲା । ଗୋଟିଏ କଥା ଆମ ଦେଶରେ ଖୁବ ଚାଲେ- **'ଜପତପ ଯେତେ ବି କର, ମରଣକାଳେ ହୁସିଆର ।' ଏହାର ତାତ୍ପର୍ଯ୍ୟ ହେଲା ମରଣବେଳେ ଇଷ୍ଟଚିନ୍ତା ଓ ଇଷ୍ଟନାମ ଯଦି ପ୍ରବଳ ହୁଏ, ଆଉ ନାମ କରୁ କରୁ ନାମୀଙ୍କ ପ୍ରତି ଅନୁରାଗ ଯଦି ଜନ୍ମି ଯାଏ, ତାହେଲେ ଆଉ ଭାବନା ନାହିଁ** । ସେତେବେଳେ ଆମ ସତ୍ତା ନାମମୟ ଓ

ନାମୀମୟ ହୋଇ ଉଠେ। ତେଣୁ କୌଣସି ସ୍ୱାର୍ଥ ରଖି ଇଷ୍ଟ ବା ଆଦର୍ଶଙ୍କୁ ଭଲପାଇବା ଉଚିତ ନୁହେଁ- ଇଷ୍ଟଙ୍କ ପାଇଁ ଇଷ୍ଟଙ୍କୁ ଭଲ ପାଇଲେ ପ୍ରକୃତ ରସ ମିଳେ, ଜୀବନରେ ଧର୍ମ, ଅର୍ଥ, କାମ, ମୋକ୍ଷ ଆମର କରତଳଗତ ହୋଇଯାଏ।

ଅନୁଗତ - ପରନିନ୍ଦା ଏତେ ଘୃଣ୍ୟ କାହିଁକି ? ୩୧୭

ଶ୍ରୀଶ୍ରୀଠାକୁର - ବାହାରର ଦୈନ୍ୟଠାରୁ ଭିତରର ଦୈନ୍ୟ ଆହୁରି ଭୟଙ୍କର। ଏହାକୁ ଦୂର କରିବା ଲାଗି ପ୍ରଚୁର ଖଟଣି ଦରକାର। ପରନିନ୍ଦୁକମାନେ ନିଜେ ଅପକର୍ମ କରନ୍ତି, କିନ୍ତୁ ଅନ୍ୟକୁ ଦୋଷ ଦେଇ ନିଜର ସଫେଇ ଗାଆନ୍ତି, ଏଥିରେ ସେମାନଙ୍କର ଅଗ୍ରଗତି କ୍ରମଶଃ ନିରୁଦ୍ଧ ହୋଇଯାଏ। **କେବେ ପରର ନିନ୍ଦା କରନା -ଏହା ନର୍କ ରାଜ୍ୟ। ତେଣୁ ଯେ ତୁମର ନିନ୍ଦା କରେ, ଆଉ ଯେ ତୁମକୁ ଭଲ ପାଏ, ଉଭୟଙ୍କ ସହିତ ହସିଖେଳି ଚାଲ** -

"ସବ୍‌ସେ ରସିୟେ, ସବ୍‌ସେ ବସିୟେ ସବ୍‌କା ଲିଜିୟେ ନାମ୍
ହାଁଜୀ ହାଁଜୀ କର୍‌ତେ ରହୋ ବୈଠା ଅପନା ଠାମ୍।"

(ଆଲୋଚକ-ଶ୍ରୀଶ୍ରୀଠାକୁରଙ୍କର ଏହି ସମ୍ପର୍କରେ ଗୋଟିଏ ବାଣୀ -

"ବିଷକୁମ୍ଭ ପୟୋମୁଖ ହେବୁ ନାହିଁଟି କେଉଁ ଦିନ
ହେଲେ ଅନ୍ତର ବିଷାକ୍ତ କରି ବିଛାଡ଼ି ପଡ଼ିବ ସର୍ବାଙ୍ଗୀନ।"

'ଆଦର୍ଶ ବିନାୟକ' ଗ୍ରନ୍ଥରେ ଶ୍ରୀଶ୍ରୀଠାକୁର ପ୍ରିୟପରମଙ୍କ ଅନୁଜ୍ଞାର ଛଅଟି ସ୍ତମ୍ଭ କଥା କହିଛନ୍ତି, ସେଗୁଡ଼ିକ ଏହିପରି –

୧) ତୁମେ କାହାକୁ ହତ୍ୟା କରିବାକୁ ଯାଅ ନା,
୨) ବ୍ୟଭିଚାରଦୁଷ୍ଟ ହୁଅ ନା,
୩) ଚୋରି କର ନା,
୪) କେବେବି ମିଥ୍ୟା ସାକ୍ଷ୍ୟ ଦେବାକୁ ଯାଅ ନା,
୫) ପିତାମାତାଙ୍କୁ ଶ୍ରଦ୍ଧା କର, ସମୀଚୀନ ଅନୁଚର୍ଯ୍ୟା କର,
୬) ନିଜସ୍ୱ ରକମରେ ତୁମର ପରିବେଶର ପ୍ରତ୍ୟେକଙ୍କୁ ଭଲ ପାଅ।

(ବାଣୀ ସଂଖ୍ୟା -୧୦)

ଗୁରୁ ଅପରାଧଗୁଡ଼ିକର କଥା ଶ୍ରୀଶ୍ରୀଠାକୁର ନିମ୍ନଲିଖିତ ଭାବେ କହିଛନ୍ତି -

(୧) ଈଶ୍ୱର ପ୍ରେରିତ-ପୁରୁଷୋତ୍ତମ ବା ଶ୍ରେୟ ଆଚାର୍ଯ୍ୟଗଣଙ୍କର ନିନ୍ଦା ବା ସେମାନଙ୍କ ପ୍ରତି ବିଦ୍ୱେଷ ଭାବ ପୋଷଣ କରିବା;

(୨) ବିଶ୍ୱସ୍ତତା ବାହାନାରେ ବିଶ୍ୱାସଘାତକତା ବା କୃତଘ୍ନତା;

(୩) ବ୍ୟଭିଚାର -ଅନ୍ୟକୁ ଅନ୍ୟାୟ ଓ ଅବୈଧ ଭାବରେ ଶୋଷଣ କରିବା;

(୪) ଦାୟିତ୍ୱ ଗ୍ରହଣ କରି ଅକପଟ ଭାବେ ତାକୁ ନ ତୁଲାଇବା;

(୫) ଅନ୍ୟର ମର୍ଯ୍ୟାଦା ବା ସମ୍ପଦର ଗୋପନରେ ବିଧ୍ୱସ୍ତି ବା ଅପହରଣ;

(୬) ସ୍ୱାର୍ଥସିଦ୍ଧି ପାଇଁ ବା ଆତ୍ମପ୍ରତିଷ୍ଠାର ଆଳରେ ଅନ୍ୟକୁ ବିଧ୍ୱସ୍ତ ବା ହତ୍ୟା କରିବା;

(୭) ସନ୍ଦେହଜନକ ଆଚରଣ ନ ଦେଖି, କେବଳ ସନ୍ଦିଗ୍ଧ ଧାରଣାର ବଶବର୍ତ୍ତୀ ହୋଇ ସାଧ୍ୱୀରମଣୀମାନଙ୍କ ସତୀତ୍ୱ ଉପରେ ଦୋଷାରୋପ କରିବା;

(୮) ଆଶ୍ରିତଜନଙ୍କ ପ୍ରତି ଅଯଥା ଅତ୍ୟାଚାର କରିବା, କାହାକୁ ଆଶ୍ରୟ ଦେଇ ସାଧ୍ୟମତେ ତାର ନିରାପତ୍ତା ବିଧାନ ନ କରିବା;

(୯) ନିଜ ସ୍ୱାର୍ଥ ପାଇଁ ଅନ୍ୟର ପରିବର୍ଦ୍ଧନକୁ ସଂକୀର୍ଣ୍ଣ କରିବା;

(୧୦) କଥା ଦେଇ ତାକୁ ପୂରଣ ନ କରିବା; ଅସତ୍ ବା ଅବୈଧ ପାତ୍ରଠାରେ ବାକ୍‌ଦାନ ବା ଆତ୍ମଦାନ;

(୧୧) ମିଥ୍ୟା ଅଭିଯୋଗରେ ଅନ୍ୟକୁ ଦଣ୍ଡିତ ବା ଅପମାନିତ କରିବା । (ଆର୍ଯ୍ୟ ପ୍ରାତିମୋକ୍ଷ –୯ମ ଖଣ୍ଡ)

ଅନୁଗତ - Morality (ନୈତିକତା)ର ଅର୍ଥ କ'ଣ ? ୩୧୮

ଶ୍ରୀଶ୍ରୀଠାକୁର- ଯେଉଁ ବିଧି ବା ନିଷେଧଗୁଡ଼ିକୁ ମାନି ଚଳିଲେ ମଣିଷର ମଙ୍ଗଳ ହୁଏ, ସେହି ମଙ୍ଗଳ ସ୍ଥାୟୀ ହୁଏ ଓ ପ୍ରତିକ୍ରିୟାରେ depression (ଅବସାଦ) ଆସେନା, ସେହି ସବୁ ବିଧି-ନିଷେଧ ମାନିବା ହେଉଛି morality (ନୈତିକତା) -ଯେପରି ମଦ କେବେକେବେ ମଣିଷର ଜୀବନଦାନ କରିଥାଏ, କିନ୍ତୁ reaction (ପ୍ରତିକ୍ରିୟା)ରେ depression (ଅବସାଦ) ଆଣେ ବୋଲି ମଦ୍ୟପାନ ନୀତି-ବିରୁଦ୍ଧ । ନୈତିକତା ହେଉଛି ସେହି ନୀତିସମୂହ ଯାହା ଅସ୍ତିତ୍ୱକୁ ବର୍ଦ୍ଧନଶୀଳ କରେ, existence କୁ becoming ଆଡ଼କୁ ନେଇଯାଏ । ଯାହା existence and becoming (ଅସ୍ତି ଓ ବୃଦ୍ଧିକୁ) satisfy (ପାଳନ) କରେନା, ତାହା immoral(ଅନୈତିକ), ପୁଣି ଅବସ୍ଥା ବିଶେଷରେ ସେହିଭଳି ନୀତି ନ ମାନିବା ମଧ୍ୟ ଧର୍ମ । 'ପରହିତାର୍ଥେ' ମହାଭାରତ ଯୁଦ୍ଧ ହୋଇଥିଲା ଏହା ଶ୍ରୀକୃଷ୍ଣ କହିଥିଲେ ଓ ସେକାଳର ସବୁଠାରୁ ବଡ଼ moralist(ନୀତିବାଦୀ) ଭୀଷ୍ମ ମଧ୍ୟ ଶ୍ରୀକୃଷ୍ଣଙ୍କୁ ଭଗବାନ ବୋଲି ଗ୍ରହଣ କରିଥିଲେ ।

ଅନୁଗତ - ବର୍ତ୍ତମାନର ମଣିଷ ଅବସାଦଗ୍ରସ୍ତ, ଏହାକୁ ଦୂର କରିବାର ଉପାୟ କ'ଣ ? ୩୧୯

ଶ୍ରୀଶ୍ରୀଠାକୁର - ଜୀବନ ପଥରେ ଅବସାଦ ଆସିଲେ କାହିଁକି, କେଉଁଥିରୁ ସେଇ ଭାବର ସୂତ୍ରପାତ ହେଲା ଭାବି ଦେଖିବା ମନ୍ଦ ନୁହେଁ । ଅନେକ ସମୟରେ କେବଳ ଚିନ୍ତାବିଳାସିତା ନେଇ ରହିବା ଫଳରେ ସେହି ପ୍ରକାର ହୁଏ,- ଭାବିବା ଅଛି, କରିବା ନାହିଁ । ବିବେକ-ବିରୁଦ୍ଧ ଚଳନରେ ମନ ଦୁର୍ବଳ ହୁଏ, ଅବସାଦ ଆସେ । ନିଜ ପ୍ରତି ଯେଉଁଭଳି ଆଚରଣ ପସନ୍ଦ ନ କର, ଅନ୍ୟ ପ୍ରତି ସେହିପରି ଆଚରଣ କଲେ, ପରେ ମନ

ଅବସାଦଗ୍ରସ୍ତ ହୋଇପଡ଼େ। ପାରିପାର୍ଶ୍ୱିକ ସଂଘାତରେ ମନ ପିତା ହୋଇଯାଏ। କେହି କଡ଼ା କଥା କହିଲା, ଅସଦ୍‌ବ୍ୟବହାର କଲା, ଚୁଗୁଲି କଲା, ଅଯଥାରେ ମାରି ଗୋଡ଼ାଇଲା, ଠକିଲା, ତୁମେ ଯାହାର କେତେ ଉପକାର କରିଛ, ସେ ତୁମର ଅପକାର କରିବାରେ ଲାଗିଚି -ଏହା ଘଟେ। ତୁମେ ଆପ୍ରାଣ ଯେଉଁମାନଙ୍କ ପାଇଁ କରିଛ ଓ କରୁଛ, ପ୍ରତିଦାନରେ ସେମାନେ ମନ୍ଦ ଛଡ଼ା ଭଲ କିଛି କରିବେ -ଏହି ଆଶା ରଖିବାକୁ ଯାଅନା। ଏ କଥା ଏଇଥିପାଇଁ କର, କାରଣ ଯେତେବେଳେ କୌଣସି ପ୍ରକାରର କୁ-ଦାନ ପାଇବ, ସେଥିରେ ତୁମେ କମ ଅବସନ୍ନ ଓ ଆହତ ହେବ। ତମ ପାଇଁ କିଏ କ'ଣ କଲା ନ କଲା ସେଥିରେ ବ୍ୟସ୍ତ ହୁଅ ନାହିଁ। ଅନେକ ସମୟରେ ଏପରି ହୋଇଥାଏ ଯେ ତୁମେ ଯାହା ପାଇଁ କରିଛ ସେମାନେ ଅକୃତଜ୍ଞତାବଶତଃ ହୁଏତ ଦୂରେଇ ଗଲେ, କିନ୍ତୁ ଅନ୍ୟ କେତେ ଲୋକ ତୁମ ପାଇଁ କେତେ କ'ଣ କରୁଛନ୍ତି ତାହା କେବେ ଭୁଲିଯାଅ ନାହିଁ, ଏହା ତ ବାବା ପ୍ରକୃତିର ନିୟମ। ତେଣୁ ଜୀବନକୁ ସବୁ ସମୟରେ କର୍ମମୁଖର କରି ରଖିବାକୁ ଚେଷ୍ଟାକର।

(ସତ୍ୟାନୁସରଣ- ବିଶ୍ୱାସ ସନ୍ଦେହ ଦ୍ୱାରା ଅଭିଭୂତ ହେଲେ ମନ ଯେତେବେଳେ ତାହା ସମର୍ଥନ କରେ, ସେତେବେଳେ ହିଁ ଅବସାଦ ଆସେ। ପ୍ରତିକୂଳ ଯୁକ୍ତି ତ୍ୟାଗକରି ବିଶ୍ୱାସର ଅନୁକୂଳ ଯୁକ୍ତି ଶ୍ରବଣ ଓ ମନନରେ ସନ୍ଦେହ ଦୂରୀଭୂତ ହୁଏ, ଅବସାଦ ରହେନାହିଁ। ବିଶ୍ୱାସ ପାଚିଗଲେ କୌଣସି ବିରୁଦ୍ଧ ଭାବହିଁ ତାକୁ ଟଳାଇ ପାରେ ନାହିଁ। ପ୍ରକୃତ ବିଶ୍ୱାସୀର ସନ୍ଦେହ ବା କ'ଣ କରିବ, ଅବସାଦ ବା କ'ଣ କରିବ?)

ଅନୁଗତ – ମନ ଖରାପ ହେଲେ କ'ଣ କରଣୀୟ ? ୩୨୦

ଶ୍ରୀଶ୍ରୀଠାକୁର – ମନ ଖରାପ ହେଲେ କାମଦାମ ଛାଡ଼ି ଏକାକୀ ବସିବା ଅପେକ୍ଷା ଅନ୍ତତଃ କେଉଁଠି ଯାଇ ଗପସପ କଲେ ମନ ପରିବର୍ତ୍ତନ ହୁଏ। ଶାରୀରିକ ଅସୁସ୍ଥତା ନେଇ ମନ ଖରାପ ହୁଏ। ସେତେବେଳେ ଔଷଧ, ଖାଦ୍ୟ, ବ୍ୟାୟାମ, ଖେଳାବୁଲା ଇତ୍ୟାଦି ସାହାଯ୍ୟରେ ମନ ପରିବର୍ତ୍ତନ କରାଯାଏ। ମନରେ ଆନନ୍ଦ ଦରକାର, କଷ୍ଟ ଭିତରେ ଆନନ୍ଦକୁ ଖୋଜି ପାଇବାକୁ ହେବ। ଏହି ଆନନ୍ଦ ଥିଲେ ଜୀବନ-ସଂଗ୍ରାମରେ ଭଲ ଯୁଝି ହୁଏ, ଅବସାଦ ଆସେନା। ଆନନ୍ଦ ବଢ଼ାଇବାକୁ ହେଲେ ପ୍ରକୃତି ଓ ପରିବେଶରୁ ତାହା ଆହରଣ କରିବାକୁ ହେବ। ଆହରଣ ଯେପରି କରିବ, ବିତରଣ ମଧ୍ୟ ସେହିପରି କର।

ଅନୁଗତ -କ'ଣ କରିବା ଦ୍ୱାରା ମନର ଆନନ୍ଦ ଚିରସ୍ଥାୟୀ ହୁଏ ? ୩୨୧

ଶ୍ରୀଶ୍ରୀଠାକୁର- ଆନନ୍ଦର ପ୍ରଧାନ ଶତ୍ରୁ ହେଲା ଈର୍ଷା। ଯେ ଈର୍ଷାପରାୟଣ, ସେ ତୁମର କୃତକାର୍ଯ୍ୟତାରେ ବାହାରେ ଖୁସି ପ୍ରକାଶ କଲେ ମଧ୍ୟ ଭିତରେ ଜ୍ୱାଳାବୋଧରେ ଜଳୁଥାଏ। ତୁମେ ଏହିପରି ସ୍ୱଭାବ ରଖ ନାହିଁ। ପରସୁଖ-ଶ୍ରୀକାତରତା ଯଦି ତୁମର ଆଦୌ ନ ଥାଏ, ତାହେଲେ ସେହି ସ୍ୱଭାବ ତୁମର ଦୁଃଖ ଓ ଅବସାଦ ଦୂର କରିବାରେ ସହାୟକ ହେବ, ଏଥିରେ ସନ୍ଦେହ ନାହିଁ। ପରସୁଖ-ଶ୍ରୀକାତରତା ଭିତରେ ଅଛି ପରର ଦୋଷ ଅନୁସନ୍ଧାନର ଆଗ୍ରହ, ନିଜର ଦୋଷ ସମ୍ପର୍କରେ ଉଦାସୀନତା, ହୀନମନ୍ୟତା ଓ

ସଂକୀର୍ଣ୍ଣତା, ଏମାନେ ସବୁ ଦୁଃଖର, ଅବସାଦର ସହଚର। ପୂର୍ବେ ଗୃହସ୍ଥ ଜୀବନରେ ଯେଉଁ ବାନପ୍ରସ୍ଥ କଥା ଋଷିମାନେ କହିଥିଲେ ତାହାର ଅର୍ଥ ବିସ୍ତାରରେ ଗମନ, କେବଳ ତୁମ ସଂସାର ନୁହେଁ, ବହୁ ସଂସାରର ଦାୟିତ୍ୱ ତୁମକୁ ନେବାକୁ ପଡ଼ିବ।

ଅନୁଗତ - ବାନପ୍ରସ୍ଥର ସାମଗ୍ରିକ ଅର୍ଥ କ'ଣ ? ୩୨୨

ଶ୍ରୀଶ୍ରୀଠାକୁର- ବାନପ୍ରସ୍ଥ ମାନେ ବନରେ ଯାଇ ଘର କରି ରହିଲି, ତା ମୁଁ ମନେ କରେନା, ବାନପ୍ରସ୍ଥ ମାନେ ବହୁ ପରିବାରକୁ ନିଜର କରି ନେବା, ଏହି ବାନପ୍ରସ୍ଥ ଠିକ ଠିକ ଭାବେ ହେଲେ ଚାଲିଆସେ ସନ୍ୟାସ - ଇଷ୍ଟଙ୍କଠାରେ ସମ୍ପୂର୍ଣ୍ଣ ସଂନ୍ୟସ୍ତ ହୋଇଉଠେ ମଣିଷ। ମଣିଷର ଇଷ୍ଟାନୁରାଗ ଯେଉଁ ପରିମାଣରେ ବୃଦ୍ଧି ପାଏ, ତାର ମୋକ୍ଷଲାଭ ମଧ୍ୟ ତଦନୁପାତିକ।

ଅନୁଗତ- ମୋକ୍ଷ କିପରି ସହଜରେ ବୁଝି ହେବ ? ୩୨୩

ଶ୍ରୀଶ୍ରୀଠାକୁର- ମୋକ୍ଷ ମାନେ ଯଦି କେହି ବୁଝେ ଇହ-ବିମୁଖତା ତାହା କିନ୍ତୁ ଠିକ ନୁହେଁ। ବରଂ ଆମମାନଙ୍କର ଘର-ସଂସାର, ସମାଜ ପରିବେଶକୁ ଏପରି ଭାବରେ ନିୟନ୍ତ୍ରିତ କରିବାକୁ ହେବ, ଯେପରି ତାହା ଇଷ୍ଟଙ୍କର ଲୀଳାକ୍ଷେତ୍ର ହୋଇଉଠେ -ମୁଁ ତ ଏପରି ବୁଝେ, ତପସ୍ୟା-ବାନପ୍ରସ୍ଥ-ସନ୍ୟାସ-ମୋକ୍ଷ।

(ଆଲୋଚକ -ତାମିଲନାଡୁରେ ଜନ୍ମିତ ରମଣ ମହର୍ଷିଙ୍କୁ (୧୮୭୯-୧୯୫୦) ଜଣେ ପ୍ରଶ୍ନ କଲେ -ଆପଣ କ'ଣ ମୋକ୍ଷଲାଭ ପାଇଁ ଈଶ୍ୱର ଉପାସନା କରନ୍ତି ? ସେ କହିଲେ -ମୋକ୍ଷ କ'ଣ ମୋତେ ଜଣା ନାହିଁ, ବନ୍ଧନ ମଧ୍ୟ କିପରି ତା ମୁଁ ଜାଣେନା, କେବଳ ଭକ୍ତି ପାଇଁ ପ୍ରାର୍ଥନା କରେ -The Spirit of Indian Culture)

ଅନୁଗତ -ଅନୁସରଣକାରୀମାନଙ୍କୁ ଆପଣ କିପରି ଦେଖିଥାନ୍ତି ? ୩୨୪

ଶ୍ରୀଶ୍ରୀଠାକୁର - ପରମପିତାଙ୍କ ଦୟାରେ ମୋର ପିଲାମାନେ କେହି ଗୋଟେ ବଡ଼ କଣା ନୁହନ୍ତି, ଅଧିକାଂଶ ଚକ୍ଷୁଷ୍ମାନ୍। କିନ୍ତୁ ଚକ୍ଷୁଷ୍ମାନ୍ ହେଲେ କ'ଣ ହେବ, ପ୍ରାୟ ସବୁ ସମୟହିଁ ସେମାନେ ଆଖି ବୁଜି ଥା'ନ୍ତି । ପୁଣି ସେମାନେ ସବୁବେଳେ ନାବାଳକ ହୋଇ ପଙ୍ଗୁ ପରି ବସି ରହିବାକୁ ଭଲ ପାଆନ୍ତି। ମୋଠାରୁ ଜଣେ ସାହାଯ୍ୟ ନେଲା- ତୁ ଯେ ଆହୁରି ଚେଷ୍ଟା କରି କୃତି ହେବୁ- ସେକଥା ସେ କରେନା, ଢିଲା ହୋଇ ବସି ରହେ। ମୁଁ ସମସ୍ତଙ୍କ ଉପରେ ନଜର ରଖେ, କିନ୍ତୁ ସମସ୍ତଙ୍କୁ ହାତ ବଢ଼ାଇ ଦିଏ ନା। କିନ୍ତୁ ଯେତେବେଳେ ଦେଖେ କେହି ମୁହଁ ମାଡ଼ି ପଡ଼ି ଯାଉଛି ସେତେବେଳେ ମୁଁ ଆଉ ସ୍ଥିର ହୋଇ ରହିପାରେ ନା। ମୋର ସ୍ୱଭାବଟା କିପରି ଜାଣ ? ଧର କାହାକୁ ତୁମେ ପହଁରା ଶିଖାଉଛ, ତୁମେ ଯଦି ତାକୁ କେବଳ ଧରି ରଖିବ, ଛାଡ଼ିବ ନାହିଁ ତେବେ ସେ ପହଁରିବା କେବେବି ଶିଖି ପାରିବ ନାହିଁ। ବେଳେବେଳେ ତୁମକୁ ହାତ ଛାଡ଼ି ଦେବାକୁ ହେବ। ସେପରି ଅବସ୍ଥାରେ ସେ ହୁଏତ ଢୋକେ ଦିଢ଼ୋକ ପାଣି ପିଇ ଯାଇପାରେ, କିନ୍ତୁ ଏହିପରି ହୋଇ ସେ ପହଁରା ଶିଖିବ -କିନ୍ତୁ ତୁମେ ନ ଧରିଲେ ଯଦି ସେ ବୁଡ଼ି ଯାଉଛି, ତେବେ ନ

ଧରି ଉପାୟ କ'ଣ ଅଛି ? ତୁମ ଦେହରେ ସାମାନ୍ୟ ଆଘାତ ଆସୁ, ଏହା ମୁଁ ଚାହେଁ ନା। ତେଣୁ ତୁମର ଅସୁବିଧା ଦେଖିଲେ ଭିତରେ ଭିତରେ ମୁଁ ଅଧୀର ହୋଇପଡ଼େ। ସେଥିପାଇଁ ତୁମକୁ ଯେତେଦୂର struggle (ସଂଗ୍ରାମ) କରିବାକୁ ଛାଡ଼ିଦେବା ଉଚିତ ତାହା ତୁମକୁ ମୁଁ କରିବାକୁ ଦେଇପାରେ ନା। ତୁମେ କହିପାର ସେମିତି କାହିଁକି କରନ୍ତି ? ଏଇଠାରେ ହିଁ ମୋର ସ୍ନେହ-ଦୌର୍ବଲ୍ୟ - ମୁଁ ସବୁବେଳେ ଭାବେ ଯେ, ଯେତେ କଷ୍ଟ ସବୁ ମୋ ଉପରେ ପଡୁ, କିନ୍ତୁ ସମସ୍ତେ ସୁଖରେ ଥାଆନ୍ତୁ।

ଅନୁଗତ - ଆପଣ ଆମ ପାଇଁ ଯେ କେତେ ଦୁଃଖ ପାଆନ୍ତି ଆମେ ତା ବୁଝୁନା। କୁ-ଅଭ୍ୟାସ ଆମକୁ ଛାଡ଼େ ନାହିଁ। ଏହାକୁ ଛାଡ଼ିବାର ସହଜ ଉପାୟ କ'ଣ ? ୩୨୫

ଶ୍ରୀଶ୍ରୀଠାକୁର - ଛାଡ଼ିବୁ ତ ଫଟ୍ କରି ଛାଡ଼ିଦେବୁ। କୁନ୍ଥେଇ ମୁନ୍ଥେଇ କ'ଣ କେହି ବଦଭ୍ୟାସ କେବେ ଛାଡ଼ିଲାଣି ? କାଟିବୁ ତ ଏକା ଚୋଟରେ। 'ଶ୍ରୀରାମକୃଷ୍ଣ ଚରିତାମୃତ'ରେ ଗୋଟିଏ ସୁନ୍ଦର ଗଳ୍ପ ଅଛି ବୋଲି ଶୁଣିଛି -ଜଣେ ଲୋକର ସ୍ତ୍ରୀ ତାକୁ କହୁଛି,-ସେ ଅମୁକଲୋକ ଦେଖିବ, କେଡ଼େ ଧର୍ମବନ୍ତ, ସନ୍ୟାସୀ ହେବା ଲାଗି ଭଲ ଦିନଟିଏ ଖୋଜୁଛି, ଭଲ ବେଳାଟିଏ ଖୋଜୁଚି -ପାଉ ନାହିଁ, ଆହା ! ଏମିତି ଲୋକକୁ କହିବ ସାଧୁ। ଏକଥା ଶୁଣି ତା ସ୍ୱାମୀ କହିଲା -ସେ ଯଦି ଘର ଛାଡ଼ିଲେ ସାଧୁ ହୋଇଯିବ ବୋଲି ଭାବୁଚି, ତେବେ ଏମିତି ଦିନ-ବେଳା ଦେଖି ଘର ଛଡ଼ା ଯାଏନା। ସ୍ତ୍ରୀ ପଚାରିଲା - ତାହେଲେ ଆଉ କେମିତି ଛାଡ଼ନ୍ତି ? ସ୍ୱାମୀ ତତ୍କ୍ଷଣାତ୍ କାନ୍ଧରେ ଗାମୁଛା ପକାଇ ଯେ ବାହାରିଗଲା, ଗଲା ତ ଗଲା, ଆଉ ଫେରିଲା ନାହିଁ।

(ଆଲୋଚକ-ଶ୍ରୀଶ୍ରୀଠାକୁରଙ୍କର ଗୋଟିଏ ବାଣୀ -

ଯାହା କରିବୁ ତୁହି ବୁଝିଲୁ ମନେ, ଏକାଥରକେ କର ତାହା,
ସମାନେ ଚାଲ ସେଇ ଚଳନେ, ଏପରି ଚଲାହିଁ ଠିକ୍ ରାହା।)

ଅନୁଗତ- ମଣିଷ ଚରିତ୍ରର ପରିବର୍ତ୍ତନ କ'ଣ ପ୍ରକୃତରେ ସମ୍ଭବ ? ୩୨୬

ଶ୍ରୀଶ୍ରୀଠାକୁର ହିମାୟିତପୁରର ଗୋଟିଏ ଘଟଣା ମନେ ପକାଇ କହିଲେ -ଧର ଜଣେ ଚୋରି କରେ, କି ଅବସ୍ଥାରେ ପଡ଼ି ଚୋରି କରେ, ତାହା କ'ଣ ଆମେ ନିଜକୁ ତା ଅବସ୍ଥାରେ ରଖି ବୁଝିବାକୁ ଚେଷ୍ଟା କରୁ ? ତାକୁ ଶାସ୍ତି ନ ଦେଇ ଘୃଣା ନ କରି ତାର ଏଇ ଦୁରବସ୍ଥାର ପ୍ରତିକାର ଯେପରି ହୁଏ, ଦାୟିତ୍ୱପୂର୍ଣ୍ଣଭାବେ ତାହା କଲେ, ହୁଏତ ଦେଖାଯିବ, ସେ ଆଉ ଅବାଟରେ ଗୋଡ଼ କାଢ଼ିବ ନାହିଁ। ମୁଁ ଏହିପରି କିଛି ଲୋକଙ୍କୁ କହୁଥିବାବେଳେ ଗୋଟିଏ ଚୋର ତା ଭିତରେ ରହି ମୋର ଏସବୁ କଥା ଶୁଣୁଥିଲା। ସେତେବେଳେ ଏତେ ଲୋକଙ୍କ ସାମନାରେ କିଛି କହିଲା ନାହିଁ। ସେଦିନ, ରାତି ୧୨ଟା ସମୟରେ ମୋ ପାଖକୁ ଆସି କହିଲା- ବାବୁ, ଚୋରି ନ କରି ଉପାୟ ନାହିଁ ବୋଲି ମୁଁ ଚୋରି କରେ, କିନ୍ତୁ ଆପଣ ଯେପରି ଆପଣାର ପରି କଥା କହିଲେ ଏମିତି ଆଉ କେହି କୁହନ୍ତି ନାହିଁ। ଆପଣଙ୍କ ଘରୁ ମଧ୍ୟ ମୁଁ ଚୋରି କରିଛି। କେତେକ ଜିନିଷ ବିକିଭାଙ୍ଗି ଖାଇଛି, ଏଇ ଅଳ୍ପ କେତେଟା ଯାହା

ରହିଯାଇଛି, ଆପଣଙ୍କୁ ଫେରାଇ ଦେଉଛି, ଆପଣ ରଖନ୍ତୁ। ମୁଁ କହିଲି- ସେଗୁଡ଼ାକ ମଧ୍ୟ ମୁଁ ତତେ ଦେଇଦେଲି, ତୁ ରଖ, ତୋର ଦୋଷ ଲାଗିବ ନାହିଁ। ଏପରିଭାବେ ତା ସହିତ ବନ୍ଧୁତ୍ୱ ହେଲା, ତାକୁ ଦିନେହେଲେ ଚୋରି କରିବାକୁ ମନା କରି ନାହିଁ, କିନ୍ତୁ ତାର ଅସୁବିଧାବେଳେ ସେ ଯେତେବେଳେ ଯାହା ମାଗେ, ମୁଁ ଦେଉଥିଲି। ଦିନେ ରାତିରେ ମତେ ଆସି କହିଲା -ଆଜି ମତେ ଚୋରି କରିବାକୁ ହେବ। କ୍ଷିତୀଶ ମଜୁମଦାର ତିନି ହଜାର ଟଙ୍କା ଆଣି ତା ଘରେ ରଖିଛି। ଆପଣ ମୋତେ ବାଧା ଦେବେ ନାହିଁ। ମୁଁ କହିଲି - ବାଧା କ'ଣ ଦେବି ? ଚାଲ୍ ମୁଁ ତୋ ସହିତ ଯିବି, ସେ ରାଜି ହେଉ ନ ଥିଲା, କିନ୍ତୁ ମୁଁ ନଛୋଡ଼ବନ୍ଧା ହେବାରୁ ରାଜି ହେଲା। ମତେ ଖଣ୍ଡେ କଳା ଲୁଗା ପିନ୍ଧାଇ ଦେଲା। ଆମେ ଦୁହେଁ ବାହାରିଲୁ- ବାଟରେ ମୁଁ ତାକୁ କହିଲି, ଘରେ ତାଲା ଦେଇ ଆସିଚୁ ତ ? ସେ କହିଲା- ଚୋରି କଲାବେଳେ ଘର କିଏ କ'ଣ ତାଲା ଦିଏ ? ଯଦି ଦରକାର ପଡ଼େ ତୁରନ୍ତ ଦୌଡ଼ି ଆସି ଘରେ ପଶି ଯିବାକୁ ହୁଏ। ମୁଁ କହିଲି -ତୁ ତାଲା ଦେଇ ଆସିନାହୁଁ, ଏବେ ତୋ ଘରେ କିଏ ପଶି ତୋର ଧନ କି ତୋ ସ୍ତ୍ରୀର ମହତ ଯଦି ନିଏ କ'ଣ କରିବୁ ? ମୋ କଥା ଶୁଣି ସେ ରାସ୍ତାରେ ବସି ପଡ଼ିଲା, କହିଲା -ଆଜି ଯିବି ନାହିଁ। କିପରି କେଜାଣି ତା ମୁଣ୍ଡରେ ପଶିଗଲା ଯେ ଅନ୍ୟର ସର୍ବନାଶ କଲେ ନିଜର ସର୍ବନାଶ ହୋଇ ଯାଇପାରେ- ସେ ଚୋରି ଛାଡ଼ି ଦେଲା ଓ ବିଶ୍ୱସ୍ତ ହୋଇ ଆଶ୍ରମରେ ରହିଲା।

ଅନୁଗତ- କୁକର୍ମରୁ ନିଷ୍କୃତି ଅନୁତାପ ଦ୍ୱାରା ସମ୍ଭବ କି ? ୩୨୭

ଶ୍ରୀଶ୍ରୀଠାକୁର - ପ୍ରକୃତରେ ଯଦି କେହି ଅନୁତାପ କରେ ତେବେ ସେ ପୁଣି ସେହି ଭୁଲ କରେ ନାହିଁ, ମଣିଷ ଯେପରି ଇଚ୍ଛା କରି ଭୁଲବାଟରେ ଯାଏ, ସେହିପରି ଇଚ୍ଛାଶକ୍ତି ବଳରେ ହିଁ ସେଥିରୁ ବାହାରି ଆସିପାରେ।

(ସତ୍ୟାନୁସରଣ - 'ଅନୁତାପ କର; କିନ୍ତୁ ସ୍ମରଣ ରଖ ଯେପରି ପୁନରାୟ ଅନୁତପ୍ତ ହେବାକୁ ନ ପଡ଼େ। ଯେତେବେଳେ ତୁମର କୁକର୍ମ ପାଇଁ ତୁମେ ଅନୁତପ୍ତ ହେବ, ସେତେବେଳେ ପରମପିତା ତୁମକୁ କ୍ଷମା କରିଦେବେ, ଆଉ କ୍ଷମା ପାଇଲେ ହିଁ ବୁଝି ପାରିବ, ତୁମ ହୃଦୟରେ ପବିତ୍ର ସାନ୍ତ୍ୱନା ଆସୁଛି, ଆଉ ତାହା ହେଲେହିଁ ତୁମେ ବିନୀତ, ଶାନ୍ତ ଓ ଆନନ୍ଦିତ ହେବ। ଯେ ଅନୁତପ୍ତ ହୋଇ ମଧ୍ୟ ପୁନରାୟ ସେହି ପ୍ରକାର ଦୁଷ୍କର୍ମରେ ରତ ହୁଏ, ବୁଝିବାକୁ ହେବ ସେ ସତ୍ୱର ହିଁ ଅତ୍ୟନ୍ତ ଦୁର୍ଗତିରେ ପତିତ ହେବ। କେବଳ ମୁହେଁ ମୁହେଁ ଅନୁତାପ କରିବା ଅନୁତାପ ନୁହେଁ, ତାହା ଆହୁରି ଅନ୍ତରରେ ଅନୁତାପ ଆସିବାର ଅନ୍ତରାୟ। ପ୍ରକୃତ ଅନୁତାପ ଆସିଲେ ତାହାର ସମସ୍ତ ଲକ୍ଷଣ ହିଁ ଉଣାଅଧିକେ ପ୍ରକାଶ ପାଏ।')

(ଆଲୋଚକ-ପ୍ରାୟଶ୍ଚିତ୍ତର ବ୍ୟବସ୍ଥା କାହିଁକି, ଏହାର ଉତ୍ତରରେ ଶ୍ରୀଶ୍ରୀଠାକୁର କହିଲେ- ଏହା ହେଉଛି ଗୋଟାଏ physio-psychical treatment (ଶାରୀର-ମାନସିକ ଚିକିତ୍ସାବିଶେଷ)... ଏହାଦ୍ୱାରା impaired nerve (କ୍ଷତିଗ୍ରସ୍ତ ସ୍ନାୟୁ) invigorate (ସତେଜ) ହୁଏ, ଏହାର ମୂଳକଥା ହେଲା ଚିତ୍ତଶୁଦ୍ଧି।)

ଅନୁଗତ - ବାଇବେଲରେ ଅଛି - But seek you first the kingdom of God and His righteousness and all these things shall be added to you. ପ୍ରଥମେ ଈଶ୍ୱରଙ୍କ ରାଜ୍ୟ ଓ ତାହାଙ୍କ ସତ୍ ପଥର ଅନ୍ୱେଷଣ କର, ତାହେଲେ ବାକି ସବୁର ଅଧିକାରୀ ହେବ। ଏହି ସତ୍ ପଥର ଅର୍ଥ କ'ଣ ? ୩୨୮

ଶ୍ରୀଶ୍ରୀଠାକୁର - ଏହା ହେଉଛି ସପରିବେଶ ଆଦର୍ଶନିଷ୍ଠ ସୁସଙ୍ଗତ ଯୋଗ୍ୟ ଜୀବନଲାଭ ଓ ଚରିତ୍ରଲାଭ କରିବାର ଚେଷ୍ଟା। ଅତନ୍ଦ୍ର ପ୍ରୟାସ ପୂର୍ବକ ଏହି ପଥରେ ଅଗ୍ରସର ହେବାକୁ ହେବ। କାହାକୁ ଭଲପାଇବା ବଶତଃ ଆମେ ଯଦି କିଛି କରୁ, ତେବେ କଷ୍ଟ ବା ପରିଶ୍ରମ ମୋଟେ ବାଧେ ନାହିଁ, ଏହି କଷ୍ଟ ଖୁବ ଉପାଦେୟ ଓ ମଧୁର ବୋଲି ମନେହୁଏ। ଏଇ ଟିକକ ବାଦ୍ ଦେଲେ ଜୀବନରେ ସୁଖ ବୋଲି ଆଉ କିଛି ରହେ ନାହିଁ।

(ଆଲୋଚକ-ଶ୍ରୀଶ୍ରୀଠାକୁର 'ଚଲାର ସାଥୀ' ଗ୍ରନ୍ଥରେ କହିଲେ ଯେ ପାରିପାର୍ଶ୍ୱିକର ସେବା ତୁମକୁ ନିତ୍ୟକର୍ମ ପରି କରିବାକୁ ପଡ଼ିବ ଏବଂ ଏହାଦ୍ୱାରା ତୁମର ଚେତନା ସ୍ଫୁରିତ ହେବ।

ନିତ୍ୟକର୍ମରେ ପାରିପାର୍ଶ୍ୱିକ -

'ନିତ୍ୟକର୍ମ ପରି ତୁମର ପାରିପାର୍ଶ୍ୱିକକୁ
ବ୍ୟଷ୍ଟି ଓ ସମଷ୍ଟି ହିସାବରେ
ଚିନ୍ତା, ଆଳାପ ଓ ଆଲୋଚନାର ସହିତ
ପ୍ରତ୍ୟେକ ଦିନ ହିଁ ଦେଖ,-
ଏବଂ ପ୍ରତ୍ୟହ ହିଁ
ସେମାନଙ୍କର ପ୍ରୟୋଜନ ପୂରଣ କରିପାର
ଏପରି କିଛି
ଯେତେଟା ପାର କରିବ-
ଦେଖିବ,
ଲକ୍ଷ୍ମୀ ଅଚଳା ହୋଇ ରହିବେ !' (ବାଣୀ-୧୦୩)

ଅନୁଗତ - ପାରିପାର୍ଶ୍ୱିକର ସେବା ମଣିଷ ତା କରେନା କାହିଁକି ? ୩୨୯

ଶ୍ରୀଶ୍ରୀଠାକୁର - ଆମର ବୃତ୍ତି-ପ୍ରବୃତ୍ତି ଆମକୁ ଯେତେବେଳେ ଗ୍ରାସ କରେ ଆମେ ମୂଳଠାରୁ ବିଚ୍ୟୁତ ହୋଇଯାଉ। ଶୁଣିଛି ଜଣେ ସାଧୁ ଥିଲା, ତାର କୌପିନକୁ ପ୍ରତିଦିନ ମୂଷା କାଟି ଦେଉଥିଲା। ମୂଷା କବଳରୁ କୌପିନକୁ ରକ୍ଷା କରିବାକୁ ସେ ଗୋଟିଏ ବିରାଡ଼ି ପୋଷିଲା। ବିରାଡ଼ିର ବର୍ତ୍ତମାନ ଦୁଧ ଦରକାର, କ'ଣ କରାଯିବ ? ଅଗତ୍ୟା ଗୋଟିଏ ଗାଈ କିଣିବାକୁ ହେଲା। ଗାଈ, ବିରାଡ଼ି ଏମାନଙ୍କ ସେବାଯତ୍ନ କିଏ କରିବ ? ସେ ଶେଷରେ ବିବାହ କଲା। ସ୍ତ୍ରୀର ଭରଣ ପୋଷଣ କରିବାକୁ ହେବ। କାମଧନ୍ଦା କରି କିଛି ରୋଜଗାର କରିବାକୁ ହେବ, ସାଧୁ ବର୍ତ୍ତମାନ ସେଇ ଧନ୍ଦାରେ ଦିନରାତି ବ୍ୟସ୍ତ। କୁଆଡ଼େ ଗଲା ତା'ର

ସାଧନ-ଭଜନ, କୁଆଡ଼େ ଗଲା ତା'ର ଭଗବତ ସାଧନା, କୁଆଡ଼େ ଗଲା ତା'ର ଲୋକସେବା ? ଗୋଟିଏ କୌପିନକୁ ରକ୍ଷା କରୁ କରୁ ଅସଲ କଥା ଭୁଲି ଗଲା ।

(ଆଲୋଚକ -ଶ୍ରୀରାମକୃଷ୍ଣ ପରମହଂସଙ୍କର ଗୋଟିଏ ଉକ୍ତି ଯେ ସଂସାରୀ ସାଧକ-ଭକ୍ତ ପ୍ରକୃତରେ ବୀର ପଦବାଚ୍ୟ କାରଣ ଏତେ ଜଞ୍ଜାଳ ଭିତରେ ରହି ମଧ୍ୟ ସେ ଈଶ୍ୱରଙ୍କ କଥା ଭାବୁଛି, ତାଙ୍କୁ ଖୋଜୁଛି, ସତେକି ଗୋଟାଏ ଟନ୍‌ର ବଡ଼ପଥରକୁ ଠେଲି ଠେଲି ପଥ ପରିଷ୍କାର କରି କରି ଚାଲୁଛି ।)

ଅନୁଗତ - ଆପଣ ସତ୍ୟାନୁସରଣରେ କହିଛନ୍ତି- ବିଶ୍ୱାସ, ନିର୍ଭରତା ଓ ଆତ୍ମତ୍ୟାଗ ଏହି ତିନୋଟି ହିଁ ବୀରତ୍ୱର ଲକ୍ଷଣ; ଆତ୍ମତ୍ୟାଗକୁ କିପରି ସହଜରେ ବୁଝିବା ? ୩୩୦

ଶ୍ରୀଶ୍ରୀଠାକୁର – ତୁମର ନିଜର ସ୍ୱତନ୍ତ୍ର ଇଚ୍ଛା, ଚାହିଦା ଓ ଧନ୍ଦା ଅଛି । ତାହା ଯେତେ ପରିମାଣରେ ରହିବ, ପରମପିତାଙ୍କ କାମରେ ସେତେ ପରିମାଣରେ ବାଧା ପଡ଼ିବ । ତଦ୍ଦ୍ୱାରା ତୁମେ କାହାକୁ ଆପଣାର କରି ପାରିବ ନାହିଁ, ତୁମର ସ୍ୱାର୍ଥ ମଧ୍ୟ ସିଦ୍ଧ ହେବ ନାହିଁ । ମୁଁ ଯଦି ତୁମକୁ ଖୁବ ଆଦର ଯତ୍ନ କରେ, ଆଉ ତୁମେ ଯଦି ଟେର ପାଅ ଯେ, ତୁମର ପାଣ୍ଠି ଉପରେ ମୋର ନଜର, ତେବେ କ'ଣ ତୁମେ ଅନ୍ତରର ସହିତ ମୋ ପାଖରେ ଖୁସି ହୋଇ ରହି ପାରିବ ନା ମୋ ପାଇଁ ଖର୍ଚ୍ଚ କରିବାକୁ ତୁମର ପ୍ରବୃତ୍ତି ହେବ ? କିନ୍ତୁ ତୁମକୁ ଯଦି ମୁଁ ମୋର ସ୍ୱାର୍ଥ କରି ନିଏ, ତୁମ ପାଇଁ ଯଦି ମୁଁ ବେକେ ପାଣି ପର୍ଯ୍ୟନ୍ତ ଓହ୍ଲାଇବାକୁ ପ୍ରସ୍ତୁତ ଥାଏ, ତୁମ ପାଇଁ ମୋ ସେବାଟା ଯଦି ହିସାବ-ନିକାଶ ଶୂନ୍ୟ ହୁଏ, ତୁମର ଭଲ ପାଇଁ ମୋର ଯଦି ଗୋଟାଏ ସକ୍ରିୟ ଗରଜ ଓ ଦାୟିତ୍ୱ ଥାଏ, ସେଇ ଧନ୍ଦାରେ ମୁଁ ଯଦି ଚାଲେ, ସେଥିପାଇଁ ଯଦି ମୁଁ ମୁଣ୍ଡଝାଳ ତୁଣ୍ଡରେ ମାରେ, ଆଉ ତାହା ଯଦି ଦୟା ହିସାବରେ ନ କରି, ମୋର ନିଜର ଗରଜ ହିସାବରେ କରେ, କରି ପାରିଲେ ଗୋଟାଏ ଆତ୍ମପ୍ରସାଦ ଅନୁଭବ କରେ, ତାହେଲେ ଯାଇ ତୁମର ଅନ୍ତରାତ୍ମା ବୁଝିବ ଯେ ଏଇ ଲୋକଟା ମୋର ଅତ୍ୟନ୍ତ ଆପଣାର । ଏଇପରି ଭାବରେ ପରସ୍ପର ପାଇଁ କରିବାକୁ ହୁଏ । କିନ୍ତୁ ଯାହା ପାଇଁ ତୁମେ ଯାହା କର ନା କାହିଁକି, ସତ୍ତା ପ୍ରତି ଲକ୍ଷ୍ୟ ରଖିବାକୁ ହେବ । ସତ୍ତାର ଯଦି ପୁଷ୍ଟି ସାଧନ ନ ହୁଏ, ତେବେ ସେ ସେବା ସାର୍ଥକ ହେବ ନାହିଁ । ତେଣୁ ଆଦର୍ଶ-ସେବା, ଆଦର୍ଶ-ଭଲପାଇବା ଯେତେବେଳେ ହୁଏ, ସେତେବେଳେ ଯାଇ ସେବା ଓ ପ୍ରୀତିର circuit (ଆବର୍ତ୍ତନ) complete (ପୂର୍ଣ୍ଣାଙ୍ଗ) ହୁଏ ।

ଅନୁଗତ - ଏହା କ'ଣ ନିରାଟ ସତ୍ୟ କି ? ୩୩୧

ଶ୍ରୀଶ୍ରୀଠାକୁର - ଦକ୍ଷଯଜ୍ଞ କଥା ତ ଜାଣ, ଶିବହୀନ ହେବାରୁ ଦକ୍ଷଯଜ୍ଞ କିଭଳି ବିପର୍ଯ୍ୟୟ ସୃଷ୍ଟି କରିଥିଲା । ଯାହାର ଶେଷଟା ସୁନ୍ଦର ହୁଏନା, ତା ମଧ୍ୟରେ ଦୋଷ ଅଛି । ବ୍ୟବସାୟୀ ବୁଦ୍ଧି ହେତୁ ଭଲପାଇବାର ବ୍ୟବସାୟଟା ଆପାତତଃ ଜମିଲେ ମଧ୍ୟ ସେ ବ୍ୟବସାୟର ପରମାୟୁ କେତେ ଦିନ ? ଦୁନିଆରେ ଯେତେ ଜିନିଷର ମୂଳଦୁଆ ସାଦିଲେ ମଧ୍ୟ ଜୀବନର ମୂଳଦୁଆ ପ୍ରଥମେ ଭଲରୂପେ ସାଦିବା ଦରକାର । ଆଉ ତାହା ହେଲା ଧର୍ମ, ଆଦର୍ଶ, କୃଷ୍ଟି ଭିତ୍ତିରେ ମଣିଷକୁ ସୁସଂହତ କରି ତୋଳିବା । ଏହି ମୂଳଦୁଆ ଯଦି ଦୃଢ଼ ନ ହୁଏ, ତେବେ କିଛି ବି ମଜଭୁତ ହେବ ନାହିଁ । ଯାହା କରିବ ସବୁ ଭୁଷୁଡ଼ି ପଡ଼ିବ ।

ଅନୁଗତ - ପାରିପାର୍ଶ୍ୱିକର ସ୍ୱାର୍ଥ ରକ୍ଷାରେ ନିଜର ସ୍ୱାର୍ଥରକ୍ଷା ହୁଏକି ? ୩୩୨

ଶ୍ରୀଶ୍ରୀଠାକୁର - ନିଜର ସ୍ୱାର୍ଥରକ୍ଷା କରିବାକୁ ଗଲେ ପରିବେଶ ପାଇଁ କରିବାକୁ ହେବ । ମଣିଷ ଯଦି ଆଦର୍ଶପ୍ରାଣ ହୋଇ ଅପରକୁ ନିଜ ପରି ବୋଧ କରି ତାର ସ୍ୱାର୍ଥ ପାଇଁ ଅନୁସନ୍ଧିତ୍ସୁ ହୋଇ, ସ୍ୱତଃସ୍ୱେଚ୍ଛ ଦାୟିତ୍ୱବୋଧରେ ପ୍ରାଣପଣେ ପରିଶ୍ରମ ନ କରେ, ତେବେ ତାର ଧର୍ମରାଜ୍ୟରେ ପ୍ରବେଶ ଲାଭ ହୁଏ ନାହିଁ। ଭକ୍ତ ଭଗବାନଙ୍କର ଦାୟିତ୍ୱକୁ ନିଜର ଦାୟିତ୍ୱ କରିନିଏ । ଭଗବାନ ଯେପରି ଜୀବର ମଙ୍ଗଳ ପାଇଁ ପାଗଳ, ଭକ୍ତ ମଧ୍ୟ ସେହିପରି ଜୀବର ମଙ୍ଗଳ ପାଇଁ ପାଗଳ ହୋଇ ଉଠେ । ତାର ସହ୍ୟ, ଧୈର୍ଯ୍ୟ, ଅଧ୍ୟବସାୟର ଅନ୍ତ ନ ଥାଏ । ମାନବ ଶରୀରରେ ସେ ଅତିମାନବର କାମ କରେ -ତା ନ କରି ତାର ନିସ୍ତାର ନାହିଁ। ପୃଥିବୀରେ ଗୋଟିଏ ବି ମଣିଷ ଏପରିକି ଗୋଟିଏ ବି ଜୀବ ମଧ୍ୟ ଯେ ପର୍ଯ୍ୟନ୍ତ ଦୁଃଖୀ ଅଛି, ସେତେଦିନ ପର୍ଯ୍ୟନ୍ତ ତାର ବିଶ୍ରାମ ନାହିଁ। ନିଜର ମୁକ୍ତିର ଚାହିଦା ମଧ୍ୟ ତା ନିକଟରେ ତୁଚ୍ଛ । ଏପରି ମନ ଯାହାର, ଏପରି ପ୍ରାଣ ଯାହାର ତାଙ୍କୁ କହନ୍ତି ଈଶ୍ୱରକୋଟି ପୁରୁଷ । ଏମାନେ ବସୁନ୍ଧରାକୁ ଧନ୍ୟ କରନ୍ତି ।

(ସତ୍ୟାନୁସରଣ- "ଯେତେ ଦିନ ଯାଏ ତୁମର ଶରୀର ଓ ମନରେ ବ୍ୟଥା ଲାଗେ, ସେତେଦିନ ଯାଏ ତୁମେ ଗୋଟିଏ ପିପିଲିକାର ମଧ୍ୟ ବ୍ୟଥା ନିରାକରଣ ଦିଗରେ ଚେଷ୍ଟା ରଖ, ଆଉ ତା ଯଦି ନ କର, ତେବେ ତୁମଠାରୁ ହୀନ ଆଉ କିଏ ? ତୁମେ ଅନ୍ୟ ନିକଟରୁ ଯେପରି ପାଇବାକୁ ଇଚ୍ଛା କର, ଅପରକୁ ମଧ୍ୟ ସେହିପରି ଦେବାକୁ ଚେଷ୍ଟା କର- ଏପରି ବୁଝି ଚଳିପାରିଲେହିଁ ଯଥେଷ୍ଟ-ଆପେ ଆପେ ସମସ୍ତେ ତୁମକୁ ପସନ୍ଦ କରିବେ, ଭଲ ପାଇବେ ।")

(ଦାମ୍ୟତ ଦତ୍ତ ଦୟଧ୍ୱମିତି; ତଦେତତ୍ ତ୍ରୟଂ ଶିକ୍ଷେତ୍‌ଦମଂ ଦାନଂ ଦୟାମିତି । ଇନ୍ଦ୍ରିୟ-ଦମନ, ଦାନ ଏବଂ ଦୟା ଏହି ତିନୋଟି ଗୁଣର ଆଚରଣ କର । ବୃହଦାରଣ୍ୟକ ଉପନିଷଦ୍ । Upanishads in Daily Life, pp.180)

ଅନୁଗତ- ମଙ୍ଗଳକାରୀର ଯେ କ୍ଷତି କରେ, ତା ପ୍ରତି କ'ଣ କରିବା ଉଚିତ୍ ? ୩୩୩

ଶ୍ରୀଶ୍ରୀଠାକୁର- ସେ ନିଜର ଦୋଷ ଜାଣି ସୁଦ୍ଧା ତାହା ତ୍ୟାଗ କରିପାରେ ନାହିଁ। ତାକୁ କ୍ଷମା କର ।

ଅନୁଗତ - କ୍ଷମା କଲେ ସେ ଯଦି ମୋତେ ଦୁର୍ବଳ ବୋଲି ଭାବିବ ନାହିଁ ତ ? ୩୩୪

ଶ୍ରୀଶ୍ରୀଠାକୁର- କ୍ଷମାର ସବୁହିଁ ଗୁଣ, କିନ୍ତୁ ଗୋଟିଏ ଦୋଷ; ଯିଏ କ୍ଷମା କରେ, ତାକୁ ମଣିଷ ଦୁର୍ବଳ ଭାବେ, କିନ୍ତୁ ଶକ୍ତ ଯେଉଁମାନେ, ପାରଗ ଯେଉଁମାନେ ସେମାନଙ୍କର ଅଳଙ୍କାରହିଁ ହେଉଛି କ୍ଷମା, ତେଣୁ କୁହନ୍ତି ବେକୁବୀ କ୍ଷମା କିନ୍ତୁ ଭଲ ନୁହେଁ।

(ଆଲୋଚକ- ଶ୍ରୀଶ୍ରୀଠାକୁର "ଚଲାର ସାଥୀ" ଗ୍ରନ୍ଥରେ କହିଲେ -

"ଯଦି ଶକ୍ତିମାନ୍ ହିଁ ହେବାକୁ ଚାହଁ
ତେବେ କ୍ଷମା କର
ଅର୍ଥାତ୍, ସହ୍ୟ କର-

ଆଉ, ନଜର ରଖ
ଯାହାକୁ କ୍ଷମା କରୁଛ-
ଯେଉଁ ଦୋଷ ତାକୁ ଖିନ୍ନ କରିତୋଳିଛି,
ସେଥିରୁ
ଏପରିଭାବରେ ତୋଳିଧର -
ଆଶାରେ, ଭରସାରେ, ଉଦ୍ୟମରେ
ଯେପରି ସେ ଅନାୟାସରେ
ତୁମକୁ ଆଶ୍ରୟ କରି
ନିସ୍ତାର ପାଇପାରେ,
ଏବଂ ତା ନ ହେଲେ
ନିଶ୍ଚୟ ଜାଣ-
ତୁମର କ୍ଷମା
ଦୁର୍ବଳ, ନିରର୍ଥକ, ଭେଜାଲ ମାତ୍ର;-
ତେଣୁ କହେ-
ଅପରାଧୀକୁ କ୍ଷମା କର
କିନ୍ତୁ ଅପରାଧକୁ ନୁହେଁ;-
କ୍ଷମା କର -
କିନ୍ତୁ ଦୋଷକୁ କ୍ଷମା କରି
ଦୋଷୀକୁ ନର୍କକୁ ପଠାଅ ନାହିଁ !" (ବାଣୀ-୩୧୧)

ଅନୁଗତ - ବନ୍ଧୁ ବିପଥଗାମୀ ହେଲେ ତାକୁ ତ୍ୟାଗ କରିବା ଉଚିତ୍ କି ? ୩୩୫

(ସତ୍ୟାନୁସରଣ- "ବନ୍ଧୁତ୍ୱ ଖାରଜ କରନାହିଁ, ତାହେଲେ ଶାସ୍ତିରେ ସମବେଦନା ଓ ସାନ୍ତ୍ୱନା ପାଇବ ନାହିଁ। ତୁମ ବନ୍ଧୁ ଯଦି ଅସତ୍ ବି ହୁଏ, ତାକୁ ତ୍ୟାଗ କର ନାହିଁ, ବରଂ ପ୍ରୟୋଜନ ହେଲେ ତାର ସଙ୍ଗ ବନ୍ଦ କର। କିନ୍ତୁ ଅନ୍ତରରେ ଶ୍ରଦ୍ଧା ରଖି ବିପଦ ଆପଦରେ କାୟମନୋବାକ୍ୟରେ ସାହାଯ୍ୟ କର, ଆଉ ଅନୁତପ୍ତ ହେଲେ ଆଲିଙ୍ଗନ କର। ତୁମ ବନ୍ଧୁ ଯଦି କୁପଥରେ ଯାଏ, ଆଉ ତୁମେ ଯଦି ତାକୁ ଫେରାଇ ଆଣିବାର ଚେଷ୍ଟା ନ କର ବା ତ୍ୟାଗ କର, ତାର ଶାସ୍ତି ତୁମକୁ ବି ତ୍ୟାଗ କରିବ ନାହିଁ।")

ଅନୁଗତ - ଈଶୋପନିଷଦ୍‌ରେ ଅଛି 'ତେନ ତ୍ୟକ୍ତେନ ଭୁଞ୍ଜୀଥା', ଏହାର ଅର୍ଥ କ'ଣ ? ୩୩୬

ଶ୍ରୀଶ୍ରୀଠାକୁର - ତ୍ୟାଗ ଦ୍ୱାରା ଭୋଗ କରିବା ହେଉଛି ପାଇବାର ବାଧାଗୁଡ଼ିକୁ ତ୍ୟାଗ ବା ଛାଡ଼ି ଦିଅ, ଆଉ ପାଇ ଉପଭୋଗ କର। ବିଚାରଯୁକ୍ତ ଭୋଗ କ୍ରମେ କ୍ରମେ ତ୍ୟାଗ ଆଣିଦିଏ। ଆଉ ତ୍ୟାଗ ମାନେ ଆସକ୍ତି ତ୍ୟାଗ। ଭୋଗଦ୍ୱାରା ଅଭିଭୂତ ହେଲେ

ଆସକ୍ତି ଆସେ । ତ୍ୟାଗ-ଭୋଗ ସେସବୁ କଥାର ପେଁଚ ମାତ୍ର । ପ୍ରକୃତ କଥା ହେଉଛି ତ ଭୋଗ କରିବା । ତ୍ୟାଗ ମାନେ ପ୍ରକୃତ ଭୋଗର ବାଧା ନାଶ କରିବା । ଭୋଗ କରିବାକୁ ହେଲେ ଭୋଗର ବସ୍ତୁକୁ ପୃଥକ୍ ରଖି ମନକୁ ତଦ୍ଦ୍ୱାରା ଅଭିଭୂତ ହେବାକୁ ନ ଦେଇ, ସ୍ୱାଧୀନ ରଖି ଭୋଗ କରିବାକୁ ହୁଏ । ନତୁବା ଭୋଗର ଭାବରେ ଅଭିଭୂତ ହୋଇ ପଡ଼ିଲେ ମନ ତଦ୍ଭାବରେ ଭାବିତ ହୋଇ ଯଦି ଭୋଗ୍ୟ-ବସ୍ତୁର ସାରୂପ୍ୟ ଲାଭ କରେ, ତେବେ ଠିକ୍ ଭୋଗ ହୁଏନା । ବଂଚିବାର ପ୍ରଧାନ ମାର୍ଗ ହେଲା- ଯାହା ତୁମ ସତ୍ତାକୁ ସ୍ୱସ୍ତିହରା କରେ, ପରାକ୍ରମକୁ ବିନାୟିତ ନ କରି ନିଭାଇ ଦେବାକୁ ଚାହେଁ, କର୍ମପ୍ରେରଣାକୁ ସକ୍ରିୟ ନ କରି କେବଳ ବାକ୍‌ମୁଖର କରେ, ଯାହା ନିଷ୍କ୍ରିୟତାରେ ଅଭିଶପ୍ତ ହୋଇଥାଏ, ନିଷ୍ପାଦନକୁ ତ୍ରୁଟି ସଂକୁଳ କରେ, ଅନ୍ତରକୁ କପଟ ଅନୁଶୀଳନରେ ଉଦ୍‌ବୁଦ୍ଧ କରେ, ସାଧୁ ଚଳନକୁ ବେକୁବ୍ ବିହ୍ୱଳ କରେ ଏବଂ ସଂହତି-ପ୍ରାଣତାକୁ ସଂକ୍ଷୁବ୍ଧ କରେ -ଏହି ସବୁକୁ ତ୍ୟାଗ କର ।

(ଆଲୋଚକ -ଈଶୋପନିଷଦ୍‌ର ପ୍ରଥମ ଶ୍ଳୋକର ପୁରା ପାଠ ହେଉଛି -

"ଈଶାବାସ୍ୟମିଦମ୍ ସର୍ବଂ ଯତ୍‌କିଂଚ ଜଗତ୍ୟାଂ ଜଗତ୍
ତେନ ତ୍ୟକ୍ତେନ ଭୁଞ୍ଜୀଥା ମା ଗୃଧଃ କସ୍ୟସ୍ୱିଦ୍ ଧନମ୍ ।"

ବ୍ୟାଖ୍ୟା -ଏ ବିଶ୍ୱର ସଜୀବ, ନିର୍ଜୀବ ସମସ୍ତ ପଦାର୍ଥର ଅଧିକାରୀ ହେଉଛନ୍ତି ଈଶ୍ୱର । ମଣିଷ ତାର ଆବଶ୍ୟକ ପଦାର୍ଥକୁ ଗ୍ରହଣ କରି ସନ୍ତୁଷ୍ଟ ହେବା ଉଚିତ ।)

ଅନୁଗତ – ତ୍ୟାଗ-ଭୋଗ ଯାହାବି କୁହନ୍ତୁ, ମଣିଷ ଜୀବନରେ କଷ୍ଟର ଶେଷ ନାହିଁ କାହିଁକି ? ୩୩୭

ଶ୍ରୀଶ୍ରୀଠାକୁର - କଷ୍ଟ ନିର୍ଯ୍ୟାତନା ଭିତର ଦେଇ କେହି ଯଦି ପ୍ରଭୁଙ୍କୁ ଧରେ, ତେବେ ସେକ୍ଷେତ୍ରରେ ସେ ଜୟ କରିବ ନିଶ୍ଚୟ ଓ ତାର ଆପଣାଛାଏଁ ଆଧିପତ୍ୟ ଆସିବ । ପୁରୁଷୋତ୍ତମ ହିଁ ଦୀପନକେନ୍ଦ୍ର । ଜନଜାତି ଯେତେ ଦିନ ପର୍ଯ୍ୟନ୍ତ ସେହି କେନ୍ଦ୍ର ସହିତ ସୁସଂହତିରେ ଚାଲୁଥିବେ, ସେମାନେ ଅଗ୍ରଗତି ପଥରେ ଉନ୍ନତି କରୁଥିବେ ପ୍ରବଳ ପରାକ୍ରମରେ । ପୁଣି ପ୍ରବୃତ୍ତି ଅଭିଭୂତ ହୋଇ ସେମାନେ ସେହି କେନ୍ଦ୍ରରୁ ଯେତେବେଳେ ବିଚ୍ଛିନ୍ନ ହୋଇଯିବେ, ସେତେବେଳେ ତାଙ୍କର ପ୍ରବୃତ୍ତି-ଅଭିଭୂତ ଓ ପ୍ରତ୍ୟାଶା ପ୍ରରୋଚିତ ସମ୍ବେଗ ଦ୍ୱାରା ତାଙ୍କ ଭିତରେ ଲୋପନ-ଛିଦ୍ର ସୃଷ୍ଟି ହେବ, ଆଉ ଏଥିରୁ ବାହାରି ନ ପାରିଲେ, ଉନ୍ନତି ସଦାସର୍ବଦା ତାଙ୍କର ଦୃଷ୍ଟି ପରିସୀମାର ବାହାରେ ଠିଆ ହେବ । ଏହି କାରଣରୁ ସେମାନେ ବିଚ୍ଛିନ୍ନ, ବିଭ୍ରାନ୍ତ ଓ ବିପର୍ଯ୍ୟୟୀ ହେବେ । ମେରୁଦଣ୍ଡ ବିହୀନ ଭ୍ରାନ୍ତ ଔଦାର୍ଯ୍ୟରେ ଓ ଆତ୍ମଘାତୀ ବିଳାସିତା ଭିତରେ, ସେ ବ୍ୟଷ୍ଟି ହେଉ କି ସମଷ୍ଟି ହେଉ ପ୍ରତିପ୍ରତ୍ୟେକ ଆତ୍ମବିଲୟର ଯାତ୍ରୀ ହୋଇ ଚାଲିବେ । ଯେପରି ଚାହଁ ବୁଝି ଚାଲ ।

ଅନୁଗତ - ପୂଜା ଘରେ ଖଟୁଲିରେ ସୀତାରାମ, ରାଧାକୃଷ୍ଣ, ଶିବ-ପାର୍ବତୀ ଆଉ ଆପଣଙ୍କ ଫଟୋ ରଖି ପ୍ରତିଦିନ ଫୁଲ-ଚନ୍ଦନ-ଦୀପ-ଧୂପ ଦେଇ ପୂଜା ଆରାଧନା କରୁଛି, ନିୟମିତ ସନ୍ଧ୍ୟା ପ୍ରାର୍ଥନା-ଆହ୍ନିକାଦି ତ କରୁଛି । ତେବେ ମୋର ଏତେ ଧର୍ମକର୍ମ କରି କି ଲାଭ ହେଲା ? ୩୩୮

ଶ୍ରୀଶ୍ରୀଠାକୁର "ଚଲାର ସାଥୀ" ଗ୍ରନ୍ଥରେ କହିଲେ-

"ତୁମେ ଧାର୍ମିକ !
ନିୟତ ଭଗବାନଙ୍କର ଆରାଧନା କରୁଛ,
ପୂଜା, ସନ୍ଧ୍ୟା, ଆହ୍ନିକ ନେଇ ବିବ୍ରତ;
ଅଥଚ ସେବା, ଅର୍ଥ, ଐଶ୍ୱର୍ଯ୍ୟ, ଜୀବନ,
ଯଶ, ବୃଦ୍ଧି, ତୁଷ୍ଟି, ପୁଷ୍ଟି ଇତ୍ୟାଦି
ତୁମକୁ ଅଭିନନ୍ଦିତ କରୁନାହିଁ,
ଏବଂ ତୁମର ପାରିପାର୍ଶ୍ୱିକ ତୁମଠାରେ
ଉପଯୁକ୍ତ ପ୍ରକାରେ ଏଗୁଡ଼ିକ ପାଇ
ସମୃଦ୍ଧ ହେଉନାହିଁ,-
ବୁଝ -ତୁମର ଧର୍ମ-ଆଡ଼ମ୍ବରରେ
ବଞ୍ଚି ରହିବା ଓ ବୃଦ୍ଧି ପାଇବାକୁ ଆମନ୍ତ୍ରଣ କରି ନାହିଁ,-
ତେଣୁ, ତୁମେ ଓ ତୁମର ପାରିପାର୍ଶ୍ୱିକ
ଉଭୟହିଁ
ଧର୍ମଠାରୁ ବଞ୍ଚିତ ହେଉଛ ! (ବାଣୀ-୯୮)

(ଆଲୋଚକ –ଓଡ଼ିଶାର ଅନ୍ୟତମ ଭକ୍ତ କବି ଭୀମ ଭୋଇ (୧୮୫୦-୧୯୦୩) ଶୂଦ୍ରକୂଳରେ ଜନ୍ମଗ୍ରହଣ କରିଥିଲେ ଓ ପାଠଶାଠ ପଢ଼ି ନଥିଲେ। ସେ ଥିଲେ ବହୁ ଆଦୃତ 'ମହିମା ଧର୍ମ'ର ଅନ୍ୟତମ ପ୍ରଚାରକ। ତାଙ୍କ ରଚିତ ଭଜନରୁ ଦୁଇ ଧାଡ଼ି -

"ପ୍ରାଣୀଙ୍କ ଆରତ ଦୁଃଖ ଅପ୍ରମିତ ଦେଖୁ ଦେଖୁ କେ ବା ସହୁ
ମୋ ଜୀବନ ପଛେ ନର୍କେ ପଡ଼ିଥାଉ ଜଗତ ଉଦ୍ଧାର ପାଉ।"

ନିଜର ଜୀବନ ବିନିମୟରେ ଅନ୍ୟ ଜୀବନ ରକ୍ଷା କରିବାର ବିରଳ ଦୃଷ୍ଟାନ୍ତ ହେଉଛନ୍ତି ସାର୍ ଫିଲିପ୍ ସିଡ୍‌ନି, ଯୁଦ୍ଧ କ୍ଷେତ୍ରରେ ମରିବା ପୂର୍ବରୁ ଗୋଟିଏ ବିଖ୍ୟାତ ଉକ୍ତି ଛୋଟ କବିତା ଆକାରରେ କହିଥିଲେ; ତାର ଗୋଟିଏ ପଦ 'Thy necessity is yet greater than mine'. ଘଟଣାଟି ଏହିପରି ଥିଲା ଯୁଦ୍ଧଭୂମିରେ ମୁମୂର୍ଷୁ ଅବସ୍ଥାରେ ସିଡ୍‌ନି ଓ ଅନ୍ୟ ଜଣେ ସୈନିକ ପାଖାପାଖି ପଡ଼ିଛନ୍ତି, ଦୁହେଁ ତୃଷାର୍ତ୍ତ, ସିଡ୍‌ନିଙ୍କ ବଂଚିବାର ଆଶା କ୍ଷୀଣ, ତାଙ୍କ ନିକଟରେ ପାଣିବୋତଲରେ ଯେଉଁ ପାଣି ଟିକକ ଥିଲା ତାହାକୁ ପାଖ ସୈନିକକୁ ବଢ଼ାଇ ଦେଇ ସେ ପ୍ରାଣତ୍ୟାଗ କଲେ।)

ଅନୁଗତ - ଏମିତି କ'ଣ ଲୋକ ଥାଆନ୍ତି ଯିଏ ନିଜ ଜୀବନ ଦେଇ ଅନ୍ୟର ଜୀବନ ବଞ୍ଚାଇ ଥାଆନ୍ତି ? ୩୩୯

ଶ୍ରୀଶ୍ରୀଠାକୁର- ବ୍ୟକ୍ତିଠାରୁ ପରିବାର, ସମାଜ ଓ ଦେଶ। କିନ୍ତୁ ପ୍ରଥମତଃ ମଣିଷ- ଭଲ ମଣିଷ ନ ଥିଲେ ଭଲ ପରିବାର, ଭଲ ସମାଜ କାହାକୁ ନେଇ ହେବ ? ଆଉ ଉନ୍ନତ ସାମାଜିକ ଦାୟିତ୍ୱ ଯଦି ତୁମର ନ ଥାଏ, ତେବେ ଦେଶ ପାଇଁ ତୁମେ କରିବ ବା କ'ଣ ?

ତେଣୁ ଆଦର୍ଶଙ୍କ ଉପରେ ନିର୍ଭର କର ଆଉ ସାହାସର ସହିତ ଅଦମ୍ୟ ଉତ୍ସାହରେ କାମ କରିଯାଅ । ଅନ୍ୟର ଭଲ କରିବା ଭିତରଦେଇ ଯେଉଁ ଜ୍ଞାନ ହୁଏ, ସେହି ଜ୍ଞାନହିଁ ପ୍ରକୃତରେ କାମରେ ଲାଗେ । ତୁମେ ମୋ ପାଖକୁ ଆସ ବା ନ ଆସ, ଜୀବନର ରକ୍ଷା ବିଧି ହେଉଛି ପିତାମାତାଙ୍କୁ ଭକ୍ତି କରିବା, ସେଥିରେ ମଧ୍ୟ ଅନେକ କିଛି ସମ୍ପଦ ଥାଏ । ତେବେ ବିଧିମାଫିକ୍ କରିବା ଭିତରଦେଇ ଜଣେ ବିହିତ ଫଳ ଲାଭ କରିଥାଏ ।

(ସତ୍ୟାନୁସରଣ- "ପରମପିତାଙ୍କ ନିକଟରେ ପ୍ରାର୍ଥନା କର- 'ତୁମର ଇଚ୍ଛା ହିଁ ମଙ୍ଗଳ; ମୁଁ ଜାଣେନା, କେଉଁଥିରେ ମୋର ମଙ୍ଗଳ ହେବ । ମୋ ଭିତରେ ତୁମର ଇଚ୍ଛାହିଁ ପୂର୍ଣ୍ଣ ହେଉ ।' ଆଉ, ସେଥିପାଇଁ ତୁମେ ରାଜି ଥାଅ -ଆନନ୍ଦରେ ରହିବ, ଦୁଃଖ ତୁମକୁ ସ୍ପର୍ଶ କରିବ ନାହିଁ । କାହାରି ଦୁଃଖର କାରଣ ହୁଅ ନା, କେହି ତୁମର ଦୁଃଖର କାରଣ ହେବେ ନାହିଁ ।)

ଅନୁଗତ- ଶୁଣିଛି ଯେ କାମକ୍ରୋଧ, ଅହଂକାର ଆଦି ସହଜରେ ଯାଏ ନାହିଁ ? ୩୪୦

ଶ୍ରୀଶ୍ରୀଠାକୁର–ମଣିଷ ସାଧାରଣତଃ କାମକାମନା ନେଇ ଚାଲେ । ସ୍ତ୍ରୀ-ପୁରୁଷ ମିଶି ଉପଭୋଗ କରନ୍ତି କିନ୍ତୁ ସେ ମିଳନ ଶାନ୍ତି ଦେଇ ପାରେନା । କାରଣ ସେହିପରି ତ ବେଶ୍ୟା ସ୍ତ୍ରୀଲୋକ ଓ ଲମ୍ପଟ ପୁରୁଷ ମଧ୍ୟ ଉପଭୋଗ କରିଥାନ୍ତି । ଅସଲ କଥା ହେଲା, ଏକାୟନୀ ଅନୁଗତି ।

(ସତ୍ୟାନୁସରଣ - "ମୋର କାମକ୍ରୋଧାଦି ଗଲା ନାହିଁ, ଗଲା ନାହିଁ -ବୋଲି ଚିତ୍କାର କଲେ କେବେହେଲେ ସେଗୁଡ଼ିକ ଯାଏ ନାହିଁ । ଏପରି କର୍ମ, ଏପରି ଚିନ୍ତା, ଅଭ୍ୟାସ କରି ନେବାକୁ ହେବ ଯହିଁରେ କାମକ୍ରାଧାଦିର ଗନ୍ଧ ବି ନ ଥିବ -ମନ ଯାହାଦ୍ୱାରା ସେସବୁ ଭୁଲିଯିବ ।)

ଅନୁଗତ - କାମକ୍ରୋଧାଦି କ'ଣ ମଣିଷର ଶତ୍ରୁ କି ? ୩୪୧

ଶ୍ରୀଶ୍ରୀଠାକୁର - ଆହାର-ନିଦ୍ରା-ଭୟ-ମୈଥୁନ-ଅହଂ ଏହି ପାଞ୍ଚଟି ପ୍ରଧାନ ଜିନିଷ ମଣିଷ ସ୍ୱଭାବରେ ଥାଏ, ଏଗୁଡ଼ିକର ପୁଣି ଆଧ୍ୟାତ୍ମିକ, ମାନସିକ, ଶାରୀରିକ, ସାତ୍ତ୍ୱିକ, ରାଜସିକ, ତାମସିକ ଇତ୍ୟାଦି ନାନା ରୂପ ଅଛି । କାହା ଭିତରେ କେଉଁଟା prominent (ପ୍ରଧାନ) ତାହା ସହିତ ସଂସର୍ଗରୁ ଜଣାପଡ଼େ । କିନ୍ତୁ ଏଗୁଡ଼ିକର ସାର୍ଥକ ଭାବରେ ପ୍ରୟୋଗ କରି ମଣିଷ କିପରି ଜୀବନରେ ଧନ୍ୟ ହୋଇ ଉଠିବ, ଏହା ତ ଆଦର୍ଶ ଶିଖାଇଥାନ୍ତି । ମୋଟକଥା, ଯାହାର ଯେଉଁ ପ୍ରବୃତ୍ତି ଥାଉ ନା କାହିଁକି, ତାହା ଯଦି ଇଷ୍ଟସ୍ୱାର୍ଥ ପ୍ରତିଷ୍ଠାରେ ନିଯୁକ୍ତ ହୁଏ, ତଦ୍ଦ୍ୱାରା ସେ ଅନେକ ବଡ଼ ହୋଇଯାଏ, ତାର ଏହି ପ୍ରବୃତ୍ତି ଲୋକ-କଲ୍ୟାଣକର ହୋଇଉଠେ ।

ଅନୁଗତ– ଇଷ୍ଟସ୍ୱାର୍ଥପ୍ରତିଷ୍ଠା ପାଇଁ ମୁଁ ଆପଣଙ୍କୁ କିଭଳିଭାବେ ପ୍ରଚାର କରିବି ? ୩୪୨

ଶ୍ରୀଶ୍ରୀଠାକୁର – ପ୍ରଚାର କରିବା କଥାଟାର ମାନେ କେବଳ ମୁହଁରେ କହିବା ବା ମୋ ବିଷୟରେ ପତ୍ରପତ୍ରିକାରେ ବା ପୁସ୍ତକ ଆକାରରେ ଲେଖିବା -ଏପରି ମନେକରିବା

ମସ୍ତବଡ଼ ଭୁଲ। ପ୍ରଚାର ମାନେ ନିଜର ଚରିତ୍ର ଦ୍ୱାରା ଦେଖାଇବା, ଯେ ତାହା ଦେଖାଇପାରେ, ସେ ମୋର ପ୍ରଚାରକ। ମୋର ପ୍ରଚାର କରି ତୁମେମାନେ ମତେ ଆଉ କ'ଣ ବଡ଼ ନା ଆଉ କ'ଣ ଛୋଟ କରିବ ? ଭଗବାନ କହିଲେ ବା କ'ଣ ନ କହିଲେ ବା କ'ଣ ? ମୋର କଥା ମୁତାବକ କାମ କରି ଜଗତରେ ସତ୍ୟର ପ୍ରଚାର କର, ତାହେଲେହିଁ ହେଲା।

ଅନୁଗତ - ସତ୍ୟର ପ୍ରଚାର ପାଇଁ ଲୋକ-କଳା ମାଧ୍ୟମରେ ଲୋକଶିକ୍ଷା ଦିଆଯାଇପାରେ କି ? ୩୪୩

ଶ୍ରୀଶ୍ରୀଠାକୁର - ଦାସକାଠିଆ, ପାଲା, ଯାତ୍ରା-ଥିଏଟର, ବିଭିନ୍ନ ନୃତ୍ୟ ଏସବୁ ଲୋକ-କଳା। ପୌରାଣିକ କାହାଣୀଗୁଡ଼ିକ ଭିତରେ ଯେଉଁ ସବୁ ଅନାବଶ୍ୟକ ଜିନିଷ ପଶି ଯାଇଛି, ସେଗୁଡ଼ିକୁ ବାଦ୍ ଦେଇ ପୁରାତନ ଐତିହ୍ୟ ସହିତ ସାମଞ୍ଜସ୍ୟ ରଖି, କଥକତା ଜିନିଷଟାକୁ ଯଦି ନୂତନ ରୂପେ ବିନ୍ୟାସ କରି ନିଆଯାଏ, ତା ଭିତରଦେଇ ଲୋକଶିକ୍ଷାର ସୁବ୍ୟବସ୍ଥା ହୋଇପାରେ। ମଣିଷ ଗଳ୍ପ-ପିୟାସୀ, ମଣିଷ ଆତ୍ମ ପ୍ରିୟ। ଏଇ ଧରଣଗୁଡ଼ିକ ଇଷ୍ଟ ଓ କୃଷ୍ଟିର ପ୍ରତିଷ୍ଠାରେ ବ୍ୟବହାର କରିବାକୁ ପଡ଼ିବ। ସାହିତ୍ୟ, କାବ୍ୟ-କବିତା, ନାଟକ, ଥିଏଟର, ଯାତ୍ରା, ସିନେମା -ଏ ସବୁଥିରେ ସେଇସବୁ ଦିଗ ରହିବ ଯେଉଁଥିରେ ମଣିଷ ଆଶା-ଭରସା, ଉତ୍ସାହ, ଆନନ୍ଦ ପାଇବ ।

ଅନୁଗତ - ତେବେ ସୃଜନ-କଳା ଓ ସାହିତ୍ୟର ଲକ୍ଷ୍ୟ କ'ଣ ହେବା ଉଚିତ୍ ? ୩୪୪

ଶ୍ରୀଶ୍ରୀଠାକୁର- କଳା, କବିତ୍ୱ ଓ ସୃଜନ-ସାହିତ୍ୟର ଲକ୍ଷ୍ୟ ହେଉଛି ଗଣମର୍ମର ଉଦ୍‌ଘାଟନ। କିନ୍ତୁ ମର୍ମକୁ ଉଦ୍‌ଘାଟିତ କରି ଅନ୍ତର ଆବେଗକୁ ଯଦି ଭୁଲ ଦିଗରେ ପରିଚାଳିତ କରି ଦିଆଯାଏ ତାହେଲେ ସତ୍ତା ଭିତରେ ଯେଉଁ ବିଶିଷ୍ଟତା ଥାଏ, ତାହା ରସାଳ ହୁଏନା। ତେଣୁ ପରମାର୍ଥରେ ଯୋଗ ହେବାର ପ୍ରେରଣା ଜାଗେ ନା। ସାହିତ୍ୟ ନୀତିକୁ ପ୍ରତିଷ୍ଠା କରିଥାଏ, ଆଉ ଏହି ନୀତି ଆମକୁ goal (ଲକ୍ଷ୍ୟ) ଆଡ଼କୁ ନେଇଯାଏ। ଯେଉଁ ସାହିତ୍ୟରେ ନୀତିର ପ୍ରତିଷ୍ଠା ନାହିଁ, ତାହା not at all useful to the mankind (ମଣିଷ ସମାଜ ପାଇଁ ହିତକର ନୁହେଁ) । ଯେଉଁ ସାହିତ୍ୟ ଓ କଳା ବଂଚିବା ଓ ବୃଦ୍ଧିକୁ ପ୍ରତିପାଦିତ କରେନା, ତାହା ସତ୍ତା ପରିପୋଷକ ନୁହେଁ। Intelligence (ବୋଧି)ର ମାନେ ହେଉଛି to choose between (ନିର୍ଦ୍ଧାରଣ କରିବା) -କେଉଁଟା ସତ୍ତାର ଅନୁକୂଳ ଏବଂ କେଉଁଟା ପ୍ରତିକୂଳ। ଏହାକୁ ବୁଝି ଯାହା favourable (ଅନୁକୂଳ) ତାକୁ choose (ପସନ୍ଦ) କରିବା ଏବଂ ସେହି ଅନୁସାରେ ରଚନା କରିବା ଉଚିତ। ଯିଏ ଯେତେ ଆଦର୍ଶ ବା ଇଷ୍ଟଙ୍କଠାରେ ସୁକେନ୍ଦ୍ରିକ, ତାର ବୋଧ ସେତେ active ଓ sensitive (ସକ୍ରିୟ ଓ ଅନୁଭୂତିପ୍ରବଣ)। ତେଣୁ ମୁଁ elevating literature (ଉନ୍ନତ ଭାବମୁଖୀ ସାହିତ୍ୟ) କଥା କୁହେ ଅର୍ଥାତ୍ ଯାହା ପଢ଼ି, ଯାହାର ସଙ୍ଗ କରି, ଯାହାର ଚର୍ଚ୍ଚା କରି ଆମେ ହିତ-ପ୍ରେରଣାରେ ଉନ୍ନୀତ ହୋଇଉଠୁ। ଏଇଥିପାଇଁ ତ ଆମ ସଂସ୍କୃତ-ସାହିତ୍ୟରେ tragedy (ବିୟୋଗାନ୍ତକ ନାଟକ)ର ସମାଦର ନ ଥିଲା, tragedy ହେଲା ଜୀବନର ବୈକଲ୍ୟର ପ୍ରକାଶ। ଏପରି

ଅନେକ ଶକ୍ତିମାନ ଶିଳ୍ପୀ ଓ ଲେଖକ ଅଛନ୍ତି ଯେଉଁମାନେ tragic end(ବିଷାଦମୟ ପରିଣତି) ଉପରେ ଆସକ୍ତି ଜନ୍ମାଇ ଦେଇ ପାରନ୍ତି, ତାହା କିନ୍ତୁ ସର୍ବନାଶକର, ମଣିଷ ସେଇ ଭାବରେ ତନ୍ମୟ ହୋଇ ସେହି ପଥରେ ଅଗ୍ରସର ହୁଏ । Art (କଳା) ମଧ୍ୟ ସେହି କୌଶଳ ଯାହା ଦ୍ୱାରା ସ୍ୱଭାବ, ସତ୍ୟ ଓ ଜୀବନ କଥା with sensation (ସମ୍ବେଦନଶକ୍ତି ସହ) ମଣିଷ ନିକଟରେ ପହଁଚାଇ ଦିଆଯାଇପାରେ ।

(ପ୍ରଖ୍ୟାତ ସାହିତ୍ୟିକ 'ଆଇ, ବି.ସିଙ୍ଗର (I.B. Singer 1903-1991) ନୋବେଲ ପୁରସ୍କାର ଅବସର ବକ୍ତବ୍ୟରେ କହିଲେ- ସାହିତ୍ୟ ପୁରାତନ ବିଶ୍ୱାସ, ଅନନ୍ତ ଆଶା ଓ କଳ୍ପନାରେ ବଂଚିରହେ; ଈଶ୍ୱର ବିଶ୍ୱାସ ଓ ଆସ୍ଥା ସାହିତ୍ୟର ଭିତ୍ତିଭୂମି)

(ଆଲୋଚକ-ଶ୍ରୀଶ୍ରୀଠାକୁର ତାଙ୍କର କିଶୋର ଓ ଯୌବନ କାଳରେ "ଦେବଯାନୀ" ନାମକ ଏକ ନାଟକ ଓ ଅନେକଗୁଡ଼ିଏ କବିତା ରଚନା କରିଥିଲେ । ସେଗୁଡ଼ିକୁ ଏକତ୍ରିତ କରି ବଙ୍ଗଳାରେ "ଦେବଯାନୀ ଓ ଅନ୍ୟାନ୍ୟ" ନାମରେ ଏକ ସଂକଳନ ସତ୍‌ସଙ୍ଗ ପବ୍ଲିଶିଂ ହାଉସ ତରଫରୁ ଶ୍ରୀଶ୍ରୀଠାକୁରଙ୍କ ୧୨୫ତମ ଶୁଭ ଜନ୍ମମହୋତ୍ସବ ଅବସରରେ (୨୦୧୨ ମସିହାରେ) ପ୍ରକାଶିତ ହୋଇଛି । ଏଥିରେ ସନ୍ନିବେଶିତ ଲେଖାଗୁଡ଼ିକର ରଚନାକାଳ ୧୯୦୫ ମସିହାର ପୂର୍ବ ବୋଲି ଏହି ଗ୍ରନ୍ଥର ମୁଖବନ୍ଧରେ ଦର୍ଶାଯାଇଛି । ସେଥିରୁ ଗୋଟିଏ ଛୋଟ କବିତା -

"ମିଷ୍ଟ କଥା ଭାଲବାସୀ ଆମି ଗୋ ଜନନୀ
ତାଇ ସାଧ ଯାୟ ମମ ମିଷ୍ଟ ଶୁନିବାରେ
ଯେଇ ଗୋ ଜନନୀ ମୋରେ ବଲେ ମିଷ୍ଟ ଭାଷ
ଅମନି ତାହାର ଆମି ହଇ ପଦାନତ
ଈଶ୍ୱରେର କେନ ମାଗୋ ଏ କଠିନ ରୀତି
ଯେ ଜନ ଯା ଚାୟ ତାହା ନାହି ପାୟ କେନ ।"

Sd/-Anukul)

ଅନୁଗତ-Fine arts (ଚାରୁକଳା) କିପରି ହେବା ଉଚିତ ? ୩୪୫

ଶ୍ରୀଶ୍ରୀଠାକୁର- ଆନନ୍ଦ ଓ ସ୍ଫୁର୍ତ୍ତିର ପ୍ରକାଶ ହେଉଛି fine arts (ଚାରୁଶିଳ୍ପ), ତା ହେବା ଦରକାର ସୁନ୍ଦର, ସରସ, ହୃଦୟ-ମନୋଗ୍ରାହୀ ଓ ଜୀବନ ପକ୍ଷେ ହିତକର । ମଣିଷର ଇନ୍ଦ୍ରିୟ ପାଖରେ ତାର ଗୋଟାଏ pleasing appeal (ପ୍ରୀତିକର ଆବେଦନ) ଥିବ, କିନ୍ତୁ ତାହା ବୋଲି ତାହା ମଣିଷକୁ ଇନ୍ଦ୍ରିୟ-ପରାୟଣ ବା ଇନ୍ଦ୍ରିୟ ପରବଶ କରିବାର ପ୍ରେରଣା ଦେବ ନାହିଁ ।

ଅନୁଗତ - ଦାର୍ଶନିକ ରୁସୋ (J J Rousseau) ତାଙ୍କ ରଚିତ ପୁସ୍ତକ 'The Social Contract' ର ପ୍ରାରମ୍ଭରେ କହିଲେ- Man is born free, but he is everywhere in chains (ମଣିଷ ଜନ୍ମରେ ମୁକ୍ତ କିନ୍ତୁ ସର୍ବତ୍ର ବନ୍ଧନଯୁକ୍ତ) । ଏହି ବନ୍ଧନ ବିଷୟରେ ଆପଣଙ୍କର ମନ୍ତବ୍ୟ କ'ଣ ? ୩୪୬

ଶ୍ରୀଶ୍ରୀଠାକୁର- ମଣିଷ ତିନୋଟି ବନ୍ଧନ ଭିତରେ ଥାଏ -ଆଇନ୍‌ଗତ, ପାରିବାରିକ ଓ ସାମାଜିକ ବନ୍ଧନ । ଏଗୁଡ଼ିକ ସହଜରେ ବୁଝିହୁଏ । ମୁଁ କିନ୍ତୁ ଯେଉଁ ପରିବେଶର ସେବା କଥା କହେ, ତାହା ବନ୍ଧନ ବା ନୀତି ହିସାବରେ ନୁହେଁ । ଏହା ଭିତରେ କୌଣସି philosophy (ଦର୍ଶନ) ନାହିଁ କି କୌଣସି ism (ବାଦ) ନାହିଁ । ମୋର ମନେହୁଏ socialism (ସମାଜତନ୍ତ୍ର) ନିର୍ଭର କରେ individualism (ବ୍ୟକ୍ତିତନ୍ତ୍ର) ଉପରେ । ସମାଜକୁ ସୁନ୍ଦର ଭାବରେ ଗଢ଼ି ଉଠିବାକୁ ହେଲେ ପ୍ରଥମେ ବ୍ୟକ୍ତିକୁ ଗଢ଼ିବା ଦରକାର; ବ୍ୟକ୍ତି ଠାରୁ ସମାଜ ଓ ପରିବେଶ, ସମାଜରୁ ରାଷ୍ଟ୍ର ଏବଂ ରାଷ୍ଟ୍ରରୁ ସଂସାର ।

ଅନୁଗତ - ବ୍ୟକ୍ତି-ବିକାଶଠାରୁ ସଂସାର-ବିକାଶ ପର୍ଯ୍ୟନ୍ତ ଯେଉଁ ପାହାଚଗୁଡ଼ିକର କଥା ଆପଣ କହିଲେ, ଏହାର ବୋଧ କିପରି ଜାଗ୍ରତ ହେବ ? ୩୪୭

ଶ୍ରୀଶ୍ରୀଠାକୁର - ଏହି ଚେତନାର ଜାଗରଣ କେବଳ ଧର୍ମ ଦ୍ୱାରାହିଁ ସମ୍ଭବ । ଧର୍ମର ଉପାଦାନ ହେଲା being and becoming(ବଂଚିବା-ବଢ଼ିବା).ଏ କଥା ମନେ ରଖିବାକୁ ହେବ ଯେ ତୁମେ ଦୁନିଆର ପ୍ରତ୍ୟେକଙ୍କ ସହିତ ପାରସ୍ପରିକଭାବେ ସ୍ୱାର୍ଥାନ୍ୱିତ । ସମାଜ ଗଠନରେ ବେଦରେ ଯେଉଁ କଥା କୁହାଯାଇଛି ତାହା ଠିକ୍ - ସମାନୋ ମନ୍ତ୍ରଃ ସମିତି ସମାନୀ -ସମାନ ମନ୍ତ୍ର, ସମାନ ସମିତି । ସମାନ ମାନେ -equal ନୁହେଁ, equitable (ନ୍ୟାୟସଙ୍ଗତ)-ସାମାଜିକ ସ୍ଥିତି ମୁତାବକ ଯାହାର ଯାହା ପ୍ରୟୋଜନ ତାହା ତାର ପ୍ରାପ୍ୟ ।

ଅନୁଗତ - ଏହି ଦୃଷ୍ଟିରୁ ସମାଜର ଲୋକମାନଙ୍କୁ କେଉଁଭାବେ ବିଭାଗିତ କରାଯାଇପାରେ ? ୩୪୮

ଶ୍ରୀଶ୍ରୀଠାକୁର - ସମାଜରେ sincere and insincere (ଖାଣ୍ଟି ଓ ଅଖାଣ୍ଟି) ଦୁଇ ପ୍ରକାରର ଲୋକ ଥାଆନ୍ତି । ଖାଣ୍ଟି ଲୋକମାନେ ସାଧାରଣତଃ ସାଲିସବିହୀନ, ସେମାନେ କପଟତା ଓ insincerity (ଭଣ୍ଡାମି)କୁ ବରଦାସ୍ତ କରି ପାରନ୍ତି ନାହିଁ । କିନ୍ତୁ ବ୍ୟକ୍ତିଗତଭାବେ କାହାରି ପ୍ରତି ତାଙ୍କର ଆକ୍ରୋଶମୂଳକ ମନୋଭାବ ନ ଥାଏ । ତେଣୁ ଖାଣ୍ଟି ଓ ଅଖାଣ୍ଟି ଭିତରେ ଯେଉଁ ପ୍ରଭେଦ ତାର ଗୋଟାଏ ସୁସ୍ଥ ସମାଧାନ ଥାଏ କିନ୍ତୁ ଅଖାଣ୍ଟି ଓ ଅଖାଣ୍ଟି ଭିତରେ ଯେଉଁ ଅନୈକ୍ୟ ତାର ସମାଧାନ ଦୁରୂହ । ଦୁଇଜଣ ସିଆଣିଆ ଲୋକ ଯେତେବେଳେ ପାରସ୍ପରିକ ବିରୁଦ୍ଧଭାବକୁ ଘୋଡ଼ାଇ କୋଳାକୋଳି ହୁଅନ୍ତି ସେତେବେଳେ ସମାଜର ବହୁତ କ୍ଷତି କରନ୍ତି-ସବୁଠାରେ କପଟତା, ଅବିଶ୍ୱାସ ଓ ହୀନମନ୍ୟତା ପଶିଯାଏ ।

ଅନୁଗତ - ପରିବେଶ-ସେବାପରାୟଣତା କ'ଣ ସାମଗ୍ରିକ ଉନ୍ନତିର ଏକମାତ୍ର ପନ୍ଥା କି ? ୩୪୯

ଶ୍ରୀଶ୍ରୀଠାକୁର - ମୁଁ ତ ଭାବେ ପରିବେଶର ସେବା ଆତ୍ମସେବା ପରି । ପରିବେଶରେ ଯାହା ସତ୍ତାବିରୋଧୀ ତାର ପ୍ରତିରୋଧ କରିବାକୁ ହେବ । ମଣିଷ ଭିତରେ ଭଲ ଯେତେଟିକେ ଅଛି, ତାକୁ ସ୍ଫୁରିତ ସକ୍ରିୟ କରି ତୋଳିବାକୁ ହେଲେ ପ୍ରଥମେ ଦରକାର ତାକୁ ଭଲ ପାଇବା, ଅନେକ କ୍ଷେତ୍ରରେ ଭଲପାଇବା ଭୟମିଶ୍ରିତ ନ ହେଲେ କାର୍ଯ୍ୟକାରୀ ହୁଏ ନା । କେବଳ ଭୟ ମଧ୍ୟ କାର୍ଯ୍ୟକାରୀ ହୁଏ ନା, ତା ଯଦି ହୁଅନ୍ତା ତେବେ ଜେଲଖାନା, ଦ୍ୱୀପାନ୍ତର,

ଫାଶି ଇତ୍ୟାଦି ଶାସନର ଏତେ କଠୋରତା ସତ୍ତ୍ୱେ ପାପ ଓ ଅପରାଧ ବ୍ୟାପୁଛି କାହିଁକି ? ଅପରାଧ କରି ଯେଉଁମାନେ ଜେଲ ଯାଆନ୍ତି, ସେମାନେ ତ ଅପରାଧୀଙ୍କ ସଙ୍ଗେ ବେଶି ମିଶନ୍ତି ।

ଅନୁଗତ - ମଣିଷ କାହିଁକି ଅପରାଧ କରେ ? ୩୫୦

ଶ୍ରୀଶ୍ରୀଠାକୁର - କେଉଁ କ୍ଷେତ୍ରରେ ଜନ୍ମଗତ ଦୋଷ ଥାଏ, ପୁଣି କେଉଁ କେଉଁ କ୍ଷେତ୍ରରେ ସଙ୍ଗଗତ ଓ ଶିକ୍ଷାଗତ ଦୋଷ ଥାଏ । ସଙ୍ଗଦୋଷ ଓ ଶିକ୍ଷାଦୋଷଯୁକ୍ତ ଅପରାଧୀଙ୍କୁ ସୁଧାରିବା ସହଜ, କିନ୍ତୁ ଜନ୍ମଗତ ଦୋଷ ଥିବା ଅପରାଧୀଙ୍କୁ ସୁଧାରିବା ଅତ୍ୟନ୍ତ କଷ୍ଟକର । ସେ କ୍ଷେତ୍ରରେ ଶାସନ ଓ ତୋଷଣ ଦ୍ୱାରା ତାଙ୍କୁ ଏପରିଭାବରେ ନିୟୋଜିତ ରଖିବାକୁ ହେବ, ଯେପରି ସେ ଖରାପ ହେବାର ଅବକାଶ କ୍ୱଚିତ୍ ପାଏ । ତା ସତ୍ତ୍ୱେ ସେ ଯଦି ଅକର୍ମ କରେ, ତେବେ ଅକର୍ମ ଯେପରି ଅନିଷ୍ଟ ନ କରେ ତାହା ଦେଖିବାକୁ ହେବ । ମୋର ମନେହୁଏ ଅନେକ ଧରଣର ଅପରାଧପ୍ରବଣତା ବଂଶପରମ୍ପରା କ୍ରମେ, ସଂଚାରିତ ହୋଇଥାଏ । ତେଣୁ ଏ କ୍ଷେତ୍ରରେ ଅପରାଧୀମାନଙ୍କୁ sterile (ଜନନଶକ୍ତିରହିତ) କରିଦେବା ଭଲ - ସେମାନେ ଯେପରି ବଂଶବୃଦ୍ଧି କରି ସମାଜରେ ଅଧିକ କ୍ଷତି କରିବାର ସୁଯୋଗ ନ ପାଆନ୍ତି ।

ବିବାହ-ବିଭ୍ରାଟ ଯୋଗୁଁ ସମାଜରେ ଅନେକ ଅପରାଧ ପ୍ରବେଶ କରିଛି ଓ କରୁଛି । ତେଣୁ ସମାଜ ଓ ରାଷ୍ଟ୍ରରେ ଗୋଟାଏ ପ୍ରାଥମିକ ଦାୟିତ୍ୱ ହେଉଛି ବିବାହକୁ ସୁନିୟନ୍ତ୍ରିତ କରିବା -ଯାହା ଫଳରେ କୁଜନନ ତିରୋହିତ ହେବ, ସୁସ୍ଥ ଦେହ-ମନ ଜାତକଙ୍କ ସଂଖ୍ୟା ବୃଦ୍ଧି ପାଇବ ।

ଅନୁଗତ - ଆପଣ ନିଃସ୍ୱାର୍ଥପର ପରିବେଶ ସେବା କଥା କହୁଛନ୍ତି । ଭାରତର ଆର୍ଯ୍ୟମାନଙ୍କ ଆଚରଣ କ'ଣ ଏହିପରି ଥିଲା କି ? ୩୫୧

ଶ୍ରୀଶ୍ରୀଠାକୁର- ଆର୍ଯ୍ୟଜାତି ହେଉଛି ପ୍ରାଚୀନତମ ଜାତି ଏବଂ ବେଦ ହେଉଛି record of realisation of sages of the past (ଋଷିମାନଙ୍କର ଅନୁଭୂତି ବୃତ୍ତାନ୍ତ) । ଯେଉଁମାନେ ଏହାକୁ ମାନିଲେ ନାହିଁ, ସେମାନେ ପାରସ୍ୟ ଓ ଭାରତ ଛାଡ଼ି ଚାଲିଗଲେ । ସେମାନଙ୍କର ଆଚାର ଥିଲା, ବୈଶିଷ୍ଟ୍ୟପାଳୀ ଆପୂରୟମାଣ ପୁରୁଷୋତ୍ତମଙ୍କ ଅନୁବର୍ତ୍ତନ, ବର୍ଣ୍ଣାଶ୍ରମ, ଦଶବିଧ ସଂସ୍କାର, ନିତ୍ୟ ପଞ୍ଚମହାଯଜ୍ଞ, ଆଦର୍ଶ ଅନୁଲୋମ ବିବାହ, ଆଦର୍ଶ ଶିକ୍ଷା, ନିତି ପ୍ରତି ଜୀବନରେ ଯଜନ, ଯାଜନ, ଅଧ୍ୟୟନ, ଅଧ୍ୟାପନା, ଦାନ, ପ୍ରତିଗ୍ରହ, ପରିବେଶର ସେବା, ସଦାଚାର ପାଳନବ୍ରତ ଓ ତୀର୍ଥ ଅନୁସେବନ । ଏହି ସମସ୍ତ, ଆର୍ଯ୍ୟ ଆଚାରର ଅଙ୍ଗୀଭୂତ - ଆଜି ଏଗୁଡ଼ିକ ଯଦି ପାଳିତ ହେଉଥାନ୍ତା ତେବେ ସାମ୍ପ୍ରଦାୟିକତା ନ ଥାନ୍ତା ।

ଅନୁଗତ -ଆପଣ ଏସବୁ ଆଚାର କଥା କହୁଛନ୍ତି କିନ୍ତୁ ସମାଜର ଉଚ୍ଚ ଜାତିମାନେ ନୀଚ ଜାତିମାନଙ୍କୁ ଏପରି ଭାବରେ ଦୂର ଦୂର କଲେ ଯେ depressed class (ଦଳିତବର୍ଗ) ସୃଷ୍ଟି ହେଲା, untouchability (ଅସ୍ପୃଶ୍ୟତା) ହେତୁ ନୀଚଜାତିବର୍ଗ ଧର୍ମାନ୍ତରିତ ହେବାକୁ ପସନ୍ଦ କଲେ -ଏମିତି କାହିଁକି ହେଲା ? ୩୫୨

ଶ୍ରୀଶ୍ରୀଠାକୁର - ମୋର ମନେହୁଏ ନିମ୍ନବର୍ଗଙ୍କୁ ସେବା କରିବା ପ୍ରଥମେ ଦରକାର। କାହାର ସୁଖସୁବିଧା ଯଦି ମୋ ଦ୍ୱାରା ହୁଏ, ସେଥିପାଇଁ ମୁଁ ଚେଷ୍ଟା କରିବା ଉଚିତ। 'ଦଳିତ' ବା 'depressed' କଥାଟା ସ୍ୱୀକାର କରିବାକୁ ମୋର ଇଚ୍ଛା ହୁଏନା। ସେମାନଙ୍କୁ depressed କହି ଅଧିକ depressed କରି ଦିଆଯାଉଛି, ଗୋଟାଏ ଅଲଗା ସମ୍ପ୍ରଦାୟ ବା sect ତିଆରି ହେଉଛି। ସେମାନଙ୍କୁ ଉପରକୁ ଉଠାଇବାକୁ ହେଲେ ପ୍ରାଣପଣେ ସେମାନଙ୍କୁ ସେବା ଦିଅ, ସେମାନଙ୍କୁ ଭଲପାଅ,ସମାଜରେ ସ୍ୱାସ୍ଥ୍ୟ, ଶିକ୍ଷା ଓ ଶିଳ୍ପର ଉନ୍ନତି କର, ଏବଂ ସେମାନେ ଯେପରି elevated (ଉଚ୍ଚ)ମାନଙ୍କ ସହିତ contactରେ (ସଂସ୍ପର୍ଶରେ) ଆସି ପାରନ୍ତି, ସେମାନଙ୍କ ସହିତ ମିଶି ପାରନ୍ତି ତାହାର ଉପାୟ କର। ଆଉ ଜାତି ଭିତରେ compactness (ସଂହତି) ଅନୁଲୋମ ବିବାହ ଦ୍ୱାରା ସମ୍ଭବ ହୁଏ। ଅଭ୍ୟାସ ଓ ଅଭିଜ୍ଞତା ଯେଉଁମାନଙ୍କର ଅଛି, ଯେଉଁମାନେ ସମାଜରେ ପ୍ରଧାନ ହେବାକୁ, ନେତା ହେବାକୁ ଚାହାନ୍ତି, ସେମାନେ ପ୍ରଥମେ ଜନତାର ଶ୍ରଦ୍ଧାଭାଜନ ହେବା ଉଚିତ।

(ଆଲୋଚକ- ଶ୍ରୀଶ୍ରୀଠାକୁରଙ୍କର ଗୋଟିଏ ବାଣୀ -

"ଏକପ୍ରାଣତାର ମମତ୍ୱରେ
ପରସ୍ପରର ସମାବେଶ
ନିବିଡ଼ ଅତୁଟ ହେଲେ ହିଁ ଜାଣିଥା
ଗୋଟିଏ ଦାନାରେ ବାନ୍ଧିବ ଦେଶ।")

ଶ୍ରୀଶ୍ରୀଠାକୁର 'ଚଲାର ସାଥୀ' ଗ୍ରନ୍ଥରେ କହିଲେ -

ଦେଶ

ସମାଜର ସେବା କରି
ଯେଉଁମାନେ ପଦସ୍ଥ ହୋଇଛନ୍ତି
ସେଇମାନେ ହିଁ ସମାଜପତି;-
ଏବଂ ଏଇ ସମାଜପତିଙ୍କୁ ଅବଲମ୍ବନ କରି
ଯେଉଁ ଜନମଣ୍ଡଳୀ ଯେଉଁଠାରେ ବାସ କରି
ତାଙ୍କର ଆଦେଶର ଅନୁସରଣ କରିଥାନ୍ତି
କିମ୍ବା କରନ୍ତି,
ସେଇ ସ୍ଥାନକୁ ହିଁ ସେଇ ଦେଶ ବୋଲି
ଅଭିହିତ କରାଯାଏ। (ବାଣୀ-୨୯୪)

ଆଦର୍ଶ, ଆଦେଶ ଓ ଦେଶ

"ଆଦର୍ଶ ଯାହାର ନାହିଁ,
ଆଦେଶ ଯାହାକୁ ଅପମାନିତ କରେ,
ଦେଶ ତାର ନର୍କରେ।" (ବାଣୀ-୨୯୬)

ଅନୁଗତ - ଭାରତକୁ ପୂର୍ବେ ଦେବଲୋକ କାହିଁକି କୁହାଯାଉଥିଲା ? ୩୫୩

ଶ୍ରୀଶ୍ରୀଠାକୁର - ଦେବତାର ଅର୍ଥ ଯେ ଦୀପ୍ତି ପାଆନ୍ତି । ଦେବଲୋକ ମଣିଷ ଜୀବନର ଗୋଟାଏ plane (ସ୍ତର) ବିଶେଷ । ସମାଜରେ, ପ୍ରତ୍ୟେକ ମଣିଷ ଯେତେବେଳେ with all his characteristics (ତାର ସକଳ ବିଶେଷତା ସହ), ପରିବେଶର ଉନ୍ନତି ପାଇଁ ପ୍ରତିପ୍ରତ୍ୟେକଙ୍କ regard and interest(ଶ୍ରଦ୍ଧା ଓ କୌତୁହଳ)ର ପାତ୍ର ହୁଅନ୍ତି, ସମାଜରେ ଏହି ଇଷ୍ଟାନୁଗ ସେବା ହେତୁ ଯେତେବେଳେ ସମସ୍ତଙ୍କ ଜୀବନ ଦୀପ୍ତି ଲାଭ କରି ଅଗ୍ରସର ହୁଏ, ତାହା ଲୋକଚରିତ୍ରରେ ପ୍ରକାଶିତ ହୁଏ, ସେତେବେଳେ ସେମାନେ ଦେବଲୋକରେ ବାସ କରନ୍ତି । ଦିନେ ଭାରତକୁ ପୃଥିବୀର ଲୋକେ ଦେବଭୂମି କହୁଥିଲେ ଅର୍ଥାତ୍ ସେତେବେଳେ ଭାରତବର୍ଷରେ ଯେଉଁ ଲୋକମାନେ ବାସ କରୁଥିଲେ, ଅଧିକାଂଶଙ୍କ ଚରିତ୍ର ଥିଲା ଦେବୋପମ । ଏହି ଭାରତବର୍ଷ ପୁଣି ଦେବଭୂମି ହୋଇପାରେ, ଯଦି ତୁମେମାନେ ପୁଣି ସେହି ଆର୍ଯ୍ୟ-ଆଚାରରେ ଚାଲ ।

ଅନୁଗତ - ଆମଦେଶ ଅବନତି ବା ଉନ୍ନତି ପଥରେ ଅଛି କି ନାହିଁ କିପରି ଜାଣିବା ? ୩୫୪

ଶ୍ରୀଶ୍ରୀଠାକୁର - ଜାତି ଯେତେବେଳେ ତଳକୁ ଖସେ, ସେତେବେଳେ ତାର inquisitivenessର (ଅନୁସନ୍ଧିତ୍ସାର) ଅଭାବ ଘଟେ, selfish enjoyment (ସ୍ୱାର୍ଥପର ଉପଭୋଗ) prominent (ପ୍ରଧାନ) ହୋଇଉଠେ । ଆମେ ଏବେ ଆରାମ କରିବାକୁ ପସନ୍ଦ କରୁଛୁ, କଷ୍ଟ କରିବାର ଅଭ୍ୟାସ କମିଗଲାଣି । ଆଜି ଭାରତରେ ସାମ୍ପ୍ରଦାୟିକତାକୁ ନେଇ, ତାକୁ ଧର୍ମର ବେଶ ପିନ୍ଧାଇ ଯେଉଁ ହିଂସା ଓ ଦ୍ୱେଷ - ସେଥିରେ ସଂକୀର୍ଣ୍ଣତା ଅଛି, ଧର୍ମ ନାହିଁ । ଭାରତ ଅତୀତରେ ସାର୍ବଭୌମିକ ଚିରନ୍ତନ ଚାଳକଙ୍କ ଦ୍ୱାରା ପ୍ରଣିତ ଅନୁଶାସନ ପଦ୍ଧତିକୁ ଅନୁସରଣ କରି ବଡ଼ ହୋଇଛି । ଏହି ଚାଳକ ହେଲେ ଭଗବାନ ଓ ମଣିଷ ଭିତରେ ମଧ୍ୟସ୍ଥି । ତାଙ୍କର ଆବଶ୍ୟକତାକୁ ଯେଉଁମାନେ ସ୍ୱୀକାର କରନ୍ତି ନାହିଁ, ପ୍ରଶ୍ନ ଉଠାନ୍ତି- ସେମାନେ ଭଗବାନଙ୍କ ସମ୍ପର୍କରେ ଏକ ଅହେତୁକ କପୋଳକଳ୍ପିତ ଧାରଣା ହେତୁ ଏପରି କରିଥାନ୍ତି । ଯେଉଁଠି କଥା ଉଠେ ଯେ country first, then religion (ପ୍ରଥମେ ଦେଶ ଓ ତାପରେ ଧର୍ମ), ସେତେବେଳେ ମୁଁ କହେ ପ୍ରଥମେ ଆଦର୍ଶ, ତାପରେ ଦେଶ ।

ଅନୁଗତ- ଦେଶର ଲୋକମାନଙ୍କୁ କିପରି ଅଧିକ ଯୋଗ୍ୟ କରାଯାଇ ପାରିବ ?୩୫୫

ଶ୍ରୀଶ୍ରୀଠାକୁର - ଚିତ୍ତର ଦୈନ୍ୟ ନ ଗଲେ ବିତ୍ତ ଧ୍ୱଂସ ଓ ଦୁଃଖର କାରଣ ହୁଏ । କିଛି କରିବାକୁ କାହାକୁ କହିଲେ ସେ କହିବ, ଟଙ୍କା ଦିଅ । ତାକୁ ଟଙ୍କା ଦେଲେ ମଧ୍ୟ ଉଚିତ ବ୍ୟବହାର ହେବ ନାହିଁ । ଯେଉଁଥିପାଇଁ ଟଙ୍କା ନେଲା, ସେଥିପାଇଁ ଖର୍ଚ୍ଚ ନ କରି, ଆଉ କିଛି କାମରେ ଲଗାଇବ ବା ବଦଖର୍ଚ୍ଚ କରିଦେବ । ଫାଙ୍କି ମାରି ଖାଇବାର ବୁଦ୍ଧି । ଏହି ଫାଙ୍କି ମାରି ଅନ୍ୟଠାରୁ ଟଙ୍କା ନେଇ ଧପ୍ପାବାଜି କରିବା -ଏହାର ପଛରେ ଅଛି ଦାରିଦ୍ର୍ୟବ୍ୟାଧି - ଏମାନେ ସଦାସର୍ବଦା ଅଶ୍ରଦ୍ଧାପରାୟଣ ଓ ଈର୍ଷାପରାୟଣ । ମୁଁ କାମ କରିବାକୁ ଅନେକଙ୍କୁ ସୁବିଧା ସୁଯୋଗ ଦେବାକୁ ଯାଇ ତୁମଠୁ ମାଗି, ତାଠୁ ମାଗି ଟଙ୍କା ନେଇ ସେମାନଙ୍କୁ ଦିଏ,

ମତେ ଅନେକେ ସେଥିପାଇଁ ବୋକା ମନେ କରନ୍ତି,-କିନ୍ତୁ କଥାଟା ତା ନୁହେଁ। ଜଣକୁ ସୁବିଧା ଓ ସୁଯୋଗ କରିଦେଲେ ସେ ଖୁସି ହୁଏ, ସେଇ ଖୁସିର ଯେଉଁ ଅଭିବ୍ୟକ୍ତି ଫୁଟି ଉଠେ, ଏଥିରେ ନିଜର ଅନ୍ତଃକରଣ ଯେ କେତେ ହୃଷ୍ଟପୁଷ୍ଟ ହୋଇଉଠେ, ନିଜେ ସୁବିଧା ପାଇଲେ ତାହା ହେବ ନାହିଁ।

ଯେତେବେଳେ ତୁମେ ଆଦର୍ଶ ପରାୟଣ ହୋଇ ଉଠିବ, କିଏ ତୁମକୁ ଶ୍ରଦ୍ଧା,ସମ୍ମାନ, ଆପ୍ୟାୟନ କଲା କି ନ କଲା ସେଥିପ୍ରତି ନଜର ଦେବାକୁ ତୁମର ଅବକାଶ ନ ଥିବ, ସେତେବେଳେ ଦେଖିବ ତୁମକୁ ଶ୍ରଦ୍ଧା ଓ ସମ୍ମାନ ଦେବା ପାଇଁ ସମସ୍ତେ ବ୍ୟସ୍ତ ହୋଇ ଉଠୁଛନ୍ତି। ଯେତେବେଳେ ନିଜ କଥା ଭୁଲି, ନିଜର ପେଟ କଥା ଭୁଲି ସମସ୍ତଙ୍କ ପେଟ ପାଇଁ ବ୍ୟସ୍ତ ହେଉଛ, ସେତେବେଳେ ତୁମକୁ କିଛି ଖୁଆଇ ପାରିଲେ, ଦେଇ ପାରିଲେ, ମଣିଷ ଯେପରି ପ୍ରାଣ ପାଇବ।

ଅନୁଗତ - ଆମ ଦେଶର ଅର୍ଥନୈତିକ ଉନ୍ନତି ପାଇଁ କ'ଣ କରାଯିବ ? ୩୫୬

ଶ୍ରୀଶ୍ରୀଠାକୁର - ପ୍ରତ୍ୟେକ ନାଗରିକର ଆୟ-ଉପାର୍ଜନ ବଢ଼ାଇବା ପାଇଁ ଘରେ ଘରେ କିଛି କିଛି କୁଟୀରଶିଳ୍ପର ପ୍ରବର୍ତ୍ତନ କରିବା ଦରକାର। କୁଟୀରଶିଳ୍ପ ଉପଯୋଗୀ ଯନ୍ତ୍ରପାତି ମଧ୍ୟ ବାହାର କରିବାକୁ ପଡ଼ିବ ଯାହାକୁ ବ୍ୟବହାର କରି ଘରେ ଥାଇ ଦୁଇ ପଇସା ରୋଜଗାର ହୁଏ। ଲୋକେ ଅଳସୁଆ ହୁଅନ୍ତି କାରଣ କାମର ଯେ କି ସୁଖ ତାର ଟେର ପାଆନ୍ତି ନାହିଁ ବୋଲି। ଜଣେ ଚାଷ କରୁଛି, ଚାଷଟା କିପରି ଅଧିକ ଲାଭଜନକ ହେବ, ସେ ବିଷୟରେ ତାକୁ ଶିକ୍ଷିତ କରି ତୋଳିବାକୁ ପଡ଼ିବ। କୃଷିଜାତ ଦ୍ରବ୍ୟକୁ ଭିତ୍ତି କରି କେଉଁ କେଉଁ କୁଟୀରଶିଳ୍ପ କରାଯାଇପାରେ, ତାହା ମଧ୍ୟ ବତାଇ ଦେବାକୁ ହେବ। ଯେଉଁ ଜିନିଷ ସେମାନେ ତିଆରି କରିବେ, ତାର ବିକ୍ରି ବ୍ୟବସ୍ଥା କରିବାକୁ ହେବ। ଏହା ସବୁ ହେଉଛି ମୋର କାମ ଏପରି ଧରି ନେବାକୁ ହେବ।

(ଆଲୋଚକ- ଦେଶର ବେକାର ସମସ୍ୟାର ଦୂରୀକରଣ ପାଇଁ ଶ୍ରୀଶ୍ରୀଠାକୁର "ଚଲାର ସାଥୀ" ଗ୍ରନ୍ଥରେ କହିଛନ୍ତି –

ବେକାର-ସମସ୍ୟାରେ

ବଞ୍ଚି ରହିବାକୁ ଗଲେ ହିଁ ଆହରଣ ଓ
ଆହାରର ଯେପରି ପ୍ରୟୋଜନ
ସେଇପରି ଆହରଣ କରିବାକୁ ହେଲେ
କର୍ମର ମଧ୍ୟ ପ୍ରୟୋଜନ-
ତୁମେ ନିଜର ଓ ତୁମର ପାରିପାର୍ଶ୍ୱିକର
ପ୍ରୟୋଜନକୁ ଅନୁଧାବନ କରି
ତାହାର ପରିପୂରଣ ହୋଇପାରେ
ଏପରି କିଛି-ନା-କିଛି କରିବ ଅବଶ୍ୟ-

ଏବଂ ଏହାଦ୍ୱାରା କର୍ମର ପଥ ମଧ୍ଯ ଦିନକୁ ଦିନ
ପରିସର ଓ ପରିଷ୍କାର ହୋଇଉଠିବ
ଦେଖିବ-
ଏହାକୁ ଚରିତ୍ରଗତ କରି ପକାଇ ପାରିଲେ ହିଁ
ବେକାର ସମସ୍ୟା ଭୟଙ୍କର ହୋଇ
ଉତ୍କଟ ପରି
ଶଙ୍କିତ କରି ପାରିବ ନାହିଁ। (ବାଣୀ-୨୬୫)

ଅନୁଗତ - ଆମ ଦେଶରେ ଅନେକ ଦଳ ଓ ସେମାନେ ପ୍ରତିଯୋଗିତା କଲାପରି ନାନାପ୍ରକାର ଆନ୍ଦୋଳନ କରୁଛନ୍ତି। ଏହା ଦେଶ ପାଇଁ ହିତକାରୀ କି ? ୩୫୭

ଶ୍ରୀଶ୍ରୀଠାକୁର- କହିରଖେ, ଆଜିକାଲିର ତଥାକଥିତ ଆନ୍ଦୋଳନସବୁ ବିଦ୍ୱେଷ, ଅଶ୍ରଦ୍ଧା ଓ ହୀନମନ୍ୟତାକୁ ଯେତେ ପୁଷ୍ଟ କରୁଛି, ଶ୍ରଦ୍ଧାକୁ ତାର ଚାରିଭାଗରୁ ଏକ ଭାଗ ମଧ୍ୟ ପୋଷଣ କରୁ ନାହିଁ। ପରିସ୍ଥିତି ଯଦି ଏପରି ଚାଲେ, ତେବେ ପ୍ରତି କ୍ଷେତ୍ରରେ, ପ୍ରତ୍ୟେକ ପରିବାରରେ, ସମାଜରେ ବିଶୃଙ୍ଖଳା ଦେଖା ଦେବ। ମୁଁ ତ ମୂର୍ଖଲୋକ, ମୋ କଥା ଶୁଣେ ବା କିଏ କିନ୍ତୁ ଦାସୀର କଥା ବାସି ହେଲେବି କାମରେ ଲାଗିବ।

ଅନୁଗତ - ଶିଳ୍ପାୟନରେ ଧର୍ମଘଟ ଲାଗିରହୁଛି। କ'ଣ କରାଯିବ ? ୩୫୮

ଶ୍ରୀଶ୍ରୀଠାକୁର - ଏଥିରେ ଦରିଦ୍ର ଜନସାଧାରଣ ହିଁ ମରନ୍ତି। ଶ୍ରମିକମାନଙ୍କର ଅସଙ୍ଗତ ଦାବୀ ତ ପୁଞ୍ଜିପତି ବହନ କରିପାରିବ ନାହିଁ। ଜିନିଷର ଦାମ ବଢ଼ାଇବ, ଆଉ ସେହି ଭାର ବହନ କରିବାକୁ ହେବ ଦରିଦ୍ର ଜନସାଧାରଣଙ୍କୁ। ଲୋକମାନଙ୍କୁ betray (ବିଶ୍ୱାସଘାତକତା) କରିବାକୁ ଶିଖାଇ ଶିଖାଇ, କର୍ତ୍ତବ୍ୟ ଓ ଦାୟିତ୍ୱଜ୍ଞାନହୀନ ଦାବିର ମନୋଭାବ ବଢ଼ାଇ ଦେଇ ଧୀରେ ଧୀରେ ମଣିଷକୁ ପଙ୍ଗୁ କରି ଦିଆଯାଉଛି।

ଅନୁଗତ - ମହମ୍ମଦ ଆସିବାପରେ ତାଙ୍କ ଅନୁଗାମୀମାନେ ଦୁର୍ଦ୍ଧର୍ଷ ହୋଇଉଠିଲେ, ଅଥଚ ଭାରତ ଦେବଭୂମି ଥାଇ ମଧ୍ୟ ପ୍ରଥମେ ମୋଗଲ ଓ ପରେ ଇଂରେଜମାନଙ୍କ ଶାସନାଧୀନ ରହିଲା। ଏପରି କାହିଁକି ହେଲା ? ୩୫୯

ଶ୍ରୀଶ୍ରୀଠାକୁର- ଅଶୋକଙ୍କ ହାତରେ ପଡ଼ି ବୌଦ୍ଧଧର୍ମରେ କିଛି କିଛି ବିକୃତି ଦେଖାଦେଲା। ବର୍ଣ୍ଣାଶ୍ରମ ରହିଲା ନାହିଁ। ତାପରେ ଆସିଲା ଶଙ୍କରାଚାର୍ଯ୍ୟଙ୍କ ମାୟାବାଦ - 'ବ୍ରହ୍ମ ସତ୍ୟ ଜଗତ୍ ମିଥ୍ୟା'। ବସ୍ତୁତାନ୍ତ୍ରିକତାରେ ଆଧ୍ୟାତ୍ମିକତା ସଫଳ ହେବା କଥା ମଣିଷ ଭୁଲିଗଲା। ବୁଦ୍ଧଦେବ ଓ ଶଙ୍କରାଚାର୍ଯ୍ୟ ଏହି ଦୁଇଜଣଙ୍କ ସମୟରୁ ଅସତ୍-ନିରୋଧ ଉପରେ ଗୁରୁତ୍ୱ ଦିଆଗଲା ନାହିଁ। ବ୍ୟକ୍ତିଗତ ସାଧନା ଉପରେ ଜୋର ଦିଆଗଲା। ସର୍ବାଙ୍ଗୀନ ଭାବଧାରା କହିଲା ନାହିଁ, ସର୍ବସଙ୍ଗତିସଂପନ୍ନ ଧାରା ଫୁଟି ଉଠିଲା ନାହିଁ; ଫଳ ହେଲା ନର୍ବୀର୍ଯ୍ୟତା। ତୁମେମାନେ ଯଦି ଅସତ୍-ନିରୋଧୀ ପରାକ୍ରମ-ପ୍ରବୃଦ୍ଧ ହୋଇ ବୈଶିଷ୍ଟ୍ୟପାଳୀ ଆପୂରୟମାଣ ଆଦର୍ଶଙ୍କୁ ଭିତ୍ତିକରି, ସବୁ ସଂପ୍ରଦାୟ ସଙ୍ଗତିପୂର୍ଣ୍ଣ ଭାବେ ଚଳ, ତେବେ ପୁଣି ଜଗତରେ ଅଜେୟ ହୋଇଉଠିବ।

(ଆଲୋଚକ-ବସ୍ତୁତାନ୍ତ୍ରିକ ଆଧ୍ୟାତ୍ମିକତାର ଆମ ଜାଣିବାରେ ପ୍ରଥମ ପ୍ରବକ୍ତା ହେଲେ ଶ୍ରୀଶ୍ରୀଠାକୁର। ୧୯୯୯-୨୦୦୦ ମସିହାରେ ତତ୍କାଳୀନ ପ୍ରଧାନମନ୍ତ୍ରୀ ଅଟଳବିହାରୀ ବାଜପେୟୀ ଏହାକୁ ଉପଲବ୍ଧି କରିଥିଲେ। ସେ ଏକ ଚିତ୍ତାକର୍ଷକ ପ୍ରଶ୍ନ ଉତ୍‌ଥାପନ କରିଥିଲେ- **India କେବେ ଭାରତ ହେବ ?** ଏହି ପ୍ରଶ୍ନଟିରେ ବହୁତ କଥା ଆସିଯାଏ, ଦେଶ ପରାଧୀନତାର କାରଣ, ଉଚ୍ଚବର୍ଗର ନୀଚବର୍ଗ ପ୍ରତି ଅଶ୍ରଦ୍ଧା, ଗ୍ରାମାଞ୍ଚଳର ଦୁର୍ଦ୍ଦଶା। ସେଥିପାଇଁ ସେ ସ୍ଥିର କଲେ ଯେ ଗ୍ରାମାଞ୍ଚଳର ଉନ୍ନତି କଳ୍ପେ ପ୍ରଥମେ ଦରକାର ଯାତାୟାତର ସୁବିଧା, ଏହାଦ୍ୱାରା ଯୋଗାଯୋଗ ସ୍ଥାପିତ ହେଲେ ଉନ୍ନତିର ପଥ ସୁଗମ ହେବ; "Prime Minister Gramin Sadak Yojana" ଆରମ୍ଭ କଲେ। ଏହି ଯୋଜନା ଯୋଗୁଁ ଗ୍ରାମାଞ୍ଚଳକୁ ପରିବହନର ସୁବିଧା ହେତୁ ଅତି ଭିତରର ସ୍ଥାନକୁ ମଧ୍ୟ ଉନ୍ନତ କରିବାର ଅବକାଶ ଆସିଲା। ତାଙ୍କର ଏହି ଦୂରଦୃଷ୍ଟି ପାଇଁ ସେ ଚିରକାଳ ଦେଶବାସୀଙ୍କ ନମସ୍ୟ ହୋଇ ରହିବେ।)

ଅନୁଗତ - ତେବେ ଭାରତର ଉନ୍ନତି କିପରି ହେବ ବୋଲି ଆପଣ ଭାବୁଛନ୍ତି ? ୩୬୦

ଶ୍ରୀଶ୍ରୀଠାକୁର -ଭାରତ ଭାରତହିଁ ହୋଇ ରହୁ। ତାହେଲେ ଭାରତ ବଂଚିବ ଓ ଜଗତ ବଂଚିବ। ଆମ ଦେଶକୁ ଆମେରିକା, ଇଂଲଣ୍ଡ, ରୁଷିଆ କରି ଲାଭ ନାହିଁ। ଆଦର୍ଶ ପରାୟଣତାର ଅଭାବରେ ପାଶ୍ଚାତ୍ୟ ଆଜି ତାର ସମସ୍ତ ଶକ୍ତି ଓ ସାମର୍ଥ୍ୟ ନେଇ ନିଜର କବର ନିଜେ ଖୋଳୁଛି, ଏବଂ ଭାରତ ମଧ୍ୟ ସେମାନଙ୍କୁ ଯଦି ଅନୁସରଣ ଓ ଅନୁକରଣ କରିବା ନ ଛାଡ଼େ ତେବେ ଦେଶ ପାଇଁ କ୍ଷତି ଛଡ଼ା ଲାଭ ନାହିଁ। ପୁରୁଷୋତ୍ତମଙ୍କର ପତାକା ବହନ କରି ଭାରତ ପୁଣି ଜଗତସଭାରେ ମୁଣ୍ଡ ଟେକି ଠିଆ ହେଉ,-ପ୍ରେମ-ଭକ୍ତି-ଜ୍ଞାନର ପସରା ମୁଣ୍ଡରେ ଧରି। ସାରା ଦୁନିଆ ଆସି ସେଦିନ ଭାରତ ପାଖରେ ନତଜାନୁ ହୋଇ ଭିକ୍ଷା ମାଗିବ,-ହେ ଭାରତ, ଆମକୁ ଯାହା ଅନ୍ତରରେ ଓ ବାହାରେ ଉଭୟଠାରେ ଅମୃତମୟ କରିବ, ସେଇ ସର୍ବାର୍ଥ ସାଧନାର ମହାମନ୍ତ୍ର ଶିଖାଇ ଦିଅ। ପ୍ରବୃତ୍ତିବିଦୀର୍ଣ୍ଣ ହୋଇ ଅନ୍ତରର କ୍ଷତଜ୍ୱାଳାରେ ଆମେ ମରି ଯାଉଛୁ, ଆମକୁ ବଂଚାଅ।

ତାପରେ ସେ କବି ଦ୍ୱିଜେନ୍ଦ୍ରଲାଲ ରାୟଙ୍କ କବିତାରୁ ଗାଇ ଉଠିଲେ -

"ଯେ ଦିନ ସୁନୀଳ ଜଳଧୀରୁ
ଉଠିଲା ଜନନୀ ! ଭାରତବର୍ଷ !
ଉଠିଲା ବିଶ୍ୱେ ସେ କି କଳରବ,
ସେ କି ମା ଭକ୍ତି, ସେ କି ମା ହର୍ଷ !"

ଅନୁଗତ - କିନ୍ତୁ ଏହି ଧର୍ମ, ଆଦର୍ଶକୁ ଅନୁସରଣ ନ କରି ତ ପାଶ୍ଚାତ୍ୟ ଦେଶମାନେ ପ୍ରଗତିପଥରେ ମାଡ଼ି ଚାଲିଛନ୍ତି, ଏହା କିପରି ? ୩୬୧

ଶ୍ରୀଶ୍ରୀଠାକୁର-Egoistic ambition (ଅହଂକାରୀ ଉଚ୍ଚାଭିଳାଷ)ର ଅନୁପ୍ରେରଣାରେ ସେମାନେ ପ୍ରଗତି ଦିଗରେ ଯାଉଛନ୍ତି। ତାଙ୍କ ସାମନାରେ କେହି ଜଣେ ଆଦର୍ଶ ନାହିଁ,

ଯାହାଙ୍କୁ ପରିପୂରଣ କରି, ସେମାନେ ଓ ତାଙ୍କ ଦେଶ ସାର୍ଥକତା ଲାଭ କରିପାରେ । ପୁଣି ଏହି ଅହଂକାରୀ-ପ୍ରଗତିପଥରେ ସେଠାରେ ଉଦ୍ଭାବନ ମଧ୍ୟ କମ ମୁଣ୍ଡ ଟେକି ନାହିଁ । କିନ୍ତୁ ଏହି ପ୍ରଗତି, ଆଦର୍ଶଙ୍କ ଅଭାବରେ ବଂଚିବା-ବଢ଼ିବାର progressive balance (ପ୍ରଗତିଶୀଳ ଭାରସାମ୍ୟ) ହରାଇ ପ୍ରାୟଶଃ war (ଯୁଦ୍ଧ) ଆଣିଥାଏ । ତେଣୁ ମଣିଷର ଓ ଦେଶର ପ୍ରଗତିରେ ଆଦର୍ଶ ନ ଥିଲେ war (ଯୁଦ୍ଧ) ହିଁ demolishing agent ହୁଏ, ପୁଣି ଯୁଦ୍ଧର କଳୁଷ କଠୋର ବିଧ୍ୱସ୍ତତା ପ୍ରତିପ୍ରାଣରେ ହାହାକାର ସୃଷ୍ଟି କରେ । ତେଣୁ ଆଦର୍ଶ ଓ ଆଦର୍ଶ ନିର୍ଦ୍ଦେଶିତ ପଥ ଖୋଜିବାକୁ ମଣିଷ ଆତୁର ହୁଏ ଯାହା ଫଳରେ ପୁଣି world of peace, love and life ଆଉ ଥରେ ଫେରି ଆସେ; llife (ଜୀବନ) କଥା ଏଥିପାଇଁ କହୁଛି ଯେ ମଣିଷ deteriorate କରିବାକୁ (ଅଧଃପତନରେ ଯିବାକୁ) ଚାହେଁ ନା, ତାର inner tendency of love (ପ୍ରେମର ଅନ୍ତର୍ନିହିତ ପ୍ରବଣତା)ରେ ଅଛି enjoyment (ଉପଭୋଗ) । ତାହେଲେ to live and to enjoy harmlessly (ବଞ୍ଚିବା ଓ ନିରୀହ ଉପଭୋଗ)- ଏଥିରେ ଅଛି ମଣିଷର ସାର୍ଥକତା । Reformer (ସଂସ୍କାରକ) ଆସନ୍ତି, କିନ୍ତୁ ଯେଉଁ reformer ଆଦର୍ଶଙ୍କୁ ପରିପୂରଣ କରିବାର ପ୍ରୟାସ ନେଇ କାମ କରନ୍ତି, ସେମାନେ ସଫଳ ହୁଅନ୍ତି, ଆଉ reform ଯଦି ଆଦର୍ଶକେନ୍ଦ୍ରିକ ନ ହୁଏ ତେବେ ତା କ୍ଷଣସ୍ଥାୟୀ ହୁଏ ।

ଅନୁଗତ - କିନ୍ତୁ ପଶ୍ଚିମ ଦେଶଗୁଡ଼ିକର ସେମାନଙ୍କର liberal thinking and attitude (ଉଦାରପନ୍ଥୀ ଚିନ୍ତାଧାରା) ଯୋଗୁଁ ଉନ୍ନତି ଘଟିଛି । ତାକୁ ଆପଣ ଅସ୍ୱୀକାର କିପରି କରିବେ ? ୩୬୨

ଶ୍ରୀଶ୍ରୀଠାକୁର - ମୁଁ ଭାବେ ଏପରି ବୁଝିବାଟା ଭୁଲ । Free and liberal thinking (ସ୍ୱାଧୀନ ଉଦାରଚିନ୍ତା) ଅନେକ କ୍ଷେତ୍ରରେ ବିଶିଷ୍ଟତା ବର୍ଜିତ ଉଚ୍ଛୃଙ୍ଖଳତା ସୃଷ୍ଟି କରେ । ଏହି ପାଶ୍ଚାତ୍ୟ ଅନୁକରଣରେ ଆମ ଦେଶର ତଥାକଥିତ ଶିକ୍ଷିତଗଣ ଯେତେ ଶୃଙ୍ଖଳାବିହୀନ ହେଉଛନ୍ତି, ସେମାନଙ୍କ ତୁଳନାରେ ଗ୍ରାମାଞ୍ଚଳରେ ବାସ କରୁଥିବା ନିରକ୍ଷରଗଣ, ସରଳ କିନ୍ତୁ ଉଚ୍ଛୃଙ୍ଖଳ ନୁହନ୍ତି । ପଶ୍ଚିମ ସଭ୍ୟତାର ଭଲଦିଗ ଗୁଡ଼ିକୁ ବାଦ୍ ଦେଇ ଆମର ଏହି ଶିକ୍ଷିତ ଗୋଷ୍ଠୀ ମନ୍ଦଗୁଡ଼ିକୁ ଗ୍ରହଣ କରି ବିଭ୍ରାନ୍ତ ହେଉଛନ୍ତି । ପାଶ୍ଚାତ୍ୟ ସଭ୍ୟତାର efficiency (ଦକ୍ଷତା), inquisitiveness (ଅନୁସନ୍ଧିତ୍ସା), industrious habits (ଶ୍ରମପରାୟଣତାର ଅଭ୍ୟାସ), practicability (ବାସ୍ତବତାର ଜ୍ଞାନ), scientific trend (ବୈଜ୍ଞାନିକ ଧାରା), sense of national prestige (ଜାତୀୟ ମର୍ଯ୍ୟାଦାବୋଧ) ଆମ ଭିତରେ କମ ସଂଚାରିତ ହୋଇଛି । ଆମର ଯାହା ନିଜସ୍ୱ ତାକୁ ବାଦ୍ ଦେଇ, ଚମକପ୍ରଦ ନୂଆ କିଛି ପାଇଲେ, ଆମେ କ'ଣ ନାହିଁ କ'ଣ କରି ପକାଉ । ଘୃଣା ଓ ଅବଶୋଷରେ ମୋର ଛାତି ଭିତରଟା ଯେପରି କ'ଣ ହୋଇଯାଏ । ପରର ଚାକର ନ ହୋଇ ସ୍ୱାଧୀନଭାବରେ ପେଟ ପାଇଁ ଭାତ ଯୋଗାଡ଼ କରିବାର ମର୍ଦ୍ଦ ପଣିଆ ଆମର ନାହିଁ । ପାରସ୍ପରିକ ଶ୍ରଦ୍ଧାର ଘୋର ଅଭାବ, ଶ୍ରଦ୍ଧା ନ ଥିଲେ ମଣିଷ ଅନ୍ତଃସାରଶୂନ୍ୟ ହୋଇ ପଡ଼େ । ମଣିଷର ଶ୍ରଦ୍ଧାର ଭଣ୍ଡାରକୁ ଶୂନ୍ୟ କରିଦେଇ ହୃଦୟକୁ ଶୁଷ୍କ କରି ଦେଇ, କେବଳ ମସ୍ତିଷ୍କ ଓ ଯୁକ୍ତି-ଆଚାରକୁ ଯେତେ ପୁଷ୍ଟ କରା ଯାଉ ନା କାହିଁକି ତଦ୍ୱାରା କାହାର କଲ୍ୟାଣ ହୁଏନା ।

ଅନୁଗତ - ବର୍ତ୍ତମାନ industrialism (ଶିଳ୍ପପ୍ରଧାନ ସମାଜବ୍ୟବସ୍ଥା) ଓ militarism (ସାମରିକ ଅବସ୍ଥା) ଯେଉଁ ମହାସମସ୍ୟାକୁ ଘନୀଭୂତ କରୁଛି, କେତେବେଳେ ଦେଶ-ଦେଶ ମଧ୍ୟରେ ଯୁଦ୍ଧ ଆଉ କେତେବେଳେ ଯେ ମହାସମର ହେବ କିଏ କହିବ ? ୩୬୩

ଶ୍ରୀଶ୍ରୀଠାକୁର - ଯେଉଁମାନେ ଆଦର୍ଶରେ ଅନୁପ୍ରାଣିତ ନୁହନ୍ତି, ସେମାନେ ସେବା ଓ ସହାବସ୍ଥାନରେ ହୁଏତ କିଛିଦିନ ଚାଲନ୍ତି କିନ୍ତୁ ପରବର୍ତ୍ତୀ କାଳରେ aggressive (ଆକ୍ରମଣାତ୍ମକ) ହୋଇ ଯାଆନ୍ତି । ଗୋଟାଏ ଦେଶକୁ ଲାଗି ରହିଥିବା ଅନ୍ୟ ଦେଶଗୁଡ଼ିକ ହେଲେ ସେହି ଦେଶର environment (ପରିବେଶ)ବା border countries (ପ୍ରତିବେଶୀ ରାଜ୍ୟ) । ସେମାନଙ୍କ ଭିତରେ ଯଦି ପାରସ୍ପରିକତା ନ ଥାଏ, ତେବେ ସବୁ ବିଭ୍ରାଟ ହୁଏ । ଆମମାନଙ୍କର ଅଳ୍ପ ଜ୍ଞାନ ହେତୁ ଆମେ elevation (ଉନ୍ନତି) ଆଡ଼କୁ ନ ଯାଇ annihilation (କ୍ଷୟ) ଆଡ଼କୁ ଟାଣି ହୋଇ ଯାଉ । ସେତେବେଳେ ଆମେ pangs of death and deterioration (ନାଭିଶ୍ୱାସ ଓ ଅଧଃପତନ) ଦ୍ୱାରା ଆକ୍ରାନ୍ତ ହୋଇ auto excretion (ସ୍ୱତଃ-ନିଃସାରଣ) ମଧ୍ୟ ଦେଇ ଜୀବନଧାରଣ କରି bliss of life (ଜୀବନର ସୁଖ)ଆଡ଼କୁ ଯାଉ ।

ଅନୁଗତ - Auto excretion (ସ୍ୱତଃନିଃସାରଣ) କ'ଣ ବୁଝି ହେଉ ନାହିଁ । ଦୟାକରି ବ୍ୟଖ୍ୟା କରିବେ କି ? ୩୬୪

ଶ୍ରୀଶ୍ରୀଠାକୁର-ଯେତେବେଳେ କ୍ଷୀର ଗାଈର ପହ୍ନାରେ ଜମେ, ସେତେବେଳେ ସେ ତାହା ପକାଇ ଦେବାକୁ ଚାହେଁ, ଖୁଆଇ ଦେବାକୁ ଚାହେଁ । ସେହିପରି ଗଛର ଇଚ୍ଛାରେ ଡେମ୍ଫରୁ ଫଳଟିଏ ଖସି ପଡ଼େ । ଏହପରି ଅଶାନ୍ତିରେ ବିବ୍ରତ ସମାଜ ପୁଣି ସୁନୀତି ଓ ସୁଶାସନ ବ୍ୟତୀତ ଅନ୍ୟ ଗତି ନାହିଁ ବୋଲି ବୁଝିପାରେ । ଧର୍ମାଚରଣ କରି ବ୍ୟଷ୍ଟି ଓ ସମଷ୍ଟିରୁ ସତ୍ତାକୁ ଧରି ରଖେ । ଯେଉଁ ରାଜନୀତିରେ ସତ୍ତାଚର୍ଯ୍ୟା ନାହିଁ, ଆଦର୍ଶପ୍ରାଣତା ନାହିଁ, ଅସତ୍‌ନିରୋଧ ନାହିଁ, ସେ ରାଜନୀତି ନୁହେଁ -ଏ କଥା ବୁଝିପାରେ ।

ଅନୁଗତ - କେବଳ ଭାରତରେ କାହିଁକି ପୃଥିବୀର ପ୍ରାୟ ସବୁଦେଶର ଶାସକଗୋଷ୍ଠୀ, ଧନିକବର୍ଗ ଦ୍ୱାରା ପ୍ରଭାବିତ । ଏଥିରେ ସମାଜର ସାମଗ୍ରିକ ପ୍ରୀତି ସମ୍ଭବ କି ? ୩୬୫

ଶ୍ରୀଶ୍ରୀଠାକୁର - ଦେଶର ବୈଶ୍ୟଶକ୍ତି ତ ଆଜିକାଲି ବ୍ରାହ୍ମଣଶକ୍ତିକୁ ସମ୍ମାନ ଦେଉ ନାହାନ୍ତି ବରଂ ଅକଳରେ ପଡ଼ି ରାଜଶକ୍ତି ଓ ଶୂଦ୍ରଶକ୍ତିକୁ ଖାତିର କରୁଛି । ତେଣୁ ଏହି ଶୂଦ୍ରଶକ୍ତି ଯଦି ବୈଶ୍ୟଶକ୍ତିକୁ ଧର୍ମ ଓ କୃଷ୍ଟିପୋଷଣାର୍ଥେ ଦାନ କରିବା ପାଇଁ ଉତ୍ସାହିତ କରେ ତେବେ ଏହା କମ ଲାଭଜନକ ନୁହେଁ । କିନ୍ତୁ ବୈଶ୍ୟଶକ୍ତି ଓ ଶୂଦ୍ରଶକ୍ତିର ଯଦି ବିତ୍ତ ବଢ଼େ ଓ ଚିତ୍ତର ଦୈନ୍ୟ ଦୂର ନ ହୁଏ, ତେବେ ଏହି ବିତ୍ତ କଦର୍ଯ୍ୟ ଗ୍ଲାନି ସୃଷ୍ଟି କରିବ ।

(ଆଲୋଚକ-ମହାତ୍ମା ଗାନ୍ଧୀ ମଧ୍ୟ ଏହି ପ୍ରକାର ଆଶା ପୋଷଣ କରିଥିଲେ ଯେ ଶିଳ୍ପପତି ଓ ଧନିକବର୍ଗ ହେଉଛନ୍ତି custodian of national wealth (ଜାତୀୟ ସମ୍ପଦର ସୁରକ୍ଷକ) । କିନ୍ତୁ ପ୍ରକୃତରେ ତା ଘଟି ନାହିଁ କି ଘଟୁ ନାହିଁ ।)

ଅନୁଗତ -ଆପଣ ଯେ ଆଦର୍ଶ ଓ ପୁରୁଷୋତ୍ତମଙ୍କୁ ଅନୁସରଣ କରିବା ଉପରେ ଏତେ ଗୁରୁତ୍ୱ ଦେଉଛନ୍ତି, ପୃଥିବୀର ରାଜନେତାମାନଙ୍କର କାହିଁକି ସେହି ବୋଧ ଆସୁ ନାହିଁ ? ୩୬୬

ଶ୍ରୀଶ୍ରୀଠାକୁର - ସେମାନଙ୍କର perception (ବୋଧ) କମ। ସେମାନେ ଯଦି ଭଗବାନଙ୍କୁ ବିଶ୍ୱାସ କରନ୍ତି ତେବେ ସାକାର ପୁରୁଷୋତ୍ତମଙ୍କ ପ୍ରତି ଶ୍ରଦ୍ଧାବାନ୍ ହେବେ। ଯେଉଁ ନେତା ଆଦର୍ଶରେ ଉତ୍ସର୍ଗୀକୃତ ସେ ପରିପୋଷଣ, ପରିରକ୍ଷଣ ଓ ପରିପୂରଣ-ଚର୍ଯ୍ୟାରେ ପ୍ରଜ୍ଞାଦୀପ୍ତ ହୋଇ ଉଠିବ, ବିଶୃଙ୍ଖଳା ଓ ବିପର୍ଯ୍ୟୟରୁ ରକ୍ଷା ପାଇବ। ଯେଉଁମାନେ ମଣିଷର ବିନିମୟରେ ନିଜେ ବଡ଼ହେବାକୁ ଚାହାନ୍ତି ସେମାନେ ତଳେ ପଡ଼ିଯାନ୍ତି ଆଉ ଯେଉଁମାନେ ନିଜର ବିନିମୟରେ ମଣିଷକୁ ବଡ଼କରିବାକୁ ଚାହାନ୍ତି ସେମାନେ ଛିଡ଼ା ହୁଅନ୍ତି। ସାଧାରଣ ଲୋକ ବିଶେଷ କିଛି ବୁଝେ ନାହିଁ, ସେ ମଧ୍ୟ ବିସ୍ମୃତିପ୍ରବଣ, ଚଂଚଳ ସବୁ ଭୁଲିଯାଏ, ତାର ଦୂରଦୃଷ୍ଟି ମଧ୍ୟ ସଂକୀର୍ଣ୍ଣ। ନିଜର ଭଲ କ'ଣ ଆଉ ତାହା କିପରି ଭାବରେ ହେବ, ସେମାନେ ସହଜରେ ଧରି ପାରନ୍ତି ନାହିଁ। ସେମାନଙ୍କୁ ସ୍ୱାର୍ଥ ଓ ସୁଖସୁବିଧାର ପ୍ରଲୋଭନ ଦେଖାଇ ଯଦି ନରକକୁ ମଧ୍ୟ ନେଇ ନିଆଯାଏ, ତାହା ସେମାନେ ଜାଣି ନ ପାରି ସେଥିପାଇଁ ମଧ୍ୟ ସମବେତ ହୁଅନ୍ତି। ତେଣୁ ଉପଯୁକ୍ତ ନେତା ହେଉଛି ସେମାନଙ୍କର ନିୟନ୍ତା।

(ଆଲୋଚକ-ଶ୍ରୀଶ୍ରୀଠାକୁର "ଚଲାର ସାଥୀ" ଗ୍ରନ୍ଥରେ ରାଜନୀତି ଓ ପ୍ରକୃତ ନେତା କିପରି ହେବେ କହିଛନ୍ତି -

ରାଜନୀତି

ସେଇ ନୀତି ହିଁ ରାଜନୀତି
　　ଯାହାକି ମଣିଷକୁ
　　ବ୍ୟଷ୍ଟିଭାବରେ ଓ ସମଷ୍ଟିଭାବରେ
ସ୍ୱାସ୍ଥ୍ୟରେ, ଶିକ୍ଷାରେ ଓ ଚରିତ୍ରରେ ନିୟନ୍ତ୍ରିତ କରି
　　ଜୀବନ ଓ ବୃଦ୍ଧିକୁ
　　କ୍ରମୋନ୍ନତି ପଥରେ ନେଇଯାଏ;-
ଏବଂ ଯେଉଁଠାରେ ଏହା ଜୀର୍ଣ୍ଣ, ଜଟିଳ
　　ଓ ମସୀଲିପ୍ତ
　　ସେଠାରେ ହିଁ ବ୍ୟଭିଚାର ଓ ବିଦ୍ରୋହ
　　ଅବଶ୍ୟମ୍ଭାବୀ। (ବାଣୀ-୨୯୧)

ପ୍ରକୃତ ନେତା

ଯିଏ ମଣିଷର ଦୁଃଖ, ଦୁର୍ଦ୍ଦଶା, ଅବସାଦ ଇତ୍ୟାଦି –
　　ଯାହା-କିଛି ହୀନତ୍ୱରେ
　　ବା ମରଣ ପଥରେ ନେଇଯାଏ,-

ସେବା ଓ ସହାନୁଭୂତିର ସହିତ
ତାହାର ବିଶେଷରୂପେ ଅନୁଧାବନ କରି,
ଉତ୍‌ଫୁଲ୍ଲତାର ସହିତ ସହନପଟୁ କରିତୋଳି
ଉନ୍ନତିର ପଥରେ ନେଇ ଯାଇ ପାରନ୍ତି,-
ସେ ହିଁ ପ୍ରକୃତ ନେତା। (ବାଣୀ-୨୮୮)

ଅନୁଗତ - ପ୍ରତ୍ୟେକ ଦେଶ ଏବେ ଶିଳ୍ପ-ବିକାଶ (industrial development) ଉପରେ ଜୋର ଦେଇ ମାଡ଼ି ଚାଲିଛନ୍ତି। ଏହା ବିଶ୍ୱ ହିତକାରୀ କି ? ୩୬୭

ଶ୍ରୀଶ୍ରୀଠାକୁର - Industry (ଶିଳ୍ପ) ମାନେ ହେଲା to build up from within. Industry ଓ ଶ୍ରମଶିଳ୍ପାଦିର basic principle (ମୂଳଭିତ୍ତି) ହେଉଛି ମଣିଷ ନିକଟକୁ ଯିବା, ସେମାନଙ୍କ ପ୍ରତି ସହାନୁଭୂତି ଦେଖାଇବା, ସେମାନଙ୍କର ସୁବିଧା ଅସୁବିଧା ଦେଖିବା ଆଉ ଚିନ୍ତା କରିବା ଯେ କ'ଣ କରି ତାହାକୁ meet (ସମାଧାନ) କରାଯାଇପାରେ, ଯେଉଁଥିରେ ସେମାନଙ୍କୁ ପରିପୁଷ୍ଟ, ପରିବର୍ଦ୍ଧିତ କରାଯାଇପାରେ -ଦୁଃଖ କଷ୍ଟ, ଅସୁବିଧାରୁ ବଂଚାଇ ଦିଆଯାଇପାରେ -ଏହା ହେଉଛି to build up from within (ଭିତରୁ ଗଠିତ ହେବା) ଓ ସେଥିରେ ଆପ୍ରାଣ ହୋଇ ଲାଗି ରହିବା। ଏହା ମଧ୍ୟରୁ ଆସେ profitable management (ଲାଭଜନକ ପରିଚାଳନା) ଅର୍ଥାତ୍ କ'ଣ କରି, କେଉଁଠାରେ, କିପରି arrangement (ବ୍ୟବସ୍ଥା) କଲେ deterioration (ଅଧଃପତନ)କୁ avoid (ଅବହେଳା) କରି elevation (ଉନ୍ନତି)କୁ ଅକ୍ଷୁଣ୍ଣ ରଖାଯାଏ।

ଅନୁଗତ - ଆଦର୍ଶ ଅନୁଶାସନରେ ସାଂପ୍ରଦାୟିକ ଅସହିଷ୍ଣୁତା ଓ ଦେଶ-ଦେଶ ମଧ୍ୟରେ ବିବାଦ ହ୍ରାସ ପାଇବ କି ? ୩୬୮

ଶ୍ରୀଶ୍ରୀଠାକୁର -ଆଦର୍ଶ ଅନୁଶାସନରେ ରହିଲେ ସମ୍ପ୍ରଦାୟ ଥାଇ ମଧ୍ୟ ପାରସ୍ପରିକ ବିରୋଧ ପରିବର୍ତ୍ତେ ସମନ୍ୱୟତା ଆସେ, ଯେତେବେଳେ ବ୍ୟଷ୍ଟି ଓ ସମଷ୍ଟି ପାରସ୍ପରିକ ସହଯୋଗିତାପୂର୍ଣ୍ଣ, ସେତେବେଳେ ସେ ବା ସେମାନେ ସ୍ୱାଧୀନ। ଏହି ସହଯୋଗିତା ହେତୁ ଦେଶରେ ଐକ୍ୟ ଆସେ-ଛୋଟକୁ ବଡ଼କରି ତୋଳିବା ଓ ବଡ଼କୁ ଅଧିକତର ସ୍ୱସ୍ଥ କରିବାର ବ୍ୟବସ୍ଥା ଥାଏ। ସହଯୋଗିତା ଯଦି ବୈଶିଷ୍ଟ୍ୟାନୁକ୍ରମିକ ହୁଏ ତେବେ ରାଷ୍ଟ୍ର ଦୃଢ଼ ହୁଏ। ଯେଉଁଠାରେ ସଂଖ୍ୟାଲଘୁ ଦୁର୍ବଳ, ନିୟନ୍ତ୍ରଣହୀନ ଓ ସ୍ୱଳ୍ପସମ୍ଭାର ହୋଇ ସେବାପଟୁତା, ପ୍ରଖରତା ହରାଏ, ତାହା ପ୍ରାଣଘାତୀ ହୋଇଥାଏ। ଯେଉଁ ନୀତିଗୁଡ଼ିକ ଅନୁସରଣ ଦ୍ୱାରା ପାରସ୍ପରିକ ବଂଚିବା-ବଢ଼ିବା, ସେବା ଓ ଅସତ୍‌ନିରୋଧ ହୁଏ ତାହା ହେଲା ଶାସନ। ସୁଶାସନ ହେଲା ଦୁଷ୍ଟତାକୁ ପ୍ରତିନିବୃତ୍ତ କରିବା, ଅପରାଧକୁ ବଳପୂର୍ବକ ଆୟତ୍ତ ନ କରି ମଣିଷକୁ ସୁଶିକ୍ଷିତ, ସଂହତ ଓ ବଳଶାଳୀ କରିବା। ଆଦର୍ଶପ୍ରାଣତା ଥିଲେ ମଣିଷ ଆଦର୍ଶଙ୍କଠାରେ ଆନତ ହୋଇ କର୍ମ ବ୍ୟାପୃତ ହୁଏ, ପ୍ରଗତିପ୍ରବଣ ହୁଏ, ଯାହା କୁତ୍ସିତ ତାହା ନିରସ୍ତ ହୁଏ, ଲୋପ ପାଏ। ଶାସନ, ସଂହତି ଓ କର୍ମପ୍ରୟାସ ଠିକ୍ ରହିଲେ ଶାନ୍ତି ସମସ୍ତଙ୍କୁ ପ୍ଲୁତ କରିତୋଳେ। ତେଣୁ ଛୋଟକୁ ବଡ଼ଦିଗରେ ଓ ବଡ଼କୁ ଅଧିକ କରିବା

ହେଉଛି ରାଷ୍ଟ୍ରର ଧର୍ମ। ଏହା କେବଳ ରାଷ୍ଟ୍ର କାହିଁକି ଏହାକୁ ବିଶ୍ୱଧର୍ମ କହିଲେ ଅତ୍ୟୁକ୍ତି ହେବ ନାହିଁ।

ଅନୁଗତ - ପୃଥିବୀ ଏବେ militarism (ସାମରିକ ଅବସ୍ଥା) ଆଡ଼କୁ ଆଗେଇ ଚାଲିଛି। ଏଥିରୁ ବର୍ତ୍ତିବାର ଉପାୟ କ'ଣ ? ୩୬୯

ଶ୍ରୀଶ୍ରୀଠାକୁର - ଯେ କୌଣସି ଧର୍ମାବଲମ୍ବୀ ହେଉ ନା କାହିଁକି ମଣିଷ ତାର ବଂଶାନୁକ୍ରମିକ ଜୀବିକା, ଅଭ୍ୟାସ, ଆଚାର-ବ୍ୟବହାର ଅନୁଯାୟୀ ତାର ବର୍ଣ୍ଣ ନିରୂପଣ କରି ବର୍ଣ୍ଣାଶ୍ରମ ବିଧି ଅନୁଯାୟୀ ତାକୁ ପରିଚାଳିତ କରାଯାଇ ପାରେ। ବର୍ଣ୍ଣାଶ୍ରମ ହେଉଛି ବିଜ୍ଞାନଭିତ୍ତିକ ଓ ସାର୍ବଜନୀନ। ସହଜାତ ବୃତ୍ତି-ନିର୍ବାଚନ, ଶ୍ରେଣୀ-ବିନ୍ୟାସ ଓ ବୈଧ ବିବାହ ଭିତରଦେଇ ବଂଶାନୁକ୍ରମିକ ବିଶ୍ୱାସଗୁଡ଼ିକୁ ଧାରାବାହିକ ଭାବେ ଅକ୍ଷୁଣ୍ଣ ରଖି ବଂଶ-ପରମ୍ପରାକ୍ରମେ ମଣିଷକୁ ପ୍ରଗତିପନ୍ନ କରି ତୋଳିବା ହେଉଛି ଏହାର ମୂଳକଥା।

ଅନୁଗତ - ପାରସ୍ପରିକତା ଭାରତର ପୂର୍ବ ପ୍ରଚଳିତ ବର୍ଣ୍ଣାଶ୍ରମ ଦ୍ୱାରା ସମ୍ଭବ ହୋଇଥିଲା କି ? ୩୭୦

ଶ୍ରୀଶ୍ରୀଠାକୁର - ଭାରତର ଆର୍ଯ୍ୟମାନଙ୍କର ଯେ କି ଅମୂଲ୍ୟ ସମ୍ପଦ ଥିଲା ବର୍ଣ୍ଣାଶ୍ରମ ତାହା କଳ୍ପନା ମଧ୍ୟ କରା ଯାଇପାରିବ ନାହିଁ। ସମାଜରେ ଚାରିଟି ବର୍ଗ ଥିଲା -ବିପ୍ର, କ୍ଷତ୍ରିୟ, ବୈଶ୍ୟ ଓ ଶୂଦ୍ର। ବିପ୍ର-ବର୍ଣ୍ଣ ଅର୍ଥାତ୍ ବିଶିଷ୍ଟଭାବେ ପୂରଣ-ପ୍ରବଣ କ୍ଷମତା ଯେଉଁମାନଙ୍କର ଥିଲା, ସେମାନେ ମାସ ମାସ ଧରି ଗବେଷଣା କରୁଥିଲେ। ତତ୍କାଳୀନ ସମୟ-ଉପଯୋଗୀ କୃଷି-ପଦ୍ଧତି, ଶିଳ୍ପ-ପଦ୍ଧତି, ଶିକ୍ଷା-ପଦ୍ଧତି, ନୂତନ ନୀତନ ପ୍ରକାରର ଯନ୍ତ୍ର ବାହାର କରୁଥିଲେ। ତାପରେ କ୍ଷତ୍ରିୟମାନେ ଆଉ ଟିକେ gross(ସ୍ଥୂଳ) କାମ କରୁଥିଲେ। ଯୁଦ୍ଧ ବିଦ୍ୟା ଇତ୍ୟାଦିରେ ପାରଙ୍ଗମ, ଆଇନକାନୁନ, ଶୃଙ୍ଖଳା, ଦେଶ-ସୁରକ୍ଷା ପାଇଁ ସେମାନେ ପ୍ରବୀଣ ହୋଇ ଉଠୁଥିଲେ। କ୍ଷତରୁ ତ୍ରାଣ କରିବା ଥିଲା ସେମାନଙ୍କର କାମ। ବୈଶ୍ୟମାନେ ଉତ୍ପାଦନ, ବାଣିଜ୍ୟ ଇତ୍ୟାଦିରେ ଥିଲେ ବିଚକ୍ଷଣ ଆଉ ଶୂଦ୍ରମାନେ ଥିଲେ ସେବାପରାୟଣ।

ଅନୁଗତ - ଏହି କର୍ମ-ନିର୍ଦ୍ଧାରଣରେ ଜଣେ ନୀଚ ବର୍ଗର ମଣିଷ କ'ଣ ଉଚ୍ଚବର୍ଗର କର୍ମ କରିପାରିବ ନାହିଁ ? ୩୭୧

ଶ୍ରୀଶ୍ରୀଠାକୁର - ଏହି ବିଭାଗଗୁଡ଼ିକ water-tight compartment (ଜଳରୋଧୀ ପ୍ରକୋଷ୍ଠ) ପରି ଦୁର୍ଭେଦ୍ୟ ନ ଥିଲା। ଏହା ଥିଲା ପରିବର୍ତ୍ତନୀୟ, elastic, ନମନୀୟ ସ୍ଥିତିସ୍ଥାପକ। କ୍ଷତ୍ରିୟ, ବୈଶ୍ୟ, ଶୂଦ୍ର ବର୍ଗର ଲୋକ -ଯାହା ପାଖରେ ବ୍ରାହ୍ମଣ ବା ବିପ୍ର ସଂସ୍କାର ପରିଲକ୍ଷିତ ହେଉଥିଲା ତାହାଙ୍କୁ ବିପ୍ର କରି ଦିଆ ଯାଉଥିଲା। ଉନ୍ନତିର ପଥ ସଦାସର୍ବଦା ଉନ୍ମୁକ୍ତ ଥିଲା। ଟଙ୍କାପଇସା ବା ବାହ୍ୟିକ ସମ୍ପଦକୁ ନେଇ କାହାର social status (ସାମାଜିକ ସ୍ଥିତି) ନିର୍ଦ୍ଧାରଣ କରାଯାଉ ନ ଥିଲା। ସଂସ୍କାର, ବ୍ୟବହାର ଓ କର୍ମ - ଏସବୁ ଥିଲା ସାମାଜିକ ଯୋଗ୍ୟତାର ମାପକାଠି। Learning (ଲେଖାପଢ଼ା)କୁ ଶିକ୍ଷା

କୁହାଯାଉ ନ ଥିଲା । କୌଣସି ପାଣ୍ଡିତ୍ୟ ଚରିତ୍ରଗତ ନ ହେଲେ ତାକୁ ମୂଲ୍ୟ ଦିଆ ଯାଉ ନ ଥିଲା । ମନ୍ତ୍ରୀ-ପରିଷଦ ଚାରିବର୍ଗର ପ୍ରଧାନମାନଙ୍କୁ ନେଇ ଗଠିତ ହେଉଥିଲା । ଏକ ସୁନ୍ଦର କ୍ରମ ପର୍ଯ୍ୟାୟ ଥିଲା । ଉପଯୁକ୍ତ ଲୋକ ନିର୍ବାଚନ ନେଇ କୌଣସି ଗଣ୍ଡଗୋଳ ନ ଥିଲା ।

ଅନୁଗତ - ବର୍ଣ୍ଣାଶ୍ରମ ପ୍ରଥମେ କିପରି ସୃଷ୍ଟି ହେଲା ? ୩୭୨

ଶ୍ରୀଶ୍ରୀଠାକୁର -ମୋର ମନେହୁଏ ସମସ୍ତେ ଏକ ସମୟରେ କୃଷିକାର୍ଯ୍ୟ କରୁଥିଲେ । କିନ୍ତୁ ପ୍ରତ୍ୟେକ କାର୍ଯ୍ୟର ବିଭିନ୍ନ ଦିଗ ଅଛି । ଯାହା ବିପ୍ର, କ୍ଷତ୍ରିୟ, ବୈଶ୍ୟ ଓ ଶୂଦ୍ର ଏହି ଚାରିବର୍ଣ୍ଣଙ୍କର କାର୍ଯ୍ୟରେ ବିଭକ୍ତ କରାଯାଏ । କୃଷକମାନଙ୍କ ମଧ୍ୟରେ ଏକ ଦଳ କୃଷି ବିଷୟକ ଜ୍ଞାନ ଗବେଷଣାରେ, ଦଳେ ରକ୍ଷଣାବେକ୍ଷଣରେ, ଦଳେ ଚାଷବାସ ଓ ବାଣିଜ୍ୟରେ ଆଉ ଦଳେ ପରିଚର୍ଯ୍ୟାରେ ମନ ଦେଲେ । ଏହିପରି ଯେ ଗୋଟିଏ ଗୋଟିଏ ଦଳ ଗୋଟିଏ ଗୋଟିଏ କାର୍ଯ୍ୟ ବାଛି ନେଲେ ତାହା କିନ୍ତୁ ସେ ନିଜର ପ୍ରକୃତିଗତ ବୈଶିଷ୍ଟ୍ୟ ଅନୁଯାୟୀ କରିଲେ । ଏହିପରିଭାବେ ବଂଶପରମ୍ପରାକ୍ରମେ ଚାଲିବାକୁ ଲାଗିଲା । ବିବାହାଦି ମଧ୍ୟ ସମଭାବାପନ୍ନଙ୍କ ମଧ୍ୟରେ ହେବାକୁ ଲାଗିଲା । ଗୁଣ ଓ କର୍ମ ଅନୁଯାୟୀ ଏହିପରିଭାବେ ବର୍ଣ୍ଣବିଭାଗ ହୋଇ ଉଠିଲା । ପ୍ରକୃତି ମଧ୍ୟରେ ଏହି ଜିନିଷଟା ଅନୁସ୍ୟୂତ ହୋଇ ରହିଛି । ବାହାରୁ କେହି କିଛି ଚପାଇ ଦେଇ ନାହିଁ । ବଡ଼ଛୋଟ ଯେ କୁହାଯାଏ ତାହା ପ୍ରତ୍ୟେକ ବର୍ଣ୍ଣର fulfilling capacity (ପରିପୂରକ କ୍ଷମତା) ଅନୁଯାୟୀ । ବ୍ରାହ୍ମଣ ଅର୍ଥାତ୍ ବ୍ରହ୍ମଜ୍ଞ ପୁରୁଷ ହେଲେ ସବୁ ବର୍ଣ୍ଣର ଗୁରୁ । ପ୍ରତ୍ୟେକ ବର୍ଣ୍ଣ ଭିତର ଦେଇ ମଧ୍ୟ ସେହି ବ୍ରହ୍ମଜ୍ଞ ପୁରୁଷଙ୍କ ଆବିର୍ଭାବ ହୋଇପାରେ ।

ଅନୁଗତ - କିନ୍ତୁ communism (ସାମ୍ୟବାଦ)ର ପ୍ରବକ୍ତାମାନେ ତ କୁହନ୍ତି ଯେ ମଣିଷ ମଣିଷ ଭିତରେ ଏତେ ଭେଦଭାବ କାହିଁକି ? Classless society (ଶ୍ରେଣୀବିହୀନ ସମାଜ) ହୋଇଗଲେ ତ ଏତେ ସବୁ ଝାମେଲା ରହିବ ନାହିଁ । ୩୭୩

ଶ୍ରୀଶ୍ରୀଠାକୁର -Classless society (ଶ୍ରେଣୀହୀନ ସମାଜ) କ'ଣ ଆମେ ବୁଝୁନା । ଆମେ ବୁଝୁ ଯେ ମଣିଷ ଜନ୍ମ ନେଇଥାଏ classified (ଶ୍ରେଣୀଭୁକ୍ତ) ହୋଇ । ତାର ବଂଶଧାରା, ଜୈବୀ-ସଂସ୍ଥିତି ଓ ସଂସ୍କାର ନେଇ । ଦେଖିବାକୁ ହେବ ଯେ ଏହି ସ୍ୱାଭାବିକ ଶ୍ରେଣୀଗୁଡ଼ିକ ଯେପରି ପରସ୍ପରର ପରିପୂରକ ହୁଅନ୍ତି । ତା ନ ହେଲେ ସମାଜ imbalanced (ସାମ୍ୟହରା) ହୋଇ ପଡ଼ିବ । ସବୁ ମଣିଷ ସମାନ ଏହି ଧାରଣାଟା ଭୁଲ । କୌଣସି ଦୁଇଟି ଲୋକ ସମାନ ନୁହନ୍ତି, କେବଳ ମଣିଷ କାହିଁକି ଈଶ୍ୱରଙ୍କ ସୃଷ୍ଟିରେ ଗୋଟିଏ ଜାତିର ଦୁଇଟି ପ୍ରାଣୀ ଅବିକଳ ଏକାପରି ନୁହନ୍ତି । ଏହି ବିଭିନ୍ନତାଟା ନ ମାନିବା ହେଉଛି ଅବୈଜ୍ଞାନିକ ବୁଦ୍ଧି । ପୃଥିବୀର ଯେତେ ପ୍ରାଣୀ, ସେତେ ବିଭିନ୍ନତା -ବର୍ଣ୍ଣ, ବଂଶ, ବ୍ୟକ୍ତିଗତ ପ୍ରକୃତି ଓ ଇତିହାସକୁ ବାଦ୍ ଦେଇ ଯଦି ଶିକ୍ଷା, ବିବାହ ଓ ଜୀବିକା ଇତ୍ୟାଦିର ବ୍ୟବସ୍ଥା କରାଯାଏ, ତାହେଲେ ବିପର୍ଯ୍ୟୟ ଅବଶ୍ୟମ୍ଭାବୀ । ତୁମେ ଓ ମୁଁ ହୁଏତ ଏହାକୁ ଦେଖି ଯାଇ ନ ପାରୁ, କିନ୍ତୁ ପୃଥିବୀକୁ ଯଦି ବଂଚିବାକୁ ହୁଏ, ତେବେ ବର୍ଣ୍ଣଧର୍ମର fundamental principles (ମୌଳିକ ନୀତି) ଗୁଡ଼ିକୁ ଗ୍ରହଣ କରିବାକୁ ପଡ଼ିବ। ଏ କଥା ମୁଁ କାଗଜ-କଲମରେ ନିଜ ହାତରେ ଲେଖି ଦେଇପାରେ।

ଅନୁଗତ - ଆପଣ ଯେଉଁ underlying principles (ଅନ୍ତର୍ନିହିତ ନୀତିକଥା) କହୁଛନ୍ତି, ଦୟାକରି ତାହାର ବ୍ୟାଖ୍ୟା କରିବେ କି ? ୩୭୪

ଶ୍ରୀଶ୍ରୀଠାକୁର - ଧର, ତୁମେ ଗୋଟିଏ ଗାଈ ପାଳିବ। ଗାଈ ପାଳିବାକୁ ହେଲେ ତୁମର ଜାଣିବା ଦରକାର ଗାଈ କି ରକମର ଜନ୍ତୁ, ତାହାର ଆହାର ଓ ବାସସ୍ଥାନ କିପରି ହେବା ଦରକାର। ତାହା ନ ଜାଣି ତୁମେ ଯଦି ଗାଈକୁ ରୁଟି ଖୁଆଅ, ତେବେ କିନ୍ତୁ ତାକୁ ରୁଚିବ ନାହିଁ। ପୁଣି ଧର ତୁମେ ଘର କବାଟ, ଝରକା ବନ୍ଦ କରି ଶୀତତାପ ନିୟନ୍ତ୍ରିତ ଘର ଭିତରେ ରହିବାକୁ ଭଲ ପାଅ, ତାହା ବୋଲି ଗାଈକୁ ଯଦି ସେହିପରି ଘରେ ରଖିବ, ତାହେଲେ ସେ ଅଣନିଶ୍ୱାସୀ ହୋଇ ମରି ବି ଯାଇପାରେ। ତାପରେ ତୁମ ଗାଈର ଜାତି କ'ଣ ସେଇଟା ମଧ୍ୟ ଜାଣିବା ଦରକାର। କେତେ ପ୍ରକାରର କେତେ ଜାତିର ଗାଈ ତାହେଲେ ଦେଖ, ଗାଈର ଲାଳନ ପାଳନ ବିଷୟରେ ବିଶେଷ ଜ୍ଞାନ ଦରକାର କି ନା ? ମନେକର ତୁମେ ପରିବା ଚାଷ କରୁଛ, ଆଳୁ, କୋବି, କଦଳୀ ପ୍ରଭୃତି ଗଛମାନଙ୍କର ଅଲଗା ଅଲଗା ପୋଷଣ ଦରକାର।

ଏହି ବିଶେଷତ୍ୱ ବୋଧ ନେଇ ମଣିଷର କାରବାର। ପ୍ରତ୍ୟେକ ଯାହା କିଛିର ଯାହା ବିଶେଷତ୍ୱ, ତାର ପାଳନ, ପୋଷଣ, ବର୍ଦ୍ଧନ କରିବାକୁ ହେବ ସେହି ପ୍ରକାରରେ -ଏହି ବିଶେଷତାକୁ ସ୍ୱୀକାର ନ କଲେ ତାର ସତ୍ତାରେ ଆଘାତ ପହଁଚେ ଓ ତାହାଠାରୁ ଯାହା ପ୍ରାପ୍ୟ ତାହା ମିଳେ ନାହିଁ। ଭୀଷଣ କ୍ଷତି ହୁଏ। ଗୋଟିଏ ଦମ୍ପତିଙ୍କଠାରୁ ପାଂଚଟି ପିଲା ଜନ୍ମ ହେଲେ। ତାଙ୍କର ଅଭ୍ୟାସ, ଚାଲିଚଳନ, ବୁଦ୍ଧି, ମାନସିକତା, ଶ୍ରଦ୍ଧା ପ୍ରବଣତା ଇତ୍ୟାଦି କାହା ସହିତ କାହାର ମେଳ ନାହିଁ। କାହିଁକି ?

ଅନୁଗତ -ପ୍ରକୃତରେ ଏହା ତ ଘଟେ, କିନ୍ତୁ କାହିଁକି ଏପରି ହୋଇଥାଏ ? ୩୭୫

ଶ୍ରୀଶ୍ରୀଠାକୁର -ମିଳନ ସମୟରେ ନାରୀ ପୁରୁଷକୁ ଯେଉଁ ପ୍ରେରଣା ଦିଏ, ପୁରୁଷଠାରୁ ସେହିପରି ଜିନିଷ ବାହାରି ଥାଏ। ପୁରୁଷର ବୀଜ (sperm) ନାରୀର ଡିମ୍ବକୋଷରେ ଏକାଠି ହୋଇ ଯୋଗାବେଗ ଦ୍ୱାରା ସନ୍ତାନ ସୃଷ୍ଟି କରେ। ପ୍ରକୃତିର ବା ନାରୀର ବିଭିନ୍ନ ପ୍ରେରଣାରେ ସେହି ଏକ ପୁରୁଷଠାରୁ ବିଭିନ୍ନ ଗୁଣର ସନ୍ତାନ ଜନ୍ମ ନେଲେ। ଯେତେ ପ୍ରକାର ଗୁଣ ଥାଉ ନା କାହିଁକି ତାର grand division (ପ୍ରଧାନ ବିଭାଗ) ଏହି ଚାରିବର୍ଣ୍ଣ ମଧ୍ୟରେ ରହିଛି। ସୃଷ୍ଟି ସହିତ ବର୍ଣ୍ଣ ପଶି ଯାଇଥାଏ। ପ୍ରଥମରେ ତାହା instinct ବା ସହଜାତ ସଂସ୍କାର ଭାବେ ଥାଏ, environment (ପାରିପାର୍ଶ୍ୱିକ) ଭିତରେ ପ୍ରକାଶିତ ହୁଏ। ବଂଶ ପରମ୍ପରାକ୍ରମେ ବଂଶ ପରେ ବଂଶ (generation to generation) ସେହି ଧାରାରେ ଚାଲେ। ଗୁଣ ଓ କର୍ମ କ୍ଷମତା, ଶରୀର, ସ୍ନାୟୁକୋଷ କ୍ରମୋଜୋମ (Chromosome-gene) ଇତ୍ୟାଦିକୁ ଆଶ୍ରୟ କରି ମଣିଷ ଯେତେବେଳେ ବଡ଼ହୁଏ, ତାର ବଂଶାନୁକ୍ରମିକ

ସୂତ୍ର ଧରି ସେମାନେ ବିକଶିତ ହୁଅନ୍ତି । ଏହାକୁ କୁହାଯାଏ immortal necklace of germ cells (ବୀଜକୋଷର ଅବିନଶ୍ୱର ମାଳ) ।

ଅନୁଗତ -ଏହି ବର୍ଗମାନଙ୍କ ଭିତରେ ସଂହତି କିପରି ସମ୍ଭବ ? ୩୭୬

ଶ୍ରୀଶ୍ରୀଠାକୁର - ବିପ୍ର ଯଦି ପ୍ରକୃତ ବିପ୍ର ହୁଏ, କ୍ଷତ୍ରିୟ, ବୈଶ୍ୟ, ଶୂଦ୍ର ଯଦି ସେମାନଙ୍କ ସ୍ୱାତନ୍ତ୍ର୍ୟ ବଜାୟ ରଖନ୍ତି, ତାହେଲେ ଦେଶ ସମେତ ସମସ୍ତେ ଉନ୍ନତ ହୋଇ ଉଠିବେ । ବିପ୍ର ଯେତେ ମହାନ ହେଲେ ମଧ୍ୟ ସେ ଏକା ସମସ୍ତ ପ୍ରୟୋଜନ ପୂରଣ କରି ପାରିବ ନାହିଁ । ତେଣୁ ପ୍ରତ୍ୟେକ ବର୍ଣ୍ଣର ଅସ୍ତିତ୍ୱ ଦରକାର -ଉନ୍ନତି ଦରକାର । ସକଳ ବର୍ଣ୍ଣର ସମବାୟୀ ପ୍ରଚେଷ୍ଟାରେ ସର୍ବାଙ୍ଗୀନ ଉନ୍ନତି ସମ୍ଭବ, ତାଛଡ଼ା ବିଶିଷ୍ଟତାକୁ ବର୍ଜନ କରି, ଢଙ୍ଗ କରି ଅନ୍ୟ କିଛି ସାଜିବାର ମତଲବ ଭଲ ନୁହେଁ । ଶ୍ରୀକୃଷ୍ଣ ମଧ୍ୟ ସେହି ଯୁଗରେ ବର୍ଣ୍ଣାଶ୍ରମ ଉପରେ ଗୁରୁତ୍ୱ ଆରୋପ କରି କହିଛନ୍ତି ଯେ ଗୁଣ ଓ କର୍ମ ବିଭାଗ ପୂର୍ବକ ମୁଁ ଚାରି ବର୍ଣ୍ଣ ରଚନା କରିଅଛି, ତାହାର କର୍ତ୍ତା ହୋଇଥିଲେ ମଧ୍ୟ ଅବ୍ୟୟ ପରମେଶ୍ୱରଙ୍କୁ ଅକର୍ତ୍ତା ବୋଲି ଜାଣ (ଚାତୁବର୍ଣ୍ଣ୍ୟ ମୟା ସୃଷ୍ଟଂ ଗୁଣକର୍ମବିଭାଗଶଃ /ତସ୍ୟ କର୍ତ୍ତାରମପି ମାଂ ବିଦ୍ଧ୍ୟକର୍ତ୍ତାରମବ୍ୟୟମ୍ (ଗୀତା -୪/୧୩) ।

ଅନୁଗତ -ଭାରତରେ ଯେଉଁ ବିଭିନ୍ନ ଜାତି ଏବଂ କେତେକ ସ୍ଥାନରେ ସେମାନଙ୍କ ଭିତରେ ପାରସ୍ପରିକ ବିଦ୍ୱେଷ, ଏଥିପାଇଁ ବର୍ଣ୍ଣାଶ୍ରମ ଦାୟୀ କି ? ୩୭୭

ଶ୍ରୀଶ୍ରୀଠାକୁର - ବର୍ଣ୍ଣାଶ୍ରମ ଜାତିପ୍ରଥା ନୁହେଁ । ଏହା ବଂଶାନୁଗତ ବିଶିଷ୍ଟତା । ଅନେକେ ଏଇଟା ବୁଝନ୍ତି ନାହିଁ ଯେ ବର୍ଣ୍ଣାଶ୍ରମ ଓ ବର୍ଣ୍ଣାଶ୍ରମର ବିକୃତି ଏକା କଥା ନୁହେଁ । ବିଭିନ୍ନ ବର୍ଣ୍ଣ ମଧ୍ୟରେ ରହିବ ପାରସ୍ପରିକ ସହଯୋଗିତା ଓ ପ୍ରୀତିର ସମ୍ପର୍କ, କାହାକୁ ବାଦ୍ ଦେଇ କାହାର ବି ଚଳିବାର ଉପାୟ ନାହିଁ । ଶରୀରର ବିଭିନ୍ନ ଅଙ୍ଗ-ପ୍ରତ୍ୟଙ୍ଗ ପ୍ରତ୍ୟେକ ପ୍ରତ୍ୟେକର ପରି କାର୍ଯ୍ୟ କରନ୍ତି ଓ ତାହା କରନ୍ତି ବୋଲି ହିଁ ଜୀବନ ଧାରଣ ପାଇଁ ଶରୀରର ଯେଉଁ ଯେଉଁ କାର୍ଯ୍ୟ ନର୍ବାହ ହେବା ପ୍ରୟୋଜନ ତାହା ହୋଇପାରେ । ଏହି ପାରସ୍ପରିକତାକୁ ବାଦ୍ ଦେଲେ ପ୍ରାଣ ବଞ୍ଚେନା । ତେଣୁ ମସ୍ତିଷ୍କକୁ ଯେପରି ପାଦର ଦରକାର, ପାଦର ବି ସେହିପରି ମସ୍ତିଷ୍କ ଦରକାର । ଏପରି ଅବସ୍ଥାରେ ବିରୋଧର ଅବକାଶ କେଉଁଠି ? ଏକପାଖିଆ ଦୃଷ୍ଟି ଯେଉଁମାନଙ୍କର ସେମାନେ ହିଁ ଗୋଳମାଳ କରନ୍ତି । ଯେଉଁମାନେ ସମସ୍ତ ଦିଗଟା ଦେଖନ୍ତି, ବୁଝନ୍ତି - ସେମାନେ ସାମଞ୍ଜସ୍ୟ ବିଧାନର ଚେଷ୍ଟା କରନ୍ତି । ପୂର୍ବେ ଭାରତୀୟ ବୈଶ୍ୟମାନେ ବିଦେଶରେ ବାଣିଜ୍ୟ କରୁଥିଲେ, ସେଇ ସବୁ ଦେଶର ଝିଅଙ୍କୁ ବିବାହ କରି ଘରକୁ ଆଣୁଥିଲେ, ସେମାନଙ୍କର ସନ୍ତାନସନ୍ତତି ପୁଣି ବିପ୍ର, କ୍ଷତ୍ରିୟ ଓ ବୈଶ୍ୟ ଘରେ ବିବାହ ସମ୍ପର୍କ ସ୍ଥାପନ କରୁଥିଲେ । ଏଇଟା wisdom(ପ୍ରଜ୍ଞା)ର ଲକ୍ଷଣ । ଋଷି ସ୍ଥାନୀୟ ବ୍ୟକ୍ତି ନେତୃପଦରେ ରହିଲେ ତେବେହିଁ ଦେଶର ମଙ୍ଗଳ ।

ଅନୁଗତ - ବର୍ଣ୍ଣାଶ୍ରମ -କର୍ମ ନିର୍ଦ୍ଧାରଣ ପଦ୍ଧତିକୁ କ'ଣ ସାରା ପୃଥିବୀରେ ଲାଗୁ କରାଯାଇ ପାରିବ କି ? ୩୭୮

ଶ୍ରୀଶ୍ରୀଠାକୁର- ପୃଥିବୀର ପ୍ରତ୍ୟେକ ସମାଜକୁ ସେମାନଙ୍କର ବିଶିଷ୍ଟତାକୁ ସର୍ବତୋଭାବେ ପରିପୂରଣ କରି ଯଦି ଏହିପରି ବିଧିଶୁଦ୍ଧ ଭାବରେ ସଜାଇ ଦିଆଯାଏ,- ଏହାଦ୍ୱାରା ବିହିତ ଅନୁଲୋମକ୍ରମେ ପାରସ୍ପରିକ ପରିଣୟ ନିବନ୍ଧ ମଧ୍ୟ ସୃଷ୍ଟି କରାଯାଇପାରେ। ଆପୂରୟମାଣ ଏକ ଆଦର୍ଶ ଓ ଅନୁଲୋମ ବିବାହ ଯେପରି ଗୋଟିଏ ଜାତିକୁ ଏକୀଭୂତ କରି ତୋଳିପାରେ -ସାରା ବିଶ୍ୱକୁ ମଧ୍ୟ ସଂହତ ଓ ଐକ୍ୟବଦ୍ଧ କରି ତୋଳିପାରେ ପାରସ୍ପରିକ ବିଶିଷ୍ଟତାର ସଂହତିକୁ ନେଇ। ପରମପିତାଙ୍କ ଦୟାରେ ବିଶ୍ୱଶାନ୍ତିର ଏଇ ଯେଉଁ ସୂତ୍ର ବାହାରିଛି -ଏକଦମ୍ ଚରମ ଅବ୍ୟର୍ଥ ସୂତ୍ର -ଏବେଠାରୁ ତୁମେମାନେ ମୁଣ୍ଡରେ ପୁରାଇ ରଖିଲେ ହେଲା।

ଅନୁଗତ -ଏହା ତ ଅତ୍ୟନ୍ତ ବିପ୍ଳବାତ୍ମକ କଥା, ଏହା ଏ ପର୍ଯ୍ୟନ୍ତ କେହି ଚିନ୍ତା କରି ନାହାନ୍ତି। ଏହା କ'ଣ ସମ୍ଭବ ହେବ ? ୩୭୯

ଶ୍ରୀଶ୍ରୀଠାକୁର - ମୁଁ ତ ମୂର୍ଖଲୋକ, ମୋ କଥା ଶୁଣୁଛି ବା କିଏ ? କିନ୍ତୁ ଏହା ବ୍ୟତୀତ ଜଗତରେ ଐକ୍ୟସ୍ଥାପନ କରିବାର ଅନ୍ୟ କୌଣସି ପନ୍ଥା ନାହିଁ।

ଅନୁଗତ- ବିଶ୍ୱ-ଐକ୍ୟର ଏହି ପରିକଳ୍ପନାକୁ କିପରି ସାକାର କରାଯାଇ ପାରିବ ? ୩୮୦

ଶ୍ରୀଶ୍ରୀଠାକୁର- ତୁମେମାନେ ବଡ଼ହୁଅ, ସୁଖସ୍ୱାଚ୍ଛନ୍ଦ୍ୟରେ ରୁହ, ଲୋଭନୀୟ ଦେବ ଚରିତ୍ରର ଅଧିକାରୀ ହୋଇଉଠ,- ଏହାହିଁ ମୋର ଜୀବନର ଲକ୍ଷ୍ୟ। ସେଇ ସ୍ୱାର୍ଥର ଗରଜରେ ତ ତୁମମାନଙ୍କ ପଛରେ ମୁଁ ଏତେ ଲାଗିଥାଏ। ଯେତେ ଦିନ ଯାଏ ତୁମେ ପ୍ରବୃତ୍ତି କବଳରେ ଥିବ, ସେତେବେଳ ପର୍ଯ୍ୟନ୍ତ ତୁମେ ତୁମର ସତ୍ତାକୁ ପୁଷ୍ଟ କରି ତୋଳି ପାରିବ ନାହିଁ।

ଧର୍ମର କାମ ହେଲା ମଣିଷକୁ ଆତ୍ମସତ୍ତାରେ ସ୍ଥିତିଲାଭ କରାଇ, ଅନ୍ୟର ସତ୍ତାକୁ ପୋଷଣ ଯୋଗାଇବା। ମଣିଷ ଏହା ଯଦି ନ କରି ପାରେ ତେବେ ସେ ଯେତେ ଯାହା କରୁନା କାହିଁକି ସେ କରିବାର ଦାମ କ'ଣ ? ସେ ଯଦି ମହାଶକ୍ତିର ଆଧାର ମଧ୍ୟ ହୁଏ, ବିଶ୍ୱକର୍ମା ପରି କର୍ମଠ ମଧ୍ୟ ହୁଏ, ତଥାପି ତାର ସେ କର୍ମର ସ୍ଥାୟୀ ମୂଲ୍ୟ ନାହିଁ- ସତ୍ତାଧାରୀମାନଙ୍କ ପାଖରେ। ତେଣୁ ମୁଁ କୁହେ -ସତ୍ତାରେ ସଂସ୍ଥିତ ହୋଇ ଓ ସତ୍ତାକୁ ପରିପୁଷ୍ଟ କରି ଚାଲ, ତାହେଲେ ତା ହେବ ଧର୍ମ। ଆଉ ସତ୍ତାରେ ସଂସ୍ଥିତ ହେବା ମାନେ ଇଷ୍ଟଙ୍କଠାରେ ସଂସ୍ଥିତ ହେବା, ନଚେତ୍ ସତ୍ତାର ବୋଧ ଜାଗେ ନାହିଁ। ତୁମର କର୍ମ ସେତେବେଳେ ଧର୍ମ ହେବ, ଯେତେବେଳେ ତାହା ଇଷ୍ଟାର୍ଥୀ ଲୋକସେବା ପାଇଁ ହୁଏ। ତାହେଲେ ତୁମେ ଜାଣିବ ଯେ ତୁମର ପ୍ରତ୍ୟେକ କାମ ଭିତରଦେଇ ତୁମ ନିଜର ଓ ଅନ୍ୟର ସତ୍ତାରେ ରସ-ସିଞ୍ଚନ ହେଉଥିବ। ସେତେବେଳେ ତୁମେ ଜାଣିବ ସୁଖ କାହାକୁ କୁହାଯାଏ। ଘରେ ଘରେ, ଘାଟେ ଘାଟେ ପରମାତ୍ମୀୟ ଖୋଜି ପାଇବେ ସମସ୍ତେ। ମୁଁ ଯେଉଁ 'ବସୁଧୈବ କୁଟୁମ୍ବକମ୍' କଥା କହେ, ତାହା ସମ୍ଭବ ହେବ।

ଅନୁଗତ - ଆପଣ ବ୍ୟକ୍ତିଗତ ମନକୁ ବିଶ୍ୱ-ମନରେ ପରିଣତ କରିଦେବା କଥା କହିଛନ୍ତି । ଏହା କିପରି ସମ୍ଭବ ? ୩୮୧

ଶ୍ରୀଶ୍ରୀଠାକୁର - ଦେଖ, କୌଣସି-କିଛିକୁ feel (ବୋଧ) କରିବାରେ ଥାଏ । ମୋର individual 'I' (ବ୍ୟକ୍ତିଗତ-ମୁଁ ଟା) Universal 'I' (ବିଶ୍ୱ-ମୁଁ) ରେ ମିଶି ଯାଏ । ଯାହା କରିବାକୁ ଯାଏ, ତାହା Universal ହେଉ ବୋଲି ବୋଧ ଆସେ । ତେଣୁ ବ୍ୟକ୍ତିଗତ ଭାବେ କିଛି କରିବାକୁ ଖୁବ ଇଚ୍ଛା ହୁଏନା । 'ବ୍ୟକ୍ତିଗତ-ମୁଁ' ଯାହା (ଛୋଟ ସ୍ୱାର୍ଥ) କରିବାକୁ ଚାହେଁ, 'ବିଶ୍ୱ-ମୁଁ' ତାହା କରିବାକୁ ଦିଏନା । ମୁଁ ଯେତେବେଳେ ଜଣକର ଚରିତ୍ରରେ କିଛି ଶୁଭ ପରିବର୍ତ୍ତନ ଘଟାଇବାକୁ ଚାହେଁ, ତାହା କିପରି ବିଶ୍ୱର କାମରେ ଲାଗୁ ମୋର ସେହି ଚେଷ୍ଟା । କେବଳର ଜଣକର କାମରେ ନ ଲାଗି, ବିଶ୍ୱରେ ଯେଉଁମାନଙ୍କର ତାହା ଆବଶ୍ୟକ, ସେମାନଙ୍କ ପାଇଁ ମଧ୍ୟ ମନ ଆତୁର ହୁଏ ।

(ଆଲୋଚକ - ଇମାନୁଏଲ କାଣ୍ଟ, Immanuel Kant (1724 AD-1804 AD)- ଜର୍ମାନୀର ଅନ୍ୟତମ ଦାର୍ଶନିକ ବିଶ୍ୱକୁ ଗୋଟିଏ ରାଷ୍ଟ୍ର କରିବାର ସ୍ୱପ୍ନ ଦେଖିଥିଲେ- ଯେଉଁଠାରେ ପ୍ରତ୍ୟେକ ମଣିଷ ହେବ ଜଣେ ବିଶ୍ୱ-ନାଗରିକ । ତାଙ୍କର ପ୍ରସିଦ୍ଧ ପୁସ୍ତକ "Categorical Imperative" ରେ ସେ କହିଥିଲେ ଯେ ମଣିଷ ଭିତରେ ବିଚାର, ଶ୍ରଦ୍ଧା ଓ ବିଜ୍ଞତା ଅଳ୍ପ ହେଉ କି ବହୁତ ହେଉ, ଅଛି ନିଶ୍ଚୟ । ସେ ନିଜକୁ ତିନୋଟି ପ୍ରଶ୍ନ ପଚାରିବ- ମୁଁ କ'ଣ ଜାଣିବା ଉଚିତ, ମୁଁ କ'ଣ କରିବା ଉଚିତ, ମୁଁ ଅନ୍ୟଠାରୁ କ'ଣ ଆଶା କରିବା ଉଚିତ ? ଭଗବାନଙ୍କଠାରେ ବିଶ୍ୱାସ, ଆତ୍ମପ୍ରତ୍ୟୟ ଓ ସ୍ୱାଧୀନତା, ଅମରତ୍ୱର ସନ୍ଧାନ ହେଉଛି ମଣିଷର ଜୀବନ । ତାଙ୍କ ପରେ ଜନ୍ ଷ୍ଟୁଆର୍ଟ ମିଲ (John Stuart Mill-1806 AD-1873 AD) ମଧ୍ୟ ଏହି କଥା କହିଥିଲେ ଯେ ମଣିଷ ପ୍ରକୃତିରେ ସ୍ୱାର୍ଥପରତା ଅଛି, ସେ ଯଦି ନିଃସ୍ୱାର୍ଥପର ହୁଏ, ତେବେ ତାର ସ୍ୱାର୍ଥ-ସୁଖଠାରୁ ଏହି ସୁଖ ଶତଗୁଣ ହେବ । (Understanding Philosophy)

(ସତ୍ୟାନୁସରଣ- ତୁମେ ଠିକ୍ ଠିକ୍ ଜାଣ ଯେ, ତୁମେ ତୁମର, ତୁମ ନିଜ ପରିବାରର, ଦଶର ଏବଂ ଦେଶର ବର୍ତ୍ତମାନ ଓ ଭବିଷ୍ୟତ୍ ପାଇଁ ଦାୟୀ ।)

ଅନୁଗତ - ପଶୁ, ପକ୍ଷୀ ଆଉ ପ୍ରକୃତି ସହିତ ମଣିଷର ସଂପର୍କ କିପରି ହେବା ଦରକାର ? ୩୮୨

ଶ୍ରୀଶ୍ରୀଠାକୁର - ଏଇ ଯେ ପକ୍ଷୀସବୁ ରାବ କରନ୍ତି, ତାହା ଆମେ ଶୁଣି ମଧ୍ୟ ସେପରି ଶୁଣୁନା । ଯଦି ପକ୍ଷୀମାନଙ୍କ ପ୍ରତି ଆମର ଭଲ ପାଇବା ଥାଏ ଓ ଆଗ୍ରହ ସହକାରେ ସେମାନଙ୍କ ଡାକ ଶୁଣିବାକୁ ଅଭ୍ୟସ୍ତ ହେଉ, ତାହେଲେ ବୁଝି ପାରିବୁ କିପରି ମାନସିକ ଅବସ୍ଥାରେ ସେମାନେ କିପରି ଭାବରେ ଡାକନ୍ତି । ମଣିଷ, ଗଛ ଲତା, ଫୁଲଫଳ, ପଶୁପକ୍ଷୀ, କୀଟପତଙ୍ଗ, ମାଟି-ପାଣି, ଆଲୁଅ-ପବନ, ପରିବେଶ, ପ୍ରକୃତି, କଳକବ୍ଜା, ସଂସାରର ନାନା କାର୍ଯ୍ୟକ୍ରମ, ଶବ୍ଦସ୍ପର୍ଶ, ଦୃଶ୍ୟ-ଘ୍ରାଣ, ଆକାଶ, ସୂର୍ଯ୍ୟ, ଚନ୍ଦ୍ର, ଗ୍ରହ-ନକ୍ଷତ୍ର ସମସ୍ତଙ୍କ

ସହ କିନ୍ତୁ ଆମମାନଙ୍କର ଜୀବନୀୟ ସମ୍ବନ୍ଧ ଅଛି । ପୂର୍ବକାଳରେ ପଶୁପକ୍ଷୀମାନଙ୍କ ଭାଷା ବୁଝିବା ପାଇଁ ନାଳନ୍ଦା ଇତ୍ୟାଦି ବିଶ୍ୱବିଦ୍ୟାଳୟରେ ଶିକ୍ଷା ଦିଆଯାଉଥିଲା । ମଣିଷ ସେମାନଙ୍କ ଭାଷା ବୁଝି ସେମାନଙ୍କୁ ଭଲଭାବେ ଲାଳନ ପାଳନ କରି ପାରୁଥିଲା । ସେମାନଙ୍କର ସୁରକ୍ଷା ମଧ୍ୟ ଆମର ଦାୟିତ୍ୱ ।

(ଆଲୋଚକ- **ପଶୁପକ୍ଷୀ ସମାଜରେ ବର୍ଣ୍ଣାଶ୍ରମ** । ଶ୍ରୀଶ୍ରୀଠାକୁର ପଶୁପକ୍ଷୀ ଜଗତରେ କର୍ମ-ବଣ୍ଟନ ବ୍ୟବସ୍ଥା କଥା ଇଙ୍ଗିତ କରିଥିଲେ । ବର୍ତ୍ତମାନ ଇଣ୍ଟରନେଟରେ ପଶୁପକ୍ଷୀ ମାନଙ୍କ ଚଳଣି ନେଇ ଯାହା ବିସ୍ତୃତରେ ବର୍ଣ୍ଣିତ ହୋଇଛି, ସେଥିରୁ କିଛି ..

ହାତୀର ବୁଦ୍ଧି ପ୍ରଖର, ସ୍ମରଣଶକ୍ତି ମଧ୍ୟ ସେହିପରି । ସେ କୌଣସି ସ୍ଥାନକୁ ବା ତା ସହିତ ଦେଖା ହୋଇଥିବା ପଶୁ ବା ମଣିଷକୁ ବହୁତ ଦିନ ଯାଏ ମନେ ରଖିଥାଏ । ହାତୀ ପରିବାର ଭିତରେ ରୁହେ । ପ୍ରତ୍ୟେକ ମା-ହାତୀ ଓ ତାର ପିଲାଛୁଆଙ୍କୁ ନେଇ ଗୋଟିଏ ପରିବାର-ଏଇ ପରିବାରଗୁଡ଼ିକ ଏକାଠି ହୋଇ ଗୋଟିଏ ଦଳ ବା ସମାଜ । ଏହି ଦଳର ଜଣେ ମୁରବୀ ଥାଏ, ହାତୀ-ସମାଜ ହେଉଛି ମାତୃ-ଭିତ୍ତିକ (matriarchal), ନାରୀ ପ୍ରଧାନ ଓ ନାରୀ ଶାସିତ । ଯେଉଁ ମା-ହାତୀ ଦଳର ପ୍ରଧାନ ସେ ସାଧାରଣତଃ ବୟସ୍କ ବା ବୟସରେ ସବୁଠୁ ବଡ଼ , କିନ୍ତୁ ଖାଲି ବୟସରେ ବଡ଼ହେଲେ ହେବ ନାହିଁ । ତାର ସେହିପରି ସମସ୍ତଙ୍କୁ ଆପଣାର କରିବାର କ୍ଷମତା, ସିଦ୍ଧାନ୍ତ ନେବାର ଦକ୍ଷତା, ବିପଦ ପଡ଼ିଲେ ତାହାକୁ ସାମନା କରିବାର ସାହସ, ଏସବୁ ଗୁଣ ଥିବା ଦରକାର । ସବୁ ମା-ହାତୀମାନେ ଏକାଠି ହୋଇ କିଏ ପ୍ରଧାନ ହେବ ସ୍ଥିର କରନ୍ତି, ଥରେ ଏହା ଘୋଷିତ ହେବାପରେ ସମସ୍ତେ ତାକୁ ମାନନ୍ତି । ପରିବାର ମାନଙ୍କର ଦାୟିତ୍ୱ, ସେମାନଙ୍କର କ୍ଷମତା ବି ଆଗ୍ରହ ଅନୁସାରେ ବଣ୍ଟା ହୋଇଥାଏ । କିଏ ଶତ୍ରୁ ଆକ୍ରମଣ କାଳେ କେବେ ହେବ ତାର ଜଗା ରଖା, ଆଉ କାହାର ଦାୟିତ୍ୱ ଥାଏ ଖାଦ୍ୟ ଓ ଜଳର ବ୍ୟବସ୍ଥା, ଆଉ କେତେକ ନିମ୍ନସ୍ତରୀୟ ଥାଆନ୍ତି ଯେଉଁମାନେ ପ୍ରଧାନ ଓ ଉଚ୍ଚବର୍ଗ ହାତୀଙ୍କ କଥା ମାନି ସାଧାରଣଭାବେ ଚଳନ୍ତି । ଏହା ସବୁ ସାଧାରଣତଃ ବଂଶଗତ ପରମ୍ପରାରୁ ଘଟିଥାଏ, ପୁରୁଷ-ହାତୀ ଏସବୁ ଝାମେଲାରେ ପଶେ ନାହିଁ, ସେ ଦଳରେ ଥାଏ କିନ୍ତୁ ଦୂରରେ ରହେ । ହାତୀ ସ୍ୱଭାବତଃ ଶାନ୍ତ ପୁଣି ସମବାୟ ଜୀବନପ୍ରଣାଳୀ ଭିତରେ ରହେ- ପରିବାର, ଦଳ ଓ ଦଳମୁଖ୍ୟ ଏମାନଙ୍କ ସାମାଜିକ ବୋଧ ଓ ପ୍ରଣାଳୀ (social network) ହେଉଚି ସମଷ୍ଟିସମ୍ପନ୍ନ । ପୁଣି ବିଭିନ୍ନ ଦଳ ବିଭିନ୍ନ ଜାତିର, ସେମାନଙ୍କ ଭିତରେ ମଧ୍ୟ ବୁଝାମଣା, ଆଦାନପ୍ରଦାନ, କଳିତକରାଳ ଓ ସମାଧାନ ସବୁ ଘଟେ ।

କୋକିଶିଆଳି ବା ଗଧିଆ ଜାତୀୟ ବଣପଶୁ (wolf) ସମାଜ -କୁହାଯାଏ ଯେ ଏମାନଙ୍କଠାରୁ ଜଣେ କିପରି ଅନ୍ୟକୁ ସୁରକ୍ଷା ଦିଏ ତାହା ମଣିଷ ଶିଖିବା କଥା । ଏମାନଙ୍କ ଦଳକୁ ଇଂରାଜୀରେ କୁହାଯାଏ (wolf pack) ଓ ନେତା-ନେତ୍ରୀ ଦମ୍ପତିଙ୍କୁ ଆଲ୍‌ଫା; ଆଗକାଳରେ ଯେଉଁପରି ରାଜା-ରାଣୀ ଶାସନମୁଖ୍ୟ ଥିଲେ ସେହିପରି । ଏହି ରାଜା-ରାଣୀଙ୍କ ପରେ ମଧ୍ୟମ ସ୍ତର, ତା ତଳକୁ ନୀଚସ୍ତର । ରାଜା-ରାଣୀ ଦେଖିବାକୁ ଅନ୍ୟମାନଙ୍କଠାରୁ ଉଚ୍ଚା ଓ ସେମାନଙ୍କର ବଡ଼ ଠିଆ କାନ । ଯେଉଁଠି ଜନ୍ତୁ ଶୀକାର କରନ୍ତି

ରାଜା-ରାଣୀମାନେ ତାକୁ ପ୍ରଥମେ ଖାଇବେ, ତାପରେ ମଧ୍ୟବର୍ତ୍ତୀ ମାନଙ୍କର ପାଳି ଓ ଶେଷରେ ନିମ୍ନବର୍ଗ ମାନଙ୍କୁ ଡକାଯିବ । ତାଙ୍କ ଭିତରେ ମତ ପାର୍ଥକ୍ୟ ହୁଏ, ଦଳଗତ ବିବାଦ ହୁଏ । ଶାସକ ଜଣକୁ ଏହାର ସମାଧାନ ଇତ୍ୟାଦିର ଦାୟିତ୍ୱ ଦିଏ, ମଣିଷ-ସମାଜର ସମାଧାନ-ଦୂତ ଭଳି ସେମାନେ ସେସବୁ କରନ୍ତି । ପୁଣି କେହି ଭୁଲ କାମ କଲେ ଦଣ୍ଡିତ ହୁଏ, ତାକୁ ଦଳରୁ ବାହାର କରି ଦିଆଯାଏ, ସେ ସେହି ପାଖରେ ଥିଲେ ବି ଦଳର ସୁବିଧା ସୁଯୋଗରୁ ବଂଚିତ ହୁଏ, ତାର ଦଣ୍ଡ ଅବଧି ସରିଲେ ସେ ପୁଣି ଦଳରେ ମିଶେ -ଏହି ଯେଉଁ ଶ୍ରେଣୀ ବିଭାଗକୁ ସମସ୍ତେ ମାନି ଚଳନ୍ତି ନଚେତ୍ ଦଣ୍ଡିତ ହୁଅନ୍ତି ।)

– ୦ –

ପ୍ରେମର ବିକୃତି, ଶ୍ରୀଶ୍ରୀଠାକୁରଙ୍କ ବାଣୀ

ପୁରୁଷ ମାଗେ ନାରୀର ପ୍ରଣୟ
ନାରୀ ମାଗେ ଟଙ୍କା,
ଏମିତି କରି ଚାଲିଛି ଜଗତ
ବଞ୍ଚିବା ବଢ଼ିବା ଫାଙ୍କା ।

ପ୍ରେମର ଗନ୍ତବ୍ୟ ହିଁ ଯେଉଁଠାରେ
କାମୋଦ୍ଦୀପ୍ତା କାମିନୀ,
ଲାଞ୍ଛନା-ମାଲ୍ୟ ତାହାର କଣ୍ଠକୁ
ଶୋଭିତ କରି ହିଁ ଥାଏ ।

କେବଳ କାମ ପ୍ରବୃତ୍ତି
କେବେହେଲେ କାହାକୁ ମଧ୍ୟ
ପ୍ରକୃତ ସ୍ୱାମୀ ବା ସ୍ତ୍ରୀ କରିପାରେନା-
ପାରେ ନାହିଁ ।

ଷଷ୍ଠ ପରିଚ୍ଛେଦ

ନାରୀ, ପୁରୁଷ-ନାରୀ ସଂପର୍କ, ନାରୀ-ସ୍ୱାଧୀନତା, ବିବାହ (ଅନୁଲୋମ, ପ୍ରତିଲୋମ), ସ୍ୱାମୀ-ସ୍ତ୍ରୀ ପାରସ୍ପରିକତା, ସତୀତ୍ୱ, ସନ୍ତାନ ଦାୟିତ୍ୱ, ବିବାହ-ବିଚ୍ଛେଦ, ବିଧବା-ପୁନର୍ବିବାହ।

ଅନୁଗତ -ଶ୍ରୀରାମକୃଷ୍ଣଦେବ କାମିନୀ (ଏବଂ କାଞ୍ଚନ) ଠାରୁ ଦୂରରେ ରହିବାକୁ କହିଲେ। ଶ୍ରୀଶଙ୍କରାଚାର୍ଯ୍ୟଙ୍କୁ ଆକ୍ଷେପ କରାଯାଏ ଯେ ସେ ନାରୀକୁ ନରକର ଦ୍ୱାର ବୋଲି କହିଛନ୍ତି- ଆପଣଙ୍କର ବିଚାର କ'ଣ ? ୩୮୩

ଶ୍ରୀଶ୍ରୀଠାକୁର - ଏ କଥାର ପ୍ରବକ୍ତା କେଉଁ ପ୍ରସଙ୍ଗରେ, କି ଉଦ୍ଦେଶ୍ୟରେ କହିଛନ୍ତି, ଏହାର ପୂର୍ବାପର କ'ଣ ତାହା ନ ବୁଝି ରାୟ ଦେବା ସମୀଚୀନ ନୁହେଁ। ପ୍ରବକ୍ତା ହୁଏତ କହିବାକୁ ଚାହିଁଛନ୍ତି -କାମିନୀକୁ ବା ନାରୀକୁ ପୁରୁଷ ଯେଉଁଠାରେ କେବଳମାତ୍ର ଭୋଗର ଇନ୍ଧନ ରୂପେ ବ୍ୟବହାର କରେ, ନାରୀ ସେଠାରେ ନରକର ଦ୍ୱାର ହୋଇଉଠେ ଏବଂ ସେ କଥା ମଧ୍ୟ ଠିକ୍। କିନ୍ତୁ ଏହି abnormal (ଅସ୍ୱାଭାବିକ) ଜିନିଷଟା ଉପରେ ଆମେ ଏତେ ଜୋର ଦେବାକୁ ଯିବା କାହିଁକି ? ନାରୀକୁ ନରକର ଦ୍ୱାର କରି କାହିଁକି ରଖିବା ? ନାରୀ କଥାର ତାତ୍ପର୍ଯ୍ୟ ହେଉଛି -ଯିଏ ବା ଯେଉଁମାନେ, ସମସ୍ତଙ୍କୁ ସମ୍ୟକ୍‌ଭାବରେ ସର୍ବପ୍ରକାରେ ଜୀବନ ଓ ବୃଦ୍ଧିରେ ଉନ୍ନୀତ କରି ସାର୍ଥକତାରେ ତୃପ୍ତି ଲାଭ କରନ୍ତି, ତେଣୁ ନାରୀ ମାନେ ନେତ୍ରୀ ଓ ବୃଦ୍ଧିକାରିଣୀ। ନାରୀମାନଙ୍କର ପ୍ରଥମ କର୍ତ୍ତବ୍ୟ ହେଉଛି -ପ୍ରତ୍ୟେକ ପରିବାର ଭିତରେ ସେବା ଓ ସାହାଯ୍ୟ ଦେଇ ପ୍ରତ୍ୟେକଙ୍କୁ ଅନୁପ୍ରାଣିତ ଓ ଉନ୍ନୀତ କରି ଜୀବନ ଓ ବୃଦ୍ଧିରେ ପରିଚାଳିତ କରିବା। ତାହେଲେ ବୁଝ, ନାରୀମାନଙ୍କର କର୍ତ୍ତବ୍ୟ ଓ ପ୍ରୟୋଜନୀୟତା କେତେ ଗଭୀର ଓ ଅକାଟ୍ୟ। ସେ ହେଉ ମା, ସେ ହେଉ ସହଧର୍ମିଣୀ, ସେ ଧାତ୍ରୀ, ପାତ୍ରୀ ଓ ବୁଦ୍ଧିଦାତ୍ରୀ।

(ଆଲୋଚକ-ପ୍ରାଚୀନ ସଂସ୍କୃତ ସାହିତ୍ୟର ମହାକବି ଭର୍ତ୍ତୃହରି (ଆପାତତଃ ସପ୍ତମ ଶତାବ୍ଦୀ)ଙ୍କ ଜୀବନର ଗୋଟିଏ ଘଟଣା -ସେ ସେତେବେଳର ଉଜ୍ଜୟିନୀର ମହାରାଜା ଥିଲେ। ଏକାଧିକ ରାଣୀମାନଙ୍କ ଭିତରେ ତାଙ୍କର ଅତି ପ୍ରିୟତମା ଥିଲେ ରାଣୀ ଅନଙ୍ଗସେନା। ତାଙ୍କର ଆଉ ଜଣେ ପ୍ରିୟ ରାଣୀ ଥିଲେ, ତାଙ୍କ ନାମ ପିଙ୍ଗଳା। ନଗରର ଅସାମାନ୍ୟ ରୂପ-ଲାବଣ୍ୟବତୀ ଗଣିକା ରୂପଲେଖା ନିକଟକୁ ମଧ୍ୟ ରାଜାଙ୍କର ଯାତାୟାତ ଥିଲା।

ଦିନକର ଜଣେ ସନ୍ୟାସୀ ରାଜ ଦରବାରରେ ଆସି ପହଞ୍ଚିଲେ। ସେ ମହାରାଜାଙ୍କୁ ନିଭୃତକୁ ଡାକିନେଇ ଗୋଟିଏ ଫଳ ଦେଲେ ଏବଂ କହିଲେ,- ହେ ରାଜନ୍, ବହୁ ତପସ୍ୟା ପରେ ମୋତେ ଏହି ଫଳଟି ପ୍ରାପ୍ତ ହୋଇଛି, ଏହା ଅଖଣ୍ଡ ଯୌବନ ପ୍ରଦାନକାରୀ। ଆପଣ ଜଣେ ପ୍ରଜାବତ୍ସଳ, ବୀର, ନୀତିଜ୍ଞ ରାଜା, ତେଣୁ ଫଳଟି ମୁଁ ନିଜେ ନ ଖାଇ ଆପଣଙ୍କ ପାଇଁ ଆଣିଛି। ଗ୍ରହଣ କରନ୍ତୁ। ତଦ୍ୱାରା ଆପଣ ସଦା ଯୌବନପ୍ରାପ୍ତ ହେଲେ ବହୁ ପ୍ରଜା ସୁଶାସନ ପାଇ ସୁଖରେ ରହିବେ। ସନ୍ୟାସୀ ବିଦାୟ ନେଲେ। ମହାରାଜା ଭାବିଲେ,

ରାଣୀ ଅନଙ୍ଗସେନା ଯଦି ଚିର ଯୌବନପ୍ରାପ୍ତ ହୁଅନ୍ତି, ତେବେ ମୋର ଏଇ ତ୍ୟାଗ ପାଇଁ ସେ ଅତି ଆନନ୍ଦିତ ହେବେ ଏବଂ ମୁଁ ସଦାସର୍ବଦା ସୁନ୍ଦରୀ ରମଣୀର ସେବା ପାଇବି। ଫଳଟି ରାଣୀ ଅନଙ୍ଗସେନାଙ୍କ ହାତରେ ପହଞ୍ଚିଲା। ମହାରାଜାଙ୍କ ସାରଥୀ ଚନ୍ଦ୍ରଚୂଡ ସହିତ ରାଣୀ ଅନଙ୍ଗସେନାଙ୍କ ଗୁପ୍ତ ପ୍ରଣୟ ଥିଲା। ସେ ଭାବିଲେ ଫଳଟି ଯଦି ସେ ଖାଆନ୍ତି ତେବେ ଆମ ଦେହ ଉପଭୋଗ ଅତି ରମଣୀୟ ହେବ। ଫଳଟି ପାଇ ଚନ୍ଦ୍ରଚୂଡ ନିଜେ ନ ଖାଇ ଗଣିକା ରୂପଲେଖାକୁ ଦେଇଦେଲା। ରୂପଲେଖା ସହିତ ଚନ୍ଦ୍ରଚୂଡର ସମ୍ପର୍କ ମହାରାଜାଙ୍କ ଅଜାଣତରେ ବହୁ ଦିନ ଧରି ଥିଲା। ଗଣିକା ରୂପଲେଖା ବୁଦ୍ଧିମତୀ ଥିଲା। ସେ ଭାବିଲା ମୋ ପରି ଦେହଜୀବୀ ଅଖଣ୍ଡ ଯୌବନଲାଭ କଲେ ଗ୍ରାହକ ବଢ଼ିବେ ସିନା ତୃପ୍ତି ମିଳିବ ନାହିଁ। ବରଂ ମହାରାଜା ଯଦି ଫଳଟି ଖାଆନ୍ତି, ତେବେ ଜୀବନର ଅଧିକ ସମୟ ସୁସ୍ଥ ସବଳ ରହି ସେ ପ୍ରଜାମାନଙ୍କର ହିତସାଧନ କରିବେ।

ଗଣିକାଠାରୁ ଫଳଟି ପାଇ ମହାରାଜା ସ୍ତମ୍ଭିଭୂତ ହେଲେ। ରାଣୀ ଅନଙ୍ଗସେନା ଆତ୍ମହତ୍ୟା କଲେ। ସାରଥୀ ଚନ୍ଦ୍ରଚୂଡ ରାଜ୍ୟରୁ ବହିଷ୍କୃତ ହେଲା, କିନ୍ତୁ ଏହି ଘଟଣା ମହାରାଜାଙ୍କୁ ଏତେ ପରିମାଣରେ ମ୍ରିୟମାଣ ଏବଂ ବିଧ୍ୱସ୍ତ କରିଦେଲା ଯେ ସେ ଆଉ ରାଜକାର୍ଯ୍ୟ କରି ପାରିଲେ ନାହିଁ। ଅବସାଦଗ୍ରସ୍ତ ହୋଇ ଚୁପଚାପ ବସି ରହିଲେ। ରାଜ୍ୟ ଚାଲିବ କିପରି ? ମହାରାଜାଙ୍କର ମନ ପରିବର୍ତ୍ତନ ପାଇଁ ମନ୍ତ୍ରୀ ତାଙ୍କୁ ମୃଗୟାରେ ଯିବାର ବ୍ୟବସ୍ଥା କଲେ। ମହାରାଜା, କୌଣସିମତେ ରାଜି ହୋଇ ମୃଗୟା କରିବାକୁ ଅରଣ୍ୟକୁ ଗଲେ। ସେଠାରେ ଗୋଟିଏ ପୁରୁଷ ହରିଣକୁ ଶିକାର କରି ଦେଖିଲେ ଯେ ଗୋଟିଏ ସ୍ତ୍ରୀ ହରିଣ ବୁଦା ଉହାଡରୁ ଦୌଡି ଆସି ମୃତ ହରିଣ ଉପରେ ପଡ଼ି ପ୍ରାଣତ୍ୟାଗ କଲା। ମହାରାଜା, ଦୁଇଟି ମୃତ ହରିଣଙ୍କୁ ଧରି ନଗରକୁ ଫେରିଲେ। ହରିଣୀର ପ୍ରାଣ ବିସର୍ଜନ କଥା ରାଣୀ ପିଙ୍ଗଳାଙ୍କୁ ବର୍ଣ୍ଣନା କରି କହିଲାରୁ ସେ ଉତ୍ତର ଦେଲେ -ସ୍ୱାମୀର ମୃତଦେହ ଦେଖିଲେ ସ୍ତ୍ରୀ ପ୍ରାଣତ୍ୟାଗ କରିବା ସ୍ୱାଭାବିକ। ମହାରାଜା ପଚାରିଲେ -ତୁମେ ଏପରି କରିପାରିବ ? ରାଣୀ ପିଙ୍ଗଳା ଛୋଟ ଉତ୍ତର ଦେଲେ -ଅବଶ୍ୟ ! କିଛିଦିନ ଉତ୍ତାରେ ମହାରାଜା ପିଙ୍ଗଳାଙ୍କ ଉତ୍ତରର ସତ୍ୟାସତ୍ୟ ଜାଣିବା ଲାଗି ମୃଗୟା ଯିବାର ବାହାନା କରି ନଗରରୁ ବାହାରି ଗଲେ। ଦିନାନ୍ତରେ ଜଣେ ସୈନିକ ପଶୁରକ୍ତ ଜୁଡୁବୁଡୁ ରାଜପୋଷାକ ରାଣୀ ପିଙ୍ଗଳାଙ୍କ ସମକ୍ଷରେ ଆଣି କହିଲା-ଆଜି ମୃଗୟାକୁ ଯାଇ ଅରଣ୍ୟରେ ବ୍ୟାଘ୍ର ଆକ୍ରମଣରେ ମହାରାଜଙ୍କର ମୃତ୍ୟୁ ହେଲା। ତାଙ୍କ ଶରୀର ବ୍ୟାଘ୍ର ଦ୍ୱାରା ଘନଜଙ୍ଗଲକୁ ଘୋଷାରି ହୋଇ ଚାଲିଗଲା।

ଏହି ଦୁଃସମ୍ବାଦ ଶୁଣିବାମାତ୍ରେ ରାଣୀ ପିଙ୍ଗଳା ସେହି ରକ୍ତ-ରଞ୍ଜିତ ବସ୍ତ୍ରକୁ ଛାତିରେ ରଖି ଚେତାଶୂନ୍ୟ ହୋଇଗଲେ, ପ୍ରାଣବାୟୁ ଉଡିଗଲା। କିଛି ସମୟ ପରେ ମହାରାଜା ଭର୍ତ୍ତୃହରି ନଗରକୁ ଫେରି ରାଣୀଙ୍କ ମୃତଦେହକୁ ଧରି ଅନୁତାପରେ ଦଗ୍ଧ ହୋଇ କ୍ରନ୍ଦନ କରିବାକୁ ଲାଗିଲେ।

ମହାରାଜା ଭର୍ତ୍ତୃହରିଙ୍କ ଜୀବନରେ ତିନୋଟି ନାରୀ ଚରିତ୍ର- ରାଣୀ ପିଙ୍ଗଳା, ରାଣୀ ଅନଙ୍ଗସେନା ଓ ଗଣିକା ରୂପଲେଖା - ଏହି ଚରିତ୍ର ଗୁଡ଼ିକର ଅନୁଶୀଳନରେ ସେ ସୃଷ୍ଟି

କଲେ ତିନୋଟି କାବ୍ୟଶତକ -ନୀତି ଶତକ (ପିଙ୍ଗଳା), ଶୃଙ୍ଗାର ଶତକ (ଅନଙ୍ଗସେନା) ଓ ବୈରାଗ୍ୟ ଶତକ (ରୂପଲେଖା)। ଏହି ସୃଷ୍ଟିରେ ମହାକବି ଭର୍ତ୍ତୃହରି ନାରୀଙ୍କୁ ଅତି ଉଚ୍ଚସ୍ଥାନରେ ଉପସ୍ଥାପିତ କରିଛନ୍ତି। ଏହା ଶ୍ରୀଶ୍ରୀଠାକୁରଙ୍କ ଉକ୍ତିକୁ ପ୍ରତିପାଦିତ କରେ। (ମହାକବି ଭର୍ତ୍ତୃହରି ରଚିତ ଶତକତ୍ରୟ)

ଆମ ସମୟର ବଙ୍ଗଳା ସାହିତ୍ୟର ଅନ୍ୟତମ କବି କାଜି ନଜରୁଲ ଇସଲାମ(1899-1976)ଙ୍କ 'ନାରୀ' ଦୀର୍ଘ କବିତାରେ ଏହାର ପ୍ରତିଧ୍ୱନି ଶୁଣାଯାଏ, ଓଡ଼ିଆ ଅନୁବାଦ -

"ଜଗତରେ ଯେତେ ବଡ଼ ବଡ଼ ଜୟ, ବଡ଼ ବଡ଼ ଅଭିଯାନ
ମାତା, ଭଗ୍ନୀ, ବଧୂର ତ୍ୟାଗରେ ହୋଇଅଛି ମହାନ
କେଉଁ ରଣେ, କେତେ ରକ୍ତ ଦେଲା ନର, ଲେଖାଅଛି ଇତିହାସେ
କେତେ ନାରୀ ଦେଲା ସିନ୍ଥାର ସିନ୍ଦୂର ଲେଖା ନାହିଁ ତାର ପାଶେ।"

ଅନୁଗତ - ନାରୀ ପ୍ରତି ଆକର୍ଷଣ ଇଷ୍ଟପ୍ରାଣତାରେ ହାନୀ ଘଟାଇ ଥାଏ କି ? ୩୮୪

ଶ୍ରୀଶ୍ରୀଠାକୁର- ଇଷ୍ଟପ୍ରାଣତା ତିନି ପ୍ରକାରର, ସବୁଠାରୁ ଭଲ ହେଲା passion-pervading attachment (ବୃତ୍ତିଭେଦୀ ଅନୁରାଗ)। ଯେଉଁ ବୃତ୍ତି ମୋର ଇଷ୍ଟଙ୍କୁ fulfil (ପରିପୂରଣ) କରେ ନାହିଁ, ତା ସହିତ ମୋର କୌଣସି ସମ୍ପର୍କ ନାହିଁ ଏବଂ ଯାହା କୌଣସି ନା କୌଣସି ପ୍ରକାରେ ଇଷ୍ଟଙ୍କୁ fulfil (ପରିପୂରଣ) କରେ ସେ ସମ୍ବନ୍ଧରେ ମୋର କୌଣସି ପ୍ରଶ୍ନ ହିଁ ନାହିଁ, ତା ସହିତ ସମ୍ବନ୍ଧ କରିବି ହିଁ କରିବି। ଆଉ ଏକ ପ୍ରକାର ହେଲା passion-compromising (ପ୍ରବୃତ୍ତି ସଙ୍ଗେ ସାଲିସ କରିବା)। ମୋର complex (ପ୍ରବୃତ୍ତି) ସଙ୍ଗେ ଯେତେଟିକେ ଖାପ ଖାଏ, ଇଷ୍ଟଙ୍କୁ ସେତିକି follow (ଅନୁସରଣ) କରିବି ଏବଂ ସବୁଠାରୁ ନିକୃଷ୍ଟ ହେଉଛି passionate (ପ୍ରବୃତ୍ତିମୁଖୀ) -ଏ କ୍ଷେତ୍ରରେ ଇଷ୍ଟଙ୍କୁ ମୋର ବୃତ୍ତିର fulfilment (ପୂରଣ) ପାଇଁ utilise (ବ୍ୟବହାର) କରି ମୁଁ ଜଣାଏ-ଠାକୁର ମୁଁ ତୁମକୁ କେତେ ଭକ୍ତି କରେ, ଡାକେ, ଦିନରାତି କାନ୍ଦେ, ଠାକୁର, ଏଇ ଝିଅଟି ସଙ୍ଗେ ମୋର ବିବାହଟା ଯଦି କରାଇ ଦିଅ, ତାହେଲେ ତୁମେ ପ୍ରକୃତ ଠାକୁର, ତେବେ ତୁମକୁ ଭୋଗ ଦେବି, ଇତ୍ୟାଦି।

(ଆଲୋଚକ- ଶ୍ରୀଶ୍ରୀଠାକୁର "ଚଲାର ସାଥୀ" ଗ୍ରନ୍ଥରେ କହିଲେ –

'ନାରୀମୁଖୀନତାରେ ଶଇତାନର ଆକ୍ରମଣ'

"ଯେଉଁଠାରେ ପୁରୁଷ
    ନାରୀକୁ ତାର ପ୍ରିୟତମା କରିବାର ଆକୂତିରେ
    ନିଜକୁ ବିକିଦିଏ,-
ଶଇତାନ ତାହାକୁ ଅବଲମ୍ବନ କରି
    ସମାଜକୁ ଆକ୍ରମଣ କରେ, -
    ଜାଗ୍ରତ ଥାଅ।" (ବାଣୀ-୧୮୮)

ନାରୀମୁଖୀନତାକୁ ପ୍ରଶ୍ରୟ ନ ଦେବା ପାଇଁ ହୁଏତ ଶ୍ରୀଶଙ୍କରାଚାର୍ଯ୍ୟ(788 AD-820 AD) 'ନାରୀ ନରକର ଦ୍ୱାର' କହିଥିବେ, କିନ୍ତୁ ତାଙ୍କର ଜୀବନୀରୁ ଯାହା ଜଣାଯାଏ, ଜ୍ଞାନରେ ପରିପୂର୍ଣ୍ଣତା ଲାଭ କରିବା ପାଇଁ ତାଙ୍କୁ ନାରୀସଙ୍ଗ କରିବାକୁ ପଡ଼ିଥିଲା । ଘଟଣାଟି ଏହିପରି –

ଶ୍ରୀଶଙ୍କରାଚାର୍ଯ୍ୟ ଥିଲେ ଅଦ୍ୱୈତବାଦର ଅନ୍ୟତମ ପ୍ରବକ୍ତା । ସେତେବେଳେ ବେଦର କର୍ମକାଣ୍ଡର ପ୍ରସିଦ୍ଧ ପ୍ରବଚକ ଥିଲେ ନର୍ମଦାକୂଳ ନିକଟ ବିଦର୍ଭ ରାଜ୍ୟର ପଣ୍ଡିତ ମଣ୍ଡନ ମିଶ୍ର; ତାଙ୍କ ସ୍ତ୍ରୀ ଉଭୟଭାରତୀ ମଧ୍ୟ ବୈଦିକ ଜ୍ଞାନବୁଦ୍ଧିସମ୍ପନ୍ନା ଥିଲେ । ଶ୍ରୀଶଙ୍କରଙ୍କର ଅଦ୍ୱୈତବାଦର ପ୍ରଚାରବେଳେ ପଣ୍ଡିତ ମଣ୍ଡନ ମିଶ୍ରଙ୍କ ସହିତ ତର୍କ ଯୁଦ୍ଧ ହେଲା । କିଏ ଜିତିବ ଓ କିଏ ପରାଜିତ ହେବ ଏଇ ମୀମାଂସାର ଭାର ନେଲେ ଉଭୟଭାରତୀ । ଏହି ତର୍କ ଯୁଦ୍ଧରେ ବହୁ ପଣ୍ଡିତ ଗୋଷ୍ଠି ଶ୍ରୋତା ଭାବେ ଯୋଗ ଦେଇଥିଲେ । ଷୋହଳ ଦିନ ଧରି ତର୍କବିତର୍କ ଚାଲିଲା । ଶେଷରେ ଉଭୟଭାରତୀ ପଣ୍ଡିତମାନଙ୍କ ସମାବେଶରେ ରାୟ ଦେଲେ ଯେ ଶ୍ରୀଶଙ୍କରଙ୍କ ଯୁକ୍ତି ଓ ତର୍କ ଅକାଟ୍ୟ, ଶ୍ରୀଶଙ୍କର ଜିତିଲେ, ମଣ୍ଡନ ମିଶ୍ରଙ୍କୁ ପରାଜିତ କରି ।

ଏଠାରେ ଶ୍ରୀଶଙ୍କର ଓ ପଣ୍ଡିତ ମଣ୍ଡନ ମିଶ୍ରଙ୍କ ତର୍କ ଯୁଦ୍ଧର ପରିଣତି ସିନା ଘୋଷିତ ହେଲା- କିନ୍ତୁ ଉଭୟଭାରତୀ କହିଲେ ଯେ ମୁଁ ତାଙ୍କର ସହଧର୍ମିଣୀ, ବିଜୟୀ ଘୋଷିତ ହେବା ପୂର୍ବରୁ ମୋତେ ମଧ୍ୟ ଆପଣ ତର୍କ ଯୁଦ୍ଧରେ ପରାସ୍ତ କରନ୍ତୁ । ଶ୍ରୀଶଙ୍କର ରାଜି ହେଲେ, ପଣ୍ଡିତସଭା ସମ୍ମୁଖରେ ଦୁଇଜଣଙ୍କର ତର୍କ ଯୁଦ୍ଧ ଆରମ୍ଭ ହେଲା । ତର୍କ କରୁ କରୁ ଉଭୟଭାରତୀ ଆଲୋଚନାକୁ କାମଶାସ୍ତ୍ର ଦିଗକୁ ନେଇଗଲେ । ଶ୍ରୀଶଙ୍କରଙ୍କର କାମଶାସ୍ତ୍ର ଓ କାମକଳା ଉପରେ କୌଣସି ପ୍ରତ୍ୟକ୍ଷ ଅନୁଭୂତି ନ ଥିଲା, ଆଉ ତର୍କ କ'ଣ କରିବେ ? ଦୁଇ ସପ୍ତାହ ସମୟ ମାଗିଲେ । ସେହି ସମୟରେ ଯୋଗକୁ ବିଦର୍ଭର ମହାରାଜା ଅମରୁକଙ୍କର ଆକସ୍ମିକ ଦୁର୍ଘଟଣାରେ ମୃତ୍ୟୁ ଘଟିଥାଏ, ଶବସଂସ୍କାର ହୋଇ ନଥାଏ । ଶ୍ରୀଶଙ୍କର ଶିଷ୍ୟମାନଙ୍କୁ କହିଲେ- ମୁଁ ବର୍ତ୍ତମାନ ଅମରୁକଙ୍କ କାୟାରେ ପ୍ରବେଶ କରିବି, ତୁମେମାନେ ମୋର ମୃତପ୍ରାୟ ଦେହକୁ ସୁରକ୍ଷିତ କରି ରଖିଥିବ, କାମଶାସ୍ତ୍ରରେ ଜ୍ଞାନ ଆହରଣ କରି ତୁରନ୍ତ ଫେରି ଆସିବି । ଶିଷ୍ୟମାନଙ୍କ ଦାୟିତ୍ୱରେ ଶ୍ରୀଶଙ୍କରଙ୍କର ଅଚେତ ଶରୀର ରହିଲା ।

ଶ୍ରୀଶଙ୍କରଙ୍କ ଆତ୍ମା ପରକାୟା ପ୍ରବେଶ କରିବାରୁ ମହାରାଜ ଅମରୁକ ନିଦରୁ ଉଠିଲା ପରି ଜୀବନ୍ତ ହୋଇ ଉଠିଲେ । ମନ୍ତ୍ରୀମାନେ ଦେଖିଲେ ଯେ ମହାରାଜା ଅମରୁକ ଅଚେତ ଅବସ୍ଥାରୁ ଉଠିବା ପରେ ଶାସନ-ବିଚାର-ବ୍ୟବହାରରେ ଏବେ ଅଧିକ ପାରଙ୍ଗମ, କିନ୍ତୁ ରାଣୀମାନଙ୍କ ସଙ୍ଗ କରିବାରେ କୌଣସି ଆଗ୍ରହ ନାହିଁ । ଚିକିତ୍ସକ ମତ ଦେଲେ ଯେ ମହାରାଜାଙ୍କର ଆକସ୍ମିକ ଦୁର୍ଘଟଣା ପରେ ସ୍ତ୍ରୀ-ସଙ୍ଗ ବିଷୟକ ସ୍ମୃତି ବୋଧହୁଏ ବିଲୋପ ହୋଇଯାଇଛି । ତେଣୁ ରାଣୀମାନେ ତାଙ୍କୁ ନାନା ପ୍ରକାର କାମକଳାରେ ଲିପ୍ତ କରି ସେ ବିଷୟରେ ଶିକ୍ଷା ଦେବାରେ ଲାଗିଲେ । ମହାରାଜା ଅମରୁକଙ୍କ ଶରୀର ଦ୍ୱାରା ଶ୍ରୀଶଙ୍କର

ରାଣୀମାନଙ୍କ ଗହଣରେ ଏତେ ଭୋଳ ହୋଇଗଲେ ଯେ ନିଜ ଅଚେତ ଶରୀର କଥା ଆଉ ମନେ ପଡ଼ିଲା ନାହିଁ। ଦୁଇ ସପ୍ତାହ ପୁରିବ ପୁରିବ ହେଉଛି, ତାଙ୍କର ଅଚେତ ଶରୀର ମଧ୍ୟ ଅଧିକରୁ ଅଧିକ ଗଳିତ ହେଉଛି, ଜଣେ ଶିଷ୍ୟ ନର୍ତ୍ତକୀ ବେଶରେ ରାଜଦରବାରରେ ନୃତ୍ୟ କରିବାକୁ ଯାଇ ମହାରାଜାଙ୍କୁ ନିଜର ଅସଲ ପରିଚୟ ଚେତାଇ ଦେବାରୁ ଶ୍ରୀଶଙ୍କର ପରକାୟା ତ୍ୟାଗ କରି ନିଜ ଶରୀରରେ ପ୍ରବେଶ କଲେ। ମହାରାଜା ଅମରୁକଙ୍କର ମୃତ୍ୟୁ ହେଲା। ଉଭୟଭାରତୀଙ୍କ ସହିତ କାମଶାସ୍ତ୍ରରେ ତର୍କ କରି ଶ୍ରୀଶଙ୍କର ତାଙ୍କୁ ପରାସ୍ତ କଲେ। (The Spirit of Indian Culture)

ଅନୁଗତ - ନାରୀ ଓ ପୁରୁଷ - ଏମାନଙ୍କର ବୈଶିଷ୍ଟ୍ୟ କ'ଣ ? ୩୮୫

ଶ୍ରୀଶ୍ରୀଠାକୁର- ପୁରୁଷ ପୁରୁଷ, ନାରୀ ନାରୀ। ନାରୀ ଯଦି ପୁରୁଷ ହେବାକୁ ଚାହେଁ, ସେ ଜୀବନର ସର୍ବନାଶ କରିବ ଓ ପୁରୁଷ ଯଦି ନାରୀ ହେବାକୁ ଚାହେଁ ତାର ଜୀବନ ମଧ୍ୟ ସର୍ବନାଶ। ନାରୀର ବୈଶିଷ୍ଟ୍ୟରେ ନାରୀ ପ୍ରଧାନ ଓ ପୁରୁଷର ବୈଶିଷ୍ଟ୍ୟରେ ସେ ପ୍ରଧାନ। ନାରୀ ସମ୍ବର୍ଦ୍ଧିତ କରି ସୁଖୀ ଓ ପୁରୁଷ ବୃଦ୍ଧିପ୍ରାପ୍ତ ହୋଇ ସୁଖୀ। ପୁରୁଷର ଧର୍ମ ହେଉଛି ଆହରଣ କରି ପୂରଣ କରିବା ଓ ନାରୀର ଧର୍ମ ହେଲା ପୁରୁଷ ଯେଉଁଥିରେ nourished (ସମ୍ବର୍ଦ୍ଧିତ) ହୁଏ ତାହା କରିବା ଓ ତାହା କରି ତୃପ୍ତ ହେବା। ପୁରୁଷର କ୍ରିୟାକଳାପର width (ପରିସର) ବେଶି ଆଉ ନାରୀର ଗଭୀରତା ବେଶି। ନାରୀମାନଙ୍କର width of activity (କର୍ମର ପରିସର) ଅଧିକ ହୋଇପାରେନା, ସେମାନେ ଦୁନିଆକୁ enjoy (ଉପଭୋଗ) କରନ୍ତି through male (ପୁରୁଷ ମାଧ୍ୟମରେ)-ତେଣୁ ସେମାନଙ୍କର activity (କ୍ରିୟାକଳାପ) ହେଉଛି inner (ଅନ୍ତର୍ମୁଖୀ), ଆଉ vigorously concentrated (ବଳିଷ୍ଠ ଏକାଗ୍ରତା) ।

ଅନୁଗତ - ପୁରୁଷ ଓ ନାରୀ ଭିତରେ ସଂପର୍କ କିପରି ଗଢ଼ି ଉଠିଥାଏ ? ୩୮୬

ଶ୍ରୀଶ୍ରୀଠାକୁର -ଭଲପାଇବାର ପ୍ରଥମ ପ୍ରଶ୍ନ ହିଁ ଝିଅମାନଙ୍କ ମନରେ ଜାଗେ, ଆଉ ଭଲପାଇବାର ଲକ୍ଷଣ ହେଉଛି admiration (ପ୍ରଶଂସା)ମୁଖର ହେବା। ନାରୀ କଦାପି ପୁରୁଷକୁ କୁହେନା,-ଯଦି ତୁମେ ଭଲ ପାଇବ, ତେବେ ମୁଁ ଭଲ ପାଇବି। ଭଲପାଇବାଟା ଯେ ତାର ପ୍ରକୃତି; ପୁଅ ମା'କୁ ଭଲପାଇବା ଆଗରୁ ମା' ତାକୁ ଭଲପାଏ, ହୁଏତ ପୁଅ ଧୀରେ ଧୀରେ ବଡ଼ହୋଇ ମାଆ ଉପରେ ଭଲପାଇବାର ଟାଣ ହେତୁ ତାକୁ ଖୁସି କରିବାକୁ ନାନାପ୍ରକାର ଜିନିଷ ଆହରଣ କରି ଆଣି ଦିଏ। ଏହି ପ୍ରକାର ମାଆର ଅଭାବ ପୂରଣ କରି ସନ୍ତାନ ତୃପ୍ତ ହୁଏ।

ଅନୁଗତ - ନାରୀ ଓ ପୁରୁଷର ପାରସ୍ପରିକତା କିପରି ହେବା ଉଚିତ ? ୩୮୭

ଶ୍ରୀଶ୍ରୀଠାକୁର -ନାରୀ ପରିବର୍ଦ୍ଧିତ କରେ ଓ ପ୍ରେରଣା ଦିଏ,-ଆଉ ପୁରୁଷ ସେଥିରେ nourished (ପୁଷ୍ଟ) ହୁଏ,- ପିତା, ଭ୍ରାତା, ସ୍ୱାମୀ, ପୁତ୍ର -ଏମାନଙ୍କୁ service (ସେବା) ଦେଇ ସେମାନଙ୍କର mental (ମାନସିକ) ଓ physical wealth (ଶାରୀରିକ ସମ୍ପଦ) ବଢ଼ାଏ।

ନାରୀର inner tendency (ଅନ୍ତର୍ନିହିତ ପ୍ରବୃତ୍ତି) ମାତୃତ୍ୱରେ ନିହିତ, ତେଣୁ ଝିଅମାନଙ୍କର education (ଶିକ୍ଷା) ମଧ୍ୟ ଏହାର ସମ୍ବର୍ଦ୍ଧନ କରିବା ପାଇଁ ହେବା ଉଚିତ୍। ତେଣୁ ପୁରୁଷକୁ ସମ୍ବର୍ଦ୍ଧିତ କରିବା ଉଦ୍ଦେଶ୍ୟରେ, ନାରୀକୁ elevated (ଉତ୍‌ଥିତ) ଓ fully equipped(ପୂର୍ଣ୍ଣ ସଜ୍ଜିତ) ହେବାକୁ ହେବ ଏବଂ ସେଥିପାଇଁ ଯାହା ଯାହା କରଣୀୟ ଓ ଶିକ୍ଷଣୀୟ ନାରୀ ତାହା କରିବ।

ଅନୁଗତ - ତାହେଲେ କ'ଣ ପୁରୁଷ ଯେଉଁ ପଦ୍ଧତିରେ ଶିକ୍ଷା ଲାଭ କରିବ, ନାରୀ ପାଇଁ ତାହା ଅଲଗା ହେବ ? ୩୮୮

ଶ୍ରୀଶ୍ରୀଠାକୁର- ପୁରୁଷ ଯେପରି trained (ଶିକ୍ଷିତ) ହେବେ, ଝିଅମାନେ ମଧ୍ୟ ସେହିପରି trained (ଶିକ୍ଷିତ) ହେବେ, ତେବେ temperament (ସ୍ୱଭାବ)ରେ ପାର୍ଥକ୍ୟ ରହିବ। ଦୁଇଜଣଙ୍କର education (ଶିକ୍ଷା) ଯେତେ ବେଶି ହୁଏ ସେତେ ମଙ୍ଗଳ। ସେମାନଙ୍କର ବୈଶିଷ୍ଟ୍ୟକୁ ଠିକ୍ ରଖି ଉନ୍ନତ କରିବାକୁ ଯାହା ଯେପରି ପ୍ରୟୋଜନ ତାହାହିଁ କରିବା ଉଚିତ।

ଅନୁଗତ - ବର୍ତ୍ତମାନ ତ ନାରୀମାନେ I.A.S. ଓ ତତ୍‌ସମ୍ପର୍କିତ ସରକାରୀ ସେବା ବିଭାଗରେ, ପୁଲିସ ଓ ସୈନ୍ୟ ବିଭାଗ ଇତ୍ୟାଦିରେ ପ୍ରବେଶ କରୁଛନ୍ତି। ୩୮୯

ଶ୍ରୀଶ୍ରୀଠାକୁର - ହଁ, ପ୍ରୟୋଜନ ହେଲେ ସମସ୍ତେ କରିପାରନ୍ତି। ଆମ ଦେଶରେ ପୂର୍ବେ ଝିଅମାନେ ଲଢ଼େଇ ଜାଣିଥିଲେ, କିନ୍ତୁ ତାବୋଲି ସେମାନଙ୍କର ବୈଶିଷ୍ଟ୍ୟ ଲଢ଼େଇ କରିବା ନୁହେଁ ବା ଆଇନ-ଶୃଙ୍ଖଳା ବା ଗୋଇନ୍ଦାଗିରି କରିବା ନୁହେଁ। ମନୋଭାବ ଉନ୍ନତ କରିବାକୁ ଓ ସଜ୍ଜିତ ହେବାକୁ ହେଲେ ଯାହା ଯାହା ପ୍ରୟୋଜନ, ତାହାହିଁ ନାରୀର କରଣୀୟ ବୋଲି ମୋର ମନେହୁଏ। ନାରୀର ଯଥାର୍ଥତା କିନ୍ତୁ ତାର ବୈଶିଷ୍ଟ୍ୟରେ, ଅର୍ଥାତ୍ ତାହାର ବୈଶିଷ୍ଟ୍ୟ ଯେଉଁଠାରେ ଆଲୁଳାୟିତ ହୋଇଉଠେ, ମୁଖର ହୋଇଉଠେ, ପ୍ରେରଣା ପରିପୁଷ୍ଟ ହୋଇଉଠେ,-ଆଉ ସେଥିରେ ତାହାର ସାର୍ଥକତା।

ଅନୁଗତ -ଝିଅମାନଙ୍କ ଚଳନ-ବ୍ୟବହାର କିପରି ହେବା ଉଚିତ ? ୩୯୦

ଶ୍ରୀଶ୍ରୀଠାକୁର- ପରଦା-ନସୀନ୍ ବା (ଅସୂର୍ଯ୍ୟମ୍‌ପଶ୍ୟା) ନ ହୋଇ ମଧ୍ୟ ଝିଅମାନଙ୍କର ଯେପରି ପୁରୁଷ ସଂମିଶ୍ରଣ ନ ଘଟେ, ତାହାହିଁ କରିବାକୁ ହେବ। ଯଦି ସେ କେଉଁଠାକୁ ଯାଉଛି ଓ କେଉଁ ପ୍ରୟୋଜନରେ ଯାଉଛି, ପ୍ରଥମେ ଆତ୍ମୀୟ ଗୁରୁଜନମାନଙ୍କ ସହିତ, ତାପରେ ବୃଦ୍ଧ, ଜ୍ଞାନୀ ଓ ସମ୍ମାନଯୋଗ୍ୟ ଲୋକମାନଙ୍କ ସହିତ ଯିବା ଉଚିତ, ଏହା ଛଡ଼ା କାହା ସାଥୀରେ ସହଜଭାବେ ଯିବା ଆସିବା ବା ମିଶିବା ଭଲ ନୁହେଁ। କୌଣସି ସହପାଠୀ ନିକଟରେ କି, young professor (ଯୁବ ଅଧ୍ୟାପକ) ନିକଟରେ ନିର୍ଜନରେ ବସି ପଢୁଛି-ଏପରି ଚାଲିଚଳନ ଝିଅମାନଙ୍କ ପାଇଁ ଅଶୋଭନୀୟ।

ଅନୁଗତ - ଦେଖାଯାଏ ଯେ ଅନେକ ଝିଅ ବା ନାରୀ ଯେଉଁମାନେ ପୁରୁଷମାନଙ୍କ ସହିତ ସହଜରେ ମିଶାମିଶି କରନ୍ତି ସେମାନେ ସେହି ସମ୍ପର୍କୀୟମାନଙ୍କୁ ଧର୍ମଭାଇ, ଧର୍ମବାପା ଇତ୍ୟାଦି କରିଥାନ୍ତି। ଏଥିରେ କ୍ଷତି କ'ଣ ? ୩୯୧

ଶ୍ରୀଶ୍ରୀଠାକୁର - ବଂଶଗତ ସମ୍ପର୍କରେ ନ ଥିବା ପୁରୁଷମାନଙ୍କ ସହିତ ଏହି ଧର୍ମଭାଇ, ଧର୍ମବାପ ଇତ୍ୟାଦି ସମ୍ପର୍କ ଆଦୌ ଶୁଭପ୍ରଦ ହୁଏନା, କାରଣ ଏହା ଲୋଲୁପ-ନିଷ୍ଠା ତାତ୍ପର୍ଯ୍ୟରେ ଆବିଳ-ପ୍ରବୃଦ୍ଧ ଆକାଂକ୍ଷାରେ ନାନା ଧରଣର ସର୍ବନାଶ ଦିଗରେ ସେମାନଙ୍କୁ ଟାଣି ନେଇ ଥାଏ । ତେଣୁ ଏପରି ସମ୍ପର୍କ ଯଦି କେହି ପୁରୁଷ କରିବାକୁ ଚାହୁଁଛି, ପୂର୍ବାହ୍ନରେ ସନ୍ଦେହ କରିବା ଓ ସାବଧାନ ରହିବା ଝିଅ ବା ନାରୀ ପକ୍ଷରେ ଉଚିତ । କାରଣ ନାରୀର ଚରିତ୍ର easily flexible (ସହଜରେ ନମନୀୟ), easily sympathetic (ସହଜରେ ସହାନୁଭୂତିପ୍ରବଣ), easily (ସହଜରେ) ଅନ୍ୟପ୍ରକାର element (ଉପାଦାନ) ଦ୍ୱାରା influenced (ପ୍ରଭାବିତ) ହୋଇପାରେ - ତେଣୁ ତାହାର ଏହି ଗୁଣଗୁଡ଼ିକ ଥିବା ହେତୁ କାଳ ବା ପାତ୍ର ଭେଦରେ ସୁ ବା କୁ-ର ଆକାର ଧାରଣ କରେ ।

ଅନୁଗତ - ନାରୀର safety and security (ନିରାପତ୍ତା ଓ ସୁରକ୍ଷା) ଦିନକୁ ଦିନ ତ ବିପନ୍ନ ହେବାରେ ଲାଗିଛି, ଏହାର ନିରାକରଣର ଉପାୟ କ'ଣ ? ୩୯୨

ଶ୍ରୀଶ୍ରୀଠାକୁର ହିମାୟିତପୁର ବେଳର ଗୋଟେ ଦିଟା ଘଟଣା ମନେପକାଇ କହିଲେ- ଥରେ ନାରାୟଣଗଞ୍ଜରୁ ଆସୁଛି, ସେଠାରେ ଗୋଟିଏ ମୁସଲମାନ ଝିଅର ଓଢ଼ଣୀ ଓ ବୁରଖା ଜଣେ କନ୍‌ଷ୍ଟେବଲ ଉପରେ କେମିତି କ'ଣ ଲାଗିଗଲା ଓ ଝିଅ ପାଟି କରନ୍ତେ କୋଡ଼ିଏ ପଚିଶ ଜଣ ମିଶି ତାକୁ ଏକଦମ ଫୁଟବଲ କରିଦେଲେ । ଆଉ ଏକ ଘଟଣା ଦେଖିଥିଲି ବ୍ୟାଣ୍ଡେଲ ଷ୍ଟେସନରେ -କଛା ମାରି ଶାଢ଼ୀ ପିନ୍ଧିଥିବା ଜଣେ ସ୍ତ୍ରୀଲୋକ, ବୋଧହୁଏ ମାରାଠୀ ହେବ ଗୋଟିଏ ପୁରୁଷ ଲୋକକୁ ଚଟାପଟ ଚଟାପଟ ମାରି ଯାଉଛି, ପୁରୁଷ ଦୌଡୁଛି, ମହିଳାଟି ଗୋଡେଇ ଗୋଡେଇ ମାରୁଛି, କାରଣ ମୁହଁ ଧୋଉ ଧୋଉ ମହିଳା ଉପରକୁ ପାଣି ପକାଇଦେଲା ଲୋକଟା । ଏଇ ମରାଠୀ ଜାତିଟାକୁ ଶିବାଜୀ ଗଢ଼ି ଦେଇଗଲେ । ଆଉ ଗୋଟିଏ ଘଟଣା, ହିମାୟିତପୁର ଆଶ୍ରମରୁ ଗୋୟାଲନ୍ଦ ଷ୍ଟିମର ଷ୍ଟେସନରେ ପହଞ୍ଚି ଦେଖୁଛି - ଷ୍ଟିମରରୁ ଓହ୍ଲାଇଲାବେଳେ ଜଣେ ସବ୍‌ଡେପୁଟିର ସ୍ତ୍ରୀର ଛାତିରେ ଜଣେ ହାତ ମାରିଦେଲା । ସମସ୍ତେ କହୁଛନ୍ତି -ସ୍ତ୍ରୀକୁ ଯେପରି ମେମ୍ ସଜାଇ ସାଙ୍ଗରେ ନେଇ ବୁଲୁଛି, ସେମିତି କରିବେ ନାହିଁ ? ବେଶ୍ କରିଛି । ମୁଁ ଭଦ୍ରଲୋକଙ୍କ ପଛେ ପଛେ ଗଲି । କିଛି ଦୂର ଗଲାପରେ ସେ ସ୍ତ୍ରୀକୁ ରାସ୍ତାକଡ଼ରେ ଠିଆ କରାଇ ଗାଳି ଦେଲେ- ତମେ ସେଠି ଏତେ ଲୋକଙ୍କ ଆଗରେ ପାଟି କଲ କାହିଁକି ? କାହିଁକି ପାଟି କଲ ? ଏଇତ ଆମର ଅବସ୍ଥା !

ଅନୁଗତ - ଧର୍ଷଣ ମଧ୍ୟ ବଢ଼ିବାରେ ଲାଗିଛି, ଅପ୍ରାପ୍ତ ବୟସର ଛୋଟ ଝିଅମାନେ ମଧ୍ୟ ବାଦ୍ ପଡୁ ନାହାନ୍ତି, କି ବିଭତ୍ସ ସ୍ତରକୁ ଗଲାଣି ଆମ ସମାଜ, କ'ଣ କରାଯିବ ? ।୩୯୩

ଶ୍ରୀଶ୍ରୀଠାକୁର- ପ୍ରାପ୍ତ ବୟସରେ ଯେଉଁମାନେ ଧର୍ଷିତା ସେମାନଙ୍କର ସ୍ୱେଚ୍ଛାକୃତ ବଶ୍ୟତା ସ୍ୱୀକାର ନ ଥାଏ । ଯେ ଧର୍ଷଣ କରିଛି ସେହି ଧର୍ଷିତା ଝିଅକୁ ସ୍ତ୍ରୀଭାବେ ଗ୍ରହଣ କରିବାକୁ ବାଧ୍ୟ କରାଇବାକୁ ହେବ ନଚେତ୍ ଏକାବେଳକେ ହେଉ କି ଅନ୍ୟ କେଉଁଭାବେ ହେଉ ଝିଅର ଭରଣପୋଷଣ ଦେବାକୁ ସେ ଯେପରି ବାଧ୍ୟ ହେବ - ଏପରି କଡ଼ା ଆଇନ

ଦରକାର। ଅନ୍ୟ ଯେତେ ପ୍ରକାର ଯୌନ ଅପରାଧ ସେଥିପାଇଁ କଡ଼ା ଆଇନ ଓ ତୁରନ୍ତ ସମାଧାନ କରିବା ଉଚିତ।

ଅନୁଗତ - ସାଧାରଣତଃ ପୁରୁଷମାନେ ସୁନ୍ଦରୀ ଓ ଯୌନ ଆବେଦନ ଥିବା ଝିଅଙ୍କୁ ଏବଂ ଆଜିକାଲି ରୋଜଗାରିଆ ଝିଅମାନଙ୍କୁ ବାହା ହେବାକୁ ଖୋଜନ୍ତି। ଏହା କେତେ ସମୀଚୀନ ? ୩୯୪

ଶ୍ରୀଶ୍ରୀଠାକୁର - ପୁରୁଷ ଯେତେବେଳେ ନାରୀକୁ ଖୋଜେ, ସେ ନିଜକୁ କ୍ଷୟ କରେ ଓ ନାରୀତ୍ୱକୁ ମଧ୍ୟ କ୍ଷୁଣ୍ଣ ଓ ସଂକୁଚିତ କରେ। ପୁରୁଷ ଓ ନାରୀ ଉଭୟଙ୍କ being (ସତ୍ତା) ଯହିଁରେ ଅକ୍ଷୁଣ୍ଣ ରହେ ଓ ପରିବର୍ଦ୍ଧିତ ହୁଏ -ତାହାହିଁ ଉଭୟଙ୍କ ସ୍ୱାଭାବିକ ସମ୍ବନ୍ଧ। ବିବାହରେ ଯୌନ ଉପଭୋଗ ତ ରହିବ ହିଁ, କିନ୍ତୁ ଉପଭୋଗ କରିବାକୁ ଗଲେ ଉପଭୋଗ୍ୟ ବସ୍ତୁର ଊର୍ଦ୍ଧ୍ୱରେ ରହିବାକୁ ହେବ। ସ୍ତ୍ରୀର ଚାହିଦା ଛଡ଼ା ସହବାସ କରିବା ଉଚିତ ନୁହେଁ -ତାହା ଯଦି ପ୍ରୀତିକର ନ ହୁଏ, ତେବେ ବଳାତ୍କାର ପରି ହୁଏ। ଉପଭୋଗ ଭିତରେ ଅଛି ପାରସ୍ପରିକତା, ପରସ୍ପର ପରସ୍ପରକୁ ଖୁସି କରି ଆହୁରି ଖୁସି ହୋଇ ଉଠନ୍ତି। ତେଣୁ ସ୍ତ୍ରୀର ଆଗ୍ରହ ଅନୁସାରେ ସନ୍ତାନ ମଧ୍ୟ ଭଲ ହୁଏ। ସ୍ତ୍ରୀ ଯଦି ଏହି ସମୟରେ ସ୍ୱାମୀର ଦେବଭାବକୁ ଉଦ୍ଦୀପ୍ତ କରି ତୋଳିପାରେ, ତେବେ ଦୈବୀଭାବ ସମ୍ପନ୍ନ ସନ୍ତାନ ଆଗମନର ସୁସମ୍ଭାବନା ଥାଏ। ତେଣୁ କାମ ଅଭିଭୂତ ହୋଇ ପଡ଼ିଲେ ରତି-ସମ୍ପର୍କକୁ rightly handle and enjoyable (ଠିକ୍ ଭାବରେ ପରିଚାଳନା ଓ ଉପଭୋଗ) କରାଯାଇ ପାରେ ନାହିଁ। ଏହା ଠିକ୍ ଭାବରେ ଜାଣ ଯେ ସ୍ତ୍ରୀ-ମୁଖୀ କାମୁକ ପୁରୁଷକୁ ସ୍ତ୍ରୀମାନେ ଶ୍ରଦ୍ଧା ଚକ୍ଷୁରେ ଦେଖନ୍ତି ନାହିଁ। ତେଣୁ ପୁରୁଷ ଇଷ୍ଟ-ନିଷ୍ଠ ନ ହେଲେ ତାର ବିବାହ କରିବାର ଅଧିକାର ଆସେ ନାହିଁ। ଦେଖୁଛ ତ ଜାତିଟା ଦିନକୁ ଦିନ କ'ଣ ହୋଇ ଯାଉଛି ? ଯେଉଁ ଦେଶରେ ଘରେ ଘରେ ଦେବତା ପରି ମଣିଷ ଜନ୍ମ ହେଉଥିଲେ, ସେଇ ଦେଶରେ ଆଜି ମଣିଷ ମିଳୁ ନାହାନ୍ତି।

ଅନୁଗତ - ଜୀବଜନ୍ତୁଙ୍କ କ୍ଷେତ୍ରରେ ସ୍ତ୍ରୀ କ'ଣ ପ୍ରଥମେ ଆମନ୍ତ୍ରଣ କରେ କି ? ୩୯୫

ଶ୍ରୀଶ୍ରୀଠାକୁର - Animal life (ପଶୁଜୀବନ)ରେ ମଧ୍ୟ ଆମେ ଦେଖିବାକୁ ପାଉ, female (ସ୍ତ୍ରୀ) male (ପୁରୁଷ)କୁ woo (ଆମନ୍ତ୍ରଣ) କରେ-ସାଧାରଣଭାବରେ ହୁଏତ male (ପୁରୁଷ) indifferent (ଉଦାସୀନ) ଥାଏ କିନ୍ତୁ female (ସ୍ତ୍ରୀ) ଗରମ ହେବାମାତ୍ରେ male (ପୁରୁଷ) ପାଗଳ ପରି ହୋଇଯାଏ। ମଣିଷ କ୍ଷେତ୍ରରେ female (ସ୍ତ୍ରୀ) ଆମନ୍ତ୍ରଣ ନ କରୁଣୁ ଯଦି male sexually engaged (ପୁରୁଷ ଯୌନ ସମ୍ପର୍କରେ ଲିପ୍ତ) ହେବାକୁ ଚାହେଁ, female (ସ୍ତ୍ରୀ) ତାହା ପସନ୍ଦ କରେ ନା, ସନ୍ତାନାଦି vitally weak (ପ୍ରାଣସମ୍ପଦରେ ଦୁର୍ବଳ) ହୁଅନ୍ତି- ଏପରି କ୍ଷେତ୍ରରେ ପ୍ରାୟ ପୁଅ ନ ହୋଇ ଝିଅ ହୋଇଥାନ୍ତି -ଅବଶ୍ୟ ଏହା ମୋର ମତ। Male must be worshipped from the side of the female(ପୁରୁଷ ନାରୀ ଦ୍ୱାରା ପୂଜିତ ହେବା ଉଚିତ)।

ଅନୁଗତ - ନାରୀ ପୁରୁଷକୁ ପୂଜା କରିବ ଆଉ ପୁରୁଷ ତା ସହିତ ଅସଦ୍‌ବ୍ୟବହାର କରିବ, ଏଇଥିପାଇଁ ନାରୀ ଆନ୍ଦୋଳନ ଦାନା ବାନ୍ଧୁଛି, ଆପଣଙ୍କର ମତ କ'ଣ ? ୩୯୬

ଶ୍ରୀଶ୍ରୀଠାକୁର - ଭାରତୀୟ ସଂସ୍କୃତିରେ ନାରୀ ପାଇଁ ବିବାହ ଏକ ଜନ୍ମାନ୍ତର। ତଥାକଥିତ ନାରୀ-ସ୍ୱାଧୀନତା ଆନ୍ଦୋଳନ ଆଜି ଆମ ଦେଶର ନାରୀମାନଙ୍କ ନିକଟରେ ପରମ ଲୋଭନୀୟ ବୋଲି ମନେହେଉଛି। କିନ୍ତୁ ପାଶ୍ଚାତ୍ୟରେ ଏହି ନାରୀ-ସ୍ୱାଧୀନତା ହେତୁ ଆଜି ଘରେ ଘରେ ନିଆଁ ଜଳୁଛି। ଆମର ମନ ଖରାପ ହେଲେ ଆଉ କେଉଁଠି ନ ହେଲେ ବି ଘରେ ଆସି ସ୍ତ୍ରୀ ପାଖରେ ପାଟିତୁଣ୍ଡ କରିପାରୁ। ସ୍ତ୍ରୀ ମଧ୍ୟ ତାହା ବୁଝେ ଓ ଭାବେ ଯେ ତାଙ୍କର ମନ ଖରାପ, ରାଗି ଯାଉଛନ୍ତି, କିଛି କହିବି ନାହିଁ -ସ୍ନେହରେ, ଭୟରେ ସାଉଁଳା-ସାଉଁଳି କରି ମୁଣ୍ଡ ଥଣ୍ଡା କରିବାର ଚେଷ୍ଟା କରେ। ପରେ ପୁଣି ସ୍ୱାମୀ-ସ୍ତ୍ରୀ ଏକାଠି ବସି ଥଟ୍ଟା ପରିହାସ ହୁଅନ୍ତି। ଦୁଃଖ-କଷ୍ଟ ଭିତରେ ଏଭାବେ ସଂସାର ଚଳେ, ଶାନ୍ତି ନଷ୍ଟ ହୁଏନା। ଯେଉଁ ସ୍ତ୍ରୀ ଏପରିଭାବରେ ସ୍ୱାମୀର ପରିଚର୍ଯ୍ୟା କରେ ଓ ତାଙ୍କର ଆତ୍ମୀୟ-ସ୍ୱଜନଙ୍କୁ ଆପଣାର କରିପାରେ, ସେଇ ସ୍ତ୍ରୀ ସଂସାରରେ ସାମ୍ରାଜ୍ଞୀ ହୋଇ ରହେ। ଏହିପରି ଭାବରେ ଗୋଟିଏ ସଂସାର ଅଧୀନ ହୋଇ ସଂସାରକୁ ଭଲପାଇ ସେବା କରି ଯେଉଁ ଆଧିପତ୍ୟ ଓ ସ୍ୱାଧୀନତା ଅର୍ଜନ କରାଯାଏ, ତାହାହିଁ ଯଥାର୍ଥ ନାରୀ-ସ୍ୱାଧୀନତାର ମଧୁମର୍ମ।

ଅନୁଗତ - ନାରୀର କର୍ମକ୍ଷେତ୍ର କିପରି ହେବା ଉଚିତ ? ୩୯୭

ଶ୍ରୀଶ୍ରୀଠାକୁର- ପୂର୍ବେ ଆମ ସମାଜରେ ଝିଅମାନଙ୍କର ବଡ଼ university (ବିଶ୍ୱବିଦ୍ୟାଳୟ) ଥିଲା ସେମାନଙ୍କ ଶ୍ୱଶୁର ଘର। ପ୍ରସନ୍ନ ଚିତ୍ତରେ ଗୁରୁଜନଙ୍କ ଶିକ୍ଷା ଓ ଶାସନକୁ ମୁଣ୍ଡ ପାତି ଗ୍ରହଣ କରି ନେବାକୁ ହେବ; ତାହେଲେ ଝିଅମାନେ ପାଶ କରିବେ ଏବଂ ସେମାନଙ୍କ ଗର୍ଭରୁ ସେହିପରି ତୋଖଡ଼ ସନ୍ତାନ ଜନ୍ମିବେ। ଅବଶ୍ୟ ବିବାହ କ୍ଷେତ୍ରରେ ଯଦି ପୂର୍ଣ୍ଣ ସଙ୍ଗତି ଥାଏ। ଆଜିକାଲିର ରୀତି ଏପରି ହୋଇଛି ଯେ ପୁଅମାନେ ବାହା ହୋଇ ନିଜ ନିଜ କର୍ମକ୍ଷେତ୍ରକୁ ସ୍ତ୍ରୀକୁ ନେଇ ଏକା ଏକା ରହିବାକୁ ଚାହାନ୍ତି। ଝିଅମାନେ ମଧ୍ୟ ସଂସାରରେ ଦଶଜଣଙ୍କ ଝାମେଲା ସହିବାକୁ ଚାହାନ୍ତିନି, ସ୍ୱାମୀକୁ ନେଇ ଅଲଗା ଭାବରେ ରହିପାରିଲେ ଆନନ୍ଦ ପାଆନ୍ତି। ଏହା କିନ୍ତୁ ଭଲ ନୁହେଁ। ସଂସାରର ଦଶଜଣଙ୍କ ସଙ୍ଗେ ଥାଇ, conflict (ସଂଘାତ) ମଧ୍ୟରେ ଯେତେ adjust(ନିୟନ୍ତ୍ରଣ) କରି ଚଳି ପାରିବ, ଜୀବନରେ ସେତେ ବଡ଼ ହେବ।

ଅନୁଗତ - ସ୍ତ୍ରୀ ଯଦି ବିଦ୍ୱେଷଭାବାପନ୍ନ ହୁଏ, ତେବେ କ'ଣ ହୋଇଥାଏ ? ୩୯୮

ଶ୍ରୀଶ୍ରୀଠାକୁର - କ୍ଷୀଣ ଶିଶୁ ଉଦ୍ଭବ ହେବାର ଆଶଙ୍କା ଥାଏ।

(ଆଲୋଚକ - ଶ୍ରୀଶ୍ରୀଠାକୁର "ଚଲାର ସାଥୀ" ଗ୍ରନ୍ଥରେ କହିଲେ -

ତୁମର ସ୍ତ୍ରୀ ଯଦି ତୁମ ପ୍ରତି
ବିଦ୍ୱେଷଭାବାପନ୍ନ ହୋଇଥାନ୍ତି,
ସେଇ ବିଦ୍ୱେଷଭାବର ପ୍ରଶମନୋଦ୍ଦେଶ୍ୟରେ
ତାହାର ପରିଚର୍ଯ୍ୟା କରି ତାହାଠାରେ
କାମପରାୟଣ କୌଣସି ପ୍ରକାରେ ହୁଅନା;-

ଏହାଦ୍ୱାରା ତୁମର ଶିଶୁ ନିଶ୍ଚୟ ହିଁ
ଦେହ, ମନ ଓ ପ୍ରାଣରେ
ଯେ କ୍ଷୀଣ ହେବ
ତାହାର କୌଣସି ସନ୍ଦେହ ନାହିଁ। (ବାଣୀ-୧୯୭)

ଗ୍ରୀକ୍ ଦାର୍ଶନିକ ସକ୍ରେଟିସ (Socrates 470 B.C-399 B.C) ତାଙ୍କର ପ୍ରଥମ ସ୍ତ୍ରୀର ବିୟୋଗ ପରେ ଆଉଥରେ ବିବାହ କଲେ, ତାଙ୍କ ନାମ Xanthippe (ସାନ୍‌ଥିପ)। ସେ ଭୀଷଣ ଜିଦଖୋର, କଳିହୁଡ଼ି, ହାତ ବି ଉଠାଇ ଦିଅନ୍ତି-ଘରେ ହେଉ କି ବାହାରେ ହେଉ ସେ ବିଚାର ନ ଥାଏ। ବନ୍ଧୁମାନେ ପଚାରିଲେ- ତମେ ଏପରି ବ୍ୟବହାର କାହିଁକି ସହ୍ୟ କରୁଛ ? କିଛି ପ୍ରତିବାଦ କରୁ ନାହଁ ? ସକ୍ରେଟିସ କହିଲେ -ଏଇଟା ମୋର ସହନଶୀଳତାର training (ଶିକ୍ଷା) ଚାଲିଛି। ମୁଁ ଯଦି ଏହାକୁ ବରଦାସ୍ତ କରି ନିଜର ମାନସିକ ସନ୍ତୁଳନକୁ ଠିକ୍ ରଖେ, ତାହେଲେ ଆଗକୁ ଯେ ଯାହା କହିଲେ କି କଲେ, ମୁଁ ଗ୍ରହଣ କରିନେବି। (Understanding Philosophy)

ଅନୁଗତ - ନାରୀ-ପୁରୁଷ ସମ୍ପର୍କ ଯଦି ଭଲ ନ ହୁଏ, ତେବେ ନାରୀ ତାର ସ୍ୱାଧୀନତା ଜାହିର କରିବ ନାହିଁକି ? ନାରୀର ସେ liberty ନାହିଁକି ? ୩୯୯

ଶ୍ରୀଶ୍ରୀଠାକୁର- Libertyର ଅର୍ଥ ମୁଁ ବୁଝେ co-operative, interdependent serviceable run of life. (ସହଯୋଗୀ, ପରସ୍ପର ନିର୍ଭରଶୀଳ, ସେବାପ୍ରାଣ ଜୀବନଧାରାହିଁ ସ୍ୱାଧୀନତା)। ଶୁଣିଛି ଯେ ପାରସ୍ପରିକ ବୁଝାମଣା ଓ ସହନଶୀଳତାର ଅଭାବରୁ ପାଶ୍ଚାତ୍ୟରେ ବିବାହ-ବିଚ୍ଛେଦ ପ୍ରବଳ -ପିଲାଛୁଆ ବିପଦରେ। ଆଉ ଗୋଟାଏ କଥା ମଧ୍ୟ କହିରଖେ ଯେ ବୁଝାମଣା ଅଭାବରୁ ଯେଉଁ ତାଳିପକା ସନ୍ଦେହସଂକୁଳ ସଂସାର, ସେଠାରେ ଶାନ୍ତି କାହିଁ ? ଯେଉଁଠାରେ ମଣିଷ ଜୀବନ, ବିବାହ ବିପର୍ଯ୍ୟୟ ଓ ବିଚ୍ଛେଦରୁ ବିଷାକ୍ତ ସେଠାରେ ମାନସିକ ରୋଗୀଙ୍କ ସଂଖ୍ୟା ବଢ଼ିବା ସ୍ୱାଭାବିକ। ମୁଁ ତ ଭାବେ ଆମେ କୁଡ଼ିଆ ଘରେ ରହି ପଖାଳ ଭାତ ଖାଇ ଢେର ଭଲରେ ଅଛୁ। କାରଣ ସ୍ତ୍ରୀର ରନ୍ଧାରେ ସ୍ୱାମୀ, ଗୁରୁଜନ, ସନ୍ତାନସନ୍ତତିଙ୍କ ପାଇଁ ଯେଉଁ ମମତା, ତାହା ମଣିଷର ଅନ୍ତରକୁ ସ୍ପର୍ଶ କରି ସର୍ବପ୍ରକାର cell (କୋଷ)କୁ ପୁଷ୍ଟ କରେ।

ତେଣୁ ତଥାକଥିତ ଧାରକରା ସଭ୍ୟତାଠାରୁ ଦୂରରେ ଥିବା ସଂସାରରେ ଯେଉଁ ସ୍ୱର୍ଗସୁଖ ତାର ତୁଳନା ନାହିଁ। ସ୍ତ୍ରୀ ଯଦି ଏପରି ଅନୁରାଗିଣୀ ହୁଏ, ତେବେ ତାର ପ୍ରେରଣାରେ ସ୍ୱାମୀର ସର୍ବପ୍ରକାରର ଉନ୍ନତି ଅବଶ୍ୟମ୍ଭାବୀ। ମୋର ମଧ୍ୟ କପାଳ ଭଲ ମୁଁ ସେପରି ସ୍ତ୍ରୀ ପାଇଛି। ମା ଗତ ହେବା ପରେ ମୋ ସ୍ତ୍ରୀ (ବଡ଼ବୌ)ର ଏଇ ଭାବ ମୁଁ ଲକ୍ଷ୍ୟ କରିଛି ଯେ ମୋର ଯଦି କେବେ ତିନିଟା ଛିଙ୍କ ହେଲା, ସେ ମଧ୍ୟ ସେହି ଖବର ରଖେ। ଭାରତରେ ଏଥିପାଇଁ ଝିଅମାନଙ୍କୁ The Goddess of Prosperity (ଲକ୍ଷ୍ମୀ) କୁହାଯାଏ। ଆଉ ଯେଉଁ ଜାତି ନାରୀମାନଙ୍କୁ Goddess of Prosperity (ଲକ୍ଷ୍ମୀ) ଓ Goddess of Knowledge (ସରସ୍ୱତୀ) ଭାବେ ସମ୍ମାନ କରେ, କେଉଁ ନାରୀ-ସ୍ୱାଧୀନତା ଭାରତରେ ନାହିଁ ଯେ ଆମେମାନେ ଆଉ କାହାଠାରୁ ଶିଖିବା ?

ଅନୁଗତ - ସ୍ୱାମୀ-ସ୍ତ୍ରୀ ସଂପର୍କରେ ଭଲ-ଖରାପ କ'ଣ ? ୪୦୦

ଶ୍ରୀଶ୍ରୀଠାକୁର- ଏବେ ଦେଖା ଯାଉଛି ଯେ ସ୍ତ୍ରୀକୁ ସାମାନ୍ୟ କଡ଼ା କଥା କହିଲେ, cruel treatment (ନିଷ୍ଠୁର ବ୍ୟବହାର) ଅଭିଯୋଗରେ ସ୍ତ୍ରୀ ସ୍ୱାମୀ ବିରୁଦ୍ଧରେ divorce suit (ବିବାହ-ବିଚ୍ଛେଦ ମକଦ୍ଦମା) କରିପାରେ। କୁହ ତ ସେ କ୍ଷେତ୍ରରେ ପୁରୁଷର କି ଦୁର୍ଦ୍ଦଶା ହୁଏ ? ସ୍ତ୍ରୀ ଯଦି ଅନ୍ୟାୟ ମଧ୍ୟ କରେ, ସ୍ୱାମୀର ତାକୁ ଶାସନ ବା ସଂଶୋଧନ କରିବାର କ୍ଷମତା ନାହିଁ। ଡରି ଡରି ଚଳିବାକୁ ହୁଏ, ଭାବେ ସ୍ତ୍ରୀକୁ ରଗାଇ ଲାଭ ନାହିଁ, ଯଦି ଛାଡ଼ି ଚାଲିଯାଏ ? କିନ୍ତୁ ଭାରତର ଗ୍ରାମାଞ୍ଚଳରେ ଆମେ ସ୍ତ୍ରୀକୁ ଖାଇବାକୁ ଦେଇ ନ ପାରିଲେ ମଧ୍ୟ ସ୍ୱାମୀଭାବରେ ଯେ ସ୍ତ୍ରୀ ଉପରେ ଅଧିକାର ଅଛି, ତାହା ତ କମିଯାଏ ନା !... ଯେଉଁ ସଂସାରରେ ଏତେ ପ୍ରୀତି, ଏତେ ମମତା, ଦାରିଦ୍ର୍ୟଦୀର୍ଣ୍ଣ ହେଲେ ମଧ୍ୟ ସେ ସଂସାର ସ୍ୱର୍ଗ। ଏହା ଭାବର କଥା ନୁହେଁ, ପ୍ରକୃତ କଥା।

ଅନୁଗତ -ସମାଜର ଉନ୍ନତି ପାଇଁ ବିବାହ ଉପରେ ଏତେ ଗୁରୁତ୍ୱ ଦେବା କାହିଁକି ? ୪୦୧

ଶ୍ରୀଶ୍ରୀଠାକୁର - ବିଭ୍ରାନ୍ତ ବିବାହ ହେଲେ ସମାଜ ବିଗିଡ଼ି ଯାଏ । ବଂଶପରମ୍ପରାକ୍ରମେ ତାହା କେତେ ଯେ ଅପୋଗଣ୍ଡ ଓ ଅବ୍ୟବସ୍ଥିତ ଚିତ୍ତ ମଣିଷ ଆମଦାନୀ କରେ, ତାର ଇୟତ୍ତା ନାହିଁ। ଲକ୍ଷେ ମହାପୁରୁଷ ଓ ଶିକ୍ଷା ବ୍ୟବସ୍ଥା ପକ୍ଷରେ ମଧ୍ୟ ସେମାନଙ୍କୁ ମଣିଷ କରିବା କଷ୍ଟକର ହୋଇପଡ଼େ। ମୂଳରୁ ବିଗିଡ଼ି ଯାଇଛି, କ'ଣ କରିବା ? ସେଥିପାଇଁ ମୁଁ ବିବାହ ଓ ସୁପ୍ରଜନନ କଥା ଏତେକରି କହେ। ପ୍ରଜନନ ପରିଶୁଦ୍ଧ ନ ହେଲେ କୌଣସି ଭଲ କାମ କରିବା କଷ୍ଟକର। ତେଣୁ ପୁଅ-ଝିଅଙ୍କ ବଂଶ, ସ୍ୱାସ୍ଥ୍ୟ, ବୟସ, ପ୍ରକୃତି, ଶିକ୍ଷା ଇତ୍ୟାଦିର ସଙ୍ଗତି ପ୍ରତି ଦୃଷ୍ଟି ଦେବାକୁ ହୁଏ।

ସନ୍ତାନ gene (ଜିନ) ମାଧମରେ ପିତାମାତା ଉଭୟଙ୍କ traits (ଗୁଣାବଳୀ) ହିଁ ପାଏ। କିନ୍ତୁ ମାଆର gene (ଜିନ)ଗୁଡ଼ିକ mainly (ପ୍ରଧାନତଃ) nurturing agent (ପରିପୋଷଣୀ ଉପାଦାନ) ହିସାବରେ କାମ କରେ ବୋଲି ମନେହୁଏ। ଉଭୟଙ୍କର gene (ଜିନ) ଯଦି compatible (ସଙ୍ଗତିଶୀଳ) ନ ହୁଏ, ତାହେଲେ ସନ୍ତାନ କେବେବି ସୁସ୍ଥ ବ୍ୟକ୍ତିତ୍ୱର ଅଧିକାରୀ ହୋଇ ପାରେନା। ସବର୍ଣ୍ଣ ବିବାହ ବ୍ୟାପାରରେ ବି ଏହି ବ୍ୟତିକ୍ରମ ହୋଇପାରେ। ତାର ଫଳ କେବେବି ଭଲ ହୁଏନା। ତେଣୁ କୁଳ, ଶୀଳ, ପ୍ରକୃତି, ସଂସ୍କାର, ଆଚାର, ପ୍ରଥା ଇତ୍ୟାଦିର ମେଳ କରି ବିବାହ ଦେବାର ରୀତି ଅଛି ଆମମାନଙ୍କ ମଧ୍ୟରେ। ବିବାହ ଯେ କେତେବଡ଼ important (ଗୁରୁତ୍ୱପୂର୍ଣ୍ଣ) ବ୍ୟାପାର, ତା ଅନେକେ ଖିଆଲ କରନ୍ତିନି। କିନ୍ତୁ ତାକୁ ଭିତ୍ତି କରିହିଁ ସବୁ। କାରଣ, ତାକୁ ଭିତ୍ତି କରିହିଁ ସନ୍ତାନର ଜନ୍ମ।

(ଆଲୋଚକ- ଶ୍ରୀଶ୍ରୀଠାକୁର "ଚଲାର ସାଥୀ" ଗ୍ରନ୍ଥରେ ସୁପ୍ରଜନନ ସମ୍ପର୍କରେ କହିଲେ -

ନାରୀଠାରୁ ଜାତି ଜନ୍ମେ ଓ ବୃଦ୍ଧି ପାଏ,
ତେଣୁ, ନାରୀ ଯେପରି ବ୍ୟଷ୍ଟିର ଜନନୀ
ସେଇପରି ସମଷ୍ଟିର ମଧ;-

ଆଉ, ଏଇ ନାରୀ ଯେପରି ଭାବରେ ଆବିଷ୍ଟ ଥାଇ
ଯେପରି କରି ପୁରୁଷକୁ ଉଦ୍ଦୀପ୍ତ କରେ
ପୁରୁଷଠାରୁ ସେଇ ଭାବହିଁ
ନାରୀଠାରେ ଜନ୍ମଗ୍ରହଣ କରେ;
ତେଣୁ, ନାରୀ ମଣିଷକୁ ପ୍ରକୃତିରେ
ମୂର୍ତ୍ତ ଓ ପରିମିତ କରେ ବୋଲି
ଜୀବ ଓ ଜଗତର ମା';-
ତାହେଲେ ହିଁ ବୁଝ-
ମଣିଷର ଉନ୍ନତି
ନାରୀ ହିଁ ନିରୂପିତ କରିଦିଏ;
ତେଣୁ, ନାରୀର ଶୁଦ୍ଧତାର ଉପରେ ହିଁ
ଜାତିର ଶୁଦ୍ଧତା, ଜୀବନ ଓ ବୃଦ୍ଧି
ନିର୍ଭର କରୁଛି-
ବୁଝ,
ନାରୀର ଶୁଦ୍ଧତା
ଜାତି ପକ୍ଷରେ କେତେ ପରିମାଣରେ ପ୍ରୟୋଜନୀୟ। (ବାଣୀ-୧୭୭)

ପୁରୁଷର ଏକାଧିକ ବିବାହ (polygamy)କୁ ଶ୍ରୀଶ୍ରୀଠାକୁର କେବଳ ସର୍ତ୍ତମୂଳକ ଅନୁମୋଦନ ଦେଇଛନ୍ତି। ଯେଉଁଠାରେ ପୁରୁଷ ଯୌନ ସ୍ୱାଦ ଏବଂ କ୍ଷୁଧାର ଲାଳସାରେ ଏକାଧିକ ପତ୍ନୀଗ୍ରହଣ କରିବାକୁ ଚାହେଁ, ତାହାକୁ ସେ ଅନୁମୋଦନ ଦେଇନାହାନ୍ତି, କିନ୍ତୁ ନାରୀର ଏକାଧିକ ପତିଗ୍ରହଣ (polyandry) କୌଣସି ପରିସ୍ଥିତି ବା କ୍ଷେତ୍ରରେ ସମୀଚୀନ ନୁହେଁ। ଶ୍ରୀଶ୍ରୀଠାକୁରଙ୍କ ମତରେ ସମଲିଙ୍ଗୀ ଯୌନ-ସଂପର୍କ (sodomy ଇତ୍ୟାଦି) ସର୍ବଦା ବର୍ଜନୀୟ କାରଣ ଏହି ଅବୈଧ ଆଚରଣ ଫଳରେ psychical (ମାନିସିକ) ଓ physiological plane (ଶାରୀରିକ ସ୍ତର)ରେ damage (କ୍ଷତି) ଘଟାଇଥାଏ। ତେଣୁ ଏହା କ୍ଷମଣୀୟ ନୁହେଁ ଏବଂ ଏଥିପାଇଁ ପ୍ରାୟଶ୍ଚିତ୍ତର ବିଧାନ ଅଛି।)

ଅନୁଗତ - ବିବାହିତା ସ୍ତ୍ରୀର ସତୀତ୍ୱ ଉପରେ ଆପଣଙ୍କ ମତ କ'ଣ ? ୪୦୨

ଶ୍ରୀଶ୍ରୀଠାକୁର - ଆଧ୍ୟାତ୍ମିକ ଓ ମାନସିକ ସତୀତ୍ୱକୁ ବାଦ ଦେଇ ଶାରୀରିକ ସତୀତ୍ୱର ଜ୍ୟୋତି ଖୋଲେନା, ବିଲକ୍ଷଣ ଅଭିଜ୍ଞତା ବି ଫୁଟି ଉଠେନା। ଇଷ୍ଟପ୍ରାଣ ସ୍ୱାମୀପ୍ରୀତି ଯଦି ତୁମର ଅସ୍ତିତ୍ୱକୁ ଏପରି କରି ଥାଏ ଯେ ତୁମେ ତାହାକୁ ଅନିବାର୍ଯ୍ୟ ବୋଲି ଭାବ, ତାକୁ କୁହାଯାଏ ଆଧ୍ୟାତ୍ମିକ ସତୀତ୍ୱ। Adherence (ଅନୁରାଗ) ନ ଥିଲେ tenacity (ଲାଗିରହିବା) ନ ଥିଲେ, ସତୀତ୍ୱ ଆଧ୍ୟାତ୍ମିକ ହୁଏନା। ଆଧ୍ୟାତ୍ମିକ ସତୀତ୍ୱରେ surrender (ଆତ୍ମସମର୍ପଣ) ଭାବ ରହିଥାଏ। ମାନସିକ ସତୀତ୍ୱ ହେଲା -ସକ୍ରିୟ ଓ ସଚେତନ ମନନ ଦେଇ ସ୍ୱାମୀଙ୍କ ସୁଖସୁବିଧା ଓ ବଢ଼ିବାର ଚେଷ୍ଟା କରିବା। ସବୁ ସମୟରେ ଭାବେ ସ୍ୱାମୀ କେଉଁଥିରେ ପ୍ରକୃତ ସୁଖୀ ହେବେ । ସ୍ୱାମୀ ଯେପରି ତାହାର ନିଜର ଅସ୍ତିତ୍ୱ। ସ୍ୱାମୀ କାମରେ

ଲାଗିବା ପାଇଁ ତାର ପ୍ରବଳ ଆଗ୍ରହ ଥାଏ, ଖାଇବା, ପିନ୍ଧିବା, ବୁଲିବା, ଆହ୍ଲାଦ -ସବୁ ସ୍ୱାମୀଙ୍କ ଖୁସିକୁ କେନ୍ଦ୍ର କରି । ଏହା ଏକ ମହାସାଧନା । ସ୍ୱାମୀଙ୍କ ତରଫରୁ ହୁଏତ କୌଣସି ଶାସନ ନାହିଁ, କିନ୍ତୁ ସେ ସବୁବେଳେ ସ୍ୱାମୀ ଯେପରି କଷ୍ଟ ନ ପାଆନ୍ତି ସେଇ ଚେଷ୍ଟାରେ ଥାଏ । ଦେଖୁନା, ଗୋଟିଏ ବିୟାଣ ଗାଈର କିପରି ହୁଏ । ପିଲା ପ୍ରତି ଟାଣରେ କିପରି ହୁସିୟାର ହୋଇଉଠେ । ସ୍ୱାମୀଙ୍କର ସବୁ ଜିନିଷ ପ୍ରତି ସ୍ତ୍ରୀର ଥାଏ ସମାନ ନଜର, ଚାରିଚକ୍ଷୁ ନିଘା -ଗୋଟାଏ ଦିଗ ଦେଖୁଛି, ଅନ୍ୟ ଦିଗ ଦେଖୁନାହିଁ ବା ସେଆଡ଼େ ନିଘା ନାହିଁ ଏପରି ହୁଏ ନାହିଁ । ସ୍ୱାମୀର ସବୁ ଜିନିଷରେ ସେ ନିଜକୁ ବ୍ୟାପ୍ତ ଓ ବ୍ୟାପୃତ କରି ତୋଳେ-ଏଇ ହେଲା ଟାଣର ଲକ୍ଷଣ । ଭଲପାଇବାରେ physical chastity(ଶାରୀରିକ ସତୀତ୍ୱ)ର ଖୁବ ଗୋଟାଏ ଦାମ ନାହିଁ । ତାହା ଯେପରି କାଗଜର ପଇସା । ତେବେ ଯାହା ବି ହେଉ ମନ୍ଦ ଅପେକ୍ଷା ତାହା ଭଲ, ତେଣୁ ସତୀତ୍ୱ ନ ଥିଲେ ଭଲ ସନ୍ତାନ ଜନ୍ମଦେବା ଆଦୌ ସମ୍ଭବ ନୁହେଁ ।

ଆଲୋଚକ- ଏ ସଂପର୍କରେ ଶ୍ରୀଶ୍ରୀଠାକୁରଙ୍କର ଗୋଟିଏ ବାଣୀ -

"ଯେଉଁ ଜାତିରେ ବଜାରୀ ବେଶ୍ୟା
ସ୍ୱୈରିଣୀ ନାରୀ କମ୍
ନିଛକ ଜାଣିଥା ସେହି ଜାତିଟାର
ଅଛି ହିଁ ବୁକୁର ଦମ୍ ।"

ଅନୁଗତ - ସତୀତ୍ୱ ବଜାୟ ରଖିବାକୁ ହେଲେ ଆଦର୍ଶ-ଅନୁରାଗର ଆବଶ୍ୟକତା ଅଛି କି ? ୪୦୩

ଶ୍ରୀଶ୍ରୀଠାକୁର - ପ୍ରବୃତ୍ତି ସହ ଶ୍ରେୟ ପ୍ରତି ଏକାନୁରକ୍ତି ହିଁ ସତୀତ୍ୱର ସତ୍ତାଭୂମି । ସତୀତ୍ୱ, ସତ୍‌ସେବା, ଓ ସଦ୍‌ବ୍ୟବହାର -ଏହା ହେଉଛି ମା'ମାନଙ୍କର ଔଜ୍ଜ୍ୱଲ୍ୟ -ଆଉ ତାହା ଜନଗଣଙ୍କୁ ଉନ୍ନତ ଓ ବିଜ୍ଞ କରିତୋଳେ । ସତୀତ୍ୱରେ ଯଦି ସତ୍‌ସେବା ଓ ସଦ୍‌ବ୍ୟବହାର ନ ଥାଏ, ତାହା ଅଙ୍ଗହୀନ । ସ୍ୱାମୀ ପ୍ରତି ସ୍ତ୍ରୀର ସମ୍ମାନ ଓ ସମ୍ବେଗ ଯେଉଁଠାରେ ନ ଥାଏ, ସେଠାରେ ଜୀବନ-ଚଳନ ଘୋର ଉଚ୍ଛନ୍ନ ହୋଇପଡେ,-ଏହି ବାସ୍ତବତାକୁ ଅବହେଳା କରିବା ସୁକଠିନ ।

ଶ୍ରୀଶ୍ରୀଠାକୁରଙ୍କର ଗୋଟିଏ ଛୋଟ ବାଣୀ ଅଛି -

'ସ୍ୱାମୀ ସ୍ୱାର୍ଥ ପ୍ରବୃତ୍ତି ଯାର
ପ୍ରଜ୍ଞା ଅବାଧ ହୁଅଇ ତାର ।'

ଅନୁଗତ - ତାହେଲେ ସୁବିବାହ ପାଇଁ ପୁଅ-ଝିଅର ନିର୍ବାଚନ କିପରି ହେବା ଉଚିତ ? ୪୦୪

ଶ୍ରୀଶ୍ରୀଠାକୁର - ସମ ଅଥଚ ବିପରୀତ । ସ୍ୱାମୀର ଯେଉଁ ସହଜାତ ପ୍ରବୃତ୍ତି ଓ ସଂସ୍କାର ତା ସହିତ ସ୍ତ୍ରୀର ଶ୍ରଦ୍ଧାନ୍ୱିତ ସମ୍ମତି ଓ ମେଳ ରହିବା ଦରକାର । ବିବାହ ବ୍ୟାପାରରେ

ଜଣେ ମଣିଷର କେବଳ ବ୍ୟକ୍ତିଗତ ଗୁଣାବଳୀ ଦେଖିଲେ ହେବ ନାହିଁ, ତାର ବଂଶାନୁକ୍ରମିକତାରେ ପ୍ରତିଷ୍ଠିତ ନୀତିଗତ ବୈଶିଷ୍ଟ୍ୟ କ'ଣ ଓ କିପରି ତାହା ମଧ୍ୟ ଦେଖିବାକୁ ହେବ । ତେଣୁ ବଂଶ ଦେଖିବାକୁ ହୁଏ, କୁଳ ଦେଖିବାକୁ ହୁଏ, କୁଳର ଆଚରଣ ଓ ଐତିହ୍ୟ ଦେଖିବାକୁ ହୁଏ । ଦେଖିବାର କଥା -ଯେପରି ପୁଅର ବଂଶ ଉଚ୍ଚ ଓ ଝିଅର ବଂଶ ଟିକେ ନୀଚ, ସମାନ ସମାନ ହେଲେ ମଧ୍ୟ ଅସୁବିଧା ନ ଥାଏ । ଏହା ହେଲା ଅନୁଲୋମ ଓ ଏହାର ବିପରୀତ ଯେଉଁଠାରେ ଘଟେ -ଝିଅର କୁଳ, ବଂଶ ମର୍ଯ୍ୟାଦା ଇତ୍ୟାଦି ବହୁତ ଉଚ୍ଚ ଆଉ ପୁଅର ତାହା ଅପେକ୍ଷାକୃତ ନୀଚ, ତାହା ପ୍ରତିଲୋମ । ଏସବୁ ଖୁବ୍ ହିସାବ କରି ନ ଦେଖିଲେ ତ୍ରୁଟି ରହିଯାଏ ।

ଅନୁଗତ - ପ୍ରତିଲୋମ ବିବାହରେ କ'ଣ କ୍ଷତି ହୁଏ ? ୪୦୫

ଶ୍ରୀଶ୍ରୀଠାକୁର- ପ୍ରତିଲୋମଜ ସନ୍ତାନ କଦାପି ଭଲ ହୋଇ ପାରେନା । ସେମାନଙ୍କ ଭିତରେ treachery ବା ବିଶ୍ୱାସଘାତକତା ରହିବହିଁ ରହିବ । ଉଚ୍ଚବର୍ଣ୍ଣର ଝିଅ, ନିମ୍ନବର୍ଣ୍ଣର ପୁଅ ସଙ୍ଗେ ବିବାହ କଲେ husband (ସ୍ୱାମୀ) ପ୍ରତି regard (ଶ୍ରଦ୍ଧା) କଦାପି ରହି ପାରେନା -ବହୁ ଗଣ୍ଡଗୋଳ ସୃଷ୍ଟି ହୁଏ । ଜନ୍ତୁ-ଜାନୁଆର ବେଳକୁ ଆମେ ପ୍ରତିଲୋମ ପସନ୍ଦ କରୁନା, କିନ୍ତୁ ମଣିଷ ବେଳକୁ ଏହି ସତ୍ୟଟା ସ୍ୱୀକାର କରିବାକୁ ଚାହୁଁନା । ମଣିଷର ବଂଶ ଠିକ ରଖିବାଠାରୁ କୁକୁର ବା ଘୋଡ଼ା ବଂଶର ମାନ ଠିକ ରଖିବା ଉପରେ ଆମେ ଆଜି ଢେର ବେଶି ଗୁରୁତ୍ୱ ଦେଉଛୁ । ମଣିଷର ବିବାହ ଓ ଜନନ ଯଦି ଏହିପରି ପିଲା ଖେଳ ହୁଏ, ତେବେ ମଣିଷ ଭିତରେ ଆଉ ମଣିଷ ଖୋଜିଲେ ମିଳିବ ନାହିଁ । ମାନବ ଦାନବରେ ପରିଣତ ହେବ । ପରସ୍ପର ପରସ୍ପରକୁ ନାନାଭାବେ ସାବାଡ଼ କରିବାର ତାଳରେ ରହିବେ । ଏବେବି ଯଦି ଆମେ ସାବଧାନ ନ ହେଉ, ତେବେ ଏହି ବିଷୟ ଜଗତକୁ ଜର୍ଜରିତ କରିବ । ମୋର ମନେହୁଏ, କୌଣସି ଦେଶର ବା ଜାତିର ଯଦି ସର୍ବନାଶ କରିବାକୁ ପଡ଼େ, ତେବେ ତା ଭିତରେ ପ୍ରତିଲୋମ ବିବାହ ପୁରାଇ ଦେଲେ ତାହା ଯେତେ ହୁଏ, ଅନ୍ୟ କୌଣସି ଉପାୟରେ ସେତେ ହୁଏନା ।

ଅନୁଗତ - ପୁଣି କ'ଣ ଆଦର୍ଶ ଅନୁଲୋମ ବିବାହ ପଦ୍ଧତିକୁ ଫେରାଇ ଆଣି ହେବ କି ? ୪୦୬

ଶ୍ରୀଶ୍ରୀଠାକୁର -ଜୈବୀ ସମ୍ପଦ ଯଦି ମଣିଷର ନ ରୁହେ, ବିବାହ ଯେପରି କରିବା ଉଚିତ ତାହା ଯଦି କେହି ନ ମାନେ, ତେବେ ରାଷ୍ଟ୍ର ତାହାକୁ ନିଷିଦ୍ଧ କରିବା ଉଚିତ । କାରଣ ମଣିଷର ଏହି ଜୈବୀ ସମ୍ପଦ କ୍ଷୟପ୍ରାପ୍ତ ହୋଇଗଲେ ରାଷ୍ଟ୍ର ଅନ୍ୟ ଯେତେ ରକମର ସୁବ୍ୟବସ୍ଥା କରୁ ନା କାହିଁକି, ଦେଶକୁ କେବେହେଁ ଦୀର୍ଘଦିନ ପାଇଁ ଉନ୍ନତିମୁଖର ଚଳନରେ ଚାଳିତ କରି ପାରିବ ନାହିଁ । ମୂଳ କାଟି ଅଗରେ ପାଣି ଢାଳିଲେ କ'ଣ ହେବ ? ପୃଥିବୀର ଯେ କୌଣସି ରାଷ୍ଟ୍ର ସମ୍ପର୍କରେ ଏହା ପ୍ରଯୋଜ୍ୟ । ବ୍ୟକ୍ତି ସ୍ୱାତନ୍ତ୍ର୍ୟ ଦେବାକୁ ଯାଇ ରାଷ୍ଟ୍ର କେତେବେଳେ ହେଲେ ଜୀବନର ପରିପନ୍ଥୀ ବିବାହ-ନୀତିକୁ ପ୍ରଶ୍ରୟ ଦେଇ ପାରିବ ନାହିଁ । ତାହା ଯଦି ହୁଏ, ତେବେ ଆଜି ହେଉ କି କାଲି ହେଉ ସେଇ ରାଷ୍ଟ୍ର ବିପନ୍ନ ହେବାକୁ ବାଧ୍ୟ ।

ଅନୁଗତ- ରାଷ୍ଟ୍ରନେତାମାନେ ଏ ବିଷୟରେ ନୀରବ । କେମିତି କ'ଣ ହେବ ? ୪୦୭

ଶ୍ରୀଶ୍ରୀଠାକୁର -ଯେଉଁମାନେ ରାଷ୍ଟ୍ରନୀତିବିଦ୍ ସେମାନଙ୍କର ଯଦି ପ୍ରଜନନ ବିଜ୍ଞାନ ଉପରେ ଜ୍ଞାନ ନ ରୁହେ ଏବଂ ସେହି ଜ୍ଞାନ ନ ଥିବା ହେତୁ ସେମାନେ ଯଦି ବିବାହକୁ ଯାହା ତାହା ହେବାକୁ ଛାଡ଼ି ଦିଅନ୍ତି, ତାର ଫଳ ଦିନେ ନା ଦିନେ ମିଳିବ । Science of genetics(ଜନନ-ବିଜ୍ଞାନ), Science of Eugenics (ପ୍ରଜନନ ବିଜ୍ଞାନ), Science of heredity (ବଂଶାନୁକ୍ରମିକ ବିଜ୍ଞାନ) -ଏହି ଜ୍ଞାନଭଣ୍ଡାର ଉନ୍ମୋଚନ କରିବାକୁ ହେବ, ଏହାଦ୍ୱାରା ଯେ କେତେ ଉପକାର ହେବ, ତାହା କହି ଶେଷ କରାଯାଇ ପାରିବ ନାହିଁ ।

ଅନୁଗତ - କିନ୍ତୁ ବର୍ତ୍ତମାନର ସମାଜ ଏହାକୁ ଉଦାର ଚିନ୍ତାଧାରା ଭାବେ ଗ୍ରହଣ କରୁଛି । ଉପାୟ କ'ଣ ? ୪୦୮

ଶ୍ରୀଶ୍ରୀଠାକୁର- ଉଦାର କଥାର ମାନେ ଆଜି ଓଲଟି ଯାଇଛି । ଯାହାର କୌଣସି ନିଷ୍ଠା ନାହିଁ, ବନ୍ଧନହରା, ଖିଆଲମାଫିକ ଚଳନରେ ଯେ ଚାଲେ, ଲୋକ ଆଜି ତାକୁ ଉଦାର କୁହନ୍ତି । କିନ୍ତୁ ମୋର ମନେହୁଏ, ଉଦାର ମଧ୍ୟରେ ଊର୍ଦ୍ଧ୍ୱଗମନର ଭାବ ଅଛି । କହିଲେ ହୁଏତ ବାଧିବ, ଆଜି ସାରା ଦେଶ ଯେପରି ଗୋଶାଳାରେ ପରିଣତ ହୋଇ ଚାଲିଛି । ବିବାହ ଆଜି ଯଦି ଯଥେଚ୍ଛ ରକମରେ ଚାଲେ, ପ୍ରତିଲୋମ ଯଦି ହୋଇଚାଲେ, ତାହେଲେ କୌଣସିମତେହିଁ ମଣିଷ ଭଳି ମଣିଷ ଖୋଜି ପାଇ ହେବ ନାହିଁ ଦେଶରେ । ଏହି ଉଦାରତାର ଠେଲା ସମ୍ଭାଳିବା ମୁସକିଲ । Disintegration (ଅସଂହତି)ର ଚୂଡ଼ାନ୍ତ ହେବ । ଏହି ସ୍ରୋତ ଯଦି ନ ଲେଉଟେ, ତେବେ କେହି କାହାକୁ ମାନିବେ ନାହିଁ । କେହି ବି କାହାର ହୋଇ ରହିବେ ନାହିଁ ।

ଅନୁଗତ - ଭଲଗୁଣ ଗୁଡ଼ିକ ସନ୍ତାନ ଜନ୍ମିବା ପରେ, ଶିକ୍ଷା ଦ୍ୱାରା ବିକଶିତ ହୁଏ ନାହିଁକି ? ୪୦୯

ଶ୍ରୀଶ୍ରୀଠାକୁର- Acquisition (ଅର୍ଜନ) ଓ instinct (ସଂସ୍କାର) ଭିତରେ ଢେର ତଫାତ୍ । ନିଉଟନ୍ ଥିଲେ mathematician by instinct (ସଂସ୍କାରସିଦ୍ଧ ଗଣିତଜ୍ଞ), ତାଙ୍କଠାରୁ ଅଧିକ ଭଲ mathematics (ଗଣିତ) ଜାଣିଥିବା ଲୋକ ଥାଇ ପାରନ୍ତି, କିନ୍ତୁ ସେମାନଙ୍କ ଭିତରେ ହୁଏତ mathematics, instinct-ର ସ୍ଥାନ ଗ୍ରହଣ କରି ନାହିଁ । Instinct (ସଂସ୍କାର) କିପରି -ଯେପରି heart beat କରେ (ହୃତ୍‌ପିଣ୍ଡ ସ୍ପନ୍ଦିତ ହୁଏ), କାନ ଶୁଣେ, ନାକ ନିଃଶ୍ୱାସ ନିଏ, ପାଦ ଚାଲେ ।

ଅନୁଗତ - ସ୍ୱାମୀ-ସ୍ତ୍ରୀ ମଧ୍ୟରେ ପାରସ୍ପରିକ ନିର୍ଭରଶୀଳତା କେତେବେଳେ ହୁଏ ? ୪୧୦

ଶ୍ରୀଶ୍ରୀଠାକୁର -ସ୍ୱାମୀ ଯେତେ superior caliber (ଉନ୍ନତ ଧରଣର) ଓ penetrating (ତୀକ୍ଷ୍ଣ ବୁଦ୍ଧି) ହୁଏ, ସ୍ତ୍ରୀକୁ ସେତେଦୂର exalted (ଉନ୍ନତ) ଓ blooming (ସ୍ଫୋଟନଦୀପ୍ତ) କରି ତୋଳିପାରେ । ସ୍ୱାମୀକୁ ଦେଇ ତାର being (ସତ୍ତା) superior fulfilment (ଉନ୍ନତ ପରିପୂରଣ) ପାଏ ବୋଲି ସ୍ୱାମୀପ୍ରତି admiration (ଶ୍ରଦ୍ଧା)ବି ବଢ଼ିଯାଏ। ସାଂସାରିକ ଜୀବନରେ ସ୍ତ୍ରୀର ଦରଦୀ ଶ୍ରଦ୍ଧା ଓ ଉତ୍ସାହ-ଉଦ୍ଦୀପନା ପୁରୁଷର ଜୀବନ-ସଂବେଗ ଓ କର୍ମଶକ୍ତିକୁ ଅନେକ ପରିମାଣରେ ଜ୍ୱଳନ୍ତ କରିତୋଳେ। Superior caliber (ଉନ୍ନତ ଧରଣ) ମାନେ superior conception (ଉନ୍ନତ ବୋଧଶକ୍ତି)। ବୋଧର କାର୍ଯ୍ୟକାରୀ ଉନ୍ନତି ହୁଏ ପୁଣି ସକ୍ରିୟ ଶ୍ରେୟୋନିଷ୍ଠାର ଭିତର ଦେଇ। ତେଣୁ ପୁରୁଷକୁ ଯଦି fulfilling (ପରିପୂରଣୀ) ହେବାକୁ ହୁଏ, ତାହେଲେ ଆଚାର୍ଯ୍ୟ ପରାୟଣ ହେବାକୁ ହୁଏ, ନହେଲେ higher tension (ଉନ୍ନତଙ୍କ ପ୍ରତି ଟାଣ) ଓ superior impulse (ଉନ୍ନତ ପ୍ରେରଣା)ର ଅଭାବରେ ଅନ୍ତର-ସଂପଦର ସୃଷ୍ଟି ହୁଏନା।

ଅନୁଗତ - ପୁଣି ସ୍ୱାମୀ-ସ୍ତ୍ରୀର ସମ୍ପର୍କ କିପରି ହେବ ? ୪୧୧

ଶ୍ରୀଶ୍ରୀଠାକୁର - Nearer (ନିକଟତର) ହେବା ଦରକାର, deeper (ଗଭୀର) ହେବା ଦରକାର ଅଥଚ distance (ଦୂରତ୍ୱ) ରକ୍ଷା କରିବା ଦରକାର। ଗୋଟାଏ honourable distance (ସମ୍ମାନଜନକ ବ୍ୟବଧାନ) ଦରକାର ଯାହାକୁ ସଦାସର୍ବଦା maintain (ରକ୍ଷା) କରିହୁଏ। ଦାମ୍ପତ୍ୟ ଜୀବନରେ tolerance (ସହନଶୀଳତା) ଓ sympathy (ସହାନୁଭୂତି)ର ଏକାନ୍ତ ପ୍ରୟୋଜନ।

(ଆଲୋଚକ-ଶ୍ରୀଶ୍ରୀଠାକୁର ତାଙ୍କର ଆଦ୍ୟ ଯୌବନରେ ଧର୍ମପତ୍ନୀ ଶ୍ରୀଶ୍ରୀଷୋଡ଼ଶୀବାଳା ଦେବୀଙ୍କୁ, ଡାକ୍ତରୀ ପଢ଼ିବା ସମୟରେ କଲିକତାରୁ ଚିଠି ଲେଖୁଥିଲେ। ଗୋଟିଏ ଚିଠିର କିୟଦଂଶ -

"....ରୂପ, ଯୌବନ, ଅର୍ଥ, ସମ୍ପତ୍ତି, ଆଚାର, ବ୍ୟବହାର ଇତ୍ୟାଦି ଯାହାକିଛି କୁହନା ବା ଦେଖନା, ଆଜି ଯାହା କହିବ ବା ଦେଖିବ କାଲି ଆଉ ତାହା ଦେଖିବନି। ସଂସାର ଚିର ନୂତନ ବା ଚିର ପରିବର୍ତ୍ତନଶୀଳ, ତେବେ କୁହ କାହାର ପରିବର୍ତ୍ତନ ନାହିଁ ? ପରିବର୍ତ୍ତନ ନାହିଁ ଆତ୍ମାର। ତୁମେ, ମୁଁ ଯେତେବେଳେ ଗର୍ଭରେ ଥିଲେ, ପ୍ରାଣ ବା ଆତ୍ମା ଯେପରି ଥିଲା ଆଜିବି ସେପରି ଅଛି। ଏଇ ଆତ୍ମାହିଁ ଏଇ ବିଶ୍ୱସଂସାରରେ ପ୍ରଧାନ କର୍ମୀ। ଏଇ ଆତ୍ମାର ଯାହା ଇଚ୍ଛା ତାହାହିଁ ଘଟିଥାଏ ଏବଂ ଚିରକାଳ ହିଁ ଘଟିବ। ଏଇ ଆତ୍ମାର ମିଳନ ହିଁ ବିବାହ, ବିଚ୍ଛେଦ ହିଁ ବିରହ।

* * * * *

ଯେଉଁ ସ୍ତ୍ରୀ ସ୍ୱାମୀକୁ ସାକ୍ଷାତ ଦେବତା ଜାଣି ସ୍ୱାମୀସେବାକୁ ଦେବସେବା ମନେକରି ସ୍ୱାମୀର ସୁଖରେ ସୁଖିନୀ, ସ୍ୱାମୀର ଦୁଃଖରେ ଦୁଃଖିନୀ ହୁଏ, ଯେଉଁ ରମଣୀ ସ୍ୱାମୀ ଭିନ୍ନ ଅନ୍ୟ କିଛି ଜାଣେ ନାହିଁ, ଏପରି ଦେବୀ ନିକଟରୁ ମୋର ଅନେକ ଶିଖିବାର ଅଛି।

ମୋର କେତୋଟି କଥା :

୧. ନିଜେ ସ୍ୱାର୍ଥଶୂନ୍ୟ ହୋଇ ପରୋପକାରରେ ଯତ୍ନବତୀ ହୁଅ। ପରୋପକାର ତୁଲ୍ୟ ଆଉ ଜଗତରେ କ'ଣ ଅଛି ?

୨. ମିଥ୍ୟା କଥା ତ୍ୟାଗ କରିବା ନିତାନ୍ତ କର୍ତ୍ତବ୍ୟ, ଜାଣେ ତୁମେ ମିଛ କୁହ ନାହିଁ। ତେବେବି ମନା କରୁଛି।

୩. ଗୁରୁଜନଙ୍କୁ ପ୍ରାଣପଣେ ସେବା କରିବ।

୪. କେବେ ମଧ୍ୟ କୌଣସି ପ୍ରାଣୀକୁ ଇଚ୍ଛାପୂର୍ବକ କଷ୍ଟ କିମ୍ବା ପ୍ରହାର କର ନାହିଁ।

୫. ରମଣୀର ସତୀତ୍ୱ ରକ୍ଷା ବ୍ୟତୀତ ଅନ୍ୟ କିଛି ଶ୍ରେଷ୍ଠ ନୁହେଁ। ପ୍ରାଣ ଦେଇ ସତୀତ୍ୱ ରକ୍ଷା କରିବ।

୬. ମନକୁ ସଦାସର୍ବଦା ଶାନ୍ତ ଓ ନିର୍ମଳ ରଖିବାକୁ ଯତ୍ନବତୀ ହୁଅ।

୭. କର୍ତ୍ତବ୍ୟ ପ୍ରାଣପଣେ ପାଳନ କରିବ।

୮. ଚିନ୍ତାରେ ତୁମେ ଭଗବାନଙ୍କୁ ସବଦା ହୃଦୟରେ ରଖିବ।

୯. ନିଜ ଶରୀର ଭଲ ରଖିବାକୁ ଚେଷ୍ଟା କର ଏବଂ ଅନ୍ୟର ଶରୀର ଯାହାଦ୍ୱାରା ଭଲ ରୁହେ ତାହା କର।

* * * * *

ବାବା ଓ ମାତା ଠାକୁରାଣୀଙ୍କର ଶରୀର କିପରି ଅଛି ? ସେମାନଙ୍କ ସେବା ଶୁଶ୍ରୂଷାରେ ଯତ୍ନବତୀ ହେବ। ମୁଁ ଏକରକମ ଅଛି। ତୁମେ କିପରି ଅଛ ? ତେବେ ମୁଁ ଯାଏ ? କ୍ଷମାଶୀଳା ହେବାରେ ବିଶେଷ ଯତ୍ନବତୀ ହୁଅ। କ୍ଷମାଶୀଳା ସଂସାରରେ ସୁଖିନୀ ହୁଏ।")

ଅନୁଗତ- ରାମାୟଣରେ ସୀତାଙ୍କ ଚରିତ୍ରକୁ କାହିଁକି ଏତେ ପ୍ରାଧାନ୍ୟ ଦିଆଯାଇଛି ? ୪୧୨

ଶ୍ରୀଶ୍ରୀଠାକୁର- ରାମଚନ୍ଦ୍ର ଯେତେବେଳେ ସୀତାଙ୍କୁ ନିର୍ବାସନ ଦଣ୍ଡ ଦେଲେ, ଅନେକେ ତାଙ୍କ ପ୍ରତି ସହାନୁଭୂତି ପରବଶ ହୋଇ ରାମଚନ୍ଦ୍ରଙ୍କ ବ୍ୟବହାରର ଅଯୌକ୍ତିକତା ସମ୍ବନ୍ଧରେ ତାଙ୍କୁ (ସୀତାଙ୍କୁ) କହୁଥିଲେ। ସୀତା କିନ୍ତୁ ଏଥିରେ ବିରକ୍ତ ହୋଇ ଉଠନ୍ତି ଏବଂ କୁହନ୍ତି- 'ଆର୍ଯ୍ୟପୁତ୍ର ଠିକ୍ କରିଛନ୍ତି, ସେ ପ୍ରଜାନୁରଞ୍ଜକ ରାଜା, ପ୍ରଜାଗଣଙ୍କ ସନ୍ତୋଷ ବିଧାନହିଁ ତାଙ୍କ କାମ। ପ୍ରଜାଗଣଙ୍କ ମଧ୍ୟରେ ଅସନ୍ତୋଷ ଦେଖା ଦେଲେ, ରାଜାଙ୍କର କର୍ତ୍ତବ୍ୟଚ୍ୟୁତି ଘଟେ। ତେଣୁ ମୋତେ ବନବାସ ଦଣ୍ଡ ଦେଇ ସେ ସେହି ଅସନ୍ତୋଷ ଓ ବିକ୍ଷୋଭର କାରଣ ନିବାରଣ କରିଛନ୍ତି। ରାମଚନ୍ଦ୍ରଙ୍କ ସଙ୍ଗହରା ହୋଇ ସୀତାଙ୍କ ପ୍ରାଣଟା କି ହାହାକାର କରୁଥିଲା, ତାହା ତ ସହଜରେ ଅନୁମେୟ, କିନ୍ତୁ ରାମଚନ୍ଦ୍ରଙ୍କ ବିରୁଦ୍ଧରେ କୌଣସି ଅନୁଯୋଗ ନାହିଁ, ଅଭିଯୋଗ ନାହିଁ, ବରଂ ତାଙ୍କ ବ୍ୟବହାରକୁ ସମର୍ଥନ କରିଛନ୍ତି କିପରି ସୁନ୍ଦର ଭାବରେ। ସେ ଏପରି ଏକ ଜୀବନ ଯାପନ କରି ଯାଇଛନ୍ତି, ରାମଙ୍କ ସହିତ ତାଙ୍କ ନାମ ମଧ୍ୟ ଜଡ଼ିତ ହୋଇ ଯାଇଛି ଭାରତର ଇତିହାସରେ, ସେଥିପାଇଁ କହନ୍ତି - ସୀତାରାମ।

ଅନୁଗତ - ସତୀତ୍ୱ କ'ଣ ମାତୃତ୍ୱ ଉପରେ ପ୍ରଭାବ ପକାଇଥାଏ କି ? ୪୧୩

ଶ୍ରୀଶ୍ରୀଠାକୁର - ସ୍ୱାମୀ-ସ୍ତ୍ରୀ ଭିତରେ ପାରସ୍ପରିକ ଆକର୍ଷଣ ନ ଥିଲେ, ସନ୍ତାନ ପ୍ରତି ଆକର୍ଷଣ ମଧ୍ୟ ହୁଗୁଳା ହୁଏ ।

ଅନୁଗତ -ସ୍ୱାମୀ-ସ୍ତ୍ରୀ ଭିତରେ ବୟସ ପାର୍ଥକ୍ୟର ଆବଶ୍ୟକତା ଅଛି କି ? ୪୧୪

ଶ୍ରୀଶ୍ରୀଠାକୁର -ସ୍ତ୍ରୀଠାରୁ ସ୍ୱାମୀ ପନ୍ଦର କୋଡିଏ ବର୍ଷର ବଡ଼ହେଲେ ଭଲ । ମୁଁ ଯେତେବେଳେ ଏକଥା କୁହେ କେହି କେହି କୁହନ୍ତି ଯେ ଏହା ତ ବାପ-ଝିଅର ସମ୍ପର୍କ ହେଲା, ସ୍ୱାମୀ-ସ୍ତ୍ରୀ ହେଲେ ନାହିଁ ତ ? କିନ୍ତୁ ଏପରି ବ୍ୟବଧାନ ଥିଲେ ଖୁବ ଲାଭ ହୁଏ । ଯେଉଁ ପୁରୁଷକୁ ଅବଲମ୍ବନ କରିବା ଦ୍ୱାରା ନାରୀ ବଂଚି ରହେ, ଯାହାକୁ ଆଶ୍ରୟ କରି ପ୍ରତିପାଳିତ ହୁଏ, ସର୍ବ ବିଷୟରେ ପୁଷ୍ଟ ହୋଇଥାଏ, ସେ ପତି; ଅର୍ଥାତ୍ ପୂରଣ କରିବାର capacity (ସାମର୍ଥ୍ୟ) ଅଛି । ଏହିପରି ପୁରୁଷ ପତି ହୋଇପାରେ । ପତିରେ ପିତୃତ୍ୱ ଅଛି - ପିତା ଓ ପତି ଉଭୟ ଶବ୍ଦ ଏକ ଧାତୁରୁ ଉତ୍ପନ୍ନ, ନାରୀ ପିତା ଦ୍ୱାରା sexually nourished (କାମେଚ୍ଛା ପୁଷ୍ଟ) ହୋଇପାରେନା, କିନ୍ତୁ ପତିଠାରେ sexually nourished(କାମେଚ୍ଛା ପୁଷ୍ଟ) ହେବାରେ ବାଧା ନାହିଁ -କେବଳ ଏତିକି ହିଁ ପିତା ଓ ପତି ଭିତରେ ପାର୍ଥକ୍ୟ । ତେଣୁ ପତି ହେଲା ଏହିପରି ପିତୃ-ପ୍ରକୃତିର ପୁରୁଷ ଯାହା ଦ୍ୱାରା sexually nourished (କାମେଚ୍ଛା ପୁଷ୍ଟ) ହେବାରେ ବାଧା ନାହିଁ ।

ଅନୁଗତ - କିନ୍ତୁ ସାଧାରଣ ଧାରଣା ଯେ ବୟସର ଏତେ ତଫାତ୍ ହେଲେ ସ୍ୱାଭାବିକ ଭଲପାଇବା ବା ପ୍ରଣୟ ସମ୍ଭବ ନୁହେଁ, ଏହା କଣ ଠିକ୍ ନୁହେଁ ? ୪୧୫

ଶ୍ରୀଶ୍ରୀଠାକୁର -ସ୍ତ୍ରୀ ଯଦି ଏପରି ସାନ ହୁଏ, ସେ ତାର ସଂସ୍ପର୍ଶରେ ପୁରୁଷକୁ ଜୀବନରେ ଉଦ୍ଦୀପ୍ତ କରିତୋଳେ, ସମବୟସ୍କ ହୋଇଥିଲେ ଉଭୟଙ୍କ ମଧ୍ୟରେ equal deterioration (ସମାନ କ୍ଷୟ) ଘଟେ, କେହି ପରିପୁଷ୍ଟ ହୋଇ ପାରନ୍ତି ନାହିଁ । ଆଉ knowledge equality (ଜ୍ଞାନରେ ସମତା) ଥିବାରୁ ସ୍ୱାମୀ ଅନୁସରଣୀୟ ହୁଏ ନା । ସେଥିପାଇଁ ପୁରୁଷ ପ୍ରତି ନାରୀ ଇତର ବ୍ୟବହାର କରେ, ପୁରୁଷ ସମ୍ମାନ ହରାଏ, contemptible(ଘୃଣିତ) ହୁଏ, ଯାହା ଫଳରେ ଅନୁବର୍ତ୍ତିନୀ ନ ହୋଇ ବିପରୀତବର୍ତ୍ତିନୀ ହୁଏ,-ଫଳତଃ ଅସୁସ୍ଥ ଓ ଅତୃପ୍ତ ସନ୍ତାନ ଜନ୍ମିବାର ଆଶଙ୍କା ଥାଏ । ତେଣୁ ବୋଧହୁଏ ଋଷିମାନେ ଏତେ ବୟସ ପାର୍ଥକ୍ୟର ପକ୍ଷପାତୀ ଥିଲେ ।

ଅନୁଗତ - ସ୍ୱାମୀ-ସ୍ତ୍ରୀ ମଧ୍ୟରେ ମତାନ୍ତର, ମନାନ୍ତର ଏବଂ ବିବାହ-ବିଚ୍ଛେଦ ଇତ୍ୟାଦି କେଉଁ କାରଣରୁ ଘଟେ ? ୪୧୬

ଶ୍ରୀଶ୍ରୀଠାକୁର -ପରସ୍ପର ବିରୋଧ, ବିବାଦ, ବିସମ୍ବାଦ, divorce (ବିବାହ-ବିଚ୍ଛେଦ)- ଏସବୁର ମୂଳ କାରଣ ହେଲା ତିନିଟା -sex complex (ଯୌନପ୍ରବୃତ୍ତି), money mentality (ଟଙ୍କାପଇସାର ମାନସିକତା) ଓ egoistic tendency (ଅହମିକା), ଏଥିରେ ଯୌନ ପ୍ରବୃତ୍ତି ହେଲା ମୂଳ । ଅର୍ଥ ଉପରେ ଅକାରଣ ଲୋଲୁପତା ମଣିଷର ସୁସ୍ଥ ମସ୍ତିଷ୍କକୁ, ସ୍ଥିତଚିତ୍ତକୁ ଓ ବିଚାର ବିବେଚନାର ସାମର୍ଥ୍ୟକୁ ଅନେକ ପରିମାଣରେ ନଷ୍ଟ କରିଦିଏ । ଆଉ ସ୍ୱାମୀ-ସ୍ତ୍ରୀ ଭିତରେ ଏପରି ହାମବଡ଼ାଇ ଚଳନ ଯଦି ଥାଏ, ତାହା

ବାଧାପ୍ରାପ୍ତ ହେଲେ ସ୍ତ୍ରୀ ହେଉ ବା ସ୍ୱାମୀ ହେଉ ଅଗ୍ନିଶର୍ମା ହୋଇଯାଏ । ଅହମିକା ଓ ହୀନମନ୍ୟତା ମଣିଷକୁ ସର୍ପିଳ ଗତିରେ ନରକର ସଦର ଦ୍ୱାରରେ ନେଇ ହାଜର କରିଦିଏ ।

ଅନୁଗତ - ବିବାହ ପରେ ନାରୀ ଯଦି କୌଣସି କାରଣରୁ ସ୍ୱାମୀ ସହିତ ରହି ନ ପାରେ, ତେବେ ବାପମାଙ୍କ ସହିତ ରହିବା ଉଚିତ କି ? ୪୧୭

ଶ୍ରୀଶ୍ରୀଠାକୁର - ଅନିବାର୍ଯ୍ୟ କାରଣ ହେତୁ ଯଦି ରହିବାକୁ ପଡ଼େ ସେ ଭିନ୍ନ କଥା, ନହେଲେ ବିବାହିତା ଝିଅମାନଙ୍କର ବେଶିଦିନ ବାପଘରେ ନ ରହିବା ଭଲ ।

ଅନୁଗତ - Divorce (ବିବାହ ବିଚ୍ଛେଦ) ବିଷୟରେ ଆପଣଙ୍କ ମତ କ'ଣ ? ୪୧୮

ଶ୍ରୀଶ୍ରୀଠାକୁର - Divorce (ବିବାହ ବିଚ୍ଛେଦ) ସଦାସର୍ବଦା ବର୍ଜନୀୟ । ଏକାଧିକ ସ୍ତ୍ରୀ-ଗ୍ରହଣ ବା ସ୍ୱାମୀ-ଗ୍ରହଣ ହେତୁ ସେପରି ମହିଳାଙ୍କ ଗର୍ଭରୁ କେତୋଟି ଭଲ ସନ୍ତାନ ଜନ୍ମ ହୋଇଛନ୍ତି ବୁଝି ଦେଖିବ ତ ? ମୁଁ ବାସ୍ତବ ଖବର ଜାଣେ ନା, କିନ୍ତୁ ଏତିକି ତ ବୁଝେ ଯେ ଭଲ ହେବାର ଗୋଟାଏ ବିଧି ଅଛି ଏବଂ ସେ ବିଧିକୁ ନ ମାନିଲେ ସୁଫଳ ମିଳେନା । ଦୋଚାରୁଣୀ ସୁସନ୍ତାନର ଜନନୀ ହେବ ଏହା ମୁଁ ବିଶ୍ୱାସ କରେନା । ସେହି ସବୁ ସନ୍ତାନଙ୍କ ଭିତରେ କିଛି କିଛି ପ୍ରତିଭା ଥାଇପାରେ, କିନ୍ତୁ ସେମାନେ ଯେ ଏକନିଷ୍ଠ ହୋଇ ପାରିବେ ନାହିଁ, ଆତ୍ମନିୟନ୍ତ୍ରଣ କ୍ଷେତ୍ରରେ ଶିଥିଳ ଓ ପରାଂମୁଖ ହେବେ-ଏହା ନିର୍ଘାତ ସତ୍ୟ ।

(ଆଲୋଚକ -ବାଇବେଲରେ ଅଛି - "And I say to you, whoever divorces his wife, except for sexual immorality, and marries another, commits adultery; and whoever marries her who is divorced commits adultery." (ସ୍ତ୍ରୀ-ପରିତ୍ୟାଗକୁ କେବଳ ସ୍ତ୍ରୀର ଅସତୀ ହେବା ଛଡ଼ା ଅନ୍ୟକ୍ଷେତ୍ରରେ ବାରଣ କରାଯାଇଛି ।)

ଅନୁଗତ - ବିଧବାର ପୁନର୍ବିବାହ ହେଲେ କ୍ଷତି କ'ଣ ? ୪୧୯

ଶ୍ରୀଶ୍ରୀଠାକୁର- ଶାସ୍ତ୍ରରେ ଅଛି- 'ନଷ୍ଟେ ମୃତେ ପ୍ରବ୍ରଜିତେ କ୍ଳୀବେ ଚ ପତିତ ପତୌ ପଞ୍ଚସ୍ୱାପସ୍ସୁ ନାରୀଣାଂ ପତିରନ୍ୟୋ ବିଧିୟତେ' । ଏଇ ବିଧାନ ଅଛି, ନାହିଁ ମାମୁଁ ଠାରୁ କଣା ମାମୁଁ ଭଲ ହିସାବରେ । ମୃତେ କଥା ଅଛି ବୋଲି ଅନେକେ କୁହନ୍ତି ଯେ କୌଣସି ବିଧବାର ବିବାହ ହୋଇପାରେ । କିନ୍ତୁ ସନ୍ତାନବତୀ ବିଧବାର ଆଉ ଥରେ ବିବାହ କରିବା ଉଚିତ ନୁହେଁ । ବାଲ୍ୟ-ବିଧବା ଯେଉଁଠି ସ୍ତ୍ରୀ ସ୍ୱାମୀକୁ ଭଲଭାବେ ଜାଣିବା ଆଗରୁ ସ୍ୱାମୀର ମୃତ୍ୟୁ ଘଟିଛି - ସେଇ ସବୁ ବିଧବାଙ୍କର ଆଉ ଥରେ ବିବାହ ଦିଆଯାଇ ପାରେ ।

ଅନୁଗତ - ଭଲ ସନ୍ତାନସନ୍ତତି ଜନ୍ମ ହେବାର ବିଧି କ'ଣ ? ୪୨୦

ଶ୍ରୀଶ୍ରୀଠାକୁର-ଗର୍ଭଧାରଣରେ ବାପ ସିନା ବୀଜ ବୁଣି ଦେଇ ଖଲାସ, ମାଆକୁ ଅତ୍ୟନ୍ତ ସାବଧାନ ହେବାକୁ ପଡ଼େ । କାରଣ ସେଇ ସମୟରେ ତାର ଶରୀର ଓ ମନର ଅବସ୍ଥା ଓ ଚିନ୍ତାଧାରା ସନ୍ତାନ ଉପରେ ପ୍ରଭାବ ପକାଏ । ତେଣୁ ଏହି ସମୟରେ ମାଆ ମନରେ ଘୃଣା, ବିରକ୍ତିବୋଧ, କ୍ରୋଧ-ଦ୍ୱେଷ ଇତ୍ୟାଦି ଯେତେ କମ ଉଦ୍ରେକ ହେବ,

ସେତେ ଭଲ । ସୁଷମ ଖାଦ୍ୟ ଓ କୁଳ-ସଂସ୍କୃତି ଅନୁଯାୟୀ ବିଭିନ୍ନ ଅନୁଷ୍ଠାନ କରିବାକୁ ହୁଏ । ମହତ୍ ଚିନ୍ତା ଉଦ୍ରେକକାରୀ ଭଲ ବହି ପଢ଼ିବାକୁ ହୁଏ, ଯେପରି ଜୀବନଟା ତା ପକ୍ଷରେ ଉପଭୋଗ୍ୟ ମନେହୁଏ, ଏଥିରେ ସନ୍ତାନର will to live (ବଞ୍ଚିବାର ଇଚ୍ଛା) vigorous (ପ୍ରବଳ) ହୋଇଉଠେ, resistance power (ପ୍ରତିରୋଧକ କ୍ଷମତା) ବଢ଼ିଯାଏ । ପ୍ରକୃତ କଥା ହେଲା ଭଲ ମଣିଷ ଜନ୍ମାଇବାକୁ ହୁଏ, ଜନ୍ମିବା ପରେ ମାଜି ଘଷି ଯାହା କଲେ ବି ବିଶେଷ କିଛି ଫଳ ହୋଇ ନ ପାରେ । ସ୍ୱାମୀ-ସ୍ତ୍ରୀ ଦୁହେଁ ଯଦି ଇଷ୍ଟପ୍ରାଣ ହୁଅନ୍ତି ତେବେ ଉଭୟଙ୍କ ଭିତରେ ସଙ୍ଗତି ଅନେକାଂଶରେ ବଢେ । ପୁରୁଷର ଇଷ୍ଟପ୍ରାଣତା ଦ୍ୱାରା ତାର ଅନ୍ତର୍ନିହିତ ଶକ୍ତି ଅନେକାଂଶରେ ମୁଖର ହୋଇଉଠେ । ଇଷ୍ଟପ୍ରାଣତା ଯୋଗୁଁ ସ୍ତ୍ରୀର ସ୍ୱାମୀ-ଭକ୍ତି ମଧ୍ୟ ବଢିଯାଏ । ଏହି ସକ୍ରିୟ ଭକ୍ତି ଫଳରେ ସ୍ତ୍ରୀ ସ୍ୱାମୀର ଅନେକ ସନ୍ତାନକୁ ମଣିଷ କରିପାରେ । ଏବଂ ଏପରି ସନ୍ତାନଙ୍କ ଭିତରେ ପିତୃମାତୃ-ଭକ୍ତି ଓ ଗୁରୁଭକ୍ତି ବୃଦ୍ଧି ପାଇବାର ସମ୍ଭାବନା ବେଶି । ଆଉ ଏହାହିଁ ହେଲା ବଡ଼ହେବାର ଓ ଭଲ ହେବାର ମୂଳ ମଞ୍ଜି । ଏପରି ଲୋକ ଯେତେ ବେଶି ଜନ୍ମ ହେବେ, ସେତେହିଁ ଜାତିର ମଙ୍ଗଳ ।

ଅନୁଗତ - ଜନ୍ମ ହେବା ପରେ ଶିଶୁ କ'ଣ ଶିଖେ, କେମିତି ଶିଖେ ? ୪୨୧

ଶ୍ରୀଶ୍ରୀଠାକୁର-ସାଧାରଣତଃ ଶିଶୁ ସବୁ ଶିକ୍ଷା ଦଶବର୍ଷ ପୂରଣ ନ ହେଉଣୁ ପାଇ ଯାଇଥାଏ । ଏସବୁ Psycho-analysis (ମନଃସମୀକ୍ଷଣ) ଓ Science of Eugenics (ପ୍ରଜନନ ବିଜ୍ଞାନ)ର କଥା । ସେ ପ୍ରଥମେ ମା ନିକଟରୁ ତୃପ୍ତ ହୁଏ, ତୃପ୍ତ ହେବା ପାଇଁ ମା ଉପରେ ତାର attachment(ଆସକ୍ତି) ଆସେ, ଏହାକୁ କୁହନ୍ତି subject of tension (କଠିନ ଟାଣର ବିଷୟ) -ଆଉ ମାଆକୁ ଧରି ଶିଶୁ ଭିତରେ ଗୋଟାଏ receptive attitude grow କରେ (ଗ୍ରହଣଶୀଳ ମନୋଭାବ ଜନ୍ମାଏ) । ମା ହେବା ଅତ୍ୟନ୍ତ କଷ୍ଟକର । ରାମପ୍ରସାଦଙ୍କ ଗୀତରେ ଅଛି - **'ମା ହେବା କି ସହଜ କଥା, ପ୍ରସବ କଲେହିଁ ହୁଏନା ମାତା ।'** ତେବେ କୌଣସି ବୋଧ ସେ ଠିକ୍ ଭାବେ ନ ପାଇଲେ ସେହି attitude (ମନୋଭାବ) ଧରି ଅନ୍ୟଜଣକ ପାଖକୁ ଯାଏ, ସେତେବେଳେ ବୋଧ grow କରେ (ସୃଷ୍ଟି ହୁଏ) ଓ readjustment (ପୁନର୍ବିନ୍ୟାସ) ଆରମ୍ଭ ହୁଏ ।

ଅନୁଗତ - ତାହେଲେ ସୁସନ୍ତାନ ଗଠନରେ ମାଆର ଦାୟିତ୍ୱ ବାପଠାରୁ ବେଶି କି ? ୪୨୨

ଶ୍ରୀଶ୍ରୀଠାକୁର - ମାଆର ସନ୍ତାନ ଗଠନର ଦାୟିତ୍ୱ ବାପଠାରୁ ଯଥେଷ୍ଟ ଅଧିକ । ପରିଚ୍ଛନ୍ନତା - ନିୟମିତ ଗାଧୋଇବା, ହାତଗୋଡ଼ ଧୋଇବା, ପରିଷ୍କାର ବେଶ ପୋଷାକ, ଅନ୍ୟର ଜିନିଷ ବ୍ୟବହାର ନ କରିବା ଏସବୁ ପିଲା ଘରୁ ଶିଖେ । ଘରେ ଯଦି ଏଗୁଡ଼ିକ ନ ଶିଖାଯାଏ, ତେବେ ଅଭ୍ୟାସଗତ ହୁଏନା । ଶିଶୁ ନାନା କଥା ଜାଣିବାକୁ ମା'କୁ କେତେ କ'ଣ ପଚାରେ, ଆଉ ମା' ଯଦି ତାକୁ ଧମକ ଦେଇ ସ୍ତବ୍ଧ କରିଦିଏ, ତାହେଲେ ତା'ର ଅନୁସନ୍ଧିତ୍ସା ଖତମ ହୋଇଯାଏ । ଏଣୁତେଣୁ ଉତ୍ତର ଦେବା ଭଲ ନୁହେଁ, ନ ଜାଣିଲେ ପରେ କହିବି ବୋଲି କହି, ସେ ବିଷୟରେ ଜାଣି ତାକୁ କହିବାକୁ ହୁଏ ।

ଅନୁଗତ - ପିଲା ଜନ୍ମ ହୋଇ ଯେତେବେଳେ ବଡ଼ହୁଏ, ତାର ବୈଶିଷ୍ଟ୍ୟ କେଉଁଭାବେ ହୋଇଥାଏ ? ୪୨୩

ଶ୍ରୀଶ୍ରୀଠାକୁର-ପ୍ରତ୍ୟେକଟି ଲୋକ ଯେଉଁଥିରେ ସ୍ୱତନ୍ତ୍ରଭାବେ ଚିହ୍ନିତ ହୁଏ, ତାହାହିଁ ତାର ବୈଶିଷ୍ଟ୍ୟ । ଏଥିପାଇଁ ବର୍ଣ୍ଣ ଓ ବଂଶ ବିଶେଷଭାବେ ଦାୟୀ, ତାପରେ ଜନ୍ମ ସମୟରେ ପିତାମାତାଙ୍କ ମାନସିକ ଭଙ୍ଗୀ ଓ ଭାବଭୂମିର ମଧ୍ୟ ଏଥିପାଇଁ ଅନେକ ଅବଦାନ ଅଛି । ଆଉ ମଣିଷ ଭିତରେ ଚାରୋଟି complex (ଗ୍ରନ୍ଥି) ଥାଏ, ସେଗୁଡ଼ିକ ହେଲା -Oedipus complex (ଓଡିପସ୍ ଗ୍ରନ୍ଥି) -ଏହାର ସ୍ୱରୂପ ହେଲା ମା ପ୍ରତି ପିଲାର ଅନୁରାଗ, Narcissus complex (ନାର୍ସିସସ୍ ଗ୍ରନ୍ଥି) -ଏହାର ସ୍ୱରୂପ ହେଲା ଆତ୍ମପ୍ରୀତି, ଆତ୍ମପ୍ରତ୍ୟୟ, ଆତ୍ମମର୍ଯ୍ୟାଦା ବୋଧ, ଏହା ଭିତରେ କିନ୍ତୁ ହୀନମନ୍ୟତା ନାହିଁ, ଅନ୍ୟକୁ ଛୋଟ କରିବାର ପ୍ରବୃତ୍ତି ନାହିଁ । ତୃତୀୟଟି ହେଲା Homosexual complex (ସମ ଯୌନଗ୍ରନ୍ଥି) ଏହାର ସ୍ୱରୂପ ହେଲା ମଣିଷର ସାମାଜିକତା ବୋଧ ଏବଂ ଚତୁର୍ଥ ହେଲା Hetero-sexual complex (ଅସମ ଯୌନଗ୍ରନ୍ଥି) । ସୁସ୍ଥ ଯୌନ ଆକାଂକ୍ଷା ଯେଉଁଠି ଧର୍ମସଙ୍ଗତ ବିହିତ ମାର୍ଗରେ ଆତ୍ମପ୍ରକାଶ କରି ନରନାରୀର ବୈଧ ମିଳନ ଭିତରଦେଇ ସୁପ୍ରଜନନରେ ସାର୍ଥକ ହେବାକୁ ଚାହେଁ, ତାରି ମଧ୍ୟରେ ଏହାର ସୁସ୍ଥ ଅଭିବ୍ୟକ୍ତି ଦେଖାଯାଏ । ଏସବୁର ବିକୃତି ମଧ୍ୟ ଖୁବ ହୁଏ । Psychology (ମନୋବିଜ୍ଞାନ)ରେ କ'ଣ କୁହାଯାଏ ତାହା ତ ଠିକ ଜାଣେ ନାହିଁ, ମୁଁ ଏପରି ବୁଝେ ।

ଅନୁଗତ- ଜଣେ ସଦ୍‌ବଂଶଜ ବା ଅସଦ୍‌ବଂଶଜ କିପରି ଜାଣିବା ? ୪୨୪

ଶ୍ରୀଶ୍ରୀଠାକୁର- ସଦ୍‌ବଂଶଜ ଓ ଅସଦ୍‌ବଂଶଜ ମଧ୍ୟରେ କେତେଗୁଡିଏ ଚରିତ୍ରଗତ ଲକ୍ଷଣ ଅଛି । ନୀଚବଂଶର ହୋଇ ମଧ୍ୟ ଜଣେ ସଦ୍‌ବଂଶଜ ଓ ଉଚ୍ଚବଂଶର ହୋଇ ମଧ୍ୟ ଜଣେ ଅସଦ୍‌ବଂଶଜ ହୋଇପାରେ । ଅସଦ୍‌ବଂଶଜର ପ୍ରଧାନ ଦୋଷ ହେଲା -ସେମାନେ କାହାକୁ ଶ୍ରଦ୍ଧା କରି ପାରନ୍ତି ନାହିଁ -ଟିକିଏ ଖିଆଲ କଲେହିଁ ଏହିସବୁ instinct (ସଂସ୍କାର) ବୁଝାଯାଏ । ଆମ ଦେଶରେ ଅନେକ ଲୋକ ଅଛନ୍ତି honest, moralist (ସତ୍ ଓ ନୀତିପରାୟଣ) ସାଧୁ ରୂପେ ପରିଚିତ । କିନ୍ତୁ ସେମାନଙ୍କ ଭିତରୁ ଅଧିକାଂଶ really dishonest (ପ୍ରକୃତରେ ଅସାଧୁ), ସାଧୁର pose (ଅଭିନୟ) କରନ୍ତି ।

ଅନୁଗତ - ପିତାମାତାଙ୍କର ପାଞ୍ଚଟି ସନ୍ତାନ ପାଞ୍ଚ ପ୍ରକାର ହୁଅନ୍ତି କାହିଁକି ? ୪୨୫

ଶ୍ରୀଶ୍ରୀଠାକୁର - ପିତାମାତାଙ୍କ ଉପଗତି ସମୟରେ ଯେଉଁ ଭାବଟା predominant (ପ୍ରଧାନ) ଥାଏ, ତା ଦ୍ୱାରା ଅନେକ କିଛି ରଂଜିତ ହୁଏ । ଗୌରାଙ୍ଗଦେବଙ୍କ ବିଷୟରେ ସ୍ୱାମୀ-ସ୍ତ୍ରୀ ଦୁଇଜଣ ଥିଏଟର ଦେଖି ଆସିଲେ, ସେହି ସବୁ କଥା ହେଉଛନ୍ତି, ଭାବୁଛନ୍ତି, ସେତେବେଳେ ମିଳନ ହୋଇ conception (ଗର୍ଭସଂଚାର) ହେଲା । ପୁଅ ହୁଏତ କଥା କହୁ ନ କହୁଣୁ 'ହରିବୋଲ ହରିବୋଲ' କରି ଚାଲିବ; ଆଉ ଜଣେ ହୁଏତ ବଡ଼ହେଉଣୁ ନ ହେଉଣୁ କୁକୁର ଦେଖିଲେ ଗୋଡ଼େଇ ଗୋଡ଼େଇ ମାରିବ ।

ଅନୁଗତ - ଶାସନ କଲାବେଳେ ପିଲାଙ୍କୁ ଗାଳିଗୁଲଜ କରିବା, ମାଡ଼ ମାରିବା ଉଚିତ କି ?୪୨୬

ଶ୍ରୀଶ୍ରୀଠାକୁର- ଗାଳିଗୁଲଜ ଏପରି କରନା ଯେଉଁଥିରେ ପିଲାର ଆତ୍ମବିଶ୍ୱାସ ନଷ୍ଟ ହେବ । ତାର ଅହଂ ଅଛି, ବାରମ୍ବାର ତାହା ଆଘାତପ୍ରାପ୍ତ ହେଲେ ଶିଶୁ ଅବାଧ୍ୟ ଓ ଉତ୍‌କ୍ଷିପ୍ତ ହୁଏ । **ମା-ବାପାଙ୍କ ପ୍ରତି ଭଲପାଇବା ଥିଲେ, ପଢ଼ାଲେଖା ଏକ ଚୁଟ୍‌କିର କଥା । ପିଲା ଟିକେ ଅମାନିଆ ହେଲେ ତାର ସେମିତି କିଛି କ୍ଷତି ହୁଏନା । ବଂଶ-ମର୍ଯ୍ୟାଦା ଓ ଆଭିଜାତ୍ୟ ବାବଦରେ ଶିଖାଇଲେ ସେ ବ୍ୟବହାରରେ ନମ୍ର ଓ ସହନଶୀଳ ହୋଇଥାଏ । ଏସବୁ ଶିକ୍ଷାର ମୂଳଦୁଆ, ଆଉ ଏସବୁ ଘରେ ହୁଏ ।**

ଅନୁଗତ - ଆଜିର ଗୃହିଣୀ ରୋଜଗାର ପାଇଁ ଘରୁ ନ ବାହାରିଲେ କେବଳ ସ୍ୱାମୀର ରୋଜଗାର ଦ୍ୱାରା ଘର ଚଳାଇବା ଯଥେଷ୍ଟ ନୁହେଁ । ଆପଣ କିପରି ଭାବନ୍ତି ? ୪୨୭

ଶ୍ରୀଶ୍ରୀଠାକୁର - ଅଳ୍ପ ଜିନିଷରେ ସଂସାରକୁ କିପରି ଚଳାଇ ନେବାକୁ ହେବ ଅନେକ ଗୃହିଣୀ ଜାଣନ୍ତି ନାହିଁ । ତା ଛଡ଼ା ସଂଚୟ ମନୋବୃତ୍ତି ଥିଲେ ବିପଦ-ଆପଦରେ ତାହା ଅମୃତ ପରି କାମ କରେ । ପିଲାମାନେ ଖାଇବା ଥାଳିରେ କେତେ କ'ଣ ନଷ୍ଟ କରି ଦିଅନ୍ତି, ଏହା ବଡ଼ ବଦଭ୍ୟାସ । ଏହାର ପ୍ରଭାବ ପିଲା ବଡ଼ହେଲେ ଚରିତ୍ର ଉପରେ ପଡେ । **ଗୃହିଣୀ ଯଦି ଘରେ ନ ରୁହେ, ତେବେ ଘର ଚଳାଇବା ଏବଂ ପିଲାମାନଙ୍କ ଶିକ୍ଷା ଠିକ ରୂପେ ହୁଏନା ।**

(ଆଲୋଚକ-ଏ ସମ୍ପର୍କରେ ମଦର ଟେରେସା (Mother Teresa-1910AD - 1997AD) କୁହନ୍ତି ଯେ ପିତାମାତାଙ୍କର ନିଜସ୍ୱ ବ୍ୟସ୍ତତା ନେଇ ସନ୍ତାନ ଯଦି ଅବହେଳିତ ହୁଏ ଏହା ପାରିବାରିକ ଶାନ୍ତି ଭଙ୍ଗର କାରଣ ହୁଏ ଏବଂ ଜଗତର ଶାନ୍ତି ଭଙ୍ଗ ହେବାର ଏହା ମଧ୍ୟ କାରଣ । ତାଙ୍କର ଇଂରାଜୀରେ ଉକ୍ତିଟି ଏହିପରି – "Everybody seems to be in such a terrible rush, anxious for greater development and greater riches and so on, so that children have very little time from their parents. Parents have very little time for each other, and in the home begins the disruption of peace of the world." (Living Thoughts of Great People)

ଅନୁଗତ -ଦେଖାଯାଏ ଯେ ପୁଅ ବଡ଼ହୋଇ ବାପକୁ ହତାଦର କରୁଛି ଓ ମା ସ୍ୱାମୀକୁ ଛାଡ଼ି ପୁଅ ସେବାରେ ମାତିଛି । ଏହାର ଫଳ କଣ ହୁଏ ? ୪୨୮

ଶ୍ରୀଶ୍ରୀଠାକୁର- ଏହା ଅତ୍ୟନ୍ତ ଖରାପ । ଗୋଟିଏ ବାଣୀ ଦେଲେ –

**"ସ୍ୱାମୀଚର୍ଯ୍ୟାକୁ ଉପେକ୍ଷା କରି ସନ୍ତାନଚର୍ଯ୍ୟାରେ ପାଗଳ ଯିଏ
ସେହି ନାରୀର ଭାଗ୍ୟ ବେତାଳ ସନ୍ତାନ ବି ସାତପାଞ୍ଚିରୁ ଯାଏ ।"**

ଅନୁଗତ - ସନ୍ତାନ କିଭଳି ଭାବେ ଜନ୍ମ ନିଏ ? ୪୨୯

ଶ୍ରୀଶ୍ରୀଠାକୁର - ସ୍ତ୍ରୀର ଯେଉଁ ଭାବଧାରା ଓ ଯେପରି impulse (ପ୍ରେରଣା) ଦ୍ୱାରା ପୁରୁଷ ତା ପ୍ରତି ଆନତ ହୁଏ, ପୁରୁଷର brain centre (ମସ୍ତିଷ୍କ କେନ୍ଦ୍ର) ମଧ୍ୟ ସେହିପରି ଭାବରେ excited (ଉତ୍ତେଜିତ) ହୁଏ, ଏବଂ ସେହି ସମୟରେ ଏହି ଭାବର range

(ସୀମା) ଭିତରେ ଯେତେ soul (ଆତ୍ମା) intune (ଐକ୍ୟ ଯୁକ୍ତ) ଥାଆନ୍ତି, ସେମାନେ ଆସି ହାଜର ହୁଅନ୍ତି । Scrotum (ଅଣ୍ଡକୋଷ)ରେ ଯେଉଁ ସମସ୍ତ sperm cells (ଶୁକ୍ରାଣୁ କୋଷ) ଥାଏ, ସେହି ସମୟରେ ସେଗୁଡ଼ିକ charged (ଶକ୍ତିସମ୍ଭୂତ) ହୋଇ life (ଜୀବନ) ପାଏ, ଅର୍ଥାତ୍ ଏହି ଆଗତ soul (ଜୀବାତ୍ମା) ଗୁଡ଼ିକ sperm cell (ଶୁକ୍ରାଣୁ କୋଷ)କୁ life (ଜୀବନ) ଦେଇ ଚଞ୍ଚଳ ଓ ସଜୀବ କରିତୋଳେ । ମଣିଷ ଶରୀର ମଧ୍ୟରେ ସେତେବେଳେ ଗୋଟାଏ contraction (ଆକୁଞ୍ଚନ)ର ଭାବ ହୁଏ । ତାପରେ ସ୍ତ୍ରୀ-ପୁରୁଷ ମିଳନ କାଳରେ ସେମାନେ ovum (ଡିମ୍ବାଣୁ) ସଙ୍ଗେ ମିଳିତ ହେବା ପାଇଁ ଛୁଟି ଯାଆନ୍ତି । ସେହିପରି ସ୍ତ୍ରୀ ସ୍ୱାମୀର ଭାବଭଙ୍ଗୀ, ଆଚାର-ବ୍ୟବହାର ଦ୍ୱାରା ଯେପରି ଭାବରେ impressed (ପ୍ରଭାବିତ) ହୁଏ, ତାର ovum (ଡିମ୍ବାଣୁ) ମଧ୍ୟ ସ୍ୱାମୀର ଭାବଭୂମିର ଭିତ୍ତି ଉପରେ ଛିଡ଼ା ହୋଇ ଅନୁରୂପ ଭାବରେ impressed (ପ୍ରଭାବିତ) ହୁଏ । ଅବଶ୍ୟ ପୁରୁଷ ମଧ୍ୟ ସ୍ତ୍ରୀର ଭାବ ଦ୍ୱାରା ପ୍ରଭାବିତ ହୋଇଥାଏ । ସ୍ତ୍ରୀର ଏକନିଷ୍ଠ, ଶ୍ରଦ୍ଧାପ୍ଲୁତ ପରିଚର୍ଯ୍ୟା ପୁରୁଷକୁ ଯେଉଁ ପରିମାଣରେ exalt (ଉଲ୍ଲସିତ) କରିତୋଳେ, ସେତେ ଉନ୍ନତ ସ୍ତରର ଆତ୍ମା ଓହ୍ଲାଇ ଆସିଥାଏ । ତେଣୁ ଶୁକ୍ରାଣୁ ଯେତେ ଉନ୍ନତ ସ୍ତରର ଆତ୍ମା ବହନ କରି ଆଣୁ ନା କାହିଁକି, ଡିମ୍ବାଣୁ ଯେପରିଭାବରେ impressed (ପ୍ରଭାବିତ) ହୁଏ, ସେହି impression (ପ୍ରଭାବ ଓ ଛାପ) ସଙ୍ଗେ affinity (ସଙ୍ଗତି) ଥିବା ଶୁକ୍ରାଣୁ ସହିତ ହୁଏ ମିଳନ -ଯେପରି ଖାପ ଖାଇ ଖଞ୍ଜି ହୋଇଗଲେ, ଆଉ ଫାଙ୍କା ରହିଲା ନାହିଁ, ଶୁକ୍ରାଣୁ ଡିମ୍ବାଣୁ ସଙ୍ଗେ ମିଶି ଗୋଟାଏ whole entity (ସମଗ୍ର ଏକକ ସତ୍ତା) ହୋଇ ଯାଆନ୍ତି । ତାପରେ cell division (କୋଷ ବିଭାଜନ) ଆରମ୍ଭ ହୁଏ, as a whole (ସାମଗ୍ରିକ ଭାବରେ) ସେ ହେଲା ପିଲା ।

ଅନୁଗତ - ନାରୀ ପୁରୁଷଙ୍କ ପାରସ୍ପରିକ ଚଳନ କିପରି ହେଲେ ମିଳନ ସମୟକୁ ଉପଯୋଗୀ ହୁଏ ? ୪୩୦

ଶ୍ରୀଶ୍ରୀଠାକୁର- ପୁରୁଷ ଓ ନାରୀ ସ୍ୱଭାବଗତ ଭାବରେ ଦୈନନ୍ଦିନ ଜୀବନରେ ଯଦି ଊର୍ଦ୍ଧ୍ୱମୁଖୀ ନ ହୁଅନ୍ତି, କେବଳ ଚାଲାକି କରି ମିଳନ ସମୟରେ ଉଚ୍ଚ ଭାବଭୂମିରେ ରହି ପାରନ୍ତି ନାହିଁ। ତେଣୁ ପୁରୁଷର ଇଷ୍ଟନିଷ୍ଠ ଚଳନ ଓ ସ୍ତ୍ରୀର ଇଷ୍ଟାନୁଗ ସ୍ୱାମୀଭକ୍ତି ଉପରେ ଏତେ ଜୋର ଦିଆଯାଇଥାଏ । ତେବେ ସ୍ୱାମୀ-ସ୍ତ୍ରୀ ଉଭୟଙ୍କ ଭିତରେ ଗୋଟାଏ ପାରସ୍ପରିକତା ଦରକାର, ସଙ୍ଗତି ଦରକାର, ଗଭୀର ପ୍ରୀତି ଦରକାର, ଦେହ, ମନ, ଚରିତ୍ର ଓ ପ୍ରକୃତିର ସାମଞ୍ଜସ୍ୟ ଦରକାର, ଏବଂ ଏହା ଲାଭ କରିବାକୁ ହେଲେ ବିବାହଟା ବିଧିମାଫିକ ହେବା ଦରକାର। ଏତେଗୁଡ଼ାଏ କାମ ହେଲେ ଉନ୍ନତ ଆତ୍ମାର ଆବିର୍ଭାବ ସମ୍ଭବ ହୁଏ ।

ଅନୁଗତ - ଶୁକ୍ରାଣୁ (sperm)ରେ ଯେଉଁ ସବୁ ଆତ୍ମା ଆସିଥାନ୍ତି ତା ଭିତରୁ କେବଳ ଗୋଟିଏ ଡିମ୍ବାଣୁ (ovum)ରେ ପ୍ରବେଶ କରେ । ଅନ୍ୟମାନଙ୍କର କ'ଣ ହୁଏ ? ୪୩୧

ଶ୍ରୀଶ୍ରୀଠାକୁର- ମୋର ମନେହୁଏ, ପ୍ରତ୍ୟେକ sperm (ଶୁକ୍ରାଣୁ) ହିଁ micro-cosmic form (କ୍ଷୁଦ୍ରାକାର)ରେ ଗୋଟାଏ ଗୋଟାଏ being (ଜୀବ), ତାକୁ ନଷ୍ଟ କରିବା ମାନେ micro-cosmic formର ଗୋଟାଏ ମଣିଷକୁ ମାରି ପକାଇବା । ଆମର ବୋଧଶକ୍ତି

ଓ ମମତ୍ୱବୋଧର ଜାଗରଣ ହେଲେ ଆଉ ଅଯଥା ଅନାବଶ୍ୟକ ଭାବରେ ନିଜର ସୁଖ ପାଇଁ, ଆମେ ଇନ୍ଦ୍ରିୟ ପରିତୃପ୍ତି ପାଇଁ ଲକ୍ଷ ଲକ୍ଷ ଶୁକ୍ରାଣୁ ନଷ୍ଟ କରି ଏତେଗୁଡ଼ାଏ soul (ଆତ୍ମା)କୁ ମାରି ପାରିବା ନାହିଁ। ନିଜେ ଜନ୍ମ ହେବାକୁ ଆସି ବାରମ୍ୱାର ଯଦି ଏହିପରି ମୃତ୍ୟୁବରଣ କରିବାକୁ ହୁଏ, ସେତେବେଳେ କି ଯେ ଅବସ୍ଥା ହୁଏ, ତାହା ଚିନ୍ତା କଲେ ଦେହ ଶିହରିତ ହୋଇଉଠେ। ଅବଶ୍ୟ ଡିମ୍ବାଣୁ ଯେ ସାଧାରଣତଃ ଏକାଧିକ ଶୁକ୍ରାଣୁ ଗ୍ରହଣ କରିପାରେ ନାହିଁ ଏବଂ ଗୋଟିଏ ଜୀବନକୁ ରୂପାୟିତ କରି ତୋଳିବା ପାଇଁ ଯେ ବହୁ ଶୁକ୍ରାଣୁର ଜୀବନାହୁତି ପ୍ରୟୋଜନ ହୁଏ, ପ୍ରକୃତିର ଏହି ନିୟମ ଉପରେ କାହାରି କୌଣସି ହାତ ନାହିଁ। ତେଣୁ ପ୍ରଜନନ ବ୍ୟତୀତ ଅନ୍ୟ କୌଣସି କାରଣରୁ ଶୁକ୍ରାଣୁକୁ ଯଥାସମ୍ଭବ ନଷ୍ଟ ନ କରିବା ଉଚିତ। ତୁମେ-ମୁଁ ସମସ୍ତେ ତ ଏଇ living sperm (ଜୀବନ୍ତ ଜୀବାଣୁ), ପ୍ରତ୍ୟେକେ ତାକୁହିଁ ଭିତ୍ତି କରି ବିକଶିତ ହୋଇଛୁ, ସେଇ ଆଜି କେତେ କଥା କହୁଛି, ଘୁରାଘୁରି କରୁଛି, ହାତୀ-ଘୋଡ଼ା ଚଢୁଛି।

ଅନୁଗତ - ଏହି ସବୁ complex (ଗ୍ରନ୍ଥି)ଗୁଡ଼ିକ କିପରି ପ୍ରଭାବ ପକାନ୍ତି ? ୪୩୨

ଶ୍ରୀଶ୍ରୀଠାକୁର- ସମସ୍ତଙ୍କ ଭିତରେ ସବୁ complex (ଗ୍ରନ୍ଥି) ଥିଲେ ମଧ୍ୟ ଜଣକ ମଧ୍ୟରେ ଗୋଟାଏ ଗୋଟାଏ prominent (ପ୍ରଧାନ) ଥାଏ, ଏହାକୁ watch (ଲକ୍ଷ୍ୟ) କରି ବୈଶିଷ୍ଟ୍ୟକୁ ଜାଣିହୁଏ ଓ ତଦନୁଯାୟୀ ମଣିଷ ସହିତ deal (ବ୍ୟବହାର) କରି ପାରିଲେ ସେ elated (ଖୁସି) ହୋଇଯାଏ – ତୁମର ଗୋଟାଏ expression (କଥା) ଶୁଣିଲେ ହିଁ କହିବ, ବାଃ beautiful(ସୁନ୍ଦର) କି ଚମତ୍କାର ଲୋକ, କେମିତିକା କଥାଟାଏ କହିଲା ! ଜଣକର ବୈଶିଷ୍ଟ୍ୟକୁ ଚିହ୍ନିବାକୁ ଯାଇ ନିଜେ obsessed(ପ୍ରବୃତ୍ତି ଅଭିଭୂତ) ହେଲେ, ତା ଚିହ୍ନିବା ସମ୍ଭବ ହୁଏ ନାହିଁ।

ଅନୁଗତ- ଅସଦ୍‌ବଂଶଜ ମାନଙ୍କ ପାଇଁ ଉନ୍ନତିର ପନ୍ଥା କ'ଣ ? ୪୩୩

ଶ୍ରୀଶ୍ରୀଠାକୁର - ବାସ୍ତବକୁ ତ ଅସ୍ୱୀକାର କରିବା ବା ନିଶ୍ଚିହ୍ନ କରିଦେବା ସମ୍ଭବ ନୁହେଁ। ତେଣୁ ଭଲମନ୍ଦ ଯାହା ଥାଉ ନା କାହିଁକି ତାକୁ towards being and becoming (ଜୀବନବୃଦ୍ଧି) ଦିଗରେ mould (ନିୟନ୍ତ୍ରଣ) କରିବାକୁ ହେବ। ଏଥିପାଇଁ ଦରକାର ହୁଏ Ideal (ଆଦର୍ଶ)। ଆଦର୍ଶ ସେବାରେ ଯାହା ଲଗାଯାଏ ତାହା ମହାଭଲ ହୋଇଉଠେ। ପୁଣି ଆଦର୍ଶର ସେବାରେ ଯାହା ଲାଗେନା, ଯାହା ନିଜ ଖିଆଲର ଖୋରାକ ଯୋଗାଇ ଚାଲେ, ତାହା ଭଲ ହୋଇ ମଧ୍ୟ ଅନର୍ଥର ସୃଷ୍ଟି କରିପାରେ। Surrender (ଆତ୍ମସମର୍ପଣ)ର ଭିତରଦେଇ ଯାହା କଦର୍ଯ୍ୟ ତାହା ସୁନ୍ଦର ହୋଇଉଠେ। ଆଉ ତାର ଅଭାବରେ ଯାହା ସୁନ୍ଦର ତାହା କଦର୍ଯ୍ୟ ହୋଇଉଠେ। ଜଣେ ପଣ୍ଡିତ ଯଦି ତାର ପାଣ୍ଡିତ୍ୟ ଦ୍ୱାରା କାହାକୁ fulfil(ପରିପୂରଣ) ନ କରେ, ତାର ପାଣ୍ଡିତ୍ୟ ବିଧବାର ବିଳାସିତା ପରି ଅଶୋଭନୀୟ ଓ ପୀଡ଼ାଦାୟକ ହୋଇଥାଏ। **ପୁଣି ଜଣେ ମହାମୂର୍ଖ ହୋଇ ମଧ୍ୟ ଯଦି ପିତୃମାତୃ-ଭକ୍ତ ଓ ଗୁରୁଭକ୍ତ ହୋଇଥାଏ, ତାକୁ ଦେଖି ମଣିଷର ପ୍ରାଣ ପୁଲକିତ ହୋଇଉଠେ। ତାକୁ ଦେଖି ମନେହୁଏ ସେ ଯେପରି ସମାଜ ଓ ସଂସାରର ଏକ ଶୋଭା।**

(ଆଲୋଚକ -ଶ୍ରୀଶ୍ରୀଠାକୁର ଯାହା କହିଲେ ଯେ ଯେଉଁ ବ୍ୟକ୍ତି ଗୁରୁ-ସମର୍ପିତ, ସେ ଯାହା ହେଉ ନା କାହିଁକି, ସମାଜ ଓ ସଂସାରର ଶୋଭା ରୂପେ ପୂଜିତ ହୋଇଥାଏ, ଏହାର ଜୀବନ୍ତ ଉଦାହରଣ ହେଉଛନ୍ତି ସନ୍ଥ ରବିଦାସ। ତାଙ୍କୁ ରାଇଦାସ ବୋଲି ମଧ୍ୟ ଡାକନ୍ତି। ତାଙ୍କ ଜନ୍ମ ଓ ତିରୋଧାନର ସମୟ ଠିକ ଜଣାନାହିଁ। ଯେହେତୁ ସେ ଆଚାର୍ଯ୍ୟ ରାମାନନ୍ଦଙ୍କର ଶିଷ୍ୟ ଥିଲେ ଓ ସନ୍ଥ କବୀର ମଧ୍ୟ ତାଙ୍କର ଏକନିଷ୍ଠ ଭକ୍ତିକୁ ପ୍ରଶଂସା କରିଛନ୍ତି, ତେଣୁ ସେ ସନ୍ଥ କବୀରଙ୍କ ସମସାମୟିକ (୧୫୦୦ ଶତାବ୍ଦୀ) ଥିଲେ ବୋଲି ଅନୁମାନ କରାଯାଏ। ତାଙ୍କ ସଂପର୍କରେ ପ୍ରଚଳିତ ଲୋକପ୍ରିୟ କିମ୍ବଦନ୍ତୀ -

ରବିଦାସ ମୋଚି ଘରେ ଜନ୍ମ ହୋଇଥିଲେ। ତାଙ୍କ ବାପାଙ୍କର ଗୋଟିଏ ମୋଚି-ଦୋକାନ ଥିଲା- ସେଠାକୁ ସେ କେବେ କେବେ ରବିଦାସଙ୍କୁ ଡାକନ୍ତି, ଆଶା ଯେ ପୁଅ ମୋଚିକାମ ଶିଖି ଭଲ ମୋଚି ହୋଇ ତାଙ୍କ ଅନ୍ତେ ଦୋକାନ ସମ୍ଭାଳିବ। କିନ୍ତୁ ଏମିତି ହେଲା ଯେ ରବିଦାସ କାମ ଶିଖିଗଲେ ସିନା, ଦୋକାନଦାରୀ କରି କେମିତି ଦି'ପଇସା ବେଶି ଲାଭ ହେବ, ଏ କଥାକୁ ମନ ନାହିଁ, ସଦାସର୍ବଦା ହରିନାମ-ରାମନାମ। ବାପା ଯେତେ ଚେଷ୍ଟା କଲେ ବି ପାରିଲେ ନାହିଁ, ରବିକୁ ଘରୁ ବାହାର କରିଦେଲେ। ସେ ଆଚାର୍ଯ୍ୟ ରାମାନନ୍ଦଙ୍କ ନିକଟରୁ ଦୀକ୍ଷା ନେଇ ଭଜନ-କୀର୍ତ୍ତନରେ ମାତି ରହିଲେ। କିନ୍ତୁ ମୋଚିକାମ ତ ଜାଣିଛନ୍ତି, ବନ୍ଧୁମାନେ ଗୋଟାଏ ଦୋକାନ କରାଇଦେଲେ। ରବିଦାସ କିନ୍ତୁ କାହାକୁ ପଇସା ମାଗି ପାରନ୍ତି ନାହିଁ -ନୂଆ ଜୋତା ହେଉ କି ପୁରୁଣା ଜୋତା ମରାମତି ହେଉ ଯେ ଯାହା ଦେଲା ସେଥିରେ ସନ୍ତୁଷ୍ଟ। କେହି ସାଧୁ ଯଦି ଆସିଲା ତେବେ ତାଠାରୁ ଦାମ୍ ନେବାକୁ ସେ ସମ୍ପୂର୍ଣ୍ଣ ନାରାଜ। ତେଣୁ ଦାରିଦ୍ର୍ୟ ଭିତରେ ଜୀବନ ନିର୍ବାହ। କିନ୍ତୁ ପ୍ରଚଣ୍ଡ ଆଧ୍ୟାତ୍ମିକ ଶକ୍ତି -ନାନା ଦୁରୂହ ରୋଗୀଙ୍କୁ ସେ ଆରୋଗ୍ୟ କରି ଦେଇ ପାରୁଥିଲେ। ତାଙ୍କର ଦୟନୀୟ ଅବସ୍ଥା ଦେଖି ଜଣେ ଧନୀ ବଣିକ କିଛି ସ୍ୱର୍ଣ୍ଣମୁଦ୍ରା ଗୋଟିଏ ପୁଡ଼ିଆରେ ତାଙ୍କ ପାଖରେ ରଖି ଦେଇଗଲା। ପନ୍ଦର ଦିନ ପରେ ଫେରି ଦେଖେ ତ ପୁଡ଼ିଆଟି ଯେଉଁଠି ଥିଲା ସେଇଠି ଅଛି। ରବିଦାସ ତାକୁ ଛୁଇଁବାକୁ ଅମଙ୍ଗ, କହିଲେ ଏତେ ଅର୍ଥ ନେଇ ମୁଁ କରିବି କ'ଣ, ତମେ ଏଥିରେ ଗୋଟାଏ ଧର୍ମଶାଳା କରିଦିଅ।

ସେ ଥିଲେ ସମ୍ପୂର୍ଣ୍ଣ ନିର୍ଲୋଭ, ନିରହଂକାରୀ, ଅକ୍ରୋଧୀ ଓ ଅନାସକ୍ତ। ସେ ପାଠ ପଢ଼ି ନ ଥିଲେ, କିନ୍ତୁ ଯେଉଁ ଦୋହା ସବୁ ରଚନା କରି ଗୀତ ଆକାରରେ ଗାଉଥିଲେ, ତାହା ଏତେ ଉଚ୍ଚ କୋଟିର ଥିଲା ଯେ ପରବର୍ତ୍ତୀ କାଳରେ ଗୁରୁ ନାନକ ସେଥିରୁ କିଛି ନେଇ ପବିତ୍ର 'ଗ୍ରନ୍ଥ-ସାହିବଜୀ' ରେ ସ୍ଥାନିତ କରିଥିଲେ -

"ତୁମେ ପର୍ବତ ହେଲେ ମୁଁ ମୟୂର
ତୁମେ ଚନ୍ଦ୍ର ହେଲେ ମୁଁ ଚକୋର
ତୁମ ବିନା କିଏ ଅଛିକି ମୋର ?
ସଭିଙ୍କୁ ଛାଡ଼ି ମୁଁ ପାଇଛି ତୁମକୁ
ତୁମର ସେବା ମୋ ଜୀବନସାର।" (ଭାବାନୁବାଦ)

ଦିନେ ସକାଳେ ରବିଦାସଙ୍କ ଦୋକାନରେ ଜଣେ ବ୍ରାହ୍ମଣ ଗୋସାଇଁ ପହଞ୍ଚିଲେ; ଗଙ୍ଗାକୁ ଗାଧୋଇବାକୁ ଯାଉଛନ୍ତି, ଗତକାଲି ମରାମତି ପାଇଁ ଦେଇଥିବା ଜୋତାହଳକ ପିନ୍ଧି ଦେଇ ଯିବେ । ଜୋତା ଦେଲାବେଳେ ରବିଦାସ ଗୋଟିଏ ତମ୍ବା ପଇସା ବାହାର କରି କହିଲେ- "ଗୋସେଇଁ ଯାଉଚ ତ, ଏଇ ପଇସାଟି ଗଙ୍ଗାମାଈଙ୍କୁ ଦେଇ ଦେବ, ପାଣିରେ ପକାଇ ଦେବ ।" ବ୍ରାହ୍ମଣ ଗୋସାଇଁ ଯେମିତି ପଇସାଟି ପକାଇଛନ୍ତି ଗୋଟିଏ ସୁନା କଙ୍କଣ ଧରି ଅତି ସୁନ୍ଦର ହାତଟିଏ ଉପରକୁ ଉଠି ଆସିଲା । ଗୋସାଇଁଙ୍କ କାନରେ ଶୁଭିଲା- 'ଏଇ ସୁନା କଙ୍କଣ ଭକ୍ତ ରବିକୁ ଦେଇଦେବ' ।

ବ୍ରାହ୍ମଣ ସୁନା କଙ୍କଣ ପାଇ ଆଶ୍ଚର୍ଯ୍ୟ, ବୁଦ୍ଧି ବଣା ହେଲା; ରବିଦାସଟା ଏକରେ ମୂର୍ଖ, ପୁଣି ବୋକା, ସେ ଏତେ ମୂଲ୍ୟବାନ୍ କଙ୍କଣ ନେଇ କ'ଣ କରିବ ? ମୁଁ ରଖେ ମ ! ସେ କଙ୍କଣଟିକୁ ବିକି ମାଲାମାଲ । ସମୟକ୍ରମେ କଙ୍କଣଟି କାଶୀରାଜାଙ୍କ ରାଣୀଙ୍କ ପାଖରେ ପହଞ୍ଚିଲା । ଓଃ, କି ସୁନ୍ଦର କଙ୍କଣ ! ଆଉ ଗୋଟିଏ ହେଲେ ସିନା ଦୁଇ ହାତକୁ ମାନନ୍ତା ! ସୁନାରି ଓ ବଣିଆମାନେ ଯେତେ ଚେଷ୍ଟା କଲେ ମଧ୍ୟ ସେହିପରି କଙ୍କଣଟିଏ ତିଆରି କରି ପାରିଲେ ନାହିଁ । ରାଣୀ ରାଜାଙ୍କ ଆଗରେ ଜିଦ୍ କଲେ - ମୋର ଅବିକଳ ଏମିତିକା ଆଉ ଗୋଟେ ସୁନା କଙ୍କଣ ଦରକାର । କଙ୍କଣଟି କେଉଁଠୁ ଆସିଲା ଖୋଜା ଚାଲିଲା । ଜଣାଗଲା ଯେ ରବିଦାସର ଗୋଟିଏ ତମ୍ବାପଇସା ଗଙ୍ଗାରେ ପକାଇ ବ୍ରାହ୍ମଣ କଙ୍କଣ ପାଇଥିଲା ।

ରବିଦାସଙ୍କୁ ରାଜା ଖବର ପଠାଇଲେ ବି ଦୋକାନ ଛାଡ଼ି ସେ ଉଠିବାକୁ ନାରାଜ । ଅଗତ୍ୟା ରାଜା ନିଜେ ଆସି ରବିଦାସଙ୍କ ମୋଚି ଦୋକାନରେ ପହଞ୍ଚିଲେ । କହିଲେ - ଯାଅ, ଆଉ ଗୋଟିଏ ପଇସା ପକାଇ ଗୋଟିଏ କଙ୍କଣ ଆଣି ଦିଅ, ରାଣୀ ମତେ ଉଠାଇ ବସାଇ ଦେଉ ନାହିଁ । ରବିଦାସ କହିଲେ, ଏ ଦୋକାନ ଛାଡ଼ି କ'ଣ ଯାଇହେବ ? ତାଙ୍କ ସାମନାରେ ଗୋଟିଏ କାଠପାତ୍ରରେ ପାଣି ଥାଏ । ଜୋତା ମରାମତି ବେଳେ ଚମଡ଼ାକୁ କୋମଳ କରିବାକୁ ସେହି ପାଣିରେ ବୁଡ଼ାଇ ଦିଆଯାଏ । ପାଣି ମଇଳା ଓ ଅପରିଷ୍କାର ଦିଶୁଚି, କିନ୍ତୁ ଯାହା ବି ହେଉ ସେ ତ ମଧ୍ୟ ଗଙ୍ଗାପାଣି । ରବିଦାସ ସେଇ କାଠପାତ୍ର (କଠୌତି)ରେ ଗୋଟିଏ ପଇସା ପକାଇ ଦେଇ କହିଲେ- 'ଦେ ଗଙ୍ଗାମା, ଆଉ ଗୋଟେ କଙ୍କଣ ଦେ, ଏ ରାଜା ଲାଗି ଏଠି ଭିଡ଼ ହେଲାଣି, ସେ ଯାଉ' । ତୁରନ୍ତ ପୁଣି ସୁନ୍ଦର ହାତରେ ଗୋଟିଏ ସୁନା କଙ୍କଣ ସେହି କଠଉତିର ମଇଳା ପାଣିରୁ ଉଠି ଆସିଲା । ରାଜା ଓ ବାକି ଦେଖଣାହାରୀ ଅବାକ୍ । ରାଜା ପଚାରିଲେ-କେଉଁ ବିଦ୍ୟା ସାଧିଲାରୁ ଏମିତି କରି ପାରୁଚ ? ରବିଦାସ କହିଲେ-ମୁଁ ତ ମହାମୂର୍ଖ, କିନ୍ତୁ 'ମନ ଚଙ୍ଗା ତୋ କଠୌତି ମେଁ ଗଙ୍ଗା'– (ମନ ଚଙ୍ଗା ଥିଲେ କଠୌତିରେ ବି ଗଙ୍ଗା ପ୍ରକଟ ହେବେ) । (ହିନ୍ଦୀ ଧର୍ମ ସାହିତ୍ୟର ବହୁ ଆଦୃତ କାହାଣୀ)

– ୦ –

ସପ୍ତମ ପରିଚ୍ଛେଦ

ପୁନର୍ଜନ୍ମ,ଜନ୍ମ-ମରଣ ରହସ୍ୟ, ମରଣୋତ୍ତର ଅସ୍ତିତ୍ୱ, ଜୀବିତ ଓ ଦିବଂଗତଙ୍କ ମଧ୍ୟରେ ପ୍ରଣୟ, ଭୂତଯୋନି, ପିଣ୍ଡଦାନ, ଶ୍ରାଦ୍ଧ ଓ ତର୍ପଣ, ସ୍ମୃତିବାହୀ ଚେତନା ଓ ଜାତିସ୍ମରତ୍ୱ, ବୌଦ୍ଧମତର ବିପାସନା ଧ୍ୟାନ, ପୂର୍ବଜନ୍ମ ପଶ୍ଚାତଗମନ (Past life Regression), ଅନ୍ତର୍ଜ୍ଞାନ (Intuition) ଓ ଅତୀନ୍ଦ୍ରିୟ ଦର୍ଶନ (Clairvoyance)।

ଅନୁଗତ -ପୁନର୍ଜନ୍ମ କିପରି ହୁଏ ? ୪୩୪

ଶ୍ରୀଶ୍ରୀଠାକୁର -ମୋର ମନେହୁଏ ମଣିଷ ଯେଉଁ ଦଶାରେ ମରିଯାଏ, ସେଇ ଦଶାରେ ଅର୍ଥାତ୍ ସେଇ ଗୋଚର ଫଳରେ ଜନ୍ମିଥାଏ। ଜଣକର ଜନ୍ମଲଗ୍ନରୁ ସେଇଟାକୁ revert (ଓଲଟାଇ) କରି ତାର ପୂର୍ବଜନ୍ମ ଜଣାଯାଇପାରେ। କିନ୍ତୁ କେଉଁ point (ଯାଗା)ରୁ revert କରିବାକୁ ପଡ଼ିବ, ତାହା ଠିକଭାବରେ ବୁଝିବାକୁ ହେବ।

ଅନୁଗତ - ଜଣେ ଭଦ୍ରବ୍ୟକ୍ତି ମରିଯିବା ପରେ ତାଙ୍କର ବନ୍ଧୁ ଓ ବନ୍ଧୁପତ୍ନୀ ସେହି ମୃତ ବ୍ୟକ୍ତିଙ୍କର ଚିନ୍ତା କରୁ କରୁ ପରସ୍ପର ମିଳିତ ହୋଇଥିଲେ, ଏବଂ ସେଇ ରାତ୍ରିରେହିଁ ଉକ୍ତ ବନ୍ଧୁପତ୍ନୀଙ୍କ ଗର୍ଭରେ ସେହି ମୃତବ୍ୟକ୍ତି ସ୍ଥାନଲାଭ କରିଥିଲେ। ପରଜନ୍ମରେ ସେ ଜାତିସ୍ମର ହେବା ଯୋଗୁଁ ଏହି ଘଟଣାଟି ସାବ୍ୟସ୍ତ ହୋଇଥିଲା। ଏହା କ'ଣ ସମ୍ଭବ ? ୪୩୫

ଶ୍ରୀଶ୍ରୀଠାକୁର -ଏପରି ହେବା ସମ୍ଭବ। ଏହି କାରଣରୁ ଶାସ୍ତ୍ରରେ ଅଛି, ସ୍ୱାମୀ-ସ୍ତ୍ରୀ ଯେଉଁଠି ନିର୍ଜନରେ ଥାଆନ୍ତି, ସେଠାରେ ଯେପରି ଅନ୍ୟ କୌଣସି impulse(ଶବ୍ଦ ଇତ୍ୟାଦି) ନ ହୁଏ, କାରଣ ତଦ୍ଦ୍ୱାରା ଗୋଟାଏ soul in(ଆତ୍ମା ଗର୍ଭସ୍ଥ) ହେବାରେ ବ୍ୟାଘାତ ସୃଷ୍ଟି ହୋଇପାରେ। ସ୍ୱାମୀ-ସ୍ତ୍ରୀ ଯେଉଁଠାରେ ନିଭୃତରେ ଏକତ୍ର ଶୋଇଥାନ୍ତି ସେଠାକୁ ଅନ୍ୟ କେହି ଯିବାକୁ ପାପ ବୋଲି କୁହାଯାଇଛି।

ଅନୁଗତ -ମୃତ୍ୟୁ ପରେ ମଣିଷର କି ପ୍ରକାର ଗତି ହୋଇଥାଏ ? ୪୩୬

ଶ୍ରୀଶ୍ରୀଠାକୁର -ସେ କାରଣ-ଶରୀର ବା ଲିଙ୍ଗ-ଶରୀରରେ ରୁହେ। ମୋର ମନେହୁଏ sperm (ଶୁକ୍ରକୀଟ) ଯେଉଁ ଅତିବାହିକ ଉପାଦାନ ଦ୍ୱାରା ଶରୀର ସୃଷ୍ଟି କରେ, ମୃତ୍ୟୁ ପରେ ମଧ୍ୟ ସେହି ଉପାଦାନ ହୁଏତ ରହିଯାଏ, ନଷ୍ଟ ହୁଏ ନାହିଁ ଏବଂ ତାକୁହିଁ କୁହାଯାଏ ଲିଙ୍ଗ-ଶରୀର। ତାହା ଏତେ ସୂକ୍ଷ୍ମ ଯେ ଅଗ୍ନିରେ ଦଗ୍ଧ ହୁଏ ନାହିଁ। Gaseous(ଗ୍ୟାସ) ଜିନିଷଟା ଯେତେବେଳେ liquid (ତରଳ) ହୁଏ,steam (ବାଷ୍ପ) ଯେତେବେଳେ ଘନୀଭୂତ ହୋଇ vapour (ଜଳକଣା) ରୂପେ ଆସେ, ସେତେବେଳେ ଆମେ form (ଆକାର)ଟା ଦେଖିବାକୁ ପାଉ। Ectoplasmic body (କାରଣ-ଦେହ)ଟା ମଧ୍ୟ ସେହିପରି ଖୁବ୍ fine matter (ସୂକ୍ଷ୍ମ ପଦାର୍ଥ)ର composition (ସମ୍ମିଶ୍ରଣ) ଛଡ଼ା ଆଉ କିଛି ନୁହେଁ।

ଅନୁଗତ -ଏହା କ'ଣ କେବଳ ମଣିଷ କ୍ଷେତ୍ରରେ ହୋଇଥାଏ କି ? ୪୩୭

ଶ୍ରୀଶ୍ରୀଠାକୁର- ଯଦି ମଣିଷ କ୍ଷେତ୍ରରେ ଏହା ସତ୍ୟ, ତେବେ ଗଛଲତା, ଲୁଗାପଟା, ଇଟା-କାଠ ସବୁ କ୍ଷେତ୍ରରେ ମଧ୍ୟ ଏହା ସତ୍ୟ ହୋଇପାରେ। ତେଣୁ ମୋର ମନେହୁଏ ମୃତ୍ୟୁ ପରେ ମଧ୍ୟ ମଣିଷ ଲୁଗାପଟା ପିନ୍ଧିପାରେ, ଇଚ୍ଛା କଲେ କିଛି ଖାଇ ବି ପାରେ - ସେଇ ଅବସ୍ଥାରେ ଯେପରି ତାହା ସମ୍ଭବ। ଏହିପରି ମନେହୁଏ-ସତ କି ମିଛ ଜାଣେନା। ଆମ ମନରେ ନାନାପ୍ରକାର ଏହିପରି ପ୍ରଶ୍ନ ଆସେ। ମଣିଷ ମରି କେଉଁଠିକି ଗଲା-ସେଠାରେ ସେ କ'ଣ କରେ, କ'ଣ ଖାଏ ଇତ୍ୟାଦି। ଏସବୁ ଜାଣିବାକୁ ହେଲେ, ମଣିଷଟି ଆସିଲା କିପରି ଭାବରେ ଏହା ଜାଣିବା ଦରକାର। ମଣିଷ କେତେଗୁଡ଼ିଏ idea (ଧାରଣା)ର ସମଷ୍ଟି, ଜନ୍ମ ପରେ ସେହି idea ବାହାରର କେତେଗୁଡ଼ିଏ ଜିନିଷରେ ସେ attached (ସଂଯୁକ୍ତ) ହୋଇପଡ଼େ।

(ଆଲୋଚକ-ଜର୍ଜ ବର୍ଣ୍ଣାଡଶ'ଙ୍କ ବିଗତ ଆତ୍ମା ସଂପର୍କରେ ଏହି କଥା। ଇଂରାଜୀ ଜନପ୍ରିୟ ସାହିତ୍ୟିକା ପେଟ୍ରିଶିୟା, ସେ କାନାଡ଼ା ବଂଶୋଦ୍ଭବ, କିନ୍ତୁ ରହୁଥିଲେ ବ୍ରିଟିଶ ଦ୍ୱୀପପୁଞ୍ଜ ସହର ଗଲୋସେସ୍ଟରରେ। ଏକଥା ଲେଖିଲା ବେଳେ ତାଙ୍କୁ ୪୬ ବର୍ଷ ହୋଇଥିଲା। ତାଙ୍କ କହିବା ଅନୁସାରେ, କିଛି ବର୍ଷ ପୂର୍ବେ ସେ ମହାନ ନାଟ୍ୟକାର ବର୍ଣ୍ଣାଡଶ'ଙ୍କୁ ଆୟରଲାଣ୍ଡର କିର୍ଲାନି ହ୍ରଦ ନିକଟବର୍ତ୍ତୀ ଏକ ହୋଟେଲର କୋଠରୀରେ ଭେଟି ଥିଲେ ଏବଂ ଦୁହିଙ୍କ ଭିତରେ ପ୍ରେମ ସମ୍ପର୍କ ଗଢ଼ି ଉଠିଥିଲା। ବର୍ଣ୍ଣାଡଶ' ଙ୍କ ମୃତ୍ୟୁ ୧୯୫୦ ମସିହାରେ ହୋଇଥିଲା। ନିଜର ମୃତ୍ୟୁ ପରେ ମଧ୍ୟ ବର୍ଣ୍ଣାଡଶ'ଙ୍କ ପ୍ରେତାତ୍ମା ପ୍ରତିଦିନ ରାତ୍ରିରେ ପେଟ୍ରିଶିୟାଙ୍କ ଘରକୁ ଆସି ତାଙ୍କୁ ସାକ୍ଷାତ କରୁଥଲେ। ମୃତ୍ୟୁ ପରେ ପ୍ରଥମଦିନ ରାତ୍ରିରେ ଯେତେବେଳେ ବର୍ଣ୍ଣାଡଶ'ଙ୍କ ଆତ୍ମା ଆସିଲେ, ସେତେବେଳେ ସେମାନେ ଦୁହେଁ ମିଶି ଏକ ବର୍ଣ୍ଣମାଳା ତିଆରି କରିଦେଲେ -ବର୍ଣ୍ଣମାଳା ଆଧାରରେ ଦୁଇଜଣଙ୍କ ଭିତରେ କଥାବାର୍ତ୍ତା ହେଉଥିଲା। ପେଟ୍ରିଶିୟା ବର୍ଣ୍ଣାଡଶ'ଙ୍କୁ ବର୍ଣ୍ଣୀ ବୋଲି ଡାକୁଥିଲେ। ତାଙ୍କ କହିବା ଅନୁସାରେ, ବର୍ଣ୍ଣୀ ତାଙ୍କୁ ବିବାହ ଅବସରରେ ଗୋଟିଏ ମୁଦ୍ରିକା ଦେଇଥିଲେ। ଏହି ବିବାହ ବର୍ଣ୍ଣାଡଶ'ଙ୍କ ମୃତ୍ୟୁ ପରେ ହୋଇଥିଲା। ସେହି ମୁଦ୍ରିକା ପେଟ୍ରିଶିୟାଙ୍କ ହାତ ଆଙ୍ଗୁଠିରେ ସବୁବେଳେ ଝଲମଲ କରୁଥିଲା। ପେଟ୍ରିଶିୟାଙ୍କର ଏକ ସନ୍ତାନ ମଧ୍ୟ ଜାତ ହୋଇଥିଲା, ଯାହାକୁ ସେ ବର୍ଣ୍ଣାଡଶ'ଙ୍କ ଔରସରୁ ଜାତ ବୋଲି କହୁଥିଲେ ଏବଂ ଏହି ସନ୍ତାନ ବର୍ଣ୍ଣାଡଶ'ଙ୍କ ମୃତ୍ୟୁର ଦଶବର୍ଷ ପରେ ହୋଇଥିଲା। ପେଟ୍ରିଶିୟାଙ୍କ କହିବା ଅନୁସାରେ ସେ ଏହି ଦିନମାନଙ୍କରେ ଯେଉଁ ସବୁ ସାହିତ୍ୟ ଲେଖିଛନ୍ତି ସେସବୁ ବର୍ଣ୍ଣାଡଶ'ଙ୍କର ପ୍ରେରଣା ଦ୍ୱାରା ସମ୍ଭବ ହୋଇଛି। ତାଙ୍କ ରହିବା କୋଠରୀରେ ବର୍ଣ୍ଣାଡଶ'ଙ୍କର ଏକ ବଡ଼ଫଟୋ ଥିଲା। ରାତିରେ ଗୋଟିଏ ପୁରୁଣା ଲ୍ୟାମ୍ପର ମିଞ୍ଜି ମିଞ୍ଜି ଆଲୁଅ, କୋଠରୀର ଶେଷଭାଗ ପ୍ରାୟ ଅନ୍ଧାର। ଏହି ପରିବେଶରେ ବର୍ଣ୍ଣାଡଶ'ଙ୍କ ସହିତ ଭାବ ବିନିମୟ ଚାଲୁ ରହୁଥିଲା। ତାଙ୍କର ରଚିତ ସାହିତ୍ୟକୁ ଦେଖି ତାଙ୍କର କଥା ଉପରେ ଅବିଶ୍ୱାସ କରିବା ସମ୍ଭବ ହୁଏନା। (ପିତୃପୁରୁଷ)

ଏହି ଘଟଣାଟି ଅବଗତ ହେଲା ପରେ ଶ୍ରୀଶ୍ରୀଠାକୁର ଏକାଧିକ ବାର ଯା କହୁଥିଲେ ତାହ ମନକୁ ଆସେ, "There are more things in heaven and earth, Horatio, than are dreamt of in your philosophy.")

ଅନୁଗତ -ଆପଣ ତ କହିଲେ ଯେ ମଣିଷ କେତେଗୁଡିଏ ଧାରଣାର(ideas) ସମଷ୍ଟି ମାତ୍ର, କିନ୍ତୁ ଜୀବନରେ ବିଭିନ୍ନ ଜିନିଷ ସହିତ ସେ କାହିଁକି attached(ଆସକ୍ତ) ହୋଇପଡ଼େ ? ୪୩୮

ଶ୍ରୀଶ୍ରୀଠାକୁର - 'କାୟା' ମାନେ ମଣିଷ ଯହିଁରେ ଜନ୍ମେ । ଯଦି ସେ ଜନ୍ମିଲା, ତେବେ ସେ ବଞ୍ଚି ରହିଲା କିପରି ? ତାର ଉତ୍ତର ହେଉଛି ମଣିଷ ଯେଉଁଭାବରେ ଅନୁପ୍ରାଣିତ ଥାଏ, କାୟାରେ ଯାଇ ତାହା ମୂର୍ତ୍ତ ଓ ପ୍ରାଣଯୁକ୍ତ ହୁଏ । ତାହାପରେ ପ୍ରସୂତ ହୋଇ ଯେ ଭାବରେ ପ୍ରାଣ ପାଇ ଜନ୍ମିଲା ଓ ତାପରେ ତାର ପାରିପାର୍ଶ୍ୱିକ -ବିଶେଷତଃ ମା' -ତାକୁ ନାନାପ୍ରକାର ପ୍ରେରଣା ଦେବାକୁ ଲାଗିଲା । ତାହା ଫଳରେ ମସ୍ତିଷ୍କରେ କ୍ରମେ କ୍ରମେ sensation(ଚେତନା)ର ଭିତରଦେଇ ସେଇ impulse (ଆବେଗ) ଗୁଡ଼ିକ recorded (ନଥିଭୁକ୍ତ) ହେବାକୁ ଲାଗିଲା । ତାହେଲେ ଭାବଗୁଡ଼ିକ(ideas) ପିତାଠାରୁ ପ୍ରାଣ ପାଇ, ମା' ଭିତରେ ମୂର୍ତ୍ତ ହୋଇ ପାରିପାର୍ଶ୍ୱିକରେ ସାର୍ଥକ ହେବାକୁ ଖୋଜିଲା । ଏକ ପ୍ରକାର ଧରିବାକୁ ଗଲେ- ଏହି ସାର୍ଥକ କରିବା ଯେପରି ମଣିଷର life (ଜୀବନ)ର mission(ଉଦ୍ଦେଶ୍ୟ) । ତାପରେ ହସି ହସି କହିଲେ -ମୁଁ ଯେ ଏତେ ଛଡ଼ା (ଗଦ୍ୟବାଣୀ) ଦେଉଛି, ବାଣୀ ଦେଉଛି -ଦିନେ ସେଗୁଡ଼ିକର କେତେ ଆଦର ହେବ, ସ୍କୁଲରେ ପଢା ହେବ, ଏହାର କେତେ ବ୍ୟାଖ୍ୟା ହେବ, ପୁଣି ଜନ୍ମଗ୍ରହଣ କଲେ ସେଗୁଡ଼ିକ ମତେ ପଢିବାକୁ ହେବ, ହୁଏତ ବ୍ୟାଖ୍ୟା ବୁଝି ପାରିବି ନାହିଁ, ମାଷ୍ଟରଙ୍କଠୁ ମାଡ ଖାଇବାକୁ ହେବ-ସେଥିପାଇଁ କ'ଣ ଏଗୁଡ଼ିକୁ ଦେଉଛି ? ସମସ୍ତେ ହସିଲେ ।

ଅନୁଗତ - ମରଣ ପରେ କାରଣ ଶରୀର କିଛି ideas (ଧାରଣା) କୁ ବହନ କରିଥାଏ କି ? ୪୩୯

ଶ୍ରୀଶ୍ରୀଠାକୁର - ଜୀବନରେ ନିଜକୁ ସାର୍ଥକ କରିବାକୁ ଯାଇ ପ୍ରତିକୂଳର ଦ୍ୱନ୍ଦ୍ୱ ଓ ଅନୁକୂଳର ଆହରଣ ଭିତରେ ମଣିଷର ମସ୍ତିଷ୍କରେ ଯେଉଁସବୁ deeper impression (ଗଭୀର ଛାପ) ଅଙ୍କିତ ହେଲା, ମୃତ୍ୟୁ ସମୟରେ ସେସବୁ ଭିତରୁ ଯେଉଁଟା deepest (ଗଭୀରତମ) ସେଥିରେ ମୁହ୍ୟମାନ ହେବାରୁ ସେ ଅନ୍ୟ idea ର link (ଧାରଣାର ଯୋଗସୂତ୍ର) ସହିତ disconnected (ବିଚ୍ଛିନ୍ନ) ହୋଇ ପଡ଼ିଲା; ସେ ତହିଁରେ off (ଗତ) ହେଲା । ଯେଉଁ idea (ଧାରଣା) ନେଇ ସେ ଗତ ହେଲା, ମୃତ୍ୟୁ ପରେ ତାହାହିଁ ତାର continuity (ଧାରାବାହିକତା),-ଆଉ ଏହା, ଯେପରି ଇଥର ସମୁଦ୍ରରେ ସେହି idea ର tremor (କମ୍ପନ) ଯେପରି ଢେଉ ତୋଳିପାରେ, ସେହିପରି ଭାବରେ ରହିଗଲା । ଯେଉଁଥିରେ ଗତ ହୋଇଥିଲା ତାହା ଥିଲା ତାର ଜଗତ ନିକଟରୁ ଆହରଣ । ସେ ସେହିଠାରେ ଜନ୍ମିବ ଯେଉଁଠି ସେହି ସମଜାତୀୟ ଭାବ-ତରଙ୍ଗ ଯାହା ମସ୍ତିଷ୍କରେ ଆଲୋଡ଼ିତ ହୋଇ

ଉପଗତ ହୋଇଛି, ଯେପରି ଟେଲିଭିଜନର wireless photo-transmission (ବିନା ତାରରେ ଆଲୋକଚିତ୍ର ଦୂରକୁ ସଞ୍ଚାରିତ ହେବା)।

ଅନୁଗତ - ମୃତ୍ୟୁ ପରେ deepest (ଗଭୀରତମ) ଭାବକୁ ନେଇ କାରଣ ଶରୀର କ'ଣ କରେ ? ୪୪୦

ଶ୍ରୀଶ୍ରୀଠାକୁର - ଯାହାର ଯେପରି desire (ଇଚ୍ଛା) ସେ ସେପରି କରେ। ଧରନ୍ତୁ ମୃତ ବ୍ୟକ୍ତିର ଇହଜଗତରେ ଜଣକ ସହିତ ଭଲପାଇବା ଥିଲା, ତାହା ଚରିତ୍ରରେ ପୁଣି କେତେଗୁଡ଼ିଏ ବିଷୟ ଥାଇପାରେ, ଯାହା ମୃତବ୍ୟକ୍ତିକୁ ଭଲ ଲାଗୁ ନ ଥିଲା -ଯେପରି କଟୁ ବ୍ୟବହାର ଇତ୍ୟାଦି। ଏହି ଯେ ଭଲପାଇବାର enjoyment (ଆନନ୍ଦ) ଓ କଟୁ ବ୍ୟବହାରର repulsion (ବିକର୍ଷଣ) - ଏଗୁଡ଼ିକ ମୃତ୍ୟୁ ପରେ prominent (ପ୍ରଧାନ) ହୋଇଉଠେ। ଯଦି ଇହଜଗତରେ ମୃତ ବ୍ୟକ୍ତିକୁ ଏକଗ୍ଲାସ ପାଣି ଦିଆ ନ ଯାଇଥାଏ,-ପରଜଗତରେ ହୁଏତ ତାହାହିଁ prominent (ପ୍ରଧାନ) ହୋଇଉଠେ, -ବ୍ୟଥା ବା ସୁଖ continuous (ଧାରାବାହିକ) ହେଲେ ଯେ ଅବସ୍ଥା ହୁଏ, ମୃତ୍ୟୁ ପରେ ମଣିଷ ସେହି ରକମର ଅବସ୍ଥା ପ୍ରାପ୍ତ ହୁଏ।

ଅନୁଗତ -ଜଣେ ଲୋକ ସାଧନା କରି ମହର୍ଲୋକକୁ ଯାଇ ପାରିଲା, ସେଠାକୁ ଯାଇ ଜାଣିଲା ଯେ ଆହୁରି ଉଚ୍ଚତର ଲୋକ (ଜନଲୋକ) ଅଛି। ସେଠାକୁ ଯିବା ପାଇଁ ସାଧନା କରିବାକୁ ତାକୁ କ'ଣ କରିବାକୁ ପଡ଼ିବ ? ୪୪୧

ଶ୍ରୀଶ୍ରୀଠାକୁର- ସେଇ ଧାମରେ ଯାଇ ଭୋଗ ଶେଷ ହେଲେ ସେ ଫେରି ଆସି ମାନବ ହେବ। ତେବେ ସେଇ ଧାମ ଯେ ଚରମ ଅବସ୍ଥା ନୁହେଁ, ସେଠାରେ ଯେ ପରମଶାନ୍ତି ନାହିଁ, ଏହି ସଂସ୍କାରର ଛାପ ତାର ମନରେ ଯଦ ରହିଯାଏ ତେବେ ସେ ତାହାର goal (ଲକ୍ଷ୍ୟ) ଚରମଧାମ ପାଇଁ ପ୍ରବୃତ୍ତ ହେବ ଏବଂ ତା ଫଳରେ higher truth (ଉଚ୍ଚତର ସତ୍ୟ) ଜାଣିବାର ଅଧିକାରୀ ହେବ।

ଅନୁଗତ - ଆପଣ କ'ଣ ଭୂତ ଦେଖିଛନ୍ତି ? ୪୪୨

ଶ୍ରୀଶ୍ରୀଠାକୁର (୪-୧-୧୯୪୨) ରେ କହିଥିଲେ -ଭୂତ କାହାକୁ କହନ୍ତି ତା ତ ଜାଣେନା। ତେବେ ପ୍ରସନ୍ନ ସିଂଙ୍କ ଘର ପାଖେ ଗୋଟିଏ ସାହାଡ଼ା ଗଛ ଥିଲା ଓ ସେଇଆଡ଼େ ଭୂତର ଭୟ ଥିଲା ବୋଲି ଶୁଣିଛି। ଦିନେ ଖରାବେଳେ ୩-୪ଟା ସମୟରେ ଆମେ କେତେଜଣ ପିଲା ମିଶି ଗଛଟାକୁ ଲାଠିରେ ଖୁବ ପିଟିଲୁ। ହଠାତ୍ ଉପରୁ ଗୋଟାଏ ବିରାଟ ଢ଼େଲା ଆସି ଆମ ଉପରେ ପଡ଼ିଲା, କିନ୍ତୁ କାହାର ଦେହରେ ଲାଗିଲା ନାହିଁ। ଟିକିଏ ପରେ ଅନ୍ୟ ଆଡୁ ଆଉ ଗୋଟିଏ ଢ଼େଲା ମଧ୍ୟ ଆସି ଆମ ପାଖରେ ପଡ଼ିଲା। କେଉଁଆଡୁ ଯେ ଏଇ ଢ଼େଲା ଆସିଲା ଏବଂ କିଏ ମାରିଲା ବୁଝି ପାରିଲୁ ନାହିଁ। ଚାରିଆଡ଼େ ଲକ୍ଷ୍ୟ କରି ଦେଖିଲୁ କୌଣସି ଲୋକ ଯେ ଏଇ ଢ଼େଲା ମାରିଛି ବୋଲି ମନେହେଲା ନାହିଁ। ଆଉ ଦିନେ ସନ୍ଧ୍ୟାବେଳେ (ହିମାୟିତପୁର ଆଶ୍ରମ) କେମିକାଲ ଘର ସାମନା ପଡ଼ିଆରେ ବସିଛି, ସେ ସମୟରେ ବାଦଲ ବୈରାଗୀଙ୍କ ଘରେ ଖୁବ ଭୂତ ଉତ୍ପାତ କରୁଥିଲା। ସେହି

ସବୁ ବିଷୟରେ କଥା ପଡ଼ିଥିଲା । ହଠାତ୍ ସେଇ ଦିଗରୁ ଗୋଟାଏ ଟେକା ଆସି ପଡ଼ିଲା । ଆମ ଜୀବନର ଫାଙ୍କେ ଫାଙ୍କେ ଅନେକ କାଣ୍ଡ ଘଟିଯାଏ, ସେସବୁକୁ ଠିକ ରୂପେ pursue (ଅନୁସରଣ) କରିପାରୁନା, observe (ପର୍ଯ୍ୟବେକ୍ଷଣ) କରିପାରୁ ନା, ତେଣୁ ବହୁ ରହସ୍ୟ ଆମ ପାଖରେ ଅନୁଦ୍‌ଘାଟିତ ହୋଇ ରହିଯାଏ ।

(ଆଲୋଚକ- ପରମହଂସ ନିଗମାନନ୍ଦ ସରସ୍ୱତୀ କୁହନ୍ତି ଯେ, ଗୋଟିଏ ଶ୍ରେଣୀର ସୂକ୍ଷ୍ମ ଜୀବ ଅଛନ୍ତି ସେମାନେ ମନୁଷ୍ୟକୁ ହିଂସା କରନ୍ତି ଓ ଅପକାର ମଧ୍ୟ କରି ପାରନ୍ତି, ସେମାନଙ୍କୁ ଭୂତଯୋନି କୁହାଯାଏ । ସେମାନେ ଅନେକ ସମୟରେ ଭଙ୍ଗା ଘର ଓ ବଣଜଙ୍ଗଲରେ ବାସ କରନ୍ତି । ସେମାନଙ୍କ ମଧ୍ୟରେ ବିବାହାଦି ହୁଏ, ସେମାନଙ୍କର ପିଲାଛୁଆ ମଧ୍ୟ ହୁଅନ୍ତି । ଏମାନେ ଜନ୍ମନ୍ତି, ମରନ୍ତି । ଏମାନଙ୍କର ସ୍ତ୍ରୀ-ପିଲା-ଘର-ସଂସାର ସବୁ ଅଛି । ମନୁଷ୍ୟମାନେ ଯେପରି ସେମାନଙ୍କ ସମାଜ ନେଇ ବାସ କରୁଛନ୍ତି, ସେହିପରି ସେମାନେ ସମାଜ ବାନ୍ଧି ବାସ କରନ୍ତି । ମନୁଷ୍ୟ ସ୍ଥୁଳ ଦେହଧାରୀ, କିନ୍ତୁ ଏମାନେ କେହି ସୂକ୍ଷ୍ମଦେହଧାରୀ ତ ଆଉ କେହି ସ୍ଥୁଳ-ସୂକ୍ଷ୍ମ ସମ୍ମିଶ୍ରିତ । ପୂର୍ବକାଳରେ ଏମାନେ ଦେଶ ତମାମ ବାସ କରୁଥିଲେ । ମନୁଷ୍ୟମାନଙ୍କ ନିକଟରୁ ସେବା-ପୂଜା ପାଉଥିଲେ । ମଶାଣି ଚଣ୍ଡୀ, ଯକ୍ଷିଣୀ ପ୍ରଭୃତି ଏମାନଙ୍କର ଭିନ୍ନ ଭିନ୍ନ ପ୍ରତିରୂପ । ସେମାନେ ଯେ ମନୁଷ୍ୟର ଉପକାର ନ କରନ୍ତି ତାହା ନୁହେଁ, ତେବେ ବାଗରେ ପାଇଲେ ଅପକାର କରିବାକୁ ଛାଡ଼ନ୍ତି ନାହିଁ । ଭଗବାନଙ୍କ ରାଜତ୍ୱରେ ଯେ କେତେ ପ୍ରକାର ସୂକ୍ଷ୍ମ ଜୀବ ଅଛନ୍ତି ତାର ଇୟତ୍ତା ନାହିଁ । ଆମେମାନେ ସ୍ଥୁଳ ଦେହଧାରୀ, ତେଣୁ ସ୍ଥୁଳ ଛଡ଼ା ସୂକ୍ଷ୍ମକୁ ବିଶ୍ୱାସ କରିପାରୁ ନାହିଁ । (ଶ୍ରୀଶ୍ରୀଠାକୁର ନିଗମାନନ୍ଦ)

ଅନୁଗତ -ଶ୍ରାଦ୍ଧ ସମୟରେ ମୃତବ୍ୟକ୍ତିଙ୍କୁ ଯେଉଁ ପିଣ୍ଡ ବା ଖାଦ୍ୟ ଦିଆଯାଏ, ସେ ତାହା କିପରି ଗ୍ରହଣ କରେ ? ୪୪୩

ଶ୍ରୀଶ୍ରୀଠାକୁର -ମନେକର ଜଣକୁ ତମେ ଖାଦ୍ୟ ଦେଇଛ, ସେ ତାହା ଖାଇଛି ଓ ସୁଖୀ ହୋଇଛି -ଏହା ପ୍ରାୟ ସେହିପରି । କିନ୍ତୁ ମୃତବ୍ୟକ୍ତି ଯେ ତାହା ଖାଇପାରେ ତା ନୁହେଁ, -desire (ଇଚ୍ଛା) ରହିଛି, ତେଣୁ ସେ ତାହା ପାଏ । Almost in tune (ପ୍ରାୟ ଏକ ହିଁ ସୁରରେ ଯେଉଁମାନେ ବନ୍ଧା) ଯେପରି ପୁଅ -ସେମାନେ ହିଁ ଶ୍ରାଦ୍ଧର ଅଧିକାରୀ ।

ଅନୁଗତ - ଶ୍ରାଦ୍ଧର ଉଦ୍ଦେଶ୍ୟ କ'ଣ ? ୪୪୪

ଶ୍ରୀଶ୍ରୀଠାକୁର - ମୃତକ ପ୍ରତି ଶ୍ରଦ୍ଧାର impulse (ସ୍ପନ୍ଦନ) ଗୁଡ଼ିକ ସେହି ପାରିପାର୍ଶ୍ୱିକ ଭିତରଦେଇ ଅର୍ଥାତ୍ ଯେଉଁ ପାରିପାର୍ଶ୍ୱିକରେ ସେହି ମୃତବ୍ୟକ୍ତିର ଜୀବନଧାରଣ ଓ ଶେଷ ନିଃଶ୍ୱାସ ବିଲୀନ ହୋଇଥିଲା, ସେହି ପାରିପାର୍ଶ୍ୱିକମାନେ ମୃତକର ଗୁଣଗାରିମାଗୁଡ଼ିକୁ ମନେ ପକାଇ ଅନୁପ୍ରାଣନ କରିବା ଦ୍ୱାରା ଯେପରି ବିଗତ ଆତ୍ମା ପିଣ୍ଡଧାରଣ କରିବାକୁ ଗଲେ ଯେଉଁମାନଙ୍କ ଭିତରଦେଇ ସେ ତାହା ପାଇବ- ସେମାନେ ସୁସ୍ଥ, ସ୍ୱସ୍ଥ ଓ ତାହାରି ଭାବରେ ଅନୁପ୍ରାଣିତ ହେବା ହେଉଛି ଶ୍ରାଦ୍ଧର ଉଦ୍ଦେଶ୍ୟ । ଏଥିପାଇଁ ବଡ଼ଭୋଜି ଦେବାରେ ଏହି ଅନୁପ୍ରାଣତାର ବିପରୀତ ଘଟିପାରେ -(ଅର୍ଥାତ୍ ଗୁଣଗାରିମା ମନେ ନ ପକାଇ ଯଦି

ଅବଗୁଣ କେହି ମନେପକାଏ, ହେୟ ବୋଲି ଜ୍ଞାନ କରେ)-ଏହି ଭୟରେ ବୋଧହୁଏ ଶାସ୍ତ୍ରରେ ବହୁ-ଭୋଜନ ଅବିଧି ବୋଲି ବାରଣ କରାଯାଇଛି ।

ଅନୁଗତ - ଲୋକେ କୁହନ୍ତି ଶ୍ରାଦ୍ଧାଦି ଯଥାବିଧି ନ କଲେ ମୃତକର ଅଧୋଗତି ହୁଏ, କଲେ ମୃତକର ଊର୍ଦ୍ଧ୍ୱଗତି ହୁଏ, ଏହାର ତାତ୍ପର୍ଯ୍ୟ କ'ଣ ? ୪୪୫

ଶ୍ରୀଶ୍ରୀଠାକୁର -ଶ୍ରାଦ୍ଧରେ ଭୋଜନ କଥାଟା ଭାବ । ଏପରି ଜଣଙ୍କର ବିୟୋଗ ହେଲା ଯିଏ ତୁମକୁ ଶ୍ରଦ୍ଧା କରନ୍ତି । ସେ ବେଶ୍ ବଡ଼ଲୋକ ମଧ୍ୟ ଥିଲେ । ଅତଏବ ତାଙ୍କ ଶ୍ରାଦ୍ଧରେ ବିଶେଷ ସମାରୋହରେ ବ୍ୟବସ୍ଥା କରିବାକୁ ଗଲେ, ଯେଉଁମାନେ ଖାଇବାକୁ ପାଆନ୍ତି ନାହିଁ, ଦରିଦ୍ର-ନାରାୟଣ ଇତ୍ୟାଦିଙ୍କୁ ନ ଖୁଆଇଲେ କିପରି ଚଳିବ, ଲୋକେ ବା କ'ଣ କହିବେ ଇତ୍ୟାଦି ବିବେଚନା କରି ଇତର-ବିଶେଷ ନିର୍ବିଚାରରେ ବହୁଲୋକଙ୍କୁ ନିମନ୍ତ୍ରଣ କରାଗଲା । ସାଧ୍ୟାନୁଯାୟୀ ସମସ୍ତଙ୍କୁ ତୁମେମାନେ ଖୁଆଇଲ, କିନ୍ତୁ କାହାର ଆକାଂକ୍ଷା ପୂରଣ କରି ପାରିଲ ନାହିଁ,- ଯଥାବିଧି ତାଙ୍କୁ ତୃପ୍ତ କରାଇ ପାରିଲ ନାହିଁ । କେତେକ ଅସନ୍ତୁଷ୍ଟ ହୋଇ କହିଲେ -ବେଟା ଖାଇବାକୁ ଡାକିଛି କିନ୍ତୁ ଯେଉଁ item (ପଦ) ସବୁ କରିଛି ତାକୁ ଗୋରୁ ଖାଆନ୍ତି । ଅସନ୍ତୋଷ ଓ କ୍ରୋଧ ହେଲା ସେମାନଙ୍କୁ ଡାକିବାର ଫଳ । ଯେହେତୁ ସେମାନେ ଅସନ୍ତୁଷ୍ଟ ଓ ଅତୃପ୍ତ, ମୃତବ୍ୟକ୍ତିର ଭଲଗୁଣର ସୁନାମ କରିବେ କ'ଣ , ତାର ଯେଉଁ ଦୋଷ ଦୁର୍ବଳତା କିଛି ଥିଲା ତାକୁ ଆହୁରି ବଢ଼ାଇ କରି ଆଲୋଚନା-ସମାଲୋଚନା କଲେ - ଆଉ ଏହି ପ୍ରକାର ମାନସିକତାରେ ଯଦି ସ୍ୱାମୀ-ସ୍ତ୍ରୀ ସହବାସ କରନ୍ତି ଆଉ ସେହି ମୃତବ୍ୟକ୍ତିର ଆତ୍ମା ଯଦି ପ୍ରବେଶ ଲାଭ କରେ, ତାହେଲେ କ'ଣ ହେବ ବୁଝୁଚ ତ ? ତେଣୁ ବୋଧହୁଏ ଶାସ୍ତ୍ରରେ ଏପରି ବିଧି । ଯଦି rebirth (ପୁନର୍ଜନ୍ମ)ର ଏହା main factor (ମୂଳ କାରଣ) ହୁଏ, ଆଉ ଶାସ୍ତ୍ରବିଧିକୁ ଉଲ୍ଲଂଘନ କରି ଆମେ ହାମବଡ଼ାଇକୁ ପ୍ରତିଷ୍ଠିତ କରୁ -ତେବେ ତାହାର ଫଳ ଯାହା ହେବାର କଥା ହୁଏ ।

ଅନୁଗତ - ତାହେଲେ ଶ୍ରାଦ୍ଧସମୟରେ କେଉଁ ପାରିପାର୍ଶ୍ୱିକ ଉପସ୍ଥିତ ରହିବେ ? ୪୪୬

ଶ୍ରୀଶ୍ରୀଠାକୁର- ନିକଟ ଅଥଚ ଯେଉଁମାନେ ଶୋକକ୍ଲିଷ୍ଟ ନୁହନ୍ତି ଏବଂ ବେଦଜ୍ଞ ବ୍ରାହ୍ମଣ ଇତ୍ୟାଦିଙ୍କୁ ନିମନ୍ତ୍ରଣ କରି ଖୁଆଇବାର ବିଧି ଦିଆହୋଇଛି । କାରଣ ସେମାନେ ସହଜରେ ସେହି ମୃତକ ପ୍ରତି ଶ୍ରଦ୍ଧା ଓ ସହାନୁଭୂତିରେ ଅନୁପ୍ରାଣିତ ହୋଇ ଥାଆନ୍ତି ।

ଅନୁଗତ - କେହି ମରିଗଲେ ଅଶୌଚପାଳନର ବ୍ୟବସ୍ଥା, ମୁଣ୍ଡ ଲଣ୍ଡା ହେବା ଇତ୍ୟାଦି କାହିଁକି କରନ୍ତି ? ୪୪୭

ଶ୍ରୀଶ୍ରୀଠାକୁର - ସାଧାରଣତଃ ମୃତ୍ୟୁ ପରେ ପ୍ରିୟଜନମାନେ ଖୁବ depressed (ଅବସନ୍ନ) ହୋଇ ପଡ଼ିଥାନ୍ତି । ସେଥିପାଇଁ ଅଶୌଚ-ମନଟାକୁ ସୁସ୍ଥ କରିବା ପାଇଁ ଯେଉଁ ବର୍ଣ୍ଣର ଯେତେ ସମୟ ଦରକାର ହୁଏ, ସେହି ବର୍ଣ୍ଣର ଅଶୌଚକାଳ ସେହିଭାବରେ ସ୍ଥିରୀକୃତ ହୋଇଛି । ମୁଣ୍ଡନରେ ଗୋଟାଏ physiological effect (ଶାରୀରିକ ପ୍ରତିକ୍ରିୟା) ଅଛି । ହୁଏତ ultraviolet rays (ଅତିବାଇଗଣି ରଶ୍ମି) ଇତ୍ୟାଦି brain absorb (ମସ୍ତିଷ୍କ

ଗ୍ରହଣ) କରିପାରେ। ମୁଣ୍ଡନ ମାନେ ଆତ୍ମ-ସମର୍ପଣ। ମୁଣ୍ଡନ ମାନେ ମୁଣ୍ଡନ of the being (ସତ୍ତାର ମୁଣ୍ଡନ)।

ଅନୁଗତ - ପିତୃ-ତର୍ପଣ କାହିଁକି କରନ୍ତି ? ୪୪୮

ଶ୍ରୀଶ୍ରୀଠାକୁର- ପିତୃ-ତର୍ପଣ ହିନ୍ଦୁମାନଙ୍କର ନିତ୍ୟ କରଣୀୟ। ଏହାଦ୍ୱାରା ପିତୃପୁରୁଷଙ୍କର ସ୍ମୃତି ଆମ ଭିତରେ ସକ୍ରିୟ ଭାବରେ ଜାଗ୍ରତ ଥାଏ, ଏବଂ ସେମାନଙ୍କ ପ୍ରତି ଶ୍ରଦ୍ଧା ମଧ୍ୟ ଜୀବନ୍ତ ଥାଏ। ଏହା ଆମ ଚରିତ୍ରକୁ ଅନେକ ପରିମାଣରେ ଉନ୍ନତ କରିତୋଳେ।

ଅନୁଗତ - ଗୟାରେ ପିଣ୍ଡଦାନ ଦ୍ୱାରା ବିଗତ ଆତ୍ମାର ଭଲ କିପରି ହୁଏ ? ୪୪୯

ଶ୍ରୀଶ୍ରୀଠାକୁର -ଗୟ ରାଜାଙ୍କ ନିର୍ମିତ ପୁରୀ ହେଉଛି ଗୟା। ଗୟ ଆସିଛି ଗୈ- ଧାତୁରୁ ଯାହାର ଅର୍ଥ ଜ୍ଞାନ, କୀର୍ତ୍ତନ। ମୋର ମନେହୁଏ ମଣିଷର ନାମଗୁଡ଼ିକ accidental(ଆକସ୍ମିକ) ନୁହେଁ, ନାମର ଅର୍ଥ ସହିତ ନାମଧାରୀର ପ୍ରକୃତିର ସାମଞ୍ଜସ୍ୟ ଥାଏ। ଉକ୍ତ ଗୟରାଜାଙ୍କର ଯେଉଁ special activity (ବିଶେଷ କର୍ମ) ସେଠାରେ (ଗୟା)ରେ ମଧ୍ୟ ତାର ଚିହ୍ନ ଥିବା ସମ୍ଭବ, ଅର୍ଥାତ୍ ଗୟା ଏପରି ଏକ ସ୍ଥାନ, ସେଠାରେ ମଣିଷର ସ୍ମୃତି, ମଣିଷର ଗୁଣ ଗୀତ ହୁଏ, କୀର୍ତ୍ତୀତ ହୁଏ। ପୁଣି ସେଠାରେ ଅଛି ସର୍ବବନ୍ଧନ ବିମୋଚନ ବିଷ୍ଣୁ ପାଦପଦ୍ମ, ଗଦାଧରଙ୍କ ପାଦପଦ୍ମ। ଉକ୍ତ ସ୍ଥାନର ମହାତ୍ମ୍ୟ ଏପରି ଯେ ତା ସହିତ ଏପରି tradition (ପରମ୍ପରା) ଜଡ଼ିତ ଯେ, ସେଠାକୁ ଗଲାମାତ୍ରେ ମଣିଷର ସ୍ୱତଃ ଯୁଗପତ୍ ଶ୍ରୀହରି ଓ ବିଗତ ପ୍ରିୟଜନମାନଙ୍କ ସ୍ମରଣ, ମନନ ଓ ଗୁଣ-କୀର୍ତ୍ତନରେ ମନ ବିଭୋର ହୋଇଉଠେ। Hypnotism (ସମ୍ମୋହନ) କଥା ଜାଣିନ, ଗୋଟିଏ ବୋତାମ ସମ୍ବନ୍ଧରେ ଏପରି suggestion (ସଂକେତ) ହୁଏତ ଦେବାରୁ, ପନ୍ଦରବର୍ଷ ପରେ ମଧ୍ୟ ସେଇ ବୋତାମଟା ଦେଖିଲେ ମଣିଷ hypnotised (ସମ୍ମୋହିତ) ହୋଇଯାଏ।

ଅନୁଗତ - ଗୟା ନ ଯାଇ ଘରେ ରହି ବିଗତ ଆତ୍ମାଙ୍କ ସ୍ମରଣ ଓ ଗୁଣ-କୀର୍ତ୍ତନ କଲେ ହେବ ନାହିଁକି ? ୪୫୦

ଶ୍ରୀଶ୍ରୀଠାକୁର - ଗୟା ଯାଇ ନାନା ceremony (ଅନୁଷ୍ଠାନ) ଭିତରଦେଇ ଏପରିଭାବେ ମନ concentrated (କେନ୍ଦ୍ରୀଭୂତ) ହୋଇଥାଏ। ତାଛଡ଼ା, ଗୟାରେ ପିଣ୍ଡଦାନ ହିନ୍ଦୁ ଘରେ ଏପରି ଏକ important (ଗୁରୁତ୍ୱପୂର୍ଣ୍ଣ) ଘଟଣା - ଗୟା ଶ୍ରାଦ୍ଧ ସମୟରେ ଜଣେ ବିଗତ ଆତ୍ମାର ଚିନ୍ତା ନେଇ ବ୍ୟସ୍ତ ଥିବା ସହିତ ସେଠାରେ ଥିବା ପତିତପାବନ ବିଷ୍ଣୁଙ୍କର ମହାତ୍ମ୍ୟ ଚିନ୍ତନ ମଧ୍ୟ କରିଥାଏ। ବିଗତ ଆତ୍ମାର ପ୍ରିୟଜନ ମାନଙ୍କ ଭିତରେ, ପୁରୁଷ ବା ସ୍ତ୍ରୀ ଯେ କେହି ହୁଅନ୍ତୁ ଯଦି ଗୟାରେ ପିଣ୍ଡଦାନ ବେଳେ ଏପରି ଭାବରେ ରୁହନ୍ତି, ତେବେ ସେହି ବିଦେହୀ ସତ୍ତାର disintegrated molecules (ବିଚ୍ଛିନ୍ନ ପିଣ୍ଡିକା) ଗୁଡ଼ିକ integrated (ସଂହତ) ହୋଇ ଦେହଧାରଣ କରିବାରେ, ectoplasmic body ରୁ protoplasmic body (ସୂକ୍ଷ୍ମ ଶରୀରରୁ ଜୈବୀ-ଶରୀରରେ) ରୂପ ପରିଗ୍ରହ

ପାଇଁ ସୁବିଧା ହେବାର କଥା । ଏହି ବିଷ୍ଣୁପାଦପଦ୍ମ ହେଲା ସାର୍ଥକ ବିବର୍ତ୍ତନୀ ଓ କେନ୍ଦ୍ରାୟନୀ ସୂତ୍ର । ମୋର ତ ଏପରି ମନେହୁଏ ।

ଅନୁଗତ -ଆତ୍ମାର ସୂକ୍ଷ୍ମ ଶରୀରରୁ ଜୈବୀ-ଶରୀରରେ ପ୍ରବେଶ କରିବା କ୍ରିୟା କିପରି ହୋଇଥାଏ ? ୪୫୧

ଶ୍ରୀଶ୍ରୀଠାକୁର - ଆମେ ଯେଉଁ ଭାବ ବା ଭାବଦେହ ନେଇ ବିଗତ ହୋଇଥାଉ, ସେହି ଭାବ ବା ଭାବଦେହର tuning (ସଙ୍ଗତି) ଯେଉଁ ଦମ୍ପତିଙ୍କ ମିଳନ ସମୟରେ ସୃଷ୍ଟି ହୁଏ, ସେହିଠାରେ ଆମ ଭାବଦେହର ପୁନରାବିର୍ଭାବ ହୁଏ । ଭାବଦେହଟା ଏତେ ସୂକ୍ଷ୍ମ ଯେ ସେ ଯେ କୌଣସି ସ୍ଥାନରେ ପ୍ରବେଶ କରିପାରେ । ପ୍ରକୃତରେ ଭାବଦେହ ଓ ପିତାମାତାଙ୍କଠାରୁ ପ୍ରାପ୍ତ ଦେହ ଯେ ଅଲଗା ତାହା କିନ୍ତୁ ନୁହେଁ । ପିତାମାତାଙ୍କଠାରୁ ପ୍ରାପ୍ତ ଦେହ ହେଉଛି ଏହି ଭାବ-ଦେହର ରୂପାନ୍ତର ମାତ୍ର । ତୁମେ ଓ ତୁମର ଫଟୋ ଯେମିତି ଦୁଇଟି ଅଲଗା ଅଲଗା ମଣିଷ ନୁହନ୍ତି, ଠିକ୍ ସେହିପରି । ଭାବଦେହ ତଥା ପିତାମାତାଙ୍କ ଜିନ୍‌ରେ (gene) ଆମେ ଯେପରି ବୀଜ ଆକାରରେ ଥାଉ ଏବଂ ତାହାହିଁ ଯେପରି ବୈଧୀବିଧାନ ଭିତରେ ଫୁଟି ଉଠେ ।

ଅନୁଗତ - କେଉଁ ଅବସ୍ଥାରେ ଆଉ ମଣିଷକୁ ମର୍ତ୍ତ୍ୟକୁ ଆସିବାକୁ ହୁଏନା ? ତାର ଗତି କିପରି ହୁଏ ? ୪୫୨

ଶ୍ରୀଶ୍ରୀଠାକୁର - ମୂର୍ତ୍ତ being ନ ହେଲେ ସେ further proceed କରି (ଆଗକୁ ଯାଇ) ପାରେ ନା । କାରଣ, ତାହାର କର୍ମ ସରି ନ ଥିବାରୁ ଯେତେଦିନ ପର୍ଯ୍ୟନ୍ତ ପୁଣି ସେ ଜନ୍ମ ନ ନେବ, ସେତେ ଦିନ ଊର୍ଦ୍ଧ୍ୱକୁ ଉଠି ପାରିବ ନାହିଁ । ସ୍ୱପ୍ନରେ ମଣିଷ ଘୋଡ଼ାରେ ଚଢ଼ିବୁଲେ, ସ୍ୱପ୍ନ ଭାଙ୍ଗିଲେ ନୂତନ ବସ୍ତୁର ସନ୍ଧାନ ପାଏ । ଯେତେବେଳ ପର୍ଯ୍ୟନ୍ତ ସ୍ୱପ୍ନ ଚାଲେ, ଘୋଡ଼ାରେ ଚଢ଼ିବାର ପାରିପାର୍ଶ୍ୱିକ ଯାହା ତାହାହିଁ ଦେଖିଥାଏ । ଯେତେବେଳ ପର୍ଯ୍ୟନ୍ତ ଅନ୍ୟ ଅବସ୍ଥା ତାକୁ ବ୍ୟାହତ ନ କରୁଛି, ସେତେବେଳ ଯାଏ ଆଉ ଅନ୍ୟପ୍ରକାର ଅବସ୍ଥାକୁ ଆସି ହୁଏନା -ସ୍ୱପ୍ନ ଭାଙ୍ଗିଗଲେ ଅନ୍ୟ ବସ୍ତୁର ସଂଘାତରେ ଅବସ୍ଥାନ୍ତର ପ୍ରାପ୍ତ ହୁଏ ଏବଂ ଅବସ୍ଥାନ୍ତରରେ proceed କରିପାରେ (ଆଗେଇ ଯାଇପାରେ) ।

ଅନୁଗତ - ଏସବୁ ଜାଣିବା କିପରି ଆସେ ? ୪୫୩

ଶ୍ରୀଶ୍ରୀଠାକୁର- ଜାଣିବାର କ୍ରମାନ୍ତର ଅନୁଯାୟୀ ଜ୍ଞାନର କ୍ରମୋନ୍ନତି ହୁଏ ଏବଂ ପରବର୍ତ୍ତୀ ଜାଣିବାରେ ପୂର୍ବବର୍ତ୍ତୀର ସମ୍ୟକ ଉପଲବ୍ଧି ହୁଏ, ଆଉ ସେହି ହିସାବରେହିଁ ମଣିଷର ଜାଣିବାର ଜଗତର ମଧ୍ୟ ବିସ୍ତୃତି ଲାଭ କରେ । ଯେପରି solid (କଠିନ), liquid (ତରଳ), gaseous (ବାଷ୍ପିୟ), atomic (ଆଣବିକ), electronic (ପାରମାଣବିକ) ପଦାର୍ଥ ଅଛି; Solid (କଠିନ) ପଦାର୍ଥର ପ୍ରକୃତ ଜ୍ଞାନ ସେତେବେଳେ ଜନ୍ମେ , ଯେତେବେଳେ liquid (ତରଳ ପଦାର୍ଥ)କୁ ଆମେ ଜାଣୁ, ସେହିପରି gaseous (ବାଷ୍ପିୟ) ଜିନିଷ ଜାଣିଲେ ହିଁ ଉଭୟ solid (କଠିନ) ଓ liquid (ତରଳ ପଦାର୍ଥ)କୁ ପ୍ରକୃତ ଜଣାଯାଏ ।

ସେହିପରି ସୃଷ୍ଟି ଓ ଜଗତକୁ ଜାଣିବାର ମଧ୍ୟ ନାନାଜାତୀୟ ସ୍ତର ଅଛି । ନିର୍ବିକଳ୍ପ ସମାଧି ଅଛି, ବୈଷ୍ଣବମାନେ କହନ୍ତି ପରମଧାମ, ବୌଦ୍ଧମାନେ କହନ୍ତି ନର୍ବାଣ- ଏହିପରି ନାନା ଜାତୀୟ ସ୍ତର ଅଛି । ତେଣୁ ଯେଉଁ ଜାଣିବା ଯେତେ ଅସାଧାରଣ, ସେହି ଜାଣିବାରେ ଉପଗତ ହୋଇ ଜନ୍ମ ମଧ୍ୟ ସେହିପରି କ୍ୱଚିତ୍, କାରଣ ପାରିପାର୍ଶ୍ୱିକ ଧାରଣା ମଧ୍ୟ ସେହିପରି ବିରଳ -ଏହା ମୋର ମନେହୁଏ ।

ଅନୁଗତ - ପ୍ରେତଲୋକ କେଉଁଠାରେ ଥାଏ ? ପ୍ରେତାତ୍ମା ସଙ୍ଗେ କ'ଣ ଯୋଗାଯୋଗ କରିବାର ଉପାୟ ନାହିଁ ? ୪୫୪

ଶ୍ରୀଶ୍ରୀଠାକୁର -ମୋର ମନେହୁଏ ମଣିଷ ମରିଗଲେ ମଧ୍ୟ ବଞ୍ଚି ରହେ, ଏବଂ ଏହି ଅବସ୍ଥାକୁ ପ୍ରେତଲୋକ କୁହନ୍ତି । ମୁଁ ଦିନେ ବେଲଗଛ ମୂଳେ, ଘରେ ଶୋଇଥିଲି । ଯେପରି ଦେହରୁ ବାହାରିଗଲି । ରାସ୍ତାରେ ଦୁଧବାଲା ସଙ୍ଗେ ଦେଖା ହେଲା, ତା ସାଙ୍ଗେ କଥାବାର୍ତ୍ତା ହେଲି, ଆଉ କ'ଣ କ'ଣ ହେଲା ମନେ ନାହିଁ, ପୁଣି ଆସି ବହୁ କଷ୍ଟରେ ମୋ ଦେହ ଭିତରେ ପଶିଗଲି । ପରେ ମିଳାଇ ଦେଖିଲି, ଦୁଧବାଲାକୁ ଯେଉଁ କାମ କରିବାକୁ କହିଥିଲି ସେ ଠିକ୍ ସେହି କାମ କରିଛି । ମୁଁ ଏକା ଦେଖିଲେ ତ ହୁଏ ନା, ସ୍ୱପ୍ନ ପରି ଲାଗେ । ସ୍ୱପ୍ନ ଜଣକର ବ୍ୟକ୍ତିଗତ ବୋଧ -ଜିନିଷଟା ଯଦି ଏପରି ହୁଏ ଯେ environment (ପରିବେଶ)ରେ କାହାର ବି ବୋଧ କରିବାର ଅନ୍ତରାୟ ନ ଥାଏ, ତେବେ ଯାଇ ତାର ଯଥାର୍ଥତା ସମ୍ବନ୍ଧରେ ଆମେ ନିଃସନ୍ଦେହ ହୋଇପାରୁ, ସେଥିପାଇଁ scientific research (ବୈଜ୍ଞାନିକ ଗବେଷଣା) ଦରକାର ।

ଅନୁଗତ - Electron (ପରମାଣୁ)ଗୁଡ଼ିକ ତ ଜଗତର finer elements (ସୂକ୍ଷ୍ମ ଉପାଦାନ), ମଣିଷ ମରିଗଲା ପରେ କ'ଣ ଏହି ସୂକ୍ଷ୍ମ କଣାଗୁଡ଼ିକରେ ବିଲୀନ ହୋଇଯାଏ କି ? ୪୫୫

ଶ୍ରୀଶ୍ରୀଠାକୁର -ମନେକର, ଆମର physique with all its activities ଯେପରି ଗୋଟାଏ radio receiving and transmission plant (ରେଡିଓ ତରଙ୍ଗ ଗ୍ରହଣ ଓ ସମ୍ପ୍ରସାରଣ କାରଖାନା) । ପାରିପାର୍ଶ୍ୱିକରୁ ଯେଉଁସବୁ impulses (ସ୍ପନ୍ଦନ) ଆସି ଆମ ଭିତରେ sensation (ଚେତନା) ଦ୍ୱାରା ଯେଉଁ ସବୁ ଭାବର ସୃଷ୍ଟି କରୁଛି, ସେଗୁଡ଼ିକ ଆମ brain (ମସ୍ତିଷ୍କ)ରେ record (ନଥିଭୁକ୍ତ) ହୋଇ ରହୁଛି ଏବଂ transmitted (ସମ୍ପ୍ରସାରିତ) ହେଉଛି -ଆଉ ଏହା ପ୍ରତିନିୟତ । ମୃତ୍ୟୁ ସମୟରେ ଯେଉଁ ଭାବରେ ମୁହ୍ୟମାନ ହୋଇ, ଅନ୍ୟ ପାରିପାର୍ଶ୍ୱିକ ସହିତ ଯେଉଁ ମୁହୂର୍ତ୍ତରେ ସମ୍ବନ୍ଧଚ୍ୟୁତ ହୋଇଗଲା, ସେହି ମୁହୂର୍ତ୍ତରେ ଏହି mechanism (ଯନ୍ତ୍ର) ଭାଙ୍ଗି ସେହି ବିଶେଷ ଭାବରେ ପର୍ଯ୍ୟବସିତ ହୋଇ ଗୋଟାଏ subtler plane (ସୂକ୍ଷ୍ମ ସ୍ତର)ରେ ତରଙ୍ଗ ରୂପେ ସଞ୍ଚାରିତ ହୋଇଥାଏ । ଆଉ subtler plane ମାନେ ସୂକ୍ଷ୍ମତର ବୃତ୍ତି ।

ଅନୁଗତ - ଏହି ସୂକ୍ଷ୍ମ ବୃତ୍ତିଗୁଡ଼ିକ ନୂତନ ଶରୀର ଧାରଣ ବେଳେ କେଉଁ ଭାବେ ଆସିଥାନ୍ତି ? ୪୫୬

ଶ୍ରୀଶ୍ରୀଠାକୁର - ପାରିପାର୍ଶ୍ୱିକର ପ୍ରତ୍ୟେକ individual (ବ୍ୟକ୍ତି)ର ଭିତରେ ମନେକର receiving plant(ତରଙ୍ଗ ଗ୍ରହଣ କାରଖାନା) ଅଛି, ଆଉ ଆମମାନଙ୍କ ଭିତରେ complex (ବୃତ୍ତି)ଗୁଡ଼ିକ ଯାହା ଅଛି, ସେଗୁଡ଼ିକ ମନେକରନ୍ତୁ crystal (ସ୍ଫଟିକ), କୌଣସି (ପ୍ରେରଣା) ଦ୍ୱାରା ଏହି crystal (ସ୍ଫଟିକ)ଗୁଡ଼ିକ ଯେ ତରଙ୍ଗ ଧରିବାରେ ଉପଯୁକ୍ତ ହୋଇ adjusted (ସ୍ଥାୟୀ) ହେବ, ସେହି ପ୍ରକାର ତରଙ୍ଗହିଁ received (ଗୃହୀତ) ହେବ, ଆମମାନଙ୍କର ଶରୀର ଧାରଣ କରିବାର prime law (ମୌଳିକ ନିୟମ) ମଧ୍ୟ ସେହିପରି । ଯେମିତି ଇଥର ଗୋଟିଏ ସୂକ୍ଷ୍ମ ଉପାଦାନ, ଆଉ ତାର ଢେଉ ମଧ୍ୟରେ ଅଛି ଇଥରକଣା ଗୁଡ଼ିକର ଗୋଟିଏ ବିଶେଷ ରକମର କମ୍ପନ, ଓ continuity (କ୍ରମାଗତି) । ମରିବା ପରେ ଆମେ ଯାହା ଥାଉ, ତାହା ମଧ୍ୟ ଭାବଜଗତରେ ଗୋଟାଏ ଢେଉର continuity (କ୍ରମାଗତି) । ଇଥର- କଣା ଓ ଇଥର-ଢେଉର ଯାହା ପ୍ରଭେଦ, ମୂଳ ସୂକ୍ଷ୍ମ ଉପାଦାନ ଓ ଆମ ମୃତ୍ୟୁ ପର ଅବସ୍ଥାରେ ମଧ୍ୟ ସେହିପରି ପ୍ରଭେଦ । ଆମର ଜନ୍ମ wireless transmission (ବେତାର ସମ୍ପ୍ରସାରଣ) ପରି । ଆମର ପାରିପାର୍ଶ୍ୱିକର କ୍ରିୟା ଓ ପ୍ରତିକ୍ରିୟା ଦ୍ୱାରା ଆମମାନଙ୍କ ମସ୍ତିଷ୍କରେ ଯେପରି ଭାବରେ psychical arrangement (ମନସ୍ତାତ୍ତ୍ୱିକ ଗଠନ) ହୁଏ, ତାହା ଯେଉଁ ପ୍ରକାରର ତରଙ୍ଗକୁ ଧରିପାରେ ସେହି ପ୍ରକାରର being physicalised (ସତ୍ତା ଜନ୍ମଲାଭ) ହୁଏ ।

ଅନୁଗତ - ମହତଲୋକର ସନ୍ତାନ ଦୁଷ୍କର୍ମା ହୁଏ କାହିଁକି ? ୪୫୭

ଶ୍ରୀଶ୍ରୀଠାକୁର - ଅନେକ ସମୟରେ ତାଙ୍କ ସ୍ତ୍ରୀ ତାଙ୍କୁ reach କରି (ପହଞ୍ଚି) ପାରନ୍ତି ନାହିଁ । ମାଟି ଯଦି ଠିକ୍ ହୁଏ ତେବେ ବୀଜ-ଅନୁପାତିକ ଗଛ ହେବାର ହିଁ କଥା । ମା ଯଦି ବାପ ନିକଟରୁ କେବଳ ପାଏ, ତା ପାଇଁ କିଛି କରିବା ନଥାଏ, ସେଥିରେ ଭଲପାଇବା ଗଜାଏ ନାହିଁ । ବାପର ସଦ୍‌ଗୁଣ ବି ଗ୍ରହଣ କରେ କମ ।

ଅନୁଗତ -ଅନେକ ଭଲ ଆତ୍ମା କାହିଁକି ସ୍ୱଳ୍ପାୟୁ ହୁଅନ୍ତି ? ୪୫୮

ଶ୍ରୀଶ୍ରୀଠାକୁର - ଆୟୁ ନିର୍ଭର କରେ ମାତୃଗର୍ଭରେ ଅବସ୍ଥାନକାଳୀନ କ୍ଷମତା ଉପରେ । ଏହା ଯେତେ ବେଶୀ ହୁଏ ପ୍ରତିରୋଧ କ୍ଷମତା ମଧ୍ୟ ସେତେ ବେଶୀ ହୁଏ । ପିତାମାତା ଉଭୟଙ୍କର ସର୍ବାଙ୍ଗୀନ ସଙ୍ଗତି ଉପରେ ସେହି କ୍ଷମତା ନିର୍ଭର କରେ । ସ୍ୱାମୀ-ସ୍ତ୍ରୀଙ୍କ ସଙ୍ଗତିର ଭିତରଦେଇ ଗୋଟାଏ ଉଚ୍ଚସ୍ତରରେ ହୁଏତ ପହଞ୍ଚାଇ ଦେଇପାରେ । କିନ୍ତୁ ଏହା ଯଦି କ୍ଷୀଣ ତରଙ୍ଗ ଯୁକ୍ତ ହୁଏ, ତେବେ ଦୀର୍ଘସ୍ଥାୟୀ ହୁଏ ନାହିଁ । ସେଥିରେ ଯେଉଁ ଆତ୍ମା ପ୍ରବେଶ କରେ ସେ ସ୍ୱଳ୍ପାୟୁ ହୁଏ ।

ଅନୁଗତ - ମଣିଷକୁ ଯଦି ଅମର ହେବାକୁ ହେବ, ତେବେ ଈଶ୍ୱର ମରଣର କାହିଁକି ବ୍ୟବସ୍ଥା କଲେ ? ୪୫୯

ଶ୍ରୀଶ୍ରୀଠାକୁର -ମୃତ୍ୟୁ ମଣିଷ ପକ୍ଷରେ ଅତ୍ୟନ୍ତ ବେଦନାଦାୟକ । ମୃତ୍ୟୁ ହେଲେ ମଣିଷକୁ ଚିରଦିନ ଲାଗି ହରାଇବାକୁ ହୁଏ । ତାର ମରଣୋତ୍ତର ଅସ୍ତିତ୍ୱ ଥିଲେହେଁ ତା ସହିତ ଆମର ପ୍ରତ୍ୟକ୍ଷ ଯୋଗାଯୋଗ ରହେ ନାହିଁ । ଏହାହିଁ ବଡ଼ ମର୍ମାନ୍ତିକ । ସେଥିପାଇଁ

ମଣିଷ 'ଅମୃତ ଅମୃତ' ବୋଲି ପାଗଳ ହୋଇଯାଏ । ମୃତ୍ୟୁକୁ କିପରି ଭାବରେ ସଂହାର କରି ସେ ଅମର ହେବ, ତାହାହିଁ ମଣିଷର କଳ୍ପନା । ବାରମ୍ବାର ମୃତ୍ୟୁର କଷାଘାତ ଖାଇ ମଧ୍ୟ ପରାଜୟ ସ୍ୱୀକାର କରିବାକୁ ମଣିଷ ଚାହେଁନା । ମରୁଛି ତଥାପି କହୁଛି 'ଅମୃତ ଅମୃତ'। ମଣିଷ ଜୀବନ ଏପରି ଏକ ବସ୍ତୁ ଯେ ତାକୁ ଅମୃତଲାଭ କରିବାକୁହିଁ ହେବ । ତାହା ନ ପାଇବା ପର୍ଯ୍ୟନ୍ତ ସେ କ୍ଷାନ୍ତ ହେବ ନାହିଁ । ତେଣୁ ସ୍ମୃତିବାହୀ ଚେତନା ଯଦି ଆମେ ଲାଭ କରିପାରୁ ମରଣକୁ ଅନେକାଂଶରେ ଜୟ କରାଗଲା ବୋଲି କୁହାଯାଇପାରେ ।

(ଆଲୋଚକ-ଶ୍ରୀଶ୍ରୀଠାକୁରଙ୍କର ଏ ସଂପର୍କରେ ବହୁଜନ ବିଦିତ ଗୋଟିଏ ବାଣୀ -

" ମା ମ୍ରିୟସ୍ୱ ମା ଜହି ଶକ୍ୟତେ ଚେତ୍ ମୃତ୍ୟୁମବଲୋପୟ ।" ("ମରନା, ମାରନା, ପାର ତ ମୃତ୍ୟୁକୁ ଅବଲୁପ୍ତ କର")

ଅନୁଗତ- ସ୍ମୃତିବାହୀ ଚେତନା ଜାଗ୍ରତ ହେଲେ ମୃତ୍ୟୁକୁ ଜୟ କରିହେବ, ଏହାର ତାତ୍ପର୍ଯ୍ୟ କିପରି ? ୪୬୦

ଶ୍ରୀଶ୍ରୀଠାକୁର -ମୃତ୍ୟୁକୁ ଜୟ କରିବା ମାନେ ହେଉଛି ମୃତ୍ୟୁର ଭୟକୁ ଜୟ କରିବା ଏବଂ ତାହା ସମ୍ଭବ ହେବ ଯଦି ମୁଁ ଜାଣିନିଏ ଯେ ମୁଁ ପୂର୍ବଜନ୍ମରେ କ'ଣ ଥିଲି, ଆଉ ବର୍ତ୍ତମାନ ଜୀବନରେ ମୋର କ'ଣ ହେବା ଉଚିତ । ଏହା ଜାଣିବା ହେଉଛି ଜୀବନବୃଦ୍ଧି । ଗୀତାରେ ଭଗବାନ ଶ୍ରୀକୃଷ୍ଣ, ସେ ଓ ଅର୍ଜୁନଙ୍କ ଭିତରେ ପ୍ରଭେଦ ବୁଝାଇବାକୁ କହିଲେ - ହେ ଅର୍ଜୁନ ! ତୁମର ଓ ମୋର ବହୁ ଜନ୍ମ ହୋଇ ଯାଇଛି । ମୁଁ ସେସବୁର ଅବଗତ ଅଛି ଅଥଚ ତୁମର ତାହା ମନେ ନାହିଁ ।

(ଗୀତାର ଶ୍ଳୋକଟି ଏହିପରି -

" ବହୁନି ମୋ ବ୍ୟତୀତାନି ଜନ୍ମାନି ତବଚାର୍ଜୁନମ୍
ତାନ୍ୟହଂ ବେତ୍‌ଥ ସର୍ବାଣି ନ ତ୍ୱଂ ବେତ୍‌ଥ ପରନ୍ତପଃ ।" (୪/୫)

ମରଣ ଅବଧାରିତ ବୋଲି ତାକୁ ମାନିନେବାରେ କୌଣସି ପୌରୁଷ ନାହିଁ । ତାହାକୁ ଜୟ କରିବାରେ ଅଛି କୃତିତ୍ୱ । ଆମର ସମସ୍ତ ଦୁର୍ଭୋଗର କାରଣ ହେଉଛି ପ୍ରବୃତ୍ତିଜନିତ କର୍ମ, କିନ୍ତୁ ଈଶ୍ୱର ପ୍ରୀତି ବା ଇଷ୍ଟପ୍ରୀତି ଯଦି ଥାଏ, ତେବେମଣିଷ ନିଜର ଦୁର୍ଭୋଗର କାରଣ ବୁଝିପାରେ ଓ ଅଯଥା ଭଗବାନଙ୍କୁ ଦାୟୀ କରେ ନାହିଁ । ସେ ବୁଝେ ଯେ ତାର ଦୁର୍ଭୋଗ ପାଇଁ ତାର ପୂର୍ବଜନ୍ମର କର୍ମଫଳ ହିଁ ଦାୟୀ, ତେଣୁ ସେ ପ୍ରକାର କର୍ମ କରିବାରୁ କ୍ଷାନ୍ତ ହୁଏ ।

(ଆଲୋଚକ- ସ୍ୱାମୀ ବିବେକାନନ୍ଦ ତାଙ୍କର ଲିଖିତ 'ମୃତ୍ୟୁ ପରେ ଜୀବନ' ପୁସ୍ତିକାରେ କହିଛନ୍ତି -ସ୍ମୃତିଚେତନା ଲାଭ କଲେ ତୁମେ ଜାଣିପାରିବ ଯେ ଜଗତ ସ୍ୱପ୍ନ ମାତ୍ର ଓ ଗୋଟିଏ ବିରାଟ ରଙ୍ଗଭୂମି । ସେତେବେଳେ ଅନାସକ୍ତିର ଭାବ ପ୍ରବଳ ଭାବରେ ଆସିବ । କାରଣ ତୁମେ ଜାଣିପାରିବ ଯେ ତୁମେ ପୂର୍ବେ ଏ ଜଗତକୁ କେତେଥର ଆସିଛ । କେତେ ଲକ୍ଷ ଥର ତୁମେ ମାତା-ପିତା-ପୁତ୍ର-କନ୍ୟା-ସ୍ୱାମୀ-ସ୍ତ୍ରୀ-ବନ୍ଧୁ, ଐଶ୍ୱର୍ଯ୍ୟ ଓ ଶକ୍ତି ଘେନି କାଳକ୍ଷେପଣ

କରିଛ । କେତେଥର ସଂସାର ତରଙ୍ଗରେ ଉଚ୍ଚସ୍ତରକୁ ଉଠିଛ, ଆହୁରି କେତେଥର ନୈରାଶ୍ୟର ଗଭୀର ଗହ୍ୱରରେ ନିମଜ୍ଜିତ ହୋଇଛ । ଯେତେବେଳେ ସ୍ମୃତି ତୁମ ନିକଟକୁ ଏସବୁ ଆଣି ଦେବ, ସେତେବେଳେ ତୁମେ ବୀର ପରି ଛିଡ଼ା ହେବ ଓ କହିପାରିବ -ମୃତ୍ୟୁ ତୁମକୁ ମୁଁ ଗ୍ରାହ୍ୟ କରେ ନାହିଁ । ତୁମେ କ'ଣ ମୋତେ ଭୟ ଦେଖାଇବ ? ଏହାହିଁ ମୃତ୍ୟୁକୁ ଜୟ କରିବାର ଉପାୟ । ପୃଷ୍ଠା ୩୧-୩୨)

ଅନୁଗତ - ଆତ୍ମାର ଯେତେବେଳେ ପୁନର୍ଜନ୍ମ ହୁଏ, ସେ କିପରି ଉନ୍ନତ ଜନ୍ମ ପାଏ ? ୪୬୧

ଶ୍ରୀଶ୍ରୀଠାକୁର - ଆମେମାନେ ଅଭିଭୂତ ହେଉ ସତ କିନ୍ତୁ ଅଭିଦୀପ୍ତ ହେଉନା । ଅଭିଦୀପ୍ତ ହେଲେ ମଣିଷ adjusted (ସ୍ଥାୟୀ) ହୋଇଉଠେ । ଯେଉଁ ମାଈ କୁକୁରର କେତେଥର ଛୁଆ ହୋଇଛି, ତାକୁ ଯଦି ଗୋଟାଏ ଭଲ କୁକୁର ଦ୍ୱାରା breed(ଗର୍ଭସଞ୍ଚାର) କରାଯାଏ, ତାହାହେଲେ ମଧ୍ୟ ସେହି କଳା, କଳା ମିଶା ଧଳା ପ୍ରଭୃତି ନାନା ରଙ୍ଗର ଛୁଆ ହୋଇଥାଏ । କାରଣ ଆଗ କୁକୁରଙ୍କର impression (ଛାପ) ଦ୍ୱାରା ସେଇ ମାଈ କୁକୁରଟା ଅଭିଭୂତ ହୋଇଥାଏ । ଏଟା ହେଲା ଅଭିଭୂତି ଆଉ ଗୋଟାଏ ଅଛି ଅଭିଦୀପ୍ତି । ଅଭିଭୂତି ଓ ଅଭିଦୀପ୍ତି ମଧ୍ୟରେ ପାର୍ଥକ୍ୟ ଏହି ଯେ ଅଭିଭୂତ ହେଲେ, ଆମର ଆଉ ପାରିପାର୍ଶ୍ୱିକ ସମ୍ବନ୍ଧରେ consciousness (ସଚେତନତା) ନ ଥାଏ । ଅଭିଦୀପ୍ତିରେ ଆମେ ଚକ୍ଷୁଷ୍ମାନ୍ ହୋଇଉଠୁ । ଅଭିଭୂତିରେ ଅଛି obsession (ଆବେଶ) ଆଉ ଅଭିଦୀପ୍ତିରେ ଅଛି surrender (ଆତ୍ମସମର୍ପଣ) । ଇଷ୍ଟାର୍ଥ-ପରାୟଣ ହେଲେ ଇଷ୍ଟଙ୍କର ଅନୁଚର୍ଯ୍ୟା କରିବାକୁ ସେତେବେଳେ ବୁଦ୍ଧି ଆସେ । ତାଙ୍କର ଅନୁଜ୍ଞାବାହୀ ହେବାକୁ ହୁଏ, ତାଙ୍କୁ ପାଳନ-ପୋଷଣ-ରକ୍ଷଣ କରିବାକୁ ହୁଏ । ଆଉ ଏହା ଥିଲେ ସେ ଚୋର ହେଉ, ଡକାଏତ ହେଉ, ଯାହା ବି ହେଉ affected (ଆକ୍ରାନ୍ତ) ନ ହୋଇ exalted (ଉଦ୍ଦୀପ୍ତ) ହୋଇ ଉଠେ, ଯୋଗ୍ୟ ହୋଇଉଠେ ।

ଅନୁଗତ - ଜଣେ ପିଲାଦିନରୁ ଭଲ ଗୀତ ଗାଏ, ଛୋଟ ପିଲା କିନ୍ତୁ ତବଲା ଧରିଲା ଓ ବଜାଇଲା । ଆଉ କେହି ପିଲା ଅନର୍ଗଳ ରାମାୟଣ ଇତ୍ୟାଦିରୁ ଆବୃତ୍ତି କରେ, ଏହା କିପରି ହୁଏ ? ୪୬୨

ଶ୍ରୀଶ୍ରୀଠାକୁର -ଯୋଗ୍ୟତାର ଗୋଟେ ବିଧି ଅଛି । ଯୋଗ୍ୟତା ଆନୁପାତିକ ସେହିଭଳି ବୋଧି-ସଂଶ୍ରୟ ଓ ସମାବେଶ ହୁଏ । ଆମମାନଙ୍କର ଯେତେବେଳେ ମୃତ୍ୟୁ ହୁଏ, ସେତେବେଳେ ଆମେ ଗଭୀରତମ ବୃତ୍ତିରେ ବିଲୀନ ହେଉ । ସେଇଟା ହେଲା ସବୁକିଛିର ସମବେତ ଫଳ । ତା ମଧ୍ୟରେ ସବୁହିଁ ଥାଏ । ଯାହା ନେଇ ଆମେମାନେ ଯାଉ, ତାହାହିଁ ପୁଣି ଆସେ । ତେଣୁ ଅନେକଙ୍କର ଦେଖାଯାଏ ପିଲାବେଳରୁ କିଛି ଗାଇ ଜାଣନ୍ତି, କେତେ ପ୍ରକାରର ଭାଷା କହି ପାରନ୍ତି । ଆଉ ବିଶେଷ ବିଶେଷ ବ୍ୟାପାରରେ ବିଶେଷ ଝୁଙ୍କ୍ ବି ଖୁବ ଦେଖାଯାଏ । ତେଣୁ ଯୋଗ୍ୟତା ଯଦି ବଢେ, ତେବେ ତାହା ପରବର୍ତ୍ତୀ ଜୀବନକୁ ମଧ୍ୟ ସମୃଦ୍ଧ କରିତୋଳେ । ଅବଶ୍ୟ ସୁକେନ୍ଦ୍ରିକ ନ ହେଲେ, ଯୋଗ୍ୟତା ବଢ଼ି ମଧ୍ୟ ଦାମ ନାହିଁ ।

ଅନୁଗତ -ଜାତିସ୍ମରତ୍ୱ କିପରି ଆସେ ? ୪୬୩

ଶ୍ରୀଶ୍ରୀଠାକୁର - ଯେଉଁ କେତୋଟି ଜାତିସ୍ମର ଝିଅଙ୍କ କଥା ଜଣା ଯାଇଛି, ପ୍ରାୟ ସମସ୍ତେ ତ ଅନୁଲୋମ ବିବାହ ହେତୁ ଜନ୍ମ ହୋଇଛନ୍ତି ଏବଂ ଏହି ଯେ ଜାତିସ୍ମରମାନେ ଜନ୍ମିଛନ୍ତି ଏମାନେ ଖୁବ ସାଧାରଣ ପରିବାରରେ ଜନ୍ମ ନେଇଛନ୍ତି, ଏଥିପାଇଁ ଯେ ଖୁବ ସାଧନା ଦରକାର ହୁଏ, ତା ମଧ୍ୟ ମନେହେଉ ନାହିଁ। କ'ଣ ଗୋଟାଏ କାରଣ ଅଛି ତାହା ଆବିଷ୍କାର କରି ପାରିଲେହିଁ ଘରେ ଘରେ ପ୍ରତି ମଣିଷ ପାଖରେ ଏହା ସମ୍ଭବ ହେବ।

(ଆଲୋଚକ-୧୯୩୯ ମସିହାରେ ଶ୍ରୀଶ୍ରୀଠାକୁର ଜାତିସ୍ମରମାନଙ୍କର କଥା ସମ୍ବାଦପତ୍ରରୁ ପଢ଼ି, ସେମାନଙ୍କ ବିଷୟରେ ସମ୍ପୂର୍ଣ୍ଣ ବିବରଣୀ ସଂଗ୍ରହ କରିବା ପାଇଁ ସୁଶୀଲଚନ୍ଦ୍ର ବସୁଙ୍କୁ ଉତ୍ତର ଭାରତକୁ ପଠାଇଥିଲେ। ସେ ସେମାନଙ୍କୁ ସାକ୍ଷାତ କରି ତାଙ୍କ ସହିତ ବିସ୍ତୃତ ଭାବ-ବିନିମୟ କରି ଯେଉଁ ବିବରଣୀ ଶ୍ରୀଶ୍ରୀଠାକୁରଙ୍କୁ ଦେଇଥିଲେ ତାହାକୁ ପୁସ୍ତକ ଆକାରରେ 'ଜାତିସ୍ମର କଥା' ଶୀର୍ଷକରେ ପ୍ରକାଶ କରିଥିଲେ।

ଶାନ୍ତି ନାମରେ ଜଣେ ଜାତିସ୍ମରର କଥା ଏହିପରି -ଶାନ୍ତିର ଜନ୍ମ ୧୯୨୫ ମସିହାରେ। ତାକୁ ଯେତେବେଳେ ଆଠ ବର୍ଷ ସେ କହିଥିଲା ଯେ ତାର ପୂର୍ବଜନ୍ମର ସ୍ୱାମୀଙ୍କ ନାମ ପଣ୍ଡିତ କେଦାରନାଥ ଚୌବେ ଓ ସେ ମଥୁରାରେ ରୁହନ୍ତି। ସେ ଠିକଣା ମଧ୍ୟ କହିଦେଲା। ସେ ଯେଉଁ ପ୍ରକାର ଘର ଓ ଚୌବେଜୀଙ୍କ ଦୋକାନର ବର୍ଣ୍ଣନା ଦେଲା ତାହା ଠିକ ବୋଲି ପତ୍ରାଳାପ ଦ୍ୱାରା ଜଣାଗଲା। ସେ ଦିଲ୍ଲୀରେ ଥିବା ତାର ପୂର୍ବଜନ୍ମର ଦେବରଙ୍କୁ ମଧ୍ୟ ଚିହ୍ନି ପାରିଲା।

ପୂର୍ବଜନ୍ମରେ ତାର ନାମ ଲୁଗ୍‌ଦୀ ଦେବୀ ଥିଲା, ସେ ଥିଲା କେଦାରନାଥଙ୍କର ଦ୍ୱିତୀୟ ପତ୍ନୀ। ଚୌବେଜୀ ଲୁଗ୍‌ଦୀ ଦେବୀର ଏକମାତ୍ର ସନ୍ତାନ ନବନୀତ ଲାଲକୁ ସଙ୍ଗରେ ନେଇ ଶାନ୍ତିକୁ ଭେଟିବା ପାଇଁ ଦିଲ୍ଲୀ ଆସିଲେ। ଶାନ୍ତି, ସମସ୍ତଙ୍କୁ ଚିହ୍ନିଲା ପରେ ନବନୀତ ଲାଲକୁ ଦେଖି ଅଭିଭୂତ ହୋଇ ପଡ଼ିଲା, ତାକୁ ଛାତିରେ ଚାପି ଧରି ଧକେଇ ଧକେଇ କାନ୍ଦିଲା, ନିଜର ଖେଳଣା ତାକୁ ଆଣି ଦେଲା। ଏହି କାନ୍ଦ ବନ୍ଦ କରିବାକୁ ସେମାନେ ବାହାରକୁ ବୁଲିବାକୁ ଗଲେ ଓ ଶାନ୍ତି ନବନୀତକୁ ପାଇ ତାର ହାତ ଧରି ଖୁବ ବୁଲାଉଥାଏ, ତା ସାଙ୍ଗରେ ଖେଳୁଥାଏ। କେଦାରନାଥ ଶାନ୍ତିର ଅନୁରୋଧ ରକ୍ଷା କରି ଆହୁରି ଦୁଇଦିନ ଦିଲ୍ଲୀରେ ରହିଗଲେ ଏବଂ ସେମାନେ ଫେରିବାବେଳେ ଶାନ୍ତି ସେମାନଙ୍କ ସହିତ ମଥୁରା ଯିବାକୁ ଅଧୀର ହେଲା। ସେତେବେଳର ଦିଲ୍ଲୀରେ ଏହି ଘଟଣା ଏତେ ଚହଳ ପକାଇଥିଲା ଯେ ସତ୍ୟାସତ୍ୟ ଜାଣିବା ପାଇଁ ଗୋଟାଏ କମିଟି ଗଠନ କରାଯାଇ ଥିଲା। କେଦାରନାଥଙ୍କ ସହିତ କମିଟିର କେତେଜଣ ସଭ୍ୟ ଏମାନଙ୍କ ସହିତ ମଥୁରା ଗଲେ ଏବଂ ଜାଣିଲେ ଯେ ଶାନ୍ତିର ପୂର୍ବଜନ୍ମ ସ୍ମୃତି ପକ୍କା ଭାବରେ ରହିଛି।

ଲୁଗ୍‌ଦି ଦେବୀର ମୃତ୍ୟୁ ପରେ ଏବଂ ଶାନ୍ତିର ପୁନର୍ଜନ୍ମ ପର୍ଯ୍ୟନ୍ତ ଯାହା ଘଟିଥିଲା ତାହା ଶାନ୍ତିର ସ୍ମରଣ ଥିଲା ଏବଂ ସେ ତାହାକୁ ନିମ୍ନଲିଖିତ ଭାବେ କହିଛି - ଠିକ୍ ମୃତ୍ୟୁର ପୂର୍ବ ମୁହୂର୍ତ୍ତରେ ମୁଁ ଗଭୀର ଅନ୍ଧାର ଅନୁଭବ କଲି, ତାପରେ ଉଜ୍ଜ୍ୱଳ ଆଲୋକ; ଧୂଆଁ ପରି

ମୁଁ ମୋ ଦେହରୁ ବାହାରି ଆସି ଉପରକୁ ଉଠିଲି । ତାପରେ ଚାରିଜଣ ପିଲା ଗେରୁଆ ପୋଷାକ ପିନ୍ଧିଛନ୍ତି -ମତେ ପାଛୋଟି ନେବାକୁ ଆସିଲେ, ପ୍ରାୟ ଛଅ ଇଞ୍ଚ ବ୍ୟାସାର୍ଦ୍ଧର ଯାନ (ଗିନା ପରି), ସେଇଠି ମତେ ବସାଇ ନେଇ ଗଲେ । ଯେତେବେଳେ ମୁଁ ପ୍ରଥମ ସ୍ତରରେ ପହଞ୍ଚିଲି ସେଇଠାରେ ଯେଉଁମାନେ ଉପସ୍ଥିତ ଥିଲେ ସେମାନେ କହିଲେ -ଏହାର ସ୍ତର ଆହୁରି ଉପରେ । ଏହି ସବୁ ସ୍ତର ଗୁଡ଼ିକରେ ଘର ଇତ୍ୟାଦି କିଛିନାହିଁ, କେବଳ ପ୍ରକାଶ ରହିଛି । ପ୍ରଥମ ସ୍ତରରେ ବିରାଟ ପଡ଼ିଆ, ଗୋଟିଏ ଦିଗରେ ପ୍ରବେଶ ପାଇଁ ଖୋଲା, ଅପର ଦିଗରେ ଚାରିଦିଗରୁ ପାଚେରୀ ଦ୍ୱାରା ବନ୍ଦ ।

ଦ୍ୱିତୀୟ ସ୍ତରରେ ପଡ଼ିଆ ଭିତରେ ଗୋଟିଏ ଶୂନ୍ୟ ସିଂହାସନ ଥିବାର ଦେଖିଲି-ଆଉ ଅନେକ ସାଧୁ ସ୍ତ୍ରୀ-ପୁରୁଷ ଜ୍ୟୋତି ଆକାରରେ-in the form of light ଦେଖିଲି । ସେମାନେ କହିଲେ ଏହାକୁ ଊର୍ଦ୍ଧ୍ୱତର ସ୍ତରକୁ ନେଇ ଯିବାକୁ ହେବ ।

ତୃତୀୟ ସ୍ତରର ପ୍ରାନ୍ତରରେ କୌଣସି ସିଂହାସନ ଦେଖିଲି ନାହିଁ । ଅନେକ ସାଧୁ ଅଛନ୍ତି- ସ୍ତ୍ରୀ ପୁରୁଷ ଉଭୟ, ସେମାନଙ୍କର ଆକୃତି ଦ୍ୱିତୀୟ ସ୍ତରର ଅଧିବାସୀ ଅପେକ୍ଷା ଆହୁରି ଜ୍ୟୋତିର୍ମୟ । ସେମାନେ ଆହୁରି ଊର୍ଦ୍ଧ୍ୱ ସ୍ତରକୁ ମତେ ନେଇ ଯିବାକୁ କହିଲେ । ତାପରେ ଚତୁର୍ଥ ସ୍ତରରେ ପହଞ୍ଚି ଦେଖିଲି ଯେ ଆହୁରି ଜ୍ୟୋତିଷ୍ମାନ୍ ସାଧୁସନ୍ଥମାନେ ବସିଛନ୍ତି, ଆଉ ତା ମଧ୍ୟସ୍ଥଳରେ ଗୋଟିଏ ବିରାଟ ସିଂହାସନରେ ଦ୍ୱାରିକାଧୀଶ ଶ୍ରୀକୃଷ୍ଣ ମହାରାଜ ବିରାଜମାନ । ସେ ପ୍ରତ୍ୟେକଙ୍କୁ ସେମାନଙ୍କର ପର୍ଚ୍ଚା ଦେଖାଉଛନ୍ତି, ସେମାନେ କ'ଣ କ'ଣ କରିଛନ୍ତି ଓ ଭବିଷ୍ୟତରେ ସେମାନଙ୍କର କ'ଣ ଅବସ୍ଥା ହେବ ଏଥିରେ ବର୍ଣ୍ଣିତ ଅଛି । ମୁଁ, ଏ ଜନ୍ମରେ ଓ ମୋର ପୂର୍ବଜନ୍ମରେ ଶ୍ରୀକୃଷ୍ଣଙ୍କ ଆରାଧନା କରେ । ସେ ମତେ ମୋର ପର୍ଚ୍ଚା ଦେଖାଇ କହିଲେ ତୁମର ଏଥର ଜନ୍ମ ହେବ ଦିଲ୍ଲୀରେ ଓ ମୋର ପିତାଙ୍କ ନାମ ଉଲ୍ଲେଖ କଲେ ଓ କହିଲେ ଯେ ଏହା ତୁମର ଶେଷ ଜନ୍ମ । ଏହି ସ୍ତର ଗୁଡ଼ିକରେ ଆଲୋକ କି ଅନ୍ଧକାର ବୋଲି କିଛି ନାହିଁ । ଚତୁର୍ଦ୍ଦିଗ ଆଲୋକମୟ, ସେହି ଆଲୋକ ଖୁବ୍ ସ୍ନିଗ୍ଧ, ପୂର୍ଣ୍ଣଚନ୍ଦ୍ରର ଆଲୋକ ସହିତ ତାହାର କିଛି ପରିମାଣରେ ତୁଳନା ହୋଇପାରେ । ସେଠାରେ all day and all night, very soothing enlivening light, ଯେଉଁମାନେ ସେଠାରେ ଥିଲେ ସେମାନଙ୍କ ଭିତରେ ହିନ୍ଦୁ, ମୁସଲମାନ, ଖ୍ରୀଷ୍ଟାନ ଇତ୍ୟାଦି ଭେଦର ଅବକାଶ ନାହିଁ। ସବୁକିଛି ଏକପ୍ରକାରର ଶାନ୍ତ ସମାହିତ ଭାବ । ମୁଁ ଅନୁଭବ କଲି ଯେ ଏହି ଚତୁର୍ଥ ସ୍ତର ଉପରେ ଆହୁରି ସ୍ତର ଅଛି, କିନ୍ତୁ ସେ ବିଷୟରେ ମୋର ଧାରଣା ନାହିଁ।

ପର୍ଚ୍ଚା ମିଳିବା ପରେ ଗୋଟିଏ ଅନ୍ଧାରୁଆ ସିଡ଼ିଘର ପରି ଜାଗାକୁ ମତେ ନିଆଗଲା । ସେହି ଚାରିଜଣ ପିଲା ମତେ ଛାଡ଼ିଦେଇ ଚାଲି ଯାଇଥିଲେ । ଗୋଟାଏ ନାନା ପୂତିଗନ୍ଧମୟ ସ୍ଥାନରେ ମତେ ଶୁଆଇ ଦିଆଗଲା, ତାପରେ ମୋର ଜନ୍ମ ହେଲା ।

ସେହି ସ୍ତରର ଲୋକରେ କେହି କାହା ସହିତ କଥାବାର୍ତ୍ତା କରୁ ନ ଥିଲେ, କ୍ଷୁଧା-ତୃଷ୍ଣା-ନିଦ୍ରା କିଛି ନ ଥିଲା । ସୁଖର ଅନୁଭବ ନ ଥିଲା କି ଦୁଃଖର ଅନୁଭବ ନ ଥିଲା । ପୂର୍ବଜନ୍ମରେ ମୁଁ ଗୀତା, ରାମାୟଣ, ଉପନିଷଦ୍ ଆଦି ଖୁବ ପଢ଼ିଥିଲି । ଏଥର ମାତୃଗର୍ଭରେ

ମୋର ପୂର୍ବଜନ୍ମର କଥା ସବୁ ମନେ ପଡୁଥିଲା- ମୁଁ ଭାବୁଥିଲି କିପରି ସେଠାକୁ ଫେରିଯିବି ! (ଜାତିସ୍ମର କଥା)

(ଆଲୋଚକ- ୧୯୩୯ ମସିହାରେ ହିମାୟିତପୁର ଆଶ୍ରମରେ ସୁଶୀଲଚନ୍ଦ୍ର ବସୁଙ୍କ ଠାରୁ ଜାତିସ୍ମର ମାନଙ୍କର କଥା ଅବଗତ ହେଲାବେଳେ, ସାଧାରଣ ମଣିଷ କିପରି ଜାତିସ୍ମର ହୋଇ ପାରିବ ଏଥିପାଇଁ ଶ୍ରୀଶ୍ରୀଠାକୁର Buddhist meditation (ବୌଦ୍ଧମତରେ ସାଧନା)ରେ ଏସବୁ କଥା ଅଛି ବୋଲି ସେସବୁ ବହି ଯୋଗାଡ଼ କରିବାକୁ ନିର୍ଦ୍ଦେଶ ଦେଇଥଲେ ।

ଗୌତମ ବୁଦ୍ଧ (500BC-400BC) ବୋଧୋଦୟ ସମୟରେ ଦିନେ ରାତିରେ ତାଙ୍କର ସମସ୍ତ ପୂର୍ବ ଜନ୍ମର ବିସ୍ତୃତ ବିବରଣୀ ଜାଣିବାକୁ ପାଇଥିଲେ । ତଥାଗତ ବୁଦ୍ଧ କହିଥିଲେ ଯେ ସେ ଯେଉଁ ଜନ୍ମ ସମୂହର ବୃତ୍ତାନ୍ତ ଜାଣି ପାରିଥିଲେ, ତାହାର ସଂଖ୍ୟା ହେଉଛି ୯୧ ଇଓନ (91 Eons) । ଗୋଟିଏ ଇଓନର ସମୟସୀମା ହେଉଛି ଗୋଟିଏ ସୂର୍ଯ୍ୟମଣ୍ଡଳର ଜୀବନକାଳ । ଏହାର ଅର୍ଥ ଏହି ଯେ ନିଜର କୋଟି କୋଟି ପୂର୍ବ ଜନ୍ମବୃତ୍ତାନ୍ତ ଜାଣିବାକୁ ସେ ସମର୍ଥ ହୋଇଥିଲେ । ସେଥିରୁ କେତେକ ବୌଦ୍ଧ-ଜାତକରେ ସନ୍ନିବେଶିତ ହୋଇଛି । ବୌଦ୍ଧମତର ଧ୍ୟାନକୁ ବିପାସନା ଧ୍ୟାନ (Vipasana meditation) କୁହାଯାଏ । ପରବର୍ତ୍ତୀ କାଳରେ ଏହା ସହିତ mindfulness (ମନଯୋଗ)କୁ ଗୁରୁତ୍ୱ ଦିଆଗଲା । ସଂକ୍ଷେପରେ କହିଲେ ଧ୍ୟାନ ସମୟରେ ଶ୍ୱାସ-ପ୍ରଶ୍ୱାସ ଉପରେ ମନକୁ ସଂଲଗ୍ନ କଲେ ମନ ଆୟତ୍ତକୁ ଆସେ । ଏହାଛଡ଼ା ଗୋଟିଏ କାମ କଲାବେଳେ କେବଳ ସେହି କାମ ସହିତ ମନକୁ ସଂପୂର୍ଣ୍ଣଭାବେ ଜଡ଼ିତ କରିବା କଥା କୁହାଯାଇଛି । ଉଦାହରଣ ସ୍ୱରୂପ, ପ୍ରାର୍ଥନା କଲାବେଳେ ପ୍ରାର୍ଥନାରେ ଯାହା କହୁଛୁ ତା ଉପରେ ମନଯୋଗ ନ ଦେଇ ଘର-କଥା, ବ୍ୟବସାୟ-କଥା ଇତ୍ୟାଦି ଭାବିଲେ ମନ ଏକାଗ୍ର ହୁଏନା । ତେଣୁ କୁହାଯାଇଛି ଯେ ତୁମେ ଯେତେବେଳେ ଯାହା କରୁଛ, ତୁମର ସଂପୂର୍ଣ୍ଣ ଭାବନା କେବଳ ତାହାରି ଉପରେ ଆଣିବାକୁ ଚେଷ୍ଟା କର, ସେତେବେଳେ ଅନ୍ୟ କିଛି ଭାବ ନାହିଁ ।

ପୁନର୍ଜନ୍ମକୁ ବୌଦ୍ଧମତରେ (samsara) ସଂସାର କୁହାଯାଇଛି, ଏହି ଶେଷହୀନ ଜନ୍ମ-ମରଣ ବୃତ୍ତ ଦୁଃଖ ଏବଂ କଷ୍ଟଦାୟୀ ହୋଇଥାଏ । ମଣିଷ ଯେତେବେଳେ ତାର (craving) ପ୍ରବଳ ଇଚ୍ଛାକୁ ନିଜର ଜ୍ଞାନ ଦ୍ୱାରା ଶେଷ କରି ଦେବାକୁ ସମର୍ଥ ହୁଏ, ସେତେବେଳେ ତାର ମୁକ୍ତି ହୁଏ । ମଣିଷ ବାରଂବାର ଭବଚକ୍ର ଭିତରେ ଜନ୍ମ-ମରଣରେ ଗତି କରେ । ଏହି ଗତି ଦ୍ୱାରା ସେ ତାର କର୍ମ ଅନୁସାରେ ୬ ପ୍ରକାରର ଅବସ୍ଥା ପ୍ରାପ୍ତ ହୋଇଥାଏ । ସେଗୁଡ଼ିକ ହେଲା ଦେବ (heavenly), ଅସୁର (demon), ମନୁଷ୍ୟ (human), ତିର୍ଯ୍ୟକ୍ (animals), ପ୍ରେତ (ghosts) ଓ ନରକ (resident of hell) । ଏହି ନିର୍ଦ୍ଧାରଣ ମଣିଷର କୁଶଳ କର୍ମ ଓ ଅକୁଶଳ କର୍ମ ଉପରେ ନିର୍ଭର କରେ ।

ଯାହା ଜଣାଯାଏ ପୂର୍ବଜନ୍ମକୁ ଜାଣିବା (Past life Regression) ପାଇଁ ଏକ ସୁଖଦ ସମ୍ମୋହନ ପ୍ରଣାଳୀ (gentle form of hypnotherapy) ଅବଲମ୍ବନ କରାଯାଇଥାଏ ।

ମଣିଷର ଚେତନ ମନ ନିତିଦିନର କାର୍ଯ୍ୟକଳାପରେ ବ୍ୟସ୍ତ ବିବ୍ରତ ଥାଏ, ଅବଚେତନ ମନ ଘୋଡ଼ାଇ ହୋଇ ପଡ଼ିଥାଏ। ସମ୍ମୋହନ ପ୍ରଣାଳୀ ଦ୍ୱାରା ଅବଚେତନ ମନ ମୁକୁଳା ହୁଏ। ପୂର୍ବଜନ୍ମର ସ୍ମୃତି ଝଲକରେ ପ୍ରତିଭାତ ହୋଇଥାଏ।

ଋଷି ବଶିଷ୍ଠ ଶ୍ରୀରାମଚନ୍ଦ୍ରଙ୍କୁ ଗୋଟିଏ କାହାଣୀ କହିଲେ (ନିଜଭାବରେ ନିଜଭାଷାରେ)- ପୁରାକାଳରେ ଉତ୍ତର-ପାଣ୍ଡବ ବୋଲି ଏକ ସମୃଦ୍ଧ ରାଜ୍ୟ ଥିଲା, ରାଜାଙ୍କ ନାମ ଲଭନ। ଦିନେ ରାଜସଭାରେ ଏକ ସିଦ୍ଧଯୋଗୀ ଆସି ପହଞ୍ଚିଲେ, ରାଜାଙ୍କୁ କହିଲେ- ମୁଁ ଏପରି କିଛି ଦେଖାଇବି ଯାହା ଆପଣ କେବେ ଜାଣିନଥିବେ କି ଦେଖିନଥିବେ। ରାଜାଙ୍କ ସମ୍ମତିକ୍ରମେ ସେ ଗୋଟିଏ ମୟୂରଚନ୍ଦ୍ରିକା ତାଙ୍କ ଆଖି ସାମନାରେ ହଲାଇଦେଲେ। ସେହିମାତ୍ରକେ ସବୁ ଲୁପ୍ତ ହୋଇଗଲା, ରାଜ-ସିଂହାସନ, ଦରବାର, ମନ୍ତ୍ରୀ-ପରିଷଦ ଇତ୍ୟାଦି ଇତ୍ୟାଦି। ଗୋଟିଏ ଅମାନିଆ ଘୋଡ଼ା ଉପରେ ସବାର ହୋଇ ଜଣେ ନଗର ପାର ହୋଇ ଜଙ୍ଗଲର ଗୋଟିଏ ସରୁ ରାସ୍ତାରେ ଘୋଡା ଦୌଡି ଚାଲିଛି। ଘୋଡ଼ା ଆୟତ୍ତକୁ ଆସୁନାହିଁ। ଦୁଇଦିନ ଦୁଇରାତି ଆହାର ନାହିଁ, ଜଳ ନାହିଁ, ନିଦ୍ରା ନାହିଁ। ଘଞ୍ଚ ଜଙ୍ଗଲରେ ଦୌଡ଼ିବା ବେଳେ ଗଛରୁ ଖସି ପଡ଼ିଥିବା ଲତାରେ ଅଶ୍ୱାରୋହୀଙ୍କ ବେକ ଛନ୍ଦି ହୋଇ ଯିବାରୁ ସେ ତଳକୁ ଖସିପଡ଼ିଲେ। କେହି କୁଆଡ଼େ ନାହାନ୍ତି। ଦିନ ହେଲାରୁ ଚାରିଆଡ଼େ ଅନଉଥାନ୍ତି, ପାଣି ଟିକେ କେଉଁଠି ପାଇବେ। ଦେହ ଏପରି ନିସ୍ତେଜ ଯେ ଠିଆ ହେବାକୁ ବଳ ପାଉନି। ଏହି ସମୟରେ ଦୂର ସରୁ ଚଲାରାସ୍ତାରେ ଗୋଟିଏ ରମଣୀକୁ ତାଙ୍କ ଆଡ଼କୁ ଆସୁଥିବାର ସେ ଦେଖିଲେ। ରମଣୀ ବର୍ତ୍ତମାନ ତାଙ୍କ ନିକଟରେ-ଦେଖିବାକୁ ନିହାତି ଅସୁନ୍ଦରୀ। ସେ ପଚାରିଲା-ତୁମେ କିଏ, ଏଠାରେ କେମିତି ପଡ଼ିଲ ? ଅଶ୍ୱାରୋହୀ ଦେଖିଲେ ଯେ ରମଣୀର ମଥାରେ ଦୁଇଟି ମାଟିର ଠେକି। ପଚାରିଲେ- ସେଥିରେ କ'ଣ ଅଛି ଆଗ କହ। ରମଣୀ କହିଲା-ଗୋଟିକରେ ଦୁଇ ଦିନର ବାସିଭାତ ଆଉ ଶୁଖା ଘୁଷୁରୀମାଂସ ପୋଡ଼ା, ଆଉ ଗୋଟିକରେ ପାଣି, ବାପା ଉପର ଜଙ୍ଗଲକୁ କାଠ କାଟିବାକୁ ଯାଇଛି, ତାପାଇଁ ନେଇ ଯାଉଛି। ଅଶ୍ୱାରୋହୀ ଅନୁରୋଧ କଲେ-ପାଣିବୁନ୍ଦାଏ ଦେଇ ମୋ ଜୀବନ ବଞ୍ଚାଇ ଦେ। ରମଣୀଟି କହିଲା- ତା ହେବ ନାହିଁ। ତୁମେ ଉଚ୍ଚ ଜାତିର ମନେହେଉଛ। ମୁଁ ନିହାତି ନୀଚ ଜାତିର। ତୁମକୁ ପାଣି ଦେଲେ ମୋର ପାପ ହେବ, କିନ୍ତୁ ତୁମେ ଯଦି ଜଳ ବିନା ମରିବି ଯାଅ ତେବେ ମତେ ପାପ ଲାଗିବନି। ରମଣୀଟି ଚାଲି ଯାଉ ଯାଉ ଅଶ୍ୱାରୋହୀ କହିଲେ- କ'ଣ ମୁଁ ଏପରି ମରିଯିବି ? ରମଣୀ କହିଲା-ଗୋଟିଏ ଉପାୟ ଅଛି। ତୁମେ ଯଦି ମୋତେ ବିବାହ କର, ତେବେ ତୁମେ ମୋ ଜାତିର ହୋଇଯିବ। ଅଶ୍ୱାରୋହୀ ରାଜିହେଲେ। ଜଳ ପିଇ ଜୀବନ ବଞ୍ଚାଇଲେ।

ଅସୁନ୍ଦରୀ ସ୍ତ୍ରୀ ସହିତ ସଂସାର କଲେ। ବହୁବର୍ଷ ବିତିଗଲା। ତାଙ୍କର ଚାରିପୁଅ ହେଲେ। ତିନି ପୁଅ ବାହା ହୋଇ ସ୍ତ୍ରୀମାନଙ୍କୁ ନେଇ ଅଲଗା ଘର-ସଂସାର କରୁଛନ୍ତି। ତାଙ୍କ ପାଖରେ କେବଳ ଚତୁର୍ଥ ପୁଅ, ବୟସ ଦଶ ବାର ବର୍ଷ ହେବ। ତିନି ଚାରି ବର୍ଷ ବର୍ଷା ନ ହେବାରୁ ସେ ଅଞ୍ଚଳରେ ମରୁଡ଼ି ପଡ଼ିଲା। ତାଙ୍କ ଛୋଟ ଗାଁର ସମସ୍ତେ ପରିବାର ନେଇ ଅନ୍ୟତ୍ର ଚାଲିଗଲେଣି। ବୁଢ଼ାବୁଢ଼ି ଛୋଟ ପୁଅକୁ ଧରି ଅନ୍ୟ ଆଡ଼େ ଯିବାକୁ ବାହାରିଲେ। ଦୁଇ

ତିନି ଦିନ ବିତିଗଲାଣି । ଗଛର ମୂଳ ସିଝାଇ ଯାହା ଖାଉଛନ୍ତି, ଆଉ କିଛି କେଉଁଠି ମିଳୁନାହିଁ। ଜଙ୍ଗଲର ତଳଭାଗରେ ଶୁଖିଲା ପତ୍ରରେ ଚାରିଆଡେ ନିଆଁ । ପୁଅ ଏତେବେଳେ କହୁଛି - ବାପା, ମୋର ହରିଣ ଛୁଆ ମାଂସ ପୋଡ଼ା ଖାଇବାକୁ ଭାରି ଇଚ୍ଛା ହେଉଛି । ମତେ ଯେମିତି ହେଲେ ଆଣିଦିଅ । ଅଶ୍ୱାରୋହୀ କହିଲେ-ଚିନ୍ତା କରନା । ଏହା କହି ବୁଢ଼ୀକୁ ଅଳ୍ପଦୂରରେ ଦିଶୁଥିବା ଗାଁକୁ ପାଣି ଆଣିବାକୁ ପଠାଇଦେଲେ । ପୁଅକୁ ଗୋଟିଏ ଗଛମୂଳେ ବସାଇ କହିଲେ-ଜଙ୍ଗଲ ଭିତରକୁ ଯାଇ ହରିଣଛୁଆ ମାରି ସେହି ମାଂସକୁ ପୋଡ଼ି ତୋ ପାଇଁ ନେଇ ଆସୁଛି । ମୁଁ ଗୋଟିଏ ଗଛମୂଳେ ଠୋଲାରେ ପୋଡ଼ାମାଂସ ରଖିଦେଇ ତତେ ଡାକଦେଲେ ତୁ ଆସି ସେଠାରୁ ନେଇଯିବୁ । ମୁଁ ବାକି ମାଂସ ପୋଡ଼ି ପରେ ଆସିବି । ଏହା କହି ସେ ଜଙ୍ଗଲ ଭିତରକୁ ପଶିଯାଇ କୁରାଢ଼ିରେ ଆଣ୍ଠୁତଳକୁ ତାଙ୍କର ଦୁଇଟି ଗୋଡ଼ କାଟିଦେଲେ । ତଳେ ଜଳୁଥିବା ନିଆଁରେ ମାଂସକୁ ପୋଡ଼ି ଠୋଲାରେ ରଖି ଟିକେ ଦୂରରେ ଗଛ ପାଖରେ ରଖିଦେଲେ । ପୁଅକୁ ଡାକଦେଲେ- ପୁଅରେ, ତୋ ଖାଇବା ନେଇଯା । ମୁଁ ପରେ ଆସିବି । ମା ସହିତ ପାଖ ଗାଁକୁ ଚାଲିଯିବୁ । ପୁଅ ହଁ କଲାରୁ ସେ ଗଡ଼ି ଗଡ଼ି ସେଇ ଜଙ୍ଗଲ ଭିତର ନିଆଁରେ ପୋଡ଼ିହୋଇ ପ୍ରାଣତ୍ୟାଗ କଲେ ।

ରାଜ-ଦରବାରରେ ରାଜା ଲଭନ ନିଦରୁ ଉଠିଲା ପରି ଘାବରାଇ ପଚାରିଲେ-ମୁଁ ଶୋଇ ପଡ଼ିଥିଲି ନା କ'ଣ ? ମହାମନ୍ତ୍ରୀ କହିଲେ-ହଁ, ଘଡ଼ିଏ ଖଣ୍ଡେ ଆଖି ବନ୍ଦ ହୋଇଯାଇଥିଲା । କାଲି ରାତିରେ ବୋଧେ ଆପଣଙ୍କୁ ଭଲ ନିଦ ହୋଇନାହିଁ । ସେହି ସିଦ୍ଧପୁରୁଷ ଆଉ ସେଠାରେ ନ ଥିଲେ । ଖୁବ୍ ଖୋଜାଖୋଜି ବିଫଳ ହେଲା ।

ରାଜା ଲଭନ ସମ୍ମୋହନ ଶକ୍ତିର ପ୍ରୟୋଗ ହେତୁ ପୂର୍ବ ସଂପୂର୍ଣ୍ଣ ଜୀବନ ଗୋଟିଏ ଘଡ଼ିରେ ଦେଖି ନେଇପାରିଥିଲେ । (Stories from Yoga Vasistha)

ଅନୁଗତ - ଅନ୍ତର୍ଜ୍ଞାନ (intuition) କ'ଣ ସ୍ମୃତିଶକ୍ତି ପରି ହୋଇଥାଏ କି ? ଏହା କିପରି ହାସଲ କରି ହୁଏ ? ୪୬୪

ଶ୍ରୀଶ୍ରୀଠାକୁର - ମନେକର, ଗୋଟିଏ ଗଛର ଡାଳ ଭାଙ୍ଗି ଅନୁମାନ କରିବାକୁ କହିଲି- ଏହି ଡାଳରେ କେତେ ପତ୍ର ଅଛି କହ ତ ? ତୁମେ ଗୋଟାଏ ସଂଖ୍ୟା କହିଲ ଠିକ ହେଲା ନାହିଁ । ବାରମ୍ବାର ଏହି ପ୍ରକାରର କରି ତୁମେ ହୁଏତ ଭୁଲ କରି କରି ପାଖାପାଖି ସଂଖ୍ୟା କହି ପାରିଲ । ଏହିପରି କରୁ କରୁ ଆଉ ଗୋଟାଏ ଡାଳ ଭାଙ୍ଗି ଦେଇ ଯେତେବେଳେ ପଚାରିଲି ସେତେବେଳେ ହୁଏତ ଠିକ ଉତ୍ତର ଦେଲ । ମୁଁ ଗୋଟାଏ ଉଦାହରଣ ଦେଲି, ଏଇ ପ୍ରକାର ନାନା ରକମର କାଇଦା କରି intuition develop (ଅନ୍ତର୍ଜ୍ଞାନ ବିକାଶ)କରିବାକୁ ହୁଏ । ନାନା ପ୍ରକାର ପ୍ରବୃତ୍ତିର ଧନ୍ଦା ଯଦି ମୁଣ୍ଡରେ ଥିବ, ତେବେ ଏହା ହୋଇ ପାରିବ ନାହିଁ ।

ଅନୁଗତ - Clairvoyance (ଅତୀନ୍ଦ୍ରିୟ ଦର୍ଶନ) ଓ telepathy (ଦୂର ସଂବେଦନା) ଏହା କିପରି ହୋଇଥାଏ ? ୪୬୫

ଶ୍ରୀଶ୍ରୀଠାକୁର - ମୁଁ ନିଜେ ଥରେ ଦେଖିଲି -ଗୋଟାଏ ଜାହାଜରେ ନିଆଁ ଲାଗିଛି। ପରେ ଖବର କାଗଜରେ ଦେଖାଗଲା ପ୍ରକୃତରେ ତାହା ଘଟିଛି। ମୋର ହୁଏତ ତମାଖୁ ଦରକାର, ହଠାତ୍ ଦେଖିଲି ଜଣେ ତମାଖୁ ନେଇ ଆସି ହାଜର। ଏସବୁ mental tuning (ମାନସିକ ଏକତାନତା)ର ବିଷୟ। ଗୋଟାଏ wireless transmitting centre (ବେତାର ଯୋଗେ ବାର୍ତ୍ତା ପ୍ରେରଣ କେନ୍ଦ୍ର)ରୁ ଯେଉଁ wave (ତରଙ୍ଗ) ବାହାରେ, intune (ସମତାନ) ଯେଉଁ receiving set (ଗ୍ରହଣ ଯନ୍ତ୍ର) ଯେଉଁଠାରେ ଥାଉ ନା କାହିଁକି ସେଠାରେ ତାହା reproduced (ପୁନରୁତ୍ପାଦିତ) ହୁଏ। ଆମର brain (ମସ୍ତିଷ୍କ) ମଧ୍ୟ ସେହିପରି ଏକ mechanism (ଯନ୍ତ୍ର), ତାହା ମଧ୍ୟ ଗ୍ରହଣ କରିପାରେ। ସାମନା ସାମନି ଗୋଟିଏ ଘଟଣା ନ ଘଟିଲେ ମଧ୍ୟ, ତାର ସୂକ୍ଷ୍ମ impulse (ପ୍ରେରଣା) ଦ୍ୱାରା brain (ମସ୍ତିଷ୍କ)ର visual centre (ଦର୍ଶନ କେନ୍ଦ୍ର) excited (ଉତ୍ତେଜିତ) ହୁଏ, ପ୍ରତ୍ୟକ୍ଷ ଦର୍ଶନ ପରି ଘଟିଥାଏ।

କୌଣସି ବିଷୟରେ ଆମେ ଯଦି କେବଳ ମନଗଢ଼ା ଧାରଣା ନେଇ ଚାଲୁ, ତାହେଲେ ବାସ୍ତବ ପ୍ରୟୋଗ ଓ ଉପଯୋଗିତା କ୍ଷେତ୍ରରେ ଫଳ ମିଳିବ ନାହିଁ, ଓଲଟା ହୋଇ ଯିବ। ଗ୍ରହ, ଉପଗ୍ରହ, ଜଳ, ବାୟୁ, ସାପ, ବିରାଡ଼ି, ବାଘ, କୁମ୍ଭୀର ଇତ୍ୟାଦି ଯେତେ ବିଷୟରେ ଆମର ଯେତେ ଜ୍ଞାନ ଥାଉନା କାହିଁକି ଆମେ ଯଦି ସେସବୁ ଜ୍ଞାନକୁ ଆୟତ୍ତରେ ଆଣି କାମରେ ଲଗାଇପାରୁ, ତେବେ ବୁଝାଯିବ ଯେ ସେ ଜ୍ଞାନ ସତ୍ୟ ଓ ବାସ୍ତବ। ଏହିପରି ଜ୍ଞାନକୁ କୁହାଯାଏ ବିଜ୍ଞାନ, ବିଜ୍ଞାନ ମଣିଷକୁ ଶକ୍ତିମାନ୍ କରିତୋଳେ।

—୦—

ଅଭିଜ୍ଞତାର ପାରମ୍ପର୍ଯ୍ୟ, ଶ୍ରୀଶ୍ରୀଠାକୁରଙ୍କ ବାଣୀ

ଅଭିଜ୍ଞତା, ଦର୍ଶନ, ବିଜ୍ଞାନ ଓ ସତ୍ୟ
ପୂର୍ବବର୍ତ୍ତୀକୁ ସାର୍ଥକ କରିହିଁ
ସମୃଦ୍ଧିରେ ଅଧିଷ୍ଠିତ ହୁଏ,
କିନ୍ତୁ ନିରର୍ଥକତା ବା ଅପଳାପ ଆଣି
ସେଗୁଡିକୁ ନିଭାଇ ଦେଇ
ସଞ୍ଚିତ-ଜ୍ଞାନକୁ ଅପଦସ୍ଥ କରେ ନାହିଁ।

(ଚଲାର ସାଥୀ-୮୪)

ଅଷ୍ଟମ ପରିଚ୍ଛେଦ

ଅଲୌକିକତା, ବିଜ୍ଞାନଭୂମି, ମହାକାଶ-ଗ୍ରହଗ୍ରହାନ୍ତର କଥା ।

ଅନୁଗତ- ଅଲୌକିକତା କାହାକୁ କୁହନ୍ତି ? ୪୬୬

ଶ୍ରୀଶ୍ରୀଠାକୁର- ଯାହା ସାଧାରଣତଃ ଦେଖାଯାଏନା, ଆମେ ଯେତେବେଳେ ତାକୁ ଦେଖିବାକୁ ପାଉ ସେତେବେଳେ ତାକୁ ଅଲୌକିକ ଘଟଣା ବୋଲି ମନେକରୁ । କିନ୍ତୁ ତାର ମାନେ ନୁହେଁ ଯେ ତା' ପଛରେ କୌଣସି କାରଣ ନାହିଁ, ଅକାରଣେ ତାହା ସଂଘଟିତ ହେଉଛି । ଯେଉଁଠି ଯାହା କିଛି ଘଟେ ତା' ପଛରେ ବିହିତ କାରଣ ଥାଏ । ଆଉ ସେଇ କାରଣଟା ଆବିଷ୍କାର କରିବା ହେଉଛି, ଆମମାନଙ୍କର କାର୍ଯ୍ୟ । ଜଣେ ସର୍ଟହାଣ୍ଡ ଲେଖେ, ଏହା ମୋ ନିକଟରେ ଅଦ୍ଭୁତ, କାରଣ ମୁଁ ତାହା ଜାଣେନା । ଆମମାନଙ୍କ ମନ ବୈଜ୍ଞାନିକ ଭାବେ ଭାବିତ ନୁହେଁ ବୋଲି, ଆମେ ବହୁକିଛିକୁ ଅଲୌକିକ ଆଖ୍ୟା ଦେଇ ସନ୍ତୁଷ୍ଟ ରହୁ । ଏଇଟାକୁ ମୁଁ ଅଧର୍ମ ବୋଲି ମନେକରେ । ଯୁକ୍ତି-ବୁଦ୍ଧିକୁ ବିସର୍ଜନ ଦେଲେ ଧର୍ମହାନୀ ଘଟେ ବୋଲି ମୋର ଧାରଣା, ତେବେ କେବଳ ଯୁକ୍ତିବାଦୀ ହେଲେ ହେବ ନାହିଁ । ଭକ୍ତି ଓ ଯୁକ୍ତିର ମିଳନ ହିଁ ସୁସ୍ଥ ଜୀବନର ପଥ । (ଆଲୋଚନା ପ୍ରସଙ୍ଗେ ୧୮ଶ ଖଣ୍ଡ)

ଅନୁଗତ- ଆପଣ ଡାକ୍ତରୀ କଲାବେଳେ ଗୋଟିଏ ରୋଗୀ ଆସିଲେ, ତାଠାରୁ କିଛି ନ ଶୁଣି ବିନା ପରୀକ୍ଷାରେ ରୋଗ ଚିହ୍ନି ପାରୁଥିଲେ ? ୪୬୭

ଶ୍ରୀଶ୍ରୀଠାକୁର- ମଣିଷ କୌଣସି ଜିନିଷ ନେଇ ଯଦି sincerely engaged ଥାଏ, ଆଉ ତାହା apply (ବନିଯୋଗ) କରେ, ତାହେଲେ ମଣିଷର experience (ଅନୁଭୂତି) ହୁଏ, common sense (ସାଧାରଣ ଜ୍ଞାନ) grow (ବଢ଼ିବା) ହୁଏ, ଆଉ ଅବଶେଷରେ ତାହା instinct (ସହଜାତ) ପରି ହୋଇଥାଏ । ତାହା ଫଳରେ ବୋଧହୁଏ ମୋର ସେପରି ହୋଇଥିଲା ।

ଅନୁଗତ- ଅନେକ ଦୃଷ୍ଟାନ୍ତ ଅଛି ଯେ ଜଣକୁ ଦେଖିବାମାତ୍ରେ ତାର ଅତୀତ, ବର୍ତ୍ତମାନ ଓ ଭବିଷ୍ୟତ ଆପଣ ଜାଣି ପାରନ୍ତି, ଏହା କିପରି ହୋଇଥାଏ ? ୪୬୮

ଶ୍ରୀଶ୍ରୀଠାକୁର- ନାମ ଧ୍ୟାନ, ଗୋଟିଏ ଶବ୍ଦ ନେଇ ମନେମନେ continuously (ଅବିରାମ) ଉଚ୍ଚାରଣ ଫଳରେ ତାହା ଆମ ସ୍ନାୟୁ ଉପରେ କ୍ରିୟା କରି ମସ୍ତିଷ୍କକୋଷଗୁଡ଼ିକୁ ଉତ୍ତେଜିତ କରିତୋଳେ, ତଦ୍ୱାରା ପୂର୍ବାପେକ୍ଷା ସେମାନଙ୍କର sensitiveness and receptiveness (ସୂକ୍ଷ୍ମାନୁଭବ ଓ ଗ୍ରହଣକ୍ଷମତା) ବଢ଼ିଯାଏ । ପୁଣି ଏହି ନାମ କରିବା

କ୍ରିୟା continually with attachment (ଅବିରାମ ଓ ଶ୍ରଦ୍ଧାନ୍ୱିତ) ଏକଚିନ୍ତାପରାୟଣତା ଯୋଗୁଁ ଅର୍ଥାତ୍ ଧ୍ୟାନ ସହିତ ପ୍ରିୟଚିନ୍ତା ହେତୁ sensitive cells (ସୂକ୍ଷ୍ମାନୁଭବୀ କୋଷ ସମୂହ) ଏପରି (ଉପଯୋଗୀ) ହୁଏ । ବୋଧଶକ୍ତି ବଢ଼ିଯାଏ ।

ଅନୁଗତ- ଆପଣ କୌଣସି ଜୀବଜନ୍ତୁ ଦେଖିଲେ, ମଣିଷ ମନେ ପଡ଼ିଯିବା, ଓ ମଣିଷ ଦେଖିଲେ କେହି ଜୀବ ମନେ ପଡ଼ିଯାଏ ବୋଲି ବ୍ୟକ୍ତ କରିଛନ୍ତି । ଏହା କ'ଣ ? ୪୬୯

ଶ୍ରୀଶ୍ରୀଠାକୁର- ଗୋଟାଏ ଗୋଟାଏ ଜନ୍ତୁକୁ ଦେଖି କୌଣସି ଲୋକର କଥା, ପୁଣି କୌଣସି କୌଣସି ଲୋକକୁ ଦେଖି ଗୋଟାଏ ଗୋଟାଏ ଜନ୍ତୁର କଥା ପଟ୍ କରି ମନେ ପଡ଼ିଯାଏ, ମୁଁ ଭାବେ ଏସବୁ କ'ଣ , ମୁଁ ତ ଆଉ ପାଗଳ ନୁହେଁ !

(ଆଲୋଚକ-ଜୀବନୀ-ଲେଖକ ସତୀଶଚନ୍ଦ୍ର ଜୋୟାରଦାର ମହାଭାବାବସ୍ଥାର ପୂର୍ବାବସ୍ଥାକୁ ବର୍ଣ୍ଣନା କରିଛନ୍ତି -୧୯୧୮ ମସିହା(ବଙ୍ଗଳା ୧୩୨୫ ସାଲ)ର ଶେଷଭାଗରେ ଦିନେ ବସି କଥାବାର୍ତ୍ତା ଚାଲିଥାଏ । ଶ୍ରୀଶ୍ରୀଠାକୁର କହିଲେ- ଦେଖ ତ ଅନନ୍ତ ମୋର ହୃତ୍‌ପିଣ୍ଡ ଯେ ବନ୍ଦ ହୋଇଯାଉଛି ଯେପରି ମୋଟେ ଚାଲୁନାହିଁ । ଅନନ୍ତ ମହାରାଜ ଷ୍ଟେଥୋସ୍କୋପ ଦ୍ୱାରା ଦେଖିଲେ ଶ୍ରୀଶ୍ରୀଠାକୁରଙ୍କ ହୃତ୍‌ସ୍ପନ୍ଦନ ଏକାବେଳକେ ବନ୍ଦ । ଧମନୀ ପରୀକ୍ଷା କରି ଦେଖିଲେ, ହାତରେ ନାଡ଼ୀ ମିଳୁନାହିଁ । ସଙ୍ଗେ ସଙ୍ଗେ କୁଷ୍ଟିୟାର ବିଶିଷ୍ଟ ଡାକ୍ତର ଗୋକୁଳଚନ୍ଦ୍ର ମଣ୍ଡଳଙ୍କୁ ଟେଲିଗ୍ରାମ କରାଗଲା । ସେ ତା ପରଦିନ ସକାଳେ ହିମାୟିତପୁରରେ ପହଞ୍ଚି ସବୁ ପରୀକ୍ଷା କଲେ, ହୃତ୍‌ସ୍ପନ୍ଦନ ନାହିଁ, ନାଡ଼ୀ ମିଳୁ ନାହିଁ । ସେ ସଂପୂର୍ଣ୍ଣ ବିଶ୍ରାମ ଓ ଔଷଧର ବ୍ୟବସ୍ଥା କଲେ । କିଛି କ୍ଷଣ ପରେ ସଂକୀର୍ତ୍ତନ ଆରମ୍ଭ ହେଲା । ଶ୍ରୀଶ୍ରୀଠାକୁର ଉଦ୍ଦଣ୍ଡ ନୃତ୍ୟକୀର୍ତ୍ତନ କରିବାକୁ ଲାଗିଲେ ଓ କୀର୍ତ୍ତନରେ ତାଙ୍କର ମହାଭାବାବସ୍ଥା ଉପସ୍ଥିତ ହେଲା । ଏହାକୁ ଡାକ୍ତରୀ ଶାସ୍ତ୍ର ସମାଧାନ କରିପାରେନା ।)

ଅନୁଗତ- ମଣିଷ ଦେହରେ ସ୍ପନ୍ଦନକୁ କିପରି ବୁଝିବା ? ୪୭୦

ଶ୍ରୀଶ୍ରୀଠାକୁର- ଏହା vital vibration (ପ୍ରାଣନ ସ୍ପନ୍ଦନ) । ଆମ ଭିତରେ atom (ପରମାଣୁ) ଅଛି, ସେଥିରେ electron, proton ଆଦି ସବୁ ଅଛି । ଏହି electron (ଅପରାବିଦ୍ୟୁତ୍‌କଣା) ଗୁଡ଼ିକ throb (ଧକ୍ ଧକ୍) କରେ । ଏହି throbbing (ସ୍ପନ୍ଦନ) ହେଲା ପ୍ରାଣନ ସ୍ପନ୍ଦନ । ଏହା ହୁଏ ବୋଲି ଆମେ ବଞ୍ଚି ଅଛୁ । ପୁଣି ଆମ ଭିତରେ complex ଅଛି -conglomeration of intercellular adjustment (ସମବେତ ଅନ୍ତକୋଷୀୟ ନିୟନ୍ତ୍ରଣ) ଅଙ୍କ ଭଳି ତାହା କଷି ନିର୍ଣ୍ଣୟ କରାଯାଇପାରିବ ।

ଅନୁଗତ- ଆପଣଙ୍କ ନିର୍ଦ୍ଦେଶରେ ଆଦିତ୍ୟ ମୁଖାର୍ଜୀ Scientific American ଇତ୍ୟାଦି ବହିପଢ଼ି ତର୍ଜନା କରିଛନ୍ତି । ସେ ନିଜେ ଜଣେ nuclear scientist (ନ୍ୟୁକ୍ଲିୟ ବୈଜ୍ଞାନିକ), ସେଥିରେ ଦିଆଯାଇଛି ଯେ ମଣିଷ ସ୍ନାୟୁରେ 1/40 volt ବିଦ୍ୟୁତ ପ୍ରବାହ କରେ । ଏହା କ'ଣ ଠିକ ? ୪୭୧

ଶ୍ରୀଶ୍ରୀଠାକୁର- ସ୍ନାୟୁକୋଷରେ ପରମାଣୁ ଥିବା ହେତୁ ସ୍ପନ୍ଦନ ହୁଏ, ଏହାର voltage କମ ବେଶୀ ହୁଏ । ମନେକରି ଗୋଟିଏ କଥାକୁ, ଜଣକର ନାମକୁ ତମେ ମନେପକାଇ କହିଲାବେଳକୁ ତା ମନେ ପଡ଼ିଲା ନାହିଁ, କିନ୍ତୁ ଟିକେ ପରେପୁଣି ମନେ ପଡ଼ିଗଲା । ଏହା voltage ର ପ୍ରବାହ ତାରତମ୍ୟ ଯୋଗୁଁ ଘଟିଥାଏ । ଏହି throb (ସ୍ପନ୍ଦନ) ଭିତରେ ଯଦି balance (ସମତା) ନ ରୁହେ, ତେବେ ମଣିଷ abnormal (ଅସ୍ୱାଭାବିକ) ହୋଇଥାଏ ।

ଅନୁଗତ- ବିଜ୍ଞାନ ବିଷୟରେ ଆପଣଙ୍କ ମତ କ'ଣ ? ୪୭୨

ଶ୍ରୀଶ୍ରୀଠାକୁର- Science ହେଉଛି See-ence (Action through seeing)- ଦେଖା ଭିତରଦେଇ କାର୍ଯ୍ୟ । ମୁଁ ବିଜ୍ଞାନ-ବିଭୂତିରେ ଅନେକ କଥା କହିଛି, ଅନେକ clue (ସୂତ୍ର) ଦେଇଛି । ସେଗୁଡ଼ିକୁ ବୁଝି ଗବେଷଣା କଲେ volume ପରେ volume ହୋଇପାରେ । ମୋର practical observation (ବାସ୍ତବ ଦେଖା)ରେ ଯାହା ଯାହା ଧରା ପଡ଼ିଛି ସେହିପରି ଘଟିବ ବୋଲି କହିଛି ।

ଅନୁଗତ- ପଢ଼ିବାକୁ ମିଳେ ଯେ ଆପଣ କହିଛନ୍ତି ଯେ ନିଉଟନଙ୍କ ପ୍ରଥମ ନିୟମ ଠିକ୍ ନୁହେଁ, ଏହା କିପରି ? ୪୭୩

(ଆଲୋଚକ- Newton's First Law states that if a body is at rest, or is moving at a constant speed in a straight line, it will remain at rest or keep moving in a straight line at constant speed unless it is acted upon by a force. This postulate is known as the Law of Inertia. ସଂକ୍ଷେପରେ ବୁଝିବାକୁ ହେଲେ ଏହି ନିୟମ କହେ ଯେ ଯଦି କୌଣସି ବସ୍ତୁ ସ୍ଥିର ଭାବରେ ଗୋଟିଏ ସ୍ଥାନରେ ଥାଏ, ବା ସରଳରେଖାରେ ଗତିକରେ, ତେବେ କୌଣସି ହସ୍ତକ୍ଷେପ ନହେଲେ, ସ୍ଥାଣୁବସ୍ତୁଟି ସ୍ଥାଣୁ ପରି ଓ ଗତି କରୁଥିବା ବସ୍ତୁଟି ଗତିକରି ଚାଲିଥିବ ଗୋଟିଏ ବେଗରେ ।)

ଶ୍ରୀଶ୍ରୀଠାକୁର- ମନେକର ଦୁନିଆରେ ଆଉ କିଛି ନାହିଁ – କେବଳ ଅଛି ଗୋଟିଏ ball (ପେଣ୍ଡୁ) ଓ ମୁଁ । ମୁଁ ଯଦି ସେହି ball କୁ ମୋ ହାତରୁ ସରଳରେଖାରେ ଗଡ଼ାଇଦିଏ, ତେବେ ସେ ସେହି ବେଗରେ ଗତି କରି ପୁଣି ମୋ ହାତକୁ ଗତି ଶେଷକରି ଫେରି ଆସିବ,

ତାର ଗତ୍ୟନ୍ତର ନାହିଁ। ଏହା କେବଳ ball ବ୍ୟାପାରରେ ନୁହେଁ, ସବୁଠାରେ ଏହିପରି ଘଟେ।

(ଆଲୋଚକ-ନିଉଟନ ଗତିଶୀଳ ବସ୍ତୁ ପୁଣି ମୂଳକୁ ଫେରି ଆସିବା ନେଇ କିଛି କହି ନାହାନ୍ତି, ଯାହା ଶ୍ରୀଶ୍ରୀଠାକୁର କହିଲେ। ଆଉ ଏକ ବଡ଼ ସତ୍ୟକୁ ଇଙ୍ଗିତ କଲେ ଯେ କେବଳ ବସ୍ତୁ ନୁହେଁ, ଯେ କୌଣସି ସୂକ୍ଷ୍ମ ସତ୍ତା ମଧ୍ୟ ଗତିଶୀଳ ହେଲେ ଦିନେ ନା ଦିନେ ମୂଳକୁ ଫେରି ଆସିବ।)

ଅନୁଗତ- ପରମାଣୁ ବୋମା ଗତ ବିଶ୍ୱ ଯୁଦ୍ଧରେ ଅଦ୍ଭୁତ ଧନଜନ ନାଶ କଲା, ଏହାକୁ ରୋକିବାର ଉପାୟ କ'ଣ କିଛି ନାହିଁ ? ୪୭୪

ଶ୍ରୀଶ୍ରୀଠାକୁର- ବୋମା ଗୋଟାଏ combustible (ଦାହ୍ୟ) ପଦାର୍ଥ, ତାହା ସବୁ ନଷ୍ଟ କରିଦିଏ। ଏହା ଯେତେବେଳେ ଅଛି, ତାର ବିପରୀତ ମଧ୍ୟ ନିଶ୍ଚୟ ଅଛି। ୟୁରେନିୟମ୍ ଉପରେ ସୋଡିୟମ୍ କି ପ୍ରକାର ପ୍ରତିକ୍ରିୟା ସୃଷ୍ଟିକରେ ତାହା ଦେଖିବାକୁ ହେବ। ରୁଷିଆ ଏହା ବାହାର କରିନେଇଛି, କିନ୍ତୁ ଚୁପଚାପ୍ ଅଛି। ଶବ୍ଦ ଦ୍ୱାରା ଏହି ପରୀକ୍ଷା କରାଯାଇପାରେ; ସୃଷ୍ଟିର ପ୍ରାରମ୍ଭ ଶବ୍ଦରୁ ଓ ସ୍ପନ୍ଦନ ମଧ୍ୟ ସେହି ଶବ୍ଦରୁ।

(ଆଲୋଚକ- ପଢ଼ିବାକୁ ମିଳେ ଯେ ୧୯୫୭ ମସିହା ନଭେମ୍ବର ମାସରେ ଦିନେ ଦେବୀଦା (ଦେବୀପ୍ରସାଦ ମୁଖାର୍ଜୀ) ଶ୍ରୀଶ୍ରୀଠାକୁରଙ୍କୁ ଦୈନିକ କାଗଜରେ ପ୍ରକାଶିତ ଗୋଟିଏ ଖବର ପଢ଼ି ଶୁଣାଇଲେ -ରୁଷିଆ ଶୀଘ୍ର ଆଲୋକଗତିର ରକେଟ୍ ବାହାର କରିବ। ଏହା ଶୁଣି ଶ୍ରୀଶ୍ରୀଠାକୁର କହିଲେ -ଏହି କଥା ମୁଁ ବହୁ ଆଗରୁ କହିଛି। କହିଥିଲି ଆଲୋକଗତିର ଟ୍ରେନରେ ଚଢ଼ି ଯିବାର କଥା, ଏହି ଗବେଷଣା ଚାଲୁ ହୋଇ ପାରିଲା ନାହିଁ, ଲୋକ ପାଇଲି ନାହିଁ, ନତୁବା ଆମେମାନେ ବହୁତ ଆଗରୁ ଏହା କରିପାରି ଥାଆନ୍ତେ। ୧୯୨୨-୨୩ ମସିହାରେ କେଷ୍ଟଦାଙ୍କୁ (କୃଷ୍ଣପ୍ରସନ୍ନ ଭଟ୍ଟାଚାର୍ଯ୍ୟ) କହିଥିଲେ ଯେ atmosphere (ବାୟୁମଣ୍ଡଳ)ର ଗୋଟିଏ electricity layer (ବିଦ୍ୟୁତ ସ୍ତର) ଅଛି, ତାକୁ ଯଦି ଆୟତ୍ତ କରାଯାଏ ତାହେଲେ ଆମେ ଅତି ସହଜରେ electricity (ବିଦ୍ୟୁତ୍ ଶକ୍ତି) ପାଇପାରିବା। ପ୍ରଥମେ ଆକାଶରେ ଅତି ବଡ଼ ଆକାରର ଗୁଡ଼ି ଉଡ଼େଇ ପରୀକ୍ଷା ଆରମ୍ଭ ହେଲା। ଗୁଡ଼ିକୁ ସରୁ ରୂପାତାର ସାହାଯ୍ୟରେ ଉପରକୁ ଉଡ଼ା ହେଉଥିଲା। ସେହି ଗୁଡ଼ି ମଧ୍ୟରେ କେତେଗୁଡିଏ point (ବିନ୍ଦୁ) ଥିଲା। Atmosphere electric layer ସଂସ୍ପର୍ଶରେ ଯେତେବେଳେ ଗୁଡ଼ିଟି ଆସୁଥିଲା, ତଳେ ହାତରେ ଥିବା ନଟେଇରେ shock ଅନୁଭବ କରାଯିବାରୁ ବୁଝାଗଲା ଯେ ଶ୍ରୀଶ୍ରୀଠାକୁରଙ୍କ କହିବା ଠିକ୍; କିନ୍ତୁ ଏହାକୁ କାର୍ଯ୍ୟରେ ପରିଣତ କରିବାକୁ ଯେଉଁ ଯନ୍ତ୍ରପାତି ଦରକାର ତାହା ସଂଗ୍ରହ କରିବା ସେତେବେଳେ ସତସଙ୍ଗର

ଆର୍ଥିକ ସଙ୍ଗତି ନ ଥିଲା । ତେଣୁ ଏହାକୁ ନେଇ ଆଉ ଅଧିକ ଆଗେଇ ହେଲାନାହିଁ । ସେହି ସମୟରେ ଶ୍ରୀଶ୍ରୀଠାକୁରଙ୍କ ନିର୍ଦ୍ଦେଶରେ wind power dynamo (ବାୟୁଚାଳିତ ଡାଇନାମୋ) ଉପରେ ଗବେଷଣା ଆରମ୍ଭ ହେଲା, ଏହା ଅତ୍ୟନ୍ତ ସଫଳ ହୋଇଥିଲା । ଏହି ସମୟରେ କେଷ୍ଟଦା ପଚାରିଥିଲେ ଯେ ପୃଥିବୀର ଶ୍ରେଷ୍ଠ ବୈଜ୍ଞାନିକମାନେ ମତ ପ୍ରକାଶ କରିଛନ୍ତି ଯେ -ଜଡ଼ ବସ୍ତୁସମୂହ କ୍ରମଶଃ ଶକ୍ତିରେ ରୂପାନ୍ତରିତ ହେଉଛି, ବିଭିନ୍ନ ସୌରଜଗତ ଭିତରେ ଦୂରତ୍ୱ ବଢୁଛି, ଦିନକୁ ଦିନ ସେମାନଙ୍କ କଳେବର କ୍ଷୀଣରୁ କ୍ଷୀଣତର ହେଉଛି, ଏହି ଭାବରେ ଦିନେ ନା ଦିନେ ସୃଷ୍ଟି ଲୋପ ପାଇବ । ଶ୍ରୀଶ୍ରୀଠାକୁର ଉତ୍ତରରେ କହିଥିଲେ- ସୃଷ୍ଟି କେବେ ବିଲୁପ୍ତ ହେବନାହିଁ । ଏକ ବ୍ରହ୍ମାଣ୍ଡ ଧ୍ୱଂସ ହେବ, ଆଉ ଏକ ବ୍ରହ୍ମାଣ୍ଡ ସୃଷ୍ଟି ହେବ -ଏହାହିଁ ପ୍ରକୃତିର ନିୟମ । ବୈଜ୍ଞାନିକମାନେ କ'ଣ କହୁଛନ୍ତି ମୁଁ ଜାଣେ ନାହିଁ, କିନ୍ତୁ ମୁଁ ତ ଦେଖିପାରୁଛି କ୍ଷୟିଷ୍ଣୁ ବ୍ରହ୍ମାଣ୍ଡଙ୍କ ଭିତରେ ପାରସ୍ପରିକ ବ୍ୟବଧାନ ବଢ଼ିଲେ ତାରି ମଧ୍ୟରେ ଗଜେଇ ଉଠୁଛି ନୂତନ ସୃଷ୍ଟିର ଅଙ୍କୁର -ଘନୀଭୂତ ଜ୍ୟୋତିସତ୍ତା ରୂପରେ । କେଷ୍ଟଦା ବିସ୍ମିତ ହୋଇ କହିଲେ -ହଁ, ନକ୍ଷତ୍ର ସମାହାର ହିଁ, ବୈଜ୍ଞାନିକମାନେ କହୁଛନ୍ତି ମଝିରେ ମଝିରେ ନୂତନ galaxy (ଛାୟାପଥ, ନକ୍ଷତ୍ରପୁଞ୍ଜ) ସୃଷ୍ଟି ହେଉଛି । ଏହା ଶୁଣି ଶ୍ରୀଶ୍ରୀଠାକୁର କହିଲେ, ଏହା ନବ ସୃଷ୍ଟିର ସୂଚନା ।)

ଅନୁଗତ- ଆପଣ 'ଧରାବତରଣ ସ୍ମୃତି'ରେ କହିଛନ୍ତି ଯେ ବୈଜ୍ଞାନିକମାନେ ଏଯାବତ୍ ସନ୍ଧାନ ପାଇନଥିବା ଇଲାକାରୁ ଆସି ବହୁ ଗ୍ରହନକ୍ଷତ୍ର ଅତିକ୍ରମ କରି ସୂର୍ଯ୍ୟରେ ପ୍ରବେଶ କଲେ । ସୂର୍ଯ୍ୟର ଅଭ୍ୟନ୍ତର କଥା ଦୟାକରି କହିବେକି ? ୪୭୫

ଶ୍ରୀଶ୍ରୀଠାକୁର- ପୃଥିବୀ ପରି ସୂର୍ଯ୍ୟ ଭିତରେ ମଧ୍ୟ ଥଣ୍ଡା ଅନୁଭବ କଲି । ସୂର୍ଯ୍ୟ ଭିତରେ ଥିବା ଜୀବଜନ୍ତୁଙ୍କ ସ୍ୱଭାବ ପୃଥିବୀର ଜୀବଜନ୍ତୁଙ୍କ ଠାରୁ ସଂପୂର୍ଣ୍ଣ ପୃଥକ । ସେମାନଙ୍କ ଭାବଭଙ୍ଗୀ ପ୍ରକାଶ କରିବା ଉପାୟ ଏଠାରେ ନାହିଁ କାରଣ ସେମାନଙ୍କ ଅନୁରୂପ ଏଠାରେ କିଛି ନାହିଁ । ଏଠାକାର ଦୃଷ୍ଟିଭଙ୍ଗୀ ନେଇ, ସେମାନଙ୍କୁ ଯଥାର୍ଥରେ ବର୍ଣ୍ଣନା କରାଯାଇପାରିବ ନାହିଁ । ସୂର୍ଯ୍ୟ ଭିତର ଦେଇ ଯେତେବେଳେ ଆସୁଥିଲି, କେତେ ଜ୍ୟୋତିର୍ମୟ ପାହାଡ଼ସବୁ ବାଟରେ ଦେଖିଲି । ସେଗୁଡ଼ିକ ସବୁ positive ବୋଲି ମନେହେଲା । ସେଠାରେ ମଧ୍ୟ ବହୁ ବଡ଼ ବଡ଼ କଳ୍ପନାତୀତ ଗହ୍ୱରସବୁ ଅଛି । ବାୟୁମଣ୍ଡଳରେ ସଂଘାତ ଅଛି, ଏବଂ ଏହି ସଂଘାତ ହେତୁ ଯାହା ଫଳ ହେବାର କଥା ହେଉଛି । ଗଛ ଇତ୍ୟାଦି ମଧ୍ୟ ଅଛି । ସୂର୍ଯ୍ୟରେ ଯଦି ବେଶି ଉତ୍ତାପ ଥାଆନ୍ତା ତେବେ ତାହା melted (ଗଳିତ) ହୋଇଯାଆନ୍ତା । ସୂର୍ଯ୍ୟରେ ଅଗ୍ନି ଅଛି, କିନ୍ତୁ ଏତେ ଅଗ୍ନି ନୁହଁ, ମନେହୁଏ habitable (ବସବାସ ଯୋଗ୍ୟ), ସୂର୍ଯ୍ୟ ମଧ୍ୟରେ ଏପରି ଯାଗା ଅଛି, ଯାହା ବସନ୍ତର ଦିନ ପରି ଆରାମପ୍ରଦ, ପୁଣି ଖୁବ୍ heated

(ଉତ୍ତପ୍ତ) ସ୍ଥାନ ଅଛି । ପୁଣି ଏପରି ସ୍ଥାନ ବି ଅଛି ଯେଉଁଠାକୁ ଯିବାମାତ୍ରେ ଅହେତୁକ ଆନନ୍ଦ ମନରେ ଜାଗିଉଠେ ।

ଅନୁଗତ- ସୂର୍ଯ୍ୟ ଯେଉଁ ଆଲୋକ ଓ ଉତ୍ତାପ ଦାନ କରୁଛି, ତାହା କ'ଣ ଦିନେ ସରିଯିବ କି ? ୪୭୬

ଶ୍ରୀଶ୍ରୀଠାକୁର- ମୋର ତ ସେପରି ମନେହେଉନାହିଁ । ସୂର୍ଯ୍ୟଠାରୁ ଯେଉଁ ପରିମାଣରେ ତାପ ବିକିରିତ ହେଉଛି, ଠିକ୍ ସେଇ ପରିମାଣରେ ତାପ ସୂର୍ଯ୍ୟ ଭିତରେ ଉଦ୍ଭବ ହେବାର ବ୍ୟବସ୍ଥା ଅଛି । ସୂର୍ଯ୍ୟର ଦୁଇଟି ଗତି, ଏହା ଘୂରୁଛି ବୋଲି ତାର friction ଅଛି । ଘୂରିବା ଦ୍ୱାରା electromagnetic wave (ତଡ଼ିତ୍ ଚୁମ୍ବକୀୟ ତରଙ୍ଗ) ସୃଷ୍ଟି ହୁଏ । ସୂର୍ଯ୍ୟଠାରୁ ଯେଉଁ ଆଲୋକ ଆସୁଛି ତାହା ଅନ୍ୟାନ୍ୟ planet (ଗ୍ରହ)ରେ ପଡ଼ି ପୁଣି ସୂର୍ଯ୍ୟରେ ପ୍ରତିଫଳିତ ହେଉଛି । ସୂର୍ଯ୍ୟ ନିଜେ ଗୋଟିଏ reflector (ପ୍ରତିଫଳକ) । ସୂର୍ଯ୍ୟଠାରୁ ପୃଥିବୀ ଶକ୍ତି ନେଲା, ପୁଣି ସେହି ଶକ୍ତିକୁ ଫେରାଇ ଦେଉଛି । ପୁଣି ଉତ୍ତରାୟଣ ଓ ଦକ୍ଷିଣାୟନରେ ତ ସୂର୍ଯ୍ୟର effect (ପ୍ରଭାବ) ଏକା ପ୍ରକାରର ନୁହେଁ । ଗ୍ରହନକ୍ଷତ୍ର ସମୂହର ରଶ୍ମିଗୁଡ଼ିକ ପରସ୍ପର ମଧ୍ୟରେ ଆଦାନପ୍ରଦାନ କରନ୍ତି ଗୋଟିଏ regulated and balanced way (ନିୟନ୍ତ୍ରିତ ଓ ସାମଞ୍ଜସ୍ୟ ରକମରେ) । କେତେ ଗ୍ରହନକ୍ଷତ୍ର ସୂର୍ଯ୍ୟ ସହିତ ଘୂରୁଛନ୍ତି, କିନ୍ତୁ କେହି କାହା ସହିତ ଘଷି ହୋଇ ଯାଉନାହାନ୍ତି- ତାହେଲେ ସେମାନେ ପରସ୍ପରଠାରୁ ବହୁଦୂରକୁ ଚାଲି ଯାଆନ୍ତେ । ପ୍ରତ୍ୟେକ ପ୍ରତ୍ୟେକଟି ପରି ବୁଲୁଛି ।

ଅନୁଗତ- ଚନ୍ଦ୍ର କିପରି ସୃଷ୍ଟି ହେଲା ? ୪୭୭

ଆଲୋଚକ- ଏହାର ସମାଧାନ ଦେଇ ୨୪-୧୨-୧୯୬୪ରେ ଶ୍ରୀଶ୍ରୀଠାକୁର କହିଥିଲେ ଯେ,- ମୋର ମନେହୁଏ, ପୃଥିବୀ ନିକଟ ଦେଇ ଗୋଟିଏ ତାରକା ଗତି କରୁଥିଲା । ସେହି ତାରକାର ପ୍ରବଳ ଆକର୍ଷଣ ପୃଥିବୀର ଗୋଟିଏ ଅଁଶକୁ ଉଡ଼େଇ ନେଇଗଲା, ତାହା ଚନ୍ଦ୍ର ହେଲା ଆଉ ପୃଥିବୀର ଖାଲି ଅଂଶ ପ୍ରଶାନ୍ତ ମହାସାଗର ହେଲା । ପଢ଼ିବାକୁ ମିଳେ ଯେ ଜନୈକ ଭକ୍ତ (ଧୀରେନ୍ଦ୍ରନାଥ ଚକ୍ରବର୍ତ୍ତୀ)ଙ୍କ ପ୍ରଶ୍ନର ଉତ୍ତର ଦେଇ ଶ୍ରୀଶ୍ରୀଠାକୁର କହିଥିଲେ-ଦିନକର କଥା କହୁଛି । ରାତିରେ ଚନ୍ଦ୍ର ଆଡ଼କୁ ଚାହିଁ ରହି ରହି ଦେହ ଅବଶ ହୋଇଗଲା । ହଠାତ୍ ଦେଖେ ଚନ୍ଦ୍ରପୃଷ୍ଠରେ ଯାଇ ପହଞ୍ଚି ଯାଇଛି । ଚନ୍ଦ୍ରର ଗୋଟିଏ ପଟ ଆଲୋକିତ, କାରଣ ତାହା ସୂର୍ଯ୍ୟଙ୍କ ଆଡ଼କୁ ଥାଏ, ଏବଂ ଅନ୍ୟ ପଟଟି ଅନ୍ଧକାର ଓ ବରଫରେ ଆଚ୍ଛନ୍ନ । Border line (ସୀମାରେଖା)ରେ ଜୀବ ଅଛନ୍ତି । ଦେଖିଲି ପ୍ରଶସ୍ତ ରାଜପଥ, ପ୍ରକାଣ୍ଡ ତୋରଣ । ଏଠାରେ ଚଲାବୁଲା କରିବାକୁ ମୋତେ ହିଁ କଷ୍ଟ

ହୁଏନା । ଗୋଟିଏ ଡିଆଁ ମାରିଲେ ବଡ଼ ବଡ଼ ପାହାଡ଼ ଉପରେ ଯାଇ ପହଞ୍ଚିହେବ । (ଚନ୍ଦ୍ରର ମାଧ୍ୟାକର୍ଷଣ ଶକ୍ତି ପୃଥିବୀର ଏକ ଷଷ୍ଠାଂଶ ବୋଲି ବୈଜ୍ଞାନିକମାନେ ନିର୍ଦ୍ଧାରଣ କରିଛନ୍ତି ।) ଗଛଗୁଡ଼ିକ ଖୁବ ଦୀର୍ଘାକୃତିର ଏବଂ ପତଳା ଓ ଚିକ୍କଣ, ପାହାଡ଼ ଗୁଡ଼ିକ ମଧ୍ୟ ଉଚ୍ଚା ଉଚ୍ଚା ।

ଜୀବନୀ-ଲେଖକ ବ୍ରଜଗୋପାଳ ଦତ୍ତରାୟ, ମଙ୍ଗଳଗ୍ରହ ସଂପର୍କରେ ଶ୍ରୀଶ୍ରୀଠାକୁରଙ୍କ ଆଲୋଚନାକୁ ନିମ୍ନଲିଖିତ ଭାବେ ବ୍ୟକ୍ତ କରିଛନ୍ତି ।

“ଶ୍ରୀଶ୍ରୀଠାକୁର କଲିକତା ଆସି ୧/୧ସି. ହରିତକୀ ବାଗାନ ଲେନରେ ଅବସ୍ଥାନ କରୁଛନ୍ତି । ସାକ୍ଷାତ କରିବାକୁ ଆସିଛନ୍ତି ଧୀରେନ୍ଦ୍ରନାଥ ଚକ୍ରବର୍ତ୍ତୀ ଓ କୃଷ୍ଣପ୍ରସନ୍ନ ଭଟ୍ଟାଚାର୍ଯ୍ୟ । ଶ୍ରୀଶ୍ରୀଠାକୁର ପଚାରିଲେ – ଏପରି ଗୋଟାଏ ଯନ୍ତ୍ର ଆବିଷ୍କାର କରି ପାରିବେ ନାହିଁକି ଯେଉଁଥିରେ ଜୀବଜନ୍ତୁ ପଶୁପକ୍ଷୀ ସମସ୍ତଙ୍କ ସଙ୍ଗେ କଥା କହିହେବ ? କେଷ୍ଟଦା ପଚାରିଲେ- ତାହା କିଭଳି ହେବ ? ଶ୍ରୀଶ୍ରୀଠାକୁର କହିଲେ- ପଶୁପକ୍ଷୀମାନଙ୍କ voice (ସ୍ୱରଗ୍ରାମ) record କରି ସେଥିରୁ alphabet (ଅକ୍ଷର)ବାହାର କରିଲେ ହେବ । ଏଥିରେ ଯଦି କୃତକାର୍ଯ୍ୟ ହୋଇ ପାରନ୍ତି ତାହେଲେ ଆମେ ଏଇ ଗ୍ରହ-ଉପଗ୍ରହମାନଙ୍କରେ ଥିବା ପ୍ରାଣୀଙ୍କ ସଙ୍ଗେ ବି କଥାବାର୍ତ୍ତା ହୋଇ ପାରିବା । ମଙ୍ଗଳଗ୍ରହ ପୃଥିବୀର ଖୁବ୍ ନିକଟରେ । ସେଠାକାର ଅଧିବାସୀଗଣ ସବୁ ସମୟରେ ଆମ ସହିତ ଭାବର ଆଦାନପ୍ରଦାନ କରିବାକୁ ଚାହାନ୍ତି ଏବଂ message (ବାର୍ତ୍ତା) ବି ପଠାନ୍ତି । କିନ୍ତୁ ଆମର ଏଠାକାର ବିଜ୍ଞାନ ସେପରି ଉନ୍ନତ ହୋଇ ନ ଥିବାରୁ ଆମେ ତାର ପ୍ରତ୍ୟୁତ୍ତର ଦେଇ ପାରୁ ନାହିଁ । ଧୀରେନଦା ପଚାରିଲେ- ଆପଣ କ’ଣ ମଙ୍ଗଳ ଗ୍ରହକୁ ଯାଇଛନ୍ତି ? ଶ୍ରୀଶ୍ରୀଠାକୁର କହିଲେ– ହଁ, ନିଶ୍ଚୟ ଯାଇଛି । ଖାଲି କ’ଣ ଯାଇଛି ? ସେମାନଙ୍କ ସଙ୍ଗେ କଥାବାର୍ତ୍ତା କରିଛି, ମିଳାମିଶା କରିଛି – ଏଇ ଆପଣମାନଙ୍କ ସହ ଯେପରି କରୁଛି । ଧୀରେନଦା ପଚାରିଲେ – ସେଠାକାର ଲୋକମାନେ କିଭଳି, ସେମାନଙ୍କର ଆଚାର-ବ୍ୟବହାର କିପ୍ରକାର, ସେ ଦେଶର ପରିବେଶ କିପରି ଇତ୍ୟାଦି କଥା ଜାଣିବାକୁ ଇଚ୍ଛା ହୁଏ । ଶ୍ରୀଶ୍ରୀଠାକୁର କହିଲେ– ସେଠାକାର ସହିତ ଏଠାକାର ସବୁ ଏତେ ଅମେଳ, ଉଭୟ ଏତେ ବିଭିନ୍ନ ପ୍ରକୃତିର ଯେ ସେ-ଦେଶର କୌଣସି କିଛି ବୁଝେଇ ହେବନି । ତେଣୁ କିଛି କହି ହେବନି । ସେଠାରେ ଯେତେବେଳେ ଥାଏ ସେମାନଙ୍କ ଭଳି ହୋଇଯାଏ, ପୁଣି ଏଠାରେ ଯେତେବେଳେ ଥାଏ ସେତେବେଳେ ଆପଣମାନଙ୍କ ଭଳି । ସେମାନଙ୍କ ମଧ୍ୟରେ ଖୁବ୍ ବଡ଼ ବଡ଼ ବୈଜ୍ଞାନିକ ବି ଅଛନ୍ତି । ଆମ ସହିତ ଭାବର ଆଦାନ-ପ୍ରଦାନ ହେଲେ, ସେଠାରେ ବି ଯେପରି ନୂତନ ସୃଷ୍ଟି ଗଜାଇବ ଏଠାରେ ବି ତାର ବ୍ୟତ୍ୟୟ ହେବ ନାହିଁ । କେଷ୍ଟଦା ପଚାରିଲେ - ଆମେ କିଭାବେ ସେମାନଙ୍କ ନିକଟକୁ ବାର୍ତ୍ତା ପଠାଇ ପାରିବା ?

ଶ୍ରୀଶ୍ରୀଠାକୁର କହିଲେ- ଆମେ ଏଠାରୁ ଇଥର ମାଧ୍ୟମରେ ବାର୍ତ୍ତା ପଠାଇବୁ ଯେପରି wireless କରୁଛି, ସେଠାରେ ଯାଇ ସେଟା ଶବ୍ଦରେ ପର୍ଯ୍ୟବସିତ ହେବ। ତେଣୁକରି କହୁଥିଲି, ଗୋଟାଏ Universal language (ବିଶ୍ୱସ୍ତରୀୟ ଭାଷା) କରିବାକୁ।" (ଶ୍ରୀଶ୍ରୀଠାକୁର ଅନୁକୂଳଚନ୍ଦ୍ର ୨ୟ ଖଣ୍ଡ, ପୃଷ୍ଠା ୧୧୮)

୨୮-୩-୧୯୪୨ରେ ହିମାୟିତପୁର ଆଶ୍ରମରେ ସକାଳେ ଦୂର ଆକାଶ ଆଡ଼େ ଚାହିଁ ଚାହିଁ ଶ୍ରୀଶ୍ରୀଠାକୁର କହିଲେ-ସର୍ବତ୍ର ମୋର ଘର ଅଛି, ଏହା ବୋଧହୁଏ ଠିକ୍। ଆଉ ତାହା କେବଳ ପୃଥିବୀପୃଷ୍ଠରେ ନୁହେଁ। ବିଶ୍ୱବ୍ରହ୍ମାଣ୍ଡର ଗ୍ରହେ ଗ୍ରହେ, ତାରାରେ ତାରାରେ, ଛାୟାପଥର ସ୍ତରେ ସ୍ତରେ ଆମର ଘର ଅଛି। ସାଧକ ନିଜସ୍ୱ ଅନୁଭୂତି ଦ୍ୱାରା ଏହାର ଆଭାସ ପାଏ। ନିଜଭିତରେ ଏସବୁ ଅଛି, କେବଳ ଏପରି ବୋଧହୁଏ ନାହିଁ, ବାସ୍ତବରେ ଏଇସବୁ ଜିନିଷ ଅଛି, ଏଇସବୁ ଯାଗା ଅଛି ଏବଂ ସେଇସବୁ ସ୍ଥାନକୁ ଆମେ ଯେପରି ଉନ୍ନୀତ ହେଉଛୁ, ସ୍ଥାପିତ ହେଉଛୁ ଓ ବିଚରଣ କରୁଛୁ, ଏହିପରି ବୋଧ କରାଯାଏ।

ଭାଣ୍ଡ ମଧ୍ୟରେ ଯେଉଁ ବ୍ରହ୍ମାଣ୍ଡକୁ ବୋଧ କରାଯାଏ, ତାର ଅସ୍ତିତ୍ୱ କେବଳ ଭାଣ୍ଡେ ନାହିଁ। ତାର ମଧ୍ୟ ଗୋଟାଏ ସ୍ୱତନ୍ତ୍ର ଅସ୍ତିତ୍ୱ ଅଛି। ତାହା ସହିତ ବୈଜ୍ଞାନିକ ପଦ୍ଧତିରେ ସ୍ଥୂଳଭାବରେ ମଧ୍ୟ ଯୋଗାଯୋଗ କରାଯାଇପାରେ। ଧର, ଜଳ ଭିତରେ କ୍ଷୁଦ୍ର କ୍ଷୁଦ୍ର ଅନେକ ଜୀବାଣୁ ଥାଆନ୍ତି। ଜଳଭାଣ୍ଡ ଭିତରେ ମଧ୍ୟ ଯେ ଜୀବାଣୁର ବ୍ରହ୍ମାଣ୍ଡ ଅଛି, ତାହା ତୁମେ ବୋଧ କରିପାର, ଯଦି ସାଧନା ଅର୍ଥାତ୍ ନିୟମିତ ଅନୁଶୀଳନ ଭିତରଦେଇ, ତୁମର ଚକ୍ଷୁକୁ ଅସାଧାରଣ ଶକ୍ତିସଂପନ୍ନ କରି ତୋଳିପାର, କିମ୍ବା ଯଦି ଗୋଟାଏ ଭଲ ମାଇକ୍ରୋସ୍କୋପ୍ ଯୋଗାଡ଼ କରିପାର, ତାହା ସାହାଯ୍ୟରେ ଅନାୟାସରେ ତୁମେ ଦେଖିପାରିବ। ତା ଭିତଦେଇ ଆମ ଜଗତଟା ବିଶାଳ ବିସ୍ତୃତିରେ ବର୍ଦ୍ଧିତ ହୋଇଉଠିପାରେ। (ଆଲୋଚନା ପ୍ରସଙ୍ଗେ, ୩ୟ ଖଣ୍ଡ)

୨୦୧୨ ମସିହାରେ ବ୍ରହ୍ମାଣ୍ଡ ସୃଷ୍ଟିର ମୂଳ ଉପାଦାନ ବହୁବର୍ଷର ଗବେଷଣା ପରେ ଆବିଷ୍କୃତ ହେଲା ବୋଲି ସାରାବିଶ୍ୱରେ ଚହଳ ପଡ଼ିଗଲା। ସୁଇଜରଲାଣ୍ଡର ଜେନେଭାରେ ଅବସ୍ଥିତ ୟୁରୋପିଆନ ସେଣ୍ଟର ଫର ନ୍ୟୁକ୍ଲିୟର ରିସର୍ଚ୍ଚର ବୈଜ୍ଞାନିକମାନେ ପରମାଣୁରୁ ଇଲେକଟ୍ରନ୍, ପ୍ରୋଟନ, ନ୍ୟୁଟ୍ରନ୍ କିପରି ସୃଷ୍ଟିହୁଏ, ଏହି ରହସ୍ୟ ଉପରେ ଗଭୀର ଗବେଷଣା କରି ଆହୁରି କ୍ଷୁଦ୍ରତର ଅଣୁର ସନ୍ଧାନ ପାଇଲେ, ଯାହା ବ୍ରହ୍ମାଣ୍ଡରେ ଅଦୃଶ୍ୟଭାବରେ ବିସ୍ତୃତ ହୋଇ ରହିଛି। ଏହାଦ୍ୱାରା ଜଣାଗଲା ଯେ ପଦାର୍ଥକୁ ବସ୍ତୁତ୍ୱ (mass to the matter) ଦେବାରେ ରହିଛି ଈଶ୍ୱର କଣିକା ବା ଗଡ୍ ପାର୍ଟିକଲ (God Particle)। ଏହା ସୃଷ୍ଟିର ଆଦି, ଅନ୍ତ ଓ ସର୍ବସ୍ୱ।

ଶ୍ରୀଶ୍ରୀଠାକୁର ପ୍ରାୟ ଏକଶହ ବର୍ଷ ତଳେ ଏହି ଈଶ୍ୱର କଣିକା (God Particle) ର କଥା କହିଥିଲେ । ଏହାକୁ ସେ ନାମକରଣ କରିଛନ୍ତି 'ଚିଦ୍ ଅଣୁ' :-

"ସ୍ୱତଃ-ସନ୍ଦୀପ୍ତ କ୍ରମାନ୍ୱୟୀ ଆକୁଞ୍ଚନ-ପ୍ରସାରଣ-ସମ୍ଭୂତ
ସଂବେଗ ଭିତରଦେଇ ଯେଉଁ ସ୍ପନ୍ଦନର ଅଭିବ୍ୟକ୍ତି ହୋଇ
ନାନା ଛନ୍ଦର ସ୍ୱତଃ ସଂଘାତରୁ ଯେଉଁ ନାଦ
ଏବଂ ଜ୍ୟୋତି ଉଦ୍ଭିନ୍ନ ହୁଏ,- ଝଲକରେ, ଝଲକରେ
ସେହି ସ୍ପନ୍ଦନ ଅଭିଦୀପ୍ତ ଧ୍ୱନ୍ୟାତ୍ମକ ଦୀପନବିଭା-ସମୁତ୍ଥିତ
ଅଜଚ୍ଛଳ ତରଙ୍ଗରେ ଜ୍ୟୋତିଃ-ଅଣୁ ନିରନ୍ତର ଉଦ୍ଭିନ୍ନ ହୋଇଚାଲେ
ତାହାକୁ ହିଁ 'ଚିଦ୍ ଅଣୁ' କୁହାଯାଏ,
ଏହି 'ଚିଦ୍ ଅଣୁ' ହିଁ ମୂର୍ତ୍ତବ୍ରହ୍ମ, ଏହି ଜ୍ୟୋତି ଅଭିଦୀପ୍ତ ଚିଦ୍ ଅଣୁର ହିଁ
ସଂଯୋଗ-ବିଯୋଗ ଦ୍ୱାରା ନାନା ଝଲକ ଛନ୍ଦରେ
ନାନାପ୍ରକାର ସୂକ୍ଷ୍ମ ଓ ସ୍ଥୁଳ ବସ୍ତୁ ବିସୃଷ୍ଟ ହୋଇଥାଏ,
ଏହି 'ଚିଦ୍ ଅଣୁ'ର ମିଳନ-ଯୋଜନାରେ ପରମାଣୁର ଉଦ୍ଭବ ହୁଏ
ଏହି ପରମାଣୁ ପୁଣି ଅଣୁରେ ସଂଗଠିତ ହୁଅନ୍ତି
ପୁଣି ଏହି ଅଣୁଠାରୁ କଣାର ଉଦ୍ଭବ ହୁଏ,
ଏହି କଣା ହିଁ ସଂଘାତ-ସଂଶ୍ରୟୀ ତାତ୍ପର୍ଯ୍ୟ ଭିତରଦେଇ
ବସ୍ତୁ ଜୀବନରେ ଅଭିବ୍ୟକ୍ତ ହୋଇଉଠେ-
ପ୍ରାଥମିକ ବାସ୍ତବ ଅଭିବ୍ୟକ୍ତି ନେଇ ପ୍ରତିଛନ୍ଦ ପ୍ରତି ରୂପରେ
ନିରନ୍ତର ଅନୁଗତି ତାତ୍ପର୍ଯ୍ୟ ଦ୍ୱାରା ପ୍ରକଟ ହୋଇ
ଅନନ୍ତର ପଥରେ
ଜୀବନଚର୍ଯ୍ୟାରେ ସ୍ମୃତିଚେତନାର ଆକୁତି ନେଇ
ଅମୃତର ଆହରଣ କରିବାକୁ
ଅସ୍ତିତ୍ୱର ଲୀଳାୟିତ ସ୍ୱାଦନ-ମାଧୁର୍ଯ୍ୟ ଉପଭୋଗ ପ୍ରତ୍ୟାଶାରେ ।"

(ବିଜ୍ଞାନ-ବିଭୂତି, ବାଣୀ ସଂଖ୍ୟା-୧୭)

ଅନୁଗତ- ବିଜ୍ଞାନ (science), ବିଜ୍ଞତା (rationality) ଏବଂ ଆଧ୍ୟାତ୍ମିକତା (spirituality) ର ସାର୍ଥକ ସମନ୍ୱୟ କିପରି ହେବ ? ମଣିଷକୁ ଉନ୍ନତି ପଥରେ ନେବାର ସହଜ ଉପାୟ କଣ ? ୪୭୮

ଶ୍ରୀଶ୍ରୀଠାକୁର- ମୋଟକଥା ବୈଶିଷ୍ଟ୍ୟକୁ ରକ୍ଷା କରିବାକୁ ହିଁ ହେବ, ଉନ୍ନତିକୁ ଅକ୍ଷୁଣ୍ଣ ରଖି। ତାରି ପାଇଁ ତ ଯାହାକିଛି। ତୁମମାନଙ୍କର ଯେ ନିଜର ସମାଜ ସମ୍ବନ୍ଧରେ, କୃଷ୍ଟି ସମ୍ବନ୍ଧରେ ଗୌରବବୋଧ ନାହିଁ- ତା ଥିଲେ ଦେଖାଇଦେଇ ପାରିଥାନ୍ତି ତୁମ ପୂର୍ବଜମାନଙ୍କର ସମାଜ ବ୍ୟବସ୍ଥା କିପରି ବିଜ୍ଞାନସମ୍ମତ, ଯୁକ୍ତିଯୁକ୍ତ ଓ ଭାଗବତ ଥିଲା। ସବୁ କଥାର ନିର୍ଯ୍ୟାସ ହେଲା ଜନ୍ମଗତ ବୈଶିଷ୍ଟ୍ୟ ଅକ୍ଷୁଣ୍ଣ ରଖି, ଇଷ୍ଟସ୍ୱାର୍ଥପ୍ରତିଷ୍ଠାପନ୍ନ ହୋଇ ଯଜନ, ଯାଜନ, ଇଷ୍ଟଭୃତି ଓ ସ୍ୱସ୍ତ୍ୟୟନୀ ପାଳନ କରିବା। ଏହା ପାଳନ କରିବା ଫଳରେ ଦେଖିବ ଆଜି ଯେ କୃଷକ ଅଛି, କାଲି ହୁଏତ ସେ ଦେଶର ନେତା ହୋଇ ବାହାରିଛି। ପ୍ରତ୍ୟେକଙ୍କ ଭିତରେ ଯାହା ମାଲମସଲା ଅଛି ସେସବୁ integrated (ସଂହତ) ହୋଇ ଫୁଟିଉଠିବ। ତୁମ ବ୍ୟକ୍ତିତ୍ୱ ବାହାରେ ଯଦି ଗୋଟାଏ standard (ମାନ) ନ ଥାଏ ତେବେ ନିଜର ସ୍ୱାର୍ଥସିଦ୍ଧି କରିବାକୁ ଯାଇ ବୃତ୍ତି କବଳରେ ପଡ଼ିବ। ତେଣୁ ନିଜର ସ୍ୱାର୍ଥ ବଜାୟ ରଖିବାକୁ ଗଲେହିଁ ଇଷ୍ଟଙ୍କ ସ୍ୱାର୍ଥ ବଜାୟ ରଖିବାକୁ ହେବ।

(ଆଲୋଚକ-ସ୍ୱାମୀ ବିବେକାନନ୍ଦଙ୍କ ଉକ୍ତି-ଆଦର୍ଶଙ୍କ ପାଇଁ, ଏବଂ କେବଳ ଏକ ଆଦର୍ଶଙ୍କ ପାଇଁ ବଞ୍ଚିବାକୁ ହେବ। ସେ ଏପରି ବିରାଟ ଏବଂ ଶକ୍ତିସଂପନ୍ନ ହୋଇଥିବେ ଯେ ଆଉ କାହାର କଥା ମନ ଧରିବ ନାହିଁ, ଆଉ କିଛି ପାଇଁ ସ୍ଥାନ ନାହିଁ, ସମୟ ମଧ୍ୟ ନାହିଁ।– Upanishads in Daily Life pp.181)

— o —

ସଦ୍‌ଗୁରୁ, ଶ୍ରୀଶ୍ରୀଠାକୁରଙ୍କ ବାଣୀ

ତୁମକୁ ହିଁ କରିଅଛି
ଜୀବନର ଧ୍ରୁବତାରା,
ଏ ଜୀବନେ କେବେହେଲେ
ହେବି ନାହିଁ ପଥହରା।

ତୃତୀୟ ଅଧ୍ୟାୟ

ପ୍ରଥମ ପରିଚ୍ଛେଦ

ଆଦର୍ଶ ଲୀଳା ଆଭାସ (ହିମାୟିତପୁର)

(୧)

ଡାକିଲେ, ମୁଁ ଶୁଣେ

ଶିଶୁ ଅନୁକୂଳ ସାତ ଆଠମାସରେ ଚାଲିବାକୁ ଆରମ୍ଭ କଲେ, ତା ସହିତ କଥା କହିବା ମଧ୍ୟ । ତାଂକୁ ଦଶମାସ ପୂରିଥାଏ, ମାତା ମନମୋହିନୀଦେବୀ ନିକଟ ଗ୍ରାମ ହରିପୁର ନିବାସୀ ଆତ୍ମୀୟ ସ୍ୱଜନ ଉମେଶ ଲାହିଡିଙ୍କ ଘରକୁ କିଛିଦିନ ପାଇଁ ଯାଇଥିଲେ । ଉମେଶଚନ୍ଦ୍ର ଶ୍ରୀଗୋପାଳଜୀଉଙ୍କ ପୂଜା ଅର୍ଚ୍ଚନା ଖୁବ୍ ନିଷ୍ଠାର ସହିତ କରନ୍ତି । ଦିନେ ସକାଳେ ପୂଜାକର୍ମ ସାରି ବିଗ୍ରହ ସାମ୍ନାରେ ଧ୍ୟାନରେ ବସିଥିଲେ । ଠୁକ୍‌ଠୁକ୍ ଶବ୍ଦରେ ତାଙ୍କ ଧ୍ୟାନ ଭାଂଗିଲା, ଦେଖିଲେ ଶିଶୁ ଅନୁକୂଳ ସିଂହାସନରେ ବସି ମୃଦୁମୃଦୁ ହସୁଛନ୍ତି । ମନମୋହିନୀଙ୍କୁ ଏଇ ଦୃଶ୍ୟ ଦେଖିବାକୁ ଡାକିଲେ ଉମେଶଚନ୍ଦ୍ର । ସ୍ପର୍ଶ ଦୋଷରେ ବିଗ୍ରହ ଓ ସିଂହାସନ ଅପବିତ୍ର ହେବାର ଲୋକାଚାରରେ ଶୋଧନ କାର୍ଯ୍ୟଶେଷ କରି ପୁଣି ଥରେ ସମସ୍ତ ପୂଜା ଓ ନୈବେଦ୍ୟ ନିବେଦନ କରିବାକୁ ପଡ଼ିଲା ଉମେଶବାବୁଙ୍କୁ । ଧ୍ୟାନ ଅସମାପ୍ତ ହୋଇଥିବାରୁ ପୁଣିଥରେ ସେ ଧ୍ୟାନସ୍ଥ ହେଲେ । ଚାହିଁ ଦେଖିଲେ ସିଂହାସନରେ ପୁଣି ଆସି ବସିଗଲେଣି ମନମୋହିନୀଙ୍କ ଶିଶୁପୁତ୍ର । ଉମେଶଚନ୍ଦ୍ର ଏହା ଦେଖିବା ମାତ୍ରେ ଦୁଃଖିତ ଓ କ୍ରୋଧିତ ହେଲେ । ତାଙ୍କୁ ହତାଶ ଲାଗିଲା । ମନେମନେ ଭାବିଲେ କି ଅଜବ ଅବାଧ୍ୟ ପିଲା, ବାରମ୍ବାର ଠାକୁର ସିଂହାସନକୁ ଚଢ଼ିଯାଇ ବିଗ୍ରହଙ୍କୁ ହଟାଇଦେଇ ନିଜେ ବସିପଡୁଛି । ସବୁ ମାରାହେଲା । ପୁଣିଥରେ ସିଂହାସନ ଓ ବିଗ୍ରହ ଶୋଧନ, ପୂଜା, ନୈବେଦ୍ୟ, ଧ୍ୟାନ– ବେଳ ଦ୍ୱିପ୍ରହର ହେଲାଣି । ମନମୋହିନୀଦେବୀଙ୍କୁ ଡାକ ପକାଇଲେ, ପୁଅକୁ ସିଂହାସନରୁ ନେଇ ତାଙ୍କର ପୂଜା ନ ସରିବା ପର୍ଯ୍ୟନ୍ତ ସମ୍ଭାଳି ରଖିବାକୁ କହିଲେ ।

ଉମେଶଚନ୍ଦ୍ର ଶୋଧନ କାମ ଆରମ୍ଭ କଲେ, ମନେ ମନେ ଭୟ ପାଉଥାଆନ୍ତି, ପୂଜାରେ ବିଘ୍ନ ଘଟିବାରୁ ଆଗକୁ କିଛି ଅନିଷ୍ଟ ଘଟିବାର ଆଶଙ୍କା ମଧ୍ୟ ତାଂକୁ ବ୍ୟଥିତ କରୁଥାଏ । ଶୋଧନ କାମ, ପୂଜା ଉପଚାର ଓ ନୈବେଦ୍ୟ ଏସବୁ ସାରି ଆସନରେ ଧ୍ୟାନସ୍ଥହେବାକୁ ଆଖିବୁଜିଲାବେଳକୁ ଟିକେ ଖସଖସ ଶବ୍ଦରେ ସେ ଆଖି ଖୋଲି ଯାହା ଦେଖିଲେ, ତାଙ୍କର ଧୈର୍ଯ୍ୟର ବନ୍ଧ ଭାଂଗିଗଲା । ପୁଣି ସେଇ ଦୃଶ୍ୟ– ସିଂହାସନରେ ଗୋପାଳଜୀଉଙ୍କ ବିଗ୍ରହକୁ ଆଡ଼କରି ବସି ହସୁଛନ୍ତି ଶିଶୁ ଅନୁକୂଳ । ସେ ମାନସିକ ଭାରସାମ୍ୟ ହରାଇଲେ– ଶିଶୁ ଗାଲରେ ଦୁଇ ଚାପୁଡା ପକାଇ ପଚାରିଲେ– ଆଜି ତୁ ବାରମ୍ବାର ମୋ ପୂଜାକୁ ପଣ୍ଡ କାହିଁକି କରୁଛୁ ? କାନ୍ଦିକାନ୍ଦି ଶିଶୁଟି କହୁଚି– ମତେ ଏତେ ଡାକୁଛ କାହିଁକି ?

ଏହି କଥା ପଦକ ଉମେଶଚନ୍ଦ୍ରଙ୍କ ଅନ୍ତର ଜଗତକୁ ଏକ ଚମତ୍କାର ସ୍ପନ୍ଦନରେ ଦୋହଲାଇ ଦେଲା । ବିସ୍ମୟରେ ତାଙ୍କ ଲୋମ ଟାଙ୍କୁରି ହୋଇ ଉଠିଲା । ମନମୋହିନୀଙ୍କୁ ଡାକି ସବୁ କଥା କହିଲେ । ଦୁଇ ନୟନରୁ ଅବିରତ ଅଶ୍ରୁପାତ– ଆନନ୍ଦର, ଉଲ୍ଲାସର, ପ୍ରାପ୍ତିର । ଅନୁକୂଳଙ୍କୁ ଚାହିଁ ହାତଯୋଡ଼ି କହୁଥାନ୍ତି– ତୁମେ ମୋର ଡାକ ଶୁଣି ଚାଲିଆସୁଛ ବାବା ? ତୁମେ କ'ଣ ... ତୁମେ କ'ଣ.... ! (ପ୍ରାଣର ଠାକୁର)

(୨)
ବୋସମା'ଙ୍କ (ସୁଶୀଳାବାଳା ବୋସ) ଅନୁଭୂତି

●

ସୁଶୀଳାବାଳା ବୋସ ଯିଏ ବୋସମା' ବୋଲି ପରିଚିତ, ମାତା ମନମୋହିନୀଙ୍କ ପଡୋଶୀ । ତାଙ୍କୁ ଯେତେବେଳେ ଚଉଦ ବର୍ଷ ସେତେବେଳେ ସେ ତାଙ୍କ ଶାଶୁଙ୍କ ସହିତ ଶିଶୁ ଅନୁକୂଳଙ୍କ ଅନ୍ନପ୍ରାଶନର ନିମନ୍ତ୍ରଣ ଖାଇବାକୁ ଯାଇଥିଲେ କୃଷ୍ଣସୁନ୍ଦରୀଙ୍କ (ଆଈମା) ଘରକୁ । ଶିଶୁ ଅନୁକୂଳ ସେତେବେଳେ ଛଅ ମାସର ପିଲା । ଅନ୍ନପ୍ରାଶନ ଦିନ ପ୍ରଥମକରି ତାଙ୍କୁ ଦେଖନ୍ତି । ଦେଖି ଏତେ ଭଲ ଲାଗିଲା ଯେ କାଖେଇବାକୁ ଭାରି ଇଚ୍ଛା ହେଉଥିଲା । କିନ୍ତୁ ପ୍ରଥମତଃ ଶ୍ୱଶୁରଘରର ପଡ଼ା, ସେ ପୁଣି ନୂଆବୋହୂ, ତେଣୁ ଲଜ୍ଜାରେ କିଛି କହିପାରିଲେ ନାହିଁ, ଶାଶୁଙ୍କ ପଛେ ପଛେ ଯାଉଥିଲେ ଆଉ ଭାବୁଥିଲେ – ଆହା, ଏତେ ସୁନ୍ଦରିଆ ପିଲାକୁ ଯଦି କାଖେଇ ପାରନ୍ତି ! ଚାରିଦିଗରେ ବାଜଣା ବାଜୁଥାଏ, ବହୁ ଲୋକ ସମାଗମ । ହଠାତ୍ ଦେଖାଗଲା ଶିଶୁ ଅନୁକୂଳ କାନ୍ଦିବାକୁ ଲାଗିଲେ । କୌଣସିମତେ କାନ୍ଦ ବନ୍ଦ ହେଉନି । ମା' କ୍ଷୀର ପିଆଇଲେ, ତଥାପି କାନ୍ଦ ବନ୍ଦ ହେଲା ନାହିଁ । ପାଖରେ ଥିବା ସ୍ତ୍ରୀଲୋକମାନେ ଜଣ ଜଣ କରି କୋଳକୁ ନେଇ କାନ୍ଦ ବନ୍ଦ କରିବାକୁ ଚେଷ୍ଟା କରୁଥାନ୍ତି, କିନ୍ତୁ ଅନୁକୂଳଙ୍କ କାନ୍ଦ ବନ୍ଦ ହେଉ ନ ଥାଏ । କାନ୍ଦି କାନ୍ଦି ଶୀତଦିନରେ ବି ତାଙ୍କ ଦେହରେ ଗମ୍‌ଗମ୍ ଝାଳ । ସେତେବେଳେ ବୋସମା' ତାଙ୍କ ଶାଶୁଙ୍କୁ ପଚାରିଲେ– 'ମୁଁ ଟିକିଏ କୋଳକୁ ନେଇ ଦେଖିବି କି ମା' ? ଶାଶୁ କହିଲେ – ଦେଖ, ଯଦି ଶାନ୍ତ କରେଇ ପାରିବୁ । ବୋସମା' ଆଗେଇ ଆସି ମନମୋହିନୀ ଦେବୀଙ୍କୁ କହିଲେ– ମୋତେ ଟିକେ ଧରିବାକୁ ଦେବେ ?

ବଡ଼ ଆଶ୍ଚର୍ଯ୍ୟର କଥା, ବୋସମା କୋଳକୁ ନେବା ସଙ୍ଗେ ସଙ୍ଗେ ଶିଶୁର କାନ୍ଦ ବନ୍ଦ ହୋଇଗଲା । ବୋସମାଙ୍କ କାଖରେ ଶିଶୁ ଅନୁକୂଳ ଶୋଇ ପଡ଼ିଲେ । ସମସ୍ତେ ଖୁବ ଅବାକହୋଇ ପଚାରିଲେ– ମା' କାନ୍ଦ ବନ୍ଦ କରିପାରିଲାନି । ମା' କ୍ଷୀର ମଧ୍ୟ ମୁହଁରେ ନେଲାନି, ଆଉ ସେଇ ପିଲା ତୁମ କୋଳକୁ ଯାଇ କିପରି ଶୋଇ ପଡ଼ିଲା ? ପୂର୍ବ ଜନ୍ମରେ ତୁମେ ବୋଧେ ତାର ମା' ଥିଲ ! ଏହି ଘଟଣା ପରଠାରୁ ମନମୋହିନୀ ଦେବୀ ପ୍ରାୟ ବୋସମା'ଙ୍କ ପାଖରେ ପୁଅକୁ ଛାଡ଼ି ଦେଇ କହୁଥିଲେ– ଏଇ ନେ, ତୋ' ପୁଅକୁ ରଖ । ଏଇ ଫାଙ୍କରେ ମୁଁ ଘର କାମତକ ସାରି ଦିଏ ।

●

ଶିଶୁ ଅନୁକୂଳ ସେତେବେଳେ ଗୁରୁଣ୍ଡିବାକୁ ଆରମ୍ଭ କରିଛନ୍ତି । ଜନ୍ମ ସମୟରେ ଯିଏ କେଶବିହୀନ ଥିଲେ– ଏବେ ତାଙ୍କ ମୁଣ୍ଡରେ କେଶଭର୍ତ୍ତି । ସୁନ୍ଦର ଗୋଲଗାଲିଆ ବାଳଗୋପାଳ ଭଳି ଚେହେରା । ବୋସମା' ଏଥର ଗୋପାଳଠାକୁରଙ୍କ ପରି ମୁକୁଟଚୂଡ଼ାକରି ଅନୁକୂଳଙ୍କ ଚୁଟି ବାନ୍ଧି ଦିଅନ୍ତି । ତାଙ୍କ ବଗିଚାରେ ପ୍ରଚୁର ସନ୍ଧ୍ୟାମାଳତି ଫୁଲର ଗଛ ଥିଲା । ଉପରବେଳା ଫୁଲ ଫୁଟେ । ସେଇ ଫୁଲ ତୋଳି ମାଳଗୁନ୍ଥି ବେଣୀ କରି ଅନୁକୂଳଙ୍କ ମୁଣ୍ଡରେ, ବେକରେ, ହାତରେ ଆଉ ପାଦରେ ପିନ୍ଧାଇ ଦେଇ ଦେଖୁଛନ୍ତି ଓ ଭାବୁଛନ୍ତି– ସାକ୍ଷାତ ବାଳଗୋପାଳ, କେବଳ ଦେହର ରଙ୍ଗଟା ଯାହା ଗୌରବର୍ଣ୍ଣ, ଏଇ କଥା ଭାବି ସେ ଆଦର କରିବାକୁ ଯାଇ ଦେଖନ୍ତି ଯେ ପୁଅ ତାଙ୍କ ଆଡ଼କୁ ଚାହିଁ ଖିଲ ଖିଲ କରି ହସୁଛି ଆଉ ଦେହର ରଙ୍ଗ ଶ୍ୟାମଳ ବର୍ଣ୍ଣ ହୋଇ ଯାଇଛି । ବୋସମା' ଭୟଭୀତ ହୋଇ ପୁଅକୁ ଶୀଘ୍ର ବାରଣ୍ଡା ଆଲୁଅକୁ ନେଇ ଆସିଲେ । ସେତେବେଳେ ବି ଦେଖୁଛନ୍ତି ଶିଶୁ ଅନୁକୂଳ ହସୁଛନ୍ତି ଆଉ ତାଙ୍କ ଦେହର ରଙ୍ଗ ଥରେ ଗୌରବର୍ଣ୍ଣ ହେଉଛି ଆଉ ପରକ୍ଷଣରେ ଶ୍ୟାମଳ ବର୍ଣ୍ଣ ହେଉଛି । ପୁଅ କିନ୍ତୁ ବୋସମା'ଙ୍କ ଆଡ଼କୁ ଚାହିଁ ଖିଲ ଖିଲ ହୋଇ ହସିବାରେ ଲାଗିଛନ୍ତି । ବୋସମା'ଙ୍କୁ ଡର ମାଡ଼ିଲା, ସେ ଚିତ୍କାର କରି ମନମୋହିନୀଦେବୀଙ୍କୁ ଡାକିବାରେ ଲାଗିଲେ– 'ଦିଦି, ଦିଦି, ଦେଖିବ ଆସ ତୁମ ପୁଅର କ'ଣ ହେଲା !' ମାତା ମନମୋହିନୀଦେବୀ ଡାକ ଶୁଣି ଦୌଡ଼ି ଆସିଲେ । ଆସି ଦେଖନ୍ତି ଦିଜଣ ଯାକ ମୁହାଁମୁହିଁ ହୋଇ ବସି ସବୁଦିନ ଭଳି ଖେଳୁଛନ୍ତି । ସୁଶୀଳା ପୁଅକୁ ଫୁଲର ଗହଣା ପିନ୍ଧେଇ ସଜାଇଛି ଆଉ ପୁଅ ଖେଳୁଛି । ସେ ବୋସମା'ଙ୍କୁ ପଚାରିଲେ– 'କିରେ, ଏପରି ଚିତ୍କାର କରି ଡାକିଲୁ କାହିଁକି ?' ବୋସମା' ସେତେବେଳେ କହିଲେ– ଦେଖୁନା, ଏପରି ଗୋରା ପିଲାଟା ଦେଖୁ ଦେଖୁ କେମିତି କଳା ହୋଇଗଲା ! ଏଇ ଦେଖ, ଏଇ ଦେଖ– କହି ମାତାଙ୍କୁ ଦେଖାଇବାକୁ ଚାହିଁଲେ । ମନମୋହିନୀଦେବୀ କିଛି କ୍ଷଣ ପୁଅ ଆଡ଼କୁ ଚାହିଁ ଟିକିଏ ମୁରୁକି ହସି ବୋସମା'ଙ୍କୁ କହିଲେ– 'ତୁ ଗୋଟେ ପାଗଳୀ ।' (ଅଚିନ୍ ବୃକ୍ଷ)

●

ବୋସ୍‌ମା' ଶିଶୁ ଅନୁକୂଳଙ୍କୁ କୋଳରେ ପିଠିରେ ନେଉଥିଲେ । ସିପରେ କ୍ଷୀର ପିଆଉଥିଲେ । ସେ, ଶ୍ରୀଶ୍ରୀଠାକୁରଙ୍କ ସହିତ ଦେଓଘର ଚାଲି ଆସିଥିଲେ । ଠାକୁର– ବଙ୍ଗଳାର ଭିତରେ ଏକ ଛୋଟଘରେ ରହୁଥିଲେ । ଶ୍ରୀଶ୍ରୀଠାକୁର ବୋସମା'ଙ୍କୁ କହିଥିଲେ–

ସମୟ ଆସିବ ଯେତେବେଳେ ବହୁ ବଡ଼ ବଡ଼ ଲୋକମାନେ ମୋ ପିଲାଦିନର କଥା ତୁମଠାରୁ ଜାଣିବାକୁ ଚାହିଁବେ, ତୁମେ ସବୁ ଠିକ କରି କହିବ।

ଥରେ ସତ୍‌ସଂଗର ନିୟତକର୍ମୀ ମଣିଲାଲ ଚକ୍ରବର୍ତ୍ତୀ ଶ୍ରୀଶ୍ରୀଠାକୁରଙ୍କର ପିଲାଦିନର କିଛି ଘଟଣା ତାଙ୍କଠାରୁ ଶୁଣିବାକୁ ଚାହିଁଲେ। ବୋସ୍‌ମା' କହିଲେ– ଯେତେବେଳେ ଠାକୁର ଖୁବ୍ ଛୋଟ ଥିଲେ ଦିନେ ମୁଁ ତାଙ୍କୁ କୋଳରେ ନେଇ ବସିଥିଲି। ଠାକୁର ଏପଟସେପଟକୁ ଚାଲି ଯାଉଥାନ୍ତି– ମୁଁ ମିଛ କ୍ରୋଧ କରି ତାଙ୍କୁ ଗାଳି ଦେଇ ପୁଣି ମୋ କୋଳକୁ ଟାଣିଆଣୁଥାଏ। ମୁଁ ଅନୁଭବ କଲି ଯେ ଯେତେଥର ମୁଁ ତାଙ୍କୁ ରାଗି କରି ଜବରଦସ୍ତ ମୋ' କୋଳକୁ ଟାଣିଆଣୁଚି, ତାଙ୍କ ଓଜନ ପୂର୍ବାପେକ୍ଷା ବଢ଼ିଯାଉଛି। କିଛି ସମୟ ପରେ ଠାକୁର ଭାରୀ ପଥର ପରି ଓଜନିଆ ହୋଇଗଲେ, ମୋ' କୋଳକୁ କାଟିଲା। ମୁଁ ସେତେବେଳେ କିପରି ମାନସିକତାରେ ହତଚକିତ ହୋଇ କ'ଣ କରିବି, କୁଆଡ଼େ ଯିବି, କାହାକୁ ଡାକିବି କିଛି ଠିକ୍ କରି ପାରିଲି ନାହିଁ। ଯେଉଁ ଅସହ୍ୟ ଅବସ୍ଥାରେ ଥିଲି ତାକୁ ମୁଁ ଜାଣେ। ଓଜନ ଯେତେବେଳେ ମୋ କୋଳରେ ଅସହ୍ୟ ହେଲା, ମୋ ମନକୁ ହଠାତ୍ ଆସିଲା– ଶିଶୁ–ଠାକୁରଙ୍କୁ ଆଉ ଆକଟ ନକରି, ଗାଳି ନ ଦେଇ ଟିକେ ଗେହ୍ଲା କରି ଦେଖେ ତ ! ସେପରି ଆଦରରେ କଥା କହିଲି– ଗେଲ ବି କଲି। ଠାକୁରଙ୍କ ମୁହଁରୁ ହସ ବାହାରିଲା ଭଳି ଲାଗିଲା, ଓଜନ ଧୀରେ ଧୀରେ କମିଲା।

ଆଉ ଗୋଟିଏ ଦିନର ଘଟଣା। ମୁଁ ଶିଶୁ ଅନୁକୂଳଙ୍କୁ ତାଙ୍କ ହାତ ଧରି ଚାଲିବା ଶିଖାଉଥିଲି। କୌଣସି କାରଣରୁ କ'ଣ ଟିକେ ରାଗକରି କହିଦେଲି, ହଠାତ୍ ଦେଖୁଚି ଯେ ତାଙ୍କର ଉଚ୍ଚତା ଧୀରେ ଧୀରେ ବଢ଼ିବାକୁ ଲାଗିଲା। ନଡ଼ିଆଗଛ ପରି ଉଚ୍ଚ ହୋଇଗଲେ ସେ। ଏତେ ଲମ୍ବା ହୋଇଗଲେ ଯେ ତାଙ୍କ ପୂର୍ଣ୍ଣ ଚେହେରା ଦେଖିବାକୁ ମୋ ଆଖି ପାଇଲା ନାହିଁ। ମତେ ଖୁବ୍ ଡରମାଡ଼ିଲା, ମୁଁ କହିଲି– ବାପାରେ, ମୁଁ ତୁମକୁ ଦେଖିପାରୁ ନାହିଁ, ମତେ ଖୁବ୍ ଡର ଲାଗୁଚି। ମୋ କଥା ଶୁଣି ସେ ଧୀରେଧୀରେ ସ୍ୱାଭାବିକ ଅବସ୍ଥାକୁ ଚାଲିଆସିଲେ। ମୁଁ ତୁରନ୍ତ ତାଙ୍କୁ କୋଳରେ ଧରି ଘରକୁ ଦୌଡ଼ିଲି। ଏଇ ଘଟଣା ପରେ ଆଉ ମିଛରେ ହେଉ ପଛେ ମୁଁ କେବେବି ତାଙ୍କୁ ଗାଳି ଦେଇ ନାହିଁ। (କତ କଥା ମନେପଡ଼େ)

(୩)
ପଦ୍ମାନଦୀରେ ମାଆଙ୍କ ସହିତ

ବର୍ଷାଋତୁ। ଝଡ଼ତୋଫାନ ସହିତ ବର୍ଷାଜଳରେ ପଦ୍ମାନଦୀ ପୂରିଲା ପୂରିଲା ଲାଗୁଚି। ଦିନେ ସକାଳେ ମନୋମୋହିନୀଦେବୀ ଶିଶୁପୁତ୍ର ଅନୁକୂଳଙ୍କୁ କୋଳରେ ଧରି ନିଜ ମାତା କୃଷ୍ଣସୁନ୍ଦରୀଙ୍କ ସହିତ କୁଷ୍ଟିଆ ଯାଇଥିଲେ କୌଣସି କାର୍ଯ୍ୟରେ। ପଦ୍ମାର ଗୋଟିଏ ପଟେ ହିମାୟିତପୁର, ନଦୀ ପାରିହେଲେ କୁଷ୍ଟିଆ। ଫେରିଲା ବେଳକୁ ସନ୍ଧ୍ୟା ଆଗତପ୍ରାୟ। ନୌକାରେ କିଛି ବାଟ ଆସିଛନ୍ତି ଆରମ୍ଭ ହେଲା କାଳବୈଶାଖୀ ଝଡ଼ର ତାଣ୍ଡବ ଲୀଳା – ସତେକି ଓଲଟାଇ ଦେବ ନୌକାକୁ। ଅକ୍ତିୟାରରେ ନ ରଖି ପାରି ଦୁଇଜଣ ନାଉରୀ ଜୀବନ

ବିକଳରେ ପଦ୍ମାଜଳକୁ ଡେଇଁ ପଡ଼ିଲେ । ଅସ୍ଥିର ନୌକାରେ ବାକି ରହିଲେ ତିନିଜଣ– ମନୋମୋହିନୀ ଦେବୀ, ପାଖରେ ବୟସ୍କା ମାତା ଓ ହାତରେ ଶିଶୁପୁତ୍ର । ସେ ଇଷ୍ଟନାମ ଜପ କରି ଚାଲିଥାନ୍ତି – ଗୁରୁଦେବ, ଗୁରୁଦେବ .. । ନୌକାଟି ତଥାପି ଓଲଟି ନ ଥାଏ । ହଠାତ୍ ଶିଶୁ ଅନୁକୂଳ କହି ଉଠିଲେ – ଏଇଠି ଓହ୍ଲାଇ ପଡ଼୍ ମା', ତୁରନ୍ତ ଓହ୍ଲାଇ ଯାଅ ।

ତିନିଜଣ ନୌକାରୁ ଓହ୍ଲାଇ ପଡ଼ିଲେ, ସେଠାରେ କିନ୍ତୁ ଅକାତ କାତ ଜଳ ନ ଥିଲା । ପାଦ କେବଳ ବୁଡ଼ିଲା, ସେମାନେ ସେହି ଅନ୍ଧାରୁଆ ପରିବେଶରେ ପବନ ସ୍ରୋତରେ ହିମାୟିତପୁର କୂଳ ଆଡ଼କୁ ଚାଲିବାକୁ ଲାଗିଲେ– କେଉଁଠି ଆଣ୍ଠିଏ ପାଣି ତ କେଉଁଠି ଅଣ୍ଟାଏ । ଜୀବନ ବଞ୍ଚିଗଲା, ଡଙ୍ଗା କେଉଁଆଡ଼େ ଭାସି ଗଲାଣି । ବର୍ଷା ପବନ ଥମି ଆସୁଚି– ଆଉ ଗୋଟିଏ ନୌକା ମିଳିଗଲା । ମନମୋହିନୀ ଗୁରୁଦେବଙ୍କୁ ମନେ ପକାଇ ହାତ ଯୋଡ଼ିଲେ ଓ ପୁତ୍ର ଅନୁକୂଳଙ୍କୁ ଛାତିରେ ଜଡ଼େଇ ଧରି ବର୍ଷାରେ ଭିଜି ଭିଜି ମାତାଙ୍କ ସହ ଘରେ ପହଞ୍ଚିଲେ । (ଶ୍ରୀଶ୍ରୀଠାକୁର ଅନୁକୂଳଚନ୍ଦ୍ର– ସତୀଶଚନ୍ଦ୍ର ଜୋୟାରଦାର)

(୪)
ମୂର୍ତ୍ତିଧ୍ୟାନ

ଦିନେ ଜନନୀ ମନମୋହିନୀଦେବୀ ଭକ୍ତ ସତୀଶଚନ୍ଦ୍ର ଜୋୟାରଦାରଙ୍କୁ ପଚାରିଲେ– ତୁମେମାନେ ଅନୁକୂଳର ମୂର୍ତ୍ତିକୁ କାହିଁକି ଧ୍ୟାନ କରୁଛ ? ସତୀଶଦା କହିଲେ– ଆମେ ଏଇଥିପାଇଁ କରୁଛୁ ଯେ ଆମେ ଶ୍ରୀକୃଷ୍ଣ ବା ଇଷ୍ଟଧ୍ୟାନ କଲାବେଳେ ସେଇ ସ୍ଥାନରେ ଆପଣଙ୍କ ପୁଅଙ୍କୁ ଦେଖୁଛୁ । ଜନନୀ ପଚାରିଲେ– ପ୍ରକୃତରେ କ'ଣ ଏମିତି ଘଟୁଛି ? ତାଙ୍କର ହାବଭାବରୁ ଜଣାଗଲା ସେ ଯେପରି ଏକଥାକୁ ବିଶ୍ୱାସ କରି ପାରୁ ନାହାନ୍ତି । ସେହି ଦିନ ମଧ୍ୟାହ୍ନରେ ମା' ଅନୁକୂଳଚନ୍ଦ୍ର ଏବଂ ଅନ୍ୟ ଭକ୍ତମାନଙ୍କର ପଙ୍ଗତ ଭୋଜନ ପାଇଁ ବ୍ୟବସ୍ଥା କରି ସମସ୍ତଙ୍କୁ ଡାକିଲେ । ଅନ୍ନବ୍ୟଞ୍ଜନାଦି ପରିବେଷଣ ପରେ ସମସ୍ତେ ଶ୍ରୀଶ୍ରୀଠାକୁରଙ୍କ ଆରମ୍ଭ ଅପେକ୍ଷାରେ । ଏତିକିବେଳେ ଶ୍ରୀଶ୍ରୀଠାକୁର ମା'ଙ୍କ ଆଡ଼କୁ ଅନାଇ କହିଲେ– ମା', ମୋ ଥାଳିର ଭୋଜନ ନିବେଦନ ତମେ ଟିକେ କରିଦିଅନା, ଆସ ମୋ ପାଖରେ ଟିକେ ବି ଖାଅ, ତା'ପରେ ମୁଁ ଖାଇବି । ମା' କାର୍ଯ୍ୟବ୍ୟସ୍ତ ଥିଲେ, କହିଲେ– ନାଇଁ ନାଇଁ ମତେ ଏବେ ବେଳ ନାହିଁ, ତୁ ନିବେଦନ କରିନେ । ଶ୍ରୀଶ୍ରୀଠାକୁର ଶିଶୁଟିଏ ଜିଦ୍ କଲାପରି କହିଲେ– ତୁମେ ଆଜି ନିବେଦନ ନ କଲେ, ମତେ ଭଲ ଲାଗିବ ନାହିଁ । ତୁମେ ଏହି ଅନ୍ନବ୍ୟଂଜନକୁ ପ୍ରଭୁଙ୍କୁ ନିବେଦନ କରି, ସେଥିରୁ ଗୁଣ୍ଡାଏ ଖାଅ, ତା' ପରେ ମୁଁ ଖାଇବି ।

ଆଜି ପୁଅର ଏଇ ଅଜବ ଜିଦ୍‌ରେ ଜନନୀ ଆଶ୍ଚର୍ଯ୍ୟ ହେଲେ । ଅଗତ୍ୟା ସେ ପୁତ୍ର ପାଖରେ ବସି ଅନ୍ନବ୍ୟଂଜନ ହାତରେ ନେଇ ଇଷ୍ଟମୂର୍ତ୍ତିଙ୍କୁ ମନରେ ଆଣି ନିବେଦନ କଲେ । ସେତେବେଳେ ଇଷ୍ଟମୂର୍ତ୍ତି ତାଙ୍କ ପୁତ୍ର ସେହି ଭୋଗ ନିବେଦନ ସ୍ୱୀକାର କରିବା ସେ ଅନ୍ତର୍ନୟନରେ ଦେଖିଲେ । ମା' ଶ୍ରଦ୍ଧାରେ ଗଦ୍‌ଗଦ୍ ହୋଇ କହିଲେ– କିରେ, ଶେଷରେ ତୋ ଉଚ୍ଛିଷ୍ଟ ମତେ ଖାଇବାକୁ ପଡ଼ିବ ନା କ'ଣ ? ଶ୍ରୀଶ୍ରୀଠାକୁର କିଛି ଜାଣିନଥିବା ପରି

କହିଲେ– କ'ଣ ମା', ଏମିତି କାହିଁକି କହୁଛ ? ତୁମେ କାହିଁକି ମୋ ଉଚ୍ଛିଷ୍ଟ ଖାଇବାକୁ ଯିବ ? ଯେଉଁମାନେ ପଙ୍ଗତରେ ବସିଥିଲେ, ପ୍ରାୟ ଅନେକ ଶ୍ରୀଶ୍ରୀଠାକୁର କାହିଁକି ମା'ଙ୍କ ନିକଟରେ ଏପରି କଲେ, ତା'ର ଆଭାସ ପାଇଲେ । ସମସ୍ତେ ଭୋଜନ ଆରମ୍ଭ କଲେ । (ଶ୍ରୀଶ୍ରୀଠାକୁର ଅନୁକୂଳଚନ୍ଦ୍ର – ସତୀଶଚନ୍ଦ୍ର ଜୋୟାରଦାର)

(୫)

ଭକ୍ତର ଚରିତ୍ର

ହିମାୟିତପୁର ଆଶ୍ରମ । ଶ୍ରୀଶ୍ରୀଠାକୁର ତାଙ୍କ ଭକ୍ତମଣ୍ଡଳୀ ସହିତ ଗାଁ ରାସ୍ତାରେ କୁଆଡ଼େ ଗୋଟାଏ ବାହାରିଛନ୍ତି । ସେ ଆଗେ ଆଗେ ଲମ୍ବାଲମ୍ବା ପାହୁଣ୍ଡ ପକାଇ ଚାଲିଛନ୍ତି ଓ ପଛର ଭକ୍ତମଣ୍ଡଳୀ ତାଙ୍କ ପାଖାପାଖି ହେବାକୁ ଦଉଡ଼ିଲା ପ୍ରାୟ ଯାଉଛନ୍ତି । ଶ୍ରୀଶ୍ରୀଠାକୁର ହଠାତ୍ ଠିଆହୋଇଗଲେ । ତାଙ୍କଠାରୁ ଦୁଇତିନିଫୁଟ ବ୍ୟବଧାନରେ ରାସ୍ତା ମଝିରେ ଗୋଟିଏ ବଡ଼ ବିଷଧର ସାପ ଫଣା ଟେକି ରହିଛି ।

ଶ୍ରୀଶ୍ରୀଠାକୁର ଅଳ୍ପ ହସି ଭକ୍ତମାନଙ୍କ ଆଡ଼କୁ ଅନେଇ ଦେଲେ, ସତେକି ପଚାରୁଛନ୍ତି– ଏବେ କ'ଣ କରିବା ? ତାଙ୍କଠାରୁ ଦୁଇହାତ ଦୂରରେ ସାପ, ଆଉ ଭକ୍ତମଣ୍ଡଳୀ ଯାହା ନିକଟେଇ ଆସିଥିଲେ, ତା ଭିତରୁ କେତେକ ସାପ ଭୟରେ ପଛଘୁଂଚା ଦେଇ ଦୂରରେ ଯାଇ ଠିଆହେଲେଣି । କିଏ ଜଣେ କହୁଚି, ଓଃ ସାପ ଠିଆହୋଇ ବାଟ ଓଗାଳୁଛି, ଠାକୁରଙ୍କର ସାପ କ'ଣ କରିବ ମ ! କେହି କିନ୍ତୁ ଶ୍ରୀଶ୍ରୀଠାକୁରଙ୍କ ପାଖ ପଶୁନାହାନ୍ତି । କୁଆଡ଼େ ଥିଲେ, ପଛରେ ଆସୁଥିଲେ ବୋଧହୁଏ, ଶ୍ରୀଶ୍ରୀବଡ଼ଦା ସେଠାରେ ପଂହଚି ଆଖିପିଛୁଳାକେ ଶ୍ରୀଶ୍ରୀଠାକୁରଙ୍କୁ ଦୂରକୁ ଟାଣିନେଲେ ।

ପରେ, ଏଇ ଘଟଣା ଉପରେ ଶ୍ରୀଶ୍ରୀଠାକୁରଙ୍କ ପାଖରେ ଯେତେବେଳେ କଥାଉଠିଲା, ଚର୍ଚ୍ଚାହେଲା, ଉପସ୍ଥିତ ଭକ୍ତ କିଏ କେତେ କଥା କହିଲେ । ଶ୍ରୀଶ୍ରୀଠାକୁର ସବୁ ଶୁଣୁଥାଆନ୍ତି, ଗମ୍ଭୀର ହୋଇ କହିଲେ– ଏହି ହେଲା ଭକ୍ତର ଚରିତ୍ର । ସେ ତା' ପ୍ରଭୁଙ୍କୁ କୌଣସି ବିପଦରେ ପଡ଼ିଥିବାର ଦେଖିଲେ ରହିପାରେ ନାହିଁ । ହନୁମାନ କେବଳ ଶ୍ରୀରାମଙ୍କୁ ସର୍ବଶକ୍ତିମୟ ଭାବି ବିପଦଘେରରେ ଛାଡ଼ିଦେଇ ନ ଥିଲେ । ଶ୍ରୀରାମଙ୍କର ସମସ୍ତ ବିପଦବେଳେ ଆଶୁ ସମାଧାନ ପାଇଁ ଉଦଗ୍ରୀବ ଥିଲେ ହନୁମାନ । (ସାତ୍ୱତୀ, ମାର୍ଚ୍ଚ ୨୦୧୪)

(୬)

ଦେବମୂର୍ତ୍ତି ଦର୍ଶନ

ଦିନେ ହିମାୟିତପୁରରେ ଘରେ ବସି ଶ୍ରୀଶ୍ରୀଠାକୁର ଏକମନରେ ନାମଜପ କରୁଥାନ୍ତି । ହଠାତ୍ ଆଲୋକରେ ଝଲସି ଉଠିଲା ଘର, ଆଉ ଆବିର୍ଭାବ ହେଲା ବିଷ୍ଣୁମୂର୍ତ୍ତି– ଶଙ୍ଖ, ଚକ୍ର, ଗଦା, ପଦ୍ମଧାରୀ ଅପରୂପ ଏକ ଦିବ୍ୟମୂର୍ତ୍ତି । ସ୍ନିଗ୍ଧ ପ୍ରସନ୍ନ ଦୃଷ୍ଟିରେ ସେ ଠାକୁରଙ୍କ ଆଡ଼କୁ ଚାହିଁ ମୃଦୁ ମୃଦୁ ହସୁଥାନ୍ତି । ଏକ ଜୀବନ୍ତ ବ୍ୟକ୍ତି ଯେମିତି ତାଙ୍କ ସମ୍ମୁଖରେ ଦଣ୍ଡାୟମାନ, ଆଉ ସେ ସେହି ଅପୂର୍ବ ଦେବମୂର୍ତ୍ତି ଆଡ଼କୁ ଚାହିଁରହିଲେ । ତାଙ୍କ ଦେହରେ

ଏକ ଅପୂର୍ବ ଶିହରଣ ଖେଳିଗଲା । ଅନେକ ସମୟ ଦର୍ଶନ ଦେବା ପରେ ସେହି ମୂର୍ତ୍ତିଙ୍କର ଅନ୍ତର୍ଦ୍ଧାନ ହେଲା ।

ଶ୍ରୀଶ୍ରୀଠାକୁର ଭାବିଲେ, କିଛି ଭୁଲ ଦେଖିଲି ନି ତ ? ଆଚ୍ଛା, ଯଦି ସତକୁ ସତ ଦେଖିଥାଏ, ଯଦି ବିଷ୍ଣୁମୂର୍ତ୍ତି ହୋଇଥିବେ, ତେବେ ପୁନରାୟ ଆସନ୍ତୁ ତ ଦେଖିବି ! ସଂଗେ ସଂଗେ ସେଇ ଦେବମୂର୍ତ୍ତିଙ୍କର ପୁନରାବିର୍ଭାବ ଘଟିଲା । ଅବାକ୍ ହୋଇ ଶ୍ରୀଶ୍ରୀଠାକୁର ଚାହିଁରହିଲେ ସେଇ ମୂର୍ତ୍ତି ଆଡ଼କୁ । ଏଥର ବି ଅନେକ ସମୟ ପରେ ମୂର୍ତ୍ତି ଅଦୃଶ୍ୟ ହେଲେ ।

ଘରର ଦ୍ୱାର ଖୋଲି ସେ ବାହାରକୁ ଆସିଲେ । ବାହାରେ ତ ଘନ ଅନ୍ଧାର । ତେବେ ସେ ଯାହା ଦେଖିଲେ– କେଉଁଠୁ ଆସିଲେ ସେଇ ଜ୍ୟୋତିର୍ମୟ ପୁରୁଷ ? ପୁନରାୟ ଘର ଭିତରକୁ ଆସିଲେ । ଦ୍ୱାର ବନ୍ଦ୍ କରି ପ୍ରାର୍ଥନା କଲେ, ଯଦି ତୁମେ ପ୍ରକୃତରେ ବିଷ୍ଣୁମୂର୍ତ୍ତି ହୋଇଥାଅ, ତେବେ ଆଉଥରେ ଆସ । ତାଙ୍କର ମନସ୍କାମନା ପୂର୍ଣ୍ଣ ହେଲା । ବିଷ୍ଣୁମୂର୍ତ୍ତିଙ୍କର ପୁନରାବିର୍ଭାବ ଘଟିଲା ।

'ଯଦି ଆସିଛ, ତେବେ ଆଉ ଚାଲିଯାଅନା,' ଏଇ ଆକୂତି ଆଉ ବ୍ୟାକୁଳତା ପୂରିଗଲା ତାଙ୍କ ଦେହମନରେ ।

କିନ୍ତୁ ତା' ଆଉ ସମ୍ଭବ ନୁହେଁ । ମୃଦୁଭାବରେ ହାତ ହଲାଇ ଅଦୃଶ୍ୟ ହୋଇଗଲେ ସେହି ଦେବମୂର୍ତ୍ତି । ଶ୍ରୀଶ୍ରୀଠାକୁର ସ୍ତବ୍ଧ ହୋଇ ବିସ୍ମୟାଭିଭୂତ ହୋଇ ବସିରହିଲେ । (ମହାମାନବ)

(୭)
ସମୟଠାରୁ ବହୁ ଆଗରେ

୧୯୪୫ ମସିହା ଅକ୍ଟୋବର ମାସରେ ଶ୍ରୀଶ୍ରୀଠାକୁର ହିମାୟିତପୁର ଆଶ୍ରମରେ ହୃଦ୍–ଯନ୍ତ୍ରଣାରେ ଅସୁସ୍ଥ ହୋଇ ପଡ଼ିଲେ । ପାବନା ଓ କୁଷ୍ଟିଆର ଡାକ୍ତରମାନଙ୍କ ଚିକିତ୍ସା ବିଶେଷ ଫଳପ୍ରଦ ନ ହେବାରୁ କଲିକତାର ହୃଦ୍‌ରୋଗ ବିଶେଷଜ୍ଞ ଡାଃ ଜଗଦୀଶ ଚନ୍ଦ୍ର ଗୁପ୍ତାଙ୍କୁ ଡକାଗଲା । ଡାକ୍ତରୀବିଦ୍ୟା ସହିତ ଜ୍ୟୋତିଷଶାସ୍ତ୍ରରେ ମଧ୍ୟ ଡାଃ ଗୁପ୍ତା ଖୁବ ପାରଙ୍ଗମ । ଶ୍ରୀଶ୍ରୀଠାକୁରଙ୍କର ଜାତକ ବିଶେଷ ଭାବରେ ଅଧ୍ୟୟନ କରି ସେ କହିଥିଲେ – ଠାକୁରଙ୍କର ପରିବେଶ ତାଙ୍କର ମର୍ଯ୍ୟାଦା ବୁଝିବାକୁ ଏ ପର୍ଯ୍ୟନ୍ତ ସକ୍ଷମ ହୋଇନାହିଁ– You are much in advance of your time. ବର୍ତ୍ତମାନ ସମୟଠାରୁ ଆପଣ ବହୁତ ଆଗରେ ଅଛନ୍ତି । ଉଦାହରଣ ଦେଇ କହିଲେ ଯେ ସେ ରାଜରାଜେଶ୍ୱରୀ ହୋଇ ଜନ୍ମଗ୍ରହଣ କରିବା ସତ୍ତ୍ୱେ ପରିବେଶର ଅନୁପଯୁକ୍ତତା ହେତୁ ସାରାଜୀବନ ତାଙ୍କୁ ଦାସୀର ଜୀବନ ଯାପନ କରିବାକୁ ହେବ । ତାଙ୍କର ଦେହାବସାନର ବହୁ ବର୍ଷ ପରେ ଜଗତ ତାଙ୍କର ଅବଦାନକୁ ବୁଝି ପାରିବ । ଗୋଟିଏ ଦିଗରୁ ସେ ଅତି ଭାଗ୍ୟବାନ୍, ଅଥଚ ଜୀବନଯାକ ସେ ମହାଦୁଃଖୀ । ତାଙ୍କର mission ବା ଉଦ୍ଦେଶ୍ୟକୁ ସାମ୍ପ୍ରତିକ ସମାଜ ବେଶିଭାଗରେ ପରିପୂରଣ କରି ପାରୁ ନ ଥିବାର ଦୁଃଖରେ ସେ ଜୀବନଯାକ ଅସୁସ୍ଥ ରହିବେ । କେତେକାଂଶରେ ତାଙ୍କର

ଅବସ୍ଥା ଶ୍ରୀରାମଚନ୍ଦ୍ରଙ୍କ ପରି । ସହସ୍ର ବାନ୍ଧବ ମଝିରେ ସେ ଏକାକୀ, ତାଙ୍କର ମନକୁ କେହି ବୁଝି ପାରିବେ ନାହିଁ । ଏହାହିଁ ବିଧିଲିପି । (ଶ୍ରୀଶ୍ରୀଠାକୁର ଅନୁକୂଳଚନ୍ଦ୍ର ଓ ସତ୍‌ସଙ୍ଗ)

(୮)

କଥା କହିବାର କୌଶଳ

ସୂର୍ଯ୍ୟାସ୍ତ ସମୟ । ଶ୍ରୀଶ୍ରୀଠାକୁର ପଦ୍ମାନଦୀକୂଳରେ ବସିଥାଆନ୍ତି । ଧୀରେ ଧୀରେ କିଛି ଭକ୍ତ ତାଙ୍କ ସାନ୍ନିଧ୍ୟରେ ଆସି ଉପସ୍ଥିତ । ଆଶ୍ରମ ଗଠନର ପ୍ରଥମ ପର୍ଯ୍ୟାୟ । ତେଣୁ ନାନା କାର୍ଯ୍ୟ, ବିଶେଷକରି ନିର୍ମାଣ କାର୍ଯ୍ୟାଦି ଚାଲିଛି । ସେସବୁ କାମ ବିଷୟରେ ଶ୍ରୀଶ୍ରୀଠାକୁର ଖୋଜଖବର ନେଉଥାନ୍ତି । ଜଣେ ମିସ୍ତ୍ରୀକୁ ଆସିବାର ଦେଖି ଶ୍ରୀଶ୍ରୀଠାକୁର ଉତ୍‌ଫୁଲ୍ଲ ଚିତ୍ତରେ ପଚାରିଲେ– କ'ଣ ଖବର ! କାମ କେତେ ଦୂର ଗଲା ? ମିସ୍ତ୍ରୀ କହିଲା– ଆପଣଙ୍କର ଟଙ୍କା ନାହିଁ କିନ୍ତୁ କାମ କରାଇବାର ଇଚ୍ଛା ଅଛି ।

ଶ୍ରୀଶ୍ରୀଠାକୁର କହିଲେ– ତୁମେ ଠିକ୍ କଥା କହିଛ ।

ମିସ୍ତ୍ରୀ କହିଲା– ଅଫିସ୍‌କୁ ଯାଇଥିଲି, ଟଙ୍କା ଦେଲେ ନାହିଁ, କହିଲେ ଆଜି କିଛି ମିଳିବନି । ଆପଣଙ୍କୁ କହିଦେବାକୁ ଆସିଛି ଯେ କାଲିଠୁ ମୁଁ ଆଉ କାମ କରିବିନି ।

ଶ୍ରୀଶ୍ରୀଠାକୁର କହିଲେ– ଆରେ ! ତୁମେ ପାଗଳ ପରି ଏ କ'ଣ କହୁଛ ?

ମିସ୍ତ୍ରୀ କହିଲା– ତାହେଲେ ଆଉ କ'ଣ କହିବି ? ସଂସାର ଲାଗି ଖଟିବାକୁ ଆସେ । କାମ କରି ଯଦି ଟଙ୍କା ନ ପାଏ, ତେବେ କାମ କାହିଁକି କରିବି ?

ଶ୍ରୀଶ୍ରୀଠାକୁର କହିଲେ– ଏଇଟା ତୁମର କି ପାଗଳାମୀ ! ତୁମକୁ ଯଦି ମେଂଚାଏ ଟଙ୍କା ଧରେଇଦେଇ କୁହାଯାଏ ସବୁ ଟଙ୍କା ଚୋବେଇ ଖାଅ, ଖାଇପାରିବ ତ ? ଘରକୁ ଯାଇ ସମସ୍ତଙ୍କୁ ଏଇ ଟଙ୍କା ଚୋବେଇ ଖୁଆଇପାରିବ କି ? କୁହ ।

ମିସ୍ତ୍ରୀ କହିଲା– ଟଙ୍କା ଚୋବେଇବାକୁ ଯିବି କାହିଁକି ? ଟଙ୍କା ପାଇଲେ ଜିନିଷପତ୍ର କିଣି ନେଇ ଘରକୁ ଯିବି ?

ଶ୍ରୀଶ୍ରୀଠାକୁର କହିଲେ– ସେଇ କଥାଟା କହୁନା କାହିଁକି ? କି କି ଜିନିଷ କେତେ ପରିମାଣରେ ହେଲେ ଚଳିଯିବ, ତା' ଯୋଗାଡ଼ କରି ନେଇ ସଂସାର ସମ୍ଭାଳି ନିଅ ଏବେ । ପୁଣି କାଲି କଥା କାଲିକି ଭାବିବା । ଆଜି ସିନା ଟଙ୍କା ନାହିଁ । କାଲିତ ମିଳିପାରେ । ତା ବୋଲି ରାଗକରି କାମ ଯଦି ବନ୍ଦ୍ କରିଦିଅ, ତା'ହେଲେ ତ ସବୁ ବିଗିଡ଼ିଯିବ ।

ଶ୍ରୀଶ୍ରୀଠାକୁରଙ୍କ କଥା ଶୁଣି ମିସ୍ତ୍ରୀ ତାଙ୍କ ଆଡ଼କୁ ଚାହିଁ ସବୁ କଥା ମନେମନେ ଭାବୁଥାଏ । ତା'ର ରାଗଭାବ କମିଯାଇ ଧୀରେ ଧୀରେ ସ୍ୱାଭାବିକ ହୋଇଆସେ । ଆଉ ଏଇ ପରିବର୍ତ୍ତନଟା ତାକୁ ଦେଖି ବୁଝାଯାଉଥାଏ ।

ଶ୍ରୀଶ୍ରୀଠାକୁର କହିଲେ– ପଦ୍ମା ଆଡ଼କୁ ଚାହିଁ ଦେଖ ତ ଥରେ । ତାଙ୍କ କଥା ଶୁଣି ମିସ୍ତ୍ରୀଜଣକ ପଦ୍ମା ଆଡ଼କୁ ଚାହିଁଲା । ଶ୍ରୀଶ୍ରୀଠାକୁର ପଚାରିଲେ– କଣ ଦେଖୁଛ ? ମିସ୍ତ୍ରୀ କହିଲା– ଭଟ୍ଟା ।

ଶ୍ରୀଶ୍ରୀଠାକୁର କହିଲେ– ମୋର ବି ଭଟ୍ଟା ଚାଲିଛି ଏବେ । କିନ୍ତୁ କାମ ବନ୍ଦ୍ କରିହେବନି ବୁଝିଛ ? କାମ ଚାଲୁ ରଖ । ଜୁଆର ପୁଣି ଆସିବ, ଜୁଆର ଆସିଲେ ସବୁ ଠିକ୍ ହୋଇଯିବ, କ'ଣ କହୁଛ ତୁମେ ?

ମିସ୍ତ୍ରୀ ଶ୍ରୀଶ୍ରୀଠାକୁରଙ୍କ କଥା ଶୁଣି ଅଳ୍ପ ହସି କହିଲା– ସେ ତ ଠିକ୍ କଥା ।

ଶ୍ରୀଶ୍ରୀଠାକୁର ଟିକେ ହସି ପଚାରିଲେ– ଆଚ୍ଛା, ବେ–ଫାଇଦା ରାଗରେ ଲାଭ କ'ଣ ହୁଏ କୁହ ତ ? ମୁଣ୍ଡ ଗରମ, ଦେହ ଖରାପ ଆଉ କାମ ପଣ୍ଡ ଛଡ଼ା ଆଉ କ'ଣ ବା ହୁଏ ?

ମିସ୍ତ୍ରୀ କହିଲା– ଆପଣଙ୍କ କଥା ଶୁଣିଲେ, ଆପଣ ଯାହା କୁହନ୍ତି ତାହା ନ କରି କୌଣସି ଉପାୟ ନ ଥାଏ । କିନ୍ତୁ ସେମାନଙ୍କ (ଅଫିସ୍‌କର୍ମୀ) କଥା ଶୁଣିଲେ ସଂଗେ ସଂଗେ ମଥାକୁ ରାଗ ଉଠିଯାଏ ।

ଶ୍ରୀଶ୍ରୀଠାକୁର କହିଲେ– ସେଇ ରାଗ ମଥାରେ ବେଶି ସମୟ ରଖନା, ବୁଝିଛ ? ମଥା କିନ୍ତୁ ଫାଙ୍କା ରଖିବ ନାହିଁ । ଆବୋଲ ତାବୋଲ ଚିନ୍ତା ମଥାରେ ପୂରେଇବ ନାହିଁ ।

ମିସ୍ତ୍ରୀ କହିଲା– ତା'ହେଲେ କ'ଣ କରିବି ?

ଶ୍ରୀଶ୍ରୀଠାକୁର କହିଲେ– ତୁମ ସଂସାରର ଡାଲି–ଚାଉଳ, ତେଲ–ଲୁଣ ଯେତିକି ଲାଗିବ, ସେସବୁ ଏଇ ବଙ୍କିମଠାରୁ ନେଇ ଘରେ ଦେବ, ଯେତିକି କାମ ବାକିଅଛି ତା' ସମୟ ଆଗରୁ ସାରିବା ଦରକାର । ମୁଁ ଏବେ ବିଜୁଳି ଆଲୋକର ବ୍ୟବସ୍ଥା କରିଦେଉଛି । ତୁମେ ଘରକୁ ଯାଇ ଫେରିଆସ, ରାତିରେ ମଧ୍ୟ କାମ ଚାଲୁ ରଖ । ଶ୍ରୀଶ୍ରୀଠାକୁର ମିସ୍ତ୍ରୀକୁ ଖୁସିଖୁସି ଉଦ୍ଦୀପ୍ତ ଭାବରେ ଚାଲିଯିବାର ଦେଖି ତାକୁ ପୁଣି କହିଲେ– ଦେଖିଲ ତ, ତୁମର କି ଅସମ୍ଭବ କ୍ଷମତା । ଦିନସାରା ଖଟିଛ ! ଘରକୁ ଯାଇ ସେସବୁ ସରଞ୍ଜାମ ପହଂଚାଇ ଦେଇ ଆସି ପୁଣି କାମରେ ଲାଗିଯିବାକୁ ତୁମର ଆପତ୍ତି ନାହିଁ । ମିସ୍ତ୍ରୀ କହିଲା– ଜୀ ।

ଶ୍ରୀଶ୍ରୀଠାକୁର ତାକୁ ରହସ୍ୟ କରି କହିଲେ– ଗୋଟାଏ ପାଗଳ ରାଗ ଶଳା ସବୁ ରାସ୍ତା ବନ୍ଦ୍ କରିଦେଇଥିଲା ।

ମିସ୍ତ୍ରୀ ତାଙ୍କ କଥା ଶୁଣି ହସି ପକାଇଲା । ଶ୍ରୀଶ୍ରୀଠାକୁର ବି ହସିହସି କହିଲେ– ପାଗଳ କେଉଁଠିକାର ! ଯାଅ ଯାଅ, ଆଉ ଡେରି କରନା, ଫଟ୍‌କରି ଚାଲି ଆସ । ମୁଁ ବି ତୁମ ସଂଗେ ରହିବି ।

ମିସ୍ତ୍ରୀ କହିଲା– କ'ଣ କରିବି କୁହନ୍ତୁ । ମଥାକୁ ରାଗ ଉଠିଗଲେ ଉପାୟ କ'ଣ ?

ଶ୍ରୀଶ୍ରୀଠାକୁର କହିଲେ– ମୋ ପାଖରେ ଆସି ଓହ୍ଲାଇଦେଇ ଯିବ । ମିସ୍ତ୍ରୀ ହସି ହସି କହିଲା– ସେଇୟା ତ ହେଲା ।

ଶ୍ରୀଶ୍ରୀଠାକୁର ତାର ମନ କିଣି ନେବାକୁ କହିଲେ– ତୁମେ ଅସାଧାରଣ ଲୋକ । ଅଶେଷ ତୁମର କ୍ଷମତା । ଶୀଘ୍ର ଆସିବା ଦରକାର । ଜାଣିଛ ତ, ଥରେ ଜୁଆର ଆସିଲେ ଦେଖିବ ଢେଉ ପରେ ଢେଉ ଆସୁଛି ତ ଆସୁଛି ।

ମିସ୍ତ୍ରୀ ଚାଲିଯିବା ପରେ ଉପସ୍ଥିତ ଭକ୍ତମାନଙ୍କୁ ଶ୍ରୀଶ୍ରୀଠାକୁର କହିଲେ– ଶାଲା କଥା ଗୋଟାଏ ବଡ଼ ଜିନିଷ, ଠିକ୍‌ଭାବରେ କହିପାରିଲେ, ଅନେକ କାମ କରାଯାଇପାରେ। (ପ୍ରେମଲ ଠାକୁର)

(୯)
ସ୍ୱଭାବ ସଂଶୋଧନ

୧୯୨୫ ମସିହାର ବର୍ଷାକାଳ। ପଦ୍ମାନଦୀରେ ପ୍ରବଳ ଜଳ। ନଦୀର ଗୋଟିଏ ପାଖରେ ପାବନା, ନଦୀପାର ହେଲେ କୁଷ୍ଟିଆ। ଆଜି ସଂଧ୍ୟାରେ ବର୍ଷା ନାହିଁ, ଆକାଶରେ ତାରାମାନେ ସ୍ପଷ୍ଟ, ଆଶ୍ରମର ସବୁସ୍ଥାନ ଆଲୋକିତ। ବହୁ ଭକ୍ତଙ୍କର ଶ୍ରୀଶ୍ରୀଠାକୁର ଦର୍ଶନ ପାଇଁ ପ୍ରାଙ୍ଗଣରେ ସମାବେଶ ହୋଇଛି। ଗତ କିଛିଦିନ ଧରି ଲଗାତାର ବର୍ଷାହେବାରୁ ସେମାନଙ୍କ ପକ୍ଷରେ ଆଶ୍ରମ ଆସିବା ସଂଭବ ହୋଇନଥିଲା।

ଏହି ଶାନ୍ତ ପରିବେଶ ସତେକି ବୋମାମାଡ଼ରେ ଖିନ୍‌ଭିନ୍ ହୋଇଗଲା। ଖବର ତୁରନ୍ତ ପ୍ରଘଟ ହୋଇଗଲା ଯେ ଆଶ୍ରମର ଦୁଇଜଣ କର୍ମୀ– ଚାରୁଦା (ଚାରୁଚନ୍ଦ୍ର ସରକାର) ଓ ଯଶୋଦା–ଦାଙ୍କ (ଯଶୋଦା ଗୋସ୍ୱାମୀ) ଭିତରେ ତୁମୁଳ ଝଗଡ଼ା ହୋଇ ସେମାନେ ପରସ୍ପରକୁ ଗାଳିଗୁଲଜ କରିବାବେଳେ ପ୍ରଚଣ୍ଡ ରାଗରେ ଚାରୁଦା ଯଶୋଦା–ଦାଙ୍କ ଗାଲରେ ଗୋଟିଏ ଶକ୍ତ ଚାପୁଡ଼ା ବସାଇଲେ। କିଛି ସମୟ ମଧ୍ୟରେ ଶ୍ରୀଶ୍ରୀଠାକୁର ମଧ୍ୟ ଏହା ଶୁଣିଲେ। ଯଶୋଦା ଗୋସ୍ୱାମୀ ମହାପ୍ରଭୁ ଚୈତନ୍ୟଦେବଙ୍କ ବଂଶଜ ଥିଲେ।

ଶୁଣିଲାମାତ୍ରେ ଶ୍ରୀଶ୍ରୀଠାକୁର ଦୁଃଖରେ ମ୍ରିୟମାଣ ହୋଇପଡ଼ିଲେ। ପାଟିକରି କାନ୍ଦିଲେ। ପାଖରେ ଥିଲେ ଅନ୍ୟତମ ପାର୍ଷଦ ଓ ଭକ୍ତ କିଶୋରୀମୋହନ ଦାସ। ଶ୍ରୀଶ୍ରୀଠାକୁର ତାଙ୍କୁ ଉଦ୍ଦେଶ୍ୟ କରି କହିଲେ– "ଡାକ୍ତର! ଯେଉଁଠି ଭଗବାନ୍ ଚୈତନ୍ୟଦେବଙ୍କର ଅପମାନ ହେଲା, ମୁଁ ସେଠାରେ କେମିତି ରହିପାରିବି ? ମୋର ନିଶ୍ୱାସ ରୁନ୍ଧିହୋଇ ଯାଉଚି। ମୁଁ ଏଇ ଜାଗା ଛାଡ଼ି ଚାଲିଯାଉଚି ଡାକ୍ତର।" ଏତକକହି ଦ୍ରୁତ ପଦକ୍ଷେପରେ ଯାଇ ପଦ୍ମାନଦୀକୁ ଡେଇପଡ଼ିଲେ। ସେତେବେଳେ ପଦ୍ମାନଦୀରେ ଅତଳତଳ ଜଳ। ସମସ୍ତେ କିଂକର୍ତ୍ତବ୍ୟବିମୂଢ଼, ଆର୍ତ୍ତଚିତ୍କାର ଓ କ୍ରନ୍ଦନ। ତତ୍‌କ୍ଷଣାତ୍ କିଶୋରୀମୋହନ ଶ୍ରୀଶ୍ରୀଠାକୁରଙ୍କୁ ଉଦ୍ଧାର କରିବାକୁ ପାଣିକୁ ଡେଇଁପଡ଼ିଲେ। ଦେଖାଦେଖି ଆଉ କେତେକ ମଧ୍ୟ ସେହିପରି କଲେ।

କିଶୋରୀମୋହନ ଓ ସାଥିରେ ଆଉ କେତେକ ଭକ୍ତ ଗଭୀର ଜଳ ଭିତରୁ ଶ୍ରୀଶ୍ରୀଠାକୁରଙ୍କୁ ଉଦ୍ଧାର କରି ବାହାରକୁ ନେଇ ଆସିଲେ। ସେଦିନ ବହୁତ ରାତି ପର୍ଯ୍ୟନ୍ତ ଆଶ୍ରମ ପ୍ରାଙ୍ଗଣରେ ଲୋକମାନଙ୍କର ସମାଗମ ଥିଲା, କେହି ଛାଡ଼ିଚାଲିଯିବାକୁ ଚାହୁଁନଥିଲେ, କାଳେ ଆଉ କିଛି ଅଘଟଣ ଘଟିପାରେ। ଶ୍ରୀଶ୍ରୀଠାକୁରଙ୍କ ପାଖରେ ଚାରୁଦା ଓ ଯଶୋଦା–ଦା ଦୁହେଁ ଏକାଠି ହୋଇ ବାରମ୍ବାର ଅନୁତାପଜନିତ କ୍ଷମା ଭିକ୍ଷା କରୁଥିଲେ।

ଚିରକ୍ଷମାଶୀଳ, ଚିରଦୟାଳୁ ଶ୍ରୀଶ୍ରୀଠାକୁର ଅତି ଭଲପାଇବା କଣ୍ଠରେ ସେମାନଙ୍କୁ କହିଲେ– ଏମିତି କରିବାଟା ଠିକ୍ ନୁହେଁ। ଭଲ ମଣିଷ ହୁଅ, ଆଉ ସମସ୍ତଙ୍କୁ ଭଲ ହେବାରେ ଚେଷ୍ଟାକର। (ପୁରୁଷୋତ୍ତମ ପ୍ରସଙ୍ଗ)

(୧୦)

ଇଷ୍ଟ-ଆଦେଶ ଅମାନ୍ୟର ପରିଣାମ

୧୯୪୦ ମସିହାର ଘଟଣା; ହିମାୟିତପୁର ସତ୍‌ସଂଗର ତତ୍‌କାଳୀନ ସମ୍ପାଦକ ଶ୍ୟାମାଚରଣ ମୁଖାର୍ଜୀ (ଗୋପାଲ୍‌ଦା) ଅନ୍ୟ ଏକ କର୍ମୀ ଦୁର୍ଗାଚରଣ ସରକାରଙ୍କ ସହିତ ଏକ ବଶେଷ ପ୍ରୟୋଜନ ଦେଖାଇ ଫରିଦପୁରର ପ୍ରମଥ ଗାଙ୍ଗୁଲୀଙ୍କ ପାଖକୁ ଯିବାପାଇଁ ଶ୍ରୀଶ୍ରୀଠାକୁରଙ୍କ ଅନୁମତି ମାଗିଲେ। ଶ୍ରୀଶ୍ରୀଠାକୁର ପ୍ରଥମେ ମନାକରି ଦେଲେ, କିନ୍ତୁ ବହୁତ ଓଜର ଆପତ୍ତି ପରେ ଯିବା ପୂର୍ବରୁ ସେମାନଙ୍କୁ ବାରମ୍ବାର ତାଗିଦ କରି କହିଥିଲେ ଯେ କାମ ସରୁ ବା ନସରୁ ସେମାନେ ଗୋଟିଏ ନିର୍ଦ୍ଦିଷ୍ଟ ଦିନ ପୂର୍ବରୁ (ଅଗଷ୍ଟ ୩ ତାରିଖ) ଯେମିତିହେଲେ ଆଶ୍ରମକୁ ଫେରିଆସନ୍ତି; କୌଣସି କାରଣରୁ ଯେମିତି ଡେରି ନ ହୁଏ। ଗୋପାଲଦା ଓ ଦୁର୍ଗାଚରଣଦା ସେହିଦିନ ପୂର୍ବରୁ ଫେରିଆସିବାକୁ କଥା ଦେଇ ଆଶ୍ରମ ଛାଡ଼ିଲେ।

ଗୋପାଲଦା ପ୍ରମଥବାବୁଙ୍କୁ ଦେଖାକଲେ। ଜାଣିଲେ ଯେ ସେ କଲିକତା ଯାଇ ବନ୍ଦୋବସ୍ତ କଲେ ତାଙ୍କର ଜଣେ ଘନିଷ୍ଠ ଆତ୍ମୀୟଙ୍କୁ ଚାକିରି ମିଳିବ। ଗୋପାଲଦା, ଅତ୍ୟନ୍ତ ପ୍ରଭାବଶାଳୀ ଅଥଚ ମଧୁର ସରଳ ମିଳନସାର ବ୍ୟକ୍ତିତ୍ୱ। ସେ ତାଙ୍କ ଛାତ୍ର ଜୀବନରେ କଲିକତା ବିଶ୍ୱବିଦ୍ୟାଳୟରୁ ଏମ୍.ଏସ୍‌ସି.ରେ ପ୍ରଥମଶ୍ରେଣୀରେ ପ୍ରଥମ ହୋଇଥିଲେ ଓ ତାଙ୍କର ସେତେବେଳେ କଲିକତାର ବଡ଼ବଡ଼ ଇଂରେଜ ଅଫିସରମାନଙ୍କ ସହିତ ପରିଚୟ ଥିଲା। ସେ କଲିକତାର ଇଂରେଜ ଶାସକ ମହଲରେ ଏପରି ପ୍ରଭାବଶାଳୀ ଥିଲେ ଯେ ଜନ୍ ଆଣ୍ଡରସନ୍ ନାମକ ବଙ୍ଗଳାର ତତ୍କାଳୀନ ଦୁର୍ଦ୍ଧାନ୍ତ ଗଭର୍ଣ୍ଣରଙ୍କୁ ୧୯୩୫ ମସିହାରେ ଆଶ୍ରମ ଦର୍ଶନରେ ଆଣି ପାରିଥିଲେ। ତାଙ୍କର ଗୁରୁଭକ୍ତି ମଧ୍ୟ ଥିଲା ଅତୁଳନୀୟ। ଜଣେ ଜ୍ୟୋତିଷ ଶ୍ରୀଶ୍ରୀଠାକୁରଙ୍କର ଗ୍ରହଯୋଗ ବିଶେଷ ଖରାପ ଥିବା ହେତୁ ଗୋଟିଏ ହୀରାମୁଦି ପ୍ରତିକାର ସ୍ୱରୂପ ତାଙ୍କୁ ଧାରଣ କରିବାକୁ କହିଥିଲେ। କିନ୍ତୁ ସେତେବେଳେ ଆଶ୍ରମର ଅର୍ଥାଭାବ ଏବଂ ଅନ୍ନକଷ୍ଟର ଅବସ୍ଥା କହିଲେ ନ ସରେ। ହୀରାମୁଦି ଧାରଣ କରିବା ପାଇଁ ଅର୍ଥ କାହୁଁ ଆସିବ ! ଗୋପାଲଦା ଏକଥା ଶୁଣି କଲିକତା ଯାଉଛନ୍ତି ବୋଲି କହି ନିଜର ପୈତୃକ ସଂପତ୍ତି ବନ୍ଧାରେ ରଖି ଗୋଟିଏ ହୀରାମୁଦି ଶ୍ରୀଶ୍ରୀଠାକୁରଙ୍କ ପାଇଁ ନେଇ ଆସିଥିଲେ ବୋଲି ଜୀବନୀକାରମାନେ ଲେଖିଛନ୍ତି।

ଗୋପାଲଦା ପ୍ରମଥବାବୁଙ୍କୁ କହିଲେ ଯେ ସେ କଲିକତା ଯାଇ ଚାକିରି ପାଇଁ ଚେଷ୍ଟା କରିବାକୁ ପ୍ରସ୍ତୁତ, କିନ୍ତୁ ଶ୍ରୀଶ୍ରୀଠାକୁରଙ୍କ ନିର୍ଦ୍ଦେଶ ଅନୁସାରେ ଅଗଷ୍ଟ ୩ ତାରିଖ ପୂର୍ବରୁ ସେମାନଙ୍କୁ ଆଶ୍ରମ ଫେରିଯିବାକୁ ହେବ, ତେଣୁ କଲିକତା ଯିବା ସଂଭବ ହେବ ନାହିଁ।

ପ୍ରମଥବାବୁ ଚାଲାକ୍ ଲୋକ । ଗୋପାଲଦାଙ୍କୁ ମନେଇବା ପାଇଁ ସେ ଦୁର୍ଗାଚରଣଙ୍କୁ ହାତକଲେ । ଆଗତୁରା ତାଙ୍କ ହାତରେ ଦୁଇଜଣଙ୍କ କଲିକତା ଯିବା ଆସିବାର ଖର୍ଚ୍ଚ ସହିତ ଦୁର୍ଗାଚରଣଙ୍କ ସ୍ତ୍ରୀଙ୍କ ପାଇଁ ଗୋଟିଏ ଭଲ ଶାଢ଼ି କିଣିବାର ଟଙ୍କା ମଧ୍ୟ ଏକାଠି କରିଦେଇଦେଲେ । ଦୁର୍ଗାଚରଣଙ୍କ ଦ୍ୱିତୀୟ ପକ୍ଷ ସ୍ତ୍ରୀ ନାଁ ଫୁଲ, ସମସ୍ତେ ଡାକନ୍ତି 'ଫୁଲମା' । ଦୁର୍ଗାଚରଣବାବୁ ସବୁବେଳେ ତାଙ୍କୁ ଖୁସି ରଖିବାକୁ ଚେଷ୍ଟା କରୁଥାନ୍ତି– ଆଉ ମହିଳାମାନଙ୍କର ତ ଦୁର୍ବଳତା ହେଲା ଶାଢ଼ି ଓ ଗହଣା । ଗୋପାଲଦା କଲିକତା ନ ଗଲେ, ଦୁର୍ଗାଚରଣ ତାଙ୍କ ସ୍ତ୍ରୀଙ୍କୁ ଶାଢ଼ିଦେବା ହେବନାହିଁ । ତେଣୁ ସେ ଗୋପାଲଦାଙ୍କୁ ମନେଇବାରେ ଲାଗିଗଲେ ଏବଂ କହିଲେ– 'ଗୁରୁଭାଇମାନଙ୍କୁ ସାହାଯ୍ୟ କରିବାକୁ ଶ୍ରୀଶ୍ରୀଠାକୁର ଆମକୁ ସବୁବେଳେ କହୁଛନ୍ତି, ଆପଣଙ୍କ ପ୍ରଭାବରେ ଯଦି ଜଣେ ଗୁରୁଭାଇର ଚାକିରିଟିଏ ହୋଇଯାଏ, ଏ କଣ କମ୍ କଥା ? ଶ୍ରୀଶ୍ରୀଠାକୁର ଜାଣିଲେ ଖୁବ୍ ଖୁସି ହେବେ କି ନାହିଁ ? କଲିକତା ଯିବାକୁ ଅମଙ୍ଗ ହୁଅନ୍ତୁ ନାହିଁ, ଯିବା ଆଉ କାମ ସରିଲାମାତ୍ରେ ଯେଉଁ ଗାଡ଼ି ମିଳିବ ପାବନା ଫେରିଯିବା ।' ଗୋପାଲଦା କହିଲେ ଯେ କଲିକତା ଯାଇ ଫେରିଲାବେଳକୁ ନିର୍ଦ୍ଦିଷ୍ଟ ଦିନଟି ପାର୍ ହୋଇଯାଇଥିବ ଏବଂ ଶ୍ରୀଶ୍ରୀଠାକୁରଙ୍କ ନିର୍ଦ୍ଦେଶ ଅବମାନନା କରିବା କ'ଣ ଠିକ୍ ହେବ ? ଦୁର୍ଗାଚରଣଦା ଛାଡ଼ିବା ଲୋକ ନୁହନ୍ତି । କହିଲେ– ଶ୍ରୀଶ୍ରୀଠାକୁର ସଦାସର୍ବଦା କୁହନ୍ତି ଯେ ଗୁରୁଭାଇର ଆପଦବିପଦରେ ନିଜ ଜୀବନକୁ ବାଜିଲଗେଇ ସାହାଯ୍ୟ କରିବ । ବର୍ତ୍ତମାନ ତାହା ଯଦି ନ କରୁ, ଆଉ ପାବନା ଫେରିଯାଉ, ତେବେ ଆମେ ଶ୍ରୀଶ୍ରୀଠାକୁରଙ୍କ ନିର୍ଦ୍ଦେଶକୁ ଅବମାନନା କଲେ ନାହିଁକି ? ଶ୍ରୀଶ୍ରୀଠାକୁରଙ୍କ ତାଗିଦକୁ ବର୍ତ୍ତମାନ ପାଳନ କଲେ ସ୍ଥାନକାଳପାତ୍ର ବିଶେଷରେ ତାଙ୍କ ନିର୍ଦ୍ଦେଶ ଅବମାନନା ମଧ୍ୟ ହେବ, ସେକଥା ଉପରେ ଆଉ କଣ ବିଶେଷ ଆଲୋଚନା କରିବା ଦରକାର ?

କଥା ସେଇଠି ରହିଲା । ଗୋପାଲଦା ଓ ଦୁର୍ଗାଚରଣଦା ରାତି ଗାଡ଼ିଧରି କଲିକତା ବାହାରି ଗଲେ । ଅବସ୍ଥା ଏପରି ହେଲା ଯେ ଯେଉଁଥିପାଇଁ ଯାଇଥିଲେ ସେ କାମ ହେଲା ନାହିଁ । ସେମାନେ ଅଗଷ୍ଟ ୩ ତାରିଖ ପୂର୍ବରୁ ଆଶ୍ରମକୁ ଫେରି ପାରିଲେ ନାହିଁ । ସେହି ଦିନ ଫେରିବା ପଥରେ ଢାକା ମେଲ ଓ ନର୍ଥ ବେଙ୍ଗଲ ଏକ୍ସପ୍ରେସ ଟ୍ରେନ ଦୁଇଟିର ମୁହାଁମୁହିଁ ଧକ୍କା ଫଳରେ ଉଭୟ ଗୋପାଲଦା ଓ ଦୁର୍ଗାଚରଣଦା ମୃତ୍ୟୁବରଣ କଲେ । ଏହି ଖବର ପାଇ ଶ୍ରୀଶ୍ରୀଠାକୁର ଖୁବ୍ ଭାଙ୍ଗିପଡ଼ିଲେ । ତାଙ୍କର ଖାଇବା– ପିଇବା– ଶୋଇବା ବନ୍ଦ ହୋଇଗଲା, କେବଳ ଉଚ୍ଚସ୍ୱରରେ ବିଳାପ– ତାଙ୍କୁ ପୂର୍ବାବସ୍ଥାକୁ ଫେରାଇ ଆଣିବାର ସମସ୍ତ ଚେଷ୍ଟା ବିଫଳ ହେଲା । ଗୋପାଲଦାଙ୍କ ମା' ଶ୍ରୀଶ୍ରୀଠାକୁରଙ୍କୁ ନିବେଦନ କଲେ – ଆପଣ ଏତେ ଭାଙ୍ଗି ପଡ଼ିଲେ ଆମେ କାହାକୁ ଧରି ରହିବୁ ? ସ୍ୱାଭାବିକ ଅବସ୍ଥାକୁ ଫେରିବାକୁ ଶ୍ରୀଶ୍ରୀଠାକୁରଙ୍କୁ ବେଶ୍ କିଛିଦିନ ଲାଗିଥିଲା ।

ଗୋପାଲଦାଙ୍କ ମୃତ୍ୟୁପରେ ଆଶ୍ରମବାସୀମାନଙ୍କ ମନରେ ଏକ ପ୍ରଶ୍ନବାଚୀ– ଗୋପାଲଦାଙ୍କ ପରି ଭକ୍ତ ଓ ସମର୍ପିତ କର୍ମୀଙ୍କର ଏ ପ୍ରକାର ଅବସ୍ଥା ହେଲା କାହିଁକି ? ଠାକୁର କଣ ଦୁର୍ଘଟଣାରୁ ତାଙ୍କୁ ଓ ଦୁର୍ଗାଚରଣଙ୍କୁ ବଂଚାଇ ପାରିଲେ ନାହଁ ? ଶ୍ରୀଶ୍ରୀଠାକୁର

କହନ୍ତି, "ମୋ ହାତରେ ହାଣ୍ଡେଲ୍ ନଦେଲେ ମୁଁ କିଛି ବି କରିପାରିବି ନାହିଁ। ମୋ ହାତରେ ହାଣ୍ଡେଲ୍‌ଦେଲେ ମୁଁ ଭକ୍ତର ଜନ୍ମକୁଣ୍ଡଳୀ ମଧ୍ୟ ଓଲଟପାଲଟ କରିଦେଇପାରେ। ନିର୍ବିଚାରରେ ଯେ ମୋ କଥା ମାନି ଚାଲେ, ସେ ଲକ୍ଷେ ମୂର୍ଖ ହେଲେ ମଧ୍ୟ ମହାଜ୍ଞାନୀ, କିନ୍ତୁ ନିଜର ଇଚ୍ଛାନୁସାରେ ଯେ ଚଳେ, ସେ ମହାଜ୍ଞାନୀ ହେଲେ ମଧ୍ୟ ପ୍ରକୃତ ପକ୍ଷରେ ବୋକା ଓ ପାଗଳ। ମୋ ଛଡ଼ା (ଠାକୁର) ଅନ୍ୟ କାହା ପ୍ରତି ତୀବ୍ର ଆକର୍ଷଣ ରହିବା ଅନିଷ୍ଟର ଲକ୍ଷଣ।"

ଗୋପାଳଦାଙ୍କର ସବୁକିଛି ଠିକ୍ ଥିଲା। କିନ୍ତୁ ଦୁର୍ଗାଚରଣଙ୍କ ପ୍ରତି ତାଙ୍କର ଏକପ୍ରକାର ଦୁର୍ବଳତା ଥିଲା। ଦୁର୍ଗାଚରଣଙ୍କର ତାଙ୍କ ସ୍ତ୍ରୀକୁ ଖୁସି କରିବାର ଇଚ୍ଛା ଉଭୟଙ୍କ ପାଇଁ କାଳ ହେଲା। (ପରମଉଦ୍ଧାତା ଶ୍ରୀଶ୍ରୀଠାକୁର ଅନୁକୂଳଚନ୍ଦ୍ର)

(୧୧)
ଦୁର୍ଗାନାଥଙ୍କ ରୋଗମୁକ୍ତି

୧୯୧୩ ମସିହାର ଘଟଣା। ହିମାୟିତପୁର ନିକଟବର୍ତ୍ତୀ ନାଜିରପୁର ଗ୍ରାମରେ ଦୁର୍ଗାନାଥ ସାନ୍ୟାଲଙ୍କ ଘର। କିଛି ମାସ ଧରି ସେ ପେଟ ବେମାରିରେ ପୀଡ଼ିତ ଥିଲେ। ସ୍ଥାନୀୟ ଚିକିତ୍ସକଙ୍କ ବ୍ୟତୀତ କଲିକତାରେ ସମସ୍ତ କବିରାଜୀ, ଏଲୋପାଥିକ୍, ଏବଂ ହୋମିଓପାଥି ଚିକିତ୍ସା କରି ମଧ୍ୟ ରୋଗମୁକ୍ତ ହୋଇପାରିଲେ ନାହିଁ। ଶେଷରେ, ଜୀବନପ୍ରତି ନିରାଶ ହୋଇ ସେ ଦେଓଘରର ବାବାବୈଦ୍ୟନାଥ ଧାମ ମନ୍ଦିରରେ ଆସି ଅଧିଆ ପଡ଼ିଲେ। ଏକମାସ ଅଧିଆ ପଡ଼ିବା ପରେ ବାବା ବୈଦ୍ୟନାଥ ତାଙ୍କୁ ସ୍ୱପ୍ନାଦେଶ ଦେଲେ– ତୁ ଏଠାକୁ କାହିଁକି ଆସିଚୁ ? ତୁମ ଗାଁ ପାଖରେ ଯେଉଁ ଅନୁକୂଳଚନ୍ଦ୍ର ଅଛନ୍ତି, ତାଙ୍କୁ ଯାଇ ଦେଖାକର। ବୈଦ୍ୟନାଥଙ୍କ ନିର୍ଦ୍ଦେଶାନୁସାରେ ଦୁର୍ଗାନାଥ ଶ୍ରୀଶ୍ରୀଠାକୁରଙ୍କୁ ଦେଖାକରି ନିଜର ସମସ୍ୟା ଜଣାଇଲେ। ଶ୍ରୀଶ୍ରୀଠାକୁର କହିଲେ – ଚିନ୍ତା କରନ୍ତୁ ନାହିଁ, ଆପଣ ଏଠାରେ ରୁହନ୍ତୁ। ଏତିକି କହିସାରି ଶ୍ରୀଶ୍ରୀଠାକୁର ଜନନୀ ମନମୋହିନୀଦେବୀଙ୍କ ନିକଟକୁ ଗଲେ ଏବଂ ଦୁର୍ଗାନାଥଙ୍କ ସମସ୍ୟା ଅବଗତ କରାଇ, କହିଲେ– ସେ ଆମ ରୋଷେଇରେ ହିଁ ଖାଇବେ। ମାଆ, ତୁମେ ତାଙ୍କୁ ବଗଡ଼ା ଉଷୁନା ଚାଉଳ ଭାତ ଏବଂ ବହଳିଆ ମଟରଡ଼ାଲି ତିଆରି କରି ଖୁଆଅ। ମନମୋହିନୀ ଦେବୀ କହିଲେ– ଏ ତୁ କ'ଣ କହୁଛୁ ? ଯାହାର ସରୁ ଚାଉଳ ଭାତ ହଜମ ହେଉନାହିଁ, ତାକୁ ବଗଡ଼ା ଉଷୁନା ଚାଉଳ ଭାତ ଆଉ ମଟରଡ଼ାଲି ଖୁଆଇବି ? ଏହାକୁ ଖାଇଲେ ତା'ର ମୃତ୍ୟୁ ନିଶ୍ଚିତ। ଶ୍ରୀଶ୍ରୀଠାକୁର କହିଲେ– ମାଆ, ତୁମେ ଆଦୌ ଚିନ୍ତା କରନାହିଁ, ଦୁର୍ଗାନାଥଦାଙ୍କୁ, ମୁଁ ଯାହା ଖୁଆଇବାକୁ କହିଲି, ତାହା ପ୍ରସ୍ତୁତ କର। ତା' ପରେ ଦେଖିବ କ'ଣ ହେଉଛି। ଦୁର୍ଗାନାଥଦା ଯେତେବେଳେ ଖାଇବାକୁ ବସିଲେ ସେତେବେଳେ ଶ୍ରୀଶ୍ରୀଠାକୁର ତାଙ୍କର ଭୟଭୀତ ଅବସ୍ଥାକୁ ଦେଖି କହିଲେ– ଡରିବାର କିଛି ନାହିଁ, ଦାଦା। ଖାଇବା ଆରମ୍ଭ କରନ୍ତୁ। ଦୁର୍ଗାନାଥଦା ଖାଇବା ଆରମ୍ଭ କଲେ। ତାଙ୍କୁ ଡର ଲାଗୁଥିଲା, ଖାଇବାକୁ ଭଲ ବି ଲାଗୁଥିଲା। ସେ ଅନେକ ଦିନ ପରେ ପେଟଭରି ଖାଇଲେ। ତା' ପରେ ଶ୍ରୀଶ୍ରୀଠାକୁର କହିଲେ– ଏବେ ଆପଣ ବିଶ୍ରାମ କରନ୍ତୁ।

ଅପରାହ୍ନ ଚାରିଟାବେଳେ ଶ୍ରୀଶ୍ରୀଠାକୁର ଦୁର୍ଗାନାଥଦାଙ୍କୁ ପଚାରିଲେ– ପେଟରେ କିଛି ଗୋଳମାଳ ଅନୁଭବ କରୁଛନ୍ତି କି ? ଦୁର୍ଗାନାଥଦା କହିଲେ– ସେପରି କିଛି ଅନୁଭବ ଏପର୍ଯ୍ୟନ୍ତ କରିନାହିଁ। ବିଗତ ଛଅମାସ ଧରି ପ୍ରତିଦିନ ପନ୍ଦରରୁ କୋଡ଼ିଏ ଥର ତାଙ୍କର ପତଳା ଝାଡ଼ା ହେଉଥିଲା । କିନ୍ତୁ ଆଜି ତାଙ୍କର ଥରେ, ତାହା ପୁଣି ସାଧାରଣ ପାଇଖାନା ହେଲା । କିଛିଦିନ ପରେ ସେ ସଂପୂର୍ଣ୍ଣ ସୁସ୍ଥ ହୋଇଗଲେ । ଦିନେ ଶ୍ରୀଶ୍ରୀଠାକୁରଙ୍କୁ ସୁଶୀଳଚନ୍ଦ୍ର ବସୁ (ସତ୍‌ସଂଗର ପ୍ରଥମ ସଚିବ) ପଚାରିଲେ– ଆପଣ ଦୁର୍ଗାନାଥଦାଙ୍କ ମାସମାସର ପେଟବେମାରି ଏପରି ବିରୁଦ୍ଧଧର୍ମୀ ଖାଦ୍ୟ ଦେଇ କିପରି ଭଲ କଲେ ?

ଶ୍ରୀଶ୍ରୀଠାକୁର କହିଲେ– ରୋଗର ଚିକିତ୍ସା କରିବା ପାଇଁ ରୋଗର ନିଦାନ କ'ଣ, ପ୍ରଥମେ ତାହା ଜାଣିବା ଜରୁରୀ । ରୋଗ ଉତ୍ପନ୍ନର କାରଣ ହେଲା, ଦୁର୍ଗାନାଥଦାଙ୍କୁ ଗୋଟିଏ ସମୟରେ ବଗଡ଼ା ଉଷୁନା ଚାଉଳ ଭାତ ଓ ବହଳିଆ ମଟର ଡାଲି ଖାଇବା ପାଇଁ ପ୍ରବଳ ଇଚ୍ଛା ଥିଲା । କିନ୍ତୁ ବିଭିନ୍ନ କାରଣରୁ ସେ ତାଙ୍କର ମନପସନ୍ଦ ଖାଦ୍ୟ ଖାଇପାରୁ ନଥିଲେ । ସେଇ ପ୍ରବଳ ଅବଦମିତ ଇଚ୍ଛା କାରଣରୁ ସଂଶ୍ଳିଷ୍ଟ ସ୍ନାୟୁଜାଲ ବିକୃତ ହୋଇ ଏହି ରୋଗକୁ ଭିଆଇଥିଲା । ସୁଶୀଳଦା ପଚାରିଲେ– ଯେଉଁ ପ୍ରକାର ଅନ୍ତର୍ଦୃଷ୍ଟି ରହିଲେ ଏହି ରୋଗର ନିଦାନ କରିବା ସମ୍ଭବ, ସେପରି ଚିକିତ୍ସକ କେଉଁଠି ମିଳିବେ ? ଶ୍ରୀଶ୍ରୀଠାକୁର କହିଲେ– ଏହା କାହିଁକି ହେବ ନାହିଁ ? ଚେଷ୍ଟା କଲେ ସବୁକିଛି ସମ୍ଭବ ହେବ । (ମାନସତୀର୍ଥ ପରିକ୍ରମା)

(୧୨)
ଦୃଷ୍ଟିହୀନଙ୍କୁ ଦର୍ଶନ

ହିମାୟିତପୁର ଆଶ୍ରମ । ଶ୍ରୀଶ୍ରୀଠାକୁରଙ୍କ ଅନ୍ୟତମ ଭକ୍ତ ଥିଲେ ତ୍ରୈଲୋକ୍ୟନାଥ ଚକ୍ରବର୍ତ୍ତୀ । ତାଙ୍କର ମାଆ ଅତ୍ୟନ୍ତ ବୃଦ୍ଧା ଓ ଦୃଷ୍ଟିଶକ୍ତିହୀନା ଥିଲେ । ଦିନେ ମାଆ ତ୍ରୈଲୋକ୍ୟଦାଙ୍କୁ କହିଲେ, ବାପାରେ, ମୁଁ କଣ ଦୀକ୍ଷା ନେଇ ପାରନ୍ତି ନାହିଁ ? ଏ କଥା ଶ୍ରୀଶ୍ରୀଠାକୁରଙ୍କ କାନକୁ ଗଲା ଓ ତାଙ୍କ ନିର୍ଦ୍ଦେଶରେ ପୁତ୍ର ତ୍ରୈଲୋକ୍ୟନାଥ ମା'ଙ୍କୁ ଦୀକ୍ଷା ଦେଲେ । ଦିନେ ଶ୍ରୀଶ୍ରୀଠାକୁର ତ୍ରୈଲୋକ୍ୟନାଥଙ୍କୁ କହିଲେ ଆଜି ମା'ଙ୍କୁ ବିଭିନ୍ନ ପ୍ରକାରର ସୁସ୍ୱାଦୁ ଖାଦ୍ୟ ଖାଇବାକୁ ଦିଅ । ଖାଦ୍ୟ ପ୍ରସ୍ତୁତ କରି ଗଭୀର ନିଦରୁ ମା'ଙ୍କୁ ଉଠାଇ ତ୍ରୈଲୋକ୍ୟନାଥ କହିଲେ, ମା', ଆଜି ତୁମ ପାଇଁ ନାନା ପ୍ରକାରର ତରକାରି ଆଉ ମିଠା ତିଆରି କରିଛି । ନିଦୁଆ ଆଖିରେ ମା' କହିଲେ, ଆଉ କ'ଣ ଖାଇବି, ମୋର ପେଟ ପୂରି ଯାଇଛି । ଜଣେ ଶାନ୍ତ ସୁନ୍ଦର ପୁରୁଷ, କାନ୍ଧରେ ପଇତା, ଆଖି ଛଳଛଳ, ମୁଖମଣ୍ଡଳ ଉଜ୍ଜ୍ୱଳ, ମୋତେ ହାତ ଧରି ଉଠାଇ କହିଲେ, ମା' ଏସବୁ ଖାଇ ଦିଅ । ମୁଁ ଖାଇଦେଲି । ତ୍ରୈଲୋକ୍ୟନାଥ କହିଲେ, ମା' ତମେ ସ୍ୱପ୍ନ ଦେଖିଥିବ । କ'ଣ କ'ଣ ଖାଇଛ କହିଲ ? ମାତା ଯେଉଁ ବ୍ୟଞ୍ଜନ ଓ ମିଷ୍ଟାନ୍ନ ଖାଇଥିବାର କହିଲେ ଠିକ୍ ସେହିଗୁଡ଼ିକ ସେ ଯୋଗାଡ଼ କରିଛନ୍ତି । ସବୁ ଶୁଣି ତ୍ରୈଲୋକ୍ୟନାଥ କହିଲେ, ମା', ତୁମର ଅଶେଷ ଭାଗ୍ୟ । ତୁମେ ଅନ୍ଧୁଣି ହୋଇ ଯାଇଚ ତେଣୁ ଠାକୁରଙ୍କୁ କେବେ ଦେଖି ପାରିବ ନାହିଁ ବୋଲି ମୋର ମନରେ ବଡ଼ ଦୁଃଖ ଥିଲା । କିନ୍ତୁ ଶ୍ରୀଶ୍ରୀଠାକୁର ତୁମକୁ ଦର୍ଶନ ଦେଲେ ଓ ନିଜ ହାତରେ ଖାଇବାକୁ

ଦେଲେ – ତୁମ ଜୀବନକୁ ପୂର୍ଣ୍ଣ କରିଦେଲେ। (ସ୍ମରଣିକା ୨୦୨୦ ଚିତ୍ରୋତ୍ପଳା ସତସଙ୍ଗ ବିହାର, ନେମାଳ, ଓଡ଼ିଶା)

(୧୩)
ପରମପ୍ରେମମୟଙ୍କ ଦୂରଦୃଷ୍ଟି

ଦ୍ୱିତୀୟ ବିଶ୍ୱଯୁଦ୍ଧ କାଳରେ ଭାରତରେ ଆର୍ଥିକ ଦୁର୍ଦ୍ଦଶା ଉଗ୍ରରୂପ ଧାରଣ କଲା। ନିତ୍ୟାବଶ୍ୟକ ଖାଦ୍ୟଦ୍ରବ୍ୟ ଓ ଅନ୍ୟାନ୍ୟ ସାମଗ୍ରୀର ଦରବୃଦ୍ଧି ଓ ବଜାରରେ ଅଭାବ। ଯୁଦ୍ଧ ସମୟରେ ବଂଗଳାରେ ଥିବା କୃଷକମାନଙ୍କୁ ସ୍ଥାନାନ୍ତରିତ କରିବାରୁ ସେମାନେ ଜମି ଓ ଘରଦ୍ୱାର ହରାଇଲେ। ଚାଉଳ, ଡାଲି ଆଦିର ଘୋର ଅଭାବ, ୧୯୪୩ ବେଳକୁ ଅବସ୍ଥା ଶୋଚନୀୟ ହେଲା। ୧୯୪୦ ମସିହା ପୂର୍ବରୁ ଶ୍ରୀଶ୍ରୀଠାକୁର କହିଆସୁଥିଲେ ଯେ ଯଥେଷ୍ଟ ଶସ୍ୟ ସଂଗ୍ରହ କରି ସଂଚୟ କର। ତାଂକ କଥାକୁ କେହି ବିଶେଷ ଜୋର୍ ଦେଇନଥିଲେ। ୧୯୪୦ମସିହାରେ ସେ ପୁଣିଥିରେ ଏ ବିଷୟରେ ଚେତାଇ ଦେଇଥିଲେ। କିନ୍ତୁ ବିଶେଷ କିଛି ଫଳ ମିଳିଲା ନାହିଁ। ୧୯୪୩ ମସିହାରେ ଦୁର୍ଭିକ୍ଷ ପଡ଼ିବାର ଛଅମାସ ପୂର୍ବରୁ ଶ୍ରୀଶ୍ରୀଠାକୁର ବଙ୍ଗଳାର ସମସ୍ତ ଗୁରୁଭାଇଙ୍କୁ ଚିଠିଲେଖି ଚାଉଳ ସଂଗ୍ରହ କରି ରଖିବାର ନିର୍ଦ୍ଦେଶ ଦେଇଥିଲେ। ଦୁର୍ଭିକ୍ଷ ଆରଂଭ ହେଲାବେଳେ ସେ କେତେକ ଆଶ୍ରମବାସୀ : ସୁଶୀଲ୍ ବସୁ, ପ୍ରଫୁଲ୍ଲ କୁମାର ଦାସ, ଜିତେନ୍ଦ୍ରେନାଥ ମିତ୍ର ଇତ୍ୟାଦିଙ୍କୁ କଲିକତାରୁ ଏକହଜାର ମହଣ (ଏକ ମହଣ = ଚାଳିଶ ସେର; ଏକସେର = ୧.୨୫ କିଲୋଗ୍ରାମ) ଚାଉଳ ସଂଗ୍ରହ କରି ହିମାୟିତପୁର ଆଶ୍ରମରେ ଗଚ୍ଛିତ ରଖିବାକୁ କହିଥିଲେ। ଶ୍ରୀଶ୍ରୀଠାକୁର ଇଚ୍ଛା କରିଥିଲେ ଯେ ପାବନା ସହରର ଦଶମାଇଲ୍ ପରିଧି ଭିତରେ କେହି ଅନାହାରରେ ନ ମରନ୍ତୁ।

ଏଥିପାଇଁ ପରମିଟ ଯୋଗାଡ଼ କରିବାକୁ ପ୍ରଫୁଲ୍ଲଦା କଲିକତା ଗଲେ। ସେଦିନ ଛୁଟି ଥିବାରୁ ଚିଫ୍ କଂଟ୍ରୋଲର୍ ଅଫ୍ ସିଭିଲ୍ ସପ୍ଲାଇଜ୍, (ମିଃ ଆୟାର ଆଇ.ସି.ଏସ୍.)ଙ୍କୁ, ତାଙ୍କ ଘରେ ଦେଖା କଲେ। ଶ୍ରୀଶ୍ରୀଠାକୁର ଓ ସତ୍ସଂଗ ଆଶ୍ରମ ବିଷୟରେ ସଂକ୍ଷିପ୍ତ ସୂଚନା ଦେଲେ ଓ ଆସିବାର କାରଣ କହିଲେ– ମୋର ଗୁରୁଙ୍କର ଆଦେଶ ହୋଇଛି ଯେ କଲିକତାରୁ ଏକ ହଜାର ମହଣ ଚାଉଳ ସଂଗ୍ରହ କରିବାକୁ ହେବ ଏବଂ ସରକାରଙ୍କ ପରମିଟ ଦ୍ୱାରା ପାବନା ନେବାକୁ ହେବ। ଏଥିପାଇଁ ମୁଁ ଆପଣଙ୍କ ସାହାଯ୍ୟ ଭିକ୍ଷା କରିବାକୁ ଆସଛି। ଏକଥା ଶୁଣି ଆୟାର ସାହେବ ହସ ସଂଭାଳି ପାରିଲେ ନାହିଁ। କହିଲେ– ଏତେ ପରିମାଣ ଚାଉଳ ଏକକାଳୀନ ସଂଗ୍ରହ ହେବ ଏହା ଅବିଶ୍ୱସନୀୟ କଥା। ତା ଛଡ଼ା ଏତେ ଚାଉଳ ପାଇଁ କ'ଣ ପରମିଟ ଦେଇ ହେବ ? ପ୍ରଫୁଲ୍ଲଦା' କହିଲେ– ସାହେବ, ମୁଁ ଏତେ କଥା ଜାଣେ ନାହିଁ। କେମିତି ଏତେ ଚାଉଳ ସଂଗ୍ରହ କରାଯିବ, ତାହା ମହା ଅସମ୍ଭବ ମନେହେଲେ ବି ଠାକୁରଙ୍କ ନିର୍ଦ୍ଦେଶ ହୋଇଥିବାରୁ ନିଶ୍ଚୟ ହେବ। ପରମିଟ ଦେବା ଦାୟିତ୍ୱ ଆପଣଙ୍କର। କେମିତି କଣ ହେବ ଆପଣ ଜାଣନ୍ତି। ଏକଥା ଶୁଣି ଆୟାର ସାହେବଙ୍କ ମନରେ ପରିବର୍ତ୍ତନ ଆସିଲା। ସେ ନରମି ଯାଇ କହିଲେ– ସିଭିଲ୍ ସପ୍ଲାଇ ଅଫିସ୍ ମୁଖ୍ୟଙ୍କୁ କାଲି ଦେଖା

କରନ୍ତୁ । ଦେଖିବା କ'ଣ ହେଉଛି । ତା' ପରଦିନ ପ୍ରଫୁଲ୍ଲଦା' ସପ୍ଲାଇ ଡିପାର୍ଟମେଣ୍ଟର ଦୁଇ ଉଚ୍ଚପଦସ୍ଥ ଅଫିସର୍ (ମିଃ କେ. ସେନ୍ ଓ ମିଃ ଏ.କେ. ଘୋଷ୍ ,ଆଇ.ସି.ଏସ୍)ଙ୍କୁ ଦେଖାକଲେ ଓ ସବୁକଥା କହିଲେ । ବଂଗପ୍ରଦେଶର ସିଭିଲ୍ ସପ୍ଲାଇ ଡିପାର୍ଟମେଣ୍ଟର କାର୍ଯ୍ୟ–ଇତିହାସରେ ଏକ ଅସାଧାରଣ ଘଟଣା ଘଟିଲା । ପାବନା ଜିଲ୍ଲାରେ ରିଲଫ ଚାଉଳ ବଣ୍ଟନ ପାଇଁ ପ୍ରଫୁଲ୍ଲଦା' ଏକ ହଜାର ମହଣ ଚାଉଳ ନେବାର ପରମିଟ୍ ପାଇଗଲେ । ପରମିଟ୍ ଲେଟର ମିଳିବା ପରେ କଲିକତାର ଗୁରୁଭାଇମାନେ ଚାଉଳସଂଗ୍ରହରେ ଲାଗିଗଲେ । ଖୁବ୍ ଅଳ୍ପଦିନ ଭିତରେ ଚାଉଳ ସଂଗ୍ରହ ହୋଇ ପାବନା ଚାଲାଣ ହେଲା । (ସ୍ମୃତି-ତୀର୍ଥେ)

(୧୪)
ନନୀଗୋପାଳ ଦେଙ୍କ ଜେଲମୁକ୍ତି

ନନୀଗୋପାଳ ଦେ'ଙ୍କ ଜନ୍ମ ୧୯୦୦ ମସିହା ଅଗଷ୍ଟ ମାସରେ ବଙ୍ଗଳାଦେଶର ମୟମନସିଂ ଜିଲ୍ଲାର ଟାଙ୍ଗାଇଲ ମହକୁମା ଅନ୍ତର୍ଗତ ବଗାବାଇଦ ଗ୍ରାମରେ । ସେ ବେଶୀ ପଢାପଢି କରି ପାରି ନ ଥିଲେ, ଏପରିକି ମାଟ୍ରିକ ବି ପାସ କରି ନ ଥିଲେ । ସ୍ୱଦେଶୀ ଆନ୍ଦୋଳନ କରୁଥିବା ଆନାର୍କିଷ୍ଟ ଦଳରେ ଯୋଗ ଦେଇଥିଲେ ଏବଂ ବ୍ରିଟିଶ ସରକାର ନଜରରେ ଜଣେ ଦାଗୀ ଆସାମୀ (hardened criminal) ଭାବରେ ତାଲିକାଭୁକ୍ତ ଥିଲେ । ପୋଲିସ ତାଙ୍କୁ ଖୋଜୁ ଥିବାରୁ ସେ ଲୁଚି ଲୁଚି ବୁଲୁଥିଲେ । ସେଥରକ ପୁଲିସର ଗୁଳି ହାତରେ ବାଜିଲା ପରେ କୌଣସିପ୍ରକାରେ ଅନ୍ଧକାରରେ ଆତ୍ମଗୋପନ କରି ସେ ନିଜର ଏକମାତ୍ର ସାନ ଭଉଣୀର ଘରକୁ ଆସିଥାନ୍ତି । ତାଙ୍କ ଭିଣୋଇ ଶଶାଙ୍କମୋହନ ଦେ'ଙ୍କ ପରାମର୍ଶକ୍ରମେ ହିମାୟିତପୁର ଆସି ଶ୍ରୀଶ୍ରୀଠାକୁରଙ୍କର ଶରଣାପନ୍ନ ହୋଇ ନିବେଦନ କରନ୍ତି– ଆପଣ ମୋତେ ବଞ୍ଚାଇ ଦିଅନ୍ତୁ । ଶ୍ରୀଶ୍ରୀଠାକୁର ତାଙ୍କୁ ଅନନ୍ତ ମହାରାଜଙ୍କ ପାଖକୁ ପଠାଇଲେ ଓ ତାଙ୍କଠାରୁ ଦୀକ୍ଷା ଦିଅନ୍ତି । ଏପଟେ ଶ୍ରୀଶ୍ରୀଠାକୁର ଜିଲ୍ଲା ମାଜିଷ୍ଟ୍ରେଟଙ୍କୁ ଖବର ଦେଲେ ଯେ ଆଶ୍ରମକୁ ଜଣେ ସ୍ୱଦେଶୀ ଆତଙ୍କବାଦୀ ଆସିଛି । ପରଦିନ ସକାଳେ ପ୍ରାର୍ଥନା ସମୟରେ ଧଳା ପୋଷାକ ପରିହିତ ପୋଲିସ ଆସି ନନୀଗୋପାଳଙ୍କୁ ଗିରଫ କଲା । ଶ୍ରୀଶ୍ରୀଠାକୁରଙ୍କ ଏପ୍ରକାର ବ୍ୟବହାରରେ କ୍ଷୁବ୍ଧ ନନୀଗୋପାଳ ପୁଲିସ ସହିତ ଗଲାବେଳେ ପାଟି କରି କହୁଥାନ୍ତି – "ଆପଣ ମୋତେ ଧରାଇ ଦେଲେ ? ମୋ ପାଖରେ ଯଦି ରିଭଲଭର ଥାଆନ୍ତା ତେବେ ଗୋଟାଏ ଗୁଳିରେ ଆପଣଙ୍କ ଠାକୁରଗିରି ଛଡ଼ାଇ ଦେଇଥାନ୍ତି ।" ନନୀଦାଙ୍କ ଆକ୍ରୋଶଭରା ଉକ୍ତି ଶୁଣି ଶ୍ରୀଶ୍ରୀଠାକୁର କହିଲେ– "ଯଦି କିଛି ପାପତାପ କରି ଥାଅ, ତେବେ କିଛିଦିନ ଜେଲରେ କଟାଇ ଆସ ।" ନନୀଗୋପାଳ କାନ୍ଦି କାନ୍ଦି କହୁଥାନ୍ତି– ଆଉ ଫେରିବାକୁ ଦେବେନି । ଫାଶି ନ ହେଲେ କଳାପାଣି ଆଣ୍ଡାମାନକୁ ପଠାଇଦେବେ । ସେଠାରୁ କେହି ଫେରନ୍ତି ନି । ଶ୍ରୀଶ୍ରୀଠାକୁର ନିରୁତ୍ତର ରହିଲେ । ପୁଲିସ ନନୀଗୋପାଳଙ୍କୁ ସଙ୍ଗରେ ଧରି ଚାଲିଗଲେ । ପରେ ଖବର ମିଳିଲା ଯେ ସେ କଲିକତା ଦମ୍‌ଦମ୍‌ର ସେଣ୍ଟ୍ରାଲ ଜେଲରେ ସେ ବନ୍ଦୀ ଭାବେ ଅଛନ୍ତି ।

ଏହାର ତିନିମାସ ପରେ ଶ୍ରୀଶ୍ରୀଠାକୁର ଦିନେ ଭକ୍ତ ଭୋଳାନାଥ ସରକାରଙ୍କୁ ଡାକି କହିଲେ, "ଆପଣ ଆଜି କଲିକତା ଯାଇ ନନୀକୁ ଜେଲରୁ ମୁକୁଳାଇ ଆଣନ୍ତୁ। ଟଙ୍କାପଇସା ଯାହା ଲାଗିବ ଅଫିସରୁ ନେଇ ଯାଆନ୍ତୁ।" ଭୋଳାନାଥଦା କଲିକତା ଗଲେ। ସେଇ ରାତିରେ ପ୍ରବଳ ଝଡ଼ବର୍ଷା ହେତୁ କଲିକତା ମହାନଗରୀର ଅବସ୍ଥା ଶୋଚନୀୟ। ଭୋଳାନାଥଦା ସାରାରାତି ନାମ କରୁଛନ୍ତି ଆଉ ଭାବୁଛନ୍ତି ଠାକୁର ମୋତେ କି କଠିନ ପରୀକ୍ଷାରେ ପକାଇଲେ ! ସକାଳେ ଖବରକାଗଜରୁ ଦେଖିଲେ, ଦମ୍‌ଦମ୍ ସେଣ୍ଟ୍ରାଲ ଜେଲ ଗତରାତିର ଝଡ଼ବର୍ଷାରେ ବହୁଳାଂଶରେ ଭାଙ୍ଗି ଯାଇଛି। ସମସ୍ତ କଏଦିଙ୍କୁ ବେକସୁର ଖଲାସ କରି ଦିଆହୋଇଛି। ବ୍ରିଟିଶ ଅମଳରେ ଗୋଟାଏ ଆଇନ ଥିଲା ଯେ, କୌଣସି ପ୍ରାକୃତିକ ଦୁର୍ଯୋଗରେ ଅର୍ଥାତ୍ ଝଡ଼ବର୍ଷା, ବନ୍ୟା, ଭୂମିକମ୍ପରେ ଜେଲ ଭାଙ୍ଗିଗଲେ କୌଣସି ଫାଶି କଏଦି ଥିଲେ ବି ସମସ୍ତଙ୍କୁ ବେକସୁର ଖଲାସ କରି ଦିଆଯିବ। ଭୋଳାନାଥଦା ଦମ୍‌ଦମ୍ ସେଣ୍ଟ୍ରାଲ ଜେଲ ନିକଟକୁ ଯାଇ ଦେଖନ୍ତି ସେଠାରେ ହଜାର ହଜାର ଲୋକ ରୁଣ୍ଡ ହୋଇଛନ୍ତି। ବହୁତ ଖୋଜିବା ପରେ ନନୀଗୋପାଳଙ୍କୁ ଦେଖି ଦୌଡ଼ି ଯାଇ କହିଲେ, ଠାକୁର ମୋତେ ପଠାଇଛନ୍ତି ଆପଣଙ୍କୁ ନେଇ ଯିବାକୁ। ଅବାକ୍ ହୋଇ ନନୀଗୋପାଳ ଚାହିଁ ରହିଲେ ଭୋଳାନାଥ ସରକାରଙ୍କ ଆଡ଼କୁ। ମାତ୍ର ତିନିମାସ ଜେଲରେ କଟେଇବା ପରେ ନନୀଗୋପାଳ ଆଶ୍ରମକୁ ଫେରି ଆସିଲେ ଆଉ ଆଶ୍ରମକର୍ମୀ ଭାବରେ ରହିଲେ।

ସେତେବେଳେ ଆଶ୍ରମପତ୍ତନର କାମ ଚାଲିଥାଏ– ଆଶ୍ରମବାସୀଗଣ ଶାରୀରିକ ପରିଶ୍ରମ କରି ସେସବୁ କାମ କରୁଥାନ୍ତି। ଆଶ୍ରମରେ ଖୁବ ଅର୍ଥାଭାବ। ମାତା ମନୋମୋହିନୀ ଦେବୀ ଭିକ୍ଷାଲବ୍ଧ ଶସ୍ୟ ଏକାଠି ସିଝେଇ ହାତରେ ଚକଟି ଗୁଣ୍ଡା (ଦଲା) କରି ନିଜେ ବିତରଣ କରୁଥାନ୍ତି। ସେତକ ଖାଇ ଉତ୍ସାହର ସହିତ ସମସ୍ତେ ପୁଣି ଇଟା ତିଆରି କାମରେ ଲାଗି ଯାଆନ୍ତି। ନନୀଦା ଏଇ କାମରେ ସାମିଲ ହୋଇଥିଲେ ମାତ୍ର ତାଙ୍କର ପେଟ ପୂରୁ ନ ଥିଲା। ତେଣୁ ଦିନେ ସିଦ୍ଧାନ୍ତ ନେଲେ ଯେ ସେ କାହାକୁ କିଛି ନ ଜଣେଇ ସମସ୍ତେ ଶୋଇ ପଡ଼ିଲେ ରାତି ଅନ୍ଧାରରେ ଆଶ୍ରମ ଛାଡ଼ି ପଳାଇବେ। ଯିବାର ପ୍ରସ୍ତୁତି କରୁଥାନ୍ତି ଏଇ ସମୟରେ କବାଟ ଠକ୍ ଠକ୍ ହେବାରୁ ଘର ଖୋଲି ଦେଖନ୍ତି ଯେ ଟିକିଏ ଦୂରରେ ଶ୍ରୀଶ୍ରୀଠାକୁର କେଷ୍ଟଦା ଓ ସୁଶୀଲଦାଙ୍କ ସଙ୍ଗେ ଆଳାପ– ଆଲୋଚନା ରତ। ନନୀଦାଙ୍କ ଆଡ଼କୁ କରୁଣାଘନ ଦୃଷ୍ଟିରେ ଚାହିଁ କହିଲେ– "କେବଳ ଦିମୁଠା ଖାଇବା ଲାଗି ମୋତେ ଛାଡ଼ି ଚାଲିଯିବୁ ନନୀ ?" ନନୀଦା ଆଶ୍ଚର୍ଯ୍ୟ ହେଲେ ତାଙ୍କର ଗୋପନ ଅଭିପ୍ରାୟ କାହା ପାଖରେ ତ ସେ ପ୍ରକାଶ କରି ନାହାଁନ୍ତି– ଠାକୁର କିପରି ଜାଣିଲେ ? ଭାବିଲେ ଲୋକେ କହିବାନୁସାରେ ସେ ପ୍ରକୃତରେ ଅନ୍ତର୍ଯ୍ୟାମୀ। ଶ୍ରୀଶ୍ରୀଠାକୁରଙ୍କ ସାମନାରେ ଲୋଟି ପଡ଼ି ନନୀଦା କହିଲେ, "ଠାକୁର ମୋତେ କ୍ଷମା କରନ୍ତୁ। ଆଉ କେବେହେଲେ ଆପଣଙ୍କୁ ଛାଡ଼ି ଯିବା କଥା ଭାବିବି ନାହିଁ।" ତାଙ୍କ କଥା ଶୁଣି ଶ୍ରୀଶ୍ରୀଠାକୁର ଖୁସି ହେଲେ। ନନୀଦା ଖୁବ୍ ସୁନ୍ଦର କୀର୍ତ୍ତନ କରୁଥିଲେ।

ତିନି ମାସ ଜେଲରେ କଟାଇ ଥିବାରୁ ସ୍ୱାଧୀନତା ସଂଗ୍ରାମୀ ଭତ୍ତା ପାଇବାକୁ ସେ ଯୋଗ୍ୟ ବିବେଚିତ ହୋଇଥିଲେ ଏବଂ ଆଜୀବନ ଟ୍ରେନର ବାତାନୁକୂଳିତ ବଗିରେ ଭ୍ରମଣ କରିବାର ଫ୍ରି ପାସ ପାଇଥିଲେ। ୯୨ ବର୍ଷ ବୟସରେ ଦେଓଘର ଆଶ୍ରମରେ ତାଙ୍କର ଜୀବନାବସାନ ହୁଏ। (ସ୍ୱସ୍ତିସେବକ– ଜାନୁୟାରୀ ୨୦୨୦)

(୧୫)
ହେମକବିଙ୍କ ମଦ୍ୟତ୍ୟାଗ

ଶ୍ରୀଶ୍ରୀଠାକୁର ସେତେବେଳେ କଲିକତାର ହରିତକୀ ବାଗାନ ଲେନରେ ଅବସ୍ଥାନ କରୁଥାନ୍ତି। ଉଚ୍ଚ କୁଳୀନ ବ୍ରାହ୍ମଣ କିନ୍ତୁ ମଦ୍ୟପ କବିରତ୍ନ ହେମଚନ୍ଦ୍ର ଅପ୍ରକୃତିସ୍ଥ ଅବସ୍ଥାରେ ଆସି ଫାଟକ ନିକଟରେ ଉପସ୍ଥିତ। ହେମକବି ତାଙ୍କର କବିତାର ଶୈଳୀ, ଛନ୍ଦ, ସୁନ୍ଦର ଶବ୍ଦଚୟନ ଯୋଗୁଁ ମୁହୂର୍ତ୍ତକେ ପାଠକ ମହଲରେ ନାଟକୀୟ ପରିବେଶ ସୃଷ୍ଟି କରିବାରେ ସିଦ୍ଧହସ୍ତ ଥିଲେ ଏବଂ ତାଙ୍କର କଣ୍ଠସ୍ୱରର ମଧୁରତା ଅତ୍ୟନ୍ତ ଆକର୍ଷଣୀୟ ଥିଲା। ରକ୍ତବର୍ଣ୍ଣର ଚକ୍ଷୁ, ଟଳଟଳ ହୋଇ ଆସି ଶ୍ରୀଶ୍ରୀଠାକୁରଙ୍କ ସମ୍ମୁଖରେ ପହଞ୍ଚି କହନ୍ତି – ଠାକୁର, ମୁଁ ମଦ ପିଇଛି। ଶ୍ରୀଶ୍ରୀଠାକୁର କହନ୍ତି– ସେଥିରେ କ'ଣ ହୋଇଛି ଦାଦା ? ମଦ ଆପଣ ପିଇଛନ୍ତି, ମଦ ତ ଆପଣଙ୍କୁ ପିଇ ନାହିଁ ? ଏପରି କଥା ଶୁଣିବା ପରେ ହେମକବିଙ୍କର ଭାବାନ୍ତର ହୁଏ ଆଉ ସେ କହନ୍ତି – ମୋତେ ଏପରି ଅବସ୍ଥାରେ ଦେଖି ଆପଣଙ୍କର ମୋ ପ୍ରତି ଘୃଣା ଆସୁନି ? ଶ୍ରୀଶ୍ରୀଠାକୁର କହିଲେ– ନା, ନା, ଘୃଣା କାହିଁକି କରିବି ? ଡାହାଣ ହାତରେ ଘା' ହେଲେ ବାମହାତ କ'ଣ ତାକୁ ଘୃଣା କରେ ? ଏପରି ପ୍ରେମର କଥା ଶୁଣି ହେମକବି କହନ୍ତି– ମୁଁ କିଛି ଗୀତ ଆପଣଙ୍କୁ ଶୁଣାଇବାକୁ ଚାହୁଛି। ଶ୍ରୀଶ୍ରୀଠାକୁର ଆନନ୍ଦ ପ୍ରକାଶ କରି କହନ୍ତି– ହଁ, ଦାଦା, ଶୁଣାନ୍ତୁ, ନିଶ୍ଚୟ ଶୁଣାନ୍ତୁ।

ଘର କାନ୍ଥରେ ଗୋଟିଏ ମୃଦଙ୍ଗ ଟଙ୍ଗା ହୋଇ ଥିବାର ଦେଖି ପାଖରେ ଥିବା ଜଣେ ଭକ୍ତ (ଡାଃ ବନବିହାରୀ ଘୋଷ)ଙ୍କୁ ମୃଦଙ୍ଗଟା ଆଣି ଦେବାକୁ ହେମକବି କହନ୍ତି। ମୃଦଙ୍ଗ ବଜାଇ ଗାନ କରୁ କରୁ ଶେଷରେ ସେ କାନ୍ଦି ପକାନ୍ତି। ସମସ୍ତଙ୍କ ଚକ୍ଷୁ ଅଶ୍ରୁପୂର୍ଣ୍ଣ। ଶ୍ରୀଶ୍ରୀଠାକୁର ବିହ୍ୱଳ ହୋଇ ଦୌଡ଼ି ଯାଇ ତାଙ୍କୁ ଆଲିଙ୍ଗନ କରନ୍ତି। ହେମକବି ଚିତ୍କାର କରି କହନ୍ତି– "ନା, ନା, ଠାକୁର ମୋତେ ଛୁଅନ୍ତୁ ନାହିଁ। ମୁଁ ଆକଣ୍ଠ ମଦ୍ୟପାନ କରି ଆସିଛି। ମୋର ସର୍ବାଙ୍ଗରୁ ମଦର ଗନ୍ଧ ବାହାରୁଛି। ମୋତେ ସ୍ପର୍ଶ କଲେ ଆପଣଙ୍କ ପବିତ୍ର ଦେହ ମଳିନ ହୋଇଯିବ। ମୋତେ ଘୃଣା କରନ୍ତୁ, ମୋ ଉପରକୁ ଛେପ ପକାନ୍ତୁ।" କିନ୍ତୁ ଶ୍ରୀଶ୍ରୀଠାକୁର ତାଙ୍କୁ ସେହିପରି ଧରି କହନ୍ତି– "ଘୃଣା କାହାକୁ କରିବି, କାହିଁକି କରିବି ? ପରମପିତାଙ୍କ ରାଜ୍ୟରୁ ମଇଳା ପରିଷ୍କାର କରିବା ମୋର କାମ, ଛେପ ପକାଇବା ନୁହେଁ। ଆପଣଙ୍କୁ ଘୃଣା କରି ମୁଁ ଯିବି କୁଆଡ଼େ ? କାହାକୁ ଆଲିଙ୍ଗନ କରିବି ?"

ଶ୍ରୀଶ୍ରୀଠାକୁରଙ୍କର ଏପରି ସହୃଦୟ ବ୍ୟବହାରରେ ହେମକବି ବିହ୍ୱଳ ହୋଇ କହନ୍ତି– "ଆପଣ ମୋତେ ଛୁଇଁଲେ ? ଯାହାକୁ ସମସ୍ତେ ଦୂର୍ ଦୂର୍ କରନ୍ତି, ଛି– ଛାକର କରନ୍ତି,

ତାକୁ ଆପଣ ହୃଦୟରେ ଲଗାଇଲେ ? ତାଙ୍କ ଚକ୍ଷୁରୁ ଲୋତକଧାରା ଅବିରତ ବହିବାକୁ ଲାଗିଲା । ଆବେଗମୟ କଣ୍ଠରେ ସେ କହିଲେ– "ଆପଣଙ୍କ ପରି ମୋତେ କେହି କେବେ ଆପଣାର କରି ନାହାନ୍ତି । ମଦ ଖରାପ ବସ୍ତୁ, ଛାଡ଼ି ଦେବାକୁ ସମସ୍ତେ କହନ୍ତି । ଆଚ୍ଛା ଠାକୁର, ମଦ ଖରାପ ବସ୍ତୁ ବୋଲି ମୁଁ କ'ଣ ଜାଣିନି ? ଛାଡ଼ିବାର ଶକ୍ତି ମୋର ଥିଲେ ମୁଁ ତ କେତେଦିନୁ ଛାଡ଼ିସାରି ଥାଆନ୍ତି ? ଏହି ସାମାନ୍ୟ କଥାକୁ ଲୋକେ କାହିଁକି ବୁଝି ପାରୁ ନାହାଁନ୍ତି ?

ହେମକବିଙ୍କ ଅଶାନ୍ତ ହୃଦୟ ଉପରେ ପ୍ରଲେପ ଦେଇ ଶ୍ରୀଶ୍ରୀଠାକୁର କହିଲେ– ନା, ଦାଦା, କାହାରି କହିବାରେ ଆପଣ ମଦ୍ୟପାନ କାହିଁକି ଛାଡ଼ିବେ ? ଆପଣ ପିଅନ୍ତୁ, ବେଶୀ ପିଅନ୍ତୁ, ଆକଣ୍ଠ ପାନ କରନ୍ତୁ । କେବଳ ଏତିକି ଧ୍ୟାନ ରଖିବେ ଯେ ମଦ ଯେପରି ଆପଣଙ୍କୁ ନ ପିଏ । ଶ୍ରୀଶ୍ରୀଠାକୁରଙ୍କର ଏ କଥା ଶୁଣି ହେମକବି କହିଲେ– ସେଥିପାଇଁ ତ ଆପଣ ଏତେ ଭଲ ଲାଗୁଛନ୍ତି ।

ହେମକବିଙ୍କ ପାଇଁ ମଦ ଆଣିବାର ବ୍ୟବସ୍ଥା କରାଗଲା । ଏଣିକି ସେ ଘରଦ୍ୱାର ଛାଡ଼ି ଆସି ଶ୍ରୀଶ୍ରୀଠାକୁରଙ୍କ ପାଖରେ ରହିବାକୁ ଲାଗିଲେ । କଲିକତାରୁ ପାବନା ଆଶ୍ରମକୁ ମଧ୍ୟ ହେମକବି ଶ୍ରୀଶ୍ରୀଠାକୁରଙ୍କ ସଙ୍ଗେ ଚାଲି ଆସିଲେ । ସେଠାରେ ବି ହେମକବିଙ୍କ ପାଇଁ ଶ୍ରୀଶ୍ରୀଠାକୁର ମଦ ଅଣାଇବା ବ୍ୟବସ୍ଥା କଲେ । ଏଥିରେ ସତ୍‌ସଙ୍ଗ ଆଶ୍ରମ ବଦନାମ ହେବାକୁ ଲାଗିଲା । ଶ୍ରୀଶ୍ରୀଠାକୁର ଜଣେ ମନୋବୈଜ୍ଞାନିକ ହିସାବରେ ମଦ୍ୟପ ହେମକବିଙ୍କର ଚିକିତ୍ସା କରୁଥିଲେ, ଏକଥା ସାଧାରଣ ଲୋକେ ବୁଝି ପାରୁ ନ ଥିଲେ । ଦିନେ ଶ୍ରୀଶ୍ରୀଠାକୁର ସ୍ୱୟଂ ନିଜ ହାତରେ ମଦଗ୍ଲାସ ଭର୍ତ୍ତି କରି ହେମକବିଙ୍କୁ ଅର୍ପଣ କଲେ । ଅଭ୍ୟାସ ହେତୁ ସେ ତ ମଦ୍ୟପାନ କଲେ, କିନ୍ତୁ ରାତିରେ ଆଖିକୁ ନିଦ ଆସିଲାନି । ପରଦିନ ଶ୍ରୀଶ୍ରୀଠାକୁରଙ୍କ ନିକଟରେ ପହଞ୍ଚି କହିଲେ– ଠାକୁର, ଆପଣଙ୍କ ଭଳି ଚତୁର ବ୍ୟକ୍ତି ମୁଁ ଦେଖିନି । ବହୁ ସାଧୁସନ୍ଥଙ୍କ ନିକଟକୁ ଯାଇଛି, କେଉଁଠାରେ କିଛି ମୋର କିଛି ପରିବର୍ତ୍ତନ ହୋଇ ନ ଥିଲା । ମୋ ପରି ମଦ୍ୟପକୁ ଆପଣ ଜିତିଗଲେ । ପ୍ରଥମେ ତ ମୋର ମଦ୍ୟପାନକୁ ଆପଣ ବାରଣ କଲେ ନାହିଁ– ଆଉ ମୁଁ ପିଇ ଚାଲିଲି । ମୁଁ ପିଇବାରେ ଲାଗିଲି ଆଉ ଆପଣ ଓ ଆପଣଙ୍କ ଆଶ୍ରମ ବଦନାମ ହେବାରେ ଲାଗିଲା । ବଦନାମ ହୋଇ ବି ଆପଣ ମଦ ମଗାଇବାରେ ଲାଗିଲେ । ମୋର ମଦ୍ୟପାନ ପାଇଁ ଆପଣ ନିଜ ମାନ–ସମ୍ମାନ ସବୁ ହରାଇଲେ । ସେଦିନ ମୁଁ କ'ଣ ଜାଣିଥିଲି ଯେ ମୋତେ ବି ଦିନେ ମଦ୍ୟପାନ ଛାଡ଼ିବାକୁ ପଡ଼ିବ ? ଯାହାଙ୍କ ଶ୍ରୀଚରଣରେ ବସି ସମସ୍ତେ ଅମୃତ ପାନ କରିବାକୁ ଆସନ୍ତି ସେଇ ଅମୃତଦାତାଙ୍କୁ ଜୀବନକ୍ଷୟକାରୀ ମଦ୍ୟ ଦେବାକୁ ମୁଁ ବାଧ୍ୟ କରିଛି । ହାୟରେ ମୋ ପ୍ରବୃତ୍ତି ! ବିବେକର ଦଂଶନ ମୋର ଅସହନୀୟ ହେଲାଣି । ଆଜିଠୁ ମୁଁ ଆଉ କେବେ ମଦ ସ୍ପର୍ଶ କରିବି ନାହିଁ ।"
(ପୁରୁଷୋତ୍ତମ)

(୧୬)
ଅକିଞ୍ଚନର ନିବେଦନରେ ଆଗ୍ରହ

ଥରେ କୁଷ୍ଟିଆର ଜଣେ ଗରିବ ବୃଦ୍ଧା ଶ୍ରୀଶ୍ରୀଠାକୁରଙ୍କୁ ଦର୍ଶନ କରିବାକୁ ହିମାୟିତପୁର ଆଶ୍ରମ ଆସିଥିଲେ । ସେ ଏତେ ଗରିବ ଥିଲେ ଯେ କୌଣସି ଦାମୀ ଜିନିଷ ଭେଟିଦେବାର ସାମର୍ଥ୍ୟ ତାଙ୍କର ନଥିଲା । କିନ୍ତୁ ଖାଲିହାତରେ କେମିତି ଯିବେ ? ଘରେ ଅଳ୍ପ କିଛି ଧାନ ଥିଲା । ସେଇ ଧାନକୁ ନିଜ ହାତରେ ପାଗକରି, କୁଟି ଅଧସେର ଖଣ୍ଡେ ସରୁ ଚୁଡ଼ା ତିଆରି କଲେ । ତାକୁ ଗୋଟିଏ ପରିଷ୍କାର କପଡ଼ାରେ ବାନ୍ଧିଲେ । ବହୁ ଯତ୍ନରେ ଅନ୍ୟ ଲୋକ କେହି ଯେମିତି ତାକୁ ନଛୁଏଁ, ଏଥିପ୍ରତି କଡ଼ା ନଜର ରଖି ବହୁ କଷ୍ଟରେ ଚାଲି ଚାଲି ଆଶ୍ରମରେ ପହଂଚିଲେ । ଶ୍ରୀଶ୍ରୀଠାକୁରଙ୍କ ପାଖକୁ ଦର୍ଶନ ଲାଗି ଗଲାବେଳକୁ ଦେଖୁଛନ୍ତି, ଯେ ସେଠାରେ ବହୁତ ଭିଡ଼ । ଲୋକମାନେ କିଏ ବଡ଼ ଟୋକେଇରେ ପରିବା ତ କିଏ କଲିକତାରୁ ଫଳ, ତ ଆଉ କିଏ କିଛି ଅଳଙ୍କାର ଏଇପରି ଜିନିଷ ସବୁ ଶ୍ରୀଶ୍ରୀଠାକୁରଙ୍କ ସାମନାକୁ ନେଉଛନ୍ତି, ଠାକୁର ସେଗୁଡ଼ିକୁ ଗୋଟିକ ପରେ ଗୋଟିଏ ଦେଖି ଖୁସି ହେଉଛନ୍ତି, ବାହାବା କରୁଛନ୍ତି ଓ ପସରାଗୁଡିକ ସ୍ଥାନାନ୍ତରିତ ହୋଇଯାଉଚି । ବୁଢ଼ୀମା'ର ମନ ମରିଗଲା । ଏତେ ଜିନିଷପତ୍ର ପାଖରେ ତାଙ୍କର ଅଧସେର ଚୁଡ଼ା ପୁଟୁଳାଟି ବଢ଼ାଇଦେବାକୁ ପାଦ ଚଳୁ ନାହିଁ । ସେ ସେଇଠି ଠିଆହୋଇ ରହିଗଲେ । ହଠାତ୍ ଶ୍ରୀଶ୍ରୀଠାକୁରଙ୍କ ଦୃଷ୍ଟି ତାଙ୍କ ଉପରେ ପଡ଼ିଲା । ସତେକି କେତେ ଦିନରୁ ତାଙ୍କୁ ଚିହ୍ନିଛନ୍ତି ଏବଂ ତାଙ୍କ ଅପେକ୍ଷାରେ ବସିଛନ୍ତି । ଏହି ପ୍ରକାର ପରମ ସ୍ନେହରେ ସେ ଡାକିଲେ– ଏ ମା', ତମେ କେତେବେଳେ ପହଂଚିଲ ? ସବୁ ଭଲତ ? ଆସ, ଆସ, ମୋ ପାଖକୁ ଆସ, ମୋ ପାଇଁ କ'ଣ ଆଣିଚ ଦେଖି ?

ଆପଣାପଣରେ ଜଡ଼ସଡ଼ ହୋଇ ବୁଢ଼ୀମା' ଲୋତକଭରା ଆଖିରେ ଚୁଡ଼ା ପୁଟୁଳାଟି ଶ୍ରୀଶ୍ରୀଠାକୁରଙ୍କ ହାତକୁ ବଢ଼ାଇଦେଲେ । ଆଉ କହିଲେ– 'ଠାକୁର, ମୁଁ ଭାରି ଗରିବ, ତମକୁ କିଛି ଦେଇପାରିଲି ନାହିଁ । ଏଇ ଚୁଡ଼ାଗଣ୍ଡାକ ମୋ ହାତରେ ତିଆରି କରି ଆଣିଚି, ଯଦି ଦେବି ତମେ କ'ଣ ରଖିବ ?'

ଶ୍ରୀଶ୍ରୀଠାକୁର ବହୁତ ଉଲ୍ଲସିତ ହୋଇ ଦୁଇହାତରେ ତାକୁ ଗ୍ରହଣ କରି ପାଖରେ ଥିବା ଜଣେ ଭକ୍ତ ଦ୍ୱାରା ଶ୍ରୀଶ୍ରୀବଡ଼ମାଙ୍କ ପାଖକୁ ପଠାଇ ଦେଲାବେଳେ କହିଲେ– 'ଶୁଣ, ବଡ଼ବୌକୁ କହିବୁ କାଲି ସକାଳେ ମୋର ଜଳଖିଆରେ ଦେବ ।' ଦିନକ ପରେ ସେଇ ବୁଢ଼ୀମା ଯେତେବେଳେ ଶ୍ରୀଶ୍ରୀବଡ଼ମାଙ୍କ ଠାରୁ ବିଦାୟ ପ୍ରଣାମ କରିବାକୁ ଗଲେ, ଶୁଣିଲେ– 'ଠାକୁର ଆଜି ତୁମ ଚୁଡ଼ା ଖୁବ୍ ଆନନ୍ଦରେ, ଆଉ ଟିକିଏ ଦିଅ, ଆଉ ଟିକିଏ ଦିଅ ବୋଲି ମାଗି ଖାଇଲେ । ତୁମେ ଖୁସିତ ?' (ଜୀବନଜ୍ୟୋତି)

(୧୭)
ଶ୍ରୀଶ୍ରୀଠାକୁରଙ୍କ କୃତଜ୍ଞତା

ଶ୍ରୀଶ୍ରୀଠାକୁରଙ୍କ ପିଲାଦିନର କଥା । ପିତା ଶିବଚନ୍ଦ୍ର ଚକ୍ରବର୍ତ୍ତୀ ଖୁବ୍ ଅସୁସ୍ଥ । ଔଷଧ ଆଣିବା ପାଇଁ ଘରେ ପଇସା ନଥାଏ । ଅନୁକୂଳଚନ୍ଦ୍ର ଗାଁ ଜମିଦାରଙ୍କ ପାଖକୁ ଗଲେ ପଇସା

ପାଇଁ । ସେ ମହାଶୟ ଅନୁକୂଳଙ୍କୁ କେତୋଟି କଟୁ ଶବ୍ଦ କହିବା ସହିତ ତାଚ୍ଛଲ୍ୟ କରି ଏକ ଅଣା (ଚାରିପଇସା)ଟିଏ ତାଙ୍କ କପାଳକୁ ଉଦ୍ଦେଶ୍ୟ କରି ଫିଙ୍ଗି ଦେଲେ । କପାଳରେ ପଇସାଟି ବାଜି ଦୁଇବୁନ୍ଦା ରକ୍ତ ଝରିପଡ଼ିଲା ଆଉ ଅଣାଟି ମାଟିରେ ପଡ଼ିଗଲା । ଅନୁକୂଳଚନ୍ଦ୍ର ମାଟିରୁ ଅଣାଟି ଗୋଟେଇଆଣି ନୀରବରେ ସେଠାରୁ ବିଦାୟ ନେଲେ ଆଉ ତାଙ୍କ ପିତାଙ୍କ ଲାଗି ଔଷଧର କିଣିବାକୁ ପାବନା ବଜାରକୁ ଗଲେ ।

ଅନେକଦିନ ଗତ ହୋଇଗଲାଣି । ୧୯୪୬ ମସିହାରେ ଶ୍ରୀଶ୍ରୀଠାକୁର ଦେଓଘର ଚାଲିଆସିଲେ, ଦିନେ ବଡ଼ାଲବାଂଲାରେ ବସିଥାନ୍ତି । ଦୂରରୁ ଦେଖିଲେ ପୂର୍ବୋକ୍ତ ଜମିଦାର ମହାଶୟଙ୍କର ଅତି ବୃଦ୍ଧାବସ୍ଥା, ସେ ଜୀର୍ଣ୍ଣବସ୍ତ୍ର ଧାରଣ କରି ଫାଟକ ଭିତରକୁ ପ୍ରବେଶ କରୁଛନ୍ତି । ଦୂରରୁ ତାଙ୍କୁ ଚିହ୍ନି ପାରି ଶ୍ରୀଶ୍ରୀଠାକୁର ସଂଗେ ସଂଗେ ଜଣେ ଭକ୍ତଙ୍କୁ କହିଲେ– ଯାଅ, ଯାଅ ତାଙ୍କୁ ଧରି ଆଦର କରି ମୋ ପାଖକୁ ନେଇ ଆସ । ସେ ଆସିଲେ, ତାଙ୍କର ରହିବା ଓ ଖାଇବାର ସୁବନ୍ଦୋବସ୍ତ ହେଲା । ସଙ୍ଗେ ସଙ୍ଗେ ନୂତନବସ୍ତ୍ର ଇତ୍ୟାଦିର ଯଥାବିଧି ବ୍ୟବସ୍ଥା ମଧ୍ୟ ହେଲା । ହିମାୟିତପୁରରୁ ଦେଓଘର ଆସିଥିବା ଜଣେ ଭକ୍ତ ପଚାରିଲେ– ଠାକୁର, ସେ ତ ଆପଣଙ୍କୁ ପିଲାଦିନେ ବହୁତ ଅପମାନ କରିଥିଲେ ବୋଲି ଆପଣ ଆମକୁ ଥରେ କହିଥିଲେ, ଆଜି ତାଙ୍କୁ ଏତେ ଆଦର ଅଭ୍ୟର୍ଥନା କାହିଁକି କରୁଛନ୍ତି ? ଶ୍ରୀଶ୍ରୀଠାକୁର କହିଲେ– ଶୁଣ, ସେଇଦିନ ଯଦି ସେ ଏକ ଅଣା ମୋତେ ଦେଇ ନଥାନ୍ତେ ତେବେ ମୋର ବାବାଙ୍କର ଅବସ୍ଥା କ'ଣ ହୋଇଥାଆନ୍ତା ଭାବିପାରୁଛ ? ଆଉ ମୋର ବାବା ରହି ନ ଥିଲେ ତୁମର ଏଇ ଠାକୁର ବି ନଥା'ନ୍ତେ ।

ଶ୍ରୀଶ୍ରୀଠାକୁର ଯେଉଁମାନଙ୍କ ପାଖରୁ ଅସମୟରେ କିଛିବି ଉପକାର ପାଇଥିଲେ, ସେମାନଙ୍କୁ କେବେ ଭୁଲି ନଥିଲେ । ପ୍ରୟୋଜନରେ ସେମାନଙ୍କୁ ବହୁଗୁଣରେ ସହାୟତା କରୁଥିଲେ । ପ୍ରତିମାସର ପହିଲା ତାରିଖ କେତେଜଣଙ୍କ ନିକଟକୁ ଆଶ୍ରମରୁ ଟଙ୍କା ମନିଅର୍ଡ଼ର ଦ୍ୱାରା ପଠା ଯାଉଥିଲା । ଶ୍ରୀଶ୍ରୀଠାକୁରଙ୍କ ମହାପ୍ରୟାଣ ପରେ ମଧ୍ୟ ଏହା ଚାଲୁ ରହିଥିଲା– ଅଜିତ୍ ଧରଦା ମାସର ପିହଲା ତାରିଖରେ କେତେକ ମନିଅର୍ଡ଼ର କରୁଥିଲେ । (ରଟୀନନ୍ଦନ ଚକ୍ରବର୍ତ୍ତୀ)

(୧୮)
ପଦ୍ମାର ଗତି ପରିବର୍ତ୍ତନ

୧୯୨୩ ମସିହାର ଜୁଲାଇ ମାସ । ହିମାୟିତପୁର ଆଶ୍ରମ । ଦିପହରେ ଶ୍ରୀଶ୍ରୀଠାକୁର ପଦ୍ମାନଦୀ କୂଳରେ ଗୋଟିଏ ନିମ୍ବଗଛ ତଳେ ବସିଥିଲେ । କଲିକତା ହାଇକୋର୍ଟର ବରିଷ୍ଠ ବାରିଷ୍ଟର ଜେ.ଏନ୍. ଦତ୍ତ ଏବଂ ତାଙ୍କ ପତ୍ନୀ ଦତ୍ତମା' (ସୁଭାଷଚନ୍ଦ୍ର ବୋଷ୍‌ଙ୍କ ମାମୁ ଓ ମାଇଁ), ଏବଂ କେତେକ ପାର୍ଷଦ ଓ ଭକ୍ତ ଉପସ୍ଥିତ ଥିଲେ । ବର୍ଷାଋତୁ , ଲଗାତାର ବର୍ଷା, ମନେହେଉଥାଏ ପଦ୍ମାନଦୀ ଉଛୁଳି,ଏଥର ଯେମିତି ସମଗ୍ର ଆଶ୍ରମକୁ ଜଳାର୍ଣ୍ଣବ କରିଦେବ । ଆଶ୍ରମର ଅନ୍ତେବାସୀ ଓ ପାଖଆଖର ଗ୍ରାମବାସୀମାନେ ବନ୍ୟାର ଆଶଙ୍କାରେ ଆତଙ୍କିତ ।

ଶ୍ରୀଶ୍ରୀଠାକୁର ପଦ୍ମାନଦୀକୁ ନିରୀକ୍ଷଣ କରି କହିଲେ– ଏବେ ଅତି ଶୀଘ୍ର କାଳବିଳମ୍ବ ନ କରି ଯଦି ବନ୍ଧ ତିଆରି କରାନଯାଏ ତେବେ ଆଶ୍ରମକୁ ପଦ୍ମାନଦୀର ଦାଉରୁ ବଂଚାଇବା ମୁସ୍କିଲ ହେବ । ଇଂଜିନିଅର ଶ୍ରୀଶଚନ୍ଦ୍ର ନନ୍ଦୀ ସେଠାରେ ଉପସ୍ଥିତ ଥିଲେ । ଶ୍ରୀଶ୍ରୀଠାକୁରଙ୍କ ନିର୍ଦ୍ଦେଶାନୁସାରେ ସେ ବନ୍ଧ ନିର୍ମାଣ କରିବା ପାଇଁ ହିସାବ–କିତାବ କରି କହିଲେ ଯେ ପ୍ରାୟ ଏଗାରହଜାର ଟଙ୍କା ଲାଗିବ । ବାରିଷ୍ଟର ଦତ୍ତ ମହାଶୟ କହିଲେ– ଠାକୁର, ଏବେ ତୁରନ୍ତ ଏହା କିପରି ସମ୍ଭବ ହେବ ? ଏତେ ଟଙ୍କା ମିଳିବ କେଉଁଠୁ ? ଆଜି ପୁଣି ଶନିବାର । ଟଙ୍କା ଯୋଗାଡ଼ କରି ବନ୍ଧକାମ ଆରମ୍ଭ କଲାବେଳକୁ ମଙ୍ଗଳବାର ହୋଇଯିବ ।

ଶ୍ରୀଶ୍ରୀଠାକୁର କହିଲେ– ସେତେବେଳକୁ ବହୁତ ଡେରି ହୋଇଯିବ । ଏବେ ହିଁ କାମ ଆରମ୍ଭ କରିବାକୁ ହେବ । ଶ୍ରୀଶ୍ରୀଠାକୁରଙ୍କ ମୁହଁରୁ ଏଇ କଥା ଶୁଣି ଦତ୍ତମା' ନିଜ ଗଳାରୁ ସୁନାର ହାର ଖୋଲି ଉପସ୍ଥିତ ଭକ୍ତ ନନୀଭାଂଗିଦାଙ୍କ ହାତରେ ଦେଇ କହିଲେ– ଏହାକୁ ବନ୍ଧକ ରଖି ଟଙ୍କା ଆଣି ଆପଣମାନେ ଶୀଘ୍ର ବନ୍ଧକାମ ଆରମ୍ଭ କରନ୍ତୁ । ତାହାହିଁ ହେଲା । ସିମେଣ୍ଟ, ଇଟା ଇତ୍ୟାଦି ସାମଗ୍ରୀ ଯୋଗାଡ଼ ହୋଇ ବନ୍ଧ କାମ ଆରମ୍ଭ ହେଲା । ଆଶ୍ରମର ସମସ୍ତ ପୁରୁଷ, ସ୍ତ୍ରୀ ଉତ୍ସାହିତ ହୋଇ କାମରେ ଲାଗିଗଲେ । ଶ୍ରୀଶ୍ରୀଠାକୁର ଉପସ୍ଥିତ ରହି କାମର ନିର୍ଦ୍ଦେଶାଦି ଦେବା ସଂଗେ ସଂଗେ ସମସ୍ତଙ୍କର ଉତ୍ସାହ ବଢ଼ାଉଥିଲେ । ଆଶ୍ରମିକମାନଙ୍କ ଅକ୍ଳାନ୍ତ ପରିଶ୍ରମ ଫଳରେ ଆଶ୍ରମର ପୂର୍ବରୁ ପଶ୍ଚିମ ପର୍ଯ୍ୟନ୍ତ ବିରାଟ ବନ୍ଧ ନିର୍ମାଣ ହୋଇଗଲା । ବନ୍ୟା ଦାଉରୁ ଆଶ୍ରମ ରକ୍ଷା ପାଇଲା । **ଏହି ବିପଦ ଟଳିଯିବା ପରେ ଗୋଟିଏ ଆଶ୍ଚର୍ଯ୍ୟ ଘଟଣା ଘଟିଲା । ଧୀରେ ଧୀରେ ପଦ୍ମାନଦୀର ଧାର ଆଶ୍ରମଠାରୁ ବହୁତ ଦୂରକୁ ଆପେ ଆପେ ଅପସରି ଗଲା । ଲୋକେ କହିବାକୁ ଲାଗିଲେ– ନଦୀ ମଧ୍ୟ ଠାକୁରଙ୍କର କଥା ମାନି ଦୂରକୁ ଘୁଞ୍ଚିଗଲା ।** (ସାତ୍ୱତୀ, ଏପ୍ରିଲ–୨୦୧୪)

(୧୯)
ପଞ୍ଚାନନଦାଙ୍କ ପଣସ ଭୋଗ

ଥରେ ଆଶ୍ରମବାସୀ ଅଧ୍ୟାପକ ପଞ୍ଚାନନ ସରକାର ବଡ଼ଭାଇଙ୍କୁ ସାକ୍ଷାତ କରିବାପାଇଁ ନିଜ ଗ୍ରାମକୁ ଯାଇଥାନ୍ତି । ତାଙ୍କ ବାଡ଼ିରେ ଗୋଟିଏ ବାରମାସି ପଣସଗଛ ଥିଲା । ସେଥିରୁ ତାଙ୍କର ମାତା ଗୋଟିଏ ବଡ଼ ପଣସ ଯାହା ଦୁଇତିନିଦିନ ଭିତରେ ପାଚିଯିବ ଗଛରୁ ତୋଳି ଦୁଇ ପୁଅଙ୍କ ପାଇଁ ରଖିଥାଆନ୍ତି । ପଞ୍ଚାନନଦାଙ୍କ ଭାଇ ମା' ଙ୍କୁ କହିଲେ– ଏତେ ସୁନ୍ଦର ପଣସ ଆଉ ଏପରି ଅସମୟରେ ହୋଇଛି– ଏହାକୁ ଠାକୁରଭୋଗ ଲାଗି ରଖିଦିଅ । ମା' କଣ କଲେ ନା ଆଉ ଏକ କଞ୍ଚା ପଣସକୁ ଗଛରୁ ତୋଳି ଦୁଇଟି ପଣସକୁ ଗୋଟିଏ ସ୍ଥାନରେ ରଖିଦେଲେ । ପଞ୍ଚାନନଦା କହିଲେ– ଏଇ ପଣସ ତ ଏତେଦିନ ରହିପାରିବ ନାହିଁ କାରଣ ଆଶ୍ରମ ଯିବା ବାଟରେ ମୋତେ କଲିକତା ଯିବାକୁ ପଡ଼ିବ, ପହଁଚିଲା ବେଳକୁ ଅନ୍ତତଃ ଦଶଦିନ ଲାଗିଯିବ । ତାଙ୍କ ଭାଇ କହିଲେ– 'ରହିବ ନାହିଁ ମାନେ ? ଯେତେବେଳେ ଠାକୁରଭୋଗ ଉଦ୍ଦେଶ୍ୟରେ ରଖାଯାଇଛି ସେତେବେଳଯାଏ ପାଚିବ ନାହିଁ ।'

ତୃତୀୟ ଦିନ ଅନ୍ୟ ପଣସଟି ପାଚିଗଲା କିନ୍ତୁ ଠାକୁରଭୋଗ ଲାଗି ରହିଥିବା ପଣସଟି ପାଚିଲା ନାହିଁ । ପଞ୍ଚାନନଦାଙ୍କୁ କୁଷ୍ଟିୟାରୁ କଲିକତା ଦେଇ ଆଶ୍ରମ ଫେରିବାକୁ ୧୬ ଦିନ ସମୟ ଲାଗିଗଲା । ସେତେବେଳକୁ ପଣସଟି ପୂରା ପାଚିଯାଇ ଥାଏ । ପଞ୍ଚାନନଦା ଆଶ୍ରମରେ ପହଞ୍ଚିଲା ବେଳକୁ ଦିନ ତିନିଟା । ଫେରିବା ରାସ୍ତାରେ ଭାବୁଥାନ୍ତି ବୋଧହୁଏ ଆଜି ପଣସଟି ଶ୍ରୀଶ୍ରୀଠାକୁର– ଭୋଗରେ ଲାଗିପାରିବ ନାହିଁ କାରଣ ଠାକୁର ଦିନ ଏଗାରଟା ଭିତରେ ଭୋଗ ଗ୍ରହଣ କରିଥାନ୍ତି । ଆଉ ଆସନ୍ତାକାଲି ପର୍ଯ୍ୟନ୍ତ ଏତେ ପାଚିଲା ପଣସ ରହିବନି । ଆଶ୍ରମର ଫାଟକ ପାଖରୁ ସରକାର ମହାଶୟ ଦେଖିଲେ ଶ୍ରୀଶ୍ରୀଠାକୁର ଯେପରି କାହାର ପ୍ରତୀକ୍ଷାରେ ଠିଆହୋଇରହିଛନ୍ତି । ନିକଟରେ ଆସି ପ୍ରଣାମ କରିବା କ୍ଷଣି ସେ ତାଙ୍କ ମା'ଙ୍କୁ ଡାକି କହିଲେ– ମା' , ପଞ୍ଚାନନଦା ଠିକ୍ ସମୟରେ ପଣସ ଆଣିଛନ୍ତି । ଆଉ ଖୁବ୍ ବଢ଼ିଆ ପାଚିଲା ପଣସ । ମନମୋହିନୀ ଦେବୀ ଶ୍ରୀଶ୍ରୀବଡ଼ମାଙ୍କୁ କହିଲେ– ବଡ଼ବୌ, ପଣସଟା ଭାଙ୍ଗି ଭୋଗ ପାଇଁ ପଠାଇ ଦିଅ, ଅନୁକୂଳ ଖାଇବାକୁ ଗଲାଣି । ଶ୍ରୀଶ୍ରୀଠାକୁର ତତ୍‌କ୍ଷଣାତ୍ ଅତି ଆଗ୍ରହରେ ପଣସ ଖାଇବାକୁ ବସିଲେ । ପଞ୍ଚାନନଦା ଘରକୁ ଫେରିବାବେଳେ ଭାବୁଥାଆନ୍ତି ପାଚିଲା ପଣସଟି ନଷ୍ଟ ନ ହୋଇ ଏତେଦିନ ରହିଲା କିପରି ? (ଆମାର ଜୀବନେ ଶ୍ରୀଶ୍ରୀଠାକୁର)

(୨୦)
ଗୁରୁବାକ୍ୟ ଲଂଘନର ପରିଣାମ

୧୯୩୯ ମସିହା । ଗ୍ରୀଷ୍ମ ସମୟ । ସଂଧ୍ୟା ସମୟରେ ମୁକ୍ତାଗାଛିର ଜମିଦାର ଯତୀନ୍ଦ୍ରନାଥ ଆଚାର୍ଯ୍ୟ ଚୌଧୁରୀ ଶ୍ରୀଶ୍ରୀଠାକୁରଙ୍କ ଦର୍ଶନ–ପ୍ରଣାମ କରିବାକୁ ଆସିଲେ । ସେ ମଝିରେ ମଝିରେ ଏପରି ଆସନ୍ତି, ସେ ଥିଲେ ଜାତିରେ ବ୍ରାହ୍ମଣ ଏବଂ ଆଶ୍ରମରେ କିଛିଦିନ ରହି ନାନା ପ୍ରକାର ବ୍ୟଞ୍ଜନ ପ୍ରସ୍ତୁତ କରି ଶ୍ରୀଶ୍ରୀଠାକୁରଙ୍କୁ ଆପ୍ୟାୟିତ କରୁଥିଲେ । ଏଥର କିନ୍ତୁ ସେହି ରାତିରେ ସେ ଫେରିଯିବାକୁ ଚାହୁଁଥିଲେ । ମାତ୍ର ଶ୍ରୀଶ୍ରୀଠାକୁର ତାଙ୍କୁ ଛାଡ଼ିବାକୁ ନାରାଜ । କହିଲେ– ଆପଣ ଆସିଥିବା ଗାଡ଼ି ଫେରିଯାଇପାରେ । କାଲି ସକାଳେ ଆଶ୍ରମ ଗାଡ଼ିରେ ଆପଣ ଗଲେ ଭଲହେବ । କିନ୍ତୁ ଜମିଦାର ମହାଶୟ ଯିବା ପାଇଁ ବାରମ୍ବାର କହୁଥାନ୍ତି– ମୁଁ କାଲି ସକାଳ ସୁଦ୍ଧା କଲିକତା ନ ପହଞ୍ଚିଲେ ମୋର ବହୁତ କ୍ଷତି ହେବ, ଏଣୁ ମୋତେ ଦୟାକରି ଏବେ ଯିବାକୁ ଅନୁମତି ଦିଅନ୍ତୁ । ଅଧିକ ଜିଦ୍ ଧରିବାରୁ ଶ୍ରୀଶ୍ରୀଠାକୁର ନୀରବ ରହିଲେ । ରାତିରେ ଫେରିବା ସମୟରେ ଈଶ୍ୱରଦୀ ପାଖରେ ଗାଡ଼ି ଦୁର୍ଘଟଣାରେ ଜମିଦାର ମହାଶୟଙ୍କର ମୃତ୍ୟୁ ହେଲା ।

ଏହି ଘଟଣାର କିଛିଦିନ ପରେ ଜଣେ ଭକ୍ତ ଶ୍ରୀଶ୍ରୀଠାକୁରଙ୍କୁ ପଚାରିଲେ– ଆପଣ ଯତୀନ୍‌ଦାଙ୍କୁ ଜବରଦସ୍ତି ଅଟକାଇ ପାରି ଥାଆନ୍ତେ କାରଣ ଆପଣଙ୍କୁ ଜଣାଥିଲା, ତାଙ୍କର ମୃତ୍ୟୁ ସୁନିଶ୍ଚିତ, ସେପରି କଲେନାହିଁ କାହିଁକି ? ଶ୍ରୀଶ୍ରୀଠାକୁର କହିଲେ– ଯତୀନ୍‌ଦା ଯେତେବେଳେ ମୋ ପାଖକୁ ଆସିଲେ, ମୁଁ ଦେଖୁଥିଲି ଯେ ଇଏ ଯତୀନ୍‌ଦା ନୁହନ୍ତି, ତାଙ୍କର ପ୍ରେତାତ୍ମା । ରାତିରେ ଅଟକିଯିବାପାଇଁ ମୁଁ ତାଙ୍କୁ ବାରମ୍ବାର କହିଲି । କିନ୍ତୁ ସେ ମୋର ବାରଣ

ମାନିଲେ ନାହିଁ । ମୋ କଥା ନମାନି ମଣିଷ ଯେତେ କଷ୍ଟ ଭୋଗେ, ତା'ଠାରୁ ଶହେଗୁଣ ଅଧିକ କଷ୍ଟ ମତେ ହୁଏ । କିନ୍ତୁ ମୁଁ ବା କ'ଣ କରିବି ? ଏହା ମୋ ଅଧିକାର ଅନ୍ତର୍ଗତ ନୁହେଁ । ମୁଁ ତୁମମାନଙ୍କର ଭବିଷ୍ୟତ ଜାଣିଛିକି ନାହିଁ, ଏପରି ତାତ୍ତ୍ୱିକ କଥା ଇତ୍ୟାଦି ଛାଡ଼ି ସରଳଭାବରେ ଏତିକି କରିବାକୁ ଚେଷ୍ଟା କର ଯେ ଠାକୁର ଯେଉଁ କାମ କରିବାକୁ ପସନ୍ଦ କରୁ ନାହାନ୍ତି, ତାହା ମୁଁ କରିବି ନାହିଁ । ଏହାଦ୍ୱାରା ଅନେକ ବିପର୍ଯ୍ୟୟରୁ ରକ୍ଷା ମିଳିବ । ପୁନଶ୍ଚ ଯତୀନ୍‌ଦାଙ୍କୁ ମୁଁ ଯଦି ଜବରଦସ୍ତି ଅଟକେଇ ଥାଆନ୍ତି ତେବେ ତାଙ୍କ ପ୍ରାଣ ବଂଚିଯାଇଥାଆନ୍ତା, ମାତ୍ର ତାଙ୍କର ଯେଉଁ ବ୍ୟାବସାୟିକ କ୍ଷତି ହୋଇଥାଆନ୍ତା ତାହା ତ ନିଶ୍ଚୟ ହୋଇଥାଆନ୍ତା । ସେତେବେଳେ ମୁଁ ତାଙ୍କ ପ୍ରାଣ ବଞ୍ଚାଇଛି ବୋଲି ସେ ତ ଜାଣି ପାରି ନ ଥାନ୍ତେ ବରଂ କହିଥାଆନ୍ତେ ଠାକୁରଙ୍କ କଥା ଶୁଣିବାରୁ ମୋତେ ଏପରି କ୍ଷୟକ୍ଷତିର ସମ୍ମୁଖୀନ ହେବାକୁ ପଡ଼ିଲା । ଏହାଦ୍ୱାରା ମୋ ପ୍ରତି ତାଙ୍କର ନିଷ୍ଠା, ଭକ୍ତି ଏବଂ ବିଶ୍ୱାସ ଊଣା ହୋଇଥାନ୍ତା, ଯାହା ମୃତ୍ୟୁଠାରୁ ଯଥେଷ୍ଟ ଅଧିକ କ୍ଷତିକର । ନିଷ୍ଠାବିହୀନ ଜୀବନଦ୍ୱାରା ଇହକାଳ ଏବଂ ପରକାଳ ଉଭୟ ସମାପ୍ତ ହୋଇଯାଇଥାଆନ୍ତା । ନିଷ୍ଠା ଭାବ ନେଇ ଯଦି କାହାର ମୃତ୍ୟୁହୁଏ, ତେବେ ତାଙ୍କର ଅନନ୍ତ ଜୀବନର ଦ୍ୱାର ଖୋଲିଯାଏ । ମୋତେ ପ୍ରତ୍ୟେକ ପଦକ୍ଷେପରେ ବହୁତ ଦୂର ପର୍ଯ୍ୟନ୍ତ ଭାବିଚିନ୍ତି ଚାଲିବାକୁ ପଡ଼େ । (ସ୍ମୃତି-ତୀର୍ଥେ)

(୨୧)
ଗୁରୁବାକ୍ୟ ପାଳନର ସୁଫଳ

ଦ୍ୱିତୀୟ ବିଶ୍ୱଯୁଦ୍ଧ ସମୟର ଘଟଣା । ସେ ସମୟରେ ମୁଁ ମୋର କର୍ମସ୍ଥଳୀ ବର୍ମା (ବ୍ରହ୍ମଦେଶ) ଦେଶରେ ଥିଲି । ହଠାତ୍ ଦିନେ ଜାଣିବାକୁ ପାଇଲି ଶ୍ରୀଶ୍ରୀଠାକୁର ରେଙ୍ଗୁନ୍‌ସ୍ଥ ଭାଇ ଓ ଭଉଣୀମାନଙ୍କୁ ପତ୍ରଦ୍ୱାରା ଜଣାଇଛନ୍ତି ଯେ ସେଠାରେ ଥିବା ଲୋକମାନେ ଯେତେ ଶୀଘ୍ର ସମ୍ଭବ ଭାରତ ଚାଲିଆସନ୍ତୁ । ସତ୍‌ସଂଗୀ ଭାବେ ଏ ଆଦେଶ ମୋ' ପାଇଁ ବେଶୀ ପ୍ରଯୋଜ୍ୟ ଥିଲା, ମାତ୍ର ବୁଝିପାରିଲି ନାହିଁ, ଆମ୍ଭମାନଙ୍କୁ ଏପରି କାହିଁକି ଭାରତକୁ ହଠାତ୍ ଡକାଗଲା । ଭାବିଲି ଏହି ସ୍ଥାନ ତ ସ୍ୱାସ୍ଥ୍ୟପ୍ରଦ, ଖାଇବାପିଇବାରେ ଅଭାବ ନାହିଁ, ଅର୍ଥ ଉପାର୍ଜନ ଯଥେଷ୍ଟ । ତଥାପି ପ୍ରତ୍ୟାବର୍ତ୍ତନ–ଆଦେଶର କାରଣ କ'ଣ ?

ମୁଁ ଦୀର୍ଘଦିନର ଛୁଟି କଟାଇ ତୁରନ୍ତ କାର୍ଯ୍ୟାଳୟରେ ଯୋଗଦେଇଛି, ସହସା ଫେରିବାର ଉଦ୍ଦେଶ୍ୟ ହିଁ ନଥିଲା । ଦିନେ ହଠାତ୍ ଅହମଦାବାଦରୁ ଏକ ଟେଲିଗ୍ରାମ ପାଇ ଜାଣିଲି ମୋ' ବଡ଼ଭାଇ ପ୍ରସନ୍ନ କୁମାର ଦତ୍ତ (ତତ୍‌କାଳୀନ ସତ୍‌ସଂଗର ଯୁଗ୍ମ ସଚିବ) ସେଠାରେ ଅସୁସ୍ଥ ହୋଇ ଶଯ୍ୟାଶାୟୀ । ପରଦିନ ଶ୍ରୀଶ୍ରୀଠାକୁରଙ୍କଠାରୁ ଟେଲିଗ୍ରାମ୍ ମିଳିଲା ଯେ ମୁଁ ଯେପରି ଅହମଦାବାଦ ଯାଇ ସେଠାରୁ ଭାଇଙ୍କୁ କଲିକତା ନେଇ ତାଙ୍କର ଚିକିତ୍ସା ବ୍ୟବସ୍ଥା କରେ । ସେଥିପାଇଁ ମୋତେ ବର୍ମା ଛାଡ଼ିବାକୁ ହେଲା । ଦୁଇ ମାସ ଚିକିତ୍ସା ପରେ କଲିକତାରେ ଭାଇଙ୍କର ସ୍ୱର୍ଗବାସ ହେଲା । ଭାଇଙ୍କ ଚିକିତ୍ସା ପାଇଁ ବହୁତ ଟଙ୍କା ଧାର୍ କରିଥିଲି । ଟଙ୍କା ଶୁଝିବା ପାଇଁ ବର୍ମା ଫେରିଯିବା ଜରୁରୀ ଭାବି ଶ୍ରୀଶ୍ରୀଠାକୁରଙ୍କ ଅନୁମତି ଲୋଡ଼ିଲି । କିନ୍ତୁ ଶ୍ରୀଶ୍ରୀଠାକୁର ବର୍ମା ଫେରିବାକୁ ମନାକରିଦେଲେ । ମୋର ମନ ଅତ୍ୟନ୍ତ

ବିଚଳିତ । ବହୁଦିନଧରି କାର୍ଯ୍ୟରୁ ଅନ୍ତର ରହିବା ଯୋଗୁଁ ଦରମା ବି ମିଳୁନଥିଲା, ଭୀଷଣ ଅର୍ଥାଭାବ, ଶ୍ରୀଶ୍ରୀଠାକୁରଙ୍କ ନିକଟରେ ବର୍ମା ଫେରିବାକୁ ଆଉଥରେ ଜଣାଇଲି । କିନ୍ତୁ ତାହା ବି ଖାରଜ ହୋଇଗଲା । ମାନସିକ ଅସ୍ଥିରତା ବଢ଼ିବାରେ ଲାଗିଲା । ଦିନେ ଭାବିଲି ଶ୍ରୀଶ୍ରୀଠାକୁରଙ୍କୁ ନଜଣାଇ ଚୁପ୍‌ଚାପ୍ ପଳାଇବି । ପୁଣି ଭାବିଲି, କାଳେ କିଛି ଅମଙ୍ଗଳ ଘଟିପାରେ । କିଂକର୍ତ୍ତବ୍ୟବିମୂଢ଼ ଅବସ୍ଥା । ଏହିପରି ଦୋଦୁଲ୍ୟମାନ ଅବସ୍ଥା ଦେଇ ଗତିକରୁଥିଲାବେଳେ ହଠାତ୍ ଦିନେ ଜାଣିବାକୁ ପାଇଲି, ଜାପାନ ଯୁଦ୍ଧ ଘୋଷଣା କରି ବର୍ମା ଉପରେ ଆକ୍ରମଣ ଜାରିରଖିଛି । ପରେ ପରେ ରେଙ୍ଗୁନ୍‌ରେ ବୋମା ବର୍ଷଣ ହେଲା, ସାରା ସହରରେ ପ୍ରଳୟର ତାଣ୍ଡବଲୀଳା । ଖବର ମିଳିଲା ଧନ, ଜୀବନ, ବାସସ୍ଥାନ ମୁହୂର୍ତ୍ତକେ ଧରାଶାୟୀ ହୋଇଗଲା । ଏବେ ବୁଝି ପାରିଲି ଯେ କେଉଁ କାରଣରୁ ଶ୍ରୀଶ୍ରୀଠାକୁର ଦଶମାସପୂର୍ବରୁ ସତ୍‌ସଙ୍ଗୀମାନଙ୍କୁ ବର୍ମା ଛାଡ଼ି ଯିବାପାଇଁ ବାରମ୍ବାର ଚେତାବନୀ ଦେଉଥିଲେ । କଥା ଏଇଠି ସରି ନାହିଁ । ଯେତେବେଳେ ରେଙ୍ଗୁନ୍ ସହରରେ ବୋମା ମାଡ଼ ଚାଲିଥାଏ ସାଇରନ୍ ବାଜିବା କ୍ଷଣି ଭୂମିତଳ ଆଶ୍ରୟସ୍ଥଳକୁ (ଟ୍ରେଞ୍ଚ୍) ତୁରନ୍ତ ପଶିଯିବାକୁ ହୁଏ । ଜଣେ ଭକ୍ତ ରାଜକୁମାର– ଦାଙ୍କୁ ଦୃଶ୍ୟହେଲା, ଶ୍ରୀଶ୍ରୀଠାକୁରଙ୍କ ହସ୍ତକମଳ ତାଙ୍କ ମଥାକୁ ଆଚ୍ଛାଦନ କରିରଖିଛି । ସେ ଆନନ୍ଦିତ ହୋଇ ପାଖରେ ଥିବା ଜଣେ ଗୁରୁଭାଇ, ଶିଳ–ଦାଙ୍କୁ ଦୟାଳଙ୍କ ମନୋରମ କମନୀୟ ହାତ ସମ୍ପର୍କରେ ଜଣାଇଲେ । ବୋମା ବର୍ଷଣରେ ଚାରିଆଡ଼ ଧ୍ୱସ୍ତବିଧ୍ୱସ୍ତ । ଅସଂଖ୍ୟ ଗାଁ ଧରାଶାୟୀ ହୋଇଗଲା । କିନ୍ତୁ ରାଜକୁମାରଦା ଆଉ ଶିଲ୍‌ଦା ଅକ୍ଷତ ଅବସ୍ଥାରେ ଅଲୌକିକ ଭାବେ ବଂଚିଗଲେ । (ଇଷ୍ଟମନନେ)

(୨୨)
ବର୍ମାର ଓକିଲ ପି. ଆର. ବ୍ୟାନାର୍ଜୀଙ୍କ ସପରିବାର ରକ୍ଷା

ଶ୍ରୀଶ୍ରୀଠାକୁରଙ୍କ ବର୍ମା ଛାଡ଼ିଯିବାର ଆଦେଶ ଓକିଲ ପି.ଆର.ବ୍ୟାନାର୍ଜୀ ମଧ୍ୟ ପ୍ରାପ୍ତ ହୋଇଥିଲେ । ବର୍ମା ହାଇକୋର୍ଟରେ ତାଙ୍କର ପେଶା ଖୁବ୍ ଭଲଭାବରେ ଚାଲିଥିଲା । ପେଗୁରେ ସ୍ତ୍ରୀ ଓ ଚାରିଟି ସନ୍ତାନଙ୍କ ସହିତ ସେ ସୁଖରେ ବାରଟି ପ୍ରକୋଷ୍ଠ ଥିବା ଗୋଟିଏ ବିରାଟ ବଙ୍ଗଳାରେ ବସବାସ କରୁଥିଲେ । ଶ୍ରୀଶ୍ରୀଠାକୁରଙ୍କୁ ସେ ଖୁବ୍ ବିଶ୍ୱାସ କରୁଥିଲେ । କାରଣ କଠିନ ନେଫ୍ରାଇଟିସ୍ ରୋଗରେ ଭୋଗୁଥିବା ତାଙ୍କ ଝିଅ ଯାହାର ଆରୋଗ୍ୟ ପାଇଁ ରେଙ୍ଗୁନର ଚିକିତ୍ସକଗଣ ଅପାରଗ ହୋଇଥିଲେ, ଶ୍ରୀଶ୍ରୀଠାକୁରଙ୍କ ଔଷଧରେ ସେ ଆରୋଗ୍ୟଲାଭ କରିଥିଲା । ସେ ଶ୍ରୀଶ୍ରୀଠାକୁରଙ୍କ ଆଦେଶ ଜାଣିବା ପରେ ତାଙ୍କର କିଛି ସମ୍ପତ୍ତି ବିକ୍ରୟ କରି ବ୍ୟାଙ୍କରେ ଟଙ୍କା ଜମା କରିଦେଲେ ଯେପରି ପ୍ରୟୋଜନରେ ପାଇ ପାରିବେ ।

୧୯୪୨ ମସିହା ଜାନୁୟାରୀ–୬ ତାରିଖ ରାତିରେ ବ୍ୟାନାର୍ଜୀବାବୁ ଚିନ୍ତିତ ହୋଇ ଶୋଇଥିଲେ । କିଛି ସମୟ ପରେ 'ବ୍ୟାନାର୍ଜୀ, ଶୀଘ୍ର ଏଠାରୁ ପଳାଅ, ଏଠାରୁ ଶୀଘ୍ର ପଳାଇ ଯାଅ' – ତାଙ୍କ କାନ ପାଖରେ କିଏ କହିବାର ଶୁଣିଲେ । ପାଖରେ ତାଙ୍କର ସ୍ତ୍ରୀ

ଗଭୀର ନିଦରେ ଶୋଇଥିଲେ । ଘରର ପରିବେଶ ଶାନ୍ତ ଥିଲା । ସେ ଝରକା ପାଖକୁ ଯାଇ ବାହାର ଅଗଣାକୁ ଲକ୍ଷ୍ୟ କରି ଦେଖନ୍ତି ସବୁଆଡ଼େ ଶାନ୍ତ ପରିବେଶ– ନିସ୍ତବ୍ଧ ରାତ୍ରି । ଭାବିଲେ ବୋଧହୁଏ ସେ ସ୍ୱପ୍ନ ଦେଖିଲେ, ବିଛଣାକୁ ଫେରି ଆସି ଚାଦରଟା ଦେହ ଉପରକୁ ଟାଣି ନେବାକୁ ଯାଉଛନ୍ତି ପୁଣି ଚିତ୍କାର ଶୁଣିଲେ– 'ଏଠାରୁ ପଳାଇ ଯାଅ, ଶୀଘ୍ର ଏ ସ୍ଥାନ ତ୍ୟାଗ କର ।'

ବ୍ୟାନାର୍ଜୀବାବୁ ଥରିବାକୁ ଲାଗିଲେ । ସେ ଶ୍ରୀଶ୍ରୀଠାକୁରଙ୍କୁ ଦେଖି ନ ଥିଲେ ବି ଏଇ ମୁହୂର୍ତ୍ତରେ ବିନା ଦ୍ୱିଧାରେ ବୁଝି ପାରିଥିଲେ ଯେ ଏଇଟା ତାଙ୍କ ଗୁରୁଦେବଙ୍କ କଣ୍ଠସ୍ୱର । ତାଙ୍କ ସ୍ତ୍ରୀଙ୍କୁ ନିଦରୁ ଉଠାଇ କହିଲେ, 'ଶୀଘ୍ର ଉଠ, ଚାକରଙ୍କୁ ଡାକ ଆଉ ବଗିଚାକୁ ଦୌଡ଼ି ଚାଲ' । ତାଙ୍କ ସ୍ତ୍ରୀ ବିରକ୍ତ ହୋଇ କହିଲେ, କ'ଣ ହୋଇଛି, ଘରେ ନିଆଁ ଲାଗିଛି ନା କ'ଣ । ବ୍ୟାନାର୍ଜୀବାବୁ ଆଦେଶ କଲେ, ମୁଁ ଯା' କହୁଛି କର, ଏଠାରୁ ଶୀଘ୍ର ବାହାରି ଚାଲ । ପିଲାମାନଙ୍କ କୋଠରୀକୁ ଯାଇ ସେମାନଙ୍କୁ ଉଠାଇ ବଗିଚା ଆଡ଼କୁ ଦୌଡ଼ି ପଳାଇବାକୁ କହିଲେ ଆଉ ଚାରିବର୍ଷର କନ୍ୟା କମଳାକୁ କାଖେଇ ଘରୁ ବାହାରିଗଲେ । ସ୍ତ୍ରୀ ଓ ଚାକରମାନଙ୍କୁ ଆଉ ଡେରି ନ କରି ତାଙ୍କୁ ଅନୁସରଣ କରିବାକୁ କହିଲେ । ଘରଠାରୁ ବେଶ୍ ଦୂରରେ ବଗିଚାର ଅପର ପ୍ରାନ୍ତରେ ଯାଇ ସମସ୍ତଙ୍କୁ ଠୁଳ କରାଇଲେ । କାନ୍ଦୁଥିବା କମଳାକୁ ଶାନ୍ତ କରାଇଲେ ।

ତାଙ୍କ ସ୍ତ୍ରୀ ପଚାରିଲେ– କ'ଣ ହେଲା ? କ'ଣ ପାଇଁ ଘରଠାରୁ ଦୂରକୁ ଦୌଡ଼ି ପଳାଇ ଆସିଲ ?

ଝିଅର ଜାମାରେ ଝାଳ ପୋଛୁ ପୋଛୁ ବ୍ୟାନାର୍ଜୀବାବୁ କହିଲେ– ମୁଁ ଜାଣିନି । ଠାକୁର ମୋତେ ସ୍ଥାନ ତ୍ୟାଗ କରିବାକୁ କହିଲେ ।

ସ୍ତ୍ରୀ କହିଲେ– ବୋଧେ ସ୍ୱପ୍ନ ଦେଖିଛ ।

ବ୍ୟାନାର୍ଜୀବାବୁ କହିଲେ– ସ୍ୱପ୍ନ ନୁହେଁ । ମୁଁ ଜାଗ୍ରତ ଥିଲି । ଠାକୁର ମୋର କାନ ପାଖରେ କହିଲା ପରି ଲାଗିଲା– ଅବିଳମ୍ବେ ଘର ଛାଡ଼ି ଚାଲିଯାଅ ।

କେତେଟା ମୁହୂର୍ତ୍ତ ପରେ ଉଡ଼ାଜାହାଜର ଶବ୍ଦରେ ରାତ୍ରିର ଆକାଶ କମ୍ପମାନ ହେଲା, ଆଉ ଆକାଶରୁ ଅଗ୍ନିବର୍ଷଣ ଆରମ୍ଭ ହେଲା । ଜାପାନୀ ସେନା ରେଙ୍ଗୁନ ସହର ଉପରେ ବୋମାମାଡ଼ କଲେ । ହଠାତ୍ ତାଙ୍କ ଘର ଉପରେ ବୋମା ପଡ଼ି ସବୁ ଜାଳିପୋଡ଼ି ଧ୍ୱଂସ କରିଦେଲା । ତାପରେ ବ୍ୟାନାର୍ଜୀବାବୁ ପରିବାର ସହିତ କାମାୟୁତର ବିଶୃଙ୍ଖଳ ପଥ ଦେଇ ଫେରିଘାଟକୁ ଆସି ଦେଖନ୍ତି ଜାହାଜରେ ଯିବା ପାଇଁ ଶରଣାର୍ଥୀମାନେ ଜମା ହୋଇଛନ୍ତି । ସ୍ତ୍ରୀ ଓ ପୁତ୍ର ଶୈଳେନକୁ ଧାଡ଼ିରେ ଗୋଟିଏ ସ୍ଥାନରେ ରହିବାକୁ କହି ବ୍ୟାଙ୍କରୁ ଟଙ୍କା ପାଇଁ ଗଲେ । କିନ୍ତୁ ବ୍ୟାଙ୍କ ବନ୍ଦ ଥିବାରୁ ଆଉ ନିକଟରେ ଖୋଲିବାର ସମ୍ଭାବନା ନ ଥିବାରୁ ନିରାଶ ହୋଇ ଫେରି ଆସିଲେ । ପ୍ରତ୍ୟେକଟା ବୋଟ ଭର୍ତ୍ତି ହୋଇ ଯାଇଥିଲା ଆଉ ପରବର୍ତ୍ତୀ ଜାହାଜ କେବେ ଆସିବ କେହି କହି ପାରୁ ନ ଥିଲେ ।

ସେଠାରୁ ବ୍ୟାନାର୍ଜୀ ପରିବାର ମର୍କଟିଲା ପର୍ଯ୍ୟନ୍ତ ଟ୍ରେନରେ ଆସିଲେ । ସେଠାରେ ବହୁ ଗୁରୁଭାଇଙ୍କୁ ଭେଟିଲେ । ଏକତ୍ର ସମସ୍ତେ ମଣ୍ଡାଲୟକୁ ଆସିଲେ । ଟଙ୍କାପଇସା ଏକାଠି କରି ସେମାନେ ବଳଦଗାଡ଼ି କିଣି ଚିନ୍ଦ୍ୱିନ୍ ନଦୀ ପର୍ଯ୍ୟନ୍ତ ଦୀର୍ଘ ରାସ୍ତା ଅନ୍ୟ ଶରଣାର୍ଥୀଙ୍କ ସହ ଆସିଲେ । ରିଫ୍ୟୁଜି ଦଳରେ ଆମାଶୟ ଓ ବେରୀବେରୀ ରୋଗ ହେବାରୁ ବହୁଲୋକ ବାଟରେ ମରିଗଲେ । ସେ ଯାହାହେଉ ଶରଣାର୍ଥୀମାନେ ୧୯୪୨ ମସିହାର ମେ ମାସରେ ଚିନ୍ଦ୍ୱିନ୍ ନଦୀ ପାର ହୋଇ ଇମ୍ଫଲରେ ଆସି କୁଶଳରେ ପହଞ୍ଚିଲେ । ଏହାର ତିନି ସପ୍ତାହ ପରେ ୧୪୧ ପରିବାର ସହ ପି. ଆର. ବ୍ୟାନାର୍ଜୀ ପାବନାରେ ଆସି ପହଞ୍ଚନ୍ତି । ଶ୍ରୀଶ୍ରୀଠାକୁରଙ୍କ ଅଶେଷ ଦୟାରୁ ବ୍ୟାନାର୍ଜୀବାବୁଙ୍କର ସପରିବାର ଜୀବନ ରକ୍ଷା ହେଲା । (Ocean In A Tea Cup)

(୨୩)
ଚନ୍ଦ୍ରନାଥଦା କିପରି ଅଛନ୍ତି ?

୧୯୪୩ ମସିହାର ଘଟଣା । ଶ୍ରୀଶ୍ରୀଠାକୁର ହିମାୟିତପୁର ଆଶ୍ରମର ପଦ୍ମାନଦୀ–ବନ୍ଧ ନିକଟ ନିଭୃତ ନିବାସରେ ବସିଥିଲେ । ତାଙ୍କର କେତେକ ଭକ୍ତ ମଧ୍ୟ ସେଠାରେ ଉପସ୍ଥିତ ଥିଲେ । କଲିକତାର ବିମଳେନ୍ଦୁ ବିକାଶ ସରକାର ଆଶ୍ରମରେ ପହଂଚି ଶ୍ରୀଶ୍ରୀଠାକୁରଙ୍କୁ ଦର୍ଶନ ପ୍ରଣାମ କଲେ । ଶ୍ରୀଶ୍ରୀଠାକୁର ତାଙ୍କୁ ଚିନ୍ତିତ ସ୍ୱରରେ ପଚାରିଲେ– ଚନ୍ଦ୍ରନାଥଦା, କିପରି ଅଛନ୍ତି ?

ଚନ୍ଦ୍ରନାଥ ବୈଦ୍ୟ ବିମଳେନ୍ଦୁଙ୍କ ଭିଣୋଇ, ବିମଳେନ୍ଦୁଦା କହିଲେ– ସେ ତ ସବୁବେଳେ ତାଙ୍କ ବ୍ୟବସାୟରେ ବ୍ୟସ୍ତ । କିଛିଦିନ ତାଙ୍କ ସହିତ କୌଣସି ସମ୍ପର୍କ ହୋଇପାରି ନାହିଁ । ଶ୍ରୀଶ୍ରୀଠାକୁରଙ୍କ ପାଖରେ ବସିଥିବା ଲୋକଙ୍କଠାରୁ ବିମଳେନ୍ଦୁଦାଙ୍କୁ ଖବର ମିଳିଲା ଯେ ଚନ୍ଦ୍ରନାଥଦା ସପରିବାର କୁଷ୍ଟିୟାରେ ହେଉଥିବା ଶ୍ରୀଶ୍ରୀଠାକୁରଙ୍କ ଜନ୍ମମହୋତ୍ସବରେ ଯୋଗଦେବାପାଇଁ ଯାଇଛନ୍ତି ।

ଶ୍ରୀଶ୍ରୀଠାକୁର ସେହି ରାତ୍ରିରେ ବାରମ୍ବାର ଉଦ୍‌ବିଗ୍ନ ହୋଇ ବିଭିନ୍ନ ଲୋକଙ୍କଠାରୁ ଚନ୍ଦ୍ରନାଥଦାଙ୍କ ସମ୍ବନ୍ଧରେ ଖୋଜଖବର ନେଉଥିଲେ । ଅନ୍ଧାର ଯେତେଯେତେ ବଢୁଥାଏ ତଦନୁସାରେ ଶ୍ରୀଶ୍ରୀଠାକୁରଙ୍କ ବ୍ୟାକୁଳତା ମଧ୍ୟ ବଢୁଥାଏ । ହଠାତ୍ ଶ୍ରୀଶ୍ରୀଠାକୁର ଚଉକିରୁ ଉଠିପଡ଼ି ଚପଲ ପିନ୍ଧି ପଦ୍ମାନଦୀର ପ୍ରଶସ୍ତ ବାଲୁକାରାଶିରେ ଚାଲିଚାଲି ନଦୀ ପାଖରେ ପହଂଚିଗଲେ । ଉପସ୍ଥିତ ଭକ୍ତଗଣ ଲଣ୍ଠନ, ବେତାସନ, ଗାମୁଛା ଆଦି ଧରି ତାଙ୍କ ପଛେପଛେ ଚାଲିଲେ । ପରିବେଶ ବେଶ୍ ଗମ୍ଭୀର । ଶ୍ରୀଶ୍ରୀଠାକୁର ବଙ୍କିମଦାଙ୍କୁ ଡାକିଲେ । ଶ୍ରୀଶ୍ରୀଠାକୁରଙ୍କ ନିର୍ଦ୍ଦେଶାନୁସାରେ ବଙ୍କିମଦା ଗୋଟିଏ ବନ୍ଧୁକ, ଟର୍ଚ୍ଚ ଏବଂ କିଛିଲୋକଙ୍କୁ ସାଥିରେ ନେଇ ଏକ ଡଙ୍ଗାରେ ନଦୀ ମଧ୍ୟରେ 'ଚନ୍ଦ୍ରନାଥଦା, ଚନ୍ଦ୍ରନାଥଦା' ବଡ଼ପାଟିରେ ଡାକି ଡାକି ବହୁତ ଦୂର ଚାଲିଗଲେ । କୂଳରେ ଶ୍ରୀଶ୍ରୀଠାକୁର ବ୍ୟସ୍ତହୋଇ ସେମାନଙ୍କ ଫେରନ୍ତା ରାସ୍ତାକୁ ଚାହିଁ ରହିଥିଲେ । କିଛି ଘଣ୍ଟାପରେ ବଂକିମ୍‌ଦା, ଚନ୍ଦ୍ରନାଥଦା ଏବଂ ତାଙ୍କ ପରିବାର ଲୋକଙ୍କୁ ସାଥିରେ ଧରି ଫେରିଆସିଲେ ।

ଚନ୍ଦ୍ରନାଥଦାଙ୍କୁ ପଚାରିବାରୁ ସେ କହିଲେ– କୁଷ୍ଟିୟାରୁ ନଦୀପଥରେ ହିମାୟିତପୁର ଆଶ୍ରମ ଯାତ୍ରା ସମୟରେ ନାଉରୀ ନଦୀ ମଧ୍ୟରେ ପଥଭୁଲି ଏକ ଅଜ୍ଞାତ ଜାଗା ଆଡ଼କୁ ଯାଉଥିଲା । ଡଙ୍ଗାରେ ବସିଥିବା ଚନ୍ଦ୍ରନାଥଦା ଏବଂ ତାଙ୍କ ପରିବାର ଘନଅନ୍ଧାର ଘେରିଯିବାରୁ ବଡ଼ ବ୍ୟାକୁଳିତ ଥିଲେ । ମନେମନେ ଶ୍ରୀଶ୍ରୀଠାକୁରଙ୍କ ମନ୍ତ୍ରଜପ କରିବାରେ ଲାଗିଲେ । ଯଦି ବଙ୍କିମ୍‌ଦା ତାଙ୍କ ସାଥୀ ସହିତ ସେଠାରେ ଠିକଣା ସମୟରେ ପହଂଚି ନଥାନ୍ତେ, ତେବେ ଚନ୍ଦ୍ରନାଥ ଓ ପରିବାରର ଲୋକଙ୍କ ସହିତ କିଛି ବି ଦୁର୍ଘଟଣା ଘଟି ଯାଇ ଥାଆନ୍ତା । ତେଣୁ ବଙ୍କିମଦାଙ୍କୁ ଶ୍ରୀଶ୍ରୀଠାକୁର ସାଥୀରେ ଗୋଟିଏ ବନ୍ଧୁକ ନେବାକୁ ନିର୍ଦ୍ଦେଶ ଦେଇଥିଲେ । (ଶ୍ରୀଶ୍ରୀଠାକୁର ଅନୁକୂଳଚନ୍ଦ୍ର– ବ୍ରଜଗୋପାଳ ଦତ୍ତରାୟ)

(୨୪)
ଦିବ୍ୟ ଖେଚେଡ଼ି

କଲିକତା ନିବାସୀ ଅକ୍ଷୟକୁମାର ମୁଖୋପାଧ୍ୟାୟ ଦୀକ୍ଷାନେବାପରେ ଶ୍ରୀଶ୍ରୀଠାକୁରଙ୍କ ଦର୍ଶନ ପାଇଁ ମାସେ ଦୁଇ ମାସରେ ହିମାୟିତପୁର ଆଶ୍ରମକୁ ଆସୁଥିଲେ । ୧୯୪୬ ମସିହା ଅକ୍ଟୋବର ମାସରେ ତାଙ୍କର ସାନପୁଅ ବିଶୁ ଟାଇଫଏଡ୍ ରୋଗରେ ଆକ୍ରାନ୍ତ ହେଲା । ଯେତେ ଔଷଧ ଦେଲେବି ରୋଗରୁ ଉପଶମ ନ ହୋଇ ରୋଗ ବଢ଼ିବାକୁ ଲାଗିଲା । ବହୁ ବିଶେଷଜ୍ଞ ଡାକ୍ତରଙ୍କ ଚିକିତ୍ସା ସତ୍ତ୍ୱେ ରୋଗୀର କୌଣସି ଉନ୍ନତି ଘଟୁ ନ ଥାଏ, ଅକ୍ଷୟଦା ଚିନ୍ତିତ । ହଠାତ୍ ତାଙ୍କର ମନେପଡ଼ିଲା, ବହୁତ ଦିନତଳେ ଶ୍ରୀଶ୍ରୀଠାକୁର ତାଙ୍କୁ କହିଥିଲେ– 'ଯଦି କେତେବେଳେ ଅସୁବିଧାରେ ପଡ଼ିବ ତା'ହେଲେ ମୋତେ ପତ୍ର ଲେଖି ଜଣାଇବ ।' ଅକ୍ଷୟଦା ତୁରନ୍ତ ତାଙ୍କ ପୁଅର ରୋଗ ସମସ୍ୟା ବିସ୍ତୃତ ଭାବେ ଗୋଟିଏ ପୋଷ୍ଟକାର୍ଡ୍‌ରେ ଜଣାଇ ଶ୍ରୀଶ୍ରୀଠାକୁରଙ୍କ ଠିକଣାରେ ପଠାଇଲେ । ଏ କଥା ଘରେ କାହାକୁ କିଛି କହିଲେ ନାହିଁ । ଚିଠି ପଠାଇବାର ଦୁଇଦିନ ପରେ ସଂଧ୍ୟା ସମୟରେ ଘରକୁ ଫେରି ତାଙ୍କର ପତ୍ନୀଙ୍କଠାରୁ ଶୁଣିଲେ– ବିଶୁ (ପୁଅ) ବାରମ୍ବାର କ'ଣ ଗୋଟାଏ କହି ବିଳିବିଳଉଚି ଯେ ଠାକୁର ଆସିଥିଲେ, ତାଙ୍କୁ ବସିବା ପାଇଁ ଆସନ ଦିଆହେଲା ନାହିଁ । ଏକଥାକୁ ଅକ୍ଷୟଦା ବିଶେଷ ଗୁରୁତ୍ୱ ଦେଲେ ନାହିଁ । ପୁଣି ଦୁଇଦିନ ପରେ ବିଶୁ ବିଳିବିଳେଇ ଠାକୁରଙ୍କ ଆସିବା କଥା ବଖାଣିଲା । ଅକ୍ଷୟଦା ସଂଧ୍ୟା ସମୟରେ ଘରକୁ ଫେରି ଥାଆନ୍ତି, ପୁଅ ପଚାରିଲା– ଆପଣ କ'ଣ ଶ୍ରୀଶ୍ରୀଠାକୁରଙ୍କ ନିକଟକୁ ଚିଠି ଲେଖିଥିଲେ ? ଅକ୍ଷୟଦା ଆଶ୍ଚର୍ଯ୍ୟହୋଇ କହିଲେ– କାହିକି ? କ'ଣ ହେଲା ? ବିଶୁ କହିଲା– ଠାକୁର ଆସିଥିଲେ, ମୋତେ ଗୋଟିଏ କମଳା ଚୋପାଛଡ଼େଇ ଖାଇବାକୁ ଦେଲେ । ବହୁତ ମିଠା । ତା' ପରେ କହିଲେ– ତୁମ ବାପା ମୋତେ ଚିଠି ଲେଖିଥିଲେ । ତୁମ ଦେହ ଠିକ୍ ହୋଇଗଲେ ବାପାଙ୍କ ସହିତ ଦେଓଘର ନିଶ୍ଚୟ ଆସିବ । ମୁଁ ସେଠାରେ ଖେଚେଡ଼ି ଖାଇବାକୁ ଦେବି । ଏ ଘଟଣା ପରେ ବିଶୁର ଦେହ ଧୀରେଧୀରେ ଠିକ୍ ହେବାକୁ ଲାଗିଲା । ବିଶୁ ସଂପୂର୍ଣ୍ଣ ଆରାଗ୍ୟ ହେବା ପରେ ପରିବାର ନେଇ ଅକ୍ଷୟଦା ଦେଓଘର ଆସିଲେ । ପ୍ରଣାମ ବେଳେ ଶ୍ରୀଶ୍ରୀଠାକୁର ବିଶୁକୁ ଦେଖାଇ ତାଙ୍କୁ ପଚାରିଲେ– ୟାର ଦେହ ଖରାପ ହୋଇଥିଲା ନା ?

– ଆଜ୍ଞା ହଁ, ଏବେ କିନ୍ତୁ ଆପଣଙ୍କ ଦୟାରୁ ଭଲ ହୋଇଯାଇଛି, ଅକ୍ଷୟଦା କହିଲେ। ଫେରିବାର ଗୋଟିଏ ଦିନ ପୂର୍ବରୁ ରାତି ପ୍ରସାଦ ସେବନ ପାଇଁ ପରିବାର ସମେତ 'ଆନନ୍ଦବଜାର'ରେ ପହଞ୍ଚିଲେ। ସେଇଠି ଜଣେ ଆନନ୍ଦବଜାରର କର୍ମୀ ତାଙ୍କୁ କହିଲେ– ଶ୍ରୀଶ୍ରୀଠାକୁରଙ୍କ ନିର୍ଦ୍ଦେଶରେ ଆପଣମାନଙ୍କ ଲାଗି ଆଜି ଖେଚେଡ଼ି ତିଆରି ଚାଲିଛି। ଅଳ୍ପ ସମୟପରେ ଆସନ୍ତୁ। ଏକଥା ଶୁଣିଲା ମାତ୍ରେ ହିଁ ଅକ୍ଷୟଦାଙ୍କର ମନେପଡ଼ିଗଲା ଯେ ବିଶୁ ଠିକ୍ କହିଥିଲା ଯେ ଶ୍ରୀଶ୍ରୀଠାକୁର ସେତେବେଳେ ତା' ପାଖକୁ ପ୍ରକୃତରେ ଆସିଥିଲେ। ତାକୁ ମିଠା କମଳା ଖାଇବାକୁ ଦେଇଥିଲେ ଏବଂ ଦେଓଘର ଆସିଲେ ଖେଚେଡ଼ି ଖାଇବାକୁ ଦେବେ ବୋଲି କହିଥିଲେ। ତା' ପରଦିନ ସକାଳୁ ଯେତେବେଳେ ପରିବାର ନେଇ ଶେଷ ବିଦାୟ ପ୍ରଣାମ ପାଇଁ ଠାକୁରଙ୍କ ପାଖରେ ସେ ଉପସ୍ଥିତ ହୁଅନ୍ତି, ଶ୍ରୀଶ୍ରୀଠାକୁର ବିଶୁକୁ ପାଖକୁ ଡାକି ଧୀରେ ପଚାରିଲେ– କାଲି ରାତିରେ ଖେଚେଡ଼ି ଖାଇଥିଲୁ ତ ? ଭଲ ହୋଇଥିଲା ତ ? ପେଟପୂରା ଖାଇଲୁତ ? ବିଶୁ ସବୁ ପ୍ରଶ୍ନକୁ ହଁ କରୁଥିଲା ଏବଂ ଅକ୍ଷୟଦାଙ୍କ ଆଖିରୁ ଅଶ୍ରୁ ଝରୁଥିଲା। (ଶ୍ରୀଶ୍ରୀଠାକୁର ଅନୁକୂଳଚନ୍ଦ୍ର – ବ୍ରଜଗୋପାଳ ଦତ୍ତରାୟ)

(୨୫)
ଅମୂଲ୍ୟ ଧନ ଦେଇଯାଉଛି

୨୯–୧୨–୧୯୪୧ ଦିନ, ହିମାୟିତପୁର ଆଶ୍ରମ। ଋତ୍ୱିକ୍ ଅଧିବେଶନ ପାଇଁ ବାହାରୁ ଅନେକ ଲୋକ ଆସିଛନ୍ତି। ୨୪ ପ୍ରଗଣାରୁ ଆସିଥିବା ପନ୍ଦର ଷୋଳ ବର୍ଷର ଜଣେ ଯୁବକ ଶ୍ରୀଶ୍ରୀଠାକୁରଙ୍କ ସାମନାକୁ ଆସି ପ୍ରଣାମ କଲା। ମଥା ଲଣ୍ଡିତ। ଶ୍ରୀଶ୍ରୀଠାକୁର ପଚାରିଲେ– ତୁମର ମୁଣ୍ଡ ଲଣ୍ଡା କାହିଁକି ହେଲା ? ଯୁବକ ଉତ୍ତରଦେଲା– ମୋ ପିତାଙ୍କର ଦେହାନ୍ତ ହୋଇ ଯାଇଛି। ଶ୍ରୀଶ୍ରୀଠାକୁର ପଚାରିଲେ– ତାଙ୍କର କ'ଣ ହୋଇଥିଲା ? ସେ ଉତ୍ତରରେ କହିଲା– ତାଙ୍କୁ ଜ୍ୱର, କାଶ ଏବଂ ଅନ୍ୟାନ୍ୟ ରୋଗ ହୋଇଥିଲା। ଶ୍ରୀଶ୍ରୀଠାକୁର ପଚାରିଲେ– ତୁମେ ତାଙ୍କର ବିଧିବଦ୍ଧ ଚିକିତ୍ସା କରାଇ ନଥିଲ ? ସେ ଯୁବକଟି କହିଲା – ସାମର୍ଥ୍ୟ ଅନୁସାରେ ଚିକିତ୍ସା କରିଥିଲୁ କିନ୍ତୁ ବଂଚାଇପାରିଲୁ ନାହିଁ। ମୋ ପିତାଙ୍କର ମୃତ୍ୟୁକାଳୀନ ଦୃଶ୍ୟ ଅନ୍ୟପ୍ରକାରର ଥିଲା। ସେଦିନ ସକାଳୁ ବାବା ମୋତେ ଡାକି କହିଲେ– ଦେଖ୍ ପୁଅ, ମୋର ଡାକରା ଆସିଗଲାଣି, ଆଜି ହିଁ ମୋତେ ଯିବାକୁ ପଡ଼ିବ। ମୋ ଯିବା ସମୟରେ ତୁମ୍ଭେମାନେ କନ୍ଦାକଟା ନ କରି ମୋ ପାଖରେ ବସି ନାମକରିବ। ଯିବାବେଳେ ଯେପରି ମୁଁ ନାମ ଶୁଣିଶୁଣି ଯିବି। ଠାକୁରଙ୍କ ଫଟୋଚିତ୍ର ମୋ ସାମ୍ନାରେ ରଖ, ଯଦ୍ଦ୍ୱାରା ଦୟାଲଙ୍କୁ ଦେଖିଦେଖି ତାଙ୍କ ନିକଟକୁ ଚାଲିଯିବି। ମୁଁ ତୁମ୍ଭମାନଙ୍କୁ ଧନ–ସମ୍ପତ୍ତି, ପାର୍ଥିବ ସୁଖ କିଛି ଦେଇପାରିଲି ନାହିଁ। ମାତ୍ର ମୁଁ ମୋର ସର୍ବଶ୍ରେଷ୍ଠ ଧନ ଅମୂଲ୍ୟରତ୍ନ (ଠାକୁର) ଦେଇଯାଉଛି, ଠାକୁରଙ୍କୁ କଦାପି ଭୁଲିବ ନାହିଁ। ଯଜନ, ଯାଜନ, ଇଷ୍ଟଭୃତି ଠିକଭାବରେ କରିବ। ଜୀବନରେ ଏହାଠାରୁ ବଳି ବଡ଼ ସମ୍ପଦ ଆଉ କିଛି ନାହିଁ। ଏତିକି କହିବା ପରେ ବାବାଙ୍କ ଅବସ୍ଥା ଧୀରେ ଧୀରେ ଖରାପ ହେବାକୁ ଲାଗିଲା। ଆମେମାନେ ବାବାଙ୍କ ମୃତ୍ୟୁଶଯ୍ୟା ପାଖରେ ବସି ଉଚ୍ଚ ସ୍ୱରରେ ନାମ ଜପିବାରେ ଲାଗିଲୁ। ବାବା ଥରେ ଦୁଇଥର

ଆଖି ଖୋଲି ଆପଣଙ୍କ ଫଟୋକୁ ଚାହିଁଲେ, ଅନ୍ତରରେ ନାମ ଜପିବା ପାଇଁ ଚେଷ୍ଟା ମଧ୍ୟ କରୁଥିଲେ । ପରେ ଶ୍ୱାସକଷ୍ଟ ଆରମ୍ଭ ହୋଇଗଲା । ବାବା ହଠାତ୍ କହିଉଠିଲେ – ହେଇ ଦେଖ, ସୁବର୍ଣ୍ଣ ରଥରେ ଶ୍ରୀଶ୍ରୀଠାକୁର ମୋତେ ନେବାପାଇଁ ଆସୁଛନ୍ତି, ମୋ ଠାକୁରଙ୍କ ଦିବ୍ୟ ରୂପ କି ସୁନ୍ଦର ! ସେ ତିନିଥର 'ଦୟାଲ, ଦୟାଲ, ଦୟାଲ' ଉଚ୍ଚାରଣ କରି ଆପଣଙ୍କୁ ହାତଯୋଡ଼ି ପ୍ରଣାମ କଲେ, ତତ୍‌ପଶ୍ଚାତ୍ ତାଙ୍କର ପ୍ରାଣବାୟୁ ଉଡ଼ିଗଲା ।

ଶ୍ରୀଶ୍ରୀଠାକୁର କହିଲେ– ତୁମ ବାବା ପୁଣ୍ୟାତ୍ମା ଥିଲେ । ଯିଏ ବାସ୍ତବରେ ଇଷ୍ଟପ୍ରାଣ, ତାଙ୍କ ମୃତ୍ୟୁକାଳରେ ଇଷ୍ଟ ସ୍ମରଣ–ମନନ ଅବ୍ୟାହତ ଥାଏ । (ଆଲୋଚନା ପ୍ରସଂଗ ୩ୟ ଖଣ୍ଡ)

(୨୬)
ବିଗତ ଆତ୍ମାଙ୍କ ସହିତ ସଂପର୍କ

ହିମାୟିତପୁର ଆଶ୍ରମ । ଦିନେ ସକାଳେ ପାର୍ଷଦ ନଫରଚନ୍ଦ୍ର ଘୋଷ (ନଫରଦା) ଶ୍ରୀଶ୍ରୀଠାକୁରଙ୍କ ଶରୀରରେ ତେଲ ମାଲିସ କରୁଥାନ୍ତି, ସେତେବେଳେ ଆହୁରି ଅନେକ ଭକ୍ତ ସେଠାରେ ଉପସ୍ଥିତ ଥିଲେ । ବିଗତ ଆତ୍ମାମାନଙ୍କର ଗତିବିଧିକୁ ନେଇ ଚର୍ଚ୍ଚା ହେଉଥିଲା । ଚର୍ଚ୍ଚାବେଳେ ଶ୍ରୀଶ୍ରୀଠାକୁର କହିଲେ– ବହୁ ସତ୍‌ସଂଗୀଙ୍କର ଆତ୍ମା ମୋ' ପାଖକୁ ଆସନ୍ତି । ନଫରଦା ଖୁବ୍ କୌତୂହଳ ସହକାରେ ପଚାରିଲେ– ଯତୀଶ ବି କ'ଣ ଆପଣଙ୍କ ପାଖକୁ ଆସେ ? ଶ୍ରୀଶ୍ରୀଠାକୁର କହିଲେ– ହଁ ସେ ତ ପ୍ରତିଦିନ ଆସେ । ଯତୀଶ ଘୋଷ ଶ୍ରୀଶ୍ରୀଠାକୁରଙ୍କର ଅନ୍ୟତମ ଭକ୍ତ ଓ ନଫରଦାଙ୍କର ଘନିଷ୍ଠ ବନ୍ଧୁଥିଲେ । ଗତ କେତେମାସ ତଳେ ତାଙ୍କର ମୃତ୍ୟୁ ହୋଇଥିଲା ।

ଏକଥା ଶୁଣିଲା ପରେ ନଫରଦା ଅତି ବିନୟ ସହକାରେ ଶ୍ରୀଶ୍ରୀଠାକୁରଙ୍କୁ ନିବେଦନ କଲେ– ଯତୀଶ ଏଥର ଆସିଲେ ମତେ ଯଦି ଟିକେ ଦେଖାଇ ଦିଅନ୍ତେ ... । ଶ୍ରୀଶ୍ରୀଠାକୁର ଟିକେ ହସି କହିଲେ– ଠିକ୍ ଅଛି, କାଲି ଯେତେବେଳେ ଯତୀଶ ଆସିବ, ମୁଁ ତୁମକୁ ଡାକିଦେବି । ତା' ପରିଦିନ ସକାଳ ପ୍ରାୟ ଆଠଟାବେଳେ ଶ୍ରୀଶ୍ରୀଠାକୁର ଅଚାନକ 'ନଫରା ନଫରା' ବୋଲି ଡାକ ଛାଡ଼ିଲେ । ନଫରଦା ସେଠାରେ ପ୍ରବେଶ କଲାମାତ୍ରେ ହିଁ ଦେଖିପାରିଲେ ଯତୀଶଙ୍କ ଚେହେରାନେଇ ଗୋଟିଏ ବାଷ୍ପ ଆକୃତି ଶ୍ରୀଶ୍ରୀଠାକୁରଙ୍କ ନିକଟରେ ଦେଖାଯାଉଛି । ଏଇ ଦୃଶ୍ୟରେ ନଫରଦା ଏତେ ଡରିଗଲେ ଯେ ଶ୍ରୀଶ୍ରୀଠାକୁରଙ୍କ ପାଦ ପାଖରେ ବସିରହି ଥରିଲେ; ପଦେ କଥା ବି ପାଟିରୁ ବାହାରିଲା ନାହିଁ । କିଛି ସମୟ ବିତିବା ପରେ ଯତୀଶଦା ସେଠାରୁ ଚାଲିଗଲା ପରି ଲାଗିଲା । ଶ୍ରୀଶ୍ରୀଠାକୁର ନଫରଦାଙ୍କୁ ଆକଟକରି କହିଲେ– ତୁମେ ଏପରି କାହିଁକି ଡରିଗଲ, କଥା ନ ହେବାରୁ ଯତୀଶ ରାଗକରି ଚାଲିଗଲା ? (ଶ୍ରୀଶ୍ରୀଠାକୁର ଅନୁକୂଳଚନ୍ଦ୍ର– ବ୍ରଜଗୋପାଳ ଦତ୍ତରାୟ)

(୨୭)
ଲୋଭ ଓ ବଦନାମରୁ ରକ୍ଷା

୧୯୨୦ ମସିହାର ଘଟଣା । କଲିକତାର ଜଣେ ବଡ଼ ଧନୀ ବ୍ୟବସାୟୀ (ବମ୍ବେବାଲା)ଙ୍କ ଝିଅାରୀ ଭୀଷଣ ରୋଗାକ୍ରାନ୍ତ । ଯେଉଁ ଡାକ୍ତର ଆରୋଗ୍ୟ କରିଦେଇ ପାରିବେ ତାଙ୍କୁ କୋଡ଼ିଏ ହଜାର ଟଙ୍କା ଦେବା ପାଇଁ ପ୍ରସ୍ତୁତ । ସେତେବେଳର କୋଡ଼ିଏ ହଜାର ଏବେକାର ଲକ୍ଷ ଟଙ୍କାରୁ ବେଶୀ ହେବ । ହାବଡ଼ାର ଚାରୁମୋହନ ଚଟ୍ଟୋପାଧ୍ୟାୟଙ୍କ ଘନିଷ୍ଠ ବନ୍ଧୁ ସତୀଶଚନ୍ଦ୍ର ଜୋୟାରଦାର କୁଷ୍ଟିଆର ଜଣେ ନାମକରା ଡାକ୍ତର । ଚାରୁମୋହନବାବୁ ଭାବିଲେ ଯେ ଡାଃ ଜୋୟାରଦାର ଶ୍ରୀଶ୍ରୀଠାକୁରଙ୍କର ଭକ୍ତ ହୋଇ ଥିବାରୁ ଯଦି ତାଙ୍କର ଆଶୀର୍ବାଦ ନେଇ ରୋଗିଣୀଙ୍କୁ ଚିକିତ୍ସା କରନ୍ତି, ତେବେ ନିଶ୍ଚୟ ଭଲ କରି ଦେଇ ପାରିବେ । କଥାଟାକୁ ଆହୁରି ପକ୍କା କରିବା ପାଇଁ ଚାରୁମୋହନବାବୁ ଶ୍ରୀଶ୍ରୀଠାକୁରଙ୍କୁ ହିମାୟିତପୁରରେ ଭେଟି ସବୁ କଥା କହିଲାରୁ ସେ କହିଲେ, ଦାଦା, ପରର ଉପକାର ପାଇଁ ଆପଣ ମୋ ପାଖକୁ ଆସି ନାହାଁନ୍ତି । ଆସିଛନ୍ତି କୋଡ଼ିଏ ହଜାର ଟଙ୍କା ଲୋଭରେ । ଯଦି ଟଙ୍କାର ଲୋଭ ନ କରି ଆପଣ ପରୋପକାର କରିବା ପାଇଁ ପ୍ରବୃତ୍ତ ହୋଇ ଥାଆନ୍ତେ ତେବେ ତାହା ଉଚିତ ହୋଇ ଥାଆନ୍ତା । ତେବେ ସତୀଶଦା ଯଦି ଯାଆନ୍ତି, ତାଙ୍କୁ ନେଇ ଯାଆନ୍ତୁ । ଚାରୁମୋହନ ହିମାୟିତପୁରରୁ କୁଷ୍ଟିଆ ଯାଇ ଡାକ୍ତରବାବୁଙ୍କୁ ଶ୍ରୀଶ୍ରୀଠାକୁର କହିଥିବା କଥା କହି, ଯିବା ପାଇଁ ପ୍ରବର୍ତ୍ତାଇଲେ । ଡାକ୍ତର ଜୋୟାରଦାର କହିଲେ– ଖବର ପାଇବା ପରେ ମୁଁ ଯେତେବେଳେ ଧ୍ୟାନରେ ବସି ଠାକୁରଙ୍କୁ ସେଇ ରୋଗିଣୀର ଚିକିତ୍ସା ବିଷୟରେ ପଚାରିଲି; ମତେ ଶୁଣିଲା ପରି ଲାଗିଲା ଯେ ଯଦି ସୁସ୍ଥ ନ କରି ପାରନ୍ତି ତେବେ ଯାଇ ଲାଭ କଣ ? ସେ ଯାହା ହେଉ, ମୁଁ ଠାକୁରଙ୍କ ଅନୁମତି ପାଇଁ ହିମାୟିତପୁର ଯିବି । ଆପଣ କଲିକତା ଫେରି ଯାଆନ୍ତୁ । ଚାରୁମୋହନବାବୁ ମନ ଊଣା କରି କଲିକତା ଫେରିଗଲେ । ଡାକ୍ତର ଜୋୟାରଦାର କିନ୍ତୁ ହିମାୟିତପୁର ଯାଇ ଶ୍ରୀଶ୍ରୀଠାକୁରଙ୍କର ସମ୍ମତି ପାଇଲେ ନାହିଁ । ସେକଥା ଚାରୁମୋହନବାବୁଙ୍କୁ ଜଣାଇଦେଲେ । ଗୋଟିଏ ସପ୍ତାହ ପରେ ରୋଗିଣୀର ମୃତ୍ୟୁ ହେଲା । ଡାକ୍ତର ଜୋୟାରଦାର ବଦନାମରୁ ବଞ୍ଚିଗଲେ । (ଶ୍ରୀଶ୍ରୀଠାକୁର ଅନୁକୂଳଚନ୍ଦ୍ର – ସତୀଶଚନ୍ଦ୍ର ଜୋୟାରଦାର)

(୨୮)
'ସର୍ବଧର୍ମାନ୍ ପରିତ୍ୟଜ୍ୟ'

୧୯୧୯ ମସିହାରେ ଶ୍ରୀଶ୍ରୀଠାକୁରଙ୍କ କଲିକତା ଅବସ୍ଥାନକାଳରେ ଦିନେ ବାରିଷ୍ଟର ଜେ.ଏନ୍. ଦତ୍ତ, ତାଙ୍କ ପତ୍ନୀ ଦତ୍ତମା', ସୁଭାଷ ବୋଷଙ୍କ ମା' ପ୍ରଭାବତୀ ଦେବୀ ଏବଂ ପରିବାରର ଅନ୍ୟାନ୍ୟ ସଦସ୍ୟ ଶ୍ରୀଶ୍ରୀଠାକୁରଙ୍କ ଦର୍ଶନାର୍ଥେ ସେଠାରେ ପହଞ୍ଚିଲେ । ଦତ୍ତମା' ଦର୍ଶନ ଉପରାନ୍ତେ ଭାବବିହ୍ୱଳ ହୋଇ କହିଲେ– 'ଆପଣ ମୋତେ ସ୍ୱପ୍ନରେ ଦର୍ଶନ ଦେଇ କିଛି ଖାଇବାକୁ ମାଗିଥିଲେ । ମୁଁ ଆପଣଙ୍କୁ ପଚାରିଥିଲି– ଆପଣ କ'ଣ ମୋର ଆରାଧ୍ୟ ?

ଆପଣ ଏହାର ଉତ୍ତରରେ 'ହଁ' କହିଥିଲେ।' ଶ୍ରୀଶ୍ରୀଠାକୁର କହିଲେ– 'ମା', ତୁମେ ଏସବୁ କଥା ମୋତେ କାହିଁକି କହୁଛ ? ମୁଁ ତ ଏକ ସାଧାରଣ ମଣିଷ।' କିନ୍ତୁ ଦତ୍ତମା' ଭକ୍ତିପ୍ଲୁତ କଣ୍ଠରେ ସଂସ୍କୃତ ଶ୍ଳୋକ ସ୍ତୁତି ଗାନ କରିବାରେ ଲାଗିଲେ। ଶ୍ରୀଶ୍ରୀଠାକୁର ଅପଲକ ନୟନରେ ଦତ୍ତ–ମା'ଙ୍କ ଆଡ଼କୁ ଚାହିଁଥାନ୍ତି। ଦର୍ଶନ ଏବଂ ଅନ୍ୟାନ୍ୟ କଥୋପକଥନ ପରେ ଯେତେବେଳେ ସମସ୍ତେ ଘରକୁ ଫେରିବା ପାଇଁ ଉଦ୍ୟତ ହେଲେ, ଦତ୍ତମା' କିନ୍ତୁ ଉଠିବାକୁ ନାରାଜ। ଶ୍ରୀଶ୍ରୀଠାକୁର ସେତେବେଳେ କହିଲେ– ମା' ! ସ୍ୱାମୀଙ୍କ କଥା ଶୁଣିବା ଜରୁରୀ, ସ୍ୱାମୀ ଦେବତାତୁଲ୍ୟ, ଯାଅ, ଘରକୁ ଯାଅ।' ଦତ୍ତମା' କହିଲେ– 'ଆପଣ କଥା ଦିଅନ୍ତୁ, ଯେବେବି ମୁଁ ଆପଣଙ୍କ ଦର୍ଶନାଭିଳାଷୀ ହେବି, ଆପଣ ମୋତେ ଦର୍ଶନ ଦେବେ।' ଶ୍ରୀଶ୍ରୀଠାକୁର ଏକଥାକୁ ଏଡ଼େଇଗଲେ। ଦତ୍ତମା' କୌଣସି ପ୍ରକାରେ ଶ୍ରୀଶ୍ରୀଠାକୁରଙ୍କ ପିଛା ଛାଡୁ ନଥାନ୍ତି। ଶେଷରେ ଶ୍ରୀଶ୍ରୀଠାକୁର ଦତ୍ତମା'ଙ୍କ କାନରେ ଫୁସ୍‌ଫୁସ୍ କରି କିଛି କହିଲେ। ତତ୍ପରେ ସେ ଆନନ୍ଦିତ ହୋଇ ଘରକୁ ଯିବା ପାଇଁ ପ୍ରସ୍ତୁତ ହୋଇଗଲେ। ଏଇ ଘଟଣାର ଏକ ସପ୍ତାହ ପରେ ଦତ୍ତମା' ପୁଣି କିଛି ଲୋକଙ୍କୁ ସାଥିରେ ଧରି ଶ୍ରୀଶ୍ରୀଠାକୁରଙ୍କ ଦର୍ଶନ କରିବା ପାଇଁ ଆସିଲେ। ପ୍ରଣାମ କରିସାରି କହିଲେ– 'ଆଜି ଯେତେବେଳେ ମୁଁ ଖାଇବାକୁ ଯାଉଥିଲି, ସେହି ସମୟରେ ଆପଣ ଦର୍ଶନ ଦେଇ ସଂସ୍କୃତରେ ଗୋଟିଏ ଶ୍ଳୋକ ଆବୃତ୍ତି କଲେ। ସେହି ଶ୍ଳୋକଟି ମୋତେ ବହୁତ ଭଲ ଲାଗିଲା। ମୋ ସ୍ୱାମୀ ମୋ'ଠାରୁ ତାହା ଶୁଣି ଡାଇରିରେ ନୋଟ୍ କରି ରଖିଛନ୍ତି। ତତ୍ପରେ ଆପଣ ସେଠାରୁ ତୁରନ୍ତ ଦୂରକୁ କାହିଁକି ଚାଲିଗଲେ ? ସେହି ଶ୍ଳୋକ ମୁଁ ଆଜି ଆପଣଙ୍କ ମୁହଁରୁ ନ ଶୁଣିଲା ପର୍ଯ୍ୟନ୍ତ ଏଠାରୁ ଆଦୌ ଯିବି ନାହିଁ।' ମାତ୍ର ଶ୍ରୀଶ୍ରୀଠାକୁର ସେହି ପ୍ରସଙ୍ଗରେ କିଛି କହିବାକୁ ଇଚ୍ଛୁକ ନ ଥିଲେ। ପରିଶେଷରେ ସିଧାସଳଖ ଶ୍ଳୋକଟି ଆବୃତ୍ତି ନ କରି ଗୋଟିଏ ଛୋଟ ଗୀତ ଗାଇବା ଭିତରେ ସେହି ଶ୍ଳୋକଟି ଆବୃତ୍ତି କଲେ– 'ସର୍ବଧର୍ମାନ୍ ପରିତ୍ୟଜ୍ୟ ମାମେକଂ ଶରଣଂ ବ୍ରଜ। ଅହଂ ତ୍ୱାଂ ସର୍ବପାପେଭ୍ୟୋ ମୋକ୍ଷୟିଷ୍ୟାମି ମା ଶୁଚଃ।'

ଦତ୍ତମା' ଶ୍ଳୋକ ଶୁଣୁ ଶୁଣୁ ଆନନ୍ଦାତିଶଯ୍ୟରେ ନାଚିନାଚି କହିଲେ– 'ଏଇ ଶ୍ଳୋକ ଥିଲା, ଏଇ ଶ୍ଳୋକ ଥିଲା।' (ପ୍ରେମେର ଠାକୁର)

(୨୯)
ନିନ୍ଦାରେ ବି ନିର୍ବିକାର

"ଶନିବାରେର ଚିଠି" କଲିକତାରୁ ପ୍ରକାଶିତ ଏକ ସାପ୍ତାହିକ ବଙ୍ଗଳା ପତ୍ରିକା। ଶ୍ରୀଶ୍ରୀଠାକୁରଙ୍କ କୁତ୍ସା ସମ୍ବଳିତ ଲେଖା ନିୟମିତଭାବେ ପ୍ରକାଶ କରିବା ହେତୁ ପତ୍ରିକାର ବିକ୍ରି ବେଶ୍ ବଢ଼ିଥିଲା। ଏହାର ବିସ୍ତୃତ ବିବରଣୀ ଜୀବନ ଚରିତରେ ଦିଆଯାଇଛି। ସେହି ସମୟର ଗୋଟିଏ ଘଟଣା– ଜଣେ ଗୁରୁଭ୍ରାତା, ରାଧିକାନାଥ ସାହା ଖବରକାଗଜ ସହ ଏହି ପତ୍ରିକା ପାବନା ସହରରେ ଘର ଘର ବୁଲି ବିକ୍ରି କରୁଥିଲେ। ଦିନକର ରାଧିକାନାଥ ହାତରୁ ପତ୍ରିକା ପାଇ ଆଖି ବୁଲାଇ ନେଇ ଜଣେ ଗ୍ରାହକ କହିଲେ– ଆରେ ହେ ରାଧିକା,

ତୁ ପରା ଅନୁକୂଳ ଠାକୁରଙ୍କ ଦୀକ୍ଷା ନେଇଛୁ ? ସଜନୀକାନ୍ତ ଦାସ (ସମ୍ପାଦକ) ତୋର ଗୁରୁଙ୍କର ନିନ୍ଦା କରୁଛି, ଆଉ ତୁ ସେଇ ପତ୍ରିକା ଘର ଘର ବୁଲି ବିକ୍ରି କରୁଛୁ ? ତୋର ତ ପାପ ହେବ। ରାଧିକା ଶ୍ରୀଅକ୍ଷର ବିବର୍ଜିତ ଥିଲା। ଏଇ କଥା ଶୁଣିବାମାତ୍ରେ ପତ୍ରିକା ବିକ୍ରି ବନ୍ଦ କରି ସାଇକେଲରେ ସିଧାସଳଖ ପାବନା ସହରରୁ ଆସି ହିମାୟିତପୁର ଆଶ୍ରମରେ ଶ୍ରୀଶ୍ରୀଠାକୁରଙ୍କ ପାଖରେ ହାଜିର। ଶ୍ରୀଶ୍ରୀଠାକୁର ରାଧିକାକୁ ଦେଖି ପଚାରିଲେ – କିରେ ରାଧିକା, ଖବର କଣ ? ରାଧିକା ସାହା କହିଲା– ଖବର ତ ଏମିତି ଭଲ। କିନ୍ତୁ ମୁଁ ତ ବହୁତ ପାପ କରି ପକାଇଛି। ଶ୍ରୀଶ୍ରୀଠାକୁର ପଚାରିଲେ– କି ପାପ କରିଛୁ କିରେ ? ରାଧିକା ସାହା କହିଲା– ଦେଖନ୍ତୁ ଠାକୁର, ମୁଁ ପାଠଶାଠ ପଢ଼ିନି। ପତ୍ରିକାକୁ ତାଙ୍କ ଆଡ଼କୁ ଦେଖାଇ କହିଲା– ଏଥିରେ କୁଆଡ଼େ ଆପଣଙ୍କ ନିନ୍ଦାମନ୍ଦ କରି କଣ ସବୁ ଛପା ହୋଇଛି। ମୁଁ ସେସବୁ ବିକ୍ରି କରିଛି। ଏଥିରେ ମୋର କିଛି ପାପ ତ ହୋଇନି ? ଶ୍ରୀଶ୍ରୀଠାକୁର ହସି ହସି କହିଲେ– ତୋର କେତେ କପି ବିକ୍ରି ହୋଇଛି ? ବିକ୍ରିର ମାର୍କେଟ କି ରକମ ? ରାଧିକା କେତେ କପି ବିକ୍ରି ହୋଇଛି ଜଣାଇଲା ଏବଂ କହିଲା ଯେ ମାର୍କେଟ ଖୁବ ଭଲ।

ଶ୍ରୀଶ୍ରୀଠାକୁର କହିଲେ– ମୁଁ କଣ କହୁଛି ରାଧିକା, ଆଉ କିଛି କପି ନେଇ ଆ। ଶାଲା ଜୋରସୋରରେ ବିକ୍ରି କର। ରାଧିକା ସାହା ଆଶ୍ଚର୍ଯ୍ୟ ହୋଇ କହିଲା– ଆପଣଙ୍କର ନିନ୍ଦା ଯେ ପ୍ରଚାର ହଉଛି। ଆଉ ଆପଣ କହୁଛନ୍ତି ବିକ୍ରି ବଢ଼ାଇବାକୁ ?

ଶ୍ରୀଶ୍ରୀଠାକୁର ହସି ହସି ରାଧିକାକୁ କହୁଛନ୍ତି– ବୁଝିଲୁ ରାଧିକା, ମୁଁ କହୁଛି କ'ଣ କି, ଏପଟେ ହେଉ ବା ସେପଟେ ହେଉ (ନିନ୍ଦା ବା ସ୍ତୁତି ଯାହା ବି ହେଉ), ଶାଲା ମୋରି କାମ ତ କରୁଛି। (ପ୍ରଳୟ ମଜୁମଦାର)

(ସଂଯୋଜକ– ପ୍ରକାଶ ଥାଉ କି ପାବନା ସହରରେ ଶ୍ରୀଶ୍ରୀଠାକୁରଙ୍କର ନିନ୍ଦା କରିବାରେ ଏକ ଗୋଷ୍ଠୀ ସେତେବେଳେ ଖୁବ୍ ସକ୍ରିୟ ହୋଇଥିଲା। ଯେଉଁମାନେ ହିମାୟିତପୁର ଆଶ୍ରମକୁ ଶ୍ରୀଶ୍ରୀଠାକୁରଙ୍କୁ ଦର୍ଶନ କରିବାକୁ ଆସୁଥିଲେ ରାସ୍ତାରେ ସେମାନଙ୍କୁ ଅଟକାଇ ଆଶ୍ରମ ଆଉ ଶ୍ରୀଶ୍ରୀଠାକୁରଙ୍କ ବିଷୟରେ ନାନା ଭ୍ରାନ୍ତିମୂଳକ କଥା କହି ସେମାନଙ୍କୁ ଫେରାଇ ଦିଆ ଯାଉଥିଲା। ଏ ଖବର ଶ୍ରୀଶ୍ରୀଠାକୁର ଶୁଣିବା ପରେ କିଞ୍ଚିତ୍ ବି ବ୍ୟସ୍ତ ନ ହୋଇ ନିର୍ବିକାର ଭାବରେ କହିଥିଲେ ସେମାନେ ମୋର କାମଟା ଆହୁରି ସହଜ କରି ଦେଉଛନ୍ତି। ମୋର ନିନ୍ଦା ଶୁଣି ବି ଯେଉଁମାନେ ମୋ ପାଖକୁ ଆସିବେ ସେମାନେ ଠିକ୍ ବିଶ୍ୱାସୀ ଆଉ ଭକ୍ତ। ନିଜର ନିନ୍ଦୁକମାନଙ୍କ ପ୍ରତି ଶ୍ରୀଶ୍ରୀଠାକୁରଙ୍କର କୌଣସି ଅସୂୟା ଭାବ ଥିଲା।)

(୩୦)

ଭକ୍ତ କମଳାକ୍ଷ ସରକାରଙ୍କ ଅସାମାନ୍ୟ ଅନୁଭୂତି

କମଳାକ୍ଷ ସରକାର ମହାଶୟ ବ୍ରିଟିଶ୍ ରୟାଲ ଆର୍ମିରେ ୧୯୧୩ ମସିହାରୁ ୧୯୧୮ ମସିହା ପର୍ଯ୍ୟନ୍ତ କାର୍ଯ୍ୟରତ ଥିଲେ। ପ୍ରଥମ ବିଶ୍ୱଯୁଦ୍ଧ ପରେ ବ୍ରିଟିଶ୍ ସେନାର ପ୍ରାୟ

ପଞ୍ଚଶତାଧିକ ସୈନିକ ଆଜାରବୈଜାନରୁ ବାଗଦାଦ୍ ଫେରୁଥିଲେ । ମେସୋପଟାମିଆର ମରୁଭୂମି ଅଂଚଳରେ ପହଂଚିବା ପରେ ସେମାନଙ୍କର ଖାଦ୍ୟ ପାନୀୟ ସବୁ ଶେଷ ହୋଇଗଲା । ଫଳରେ ଦଳର ମାତ୍ର ସାତଜଣ ସୈନିକ ଛଡ଼ା ଅନ୍ୟ ସମସ୍ତେ ମୃତ୍ୟୁବରଣ କରନ୍ତି । ଏଇ ସାତଜଣ ସୈନିକ କ୍ଷୁଧା–ପିପାସାରେ ଆତୁର ହୋଇ ଏକ ବଡ଼ ଉଇହୁଙ୍କା ନିକଟରେ ମୃତ୍ୟୁକୁ ଅପେକ୍ଷା କରୁଥାନ୍ତି । ଏହି ଅଂଚଳରେ ସାଧାରଣତଃ କୁର୍ଦମାନେ ଓଟ ପିଠିରେ ବସି ଯାତାୟାତ କରନ୍ତି । ସେମାନଙ୍କ ଭିତରେ କିଛି କିଛି ଦସ୍ୟୁ ମଧ୍ୟ ଥାଆନ୍ତି, ଯେଉଁମାନେ ଯାତ୍ରୀମାନଙ୍କୁ ଲୁଟପାଟ କରନ୍ତି, ବେଳେବେଳେ ମାରି ବି ଦିଅନ୍ତି । ଓଟ ପିଠିରେ ବସି ଯାଉଥିବା ଜଣେ କୁର୍ଦ ଏଇ ସାତଜଣଙ୍କୁ ଅସହାୟ ଅବସ୍ଥାରେ ପଡ଼ିଥିବାର ଦେଖି ଦୟାପରବଶ ହୋଇ ବଡ଼ବଡ଼ ସାତଟି ଗାଜର ସେମାନଙ୍କ ପାଖକୁ ଫୋପାଡ଼ି ଦେଲା ଏବଂ ପାଣି ମିଳିବା ସ୍ଥାନକୁ ହାତରେ ଇଙ୍ଗିତ କରି ଦେଖାଇଦେଲା । ଏଇ ସାତଜଣ ସୈନିକଙ୍କ ମଧ୍ୟରେ କମଳାକ୍ଷ ସରକାର ଥିଲେ ।

ଯୁଦ୍ଧ ପରେ ବ୍ରିଟିଶ୍ ସରକାରଙ୍କ ପକ୍ଷରୁ କମଳାକ୍ଷଦାଙ୍କୁ ବମ୍ବେରେ ସେନା–ଅଫିସର ପଦରେ ଚାକିରି ଦିଆଗଲା, ମାତ୍ର ତାଙ୍କର ମାତା ସେଥିରେ ଅମତ ହୋଇ ଅନ୍ୟତ୍ର କାମ କରିବାକୁ କହିଲେ । ଥରେ ସେ ଟ୍ରେନ୍‌ରେ ଯାଉଥିବା ସମୟରେ ଟାଟା କମ୍ପାନିରେ ଚାକିରି ମିଳୁଛି ବୋଲି ଖବର ପାଇ, ଜାମଶେଦପୁର ଷ୍ଟେସନରେ ଓହ୍ଲେଇ ପଡ଼ିଲେ । ଟାଟା କମ୍ପାନୀର ଅଫିସକୁ ଗଲେ । ଚାକିରୀ ମିଳିଲା । ଦୈନିକ ବେତନ ଛଅଅଣା, କମ୍ପାନିର କ୍ୱାଟର୍ସ ।

ଥରେ ଜଣେ ଋତ୍ୱିକ, ମାଧବୀମୋହନ ମୁଖାର୍ଜୀ ଦୀକ୍ଷାକାର୍ଯ୍ୟରେ ଟାଟା ଯାଇଥାଆନ୍ତି । ବଂଗାଳୀ ପରିବାର ଖୋଜି ଖୋଜି ସେ କମଳାକ୍ଷ ସରକାରଙ୍କ କ୍ୱାଟର୍ସର ସନ୍ଧାନ ପାଇ ଭୋରବେଳା ତାଙ୍କ ବାରଣ୍ଡାରେ ଉପସ୍ଥିତ ହୁଅନ୍ତି, ଆଉ କାହାକୁ ଡକାହକା ନ କରି ସକାଳ ହେବା ପର୍ଯ୍ୟନ୍ତ କ୍ୱାଟର୍ସର ବାହାର ବାରଣ୍ଡାରେ ଅପେକ୍ଷା କରନ୍ତି । ପୂର୍ବ ରାତ୍ରିରେ କମଳାକ୍ଷ ଏବଂ ତାଙ୍କ ସ୍ତ୍ରୀ ଗୋଟିଏ ପ୍ରକାର ସ୍ୱପ୍ନ ଦେଖିଲେ ଯେ ସେମାନେ ଗୁରୁଦୀକ୍ଷା ନେଉଛନ୍ତି । ସକାଳ ହେଲାରୁ ବାହାର କବାଟ ଖୋଲି ଦେଖନ୍ତି ଯେ ବାରଣ୍ଡାରେ ଶୁଭ୍ରବସ୍ତ୍ର ପରିହିତ ଜଣେ ମହାଶୟ ବସି ରହିଛନ୍ତି, ତାଙ୍କ ସହିତ ଆଳାପ ହେଲା ଓ ସ୍ୱାମୀ–ସ୍ତ୍ରୀ ଉଭୟ ଦୀକ୍ଷାଗ୍ରହଣ କଲେ । ଦୀକ୍ଷା ସମୟରେ ଏବଂ ପରବର୍ତ୍ତୀ ଆଲୋଚନାରେ ସେ ଜାଣିଲେ ଯେ ତାଙ୍କର ଗୁରୁ ହେଉଛନ୍ତି ଶ୍ରୀଶ୍ରୀଠାକୁର ଅନୁକୂଳଚନ୍ଦ୍ର ଚକ୍ରବର୍ତ୍ତୀ ଏବଂ ସେ ପାବନା, ହିମାୟିତପୁରରେ ଅବସ୍ଥାନ କରନ୍ତି । ମାଧବୀମୋହନ ଶ୍ରୀଶ୍ରୀଠାକୁରଙ୍କ ପ୍ରତିନିଧି ଭାବେ ଦୀକ୍ଷା ଦେଇଛନ୍ତି । ଏହାପରେ ମାଧବୀମୋହନ ଦୀକ୍ଷା କାର୍ଯ୍ୟକ୍ରମ ପାଇଁ କମଳାକ୍ଷବାବୁଙ୍କଠାରୁ ଅନ୍ୟାନ୍ୟ ପରିଚିତ ଲୋକଙ୍କ ଠିକଣା ନେଇ ସେମାନଙ୍କ ସହିତ ଯୋଗାଯୋଗ କରିବାକୁ ବାହାରିଗଲେ । ଗଲାବେଳେ ବାରମ୍ବାର ତାଗିଦ କରି କହିଥିଲେ ଯେ ଦୀକ୍ଷା ପରେ ଆଶ୍ରମ ଯାଇ ଶ୍ରୀଗୁରୁଙ୍କୁ ଦର୍ଶନ କରିବା ହେଉଛି ବିଧି । ତାହା ଯେପରି କମଳାକ୍ଷ ତୁରନ୍ତ ପୂରଣ କରନ୍ତି ।

କାଳବିଳମ୍ବ ନ କରି କମଳାକ୍ଷ ସ୍ତ୍ରୀଙ୍କ ସହିତ ତା ପରଦିନ ସକାଳୁ ହିମାୟିତପୁର ଆଶ୍ରମ ବାହାରିଗଲେ । ଶ୍ରୀଶ୍ରୀଠାକୁରଙ୍କୁ ଦର୍ଶନ କରି ତାଙ୍କୁ ଲାଗିଲା ଯେ ଅବିକଳ ଏହିପରି ଆଉଜଣେ ପୁରୁଷଙ୍କୁ ଆଗରୁ କେଉଁଠି ସେ ଭେଟିଛନ୍ତି,– ମେସୋପଟାମିଆର ମରୁଭୂମିର ଦୃଶ୍ୟ ମନେ ପଡ଼ିଗଲା । ସେ ଶ୍ରୀଶ୍ରୀଠାକୁରଙ୍କୁ ନିବେଦନ କଲେ– 'ମୁଁ ଆପଣଙ୍କୁ ଇତିର୍ପୂବରୁ ଦେଖିଛି । ମେସୋପଟାମିଆର ମରୁଭୂମିରେ ଆମେ ସାତଜଣ ସୈନିକ ଯେତେବେଳେ କ୍ଷୁଧାତୃଷ୍ଣାରେ କାତର ହୋଇ ମୃତ୍ୟୁ ଅପେକ୍ଷାରେ ଥିଲୁ ସେତେବେଳେ ଯେଉଁ କୁର୍ଦ ଆମକୁ ସାତୋଟି ଗାଜର ଦେବା ପରେ ପାଣିର ସନ୍ଧାନ ଦେଇଥିଲା, ତା'ର ଚେହେରା ସହିତ ଆପଣଙ୍କ ଚେହେରାର ଅସମ୍ଭବ ମେଳ ଅଛି । ପାର୍ଥକ୍ୟ କେବଳ ଏତିକି ଯେ ତା' ମୁହଁରେ ନିଶ ନଥିଲା ଆଉ ଆପଣଙ୍କର ନିଶ ଅଛି ।' କମଳାକ୍ଷ ସରକାରଙ୍କ ଏଇ ବର୍ଣ୍ଣନା ଶୁଣି ଶ୍ରୀଶ୍ରୀଠାକୁର କେବଳ ସାମାନ୍ୟ ହସିଲେ । (ସ୍ୱସ୍ତିସେବକ – ୨୦୧୩)

(୩୧)
ମାଂସାହାର ଗ୍ରହଣରେ କାୟା ପରିବର୍ତ୍ତନ

ଶ୍ରୀଶ୍ରୀଠାକୁରଙ୍କର ଜଣେ ବନ୍ଧୁ ତାଙ୍କୁ ନିମନ୍ତ୍ରଣ କରି ମାଂସ ଖୁଆଇବ ବୋଲି ଠିକ୍ କରିଥିଲା । ନିମନ୍ତ୍ରଣ କରିବା ସମୟରେ ଠାକୁରଙ୍କ ପାଖରୁ କଥା ଆଦାୟ କରି ନେଇଥିଲା– ଠାକୁର ଯିବେ କିନା ! ଠାକୁର କଥାଦେଇଥିଲେ ଯେ ସେ ଯିବେ । ଉକ୍ତ ବନ୍ଧୁଟି ଠାକୁର ଖାଇବେ ବୋଲି ତା ସ୍ତ୍ରୀକୁ ଭଲକରି ମାଂସ ରାନ୍ଧିବାକୁ କହିଥିଲା । ତାଙ୍କ ସ୍ତ୍ରୀ ମାଂସ ରୋଷେଇ ସାରି ରୋଷେଇଘର ଶିକୁଳି ବନ୍ଦ କରି ଗାଧୋଇବାକୁ ଗଲେ । ଫେରିବା ପରେ ରୋଷେଇଘର ଶିକୁଳି ଖୋଲି ଦେଖନ୍ତି ଯେ ଗୋଟାଏ କଳା କୁକୁର ସବୁ ମାଂସ ଖାଇ ବାସନ ଚାଟିବାରେ ଲାଗିଛି । ଘର ଖୋଲିବାର ଶବ୍ଦ ଶୁଣି କୁକୁରଟି ରୋଷେଇଘରର ପଛପଟ ବାଡ଼ର ଫାଙ୍କ ଦେଇ ବାହାରିଗଲା । ସ୍ତ୍ରୀଠାରୁ ସବୁ ଶୁଣି ବନ୍ଧୁ ହତାଶ ହେଲେ । କଣ ବା କରିବେ, ଠାକୁର ଆସିଲେ କେବଳ ଝୋଳଭାତ ଖାଇବେ । କୁକୁର ଛୁଇଁ ଥିବାରୁ ବନ୍ଧୁପତ୍ନୀ ସବୁ ଫୋପାଡ଼ି ଦେଇ ନୂଆକରି ଝୋଳଭାତ ରାନ୍ଧି ଠାକୁରଙ୍କ ପାଇଁ ଅପେକ୍ଷା କଲେ । କିନ୍ତୁ ଠାକୁର ଖାଇବାକୁ ଆସିଲେ ନାହିଁ । ଅପେକ୍ଷା କରି କରି ସ୍ୱାମୀ–ସ୍ତ୍ରୀ ଖାଇନେଲେ ଆଉ ଭାବିଲେ, ନ ଆସିବାର କାରଣ ସନ୍ଧ୍ୟାପରେ ଯାଇ ଠାକୁରଙ୍କୁ ପଚାରିବେ । ସନ୍ଧ୍ୟା ସମୟରେ ଠାକୁରଙ୍କୁ ପଚାରିବାରୁ ଶ୍ରୀଶ୍ରୀଠାକୁର କହିଲେ– ଯାଇଥିଲି ତ ! ତୋ ସ୍ତ୍ରୀ ଭଲ ମାଂସ ରୋଷେଇ କରେ । ଖୁବ୍ ଭଲ ହୋଇଥିଲା, ତେଣୁ ସବୁ ଚାଟିଚୁଟି ଖାଇଛି । ବନ୍ଧୁ କହିଲେ– ତୁମେ ମିଛ କହୁଛ । କେତେବେଳେ ଗଲ ? ଶ୍ରୀଶ୍ରୀଠାକୁର ସେତେବେଳେ ବେକ ଉପରେ ପଡ଼ିଥିବା କଟାଦାଗ ଦେଖାଇ କହିଲେ– ଏଇ ଦେଖ, ବାଡ଼ର ଫାଙ୍କଦେଇ ବାହାରିଲା ବେଳେ ତାରରେ କେମିତି କଟିଯାଇଛି । ମୁଁ ମିଛ କୁହେନା । ବନ୍ଧୁ କହିଲେ, ସବୁ ମାଂସ ତରକାରୀ ଚାଟିଚୁଟି ଖାଇଦେଇ ରୋଷେଇଘରର ପଛପଟ ବାଡ଼ର ଫାଙ୍କଦେଇ ଗୋଟାଏ କଳା କୁକୁର ଯାଇଥିଲା ବୋଲି ମୋ ସ୍ତ୍ରୀ ମୋତେ କହିଥିଲା । ତୁମେ କେବେ

ଗଲ ? ଶ୍ରୀଶ୍ରୀଠାକୁର ସଙ୍ଗେ ସଙ୍ଗେ କହିଲେ– ତୁମେ ଦେବ କୁକୁରର ଖାଦ୍ୟ ଆଉ ମୁଁ ମଣିଷ ହୋଇ କୁକୁରର ଖାଦ୍ୟ ଖାଇଥାନ୍ତି କିପରି ? (ଅଚିନବୃକ୍ଷ)

(୩୨)
ଗୁରୁକୃପା (ରମାଶଙ୍କର ସିଂହ)

ହିମାୟିତପୁର ଆଶ୍ରମ । ୧୯୩୯ ମସିହାର ଜାନୁଆରି ମାସର ଶୀତରାତିରେ ଜଣେ ଗେରୁଆ ବସ୍ତ୍ର ପରିହିତ ସାଧୁ ହିମାୟିତପୁର ସତ୍‌ସଂଗ ଆଶ୍ରମକୁ ଆସିଲେ ଏବଂ ଗେଷ୍ଟ ହାଉସ୍‌ରେ ପହଂଚି କାହାକୁ କିଛି ନ ଜଣାଇ ବାହାର ବାରଣ୍ଡାରେ ବସିଥାନ୍ତି । ଗେଷ୍ଟ ହାଉସ୍‌ଠାରୁ ପ୍ରାୟ ପଚାଶ ଗଜ ଦୂରରେ ଶ୍ରୀଶ୍ରୀଠାକୁରଙ୍କର ନିବାସ । ରାତି ବଢ଼ିଲାଣି । ଶ୍ରୀଶ୍ରୀଠାକୁର ଶୋଇବାକୁ ଯିବା ପୂର୍ବରୁ ତାଙ୍କ ପାଖରେ ଥିବା ଭକ୍ତ– ସେବକ ଭୋଳାନାଥ ସରକାରଙ୍କୁ କହିଲେ– ବାହାରେ କ'ଣ ଶବ୍ଦ ଶୁଣାଯାଉଚି, ଦେଖି ଆସିଲ ଗେଷ୍ଟହାଉସ୍‌ରେ କିଏ ଅଛିକି ? ଭୋଳାନାଥଦା ବାହାରକୁ ଯାଇ ଦେଖିଲେ ଯେ ଗେଷ୍ଟହାଉସ ପିଣ୍ଡାରେ ଜଣେ ସାଧୁ ବସିଛନ୍ତି । ବିଡ଼ି ପିଉଛନ୍ତି ଓ ଠାକୁରଙ୍କୁ ତତ୍‌କ୍ଷଣାତ୍ ସାକ୍ଷାତ କରିବାକୁ ଚାହୁଛନ୍ତି ବୋଲି କହିଲେ । ଭୋଳାନାଥଦା ଶ୍ରୀଶ୍ରୀଠାକୁରଙ୍କ ପାଖକୁ ଫେରିଆସି ସବୁକଥା ଅବଗତ କରାଇଲେ । ଶ୍ରୀଶ୍ରୀଠାକୁର ସବୁ ଶୁଣି ବିଛଣାରୁ ଉଠି ବସିଲେ ଓ ସେଇ ସାଧୁଙ୍କୁ ଡାକିଆଣିବାକୁ ଭୋଳାନଥଦାଙ୍କୁ ନିର୍ଦ୍ଦେଶ ଦେଲେ । ବୋଧହୁଏ ଠାକୁର ତାଙ୍କ ପ୍ରତୀକ୍ଷାରେ ଥିଲେ ।

ସେଇ ସାଧୁ ଜଣକ ଶ୍ରୀଶ୍ରୀଠାକୁରଙ୍କ ପାଖକୁ ଆସି ତାଙ୍କ ଅସଲ ପରିଚୟ ଦେଲେ– ତାଙ୍କର ନାମ ରମାଶଙ୍କର ସିଂହ । ଇଂରେଜ ସରକାର ବିରୁଦ୍ଧ ଆନ୍ଦୋଳନରେ ଯୋଗଦେଇ ନାନା ହିଂସାକାଣ୍ଡରେ ସେ ଜଡ଼ିତ । ଡିନାମାଇଟ୍ ଦ୍ୱାରା ଗୋଟିଏ ଟ୍ରେନ୍‌କୁ ଉଡ଼ାଇ ଦେଇଥିଲେ । ସେଇ ଟ୍ରେନ୍‌ରେ ବ୍ରିଟିଶ୍ ଅଫିସରଙ୍କ ସହିତ ଅନ୍ୟ ସାଧାରଣ ଯାତ୍ରୀ ସମସ୍ତେ ମୃତ୍ୟୁମୁଖରେ ପଡ଼ିଥିଲେ । ବର୍ତ୍ତମାନ ତାଙ୍କୁ ଜୀବିତ ବା ମୃତ ଅବସ୍ଥାରେ ପୁଲିସ୍‌କୁ ଧରାଇଦେଲେ କୋଡ଼ିଏ ହଜାର ଟଙ୍କାର ପୁରସ୍କାର ସରକାର ଘୋଷଣା କରିଛି । ଶ୍ରୀଶ୍ରୀଠାକୁର ପଚାରିଲେ– 'ମୋ ପାଖକୁ କାହିଁକି ଆସିଛ ?' ରମାଶଙ୍କର ଅନୁନୟ କଲେ– 'ହିଂସାକାଣ୍ଡରେ ମୁଁ ଆଉ ଲିପ୍ତ ହେବାକୁ ଚାହୁ ନାହିଁ, କାରଣ ସେଥିରେ ବହୁ ନିରୀହଙ୍କ ଜନଜୀବନର କ୍ଷୟ ହୁଏ । ମୁଁ ଅନୁତପ୍ତ, ଆପଣଙ୍କ କୁଷ୍ଟିଆ ସତ୍‌ସଂଗବାଡ଼ିରେ ଏକମାସ କାଳ ଆତ୍ମଗୋପନରେ ଥିଲି । ମୁଁ ପ୍ରମଥଦାଙ୍କଠାରୁ ଦୀକ୍ଷା ଗ୍ରହଣ କରିଛି । ମୋତେ ଆପଣ ବଂଚାଇଦିଅନ୍ତୁ, ଏପରି କାର୍ଯ୍ୟ ମୁଁ ଆଉ କେବେ କରିବି ନାହିଁ ।' ଶ୍ରୀଶ୍ରୀଠାକୁର କିଛିସମୟ ଚିନ୍ତାମଗ୍ନ ରହି କହିଲେ– 'ବୋଧହୁଏ, ମୁଁ ତୁମକୁ ରକ୍ଷାକରି ପାରିବି, କିନ୍ତୁ ଏଥିପାଇଁ ତୁମର ଅସୀମ ସାହସ ଆଉ ବିଶ୍ୱାସ ଦରକାର ପଡ଼ିବ ।' ରମାଶଙ୍କର କହିଲେ, 'ଆପଣ ଯାହା କହିବେ ମୁଁ କରିବି । ମୁଁ ଯଦିଓ ଦୀକ୍ଷା ନେଇଛି, କିଛି ପାଳନ କରୁନାହିଁ ।' ଶ୍ରୀଶ୍ରୀଠାକୁର କହିଲେ, 'ଯଜନ, ଯାଜନ, ଇଷ୍ଟଭୃତି ନିୟମକୁ ପାଳନ କର । ପାଖରେ ପଇସା ବା ଦ୍ରବ୍ୟ

କିଛି ନଥିଲେ ଫୁଲଟିଏ ବି ଜଙ୍ଗଲରୁ ତୋଳି ଇଷ୍ଟଭୃତି ନିବେଦନ କର । ମୋର ଇଚ୍ଛା ତୁମକୁ ସାହାଯ୍ୟ କରିବାକୁ, ହେଲେ ଏଇ ନୀତି ତିନୋଟି କଠୋର ଭାବରେ ପାଳନ କରିବାକୁ ହେବ ।' ରମାଶଙ୍କର ଏଥିରେ ସମ୍ମତି ଜଣାଇ ପ୍ରଣାମ କଲେ ।

ତା'ପରେ ସେ ସନ୍ନ୍ୟାସୀ ବେଶ ଛାଡ଼ିଲେ । ଶ୍ରୀଶ୍ରୀଠାକୁର ନିର୍ଦ୍ଦେଶ ଦେଲେ, ତୁମେ ଏକାକୀ ପାବନା ପୁଲିସ୍ ଷ୍ଟେସନ୍‌କୁ ଯାଇ ଆତ୍ମସମର୍ପଣ କର, ଆଉ କିଛି କଥା ନ ଲୁଚାଇ ତୁମେ ଯାହା କରିଛ ସ୍ପଷ୍ଟ ଭାବରେ ସ୍ୱୀକାର କର । ତାଙ୍କର ସ୍ୱୀକାରୋକ୍ତି ସମୟାନୁକ୍ରମେ ଗ୍ରହଣ କରାଗଲା ଓ ମକଦ୍ଦମା ଦାଏର ହେଲା । ଶ୍ରୀଶ୍ରୀଠାକୁର ଓକିଲମାନଙ୍କ ସହ ପରାମର୍ଶ କରିବାପରେ ରମାଶଙ୍କରଙ୍କୁ ଜେଲ୍‌ରୁ ମୁକୁଳାଇବାର ଦାୟିତ୍ୱ ଭୋଳାନାଥ ସରକାରଙ୍କୁ ଦେଲେ । ରମାଶଙ୍କରଙ୍କୁ ବିହାର ଷ୍ଟେଟ୍ ପ୍ରିଜିନ୍‌ରେ ରଖାଗଲା । ଜେଲ୍‌ରେ ବେଶ୍ କିଛିଦିନ ବିତିଲା ।

ଭୋଳାନାଥ ସରକାର ପାବନା ଯାଇ କ୍ରିମିନାଲ ଇନ୍‌ଭେଷ୍ଟିଗେସନ୍ ଡିପାର୍ଟମେଣ୍ଟର ଡିଆଇଜିଙ୍କୁ ସାକ୍ଷାତ କରି ଏଇ କେସ୍ ବାବଦରେ ଅବଗତ କରାଇଲେ । ଅନୁସନ୍ଧାନଦ୍ୱାରା ଜଣାଗଲା ଯେ ରମାଶଙ୍କର ଏବେ ଜଣେ ପରିବର୍ତ୍ତିତ ସଂଯତ ଓ ମାର୍ଜିତ ମଣିଷ । ରମାଶଙ୍କରଙ୍କୁ ପାର୍‌ଲୋରରେ ମୁକ୍ତି କରାଗଲା । କଲିକତାରେ ପହଂଚି ଭୋଳାନାଥ ସରକାର ରମାଶଙ୍କରର ଛାଡ଼ପାଇବାର ଖବର ତାର ମାଧ୍ୟମରେ ଶ୍ରୀଶ୍ରୀଠାକୁରଙ୍କ ପାଖକୁ ପଠାଇଲେ । ଶ୍ରୀଶ୍ରୀଠାକୁରଙ୍କଠାରୁ ଉତ୍ତର ଆସିଲା– 'ଜଣେ ରାଜକୁମାର ପରି ସଜେଇ ନେଇଆସ ।'

ଶ୍ରୀଶ୍ରୀଠାକୁରଙ୍କ ଇଚ୍ଛାନୁସାରେ ଭୋଳାନାଥଦା ରମାଶଙ୍କରଙ୍କୁ ନୂତନ ବସ୍ତ୍ର ପରିଧାନ କରାଇ ଓ ଗଳାରେ ଫୁଲମାଳ ପିନ୍ଧାଇ ତାଙ୍କ ଚରଣରେ ସମର୍ପଣ କଲେ ।

ଭୋଳାନାଥ ସତ୍‌ସଂଗ ଫେରିଆସିଲେ । ରମାଶଙ୍କରଙ୍କୁ ପ୍ରତି ସୋମବାର ଦିନ ଭୋଳାନାଥଦା ସଙ୍ଗରେ ନେଇ ପାବନା ପୁଲିସ୍ ପାଖରେ ନିୟମିତ ହାଜିର କରାନ୍ତି । କ୍ରମିକଭାବେ ଚତୁର୍ଥଥର ସସର୍ତ୍ତ କାରାମୁକ୍ତି ପରେ ପୁଲିସ ଅଧିକର୍ତ୍ତାଙ୍କ ବିଶ୍ୱାସ ହେଲା, ତାଙ୍କର ପର୍ଯ୍ୟବେକ୍ଷଣ ଆଉ ଦରକାର ନାହିଁ ଏବଂ ରମାଶଙ୍କର ସିଂହ ବିନା ସର୍ତ୍ତରେ ଖଲାସ ପାଇଲେ ।

ଶ୍ରୀଶ୍ରୀଠାକୁରଙ୍କ ପଥ ପ୍ରଦର୍ଶନରେ ରମାଶଙ୍କର ଶ୍ରମିକ ପରିଚାଳନା ବିଷୟରେ ଅନ୍ତରାସୀ ଓ ଦକ୍ଷ ହୋଇଉଠିଲେ ଆଉ ଏ ବିଷୟରେ ଉଚ୍ଚକୋଟିର ପରାମର୍ଶଦାତା ହୋଇପାରିଥିଲେ । ପରବର୍ତ୍ତୀ କାଳରେ ୧୯୫୧ ମସିହାରେ ରମାଶଙ୍କର ଲେବର ଡେଲିଗେଟ୍ ଭାବରେ ଲଣ୍ଡନ, ଫ୍ରାନ୍ସ ଓ ଭିଏନା ଯାଇ ଉଚ୍ଚପ୍ରଶଂସିତ ହୋଇଥିଲେ । (ପୁରୁଷୋତ୍ତମ)

(୩୩)
ଅଚାନକ ମିଲିଟାରୀ

୧୯୨୫–୨୬ ମସିହା ବେଳକୁ ହିମାୟିତପୁର ସତ୍‌ସଂଗ ବିରୋଧରେ ଆନ୍ଦୋଳନ ଭୀଷଣ ହୋଇ ସାମ୍ପ୍ରଦାୟିକତାର ରୂପ ନେବାକୁ ବସିଲାଣି। ଏହାର କାରଣ ହେଲା– ଶ୍ରୀଶ୍ରୀଠାକୁର ଗରିବ ଚାଷୀମାନଙ୍କ ପାଇଁ ସତ୍‌ସଙ୍ଗ ବ୍ୟାଙ୍କ ଖୋଲି ଅଳ୍ପ ହାର ସୁଧରେ ଋଣ ଯୋଗାଇ ଦେବାର ବ୍ୟବସ୍ଥା କରିଥିବାରୁ ଜମିଦାର ଓ କରଜଦାତାମାନଙ୍କର ଶୋଷଣ ବାଧାପ୍ରାପ୍ତ ହେଲା। ସେମାନେ କ୍ଷୁବ୍ଧ ହେଲେ, ପ୍ରତିଶୋଧର ଉପାୟ ଖୋଜିଲେ। ଆଶ୍ରମ ଭିତରକୁ ଗୁଣ୍ଡାମାନଙ୍କୁ ପଠାଇଲେ, ଆଶ୍ରମର ଝିଅବୋହୂ ମାନଙ୍କୁ ବାଟରେ ଘାଟରେ ଅସଦାଚାରଣ କରିବା ପାଇଁ ଲୋକ ଲଗାଇଲେ। ଆଶ୍ରମରେ ପଶି ନାନା ଆକ୍ରମଣ କରିବା ସଙ୍ଗେ ସଙ୍ଗେ ଆଶ୍ରମର ଘରେ ନିଆଁ ଲଗାଇ ଦେଉଥିଲେ।

ସେତେବେଳେ ବର୍ଷା କାଳ, ଶ୍ରୀଶ୍ରୀବଡ଼ମାଙ୍କ ଭଗ୍ନିପୁତ୍ରର ଅଚାନକ ମୃତ୍ୟୁ ହେଲା। ଗ୍ରାମ ଶ୍ମଶାନରେ ଶବଦାହ ଏଇ ଗୁଣ୍ଡାଶ୍ରେଣୀର ଲୋକମାନେ କରାଇଦେଲେ ନାହିଁ। ଶବବାହକମାନଙ୍କୁ ପିଟାପିଟି କଲେ। ପ୍ରଚାର ହୋଇଗଲା ଯେ ସେଦିନ ରାତିରେ ମୁସଲମାନମାନେ ଆଶ୍ରମରେ ପଶି ଆକ୍ରମଣ ଓ ଦଂଗା କରିବେ। ମାତା ମନୋମୋହିନୀ ଦେବୀଙ୍କର ସେମାନଙ୍କ ଘରକୁ ଯାଇ ବୁଝାଇବା ବିଫଳ ହେଲା। ସେଇ ରାତିରେ ସେ, ଶ୍ରୀଶ୍ରୀଠାକୁର ଓ ଅନନ୍ତ ମହାରାଜ ଉଜାଗର ରହିଲେ। ଜେନେରେଟର ଚଲାଇ ସାରା ଆଶ୍ରମକୁ ଆଲୋକିତ ରଖାଗଲା। ଆଶ୍ରମବାସୀମାନେ ଭୀତତ୍ରସ୍ତ, ଯୁବକମାନେ ପ୍ରତି–ଆକ୍ରମଣ ପାଇଁ ପ୍ରସ୍ତୁତ ହେଉଥାନ୍ତି, କିନ୍ତୁ ଶ୍ରୀଶ୍ରୀଠାକୁରଙ୍କର ଆଦେଶ ଥିଲା ଯେ କାହା ହାତରେ ଯେପରି ଖଣ୍ଡିଏ ବି ଲାଠି ନ ଥାଏ। ଗଭୀର ରାତିରେ ଖବର ପ୍ରଚାରିତ ହେଲା ଯେ ଗୁଣ୍ଡାବାହିନୀ 'ଆଲ୍ଲା ହୋ ଆକବର' କହି ମାଡ଼ିଆସୁଛନ୍ତି ବହୁ ସଂଖ୍ୟାରେ। ଶ୍ରୀଶ୍ରୀଠାକୁର ସୀମା ନିକଟରେ ଦଣ୍ଡାୟମାନ। ହଠାତ୍ ପଛରୁ ଶୁଭିଲା ପୁଲିସ୍ ମାର୍ଚ୍ଚିଂର ଶବ୍ଦ। ଦେଖାଗଲା, ପ୍ରାୟ ଦଶବାରଜଣ ଗୁର୍ଖା ମିଲିଟାରୀ ସୈନିକ କୁଇକ୍ ମାର୍ଚ୍ଚ କରି ମାଡ଼ିଆସିଲେ। ଶ୍ରୀଶ୍ରୀଠାକୁରଙ୍କୁ ଅଭିବାଦନ ଜଣାଇ, ବନ୍ଧୁକ କାନ୍ଧରେ ରଖି ତାଙ୍କ ଆଦେଶକୁ ଅପେକ୍ଷାକଲେ। ଚାରିଆଡ଼େ ହାଲ୍ଲା ହୋଇଗଲା– ମିଲିଟାରୀ, ମିଲିଟାରୀ ପଳାଅ, ପଳାଅ। ଗୁଣ୍ଡାଦଳ ପ୍ରାଣବିକଳରେ ଖାଲ–ବିଲରେ କଚଡ଼ା ଖାଇ ଦୌଡ଼ିଲେ। ମିଲିଟାରୀମାନେ ସାରା ଆଶ୍ରମ ଭିତରେ ମାର୍ଚ୍ଚ କଲେ। ଶ୍ରୀଶ୍ରୀଠାକୁରଙ୍କୁ ଅଭିବାଦନ ଜଣାଇ ପୁଣି କୁଆଡ଼େ ଅପସରି ଗଲେ। ଶ୍ରୀଶ୍ରୀଠାକୁର ଆଶ୍ୱସ୍ତ ହେଲେ। ଆଶ୍ରମବାସୀ ନିଶ୍ଚିନ୍ତ ହେଲେ।

ଶେଷରେ ପୁଲିସ୍ ଓ ଅନ୍ୟମାନେ (ଅଧିକାଂଶ ମୁସଲମାନ) ଶ୍ରୀଶ୍ରୀଠାକୁରଙ୍କୁ ଆସି କହିଲେ– ଚାଲନ୍ତୁ, ଆମ ଉପସ୍ଥିତିରେ ଶ୍ମଶାନରେ ଶବଦାହ କରନ୍ତୁ। ଶ୍ରୀଶ୍ରୀଠାକୁର କହିଲେ– ଏହାଦ୍ୱାରା ଗ୍ରାମବାସୀମାନଙ୍କର ମିଥ୍ୟା ଆକ୍ରୋଶ ବଢ଼ିବ। ଶବଦାହ ଆଶ୍ରମ ଭିତରେ ହେବ। କେଉଁ କେଉଁମାନେ ଆକ୍ରମଣ କରିବାକୁ ଆସିଥିଲେ, ପୁଲିସ୍ ସେମାନଙ୍କ

ନାମ ଜାଣିବାକୁ ଚାହିବାରୁ ଶ୍ରୀଶ୍ରୀଠାକୁର କହିଲେ– ଶାରୀରିକ ଶାସ୍ତି ଦେଇ ମଣିଷକୁ ପରିବର୍ତ୍ତନ କରିବା ସମ୍ଭବ ନୁହେଁ, ମୋର ଶାସନ କ୍ଷମାର, ପ୍ରେମର।

ଏତେ ରାତିରେ ଗୁର୍ଖା–ପୁଲିସ୍ ହଠାତ୍ କେଉଁଠୁ ଆସିଲେ ଆଜି ପର୍ଯ୍ୟନ୍ତ ଏହା ରହସ୍ୟାବୃତ। (ପ୍ରାଣର ଠାକୁର)

(୩୪)
ମଣିଷ ନିଜର, ଟଙ୍କା ପର...

୧୯୨୪ ମସିହା ମେ ମାସରେ ଶ୍ରୀଶ୍ରୀଠାକୁରଙ୍କ କଲିକତା ଅବସ୍ଥାନ କାଳରେ ସେହି ସମୟର ବାରିଷ୍ଟର ଚିତ୍ତରଂଜନ ଦାସ ସତ୍‌ନାମ ଦୀକ୍ଷାଗ୍ରହଣ କରିଥିଲେ ଓ ଶ୍ରୀଶ୍ରୀଠାକୁରଙ୍କ ସହିତ ବିଭିନ୍ନ ବିଷୟରେ ଆଲୋଚନା କରି ଖୁବ୍ ପ୍ରଭାବିତ ହୋଇଥିଲେ। ଏହାର ବିସ୍ତୃତ ବିବରଣୀ ଜୀବନ–ଚରିତରେ ଉଲ୍ଲେଖ ଅଛି। ଭକ୍ତ ସୁଶୀଲଚନ୍ଦ୍ର ବସୁଙ୍କୁ ଶ୍ରୀଶ୍ରୀଠାକୁର କହିଥିଲେ ଯେ ସେ କଲିକତା ଗଲେ ଚିତ୍ତରଂଜନଙ୍କ ଘରେ ଅବସ୍ଥାନ କରିବେ। ଥରେ ତାଙ୍କର ଏହି ଅବସ୍ଥାନକାଳରେ ଚିତ୍ତରଂଜନ ସୁଶୀଲଦାଙ୍କୁ କହିଲେ– ଦେଖନ୍ତୁ, ବାଲିଗଂଜ ଲେକ୍ ଧାରରେ ପ୍ରାୟ ପଚାଶ ବିଘା (ଏକବିଘା ପ୍ରାୟ ୧.୩ ଏକର) ଜମି ମୋ କର୍ତ୍ତୃତ୍ୱରେ ଅଛି। ମୁଁ ସେଇଟା ସତ୍‌ସଂଗକୁ ଦେଇପାରେ। ଶ୍ରୀଶ୍ରୀଠାକୁରଙ୍କୁ କହି ଆପଣ ଯଦି ଏଠାରେ ଆଶ୍ରମ ସ୍ଥାପନ କରନ୍ତି ତା'ହେଲେ ଦେଶର ଜନସାଧାରଣ ଓ ବିଶେଷ କରି ବିଶିଷ୍ଟ ଲୋକମାନେ ଏଠାକୁ ଆସିବେ, କାର୍ଯ୍ୟକ୍ରମ ପ୍ରତ୍ୟକ୍ଷ ଭାବରେ ଦେଖିପାରିବେ ଓ ଆପଣମାନେ ସେମାନଙ୍କର ଯଥେଷ୍ଟ ସାହାଯ୍ୟ ଓ ସହାନୁଭୂତି ପାଇବେ, ଆଶ୍ରମ ମଧ୍ୟ ସୁଷ୍ଠୁ ଓ ସୁନ୍ଦର ଭାବେ ଗଢ଼ିଉଠିବ। ଆଶ୍ରମ ସ୍ଥାପନର ଉଦ୍ଦେଶ୍ୟ ସଫଳ ହେବ ଖୁବ୍ ଶୀଘ୍ର। ସୁଶୀଲଦା ଯଥା ଶୀଘ୍ର ତାଙ୍କ କଲିକତା କାମ ସାରି ହିମାୟିତପୁର ଫେରିଗଲେ ଏବଂ ଚିତ୍ତରଂଜନଙ୍କ ପ୍ରସ୍ତାବକୁ ଶ୍ରୀଶ୍ରୀଠାକୁରଂକ ଆଗରେ ବିଶଦଭାବରେ ବ୍ୟାଖ୍ୟା କରି କହିଲେ।

ସବୁ ଶୁଣି ଶ୍ରୀଶ୍ରୀଠାକୁର କହିଲେ, 'ଆପଣ ଓ ଦାଶଦା' ଯାହା ଅନୁମାନ କରିଛନ୍ତି ତାହା ଠିକ୍, ଆପଣଙ୍କର ଆଶ୍ରମ ସେଠି ହେଲେ ତାହା ଶୀଘ୍ର ବଡ଼ ହୋଇଉଠିବ। କିନ୍ତୁ ମୁଁ କ'ଣ ଭାବୁଚି ଜାଣନ୍ତି ? ଗୋଟିଏ ନିପଟ ମଫସଲ ଗାଁ, ଯେଉଁଠି କୌଣସି ସୁବିଧା ନାହିଁ, ବରଂ ପଦେପଦେ ବାଧାବିଘ୍ନ, ଏପରି ଏକ ଜାଗାରେ ଯଦି ଆପଣମାନେ ଆପଣଙ୍କର ଆଶ୍ରମ ଗଢ଼ିତୋଳିପାରନ୍ତି, ତେବେ ଭବିଷ୍ୟତରେ ଆଉ କୌଣସି ବାଧାବିଘ୍ନ ଆପଣଙ୍କୁ ଅଟକାଇପାରିବ ନାହିଁ। ତେଣୁ କଲିକତାରେ ସୁବିଧା ପାଇବା ଅପେକ୍ଷା, ଏଇ ହିମାୟିତପୁରରେ ରହି ଆଶ୍ରମର କାର୍ଯ୍ୟ ଚଳାଇନେବାକୁ ମୁଁ ପସନ୍ଦ କରେ।' ସୁଶୀଲଦା' କହିଲେ: 'ଆମେ ଯଦି ବର୍ତ୍ତମାନ କଲିକତାରେ ଆଶ୍ରମ ସ୍ଥାପନ ନକରୁ ତଥାପି ଚିତ୍ତରଂଜନ ଯେତେବେଳେ ପଚାଶ ବିଘା ଜମି ଦେବାକୁ ଚାହୁଁଛନ୍ତି, ସେ ଜମିଟା ଏବେ ନେଇ ରଖିଦେଲେ କ୍ଷତି କ'ଣ ? ଭବିଷ୍ୟତରେ ସେଇ ଜମିଟା ବିକ୍ରି କରିଦେଲେ ବି ବହୁତ ଟଙ୍କା ପାଇପାରିବା।'

ଶ୍ରୀଶ୍ରୀଠାକୁର କହିଲେ, 'ସେଠାରେ ଆଶ୍ରମ ସ୍ଥାପନର କୌଣସି ଯୋଜନା ଯେତେବେଳେ ବର୍ତ୍ତମାନ ନାହିଁ, ଏବେ ଜମି ନେବା କାହିଁକି ? ଯେତେବେଳେ ଜମି ଦରକାର ପଡ଼ିବ ଦେଖିବା ।'

ଏକଥା ଶୁଣି ସୁଶୀଲଦା ତାଂକ ମନ୍ତବ୍ୟରେ ଲେଖିଲେ: "ଏପରି ନିସ୍ପୃହତା ଓ ନିର୍ଲୋଭତା ମଣିଷଠାରେ ସଂଭବ ହୁଏ କିପରି ତାହା ମୁଁ ଜାଣିପାରେନା ।" ହୁଏତ ସେତେବେଳେ ଶ୍ରୀଶ୍ରୀଠାକୁରଙ୍କର ଏଇ ବାଣୀ ତାଙ୍କର ମନେପଡ଼ିଥିବ: ମଣିଷ ନିଜର, ଟଙ୍କା ପର ଯେତେ ପାରୁଚ ମଣିଷ ଧର । (ମାନସତୀର୍ଥ ପରିକ୍ରମା)

(୩୫)
ଗୋଲାପୀ ଜ୍ୟୋତି ଓ ଭଣ୍ଡ ସନ୍ନ୍ୟାସିନୀ

୧୯୧୭ ମସିହାର କଥା । ଶ୍ରୀଶ୍ରୀଠାକୁର ସେତେବେଳେ ଗଙ୍ଗାତୀର ବରାହନଗରରେ ଶରତଚନ୍ଦ୍ର ଦେ ନାମକ ଜଣେ ଶିଷ୍ୟଙ୍କ ବାଗାନବାଡ଼ିରେ (Farm house) ଅବସ୍ଥାନ କରୁଥିଲେ । ସେଠାରେ ପାଞ୍ଚଦିନ କଟାଇ ତାଙ୍କର ଜଣେ ଆତ୍ମୀୟ ଶଶୀଭୂଷଣ ଚକ୍ରବର୍ତ୍ତୀଙ୍କ ସହ କିଛିଦିନ କଟାଇବା ପାଇଁ ନୈହାଟି ଆସିଲେ । ସେତେବେଳେ ଜଣେ ଗୈରିକ ବସନ ପରିହିତା ସନ୍ନ୍ୟାସିନୀ ସେଠାକୁ ଆସେ । ତାର ନାମ ହରିଦାସୀ ଦେବୀ ବୋଲି କହେ । ତାର ବର୍ଣ୍ଣ ଶ୍ୟାମଳ ହେଲେ ବି ସେ ଥିଲା ସୁନ୍ଦରୀ ଓ ବୁଦ୍ଧିମତୀ । ନୈହାଟିରୁ ହିମାୟିତପୁର ଯିବାକୁ ଶ୍ରୀଶ୍ରୀଠାକୁର ବାହାରନ୍ତେ ସେ ମଧ୍ୟ ସାଙ୍ଗରେ ଯିବାକୁ ଅଡ଼ି ବସିଲା । ସେତେବେଳେ କୁଷ୍ଟିୟାର ଡାକ୍ତର ସତୀଶ ଜୋୟାରଦାର ଉପସ୍ଥିତ ଥିଲେ । ତାଙ୍କୁ ଡାକି ଶ୍ରୀଶ୍ରୀଠାକୁର କହିଲେ ସେ ଯଦି ଆପଣଙ୍କଠାରୁ ହୋମିଓପାଥି ଶିଖି, ସ୍ତ୍ରୀଲୋକମାନଙ୍କୁ ସେବା ଦେବାକୁ ପ୍ରସ୍ତୁତ ଥାଏ, ତେବେ ଯାଇପାରେ । ସେ କୁଷ୍ଟିୟା ଆସି ଡାକ୍ତର ଜୋୟାରଦାରଙ୍କ ଘରେ ଗୋଟିଏ ଦିନ ରହି ହିମାୟିତପୁର ଆଶ୍ରମକୁ ଚାଲି ଆସିଲା ।

ପ୍ରଥମେ ଖୁବ ଭକ୍ତିର ଭାବ ଦେଖାଇଲା । ତାପରେ ଦିନେ ଶ୍ରୀଶ୍ରୀଠାକୁରଙ୍କ ନିକଟରେ ପ୍ରକାଶ କରେ ଯେ ସେ ତାଙ୍କ ପ୍ରତି କାମାସକ୍ତା । ଶ୍ରୀଶ୍ରୀଠାକୁର ତାକୁ ମା' ବୋଲି ସମ୍ବୋଧନ କରୁଥିଲେ ଓ ସେଇ ଭାବରେ ତାକୁ ଦେଖିବେ ବୋଲି କହିଲେ । କାମାସକ୍ତା ଯୁବତୀ କିନ୍ତୁ କ୍ଷାନ୍ତ ହେଲା ନାହିଁ । ଦିନେ ରାତିରେ ଶ୍ରୀଶ୍ରୀଠାକୁରଙ୍କ କୁଟୀରକୁ ଯାଇ ତାଙ୍କୁ ଆଲିଙ୍ଗନ–ଆକ୍ରମଣ କରିବାରୁ, ତାକୁ ଦୂରକୁ ଛାଟି ଦେଇ ଶ୍ରୀଶ୍ରୀଠାକୁର ପାଟି କଲେ, ସେ ତୁରନ୍ତ ପଳାଇ ଗଲା । ପାଟି ଶୁଣି ଭକ୍ତମାନେ ରୁଣ୍ଡ ହେଲେ ଓ ଖୋଜାଖୋଜି କରି ଦେଖିଲା ବେଳକୁ ସେ ପଦ୍ମାକୂଳକୁ ଚାଲି ଯାଇ ସେଠାରେ ଧ୍ୟାନ କରିବାର ଛଳନା କରି ବସିଛି । ଏହାପରେ ଶ୍ରୀଶ୍ରୀଠାକୁର ସମସ୍ତଙ୍କୁ ତାଗିଦ କରି ଦେଲେ ଯେ କେହି ଯେପରି ତାକୁ ଅପମାନ ବା ଅତ୍ୟାଚାର ନ କରନ୍ତି । ହରିଦାସୀ ଏହିପରି ଆଉ ତିନିଥର ଆକ୍ରମଣ କରି ବ୍ୟର୍ଥ ହେଲା । କିନ୍ତୁ ସେ ଆଶ୍ରମ ଛାଡ଼ି ଯାଉ ନ ଥାଏ । ଏମିତି ଦୁଇବର୍ଷ କଟିଗଲା ।

୧୯୧୯ ମସିହା ଏପ୍ରିଲ ମାସ । ଗ୍ରୀଷ୍ମକାଳ– ପ୍ରଚଣ୍ଡ ଝଡ଼ତୋଫାନ ଆରମ୍ଭ ହେବ ବୋଲି ବେଶ ପବନ ବୋହୁଛି । ଶ୍ରୀଶ୍ରୀଠାକୁର ସନ୍ଧ୍ୟା ଉତ୍ତୀର୍ଣ୍ଣ ହେବା ପରେ ପଦ୍ମାକୂଳକୁ ଯାଇଛନ୍ତି । ବତାସ ଅନ୍ଧକାରରେ କାମାସକ୍ତା ହରିଦାସୀ ଶ୍ରୀଶ୍ରୀଠାକୁରଙ୍କ ନିକଟକୁ ଯାଇ ନିଜର କାମ କ୍ଷୁଧା ମେଣ୍ଟାଇବାକୁ ଚାହିଁଲା । ସେ ବିରତ ନ ହେବାରୁ ଶ୍ରୀଶ୍ରୀଠାକୁରଙ୍କ ଶରୀରରୁ ଗୋଲାପୀ ରଙ୍ଗର ଏକ ଜ୍ୟୋତି ବାହାରିବାକୁ ଲାଗିଲା । ହରିଦାସୀ ଡରି ଯାଇ ଡାକ ପକାଇବାରୁ ଭକ୍ତ ଅନନ୍ତ ମହାରାଜ, ଦୁର୍ଗାନାଥ ସାନ୍ୟାଲ ପ୍ରଭୃତି ସେଠାରେ ପହଞ୍ଚି ସେହି ଅପୂର୍ବ ଜ୍ୟୋତି ଦେଖି ସ୍ତବ୍ଧ ହୋଇଗଲେ । ଏହା ଦଶ ପନ୍ଦର ମିନିଟ ପାଇଁ ସ୍ଥାୟୀ ହୋଇଥିଲା । ଶ୍ରୀଶ୍ରୀଠାକୁର ସେ ଆଲୋକ ନିର୍ଗତ ହେବା କଥା ନିଜେ ସ୍ୱୀକାର କଲେ କିନ୍ତୁ ସେତେବେଳେ ଓ ପରବର୍ତ୍ତୀ କାଳରେ ଏହା କି ପ୍ରକାର ରହସ୍ୟ, ତାର ଭେଦ ସେ ନିଜେ ମଧ୍ୟ ଜାଣି ନାହାନ୍ତି ବୋଲି କହିଲେ । ତା ପରଦିନ ଠାରୁ ଆଶ୍ରମରେ ହରିଦାସୀକୁ ଆଉ କେହି ଦେଖିବାକୁ ପାଇଲେ ନାହିଁ । (ମାନସତୀର୍ଥ ପରିକ୍ରମା)

(୩୬)
ଶିକ୍ଷକଙ୍କୁ ଦିଗ୍‌ଦର୍ଶନ

●

ପ୍ରଫେସର ପଞ୍ଚାନନ ସରକାର ଦୁଇଟି ବିଷୟରେ ଏମ୍.ଏ. କରିଥିଲେ । ସେ ହିମାୟିତପୁର ସତ୍‌ସଂଗ ତପୋବନ ବିଦ୍ୟାଳୟର ସୁପରିଣ୍ଟେଣ୍ଡେଟ୍ ଥିଲେ । ହଠାତ୍ ଦିନେ ବ୍ୟସ୍ତବିବ୍ରତ ହୋଇ ଶ୍ରୀଶ୍ରୀଠାକୁରଙ୍କ ପାଖକୁ ଆସି ଅଭିଯୋଗ ବାଢ଼ିଲେ, 'ଠାକୁର, ଆପଣ ମୋତେ ଏହି ଦାୟିତ୍ୱରୁ ମୁକ୍ତି ଦିଅନ୍ତୁ । ଏହି ବିଦ୍ୟାଳୟରେ ଯେତେଗୁଡ଼ିଏ ଛାତ୍ରଙ୍କୁ ପ୍ରବେଶାଧିକାର ମିଳିଛି ସେମାନଙ୍କ ମଧ୍ୟରୁ ଅଧିକାଂଶ ବଦ୍‌ମାସ୍ (dirty elements) । ଏମାନଙ୍କ ପାଇଁ ପରିଶ୍ରମ କରିବା ବା ଅର୍ଥ ଖଟାଇବା କେବଳ ଉଭୟର ଅପଚୟ ମାତ୍ର । ଦୟାକରି ଆପଣ ମୋତେ ଅନୁମତି ଦିଅନ୍ତୁ ମୁଁ ପ୍ରବେଶିକା ପରୀକ୍ଷା ମାଧ୍ୟମରେ କିଛି ଛାତ୍ରଙ୍କ ନାମ ବିଦ୍ୟାଳୟରୁ କାଟିଦିଏ ଅଥବା ଆପଣ ମୋତେ ଏହି ଦାୟିତ୍ୱରୁ ମୁକ୍ତ କରନ୍ତୁ ।

ଶ୍ରୀଶ୍ରୀଠାକୁର କିଛି ସମୟ ପଞ୍ଚାନନଦାଙ୍କ ଆଡ଼କୁ ଚାହିଁ ମୁରୁକି ହସିଲେ । ପରେ ଗମ୍ଭୀର ଆଗ୍ରହ ପ୍ରକାଶ କରି କହିଲେ– 'ପଞ୍ଚାନନଦା, ଲୋକ ଧୋବାକୁ ମଇଳା କପଡ଼ା ଦିଅନ୍ତି ନା ସଫା କପଡ଼ା ଦିଅନ୍ତି ?' ସେ ତୁରନ୍ତ ଉତ୍ତରଦେଲେ, 'ଧୋବାକୁ ଲୋକେ ମଇଳା କପଡ଼ା ହିଁ ଦେଇଥାଆନ୍ତି ।' ଶ୍ରୀଶ୍ରୀଠାକୁର ହସିହସି ମଧୁର କଣ୍ଠରେ କହିଲେ– 'ମୁଁ ମଧ୍ୟ ସେଇଆ କହୁଛି । ପଞ୍ଚାନନଦା, ମଇଳା ସଫାକରି ଯଦି ସୁନ୍ଦର କରିନପାରିଲେ ତେବେ ଆପଣ କିପରି ଧୋବା ?' ପଞ୍ଚାନନଦା ଖୁବ୍ ତେଜସ୍ୱୀ ଥିଲେ । ସେ ଶ୍ରୀଶ୍ରୀଠାକୁରଙ୍କ ଇସାରା ବୁଝିପାରି ସଂଗେସଂଗେ କରଯୋଡ଼ି କହିଲେ, 'ଠାକୁର ! ମୋତେ ଆପଣ ଆଶୀର୍ବାଦ କରନ୍ତୁ ଯେପରି ମୁଁ ଆପଣଙ୍କ ମନଲାଖି ଶିକ୍ଷକ ହୋଇପାରେ । ଶ୍ରୀଶ୍ରୀଠାକୁର ଅତ୍ୟନ୍ତ ଉଲ୍ଲସିତ ସ୍ୱରରେ କହିଲେ, 'ମୋର ପୂର୍ଣ୍ଣ ବିଶ୍ୱାସ ରହିଛି ଯେ ଯଦି କୌଣସି କାର୍ଯ୍ୟରେ ପଞ୍ଚାନନ ସରକାର ଏକାଗ୍ର ଚିତ୍ତରେ ଚେଷ୍ଟା ଜାରି ରଖନ୍ତି, କେବେବି ସେ ଅସଫଳ ହେବେନାହିଁ । (ଜୀବନଜ୍ୟୋତି)

●

କିଛିଦିନ ପରେ ପୁଣି ଶ୍ରୀଶ୍ରୀଠାକୁରଙ୍କ ନିକଟକୁ ଆସିଥିବାବେଳେ ପଞ୍ଚାନନ ସରକାର କହିଲେ– ଆମ ବିଦ୍ୟାଳୟରେ ମେରିଟବାଲା ପିଲା ନାହାନ୍ତି । ଆଉ ଆପଣଙ୍କୁ ଖୁବ୍ ସୁଫଳ ଦେଖାଇବା ସମ୍ଭବ ହେବନାହିଁ । ଶ୍ରୀଶ୍ରୀଠାକୁର କହିଲେ– ଦୂର ଶାଳା, ଯେତେସବୁ ଅଡୁଆ କଥା ଆପଣ କହୁଛନ୍ତି, ଯଦି କେଉଁ ପିଲାଠାରେ ମେରିଟ ନାହିଁ ଆପଣ ଗ୍ରୋ କରିଦିଅନ୍ତୁ । ପଞ୍ଚାନନଦା ଆଶ୍ଚର୍ଯ୍ୟ ହୋଇ କହିଲେ– ମୁଁ ମେରିଟ୍ ଗ୍ରୋ କରାଇବି କିପରି ? ଶ୍ରୀଶ୍ରୀଠାକୁର କହିଲେ– Through love, (ଭଲପାଇବା ଦେଇ) । ଭଲ ପାଇବା ଦେଇ ମେରିଟ୍ ଗ୍ରୋ କରାଯାଏ । ପଂଚାନନଦା କହିଲେ– ମେରିଟ୍ କଣ ଗ୍ରୋ କରାଯାଏ, କିପରିଭାବେ କରାଯାଏ କୁହନ୍ତୁ ତ ? ଶ୍ରୀଶ୍ରୀଠାକୁର କହିଲେ– ତାହା ଆପଣଙ୍କୁ ଆଉ ଦିନେ ଦେଖାଇଦେବି । କଥୋପକଥନ ଏହିଠାରେ ସରିଲା । ବେଶ୍ କିଛିଦିନ ବିତିଗଲା ପରେ ହଠାତ୍ ଶ୍ରୀଶ୍ରୀଠାକୁର ଦିନେ ପଂଚାନନଦାଙ୍କୁ ଡକାଇଲେ । ଶୀତଦିନ, ସକାଳ ସମୟ । ଟିକିଏ ଦୂରରେ ଖରାରେ ଗୋଟିଏ ମା–କୁକୁର ଶୋଇଛି ଆଉ ତିନି ଚାରୋଟି ଛୁଆ କ୍ଷୀର ଖାଉଛନ୍ତି । ଶ୍ରୀଶ୍ରୀଠାକୁର ପଞ୍ଚାନନଦାଙ୍କୁ କହିଲେ– ସେହି କୁକୁର ଛୁଆ ଭିତରୁ ଆପଣ ଗୋଟିଏ ନେଇଯାଆନ୍ତୁ ଆଉ ତାକୁ ଆଦବକାଇଦା ଇତ୍ୟାଦି ଶିଖାଇ ବଡ଼ କରାନ୍ତୁ । ତିନିମାସ ପରେ ଦିନେ ଶ୍ରୀଶ୍ରୀଠାକୁର ପଂଚାନନଦାଙ୍କୁ ପଚାରିଲେ– ଆପଣଙ୍କୁ ଗୋଟିଏ କୁକୁରଛୁଆ ନେଇ ପାଳିବାକୁ କହିଥିଲି ନା ? ପଂଚାନନଦା କହିଲେ– ହଁ, ସେ ଏବେ ବଡ଼ ହୋଇ ଯାଇଛି । ମୋ କଥା ମାନେ । 'ଆ' ଡାକିଲେ ପାଖକୁ ଆସେ, 'ବସ୍' କହିଲେ ବସେ । ଆପଣଙ୍କ ପାଖକୁ ମୁଁ ଆସିଛି, ସେ କିନ୍ତୁ ଦୂରରେ ବସି ମୋ ଫେରିବାକୁ ଅପେକ୍ଷା କରୁଛି । ଶ୍ରୀଶ୍ରୀଠାକୁର କହିଲେ– ତାକୁ ଥରେ ଡାକନ୍ତୁ ନା । ପଂଚାନନଦା କୁକୁରଛୁଆକୁ ଡାକ ଦେବାରୁ ସେ ତାଙ୍କ ପାଖକୁ ଦୌଡ଼ି ଆସିଲା । ଶ୍ରୀଶ୍ରୀଠାକୁର କହିଲେ– ତାକୁ ଏଥର ଚାଲିଯିବାକୁ କୁହନ୍ତୁ । ପଂଚାନନଦା ଏହା କହିବାରୁ କୁକୁରଛୁଆଟି ଫେରି ଯାଇ ସାମାନ୍ୟ ଦୂରରେ ଯେଉଁଠି ପୂର୍ବରୁ ବସିଥିଲା, ସେଠାରେ ଯାଇ ବସିପଡ଼ିଲା । ତାପରେ ଶ୍ରୀଶ୍ରୀଠାକୁର ପଂଚାନନଦାଙ୍କୁ କହିଲେ– ଏଇ ଦେଖନ୍ତୁ ପଂଚାନନଦା, ଟିକିଏ ଦୂରରେ ସେଇ କୁକୁରଛୁଆର ମା' ଆଉ ଭାଇଭଉଣୀମାନେ କିପରି ଏପଟସେପଟ ବୁଲୁଛନ୍ତି । ଗୋଟାଏ କାମ କରନ୍ତୁ, ଏଠାରେ ବସିରହି ବଡ଼ ପାଟିରେ ତା'ର ମା' ଆଉ ଛୁଆମାନଙ୍କୁ ଡାକନ୍ତୁ ତ ! ପଂଚାନନଦା ସେଠାରେ ବସି ଜୋର୍‌ରେ ଡାକିବାରୁ ସେମାନେ ଭୟ ପାଇ ଇଆଡ଼େ ସିଆଡ଼େ ପଳାଇଲେ । ସେହି ଡାକ ଶୁଣି ପଂଚାନନଦାଙ୍କ ପାଳିତ କୁକୁରଟା ସଂଗେସଂଗେ ଦୌଡ଼ିଆସି ତାଙ୍କ ପାଖରେ ଠିଆହୋଇ ଲାଂଜ ହଲାଇବାକୁ ଲାଗିଲା ।

ଶ୍ରୀଶ୍ରୀଠାକୁର କହିଲେ– ଆପଣ ଡାକିଲାରୁ ପାଳିତ କୁକୁରଛୁଆଟା ଠିକ୍ ବୁଝିପାରି ଚାଲିଆସିଲା ଆପଣଙ୍କ ପାଖକୁ । କିନ୍ତୁ ସେହି ବୁଲାକୁକୁର ଏବଂ ଛୁଆମାନଙ୍କୁ ଆପଣ ଡାକିବାରୁ ପାଖକୁ ଆସିବେ କଣ ଦୂରକୁ ପଳାଇଲେ । ଗୋଟିଏ ମା'ର ପେଟରୁ ସମସ୍ତେ

ଜନ୍ମିଛନ୍ତି । ଏଇଟା ଶାଳା ବୁଝିପାରିଲା, ଆଉ ତାର ଭାଉଭଉଣୀ କାହିଁକି ବୁଝିପାରିଲେ ନାହିଁ ? ଜଣକର ମେରିଟ୍ କାମ କଲା, ବାକିଗୁଡ଼ାକର ମେରିଟ୍ କାମ କଲାନି କାହିଁକି ? ପାଳିତ କୁକୁର ଛୁଆଟି ବୁଝିଯାଇଛି, ଆପଣ ତାକୁ ଯେତେ ଶାସନ, ମାରଧର ଯାହା ବି କରନ୍ତୁ ନା କାହିଁକି, ଭଲପାଇବାର ସୁହାଗ ସେ ଆପଣଙ୍କଠାରୁ ପାଏ, ସୁହାଗ ପାଏ ବୋଲି ଆପଣଙ୍କୁ ମାନେ । ଜାନୁଆର ଯଦି ବୁଝିପାରେ, ମଣିଷ ବୁଝିବନି କାହିଁକି ? ଆପଣ କଣ କହୁଛନ୍ତି ? ମେରିଟ୍ ଗ୍ରୋ କରିହୁଏ ଥ୍ରୁ ଲଭ୍ ! ପଂଚାନନଦା ଆଶ୍ଚର୍ଯ୍ୟ ହୋଇ ଶୁଣୁଥାନ୍ତି ଶ୍ରୀଶ୍ରୀଠାକୁରଙ୍କ ବ୍ୟାଖ୍ୟା । କେତେ ସମୟ ଯେ ବିତିଯାଇଛି, ତାର ଠିକଣା ନାହିଁ । ତାଙ୍କର ବୁଦ୍ଧି ଗୁଡୁମ୍ । (ଆମାର ଜୀବନେ ଶ୍ରୀଶ୍ରୀଠାକୁର)

(୩୭)
ଶ୍ରୀଶ୍ରୀଠାକୁରଙ୍କ ଫଟୋର ମାହାତ୍ମ୍ୟ

୧୯୧୯–୨୦ ମସିହାରେ ଶ୍ରୀଶ୍ରୀଠାକୁରଙ୍କ କଲିକତା ଅବସ୍ଥାନ କାଳରେ ମାଣିକତଲା ନିବାସୀ ଗୌରଚନ୍ଦ୍ର ନନ୍ଦୀ ଦୀକ୍ଷା ଗ୍ରହଣ କଲେ । ସେ ପ୍ରକାଶ କଲେ ଯେ ତାଙ୍କ ଘରର ଜଣେ ପ୍ରୌଢ଼ା ସ୍ତ୍ରୀଲୋକ ଉପରେ ଭୂତାବେଶ ହୋଇଛି । ସେ କେତେବେଳେ ଚିତ୍କାର କରୁଛି, କେତେବେଳେ ପ୍ରଳାପ କରୁଛି, ଉନ୍ମତ୍ତପ୍ରାୟ ଅଙ୍ଗଭଙ୍ଗୀ କରୁଛି ଏବଂ କହୁଛି, 'ମୁଁ ଏଠାରୁ କେବେବି ଯିବି ନାହିଁ ।' ଏହା ଶୁଣି ସୁଶୀଲଦା (ସୁଶୀଲଚନ୍ଦ୍ର ବସୁ) କେତେକ ଭକ୍ତମାନଙ୍କ ସହିତ ଗୌରଦାଙ୍କ ଘରକୁ ସେଇ ସ୍ତ୍ରୀଲୋକକୁ ଦେଖିବାକୁ ଗଲେ । ସେ ଗୌରଦାଙ୍କୁ କହିଲେ, ମୋର ଗୋଟିଏ ଏହିପରି ଘଟଣା ମନେପଡୁଛି – ତାହାହେଲା କିଛିଦିନ ମୁଁ ବାଙ୍କୁଡ଼ା ସହରରେ ଶାକ୍ୟଦାଙ୍କ ଘରେ ଥିଲି । ସେଠାରେ ତାଙ୍କର ଗୋଟିଏ ରୋଷେୟା ବ୍ରାହ୍ମଣ ଥିଲା । ହଠାତ୍ ଦିନେ ସେ ଭୂତାବିଷ୍ଟ ହୋଇ ନାନାପ୍ରକାର ବିକଟ ଚିତ୍କାର ଓ ପ୍ରଳାପ କରୁଥାଏ । ଗୋଟାଏ ଗୁଣିଆ ଡକାଇ ନାନାପ୍ରକାର ଝଡ଼ାଫୁଙ୍କା କରାଗଲା । ଗୁଣିଆକୁ ସେ କହିଲା ଯେ ସେ ଘର ପଛପଟ କୂଅ ଭିତରେ ରହେ । ରୋଷେୟା ନନା ପାଣି କାଢ଼ିବାବେଳେ ତା ଭିତରେ ପଶିଯାଏ । ଗୁଣିଆ ବହୁ ଚେଷ୍ଟା କରି ମଧ୍ୟ ଭୂତ ଛଡ଼େଇ ପାରିଲା ନାହିଁ । ଅବଶେଷରେ ଶାକ୍ୟଦା ଗୋଟାଏ ଉପାୟ ପାଞ୍ଚିଲେ । କୂଅର ପାଣିକଢ଼ା ବାଲଟିରେ ଶ୍ରୀଶ୍ରୀଠାକୁରଙ୍କର ଗୋଟାଏ ଫଟୋ ରଖି ଦେଇ କୂଅ ଭିତରକୁ ଧୀରେ ଧୀରେ ଛାଡ଼ିଲେ । ଆଉ ସଙ୍ଗେ ସଙ୍ଗେ ସେଇ ଭୂତାବିଷ୍ଟ ନନାର କି ଚିତ୍କାର– 'ଇଏ କ'ଣ କଲ ? ମୁଁ ଏହାର ତେଜ ମୋଟେ ସହ୍ୟ କରି ପାରୁନାହିଁ । ମୁଁ ଆଉ ଏଠି ରହିବିନି । ଚାଲି ଯିବି ।' ଏହା କହି ସେହି ଭୂତ ବ୍ରାହ୍ମଣଟିକୁ ଛାଡ଼ି ସଙ୍ଗେ ସଙ୍ଗେ ଚାଲିଗଲା ।

ଏହା ଶୁଣି ଗୌରଦା ଶ୍ରୀଶ୍ରୀଠାକୁରଙ୍କର ଗୋଟାଏ ଫଟୋ ସେହି ଭୂତାବିଷ୍ଟ ସ୍ତ୍ରୀ ଲୋକର ସାମନାରେ ଧରିବାରୁ ସେ ଚିତ୍କାର କରି କହିଲା– 'ଏଇଟା କାହାର ଫଟୋ ? ଏଇଟା ଶୀଘ୍ର ଦୂରେଇ ନେଇ ଯାଅ । ତା' ଆଡ଼କୁ ମୁଁ ଚାହିଁ ପାରୁ ନାହିଁ । ମୁଁ ବର୍ତ୍ତମାନ ତୁମ ଘରୁ ଚାଲି ଯାଉଛି ।' ତାପରେ ଭୂତ ଆଉ ଆସିଲା ନାହିଁ, ଘର ଛାଡ଼ି ଚାଲିଗଲା ।

ଏହି ଘଟଣା ସମ୍ପର୍କରେ ସୁଶୀଲଦା କହନ୍ତି ଯେ, ଜଣେ ମଣିଷର wavelength (ତରଙ୍ଗଦୈର୍ଘ୍ୟ) ଯେପରି ତା'ର ଫଟୋର ମଧ୍ୟ wavelength (ତରଙ୍ଗଦୈର୍ଘ୍ୟ) ସେହିପରି। ତେଣୁ ମନେହୁଏ ମଣିଷ ଦେହରୁ ଯେଉଁ aura ବା ତେଜ ବିଚ୍ଛୁରିତ ହୁଏ, ତାହାର ଫଟୋରୁ ମଧ୍ୟ ସେହିପରି ତେଜ ବିଚ୍ଛୁରିତ ହେବା ସମ୍ଭବ।

ସେଥିପାଇଁ ବୋଧହୁଏ ଆମ୍ଭେମାନେ ମହାପୁରୁଷ, ପିତାମାତା, ଗୁରୁଦେବଙ୍କର ଫଟୋ ଆମ ଘରର ବିଭିନ୍ନ ସ୍ଥାନରେ ରଖିଥାଉଁ। (ମାନସତୀର୍ଥ ପରିକ୍ରମା)

(୩୮)
ଇଷ୍ଟଭୃତିର ମହତ୍ତ୍ୱ

ସତ୍‌ସଂଗର ବିଶିଷ୍ଟ କର୍ମୀ ଏବଂ ଶ୍ରୀଶ୍ରୀଠାକୁରଙ୍କର ଡାକ୍ତରି ଛାତ୍ର ଜୀବନର ଅଧ୍ୟାପକ ଡାକ୍ତର ଶଶୀଭୂଷଣ ମିତ୍ର ତାଙ୍କୁ ପ୍ରଶ୍ନକଲେ– ସାଧାରଣ ଲୋକ କଣ ଇଷ୍ଟଭୃତିର ନୀତିନିୟମକୁ ତା' ଜୀବନରେ ଠିକ୍ ଭାବରେ ପାଳନ କରି ପାରିବ ? ଏହି ପ୍ରଶ୍ନର ଉତ୍ତରରେ ମିତ୍ର ମହାଶୟଙ୍କ ଜୀବନର ଗୋଟିଏ ଘଟଣା ଶ୍ରୀଶ୍ରୀଠାକୁର ତାଙ୍କୁ ମନେ ପକାଇ ଦେଇ କହିଲେ– ନିଜ ଭୁଲ୍ ଯୋଗୁଁ ଜଣେ ଯେତେବେଳେ ବାଟବଣା ହୋଇ ଘୋର ଅନ୍ଧକାର ଭିତରେ ଅସହାୟ ଓ ଉପାୟଶୂନ୍ୟ ହୋଇପଡ଼େ– ମତେ ଆଲୋକ ଦେଖାଇ ତାକୁ ଘରେ ପହୁଁଚାଇବାକୁ ପଡ଼ିଥାଏ– ଆଉ ଯାହା କଲେ ମଣିଷର ପ୍ରକୃତ ମଂଗଳ ହେବ– ଏଇ କଥା ଏତେ ଭାବରେ କହିଲେ ମଧ୍ୟ ଲୋକେ ବୁଝୁ ନାହାନ୍ତି କାହିଁକି ? ଘଟଣାଟି ଏହିପରି ଥିଲା। ଡାକ୍ତର ଶଶୀଭୂଷଣ ଥରେ ରୋଗୀ ଦେଖିବାକୁ ଘରଠାରୁ ବହୁ ଦୂର ଗୋଟିଏ ଗାଁକୁ ଏକାଏକା ଯାଇଥିଲେ। ଅଚିହ୍ନା ଜାଗା ହୋଇଥିବାରୁ ଫେରିଲାବେଳେ ଅନ୍ଧାର ରାତିରେ ଭୁଲ୍ ରାସ୍ତାରେ ଚାଲିଗଲେ। ବାଟ ଚାଲୁଛନ୍ତି, ଅନାବନା ରାସ୍ତା, କେଉଁଠି ପାଖରେ ଗାଁ, କି କାହା ଘରୁ ଆଲୋକ ଦିଶୁନାହିଁ। କଣ କରିବେ ? ଶ୍ରୀଶ୍ରୀଠାକୁରଙ୍କୁ ସ୍ମରଣ କଲେ। ସ୍ମରଣ କରିବା ମାତ୍ରେ ଦେଖିଲେ ଯେ ବିପରୀତ ଦିଗରୁ ଜଣେ ଲୋକ ଲଣ୍ଠନ ଧରି ଆସୁଚି। ଡାକ୍ତରବାବୁ ସେଇ ଲୋକକୁ ଚିହ୍ନି ନାହାନ୍ତି କି ଜାଣି ନାହାନ୍ତି। ତା' ପରେ ପରିଚୟ ଯେତେ ପଚାରିଲେ ସେ କଥାକୁ ବାଆଁରେଇ ଦେଇ କହିଲେ– ଆପଣ ମତେ ଚିହ୍ନିପାରିବେ ନାହିଁ, ଚାଲନ୍ତୁ ମୁଁ ଆପଣଙ୍କୁ ଆଗ ଘରେ ପହଂଚାଇ ଦିଏ। ଘର ପାଖହୋଇ ଗଲାଣି, ଆଗରେ ଲଣ୍ଠନ ଦେଖାଇ ଚାଲୁଥିବା ସେହି ଲୋକ ହଠାତ୍ ଗାଏବ୍।

ଏବେ ଡାକ୍ତରବାବୁ ବୁଝିପାରିଲେ ଯେ ଇଷ୍ଟଭୃତି ହେଉଛି ବିପଦମୋଚନର ଏକମାତ୍ର ସୂତ୍ର। (ସାତ୍ୱତୀ, ମଇ ୨୦୧୯)

(୩୯)
ଇଷ୍ଟଭୃତିର ସୁଫଳ

ଥରେ ଆଲୋଚନାବେଳେ ଶ୍ରୀଶ୍ରୀଠାକୁର ସୁଶୀଲଦା(ବସୁ)ଙ୍କୁ କହିଲେ– ଇଷ୍ଟଭୃତିର ଗୁଣ ଅନେକ। ଏହାର କୌଣସି ସୀମା ନାହିଁ। ସୁଶୀଲଦା କହିଲେ– ଶୁଣିଚି ଯେ

ବରିଶାଲ(ବଙ୍ଗଳାଦେଶ)ରେ ଦଙ୍ଗା ହେବାବେଳେ ଯଜନ– ଯାଜନ– ଇଷ୍ଟଭୃତି ପରାୟଣ ସତ୍‌ସଂଗୀବୃନ୍ଦ ଯେଉଁ ଭାବରେ ରକ୍ଷାପାଇଲେ, ଏହାକୁ ଅଲୌକିକତା ବ୍ୟତୀତ ଆଉ କିଛି କହିହେବ ନାହିଁ। ବହୁ ଲୋକଙ୍କର ଏପରି ଅନୁଭୂତିର ଖବର ମିଳିଛି ଯେ ଆପଣ ସେତେବେଳେ ସେଠାରେ ଉପସ୍ଥିତ ରହି ସେମାନଙ୍କୁ ରକ୍ଷା କରିଛନ୍ତି।

ଏକଥା ଶୁଣି ଶ୍ରୀଶ୍ରୀଠାକୁର କହିଲେ– ଲାବଣ୍ୟ ମାଆର ଜଣେ ଭଉଣୀ କିଛିଦିନ ତଳେ ସ୍ୱପ୍ନ ଦେଖିଥିଲେ ଯେ ମୁଁ ତା'ଠାରୁ ଚୁଡ଼ା ଓ ଦୁଧ ଖାଇବାକୁ ମାଗୁଛି। ସେସବୁ ବ୍ୟବସ୍ଥାକରି ମତେ ଖାଇବାକୁ ଦେଲାବେଳେ ମୁଁ କୁଆଡ଼େ କହିଲି– 'ଜଲ୍‌ଦି ଦେ, ମତେ ଏବେ ତୁରନ୍ତ ବରିଶାଲ ଯିବାକୁ ପଡ଼ିବ।' କିଛି ସମୟ ଚୁପ୍‌ରହି ଶ୍ରୀଶ୍ରୀଠାକୁର ପୁଣି କହିଲେ– ମୁଁ କେହି ନୁହେଁ, ଯାହା କରନ୍ତି ପରମପିତା ହିଁ କରନ୍ତି। ଜଣାଯାଉଛି ଯେମିତି ପରମପିତା ସତେକି ବରିଶାଲରେ ଉପସ୍ଥିତ ରହି ଅଦୃଶ୍ୟ ହାତରେ ସେଇ ସତ୍‌ସଙ୍ଗୀ ଭାଇମାନଙ୍କୁ ରକ୍ଷା କରିଦେଲେ। ଏଠାରେ ଏହା ଗୁରୁତ୍ୱପୂର୍ଣ୍ଣ ଯେ ଯେଉଁମାନେ ରକ୍ଷାପାଇଲେ ସେମାନଙ୍କର ଯଥେଷ୍ଟ ନିଷ୍ଠା ଥିଲା। ଏକଥା ମଧ୍ୟ ଠିକ୍ ଯେ ଯଜନ– ଯାଜନ– ଇଷ୍ଟଭୃତି କରିବାଦ୍ୱାରା ମସ୍ତିଷ୍କର କୋଷଗୁଡ଼ିକରେ ଏବଂ ସ୍ନାୟୁ–ବିଧାନରେ ସତ୍ତାସଂରକ୍ଷଣୀ ଉପକରଣ ଜାଗ୍ରତ ଥାଏ। ବିପତ୍ତିକାଳରେ ଏହାକୁ ବେଶି ଭାବରେ ଅନୁଭବ କରିହୁଏ। ଯେଉଁମାନେ ନିଷ୍ଠାବାନ୍ ସେମାନଙ୍କ କ୍ଷେତ୍ରରେ ଏହା ପ୍ରାୟ ହିଁ ଘଟିଥାଏ। (ଆଲୋଚନା ପ୍ରସଂଗ ୧ମ ଖଣ୍ଡ)

(୪୦)
ଇଷ୍ଟଭୃତିରୁ ଉନ୍ନତି

ଶ୍ରୀଶ୍ରୀଠାକୁରଙ୍କର ଜଣେ ସାଓଁତାଳୀ ଭକ୍ତ ଥିଲେ। ସେଇ ଭକ୍ତକୁ ସେ କହିଲେ – ତୁ ଦୀକ୍ଷା ନେଇଛୁ, ଇଷ୍ଟଭୃତି କର। ଭକ୍ତ କହିଲା– ବାବା ମୁଁ କ'ଣ ଦେଇ ଇଷ୍ଟଭୃତି କରିବି ? ମୁଁ ଯା' ଉପାର୍ଜନ କରେ ସେଥିରେ ଇଷ୍ଟଭୃତି କରିବାକୁ ଗୋଟାଏ ବି ପଇସା ବଞ୍ଚେନା। ଶ୍ରୀଶ୍ରୀଠାକୁର କହିଲେ– ଶୁଣ, ତତେ ଗୋଟିଏ କଥା କହୁଛି, ଟଙ୍କା ପଇସା ନାହିଁ ତ କ'ଣ ହେଲା, ପ୍ରତ୍ୟେକ ଦିନ ତୋ ଘରେ କିଛି ନା କିଛି ରୋଷେଇ ତ ହେଉଥିବ ଓ ଚୁଲି ତ ଜଳୁଥିବ। ପ୍ରତିଦିନ ସକାଳୁ ଉଠି ସେଇ ପାଉଁଶ ଦେଇ ଇଷ୍ଟଭୃତି କର। ଆଉ ମାସ ପୂରିଲେ, ତା' ମୋ ପାଖକୁ ନେଇ ଆସ। ଶ୍ରୀଶ୍ରୀଠାକୁରଙ୍କ କଥା ଶୁଣି ସାଓଁତାଳୀ ଭକ୍ତଟି ଖୁବ୍ ଖୁସି ହେଲା ଏବଂ ଘରକୁ ଫେରି ତା'ର ସ୍ତ୍ରୀକୁ କହିଲା ଟଙ୍କା ନଥିଲେ କ'ଣ ହେଲା ପ୍ରତିଦିନ ଭୋରରୁ ଉଠି ପାଉଁଶ ଦେଇ ଇଷ୍ଟଭୃତି କରିବି। ଚୁଲିରେ ଯେଉଁ ପାଉଁଶ ହୁଏ ପ୍ରତିଦିନ ତାହା ଦେଇ ସେ ଇଷ୍ଟଭୃତି ଆରମ୍ଭ କରିଦେଲା। ମାସକ ପୂରିଲା ପରେ ଠାକୁରଙ୍କୁ କିପରିଭାବେ ପାଉଁଶ ଦେବ ସେଇ ଚିନ୍ତା ତାକୁ ଘାରିଲା। ସେତେବେଳେ ସେ ଠାକୁରଙ୍କ ନିକଟକୁ ଯାଇ କାନ୍ଦି କାନ୍ଦି କହିଲା, ଠାକୁର, ତୁମେ ଯାହା କହିଥିଲ ମୁଁ ତାହା ହିଁ କରିଛି। ପ୍ରତିଦିନ ପାଉଁଶ ଦେଇ ଇଷ୍ଟଭୃତି କରିଥିବାରୁ ବହୁତ ପାଉଁଶ ହୋଇଯାଇଛି। କେମିତି ବା ଆଣନ୍ତି ? ଲୋକେ ନିନ୍ଦା କରିବେ ବୋଲି ନେଇ ଆସିନି। ଶ୍ରୀଶ୍ରୀଠାକୁର କହିଲେ– ନ

ଆଣି ଭଲ କରିଛୁ । ଆଚ୍ଛା, ତୁମେମାନେ ଯେଉଁଠି ରହୁଛ ସେଠାରେ କିଛି ଖାଲି ଜାଗା ଅଛି କି ? ଭକ୍ତ କହିଲା, ହଁ ଅଛି ଠାକୁର । ଶ୍ରୀଶ୍ରୀଠାକୁର କହିଲେ– ତା'ହେଲେ ସେଇ ଖାଲି ଜାଗାରେ ମାଣସାରୁର ଚାରା ପାଉଁଶ ଓ ମାଟି ମିଶାଇ ପୋତି ଦେ । ତାପରେ ପୁଣି କହିଲେ, ମାଣସାରୁର ଚାରା ତୁ ବା କେଉଁଠୁ ପାଇବୁ, ମୁଁ ଦେଉଛି ନେଇ ଯା' । ଶହେଟା ମାଣସାରୁର ଚାରା ଶ୍ରୀଶ୍ରୀଠାକୁର ତାକୁ ଦେଲେ । ସାଓଁତାଳୀ ଭକ୍ତଟି ସେହିପରି କଲା । ଦେଖୁଦେଖୁ ଅଢ଼େଇ ହାତରୁ ତିନିହାତ ଭଳି ଲମ୍ବା ଆକାରର ମାଣସାରୁ ତା ବଗିଚାରେ ଫଳିଲା । ସେତେବେଳେ ସେଇ ମାଣସାରୁ ଭିତରୁ ବଡ଼ ଖଣ୍ଡେ ଦେଖି ଠାକୁରବାଡ଼ି ନେଇଯାଇ ଭକ୍ତଟି ହାଜର ହେଲା । ଶ୍ରୀଶ୍ରୀଠାକୁର ମାଣସାରୁ ଦେଖି ଖୁବ୍ ଖୁସିହେଲେ । ପଚାରିଲେ– କ'ଣ ଖବର ? ଭକ୍ତି କହିଲା– ଠାକୁର, ତୁମେ ମୋତେ ଯାହା କରିବାକୁ କହିଥିଲ ମୁଁ ସେୟା କରିଛି । ସେତେବେଳେ ଠାକୁର କହିଲେ– ମାଣସାରୁ ବି ମୋର, ସେଇ ପାଉଁଶ ବି ମୋର । ଭକ୍ତ କହିଲା, ହଁ ଠାକୁର, ସବୁ ତୁମର, ମୁଁ ବି ତୁମର, ମୋର ଘରବାଡ଼ି ସବୁତ ତୁମର ଠାକୁର । ଶ୍ରୀଶ୍ରୀଠାକୁର କହିଲେ– ତା'ହେଲେ ତୁ ଗୋଟିଏ କାମ କର । ଯେଉଁ ମାଣସାରୁ ହୋଇଛି ସେସବୁ ବିକ୍ରି କରିଦେ । ବିକ୍ରି କରି ଯେଉଁ ଟଙ୍କା ପାଇବୁ ତା' ମୋ ପାଖକୁ ଆଣିବାକୁ ହେବ ନାହିଁ । ସେଇ ଟଙ୍କାରେ ତୁ ଗୋଟିଏ ବ୍ୟବସାୟ ଆରମ୍ଭ କର । ବ୍ୟବସାୟ ଫଳରେ ଯେଉଁ ଟଙ୍କା ତୁ ପାଇବୁ ସେଥିରେ ହିଁ ଇଷ୍ଟଭୃତି କରିବୁ । ଶ୍ରୀଶ୍ରୀଠାକୁରଙ୍କ କଥାମାନି କିଛିଦିନ ଭିତରେ ସେ ଗୋଟିଏ ପକ୍କା ବ୍ୟବସାୟୀ ହୋଇଗଲା, ଇଷ୍ଟଭୃତିବି ଠିକ୍‌ଭାବେ କରିବାକୁ ଲାଗିଲା । (ଡଃ ପ୍ରସେନ୍‌ଜିତ୍ ବିଶ୍ୱାସ୍ – ଫେସବୁକ୍)

– ୦ –

ପ୍ରାର୍ଥନା ସଂପର୍କରେ ଶ୍ରୀଶ୍ରୀଠାକୁରଙ୍କ ବାଣୀ

ଯେଉଁଠି ଥାଅ ଭୁଲ ନା କେବେ
କରିବାକୁ ସନ୍ଧ୍ୟା ପ୍ରାର୍ଥନା,
ହେବ ହିଁ ସେଥିରେ କର୍ମନିପୁଣ
ଶକ୍ତି ପାଇବ ବର୍ଦ୍ଧନା ।

ଦ୍ୱିତୀୟ ପରିଚ୍ଛେଦ

ଆଦର୍ଶ ଲୀଳା ଆଭାସ (ଦେଓଘର)

(୧)

ମୁଁ ତୁମକୁ ଶୁଣେ (ମେଁ ତୁମ୍‌କୋ ଶୁନତା ହୁଁ)

ଦିନେ ଯତି ଆଶ୍ରମରେ(ଦେଓଘର) ଶ୍ରୀଶ୍ରୀଠାକୁର ବସିଥାଆନ୍ତି । ଯତିବୃନ୍ଦଙ୍କ ମଧ୍ୟରେ ଥିଲେ ହରିନନ୍ଦନ ପ୍ରସାଦ । ତାଙ୍କୁ ଲକ୍ଷ୍ୟ କରି ଶ୍ରୀଶ୍ରୀଠାକୁର କହିଲେ– 'ହରିନନ୍ଦନ' I am the best fulfiller of Sri Ram, best fulfiller of Shri Krishna, best fulfiller of Buddha, of Jesus Christ, of Hazrat Muhammad, of what not.' (ହରିନନ୍ଦନ, ମୁଁ ଶ୍ରୀରାମଙ୍କର ସର୍ବୋତ୍ତମ ପରିପୂରକ, ଶ୍ରୀକୃଷ୍ଣଙ୍କର ସର୍ବୋତ୍ତମ ପରିପୂରକ, ବୁଦ୍ଧଙ୍କର, ଯୀଶୁଙ୍କର, ହଜରତ ମହମ୍ମଦଙ୍କର ର୍ସର୍ବୋତ୍ତମ ପରିପୂରକ, ଆଉ କାହାର ବା ନୁହେଁ ଯେ !)

'Whenever you shout
I hear you.
Whenever you call
I will appear with you.'

(ତୁମର ଚିତ୍କାର ମତେ ଶୁଭେ, ମତେ ଡାକିଲେ ମୁଁ ତୁମ ପାଖରେ ପ୍ରକଟ ହୁଏ)

ହରିନନ୍ଦନଦା ପଚାରିଲେ : Why with, why not before you? (ସହିତ କାହିଁକି ? ସାମ୍‌ନାରେ କାହିଁକି ନୁହେଁ ?)

ଶ୍ରୀଶ୍ରୀଠାକୁର କହିଲେ– ହରିନନ୍ଦନ, ତାଓ ହୋତେ ପାରେ ଯଦି ପ୍ରୟୋଜନ ଥାକେ– (ପ୍ରୟୋଜନ ପଡ଼ିଲେ ତାହା ମଧ୍ୟ ଘଟିପାରେ ।) (ଜୀବନନାଥ ଜଗନ୍ନାଥ)

(୨)

ଦଶାବତାର ଦର୍ଶନ

ଗତ ଶତାବ୍ଦୀର ଷଷ୍ଠ ସପ୍ତମ ଦଶକ ସମୟରେ ଓଡ଼ିଶାର ସଂଗୀତ କ୍ଷେତ୍ରରେ, ସଂଗୀତ–ସୁଧାକର ବାଳକୃଷ୍ଣ ଦାଶ ଶୀର୍ଷରେ ଥିଲେ । ସେ ଏକାଧାରରେ ଶାସ୍ତ୍ରୀୟ, ଲୋକଗୀତ, ଓଡ଼ିଶୀ ଗାଇବାରେ ତଥା ବହୁ ଚଳଚ୍ଚିତ୍ରରେ ସଂଗୀତ ନିର୍ଦ୍ଦେଶକଭାବେ ପ୍ରସିଦ୍ଧି ଲାଭ କରିଥିଲେ । କେନ୍ଦ୍ର ସଙ୍ଗୀତ–ନାଟକ ଏକାଡ଼େମି ଦ୍ୱାରା ସେ ସମ୍ବର୍ଦ୍ଧିତ ହୋଇଥିଲେ । ଦାଶ–ଦମ୍ପତି ଶ୍ରୀଶ୍ରୀଠାକୁରଙ୍କର ଦୀକ୍ଷିତ ଥିଲେ ଓ ତାଙ୍କ ଦର୍ଶନ ପାଇଁ ଦେଓଘର ଯାଇଥିଲେ । ସେଠାରେ ତାଙ୍କର ଯେଉଁ ଅନୁଭୂତି ହୋଇଥିଲା, ତାହା ତାଙ୍କରି ଭାଷାରେ:–

'ଆଶ୍ରମ କେବେ ଗଲି ମନେନାହିଁ, ପ୍ରାୟ ତିରିଶ ବର୍ଷ ତଳେ (୧୯୬୬) ହେବ । ମୋ' ସହିତ ମୋ' ସ୍ତ୍ରୀ ଯାଇଥାଆନ୍ତି । ଆଶ୍ରମ ଭିତରକୁ ପ୍ରବେଶ କଲାବେଳେ ଏକ ଅଦ୍‌ଭୁତ ଓ ଚମତ୍କାର ପରିବେଶକୁ ଅନୁଭବ କଲି । ପୂର୍ବରୁ ଶ୍ରୀଶ୍ରୀଠାକୁରଙ୍କ ବିଷୟରେ ଶୁଣିଥିଲି, ମୋ' ଋତ୍ୱିକଙ୍କଠାରୁ । ମତେ ଦେଖି ଠାକୁର ଦିନ ଦୁଇଟାବେଳେ ମୋ' ଗୀତ ଶୁଣିବେ

ବୋଲି କହିଲେ। ସେଇଦିନ ଦୁଇଟାବେଳେ ପୂର୍ବନିର୍ଦ୍ଧାରିତ ଜଣେ ମନ୍ତ୍ରୀଙ୍କ ସହିତ ସାକ୍ଷାତକାରକୁ ବାତିଲ କରିଦେଲେ। ମୁଁ ଓଡ଼ିଆ ଗୀତ, ହିନ୍ଦୀ ଭଜନ ଶୁଣାଇଲି। ଠାକୁର ଖୁବ୍ ଖୁସିହେଲେ ଏବଂ ପରଦିନ ପୁଣିଥରେ ଗୀତ ଶୁଣିବେ ବୋଲି କହିଲେ। ତା' ପରଦିନ ମୁଁ ଯିବାରୁ କବି ଜୟଦେବଙ୍କର 'ଗୀତଗୋବିନ୍ଦ' ଗାଇ ଶୁଣାଇବା ପାଇଁ କହିଲେ। ମୋର 'ଗୀତଗୋବିନ୍ଦ' କଣ୍ଠସ୍ଥ ନଥିବା କଥା ଜଣାଇବାରୁ ଠାକୁର ଲାଇବ୍ରେରୀରୁ 'ଗୀତଗୋବିନ୍ଦ' ବହି ମଗାଇଲେ। 'ଦଶାବତାର' ଗାଇବା ପାଇଁ ନିର୍ଦ୍ଦେଶ ଦେଲେ।

ମୁଁ ଦଶାବତାର ଗାଉଥାଏ ଏବଂ ଦଶଟା ପଦରେ ଯେଉଁ ଯେଉଁ ଅବତାରଙ୍କ ରୂପ ଆସୁଥାଏ, ଠାକୁରଙ୍କ ମୁଖମଣ୍ଡଳରେ ଅନୁରୂପ ପରିବର୍ତ୍ତନ ମଧ୍ୟ ଆସୁଥାଏ। ତାଙ୍କର ଆଖି ଓ କପାଳ ସୁନ୍ଦରଭାବେ କୁଂଚିତହୋଇ ବିଭିନ୍ନ ଅବତାରର ଦୃଶ୍ୟରେ ମତେ ବିମୋହିତ କରୁଥିଲା। ଯେତେବେଳେ କଲ୍‌କୀ ଅବତାର ମୁଁ ଗାଇଲି, ସେତେବେଳେ ଠାକୁରଙ୍କ ମୁଖମଣ୍ଡଳରେ ଭୟାନକ ଦୃଶ୍ୟ ଦେଖି ମୁଁ ଆଉ ଧୈର୍ଯ୍ୟ ଧରି ରହିପାରିଲି ନାହିଁ। ଠାକୁରଙ୍କ ଆଖି ଭିତରୁ ଏକ ଦିବ୍ୟଜ୍ୟୋତି ଭାସିଆସୁଥିଲା। ମୁଁ ଥରିବାକୁ ଲାଗିଲି, ଗୀତ ବନ୍ଦକରି ଠାକୁରଙ୍କୁ ପ୍ରଣାମ କଲି। ଠାକୁର ପୁଣି ଗାଇବାକୁ ନିର୍ଦ୍ଦେଶଦେବାରୁ ଅଶ୍ରୁବିଗଳିତ ବାଷ୍ପରୁଦ୍ଧ କଣ୍ଠରେ ଗାଇବାକୁ ଖୁବ୍ କଷ୍ଟ ହେଉଛି ବୋଲି ଠାକୁରଙ୍କୁ ଜଣାଇଲି।

ପୁଣି ପରଦିନ ଠାକୁରଙ୍କ ନିକଟରେ ଉପନୀତ ହୋଇ ସେଇ 'ଗୀତଗୋବିନ୍ଦ' ଗାଇ ଶୁଣାଇଲି। ଶ୍ରୀଶ୍ରୀଠାକୁର ବହୁତ ଆଶୀର୍ବାଦ ଦେଲେ। ମୋର ସ୍ତ୍ରୀ, ମୋର ମଦ୍ୟପାନ କରିବା କଥା ଠାକୁରଙ୍କୁ ଜଣାଇଥାଆନ୍ତି। ମୋର କିଛି ହେବ ନାହିଁ ବୋଲି ଅଭୟବାଣୀ ଶୁଣାଇ ଠାକୁର ତାଙ୍କୁ ଆଶ୍ୱାସନା ଦେଲେ। ଶ୍ରୀଶ୍ରୀଠାକୁରଙ୍କୁ ଆମେ ଦୁହେଁ ଭକ୍ତିପୂତ ପ୍ରଣାମ ଜଣାଇ ଓଡ଼ିଶା ଫେରିବାକୁ ଅନୁମତି ଆଣି ଗେଷ୍ଟ୍‌ହାଉସ୍‌କୁ ଆସିଲୁ। କିନ୍ତୁ ରାତିରେ ମୋର ଭୀଷଣ ନାଳଝାଡା ହେବାରୁ ଓଡ଼ିଶା ଫେରିପାରିଲି ନାହିଁ। ସକାଳେ ଅନ୍ୟାନ୍ୟ ଆଶ୍ରମିକଙ୍କଠାରୁ ମୁଁ ଫେରିଯାଇଚି କି ନାହିଁ ଶ୍ରୀଶ୍ରୀଠାକୁର ପଚାରି ବୁଝିଲେ। ମୁଁ ଫେରିଯାଇଚି ବୋଲି ସେମାନେ ଉତ୍ତରଦେବାରୁ ଠାକୁର ଭୀଷଣ ବିରକ୍ତ ହୋଇ, ଏଭଳି ଭୁଲ୍ ଖବର ନଦେବା ଲାଗି ତାଗିଦ୍ କଲେ। ଏହା ଶୁଣି ସମସ୍ତେ ଆଶ୍ଚର୍ଯ୍ୟହୋଇ ଗେଷ୍ଟ୍‌ହାଉସ୍‌କୁ ଆସି ମତେ ଦେଖି ଥରଥର ହୋଇ ଠାକୁରଙ୍କ କହିଥିବା କଥା ମତେ ଜଣାଇଲେ। ଏହା ଶୁଣି ଗଭୀର ଶ୍ରଦ୍ଧା ଓ ଭକ୍ତିରେ ସେଇ ମହାନ୍ ପୁରୁଷଙ୍କ ଉଦ୍ଦେଶ୍ୟରେ ମୁଁ ମନେମନେ ବିନମ୍ର ପ୍ରଣତି ଜଣାଇଲି। ବହୁ ଅଲୌକିକ ଦୃଶ୍ୟ ଶ୍ରୀଶ୍ରୀଠାକୁରଙ୍କ ପାଖରେ ମୁଁ ଅନୁଭବ କରିଛି। ଶ୍ରୀଶ୍ରୀଠାକୁର ଏତେ ଧୀରେ ଧୀରେ କଥା କୁହନ୍ତି ଯେ ଶୁଣିବାକୁ ଖୁବ୍ ଭଲଲାଗେ। ସ୍ୱିମିଂ ପୁଲ୍‌ରେ (Swimming pool) ଠେକୁଆଟି ପରି ପହଁରିବାର ଦେଖିଛି। ଶ୍ରୀଶ୍ରୀବଡ଼ଦା ଶ୍ରୀଶ୍ରୀଠାକୁରଙ୍କୁ ଗାଧୋଇ ଦିଅନ୍ତି, ହାତରେ ଖୁଆଇ ଦିଅନ୍ତି। ଏମିତି ଯେ ପୁଅ ହୋଇପାରନ୍ତି ତାହା ଥିଲା ମୋ' ଧାରଣା ବାହାରେ।' (ସ୍ମରଣିକା–ସତ୍‌ସଂଗ ବିହାର,ଭୁବନେଶ୍ୱର–୧୯୯୬)

(୩)
ଯୀଶୁଙ୍କ ପାଇଁ ଯୀଶୁଙ୍କୁ ଭଲପାଅ

୧୯୫୮ ମସିହା ଏପ୍ରିଲ ବେଳକୁ ହାଉଜାରମ୍ୟାନଙ୍କ ମା' ପୁତ୍ର ସହିତ କିଛିଦିନ ରହିବାର ଯୋଜନା କରି ଦେଓଘର ଆଶ୍ରମ ଆସିଲେ । ତାଙ୍କ ସହିତ ଥିଲେ ତାଙ୍କର ପୁରାତନ ବନ୍ଧୁ ଏବଂ ମଶୋରୀ ମିସନାରୀରେ କାର୍ଯ୍ୟରତା ଜଣେ ଭଦ୍ରମହିଳା– ନାମ ହେଲେନ୍ । ଏହି ବର୍ଷର ଜୁଲାଇ ମାସରେ ଶ୍ରୀଶ୍ରୀଠାକୁରଙ୍କ ଜନ୍ମ ଦିବସ ଉପଲକ୍ଷ୍ୟେ ସତ୍‌ସଙ୍ଗନଗରରେ ବହୁ ଜନ ସମାଗମ ହୋଇଥାଏ । ହାଉଜାରମ୍ୟାନଦା, ତାଙ୍କ ମା' ଏବଂ ହେଲେନ୍ ବାହାର ବାରଣ୍ଡାରେ ଚାରିଟା ପାଞ୍ଚଟା ବେଳକୁ ଚା ପିଉ ପିଉ କଥା ହେଉଥାନ୍ତି– ଏତେ ଲୋକ କେଉଠୁ ଆସୁଛନ୍ତି, କଣ ପାଇଁ ଆସୁଛନ୍ତି, କିଛି ତ ସଠିକ୍ ଭାବେ ବୁଝାପଡୁନାହିଁ । ଶ୍ରୀଶ୍ରୀଠାକୁରଙ୍କର କଣ ଏତେ ପ୍ରଭାବ । ଏତିକିବେଳକୁ ଗୋସାଇଁଦା (ସତୀଶଚନ୍ଦ୍ର ଗୋସ୍ୱମୀ) ସେହି ବାଟ ଦେଇ ଚାଲି ଯାଉଥିଲେ । ହାଉଜାରମ୍ୟାନଦା ତାଙ୍କ ମା' ଙ୍କୁ କହିଲେ– ଗୋସାଇଁଦାଙ୍କୁ ପଚାର । ସେ ଠିକ୍ ଉତ୍ତର ଦେବେ । ଗୋସାଇଁଦାଙ୍କୁ ସେତେବେଳକୁ ପ୍ରାୟ ୯୦ ବର୍ଷ ହୋଇଥିଲା । ଏବଂ ସେ ଥିଲେ ଶ୍ରୀଶ୍ରୀଠାକୁରଙ୍କର ଅମାୟିକ କର୍ମୀ । ଗୋସାଇଁଦା ପ୍ରଶ୍ନଟି ଶୁଣି କହିଲେ– ଜନସମାଗମ ବଢୁଛି କାରଣ ଶ୍ରୀଶ୍ରୀଠାକୁର ସମସ୍ତଙ୍କୁ ଗୋଟିଏ କଥା କହୁଛନ୍ତି ଯେ ତୁମେ ଯେଉଁ ଧର୍ମାବଲମ୍ବୀ– ହିନ୍ଦୁ, ମୁସଲମାନ, ବୌଦ୍ଧ, ଜୈନ, ଖ୍ରୀଷ୍ଟାନ, ଉହୁଦୀ ଯାହା ହୁଅ ନା କାହିଁକି ତୁମ ଧର୍ମଗୁରୁଙ୍କଠାରେ ପ୍ରଥମେ ତୁମର ବିଶ୍ୱାସ ପକ୍କା ହେଉ, ପ୍ରେମ ପକ୍କା ହେଉ, ତାହେଲେ ଏଠାକୁ ଆସିବାର ଯଥାର୍ଥତା ଅଛି । ହେଲେନ ମହାଶୟା କହିଲେ – ଯୀଶୁଙ୍କୁ ଭଲପାଇବାକୁ ହେଲେ ଚର୍ଚ୍ଚ ଅଛି, ମିଶନାରୀ ଅଛି, ଏଠାକୁ ଆସିଲେ କଣ ହେବ ? ସେତେବେଳକୁ ଗୋସାଇଁଦା ଅନ୍ୟ କାମରେ ବାହାରିଗଲେଣି । ସେମାନେ ମନସ୍ଥ କଲେ ଯେ ଏହି ପ୍ରଶ୍ନ ସିଧାସଳଖ ଶ୍ରୀଶ୍ରୀଠାକୁରଙ୍କୁ ପଚାରିବେ ।

ସନ୍ଧ୍ୟା ପ୍ରାର୍ଥନାପରେ ପାର୍ଲରରେ ଶ୍ରୀଶ୍ରୀଠାକୁର ବସିଥାନ୍ତି । ଏମାନେ ସେଠାକୁ ଗଲେ । ପ୍ରଣାମାନ୍ତେ ହେଲେନ ମହାଶୟା ଶ୍ରୀଶ୍ରୀଠାକୁରଙ୍କୁ ପଚାରିଲେ– ଯୀଶୁଙ୍କୁ ପ୍ରାଣଦେଇ ଭଲପାଇଲେ ଜଣେ ସଚ୍ଚା ଖ୍ରୀଷ୍ଟିୟାନ ହେବି ବୋଲି ମୁଁ ଜାଣେ ଏବଂ ଆପଣ ମଧ୍ୟ ସେହିକଥା କହୁଛନ୍ତି । ତା ସହିତ ମୁଁ ଅନ୍ୟଧର୍ମର ପ୍ରେରିତପୁରୁଷମାନଙ୍କୁ କଣ ଭଲପାଇବା ଦରକାର ? ଶ୍ରୀଶ୍ରୀଠାକୁର ଉତ୍ତର ଦେଲେ– ମୁଁ ଭାବେ ଯେ ଜଣେ ଖ୍ରୀଷ୍ଟାନ୍ ପ୍ରଥମେ ଯୀଶୁଙ୍କ ପ୍ରତି ସର୍ବତୋଭାବେ ଅନୁରକ୍ତ ହେବା ଉଚିତ ଏବଂ ତାହାକଲେ ସେହି ଅନୁରକ୍ତିରେ ସେ ସମସ୍ତ ପ୍ରେରିତପୁରୁଷଙ୍କ ପାଇଁ ଶ୍ରଦ୍ଧାଶୀଳ ହେବ । କାରଣ ମୋ ମତରେ ସମସ୍ତ ପ୍ରେରିତପୁରୁଷ ବା ଅବତାର ମୌଳିକ ଭାବରେ ଏକ ଏବଂ ସେମାନଙ୍କ ମଧ୍ୟରେ କିଛି ପାର୍ଥକ୍ୟ ନାହିଁ । ତେଣୁ ଜଣେ ପ୍ରେରିତପୁରୁଷଙ୍କୁ ଅନୁସରଣ କରି ଅନ୍ୟ ପ୍ରେରିତପୁରୁଷଙ୍କ ପ୍ରତି ଅଶ୍ରଦ୍ଧାଭାବ, ଅସମ୍ମାନ ଇତ୍ୟାଦି ରଖିବା ଉଚିତ ନୁହେଁ । ଏତକ କହି ସେ ଇଂରାଜୀରେ ଗୋଟିଏ ବାଣୀ ଦେଲେ –

"Do love Christ for the sake of Christ.
Think all true prophets as Christ.
Follow and fulfil that one in whom
Christ lives with meaning and mercy.
This I believe, is the essence
Of Christianity for the world! "

(ଯୀଶୁଙ୍କ ହେତୁ ଯୀଶୁଙ୍କୁ ଭଲପାଅ
ସମସ୍ତ ଅବତାରଙ୍କଠାରେ ତାଙ୍କୁ ହିଁ ଦେଖ ।
ସେହିମାନଙ୍କୁ ଅନୁସରଣ କର ଯେଉଁଠି ଯୀଶୁ
ପ୍ରେମ ଏବଂ ଅନୁକମ୍ପାରେ ବାସ କରନ୍ତି ।
ମୁଁ ଭାବେ ଖ୍ରୀଷ୍ଟଧର୍ମର ଏହି ସାରକଥା
ବିଶ୍ୱରେ ହେଉ ପ୍ରଚାରିତ ।)

ବାଣୀଟି କହିସାରି ଶ୍ରୀଶ୍ରୀଠାକୁର କହିଲେ– ମତେ ଇଂରାଜୀ ଭଲ ଜଣାନାହିଁ, ବାଣୀଟି କହିଲାବେଳେ ଏମିତିକିଛି ଆସି ଯାଇଥାଏ । ହେଲେନ ମହାଶୟା ଉଚ୍ଚଗଳାରେ କହୁଥାନ୍ତି– very beautiful, very beautiful, I got my answer. (ଖୁବ୍ ସୁନ୍ଦର, ଖୁବ୍ ସୁନ୍ଦର, ମୋ, ପ୍ରଶ୍ନର ଉତ୍ତର ପାଇଗଲି ।)– (Ocean In A Tea Cup)

(୪)
ପ୍ରଭୁ ଯୀଶୁ

ଦେଓଘର ଆଶ୍ରମ । ଥରେ ବଜୟାଦଶମୀ ଦିନ ଠାକୁର ପ୍ରଣାମ ସାରି ଜଣେ ଭଦ୍ରମହିଳା କାଲୋଦାଙ୍କ ସଂଗେ ଦେଖାକରିବାକୁ ଆସିଲେ । କଥାବାର୍ତ୍ତା ସରିଲା, ବିଦାୟ ନେବା ସମୟରେ କାଲୋଦା ତାଙ୍କୁ କହିଲେ– ପୁଣି ଶୀଘ୍ର ଠାକୁରବାଡ଼ୀ ଆସିବାକୁ ଚେଷ୍ଟା କରିବ । ଭଦ୍ରମହିଳା କହିଲେ– ଦାଦା, ପୁଣି ଠାକୁର ଟାଣିଲେ ଆସିବି । ମା'ଟିର ଏପରି କଥାରେ କାଲୋଦା ଅସନ୍ତୁଷ୍ଟ ହୋଇ କହିଲେ– ମୋ ସାମ୍ନାରେ ଏପରି କଥା ଆଉ କେବେବି କହିବନି । ତୁମେ ଠାକୁରଙ୍କୁ କେତେ ଡାକ ଯେ ତୁମକୁ ଠାକୁର ଏଠାକୁ ଟାଣି ଆଣିବେ ? ଏହା କହି ଗୋଟିଏ ଘଟଣାର ଅବତାରଣା କଲେ । ଠାକୁରବଙ୍ଗଳାରେ ଶ୍ରୀଶ୍ରୀଠାକୁରଙ୍କ ଘରେ ପ୍ରଭୁ ଯୀଶୁଙ୍କର ଏକ କ୍ୟାଲେଣ୍ଡର୍ ଫଟୋ ଟଙ୍ଗା ହୋଇଥାଏ । ପୁରୁଣା ହୋଇଥିଲେ ବି ସେଇ କ୍ୟାଲେଣ୍ଡର୍ ସେଠାରୁ ଶ୍ରୀଶ୍ରୀଠାକୁର କାଢ଼ିବାକୁ ଦେଉ ନଥିଲେ । ଆଉ ମଝିରେ ମଝିରେ ସେଇ ଛବି ଆଡ଼କୁ ଚାହିଁ ରହୁଥିଲେ । ଶ୍ରୀଶ୍ରୀଠାକୁର ଥରେ ଗୋଟିଏ ଘଟଣା କହିଥିଲେ– ଥରେ ଜଣେ ଖ୍ରୀଷ୍ଟିୟାନ୍ ଭକ୍ତ ଗଭୀର ଜଳରେ ବୁଡ଼ିଯାଉଥାଏ । ନିଜକୁ ବଂଚାଇବା ପାଇଁ ପ୍ରାଣପଣେ ଚେଷ୍ଟା କରୁଥାଏ । ହାତପାଦ ବୁଲାଇ ବହୁତ ଚେଷ୍ଟା କରିବା ସତ୍ତ୍ୱେ ଯେତେବେଳେ ମୁଣ୍ଡ ବୁଡ଼ିବାକୁ ଆରମ୍ଭ କଲା ସେତେବେଳେ ଶୂନ୍ୟକୁ ଦୁଇହାତ ଉଠାଇ ପ୍ରାର୍ଥନା କଲା– ହେ ପ୍ରଭୁ ଯୀଶୁ, ମୋତେ ରକ୍ଷାକର । ସଂଗେ ସଂଗେ ପ୍ରଭୁ ଯୀଶୁ ତାଙ୍କୁ ସହାୟ ହେଲେ ଆଉ ସେ ବଂଚିଗଲା ।

ଗଳ୍ପଟି କହିସାରି ଶ୍ରୀଶ୍ରୀଠାକୁର କହିଲେ– ଈଶ୍ୱରଙ୍କ ନିକଟରେ ନିଜକୁ ସମ୍ପୂର୍ଣ୍ଣଭାବେ ସମର୍ପଣ ନ କରିଲେ ସେ ଭକ୍ତର ସହାୟତା କିପରି କରିବେ ? ପୂର୍ଣ୍ଣ ଆସ୍ଥା, ଭକ୍ତି, ପ୍ରେମ ଓ ବିଶ୍ୱାସ– ଏସବୁ ହେଉଛି ଈଶ୍ୱରଙ୍କୁ ଲାଭ କରିବାର ଏକମାତ୍ର ପଥ । କୁରୁସଭାରେ ଦ୍ରୌପଦୀଙ୍କ ବସ୍ତ୍ରହରଣ ଘଟଣା ଆମେ ସମସ୍ତେ ଜାଣିଛୁ । ଦୁର୍ଯ୍ୟୋଧନର ଆଦେଶରେ ଦୁଃଶାସନ ଦ୍ରୌପଦୀଙ୍କୁ ସଭା ମଧ୍ୟରେ ବିବସ୍ତ୍ର କରିବାର ପ୍ରୟାସ କରିଥିଲା । ପ୍ରଥମେ ଦ୍ରୌପଦୀ ନିଜର ବସ୍ତ୍ର ସମ୍ଭାଳିବାର ଚେଷ୍ଟା କରିଥିଲେ । ଶେଷରେ ନ ପାରି ଦୁଇହାତ ଟେକି ଶ୍ରୀକୃଷ୍ଣଙ୍କୁ ଯେତେବେଳେ ପ୍ରାର୍ଥନା କରନ୍ତେ ସଂଗେସଂଗେ ଏତେ ବସ୍ତ୍ର ଶ୍ରୀକୃଷ୍ଣ ପ୍ରଦାନ କଲେ ଯେ ଦୁଃଶାସନ ତାଙ୍କୁ ବିବସ୍ତ୍ର କରିବାର ପ୍ରୟାସରେ ବିଫଳ ହେଲା । ତେଣୁ ଭକ୍ତକୁ ଡାକିବାକୁ ହୁଏ । ଭକ୍ତନିଜେ ଯଦି ଡୋରି ଲଗାଇବ ତେବେ ପ୍ରଭୁଙ୍କ ପାଖରେ ଯାଇ ପହଂଚି ପାରିବ । ଭକ୍ତ ଯଦି ଭଗବାନଙ୍କ ଡୋରିକୁ ଅପେକ୍ଷା କରେ, ତାହା କେବେ ନ ହୋଇ ବି ପାରେ । (ସନ୍ତୋଷ ଜୋୟାରଦାର – କାଲୋଦା)

(୫)
ଦୟାଲଧାମକୁ ପ୍ରବେଶପତ୍ର

ଶ୍ରୀଶ୍ରୀଠାକୁର ଦେଓଘର ଆଶ୍ରମ ପାର୍ଲରରେ ଉପବିଷ୍ଟ । ସନ୍ଧ୍ୟାହୋଇ ଆସିଲାଣି । ବୃଦ୍ଧା ଶିବଦୁଲାଲୀ ମା' ବାଡ଼ିଧରି ନଇଁନଇଁ ଧୀରେ ଧୀରେ ଆସି, ଶ୍ରୀଶ୍ରୀଠାକୁରଙ୍କ ପାଖରେ ପହଂଚିଲେ । ଶ୍ରୀଶ୍ରୀଠାକୁରଙ୍କ ହିମାୟିତପୁର ଆଶ୍ରମରେ ଏଇ ବୃଦ୍ଧା ବହୁଦିନରୁ ରହୁଥିଲେ । ଶ୍ରୀଶ୍ରୀଠାକୁର ୧୯୪୬ରେ ଯେତେବେଳେ ଦେଓଘର ଆସିଲେ, ଶିବଦୁଲାଲୀ ମା' ମଧ୍ୟ ତାଙ୍କ ସହିତ ଚାଲିଆସିଲେ ଓ ଠାକୁର ବଂଗଳାରେ ହିଁ ତାଙ୍କ ରହିବାର ବ୍ୟବସ୍ଥା ହୋଇଥିଲା । ଖୁବ୍ ବୁଦ୍ଧିମତୀ, ଶ୍ରୀଶ୍ରୀଠାକୁରଙ୍କୁ ନାନା ପ୍ରକାର ଖାଦ୍ୟ, ବ୍ୟଞ୍ଜନ ନିଜ ହାତରେ ନିଷ୍ଠାର ସହିତ ତିଆରି କରି ଖୁଆଇବାରେ ତାଙ୍କର ବଡ଼ ସନ୍ତୋଷ । ଏବେ, ଠାକୁରଙ୍କ ସାମ୍ନାକୁ ଆସି କହିଲେ– ଦୟାଲ, ମୋର ଗୋଟେ କଥା କହିବାର ଅଛି– ମୁଁ ଦୟାଲଧାମ ଯିବାକୁ ଚାହେଁ । ଶ୍ରୀଶ୍ରୀଠାକୁର ପଚାରିଲେ– କାହିଁକି ? ବୃଦ୍ଧା କହିଲେ– ମୁଁ ମୃତ୍ୟୁପରେ ସେଇଧାମରେ ଆପଣଙ୍କ ସହିତ ରହିବାକୁ ଚାହେଁ । ଶ୍ରୀଶ୍ରୀଠାକୁର କିଛି ସମୟ ତାଂକ ଆଡ଼କୁ ଅନାଇ ରହିବାପରେ ପଚାରିଲେ : ଚିହ୍ନିପାରିବତ ? ଶିବଦୁଲାଲୀମା' ମୁଣ୍ଡରେ ହାତ ଲଗାଇଲେ । ମନେ ମନେ ଭାବିଲେ ଏତେବର୍ଷ ଧରି ଆପଣଙ୍କୁ ଦେଖୁଚି, ଆଉ କ'ଣ ପଚାରୁଛନ୍ତି ମୁଁ ଚିହ୍ନିପାରିବି କି ନାହିଁ ? ପୁଣି ମନେମନେ ଭାବିଲେ, ଏଠାରେ ସିନା ଶରୀର ଅଛି ବୋଲି ଚିହ୍ନି ହେଉଚି । ମରଣ ପରେ ଶ୍ରୀଶ୍ରୀଠାକୁରଙ୍କର ତାଂକ ନିଜର ବର୍ତ୍ତମାନର ଶରୀର ଯଦି ନଥିବ, ତେବେ ତାଙ୍କୁ ଚିହ୍ନିବେ କିପରି ? ଏମିତି ଭାବୁଥାନ୍ତି, ଶ୍ରୀଶ୍ରୀଠାକୁର କହିଲେ,ସବୁବେଳେ ଯଦି ନାମ କର, ତେବେ ହୁଏତ ଚିହ୍ନି ପାରିବ ।

ଶିବଦୁଲାଲୀମା' ଖୁବ୍ ଖୁସିହୋଇ ପ୍ରଣାମ କରି ଚାଲିଗଲେ । ପାଖରେ ଥିବା ମଣିଲାଲଦା(ଚକ୍ରବର୍ତ୍ତୀ) ପଚାରିଲେ– ଆପଣଙ୍କ ଏଇ କଥାର ତାତ୍ପର୍ଯ୍ୟ କ'ଣ ।

ଶ୍ରୀଶ୍ରୀଠାକୁର କହିଲେ– 'ହରସେ ଲଗେ ରହୋ ଭାଇ /ବନତ ବନତ ବନଯାୟୀ ।'ପୁଣି କହିଲେ– କୋୟଲାକି ମୈଲା ଛୋଡ଼େ, ଜବ୍ ଆଗ କରେ ପରବେଶ । ପ୍ରତଟି ମୁହୂର୍ତ୍ତ ନାମମୟ ହୋଇ ଆମେ ଯେତେ ରହି ପାରିବା ସେତେ ତାଙ୍କର ସାନ୍ନିଧ୍ୟ ଲାଭହେବ ! (ସ୍ମୃତିର ମାଳା)

(୬)
ଶ୍ରୀଶ୍ରୀଠାକୁରଙ୍କ ଆୟବ୍ୟୟ

୧୯୬୨ ମସିହା କଥା । ପଶ୍ଚିମବଂଗର ତତ୍କାଳୀନ ଅର୍ଥମନ୍ତ୍ରୀ ଶଙ୍କରଦାସ ବ୍ୟାନାର୍ଜୀ ଶ୍ରୀଶ୍ରୀଠାକୁରଙ୍କ ଦର୍ଶନ ପାଇଁ ଦେଓଘର ସତ୍ସଂଗ ଆଶ୍ରମକୁ ଆସିଥିଲେ । ବୁଲାବୁଲି କରି ପରିବେଶକୁ ମନଧ୍ୟାନ ଦେଇ ଦେଖିଲେ । ସେ ଥିଲେ ଅର୍ଥଶାସ୍ତ୍ର ବିଶାରଦ । ସେଥିପାଇଁ ଅର୍ଥନୀତିର ଏକ ପ୍ରଶ୍ନ ତାଙ୍କ ମନକୁ ଆସିଲା । ଏତେବଡ଼ ଆଶ୍ରମ, ଏତେସବୁ ବ୍ୟବସ୍ଥା, ଏଥିପାଇଁ ଅର୍ଥ ଆସୁଛି କେଉଁଠୁ ? ଶ୍ରୀଶ୍ରୀଠାକୁରଙ୍କୁ ପ୍ରଣାମାଦି କରି ସାରିବା ପରେ ସେ ପଚାରିଲେ– What is your income (ଆପଣଙ୍କର ଆୟ କେତେ) ? ଏହି ପ୍ରଶ୍ନର ଉତ୍ତରରେ ଶ୍ରୀଶ୍ରୀଠାକୁର ସାବଲୀଳ ଭଂଗୀରେ କହିଲେ– 'Man is my income.' (ମଣିଷ ମୋର ଆୟ) । ସେ ପୁଣି ପ୍ରଶ୍ନ କଲେ, 'What is your expenditure?' ' ଆପଣଙ୍କ ବ୍ୟୟ କଣ ?'

ସଂଗେସଂଗେ ଶ୍ରୀଶ୍ରୀଠାକୁର ଉତ୍ତର ଦେଲେ, Love is my expenditure 'ପ୍ରେମ ମୋର ବ୍ୟୟ ।'(ଆଲୋଚନା, ଫାଲ୍‌ଗୁନ ୧୪୦୩)

(୭)
ବାଣୀ କିପରି ଆସେ

ଦିନେ ଆଲୋଚନାବେଳେ ଶ୍ରୀଶ୍ରୀଠାକୁର ନନୀଦାଙ୍କ(ଚକ୍ରବର୍ତ୍ତୀ) ଠାରୁ ଦୁଇ ତିନୋଟି ଇଂରାଜୀ ଶବ୍ଦର ଅର୍ଥ (queer , absolute ଇତ୍ୟାଦି) ଜାଣିବାକୁ ଚାହିଁଲେ । ନନୀଦା କିଛି ସମୟ ପରେ ଅଭିଧାନ ଦେଖି ଏହି ଶବ୍ଦମାନଙ୍କର ଅର୍ଥ (queer– ଅଦ୍ଭୁତ ବା ବିଚିତ୍ର, absolute– ଅଦ୍ୱିତୀୟ ବା ନିର୍ବିକଳ୍ପ) ଜଣାଇଲେ । ଶ୍ରୀଶ୍ରୀଠାକୁର ସେହି ଶବ୍ଦ ସଂବଳିତ କେତୋଟି ବାଣୀଦେଲେ । ନନୀଦା ପ୍ରଶ୍ନ କଲେ– ଆପଣ କ'ଣ ଇଂରାଜୀରେ ଚିନ୍ତନ କରନ୍ତି ? ଶ୍ରୀଶ୍ରୀଠାକୁର ପ୍ରତିପ୍ରଶ୍ନ କଲେ– ଏପରି ପ୍ରଶ୍ନ ତୁମର ମନକୁ କାହିଁକି ଆସିଲା ? ନନୀଦା କହିଲେ– ଆପଣ କିଛି ସମୟ ପୂର୍ବରୁ ଯେଉଁ ଇଂରାଜୀ ଶବ୍ଦର ଅର୍ଥ ବଂଗଳାରେ କ'ଣ ହେବ ପଚାରିଥିଲେ, ସେହି ଶବ୍ଦଗୁଡ଼ିକର ଭାବ ଅନୁଯାୟୀ ବଂଗଳାରେ ବାଣୀ ଦେଲେ । ଏଥିରୁ ଜଣାପଡ଼େ ଯେ ସେସବୁ ଇଂରାଜୀ ଶବ୍ଦର ଭାବ ଆପଣଙ୍କ ମସ୍ତିଷ୍କରେ ଆସିଥିଲା ।

ଶ୍ରୀଶ୍ରୀଠାକୁର କିଛି ସମୟ ଚୁପ୍‌ଚାପ୍ ରହିବା ପରେ କହିଲେ– ମୋ ମସ୍ତିଷ୍କରେ କ'ଣ ହୁଏ ଶୁଣିବ ? ଟେଲିଫୋନ୍ ଘଂଟିର ଶବ୍ଦ ଶୁଣିଛ ନା ? ନନୀଦା କହିଲେ– ହଁ ଶୁଣିଛି ।

ଏହାପରେ ଶ୍ରୀଶ୍ରୀଠାକୁର କହିଲେ– ସେହିପରି ଶବ୍ଦ ମୋ' କାନ ପାଖରେ ଟିଂଗ୍ କରେ। ଧର, କୌଣସି ବ୍ୟକ୍ତି ଗୋଟିଏ ସମସ୍ୟାକୁ ନେଇ ବ୍ୟସ୍ତବିବ୍ରତ, କ'ଣ କରିବ କିଛି ସମାଧାନର ବାଟ ପାଉନାହିଁ, ଆକୁଳ ହୋଇ ପ୍ରାର୍ଥନା କରୁଛି, 'Oh Lord! How queer, how queer!'– ହେ ଭଗବାନ୍, ଏ କିପ୍ରକାର ରହସ୍ୟ, ଦୟାକରି ଏହାର ସମାଧାନ ମତେ ବତାଇଦିଅନ୍ତୁ। ଲୋକମାନଙ୍କର ଏହିପରି ପ୍ରାର୍ଥନା ମୋ କାନରେ ଆସି ବାଜେ। ତାହାର ସମାଧାନ କରିବା ସହିତ ସେଇ ସମାଧାନକୁ ବାଣୀ ଦ୍ୱାରା ମୁଁ ତୁମମାନଙ୍କୁ କହେ। ଭବିଷ୍ୟତରେ ଆଉ କେଉଁ ଲୋକର ଯଦି ସେହି ପ୍ରକାରର ସମସ୍ୟା ଆସେ, ତେବେ ମୋର ବାଣୀ ତା'ର ସମାଧାନର ସହାୟକ ହେବ। (ଜୀବନଜ୍ୟୋତି)

(୮)
ପୁରୁଷୋତ୍ତମଙ୍କ ପାରାଲିସିସ୍

ଦେଓଘର ସତ୍‌ସଙ୍ଗ ଆଶ୍ରମ। ତା୨୪–୪–୧୯୬୦। ଦଶଟା ବେଳକୁ କଲିକତା ହାଇକୋର୍ଟର ଜଷ୍ଟିସ୍ ଜେ.ଏନ୍.ମଜୁମଦାର ଶ୍ରୀଶ୍ରୀଠାକୁରଙ୍କ ଦର୍ଶନ ପାଇଁ ଆସିଲେ। ସେ ମଧ୍ୟ ଜଣେ ଜ୍ୟୋତିଷ ବିଶାରଦ। ଆଲୋଚନାବେଳେ ଜଜ୍ ମହାଶୟ ଶ୍ରୀଶ୍ରୀଠାକୁରଙ୍କୁ କହିଲେ– ଆପଣଙ୍କ ଜାତକକୁ ମୁଁ ଗଭୀରଭାବରେ ଅନୁଧ୍ୟାନ କରିଛି। ଆପଣ ଭଗବାନ, କିନ୍ତୁ ଡାଇବେଟିସ୍ ରୋଗରେ ପୀଡ଼ିତ ହୋଇ ଆପଣଙ୍କ ସ୍ୱାସ୍ଥ୍ୟହାନୀ ହେବ ଓ ଆପଣ ବହୁଦିନ ଧରି କଷ୍ଟ ଭୋଗିବେ। ଶ୍ରୀଶ୍ରୀଠାକୁର କହିଲେ, ମତେ ଡାଇବେଟିସ୍ ନୁହେଁ ପାରାଲିସିସ୍ ହୋଇଥିଲା। ଏମାନେ ଗଦାଗଦା ପାରାଲିସିସ୍ ରୋଗୀ ମୋ ପାଖକୁ ଆଣିଲେ। ଜଣେ ରୋଗୀ କହିବସିଲା, ବାବା, ମୁଁ ଆଉ ଏ ରୋଗ ସହ୍ୟ କରିପାରୁନାହିଁ। ମୋ ରୋଗ ତୁମେ ନିଅ। ତୁମେ ଦେବାର କର୍ତ୍ତା, ନେବାର ବି କର୍ତ୍ତା। ମୁଁ ତାକୁ କହିଲି– ମୁଁ ନେଇ ବି ପାରେନା, ଦେଇବି ପାରେନା। ଯାହାହେଉ, ଏହା ପରଠାରୁ ମୋତେ ପାରାଲିଲିସ୍ ଧରିଗଲା। (ପରମ ଉଦ୍ଧାତା ଶ୍ରୀଶ୍ରୀଠାକୁର ଅନୁକୂଳଚନ୍ଦ୍ର)

(୯)
ସମ୍ମୋହନ ଶକ୍ତି

୧୯୫୮ ମସିହାର ଘଟଣା। ଶ୍ରୀଶ୍ରୀଠାକୁରଙ୍କ ଜନ୍ମୋତ୍ସବ– ସମାରୋହର ଅନ୍ତିମ ଦିନ ସାହିତ୍ୟ–ସଭାରେ ସଭାପତିତ୍ୱ କରିବା ପାଇଁ ବଙ୍ଗଳାର ଜଣେ ବିଶିଷ୍ଟ ସାହିତ୍ୟିକ ଆମନ୍ତ୍ରିତ ହୋଇଥିଲେ। ସଭାକାର୍ଯ୍ୟ ଆରମ୍ଭ ହେବା ପୂର୍ବରୁ ତତ୍‌କାଳୀନ ସତ୍‌ସଂଗ ସଚିବ ଜ୍ଞାନଦା (ଜ୍ଞାନେନ୍ଦୁବିକାଶ ଗୋସ୍ୱାମୀ) ଆମନ୍ତ୍ରିତ ସାହିତ୍ୟିକ ଏବଂ ତାଙ୍କ ପତ୍ନୀଙ୍କୁ ଶ୍ରୀଶ୍ରୀଠାକୁରଙ୍କ ଦର୍ଶନ ପାଇଁ ପାର୍ଲରକୁ ନେଇଆସିଲେ। ଶ୍ରୀଶ୍ରୀଠାକୁର ପାର୍ଲରରେ ପୂର୍ବଦିଗକୁ ମୁହଁକରି ବସିଥିଲେ। ସାହିତ୍ୟିକଙ୍କୁ ଦେଖିଲାମାତ୍ରେ ସେ ଅନ୍ୟଦିଗକୁ ମୁହଁ ବୁଲାଇଦେଲେ। ଆମନ୍ତ୍ରିତ ଅତିଥିଙ୍କୁ ଯଥାସ୍ଥାନରେ ବସାଇ ଜ୍ଞାନଦା ପରିଚୟ କରାଇଲେ– ଠାକୁର, ଏ ମହାଶୟ ବଙ୍ଗଳା ଭାଷାର ବିଖ୍ୟାତ ସାହିତ୍ୟିକ। ଆଜିର ସାହିତ୍ୟସଭାରେ ସଭାପତିତ୍ୱ କରିବା ପାଇଁ ଆସିଛନ୍ତି। ଶ୍ରୀଶ୍ରୀଠାକୁର ତାଙ୍କ ଆଡ଼କୁ ନ ଦେଖି କହିଲେ–

ବହୁତ ଭଲ । ସେ ଏଠାକୁ କଷ୍ଟକରି ଆସିଛନ୍ତି, ଏହା ମୋର ସୌଭାଗ୍ୟ । ଜ୍ଞାନଦା ଶ୍ରୀଶ୍ରୀଠାକୁରଙ୍କ ଏପରି ବ୍ୟବହାରରେ ବିସ୍ମିତ ହେଲେ କାରଣ ଜଣେ ସାଧାରଣ ଭକ୍ତ ଆସିଲେ ତାର କୁଶଳ ସମ୍ବାଦ, ରହିବା, ଖାଇବା ଇତ୍ୟାଦି ବିଷୟରେ ସେ ପଚାରି ବୁଝିଥାନ୍ତି । କିନ୍ତୁ ଏହି ପ୍ରଖ୍ୟାତ ସାହିତ୍ୟିକଙ୍କୁ ଦେଖି ମୁହଁ ବୁଲେଇ ବସିଗଲେ । ଜ୍ଞାନଦା ଯେତିକି ବିସ୍ମିତ ହେଲେ, ମନେମନେ ସେତିକି ବିକ୍ଷୁବ୍ଧ ହେଲେ । ଭାବୁଥିଲେ, ଜଣାନାହିଁ, ଅତିଥି ମହୋଦୟ ଶ୍ରୀଶ୍ରୀଠାକୁରଙ୍କ ବିଷୟରେ କି ଧାରଣା କରଥିବେ ? କିଛି ସମୟର ନୀରବତା ପରେ ଜ୍ଞାନଦା ଶ୍ରୀଶ୍ରୀଠାକୁରଙ୍କୁ କହିଲେ– ସଭାର ସମୟ ହୋଇଗଲାଣି, ଅତିଥିଙ୍କୁ ସଭାମଂଚ ଉପରକୁ ନେଇଯିବାକୁ ପଡ଼ିବ । ଶ୍ରୀଶ୍ରୀଠାକୁର ପୂର୍ବପରି ଅନ୍ୟ ଆଡ଼କୁ ମୁହଁ ବୁଲେଇ ମୁଣ୍ଡ ହଲାଇ ସମ୍ମତି ଦେଲେ । ସାହିତ୍ୟିକ ମହାଶୟ ଏବଂ ତାଙ୍କ ପତ୍ନୀ ପାର୍ଲରରୁ ବାହାରି ଆସିଲେ । ଜ୍ଞାନଦା ବହୁତ କ୍ଷୋଭ, ଦୁଃଖ ଏବଂ ଅପମାନ ଆଶଙ୍କାରେ ସେ ଦୁଇଜଣଙ୍କ ପଛେପଛେ ଚାଲିଲେ । ଅଚାନକ ଜ୍ଞାନଦାଙ୍କୁ ସାହିତ୍ୟିକଙ୍କ ପତ୍ନୀଙ୍କ କଥା ଶୁଭିଲା । ସେ ତାଙ୍କ ପତିଙ୍କୁ ପଚାରୁଥିଲେ– ଶ୍ରୀଶ୍ରୀଠାକୁରଙ୍କ ଆଖିକୁ ଦେଖୁନଥିଲ ତ ?

ଗର୍ବର ସହିତ ପତି କହିଲେ– ପାଗଳ ହେଲ ନା କ'ଣ ? ଏଠାକୁ ଆସିବା ପୂର୍ବରୁ ଆମର ବନ୍ଧୁବାନ୍ଧବ ଯାହା କହିଥିଲେ– ଖବରଦାର୍, ଠାକୁରଙ୍କ ଆଖିକୁ ଆଦୌ ଚାହିଁବ ନାହିଁ, ଅନ୍ୟଥା ଫେରିପାରିବ ନାହିଁ । ତାଙ୍କ ଆଖିରେ ପ୍ରବଳ ସମ୍ମୋହନ ଶକ୍ତି ଅଛି – ଏସବୁ କଥା କଣ ମୁଁ ଭୁଲି ଯିବି ! ତାଙ୍କ ପତ୍ନୀ ମଧ୍ୟ କହୁଥିବାର ଶୁଣାଗଲା– ମୁଁ ମଧ୍ୟ ଠାକୁରଙ୍କ ଆଡ଼କୁ ଚାହୁଁନଥିଲି । ଡରୁଥିଲି, କାଳେ କ'ଣ ହୋଇଯିବ ! ପତିପତ୍ନୀଙ୍କ କଥାବାର୍ତ୍ତା ଶୁଣି ଜ୍ଞାନଦାଙ୍କ ବୁଦ୍ଧି ହଜିଗଲା । ସେ ଝାଳରେ ଜୁଡୁବୁଡୁ ହୋଇଗଲେ । ଶ୍ରୀଶ୍ରୀଠାକୁରଙ୍କର ଏପରି ବିଚିତ୍ର ବ୍ୟବହାରର (abnormal behaviour) କାରଣ ଏବେ ସେ ବୁଝିଲେ । ସେ ମନେମନେ ଭାବିଲେ– ମୁଁ ମହାପାପୀ ଠାକୁରଙ୍କ ବ୍ୟବହାରକୁ ଅଯଥାରେ ସନ୍ଦେହ କଲି ! (ଜୀବନଜ୍ୟୋତି)

(୧୦)
ଆପଣ କ'ଣ ଭଗବାନ ଦେଖିଛନ୍ତି ?

ଅପରାହ୍ନ ସମୟ । ଶ୍ରୀଶ୍ରୀଠାକୁର ବଡ଼ାଲ–ବଙ୍ଗଳାର ଉତ୍ତର ଦିଗରେ ନିଜ ଚଉକି ଉପରେ ବସିଛନ୍ତି । ତିନିଜଣ ଯୁବକ ଦ୍ରୁତଗତିରେ ଆସି ଶ୍ରୀଶ୍ରୀଠାକୁର ନିକଟରେ ପହଞ୍ଚିଲେ । ଶ୍ରୀଶ୍ରୀଠାକୁର ସେମାନଙ୍କୁ ସତରଞ୍ଜି ଉପରେ ବସିବାପାଇଁ ଇଙ୍ଗିତ କଲେ । କିଛି ସମୟ ଚୁପ୍‌ଚାପ୍ ବସିବା ପରେ ହଠାତ୍ ଜଣଙ୍କ ପରେ ଜଣେ ଶ୍ରୀଶ୍ରୀଠାକୁରଙ୍କୁ ନିଜ ନିଜର ପ୍ରଶ୍ନ ପଚାରିଲେ । ପ୍ରଥମ ଯୁବକଙ୍କ ପ୍ରଶ୍ନ– ଆପଣ କ'ଣ ଭଗବାନ୍ ? ଦ୍ୱିତୀୟ ଜଣଙ୍କ ପଚାରିଲେ– ଆପଣ ଭଗବାନ୍‌ଙ୍କୁ ଦେଖିଛନ୍ତି ? ତୃତୀୟ ଜଣଙ୍କ ପ୍ରଶ୍ନ କଲା– ଆପଣ ଭଗବାନ୍‌ଙ୍କୁ ଦେଖାଇପାରବେ ? ଶ୍ରୀଶ୍ରୀଠାକୁର ଚୁପ୍‌ଚାପ୍ ତିନିଯୁବକଙ୍କୁ ଅବିରଳ ସ୍ନେହଭରା ଆଖିରେ ଚାହିଁରହିଲେ । କିଛି କ୍ଷଣପରେ ଶ୍ରୀଶ୍ରୀଠାକୁର ହସି ହସି ମମତାଭରା ସ୍ୱରରେ କହିଲେ– 'ତୁମମାନଙ୍କୁ ବହୁତ ଭୋକ ହେଉଥିବ । ତା' ଛଡ଼ା ତୁମେମାନେ ବହୁତ

ଥକିଯାଇଛ । ପ୍ରଥମେ କିଛି ଭୋଜନ କରି ବିଶ୍ରାମ ନିଅ । ତା'ପରେ ତୁମ ସହିତ ବାର୍ତ୍ତାଳାପ ହେବ ।'

ପାଖରେ ବସିଥବା ନନୀଦାଙ୍କୁ (ଚକ୍ରବର୍ତ୍ତୀ) ଶ୍ରୀଶ୍ରୀଠାକୁର କହିଲେ– 'ନନୀ, ତୁମେ ଏମାନଙ୍କ ଖାଇବାର ବ୍ୟବସ୍ଥା କର । କିଛି ସମୟ ବିଶ୍ରାମ ପରେ ପୁଣି ମୋ ପାଖକୁ ନେଇଆସିବ ।' ନନୀଦା ସେମାନଙ୍କୁ ଭୋଜନ ପାଇଁ ନେଇଗଲେ । ଭୋଜନ ସାରି ସେମାନେ କହିଲେ– 'ନନୀବାବୁ ! ଆମେମାନେ ଆଶ୍ରମ ବୁଲାବୁଲି କରି, କିଛି ସମୟ ବିଶ୍ରାମ କରିସାରିବା ପରେ ଆପଣଙ୍କୁ ଭେଟିବୁ ।' ନନୀଦା କହିଲେ– 'ଆପଣମାନେ କିନ୍ତୁ ମୋ ସହିତ ରାତ୍ରିଭୋଜନ ପାଇଁ ଆସିବେ ।' 'ଠିକ୍ ଅଛି' କହି ତିନିଜଣ ଯାକ ଚାଲିଗଲେ । ରାତ୍ରିଭୋଜନ ସମୟରେ ନନୀଦା ସେମାନଙ୍କୁ ପଚାରିଲେ– ' ଆପଣମାନେ ତ ଆଉ ଠାକୁରଙ୍କ ପାଖକୁ ଗଲେ ନାହିଁ ? ସେ ସନ୍ଧ୍ୟାସମୟରେ ବସିଥିଲାବେଳେ ଆପଣମାନଙ୍କୁ ଅପେକ୍ଷା କରୁଥିଲେ ।' ସେମାନଙ୍କ ମଧ୍ୟରୁ ଜଣେ କହିଲେ– 'ଆମ୍ଭମାନଙ୍କ ପ୍ରଶ୍ନର ଉତ୍ତର ମିଳିଗଲା । ତେଣୁ ଆଉ ଯିବା ଦରକାର ପଡ଼ିଲା ନାହିଁ ।' ନନୀଦା ବିସ୍ମିତ ହୋଇ ପଚାରିଲେ– 'ଆପଣମାନେ ତ ଠାକୁରଙ୍କ ପାଖକୁ ଗଲେ ନାହିଁ, ଉତ୍ତର କାହାଠାରୁ ପାଇଲେ ।' ସେହି ଯୁବକ କଥାଟିକୁ ବିସ୍ତୃତ କରି ଆନନ୍ଦର ସହିତ କହିଲେ– 'ଦାଦା, ଆମେ ତିନିଜଣ ବାଁକୁଡ଼ା ହାଇସ୍କୁଲର ଶିକ୍ଷକ । ସ୍ୱାମୀ ନିଗମାନନ୍ଦଙ୍କ ଶିଷ୍ୟ । ସେହି ସ୍କୁଲରେ ଶ୍ରୀଶ୍ରୀଠାକୁରଙ୍କ ଜଣେ ଶିଷ୍ୟ ମଧ୍ୟ ଅଛନ୍ତି । ସେ ସବୁବେଳେ କୁହନ୍ତି– ଶ୍ରୀଶ୍ରୀଠାକୁର ଭଗବାନ୍ । ଆମ୍ଭେ ନିଷ୍ପତ୍ତିନେଲୁ ଯେ ସ୍ୱୟଂ ଆଶ୍ରମ ଯାଇ ପରୀକ୍ଷା କରିବୁ ଶ୍ରୀଶ୍ରୀଠାକୁର କ'ଣ ସତରେ ଭଗବାନ୍ ? ସେଥିପାଇଁ ଆମେ ତିନିଜଣ ଗତରାତିରୁ ବାଁକୁଡ଼ାରୁ ଯାତ୍ରା ଆରମ୍ଭ କଲୁ । ଆମେ ରାତିରେ କିଛି ଖାଇପାରିନଥିଲୁ । ଆମ୍ଭମାନଙ୍କୁ ପ୍ରବଳ ଭୋକ ହେଉଥିଲା । ଶ୍ରୀଶ୍ରୀଠାକୁର ଆମ୍ଭମାନଙ୍କୁ ଦେଖୁଦେଖୁ ଜାଣିଗଲେ ଯେ ଆମ୍ଭେମାନେ ଭୋକିଲା ଅଛୁ । କେବଳ ଜଣେ ସ୍ନେହମୟୀ ମାଆ ହିଁ ବୁଝିପାରିଥାଏ ଯେ ତା'ର ସନ୍ତାନକୁ ଭୋକ ଲାଗୁଛି ।

ଅନ୍ୟ କେହି ଏହା ବୁଝିପାରନ୍ତି ନାହିଁ । ସନ୍ତାନର ଖାଇବା ଓ ବିଶ୍ରାମ ପାଇଁ ଚିନ୍ତିତ ରହିବା, ମାଆ ଛଡ଼ା ଆଉ ଏତେ କେହି କରନ୍ତି ନାହିଁ । ଏତେ ମାତୃସ୍ନେହ ଏବଂ ମମତ୍ୱ ଯାହାଠାରେ ଅଛି ସେହିଁ ଭଗବାନ୍ କି ନୁହଁ ? ସତ କଥା କହିବାକୁ ଗଲେ ଆମ୍ଭେମାନେ ଏପରି ପ୍ରେମୀ ମଣିଷଙ୍କୁ ଜୀବନରେ କେବେ ବି ଭେଟିନାହୁଁ ।' ଏତକ କହୁ କହୁ ତିନି ଯୁବକଙ୍କ ଆଖି ଛଳଛଳ ହୋଇ ଗଲା । (ଜୀବନଜ୍ୟୋତି)

(୧୧)

ମାତୃଭକ୍ତିର ଉତ୍ସ

୧୯୫୩ ମସିହା ଘଟଣା । ଶ୍ରୀଶ୍ରୀଠାକୁର ଠାକୁରବଙ୍ଗଳାରେ ଗୋଲତମ୍ବୁରେ ଉପବିଷ୍ଟ । ଜଣେ ଆମେରୀକୀୟ ଯୁବ–ସାମ୍ବାଦିକ ଭାରତ ଭ୍ରମଣରେ ଆସି ଆଶ୍ରମରେ ଠାକୁର ଦର୍ଶନ ପରେ ତାଙ୍କ ସହ ବାର୍ତ୍ତାଳାପ କରୁଥିଲେ । ଏଇ ବାର୍ତ୍ତାଳାପ ଭିତରେ କହିଲେ– ଠାକୁର, ମୁଁ ମୋ ମାଆକୁ ଘୃଣା କରେ । ଯେତେ ଚେଷ୍ଟା କଲେ ବି ମୁଁ ତାକୁ ଭଲପାଇ ପାରୁନାହିଁ ।

ମାଆର ସାମ୍ନାସାମ୍ନି ହେଲେ ମୋ' ଦେହ ଜଳିଗଲାପରି ଲାଗେ । ମାଆ କଥା ମନେପଡ଼ିଲେ ମୋ' ମନ ହତାଶାରେ ଭରିଯାଏ ।

ଏକଥା ଶୁଣିଲା ମାତ୍ରେ ଶ୍ରୀଶ୍ରୀଠାକୁରଙ୍କ ଉଜ୍ଜ୍ୱଳ ମୁଖମଣ୍ଡଳ ବିଷାଦରେ କଳାପଡ଼ିଗଲା । ଅତି ବ୍ୟଥିତ ସ୍ୱରରେ କହିଲେ– କିନ୍ତୁ ମୁଁ ମୋ ମାଆକୁ ବହୁତ ଭଲପାଏ । ମୁଁ ଯେତେବେଳେ ଭାବେ ଯେ ମୋ ମାଆ ମୋ ସହିତ ଆଉ ଏ ଦୁନିଆରେ ନାହାନ୍ତି, ସେତେବେଳେ ମତେ ସବୁକିଛି ଅନ୍ଧାର ଏବଂ ବେକାର ଲାଗେ । ଶ୍ରୀଶ୍ରୀଠାକୁରଙ୍କର ଆଖି ଲୋତକପୂର୍ଣ୍ଣ । ଶ୍ରୀଶ୍ରୀଠାକୁରଙ୍କ ଅଶ୍ରୁଭରା ଆଖି ଦେଖି ସେହି ଆମେରୀକୀୟ ଯୁବକଙ୍କ ଆଖିରେ ମଧ୍ୟ ଲୁହ ଆସିଗଲା । ଶ୍ରୀଶ୍ରୀଠାକୁର ପୁଣି କହିଲେ– ମୋ ମାଆ କେତେ ନା କେତେଥର ନିର୍ଦ୍ଦୟ ଭାବେ, ବିନା କାରଣରେ ମୋତେ ମାରିଛନ୍ତି । କିନ୍ତୁ ମୁଁ ମୋ ମାଆଙ୍କୁ ବହୁତ ଭଲପାଏ । କାରଣ ତାଙ୍କରି କାରଣରୁ ମୁଁ ଏହି ଦୁନିଆରେ ଜନ୍ମନେଇଛି । ଆମେରୀକୀୟ ଯୁବକ ଦୀର୍ଘଶ୍ୱାସ ନେଇ କହିଲେ– I am sorry. (ମୁଁ ଦୁଃଖିତ) ଏବଂ ସେଠାରୁ ଉଠିଚାଲିଗଲେ ।

ତା ପରଦିନ ସକାଳେ ସେହି ଯୁବକ ଶ୍ରୀଶ୍ରୀଠାକୁରଙ୍କ ପାଖରେ ନତଜାନୁ ହୋଇ କହିଲେ, "My Lord, I have come to realise that I should love my mother. I must love her. Please teach me Thakur, how to love her." (ପ୍ରଭୁ, ମୁଁ ଏବେ ଅନୁଭବ କରୁଚି ଯେ ମୋର ମାଆକୁ ଭଲପାଇବା ଦରକାର । ଠାକୁର, ମୋତେ ଶିଖାଇଦିଅନ୍ତୁ ମୁଁ କିପରି ମୋ' ମାଆକୁ ଭଲପାଇପାରିବି) । ଏକଥା ଶୁଣି ଶ୍ରୀଶ୍ରୀଠାକୁର ପୁଲକିତ ହୋଇଉଠିଲେ, ଯେମିତି ତାଙ୍କର ସର୍ବାଙ୍ଗରୁ ତୃପ୍ତି ଏବଂ ଆନନ୍ଦର ଜ୍ୟୋତି ବିଚ୍ଛୁରିତ ହେଉଛି । ମମତା ମଧୁର ସ୍ୱରରେ କହିଲେ– My boy ! Your love will teach you how to love her. (ବତ୍ସ, ତୁମର ଭଲ ପାଇବାହିଁ ଶିଖାଇବ କିପରି ତାଙ୍କୁ ଭଲପାଇହେବ ।) (ଜୀବନଜ୍ୟୋତି)

(୧୨)
ଯିଏ ଆସୁଛି ତା'ର ଯତ୍ନକର

୧୯୪୮ ମସିହାର ଘଟଣା । ତାପସ ତପାଦାର ନାମକ ଜଣେ ଯୁବକ ଦେଓଘର ସହରର ବମ୍‌ପାସ୍ ଟାଉନ୍‌ରେ ରହୁଥିଲେ, ନନୀ(ନନୀଗୋପାଲ ଚକ୍ରବର୍ତ୍ତୀ)ଦାଙ୍କ ମାଧ୍ୟମରେ ସେ ଦୀକ୍ଷା ନେଇଥିଲେ । ତାଙ୍କର ବିବାହ କିଛି ମାସ ପୂର୍ବରୁ ସଂପନ୍ନ ହୋଇଥିଲା । ଦିନେ ଶ୍ରୀଶ୍ରୀଠାକୁର ନନୀଦାଙ୍କୁ ତାପସକୁ ଦେଖାଇ କହିଲେ– ୟା ଲାଗି ତୁରନ୍ତ ଗୋଟିଏ ଚାକିରି ବ୍ୟବସ୍ଥା କରିଦିଅ । ନନୀଦା ସତ୍‌ସଙ୍ଗ କାର୍ଯ୍ୟରେ ଟାଟା ଯାଇଥିଲେ । ତାପସର ଚାକିରି ଠିକ କରି ଶ୍ରୀଶ୍ରୀଠାକୁରଙ୍କ ପାଖକୁ ଏକ୍‌ପ୍ରେସ୍ ଟେଲିଗ୍ରାମ୍ ପଠାଇଲେ । ଟେଲିଗ୍ରାମ୍ ସନ୍ଧ୍ୟାରେ ମିଳିଲା ପରେ ଶ୍ରୀଶ୍ରୀଠାକୁର ତାପସକୁ ଡକାଇ କହିଲେ– ତୁମେ ଆଜି ରାତିରେ ଟାଟା ଚାଲିଯାଅ । ତାପସ କହିଲା– ଆଜି ରାତିରେ ହିଁ ଚାଲିଯିବି । ଶ୍ରୀଶ୍ରୀଠାକୁର ଜୋର୍‌ଦେଇ କହିଲେ– ଚାଲିଯିବି ନୁହେଁ, ବର୍ତ୍ତମାନ ଘରକୁ ଯାଅ ଏବଂ

ଜିନିଷପତ୍ର ପ୍ୟାକ୍ କରି ଟ୍ରେନ୍ ଧରିବାକୁ ଷ୍ଟେସନକୁ ବାହାରି ଯାଅ। ସେହି ଯୁବକ ଶ୍ରୀଶ୍ରୀଠାକୁରଙ୍କୁ ପ୍ରଣାମ କରି ଘରକୁ ଗଲା। ସେ ଯିବାର ଘଣ୍ଟାଏ ପରେ ଶ୍ରୀଶ୍ରୀଠାକୁର ହରିଦାସ (ହରିଦାସ ସିଂହ)ଦାଙ୍କୁ ଡକାଇ କହିଲେ– ତାପସକୁ ଯାଇ ଦେଖ ତ, ସେ ଟ୍ରେନ୍ ଧରିବାକୁ ଘରୁ ବାହାରିଲା କି ନାହିଁ? ହରିଦାସଦା ତାଙ୍କ ପୁରୁଣା ସାଇକେଲ୍‌ରେ ଆଶ୍ରମର ପୂର୍ବରେ ତିନି କିଲୋମିଟର ଦୂର ତାପସଙ୍କ ଘରେ ପହଞ୍ଚିଲେ। ସେ ସମୟରେ ଦେଓଘର ଜନସଂଖ୍ୟା ଖୁବ୍ କମ୍ ଥିଲା। ଚାରିପାଖରେ ଜଙ୍ଗଲ ଓ ଛୋଟ ଛୋଟ ବଣବୁଦା ଭରି ରହିଥିଲା। ଅଧିକାଂଶ ଜାଗାରେ ନାଲି ମୋହରମ୍ ରାସ୍ତା ଥିଲା। ରାସ୍ତାରେ ଷ୍ଟ୍ରିଟ୍ ଲାଇଟ୍ ନଥିଲା, ବହୁତ କମ୍ ଘରକୁ ବିଦ୍ୟୁତ୍ ସଂଯୋଗ ଥିଲା। ସେଠାରେ ଯାଇ ଦେଖିଲେ ତାପସଦା ସେ ପର୍ଯ୍ୟନ୍ତ ଘରେ ହିଁ ଅଛନ୍ତି। ହରିଦାସଦା ପଚାରିଲେ, 'ଠାକୁର ତୁମକୁ ତୁରନ୍ତ ଟ୍ରେନ୍ ଧରିବାକୁ କହିଥିଲେ, କିନ୍ତୁ ତୁମେ ଏବେ ସୁଦ୍ଧା ଘରେ ଅଛ।' ଯୁବକ ଜଣକ କହିଲେ– ମୋ ଜିନିଷପତ୍ର ବ୍ୟାଗ୍ ପ୍ରସ୍ତୁତ ହୋଇଯାଇଛି, ମୁଁ ଏବେ ହିଁ ଘର ଛାଡ଼ିବି, ଆପଣ ଠାକୁରଙ୍କୁ ଜଣାଇ ଦିଅନ୍ତୁ।

ହରିଦାସଦା ଶ୍ରୀଶ୍ରୀଠାକୁରଙ୍କ ପାଖକୁ ଫେରି ଯାଇ ସମ୍ପୂର୍ଣ୍ଣ ବିବରଣୀ ଜଣାଇଲେ। କିଛି ସମୟ ପରେ ଶ୍ରୀଶ୍ରୀଠାକୁର ହରିଦାସଦାଙ୍କୁ ଡକାଇ କହିଲେ– ଯାଇ ଦେଖ, ଏବେ ସୁଦ୍ଧା ସେ ଘରୁ ବାହାରିଲାଣି ନା ନାହିଁ। ପୁଣି ସାଇକେଲ୍ ଧରି ହରିଦାସଦା ତାପସର ଘରକୁ ଛୁଟିଲେ ଏବଂ ତାଙ୍କ ପତ୍ନୀ ଜଣାଇଲେ ସେ ଟ୍ରେନ୍ ଧରିବାକୁ ବୈଦ୍ୟନାଥଧାମ ଷ୍ଟେସନ୍ ଚାଲିଗଲେଣି। ହରିଦାସଦା ଫେରିଆସି ଶ୍ରୀଶ୍ରୀଠାକୁରଙ୍କୁ ଏହା ଜଣାଇଲେ। ହରିଦାସଦାଙ୍କ କଥା ଶୁଣି ଶ୍ରୀଶ୍ରୀଠାକୁର କିଛି ସମୟ ଗମ୍ଭୀର ହୋଇଗଲେ ଏବଂ ତମାଖୁ ସେବନ କରିବାକୁ ଲାଗିଲେ। ତାଙ୍କର ଭୋଗର ସମୟ ଗଡ଼ି ଗଲାଣି କିନ୍ତୁ ସେ ଉଠୁ ନାହାନ୍ତି। ଚିନ୍ତିତ ଅବସ୍ଥା। ପ୍ରାୟ ରାତି ଦଶଟାବେଳେ ଆଲୋ ଏବଂ ନୀଲୁ ଦୁଇଭାଇଙ୍କୁ (ଆଲୋ ଜୋଆରଦାର– ଦଶବର୍ଷ, ନୀଲୁ ଜୋଆରଦାର– ଆଠ ବର୍ଷ) ପାଖକୁ ଡାକି କହିଲେ– ତୁମେ ଦୁଇଜଣ ତାପସ ତପାଦାର ଘରକୁ ଯାଇ କବାଟ ଖଟଖଟ କରିବ। ଜଣେ ସ୍ତ୍ରୀ ଲୋକ କବାଟ ଖୋଲିବ। କବାଟ ଖୋଲିବା ମାତ୍ରେ ତୁମେ ଦୁହେଁ ତା'ର ଦୁଇ ପାଖରେ ଚଟ୍‌କରି ଘର ଭିତରକୁ ପଶିଯିବ। ଘରେ ପଶି ଘରର କୋଣ–ଅନୁକୋଣ, ଆଲମାରି, ଖଟତଳ, ଟ୍ରଙ୍କ୍, ଗାଧୁଆଘର, ପାଣିକୁଣ୍ଡରେ ହାତମାରି ଦେଖିବ ଏବଂ ପାଇଖାନା ଭିତରକୁ ଯାଇ ମଧ୍ୟ ଦେଖିବ। ତାର ଘରର ଠିକଣା ହରିଦାସଠାରୁ ବୁଝିନିଅ ଏବଂ ତୁରନ୍ତ ଯାଅ।

ଦୁଇ ବାଳକ ଶ୍ରୀଶ୍ରୀଠାକୁରଙ୍କ ନର୍ଦ୍ଦେଶାନୁସାରେ ତାପସର ଘରେ ପହଞ୍ଚି କବାଟ ଠକ୍‌ଠକ୍ କଲାରୁ ଜଣେ ସ୍ତ୍ରୀଲୋକ ଦରଜା ଖୋଲିଲେ। ଦରଜା ଖୋଲିବା ମାତ୍ରେ ଏମାନେ ଏହି ଘରର କୋଣ–ଅନୁକୋଣ ତଲାସି ଦେଖିଲେ। ମାତ୍ର ତାପସର ପତ୍ତା ମିଳିଲା ନାହିଁ। ଦୁଇ ବାଳକ ଫେରିଆସି ଶ୍ରୀଶ୍ରୀଠାକୁରଙ୍କୁ ତାହା ଜଣାଇଲେ। ସବୁକିଛି ଶୁଣି ଦୀର୍ଘନିଶ୍ୱାସ ଛାଡ଼ି ଶ୍ରୀଶ୍ରୀଠାକୁର ଘର ଭିତରକୁ ଚାଲିଗଲେ।

ସକାଳ ହେଲା ପରେ ତାପସର ଧର୍ମପତ୍ନୀ କାନ୍ଦିକାନ୍ଦି ଶ୍ରୀଶ୍ରୀଠାକୁରଙ୍କ ନିକଟରେ ପହଞ୍ଚିଲେ। ରାତିରେ ତାପସର ମୃତ୍ୟୁ ହେଲା। ପତ୍ନୀ ଛାତିପିଟି କାନ୍ଦି କାନ୍ଦି କହିଲା– ଠାକୁର, ମୋ ପାଇଁ ହିଁ ମୋ ପତିଙ୍କର ସାପ କାମୁଡାରେ ମୃତ୍ୟୁ ହେଲା। ପାଇଖାନା ଘର ପଛ ପଟ ବୁଦାମୂଳ ଅନ୍ଧାରରେ ଲୁଚିବାକୁ କହିଥିଲି। ସେଇଠି ସାପ କାମୁଡ଼ିଲା। ସେ ଚାଲିଗଲେ। ମୋତେ ରକ୍ଷା କରନ୍ତୁ। ଶ୍ରୀଶ୍ରୀଠାକୁର ଗମ୍ଭୀର ସ୍ୱରରେ କହିଲେ – ବର୍ତ୍ତମାନ ଛାତିପିଟି କାନ୍ଦିଲେ ମଧ୍ୟ ଯେ ଚାଲିଗଲା ସେ ଆଉ ଫେରିବ ନାହିଁ। ସେ ଯଦି ମୋ କଥା ମାନିଥାଆନ୍ତା ବଂଚି ଯାଇଥାନ୍ତା। କିନ୍ତୁ ମୁଁ ଏତେ କରିବି ତାକୁ ବଂଚାଇ ପାରିଲି ନାହିଁ। ସେ ମହିଳା ଏହାପରେ ମଧ୍ୟ ବହୁତ ସମୟ ରୋଦନ କଲା। ପ୍ରାୟ ପନ୍ଦର କୋଡ଼ିଏ ମିନିଟ୍ ପରେ ଶ୍ରୀଶ୍ରୀଠାକୁର କହିଲେ– ବର୍ତ୍ତମାନ ତୁମର ଆଗତ ଭବିଷ୍ୟତ କଥା ଚିନ୍ତାକର, ଯିଏ ଆସୁଛି ତାର ଯତ୍ନ କର, ତାକୁ ଭଲ ମଣିଷଟିଏ କରି ଗଢ଼ିତୋଳ। ମହିଳା ଯେ ଅନ୍ତଃସତ୍ତ୍ୱା ଥିଲେ ତାହା କାହାରିକୁ କହି ନ ଥିଲେ ସୁଦ୍ଧା ଶ୍ରୀଶ୍ରୀଠାକୁର ତାହା ଜାଣିପାରିଥିଲେ। (ସାତ୍ୱତୀ, ଜୁନ୍– ୨୦୧୮)

(୧୩)
ଗ୍ରହଦୋଷ ଖଣ୍ଡନ ଓ ଜୀବନଦାନ

୧୯୪୬ ମସିହାର ଘଟଣା। ହିମାୟିତପୁର ଆଶ୍ରମରୁ କିଛିଦିନ ହେଲା ଶ୍ରୀଶ୍ରୀଠାକୁର ଆସିଛନ୍ତି ଦେଓଘର। କେତୋଟି ନୂତନ ଗୃହ ନିର୍ମାଣ ହୋଇଛି। ତହିଁରୁ ଗୋଟିକୁ ଧୋଇଧାଇ ସଫା କରିଦେବା ପାଇଁ ଦିନେ ସନ୍ଧ୍ୟାବେଳେ ଶ୍ରୀଶ୍ରୀଠାକୁର ଆଶ୍ରମକର୍ମୀ ଭୂଷଣ ଚକ୍ରବର୍ତ୍ତୀଙ୍କୁ ନିର୍ଦ୍ଦେଶ ଦେଇ କହିଲେ– ମୁଁ ତତେ ନ ଡାକିବା ପର୍ଯ୍ୟନ୍ତ ତୁ ସେଇ କାର୍ଯ୍ୟଟି କରି ଚାଲୁଥିବୁ। ସେଇ ଆଦେଶ ନେଇ ବାମ୍ପୀରୁ ଦଉଡ଼ି ବାଲଟି ସାହାଯ୍ୟରେ ପାଣି କାଢ଼ି ଝାଡୁ ମାରି ଚଟାଣରେ ଲାଗିଥିବା ଚୂନ, ବାଲି, ସିମେଣ୍ଟ, ରଙ୍ଗ ଆଦିକୁ ସେ ପରିଷ୍କାର କରିଚାଲିଲେ। ରାତି ସାଢ଼େ ଦଶଟା ବେଳକୁ ଭାବିଲେ ପରିଷ୍କାର ତ ହୋଇଗଲାଣି, ଏକଥା ଶ୍ରୀଶ୍ରୀଠାକୁରଙ୍କୁ ଜଣେଇଦିଏ। ସମ୍ମୁଖକୁ ଆସିଲାରୁ ଶ୍ରୀଶ୍ରୀଠାକୁର ତାଙ୍କୁ ତାଗିଦ୍ କରି କହିଲେ– ତୁ ଚାଲି ଆସିଲୁ? କଣ କହିଥିଲି ତତେ? ମୁଁ ମନା ନ କଲା ପର୍ଯ୍ୟନ୍ତ ସଫା କରି ଚାଲିଥିବୁ। ଯା କାମରେ ଲାଗିଯା।

ଭୂଷଣଦା ଫେରିଆସି ପୁନର୍ବାର ସେଇ କାମ କରି ଚାଲିଲେ। ଧୀରେ ଧୀରେ ରାତି ଆସି ଗୋଟାଏ ବାଜିଲା। ଗଭୀର ରାତ୍ରି। କୁଆଡ଼େ କିଛି ସୋର ଶବ୍ଦ ନାହିଁ। କେବଳମାତ୍ର ଶୁଭୁଛି କୂଅରୁ ଜଳ କାଢ଼ିବା ଓ ଝାଡୁମାରି ଘର ସଫା କରିବାର ଶବ୍ଦ। ଭୂଷଣଦାଙ୍କ ଦେହରେ ଅସହଣି କ୍ଳାନ୍ତି। ଭାବିଲେ– ଏତେ ରାତି ପର୍ଯ୍ୟନ୍ତ କଣ ଠାକୁର ଚାହିଁଥିବେ ! ଯାଏ, ଆଉ ଥରେ ପଚାରି ଆସେ– ଏଣିକି ମୁଁ ଘରକୁ ଯିବି ନା କଣ କରିବି। ଏଇଆ ଭାବି ଧୀରେ ଧୀରେ ଅନ୍ଧାରରେ ଆସି ଠାକୁରବାଡ଼ିରେ ପହଞ୍ଚି ଦେଖିଲେ ଚାରିଆଡ଼େ ଅନ୍ଧାର। ପ୍ରାଙ୍ଗଣରେ ଗୋଟିଏ ଛୋଟିଆ ଛାଉଁଣି ତଳେ ଶୋଇପଡ଼ିଛନ୍ତି ଠାକୁର। ତାଙ୍କ ସେବକ ବଙ୍କିମ ରାୟ ଭୂଷଣଦାଙ୍କୁ ଧୀରସ୍ୱରରେ କହିଲେ– ଏଇମାତ୍ର ଠାକୁର ନିଦରେ ଶୋଇଛନ୍ତି। ଶୋଇବା ଆଗରୁ କହିଛନ୍ତି, ଭୂଷଣ ଆସିଲେ ତାକୁ କହିଦେବ ଯେ ସେ ଘରକୁ ଚାଲିଯିବ।

ଏ କଥା ଶୁଣିବାମାତ୍ରେ ଭୂଷଣଦାଙ୍କ ମନରେ ସୃଷ୍ଟି ହେଲା ଭୀଷଣ ବିରକ୍ତି ଭାବ – ସେ ନିଜେ ଖାଇପିଇ ଆରାମରେ ଶୋଇଛନ୍ତି । ମୁଁ ଯଦି ଆସି ପଚାରି ନଥାନ୍ତି, ତାହେଲେ କଣ ସାରାରାତି ଏଇ ହାଡ଼ଭଙ୍ଗା କାମ କରି ଚାଲିଥାନ୍ତି ସକାଳ ଯାଏ? ନିଦ୍ରା ଯିବା ଆଗରୁ ତ ଖବର ପଠାଇ ପାରିଥାନ୍ତେ । ଏପରି ଭାବି ଭାବି ସେ ରୋହିଣୀରୋଡ଼ ସ୍ଥିତ ଗୋଲାପବାଗ ସମ୍ମୁଖସ୍ଥ ତାଙ୍କ କ୍ଷୁଦ୍ର ଘରଟିରେ ପ୍ରବେଶ କଲେ । ହାତମୁହଁ ଧୋଇ ଜାମାପଟା ଖୋଲି ଭାତ ଖାଇଲେ । ପାଖ ଘରେ ଥିବା ଖଟଟିର ମଶାରି ଉଠାଇ ଶୋଇବାକୁ ଯିବାବେଳେ ଲଣ୍ଠନ ଆଲୁଅରେ ଦେଖିଲେ ଏକ କଳାରଙ୍ଗର ବିଷଧର ସର୍ପ ଫଣାଟେକି ଉଭା ହୋଇଛି ବିଛଣା ଉପରେ । ଚମକି ପଡ଼ି ପାଟି କଲାରୁ ପଡ଼ୋଶୀ ଉଠିଆସିଲେ । ସାପଟି ତଳକୁ ଖସି ଅନ୍ଧାରରେ ଅଦୃଶ୍ୟ ହୋଇଗଲା । ତାଙ୍କର ନିଦ ହଜିଗଲା; କୌଣସିମତେ ଉଜାଗର ରହି ରାତ୍ରିଟି ବିତାଇଦେଲେ । ନିଜକୁ ଧିକ୍କାର କରି, ମନରେ ପଶ୍ଚାତ୍ତାପ କଲେ ଶ୍ରୀଶ୍ରୀଠାକୁରଙ୍କ ପ୍ରତି ବିରକ୍ତି ଭାବନା ଆସିଥିବାରୁ । ପରଦିନ ଶ୍ରୀଶ୍ରୀଠାକୁରଙ୍କୁ ଏକଥା ବଖାଣିବାରୁ ସେ ତାଙ୍କୁ କହିଲେ– ତୋର କୋଷ୍ଠୀ ନେଇ ପଣ୍ଡିତ ମହାଶୟଙ୍କୁ ଦେଖେଇ ଆଣେ ତ । କୋଷ୍ଠୀ ଦେଖି ପଣ୍ଡିତ ମହାଶୟ ସଂକ୍ଷେପରେ କହିଲେ ଯେ ସର୍ପଦଂଶନରେ ତାଙ୍କର ମୃତ୍ୟୁ ଥିଲା ଅନିବାର୍ଯ୍ୟ । ଦେହ ତାଙ୍କର ଥରି ଉଠିଲା । ସାଶ୍ରୁନୟନରେ ଏ କଥାଟି ଶ୍ରୀଶ୍ରୀଠାକୁରଙ୍କ ପାଖରେ ପ୍ରକାଶ କରିବାରୁ ସେ ତାଙ୍କ ପ୍ରତି ଉଚ୍ଚାରଣ କରିଥିଲେ ମାତ୍ର ଦୁଇଟି ଶବ୍ଦ – ସାବଧାନରେ ଚଳିବୁ । (ପ୍ରିୟପରମ)

(୧୪)

ଦୀକ୍ଷାରେ ନୂତନ ଜୀବନ

ପୂର୍ବବଙ୍ଗରୁ ଆଗତ ପ୍ରାୟ ଅଢ଼େଇଶ ପରିବାର ବିହାରର ଛାପଡ଼ା ଜିଲ୍ଲା ଅନ୍ତର୍ଗତ ଶ୍ରୀପୁର ଅଞ୍ଚଳରେ ବସବାସ କରୁଥିଲେ । ବିହାର ସରକାର ସେମାନଙ୍କ ବସବାସ ପାଇଁ ଜମି ପ୍ରଦାନ କରିଥିଲେ । ସେମାନଙ୍କ ମଧ୍ୟରେ କିଛି ଗୁରୁଭାଇ ଥିଲେ ବି ପରସ୍ପର ଭିତରେ ମତାନ୍ତର ହେବାରୁ ଦୁଇଦଳରେ ବିଭକ୍ତ ହୁଅନ୍ତି । ଫଳରେ ଇଷ୍ଟକର୍ମରେ ବ୍ୟାହତ ଘଟେ । ଋତ୍ୱିକ୍ ହେମଚନ୍ଦ୍ର ତିଓ୍ୱାରୀ ଶ୍ରୀଶ୍ରୀଠାକୁରଙ୍କ ନିର୍ଦ୍ଦେଶରେ ସେଠାକୁ ଯାଇ ଗୁରୁଭାଇମାନଙ୍କ ଭିତରେ ସଦ୍‌ଭାବ ଫେରାଇ ଆଣନ୍ତି । ହେମଦା ଏଥିପାଇଁ ସେଠାକାର ଦୁଇଜଣ ଡାକ୍ତର ଗୁରୁଭ୍ରାତାଙ୍କ ସହାୟତା ନେଇଥିଲେ । ଏଖବର ଶୁଣି ଶ୍ରୀଶ୍ରୀଠାକୁର ଖୁବ୍ ଖୁସି ହୋଇଥିଲେ ।

ଦିନକର ଶ୍ରୀପୁର କଲୋନୀର ଜଣେ ୩୦–୩୫ ବର୍ଷର ମହିଳା ଦୀକ୍ଷା ନେବାକୁ ଆସିଲେ । ତାଙ୍କର ସ୍ୱାମୀ ବଙ୍ଗଳାଦେଶରେ ଥାଆନ୍ତି । ସ୍ୱାମୀ ବା ଉପଯୁକ୍ତ ଅଭିଭାବକଙ୍କ ଅନୁମତି ଛଡ଼ା କୌଣସି ମହିଳାଙ୍କୁ ଦୀକ୍ଷା ଦେବା ଅନୁଚିତ । ତେଣୁ ହେମଦା ସେହି ମହିଳାଙ୍କୁ ଦୀକ୍ଷା ଦେବାକୁ ପ୍ରଥମେ ରାଜି ହୋଇନଥିଲେ । ଏଇ ଅବସ୍ଥାରେ ଦୁଇ ଡାକ୍ତରଙ୍କୁ ଅଭିଭାବକ ମାନିନେଇ ସେ ଦୀକ୍ଷା ଦେଲେ । ଦୀକ୍ଷା ପରେ ଉକ୍ତ ମହିଳା ଦିନକର ତାଙ୍କ ଘରେ ସତ୍‌ସଙ୍ଗ କରିବାକୁ ଚାହିଁଲେ । ସେହିଦିନ ହେମଦା ଜଣେ ଡାକ୍ତରଙ୍କ ଘରେ ବିଶ୍ରାମ କରୁଥିଲେ । ଉକ୍ତ ମହିଳା ଜଣକ ସୂର୍ଯ୍ୟାସ୍ତ ପୂର୍ବରୁ ହେମଦାଙ୍କ ନିକଟରେ ପହଞ୍ଚି କାନ୍ଦିବାକୁ ଲାଗିଲେ

ଆଉ ଦୀକ୍ଷା ଫେରେଇ ନେବାକୁ କହି ଫଟ ଓ ଅନ୍ୟାନ୍ୟ ପୁସ୍ତକସବୁ ଫେରେଇ ଦେବାକୁ ଚାହିଁଲେ ।

ହେମଦା ତାଙ୍କୁ ବୁଝାଇ କହିଲେ– ଦେଖ ମା, ଦୀକ୍ଷା କେଉଁ ଦୋକାନର ସାମଗ୍ରୀ ନୁହେଁ ଯେ ପସନ୍ଦ ନ ହେଲେ ଫେରସ୍ତ ଦେଇହେବ । ଦୀକ୍ଷା ନେଇ ଯେତେଟା ସମ୍ଭବ ନୀତିନିୟମ ପାଳନ କରି ଚାଲିଲେ ଆପଣଙ୍କର ମଙ୍ଗଳ ହେବ । ତାପରେ ସେଇ ମହିଳାଟି ବାହାରିଗଲେ । କିଛିକ୍ଷଣ ପରେ ଜଣେ ଆସି ଖବର ଦେଲା ଯେ ସେଇ ମହିଳାଟି ପାଚେରୀ ପାଖ କୂଅରେ ପଡ଼ି ଅଜ୍ଞାନ ହୋଇଯାଇଛନ୍ତି । ତାଙ୍କୁ କୌଣସିପ୍ରକାରେ କୂଅ ଭିତରୁ ଉଦ୍ଧାର କରାଗଲା । ଡାକ୍ତର ପରୀକ୍ଷା କରି ଦେଖିଲେ ଯେ ତାଙ୍କର ନାଡ଼ୀ ମିଳୁନାହିଁ । ଏଖବର ପାଇ ହେମଦା ଖୁବ୍ ଚିନ୍ତିତ ହେଲେ । କୌଣସି ଉପାୟ ନଦେଖି ସେଇ ମହିଳାର ଆଜ୍ଞାଚକ୍ରରେ ହାତରଖି ହେମଦା ନାମ କରିବାକୁ ଲାଗିଲେ ଏବଂ ଉପସ୍ଥିତ ସମସ୍ତ ଗୁରୁଭାଇମାନଙ୍କୁ ଏକାଗ୍ରଚିତ୍ତରେ ନାମ କରିବାକୁ କହିଲେ । କିଛି ସମୟପରେ ତାଙ୍କର ଜ୍ଞାନ ଫେରିଲା ଆଉ ସେ କହିବାକୁ ଲାଗିଲେ, ଦୟାଲ ଠାକୁର ନିଜେ ତାଙ୍କୁ ଜୀବନଦାନ କରିଛନ୍ତି । ପରେ ସେହି ମହିଳାଙ୍କର ଆଗ୍ରହରେ ତାଙ୍କଘରେ ସତ୍‌ସଙ୍ଗ ଅନୁଷ୍ଠିତ ହୋଇଥିଲା ଏବଂ ଏଇ ଘଟଣାରେ ପ୍ରଭାବିତ ହୋଇ ସେଦିନ ବାଇଶଜଣ ସ୍ଥାନୀୟ ଲୋକ ଦୀକ୍ଷାଗ୍ରହଣ କରିଥିଲେ ।

ହେମଦା ଶ୍ରୀପୁରରୁ ଦେଓଘର ଫେରି ଶ୍ରୀଶ୍ରୀଠାକୁରଙ୍କ ନିକଟରେ ଏଇ ଘଟଣା ନିବେଦନ କରନ୍ତି । ଶ୍ରୀଶ୍ରୀଠାକୁର ଘଟଣାଟି ଶୁଣିବା ପରେ କହିଲେ– ଏଥର ମହାଯାତ୍ରାରୁ ସେ ବଞ୍ଚିଗଲା । (ସାତ୍ୱତ କଥା)

(୧୫)
ଭାବ-ସମନ୍ୱୟ

ଶ୍ରୀଶ୍ରୀଠାକୁର ଦେଓଘର ଆଶ୍ରମର ନିରାଲା ନିବେଶରେ ଉପବିଷ୍ଟ । କେତେକ ବିଦେଶୀ ଭଦ୍ରବ୍ୟକ୍ତି ଠାକୁରଙ୍କୁ ବିଭିନ୍ନ ବିଷୟରେ ପ୍ରଶ୍ନ ପଚାରି ତାଙ୍କର ମତାମତ ଲୋଡୁଥାଆନ୍ତି । କେଷ୍ଟଦା ଅନୁବାଦକର କାର୍ଯ୍ୟ କରୁଥାନ୍ତି । ଜଣେ ପଚାରିଲେ– ବାଇବେଲ୍‌ରେ ଆଦମ ଏବଂ ଈବ୍‌ଙ୍କ ଅସ୍ତିତ୍ୱ ସମ୍ପର୍କରେ ଯାହା କୁହାଯାଇଛି, ତାକୁ ମୁଁ ଠିକ୍ ଭାବେ ବୁଝିପାରୁ ନାହିଁ । ଆଉ ଚର୍ଚ୍ଚର ଫାଦର କହନ୍ତି– ଆଦମ ଏବଂ ଈବ୍ ମଣିଷର ଆଦି ପିତାମାତା । ମୋର ପ୍ରଶ୍ନ ହେଲା, ସମଗ୍ର ମାନବଜାତିର ଉତ୍ପତ୍ତି ଯଦି ଏକ ପିତାମାତାଙ୍କଠାରୁ ହୋଇଛି, ତେବେ ମଣିଷ ଭିତରେ ଅନେକ ପ୍ରକାରର ଚେହେରା, ଶାରୀରିକ ଗଠନ, ରଂଗ, କେଶବନ୍ୟାସ ଏବଂ ଆଖିର ରଂଗ ଇତ୍ୟାଦିରେ variation (ବିଭିନ୍ନତା) କାହିଁକି ? ଶ୍ରୀଶ୍ରୀଠାକୁର ସେହି ଭଦ୍ରବ୍ୟକ୍ତିଙ୍କ ଆଡ଼କୁ ଚାହିଁ ପ୍ରେମଭରା କଣ୍ଠରେ ହସିହସି କହିଲେ– ଆଦମ ଅର୍ଥ ପ୍ରଥମ ପୁରୁଷ, ଈବ୍‌ର ଅର୍ଥ ପ୍ରଥମ ମହିଳା । ମୁଁ ଭାବୁଛି (evolution) ବିବର୍ତ୍ତନର ଧାରା ସହିତ ଏକ ସମୟର ବିଭିନ୍ନ ଭୌଗୋଳିକ ପରିବେଶରେ ବିଭିନ୍ନ ପ୍ରାନ୍ତରେ ଭିନ୍ନଭିନ୍ନ ଆଦମ–ଈବ୍ ଯୁଗଳଙ୍କ ଜନ୍ମ ହୋଇଥିଲା । ଭୌଗୋଳିକ ଅବସ୍ଥିତି, ପରିବେଶର

ବିଭିନ୍ନତା କାରଣରୁ ବିଭିନ୍ନ ଆଦମ–ଇଭ୍‌ଙ୍କ ପ୍ରଜନନରୁ ନାନପ୍ରକାର ଚେହେରା, ଶାରୀରିକ ଗଠନ, ରଂଗ, କେଶ, ଚକ୍ଷୁର ରଙ୍ଗ ଆଦି ବୈଚିତ୍ର୍ୟ ମଧ୍ୟ ରହିବ । କେଷ୍ଟଦା ଶ୍ରୀଶ୍ରୀଠାକୁରଙ୍କ ବକ୍ତବ୍ୟ ଇଂରାଜୀରେ ଅନୁବାଦ କରି ଶୁଣାଇବା ମଝିରେ ପ୍ରଶ୍ନକର୍ତ୍ତା କହିଉଠିଲେ– Thank you Mr. Bhattacharya, I understand what Thakur has just said. (ଧନ୍ୟବାଦ ଶ୍ରୀଯୁକ୍ତ ଭଟ୍ଟାଚାର୍ଯ୍ୟ, ଶ୍ରୀଶ୍ରୀଠାକୁର କ'ଣ କହୁଛନ୍ତି ମୁଁ ବୁଝିଗଲିଣି ।) କେଷ୍ଟଦାଙ୍କୁ ଆଉ ବଙ୍ଗଳାରୁ ଇଂରାଜୀ ବ୍ୟାଖ୍ୟା କରିବାକୁ ପଡ଼ିଲା ନାହିଁ । ତେଣୁ ସେ ବିସ୍ମିତ ହୋଇ ପଚାରିଲେ– ଶ୍ରୀଶ୍ରୀଠାକୁର ଏବେ କ'ଣ କହିଲେ ଆପଣ କହିପାରିବେ ? ପ୍ରଶ୍ନକର୍ତ୍ତା ହଁ ପାରିବି ପାରିବି କହି ଶ୍ରୀଶ୍ରୀଠାକୁରଙ୍କ ସମସ୍ତ ବଙ୍ଗଳା ଉକ୍ତିକୁ ଇଂରାଜୀରେ ଅନର୍ଗଳ କହିଗଲେ । ଏହା କିପରି ସମ୍ଭବ ? ଉତ୍ତରରେ ଶ୍ରୀଶ୍ରୀଠାକୁର କହିଲେ, ଯଦି କୌଣସି ଦୁଇ ବ୍ୟକ୍ତିଙ୍କ ମଧ୍ୟରେ ଭାବର ସମନ୍ୱୟ ଘଟେ ତେଣୁ ଭାଷାର ଭିନ୍ନତା ପରସ୍ପରକୁ ବୁଝିବାରେ ବାଧକ ହୁଏ ନାହିଁ । ଉଦାହରଣ ଦେଇ ବୁଝାଇଲେ– ଧରନ୍ତୁ, ଜଣେ ବଙ୍ଗାଳୀ–ମା' ଓ ଅନ୍ୟଜଣେ ମେମ୍‌ସାହେବ– ମା' । ସେ ଦୁଇଜଣଙ୍କ ପୁତ୍ରମାନେ ମରିଗଲେ । ଦୁଇଜଣ ପୁତ୍ରଶୋକରେ ଅଧୀର । ମେମ୍‌ସାହେବ– ମା' କାନ୍ଦି କାନ୍ଦି କହୁଛନ୍ତି– 'Oh my son ! Where are you? I can't live without you. Come back to me.' ବଙ୍ଗାଳୀ–ମା, ବିଳାପକରି କହୁଛନ୍ତି, 'ମୁନା, ତୁ କେଉଁଠି ଅଛୁ ? ତୋ ବିନା ମୁଁ ବଂଚିପାରିବି ନାହିଁ । ମୋ କୋଳକୁ ଫେରିଆ ।' ଦୁଇ ଶୋକାକୁଳ ମା' ଯଦି ପରସ୍ପରକୁ ଭେଟନ୍ତି, ତେବେ ପରସ୍ପରର ବିଳାପକୁ ସହଜରେ ବୁଝିପାରିବେ । ଏକ ଭାବସ୍ତରରେ ଦୁଇଜଣ ରହିଲେ ସେମାନଙ୍କ ବକ୍ତବ୍ୟ ବିନିମୟ ଭାଷା ଭିନ୍ନ ହେଲେ ବି ସ୍ୱତଃ ବୁଝି ହୋଇଯାଏ । (ଜୀବନଜ୍ୟୋତି)

(୧୬)
ଅନ୍ତର ସବୁ ଭାଷା ବୁଝେ

ସତ୍‌ସଙ୍ଗର ଅନ୍ୟତମ କର୍ମୀ ଲାଲ୍‌ଦାଙ୍କ (ରାମନନ୍ଦନ ପ୍ରସାଦ) ମାମୁଁଘର ହେଉଛି ପାଟନା ପାଖରେ । ତାଙ୍କର ପିତା ହରିନନ୍ଦନ ପ୍ରସାଦ ଜଣେ ଆଦର୍ଶ ପ୍ରଧାନ ଶିକ୍ଷକ, ପଣ୍ଡିତ ଓ ବାଗ୍ମୀ ଆଉ ଶ୍ରୀଶ୍ରୀଠାକୁରଙ୍କର ନିଷ୍ଠାପର କର୍ମୀ ଥିଲେ । ତାଙ୍କର ଜନନୀଦେବୀ ପିଲାଦିନରୁ ଶିଖିଥିବା ଗ୍ରାମୀଣ ମାଗଧି ଭାଷା ବ୍ୟତୀତ ଆଉ କୌଣସି ଭାଷା ଶିଖି ପାରିଲେ ନାହିଁ କି କହିପାରିଲେ ନାହିଁ, ଲେଖିବା ତ ଦୂରର କଥା । ଅବଶ୍ୟ ସେ ହିନ୍ଦୀ ଅଳ୍ପ ଅଳ୍ପ ବୁଝିପାରନ୍ତି କିନ୍ତୁ ବଂଗଳା ଭାଷା ଆଦୌ ନୁହେଁ ।

ସେ ପ୍ରତ୍ୟହ ଶ୍ରୀଶ୍ରୀଠାକୁରଙ୍କ ଦର୍ଶନକୁ ଆସନ୍ତି, କଥାବାର୍ତ୍ତା କରନ୍ତି ଓ ଖୁସି ହୋଇ ବିଦାୟ ନିଅନ୍ତି । ଦିନକର ଘଟଣା ଏହିପରି– କିଛି ପାରିବାରିକ ସମସ୍ୟାର ସମାଧାନ ପାଇଁ ଶ୍ରୀଶ୍ରୀଠାକୁରଙ୍କ ପାଖକୁ ଆସି ନିଜ ଭାଷାରେ ସବୁକଥା କହିଲେ ଓ ଶ୍ରୀଶ୍ରୀଠାକୁର ମନଦେଇ ସେ ସବୁ ଶୁଣି ତାର ସମାଧାନ ଗୁଡ଼ିକ ବଂଗଳା ଭାଷାରେ କହିଗଲେ । ଜନନୀଦେବୀ ଶ୍ରୀଶ୍ରୀଠାକୁରଙ୍କ ବଂଗଳା ଭାଷା ବୁଝିଗଲେ । ଅଧଘଣ୍ଟାଏ ପର୍ଯ୍ୟନ୍ତ କଥାବାର୍ତ୍ତା ଚାଲିଲା ଓ ଶେଷରେ ଜନନୀଦେବୀଙ୍କ ମୁହଁ ତୃପ୍ତ ଦିଶିଲା । ଶ୍ରୀଶ୍ରୀଠାକୁରଙ୍କୁ ଘେରି ବସିଥିବା

ଭକ୍ତମାନେ ଏହା କେମିତି ସଂଭବ ବୋଲି ପଚାରିଲାରୁ ଶ୍ରୀଶ୍ରୀଠାକୁର କହିଲେ, ଥରେ ଭାବକୁ ବୁଝିଗଲେ ଯେଉଁ ଭାଷାର ଅବଲମ୍ବନରେ ତାହା ହେଉ ନା କାହିଁକି, କିଛି ଅବୁଝା ରହେ ନାହିଁ। (ପ୍ରିୟପରମ)

(୧୭)
ଯତୀନ୍‌ଦାଙ୍କ ପ୍ରଣାମୀ

ଯତୀନ୍ଦ୍ରନାଥ ମହାନ୍ତି (ପ୍ରତି– ଋତ୍ୱିକ୍) ବର୍ତ୍ତମାନ ଦିଲ୍ଲୀ ସତ୍‌ସଂଗ ବିହାରର ସଚିବ– ପରିଚାଳକ। ଦୀକ୍ଷା ଗ୍ରହଣକରିବାର କିଛିକାଳ ପରେ ଓଡ଼ିଶା ସରକାରଙ୍କ ଚାକିରି ଛାଡ଼ି ଶ୍ରୀଶ୍ରୀବଡ଼ଦାଙ୍କ ନିର୍ଦ୍ଦେଶକ୍ରମେ ଦିଲ୍ଲୀରେ ଜାଗା ନେବାଠାରୁ ସତ୍‌ସଂଗ ବିହାର ନିର୍ମାଣ ଇତ୍ୟାଦିର ସମସ୍ତ ଦାୟିତ୍ୱ ବହନକଲେ, ଘରସଂସାର ନକରି ସମ୍ପୂର୍ଣ୍ଣଭାବେ ଇଷ୍ଟସେବାରେ ନିଜକୁ ଉତ୍ସର୍ଗକଲେ। ସେ ଜଣେ ବାଗ୍ମୀ ଓ ଲେଖକ। ଶ୍ରୀଶ୍ରୀଠାକୁର ତାଙ୍କଠାରୁ ପ୍ରଣାମୀ ନେଇ ଶ୍ରୀଶ୍ରୀବଡ଼ମାଙ୍କ ଦ୍ୱାରା ଗ୍ରହଣ କରାଇ ତୃପ୍ତହେଲେ। ଯତୀନ୍‌ଦାଙ୍କ ନିଜ ବକ୍ତବ୍ୟ– "ମୁଁ ୧୯୬୬–୬୭ ଦୁଇବର୍ଷ ଅପରିହାର୍ଯ୍ୟ କାରଣରୁ ଦେଓଘର ଯାଇ ନପାରିବାରୁ ଠାକୁର–ଦର୍ଶନ ପାଇଁ ଅତ୍ୟନ୍ତ ଉଦ୍‌ଗ୍ରୀବ ଥିଲି। ୧୯୬୮ ମସିହାରେ ଉତ୍ସବ ଭିଡ଼ଭାଡ଼ ସମୟରେ ନ ଯାଇ ମେ ମାସ ଫାଙ୍କା ସମୟରେ ଦେଓଘର ଗଲି। ସେଠାରେ ପନ୍ଦରଦିନ ରହିଥିଲି। ମୋର ଋତ୍ୱିକ୍ ଯତୀନ୍ଦ୍ରମୋହନ ବସୁଙ୍କ (ପରବର୍ତ୍ତୀ ସମୟରେ ସତ୍‌ସଂଗର ସହ–ସଚିବ) ସହାୟତାରେ ମୁଁ ପାର୍ଲରରେ ଶ୍ରୀଶ୍ରୀଠାକୁରଙ୍କୁ ନିକଟତମ ବ୍ୟବଧାନରେ ଦର୍ଶନ କରିବା ଓ ବସିବାର ସୁଯୋଗ ପାଇଥିଲି। ପ୍ରତିଦିନ ଦର୍ଶନବେଳେ ତାଙ୍କୁ କ'ଣ ପଚାରିବି ବୋଲି ଭାବି ଠିକ୍ କରିପାରୁନଥିଲି। ଦିନେ ମନେମନେ ଭାବିଲି, ଯଦି ଦୟାକରି ସ୍ୱତଃସ୍ଫୂର୍ତ୍ତଭାବେ ମୋତେ କିଛି କହନ୍ତି, ତାହା ହେବ ମୋ ପାଇଁ ସର୍ବଶ୍ରେଷ୍ଠ ଆଶୀର୍ବାଦ। ଅତ୍ୟାଶ୍ଚର୍ଯ୍ୟ ! ତତ୍‌କ୍ଷଣାତ୍ ଭାବଗ୍ରାହୀ ମୋତେ ଲକ୍ଷ୍ୟକରି ଶ୍ରୀହସ୍ତ ପ୍ରସାରଣପୂର୍ବକ କହିଲେ– କେଇଟା ଟଙ୍କା ଦେବୁ ?' ମୁଁ ସମ୍ପୂର୍ଣ୍ଣ ସ୍ତବ୍ଧ ଆଉ ବିସ୍ମିତ ହୋଇଯାଇଥିଲି। ମୋର ଅଜାଣତରେ ମୁହଁରୁ ବାହାରି ପଡ଼ିଲା– ଆଜ୍ଞା, କେତେ ? ସେ କହିଲେ– ଏଇ କେଇଟା ହେଲେ ହେବ।

ଅବିଳମ୍ବେ ମୋର ପକେଟ୍‌ରେ ଥିବା ଦଶଟଙ୍କାର ନୋଟ୍‌ଟି ବାହାରକରି ବଢ଼ାଇଦେଲି। ତାଙ୍କର ଆଜାନୁଲମ୍ବିତ ହସ୍ତଟି ପ୍ରସାରିତ ହୋଇ ଆସିଥିଲା ଅକିଂଚନର ସେଇ ଅର୍ଘ୍ୟଟି ଗ୍ରହଣ କରିବା ଲାଗି। ସେଠାରେ ଉପସ୍ଥିତ କର୍ମୀ ଅଜିତ୍ ଗାଙ୍ଗୁଲିଦା ଆଗେଇ ଆସି ତା' ମୋ' ହାତରୁ ଗ୍ରହଣ କଲେ। ଶ୍ରୀଶ୍ରୀଠାକୁର ଅଜିତ୍‌ଦାଙ୍କୁ ଆଦେଶ ଦେଲେ– 'ଯା ବଡ଼ବୌକୁ (ଶ୍ରୀଶ୍ରୀବଡ଼ମା) ଦେଇ ଆସିବୁ।' ଅଜିଦ୍‌ଦା ଗଲେ ଏବଂ ସଙ୍ଗେସଙ୍ଗେ ଫେରିଆସି କହିଲେ– ଶ୍ରୀଶ୍ରୀବଡ଼ମା' ସ୍ନାନ କରୁଛନ୍ତି। ପ୍ରଭୁଙ୍କର ସେଇ ଗୋଟିଏ କଥା– 'ତୁ ଯା, ଦେଇ ଆସେ ନା।'

ଅଜିତ୍‌ଦା ପୁଣି ଫେରିଗଲେ ଶ୍ରୀଶ୍ରୀବଡ଼ମାଙ୍କ ଗୃହାଭିମୁଖକୁ। ଏଇ ସମୟରେ ଶ୍ରୀଶ୍ରୀବଡ଼ମା'ଙ୍କ ଅନ୍ୟତମ ସେବିକା ଚାରୁମା' ଆସି ଶ୍ରୀଶ୍ରୀଠାକୁରଙ୍କୁ କହନ୍ତି– ଶ୍ରୀଶ୍ରୀବଡ଼ମା' ସ୍ନାନ କରୁଛନ୍ତି। ଶ୍ରୀଶ୍ରୀଠାକୁରଙ୍କର କିନ୍ତୁ ସେଇ ଗୋଟିଏ କଥା– ତା' ହାତରେ

ଟଙ୍କାଟା ଦେଇ ଆ ନା ! ଚାରୁମା' ସଂଗେ ସଂଗେ ଚାଲିଗଲେ ଏବଂ ଫେରିଆସି କହିଲେ– ଶ୍ରୀଶ୍ରୀବଡ଼ମା'ଙ୍କ ହାତରେ ଟଙ୍କାଟା ଦିଆହୋଇଛି । ଶ୍ରୀଶ୍ରୀଠାକୁରଙ୍କ ପଚାରିଲେ– 'ବଡ଼ବୌ କ'ଣ କହିଲାରେ ?' ଚାରୁମା' କହିଲେ– 'ବଡ଼ମା' ଖୁବ୍ ହସିଲେ ।

ଶ୍ରୀଶ୍ରୀବଡ଼ମା'ଙ୍କର ପ୍ରତିକ୍ରିୟା ଶ୍ରବଣପୂର୍ବକ ଶ୍ରୀଶ୍ରୀଠାକୁର କ୍ଷଣିକ ଲାଗି ଆନନ୍ଦବିଭୋର ହୋଇଗଲେ । ଏକାଧାରରେ ଆଜୀବନ ସେବିକା, ଆଉ ଅନ୍ୟ ଦିଗରେ ସହଧର୍ମିଣୀ ଓ ଏକାନ୍ତ ମନୋବୃତ୍ତ୍ୟନୁସାରିଣୀ ଶ୍ରୀଶ୍ରୀବଡ଼ମା'ଙ୍କ ଆନନ୍ଦରେ ସେ ଯେପରି ଅଭିଭୂତ ଓ ଆତ୍ମହରା । ତାଙ୍କ ସର୍ବାଙ୍ଗ ପୁଲକିତ ହୋଇ ଉଠିଲା ସେଇ ଆନନ୍ଦରେ । ଆକର୍ଣ୍ଣ–ବିସ୍ତୃତ ନୟନଯୁଗଳରେ ଆନନ୍ଦାଶ୍ରୁର ଉଦ୍‌ଗମ । ସେଇ ଅଭାବନୀୟ ଦିବ୍ୟ ଦୃଶ୍ୟକୁ ବ୍ୟକ୍ତକରିବା ମୋର ଦୁର୍ବଳ ଲେଖନୀ ପକ୍ଷରେ ଅସମ୍ଭବ । ସେ ରହସ୍ୟ ମୋର ବୋଧର ଅଗମ୍ୟ । ପଲକରେ ଘଟିଗଲା ଦିବ୍ୟପୁରୁଷଙ୍କ ଦିବ୍ୟଲୀଳାର ଏକ ଝଲକ ।" (ସାତ୍ୱତ କଥା)

(୧୮)
କିରଣଦାଙ୍କ ପଦ୍ମଶ୍ରୀ

୪– ଏପ୍ରିଲ୍, ୧୯୬୪ ମସିହା, ସମୟ ସଂଧ୍ୟା । ଶ୍ରୀଶ୍ରୀଠାକୁର ନିରାଲା ନିବେଶରେ ବସିଛନ୍ତି । ଇଚ୍ଛାପୁର ରାଇଫଲ ଫ୍ୟାକ୍ଟ୍ରିର ଜେନେରାଲ ମ୍ୟାନେଜର କିରଣ ଚନ୍ଦ୍ର ବ୍ୟାନାର୍ଜୀ ଆସି ପହଂଚିଲେ । ଶ୍ରୀଶ୍ରୀଠାକୁର ତାଙ୍କୁ ଦେଖି ଖୁବ୍ ଖୁସି ହେଲେ । ସେହି ସମୟରେ ଭାରତ ସହିତ ପାକିସ୍ତାନ ଓ ଚୀନ୍‌ର ସଂପର୍କ ଖରାପ ଦିଗକୁ ଗଲାଣି । କିରଣଦା' ଶ୍ରୀଶ୍ରୀଠାକୁରଙ୍କୁ ନିବେଦନକଲେ– ମତେ ଗୋଟିଏ ବନ୍ଧୁକ ତିଆରି କରିବାର ଉପାୟ ଯଦି କହିଦିଅନ୍ତେ– ଯାହା ଖୁବ୍ ହାଲୁକା ଓ ମଜବୁତ୍ ହେବ । ବର୍ତ୍ତମାନ ଆମ ସୈନିକଙ୍କୁ ଯେଉଁ ବନ୍ଧୁକ ଦିଆଯାଉଛି ତାହା ଖୁବ୍ ଭାରୀ । ତାଛଡ଼ା ଏବେ ଯେଉଁ ବନ୍ଧୁକ ତିଆରି ହେଉଛି ତାର କଂଚାମାଲ ବିଦେଶରୁ ଆମଦାନୀ କରିବାକୁ ହେଉଛି, ଖର୍ଚ୍ଚ ମଧ୍ୟ ବହୁତ । ଆମ ଦେଶରେ ଉତ୍ପାଦିତ ଇସ୍ପାତ ଏତେ ଭଲ ନୁହେଁ, ତେଣୁ ବାହାରୁ ଆଣିବାକୁ ପଡୁଛି । ଯଦି ଯୁଦ୍ଧ ଲାଗିଯାଏ ତେବେ ବିଦେଶୀ ଇସ୍ପାତ ମିଳିବ ନାହିଁ । ଆମ ଦେଶର କଂଚାମାଲ୍‌ରେ ଭଲ ଓ ହାଲୁକା ବନ୍ଧୁକ କିପରି ତିଆରି କରିହେବ, ମତେ କିଛି ଉପାୟ ଦିଶୁ ନାହିଁ ।

ଶ୍ରୀଶ୍ରୀଠାକୁର କହିଲେ– ଆମ ଦେଶରେ ଯାହା ମିଳୁଛି ତାକୁ ଠିକ୍ ଭାବେ ଖୋଜିନିଅ । ଯାହା ଅଳ୍ପ କିଛି ଦରକାର ପଡ଼ିବ ତାକୁ ଦେଶ ବାହାରୁ ମଗାଇପାର । ଯେମିତି ଅଭ୍ରକ୍ (mica) ତ ଭାରତରେ ମିଳୁଛି । କୌଣସି ମିଶ୍ରଧାତୁ (alloy) ସହିତ ଅଭ୍ରକ୍ ମିଶାଇ ତାକୁ ଟେଷ୍ଟକରି ଦେଖ । କିଛି ସମୟ ପରେ ଶ୍ରୀଶ୍ରୀଠାକୁର ପୁଣି କହିଲେ– ଆମେ ଦେଶରେ ତ ଆଲୁମିନିଅମ୍ ବହୁତ ଅଛି । ତାହା ବହୁତ ହାଲୁକା । ଆଲୁମିନିଅମ୍‌ରେ ବନ୍ଧୁକ ତିଆରି କରାଯାଇପାରେ । କେଉଁ ମିଶ୍ରଧାତୁ ମିଶାଇଲେ ଆଲୁମିନିଅମ୍‌ର ସ୍ଥିରତା ବଢ଼ିବ ତାହା ମଧ୍ୟ ପରୀକ୍ଷା କରିନେବା ଉଚିତ । ଆଲୁମିନିଅମ୍‌ରୁ କରୋଗେଟେଡ୍ ଟିନ୍ ତିଆରି ହୁଏ । ସେଥିରେ ଉପଯୁକ୍ତ ଧାତୁ ମିଶ୍ରଣ କରାଯିବା ଦରକାର– ମଜବୁତ ଯେ ହେବ ନାହିଁ ଏମିତି

କିଛି କଥା ନାହିଁ । କିରଣଦା ଅତ୍ୟନ୍ତ ଆନନ୍ଦିତ ହୋଇ ଶ୍ରୀଶ୍ରୀଠାକୁରଙ୍କ ଆଡ଼କୁ ଚାହିଁଥାନ୍ତି । ଶ୍ରୀଶ୍ରୀଠାକୁର ହସୁଥାନ୍ତି । ହଠାତ୍ ଶ୍ରୀଶ୍ରୀଠାକୁର କହିଉଠିଲେ– ଚାଲ ପାଖଘରେ ଏକାନ୍ତରେ କଥାହେବା । ସେମାନେ ସେଠାରେ ଘଣ୍ଟାକରୁ ଅଧିକ ସମୟ ଧରି କଥାହେଲେ । ଯେତେବେଳେ କିରଣଦା ବାହାରକୁ ଆସିଲେ, ତାଙ୍କ ମୁହଁରେ ଆତ୍ମବିଶ୍ୱାସର ଝଲକ ବେଶ୍ ପରିଦୃଷ୍ଟ ହେଉଥିଲା ।

କିଛିବର୍ଷ ଭିତରେ କିରଣଦାଙ୍କ ନେତୃତ୍ୱରେ ତାଙ୍କ ଫ୍ୟାକ୍ଟ୍ରି ହାଲୁକା ଅଟୋମେଟିକ୍ ବନ୍ଧୁକ ତିଆରି କରିବାରେ ସଫଳ ହେଲେ । ଏବଂ ଏଇ କାମ ପାଇଁ କିରଣଦା କେନ୍ଦ୍ର ସରକାରଙ୍କ ଦ୍ୱାରା ପଦ୍ମଶ୍ରୀ ଉପାଧିରେ ସମ୍ମାନିତ ହୋଇଥିଲେ । (ସ୍ମୃତିର ମାଳା)

(୧୯)

ଗୋବରଦାଙ୍କ ଅନୁତାପ

ଗୋବର ମଜୁମଦାର ସପରିବାର କିଛିଦିନ ଦେଓଘର ଆଶ୍ରମରେ ରହିବାପରେ ଫେରିବାପାଇଁ ସମସ୍ତଙ୍କୁ ନେଇ ଶ୍ରୀଶ୍ରୀଠାକୁରଙ୍କ ଅନୁମତି ପାଇଁ ତାଙ୍କ ନିକଟକୁ ଆସିଲେ । ପ୍ରଣାମାଦି ପରେ ଅନୁମତି ପାଇ ବାହାରକୁ ଆସି ଦେଖନ୍ତି ତ ସମସ୍ତଙ୍କ ଜୋତାଚପଲ ଗାଏବ । ସିଧାଯାଇ ଶ୍ରୀଶ୍ରୀଠାକୁରଙ୍କ ସାମ୍ନାରେ ଉପସ୍ଥିତ ହୋଇ ଗର୍ଜନ କରି କହିଲେ– କିଭଳି ସତ୍‌ସଂଗ ଆପଣ ତିଆରି କରିଛନ୍ତି ? ଯେତେସବୁ ଚୋର–ତସ୍କର ଏଠି ଆସି ଜୁଟିଛନ୍ତି । ବାହାରେ ଚପଲ ଖୋଲି ଆସି ପ୍ରଣାମ କରି ସାରି ବାହାରକୁ ଯାଇ ଦେଖେ ତ ଆମର ସବୁ ଜୋତାଚପଲ ଚୋରିହୋଇଯାଇଛି । ଆପଣଙ୍କୁ ସଫାସଫା କହିଦେଉଛି, ୟାପରେ ଯଦି କେବେ ମୋ ନଜରରେ ଚୋର ପଡ଼ିଯାଏ, ତା'ହେଲେ ଶଳାର ମୁଣ୍ଡ ଫଟେଇ ତାକୁ ପାତାଳକୁ ପଠାଇଦେବି– ଏହିପରି ରାଗରେ ଅନେକ କଥା କହିଗଲେ ।

ଶ୍ରୀଶ୍ରୀଠାକୁର ଗୋବରଦାଙ୍କ କଥାଗୁଡ଼ିକୁ ଅତ୍ୟନ୍ତ ସ୍ଥିର ଆଉ ଶାନ୍ତଭାବରେ ଶୁଣିଲେ । ଗୋବରଦାଙ୍କୁ ସହଜ ଭାବରେ ପଚାରିଲେ– ତୁ କେଉଁଠି ରହୁ ? ଗୋବରଦା କହିଲେ– କଲିକତାରେ । ଶ୍ରୀଶ୍ରୀଠାକୁର ପଚାରିଲେ– ସେଠାରେ ହସ୍ପିଟାଲ ନାହିଁ ? ଗୋବରଦା କହିଲେ– ଆପଣ କଣ ଯେ କୁହନ୍ତି ? ଗୋଟାଏ କାହିଁକି ଅନେକ ବଡ଼ବଡ଼ ହସ୍‌ପିଟାଲ ଅଛି । ଆପଣ କଣ ଜାଣନ୍ତି ନାହିଁ ? ଶ୍ରୀଶ୍ରୀଠାକୁର କହିଲେ– ତୁ ଗୋଟାଏ କାମ କରିପାରିବୁ ? ସେସବୁ ହସ୍‌ପିଟାଲରୁ ବେଶ୍ ଭଲ ସ୍ୱାସ୍ଥ୍ୟସମ୍ପନ୍ନ ଆଉ ସୁସ୍ଥମନର ଗୋଟାଏ ମଣିଷ ଖୋଜି ନେଇ ଆସିପାରିବୁ ? ଗୋବରଦା କହିଲେ– ଆପଣ କଣ ଯେ କୁହନ୍ତି ? ହସ୍‌ପିଟାଲକୁ କ'ଣ କୌଣସି ସୁସ୍ଥସୁନ୍ଦର ଭଲ ମଣିଷ ଯାଏ କି ? ଶ୍ରୀଶ୍ରୀଠାକୁର କହିଲେ– ଏଇଟା ଠିକ୍ ସେଇଭଳି । ସୁସ୍ଥସୁନ୍ଦର ହେଲେ କିଏ କାହିଁକି ଏଠାକୁ ଆସିବ ? କେତେ ଅକାମ–କୁକାମ କରି, କେତେ ଅଗମ୍ୟ ଗମନ କରି, କେତେ ଗୋଳମାଳ କରି ରୋଗ କୁଢ଼େଇ ନେଇ ମଣିଷ ହସ୍‌ପିଟାଲରେ ଯାଇ ଭର୍ତ୍ତି ହୁଏ । ଡାକ୍ତର ତ ଦେଖି ବୁଝିପାରନ୍ତି ଯେ କେଉଁଠୁ କି ରୋଗ ନେଇ ଆସିଛି । କିନ୍ତୁ ଡାକ୍ତର କ'ଣ ରୋଗୀକୁ ଧମକ ଦେଇ ମୁଣ୍ଡ ଫଟାଇ ପାତାଳକୁ ପଠାଇଦିଏ ନା ଗାଳିଗୁଲଜ କରି ବିରକ୍ତ ହୋଇ ତଡ଼ିଦିଏ ? ଡାକ୍ତର

କ'ଣ କେବେ କୁହେ– ବେଶ୍ ହେଇଛି, ଯେପରି ଅକାମ କରିଛ ଏବେ ଯାଅ ମର । ସେପରି କହେ, ନା ପ୍ରାଣଭରି ଭରସା ଦିଏ– ଦୂର ବୋକା, କଣ ହେଇଛି– ଭାବୁଛୁ କାହିଁକି– ସବୁ ଠିକ୍ ହୋଇଯିବ । କୌଣସି ଚିନ୍ତାର କାରଣ ନାହିଁ । ଏମିତି କଥା କହି ରୋଗୀର ମନରୁ ସବୁ ଭୟ ଦୂର କରିଦିଏ । ପୁଣି ନୂଆକରି ବଂଚିବାର ପ୍ରେରଣା ଯୋଗାଏ । କ'ଣ କରେ କହ ତ ?

ଗୋବରଦା ନିରୁତ୍ତର । ଠାକୁରଙ୍କ ମୁହଁକୁ ସିଧା ଚାହିଁଛନ୍ତି । ଠାକୁର ଏଥର ତାଙ୍କ ଡାହାଣ ଆଣ୍ଠୁତଳୁ ତକିଆଟା ସାମାନ୍ୟ ଘୁଂଚେଇ ଡାହାଣ ହାତଟା ଡାହାଣ ଆଣ୍ଠୁରେ ଭରାଦେଇ ଗୋବରଦାଙ୍କୁ ପଚାରିଲେ – 'ଚୁପ୍ ରହିଲୁ କାହିଁକି ? ଡାକ୍ତର କ'ଣ କହେ, କହୁନୁ କାହିଁକି ?' ଗୋବରଦାଙ୍କଠାରୁ କୌଣସି ଉତ୍ତର ନ ପାଇ ଶ୍ରୀଶ୍ରୀଠାକୁର କହିଲେ– 'ଚୋର ତ ଚୋରିକରିବ । ତୁମକୁ ସଜାଗ ସଚେତନ ହୋଇ ରହିବାକୁ ହେବ । ମଣିଷଙ୍କ ଭିଡ଼ ହେଲେ ସେମାନେ ତାର ଫାଇଦା ଉଠାଇବା ପାଇଁ ଆସି ପହଂଚିଯାଆନ୍ତି । ସେମାନଙ୍କ ଚୋରି ଆମ ନଜରରେ ପଡ଼େ । ଆହୁରି ଅନେକ ଚୋରି ତ ଆମ ନଜରକୁ ଆସେ ନା, ଧରି ହୁଏନା, ବାଦ୍ ଦେବୁ କାହାକୁ ? ଜଣଜଣ କରି ସମସ୍ତଙ୍କ ମୁଣ୍ଡ ଫଟାଇ ପାତାଳକୁ ପଠେଇଦେଲେ ତୁ ବାସ କରିବୁ କାହା ସଂଗେ ? ଗୋଟାଏ ଗୋଟାଏ ଦୋଷପାଇଁ, ଜଣ ଜଣକୁ ବିଦା କରିଦେଲେ, ସେ ତ ସେଇ ଦୋଷ ନେଇ ଚାଲିଯିବ । ତାର ସଂଶୋଧନ ହେବ ନାହିଁ । ସେଥିରେ କ'ଣ କାମ ହେବ ? ତୁ କ'ଣ କହୁଛୁ ?'

ଶ୍ରୀଶ୍ରୀଠାକୁରଙ୍କ କଥା ଶୁଣି ଗୋବରଦାଙ୍କ ଆଖି ଅଶ୍ରୁସିକ୍ତ ହୋଇଗଲା । ଶ୍ରୀଶ୍ରୀଠାକୁର ତାଙ୍କ ଆଡ଼କୁ କିଛି ସମୟ ଚାହିଁ ପୁଣି ପୂର୍ବଭଳି ବସିଲେ, ଆଉ ପୁଣି କହିବାକୁ ଲାଗିଲେ– 'କଣ ଆଉ କରିବି କହ ? ମୁଁ ତ କାହାକୁ ତଡ଼ିଦେଇ ପାରିବିନି । ତୁମ୍ଭମାନଙ୍କ ଉପରେ ଭରସା । ତୁମେ ସମସ୍ତେ ଯଦି ଏପରି କଥା କହିବ ତେବେ ପଥକୁ ଅନାଇ ଏକଲା ବସି ରହିବି । ମୋତେ ଛାଡ଼ି ସେମାନେ କୁଆଡ଼େ ବା ଯିବେ ? ବୁଢ଼ା ହୋଇଗଲିଣି । ଆଗଭଳି ଆଉ ସେପରି ଚଲାବୁଲା କରିପାରୁନି । ତୁମ୍ଭେମାନେ ତ ମୋର ହାତପାଦ ଆଖିକାନମୁଖ ସବୁ । ତୁମ ଭିତର ଦେଇ ମଣିଷ ମୋତେ ଦେଖିବ । ତୁମର ସ୍ପର୍ଶ ଭିତର ଦେଇ ତ ମଣିଷ ମୋର ସ୍ପର୍ଶ ପାଇବ । ତୁମ୍ଭେମାନେ କେଉଁଠି ଯାଇ ରହିଲ ? ଗୋବରଦା କହିଲେ– ଆପଣ ମୋତେ କ୍ଷମା କରନ୍ତୁ । ଆଉ କେବେ ବି ଏପରି କଥା ଆପଣଙ୍କୁ କହିବି ନାହିଁ । ଆପଣ ଠିକ୍ କହିଛନ୍ତି । ଏପରିଭାବେ ମୋ ପାଇଁ କଷ୍ଟ ପାଇବେ ନାହିଁ । ଆପଣଙ୍କ କଷ୍ଟ ମୋର ସହ୍ୟ ହେଉ ନାହିଁ । ମୁଁ ମୋତେ ଠିକ୍ କରିନେବି ।'

'ଏଇ ତ ପରମପିତାଙ୍କ ପିଲାର କଥା ! ଜାଣିଛୁ ମଣି, ଏହାକୁ କହନ୍ତି ଉପାସନା ।' ଶ୍ରୀଶ୍ରୀଠାକୁର କହିଲେ ।

ଶ୍ରୀଶ୍ରୀଠାକୁରଙ୍କ ଶରୀରରେ ପୁନରାୟ ସମୁଦ୍ରର ଜୁଆର ଦେଖାଗଲା । ଦେହରେ ଅପୂର୍ବ ଆନନ୍ଦର ଶିହରଣ– ମୁଖମଣ୍ଡଳରେ ନାନାରଙ୍ଗର ବର୍ଣ୍ଣାଳୀ । ଗ୍ରନ୍ଥିମୋଚନ ଘଟିଲା ଗୋବର ମଜୁମଦାରଙ୍କର । ତୀର୍ଥପତିଙ୍କର ପାଦପ୍ରାନ୍ତରେ ସଭକ୍ତି ପ୍ରଣାମ ନିବେଦନ କରି ଫେରିଗଲେ ସ୍ୱବାସସ୍ଥଳୀକୁ । (ପ୍ରେମଲ ଠାକୁର)

(୨୦)
ଦୟାଳୁ ଠାକୁର

●

କଲିକତାର ବାଗୁଇଆଟି ଅଂଚଳରେ ଶ୍ରୀଶ୍ରୀଠାକୁରଙ୍କ ଋତ୍ୱିକ୍ ଗୋବର ମଜୁମଦାରଙ୍କ ଘର। ସେହି ଅଞ୍ଚଳରେ ସେତେବେଳେ ମାତ୍ର ତିନି ଜଣ ଡାକ୍ତର ଥିଲେ। ଗୋବରଦାଙ୍କ ମଝିଆଁ ପୁଅ ସୁଖେନ୍ ଭୟଙ୍କର ଡିପ୍ ଥୋରିୟାରେ ପୀଡ଼ିତ। ଘରେ ଚିକିତ୍ସା ଚାଲିଛି। ଡାକ୍ତର ରୋଗୀକୁ ହସ୍‌ପିଟାଲରେ ଭର୍ତ୍ତି କରିବା ପାଇଁ ବାରମ୍ବାର କହିଲେ ମଧ୍ୟ ପରିବାରର କେହି କିନ୍ତୁ ଏ ପ୍ରସ୍ତାବରେ ରାଜି ହେଲେ ନାହିଁ। ଗୋବରଦାଙ୍କ ପିତା ଡାକ୍ତରବାବୁଙ୍କୁ ସ୍ପଷ୍ଟ ଜଣାଇଦେଇଛନ୍ତି ଯେ ଘରେ ସବୁ ଚିକିତ୍ସାପତ୍ର ହେଉ। ଯା' ହେବାର ଘରେ ହେବ। ଏହି ସମୟରେ ଦେଓଘରରୁ ଫୋନ୍ ଆସିଲା ଯେ ଠାକୁର ଗୋବରଦାଙ୍କୁ ଆଗାମୀକାଲି ସକାଳେ ଦେଖିବାକୁ ଚାହୁଁଛନ୍ତି। ତେଣୁ ଗୋବରଦା ସଂଗେ ସଂଗେ ଆଶ୍ରମ ଯିବାପାଇଁ ପ୍ରସ୍ତୁତ ହେଲେ। ଡାକ୍ତରବାବୁ ଏହା ଶୁଣି କହିଲେ– ଆପଣଙ୍କ ପୁଅର ଯା, ଅବସ୍ଥା କେଉଁ ମୁହୂର୍ତ୍ତରେ କ'ଣ ହେବ କହିହେଉନି। ତେଣୁ ଆପଣ ଏଇ ସମୟରେ ଘରେ ରହିବାହିଁ ଭଲ। ଗୋବରଦା ଡାକ୍ତରବାବୁଙ୍କୁ କହିଲେ– 'ଡାକ୍ତରବାବୁ, ମୋର ଚାରିପୁଅ। ଗୋଟିଏ ଯଦି ମରି ବି ଯାଏ ତା'ହେଲେ ଆଉରି ତିନିପୁଅ ରହିବେ। କିନ୍ତୁ ଆଜି ଏଇ ଡାକ (ଇଷ୍ଟଙ୍କ ଆହ୍ୱାନ) ଯଦି ମୁଁ ଏଡ଼ାଇ ଦିଏ ତା'ହେଲେ ମୋର ମାନସିକ ଅବସ୍ଥା ଯେ କ'ଣ ହେବ ଆପଣ ବା କିପରି ବୁଝିବେ ?

ଗୋବରଦାଙ୍କୁ ହାଓଡ଼ା ଷ୍ଟେସନ୍ ଯିବା ପାଇଁ ପ୍ରସ୍ତୁତ ହେଲେ। ସୁଖେନ ବଡ଼ବଡ଼ ଆଖିରେ ତାଙ୍କ ଆଡ଼କୁ ଚାହିଁ ରହିଥାଏ।

ବ୍ୟାଗ୍ ହାତରେ ଧରି ଘରୁ ବାହାରି ଯିବା ସମୟରେ ସ୍ତ୍ରୀଙ୍କ ଆଡ଼କୁ ଚାହିଁବାରୁ ସେ ଅସ୍ଫୁଟ ସ୍ୱରରେ କହିଲେ– ଆଜି ନ ଗଲେ ହୁଅନ୍ତା ନାହିଁ। ଗୋବରଦା କହିଲେ– ବିବାହ ବେଦୀକୁ କୌଣସି କାରଣରୁ ବର ଯଦି ନ ଆସେ, କନ୍ୟା ଯେପରି ଲଗ୍ନଭ୍ରଷ୍ଟା ହୁଏ ମୋର ସେହିପରି ଅବସ୍ଥା ହେବ। ତୁମେ କାଗଜରେ ଦିନ ତାରିଖ ଆଉ ସମୟଟା ଭଲକରି ଲେଖି ରଖିବ କେବେ ସୁଖେନ ଭଲ ଆଡ଼କୁ ଗତି କଲା।

●

ପରଦିନ ସକାଳେ ଶ୍ରୀଶ୍ରୀଠାକୁରଙ୍କ ନିକଟକୁ ଯାଇ ପ୍ରଣାମ କଲାବେଳେ ଗୋବରଦା ଦେଖନ୍ତି ଯେ ସେ ଅନ୍ୟ ଭକ୍ତମାନଙ୍କ ସହିତ ସେମାନଙ୍କ ସମସ୍ୟା ନେଇ କଥା ହେଉଛନ୍ତି। ମନେମନେ ଆଶ୍ୱସ୍ତ ହେଲେ ଏଇ ଭାବି ଯେ, ସମସ୍ତଙ୍କ କଥା ଶେଷ ହେଲେ ନିଜ ପୁଅର କଥାଟା ନିବେଦନ କରିବେ। ଭାବିବା ସଂଗେସଂଗେ ଶ୍ରୀଶ୍ରୀଠାକୁର ଗୋବରଦାଙ୍କ ଆଡ଼କୁ ଚାହିଁଲେ। ତାଙ୍କ ଆଡ଼କୁ କିଛିଟା ଝୁଙ୍କି ଯାଇ ପଚାରିଲେ– ଆରେ, ତୋର କ'ଣ କିଛି କହିବାର ଅଛି ? ଅଜ୍ଞାତସାରରେ ଗୋବରଦା କହିଦେଲ– ଆଜ୍ଞା ନା। ଶ୍ରୀଶ୍ରୀଠାକୁର

କହିଲେ– ନ କହିବା ଭଲ । ପର ମୁହୂର୍ତ୍ତରେ ଗୋବରଦା ଭାବିଲେ, ମୁଁ ଏ କ'ଣ କଲି ! ମୋର ତ ଅନେକ କିଛି କହିବାର ଥିଲା ।

ଶ୍ରୀଶ୍ରୀଠାକୁର ପାଖରେ ଉପସ୍ଥିତ ସତୁ ସାନ୍ନ୍ୟାଲଦାଙ୍କୁ କହିଲେ– ସତୁ, ତୁ ଗୋଟାଏ ଗପ କହ । କହିସାରି ଆଣ୍ଠୁତଳେ ତକିଆ ଦେଇ ଆରାମକରି ବସି ହୁକାର ନଳଟା ଧରି ଧୀରେ ଧୀରେ ତମାଖୁ ସେବନ କରିବାକୁ ଲାଗିଲେ । ସତୁଦା ଗପ ଆରମ୍ଭ କଲେ– ସଦ୍ୟ ବିବାହ କରି ବରବଧୂ ଗୋଟିଏ ବିରାଟ ଡଙ୍ଗାରେ ନଦୀପଥରେ ଘରକୁ ଫେରୁଛନ୍ତି । ବିଶାଳ ନଦୀ । ସୁରକ୍ଷା ପାଇଁ ସାମାନ୍ୟ କେତେଜଣ ଠେଙ୍ଗାବାଲା ସାଙ୍ଗରେ ଅଛନ୍ତି । ଇତିମଧ୍ୟରେ ରାତି ହୋଇଯାଇଛି । ହଠାତ୍ ଡକାୟତ ଡଙ୍ଗାରେ ଉଠି ଲୁଟତରାଜ କରିବାକୁ ଲାଗିଲେ । ଦିପକ୍ଷ ଭିତରେ ଜୋର ଲଢ଼େଇ ଚାଲିଲା– ଠେଙ୍ଗାର ପ୍ରହାର ଖାଇ ଜଣେ ଡକାୟତ ପଡ଼ିଯିବାରୁ ଅନ୍ୟ ଡକାୟତମାନେ ସେମାନଙ୍କ ଖଣ୍ଡା ବାହାର କରି ସେଇ ଠେଙ୍ଗାବାଲାର ମୁଣ୍ଡ ଖଚ୍ କରି କାଟିଦେଲେ– ମୁଣ୍ଡଟା ନଦୀରେ ପଡ଼ି ନଦୀ ଜଳକୁ ଲାଲ୍ କରିଦେଲା । ଗୋବରଦା ଲକ୍ଷ୍ୟକଲେ ଯେ ସତୁଦା ଗପ କହିବା ସମୟରେ ଯେବେ 'ଖଚ୍ କରି ମୁଣ୍ଡକାଟିଦେବା' କଥା କହିଛନ୍ତି ଠିକ୍ ସେତିକିବେଳେ ଠାକୁରଙ୍କ ହାତରୁ ହୁକାର ନଳଟା ଖସି ମାଟିରେ ତଳେପଡ଼ିଗଲା । ଶ୍ରୀଶ୍ରୀଠାକୁର ନିର୍ବାକ୍– ନିସ୍ତବ୍ଧ । ଠିକ୍ ନିଷ୍ପ୍ରାଣ ପଥରର ମୂର୍ତ୍ତି ଭଳି । ଯେଉଁ ଭଂଗୀରେ ବସିଥିଲେ, ଠିକ୍ ସେହିଭଳି ଅଛନ୍ତି । ଆଖିପତା ଏକାବେଳେ ସ୍ଥିର । ଶ୍ରୀଶ୍ରୀଠାକୁରଙ୍କର ଏଭଳି ଅବସ୍ଥା ଦେଖି ଗୋବରଦା ସତୁଦାଙ୍କ ଜଂଘ ଥାପୁଡ଼େଇ ଗପ ବନ୍ଦ୍ କରିବାକୁ ଇଙ୍ଗିତ କଲେ । ସତୁଦା ମଧ୍ୟ ଶ୍ରୀଶ୍ରୀଠାକୁରଙ୍କୁ ଲକ୍ଷ୍ୟ କରି ଗପ ବନ୍ଦ୍‌କଲେ । ଅନେକ ସମୟ ଚୁପ୍‌ଚାପ୍‌ରେ କଟିଲା । ପରିବେଶ ନିସ୍ତବ୍ଧ । ଖାଲି ପଙ୍ଖାର ଶବ୍ଦ ଯାହା ଶୁଣାଯାଉଥାଏ । ବେଶ୍ କିଛି ସମୟ ଏପରି କଟିବା ପରେ ଠାକୁର 'ଆଃ' କହି ଦୀର୍ଘଶ୍ୱାସ ଛାଡ଼ିଲେ । ତା'ପରେ ସେମାନଙ୍କ ଆଡ଼କୁ ଚାହିଁଲେ, ଯେପରି ତାଙ୍କୁ ପ୍ରଥମଥର ପାଇଁ ଦେଖୁଛନ୍ତି ବୋଲି ମନେହେଲା । ପଚାରିଲେ– କିରେ, ତୁମେସବୁ କେତେବେଳେ ଆସିଲ ? ମନେହେଲା ଯେପରି ସେ ଅନ୍ୟ ଜଗତରେ ଥିଲେ । ଶ୍ରୀଶ୍ରୀଠାକୁରଙ୍କ ଭାବାବେଶ କଟାଇବା ପାଇଁ ଗୋବରଦା କହିଲେ– ସତୁଦା ଏତେ ସମୟ ହେଲା ଆପଣଙ୍କୁ ଗପ ଶୁଣାଉଥିଲେ । ଠାକୁର ଓଠ ଓଲଟାଇ ନଜାଣିବାର ଭଙ୍ଗୀ କଲେ । ତାପରେ କହିଲେ– ତମାଖୁ ଦେବୁ ନା କି ? ଅନେକ ସମୟଯାଏ ହୁକା ଟାଣିଲେ । ତାପରେ ବେଶ୍ ଖୁସିରେ ହୁକା ଟାଣି ଗୋବରଦାଙ୍କୁ କହିଲେ– ଏବେ ତୁଇ ଗୋଟାଏ ଗପ କହ । ଗୋବରଦା କହିଲେ– ଭଲକରି ଆରାମରେ ବସନ୍ତୁ, କହିବି । ଶ୍ରୀଶ୍ରୀଠାକୁର କହିଲେ – ବସିଛି ତ ଏଥର କହ ।

ଗୋବରଦା ଗପ ଆରମ୍ଭ କଲେ– ଦୁଇଟି ଜମିଦାର ପରିବାର ମଧ୍ୟରେ ବିବାହ ପ୍ରସ୍ତାବ ପଡ଼ିଛି, ବରପକ୍ଷର ଜମିଦାର କନ୍ୟା ଘରକୁ ଆସିଛନ୍ତି କନ୍ୟା ଦେଖିବାକୁ । କନ୍ୟାପିତା ଦାଣ୍ଡକୁ ଆଗେଇଯାଇ ବରପିତାଙ୍କୁ ଖୁବ୍ ଅଭ୍ୟର୍ଥନା କରି ଆଣି ବୈଠକଖାନାରେ ବସାଇଲେ । ବରପିତାଙ୍କର ପସନ୍ଦ ଆଗରୁ ଜାଣି ନେଇ ଉପଯୁକ୍ତ ତମାଖୁର ବ୍ୟବସ୍ଥା ମଧ୍ୟ

କରିଥାନ୍ତି । ପ୍ରଥମେ ଦୁଇ ଜମିଦାର ବହୁସମୟ ଧରି ତମାଖୁ ସେବନ କଲେ । ବରପିତା କହିଲେ– ତା ହେଲେ ନାଏବ, ଏଇ ବାହାଘର ଠିକ୍ ହେଲା । ଚାଲ ଏବେ ଏଠାରୁ ଯିବା । କନ୍ୟାପିତା କହିଲେ– 'ସେ କି କଥା ! ଆପଣ ଝିଅକୁ ନ ଦେଖି କ'ଣ ଚାଲିଯିବେ ?' ସଂଗେ ସଂଗେ ବରପିତା କହିଲେ– 'ଆରେ ମହାଶୟ, ଆପଣ କ'ଣ ଯେ କହୁଛନ୍ତି ! ଯେଉଁ ଘରର ତମାଖୁ ଏତେ ଭଲ, ସେ ଘରର ଝିଅ କ'ଣ ଭଲ ନ ହୋଇପାରେ ? ଏ ବାହାଘର ଠିକ୍ ହେଲା ।'

ଗୋବରଦାଙ୍କ ଗପ ଶେଷ ହେଉ ନହେଉଣୁ ଶ୍ରୀଶ୍ରୀଠାକୁରଙ୍କର କି ହସ ! କି ଫୁର୍ତ୍ତି, କି ଆନନ୍ଦ, ହସି ହସି ବିଛଣାରେ ଗଡ଼ିଯାଉଥାନ୍ତି । କହୁଥାନ୍ତି– 'ବଢ଼ିଆ ଗପ କହିଛୁ ! ଯେଉଁ ଘରର ତମାଖୁ ଏତେ ଭଲ ସେ ଘରର ଝିଅ କ'ଣ ଭଲ ନ ହୋଇପାରେ ! ବଢ଼ିଆ ଗପ କହିଛୁ । ଖାସା ଗପ କହିଛୁ । ଆଗେ କିପରି ସବୁ ପରିବାର ଥିଲା ରେ !'

ଶ୍ରୀଶ୍ରୀଠାକୁରଙ୍କର ଏପରି ଖୁସ୍ ମିଜାଜ ଉପଭୋଗ କଲାବେଳେ ହଠାତ୍ କରି ନିଜ ମଝିଆଁ ପୁଅର କଠିନ ରୋଗର କଥା ମନେ ପଡ଼ିଗଲା ଗୋବରଦାଙ୍କର । କିନ୍ତୁ ଶ୍ରୀଶ୍ରୀଠାକୁରଙ୍କର ହସିବାରେ ବିରାମ ନାହିଁ । ସେ ଆଉଥରେ ତମାଖୁ ସେବନ କଲେ । ବାରମ୍ବାର ସେଇ ହସର ବିଚ୍ଛୁରଣ ହେଉଥାଏ । ମଝିରେ ମଝିରେ ଉଚ୍ଚାରଣ କହୁଥାନ୍ତି– ବଢ଼ିଆ ଗପ କହିଛୁ । ବଢ଼ିଆ ଗପ କହିଛୁ । ଠାକୁର–ପ୍ରଣାମ କରିସାରି ବାହାରକୁ ଆସି (ଟ୍ରଙ୍କ୍‌କଲ)ଫୋନ୍‌ରେ ଗୋବରଦା ତାଙ୍କ ସ୍ତ୍ରୀଙ୍କୁ ପଚାରିଲେ– 'ପୁଅ କେମିତି ଅଛି ?' ଆରପଟରୁ ତାଙ୍କ ସ୍ତ୍ରୀ ଉତ୍ତରଦେଲେ– 'କିଛିସମୟ ଆଗରୁ ଡାକ୍ତରବାବୁ କହିଗଲେ ଯେ ଆଉ କୌଣସି ଭୟ ନାହିଁ । ସାରାରାତି ସେ ଏଠାରେ ଥିଲେ, ଏବେ ଘରକୁ ଗଲେ । ଗୋବରଦା ଏବଂ ପରିବାରର ସମସ୍ତେ ଆଶ୍ୱସ୍ତ । (ପ୍ରେମଲ ଠାକୁର)

(୨୧)
ହାଣ୍ଟଲି ପାମାର ବିସ୍କୁଟ

ବ୍ୟସ୍ତବହୁଳ କଲିକତା ମହାନଗରୀ । ହାଓଡ଼ା ବ୍ରିଜ୍‌ର ସାମାନ୍ୟ ଦୂରରେ ବିଷଣ୍ଣ ବଦନରେ ଠିଆହୋଇ ରହିଛନ୍ତି ପରେଶଦା (ପରେଶନାଥ ମୁଖାର୍ଜୀ) । ମୁହଁରେ ଦଶବାର ଦିନର କଟା ହୋଇନଥିବା ଦାଢ଼ି– ଅବିନ୍ୟସ୍ତ କେଶରାଶି । ପୋଷାକ ପରିଛଦ ଆଡ଼କୁ କୌଣସି ଧ୍ୟାନଜ୍ଞାନ ନାହିଁ । ମନ କେବଳ ଗୋଟିଏ ଜିନିଷ ଖୋଜିବାରେ ଲାଗିଛି– ସେଇ ବିସ୍କୁଟ୍ ଯାହାର ନାମ 'ହାଣ୍ଟଲି ପାମାର' । ପରେଶଦା କଲିକତାର ଲୋକ । କଲିକତାର ଗଳିକନ୍ଦି, ଷ୍ଟ୍ରିଟ୍– ଲେନ୍– ଏଭିନ୍ୟୁ ଏସବୁ ତାଙ୍କର ନଖଦର୍ପଣରେ । ବହୁ ଦୋକାନକୁ ଯାଇଛନ୍ତି ବିସ୍କୁଟ୍ ଲାଗି କିନ୍ତୁ କେଉଁଠାରେ ହାଣ୍ଟଲି ପାମାର ବିସ୍କୁଟ ପାଉନାହାନ୍ତି । ନିରାଶ ହୋଇ ଦେଓଘର ଫେରି ଯିବେ କି ନା ଭାବୁଛନ୍ତି । ଅନ୍ତରରେ ବ୍ୟଥା– ଶ୍ରୀଶ୍ରୀଠାକୁର ତାଙ୍କ ନିକଟରୁ ହାଣ୍ଟଲି ପାମାର ବିସ୍କୁଟ୍ ଚାହିଁଥିଲେ କିନ୍ତୁ ସେ ଏପର୍ଯ୍ୟନ୍ତ ଯୋଗାଡ଼ କରିପାରି ନାହାନ୍ତି । ପରେଶନାଥ ବିପତ୍ନୀକ– ଦୁଇଟି ପୁତ୍ର ସନ୍ତାନ ପରେ ସ୍ତ୍ରୀ ବିଗତ ହୋଇଛନ୍ତି ।

କଲିକତାର ଉଲଟୋଡ଼ାଙ୍ଗାରେ ବସବାସ କରନ୍ତି । ବିଶିଷ୍ଟ ଶିଳ୍ପୀ ଓ ଚିତ୍ରତାରକାମାନଙ୍କ ସହିତ ବିଶେଷ ଆତ୍ମୀୟତା । ସଂଗଦୋଷରୁ ସେ ମଦ୍ୟପାନରେ ଅଭ୍ୟସ୍ତ । ଜୀବନଟା ଗୋଟିଏ ସ୍ରୋତରେ ବହି ଚାଲିଥିଲା । ହଠାତ୍ ପରିଚୟ ହେଲା ଶ୍ରୀଶ୍ରୀଠାକୁରଙ୍କ ଋତ୍ୱିକ୍ ହୀରାଲାଲ ଚକ୍ରବର୍ତ୍ତୀଙ୍କ ସଂଗେ । ତାଙ୍କ ନିକଟରୁ ଶ୍ରୀଶ୍ରୀଠାକୁରଙ୍କ ଅମୃତକଥା ଶୁଣିବା ପରେ ଦୀକ୍ଷାନେବାକୁ ମନସ୍ଥିର କଲେ । ପରଦିନ ଗଂଗାସ୍ନାନ କରିବାକୁ ଯାଉଛନ୍ତି । ସ୍ନାନାନ୍ତେ ଶୁଦ୍ଧପୂତ ଅନ୍ତଃକରଣରେ ପବିତ୍ର ଦୀକ୍ଷାର ଆସନରେ ବସିବେ । ଆର୍ଦ୍ରବସନ ପରିଧାନ କରି ଫେରୁଥାନ୍ତି ହୀରାଲାଲ ଚକ୍ରବର୍ତ୍ତୀ ମହୋଦୟଙ୍କ ଗୃହକୁ । ମଦ ଦୋକାନ ନଜରରେ ପଡ଼ିଗଲା । ସଂଗେସଂଗେ ତାଙ୍କର ଭାବାନ୍ତର ହେଲା । ଦୀକ୍ଷାଗ୍ରହଣ ପରେ ତ ଆଉ ମଦ ଛୁଇଁବେ ନାହିଁ କାରଣ ଦୀକ୍ଷାଟା ପବିତ୍ର ଜିନିଷ । ଭାବିଲେ, ପରେ ଯେତେବେଳେ ଆଉ ମଦ୍ୟପାନ କରିହେବନି ସେ କ୍ଷେତ୍ରରେ ଶେଷଥର ପାଇଁ ଖାଇନିଏ । ସଂଗେ ସଂଗେ ଏକ ବୋତଲ ମଦ୍ୟ ଗଳାଧକରଣ କରି ପକାଇଲେ । ପରବର୍ତ୍ତୀ କାର୍ଯ୍ୟ– ସତ୍‌ଦୀକ୍ଷା ଗ୍ରହଣ । ସେଦିନ ହୀରାଲାଲ ଚକ୍ରବର୍ତ୍ତୀଙ୍କ ମାଧ୍ୟମରେ ଶ୍ରୀଶ୍ରୀଠାକୁରଙ୍କ ସତ୍‌ମନ୍ତ୍ରରେ ଦୀକ୍ଷାଗ୍ରହଣ କଲେ । ଦୀକ୍ଷାଗ୍ରହଣ ପରେ ବି ପରେଶଦା ମଦ୍ୟପାନ ଛାଡ଼ିପାରି ନାହାନ୍ତି । କିନ୍ତୁ ମଝିରେ ମଝିରେ ଦେଓଘର ଆସୁଥାନ୍ତି ଶ୍ରୀଶ୍ରୀଠାକୁରଙ୍କୁ ଦର୍ଶନ କରିବା ମାନସରେ । ତାଙ୍କ ପ୍ରେମର ବନ୍ଧନରେ ଆବଦ୍ଧ ହୋଇ ଆଶ୍ରମରେ ବେଶ୍ କିଛି ଦିନ ରହି ବି ଯାଆନ୍ତି । ଆଶ୍ରମରେ ଥିବା ସମୟରେ ପ୍ରତିଦିନ ଶ୍ରୀଶ୍ରୀଠାକୁରଙ୍କ ସାନ୍ନିଧ୍ୟରେ ବସନ୍ତି । ସନ୍ଧ୍ୟା–ଦର୍ଶନର କିଛି ସମୟପରେ ନିଶାର ସମୟ ଉପଗତ ହେଲେ ଆଉ ବସି ନପାରି ଦେଓଘର ବଜାରକୁ ଚାଲିଯାଆନ୍ତି, ନିଶା କରନ୍ତି । ଏଇଭାବରେ ସଦ୍‌ଗୁରୁସଂଗ ଆଉ ମଦ୍ୟପାନ ସମାନ ତାଳରେ ଚାଲିଥାଏ । ଶ୍ରୀଶ୍ରୀଠାକୁର ମଧ୍ୟ ମଝିରେ ମଝିରେ କର୍ମୀମାନଙ୍କ ସହିତ ତାଙ୍କୁ ବାହାରକୁ ପଠାନ୍ତି ଯାଜନକାର୍ଯ୍ୟରେ । ସେମାନଙ୍କ ଭିତରୁ କେହି ଜଣେ ସମୟ ଓ ସୁଯୋଗ ଦେଖି ଶ୍ରୀଶ୍ରୀଠାକୁରଙ୍କୁ ପରେଶଦାଙ୍କ ମଦ୍ୟପାନ କଥା ଜଣାଇ ଦିଅନ୍ତି ।

ଦିନକର ପରେଶଦା ଶ୍ରୀଶ୍ରୀଠାକୁରଙ୍କ ସାନ୍ନିଧ୍ୟରେ ବସିଛନ୍ତି । ଶ୍ରୀଶ୍ରୀଠାକୁର କହିଲେ– ଏଇ ପରେଶ, ବିସ୍କୁଟ୍ ଆଣିପାରିବୁ ? ଠାକୁର ତ ସାମାନ୍ୟ ବିସ୍କୁଟ୍ ଚାହିଁଛନ୍ତି । ପରେଶଦା ସଂଗେ ସଂଗେ ସମ୍ମତି ଜଣାଇ କହିଲେ– ଆଜ୍ଞା, ପାରିବି । ହାଣ୍ଟଲି ପାମାର ବିସ୍କୁଟ୍ ଆଣିବାର ନିର୍ଦ୍ଦେଶ ପଡ଼ିଲା ତାଙ୍କ ଉପରେ । ଦେଓଘରରେ ସବୁ ଦୋକାନ ଖୋଜିଲେ, କିନ୍ତୁ ସେହି ବିସ୍କୁଟ୍ ତାଙ୍କୁ ମିଳିଲା ନାହିଁ । ଯେ କୌଣସି ପ୍ରକାରେ ହାଣ୍ଟଲି ପାମାର ବିସ୍କୁଟ ଆଣିବାକୁ ହେବ । ଦେଓଘରରେ ସିନା ମିଳିଲାନି, କଲିକତା ସହରରେ ଅବଶ୍ୟ ମିଳିଯିବ । ଏଇ ସିଦ୍ଧାନ୍ତରେ ଉପନୀତ ହୋଇ କଲିକତା ଯିବା ପାଇଁ ଶ୍ରୀଶ୍ରୀଠାକୁରଙ୍କ ଅନୁମତି ଭିକ୍ଷାକଲେ । କଲିକତାରେ ପାଦଦେଇ ଆରମ୍ଭ ହୁଏ ହାଣ୍ଟଲି ପାମାରର ଅନ୍ୱେଷଣ । ଦିନ ପରେ ଦିନ ଏ ଦୋକାନରୁ ସେ ଦୋକାନ ବିସ୍କୁଟ ଖୋଜିବାରେ ଲାଗିଥାନ୍ତି । ଏଇ କେତେ ଦିନ ହେଲା ସେଥିପାଇଁ ତାଙ୍କର ଖାଇବା ପିଇବା ଶୋଇବାର ଠିକ୍‌ଠିକଣା ନାହିଁ । ସବୁ ପ୍ରକାର ଚେଷ୍ଟା

କରିବା ସତ୍ତ୍ୱେ ହାଣ୍ଟଲି ପାମାର ବିସ୍କୁଟ କେଉଁଠାରେ ହେଲେ ପାଉ ନାହାନ୍ତି । ବିସ୍କୁଟ ଖୋଜି ନିରାଶ ହୋଇ ହାଓଡ଼ା ବ୍ରିଜ୍ ନିକଟର ଏକ ସ୍ଥାନରେ ଠିଆହୋଇ ପରେଶଦା ଶ୍ରୀଶ୍ରୀଠାକୁରଙ୍କ କଥା ଭାବୁଛନ୍ତି ।

'କିରେ ପରେଶ ! ଏମିତି ଏଠାରେ ଏକୁଟିଆ ଠିଆ ହୋଇ କ'ଣ ଭାବୁଛୁ ? ତୋର ଚେହେରା ଏମିତି କାହିଁକି ହେଇଛି ?'– ପରିଚିତ କଣ୍ଠରେ ଅନେକ ପ୍ରଶ୍ନବାଚୀ । ପରେଶଦା ବନ୍ଧୁବରଙ୍କୁ ଅନେକଦିନ ପରେ ଦେଖି ଆନନ୍ଦିତ ହୁଅନ୍ତି । ଦି'ଜଣଙ୍କ ଭିତରେ ଖୁବ୍ ଗପହେଲା । ନିଜର ଦୀକ୍ଷାଗ୍ରହଣଠାରୁ ଆରମ୍ଭକରି ଏବେ କେଉଁଥିପାଇଁ କଲିକତା ଆସିଛନ୍ତି– ସବୁ କଥା ବନ୍ଧୁଙ୍କ ନିକଟରେ ପରେଶଦା ପ୍ରକାଶ କରନ୍ତି । ବନ୍ଧୁ କହିଲେ– 'ଏବେ ମୋ ସହିତ ଆ, ଆଉଥରେ ଚେଷ୍ଟା କରି ଦେଖିବା ।' ଗୋଟାଏ ଗଳିରାସ୍ତା ଭିତରେ କିଛି ଦୂର ଯିବା ପରେ ଗୋଟିଏ ଛୋଟ କେବିନ୍ ନିକଟରେ ଆସି ପହଂଚିଲେ ଦୁଇ ବନ୍ଧୁ । ପାନବିଡ଼ିର ଦୋକାନ । ଛୋଟ ହେଲେ ବି ଦୋକାନରେ ବହୁ ସାମଗ୍ରୀ ଅଛି । ବିଭିନ୍ନ ଧରଣର ବିସ୍କୁଟ୍‌ର ଟିଣ ସଜା ହୋଇ ରଖାହୋଇଛି । ଟିଣର ବ୍ରାଣ୍ଡ୍ ଲକ୍ଷ୍ୟ କରୁକରୁ ପରେଶଦା ଦେଖିଲେ ଏକଦମ୍ ଉପରେ ଥିବା ଟିଣ ଉପରେ ଲେଖା ହୋଇଛି– ହାଣ୍ଟଲି ପାମାର । ଦୋକାନୀଙ୍କୁ ପଚାରିଲେ– 'ଆଚ୍ଛା, ଉପରେ ଥିବା ଟିଣରେ ବିସ୍କୁଟ୍ ଅଛି ତ ?' ଦୋକାନୀ 'ହଁ' କଲା । ପରେଶଦା ଏତେଦିନ ହେଲା ଯାହା ଖୋଜୁଥିଲେ ତାହା ପାଇଗଲେ । କେବଳ ଗୋଟିଏ ଟିଣ ହାଣ୍ଟଲି ପାମାର ବିସ୍କୁଟ୍ ମିଳିଲା । ପରେଶଦା ଦୋକାନୀ ହାତରେ ବିସ୍କୁଟ୍‌ର ଦାମ୍ ଧରାଇଦେଇ ଆନନ୍ଦାତିଶଯ୍ୟରେ ବନ୍ଧୁଙ୍କ ପିଠି ଥାପୁଡ଼େଇ କହିଲେ– 'ଭାଇ, ତୋତେ ଅସଂଖ୍ୟ ଧନ୍ୟବାଦ । ତୋ ସାଙ୍ଗରେ ଦେଖା ନହେଇ ଥିଲେ ମୁଁ ଏଇ ବିସ୍କୁଟ୍ ପାଇ ନଥାନ୍ତି । ମୋର ବଡ଼ ଉପକାର କଲୁ । ମୋତେ କିନ୍ତୁ ଏଇକ୍ଷଣି ଦେଓଘର ଯିବାକୁ ପଡ଼ିବ ।' ବନ୍ଧୁବରଙ୍କୁ ନମସ୍କାର ଜଣାଇ ପରେଶଦା ଆଉ କାଳବିଳମ୍ବ ନ କରି ପରବର୍ତ୍ତୀ ଟ୍ରେନରେ ଜସିଡ଼ି ଯାତ୍ରା କଲେ ।

ମୁଣ୍ଡରେ ବିସ୍କୁଟ୍ ଟିଣ ଧରି ପରେଶଦା ଠାକୁରବଙ୍ଗଳା ଭିତରେ ପ୍ରବେଶ କଲେ । ଶ୍ରୀଶ୍ରୀଠାକୁର ତାଙ୍କ ଆଡ଼କୁ ଦେଖି ଅତ୍ୟନ୍ତ ଉଲ୍ଲସିତ ହୋଇ ହସିହସି କହିଲେ– 'କିରେ ନେଇ ଆସିଛୁ ? କେବେ ଆସିଲୁ ?'

ପରେଶଦା ପ୍ରଣାମ ନିବେଦନ କରୁ କରୁ କହିଲେ– ଆଜ୍ଞା ହଁ, ଆଣିଛି । ଏଇ ମାତ୍ର ଆସିଲି । ଶ୍ରୀଶ୍ରୀଠାକୁରଙ୍କ ନିକଟରେ ବିସ୍କୁଟ୍ ଦେଇ ବାହାରିଆସିବା ପରେ ପରେଶଦାଙ୍କ ମନଟା ବେଶ୍ ହାଲୁକା ହୋଇଗଲା । ସଂଗେ ସଂଗେ ସେଇ ପୁରୁଣା ଅଭ୍ୟାସଟା ମନେ ପଡ଼ିଗଲା । ସେ ଆଶ୍ଚର୍ଯ୍ୟ ହୋଇଗଲେ– ଠିକ୍ ତ, ଏଇ କେତେଟା ଦିନ ମଦ ଛୁଇଁବା ତ ଦୂରର କଥା, ଘୁଣାକ୍ଷରରେ ସେ କଥା ମନେବି ପଡ଼ିନି । ଆତ୍ମବିଶ୍ଳେଷଣ କରିବାକୁ ବସିପଡ଼ିଲେ ପରେଶଦା । କେଉଁ ନିଶାର ବଶବର୍ତ୍ତୀ ହୋଇ ସେ ମଦ୍ୟପାନର କଥା ଭୁଲି ଯାଇଥିଲେ ? ସେଇଟା ଆଉକିଛି ନୁହେଁ– ଇଷ୍ଟନିଶା, ଇଷ୍ଟଙ୍କ ହୁକୁମ ତାମିଲ କରିବାର ନିଶା, ଗୁରୁଙ୍କ ଆଦେଶ ପାଳନ କରିବାର ନିଶା । ଜୀବନଧାରା ବଦଳିଗଲା । ଆରମ୍ଭ

ହେଲା ନୂତନ ଅଧ୍ୟାୟ । ପରେଶଦା ଇଷ୍ଟକର୍ମର ନିଶାରେ ମସଗୁଲ ହେଲେ । ନୂତନ ଦିଗନ୍ତ ଉଦ୍ଭାସିତ ହେଲା । ଜୀବନରେ ଫେରିଆସିଲା ନିୟନ୍ତ୍ରଣ, ସାମଞ୍ଜସ୍ୟ ଆଉ ସମାଧାନ । (ପ୍ରଭାତ କୁମାର ଚକ୍ରବର୍ତ୍ତୀ)

(୨୨)
ଯଜ୍ଞେଶ୍ୱରଦାଙ୍କ ସିଆଟିକା

ଯଜ୍ଞେଶ୍ୱର ସାମନ୍ତ ଦେବବର୍ମନ ଶ୍ରୀଶ୍ରୀଠାକୁରଙ୍କର ଜଣେ ନିଷ୍ଠାପର କର୍ମୀ– କଲିକତାରେ ତାଙ୍କର ବ୍ୟବସାୟ ଥିଲା । ଶ୍ରୀଶ୍ରୀଠାକୁରଙ୍କଠାରୁ ଅନୁମତି ଆଣି ୪୦ନଂ, ବଦ୍ରିଦାସ ଟେମ୍ପଲ ଷ୍ଟ୍ରିଟ୍‌ର ସତ୍‌ସଂଗ ମନ୍ଦିର ଭିତରେ ଗୋଟିଏ ଛୋଟିଆ ଘରେ ରହୁଥାନ୍ତି । କିଛିଦିନ ପରେ ସେ ସାଇଟିକା ରୋଗରେ ଆକ୍ରାନ୍ତ ହେଲେ । ରୋଗର ପରାକ୍ରମ ଦିନୁଦିନ ଏତେ ବଢ଼ିଲା ଯେ ସେ ଅସମ୍ଭାଳ । ଖାଇବା ରୁଚୁ ନାହିଁ, ଠିଆହୋଇ ପାରୁନାହାନ୍ତି, ଶୌଚ ପାଇଁ ଦୁଇଜଣ ଲୋକଙ୍କୁ ତାଙ୍କୁ ଧରାଧରି କରି ନେଇଯିବାକୁ ପଡୁଥିଲା । ଡାକ୍ତରୀ ଓ ହୋମିଓପାଥି ଚିକିତ୍ସା ବହୁତ ହେଲାଣି, କେଉଁଥିରେ ଫଳ ମିଳୁନାହିଁ, କଷ୍ଟ ପାଉଛନ୍ତି, ଆଖିକୁ ନିଦ ନାହିଁ । ହଠାତ୍ ଦିନେ ଶ୍ରୀଶ୍ରୀଠାକୁର ସୁଶୀଲଦାଙ୍କୁ (ସୁଶୀଲଚନ୍ଦ୍ର ବସୁ) ପଚାରିଲେ– ଯଜ୍ଞେଶ୍ୱରର ବହୁ ଦିନ ହେଲାଣି ଦେଖାନାହିଁ । କଲିକତା ଯାଇ ତାର ଖୋଜଖବର ନିଅନ୍ତୁ, ତାକୁ ଏଠାକୁ ସାଂଗରେ ନେଇଆସିବେ । କଲିକତାରେ ପହଂଚି, ଯଜ୍ଞେଶ୍ୱରଦାଙ୍କ କଂକାଳସାର ଦେହ ଅବସ୍ଥା ଦେଖି ସୁଶୀଲଦା ଚମକିପଡ଼ିଲେ । ତାଙ୍କୁ ସଙ୍ଗରେ ଦେଓଘର ଆଣିଲେ । ଯଶିଡ଼ିହ ଷ୍ଟେସନ୍‌ରୁ ଟାଙ୍ଗାରେ ଆସି ଗେଟ ନିକଟରେ ଓହ୍ଲାଇ, ଦୁଇଜଣ ଗୁରୁଭାଇଙ୍କ କାଂଧରେ ଭରାଦେଇ କୌଣସିପ୍ରକାରେ ତାଙ୍କୁ ଚଲାଇ ଶ୍ରୀଶ୍ରୀଠାକୁରଙ୍କ ନିକଟକୁ ନେଇଗଲେ । ଶ୍ରୀଶ୍ରୀଠାକୁର ପିତୃବତ୍ସଳ ସ୍ୱରରେ ଡାକିଲେ– ଆସିଗଲ, ଏଇଠି ବସ । ରୋଗ ବିଷୟରେ ଡାକ୍ତର ପ୍ୟାରୀଦାଙ୍କ ସହିତ ଆଲୋଚନା ହେଉଥାଏ, ଏତିକିବେଳେ ଶ୍ରୀଶ୍ରୀଠାକୁର କହିଲେ– ପ୍ୟାରୀ, ମୋ ହାତଗୋଡ଼ ଦେହରେ ଖୁବ୍‌ଯନ୍ତ୍ରଣା ହେଉଚି– ଦୁଇଟା ଇର୍‌ଗାପାଇରିନ୍ ଇଂଜେକ୍‌ସନ୍ ନେଇ ଆସ, ଗୋଟିଏ ମୁଁ ନେବି ଆଉ ଗୋଟିଏ ଯଜ୍ଞେଶ୍ୱର ନେବ । ଇଂଜେକ୍‌ସନ୍ କଥା ଶୁଣି ଯଜ୍ଞେଶ୍ୱରଦା କହୁଥାନ୍ତି– ନାଇଁ ଠାକୁର ମୁଁ କେବେ ଇଂଜେକ୍‌ସନ୍ ନେଇ ନାହିଁ– ମୁଁ କଷ୍ଟ ସହି ପାରିବି ନାହିଁ, ମତେ ଛାଡ଼ିଦିଅନ୍ତୁ ।

କିଛି ସମୟ ପରେ ଶ୍ରୀଶ୍ରୀଠାକୁର ଓ ଯଜ୍ଞେଶ୍ୱରଦା ଉଭୟ ଇଂଜେକ୍‌ସନ୍ ନେଲେ । ଶ୍ରୀଶ୍ରୀଠାକୁର ଯେମିତି ଇଂଜେକ୍‌ସନ୍ ନେଇଛନ୍ତି ତାଙ୍କର ଅସହ୍ୟ ଯନ୍ତ୍ରଣା ଆରମ୍ଭ ହୋଇଗଲା । ଯନ୍ତ୍ରଣାରେ ଶ୍ରୀଶ୍ରୀଠାକୁର ଏତେଟା କଷ୍ଟ ପାଇବାକୁ ଲାଗିଲେ ଯେ, ଡାକ୍ତର ପ୍ୟାରୀମୋହନଙ୍କର ବୁଦ୍ଧି ହଜିଗଲା । ଉପସ୍ଥିତ ଭକ୍ତମାନଙ୍କୁ ସେଠାରୁ ଚାଲିଯିବାକୁ ନର୍ଦ୍ଦେଶ ଦିଆଗଲା । ଯଜ୍ଞେଶ୍ୱରଦା ବସିଥିଲେ, ଶ୍ରୀଶ୍ରୀଠାକୁରଙ୍କୁ ପ୍ରଣାମ କରି ସିଧାସଳଖ ଠିଆହୋଇ ମନୋମୋହିନୀଧାମ ଆଡ଼େ ଚାଲିବାକୁ ଲାଗିଲେ । ସେଠାରେ ପହଞ୍ଚି ଖଟ ଉପରେ ବସିପଡ଼ିଲାବେଳେ ତାଙ୍କର ମନେପଡ଼ିଗଲା, ସେ କେମିତି ଏକା ସିଧାସଳଖ ଚାଲିଚାଲି

ତାଙ୍କ ରହଣି ଜାଗାକୁ ଆସିଲେ ? ତାଙ୍କର ସବୁ ରୋଗଯନ୍ତ୍ରଣା ବୋଧହୁଏ ଶ୍ରୀଶ୍ରୀଠାକୁର ସେଇ କେତେ ସମୟର ପ୍ରଚଣ୍ଡ କଷ୍ଟରେ ନିଜେ ଭୋଗ କରିନେଲେ । ଧୀରେ ଧୀରେ ଯଜ୍ଞେଶ୍ୱରଦା ସୁସ୍ଥ ହୋଇଗଲେ ।(ସ୍ମୃତିଆଲେଖ୍ୟ– ଆଲୋଚନା ଡିସେମ୍ବର ୨୦୧୮)

(୨୩)
ବାଳକର ଗୁରୁଭକ୍ତି

ସେଦିନ ଠାକୁରଭୋଗ ହୋଇଯାଇଥାଏ, ଏପରିକି ଶ୍ରୀଶ୍ରୀବଡ଼ମା’ ମଧ୍ୟ ଖାଇସାରିଥାନ୍ତି । ଶ୍ରୀଶ୍ରୀଠାକୁର ବଡ଼ମା’ଙ୍କୁ କହିଲେ– ବଡ଼ବୌ, ମସୁର ଡାଲି ଆଉ ଦହି ଦେଇ ଭାତ ଖାଇବାକୁ ଖୁବ୍ ଇଚ୍ଛା ହେଉଛି । ଖୁଆଇ ପାରିବ ? ଶ୍ରୀଶ୍ରୀଠାକୁରଙ୍କ କଥା ଶୁଣି ବଡ଼ମା’ କହିଲେ– ହଁ, ମୁଁ ଏକ୍ଷଣି ସେସବୁ ବ୍ୟବସ୍ଥା କରୁଛି ।

ଗ୍ରୀଷ୍ମକାଳ, ଦ୍ୱିପ୍ରହର ବେଳା, ଆଶ୍ରମଟା ଖାଁ ଖାଁ କରୁଚି । ସମସ୍ତେ ଯେ ଯାହା ଘରେ ବିଶ୍ରାମ କରୁଛନ୍ତି । ଶ୍ରୀଶ୍ରୀବଡ଼ମା’ ଚିନ୍ତାରେ ପଡ଼ିଲେ, ମସୁର ଡାଲି ତ ଘରେ ଅଛି, କିନ୍ତୁ ଏହି ଅସମୟରେ ଦହି କିଏ ଆଣି ପାରିବ ? କେହି ଜଣେ ମଧ୍ୟ ଦେଖାଯାଉନାହାନ୍ତି । ଏସବୁ କଥା ଭାବୁ ଭାବୁ କାଲୋଦାଙ୍କୁ ହଠାତ୍ ଦେଖିବାକୁ ପାଇଲେ । କାଲୋଦାଙ୍କୁ ଶ୍ରୀଶ୍ରୀବଡ଼ମା’ ଡାକି କହିଲେ– ଏଇ କାଲୁ, ଶୁଣ୍, ଯା ବଜାରରୁ ଦହି ନେଇ ଆସିବୁ । କାଲୋଦା ସାଇକେଲ୍ ଧରି ବାହାରିଲେ । ସେତେବେଳେ ଆଶ୍ରମ ପାଖାପାଖି ଆଜିଭଳି ମିଠା ଦୋକାନ ନ ଥିଲା, ଏପରିକି ଦେଓଘର ବଜାରରେ ଗୋଟିଏ ମାତ୍ର ମିଠା ଦୋକାନ– ଗୌରାଙ୍ଗ ମିଷ୍ଟାନ୍ନ ଭଣ୍ଡାର । କାଲୋଦା ସେତେବେଳେ ବାଳକ । ଖୁବ୍ ଜୋରରେ ସାଇକେଲ୍ ଚଳାଇ ବଜାରକୁ ବାହାରିଗଲେ । ଅଧବାଟରେ ସାଇକେଲ୍‌ରୁ ଖସି ତଳେ ପଡ଼ିଗଲେ । ପାଦ ଖଣ୍ଡିଆ ହୋଇ ରକ୍ତ ବହିବାକୁ ଲାଗିଲା । ତା’ ସତ୍ତ୍ୱେ ବି କାଲୋଦା ଅଟକି ନଯାଇ ବଜାରକୁ ଚାଲିଲେ । ଏଠାରେ କହିବା ପ୍ରୟୋଜନ ଯେ ଶ୍ରୀଶ୍ରୀଠାକୁର କାଲୋଦାଙ୍କ ପାଇଁ ଏକ ୧୬ ରତିର ପ୍ରବାଳ ଧାରଣର ବ୍ୟବସ୍ଥା କରିଥିଲେ । ଦୁଇ ଲକ୍ଷ ଥର ସତ୍‌ନାମଜପ କରି ଲାଲସୂତାରେ ବାନ୍ଧି ଦେବାକୁ ଗୋସାଇଁଦାଙ୍କୁ କହିଥିଲେ । କାଲୋଦାଙ୍କୁ କହିଥିଲେ ପ୍ରବାଳ ଯେମିତି ନ ହଜେ । ସାଇକେଲରୁ ପଡ଼ିଯିବାରୁ ସେଇ ପ୍ରବାଳଟି କେଉଁଠି ହଜିଗଲା । ମିଳିଲା ନାହିଁ । ପ୍ରବାଳ ଖୋଜିବାକୁ ଗଲେ ଦହି ନେଇ ଫେରିବାରେ ବିଳମ୍ୱ ହେବ ବୋଲି କାଲୋଦା ସେଥିପ୍ରତି ଧ୍ୟାନ ନ ଦେଇ ଗୌରାଙ୍ଗ ମିଷ୍ଟାନ୍ନ ଭଣ୍ଡାରକୁ ଯାଇ ଦହି ମାଗିଲେ । ମାଲିକ କହିଲେ– ଦହି ତ ଶେଷ ହୋଇ ଯାଇଛି । କାଲୋଦା ମନମାରି କହିଲେ– ଠାକୁରଭୋଗ ଲାଗି ଦହି ଦରକାର, ଦହି ନାହିଁ, ତାହେଲେ କ’ଣ ହେବ ? ମାଲିକ ଟିକିଏ ଚିନ୍ତା କରି କହଲେ– ରୁହ, ଦହି ପକାଇବା ପାଇଁ ସଜ ଉଠାଇ ରଖିଥିଲି । ଠାକୁର ଯେତେବେଳେ ଖାଇବାକୁ ଚାହିଁଛନ୍ତି ସେଇଟା ନେଇଯାଅ । କିନ୍ତୁ ତୁମ ପାଦରୁ ଏବେ ରକ୍ତ ବୋହୁଛି, ଏ ଅବସ୍ଥାରେ ତୁମେ ଯିବ କିପରି ? କାଲୋଦା କହିଲେ– ସେ କଥା ଭାବିବା ଦରକାର ନାହିଁ । ମୁଁ ଠିକ୍ ଚାଲିଯିବି । ମାଲିକ କହିଲେ– ଆଶ୍ରମ ତ ବଜାରରୁ ଅନେକ ଦୂର । ଅନେକ ରକ୍ତପାତ ହେବ । ତୁମେ ଟିକିଏ ଠିଆହୁଅ । ମୁଁ ପାଦଟା ବ୍ୟାଣ୍ଡେଜ୍

କରିଦେଉଛି । କାଲୋଦା ବଜାରରୁ ଦହି ଧରି ଆଶ୍ରମରେ ପହଂଚିଲାବେଳକୁ ଶ୍ରୀଶ୍ରୀବଡ଼ମା ଚୁଲିରୁ ସଂଗେସଂଗେ ଭାତହାଣ୍ଡି ଓହ୍ଲାଇଥାନ୍ତି । କାଲୋଦାଙ୍କଠାରୁ ଦହି ନେଇ ଖୁବ୍ ଖୁସିହେଲେ । ମାତ୍ର ତାଙ୍କ ପାଦର ବ୍ୟାଣ୍ଡେଜ୍ ଦେଖି ସବୁ ଘଟଣା ପଚାରି ବୁଝିଲେ, ତାଙ୍କୁ ଦୀର୍ଘଜୀବୀ ହେବାର ଆଶୀର୍ବାଦ କଲେ । କିନ୍ତୁ ବ୍ୟାଣ୍ଡେଜ୍–ପାଦରେ ଠାକୁରଙ୍କ ପାଖକୁ ଯିବାକୁ ବାରଣ କଲେ, ଦେଖିଲେ ଠାକୁର ଖୁବ କଷ୍ଟ ପାଇବେ ।

କାଲୋଦାଙ୍କ ମନଟା ଖୁବ୍ ଖରାପ ହେଲା କାରଣ ପ୍ରବାଳଟି ହଜିଯାଇଛି । ଲଜ୍ଜା ଆଉ ଭୟରେ କିଛିଦିନ ଠାକୁରଙ୍କ ପାଖକୁ ଗଲେ ନାହିଁ । କାଲୋଦାଙ୍କୁ ନ ଦେଖି ଠାକୁର ସମସ୍ତଙ୍କୁ ପଚରାଉଚରା କରୁଥାନ୍ତି । କିଛଦିନ ଉତ୍ତାରେ କାଲୋଦାଙ୍କୁ ଡାକି ପଠାଇଲେ, ତାଙ୍କୁ ଦେଖି ଶ୍ରୀଶ୍ରୀଠାକୁର ଖୁବ୍ ଖୁସି । ନାନା କଥା ପଚାରିଲେ । ଶ୍ରୀଶ୍ରୀଠାକୁରଙ୍କ ମନମିଜାଜ ଦେଖି କାଲୋଦା ଦହି ଆଣିବାଠାରୁ ପ୍ରବାଳ ହଜିବା ଘଟଣା ପର୍ଯ୍ୟନ୍ତ ସବୁ କହିଗଲେ । ଶ୍ରୀଶ୍ରୀଠାକୁର ତାଙ୍କ କଥା ଶୁଣି କହିଲେ– ଯା ଶାଲା, ତାର କାମ ଶେଷ, ତେଣୁ ସେ ଚାଲିଗଲା । ସେ କଥା ଭାବିବା ଆଉ ଦରକାର ନାହିଁ । ଏହା ଶୁଣି କାଲୋଦାଙ୍କ ମନ ଖୁସି ହୋଇଗଲା । (ସନ୍ତୋଷ ଜୋୟାରଦାର– କାଲୋଦା)

(୨୪)

ଉନ୍ନତ ଆତ୍ମାଙ୍କ ପ୍ରାର୍ଥନା

ଦେଓଘର ଆଶ୍ରମ । ୧୯୪୭ ମସିହାର ଘଟଣା । କତିପୟ ଭକ୍ତଙ୍କ ଗହଣରେ ଶ୍ରୀଶ୍ରୀଠାକୁର ଯତି ଆଶ୍ରମ ପିଣ୍ଡାରେ ବସିଥାନ୍ତି । ଆଲୋଚନା ଚାଲିଥାଏ । ହଠାତ୍ ଶ୍ରୀଶ୍ରୀଠାକୁର ସମ୍ପୂର୍ଣ୍ଣ ନୀରବ ହୋଇ ଦୂରକୁ ଚାହିଁ ରହିଲେ, ବାତାବରଣ ଏତେ ଗମ୍ଭୀର ହୋଇଗଲା ଯେ କୌଣସି ଭକ୍ତ କଥା କହିବାକୁ ସାହସ କରୁ ନ ଥାନ୍ତି । ଏହିପରି କିଛି ସମୟ କଟିଗଲା ପରେ ପୁଣି ସେ ଧୀରେ ଧୀରେ ପୂର୍ବାବସ୍ଥାକୁ ଫେରି ଆସିଲେ । ଅନ୍ୟତମ ଭକ୍ତ କେଷ୍ଟଦା (କୃଷ୍ଣପ୍ରସନ୍ନ ଭଟ୍ଟାଚାର୍ଯ୍ୟ) ପଚାରିଲେ, ଆପଣ ଏହିପରି ପୂର୍ବ ଦିଗନ୍ତକୁ ଏତେ ସମୟ ଚାହିଁ ରହିଲେ କାହିଁକି ? ଶ୍ରୀଶ୍ରୀଠାକୁର ମ୍ଳାନ ମୁହଁରେ କହିଲେ, ମୁଁ କଣ ଦେଖୁଥିଲି ଆପଣ ଦେଖିବାକୁ ଚାହାନ୍ତି ? ମୋ ପାଖକୁ ଉଠି ଆସନ୍ତୁ । ସେ ଆସିଲାରୁ ଶ୍ରୀଶ୍ରୀଠାକୁର ତାଙ୍କ ଦକ୍ଷିଣ ବାହୁ ପ୍ରସାରିତ କରି କହିଲେ, ମତେ ସ୍ପର୍ଶ କରନ୍ତୁ । କେଷ୍ଟଦା ତାଙ୍କ ବାହୁ ସ୍ପର୍ଶ କରି ଚିତ୍କାର କରି ବସି ପଡ଼ିଲେ । କହିଲେ, କି ଭୀଷଣ ମର୍ମାନ୍ତିକ ଅବସ୍ଥା ! ସେ ବର୍ଣ୍ଣନା କରୁଥାନ୍ତି– ସହସ୍ର ସହସ୍ର ଜ୍ୟୋତିର୍ମୟ ଆତ୍ମାସକଳ ଆକୁଳ ଭାବରେ ଶ୍ରୀଶ୍ରୀଠାକୁରଙ୍କୁ ପ୍ରାର୍ଥନା କରୁଛନ୍ତି– ହେ କରୁଣାମୟ ପୁରୁଷୋତ୍ତମ, ଆପଣ ଦୟାକରି ଆମମାନଙ୍କୁ ମଣିଷଭାବେ ଆଉ ଥରେ ପୃଥିବୀକୁ ଆସିବାର ସୁଯୋଗ ଦିଅନ୍ତୁ । ପୃଥିବୀର ସବୁ ଘରେ ଅନାଚାର, କଦାଚାର, ଅଭକ୍ଷ ଭକ୍ଷଣ ଓ ଅସଂଯତ ଜୀବନ ହେତୁ ପରିବେଶ ଏତେ ନାରକୀୟ ଯେ ସେଇ ବିଷାକ୍ତ ସ୍ୱାମୀ–ସ୍ତ୍ରୀ ସଂଯୋଗ ବେଳେ ଆମେ ପଶି ପାରୁନାହୁଁ ।

ଶ୍ରୀଶ୍ରୀଠାକୁର ପୁଣି କହିଲେ, ଆପଣମାନେ ଦ୍ରୁତ ଗତିରେ ଦୀକ୍ଷା ବଢ଼ାନ୍ତୁ ଓ ତରୁଣ ତରୁଣୀମାନଙ୍କୁ ସ୍ୱସ୍ତ୍ୟୟନୀ ବ୍ରତରେ ବ୍ରତୀ କରାନ୍ତୁ । ସେମାନେ ଯଦି ଶୁଦ୍ଧପୂତ ସଂଯତ

ଜୀବନ ଯାପନ କରନ୍ତି ତେବେ ସେଇ ସ୍ତ୍ରୀ–ପୁରୁଷ ମିଳନ ଭିତର ଦେଇ ଏଇ ସବୁ ଉନ୍ନତ ଆତ୍ମାମାନେ ଜନ୍ମ ଲଭିବାର ସୁଯୋଗ ପାଇବେ । ଭଲ ମଣିଷ ଯଦି ପୃଥିବୀରେ ଜନ୍ମ ନ ନିଅନ୍ତି, ତେବେ ସାରା ଜଗତକୁ କିଏ ରକ୍ଷା କରିବ ? (ଅମୃତ କାହାଣୀ)

(୨୫)
ସତ୍‌ନାମ ଚିଉନିଙ୍ଗ୍

୧୯୫୫ ମସିହାର ଏପ୍ରିଲ ମାସରେ ଦେଓଘର ଆଶ୍ରମରେ ଅନୁଷ୍ଠିତ ହେଉଥିବା ନବବର୍ଷ ଉତ୍ସବ ଓ ସ୍ୱସ୍ତିତୀର୍ଥ ମହାଯଜ୍ଞ ଦୁଇଦିନ ହେବ ସରିଲାଣି । ଭାରତର ବିଭିନ୍ନ ଅଞ୍ଚଳରୁ ଆସିଥିବା କର୍ମୀ, ଭକ୍ତମାନେ ଶ୍ରୀଶ୍ରୀଠାକୁରଙ୍କଠାରୁ ବିଦାୟ ନେଇ ଗଲେଣି । ଅଭୟ ଶଙ୍କର ଦାଶଗୁପ୍ତା ପଶ୍ଚିମବଙ୍ଗର କର୍ମୀ ଓ ସୁଗାୟକ – ଆଜି ରାତି ଟ୍ରେନରେ ଯାଇ ପରଦିନ ସକାଳେ କଲିକତାରେ ପହଞ୍ଚି, ତାଙ୍କ ନୂତନ କର୍ମ– ଦାୟିତ୍ୱ ନେବେ । ସେ ଜଣେ ଇଂଜିନିୟର । ସନ୍ଧ୍ୟା ପ୍ରାର୍ଥନା ପରେ ବିଦାୟ ଅନୁମତି ମାଗିଲାରୁ ଶ୍ରୀଶ୍ରୀଠାକୁର ତାଙ୍କୁ ଛାଡ଼ିବାକୁ ନାରାଜ । କହିଲେ– ତୁ ଆଜି ରହିଗଲେ ଭଲ ହୁଅନ୍ତା, ମତେ ଏଥର ଗୀତ ଶୁଣାଇ ନାହୁଁ, କାଲି ଗୀତ ଶୁଣାଇ ସାରି ଯିବୁ । ଅଭୟଶଙ୍କର କିନ୍ତୁ ବାରମ୍ବାର ଅନୁରୋଧ କରୁଥାନ୍ତି ଯେ ଆଜି ରାତିରେ ନ ଗଲେ ଚାକିରିଟି ହାତଛଡ଼ା ହୋଇଯିବ; ତେଣୁ ଯିବାକୁ ଯେମିତି ହେଲେ ପଡ଼ିବ । ଶ୍ରୀଶ୍ରୀଠାକୁର ମୁହଁ ଶୁଖାଇ କହିଲେ, ଏତେ ଯଦି ଜିଦ କରୁଚୁ ତେବେ ଯା', କିନ୍ତୁ ହୁସିଆରରେ ଯିବୁ, ସବୁବେଳେ ନାମ କରୁଥିବୁ । କଲିକତାର ଟ୍ରେନ ଜସିଡ଼ି ଷ୍ଟେସନରେ ବିଳମ୍ବରେ ପହଞ୍ଚିବାରୁ ଛାଡୁ ନ ଥାଏ । ଦାଶଗୁପ୍ତା ମହାଶୟ ତାଙ୍କ ସିଟରେ ବସି ଅହରହ ନାମଜପ କରୁଥାନ୍ତି । ଶ୍ରୀଶ୍ରୀଠାକୁରଙ୍କ ଅନିଚ୍ଛା ସତ୍ତ୍ୱେ ବାହାରି ଆସିଲେ, ସେଥିପାଇଁ ମନଟା ଭଲ ଲାଗୁ ନ ଥାଏ । ହଠାତ୍ ତାଙ୍କ କାନରେ ଶୁଭିଲା – 'ଅଭୟ ଓହ୍ଲେଇ ଆ ।' ଆଖି ଖୋଲି ଚାହିଁଲେ, ଅନ୍ୟ ଯାତ୍ରୀମାନେ ତାଙ୍କୁ କେହି କିଛି କହି ନାହାନ୍ତି । ପୁଣି ଡାକରା ଶୁଭିଲା– 'ଅଭୟ ଶୀଘ୍ର ଗାଡ଼ିରୁ ଓହ୍ଲା, ଓହ୍ଲା ।' ସେ ସ୍ୱର ଏତେ ଗମ୍ଭୀର ଓ ତୀବ୍ର ଥିଲା ଯେ ସେ କିଂକର୍ତ୍ତବ୍ୟବିମୂଢ଼ ହୋଇ ନିଜ ବ୍ୟାଗ ଧରି ଗାଡ଼ିରୁ ଓହ୍ଲାଇ ପଡ଼ିଲେ । ଟ୍ରେନ ଛାଡ଼ିଦେଲା । ଏତେ ରାତିରେ ଆଶ୍ରମକୁ ଯାଇ ହେବ ନାହିଁ । ଆଗାମୀ ଟ୍ରେନ ଅପେକ୍ଷାରେ ଗୋଟିଏ ବେଞ୍ଚ ଉପରେ ବସି ଢୁଳାଉ ଥାନ୍ତି । ଦୁଇ ଘଣ୍ଟା ପରେ ଷ୍ଟେସନରେ କୋଳାହଳ ଶୁଭିଲା । ସେ ଜାଣିବାକୁ ପାଇଲେ ଯେ ଯେଉଁ ଗାଡ଼ିରେ ସେ ଯାଇଥାନ୍ତେ, ତାହା ମଧୁପୁର ଷ୍ଟେସନ ପାଖାପାଖି ଗୋଟିଏ ମାଲଗାଡ଼ି ସହିତ ଧକ୍କା ଲାଗିବାରୁ ବହୁ ଯାତ୍ରୀ ମୃତାହତ । ତାଙ୍କର ମନ ଆଶ୍ଚର୍ଯ୍ୟ, ବିସ୍ମୟ ଓ କୃତଜ୍ଞତାରେ ଭରିଗଲା । ବାତାବରଣ ଶାନ୍ତ ପଡ଼ିବା ପରେ ଷ୍ଟେସନ ମାଷ୍ଟର ଓ ଅନ୍ୟ କର୍ମଚାରୀମାନଙ୍କୁ ନିଜ ଅନୁଭୂତି କହିଲେ । ସେମାନେ ଅସନ୍ତୁଷ୍ଟ ସ୍ୱରରେ କହିଲେ – 'ତମ ଠାକୁର ପାର୍ସିଆଲ, ତାଙ୍କର ପକ୍ଷପାତ ବିଚାର । ତୁମକୁ କାନରେ କହିଲାପରି ଆମକୁ ଯଦି କହି ଥାଆନ୍ତେ, ବହୁତ ଲୋକ ବଞ୍ଚି ଯାଇ ଥା'ନ୍ତେ ! ତା କଲେ ନାହିଁ କାହିଁକି ?' ଦାଶଗୁପ୍ତାବାବୁ ଭାବିଲେ – ସତ କଥା ତ !

କଲିକତା ନ ଯାଇ ସକାଳେ ଆଶ୍ରମରେ ପହଞ୍ଚି ଯଥା ସମୟରେ ଶ୍ରୀଶ୍ରୀଠାକୁରଙ୍କ ପାଖରେ କାନ୍ଦି କାନ୍ଦି କୃତଜ୍ଞତା ଜଣାଉଥାନ୍ତି। ବହୁ ସମୟ ପରେ ସାହସ କରି କହିଲେ– 'ଆପଣ ଷ୍ଟେସନ ମାଷ୍ଟରଙ୍କ କାନରେ ଏମିତି ନିର୍ଦ୍ଦେଶ ଶୁଣାଇ ଦେଲେ ନାହିଁ କାହିଁକି ? କେତେ ଯେ ଲୋକ ବଞ୍ଚି ଯାଇଥାନ୍ତେ !' ଶ୍ରୀଶ୍ରୀଠାକୁର କିଛି ଉତ୍ତର ନ ଦେଇ ଗୋଟିଏ ଟ୍ରାଞ୍ଜିଷ୍ଟର ରେଡ଼ିଓ ମଗାଇ ଅଭୟଦାଙ୍କୁ କଲିକତା ରେଡ଼ିଓ ଷ୍ଟେସନ ଲଗାଇବାକୁ କହିଲେ। ସେ ଲଗାଇଦେଲେ। ଶ୍ରୀଶ୍ରୀଠାକୁର ପଚାରିଲେ –'କେମିତି ଲଗାଇଲୁ ?'– ଆଜ୍ଞା ଟିଉନିଙ୍ଗ୍ କରି, କହିଲେ ଦାଶଗୁପ୍ତା। ଶ୍ରୀଶ୍ରୀଠାକୁର କହିଲେ– 'ବାସ୍, ପରମପିତା ସମସ୍ତଙ୍କୁ ଦୁର୍ଘଟଣା ଖବର ଦେଉଛନ୍ତି, ସେମାନଙ୍କର ଟିଉନିଙ୍ଗ୍ ସୁବିଧା ନ ଥିବାରୁ ସେମାନେ ଧରି ପାରିଲେ ନାହିଁ। ତୁ ଅନବରତ ନାମ କରୁ ଥିବାରୁ ମେସେଜକୁ ଧରି ପାରିଲୁ। ରକ୍ଷା ପାଇଗଲୁ।' (ଅମୃତ କାହାଣୀ)

(୨୬)
ସହଜ କଥାରେ ଏକାନୁରକ୍ତି

୧୯୫୫ ମସିହା ଅକ୍ଟୋବର ମାସରେ ଶ୍ରୀଶ୍ରୀଠାକୁରଙ୍କ ଜନ୍ମୋତ୍ସବକୁ ଉତ୍କଳ ବିଶ୍ୱବିଦ୍ୟାଳୟର କୁଳପତି ଡଃ ପ୍ରାଣକୃଷ୍ଣ ପରିଜା ମୁଖ୍ୟ ଅତିଥିଭାବେ ଦେଓଘର ଆସିଥାନ୍ତି। ସେ ଜଣେ ବୈଜ୍ଞାନିକ ଏବଂ ଶିକ୍ଷାବିତ୍। ଶ୍ରୀଶ୍ରୀଠାକୁରଙ୍କ ସମ୍ମୁଖରେ ପ୍ରଣାମାଦି କରିବା ପରେ ଶିଶୁସୁଲଭ କଣ୍ଠରେ ଶ୍ରୀଶ୍ରୀଠାକୁର କହିଲେ – ପରିଜାଦା, ଆପଣ ଟର୍ଚ୍ଚ ଲାଇଟ୍ ଦେଖିଛନ୍ତି ? ଡଃ ପରିଜା ଉତ୍ତର ଦେଲେ– ଆଜ୍ଞା, ଦେଖିଛି। ଶ୍ରୀଶ୍ରୀଠାକୁର କହିଲେ – ମନେକରନ୍ତୁ, ଟର୍ଚ୍ଚ ଭିତର ବ୍ୟାଟେରୀ ଗୁଡ଼ିକୁ ଯଦି କେତେଟା ଓଲଟା ସିଧା କରି ରଖାଯାଏ ତେବେ ସେ କଣ ଜଳିବ ? ଡଃ ପରିଜା ଉତ୍ତର ଦେଲେ– ଆଜ୍ଞା ସେପରି ରଖିଲେ କେମିତି ଜଳିବ ? ସବୁ ବ୍ୟାଟେରୀକୁ ବଲ୍‌ବ ଆଡ଼କୁ ଏକମୁହାଁ କରି ଯଦି ରଖାଯାଏ ତେବେ ସିନା ସେ ଟର୍ଚ୍ଚ ଜଳି ଆଲୁଅ ଦେବ। ଶ୍ରୀଶ୍ରୀଠାକୁର କହିଲେ– ଆପଣ ଠିକ୍ କହିଛନ୍ତି। ଆମ ଘରେ ପ୍ରତ୍ୟେକ ଲୋକ ଗୋଟିଏ ଗୋଟିଏ ବ୍ୟାଟେରୀ। ପରିବାରର ସବୁ ସଦସ୍ୟ ଯଦି ଜଣେ ବୟୋଜ୍ୟେଷ୍ଠ ବା ଜ୍ଞାନବୃଦ୍ଧଙ୍କ କଥା ମାନି ନ ଚାଲନ୍ତି ତେବେ ଶାନ୍ତି ଓ ସଂହତି କେଉଁଠାରୁ ଆସିବ ? ସେହିପରି ପ୍ରତ୍ୟେକ ଦେଶ ମଧ୍ୟ ଗୋଟିଏ ଗୋଟିଏ ବ୍ୟାଟେରୀ। ସେମାନେ ଯଦି ପାରସ୍ପରିକ ବୁଝାମଣା ନ ରଖନ୍ତି ତେବେ ଜଗତରେ ଶାନ୍ତି ସମ୍ଭବ କି ? ଡଃ ପରିଜା ଏକମତ ହୋଇ କହିଲେ– ନାହିଁ ଆଜ୍ଞା, ଆଦୌ ନୁହେଁ। ସମଗ୍ର ମଣିଷ ସମାଜ ଏବଂ ଯେତେ ଦେଶ ଯଦି ଗୋଟିଏ ଶ୍ରେଷ୍ଠ ମଣିଷଙ୍କୁ ଆଦର୍ଶରୂପେ ବରଣ କରି ତାଙ୍କୁ ମାନି ଚଳନ୍ତି ତେବେ ଯାଇ ପୃଥିବୀରେ ହିଂସାଦ୍ୱେଷ, ଭେଦଭାବ ଲୋପ ପାଇ ଶାନ୍ତି ଓ ଆନନ୍ଦର ରାମରାଜ୍ୟ ପ୍ରତିଷ୍ଠିତ ହେବ।

ଏକଥା ଶୁଣି ଶ୍ରୀଶ୍ରୀଠାକୁର ଡଃ ପରିଜାଙ୍କୁ କୁଣ୍ଢାଇ ପକାଇଲେ ଏବଂ କହିଲେ – ମୁଁ ତ ସେଇ କଥାହିଁ ସମସ୍ତଙ୍କୁ କୁହେ। "ଏକ ଆଦେଶରେ ଚାଲନ୍ତି ଯିଏ, ତାଙ୍କୁଇ ନେଇ ସମାଜ ହୁଏ।" କଥାବାର୍ତ୍ତା ଆଗେଇ ଚାଲିଲା। ଶ୍ରୀଶ୍ରୀଠାକୁର ଡଃ ପରିଜାଙ୍କୁ ପଚାରିଲେ–

ଆଚ୍ଛା ପରିଜାଦା, ପିଲାଦିନେ ଆପଣ ନିଜ ହାତରେ କେବେ ବଜାର ସଉଦା କରିଛନ୍ତି କି ? ଡଃ ପରିଜା ଉତ୍ତର ଦେଲେ– ହଁ ଆଜ୍ଞା । ବହୁତ ବଜାର ସଉଦା କରିଛି । ଶ୍ରୀଶ୍ରୀଠାକୁର ପଚାରିଲେ– ଆଚ୍ଛା, ଠିକ୍ ଓଜନକୁ ଆପଣ କେମିତି ଜାଣନ୍ତି ? ଡଃ ପରିଜା କହିଲେ– ଆଜ୍ଞା, ତରାଜୁର ଗୋଟିଏ ପାଖରେ ବଟକରା ଆଉ ଆର ପାଖରେ ସଉଦା ରଖି ବଡ଼କଣ୍ଟା ଉପର ଛୋଟ କଣ୍ଟା ସହିତ ସମାନ ହେଲେ ଜାଣିବ ଯେ ଓଜନ ଠିକ୍ ହେଲା । ଏଇ ଛୋଟ କଣ୍ଟାକୁ ମଣିକଣ୍ଟା କହନ୍ତି । ଶ୍ରୀଶ୍ରୀଠାକୁର କହିଲେ– ପରିଜାଦା, ମଣିଷ ଜୀବନର ହାନିଲାଭ ଭିତରେ ବଡ଼କଣ୍ଟା ଦୋହଲୁଥାଏ । ଯଦି ମଣିକଣ୍ଟା ନ ଥିବ ତେବେ ସେ କାହାକୁ ନେଇ ଚାଲିବ ? ଏଇ ମଣିକଣ୍ଟା ହେଲେ ଇଷ୍ଟ, ଆଦର୍ଶ । ସେ ସ୍ଥିର, ଧୀର, ଗମ୍ଭୀର ଓ ସ୍ଥିତପ୍ରଜ୍ଞ । ଆଜି ପରିବାରରେ, ସମାଜରେ ଏବଂ ରାଷ୍ଟ୍ରରେ ଯେଉଁ ଅସ୍ଥିରତା ଦେଖାଯାଉଛି ତାର ମୂଳ କାରଣ ହେଉଛି ବିକେନ୍ଦ୍ରିକତା । ଡଃ ପରିଜା କହିଲେ, ଆଜ୍ଞା, ତା ତ ଠିକ୍ କଥା । (ଅମୃତ କାହାଣୀ)

(୨୭)
ଅନନ୍ତ କରୁଣା ଦୃଷ୍ଟି

ଏପ୍ରିଲ ୧୭ ତାରିଖ ୧୯୬୬ ମସିହା । ଶ୍ରୀଶ୍ରୀଠାକୁରଙ୍କ ଦେହ ବିଶେଷ ଭଲ ନ ଥିବାରୁ ଭକ୍ତମାନଙ୍କୁ ତାଙ୍କ ଅତିନିକଟକୁ ଛଡ଼ାଯାଉନାହିଁ । ଚବିଶ ପ୍ରଗଣାର କୃଷ୍ଣପଦ ହାଜରା ଫାଟକରେ ଜଗିଥିବା କର୍ମୀମାନଙ୍କୁ କୁହାକୁହି କରି କୌଣସିମତେ ଶ୍ରୀଶ୍ରୀଠାକୁରଙ୍କ ନିକଟକୁ ଯାଇ ପଚାରିଲେ– ଠାକୁର, ଆଜି ସକାଳେ ଦୀକ୍ଷା ଦେବାବେଳେ ଯେଉଁ ଋତ୍ୱିକ୍ ମହାଶୟ ମତେ କହିଥିଲେ ଯେ ଆଖିବୁଜି ଦୁଇ ଭ୍ରୂ ମଧ୍ୟରେ ଅନାଇଲେ ମୁଁ ଆପଣଙ୍କୁ ଦେଖି ପାରିବି । କେତେଥର ଚେଷ୍ଟା କଲିଣି, ଆପଣଙ୍କୁ ଦେଖିପାରି ନାହିଁ । ଏତେ ନିକଟରେ ଥାଇ ଚେଷ୍ଟା କରି ତ ଦେଖିପାରୁ ନାହିଁ ଆଉ ଦୂର ଚବିଶପ୍ରଗଣା ଜିଲ୍ଲାରେ ମୋ ଗ୍ରାମରେ ଆଖି ବୁଜିଲେ ଆପଣ କଣ ମତେ ଦିଶିବେ ? ଶ୍ରୀଶ୍ରୀଠାକୁର କହିଲେ– ତୁ କଇଁଛ ଦେଖିଛୁ ? ହାଜରା ମହାଶୟ ଦେଖିଛନ୍ତି ବୋଲି କହିଲାରୁ ଶ୍ରୀଶ୍ରୀଠାକୁର ପଚାରିଲେ – କଇଁଛ ଅଣ୍ଡା ଦିଏ ନା ଛୁଆ ଜନ୍ମ କରେ ? ହାଜରା ମହାଶୟ କହିଲେ – କଇଁଛ ଅଣ୍ଡା ଦିଏ । ଶ୍ରୀଶ୍ରୀଠାକୁର ପୁଣି ପଚାରିଲେ – କଇଁଛ କଣ ଅନ୍ୟ ପକ୍ଷୀ ଯେପରି ଡିମ୍ବ ଉପରେ ବସି ତାକୁ ଫୁଟାଇ ଛୁଆ ବାହାର କରେ, ସେହିପରି କରେ ? ହାଜରା ମହାଶୟ କହିଲେ – ମୁଁ ତାହା କହି ପାରିବି ନାହିଁ । ଶ୍ରୀଶ୍ରୀଠାକୁର ବୁଝାଇ କହିଲେ – ଦେଖ, ମା– କଇଁଛ ଜଳରୁ ଶୁଖିଲା ସ୍ଥାନ ଦେଖି ଅଣ୍ଡାଗୁଡ଼ିକ ପାରି ଦେଇ ପୁଣି ଜଳକୁ ଫେରିଯାଏ । ସେହିଠାରୁ ତାର ମୁଣ୍ଡ ଟେକି ସ୍ନେହିଳ ଦୃଷ୍ଟିରେ ଅଣ୍ଡାକୁ ଚାହିଁ ରହିଥାଏ । ସେହି ସ୍ନେହିଳଦୃଷ୍ଟିର ଉତ୍ତାପରେ ଅଣ୍ଡା ଫୁଟି ଛୁଆ ବାହାରି ଆସେ । ତୁ କଣ ଭାବୁଛୁ ଯେ ତୋର ଗୁରୁ କଣ ଏତେ ଅକ୍ଷମ ଯେ ତୁ ଯେତେ ଦୂରରେ ଥାଆ ନା କାହିଁକି ତାଙ୍କର ସ୍ନେହିଳ ଦୃଷ୍ଟି ତୋ ଉପରେ ପଡ଼ିବ ନାହିଁ ? ପାଖରେ ଥିବା ଜଣେ ଋତ୍ୱିକ୍ କୃଷ୍ଣପଦଙ୍କୁ କହିଲେ– ଭଲ ପ୍ରଶ୍ନଟିଏ ପଚାରିଲ, ଶ୍ରୀଶ୍ରୀଠାକୁରଙ୍କ ଉତ୍ତର କେବଳ ତୁମପାଇଁ ନୁହେଁ, ସମସ୍ତ ଭକ୍ତମାନଙ୍କ ପାଇଁ । (ଅମୃତ କାହାଣୀ)

(୨୮)
ଇଷ୍ଟ ଇଚ୍ଛାର ମ୍ୟାଜିକ୍ – ସତ୍‌ସଙ୍ଗ କ୍ଲକ୍ ଟାୱାର

ଦେଓଘର ସତ୍‌ସଙ୍ଗ ଆଶ୍ରମରେ ଗୋଟିଏ କ୍ଲକ୍ ଟାୱାର କରିବା ପାଇଁ ଶ୍ରୀଶ୍ରୀଠାକୁର ଇଚ୍ଛା ପ୍ରକାଶ କଲେ । ତୁରନ୍ତ ଭକ୍ତ ଇଂଜିନିୟର ଶ୍ରୀଶଚନ୍ଦ୍ର ରାୟଚୌଧୁରୀଙ୍କୁ ଖବର ଦିଆଗଲା । ଆଲୋଚନା ବେଳେ ଶ୍ରୀଶ୍ରୀଠାକୁର କହିଲେ ଯେ– ମୋର ଇଚ୍ଛା ଟାୱାରଟି ଗୋଟିଏ ଦିନରେ କରିବ । ଇଂଜିନିୟରବାବୁ କହିଲେ, ଅସମ୍ଭବ, ଏତେ ବଡ଼ ଟାୱାର ଦିନକରେ କେମିତି ହେବ ? ଆମ ପାଠ– ଲଜିକ୍ କହୁଚି ଆସ୍ତେ ଆସ୍ତେ ଗଢ଼ା ହେବ, ଇଟା ଯୋଡ଼େଇ କିଛି ହେଲା, ସେ ଟାଣ ହେଲେ ପୁଣି ତା ଉପରକୁ ଯୋଡ଼େଇ ହେବ । ଏହିପରି ଟାୱାର ଗଢ଼ା ହୁଏ, ଗୋଟିଏ ଦିନରେ ହେବା ସମ୍ଭବ ନୁହେଁ । ଶ୍ରୀଶ୍ରୀଠାକୁର ଅଳ୍ପ ହସି କହିଲେ, ତୁମେ ଲଜିକ୍ କଥା କହୁଛ, ମ୍ୟାଜିକ୍ ତ ଦେଖିନାହଁ ଯେ !

କଥା ସେଇଠି ରହିଲା । ଆଉ ଜଣେ ଭକ୍ତ ଖଗେନ ତପାଦାରଙ୍କୁ ଟାୱାର ନିର୍ମାଣ ପାଇଁ ବାଲି– ସିମେଣ୍ଟ ଇତ୍ୟାଦି ଯୋଗାଡ଼ କରିବାକୁ ଶ୍ରୀଶ୍ରୀଠାକୁର କହିଥିଲେ । ସେ ସେଥିରେ ଲାଗି ପଡ଼ି ସବୁ ଜିନିଷ ଯୋଗାଡ଼ କରିନେଲେଣି । ଖରାଦିନ ସରି ଆସୁଚି କିନ୍ତୁ ଶ୍ରୀଶ୍ରୀଠାକୁର କିମ୍ବା ଶ୍ରୀଶଚନ୍ଦ୍ରଙ୍କଠାରୁ ଟାୱାର ଗଢ଼ିବା ନେଇ କିଛି କଥା ଶୁଣାଯାଉ ନାହିଁ – ବର୍ଷା ପଡ଼ିଗଲେ ସିମେଣ୍ଟତକ ନଷ୍ଟ ହୋଇଯିବ । ଶ୍ରୀଶ୍ରୀଠାକୁରଙ୍କ ପାଖକୁ ଯାଇ ଖଗେନଦା ସେ ସବୁ କଥା କହିଲେ । ଶ୍ରୀଶ୍ରୀଠାକୁର କହିଲେ, ତୁ କାମ ଆରମ୍ଭ କରି ଦେ । ପାରିବୁ ? ଖଗେନଦା କହିଲେ, ଶ୍ରୀଶଦାଙ୍କୁ କିଛି ପଚାରିବି ନାହିଁ ? ଶ୍ରୀଶ୍ରୀଠାକୁର ନିରୁତ୍ତର ରହି ପଚାରିଲେ– ସେ କେତେବେଳେ ଏଠାକୁ ଆସନ୍ତି ? ଖଗେନଦା କହିଲେ, ସକାଳ ଆଠଟା, ନଅଟା ଭିତରେ । ଶ୍ରୀଶ୍ରୀଠାକୁର କହିଲେ, ଖଗେନ ତୁ କାଲି ଭୋର ତିନଟାରୁ କାମ ଆରମ୍ଭ କରିଦେବୁ । ଶ୍ରୀଶଦା ଆସିଲା ବେଳକୁ କାମ ଯୋରରେ ଚାଲିଥିବ । ତୁ ମୋ ପାଖକୁ ଆସିଥିଲୁ ବୋଲି କହିବୁ ନାହିଁ । ତାଙ୍କ ବିନା ଅନୁମତିରେ କାମ କରିବାକୁ କିଏ କହିଲା ବୋଲି ମୋ ପାଖରେ ସେ ଆସି ଅଭିଯୋଗ କରିବେ, ମୁଁ ତତେ ଡକେଇ ପଠାଇବି, ତତେ ତାଙ୍କ ସାମନାରେ ବହୁତ ଗାଳିଗୁଲଜ କରିବି, ତୁ ଖାଲି ଦୋଷୀ ପରି ତାଙ୍କ ଆଡ଼େ ଚାହିଁ କହୁଥିବୁ ଯେ ସିମେଣ୍ଟଗୁଡ଼ା ନଷ୍ଟ ହୋଇଯିବ ବୋଲି ତୁ କାମ ଆରମ୍ଭ କରିଦେଲୁ । ସବୁ ତୋର ଭୁଲ, ଆଣ୍ଠେଇ ପଡ଼ି ତାଙ୍କ ପାଖରେ ଭୁଲ ମାଗିବୁ । କାଲି ଦାଢ଼ି କାଟିବୁ ନାହିଁ । ବୁଝିଲୁ ? ଆଜ୍ଞା ହଁ କହି ଖଗେନଦା କାମ ଆରମ୍ଭ ଯୋଗାଡ଼ରେ ଲାଗିଗଲେ ।

ତା ପରଦିନ ଶ୍ରୀଶଚନ୍ଦ୍ରଦା ଟାୱାର କାମ ଆରମ୍ଭ ହୋଇଥିବା ଦେଖି ଭୀଷଣ ଖପ୍ପା ହୋଇ ଶ୍ରୀଶ୍ରୀଠାକୁରଙ୍କ ନିକଟକୁ ଆସନ୍ତେ, ସେ ଖଗେନଦାଙ୍କୁ ଡକାଇ ପୂର୍ବ ଯୋଜନା ଅନୁସାରେ ବହୁତ ଗାଳିଗୁଲଜ କଲେ । ଖଗେନଦା ଭୁଲ ମାଗୁଥାନ୍ତି କିନ୍ତୁ ଶ୍ରୀଶଦାଙ୍କର ରାଗ ଟିକିଏ କମିଲା ସିନା, ସେ ଆଉ ସେ କାମର ଦାୟିତ୍ୱ ନେବାକୁ ରାଜି ହେଲେ ନାହିଁ, କହିଲେ– ପାଗଳ ଖଗେନ କାମ ଆରମ୍ଭ କରିଚି ତ କେମିତି କଣ କରିବ ସେ ବୁଝୁ– ଏହା କହି ଘରକୁ ଚାଲିଗଲେ । ଶ୍ରୀଶ୍ରୀଠାକୁର ଅବଶ୍ୟ ବୁଝାଇଲେ ଯେ ତମେ ତ ବଡ଼ ଡାକ୍ତର, ଖଗେନଟା ଗୋଟାଏ କ୍ୱାକ୍, ସେ କଣ କରି ପାରିବ ? ତଥାପି ଶ୍ରୀଶଦାଙ୍କର ମନ ପରିବର୍ତ୍ତନ

ହେଲା ନାହିଁ । କାମ ଆଗେଇ ଗଲା, ଦିନ ତିନିଟା ବେଳକୁ ଟାଓ୍ୱାର କାମ ଶେଷ ହୋଇଗଲା । ଆରମ୍ଭ ହେବା ବେଳଠାରୁ କାମ କେତେ ଦୂର ଗଲା ଶ୍ରୀଶ୍ରୀଠାକୁର ବାରମ୍ବାର ଖବର ନେଉଥାନ୍ତି । ସତେକି ତାଙ୍କ ଦୃଷ୍ଟି ଓ ମନ ଟାଓ୍ୱାର ଗଢ଼ା ସ୍ଥାନରେ । ଗୋଟିଏ ଦିନ ମଧ୍ୟରେ ଗଢ଼ା ହୋଇଥିବା ଟାଓ୍ୱାର ଭାଙ୍ଗିଲା ନାହିଁ । ପରବର୍ତ୍ତୀ ସମୟରେ ଶ୍ରୀଶ୍ରୀଠାକୁର ଭକ୍ତମାନଙ୍କୁ ଟାଓ୍ୱାର ଗଢ଼ା ଗଳ୍ପ କରି କହିଲେ– ପରମପିତା ଯାହା ଚାହିଁବେ, ସେଥିରେ ଲଜିକ୍‌ରେ ମ୍ୟାଜିକ୍ ପଶିଯିବ । (ଅଧ୍ୟାପକ ଡଃ ଦେବଦ୍ୟୁତି ବନ୍ଦୋପାଧ୍ୟାୟ)

(୨୯)
ଜଜ୍ ପ୍ରଫୁଲ୍ଲଦା ଜଷ୍ଟିସ୍ ହେଲେ

ଜଷ୍ଟିସ ପ୍ରଫୁଲ୍ଲକୁମାର ବ୍ୟାନାର୍ଜୀ ପାଟନାର ନିବାସୀ । ସେ ୧୯୪୬ ମସିହାରେ ତାଙ୍କ ପିତାଙ୍କ ସହିତ ଦେଓଘର ଆସି ଶ୍ରୀଶ୍ରୀଠାକୁରଙ୍କୁ ଦର୍ଶନ କରିଥିଲେ । ତାଙ୍କର ଅନୁଭୂତି ତାଙ୍କ ଭାଷାରେ–

ମୁଁ ଦୀକ୍ଷା ନେଲି । ସରକାରଙ୍କ ଆଇନ–ବିଭାଗରେ ଯୋଗଦେଇ ଜିଲ୍ଲାଜଜ୍ ହେଲି । ଭାଗଲପୁର ବା ଅନ୍ୟାନ୍ୟ ଯେଉଁ ଜିଲ୍ଲାରେ ଥିଲେ ବି ପ୍ରତିମାସରେ ଶ୍ରୀଶ୍ରୀଠାକୁରଙ୍କ ପାଖକୁ ସପରିବାର ଆସେ । ମୁଁ କ୍ରମଶଃ ଜାଣିଲି ଯେ, ସେ ଅନେକ ବିପଦର ରକ୍ଷାକର୍ତ୍ତା । ଯେଉଁଠି ଜ୍ୟୋତିଷମାନେ ମୋର ସ୍ତ୍ରୀର ଜାତକରେ ତାର ମୃତ୍ୟୁ ନିଶ୍ଚିତ ବୋଲି ସେହିଠାରେ ଲେଖା ବନ୍ଦ କରିଦେଇଥିଲେ, ମୋ ସ୍ତ୍ରୀ ସେହି ମୃତ୍ୟୁମୁଖୀନ ଅବସ୍ଥାରୁ ପୁନର୍ଜନ୍ମ ଲାଭକଲେ । ଏହିପରି ବହୁ କ୍ଷେତ୍ରରେ ମୁଁ ତାଙ୍କର ଅଯାଚିତ ଦୟା ପାଇବାର ପାତ୍ର ହୋଇପାରିଛି– କେବଳ ମୁଁ କାହିଁକି, ସମସ୍ତଙ୍କ ପ୍ରତି ତାଙ୍କର ସେହି ମାତୃବତ୍‌ସ୍ନେହ ଥାଏ ବୋଲି ଅନୁଭବ କରିଛି ।

ମୋର ଚାକିରି ସରି ଆସିଲାଣି । ଅବସର ନେବାକୁ ଆଉ ଦୁଇବର୍ଷ । ଥରେ କଥା କଥାରେ ଶ୍ରୀଶ୍ରୀଠାକୁରଙ୍କୁ କହିଲି– ମୋର ଆଉ ସରକାରୀ ଚାକିରୀରେ ଲୋଭ ନାହିଁ । ଅବସର ଗ୍ରହଣ କରି କିପରି ଯାଜନ ଦ୍ୱାରା ବହୁ ଲୋକଙ୍କୁ ଦୀକ୍ଷା ଦେଇ ଆପଣଙ୍କ ନିକଟକୁ ଆଣି ସେମାନଙ୍କର ମଙ୍ଗଳ କରିବି– ଏହାହିଁ ମୋର ଇଚ୍ଛା । ଶ୍ରୀଶ୍ରୀଠାକୁର ପଚାରିଲେ– ହାଇକୋର୍ଟ ଜଜ୍ ହେବାକୁ ମନ ନାହିଁକି ? ମୁଁ ମନେମନେ ଭାବିଲି, ଠାକୁର ସରକାରୀ ଆଇନ ବିଭାଗ କଥା କାହୁଁବା ଜାଣିବେ । ମୁଁ କହିଲି– ନାହିଁ, ତା, ହେବାର ସମ୍ଭାବନା ଆଦୌ ନାହିଁ, ପ୍ରଥମତଃ କୌଣସି ପଦ ଖାଲି ନାହିଁ । ଆଉ ଯଦିବି ହୁଏ, ମୋର ଉପରକୁ ଅନ୍ୟମାନଙ୍କର ନାମ ଅଛି । ତେଣୁ ହାଇକୋର୍ଟକୁ ଯିବା ସମ୍ଭବ ନୁହେଁ । ୧୯୬୭ ମସିହା ଜାନୁୟାରୀ ମାସରେ ବିହାର ସରକାରଙ୍କଠାରୁ ମୋ ପାଖକୁ ଚିଠି ଆସିଲା ଯେ ସ୍ପେଶାଲ ଅଫିସର ଭାବେ ପାଟନା ସେକ୍ରେଟେରିଏଟରେ ଯୋଗ ଦେବାକୁ ଚାହିଁବ କି ? ଦରମା ସହିତ ୨୫୦ ଟଙ୍କା ସ୍ପେଶାଲ ଆଲାଉନ୍ସ ମିଳିବ । ଏ ଖବରରେ ମୁଁ ଖୁବ ଖୁସି ହୋଇଗଲି । କାରଣ ପରିବାର ପରିଜନଙ୍କ ସହିତ ପାଟନାରେ ଚାକିରୀ ଜୀବନର ଶେଷ ଦୁଇବର୍ଷ କଟାଇପାରିବି । ପିଲାମାନଙ୍କ ତତ୍ତ୍ୱ ନେଇପାରିବି ଇତ୍ୟାଦି । ସମୟାନୁକ୍ରମେ ଦେଓଘର

ଆସି ମୋର ନୂତନ ପଦ ସମ୍ପର୍କରେ ଶ୍ରୀଶ୍ରୀଠାକୁରଙ୍କ ନିକଟରେ ଯେତେ ଯାହା ବର୍ଣ୍ଣନା କଲେ ବି ସେ ଶୁଣି ନଶୁଣିଲା ପରି ରହିଲେ । ମୋ କଥାକୁ କିଛି ଗୁରୁତ୍ୱ ଦେଲେ ନାହିଁ। କହିଲେ– ସେ କାମ ତୁମ ପାଇଁ ନୁହଁ, ହାଇକୋର୍ଟ– ହାଇକୋର୍ଟ, ସେଠାକୁ ଯାଅ । ମୁଁ ସେତେବେଳେ ମନେମନେ ଭାବୁଥାଏ ଯେ ଶ୍ରୀଶ୍ରୀଠାକୁରଙ୍କୁ କେମିତି ବୁଝାଇବି ଯେ ମୋର ହାଇକୋର୍ଟକୁ ଯିବା ନିହାତି ଅସମ୍ଭବ କଥା । ଏହାପରେ ମୁଁ ସେକ୍ରେଟେରିଏଟର ସ୍ପେଶାଲ ଅଫିସର ପଦରେ ଯୋଗଦେଲି । ପ୍ରାୟ ଏକବର୍ଷ, ସେହି କାର୍ଯ୍ୟ କରୁଥାଏ । ହଠାତ୍ ନଭେମ୍ବର ମାସରେ ମୋର ଜଣେ ବନ୍ଧୁ ମତେ ଜଣାଇଲେ ଯେ ପାଟନା ହାଇକୋର୍ଟରେ ଜଜ୍‌ମାନଙ୍କ ସଂଖ୍ୟା ୧୪ରୁ ୧୬କୁ ବଢ଼ାଇ ଦିଆଯାଇଛି ଏବଂ ମୋର ନାମ ସରକାରଙ୍କ ତରଫରୁ ମନ୍ତ୍ରୀମଣ୍ଡଳର ସୁପାରିଶ ପାଇଁ ଯାଇଛି । ମୁଁ ଏକଥାକୁ ବିଶ୍ୱାସ କରି ପାରିଲି ନାହିଁ। କିନ୍ତୁ ଏହା ଘଟିଲା । ମୁଁ ୧୯୬୮ ମସିହାରେ ହାଇକୋର୍ଟ ଜଜ୍‌ଭାବେ ନିଯୁକ୍ତି ପାଇଲି । ୧୯୬୮ ମସିହାରେ ଅବସର ନେଇଥାନ୍ତି କିନ୍ତୁ ଆଉ ଚାରିବର୍ଷ ହାଇକୋର୍ଟ ବିଚାରପତି ଭାବେ କାର୍ଯ୍ୟ କରି ୧୯୭୨ରେ ଅବସର ନେଲି । ହାଇକୋର୍ଟ ଜଜ ପଦକୁ ଉନ୍ନୀତ ହେବାପରେ ମୁଁ ଶ୍ରୀଶ୍ରୀଠାକୁରଙ୍କ ନିକଟକୁ ଗଲି । ଏହି ଅସମ୍ଭବ ମନେହେଉଥିବା ମୋର ପଦୋନ୍ନତିକୁ ସେ କିପରି ବହୁ ପୂର୍ବରୁ ଜାଣିପାରିଥିଲେ ଏକଥା ପଚାରିବାରୁ ସେ କେବଳ ସ୍ନେହିଳ ଦୃଷ୍ଟିରେ ମୋତେ ଚାହିଁ ହସି ଦେଲେ । (Prophets and Prophecies)

(୩୦)
ତୁ କ'ଣ ଜାଣିଛୁ ମୁଁ କେତେ ବଡ଼ କାଠମିସ୍ତ୍ରୀ !

ରାଧାନାଥ କର୍ମକାର ଦେଓଘର ସତ୍‌ସଙ୍ଗ ଆଶ୍ରମରେ ଥିବା କାଠ କାରଖାନାର ଜଣେ ପ୍ରବୀଣ ମିସ୍ତ୍ରୀ ଥଲେ । ଥରେ ଶ୍ରୀଶ୍ରୀଠାକୁର ତାଙ୍କୁ ଏକ ବେଞ୍ଚ ତିଆରି କରିବାକୁ କାଗଜରେ ଆଙ୍କି ଦେଲେ ଏବଂ ତାଙ୍କର drawing (ଅଙ୍କା) ଅନୁସାରେ ବେଞ୍ଚଟି ତିଆରି କରିବାକୁ କହିଲେ । ରାଧାନାଥ ଖୁବ ଭଲ ମିସ୍ତ୍ରୀ ଥିଲେ, କିନ୍ତୁ ସେ ଶ୍ରୀଶ୍ରୀଠାକୁରଙ୍କ ଡ୍ରଇଂ ଅନୁଯାୟୀ ନ କରି ସେଥିରେ କିଛିଟା ପରିବର୍ତ୍ତନ କରି ବେଞ୍ଚଟିକୁ ତିଆରି କରି ଆଣି ତାଙ୍କ ସାମନାରେ ରଖିଲେ । ଡ୍ରଇଁ ଅନୁସାରେ ବେଞ୍ଚଟି ହୋଇ ନ ଥିବାରୁ ବେଶ୍ ଅସନ୍ତୁଷ୍ଟ ହୋଇ ଶ୍ରୀଶ୍ରୀଠାକୁର କହିଲେ– ତୁ ବେଞ୍ଚଟା ଏପରି କଲୁ କାହିଁକି ? ମୋର ଡ୍ରଇଂ ତ ଏପରି ନ ଥିଲା ? ରାଧାନାଥଦା ଅପ୍ରସ୍ତୁତ ହୋଇ ଯାଇ କହିଲେ– ଆଜ୍ଞା, ମୋର ମନେହେଲା ଏଇଟା ଏପରି କଲେ ହୁଏତ ବେଶୀ ଭଲ ହୋଇପାରେ, ତେଣୁ ଏପରି କରି ଦେଇଛି । ଶ୍ରୀଶ୍ରୀଠାକୁର ତା' ଶୁଣି କହିଲେ– ତୋର ମନେହେଲାରୁ ତୁ ଏପରି କରିଦେଲୁ । ମୋ ଡ୍ରଇଂଟାର କିଛି ମୂଲ୍ୟ ଦେଲୁନି । ତୁ କ'ଣ ଜାଣିଛୁ– ମୁଁ କେତେବଡ଼ କାଠମିସ୍ତ୍ରୀ ! (ତୁଇ ଜାନିସ୍ ଆମି କତ ବଡ଼ ଛୁତୋର ମିସ୍ତ୍ରୀ) ।

ରାଧାନାଥଦା ନିଜ ଭୁଲ ବୁଝି ପାରି ନିରୁତ୍ତର ରହିଲେ । ଏହି ଘଟଣା ପରେ ଥରେ ପ୍ରଭୁ ଯୀଶୁଙ୍କ ଜନ୍ମଦିନ (୨୫– ଡିସେମ୍ବର) ଉପଲକ୍ଷ୍ୟେ ମନମୋହିନୀଧାମ ମନ୍ଦିରରେ ସତ୍‌ସଙ୍ଗ ହେଉଥିଲା, ଯୋଗକୁ ରାଧାନାଥ କର୍ମକାର ସେଥିରେ ଉପସ୍ଥିତ ଥିଲେ । ଶରତଚନ୍ଦ୍ର

ହାଲଦାର ଯୀଶୁ ଓ ଯୋସେଫଙ୍କ ବିଷୟରେ ଆଲୋଚନା କରିବାକୁ ଯାଇ କହନ୍ତି– ଯୀଶୁଙ୍କ ପିତା ଯୋସେଫ ସେକାଳରେ ନାଜାରେଥର ଜଣେ ବଡ଼ ବଢ଼େଇ ମିସ୍ତ୍ରୀ ଥିଲେ । ଯୀଶୁ ତାଙ୍କ ପିତାଙ୍କଠାରୁ ବଢ଼େଇ କାମ ଖୁବ ଭଲଭାବେ ଶିଖି ଯାଇଥିଲେ । ପ୍ରଭୁ ଯୀଶୁ ବି ଜଣେ ପ୍ରସିଦ୍ଧ କାଠମିସ୍ତ୍ରୀ ଥିଲେ ବୋଲି ବାଇବେଲରେ ବର୍ଣ୍ଣନା ଅଛି ।

ଏ କଥା ଶୁଣିବା ପରେ ରାଧାନାଥ କର୍ମକାରଙ୍କର ଶ୍ରୀଶ୍ରୀଠାକୁରଙ୍କର ସେଇ କଥା 'ତୁ ଜାଣିଛୁ ମୁଁ କେତେ ବଡ଼ କାଠମିସ୍ତ୍ରୀ'– ମନେପଡ଼ିଲା ଆଉ ଶ୍ରୀଶ୍ରୀଠାକୁର କାହିଁକି ଏଇ କଥା ସେତେବେଳେ କହିଥିଲେ ସେ ହୃଦୟଙ୍ଗମ କରିପାରିଲେ । ରାଧାନାଥଦା ଏହି ଘଟଣା ଅନେକଙ୍କ ନିକଟରେ ପ୍ରକାଶ କରିଛନ୍ତି । (ରାଧାନାଥ କର୍ମକାର)

(୩୧)
ଚରିତ୍ରରେ ଗେଟିସ୍ ପକାନା

ଦେଓଘର ସତ୍‌ସଙ୍ଗ ଆଶ୍ରମରେ ଶ୍ରୀଶ୍ରୀଠାକୁରଙ୍କ ନିକଟରେ ମନୋହର ସରକାର ନାମରେ ଜଣେ ଦକ୍ଷ କାଠ ମିସ୍ତ୍ରୀ ଥିଲେ । ଶ୍ରୀଶ୍ରୀଠାକୁର ତାଙ୍କୁ ଗୋଟିଏ ବଡ଼ ଚେୟାର ତିଆରି କରିବା ପାଇଁ କାଗଜରେ ସାଇଜ ଲମ୍ବା– ଚଉଡ଼ା– ଉଚ୍ଚତା ଇତ୍ୟାଦି ଆଙ୍କି ଦେଇ ଖୁବ ଶୀଘ୍ର ତିଆରି କରି ଦେବାକୁ କହିଲେ ।

ମନୋହରଦା ଯଥାଶୀଘ୍ର ଚେୟାରଟା ତିଆରି କରି ଶ୍ରୀଶ୍ରୀଠାକୁରଙ୍କୁ ଦେଖେଇବାକୁ ନେଇ ଆସିଲେ । ଶ୍ରୀଶ୍ରୀଠାକୁର ପଚାରିଲେ, ସାଇଜ ଯାହା ମୁଁ କହିଥିଲି ଏକଦମ ଠିକ୍ ହୋଇଛି ତ ? ମନୋହରଦା ମୁଣ୍ଡ ହଲାଇ ସମ୍ମତି ଜଣାଇଲେ । ଶ୍ରୀଶ୍ରୀଠାକୁର କହିଲେ, ତାହେଲେ ଟିକିଏ ଦୂରରେ ସେଇ ଚଟାଣ ଉପରେ ରଖ । ଯେଉଁ ଜାଗାରେ ଚେୟାରଟା ରଖିବାକୁ ଠାକୁର କହିଲେ ସେଠାରୁ ବେଶ୍ କିଛିଟା ଦୂରରେ ସେ ବସିଥାନ୍ତି, ଚେୟାର ଆଡ଼କୁ ଚାହିଁ କହିଲେ– ମନୋହର, ଚେୟାରଟା ଟିକିଏ ହଲେଇ ଦେଖ ତ ଗୋଡ଼ସବୁ ମାଟିରେ ଲାଗୁଛି କିନା । ମନୋହରଦା ଚେୟାରଟି ହଲେଇବା ପରେ ଶ୍ରୀଶ୍ରୀଠାକୁରଙ୍କୁ କହିଲେ– ବାମପଟର ପଛ ଗୋଡ଼ଟା ଠିକ୍ ମାଟିରେ ଲାଗୁନି ମନେହେଉଛି । ତେଣୁ ହଲେଇଲେ ଟିକ୍ ଟିକ୍ କରୁଛି । ଦୁଇ ସୂତାଭଳି ଟିକିଏ ଛୋଟ ହୋଇ ଯାଇଛି । କିଛି ଅସୁବିଧା ନାହିଁ, ମୁଁ ଏବେ ଗେଟିସ୍ ଦେଇ ସମାନ କରି ଦେଉଛି, ଆଉ ହଲିବନି ।

ଶ୍ରୀଶ୍ରୀଠାକୁର ଏକଥା ଶୁଣି ହସି ପକାଇଲେ । କହିଲେ, ଚେୟାର ଗୋଡ଼ରେ ସିନା ଗେଟିସ୍ ବସେଇ ଦେବୁ, ତୋର ଚିନ୍ତା– ଚଳନ– ଚରିତ୍ରରେ ଗେଟିସ୍ ବସେଇବୁ କିପରି ? ଏଇ ଗେଟିସ୍ ବସେଇବାର ଭାବ ମଣିଷର ଚରିତ୍ରକୁ ଆଚ୍ଛନ୍ନ କରିପକାଏ । ଆମ ଚରିତ୍ରରେ ଏତେ ତ୍ରୁଟି ଅଛି ଯେ ଗେଟିସ୍ ପକେଇବାକୁ ଗଲେ ଦେହଟାସାରା ଗେଟିସ୍‌ରେ ଭରିଯିବ । ତା' ଫଳରେ ଆମ ଭାବିବା– କହିବା– କରିବା ଭିତରେ ଅନେକ ଫାଙ୍କ ରହିଯିବ । ଏହା ଭିତରଦେଇ ଆମେ ସବୁକିଛି ହରେଇ ବସିବା । ତେଣୁ ସାଧୁ ସାବଧାନ ! (ପ୍ରଳୟ ମଜୁମଦାର)

(୩୨)
ଅହେତୁକ କରୁଣା

୧୯୬୭ ମସିହା। ମୁଁ ବମ୍ବେରେ ଇଞ୍ଜିନିୟରିଂ ବିଭାଗରେ କାମ କରୁଥାଏ। ପବିତ୍ର ପାଞ୍ଜାଧାରୀ କର୍ମୀ ଚନ୍ଦ୍ରକାନ୍ତ ମେହେତାଙ୍କ ସଙ୍ଗେ ଦେଖାହୁଏ ଏବଂ ସମୟକ୍ରମେ ମୁଁ ଓ ଆମ ପରିବାରର ସମସ୍ତେ ସତ୍‌ନାମରେ ଦୀକ୍ଷିତ ହୁଅନ୍ତି।

୧୯୬୮ ମସିହାର ମେ ମାସରେ ଦେଓଘରକୁ ମୁଁ ପରିବାର ସହିତ ଯାତ୍ରା କରି ମଧ୍ୟରାତ୍ରିରେ ସେଠାରେ ପହଞ୍ଚିଲୁ। ଗୋଟାଏ ଗେଷ୍ଟହାଉସକୁ ଆମକୁ ଦିଆଗଲା। କିନ୍ତୁ ଆମର ଅଭ୍ୟାସ ଅନୁଯାୟୀ ରହିବା ଭଳି କୌଣସି ବ୍ୟବସ୍ଥା ସେଠାରେ ନଥିଲା। ମୋର ସ୍ତ୍ରୀ ସବୁ ଦେଖି ଅଡ଼ି ବସିଲେ– ଚାଲ ତୁରନ୍ତ ଏଠାରୁ ପଳାଇବା। ଯାହାହେଉ, ତାଙ୍କୁ ବୁଝାଇ ସୁଝାଇ କୌଣସି ପ୍ରକାରେ ପ୍ରାତଃକୃତ୍ୟ ସମାପନ କଲୁ ଏବଂ ଶ୍ରୀଶ୍ରୀଠାକୁରଙ୍କ ଦର୍ଶନ–ପ୍ରଣାମ କରି ସେଇ ଦିନ ଫେରିବାକୁ ସ୍ଥିର କଲୁ। ହଠାତ୍ ଜଣେ ଭଦ୍ରଲୋକ ଗାଡ଼ିନେଇ ହାଜିର ହେଲେ ଆଉ କହିଲେ– ଶ୍ରୀଶ୍ରୀଠାକୁର ପଠାଇଛନ୍ତି, ଜିନିଷପତ୍ର ସହ ଆମକୁ ଅନ୍ୟସ୍ଥାନକୁ ନେଇଯିବା ପାଇଁ। ସେଠାରେ ଘରର ଦରଜା ଖୋଲିବା ସଙ୍ଗେ ସଙ୍ଗେ ମୋ ସ୍ତ୍ରୀଙ୍କ ମୁହଁରେ ଖୁସିର ଝଲକ ଖେଳିଗଲା, ସେ କହିଲେ– ଏହାହିଁ ଆମର ରହିବାର ଉପଯୁକ୍ତ ସ୍ଥାନ। ଏଠାରେ ଯେତେଦିନ ଖୁସିରେ ରହିହେବ ! ମୋର ଇଚ୍ଛା ଥିଲା ଶ୍ରୀଶ୍ରୀଠାକୁରଙ୍କ ଆଶୀର୍ବାଦ ନେଇ ମୋର ଦୁଇପୁଅଙ୍କର ଉପନୟନ ସଂସ୍କାର ଓ ଦୀକ୍ଷା ଦେଓଘରରେ ଅନୁଷ୍ଠିତ ହେଉ, ତାହାହିଁ ବାସ୍ତବାୟିତ ହେଲା। ମାତ୍ର ଦଶଦିନ ଲାଗି ଆସିଥିଲୁ, ଟଙ୍କାପଇସା ଶେଷପ୍ରାୟ। ଆମେ ଫେରିବାର ଆଶୀର୍ବାଦର ପ୍ରତୀକ୍ଷାରେ ଥିଲୁ। ଏକତ୍ରିଂଶ ଦିନ ସେଇ ପ୍ରଥମଦିନର ବ୍ୟକ୍ତି ଆସି ଖବର ଦେଲେ, ଶ୍ରୀଶ୍ରୀଠାକୁର ଫେରିଯିବାର ଅନୁମତି ଓ ଆଶୀର୍ବାଦ ଦେଇଛନ୍ତି; ଅବଶ୍ୟ ରାତି ୧୨ଟା ମଧ୍ୟରେ ଆମେ ଯେମିତି ବାହାରିଯାଉ। ଗୋଟିଏ ଗାଡ଼ି ଆମକୁ ଷ୍ଟେସନରେ ପହଞ୍ଚାଇ ଦେଇ ଆସିବ।

ମୁଁ ବିସ୍ମିତ ହେଲି, ପକେଟରେ ମାତ୍ର ଦଶଟି ଟଙ୍କା ପଡ଼ିଛି, ଆଉ ଯିବାର ଆଶୀର୍ବାଦ ହେଲା ! କାହାରି ସହିତ ଏଠାରେ ପରିଚୟ ନାହିଁ, ଲଜ୍ଜାରେ କାହାକୁ ଟଙ୍କାପଇସାର କଥା କହି ବି ପାରିଲିନି। ତରବରରେ ଆମେ ଷ୍ଟେସନରେ ପହଞ୍ଚି ଗୋଟିଏ ବେଞ୍ଚରେ ବସି ପଡ଼ିଲୁ। ଏଇ ସମୟରେ ହଠାତ୍ ପାଟନାରୁ ହାଓଡ଼ାଗାମୀ ଏକ ଟ୍ରେନ୍ ଆସି ଠିଆହେଲା। ଅବାକ୍ ହୋଇ ଦେଖିଲି– ଆମର ଜଣେ ଆତ୍ମୀୟ ଆମେ ଯେଉଁଠି ବସିଥିଲୁ ଠିକ୍ ତାର ବିପରୀତ ରେଲଡ଼ବା ଦରଜାରେ ଠିଆ ହୋଇଛନ୍ତି ଏବଂ ଚିତ୍କାର କରି ମୋତେ ପଚାରୁଛନ୍ତି– ଜସିଡ଼ି ଷ୍ଟେସନରେ ଆମେ କଣ କରୁଛୁ ! କହିଲି– ଆମେ ଆମର ଗୁରୁଦେବଙ୍କ ଦର୍ଶନରେ ଆସିଥିଲୁ, ବମ୍ବେ ଫେରି ଯାଉଛୁ। ମୋ କଥା ଶୁଣି ସେ ଗାଡ଼ିରୁ ଓହ୍ଲାଇ ଆସିଲେ।

ଭାବୁଥିଲି ମୋର ଟଙ୍କାର ସମସ୍ୟାର କଥା ତାଙ୍କୁ କହିବାକୁ; କିନ୍ତୁ କିଛି କହିବା ପୂର୍ବରୁ ଗଲାବେଳକୁ ସେ ପକେଟରୁ ପାଞ୍ଚହଜାର ଟଙ୍କା ବାହାର କରି କହିଲେ– ସେ ଗୋଟାଏ

ବିଜନେସ୍ ଟୁରରେ ଯାଉଛନ୍ତି, ତାଙ୍କର ମାତାଙ୍କୁ ଏଇ ଟଙ୍କାଟା ଦେବାକୁ ଚାହାଁନ୍ତି । ଯେହେତୁ ଆମେ ତାଙ୍କ ଆଗରୁ ଘରେ ପହଞ୍ଚିବୁ, ସେଥିପାଇଁ ମୋ ହାତରେ ଦେଉଛନ୍ତି । ଏଇ କଥା ଶେଷ ହୋଇଛି କି ନାହିଁ ତାଙ୍କ ଟ୍ରେନର ହୁଇସିଲ ବାଜିଗଲା, ସେ ଟ୍ରେନରେ ଉଠିପଡ଼ିଲେ ।

ଆମେ ହତବାକ୍ ହୋଇ ଅଶ୍ରୁ ବିସର୍ଜନ କରିବାକୁ ଲାଗିଲୁ, ଆଉ ଭାବିବାକୁ ଲାଗିଲୁ– କାହିଁକି ଠାକୁର ଶୀଘ୍ର ଶୀଘ୍ର ଏଇ ନିର୍ଦ୍ଦିଷ୍ଟ ସମୟ ମଧ୍ୟରେ ଟ୍ରେନ ଧରିବାପାଇଁ ଆମକୁ ପଠାଇ ଦେଇଥିଲେ । (ପି ବି ଗିଡ୍ୱାନୀ– ସାତ୍ୱତ କଥା)

(୩୩)
ବିନ୍ଧ୍ୟାଚଳର ଅଜଣାଲୋକ

ସନ୍ତୋଷ ଜୋୟାରଦାର (କାଲୋଦା) ଶ୍ରୀଶ୍ରୀଠାକୁରଙ୍କର ଜଣେ ନିଷ୍ଠାବାନ୍ କର୍ମୀ । ଶ୍ରୀଶ୍ରୀଠାକୁରଙ୍କ ଆଶୀର୍ବାଦ ଭାବେ ଯେଉଁ ‘ଦଣ୍ଡ’ ଦିଆଯାଏ ତାର କଞ୍ଚାମାଲ (ବାଉଁଶବାଡ଼ି) ସଂଗ୍ରହର ଦାୟିତ୍ୱ ଥିଲା କାଲୋଦା ଓ ତାଙ୍କ ପିତା (ଆଶୁତୋଷ ଜୋୟାରଦାର)ଙ୍କ ଉପରେ । ସେମାନେ ବାଉଁଶ ସଂଗ୍ରହ ପାଇଁ ପାଖଆଖ ପ୍ରଦେଶର ଅନେକ ପାହାଡ଼, ଜଂଗଲ ବୁଲି ବାଉଁଶ ଏକାଠି କରି ଟ୍ରେନ୍‌ଯୋଗେ ଦେଓଘର ଆଣନ୍ତି । ଥରେ ବାଉଁଶ ଯୋଗାଡ଼ରେ କାଲୋଦା’, ଉତ୍ତର ପ୍ରଦେଶର ବିନ୍ଧ୍ୟାଚଳକୁ ଟ୍ରେନ୍ ଯୋଗେ ଯାଇଥିଲେ । ବିନ୍ଧ୍ୟାଚଳ ରେଳ ଷ୍ଟେସନ୍‌ରୁ ଦଶ–ବାର ମାଇଲ୍ ଦୂର ବିନ୍ଧେଶ୍ୱରୀ ପାହାଡ଼ ନିକଟକୁ ସେ ଚାଲିଚାଲି ଯାଇ, ସେଠାରେ ଉପଯୁକ୍ତ ବାଉଁଶ କଟାଇ, ଶଗଡ଼ଗାଡ଼ିରେ ଲଦି ସଂଧ୍ୟା ଚାରିଟାବେଳକୁ ରେଳଷ୍ଟେସନରେ ପହଞ୍ଚିଲେ । ଷ୍ଟେସନ୍ ଜନଶୂନ୍ୟ ଥିଲା । ବାଉଁଶବୋଝକୁ ଶଗଡ଼ରୁ ଗୋଟିଏ ଜାଗାରେ ରଖି, ପାଖ ବେଂଚ୍‌ରେ ସେ ବସିଲେ । ଟ୍ରେନ୍ କେତେବେଳେ ଆସିବ କେଜାଣି ? ସେତେବେଳେ ସାରାଦିନରେ ଗୋଟିଏ ଦୁଇଟି ଟ୍ରେନ୍ ସେ ଷ୍ଟେସନ୍‌ରେ ଠିଆହୁଏ । ଟିକେଟ୍ ଘର ବନ୍ଦ ଥିଲା । ଷ୍ଟେସନ୍‌ର ସବୁ ଦାୟିତ୍ୱ କେବଳ ଜଣେ କର୍ମଚାରୀ ତୁଲାଉଥିଲେ । ବୋଝବୋହି ଆଣିଥିବା ଶ୍ରମିକ ସହ କଥାବାର୍ତ୍ତା କରି ସେ ଜାଣିଲେ ଯେ ସେ ଅଂଚଳ ଚଂବଲର ଡାକୁମାନଙ୍କ ଇଲାକା, ଚୋରି ଡକାୟତି ଓ ହତ୍ୟା ଆଦି ପ୍ରାୟତଃ ଘଟେ । ସଂଧ୍ୟା ହୋଇଆସୁଚି । ଶ୍ରମିକଠାରୁ ଏସବୁ ଶୁଣିଲା ପରେ କାଲୋଦା’ ଭୟ ପାଇଲେ । ସେ ଇଷ୍ଟମନ୍ତ୍ର ଜପିବାରେ ଲାଗିଥାନ୍ତି ।

କିଛି ସମୟ ପରେ ଝାପ୍‌ସା ଆଲୋକରେ ଜଣେ କିଏ ତାଙ୍କ ଆଡ଼କୁ ଚାଲିଚାଲି ଆସୁଥିବାର ସେ ଦେଖିପାରିଲେ । ପାଖହେଲାରୁ ଦେଖିଲେ ଯେ ଲୋକଟି ଲଂବାଚଉଡ଼ା ହୃଷ୍ଟପୁଷ୍ଟ ସ୍ୱାସ୍ଥ୍ୟବାନ୍ ଲୋକ । ସେ କାଲୋଦା’ଙ୍କ ପାଖକୁ ଆସି ତାଙ୍କୁ ପଚାରିଲେ– ତୁମେ କେଉଁଠୁ ଆସିଚ ? ଏଠାକୁ କାହିଁକି ଆସିଚ ? ଏବେ କୁଆଡ଼େ ଯିବ ? କାଲୋଦା’ ତାଙ୍କର ଆସିବାର କାରଣ ଇତ୍ୟାଦି ବିସ୍ତୃତ ଭାବରେ କହିଲେ । ସେତେବେଳକୁ ଷ୍ଟେସନ ମାଷ୍ଟର ମଧ୍ୟ ସେଠାକୁ ଆସିଯାଇଥିଲେ । ତାଙ୍କୁ ସେଇ ଅଜଣା ଲୋକ କହିଲେ– ଆଜି କୌଣସି ଟ୍ରେନ୍ ଆସିବ ନାହିଁ । ଏଇ ପିଲାଟିକୁ ଆପଣ ନିଜ ଘରକୁ ନେଇ ଯାଆନ୍ତୁ, ସେ ସେଠାରେ

ରହୁ, ତା'ର ଖାଇବାପିଇବାର ବ୍ୟବସ୍ଥା କରିଦେବେ। କାଲି ସକାଳେ ଟ୍ରେନ୍‌ରେ ତାଙ୍କୁ ଚଢ଼ାଇଦେବେ। ଏତିକି କହି ଷ୍ଟେସନ୍ ମାଷ୍ଟରଙ୍କ ହାତରେ କୋଡ଼ିଏ ଟଙ୍କା ଧରାଇଦେଇ ସେ ଚାଲିଗଲେ। ତା'ପରେ ଷ୍ଟେସନ୍‌ମାଷ୍ଟର୍ କାଲୋଦା'ଙ୍କୁ ପଚାରିଲେ– ସେ ବାବୁଜଣକ ତମର କ'ଣ ହୁଅନ୍ତି ? ସେ କେଉଁଠି ରହନ୍ତି ? କାଲୋଦା' କହିଲେ– ମୁଁ ତାଙ୍କୁ ଆଦୌ ଜାଣିନାହିଁ, ଆଗରୁ କେବେ ଦେଖି ନାହିଁ। ଏହା ଶୁଣି ଷ୍ଟେସନ୍‌ମାଷ୍ଟର ଆଶ୍ଚର୍ଯ୍ୟ ହେଲେ। ପରେ, ଷ୍ଟେସନ୍ ମାଷ୍ଟର୍ ଯେତେବେଳେ କାଲୋଦା'ଙ୍କୁ ନେଇ ଟିକେଟ୍‌ଘର– ଅଫିସ୍‌କୁ ଆସିଲେ, ଫୋନ୍‌ରେ ଖବରପାଇଲେ, ଯେ ସଂଧ୍ୟାବେଳେ ଆସିବା ଟ୍ରେନ୍ ଆଜି ଆସିବ ନାହିଁ। ତେବେ ଏହା ପୂର୍ବରୁ ସେ ବ୍ୟକ୍ତିଜଣକ ଟ୍ରେନ୍ ଆଜି ଆସିବ ନାହିଁ ବୋଲି ଜାଣିଲେ କେମିତି ? ସେଇ ଶୂନ୍‌ଶାନ୍ ଷ୍ଟେସନ୍ ଇଲାକାରେ ଷ୍ଟେସନ୍‌ମାଷ୍ଟରଙ୍କ କ୍ୱାର୍ଟର୍ସରେ କାଲୋଦା' ରାତି କଟାଇଲେ। ଷ୍ଟେସନ୍ ମାଷ୍ଟର ତାଙ୍କ ଖାଇବାପିଇବାର ବ୍ୟବସ୍ଥା କରିଦେଇଥିଲେ। ସକାଳ ଟ୍ରେନ୍‌ରେ ତାଙ୍କୁ ଟିକେଟ କାଟି ତାଙ୍କୁ ବାଉଁଶବୋଝ ସହ ଭଲ ଡବାରେ ଚଢ଼ାଇଦେଲେ। ରାସ୍ତାଯାକ କାଲୋଦା' ସେଇ ଅଜଣାବ୍ୟକ୍ତିଙ୍କ ବାବଦରେ ଭାବୁଥିଲେ– ସେ କିଏ ? ହଠାତ୍ କାହିଁକି ଓ କେଉଁଠୁ ଆସିଲେ ? ତାଙ୍କ ଖାଇବାପିଇବା ଟିକେଟ୍ ବାବଦକୁ କୋଡ଼ିଏ ଟଙ୍କା କାହିଁକି ଦେଲେ ? ତା'ପରେ କୁଆଡ଼େ ବା ଗଲେ ? ଏସବୁ ପ୍ରଶ୍ନର କୌଣସି ଉତ୍ତର ନଥିଲା। ଦେଓଘର ଆଶ୍ରମରେ କାନ୍ଧରେ ବାଉଁଶ ବୋଝ ଧରି କାଲୋଦା'ଙ୍କୁ ଆସୁଥିବାର ଦେଖି ଶ୍ରୀଶ୍ରୀଠାକୁର ପଚାରିଲେ– ମାଲ୍(ବାଉଁଶ ଦଣ୍ଡ) ନେଇ ଆସିଲୁ ? ବାଟରେ ଡରି ନାହୁଁତ ? କିଛି ଅସୁବିଧା ହୋଇ ନାହିଁତ ? ଶ୍ରୀଶ୍ରୀଠାକୁର ଏସବୁ ପ୍ରଶ୍ନ କଲାବେଳେ ମୁରୁକି ମୁରୁକି ହସୁଥାନ୍ତି। (ସାତ୍ୱତ କଥା)

(୩୪)
ହରିନନ୍ଦନଙ୍କ ପରିବର୍ତ୍ତନ

ହରିନନ୍ଦନ ପ୍ରସାଦ ସମସ୍ତିପୁର (ବିହାର) ନିବାସୀ ଓ ଗୋଟିଏ ହାଇସ୍କୁଲରେ ପ୍ରଧାନ ଶିକ୍ଷକତା କରୁଥିଲେ। ଶ୍ରୀଶ୍ରୀଠାକୁରଙ୍କୁ ସାକ୍ଷାତ କରିବାକୁ ଦେଓଘର ଆଶ୍ରମ ଆସିଲେ। ତାପରେ ସେ ଦୀକ୍ଷା ନେଲେ। ଥରେ ଋତ୍ୱିକ୍ ସମ୍ମିଳନୀ ଅନୁଷ୍ଠିତ ହେଉଥିବା ସମୟରେ ସେ ଆଶ୍ରମ ଆସିଥିଲେ; ଶ୍ରୀଶ୍ରୀଠାକୁର ନିର୍ଦ୍ଦେଶ ଦେଲେ ଯେ ସମ୍ମିଳନୀରେ ହରିନନ୍ଦନ ଭାଷଣ ଦେବେ। ହରିନନ୍ଦନ ବଡ଼ ଅଡୁଆରେ ପଡ଼ିଲେ, କହିଲେ ମୁଁ ତ କେଉଁଠି କେବେ ଭାଷଣ ଦେଇ ନାହିଁ, ଧର୍ମ ବିଷୟରେ ମୋର କିଛି ପ୍ରବେଶ ନାହିଁ, ମୁଁ ବଙ୍ଗଳା ଭାଷା ମଧ୍ୟ ଜାଣି ନାହିଁ, କ'ଣ କହିବି ? ଆୟୋଜକ ସେକ୍ରେଟାରୀ କହିଲେ– ଶ୍ରୀଶ୍ରୀଠାକୁରଙ୍କ ନିର୍ଦ୍ଦେଶ, ଆପଣ କାଲି କହିବେ।

ଋତ୍ୱିକ୍ ସମ୍ମିଳନୀରେ ସେ ହିନ୍ଦୀ ଭାଷାରେ ସ୍ୱତଃସ୍ଫୁର୍ତ୍ତ ଯେଉଁ ଭାଷଣ ଦେଲେ, ତାହା ଅତ୍ୟନ୍ତ ରୁଚିପୂର୍ଣ୍ଣ ଥିଲା। ତା ପରଦିନ ମଧ୍ୟାହ୍ନରେ ଶ୍ରୀଶ୍ରୀଠାକୁରଙ୍କୁ ପ୍ରଣାମ କରି ବିଦାୟ ନେବାକୁ ଆସିଲାବେଳେ ଦେଖିଲେ ଯେ କୋଡ଼ିଏ ପଚିଶ ଜଣ ଭକ୍ତ ତାଙ୍କ ପାଖରେ ଅଛନ୍ତି। ହରିନନ୍ଦନଙ୍କୁ ଦେଖିଲାମାତ୍ରେ କେତେ ଜଣ ତାଙ୍କ ଭାଷଣ କିପରି ଅତି ଉଚ୍ଚକୋଟିର ଥିଲା,

ଶ୍ରୀଶ୍ରୀଠାକୁରଙ୍କୁ କହିଲେ । ଶ୍ରୀଶ୍ରୀଠାକୁର ତାଙ୍କୁ ପାଖକୁ ଡାକି ବସିବାକୁ କହିଲେ ଏବଂ ଅତ୍ୟନ୍ତ ସ୍ନେହଭରା ଦୃଷ୍ଟିରେ ତାଙ୍କୁ ଚାହିଁ ପଚାରିଲେ– 'ଭୋଜନରେ ତମେ କ'ଣ ଖାଇବାକୁ ସବୁଠୁ ବେଶି ଭଲ ପାଅ ?'

ହରିନନ୍ଦନ ସତ କଥା କହିଲେ, 'ଆଜ୍ଞା ମାଂସ, ମାଂସ ମୋର ଖୁବ୍ ପ୍ରିୟ ।' ଶ୍ରୀଶ୍ରୀଠାକୁର ନିର୍ବିକାର, ହସୁଥା'ନ୍ତି । ହରିନନ୍ଦନ କହିଲେ– 'ଠାକୁର, ମତେ କ୍ଷମା କରନ୍ତୁ, ମୋ ଦେଇ ଏ ସାଧନା ହେବ ନାହିଁ । ଶୁଣିଚି ଯେ ମୁସଲମାନ ସାଧକମାନେ ମଧ୍ୟ ସାତ୍ତ୍ୱିକ ଆହାର କରନ୍ତି । କିନ୍ତୁ ମୋ ପାଇଁ ମାଛ–ମାଂସ ଛାଡ଼ିବା ନିହାତି କଷ୍ଟ କଥା ।'

ଶ୍ରୀଶ୍ରୀଠାକୁର ଅତି କୋମଳ ସ୍ୱରରେ କହିଲେ – ' କ'ଣ ଛାଡ଼ିବ ନ ଛାଡ଼ିବ ସେ କଥା କେବେ ମନକୁ ଆଣ ନାହିଁ । ତୁମେ ନିୟମିତ ନାମ– ଧ୍ୟାନ, ଯଜନ– ଯାଜନ– ଇଷ୍ଟଭୃତି କରି ଚାଲ । ସେମାନେ ଯେତେବେଳେ ଆପେ ଆପେ ଛାଡ଼ି ହୋଇ ଯିବେ, ତାହାହିଁ ଠିକ୍ ଛାଡ଼ିବା ହେବ ।'

ଦେଓଘରରୁ ଫେରିଲା ପରେ ହରିନନ୍ଦନଙ୍କ ମଦ୍ୟପାନ ଓ ମାଛମାଂସ ଭକ୍ଷଣ ଅଧିକ ମାତ୍ରାରେ ଚାଲୁ ରହିଲା । ଗୋଟିଏ ରାତିର ଦୃଶ୍ୟ ତାଙ୍କର ପୁତ୍ର ରାମନନ୍ଦନ ପ୍ରସାଦ ଏହିପରି ବର୍ଣ୍ଣନା କରିଛନ୍ତି – ଗ୍ରୀଷ୍ମ ଛୁଟିରେ ମା' ତାଙ୍କ ବାପଘରକୁ ଯାଇଛନ୍ତି, ଘରେ ବାପା ଓ ମୁଁ । କୌଣସି କାମରେ କିଛି ଦିନ ରହିବା ପାଇଁ ପିଉସା– ପିଉସୀ ଆସିଥାନ୍ତି, ସ୍କୁଲ ଚପରାଶି ରନ୍ଧାବଢ଼ା ବିଶେଷ କରି ଆମିଷ ରନ୍ଧନରେ ପାରଙ୍ଗମ । ଟେବୁଲ– ଦୋସ୍ତ (ମଦିରାପ୍ରିୟ ଗୋଷ୍ଠୀ) କାହାର ସ୍ତ୍ରୀ ଯଦି ବାପଘରକୁ ଯାଏ, ତେବେ ସେମାନଙ୍କର ଖୁବ୍ ଆନନ୍ଦ ! ଦିନେ ଖରାବେଳଠାରୁ ତାଙ୍କ ଘରେ ଚପରାଶି ତା କାମରେ ଲାଗିଚି – ଖାସି ମାଂସର ବିଭିନ୍ନ ବ୍ୟଞ୍ଜନ – କଲିଜା, କୋଫ୍‌ତା, କବାବ୍, ମାଂସ– କସା, ହାଡ଼– ସୁପ୍ ଇତ୍ୟାଦି ତିଆରି ହେଲା । ଘର ଅଗଣାରେ ଅଳ୍ପ ଆଲୁଅରେ ଟେବୁଲ ଉପରେ ଗିଲାସ, ସୋଡ଼ା, ମଦିରା ଆସର ବେଶ୍ ଜମିଛି, ମାଂସର ବିଭିନ୍ନ ଆଇଟମ୍ ଗୋଟିଏ ପରେ ଗୋଟିଏ ପେଶ୍ ହେଉଚି, ଚଢ଼ାଗଳାରେ କଥାବାର୍ତ୍ତା ଆଉ ଆକାଶ ଫଟେଇ ଦେବା ହସ । ପୁତ୍ର ପଢ଼ାଘରୁ ଆସି ଖବର ଦେଲା – 'ବାପା, ତମକୁ ଯିଏ ଦୀକ୍ଷା ଦେଇଛନ୍ତି ସେଇ ଋତ୍ୱିକ୍ ଆସିଛନ୍ତି, ବାଟଘରେ ବସାଇଚି ।' ଜଣେ ବନ୍ଧୁ କହିଲେ,– 'ଆରେ, କହି ଦେ ସାର୍ ନାହାନ୍ତି ।' ବୋତଲ– ବନ୍ଧୁମାନେ ହରିନନ୍ଦନଙ୍କୁ ସବୁବେଳେ ବ୍ୟଙ୍ଗ କରି କହୁଥିଲେ 'ସୈକଡ଼ୋ ଚୁହେ ଖାକର ବିଲ୍ଲି ଚଲି ହଜ୍ କରନେ' (ଶହେ ମୂଷା ଖାଇ ସାରି ବିଲେଇ ବାହାରିଚି ତୀର୍ଥ କରି) । ହରିନନ୍ଦନବାବୁଙ୍କ ମନକୁ କଥାଟା ପାଇଲା ନାହିଁ । ଋତ୍ୱିକ୍ ମହାଶୟଙ୍କୁ ଭୁଲ ଖବର ଦେବା ଠିକ୍ ହେବ ନାହିଁ । ଚପରାଶିକୁ କହିଲେ, ମିଠା ଆଉ ପାଣି ଗ୍ଲାସ ନେଇ ଯାଅ, କହିବ ମୁଁ ଆସୁଚି । କିଛି ସମୟ ପରେ ହରିନନ୍ଦନବାବୁ ଋତ୍ୱିକଙ୍କୁ ମିଷ୍ଟାନ୍ନରେ ଆପ୍ୟାୟିତ କଲାବେଳେ କହିଲେ – 'ଅଗଣାରେ ବନ୍ଧୁମାନଙ୍କ ସହିତ ମଦିରା ଓ ମାଂସ ସେବନ ଚାଲିଚି । କାଲି କଥା ହେବା ।'

ସେଇ ହରିନନ୍ଦନ ପ୍ରସାଦଙ୍କୁ ଶ୍ରୀଶ୍ରୀଠାକୁର ଏପରି ପ୍ରଭାବିତ କଲେ ଯେ ସେ ସମ୍ପୂର୍ଣ୍ଣ ନିରାମିଷାଶୀ ହେଲେ, ଏତେ ନିଷ୍ଠା ତାଙ୍କ ରକ୍ତରେ ଥିଲା ଯେ ବିହାରରୁ ପରିବାର ସହିତ ଉଠି ଆସି ଦେଓଘରରେ ବସବାସ କଲେ । ତାଙ୍କର ତୃତୀୟ ପିଢ଼ି ଶିବାନନ୍ଦ ପ୍ରସାଦ, ଜେଜେବାପାଙ୍କ ପରି ସମର୍ପିତ, କର୍ମଠ ସତ୍‌ସଙ୍ଗୀ– ଅଧୁନା ସତସଙ୍ଗର (ଦେଓଘର) କାର୍ଯ୍ୟନିର୍ବାହୀ ସହ–ସମ୍ପାଦକ ଓ ହିନ୍ଦୀ ମାସିକ ପତ୍ରିକା 'ସାତ୍ୱତୀ'ର ସମ୍ପାଦକ । ଶ୍ରୀଶ୍ରୀଠାକୁର କ'ଣ ନ କରି ପାରନ୍ତି ! (ଗୁରୁକୃପା, ରାମନନ୍ଦନ ପ୍ରସାଦ, ସାତ୍ୱତୀ ମଇ ୨୦୧୯)

(୩୫)
ଭକ୍ତର ପୂର୍ବଜନ୍ମ ପ୍ରସଙ୍ଗ

ଶ୍ରୀଶ୍ରୀଠାକୁରଙ୍କ ଜନୈକ ଶିଷ୍ୟ ହେମଚନ୍ଦ୍ର ମୁଖାର୍ଜୀ ପ୍ରାର୍ଥନା ଜଣାଇଲେ, – ଠାକୁର, ପୂର୍ବଜନ୍ମରେ କ'ଣ ଥିଲି, ମୁଁ ଜାଣିବାକୁ ଇଚ୍ଛା କରେ । ଶ୍ରୀଶ୍ରୀଠାକୁର ମୁରୁକି ହସି ଶାନ୍ତକଣ୍ଠରେ କହିଲେ – ପୂର୍ବଜନ୍ମରେ କ'ଣ ଥିଲେ ତା' ଜାଣି କ'ଣ ହେବ ହେମଦା ? ଏଇ ଜନ୍ମରେ ପରମପିତାଙ୍କୁ ପାଇଛନ୍ତି, ତାଙ୍କର ସେବା କରନ୍ତୁ । ସେଥିରେ ସବୁ ହେବ । ମଝିରେ ମଝିରେ ହେମଦା ଏହି ପ୍ରଶ୍ନ ପଚାରି ସେହି ଏକା ଉତ୍ତର ପାଉଥିଲେ । ମନେ ମନେ ଭାବିଲେ,– ଠାକୁର ଜ୍ଞାନର ସାଗର, ସେଥିରେ କୌଣସି ସନ୍ଦେହ ନାହିଁ । କିନ୍ତୁ ପୂର୍ବଜନ୍ମରେ ମୁଁ କ'ଣ ଥିଲି , ତା' ହୁଏତ ସେ ଜାଣି ପାରୁ ନାହାନ୍ତି, ତେଣୁ ଏପରି ଏଡ଼ାଇ ଯାଉଛନ୍ତି । ସେ ଶୁଣିଥିଲେ ଯେ ତିବ୍‌ବତ୍‌ରେ କେହି କେହି ଲାମା ଏହି ବିଦ୍ୟା ଜାଣନ୍ତି । ତିବ୍‌ବତ୍ ଯିବାପାଇଁ ପ୍ରସ୍ତୁତ ହୋଇ ଶ୍ରୀଶ୍ରୀଠାକୁରଙ୍କ ନିକଟକୁ ଗଲେ । କରଜୋଡ଼ି ଗଭୀର ଆକୁଳତା ସହ କହିଲେ,– ଠାକୁର ମୋର ଇଚ୍ଛା ହିମାଳୟକୁ ଯାଇ ତପସ୍ୟା କରିବାକୁ । ଆପଣଙ୍କ ଅନୁମତି ଓ ଆଶୀର୍ବାଦ ପ୍ରାର୍ଥନା କରୁଛି । ଶ୍ରୀଶ୍ରୀଠାକୁର ସଙ୍ଗେ ସଙ୍ଗେ ମୁଣ୍ଡ ହଲାଇ ସମ୍ମତି ଜଣାଇଲେ । ହେମଦା କେଇ ପାଦ ପ୍ରସ୍ଥାନ କରିବା ସଙ୍ଗେ ସଙ୍ଗେ ଶ୍ରୀଶ୍ରୀଠାକୁର ଡାକ ଦେଲେ,– ଓ ହେମଦା, ଆପଣ ପୂର୍ବଜନ୍ମର କଥା ଜାଣିବାକୁ ଚାହିଁଥିଲେ ନା ?

ହେମଦା କହିଲେ– କିନ୍ତୁ ଆପଣ ତ କହିଲେ ନାହିଁ ଠାକୁର । ଶ୍ରୀଶ୍ରୀଠାକୁର ମୃଦୁ ହସିଲେ । କହିଲେ– ଏବେ ଶୁଣିବେ କି ?

ହେମଦା ଶ୍ରୀଶ୍ରୀଠାକୁରଙ୍କ ସାନ୍ନିଧ୍ୟକୁ ଆଉ ଟିକିଏ ଆଗେଇ ଆସି କହିଲେ,– ଆଜ୍ଞା, ଯଦି ଦୟାକରି କହନ୍ତି । ଶ୍ରୀଶ୍ରୀଠାକୁର ଅନ୍ୟଦିଗକୁ ମୁହଁ ବୁଲାଇ ନିତାନ୍ତ ଉଦାସୀନ କଣ୍ଠରେ କହିଲେ,– ଆଜିଠାରୁ ସାତଜନ୍ମ ପୂର୍ବରୁ ଆପଣ ବୌଦ୍ଧ ଭିକ୍ଷୁ ଥିଲେ, ନିଜର ଖିଆଲ ଖୁସିରେ କଠୋର ସଂଯମ ବ୍ରତ ପାଳନ କରିଥିଲେ । ବୃତ୍ତି–ପ୍ରବୃତ୍ତିକୁ କଠୋରଭାବେ ଦମନ କରିଥିଲେ । ତାର ପ୍ରତିକ୍ରିୟାବଶତଃ ଏଇ ଜନ୍ମରେ ଲମ୍ପଟ ହୋଇଛନ୍ତି ।

ବିରାଟ ଧକ୍କା ଖାଇଲେ ହେମଦା । ମନେ ମନେ କ୍ଷୁବ୍ଧ ବି ହେଲେ । ମୁହଁ ତଳକୁ କରି ଅସ୍ଫୁଟ କଣ୍ଠରେ କହିଲେ, – ବାଜେ କଥା । ହେମଦାଙ୍କ ମନକଥା ବୁଝିପାରି ଶ୍ରୀଶ୍ରୀଠାକୁରଙ୍କ ବଜ୍ରଗମ୍ଭୀର କଣ୍ଠରେ କହିଲେ– ହେମଦା । ଏଇ ଜନ୍ମର ଗୋଟାଏ– ଦିଟା ଘଟଣା ଶୁଣିବେ ନା କ'ଣ ?

ଶ୍ରୀଶ୍ରୀଠାକୁର କହିବାକୁ ଲାଗିଲେ– ଆଜିଠୁ ଅଠର ବର୍ଷ ପୂର୍ବେ, ଆପଣ ଆପଣଙ୍କର ଜଣେ ଆତ୍ମୀୟଙ୍କ ଘରକୁ ଯାଇଥିଲେ– ତା'ର ପୁଅର ଉପନୟନ ଅନୁଷ୍ଠାନ ଉପଲକ୍ଷ୍ୟେ। ସନ୍ଧ୍ୟାର ଅନ୍ଧକାରରେ ଜନୈକା ମହିଳା ବାତାପୀଲେମ୍ବୁ ଗଛ ତଳେ ବାଥରୁମ କରୁଥିଲା। ଆପଣ ତାକୁ ଚାପି ଧରିଥିଲେ।

ଶ୍ରୀଶ୍ରୀଠାକୁର କହିଲେ– ଆଜିଠୁ ବାରବର୍ଷ ଆଗେ ଆପଣ ଆପଣଙ୍କ ଜଣେ ବନ୍ଧୁଙ୍କ ଘରକୁ ବିବାହ ନିମନ୍ତ୍ରଣ ରକ୍ଷା କରିବାକୁ ଯାଇଥିଲେ। ସନ୍ଧ୍ୟା ପରେ ସେଇ ବନ୍ଧୁର ପରିଶ୍ରାନ୍ତା ସ୍ତ୍ରୀ ଘରର ଦରଜା ଆଉଜେଇ ତା'ର ପିଲାକୁ ସ୍ତନ୍ୟପାନ କରାଉଥିଲା। ଆପଣ ଚୋର ଭଳି ସେଇ ଘରେ ପ୍ରବେଶ କରି ତାକୁ ବେଇଜ୍ଜତ କରିଥିଲେ।

ହେମଦା କାନ୍ଦି ପକାଇ କହିଲେ– ଆଉ ନୁହେଁ ଠାକୁର। ଆଉ କହିବେ ନାହିଁ। ମୁଁ ବୁଝି ପାରିଛି ସାତଜନ୍ମ ପୂର୍ବରୁ ମୁଁ କ'ଣ ଥିଲି ଆପଣ ଠିକ୍ ଜାଣିପାରିଛନ୍ତି। ହିମାଳୟ ଯାତ୍ରାର ଭାବନା ପରିତ୍ୟାଗ କରି ସାରାଜୀବନ ପାଇଁ ଶ୍ରୀଶ୍ରୀଠାକୁରଙ୍କ ସେବାରେ ଆତ୍ମନିୟୋଗ କଲେ ହେମଦା।

ଶ୍ରୀଶ୍ରୀଠାକୁର ଦିନକର ହସି ହସି କହିଲେ– ଦେଖ୍, ତୁମେ ସବୁ ଯେତେବେଳେ ମୋ ସାମନାରେ ଆସି ଠିଆ ହୁଅ ସେତେବେଳେ ମୋର ଖୁବ୍ ଲଜ୍ଜା କରେ। —କାହିଁକି ଠାକୁର? ପ୍ରଶ୍ନ କଲେ ଅନୁଲେଖକ ରେବତୀଦା।

ଶ୍ରୀଶ୍ରୀଠାକୁର– ଦେଖିନ୍ତୁ, ଗ୍ରାମାଞ୍ଚଳରେ ବନ୍ଧତଳେ ବା ଧାନକ୍ଷେତର ଧାରରେ ଅନେକେ ଲୁଗା ଟେକି ଝାଡ଼ା ବସନ୍ତି। ଯେଉଁମାନେ ଝାଡ଼ା ବସନ୍ତି ସେମାନଙ୍କୁ ଲଜ୍ଜା ଲାଗେ ବୋଲି ମନେହୁଏ ନା। କିନ୍ତୁ ଯେଉଁ ପଥିକ ସେଇ ବନ୍ଧ ଦେଇ ବା ଧାନକ୍ଷେତ ଧାର ଦେଇ ଯାଏ ତାକୁ ଲଜ୍ଜା ଲାଗେ। ସେ ଅନ୍ୟ ଦିଗକୁ ମୁହଁ ବୁଲାଇ ଚାଲି ଯାଏ। ଠିକ୍ ସେଇଭଳି, ତୁମେସବୁ ମୋ ସାମନାକୁ ଆସିଲେ ମୁଁ ଦେଖେ, ତୁମେ ସବୁ ଉଲଗ୍ନ, ଲଙ୍ଗଳା। ତୁମମାନଙ୍କ କୀର୍ତ୍ତି, ଅପକୀର୍ତ୍ତି ଆଖି ଆଗରେ ଭାସି ଉଠେ, କିନ୍ତୁ କହି ପାରେ ନାହିଁ। ତେଣୁ ଆଖି ବନ୍ଦ କରି ସେଗୁଡ଼ିକୁ ଉପେକ୍ଷା କରେ। (ଜୀବନଜ୍ୟୋତି)

(୩୬)
ସେ ଶୁଣନ୍ତି ମନର କଥା

ଅମରନାଥ ବାନାର୍ଜୀ, ଜନ୍ମ ୧୯୪୨ ମସିହା ପହିଲା ଜାନୁୟାରୀ ହାଓଡ଼ା ଜିଲ୍ଲାରେ। ୧୯୭୪ ମସିହା ଅକ୍ଟୋବର ୨୬ ତାରିଖରେ ଶ୍ରୀଶ୍ରୀବଡ଼ଦାଙ୍କ ଶ୍ରୀହସ୍ତରୁ ସହ– ପ୍ରତି– ଋତ୍ୱିକର ପାଞ୍ଜା ପାଇ ଓଡ଼ିଶାରେ ବହୁ ଦୀକ୍ଷା ଦେଇଛନ୍ତି। ଶ୍ରୀଶ୍ରୀଠାକୁରଙ୍କୁ ସ୍ୱଚକ୍ଷୁରେ ଦର୍ଶନ କରିଛନ୍ତି। ତାଙ୍କର ଅନୁଭୂତି ନିମ୍ନଭାବରେ ନିଜ ପୁସ୍ତକରେ ବର୍ଣ୍ଣନା କରିଛନ୍ତି– ୧୯୬୫ ମସିହାରେ ମୋର ପିତୃଦେବ ସପରିବାର ଶ୍ରୀଶ୍ରୀଠାକୁରଙ୍କ ସତ୍‌ମନ୍ତ୍ରରେ ଦୀକ୍ଷା ଗ୍ରହଣ କରନ୍ତି ଆଉ ତା ପରଠାରୁ ପ୍ରତିବର୍ଷ ଦେଓଘରକୁ ଠାକୁର–ଦର୍ଶନ କରିବାକୁ

ଯାଉଥିଲେ। ଉତ୍ସବ ନ ଥିବାରୁ ପାର୍ଲୋର ଭିତରେ ବସି ଶ୍ରୀଶ୍ରୀଠାକୁରଙ୍କ ଅମିୟକଥା ଶୁଣିବାର ସୌଭାଗ୍ୟ ଆମର ହେଉଥିଲା । ଥରେ ଆମେ ସମସ୍ତେ ଶ୍ରୀଶ୍ରୀଠାକୁରଙ୍କ ପାର୍ଲୋର ଭିତରେ ତାଙ୍କ ନିକଟରେ ବସି ମଧୁର ଆଳାପ ଶୁଣୁଥାଉ। କେବଳ ମୋର ସ୍ତ୍ରୀ ଦୁଇ ମାସର ପୁତ୍ରକୁ ନେଇ ଏକାକୀ ଚାଳଘର(ଖଡ଼େର ଘର) ବାରଣ୍ଡାରେ ବସିଥାଏ କାରଣ ଛୋଟଶିଶୁଙ୍କୁ ପାର୍ଲୋର ଭିତରକୁ ନେବା ବାରଣ ଥିଲା। ସେ ମନେ ମନେ ଭାବୁଥାଏ– ପୁଅକୁ ନେଇ ଆସି ଥିବାରୁ ମୁଁ ଠାକୁରଙ୍କ ନିକଟକୁ ଯାଇ ପାରିଲିନି। ମନଟା ତା'ର ସେଥିପାଇଁ କ୍ଷୁଣ୍ଣ। ହଠାତ୍ ଶ୍ରୀଶ୍ରୀଠାକୁର କଥାବାର୍ତ୍ତା ବନ୍ଦ କରି ମୋର ମା'ଙ୍କୁ କହିଲେ– ଯା, ନାତିକୁ ଟିକେ ଧରିବୁ, ବୋହୂ ମୋ ପାଖକୁ ଆସିବ ନାହିଁ ? ମା ସଙ୍ଗେ ସଙ୍ଗେ ଉଠିଆସି ନାତିକୁ କୋଳରେ ନେଲେ ଆଉ ବୋହୂକୁ ଶ୍ରୀଶ୍ରୀଠାକୁରଙ୍କ ପାଖକୁ ପଠାଇ ଦେଲେ। ମୋ ସ୍ତ୍ରୀର ମନୋବାଞ୍ଛା ପୂରଣ ହେଲା।

ଅନ୍ୟ ଏକଦିନର ଘଟଣା। ସେତେବେଳେ ଆମେ ଆଶ୍ରମ ଗଲେ ସତ୍‌ସଙ୍ଗନଗର ରେଳଷ୍ଟେସନ କଡ଼ରେ ଥିବା ଚୌଧୁରୀଭିଲ୍ଲାର ଗେଷ୍ଟହାଉସରେ ରହୁଥିଲୁ। ସନ୍ଧ୍ୟା ପ୍ରାର୍ଥନା ସମୟ, ମା'ଙ୍କର ଟିକିଏ ବିଳମ୍ବ ହେଉଥିବାର ଦେଖି ବାପା ଆମମାନଙ୍କୁ ନେଇ ଆଗ ବାହାରିଗଲେ। ମା'ଙ୍କୁ କହିଲେ ପ୍ରସ୍ତୁତ ହୋଇ ଶୀଘ୍ର ଆସିବା ପାଇଁ। ପାର୍ଲୋରରେ ଯାଇ ପ୍ରଣାମ କଲାବେଳକୁ ବାପାଙ୍କୁ ଶ୍ରୀଶ୍ରୀଠାକୁର ପଚାରିଲେ– ମା' କାହିଁ ? ଶ୍ରୀଶ୍ରୀଠାକୁରଙ୍କ କଥା ଠିକ୍ ଶୁଣି ନ ପାରିବାରୁ ପାଖରେ ଥିବା ଜଣେ ଭକ୍ତସେବକ ବାପାଙ୍କୁ କହିଲେ– ଠାକୁର ପଚାରୁଛନ୍ତି ମା' କୁଆଡ଼େ ଗଲେ ? ସାଙ୍ଗରେ କାହିଁକି ଆଣିଲେ ନାହିଁ ? ବାପା ଉତ୍ତର ଦେଲେ– ତା'ର ପ୍ରସ୍ତୁତି ହେବାରେ ବିଳମ୍ବ ଦେଖି ମୁଁ ପିଲାମାନଙ୍କୁ ଧରି ଆଗ ଚାଲିଆସିଲି। ସେ ଆସି ଯିବ। ଏଥିରେ ଶ୍ରୀଶ୍ରୀଠାକୁର ଖୁସି ହେଲେ ନାହିଁ। ତାପରେ ପ୍ରାର୍ଥନା ଆରମ୍ଭ ହେଲା। ପ୍ରାର୍ଥନା ପରେ ପରେ ଦେଖିଲି, ମୋର ମା'ଙ୍କୁ ୪–୫ ଜଣ ଲୋକ ଟେକି ଟେକି ଆଣି ଶ୍ରୀଶ୍ରୀଠାକୁରଙ୍କ ସାମନାରେ ଶୁଆଇଦେଲେ। ଶ୍ରୀଶ୍ରୀଠାକୁର ବ୍ୟସ୍ତ ହୋଇ ଡାଃ ପ୍ୟାରୀଦାଙ୍କୁ ଡକାଇ ମା'ଙ୍କୁ ଦେଖିବାକୁ କହିଲେ। ପୁଣି କହିଲେ– ମୋର ଆପେଣ୍ଡିସାଇଟିସ୍ ଔଷଧଟା ମା'ଙ୍କୁ ଦେବୁ ଆଉ ସେବନବିଧି ଭଲକରି ବୁଝାଇଦେବୁ। ମା ଟିକିଏ ସୁସ୍ଥ ହେବାରୁ କହିଲେ – ପ୍ରାର୍ଥନା ସମୟ ହୋଇଯିବ ବୋଲି ସେ ବ୍ୟସ୍ତତାର ସହିତ ଦୌଡ଼ି ଦୌଡ଼ି ଠାକୁର– ବଙ୍ଗଳାକୁ ଆସୁଥିଲେ। ହଠାତ୍ ପେଟରେ ଭୀଷଣ ଯନ୍ତ୍ରଣା ଆରମ୍ଭ ହୋଇ ମୁଣ୍ଡବୁଲାଇବା ସହିତ ବାନ୍ତି ହେବାରୁ ସେ ଅଜ୍ଞାନ ହୋଇ ପଡ଼ିଲେ। ରାସ୍ତାରେ ପଡ଼ିଥିବାର ଦେଖି ଲୋକେ ତାଙ୍କ ମୁହଁରେ ପାଣି ଛାଟି ସୁସ୍ଥ ହେବାରୁ ଏଠାକୁ ନେଇ ଆସିଲେ। ଶ୍ରୀଶ୍ରୀଠାକୁରଙ୍କ ନିର୍ଦ୍ଦେଶରେ ଡାଃ ପ୍ୟାରୀଦା ୧୮ଟି କାଗଜ ପୁଡ଼ିଆରେ ଚେରମୂଳି ଔଷଧ ଓ ଶୁଷ୍କ ଫଳ ଇତ୍ୟାଦି ଦେଇଥିଲେ। ନିୟମାନୁସାରେ ସେଇ ଔଷଧ ସେବନ କରିବାପରେ ମା ଆପେଣ୍ଡିସାଇଟିସ୍ କଷ୍ଟରୁ ସଂପୂର୍ଣ୍ଣ ମୁକ୍ତିଲାଭ କଲେ। (ଶ୍ରୀଶ୍ରୀଠାକୁର ଓ ତାଙ୍କ ବଡ଼ଖୋକା)

(୩୭)
ପ୍ରଥମ ଦର୍ଶନ ଓ ଦୀକ୍ଷା

୧୯୬୫ ମସିହା ସେପ୍‌ଟେମ୍ବର ମାସରେ ଶେଷ ଆଡ଼କୁ ଦୁର୍ଗାପୂଜା ସମୟରେ ଶ୍ରୀଶ୍ରୀଠାକୁରଙ୍କୁ ପ୍ରଥମ କରି ଦର୍ଶନ କରେ। ଯେତେଦୂର ମନେପଡୁଛି, ଆମ ପଡ଼ିଶାଘର ମାଉସୀ ମୋର ମା'ଙ୍କୁ ପଚାରିଲେ, ଦେଓଘର ଆମ ଗୁରୁଙ୍କ ପାଖକୁ ଯିବ କି ? ଆମର ଆର୍ଥିକ ଅବସ୍ଥା ଭଲ ନ ଥିବାର ଇତି ପୂର୍ବରୁ ଦୂରକୁ କୁଆଡ଼େ ବି ବୁଲିବାକୁ ଆମେ ଯାଇ ନଥିଲୁ। ସେଇ ମାଉସୀ ସମସ୍ତ ଖର୍ଚ୍ଚ ବହନ କରି ମୋର ମା' ଓ ମୋତେ ସାଙ୍ଗରେ ନେଇ ଦେଓଘର ଆଶ୍ରମ ଆସନ୍ତି ଏବଂ ଆମର ଠାକୁର– ଦର୍ଶନ ହୁଏ।

ପାର୍ଲୋର ଫାଟକରେ ଅନୁମତି ନ ମିଳିଲେ ଶ୍ରୀଶ୍ରୀଠାକୁରଙ୍କ ନିକଟକୁ ପ୍ରବେଶ କରିବା ସମ୍ଭବ ହେଉ ନ ଥିଲା। ଆମେ ଠିଆ ହୋଇଛୁ ଶ୍ରୀଶ୍ରୀଠାକୁର ଇସାରା କରିବାରୁ ଜଣେ ଭକ୍ତ ମୋତେ ଓ ମା'ଙ୍କୁ ତାଙ୍କ ନିକଟକୁ ନେଇଗଲେ। ଦୂରତ୍ୱ ବଜାୟ ରଖି ଭୂମିଷ୍ଠ ପ୍ରଣାମ କରିବା ମାତ୍ରେ ଶ୍ରୀଶ୍ରୀଠାକୁର ମା'ଙ୍କୁ କହିଲେ– ଭଲ ଲାଗିଛି ? ରହିଗଲେ ହୁଏନା ? ମା' ମୋତେ ଦେଖାଇ କହିଲେ– କାଲି ଯାର ସ୍କୁଲ ଖୋଲିଯିବ। ଶ୍ରୀଶ୍ରୀଠାକୁର ମା'ଙ୍କୁ କହିଲେ– ପୁଣି ଆସିବୁ। ଆଉ ହସିଦେଇ ଫେରିବାର ଅନୁମତି ଦେଲେ।

ମା' ପାର୍ଲୋରରୁ ବାହାରି ଆସି କହିଲେ– ମୁଁ ଦୀକ୍ଷା ନେବି। ଦୀକ୍ଷା ନେବାକୁ ମୋର ବି ଇଚ୍ଛା ବୋଲି ମା'ଙ୍କୁ ଜଣାଇଲି। ମା' କହିଲେ – ତୁ ନିୟମ ମାନି ପାରିବୁ ? ମୁଁ କହିଲି– ତୁମେ ଶିଖେଇ ଦେଲେ ହେବ। କହି ରଖେ ମୋର ମା' ବଙ୍ଗଳାଦେଶରେ ଇଣ୍ଟରମିଡ଼ିଏଟ ପାସ କରିଥିଲେ।

ମୁଁ ଦୌଡ଼ି ଯାଇ ଯେଉଁ ସେବକ ଆମକୁ ଶ୍ରୀଶ୍ରୀଠାକୁରଙ୍କ ପାଖକୁ ନେଇ ଯାଇଥିଲେ ତାଙ୍କୁ ଆମେ ଦୁଇଜଣ ଦୀକ୍ଷା ନେବାକୁ ଇଚ୍ଛୁକ ବୋଲି ଜଣାଇଲି। ସେ ଏକା ଶ୍ରୀଶ୍ରୀଠାକୁରଙ୍କ ନିକଟକୁ ଯାଇ କିଛି କହିଲେ ଏବଂ ମା'ଙ୍କ ସହିତ ମତେ ଭିତରେ ପ୍ରବେଶ କରିବାକୁ ଇଙ୍ଗିତ କଲେ। ମୁଁ ମା'ଙ୍କ ଠାରୁ ପାଦେ ଆଗେଇ ଯାଇ ପ୍ରଣାମ କରି କହିଲି, ମୁଁ ବି ଦୀକ୍ଷା ନେବି। ଶ୍ରୀଶ୍ରୀଠାକୁର କେଇ ସେକେଣ୍ଡ ମୋ ଆଡ଼କୁ ଚାହିଁଲେ ଆଉ ମା'ଙ୍କୁ ମୋର ଜନ୍ମ ତାରିଖ ପଚାରିଲେ। ସେତେବେଳକୁ ମୋତେ ବାରବର୍ଷ ହେବାକୁ ଆଉ କେତୋଟି ଦିନ ବାକୀ ଥିଲା। ଶ୍ରୀଶ୍ରୀଠାକୁର ଦୀକ୍ଷାର ଅନୁମତି ଦେଲେ ଓ ଋତ୍ୱିକଙ୍କ ନାମ ବି କହିଦେଲେ। କିଛି ସମୟ ଭିତରେ ଆମେ ଶ୍ରୀଶ୍ରୀଠାକୁରଙ୍କ ଦୀକ୍ଷାଲାଭ କଲୁ। (ମାଣିକ କୁମାର ସାହା)

(୩୮)
ସର୍ବପୂରଣକାରୀ

ଡଃ ରେବତୀମୋହନ ବିଶ୍ୱାସ ସତ୍‌ସଙ୍ଗର ଇଂରାଜୀ ମୁଖପତ୍ର ଲାଇଗେଟ୍ (Ligate) ର ମୁଖ୍ୟ ସମ୍ପାଦକ ଥିଲେ। ସେ ନ୍ୟୁୟର୍କ ବିଶ୍ୱବିଦ୍ୟାଳୟରୁ ପି.ଏଚ୍.ଡି. କରିଥିଲେ। ତାଙ୍କର ଗବେଷଣାର ବିଷୟ ଥିଲା – "Dharma, the upholder of existence as conceived by Sri Sri Thakur Anukulchandra." ତାଙ୍କର ନିବାସ ହେଉଛି ଦେଓଘର ସତ୍‌ସଙ୍ଗ

ନଗରର ପୁରାନଦହ ମହଲାରେ । ଦିନେ ସେ ସକାଳୁ ଠାକୁର–ପ୍ରଣାମ କରିବା ପାଇଁ ଘରୁ ବାହାରୁଛନ୍ତି, ତାଙ୍କର ବାରବର୍ଷର ଝିଅଟି ଦୌଡ଼ି ଆସି କହିଲା, 'ବାପା, ଫେରିଲା ବେଳକୁ ମୋ ପାଇଁ ରସଗୋଲା ଆଣିବ ।' ରେବତୀଦା ହସିଲେ ଓ ହଁ କରି ପକେଟରେ କୋଡ଼ିଏ ଟଙ୍କା ଧରି ଠାକୁରବାଡ଼ି ବାହାରିଲେ । ଶ୍ରୀଶ୍ରୀଠାକୁରଙ୍କ ପାଖରେ ପହଞ୍ଚି ପ୍ରଣାମ କରି ଉଠିବାମାତ୍ରେ ଜଣେ ଲୋକକୁ ଦେଖାଇ ଶ୍ରୀଶ୍ରୀଠାକୁର କହିଲେ, 'ରେବତୀ, ତମେ ସେଇ ବାବୁଙ୍କୁ କୋଡ଼ିଏ ଟଙ୍କା ଦେଇ ପାରିବ ?' ରେବତୀଦା ତୁରନ୍ତ ପକେଟରୁ କୋଡ଼ିଏ ଟଙ୍କା ବାହାର କରି ଦେଇଦେଲେ । ମନ ଦୁଃଖରେ ଘରକୁ ଫେରୁ ଥାଆନ୍ତି, ଭାବୁ ଥାଆନ୍ତି ଏବେ ଘରେ ପଶୁ ପଶୁ ଝିଅ ରସଗୋଲା କୁଆଡ଼େ ଗଲା ବୋଲି ପଚାରିବ ତ କ'ଣ କହିବେ ? କିନ୍ତୁ ଘରେ ପଶିଲାବେଳକୁ ଝିଅଟା କହିଲା, 'ବାପା, ଆପଣ ଚାଲି ଯିବାର କିଛି ସମୟ ପରେ କଲିକତାର ଅମୁକ ଗୁରୁଭାଇ ଆସି ପହଞ୍ଚିଲେ; ଗୋଟିଏ ହାଣ୍ଡି ରସଗୋଲା, ଗୋଟିଏ ହାଣ୍ଡି ମିଠା ଦହି ଆଣିଛନ୍ତି । ମନ ଇଚ୍ଛା ରସଗୋଲା ଆଉ ମିଠା ଦହି ଖାଇବି ।' ଏ କଥା ଶୁଣି ରେବତୀଦା ଲଥକିନା ଚେୟାର ଉପରେ ବସି କାନ୍ଦିଲେ । କି ଦୟା ଶ୍ରୀଶ୍ରୀଠାକୁରଙ୍କର ! ସେ କେବଳ ନେବାର ବାହାନା କରନ୍ତି ଆହୁରି ବେଶି ଦେବା ପାଇଁ । (ସାତ୍ୱତୀ ମାର୍ଚ୍ଚ ୨୦୧୯)

(୩୯)
ଆଶୁଦାଙ୍କ ଅର୍ଘ୍ୟ ଯୋଗାଡ଼

ସେତେବେଳେ ଶ୍ରୀଶ୍ରୀଠାକୁରଙ୍କର ଦେହ ଭଲ ନଥିଲା । ସ୍ୱାସ୍ଥ୍ୟର ଉନ୍ନତି ପାଇଁ ଆଶ୍ରମର ଜ୍ୟୋତିଷୀଗଣ ଶାସ୍ତ୍ରାଦି ଅଧ୍ୟୟନ କରି କାଶୀରେ ଏକ ବିଶେଷ ଯଜ୍ଞାନୁଷ୍ଠାନର ଆୟୋଜନ କରିବା ଲାଗି ପରାମର୍ଶ ଦିଅନ୍ତି । ଶ୍ରୀଶ୍ରୀଠାକୁର ଏଇ ଯଜ୍ଞରେ କେତେ ଖର୍ଚ୍ଚ ହୋଇପାରେ ପଚାରିବାରୁ ପ୍ରାୟ ୨୦ହଜାର ଟଙ୍କା ଆବଶ୍ୟକ ହେବ ବୋଲି ଜ୍ୟୋତିଷୀଗଣ କହଲେ । ଶ୍ରୀଶ୍ରୀଠାକୁର ଜଣେ ଭକ୍ତକୁ ଅଫିସରୁ ୨୦ହଜାର ଟଙ୍କା ଆଣିବାକୁ ପଠାଇଲେ । ଅଫିସ ପରିଚାଳକ ଚୁନୀଦା(ରାୟଚୌଧୁରୀ) ଆସି ଶ୍ରୀଶ୍ରୀଠାକୁରଙ୍କ ପାଖରେ ଉପସ୍ଥିତ ହୋଇ ଜଣାନ୍ତି ଯେ ୨୦ ହଜାର ଟଙ୍କା ଅଫିସରେ ନାହିଁ । ପାଖରେ ଉପସ୍ଥିତ ଥିଲେ ଆଶୁଦା (ଆଶୁତୋଷ ଜୋୟାରଦାର) । ତାଙ୍କ ଆଡ଼କୁ ଅନାଇ ଶ୍ରୀଶ୍ରୀଠାକୁର କହିଲେ– 'ଆଶୁ, ପଣ୍ଡିତମାନେ କହୁଛନ୍ତି କାଶୀରେ ଗୋଟିଏ ଯଜ୍ଞ କଲେ କୁଆଡ଼େ ମୋର ଦେହଟା ଭଲ ରହିବ । ଆଉ ସେଥିଲାଗି ୨୦ ହଜାର ଟଙ୍କା ଦରକାର । ଫିଲାନ୍ଥ୍ରପି ଅଫିସ୍‌ରେ ଏତେ ଟଙ୍କା ନାହିଁ ବୋଲି ଚୁନୀ ଆସି କହୁଛି । ତୁ ଯୋଗାଡ଼ କରିପାରିବୁ ? ଆଶୁଦା କହିଲେ– ଆଜ୍ଞା, ଆପଣଙ୍କ ଆଶୀର୍ବାଦ ହେଲେ ପାରିବି । ଶ୍ରୀଶ୍ରୀଠାକୁର– ତେବେ ଲାଗିପଡ଼ । ମୋର ଟଙ୍କାଟା ଆସନ୍ତାକାଲି ଦରକାର । ଯା, ଶୀଘ୍ର ନେଇ ଆ । ଆଶୁଦା ସଂଗେ ସଂଗେ ଠାକୁର– ପ୍ରଣାମ କରି ବାହାରିଗଲେ । ସେ ପୋଷ୍ଟ ଅଫିସ୍ ପାଖରେ ହୋଇଛନ୍ତି କି ନାହିଁ ଜଣେ ଭକ୍ତ ଦୌଡ଼ି ଆସି ପଛରୁ ତାଙ୍କୁ ଡାକି କହିଲେ– ଦାଦା, ଠାକୁର ପଚାରୁଛନ୍ତି ଟଙ୍କାଟା ହେଲା ତ ? ଆଶୁଦା ତାଙ୍କୁ କହିଲେ– ମୁଁ ଠାକୁରଙ୍କ ଚିନ୍ତା ବୁଝିପାରୁଛି । ତୁମେ ଏବେ ଯାଇ ଠାକୁରଙ୍କୁ କୁହ ଯେ ମୁଁ ତୁରନ୍ତ କଲିକତା ବାହାରିଲି ଆଉ ଟଙ୍କା ଯୋଗାଡ଼ କରି କାଲି ଫେରିଆସିବି ।

ଏତକ କହି ଆଶୁଦା ଜସିଡି ଷ୍ଟେସନ୍ ଆଡ଼କୁ ଆଗେଇଲେ । ସେତେବେଳେ ଆଜିକାଲି ଭଳି ଏତେ ବେଶି ଟ୍ରେନ୍ ଚାଲୁନଥିଲା । ତେଣୁ ଟ୍ରେନ ଅପେକ୍ଷାରେ ଆଶୁଦା ପ୍ଲାଟଫର୍ମରେ ଗୋଟିଏ ବେଞ୍ଚ ଉପରେ ବସିଥାନ୍ତି । ଆଶ୍ରମରୁ ଜଣେ ଭକ୍ତ ଆସି ତାଙ୍କୁ କହିଲା– ଆପଣ ଟ୍ରେନରେ ପ୍ରଥମ ଶ୍ରେଣୀରେ ଯିବେ ବୋଲି ଠାକୁରଙ୍କର ନିର୍ଦ୍ଦେଶ । ଆପଣ ତାର ବ୍ୟବସ୍ଥା କରନ୍ତୁ । ରାତିର ଟ୍ରେନ୍‌ର ପ୍ରଥମ ଶ୍ରେଣୀ ଡବାରେ ଆଶୁଦାଙ୍କୁ ଉଠିବାକୁ ହେଲା । ସିଟ ଖାଲି ଥିଲା । ସେ ଶୋଇ ପଡିଲେ । ନିଦ ଭାଙ୍ଗିଲାରୁ ଦେଖନ୍ତି ହାଓଡାର ପାଖାପାଖି ଷ୍ଟେସନ ଆସୁଛି । ତାଙ୍କ ସାମନା ସିଟ୍‌ରେ ଜଣେ ମାରୁଆଡ଼ି ଭଦ୍ରଲୋକ ବସିଥିଲେ । ସେ ଆଶୁଦାଙ୍କ ମୁହଁକୁ ଅନାଇ କହିଲେ– ଆପଣ କିଏ ମୁଁ ଚିହ୍ନେନା । ଆପଣଙ୍କ ମୁହଁରୁ ଜଣା ଯାଉଛି ଆପଣ କଣ ଗୋଟାଏ ଚିନ୍ତାରେ ଅଛନ୍ତି । ଆଶୁଦା କହିଲେ– ମୋର ଗୁରୁଦେବ ମୋ ଉପରେ ୨୦ ହଜାର ଟଙ୍କାର ଦାୟିତ୍ୱ ଦେଇଛନ୍ତି ଆଉ ସେଟା ମୋତେ ଦିନକ ଭିତରେ ଯୋଗାଡ଼ କରିବାକୁ ହେବ । ସେଥିପାଇଁ ମୁଁ ଚିନ୍ତିତ । ମାରୁଆଡ଼ି ଭଦ୍ରଲୋକ କହିଲେ– ମୁଁ ଏଇ ଭୋରୁଭୋରୁ ଏକ ସ୍ୱପ୍ନ ଦେଖିଲି । ମୋର ଆରାଧ୍ୟା ମା' କାଳୀ ମୋତେ କହୁଛନ୍ତି– ଏଇ ଶୁଣ, ତୋର ସାମ୍‌ନା ସିଟ୍‌ରେ ଯେଉଁ ଭଦ୍ରଲୋକ ଶୋଇଛନ୍ତି କଲିକତା ଫେରିବା ପରେ ତାଙ୍କୁ ୨୦ ହଜାର ଟଙ୍କା ଦେଇଦେବୁ । ନ ଦେଲେ ଖୁବ୍ ଖରାପ ହେବ ବୋଲି ତ୍ରିଶୂଳ ଟେକି ଭୟ ଦେଖାଇଲେ । ମା'କାଳୀଙ୍କର ନିର୍ଦ୍ଦେଶ ପାଳନ କରିବାରେ ଆପଣ ମୋତେ ସାହାଯ୍ୟ କରନ୍ତୁ । କଲିକତାରେ କେଉଁଠି ଆପଣଙ୍କୁ ଭେଟିବି ମୋତେ ଦୟାକରି କୁହନ୍ତୁ । ଆଶୁଦା କହିଲେ– କଲିକତାର ୩୦ ନମ୍ବର ଷ୍ଟ୍ରାଣ୍ଡ ରୋଡ଼ରେ ମୁଁ ଥିବି । ଆପଣ ସକାଳ ନଅଟା ଭିତରେ ଆସିଲେ ଦେଖାହେବ କାରଣ ତା' ପରେ ମୋତେ ଟ୍ରେନ୍ ଧରି ଦେଓଘର ଫେରି ଯିବାକୁ ପଡିବ ।

ମାରୁଆଡ଼ି ଭଦ୍ରଲୋକ ଯଥାସମୟରେ ତାଙ୍କ ସହ ସାକ୍ଷାତ କରିବେ ବୋଲି କହି ଟ୍ରେନ୍‌ରୁ ଓହ୍ଲାଇ ନିଜ ଘରକୁ ଚାଲିଗଲେ । ଆଶୁଦା ବି ଷ୍ଟ୍ରାଣ୍ଡ୍ ରୋଡ୍‌କୁ ଚାଲିଗଲେ । କଥାନୁସାରେ ମାରୁଆଡ଼ି ଭଦ୍ରଲୋକ ଯଥା ସମୟରେ ଆଶୁଦାଙ୍କ ନିକଟରେ ଟଙ୍କା ସହ ପହଞ୍ଚିଲେ । ଆଶୁଦା କିନ୍ତୁ ସହସା ଟଙ୍କା ଗ୍ରହଣ କଲେ ନାହିଁ । କହିଲେ– ଠାକୁର ଯେତେବେଳେ ଏପରି କିଛି ଚାହିଁ ଥାଆନ୍ତି ଆମେ କେବଳ ଗୁରୁଭାଇମାନଙ୍କଠାରୁ ତାହା ଭିକ୍ଷା କରୁ । ଅନ୍ୟମାନଙ୍କ ପାଖକୁ ଯାଉନା । ଆପଣ ଠାକୁରଙ୍କ ଦୀକ୍ଷା ନେଇ ନାହାନ୍ତି । ତେଣୁ ଗୁରୁଭାଇ ନ ହୋଇ ଥିବାରୁ ଆପଣଙ୍କ ପାଖରୁ ଭିକ୍ଷାଗ୍ରହଣ ପାଇଁ ମୋ ମନରେ ଦ୍ୱନ୍ଦ୍ୱ ଉପୁଜୁଛି । ଏହା ଶୁଣି ସେଇ ମାରୁଆଡ଼ି ଭଦ୍ରଲୋକ କହିଲେ– ଦୀକ୍ଷା ଏବେ ଦେଇ ଦିଅନ୍ତୁ । ଦୀକ୍ଷାନ୍ତେ ଆଶୁଦା ଗୁରୁପ୍ରଣାମୀ ବାବଦକୁ ୨୦ ହଜାର ଟଙ୍କା ଗ୍ରହଣ କରି ପରବର୍ତ୍ତୀ ଟ୍ରେନ୍‌ରେ ପ୍ରତ୍ୟାବର୍ତ୍ତନ କଲେ । ଶ୍ରୀଶ୍ରୀଠାକୁର ତାଙ୍କୁ ଆସୁ ଥିବାର ଦେଖି ଦୂରରୁ ପଚାରିଲେ– କ'ଣ, ଯୋଗାଡ କରି ନେଇଆସିଲୁ ? ଆଶୁଦା ଶ୍ରୀଶ୍ରୀଠାକୁରଙ୍କ ଶ୍ରୀଚରଣରେ ୨୦ ହଜାର ଟଙ୍କା ନିବେଦନ ପୂର୍ବକ ସମସ୍ତ ଘଟଣା ଆମୂଳଚୂଳ ବର୍ଣ୍ଣନା କଲେ । କାଶୀଧାମରେ ଶ୍ରୀଶ୍ରୀଠାକୁରଙ୍କ ସ୍ୱାସ୍ଥ୍ୟୋନ୍ନତି ପାଇଁ ସ୍ୱସ୍ତ୍ୟୟନ ଯଜ୍ଞ ସଂପନ୍ନ ହେଲା । (ହୀରେନ୍ଦ୍ରନାଥ ଜୋୟାରଦାର– ନୀଲୁଦା)

(୪୦)

ପାଚକରୁ ପଣ୍ଡିତଜୀ

(ପଣ୍ଡିତ ସୁରେଶଚନ୍ଦ୍ର ଦେବଶର୍ମା ଶ୍ରୀଶ୍ରୀଠାକୁରଙ୍କର ଜଣେ ସହ– ପ୍ରତି– ଋତ୍ୱିକ୍ ଥିଲେ। ଉଣେଇଶ ମସିହାର ଷାଠିଏ ଦଶକରେ ତାଙ୍କର କର୍ମଭୂମି ଥିଲା ଓଡ଼ିଶା, ସେ ଅନେକ ପୁସ୍ତକ ପ୍ରଣୟନ କରିଛନ୍ତି। ତାଙ୍କ ରଚିତ 'ନବବିଶ୍ୱ ରୂପାୟନେ ଶ୍ରୀଶ୍ରୀଠାକୁର ଅନୁକୂଳଚନ୍ଦ୍ର' ପୁସ୍ତକର 'ଏ ଜୀବନ ତାଙ୍କରି ଅବଦାନ' ଅଧ୍ୟାୟରୁ ପାଚକରୁ ସେ କିପରି ଶ୍ରୀଶ୍ରୀଠାକୁରଙ୍କ ଦୟାରେ ପଣ୍ଡିତ ହେଲେ – ଏଇ ଲମ୍ବା କାହାଣୀର ସଂକ୍ଷିପ୍ତିକରଣ।)

୧୯୫୫– ୫୬ ମସିହାର କଥା। ମୁଁ ସେତେବେଳେ ଦେଓଘର ଆଶ୍ରମରେ ରୋଷେଇ କରେ। କେତେବେଳେ ଶ୍ରୀଶ୍ରୀବଡ଼ମାଙ୍କ ରୋଷେଇରେ ଯୋଗାଣ ଦିଏ, କେବେ ବା ଆନନ୍ଦବଜାରରେ ରୋଷେଇ କରେ। ରୋଷେଇ କରିବା ମୁଁ ଜାଣି ନ ଥିଲି, ଶ୍ରୀଶ୍ରୀଠାକୁରଙ୍କ ନିର୍ଦ୍ଦେଶରେ ଶିଖିଛି। ସେତେବେଳେ ମୋର ବୟସ ଚଉତିରିଶ ପଇଁତିରିଶ ହେବ। ଜନ୍ମରୁ ଥିଲି ସର୍ବହରା, ପ୍ରବୃତ୍ତିର କରାଳ ଆବର୍ତ୍ତରେ ମୁଁ ହୋଇ ପଡ଼ିଲି ସମ୍ପୂର୍ଣ୍ଣ ଅସହାୟ, ନିରାଶ୍ରୟ। ଉଦ୍‌ଭ୍ରାନ୍ତ ହୋଇ ଘୁରି ବୁଲୁଥିଲି, ଦେଓଘର ପଳାଇ ଆସିଲି।

ଦିନେ ଶାରଦ ସକାଳର ହିମଶୀତଳ ପରିବେଶରେ ଶ୍ରୀଶ୍ରୀଠାକୁର ଜାମତଲା ପ୍ରାଙ୍ଗଣରେ ଶୁଭ୍ର ବିଛଣାରେ ଉତ୍ତରାସ୍ୟ ହୋଇ ବସିଥିଲେ। ପାଖରେ ଥିଲେ ଶ୍ରଦ୍ଧେୟ କେଷ୍ଟଦା (କୃଷ୍ଣପ୍ରସନ୍ନ ଭଟ୍ଟାଚାର୍ଯ୍ୟ) ଓ ଅନ୍ୟ କେତେଜଣ। ମୁଁ ଦୂରରୁ ପ୍ରଣାମ କଲି, ଶ୍ରୀଶ୍ରୀଠାକୁର କେଷ୍ଟଦାଙ୍କୁ କହିଲେ – ଆପଣ ସୁରେଶଙ୍କୁ ସାଙ୍ଗରେ ନେଇ ପାଣିନି ପଢ଼ାନ୍ତୁ। ମତେ କହିଲେ– ତୁ ଭଲଭାବରେ ପାଣିନି ଗ୍ରାମାର ଶିଖିନେ। କେତେ ଦିନ ହେଲା ଆଶ୍ରମରେ ପାଣିନିର ପଠନପାଠନ ଆରମ୍ଭ ହୋଇଥାଏ, ବୈଦ୍ୟନାଥ ସଂସ୍କୃତ ଚତୁଷ୍ପାଠୀର ପ୍ରାଧ୍ୟାପକ ସଦାନନ୍ଦ ଝା ଉପରବେଳା ଆସନ୍ତି। ସକାଳବେଳା କେଷ୍ଟଦା ଓ ଉପରବେଳା ଝା ମହାଶୟଙ୍କଠାରୁ ମୁଁ ଶିଖି ନେଉଥାଏ। ଶ୍ରୀଶ୍ରୀଠାକୁର ଖବର ରଖୁଥାନ୍ତି – କିଛିଦିନ ଉତ୍ତାରୁ ମତେ ଆଦେଶ ଦେଲେ– କାଶୀ ଯାଇ ପାଣିନି ଭଲଭାବରେ ପଢ଼ି ଆସିବୁ ଯେପରି ସଂସ୍କୃତ ସାହିତ୍ୟ ବୁଝି ପାରିବୁ ଓ ପଢ଼ାଇ ପାରିବୁ। ପରଦିନ ଉପରବେଳା ବନାରସ ଏକ୍ସପ୍ରେସରେ ଚଢ଼ିଲି। ବନାରସରେ ଶ୍ରୀଶ୍ରୀବଡ଼ମାଙ୍କର ଗୋଟିଏ ଘର ଥାଏ, ସେଠାରେ ସତ୍‌ସଙ୍ଗ କେନ୍ଦ୍ର ହୋଇଥାଏ,ସେଇଠି ରହିଲି, ଜାଣିଲି ଯେ କବୀରଚୌରାରେ ବ୍ରହ୍ମଦତ୍ତ ଜିଜ୍ଞାସୁ ନାମରେ ଜଣେ ପଣ୍ଡିତ ଅଛନ୍ତି। ସେ ସୁପଣ୍ଡିତ, ହୃଦୟବାନ୍, ଅବିବାହିତ, ବୟସ ସତୁରି ଉପରେ ହେବ। ତାଙ୍କର ପାଠଶାଳାରେ ଭର୍ତ୍ତି ହେଲି– ଦିନ ଗୋଟାଏ ଠାରୁ ଚାରିଟା। ପଇସା ନିଅନ୍ତି ନାହିଁ। ରାମଘାଟରେ ଭାରତଧର୍ମ ମହାମଣ୍ଡଳର ବେଦ ବିଦ୍ୟାଳୟ ଥିଲା – ସକାଳ ସାତଟାରୁ ସାଢ଼େ ନ'ଟା ବେଦ ଶିକ୍ଷା, ଗଣେଶ ମନ୍ଦିରରେ ପ୍ରସାଦ ସେବନ। ଖାଇବା ଚିନ୍ତାର ଶେଷ ହେଲା। ଅଷ୍ଟାଧ୍ୟାୟୀସୂତ୍ର, କାଶିକାବୃତ୍ତ, ପତଞ୍ଜଳିଙ୍କ ମହାଭାଷ୍ୟ, କାତ୍ୟାୟନଙ୍କ କାର୍ତ୍ତିକସୂତ୍ର – ଏସବୁ ଛ'ମାସରେ ଆୟତ୍ତ କରିନେଲି। 'ପାଣିନି କେଶରୀ' ମାନପତ୍ର ପାଇ ଦେଓଘର ଫେରି ଆସିଲି। ତପୋବନ ବିଦ୍ୟାଳୟରେ ସଂସ୍କୃତ ପଢ଼ାଇବା ପାଇଁ ଶ୍ରୀଶ୍ରୀଠାକୁର ମତେ ପଠାଇଦେଲେ। ସେତେବେଳେ ବିଦ୍ୟାଳୟର ପ୍ରଧାନ ଶିକ୍ଷକ ଥିଲେ ବ୍ରଜଗୋପାଳ ଦତ୍ତରାୟ।

ଏହା ଭିତରେ ଶ୍ରୀଶ୍ରୀଠାକୁର ଗୌର ସାମନ୍ତଦାଙ୍କୁ ମୁଁ ଓ ମୋ ସ୍ତ୍ରୀର ରହିବା– ଖାଇବାର ସବୁ ବନ୍ଦୋବସ୍ତ କରି ଦେବା ପାଇଁ କହିଥିଲେ । ଗୌରହରି ସାମନ୍ତ ମେଦିନୀପୁରର ବୈଷ୍ଣବ ପରିବାରର ଲୋକ, ତପୋବନ ବିଦ୍ୟାଳୟର ଶିକ୍ଷକ । ଚାଉଳଡାଲି ଭିକ୍ଷା କରି ଆମକୁ ଆଣି ଦିଅନ୍ତି, କେବେ କେବେ ତପୋବନ ବୋର୍ଡିଂରୁ ତାଙ୍କ ଖାଦ୍ୟ ଆମେ ତିନିଜଣ ବାଣ୍ଟି ଖାଉ । ତପୋବନରେ ସେକେଣ୍ଡ ଟର୍ମ ଓ ଥାର୍ଡ ଟର୍ମ ଛାତ୍ରଙ୍କୁ ଇଂରେଜୀ ଭାଷାକୁ ସଂସ୍କୃତରେ ଅନୁବାଦ ଶିଖାଇବାକୁ ହୁଏ – ଶ୍ରୀଶ୍ରୀଠାକୁର ମତେ ଡାକି କହିଲେ– ସୁରେଶ, ଇଂରାଜୀ ଶିଖି ପକା । ସାମନାରେ ପଞ୍ଚାନନ ସରକାରଦା ବସିଥିଲେ, ତାଙ୍କୁ ମୋ ପଢ଼ା ଦାୟିତ୍ୱ ଦେଲେ । ପରଦିନ ସକାଳେ ପଞ୍ଚାନନଦା ମତେ ଏକଟଙ୍କା ଚାରିଅଣା ଦେଇ 'ଫାଷ୍ଟବୁକ୍ ଅଫ୍‌ରିଡିଂ' ବହିଟି କିଣାଇଲେ । A,B,C,D ରୁ ଆରମ୍ଭ କଲି – ୧୯୫୯ ମସିହା ଜୁଲାଇ ମାସର ୧୪– ୧୫ ତାରିଖ ହେବ । ତପୋବନର ଶିକ୍ଷକତା ସ୍ଥଗିତ ରହିଲା, ଅଗଷ୍ଟ ମାସରେ ଶ୍ରୀଶ୍ରୀଠାକୁର କହିଲେ– ଏଇ ବର୍ଷ ମାଟ୍ରିକ୍ ପରୀକ୍ଷା ଦେବୁ । ପଞ୍ଚାନନଦାଙ୍କୁ କହିଲେ, ତିନି ବର୍ଷରେ ନୁହେଁ, ତିନି ମାସରେ ତାକୁ ପଢ଼େଇ ଦିଅନ୍ତୁ । ମୋର ମାଟ୍ରିକ ପଢ଼ା ଆରମ୍ଭ ହେଲା । ସେ sentence କୁ ପଢ଼ନ୍ତି, ମୁଁ ପଛରେ ଅନୁସରଣ କରି ଉଚ୍ଚାରଣ କରେ । ସେ ସଂସ୍କୃତ ବ୍ୟାକରଣ ମାଧ୍ୟମରେ ଇଂରାଜୀ ବ୍ୟାକରଣ ଶିଖାଇଲେ । ବଙ୍ଗଳା ବ୍ୟାକରଣ ମଧ୍ୟ ଶିଖିନେଲି ।

ସେପ୍ଟେମ୍ବର ମାସରେ ମୋ ସ୍ତ୍ରୀ କଠିନ ରୋଗରେ ଆକ୍ରାନ୍ତ ହୋଇ ହସପିଟାଲରେ ରହିଲା, ମୋର ପାଠପଢ଼ା ଏକଦମ ବନ୍ଦ ହୋଇଗଲା । ଡିସେମ୍ବର ମାସ ୧୪ ତାରିଖରେ ତପୋବନର ପିଲାମାନେ ଟେଷ୍ଟ ପରୀକ୍ଷା ଦେବାକୁ ଯିବା ଆଗରୁ ଶ୍ରୀଶ୍ରୀଠାକୁରଙ୍କୁ ପ୍ରଣାମ କରିବାକୁ ଆସିଥିଲେ । ସେତେବେଳକୁ ମୋର ଗୋଟିଏ ଶିଶୁକନ୍ୟା ହୋଇଛି, ସ୍ତ୍ରୀ ହସପିଟାଲରେ । ଶ୍ରୀଶ୍ରୀଠାକୁର କହିଲେ– ତାକୁ ଯାଇ ଡାକି ଆଣ । ପଞ୍ଚାନନଦା କହିଲେ– ସେ ଦୁଇମାସ ତଳେ କିଛି ଇଂରାଜୀ ଶିଖୁଥିଲା, ଆଉ କିଛି ପଢ଼ି ନାହିଁ, ପରୀକ୍ଷା କିପରି ଦେବ । ଶ୍ରୀଶ୍ରୀଠାକୁର କହିଲେ– ସେଇ ହେବ । ମତେ ଦେଖି କହିଲେ– ପରୀକ୍ଷା ଦେବାକୁ ପିଲାମାନେ ଚାଲି ଗଲେଣି, ଯିବୁନି ? ଯା ଆନନ୍ଦବଜାରରେ ପ୍ରସାଦ ସେବା କରି ଚାଲିଆ– ଗୌର ସବୁ ବ୍ୟବସ୍ଥା କରିଦେ । ଶ୍ରୀଶ୍ରୀଠାକୁର ଉଠିଗଲେ । ପଞ୍ଚାନନଦା ମତେ କହିଲେ– ଆସ, ଠିଆ ହୋଇ ରହିଲ ଯେ, ପରୀକ୍ଷା ଦେବାକୁ ଯିବ । ଠାକୁର– ବଙ୍ଗଳା ଗେଟ ପାଖରେ ଆମ୍ବଗଛ, ତାହାରି ତଳେ କିଛି ବାଲି ପଡ଼ିଥିଲା, ସେ ସେଇଠି ବସିଲେ । କହିଲେ– ଜିଓମେଟ୍ରି ଗୋଟିଏ ଦୁଇଟି ଶିଖାଇ ଦେଉଛି । ମୁଁ ପଚାରିଲି– ଜିଓମେଟ୍ରି କଣ ? କହିଲେ– ଯଜ୍ଞବେଦୀ ତିଆରି କର, ତା' ଉପରେ ରେଖା ଅଙ୍କନ କର । ଏଇଟା ହେଉଛି ସେହି ବିଦ୍ୟା । ଖଣ୍ଡିଏ ବାଉଁଶକାଠିରେ ବାଲି ସମାନ କରି କେତେଗୁଡ଼ିଏ ରେଖା କାଟି କହିଲେ– ଏଇଟା ପିଥାଗୋରାସ ଥିଓରମ୍ । ମତେ ମନେହେଲା ଯେପରି ତନ୍ତ୍ରସାରର ଦଶମହାବିଦ୍ୟା ଯନ୍ତ୍ରର ଅନୁରୂପ । ସେଇଠାରେ ଦେଢ଼ଘଣ୍ଟା ବାଲି ଉପରେ ଗାର କାଟି ମତେ ଜ୍ୟାମିତି ପଢ଼ାଇଦେଲେ । ଆଉ ସମୟ ନାହିଁ । ଶ୍ରୀଶ୍ରୀଠାକୁରଙ୍କର ଖୁବ ନାମ କରିବ, ତାଙ୍କରି ଦୟାରେ ସବୁ ହୁଏ । ଦିନ ବାରଟା ବେଳକୁ ଗୌରଦା ପରୀକ୍ଷାର ସବୁ ବହି ନେଇ ଆସିଗଲେ । ମୁଁ ଇଂରାଜୀ ବହି ଛଡ଼ା ଅନ୍ୟ ବହି ଦେଖିନାହିଁ । ଇତିହାସ, ଭୂଗୋଳ ଏହିସବୁ ବହିର ସାରାଂଶ

ମତେ କହିଦେଲେ । ଶ୍ରୀଶ୍ରୀଠାକୁର ଗୌରଦାଙ୍କ ଦ୍ୱାରା ଘାଟାଲ ଉଚ୍ଚ ଇଂରାଜୀ ବିଦ୍ୟାଳୟରେ ମୋର ଟେଷ୍ଟ ପରୀକ୍ଷା ପାଇଁ ସବୁକିଛି ବ୍ୟବସ୍ଥା କରି ରଖିଛନ୍ତି ତାହା କେହି ଜାଣି ନାହାନ୍ତି ।

ଦିନ ତିନିଟା ବେଳକୁ ପାର୍ଲୋରରେ ଶ୍ରୀଶ୍ରୀଠାକୁର ବସିଥାନ୍ତି । ପରଦା ଦିଆ ହୋଇଥାଏ, ମୁଁ ଓ ଗୌରଦା ପହଞ୍ଚିଲୁ; କାନ୍ଦି ପକାଇ କହିଲି– ଠାକୁର, କିଛିହିଁ ତ ଜାଣିନାହିଁ, ପରୀକ୍ଷା ଦେବି କିପରି ? ଶ୍ରୀଶ୍ରୀଠାକୁର କହିଲେ– ଯା, ଯେତିକି ଜାଣିଛୁ, ସେତିକିରେ ହେବ । ବହି ପ୍ୟାକେଟ୍ ସାଙ୍ଗରେ ନେଇ ଯା, ଖୁବ ନାମ କରିବୁ, ପରମପିତାଙ୍କୁ ଡାକିବୁ । ଆଉ ପରୀକ୍ଷାରେ ସବୁ ଲେଖି ଦେବୁ । ଗୌର ନେଇ ଯା, ଟିକଟ କାଟି ମୋଗଲସରାଇ ଟ୍ରେନରେ ବସାଇ ଦେଇଆସିବୁ । ପୁଣି ଡାକି କହିଲେ– ଶୁଣ୍ କହୁଛି– ଖୁବ୍ କରି ନାମ କରିବୁ, ପରୀକ୍ଷା ଦେଇ ସେଠାରେ ରହିବୁ, ଗୁରୁଭାଇମାନଙ୍କଠାରୁ ଟଙ୍କା ସଂଗ୍ରହ କରି ପରୀକ୍ଷା ଫିସ୍ ଜମା ଦେଇଦେବୁ । ଆଉ ଆସିବା ସମୟରେ ମୋ ପାଇଁ ଏକ ହାଣ୍ଡି ମାଖନ (ଲହୁଣି) ଆଣିବୁ ।

ଘାଟାଲରେ କିଛି ଅସୁବିଧା ହେଲା ନାହିଁ । କିନ୍ତୁ କଣ ଲେଖିଛି, ମୁଁ କିଛି ଜାଣେ ନାହିଁ । ଟେଷ୍ଟପରୀକ୍ଷାରେ ଉତ୍ତୀର୍ଣ୍ଣ ହେଲି, ଫର୍ମ ଓ ପରୀକ୍ଷା ଫିସ୍ ଜମା କଲି । ରାଜନଗର ଗ୍ରାମକୁ ଗଲି, ସେଠାରେ ଜିତେନ୍‌ଦା(ଦେବବର୍ମନ)ଙ୍କର ବଡ଼ଭାଇ ଏକହାଣ୍ଡି ମାଖନ ଦେଲେ । ଦେଓଘରରେ ଦୂରରୁ ଦେଖି ଶ୍ରୀଶ୍ରୀଠାକୁର କହିଲେ– ମାଖନ ଆଣିଛୁ, ଯା ବଡ଼ବୌ (ବଡ଼ମାଙ୍କ) ପାଖରେ ଦେଇଦେ । ଘରେ ଆସି ଦେଖିଲି ଯେ ମୋ ରୋଗିଣୀ ସ୍ତ୍ରୀ ସୁସ୍ଥ, କନ୍ୟାକୁ ତିନି ମାସ । ଏପ୍ରିଲ ମାସରେ ମାଟ୍ରିକ ପରୀକ୍ଷା ହେଲା । ଆମେ ସମସ୍ତେ ସେକେଣ୍ଡ ଡିଭିଜନ୍‌ରେ ପାସ କଲୁ । ଯେଉଁ ଦିନ ମୋର ପାସ କରିବାର ଖବର ଆସିଲା, ଶ୍ରୀଶ୍ରୀଠାକୁରଙ୍କର ଯେ କି ଆନନ୍ଦ, ଯାହାକୁ ଦେଖିଲେ କହିଲେ– ସୁରେଶ ପଣ୍ଡିତ ପରୀକ୍ଷାରେ ପାସ କରିଛି ।

ତାଙ୍କରି ଆଶୀର୍ବାଦରେ ଦେଓଘର କଲେଜରେ ସଂସ୍କୃତ ଅନର୍ସ ନେଇ ଭର୍ତ୍ତି ହୋଇ ୧୯୬୫ ରେ ସଫଳତା ଲାଭ କଲି, ବି.ଏ. ଅନର୍ସ । ଗୋସାଇଁଦାଙ୍କ ଦେହତ୍ୟାଗ ପରେ ଶ୍ରୀଶ୍ରୀଠାକୁର ଆଶ୍ରମରେ ମୋତେ ଉପନୟନ ସଂସ୍କାରର ଦାୟିତ୍ୱ ଦେଲେ । ପୌରୋହିତ୍ୟ କାର୍ଯ୍ୟକର୍ମ କରୁଥାଏ । ଏହି ସମୟରେ ଶ୍ରୀଶ୍ରୀଠାକୁର ତାଙ୍କର ପବିତ୍ର ପାଞ୍ଜା ଦେଇ ଆଶୀର୍ବାଦ କରି କହିଲେ– ପୌରୋହିତ୍ୟ ମାଧ୍ୟମରେ ମୋର କଥାଗୁଡିକୁ ମଣିଷ ପାଖରେ ପହଞ୍ଚାଇ ଦେବୁ , ଆଉ ଦୀକ୍ଷା ମାଧ୍ୟମରେ ଲୋକସଂଗ୍ରହ କରିବୁ । ମଝିରେ ଥରେ କହିଲେ– ଏମ.ଏ. ପରୀକ୍ଷା ଦେବୁ ନାହିଁ ? ରାଞ୍ଚି ବିଶ୍ୱବିଦ୍ୟାଳୟରେ ଏମ.ଏ.ର ଫାଷ୍ଟ ପାର୍ଟ ପରୀକ୍ଷା ଦେଲି, ଶେଷ ପରୀକ୍ଷା ପାଇଁ ପ୍ରସ୍ତୁତି ବେଳକୁ ଶ୍ରୀଶ୍ରୀଠାକୁରଙ୍କର ମହାସମାଧି ହେଲା, ମୋର ପରୀକ୍ଷା ଆଉ ଦିଆ ହେଲା ନାହିଁ ।

ସେ ଅଛନ୍ତି, ରହିବେ ମଧ୍ୟ ପୁତ୍ର– ପୌତ୍ରାଦି କ୍ରମେ । ସେ କାର୍ଯ୍ୟ କରି ଚାଲିଛନ୍ତି ତାଙ୍କର ଅଗଣିତ ଭକ୍ତଶିଷ୍ୟଗଣଙ୍କ ଭିତରଦେଇ । ତାଙ୍କର ପୁନରାଗମନର ପୂର୍ବ ପର୍ଯ୍ୟନ୍ତ ତାଙ୍କର ପ୍ରତିକୃତି, ତାଙ୍କର ଦିବ୍ୟଜୀବନ ଓ ବାଣୀ, ତାଙ୍କର ପ୍ରଦତ୍ତ ସତ୍‌ମନ୍ତ୍ର ଓ ସାଧନା ପଦ୍ଧତି ମଣିଷର ପରମ ପଥ, ପାଥେୟ ଓ ଗନ୍ତବ୍ୟ ହୋଇ ରହିବ । ବନ୍ଦେ ପୁରୁଷୋତ୍ତମମ୍ ।

(ସମାପ୍ତ)

ପୁସ୍ତକ ସୂଚୀ

ଆଧାର ପୁସ୍ତକ (Source Books) :

- ସତ୍ୟାନୁସରଣ - ଶ୍ରୀଶ୍ରୀଠାକୁରଙ୍କ ଶ୍ରୀହସ୍ତଲିଖିତ
- ପୁଣ୍ୟପୁଁଥୀ - ଶ୍ରୀଶ୍ରୀଠାକୁରଙ୍କ ଭାବବାଣୀ
- ଆଲୋଚନା ପ୍ରସଙ୍ଗ (ବିଭିନ୍ନ ଖଣ୍ଡ) ସଂକଳନ - ପ୍ରଫୁଲ୍ଲକୁମାର ଦାସ
- କଥା ପ୍ରସଙ୍ଗ (୧ମ,୨ୟ,୩ୟ ଖଣ୍ଡ) ,, - ସୁଶୀଲଚନ୍ଦ୍ର ବସୁ
- ନାନା ପ୍ରସଙ୍ଗେ (୧ମ ଖଣ୍ଡ) ,, - କୃଷ୍ଣପ୍ରସନ୍ନ ଭଟ୍ଟାଚାର୍ଯ୍ୟ
- ଶ୍ରୀଶ୍ରୀଠାକୁର ଅନୁକୂଳଚନ୍ଦ୍ର ଓ ସତ୍‌ସଙ୍ଗ; ଦିନପଞ୍ଜୀ - କୃଷ୍ଣପ୍ରସନ୍ନ ଭଟ୍ଟାଚାର୍ଯ୍ୟ
- ଚଲାର ସାଥୀ - କୃଷ୍ଣପ୍ରସନ୍ନ ଭଟ୍ଟାଚାର୍ଯ୍ୟ
- ସାତ୍ୱତ କଥା - ସତ୍‌ସଙ୍ଗ ପ୍ରକାଶନ
- ଇଷ୍ଟମନନେ - ସତ୍‌ସଙ୍ଗ ପ୍ରକାଶନ
- ଅଚିନ୍ ବୃକ୍ଷ - ଆର୍ଯ୍ୟକନ୍ୟା
- ଅମିୟବାଣୀ - ଅଶ୍ୱିନୀକୁମାର ବିଶ୍ୱାସ
- ଶ୍ରୀଶ୍ରୀଠାକୁର ଅନୁକୂଳଚନ୍ଦ୍ର - ସତୀଶଚନ୍ଦ୍ର ଜୋୟାରଦାର
- ମାନସତୀର୍ଥ ପରିକ୍ରମା - ସୁଶୀଲଚନ୍ଦ୍ର ବସୁ
- ମହାମାନବ - ଚୁନୀଲାଲ ରାୟଚୌଧୁରୀ
- ଜାତିସ୍ମର କଥା - ସୁଶୀଲଚନ୍ଦ୍ର ବସୁ
- ମହାମାନବର ସାଗରତୀରେ - କୁମାରକୃଷ୍ଣ ଭଟ୍ଟାଚାର୍ଯ୍ୟ
- ସ୍ମୃତି-ତୀର୍ଥ - ପ୍ରଫୁଲ୍ଲକୁମାର ଦାସ
- ଇଷ୍ଟ-ପ୍ରସଙ୍ଗ - ଡ. ଶ୍ୟାମସୁନ୍ଦର ରକ୍ଷିତ ଓ କୃପାସିନ୍ଧୁ ରକ୍ଷିତ
- ପୁରୁଷୋତ୍ତମ ପ୍ରସଙ୍ଗ - ଶୈଲେନ୍ଦ୍ରନାଥ ଭଟ୍ଟାଚାର୍ଯ୍ୟ
- ପୁରୁଷୋତ୍ତମ - ଜଗଦୀଶ ନାରାୟଣ
- ଅମୃତ କାହାଣୀ - ବିକାଶ ରଞ୍ଜନ ଭୌମିକ
- ପ୍ରେମେର ଠାକୁର - ଅମୂଲ୍ୟରତନ ରାୟ
- ପ୍ରେମଲ ଠାକୁର - ପ୍ରଳୟ ମଜୁମଦାର
- ପରମ ଉଦ୍ଧାତା ଶ୍ରୀଶ୍ରୀଠାକୁର ଅନୁକୂଳଚନ୍ଦ୍ର - ସରୋଜ କୁମାର ମହାନ୍ତି
- ଦୀପରକ୍ଷୀ; ପ୍ରିୟପରମ; ନବବେଦ ବିଧାତା - ଦେବୀପ୍ରସାଦ ମୁଖାର୍ଜୀ
- ନବବିଶ୍ୱ ରୂପାୟନେ ଶ୍ରୀଶ୍ରୀଠାକୁର ଅନୁକୂଳଚନ୍ଦ୍ର - ପଣ୍ଡିତ ସୁରେଶଚନ୍ଦ୍ର ଦେବଶର୍ମା

- ଶ୍ରୀଶ୍ରୀଠାକୁର ଅନୁକୂଳଚନ୍ଦ୍ର - ବ୍ରଜଗୋପାଳ ଦତ୍ତରାୟ
- ଆମାର ଜୀବନେ ଶ୍ରୀଶ୍ରୀଠାକୁର - ପଞ୍ଚାନନ ସରକାର
- ଜୀବନନାଥ ଜଗନ୍ନାଥ - ରାମବସାଓ୍ୱନ ସିଂ
- ଜୀବନଜ୍ୟୋତି, ଜୀବନଦ୍ୟୁତି - ଡଃ ରେବତୀ ମୋହନ ବିଶ୍ୱାସ
- ତାଁର କଥା - ଗୁରୁପ୍ରସନ୍ନ ଭଟ୍ଟାଚାର୍ଯ୍ୟ
- ଶ୍ରୀଶ୍ରୀଠାକୁର ଓ ତାଙ୍କ ବଡ଼ଖୋକା - ଅମରନାଥ ବାନାର୍ଜୀ
- ଶ୍ରୀଶ୍ରୀଠାକୁର ଅନୁକୂଳଚନ୍ଦ୍ର ଓ ବିଦେଶୀବୃନ୍ଦ - ଫଣୀଭୂଷଣ ରାୟ ଓ ଶିଖା ରାୟ
- ଭକ୍ତ ବଳୟ - ଫଣୀଭୂଷଣ ରାୟ ଓ ଶିଖା ରାୟ
- କତକଥା ମନେପଡ଼େ; ସ୍ମୃତିର ମାଳା - ମଣିଲାଲ ଚକ୍ରବର୍ତ୍ତୀ
- ପୁଣ୍ୟ ପ୍ରବାହ - ରଚୀନନ୍ଦନ ଚକ୍ରବର୍ତ୍ତୀ
- ଦୁଇ ମାୟେର ସ୍ମୃତି-ଆଲେଖ୍ୟ - ବ୍ରଜବାଳା ଦେବୀ ଓ ହେମଲତା ଦେବୀ
- ପ୍ରାଣର ଠାକୁର - ନକୁଳ ଚରଣ ଦାସ
- ଇଷ୍ଟଭୃତି - ହୃଷୀକେଶ ଆଚାର୍ଯ୍ୟ
- ପିତୃପୁରୁଷ - ଶ୍ରୀରାମ ଶର୍ମା ଆଚାର୍ଯ୍ୟ
- ଶ୍ରୀଶ୍ରୀଠାକୁର ନିଗମାନନ୍ଦ - ବନମାଳୀ ଦାଶ ଓ ଦୁର୍ଗାଚରଣ ମହାନ୍ତି
- ମାନବବାଦୀ ସନ୍ଥ ଭୀମଭୋଇ - ଡଃ ସଦାନନ୍ଦ ଅଗ୍ରଓ୍ୱାଲ
- ଶ୍ରୀଗୀତଗୋବିନ୍ଦ - କବିରାଜ ଜୟଦେବ
- ନାରଦ ଭକ୍ତିସୂତ୍ର, ଈଶୋପନିଷଦ ସାର - ଲକ୍ଷ୍ମୀଧର ସାହୁ
- ମହାକବି ଭର୍ତ୍ତୃହରି ଶତକମ୍ - ଡଃ ବ୍ରଜସୁନ୍ଦର ମିଶ୍ର
- ମୃତ୍ୟୁ ପରେ ଜୀବନ - ସ୍ୱାମୀ ବିବେକାନନ୍ଦ
- ହିନ୍ଦୀ ଧର୍ମ ସାହିତ୍ୟର ବହୁ ଆଦୃତ କାହାଣୀ - Dr Vivek Bhattachaya
- ଭକ୍ତ ଓ ଭଗବାନ - YouTube

ସହାୟକ ଗ୍ରନ୍ଥ (Reference Books) :

- Ocean in A Teacup, Being and Becoming - R A Hauserman
- A Pilgrimage to Memory - Prafulla Kumar Das
- Prophets and Prophecies - Justice Prafulla Kumar Banerjee
- Rumi Quotes - Delhi Open Books
- The Spirit of Indian Culture - Dr Vivek Bhattachaya
- Tao Te Ching - Lao Tzu
- The Tao of Physics - Fritjof Capra

- Gems from the Gospel of
  Sri Ramakrishna — Sri Ramakrishna Math
- Tales and Parables of
  Sri Ramakrishna — Sri Ramakrishna Math
- Upanishads in Daily Life — Sri Ramakrishna Math
- Hindu Scriptures — R. C. Zaehner
- Wine of the Mystic-
  The Rubaiyat — Omar Khayyam,
  Sri Sri Paramahansa Yogananda
- The Imitation of Christ — Thomas A Kempis
- Living Thoughts of Great
  People — Eknath Easwaran
- Stories from Yoga Vasistha — Swami Sivananda
- Tukaram, Says Tuka — Dilip Chitre
- Cosmic Cradle — Elizabeth M Carman
- Understanding Philosophy — J K Feibleman
- The Brothers Karamazov — Fyodor DostoyevsKY
- Khalil Gibran Reader — Jaico Books
- Islamic Mysticism In India — Narendra Kr Singh
- The Social Contract — J J Rousseau
- Categorical Imperative — Immanuel Kant
- The Merchant of Venice — William Shakespeare

— o —

www.ingramcontent.com/pod-product-compliance
Lightning Source LLC
Chambersburg PA
CBHW071801080526
44589CB00012B/632
9781777681982